Zimmer

InsVV

InsVV

Kommentar
zur Insolvenzrechtlichen Vergütungsverordnung

von

Rechtsanwalt Dr. Frank Thomas Zimmer, Köln

RWS Verlag Kommunikationsforum GmbH · Köln

Die Deutsche Nationalbibliothek verzeichnet diese Publikation in der Deutschen Nationalbibliografie; detaillierte bibliografische Daten sind im Internet über http://dnb.d-nb.de abrufbar.

© 2018 RWS Verlag Kommunikationsforum GmbH
Postfach 27 01 25, 50508 Köln
E-Mail: info@rws-verlag.de, Internet: http://www.rws-verlag.de

Das vorliegende Werk ist in all seinen Teilen urheberrechtlich geschützt. Alle Rechte vorbehalten, insbesondere das Recht der Übersetzung, des Vortrags, der Reproduktion, der Vervielfältigung auf fotomechanischem oder anderen Wegen und der Speicherung in elektronischen Medien.

Satz und Datenverarbeitung: SEUME Publishing Services GmbH, Erfurt
Druck und Bindung: CPI books GmbH, Leck

Vorwort

§ 65 der Insolvenzordnung überlässt der Insolvenzrechtlichen Vergütungsverordnung (InsVV) die maßgebliche Ausgestaltung der Vergütung der nach der Insolvenzordnung Vergütungsberechtigten, ergänzt um grobe inhaltliche Vorgaben in § 63 der Insolvenzordnung und eine rudimentäre Regelung der Festsetzung und der Beschwerderechte in § 64 der Insolvenzordnung. Die lediglich zwanzig Paragrafen der Insolvenzrechtlichen Vergütungsverordnung unterscheiden sich vom Umfang und der Regelungsdichte her fundamental von anderen Regelungen des Kostenrechts, wie beispielsweise im Rechtsanwaltsvergütungsgesetz, in der Steuerberatervergütungsverordnung oder im Gerichtskostengesetz.

Dementsprechend groß sind die Interpretationsspielräume, die nicht dadurch mehr Kontur erhalten haben, dass zunehmend handwerkliche Fehler bei der ursprünglichen Normsetzung behauptet werden, die Fortschreibung der Normen weder mit externen Entwicklungen noch mit Änderungen der Insolvenzordnung Schritt hält oder der Bundesgerichtshof den Normen zunehmend ein eigenes Vergütungssystem gegenüberstellt. Zentrale Vorgaben der Gewaltenteilung, des Willkürverbots oder des gesetzlichen Richters lassen sich einem Außenstehenden nicht mehr anhand der Insolvenzrechtlichen Vergütungsverordnung oder der auf ihr beruhenden gerichtlichen Entscheidungen erläutern. Auch für die konkrete Anwendung scheinen rechtsstaatliche Begriffe wie Normenklarheit, Normenwahrheit, Tatbestandserfüllung, Ermessensausübung, Rechtssicherheit und Handhabbarkeit etwas aus dem Blick geraten zu sein.

Obgleich sich das Augenmerk zahlreicher Beteiligter primär auf den Vergütungsbetrag richtet, widmet sich die vorliegende Kommentierung schwerpunktmäßig der Dogmatik und Auslegung. Je nach Sachverhalt ergeben sich damit Veränderungen in die eine oder andere betragsmäßige Richtung. Bewusst wurde nicht auf verschiedene Reformvorschläge eingegangen, um den Blick von außen zu bewahren. Prüfstein für ein (wieder) funktionierendes Vergütungssystem wird unter anderem sein, ob der in der Kommentierung zu § 2 InsVV ausführlich dargestellte Inflationsausgleich Umsetzung in der Praxis finden wird. Anderenfalls wäre mit zunehmender Indignation bewiesen, dass unser Rechtssystem vor Einflüssen des Postfaktischen, das sich beängstigend häufig an die Stelle von Tatbestandsprüfung und Ermessensausübung setzt, nicht gefeit ist.

Ungeachtet dessen scheinen Gesetz- bzw. Verordnungsgeber in der Pflicht, das mittlerweile eigenständige Rechtsgebiet des Vergütungsrechts einer Revision zu unterziehen und in einem Gesetz so zu regeln, dass Rechtssicherheit und Handhabbarkeit gewährleistet sind und gleichermaßen das Missbrauchspotential für Vergütungsberechtigte ebenso wie für Rechtsanwender vom Insolvenzgericht bis zum Bundesgerichtshof auf das unvermeidliche Minimum reduziert wird.

Köln, im September 2017   Frank Thomas Zimmer

Inhaltsübersicht

Seite

Vorwort V

Literaturverzeichnis IX

Kommentierung InsVV

Erster Abschnitt	Vergütung des Insolvenzverwalters (§§ 1–9)	1
Zweiter Abschnitt	Vergütung des vorläufigen Insolvenzverwalters, des Sachwalters und des Insolvenzverwalters im Verbraucherinsolvenzverfahren (§§ 10–13)	395
Dritter Abschnitt	Vergütung des Treuhänders nach § 293 der Insolvenzordnung (§§ 14–16)	
Vierter Abschnitt	Vergütung der Mitglieder des ... ausschusses	595
Fünfter Abschnitt	... vorschriften	655

Anhang InsVV

Anhang I	Begründung zum Entwurf einer Verordnung über die Vergütung des Konkursverwalters, des Vergleichsverwalters, der Mitglieder des Gläubigerausschusses und der Mitglieder des Gläubigerbeirats (1960)	673
Anhang II	Verordnung über die Vergütung des Konkursverwalters, des Vergleichsverwalters, der Mitglieder des Gläubigerausschusses und der Mitglieder des Gläubigerbeirats vom 25.5.1960	688
Anhang III	Insolvenzrechtliche Vergütungsverordnung (InsVV) vom 19.8.1998	695
Anhang IV	Gesetz zur Änderung der Insolvenzordnung und anderer Gesetze vom 26.10.2001 (*Auszug*)	718

Inhaltsverzeichnis

Anhang V	Gesetz zur Einführung des Euro in Rechtspflegegesetzen und in Gesetzen des Straf- und Ordnungswidrigkeitenrechts, zur Änderung der Mahnvordruckverordnungen sowie zur Änderung weiterer Gesetze vom 13.12.2001 *(Auszug)*	732
Anhang VI	Gesetz zur Modernisierung des Kostenrechts (Kostenrechtsmodernisierungsgesetz – KostRMoG) vom 5.5.2004 *(Auszug)*	735
Anhang VII	Verordnung zur Änderung der Insolvenzrechtlichen Vergütungsverordnung (InsVV) vom 4.10.2004	736
Anhang VIII	Zweite Verordnung zur Änderung der Insolvenzrechtlichen Vergütungsverordnung (InsVV) vom 21.12.2006	752
Anhang IX	Entwurf eines Gesetzes zur Verbesserung und Vereinfachung der Aufsicht in Insolvenzverfahren – GAVI vom 15.8.2007 *(Auszug)*	759
Anhang X	Gesetz zur Änderung des § 522 der Zivilprozessordnung vom 21.10.2011 *(Auszug)*	762
Anhang XI	Gesetz zur weiteren Erleichterung der Sanierung von Unternehmen (ESUG) vom 7.12.2011 *(Auszug)*	766
Anhang XII	Gesetz zur Verkürzung des Restschuldbefreiungsverfahrens und zur Stärkung der Gläubigerrechte vom 15.7.2013 *(Auszug)*	776
Anhang XIII	Verordnung (EU) 2015/848 des Europäischen Parlaments und des Rates über Insolvenzverfahren – Neufassung vom 20.5.2015 *(Art. 77 EuInsVO mit Durchführungsgesetz vom 5.6.2017 – Auszug)*	805
Anhang XIV	Indizes	807
Anhang XV	Gesetz zur Erleichterung der Bewältigung von Konzerninsolvenzen vom 13.4.2017 *(Auszug)*	814
Stichwortverzeichnis		841

Literaturverzeichnis

Themenspezifische Literatur sowie Beiträge in Zeitschriften und Sammelbänden sind in den Literaturübersichten zu Beginn der einzelnen Vorschriften aufgeführt.

Beck/Depré, Praxis der Insolvenz, Ein Handbuch für die Beteiligten und ihre Berater, 3. Aufl., 2017 (zit.: Beck/Depré/*Bearbeiter*, Praxis der Insolvenz)

Berners, Praxiskommentar Steuerberatervergütungsverordnung, 4. Aufl., 2013 (zit.: *Berners*, StBVV)

Blersch/Goetsch/Haas (Hrsg.), Berliner Kommentar Insolvenzrecht, Loseblatt, Stand: 06/2017, 61. Lfg. (zit.: BerlKommInsO/*Bearbeiter*)

Bork/Hölzle (Hrsg.), Handbuch Insolvenzrecht, 2014 (zit.: Bork/Hölzle/*Bearbeiter*, Handbuch Insolvenzrecht)

Eickmann, VergVO, Kommentar zur Vergütung im Insolvenzverfahren, 2. Aufl., 1997

Frieden/Heinen/Leithner, Europa 5.0 – Ein Geschäftsmodell für unseren Kontinent, 2016 (zit.: *Frieden/Heinen/Leithner*, Europa 5.0)

Graeber/Graeber, Insolvenzrechtliche Vergütungsverordnung (InsVV), Kommentar, 2. Aufl., 2016 (zit.: *Graeber/Graeber*, InsVV)

Graf-Schlicker (Hrsg.), InsO, Kommentar zur Insolvenzordnung, 4. Aufl., 2014 (zit.: Graf-Schlicker/*Bearbeiter*, InsO)

Haarmeyer/Mock, Insolvenzrechtliche Vergütung (InsVV), 5. Aufl., 2014 (zit.: *Haarmeyer/Mock*, InsVV)

Haarmeyer/Wutzke/Förster, Vergütung in Insolvenzverfahren (VergVO), 1. Aufl., 1997 (zit.: *Haarmeyer/Wutzke/Förster*, VergVO)

Hartmann, Kostengesetze, 47. Aufl., 2017

Jaeger, Insolvenzordnung, Kommentar, Bd. 2: §§ 56–102, 2007, Bd. 6: §§ 174–216, 2010 (zit.: Jaeger/*Bearbeiter*, InsO)

Jarass/Pieroth, Grundgesetz für die Bundesrepublik Deutschland: GG, Kommentar, 13. Aufl., 2014 (zit.: Jarass/Pieroth/*Bearbeiter*, GG)

Kayser/Thole (Hrsg.), Insolvenzordnung, Heidelberger Kommentar, 8. Aufl., 2016 (zit.: HK-InsO/*Bearbeiter*)

Keller, Vergütung und Kosten im Insolvenzverfahren, 4. Aufl., 2016 (zit.: *Keller*, Vergütung und Kosten)

Kraemer/Vallender/Vogelsang, Handbuch zur Insolvenz, Loseblatt, Stand: 08/2017, 79. Lfg. (zit.: *Bearbeiter*, in: Kraemer/Vallender/Vogelsang)

Kübler/Prütting, Das neue Insolvenzrecht, RWS-Dok. 18, 2. Aufl., 2000

Kübler/Prütting/Bork, InsO, Kommentar zur Insolvenzordnung, Loseblatt, Stand: 06/2017, 72. Lfg. (zit.: KPB-InsO/*Bearbeiter*)

Leonhardt/Smid/Zeuner, Insolvenzrechtliche Vergütungsverordnung (InsVV), 2014 (zit.: Leonhardt/Smid/Zeuner/*Bearbeiter*, InsVV)

Literaturverzeichnis

Lorenz/Klanke, InsVV – GKG – RVG, Kommentar zu Vergütung und Kosten in der Insolvenz, 3. Aufl., 2016 (zit.: Lorenz/Klanke/*Bearbeiter*, InsVV)

Martini, Die Anfechtbarkeit der Zahlung der Vergütung des vorläufigen Insolvenzverwalters im Zweitverfahren (Schriftenreihe des Centrums für Deutsches und Europäisches Insolvenzrecht, Bd. 6), 2014

Münchener Kommentar zur Insolvenzordnung, hrsg. von Kirchhof/Eidenmüller/Stürner, Bd. 1, §§ 1–79, Insolvenzrechtliche Vergütungsverordnung (InsVV), 3. Aufl., 2013 (zit.: MünchKommInsO/*Bearbeiter*)

Pape/Uhländer, NWB Kommentar zum Insolvenzrecht, 2012 (zit.: Pape/Uhländer/*Bearbeiter*, InsO)

Schmidt, A. (Hrsg.), Hamburger Kommentar zum Insolvenzrecht, InsO, EUInsVO, InsVV, VbrInsVV, Insolvenzstrafrecht, 6. Aufl., 2017 (zit.: HambKommInsO/*Bearbeiter*)

Schmidt, A. (Hrsg.), Sanierungsrecht, Kommentar, 2016 (zit.: Schmidt/*Bearbeiter*, Sanierungsrecht)

Schmidt, K., Insolvenzordnung, InsO mit EuInsVO, 19. Aufl., 2016 (zit.: K. Schmidt/*Bearbeiter*, InsO)

Uhlenbruck, InsO, Insolvenzordnung, Kommentar, 14. Aufl., 2015 (zit.: Uhlenbruck/*Bearbeiter*, InsO)

Vallender, EuInsVO, Kommentar zur Verordnung (EU) 2015/848 über Insolvenzverfahren, 2017 (zit.: Vallender/*Bearbeiter*, EuInsVO)

Wimmer (Hrsg.), Frankfurter Kommentar zur Insolvenzordnung, 8. Aufl., 2015 (zit.: FK-InsO/*Bearbeiter*)

Zimmer, Haftung des eingewechselten Insolvenzverwalters, 2008

Zimmer, Insolvenzbuchhaltung, 2. Aufl., 2016

Erster Abschnitt
Vergütung des Insolvenzverwalters

§ 1
Berechnungsgrundlage

(1) ¹Die Vergütung des Insolvenzverwalters wird nach dem Wert der Insolvenzmasse berechnet, auf die sich die Schlußrechnung bezieht. ²Wird das Verfahren nach Bestätigung eines Insolvenzplans aufgehoben oder durch Einstellung vorzeitig beendet, so ist die Vergütung nach dem Schätzwert der Masse zur Zeit der Beendigung des Verfahrens zu berechnen.

(2) Die maßgebliche Masse ist im einzelnen wie folgt zu bestimmen:

1. ¹Massegegenstände, die mit Absonderungsrechten belastet sind, werden berücksichtigt, wenn sie durch den Verwalter verwertet werden. ²Der Mehrbetrag der Vergütung, der auf diese Gegenstände entfällt, darf jedoch 50 vom Hundert des Betrages nicht übersteigen, der für die Kosten ihrer Feststellung in die Masse geflossen ist. ³Im übrigen werden die mit Absonderungsrechten belasteten Gegenstände nur insoweit berücksichtigt, als aus ihnen der Masse ein Überschuß zusteht.

2. Werden Aus- und Absonderungsrechte abgefunden, so wird die aus der Masse hierfür gewährte Leistung vom Sachwert der Gegenstände abgezogen, auf die sich diese Rechte erstreckten.

3. Steht einer Forderung eine Gegenforderung gegenüber, so wird lediglich der Überschuß berücksichtigt, der sich bei einer Verrechnung ergibt.

4. ¹Die Kosten des Insolvenzverfahrens und die sonstigen Masseverbindlichkeiten werden nicht abgesetzt. ²Es gelten jedoch folgende Ausnahmen:

    a) Beträge, die der Verwalter nach § 5 als Vergütung für den Einsatz besonderer Sachkunde erhält, werden abgezogen.

    b) Wird das Unternehmen des Schuldners fortgeführt, so ist nur der Überschuß zu berücksichtigen, der sich nach Abzug der Ausgaben von den Einnahmen ergibt.

5. Ein Vorschuß, der von einer anderen Person als dem Schuldner zur Durchführung des Verfahrens geleistet worden ist, und ein Zuschuß, den ein Dritter zur Erfüllung eines Insolvenzplans geleistet hat, bleiben außer Betracht.

Literatur: *Antoniadis*, Kosten und Auslagen des gemeinsamen Vertreters von Anleihegläubigern im Insolvenzverfahren über das Vermögen des Emittenten, NZI 2014, 785; *Becker*, Die „kalte Zwangsverwaltung" im Vergütungssystem der InsVV, ZInsO 2013, 2532; *Blankenburg*, Ein vergütungsrechtlicher Bärendienst mit Folgen – Anmerkung zu BGH, Beschl. v. 16.2.2017, ZInsO 2017, 531; *Bork*, Zur Anwendung des § 181 BGB bei der Einrichtung eines Doppeltreuhandkontos, NZI 2005, 530; *Bork*, Die Wirkung des § 93 InsO auf Ansprüche aus § 303 AktG – Ein Beitrag zur Verzahnung von Insolvenz- und Aktienrecht, ZIP 2012, 1001; *Bork*, Die „kalte Zwangsverwaltung" – ein heißes Eisen, ZIP 2013, 2129; *Brenner*, Die Vergütung des gemeinsamen Vertreters nach § 7 VI SchVG außerhalb und in der Insolvenz des Emittenten, NZI 2014, 789; *Eble*, Der Gruppen-

§ 1 Berechnungsgrundlage

koordinator in der reformierten EuInsVO – Bestellung, Abberufung und Haftung, ZIP 2016, 1619; *Endres*, Zinsabschlagsteuern und Insolvenzrechnungslegung, ZInsO 2011, 258; *Fischer*, Haftungsrisiken für Insolvenzverwalter bei unterlassener Inanspruchnahme gewerblicher Prozessfinanzierung, NZI 2014, 241; *Förster*, „Unechte Einnahmen" gibt es nicht!, ZInsO 2000, 553; *Frind*, Treuhandkonto – geeignete Umgehung der „Einzelermächtigung"?, ZInsO 2005, 1296; *Frind*, Der janusköpfige vorläufige Sachwalter?, ZInsO 2013, 2302; *Frind*, Die vorzeitige Restschuldbefreiung mit Mindest-Quotenzahlung, ZInsO 2017, 814; *Ganter*, Betriebsfortführung in Insolvenzeröffnungs- und Schutzschirmverfahren, NZI 2012, 433; *Ganter*, Paradigmenwandel bei der Insolvenzverwaltervergütung?, ZIP 2014, 2323; *Gläubigerforum/Haarmeyer*, Aktualisierter Diskussionsentwurf des Gläubigerforums zur Neuordnung des insolvenzrechtlichen Vergütungsrechts (ReformDiskE-InsO/InsVV), ZInsO 2014, 650; *Gloeckner/Bankel*, Etablierung und Aufgaben des Gemeinsamen Vertreters nach dem Schuldverschreibungsgesetz, ZIP 2015, 2393; *Graeber*, Der Abgeltungsteuerbetrag als Bestandteil der Berechnungsgrundlage der Verwaltervergütung, ZInsO 2013, 1834; *Graeber*, Die Bemessung der besonderen Insolvenzverwaltervergütung für die Geltendmachung von Ansprüchen nach §§ 92, 93 InsO, NZI 2016, 860; *Grub*, Die Kosten des gemeinsamen Vertreters der Anleihegläubiger in der Insolvenz des Emittenten, ZInsO 2016, 897; *Heyrath/Reck*, Behandlung von Masseverbindlichkeiten aus der vorläufigen Insolvenzverwaltung nach Eröffnung, ZInsO 2009, 1678; *Hofmann*, Der gemeinsame Vertreter der Anleihegläubiger nach dem Schuldverschreibungsgesetz als Gesamtinteressenvertreter in der Insolvenz des Anleiheschuldners, in: FS Kübler, 2015, S. 265; *Holzer*, Die Vergütung des gemeinsamen Vertreters der Anleihegläubiger im Insolvenzverfahren, NZI 2017, 465; *Horn*, Der gemeinsame Vertreter der Anleihegläubiger in der Insolvenz, BKR 2014, 449; *Keller*, Die Voraussetzungen und der rechtliche Rahmen zur Durchführung einer so genannten kalten Zwangsverwaltung, NZI 2013, 265; *Keller*, Bedarf es wirklich einer Reform des insolvenzrechtlichen Vergütungsrechts?, ZIP 2014, 2014; *Küpper/Heinze*, Neues zu den Betriebsausgaben im Rahmen der Schlussrechnung des Insolvenzverwalters, ZInsO 2010, 214; *Laroche*, Einzelermächtigung zur Begründung von Masseverbindlichkeiten durch den „schwachen" vorläufigen Insolvenzverwalter, NZI 2010, 965; *Laroche/Pruskowski/Schöttler/Siebert/Vallender*, 30 Monate ESUG – eine Zwischenbilanz aus insolvenzrichterlicher Sicht, ZIP 2014, 2153; *Madaus*, Möglichkeit und Grenzen von Insolvenzplanregelungen, ZIP 2016, 1141; *Madaus/Heßel*, Die Verwaltervergütung in Reorganisationsfällen – Unzulänglichkeiten und Reformansätze, ZIP 2013, 2088; *Neue Insolvenzverwaltervereinigung Deutschlands e. V. (NIVD)*, Diskussionsentwurf für ein Insolvenzrechtliches Vergütungsgesetz (InsVG) der Arbeitsgemeinschaft der NIVD, ZInsO 2014, 941; *Pape*, Der Vergütungsanspruch des Konkursverwalters im masseramen Konkursverfahren, ZIP 1986, 756; *Reck/Schmittmann*, Die Berechnungsgrundlage der Vergütung und der pagatorische Zahlungsbegriff, ZInsO 2015, 2254; *Schöttler*, Gerichtliche Bindung an Vergütungsvereinbarungen im Insolvenzplan?, NZI 2014, 852; *Scholz*, Die Vergütung des gemeinsamen Vertreters nach dem Schuldverschreibungsgesetz 2009 (SchVG) im Insolvenzverfahren, DZWIR 2016, 451; *Stapper/Schädlich*, Betriebsfortführung durch den (vorläufigen) Insolvenzverwalter, ZInsO 2011, 249; *Thole*, Die Restrukturierung von Schuldverschreibungen im Insolvenzverfahren, ZIP 2014, 293; *Vallender*, Der deutsche Motor stockt, aber Europa drückt aufs Gas, ZInsO 2015, 57; *Verband Insolvenzverwalter Deutschlands e. V. (VID)*, Entwurf des VID für ein Gesetz zur Insolvenzrechtlichen Vergütung (E-InsVG), Beilage 1 zu ZIP 28/2014; *Vill*, Kann ein Rechtsanwalt, der zum vorläufigen Sachwalter bestellt wurde, mit dem Schuldner des Insolvenzverfahrens rechtswirksam Verträge zur rechtlichen Beratung im Insolvenzeröffnungsverfahren schließen?, ZInsO 2015, 2245; *Werres*, Das Treuhandmodell – Zulässigkeit und Praxis, ZInsO 2006, 918; *Zimmer*, Verjährung der nicht festgesetzten Vergütung des (vorläufigen) Insolvenzverwalters nach der Schuldrechtsreform, ZVI 2004, 662; *Zimmer*, Schlussrechnung des ausgeschiedenen Insolvenzverwalters (Erwiderung auf BGH, ZInsO 2010, 2134), ZInsO 2010, 2203; *Zimmer*, Freigabe einer selbstständigen Tätigkeit (§ 35 Abs. 2 InsO) in Verbraucherinsol-

Berechnungsgrundlage § 1

venz und Restschuldbefreiungsphase?, InsbürO 2011, 253; *Zimmer,* Wann kann ein (vorläufiger) Sachwalter Gläubiger einer sonstigen Masseverbindlichkeit i. S. d. § 55 InsO sein? – Eigenverwaltung und Insolvenzvergütungsrecht, ZInsO 2013, 2305; *Zimmer,* Sondervergütung nach § 1 Abs. 2 Nr. 1 Satz 2 InsVV – Babylonisches Sprachgewirr, Anmerkung zu BGH, Beschl. v. 10.10.2013, IX ZB 169/11, InsbürO 2014, 235; *Zimmer,* Vergütung des Insolvenzverwalters für Hausverwaltung und „kalte" Zwangsverwaltung, InsbürO 2015, 510; *Zimmer,* Die Rückstellung für die Treuhändervergütung und ihre (Folge-)Probleme, InsbürO 2016, 324; *Zimmer,* Vergütung bei freihändiger Grundstücksverwertung und „kalter" Zwangsverwaltung, InsbürO 2017, 102.

Übersicht

I. Vergütungsanspruch des Insolvenzverwalters 1
1. Anspruchsgrundlage (§ 63 Abs. 1 InsO) 1
2. Anwendungsbereich 4
3. Grundprinzipien der Ermittlung 9
4. Festsetzungsverfahren und Vergütungsvereinbarungen 15
5. Entstehung und Fälligkeit 18
6. Vergütungsschuldner 20
7. Verjährung 21
8. Verwirkung 22
9. Reformvorschläge 23
II. Normzweck und Rechtsnatur des § 1 InsVV 24
III. Historie 26
IV. Berechnungsgrundlage im Regelfall (§ 1 Abs. 1 Satz 1 InsVV) 27
1. Einleitung/Schlussrechnung 27
2. Vergütungsfähigkeit und -gegenstand 30
3. Grundprinzip (Übersicht) 31
4. Einnahmen 34
 a) Grundsatz 34
 b) Massefremde Einzahlungen 37
 c) Ungerechtfertigte Bereicherung 40
 d) Negative Einnahmen und Ausgaben? 45
 aa) Problemstellung 45
 bb) Lösungsansätze bzw. Grundprinzip 46
 cc) Erstattung Rechtsverfolgungskosten 54
 dd) Umsatzsteuer 56
 ee) Kapitalertragsteuer 57
 ff) Neugründungen aus der Masse 61
 e) Vorgänge ohne Zahlungsfluss 62
5. Vermögensgegenstände mit Absonderungsrechten (§ 1 Abs. 2 Nr. 1 InsVV) 65
 a) Einleitung 65
 b) Überschussprinzip (§ 1 Abs. 2 Nr. 1 Satz 3 InsVV) 66
 aa) Verwertung von Absonderungsgut (Überschussprinzip) 66

bb) Verwaltung von Absonderungsgut (Immobilien) 67
 c) Mehrvergütung (§ 1 Abs. 2 Nr. 1 Satz 2 InsVV) 73
 aa) Vom Insolvenzverwalter erzielte Verwertungseinnahmen 73
 bb) Vom Gläubiger erzielte Verwertungserlöse 82
 cc) Fehlende Verwertungserlöse 84
 d) Nutzung von Absonderungsgut, Zinsen und Wertersatz 85
6. Abfindung von Aus- oder Absonderungsrechten (§ 1 Abs. 2 Nr. 2 InsVV) 87
7. Aufrechnungslagen (§ 1 Abs. 2 Nr. 3 InsVV) 90
8. Abzug von Masseverbindlichkeiten (§ 1 Abs. 2 Nr. 4 InsVV) 92
 a) Grundsatz (§ 1 Abs. 2 Nr. 4 Satz 1 InsVV) 92
 b) Kosten des Insolvenzverfahrens (§ 54 InsO) 93
 aa) Gerichtsgebühren nebst Auslagen 93
 bb) Vergütungen nebst Auslagen 94
 c) Sonstige Masseverbindlichkeiten (§ 55 InsO) 102
 aa) Einleitung 102
 bb) Anrechnung entnommener Vergütungen (§ 1 Abs. 2 Nr. 4 Satz 2 lit. a InsVV) 105
 cc) Betriebsfortführung (§ 1 Abs. 2 Nr. 4 Satz 2 lit. b InsVV) 114
9. Vorschüsse und Zuschüsse (§ 1 Abs. 2 Nr. 5 InsVV) 131
 a) Verfahrenskostenvorschüsse (§ 1 Abs. 2 Nr. 5 Alt. 1 InsVV) 131
 b) Zuschüsse Insolvenzplan (§ 1 Abs. 2 Nr. 5 Alt. 2 InsVV) 133
 c) Zuschüsse vorzeitige Restschuldbefreiung (§ 300 Abs. 1 Satz 2 Nr. 2 InsO) 134
 d) Massedarlehen 135

10. Zeitliche Abgrenzung zur vorläufigen Verwaltung 140
   a) Einleitung 140
   b) Auswirkung für den vorläufigen Insolvenzverwalter 142
   c) Auswirkung für den Insolvenzverwalter 143
   aa) Einzahlungen 143
   bb) Auszahlungen 144
11. Noch zu erwartende Einnahmen und Ausgaben 150
   a) § 63 Abs. 1 Satz 2 InsO vs. § 1 Abs. 1 Satz 1 InsVV 150
   b) Noch zu erwartende Einnahmen 151
   c) Noch zu erwartende Ausgaben 158
12. Wertbegrenzung 160
V. Berechnungsgrundlage nach Schätzwerten (§ 1 Abs. 1 Satz 2 InsVV) 162
1. Einleitung 162
2. Vorzeitige Einstellung des Verfahrens 163
   a) Einstellung nach §§ 207, 211 InsO 163
   b) Einstellung nach § 213 InsO (allgemeines Prinzip der Schätzung) 164
   c) Einstellung nach § 212 InsO 169
3. Insolvenzplan 170
4. Ungeschriebene Fälle des § 1 Abs. 1 Satz 2 InsVV 174
   a) Aufhebung des Eröffnungsbeschlusses 174
   b) Vorzeitige Amtsbeendigung 175
VI. Sondermassen 178
1. Definition 179
2. Vergütungsrechtlich geregelte Sondermassen 179
3. Vergütungsrechtlich unbeachtliche Sondermassen 180
4. Vergütungsrechtlich zu klärende Sondermassen 181
VII. Gegenstandswert nach § 58 Abs. 1 GKG 186
VIII. Berechnungsgrundlage für den Verfahrenskoordinator (§ 269g Abs. 2 InsO) 190
IX. Vergütung des Gruppenkoordinators (Art. 77 Abs. 1 EuInsVO) 195

I. Vergütungsanspruch des Insolvenzverwalters

1. Anspruchsgrundlage (§ 63 Abs. 1 InsO)

1   Gemäß § 63 Abs. 1 Satz 1 InsO hat der Insolvenzverwalter Anspruch auf Vergütung für seine Geschäftsführung und auf Erstattung angemessener Auslagen. Der Regelsatz der Vergütung wird nach dem Wert der Insolvenzmasse zur Zeit der Beendigung des Insolvenzverfahrens berechnet (§ 63 Abs. 1 Satz 2 InsO). Dem Umfang und der Schwierigkeit der Geschäftsführung des Verwalters wird durch Abweichungen vom Regelsatz Rechnung getragen (§ 63 Abs. 1 Satz 3 InsO). Die Festsetzung der Vergütung und der zu erstattenden Auslagen erfolgt durch das Insolvenzgericht (§ 64 Abs. 1 InsO). Aufgrund § 65 InsO als Ermächtigungsgrundlage wurde die Insolvenzrechtliche Vergütungsverordnung (InsVV) als Rechtsverordnung i. S. d. Art. 80 Abs. 1 GG erlassen, um die Vergütung und die Erstattung der Auslagen des Insolvenzverwalters sowie das hierfür maßgebliche Verfahren näher zu regeln.

2   § 63 Abs. 1 Satz 1 InsO ist somit die **Anspruchsgrundlage** für eine Vergütung des Insolvenzverwalters. Die **Rechtsnatur des Vergütungsanspruchs** ist nicht zivil-, sondern *öffentlich-rechtlicher* Art, da der staatlich bestellte Verwalter eine im öffentlichen Interesse liegende Aufgabe wahrnimmt, sodass die Vergütung auch ein *nach Art. 12 Abs. 1 GG garantiertes Recht* darstellt.[1] Denn nimmt der Staat für Aufgaben, deren Wahrnehmung im öffentlichen Interesse liegt, Staatsbürger beruflich in An-

---

[1] BVerfG, Beschl. v. 9.2.1989 – 1 BvR 1165/87, ZIP 1989, 382; BGH, Beschl. v. 15.1.2004 – IX ZB 96/03, ZIP 2004, 417.

Berechnungsgrundlage § 1

spruch, dann erweist es sich – unabhängig davon, ob die Aufgabenerfüllung freiwillig oder gezwungenermaßen erfolgt – als übermäßige, durch keine Gründe des Gemeinwohls gerechtfertigte Einschränkung der freien Berufsausübung (Art. 12 Abs. 1 GG), diese Tätigkeit nicht durch eine angemessene Vergütung zu entlohnen.[2] Der Staat hat also sicherzustellen, dass der Insolvenzverwalter eine auch seine persönlichen Bedürfnisse deckende Vergütung enthält.[3] Regelungen für die Vergütung beruflicher Leistungen und hierauf gründende Entscheidungen, die auf die Einnahmen, welche durch eine berufliche Tätigkeit erzielt werden können, und damit auch auf die Existenzerhaltung von nicht unerheblichem Einfluss sind, greifen in die Freiheit der Berufsausübung ein.[4]

Gemäß § 63 Abs. 1 Satz 1 InsO muss gleichwohl lediglich der Auslagenersatz angemessen sein. Die **Angemessenheit** der Vergütung als solcher ergibt sich aus § 63 Abs. 1 Satz 3 InsO, der seine Ausprägung in § 3 InsVV findet. 3

2. Anwendungsbereich

Die Ermittlung der Berechnungsgrundlage nach § 1 InsVV betrifft zunächst den **Insolvenzverwalter**. § 1 InsVV findet ferner Anwendung für den **Insolvenzverwalter im Verbraucherinsolvenzverfahren**, wenngleich diese Rechtsfigur überhaupt nicht existiert (§ 13 Rz. 61); es handelt sich um einen „normalen" Insolvenzverwalter. Dieses Problem wird jedoch erst auf Ebene der Mindestvergütung nach § 13 InsVV virulent. Für die bis zum 30.6.2014 beantragten Insolvenzverfahren enthielt § 13 Abs. 1 Satz 1 InsVV a. F.[5] eine Spezialregelung für den **Treuhänder im vereinfachten Insolvenzverfahren** alten Rechts,[6] jedoch nur im Hinblick auf die Ermittlung der Regelvergütung, nicht im Hinblick auf die Berechnungsgrundlage, für die ebenfalls § 1 InsVV Anwendung findet. Auch für die Berechnungsgrundlage der Vergütung des **Sachwalters** findet § 1 InsVV wegen der Bezugnahme auf die Vergütung des Insolvenzverwalters in §§ 274 Abs. 1, 63 Abs. 1 Satz 1, 65 InsO, § 12 Abs. 1 InsVV Anwendung. Grundsätzlich gilt dies auch für die Vergütung des **vorläufigen Sachwalters** (§ 12 Rz. 118 ff.). 4

Keine direkte Anwendung findet § 1 InsVV auf die Vergütung des **vorläufigen Insolvenzverwalters**, da § 63 Abs. 3 InsO, § 11 Abs. 1 InsVV eine eigene Berechnungsgrundlage vorsehen, die sich nicht an einer Schlussrechnung orientiert. Allenfalls einzelne Vorgaben des § 1 Abs. 2 InsVV können unter analoger Anwendung Berücksichtigung finden (§ 11 Rz. 97 ff.). Auch für den **Treuhänder in der Wohlverhaltensphase** regelt § 14 Abs. 1 InsVV eine eigenständige Berechnungs- 5

---

2) BVerfG, Urt. v. 1.7.1980 – 1 BvR 349/75, 1 BvR 378/76, NJW 1980, 2179; BGH, Urt. v. 5.12.1991 – IX ZR 275/90, ZIP 1992, 120.
3) BGH, Urt. v. 5.12.1991 – IX ZR 275/90, ZIP 1992, 120.
4) BVerfG, Beschl. v. 31.8.2005 – 1 BvR 700/05, ZIP 2005, 1694.
5) § 13 InsVV geändert durch das Gesetz zur Verkürzung des Restschuldbefreiungsverfahrens und zur Stärkung der Gläubigerrechte v. 15.7.2013 (BGBl. I 2013, 2379), siehe Anh. XII Rz. 101.
6) § 313 InsO aufgehoben durch das Gesetz zur Verkürzung des Restschuldbefreiungsverfahrens und zur Stärkung der Gläubigerrechte v. 15.7.2013 (BGBl. I 2013, 2379), siehe Anh. XII Rz. 83.

grundlage; gleichwohl kommt eine analoge Anwendung einzelner Vorgaben des § 1 Abs. 2 InsVV in Betracht (§ 14 Rz. 26 ff.).

6 *Keine Anwendung* findet § 1 InsVV auf die Vergütung der **Mitglieder des Gläubigerausschusses,** da mit § 17 Abs. 1 Satz 1 InsVV ein eigenständiger Lösungsansatz gewählt wurde.

7 Die Vergütung eines **Sonderinsolvenzverwalters** richtet sich nach den Regelungen der §§ 63 – 65 InsO,[7] da auch §§ 56, 58, 59 InsO[8] – in bestimmten Fällen auch § 57 InsO[9] – für ihn gelten. Ist die Tätigkeit des Sonderinsolvenzverwalters mit derjenigen eines Insolvenzverwalters vergleichbar, was für den *Regelfall* des § 92 Satz 2 InsO widerlegbar zu vermuten ist,[10] kommt eine Ermittlung der Vergütung nach §§ 1 – 3 InsVV in Betracht. Dann ergeben sich für die Anwendung des § 1 InsVV keine nennenswerten Besonderheiten. Freilich kann als Einnahme, Ausgabe oder Wert der Masse immer nur das herangezogen werden, was dem Aufgabengebiet und Einfluss des Sonderinsolvenzverwalters unterfällt. Nach Feststellung der Berechnungsgrundlage muss ein angemessener Bruchteil der Regelvergütung des § 2 Abs. 1 InsVV ermittelt werden, wobei sich ein allgemeiner Prozentsatz jedoch verbietet, was auf billiges Ermessen hinausläuft und eine Mindestvergütung ausschließt;[11] die Festsetzung des angemessenen Bruchteils erfolgt durch den Tatrichter.[12] Analog § 3 InsVV sind Zu- und Abschläge möglich,[13] wenngleich die entsprechenden Überlegungen aus bereits in der Bruchteilsfindung eingearbeitet werden können. Hat der Sonderinsolvenzverwalter in *Ausnahmefällen* lediglich die Aufgabe, einzelne Ansprüche zu prüfen, zur Tabelle anzumelden oder anderweitig rechtlich durchzusetzen, so ist seine Tätigkeit nicht mehr mit derjenigen eines Insolvenzverwalters vergleichbar. In diesem Fall kann die Vergütung jedenfalls nicht höher festgesetzt werden als sie nach § 5 InsVV beansprucht werden könnte,[14] wobei nur die Idee des § 5 InsVV angesprochen wird, um rechtstechnisch über eine Norm der InsVV zu anderen Gebührenordnungen gelangen zu können. Daher kann sich die Vergütung betragsmäßig auch aus der Anwendung von RVG[15] oder StBVV[16] ergeben,[17] was die Festsetzungsbefugnis des Insolvenzgerichts gemäß § 64 InsO nicht beseitigt.[18] Der *Unterschied* zwischen Regelfall und Ausnahme be-

---

7) BGH, Beschl. v. 29.5.2008 – IX ZB 303/05, Rz. 11, ZIP 2008, 1294; BGH, Beschl. v. 26.3.2015 – IX ZB 62/13, ZIP 2015, 1034.
8) BGH, Beschl. v. 29.5.2008 – IX ZB 303/05, Rz. 18, ZIP 2008, 1294.
9) Zimmer, Haftung des eingewechselten Insolvenzverwalters, S. 163 ff.
10) Vgl. BGH, Beschl. v. 21.1.2010 – IX ZB 163/08, ZInsO 2010, 399.
11) BGH, Beschl. v. 29.5.2008 – IX ZB 303/05, ZIP 2008, 1294.
12) BGH, Beschl. v. 29.5.2008 – IX ZB 303/05, Rz. 21, ZIP 2008, 1294.
13) BGH, Beschl. v. 29.5.2008 – IX ZB 303/05, Rz. 22, ZIP 2008, 1294.
14) BGH, Beschl. v. 29.5.2008 – IX ZB 303/05, Rz. 24, ZIP 2008, 1294.
15) Gesetz über die Vergütung der Rechtsanwältinnen und Rechtsanwälte (Rechtsanwaltsvergütungsgesetz – RVG) v. 5.5.2004 (BGBl. I 2004, 718, 788).
16) Vergütungsverordnung für Steuerberater, Steuerbevollmächtigte und Steuerberatungsgesellschaften (Steuerberatervergütungsverordnung – StBVV) v. 17.12.1981 (BGBl. I 1981, 1442).
17) BGH, Beschl. v. 26.3.2015 – IX ZB 62/13, ZIP 2015, 1034 (RVG).
18) BGH, Beschl. v. 29.5.2008 – IX ZB 303/05, Rz. 26, ZIP 2008, 1294.

Berechnungsgrundlage § 1

stimmt sich im Wesentlichen anhand der Frage, ob der Sonderinsolvenzverwalter auf Basis eines nahezu vollständig ermittelten Sachverhalts tätig wird (Ausnahme) oder die vorherige Sachverhaltsermittlung wie bei einem Insolvenzverwalter gerade zum integralen Bestandteil seiner Tätigkeit gehört.[19]

Eine Besonderheit bei der Anwendung des § 1 InsVV ergibt sich beim **Verfahrenskoordinator** in der nationalen Konzerninsolvenz (Rz. 190 ff.). Keine Anwendung dürfte § 1 InsVV für die Vergütung des **Gruppenkoordinators** bei innereuropäisch grenzüberschreitenden Konzerninsolvenzen finden (Rz. 195 ff.). 8

3. Grundprinzipien der Ermittlung

Da die InsVV Bestandteil des Kostenrechts[20] und das Insolvenzverfahren ein Gerichtsverfahren ist, bedarf es zunächst der Bestimmung eines **Gegenstandswerts**. Insoweit rekurriert § 63 Abs. 1 Satz 2 InsO auf den Wert der Insolvenzmasse zum Zeitpunkt der *Verfahrensbeendigung*. § 1 Abs. 1 Satz 1 InsVV präzisiert dies zunächst dahingehend, dass der Wert der Insolvenzmasse anhand der nach § 66 Abs. 1 Satz 1 InsO zu erstellenden *Schlussrechnung* zu bestimmen ist. Der zeitlichen Differenz zwischen Schlussrechnung und Verfahrensbeendigung wird dadurch Rechnung getragen, dass bei Einreichung von Schlussrechnung und Vergütungsantrag im Grundsatz auch die noch zu erwartenden Einnahmen berücksichtigt werden können (Rz. 151 ff.). Ferner kann aufgrund einer Zweitfestsetzung auch nach Verfahrensbeendigung dasjenige berücksichtigt werden, was zwischen Erstantrag und Verfahrensbeendigung die Berechnungsgrundlage verändert.[21] Üblicherweise wird der Gegenstandswert *Berechnungsgrundlage* oder (historisch) *vergütungsrechtliche Teilungsmasse* genannt, wenngleich *Gegenstandswert* der zutreffende Begriff ist. 9

Anhand des Gegenstandswerts ist – wie im Kostenrecht üblich – eine Gebühr zu bestimmen. Dies erfolgt durch Anwendung des § 2 Abs. 1 InsVV und führt zu einer **Regelvergütung** bzw. bei Nichterreichen eines Mindestwerts zu einer Mindestvergütung (§ 2 Abs. 2 InsVV). Auf Basis der Berechnungsgrundlage und der Regelvergütung handelt es sich folglich zunächst um eine *Erfolgsvergütung*, da sich die Berechnungsgrundlage im Regelfall aus Einnahmen abzüglich bestimmter Ausgaben zusammensetzt, mithin einen Tätigkeitserfolg abbildet. 10

Die Anforderung des § 63 Abs. 1 Satz 3 InsO an eine Anpassung der Vergütung an den konkreten Einzelfall erfüllt § 3 InsVV durch die Möglichkeit von **Zu- oder Abschlägen** auf die bzw. von der Regelvergütung. Auf dieser Ebene wird die Vergütung des Insolvenzverwalters zur *Tätigkeitsvergütung*, da die Regelvergütung nun an den Aufwand des Insolvenzverwalters angepasst werden kann und muss. Gleichwohl ist zu beachten, dass andere Normen des Kostenrechts, wie z. B. § 4 Abs. 1 RVG, verlangen, dass die Vergütung in einem angemessenen Verhältnis nicht nur zur Leistung, sondern auch zur Verantwortung und zum Haftungsrisiko des Vergütungsberechtigten stehen muss. Insoweit wohnt der Vergütung nach §§ 1–3 InsVV auch ein Anspruch auf eine *Risikoprämie* inne. 11

---

19) Vgl. BGH, Beschl. v. 21.1.2010 – IX ZB 163/08, ZInsO 2010, 399.
20) *Zimmer*, ZVI 2004, 662.
21) BGH, Beschl. v. 20.7.2017 – IX ZB 75/16, ZIP 2017, 1629.

§ 1 Berechnungsgrundlage

12 Damit ist im Grundsatz eine *Zeitvergütung* ausgeschlossen. Ausnahmen hiervon können sich im Anwendungsbereich des § 6 Abs. 2 InsVV (Vergütung für die Überwachung eines Insolvenzplans) ergeben.

13 Dass sich dennoch im Einzelfall ergeben kann, dass die Vergütung nicht auskömmlich ist, soll vom Insolvenzverwalter im Hinblick auf den Grundsatz der *Querfinanzierung* hinzunehmen sein (hierzu § 3 Rz. 44 ff.).[22]

14 Der **Auslagenersatz**, der seine Anspruchsgrundlage ebenfalls in § 63 Abs. 1 Satz 1 InsO findet, wird durch die Regelungen der §§ 8 Abs. 3, 4 Abs. 2 und 3 Satz 2 InsVV präzisiert.

4. Festsetzungsverfahren und Vergütungsvereinbarungen

15 Das **Festsetzungsverfahren** ist in § 64 InsO geregelt, § 8 Abs. 1 und 2 InsVV enthält nur geringfügige Ergänzungen.

16 **Vergütungsvereinbarungen** mit dem *Schuldner* sind unzulässig; gleichwohl getroffene Vereinbarungen sind gemäß § 134 BGB nichtig.[23] Nichts anderes gilt für Vereinbarungen zwischen dem eigenverwaltenden Schuldner (§§ 270 ff. InsO) und dem Sachwalter.[24] Entsprechende Vereinbarungen mit dem *Insolvenzgericht* vor der Bestellung als Insolvenzverwalter in einem Insolvenzverfahren, in dem gemäß §§ 4a ff. InsO Stundung der Verfahrenskosten gewährt werden soll, waren einmal angedacht,[25] sind aber nicht Gesetz geworden. In Insolvenzplänen ist eine Vereinbarung mit den *Insolvenzgläubigern* ebenfalls nicht möglich,[26] allenfalls eine freiwillige Selbstbeschränkung des Vergütungsberechtigten soll möglich sein.[27] Insgesamt stehen hier der *Amtsermittlungsgrundsatz* des § 5 Abs. 1 InsO und die alleinige Festsetzungsbefugnis des Insolvenzgerichts nach § 64 Abs. 1 InsO im Vordergrund, sodass die Dispositionsmaxime des Zivilprozessrechts nicht gelten kann. Sinn und Zweck eines Insolvenzplans stehen dem freilich konträr gegenüber, sodass eine Änderung de lege ferenda sinnvoll scheint.

---

22) BGH, Beschl. v. 25.6.2009 – IX ZB 118/08, ZInsO 2009, 1511; BGH, Beschl. v. 12.1.2012 – IX ZB 97/11, ZInsO 2012, 300.
23) RG, Urt. v. 15.4.1935 – VI 561/34, RGZ 147, 366, 367; BGH, Urt. v. 20.10.1976 – II ZR 215/75, WM 1977, 256; BGH, Urt. v. 14.10.1981 – IVa ZR 317/80, NJW 1982, 185, 186.
24) BGH, Beschl. v. 22.9.2016 – IX ZB 71/14, Rz. 72, ZIP 2016, 1981; OLG Dresden, Urt. v. 15.10.2014 – 13 U 1605/13, ZIP 2015, 1937, dazu EWiR 2015, 707 *(Zimmer)*; *Frind*, ZInsO 2013, 2302; *Vill*, ZInsO 2015, 2245; *Zimmer*, ZInsO 2013, 2305, 2310.
25) Art. 1 Nr. 19 des Entwurfs eines Gesetzes zur Änderung der Insolvenzordnung, des Kreditwesengesetzes und anderer Gesetze v. 16.9.2004, ZIP 2004, 1868.
26) BGH, Beschl. v. 16.2.2017 – IX ZB 103/15, ZIP 2017, 482, dazu EWiR 2017, 179 *(Madaus)*; LG Mainz, Beschl. v. 2.11.2015 – 8 T 182/15, ZIP 2016, 587; AG Hamburg, Beschl. v. 19.4.2016 – 67c IN 232/13, ZIP 2016, 2492; AG Köln, Beschl. v. 6.4.2016 – 74 IN 45/15, ZIP 2016, 1240; *Ganter*, ZIP 2014, 2323, 2333; *Keller*, ZIP 2014, 2014, 2017; *Laroche/Pruskowski/Schöttler/Siebert/Vallender*, ZIP 2014, 2153, 2160; *Madaus*, ZIP 2016, 1141, 1149; *Madaus/Heßel*, ZIP 2013, 2088; *Schöttler*, NZI 2014, 852; a. A. LG Heilbronn, Beschl. v. 25.3.2015 – Bm 1 T 130/15, ZInsO 2015, 910, 911; LG München I, Beschl. v. 2.8.2013 – 14 T 16050/13, ZInsO 2013, 1966; LG Münster, Beschl. v. 1.10.2016 – 5 T 526/15, ZIP 2016, 1179; AG Hannover, Beschl. v. 6.11.2015 – 908 IK 1886/13-7, ZIP 2015, 2385.
27) BGH, Beschl. v. 16.2.2017 – IX ZB 103/15, ZIP 2017, 482, dazu EWiR 2017, 179 *(Madaus)*; a. A. AG Hamburg, Beschl. v. 19.4.2016 – 67c IN 232/13, ZIP 2016, 2492; kritisch auch *Blankenburg*, ZInsO 2017, 531.

Die vorstehenden Grundsätze des Verbots von Vergütungsvereinbarungen gelten für Vergütungen, die der Ermittlung nach §§ 1–3 InsVV unterfallen. Daneben existieren Vergütungen für eine geschuldete, aber nicht von §§ 1–3 InsVV erfasste Tätigkeit. So stellt die *Verwaltung und Verwertung von Absonderungsgut* möglicherweise eine Geschäftsbesorgung des Insolvenzverwalters für den Absonderungsgläubiger dar.[28] Entsprechende Vergütungen hierfür gebühren jedoch der Masse, nicht dem Insolvenzverwalter persönlich. Gesetzliche Vergütungen der Masse sind insoweit die Kostenbeiträge nach §§ 170, 171 InsO; für frei vereinbarte Vergütungen (frei ausgehandelte Kostenbeiträge) gilt nichts anderes.[29] Anders ist dies im Anwendungsbereich des § 5 InsVV, wonach der Insolvenzverwalter der Masse eine gesonderte – eigene – Vergütung für den *Einsatz besonderer Sachkunde* entnehmen kann. *Nicht geschuldete Tätigkeiten* sind ohnehin nicht vergütungsfähig (Rz. 30), sodass es auf die Thematik der Vergütungsvereinbarung nicht ankommen kann.

17

5. Entstehung und Fälligkeit

Der **Vergütungsanspruch entsteht** weder mit Eröffnung des Insolvenzverfahrens noch durch die Festsetzung seitens des Gerichts, sondern sukzessive mit der tatsächlichen *Arbeitsleistung* des Insolvenzverwalters.[30]

18

Fälligkeit tritt nach allgemeinen Grundsätzen des Kostenrechts mit der *Erledigung des Geschäfts* ein. Da dies erst der Zeitpunkt wäre, in dem das Insolvenzverfahren durch gerichtlichen Beschluss aufgehoben oder eingestellt wird, bedarf es freilich einer teleologischen Anpassung. Zeigt der Insolvenzverwalter durch Einreichung einer Schlussrechnung nebst erläuterndem Schlussbericht an, dass die Masse verwertet wurde, sodass (nach einem Schlusstermin) eine Verteilung der Erlöse an die Insolvenzgläubiger möglich ist, kann der Insolvenzverwalter gemäß § 8 Abs. 1 Satz 3 InsVV die Festsetzung seiner Vergütung beantragen; dann muss dieser Zeitpunkt denklogisch auch die Fälligkeit der Vergütung auslösen. Abgesehen von diesem Regelfall tritt Fälligkeit ein mit der *Entlassung* des Insolvenzverwalters gemäß § 59 InsO,[31] mit *Versterben* des Insolvenzverwalters oder mit einer gläubigerveranlassten *Auswechselung* des Insolvenzverwalters nach §§ 56a, 57 InsO.

19

6. Vergütungsschuldner

Vergütungsschuldner ist stets der **Schuldner**[32] mit seinem insolvenzbefangenen Vermögen.[33] Die Bezugnahme auf die Masse betrifft allerdings nur das freie Ent-

20

---

28) BFH, Urt. v. 18.8.2005 – V R 31/04, ZIP 2005, 2119 (frei vereinbarte Kostenbeiträge); BFH, Urt. v. 28.7.2011 – V R 28/09, ZInsO 2011, 1904 (Kostenpauschale für „kalte" Zwangsverwaltung, obiter dictum zum gesetzlichen Verwertungskostenbeitrag); BMF-Schreiben v. 30.4.2014, IV D 2 – S 7100/07/10037, ZInsO 2014, 1000 = BStBl. 2014 I, S. 816 (Dreifachumsatz bei gesetzlichem Verwertungskostenbeitrag).
29) BGH, Beschl. v. 14.7.2016 – IX ZB 31/14, ZInsO 2016, 1693.
30) BGH, Urt. v. 5.12.1991 – IX ZR 275/90, NJW 1992, 692, dazu EWiR 1992, 173 *(Uhlenbruck)*; BGH, Beschl. v. 1.10.2002 – IX ZB 53/02, ZIP 2002, 2223; BGH, Beschl. v. 4.12.2003 – IX ZB 69/03, ZInsO 2004, 268; *Pape*, ZIP 1986, 756, 761.
31) BGH, Beschl. v. 10.11.2005 – IX ZB 168/04, ZIP 2006, 93.
32) BGH, Urt. v. 13.12.2007 – IX ZR 196/06, ZIP 2008, 228.
33) BGH, Urt. v. 13.7.1964 – II ZR 218/61, WM 1964, 1125.

nahmerecht des Insolvenzverwalters; im Übrigen ist der Schuldner auch mit insolvenzfreiem Vermögen Vergütungsschuldner, nur dass es hinsichtlich des nicht durch die Masse gedeckten Betrages einer Einzelzwangsvollstreckung des Insolvenzverwalters gegen den Schuldner bedarf, was freilich meist an der Werthaltigkeit des Anspruchs scheitert. Bei einer gemäß §§ 4a ff. InsO gewährten Verfahrenskostenstundung ist eine *Sekundärhaftung* der **Staatskasse** zu prüfen (§ 8 Abs. 183 ff.). Außerhalb einer solchen Stundung ist eine Haftung der Staatskasse nicht gegeben. Etwas anderes – und ggf. eine Haftung eines **Insolvenzgläubigers** – könnte für die Vergütung des vorläufigen Insolvenzverwalters bei Nichteröffnung des Insolvenzverfahrens gelten (§ 11 Rz. 138 ff.).

7. Verjährung

21 Der noch nicht durch Beschluss des Insolvenzgerichts titulierte Vergütungsanspruch unterliegt der **Regelverjährung** von drei Jahren (§ 195 BGB).[34] Durch Eingang des Vergütungsantrags beim zuständigen Insolvenzgericht tritt Hemmung der Verjährung ein.[35] Im eröffneten Insolvenzverfahren kann der Vergütungsanspruch daher nicht verjähren.[36] Die rechtskräftig festgesetzte Vergütung unterliegt der 30-jährigen **Titelverjährung** der §§ 197 Abs. 1 Nr. 3, 201 Satz 1 BGB.

8. Verwirkung

22 Die Vergütung des Insolvenzverwalters soll ausnahmsweise bei schweren Pflichtverstößen der Verwirkung unterfallen können (§ 8 Rz. 114 ff.).

9. Reformvorschläge

23 Da die Regelvergütung seit Einführung von InsO/InsVV zum 1.1.1999 nicht angepasst wurde und das Vergütungsrecht auch aus anderen Gründen und Perspektiven in der Kritik steht, wurden im Jahr 2014 drei unterschiedliche **Reformvorschläge** unterbreitet,[37] die jedoch noch kein Handeln des Gesetz- oder Verordnungsgebers zur Folge hatten.

II. Normzweck und Rechtsnatur des § 1 InsVV

24 Gemäß § 63 Abs. 1 Satz 2 InsO bestimmt sich die Vergütung des Insolvenzverwalters auf Basis der Anspruchsgrundlage in § 63 Abs. 1 Satz 1 InsO nach dem Wert der Insolvenzmasse. § 1 InsVV enthält Regelungen zur Berechnung dieses Werts, sodass § 1 InsVV **wertausfüllenden Charakter** hat und die **Berechnungsgrundlage** definiert. Da § 1 Abs. 1 Satz 1 InsVV auf die Schlussrechnung, die aus Einnahmen und Ausgaben besteht, Bezug nimmt, sind folglich die maßgeblichen Einnahmen und Ausgaben im Lichte ihrer Vergütungsrelevanz zu prüfen. § 1 Abs. 2 InsVV soll diese Details klären, enthält aber lediglich Aussagen zu bestimmten Sachverhalten

---

34) BGH, Beschl. v. 29.3.2007 – IX ZB 153/06, NZI 2007, 397; siehe auch die Überleitungsvorschrift Art. 229 § 6 Abs. 1 Satz 1 und Abs. 4 Satz 1 EGBGB.
35) BGH, Beschl. v. 29.3.2007 – IX ZB 153/06, NZI 2007, 397; *Zimmer*, ZVI 2004, 662.
36) BGH, Beschl. v. 22.9.2010 – IX ZB 195/09, NZI 2010, 977 (vorläufiger Insolvenzverwalter).
37) *Verband Insolvenzverwalter Deutschlands e. V. (VID)*, Beilage 1 zu ZIP 28/2014; *Neue Insolvenzverwaltervereinigung Deutschlands e. V. (NIVD)*, ZInsO 2014, 941; *Gläubigerforum/Haarmeyer*, ZInsO 2014, 650.

Berechnungsgrundlage § 1

und Ausgaben; ungeschriebenes Tatbestandsmerkmal für die Ermittlung der Berechnungsgrundlage ist folglich zunächst die Einbeziehung sämtlicher Einnahmen. Insgesamt stellt diese erste Variante der Berechnung ganz wesentlich auf *bereits erfolgte Geschäftsvorfälle* ab. Für den Fall, dass ein Insolvenzverfahren nach Bestätigung eines Insolvenzplans aufgehoben oder durch Einstellung vorzeitig beendet wird, gibt § 1 Abs. 1 Satz 2 InsVV als zweite Variante die Ermittlung der Berechnungsgrundlage durch *Schätzung* vor. In Einzelfällen hat die *Kombination beider Varianten* zu erfolgen.

Gemäß § 5 Abs. 1 InsO hat das Insolvenzgericht von Amts wegen alle Umstände 25 zu ermitteln, die für das Insolvenzverfahren von Bedeutung sind. Daher könnte vertreten werden, das Insolvenzgericht müsse die Berechnungsgrundlage selbst ermitteln. Insoweit wären die Schlussrechnung bzw. die Unterlagen zur Schätzung der Berechnungsgrundlage lediglich Ergebnis einer Mitwirkungspflicht[38] des Insolvenzverwalters. Da es sich jedoch bei dem Vergütungsfestsetzungsverfahren um den Bestandteil eines Gerichtsverfahrens handelt, tritt der Insolvenzverwalter hinsichtlich seiner Vergütung als Antragsteller auf, sodass die vorgenannten Unterlagen prozessual als **Sachvortrag des Insolvenzverwalters** zu werten sind, d. h., die Ermittlung der Berechnungsgrundlage unterfällt nicht dem Amtsermittlungsgrundsatz.[39] Dieser Sachvortrag kann und muss allerdings im Wege der Amtsermittlung geprüft werden, was wegen § 5 Abs. 2 InsO einem Sachverständigen übertragen werden kann, der gemäß § 4 InsO, §§ 402 ff. ZPO ein unterstützendes Gutachten zu erstellen hat. Auch der Insolvenzverwalter kann ein solches Gutachten veranlassen, wobei es sich prozessual um ein Privatgutachten handelt, dessen Kosten aus Gründen der Waffengleichheit dem § 4 Abs. 2 InsVV zuzuordnen sind.

III. Historie

Die Norm ist seit Einführung der InsVV zum 1.1.1999[40] unverändert. 26

IV. Berechnungsgrundlage im Regelfall (§ 1 Abs. 1 Satz 1 InsVV)

1. Einleitung/Schlussrechnung

Der **Regelfall** eines Insolvenzverfahrens geht von einer vollständigen Masseverwer- 27 tung aus (§ 1 Satz 1 InsO), der zu einer *Schlussrechnung* (§ 66 Abs. 1 Satz 1 InsO), einem Schlusstermin (§ 197 InsO) und einer Schlussverteilung an die Insolvenzgläubiger (§§ 1 Satz 1, 187 ff. InsO) führt. In diesem Fall ist die Schlussrechnung für die Ermittlung der Berechnungsgrundlage heranzuziehen (§ 1 Abs. 1 Satz 1 InsVV). In anderen Fällen gilt nach § 1 Abs. 1 Satz 2 InsVV als **Ausnahme**, dass auf den *Schätzwert* der Masse zu rekurrieren ist (Rz. 162 ff.).

Ein nicht unwesentliches Problem liegt darin, dass weder die InsO noch die InsVV 28 den Inhalt oder Aufbau einer **Schlussrechnung** vorgeben. Insoweit ist nach §§ 666, 259 Abs. 1 BGB eine simple *Einnahmen-Ausgaben-Rechnung* geschuldet,[41] wes-

---

38) Vgl. amtliche Überschrift zu §§ 140 ff. AO.
39) BGH, Beschl. v. 9.6.2005 – IX ZB 284/03, ZInsO 2005, 757.
40) Insolvenzrechtliche Vergütungsverordnung (InsVV) v. 19.8.1998 (BGBl. I 1998, 2205), siehe Anh. III.
41) Hierzu *Zimmer*, Insolvenzbuchhaltung, Rz. 26 ff.

wegen sich hartnäckig der veraltete Begriff des „Kassenbuchs" hält.[42] Inzwischen existiert jedoch ein *Standardisierter Kontenplan* (SKR-InsO),[43] der auf den Grundprinzipien der handelsrechtlichen (doppelten) Buchführung[44] und den Grundsätzen ordnungsmäßiger Buchführung (GoB)[45] beruht und die meisten Insolvenz(-vergütungs-)spezifika berücksichtigt. Insoweit ist die Schlussrechnung kein Mysterium mehr, sondern das *Ergebnis laufender Buchführung*. Schon früher wurde darauf hingewiesen, dass die Schlussrechnung keine bloße Zusammenstellung der Einnahmen und Ausgaben, sondern eine Übersicht über die gesamte Geschäftsführung des Konkursverwalters sei.[46] Es ist jedoch stets darauf zu achten, dass die für § 1 InsVV relevante Schlussrechnung *ausschließlich das eröffnete Verfahren* betrifft. Manche Schlussrechnung in der Praxis bezieht sich irrig auf das gesamte Insolvenzverfahren einschließlich vorläufiger Verwaltung. Die Schlussrechnung ist gemäß § 66 Abs. 2 Satz 1 InsO *vom Insolvenzgericht zu prüfen*. Aufgrund § 5 Abs. 1 Satz 2 InsO kann das Insolvenzgericht einen Sachverständigen mit der Prüfung beauftragen (Rz. 25). Dies war zwar streitig,[47] jedoch wurde eine Verfassungsbeschwerde gegen die Einholung derartiger Gutachten nicht zur Entscheidung angenommen.[48] Die Schlussrechnung ist mit einem Prüfungsvermerk des Insolvenzgerichts *auf der Geschäftsstelle des Insolvenzgerichts auszulegen* (§ 66 Abs. 2 Satz 2 InsO). Dem Telos der §§ 69, 66 Abs. 2 Satz 2 InsO lässt sich entnehmen, dass zuvor auch eine Prüfung durch den Gläubigerausschuss zu erfolgen hat.[49]

29 Da die von § 1 Abs. 1 Satz 1 InsVV angesprochene Schlussrechnung rechtlich identisch ist mit derjenigen, die nun nach § 66 Abs. 1 Satz 1 InsO *der Gläubigerversammlung vorzulegen* ist, besteht Gelegenheit zur *Erörterung* in der Gläubigerversammlung. Regelmäßig wird es sich um den Schlusstermin handeln, für den eine solche Erörterung ausdrücklich vorgesehen ist (§ 197 Abs. 1 Satz 2 Nr. 1 InsO). Nichts anderes gilt jedoch wegen der imperativen Wirkung des § 66 Abs. 1 Satz 1 InsO für jede Art der Verfahrensbeendigung, denn gleich wie das Verfahren beendet wird hat der Insolvenzverwalter die Pflicht, gegenüber einer abschließenden Gläubigerversammlung Rechenschaft über die Insolvenzverwaltung abzulegen, da Rechnungslegung und Rechenschaftslegung Synonyme sind. Daraus ließe sich zutreffend ableiten, dass die *Festsetzung der Vergütung* auf Basis der Schlussrechnung nicht vor einer solchen abschließenden Gläubigerversammlung zulässig ist.[50] Ferner ließe sich folgern, nach einer solchen Gläubigerversammlung hätte eine in der Gläubigerversammlung nicht beanstandete Schlussrechnung für die Vergütungsfestsetzung *bindende Wirkung*.[51] Dies allerdings

---

42) Hierzu *Zimmer*, Insolvenzbuchhaltung, Rz. 234 ff.
43) Hierzu *Zimmer*, Insolvenzbuchhaltung, Rz. 49, 486 ff.
44) Hierzu *Zimmer*, Insolvenzbuchhaltung, Rz. 241 ff.
45) Hierzu *Zimmer*, Insolvenzbuchhaltung, Rz. 263 ff.
46) Begründung zum Entwurf einer Verordnung über die Vergütung des Konkursverwalters, des Vergleichsverwalters, der Mitglieder des Gläubigerausschusses und der Mitglieder des Gläubigerbeirats (Bundesanzeiger Nr. 127 v. 6.7.1960, S. 4), siehe Anh. I Rz. 24.
47) Ausführlich *Zimmer*, Insolvenzbuchhaltung, Rz. 1159 ff.
48) BVerfG, Beschl. v. 10.2.2016 – 2 BvR 212/15 (n. v.).
49) Hierzu *Zimmer*, Insolvenzbuchhaltung, Rz. 1138 ff.
50) Vgl. auch *Haarmeyer/Mock*, InsVV, § 1 Rz. 44.
51) Leonhardt/Smid/Zeuner/*Amberger*, InsVV, § 1 Rz. 6.

Berechnungsgrundlage § 1

scheint unzutreffend zu sein, da sonst das Beschwerderecht der Insolvenzgläubiger nach § 64 Abs. 3 Satz 1 InsO präkludiert sein müsste. Zudem können den Gläubigern nicht die notwendigen vergütungsrechtlichen Kenntnisse unterstellt oder abverlangt werden. Richtig ist die Bindungswirkung des Insolvenzgerichts freilich insoweit, als das Insolvenzgericht keine eigenen Geschäftsvorfälle erfinden kann.[52]

2. Vergütungsfähigkeit und -gegenstand

Zu vergüten sind alle Tätigkeiten, die dem Insolvenzverwalter vom Gesetz oder vom Insolvenzgericht (auch falls rechtlich zweifelhaft[53]) oder von den Verfahrensbeteiligten (Schuldner, Gläubigerversammlung, Gläubigerausschuss) zulässig und wirksam übertragen worden sind.[54] Tätigkeiten, die der Insolvenzverwalter in Überschreitung seiner ihm zukommenden Aufgaben ausgeübt hat, sind nicht vergütungsfähig.[55] Dieser Grundsatz ist bei allen relevanten Normen der InsVV anzuwenden, folglich auch bei der Berechnungsgrundlage nach § 1 InsVV. Insoweit muss der **Vergütungsgegenstand** aus der InsO resultieren. So ist z. B. ein Pflichtteilsanspruch, zu dessen Verfolgung der *Schuldner* den Insolvenzverwalter ermächtigt hat, in die Berechnungsgrundlage einzubeziehen.[56] Nichts anderes gilt für die Einnahmen aus Insolvenzanfechtung in einem vereinfachten Insolvenzverfahren alten Rechts,[57] wenn die *Gläubigerversammlung* den Treuhänder alten Rechts[58] hierzu beauftragt hatte,[59] oder für die Einnahmen aus der Führung eines Rechtsstreits, die ein zuständiges *Gläubigerorgan* dem Insolvenzverwalter gegen dessen Empfehlung aufgegeben hatte.

3. Grundprinzip (Übersicht)

Das Grundprinzip der Ermittlung der Berechnungsgrundlage lässt sich im Stile einer Cash-Flow-Rechnung durch Aufteilung (ohne Berücksichtigung von Sonderfällen) in drei Fonds wie folgt darstellen:

Sachverhalt	Berechnungsgrundlage
Einnahmen aus der Verwaltung und Verwertung von Absonderungsgut	
./. Auskehrungen vorgenannter Einnahmen an Absonderungsgläubiger	

---

52) *Graeber/Graeber*, InsVV, § 1 Rz. 7; *Haarmeyer/Mock*, InsVV, § 1 Rz. 46.
53) BGH, Beschl. v. 21.7.2016 – IX ZB 70/14, Rz. 70, ZIP 2016, 1592 (Sachwalter).
54) BGH, Beschl. v. 21.7.2016 – IX ZB 70/14, Rz. 61, ZIP 2016, 1592 (Sachwalter).
55) BGH, Beschl. v. 21.7.2016 – IX ZB 70/14, Rz. 61, ZIP 2016, 1592 (Sachwalter).
56) BGH, Beschl. v. 11.6.2015 – IX ZB 18/13, ZInsO 2015, 1636 (hier nur als Schätzwert, da es um die Vergütung eines vorzeitig entlassenen Treuhänders im vereinfachten Insolvenzverfahren ging).
57) §§ 312–314 InsO aufgehoben durch das Gesetz zur Verkürzung des Restschuldbefreiungsverfahrens und zur Stärkung der Gläubigerrechte v. 15.7.2013 (BGBl. I 2013, 2379), siehe Anh. XII.
58) § 313 InsO aufgehoben durch das Gesetz zur Verkürzung des Restschuldbefreiungsverfahrens und zur Stärkung der Gläubigerrechte v. 15.7.2013 (BGBl. I 2013, 2379), siehe Anh. XII Rz. 83.
59) BGH, Beschl. v. 26.4.2012 – IX ZB 176/11, ZVI 2012, 318.

§ 1   Berechnungsgrundlage

=	Überschuss Absonderungsgut	Im Grundsatz 0 €, da zivilrechtlich die gesamte Einnahme an den Absonderungsgläubiger auszukehren ist. Anders nur bei sog. Übererlösen.
	Einnahmen Betriebsfortführung	
./.	Ausgaben Betriebsfortführung	
=	Überschuss Betriebsfortführung	Mindestens 0 €, da ein Fortführungsverlust irrelevant ist.
	Einnahmen aus der Verwaltung und Verwertung der Insolvenzmasse einschl. gesetzlicher oder frei vereinbarter Kostenbeiträge im Zusammenhang mit o. g. Absonderungsrechten	Summe aller Einnahmen
./.	*Abwicklungsbedingte Ausgaben bleiben ohne Ansatz*	
=	*Saldo Abwicklung (irrelevant)*	
		Summe Berechnungsgrundlage

Abb. 1: Grundprinzip Berechnungsgrundlage

32   Die drei Salden aus den Fonds Abwicklung, Betriebsfortführung und Absonderung, basierend auf der Erfassung auf *Sachkonten*, müssen in ihrer Summe mit dem Endbestand der *Geldkonten* per Stichtag Schlussrechnung übereinstimmen (Prinzip der doppelten Buchführung).

33   Theoretisch wäre auch eine *rekursive Berechnung* möglich, indem dem Endbestand der Geldkonten die vergütungsrechtlich unbeachtlichen Ausgaben hinzugerechnet werden;[60] dies ist jedoch angesichts der Entwicklungen der letzten Jahre hin zu einer „vollwertigen" Insolvenzbuchhaltung eine eher veraltete Auffassung[61] und führt nicht selten zu Abweichungen, deren Aufklärung unnötig zeitintensiv ist.

4. Einnahmen
a) Grundsatz

34   Wesentlicher Bestandteil der Berechnungsgrundlage – wenngleich ungeschriebenes Tatbestandsmerkmal – sind die bis zum relevanten Stichtag bereits erzielten Einnahmen. Eine Definition der Einnahmen fehlt indes. Grundsätzlich sind **alle Einnahmen** relevant. Dies macht es erforderlich, in die Verwalterbuchführung sämtliche verwendeten und massezugehörigen Kassen und Bankkonten aufzunehmen, einschließlich schuldnerischer Bankkonten.

35   Die systematisch erste aller Einnahmen ist die **Übernahme der Geldbestände aus der vorläufigen Verwaltung**, obgleich sich auf den Kontoauszügen oder im Kassen-

---

60) BerlKommInsO/*Blersch*, § 1 Rz. 21 (Stand: 02/2009); HambKommInsO/*Büttner*, § 1 InsVV Rz. 28; KPB-InsO/*Prasser/Stoffler*, § 1 InsVV Rz. 8 (Stand: 04/2015).
61) Skeptisch auch BGH, Beschl. v. 1.7.2010 – IX ZB 208/08, NZI 2010, 942.

Berechnungsgrundlage § 1

buch[62] gar kein Geschäftsvorfall ergibt. Noch deutlicher kann allerdings nicht zum Ausdruck kommen, dass die Verfahrensabschnitte jeweils eigenständig sind und eigene Vergütungsansprüche der Amtsträger auslösen, selbst wenn Personenidentität besteht. Nichts anderes gilt, wenn bei einem **Verwalterwechsel** die Bestände vom Amtsvorgänger übernommen werden.

Darüber hinaus werden Diskussionen geführt, ob tatsächlich alle *Einzahlungen* auch 36 *Einnahmen* darstellen (zum Unterschied siehe Rz. 47), ob es mithin vergütungsrechtlich unbeachtliche **durchlaufende Posten** gibt; im Einzelnen:

b) Massefremde Einzahlungen

Für die Frage, welche Einzahlungen zugleich Einnahmen darstellen, ist der **Masse-** 37 **begriff der §§ 35–37 InsO** maßgeblich.[63] Vermögensgegenstände, die nach § 36 InsO unpfändbar sind, sind daher im Grundsatz nicht vergütungsrelevant. Hierzu gehört z. B. die Vereinnahmung *unpfändbaren Einkommens*[64] oder von *Schmerzensgeld*[65] bei natürlichen Personen. Auch aus der Betrachtung der Rückzahlung kann nichts anderes geschlossen werden, da es sich hierbei nicht um eine Masseverbindlichkeit i. S. d. § 1 Abs. 2 Nr. 4 Satz 1 InsVV handelt; es entsteht ein Herausgabeanspruch bzw. Aussonderungsanspruch und kein Zahlungsanspruch i. S. e. sonstigen Masseverbindlichkeit. Um massefremde Einzahlungen handelt es sich ferner hinsichtlich der *Übersicherung der Masse*, wenn Schuldner oder Masse als Sicherungsnehmer auftraten; insoweit handelt es sich bei einem die Forderung übersteigenden Erlös aus der Verwertung der Sicherheiten nicht um eine ungerechtfertigte Bereicherung der Masse, sondern um einen Aussonderungsanspruch des Sicherungsgebers.[66]

Zu den massefremden Einzahlungen gehören auch jene aus der **unberechtigten Ver-** 38 **wertung von Aussonderungsgut**. Aussonderungsrechte sind außerhalb der InsO geltend zu machen (§ 47 InsO). Der Aussonderungsanspruch setzt sich als Ersatzaussonderungsanspruch am Verwertungserlös fort, sofern dieser noch unterscheidbar in der Masse vorhanden ist (§ 48 Abs. 2 InsO). Bei Überweisungen auf Kontokorrentkonten (gleichgültig, ob Geschäftskonten, Anderkonten oder Treuhandkonten)[67] ist dies stets der Fall, da die Soll- und Haben-Positionen keine realen Gegenstände sind, die miteinander vermischt oder voneinander getrennt werden könnten.[68] Daher kommt es bei der Ersatzaussonderung nur darauf an, ob ein verfügbares Guthaben besteht. Folglich gilt das Ersatzaussonderungsrecht als erfüllbar, solange das Konto eine *ausreichende Deckung* aufweist.[69] Auszusondern ist der vollständige Erlös, jedoch abzüglich einer bereits von der Masse deklarierten Um-

---

62) Der Begriff Kassenbuch ist reserviert für die Aufzeichnung der über eine Kasse getätigten Ein- und Auszahlungen, er ist das Pendant zu Kontoauszügen.
63) LG Bochum, Beschl. v. 19.1.2007 – 10 T 68/06, ZInsO 2007, 1156.
64) BGH, Beschl. v. 5.7.2007 – IX ZB 83/03, ZInsO 2007, 766.
65) LG Bochum, Beschl. v. 19.1.2007 – 10 T 68/06, ZInsO 2007, 1156.
66) AG Düsseldorf, Beschl. v. 29.5.2017 – 502 IN 195/12, ZInsO 2017, 1339.
67) KPB-InsO/*Prütting*, § 48 Rz. 21 (Stand: 07/2015).
68) BGH, Urt. v. 8.5.2008 – IX ZR 229/06, NZI 2008, 426.
69) BGH, Urt. v. 8.5.2008 – IX ZR 229/06, NZI 2008, 426.

satzsteuer,[70] soweit kein Berichtigungsanspruch der Masse nach § 17 UStG besteht. Der Ersatzaussonderungsanspruch ist kein Zahlungsanspruch, sodass er keine (vergütungsrechtlich unbeachtliche) sonstige Masseverbindlichkeit i. S. d. § 55 InsO, § 1 Abs. 2 Nr. 4 Satz 1 InsVV darstellen kann, da er eben auf Aussonderung beruht. Insgesamt kann aus dem Vorgang keine vergütungsrechtliche Relevanz abgeleitet werden, da wegen §§ 35, 36 InsO schon die Einzahlung aus der Verwertung eines massefremden Gegenstandes keine Einnahme darstellt.

39 Bei *fehlender Deckung* soll sich der Ersatzaussonderungsanspruch in eine Masseverbindlichkeit i. S. d § 55 Abs. 1 Nr. 3 InsO umwandeln (Herausgabeanspruch aus ungerechtfertigter Bereicherung).[71] Letzteres würde bei späterer Erfüllung zu einer vergütungsrechtlich unbeachtlichen Auszahlung i. S. d. § 1 Abs. 2 Nr. 4 Satz 1 InsVV führen.[72] Dem kann jedoch nicht gefolgt werden. Die unberechtigte Verwertung von Aussonderungsgut beruht auf einer Pflichtverletzung des Insolvenzverwalters. Die so erhaltenen Gelder nicht von der Masse zu separieren oder auszusondern und stattdessen zur Begleichung von Masseverbindlichkeiten einzusetzen, stellt eine weitere Pflichtverletzung dar. Es vermag nicht einzuleuchten, dass ein vergütungsrechtlich unbeachtlicher Vorgang (Aussonderung) durch Pflichtverletzung zur Massemehrung führen soll, zumal Tätigkeiten, die der Insolvenzverwalter in Überschreitung seiner ihm zukommenden Aufgaben ausgeübt hat, generell nicht vergütungsfähig sind (Rz. 30). Bei Nutzung eines Anderkontos (zur Problematik siehe Rz. 40) scheint noch aus einem weiteren Grund fraglich, ob hier überhaupt irgendetwas die Insolvenzmasse betrifft.

c) Ungerechtfertigte Bereicherung

40 Bei der ungerechtfertigten Bereicherung ist zu differenzieren. Nutzt der (vorläufige) Insolvenzverwalter ein **Anderkonto**, gilt er als Kontoinhaber persönlich ungerechtfertigt bereichert; die Rückzahlung erfolgt außerhalb der Befriedigungsreihenfolge der InsO, *weder die Einzahlung noch die Auszahlung haben Vergütungsrelevanz*.[73] Selbiges gilt, wenn die Einzahlung auf einem **Vollrechtstreuhandkonto eines „schwachen" vorläufigen Insolvenzverwalters** erfolgte,[74] da ein vorläufiger Insolvenzverwalter ohne Verwaltungs- und Verfügungsbefugnis keine Verpflichtungsgeschäfte für den Schuldner eingehen kann. Um ein Verpflichtungsgeschäft würde es sich jedoch handeln, etwas unberechtigt entgegenzunehmen, was eine Herausgabepflicht des Schuldners begründen würde.

41 Um eine ungerechtfertigte Bereicherung der Masse i. S. d. Rückzahlungsverpflichtung als sonstige Masseverbindlichkeit (§ 55 Abs. 1 Nr. 3 InsO) handelt es sich folglich

---

70) BGH, Urt. v. 8.5.2008 – IX ZR 229/06, NZI 2008, 426.
71) BGH, Urt. v. 21.9.1989 – IX ZR 107/88, NJW-RR 1990, 411; KPB-InsO/*Prütting*, § 48 Rz. 22 (Stand: 07/2015); unklar *Haarmeyer/Mock*, InsVV, § 1 Rz. 77.
72) BerlKommInsO/*Blersch*, § 1 Rz. 17 (Stand: 02/2009); *Keller*, Vergütung und Kosten, § 3 Rz. 107 f.; Lorenz/Klanke/*Lorenz*, InsVV, § 1 Rz. 37; KPB-InsO/*Prasser/Stoffler*, § 1 InsVV Rz. 27 (Stand: 04/2015).
73) BGH, Urt. v. 20.9.2007 – IX ZR 91/06, ZIP 2007, 2279 (vorläufiger Insolvenzverwalter); BGH, Urt. v. 18.12.2008 – IX ZR 192/07, ZIP 2009, 531 (Insolvenzverwalter).
74) BGH, Urt. v. 26.3.2015 – IX ZR 302/13, ZIP 2015, 1179.

Berechnungsgrundlage § 1

nur bei einem Zahlungseingang auf einem **Vollrechtstreuhandkonto des Insolvenzverwalters oder des „starken" vorläufigen Insolvenzverwalters**. In diesen Fällen stellt die Einzahlung eine *vergütungsrelevante Einnahme* dar,[75] die Rückzahlung eine vergütungsrechtlich unbeachtliche sonstige Masseverbindlichkeit i. S. d. § 55 Abs. 1 Nr. 3 InsO, § 1 Abs. 2 Nr. 4 Satz 1 InsVV. Selbiges gilt bei Nutzung eines **massezugehörigen schuldnerischen Kontos**[76] oder eines „Sonderkontos" des Insolvenzverwalters,[77] wenngleich bankrechtlich nicht eindeutig ist, was neben dem Vollrechtstreuhandkonto ein solches Sonderkonto sein soll. In den vorgenannten Fällen findet somit eine Mehrung der Berechnungsgrundlage (§ 1 InsVV) bzw. des Gegenstandswerts (§ 58 Abs. 1 GKG) statt, in Folge dessen auch eine Erhöhung der Vergütung bzw. der Gerichtskosten. Dieser Erhöhungsbetrag ist jedoch nicht von der Insolvenzmasse (Schuldner) bzw. den Insolvenzgläubigern (Haftungsmasse) zu tragen. Folglich muss der (voraussichtliche) Erhöhungsbetrag schon vor der Befriedigung des Bereicherungsgläubigers ermittelt und bei dessen Befriedigung in Abzug gebracht werden, sodass im Ergebnis der Bereicherungsgläubiger die Anhebung der Verfahrenskosten zu tragen hat.[78] Versäumt der Insolvenzverwalter diesen Abzug, liegt ein Masseverkürzungsschaden i. S. d. §§ 60, 92 Satz 2 InsO vor.[79] Enthält nun die Berechnungsgrundlage die Einnahme aus ungerechtfertigter Bereicherung, ist die Vergütung insoweit antragsgemäß festzusetzen. Gelingt dem Insolvenzverwalter jedoch nicht der vom Insolvenzgericht zwingend einzufordernde Nachweis eines Abzugs des Erhöhungsbetrags der Verfahrenskosten bei der Befriedigung des Bereicherungsgläubigers, ist ein Sonderinsolvenzverwalter mit der Prüfung eines Gesamtschadens zu bestellen; freilich kann der Insolvenzverwalter zuvor darauf hingewiesen werden, um ihm Gelegenheit zu geben, die Bereicherung wieder aus der Berechnungsgrundlage herauszunehmen.

Um eine sehr häufig vorkommende ungerechtfertigte Bereicherung der Masse handelt 42 es sich, wenn **nach einer übertragenden Sanierung** die Neu-Kunden des Erwerbers versehentlich an die Masse zahlen. Aufgrund vorstehender Grundsätze (Rz. 41) dürfte hierdurch jedoch kaum eine Erhöhung der Berechnungsgrundlage eintreten, wenn und weil die Zahlungen vollständig an den Erwerber weitergeleitet oder an den Einzahler erstattet werden.

Werden im Rahmen einer übertragenden Sanierung im Wege des Asset Deal die 43 wesentlichen Gegenstände des Anlage- und beweglichen Sachumlaufvermögens zunächst unter Ausweis von Umsatzsteuer veräußert und wird später festgestellt, dass es sich um eine nicht steuerbare **Geschäftsveräußerung im Ganzen** (§ 1 Abs. 1a UStG) handelte, kommt es neben der ursprünglichen Vereinnahmung des Brutto-Kaufpreises und der vergütungsrechtlich unbeachtlichen Abführung der Umsatzsteuer zu weiteren Geschäftsvorfällen in Gestalt einer Erstattung der Umsatzsteuer an den Erwerber und einer Vereinnahmung zu viel gezahlter Umsatzsteuer seitens

---

75) Anders und überholt LG Münster, Beschl. v. 27.4.2012 – 5 T 159/11, Rz. 42, InsbürO 2012, 399.
76) BGH, Urt. v. 5.3.2015 – IX ZR 164/14, ZIP 2015, 738.
77) BGH, Beschl. v. 9.6.2016 – IX ZB 27/15, ZIP 2016, 1450.
78) BGH, Urt. v. 5.3.2015 – IX ZR 164/14, ZIP 2015, 738.
79) Beck/Depré/*Zimmer*, Praxis der Insolvenz, § 47 Rz. 65.

des Finanzamts. Zumindest im Verhältnis zum Erwerber könnte es sich bei der zunächst vereinnahmten Umsatzsteuer um eine ungerechtfertigte Bereicherung handeln. Im Ergebnis ist der Vorgang jedoch so darzustellen, als ob von Anfang an eine Geschäftsveräußerung im Ganzen vorgelegen hätte, d. h., vergütungsrelevant ist nur der Kaufpreis ohne Umsatzsteuer.[80] Im Übrigen kann auf die allgemeinen Grundsätze bei ungerechtfertigter Bereicherung (Rz. 41) verwiesen werden.

44 Da die Weiterbelastung des Anstiegs der Verfahrenskosten an den Bereicherungsgläubiger sehr aufwendig ist und zusätzliche Auseinandersetzungen provoziert, weil wiederum im Zeitpunkt der Bereicherung regelmäßig noch nicht feststeht, in welcher Staffelstufe des § 2 Abs. 1 InsVV die Bereicherung anzusiedeln ist, ist die Einbeziehung der Einnahmen aus ungerechtfertigter Bereicherung in die Berechnungsgrundlage wohl **faktisch „tot"**, wenngleich rechtlich nicht unmöglich. Fast schon einfach ist die Situation, dass der Bereicherungsgläubiger durch Anzeige der (drohenden) **Masseunzulänglichkeit** nach § 208 InsO zum Alt-Massegläubiger i. S. d. § 209 Abs. 1 Nr. 3 InsO geworden ist. Denn in dieser Konstellation erfolgt die (quotale) Befriedigung der Alt-Massegläubiger erst nach Schlussrechnungslegung. Hier ist lediglich vom Insolvenzverwalter nachzuweisen, dass der Anstieg der Verfahrenskosten in der Massetabelle[81] vom Anspruch des Bereicherungsgläubigers in Abzug gebracht wurde; im Übrigen bleibt die Bereicherung in den vergütungsrelevanten Einnahmen enthalten.

d) Negative Einnahmen und Ausgaben?

aa) Problemstellung

45 Manche Einzahlungen beruhen auf Lebenssachverhalten, die zuvor eine sonstige Masseverbindlichkeit begründet hatten. Insoweit ist fraglich, inwieweit derartige Erstattungen zugleich eine Einnahme i. S. d. Vergütungsrechts darstellen. Beispiele sind Erstattungen aufgrund von Nebenkostenabrechnungen bei Mietverhältnissen (Schuldner als Mieter), Steuererstattungen nach vorheriger Steuervorauszahlung, Erstattung nicht verbrauchter Gerichtskosten, Erstattungen von Energielieferanten etc. Eine Alternative zur Erfassung der Einzahlung als Einnahme in der Ermittlung der Berechnungsgrundlage ist die Darstellung als negative Ausgabe. Dasselbe Problem stellt sich umgekehrt bei Auszahlungen, die auf vorherigen Einnahmen beruhen, z. B. bei Nebenkostenabrechnungen bei Mietverhältnissen (Schuldner als Vermieter). Insoweit könnte es sich bei den Auszahlungen um vergütungsrechtlich unbeachtliche Masseverbindlichkeiten i. S. d. § 1 Abs. 2 Nr. 4 Satz 1 InsVV oder um negative Einnahmen handeln. Diese Problemstellung scheint in der Praxis unterschiedlich behandelt zu werden.

bb) Lösungsansätze bzw. Grundprinzip

46 Eine **Orientierungshilfe** bietet erstens zunächst der Blick in die handels- und steuerrechtliche Behandlung derartiger Vorgänge. So stellt die Erstattung eines Energieversorgers unter Anrechnung der Vorschusszahlungen handels- und steuerrechtlich

---

80) LG Koblenz, Beschl. v. 18.11.2014 – 2 T 495/14 (n. v.).
81) Hierzu *Zimmer*, Insolvenzbuchhaltung, Rz. 1076 ff.

Berechnungsgrundlage § 1

keinen Ertrag, sondern eine Minderung des Aufwands dar. Diese enge Betrachtung[82] wird jedoch dem Umstand nicht gerecht, dass es sich bei der Verwaltervergütung um eine Tätigkeitsvergütung handelt, d. h. zweitens: jede Tätigkeit muss sich vergütungsrechtlich auswirken. Diese nun eher weite Betrachtung[83] wiederum lässt unbeachtet, dass – drittens – Vorschusszahlungen rechtlich oder faktisch auf einem Treuhandverhältnis beruhen.[84] Viertens muss beachtet werden, dass sich Zahlungsflüsse auch als Korrektur eines zuvor falschen Handelns des Insolvenzverwalters darstellen können.

Darüber hinaus ist – fünftens – anzunehmen, dass sich der Verordnungsgeber durchaus bewusst war, dass es bei den positiven Veränderungen Unterschiede zwischen den Begriffen Einzahlung, Einnahme, Ertrag und Leistung und bei den negativen Veränderungen Unterschiede zwischen den Begriffen Auszahlung, Ausgabe, Aufwand und Kosten gibt, denn immerhin hat er in Bezug auf die Erstattung von Prozess- und Vollstreckungskosten seine Gedanken hierzu schweifen lassen (Rz. 54). Eine **Einzahlung bzw. Auszahlung** ist immer nur eine bloße Veränderung des *Zahlungsmittelbestandes*, sodass das, was als Geschäftsvorfall auf einem Kontoauszug steht, eben immer nur die Veränderung des Geldbestandes ist. Erst wenn sich dieser Geschäftsvorfall auch auf die Veränderung des *Geldvermögens* auswirkt, also auf den Saldo von Zahlungsmittelbestand plus Forderungen abzüglich Schulden, wird von **Einnahmen und Ausgaben** gesprochen. Insoweit haben Einzahlungen und Auszahlungen in der (betriebswirtschaftlichen) Hierarchie der Begriffe noch keine Beziehung zum Erfolg, den aber gerade § 1 InsVV abbilden soll. Insoweit kann es auch vergütungsrechtlich Unterschiede zwischen Einzahlungen und Einnahmen[85] bzw. Auszahlungen und Ausgaben geben. 47

Es müssen daher alle fünf Aspekte berücksichtigt werden, um den Einzelfall beurteilen zu können, wobei sich nachfolgende Definitionen, die kumulativ zu prüfen sind, anbieten. *Untauglich* als Definition ist jedenfalls die häufig zu findende Aussage, das Vorgehen sei **zweckmäßig** gewesen;[86] das betrifft die Rechtmäßigkeit des Vorgehens und ggf. einen Zuschlag nach § 3 Abs. 1 InsVV, nicht aber die Berechnungsgrundlage. 48

Wurden nach Verfahrenseröffnung Vorschusszahlungen an einen *Energieversorger* aus der Masse entrichtet und ergibt sich bei der Endabrechnung durch den Energieversorger ein Erstattungsbetrag, so liegt eine **Minderung der Ausgaben** vor, da der Vertragspartner treuhänderisch Vorauszahlungen erhalten hat und seinerseits zur Endabrechnung verpflichtet ist; die Prüfung der Abrechnung durch den Insolvenzverwalter – sofern überhaupt vorgenommen – stellt keine nennenswerte Tätigkeit i. S. d. Vergütungsrechts dar. Selbiges gilt für die *Nebenkostenabrechnung des* 49

---

82) Vertreten von LG Münster, Beschl. v. 27.4.2012 – 5 T 159/11, InsbürO 2012, 399.
83) Vertreten von *Förster*, ZInsO 2000, 553; KPB-InsO/*Prasser/Stoffler*, § 1 InsVV Rz. 60 f. (Stand: 04/2015).
84) LG Frankfurt/Oder, Beschl. v. 14.11.2000 – 6 (a) T 370/00, Rz. 10, JurionRS 2000, 31208 (§ 2 VergVO).
85) Immerhin unterschieden vom Beschwerdeführer in der Sache LG Münster, Beschl. v. 27.4.2012 – 5 T 159/11, InsbürO 2012, 399.
86) Vgl. LG Münster, Beschl. v. 27.4.2012 – 5 T 159/11, Rz. 38, InsbürO 2012, 399.

Vermieters des Schuldners, die Erstattung *nicht verbrauchter Gerichtskosten* (Ermittlung von Amts wegen), die Erstattung von *Versicherungsprämien* nach Vertragskündigung (Abrechnung von Versicherungsgesellschaft geschuldet), die Erstattung von *Kfz-Steuer* (Ermittlung von Amts wegen) etc.

50 Wurden vertragliche Vorschusszahlungen von der Masse vereinnahmt und schuldet der Insolvenzverwalter die Endabrechnung, so liegt in den Auszahlungen der Erstattungsansprüche eine **Minderung der Einnahmen**. Dies kann z. B. vorkommen, wenn Einnahmen aus Mieten (und Nebenkostenvorauszahlungen) angefallen sind und die *Nebenkostenabrechnung der Masse* zu einer Verbindlichkeit führt. Hier dominiert der Treuhandcharakter vereinnahmter Vorschüsse.

51 **Fehlerhafte Abrechnungen** oder Zahlungen des Insolvenzverwalters und anschließende Korrekturen können ebenfalls zu negativen Einnahmen und Ausgaben führen. Wird z. B. eine Umsatzsteuervoranmeldung oder eine Lohnsteueranmeldung später korrigiert, ist nur der schließlich korrekte Betrag eine Einnahme oder Ausgabe.[87] Führt beispielsweise eine Umsatzsteuervoranmeldung für Juni 2017 zu einer Zahllast in Höhe von (zahlungswirksamen) 1.000 € und eine später berichtigte Anmeldung für Juni 2017 zu einem Vorsteuerüberhang in Höhe von 1.000 €, so wird das Finanzamt (zahlungswirksam) 2.000 € an die Masse auszahlen. Hier sind nicht etwa 2.000 € als vergütungsrelevante Einnahme und 1.000 € als vergütungsrechtlich unbeachtliche Ausgabe (§ 1 Abs. 2 Nr. 4 Satz 1 InsVV) darzustellen; vielmehr handelt es sich insgesamt nur um eine vergütungsrechtlich relevante Einnahme in Höhe von 1.000 €. Dieses Grundprinzip ist auch anzuwenden, wenn der Insolvenzverwalter, der regelmäßig mehrere Verfahren bearbeitet, bei Zahlungsaufforderungen versehentlich ein falsches Verfahrenskonto angibt.[88] Dies auch dann, wenn der Insolvenzverwalter in einer Sonderfunktion nach § 5 InsVV tätig wird. Ebenso gilt dieses Grundprinzip, wenn der Insolvenzverwalter pflichtwidrig eine Doppelzahlung leistet und anschließend Erstattung erhält.[89]

52 Zu berücksichtigen ist immer auch die **zeitliche Zäsur** der Anordnung der vorläufigen Verwaltung und der Verfahrenseröffnung. Die vorstehenden Grundsätze gelten nur, wenn die Vorauszahlungen bzw. die vorherigen Einnahmen *nach Verfahrenseröffnung* stattgefunden haben. Erstattungen von Beträgen, die vor Verfahrenseröffnung geflossen sind, stellen keine negativen Einnahmen bzw. Ausgaben dar.

53 Schließlich ist auch noch der Unterschied zwischen Abwicklung und **Betriebsfortführung** zu beachten (§ 1 Abs. 2 Nr. 4 Satz 2 lit. b InsVV). War die Vorschusszahlung den fortführungsbedingten Geschäftsvorfällen zuzuordnen, gilt dies auch für den Geschäftsvorfall der Endabrechnung bzw. Korrektur, sofern beides innerhalb eines Verfahrensabschnitts erfolgt.

---

87) LG Frankfurt/Oder, Beschl. v. 14.11.2000 – 6 (a) T 370/00, Rz. 9, JurionRS 2000, 31208 (§ 2 VergVO).
88) Lorenz/Klanke/*Lorenz*, InsVV, § 1 Rz. 80.
89) *Graeber/Graeber*, InsVV, § 1 Rz. 17a.

Berechnungsgrundlage § 1

cc) Erstattung Rechtsverfolgungskosten

Problematisch scheinen Erstattungen von Rechtsverfolgungskosten. In der Begründung zu § 1 InsVV[90)] wird ausgeführt, dass § 2 Nr. 3 Satz 2 VergVO als Vorläufernorm[91)] nicht übernommen werde, da der dortige Regelungsinhalt „selbstverständlich" sei. Diese Norm lautete: Gehen verauslagte Prozesskosten oder Vollstreckungskosten wieder ein, so werden sie gegen die verauslagten Kosten verrechnet. Dieses vom Verordnungsgeber unterstellte Selbstverständnis basiert jedoch irrig auf der Annahme, dass die Erstattungen automatisch erfolgen. Dies ist unzutreffend, ja jede dieser Einzahlungen ein Tätigwerden des Insolvenzverwalters, das zu vergüten ist,[92)] erfordert. Der Fall ist daher nicht vergleichbar mit den vorgenannten Vorschüssen (Rz. 46), da Vorschuss und Endabrechnung auf demselben Rechtsverhältnis beruhen, der prozessuale oder schuldrechtliche Erstattungsanspruch jedoch ein eigenständiger ist. Da die Vergütung des Insolvenzverwalters auf der Ebene des § 1 InsVV eine Erfolgsvergütung ist (Rz. 10), können Einnahmen – also ein Erfolg – nicht ohne eine rechtliche Grundlage aus der Berechnungsgrundlage eliminiert werden. Insoweit regelt § 1 Abs. 2 InsVV enumerativ,[93)] welche Einnahmen und Ausgaben zu berücksichtigen sind. Eine rechtseinschränkende Norm (hier: Minderung des Vergütungsanspruchs) mit der Begründung abzuschaffen, der Regelungsgehalt sei auch ohne Regelung selbstverständlich, dürfte ungeachtet dessen auch verfassungsrechtlich mehr als zweifelhaft sein, jedenfalls könnte mit einer solchen Begründung gleich die Hälfte aller Gesetze und Verordnungen abgeschafft werden; insoweit liegt ein unbeachtlicher Motivirrtum oder schlichtweg ein grober handwerklicher Fehler des Verordnungsgebers vor. Insgesamt handelt es sich bei der Erstattung von Rechtsverfolgungskosten somit um **vergütungsrelevante Einnahmen** und nicht um die Minderung von Ausgaben. Zur Besonderheit bei Betriebsfortführung siehe § 4 Rz. 19 ff.

54

Sofern für die gerichtliche Geltendmachung ein **Prozessfinanzierer** eingeschaltet wird, wozu im Lichte des §§ 60, 92 Satz 2 InsO sogar eine Verpflichtung bestehen kann,[94)] lässt sich dieser regelmäßig einen Teil der Forderung als Erlösbeteiligung abtreten. Durch die Abtretung (zumindest nach Offenlegung) gehört der entsprechende Anteil nicht mehr zur Insolvenzmasse. Bei Obsiegen fließt daher nicht der gesamte Forderungsbetrag in die Berechnungsgrundlage unter Verbuchung der Erfolgsbeteiligung als unbeachtliche Ausgabe i. S. d. § 1 Abs. 2 Nr. 4 Satz 1 InsVV;

55

---

90) Insolvenzrechtliche Vergütungsverordnung (InsVV) v. 19.8.1998 (BGBl. I 1998, 2205), Begründung zu § 1 InsVV, siehe Anh. III Rz. 32.
91) Verordnung über die Vergütung des Konkursverwalters, des Vergleichsverwalters, der Mitglieder des Gläubigerausschusses und der Mitglieder des Gläubigerbeirats v. 25.5.1960 (BGBl. I 1960, 329) in der letzten Fassung v. 11.6.1979 (BGBl. I 1979, 637), siehe Anh. II.
92) A. A. KPB-InsO/*Prasser/Stoffler*, § 1 InsVV Rz. 67 (Stand: 04/2015).
93) LG Frankfurt/Oder, Beschl. v. 14.11.2000 – 6 (a) T 370/00, JurionRS 2000, 31208 (§ 2 VergVO); Leonhardt/Smid/Zeuner/*Amberger*, InsVV, § 1 Rz. 42; *Haarmeyer/Mock*, InsVV, § 1 Rz. 43 und 53; Lorenz/Klanke/*Lorenz*, InsVV, § 1 Rz. 81; KPB-InsO/*Prasser/Stoffler*, § 1 InsVV Rz. 61 (Stand: 04/2015).
94) *Fischer*, NZI 2014, 241.

vielmehr ist nur derjenige Betrag maßgeblich, der sich nach Abzug der Erlösbeteiligung ergibt, wenn und weil eine Offenlegung der Abtretung erfolgt ist.[95]

dd) Umsatzsteuer

56 Die Umsatzsteuer im Insolvenzverfahren ist **kein durchlaufender Posten**.[96] Jeder Veranlagungszeitraum sowie die Jahreserklärung führt zu einem eigenständigen Ergebnis und einer eigenständigen Einnahme oder Ausgabe. Die in den Eingangsrechnungen enthaltene Vorsteuer ist kein Vorschuss i. S. e. Treuhandverhältnisses, sodass insbesondere bei Einzahlungen aus Vorsteuerüberhängen von einer „echten" Einnahme auszugehen ist und nicht von einer negativen Ausgabe.[97] Anderes gilt nur bei dem Zahlungsfluss aufgrund berichtigter Anmeldungen bzw. Erklärungen (Rz. 51). Zur Besonderheit bei Betriebsfortführung siehe Rz. 130.

ee) Kapitalertragsteuer

57 Der Insolvenzverwalter ist grundsätzlich verpflichtet, die voraussichtlich über einen längeren Zeitraum nicht benötigten liquiden Mittel zinsgünstig anzulegen.[98] *Zinsgutschriften* von Kreditinstituten werden nach § 43 EStG regelmäßig um die Kapitalertragsteuer gemindert. Dabei handelt es sich im Ergebnis um eine **Vorwegzahlung auf die Ertragsteuerschuld** des Zinsbegünstigten, d. h. des Schuldners oder – bei Personengesellschaften – deren Gesellschafter. Entsteht bei der Jahresveranlagung zur Ertragsteuer (Einkommensteuer bzw. Körperschaftsteuer) jedoch keine Steuerschuld, so sind die Vorwegzahlungen als Steuergutschrift an den Steuerpflichtigen zu erstatten, wofür regelmäßig eine Erklärung über Einkommen- oder Körperschaftsteuer erforderlich ist. Nichts anderes gilt für den Einbehalt von Kapitalertragsteuer bei *Rückkaufswerten von Lebensversicherungen* oder bei *Auflösung von Aktiendepots* o. Ä.

58 Teilweise wird vertreten, nur der Saldo aus Zinsgutschrift und Steuerabzug stelle eine Einnahme dar, da bei einer späteren Steuererstattung ansonsten eine Doppelberücksichtigung einträte.[99] Diese Auffassung ist jedoch abzulehnen.[100] Nach dem Wortlaut des Gesetzes sind die Steuerbeträge sonstige Masseverbindlichkeiten i. S. d. § 55 Abs. 1 Nr. 1 InsO, die nach § 1 Abs. 2 Nr. 4 Satz 1 InsVV *nicht* von der Berechnungsgrundlage in Abzug zu bringen sind. Denn der Begriff der sonstigen Masseverbindlichkeiten ist weit auszulegen. Maßgeblich ist einzig, ob die Verbindlichkeiten durch die Insolvenzverwaltung ausgelöst werden oder jedenfalls einen Bezug zur Insolvenzmasse aufweisen.[101] Eine Aufrechnungslage i. S. d. § 1 Abs. 2

---

95) *Graeber/Graeber*, InsVV, § 1 Rz. 137 f.
96) Vgl. BGH, Beschl. v. 14.10.2010 – IX ZB 224/08, ZInsO 2010, 2188.
97) LG Frankfurt/Oder, Beschl. v. 14.11.2000 – 6 (a) T 370/00, JurionRS 2000, 31208.
98) BGH, Urt. v. 26.6.2014 – IX ZR 162/13, NZI 2014, 757.
99) LG Aachen, Beschl. v. 18.12.2012 – 6 T 98/12, ZInsO 2013, 683; *Endres*, ZInsO 2011, 258.
100) Leonhardt/Smid/Zeuner/*Amberger*, InsVV, § 1 Rz. 78; KPB-InsO/*Prasser/Stoffler*, § 1 InsVV Rz. 86 (Stand: 04/2015).
101) BVerwG, Urt. v. 16.12.2009 – 8 C 9/09, Rz. 14, NJW 2010, 2152; BFH, Gerichtsbescheid v. 8.7.2011 – II R 49/09, Rz. 12, ZIP 2011, 1728; BGH, Urt. v. 12.1.2017 – IX ZR 87/16, Rz. 19, ZIP 2017, 383.

Berechnungsgrundlage §1

Nr. 3 InsVV liegt nicht vor, da es sich bei den einbehaltenen Steuerbeträgen nicht um Ansprüche des kontoführenden und zinsgewährenden Kreditinstituts handelt. Andere Tatbestände des § 1 Abs. 2 InsVV sind ebenfalls nicht erfüllt.

§ 1 Abs. 2 InsVV regelt enumerativ, welche Ausgaben vergütungsrelevant sind 59 (Rz. 54)[102], und hier liegt nicht etwa nur eine Auszahlung vor, die keine Ausgabe wäre (Rz. 47). Völlig fehl geht der Ansatz, in der Verwalterbuchführung eine pagatorische Buchführung zu sehen,[103] bei der nur der auf dem Kontoauszug ersichtliche Betrag zu erfassen sei. Hier wird der Unterschied zwischen Einzahlungen und Einnahmen einerseits und Auszahlungen und Ausgaben andererseits (Rz. 47) nicht erfasst. Auch in der Verwalterbuchführung als doppelter Buchführung (Rz. 28) gilt das Saldierungsverbot des § 246 Abs. 2 Satz 1 HGB als Teil der Grundsätze ordnungsmäßiger Buchführung,[104] sodass die verschiedenen, hinter einer Einzahlung oder Auszahlung stehenden Geschäftsvorfälle separat als Einnahmen oder Ausgaben darzustellen sind. Unzutreffend ist der Verweis auf eine pagatorische Buchführung zentral auch deswegen, weil sich die Vergütung nicht nach der Buchführung richtet, sondern umkehrt die Buchführung an die Anforderungen des Vergütungsrechts anzupassen ist.

Kommt es aufgrund einer Veranlagung zur Einkommensteuer oder Körperschaft- 60 steuer zu einer Erstattung der einbehaltenen Steuerbeträge, liegt eine (weitere) vergütungsrelevante Einnahme vor, da es sich bei Steuererstattungsansprüchen um einen eigenständigen Vermögenswert des Schuldners handelt und ein aktives Tun des Insolvenzverwalters (Steuererklärungen) erforderlich ist; insoweit liegt eine eigenständige Verwertungsmaßnahme vor. Selbiges gilt, wenn die Kapitalertragsteuer nicht vom Finanzamt, sondern von den Gesellschaftern einer Personengesellschaft an die Masse erstattet wird; insoweit besteht ein eigenständiger Anspruch der Masse gegen Personengesellschafter,[105] der allerdings nicht selten übersehen wird.

ff) Neugründungen aus der Masse

Gelegentlich findet sich eine Spezialform der übertragenden Sanierung dergestalt, 61 dass zunächst eine neue Kapitalgesellschaft (i. d. R. GmbH) gegründet wird, wozu das Stammkapital aus der Masse (oder aus mehreren Massen) aufgebracht wird. Die spätere Veräußerung der Geschäftsanteile ist wahlweise ein Erlös aus übertragender Sanierung oder aus einem Beteiligungsverkauf. Von dem Erlös in Abzug zu bringen ist jedoch der zuvor getätigte Aufwand für die Gründung dieser Auffanggesellschaft.

e) Vorgänge ohne Zahlungsfluss

Vergütungsrelevant können im Einzelfall auch Vorgänge ohne Zahlungsfluss sein. 62 Nicht selten wird in einem Kaufvertrag im Zusammenhang mit einer übertragenden Sanierung (Asset Deal) vereinbart, dass der Käufer schuldnerische Verpflichtungen übernimmt, statt einen (höheren) Kaufpreis zu zahlen. Rechtlich kann es sich bei

---

102) Speziell für die Kapitalertragsteuer Leonhardt/Smid/Zeuner/*Amberger*, InsVV, § 1 Rz. 78; *Graeber*, ZInsO 2013, 1834; KPB-InsO/*Prasser/Stoffler*, § 1 InsVV Rz. 86 (Stand: 4/2015).
103) So aber *Reck/Schmittmann*, ZInsO 2015, 2254.
104) Hierzu *Zimmer*, Insolvenzbuchhaltung, Rz. 263 ff.
105) BGH, Urt. v. 5.4.2016 – II ZR 62/15, NZI 2016, 927.

der Übernahme von Verpflichtungen um eine Gegenleistung des Erwerbers handeln. Hierzu wird vertreten, diese Gegenleistung könne in die Berechnungsgrundlage einbezogen werden.[106] Denn das Alternativszenario bestünde darin, einen höheren Kaufpreis zu fordern und auf die Übertragung von schuldnerischen Verpflichtungen auf den Erwerber zu verzichten, was allerdings die übertragende Sanierung gefährden könnte, da der Erwerber seine Kalkulation auch darauf aufbaut, einen zufriedenen Kundenstamm zu übernehmen. Gleichwohl sollte auf diese Vorgehensweise zugunsten einer Berücksichtigung bei den Zuschlägen nach § 3 Abs. 1 InsVV (für übertragende Sanierung) verzichtet werden. Denn die Einbeziehung in der Berechnungsgrundlage erfordert einen substantiierten Sachvortrag im Vergütungsantrag. Aus diesem Sachvortrag kann sich dann ergeben, dass in der gewählten Vorgehensweise tatsächlich eine Pflichtverletzung i. S. d. §§ 60, 92 Satz 2 InsO zu sehen ist. Wird beispielsweise der Kaufpreis gemindert, weil der Erwerber auch Gewährleistungsansprüche der schuldnerischen Alt-Kunden übernimmt, liegt wertungsmäßig dieselbe Situation vor wie bei der Anerkennung einer Insolvenzforderung (§ 38 InsO) als Masseverbindlichkeit (§ 55 InsO). Insgesamt ist folglich eine Einzelfallbetrachtung erforderlich.

63 Einen Sonderfall stellt die Betriebsfortführung in einem Insolvenzverfahren über das Vermögen einer natürlichen Person dar. Hier wird nicht selten nach § 36 InsO, § 811 Abs. 1 Nr. 5 ZPO **unpfändbares Anlagevermögen** des Schuldners eingesetzt, das als solches nicht verwertet werden darf. Gleichwohl soll der Wert dieser Aktiva in die Berechnungsgrundlage einbezogen werden können.[107] Die Begründung wird darin gesehen, dass der Insolvenzverwalter diese Aktiva wenigstens verwaltet hat. Nach hier vertretener Ansicht liegt jedoch ein Systembruch vor. § 1 InsVV dient der Darstellung des Erfolgs der Verwaltertätigkeit, während die Arbeitsbelastung des Insolvenzverwalters erst über § 3 Abs. 1 InsVV Berücksichtigung findet. Insoweit wäre es systemgerechter, die Verwaltungstätigkeit im Rahmen eines Zuschlags für Betriebsfortführung gemäß § 3 Abs. 1 lit. b Alt. 1 InsVV zu berücksichtigen, auch um einen Gleichlauf mit der Verwaltung von Aus- und Absonderungsgut herzustellen.

64 Wird Absonderungsgut zulässigerweise **vom Absonderungsgläubiger verwertet** und kehrt der Gläubiger nur den Feststellungskostenbeitrag sowie die Umsatzsteuer aus dem Veräußerungsgeschäft an die Masse aus (Rz. 82), wird gleichwohl die Veräußerung und die Auskehrung buchhalterisch abgebildet. Dies ist zulässig und erforderlich, da aus der Buchhaltung bzw. Schlussrechnung die Verwertung dieses Vermögens hervorgehen muss,[108] da Absonderungsgut auch dann zur Masse i. S. d. § 35 InsO gehört, wenn das Verwertungsrecht beim Absonderungsgläubiger liegt. Die fiktive Verwertungseinnahme und die fiktive Auskehrung gleichen sich

---

106) LG München I, Beschl. v. 19.6.2013 – 14 T 12868/13, NZI 2013, 696; HambKommInsO/*Büttner*, § 1 InsVV Rz. 14 f.; *Keller*, Vergütung und Kosten, § 3 Rz. 46; KPB-InsO/*Prasser/Stoffler*, § 1 InsVV Rz. 9 (Stand: 04/2015); *Zimmer* in: Kraemer/Vallender/Vogelsang, Fach 2 Kap. 24, Rz. 11.3 (Stand: 06/2014); a. A. *Graeber/Graeber*, InsVV, § 1 Rz. 58a ff.
107) BGH, Beschl. v. 24.5.2005 – IX ZB 6/03, NZI 2005, 567.
108) *Zimmer*, Insolvenzbuchhaltung, Rz. 786 mit Buchungsbeispiel.

Berechnungsgrundlage § 1

betragsmäßig aus, massemehrend ist lediglich die tatsächliche Einzahlung in Höhe der Massebeteiligung.

5. Vermögensgegenstände mit Absonderungsrechten (§ 1 Abs. 2 Nr. 1 InsVV)

a) Einleitung

Massegegenstände, die mit Absonderungsrechten belastet sind, werden bei der Berechnungsgrundlage berücksichtigt, wenn sie durch den Verwalter verwertet werden (§ 1 Abs. 2 Nr. 1 Satz 1 InsVV). Der Mehrbetrag der Vergütung, der auf diese Gegenstände entfällt, darf jedoch 50 % des Betrages nicht übersteigen, der für die Kosten ihrer Feststellung in die Masse geflossen ist (§ 1 Abs. 2 Nr. 1 Satz 2 InsVV). Im Übrigen werden die mit Absonderungsrechten belasteten Gegenstände nur insoweit berücksichtigt, als aus ihnen der Masse ein Überschuss zusteht (§ 1 Abs. 2 Nr. 1 Satz 3 InsVV). Insoweit ist ein *begrifflicher Systembruch* zu konzedieren. Denn keineswegs kommt es auf Gegenstände (Aktiva) oder Rechte (Passiva) an, sondern primär auf Einnahmen und Ausgaben, da Basis für die Berechnungsgrundlage eine Schlussrechnung ist. Auf die Werte ist lediglich abzustellen, wenn die Berechnungsgrundlage in den Fällen des § 1 Abs. 1 Satz 2 InsVV auf Basis von Schätzwerten zu ermitteln ist. Eine Anwendung des § 1 Abs. 2 Nr. 1 InsVV scheidet aus, wenn das Absonderungsrecht *erfolgreich angefochten* wurde;[109] insoweit führt die Verwertung des betroffenen Vermögensgegenstandes zu vergütungsrelevanten Einnahmen, ohne dass dem überhaupt Auskehrungsansprüche eines Gläubigers gegenüberständen. 65

b) Überschussprinzip (§ 1 Abs. 2 Nr. 1 Satz 3 InsVV)

aa) Verwertung von Absonderungsgut (Überschussprinzip)

Für das Normverständnis müssen die einzelnen Regelungen des § 1 Abs. 2 Nr. 1 InsVV in eine andere Reihenfolge gebracht werden. Maßgebliches Kriterium und *Obersatz* des § 1 Abs. 2 Nr. 1 InsVV ist zunächst das **Überschussprinzip** des § 1 Abs. 2 Nr. 1 Satz 3 InsVV. Führte die Verwertung eines Gegenstandes oder der Einzug zedierter Forderungen zu Einzahlungen oberhalb der als Auszahlungen (Auskehrungen) repräsentierten persönlichen Forderung des Absonderungsgläubigers, so erhöht der Überschuss ohne weitere Besonderheiten die Berechnungsgrundlage; und zwar unabhängig davon, ob die Verwertung durch den Insolvenzverwalter oder durch den Absonderungsgläubiger erfolgte. Die **Mehrvergütung** nach § 1 Abs. 2 Nr. 1 Satz 2 InsVV (Rz. 73 ff.) ist insoweit *lex specialis*. 66

bb) Verwaltung von Absonderungsgut (Immobilien)

§ 1 Abs. 2 Nr. 1 Satz 3 InsVV findet stets auch Anwendung auf Überschüsse aus der Verwaltung von Absonderungsgut, da diese Norm – anders als § 1 Abs. 2 Nr. 1 Satz 1 und 2 InsVV als lex specialis – nicht nur die Verwertung erwähnt. Hauptanwendungsfall ist die Verwaltung von Immobilien, die sich chronologisch und vergütungsrechtlich in *drei Phasen* aufteilen lässt: 67

(1) Für den **Einzug zedierter Forderungen** aus Immobilien-Mietverträgen gilt das Verwertungsrecht des Insolvenzverwalters aus § 166 Abs. 2 InsO. Folglich kommt 68

---

109) BGH, Beschl. v. 2.2.2006 – IX ZB 167/04, ZInsO 2006, 254.

auch der Einbehalt von Kostenbeiträgen nach §§ 170, 171 InsO zur Anwendung. Was allerdings fehlt, ist die Beteiligung des Absonderungsgläubigers an den Kosten der Bewirtschaftung der Immobilie. Ein solcher dritter Kostenbeitrag neben den Kostenbeiträgen für die Feststellung und Verwertung war im Gesetzgebungsverfahren zur InsO angedacht, wurde jedoch vom Rechtsausschuss abgelehnt.[110] Als Ausnahme zu § 91 Abs. 1 InsO[111] regelt allerdings § 110 Abs. 1 InsO, dass die Abtretung ohnehin nur wirksam bleiben soll, soweit sie sich auf den laufenden Monat der Insolvenzeröffnung erstreckt; ist die Eröffnung nach dem fünfzehnten Tag des Monats erfolgt, ist die Abtretung auch für den folgenden Kalendermonat wirksam. Für Pfändungen von Mietzinsansprüchen im Wege der Zwangsvollstreckung gilt nichts anderes (§ 110 Abs. 2 Satz 2 InsO). Von einer Abtretung können nach Verfahrenseröffnung folglich nur noch ein oder zwei Monatsmieten erfasst sein, sodass sich praktische Probleme in überschaubaren Grenzen halten. Insbesondere ist für diesen kurzen Zeitraum noch nicht von einer Immobilienbewirtschaftung i. S. d. § 3 Abs. 1 lit. b Alt. 2 InsVV auszugehen, sondern vom bloßen Einzug zedierter Forderungen i. S. d. § 1 Abs. 2 Nr. 1 Satz 1 und 2 InsVV. Relevant ist lediglich, dass die Mietzinsansprüche nach Ablauf der Frist des § 110 InsO *freie Masse* darstellen, sodass § 1 Abs. 2 Nr. 1 InsVV keine Anwendung mehr findet.

69 (2) Gleichwohl wird in diesen Fällen eine grundpfandrechtliche Sicherung des Gläubigers vorliegen, die zu einem Absonderungsrecht erst hinsichtlich des späteren Verwertungserlöses führt. Insoweit ist nicht der Mietzinsanspruch, weiterhin aber die *Immobilie* als solche Absonderungsgut. Der Insolvenzverwalter ist verpflichtet, jeden Wertverlust des Absonderungsguts außerhalb der gewöhnlichen Nutzung zu vermeiden.[112] Daher muss der Insolvenzverwalter den laufenden Erhaltungsaufwand nur insoweit betreiben, als sowohl eine Schädigung des Absonderungsgläubigers (Substanz) als auch der Masse (Mietminderungen) ausgeschlossen wird. Nach Ablauf der Frist des § 110 InsO handelt es sich folglich um eine **Immobilienbewirtschaftung** bzw. Hausverwaltung i. S. d. § 3 Abs. 1 lit. b Alt. 2 InsVV, bei der Einnahmen und Ausgaben anfallen. Drittrechte bestehen hier nicht, da der Absonderungsgläubiger nur von einer (späteren) Verwertung profitieren kann. Da die Immobilienbewirtschaftung nicht auch in § 1 Abs. 2 Nr. 4 Satz 2 InsVV erwähnt wird, handelt es sich im Gefüge des § 1 Abs. 2 InsVV im Grundsatz um *abwicklungsbedingte Geschäftsvorfälle*, sodass nicht nur ein Überschuss in die Berechnungsgrundlage einfließt; die Ausgaben sind gemäß § 1 Abs. 2 Nr. 4 Satz 1 InsVV ohne Vergütungsrelevanz. Sofern dies in der Schlussrechnung als Betriebsfortführung dargestellt wird, dient dies regelmäßig nur der Ermöglichung einer Vergleichsrechnung für einen Zuschlag nach § 3 Abs. 1 lit. b Alt. 2 InsVV.[113] Um eine *Betriebsfortführung* gemäß §§ 1 Abs. 2 Nr. 4 Satz 2 lit. b, 3 Abs. 1 lit. b Alt. 1 InsVV statt einer Hausverwaltung handelt es sich nur dann, wenn der Erwerb und die Vermietung zum Geschäftszweck des Schuldners gehören.[114]

---

110) *Zimmer*, InsbürO 2015, 510, 512.
111) Uhlenbruck/*Wegener*, InsO, § 110 Rz. 13.
112) Beck/Depré/*Zimmer*, Praxis der Insolvenz, § 47 Rz. 117.
113) Mit Beispielen *Zimmer*, InsbürO 2015, 510, 511.
114) Zur Abgrenzung *Zimmer*, InsbürO 2015, 510.

Berechnungsgrundlage § 1

(3) Mit der vorbeschriebenen Situation kann und wird der Absonderungsgläubiger 70
unzufrieden sein, da er aufgrund seiner dinglichen Sicherung auch von den Mieteinnahmen profitieren möchte. Dies kann er jedoch nur über die Beantragung und Anordnung einer *Zwangsverwaltung* i. S. d. §§ 146 ff. ZVG. Dann existieren allerdings zwei Gerichtsverfahren nebeneinander, was zu zahlreichen Kompetenzkonflikten und höheren Kosten führt. Lösungsansatz ist die Vereinbarung einer sog. „stillen" oder **„kalten" Zwangsverwaltung**. Diese ist durchaus kritisch zu sehen, da der Insolvenzverwalter dann einseitig zugunsten eines Absonderungsgläubigers tätig wird und – maßgeblich – Mietzinsansprüche, die freie Masse darstellen, aus der Masse weggibt.[115] Insoweit ist die Vereinbarung einer „kalten" Zwangsverwaltung im Lichte des §§ 60, 92 Satz 2 InsO nur legitim, wenn der Absonderungsgläubiger ernsthaft mit der Beantragung einer gerichtlichen Zwangsverwaltung droht oder eine solche bereits beantragt hat; daher kann sich die Vereinbarung auch nicht rückwirkend auf bereits eingezogene Mieten erstrecken,[116] für die weiter das Prinzip der Immobilienbewirtschaftung (Rz. 69) gilt. Ferner ist die „kalte" Zwangsverwaltung nur legitim, wenn eine Massebeteiligung ausgehandelt wird; eine Vergütung des Insolvenzverwalters außerhalb der InsVV würde zur Nichtigkeit des Geschäftsbesorgungsvertrages führen.[117] Erst mit der Vereinbarung der „kalten" Zwangsverwaltung handelt es sich um die Verwaltung von Absonderungsgut. Da diese nicht in § 1 Abs. 2 Nr. 1 Satz 1 und 2 InsVV erwähnt wird (hier nur Verwertung), gilt stets ein Überschussprinzip,[118] sodass insbesondere keine Mehrvergütung nach § 1 Abs. 2 Nr. 1 Satz 2 InsVV (Rz. 73) anfällt.[119] Gleichwohl gilt (zivilrechtlich und nicht wegen § 170 Abs. 1 Satz 2 InsO), dass alles Eingenommene abzüglich der Bewirtschaftungskosten an den Absonderungsgläubiger auszukehren ist; bis auf die frei ausgehandelte *Massebeteiligung*, die vergütungsrechtlich mit dem Überschuss folglich identisch sein muss (Abweichungen können sich aus der umsatzsteuerlichen Behandlung der Vorgänge ergeben).

Daher muss die Schlussrechnung als Grundlage für die Feststellung der Berech- 71
nungsgrundlage eindeutig erkennen lassen, welche Einnahmen und Ausgaben im Zusammenhang mit der „kalten" Zwangsverwaltung standen.[120] Zu den Ausgaben gehören auch die Kosten für die Einsetzung eines externen Dienstleisters (Hausverwalter).[121] Nicht selten wird hier übersehen, dass auch Umsatz- und Ertragsteuern (anteilig) diesem Komplex zuzuordnen sind, sodass bei Abweichungen von Überschuss und Massebeteiligung die widerlegbare Vermutung besteht, dass nur die explizit ausgehandelte Massebeteiligung vergütungsrelevant ist.[122] Ist der Über-

---

115) Zu den Problemen ausführlich *Becker*, ZInsO 2013, 2532; *Bork*, ZIP 2013, 2129; *Keller*, NZI 2013, 265.
116) *Zimmer*, InsbürO 2015, 510, 513.
117) BGH, Beschl. v. 14.7.2016 – IX ZB 31/14, Rz. 26 ff., ZInsO 2016, 1693.
118) BGH, Beschl. v. 14.7.2016 – IX ZB 31/14, Rz. 30, ZInsO 2016, 1693 (allgemeiner Rechtsgedanke); *Becker*, ZInsO 2013, 2532 (aus § 1 Abs. 2 Nr. 1 Satz 3 InsVV abgeleitet); *Zimmer*, InsbürO 2015, 510, 514 (aus Geschäftsbesorgungsvertrag abgeleitet); hierzu auch *Zimmer*, InsbürO 2017, 102.
119) *Zimmer*, InsbürO 2015, 510, 514.
120) BGH, Beschl. v. 14.7.2016 – IX ZB 31/14, ZInsO 2016, 1693.
121) BGH, Beschl. v. 14.7.2016 – IX ZB 31/14, ZInsO 2016, 1693.
122) In diesem Sinne auch LG Heilbronn, Beschl. v. 4.4.2012 – 1 T 89/12, InsbürO 2013; *Becker*, ZInsO 2013, 2532; *Zimmer*, InsbürO 2015, 510, 514.

schuss negativ, ist ein Gesamtschaden i. S. d. §§ 60, 92 Satz 2 InsO zu prüfen, aber noch nicht zwangsläufig gegeben.

72 Dieser Überschuss bzw. die ausgehandelte Massebeteiligung fließt letztlich als einziges – ohne Vergleichsrechnung (Rz. 75) – in die Berechnungsgrundlage ein. Eine Vergleichsrechnung ist lediglich erforderlich, wenn auch noch ein Zuschlag nach § 3 Abs. 1 InsVV geltend gemacht wird (§ 3 Rz. 105 ff.).

c) **Mehrvergütung (§ 1 Abs. 2 Nr. 1 Satz 2 InsVV)**

aa) **Vom Insolvenzverwalter erzielte Verwertungseinnahmen**

73 § 1 Abs. 2 Nr. 1 Satz 2 InsVV als lex specialis zu § 1 Abs. 2 Nr. 1 Satz 3 InsVV (Rz. 66) regelt den empirischen Regelfall, in dem der *vom Insolvenzverwalter* erzielte Verwertungserlös hinter der persönlichen Forderung des Absonderungsgläubigers zurückbleibt. Dann ist in einem ersten – zivilrechtlichen – Schritt der gesamte Brutto-Erlös an den Absonderungsgläubiger herauszugeben.[123] In einem zweiten – insolvenzrechtlichen – Schritt hat die Masse jedoch einen Anspruch gegen den Absonderungsgläubiger auf Zahlung eines Feststellungskostenbeitrags (§ 171 Abs. 1 InsO), eines Verwertungskostenbeitrags (§ 171 Abs. 2 Satz 1 und 2 InsO) und auf Erstattung der Umsatzsteuer aus dem Veräußerungsgeschäft (§ 171 Abs. 2 Satz 3 InsO), wenn und weil diese von der Masse an das Finanzamt abzuführen ist. Dass der Insolvenzverwalter diese drei Beträge bei der Auskehrung an den Absonderungsgläubiger einbehalten darf (§§ 170 Abs. 1 Satz 1, 171 Abs. 2 Satz 3 InsO), ist – im dritten Schritt – nichts anderes als die Ermächtigung zur Aufrechnung i. S. d. §§ 387 ff. BGB. Dieses für bewegliche Sachen des Schuldners (§ 166 Abs. 1 InsO) konzipierte Modell gilt ebenso für den Einzug zedierter Forderungen (§ 166 Abs. 2 InsO), aber auch unter analoger Anwendung des § 166 Abs. 2 InsO für Vermögensgegenstände, die weder Sachen noch Forderungen sind (besitzlose Pfandrechte), wie z. B. immaterielles Vermögen des Schuldners, sofern ein Absonderungsrecht bestehen kann (z. B. Markenrechte, Patente, Lizenzen oder ein Firmenwert).[124]

74 Die vorbeschriebene Konstellation führt zu einer **Mehrvergütung** des Insolvenzverwalters, der Höhe nach beschränkt auf 50 % der gegenüber dem Gläubiger durchgesetzten *Feststellungskostenerstattung* (§ 1 Abs. 2 Nr. 1 Satz 2 InsVV). Dieses Prinzip gilt auch dann, wenn der Absonderungsgläubiger das Absonderungsgut übernimmt (§ 168 Abs. 3 InsO), d. h. – umgangssprachlich – eine Veräußerung an den Absonderungsgläubiger erfolgt[125] (aufgrund einer Sicherungsübereignung wird der Sicherungsnehmer bereits sachenrechtlicher Eigentümer, der Sicherungsgeber bleibt wirtschaftlicher Eigentümer; § 168 Abs. 3 InsO regelt folglich nur den Verzicht des Schuldners auf das wirtschaftliche Eigentum, der jedoch handels- und steuerrechtlich der einzig relevante Vorgang ist). Dogmatisch ist die Mehrvergütung falsch verortet, da § 1 InsVV nur die Berechnungsgrundlage für eine Vergütung regeln soll; richtiger wäre eine Verortung in § 3 Abs. 1 InsVV, da es erst dort auf einen Mehraufwand des Insolvenzverwalters ankommt.

---

123) OLG Nürnberg, Urt. v. 11.12.2013 – 12 U 1530/12, ZInsO 2014, 206, 208 f.
124) Leonhardt/Smid/Zeuner/*Amberger*, InsVV, § 1 Rz. 55; KPB-InsO/*Prasser/Stoffler*, § 1 InsVV Rz. 48 (Stand: 04/2015).
125) BGH, Urt. v. 3.11.2005 – IX ZR 181/04, ZIP 2005, 2214.

Berechnungsgrundlage § 1

Somit steht zwar der Höchstbetrag für diese Mehrvergütung fest, jedoch noch nicht 75
der Rechenweg für diese Mehrvergütung im Übrigen. Diese Berechnung erfordert
eine **Vergleichsrechnung**, in der die tatsächlichen Geschäftsvorfälle (gemäß Schlussrechnung) mit einer Situation verglichen werden, in der kein Absonderungsrecht
zu berücksichtigen gewesen wäre *(siehe Abb. 2)*.

Beispiel: 76
Die sonstige Berechnungsgrundlage aus verschiedenen Geschäftsvorfällen betrage
50.000,00 €. Es wurde ferner eine sicherungsübereignete Maschine zum Preis von
100.000,00 € zzgl. 19 % Umsatzsteuer verwertet:

Tatsächliche Werte		Fiktive Werte	
Sonstige Einnahmen	50.000,00	Sonstige Einnahmen	50.000,00
Verwertung Maschine	119.000,00	Verwertung Maschine	119.000,00
Auskehrung Absonderungsgläubiger	./. 119.000,00		*(entfällt)*
Feststellungskostenbeitrag	4.760,00		*(entfällt)*
Verwertungskostenbeitrag	5.950,00		*(entfällt)*
Umsatzsteuer aus Verwertung	19.000,00		*(entfällt)*
„kleine Berechnungsgrundlage"	79.710,00	**„große Berechnungsgrundlage"**	169.000,00
Regelvergütung (§ 2)	*18.329,70*	*Regelvergütung (§ 2)*	*24.580,00*
Differenz zur fiktiven Regelvergütung als Mehrvergütung	*6.250,30*		
jedoch Kappung auf 50 % von 4.760,00	2.380,00		
Erhöhte Regelvergütung	20.709,70		

Abb. 2: Mehrvergütung

Bei der fiktiven Vergütungsermittlung wird folglich unterstellt, dass zwar der Ver- 77
mögensgegenstand veräußert wurde, allerdings kein Absonderungsrecht vorlag.
Daher ist es selbstverständlich, dass bei der fiktiven Vergütung keine Kostenbeiträge
berücksichtigt werden,[126] da sie schließlich nicht angefallen wären. Ebenso abwegig ist es aufgrund dieses doch insgesamt sehr einfachen Prinzips, bei der tatsächlichen Berechnungsgrundlage den Feststellungskostenbeitrag zu eliminieren.
Die entgegenstehende Auffassung des BGH[127] beruht auf dem Versuch der Bewertung eines eher merkwürdigen Sachverhalts, wobei einige Fachbegriffe durch den

---

126) BGH, Beschl. v. 23.10.2008 – IX ZB 157/05, JurionRS 2008, 25057; BGH, Beschl. v. 17.4.2013 – IX ZB 141/11, ZInsO 2013, 1104.
127) BGH, Beschl. v. 10.10.2013 – IX ZB 169/11, ZInsO 2013, 2288.

BGH unzutreffend verwendet wurden, der Streitstand in der Literatur unzutreffend wiedergegeben wurde und die Entscheidungsgründe auch nicht den Leitsatz tragen;[128] insoweit handelt es sich wohl um eine „Montags-Entscheidung". Möglicherweise liegt auch ein weiterer Irrtum vor, der sich in der Literatur findet:[129] Die fiktive Berechnung basiert nicht auf der alternativen Verwertung durch den Absonderungsgläubiger, bei der ebenfalls ein Feststellungskostenbeitrag beansprucht werden könnte, sondern auf dem alternativen Nichtvorhandensein des Absonderungsrechts in Gänze, sodass aus dem Absonderungsgut (fiktiv) freie Masse wird.

78 Während die *erhöhte Regelvergütung* Basis für Zu- und Abschläge nach § 3 InsVV[130] und die Auslagenpauschale nach § 8 Abs. 3 InsVV sowie für den Abgleich mit einer Mindestvergütung nach § 2 Abs. 2 InsVV (§ 2 Rz. 79) wird, bleibt die *kleine Berechnungsgrundlage* Basis für die Ermittlung des Gegenstandswerts nach § 58 Abs. 1 GKG.

79 Teils wird vertreten, die Mehrvergütung würde auch dann anfallen, wenn der **Verwertungserlös oberhalb der persönlichen Forderung** des Absonderungsgläubigers lag, mithin ein Übererlös erzielt wurde.[131] Dem kann jedoch nicht gefolgt werden,[132] da nun eine Doppelvergütung erfolgen würde. Wenn ein Übererlös i. S. d. § 1 Abs. 2 Nr. 1 Satz 3 InsVV erzielt wurde, kommen andere Tatbestände nicht mehr in Betracht, da sich das Überschussprinzip (als Grundsatz) und die Mehrvergütung (als lex specialis) gegenseitig ausschließen. Möglich bleibt freilich, einen entsprechenden Arbeitsaufwand anhand des § 3 Abs. 1 lit. a InsVV zu bewerten.

80 Bei **frei vereinbarten Kostenbeiträgen** ist zweifach zu differenzieren. Enthält die Vereinbarung eine *Aufteilung in Feststellungs- und Verwertungskostenbeiträge*, so ist diese maßgeblich, sodass frei vereinbarte Feststellungskostenbeiträge hälftig die Obergrenze für eine Mehrvergütung darstellen.[133]

81 Ist nur eine *Gesamtpauschale* vereinbart, ist weiter zu differenzieren. Bestand ein *gesetzlicher Anspruch* auf eine Feststellungskostenpauschale, so gilt der Wert von 4 % gemäß § 171 Abs. 1 InsO als maßgeblich. Dies kann der Fall sein, wenn z. B. für den Forderungseinzug 25 % statt gesetzlicher 9 % Massebeteiligung vereinbart werden, also von den gesetzlichen Kostenbeiträgen abgewichen wird. Hier einen höheren Betrag für die Feststellungskosten anzusetzen, scheint nicht systemgerecht, da es sich um einen pauschalierten Schadenersatz zugunsten der Masse dafür handelt, dass ein Mehraufwand für die Feststellung eines Absonderungsrechts betrieben werden muss. In den Fällen, in denen mit dem Absonderungsgläubiger eine höhere Massebeteiligung ausgehandelt werden kann, ist aber wohl kaum das Bestehen des Drittrechts als

---

128) Ausführlich *Zimmer*, InsbürO 2014, 235; ablehnend auch *Graeber/Graeber*, InsVV, § 1 Rz. 112a; HK-InsO/*Keller*, § 1 InsVV Rz. 25; Lorenz/Klanke/*Lorenz*, InsVV, § 1 Rz. 32 ff.; KPB-InsO/*Prasser/Stoffler*, § 1 InsVV Rz. 34 f. (Stand: 04/2015).
129) Leonhardt/Smid/Zeuner/*Amberger*, InsVV, § 1 Rz. 63.
130) BGH, Beschl. v. 11.5.2006 – IX ZB 249/04, ZIP 2006, 1204; BGH, Beschl. v. 17.4.2013 – IX ZB 141/11, ZInsO 2013, 1104.
131) Leonhardt/Smid/Zeuner/*Amberger*, InsVV, § 1 Rz. 67; *Haarmeyer/Mock*, InsVV, § 1 Rz. 64; KPB-InsO/*Prasser/Stoffler*, § 1 InsVV Rz. 39 (Stand: 04/2015).
132) Lorenz/Klanke/*Lorenz*, InsVV, § 1 Rz. 37.
133) Mehrfach offengelassen von BGH, Beschl. v. 23.10.2008 – IX ZB 157/05, Rz. 2 (n. v.); BGH, Beschl. v. 17.4.2013 – IX ZB 141/11, Rz. 2, ZInsO 2013, 1104; BGH, Beschl. v. 9.6.2016 – IX ZB 17/15, ZIP 2016, 1299.

solches problematisch; der höhere Masseanteil wird wegen des Verwertungsaufwands ausgehandelt. Insoweit steht die (Mehr-)Vergütung nicht zur freien Disposition des Insolvenzverwalters.[134] Freilich wird hier evident, dass es sinnvoller gewesen wäre, wenn der Verordnungsgeber die Mehrvergütung auf die Kosten der Verwertung und nicht auf die Kosten der Feststellung bezogen hätte. Bestand *kein gesetzlicher Anspruch* auf eine Feststellungskostenpauschale, wie z. B. bei der Verwertung von Grundstücken (§ 165 InsO), dürfte es zulässig sein, 4/9 der Gesamtpauschale den Feststellungskosten i. S. d. § 1 Abs. 2 Nr. 1 Satz 2 InsO zuzuordnen.[135] Was bei frei vereinbarten Massebeteiligungen für die Verwertung von Grundstücken gerne übersehen wird, ist, dass die in diesem Zusammenhang oft gezahlten Beträge an andere dingliche Gläubiger (z. B. Grundabgaben,[136] Lästigkeitsprämien) als Abfindungen dem § 1 Abs. 2 Nr. 2 InsVV (Rz. 87) unterfallen.

bb) Vom Gläubiger erzielte Verwertungserlöse

Die Mehrvergütung des § 1 Abs. 2 Nr. 1 Satz 2 InsVV fällt ausschließlich bei Verwertungseinnahmen des Insolvenzverwalters an. Sofern Absonderungsgläubiger Verwertungen vorgenommen haben (§§ 170 Abs. 2, 173 InsO), kommt es zwar im Einzelfall zur Vereinnahmung einer gesetzlichen Feststellungskostenpauschale und zur Herausgabe der zunächst vom Gläubiger vereinnahmten Umsatzsteuer aus dem Veräußerungsgeschäft – oder gar zur Auskehrung eines Übererlöses; hierbei handelt es sich jedoch lediglich um eine vergütungsrelevante Mehrung i. S. d. **Überschussprinzips** nach § 1 Abs. 2 Nr. 1 Satz 3 InsVV. 82

Die Vereinnahmung eines Kostenbeitrags nach § 10 Abs. 1 Nr. 1a ZVG bei der **Zwangsversteigerung** eines schuldnerischen Grundstücks steht der Vereinnahmung eines Feststellungskostenbeitrags i. S. d. § 171 Abs. 1 InsO allerdings gleich, sodass auch hier eine Mehrvergütung nach § 1 Abs. 2 Nr. 1 Satz 2 InsVV bis zur Höhe der Hälfte des Kostenbeitrags beansprucht werden kann.[137] 83

cc) Fehlende Verwertungserlöse

Wurden weder vom Insolvenzverwalter noch vom Absonderungsgläubiger Verwertungserlöse erzielt, fehlt mithin jedweder Massezufluss, fällt auch keine Mehrvergütung nach § 1 Abs. 2 Nr. 1 Satz 2 InsVV an, da diese mit großer Selbstverständlichkeit keine bloße Rechengröße ist.[138] Etwas anderes gilt freilich dort, wo schon § 1 Abs. 1 Satz 2 InsVV auf Schätzwerte abstellt (Rz. 162 ff.), wenn und weil der Verfahrensgang keine vollständige Verwertung durch den Insolvenzverwalter erwartet.[139] 84

---

134) A. A. KPB-InsO/*Prasser/Stoffler*, § 1 InsVV Rz. 43 (Stand: 04/2015).
135) KPB-InsO/*Prasser/Stoffler*, § 1 InsVV Rz. 40 (Stand: 04/2015).
136) § 12 GrStG ist insolvenzfest, siehe BGH, Beschl. v. 8.12.2016 – V ZB 41/14, NZI 2017, 457.
137) Insolvenzrechtliche Vergütungsverordnung (InsVV) v. 19.8.1998 (BGBl. I 1998, 2205), allgemeine Begründung, siehe Anh. III Rz. 12, sowie Begründung zu § 1 InsVV, siehe Anh. III Rz. 31; BerlKommInsO/*Blersch*, § 1 Rz. 11 (Stand: 02/2009); HambKommInsO/ *Büttner*, § 1 InsVV Rz. 34; *Haarmeyer/Mock*, InsVV, § 1 Rz. 62; *Keller*, Vergütung und Kosten, § 3 Rz. 78; **a. A.** KPB-InsO/*Prasser/Stoffler*, § 1 InsVV Rz. 42 (Stand: 04/2015).
138) BGH, Beschl. v. 9.6.2016 – IX ZB 17/15, ZIP 2016, 1299.
139) Vgl. BGH, Beschl. v. 2.2.2006 – IX ZB 167/04, ZInsO 2006, 254; KPB-InsO/*Prasser/ Stoffler*, § 1 InsVV Rz. 49 (Stand: 04/2015).

d) Nutzung von Absonderungsgut, Zinsen und Wertersatz

85 Gemäß § 172 Abs. 1 Satz 1 InsO darf der Insolvenzverwalter eine bewegliche Sache, zu deren Verwertung er berechtigt ist, für die Insolvenzmasse nutzen, wenn er den dadurch entstehenden *Wertverlust* von der Eröffnung des Verfahrens an durch laufende Zahlungen an den Gläubiger ausgleicht. Solange ein Gegenstand, zu dessen Verwertung der Insolvenzverwalter nach § 166 InsO berechtigt ist, nicht verwertet wird, sind dem Gläubiger vom Berichtstermin an überdies laufend die geschuldeten *Zinsen* aus der Insolvenzmasse zu zahlen (§ 169 Satz 1 InsO). Gemeint sind mit Zinsen nicht etwa vertraglich vereinbarte Annuitäten einschließlich Tilgungsanteil, sondern Verzugszinsen, die sich der Höhe nach entweder aus dem Vertrag oder aus dem Gesetz ergeben, wobei die Rechtsprechung einen Mindestprozentsatz von 4 % nach § 246 BGB vorsieht.[140] Die Zinszahlungspflicht nach § 169 Satz 1 InsO endet nicht schon mit der Verwertungshandlung, sondern erst mit der Auskehrung des Erlöses an den Absonderungsberechtigten.[141] Grundsätzlich handelt es sich insgesamt um **abwicklungsbedingte Ausgaben** i. S. d. § 55 Abs. 1 Nr. 1 InsO, § 1 Abs. 2 Nr. 4 Satz 1 InsVV. Sofern das Absonderungsgut für abwicklungsbedingte Aufgaben eingesetzt wird, kann alternativ auch eine *Nutzungsentschädigung* gezahlt werden; der Unterschied liegt lediglich in der einfacheren Berechnung und in der umsatzsteuerlichen Behandlung.

86 Nicht selten allerdings wird das Absonderungsgut für die Betriebsfortführung benötigt. Dies zeigt sich in der Existenz des § 21 Abs. 2 Satz 1 Nr. 5 Satz 1 InsO, der für diesen Fall dem Aus- oder Absonderungsgläubiger schon in der vorläufigen Verwaltung ausdrücklich – auf Antrag des vorläufigen Verwalters – einen Verwertungs- oder Sicherstellungsstopp auferlegt. Da die Betriebsfortführung für das Nutzungsrecht gerade Tatbestandsmerkmal ist[142] und Grund für die Einführung des § 172 Abs. 1 Satz 1 InsO war,[143] gilt der *Wertersatzanspruch* nach § 172 Abs. 1 InsO auch in der **Betriebsfortführung**. Nichts anderes gilt im Ergebnis für den *Zinsanspruch* aus § 169 Satz 1 InsO, der neben dem Anspruch auf Wertersatz nach § 172 Abs. 1 Satz 1 InsO besteht.[144] Denn der Zinsanspruch schützt den Gläubiger vor einem Entzug der Liquidität,[145] der Wertersatzanspruch zusätzlich vor einem Wertverlust.[146] Der Anfall beider Ansprüche auch in der Betriebsfortführung steht insoweit im Einklang mit dem gesetzgeberischen Willen. Denn aus der Gesetzesbegründung ergibt sich, dass die berechtigte Verzögerung der Verwertung gerade wegen Betriebsfortführung nicht zu einem Nachteil beim absonderungsbe-

---

140) BGH, Urt. v. 16.2.2006 – IX ZR 26/05, ZIP 2006, 814.
141) BGH, Urt. v. 20.2.2003 – IX ZR 81/02, ZIP 2003, 632; Uhlenbruck/*Brinkmann*, InsO, § 169 Rz. 9; KPB-InsO/*Flöther*, § 169 Rz. 13 m. w. N. (Stand: 02/2015).
142) K. Schmidt/*Sinz*, InsO, § 172 Rz. 1.
143) Begründung zu § 172 InsO, BT-Drucks. 12/2443, S. 108 ff., abgedruckt bei *Kübler/Prütting*, Das neue Insolvenzrecht, S. 405.
144) Uhlenbruck/*Brinkmann*, InsO, § 169 Rz. 13; KPB-InsO/*Flöther*, § 172 Rz. 10 (Stand: 02/2015); HK-InsO/*Landfermann*, § 169 Rz. 26; K. Schmidt/*Sinz*, InsO, § 169 Rz. 11; FK-InsO/*Wegener*, § 169 Rz. 7.
145) BGH, Urt. v. 17.2.2011 – IX ZR 83/10, Rz. 13, ZIP 2011, 579.
146) HK-InsO/*Landfermann*, § 169 Rz. 26.

Berechnungsgrundlage § 1

rechtigten Gläubiger führen darf.[147] Alternativ kann eine *Nutzungsentschädigung* gezahlt werden; der Unterschied liegt lediglich in der einfacheren Berechnung und in der umsatzsteuerlichen Behandlung. Insoweit handelt es sich bei all diesen Zahlungen um fortführungsbedingte Ausgaben i. S. d. § 55 Abs. 1 Nr. 1 InsO, § 1 Abs. 2 Nr. 4 Satz 2 lit. b InsVV und nicht etwa um Auskehrungen i. S. d. § 170 Abs. 1 Satz 2 InsO, § 1 Abs. 2 Nr. 1 InsVV oder Abfindungen i. S. d. § 1 Abs. 2 Nr. 2 InsVV; der Unterschied zu abwicklungsbedingten Ausgaben ist insbesondere bei negativem Fortführungsüberschuss von Bedeutung.

6. Abfindung von Aus- oder Absonderungsrechten (§ 1 Abs. 2 Nr. 2 InsVV)

Löst der Insolvenzverwalter durch (anteilige) Befriedigung der gesicherten Forderung im Wege der Abfindung des **Absonderungsrechts** den Absonderungsgläubiger ab, ist § 1 Abs. 2 Nr. 2 InsVV einschlägig. Hierzu kann es kommen, wenn eine Zahlung an den Absonderungsgläubiger erfolgt, um „Lastenfreiheit" des Vermögensgegenstandes zu erreichen und anschließend eine Nutzung, Verarbeitung bzw. (später) Verwertung vorzunehmen. In diesen Fällen soll die positive Differenz zwischen dem Sachwert des Absonderungsguts (objektiver Verkehrswert, nicht tatsächlicher Veräußerungserlös) und dem Ablösebetrag zur Berechnungsgrundlage hinzugerechnet werden. Verwertet der Insolvenzverwalter später den nun unbelasteten Gegenstand zum vorher ermittelten *Sachwert*, fließt der Erlös nicht noch einmal in die Berechnungsgrundlage ein, weil sonst eine Doppelberücksichtigung erfolgen würde. Bei einem Erlös *oberhalb* des Sachwerts soll hingegen die Differenz die Berechnungsgrundlage erhöhen. Ein Erlös *unterhalb* des zuvor ermittelten Sachwerts soll ohne Einfluss auf die Berechnungsgrundlage sein. Folglich ist es auch irrelevant und zulässig (freilich im Rahmen des Insolvenzzwecks), überhaupt *keinen Verwertungserlös* zu erzielen, z. B. bei Verbrauch oder Entsorgung nach längerer Nutzung. Insgesamt wird das Prinzip, auf eine Schlussrechnung abzustellen, mithin durchbrochen, da auf die Werte von Aktiva und Passiva statt auf Einnahmen und Ausgaben abgestellt wird. Die Regelung wird daher mit guten Gründen anders gehandhabt, lediglich ihr Telos ist zu berücksichtigen. Hauptanwendungsfall sind Zahlungen an Lieferanten, deren Forderung vor Anordnung der vorläufigen Verwaltung begründet worden war und die über ein Absonderungsrecht aufgrund verlängerten Eigentumsvorbehalts verfügen. Der Insolvenzverwalter muss lediglich prüfen und (zumindest konkludent über das Belegwesen) darlegen, dass diejenige Ware, an der das Absonderungsrecht besteht, tatsächlich auch noch vorhanden war. Weitere Anwendungsfälle sind z. B. Lästigkeitsprämien (soweit rechtlich zulässig) und – oft übersehen – Zahlungen auf rückständige Grundabgaben bei Grundstücken. Was mit den Vermögensgegenständen im Rahmen der *Abwicklung* geschieht, ist im Ergebnis unbeachtlich. Etwaige Einnahmen erhöhen die Berechnungsgrundlage, die Abfindungen mindern die Berechnungsgrundlage. Zur vergütungsrechtlichen Kollision von § 1 Abs. 2 Nr. 2 InsVV mit § 1 Abs. 2 Nr. 4 Satz 2 lit. b InsVV bei *fortführungsbedingten Abfindungen* siehe Rz. 129.

87

---

147) Begründung zu § 169 InsO, BT-Drucks. 12/2443, S. 108 ff., abgedruckt bei *Kübler/ Prütting*, Das neue Insolvenzrecht, S. 398.

88 Nichts anderes gilt im Grunde für **Aussonderungsrechte**. Anders als Absonderungsgut steht Aussonderungsgut allerdings nicht im Eigentum des Schuldners. Würde z. B. ein Leasinggeber „abgefunden", handelte es sich tatsächlich um einen Kauf des Gegenstandes für die Masse. Von § 1 Abs. 2 Nr. 2 InsVV erfasst können im Wesentlichen nur einfache Eigentumsvorbehaltsrechte an vorinsolvenzlich erworbenen Warenvorräten sein. Zur vergütungsrechtlichen Kollision von § 1 Abs. 2 Nr. 2 InsVV mit § 1 Abs. 2 Nr. 4 Satz 2 lit. b InsVV bei *fortführungsbedingten Abfindungen* siehe Rz. 129.

89 § 1 Abs. 2 Nr. 2 InsVV ist nicht unwichtig für die **Abgrenzung zur vorläufigen Verwaltung** (Rz. 140 ff.). Sofern keine „starke" vorläufige Verwaltung oder eine Einzelmächtigung zur Begründung von Masseverbindlichkeiten vorliegt, bedeutet die Begleichung dieser in der vorläufigen Verwaltung begründeten Verbindlichkeit nach Verfahrenseröffnung grundsätzlich eine unzulässige Befriedigung einer Insolvenzforderung (§ 38 InsO). Verfügt der Vertragspartner jedoch über ein Aus- oder Absonderungsrecht, stellt die nach Verfahrenseröffnung getätigte Zahlung eine zulässige Abfindung i. S. d. § 1 Abs. 2 Nr. 2 InsVV dar; der Vorgang ist folglich nicht unter § 1 Abs. 2 Nr. 4 InsVV zu subsumieren.

7. Aufrechnungslagen (§ 1 Abs. 2 Nr. 3 InsVV)

90 Gemäß § 1 Abs. 2 Nr. 3 InsVV darf bei einer Aufrechnungslage nur der Saldo für die Berechnungsgrundlage berücksichtigt werden. Nach wohl herrschender Literaturansicht ist die Norm nur anwendbar, wenn die Forderung der Gegenseite eine **Insolvenzforderung** darstellt[148] und anfechtungsfest mit Ansprüchen der Masse aufgerechnet werden kann. In diesem Sinne lässt sich auch eine BGH-Entscheidung vom 21.1.2010 interpretieren.[149] Aufgrund des Saldierungsverbots als Bestandteil der Grundsätze ordnungsmäßiger Buchführung (§ 246 HGB, § 140 AO) sind die einander gegenüberstehenden Forderungen jedoch getrennt zu buchen. Soweit ersichtlich, enthalten die von den Insolvenzverwaltern genutzten Kontenpläne keine eigene Sachkonten für die Darstellung der Aufrechnung mit einer Insolvenzforderung, sodass die Forderung der Gegenseite buchhalterisch meist als Masseverbindlichkeit erfasst wird. Erfolgen beide Buchungen als fortführungsbedingte Geschäftsvorfälle, ergeben sich keine Besonderheiten, weil auch nach § 1 Abs. 2 Nr. 4 Satz 2 lit. b InsVV ein Überschussprinzip gilt. Wird jedoch die Forderung der Masse als vergütungsrelevante Einnahme erfasst, die Gegenforderung hingegen als vergütungsrechtlich unbeachtliche (abwicklungsbedingte) Masseverbindlichkeit i. S. d. § 1 Abs. 2 Nr. 4 Satz 1 InsVV, muss diese Ausgabe wegen § 1 Abs. 2 Nr. 3 InsVV manuell von der Berechnungsgrundlage in Abzug gebracht werden. Hier wäre es sinnvoll, die Gegenforderung als Abfindung eines Drittrechts (Rz. 87) zu erfassen.

91 Im Bereich der *Umsatzsteuer* ist zu berücksichtigen, dass innerhalb eines Voranmeldungszeitraums eine Zwangssaldierung nach § 16 Abs. 2 UStG stattfindet, die

---
148) Leonhardt/Smid/Zeuner/*Amberger*, InsVV, § 1 Rz. 77; BerlKommInsO/*Blersch*, § 1 Rz. 16 (Stand: 02/2009); HambKommInsO/*Büttner*, § 1 InsVV Rz. 39; *Graeber/Graeber*, InsVV, § 1 Rz. 115; *Haarmeyer/Mock*, InsVV, § 1 Rz. 85; *Keller*, Vergütung und Kosten, § 3 Rz. 109; FK-InsO/*Lorenz*, § 1 InsVV Rz. 37; Lorenz/Klanke/*Lorenz*, InsVV, § 1 Rz. 40.
149) BGH, Beschl. v. 21.1.2010 – IX ZB 197/06, Rz. 8, ZIP 2010, 436.

Berechnungsgrundlage § 1

eine nicht angreifbare Verrechnung darstellt.[150] Aufrechnungen nach § 226 AO über zeitliche Zäsuren hinweg (Anordnung der vorläufigen Verwaltung, Insolvenzeröffnung) unterfallen regelmäßig dem Aufrechnungsverbot des § 96 Abs. 1 Nr. 3 InsO.[151] Daher dürfte es im Kontext des § 1 Abs. 2 Nr. 3 InsVV nicht zu einer Aufrechnungslage kommen, bei der die Forderung des Finanzamts einerseits Insolvenzforderung und andererseits mit Gegenansprüchen der Masse aufrechnungsfähig ist. Etwas anderes kann sich ergeben, wenn die Forderung des Finanzamts zwar Insolvenzforderung ist, aber über § 55 Abs. 4 InsO zur Masseverbindlichkeit erklärt wird. Hier dürfte § 1 Abs. 2 Nr. 3 InsVV keine Anwendung finden.

8. Abzug von Masseverbindlichkeiten (§ 1 Abs. 2 Nr. 4 InsVV)

a) Grundsatz (§ 1 Abs. 2 Nr. 4 Satz 1 InsVV)

Gemäß § 1 Abs. 2 Nr. 4 Satz 1 InsVV werden die Kosten des Insolvenzverfahrens (Rz. 93 ff.) und die sonstigen Masseverbindlichkeiten (Rz. 102 ff.) nicht von der Berechnungsgrundlage abgesetzt. 92

b) Kosten des Insolvenzverfahrens (§ 54 InsO)

aa) Gerichtsgebühren nebst Auslagen

Unter die Kosten des Insolvenzverfahrens fallen alle Ausgaben, die als Masseverbindlichkeiten unter § 54 InsO zu subsumieren sind. § 54 Nr. 1 InsO erwähnt insoweit die Gerichtskosten des Insolvenzverfahrens, worunter auch die Auslagen des Gerichts fallen. Insoweit kann streitig sein, welche Ausgaben der Gerichtskasse **Auslagen** und welche von den allgemeinen **Gerichtsgebühren** abgedeckt sind; dieser Streit ist jedoch an hiesiger Stelle irrelevant. 93

bb) Vergütungen nebst Auslagen

Gemäß § 54 Nr. 2 InsO gehören zu den Verfahrenskosten die Vergütungen nebst Auslagen des **vorläufigen Insolvenzverwalters**, des **Insolvenzverwalters** und der **Mitglieder des Gläubigerausschusses**. Obgleich § 54 InsO im Grundsatz enumerativ die Verfahrenskosten bestimmt,[152] sind einige Besonderheiten zu beachten. Als Obersatz kann gelten, dass es sich um Verfahrenskosten i. S. d. § 54 Nr. 2 InsO handelt, wenn die Festsetzung der Vergütung gemäß § 64 InsO dem Insolvenzgericht obliegt.[153] 94

Aus dem allgemeinen Prinzip, es handele sich um Verfahrenskosten, wenn die Vergütungsansprüche im Antrags- oder im eröffneten Insolvenzverfahren begründet wurden,[154] resultiert, dass die Vergütungsansprüche nebst Auslagenersatz des **Sachwalters** (§§ 274 Abs. 1, 63 InsO), des **vorläufigen Sachwalters** (§§ 270a Abs. 1 Satz 2, 274 Abs. 1, 63 InsO), des **vorläufigen Sachwalters im Schutzschirmverfahren** (§§ 270b Abs. 2 Satz 1, 274 Abs. 1, 63 InsO) sowie der Mitglieder eines 95

---
150) BFH, Urt. v. 25.7.2012 – VII R 44/10, ZInsO 2012, 2162 = BStBl. 2013 II, S. 33.
151) Vgl. BFH, Urt. v. 4.3.2008 – VII R 10/06, ZIP 2008, 886.
152) BGH, Beschl. v. 14.7.2016 – IX ZB 46/15, Rz. 22, ZIP 2016, 1688; BGH, Urt. v. 12.1.2017 – IX ZR 87/16, Rz. 16, ZIP 2017, 383.
153) Vgl. BGH, Beschl. v. 14.7.2016 – IX ZB 46/15, Rz. 15, ZIP 2016, 1688.
154) BGH, Beschl. v. 20.11.2014 – IX ZB 16/14, ZIP 2015, 85.

§ 1

vorläufigen Gläubigerausschusses (§§ 21 Abs. 2 Satz 1 Nr. 1a, 73 Abs. 1 InsO) ebenfalls Verfahrenskosten i. S. d. § 54 Nr. 2 InsO darstellen. Nichts anderes gilt für die Vergütung des **Treuhänders im vereinfachten Insolvenzverfahren** alten Rechts.[155]

96 Die Vergütung eines **Sonderinsolvenzverwalters** (Rz. 7) gehört zu den Verfahrenskosten i. S. d. § 54 Nr. 2 InsO,[156] da sie vom Insolvenzgericht festzusetzen ist,[157] der Sonderinsolvenzverwalter in seinem Aufgabenbereich an die Stelle des Insolvenzverwalters tritt, weil dieser rechtlich oder tatsächlich verhindert ist, sein Amt auszuüben,[158] und die Aufgaben des Sonderinsolvenzverwalters regelmäßig mit denen eines Insolvenzverwalters vergleichbar sind.[159]

97 Für den *Treuhänder in der Wohlverhaltensphase* (§§ 287 Abs. 2, 288, 292 InsO) ist der BGH zu dem Ergebnis gekommen, dass es sich bei dessen Vergütungsanspruch aus § 293 Abs. 1 InsO nicht um Verfahrenskosten i. S. d. § 54 Nr. 2 InsO handelt; es soll sich hier um **Verfahrenskosten eigener Art** handeln.[160] Die Auffassung stützt sich auf die These, dass der Treuhänder für eine Leistung nach Beendigung des eröffneten Verfahrens vergütet wird, sich der Begriff der Masseverbindlichkeiten jedoch nur auf eine Begründung des Vergütungsanspruchs im Antragsverfahren oder im eröffneten Insolvenzverfahren beziehen kann. Aus der Bezeichnung als Verfahrenskosten eigener Art ergibt sich dennoch, dass bei der Ermittlung der Berechnungsgrundlage nach § 14 Abs. 1 InsVV diese Ausgaben nicht in Abzug zu bringen sind, da diese Norm sich ohnehin nicht mit Ausgaben befasst. Für § 1 InsVV ist lediglich von Bedeutung, dass es auch Verfahrenskosten eigener Art geben können soll. Um solche handelt es sich – soweit relevant – bei den Vergütungen des Insolvenzverwalters und der Gläubigerausschussmitglieder für eine *Überwachung des Insolvenzplans* (§ 6 Abs. 2 InsVV) sowie bei der Vergütung des Insolvenzverwalters für eine *Nachtragsverteilung* (§ 6 Abs. 1 InsVV), da ebenfalls nach Aufhebung bzw. Einstellung des Insolvenzverfahrens entstehend.

98 Gemäß Art. 77 Abs. 1 EuInsVO[161] hat der **Gruppenkoordinator** in innereuropäisch grenzüberschreitenden Konzerninsolvenzen, der nach Art. 71 Abs. 2 EuInsVO nicht zugleich Verwalter in einem der an der Gruppe beteiligten Verfahren sein darf, einen eigenen Anspruch auf angemessene Vergütung (Rz. 195 ff.). Die Details liegen

---

155) §§ 312–314 InsO aufgehoben durch das Gesetz zur Verkürzung des Restschuldbefreiungsverfahrens und zur Stärkung der Gläubigerrechte v. 15.7.2013 (BGBl. I 2013, 2379), siehe Anh. XII Rz. 83 ff.
156) BGH, Beschl. v. 14.7.2016 – IX ZB 46/15, Rz. 20, ZIP 2016, 1688.
157) BGH, Beschl. v. 29.5.2008 – IX ZB 303/05, Rz. 26, ZIP 2008, 1294; BGH, Beschl. v. 26.3.2015 – IX ZB 62/13, Rz. 6, ZIP 2015, 1034.
158) BGH, Beschl. v. 2.3.2006 – IX ZB 225/04, Rz. 11, NZI 2006, 474; BGH, Beschl. v. 25.1.2007 – IX ZB 240/05, Rz. 22, ZIP 2007, 548.
159) BGH, Beschl. v. 29.5.2008 – IX ZB 303/05, Rz. 21, ZIP 2008, 1294.
160) BGH, Beschl. v. 20.11.2014 – IX ZB 16/14, ZIP 2015, 85; kritisch *Zimmer*, InsbürO 2016, 324; wieder in Zweifel gezogen durch BGH, Beschl. v. 14.7.2016 – IX ZB 46/15, Rz. 24, ZIP 2016, 1688.
161) Verordnung (EU) 2015/848 des Europäischen Parlaments und des Rates über Insolvenzverfahren (Neufassung) v. 20.5.2015 (ABl. EU v. 5.6.2015, L 141/19) mit Inkrafttreten zum 26.6.2017, siehe Anh. XIII.

im Dunkeln. Eindeutig ist lediglich, dass der Gruppenkoordinator die Endabrechnung der *Kosten* auf die an der Gruppe beteiligten Verfahren umzulegen hat (Art. 77 Abs. 2 EuInsVO). Legt keiner der an der Gruppe beteiligten Verwalter Widerspruch ein, gilt die Abrechnung als gebilligt (Art. 77 Abs. 3 EuInsVO), ansonsten entscheidet dasjenige Gericht, das das Gruppen-Koordinationsverfahren eröffnet hat, über die Abrechnung (Art. 77 Abs. 4 EuInsVO). Insoweit liegt eine gerichtliche Entscheidung offenbar nur vor, wenn keine Einigkeit erzielt werden konnte, im Übrigen erfolgt die Kostenverteilung ohne konstitutive Beteiligung des Gerichts. Im Gesamtkontext dürfte allerdings ausgeschlossen sein, dass es sich um sonstige Masseverbindlichkeiten nach § 55 Abs. 1 InsO handelt. Vielmehr ist mindestens von Verfahrenskosten eigener Art (Rz. 97) i. S. d. § 1 Abs. 2 Nr. 4 Satz 1 InsVV auszugehen, die nicht von der Berechnungsgrundlage im nationalen Insolvenzverfahren in Abzug zu bringen sind. Eine unmittelbare Anwendung des § 54 Nr. 2 InsO wird sich allerdings daraus ergeben, dass eine gerichtliche Entscheidung über die Kostenverteilung mit der sofortigen Beschwerde angreifbar ist (Art. 102c § 26 EGInsO[162]). Dieses Rechtsmittel gilt jedoch nie für sonstige Masseverbindlichkeiten i. S. d. § 55 InsO, sondern im Vergütungskontext immer nur für Verfahrenskosten (§ 64 Abs. 3 InsO). Dass der Charakter als Verfahrenskosten aber nur griffe, wenn die Kostenentscheidung streitig ist, schiene wenig tragfähig.

Etwas eindeutiger sind die Vergütungsansprüche in der nationalen *Konzerninsolvenz* neuen Rechts.[163] Gemäß § 269c Abs. 2 Satz 3 InsO gilt die Tätigkeit als Mitglied im **Gruppen-Gläubigerausschuss** als Tätigkeit in demjenigen Gläubigerausschuss, den das Mitglied im Gruppen-Gläubigerausschuss vertritt. Insoweit entsteht kein eigenständiger Vergütungsanspruch, sondern ein bestehender Anspruch unterliegt einer wertmäßigen Bestimmung und gehört unverändert zu den Verfahrenskosten i. S. d. § 54 Nr. 2 InsO, § 1 Abs. 2 Nr. 4 Satz 1 InsVV in demjenigen Insolvenzverfahren, in dem das Ausschussmitglied originär eingesetzt wurde. Für den **Verfahrenskoordinator**, der mit den Insolvenzverwaltern der gruppenangehörigen Verfahren nicht identisch sein soll (§ 269e Abs. 1 Satz 2 InsO), aber folglich sein darf, soll nach § 269g Abs. 1 InsO allerdings ein eigenständiger Vergütungsanspruch bestehen (Rz. 190 ff.). Gemäß § 269g Abs. 2 InsO ist die Vergütung des Verfahrenskoordinators anteilig aus den Insolvenzmassen der gruppenangehörigen Schuldner zu berichten, wobei im Zweifel das Verhältnis des Werts der einzelnen Massen zueinander maßgebend ist. Da §§ 269f Abs. 3, 269g Abs. 1 Satz 4 InsO (zweimal) auf §§ 64, 65 InsO verweisen, deren Anwendung wiederum den Verfahrenskosten i. S. d. § 54 Nr. 2 InsO vorbehalten ist, gehört auch die Vergütung des Verfahrenskoordinators nebst Auslagenersatz zu den Verfahrenskosten i. S. d. § 54 Nr. 2 InsO, § 1 Abs. 2 Nr. 4 Satz 1 InsVV.

99

---

162) Art. 102c § 26 EGInsO eingeführt durch das Gesetz zur Durchführung der Verordnung (EU) 2015/848 über Insolvenzverfahren v. 5.6.2017 (BGBl. I 2017, 1476), siehe Anh. XIII Rz. 4.
163) §§ 269a–269i InsO eingefügt durch das Gesetz zur Erleichterung der Bewältigung von Konzerninsolvenzen v. 13.4.2017 (BGBl. I 2017, 866) mit Inkrafttreten zum 21.4.2018 (Art. 10 des Änderungsgesetzes), siehe Anh. XV.

100 Um die gemeinsame Willensbildung und -durchsetzung der oft zahlreichen und verstreuten Anleihegläubiger zu erleichtern, sieht die am 5.8.2009 in Kraft getretene Neufassung des Schuldverschreibungsgesetzes (SchVG 2009)[164] die Möglichkeit der Bestellung eines gemeinsamen Vertreters aller Gläubiger vor (§ 7 SchVG).[165] Die Bestellung kann bereits in den Anleihebedingungen erfolgen (§ 8 Abs. 1 SchVG) oder – sofern in den Anleihebedingungen vorgesehen (§ 5 Abs. 1 Satz 1 SchVG) – später in einer Gläubigerversammlung. Wird über das Vermögen des Emittenten das Insolvenzverfahren eröffnet und ist bis dahin noch kein gemeinsamer Vertreter bestellt, ist das Insolvenzgericht nach § 19 Abs. 2 Satz 2 SchVG verpflichtet, eine Versammlung der Anleihegläubiger einzuberufen, um ihnen Gelegenheit zu geben, einen gemeinsamen Vertreter zur Wahrnehmung ihrer Rechte im Insolvenzverfahren zu bestellen (§ 19 Abs. 2 Satz 1 SchVG). Die durch die Bestellung eines **gemeinsamen Vertreters der Anleihegläubiger** entstehenden Kosten und Aufwendungen – einschließlich einer angemessenen Vergütung des gemeinsamen Vertreters[166] – trägt gemäß §§ 7 Abs. 6, 8 Abs. 4 SchVG der Schuldner. Der Anspruch eines von den Anleihegläubigern im Insolvenzverfahren über das Vermögen des Emittenten nach § 19 Abs. 2 SchVG bestellten gemeinsamen Vertreters auf Vergütung für seine Tätigkeit kann jedoch nicht vom Insolvenzgericht festgesetzt werden[167] und zählt weder zu den Kosten des Insolvenzverfahrens nach § 54 InsO[168] noch stellt er eine sonstige Masseverbindlichkeit i. S. d. § 55 InsO[169] dar. Im Einzelfall soll es jedoch zulässig sein, dass eine Vergütungsvereinbarung zwischen dem Insolvenzverwalter und dem gemeinsamen Vertreter geschlossen wird, die dann zur Anwendung des § 55 Abs. 1 Nr. 1 InsO führt; die Kosten müssen jedoch durch einen – wie auch immer gearteten, offenbar auch ideellen – Vorteil aufgrund der Tätigkeit des gemeinsamen Vertreters ausgeglichen werden.[170] Wurde der gemeinsame Vertreter erst *nach* Verfahrenseröffnung bestellt, handelt es sich ohne eine solche Vereinbarung um eine nachrangige Insolvenzforderung i. S. d. § 39 Abs. 1 Nr. 2 InsO.[171] Daraus wäre abzuleiten, dass die Vergütung eines *vor* Insolvenzeröffnung bestellten Vertreters Insolvenzforderung nach § 38 InsO ist.[172] Nichts anderes soll gelten, wenn

---

164) Gesetz über Schuldverschreibungen aus Gesamtemissionen (Schuldverschreibungsgesetz – SchVG) v. 31.7.2009 (BGBl. 2009 I, S. 2512).
165) Vgl. BT-Drucks. 16/12814, S. 1, 14.
166) Ausführlich *Holzer*, NZI 2017, 465.
167) BGH, Beschl. v. 14.7.2016 – IX ZB 46/15, ZIP 2016, 1688; BGH, Urt. v. 12.1.2017 – IX ZR 87/16, Rz. 6, ZIP 2017, 383.
168) BGH, Beschl. v. 14.7.2016 – IX ZB 46/15, Rz. 21, ZIP 2016, 1688; BGH, Urt. v. 12.1.2017 – IX ZR 87/16, Rz. 16, ZIP 2017, 383.
169) BGH, Urt. v. 12.1.2017 – IX ZR 87/16, Rz. 17 ff., ZIP 2017, 383; a. A. *Brenner*, NZI 2014, 789, 792 f.; *Gloeckner/Bankel*, ZIP 2015, 2393, 2399 f.; *Hofmann* in: FS Kübler, 2015, S. 265, 273; *Horn*, BKR 2014, 449, 452; *Thole*, ZIP 2014, 293, 299.
170) BGH, Urt. v. 12.1.2017 – IX ZR 87/16, Rz. 28, ZIP 2017, 383.
171) BGH, Urt. v. 12.1.2017 – IX ZR 87/16, Rz. 27, ZIP 2017, 383.
172) LG Düsseldorf, Urt. v. 11.5.2016 – 23 O 97/15, ZIP 2016, 1036; LG Saarbrücken, Urt. v. 3.9.2015 – 4 O 221/14, NZI 2016, 233; *Antoniadis*, NZI 2014, 785, 787 f.; *Grub*, ZInsO 2016, 897; *Scholz*, DZWIR 2016, 451, 453 ff.

nicht das SchVG 2009, sondern das zuvor geltende SchVG 1899[173] Anwendung findet.[174] Dies wäre der Fall, wenn der Bestellung des gemeinsamen Vertreters Schuldverschreibungen zugrunde liegen, die vor dem 5.8.2009 ausgegeben wurden (§ 24 Abs. 1 SchVG 2009), und die Gläubiger nicht nach § 24 Abs. 2 SchVG 2009 die Anwendbarkeit des neuen Rechts wirksam beschlossen haben. Wenn denn also eine Vereinbarung zwischen dem Insolvenzverwalter und dem gemeinsamen Vertreter zulässig ist und geschlossen wurde, handelt es sich bei der hieraus resultierenden Vergütung des gemeinsamen Vertreters um eine für die Berechnungsgrundlage unbeachtliche sonstige Masseverbindlichkeit i. S. d. § 55 Abs. 1 Nr. 1 InsO, § 1 Abs. 2 Nr. 4 Satz 1 InsVV.

Die Vergütung des **gemeinsamen Vertreters nach § 6 SpruchG**[175] ist gemäß § 6 Abs. 2 SpruchG vom Gericht festzusetzen und stellt daher Verfahrenskosten i. S. d. § 1 Abs. 2 Nr. 4 Satz 1 InsVV dar.[176]

101

c) **Sonstige Masseverbindlichkeiten (§ 55 InsO)**

aa) **Einleitung**

Gemäß § 1 Abs. 2 Nr. 4 Satz 1 InsVV werden die sonstigen Masseverbindlichkeiten nicht von der Berechnungsgrundlage abgesetzt, soweit nicht § 1 Abs. 2 Nr. 4 Satz 2 InsVV etwas anderes regelt. Aufgrund des in § 53 InsO vorgesehenen Vorrangs der in §§ 54, 55 InsO geregelten Masseverbindlichkeiten wird bei dem Begriff der sonstigen Masseverbindlichkeit stets auf § 55 InsO rekurriert. Die InsO enthält zwar auch an anderen Stellen eine Definition von sonstigen Masseverbindlichkeiten, jedoch ist stets ein Unterfall von § 55 InsO anzunehmen, sodass auch die nicht unmittelbar in § 55 InsO genannten sonstigen Masseverbindlichkeiten im Grundsatz unter die Anwendung des § 1 Abs. 2 Nr. 4 Satz 1 InsVV fallen, sofern nicht aus § 1 Abs. 2 Nr. 4 Satz 2 InsVV etwas anderes herzuleiten ist.

102

Die wichtigsten sonstigen Masseverbindlichkeiten sind:

103

- Verbindlichkeiten, die durch Handlungen des Insolvenzverwalters oder in anderer Weise durch die Verwaltung, Verwertung und Verteilung der Insolvenzmasse begründet werden, ohne zu den Kosten des Insolvenzverfahrens zu gehören (**§ 55 Abs. 1 Nr. 1 InsO**). Der Begriff der sonstigen Masseverbindlichkeiten ist weit auszulegen. Maßgeblich ist einzig, ob die Verbindlichkeiten durch die Insolvenzverwaltung ausgelöst werden oder jedenfalls einen Bezug zur Insolvenzmasse aufweisen.[177]

---

173) Gesetz betreffend die gemeinsamen Rechte der Besitzer von Schuldverschreibungen v. 4.12.1899 (RGBl. 1899, S. 691).
174) BGH, Urt. v. 12.1.2017 – IX ZR 87/16, Rz. 31 f., ZIP 2017, 383.
175) Gesetz über das gesellschaftsrechtliche Spruchverfahren (Spruchverfahrensgesetz – SpruchG) v. 12.6.2003 (BGBl. 2003 I, S. 838).
176) OLG Düsseldorf, Beschl. v. 14.12.2015 – I-26 W 17/14, ZIP 2016, 940, 942; dem als obiter dictum folgend BGH, Urt. v. 12.1.2017 – IX ZR 87/16, Rz. 22, ZIP 2017, 383.
177) BVerwG, Urt. v. 16.12.2009 – 8 C 9/09, Rz. 14, NJW 2010, 2152; BFH, Gerichtsbescheid v. 8.7.2011 – II R 49/09, Rz. 12, ZIP 2011, 1728; BGH, Urt. v. 12.1.2017 – IX ZR 87/16, Rz. 19, ZIP 2017, 383.

§ 1 Berechnungsgrundlage

- Verbindlichkeiten aus gegenseitigen Verträgen, soweit deren Erfüllung zur Insolvenzmasse verlangt wird oder für die Zeit nach der Eröffnung des Insolvenzverfahrens erfolgen muss (§ 55 Abs. 1 Nr. 2 InsO).
- Verbindlichkeiten aus einer ungerechtfertigten Bereicherung der Masse (§ 55 Abs. 1 Nr. 3 InsO).
- Von einem vorläufigen Insolvenzverwalter mit Verwaltungs- und Verfügungsbefugnis bzw. mit Einzelermächtigung begründete Verbindlichkeiten (§ 55 Abs. 2 Satz 1 InsO).
- Von einem vorläufigen Insolvenzverwalter mit Verwaltungs- und Verfügungsbefugnis bzw. mit Einzelermächtigung in Anspruch genommene Gegenleistungen aus einem Dauerschuldverhältnis (§ 55 Abs. 2 Satz 2 InsO).
- Steuerverbindlichkeiten, die der „schwache" vorläufige Insolvenzverwalter „begründet" hat (§ 55 Abs. 4 InsO).
- Unterhalt aus der Insolvenzmasse (§ 100 Abs. 1 InsO).
- Verbindlichkeiten aus einem Sozialplan unter Berücksichtigung der sog. Drittelgrenze (§ 123 Abs. 2 Satz 1 InsO).
- Eigenkapitalersetzende Nutzungsüberlassung: Für den Gebrauch oder die Ausübung des Gegenstandes gebührt dem Gesellschafter ein Ausgleich (§ 135 Abs. 3 Satz 2 InsO).
- Schadenersatz (Zinsen) für die verzögerte Verwertung von Absonderungsgut (§ 169 Satz 1 InsO).
- Wertersatz für die Nutzung beweglicher Sachen, an denen Absonderungsrechte bestehen (§ 172 Abs. 1 InsO).
- Besondere Masseverbindlichkeiten in der Nachlassinsolvenz (§ 324 InsO).

104 In vielen Fällen wird stets zu prüfen sein, ob diese Verbindlichkeiten der Betriebsfortführung zuzuordnen sind, sodass ein Abzug von der Berechnungsgrundlage gemäß § 1 Abs. 2 Nr. 4 Satz 2 lit. b InsVV zu erfolgen hat (Rz. 114 ff.). Ferner bedarf es einer Abgrenzung zur vorläufigen Verwaltung (Rz. 140 ff.).

bb) Anrechnung entnommener Vergütungen (§ 1 Abs. 2 Nr. 4 Satz 2 lit. a InsVV)

105 Gemäß § 5 InsVV kann der Insolvenzverwalter der von ihm verwalteten Insolvenzmasse für den Einsatz besonderer Sachkunde zusätzliche Vergütungen entnehmen. Die Norm ist nicht frei von verfassungsrechtlichen Bedenken, da sie historisch aus dem Berufsrecht der Rechtsanwälte abgeleitet wurde (§ 5 Rz. 16) und ein unzulässiges In-sich-Geschäft darstellen könnte (§ 5 Rz. 10). Aber auch § 1 Abs. 2 Nr. 4 Satz 2 lit. a InsVV, der einen Abzug derartiger Vergütungen von der Berechnungsgrundlage vorsieht, begegnet isoliert betrachtet verfassungsrechtlichen Bedenken (Rz. 111 ff.).

106 Gemäß § 1 Abs. 2 Nr. 4 Satz 2 lit. a InsVV sind die von § 5 InsVV erfassten Vergütungen von der Berechnungsgrundlage in Abzug zu bringen. Bei einem zum Vorsteuerabzug berechtigten Schuldner soll der Abzug nur auf der **Netto-Ebene** er-

folgen,[178] da sonst der Schuldner in Höhe der in den Honoraren enthaltenen Umsatzsteuer (als Vorsteuer) ungerechtfertigt bereichert wäre. Dies ist zutreffend. Allerdings sind in der steuerlichen Judikatur einige Bewegungen zu verzeichnen, die stets profiskalisch ausgerichtet sind und sich z. T. auch gegen den Vorsteuerabzug der Schuldner richten. Für die regelmäßig von § 5 InsVV erfassten Beratungsleistungen findet sich die Auffassung, ein Vorsteuerabzug für Beratungsleistungen nach Einstellung des Geschäftsbetriebs (einschließlich übertragender Sanierung) komme nicht in Betracht, da Vorsteuer aus Eingangsrechnungen nur dann abzugsfähig sein soll, wenn es danach noch Ausgangsleistungen der Schuldners gibt.[179] Das kann gegenwärtig als abwegig bezeichnet werden. Streng genommen muss der Insolvenzverwalter gleichwohl nachweisen, die Vorsteuer aus seinen Rechnungen für die Masse tatsächlich gezogen zu haben, um einen Abzug seiner Vergütungen nach § 1 Abs. 2 Nr. 4 Satz 2 lit. a InsVV auf der Brutto-Ebene zu verhindern.

Der Abzug nach § 1 Abs. 2 Nr. 4 Satz 2 lit. a InsVV erstreckt sich nach dem Wortlaut der Norm auf die *Vergütung* für den Einsatz besonderer Sachkunde. Insoweit wird auf § 5 InsVV verwiesen, der allerdings auch einen Auslagenerstattungsanspruch erfasst. Da § 1 Abs. 2 Nr. 4 Satz 2 lit. a InsVV nur die Vergütung erwähnt und **Auslagen** regelmäßig nicht auf Sachkunde beruhen, erstreckt sich auch § 1 Abs. 2 Nr. 4 Satz 2 lit. a InsVV *nicht* auf die Auslagen i. S. d. § 5 InsVV.[180] Wird z. B. im Rahmen einer von § 5 Abs. 1 InsVV erfassten anwaltlichen Tätigkeit die Gebühr für eine Einwohnermeldeamtsanfrage beglichen und als Auslage gegen die Masse geltend gemacht, ist nicht erkennbar, weshalb diese Auslage entgegen § 1 Abs. 2 Nr. 4 Satz 1 InsVV von der Berechnungsgrundlage in Abzug zu bringen sein soll. Weitaus gravierender wird dies bei der Verauslagung von hohen Gerichtskosten für streitige Verfahren. Daher ist der Abzug derartiger Auslagen über § 1 Abs. 2 Nr. 4 Satz 2 lit. a InsVV ersichtlich sinn- und rechtswidrig. Die Gegenauffassung[181] scheint überwiegend darauf zu rekurrieren, dass *Auslagenpauschalen*, wie sie in den meisten Vergütungsordnungen vorgesehen sind, wegen der EDV-Entwicklungen oder Flatrates ohnehin nicht mehr angemessen und letztlich unverdiente Zusatzvergütung seien.[182] Dies kann ein Diskussionsansatz für das gesamte Kostenrecht de lege ferenda sein, ist aber de lege lata evident unzutreffend. 107

Soweit sich die über § 5 InsVV der Masse entnommenen Vergütungen auf **fortführungsbedingte Geschäftsvorfälle** beziehen, tritt eine Kollision von § 1 Abs. 2 Nr. 4 Satz 2 lit. a InsVV (Abzug eigener Vergütungen) und § 1 Abs. 2 Nr. 4 Satz 2 lit. b InsVV (Abzug fortführungsbedingter Ausgaben) auf. Diese ist dahingehend zu 108

---

178) LG Dresden, Urt. v. 10.4.1995 – 2 T 0850/94, ZIP 1995, 1035; KPB-InsO/*Prasser/Stoffler*, § 1 InsVV Rz. 63 (Stand: 04/2015).
179) FG Baden-Württemberg, Urt. v. 30.9.2015 – 1 K 3818/14, DStRE 2016, 2245. Die Revision wurde als unzulässig verworfen, aber wohl nur wegen des Fehlens der Tatbestandsvoraussetzungen für eine Wiedereinsetzung in den vorherigen Stand, siehe BFH, Beschl. v. 16.3.2016 – V R 39/15 (n. v.).
180) Leonhardt/Smid/Zeuner/*Amberger*, InsVV, § 1 Rz. 85; Lorenz/Klanke/*Lorenz*, InsVV, § 1 Rz. 45.
181) BerlKommInsO/*Blersch*, § 1 Rz. 19 (Stand: 02/2009); Graeber/*Graeber*, InsVV, § 1 Rz. 120; *Haarmeyer/Mock*, InsVV, § 1 Rz. 89.
182) Graeber/*Graeber*, InsVV, § 1 Rz. 120; *Haarmeyer/Mock*, InsVV, § 8 Rz. 20.

lösen, dass der Abzug als fortführungsbedingte Ausgabe dominiert, sodass § 1 Abs. 2 Nr. 4 Satz 2 lit. b InsVV lex specialis ist. Relevant wird dies bei einem *negativen Fortführungsüberschuss*, der durch diese Vergütungsentnahmen erhöht wird. Da jedoch für die Berechnungsgrundlage immer ein Fortführungsüberschuss von mindestens null anzunehmen ist,[183] kann kein (alternativer) Abzug nach § 1 Abs. 2 Nr. 4 Satz 2 lit. a InsVV erfolgen, sodass die Vergütungsentnahmen letztlich ohne Auswirkung auf die Berechnungsgrundlage bleiben.

109 Hat der Insolvenzverwalter nicht sich selbst, sondern **einen Dritten beauftragt**, findet § 1 Abs. 2 Nr. 4 Satz 2 lit. a InsVV keine Anwendung, weil schon die Tatbestandsvoraussetzungen des § 5 InsVV nicht erfüllt sind, sondern eine Delegation von Aufgaben i. S. d. § 4 Abs. 1 Satz 3 InsVV vorlag. Hier ist lediglich zu unterscheiden, ob es sich um abwicklungs- oder fortführungsbedingte Ausgaben i. S. d. § 1 Abs. 2 Nr. 4 Satz 2 lit. b InsVV handelte.

110 Ein in der InsVV nicht vorgesehener Abzug der von § 4 Abs. 1 Satz 3 InsVV erfassten Honorare von der Berechnungsgrundlage lässt sich auch dann nicht in § 1 Abs. 2 Nr. 4 Satz 2 lit. a InsVV hineinlesen, wenn die Honorare an einen **Dritten mit Verwalterbeteiligung** geflossen sind, der Insolvenzverwalter mithin rechtlich oder wirtschaftlich an dem Dritten beteiligt ist.[184] Dies ist z. B. der Fall, wenn der Insolvenzverwalter Rechtsanwalt und Gesellschafter einer Rechtsanwaltsgesellschaft ist und er als Insolvenzverwalter diese Rechtsanwaltsgesellschaft beauftragt.

111 Letzteres führt zu einem vergütungsrechtlichen Vorteil derjenigen Insolvenzverwalter, die als Gesellschafter in einer Gesellschaft organisiert sind, gegenüber den „Einzelkämpfern". Die Benachteiligung sieht der BGH als verfassungsgemäß an, da Vergütungsentnahmen nach § 5 InsVV einer höheren Aufsichtsdichte des Insolvenzgerichts unterfielen und eine Übertragung des § 1 Abs. 2 Nr. 4 Satz 2 lit. a InsVV auf § 4 Abs. 1 Satz 3 InsVV nicht praktikabel sei.[185] Eine tragfähige Begründung ist dies freilich nicht. Die zentrale Frage lautet, ob ein Gesetz oder eine Verordnung die Höhe der Vergütung als Regelungsinhalt davon abhängig machen kann, in welcher Rechtsform der Vergütungsberechtigte tätig wird. Diese Frage ist zu verneinen. Weder dem RVG noch der StBVV oder dem JVEG lässt sich entnehmen, dass die Höhe der Vergütung von der Rechtsform des Vergütungsberechtigten abhängig gemacht werden könnte. Diese Regelungen sind rechtsformneutral ausgestaltet, da etwas anderem ein Verstoß u. a. gegen Art. 3 GG (Gleichheitsgrundsatz), Art. 12 Abs. 1 GG (Berufsausübungsfreiheit) und Art. 14 GG (Eigentumsfreiheit) entgegengehalten werden müsste. Der BGH hat nicht ausreichend gewürdigt, dass der Insolvenzverwalter ein von Art. 12 Abs. 1 GG geschützter Beruf ist[186] und sich

---

[183] BGH, Beschl. v. 24.5.2005 – IX ZB 6/03, NZI 2005, 567; BGH, Beschl. v. 16.10.2008 – IX ZB 179/07, NZI 2009, 49; BGH, Beschl. v. 1.7.2010 – IX ZB 208/08, NZI 2010, 942.
[184] BGH, Beschl. v. 5.7.2007 – IX ZB 305/04, NZI 2007, 583; **a. A.** *Keller,* Vergütung und Kosten, § 3 Rz. 122.
[185] BGH, Beschl. v. 29.9.2011 – IX ZB 112/09, ZIP 2011, 2117.
[186] BVerfG, Beschl. v. 3.8.2004 – 1 BvR 135/00 u. 1086/01, ZIP 2004, 1649, dazu EWiR 2005, 437 *(Wieland)*.

gesetzliche Vergütungsregelungen am Maßstab des Art. 12 Abs. 1 GG messen lassen müssen.[187]

Damit ist entweder § 1 Abs. 2 Nr. 4 Satz 2 lit. a InsVV oder die Nichtanwendung dieser Norm auf die Beauftragung Dritter mit Verwalterbeteiligung *verfassungswidrig*.[188] Im Zusammenhang mit den verfassungsrechtlichen Bedenken schon gegen den in Bezug genommenen § 5 InsVV (§ 5 Rz. 9 ff.) ist zusammenfassend von einer **Verfassungswidrigkeit** der §§ 5, 1 Abs. 2 Nr. 4 Satz 2 lit. a InsVV auszugehen. Ungeachtet dessen ist auch bei derartigen Entnahmen zuvor zu prüfen, ob sie nicht fortführungsbedingte Ausgaben i. S. d. § 1 Abs. 2 Nr. 4 Satz 2 lit. b InsVV waren. 112

Soweit die von § 5 InsVV betroffenen Kosten später erstattet werden, z. B. aufgrund eines Kostenfestsetzungsbeschlusses, ist zu differenzieren, da hier eine zweite Diskussion hinzukommt. Sofern davon ausgegangen wird, dass die **Erstattung von Prozess- und Vollstreckungskosten** eine „echte" Einnahme i. S. d. Vergütungsrechts darstellt (Rz. 54), bleibt es auch bei dem „echten" Abzug nach § 1 Abs. 2 Nr. 4 Satz 2 lit. a InsVV, sodass sich der Vorgang wertmäßig (bei voller Erstattung) auf null saldiert. Soweit vertreten wird, es handele sich nur um Minderungen der Ausgaben, bleibt (bei vollständiger Erstattung) nichts, was nach § 1 Abs. 2 Nr. 4 Satz 2 lit. a InsVV zusätzlich abgezogen werden könnte. Insoweit kommen beide Auffassungen notwendigerweise zum selben Ergebnis. Dass im ersteren Fall („echte" Einnahmen) ein Nachteil gegenüber einer Delegation nach § 4 Abs. 1 Satz 3 InsVV entsteht, ist nach dem zweifelhaften Telos des § 1 Abs. 2 Nr. 4 Satz 2 lit. a InsVV gerade gewollt. 113

cc) Betriebsfortführung (§ 1 Abs. 2 Nr. 4 Satz 2 lit. b InsVV)

Gemäß § 1 Abs. 2 Nr. 4 Satz 2 lit. b InsVV ist bei einer Fortführung des schuldnerischen Unternehmens nur der **Überschuss** der Einnahmen über die Ausgaben für die Berechnungsgrundlage relevant. Das Überschussprinzip gilt nur innerhalb der fortführungsbedingten Geschäftsvorfälle, sodass es für die Betriebsfortführung einer eigenständigen Ermittlung des Überschusses bedarf.[189] Noch immer findet sich vereinzelt die Vorstellung, bis zur Beendigung der Betriebsfortführung wären alle Geschäftsvorfälle fortführungsbedingt, und danach alle Geschäftsvorfälle abwicklungsbedingt. Dies ist unzutreffend. Betriebsfortführung und Abwicklung sind keine Zeitbegriffe, sondern *Kausalbegriffe*. Insoweit können die Bereiche Abwicklung und Betriebsfortführung von der Anordnung der vorläufigen Verwaltung über die Insolvenzeröffnung bis zur Schlussrechnung und sogar bis zur abschließenden Masseverteilung nach § 211 InsO (Rz. 159) nebeneinander existieren. Ein negativer Fortführungsüberschuss ist vergütungsrechtlich ohne Bedeutung, d. h., ein Fortführungsüberschuss ist immer mit *mindestens null* anzusetzen.[190] Die Abgrenzung 114

---

187) BVerfG, Beschl. v. 17.10.1990 – 1 BvR 283/85, NJW 1991, 555; BVerfG, Beschl. v. 15.12.1999 – 1 BvR 1904/95, BVerfGE 101, 331; BVerfG, Beschl. v. 23.10.2013 – 1 BvR 1842/11, NJW 2014, 46; BGH, Beschl. v. 15.1.2004 – IX ZB 96/03, ZIP 2004, 417.
188) Aus ganz anderen Gründen kritisch auch *Haarmeyer/Mock*, InsVV, § 1 Rz. 86 ff.
189) *Zimmer*, Insolvenzbuchhaltung, Rz. 297.
190) BGH, Beschl. v. 24.5.2005 – IX ZB 6/03, NZI 2005, 567; BGH, Beschl. v. 16.10.2008 – IX ZB 179/07, NZI 2009, 49; BGH, Beschl. v. 1.7.2010 – IX ZB 208/08, NZI 2010, 942.

von abwicklungsbedingten Einnahmen und Ausgaben von den fortführungsbedingten Einnahmen und Ausgaben kann im Einzelfall Schwierigkeiten bereiten. Überwiegend liegen jedoch Lösungskonzepte vor. Im Einzelnen:

115 § 1 Abs. 2 Nr. 4 Satz 2 lit. b InsVV findet auch Anwendung im *vereinfachten Insolvenzverfahren*[191] alten Rechts,[192] d. h. bei allen für **natürliche Personen** in Betracht kommende Verfahrensarten, so auch bei der Aufnahme einer *selbstständigen Tätigkeit nach Verfahrenseröffnung* bis zur „Freigabe" des Geschäftsbetriebs i. S. d. § 35 Abs. 2 InsO.[193] Bei einer *Nachlassinsolvenz* endet die Betriebsfortführung nicht automatisch mit dem Tod des Schuldners, wenn es die Auftragslage zulässt, den bislang vielleicht einzig operativ tätigen Schuldner durch neue Mitarbeiter oder Interimsmanager zu ersetzen.

116 Nicht selten beruhen Verbindlichkeiten auf Dauerschuldverhältnissen, die nur mit einer *Kündigungsfrist* beendet werden können (z. B. Mietverträge, Dienst- und Arbeitsverträge). Aus dem Zeitraum von der Kündigung bis zum Ablauf der Kündigungsfrist können sonstige Masseverbindlichkeiten als Gegenleistung resultieren, und zwar unabhängig davon, ob die Leistung abwicklungsbedingt, fortführungsbedingt oder überhaupt nicht in Anspruch genommen wird. Unter dem Stichwort der „**Sowieso-Kosten**" wurde angenommen, in solchen Fällen handele es sich immer um abwicklungsbedingte Ausgaben, da die Berechnungsgrundlage für einen fortführenden Insolvenzverwalter sonst niedriger wäre als bei einem abwickelnden Insolvenzverwalter. Überdies entscheide erst (zu späterem Zeitpunkt) die Gläubigerversammlung über Abwicklung oder Betriebsfortführung. Dieser Ansatz ist jedoch unzutreffend. Der BGH[194] spricht in der entsprechenden Leitentscheidung vom 16.10.2008 von „Kosten, mit denen der Gewinn erwirtschaftet werden soll", was semantisch angreifbar scheint (und in einer weiteren Entscheidung[195] angemessen korrigiert wurde). Jedoch ist unmissverständlich einziges Entscheidungskriterium, ob die (oktroyierte) *Leistung für die Betriebsfortführung in Anspruch genommen* wurde; dann ist auch die Gegenleistung fortführungsbedingt. Dies gilt im Wesentlichen für die Löhne und Gehälter von Arbeitnehmern, die trotz Kündigung bis zum Ablauf der Kündigungsfrist ihrer Arbeitsverpflichtung nachzukommen haben;[196] ob die Arbeitnehmer aus anderen Gründen nicht zur Arbeit erscheinen, wie z. B. Krankheit, ist unerheblich.

117 Wurden die Arbeitnehmer mit der Kündigung oder später von der Arbeitsleistung freigestellt, beruhen die Ansprüche der Arbeitnehmer für den Zeitraum nach der Freistellung (*Differenzlohn* zwischen vertraglichem Arbeitsentgelt und Arbeitslosengeld) nicht mehr auf einer fortführungsbedingten Tätigkeit, sondern sie stellen bei

---

191) BGH, Beschl. v. 24.5.2005 – IX ZB 6/03, NZI 2005, 567.
192) §§ 312–314 InsO aufgehoben durch das Gesetz zur Verkürzung des Restschuldbefreiungsverfahrens und zur Stärkung der Gläubigerrechte v. 15.7.2013 (BGBl. I 2013, 2379), siehe Anh. XII Rz. 83 ff.
193) *Zimmer*, InsbürO 2011, 253.
194) BGH, Beschl. v. 16.10.2008 – IX ZB 179/07, NZI 2009, 49.
195) BGH, Beschl. v. 18.12.2014 – IX ZB 5/13, ZIP 2015, 230.
196) BGH, Beschl. v. 16.10.2008 – IX ZB 179/07, NZI 2009, 49.

Berechnungsgrundlage § 1

Zahlung abwicklungsbedingte Ausgaben dar.[197] Nach diesen Grundsätzen ist auch darauf abzustellen, ob die Arbeitnehmer – wenn sie denn tätig sind – fortführungsbedingte Tätigkeiten erbringen, was widerlegbar zu vermuten ist. Auch während einer Betriebsfortführung kann es jedoch dazu kommen, dass Arbeitnehmer für *abwicklungsbedingte Tätigkeiten* eingesetzt werden, z. B. für allgemeine Aufräumarbeiten zur späteren „besenreinen" Übergabe einer gemieteten Betriebsimmobilie, für die Vorbereitung oder Vornahme der Archivierung von Geschäftsunterlagen, für die Aufarbeitung der schuldnerischen Buchführung bis zum Stichtag der Anordnung der vorläufigen Verwaltung, für die Vorbereitung später benötigter Personalunterlagen (Arbeitszeugnisse, Arbeitsbescheinigungen, Datensammlung für einen Interessenausgleich- und Sozialplan etc.), für die Pflege und Instandsetzung nicht benötigter und zum Verkauf vorgesehener Maschinen etc. Die Beweislast liegt beim Insolvenzverwalter.

Sofern bei Lohn- und Gehaltszahlungen folglich zwischen abwicklungs- und fortführungsbedingten Ausgaben zu differenzieren ist, erstreckt sich die Notwendigkeit der Aufteilung auch auf die *Lohnnebenkosten* (Lohnsteuer, Sozialversicherungsabgaben etc.). 118

Bei einer Betriebsfortführung in einem Insolvenzverfahren über das Vermögen einer *natürlichen Person* ist zwischen Entlohnung des Schuldners als Betriebsinhaber (fortführungsbedingter **Unternehmerlohn**) und Unterhaltsgewährung (abwicklungsbedingte Ausgabe) zu differenzieren. Grundsätzlich wird vermutet, dass Zahlungen an den Betriebsinhaber auf einer Entlohnung seiner Tätigkeit beruhen, also fortführungsbedingte Ausgaben darstellen. Behauptet der Insolvenzverwalter, es handele sich um Unterhaltszahlungen i. S. d. § 100 InsO, obliegt ihm die Beweislast.[198] Dies macht zumindest ab dem Berichtstermin als erster obligatorischer Gläubigerversammlung einen unterhaltsgewährenden Beschluss der Gläubigerversammlung erforderlich. Vor diesem Termin bedarf es des Beschlusses eines (vorläufigen oder einstweiligen) Gläubigerausschusses; ist ein solcher nicht bestellt, muss der Insolvenzverwalter nachweisen, dass der Schuldner nicht mit fortführungsbedingten Aufgaben betraut wurde. Nichts anderes gilt bei *Personengesellschaften* im Hinblick auf Zahlungen an diejenigen Gesellschafter, die als Unternehmer gelten; vereinfacht ausgedrückt sind dies geschäftsführende und/oder persönlich haftende Gesellschafter. *Fremdgeschäftsführer*, unabhängig davon, ob es sich um eine Personen- oder eine Kapitalgesellschaft handelt, sind von der Unterhaltsgewährung i. S. d. § 100 InsO ausgeschlossen, sodass die Vermutung, die entsprechenden Zahlungen seien fortführungsbedingt, nicht widerlegt werden kann. 119

Insgesamt gilt, dass die Gegenleistung (Zahlung) stets fortführungsbedingte Ausgabe ist, wenn die **Leistung für die Betriebsfortführung in Anspruch genommen wurde**.[199] Dies lässt sich für *Dauerschuldverhältnisse* aller Art, aber auch für einzelne *Leistungen* im Grunde einfach beantworten. Die Probleme liegen eher in der Beweiskraft des verwalterseitigen Sachvortrags. Erfasst von diesem Grundsatz werden 120

---
197) BGH, Beschl. v. 16.10.2008 – IX ZB 179/07, Rz. 20, NZI 2009, 49.
198) BGH, Beschl. v. 4.5.2006 – IX ZB 202/05, NZI 2006, 595.
199) BGH, Beschl. v. 16.10.2008 – IX ZB 179/07, NZI 2009, 49.

§ 1
Berechnungsgrundlage

auch *Lieferungen* an die Masse. Damit sind nicht nur laufende Einkäufe von Warenvorräten zwecks Verarbeitung gemeint, sondern auch *Anschaffungen im Anlagevermögen*, wenn z. B. eine neue Maschine als Ersatzbeschaffung oder zur Produktionserweiterung benötigt wurde. Denn regelmäßig erfolgt dann eine spätere Veräußerung im Rahmen der übertragenden Sanierung, und es wäre unangemessen, nur den Verwertungserlös zu berücksichtigen, nicht aber die Anschaffungskosten. Der Gegenstand ist nach der Anschaffung in das fortgeschriebene Masseverzeichnis nach § 151 InsO aufzunehmen,[200] sodass auch bei einer Berechnungsgrundlage nach § 1 Abs. 1 Satz 2 InsVV (Rz. 162 ff.) die Nicht-Veräußerung des Vermögensgegenstandes angemessen gewürdigt werden kann.

121 Ferner sind fortführungsbedingte Ausgaben zu bejahen, wenn die **Verbindlichkeit auf der Betriebsfortführung beruht**. So sind z. B. die *Ertragsteuern* (Einkommensteuer,[201] Körperschaftsteuer, Gewerbesteuer) auf den Fortführungsüberschuss ebenso fortführungsbedingte Ausgaben i. S. d. § 1 Abs. 2 Nr. 4 Satz 2 lit. b InsVV. Folglich ist auch bei der *Umsatzsteuer* und *anderen Steuerarten* entsprechend zu differenzieren. Selbiges gilt für die Kosten der *handels- und/oder steuerrechtlichen Buchführung* (§ 4 Rz. 19 ff.) oder die Kosten für die *Erstellung der Steuererklärungen*,[202] soweit eine Aufteilung zwischen abwicklungs- und fortführungsbedingten Kosten opportun erscheint und überhaupt möglich ist (§ 4 Rz. 19 ff.). Freilich gehört nicht zu den aus der Betriebsfortführung resultierenden Ausgaben der Erhöhungsbetrag bei den Verfahrenskosten i. S. d. § 54 InsO.

122 Ob nun für die Betriebsfortführung in Anspruch genommen (Rz. 120) oder auf der Betriebsfortführung beruhend (Rz. 121), gehören zu den fortführungsbedingten Ausgaben auch *Nutzungsentschädigungen* für **Absonderungsgut** oder – alternativ – die Zahlungen von *Wertersatz* und *Zinsen* gemäß §§ 169 Satz 1, 172 Abs. 1 Satz 1 InsO (Rz. 85 f.), wenn und weil die Zahlungen auf der Nutzung für die Betriebsfortführung beruhen.

123 § 1 Abs. 2 Nr. 4 Satz 2 lit. b InsVV findet auch Anwendung auf die sog. **Ausproduktion**.[203] Hierunter zu verstehen ist die Abarbeitung vorhandener Aufträge unter Weiterbeschäftigung gekündigter Mitarbeiter bis zum Ablauf der Kündigungsfrist, ohne dass eine positive Fortführungsprognose, die auch für eine übertragende Sanierung erforderlich ist, vorhanden wäre. Ob noch Warenvorräte zugekauft werden müssen, ist aufgrund der Gleichsetzung von Betriebsfortführung und Ausproduktion ohne vergütungsrechtliche Auswirkung.

124 Nicht ersichtlich sind gerichtliche Entscheidungen zum **Abverkauf**. Die Ausproduktion (Rz. 123) bezieht sich begrifflich auf das produzierende Gewerbe und zahlreiche Dienstleistungen. Im Groß- und Einzelhandel wird jedoch nichts produziert, hier geht es um den ständigen Ein- und Verkauf von Waren. Am Beispiel eines Gebrauchtwagenhändlers, der innerhalb des Insolvenzverfahrens keine Fahrzeuge mehr ankauft, wird schnell deutlich, dass es hier schon um eine abwicklungsbedingte

---

200) *Zimmer*, Insolvenzbuchhaltung, Rz. 711.
201) BGH, Beschl. v. 18.12.2014 – IX ZB 5/13, ZIP 2015, 230.
202) BGH, Beschl. v. 21.7.2011 – IX ZB 148/10, ZInsO 2011, 1615 (obiter dictum).
203) BGH, Beschl. v. 27.9.2012 – IX ZB 243/11, Rz. 9, ZInsO 2013, 840.

Verwertung der restlich noch vorhandenen Fahrzeuge geht. Folglich wären alle hiermit verbundenen Ausgaben abwicklungsbedingte Verwertungskosten. Denn ein Unterschied zur Einschaltung eines Verwerters besteht nicht.[204] Jedoch gibt es auch größere Einzelhandelsketten, die stillgelegt werden müssen. Hier flössen enorme Einnahmen als abwicklungsbedingt in die Berechnungsgrundlage, obgleich ein ebenso enormer Kostenapparat zu finanzieren ist, der nicht mehr mit der Einschaltung eines Verwerters oder Auktionators vergleichbar wäre, sodass die Nähe zur Betriebsfortführung/Ausproduktion größer ist als zur reinen Abwicklung. Gleichwohl scheinen beide Ansätze vertretbar. Bei einer Entscheidung für eine abwicklungsbedingte Darstellung in der Berechnungsgrundlage müssen jedoch Ausgaben für Warenzukäufe, die in kleinerem Umfang auch bei der Geschäftsaufgabe erforderlich sein können, gleichwohl von der Berechnungsgrundlage in Abzug gebracht werden.

Die **Weiterbelastung von Kosten** an Dritte spielt sich regelmäßig im Bereich der Betriebsfortführung ab, sodass sowohl die Ausgabe als auch die anschließende Einnahme dem § 1 Abs. 2 Nr. 4 Satz 2 lit. b InsVV unterfällt. Sofern jedoch die Ausgabe abwicklungsbedingt war, ist auch die Einnahme aus Weiterbelastung abwicklungsbedingt.[205] Nach einer übertragenden Sanierung noch laufende Betriebsausgaben zu tätigen, um sie anschließend vom Betriebserwerber vertragsgemäß erstattet zu verlangen, stellt einen Mischfall und faktisch eine **Darlehensgewährung aus der Masse** dar; diese ist vergütungsneutral darzustellen.[206]

Nun kann nicht nur die Zuordnung von Einnahmen und Ausgaben im Einzelfall problematisch sein, schon der Begriff der Betriebsfortführung kann Fragen aufwerfen. Findet eine *Hausverwaltung* i. S. d. § 3 Abs. 1 lit. b Alt. 2 InsVV statt, muss es sich nicht gleichzeitig um eine Betriebsfortführung i. S. d. §§ 3 Abs. 1 lit. b Alt. 1, 1 Abs. 2 Nr. 4 Satz 2 lit. b InsVV handeln. Dass die Hausverwaltung in der InsVV bei den Zuschlägen erwähnt wird, aber nicht bei der Berechnungsgrundlage, hat seinen Grund darin, dass eine Hausverwaltung sehr häufig im Privatvermögen einer natürlichen Person stattfindet, z. B. wenn sich ein Arzt ein Mehrfamilienhaus für die Altersversorgung angeschafft hatte. Insoweit kann eine Betriebsfortführung immer nur im **Betriebsvermögen** stattfinden, nicht aber im *Privatvermögen*, für das in diesen Fällen hinsichtlich der Bewirtschaftungskosten das Abzugsverbot des § 1 Abs. 2 Nr. 4 Satz 1 InsVV gilt.[207] Wenn die Schlussrechnung jedoch in diesen Fällen eine Betriebsfortführung ausweist, dann nur *buchhalterisch* zur Ermöglichung der Vergleichsrechnung nach § 3 Abs. 1 lit. b Alt. 2 InsVV. Für die Berechnungsgrundlage ist *rechtlich* nicht von einer Betriebsfortführung auszugehen.[208] Bezog sich die Vermietung und Verpachtung jedoch auf Immobilien im Betriebsvermögen, gilt § 1 Abs. 2 Nr. 4 Satz 2 lit. b InsVV. Zum Einzug von Mietzinsansprüchen einschließlich „kalter" Zwangsverwaltung siehe Rz. 68 ff.

---

204) KPB-InsO/*Prasser/Stoffler*, § 1 InsVV Rz. 74 (Stand: 04/2015).
205) Ohne die notwendige Differenzierung KPB-InsO/*Prasser/Stoffler*, § 1 InsVV Rz. 59 ff. (Stand: 04/2015).
206) Mit unzutreffender Begründung im Ergebnis richtig LG Münster, Beschl. v. 27.4.2012 – 5 T 159/11, InsbürO 2012, 399.
207) KPB-InsO/*Prasser/Stoffler*, § 1 InsVV Rz. 77 (Stand: 04/2015); *Zimmer*, InsbürO 2015, 510.
208) *Zimmer*, InsbürO 2015, 510.

127 Ebenfalls zur Frage, ob überhaupt eine Betriebsfortführung vorliegt, gehört die Konstellation der vom Insolvenzverwalter nur **geduldeten Betriebsfortführung** des Schuldners. Hier ist eine Betriebsfortführung auf der Ebene des § 1 InsVV zu bejahen,[209] wenngleich sie bei der Prüfung eines Zuschlags nach § 3 Abs. 1 lit. b Alt. 1 InsVV eher zweifelhaft ist. Diese Konstellation dürfte sich durch die Möglichkeit der „Freigabe" des Geschäftsbetriebs nach § 35 Abs. 2 InsVV (Rz. 115) in empirisch engen Grenzen halten.

128 Wenig beachtet wird die Aufteilung von abwicklungs- und fortführungsbedingten Ausgaben bei Verbindlichkeiten, deren Befriedigung erst im Schlussbericht angekündigt wird. Dies gilt insbesondere für die (quotale) Begleichung fortführungsbedingter Alt-Masseverbindlichkeiten i. S. d. § 209 Abs. 1 Nr. 3 InsO, die bei angeregter Einstellung des Verfahrens gemäß § 211 Abs. 1 InsO nach angezeigter **Masseunzulänglichkeit** erst nach Vorlage von Schlussbericht, Schlussrechnung und Vergütungsantrag bedient werden. Auch die noch zu begleichenden Verbindlichkeiten unterfallen jedoch dem Regime des § 1 Abs. 2 Nr. 4 Satz 2 lit. b InsVV (Rz. 158).

129 Inwieweit es hinsichtlich der verschiedenen Vorgaben des § 1 Abs. 2 InsVV, Ausgaben von der Berechnungsgrundlage in Abzug zu bringen, ein *Rangverhältnis* gibt, wird – soweit ersichtlich – nicht diskutiert. Relevant wird dies bei **negativem Fortführungsüberschuss**. Dieser ist vergütungsrechtlich unbeachtlich, da mindestens ein Fortführungsüberschuss von null anzusetzen ist.[210] Anzunehmen ist eine Kollision gleichwertiger Vorschriften. Sofern Vergütungen, die den §§ 5, 1 Abs. 2 Nr. 4 Satz 2 lit. a InsVV unterfallen (Vergütungen des Insolvenzverwalters für den *Einsatz besonderer Sachkunde*), als fortführungsbedingte Geschäftsvorfälle anzusehen sind, wird diesseits ein Vorrang des § 1 Abs. 2 Nr. 4 Satz 2 lit. b InsVV (Betriebsfortführung) angenommen. Ein anderes Kollisionsverhältnis kann sich ergeben, wenn *Aus- oder Absonderungsrechte* z. B. von Warenlieferanten (Eigentumsvorbehaltsrechte) durch Zahlung nach § 1 Abs. 2 Nr. 2 InsVV *abgefunden* werden. Sofern dies – wie meist – zur Ermöglichung der Betriebsfortführung erfolgt (Weiterverarbeitung der Vorräte, um Forderungen aus Lieferungen und Leistungen zu generieren), ist § 1 Abs. 2 Nr. 4 Satz 2 lit. b InsVV ebenfalls lex specialis. Ein Fortführungsverlust wird durch die vorgenannten Geschäftsvorfälle folglich vergrößert, eine alternative (und damit zusätzliche) *Kürzung der Berechnungsgrundlage* über andere Normen als die für die Betriebsfortführung findet nicht statt.

130 Die **Zwangssaldierung** innerhalb eines Voranmeldungszeitraums nach § 16 Abs. 2 UStG stellt keine Aufrechnung, sondern eine Verrechnung dar, worin der BFH einen Unterschied sieht.[211] Daher ist zu berücksichtigen, dass die einzelnen Umsatzsteuer- und Vorsteuerpositionen nur unselbstständige Verrechnungsposten darstellen, sodass bei Voranmeldungen für Zeiträume nach Verfahrenseröffnung nur der jeweilige Voranmeldungssaldo eine Einnahme oder Ausgabe darstellen kann. Da jedoch die einzelnen Positionen regelmäßig aus fortführungs- oder abwicklungsbedingten Geschäftsvorfällen resultieren und diese Unterscheidung dem Steuerrecht

---

209) BGH, Beschl. v. 24.5.2005 – IX ZB 6/03, NZI 2005, 567.
210) BGH, Beschl. v. 24.5.2005 – IX ZB 6/03, NZI 2005, 567; BGH, Beschl. v. 16.10.2008 – IX ZB 179/07, NZI 2009, 49; BGH, Beschl. v. 1.7.2010 – IX ZB 208/08, NZI 2010, 942.
211) BFH, Urt. v. 25.7.2012 – VII R 44/10, ZInsO 2012, 2162 = BStBl. 2013 II, S. 33.

9. Vorschüsse und Zuschüsse (§ 1 Abs. 2 Nr. 5 InsVV)

a) Verfahrenskostenvorschüsse (§ 1 Abs. 2 Nr. 5 Alt. 1 InsVV)

Ein Vorschuss, der von einer anderen Person als dem Schuldner zur Durchführung des Insolvenzverfahrens geleistet worden ist, bleibt bei der Bestimmung der Berechnungsgrundlage außer Acht (§ 1 Abs. 2 Nr. 5 Alt. 1 InsVV). Die **Durchführung des Insolvenzverfahrens** als Tatbestandsmerkmal rekurriert ausschließlich auf die Deckung der *Verfahrenskosten* i. S. d. § 54 InsO, nicht hingegen auf sonstige Masseverbindlichkeiten i. S. d. § 55 InsO. Nicht anwendbar ist § 1 Abs. 2 Nr. 5 Alt. 1 InsVV, wenn es sich nicht um einen *Vorschuss*, sondern um einen verlorenen *Zuschuss* handelt; Letzteres ist rechtlich eine Schenkung an das massebefangene Vermögen des Schuldners.

131

Die **vom Schuldner abweichende Person** als Tatbestandsmerkmal scheint begrifflich eindeutig. Bei *nicht natürlichen Personen* ist der Schuldner als Rechtsträger zu betrachten, sodass Vorschüsse seitens der Gesellschafter oder Geschäftsführer nicht unter § 1 Abs. 2 Nr. 5 Alt. 1 InsVV fallen und folglich die Berechnungsgrundlage erhöhen. Bei *natürlichen Personen* kann ein Vorschuss auf die Verfahrenskosten nur dann einschlägig sein, wenn keine Verfahrenskostenstundung nach §§ 4a ff. InsO vorliegt und der Vorschuss aus dem insolvenzfreien Vermögen des Schuldners aufgebracht wird. In der Praxis kommt es nicht selten vor, dass in diesem Zusammenhang ratierliche Zahlungen aus dem pfändungsfreien Anteil des laufenden Arbeitseinkommens an den Insolvenzverwalter gezahlt werden. In dieser Konstellation kann eine Einbeziehung der Zahlungen in die Berechnungsgrundlage mit der Begründung vertreten werden, dass mit dem Begriff des Schuldners in § 1 Abs. 2 Nr. 5 Alt. 1 InsVV nur das massebefangene Vermögen gemeint ist (§ 13 Rz. 22), zumal es sich ja evident um einen verlorenen Zuschuss handelt, dem der Insolvenzverwalter allerdings in der Praxis immer ein bisschen „hinterherlaufen" muss, sodass auch eine vergütungswürdige Zusatztätigkeit des Insolvenzverwalters vorliegt, also der Schuldner nicht unangemessen belastet wird.

132

b) Zuschüsse Insolvenzplan (§ 1 Abs. 2 Nr. 5 Alt. 2 InsVV)

Ein Zuschuss, den ein Dritter zur Erfüllung eines Insolvenzplans geleistet hat, bleibt bei der Bestimmung der Berechnungsgrundlage außer Acht (§ 1 Abs. 2 Nr. 5 Alt. 2 InsVV). Anders als ein verlorener Zuschuss zur Deckung der Verfahrenskosten (Rz. 131) führt der Zuschuss eines Dritten zur Erfüllung eines Insolvenzplans nicht zur Mehrung der Berechnungsgrundlage.

133

c) Zuschüsse vorzeitige Restschuldbefreiung (§ 300 Abs. 1 Satz 2 Nr. 2 InsO)

Gemäß § 300 Abs. 1 Satz 2 Nr. 2 InsO[212] kann bei einer natürlichen Person die Erteilung der Restschuldbefreiung bereits (vorzeitig) nach drei Jahren erteilt werden,

134

---

212) § 300 Abs. 1 Satz 2 Nr. 2 InsO eingeführt durch das Gesetz zur Verkürzung des Restschuldbefreiungsverfahrens und zur Stärkung der Gläubigerrechte v. 15.7.2013 (BGBl. I 2013, 2379), siehe Anh. XII Rz. 39.

wenn dem Insolvenzverwalter bis zum Ablauf der Drei-Jahres-Frist ein Betrag zugeflossen ist, der eine Befriedigung der Insolvenzgläubiger i. H. v. mindestens 35 % ermöglicht. Dies erfordert regelmäßig **Zahlungen Dritter**. Diese Zahlungen Dritter stellen verlorene Zuschüsse dar, sodass weder ein Rückzahlungsanspruch besteht noch eine Sondermasse zu bilden ist. Sie fallen in die Insolvenzmasse, selbst wenn es nicht zur vorzeitigen Restschuldbefreiung kommt, da eine solche Zuzahlung Dritter nicht anders zu behandeln ist, „als wenn dieses Geld zunächst in die Insolvenzmasse geflossen wäre und anschließend zur Tilgung der Verbindlichkeiten verwendet wird".[213] Folglich erhöhen derartige Zahlungen die Berechnungsgrundlage unabhängig vom Verfahrensfortgang.[214]

d) Massedarlehen

135 Gelegentlich sieht sich der (vorläufige) Insolvenzverwalter veranlasst, einen Massekredit aufzunehmen. Für die vergütungsrechtliche Betrachtung sind zahlreiche Differenzierungen, z. T. auch kumulativ, zu beachten:

136 Die Aufnahme eines Massedarlehens kann auf verschiedene Weise erfolgen, sodass zunächst die **Art der Kreditaufnahme** zu bestimmen ist. Kommt es aufgrund der *Auszahlung eines Darlehensbetrages* zu einer Einzahlung auf dem Kontokorrentkonto des Insolvenzverwalters oder des Schuldners, liegt zunächst eine Einnahme i. S. d. Vergütungsrechts vor. Die Rückzahlung ist – ebenso wie Zinsen und Kontoführungsgebühren – sonstige Masseverbindlichkeit i. S. d. § 55 Abs. 1 Nr. 1 InsO. Sofern das *Darlehenskonto als Kontokorrent* geführt wird, kommt es zunächst durch entsprechende Geschäftsvorfälle, für die § 1 Abs. 2 InsVV gilt, regelmäßig zu einer Kontoüberziehung bis zur Erreichung der gewährten Kreditlinie. Die Überziehung als solche ist keine Einnahme i. S. e. Darlehensaufnahme. Die spätere Rückführung der Kreditlinie stellt eine sonstige Masseverbindlichkeit i. S. d. § 55 Abs. 1 Nr. 1 InsO dar. Gelegentlich gewähren Kunden des Schuldners der Masse ein Darlehen (*Kundenkredit*), weil sie aufgrund einer Produktabhängigkeit auf die vorübergehende Fortführung des schuldnerischen Betriebs angewiesen sind, obgleich die Betriebsfortführung aus der Perspektive des Insolvenzverwalters (Liquiditätsfokussierung) eingestellt werden müsste. Neben den beiden o. g. Varianten der Kreditaufnahme erfolgt hier z. B. eine monatliche Abrechnung des Fortführungsergebnisses mit der Verpflichtung des Kunden, einen negativen Saldo zugunsten der Masse auszugleichen. Die Zahlung dieses Dritten stellt eine Einnahme i. S. d. Vergütungsrechts dar. Kommt es wegen einer späteren Endabrechnung des Gesamtzeitraums zu einem Erstattungsanspruch des Kunden, liegt eine sonstige Masseverbindlichkeit i. S. d. § 55 Abs. 1 Nr. 1 InsO vor. In allen Fällen handelt es sich um Geschäfte der Masse, nicht um die Bildung einer Sondermasse. Einzig fraglich ist die Zuordnung innerhalb des § 1 Abs. 2 InsVV.

---

[213] Gesetz zur Verkürzung des Restschuldbefreiungsverfahrens und zur Stärkung der Gläubigerrechte v. 15.7.2013 (BGBl. I 2013, 2379), Begründung zu § 300 Abs. 1 Satz 4 und 5 InsO, siehe Anh. XII Rz. 46.
[214] *Frind*, ZInsO 2017, 814, 817 f.; KPB-InsO/*Prasser/Stoffler*, § 1 InsVV Rz. 81 (Stand: 04/2015).

Berechnungsgrundlage § 1

Regelmäßig, d. h. als widerlegbare Vermutung, ist davon auszugehen, dass die 137
Darlehensaufnahme – in welcher Form auch immer – zum Zwecke der **Betriebsfortführung** erfolgte. Dann sind sämtliche Einnahmen und Ausgaben nach § 1 Abs. 2 Nr. 4 Satz 2 lit. b InsVV zu behandeln, sodass die Aufnahme und Rückführung des Darlehens im Ergebnis nie massemehrend ist.[215] Im Gegenteil mindern Zinsen und Kontoführungsgebühren den Fortführungsüberschuss. Die Aufnahme eines Darlehens zum Zwecke der **Abwicklung** (Zerschlagung) ist eher selten. In einem solchen Fall würde die Rückzahlung des Darlehensbetrages ebenso wie Zinsen und Kontoführungsgebühren allerdings eine vergütungsrechtlich unbeachtliche Masseverbindlichkeit i. S. d. § 1 Abs. 2 Nr. 4 Satz 1 InsVV darstellen, während die vorherige Vereinnahmung des Darlehensauszahlungsbetrages eine vergütungsrelevante Einnahme darstellt.

Gelegentlich erfolgt die Aufnahme eines Massekredits zur **Abfindung eines Aus-** 138
oder Absonderungsgläubigers. Erfolgt dies im Rahmen einer *Betriebsfortführung*, weil das Aus- oder Absonderungsgut für die Betriebsfortführung benötigt wird, so dominiert § 1 Abs. 2 Nr. 4 Satz 2 lit. b InsVV den § 1 Abs. 2 Nr. 2 InsVV (Rz. 129), sodass sämtliche Geschäftsvorfälle im Zusammenhang mit der Kreditaufnahme und -rückzahlung fortführungsbedingte Geschäftsvorfälle darstellen. Beschränkt auf Darlehensaufnahme und -rückzahlung ist der Vorgang damit wertmäßig neutral, lediglich die Darlehenskosten mindern den Fortführungsüberschuss. Erfolgt die Abfindung von Aus- oder Absonderungsrechten hingegen im Rahmen einer *Abwicklung*, erhöht zunächst die Darlehensaufnahme die Berechnungsgrundlage, die Auszahlung an den Aus- oder Absonderungsgläubiger mindert jedoch die Berechnungsgrundlage nach § 1 Abs. 2 Nr. 2 InsVV. Bis hierhin ist der Vorgang wertneutral, die Darlehenskosten (Zinsen und Kontoführungsgebühren) stellen vergütungsrechtlich unbeachtliche Masseverbindlichkeiten i. S. d. § 1 Abs. 2 Nr. 4 Satz 1 InsVV dar. Die spätere Verwertung der jetzt lastenfreien Vermögensgegenstände erhöht nun wieder die Berechnungsgrundlage. Zu klären bleibt einzig die vergütungsrechtliche Behandlung der Rückzahlung des Darlehensbetrages an den Kreditgeber. Diese stellt eine vergütungsrechtlich unbeachtliche Masseverbindlichkeit i. S. d. § 1 Abs. 2 Nr. 4 Satz 1 InsVV dar, da sonst die Verwertungserlöse aus der Berechnungsgrundlage eliminiert würden.

Eine weitere Differenzierung wird erforderlich bei der **Abgrenzung zur vorläufigen** 139
Verwaltung, wenn und weil die Darlehensaufnahme in der vorläufigen Verwaltung, die Rückführung hingegen im eröffneten Verfahren stattfand. Regelmäßig ist die Aufnahme eines Massekredits damit verbunden, dass dem Darlehensgeber in der vorläufigen Verwaltung Sicherungsrechte eingeräumt werden, sei es durch Sicherungsübereignungen oder die Zession künftiger Forderungen aus Lieferungen und Leistungen. Dann stellt die Rückführung des Darlehens im eröffneten Verfahren keine unbeachtliche Masseverbindlichkeit i. S. d. § 1 Abs. 2 Nr. 4 Satz 1 InsVV dar, sondern eine Zahlung an einen Absonderungsberechtigten,[216] da Absonderungs-

---

215) Mit unzutreffender Begründung im Ergebnis richtig LG Münster, Beschl. v. 27.4.2012 – 5 T 159/11, InsbürO 2012, 399.
216) Im Ergebnis zutreffend LG Münster, Beschl. v. 27.4.2012 – 5 T 159/11, InsbürO 2012, 399.

rechte auch in der vorläufigen Verwaltung anfechtungsfest entstehen können, wenn sie vom vorläufigen Verwalter eingeräumt werden. Die Rückzahlung richtet sich jedoch nicht nach § 1 Abs. 2 Nr. 1 InsVV, sondern nach § 1 Abs. 2 Nr. 2 InsVV, da die Erhebung von Kostenbeiträgen i. S. d. §§ 170, 171 InsO zu einer offenen Restvaluta des Darlehens als Masseverbindlichkeit führen würde. Im Ergebnis mindert folglich die Rückzahlung die Berechnungsgrundlage unabhängig davon, ob der ausgezahlte Darlehensbetrag per Stichtag Insolvenzeröffnung noch vorhanden war oder verbraucht wurde.

10. Zeitliche Abgrenzung zur vorläufigen Verwaltung

a) Einleitung

140 § 1 InsVV regelt die Berechnungsgrundlage für den Insolvenzverwalter im eröffneten Verfahren. Die Berechnungsgrundlage für den zuvor tätigen vorläufigen Insolvenzverwalter findet sich in § 11 InsVV. Da es nicht nur unterschiedliche Berechnungsgrundlagen zu beachten gilt, sondern es sich – selbst bei Personenidentität – um zwei verschiedene Amtsträger und Vergütungsberechtigte mit jeweils **eigenen Anspruchsgrundlagen** in § 63 Abs. 1 und Abs. 3 InsO handelt, bedarf es geeigneter Abgrenzungskriterien. Betroffen sind Geschäftsvorfälle, die sich über beide Verfahrensabschnitte erstrecken, mithin jene, die in der vorläufigen Verwaltung *begründet* worden waren, aber erst nach Verfahrenseröffnung zu einem *Zahlungsfluss* führten.

141 Zu berücksichtigen ist für die Abgrenzung, dass die beiden Vergütungsansprüche auf **unterschiedlichen Grundprinzipien** beruhen. Die Berechnungsgrundlage für die Vergütung des vorläufigen Insolvenzverwalters richtet sich nach dem Wert der vergütungsrelevanten *Aktiva und Passiva*, während sich die Berechnungsgrundlage für die Vergütung des Insolvenzverwalters nach vergütungsrelevanten *Einnahmen und Ausgaben* richtet. Hintergrund sind die unterschiedlichen Aufgaben der Amtsträger. Der vorläufige Verwalter hat das schuldnerische Vermögen zu sichern, der Insolvenzverwalter hat es zu verwalten und zu verwerten. Freilich werden diese Ansätze in der Praxis unterschiedlich gelebt, was aber auf das vom Gesetz- und Verordnungsgeber konzipierte Aufgaben- und Vergütungskonzept keine Auswirkung hat. Etwaige Abweichungen von Theorie und Praxis sind im Grundsatz über § 3 InsVV zu bewerten, da es erst hier darauf ankommt, was der jeweils Vergütungsberechtigte tatsächlich – und zulässigerweise – getan hat.

b) Auswirkung für den vorläufigen Insolvenzverwalter

142 So, wie die in der vorläufigen Verwaltung begründeten **Forderungen** aus Lieferungen und Leistungen als Bestand bei der Berechnungsgrundlage für die Vergütung des vorläufigen Insolvenzverwalters berücksichtigt werden können (Aktivierung), obgleich bis zur Insolvenzeröffnung noch keine Einzahlung zu verzeichnen war,[217] müssen auch die in der vorläufigen Verwaltung begründeten, aber bis zur Insolvenzeröffnung noch nicht beglichenen **Verbindlichkeiten** bei der Berechnungsgrundlage für die Vergütung des vorläufigen Insolvenzverwalters passiviert werden

---

217) BGH, Beschl. v. 16.11.2006 – IX ZB 302/05, Rz. 14, ZIP 2007, 284; BGH, Beschl. v. 26.4.2007 – IX ZB 160/06, ZIP 2007, 1330.

(§ 11 Rz. 103 ff.).[218] Soweit bei den einzelnen Vorgängen zwischen Begründung und Entstehung zu differenzieren ist, ist die Entstehung der Forderung oder Verbindlichkeit maßgeblich.

c) Auswirkung für den Insolvenzverwalter
aa) Einzahlungen

Für die Berechnungsgrundlage der Vergütung des Insolvenzverwalters stellen Einzahlungen auf die in der vorläufigen Verwaltung begründeten Forderungen **Einnahmen** i. S. d. § 1 InsVV dar. Diese sind stets *abwicklungsbedingt*, da sie nicht auf einer Betriebsfortführung des Insolvenzverwalters nach Verfahrenseröffnung beruhen. Wegen der unterschiedlichen Vergütungsansprüche ist für den Insolvenzverwalter ohne Bedeutung, ob der vorläufige Insolvenzverwalter betriebsfortführend tätig war oder nicht. Im Ergebnis liegt somit eine zweifache, aber wegen der rechtlichen Verschiedenheit der Amtsträger keine doppelte Berücksichtigung der Vorgänge vor; der vorläufige Insolvenzverwalter, für dessen Vergütung die offene Forderung zu aktivieren ist (Rz. 142), wird für die Sicherung derartiger Ansprüche honoriert, der Insolvenzverwalter für die Verwaltung und Verwertung, sodass auch zwei Tätigkeiten vorliegen.

143

bb) Auszahlungen

Bei Auszahlungen ist zu berücksichtigen, dass die dahinterstehenden, in der vorläufigen Verwaltung begründeten, Verbindlichkeiten mit Insolvenzeröffnung *grundsätzlich* zu **Insolvenzforderungen** (§ 38 InsO) werden, mithin im Grundsatz nicht beglichen werden dürfen und vergütungsrechtlich schon keine Masseverbindlichkeiten i. S. d § 55 InsO, § 1 Abs. 2 Nr. 4 InsVV darstellen.[219] Derartige Ausgaben stellen eine *Pflichtverletzung*[220] und einen *Masseverkürzungsschaden* i. S. d. §§ 60, 92 Satz 2 InsO dar. Dies berechtigt das Insolvenzgericht isoliert betrachtet nicht zu einer Minderung der Berechnungsgrundlage oder der Vergütung, sondern lediglich zur Bestellung eines Sonderinsolvenzverwalters.[221] Ungeachtet dessen bedarf es auch einer vergütungsrechtlichen Bewertung des Vorgangs. Es muss wertmäßig unterstellt werden, dass die Begleichung der Verbindlichkeiten noch in der vorläufigen Verwaltung erfolgt wäre. Daher sind die Auszahlungen von dem per Stichtag Insolvenzeröffnung übernommenen Bestand der Geldkonten (Rz. 35) abzuziehen,[222] da die Verbindlichkeiten diesen Anfangsbestand drittrechtsgleich belasten. Es handelt sich – wie bei den Aktiva/Einnahmen – um eine zweifache, aber nicht um eine doppelte Berücksichtigung,[223] nur weil die Verbindlichkeit auch bei der Vergütung des vorläufigen Insolvenzverwalters zu passivieren ist (Rz. 142).

144

---

218) BGH, Beschl. v. 27.9.2012 – IX ZB 243/11, Rz. 6, ZInsO 2013, 840.
219) Lorenz/Klanke/*Lorenz*, InsVV, § 1 Rz. 77.
220) *Zimmer*, Insolvenzbuchhaltung, Rz. 436.
221) Zur Problematik auch *Heyrath/Reck*, ZInsO 2009, 1678; *Küpper/Heinze*, ZInsO 2010, 214, 215 ff.
222) Lorenz/Klanke/*Lorenz*, InsVV, § 1 Rz. 77.
223) Letzteres nicht berücksichtigend und den Abzug daher ablehnend *Keller*, Vergütung und Kosten, § 3 Rz. 134.

145 War die Verbindlichkeit vorab[224] mit einer *Einzel- oder Gruppenermächtigung* des zur Prüfung verpflichteten[225] Insolvenzrichters i. S. d. §§ 21, 22 InsO[226] begründet worden, gelten die Verbindlichkeiten nach Verfahrenseröffnung als sonstige Masseverbindlichkeiten analog § 55 Abs. 2 InsO (**nachlaufende Masseverbindlichkeiten**). Nichts anderes gilt für Ansprüche aus Dauerschuldverhältnissen nach § 55 Abs. 2 Satz 2 InsO, wenn die Leistung mit Einzel- oder Gruppenermächtigung entgegengenommen wurde.[227] Die Ermächtigung muss hinreichend bestimmt sein.[228] Dieses Ermächtigungsmodell scheint derzeitig der einzige rechtlich abgesicherte Lösungsansatz zu sein.[229] Eine direkte Anwendung von § 55 Abs. 2 InsO ergibt sich für den *„starken" vorläufigen Insolvenzverwalter*. All dies verhindert jedoch nur die Pflichtverletzung, nach Verfahrenseröffnung auf eine Insolvenzforderung zu zahlen; eine vergütungsrechtliche Aussage ist darin noch nicht enthalten. Auch bei Einschlägigkeit des § 55 Abs. 2 InsO gilt, dass wertmäßig unterstellt werden muss, dass die Begleichung der Verbindlichkeiten noch in der vorläufigen Verwaltung erfolgt wäre. Daher sind die Auszahlungen von dem per Stichtag Insolvenzeröffnung übernommenen Bestand der Geldkonten (Rz. 35) in Abzug zu bringen (Rz. 144). Dagegen könnte sprechen, dass es sich wegen § 55 Abs. 2 InsO um Masseverbindlichkeiten handelt, die vom Abzugsverbot des § 1 Abs. 2 Nr. 4 Satz 1 InsVV erfasst sein könnten. Dagegen spricht jedoch wiederum, dass § 55 Abs. 2 InsO lediglich vermeiden soll, dass die Verbindlichkeiten nach Insolvenzeröffnung nicht mehr beglichen werden dürfen. Insoweit handelt es sich um eine Schutzvorschrift für den (vorläufigen) Insolvenzverwalter und die Gläubiger dieser Verbindlichkeiten. § 55 Abs. 2 InsO ist anerkanntermaßen nur eine Rangvorschrift, um Insolvenzverbindlichkeiten begleichen zu dürfen. Nichts anderes gilt im Übrigen für § 55 Abs. 4 InsO. Bei einer anderen Lesart wäre es für einen Insolvenzverwalter immer besser, in der vorläufigen Verwaltung überhaupt keine Zahlungen zu leisten,[230] um nur eine Passivierung bei der Berechnungsgrundlage für die Vergütung des vorläufigen Verwalters vorzunehmen (Rz. 142), aber nach Verfahrenseröffnung ohne Vergütungsrelevanz zahlen zu können.[231] Eine solche – beabsichtigte oder unbeabsichtigte – Verschleppung der Geschäftsvorfälle ist nicht Zweck des § 1 Abs. 2 Nr. 4 Satz 1 InsVV und im Fall des § 55 Abs. 4 InsO auch technisch gar nicht möglich. Daher kann § 1 Abs. 2 Nr. 4 Satz 1 InsVV nicht dort gelten, wo eine Verbindlichkeit aus der vorläufigen Verwaltung lediglich aufgrund einer Rangvorschrift zur Masseverbindlichkeit aufgewertet wird. Nach Auffassung des BGH[232]

---

224) Nochmals ausdrücklich hervorgehoben von BGH, Beschl. v. 4.12.2014 – IX ZR 166/14, ZInsO 2015, 261.
225) Ausführlich *Laroche*, NZI 2010, 965.
226) BGH, Urt. v. 18.7.2002 – IX ZR 195/01, ZInsO 2002, 819; BGH, Urt. v. 7.5.2009 – IX ZR 61/08, ZInsO 2009, 1102.
227) BGH, Beschl. v. 4.12.2014 – IX ZR 166/14, ZIP 2015, 261.
228) OLG Dresden, Urt. v. 15.10.2014 – 13 U 1605/13, ZIP 2015, 1937, dazu EWiR 2015, 707 *(Zimmer)*.
229) *Zimmer*, Insolvenzbuchhaltung, Rz. 437.
230) BGH, Beschl. v. 2.3.2017 – IX ZB 90/15, ZIP 2017, 979, dazu EWiR 2017, 375 *(Keller)*.
231) Lorenz/Klanke/*Lorenz*, InsVV, § 1 Rz. 77 für den „schwachen" Insolvenzverwalter.
232) BGH, Beschl. v. 27.9.2012 – IX ZB 243/11, Rz. 6, ZInsO 2013, 840.

Berechnungsgrundlage § 1

gibt es hinsichtlich der Ermittlung eines Fortführungsüberschusses bei der Vergütung des vorläufigen Insolvenzverwalters keinen Unterschied zwischen „starkem" und „schwachem" vorläufigen Verwalter. Dann kann es auch nach Verfahrenseröffnung nicht darauf ankommen, ob zuvor ein „starker" oder „schwacher" vorläufiger Insolvenzverwalter tätig war, ob also eine in der vorläufigen Verwaltung begründete Verbindlichkeit einer besonderen Rangvorschrift unterfällt. In zwei Entscheidungen vom 2.3.2017[233]) und 6.4.2017[234]) kommt der BGH ebenfalls zu dem Ergebnis, dass die mit Einzelermächtigung begründeten, fortführungsbedingten nachlaufenden Verbindlichkeiten von der Berechnungsgrundlage in Abzug zu bringen sind, nur dass er die Betriebsfortführung nicht nach Verfahrensabschnitten trennt, was systemwidrig und unzutreffend ist und die Kernprobleme nicht erfasst. Daher wird am hiesigen Ansatz, der aus dem Antragsverfahren übernommene Anfangsbestand an Geldmitteln sei mit diesen Verbindlichkeiten drittrechtsgleich belastet, festgehalten. Der Unterschied in den Auffassungen macht sich zunächst bei negativem Fortführungsüberschuss bemerkbar; nach dem Ansatz des BGH würde der Fortführungsverlust unbeachtlich vertieft, nach hiesigem Ansatz müssen die nachlaufenden Verbindlichkeiten in Abzug gebracht werden. Der hiesige Ansatz hat zudem zur Folge, dass das Modell einheitlich auch auf die in der vorläufigen Verwaltung begründeten abwicklungsbedingten Verbindlichkeiten übertragen werden kann, ebenso auf die nach dem Treuhandkontenmodell oder ohne Berechtigung begründeten Verbindlichkeiten und auch auf die Verbindlichkeiten i. S. d. § 55 Abs. 4 InsO; der BGH müsste hierfür – wenn er dem Ergebnis folgt – jeweils einen anderen Ansatz suchen.

Alternativ zur Einholung von Einzelermächtigungen wird in der vorläufigen Verwaltung teilweise mit einem **Treuhandkontenmodell** gearbeitet, das nicht unstrittig ist.[235]) Solange das Treuhandkontenmodell jedoch für zulässig erachtet wird,[236]) findet es Anwendung. Bei dem Treuhandkontenmodell legt der vorläufige Insolvenzverwalter – besser: ein unabhängiger Dritter[237]) – ein separates Kontokorrentkonto an, über das die Geldflüsse der in der vorläufigen Verwaltung begründeten Forderungen und Verbindlichkeiten abgewickelt werden, und zwar auch noch nach Verfahrenseröffnung. Nach dem letzten Geschäftsvorfall wird der dortige Überschuss auf das „normale" Verfahrenskonto des Insolvenzverwalters transferiert. Obgleich durch das Treuhandkontenmodell zum Ausdruck kommen soll, dass es sich nicht um einen Bestandteil der Insolvenzmasse handelt, empfiehlt sich die *Darstellung der Geschäftsvorfälle in der Buchhaltung*,[238]) ergo in der Schlussrechnung als Basis für die Berechnungsgrundlage. Auch hier gilt, dass wertmäßig unter-

146

---

233) BGH, Beschl. v. 2.3.2017 – IX ZB 90/15, ZIP 2017, 979, dazu EWiR 2017, 375 *(Keller)*.
234) BGH, Beschl. v. 6.4.2017 – IX ZB 23/16, ZInsO 2017, 982.
235) *Zimmer*, Insolvenzbuchhaltung, Rz. 438.
236) Instruktiv *Ganter*, NZI 2012, 433 m. w. N; im Einzelnen BGH, Urt. v. 12.10.1989 – IX ZR 184/88, NJW 1990, 45 (Vergleichsverwalter); BGH, Urt. v. 10.7.1997 – IX ZR 234/96, NJW 1997, 3028 (Sequester); AG Hamburg, Beschl. v. 20.2.2006 – 67g IN 513/05, ZInsO 2006, 218 (Insolvenzverwalter); *Bork*, NZI 2005, 530; *Stapper/Schädlich*, ZInsO 2011, 249; *Werres*, ZInsO 2006, 918; kritisch *Frind*, ZInsO 2005, 1296.
237) Höchst streitig, zur Diskussion siehe *Ganter*, NZI 2012, 433, 436.
238) Vgl. auch Ziffer III. 7. GOI (VID).

stellt werden muss, dass die Begleichung der Verbindlichkeiten noch in der vorläufigen Verwaltung erfolgt wäre. Daher sind die Auszahlungen von dem per Stichtag Insolvenzeröffnung übernommenen Bestand der Geldkonten in Abzug zu bringen.

147 Wurde das Treuhandkonto jedoch *nicht in der Verwalterbuchführung erfasst*, findet sich vor Verfahrenseröffnung meist eine Überweisung aus der (nachmaligen) Masse auf dieses Treuhandkonto, gebucht als Ausgabe. Wird nun nach Verfahrenseröffnung der Restbetrag wieder der Masse zugeführt, handelt es sich um eine vergütungsrelevante Einnahme, da ohne dieses Modell der Anfangsbestand der Geldkonten per Stichtag Insolvenzeröffnung entsprechend höher gewesen wäre. Im Ergebnis also ist das rechtliche zweifelhafte Treuhandkontenmodell das vergütungsrechtlich einzig richtige und „Mutter" aller Überlegungen, die nachlaufenden Verbindlichkeiten vom Anfangsbestand in Abzug zu bringen.

148 War hinsichtlich der in der vorläufigen Verwaltung begründeten Verbindlichkeiten ein Aus- oder Absonderungsrecht existent, handelt es sich bei der nach Verfahrenseröffnung vorgenommenen Auszahlung um eine **Abfindung** nach § 1 Abs. 2 Nr. 2 InsVV, die einerseits zulässig und andererseits von der Berechnungsgrundlage in Abzug zu bringen ist. Es handelt sich insoweit weder um eine fortführungsbedingte Ausgabe i. S. d. § 1 Abs. 2 Nr. 4 Satz 2 lit. b InsVV noch um eine abwicklungsbedingte Ausgabe i. S. d. § 1 Abs. 2 Nr. 4 Satz 1 InsVV. Regelbeispiel für die hier beschriebene Konstellation ist die Befriedigung von Lieferanten. Nicht übertragbar ist die Lösung auf Fälle ohne Aus- oder Absonderungsrecht, also z. B. auf die Befriedigung von Energieversorgungsunternehmen, Provisionsberechtigte (Handelsvertreter, Makler, Vermittler u. a.) und Dienstleister.

149 Wurde im Antragsverfahren Absonderungsgut veräußert, wozu im Wesentlichen der Einzug *zedierter Forderungen* gehört, ist nach Verfahrenseröffnung eine **Auskehrung der Erlöse aus Sicherheitenverwertung** gemäß § 170 Abs. 1 Satz 2 InsO vorzunehmen. Insoweit steht der Auskehrung zwar keine nach Verfahrenseröffnung erzielte Einnahme gegenüber, wohl aber der mit Drittrechten belastete Anfangsbestand auf den Geldkonten per Stichtag Insolvenzeröffnung. Insoweit ist § 1 Abs. 2 Nr. 1 InsVV anzuwenden. Ein Anspruch auf gesetzliche *Kostenbeiträge* besteht allerdings nur im Fall des § 21 Abs. 2 Nr. 5 Satz 3 InsO, im Übrigen handelt es sich um frei vereinbarte, geduldete oder unrechtmäßig beanspruchte Kostenbeiträge. Ob hier auch eine Mehrvergütung nach § 1 Abs. 2 Nr. 1 Satz 2 InsVV beansprucht werden kann, wird in der Praxis unbesprochen bejaht. Die Antwort ist abhängig davon, ob der Anspruch auf Kostenbeiträge – vorzugswürdig – schon bei der Verwertung (in der vorläufigen) Verwaltung oder erst bei der Auskehrung (nach Verfahrenseröffnung) rechtlich entsteht; im ersteren Fall wäre eine Mehrvergütung für den Insolvenzverwalter zu verneinen, da der Anspruch auf Kostenbeiträge eben nicht nach Verfahrenseröffnung begründet wurde.

11. Noch zu erwartende Einnahmen und Ausgaben

a) § 63 Abs. 1 Satz 2 InsO vs. § 1 Abs. 1 Satz 1 InsVV

150 Gemäß § 63 Abs. 1 Satz 2 InsO bestimmt sich der Wert der Insolvenzmasse nach dem Zeitpunkt der Beendigung des Insolvenzverfahrens. Formal beendet ist das Insolvenzverfahren durch Einstellungs- oder Aufhebungsbeschluss des Insolvenzgerichts.

Es ist jedoch im Grundsatz systemfremd, erst danach einen Vergütungsantrag beziffern zu können. Der Gesetzgeber hat an dieser Stelle den Wandel von der Konkursordnung zur Insolvenzordnung nicht in Gänze nachvollzogen. Im Anwendungsbereich der KO[239] war es üblich, das Verfahren im Schlusstermin aufzuheben, sodass restliche Abwicklungsarbeiten und die Schlussverteilung nach dieser Aufhebung erfolgten. Im Anwendungsbereich der InsO ist es jedoch üblich, das Verfahren erst nach Durchführung der Schlussverteilung aufzuheben, sodass der Zeitraum zwischen Schlussrechnung und Verfahrensbeendigung wesentlich größer ist. Das Abstellen auf die Schlussrechnung in § 1 Abs. 1 Satz 1 InsVV wird daher als Beseitigung eines **Redaktionsversehens** des Gesetzgebers in § 63 Abs. 1 Satz 2 InsO gesehen.[240]

b) Noch zu erwartende Einnahmen

Da von einem korrigierten Redaktionsversehen auszugehen ist (Rz. 150), ergeben sich aus der inhaltlichen Abweichung von § 63 Abs. 1 Satz 2 InsO zu § 1 Abs. 1 Satz 1 InsVV materiell-rechtliche Konsequenzen. Aufgrund des höherrangigen § 63 Abs. 1 Satz 2 InsO können die für den Zeitraum zwischen Einreichung der Schlussrechnung und voraussichtlicher Verfahrensbeendigung prognostizierten Einnahmen in die Berechnungsgrundlage einbezogen werden, da der Insolvenzverwalter grundsätzlich einen Vergütungsanspruch in Bezug auf jegliche Teilungsmasse hat, die er **bis zur Aufhebung oder Einstellung des Insolvenzverfahrens** generiert.[241] Typische Fälle sind weitere Einnahmen aus der Verzinsung des Massebestandes, Erstattungen von Einkommensteuer, Körperschaftsteuer oder auch eine isolierte Erstattung von Kapitalertragsteuer, Einnahmen aus sonstigen Steuerarten, pfändbares Einkommen des Schuldners, Einnahmen aus Ratenzahlungen seitens Drittschuldnern etc. Der Insolvenzverwalter ist jedoch nicht verpflichtet, künftige Einnahmen zu berücksichtigen, da er später – sogar nach Aufhebung oder Einstellung des Verfahrens – auch einen Antrag auf Zweitfestsetzung der Vergütung auf Basis einer fortgeführten Schlussrechnung stellen kann.[242]

151

---

239) Konkursordnung v. 10.2.1877 (RGBl. 1877, 351), zuletzt geändert durch das Gesetz zur Abschaffung der Gerichtsferien v. 28.10.1996 (BGBl. I 1996, 1546), aufgehoben mit Wirkung zum 1.1.1999 durch Art. 2 Nr. 4 EGInsO.
240) BGH, Beschl. 15.11.2012 – IX ZB 88/09, ZIP 2012, 2515, dazu EWiR 2013, 61 *(Keller)*; BGH, Beschl. v. 19.12.2013 – IX ZB 9/12, ZIP 2014, 334, dazu EWiR 2014, 183 *(Zimmer)*.
241) BGH, Beschl. v. 26.1.2006 – IX ZB 183/04, ZIP 2006, 486 (Zweitfestsetzung); BGH, Beschl. v. 5.7.2007 – IX ZB 305/04, ZIP 2007, 1958 (Zinseinnahmen); BGH, Beschl. v. 25.10.2007 – IX ZB 147/06, ZIP 2008, 81 (Vorsteuererstattungsansprüche); BGH, Beschl. v. 1.7.2010 – IX ZB 66/09, ZInsO 2010, 1503 (Vorsteuererstattungsansprüche); BGH, Beschl. v. 10.3.2011 – IX ZB 210/09, NZI 2011, 326 (Vorsteuererstattungsansprüche); BGH, Beschl. v. 6.10.2011 – IX ZB 12/11, ZIP 2011, 2115 (Abgrenzung zur Nachtragsverteilung), dazu EWiR 2011, 785 *(Kalkmann)*; BGH, Beschl. v. 19.12.2013 – IX ZB 9/12, ZIP 2014, 334 (Zweitfestsetzung), dazu EWiR 2014, 183 *(Zimmer)*; BGH, Beschl. v. 6.4.2017 – IX ZB 3/16, ZIP 2017, 932 (Zweitfestsetzung); BGH, Beschl. v. 20.7.2017 – IX ZB 75/16, ZIP 2017, 1629 (Abgrenzung zur Nachtragsverteilung).
242) BGH, Beschl. v. 20.7.2017 – IX ZB 75/16, ZIP 2017, 1629.

152 Die Einnahmen müssen jedoch **mit an Sicherheit grenzender Wahrscheinlichkeit** erwartet werden.[243] Sind bei titulierten *Forderungen* ungewisse Vollstreckungsaussichten festzustellen, ist es nicht zu beanstanden, wenn sie mit der Hälfte des Nennwerts der Forderung angesetzt werden.[244] Insgesamt geht es nicht um eine Antizipierung von Einnahmen, sondern um eine Aktivierung von Forderungen.

153 Zu den noch zu erwartenden Einnahmen gehört auch der **Vorsteuerabzug** der Masse aus der *Rechnung des Insolvenzverwalters über seine Vergütung*.[245] Da es jedoch Aufgabe der Berechnungsgrundlage ist, eine solche Vergütung überhaupt erst zu beziffern, liegt eine sog. Iteration vor. Rechnerisch ist ein solcher Zirkelbezug unproblematisch. Soll dieser Zirkelbezug aufgelöst werden, um den Rechenweg darzustellen,[246] ergeben sich zahlreiche Einzelrechenoperationen, die so lange wiederholt werden müssen, bis die Differenz zum vorangegangenen Rechenschritt kleiner als der akzeptierte Fehler ist. Bei einem in Euro zu findenden Wert lohnen die Wiederholungen nur solange, bis sich der Betrag nur noch hinter der dritten Kommastelle ändert. Ziel ist das logische Ergebnis, dass die am Ende des Vergütungsantrags ausgewiesene Umsatzsteuer gemäß § 7 InsVV betragsmäßig identisch ist mit demjenigen Betrag, der weiter vorne im Vergütungsantrag bei der Ermittlung der Berechnungsgrundlage als noch zu realisierende Vorsteuererstattung ausgewiesen wird. Nur dies begründet eine Schlüssigkeit der Berechnung. Der BGH ist jedoch in einer Entscheidung vom 26.2.2015 zu dem Ergebnis gekommen, hier sei nur die erste Einzelrechenoperation maßgeblich.[247] Die Begründung stützt sich auf steuerliche Erwägungen, für die der BGH nicht gesetzlicher Richter sein dürfte. Ungeachtet dessen sind die Mutmaßungen des BGH zu den herangezogenen Steuervorschriften unzutreffend.[248] Letztlich zweifelhaft ist die Frage, inwieweit mathematische Formeln durch rechtliche Ausführungen widerlegt werden können. Wer Addition, Subtraktion, Multiplikation und Division anerkennt, muss auch die Iteration anerkennen. Formeln nicht mehr anzuerkennen, wenn sie komplexer werden, scheint für ein Gericht, das auch für einen Insolvenzplan mit Debt-Equity-Swap zuständig ist, eher bedenklich. Insgesamt ist die Auffassung des BGH daher abzulehnen,[249] wenngleich sie nur zu einer minimalen Absenkung der Vergütung führt. Bei einem Regress nach § 61 InsO kann sich der Insolvenzverwalter nur durch

---

243) BGH, Beschl. v. 26.1.2006 – IX ZB 183/04, ZIP 2006, 486 (Zweitfestsetzung); BGH, Beschl. v. 5.7.2007 – IX ZB 305/04, ZIP 2007, 1958 (Zinseinnahmen); BGH, Beschl. v. 1.7.2010 – IX ZB 66/09, ZInsO 2010, 1503 (Vorsteuererstattungsansprüche); BGH, Beschl. v. 10.3.2011 – IX ZB 210/09, NZI 2011, 326 (Vorsteuererstattungsansprüche).
244) BGH, Beschl. v. 29.3.2012 – IX ZB 134/09, ZInsO 2012, 1236.
245) BGH, Beschl. v. 26.1.2006 – IX ZB 183/04, ZIP 2006, 486; BGH, Beschl. v. 25.10.2007 – IX ZB 147/06, ZIP 2008, 81; BGH, Beschl. v. 1.7.2010 – IX ZB 66/09, ZInsO 2010, 1503; BGH, Beschl. v. 10.3.2011 – IX ZB 210/09, NZI 2011, 326; BGH, Beschl. v. 19.12.2013 – IX ZB 9/12, ZIP 2014, 334, dazu EWiR 2014, 183 *(Zimmer)*.
246) Beispiel bei *Graeber/Graeber*, InsVV, § 1 Rz. 24a.
247) BGH, Beschl. v. 26.2.2015 – IX ZB 9/13, ZIP 2015, 696, dazu EWiR 2015, 353 *(Zimmer)* = NZI 2015, 388 (mit ablehnender Anmerkung von *Graeber*).
248) *Zimmer*, EWiR 2015, 353, 354.
249) Wie hier auch Lorenz/Klanke/*Lorenz*, InsVV, § 1 Rz. 64; KPB-InsO/*Prasser/Stoffler*, § 1 InsVV Rz. 12 (Stand: 04/2015); **a. A.** *Keller*, Vergütung und Kosten, § 3 Rz. 59.

eine ordnungsmäßige Liquiditätsplanung exkulpieren.[250] Hierbei handelt es sich nicht um eine einfache „Rein/Raus-Rechnung", sondern um eine integrierte Finanzplanung. Wenn der ordentlichen Gerichtsbarkeit ein Verständnis derselben zugemutet werden kann, kann für das Insolvenzgericht im hiesigen Kontext nichts anderes gelten. Dass der BGH es hier etwas übertrieben hat, ergibt sich auch daraus, dass er nun davon ausgeht, dass der später tatsächlich eingehende – höhere – Vorsteuererstattungsbetrag ebenfalls nicht (durch Zweitfestsetzung der Vergütung) berücksichtigungsfähig ist;[251] dies verstößt gegen vorherige Rechtsprechung des BGH,[252] den Wortlaut des § 63 Abs. 1 Satz 2 InsO und somit gegen Art. 20 Abs. 3 GG. Richtig bleibt allerdings, dass die Vorsteuererstattung mit an Sicherheit grenzender Wahrscheinlichkeit zu erwarten sein muss, um in die Berechnungsgrundlage eingestellt werden zu können (Rz. 152). Hieran können Zweifel bestehen. So richtet sich bei einer natürlichen Person als Schuldner der Vorsteuerabzug aus der Vergütung des Insolvenzverwalters nach dem Verhältnis von Privat- und Betriebsvermögen. Hierbei kann nicht mehr auf die Einnahmen der Masse abgestellt werden,[253] Aufteilungsmaßstab sind vielmehr die zur Insolvenztabelle angemeldeten Insolvenzforderungen – unabhängig vom Prüfungsergebnis oder einer Ausfallbezifferung oder sonstigen Schicksals der Forderung.[254] Innerhalb des Betriebsvermögens (unabhängig von der Rechtsform des Schuldners) besteht aus der Verwaltervergütung jedoch stets volle Vorsteuerabzugsberechtigung.[255] Der Vorsteuerabzug setzt gemäß § 15 Abs. 1 Satz 1 Nr. 1 Satz 3 UStG tatsächliche Zahlung voraus.[256] Für die Berechnungsgrundlage ist dies nur insoweit von Bedeutung, als bei einer nur quotal angedachten Befriedigung der Verfahrenskosten (§ 207 InsO) auch nur ein quotaler Vorsteuerabzug besteht, sodass nicht der volle Umsatzsteuerbetrag in die Berechnungsgrundlage eingestellt werden kann. Wegen der Entwicklungen im Steuerrecht muss derzeit angenommen werden, dass dem Insolvenzver-

---

250) BGH, Urt. v. 6.5.2004 – IX ZR 48/03, NZI 2004, 435; BGH, Urt. v. 17.12.2004 – IX ZR 185/03, NZI 2005, 222.
251) So nun auch AG Friedberg, Beschl. v. 7.7.2015 – 60 IN 202/10, NZI 2015, 908 (mit ablehnender Anmerkung von *Keller*).
252) BGH, Beschl. v. 26.1.2006 – IX ZB 183/04, ZIP 2006, 486 (Zweitfestsetzung); BGH, Beschl. v. 5.7.2007 – IX ZB 305/04, ZIP 2007, 1958 (Zinseinnahmen); BGH, Beschl. v. 25.10.2007 – IX ZB 147/06, ZIP 2008, 81 (Vorsteuererstattungsansprüche); BGH, Beschl. v. 1.7.2010 – IX ZB 66/09, ZInsO 2010, 1503 (Vorsteuererstattungsansprüche); BGH, Beschl. v. 10.3.2011 – IX ZB 210/09, NZI 2011, 326 (Vorsteuererstattungsansprüche); BGH, Beschl. v. 6.10.2011 – IX ZB 12/11, ZIP 2011, 2115 (Abgrenzung zur Nachtragsverteilung), dazu EWiR 2011, 785 *(Kalkmann)*; BGH, Beschl. v. 19.12.2013 – IX ZB 9/12, ZIP 2014, 334 (Zweitfestsetzung), dazu EWiR 2014, 183 *(Zimmer)*.
253) So noch OFD Münster, Kurzinfo. v. 15.6.2011 – Umsatzsteuer Nr. 9/2011, UR 2011, 923.
254) BFH, Urt. v. 15.4.2015 – V R 44/14, ZIP 2015, 1237 (mit Anmerkung *Kahlert*); BFH, Urt. v. 21.10.2015 – XI R 28/14, ZIP 2016, 731.
255) BFH, Urt. v. 2.12.2015 – V R 15/15, ZIP 2016, 631; FG Köln, Urt. v. 29.1.2015 – 7 K 25/13, ZIP 2015, 1241; FG Nürnberg, Urt. v. 11.5.2010 – 2 K 1513/2008, EFG 2010, 1843; *Kahlert*, ZIP 2015, 1237, 1241; a. A. FG Schleswig-Holstein, Urt. v. 15.9.2016 – 4 K 14/14, EFG 2017, 76 (Revision nicht zugelassen, obwohl ausdrücklich vom BFH abweichend).
256) BFH, Urt. v. 2.12.2015 – V R 15/15, ZIP 2016, 631.

walter schon im Insolvenzantrag die Darstellungslast obliegt, wie sich derjenige Vorsteuerüberhang, der in die Berechnungsgrundlage eingestellt werden soll, anhand vorstehender Kriterien zusammensetzt.

154 Gelegentlich wird die Vergütung des vorläufigen Insolvenzverwalters erst zusammen mit der Vergütung des Insolvenzverwalters beantragt. Die *Vorsteuer aus der Vergütung des vorläufigen Insolvenzverwalters* kann ebenfalls als prognostizierter Massezufluss in die Berechnungsgrundlage für die Vergütung des endgültigen Insolvenzverwalters einbezogen werden. Inhaltlich besteht der Unterschied lediglich darin, dass die Vorsteuer aus der Vergütung des vorläufigen Verwalters im Grundsatz lediglich die Insolvenzforderungen des Finanzamts mindert; eine Aufrechnung des Finanzamts scheitert jedoch an § 96 Abs. 1 Nr. 3 InsO,[257] sodass ein Massezufluss im Grundsatz zu erwarten ist. Die Aufrechnung kann analog § 146 Abs. 1 InsO i. V. m. §§ 195 ff. BGB jedoch nur innerhalb der dreijährigen Verjährungsfrist geltend gemacht werden, da das Aufrechnungsverbot als Bestandteil des Insolvenzanfechtungsrechts gesehen wird.[258] Die Frist beginnt mit dem Ende des Kalenderjahres, in dem der Vorsteueranspruch entstanden ist.[259] Der BFH hat bislang offengelassen, ob damit auf den Stichtag Insolvenzeröffnung oder auf den Stichtag der Vergütungsabrechnung abzustellen ist;[260] im ersten Fall könnte die Anfechtung der Aufrechnung schon verjährt sein, bevor die Vergütung des vorläufigen Verwalters überhaupt beantragt wurde, sodass hinsichtlich des Massezuflusses noch Rechtsunsicherheiten bestehen. Bis zu einer endgültigen Klärung ist ein solcher Massezufluss jedoch aufgrund bisheriger Rechtsprechung zu erwarten. Viel wichtiger ist es jedoch zu prüfen, ob ein Vorsteuerabzug aus einer früheren Vergütungsentnahme pflichtwidrig verabsäumt wurde und verjährt ist.

155 Dass der Vorsteuerabzug des Schuldners aus den Vergütungen eine *Rechnung des (vorläufigen) Insolvenzverwalters* erfordert, da allein der Vergütungsbeschluss hierfür nicht ausreichend ist,[261] ist aufgrund § 14 Abs. 2 Satz 4 UStG selbstverständlich, kann aber bei der Stellung des Vergütungsantrages denklogisch noch nicht berücksichtigt werden.

156 Sofern nach der Schlussrechnung noch sonstige Masseverbindlichkeiten absehbar zu begleichen sind (Rz. 158), besteht auch insoweit ein *Vorsteuerabzug aus nachinsolvenzlichen Eingangsrechnungen*, der als zu erwartende Einnahme die Berechnungsgrundlage erhöht.

157 Sofern mit Bestellung eines „starken"[262] oder „schwachen"[263] vorläufigen Insolvenzverwalters oder spätestens mit Insolvenzeröffnung[264] diejenigen Eingangsrechnungen, die bis zum genannten Stichtag noch nicht beglichen worden waren,

---

257) BFH, Urt. v. 2.11.2010 – VII R 6/10, ZInsO 2011, 283.
258) BFH, Urt. v. 5.5.2015 – VII R 37/13, ZIP 2015, 1598.
259) BFH, Urt. v. 5.5.2015 – VII R 37/13, ZIP 2015, 1598.
260) Ausdrücklich BFH, Urt. v. 5.5.2015 – VII R 37/13, ZIP 2015, 1598.
261) BFH, Urt. v. 26.9.2012 – V R 9/11, NZI 2013, 263 = BStBl. 2013 II, S. 346.
262) Abschn. 17.1 Abs. 12 Satz 2 UStAE.
263) BFH, Urt. v. 24.9.2014 – V R 48/13, BStBl. 2015 II, S. 506.
264) BFH, Urt. v. 9.12.2010 – V R 22/10, BStBl. 2011 II, S. 996.

Berechnungsgrundlage § 1

einer Vorsteuerberichtigung nach § 17 Abs. 2 Nr. 1 Satz 1 UStG zu unterziehen waren, hat dies die Insolvenzforderungen des Finanzamts gemindert. Folge ist eine zweite Vorsteuerkorrektur bei Begleichung dieser Eingangsrechnungen gemäß § 17 Abs. 2 Nr. 1 Satz 2 UStG. Daher besteht im Rahmen der Schlussverteilung ein – quotaler – Vorsteuerabzug in Bezug auf alle Verbindlichkeiten (festgestellte Insolvenzforderungen), die ursprünglich Vorsteuer enthielten („*Vorsteuer aus Schlussverteilung*"). Auch dieser Vorsteuerüberhang stellt eine Massemehrung i. S. d. § 63 Abs. 1 Satz 2 InsO dar, der für die Ermittlung der Berechnungsgrundlage für die Vergütung des Insolvenzverwalters zu aktivieren ist. Nun führt allerdings dieser Massezufluss zu einer „weiteren" Schlussverteilung, bis sich die Wiederholung von Vorsteuerabzug und weiteren Verteilungen nicht mehr lohnt. Dies erfordert eine integrierte Finanzplanung unter Einsatz einer Iteration, die jedoch mit überschaubarem Umfang zu erstellen ist, sofern hinreichende Kenntnisse im Umgang mit Tabellenkalkulationsprogrammen vorhanden sind oder die Verwaltersoftware dies bereits ermöglicht. Soweit diesbezügliche Vorsteuerüberhänge in die Berechnungsgrundlage eingestellt werden, ist diese Finanzplanung bereits dem Vergütungsantrag beizufügen, da dem Insolvenzverwalter die Darlegungs- und Beweislast für alle vergütungsrelevanten Faktoren trifft.

c) Noch zu erwartende Ausgaben

In der Praxis weitgehend ignoriert wird der Umstand, dass die für die noch zu erwartenden Einnahmen beschriebenen Konsequenzen (Rz. 151 ff.) zu verallgemeinern sind. Folglich bezieht sich die gesamte Berechnungsmethode des § 1 InsVV – und nicht nur die Berücksichtigung der Einnahmen – auf den Zeitraum bis zur Verfahrensbeendigung (§ 63 Abs. 1 Satz 2 InsO). Werden z. B. im Schlussbericht noch Auszahlungen angekündigt, die sich als *Auskehrungen an Absonderungsgläubiger* i. S. d. § 1 Abs. 2 Nr. 1 InsVV, als *Abfindungszahlungen an Aus- oder Absonderungsgläubiger* i. S. d. § 1 Abs. 2 Nr. 2 InsVV oder als *fortführungsbedingte Ausgaben* i. S. d. § 1 Abs. 2 Nr. 4 Satz 2 lit. b InsVV darstellen, sind auch diese angekündigten Auszahlungen für die Ermittlung der Berechnungsgrundlage zu passivieren.[265] 158

Insbesondere bei vorgesehener Einstellung des Verfahrens nach § 211 Abs. 1 InsO aufgrund angezeigter *Masseunzulänglichkeit* muss anhand der Tabelle offener sonstiger Masseverbindlichkeiten (Massetabelle)[266] geprüft werden, welche dieser Verbindlichkeiten vergütungsrelevant sind. Alsdann ist eine integrierte Planung erforderlich, da die Befriedigungsquote für Alt-Massegläubiger i. S. d. § 209 Abs. 1 Nr. 3 InsO in einem Interdependenzverhältnis mit der Berechnungsgrundlage steht und auch noch eine weitere Vorsteuerabzugsberechtigung beinhaltet. Nicht richtig wäre es hingegen, solche Verbindlichkeiten mit ihrem Nominalwert anzusetzen, da es auch im Bereich der Ausgaben nur auf tatsächliche oder mit Sicherheit zu erwartende Ausgaben ankommt.[267] 159

---

265) Vgl. BGH, Beschl. v. 22.2.2007 – IX ZB 106/06; ZInsO 2007, 436 (Insolvenzplan); BGH, Beschl. v. 27.9.2012 – IX ZB 243/11, ZInsO 2013, 840 (vorläufiger Verwalter).
266) *Zimmer*, Insolvenzbuchhaltung, Rz. 1079 ff.
267) In diesem Sinne auch *Graeber/Graeber*, InsVV, § 1 Rz. 133 f.

12. Wertbegrenzung

160 Die Berechnungsgrundlage des § 1 InsVV kennt im Regelfall keine Wertbegrenzung. Selbst bei vollständiger Bedienung sämtlicher Verfahrenskosten, sonstiger Masseverbindlichkeiten und (nachrangiger) Insolvenzforderungen bildet die Summe dieser Verbindlichkeiten keine Obergrenze der Berechnungsgrundlage.[268] Dies ergibt sich auch daraus, dass der Insolvenzverwalter gemäß § 199 InsO einen Überschuss an den Schuldner herauszugeben hat; die Erwirtschaftung dieses Überschusses nicht zu vergüten, wäre mit den Grundprinzipien des Vergütungsrechts nicht vereinbar.[269] Anderes gilt bei Einstellung des Verfahrens nach § 212 InsO (Rz. 169) oder § 213 InsO (Rz. 164 ff.) bzw. bei Aufhebung des Eröffnungsbeschlusses (Rz. 174).

161 Auch die in § 22 Abs. 2 RVG, § 39 Abs. 2 GKG vorgesehene Begrenzung des Gegenstandswerts auf 30 Mio. € findet auf die Vergütung des Insolvenzverwalters keine Anwendung.[270] Dies folgt daraus, dass die Begrenzung mit dem Kostenrechtsmodernisierungsgesetz vom 5.5.2004[271] eingeführt wurde und im selben Änderungsgesetz auch Änderungen an der InsVV vorgenommen wurden,[272] sodass es eine bewusste Entscheidung des Gesetzgebers war, trotz kompletter Revision des gesamten Kostenrechts im unverändert geltenden § 2 InsVV auf unbegrenzte Berechnungsgrundlagen abzustellen.

V. Berechnungsgrundlage nach Schätzwerten (§ 1 Abs. 1 Satz 2 InsVV)

1. Einleitung

162 Wird das Insolvenzverfahren nach Bestätigung eines Insolvenzplans gemäß § 258 InsO aufgehoben oder durch Einstellung vorzeitig beendet, ist die Vergütung nach dem Schätzwert der Masse zur Zeit der Beendigung des Verfahrens zu berechnen (§ 1 Abs. 1 Satz 2 InsVV).

2. Vorzeitige Einstellung des Verfahrens

a) Einstellung nach §§ 207, 211 InsO

163 Die Einstellung des Verfahrens gemäß §§ 207, 211 InsO wegen *Massearmut* oder angezeigter *Masseunzulänglichkeit* stellt **keine vorzeitige Verfahrensbeendigung** i. S. d. § 1 Abs. 1 Satz 2 InsVV dar.[273] Die Einstellung erfolgt erst, nachdem der Insolvenzverwalter alles Erdenkliche zur Masseverwertung versucht hat. Nichts

---

268) BGH, Beschl. v. 1.3.2007 – IX ZB 280/05, NZI 2007, 412; BGH, Beschl. v. 16.10.2008 – IX ZB 247/06, NZI 2009, 57.
269) Insolvenzrechtliche Vergütungsverordnung (InsVV) v. 19.8.1998 (BGBl. I 1998, 2205), Begründung zu § 1 InsVV, siehe Anh. III Rz. 29.
270) Ohne Entscheidungsrelevanz (es ging um Gerichtskosten) in Betracht gezogen von LG Frankfurt/Main, Beschl. v. 29.1.2014 – 2-9 T 415/13, ZIP 2014, 531, aber in der Folgeinstanz OLG Frankfurt/Main, Beschl. v. 15.4.2014 – 18 W 45/14, ZIP 2014, 1238 schon nicht mehr erwähnt.
271) Gesetz zur Modernisierung des Kostenrechts (Kostenrechtsmodernisierungsgesetz – KostRMoG) v. 5.5.2004 (BGBl. I 2004, 718).
272) Art. 4 Nr. 21 des Gesetzes zur Modernisierung des Kostenrechts (Kostenrechtsmodernisierungsgesetz – KostRMoG) v. 5.5.2004 (BGBl. I 2004, 718), siehe Anh. VI Rz 3.
273) A. A. Leonhardt/Smid/Zeuner/*Amberger*, InsVV, § 1 Rz. 20; HambKommInsO/*Büttner*, § 1 InsVV Rz. 18; KPB-InsO/*Prasser/Stoffler*, § 1 InsVV Rz. 18 (Stand: 04/2015).

anderes folgt aus § 207 Abs. 3 Satz 2 InsO, der den Insolvenzverwalter zwar von der Pflicht zur Vornahme weiterer Verwertungsbemühungen befreit, ihm jedoch das entsprechende Recht belässt. Würde es sich hier um eine vorzeitige Verfahrensbeendigung handeln, dürften Nachtragsverteilungen ausscheiden, zumindest wären Vergütungen für Nachtragsverteilungen präkludiert; denn „vorzeitig" bedeutet semantisch eine Einstellung der Tätigkeit vor Erfüllung aller auferlegten Pflichten. Dass die Masse unzureichend ist, hat hiermit nichts zu tun.

b) Einstellung nach § 213 InsO (allgemeines Prinzip der Schätzung)

Eine *Einstellung des Verfahrens mit Zustimmung aller Insolvenzgläubiger* (§ 213 InsO) stellt eine vorzeitige Verfahrensbeendigung dar, da die Versilberung schuldnerischen Vermögens zum Zwecke einer Schlussverteilung durch den Insolvenzverwalter durch die Einstellung nach § 213 InsO verhindert wird. Die Berechnungsgrundlage für die Vergütung setzt sich in diesem Fall aus zwei Komponenten zusammen. Für alles **bereits Geschehene** ist auf eine *Schlussrechnung* abzustellen, die auch bei einer vorzeitigen Verfahrensbeendigung zu erstellen ist (§ 66 Abs. 1 InsO). Für diese Schlussrechnung gelten die allgemeinen Grundsätze des § 1 Abs. 2 InsVV. Insoweit geht es um die vergütungsrechtliche Zuordnung von *Einnahmen und Ausgaben*.

164

Das noch **nicht Geschehene** wird in entsprechender Anwendung des § 287 ZPO[274)] durch Schätzwerte bewertet. Für diesen Teil gilt das für den vorläufigen Insolvenzverwalter bekannte Prinzip, auf die *Werte von Aktiva und (analog § 1 Abs. 2 InsVV relevanten) Passiva* abzustellen. Die noch nicht verwerteten Aktiva sind mit ihrem Verkehrswert zu schätzen,[275)] und zwar unabhängig davon, ob sich der Insolvenzverwalter mit diesen Vermögenswerten befasst hat oder ob beispielsweise eine Forderung erst zu einem späteren Zeitpunkt eingezogen werden kann.[276)] Insoweit kann auf ein fortgeschriebenes Masseverzeichnis[277)] i. S. d. § 151 InsO zurückgegriffen werden, das bereits Wertanpassungen und Neuerwerb sowie Aufrechnungslagen und Aus- und Absonderungsrechte (also vergütungsrelevante Passiva i. S. d. § 1 Abs. 2 InsVV) zu beinhalten hat, sowie auf ein fortgeschriebenes Gläubigerverzeichnis i. S. d. § 152 InsO im Hinblick auf vergütungsrelevante Passiva (bereits begründete Masseverbindlichkeiten). Sollte zu diesem Zeitpunkt die Massezugehörigkeit eines Vermögensgegenstands noch nicht abschließend feststehen, genügt eine überwiegende Wahrscheinlichkeit.[278)] Die praktischen Probleme bis hierhin sind also weniger rechtlicher Art, sondern beruhen hinsichtlich der Sachverhaltsermittlung darauf, dass auf eine kontinuierliche Fortschreibung des Masseverzeichnisses und des Gläubigerverzeichnisses immer noch weitgehend verzichtet wird, sodass hier nicht selten über jeden Wert einzeln gestritten wird; freilich gibt es auch (noch) keine gesetzliche Verpflichtung zur Fortschreibung der Verzeichnisse. Das

165

---

274) BGH, Beschl. v. 20.7.2017 – IX ZB 69/16, ZIP 2017, 1627.
275) BGH, Beschl. v. 9.6.2005 – IX ZB 230/03, ZIP 2005, 1324.
276) BGH, Beschl. v. 21.1.2010 – IX ZB 197/06, ZIP 2010, 436; BGH, Beschl. v. 17.3.2011 – IX ZB 145/10, NZI 2011, 445.
277) *Zimmer*, Insolvenzbuchhaltung, Rz. 224 ff.
278) BGH, Beschl. v. 20.7.2017 – IX ZB 69/16, ZIP 2017, 1627.

Abstellen auf den fortgeschriebenen Wert der vergütungsrelevanten Positionen wird jedenfalls dem Umstand gerecht, dass es hier gerade nicht auf einen potentiellen Wert bei regulärer Verfahrensbeendigung ankommt, sondern auf den Zeitwert der vergütungsrelevanten Aktiva und Passiva zum *Zeitpunkt der Schlussrechnungslegung*.[279)] Folgende Besonderheiten sind zu beachten:

166 Für Forderungen, bei denen *rechtliche oder wirtschaftliche Zweifel* bestehen, da die Vorgänge noch nicht ausermittelt werden konnten, besteht die widerlegbare Vermutung, dass ein Ansatz von 50 % des Nominalwerts angemessen ist.[280)] Bei *Ansprüchen gegen Gesellschafter* der Schuldnerin ist die Einrede dolo agit zu beachten, sodass derjenige Betrag, der bei abschließender Betrachtung gemäß § 199 InsO wieder an die Gesellschafter herauszugeben wäre, von den Ansprüchen gegen die Gesellschafter abzusetzen ist.[281)] Gleiches soll für Ansprüche gegen Gesellschafter gelten, die bei erfolgreicher Durchsetzung zu einer nachrangigen Insolvenzforderung des Gesellschafters nach § 39 Abs. 1 Nr. 5 InsO führen würden.[282)] *Anfechtungsrechtliche Rückgewähransprüche* sollen im Vergütungsfestsetzungsverfahren inzidenter geprüft werden.[283)] Dies kann nur kursorisch i. S. e. Schlüssigkeitsprüfung erfolgen, da weder das Insolvenzgericht gesetzlicher Richter für einen solchen Anspruch ist noch der Anfechtungsgegner am Festsetzungsverfahren zu beteiligen ist. Bereits bekannte Einwendungen des Anfechtungsgegners dürfen im Vergütungsantrag freilich nicht verschwiegen werden. Da die Anfechtungsansprüche i. S. d. §§ 129 ff. InsO stets eine Gläubigerbenachteiligung voraussetzen, können sie nur bis zur Höhe der prognostizierten vollständigen Gläubigerbefriedigung in Ansatz gebracht werden.[284)] Sofern noch eine *laufende Betriebsfortführung* verzeichnet werden kann, sind die bereits begründeten Forderungen aus Lieferungen und Leistungen zu aktivieren, die bereits begründeten Verbindlichkeiten sind zu passivieren. Denn das Überschussprinzip des § 1 Abs. 2 Nr. 4 Satz 2 lit. b InsVV gilt nicht nur in Bezug auf bereits erfolgte Einnahmen und Ausgaben, sondern auch dort, wo es auf Werte (Aktiva und Passiva) ankommt.[285)] Gleichfalls rechtfertigt es eine laufende Betriebsfortführung, im Übrigen auf die (fortgeschriebenen) Fortführungswerte der einzelnen Vermögensgegenstände im Masseverzeichnis abzustellen.

167 Die **Summe aus beiden Teilrechnungen** stellt die Berechnungsgrundlage i. S. d. § 1 Abs. 1 Satz 2 InsVV dar. Eine *Begrenzung* der Berechnungsgrundlage auf die Summe aller Masseverbindlichkeiten und Insolvenzforderungen erfolgt nicht.[286)] Ausnahmen bestehen beim Ansatz anfechtungsrechtlicher Rückgewähransprüche und bei Ansprüchen gegen Gesellschafter (Rz. 166). Gerade wegen dieser Ausnahmen ist zu beachten, dass die nachinsolvenzliche Befriedigung von Gläubigern

---

279) BGH, Beschl. v. 11.6.2015 – IX ZB 18/13, ZInsO 2015, 1636.
280) Vgl. BGH, Beschl. v. 29.3.2012 – IX ZB 134/09, ZInsO 2012, 1236.
281) BGH, Beschl. v. 9.2.2012 – IX ZB 230/10, ZInsO 2012, 603.
282) BGH, Beschl. v. 9.2.2012 – IX ZB 150/11, ZInsO 2013, 309.
283) BGH, Beschl. v. 13.3.2008 – IX ZB 39/05, ZInsO 2008, 558.
284) BGH, Beschl. v. 9.2.2012 – IX ZB 150/11, ZInsO 2013, 309.
285) BGH, Beschl. v. 26.4.2007 – IX ZB 160/06, ZIP 2007, 1330 (Aktiva); BGH, Beschl. v. 27.9.2012 – IX ZB 243/11, Rz. 6, ZInsO 2013, 840 (Passiva).
286) BGH, Beschl. v. 16.10.2008 – IX ZB 247/06, NZI 2009, 57.

durch einen Dritten zum (mittelbaren) Zweck der Reduzierung der Berechnungsgrundlage unbeachtlich ist, da sonst ein nicht am Vergütungsfestsetzungsverfahren beteiligter Dritter Einfluss auf die Bestimmung der Vergütung haben könnte.[287] Abwegig ist die Auffassung, die Vergütung des Insolvenzverwalters müsse von der Berechnungsgrundlage in Abzug gebracht werden,[288] da § 1 Abs. 2 Nr. 4 Satz 1 InsVV ein Abzugsverbot regelt. Insgesamt gilt also:

    Saldo relevanter *Einnahmen und Ausgaben* gemäß § 1 Abs. 2 InsVV betreffend das bereits Geschehene

+   Saldo relevanter *Aktiva und Passiva* nach den Kriterien des § 1 Abs. 2 InsVV für das noch zu Erledigende

=   Berechnungsgrundlage für die Vergütung

In den Fällen der vorzeitigen Verfahrensbeendigung ist erst auf späterer Prüfungsebene ein **Abschlag** nach § 3 Abs. 2 lit. c InsVV zu prüfen. Daher ist es ineffizient und dogmatisch verfehlt, sich auf der Ebene der Berechnungsgrundlage mit vermeintlichen Ungerechtigkeiten oder eingesparten Tätigkeiten zu befassen.

c) Einstellung nach § 212 InsO

Eine *Einstellung des Verfahrens wegen Wegfalls des Eröffnungsgrundes* (§ 212 InsO) stellt eine vorzeitige Verfahrensbeendigung dar, da die Versilberung schuldnerischen Vermögens zum Zwecke einer Schlussverteilung durch den Insolvenzverwalter durch die Einstellung nach § 212 InsO verhindert wird. Auch hier setzt sich die Berechnungsgrundlage aus zwei Komponenten zusammen, sodass die Ausführungen zur Einstellung nach § 213 InsO (Rz. 164 ff.) entsprechend gelten. Sofern dort eine Begrenzung der Berechnungsgrundlage im Hinblick auf Ansprüche gegen Gesellschafter bejaht wurde (Rz. 166), kann dies gerade im Anwendungsbereich des § 212 InsO jedoch nicht dazu führen, dass ergänzend die Rücknahme angemeldeter Insolvenzforderungen zu beachten wäre, um die Berechnungsgrundlage mindernd zu beeinflussen; denn derartige Forderungsrücknahmen beruhen nicht selten auf Versprechen des Schuldners, diese Forderungen gleichwohl später zu befriedigen, was nicht auf die für eine Einstellung nach § 212 InsO erforderliche nachhaltige Beseitigung der Insolvenzgründe[289] schließen lässt.

3. Insolvenzplan

Die Aufhebung des Verfahrens gemäß § 258 InsO nach Bestätigung eines Insolvenzplans ist keine vorzeitige Verfahrensbeendigung, da der Insolvenzplan in § 1 Satz 1 InsO als gleichwertige Alternative zur Gesamtvollstreckung i. S. e. Versilberung schuldnerischen Vermögens nebst Erlösverteilung an die Insolvenzgläubiger genannt wird. Gleichwohl bestimmt § 1 Abs. 1 Satz 2 InsVV die Heranziehung eines **Schätzwerts** zur Bestimmung der Berechnungsgrundlage für die Vergütung des Insolvenzverwalters, da im Insolvenzplan selbst keine bindende Vergütungsver-

---

287) BGH, Beschl. v. 9.2.2012 – IX ZB 150/11, ZInsO 2013, 309.
288) So aber LG Kassel, Beschl. v. 5.11.2014 – 3 T 222/14, ZInsO 2014, 2397.
289) LG Göttingen, Beschl. v. 3.11.2008 – 10 T 119/08, ZInsO 2009, 38.

einbarung geschlossen werden kann (Rz. 16).[290] Insoweit ist jedoch kein Unterschied zur Ermittlung in den Fällen des § 213 InsO erkennbar, sodass die dortigen Ausführungen (Rz. 164 ff.) entsprechend gelten. Es ergeben sich lediglich geringfügige Besonderheiten:

171 Hinsichtlich der noch nicht verwerteten Vermögensgegenstände ist anhand der Art des Plans zwischen **Zerschlagungs- oder Fortführungswerten** zu unterscheiden (§ 151 Abs. 2 Satz 2 InsO). Sieht der Insolvenzplan die Zerschlagung des schuldnerischen Unternehmens oder sonst wie nichts anderes als bloße Verwertungshandlungen vor, sind die Zerschlagungswerte oder konkrete Kaufangebote heranzuziehen. Soll der schuldnerische Betrieb jedoch fortgeführt werden, gelten die Fortführungswerte als angemessen.[291] Eine Mischung aus beiden Varianten ist die im Insolvenzplan vorgesehene übertragende Sanierung; hier werden die Werte entweder durch nachgewiesene Übertragungsverhandlungen und Kaufangebote oder alternativ durch Fortführungswerte bestimmt. Der Verordnungsgeber hält es für zulässig, sich alternativ an der in § 229 InsO vorgesehenen Vermögensübersicht zu orientieren.[292] Diese unterscheidet sich jedoch theoretisch nicht von der fortgeführten Vermögensübersicht nach § 153 InsO und auf der Aktivseite folglich nicht vom fortgeschriebenen Masseverzeichnis nach § 151 InsO. Insoweit ist das Abstellen auf § 229 InsO eine Vereinfachungsregelung, damit nicht zwei identische Verzeichnisse zu erstellen sind, zumal der Verordnungsgeber die Fortführung der Verzeichnisse nach §§ 151 ff. InsO noch nicht thematisiert hat.

172 Ist im Insolvenzplan die Aufnahme eines **Massekredits** vorgesehen, entsteht ein Darlehensauszahlungsanspruch des Schuldners gegen den Kreditgeber. Dieser Anspruch fällt jedoch nicht unter den Massebegriff und bleibt bei der Bestimmung der Berechnungsgrundlage außer Ansatz.[293]

173 Auf der späteren Prüfungsebene ist **kein Abschlag** wegen vorzeitiger Verfahrensbeendigung (§ 3 Abs. 2 lit. c InsVV) vorzunehmen, da die Aufhebung nach § 258 InsO keine vorzeitige Verfahrensbeendigung darstellt (Rz. 170); vielmehr sieht § 3 Abs. 1 lit. e InsVV einen Zuschlag vor, wenn der Insolvenzplan vom Insolvenzverwalter ausgearbeitet wurde.

4. Ungeschriebene Fälle des § 1 Abs. 1 Satz 2 InsVV

a) Aufhebung des Eröffnungsbeschlusses

174 Im Lichte des § 1 Abs. 1 Satz 2 InsVV ist das erfolgreiche Rechtsmittel gegen den Beschluss über die Eröffnung des Insolvenzverfahrens eine vorzeitige Verfahrensbeendigung. Daher ist ein **Schätzwert** für die Bestimmung der Berechnungsgrundlage heranzuziehen. Insoweit ist jedoch kein Unterschied zur Ermittlung in den Fällen des § 213 InsO erkennbar, sodass die dortigen Ausführungen (Rz. 164 ff.)

---

290) BGH, Beschl. v. 16.2.2017 – IX ZB 103/15, ZIP 2017, 482, dazu EWiR 2017, 179 *(Madaus)*.
291) BerlKommInsO/*Blersch*, § 1 Rz. 8 (Stand: 02/2009).
292) Insolvenzrechtliche Vergütungsverordnung (InsVV) v. 19.8.1998 (BGBl. I 1998, 2205), Begründung zu § 1 InsVV, siehe Anh. III Rz. 28.
293) BGH, Beschl. v. 17.3.2011 – IX ZB 145/10, NZI 2011, 445.

Berechnungsgrundlage §1

entsprechend gelten. Wegen der Besonderheit, dass der Eröffnungsbeschluss fehlerhaft war, soll es abweichend von den Regelungen zu § 213 InsO jedoch eine **Obergrenze der Berechnungsgrundlage** geben, sodass diese auf die Summe aller Masseverbindlichkeiten (§§ 54, 55 InsO) und Insolvenzforderungen (§§ 38, 39 InsO) beschränkt ist.[294]

b) Vorzeitige Amtsbeendigung

Nicht in § 1 Abs. 1 InsVV – wohl aber in § 3 Abs. 2 lit. c InsVV – erwähnt wird die vorzeitige Amtsbeendigung des Insolvenzverwalters nach §§ 56a, 57, 59 InsO oder aufgrund Versterbens des Insolvenzverwalters. Hinsichtlich des **ausgeschiedenen Verwalters** kann auf die Ausführungen zu § 213 InsO verwiesen werden (Rz. 164 ff.), da § 1 Abs. 1 Satz 2 InsVV auch hier gilt.[295] Ebenso gilt auch hier die Zusammensetzung der Berechnungsgrundlage aus einer Schlussrechnung für das bereits Geschehene und Schätzwerten für das noch nicht Geschehene.[296] Der Anspruch auf eine Schlussrechnung des ausgeschiedenen Insolvenzverwalters kann sowohl über § 58 InsO vom Insolvenzgericht als auch über §§ 80 Abs. 1, 35 InsO i. V. m. §§ 675, 666, 259 BGB vom neuen Insolvenzverwalter geltend gemacht werden.[297] Nicht übernommen werden können jedoch die zu § 213 InsO befürworteten Einschränkungen im Hinblick auf Ansprüche gegen Gesellschafter oder aus Insolvenzanfechtung (Rz. 166). 175

Damit im Zusammenhang steht regelmäßig die Bestellung eines neuen Insolvenzverwalters. Die Vergütung des **eingewechselten Verwalters** richtet sich jedoch nach den allgemeinen Grundsätzen. Vom Amtsvorgänger übernommene Bar- und Geldbestände stellen insoweit vergütungsrechtlich relevante Einnahmen dar, insoweit ist lediglich auf späterer Prüfungsebene ein Abschlag nach § 3 Abs. 2 lit. b oder d InsVV zu prüfen. Bei anderen Ansprüchen gegen den Amtsvorgänger ist zu prüfen, ob es sich um Masse i. S. d. § 35 InsO handelt oder um Sondermassen (Rz. 182 ff.). Im Übrigen gilt § 1 Abs. 2 InsVV uneingeschränkt. 176

Regelmäßig wird es Vorgänge geben, die vom nachmalig ausgeschiedenen Insolvenzverwalter begonnen wurden und vom Amtsnachfolger beendet werden. Hatte die Vermögensposition bereits unter der Ägide des Amtsvorgängers einen nachvollziehbaren (Erwartungs-)Wert, wird sie für dessen Berechnungsgrundlage als Aktivposition geschätzt. Dass erst beim Amtsnachfolger ein Zahlungseingang erfolgt, der dessen Berechnungsgrundlage erhöht, ist auf der Ebene des § 1 InsVV irrelevant; es handelt sich bei solchen **überschneidenden Vorgängen** ausschließlich um eine Frage angemessener Abschläge nach § 3 Abs. 2 InsVV bei beiden Verwaltern,[298] da erst § 3 InsVV die Arbeitsbelastung in die Vergütungsbestimmung miteinbezieht. Insoweit hat § 1 InsVV eine unpersonalisierte bzw. objektive Prägung, 177

---

294) BGH, Beschl. v. 29.3.2007 – IX ZB 153/06, NZI 2007, 397; BGH, Beschl. v. 2.4.2009 – IX ZB 250/07, ZInsO 2009, 888 (beide Entscheidungen im selben Insolvenzverfahren).
295) BGH, Beschl. v. 11.6.2015 – IX ZB 18/13, ZInsO 2015, 1636.
296) Vgl. BGH, Beschl. v. 10.11.2005 – IX ZB 168/04, ZIP 2006, 93; BGH, Beschl. v. 11.6.2015 – IX ZB 18/13, ZIP 2015, 1595.
297) *Zimmer*, ZInsO 2010, 2203.
298) *Graeber/Graeber*, InsVV, § 1 Rz. 142.

während § 3 InsVV personalisiert und subjektiv wirkt. Im Übrigen gilt nichts anderes als bei der Abgrenzung der Berechnungsgrundlagen von vorläufigem Verwalter und Insolvenzverwalter (Rz. 140 ff.).

VI. Sondermassen

1. Definition

178 Sondermassen sind Vermögensmassen, die der Insolvenzverwalter im Zusammenhang mit der Verfahrensabwicklung verwaltet, die aber dennoch nicht zur Insolvenzmasse gehören.[299] Die Bildung einer Sondermasse ist gerichtlich nicht anfechtbar.[300]

2. Vergütungsrechtlich geregelte Sondermassen

179 Zum Teil anerkennt die InsVV das Vorhandensein von Sondermassen, so im Hinblick auf **Verfahrenskostenvorschüsse Dritter** in § 1 Abs. 2 Nr. 5 Alt. 1 InsVV[301] (Rz. 131), ansatzweise auch im Hinblick auf **Zuzahlungen Dritter zum Insolvenzplan** in § 1 Abs. 2 Nr. 5 Alt. 2 InsVV[302] (Rz. 133). Nicht in der InsVV, wohl aber in § 300a Abs. 1 Satz 1, Abs. 3 InsO geregelt ist ein eigenständiger Vergütungsanspruch des Insolvenzverwalters im Hinblick auf vereinnahmtes **pfändbares Einkommen des Schuldners nach Ablauf der Abtretungsfrist** (§ 14 Rz. 76 ff.).

3. Vergütungsrechtlich unbeachtliche Sondermassen

180 Zum Teil existieren Sondermassen, die keine Vergütungsrelevanz besitzen. Hierzu gehören **Mietkautionen**[303] sowie Fremdgelder des **WEG-Verwalters** als Schuldner[304] und folglich alle andere Arten von **Fremdgeldern des Schuldners**, wenn dieser z. B. noch als Rechtsanwalt tätig ist. Zu den unbeachtlichen Sondermassen gehören – wenn nicht als verlorener Zuschuss gewährt – auch **Prozesskostenvorschüsse Dritter**.[305]

4. Vergütungsrechtlich zu klärende Sondermassen

181 Nach **§ 93 InsO** hat der Insolvenzverwalter die persönliche Haftung von Gesellschaftern einer *Personengesellschaft* gemäß §§ 128, 161 Abs. 1 und 2 HGB geltend zu machen.[306] Hierzu gehört auch der Anspruchsübergang im Zusammenhang mit der Gewährung von Insolvenzgeld.[307] In diesen Fällen bleiben die Gläubiger Anspruchsinhaber, der Insolvenzverwalter erhält lediglich die Einziehungs- und Pro-

---

299) *Zimmer*, Insolvenzbuchhaltung, Rz. 359.
300) Vgl. LG Stendal, Beschl. v. 16.8.2013 – 25 T 133/13, ZInsO 2013, 1914.
301) *Zimmer*, Insolvenzbuchhaltung, Rz. 362 ff.
302) *Zimmer*, Insolvenzbuchhaltung, Rz. 367 ff.
303) *Zimmer*, Insolvenzbuchhaltung, Rz. 370 ff.
304) *Zimmer*, Insolvenzbuchhaltung, Rz. 376 ff.
305) Inkonsequent KPB-InsO/*Prasser/Stoffler*, § 1 InsVV Rz. 80 (Stand: 04/2015).
306) Ausführlich *Zimmer* in: Kraemer/Vallender/Vogelsang, Fach 2 Kap. 16, Rz. 11 ff. (Stand: 04/2017).
307) LAG Hamm, Urt. v. 4.3.2009 – 2 Sa 1382/05, ZInsO 2010, 822, 824; Abschn. 5.1.3.1. Abs. 2 der Durchführungsanweisung der Bundesagentur für Arbeit zum Insolvenzgeld (§§ 165 ff. SGB III), (Stand: 1.6.2015).

zessführungsbefugnis.[308] Für die so generierten Einnahmen ist eine Sondermasse zu bilden.[309] Bei *Kapitalgesellschaften* kann § 93 InsO zur Anwendung kommen, wenn eine Vermögensvermischungshaftung geltend gemacht wird.[310] Ebenfalls unter § 93 InsO fällt die Ausfallhaftung des herrschenden Unternehmens im Aktienkonzern gemäß § 303 AktG.[311] Bei *beiden Gesellschaftsformen* umfasst § 93 InsO rückständige Sozialversicherungsbeiträge, wenn eine vertragliche und akzessorische Haftung nach § 128 HGB bejaht werden kann und nicht durch einen außergesellschaftsrechtlichen Individualanspruch verdrängt wird.[312] Die Haftung für Beiträge zur gesetzlichen Unfallversicherung gemäß § 150 Abs. 1 SGB VII knüpft z. B. nicht an eine Haftung nach § 128 HGB an; hier handelt es sich um einen eigenständigen Haftungstatbestand des Beitragsrechts der gesetzlichen Unfallversicherung.[313]

Unter **§ 92 InsO** fällt z. B. die *Insolvenzverschleppungshaftung* (§ 92 Satz 1 InsO).[314] Grundsätzlich sind Sondermassen für Alt-Gläubiger zu bilden, da es sich um eine Außenhaftung handelt. *Ansprüche gegen einen (vorläufigen) Insolvenzverwalter* aus § 60 InsO als Gesamtschaden (§ 92 Satz 2 InsO) können nur von einem Sonderinsolvenzverwalter oder einem neu zu bestellenden Insolvenzverwalter geltend gemacht werden.[315] Unter § 92 Satz 1 InsO fällt ferner ein *Schadenersatzanspruch gegen Mitglieder des Gläubigerausschusses* nach § 71 Satz 1 InsO, wobei wiederum Sondermassen für die Geschädigten zu bilden sind; jedenfalls insoweit, als aus den Einnahmen keine Verbindlichkeiten i. S. d. §§ 54, 55 InsO beglichen werden dürfen.[316] Ebenfalls dem § 92 Satz 1 InsO zuzuordnen sind *Ansprüche gegen Vorstandsmitglieder einer Aktiengesellschaft* i. S. d. § 93 Abs. 5 AktG. 182

In all diesen Fällen besteht zwar eine Pflicht des Insolvenzverwalters, die Ansprüche geltend zu machen, diese unterfallen jedoch nicht dem Massebegriff des § 35 InsO und basieren auf einer Außenhaftung zugunsten der Betroffenen. Es ist nicht einmal geklärt, ob die Sondermassen separat an die Nutznießer auszuschütten sind (ähnlich der Auskehrung an Absonderungsgläubiger) oder dies dem Regime der §§ 187 ff. InsO (Schlussverteilung) unterfällt.[317] All dies macht es zwingend, einen **eigenständigen Vergütungsanspruch** des Insolvenzverwalters zu beschreiben. *Anspruchsgrundlage* hierfür bleibt § 63 Abs. 1 Satz 1 InsO, da der Insolvenzverwalter innerhalb des Insolvenzverfahrens und innerhalb seines Aufgabengebiets tätig ist. Es dürfte daher auch nicht zu beanstanden sein, das Insolvenzgericht nach § 64 183

---

308) BGH, Urt. v. 9.10.2006 – II ZR 193/05, ZIP 2007, 79.
309) *Zimmer* in: Kraemer/Vallender/Vogelsang, Fach 2 Kap. 16, Rz. 133 ff. (Stand: 04/2017); *Zimmer*, Insolvenzbuchhaltung, Rz. 379 ff.
310) *Zimmer*, Insolvenzbuchhaltung, Rz. 388 f.
311) Ausführlich *Bork*, ZIP 2012, 1001.
312) *Zimmer* in: Kraemer/Vallender/Vogelsang, Fach 2 Kap. 16, Rz. 23 (Stand: 04/2017).
313) BSG, Urt. v. 27.5.2008 – B 2 U 19/07, ZIP 2008, 1965.
314) Hierzu *Zimmer*, Insolvenzbuchhaltung, Rz. 390 ff.
315) Ausführlich Beck/Depré/*Zimmer*, Praxis der Insolvenz, § 47 Rz. 38 ff.
316) BGH, Urt. v. 9.10.2014 – IX ZR 140/11, ZIP 2014, 2242; *Zimmer*, Insolvenzbuchhaltung, Rz. 399.
317) BGH, Beschl. v. 17.12.2015 – IX ZR 143/13, ZIP 2016, 274 erwähnt nur nebenbei eine Verteilung nach §§ 187 ff. InsO, ohne dass sich hieraus eine inhaltliche Auseinandersetzung oder ein obiter dictum ablesen ließe.

Abs. 1 InsO mit der *Festsetzung* zu betrauen. Dann ergibt sich zwanglos auch die Anwendung des § 65 InsO, der zu den *Regelungen der InsVV* führt.

184 Schon der Telos einer Sondermasse dürfte es ausschließen, die Sondermasse in die „normale" Berechnungsgrundlage zu integrieren, sodass eine **eigenständige Berechnungsgrundlage** anhand der Sondermasse zu ermitteln ist,[318] auf deren Basis die §§ 1–9 InsVV Anwendung finden. Die Berechnungsgrundlage sollte jedoch bei Anwendung der Staffelstufen des § 2 Abs. 1 InsVV wertmäßig dort beginnen, wo die Berechnungsgrundlage für die reguläre Masse endet (Progressionsvorbehalt).[319] Für den Insolvenzverwalter entsteht dann im Ergebnis dieselbe (Gesamt-)Vergütung wie bei einer Einbeziehung der Sondermasse in die Berechnungsgrundlage. Nur dieses Vorgehen ermöglicht es jedoch, die separate Vergütung quotal auf diejenigen Gläubiger umzulegen, die von der Sondermasse profitieren.[320] Dies entspricht in etwa der BGH-Rechtsprechung zur ungerechtfertigten Bereicherung, da auch hier nicht die unbeteiligten Insolvenzgläubiger mit den Verfahrenskosten für derartige Sondersituationen belastet werden sollen.[321]

185 Eine einheitliche Berechnungsgrundlage kann sich allerdings beim **Sachwalter** als sinnvoll erweisen, da es hier weitere Umstände zu berücksichtigen gilt (§ 12 Rz. 31 ff.).

VII. Gegenstandswert nach § 58 Abs. 1 GKG

186 Gemäß § 58 Abs. 1 Satz 1 GKG werden die Gebühren für den Antrag auf Eröffnung des Insolvenzverfahrens und für die Durchführung des Insolvenzverfahrens nach dem Wert der **Insolvenzmasse zur Zeit der Beendigung des Verfahrens** berechnet. Insoweit besteht Übereinstimmung mit dem Wert der Berechnungsgrundlage nach § 63 Abs. 1 Satz 2 InsO.

187 Nach § 58 Abs. 1 Satz 2 GKG werden Gegenstände, die zur abgesonderten Befriedigung dienen, nur in Höhe des nicht für die *Absonderung* erforderlichen Betrages angesetzt; diese etwas umständliche Formulierung entspricht dem Überschussprinzip des § 1 Abs. 2 Nr. 1 InsVV bei Absonderungsrechten. Nicht im GKG erwähnt werden jedoch zahlreiche andere Abzugspositionen, wie z. B. die Abfindungen von Aus- und Absonderungsgläubigern (§ 1 Abs. 2 Nr. 2 InsVV) oder der Abzug eigener Vergütungen nach §§ 5, 1 Abs. 2 Nr. 4 Satz 2 lit. a InsVV. Während für die Berechnungsgrundlage für die Vergütung des Insolvenzverwalters ein Überschussprinzip bei der *Betriebsfortführung* gilt (§ 1 Abs. 2 Nr. 4 Satz 2 lit. b InsVV), fehlt in § 58 GKG ferner ein Hinweis auf die Behandlung fortführungsbedingter Ausgaben. Dies wird in einigen Gerichtsbezirken zum Anlass genommen, bei der Bestimmung des Gegenstandswerts für die Gerichtskosten die eigentlich abgezogenen Ausgaben der Betriebsfortführung wieder dem Gegenstandswert hinzuzurechnen.[322] In anderen Gerichts-

---

318) Vgl. *Graeber*, NZI 2016, 860, 861.
319) *Zimmer* in: Kraemer/Vallender/Vogelsang, Fach 2 Kap. 16 Rz. 148.1 (Stand: 04/2017).
320) Im Ergebnis so auch *Keller*, Vergütung und Kosten, § 3 Rz. 63 ff.
321) BGH, Urt. v. 5.3.2015 – IX ZR 164/14, ZIP 2015, 738.
322) OLG Düsseldorf, Beschl. v. 27.7.2010 – 10 W 60/10, ZInsO 2010, 1645; OLG München, Beschl. v. 8.8.2012 – 11 W 832/12, ZInsO 2012, 1722; OLG München, Beschl. v. 25.4.2013 – 21 W 2/17, ZIP 2017, 1035; LG Konstanz, Beschl. v. 5.4.2013 – 62 T 11/13 A, NZI 2013, 494.

Berechnungsgrundlage § 1

bezirken bleibt es jedoch bei der jahrzehntelangen Übung, für die Bestimmung des Gegenstandswerts nach § 58 Abs. 1 GKG auf die Berechnungsgrundlage nach § 1 InsVV abzustellen.[323] Somit liegt die etwas denkwürdige Situation vor, dass die Höhe der Gerichtskosten von der Auswahl des Gerichtsbezirks abhängt, was freilich ein verfassungswidriger Zustand ist, aber den Gesetzgeber noch nicht zum Eingreifen veranlasst hat. Richtig wird der **Gleichlauf von § 58 Abs. 1 GKG und § 63 Abs. 1 Satz 2 InsO, § 1 InsVV** sein. Dies nicht nur wegen des Grundsatzes der Einheitlichkeit des Kostenrechts, sondern auch aufgrund historischer Auslegung, da die amtliche Begründung zum heutigen § 58 GKG einen solchen Gleichlauf unterstellte, allerdings nicht formulierte.[324] Aufgrund der jahrzehntelangen Übung und der vielfältigen Änderungen des Kostenrechts spricht nichts für die These, dass der Gesetzgeber jemals vom Gleichlauf der Gegenstandswerte abweichen wollte. Sofern vom Insolvenzverwalter aufgrund von *Sondermassen* eigenständige Berechnungsgrundlagen zu ermitteln sind (Rz. 183 f.), sind diese allerdings in den Gegenstandswert nach § 58 Abs. 1 GKG zu integrieren, da es sich lediglich um eine innervergütungsrechtliche Aufteilung handelt. Nach der Gegenansicht wäre dies freilich nicht möglich, da es rechtlich nicht um Insolvenzmasse oder schuldnerisches Vermögen geht. Nicht zu berücksichtigen ist unzweifelhaft eine eigenständige Berechnungsgrundlage für die Vergütung eines *Sonderinsolvenzverwalters* (Rz. 7).

Gegen den Kostenansatz ist die **Erinnerung** möglich (§ 66 GKG). Hiervon muss der Insolvenzverwalter im Zweifel Gebrauch machen, da er im Lichte der §§ 60, 92 Satz 2 InsO alle unberechtigten Masseverbindlichkeiten abzuwehren hat – auch Verfahrenskosten. Da der Instanzenzug den BGH nicht erreichen kann, wäre nach abschließender Entscheidung eines OLG die Verfassungsbeschwerde einschlägig. 188

Abweichend von § 63 Abs. 1 Satz 2 InsO, § 1 InsVV gilt für den Gegenstandswert nach § 58 GKG die **Begrenzung auf einen Wert von 30 Mio. €** gemäß § 39 Abs. 2 GKG.[325] 189

VIII. Berechnungsgrundlage für den Verfahrenskoordinator (§ 269g Abs. 2 InsO)

Der Verfahrenskoordinator in der nationalen Konzerninsolvenz nach § 269e InsO,[326] der mit den Insolvenzverwaltern der gruppenangehörigen Verfahren nicht identisch sein soll (§ 269e Abs. 1 Satz 2 InsO), aber folglich sein darf, hat lediglich die **Aufgabe**, für eine abgestimmte Abwicklung der Verfahren über die gruppenange- 190

---

323) OLG Dresden, Beschl. v. 26.8.2013 – 3 W 739/13, ZInsO 2013, 1859; OLG Düsseldorf, Beschl. v. 19.3.2012 – 3 W 286/11, ZIP 2012, 1089; OLG Düsseldorf, Beschl. v. 10.2.2015 – 3 W 20/14, ZInsO 2015, 1581; OLG Hamm, Beschl. v. 18.1.2013 – 25 W 262/12, ZIP 2013, 470; OLG Hamm, Beschl. v. 14.5.2013 – 15 W 198/12, ZInsO 2013, 2011; OLG Koblenz, Beschl. v. 20.1.2014 – 12 W 640/13, ZInsO 2014, 457; OLG Stuttgart, Beschl. v. 30.4.2014 – 8 W 149/14, ZInsO 2014, 1177; LG Duisburg, Beschl. v. 15.11.2016 – 7 T 27/16, ZIP 2017, 148 (Eigenverwaltung); LG Leipzig, Beschl. v. 28.2.2013 – 8 T 325/12, ZInsO 2013, 684; AG Osnabrück, Beschl. v. 10.9.2013 – 38 IN 57/01, JurionRS 2013, 48488.
324) Begründung zu Art. 29 Nr. 6 EGInsO (Änderung des § 37 GKG a. F.) v. 24.11.1992, BT-Drucks. 12/3803, S. 72, abgedruckt bei *Kübler/Prütting*, Das neue Insolvenzrecht, S. 839.
325) OLG Frankfurt/Main, Beschl. v. 15.4.2014 – 18 W 45/14, ZInsO 2014, 1869.
326) §§ 269a–269i InsO eingefügt durch das Gesetz zur Erleichterung der Bewältigung von Konzerninsolvenzen v. 13.4.2017 (BGBl. I 2017, 866) mit Inkrafttreten zum 21.4.2018 (Art. 10 des Änderungsgesetzes), siehe Anh. XV Rz. 26 ff.

hörigen Schuldner zu sorgen, soweit dies im Interesse der Gläubiger liegt (§ 269f Abs. 1 Satz 1 InsO). Zu diesem Zweck kann er insbesondere einen Koordinationsplan vorlegen (§ 269f Abs. 1 Satz 2 InsO). Er kann einen solchen Plan in den jeweiligen Gläubigerversammlungen erläutern oder durch eine von ihm bevollmächtigte Person erläutern lassen (§ 269f Abs. 1 Satz 3 InsO).

191 Wegen des Verweises in § 269f Abs. 3 InsO gelten u. a. die §§ 63–65 InsO entsprechend. Gleichwohl enthält § 269g InsO eine Wiederholung dergestalt, dass der Verfahrenskoordinator einen **Anspruch auf Vergütung** für seine Tätigkeit und auf Erstattung angemessener Auslagen hat (§ 269g Abs. 1 Satz 1 InsO). Der Regelsatz der Vergütung wird (auf Basis einer **Berechnungsgrundlage**) nach dem *Wert der zusammengefassten Insolvenzmassen* der in das Koordinationsverfahren einbezogenen Insolvenzverfahren über gruppenangehörige Schuldner berechnet (§ 269g Abs. 1 Satz 2 InsO). Da mit „Insolvenzmassen" als Tatbestandsmerkmal auf § 63 Abs. 1 InsO, § 1 InsVV rekurriert wird, sind folglich die Berechnungsgrundlagen aller gruppenangehörigen Verfahren einfach zu addieren. Unberücksichtigt sollen bleiben die Intragruppenforderungen[327] oder im Lichte des § 1 Abs. 2 InsVV allgemein alle Geschäftsvorfälle, die sich zwischen den gruppenangehörigen Insolvenzverfahren abspielen. Dem kann nicht gefolgt werden, da es doch gerade diese Geschäftsbeziehungen sind, die Anlass für die Bestellung eines Verfahrenskoordinators waren. Allein auf Geschäftsvorfälle abzustellen, die der Koordination überhaupt nicht bedurften, scheint nicht systemgerecht. Wegen des Grundprinzips des Vergütungsrechts, auf der Ebene der Berechnungsgrundlage den *Erfolg* heranzuziehen und erst auf der Ebene des § 3 InsVV die *Tätigkeit* zu bewerten, sollten hier keine zusätzlichen Probleme oder Systembrüche erfunden werden.

192 Auf Basis der Berechnungsgrundlage (Rz. 191) ist zunächst eine **Regelvergütung** anhand des § 2 Abs. 1 InsVV zu bestimmen. Dem Umfang und der Schwierigkeit der Koordinationsaufgabe wird durch Abweichungen vom Regelsatz Rechnung getragen (§ 269g Abs. 1 Satz 3 InsO), was zur Anwendung des § 3 InsVV (**Zu- und Abschläge**) führt. Die Vergütung des Verfahrenskoordinators ist anteilig aus den Insolvenzmassen der gruppenangehörigen Schuldner zu berichten, wobei im Zweifel das Verhältnis des Werts der einzelnen Massen zueinander maßgebend ist (§ 269g Abs. 2 InsO). Die Bestellung eines Verfahrenskoordinators, die nur durch ein Koordinationsgericht möglich ist (§ 269e Abs. 1 Satz 1 InsO), stellt für die einzelnen Insolvenzverwalter in den *gruppenangehörigen Verfahren* nach den Vorstellungen des Gesetzgebers einen Abschlagsfaktor nach § 3 Abs. 2 lit. f InsVV[328] dar. Tatsächlich dürften Abschläge für den *Verfahrenskoordinator* in derart großem Umfang in Betracht kommen, dass allenfalls ein Regelbruchteil des § 2 Abs. 1 InsVV verbleibt.

193 Das Konzept dürfte noch **Entwicklungspotential** haben, da es nur dann mit dem übrigen Vergütungssystem halbwegs kompatibel ist, wenn der Verfahrenskoordinator zugleich Insolvenzverwalter in allen gruppenangehörigen Insolvenzverfahren

---

327) KPB-InsO/*Thole*, § 269g Rz. 4 (Stand: 06/2017).
328) § 3 Abs. 2 lit. f InsVV eingefügt durch das Gesetz zur Erleichterung der Bewältigung von Konzerninsolvenzen v. 13.4.2017 (BGBl. I 2017, 866) mit Inkrafttreten zum 21.4.2018 (Art. 10 des Änderungsgesetzes), siehe Anh. XV Rz. 106.

Berechnungsgrundlage § 1

ist, was jedoch der Ausnahmefall sein soll. Der überwiegende Teil der Schwierigkeiten bleibt der Kommentierung des § 3 InsVV vorbehalten (§ 3 Rz. 229 ff.). Die Berechnungsgrundlage als solche ist unproblematisch, wenn keine Systembrüche riskiert werden sollen (Rz. 191). Fraglich allerdings ist, welche Mittel dem mit den einzelnen Insolvenzverwaltern nicht personenidentischen Verfahrenskoordinator an die Hand zu geben sind, um sich die notwendigen Informationen zu verschaffen. In Ermangelung anderweitiger Regelungen muss wohl auf § 58 InsO abgestellt werden, sodass nur gerichtliche Aufforderungen möglich scheinen. Unlösbar scheint das Problem, dass die Addition der einzelnen Berechnungsgrundlagen nur dann möglich ist, wenn alle gruppenangehörigen Verfahren nahezu gleichzeitig abgeschlossen werden. Insoweit entscheidet das Verfahren mit der längsten Verfahrensdauer über den geeigneten Beendigungszeitpunkt aller Verfahren; und das nur wegen der Vergütung des Verfahrenskoordinators.

Insgesamt wäre es sinnvoller gewesen, hier eine **Stundenvergütung** mit Gesamtschuldnerschaft nach der Idee des § 7 RVG zu regeln, die aber wegen des eindeutigen Wortlauts der InsO-Normen wohl nicht in diese hineingelesen werden kann. Bedenken gegen eine Stundenvergütung bestanden wohl – obgleich nicht dokumentiert – wegen der Annahme, der Verfahrenskoordinator sei immer identisch mit den Verwaltern der gruppenangehörigen Verfahren und das Gesamtvolumen aller Vergütungen solle nicht steigen; dann hätte der Gesetzgeber jedoch nicht die Personenverschiedenheit als Soll-Regelung vorgeben dürfen. Weitere Möglichkeit wäre gewesen, ähnlich dem vorläufigen Insolvenzverwalter oder Sachwalter einen **Regelbruchteil** des § 2 Abs. 1 InsVV zu kodifizieren, der bei einem Vergleich mit den Tätigkeiten eines vorläufigen Insolvenzverwalters wohl allenfalls 10–25 % hätte betragen dürfen. Dies freilich lässt sich in der Praxis über die Anwendung des § 3 Abs. 2 InsVV ebenfalls erreichen. 194

IX. Vergütung des Gruppenkoordinators (Art. 77 Abs. 1 EuInsVO)

Gemäß Art. 77 Abs. 1 EuInsVO[329] hat der Gruppenkoordinator in der EU-internen Konzerninsolvenz, der nach Art. 71 Abs. 2 EuInsVO nicht zugleich Verwalter in einem der an der Gruppe beteiligten Insolvenzverfahren sein darf, einen Anspruch auf angemessene Vergütung. Der Gruppenkoordinator steht im Mittelpunkt des Koordinationsverfahrens, das über den einzelnen nationalen Insolvenzverfahren schwebt.[330] Seine **Aufgabe** ist es, die Einzelinsolvenzverfahren mit Hilfe von Empfehlungen für die Verfahrensdurchführung und mittels eines Koordinationsplans zu koordinieren und zu integrieren.[331] Seine Rechtsstellung wird bestimmt durch sein Handeln auf Grundlage europäischen Rechts, seine Bestellung durch ein nationales Gericht, das als Koordinationsgericht fungiert, und durch seine Zusammenarbeit mit den nationalen Verwaltern in den einzelnen Insolvenzverfahren, auf deren Mithilfe er bei der Verwirklichung seines 195

---

329) Verordnung (EU) 2015/848 des Europäischen Parlaments und des Rates über Insolvenzverfahren (Neufassung) v. 20.5.2015 (ABl. EU v. 5.6.2015, L 141/19), in Kraft getreten zum 26.6.2017, siehe Anh. XIII.
330) *Eble*, ZIP 2016, 1619.
331) *Eble*, ZIP 2016, 1619, 1620.

Koordinationsplans angewiesen ist.[332] Der Koordinator soll als neutrale Instanz die koordinierte Durchführung der Insolvenzverfahren fördern (Art. 72 Abs. 1 lit. a EuInsVO), einen integrierten Ansatz zur Bewältigung der Insolvenz der Gruppenmitglieder finden (Art. 72 Abs. 1 lit. b EuInsVO) und dadurch die effektive Führung der Insolvenzverfahren über das Vermögen der verschiedenen Mitglieder der Gruppe erleichtern (Art. 63 Abs. 1 lit. a EuInsVO). Ferner soll er als unparteiische Stelle (Art. 72 Abs. 5 EuInsVO) bei gruppeninternen Streitigkeiten vermitteln (Art. 72 Abs. 1 lit. b Nr. ii, Abs. 3 lit. b EuInsVO). Ob er der Aufsichtspflicht eines nationalen Insolvenzgerichts oder des Koordinationsgerichts unterliegt, scheint gegenwärtig noch ungeklärt.[333] Gleiches gilt für eine mögliche Haftung des Gruppenkoordinators.[334] Erforderlich scheint aufgrund des Aufgabenkatalogs und des Vergütungsanspruchs in der Entscheidung des einzelnen Insolvenzverwalters, sich in eine solche Gruppe einbinden zu lassen, eine **Maßnahme i. S. d. §§ 160, 161 InsO** zu sehen.

196 Die Vergütungsdetails jenseits der Anspruchsgrundlage in Art. 77 Abs. 1 EuInsVO liegen derzeit noch im Dunkeln. Eine Vergütungsregelung existiert nicht. Offenbar soll das – grundsätzlich immer wünschenswerte – Prinzip der **Vertragsautonomie mit gerichtlicher Kontrolle im Streitfall** gelten. Derjenige Verwalter, der das Gruppenkoordinationsverfahren beantragt, hat gemäß Art. 61 Abs. 3 lit. d EuInsVO dem Antrag beizufügen eine Darstellung der geschätzten Kosten der vorgeschlagenen Gruppenkoordination und eine Schätzung des von jedem Gruppenmitglied zu tragenden Anteils dieser Kosten.[335] Alsdann bedarf es einer Anhörung der Verwalter in den Verfahren, die in die Gruppe aufgenommen werden sollen (Art. 63 Abs. 4 EuInsVO). Ein isolierter Einwand gegen die Kostenschätzung ist in Art. 64 EuInsVO allerdings nicht ausdrücklich vorgesehen. Art. 65 EuInsVO bestimmt lediglich die Nicht-Einbeziehung in das Gruppen-Koordinationsverfahren bei entsprechendem Kosteneinwand, Art. 67 EuInsVO betrifft nur Einwände gegen die Person des Gruppenkoordinators. Die Eröffnungsentscheidung des Koordinationsgerichts umfasst gemäß Art. 68 Abs. 1 Satz 2 lit. c EuInsVO allerdings auch eine Entscheidung über die Kostenschätzung und die Kostenverteilung. Schon aufgrund des ordre public bedarf es daher nicht nur einer vorherigen Anhörung, sondern auch einer Auseinandersetzung mit den Einwänden.[336] Verbindlich ist die Kostenentscheidung jedoch nur insoweit, als der Gruppenkoordinator gemäß Art. 72 Abs. 6 EuInsVO verpflichtet ist, eine voraussichtliche Überschreitung der Kosten um 10 % anzuzeigen und sich genehmigen zu lassen.[337] Explizit geregelt ist, dass der Gruppenkoordinator die Endabrechnung der Kosten auf die an der Gruppe beteiligten Verfahren umzulegen hat (Art. 77 Abs. 2 EuInsVO). Legt keiner der an der Gruppe beteiligten Verwalter Widerspruch ein, gilt die Abrechnung als gebilligt (Art. 77 Abs. 3 EuInsVO), ansonsten entscheidet dasjenige Gericht, das das

---

332) *Eble*, ZIP 2016, 1619, 1620.
333) *Eble*, ZIP 2016, 1619, 1623.
334) *Eble*, ZIP 2016, 1619, 1623 ff.; *Vallender*, ZInsO 2015, 57, 63.
335) Zu möglichen Verteilungsschlüsseln siehe Vallender/*Madaus*, EuInsVO, Art. 61 Rz. 24.
336) Vgl. Vallender/*Madaus*, EuInsVO, Art. 68 Rz. 6.
337) Ausführlich Vallender/*Fritz*, EuInsVO, Art. 72 Rz. 89 ff.

Gruppen-Koordinationsverfahren eröffnet hat, sowohl über die Höhe der Kosten als auch über deren Verteilung (Art. 77 Abs. 4 EuInsVO).

Gemäß Art. 7 Abs. 2 Satz 2 lit. l EuInsVO bestimmt das nationale Insolvenzstatut, wer die Kosten eines Insolvenzverfahrens zu tragen hat. Hierzu sollen auch Bestimmungen über die **Höhe der Vergütung** gehören,[338] sodass sich auch die Vergütung des Insolvenzverwalters nach dem Statut des Eröffnungsstaates richtet. Ein Gruppenkoordinator wird jedoch weder in §§ 63–65 InsO noch in der InsVV erwähnt. Folglich bleibt als einziges Kriterium die in Art. 77 Abs. 1 EuInsVO erwähnte Angemessenheit der Vergütung, die bereits seine Aufwendungen berücksichtigen soll. Dies ließe nach deutschen Regelungen die Frage zu, ob die Vergütung sämtliche Geschäftskosten abgelten soll (vgl. § 4 Abs. 1 Satz 1 und 2 InsVV als allgemeine Ausprägung des Kostenrechts) oder besondere Auslagen zusätzlich erstattet werden können (vgl. § 4 Abs. 2, Abs. 3 Satz 2 InsVV). Bevor folglich über die Höhe der Vergütung diskutiert wird, sollte ihr *Abgeltungsbereich* geklärt werden, da der Gruppenkoordinator nicht selbst irgendeine Masse belasten kann (vgl. §§ 5, 4 Abs. 1 Satz 3 InsVV). Alsdann wird derjenige, der die Gruppenkoordination beantragt, ein Vergütungssystem vorschlagen müssen. Eine *Orientierung am Erfolg* i. S. d. § 63 Abs. 1 Satz 1 InsO, § 1 InsVV bei Beendigung des (jeweiligen) Insolvenzverfahrens dürfte unzweckmäßig sein, da die einzelnen Verfahren nicht zwingend mit der Beendigung der Koordination beendet werden, d. h., die Berechnungsgrundlage stünde noch gar nicht belastbar fest. Zudem scheint die Unparteilichkeit des Koordinationswalters einem solchen Erfolgsmodell etwas im Wege zu stehen. Eine Orientierung an den *Werten von Aktiven* i. S. d. § 63 Abs. 3 Satz 2 InsO zu Beginn der Koordination wäre systemgerechter, berücksichtigt aber nicht, dass nicht alle Werte einer Koordination bedürfen. Eine Anpassung der Vergütung i. S. d. § 3 InsVV wäre allerdings nicht hilfreich, weil bei einer Schätzung schon bei Beantragung der Gruppenkoordination nicht belastbar zu prognostizieren. Vorgeschlagen wird daher ein *Mehrwertmodell*, das jede einzelne Maßnahme des Koordinators für die Vergütung heranzieht, gleichwohl wieder auf Basis des Erfolgs.[339] Ungeachtet der Kalkulierbarkeit scheint dies etwas bürokratisch. Der sinnvollste und am wenigsten bürokratische Ansatz scheint eine *Stunden- oder Pauschalvergütung* zu sein. Angesichts der Erstreckung der Vergütung auch auf die Aufwendungen (inkludierter Auslagenerstattungsanspruch) und der qualitativen Anforderungen an einen Gruppenkoordinator scheinen Stundensätze in Höhe von 300–600 € nicht unangemessen, da Maßstab hier weniger die Vergütung des Insolvenzverwalters ist als das Stunden- oder Tageshonorar international tätiger Unternehmensberater. Eine großzügige Schätzung des Stundenaufwands bei Beantragung des Koordinationsverfahrens beseitigt das Erfordernis, allzu häufig ein Anpassungsverfahren i. S. d. Art. 72 Abs. 6 EuInsVO zu bemühen. Dass die einzelnen Insolvenzverfahren hierdurch teurer werden, ist systemimmanent,[340] denn schließlich wird eine zusätzliche Tätigkeit für erforderlich gehalten.

197

---

338) Vallender/*Liersch*, EuInsVO, Art. 7 Rz. 42.
339) Vallender/*Fritz*, EuInsVO, Art. 77 Rz. 15 ff.
340) *Vallender*, ZInsO 2015, 57, 63.

198 Legt bei Beendigung der Koordination keiner der an der Gruppe beteiligten Verwalter Widerspruch gegen die Kostenabrechnung ein, gilt die Abrechnung als gebilligt (Art. 77 Abs. 3 EuInsVO), ansonsten entscheidet dasjenige Gericht, das das Gruppen-Koordinationsverfahren eröffnet hat, über die Abrechnung (Art. 77 Abs. 4 EuInsVO). Gegen diese Entscheidung muss ein national zu regelndes **Rechtsmittel** möglich sein. Dies ist im deutschen Anwendungsbereich die sofortige Beschwerde (Art. 102c § 26 EGInsO[341]). Da dieses Rechtsmittel (in der InsO) nicht für sonstige Masseverbindlichkeiten existiert, sondern in § 64 Abs. 3 InsO den von § 54 Nr. 2 InsO erfassten Ansprüchen vorbehalten ist, wird davon auszugehen sein, dass die Vergütung des Gruppenkoordinators zu den **Verfahrenskosten** gemäß § 54 Nr. 2 InsO, § 1 Abs. 2 Nr. 4 Satz 1 InsVV im nationalen deutschen Verfahren gehört.

---

341) Art. 102c § 26 EGInsO eingeführt durch das Gesetz zur Durchführung der Verordnung (EU) 2015/848 über Insolvenzverfahren v. 5.6.2017 (BGBl. I 2017, 1476), siehe Anh. XIII Rz. 4.

§ 2
Regelsätze

(1) Der Insolvenzverwalter erhält in der Regel

1. von den ersten 25.000 Euro der Insolvenzmasse 40 vom Hundert,
2. von dem Mehrbetrag bis zu 50.000 Euro 25 vom Hundert,
3. von dem Mehrbetrag bis zu 250.000 Euro 7 vom Hundert,
4. von dem Mehrbetrag bis zu 500.000 Euro 3 vom Hundert,
5. von dem Mehrbetrag bis zu 25.000.000 Euro 2 vom Hundert,
6. von dem Mehrbetrag bis zu 50.000.000 Euro 1 vom Hundert,
7. von dem darüber hinausgehenden Betrag 0,5 vom Hundert.

(2) ¹Haben in dem Verfahren nicht mehr als 10 Gläubiger ihre Forderungen angemeldet, so soll die Vergütung in der Regel mindestens 1.000 Euro betragen. ²Von 11 bis zu 30 Gläubigern erhöht sich die Vergütung für je angefangene 5 Gläubiger um 150 Euro. ³Ab 31 Gläubiger erhöht sich die Vergütung je angefangene 5 Gläubiger um 100 Euro.

Literatur: *Blersch*, Die Änderung der Insolvenzrechtlichen Vergütungsverordnung, ZIP 2004, 2311; *Graeber*, Vorläufige Verwaltung zum Mindesttarif oder Explosion der Zuschläge, ZInsO 2006, 794; *Gruhl*, Umsatz- und Einkommensentwicklung in der Anwaltschaft: Der STAR-Bericht 2015/2016, BRAK-Mitteilungen 2017, 13; *Haarmeyer/Mock*, Insolvenzrechtliche Vergütung und Inflation, ZInsO 2014, 573; *Keller*, Berechnungsformeln zur Vergütung des Insolvenzverwalters, NZI 2005, 23; *Hartung*, Reflexionen über den Rechtsmarkt, NJW-aktuell, Heft 24/2017, 7; *Stapper/Häußner*, Reform der Mindestvergütung des vorläufigen Insolvenzverwalters?, ZInsO 2014, 2349; *Vill*, Zur Reform des insolvenzrechtlichen Vergütungsrechts, in: Festschrift für Bruno M. Kübler, 2015, 741; *Zimmer*, Verjährung der nicht festgesetzten Vergütung des (vorläufigen) Insolvenzverwalters nach der Schuldrechtsreform, ZVI 2004, 662; *Zimmer*, Beschränkung der Vergütungsfestsetzung gegen die Staatskasse auf die Mindestvergütung (BGH – IX ZB 245/11) – rechtswidrige Verfahrenseröffnungen und „kalte" Versagung der Restschuldbefreiung?, InsbürO 2014, 162.

Übersicht

I. Normzweck 1
II. Historie 3
III. Anspruchsgrundlage und Rechtsnatur 5
IV. Regelvergütung (§ 2 Abs. 1 InsVV) 7
1. Anwendungsbereich 7
2. Regelvergütung nach Wortlaut der Norm 12
3. Inflationsbedingte Anpassung 23
   a) Auffassung des Bundesverfassungsgerichts 23
   b) Auffassung des Bundesgerichtshofs 28
   c) Zwischenfazit und Problemstellung 35
   d) Rahmenbedingungen (Untersuchung 1) 36
   e) Relevanter Schwellenwert 40
   f) Auswirkung der Inflation auf die Teilungsmasse (Untersuchung 2) 42

g) Anpassung der Staffelstufen (Ergebnis) 57
h) Gegenargument Kostenquote bzw. Effizienzsteigerung 61
4. Erhöhte Regelvergütung 65
V. Mindestvergütung (§ 2 Abs. 2 InsVV) 66
1. Angemessenheit 66
2. Höhe der Mindestvergütung des Insolvenzverwalters 69
   a) Einführung 69
   b) Gläubigerzahl 70
   c) Inflationsausgleich 75
   d) Vergleichsrechnung und Ergebnis 79
   e) Zu- und Abschläge 82
3. Höhe der Mindestvergütung des vorläufigen Insolvenzverwalters 84
4. Höhe der Mindestvergütung des (vorläufigen) Sachwalters 86

I. Normzweck

Gemäß § 63 Abs. 1 Satz 1 InsO hat der Insolvenzverwalter Anspruch auf Vergütung 1
für seine Geschäftsführung. § 63 Abs. 1 Satz 2 InsO bestimmt, dass der Regelsatz der
Vergütung nach dem Wert der Insolvenzmasse bestimmt wird. Da das Insolvenzverfahren ein Gerichtsverfahren ist und die Vergütung des Insolvenzverwalters zum
Kostenrecht gehört,[1] gilt mithin auch hier der Grundsatz, dass zunächst ein *Gegenstandswert* zu ermitteln ist, auf Basis dessen eine Vergütung anhand eines Tabellenwerts
abzulesen ist. § 1 InsVV bestimmt insoweit den Gegenstandswert, § 2 Abs. 1 InsVV
stellt die Tabelle zur Bestimmung der Vergütung dar. Da die Vergütung in § 2 Abs. 1
InsVV jedoch in mehreren Stufen degressiv ausgestaltet ist, wird von einer *Staffelvergütung* gesprochen, die gleichzeitig die **Regelvergütung** des Insolvenzverwalters darstellt.

Systematisch etwas misslungen ist die sog. *Mehrvergütung* gemäß § 1 Abs. 2 Nr. 1 2
Satz 2 InsVV, die zur Regelvergütung des § 2 Abs. 1 InsVV addiert wird, um zur
erhöhten Regelvergütung zu gelangen; diese ist einerseits maßgeblich für die
Frage, ob die **Regelmindestvergütung** gemäß § 2 Abs. 2 InsVV erreicht wird oder
eben diese festzusetzen ist, andererseits Basis für die Ermittlung von Zu- bzw.
Abschlägen gemäß § 3 InsVV bzw. für die Ermittlung der Auslagenpauschale des
§ 8 Abs. 3 InsVV.

II. Historie

Das Grundprinzip des § 2 InsVV ist seit Einführung der InsVV zum 1.1.1999[2] 3
unverändert. Durch das Gesetz zur Einführung des Euro in Rechtspflegegesetzen

---
1) BGH, Beschl. v. 22.9.2010 – IX ZB 195/09, ZIP 2010, 2160; BGH, Beschl. v. 20.7.2011 – IX ZB 58/11, JurionRS 2011, 21223; *Zimmer*, ZVI 2004, 662.
2) Insolvenzrechtliche Vergütungsverordnung (InsVV) v. 19.8.1998 (BGBl. I 1998, 2205), siehe Anh. III.

§ 2 Regelsätze

und in Gesetzen des Straf- und Ordnungswidrigkeitenrechts, zur Änderung der Mahnvordruckverordnungen sowie zur Änderung weiterer Gesetze vom 13.12.2001[3]) mit Wirkung zum 1.1.2002[4]) wurden die in *Deutsche Mark* ausgedrückten Werte in Euro-Werte umgewandelt, wobei fast ausschließlich ein Verhältnis 2:1 Anwendung fand, was eine minimale Reduzierung der Vergütungssätze bedeutete. Einer Übergangsregelung bedurfte es nicht (§ 19 Rz. 13). Eine Besonderheit ergibt sich nur dann, wenn ein Insolvenzverwalter in heutiger Zeit ein vor dem 1.1.2002 eröffnetes Insolvenzverfahren abschließt und – aus welchen Gründen auch immer – erst jetzt seine Vergütung als *vorläufiger Verwalter* geltend macht. Die Beendigung der vorläufigen Verwaltung fällt dann in den Zeitraum vor der Währungsumstellung, sodass die Vergütung des vorläufigen Verwalters zunächst vollständig in *Deutsche Mark* zu berechnen, jedoch abschließend in Euro festzusetzen ist; dies führt zu einem geringfügigen Vorteil des vorläufigen Verwalters, da nun der tatsächliche Umrechnungskurs von 1,95583 statt des vereinfachten Umrechnungskurses in Höhe von 2,0 zur Anwendung kommt.

4 Mit der Verordnung zur Änderung der Insolvenzrechtlichen Vergütungsverordnung (InsVV) vom 4.10.2004[5]) trug der Verordnungsgeber dem Umstand Rechnung, dass der BGH die *Mindestvergütung* des Insolvenzverwalters[6]) in Höhe von 500 € als verfassungswidrig niedrig eingestuft hatte, jedoch erst für Bestellungen ab dem 1.1.2004. Dies führte zu einer Anhebung des Grundwerts der Mindestvergütung in § 2 Abs. 2 Satz 1 InsVV auf 1.000 € sowie zu einer von der Gläubigerzahl abhängigen Anhebung der Mindestvergütung in § 2 Abs. 2 Satz 2 und 3 InsVV für Verfahren, die **seit dem 1.1.2004 eröffnet** werden (§ 19 Abs. 1 InsVV).

III. Anspruchsgrundlage und Rechtsnatur

5 **Anspruchsgrundlage** für die Vergütung des Insolvenzverwalters ist § 63 Abs. 1 Satz 1 InsO. Gemäß § 65 InsO soll die InsVV diese Vergütung näher regeln. Maßgeblich ist gemäß § 63 Abs. 1 Satz 2 InsO der Wert der Insolvenzmasse zum Zeitpunkt der Beendigung des Insolvenzverfahrens. Dieser Wert wird ermittelt anhand § 1 InsVV. Neben dem *Wert der Insolvenzmasse* finden sich auch die Begriffe der *vergütungsrechtlichen Teilungsmasse* oder der *Berechnungsgrundlage*. Dogmatisch zutreffend dürfte der Begriff *Gegenstandswert* sein, da das Insolvenzverfahren ein Gerichtsverfahren, die InsO eine Verfahrensordnung und die InsVV einer Gebührenordnung vergleichbar ist. Auf Basis dieses Gegenstandswerts ist anhand der Tabelle des § 2 Abs. 1 InsVV die Regelvergütung zu bestimmen.

6 Insoweit hat § 2 Abs. 1 InsVV lediglich **wertausfüllenden Charakter**, wie auch die entsprechenden Anlagen zum GKG oder RVG. Die über §§ 1, 2 Abs. 1 InsVV ermittelte Regelvergütung hat die – über die Prüfung der Tatbestände des § 3 InsVV –

---

3) Gesetz zur Einführung des Euro in Rechtspflegegesetzen und in Gesetzen des Straf- und Ordnungswidrigkeitenrechts, zur Änderung der Mahnvordruckverordnungen sowie zur Änderung weiterer Gesetze v. 13.12.2001 (BGBl. I 2001, 3574), siehe Anh. V.
4) Art. 36 der vorgenannten Änderungsgesetzes.
5) Verordnung zur Änderung der Insolvenzrechtlichen Vergütungsverordnung (InsVV) v. 4.10.2004 (BGBl. I 2004, 2569), siehe Anh. VII.
6) BGH, Beschl. v. 15.1.2004 – IX ZB 96/03, ZIP 2004, 417.

Regelsätze §2

widerlegbare Vermutung der Angemessenheit auf ihrer Seite.[7] Daher ist es für die Anwendung des § 2 InsVV gleichgültig, wie ein sog. *Normalverfahren* zu definieren ist; dies gehört in die Kommentierung des § 3 InsVV, da es bei § 2 InsVV im Grundsatz nur zu rechnen, nicht zu werten gilt. Etwas anderes gilt nur im Hinblick auf die Angemessenheit der Mindestvergütung und die Notwendigkeit eines – unabhängig von der konkreten Arbeitsbelastung – erforderlichen Inflationsausgleichs.

IV. Regelvergütung (§ 2 Abs. 1 InsVV)

1. Anwendungsbereich

Die Berechnung der Vergütung nach § 2 Abs. 1 InsVV betrifft zunächst den **Insolvenzverwalter**. Wegen der Bezugnahme auf dessen Vergütung in § 63 Abs. 3 Satz 2 InsO gilt die Berechnungsmethode auch für den **vorläufigen Insolvenzverwalter**, wenngleich auf Basis einer anderen Berechnungsgrundlage und mit anschließender Kürzung auf einen Regelbruchteil. 7

Auch für die Vergütung des **Sachwalters** findet § 2 Abs. 1 InsVV wegen der Bezugnahme auf die Vergütung des Insolvenzverwalters in §§ 274 Abs. 1, 63 Abs. 1 Satz 1, 65 InsO, § 12 Abs. 1 InsVV Anwendung, bevor diese Vergütung gemäß § 12 Abs. 1 InsVV auf einen Regelbruchteil gekürzt wird. Grundsätzlich gilt dies auch für die Vergütung des **vorläufigen Sachwalters** (Rz. 86, zur Problematik einer eigenen Anspruchsgrundlage siehe § 12 Rz. 104 ff.). 8

In Verbraucherinsolvenzverfahren ist zu differenzieren. In den seit dem 1.7.2014 beantragten Insolvenzverfahren (Art. 103h Satz 1 EGInsO, § 19 Abs. 4 InsVV) findet § 2 Abs. 1 InsVV Anwendung für den **Insolvenzverwalter im Verbraucherinsolvenzverfahren**, wenngleich diese Rechtsfigur überhaupt nicht existiert (§ 13 Rz. 61); es handelt sich um einen „normalen" Insolvenzverwalter. Für die bis zum 30.6.2014 beantragten Insolvenzverfahren enthielt § 13 Abs. 1 Satz 1 InsVV a. F.[8] eine Spezialregelung für den **Treuhänder im vereinfachten Insolvenzverfahren** alten Rechts,[9] sodass für diese Altfälle eine Anwendung des § 2 Abs. 1 InsVV ausscheidet. Vorgenannte Grundsätze gelten auch dann, wenn in diesen Verfahren nach neuem Recht ein vorläufiger Insolvenzverwalter bzw. nach altem Recht ein vorläufiger Treuhänder[10] eingesetzt wurde bzw. wird. 9

Keine Anwendung findet § 2 Abs. 1 InsVV auf den **Treuhänder in der Wohlverhaltensphase**, da § 14 Abs. 2 InsVV für ihn eine eigenständige Staffelvergütung vorsieht. Ebenfalls keine Anwendung findet § 2 Abs. 1 InsVV auf die Vergütung der **Mitglieder des Gläubigerausschusses**, da mit § 17 Abs. 1 Satz 1 InsVV ebenfalls ein eigenständiger Lösungsansatz gewählt wurde. 10

---

7) *Haarmeyer/Mock*, InsVV, § 2 Rz. 2.
8) § 13 InsVV geändert durch das Gesetz zur Verkürzung des Restschuldbefreiungsverfahrens und zur Stärkung der Gläubigerrechte v. 15.7.2013 (BGBl. I 2013, 2379), siehe Anh. XII Rz. 101.
9) § 313 InsO aufgehoben durch das Gesetz zur Verkürzung des Restschuldbefreiungsverfahrens und zur Stärkung der Gläubigerrechte v. 15.7.2013 (BGBl. I 2013, 2379), siehe Anh. XII Rz. 83.
10) BGH, Beschl. v. 12.7.2007 – IX ZB 82/03, VuR 2007, 470.

§ 2

11 Die Vergütung des **Sonderinsolvenzverwalters** wird in Ermangelung anderer Regelungen nach §§ 63–65 InsO bestimmt,[11] da auch §§ 56, 58, 59 InsO[12] – in bestimmten Fällen auch § 57 InsO[13] – für ihn gelten. Anhand der konkreten Tätigkeiten muss ein angemessener Bruchteil der Regelvergütung des § 2 Abs. 1 InsVV ermittelt werden, wobei sich ein allgemeiner Prozentsatz jedoch – wie bei § 6 Abs. 1 Satz 1 InsVV – verbietet, was auf billiges Ermessen hinausläuft und eine Mindestvergütung ausschließt; die Festsetzung des angemessenen Bruchteils erfolgt durch den Tatrichter.[14] Analog § 3 InsVV sind ferner Zu- und Abschläge möglich.[15] Hat der Sonderinsolvenzverwalter lediglich die Aufgabe, einzelne Ansprüche zu prüfen, zur Tabelle anzumelden oder anderweitig rechtlich durchzusetzen, ist seine Tätigkeit allerdings nicht mehr mit derjenigen eines Insolvenzverwalters vergleichbar. In diesem Fall kann die Vergütung nicht höher festgesetzt werden, als sie nach § 5 InsVV beansprucht werden könnte.[16] Daher kann sich die Vergütung betragsmäßig auch aus RVG oder StBVV[17] ergeben, was die Festsetzungsbefugnis des Insolvenzgerichts gemäß § 64 InsO nicht beseitigt.[18]

2. Regelvergütung nach Wortlaut der Norm

12 Gemäß § 2 Abs. 1 InsVV erhält der Insolvenzverwalter als Regelvergütung:

1. von den ersten 25.000 Euro der Insolvenzmasse	40 %
2. von dem Mehrbetrag bis zu 50.000 Euro	25 %
3. von dem Mehrbetrag bis zu 250.000 Euro	7 %
4. von dem Mehrbetrag bis zu 500.000 Euro	3 %
5. von dem Mehrbetrag bis zu 25.000.000 Euro	2 %
6. von dem Mehrbetrag bis zu 50.000.000 Euro	1 %
7. von dem darüber hinausgehenden Betrag	0,5 %

13 Die Regelvergütung ist folglich als **Staffelvergütung** ausgelegt und stark **degressiv**. Dies beruht im Hinblick auf den prozentual hohen ersten Staffelsatz auf der Vorstellung, dass es in jedem Verfahren gleichwelcher Größe einen Grundaufwand zu erbringen gilt. Danach werden die Staffelstufen von der Vorstellung geprägt, dass die Mehrung der Berechnungsgrundlage i. S. d. § 1 Abs. 2 InsVV zunehmend weniger Arbeitsaufwand des Insolvenzverwalters erfordert bzw. die Korrelation zwischen Arbeitsaufwand und Vergütung einen degressiven Verlauf der Staffelung erfordert. Der Verordnungsgeber führt hierzu aus, dass die Degression im Verhältnis zur

---

11) BGH, Beschl. v. 29.5.2008 – IX ZB 303/05, Rz. 11, ZIP 2008, 1294.
12) BGH, Beschl. v. 29.5.2008 – IX ZB 303/05, Rz. 18, ZIP 2008, 1294.
13) *Zimmer*, Haftung des eingewechselten Insolvenzverwalters, S. 163 ff.
14) BGH, Beschl. v. 29.5.2008 – IX ZB 303/05, Rz. 21, ZIP 2008, 1294.
15) BGH, Beschl. v. 29.5.2008 – IX ZB 303/05, Rz. 22, ZIP 2008, 1294.
16) BGH, Beschl. v. 29.5.2008 – IX ZB 303/05, Rz. 24, ZIP 2008, 1294.
17) Vergütungsverordnung für Steuerberater, Steuerbevollmächtigte und Steuerberatungsgesellschaften (Steuerberatervergütungsverordnung – StBVV) v. 17.12.1981 (BGBl. I 1981, 1442).
18) BGH, Beschl. v. 29.5.2008 – IX ZB 303/05, Rz. 26, ZIP 2008, 1294.

Regelsätze § 2

früheren VergVO[19] verstärkt wurde, um *exorbitant hohe Vergütungen*, die vom Arbeitsaufwand, von der Leistung und von der Verantwortung des Insolvenzverwalters her nicht mehr zu rechtfertigen seien, auszuschließen.[20] Bei einem Vergleich der Staffelstufen in § 3 Abs. 1 VergVO mit den Staffelstufen in § 2 Abs. 1 InsVV ergibt diese Aussage freilich keinen Sinn, da sich aus dem bloßen Wortlaut der Normen eine deutliche Verbesserung ergeben hat. Allerdings ist zu berücksichtigen, dass die Regelvergütung gemäß § 3 Abs. 1 VergVO bereits lange Zeit als unangemessen empfunden wurde, da die Vergütungssätze zuletzt im Jahr 1972 angepasst worden waren, sodass sich in der Praxis ein Mehrfaches der Staffelvergütung nach § 3 Abs. 1 VergVO als Regelvergütung durchgesetzt hatte (Rz. 23). Nur vor diesem Hintergrund ist nachvollziehbar, dass der Verordnungsgeber an anderer Stelle auch von einer Anpassung *zugunsten* der Insolvenzverwalter ausging.[21] Dies wiederum ist unzutreffend, wenn der seinerzeit übliche vierfache Satz des § 3 Abs. 1 VergVO mit der Regelvergütung des § 2 Abs. 1 InsVV verglichen wird; hier ergibt sich ein Rückgang der Vergütung von ca. 5–15 %[22] bzw. 9–31 %,[23] je nachdem, anhand welcher Berechnungsgrundlage die Beispielsverfahren ermittelt werden. Weiter führt der Verordnungsgeber aus, dass mit der Neuregelung auch eine *Neudefinition des Normalverfahrens* einhergehen soll, sodass einige unter der VergVO gewährte Zuschläge entfallen sollten.[24] Damit ergäbe sich nun eine noch deutlichere Absenkung des Vergütungsniveaus.

Insgesamt ist der Übergang von der VergVO zur InsVV daher zwiespältig. Er ist nicht 14 dogmatisch oder mathematisch zu erklären, sondern ausschließlich rechtspolitisch. Da derartige Vergütungssätze keinen Bestandsschutz genießen, ist die Diskussion müßig. Es reicht festzustellen, dass die Vergütung im Ergebnis deutlich gesenkt wurde. Richtig ist ferner, dass die Degressionsstufen ohne jegliche Begründung oder empirische Unterlegung geschaffen wurden, sodass sie im Ergebnis willkürlich sind.[25]

Aufgrund der Staffelung der Vergütung ergeben sich in den Staffelstufen 1–6 jeweils **Höchstbeträge** wie folgt (Angaben in €): 15

Staffelstufe		Staffelvergütung		
von	bis	Wert	Satz	max.
0,01	25.000,00	25.000,00	40 %	10.000,00
25.000,01	50.000,00	25.000,00	25 %	6.250,00
50.000,01	250.000,00	200.000,00	7 %	14.000,00

---

19) Verordnung über die Vergütung des Konkursverwalters, des Vergleichsverwalters, der Mitglieder des Gläubigerausschusses und der Mitglieder des Gläubigerbeirats v. 25.5.1960 (BGBl. I 1960, 329) in der letzten Fassung v. 11.6.1979 (BGBl. I 1979, 637), siehe Anh. II.
20) Allgemeine Begründung zur Insolvenzrechtlichen Vergütungsverordnung (InsVV) v. 19.8.1998 (BGBl. I 1998, 2205), siehe Anh. III Rz. 13.
21) Begründung zu § 2 InsVV (BGBl. I 1998, 2205), siehe Anh. III Rz. 34 ff.
22) Ausführlich Lorenz/Klanke/*Lorenz*, InsVV, § 2 Rz. 9; KPB-InsO/*Stoffler*, § 2 InsVV Rz. 2 (Stand: 05/2013).
23) HambKommInsO/*Büttner*, § 2 InsVV Rz. 10.
24) Begründung zu § 2 InsVV (BGBl. I 1998, 2205), siehe Anh. III Rz. 37.
25) HambKommInsO/*Büttner*, § 2 InsVV Rz. 2.

§ 2 Regelsätze

250.000,01	500.000,00	250.000,00	3 %	7.500,00
500.000,01	25.000.000,00	24.500.000,00	2 %	490.000,00
25.000.000,01	50.000.000,00	25.000.000,00	1 %	250.000,00

Abb. 1: Staffelvergütung – Höchstbeträge

16 Die Höchstbeträge in den einzelnen Stufen müssten eigentlich einem linearen oder degressiven, jedenfalls einem logischen Verlauf folgen; dass dies nicht der Fall ist, zeigt lediglich ein fehlendes Grundkonzept des Verordnungsgebers, hat im Übrigen jedoch keine Aussagekraft.

17 Wenngleich es aufgrund des zunehmenden Einsatzes der EDV keiner ausführlichen Tabellen mehr bedarf, um die Regelvergütung im Einzelfall zu bestimmen, sollen einige **Fallbeispiele** das Verhältnis zwischen Berechnungsgrundlage und Regelvergütung beschreiben (Angaben in €):

Berechnungsgrundlage	Regelvergütung
2.500,00	1.000,00
5.000,00	2.000,00
7.500,00	3.000,00
10.000,00	4.000,00
25.000,00	10.000,00
50.000,00	16.250,00
100.000,00	19.750,00
200.000,00	26.750,00
300.000,00	31.750,00
400.000,00	34.750,00
500.000,00	37.750,00
750.000,00	42.750,00
1.000.000,00	47.750,00
2.500.000,00	77.750,00
5.000.000,00	127.750,00
7.500.000,00	177.750,00
10.000.000,00	227.750,00
25.000.000,00	527.750,00
50.000.000,00	777.750,00
100.000.000,00	1.027.750,00

Abb. 2: Fallbeispiele Regelvergütung

Regelsätze §2

Um beispielsweise 3.000 € zu verdienen, muss der Insolvenzverwalter folglich z. B.: 18
- ein Verfahren mit einer Teilungsmasse von 7.500 € vollständig abwickeln *oder*
- in einem Verfahren die Teilungsmasse von 50.000 € auf 100.000 € anheben, folglich zusätzliche abwicklungsbedingte 50.000 € *oder* einen zusätzlichen Fortführungsüberschuss in Höhe von 50.000 € generieren *oder*
- in einem Verfahren die Teilungsmasse von 300.000 € auf 400.000 € anheben, folglich zusätzliche abwicklungsbedingte 100.000 € *oder* einen zusätzlichen Fortführungsüberschuss in Höhe von 100.000 € generieren.

Der Vergleich zeigt auf, dass sich die Degression nicht mit der Grundkonzeption einer 19 Tätigkeitsvergütung verträgt.[26] Um die Folgen einer unangemessenen Degression bzw. einer nicht dem Arbeitsaufwand entsprechenden Regelvergütung auszugleichen, sind daher etwaige Zuschlagstatbestände gemäß § 3 Abs. 1 InsVV zu prüfen.

Um wiederum beispielsweise 3.000 € zu verdienen, würde es nach anderen Gebührenordnungen ausreichen: 20
- z. B. eine rechtliche Auseinandersetzung nach RVG abzurechnen. Für eine außergerichtliche Tätigkeit plus Klageverfahren in zwei Instanzen – also für ein klassisches Anwaltsmandat – entsteht ein Gebührenanspruch in Höhe von 3.076,65 € netto bereits bei einem Gegenstandswert von 9.000 €.

Dies zeigt, dass die gebührenmäßige Wertschätzung der Insolvenzverwaltung wohl 21 hinter der Wertschätzung (bloßer) anwaltlicher Leistungen zurückbleibt. Dies verwundert, da die Anforderungen des § 56 InsO an die Qualifikation des Insolvenzverwalters sehr viel höher sind. Hier soll nicht einmal die Berechtigung zur Führung der Bezeichnung „Fachanwalt für Insolvenzrecht" ausreichend sein, um in die Vorauswahlliste eines Insolvenzrichters aufgenommen werden zu können.[27] Teilweise wird sogar *Friedrich Nietzsche* missbraucht, um in Anlehnung an dessen Übermenschen[28] einen „ÜberUnternehmer" zu kreieren.[29] Jede Steigerung an die Qualifikationsanforderungen des Insolvenzverwalters i. S. d. § 56 InsO muss zwangsläufig zu einer höheren Vergütung führen, um dem Maßstab des Art. 12 Abs. 1 GG gerecht werden zu können. Der Zusammenhang zwischen Qualifikation und Vergütung des Insolvenzverwalters ist derzeit allerdings von erratischer Erhabenheit geprägt.

Wie sich schon aus § 2 Abs. 1 Nr. 7 InsVV ergibt, kennt § 2 Abs. 1 InsVV **keine** 22 **Obergrenze.** Insbesondere finden die Beschränkungen auf einen Gegenstandswert von 30 Mio. € in § 22 Abs. 2 RVG, § 39 Abs. 2 GKG keine analoge Anwendung, da es für einen derartigen Eingriff in die Ansprüche des Insolvenzverwalters einer

---

26) KPB-InsO/*Stoffler*, § 2 InsVV Rz. 1 (Stand: 05/2013).
27) HambKommInsO/*Frind*, § 56 Rz. 13 m. w. N.; Jaeger/*Gerhardt*, InsO, § 56 Rz. 39; MünchKommInsO/*Graeber*, § 56 Rz. 19; Uhlenbruck/*Zipperer*, InsO, § 56 Rz. 18.
28) *Nietzsche*, Also sprach Zarathustra (1883–1885).
29) MünchKommInsO/*Graeber*, § 56 Rz. 55 unter Berufung auf *Stüdemann* in: FS Konkursordnung, S. 401, 438, dessen Aussage aus dem Jahre 1977 jedoch eher als Ergebnis seiner Abhandlung zu verstehen ist, nämlich die Beschreibung des Dilemmas zwischen betriebswirtschaftlicher Anforderung an einen Unternehmer und Versuchen juristischer Umschreibung desselben.

ausdrücklichen Regelung in der InsO bedürfte. Ein Vergütungsverzicht kann dem Insolvenzverwalter auch nicht deswegen aufgezwungen werden, weil im Einzelfall die Vergütung sehr hoch ausfällt und der Öffentlichkeit nicht zu vermitteln sein soll;[30] eine solche „Volksjustiz" verstieße gegen Art. 20 Abs. 3 GG.

3. Inflationsbedingte Anpassung

a) Auffassung des Bundesverfassungsgerichts

23 Im Geltungsbereich von KO[31]/GesO[32]/VerglO[33]/VergVO[34] hatte sich etabliert, den vier-[35] bis fünffachen[36] Regelsatz als Regelvergütung anzunehmen. Dies geschah jedoch aufgrund der veränderten Aufgaben des Konkursverwalters seit Einführung der Konkursordnung bzw. der Vergütungsverordnung, nicht aufgrund der Inflation. Beides hatte bereits das Bundesverfassungsgericht beschäftigt.

24 Zur inflationsbedingten Anpassung führte das BVerfG[37] aus: *„Soweit die allmähliche Geldentwertung gemeint ist, sind zwar genaue Prozentzahlen bekannt. Diese haben aber seit 1972 bei weitem nicht den Umfang erreicht, welcher der vom Beschwerdeführer angestrebten Anhebung des Regelsatzes entspräche."* Hierzu ist anzumerken, dass der Konkursverwalter im Entscheidungsfall den 3,5-fachen Satz beantragt hatte, das Beschwerdegericht hatte den 2-fachen Satz bewilligt. Das Verfahren war jedoch auf Antrag des Schuldners mit Zustimmung der Konkursgläubiger eingestellt worden. Insoweit ist von einem einfacheren, d. h. unterdurchschnittlichen Verfahren auszugehen. Folglich wären im heutigen Sprachgebrauch auch Abschläge gemäß § 3 Abs. 2 InsVV zu beachten. Der mit Inflation begründete und nicht bewilligte Teil der Vergütung umfasst einen 1,5-fachen Satz. Da später der 4-fache Satz nach der VergVO für die Bestimmung der Regelvergütung gemäß § 2 InsVV herangezogen wurde, würde der 1,5-fache Satz auf Basis eines inflationsneutral festgesetzten 2-fachen-Satzes einem Inflationsausgleich von 75 % entsprechen. Eine Inflation von

---

30) A. A. *Haarmeyer/Mock*, InsVV, § 2 Rz. 52.
31) Konkursordnung v. 10.2.1877 (RGBl. 1877, 351), zuletzt geändert durch das Gesetz zur Abschaffung der Gerichtsferien v. 28.10.1996 (BGBl. I 1996, 1546), aufgehoben mit Wirkung zum 1.1.1999 durch Art. 2 Nr. 4 EGInsO.
32) Gesamtvollstreckungsordnung v. 1.1.1976 (GBl. DDR 1976 I, 5) in der Fassung der Bekanntmachung für das wiedervereinte Deutschland v. 23.5.1991 (BGBl. 1991 I, 1185), zuletzt geändert durch das Justizmitteilungsgesetz und Gesetz zur Änderung kostenrechtlicher Vorschriften und anderer Gesetze v. 18.6.1997 (BGBl. I 1997, 1430), aufgehoben mit Wirkung zum 1.1.1999 durch Art. 2 Nr. 7 EGInsO.
33) Vergleichsordnung v. 26.2.1935 (RGBl. 1935, 321 ber. S. 356), zuletzt geändert durch das Gesetz zur Abschaffung der Gerichtsferien v. 28.10.1996 (BGBl. I 1996, 1546), aufgehoben mit Wirkung zum 1.1.1999 durch Art. 2 Nr. 1 EGInsO.
34) Verordnung über die Vergütung des Konkursverwalters, des Vergleichsverwalters, der Mitglieder des Gläubigerausschusses und der Mitglieder des Gläubigerbeirats v. 25.5.1960 (BGBl. I 1960, 329) in der letzten Fassung v. 11.6.1979 (BGBl. I 1979, 637), siehe Anh. II.
35) BVerfG, Beschl. v. 9.2.1989 – 1 BvR 1165/87, ZIP 1989, 382, 383 (mit Anm. *Eickmann*); BGH, Beschl. v. 13.11.2008 – IX ZB 42/07, ZInsO 2009, 54; OLG Frankfurt, Urt. v. 29.4.1992 – 21 U 188/90, ZIP 1992, 1564; AG Köln, Beschl. v. 19.3.1986 – 71 N 641/85, ZIP 1986, 1138.
36) *Eickmann*, VergVO, § 3 Rz. 16 mit dem Hinweis, im Bereich des GesO sei der Verwalter bereits – anders als im Bereich der KO, wie aber der spätere Insolvenzverwalter – zur Führung der Insolvenztabelle verpflichtet gewesen.
37) BVerfG, Beschl. v. 9.2.1989 – 1 BvR 1165/87, ZIP 1989, 382, 383 (mit Anm. *Eickmann*).

Regelsätze § 2

75 % wird es zwischen der letzten Fassung der VergVO vom 11.6.1979[38]) und der
Eröffnung des dem Sachverhalt zugrunde liegenden Verfahrens im Jahr 1987 in der
Tat sicher nicht gegeben haben. Dies muss für das Verständnis der Entscheidung
vorangestellt werden.

Das BVerfG[39]) weiter: *„Hinzu kommt, daß inflationäre Entwicklungen nicht nur die* 25
*Kosten steigern, sondern auch den Umfang der Teilungsmassen und damit die Regelvergütung. Damit werden inflationsbedingte Einbußen nicht gänzlich aufgefangen. Es ist
gegenwärtig jedoch nicht zu erkennen, daß der dem Verordnungsgeber zustehende
Spielraum bei der Anpassung der Vergütungen an Geldwertschwankungen überschritten
wäre."* Hier findet sich folglich die Ansicht, durch die Inflation würden auch die
Teilungsmassen steigen, wenngleich dies nicht vollumfänglich auf die Regelvergütung
durchschlage. Bedauerlicherweise findet sich keine konkrete Berechnung des
Zusammenhangs. Dass ohne jegliches Zahlenmaterial behauptet wird, der Spielraum des Verordnungsgebers sei von der Inflation noch nicht beeinflusst, ist ebenso bedauerlich. Beide Thesen werden bis heute – immerhin 30 Jahre später – nicht
durch Zahlenmaterial unterlegt.

Interessant ist jedoch noch folgende Entscheidungsbegründung des BVerfG:[40]) 26
*„Allerdings ist der vom Landgericht in seiner Schlußbemerkung möglicherweise vertretenen Ansicht nicht zu folgen, ein Fachgericht habe die Vergütungsregelung auch
dann unverändert anzuwenden, wenn es sie für nicht mehr angemessen hielte. Diese
Ansicht gehört jedoch nicht zu den tragenden Gründen und kann bei verfassungskonformer Auslegung der §§ 3 und 4 VergVO auch nicht praktisch werden."* Immerhin lag
der Entscheidung ja eine Sache zugrunde, in dem der Ansatz eines Mehrfachen des
Regelsatzes nur im konkreten Fall problembehaftet war, aber grundsätzlich nicht in
Frage gestellt wurde. Damit steht für das BVerfG fest, dass ein Fachgericht die
Vergütung selbstverständlich auch ohne Vorgabe des Verordnungsgebers anpassen
kann, wenn und weil es die nach gesetzlichen Regeln ermittelte Vergütung für
unangemessen hält. Damit dürften sich Rechtspfleger und Richter am Insolvenzgericht sowie Richter am Landgericht durchaus in die Lage gesetzt sehen, wegen
Unangemessenheit der Regelvergütung von ihr abzuweichen, wie dies im Geltungsbereich der VergVO Usus war.

Allerdings gibt das BVerfG[41]) vor, dass dies nicht über einen Zuschlag nach dem 27
heutigen § 3 Abs. 1 InsVV erfolgen kann: *„Die allgemeine ‚Veränderung der wirtschaftlichen Verhältnisse' und der Anstieg der ‚allgemeinen Geschäftsunkosten' stellen
allerdings keine Besonderheiten der Geschäftsführung dar, welche eine Erhöhung der
Regelvergütung nach § 4 Abs. 1 VergVO gebieten."*

---

38) Verordnung über die Vergütung des Konkursverwalters, des Vergleichsverwalters, der
Mitglieder des Gläubigerausschusses und der Mitglieder des Gläubigerbeirats v. 25.5.1960
(BGBl. I 1960, 329) in der letzten Fassung v. 11.6.1979 (BGBl. I 1979, 637), siehe Anh. II.
39) BVerfG, Beschl. v. 9.2.1989 – 1 BvR 1165/87, ZIP 1989, 382, 383 (mit Anm. *Eickmann*).
40) BVerfG, Beschl. v. 9.2.1989 – 1 BvR 1165/87, ZIP 1989, 382, 383 (mit Anm. *Eickmann*).
41) BVerfG, Beschl. v. 9.2.1989 – 1 BvR 1165/87, ZIP 1989, 382, 383 (mit Anm. *Eickmann*).

b) Auffassung des Bundesgerichtshofs

28 Auch der BGH[42] hatte bereits Gelegenheit, in jüngerer Zeit zu der Frage Stellung zu nehmen, zunächst einleitend: *„Zutreffend ist der Ausgangspunkt der Rechtsbeschwerde, dass die gesetzlichen Bestimmungen für die Insolvenzverwaltervergütung am Maßstab des Art. 12 Abs. 1 GG zu messen sind [...] Nach § 63 Abs. 1 Satz 1 InsO hat der Verwalter Anspruch auf Vergütung für seine Geschäftsführung und auf Erstattung angemessener Auslagen. Diese Norm ist verfassungskonform dahin auszulegen, dass die dem Verwalter zustehende Vergütung insgesamt einen seiner Qualifikation und seiner Tätigkeit angemessenen Umfang erreichen muss [...] Diese Vorgabe hat der Verordnungsgeber bei der Ausgestaltung der auf der Grundlage von § 65 InsO erlassenen Insolvenzrechtlichen Vergütungsverordnung zu beachten [...]."*

29 Den Weg einer Anpassung an die Geldentwertung über einen Zuschlag gemäß § 3 Abs. 1 InsVV lehnt auch der BGH[43] ab: *„Würde die Erhöhung der Regelvergütung ausschließlich mit der laufenden Geldentwertung begründet, handelte es sich nicht um einen tätigkeitsbezogenen Zuschlag."* Dem muss zugestimmt werden, da die Zuschläge und Abschläge i. S. d. § 3 InsVV auf einer Abweichung vom Normalverfahren beruhen und den zusätzlichen oder verminderten Arbeitsaufwand des Insolvenzverwalters im konkreten Verfahren würdigen sollen.[44] Auf der Ebene des § 3 InsVV wird die Erfolgsvergütung (§ 1 InsVV) zur Tätigkeitsvergütung.

30 Der BGH macht sich immerhin die Mühe – möglicherweise abweichend vom Sachvortrag des Beschwerdeführers – auf eine Anpassung der Degressions- oder Staffelstufen des § 2 Abs. 1 InsVV einzugehen, deren Anpassung er im Grundsatz offenbar ohne Änderung der InsVV, also allein durch fachgerichtliche Entscheidungen, für zulässig erachtet:[45] *„In Betracht käme daher auch eine die Inflation ausgleichende Erhöhung der Degressionsstufen des § 2 Abs. 1 InsVV."* Nachdem bereits das BVerfG zum Ausdruck gebracht hat, dass eine solche Anpassung durch die Fachgerichte möglich ist (Rz. 26), vertritt nun auch der BGH diese Auffassung, die auch dadurch gerechtfertigt ist, dass die Fachgerichte bereits über § 3 Abs. 1 lit. c InsVV (Degressionsausgleich) über die Angemessenheit der Staffelstufen des § 2 Abs. 1 InsVV befinden können – freilich dort unter zusätzlichen Voraussetzungen.

31 Im konkreten Fall hat der BGH die Anpassung an die Geldentwertung jedoch verneint:[46] *„Die Entwicklung der Verbraucherpreise ist jedoch nur eingeschränkt geeignet, eine Geldentwertung der Vergütung des Insolvenzverwalters zu bestimmen. Der Insolvenzverwalter übt eine unternehmerische Tätigkeit aus. Welcher Teil seiner Vergütung ihm letztlich als Gewinn verbleibt, hängt wesentlich von den bei seiner Tätigkeit anfallenden Kosten ab."* Damit stellt der BGH zutreffend darauf ab, dass der Verbraucherpreisindex nicht geeignet ist, für die Diskussion herangezogen zu werden.

---

42) BGH, Beschl. v. 4.12.2014 – IX ZB 60/13, ZIP 2015, 138.
43) BGH, Beschl. v. 4.12.2014 – IX ZB 60/13, ZIP 2015, 138.
44) Insoweit zutreffend *Haarmeyer/Mock*, ZInsO 2014, 573, 577.
45) BGH, Beschl. v. 4.12.2014 – IX ZB 60/13, ZIP 2015, 138.
46) BGH, Beschl. v. 4.12.2014 – IX ZB 60/13, ZIP 2015, 138.

Regelsätze § 2

Weiter übernimmt der BGH[47] folgende Argumentation des BVerfG (Rz. 25): 32
„*Zudem wirkt sich die aus der Erhöhung der Verbraucherpreise abzuleitende Geldentwertung nicht nur auf den Wert der Verwaltervergütung aus, sondern auch auf den Umfang der Masse und damit auf die Berechnungsgrundlage für die Vergütung des Verwalters [...] Allerdings wird damit die inflationsbedingte Entwertung der Vergütung wegen des degressiven Aufbaus der Regelsätze in § 2 Abs. 1 InsVV nicht vollständig aufgefangen.*"

Es folgt eines der „Lieblingsargumente" des BGH, um die Vergütung zu beschränken:[48] „*Da die Staffelsätze des § 2 Abs. 1 InsVV keine nach dem konkreten Tätigkeitsaufwand berechnete Vergütung gewährleisten, sondern systembedingt auf eine Pauschalierung und auf einen gewissen Gesamtausgleich zwischen Verfahren mit eher geringen Teilungsmassen einerseits und Verfahren mit größeren Teilungsmassen andererseits ausgerichtet sind [...], ist eine Gesamtbetrachtung des Vergütungsniveaus in den verschiedenen Degressionsstufen des § 2 Abs. 1 InsVV anzustellen. Diese Gesamtschau erlaubt [...] nicht den Schluss, dass derzeit inflationsbedingt eine angemessene Vergütung des Insolvenzverwalters bei Anwendung der Regelsätze der Insolvenzrechtlichen Vergütungsverordnung verfehlt wird.*" 33
Der BGH bemüht hier folglich die Querfinanzierung „schlecht" vergüteter Verfahren durch die „gut" vergüteten Verfahren.[49] Das Prinzip ist dem Kostenrecht immanent. Fraglich ist jedoch die empirische Basis für die Übertragung dieses Prinzips auf die InsVV, da ohne eine repräsentative Studie nicht konkret dargelegt werden kann, was „gut" und was „schlecht" vergütete Verfahren sind.[50] Insoweit stellt es zunächst eine unbewiesene Behauptung dar, nicht hingegen einen tragfähigen Rechtssatz, „schlecht" vergütete Verfahren würden ausreichend (!) kompensiert.[51]

Für die Rechtsprechung gilt jedoch nichts anderes als für die Parteien eines Rechtsstreits: *Das geforderte Minimalmaß an Substantiierung [...] ist jedenfalls dann nicht erreicht, wenn der Antragsteller in lediglich formelhafter und pauschaler Weise Tatsachenbehauptungen aufstellt, ohne diese zu dem zugrunde liegenden Sachverhalt in Beziehung zu setzen.*[52] Richterliche Rechtsfortbildung darf auch nicht dazu führen, dass der Richter seine eigene materielle Gerechtigkeitsvorstellung an die Stelle derjenigen des Gesetzgebers setzt.[53] Höchstrichterliche Entscheidungen sind ungeachtet dessen kein Gesetzesrecht und erzeugen keine damit vergleichbare Rechtsbindung. Von ihnen abzuweichen, verstößt grundsätzlich nicht gegen Art. 20 Abs. 3 GG. Ihr Geltungsanspruch über den Einzelfall hinaus beruht allein auf der Überzeugungskraft ihrer Gründe sowie der Autorität und den Kompetenzen des Gerichts.[54] Ohne das Abstellen auf die Querfinanzierung (hierzu ausführlich § 3 Rz. 44 ff.) wäre es eine überzeugende Entscheidung und ein brauchbarer Beitrag zur Diskussion gewesen, denn die Begriffe Inflation und Querfinanzierung stehen 34

---

47) BGH, Beschl. v. 4.12.2014 – IX ZB 60/13, ZIP 2015, 138.
48) BGH, Beschl. v. 4.12.2014 – IX ZB 60/13, ZIP 2015, 138.
49) So bereits BGH, Beschl. v. 15.1.2004 – IX ZB 96/03, ZIP 2004, 417.
50) Vgl. *Vill*, in: FS Kübler, S. 741, 746.
51) Kritisch auch *Blersch*, ZIP 2004, 2311, 2314 f.
52) BGH, Beschl. v. 10.11.2015 – VI ZB 11/15, NJW-RR 2016, 63.
53) BVerfG, Beschl. v. 17.9.2013 – 1 BvR 1928/12, Rz. 31, ZIP 2013, 2105.
54) BVerfG, Beschl. v. 26.6.1991 – 1 BvR 779/85, Rz. 42, NJW 1991, 2549, 2550.

in keinem tatsächlichen oder rechtlichen Zusammenhang, da sich die Anpassung der Staffelstufen des § 2 Abs. 1 InsVV denklogisch auf alle Verfahren bezieht. Insoweit wohnt der Heranziehung einer Querfinanzierung stets der Verdacht der Willkür und der Rechtsschutzverweigerung inne.

c) Zwischenfazit und Problemstellung

35 Insoweit kann festgehalten werden, dass sowohl das BVerfG[55]) als auch der BGH[56]) eine Anpassung der Staffelwerte des § 2 Abs. 1 InsVV durch die Fachgerichte zulassen und für geboten halten, wenn die Regelvergütung im Lichte des Art. 12 Abs. 1 GG nicht mehr angemessen scheint. Denn es ist generell Aufgabe der dritten Gewalt (Judikative), angesichts der offenen Formulierung zahlreicher Normen und der begrenzten Reaktionsmöglichkeiten des Gesetzgebers eine Anpassung geltenden Rechts an geänderte Verhältnisse vorzunehmen.[57]) Fraglich ist einzig, ab welchem Prozentwert der Inflation nicht mehr von einer Angemessenheit auszugehen ist und welche Beträge sich für eine verfassungskonforme Auslegung des § 2 Abs. 1 InsVV ergeben. Dies zu beantworten hat sich die Rechtsprechung bislang verweigert. Hierzu folgende Überlegungen:

d) Rahmenbedingungen (Untersuchung 1)

36 Die InsVV stammt aus dem Jahr 1998,[58]) sodass dieses Jahr als Ausgangslage heranzuziehen ist. Zwar wird auch 1989[59]) als Ausgangsjahr genannt, jedoch hat sich der Verordnungsgeber in der Begründung der InsVV ausdrücklich positioniert.[60]) Er war nicht gezwungen, die Vergütung zu erhöhen oder die bisherigen Werte zu übernehmen. Insoweit bestand lediglich die Verpflichtung, eine angemessene Vergütung vorzugeben; einen Bestandsschutz für bisherige Vergütungen gab es nicht. Da auch die Verwalter(-verbände) keine empirischen Studien in die Diskussion einbrachten, nimmt es nicht Wunder, dass der Verordnungsgeber ausschließlich seine eigene Wahrnehmung vom Ablauf eines Insolvenzverfahrens herangezogen hat. Insoweit ist es müßig, über die Angemessenheit der Regelvergütung bei Inkrafttreten der InsVV zu sinnieren. Gleichwohl wäre es sinnvoll, sich der Notwendigkeit entsprechender Studien zu widmen.[61]) Die Bundesrechtsanwaltskammer (BRAK) beispielsweise lässt umfangreiche Daten zur wirtschaftlichen und strukturellen Entwicklung in der Anwaltschaft erheben, was zum regelmäßigen STAR-Bericht führt,[62]) auf Basis dessen die Berufsverbände der Rechtsanwälte und die BRAK kontinuierlich und erfolgreich Gebührenanpassungen einfordern. Das Verhältnis zwischen Berufskammern und Gesetzgeber scheint somit ergiebiger als das Verhältnis zwischen Verbänden und Verordnungsgeber. Das muss nicht zu einer Verkammerung des Berufs des Insolvenz-

---

55) BVerfG, Beschl. v. 9.2.1989 – 1 BvR 1165/87, ZIP 1989, 382, 383 (mit Anm. *Eickmann*).
56) BGH, Beschl. v. 4.12.2014 – IX ZB 60/13, ZIP 2015, 138.
57) BVerfG, Beschl. v. 17.9.2013 – 1 BvR 1928/12, Rz. 32, ZIP 2013, 2105.
58) Insolvenzrechtliche Vergütungsverordnung (InsVV) v. 19.8.1998 (BGBl. I 1998, 2205).
59) *Keller*, Vergütung und Kosten, § 1 Rz. 100.
60) Allgemeine Begründung der InsVV, siehe Anh. III Rz. 13, und Begründung zu § 2 InsVV, siehe Anh. III Rz. 34 ff.
61) Vgl. *Vill*, in: FS Kübler, S. 741, 746.
62) Zuletzt für die Jahre 2015/2016, siehe *Gruhl*, BRAK-Mitteilungen 2017, 13.

verwalters führen, jedoch scheint die Zuständigkeit der Exekutive wenig demokratisch, wenn sich der Parlamentsabgeordnete des Wahlkreises als Teil der Legislative eher den Anliegen seiner Wähler zu öffnen scheint. Dies spricht für eine Überführung der InsVV als Verordnung in ein Insolvenzvergütungsgesetz, schon um die Einheitlichkeit des Kostenrechts (das RVG ist z. B. ein Gesetz) zu wahren.

Die Gesamtveränderung von 1998 bis 2015 beträgt nach dem **Verbraucherpreisindex 27,26 %**.[63] Anders ausgedrückt: Die Kaufkraft von 100 € im Jahr 1998 beträgt im Jahr 2015 nur noch 72,74 €. Der Verbraucherpreisindex ist jedoch abstrakt nicht geeignet, für die inflationsbedingte Anpassung der Vergütung des Insolvenzverwalters herangezogen zu werden, da der Insolvenzverwalter Unternehmer ist.[64] 37

Das Statistische Bundesamt berechnet eine sehr große Menge von Indizes, sodass sich ein Blick auf andere Indizes lohnt. Die Gesamtveränderung von 1998 bis 2015 beträgt nach dem **Erzeugerpreisindex gewerblicher Produkte im Inlandsabsatz (gesamt) 28,27 %**.[65] Anders ausgedrückt: Die Kaufkraft von 100 € im Jahr 1998 beträgt im Jahr 2015 nur noch 71,73 €. Auch dieser Index könnte sich als für die hiesige Diskussion nicht geeignet erweisen, da er im Wesentlichen auf das produzierende Gewerbe abstellt, in dem andere Rahmenbedingungen gelten. Interessant ist lediglich, dass der Wert nur geringfügig von dem des Verbraucherpreisindex abweicht, sodass die Grundannahme des BGH,[66] der Verbraucherpreisindex würde schon wegen der Kostenquote der Insolvenzverwalter nicht repräsentativ sein, unzutreffend ist, da auch das produzierende Gewerbe eine Kostenquote hat. Insoweit findet sich ein Gleichlauf bei der Auswirkung der Geldentwertung. 38

Der Insolvenzverwalter erbringt eine Dienstleistung. Auch hierfür erstellt das Statistische Bundesamt zahlreiche Indizes. Unter dem Oberbegriff der **Erzeugerpreisindizes für unternehmensnahe Beratungsdienstleistungen** finden sich allein elf verschiedene Indizes für die Tätigkeiten von Rechtsanwälten, Notaren, Steuerberatern und Wirtschaftsprüfern. Aus diesen elf Indizes wurde in einer Nebenuntersuchung ein Durchschnittswert ermittelt.[67] Die Gesamtveränderung von 1998 (Erlass der InsVV) bis 2015 beträgt nach diesem *fachspezifischen Erzeugerpreisindex für unternehmensnahe Beratungsdienstleistungen* **32,35 %**.[68] Anders ausgedrückt: Die Kaufkraft von 100 € im Jahr 1998 beträgt im Jahr 2015 nur noch 67,65 €. Wenn davon auszugehen ist, dass die Insolvenzverwaltervergütung am Maßstab des Art. 12 Abs. 1 GG zu messen und § 63 Abs. 1 Satz 1 InsO verfassungskonform dahin auszulegen ist, dass die dem Insolvenzverwalter zustehende Vergütung insgesamt einen seiner Qualifikation und seiner Tätigkeit angemessenen Umfang erreichen muss,[69] ist der Vergleich mit den Vergütungen von unternehmensnah tätigen Rechtsanwälten, Steuerberatern, Wirtschaftsprüfern und Notaren die *einzig einschlägige* 39

---

63) Siehe Anh. XIV Rz. 1 ff.
64) BGH, Beschl. v. 4.12.2014 – IX ZB 60/13, ZIP 2015, 138.
65) Siehe Anh. XIV Rz. 4 ff.
66) BGH, Beschl. v. 4.12.2014 – IX ZB 60/13, ZIP 2015, 138.
67) Siehe Anh. XIV Rz. 7 ff.
68) Siehe Anh. XIV Rz. 14.
69) BGH, Beschl. v. 4.12.2014 – IX ZB 60/13, Rz. 10, ZIP 2015, 138.

Referenzgröße. Wird der Anstieg bis zum Jahr 2015 in Höhe von 32,35 % noch um jeweils durchschnittliche 1,67 Prozentpunkte für die Jahre 2016 und 2017 hochgerechnet, betrüge der Wert nunmehr **35,69 %**.[70]

e) Relevanter Schwellenwert

40 Nimmt der Staat für Aufgaben, deren Wahrnehmung im öffentlichen Interesse liegt, Staatsbürger beruflich in Anspruch, dann erweist es sich – unabhängig davon, ob die Aufgabenerfüllung freiwillig oder gezwungenermaßen erfolgt – als übermäßige, durch keine Gründe des Gemeinwohls gerechtfertigte Einschränkung der freien Berufsausübung (Art. 12 Abs. 1 GG), diese Tätigkeit nicht durch eine angemessene Vergütung zu entlohnen.[71] Der Staat hat also sicherzustellen, dass der Insolvenzverwalter eine auch seine persönlichen Bedürfnisse deckende Vergütung enthält.[72] Regelungen für die Vergütung beruflicher Leistungen und hierauf gründende Entscheidungen, die auf die Einnahmen, welche durch eine berufliche Tätigkeit erzielt werden können, und damit auch auf die Existenzerhaltung von nicht unerheblichem Einfluss sind, greifen in die Freiheit der Berufsausübung ein.[73] Je größer die soeben berechneten Werte (Rz. 37 ff.) werden, desto weniger wird ihrer Ermittlung Glauben geschenkt. Dies beruht darauf, dass es gelegentlich die Vorstellungskraft übersteigt, solche Werte könnten in einem Rechtsstaat überhaupt erreicht werden. Anderen Orts werden jedoch interessante Vergleichszahlen herangezogen,[74] die – ungeprüft – kurz erwähnt werden sollen. Von 1998 bis 2015 sollen sich erhöht haben die Besoldung des Bundesjustizministers um 36 %, die Besoldung eines BGH-Richters um 42 %, die Besoldung eines Hochschulprofessors in der Besoldungsstufe W2 um 48 %, die Besoldung eines Rechtspflegers am Insolvenzgericht um 39 % und die Besoldung eines Richters am Insolvenzgericht um 38 %. All diese Werte übersteigen die diesseits anhand der o. g. Indizes ermittelten Werte von 32,35 % (2015) bzw. 35,69 % (2017) signifikant. BVerfG[75] und BGH[76] haben sich nicht zu der Frage geäußert, ab welchem prozentualen Wertverlust genau, d. h. ab welcher Schwellengrenze von einer (verfassungswidrigen) Unangemessenheit auszugehen sein soll. Ein Wert von mehr als 30 % scheint jedoch Anlass, über eine Anpassung nachzudenken. Eine verfassungswidrige Alimentation von Richtern und Staatsanwälten soll bereits vorliegen, wenn die Differenz zwischen der Besoldungsentwicklung und der Entwicklung des Nominallohnindex bei Zugrundelegung eines Zeitraums von 15 Jahren mindestens 5 % des Indexwerts der erhöhten Besoldung erreicht.[77] Gleiches gilt, wenn das Jahresbruttoeinkommen in einem Bundesland 10 % unter dem Durchschnitt der anderen Bundesländer liegt.[78] Ein Wert von

---

70) Siehe Anh. XIV Rz. 16.
71) BVerfG, Urt. v. 1.7.1980 – 1 BvR 349/75, 1 BvR 378/76, NJW 1980, 2179; BGH, Urt. v. 5.12.1991 – IX ZR 275/90, ZIP 1992, 120.
72) BGH, Urt. v. 5.12.1991 – IX ZR 275/90, ZIP 1992, 120.
73) BVerfG, Beschl. v. 31.8.2005 – 1 BvR 700/05, ZIP 2005, 1694.
74) *Graeber/Graeber*, InsVV, § 2 Rz. 83.
75) BVerfG, Beschl. v. 9.2.1989 – 1 BvR 1165/87, ZIP 1989, 382, 383 (mit Anm. *Eickmann*).
76) BGH, Beschl. v. 4.12.2014 – IX ZB 60/13, ZIP 2015, 138.
77) BVerfG, Urt. v. 5.5.2015 – 2 BvL 17/09, NJW 2015, 1935.
78) BVerfG, Urt. v. 5.5.2015 – 2 BvL 17/09, NJW 2015, 1935.

Regelsätze §2

10 % stellt daher bereits eine kritische Größe dar, bei 20 % ist von einem evidenten Verstoß gegen Art. 12 Abs. 1 GG auszugehen, bei 30 % ist jenseits der fachlichen Diskussionen eher an Straßenaufstände in sozialistischen Schwellenländern zu denken. Bei Fortschreibung des Erzeugerpreisindex für unternehmensnahe Beratungsdienstleistungen ist bereits in 2019 ein Wertverlust von 40 % erreicht. Insoweit ist die derzeitige Situation bereits derart kafkaesk, dass ihr kaum noch mit wissenschaftlicher Argumentation beizukommen ist.

Sofern der vorgenannte fachspezifische Erzeugerpreisindex für unternehmensnahe 41
Beratungsdienstleistungen und dessen Entwicklung (Anh. XIV Rz. 7 ff.) herangezogen wird, muss freilich berücksichtigt werden, dass es für eine konkrete Vergütung nicht darauf ankommt, wann der Vergütungsantrag gestellt oder das Verfahren abgeschlossen wird; maßgeblich für eine Indexbetrachtung ist das Jahr, in dem die wesentlichen Tätigkeiten erbracht wurden, d. h. das Jahr der Eröffnung des Insolvenzverfahrens und ein oder zwei Folgejahre.

f) Auswirkung der Inflation auf die Teilungsmasse (Untersuchung 2)

Zunächst soll der Frage nachgegangen werden, welche Folgen sich ergeben, wenn 42
die Wertsteigerung ausschließlich auf die Teilungsmasse (Berechnungsgrundlage gemäß § 1 Abs. 2 InsVV) berechnet wird, um herauszufinden, wie dies auf die Regelvergütung des Insolvenzverwalters durchschlägt *(Abb. 3)*. Dabei wird eine Wertsteigerung von 35 % angenommen. Denn es ist nicht maßgeblich, dass der Insolvenzschuldner Verbraucher (dann einschlägig Verbraucherpreisindex, Rz. 37) oder Erzeuger (dann einschlägig Erzeugerpreisindex gewerblicher Produkte im Inlandsabsatz gesamt, Rz. 38) ist oder welcher Branche er sonst angehören mag; Zielgröße ist die Anpassung der Vergütung an den fachspezifischen Erzeugerpreisindex für unternehmensnahe Beratungsdienstleistungen für das Jahr 2017 (Rz. 39).

Pos.	1998		2017		Veränderung Vergütung	
	Teilungsmasse	Regelvergütung	Teilungsmasse (1998 + 35 %)	Regelvergütung	Euro	%
(1)	18.518,52	7.407,41	25.000,00	10.000,00	2.592,59	35,00 %
(2)	25.000,00	10.000,00	33.750,00	12.187,50	2.187,50	21,88 %
(3)	50.000,00	16.250,00	67.500,00	17.475,00	1.225,00	7,54 %
(4)	100.000,00	19.750,00	135.000,00	22.200,00	2.450,00	12,41 %
(5)	250.000,00	30.250,00	337.500,00	32.875,00	2.625,00	8,68 %
(6)	500.000,00	37.750,00	675.000,00	41.250,00	3.500,00	9,27 %
(7)	3.000.000,00	87.750,00	4.050.000,00	108.750,00	21.000,00	23,93 %
(8)	25.000.000,00	527.750,00	33.750.000,00	615.250,00	87.500,00	16,58 %
(9)	41.666.666,67	694.416,67	56.250.000,00	809.000,00	114.583,33	16,50 %

Abb. 3: Wertsteigerung Teilungsmasse

§ 2 Regelsätze

Teilergebnisse:

43 (1) Der erste Wert in Höhe von 18.518,52 € für das Jahr 1998 wurde bewusst gewählt, um die Wertsteigerung der Teilungsmasse um 35 % vollständig innerhalb der ersten Staffelstufe des § 2 Abs. 1 InsVV abzubilden. Daher wird die erste Staffelstufe (Teilungsmasse 25.000 €) erst in der Spalte für das Jahr 2017 vollständig ausgenutzt. Hieraus ist ersichtlich, dass der inflationsbedingte Anstieg, sofern er sich vollständig innerhalb der ersten Staffelstufe des § 2 Abs. 1 Nr. 1 InsVV bewegt, stets in voller Höhe auf die Regelvergütung durchschlägt.

44 (2) Wird in der Spalte für das Jahr 1998 bereits die erste Staffelstufe vollständig mit einer Teilungsmasse in Höhe von 25.000 € ausgeschöpft, spielt sich die Wertsteigerung bis zum Jahr 2017 in der zweiten – niedrigeren – Staffelstufe des § 2 Abs. 1 Nr. 2 InsVV ab. Obwohl sich die Teilungsmasse um 35 % erhöht, erhöht sich die Regelvergütung lediglich um 21,88 %.

45 (3) Wird im Jahr 1998 die erste und zweite Staffelstufe vollständig mit einer Teilungsmasse in Höhe von 50.000 € ausgeschöpft, kumulieren zwei Faktoren. Zum einen ist der Vergütungszuwachs innerhalb der zweiten Staffelstufe bereits aufgrund der Degression der Staffelstufen niedriger, zum anderen erfolgt die Auswirkung der Wertsteigerung bereits in der dritten Staffelstufe, die noch niedriger ausfällt. Obwohl sich die Teilungsmasse um 35 % erhöht, erhöht sich die Regelvergütung lediglich um 7,54 %.

46 (4) Der Wert der Teilungsmasse im Jahr 1998 in Höhe von 100.000 € wurde als Zwischenwert gewählt, der die dritte Staffelstufe des § 2 Abs. 1 Nr. 3 InsVV nicht vollständig ausschöpft. Obwohl sich die Teilungsmasse um 35 % erhöht, erhöht sich die Regelvergütung lediglich um 12,41 %.

47 (5) Wird im Jahr 1998 die erste bis dritte Staffelstufe vollständig mit einer Teilungsmasse in Höhe von 250.000 € ausgeschöpft, kumulieren wiederum zwei Faktoren. Zum einen ist der Vergütungszuwachs innerhalb der zweiten und dritten Staffelstufe bereits aufgrund der Degression der Staffelstufen niedriger, zum anderen erfolgt die Auswirkung der Wertsteigerung bereits in der vierten Staffelstufe, die noch niedriger ausfällt. Obwohl sich die Teilungsmasse um 35 % erhöht, erhöht sich die Regelvergütung lediglich um 8,68 %.

48 (6) Wird im Jahr 1998 die erste bis vierte Staffelstufe vollständig mit einer Teilungsmasse in Höhe von 500.000 € ausgeschöpft, kumulieren wiederum zwei Faktoren. Zum einen ist der Vergütungszuwachs innerhalb der zweiten, dritten und vierten Staffelstufe bereits aufgrund der Degression der Staffelstufen niedriger, zum anderen erfolgt die Auswirkung der Wertsteigerung bereits in der fünften Staffelstufe, die noch niedriger ausfällt. Obwohl sich die Teilungsmasse um 35 % erhöht, erhöht sich die Regelvergütung lediglich um 9,27 %.

49 (7) Der Wert der Teilungsmasse im Jahr 1998 in Höhe von 3.000.000 € wurde wieder als Zwischenwert gewählt, der die fünfte Staffelstufe des § 2 Abs. 1 InsVV nicht vollständig ausschöpft. Obwohl sich die Teilungsmasse um 35 % erhöht, erhöht sich die Regelvergütung lediglich um 23,93 %.

50 (8) Wird im Jahr 1998 die fünfte Staffelstufe vollständig mit einer Teilungsmasse in Höhe von 25.000.000 € ausgeschöpft, kumulieren wiederum zwei Faktoren. Zum

Regelsätze § 2

einen ist der Vergütungszuwachs innerhalb der zweiten bis fünften Staffelstufe bereits aufgrund der Degression der Staffelstufen niedriger, zum anderen erfolgt die Auswirkung der Wertsteigerung bereits in der sechsten Staffelstufe, die noch niedriger ausfällt. Obwohl sich die Teilungsmasse um 35 % erhöht, erhöht sich die Regelvergütung lediglich um 16,58 %.

(9) Der letzte Wert in Höhe von 41.666.666,67 € für das Jahr 1998 wurde wiederum 51 bewusst gewählt, um die Wertsteigerung der Teilungsmasse um 35 % vollständig innerhalb der ersten bis sechsten Staffelstufe des § 2 Abs. 1 InsVV abzubilden. Daher wird die sechste Staffelstufe erst im Jahr 2017 vollständig ausgeschöpft. Obwohl sich die Teilungsmasse um 35 % erhöht, erhöht sich die Regelvergütung lediglich um 16,50 %.

Gesamtwürdigung: 52

Auf den ersten Blick ergibt sich in der rechten Spalte der *Abb. 3* ein sehr uneinheitliches Bild, wie eine Wertsteigerung der Teilungsmasse auf die Regelvergütung durchschlägt. Bei genauer Betrachtung ergibt sich jedoch Folgendes:

(1) Bleibt die Teilungsmasse trotz Wertsteigerung vollständig innerhalb der ersten 53 Staffelstufe des § 2 Abs. 1 Nr. 1 InsVV, schlägt die Wertsteigerung vollständig auf die Regelvergütung durch. Hier bedarf es folglich keiner zusätzlichen Anpassung durch einen inflationsbedingten Ausgleich. Für Teilungsmassen bis – derzeit, jedoch jährlich fallend – 18.518,52 € ist die gesamte Diskussion daher unergiebig. Anpassungen sind erst erforderlich, wenn die Teilungsmasse diesen – jährlich sinkenden – Wert erreicht bzw. durch die Wertsteigerung in die zweite Staffelstufe ragt.

(2) Werden die Zwischenwerte, die eine jeweilige Staffelstufe des § 2 Abs. 1 InsVV 54 nicht vollständig ausschöpfen, berücksichtigt, ergeben sich zahlreiche Sprünge in der Auswirkung auf die Regelvergütung. Diese Zwischenwerte müssen jedoch ausgeblendet werden, da diese Sprünge systemimmanent sind. Ob der BGH[79] dies bei seiner kurzen Ausführung zu dieser Thematik berücksichtigt hat, ist nicht zu vermuten, da die dort zitierte Untersuchung von *Haarmeyer/Mock*[80] fast ausschließlich auf derartige Zwischenstufen abstellt, was ein unzutreffender Untersuchungsansatz ist; die Zwischenstufen können bewusst so gewählt werden, dass die Auswirkungen minimal erscheinen, da § 2 Abs. 1 InsVV mehrere „Degressionslöcher"[81] enthält. Eine etwaige Kritik an den Sprüngen bzw. ihren Auswirkungen kann lediglich zur Folge haben, die Staffelstufen (de lege ferenda) engmaschiger zu definieren. Im Folgenden sollen die Staffelstufen des § 2 Abs. 1 InsVV jedoch im Grundsatz beibehalten werden, um eine Vergleichbarkeit mit der Regelung de lege lata zu ermöglichen.

(3) Werden nur die Staffelstufen des § 2 Abs. 1 InsVV mit ihrem jeweiligen 55 Höchstwert betrachtet (die siebte Staffelstufe wurde in Ermangelung einer Obergrenze aus der Darstellung ausgeblendet), ergibt sich bei einer Erhöhung der Teilungsmasse um 35 % eine Erhöhung der Regelvergütung wie folgt: erreicht die Teilungsmasse bereits im Jahr 1998 den Wert von 25.000 €, so erhöht sich die Regelvergütung um 21,88 %. Dieser hohe Wert ist dem Umstand geschuldet, dass die zweite

---

79) BGH, Beschl. v. 4.12.2014 – IX ZB 60/13, Rz. 15, ZIP 2015, 138.
80) *Haarmeyer/Mock*, ZInsO 2014, 573, 575.
81) HambKommInsO/*Büttner*, § 2 InsVV Rz. 2.

Staffelstufe, in der sich die Wertsteigerung der Teilungsmasse abspielt, mit 25 % vergütet wird. Danach ist ein starker Abfall auf 7,54 % Vergütungszuwachs (Teilungsmasse 50.000 € im Jahr 1998) zu verzeichnen, der dann wieder – ohne Berücksichtigung der Sprünge – auf 16,58 % (Teilungsmasse 25.000.000 € im Jahr 1998) ansteigt. Dies bedeutet, dass in den Staffelstufen 2 bis 4 (Teilungsmassen 50.000 €, 250.000 €, 500.000 €) eine Wertsteigerung der Teilungsmasse um 35 % zu einem Vergütungszuwachs von lediglich unter 10 % führt, während in Staffelstufe 5 (Teilungsmasse 25.000.000 €) wenigstens rd. die Hälfte des Wertzuwachses auch für die Regelvergütung erreicht wird.

56 (4) Nicht abgebildet wurden Nebenrechnungen unter Einbeziehung von Zuschlägen gemäß § 3 Abs. 1 InsVV, da sich hierdurch keine Abweichungen der o. g. Ergebnisse ergeben haben.

g) Anpassung der Staffelstufen (Ergebnis)

57 Es stellt sich nun die Frage, wie die Wertstufen ausgestaltet werden sollen, um einerseits eine Anpassung der Regelvergütung an die Geldentwertung zu erreichen, gleichwohl aber die Staffelstufen des § 2 Abs. 1 InsVV beizubehalten. Nur so ist es möglich, die bisherigen Staffelstufen de lege lata auch durch Rechtsanwendung der Fachgerichte auszulegen (Rz. 26, 30), alles andere würde de lege ferenda ein neues Konzept erfordern. Es wird weiterhin davon ausgegangen, dass eine Anpassung der Regelvergütung um 35 % (Rz. 39, 42) als Ziel erreicht werden muss, zumindest für die **ab dem 1.1.2017 beantragten Insolvenzverfahren**. Die einzig systemimmanente Lösung besteht darin, die Höchstwerte der Staffelstufen des § 2 Abs. 1 InsVV sukzessive um 35 % zu erhöhen. § 2 Abs. 1 InsVV müsste dann in verfassungskonformer Auslegung wie folgt gelesen werden:

§ 2

(1) Der Insolvenzverwalter erhält in der Regel

1. von den ersten *33.750* Euro der Insolvenzmasse 40 vom Hundert,
2. von dem Mehrbetrag bis zu *67.500* Euro 25 vom Hundert,
3. von dem Mehrbetrag bis zu *337.500* Euro 7 vom Hundert,
4. von dem Mehrbetrag bis zu *675.000* Euro 3 vom Hundert,
5. von dem Mehrbetrag bis zu *33.750.000* Euro 2 vom Hundert,
6. von dem Mehrbetrag bis zu *67.500.000* Euro 1 vom Hundert,
7. von dem darüber hinausgehenden Betrag 0,5 vom Hundert.

58 Dann ergibt sich als Vergleich zur *Abb. 3* eine Darstellung des Vergütungszuwachses wie folgt, wobei die kursiv hervorgehobenen Werte Zwischenstufen darstellen:

Pos.	1998		2017		Veränderung Vergütung	
	Teilungsmasse	Regelvergütung	Teilungsmasse	Regelvergütung	Euro	%
(1)	*18.518,52*	*7.407,41*	*25.000,00*	*10.000,00*	*2.592,59*	*35,00 %*
(2)	25.000,00	10.000,00	33.750,00	13.500,00	3.500,00	35,00 %
(3)	50.000,00	16.250,00	67.500,00	21.937,50	5.687,50	35,00 %

Regelsätze   § 2

(4)	100.000,00	19.750,00	135.000,00	26.662,50	6.912,50	35,00 %
(5)	250.000,00	30.250,00	337.500,00	40.837,50	10.587,50	35,00 %
(6)	500.000,00	37.750,00	675.000,00	50.962,50	13.212,50	35,00 %
(7)	3.000.000,00	87.750,00	4.050.000,00	118.462,50	30.712,50	35,00 %
(8)	25.000.000,00	527.750,00	33.750.000,00	712.462,50	184.712,50	35,00 %
(9)	41.666.666,67	694.416,67	56.250.000,00	937.462,50	243.045,83	35,00 %

Abb. 4: Vergütungszuwachs

Hieraus ist ersichtlich, dass auf diesem Wege in allen Staffelstufen – einschließlich 59
der Zwischenwerte – ein einheitlicher Vergütungszuwachs um 35 % stattfindet.

Nach diesseitiger Auffassung ist bereits ab einer Inflation von 20 % und unterlas- 60
sener Anpassung der Gebührenvorschrift von Verfassungswidrigkeit im Lichte des
Art. 12 Abs. 1 GG auszugehen (Rz. 40). Der Erzeugerpreisindex für fachspezifische
unternehmensnahe Beratungsdienstleistungen (Rz. 39) weist für das Jahr 1998 einen
Wert von 85,91 aus (Anh. XIV Rz. 13). Eine Steigerung um 20 % würde einen
Indexwert von 103,10 erfordern. Ein vergleichbarer Wert von 102,78 wurde bereits
im Jahr 2012 erreicht (Anh. XIV Rz. 13). Daher ist davon auszugehen, dass bereits
für die **ab dem 1.1.2012 beantragten Insolvenzverfahren** eine Anpassung der
Höchstgrenzen der Staffelstufen um 20 % erforderlich ist. § 2 Abs. 1 InsVV müsste
dann in verfassungskonformer Auslegung wie folgt gelesen werden:

§ 2

(1) Der Insolvenzverwalter erhält in der Regel

1. von den ersten *30.000* Euro der Insolvenzmasse 40 vom Hundert,
2. von dem Mehrbetrag bis zu *60.000* Euro 25 vom Hundert,
3. von dem Mehrbetrag bis zu *300.000* Euro 7 vom Hundert,
4. von dem Mehrbetrag bis zu *600.000* Euro 3 vom Hundert,
5. von dem Mehrbetrag bis zu *30.000.000* Euro 2 vom Hundert,
6. von dem Mehrbetrag bis zu *60.000.000* Euro 1 vom Hundert,
7. von dem darüber hinausgehenden Betrag 0,5 vom Hundert.

h) Gegenargument Kostenquote bzw. Effizienzsteigerung

Der BGH geht davon aus, dass die **Kosten(-quote)** des Insolvenzverwalters bei der 61
Findung einer angemessenen Vergütung des Insolvenzverwalters nicht außer
Betracht bleiben kann,[82] wobei er offensichtlich unterstellt, dass seit Einführung
der Insolvenzordnung eine Minderung der Kostenquote eingetreten ist. Die An-
nahme eines Tatbestandes ohne empirischen Beleg wär ersichtlich rechtswidrig.
Nochmals: Das geforderte Minimalmaß an Substantiierung [...] ist jedenfalls dann
nicht erreicht, wenn der Antragsteller in lediglich formelhafter und pauschaler
Weise Tatsachenbehauptungen aufstellt, ohne diese zu dem zugrunde liegenden

---

[82] BGH, Beschl. v. 4.12.2014 – IX ZB 60/13, Rz. 14 und 16, ZIP 2015, 138.

Sachverhalt in Beziehung zu setzen.[83] Nichts anderes gilt für die Fachgerichte oder die Rechtsprechung, die ersichtlich keine Sachverhalte erfinden dürfen.

62 Darüber hinaus steht dem BGH eine solche Betrachtung nicht zu. Nicht einmal der Verordnungsgeber hat bei der Begründung der InsVV auf eine Kostenquote der Insolvenzverwalter abgestellt.[84] Lediglich bei der Reform der Mindestvergütung hat er sich von empirischen Untersuchungen beeinflussen lassen,[85] da der Verordnungsgeber keine verfassungswidrige Mindestvergütung (mehr) kodifiziert wissen wollte. Eine Einbeziehung derartiger Überlegungen ohne empirische Untersuchung wäre mithin eine deutliche Überschreitung der Rechtsfortbildung durch die Fachgerichte oder den BGH.

63 Ungeachtet dessen sei dieses Argument vertieft, da es im Zusammenhang mit der These steht, im Laufe der Jahre sei auch eine Effizienzsteigerung eingetreten, die berücksichtigt werden müsse. Der BGH scheint davon auszugehen, dass eine sinkende Kostenquote existiert und deswegen eine Anpassung der Vergütung an die Geldentwertung entsprechend niedriger ausfallen muss (Rz. 32). Dies verwundert. Was teurer wird, sind nicht nur Kartoffeln oder Butter, sondern Büromieten, Personalkosten, der EDV-Einsatz, sonstige Sachkosten etc. Die dortigen Preisentwicklungen sind gerade Bestandteil eines *Erzeugerpreisindex*. Anders ausgedrückt: die Inflation beruht gerade auf höheren Kosten. Inflation ist der volkswirtschaftliche Sammelbegriff für eine allgemeine Erhöhung des Preisniveaus von Dienstleistungen und Gütern. Insoweit hat der BGH einen feststehenden Fachbegriff unzutreffend definiert, jedoch zur Grundlage seiner Entscheidung gemacht. Etwas zutreffender hatte noch das BVerfG formuliert, inflationäre Entwicklungen würden die Kosten steigern (Rz. 25). Zwar ist dies genau umgekehrt, da eben erst die Kostensteigerung eine Inflation begründet, aber immerhin wurden hier keine sachfremden Erwägungen bemüht. Wohlwollend kann wohl nur davon ausgegangen werden, dass der BGH mit diesem missglückten bis unsinnigen Einwand, es komme nicht auf die Vergütung, sondern auf den Gewinn des Insolvenzverwalters an, bestätigen wollte, dass der *Verbraucherpreisindex* – zutreffend – nicht einschlägig für die hiesige Diskussion ist.

64 Aber auch die **Effizienzsteigerung** ist eine unbewiesene Behauptung und daher unbeachtlich. Inhaltlich ist sie zudem widerlegbar. Effizienzsteigerung bedeutet Produktionszuwachs. Der Zuwachs des Brutto-Inlandsprodukts pro geleisteter Arbeitsstunde in den sog. G7-Staaten[86] sank von rd. 4 % im Jahr 1971 auf rd. 0,5 % im Jahr 2014.[87] Der (jährliche) Zuwachs an Arbeitsproduktivität nimmt folglich rasant ab, ironischerweise seit steigender Bedeutung des EDV-Einsatzes, der offenbar den Produktionszuwachs eher bremst. Denn der Wunsch, immer mehr aus der EDV „herauszuholen", bedeutet administrativen Zuwachs, ohne daran zu denken, dass es auch etwas auf Produktivität Beruhendes geben muss, was „einge-

---

83) BGH, Beschl. v. 10.11.2015 – VI ZB 11/15, NJW-RR 2016, 63.
84) Insolvenzrechtliche Vergütungsverordnung (InsVV) v. 19.8.1998 (BGBl. I 1998, 2205), siehe Anh. III.
85) Begründung der Verordnung zur Änderung der Insolvenzrechtlichen Vergütungsverordnung (InsVV) v. 4.10.2004 (BGBl. I 2004, 2569), siehe Anh. VII Rz. 5 ff.
86) Deutschland, Frankreich, Italien, Japan, Kanada, USA und Großbritannien.
87) Manager-Magazin, Heft 9/2016, S. 80.

geben" werden kann. Genau das ist der Grund, warum über den Einsatz von Künstlicher Intelligenz (KI) und Algorithmen nachgedacht wird, denn gesucht wird nichts (mehr), was den Produktionsfaktor Arbeit (noch) effizienter macht, sondern etwas, was den Produktionsfaktor Arbeit weitgehend oder vollständig ersetzt.[88] Erst das ist es, was unter Digitalisierung verstanden wird, d. h. die Loslösung einer „Dienstleistung" vom Produktionsfaktor Arbeit.[89] Deswegen findet im Zusammenhang mit der Kapitalmarktunion eine Revision der nationalen Insolvenzordnungen statt, um unter dem Stichwort „Europa 5.0" wieder messbare Effizienzsteigerungen auch im Insolvenzrecht anzustreben.[90] Dies kann auf ein gerichts- und verwalterloses Restrukturierungsverfahren hinauslaufen[91] oder den Gesetzgeber zwingen, ein effizienzförderndes Vergütungssystem zu schaffen.[92] Allein die Tatsache, dass Dokumente eingescannt und als PDF-Dateien versendet oder zur Verfügung gestellt werden, hat mit Effizienz nichts zu tun, das Gegenteil ist der Fall. Insoweit müssen erst noch technische Möglichkeiten entwickelt werden, die de lege ferenda Einfluss auf die Regelvergütung des Insolvenzverwalters haben könnten. „Denn verglichen mit Legal Analytics ist das, was wir tun, Keilschrift."[93]

4. Erhöhte Regelvergütung

Die gemäß § 2 Abs. 1 InsVV zu ermittelnde Regelvergütung ist um die gemäß § 1 Abs. 2 Nr. 1 Satz 2 InsVV ermittelte Mehrvergütung aufgrund Befassung mit Absonderungsgut bzw. -rechten (siehe § 1 Rz. 73 ff.) zu erhöhen, um zur sog. **erhöhten Regelvergütung** zu gelangen. Erst diese ist maßgeblich für einen Abgleich mit der Mindestvergütung (Rz. 79) bzw. für eine Berechnung von Zu- oder Abschlägen nach § 3 InsVV[94] oder einer Auslagenpauschale nach § 8 Abs. 3 InsVV. 65

V. Mindestvergütung (§ 2 Abs. 2 InsVV)

1. Angemessenheit

Nach der ersten Fassung des § 2 Abs. 2 InsVV sollte die Mindestvergütung 1.000 Deutsche Mark betragen.[95] Dieser Wert wurde aufgrund der Euro-Umstellung 66

---

88) Manager-Magazin, Heft 9/2016, S. 80.
89) Spiegel, Heft 36/2016, S. 10: „Soweit ist es also schon gekommen, jetzt arbeiten Roboter als Anwalt, Fachgebiet: Insolvenzrecht."
90) *Frieden/Heinen/Leithner*, Europa 5.0, S. 225.
91) Art. 4 ff. des Vorschlags v. 22.11.2016 für eine Richtlinie des Europäischen Parlaments und des Rates über präventive Restrukturierungsrahmen, die zweite Chance und Maßnahmen zur Steigerung der Effizienz von Restrukturierungs-, Insolvenz- und Entschuldungsverfahren und zur Änderung der Richtlinie 2012/30/EU, deutsche Fassung v. 4.1.2017, Beilage zu ZIP Heft 1/2017.
92) Art. 27 Abs. 2 des Vorschlags v. 22.11.2016 für eine Richtlinie des Europäischen Parlaments und des Rates über präventive Restrukturierungsrahmen, die zweite Chance und Maßnahmen zur Steigerung der Effizienz von Restrukturierungs-, Insolvenz- und Entschuldungsverfahren und zur Änderung der Richtlinie 2012/30/EU, deutsche Fassung v. 4.1.2017, Beilage zu ZIP Heft 1/2017.
93) *Hartung*, Reflexionen über den Rechtsmarkt, NJW-aktuell, Heft 24/2017, 7.
94) BGH, Beschl. v. 11.5.2006 – IX ZB 249/04, ZIP 2006, 1204; BGH, Beschl. v. 17.4.2013 – IX ZB 141/11, ZInsO 2013, 1104.
95) Insolvenzrechtliche Vergütungsverordnung (InsVV) v. 19.8.1998 (BGBl. I 1998, 2205), siehe Anh. III Rz. 33.

§ 2 Regelsätze

zum 1.1.2002 auf 500 € abgeändert (siehe hierzu § 19 Rz. 12 ff.).[96] Mit der Verordnung zur Änderung der Insolvenzrechtlichen Vergütungsverordnung (InsVV) vom 4.10.2004[97] trug der Verordnungsgeber dem Umstand Rechnung, dass der BGH die Mindestvergütung des Insolvenzverwalters[98] in Höhe von 500 € als verfassungswidrig niedrig eingestuft hatte, jedoch erst für Bestellungen ab dem 1.1.2004. Dies führte zu einer Anhebung des Grundwerts der Mindestvergütung in § 2 Abs. 2 Satz 1 InsVV auf 1.000 € sowie zu einer von der Gläubigerzahl abhängigen Anhebung der Mindestvergütung in § 2 Abs. 2 Satz 2 und 3 InsVV für Verfahren, die seit dem 1.1.2004 eröffnet werden (§ 19 Abs. 1 InsVV).[99] Eine Übertragung auf Altverfahren ist nicht möglich.[100]

67 Nimmt der Staat für Aufgaben, deren Wahrnehmung im öffentlichen Interesse liegt, Staatsbürger beruflich in Anspruch, dann erweist es sich – unabhängig davon, ob die Aufgabenerfüllung freiwillig oder gezwungenermaßen erfolgt – als übermäßige, durch keine Gründe des Gemeinwohls gerechtfertigte Einschränkung der freien Berufsausübung (Art. 12 Abs. 1 GG), diese Tätigkeit nicht durch eine angemessene Vergütung zu entlohnen.[101] Der Staat hat also sicherzustellen, dass der Insolvenzverwalter eine auch seine persönlichen Bedürfnisse deckende Vergütung enthält.[102] Regelungen für die Vergütung beruflicher Leistungen und hierauf gründende Entscheidungen, die auf die Einnahmen, welche durch eine berufliche Tätigkeit erzielt werden können, und damit auch auf die Existenzerhaltung von nicht unerheblichem Einfluss sind, greifen in die Freiheit der Berufsausübung ein.[103] Daher ist auch die gegenwärtige Regelung in ihrer Angemessenheit zweifelhaft,[104] jedenfalls inzwischen eher schon verfassungswidrig,[105] obgleich vom BGH im Jahre 2008 (!) als verfassungsgemäß bezeichnet.[106] Ein Betrag von 1.000 € entspricht kaum dem Tagessatz desjenigen, der die nach § 56 InsO erforderliche Qualifikation aufweist. Ungeachtet dessen lässt sich auch ein derartiges Insolvenzverfahren nicht in einem

---

96) Gesetz zur Einführung des Euro in Rechtspflegegesetzen und in Gesetzen des Straf- und Ordnungswidrigkeitenrechts, zur Änderung der Mahnvordruckverordnungen sowie zur Änderung weiterer Gesetze v. 13.12.2001 (BGBl. I 2001, 3574), siehe Anh. V Rz. 5.
97) Verordnung zur Änderung der Insolvenzrechtlichen Vergütungsverordnung (InsVV) v. 4.10.2004 (BGBl. I 2004, 2569), siehe Anh. VII.
98) BGH, Beschl. v. 15.1.2004 – IX ZB 96/03, ZIP 2004, 417.
99) Zur Kritik an der Übergangsregelung, auf die wegen Zeitablaufs nicht weiter eingegangen wird, ausführlich Leonhardt/Smid/Zeuner/*Amberger*, InsVV, § 2 Rz. 25.
100) BVerfG, Beschl. v. 31.8.2005 – 1 BvR 628/05, ZIP 2005, 1697 (Insolvenzverwalter); BVerfG, Beschl. v. 31.8.2005 – 1 BvR 700/05, ZIP 2005, 1694 (Treuhänder).
101) BVerfG, Urt. v. 1.7.1980 – 1 BvR 349/75, 1 BvR 378/76, NJW 1980, 2179; BGH, Urt. v. 5.12.1991 – IX ZR 275/90, ZIP 1992, 120.
102) BGH, Urt. v. 5.12.1991 – IX ZR 275/90, ZIP 1992, 120.
103) BVerfG, Beschl. v. 31.8.2005 – 1 BvR 700/05, ZIP 2005, 1694.
104) AG Hamburg, Beschl. v. 21.2.2005 – 68c IK 91/04, ZVI 2005, 649; AG Potsdam, Beschl. v. 22.12.2004 – 35 IN 470/04, ZIP 2004, 363; *Blersch*, ZIP 2004, 2311; HambKommInsO/*Büttner*, § 2 InsVV Rz. 72; *Graeber/Graeber*, InsVV, § 2 Rz. 19; Lorenz/Klanke/*Lorenz*, InsVV, § 2 Rz. 44; KPB-InsO/*Stoffler*, § 2 InsVV Rz. 11 (Stand: 05/2013).
105) *Vill*, in: FS Kübler, S. 741, 750.
106) BGH, Beschl. v. 13.3.2008 – IX ZB 63/05, ZIP 2008, 976.

Tag bewältigen. Selbst der BGH[107] begründet seine Entscheidung aus dem Jahre 2008 damit, dass für ein solches Verfahren mit durchschnittlich 30 Gläubigern ein Aufwand von – unrealistischen – 20 Stunden betrieben werden muss, wobei er diesen Wert – unter Verkennung der Qualifikationsdifferenz – mit Stundensätzen des Zwangsverwalters (35–95 €) multipliziert, was – inzwischen – einem Vergleich mit den Sätzen nach dem JVEG nahekommt und den heutigen Stundensätzen der Mitglieder des Gläubigerausschusses (§ 17 Abs. 1 Satz 1 InsVV) entspricht. Dies scheint alles sehr konstruiert und geht – wie bei Rechtsprechung stets – von einem vorgegebenen Sachverhalt aus, obgleich es vornehmlichste Aufgabe eines Insolvenzverwalters ist, derartige Sachverwalte zunächst einmal zu ermitteln. Daher spricht der Verordnungsgeber von erheblichen Unsicherheiten bei der Findung einer Mindestvergütung[108] und beruft sich auf zwei eilig durchgeführte und in ihren Ergebnissen stark differierende Untersuchungen.[109] Unzutreffend ist jedoch die Annahme, die Mindestvergütung sei nur in massearmen Verfahren zu gewähren;[110] die Begriffe Massearmut (§ 207 InsO) und Mindestvergütung haben nichts miteinander zu tun.

Insgesamt wird es eine angemessene Mindestvergütung jedoch nicht geben können, solange es keine empirischen Studien gibt; hierfür scheinen die Verwalterverbände verantwortlich zu zeichnen. Nur drei Dinge sind gewiss: Der Umstand, dass derartige Verfahren nicht selten mit einer Verfahrenskostenstundung bei natürlichen Personen, die Restschuldbefreiung beantragt haben, einhergehen, darf erstens nicht dazu führen, dass die politische Idee der Restschuldbefreiung von den Insolvenzverwaltern finanziert wird. Derartige Ziele des Gemeinwohls sind keine Vergütungsfaktoren;[111] selbst wenn, wäre dies zu regeln Aufgabe des Gesetzgebers, nicht des Verordnungsgebers. Zweitens kann eine Mindestvergütung, die seit nunmehr 13 Jahren nicht an Preisentwicklungen angepasst wurde, schon im Grundsatz keine aktuell im Lichte des Art. 12 Abs. 1 GG, § 56 InsO angemessene Vergütung darstellen (Rz. 23 ff.). Drittens scheinen 20 Stunden Sachbearbeitung Referenzgröße für ein unter die Mindestvergütung fallendes Verfahren zu sein, was den Anwendungsbereich des § 3 Abs. 1 InsVV eröffnet (Rz. 82). 68

2. Höhe der Mindestvergütung des Insolvenzverwalters

a) Einführung

In der aktuellen Fassung des § 2 Abs. 2 InsVV beträgt die Mindestvergütung 1.000 €, wenn nicht mehr als zehn Gläubiger eine Forderung zur Insolvenztabelle angemeldet haben. Von elf bis zu 30 Gläubigern erhöht sich die Vergütung für je angefangene fünf Gläubiger um 150 €. Ab 31 Gläubigern erhöht sich die Vergütung je angefangene fünf Gläubiger um 100 €. Insoweit entspricht der Betrag von 1.000 € einer 69

---

107) BGH, Beschl. v. 15.1.2004 – IX ZB 96/03, ZIP 2004, 417.
108) Verordnung zur Änderung der Insolvenzrechtlichen Vergütungsverordnung (InsVV) v. 4.10.2004 (BGBl. I 2004, 2569), siehe Anh. VII Rz. 5.
109) Verordnung zur Änderung der Insolvenzrechtlichen Vergütungsverordnung (InsVV) v. 4.10.2004 (BGBl. I 2004, 2569), siehe Anh. VII Rz. 26 ff.
110) Missverständlich BGH, Urt. v. 15.1.2004 – IX ZB 96/03, ZIP 2004, 417.
111) Vgl. BVerfG, Urt. v. 1.7.1980 – 1 BvR 349/75, 1 BvR 378/76, NJW 1980, 2179; BGH, Urt. v. 5.12.1991 – IX ZR 275/90, ZIP 1992, 120.

§ 2 Regelsätze

Regelmindestvergütung, die in Abhängigkeit von der Gläubigerzahl zu einer erhöhten Mindestvergütung führt.

b) Gläubigerzahl

70 Maßgebliches Kriterium für eine Erhöhung der Regelmindestvergütung von 1.000 € ist die Anzahl der Gläubiger. Dies ist nicht erklärbar,[112] dient aber der Praktikabilität. Wenn es allein auf die Gläubigereigenschaft ankäme, wäre diejenige Zahl an Gläubigern relevant, die theoretisch eine Forderung zur Insolvenztabelle anmelden könnten.[113] Nach dem Wortlaut des § 2 Abs. 2 Satz 1 InsVV ist jedoch entscheidend, wie viele Gläubiger eine Forderung **zur Tabelle angemeldet** haben.[114] Nicht maßgeblich ist aufgrund des ausdrücklichen Wortlauts des § 2 Abs. 2 Satz 1 InsVV, ob die Forderungen festgestellt, für den Ausfall festgestellt, aufschiebend bedingt festgestellt, bestritten[115] oder zurückgenommen[116] wurden,[117] da auch solche Vorgänge eine Arbeitsbelastung des Insolvenzverwalters darstellen. Gerade das Bestreiten einer Forderung verlangt eine höhere Dokumentationspflicht als die Feststellung einer Forderung, und die Rücknahme der Forderungsanmeldung beruht nicht selten auf einer Korrespondenz zwischen Insolvenzverwalter und Gläubiger, z. B. zur Vermeidung eines nachträglichen Prüfungstermins bei angekündigtem Bestreiten der Forderung. Die abweichende Auffassung verstößt daher gegen den höherrangigen § 63 Abs. 1 Satz 1 InsO, der eine Vergütung für die Geschäftsführung vorgibt. Zu dieser Geschäftsführung gehört auch, die Passivseite des schuldnerischen Vermögens zu bereinigen, d. h., sich mit jeder Tabellenanmeldung zu befassen. Maßgeblich dürfte aber sein, dass die abweichende Auffassung den Anspruch des Insolvenzverwalters auf den gesetzlichen Richter (Art. 101 Abs. 1 Satz 1 GG) verletzt. Jegliche Befassung mit den Fragen, ob eine Forderung besteht oder nicht und welche verfahrensrechtlichen Konsequenzen dies hat, fällt in die Zuständigkeit der ordentlichen Gerichtsbarkeit, weswegen z. B. die Gläubiger bestrittener Forderungen beschwerdeberechtigt i. S. d. § 64 Abs. 3 Satz 1 InsO sind.[118] Nichts anders gilt, wenn das Insolvenzgericht bei der Prüfung der Gläubigerzahl über die Ansprüche der Gläubiger materiell-rechtlich zu befinden müssen glaubt. Insgesamt kann aufgrund des an Deutlichkeit nicht zu überbietenden Wortlauts der Norm folglich nicht lediglich auf das Schlussverzeichnis abgestellt werden.

71 Maßgeblich ist ferner die **Kopfzahl der Insolvenzgläubiger**.[119] Eine Gebietskörperschaft ist lediglich als ein Gläubiger zu behandeln, auch wenn mehrere Behörden

---

112) Vgl. auch Blersch, ZIP 2004, 2311, 2313.
113) AG Potsdam, Beschl. v. 22.11.2006 – 35 IN 658/04, ZInsO 2006, 1263.
114) BGH, Beschl. v. 13.3.2008 – IX ZB 63/05, Rz. 18, ZIP 2008, 976; BGH, Beschl. v. 16.12.2010 – IX ZB 39/10, ZIP 2011, 132.
115) A. A. AG Potsdam, Beschl. v. 5.12.2006 – 35 IN 1058/05, ZInsO 2006, 1262.
116) A. A. AG Potsdam, Beschl. v. 12.7.2005 – 35 IK 568/04, ZInsO 2006, 933.
117) Wie hier auch Leonhardt/Smid/Zeuner/*Amberger*, InsVV, § 2 Rz. 33; HambKommInsO/*Büttner*, § 2 InsVV Rz. 71; Haarmeyer/Mock, InsVV, § 2 Rz. 55; *Keller*, Vergütung und Kosten, § 4 Rz. 96; Lorenz/Klanke/Lorenz, InsVV, § 2 Rz. 36; KPB-InsO/*Stoffler*, § 2 InsVV Rz. 19 (Stand: 05/2013).
118) BGH, Beschl. v. 7.12.2006 – IX ZB 1/04, Rz. 7, ZIP 2007, 647.
119) BGH, Beschl. v. 16.12.2010 – IX ZB 39/10, ZIP 2011, 132.

Regelsätze § 2

Forderungen anmelden.[120] Dass die Forderungen bestimmter Gläubiger für die Eintragung in die Insolvenztabelle aufgeteilt werden, ist mithin unerheblich. Bei einer Gesamtgläubigerschaft ist bei einer konsequenten Umsetzung des Kopfprinzips ebenfalls nicht auf die Forderung, sondern auf die Anzahl der Gläubiger abzustellen.[121]

Die (erhöhte) Mindestvergütung nach § 2 Abs. 2 InsO lässt sich wie folgt tabellarisch darstellen: 72

Gläubigerzahl	Vergütungs(mehr)betrag	(erhöhte) Mindestvergütung
1 bis 10	1.000 €	1.000 €
11 bis 15	150 €	1.150 €
16 bis 20	150 €	1.300 €
21 bis 25	150 €	1.450 €
26 bis 30	150 €	1.600 €
31 bis 35	100 €	1.700 €
36 bis 40	100 €	1.800 €
je weitere *angefangene* 5	weitere 100 €	

Abb. 5: Erhöhte Mindestvergütung

Dass die Erhöhung ab dem 31. Gläubiger niedriger ausfällt, ist im Regelfall nicht zu beanstanden, da sich ab einer gewissen Zahl von „Grundgläubigern" der Forderungsgrund weiterer Gläubiger weitgehend ähnelt. 73

Die Regelung kennt **keine Obergrenze** bei einer sehr hohen Zahl von anmeldenden Insolvenzgläubigern, sodass ein scheinbares Missverhältnis zum Wert der Insolvenzmasse entstehen kann. Daher wird vertreten, die Regelung verstoße gegen den höherrangigen § 63 Abs. 1 Satz 2 InsO.[122] Dem kann nicht gefolgt werden, wenngleich hierzu auch § 63 Abs. 1 Satz 1 InsO betrachtet werden muss, wonach die Geschäftsführung des Insolvenzverwalters ausschlaggebend ist. Bei einer Mindestvergütung kann es schon begrifflich nicht (mehr) auf den Wert der Masse ankommen, da sie wegen nicht ausreichender Masse als Tatbestandsmerkmal entfällt. Dass sich der Schwerpunkt der Tätigkeit des Insolvenzverwalters hier von der Aktiv- auf die Passivseite des schuldnerischen Vermögens verschiebt, steht einer Angemessenheit der Vergütung grundsätzlich nicht Wege. Soweit also bei 10.000 Gläubigern eine Mindestvergütung in Höhe von 201.000 € entsteht,[123] erhält der Insolvenzverwalter 20,10 € für jede Forderungsprüfung. Dies ist aus keinem Blickwinkel unange- 74

---

120) Vgl. BGH, Beschl. v. 19.5.2011 – IX ZB 27/10, NZI 2011, 542: Landesjustizkasse Chemnitz und Finanzamt Schwarzenberg als verschiedene Behörden nur eines Gläubigers, nämlich des Freistaats Sachsen.
121) Unzutreffend *Graeber/Graeber*, InsVV, § 2 Rz. 29.
122) Lorenz/Klanke/*Lorenz*, InsVV, § 2 Rz. 40.
123) Lorenz/Klanke/*Lorenz*, InsVV, § 2 Rz. 39.

messen.[124] Der Insolvenzverwalter sorgt zugleich für eine Titulierung der Ansprüche (§ 178 Abs. 3 InsO) und eine Vollstreckung hieraus, was in Ansehung der einschlägigen Vorschriften in GKG und GvKostG[125] immer noch der preiswerteste Weg der Rechtsverfolgung für die Gläubiger ist. Aber auch auf der Aktivseite wird er nicht untätig, da jede dieser Forderungsanmeldungen auch daraufhin durchzusehen ist, ob sich anfechtungsrechtliche Rückgewähransprüche i. S. d. §§ 129 ff. InsO ergeben. In neuerer Zeit sind die Forderungsanmeldungen auch noch aus anderer Perspektive von Bedeutung und mit Tätigkeiten verbunden. Zum einen müssen die Forderungen daraufhin durchgesehen werden, ob eine Vorsteuerberichtigung gemäß § 17 Abs. 2 Nr. 1 Satz 1 UStG erforderlich ist[126] (zwecks Minderung der Forderungen des Finanzamts) und bei – natürlichen Personen – ob die Forderungen dem Betriebs- oder Privatvermögen zuzuordnen sind, da hiervon der Vorsteuerabzug aus der Verwaltervergütung abhängt.[127] Insgesamt kann daher eine Unangemessenheit bei Verfahren mit großer Gläubigerzahl nicht ansatzweise erkannt werden.[128] Eher scheinen 20,10 € bei Erfüllung aller Aufgaben nicht dem Art. 12 Abs. 1 GG standzuhalten. Vielmehr zwingt der Verordnungsgeber (Exekutive) den Insolvenzverwalter, auf die Erfüllung der vom Gesetzgeber (Legislative) und der Rechtsprechung (Judikative) vorgegebenen Regelaufgaben zu verzichten.

c) Inflationsausgleich

75 Bei der Anpassung der Mindestvergütung zum 1.1.2004 wurde, da das Argument des Inflationsausgleichs seinerzeit nicht bemüht worden war, faktisch auf die im Jahre 1998 herangezogenen Werte abgestellt. Gleichwohl sollte der 1.1.2004 als Stichtag für eine inflationsbedingte Anpassung gewählt werden, weil zu diesem Zeitpunkt eine Verfassungswidrigkeit vom BGH nicht festgestellt wurde.[129] Für das Jahr 2004 weist der *fachspezifische Erzeugerpreisindex für unternehmensnahe Beratungsdienstleistungen* (Rz. 39) einen Indexwert von 93,95 aus (Anh. XIV Rz. 13). Eine maßgebliche Steigerung um 20 % (zur Maßgeblichkeit siehe Rz. 40) wurde im Jahr 2014 mit einem Indexwert von 112,44 erreicht (Anh. XIV Rz. 13).

76 In den **ab dem 1.1.2014 eröffneten Insolvenzverfahren** gebietet es die verfassungskonforme Auslegung, § 2 Abs. 2 InsVV wie folgt zu lesen:

§ 2

(2) ¹Haben in dem Verfahren nicht mehr als 10 Gläubiger ihre Forderungen angemeldet, so soll die Vergütung in der Regel mindestens *1.200* € betragen. ²Von 11 bis zu 30 Gläubigern erhöht sich die Vergütung für je angefangene 5 Gläubiger um *180* €. ³Ab 31 Gläubiger erhöht sich die Vergütung je angefangene 5 Gläubiger um *120* €.

---

124) Zutreffend *Keller*, NZI 2005, 23, 25.
125) Gesetz über Kosten der Gerichtsvollzieher (Gerichtsvollzieherkostengesetz – GvKostG) v. 19.4.2001 (BGBl. I 2001, 623).
126) BFH, Urt. v. 24.9.2014 – V R 48/13, ZIP 2014, 2451; hierzu ausführlich *Zimmer*, Insolvenzbuchhaltung, Rz. 920 ff.
127) BFH, Urt. v. 15.4.2015 – V R 44/14, ZIP 2015, 1237; BFH, Urt. v. 21.10.2015 – XI R 28/14, ZIP 2016, 731.
128) Wie hier auch *Keller*, Vergütung und Kosten, § 4 Rz. 102, 122.
129) BGH, Beschl. v. 13.3.2008 – IX ZB 63/05, ZIP 2008, 976.

Regelsätze § 2

Auch die Mindestvergütung gemäß § 2 Abs. 2 InsVV kann durch Rechtsfortbil- 77
dung angepasst werden.[130] Wenn schon eine hohe Vergütung wegen Verfassungswidrigkeit durch die Fachgerichte in verfassungskonformer Auslegung erhöht werden
kann (Rz. 26, 30), gilt für eine Mindestvergütung ein Erst-Recht-Schluss. Etwas
anderes ließe sich mit Art. 12 Abs. 1 GG, §§ 56, 63 Abs. 1 InsO nicht vereinbaren.

Dann ergibt sich folgende Tabelle: 78

Gläubigerzahl	Vergütungs(mehr)betrag	(erhöhte) Mindestvergütung
1 bis 10	*1.200 €*	*1.200 €*
11 bis 15	*180 €*	*1.380 €*
16 bis 20	*180 €*	*1.560 €*
21 bis 25	*180 €*	*1.740 €*
26 bis 30	*180 €*	*1.920 €*
31 bis 35	*180 €*	*2.100 €*
36 bis 40	*180 €*	*2.280 €*
je weitere *angefangene* 5	weitere *120 €*	

Abb. 6: Erhöhte Mindestvergütung inflationsbereinigt

d) Vergleichsrechnung und Ergebnis

Die *Regelmindestvergütung* gemäß § 2 Abs. 2 Satz 1 InsVV bzw. die *erhöhte Mindestver-* 79
gütung gemäß § 2 Abs. 2 Satz 2 und 3 InsVV ist festzusetzen, wenn der so ermittelte Euro-Wert höher ist als die um die Mehrvergütung i. S. d. § 1 Abs. 2 Nr. 1 Satz 2
InsVV angehobene *erhöhte Regelvergütung*. Aus dem Zusammenspiel von § 1 InsVV
und § 2 InsVV ergibt sich mithin entweder eine (**erhöhte**) **Regelvergütung** *oder*
eine (**erhöhte**) **Mindestvergütung**; der höhere Betrag ist festzusetzen.

Eine Besonderheit kann sich bei sog. „Einzelkämpfern" ergeben. Denn ein Insol- 80
venzverwalter kann sog. Sonderaufgaben selbst erledigen und das hierfür geschuldete Honorar wegen des **Einsatzes besonderer Sachkunde** als Masseverbindlichkeit
i. S. d. § 55 Abs. 1 Nr. 1 InsO der Masse entnehmen (§ 5 InsVV). Diese Netto-
Beträge sind gemäß § 1 Abs. 2 Nr. 4 Satz 2 lit. a InsVV von der Berechnungsgrundlage in Abzug zu bringen (zur Problematik siehe § 1 Rz. 105 ff.). Ergibt sich (nur)
deswegen, dass die Mindestvergütung höher als die Regelvergütung ist, so ist gleichwohl die (höhere) Mindestvergütung festzusetzen.

Sofern dem Schuldner **Stundung der Verfahrenskosten** gemäß §§ 4a ff. InsO 81
gewährt wurde, ist der nicht aus der Masse gedeckte Teil der Vergütung gegen die
Staatskasse festzusetzen (ausführlich § 8 Rz. 183 ff.). Hier sind zwei Dinge zu
berücksichtigen. Ist die Regel- oder Mindestvergütung aufgrund von *Verteilungs-
fehlern* des Insolvenzverwalters nicht gedeckt, weil Masseverbindlichkeiten i. S. d.
§ 55 InsO beglichen wurden, ohne dass eine ausreichende Rückstellung für die

---

130) Widersprüchlich BGH, Beschl. v. 15.1.2004 – IX ZB 96/03, ZIP 2004, 417: verneinend in
Rz. 61, bejahend in Rz. 66.

Verfahrenskosten i. S. d. § 54 InsO gebildet wurde, beschränkt sich die Einstandspflicht der Staatskasse auf denjenigen Teil der Vergütung, der auch ohne den Verteilungsfehler nicht gedeckt gewesen wäre.[131)] Ob jedoch die Einstandspflicht der Staatskasse *generell* auf die Mindestvergütung beschränkt ist, selbst wenn die höhere Regelvergütung festzusetzen ist, ist streitig (§ 8 Rz. 188).

e) Zu- und Abschläge

82 Die Berechnung von Zu- oder Abschlägen gemäß § 3 InsVV ist auch bei der Mindestvergütung möglich.[132)] Insoweit kann auf die Kommentierung zu § 3 InsVV verwiesen werden. Da es sich jedoch um eine Mindestvergütung handelt, kommen **Abschläge** gemäß § 3 Abs. 2 InsVV nur in besonders gelagerten Ausnahmefällen in Betracht.[133)]

83 **Zuschläge** hingegen sollen so ausgestaltet werden, dass die konkrete Mehrbelastung angemessen vergütet wird; dies soll auch Zuschläge von 1.000 % rechtfertigen.[134)] Dieser Auffassung kann nur dann zugestimmt werden, wenn das Prinzip der Querfinanzierung in Gänze abgelehnt wird (§ 3 Rz. 41 ff.).

3. Höhe der Mindestvergütung des vorläufigen Insolvenzverwalters

84 Gemäß § 63 Abs. 3 Satz 2 InsVV erhält der vorläufige Insolvenzverwalter 25 % der Vergütung des Insolvenzverwalters. Dies entspricht dem § 11 Abs. 1 Satz 2 InsVV a. F.[135)] in den vor dem 19.7.2013 beantragten Insolvenzverfahren (zur Übergangsregelung siehe § 19 Rz. 53). Insoweit stellt sich die Frage, ob § 11 Abs. 1 Satz 2 InsVV a. F. lex specialis ist, sodass eine Anwendung des § 2 Abs. 2 InsVV über die Generalverweisung des § 10 InsVV nicht möglich wäre; dann wäre auch die Mindestvergütung nur zu einem Bruchteil von 25 % zu gewähren. Der BGH hat jedoch zutreffend festgestellt, dass es sich bei der Mindestvergütung um eine absolute handelt, sodass über § 10 InsVV auch **§ 2 Abs. 2 InsVV** anwendbar ist.[136)] Durch die Verschiebung der Bruchteilsregelung für die Vergütung des vorläufigen Verwalters von § 11 Abs. 1 Satz 2 InsVV a. F. in § 63 Abs. 3 Satz 2 InsO[137)] hat sich an diesem Ergebnis nichts geändert.[138)]

---

131) BGH, Beschl. v. 19.11.2009 – IX ZB 261/08, ZInsO 2010, 63; BGH, Beschl. v. 14.10.2010 – IX ZB 224/08, ZInsO 2010, 2188; ausführlich *Zimmer*, InsbürO 2014, 162.
132) BGH, Beschl. v. 15.1.2004 – IX ZB 96/03, ZIP 2004, 417; BGH, Beschl. v. 13.3.2008 – IX ZB 63/05, ZIP 2008, 976; BGH, Beschl. v. 25.6.2009 – IX ZB 118/08, ZInsO 2009, 1511; BGH, Beschl. v. 27.4.2010 – IX ZB 172/08, JurionRS 2010, 15006.
133) BGH, Beschl. v. 13.7.2006 – IX ZB 104/05, Rz. 41, ZIP 2006, 1403; *Haarmeyer/Mock*, InsVV, § 2 Rz. 56.
134) *Graeber*, ZInsO 2006, 794, 797; *Haarmeyer/Mock*, InsVV, § 2 Rz. 56.
135) § 11 InsVV geändert durch das Gesetz zur Verkürzung des Restschuldbefreiungsverfahrens und zur Stärkung der Gläubigerrechte v. 15.7.2013 (BGBl. I 2013, 2379), siehe Anh. XII Rz. 98.
136) BGH, Beschl. v. 13.7.2006 – IX ZB 104/05, Rz. 39 ff., ZIP 2006, 1403; BGH, Beschl. v. 14.12.2006 – IX ZB 190/03, ZInsO 2007, 88.
137) § 63 Abs. 3 InsO eingeführt durch das Gesetz zur Verkürzung des Restschuldbefreiungsverfahrens und zur Stärkung der Gläubigerrechte v. 15.7.2013 (BGBl. I 2013, 2379), siehe Anh. XII Rz. 20.
138) *Stapper/Häußner*, ZInsO 2014, 2349.

Da § 2 Abs. 2 InsVV eine nach **Forderungsanmeldungen** gestaffelte Mindestvergütung vorsieht, derartige Forderungsanmeldungen jedoch im Eröffnungsverfahren nicht vorliegen können, bedarf es einer Anpassung des Tatbestandsmerkmals der Gläubiger. Zutreffend ist maßgeblich die Zahl derjenigen Gläubiger, denen nach den Unterlagen des Schuldners offene Forderungen gegen den Schuldner zustehen, soweit mit einer Forderungsanmeldung im Insolvenzverfahren zu rechnen ist;[139] es kommt nicht darauf an, ob sich der vorläufige Verwalter mit den Forderungen konkret befasst hat.[140] Das Tatbestandsmerkmal „mit Forderungsanmeldungen zu rechnen" muss ergänzt werden um das Tatbestandsmerkmal, dass „Forderungsanmeldungen möglich" sein müssen. Aus dieser kombinierten Lesart ergibt sich, dass darauf zu achten ist, ob ein Gläubiger lediglich durch unterschiedliche Behörden vertreten und mehrere Forderungsanmeldungen vornehmen wird,[141] ob wegen des Forderungsübergangs bei Insolvenzgeldgewährung tatsächlich viele Arbeitnehmer oder nur die Agentur für Arbeit als anmeldender Gläubiger auftreten werden,[142] ob sich vorinsolvenzliche Auseinandersetzungen fortsetzen und auch unberechtigte Anmeldungen erfolgen werden etc.

85

4. Höhe der Mindestvergütung des (vorläufigen) Sachwalters

Empirisch nicht sonderlich relevant, aber möglich ist der Fall, dass auch dem **Sachwalter** eine Mindestvergütung zu bewilligen ist. Hier gelten die Ausführungen zum vorläufigen Insolvenzverwalter (Rz. 84) insoweit entsprechend als auch hier die Generalverweisung des § 10 InsVV und mithin § 2 Abs. 2 InsVV Anwendung finden, ohne dass die Mindestvergütung nur zu dem in § 12 Abs. 1 InsVV genannten Bruchteil von 60 % festzusetzen wäre. Nichts anderes gilt für den vorläufigen Sachwalter, der einen eigenständigen Vergütungsanspruch hat (ausführlich § 12 Rz. 104 ff.).

86

---

139) Vgl. BGH, Beschl. v. 13.7.2006 – IX ZB 104/05, Rz. 40, ZIP 2006, 1403.
140) BGH, Beschl. v. 4.2.2010 – IX ZB 129/08, ZInsO 2010, 493.
141) Vgl. BGH, Beschl. v. 19.5.2011 – IX ZB 27/10, NZI 2011, 542: Landesjustizkasse Chemnitz und Finanzamt Schwarzenberg als verschiedene Behörden nur eines Gläubigers, nämlich des Freistaats Sachsen.
142) BGH, Beschl. v. 4.2.2010 – IX ZB 129/08, ZInsO 2010, 493.

§ 3
Zu- und Abschläge

(1) Eine den Regelsatz übersteigende Vergütung ist insbesondere festzusetzen, wenn

a) die Bearbeitung von Aus- und Absonderungsrechten einen erheblichen Teil der Tätigkeit des Insolvenzverwalters ausgemacht hat, ohne daß ein entsprechender Mehrbetrag nach § 1 Abs. 2 Nr. 1 angefallen ist,

b) der Verwalter das Unternehmen fortgeführt oder Häuser verwaltet hat und die Masse nicht entsprechend größer geworden ist,

c) die Masse groß war und die Regelvergütung wegen der Degression der Regelsätze keine angemessene Gegenleistung dafür darstellt, daß der Verwalter mit erheblichem Arbeitsaufwand die Masse vermehrt oder zusätzliche Masse festgestellt hat,

d) arbeitsrechtliche Fragen zum Beispiel in bezug auf das Insolvenzgeld, den Kündigungsschutz oder einen Sozialplan den Verwalter erheblich in Anspruch genommen haben oder

e) der Verwalter einen Insolvenzplan ausgearbeitet hat.

(2) Ein Zurückbleiben hinter dem Regelsatz ist insbesondere gerechtfertigt, wenn

a) ein vorläufiger Insolvenzverwalter in Verfahren tätig war,

b) die Masse bereits zu einem wesentlichen Teil verwertet war, als der Verwalter das Amt übernahm,

c) das Insolvenzverfahren vorzeitig beendet wird oder das Amt des Verwalters vorzeitig endet,

d) die Masse groß war und die Geschäftsführung geringe Anforderungen an den Verwalter stellte,

e) die Vermögensverhältnisse des Schuldners überschaubar sind und die Zahl der Gläubiger oder die Höhe der Verbindlichkeiten gering ist *oder*

f) *der Schuldner in ein Koordinationsverfahren einbezogen ist, in dem ein Verfahrenskoordinator nach § 269e der Insolvenzordnung bestellt worden ist.*[*]

Literatur: *Becker*, Die „kalte Zwangsverwaltung" im Vergütungssystem der InsVV, ZInsO 2013, 2532; *Blankenburg*, Ein vergütungsrechtlicher Bärendienst mit Folgen – Anmerkung zu BGH, Beschl. v. 16.2.2017, ZInsO 2017, 531; *Blersch*, Die Änderung der Insolvenzrechtlichen Vergütungsverordnung, ZIP 2004, 2311; *Eckhardt/Menz*, Datenschutz bei der Übertragung von Kundendaten in der Insolvenz, ZInsO 2016, 1917; *Ganter*, Nochmals: Die Delegation der Ermittlung von Anfechtungsansprüchen, ZInsO 2016, 677; *Gortan*, Kürzung der Mindestvergütung in Verbraucherinsolvenzverfahren nach § 3 II e InsVV, NZI 2016, 339; *Graeber/Graeber*, Die Vergleichsrechnung bei mehreren masseerhöhenden Zuschlagsgründen in der Insolvenzverwaltervergütung, NZI 2012, 355; *Graeber/Graeber*, Die Beauftragung von Dienstleistern und deren Auswirkungen auf die Vergütung des Insolvenzverwalters, ZInsO 2013, 1284; *Haarmeyer*, Strukturmerkmale der Vergütung im Insolvenzverfahren, in: Kölner Schrift zur Insolvenzordnung: Das neue Insolvenzrecht, Arbeitskreis für Insolvenz- und Schiedsgerichtswesen e.V., Köln (Hrsg.), 2. Aufl. 2000, S. 483 ff.; *Haarmeyer/Mock*, Insolvenzrechtliche Vergütung und Inflation, ZInsO 2014, 573; *Haarmeyer*, Die Konkretisierung der Darlegungs- und Beweislast im Vergütungsfestsetzungsverfahren, ZInsO 2016, 2057; *Henkel*, Vergütungswildwuchs und Verwalter-Bashing, ZInsO 2016, 2330; *Holzer*, Die Reform der InsVV – Ein Plädoyer für die Neustrukturierung des Vergütungsrechts im Insolvenzverfahren, NZI 2013, 1049; *Keller*, Der Degressionsausgleich bei der Vergütung des Insolvenzverwalters, NZI 2013, 19; *Lissner*, Zuschlag, Abschlag oder Fehlschlag?, ZVI 2016, 263; *Lissner*, Die Delegation und das Zuschlagswesen vor einem notwendigen Umbruch, ZInsO 2016, 1606; *Lissner*, Kontrollmechanismen bei der Insolvenzverwaltervergütung, ZInsO 2016, 2283; *Lissner/Skudelny*, Tantalosqualen in der EDV? – Oder warum es am Ende des Tunnels derzeit teilweise (noch) dunkel bleibt?, ZInsO 2017, 1474; *Metoja*, Heranziehung von Marktpreisen zur Bestimmung von angemessenen Zuschlagshöhen bei der Vergütung des Insolvenzverwalters, ZInsO 2016, 1612; *Mock*, Die Vergütung des vorinsolvenzlichen Sanierungsberaters, ZIP 2014,

---

[*] § 3 Abs. 2 lit. f InsVV tritt am 21.4.2018 in Kraft.

445; *Raebel*, Die Berechnungsgrundlage der Vergütung des vorläufigen Insolvenzverwalters, in: Festschrift für Gero Fischer, 2008, S. 459; *Rauschenbusch*, Anmerkung zu BGH, Beschl. v. 12.5.2011 – IX ZB 143/08 – Zur Zuschlagsberechnung bei einer Betriebsfortführung, ZInsO 2011, 1730; *Reck/Köster/Wathling*, 1½ Jahre neues Verbraucherinsolvenzrecht – ein Zwischenstand, ZVI 2016, 1; *Schmerbach/Semmelbeck*, Zwölf offene Fragen zur Reform der Privatinsolvenz, NZI 2014, 547; *R. Schmidt*, Verfahrensbezogene Öffentlichkeitsarbeit und Medienpräsenz des Insolvenzverwalters als sonstiger Zuschlagsfaktor für die Verwaltervergütung gemäß § 3 InsVV, ZInsO 2012, 1886; *Vill*, Zur Reform des insolvenzrechtlichen Vergütungsrechts, in: Festschrift für Bruno M. Kübler, 2015, 741; *Wischemeyer/Schur*, Vergütungsrechtliche Fragen des neuen Privatinsolvenzrechts, ZVI 2017, 171; *Zimmer*, Gesetz über den Rechtsschutz bei überlangen Gerichtsverfahren und strafrechtlichen Ermittlungsverfahren – Auswirkungen auf die Insolvenzpraxis, ZInsO 2011, 2302; *Zimmer*, Praxisrelevante Auswirkungen des Gesetzes über den Rechtsschutz bei überlangen Gerichtsverfahren, InsbürO 2012, 342; *Zimmer*, Vergütung des Insolvenzverwalters für Hausverwaltung und „kalte" Zwangsverwaltung, InsbürO 2015, 510; *Zimmer*, Vergütung bei freihändiger Grundstücksverwertung und „kalter" Zwangsverwaltung, InsbürO 2017, 102.

Übersicht

I. Normzweck 1	c) Erheblicher Teil der Tätigkeit (Mehrbelastung) 54
II. Rechtsnatur 2	aa) Definition des Tatbestandsmerkmals 54
III. Historie 4	bb) Beispiele 58
IV. Persönlicher Anwendungsbereich 7	d) Höhe des Zuschlags 64
V. Grundprinzipien der Zu- und Abschläge 9	e) Vergleichsrechnung 65
1. Regelvergütung als Ausgangslage – Grundkritik 9	3. Betriebsfortführung (§ 3 Abs. 1 lit. b Alt. 1 InsVV) 74
2. Normative Ausgangslage (Normalverfahren) 12	a) Allgemeines 74
3. Einzelfallbetrachtung 16	b) Definition des Tatbestandsmerkmals 75
a) Aufgabe der Rechtspflege 16	c) Abstrakt angemessener Zuschlag 76
b) Unbeachtlichkeit nicht geschuldeter Tätigkeiten 17	d) Vergleichsrechnung 79
c) Unbeachtlichkeit von Faustregeltabellen 18	e) Kürzung wegen Delegationen 84
4. Ermittlung eines Tatbestands 20	f) Anwendung auf den vorläufigen Insolvenzverwalter 90
5. Höhe eines Zuschlags 24	g) Anwendung auf den Sachwalter 98
a) Abstrakt angemessener Zuschlag 24	4. Hausverwaltung (§ 3 Abs. 1 lit. b Alt. 2 InsVV) 99
b) Vergleichsrechnung 32	a) Zuschlagsberechnung nach allgemeinen Kriterien 99
c) Keine Obergrenze 35	b) Zuschlagsberechnung nach ZwVwV 102
d) Kürzung von Zuschlägen wegen Delegation von Sonderaufgaben 36	c) „Kalte" Zwangsverwaltung 105
e) Darlegungslast 40	5. Degressionsausgleich (§ 3 Abs. 1 lit. c InsVV) 111
6. Gesamtwürdigung und Angemessenheit I 41	6. Arbeitsrechtliche Fragen (§ 3 Abs. 1 lit. d InsVV) 117
7. Querfinanzierung und Angemessenheit II 44	7. Insolvenzplan (§ 3 Abs. 1 lit. e InsVV) 123
VI. Zuschläge (§ 3 Abs. 1 InsVV) 50	8. Ungeschriebene Zuschlagsfaktoren . 126
1. Obersatz 50	a) Vorbemerkungen 126
2. Aus- und Absonderungsrechte (§ 3 Abs. 1 lit. a InsVV) 51	b) Relevante Faktoren (alphabetisch) 128
a) Einleitung 51	
b) Aus- und Absonderungsrechte (Definition) 52	

§ 3

VII. Abschläge (§ 3 Abs. 2 InsVV) 179
1. Einleitung 179
2. Vorläufige Insolvenzverwaltung (§ 3 Abs. 2 lit. a InsVV) 184
3. Nachträgliche Amtsannahme (§ 3 Abs. 2 lit. b InsVV) 194
4. Vorzeitige Amts- oder Verfahrensbeendigung (§ 3 Abs. 2 lit. c InsVV) 201
5. Geringe Anforderungen (§ 3 Abs. 2 lit. d InsVV) 207
6. Überschaubare Vermögensverhältnisse (§ 3 Abs. 2 lit. e InsVV) 214
   a) Einführung 214
   b) Anwendungsbereich: Verfahrenserleichterungen 215
   c) Tatbestandserfüllung: Arbeitserleichterung 219
7. Verfahrenskoordination (§ 3 Abs. 2 lit. f InsVV) 229
   a) Vergütung des Verfahrenskoordinators 229
   b) Abschlag bei gruppenangehörigen Insolvenzverwaltern 230
      aa) Tatbestand 230
      cc) Lösungsansätze 231
      bb) Auswirkungen (Beispiel) 234
8. Ungeschriebene Abschlagsfaktoren 242
   a) Verfahrensdauer 242
   b) Einfache Geschäftsführung 247
   c) Arbeitserleichterung wegen Delegation einer Regelaufgabe 248
   d) Arbeitserleichterung wegen Delegation einer Sonderaufgabe 253
   e) Verhinderung der Masseinsuffizienz 256

I. Normzweck

1 Gemäß § 63 Abs. 1 Satz 1 InsO hat der Insolvenzverwalter Anspruch auf Vergütung für seine Geschäftsführung und auf Erstattung angemessener Auslagen. Der Regelsatz der Vergütung wird nach dem Wert der Insolvenzmasse zur Zeit der Beendigung des Insolvenzverfahrens berechnet (§ 63 Abs. 1 Satz 2 InsO). Dem **Umfang** und der **Schwierigkeit der Geschäftsführung** des Verwalters wird durch Abweichungen vom Regelsatz Rechnung getragen (§ 63 Abs. 1 Satz 3 InsO). Letzteres soll § 3 InsVV leisten, sodass aus einer zunächst starren Erfolgsvergütung nach §§ 1, 2 InsVV eine dem Einzelfall entsprechende Tätigkeitsvergütung werden kann. Eine solche Anpassung gebietet sich auch aufgrund des Verbots einer von den Regelungen nach InsO/InsVV abweichenden Gebührenvereinbarung mit den Beteiligten, die vergleichbaren Berufsträgern z. B. nach RVG/StBVV möglich wäre, wenn sich eine gesetzliche Vergütung als nicht angemessen erweist.

II. Rechtsnatur

2 Auf der Ebene der §§ 1, 2 InsVV ist die Vergütung des Insolvenzverwalters eine Erfolgsvergütung. Erst auf der Ebene des § 3 InsVV wird sie abschließend zu einer Tätigkeitsvergütung. Während § 1 InsVV einen objektiv wertausfüllenden Charakter hat, folgt § 3 InsVV einem subjektiven, *leistungsorientierten Ansatz*, sodass § 3 InsVV **vergütungsanpassenden Charakter** hat, um die vom Gesetzgeber in § 63 Abs. 1 InsO vorgesehene angemessene Vergütung des Insolvenzverwalters zu bestimmen; nichts anderes gilt für die anderen nach der InsO Vergütungsberechtigten, für die § 3 InsVV Anwendung findet. Daher wird dem § 3 InsVV eine zentrale Bedeutung innerhalb des Vergütungssystems zugewiesen.[1]

3 § 3 InsVV kennzeichnet die Vergütung des Insolvenzverwalters als vermeintlich offenes System, durch das die Besonderheiten des konkreten Verfahrens berück-

---

1) *Keller*, Vergütung und Kosten, § 5 Rz. 1.

sichtigt werden, im Gegensatz zu geschlossenen Systemen des sonstigen Gebühren- und Kostenrechts, bei denen konkrete und regelmäßig nicht analogiefähige Tatbestände durch Gebühren abgegolten werden.[2] Daraus soll sich ergeben, dass die Vergütung nach dem Einzelfall und nicht nach der Vielzahl der von Insolvenzverwaltern übernommenen Verfahren zu bestimmen ist. Dies ist jedoch ein zentraler Streitpunkt des Vergütungsrechts (Rz. 44 ff.).

III. Historie

Die Zuschlagstatbestände des § 3 Abs. 1 InsVV sowie die Abschlagstatbestände des § 3 Abs. 2 lit. a–d InsVV sind seit Einführung der InsVV zum 1.1.1999[3] unverändert. 4

Durch das Gesetz zur Verkürzung des Restschuldbefreiungsverfahrens und zur Stärkung der Gläubigerrechte vom 15.7.2013 wurde mit § 3 Abs. 2 lit. e InsVV ein weiterer Abschlagsfaktor kodifiziert.[4] Die Norm ist anwendbar auf Insolvenzverfahren, die ab dem 1.7.2014 beantragt werden (§ 19 Abs. 4 InsVV). 5

Durch das Gesetz zur Erleichterung der Bewältigung von Konzerninsolvenzen vom 13.4.2017 wurde § 3 Abs. 2 lit. f InsVV eingeführt.[5] Die aufgrund dieses Gesetzes vorgenommenen Änderungen in InsO und InsVV treten zum **21.4.2018** in Kraft.[6] Da sich weder im Einführungsgesetz zur Insolvenzordnung (EGInsO) noch in § 19 InsVV Übergangsvorschriften finden und ein bereits eröffnetes Insolvenzverfahren nachträglich in ein Koordinationsverfahren eingebunden werden kann (vgl. §§ 3a Abs. 3, 13a Abs. 1 Nr. 5, 269d InsO n. F.), könnte eine rechtlich zweifelhafte Rückwirkung vorliegen. 6

IV. Persönlicher Anwendungsbereich

§ 3 InsVV findet Anwendung auf die Vergütungen des **(vorläufigen) Insolvenzverwalters** und des **(vorläufigen) Sachwalters**, wobei insbesondere die Trennung der Verfahrensabschnitte zu beachten ist. Da jeder Vergütungsberechtigte einen eigenen Vergütungsanspruch hat, sind auch zu- und abschlagsfähige Sachverhalte dem jeweils Vergütungsberechtigten zuzuordnen. Auf die Vergütung des **Treuhänders in Verbraucherinsolvenzverfahren** alten Rechts[7] ist § 3 InsVV nur eingeschränkt anwendbar (§ 13 Rz. 26 ff.). Grundsätzlich anwendbar[8] ist § 3 InsVV 7

---

2) BVerfG, Beschl. v. 9.2.1989 – 1 BvR 1165/87, ZIP 1989, 382, 383 (mit Anm. *Eickmann*).
3) Insolvenzrechtliche Vergütungsverordnung (InsVV) v. 19.8.1998 (BGBl. I 1998, 2205), siehe Anh. III Rz. 38 ff.
4) Gesetz zur Verkürzung des Restschuldbefreiungsverfahrens und zur Stärkung der Gläubigerrechte v. 15.7.2013 (BGBl. I 2013, 2379), siehe Anh. XII Rz. 92.
5) Gesetz zur Erleichterung der Bewältigung von Konzerninsolvenzen v. 13.4.2017 (BGBl. I 2017, 866), siehe Anh. XV Rz. 106.
6) Art. 10 des Gesetzes zur Erleichterung der Bewältigung von Konzerninsolvenzen v. 13.4.2017 (BGBl. I 2017, 866).
7) §§ 312–314 InsO aufgehoben und § 13 InsVV geändert durch das Gesetz zur Verkürzung des Restschuldbefreiungsverfahrens und zur Stärkung der Gläubigerrechte v. 15.7.2013 (BGBl. I 2013, 2379), siehe Anh. XII Rz. 83.
8) KPB-InsO/*Thole*, § 269g Rz. 6 (Stand: 06/2017).

auf die Vergütung des **Verfahrenskoordinators** (§ 269g InsO[9]). Eine analoge Anwendung kann die Norm für den **Sonderinsolvenzverwalter** finden.

8 *Keine Anwendung* findet § 3 InsVV für den **Treuhänder in der Wohlverhaltensphase** (§ 292 InsO, §§ 14–16 InsVV), für den **Gruppenkoordinator** nach Art. 77 Abs. 1 EuInsVO (§ 1 Rz. 195 ff.) oder die Mitglieder des **(vorläufigen) Gläubigerausschusses**.

V. Grundprinzipien der Zu- und Abschläge

1. Regelvergütung als Ausgangslage – Grundkritik

9 Eine Anwendung des § 3 InsVV ist ausgeschlossen, wenn die nach §§ 1, 2 InsVV ermittelte Regelvergütung der Tätigkeit des Insolvenzverwalters **angemessen** ist; Letzteres ist eine gesetzliche, *widerlegbare Vermutung*, sodass jeder Zu- oder Abschlag einer Begründung bedarf.

10 Dass die Regelvergütung nach § 2 Abs. 1 InsVV aufgrund der **Geldentwertung** *keineswegs angemessen* ist, kann bei der Anwendung des § 3 InsVV nicht berücksichtigt werden; taugliches Mittel für Einwendungen ist insoweit einzig die verfassungskonforme Auslegung des § 2 Abs. 1 InsVV (ausführlich § 2 Rz. 23 ff.). Dies ist jedoch insoweit nicht ganz ohne Bedeutung für die Auslegung des § 3 InsVV, als sich Insolvenzverwalter wegen der Unangemessenheit der Regelvergütung eventuell in die Lage versetzt fühlen, dies über Zuschläge kompensieren zu wollen. Was nicht von der Regelvergütung *tatsächlich bezahlt* werde, müsse zuschlagsfähige Sonderaufgabe sein. Dies ist freilich ein unzutreffender Ansatz. Einer solchen subjektiv empfunden notwendigen „Nothilfe" allein mit Polemik zu begegnen und gar früher anerkannten Zuschlagsfaktoren ihre Berechtigung abzusprechen, was Tendenz der Rechtsprechung und einiger Kommentatoren zu sein scheint, ist gleichfalls ein unzutreffender Ansatz, da nicht auf Auslegung von Recht und Gesetz beruhend, sondern ausschließlich dem subjektiven Gerechtigkeitsempfinden oder einer geänderten beruflichen Ausrichtung folgend, mithin *Willkür* bedeutend.

11 Bereits die Bezugnahme auf die Regelvergütung als Ausgangspunkt für die Prüfung von Zu- und Abschlägen zur Findung einer angemessenen Vergütung lässt folglich erahnen, dass § 3 InsVV nur noch residual einem System folgt, an dessen Gestaltung sich der Verordnungsgeber seit Abfassung der InsVV im Jahr 1998 nicht mehr erwähnenswert beteiligt. Daraus ergibt sich eine insgesamt fragwürdige Situation. Akzeptieren die Tatgerichte Zuschläge als „Nothilfe", wird sich der Verordnungsgeber nicht zur Anpassung des § 2 Abs. 1 InsVV veranlasst sehen. Akzeptieren sie diesen Weg nicht, scheint die Vergütung verfassungsrechtlich bedenklich. In beiden Fällen entstehen Diskussionen, die wenig sachgerecht sind. **Kernanliegen des Verordnungsgebers** war eine Regelvergütung, die nahezu alle Tätigkeiten abdeckt; nur bei *Besonderheiten des einzelnen Verfahrens* sollten Zu- und Abschläge vorzunehmen sein.[10] Um diese Ausgangslage stets aktuell zu halten, kann eine restriktive Aus-

---

[9] §§ 269a–269i InsO eingefügt durch das Gesetz zur Erleichterung der Bewältigung von Konzerninsolvenzen v. 13.4.2017 (BGBl. I 2017, 866) mit Inkrafttreten zum 21.4.2018 (Art. 10 des Änderungsgesetzes), siehe Anh. XV.
[10] Insolvenzrechtliche Vergütungsverordnung (InsVV) v. 19.8.1998 (BGBl. I 1998, 2205), Begründung zu § 2 InsVV, siehe Anh. III Rz. 37.

legung des § 3 InsVV nur auf Basis einer verfassungskonformen Auslegung des § 2 Abs. 1 InsVV beruhen. Die nachfolgenden Ausführungen unterstellen dies, sodass zunächst stets die inflationsbedingte Anpassung der Regelvergütung zu prüfen ist (§ 2 Rz. 23 ff.).

2. Normative Ausgangslage (Normalverfahren)

Aufgrund der widerlegbaren Vermutung, die Regelvergütung des § 2 Abs. 1 InsVV sei angemessen, bedarf es der Beschreibung einer Situation bzw. Konstellation, von der heraus die heranzuziehenden Abweichungen definiert werden können. Dies macht es im Grundsatz erforderlich, ein **Normalverfahren** zu definieren, für das eine solche Abgeltungsgrundregel greifen kann. Indes fehlt eine Legaldefinition des Normalverfahrens. Literatur, Rechtsanwender und Rechtsprechung sind dementsprechend bemüht, ein Normalverfahren zu definieren. Da jedoch das Vergütungssystem von der masselosen Verbraucherinsolvenz bis zur Insolvenz eines Milliardenkonzerns eine recht umfangreiche Spannbreite von Lebenssachverhalten erfassen und jährlich insgesamt rd. 100.000 Verfahren betreffen soll, scheint die Idee, ein Normalverfahren definieren zu wollen, zum Scheitern verurteilt,[11] zumal nicht ansatzweise erkennbar ist, wie sich InsO-Gesetzgeber und InsVV-Verordnungsgeber diesbezüglich zu positionieren gedenken. Ein Mehr- oder Minderaufwand als Tatbestandsmerkmal des § 3 InsVV ist daher nicht objektiv bestimmbar.[12] Fest steht einzig, dass ein solches Normalverfahren lediglich durch einen Korridor qualitativer und quantitativer Faktoren bestimmt werden könnte. Die jeweiligen Ober- und Untergrenzen zu definieren ergibt jedoch meist *keinen Sinn* – zudem dies in den vielen Jahrzehnten seit Einführung der VergVO im Jahr 1960[13] als Vorläufernorm der InsVV nicht zu nachhaltig brauchbaren Ergebnissen geführt hat. Maßgeblich für einen Vergütungszuschlag soll gleichwohl immer noch sein, dass eine Abweichung vom Normalverfahren so signifikant sein muss, dass erkennbar ein Missverhältnis entstünde, wenn nicht die besondere und vom Umfang her erhebliche Tätigkeit des Insolvenzverwalters auch in einer vom Normalfall abweichenden Festsetzung der Vergütung ihren Niederschlag fände.[14] Viele Worte ergeben noch keinen Sinn, was sich durch Wiederholungen, Bezugnahmen und Umformulierungen in der Literatur und gerichtlichen Entscheidungen nicht ändert. Daher ist ein wie auch immer geartetes Normalverfahren nicht (mehr) Ausgangslage für die Ermittlung von Zuschlägen.[15] Im Ergebnis entscheidet folglich stets der **Einzelfall**.[16]

12

Der Befund, dass es kein tauglich zu definierendes Normalverfahren gibt, befreit jedoch nicht von der Beantwortung der Frage, ob sich der Verordnungsgeber nicht

13

---

11) *Holzer*, NZI 2013, 1049, 1051; *Haarmeyer/Mock* InsVV, § 3 Rz. 3 und § 11 Rz. 14 ff.
12) HambKommInsO/*Büttner*, § 3 InsVV Rz. 4.
13) Verordnung über die Vergütung des Konkursverwalters, des Vergleichsverwalters, der Mitglieder des Gläubigerausschusses und der Mitglieder des Gläubigerbeirats v. 25.5.1960 (BGBl. I 1960, 329) in der letzten Fassung v. 11.6.1979 (BGBl. I 1979, 637), siehe Anh. II.
14) BGH, Beschl. v. 11.10.2007 – IX ZB 15/07, NZI 2008, 33.
15) *Haarmeyer/Mock* InsVV, § 3 Rz. 53 und § 11 Rz. 14 ff.
16) Ständige Rechtsprechung, vgl. nur BGH, Beschl. v. 8.3.2012 – IX ZB 162/11, ZInsO 2012, 753; BGH, Beschl. v. 26.9.2013 – IX ZB 246/11, JurionRS 2013, 46170; BGH, Beschl. v. 21.7.2016 – IX ZB 70/14, ZIP 2016, 1592.

irgendwann einmal etwas unter einem Insolvenzverfahren vorgestellt haben könnte. Das kann freilich aufgrund der Begründung zur InsVV bejaht werden, wenngleich eine solche Begründung stets nur die grobe Richtung erkennen lässt und keinen Vorab-Kommentar darstellen kann. Die Idee, europäische Normsetzung mit Erwägensgründen zu versehen, könnte vielleicht einmal auf nationale Normgebung übertragen werden. Allein die Begründungen einer Ministerverordnung i. S. d. Art. 80 Abs. 1 GG sind jedenfalls für die Gerichte nicht bindend i. S. d. Art. 20 Abs. 3 GG.[17] Die Frage, ob die Definition eines Normalverfahrens, der Begriff soll an dieser Stelle aus Vereinfachungsgründen weiter verwendet werden, auf den **Stand der Kodifizierung** rekurrieren müsste[18] oder *dynamisch*[19] ist, hatte bereits zu Zeiten von KO[20]/GesO[21]/VergVO[22] das Bundesverfassungsgericht beschäftigt. In diesem Zusammenhang führte das BVerfG[23] aus: „In verfassungskonformer Auslegung von § 3 Abs. 1 und § 4 Abs. 1 VergVO ist festzustellen, was *gegenwärtig* als ‚Regel'-Fall zu betrachten und welche ‚Besonderheiten der Geschäftsführung' *heute* in Betracht kommen [...] Rechtsprechung und Schrifttum betrachten als Besonderheiten der Geschäftsführung auch solche den Beispielen in § 4 Abs. 2 VergVO vergleichbaren Arbeiten, die seit 1972 zum Aufgabenkreis der Konkursverwalter *hinzugekommen* sind [...] Aus ihnen folgende Arbeiten werden von der Regelvergütung nach § 3 Abs. 1 VergVO *nicht abgedeckt*. Einer Zusatzvergütung nach § 4 Abs. 1 VergVO steht nicht entgegen, dass die neuen Aufgaben inzwischen, gemessen an ihrer Häufigkeit, nicht mehr aus dem Rahmen fallen." Dies ist eine klare Absage des BVerfG an das dynamische Normalverfahren. Es ist kein Grund ersichtlich, de lege lata eine abweichende Auffassung zu vertreten.

14 Für die Anwendung des § 3 InsVV ist insoweit maßgeblich, was seit Einführung der InsO zum 1.1.1999 an Aufgaben hinzugekommen oder weggefallen ist. Dies ist kein Insolvenzspezifikum. Ganz allgemein hält das BVerfG den Tatrichter für berechtigt und verpflichtet, angesichts des beschleunigten Wandels der gesellschaftlichen Verhältnisse und der begrenzten Reaktionsmöglichkeiten des Gesetzgebers sowie der offenen Formulierung zahlreicher Normen die Anpassung geltenden Rechts an veränderte Verhältnisse vorzunehmen, solange er sich dabei nicht aus der

---

17) *Raebel*, in: FS Fischer, S. 459, 475.
18) *Keller*, Vergütung und Kosten, § 5 Rz. 3.
19) BGH, Beschl. v. 20.1.2005 – IX ZB 134/04, ZInsO 2005, 253; *Haarmeyer/Mock*, ZInsO 2014, 573.
20) Konkursordnung v. 10.2.1877 (RGBl. 1877, 351), zuletzt geändert durch das Gesetz zur Abschaffung der Gerichtsferien v. 28.10.1996 (BGBl. I 1996, 1546), aufgehoben mit Wirkung zum 1.1.1999 durch Art. 2 Nr. 4 EGInsO.
21) Gesamtvollstreckungsordnung v. 1.1.1976 (GBl. DDR 1976 I, 5) in der Fassung der Bekanntmachung für das wiedervereinte Deutschland v. 23.5.1991 (BGBl. 1991 I, 1185), zuletzt geändert durch das Justizmitteilungsgesetz und Gesetz zur Änderung kostenrechtlicher Vorschriften und anderer Gesetze v. 18.6.1997 (BGBl. I 1997, 1430), aufgehoben mit Wirkung zum 1.1.1999 durch Art. 2 Nr. 7 EGInsO.
22) Verordnung über die Vergütung des Konkursverwalters, des Vergleichsverwalters, der Mitglieder des Gläubigerausschusses und der Mitglieder des Gläubigerbeirats v. 25.5.1960 (BGBl. I 1960, 329) in der letzten Fassung v. 11.6.1979 (BGBl. I 1979, 637), siehe Anh. II.
23) BVerfG, Beschl. v. 9.2.1989 – 1 BvR 1165/87, ZIP 1989, 382, 383 (mit Anm. *Eickmann*).

Rolle des Normanwenders in die einer normsetzenden Instanz begibt.[24] All dies sieht letztlich auch der BGH so, wenn er für den Treuhänder im vereinfachten Insolvenzverfahren alten Rechts[25] – obwohl nach § 13 Abs. 2 InsVV a. F.[26] keine Erhöhung der Vergütung nach § 3 Abs. 1 InsVV zulässig war – eine Erhöhung der Vergütung darauf stützt, dass der Treuhänder in Einzelfällen mehr leisten muss als der Verordnungsgeber sich vorgestellt hat.[27]

Die praktische Auswirkung des Streits um ein dynamisches oder statisches Normalverfahren ist jedoch geringer als der Streit vermuten lässt. Denn richtigerweise ist nicht allein relevant, was sich ein früherer Verordnungsgeber einmal positiv vorgestellt hat; maßgeblich ist auch, was sich der Verordnungsgeber theoretisch hat vorstellen können. Dass sich hie und da Rechtsprechung ändert, neue Anspruchsgrundlagen geschaffen werden oder die Welt der Formulare bereichert wird, liegt im Erwartungshorizont eines Verordnungsgebers. Was aber ein verständiger Verordnungsgeber nicht in seine Überlegungen einstellen konnte und auch nicht durfte, und was ebenso folglich vergütungsrechtlich nicht irrelevant sein kann, sind grundlegende Systemveränderungen, bei denen es regelmäßig einer Übergangszeit bedarf, bis von Rechtssicherheit die Rede sein kann. Wird z. B. der Numerus clausus des Gesellschaftsrechts erweitert oder ist die Anwendung des Insolvenzrechts auf in Deutschland ansässige ausländische Gesellschaften unklar, streiten sich zwei oder mehr BGH- oder BFH-Senate geraume Zeit über eine endgültige Rechtsauffassung, erfindet der BFH einen Trick, um eine Vielzahl von Insolvenzforderungen in Masseverbindlichkeiten umzuqualifizieren, erfolgen Veränderungen in der InsO, die in der InsVV nicht nachvollzogen werden, so handelt es sich um Anforderungen an den Insolvenzverwalter, die – wenn und weil Mehraufwand damit verbunden ist – über § 3 Abs. 1 InsVV zu honorieren sind. Nimmt der Staat für Aufgaben, deren Wahrnehmung im öffentlichen Interesse liegt, Staatsbürger beruflich in Anspruch, dann erweist es sich – unabhängig davon, ob die Aufgabenerfüllung freiwillig oder gezwungenermaßen erfolgt – als übermäßige, durch keine Gründe des Gemeinwohls gerechtfertigte Einschränkung der freien Berufsausübung (Art. 12 Abs. 1 GG), diese Tätigkeit nicht durch eine angemessene Vergütung zu entlohnen.[28] Der Staat hat also sicherzustellen, dass der Insolvenzverwalter eine auch seine persönlichen Bedürfnisse deckende Vergütung enthält.[29] Es wäre folglich verfassungsrechtlich bedenklich, dies nicht auf Aufgaben anzuwenden, die nach Erlass einer Vergütungsverordnung geschaffen werden, regelmäßig auch noch durch

---

24) BVerfG, Beschl. v. 17.9.2013 – 1 BvR 1928/12, Rz. 31 f., ZIP 2013, 2105.
25) § 313 InsO aufgehoben durch das Gesetz zur Verkürzung des Restschuldbefreiungsverfahrens und zur Stärkung der Gläubigerrechte v. 15.7.2013 (BGBl. I 2013, 2379), siehe Anh. XII Rz. 83.
26) § 13 InsVV geändert durch das Gesetz zur Verkürzung des Restschuldbefreiungsverfahrens und zur Stärkung der Gläubigerrechte v. 15.7.2013 (BGBl. I 2013, 2379), siehe Anh. XII Rz. 101.
27) BGH, Beschl. v. 24.5.2005 – IX ZB 6/03, ZInsO 2005, 760 (Betriebsfortführung); BGH, Beschl. v. 26.4.2012 – IX ZB 176/11, ZInsO 2012, 1138 (Anfechtungsansprüche).
28) BVerfG, Urt. v. 1.7.1980 – 1 BvR 349/75, 1 BvR 378/76, NJW 1980, 2179; BGH, Urt. v. 5.12.1991 – IX ZR 275/90, ZIP 1992, 120.
29) BGH, Urt. v. 5.12.1991 – IX ZR 275/90, ZIP 1992, 120.

den Gesetzgeber. Insoweit stellt sich die Frage, ob nicht jedwede Änderung der InsO durch den Gesetzgeber zwingend dazu führen muss, dass die aus der InsO abgeleitete Verordnung i. S. d. Art. 80 Abs. 1 GG zu überarbeiten ist. Im Ergebnis geht es bei der Frage, ob die Vorstellungen des Verordnungsgebers aus dem Jahr 1998 maßgeblich sind oder Entwicklungen berücksichtigt werden dürfen, um die Kernfrage, ob der (Rechtspfleger als) Tatrichter mitdenken darf oder nicht; freilich darf er, wozu es allerdings einer qualifizierten Aus- und Weiterbildung bedarf. All dies gilt auch für den Wegfall von Aufgaben, wenngleich sich seit 1999 weggefallener Aufgaben nicht habhaft werden lässt.

3. Einzelfallbetrachtung
a) Aufgabe der Rechtspflege

16   Der Entfall eines Normalverfahrens (Rz. 12) bzw. die normative Hinwendung zur ursprünglichen Vorstellung des Verordnungsgebers (Rz. 13) führt im Ergebnis zu einer – gewollten – Einzelfallbetrachtung, bei der Insolvenzgericht[30] und Beschwerdegericht[31] als Tatrichter bzw. Tatsacheninstanz fungieren. Was jedoch an Sachvortrag im Vergütungsantrag fehlt, kann auch keine Kommentierung richten. Umgekehrt scheint es empirisch und dogmatisch verfehlt, das gesamte Vergütungssystem in seiner konkreten Anwendung an einer Handvoll Leitentscheidungen zu orientieren. Dies erst recht, wenn die Leitsätze nicht mit der Entscheidungsbegründung im Einklang stehen oder ausdrücklich nur dem Einzelfall geschuldet waren – was freilich schon die Anbringung eines Leitsatzes nicht rechtfertigen dürfte. Richtig ist indes, dass die Regelvergütung des § 2 InsVV nicht nur einen Sockel- oder Grundbetrag darstellt, der für jedwede Tätigkeit zu erhöhen wäre.[32] Die Einzelfallbetrachtung soll den Rechtsanwender gelegentlich überfordern,[33] was auch dem Vergütungssystem geschuldet sein soll.[34] Dies mag in Einzelfällen zutreffen, wenngleich der Umfang akademischer Auseinandersetzungen nicht immer im Einklang mit der empirischen Relevanz steht. Wenn seit vielen Jahren durchschnittlich 100.000 Insolvenzverfahren pro Jahr eröffnet und in jedem Verfahren mindestens zwei Vergütungsanträge gestellt werden, so sind à la longue rd. 200.000 Vergütungsanträge pro Jahr zu bearbeiten. Die Anzahl der veröffentlichten Gerichtsentscheidungen lässt nicht zwingend den Schluss zu, es sei nun jeder Vergütungsantrag schwierig oder streitbefangen. Insoweit muss das **Vertrauen in die Rechtspflege** nicht künstlich erschüttert werden, wenn und weil es um eine tatrichterliche Entscheidung (Ob eines Zuschlags) nebst Ermessensausübung (Höhe des Zuschlags) geht, wenngleich auch Rechtspfleger beklagen, dass Zeitpensum und Ausstattung eine vernünftige Auseinandersetzung mit dem Vergütungsantrag

---

30) BGH, Beschl. v. 24.7.2003 – IX ZB 607/02, ZIP 2003, 1757; BGH, Beschl. v. 23.9.2004 – IX ZB 215/03, NZI 2004, 665; BGH, Beschl. v. 16.7.2005 – IX ZB 285/03, ZIP 2005, 1371; BGH, Beschl. v. 11.5.2006 – IX ZB 249/04, ZIP 2006, 1204, 1205.
31) BGH, Beschl. v. 28.9.2006 – IX ZB 108/15, ZIP 2006, 2186; BGH, Beschl. v. 23.2.2012 – IX ZB 26/11, JurionRS 2012, 11350.
32) LG Konstanz, Beschl. v. 17.8.2016 – A 62 T 96/16, ZInsO 2016, 1828.
33) *Haarmeyer/Mock* InsVV, § 3 Rz. 1; *Henkel*, ZInsO 2016, 2330.
34) *Lissner*, ZVI 2016, 263, 264.

kaum zulassen.[35] Dass das Vergütungsrecht immer komplexer wird, beschäftigt folglich neben Legislative und Judikative auch die Exekutive, die sich freilich ihrerseits für eine Vereinfachung und Entbürokratisierung des Vergütungsrechts einsetzen könnte. Allein verfassungsrechtlich bedenkliche Entscheidungen anderer Gerichte zu zitieren oder Meinungsführern mal in die eine, mal in die andere Richtung nachzulaufen, entspricht nicht den rechtsstaatlichen Aufgaben der Rechtspflege.

b) Unbeachtlichkeit nicht geschuldeter Tätigkeiten

Von der Diskussion um regel- und zuschlagsfähige Sonderaufgaben zu unterscheiden ist die **Vergütung nicht geschuldeter Tätigkeiten**. Zu vergüten sind alle Tätigkeiten, die dem Insolvenzverwalter vom Gesetz oder von den Verfahrensbeteiligten (Schuldner, Gläubigerversammlung, Gläubigerausschuss) zulässig und wirksam übertragen worden sind.[37] Tätigkeiten, die der Insolvenzverwalter in Überschreitung seiner ihm zukommenden Aufgaben ausgeübt hat, sind nicht vergütungsfähig.[38] Dies gilt gleichermaßen für die Regelvergütung nach §§ 1, 2 InsVV wie auch für die als sonstige Masseverbindlichkeiten vergüteten Sonderaufgaben i. S. d. §§ 5, 4 Abs. 1 Satz 3 InsVV und nicht weniger für § 3 Abs. 1 InsVV. 17

c) Unbeachtlichkeit von Faustregeltabellen

Um die Vielzahl der relevanten Umstände handhabbar zu machen, ist die Bildung von Fallgruppen anerkannt.[39] So sind bereits die Regelbeispiele des § 3 InsVV lediglich **Fallgruppen**, freilich noch ohne Bezifferung, die der Angemessenheitsprüfung des Tatgerichts unterfällt. Letzteres wiederum hat zu *Faustregeltabellen* geführt, denen es jedoch an Ausführlichkeit und Vergleichbarkeit fehlt,[40] schon weil sie nicht von den Insolvenzgerichten selbst geführt werden. Dem BGH obliegt es jedenfalls nicht, solche Tabellen zu entwickeln.[41] Überdies werden in diese Tabellen auch Literaturansichten aufgenommen, was zu einer Verzerrung der Ergebnisse führt, da Wunsch und Wirklichkeit nicht getrennt werden. Auf der Ebene der Frage, *ob ein Zuschlagsgrund vorliegt*, wäre eine Bezugnahme auf Faustregeltabellen besonders problematisch; denn ein Tatrichter hat den Sachverhalt des konkreten Verfahrens zu erfassen und nicht den Sachverhalt einer ihm fremden Akte zu verwenden.[42] 18

Großzügiger mag trotz allem auf der Ebene der Ermessensausübung hinsichtlich der *Höhe des Zuschlags* argumentiert werden, da schließlich irgendeine Orientierung möglich sein muss. Auch Schmerzensgeldtabellen für die Anwendung des § 253 19

---

35) *Lissner*, ZInsO 2016, 2283, 2285.
36) BGH, Beschl. v. 21.7.2016 – IX ZB 70/14, Rz. 70, ZIP 2016, 1592 (Sachwalter).
37) BGH, Beschl. v. 16.6.2005 – IX ZB 264/03, ZIP 2005, 1372 (vorläufiger Insolvenzverwalter); BGH, Beschl. v. 21.7.2016 – IX ZB 70/14, Rz. 61, ZIP 2016, 1592 (Sachwalter).
38) BGH, Beschl. v. 16.6.2005 – IX ZB 264/03, ZIP 2005, 1372 (vorläufiger Insolvenzverwalter); BGH, Beschl. v. 21.7.2016 – IX ZB 70/14, Rz. 61, ZIP 2016, 1592 (Sachwalter).
39) *Keller*, Vergütung und Kosten, § 5 Rz. 9; KPB-InsO/*Prasser/Stoffler*, § 3 InsVV Rz. 10 (Stand: 09/2014).
40) Vgl. *Lissner*, ZVI 2016, 263, 265.
41) BGH, Beschl. v. 13.11.2008 – IX ZB 141/07, ZInsO 2009, 55.
42) Vgl. *Haarmeyer*, ZInsO 2016, 2057, 2062.

BGB sind anerkannt, ebenso unterhaltsrechtliche Tabellen und Leitlinien der Oberlandesgerichte. Kritischer werden allerdings Strafmaßtabellen gesehen, wenngleich § 46 Abs. 2 StGB für die Strafzumessung der Festsetzung der Zu- und Abschläge dogmatisch nicht unähnlich ist. Auch hier existieren ein Ermessen unter Interpretation unbestimmter Rechtsbegriffe, eine Ganzheitsbewertung und ein Verbot der Doppelverwertung bestimmter Faktoren. Eine Bindung an Faustregeltabellen besteht gleichwohl nicht.[43] Dennoch ist zu beachten, dass jeder Tatrichter für sich selbst ein **konsistentes System** entwickeln muss, da der Vergütungsberechtigte einen Anspruch auf eine ermessensfehlerfreie und willkürfreie Entscheidung hat. Insoweit muss auch der Tatrichter in der Lage sein nachzuweisen, warum er in vergleichbaren Fällen unterschiedliche Zuschläge bewilligt hat. Insoweit wären Faustregeltabellen von den Insolvenzgerichten selbst zu erstellen und zu begründen.

4. Ermittlung eines Tatbestands

20   Die in § 3 InsVV aufgeführten Tatbestände sind *Regelbeispiele* und **kein abschließender Katalog**. Folglich ist zunächst zu prüfen, ob ein Tatbestand bereits kodifiziert, allgemein anerkannt oder neu zu definieren ist. Insoweit hat der Vergütungsberechtigte freie Hand, anhand der allgemeinen Entwicklungen bzw. des konkreten Verfahrens neue Tatbestände zu beschreiben und deren Voraussetzungserfüllung nachzuweisen. Die Rechtsanwender beim Insolvenzgericht[44] und Beschwerdegericht[45] fungieren hierbei als **Tatrichter**. Zwar obliegt die Vergütungsfestsetzung der Amtsermittlung nach § 5 Abs. 1 InsO, jedoch ergibt sich aus der Vergleichbarkeit mit einer Beweisaufnahme, dass auf dieser Ebene noch *keine Ermessensentscheidung* vorliegt und die tatrichterlichen Feststellungen, ob ein Zu- oder Abschlagstatbestand existiert und erfüllt ist, in der Rechtsbeschwerdeinstanz nur dahingehend geprüft werden können, ob sie die Gefahr der Verschiebung der Maßstäbe mit sich bringen.[46]

21   Gelegentlich wird kritisiert, es gäbe zu viele Tatbestände, insbesondere Zuschlagstatbestände.[47] Dem kann nicht ganz gefolgt werden. Im Prinzip gibt es nur zwei Tatbestände, namentlich den **Mehr- oder Minderaufwand** des Insolvenzverwalters,[48] jeweils in qualitativer oder quantitativer Hinsicht. Alles andere sind Beispiele und *Faktoren*, abgeleitet aus dem heranzuziehenden Lebenssachverhalt. Prozessual handelt es sich bei diesen Faktoren nicht um Tatbestände, sondern um *Beweisangebote*, um die Erfüllung des Tatbestands „Mehraufwand" zu belegen, bzw. um eine Mitwirkungspflicht im Amtsermittlungsverfahren, um die Prüfung des Tatbestands

---

43) BGH, Beschl. v. 22.3.2007 – IX ZB 201/05, ZInsO 2007, 370.
44) BGH, Beschl. v. 24.7.2003 – IX ZB 607/02, ZIP 2003, 1757; BGH, Beschl. v. 23.9.2004 – IX ZB 215/03, NZI 2004, 665; BGH, Beschl. v. 16.7.2005 – IX ZB 285/03, ZIP 2005, 1371; BGH, Beschl. v. 11.5.2006 – IX ZB 249/04, ZIP 2006, 1204, 1205.
45) BGH, Beschl. v. 28.9.2006 – IX ZB 108/15, ZIP 2006, 2186; BGH, Beschl. v. 23.2.2012 – IX ZB 26/11, JurionRS 2012, 11350.
46) Ständige Rechtsprechung, vgl. nur BGH, Beschl. v. 4.7.2002 – IX ZB 31/02, ZIP 2002, 1459, 1460; BGH, Beschl. v. 16.10.2008 – IX ZB 247/06, NZI 2009, 57.
47) Für Viele: *Holzer*, NZI 2013, 1049, 1052.
48) Insolvenzrechtliche Vergütungsverordnung (InsVV) v. 19.8.1998 (BGBl. I 1998, 2205), Begründung zu § 3 InsVV, siehe Anh. III Rz. 39.

Zu- und Abschläge § 3

„Minderaufwand" zu ermöglichen. Zwar wird dem allgemeinen Sprachgebrauch folgend auch vom Verfasser von Tatbeständen gesprochen, jedoch sollte der Unterschied nicht unbeachtet bleiben.

Eine andere Frage ist die **Darstellung und Begründung**, die einen Erhöhungszuschlag auf mehrere Faktoren stützen oder einzelne Erhöhungszuschläge aufführen kann. Diese Frage hängt schlicht von den Vorlieben des Vergütungsberechtigten und des Rechtspflegers ab (Rz. 42) und beschreibt lediglich die Art der Gliederung des Vergütungsantrags bzw. -beschlusses. Einen Tatbestand bzw. ein Beweisangebot nur noch dann anzuerkennen bzw. zu berücksichtigen, wenn sich die Regelvergütung als unzumutbar erweist,[49] scheint rechtsdogmatisch arg bedenklich. Zum einen entspricht es nicht dem Konzept des Gesetz- und Verordnungsgebers, dass sich eine Vergütung immer nur am Rande der Verfassungswidrigkeit (als kodifizierte Rechtsfolge!) bewegen dürfte, zum anderen wäre es ein vortreffliches Beispiel für einen Verstoß gegen das Willkürverbot, einen Tatbestand und seine Erfüllung trotz Beweisangeboten zu ignorieren, weil dem Tatrichter die Rechtsfolge nicht gefällt. Gerichtliche Entscheidungen sind stets Bestandteil der Rechtsfortbildung, die es allerdings nicht rechtfertigt, dass der Tatrichter seine eigene materielle Gerechtigkeitsvorstellung an die Stelle derjenigen des Gesetzgebers setzt.[50] 22

Die Frage, ob ein *Zuschlagstatbestand* erfüllt ist, ist eine Subsumtionsfrage und steht nach dem Vorgesagten nicht im **Ermessen** des Tatrichters. Dies ergibt sich aus dem Wortlaut des § 3 Abs. 1 InsVV („ist festzusetzen"). Ermessen besteht lediglich bei der Höhe des Zuschlags. Aus der Formulierung in § 3 Abs. 2 InsVV („ein Zurückbleiben ist gerechtfertigt") ergibt sich indes, dass bei *Abschlagstatbeständen* bereits auf der Tatbestandsebene ein Ermessensspielraum besteht.[51] 23

5. Höhe eines Zuschlags
a) Abstrakt angemessener Zuschlag

Die Höhe eines Zu- oder Abschlags richtet sich stets nach dem **Einzelfall**. Maßstab sind **quantitative Faktoren** (Mehr- oder Minderbelastung: Was konkret war Gegenstand der Tätigkeit?[52]), ebenso wie **qualitative Faktoren** (Mehr- oder Minderbeanspruchung: In welchem Umfang und in welcher Intensität haben der Insolvenzverwalter und seine Mitarbeiter die konkreten Tätigkeiten wahrgenommen?[53]). Unbeachtlich ist insoweit, dass der Insolvenzverwalter auch schuldnerisches Personal eingesetzt hat, da die Aufsicht und Kontrolle[54] sowie die Haftung beim Insolvenzverwalter verbleiben. Das Ergebnis ist eine **Ermessensentscheidung** des Tatrichters (Insolvenzgericht und Beschwerdegericht), die in der Rechtsbeschwerdeinstanz nur auf eine Verschiebung grundsätzlicher Maßstäbe hin überprüft werden kann.[55] 24

---

49) *Haarmeyer/Mock* InsVV, § 3 Rz. 1.
50) BVerfG, Beschl. v. 17.9.2013 – 1 BvR 1928/12, Rz. 31, ZIP 2013, 2105.
51) HambKommInsO/*Büttner*, § 3 InsVV Rz. 135; Lorenz/Klanke/*Lorenz* InsVV, § 3 Rz. 13.
52) *Haarmeyer/Mock* InsVV, § 3 Rz. 10.
53) *Haarmeyer/Mock* InsVV, § 3 Rz. 10.
54) *Haarmeyer/Mock* InsVV, § 3 Rz. 18.
55) Ständige Rechtsprechung, vgl. nur BGH, Beschl. v. 4.7.2002 – IX ZB 31/02, ZIP 2002, 1459, 1460; BGH, Beschl. v. 16.10.2008 – IX ZB 247/06, NZI 2009, 57.

25 Zunächst geht es um den abstrakt angemessenen Zuschlag (Rz. 24 ff.), der ggf. durch eine Vergleichsrechnung zu korrigieren (Rz. 32 ff.) und ggf. um Ausgaben für delegierte Sonderaufgaben zu kürzen (Rz. 36 ff.) ist. Mehr- oder Minderbelastungen müssen so signifikant sein, dass sie eine **Bagatellgrenze** überschreiten. Ein abstrakt angemessener Zuschlag soll daher – vor Anwendung der Vergleichsrechnung – mindestens 5 % erreichen.[56] Dem ist nur insoweit zu folgen, als die Zuschläge *insgesamt* 5 % nicht unterschreiten sollten. Bei mehreren Zuschlägen gibt es keine Veranlassung, *einzelne Zuschläge* unter 5 % schon aus Prinzip zu streichen.[57]

26 Die Höhe eines Zuschlags kann nicht allein deswegen niedriger ausfallen, weil bereits die **Regelvergütung hoch** ist.[58] Zwar entspräche dieser Ansatz der Verordnungsbegründung,[59] jedoch fragt sich zunächst, was der Verordnungsgeber gemeint haben wird, wenn er pauschale Multiplikatoren einerseits und den tatsächlich gestiegenen oder geminderten Arbeitsaufwand andererseits einander ausschließend gegenüberstellt. Ein Lösungsansatz wäre eine Zeiterfassung nebst Berechnung der Zuschläge nach Stundenhonorar, was die Rechtsprechung jedoch ablehnt.[60] Ein anderer Lösungsansatz wäre die Kürzung eines abstrakt für angemessen erachteten Zuschlags aufgrund der Höhe der Regelvergütung. Dieser Lösungsansatz wird in einem anderen Teilbereich bereits umgesetzt, da vielfach Vergleichsrechnungen erforderlich sind. Wo sich Zu- oder Abschlagsfaktoren nicht auf die Berechnungsgrundlage und ergo auf die Regelvergütung beziehen, hätte eine Minderung der Zuschläge in Ansehung der Verfahrensgröße zur Folge, dass angesichts der zahlreichen Verfahren mit geringen Massen im Einzelfall auch exorbitant hohe Zuschläge möglich sein müssten – gesehen wurden diese noch nicht. Diese Querfinanzierung wird auch damit legitimiert, dass in massereichen Verfahren eine deutlich höhere Vergütung zulässig ist, ohne dass hier zwangsläufig ein entsprechender Mehraufwand für den Insolvenzverwalter vorläge.[61] Genau hier liegt mithin das „Mehr", das zur Subventionierung kleiner Verfahren per definitionem benötigt wird. Dies gilt jedoch aufgrund der klaren Verordnungssystematik dann nicht nur für die Regelvergütung, sondern auch für die Anwendung des § 3 InsVV. Dass der Ansatz, die Zuschläge bei hoher Regelvergütung zu reduzieren, keinem System folgt, vielmehr das System der Querfinanzierung ruiniert, lässt sich auch daran erkennen, dass z. T. dieselben Befürworter gleichzeitig fordern, bei **niedrigen Teilungsmassen** seien Zuschläge restriktiv zu handhaben,[62] da hier die Vergütung relativ zur Arbeitsleistung schon recht hoch sei, wobei offenbar hauptsächlich auf die erste Staffelstufe des § 2 Abs. 1 InsVV rekurriert wird. Dieser Teilaspekt ignoriert freilich wider besseres Wissen, dass der Insolvenzverwalter auf der ersten Staffel-

---

56) BGH, Beschl. v. 11.5.2006 – IX ZB 249/04, Rz. 24, ZIP 2006, 1204.
57) BGH, Beschl. v. 12.5.2011 – IX ZB 143/08, Rz. 11, NZI 2011, 630.
58) *Keller*, Vergütung und Kosten, § 5 Rz. 36; a. A. *Haarmeyer*, ZInsO 2016, 2057, 2063; *Haarmeyer/Mock* InsVV, § 3 Rz. 10; MünchKommInsO/*Riedel*, § 3 InsVV Rz. 7.
59) Insolvenzrechtliche Vergütungsverordnung (InsVV) v. 19.8.1998 (BGBl. I 1998, 2205), Begründung zu § 3 InsVV, siehe Anh. III Rz. 39.
60) BGH, Beschl. v. 1.3.2007 – IX ZB 278/05, Rz. 11, ZInsO 2007, 370; BGH, Beschl. v. 25.6.2009 – IX ZB 118/08, ZInsO 2009, 1511.
61) BGH, Beschl. v. 15.1.2004 – IX ZB 96/03, Rz. 29, ZIP 2004, 417.
62) *Haarmeyer/Mock* InsVV, § 3 Rz. 8.

stufe auch eine Vergütung dafür zu erhalten hat, dass er die Akte anlegt, sich in das schuldnerische Vorleben einarbeitet, die Vermögenswerte ermittelt, weitere Sachverhalte recherchiert, die Verzeichnisse nach §§ 151 ff. InsO erstellt, den Berichtstermin i. S. d. § 156 InsO vorbereitet, eine Verwalterbuchführung erstellt, die Tabellenführung übernimmt, die Schlussverteilung durchführt etc., alles unabhängig davon, wie hoch die Teilungsmasse ist. Letztendlich werden dogmatisch die beiden Teilaspekte des Erfolgs (§§ 1, 2 InsVV) und der Tätigkeit (§ 3 InsVV) unzulässig soweit vermischt, dass die InsVV in Gänze durch Ausübung billigen Ermessens ersetzt werden könnte. Insoweit spielt die Höhe der Regelvergütung keine Rolle für die Findung eines abstrakt angemessenen Zuschlags.

Einen ähnlichen Ansatz, Zuschläge aufgrund der **Größe des Verfahrens** zu eliminieren, verfolgt der BGH seit geraumer Zeit dadurch, dass auch er nicht mehr auf ein Normalverfahren rekurriert; vielmehr soll ein Zuschlag nur gewährt werden können, wenn der Insolvenzverwalter *stärker als in vergleichbaren Verfahren* in Anspruch genommen wurde.[63] Daraus folgt, dass in einem „größeren" Verfahren bereits gewisse Umstände selbstverständlich sein sollen. Je „größer" ein Verfahren ist, desto mehr Aufgaben sollen von Sonderaufgaben zu Regelaufgaben umdeklariert werden.[64] Der Widersinn ist evident und vermischt ebenfalls in unzulässiger Weise den Erfolg und die Arbeitsbelastung. Innerhalb des § 3 InsVV eine Gesamtwürdigung vorzunehmen, ist ein – bedingt – nachvollziehbarer Ansatz (Rz. 41). Aber die eindeutige Trennung von Erfolg (Berechnungsgrundlage und Regelvergütung) und Arbeitsbelastung (§ 3 InsVV) aufzugeben, überschreitet die Normvorgaben.   27

Unzutreffend ist ferner der Ansatz, die höhere **Qualifikation eines Insolvenzverwalters** müsse einen Zuschlag mindern oder entfallen lassen.[65] Seit Gründung der ersten deutschen Universitäten vor mehr als 600 Jahren und erst recht seit Einführung der Berufsschulen im Jahr 1871 ist das deutsche Wirtschaftsleben davon geprägt, dass eine höhere Qualifikation zu einer höheren Vergütung führt. Ein Insolvenzverwalter mit überdurchschnittlicher Qualifikation bewirbt sich nicht um schwierigere Verfahren, um nun für dieselbe Vergütung mehr Leistung zu erbringen, sondern um eben auch mehr Vergütung zu generieren. Der Ansatz, intellektuellen Mehraufwand mit dem körperlichen Mehraufwand (Stundenaufwand) gleichzusetzen oder gar darunter anzusiedeln, ist bereits im Sozialismus gescheitert und findet im Kostenrecht kein Pendant; das Gegenteil ist der Fall (vgl. nur §§ 14 Abs. 1, 42 Abs. 1 Satz 1, 51 Abs. 1 Satz 1 RVG bzw. KV 2300, 2301, 2302, 3404 der Anlage 1 zu § 2 Abs. 2 RVG, §§ 11 Satz 1, 40 Abs. 1 Satz 2 und 3 StBVV). Dass besonders professionell ausgestattete Insolvenzverwalter mit einer geringeren Vergütung auskommen könnten,[66] ist nicht nur hanebüchen,[67] sondern kann als Behauptung nur von jemandem aufgestellt werden, der aufgrund seiner Stellung im öffentlichen Dienst noch keine Infrastruktur aus eigenen Mitteln hat finanzieren müssen; Freiberufler   28

---

63) BGH, Beschl. v. 24.7.2003 – IX ZB 607/02, ZIP 2003, 1757; BGH, Beschl. v. 11.5.2006 – IX ZB 249/04, ZIP 2006, 1204; BGH, Beschl. v. 8.3.2012 – IX ZB 162/11, ZIP 2012, 682.
64) *Haarmeyer/Mock* InsVV, § 3 Rz. 35 ff.
65) So aber *Lissner*, ZVI 2016, 263, 268 und *Haarmeyer/Mock* InsVV, § 3 passim.
66) *Haarmeyer/Mock* InsVV, § 3 passim.
67) Ähnlich Lorenz/Klanke/*Lorenz* InsVV, § 3 Rz. 5.

hingegen können den Steuerzahler damit nicht belasten, die Kosten für die Professionalisierung müssen aus dem Umsätzen finanziert werden. Dass die Professionalisierung durch zunehmenden EDV-Einsatz nicht nur kostenintensiv ist, sondern auch Reibungsverluste und Mehraufwand zur Folge haben kann, scheint jedoch nicht nur den Insolvenzverwaltern, sondern auch den Rechtsanwendern am Insolvenzgericht bekannt.[68]

29 Jeder Zuschlag oder Abschlag ist auf die ggf. um die Mehrvergütung des § 1 Abs. 2 Nr. 1 Satz 1 und 2 InsVV *erhöhte*[69] *Regelvergütung bzw. Mindestvergütung* des § 2 InsVV als Bezugsgröße zu berechnen, soweit – wie meist und seit Jahrzehnten – Zu- oder Abschläge in **Prozentwerten** ermittelt werden. Dies auch dann, wenn §§ 2, 3 InsVV aufgrund der Verweisung in § 10 InsVV nur analoge Anwendung finden. Die Bestimmung des Prozentsatzes unterfällt dem *Ermessen des Tatrichters beim Insolvenzgericht*[70] und beim Beschwerdegericht.[71] Eine Bindung an Faustregeltabellen besteht dabei nicht (Rz. 18). Der Rechtsbeschwerde obliegt lediglich die Prüfung der Abweichung von Maßstäben.[72] Ein Zu- oder Abschlag kann evident nie „punktgenau" ermittelt werden, sodass es auch nie ein Richtig oder Falsch, sondern immer nur ein Angemessen oder Unangemessen gibt. Daher wird vertreten, eine Abweichung von 20 % vom beantragten Wert als *Toleranzgrenze* sei immer noch antragsgemäß und nicht angreifbar.[73] Dies wird gestützt auf einen Vergleich mit Rahmengebühren nach § 14 RVG[74] oder Schmerzensgeld.[75] Dem kann jedoch nicht gefolgt werden (hierzu § 8 Rz. 104).

30 Da die Definition von Zuschlagsfaktoren an die Definition von Sonderaufgaben i. S. d. §§ 5, 4 Abs. 1 Satz 3 InsVV anknüpft, findet sich der Vorschlag, Zuschläge nicht in Prozentwerten, sondern **in Euro-Werten** zu bemessen, und zwar auf Basis einer *fiktiven Delegation zu marktüblichen Konditionen*.[76] Dies komme freilich nur in bestimmten Fällen in Betracht, z. B. bei Zuschlägen für die Abwicklung bestimmter Arbeitnehmerangelegenheiten, für die Betriebsfortführung, für die übertragende Sanierung, für die Buchhaltung, für Jahresabschlüsse und Steuererklärungen oder für die Behandlung von Spezialproblemen, z. B. die Ermittlung der materiellen Insolvenz.[77] Der Ansatz ist vordergründig nachvollziehbar, da in der Tat nicht erkennbar scheint, weshalb ein und derselbe Sachverhalt zu unterschiedlichen Ver-

---

68) *Lissner/Skudelny*, ZInsO 2017, 1474.
69) BGH, Beschl. v. 17.4.2013 – IX ZB 141/11, ZInsO 2013, 1104.
70) BGH, Beschl. v. 24.7.2003 – IX ZB 607/02, ZIP 2003, 1757; BGH, Beschl. v. 23.9.2004 – IX ZB 215/03, NZI 2004, 665; BGH, Beschl. v. 16.7.2005 – IX ZB 285/03, ZIP 2005, 1371; BGH, Beschl. v. 11.5.2006 – IX ZB 249/04, ZIP 2006, 1204, 1205.
71) BGH, Beschl. v. 28.9.2006 – IX ZB 108/15, ZIP 2006, 2186; BGH, Beschl. v. 23.2.2012 – IX ZB 26/11, JurionRS 2012, 11350.
72) Ständige Rechtsprechung, vgl. nur BGH, Beschl. v. 4.7.2002 – IX ZB 31/02, ZIP 2002, 1459, 1460; BGH, Beschl. v. 16.10.2008 – IX ZB 247/06, NZI 2009, 57.
73) *Graeber/Graeber* InsVV, § 8 Rz. 24a; KPB-InsO/*Prasser/Stoffler*, § 3 InsVV Rz. 2 (Stand: 11/2014).
74) KPB-InsO/*Prasser/Stoffler*, § 3 InsVV Rz. 2 (Stand: 11/2014).
75) *Graeber/Graeber* InsVV, § 8 Rz. 24a.
76) Ausführlich *Metoja*, ZInsO 2016, 1612; ebenso *Haarmeyer*, ZInsO 2016, 2057, 2063.
77) *Metoja*, ZInsO 2016, 1612, 1617 f.

gütungen nach §§ 5, 4 Abs. 1 Satz 3 InsVV einerseits und § 3 Abs. 1 InsVV andererseits führen können soll. In größeren Verfahren würde dieser Lösungsansatz sicherlich zu einer – gewollten – Minderung der Zuschläge führen. In der Vielzahl der kleinen und mittleren Verfahren würde sich hingegen eher zeigen, dass die üblichen Vergütungszuschläge hinter den marktüblichen Konditionen zurückbleiben. Anstatt dann aber in diesen Verfahren höhere Zuschläge anzuerkennen, würden die Gerichte den Weg gehen, im zunehmenden Maße Sonderaufgaben zu Regelaufgaben umzudeklarieren. Das ist keine Unterstellung, sondern im Bereich der Steuerberaterkosten bereits geschehen (siehe hierzu § 4 Rz. 62 ff.).[78] Es wäre angesichts des Erfordernisses des gesetzlichen Richters überdies zweifelhaft, dass die Insolvenzgerichte nun im großen Stil z. B. die StBVV auslegen und hierzu mehr Entscheidungen treffen als sich in den Kommentaren zur StBVV finden. Auch dass zivilrechtliche Vergütungen für Interimsmanager und andere Dienstleistungen außerhalb gesetzlicher Gebührenordnungen nicht mehr von den Zivilgerichten, sondern von den Insolvenzgerichten bestimmt würden, lässt Zweifel am gesetzlichen Richter aufkommen. Letztlich verkennt diese Auffassung jedoch,[79] dass all die in Betracht kommenden Dienstleister lediglich Zuarbeit leisten und sich deren Vergütung auch nur hierauf bezieht, während die abschließende Entscheidung und Verantwortung (§ 60 InsO) beim Insolvenzverwalter verbleibt, sodass Zuschläge schon im Grundsatz höher als derartige marktüblichen Vergütungen ausfallen müssten. Insgesamt ist die Auffassung daher als *genereller Lösungsansatz* abzulehnen, da sie für die Insolvenzgerichte keine Hilfestellung leistet, sondern zusätzliches Konflikt- und Missbrauchspotential mit sich bringt. Denn wenn die Gerichte erst einmal Zuschläge verweigern, wird sich dies anschließend auch auf die Delegationsfähigkeit auswirken, sodass sich zwangsweise eine Abwärtsspirale ergeben wird. Denn es ist unübersehbar, dass hier weniger die Schaffung eines Systems als vielmehr eine Minderung der Vergütung im Vordergrund steht.

Die Idee der Bemessung der Zu- und Abschläge in Euro-Werten ist in bestimmten Fällen jedoch möglich und wird bereits praktiziert. So können sonstige Masseverbindlichkeiten über § 3 Abs. 2 InsVV aufgrund der *Delegation von Regelaufgaben* von der Regelvergütung abgezogen (Rz. 248) oder aufgrund der *Delegation von Sonderaufgaben* bei der Kürzung des einschlägigen Zuschlags (Rz. 36 ff.) berücksichtigt werden. Ferner sind problemlos marktübliche Konditionen heranzuziehen, wenn beispielsweise Insolvenzgeldbescheinigungen nicht von einem Dienstleister erstellt werden, sondern über einen Zuschlag nach § 3 Abs. 1 InsVV vergütet werden sollen, wenn also insgesamt eine völlig *identische Tätigkeit* von fiktivem Dienstleister und Insolvenzverwalter vorliegt. Auch kann ein Zuschlag für die besonders hohe Anzahl von Insolvenzgläubigern in einer *Pauschale* je Gläubiger bemessen werden (Rz. 142), da es einem Bezug zur Teilungsmasse fehlt. Daher eignet sich der Ansatz, Zu- und Abschläge in Euro zu bemessen und – soweit möglich – an marktüblichen Konditionen zu orientieren, hervorragend für Ausnahmefälle, nicht jedoch als genereller Ansatz. 31

---

78) BGH, Beschl. v. 14.11.2013 – IX ZB 161/11, ZIP 2013, 2413.
79) Insbesondere *Lissner*, ZInsO 2016, 1606, 1611.

b) Vergleichsrechnung

32 Gemäß § 3 Abs. 1 lit. b InsVV ist für einen Zuschlag wegen Betriebsfortführung oder Hausverwaltung eine Vergleichsrechnung erforderlich, da es zu den geschriebenen Tatbestandsmerkmalen gehört, dass die Masse durch die Mehrbelastung des Insolvenzverwalters nicht bereits entsprechend größer geworden sein darf, wobei sich der Begriff der Masse auf die Berechnungsgrundlage des § 1 InsVV bezieht. Wird die Mehrbelastung des Insolvenzverwalters bereits durch einen Anstieg der Regelvergütung i. S. d. § 2 Abs. 1 InsVV hinreichend vergütet, scheidet ein Zuschlag aus. Der **Anwendungsbereich** derartiger Vergleichsrechnungen ist nicht auf die Zuschläge für Betriebsfortführung oder Hausverwaltung beschränkt. Er ist immer dann eröffnet, wenn die für die Begründung eines Zuschlags herangezogene Tätigkeit bzw. Mehrbelastung bereits zu einer Auswirkung auf die Berechnungsgrundlage und die Regelvergütung geführt hat.[80] Nicht im Zusammenhang mit einer Massemehrung stehen z. B. die Zuschläge für die Befassung mit Arbeitnehmerangelegenheiten (§ 3 Abs. 1 lit. d InsVV) oder für die Ausarbeitung eines Insolvenzplans (§ 3 Abs. 1 lit. e InsVV). Aus Letzterem könnte folgen, dass eine Vergleichsrechnung in den Fällen der Massemehrung nur in Betracht kommt, wenn sich der Zuschlag auf quantitative Faktoren stützt (z. B. besonderes viele oder hohe Anfechtungsansprüche), nicht aber auf die Heranziehung qualitativer Faktoren (z. B. besonders schwierige Anfechtungsansprüche). Dies wird jedoch abgelehnt.[81] Richtig an der Ablehnung ist, dass auch für die Regelvergütung zunächst irrelevant ist, ob die Berechnungsgrundlage durch „intellektuellen" oder „körperlichen" Einsatz generiert wurde. Richtig ist ferner, dass die Prüfung der Angemessenheit einer gewissen Orientierungsgröße bedarf. Wenn sich ein abstrakt für angemessen erachteter Zuschlag z. B. auf 40 % beläuft und durch Vergleichsrechnung rechnerisch auf 30 % gekürzt werden *kann*, bleibt für die Ausübung des Ermessens immer noch ein Korridor von 30–40 %; lediglich eine schematische Ermessensreduzierung auf null scheint nicht geboten,[82] zumal sich im Einzelfall auch noch andere positive Auswirkungen neben der Massemehrung ergeben können, wie z. B. eine Minderung der Passiva (Insolvenzforderungen), Beseitigung von Streitigkeiten oder eine Verfahrensbeschleunigung. Im Ergebnis beseitigt die qualitative Begründung eines Zuschlags folglich nicht die grundsätzliche Notwendigkeit einer Vergleichsrechnung.

33 Sofern Vergleichsrechnungen durchgeführt werden müssen, um die Höhe eines Zuschlags zu begründen, betrifft diese Vergleichsrechnung ausschließlich diesen Zuschlagsfaktor, d. h., jede Vergleichsrechnung ist **zuschlagsspezifisch**. Die für einen Vergleich herangezogenen Berechnungen haben keine Auswirkung auf die Regelvergütung oder andere Zuschlagstatbestände.[83] Sofern ein Fortführungsüberschuss

---

80) BGH, Beschl. v. 8.3.2012 – IX ZB 162/11, NZI 2012, 372 (Anfechtungsansprüche); a. A. HambKommInsO/*Büttner*, § 3 InsVV Rz. 20.
81) BGH, Beschl. v. 8.3.2012 – IX ZB 162/11, NZI 2012, 372.
82) Ähnlich *Keller*, Vergütung und Kosten, § 5 Rz. 27.
83) BGH, Beschl. v. 12.5.2011 – IX ZB 143/08, NZI 2011, 630; *Graeber/Graeber*, NZI 2012, 355 mit Beispielen.

erzielt wurde, ist Basis für alle Vergleichsrechnungen die tatsächliche Berechnungsgrundlage einschließlich des Fortführungsüberschusses.[84]

Vergleichsrechnungen erfordern einen erheblichen Arbeitsaufwand, insbesondere 34
dann, wenn entweder mehrere Zuschläge eine jeweils eigenständige Vergleichsrechnung erfordern oder im Vergütungsfestsetzungsverfahren die Berechnungsgrundlage geändert wird und sämtliche Vergleichsrechnungen wiederholt werden müssen. Zumindest de lege ferenda wird eine Abschaffung der Vergleichsrechnungen für sinnvoll erachtet,[85] damit die Vergütungsermittlung nicht in eine Beschäftigungstherapie ausartet. Fraglich ist jedoch, welche sinnvollen Alternativen zur Verfügung stehen.

c) **Keine Obergrenze**

Die Höhe eines Zuschlags nach § 3 Abs. 1 InsVV oder die Summe der Zuschläge sind 35
nicht nach oben hin begrenzt,[86] da eine Kappungsgrenze nicht kodifiziert ist und dem Gesetzesvorbehalt unterliegt. Insbesondere ist es abwegig anzunehmen, die Verfahrenskosten dürften maximal 50 % der Haftungsmasse (vgl. § 151 InsO) betragen,[87] schon weil Insolvenzverfahren bei voraussichtlicher Verfahrenskostendeckung zwingend zu eröffnen sind, ohne dass sich ein Anspruch der Insolvenzgläubiger auf eine Mindestquote ergäbe. Daher ist auch wegen des *Vorrangs* der Verfahrenskosten (§§ 53, 54 InsO) unzutreffend, die Insolvenzmasse müsse *zunächst* den Insolvenzgläubigern zur Verfügung stehen.[88] Die abweichende Ansicht zieht hier rechtspolitische Erwägungen heran, die für einen Lösungsansatz de lege ferenda diskutabel sind; sie als geltendes Recht zu bezeichnen, scheint wenig verantwortungsbewusst.

d) **Kürzung von Zuschlägen wegen Delegation von Sonderaufgaben**

Gemäß §§ 5, 4 Abs. 1 Satz 3 InsVV kann der Insolvenzverwalter die Masse mit den 36
Honoraren für sog. Sonderaufgaben belasten. Nicht selten allerdings stehen diese Sonderaufgaben im Zusammenhang mit Umständen, deretwegen auch ein Zuschlag nach § 3 Abs. 1 InsVV geltend gemacht wird. Bereits für die Delegation von Regelaufgaben entspricht es ständiger Rechtsprechung, zur Vermeidung einer **Doppelbelastung** der Masse mit Honoraren der Dienstleister und des Insolvenzverwalters eine Kürzung der Vergütung vorzunehmen (Rz. 248 ff.). Eine solche Doppelbelastung liegt ebenfalls vor, wenn genau nochdasjenige, für das bereits ein Dienstleister aus der Masse honoriert wurde, noch einmal für die Begründung eines Zuschlagsfaktors herangezogen wird. Entschieden ist dies ausdrücklich für den Zusammenhang zwischen einem Zuschlag für Betriebsfortführung und den Ausgaben für ein *Interimsmanagement*.[89] Nichts anderes kann gelten für die Berücksichtigung der Kosten einer

---

[84] BGH, Beschl. v. 12.5.2011 – IX ZB 143/08, NZI 2011, 630.
[85] *Vill*, in: FS Kübler, 2015, 741, 750.
[86] HambKommInsO/*Büttner*, § 3 InsVV Rz. 13; *Graeber/Graeber* InsVV, § 3 Rz. 35.
[87] So aber *Haarmeyer*, ZInsO 2016, 2057, 2066; *Haarmeyer/Mock* InsVV, § 3 Rz. 7a (erhöhte Prüfungspflicht des Insolvenzgerichts) und Rz. 9 (Zustimmung durch die Gläubiger erforderlich) sowie § 11 Rz. 53 (vorläufiger Verwalter).
[88] So aber AG Hamburg, Beschl. v. 23.5.2016 – 67g IN 184/07, ZVI 2016, 330, 334.
[89] BGH, Beschl. v. 11.3.2010 – IX ZB 122/08, ZInsO 2010, 730.

M&A-Beratung bei einem Zuschlag für übertragende Sanierung, für die Kosten *betriebswirtschaftlicher Beratungen* bei Zuschlägen für Betriebsfortführung, übertragender Sanierung oder Insolvenzplan, für die Kosten einer *Rechtsberatung* im Zusammenhang mit diversen zuschlagsbegründenden Faktoren etc.

37 Da bei der Kürzung der Vergütung wegen einer Delegation von Regelaufgaben (Rz. 248 ff.) feststeht, dass es sich hier nicht etwa um die Berücksichtigung einer Regressforderung im Vergütungsfestsetzungsverfahren handelt, sondern um die Berücksichtigung einer Arbeitserleichterung aufseiten des Insolvenzverwalters i. S. d. § 3 Abs. 2 InsVV, ist im Zusammenhang mit Zuschlägen darzulegen, inwieweit durch die Delegation eine **Minderung der Mehrbelastung** eingetreten ist. Grundsätzlich führt eine Delegation von Sonderaufgaben – zumindest bei rechtmäßigem Vorgehen – nie zu einer vollständigen Beseitigung der Mehrbelastung, da auch in einer solchen Konstellation der Insolvenzverwalter den Dienstleister zu informieren, anzuleiten und zu überwachen hat;[90] überdies trägt der Insolvenzverwalter das Haftungsrisiko (§ 60 InsO). Wie hoch die Kosten der Delegation waren, spielt im hiesigen Zusammenhang keine Rolle, wenn und weil sie marktüblich und isoliert betrachtet angemessen waren;[91] eher wird hier deutlich, dass marktübliche Konditionen oft weit über dem liegen, was gelegentlich als Vergütungszuschlag nach § 3 Abs. 1 InsVV anerkannt wird.

38 Die **Darlegungslast** für eine Abgrenzung der Tätigkeit des Insolvenzverwalters von der Tätigkeit des Dienstleisters liegt beim Insolvenzverwalter.[92] Es handelt sich zwar um ein Verfahren der Amtsermittlung, jedoch überträgt § 8 Abs. 2 InsVV dem Insolvenzverwalter eine entsprechende Informationspflicht. Wie immer, wenn es um die Darlegungslast geht, gilt, dass das geforderte Minimalmaß an Substantiierung nicht erreicht ist, wenn der Antragsteller in lediglich formelhafter und pauschaler Weise Tatsachenbehauptungen aufstellt, ohne diese zu dem zugrunde liegenden Sachverhalt in Beziehung zu setzen.[93] Insoweit bedarf es einer hinreichenden Dokumentation und eines entsprechenden Sachvortrags im Berichtswesen oder im Vergütungsantrag. Dezidiert ist zu beschreiben, welche konkrete Tätigkeit wer, wann, warum, in welchem Umfang und mit welchem Erfolg getan hat.[94] Kann der Insolvenzverwalter z. B. im Fall der Betriebsfortführung nachweisen, dass er den Interimsmanager über die Besonderheiten der Branche und des konkreten Verfahrens sowie insolvenzsteuerrechtlicher Aspekte instruiert hat, dass er aktiv in die Liquiditätsplanung unter verfahrens- und insolvenzspezifischen Gesichtspunkten eingegriffen hat, dass er Erkenntnisse aus vorinsolvenzlichen Zeiträumen dahingehend an den Dienstleister weitergegeben hat, bei welchen Kunden und Lieferanten Besonderheiten zu beachten sind, dass er eine Qualitätskontrolle zur Vermeidung von Gewährleistungsfällen veranlasst hat, dass er ein engmaschiges Reportsystem errichtet hat, um jederzeit hinreichend informiert zu sein, und dergleichen mehr, so bleibt hinreichendes Potential für einen Zuschlag für Betriebsfortführung trotz Einschal-

---

90) *Graeber/Graeber*, ZInsO 2013, 1284, 1289.
91) *Keller*, Vergütung und Kosten, § 5 Rz. 17.
92) *Graeber/Graeber*, ZInsO 2013, 1284, 1289.
93) BGH, Beschl. v. 10.11.2015 – VI ZB 11/15, NJW-RR 2016, 63.
94) *Haarmeyer*, ZInsO 2016, 2057, 2061.

tung eines Interimsmanagers zu welchen Kosten auch immer. Denn dann liegt keine andere Situation vor als bei Fortbeschäftigung eines weisungsabhängigen leitenden Mitarbeiters des Schuldners. Nur wenn gar nicht ersichtlich ist, was der Insolvenzverwalter hier noch seinerseits veranlasst hat, kann der Zuschlag für Betriebsfortführung bis auf null reduziert werden (hierzu ausführlich Rz. 84 ff.).[95]

Vergleichbares gilt für alle Zuschläge, bei denen die Kosten für Dienstleister wertend zu berücksichtigen sind. 39

e) Darlegungslast

Zur Darlegungslast des Insolvenzverwalters im Zusammenhang mit der Begründung von Zuschlägen kann auf die Anforderungen an einen Vergütungsantrag verwiesen werden (§ 8 Rz. 27). Ganz allgemein gilt: Das geforderte Minimalmaß an Substantiierung ist jedenfalls dann nicht erreicht, wenn der Antragsteller in lediglich formelhafter und pauschaler Weise Tatsachenbehauptungen aufstellt, ohne diese zu dem zugrunde liegenden Sachverhalt in Beziehung zu setzen.[96] Ergänzend ist auf die Ausführungen zur Anrechnung bereits getätigter Ausgaben aufgrund von Delegationen zu verweisen (Rz. 38). 40

6. Gesamtwürdigung und Angemessenheit I

Die Zuschlagtatbestände i. S. d. § 3 Abs. 1 InsVV und die Abschlagstatbestände i. S. d. § 3 Abs. 2 InsVV sind grundsätzlich einzeln zu bewerten.[97] Ziel der Anwendung des § 3 InsVV ist es jedoch, eine insgesamt anhand der Mehr- oder Minderbelastung des Insolvenzverwalters angemessene Vergütung zu finden. Ob insoweit stets Einzelfallgerechtigkeit erforderlich ist oder eine Querfinanzierung im positiven wie im negativen Sinne hinzunehmen ist, ist die eine Frage (Rz. 44 ff.). Eine andere Frage ist die der **Doppelberücksichtigung** von zu- oder abschlagsbegründendem Sachvortrag. Zum einen kann beispielsweise die Betriebsfortführung die übertragende Sanierung erleichtern, sodass **Synergieeffekte** zu berücksichtigen sind.[98] Dies erfordert eine entsprechende Abgrenzung in der Zuschlagsbegründung. Zum anderen kann beispielsweise die Anzahl der Mitarbeiter den Zuschlag für Betriebsfortführung beeinflussen, ebenso einen Zuschlag für übertragende Sanierung, und schließlich kann er eigenständiger Zuschlagsfaktor sein. Auch insoweit bedarf es notwendiger Abgrenzungskriterien, die ersichtlich machen, dass keine Doppelberücksichtigung erfolgt. Arbeitnehmer können z. B. hinsichtlich ihrer operativen Tätigkeit für den Zuschlag für Betriebsfortführung herangezogen werden, sodass die administrative Bewältigung von Arbeitnehmerangelegenheiten noch Raum für einen separaten Zuschlag lässt. 41

Die ständige Rechtsprechung des BGH tendiert zu der Auffassung, die einzelnen Zu- und Abschlagsfaktoren bereiteten als unselbstständige Berechnungsposten ledig- 42

---

95) BGH, Beschl. v. 11.3.2010 – IX ZB 122/08, ZInsO 2010, 730.
96) BGH, Beschl. v. 10.11.2015 – VI ZB 11/15, NJW-RR 2016, 63.
97) HambKommInsO/*Büttner*, § 3 InsVV Rz. 155; *Keller*, Vergütung und Kosten, § 5 Rz. 32.
98) BGH, Beschl. v. 16.9.2010 – IX ZB 154/09, ZIP 2010, 2056 (Verfahrensdauer); *Keller*, Vergütung und Kosten, § 5 Rz. 35 („sich überschneidende Tatbestände").

lich einen **Gesamtzuschlag** vor.[99] Dies erfordere eine **Gesamtwürdigung**. Hierbei ist jedoch zwischen Weg (Prüfung) und Ziel (Ergebnis) zu unterscheiden, was in den gerichtlichen Entscheidungen oftmals nicht hinreichend erfolgt. Denn das eine ist eine prozessuale Frage, das andere eine Frage der Angemessenheit der Rechtsfolge. Dogmatisch muss erinnert werden, dass es nur einen einzigen Zuschlagstatbestand (Mehrbelastung) und nur einen einzigen Abschlagstatbestand (Minderbelastung) gibt; die (Regel-)Beispiele bzw. Faktoren sind in prozessualer Hinsicht lediglich Beweisangebote (Rz. 21). Ein Beweisangebot mag eine Behauptung nicht zu stützen, es aber zu übergehen oder hinsichtlich der Rechtsfolgen ins Leere laufen zu lassen, entspräche nicht den *prozessualen Anforderungen*, die auch in einem Amtsermittlungsverfahren gelten. Hinsichtlich des Prüfungswegs kann dem Tatrichter daher nicht untersagt werden, einzelne Faktoren auch einzeln zu prüfen und einzeln zu bewerten. Etwas anderes fände als Bevormundung der Tatsacheninstanz keine Stütze im Gesetz. Daher vertritt auch der BGH die Auffassung, dass eine einzelne Bewertung der Zu- und Abschläge lediglich nicht zwingend notwendig,[100] wohl aber zulässig[101] ist. Zwingend erforderlich ist aber immer, dass der Beschluss über die Festsetzung der Vergütung sämtliche vorgebrachten Argumente und Sachverhaltsdarstellungen vollständig zu würdigen hat.[102] Von diesen prozessualen Fragen abzugrenzen ist die *Ausübung des Ermessens auf der Rechtsfolgenseite*. Denn nicht selten wird die vorstehende Diskussion dahingehend verstanden, dass jetzt nur noch „grob über den Daumen" ein Gesamtzuschlag festzusetzen sei, ohne sich von Details belästigen lassen zu müssen. Dies ist sicherlich auch einer Diktion des BGH der letzten Jahre geschuldet, die nicht immer erkennen lässt, ob Missverständnisse bewusst gewollt sind. Wenig hilfreich ist dann auch die Auffassung in der Literatur, insoweit läge Notwehr der Gerichte[103] vor, da den Rechtspflegern bzw. Tatgerichten die wirtschaftliche Urteilskraft fehlte,[104] um den Zuschlagsbegründungen mit Argumenten zu begegnen. Daher steht der Verdacht im Raum, dass eine objektive Prüfbarkeit sogar bewusst verhindert werden soll.[105] Gerichtliche

---

99) Vgl. nur BGH, Beschl. v. 4.7.2002 – IX ZB 31/02, ZIP 2002, 1459, NZI 2002, 509; BGH, Beschl. v. 24.6.2003 – IX ZB 453/02, ZIP 2003, 1759; BGH, Beschl. v. 17.7.2003 – IX ZB 10/03, ZIP 2003, 1612; BGH, Beschl. v. 18.12.2003 – IX ZB 50/03, ZIP 2004, 518; BGH, Beschl. v. 14.2.2008 – IX ZB 181/04, NZI 2008, 392; BGH, Beschl. v. 21.7.2011 – IX ZB 148/10, ZInsO 2011, 1615; BGH, Beschl. v. 21.7.2016 – IX ZB 70/14, ZIP 2016, 1592.
100) BGH, Beschl. v. 11.5.2006 – IX ZB 249/04, ZIP 2006, 1204; BGH, Beschl. v. 20.5.2010 – IX ZB 11/07, ZIP 2010, 1403; BGH, Beschl. v. 17.4.2013 – IX ZB 141/11, ZInsO 2013, 1104.
101) BGH, Beschl. v. 23.3.2006 – IX ZB 28/05, NZI 2006, 34; BGH, Beschl. v. 11.5.2006 – IX ZB 249/04, ZIP 2006, 1204; BGH, Beschl. v. 26.4.2007 – IX ZB 160/06, ZIP 2007, 1330; BGH, Beschl. v. 20.5.2010 – IX ZB 11/07, ZIP 2010, 1403; BGH, Beschl. v. 17.4.2013 – IX ZB 141/11, ZInsO 2013, 1104; BGH, Beschl. v. 19.9.2013 – IX ZB 122/11, ZInsO 2013, 2180; LG Osnabrück, Beschl. v. 8.10.2015 – 8 T 504/15, ZInsO 2015, 2242.
102) Vgl. nur BGH, Beschl. v. 23.3.2006 – IX ZB 28/05, NZI 2006, 34; BGH, Beschl. v. 11.5.2006 – IX ZB 249/04, ZIP 2006, 1204; BGH, Beschl. v. 26.4.2007 – IX ZB 160/06, ZIP 2007, 1330; BGH, Beschl. v. 19.9.2013 – IX ZB 122/11, ZInsO 2013, 2180.
103) *Haarmeyer/Mock* InsVV, § 3 Rz. 127.
104) *Haarmeyer/Mock* InsVV, § 3 Rz. 127.
105) *Keller*, NZI 2013, 19; Lorenz/Klanke/*Lorenz* InsVV, § 3 Rz. 9.

Entscheidungen auf einem solchen Verständnis[106)] sind freilich willkürlich.[107)] Unter einer abschließenden Gesamtwürdigung ist lediglich zu verstehen, dass die Doppelberücksichtigung eines Sachvortrags bei verschiedenen Zuschlagsgründen zu vermeiden und etwaige Synergieeffekte zu berücksichtigen sind (Rz. 41).

Zweifelhaft ist die Annahme, auch die Berechnungsgrundlage sei bei der Gesamtwürdigung als unselbstständiger Faktor zu betrachten. Richtig ist zwar, dass keine gesonderte Festsetzung des Gegenstandswerts erfolgt. Dies sollte allerdings de lege ferenda überdacht werden. Da der Bezirksrevisor berechtigt ist, gegen den Kostenansatz (Gegenstandswert) Erinnerung einzulegen (§ 66 GKG), und die Berechnungsgrundlage auch nach § 64 Abs. 3 InsO eigenständiger Beschwerdegegenstand sein kann, dürfte es der Rechtssicherheit aller Beteiligten dienen, den Erfolg auf der Ebene des § 1 InsVV von der Tätigkeit auf der Ebene des § 3 InsVV zu trennen. Dass innerhalb einer im Rahmen des § 3 InsVV notwendigen Vergleichsrechnung auch die Berechnungsgrundlage zu betrachten und ggf. zu ändern ist, steht dem nicht entgegen. Der Hintergrund für die Auffassung, die Berechnungsgrundlage sei unselbstständige Position der Vergütungsfestsetzung, wird durch folgenden Umstand deutlich. Wird die Berechnungsgrundlage vom Tatsachengericht gekürzt und ist dies einziger Streitgegenstand, entscheidet das Rechtsbeschwerdegericht aber zugunsten des Insolvenzverwalters oder lässt es diese Frage offen, so soll das Rechtsbeschwerdegericht im Rahmen der Zurückverweisung dem Tatsachengericht aufgeben können, zu prüfen, ob dieser Erfolg nicht dadurch zunichte gemacht werden könne, dass das Tatsachengericht noch einmal nach bislang nicht thematisierten Abschlägen sucht, da die Vergütung trotz des Obsiegens des Insolvenzverwalters auf „keinen Fall" höher als zuvor fälschlich festgesetzt ausfallen dürfe.[108)] Hierbei geht es jedoch nicht um die Verschiebung von Maßstäben, sondern um einen unzulässigen Eingriff des Rechtsbeschwerdegerichts in die Aufgaben des Tatsachengerichts. Selbst wenn dies anders gesehen werden sollte, bedeutet dies nicht, dass nun auch die Berechnungsgrundlage einer Angemessenheitsprüfung i. S. e. Gesamtwürdigung unterfiele. Diese bleibt Tatbestand und wird nicht Bestandteil der Rechtsfolge.

7. Querfinanzierung und Angemessenheit II

Gesetzliche Gebührenregelungen sind am Maßstab des Art. 12 Abs. 1 GG zu messen, weil die **Berufsausübungsfreiheit** untrennbar verbunden ist mit der Freiheit, eine angemessene Vergütung zu fordern.[109)] Eingriffe in die Freiheit der Berufsausübung sind nur dann mit Art. 12 Abs. 1 GG vereinbar, wenn sie auf einer gesetzlichen Grundlage beruhen, die durch ausreichende Gründe des Gemeinwohls gerechtfertigt ist und dem Grundsatz der Verhältnismäßigkeit entspricht.[110)] Ein-

---

106) Ein nicht untypisches Beispiel für einen völlig sinnfreien Vergütungsbeschluss, basierend auf einer „Gesamtbetrachtung", findet sich bei *Keller*, Vergütung und Kosten, § 5 Rz. 49.
107) *Keller*, Vergütung und Kosten, § 5 Rz. 55; KPB-InsO/*Prasser/Stoffler*, § 3 InsVV Rz. 31 (Stand: 09/2014).
108) BGH, Beschl. v. 6.4.2017 – IX ZB 3/16, Rz. 21 f., ZIP 2017, 932, dazu EWiR 2017, 471 (*Prasser*); BGH, Beschl. v. 22.6.2017 – IX ZB 65/15, Rz. 12, ZInsO 2017, 1694.
109) BVerfG Urt. v. 1.7.1980 – 1 BvR 349/75, 378/76, NJW 1980, 2179; BVerfG, Beschl. v. 30.3.1993 – 1 BvR 1045/89, 1 BvR 1381/90, 1 BvL 11/90, ZIP 1993, 838; BGH, Beschl. v. 15.1.2004 – IX ZB 96/03, Rz. 20, ZIP 2004, 417.
110) BVerfG, Beschl. v. 17.10.1990 – 1 BvR 283/85, NJW 1991, 555; BGH, Beschl. v. 15.1.2004 – IX ZB 96/03, Rz. 20, ZIP 2004, 417.

griffe in die Berufsfreiheit dürfen deshalb nicht weiter gehen, als es die sie rechtfertigenden Gemeinwohlbelange erfordern.[111] Eingriffszweck und Eingriffsintensität müssen in einem angemessenen Verhältnis zueinander stehen.[112] Unstreitig wird durch § 63 InsO i. V. m. § 65 InsO und den Regelungen der InsVV in die Freiheit der Berufsausübung eingegriffen.[113] § 63 Abs. 1 InsO ist daher verfassungskonform dahin auszulegen, *dass die dem Insolvenzverwalter zustehende Vergütung insgesamt einen seiner Qualifikation und Tätigkeit angemessenen Umfang erreichen muss*.[114] Die Umsetzung dieser Vorgabe ist nicht unumstritten.

45 Andere Vorschriften des Gebühren- bzw. Kostenrechts (z. B. RVG, StBVV, GKG etc.) regeln den Gebührenansatz für einzelne, klar voneinander abgrenzbare Tätigkeiten. Der jeweilige Normgeber geht bei diesem *geschlossenen Gebührensystem* von einer Mischkalkulation aus; es wird unterstellt, dass aufgrund der Vielzahl der Aufträge unterschiedlicher Größenordnungen insgesamt eine angemessene bzw. auskömmliche Vergütung erzielt werden kann.[115] Ein solches System wird in der InsVV nicht gesehen.[116] Davon zu unterscheiden sind *offene Vergütungssysteme*, bei denen jeder Auftrag zu einer angemessenen Vergütung führen muss. Ein derartiges System ist im Grunde nur durch Zeitaufwand und Stundenvergütung zu realisieren, was für den Anwendungsbereich der InsVV abgelehnt wird,[117] wenngleich auch für den Insolvenzverwalter vertreten wird, die InsVV stelle ein offenes System dar, sodass jedes Verfahren angemessen zu vergüten sei.[118] Dies würde es erforderlich machen, die zunächst nach §§ 1, 2 InsVV ermittelte Vergütung gemäß § 63 Abs. 1 Satz 3 InsO, § 3 InsVV an die tatsächliche Tätigkeit und Angemessenheit anzupassen. Die InsVV verfolgt tatsächlich einen **Mittelweg zwischen offenem und geschlossenem Vergütungssystem**, indem zunächst die Regelvergütung anhand objektiver Kriterien (§§ 1, 2 InsVV) ermittelt und sodann nach den Besonderheiten des Einzelfalls eine Erhöhung gewährt (§ 3 Abs. 1 InsVV) oder ein Abschlag vorgenommen (§ 3 Abs. 2 InsVV) wird.[119]

46 Mit der weitgehend pauschalierten Ausgestaltung der InsVV verfolgt der Verordnungsgeber – so die Annahme – das Ziel der Rechtssicherheit, Kalkulierbarkeit, Handhabbarkeit und Entlastung der Gerichte unter angemessener Berücksichtigung legitimer Gemeinwohlzwecke.[120] Lediglich für die Mindestvergütung des

---

111) BGH, Beschl. v. 15.1.2004 – IX ZB 96/03, Rz. 20, ZIP 2004, 417.
112) BVerfG, Urt. v. 18.6.1980 – 1 BvR 697/77, NJW 1981, 33; BVerfG, Beschl. v. 16.3.2000 – 1 BvR 1970/99 u. a., NJW-RR 2000, 1241; BGH, Beschl. v. 15.1.2004 – IX ZB 96/03, Rz. 20, ZIP 2004, 417.
113) BGH, Beschl. v. 15.1.2004 – IX ZB 96/03, Rz. 21, ZIP 2004, 417.
114) BGH, Beschl. v. 15.1.2004 – IX ZB 96/03, Rz. 21, ZIP 2004, 417; BGH, Beschl. v. 13.3.2008 – IX ZB 63/05, Rz. 11, ZIP 2008, 976.
115) BVerfG, Beschl. v. 17.10.1990 – 1 BvR 283/85, NJW 1991, 555; BVerfG, Beschl. v. 12.2.1992 – 1 BvL 1/89, NJW 1992, 1673; BVerfG, Urt. v. 28.1.2003 – 1 BvR 487/01, NJW 2003, 737, 738; BGH, Beschl. v. 15.1.2004 – IX ZB 96/03, Rz. 27, ZIP 2004, 417.
116) BGH, Beschl. v. 15.1.2004 – IX ZB 96/03, Rz. 28, ZIP 2004, 417.
117) BGH, Beschl. v. 1.3.2007 – IX ZB 278/05, Rz. 11, ZInsO 2007, 370.
118) *Blersch*, ZIP 2004, 2311, 2314; *Haarmeyer*, in: Kölner Schrift zur Insolvenzordnung, S. 483 ff., Rz. 12 f.; *Keller*, Vergütung und Kosten, § 2 Rz. 85 ff.
119) BGH, Beschl. v. 15.1.2004 – IX ZB 96/03, Rz. 28, ZIP 2004, 417; Leonhardt/Smid/Zeuner/*Amberger* InsVV, Einleitung Rz. 24.
120) BGH, Beschl. v. 15.1.2004 – IX ZB 96/03, Rz. 24, ZIP 2004, 417.

Insolvenzverwalters wird gelegentlich eine Zielverfehlung festgestellt (§ 2 Rz. 66 ff., § 13 Rz. 61 ff.).[121] Im Übrigen gebietet es der Grundsatz der Verhältnismäßigkeit allerdings nicht, die Tätigkeit eines Insolvenzverwalters in jedem konkreten Einzelfall kostendeckend und angemessen zu vergüten.[122] Bei der verfassungsrechtlichen Bewertung der InsVV ist im Grundsatz auch die Möglichkeit einer **Querfinanzierung** zu berücksichtigen, weil die gesetzlich vorgesehene Berechnung nach der Insolvenzmasse (§ 63 Abs. 1 Satz 2 InsO, § 2 Abs. 1 InsVV) keine exakt nach dem konkreten Tätigkeitsaufwand berechnete Vergütung gewährleistet, sondern systembedingt auf einen gewissen Gesamtausgleich ausgerichtet ist.[123] Es genügt, dass die Einkünfte aus Insolvenzverwaltertätigkeit insgesamt auskömmlich sind.[124] Etwas anderes würde die grundsätzliche Pauschalierung der Vergütung anhand der Berechnungsgrundlage entwerten.[125] Gleichfalls lässt die Querfinanzierung in massereichen Verfahren eine deutlich höhere Vergütung zu, ohne dass hier zwangsläufig ein entsprechender Mehraufwand für den Insolvenzverwalter vorläge.[126] Letzteres ist insoweit von Bedeutung, als damit die Kürzung von Vergütungen wegen Gesamtwürdigung (Rz. 41 ff.) obsolet sein muss, jedenfalls in einem unüberbrückbaren Widerspruch zur Querfinanzierung steht.

Ausgenommen von dem Gedanken der Querfinanzierung über alle Verfahren hinweg sind lediglich diejenigen Verfahren, in denen lediglich eine *Mindestvergütung* einschlägig ist. Diese Verfahren stellen eine eigene Fallgruppe dar, innerhalb derer zumindest im Durchschnitt eine auskömmliche Vergütung erzielt werden können muss.[127] Daraus folgt einerseits, dass die Vergütung in diesen Verfahren so hoch sein muss, dass es keiner Subventionierung durch andere Verfahren mit Vergütungen oberhalb der Mindestvergütung bedarf, und andererseits, dass die Verfahren mit Mindestvergütung nicht als Argument gegen eine Querfinanzierung innerhalb der anderen Verfahren herangezogen werden können.[128] Kurzum: Werden die Verfahren mit Mindestvergütung ausgeklammert, muss die Querfinanzierung allein innerhalb der **Verfahren mit Regelvergütung** (§ 2 Abs. 1 InsVV) funktionieren. Ob dies der Fall ist, kann angenommen oder bestritten werden, für eine abschließende Beurteilung fehlt die empirische Basis. Allerdings hat der BGH bereits im Jahr 2004 festgestellt, dass es Gerichtssprengel gibt, in denen ein Insolvenzverwalter nur noch alle zwei Jahre mit einem Verfahren mit einer Berechnungsgrundlage von mehr als 30.000 € rechnen kann.[129] Im Anschluss daran kam der Verordnungsgeber im Jahr 2004 zu dem Befund, dass 90 % aller Verbraucherinsolvenzver-

47

---

121) BGH, Beschl. v. 15.1.2004 – IX ZB 96/03, ZIP 2004, 417 (Insolvenzverwalter).
122) BGH, Beschl. v. 15.1.2004 – IX ZB 96/03, Rz. 26, ZIP 2004, 417; BGH, Beschl. v. 13.3.2008 – IX ZB 63/05, Rz. 12, ZIP 2008, 976.
123) BGH, Beschl. v. 15.1.2004 – IX ZB 96/03, Rz. 26, ZIP 2004, 417.
124) BGH, Beschl. v. 22.1.2004 – IX ZB 123/03, Rz. 20, ZIP 2004, 571.
125) BGH, Beschl. v. 15.1.2004 – IX ZB 96/03, Rz. 29, ZIP 2004, 417.
126) BGH, Beschl. v. 15.1.2004 – IX ZB 96/03, Rz. 29, ZIP 2004, 417.
127) BGH, Beschl. v. 15.1.2004 – IX ZB 96/03, Rz. 34, ZIP 2004, 417 (Insolvenzverwalter); BGH, Beschl. v. 15.1.2004 – IX ZB 46/03, Rz. 12, ZIP 2004, 424 (Treuhänder im Verbraucherinsolvenzverfahren alten Rechts); BGH, Beschl. v. 13.3.2008 – IX ZB 63/05, Rz. 12, ZIP 2008, 976.
128) *Metoja*, ZInsO 2016, 1612, 1615.
129) BGH, Beschl. v. 15.1.2004 – IX ZB 96/03, Rz. 32, ZIP 2004, 417.

fahren[130)] und 80 % aller Regelinsolvenzverfahren über das Vermögen natürlicher Personen[131)] nur mit Verfahrenskostenstundung eröffnet werden könnten. Die Diktion neuerer Entscheidungen lässt allerdings vermuten, dass die Gerichte von einer Verbesserung der Situation ausgehen. Dem wird von anderer Seite widersprochen.[132)] Damit kann ein Funktionieren der Querfinanzierung nicht abschließend festgestellt werden. *Gewiss scheint jedoch, dass jedes Insolvenzgericht dies in seinem eigenen Sprengel und verwalterbezogen selbst zu prüfen hat.* Die Bestellungen eines Insolvenzverwalters an anderen Gerichten müssen außer Betracht bleiben, da für gerichtliche Entscheidungen nicht Sachverhalte herangezogen werden können, die dem Gericht völlig unbekannt sind; alles andere wäre ein Verstoß gegen das Willkürverbot. Eine gerichtliche Entscheidung kann – und das wird in der praktischen Umsetzung der „Knackpunkt" sein – nicht unterstellen, der Vergütungsberechtigte werde wohl anderen Orts genug „verdienen". Das geforderte Minimalmaß an Substantiierung ist nicht erreicht, wenn der Antragsteller in lediglich formelhafter und pauschaler Weise Tatsachenbehauptungen aufstellt, ohne diese zu dem zugrunde liegenden Sachverhalt in Beziehung zu setzen;[133)] nichts anderes gilt für den Tatrichter im Amtsermittlungsverfahren. Insgesamt kann das System der Querfinanzierung daher nicht funktionieren, wenn es auf sachfremde Erwägungen gestützt wird.

48 Damit ist noch nicht die Frage beantwortet, ob sich die Querfinanzierung nur auf die Regelvergütung bezieht, oder auch bei **Zu- oder Abschlägen** in irgendeiner Weise zu berücksichtigen ist. Ersichtlich ist die Querfinanzierung weder eigenständiger Zuschlagsfaktor noch eigenständiger Abschlagsfaktor.[134)] Zunächst ist zu erinnern, dass Zu- und Abschläge zunächst losgelöst vom Umfang der Masse (Rz. 24 ff.) zu ermitteln und in Prozentwerten (Rz. 29) festzustellen sind. Wenn ein solcher Zuschlag angesichts des mit der Arbeitsbelastung des Insolvenzverwalters verbundenen Zeitaufwands *zu niedrig* ist, ist dies hinzunehmen. Gleiches gilt aber auch dann, wenn der Euro-Wert des Zuschlags (subjektiv) *zu hoch* scheint. Alles andere würde dem System der Querfinanzierung nicht gerecht. Dass „größere" Verfahren damit teurer werden als „kleinere" Verfahren,[135)] ist unzutreffend, da in größeren Verfahren bereits die Regelvergütung nach § 2 Abs. 1 InsVV stark degressiv ist, sodass größere Verfahren *relativ* betrachtet immer preiswerter als kleinere Verfahren sind. Der BGH sieht dies eher einseitig. So soll eine Reduzierung eines prozentual für angemessen erachteten Zuschlags wegen der Auswirkung in Euro gekürzt werden können,[136)] gleichsam soll ein prozentual für angemessen erachteter Zuschlag nicht wegen der Auswirkung in Euro erhöht werden können.[137)] Dies ist widersprüchlich, wenig hilfreich und wahlweise unentschlossen oder ein Verstoß gegen das Willkürverbot.

---

130) Verordnung zur Änderung der Insolvenzrechtlichen Vergütungsverordnung (InsVV) v. 4.10.2004 (BGBl. I 2004, 2569), Allgemeine Begründung, siehe Anh. VII Rz. 17.
131) Verordnung zur Änderung der Insolvenzrechtlichen Vergütungsverordnung (InsVV) v. 4.10.2004 (BGBl. I 2004, 2569), Allgemeine Begründung, siehe Anh. VII Rz. 18.
132) *Graeber/Graeber* InsVV, § 3 Rz. 32.
133) BGH, Beschl. v. 10.11.2015 – VI ZB 11/15, NJW-RR 2016, 63.
134) Ähnlich *Metoja*, ZInsO 2016, 1612, 1615.
135) Kritisch insoweit *Metoja*, ZInsO 2016, 1612, 1616.
136) BGH, Beschl. v. 19.4.2012 – IX ZB 198/10, JurionRS 2012, 14717.
137) BGH, Beschl. v. 25.6.2009 – IX ZB 118/08, ZInsO 2009, 1511; BGH, Beschl. v. 27.4.2010 – IX ZB 172/08, JurionRS 2010, 15006.

Insoweit ist **Augenmaß** gefragt, um das Prinzip der Querfinanzierung zur Sicherung von *im Durchschnitt angemessenen Vergütungen* beibehalten zu können, sodass die derzeit inflationär zu beobachtende Bezugnahme auf die Querfinanzierung das Instrument selbst dogmatisch in Zweifel zieht, zudem die Querfinanzierung durch andere Versuche der Vergütungskürzung torpediert wird. Folge ist nicht nur eine Reduzierung im Einzelfall, sondern die Ruinierung eines Systems aufgrund eines Tunnelblicks. Hierzu gehören eine übergebührliche Ausweitung des Anwendungsbereichs des § 3 Abs. 2 lit. d InsVV auf Verfahren ohne große Masse (Rz. 207 ff.), eine nach geradezu abenteuerliche Anwendung des § 3 Abs. 2 lit. e InsVV (Rz. 214 ff.) oder gar die hanebüchene Forderung, der Insolvenzverwalter habe seine Kostenstruktur unter Einbeziehung der Vergütungen aus anderen Verfahren offenzulegen, um die Angemessenheit eines Zuschlags zu begründen.[138] Dies widerspricht zudem der Aussage derselben Autoren, maßgebend allein sei der Deckungsbeitrag im konkreten Verfahren,[139] sodass hier die Stimmungsmache eine Systemfindung überlagert. Man kann sich vom Prinzip der Querfinanzierung verabschieden. Dann muss dies jedoch ausdrücklich erfolgen und dramatisch höhere Vergütungen in den kleineren Verfahren und erheblich niedrigere Vergütungen in den sehr großen Verfahren zur Folge haben. Alles andere wäre Rosinenpickerei, die den Gerichten nach den traditionellen Vorstellungen von Rechtsstaatlichkeit nicht zusteht und auch von den Vergütungsberechtigten nicht gewünscht sein kann. Das Ziel der Rechtssicherheit, Kalkulierbarkeit und Handhabbarkeit könnte so nicht erreicht werden. Letztlich zu beachten gilt, dass die Querfinanzierung ausdrücklich auch den Vergütungsausfall des vorläufigen Insolvenzverwalters bei Nicht-Eröffnung des Insolvenzverfahrens kompensieren soll.[140] Bei Wegfall der Querfinanzierung bedürfte es hier eines neuen Ansatzes.

49

VI. Zuschläge (§ 3 Abs. 1 InsVV)

1. Obersatz

Im Grunde gibt es für die Anwendung des § 3 Abs. 1 InsVV nur einen Tatbestand, namentlich eine **Mehrbelastung**, die *quantitativer* oder *qualitativer* Art sein kann. Alles andere sind Beispiele, auch *Erhöhungsfaktoren* zu nennen, prozessual ohnehin nur *Beweisangebote*. Freilich ist die Mehrbelastung ein unbestimmter Rechtsbegriff, da eine legaldefinierte Bezugsgröße fehlt. Folglich wohnt der notwendigen Einzelfallbetrachtung auch ein intuitives Moment inne, was eine gewisse Erfahrung aufseiten der Rechtsanwender voraussetzt. Denn wenn stets darauf rekurriert wird, dass sich eine schematische Betrachtung verböte, ist dies gleichermaßen richtig wie wenig hilfreich. Derzeit finden sich an verschiedenen Stellen Hinweise darauf, dass die Höhe der Zuschläge an marktüblichen Konditionen zu orientieren sein soll.[141] Dies ist nur bedingt zutreffend (Rz. 30 f.). Schon die Regelvergütung darf sich nicht an marktüblichen Vergütungen für vergleichbare Tätigkeiten außerhalb eines Insolvenzverfahrens orientieren, da es sonst der InsVV nicht bedürfte. Nichts anderes

50

---

138) *Haarmeyer/Mock* InsVV, § 3 Rz. 17.
139) *Haarmeyer/Mock* InsVV, § 3 Rz. 17.
140) BGH, Beschl. v. 22.1.2004 – IX ZB 123/03, Rz. 20, ZIP 2004, 571.
141) Z. B. *Metoja*, ZInsO 2016, 1612.

kann daher für Zuschläge gelten. Anders nur dann, wenn andere Gebührenordnungen des Kostenrechts herangezogen werden können.

2. **Aus- und Absonderungsrechte (§ 3 Abs. 1 lit. a InsVV)**

a) **Einleitung**

51 Ein Vergütungszuschlag kommt in Betracht, wenn die Bearbeitung von Aus- und Absonderungsrechten einen erheblichen Teil der Tätigkeit des Insolvenzverwalters ausgemacht hat, ohne dass ein entsprechender Mehrbetrag nach § 1 Abs. 2 Nr. 1 InsVV angefallen ist (§ 3 Abs. 1 lit. a InsVV). Auf der Tatbestandsebene ist daher zu prüfen, was mit Aus- oder Absonderungsrechten gemeint ist (Rz. 52), wie der erhebliche Teil der Tätigkeit zu definieren ist (Rz. 54 ff.) und welche Rolle der Mehrbetrag i. S. d. § 1 Abs. 2 Nr. 1 InsVV spielt (Rz. 65 ff.).

b) **Aus- und Absonderungsrechte (Definition)**

52 Das Tatbestandsmerkmal der Aus- und Absonderungsrechte ist scheinbar selbsterläuternd, zumal bereits in § 1 Abs. 2 Nr. 1 und 2 InsVV vorgegeben ist, wie derartige Rechte auf der Ebene der Berechnungsgrundlage zu berücksichtigen sind. Allerdings stellt der Wortlaut des § 3 Abs. 1 lit. a InsVV ausschließlich auf **Aus- oder Absonderungs**rechte ab. Daher wird vertreten, die Norm beschränke sich auf die Prüfung des Bestehens und der Berechtigung eines Aus- oder Absonderungsanspruchs.[142] In der Tat geht der Verordnungsgeber davon aus, dass bei einer erfolgten Verwertung ausschließlich die Mehrvergütung nach § 1 Abs. 2 Nr. 1 Satz 1 und 2 InsVV bzw. das Überschussprinzip des § 1 Abs. 2 Nr. 1 Satz 3 InsVV Anwendung finde und ein Zuschlag nach § 3 Abs. 1 lit. a InsVV voraussetze, dass gerade kein Verwertungserlös erzielt werden konnte.[143] Dies alles schlösse es prima facie aus, einen Zuschlag auf Umstände zu stützen, die aus dem **Aus- oder Absonderungs***gut* resultieren, wenn eine Veräußerung erfolgte. Lediglich eine tatbestandliche Befassung mit dem **Aus- oder Absonderungs***gläubiger* ließe sich noch mit dem Wortlaut der Norm und ihrer Begründung rechtfertigen, da sich das Recht und der Rechtsinhaber insoweit nicht separat bewerten lassen, d. h., auch ein unkompliziertes Recht kann zu Mehraufwand führen, wenn der Rechtsinhaber obstruktives Verhalten an den Tag legt. Maßgeblich ausgeschlossen von einem Zuschlag wäre jedoch nach dem Vorgesagten eine überobligatorische Tätigkeit im Zusammenhang mit den Absonderungs*rechten*, wenn ein Verwertungserlös – und sei es nur ein symbolischer Kaufpreis von 1 € – erzielt werden konnte. Aufgrund der Chronologie der Ereignisse werden die Dritt*rechte* überwiegend bereits im Antragsverfahren geprüft, sodass die enge Auslegung im Grunde jedweden Zuschlag für den Insolvenzverwalter im eröffneten Verfahren ausschlösse. Keine Aussage enthielte diese enge Auslegung ferner zur *Verwaltung* von Absonderungsgut.

53 Für die Vergütung des vorläufigen Insolvenzverwalters ist anerkannt, dass insoweit *kein Unterschied* zwischen dem Vermögensgegenstand und dem Fremdrecht be-

---

142) *Haarmeyer/Mock* InsVV, § 3 Rz. 15; *Keller*, Vergütung und Kosten, § 5 Rz. 72; Lorenz/Klanke/*Lorenz* InsVV, § 3 Rz. 19.
143) Insolvenzrechtliche Vergütungsverordnung (InsVV) v. 19.8.1998 (BGBl. I 1998, 2205), Allgemeine Begründung, siehe Anh. III Rz. 12.

steht.[144)] Nichts anderes gilt für den Insolvenzverwalter,[145)] da er die Ist-Masse zur Soll-Masse zu bereinigen hat, wofür unerheblich ist, ob die besonderen Schwierigkeiten nun in einem Recht, in einer Person oder in einem Vermögensgegenstand begründet sind. Wegen der Rechtsnatur als Tätigkeitsvergütung ist zudem gleichgültig, ob eine Verwertung, eine Verwaltung, eine Prüfung oder Verhandlungen Gegenstand der Zuschlagsbegründung sind. Der BGH spricht insoweit zusammenfassend von einer Abwicklung der Aus- und Absonderungsrechte,[146)] was alle genannten Teilaspekte inkludiert. Daher ist anzunehmen, dass sich der Zuschlag nach § 3 Abs. 1 lit. a InsVV allgemein auf die Berücksichtigung von **Drittrechten an der Ist-Masse** bezieht. Dann aber muss auch eine erhebliche Befassung mit *Aufrechnungslagen* i. S. d. § 1 Abs. 2 Nr. 3 InsVV zuschlagswürdig sein, da aufgrund des Überschussprinzips sonst unvergütet bliebe, dass zwei Ansprüche zu prüfen sind, nämlich derjenige der Masse und derjenige der Gegenseite; insoweit ist kein Unterschied zu Absonderungsrechten erkennbar.

c) Erheblicher Teil der Tätigkeit (Mehrbelastung)
aa) Definition des Tatbestandsmerkmals

Nach dem Wortlaut des § 3 Abs. 1 lit. a InsVV soll es tatbestandlich bei der Bearbeitung von Aus- oder Absonderungsrechten auf einen erheblichen Teil der Tätigkeit des Insolvenzverwalters ankommen. Das Tatbestandsmerkmal der **Bearbeitung** umfasst jedwede Befassung mit dem relevanten Fremdrecht, wobei die Befassung freilich in einer von außen erkennbaren Tätigkeit bestehen muss. Da im Sprachgebrauch des § 3 InsVV vereinheitlichend von Mehr- und Minderaufwand oder -belastung gesprochen wird, muss folglich ein Mehraufwand bzw. eine *erhebliche Befassung* des Insolvenzverwalters erkennbar sein.

Dass dieser Mehraufwand in § 3 Abs. 1 lit. a InsVV mit einem **erheblichen Teil der Tätigkeit** des Insolvenzverwalters beschrieben wird, ist semantisch unpräzise und erklärt sich allenfalls dadurch, dass die Vergütung des Insolvenzverwalters auf der Ebene des § 3 InsVV zu einer Tätigkeitsvergütung wird. Nicht etwa kann ein *Zeitnachweis* verlangt werden, da dem Vergütungsrecht eine Zeitvergütung im Grundsatz fremd ist.[147)] Auch der *relative Anteil von Fremdrechten* an der Ist-Masse ist – zumindest als einziges Kriterium – weitgehend irrelevant,[148)] zudem der Verordnungsgeber insoweit von 80 % ausgeht, die dem Normalfall zuzuordnen sein sollen.[149)] Abgestellt werden kann aber auch nicht auf den *Anteil an der Gesamttätigkeit* des Insolvenzverwalters, die sich – vergütungsrechtlich an dieser Stelle oft unbeachtet – auch auf den administrativen Teil des Verfahrens bezieht, wie z. B. Tabellenführung, Rechnungslegung, allgemeine Korrespondenz, Versicherungsangelegenheiten, Berichtspflichten, Erfüllung steuerlicher Pflichten etc. Maßgeblich

---

144) BGH, Beschl. v. 28.9.2006 – IX ZB 230/05, ZIP 2006, 2134; BGH, Beschl. v. 18.12.2008 – IX ZB 46/08, Rz. 11, ZInsO 2009, 495.
145) Leonhardt/Smid/Zeuner/*Amberger* InsVV, § 3 Rz. 27.
146) BGH, Beschl. v. 24.7.2003 – IX ZB 607/02, ZIP 2003, 1747.
147) BGH, Beschl. v. 25.6.2009 – IX ZB 118/08, ZInsO 2009, 1511.
148) BGH, Beschl. v. 24.7.2003 – IX ZB 607/02, ZIP 2003, 1757.
149) Insolvenzrechtliche Vergütungsverordnung (InsVV) v. 19.8.1998 (BGBl. I 1998, 2205), Allgemeine Begründung, siehe Anh. III Rz. 12.

wäre allenfalls ein relativer Anteil an denjenigen Tätigkeiten, die sich auf die Verwaltung und Verwertung der Masse im engeren Sinne beziehen. Daher ist der erhebliche Teil der Tätigkeit als Tatbestandsmerkmal weitestgehend unbrauchbar.

56 Vielmehr ist ausschlaggebend, ob die Bearbeitung der Drittrechte den Insolvenzverwalter stärker als in entsprechenden Insolvenzverfahren allgemein üblich in Anspruch genommen hat,[150] sodass es nicht auf die summarische Betrachtung ankommt, sondern auch ein einziges Fremdrecht aufgrund seiner Komplexität zuschlagsbegründend sein kann.[151] Maßgebend ist folglich eine **erhebliche Befassung** mit einem Drittrecht oder einem hiervon betroffenen Vermögensgegenstand als Abgrenzung zur bloß nennenswerten Befassung. Diese überobligatorische Befassung kann qualitativer oder quantitativer Natur sein. Die **qualitative Natur** lässt sich am Maßstab der §§ 5, 4 Abs. 1 Satz 3 InsVV festmachen: wo ein Nicht-Jurist als Insolvenzverwalter externen Rat eingeholt hätte, ist alternativ auch ein Zuschlag möglich; denn die Abgrenzung von Regel- und Sonderaufgaben in §§ 5, 4 Abs. 1 Satz 3 InsVV unterscheidet sich nicht von derjenigen in § 3 Abs. 1 InsVV.[152] Ferner kann die Definition der erheblichen Befassung aus den Kriterien zu § 11 Abs. 1 Satz 2 InsVV abgeleitet werden (§ 11 Rz. 71 ff.), da insoweit kein Unterschied besteht.[153]

57 Bei der **quantitativen Natur** besteht jedoch weder Einigkeit noch ein allgemeingültiger Lösungsansatz. Der Verordnungsgeber geht davon aus, dass die Betroffenheit von 80 % der Vermögensgegenstände von der Regelvergütung abgedeckt wird.[154] In der Literatur finden sich diverse Werte von 30–80 %, was ersichtlich kein konsistentes System bildet, da jeder Wert begründet werden müsste. Der BGH lehnt eine schematische Betrachtung jedenfalls dann ab, wenn der Anteil der Aus- oder Absonderungsrechte an der Ist-Masse das einzige Kriterium ohne Darlegung der konkreten Tätigkeit sein soll.[155] Insoweit bleibt nichts anderes übrig, als anhand des konkreten Sachverhalts zu argumentieren. Freilich lassen sich im Einzelfall Auswege finden. Haben die Drittrechte großen Einfluss auf die Gestaltung der Betriebsfortführung, kann der diesbezügliche Zuschlag nach § 3 Abs. 1 lit. b Alt. 1 InsVV um die Probleme mit den Drittrechten angereichert werden; dies entspricht nicht nur der Sachnähe, sondern klingt (subjektiv) auch überzeugender.

bb) Beispiele

58 Grundsätzlich hat sich ein Insolvenzverwalter im Recht der **gängigen Kreditsicherheiten** auszukennen.[156] Dies gilt auch für die Vorbehaltsrechte der Lieferanten,[157] nicht aber für Sicherheitsrechte nach ausländischen Rechtsordnungen.[158]

---

150) BGH, Beschl. v. 24.7.2003 – IX ZB 607/02, NZI 2003, 603.
151) Leonhardt/Smid/Zeuner/*Amberger* InsVV, § 3 Rz. 30.
152) Ausführlich *Ganter*, ZInsO 2016, 677.
153) Ausdrücklich BGH, Beschl. v. 28.9.2006 – IX ZB 230/05, Rz. 20, ZIP 2006, 2134.
154) Insolvenzrechtliche Vergütungsverordnung (InsVV) v. 19.8.1998 (BGBl. I 1998, 2205), Allgemeine Begründung, siehe Anh. III Rz. 12.
155) BGH, Beschl. v. 24.7.2003 – IX ZB 607/02, NZI 2003, 603.
156) *Haarmeyer/Mock* InsVV, § 3 Rz. 17.
157) *Haarmeyer/Mock* InsVV, § 3 Rz. 17.
158) *Haarmeyer/Mock* InsVV, § 3 Rz. 17.

Die Prüfung **kollidierender Drittrechte** indiziert eine überobligatorische Befassung des Insolvenzverwalters mit Absonderungsrechten, z. B. beim Vorliegen einer Globalzession und Eigentumsvorbehaltsrechten von Warenlieferanten.[159]

Haben Aus- und Absonderungsgläubiger ihre Forderungen gegen den Schuldner in einer **Pool-Vereinbarung** gebündelt, können sich für den Insolvenzverwalter gleichermaßen Erschwernisse[160] wie auch Erleichterungen ergeben. Die Arbeitserleichterung kann darin bestehen, dass nicht mit zahlreichen Gläubigern, sondern nur mit dem Pool-Führer zu verhandeln ist.[161] Die Mehrbelastung kann sich daraus ergeben, dass diese Gläubiger nun aufgrund der Bündelung der Forderungen eine etwas größere „Macht" darstellen, da ein Pool-Führer anderes verhandeln wird als der rechtlich weder bewanderte noch beratene „Durchschnittslieferant". Insoweit wird zwar aufgrund der Anzahl und des Umfangs der Absonderungsrechte ein Zuschlag nach § 3 Abs. 1 lit. a InsVV einschlägig sein; eine Erhöhung des Zuschlags gerade wegen einer Pool-Vereinbarung ist jedoch nicht automatisch indiziert, sondern bedarf der Betrachtung des Einzelfalls. Hat hingegen der Insolvenzverwalter einen derartigen Pool initiiert und den Pool-Führer umfangreich mit Informationen versorgt, um z. B. die Lieferanten auch in eine Betriebsfortführung einbeziehen zu können, liegt eine zusätzliche und vergütungsfähige Mehrbelastung vor,[162] die nach hiesigem Verständnis jedoch eher den Zuschlag für Betriebsfortführung erhöhen und weniger einen Zuschlag für die Befassung mit Aus- oder Absonderungsrechten begründen sollte.[163]

Allein die Feststellung einer dinglichen Belastung eines **Grundstücks** in *Abt. III des Grundbuchs* oder die Prüfung der aktuellen Valutierung stellt noch keine erhebliche Befassung dar. Die Prüfung der Reichweite einer Zubehörhaftung geht jedoch über die übliche Befassung mit einer Grundschuld hinaus.[164] Nichts anderes kann gelten, wenn die Eintragungen im Grundbuch nicht mehr aktuell oder widersprüchlich sind, sodass eventuell ein Anspruch auf Grundbuchberichtigung oder Löschungsbewilligung besteht, sich hierdurch eventuell eine Eigentümergrundschuld ergibt, sich die Rangverhältnisse ändern etc. Auch die Prüfung von Rechten in *Abt. II des Grundbuchs* erfordert im Einzelfall eine erhebliche Befassung, zumal sie gelegentlich „wegverhandelt" werden müssen, um zu einer vernünftigen Verwertung oder Nutzung des Grundstücks gelangen zu können, z. B. bei Nießbrauch oder Nacherbschaften. Eine erhebliche Befassung kann sogar die Eintragungen in *Abt. I des Grundbuchs* oder im *Bestandsverzeichnis* betreffen, wenn Neuvermessungen erforderlich werden oder bei einer Personengesellschaft nicht eindeutig ist, ob das Grundstück der Gesellschaft oder den Gesellschaftern gehört. In einer Entscheidung des BGH vom 24.1.2008[165] findet sich die Aussage, die Bemühungen um ein *Stillhalteabkommen* mit der Absonderungsgläubigerin einer Immobilie zwecks

---

159) BGH, Beschl. v. 11.10.2007 – IX ZB 234/06, ZIP 2007, 2323.
160) *Haarmeyer/Mock* InsVV, § 3 Rz. 17.
161) *Haarmeyer*, ZInsO 2016, 2057, 2064.
162) LG Braunschweig, Beschl. v. 29.1.2001 – 8 T 947/00, ZInsO 2001, 552.
163) Anders noch Kraemer/Vallender/Vogelsang/*Zimmer*, Fach 2 Kap. 24, Rz. 62.
164) BGH, Beschl. v. 11.10.2007 – IX ZB 234/06, ZIP 2007, 2323.
165) BGH, Beschl. v. 24.1.2008 – IX ZB 120/07, NZI 2008, 239.

Nutzung der Immobilie durch den Schuldner im Zusammenhang mit einer Betriebsfortführung sei von der Regelvergütung abgegolten. Dies ist isoliert betrachtet nicht zutreffend, sondern dem Einzelfall geschuldet. Denn der Insolvenzverwalter hatte einen Zuschlag für Hausverwaltung geltend gemacht, der hier ersichtlich nicht einschlägig ist. Hätte er einen Zuschlag nach § 3 Abs. 1 lit. a InsVV geltend gemacht oder den Umstand in die Begründung des Zuschlags für Betriebsfortführung einfließen lassen, hätte man sich der Argumentation des Insolvenzverwalters nicht verweigern können. Zur „kalten" Zwangsverwaltung siehe Rz. 105 ff.

62 Die erhebliche Befassung i. S. d. § 3 Abs. 1 lit. a InsVV (Zuschlag) ist vom Aussagegehalt her identisch mit der Erheblichkeit i. S. d. § 11 Abs. 1 Satz 2 InsVV (Berechnungsgrundlage vorläufiger Insolvenzverwalter).[166] Daraus folgt für den **vorläufigen Insolvenzverwalter**, dass die Einbeziehung eines Vermögensgegenstands, an dem nach Verfahrenseröffnung Aus- oder Absonderungsrechte geltend gemacht werden können, in die Berechnungsgrundlage zum grundsätzlichen Ausschluss eines Zuschlags nach § 3 Abs. 1 lit. a InsVV führt, um eine Doppelvergütung eines Lebenssachverhalts zu vermeiden (§ 11 Rz. 121).

63 Zu den Besonderheiten bei der Vergütung des **Sachwalters** siehe § 12 Rz. 60.

d) Höhe des Zuschlags

64 Die Höhe des abstrakt angemessenen Zuschlags ist stets im Einzelfall zu bestimmen (Rz. 24 ff.). Ungeachtet dessen scheint ein Mindestwert von 25 %[167] überhöht, da sonst ein Missverhältnis zu den zentralen Zuschlägen für Betriebsfortführung und (übertragende) Sanierung entstehen würde. Das Abstellen auf den Einzelfall schließt andererseits ein Überschreiten der Regelvergütung (100 %) in besonders schwierigen und/oder arbeitsintensiven Fällen auch nicht aus. Der abstrakt angemessene Zuschlag ist ggf. aufgrund einer Vergleichsrechnung (Rz. 32 ff.) oder durch Anrechnung von Massebelastungen aufgrund Delegation (Rz. 36 ff.) zum konkreten Zuschlag weiterzuentwickeln.

e) Vergleichsrechnung

65 Ein Vergütungszuschlag scheidet nach dem Wortlaut des § 3 Abs. 1 lit. a InsVV aus, wenn eine angemessene Mehrvergütung nach § 1 Abs. 2 Nr. 1 InsVV angefallen ist. Da die Mehrvergütung nach § 1 Abs. 2 Nr. 1 Satz 1 und 2 InsVV nur bei Absonderungsrechten möglich ist, jedoch nicht bei *Aussonderungsrechten* oder *Aufrechnungslagen*, bedarf es bei Letzteren **keiner Vergleichsrechnung**. Gleiches gilt bei *Abfindungen* i. S. d. § 1 Abs. 2 Nr. 2 InsVV, die zwar auch Absonderungsrechte betreffen, jedoch nicht zu einer Mehrvergütung nach § 1 Abs. 2 Nr. 1 Satz 1 und 2 InsVV führen, gleichwohl eine erhebliche Befassung voraussetzen können. Nichts anderes gilt für *Aufrechnungslagen* i. S. d. § 1 Abs. 2 Nr. 3 InsVV. Erst recht bedarf es keiner Vergleichsrechnung, wenn überhaupt nichts zur Masse bzw. in die Berechnungsgrundlage geflossen ist (*keinerlei Massezufluss*). Letzteres steht einem Zuschlag nicht entgegen, wenn und weil die Passivseite des Insolvenzverfahrens von dem Vorgang profitiere,

---

166) Ausdrücklich BGH, Beschl. v. 28.9.2006 – IX ZB 230/05, Rz. 20, ZIP 2006, 2134.
167) Lorenz/Klanke/*Lorenz* InsVV, § 3 Rz. 29.

Zu- und Abschläge §3

mithin der Absonderungsgläubiger seinen Ausfall (Insolvenztabelle) durch die Teilhabe an den Erlösen zugunsten der ungesicherten Insolvenzgläubiger mindere.[168]

Einer **Vergleichsrechnung** bedarf es daher, wenn und weil eine Mehrvergütung 66
i. S. d. § 1 Abs. 2 Nr. 1 Satz 1 und 2 InsVV (hierzu § 1 Rz. 73 ff.) angefallen ist, diese jedoch in einem darzulegenden Missverhältnis zur Arbeitsleistung des Insolvenzverwalters steht. Der Insolvenzverwalter hat jedoch zwei Möglichkeiten:[169] Er kann auf die Mehrvergütung verzichten und ausschließlich einen Zuschlag geltend machen (Rz. 71 f.) oder er kann sowohl die Mehrvergütung als auch einen Zuschlag geltend machen (Rz. 67 ff.).

Wird trotz **Beanspruchung der Mehrvergütung** ein Zuschlag geltend gemacht, gilt 67
Folgendes:

Beispiel: 68

Die sonstige Berechnungsgrundlage aus verschiedenen Geschäftsvorfällen betrage 50.000 €. Es wurde ferner eine sicherungsübereignete Maschine zum Preis von 100.000 € zzgl. 19 % Umsatzsteuer verwertet:

Tatsächliche Werte		Fiktive Werte	
Sonstige Einnahmen	50.000,00	Sonstige Einnahmen	50.000,00
Verwertung Maschine	119.000,00	Verwertung Maschine	119.000,00
Auskehrung Absonderungsgläubiger	./. 119.000,00		*(entfällt)*
abzgl. Feststellungskostenbeitrag[170]	4.760,00		*(entfällt)*
abzgl. Verwertungskostenbeitrag	5.950,00		*(entfällt)*
abzgl. Umsatzsteuer aus Verwertungsgeschäft	19.000,00		*(entfällt)*
„kleine Berechnungsgrundlage"	79.710,00	„große Berechnungsgrundlage"	169.000,00
Regelvergütung (§ 2)	18.329,70	*Regelvergütung (§ 2)*	24.580,00
Differenz zur fiktiven Regelvergütung als Mehrvergütung	*6.250,30*		
jedoch Kappung auf 50 % von 4.760,00	2.380,00		
„Erhöhte Regelvergütung"	20.709,70		

Abb. 1: Ermittlung der erhöhten Regelvergütung

---

[168] BGH, Beschl. v. 9.6.2016 – IX ZB 17/15, ZIP 2016, 1299; *Zimmer*, InsbürO 2017, 102, 104.
[169] A. A. MünchKommInsO/*Riedel*, § 3 InsVV Rz. 18.
[170] Zur Kritik hieran siehe § 1 Rz. 77.

69 Nun sei der Insolvenzverwalter der Auffassung, die Mehrvergütung repräsentiere nicht seinen gestiegenen Arbeitsaufwand. Ohne eine Mehrvergütung sei – angenommen – ein Zuschlag von abstrakt 25 % angemessen. Dann bedarf es einer Fortsetzung der Vergleichsrechnung.

tatsächliche Regelvergütung	18.329,70
+ 25 % Zuschlag (abstrakt) hierauf	4.582,43
= angemessene Zielvergütung	22.912,13
./. erhöhte Regelvergütung	./. 20.709,70
= erforderlicher Zuschlag trotz Mehrvergütung in €	2.202,43
entspricht einem Zuschlag in Prozent auf Basis erhöhter Regelvergütung	**10,63 %**

Abb. 2: Zuschlag auf erhöhte Regelvergütung

70 Ein anderer Lösungsansatz bestünde darin, den Zuschlag (im Beispiel 25 %) direkt auf die erhöhte Regelvergütung zu berechnen, was zu einem insgesamt höheren Ergebnis führen würde. Hierbei würde jedoch ein wichtiger Gedankenschritt übersprungen. Der *abstrakt* anhand der Mehrbelastung für angemessen erachtete Zuschlag kann nicht bereits unter Berücksichtigung der Mehrvergütung angewendet werden. Denn der abstrakt angemessene Zuschlag, der ausschließlich auf der Bewertung des Mehraufwands beruht, ist immer erst anschließend durch Vergleichsrechnungen, Anrechnungen oder Kürzungen wegen Delegationen auf den konkret angemessenen Zuschlag zu reduzieren.

71 Wird auf die **Mehrvergütung verzichtet** und ausschließlich ein Zuschlag geltend gemacht, gilt unter Fortsetzung des Beispiels Folgendes:

tatsächliche Regelvergütung	18.329,70
+ 25 % Zuschlag (abstrakt) hierauf	4.582,43
= angemessene Zielvergütung	**22.912,13**

Abb. 3: Zuschlag auf Regelvergütung

72 Das Ergebnis ist mithin per definitionem wirtschaftlich dasselbe wie bei einem Zuschlag trotz Mehrvergütung. Da der Zuschlag nach § 3 Abs. 1 lit. a InsVV nur gewährt werden kann, wenn nicht bereits eine angemessene Mehrvergütung erzielt wurde, ist der Zuschlag denklogisch nicht auf die Mehrvergütung beschränkt, er beinhaltet sie jedoch.

73 Eine Besonderheit besteht bei sog. **Übererlösen** aus der Verwaltung und Verwertung von Absonderungsgut, bei denen gerade nicht eine Mehrvergütung nach § 1 Abs. 2 Nr. 1 Satz 1 und 2 InsVV, sondern ein (lediglich) die Berechnungsgrundlage erhöhender Überschuss gemäß § 1 Abs. 2 Nr. 1 Satz 3 InsVV anfällt; denn insoweit besteht ein Ausschlussverhältnis (§ 1 Rz. 79). Da § 3 Abs. 1 lit. a InsVV wörtlich nicht auf die *Mehrvergütung*, sondern auf einen *Mehrbetrag* Bezug nimmt und auch generell auf § 1 Abs. 2 Nr. 1 InsVV verweist, ohne die dortige Unterscheidung von Mehrvergütung und Überschuss aufzugreifen, ist auch – und erst recht – bei Übererlösen eine Ver-

gleichsrechnung erforderlich, wenn ein Vergütungszuschlag beantragt wird. Diese Vergleichsrechnung ist ersichtlich einfacher. Teils wird jedoch vertreten, bei Übererlösen könne ein Zuschlag nach § 3 Abs. 1 lit. a InsVV nicht in Betracht kommen.[171] Dies ließe sich damit begründen, dass der Absonderungsgläubiger zum Zeitpunkt der Verwertung übersichert gewesen sei, und sei es nur aufgrund fortgeschrittener Erfüllung der Schuldnerpflichten bis zum Insolvenzantrag. Einen Zusammenhang mit der – notwendigerweise erforderlichen – Mehrbelastung des Insolvenzverwalters liefert diese Argumentation freilich nicht. Je nachdem, wie weit der Übererlös den Feststellungskostenbeitrag überschreitet, wird sich ein Zuschlag durch Vergleichsrechnung allerdings zunehmend gegen null bewegen. Generell nicht zutreffend ist allerdings die Behauptung, hier läge ein Fall des § 1 Abs. 2 Nr. 2 InsVV vor und der Insolvenzverwalter erbrächte keine Verwertungshandlung,[172] da es sich um verschiedene Sachverhalte und Tatbestände handelt. Insgesamt wird die Ablehnung eines Zuschlags bei Übererlösen eher freigeistig begründet und nicht auf ein konsistentes Vergütungssystem gestützt. Denn auch eine **frei ausgehandelte Massebeteiligung**[173] oder ein **fehlender Massezufluss**[174] schließen einen Zuschlag nicht aus.

3. Betriebsfortführung (§ 3 Abs. 1 lit. b Alt. 1 InsVV)

a) Allgemeines

Die Fortführung des schuldnerischen Unternehmens ist **Regelbeispiel** für die Gewährung eines Zuschlags. Denn gemäß § 1 Abs. 2 Nr. 4 Satz 2 lit. b InsVV fließt nur der Fortführungsüberschuss in die Berechnungsgrundlage ein, was schon im Grundsatz nicht zu einer angemessenen Vergütung für die Betriebsfortführung führen kann, da sich der Insolvenzverwalter nicht unmaßgeblich mit den Verbindlichkeiten befassen muss, sodass gerade jene Positionen, die zu einer Minderung der Berechnungsgrundlage führen, eine zusätzliche Tätigkeit erfordern, nämlich die Begründung von angemessenen Verbindlichkeiten aufgrund einer Liquiditätsplanung. 74

b) Definition des Tatbestandsmerkmals

Die **Betriebsfortführung** als Tatbestandsmerkmal ist selbsterläuternd bzw. allgemein verständlich. Vereinfachend lässt sich zusammenfassen, dass das operative Geschäft des Schuldners weiterbetrieben oder wieder aufgenommen werden muss. Ob hierbei eine Akquisition neuer Aufträge erfolgt, ist unmaßgeblich, da die **Ausproduktion** der Betriebsfortführung vergütungsrechtlich gleichgestellt ist[175] (§ 1 Rz. 123); beim **Abverkauf** ist dies jedoch im Einzelfall zu beurteilen (§ 1 Rz. 124). 75

c) Abstrakt angemessener Zuschlag

Zu differenzieren ist zwischen verwalterbezogenen Faktoren und schuldnerseits veranlassten Faktoren. Der **verwalterbezogene Faktor** beruht auf qualitativen und quantitativen Faktoren der Betriebsfortführung auf Basis einer *bis zur Insolvenzan-* 76

---

171) *Lissner*, ZVI 2016, 263, 267.
172) So aber *Haarmeyer/Mock* InsVV, § 3 Rz. 14.
173) BGH, Beschl. v. 10.10.2013 – IX ZB 169/11, ZInsO 2013, 2288 (Verwertung Grundstück); BGH, Beschl. v. 14.7.2016 – IX ZB 31/14, ZIP 2016, 1543 („kalte" Zwangsverwaltung).
174) BGH, Beschl. v. 9.6.2016 – IX ZB 17/15, ZIP 2016, 1299.
175) BGH, Beschl. v. 27.9.2012 – IX ZB 243/11, Rz. 9, ZInsO 2013, 840.

tragstellung idealtypischen Betriebsführung. Zunächst ist folglich zu berücksichtigen, was unter einer Fortführung im engeren Sinne zu verstehen ist. Hierzu gehören als Vergütungsparameter die Branche des Unternehmens, die Marktstellung des Unternehmens, die Anzahl der Betriebsstätten, eine Marktanalyse, die Zusammenarbeit mit Kunden und Lieferanten, die Anzahl der Mitarbeiter (eine Betriebsfortführung kann bei einer natürlichen Person als Schuldner auch ohne Mitarbeiter erfolgen[176]), die Höhe des Umsatzes, die Anzahl der Geschäftsvorfälle, die Befassung mit Erfüllungswahlrechten, der Bearbeitungsstand angefangener Aufträge, die Notwendigkeit der Erstellung von Deckungsbeitragsrechnungen, eine Liquiditätsplanung, die Dauer der Betriebsfortführung, die Haftungsträchtigkeit, leistungswirtschaftliche Sanierungsmaßnahmen, die Optimierung des Produktionsprozesses, das Erschließen neuer Märkte, das Erfordernis ständiger Präsenz des Insolvenzverwalters oder seiner Mitarbeiter vor Ort[177] etc. Es empfiehlt sich, all dies für die Begründung des Zuschlags heranzuziehen, ohne hieraus einzelne Zuschlagfaktoren abzuleiten.[178] Denn nur kumulativ ergibt sich eine Betriebsfortführung, sodass umgekehrt zu fragen wäre, was die Betriebsfortführung als eigenständigen Zuschlag rechtfertigt, wenn alle Einzelkomponenten ihrerseits zuschlagswürdig sein sollen.

77 **Schuldnerseits veranlasste Erhöhungsfaktoren** beruhen darauf, dass nicht eine Fortführung im semantischen Sinne möglich ist, da nicht an etwas angeknüpft werden kann, sondern die idealtypische Ausgangslage erst geschaffen werden muss. Hierzu gehört die Aufarbeitung des schuldnerischen Rechnungswesens, die Aufarbeitung der Kosten- und Planungsrechnung, die Ermittlung des Auftragsbestands, die Prüfung bisheriger Deckungsbeitragsrechnungen, die Aufarbeitung der Altablage, der Umgang mit einem obstruktiven Geschäftsführer[179] etc. und im Extremfall das vollständige „Wiederanfahren eines Betriebes".[180] Diese Erhöhungsfaktoren entfallen folglich, wenn per Stichtag Insolvenzantrag ein idealtypischer Zustand vorgefunden wird, und sei es aufgrund der vorherigen Tätigkeit eines vom Schuldner beauftragten Sanierungsberaters.[181] Hieraus folgt, dass ein Zuschlag für den vorläufigen Insolvenzverwalter stets höher ausfallen müsste.

78 Ein zunächst abstrakt angemessener Zuschlag sollte der **Höhe** nach nicht unter 25 % beginnen,[182] da das Vollstreckungsverfahren, das ein Insolvenzverfahren immer noch ist (§ 1 InsO), und eine Betriebsfortführung zwei grundverschiedene Dinge sind. Der Zuschlag kann im Einzelfall auch ein Mehrfaches der Regelvergütung betragen. Nach hiesigem Verständnis inkludiert der Zuschlag für Betriebsfortführung einige Tätigkeiten, die anderen Orts als eigenständige Zuschlagsfaktoren genannt werden. Wird dem gefolgt, so ist der Zuschlag entsprechend zu begründen und der Zuschlag entspre-

---

176) BGH, Beschl. v. 24.1.2008 – IX ZB 120/07, NZI 2008, 239.
177) *Haarmeyer/Mock* InsVV, § 4 Rz. 20.
178) LG Heilbronn, Beschl. v. 21.12.2010 – 1 T 593/10, ZInsO 2011, 352; *Haarmeyer*, ZInsO 2016, 2057, 2063 f.
179) BGH, Beschl. v. 24.1.2008 – IX ZB 120/07, NZI 2008, 239.
180) LG Bielefeld, Beschl. v. 15.7.2004 – 23 T 280/04, ZInsO 2004, 1250; *Haarmeyer/Mock* InsVV, § 3 Rz. 107.
181) *Mock*, ZIP 2014, 445, 448.
182) Lorenz/Klanke/*Lorenz* InsVV, § 3 Rz. 36.

chend hoch anzusetzen. Eine Orientierung an Gehältern von Geschäftsführern oder Vorständen bzw. den Honoraren von Sanierungsberatern[183] scheint de lege lata nicht der richtige Ansatz zu sein. In kleineren und mittleren Verfahren dürfte ein solcher Ansatz zu einem Zuschlag weit über den bisherigen Vergütungsfestsetzungen führen und das System konterkarieren. Führt der zunächst abstrakt zu bestimmende Zuschlag nicht zu einer angemessenen Honorierung der Fortführungstätigkeit, weil die Berechnungsgrundlage niedrig ist, führt ein angemessener Prozentsatz mithin nicht zu einem angemessenen Euro-Betrag, soll folglich nicht auf den Arbeits- und Kostenaufwand des Insolvenzverwalters rekurriert werden können.[184] Dies ist schlüssig, wenn dem Prinzip der Querfinanzierung gefolgt wird (Rz. 44 ff.). Von großer Bedeutung für die Findung des abstrakt angemessenen Zuschlags ist darüber hinaus eine Abgrenzung der Verfahrensabschnitte (Antragsverfahren/eröffnetes Verfahren bzw. Insolvenzverwaltung/Eigenverwaltung).

d) Vergleichsrechnung

Die Gewährung eines Zuschlags für Betriebsfortführung bedarf einer **Vergleichsrechnung**, da § 3 Abs. 1 lit. b Alt. 1 InsVV darauf abstellt, dass nicht bereits die Masse größer geworden ist, wobei mit „Masse" die Berechnungsgrundlage i. S. d. § 1 InsVV gemeint ist und nicht etwa ein Neuerwerb i. S. d. § 35 Abs. 1 InsO. Die Tatbestandsmerkmale der Betriebsfortführung und der fehlenden bzw. nicht ausreichenden „Massemehrung" (Erhöhung der Berechnungsgrundlage) müssen folglich kumulativ vorliegen.[185] 79

Das Prinzip der Vergleichsrechnung unterstellt, dass zunächst abstrakt ein Zuschlag ermittelt wird, der sich an qualitativen und quantitativen Faktoren orientiert (Rz. 24 ff.). Alsdann ist eine Regelvergütung nach § 2 Abs. 1 InsVV auf Basis der tatsächlichen Berechnungsgrundlage i. S. d. § 1 InsVV zu erstellen. Zum Vergleich sind nun für eine fiktive Regelvergütung nach § 2 Abs. 1 InsVV sämtliche fortführungsbedingten Geschäftsvorfälle aus der Berechnungsgrundlage zu eliminieren. Da diese in der Verwalterbuchführung ohnehin separat auszuweisen sind, bedarf es im Regelfall nur des Abzugs des Fortführungsüberschusses. Sonderlich komplex scheint dies bei einer vernünftigen Verwalterbuchführung nicht,[186] sofern nicht im Einzelfall ein Streit um die Zuordnung von Geschäftsvorfällen im Lichte des § 1 Abs. 2 Nr. 4 Satz 2 lit. b InsVV besteht. Die Differenz zwischen der tatsächlichen und der fiktiven Regelvergütung repräsentiert die Honorierung des Insolvenzverwalters für die Betriebsfortführung auf der Ebene der §§ 1–2 InsVV.[187] Dieser bereits verdiente Betrag wird von dem abstrakt angemessenen Zuschlag in Abzug gebracht.[188] Da Ersteres ein Euro-Wert und Zweiteres ein Prozentwert ist, bedarf es dann nur noch entsprechender Umrechnungen. 80

---

183) So *Haarmeyer/Mock* InsVV, § 3 Rz. 23.
184) BGH, Beschl. v. 1.3.2007 – IX ZB 278/05, ZInsO 2007, 370.
185) BGH, Beschl. v. 22.2.2007 – IX ZB 106/06, ZIP 2007, 784; BGH, Beschl. v. 22.2.2007 – IX ZB 120/06, ZIP 2007, 826; BGH, Beschl. v. 24.1.2008 – IX ZB 120/07, NZI 2008, 239.
186) **A. A.** aus Rechtspflegerperspektive offenbar *Lissner*, ZVI 2016, 263, 267.
187) BGH, Beschl. v. 24.1.2008 – IX ZB 120/07, NZI 2008, 239.
188) BGH, Beschl. v. 24.1.2008 – IX ZB 120/07, NZI 2008, 239.

81 **Beispiel:**[189]

Angenommen sei eine Berechnungsgrundlage, die sich auf Basis des § 1 Abs. 2 InsVV wie folgt zusammensetzt:

Einnahmen Abwicklung	70.000,00
Überschuss Betriebsfortführung	30.000,00
= Berechnungsgrundlage	100.000,00
Regelvergütung gemäß § 2 Abs. 1 InsVV	**19.750,00**

Abb. 4: Tatsächliche Berechnungsgrundlage

82 Für die Vergleichsrechnung ist nun die Betriebsfortführung aus der Berechnungsgrundlage zu eliminieren:

Einnahmen Abwicklung	70.000,00
= fiktive Berechnungsgrundlage	70.000,00
fiktive Regelvergütung gemäß § 2 Abs. 1 InsVV	17.650,00

Abb. 5: Fiktive Berechnungsgrundlage

83 Für die Betriebsfortführung sei nun ein abstrakt angemessener Zuschlag von 25 % angenommen. Dieser ist auf Basis der Vergleichsrechnung zu korrigieren:

fiktive Regelvergütung ohne Betriebsfortführung (*Abb. 5*)	17.650,00
Abstrakt angemessener Zuschlag 25 % hierauf	**4.412,50**
= Zielvergütung	22.062,50
./. tatsächliche Regelvergütung (*Abb. 4*)	./. 19.750,00
= notweniger Zuschlag in €	2.312,50
= Zuschlag in % auf Basis Regelvergütung (Abb. 4)	**11,71 %**

Abb. 6: Zuschlag nach Vergleichsrechnung

e) Kürzung wegen Delegationen

84 Nachdem anhand qualitativer und quantitativer Faktoren ein abstrakt angemessener Zuschlag gefunden (Rz. 76 ff.) und durch Vergleichsrechnung korrigiert wurde (Rz. 79 ff.), bleibt abschließend zu prüfen, ob Tätigkeiten, die für die Zuschlagsbegründung herangezogen wurden, bereits aufgrund einer Delegation an Dienstleistern aus der Masse (§ 55 InsO) entlohnt worden waren.

85 Nicht zuschlagsmindernd wirkt sich aus, dass die **Geschäftsführung** weiterhin im Amt und tätig bleibt; insoweit handelt es sich lediglich um fortführungsbedingte Ausgaben nach § 1 Abs. 2 Nr. 4 Satz 2 lit. b InsVV. Auch die Einstellung (**leiten-**

---

[189] Auf Basis der Entscheidung BGH, Beschl. v. 22.2.2007 – IX ZB 120/06, ZInsO 2007, 438. Rechenweg wie hier auch Lorenz/Klanke/*Lorenz* InsVV, § 3 Rz. 35; *Rauschenbusch*, ZInsO 2011, 1730, 1731.

Zu- und Abschläge § 3

der) **Mitarbeiter** auf Rechnung der Masse ist zulässig[190] und ohne Vergütungsrelevanz, insbesondere beim Ausscheiden der bisherigen Geschäftsführung oder Interessenkollisionen aufseiten der Geschäftsführung[191] oder Gesellschafter. Nichts anderes gilt für die Beschäftigung von Leiharbeitnehmern.

Eine Kürzung des **verwalterbezogenen Zuschlags** (Rz. 76) kommt in Betracht, wenn vom (vorläufigen) Insolvenzverwalter auf Kosten der Masse ein *Interimsmanager* engagiert wurde,[192] wenn und weil dieser Tätigkeiten übernommen hatte, die eigentlich vom Zuschlag für Betriebsfortführung erfasst sein sollen. Folglich ist zu differenzieren: (1.) Ersetzt der Manager auf Zeit lediglich die ausgeschiedene Geschäftsführung oder leitende Mitarbeiter, sind die Honorare als fortführungsbedingte Ausgaben i. S. d. § 1 Abs. 2 Nr. 4 Satz 2 lit. b InsVV zu erfassen, sie mindern folglich den Fortführungsüberschuss. Eine Kürzung des Zuschlags nominal um die Honorare des Dienstleisters ist in dieser Konstellation nicht angezeigt.[193] Wohl aber wird der Zuschlag etwas niedriger ausfallen, als wenn der Insolvenzverwalter ohne jedwedes Führungspersonal des Schuldners auch noch diese Funktionen selbst oder mit eigenen Mitarbeitern ersetzen müsste. (2.) Lässt sich nicht erkennen, was nach der Leistungsbeschreibung des Dienstleisters noch an zuschlagswürdigen Tätigkeiten für den Insolvenzverwalter übrigbleibt, kann das Netto-Honorar des Dienstleisters nominal vom geltend gemachten Zuschlag in Abzug gebracht werden, jedoch nur bis zur Höhe dieses beantragten Zuschlags. Dann aber wäre es eine unzulässige Doppelberücksichtigung, die Ausgaben für den Dienstleister auch noch massemindernd als fortführungsbedingte Ausgaben zu erfassen. (3.) Das wahre Leben wird sich zwischen diesen beiden dogmatischen Idealfällen abspielen. Hierzu ist im Berichtswesen oder im Vergütungsantrag dezidiert auszuführen, welche Aufgaben vom Insolvenzverwalter und welche Aufgaben vom Interimsmanager erfüllt wurden. Bei gelungenem Vortrag wird es auf dieselbe Situation hinauslaufen wie bei der Fortbeschäftigung der Geschäftsführung nebst leitender Mitarbeiter.[194] Die Ausgaben für den Interimsmanager sind dann als fortführungsbedingte Ausgaben zu erfassen, was bereits die Regelvergütung mindert, der abstrakt angemessene Zuschlag ist um einige Prozentpunkte zu kürzen; ein vollständiger Abzug der Ausgaben für den Interimsmanager scheidet jedoch aus. Eine andere Betrachtungsweise würde vom Insolvenzverwalter verlangen, die wesentlichen Mitarbeiter zu entlassen, um alle fortführungsbedingten Aufgaben selbst zu erfüllen, was sich jedoch weder aus der InsO noch aus § 3 Abs. 1 lit. b InsVV ergibt. Die Ersetzung der Geschäftsführung oder leitender Mitarbeiter durch ein Interimsmanagement ist vergütungsrechtlich unschädlich. Das Problem dieses Mittelwegs liegt einzig im regelmäßig unschlüssigen Sachvortrag des Insolvenzverwalters und den meist mangelhaften Leistungsbeschreibungen des Interimsmanagers, sodass erhebliches Verbesserungspotential besteht; Nachteile in diesem Punkt gehen einzig zulasten des Insolvenzverwalters.

86

---

190) OLG Hamm, Urt. v. 23.10.2014 – 27 U 54/13, JurionRS 2014, 39532.
191) OLG Hamm, Urt. v. 23.10.2014 – 27 U 54/13, JurionRS 2014, 39532.
192) BGH, Beschl. v. 11.3.2010 – IX ZB 122/08, ZInsO 2010, 730.
193) Lorenz/Klanke/*Lorenz* InsVV, § 11 Rz. 69.
194) Ähnlich Lorenz/Klanke/*Lorenz* InsVV, § 3 Rz. 37.

87 Nach hiesigem Verständnis inkludiert der Zuschlag für Betriebsfortführung einige Tätigkeiten, die anderen Orts als eigenständige Zuschlagsfaktoren genannt werden. Wird dem gefolgt, so ist der Zuschlag entsprechend zu begründen und der Zuschlag entsprechend hoch anzusetzen. Dann sind freilich auch entsprechende Ausgaben für *andere Dienstleistungen* zuschlagsmindernd zu berücksichtigen.

88 Bei einer Kürzung des **schuldnerseits veranlassten Zuschlags** (Rz. 77) ist zu differenzieren. Um die idealtypische Ausgangslage, die eine Betriebsfortführung erst möglich macht, herzustellen, bedarf es z. B. der Aufarbeitung des Rechnungswesens des Schuldners bis zum Stichtag der Insolvenzantragstellung. Dies darf jedoch nicht verwechselt werden mit der Aufarbeitung der schuldnerischen Buchhaltung durch einen Buchhalter bzw. Steuerberater für die handels- und steuerrechtlichen Zwecke und Pflichten (§ 155 InsO). Zwar ist das Buchungsmaterial dasselbe, jedoch sind die Auswertungszwecke und -methoden grundverschieden. Allein die Erfüllung der handels- und steuerlichen Pflichten gibt dem Insolvenzverwalter noch keine Antwort auf die Frage, ob mit bestimmten Debitoren (Kunden) oder Kreditoren (z. B. Lieferanten) noch weiter zusammengearbeitet werden kann oder ob ein Auftrag vernünftig kalkuliert wurde. Insoweit handelt es sich weder um fortführungsbedingte Ausgaben i. S. d. § 1 Abs. 2 Nr. 4 Satz 2 lit. b InsVV noch um einen Grund für eine Minderung des Zuschlags durch Abzug der durch Delegation entstandenen Masseverbindlichkeiten.

89 Darüber hinaus gibt es **weitere Masseverbindlichkeiten** im administrativen Bereich, die zwar auf der Ebene des § 1 Abs. 2 Nr. 4 Satz 2 lit. b InsVV fortführungsbedingt, jedoch nicht vom Zuschlag für Betriebsfortführung in Abzug zu bringen sind (ausführlich § 4 Rz. 19 ff.), wie z. B. die Kosten für eine laufende handelsrechtliche Buchführung für den Zeitraum einer Betriebsfortführung; in diesem Punkt gilt es eher die Berechnungsgrundlage zu prüfen, d. h. die Zuordnung der Geschäftsvorfälle zu abwicklungs- oder fortführungsbedingten Ausgaben.

f) Anwendung auf den vorläufigen Insolvenzverwalter

90 Die **Grundsätze** für die Gewährung eines Zuschlags für Betriebsfortführung gelten auch für die Vergütung eines vorläufigen Insolvenzverwalters.[195] Ob es sich um einen „starken" oder „schwachen" vorläufigen Insolvenzverwalter handelt, ist lediglich für die Höhe des Zuschlags von Bedeutung, nicht aber für das „Ob" eines Zuschlags. Ohne Bedeutung ist wegen der Rechtsnatur als Tätigkeitsvergütung, ob die Betriebsfortführung nach Verfahrenseröffnung fortgesetzt wird.[196] Beteiligt sich der „schwache" vorläufige Insolvenzverwalter an einer Fortführung des Betriebs durch den Schuldner nur in geringem Umfang, rechtfertigt dies ersichtlich keinen Abschlag von der Regelvergütung,[197] was jedoch im Umkehrschluss auch bedeutet, dass ein Zuschlag ent-

---

195) BGH, Beschl. v. 13.4.2006 – IX ZB 158/05, ZIP 2006, 1008; BGH, Beschl. v. 11.5.2006 – IX ZB 249/04, ZIP 2006, 1204; BGH, Beschl. v. 16.11.2006 – IX ZB 302/05, ZIP 2007, 284; BGH, Beschl. v. 22.2.2007 – IX ZB 120/06, ZIP 2007, 826; BGH, Beschl. v. 26.4.2007 – IX ZB 160/06, ZIP 2007, 1330; BGH, Beschl. v. 24.1.2008 – IX ZB 120/07, NZI 2008, 239; BGH, Beschl. v. 9.10.2008 – IX ZB 292/04, ZInsO 2008, 1264; BGH, Beschl. v. 9.10.2008 – IX ZB 182/04, ZInsO 2008, 1265.
196) BGH, Beschl. v. 1.3.2007 – IX ZB 278/05, Rz. 7, ZInsO 2007, 370.
197) BGH, Beschl. v. 16.11.2006 – IX ZB 302/05, ZIP 2007, 284.

Zu- und Abschläge § 3

fallen können soll. Dies ist nicht ganz einsichtig, da der Vergütung stets auch eine Haftungsprämie innewohnt. Wo durch eine Sonderaufgabe zusätzliche Haftungsrisiken entstehen können, vorliegend aufgrund der Verweisung in § 21 Abs. 2 Satz 1 Nr. 1 InsO u. a. auf §§ 60, 61 InsO, bedarf es einer vergütungsrechtlichen Würdigung. Insofern ist auch das kontrollierte Gewährenlassen des Schuldners durch den vorläufigen Insolvenzverwalter zuschlagswürdig, zumal ein „schwacher" Insolvenzverwalter von der Konzeption her ohnehin nichts anderes zur Aufgabe hat.

Bei ansonsten identischen Parametern (Dauer der Betriebsfortführung, Arbeitnehmerzahl, Umsatz etc.) sollte der Zuschlag für den vorläufigen Insolvenzverwalter **höher** ausfallen als für den Insolvenzverwalter, wenn und weil aufgrund der Chronologie bereits der vorläufige Insolvenzverwalter die wesentlichen Grundlagen für ein Gelingen der Betriebsfortführung schafft.[198] 91

Die wesentliche Besonderheit besteht darin, dass sich die **Berechnungsgrundlage** des vorläufigen Insolvenzverwalters im Grundsatz nicht nach Einnahmen und Ausgaben, sondern nach Bestandswerten (Aktiva und Passiva) richtet. Da jedoch auch der vorläufige Insolvenzverwalter Schlussrechnung zu legen hat (§§ 21 Abs. 2 Satz 1 Nr. 1, 66 InsO), sind für die notwendige Vergleichsrechnung die fortführungsbedingten Einnahmen und Ausgaben feststellbar und heranzuziehen, ergänzt um die Aktivierung der in der vorläufigen Verwaltung begründeten, aber noch nicht vereinnahmten Forderungen,[199] und die Passivierung der in der vorläufigen Verwaltung begründeten, aber noch nicht beglichenen Verbindlichkeiten.[200] 92

Da der vorläufige Insolvenzverwalter lediglich einen Regelbruchteil in Höhe von 25 % der zunächst nach § 2 Abs. 1 InsVV zu ermittelnden Vergütung erhält, Zuschläge jedoch ungekürzt anzusetzen sind[201] (§ 11 Rz. 105 ff.), sei für die **Vergleichsrechnung** obiges Beispiel (Rz. 81 ff.) wie folgt abgeändert dargestellt: 93

Beispiel: 94

Angenommen sei eine Berechnungsgrundlage, die sich auf Basis der § 63 Abs. 3 Satz 2 InsO, § 11 InsVV wie folgt zusammensetzt:

Vergütungsrelevante Aktiva im Übrigen	70.000,00
Überschuss Betriebsfortführung	30.000,00
= Berechnungsgrundlage	100.000,00
Regelvergütung gemäß § 2 Abs. 1 InsVV	19.750,00
Regelbruchteil 25 % gemäß § 63 Abs. 3 Satz 2 InsO	4.937,50

Abb. 7: Tatsächliche Regelvergütung

---
198) Vgl. BGH, Beschl. v. 4.11.2004 – IX ZB 52/04, ZIP 2004, 2448, 2449.
199) BGH, Beschl. v. 16.11.2006 – IX ZB 302/05, Rz. 14, ZIP 2007, 284; BGH, Beschl. v. 26.4.2007 – IX ZB 160/06, ZIP 2007, 1330.
200) BGH, Beschl. v. 27.9.2012 – IX ZB 243/11, Rz. 6, ZInsO 2013, 840.
201) BGH, Beschl. v. 18.12.2003 – IX ZB 50/03, ZIP 2004, 518; BGH, Beschl. v. 9.10.2008 – IX ZB 292/04, ZInsO 2008, 1264.

95 Für die Vergleichsrechnung ist nun die Betriebsfortführung aus der Berechnungsgrundlage zu eliminieren:

Vergütungsrelevante Aktiva im Übrigen	70.000,00
= fiktive Berechnungsgrundlage	70.000,00
fiktive Regelvergütung gemäß § 2 Abs. 1 InsVV	17.650,00
Fiktiver Regelbruchteil 25 %	4.412,50

Abb. 8: Fiktive Regelvergütung

96 Für die Betriebsfortführung sei nun ein abstrakter Zuschlag von 25 % angenommen, der für den vorläufigen Insolvenzverwalter ungequotet zu addieren, nicht zu multiplizieren ist (§ 11 Rz. 105 ff.). Dieser Zuschlag ist auf Basis der Vergleichsrechnung zu korrigieren:[202]

fiktive Regelvergütung ohne Betriebsfortführung (*Abb. 8*)	17.650,00
abstrakter Zuschlag 25 % auf die fiktive Regelvergütung	4.412,50
./. Differenz von tatsächlichem (*Abb. 7*) und fiktivem (*Abb. 8*) Regelbruchteil (in €)	./. 525,00
= notweniger Zuschlag in €	3.887,50
= Zuschlag in % auf Basis Regelvergütung (*Abb. 7*)	19,69 %

Abb. 9: Zuschlag nach Vergleichsrechnung

97 Dann ergibt sich folgendes Gesamtergebnis:

Berechnungsgrundlage inkl. Fortführungsüberschuss		100.000,00
Regelvergütung gemäß § 2 Abs. 1 InsVV		19.750,00
Regelbruchteil gemäß § 63 Abs. 3 Satz 2 InsO	25 %	4.937,50
+ Zuschlag Betriebsfortführung nach Vergleichsrechnung	19,69 %	3.887,50
= Vergütung	44,69 %	8.825,00

Abb. 10: Gesamtvergütung

g) Anwendung auf den Sachwalter

98 Zur Anwendung des Zuschlags für Betriebsfortführung bei der Vergütung des (vorläufigen) Sachwalters siehe § 12 Rz. 61. Grundsätzlich ist auch hier eine Vergleichsrechnung erforderlich, was auch den eigenverwaltenden Schuldner zwingt, seine Buchhaltung u. a. in abwicklungs- und fortführungsbedingte Geschäftsvorfälle aufzuteilen (§ 12 Rz. 27).

---

202) Rechenweg wie hier auch *Rauschenbusch*, ZInsO 2011, 1730, 1732 f.

4. Hausverwaltung (§ 3 Abs. 1 lit. b Alt. 2 InsVV)
a) Zuschlagsberechnung nach allgemeinen Kriterien

Die Verwaltung von Immobilien ist ein Regelbeispiel nach § 3 Abs. 1 lit. b. Alt. 2 InsVV. Grundsätzlich genügt die Verwaltung *mindestens einer Immobilie*.[203] Erforderlich ist jedoch stets ein Aufwand, der sich als **Immobilienbewirtschaftung** beschreiben lässt,[204] sodass allein das „Halten" bzw. die Massezugehörigkeit einer Immobilie nicht ausreicht. Das Zahlen von Miete oder Nutzungsentschädigungen an einen Absonderungsgläubiger zwecks Selbstnutzung durch den Schuldner, und sei es für eine Betriebsfortführung, stellt ebenfalls keine Immobilienbewirtschaftung dar.[205] Zu einer Bewirtschaftung von Immobilien gehört insbesondere die (versuchte) Vermietung, die Sicherung und Erhaltung der Immobilie, die Sicherstellung der Energie- und Wasserversorgung sowie die Erfüllung von Verkehrssicherungspflichten,[206] sowie weiter zuschlagserhöhend die Erstellung von Nebenkostenabrechnungen, die Kontrolle des Zahlungsverkehrs, die Besorgung des Versicherungsschutzes, die Planung und Durchführung von Renovierungen, die Organisation der Beheizung, die Prüfung und Aussprache notwendiger Kündigungen nebst Neuvermietungen[207] etc. Freilich müssen nicht alle der genannten Aufgaben anfallen. Nichts anderes gilt für den vorläufigen Insolvenzverwalter.[208]

99

Zunächst ist ein **abstrakt angemessener Zuschlag** (Rz. 24 ff.) zu ermitteln, der sich nach dem Einzelfall richtet. Zu unterscheiden ist – wie bei einem Zuschlag für Betriebsfortführung – zwischen *verwalterbezogenen Zuschlagsfaktoren* (was hat der Insolvenzverwalter getan?, vgl. Rz. 76) und *schuldnerbezogenen Erhöhungsfaktoren* (an welche Ausgangslage konnte angeknüpft werden?, Rz. 77). Dem allgemeinen System folgend ist der Zuschlag in einem Prozentwert zu ermitteln. Der abstrakt angemessene Zuschlag ist durch **Vergleichsrechnung** zu einem konkret angemessenen Zuschlag weiterzuentwickeln.[209] Insoweit bestehen keine Unterschiede zur Vergleichsrechnung bei einem Zuschlag für Betriebsfortführung (Rz. 79 ff.). Das einzige Problem besteht darin, dass die Kontenpläne bzw. Buchhaltungsauswertungen der Insolvenzverwalter neben den Gliederungsüberschriften Abwicklung, Betriebsfortführung und Drittrechten keine eigene Gliederungsüberschrift für die Immobilienbewirtschaftung enthalten, sodass im Einzelfall händische Berechnungen erforderlich sind. Nur aus EDV-technischen Gründen werden dann Sachkonten für Betriebsfortführung verwendet, auch wenn sich die Immobilienbewirtschaftung nicht als Betriebsfortführung darstellt. Sofern die Immobilienbewirtschaftung ganz oder teilweise zulasten der Masse **delegiert** worden war, sind entsprechende Abzüge vom Zuschlag zu prüfen (Rz. 36 ff.).

100

---

203) BGH, Beschl. v. 24.1.2008 – IX ZB 120/07, NZI 2008, 239.
204) BGH, Beschl. v. 24.1.2008 – IX ZB 120/07, NZI 2008, 239.
205) BGH, Beschl. v. 24.1.2008 – IX ZB 120/07, NZI 2008, 239.
206) BGH, Beschl. v. 24.1.2008 – IX ZB 120/07, NZI 2008, 239.
207) *Haarmeyer/Mock* InsVV, § 3 Rz. 29.
208) BGH, Beschl. v. 4.11.2004 – IX ZB 52/04, ZIP 2004, 2448.
209) Im Einzelnen *Zimmer*, InsbürO 2015, 510.

101 Regelmäßig stehen die zu bewirtschaftenden Immobilien im Privatvermögen einer natürlichen Person. Sollte im Einzelfall der Immobilienbestand zum **Betriebsvermögen** eines Schuldners gehören, wird der Zuschlag für Hausverwaltung vom Zuschlag für Betriebsfortführung verdrängt.[210]

b) **Zuschlagsberechnung nach ZwVwV**

102 Alternativ kann ein konkreter Zuschlag **in Euro** berechnet werden. Hierfür kann auf die **Vergütung des Zwangsverwalters** abgestellt werden. Bei der Zwangsverwaltung von Grundstücken, die durch Vermieten oder Verpachten genutzt werden, erhält der Zwangsverwalter als **Regelvergütung** 10 % des für den Zeitraum der Verwaltung an Mieten oder Pachten eingezogenen Bruttobetrags (§ 18 Abs. 1 Satz 1 ZwVwV)[211]. Für vertraglich geschuldete, nicht eingezogene Mieten oder Pachten erhält er 20 % der Vergütung, die er erhalten hätte, wenn diese Mieten eingezogen worden wären (§ 18 Abs. 1 Satz 2 ZwVwV). Soweit später Mietrückstände eingezogen werden, für die der Zwangsverwalter bereits eine Vergütung nach § 18 Abs. 1 Satz 2 ZwVwV (Vergütung für Mietausfall) erhalten hat, ist Letztere anzurechnen (§ 18 Abs. 1 Satz 3 ZwVwV). Insoweit ist zunächst festzuhalten, dass hier *kein Überschussprinzip* gilt. Ergibt sich im Einzelfall ein Missverhältnis zwischen der Tätigkeit des Zwangsverwalters und der Vergütung nach § 18 Abs. 1 ZwVwV, kann der in § 18 Abs. 1 Satz 1 ZwVwV genannte Prozentsatz bis auf fünf vermindert oder bis auf 15 angehoben werden (§ 18 Abs. 2 ZwVwV). Alternativ kann zumindest für den hiesigen Zusammenhang mit der Vergütung des Insolvenzverwalters auch eine Abrechnung auf Stundenbasis erfolgen, wobei ein Stundensatz von 35 – 95 € gelten soll (§ 19 ZwVwV). Zu den Stundensätzen ist anzumerken, dass sie seit Inkrafttreten der Zwangsverwalterverordnung (ZwVwV) zum 1.1.2004 nicht angepasst wurden, sodass eine inflationsbedingte Bereinigung erforderlich schiene (§ 2 Rz. 23 ff.). Neben der Regelvergütung gebührt dem Zwangsverwalter ein **Auslagenersatz** nach Maßgabe des § 21 ZwVwV.

103 Sind Gegenstand eines Zwangsverwaltungsverfahrens mehrere Grundstücke oder grundstücksgleiche Rechte, fällt die **Mindestvergütung** i. S. d. § 20 Abs. 1 ZwVwV für jeden in Besitz genommenen Vollstreckungsgegenstand gesondert an; anders liegt es dagegen, wenn die Grundstücke oder grundstücksgleichen Rechte eine wirtschaftliche Einheit bilden.[212] Letzteres ist der Fall, wenn sie wie ein einziges Wirtschaftsgut vermietet oder verpachtet sind, ohne auf die Einzelgrundstücke oder -rechte bezogene Miet- oder Pachtanteile auszuweisen.[213] Dass sich mehrere Wohnungen in einer einheitlichen Wohnanlage befinden, ist jedoch irrelevant.[214] Die Mindestvergütung je Objekt beträgt gemäß § 20 Abs. 1 ZwVwV 600 € zuzüglich einer Auslagenpauschale hierauf in Höhe von 10 % gemäß § 21 Abs. 2 Satz 2 ZwVwV. Bei einer Vielzahl von einzelnen Objekten kann die Summe der einzelnen

---

210) Im Einzelnen *Zimmer*, InsbürO 2015, 510.
211) Zwangsverwalterverordnung (ZwVwV) v. 19.12.2003 (BGBl. I 2003, 2804).
212) BGH, Beschl. v. 18.1.2007 – V ZB 63/06, ZfIR 2007, 249.
213) BGH, Beschl. v. 18.1.2007 – V ZB 63/06, ZfIR 2007, 249.
214) BGH, Beschl. v. 18.1.2007 – V ZB 63/06, ZfIR 2007, 249.

Mindestvergütungen den Betrag der Regelvergütung nach § 18 ZwVwV, bezogen auf alle Objekte, übersteigen; der höhere Betrag ist maßgebend.[215]

Der **Vorteil** einer Berechnung des Zuschlags für den Insolvenzverwalter in Anlehnung an die Regelungen für den Zwangsverwalter besteht darin, dass sie dogmatisch exakt die geleistete Tätigkeit vergüten kann. Die **Nachteile** überwiegen jedoch. Im Bereich der Zwangsverwaltervergütung werden nicht minder intensive Auseinandersetzungen wie im insolvenzrechtlichen Vergütungsrecht geführt, sodass zusätzliche Probleme zu lösen sind, statt dass irgendwelche gelöst würden. Ferner fügt sich die Heranziehung einer insolvenzfremden Vergütungsordnung nicht in das System der Querfinanzierung (Rz. 44 ff.) ein. Ungeklärt ist ferner, ob die Geschäftsvorfälle im Zusammenhang mit der Immobilienbewirtschaftung außerhalb des § 1 Abs. 2 InsVV stattfinden sollen. Eine nach ZwVwV ermittelte Vergütung dann einer Vergleichsrechnung zuzuführen, um sie in Ansehung der durch Immobilienbewirtschaftung gestiegenen Regelvergütung wieder zu kürzen, wäre jedenfalls das Gegenteil von Vereinfachung. Inhaltlich ist die Parallele zum Zwangsverwalter verfehlt, da der Zwangsverwalter nur partiell mit dem schuldnerischen Vermögen befasst ist, der Insolvenzverwalter weit mehr administrativen Aufwand zu betreiben hat. Da die Immobilienbewirtschaftung auch im Zusammenhang mit einer Betriebsfortführung stehen kann und nach der Natur des Insolvenzverfahrens immer nur vorübergehend bis zu einer Verwertung zu erfolgen hat, wäre die partielle Heranziehung einer insolvenzfremden Vergütungsordnung nicht kompatibel mit den Implikationen von Regelvergütung und anderen Zuschlagsfaktoren, wie z. B. Betriebsfortführung, schwierigen Verwertungsbemühungen, Aus- und Absonderungsrechte etc. Im Grunde beruht der Versuch, die ZwVwV für die Bezifferung eines Zuschlags für Immobilienbewirtschaftung heranzuziehen, auf einer meist wenig zielführenden Scheingenauigkeit. Hilfreich ist die Bezugnahme auf die ZwVwV allerdings dann, wenn die Immobilienbewirtschaftung auf Kosten der Masse delegiert wird.[216] Je nach Umfang der Delegation kann auch auf die Regelungen des § 26 der Zweiten Berechnungsverordnung[217] zurückgegriffen werden,[218] die sich ihrerseits ebenfalls nicht für die Zuschlagsbegründung eignet, da die Pflichten eines Wohnungsverwalters weit hinter denen eines Insolvenzverwalters (oder Zwangsverwalters) zurückbleiben.

c) „Kalte" Zwangsverwaltung

Eine dingliche Belastung eines Grundstücks führt nicht automatisch dazu, dass auch die **Mietzinsforderungen** gegen Dritte an den Grundpfandrechtsgläubiger abgetreten wären. Selbst eine zusätzliche Abtretung würde gemäß § 110 InsO kurz nach Verfahrenseröffnung nicht mehr greifen. Folglich sind die Mietzinsansprüche trotz einer dinglichen Belastung durch eine Grundschuld oder Hypothek nach

---

215) BGH, Beschl. v. 18.1.2007 – V ZB 63/06, ZfIR 2007, 249.
216) *Haarmeyer/Mock* InsVV, § 4 Rz. 45.
217) Verordnung über wohnungswirtschaftliche Berechnungen nach dem Zweiten Wohnungsbaugesetz (Zweite Berechnungsverordnung – II. BV) v. 17.10.1957 in der Fassung der Bekanntmachung v. 12.10.1990 (BGBl. I 1990, 2178).
218) *Haarmeyer/Mock* InsVV, § 4 Rz. 46.

Ablauf des in § 110 InsO vorgegebenen Zeitraums stets *freie Masse*. Dem dinglichen Gläubiger steht es frei, die gerichtliche Zwangsverwaltung zu beantragen. Da dann jedoch zwei gerichtliche Vollstreckungsverfahren nebeneinander existieren, ergeben sich i. d. R. nur Nachteile für alle Beteiligten. Daher ist anerkannt, dass auch ohne ein zusätzliches Gerichtsverfahren der Insolvenzverwalter in die Rolle eines Zwangsverwalters schlüpfen kann, wenngleich ausschließlich aufgrund schuldrechtlicher Vereinbarung für und gegen die Masse.[219]

106 Auf der Ebene der **Berechnungsgrundlage** gilt ein Überschussprinzip (hierzu auch § 1 Rz. 70 ff.). Ob dies nun aus § 1 Abs. 2 Nr. 4 Satz 2 lit. b InsVV (Betriebsfortführung), aus § 1 Abs. 2 Nr. 1 Satz 3 InsVV[220] (Absonderungsrechte), aus dem Geschäftsbesorgungsvertrag[221] oder einem allgemeinen Rechtsgedanken[222] herzuleiten ist, ist gleichgültig. Insoweit ist von zentraler Bedeutung, dass die Einnahmen und Ausgaben der „kalten" Zwangsverwaltung in der Verwalterbuchführung als vierter Bereich separat neben den allgemein anerkannten Kategorien Abwicklung/Fortführung/Drittrechte ausgewiesen werden, was ein zentrales Problem in der Praxis darstellt.[223] Dies, zudem auch Ertragsteuern und Umsatzsteuer nicht nur auf Abwicklung und Fortführung aufzuteilen sind, sondern auch noch anteilig auf die „kalte" Zwangsverwaltung. Sofern die Immobilienbewirtschaftung ganz oder teilweise zulasten der Masse delegiert worden war, wären dem allgemeinen System folgend einzig auf späterer Prüfungsebene entsprechende Abzüge vom Zuschlag zu prüfen.[224] Tatsächlich ist dies bereits auf der Ebene der Berechnungsgrundlage relevant, denn es handelt sich um Ausgaben, die den Überschuss mindern,[225] soweit die Vereinbarung mit dem Gläubiger nicht explizit regelt, dass die Dienstleistung aus der (entsprechend höher zu vereinbarenden) Massebeteiligung zu finanzieren ist.

107 Ein **abstrakt angemessener Zuschlag** ist nach allgemeinen Kriterien zu beziffern (Rz. 99). Eine Anlehnung an die Vergütung des Zwangsverwalters scheint dabei systemfremd (Rz. 102 ff.).[226] Ist die Bewirtschaftung der Immobilien ganz oder teilweise zulasten der Masse delegiert worden, mindert dies nicht nur den Überschuss der „kalten" Zwangsverwaltung (Rz. 106), sondern kann wertend auch noch bei der Zuschlagsfindung berücksichtigt werden.[227] Insoweit hat der Insolvenz-

---

219) BGH, Beschl. v. 14.7.2016 – IX ZB 31/14, ZIP 2016, 1543; ausführlich *Zimmer*, InsbürO 2015, 510; *Zimmer*, InsbürO 2017, 102.
220) *Becker*, ZInsO 2013, 2532.
221) *Zimmer*, InsbürO 2015, 510.
222) BGH, Beschl. v. 14.7.2016 – IX ZB 31/14, ZIP 2016, 1543.
223) *Zimmer*, Insolvenzbuchhaltung, Rz. 649.
224) BGH, Beschl. v. 14.7.2016 – IX ZB 31/14, ZIP 2016, 1543.
225) LG Frankfurt/Oder, Beschl. v. 24.5.2017 – 13 T 20/16, JurionRS 2017, 15592 (Folgeentscheidung aufgrund Zurückverweisung durch BGH, Beschl. v. 14.7.2016 – IX ZB 31/14, ZIP 2016, 1543).
226) LG Frankfurt/Oder, Beschl. v. 24.5.2017 – 13 T 20/16, JurionRS 2017, 15592 (Folgeentscheidung aufgrund Zurückverweisung durch BGH, Beschl. v. 14.7.2016 – IX ZB 31/14, ZIP 2016, 1543).
227) LG Frankfurt/Oder, Beschl. v. 24.5.2017 – 13 T 20/16, JurionRS 2017, 15592 (Folgeentscheidung aufgrund Zurückverweisung durch BGH, Beschl. v. 14.7.2016 – IX ZB 31/14, ZIP 2016, 1543).

verwalter stets darzulegen, welche Tätigkeiten von ihm selbst (einschließlich seiner Mitarbeiter) und welche vom Dienstleister erbracht worden waren.

Alsdann hat eine **Vergleichsrechnung** zu erfolgen,[228] die sich nicht von derjenigen bei einem Zuschlag für Betriebsfortführung (Rz. 79 ff.) unterscheidet. Aus dem abstrakt angemessenen Zuschlag wird so der konkret angemessene Zuschlag.

108

Der Zuschlag ist nicht auf dasjenige **beschränkt**, was an Überschuss in der Masse verblieben ist.[229] Zwar geht der BGH in der maßgeblichen Entscheidung vom 14.7.2016 davon aus, dass der Überschuss zwischen Masse und Insolvenzverwalter verteilt werden muss, jedoch handelt es sich um einen Schlusssatz ohne Entscheidungsrelevanz,[230] auch wenn er im Fortgang der Angelegenheit aufgrund Zurückverweisung vom LG Frankfurt/Oder wiederholt wird.[231] Bereits am 9.6.2016 hatte der BGH im Zusammenhang mit der Verwertung einer Immobilie entschieden, dass der Vergütungsanteil des Insolvenzverwalters den Überschuss (Massebeteiligung) auch überschreiten könne, wenn und weil die Passivseite des Insolvenzverfahrens von dem Vorgang profitiere, mithin der Absonderungsgläubiger seinen Ausfall (Insolvenztabelle) aufgrund der Teilhabe an den Erlösen zugunsten der ungesicherten Insolvenzgläubiger mindere.[232] Nichts anderes kann aufgrund der Strukturgleichheit von Absonderungsrechten und „kalter" Zwangsverwaltung gelten.[233] Es muss daher vom Insolvenzverwalter dargelegt werden, dass es zu einer Minderung der Tabellenforderung desjenigen Gläubigers, der von der „kalten" Zwangsverwaltung profitiert, gekommen ist.

109

Der Zuschlag für „kalte" Zwangsverwaltung bezieht sich ausschließlich auf die Bewirtschaftung der Immobilie. Ergeben sich aus dem Grundpfandrecht Umstände, die zusätzlich einen Zuschlag nach § 3 Abs. 1 lit. a InsVV rechtfertigen, muss innerhalb dieser beiden Zuschläge eine „**kleine**" **Gesamtwürdigung** erfolgen.[234]

110

5. Degressionsausgleich (§ 3 Abs. 1 lit. c InsVV)

Die Regelvergütung gemäß § 2 Abs. 1 InsVV ist als Staffelvergütung stark degressiv. § 3 Abs. 1 lit. c InsVV soll dies kompensieren, wenn die **Staffelvergütung** des § 2 Abs. 1 InsVV keine angemessene Gegenleistung für die Leistung des Insolvenzverwalters darstellt. Nach der Verordnungsbegründung soll der Zuschlagsfaktor voraussetzen, dass der Insolvenzverwalter eine ohnehin große Insolvenzmasse durch erheblichen Arbeitseinsatz weiter vergrößert hat,[235] sich mithin die zusätzliche Tätig-

111

---

228) BGH, Beschl. v. 14.7.2016 – IX ZB 31/14, ZIP 2016, 1543; LG Frankfurt/Oder, Beschl. v. 24.5.2017 – 13 T 20/16, JurionRS 2017, 15592 (Folgeentscheidung aufgrund Zurückverweisung durch BGH, Beschl. v. 14.7.2016 – IX ZB 31/14, ZIP 2016, 1543); ausführlich *Zimmer*, InsbürO 2015, 510.
229) So noch befürchtet von *Zimmer*, InsbürO 2015, 510, 514.
230) BGH, Beschl. v. 14.7.2016 – IX ZB 31/14, Rz. 40, ZIP 2016, 1543.
231) LG Frankfurt/Oder, Beschl. v. 24.5.2017 – 13 T 20/16, JurionRS 2017, 15592.
232) BGH, Beschl. v. 9.6.2016 – IX ZB 17/15, ZIP 2016, 1299.
233) *Zimmer*, InsbürO 2017, 102, 104.
234) BGH, Beschl. v. 14.7.2016 – IX ZB 31/14, ZIP 2016, 1543; *Zimmer*, InsbürO 2017, 102, 103.
235) Insolvenzrechtliche Vergütungsverordnung (InsVV) v. 19.8.1998 (BGBl. I 1998, 2205), Begründung zu § 3 InsVV, siehe Anh. III Rz. 41.

keit des Insolvenzverwalters nur in den wertmäßig unteren Staffelstufen wiederfindet. Hintergrund sind Erfahrungen im Bereich der GesO[236] nach der Wiedervereinigung, da dort offenbar große Vermögenswerte ohne Belastung mit Sicherheiten vorgefunden wurden, sodass die Berechnungsgrundlagen schon aufgrund durchschnittlichen Arbeitsaufwands sehr hoch waren.[237] Dieses Motiv des Verordnungsgebers dürfte sich inzwischen überholt haben. Jedoch ist das Problem, nämlich die starke Degression der Staffelstufen des § 2 Abs. 1 InsVV, unverändert. Verfügt der Schuldner über nennenswertes Anlage- bzw. Umlaufvermögen, das zügig verwertet werden kann, oder wird zuvor ein hoher Fortführungsüberschuss generiert, so finden sich z. B. schwierige Bemühungen um die Organhaftung oder Insolvenzanfechtung anschließend in Staffelstufen wieder, die im Einzelfall sehr weit hinter dem zurückbleiben, was nach RVG abgerechnet werden könnte oder sonst wie eine angemessene Gegenleistung für die Tätigkeit des Insolvenzverwalters darstellen könnte. Für die Fälle, in denen umgekehrt höhere Beträge ohne wenigstens durchschnittlichen Arbeitsaufwand in die Berechnungsgrundlage geflossen sind, stellt § 3 Abs. 2 lit. d InsVV als Abschlagsfaktor ein Pendant dar.

112 Ab welcher **Berechnungsgrundlage** der Degressionsausgleich greifen soll, ist weder geregelt noch vernünftig erklärbar. Nicht unangemessen scheint es, eine Anwendbarkeit des § 3 Abs. 1 lit. c InsVV bei Berechnungsgrundlagen über 250.000 € zu bejahen.[238]

113 Die Ermittlung eines konkreten Zuschlags begegnet Schwierigkeiten. Grundsätzlich muss der Degressionsausgleich dem Umstand entgegenwirken, dass die Vergütung je ein Euro der Berechnungsgrundlage mit zunehmendem Umfang der Masse sinkt. So beträgt die Vergütung bei einer Berechnungsgrundlage in Höhe von 25.000 € noch 40 % hiervon, während die Vergütung bei einer Berechnungsgrundlage in Höhe von 50 Mio. € nur 1,56 % je ein € der Berechnungsgrundlage beträgt. Als **Lösungsansatz** kommt in Betracht, die Prozentwerte des § 2 Abs. 1 InsVV zu addieren und die Summe durch die sieben Staffelstufen des § 2 Abs. 1 InsVV zu dividieren, sodass sich ein Mittelwert von 11,2 % ergibt, der für die Berechnungsgrundlage jenseits von 250.000 € herangezogen werden könnte.[239] Ein anderer Ansatz besteht darin, jenseits der Berechnungsgrundlage von 250.000 € einfach den nächst höheren Prozentsatz heranzuziehen, mithin rückwärts eine Staffelstufe zu überspringen.[240]

---

236) Gesamtvollstreckungsordnung v. 1.1.1976 (GBl. DDR 1976 I, 5) in der Fassung der Bekanntmachung für das wiedervereinte Deutschland v. 23.5.1991 (BGBl. 1991 I, 1185), zuletzt geändert durch das Justizmitteilungsgesetz und Gesetz zur Änderung kostenrechtlicher Vorschriften und anderer Gesetze v. 18.6.1997 (BGBl. I 1997, 1430), aufgehoben mit Wirkung zum 1.1.1999 durch Art. 2 Nr. 7 EGInsO.
237) Zur Historie *Haarmeyer/Mock* InsVV, § 3 Rz. 31 f.
238) BGH, Beschl. v. 8.11.2012 – IX ZB 139/10, NZI 2012, 981.
239) Ausdrücklich abgelehnt von BGH, Beschl. v. 8.11.2012 – IX ZB 139/10, NZI 2012, 981 (m. w. N.).
240) Ausdrücklich abgelehnt von BGH, Beschl. v. 8.11.2012 – IX ZB 139/10, NZI 2012, 981 (m. w. N.).

Zu- und Abschläge § 3

Der **BGH** hat in einer Entscheidung vom 8.11.2012 alle Lösungsansätze verworfen und rekurriert auf eine Einzelfallbetrachtung, bei der im Wege der Gesamtschau aller Zu- und Abschläge eine angemessene Zuschlagsfindung erfolgen könne,[241] was im Grunde die *Eigenständigkeit des Zuschlagstatbestands* beseitigen könnte.[242] Dies bedeutet tatsächlich nicht, dass der BGH den Zuschlagsfaktor abgeschafft hätte, er wünscht lediglich eine Hervorhebung der relevanten Umstände, die den Mehraufwand belegen und noch nicht bereits bei anderen Zuschlägen berücksichtigt wurden. Diese Ansicht ist vertretbar, jedoch nicht zwingend, da sie in die Subsumtion und Ermessensausübung durch den Tatrichter eingreift. Im Ergebnis kommt ein Zuschlag nach § 3 Abs. 1 lit. c InsVV nur noch in Betracht, wenn sämtliche Einnahmen auf einem Mehraufwand beruhen, da der BGH für alle mit einfachstem Aufwand generierten Einnahmen sinngemäß § 3 Abs. 2 lit. d InsVV anwendet und mit dem Degressionsausgleich „verrechnet".

114

Stellungnahme: Obgleich dieses Konzept des BGH[243] beachtenswerte Kritik erfährt,[244] ist es im Ergebnis überzeugend, wenn auf die Chronologie der Ereignisse abgestellt wird. Die ersten Einnahmen bis zu einem Erlös aus übertragender Sanierung (nach zwei oder drei Monaten) beruhen i. d. R. auf normalem Arbeitsaufwand (sonst hätte die Gegenseite nicht schnell gezahlt) oder auf Umständen, die einen eigenständigen Zuschlag rechtfertigen (Betriebsfortführung, übertragende Sanierung). Erst die danach erzielten Einnahmen beruhen nicht selten auf überobligatorischem Aufwand. Dann aber werden ebenfalls eigenständige Zuschläge zu prüfen sein, eben wegen des Mehraufwands. Waren diese weiteren Einnahmen hingegen nur mit normalem Aufwand verbunden, würde auch § 3 Abs. 1 lit. c InsVV nicht zu einem Zuschlag führen, da dort ebenfalls Mehraufwand gefordert wird. Tätigkeiten ganz ohne Einnahmen führen auch nur bei nachgewiesenem Mehraufwand zu einem eigenständigen Zuschlag. Nur wenn eine *Vielzahl* von normal gelagerten Sachverhalten jeweils so gerade eben keinen Zuschlag rechtfertigt, kann und sollte § 3 Abs. 1 lit. c InsVV Anwendung finden (vgl. „Preis für das Lebenswerk" eines Künstlers, wenn trotz hervorragender Leistungen nie der einzelne Erfolg ausgezeichnet wurde), was die Einzelfallbetrachtung des BGH gerade – und über den Wortlaut des § 3 Abs. 1 lit. c InsVV eigentlich sogar hinausgehend – ermöglicht, und gerade die sog. Gesamtwürdigung nicht konterkariert,[245] solange diese sich auf die Vermeidung von Doppelberücksichtigungen beschränkt (Rz. 41) und nicht willkürlich angewendet wird.

115

Dann bedarf es jedoch immer noch einer Klärung, wie hoch ein solcher Zuschlag sein kann. Hierzu müssen aus der Berechnungsgrundlage alle Einnahmen herausgerechnet werden, die auf Sachverhalten beruhen, die bereits einen anderen Zuschlag rechtfertigen. Diese Einnahmen bilden den ersten Block der Berechnungsgrundlage. Die übrigen Einnahmen, die den Degressionsausgleich rechtfertigen sollen, bilden ergänzend den zweiten Block der Berechnungsgrundlage; für diesen Block

116

---

241) BGH, Beschl. v. 8.11.2012 – IX ZB 139/10, NZI 2012, 981.
242) *Lissner*, ZVI 2016, 263, 268.
243) BGH, Beschl. v. 8.11.2012 – IX ZB 139/10, NZI 2012, 981.
244) *Keller*, NZI 2013, 19; *Lorenz/Klanke/Lorenz* InsVV, § 3 Rz. 48 ff.
245) **A. A.** *Keller*, NZI 2013, 19, 21.

mag in einer Vergleichsrechnung die nächst höhere Staffelstufe des § 2 Abs. 1 InsVV Anwendung finden. Die so ermittelte fiktive Differenz zur tatsächlichen Regelvergütung kann in einen Zuschlag auf die tatsächliche Regelvergütung umgerechnet werden.[246]

6. Arbeitsrechtliche Fragen (§ 3 Abs. 1 lit. d InsVV)

117 Haben arbeitsrechtliche Fragen bzw. die Arbeitgeberfunktion den Insolvenzverwalter überdurchschnittlich in Anspruch genommen, kommt – auch neben einem Zuschlag für Betriebsfortführung – ein Zuschlag nach § 3 Abs. 1 lit. d InsVV in Betracht. Zunächst sind die zuschlagsfähigen **Sachverhalte** zu ermitteln, wobei auch auf die Definition der Sonderaufgaben i. S. d. §§ 5, 4 Abs. 1 Satz 3 InsVV verwiesen werden kann (§ 4 Rz. 32 ff.). Fehlt z. B. eine aussagekräftige Personalbuchhaltung, ist das Ausstellen von Insolvenzgeldbescheinigungen erforderlich, sind rechtliche Probleme im Zusammenhang mit Insolvenzgeld zu bewältigen, ist Differenzlohn zu berechnen oder bemüht sich der Insolvenzverwalter um eine Insolvenzgeldvorfinanzierung, sind Zuschläge angemessen. Ein Zuschlag für die Insolvenzgeldvorfinanzierung wird jedoch aufgrund der Chronologie der Ereignisse nur für den vorläufigen Insolvenzverwalter einschlägig sein.[247] Massenkündigungen oder Kündigungsschutzverfahren in größerer Zahl rechtfertigen ebenso einen Zuschlag wie Bemühungen um eine Weiterbeschäftigung von Arbeitnehmern in einer Beschäftigungs- oder Auffanggesellschaft.[248] Selbiges gilt für Bemühungen um (die Veränderung von) Betriebsvereinbarungen, Betriebsrentenreduzierungen, einen Interessenausgleich und Sozialplan,[249] für Probleme im Zusammenhang mit Kurzarbeit oder Schlechtwettergeld, für die Befassung mit Tatbeständen des Arbeitsförderungsgesetzes, des Gesetzes über die betriebliche Altersversorgung sowie der Tarifverträge und für Bemühungen in den Bereichen Vorruhestand bzw. Altersteilzeit etc.[250] Dass das eine oder andere aufgrund häufiger Anwendungen zur Routine geworden ist, beseitigt nicht die Zuschlagsfähigkeit. Die abweichende Ansicht[251] verschweigt bewusst eine entgegenstehende Entscheidung des BVerfG,[252] nach der einer Zusatzvergütung gerade nicht entgegensteht, dass „die neuen Aufgaben inzwischen, gemessen an ihrer Häufigkeit, nicht mehr aus dem Rahmen fallen." Dass eine mangelhafte Personalbuchhaltung zum typischen Erscheinungsbild fast jeden insolventen Unternehmens gehört und deswegen von der Regelvergütung abgegolten wird,[253] ist sowohl hinsichtlich der Annahme als auch hinsichtlich der Schlussfolgerung unzutreffend, da es sich bei einem Insolvenzverfahren um ein Vollstreckungsverfahren handelt; die Aufarbeitung der Vergangenheit als allgemeiner Be-

---

246) Ähnlich hinsichtlich der Berechnungsmethode Lorenz/Klanke/*Lorenz* InsVV, § 3 Rz. 53 ff.
247) BGH, Beschl. v. 25.10.2007 – IX ZB 55/06, ZInsO 2007, 1272.
248) LG Potsdam, Beschl. v. 22.11.2007 – 5 T 523/06, ZInsO 2008, 154; Leonhardt/Smid/Zeuner/*Amberger* InsVV, § 3 Rz. 67.
249) BGH, Beschl. v. 18.12.2003 – IX ZB 50/03, NZI 2004, 251.
250) BerlKommInsO/*Blersch*, § 3 InsVV Rz. 19 (Stand: 02/2009).
251) *Haarmeyer/Mock* InsVV, § 3 Rz. 44.
252) BVerfG, Beschl. v. 9.2.1989 – 1 BvR 1165/87, ZIP 1989, 382, 383 (mit Anm. *Eickmann*).
253) *Haarmeyer/Mock* InsVV, § 3 Rz. 81a.

rater oder Gehilfe des Schuldners, ohne dass hieraus Masse generiert werden könnte, ist keine Regelaufgabe eines Insolvenzverwalters.

Nach dem Grundprinzip des Zuschlagssystems ist zunächst ein **abstrakt angemessener Zuschlag** (Rz. 24 ff.) zu ermitteln. Hierbei besteht die zentrale Aufgabe darin, zu prüfen, inwieweit die zuschlagsfähigen Sachverhalte eine *Eigenständigkeit* aufweisen oder bereits für andere Zuschlagsfaktoren herangezogen wurden. Nach hiesigem Verständnis sollten zahlreiche Arbeitnehmerangelegenheiten eher andere Zuschläge, wie etwa für Betriebsfortführung[254] oder übertragende Sanierung erhöhen, sodass für einen eigenständigen Zuschlag die rein administrativen Aufgaben verbleiben, wie beispielsweise die Abwicklung von Arbeitsverhältnissen durch und nach Kündigung, die Erstellung notwendiger Arbeitspapiere einschließlich (Zwischen-)Zeugnissen etc. War der Geschäftsbetrieb bereits vor Insolvenzeröffnung eingestellt worden oder wurde er in den ersten Tagen nach Verfahrenseröffnung eingestellt, so bleiben ausschließlich administrative Aufgaben, die einen eigenständigen Zuschlagsfaktor rechtfertigen, wenn und weil die Tätigkeit nicht durch noch vorhandenes und hinreichend qualifiziertes schuldnerisches Personal bewältigt werden kann. Aufgrund dieser notwendigen Differenzierung scheint allein der Begriff der Arbeitgeberfunktion nicht zielführend. Dieser scheint eher ein Bestandteil der Betriebsfortführung zu sein. Der Einzelfall ist jedoch stets entscheidend, da es hier auch auf die Branche des schuldnerischen Unternehmens ankommen kann. So kann z. B. bei der Fortführung eines Leiharbeitsunternehmens die Arbeitgeberfunktion aufwendiger sein als die operative Fortführung. 118

Nach ständiger Rechtsprechung des BGH soll es sich als **Wertschwelle** jedoch nur dann um Sonderaufgaben bzw. einen Zuschlagsfaktor handeln, wenn mehr als 20 Arbeitnehmer von den Maßnahmen betroffen sind.[255] Diese Auffassung ist jedoch als zu pauschal abzulehnen (ausführlich § 4 Rz. 113).[256] Erst recht ist die Ansicht, die Anzahl der Arbeitnehmer sei für die Bemessung des Zuschlags irrelevant, da eine höhere Arbeitnehmerzahl zu einer höheren Berechnungsgrundlage führe,[257] evident abwegig, denn eine höhere Mitarbeiterzahl führt zunächst einmal zu höheren Lohnkosten, die im Fall der Betriebsfortführung die Berechnungsgrundlage mindern. 119

Die hier maßgeblichen Faktoren sind nicht mit einer Massemehrung verbunden, sodass eine **Vergleichsrechnung** entfällt.[258] Eben wegen des fehlenden Bezugs zur Massemehrung wird zu differenzieren sein, ob ein klassischer Vergütungszuschlag in **Prozentwerten** angemessen ist. Geht es um Gehaltsabrechnungen, Insolvenzgeldbescheinigungen, Arbeitsbescheinigungen etc., kann ein Zuschlag in Euro- 120

---

254) *Haarmeyer/Mock* InsVV, § 3 Rz. 2.
255) BGH, Beschl. v. 18.12.2003 – IX ZB 50/03, ZIP 2004, 518, 520 (Insolvenzgeldvorfinanzierung und Sozialplan); BGH, Beschl. v. 28.9.2006 – IX ZB 212/03, ZInsO 2007, 439 (Insolvenzgeldvorfinanzierung und Sozialplan); BGH, Beschl. v. 22.2.2007 – IX ZB 120/06, ZInsO 2007, 438 (Insolvenzgeldvorfinanzierung); BGH, Beschl. v. 25.10.2007 – IX ZB 55/06, ZInsO 2007, 1272 (Insolvenzgeldvorfinanzierung); BGH, Beschl. v. 9.10.2008 – IX ZB 182/04, ZInsO 2008, 1265 (Insolvenzgeldvorfinanzierung).
256) HambKommInsO/*Büttner*, § 3 InsVV Rz. 57 ff.; Lorenz/Klanke/*Lorenz* InsVV, § 11 Rz. 81.
257) *Haarmeyer/Mock* InsVV, § 3 Rz. 40.
258) BGH, Beschl. v. 8.3.2012 – IX ZB 162/11, Rz. 15, NZI 2012, 372.

Werten auf Basis einer fiktiven Delegierung der Forderung nach Angemessenheit eher Rechnung tragen,[259] da die angemessene Vergütung für zusätzliche Aufgaben in § 3 Abs. 1 InsVV nicht viel anders definiert werden kann als im Bereich der §§ 5, 4 Abs. 1 Satz 3 InsVV. Derartig fiktive Kosten bilden jedoch nicht die Obergrenze für einen Zuschlag,[260] da Dienstleister immer nur Zuarbeit leisten, ohne den Insolvenzverwalter vollends seiner Aufgaben, Verantwortung und Haftung zu entledigen.

121 Abschließend ist zu prüfen, ob die Masse in diesem Kontext mit **Honoraren für Dienstleister** belastet wurde, da diese Ausgaben den Zuschlag mindern können (Rz. 36 ff.).

122 Die vorstehenden Grundsätze gelten auch für den **vorläufigen Insolvenzverwalter**, wenn und weil er entsprechende Tätigkeiten erbringen kann.[261]

7. Insolvenzplan (§ 3 Abs. 1 lit. e InsVV)

123 Gemäß § 3 Abs. 1 lit. e InsVV kann der Insolvenzverwalter einen Zuschlag geltend machen, wenn er einen Insolvenzplan ausgearbeitet hat. Da § 3 Abs. 1 lit. e InsVV auf die *Tätigkeit* des Insolvenzverwalters abstellt, ist es unerheblich, ob der Insolvenzplan von den Gläubigern beschlossen wird;[262] freilich muss der Zuschlag dann niedriger ausfallen, da die Umsetzung des Plans als weitere Tätigkeit entbehrlich wird. Schwerpunkt beim Zustandekommen eines Insolvenzplans wird jedoch zunächst im Hinblick auf die Vergütung die **Ermittlung der Berechnungsgrundlage** sein (hierzu § 1 Rz. 170 ff.). Der Insolvenzplan selbst kann jedenfalls keine bindende **Vereinbarung** über die Vergütung enthalten (§ 1 Rz. 16 ff.).[263] Die **Höhe des Zuschlags** richtet sich nach dem inhaltlichen Umfang des Insolvenzplans. Ein umfangreicher gestaltender Teil zur Sanierung des Rechtsträgers bedarf eines höheren Zuschlags als ein bloßer Liquiditätsplan. Die zusätzliche Arbeitsbelastung des Insolvenzverwalters steigt hier exponentiell, denn je rechtlich komplexer ein Plan ist, desto intensiver ist auch das Bemühen um eine Akzeptanz durch die Insolvenzgläubiger. Nicht zu übersehen ist, dass aufgrund steuerlicher Implikationen oftmals nur Entscheidungen unter Unsicherheit zu fällen sind, sodass relevante Maßnahmen oder Folgen in einem Insolvenzplan ggf. auch noch mit Alternativszenarien versehen werden müssen. Ist ein abstrakt angemessener Zuschlag ermittelt worden, bedarf es keiner **Vergleichsrechnung** auf Basis von Berechnungsgrundlagen mit/ohne Insolvenzplan.[264] Eventuell sind Honorare für **Dienstleister** zuschlagsmindernd zu berücksichtigen, wenn und weil exakt diejenige Tätigkeit für die Zuschlagsbegründung herangezogen wird, die bereits über die Honorierung des Dienstleisters die Masse belastet hat (Rz. 36 ff.).

---

259) *Metoja*, ZInsO 2016, 1612, 1617; MünchKommInsO/*Riedel*, § 3 InsVV Rz. 13.
260) A. A. *Haarmeyer/Mock* InsVV, § 3 Rz. 44.
261) BGH, Beschl. v. 18.12.2003 – IX ZB 50/03, ZIP 2004, 518; BGH, Beschl. v. 28.9.2006 – IX ZB 212/03, ZInsO 2007, 439; BGH, Beschl. v. 22.2.2007 – IX ZB 120/06, ZIP 2007, 826; BGH, Beschl. v. 9.10.2008 – IX ZB 292/04, ZInsO 2008, 1264.
262) HambKommInsO/*Büttner*, § 3 InsVV Rz. 118; *Keller*, Vergütung und Kosten, § 5 Rz. 100.
263) BGH, Beschl. v. 16.2.2017 – IX ZB 103/15, ZIP 2017, 482, dazu EWiR 2017, 179 (*Madaus*). Kritisch *Blankenburg*, ZInsO 2017, 531.
264) BGH, Beschl. v. 8.3.2012 – IX ZB 162/11, Rz. 15, NZI 2012, 372.

Wurde der Insolvenzplan **vom Schuldner eingereicht**, kann sich ebenfalls ein 124
Zuschlagsfaktor für den Insolvenzverwalter ergeben, wenn die entsprechende Tätigkeit
einen erheblichen Mehraufwand verursacht hat.[265] So soll die Planüberarbeitung
mit nennenswerten Änderungen einen Zuschlag von mindestens 20 % rechtfertigen.[266] Ein bloßes Redigieren reicht folglich nicht. Gleichwohl scheint es zu eng,
generell auf Änderungen durch den Insolvenzverwalter abzustellen. So soll ein
Zuschlag entfallen können, wenn ein idealtypischer Insolvenzplan vom schuldnerischen Sanierungsberater erstellt wurde.[267] Hier wird der Einzelfall entscheiden
müssen. Denn ein Insolvenzplan enthält auch eine Vergleichsrechnung mit der
Regelinsolvenz als Fiktion. Er stellt folglich eine Prognose auf, was ein Insolvenzverwalter ohne Insolvenzplan erreichen könnte. Es muss dem Insolvenzverwalter
unbenommen bleiben zu prüfen, ob diese Prognosen richtig sind. Er hat nun das zu
antizipieren, was er in der angemessenen Dauer eines Regelinsolvenzverfahrens
erreichen könnte, und zusätzlich zu plausibilisieren, was der Schuldner durch ein
Planverfahren zu erreichen behauptet. Diese beiden umfangreichen Planspiele
können bei einem gut vorbereiteten Insolvenzplan zu dem vom Sanierungsberater
prognostizierten Ergebnis führen; aber die Arbeitsbelastung der Prüfung fällt nicht
rückwirkend weg. Zur Verdeutlichung kann wohl angenommen werden, dass das
uneingeschränkte Testat eines Wirtschaftsprüfers ersichtlich nicht bedeutet, der
Wirtschaftsprüfer habe keine Leistung erbracht. Nichts anderes gilt für einen Insolvenzverwalter, wenn er nach intensiver Prüfung zu keinen Einwänden gegen schuldnerische Vorschläge gelangt.

Die Grundsätze gelten auch für den **vorläufigen Insolvenzverwalter**, wenn und 125
weil er entsprechende Vorarbeiten leistet,[268] die freilich bei einem Zuschlag für
den Insolvenzverwalter mindernd zu berücksichtigen sind.

8. Ungeschriebene Zuschlagsfaktoren

a) Vorbemerkungen

Ungeachtet der nachfolgenden Darstellung ist zu berücksichtigen, dass die Definition 126
von Sonderaufgaben i. S. d. §§ 5, 4 Abs. 1 Satz 3 InsVV und die Existenz des § 3
Abs. 1 InsVV dasselbe Ziel verfolgen, nämlich bestimmte Tätigkeiten nicht als von
der Regelvergütung abgegolten anzusehen. Erfüllt der Insolvenzverwalter derartige
Sonderaufgaben, ohne über §§ 5, 4 Abs. 1 Satz 3 InsVV sonstige Masseverbindlichkeiten zu begründen, ist stets ein Zuschlag indiziert.[269] Insoweit ist vorweg auf
die Kommentierung der Sonderaufgaben zu verweisen (§ 4 Rz. 32 ff.).

Anhand der Lebenssachverhalte können bestimmte **Fallgruppen** gebildet werden, 127
damit nicht jeder regelmäßig wiederkehrende Sachverhalt einzeln hinsichtlich seiner
Zuschlagsfähigkeit zu bewerten ist. Stets ist zu prüfen, ob ein Lebenssachverhalt,
der als zuschlagswürdig erachtet wird, in eine bestehende Fallgruppe integriert werden

---

265) BGH, Beschl. v. 22.2.2007 – IX ZB 106/06, ZIP 2007, 784.
266) BGH, Beschl. v. 22.2.2007 – IX ZB 106/06, ZIP 2007, 784.
267) *Mock*, ZIP 2014, 445, 448.
268) Vgl. BGH, Beschl. v. 21.7.2016 – IX ZB 70/14, Rz. 49, ZIP 2016, 1592 (vorläufiger Sachwalter).
269) *Haarmeyer/Mock* InsVV, § 3 Rz. 103.

kann, um sich auf wenige, aber ausführlich begründete Zuschläge konzentrieren zu können. Im Vordergrund steht das allgemeine Tatbestandsmerkmal der **Mehrbelastung**, unter welchen Begriffen auch immer entsprechende Beweisangebote (Rz. 21) geliefert werden. Nachfolgend finden sich einige Begriffe, die sich schlaglichtartig besonders häufig finden.

b) Relevante Faktoren (alphabetisch)

Altlasten

128 Sofern der Schuldner über Grundstücke verfügt, die mit ökologischen Altlasten kontaminiert sind, stellen sich regelmäßig komplexe Sach- und Rechtsfragen, insbesondere in Zusammenhang mit der Verwaltung und Verwertung des Grundstücks, ebenso zur Abwehr von Masseverbindlichkeiten. Dies geht über das hinaus, was von einem gewöhnlichen Insolvenzverfahren zu erwarten ist und nützt weniger dem Vollstreckungsinteresse der Insolvenzgläubiger als eher öffentlichen Interessen. Folglich ist ein angemessener Zuschlag zu gewähren,[270] für den – da keine Massemehrung stattfindet – keine Vergleichsrechnung erforderlich ist.

Anfechtungsansprüche

129 Die Ermittlung und Geltendmachung von anfechtungsrechtlichen Rückgewähransprüchen gehört zu den Regelaufgaben des Insolvenzverwalters. Gleichwohl können qualitative oder quantitative Abweichungen vorliegen, die einen Zuschlag wegen Mehrbelastung rechtfertigen. Entscheidend ist der Einzelfall.[271] Insoweit kann umfänglich auf die Ausführungen zu den Sonderaufgaben verwiesen werden (§ 4 Rz. 84 ff.). Erforderlich für eine Zuschlagsgewährung ist eine Vergleichsrechnung, wenn die Anfechtung zu einer Massemehrung i. S. d. § 1 InsVV geführt hat.[272] Wurde mit den Anfechtungen lediglich verhindert, dass z. B. Auskehrungen an (vermeintliche) Absonderungsgläubiger erfolgen müssen, da das Sicherungsrecht angefochten wurde, bedarf es keiner Vergleichsrechnung. Ebenso keiner Vergleichsrechnung bedarf es, wenn trotz schwierigster Ermittlungen kein Anspruch realisiert werden konnte. Einer Entscheidung des LG Konstanz vom 17.8.2016 wurde vom Veröffentlichungsorgan der redaktionelle Leitsatz vorangestellt, elf Anfechtungsansprüche begründeten noch keinen Zuschlag.[273] Dieser Leitsatz ist unzutreffend, da das Tatgericht lediglich zu dem Ergebnis gekommen ist, dass im konkreten Fall erst *nach* der Vergleichsrechnung kein Raum mehr für einen Zuschlag gegeben war. Insoweit muss stets sorgsam differenziert und der Sinn einer Vergleichsrechnung erfasst werden. Dass ein Rechtspfleger die Behauptung aufstellt, die Praxis müsse anerkennen, dass die gesamte Anfechtungsprüfung digital

---

270) BGH, Beschl. v. 11.11.2004 – IX ZB 48/04, ZIP 2005, 36; LG Chemnitz, Beschl. v. 18.7.2008 – 3 T 21/07, ZIP 2008, 1693; LG Göttingen, Beschl. v. 20.6.2006 – 10 T 32/06, ZInsO 2006, 930; LG Magdeburg, Beschl. v. 20.9.1995 – 3 T 357/95, Rpfleger 1996, 38; Leonhardt/Smid/Zeuner/*Amberger* InsVV, § 3 Rz. 65; *Haarmeyer/Mock* InsVV, § 3 Rz. 88; *Keller*, Vergütung und Kosten, § 5 Rz. 63.
271) BGH, Beschl. v. 19.9.2013 – IX ZB 122/11, ZInsO 2013, 2180.
272) BGH, Beschl. v. 19.9.2013 – IX ZB 122/11, ZInsO 2013, 2180.
273) LG Konstanz, Beschl. v. 17.8.2016 – A 62 T 96/16, ZInsO 2016, 1828.

Zu- und Abschläge § 3

erfolge,[274] grenzt allerdings ans Amüsante. Grundsätzlich ist es erforderlich, dass die Tatrichter die Grundprinzipien des Insolvenzanfechtungsrechts kennen. Eine einzelne Anfechtung nach § 133 InsO kann zu einer weit höheren Mehrbelastung führen als zehn Ansprüche aus § 130 Abs. 1 Satz 1 Nr. 2 InsO oder § 131 Abs. 1 InsO. Insoweit verbietet sich ein schlichtes Trial-and-Error-Prinzip anhand der bloßen Anzahl der Ansprüche. Zu denken ist immer an eine Kürzung des Zuschlags wegen entsprechender Delegationen (Rz. 36).

Arbeitgeberfunktion

Die Arbeitgeberfunktion des Insolvenzverwalters in Unternehmensinsolvenzen ist kein Bestandteil eines Vollstreckungsverfahrens und kann daher eigenständiger Zuschlagsfaktor sein.[275] Regelmäßig wird ein solcher Zuschlagsfaktor jedoch in einen Zuschlag für Betriebsfortführung (§ 3 Abs. 1 lit. b Alt. 1 InsVV) oder in einen Zuschlag für Arbeitnehmerangelegenheiten (§ 3 Abs. 1 lit. d InsVV) zu integrieren sein (siehe auch Rz. 117 ff.).

130

Auslandsbezug

Ist Insolvenzmasse im Ausland zu ermitteln, in Besitz zu nehmen oder zu verwerten oder ist ausländisches Recht anzuwenden (auch im Rahmen der Forderungsprüfung), kann bei entsprechend zusätzlichem Arbeitsaufwand ein Zuschlag angemessen sein.[276] Sofern sich ein Auslandsbezug im Zusammenhang mit einer Betriebsfortführung oder einer übertragenden Sanierung ergibt, kann ein relevanter Auslandsbezug bei den dortigen Zuschlägen wertsteigernd berücksichtigt werden. Eigenständige Zuschlagsfaktoren können sich in den Fällen der §§ 343 ff. InsO (ausländisches Insolvenzverfahren) bzw. §§ 354 ff. InsO (Partikularverfahren) ergeben.[277] Die idealistische Auffassung, ein Zuschlag könne ausscheiden, weil die Berührung mit ausländischem Recht als solches heute Realität in einer globalisierten und internationalisierten Wirtschaft sei,[278] verschweigt bewusst eine entgegenstehende Entscheidung des BVerfG,[279] nach der einer Zusatzvergütung nicht entgegensteht, dass „die neuen Aufgaben inzwischen, gemessen an ihrer Häufigkeit, nicht mehr aus dem Rahmen fallen." Ungeachtet dessen dürfte die Grenze zur Abwegigkeit überschritten sein, wenn vom Insolvenzverwalter die Kenntnis aller fremden Rechtsordnungen erwartet würde. Richtig ist freilich, dass § 3 Abs. 1 InsVV stets einen darzulegenden Mehraufwand verlangt. Eine Handvoll Briefe in englischer Sprache gehört hierzu wohl noch nicht.

131

Beihilferecht

Das europäische Beihilferecht ist eine komplexe Rechtsmaterie, das zu beherrschen nicht zu den Anforderungen an einen normtypischen Insolvenzverwalter i. S. d.

132

---

274) *Lissner*, ZVI 2016, 263, 270.
275) LG Bielefeld, Beschl. v. 15.7.2004 – 23 T 280/04, ZInsO 2004, 1250. **a. A.** *Haarmeyer*, ZInsO 2016, 2057, 2064; *Haarmeyer/Mock* InsVV, § 3 Rz. 58.
276) LG Braunschweig, Beschl. v. 29.1.2001 – 8 T 947/00, ZInsO 2001, 552; Leonhardt/Smid/ Zeuner/*Amberger* InsVV, § 3 Rz. 68; *Keller*, Vergütung und Kosten, § 5 Rz. 69 ff.
277) LG Braunschweig, Beschl. v. 29.1.2001 – 8 T 947/00, ZInsO 2001, 552.
278) *Haarmeyer*, ZInsO 2016, 2057, 2064.
279) BVerfG, Beschl. v. 9.2.1989 – 1 BvR 1165/87, ZIP 1989, 382, 383 (mit Anm. *Eickmann*).

§ 56 InsO gehört. Eine notwendige Befassung hiermit stellt stets eine Sonderaufgabe dar. Dies auch dann, wenn i. S. d. § 4 Abs. 1 Satz 3 InsVV rechtskundiger Rat eingeholt oder eine anwaltliche Vertretung veranlasst wurde, da es der Insolvenzverwalter ist, der im Außenverhältnis die Verantwortung für die rechtlich richtigen und verfahrensbezogen zweckmäßigen Entscheidungen trägt. Sofern nicht eine Beihilferückforderung abgewendet werden muss, sondern im Rahmen einer Betriebsfortführung eine Beihilfe beantragt oder schuldnerische Anträge weiterverfolgt werden sollen, kann die Mehrbelastung auch wertsteigernd in einen Zuschlag für Betriebsfortführung integriert werden.

Berichtswesen

133 Gemäß § 58 InsO kann das Insolvenzgericht jederzeit Sachstandsauskünfte vom Insolvenzverwalter einfordern. Ein solches Berichtswesen gehört zu den Regelaufgaben des Insolvenzverwalters und rechtfertigt keinen Zuschlag, solange sich auch das Insolvenzgericht der Verfahrensökonomie unterwirft. Insoweit haben sich verschiedene Zyklen der Berichterstattung etabliert, die allseits als angemessen und ausreichend erachtet werden. Sofern das Insolvenzgericht im Rahmen des § 58 InsO weitere Maßnahmen einleitet, wie z. B. die Bestellung eines Sachverständigen oder Sonderinsolvenzverwalters, ist der Insolvenzverwalter zur entsprechenden Zusammenarbeit verpflichtet. Ein Anlass für einen Zuschlag i. S. d. § 3 Abs. 1 InsVV ist hier grundsätzlich nicht zu erkennen.[280]

Beteiligungen

134 Schuldnerische Beteiligungen an anderen Gesellschaften können bei entsprechendem Mehraufwand grundsätzlich einen Zuschlag rechtfertigen.[281] Gelegentlich hält der Schuldner Beteiligungen an anderen Rechtsträgern. Soweit damit der bloße Besitz von *Aktien* und *Anleihen* gemeint ist, die börslich **veräußert** werden können, handelt es sich jedoch um verwertbare Vermögensgegenstände, die dem Normalverfahren zuzurechnen sind. Nichts anderes gilt für einfache *Genossenschaftsanteile*, die lediglich eine Kündigung und eine Prüfung der Abrechnung erfordern. Sind jedoch Geschäftsanteile zu **bewerten** oder ein Auseinandersetzungsguthaben zu ermitteln, begründet dies einen Zuschlag unter Anwendung einer Vergleichsrechnung. Das **Verwalten** einer solchen Beteiligung einschließlich Teilnahme an Gesellschafterversammlungen o. Ä. stellt ebenfalls eine vergütungsfähige Mehrbelastung dar, die als solcher keiner Vergleichsrechnung bedarf, da nur durch die Verwaltung noch nicht mit einer Massemehrung zu rechnen ist. Steht jedoch die kurzfristige Veräußerung im Vordergrund, sodass die Befassung mit der Gesellschaft vorbereitende Verwertungsmaßnahme ist, ließe sich das Erfordernis einer Vergleichsrechnung vertreten. Bei längerfristiger **Nutzung** der Gesellschaft bis zu

---

280) BGH, Beschl. v. 22.6.2017 – IX ZB 65/15, ZInsO 2017, 1694.
281) BGH, Beschl. v. 16.10.2008 – IX ZB 247/06, ZInsO 2009, 1030; LG Dresden, Beschl. v. 1.9.2005 – 5 T 1186/02, ZIP 2005, 1745; LG Heilbronn, Beschl. v. 21.12.2010 – 1 T 593/10, ZInsO 2011, 352; LG Leipzig, Beschl. v. 27.9.1999 – 12 T 1192/99, DZWIR 2000, 36; LG Mönchengladbach, Beschl. v. 23.10.1986 – 5 T 382/86, ZIP 1986, 1588, dazu EWiR 1987, 73 *(Eickmann)*; LG Passau, Beschl. v. 17.12.2009 – 2 T 167/09, ZInsO 2010, 158; Leonhardt/Smid/Zeuner/*Amberger* InsVV, § 3 Rz. 71; *Haarmeyer/Mock* InsVV, § 3 Rz. 96.

Zu- und Abschläge § 3

einer übertragenden Sanierung (z. B. ein Unternehmen als Werkbank der Schuldnerin) können die Umstände auch alternativ und wertsteigernd in Zuschläge für Betriebsfortführung bzw. übertragende Sanierung eingearbeitet werden. Weiter wertsteigernd sind die **Auslandsbelegenheit** der Gesellschaft, gesellschaftsrechtliche **Auseinandersetzungen** mit Mitgesellschaftern etc. Allein die Beteiligung stellt noch keinen **Konzern** dar, für den weitere oder andere Zuschlagsfaktoren in Betracht kommen können (Rz. 152). Nicht selten liegt aber eine (umsatzsteuerliche) **Organschaft** vor, die ihrerseits mit Mehraufwand verbunden sein kann.

Betriebsstättenzahl

Die Anzahl der Betriebsstätten ist ein vergütungsrelevanter Parameter, da grundsätzlich nur *ein* Firmensitz und *eine* Betriebsstätte dem Normalverfahren zuzurechnen sind.[282] Er sollte jedoch vordringlich in etwaige Zuschläge für Betriebsfortführung oder übertragende Sanierung eingearbeitet werden.[283] Nur bei reiner Abwicklung des schuldnerischen Unternehmens ergibt sich ein eigenständiger Zuschlagsfaktor, wenn sich ein zusätzlicher Arbeitsaufwand jenseits bloßer Fahrtzeiten ergibt.[284] 135

Betriebsvereinbarungen

Die Befassung mit Betriebsvereinbarungen ist stets zuschlagswürdiger Mehraufwand des Insolvenzverwalters. Grundsätzlich kann auf die Ausführungen zur Befassung mit Arbeitnehmerangelegenheiten (Rz. 117 ff.) verwiesen werden. Im Einzelfall kann es sich auch um unselbstständige, aber zuschlagserhöhende Parameter bei der Betriebsfortführung oder der übertragenden Sanierung handeln. 136

Branche

Die Branche des Schuldners ist im Grundsatz kein eigenständiger Zuschlagsfaktor,[285] kann jedoch im Einzelfall andere Zuschlagsfaktoren wertsteigernd beeinflussen.[286] Ein eigenständiger Zuschlag kann sich jedoch bei reinen Abwicklungsverfahren ergeben, in denen andere Zuschläge die Branchenspezifika nicht ausreichend berücksichtigen können. 137

Hinsichtlich **Bauinsolvenzen** kann grundsätzlich auf die Ausführungen zur Betriebsfortführung verwiesen werden. Darüber hinaus finden sich Probleme, die einem Zuschlag für Arbeitnehmerangelegenheiten zugeordnet werden können. Beide Zuschläge können bei einer Bauinsolvenz entsprechend höher ausfallen,[287] wenngleich stets ergänzend zu prüfen ist, welche Tätigkeiten bereits über § 4 Abs. 1 Satz 3 InsVV 138

---

282) BGH, Beschl. v. 18.12.2003 – IX ZB 28/03, NZI 2004, 381; OLG Celle, Beschl. v. 17.9.2001 – 2 W 53/01, ZInsO 2001, 948; LG Braunschweig, Beschl. v. 29.1.2001 – 8 T 947/00, ZInsO 2001, 552; LG Neubrandenburg, Beschl. v. 26.11.2002 – 4 T 257/02, ZInsO 2003, 26; Leonhardt/Smid/Zeuner/*Amberger* InsVV, § 3 Rz. 72.
283) *Haarmeyer/Mock* InsVV, § 3 Rz. 22.
284) *Haarmeyer*, ZInsO 2016, 2057, 2064.
285) *Haarmeyer/Mock* InsVV, § 3 Rz. 67.
286) *Haarmeyer/Mock* InsVV, § 3 Rz. 106.
287) BGH, Beschl. v. 4.11.2004 – IX ZB 52/04, ZInsO 2004, 1350; Leonhardt/Smid/Zeuner/*Amberger* InsVV, § 3 Rz. 70; *Haarmeyer/Mock* InsVV, § 3 Rz. 94.

zulasten der Masse honoriert wurden. Zuschlagsbegründend, unter welcher Überschrift auch immer, wird sein der Mehraufwand bei der Wahl der Vertragserfüllung (§§ 103 ff. InsO), bei der Prüfung geleisteter Anzahlungen, im Zusammenhang mit Wetter- und Kurzarbeitergeld, Lohnausgleichskasse, Zusatzkasse der Bauwirtschaft, Bauabzugsteuer, Prüfung der Rechnungen von Architekten und Subunternehmern, Erstellung und Prüfung von Schlussrechnungen, Umgang mit Mängeleinreden, Teilnahme an Abnahmen, Besonderheiten der VOB, Akzeptanz von Gewährleistungseinbehalten etc.

Datenschutz

139 Die zunehmenden Anforderungen aufgrund datenschutzrechtlicher Bestimmungen haben nun auch die Abwicklung von Insolvenzverfahren erreicht.[288] Der entsprechende Mehraufwand ist jedoch primär bei einem Zuschlag für übertragende Sanierung und/oder Betriebsfortführung zu berücksichtigen.

Erfolg

140 Gelegentlich wird ein besonderer Erfolg des Insolvenzverwalters als Zuschlagsfaktor dargestellt. Gemeint ist eine überdurchschnittlich hohe Befriedigungsquote der Insolvenzgläubiger.[289] Dies als Zuschlagsfaktor anzuerkennen wäre jedoch systemfremd, da der Erfolg ausschließlich auf der Ebene des § 1 InsVV von Bedeutung ist, während § 3 Abs. 1 InsVV auf Tätigkeiten bzw. Mehrbelastungen rekurriert. Es gibt keine Mehrbelastung, die nicht einer anerkannten Fallgruppe des § 3 Abs. 1 InsVV zugeordnet werden könnte. Soweit ein Zuschlag dennoch, jedoch mit Zustimmung des Gläubigerausschusses oder der Gläubigerversammlung, möglich sein soll,[290] wäre dies zu begrüßen; de lege lata dürfte dies jedoch dem Verbot einer Vergütungsvereinbarung widersprechen und an der Festsetzungsbefugnis des Insolvenzgerichts scheitern.

Gläubiger

141 Die Insolvenzordnung regelt unter dem Gesichtspunkt der Gläubigerautonomie die Einsetzung eines Gläubigerausschusses (§§ 67 ff. InsO). Unter bestimmten Voraussetzungen ist dies sogar zwingend (§ 22a InsO). Meist wird jedoch auf einen **Gläubigerausschuss** verzichtet. Die Mitglieder des (vorläufigen) Gläubigerausschusses sollen den (vorläufigen) Insolvenzverwalter unterstützen und überwachen (§ 69 InsO). In welchem Umfang die Beteiligung eines Gläubigerausschusses an den Entscheidungen des Insolvenzverwalters das Ergebnis eines Insolvenzverfahrens jemals positiv beeinflusst hat, ist empirisch nicht belegt und kaum messbar. Jedenfalls ist die Annahme, das Vorhandensein eines Gläubigerausschusses könne zu einer Arbeitserleichterung des Insolvenzverwalters führen, zweifelhaft. Eher ist anzunehmen, dass sowohl in den Fällen eines Alibi-Ausschusses als auch in den Fällen eines sich konstruktiv einbringenden Gläubigerausschusses eine Mehrbelastung des Insolvenzverwalters eintritt. Dies kann einen Zuschlag zur Verwalterver-

---

288) Ausführlich *Eckhardt/Menz*, ZInsO 2016, 1917.
289) HambKommInsO/*Büttner*, § 3 InsVV Rz. 79.
290) *Vill*, in: FS Kübler, 2015, 741, 751.

gütung begründen.²⁹¹⁾ **Gläubigerversammlungen** hingegen dürften stets von der Regelvergütung abgegolten sein oder im Zusammenhang mit anderen Zuschlagsfaktoren stehen.²⁹²⁾

Die **Anzahl der Gläubiger**, womit nur Insolvenzgläubiger gemeint sind, kann zu einer Mehrbelastung des Insolvenzverwalters führen. Die Annahme, es bestünde eine Korrelation zwischen Gläubigerzahl und Umfang der Masse (Berechnungsgrundlage),²⁹³⁾ scheint bis zur Abwegigkeit bedenklich. Zwar sind Zuschläge grundsätzlich immer anhand des Einzelfalls zu bemessen, jedoch sollte sich ein Wert von 100 Insolvenzgläubigern²⁹⁴⁾ als Wertschwelle durchsetzen, da weder dem Insolvenzverwalter noch den Insolvenzgerichten zuzumuten ist, nach dem Trial-and-Error-Prinzip sämtliche natürlichen Zahlen jenseits von 100 einzeln zu diskutieren; auch das Vergütungsrecht obliegt der Verfahrensökonomie.²⁹⁵⁾ Der Verordnungsgeber scheint ohnehin nur von 12–34 Gläubigern auszugehen.²⁹⁶⁾ Ab 101 Gläubigern muss schon im Hinblick auf die Tabellenführung stets von einer vergütungsrelevanten Mehrbelastung ausgegangen werden, wobei sich diesbezüglich weniger Prozentwerte eignen,²⁹⁷⁾ vielmehr eher Euro-Beträge in Höhe von 120–150 € je anmeldendem Insolvenzgläubiger.²⁹⁸⁾ Denn die Gläubigerzahl steht in keinem wertmäßigen Zusammenhang mit der Berechnungsgrundlage und der Regelvergütung, sodass es ausnahmsweise gerechtfertigt scheint, einen Zuschlag in Euro zu bemessen (Rz. 30). Das System, die Vergütung von der Gläubigerzahl abhängig zu machen, wird z. B. in § 2 Abs. 2 InsVV auch vom Verordnungsgeber verfolgt, wenngleich für die Mindestvergütung und – aufgrund eventueller Einstandspflicht der Staatskasse bei Verfahrenskostenstundung – mit nicht angemessenen Beträgen (§ 2 Rz. 70 ff.). Ein Gläubiger hat jedenfalls keinen Anspruch darauf, dass seine Forderung in einem Insolvenzverfahren auf Kosten des Insolvenzverwalters dramatisch preiswerter tituliert und vollstreckt wird als in einem Erkenntnis- oder gerichtlichen Mahnverfahren nebst Einzelvollstreckung (§ 13 Rz. 44), sodass eine angemessene Vergütungserhöhung nicht gegen die Interessen eines Gläubigers verstoßen kann; weder Gläubiger noch Schuldner wären hinreichend schutzbedürftig.

Eine Mehrbelastung i. S. d. § 3 Abs. 1 InsVV kann sich ferner aus **qualitativen Gründen** ergeben, wenn z. B. der Rechtsgrund der Forderungen auf Spezialmaterien beruht oder ausländische Rechtsordnungen zu berücksichtigen sind.²⁹⁹⁾ Auch

---

291) BGH, Beschl. v. 21.7.2016 – IX ZB 70/14, ZIP 2016, 1592.
292) **A. A.** HambKommInsO/*Büttner*, § 3 InsVV Rz. 92.
293) *Haarmeyer/Mock* InsVV, § 3 Rz. 77 (Insolvenzverwalter) und Rz. 134 (vorläufiger Insolvenzverwalter).
294) LG Heilbronn, Beschl. v. 6.5.2005 – 1 T 141/05, ZIP 2005, 1187; AG Göttingen, Beschl. v. 2.7.1999 – 71/74 IN 49/99, ZInsO 1999, 482; Leonhardt/Smid/Zeuner/*Amberger* InsVV, § 3 Rz. 77; HambKommInsO/*Büttner*, § 3 InsVV Rz. 94; a. A. BGH, Beschl. v. 22.6.2017 – IX ZB 65/15, Rz. 11, ZInsO 2017, 1694.
295) **A. A.** offenbar BGH, Beschl. v. 22.6.2017 – IX ZB 65/15, Rz. 11, ZInsO 2017, 1694.
296) Verordnung zur Änderung der Insolvenzrechtlichen Vergütungsverordnung (InsVV) v. 4.10.2004 (BGBl. I 2004, 2569), Allgemeine Begründung, siehe Anh. VII Rz. 9.
297) *Keller*, Vergütung und Kosten, § 5 Rz. 31; MünchKommInsO/*Riedel*, § 3 InsVV Rz. 13.
298) HambKommInsO/*Büttner*, § 3 InsVV Rz. 100; *Keller*, Vergütung und Kosten, § 4 Rz. 134.
299) *Haarmeyer/Mock* InsVV, § 3 Rz. 76.

ein gewisses Querulantentum von Insolvenzgläubigern kann im Ausnahmefall zu einem Zuschlag führen.

144 Die Kriterien gelten auch für den **vorläufigen Insolvenzverwalter**, wenn und weil eine Mehrbelastung zu bejahen ist.[300]

145 Die Durchführung einer **Abschlagsverteilung** i. S. d. § 187 Abs. 2 Satz 1 InsO setzt voraus, dass eine Zwischenrechnung aus der Verwalterbuchführung generiert wird, die Insolvenztabelle bereinigt wurde und das Prozedere nach §§ 187 Abs. 3, 188 InsO initiiert wird. Ferner muss zur Bezifferung des auszahlungsfähigen Betrages eine Liquiditätsplanung im Hinblick auf die Masseverbindlichkeiten (§§ 54, 55 InsO) erstellt werden. Die Abschlagsverteilung als solche erfordert Korrespondenz mit den Insolvenzgläubigern, die Ermittlung nicht mehr erreichbarer Insolvenzgläubiger, Banküberweisungen, Buchungen der Auszahlungen und weiteren organisatorischen Aufwand. Aufgrund der Abschlagsverteilungen entsteht regelmäßig zusätzlicher steuerlicher Aufwand, wenn und weil z. B. Vorsteuer aus den Geschäftsvorfällen gezogen werden kann und die steuerlichen Auswirkungen vorheriger Geschäftsvorfälle zu prüfen sind. Ein Mehraufwand ist daher unübersehbar. Gleichwohl dürfte eine einmalige (oder zweimalige[301]) Abschlagsverteilung dem Normalverfahren zuzuordnen sein, da sie auch eine spätere Schlussverteilung organisatorisch vorbereitet. Lediglich die Durchführung mehrerer Abschlagsverteilungen weicht derart vom Normalverfahren ab, dass eine Erhöhung der Vergütung angemessen sein kann.[302]

146 Zum **Gläubigerinformationssystem** siehe § 4 Rz. 122.

Haftungsrisiken

147 Ein zusätzliches Haftungsrisiko des Insolvenzverwalters lässt sich regelmäßig werterhöhend bei anderen Zuschlagsfaktoren, vornehmlich dem für Betriebsfortführung, berücksichtigen.

Inflationsausgleich

148 Ein Zuschlag für Inflationsausgleich ist nicht möglich, da es sich nicht um eine Tätigkeit bzw. Mehrbelastung des Insolvenzverwalters handelt.[303] Stattdessen ist eine verfassungskonforme Auslegung des § 2 Abs. 1 InsVV vorzunehmen (§ 2 Rz. 23 ff.).

Informationsbeschaffung

149 Die Informationsbeschaffung für die Abwicklung eines Insolvenzverfahrens kann zu einer vergütungsrelevanten Mehrbelastung führen.[304] Ähnlich einem Zuschlag

---

300) Vgl. LG Braunschweig, Beschl. v. 29.1.2001 – 8 T 947/00, ZInsO 2001, 552; LG Leipzig, Beschl. v. 27.9.1999 – 12 T 1192/99, DZWIR 2000, 36; AG Göttingen, Beschl. v. 2.7.1999 – 71/74 IN 49/99, DZWIR 1999, 525; AG Potsdam, Beschl. v. 6.2.2001 – 35 IN 297/00, DZWIR 2001, 259; Leonhardt/Smid/Zeuner/*Amberger* InsVV, § 11 Rz. 131.
301) *Haarmeyer/Mock* InsVV, § 3 Rz. 87.
302) *Keller*, Vergütung und Kosten, § 5 Rz. 61.
303) BGH, Beschl. v. 4.12.2014 – IX ZB 60/13, Rz. 17, ZIP 2015, 138; BGH, Beschl. v. 5.3.2015 – IX ZB 48/14, InsbürO 2015, 368.
304) HambKommInsO/*Büttner*, § 3 InsVV Rz. 109 ff.

für einen obstruktiven Schuldner jedenfalls dann, wenn die Informationsbeschaffung durch Dritte erheblich erschwert wird, z. B. aufgrund einer Beschlagnahme relevanter Unterlagen durch die Staatsanwaltschaft. Gegenwärtig kann eine regelmäßige Mehrbelastung im Bereich der Steuerauskünfte festgestellt werden. Denn obgleich der Insolvenzverwalter für vorinsolvenzliche Veranlagungsjahre die handels- und steuerrechtlichen Pflichten des Schuldners erfüllen soll, lässt sich eine zunehmende Weigerung der Finanzbehörden feststellen, Auskünfte über das Besteuerungsverfahren der Vergangenheit zu erteilen.

Insolvenzgeld

Die Befassung mit Insolvenzgeld ist im Grundsatz zuschlagswürdig, siehe insoweit die Ausführungen zu Arbeitnehmerangelegenheiten (Rz. 117 ff.). 150

Insolvenzstatistikgesetz

Die den Staatshaushalt entlastende Abwälzung der Tätigkeiten vom Rechtspfleger auf den Insolvenzverwalter im Zusammenhang mit dem Insolvenzstatistikgesetz kann im Grunde nicht „gratis" durch die Regelvergütung abgegolten sein.[305] Insoweit liegt eine Parallele zum übertragenen Zustellungswesen nach § 8 Abs. 3 InsO (§ 4 Rz. 139 ff.) vor, sodass der dort für angemessen erachtete Betrag auch für jeden Insolvenzgläubiger, an den eine Verteilung erfolgt, als Zuschlag für die Erfüllung der Anforderungen aus dem Insolvenzstatistikgesetz bewilligt werden könnte. Die hiesigen Ausführungen unterstellen jedoch im Grundsatz, dass vor der Erörterung von Zuschlägen eine verfassungskonforme Auslegung des § 2 Abs. 1 InsVV erfolgt (§ 2 Rz. 23 ff.); dann sollte diese Thematik mit der Regelvergütung abgegolten sein. Rechtlich handelt es sich jedoch um eine Ausweitung des Normalverfahrens, was auch vergütungsrechtlich nicht ohne Auswirkung bleiben kann.[306] 151

Konzernstrukturen

Bei Konzernstrukturen ist zunächst abzugrenzen, ob lediglich eine Beteiligung (Rz. 134) vorliegt. Ferner ergeben sich Besonderheiten bei einer *Verfahrenskoordination* nach §§ 269e – 269i InsO[307] (Rz. 229 ff.; § 1 Rz. 190 ff.) oder einer *Gruppenkoordination* nach Art. 61 ff. EuInsVO[308] (§ 1 Rz. 195 ff.). Außerhalb dieser Spezialfälle können sich zahlreiche Verflechtungen mit anderen Gesellschaften ergeben. Diese allein rechtfertigen noch keinen gesonderten Zuschlag neben möglichen Zuschlägen für Betriebsfortführung oder übertragende Sanierung. Erforderlich ist vielmehr ein konkreter Nachweis des gestiegenen Mehraufwands.[309] Anhaltspunkt für einen solchen Mehraufwand können insolvenzfeste Unternehmens- 152

---

305) Lorenz/Klanke/*Lorenz* InsVV, § 3 Rz. 71 ff.
306) BVerfG, Beschl. v. 9.2.1989 – 1 BvR 1165/87, ZIP 1989, 382, 383 (mit Anm. *Eickmann*).
307) §§ 269a–269i InsO und § 3 Abs. 2 lit. f InsVV eingefügt durch das Gesetz zur Erleichterung der Bewältigung von Konzerninsolvenzen v. 13.4.2017 (BGBl. I 2017, 866) mit Inkrafttreten zum 21.4.2018 (Art. 10 des Änderungsgesetzes), siehe Anh. XV.
308) Verordnung (EU) 2015/848 des Europäischen Parlaments und des Rates über Insolvenzverfahren (Neufassung) v. 20.5.2015 (ABl. EU v. 5.6.2015, L 141/19), in Kraft getreten zum 26.6.2017.
309) BGH, Beschl. v. 16.10.2008 – IX ZB 247/06, NZI 2009, 57.

verträge oder gerade eine Befassung mit beendeten Verträgen sein. Hier oder in einem separaten Zuschlag können die steuerlichen Implikationen eines Konzernverbundes berücksichtigt werden.

Massemehrung

153 Ein Zuschlag für Massemehrung ist zweifelhaft. Zur Insolvenzmasse gehört gemäß § 35 Abs. 1 Satz 1 InsO das gesamte Vermögen, das dem Schuldner zur Zeit der Eröffnung des Insolvenzverfahrens gehört und das er während des Insolvenzverfahrens erlangt. Zum Neuerwerb gehört im Wesentlichen pfändbares Einkommen natürlicher Personen, das bereits in die Berechnungsgrundlage einfließt, oder Einnahmen aus Betriebsfortführung, die eigenständig geregelt sind. In Betracht kommt als Massemehrung die Insolvenzanfechtung nach §§ 129 ff. InsO, die in Abhängigkeit von Umfang und Schwierigkeit ebenfalls einen eigenständigen Zuschlag begründen kann. Massemehrend können Ansprüche sein, die von einer Insolvenzeröffnung abhängen, wie bestimmte Tatbestände der Gesellschafter- oder Geschäftsführerhaftung (Organhaftung). Auch hierfür bieten sich im Zweifel eigenständige Zuschläge an.[310] Die erfolgreiche Abwehr von Aus- und Absonderungsansprüchen stellt ebenfalls eine zuschlagswürdige[311] Mehrung der freien Masse dar, jedoch existiert mit § 3 Abs. 1 lit. a InsVV ebenfalls ein eigenständiger Zuschlagsfaktor.

Medienarbeit

154 In Insolvenzverfahren mit Breitenwirkung ist es zunehmend selbstverständlich, in gewissem Umfang Medienarbeit zu betreiben. Nicht damit gemeint sind Pressemitteilungen nur zur Selbstdarstellung des Insolvenzverwalters, sondern die Befriedigung eines objektiven Interesses der Öffentlichkeit oder Stakeholder. Meist wird diese Tätigkeit, auch wenn mit Ausgaben für Dienstleister verbunden, von einem Zuschlag für Betriebsfortführung oder übertragende Sanierung erfasst sein. Einen eigenständigen Zuschlagsfaktor kann es dort geben, wo entweder einer unzutreffenden Berichterstattung Dritter medial entgegengetreten werden muss oder es – gerade bei Betriebsschließung – auch die Reputation des Insolvenzverwalters zu verteidigen gilt.[312]

Mitarbeiter, eigene

155 Ein Zuschlag für den Einsatz eigener Mitarbeiter besteht im Grunde nicht (§ 4 Abs. 1 Satz 2 InsVV). Freilich können Zuschläge dafür geltend gemacht werden, dass der Insolvenzverwalter unter Einsatz seiner Mitarbeiter Sonderaufgaben i. S. d. §§ 5, 4 Abs. 1 Satz 3 InsVV erfüllt hat, ohne dass der Masse hierfür bereits Honorare als sonstige Masseverbindlichkeiten entnommen worden wären.

Schuldner, obstruktiv

156 Der Regelvergütung liegt die Vorstellung zugrunde, dass der Schuldner seiner Auskunfts- und Mitwirkungspflicht im Insolvenzverfahren nachkommt.[313] Daher ist

---

310) AG Hamburg, Beschl. v. 23.5.2016 – 67g IN 184/07, ZVI 2016, 330, 335.
311) HambKommInsO/*Büttner*, § 3 InsVV Rz. 79.
312) Vgl. auch *R. Schmidt*, ZInsO 2012, 1886.
313) BGH, Beschl. v. 24.1.2008 – IX ZB 120/07, ZIP 2008, 514.

eine Mitwirkungsverweigerung durch den Schuldner, die zu einer nicht unerheblichen Mehrbelastung des Insolvenzverwalters führt, durch einen Zuschlag gemäß § 3 Abs. 1 InsVV zu vergüten.[314] Dabei ist dem Schuldner freilich dezidiert mitzuteilen, welche Auskünfte von ihm erwartet werden.[315] Sofern sich aus der Gerichtsakte nicht ergibt, dass diesbezüglich Maßnahmen nach §§ 97 ff. InsO ergriffen worden wären, kann ein Zuschlag allerdings ausscheiden. So kann umgekehrt auch schon die Anordnung der Postsperre einen Zuschlagsfaktor begründen.

Poolvereinbarungen

Gelegentlich finden sich Poolvereinbarungen, die sich auf Aus- und Absonderungsgläubiger beziehen, sodass auf die Ausführungen zu § 3 Abs. 1 lit. a InsVV verwiesen werden kann. 157

Rechnungswesen

Das Rechnungswesen besteht aus verschiedenen Teilaspekten. Die sog. **Verwalterbuchführung** ist stets Regelaufgabe (§ 4 Rz. 58 f.). 158

Die *laufende* handelsrechtliche Buchführung ist stets Sonderaufgabe (§ 4 Rz. 49 ff.). Da sie jedoch regelmäßig i. S. d. §§ 5, 4 Abs. 1 Satz 3 InsVV aus der Masse vergütet wird, wird § 3 Abs. 1 InsVV regelmäßig verdrängt sein. Für die Aufarbeitung einer *rückständigen* handelsrechtlichen Buchführung gilt im Grundsatz nichts anderes, soweit es nur um die Erfüllung handels- und steuerrechtlicher Pflichten (§ 155 InsO) geht. Allerdings erfolgt die Aufarbeitung einer rückständigen Buchführung i. d. R. nicht sofort nach Anordnung der vorläufigen Verwaltung. Selbst wenn ein unverzüglicher Auftrag erteilt würde, kann es Wochen dauern, bis sich ein aktueller Stand ergibt. Zuschlagswürdig ist unter dem üblichen Stichwort der **ungeordneten Buchführung** jedoch der Umstand, dass der (vorläufige) Insolvenzverwalter bis zur Aktualisierung der Buchführung Entscheidungen und rechtliche Bewertungen unter Unsicherheit vornehmen muss. Da nicht ein Zustand, sondern eine Tätigkeit bzw. eine Mehrbelastung zu vergüten ist, wäre die *Entscheidung unter Unsicherheit* eigentlich das zutreffendere Stichwort (vgl. auch Rz. 88). Daher dürfte der Zuschlag primär für den vorläufigen Insolvenzverwalter in Betracht kommen. Ob ein solcher Zuschlag auch für den Insolvenzverwalter noch in Betracht kommt, hängt davon ab, wann die Aufarbeitung der Buchhaltung erfolgte. Konnte dies bereits in der vorläufigen Verwaltung erfolgen, kann ein Zuschlag für den Insolvenzverwalter ausscheiden oder geringer ausfallen. Die Leistungsbeschreibungen der Dienstleister müssen daher auch einen zutreffenden Leistungszeitraum enthalten. 159

Rechtsform

Die Rechtsform des Schuldners ist isoliert betrachtet kein Zuschlagsfaktor. Unzweifelhaft ergibt sich jedoch ein vergütungsfähiger Mehraufwand, wenn der Schuldner nach **ausländischer Rechtsform** gegründet wurde und in relevantem Umfang ausländisches Recht zu beachten ist. Nicht davon erfasst sind bloße Scheinauslandsgesellschaften, bei denen der Firmenzusatz das einzige ist, was auf einen Auslands- 160

---

314) BGH, Beschl. v. 24.1.2008 – IX ZB 120/07, ZIP 2008, 514.
315) LG Passau, Beschl. v. 17.12.2009 – 2 T 167/09, ZInsO 2010, 158.

bezug hinweist. Ein Mehraufwand kann sich ergeben, wenn es sich aufgrund der Ausweitung des Numerus clausus des Gesellschaftsrechts um **neue Rechtsformen** handelt, zu denen noch keine hinreichenden insolvenzspezifischen Erfahrungen vorliegen und erst sukzessive durch die Akteure und die Rechtsprechung zu klären ist, welche Besonderheiten zu beachten sind. Eine Mischung aus beiden Teilaspekten stellt es dar, wenn sich die deutschrechtliche Behandlung einer ausländischen Rechtsform aufgrund **grundlegender Neubewertung** ändert. So wurde für die Limited entschieden, dass § 64 GmbHG keine gesellschaftsrechtliche, sondern eine insolvenzspezifische Norm darstellt,[316] also auch für ausländische Gesellschaften mit beschränkter Haftung gilt. Bis zu einer solchen Klärung stellt es eine erhebliche Mehrbelastung des Insolvenzverwalters dar, sich mit einer solchen Frage und dem (potentiellen) Anspruchsgegner auseinanderzusetzen. Dass insoweit ein Zuschlag möglich ist, ergibt sich auch daraus, dass i. S. d. § 4 Abs. 1 Satz 3 InsVV Rechtsgutachten über ungeklärte Fragen eingeholt werden können, sodass der Insolvenzverwalter alternativ auch einen Zuschlag geltend machen kann. Ferner können sich aus der Rechtsform des Schuldners **besondere Anforderungen** ergeben, wie z. B. ein Börsen-Delisting, die Aufgaben aus dem WpHG (z. B. Ad-hoc-Publizität), die Durchführung von Hauptversammlungen, die Nachschusspflicht bei Genossenschaften etc. Insoweit ist bei entsprechender Mehrbelastung von einem Zuschlagsfaktor auszugehen.[317] Nichts anderes kann gelten, wenn der Schuldner in den Anwendungsbereich des **Umwandlungsrechts** fällt und daraus gleichermaßen Rechte und Pflichten wie auch steuerliche Besonderheiten resultieren.

Restitutionsansprüche

161 In den neuen Bundesländern wurden und werden häufig Restitutionsansprüche in Bezug auf massebefangenes Vermögen geltend gemacht. Die Befassung mit derartigen Ansprüchen unterfällt nicht der Definition eines Normalverfahrens, wenngleich es sich um eine zwangsläufige Folge der Wiedervereinigung handelt. Die Bewirtschaftung und Verwertung solcher Gegenstände bzw. die Auseinandersetzung mit (vermeintlich) Anspruchsberechtigten erfordert regelmäßig einen erheblichen Mehraufwand des Insolvenzverwalters. Ebenso regelmäßig ergibt sich hieraus zusätzliches Haftungspotential des Insolvenzverwalters. Daher wird ein Vergütungszuschlag regelmäßig anzuerkennen sein. Nicht anderes gilt im Kontext Sachenrechtsbereinigung.

Sanierungsbemühungen

162 Einer der wichtigsten Zuschlagsfaktoren für alle Vergütungsberechtigten, auf die § 3 Abs. 1 InsVV anwendbar ist, ist derjenige für Sanierungsbemühungen. Gleichwohl ist der InsO/InsVV lediglich eine Sanierung durch Insolvenzplan bekannt. Damit wird ausschließlich auf die Sanierung des *Rechtsträgers* bzw. *Unternehmers* abgestellt, nicht auch (alternativ) auf die **Sanierung des Unternehmens** als operative Einheit. Hierzu gehören die Maßnahmen des Insolvenzverwalters selbst (Rz. 163)

---

316) EuGH, Urt. v. 10.12.2015 – Rs C-594/14, ZIP 2015, 2468; BGH, Urt. v. 15.3.2016 – II ZR 119/14, ZIP 2016, 821.
317) *Haarmeyer/Mock* InsVV, § 3 Rz. 99.

Zu- und Abschläge § 3

und die übertragende Sanierung (Rz. 164). Dass InsO/InsVV nur die Sanierung des Rechtsträgers kennen, betont, dass es sich um ein Gesamtvollstreckungsverfahren handelt, nicht um ein Sanierungsverfahren. Gleichwohl hat sich anderes etabliert, da der Erfolg des Insolvenzverwalters nicht unvergütet bleiben kann und der Erhalt eines Unternehmens – wenn auch losgelöst vom Rechtsträger – nicht gerade als Makel bezeichnet werden kann. Der *Erhalt von Arbeitsplätzen* ist zuschlagserhöhend anerkannt, sollte jedoch – da dies keine von der InsO vorgegebene Aufgabe des Insolvenzverwalters ist – nicht als eigenständiger Zuschlagsfaktor benannt,[318] sondern bei einem Zuschlag für Sanierung berücksichtigt werden.

Die rechtlichen und betriebswirtschaftlichen Sanierungsmöglichkeiten sind vielfältiger Art. Für **eigene Sanierungsbemühungen** des Insolvenzverwalters genügt ein kursorischer Nachweis, dass Voraussetzungen für ein verbessertes Betriebsergebnis geschaffen werden konnten. Ob die Implementierung betriebswirtschaftlicher Steuerungsinstrumente Bestandteil eines Zuschlags für Betriebsfortführung oder Sanierungsbemühungen ist,[319] ist zu klären nicht unbeachtlich. Wird hierdurch die Verbesserung der Produktionsabläufe, des Einkaufs oder des Verkaufs angestrebt, so handelt es sich bei den Kosten für Sanierungsmaßnahmen bereits auf der Ebene des § 1 Abs. 2 Nr. 4 Satz 2 lit. b InsVV um eine die Berechnungsgrundlage mindernde Ausgabe. Dies ist anders, wenn es allein um die Verbesserung des Controllings geht, um der Geschäftsführung künftig eine optimierte Informationsbasis zu verschaffen. Dann handelt es sich nicht um eine fortführungsbedingte Ausgabe. Jedoch ist anhand des zeitlichen Zusammenhangs mit einer anschließenden übertragenden Sanierung zu prüfen, ob nicht für die Berechnungsgrundlage ein Abzug der entsprechenden Anschaffungskosten bzw. Aufwendungen vom Veräußerungserlös vorzunehmen ist. Gelegentlich werden aus der Masse Investitionen getätigt, die als Sanierungsbeitrag ausschließlich dem bereits feststehenden Erwerbsinteressenten zugutekommen. Im Zusammenhang mit der Zuschlagsprüfung ist daher explizit zu prüfen, ob nicht ein Teil des Erlöses aus späterer übertragender Sanierung durch die Masse selbst vorfinanziert wurde. 163

Zur **übertragenden Sanierung** gehört u. a. die *Paketveräußerung* von Anlage- und Sachumlaufvermögen. Alles auf einmal zu veräußern könnte sich zunächst einfacher darstellen als die aufwendige Einzelverwertung. Jedoch ist zu berücksichtigen, dass mit einem Paketverkauf nicht nur Zerschlagungswerte, sondern auch höhere Fortführungswerte erzielt werden können. Da viele Vermögensgegenstände bei der Einzelverwertung mehr oder weniger der Entsorgung anheimfallen würden, stellt es eine Überzeugungsleistung des Insolvenzverwalters dar, dem Paketerwerber die Verwendbarkeit auch solcher Gegenstände zu vermitteln. Weitaus gravierender ist bei einer übertragenden Sanierung jedoch, dass mit dem Erwerber nicht nur die Vermögensgegenstände, die unter den Massebegriff des § 35 InsO fallen, zu diskutieren sind. Vielmehr geht es um die Bemühungen des Insolvenzverwalters, eine 164

---

318) A. A. AG Bielefeld, Beschl. v. 18.5.2000 – 43 IN 466/99, JurionRS 2000, 31067; AG Göttingen, Beschl. v. 2.7.1999 – 71/74 IN 49/99, NZI 1999, 382; Leonhardt/Smid/Zeuner/*Amberger* InsVV, § 3 Rz. 79.
319) LG Heilbronn, Beschl. v. 21.12.2010 – 1 T 593/10, ZInsO 2011, 352; *Haarmeyer*, ZInsO 2016, 2057, 2064.

Kunden- und Lieferantentreue (wieder)herzustellen, sich um die Übertragung von Betriebsgenehmigungen zu kümmern, die Arbeitnehmerschaft zu befrieden und zu überzeugen, Arbeitsplatzerhalt zu gewährleisten, notwendige Verhandlungen mit dem Betriebsrat zu führen, ggf. einen Interessenausgleich- und Sozialplan auszuarbeiten, sich um die Sicherung der Ansprüche abwesender Arbeitnehmer (Vorruhestand, Altersteilzeit, Mutterschutz, Elternzeit, Bundesfreiwillige etc.) zu bemühen, (künftige) Forderungen aus Lieferungen und Leistungen anhand des Fertigungsstands des Produktionsprozesses abzugrenzen (Bewertung halbfertiger Arbeiten), das Problem von ökologischen Altlasten oder Beihilferückforderungen zu lösen und dergleichen mehr.

165 Nur die wenigsten Schuldner verfügen über einen Firmenwert i. S. d. § 266 Abs. 2 Ziffer A.I.3 HGB oder über selbst geschaffene gewerbliche Schutzrechte i. S. d. § 266 Abs. 2 Ziffer A.I.1. HGB. Stattdessen findet sich im Berichtswesen des Insolvenzverwalters nicht selten der Begriff des *Goodwill*. Dieser ist keine beim Schuldner vorgefundene Vermögensposition, die einfach verwertet werden könnte, vielmehr ergibt sich dieser Wert durch Maßnahmen des Insolvenzverwalters. So gebührt einem Absonderungsgläubiger aufgrund einer Sicherheit (z. B. Sicherungsübereignung) regelmäßig nur der Zerschlagungswert des Absonderungsguts, da der Gläubiger bei einer eigenen Verwertung auch nicht mehr erzielen könnte. Bei einer übertragenden Sanierung müssten dem Kaufpreis für den Asset Deal jedoch die Fortführungswerte zugrunde gelegt werden, da ein anderer Kaufpreis unangemessen wäre. Stark vereinfacht ist somit die Differenz zwischen Zerschlagungs- und Fortführungswert ein Goodwill, der separat zu ermitteln und separat als Kaufgegenstand zu benennen ist. Zu berücksichtigen sind jedoch auch die Interessen des Erwerbers, da sich für einen Goodwill als Kaufgegenstand wiederum eigenständige Bilanzierungs- und Abschreibungsregeln ergeben. Insgesamt bedarf es zur Herausarbeitung eines Goodwill mithin umfangreicher Verhandlungen und Berechnungen des Insolvenzverwalters, die einen Mehraufwand i. S. d. § 3 Abs. 1 InsVV darstellen.

166 Ein Zuschlag für (übertragende) Sanierung ist allgemein anerkannt.[320] Die *Höhe des Zuschlags* kann nur anhand des Einzelfalls bestimmt werden. Er sollte jedoch nicht unter 25 % beginnen. Auch ein Zuschlag von 100 % kann angemessen sein.[321] Maßgeblich – aber nicht grundsätzlich irrelevant – ist weniger der Umfang des zu übertragenden Vermögens, da dieser sich bereits bei der Regelvergütung gemäß §§ 1, 2 Abs. 1 InsVV widerspiegelt, meist allerdings in einer unangemessen niedrigen Staffelstufe des § 2 Abs. 1 InsVV. Entscheidend ist dem allgemeinen Gedanken des § 3 Abs. 1 InsVV folgend vielmehr der Mehr-, d. h. Arbeitsaufwand des Insolvenzverwalters in quantitativer und qualitativer Hinsicht. Darzustellen ist mithin nicht so sehr der Erfolg, sondern die Tätigkeit. Daraus folgt ebenso, dass das Gelingen der (übertragenden) Sanierung nicht Voraussetzung für den Zuschlag ist, da auf der Ebene des § 3 InsVV eben nicht der Erfolg, sondern die Tätigkeit vergütet wird.

167 Eine Trennung der Zuschlagsfaktoren in *Vorbereitung und Umsetzung* einer Sanierungsmaßnahme bietet sich an, wenn der Gesamterfolg zwischen verschiedenen

---

320) Vgl. nur KPB-InsO/*Prasser/Stoffler*, § 3 InsVV Rz. 81 ff. m. w. N. (Stand: 09/2014).
321) AG Bergisch Gladbach, Beschl. v. 11.1.2000 – 33 N 68/98, ZInsO 2000, 172.

Vergütungsberechtigten aufzuteilen ist, denn schon einem vorläufigen Insolvenzverwalter gebührt für die Vorbereitungsmaßnahmen ein Zuschlag.[322] Folglich muss diese Vorarbeit bei einem Zuschlag für den Insolvenzverwalter mindernd berücksichtigt werden.[323] Richtig an der Trennung ist ebenso, dass es für das Ob eines Zuschlags nicht darauf ankommt, ob die Maßnahmen Erfolg hatten.[324] Die Trennung hat jedoch nicht das Ziel, hier grundsätzlich zwei völlig unabhängige Zuschlagstatbestände ohne Rücksicht auf Synergieeffekte zu kreieren.

Die Aussage, Sanierungsbemühungen des Insolvenzverwalters und eine anschließende übertragende Sanierung ließen sich für die Zuschlagsbemessung nicht trennen,[325] ist in ihrer Pauschalität unzutreffend, da Sanierungsbemühungen auch erst einmal unabhängig von konkreten Erwerbsinteressenten vorliegen können, z. B. bei länger dauernden Betriebsfortführungen. In den meisten Fällen allerdings sind die Sanierungsbemühungen und die Investorensuche zeitlich derart verdichtet, dass eine einheitliche Betrachtung zulässig ist. Folglich gilt es zunächst eine *Doppelberücksichtigung* von Sachvortrag oder Lebenssachverhalten zu vermeiden. Ein zutreffender Ansatz ist der, einen Zuschlag für eine zügige übertragende Sanierung niedriger anzusetzen als bei vorherigen Sanierungsbemühungen des Insolvenzverwalters im operativen Bereich.[326] Denn einem bereits vor der Unternehmensübertragung teilsanierten Betrieb darf eine höhere Lebenserwartung unterstellt werden als dem bloß als übertragende Sanierung angepriesenen Paketverkauf. Möglich ist diese Unterscheidung jedoch nur auf der ersten Ebene der Findung eines abstrakt angemessenen Zuschlags, ohne dass im konkreten Verfahren immer ein Nachweis oder eine Bezifferung möglich wäre. Dann aber muss auf der zweiten Ebene eine *Vergleichsrechnung* in Gänze entfallen, da sich eine solche nur auf die übertragende Sanierung (mit Auswirkung auf die Berechnungsgrundlage) beziehen kann, nicht aber auf andere Sanierungsmaßnahmen (ohne Auswirkung auf die Berechnungsgrundlage). Verbraucht ist dann ebenso die sog. Gesamtwürdigung. 168

Kann durch eine langandauernde Betriebsfortführung unter gleichzeitiger Durchführung von leistungs- und finanzwirtschaftlichen Sanierungsmaßnahmen erreicht werden, dass sämtliche Gläubiger unter Berücksichtigung ausgehandelter Verzichte befriedigt werden, wurde mithin außerhalb eines Insolvenzplans eine **Sanierung des Rechtsträgers** durch den Insolvenzverwalter allein durch beharrliche Betriebsfortführung erreicht, freilich unter Mitwirkung der schuldnerischen Geschäftsfüh- 169

---

322) Ständige Rechtsprechung, vgl. nur BGH, Beschl. v. 8.7.2004 – IX ZB 589/02, ZIP 2004, 1555; BGH, Beschl. v. 12.1.2006 – IX ZB 127/04, ZIP 2006, 672; BGH, Beschl. v. 14.2.2008 – IX ZB 181/04, ZIP 2008, 618; BGH, Beschl. v. 9.10.2008 – IX ZB 292/04, ZInsO 2008, 1264.
323) BGH, Beschl. v. 8.7.2004 – IX ZB 589/02, ZIP 2004, 1555; BGH, Beschl. v. 14.2.2008 – IX ZB 181/04, ZInsO 2008, 373; BGH, Beschl. v. 9.10.2008 – IX ZB 182/04, ZInsO 2008, 1265.
324) LG Berlin, Beschl. v. 15.5.2001 – 86 T 312/01, ZInsO 2001, 608.
325) AG Freiburg i.Br., Beschl. v. 18.8.2016 – 8 IN 144/06, ZInsO 2016, 2270; Lorenz/Klanke/*Lorenz* InsVV, § 11 Rz. 78.
326) AG Freiburg i.Br., Beschl. v. 18.8.2016 – 8 IN 144/06, ZInsO 2016, 2270; *Haarmeyer/Mock* InsVV, § 3 Rz. 105.

rung und Mitarbeiter, so ist ein angemessener Zuschlag für Sanierungsbemühungen nicht schon durch den Zuschlag für Betriebsfortführung verbraucht.

170 Regelmäßig zu prüfen ist, ob Zuschläge zu mindern sind, wenn aus der Masse vergütete **Dienstleister** involviert waren (Rz. 36 ff.). Dies bedeutet nicht, dass bei umfangreicher Zuarbeit Dritter, die bereits aus der Masse vergütet wurden, gar kein Zuschlag mehr für den (vorläufigen) Insolvenzverwalter anfallen könnte, da es sich eben nur um Zuarbeit handelt und nicht um eine Entledigung der Kernaufgaben. Es ist immer noch der Insolvenzverwalter, der sämtliche Arbeitsergebnisse der Dienstleister zu prüfen und zu verantworten (§ 60 InsO) und letztlich die Verträge zu schließen hat. Auch wenn die Zuarbeit nicht durch den (vorläufigen) Insolvenzverwalter veranlasst wurde, sondern bereits zur Insolvenzantragstellung entsprechende Vorarbeiten durch den Schuldner bzw. Sanierungsberater stattgefunden haben, entfällt der Zuschlag nicht, da die Umsetzungsverantwortung beim Insolvenzverwalter verbleibt; gleichwohl kann diese Konstellation zu einer Minderung des Zuschlags führen.[327]

Steuerliche Angelegenheiten

171 Die Bewältigung steuerlicher Angelegenheiten kann eine **Sonderaufgabe** i. S. d. §§ 5, 4 Abs. 1 Satz 3 InsVV darstellen (§ 4 Rz. 60 ff.), folglich auch einen Zuschlag nach § 3 Abs. 1 InsVV begründen. In schwierigen Fällen ist auch ein *Zuschlag trotz Delegation* zulasten der Masse i. S. d. § 55 InsO möglich. Dies regelmäßig dann, wenn Rechtsänderungen unklar sind, was regelmäßig nur vorübergehend bis zu einer abschließenden Klärung, z. B. durch die Rechtsprechung, der Fall ist.

172 So ist im Jahr 2001 die sog. **Bauabzugsteuer** (§§ 48 ff. EStG) eingeführt worden.[328] Ist der Schuldner (hier: die Masse) Leistender, benötigt der Insolvenzverwalter eine Freistellungsbescheinigung nach § 48b EStG, damit die Kunden nicht 15 % des Werklohns an das Finanzamt statt an die Masse zahlen. Ob der Insolvenzverwalter auf die Erteilung einer Freistellungsbescheinigung Anspruch hatte, wurde erst durch eine Entscheidung des BFH vom 13.11.2002 bejaht.[329] Ist der Schuldner (hier: Masse) Leistungsempfänger, muss sich der Insolvenzverwalter über die Freistellungsbescheinigung des Vertragspartners vergewissern. Auch bei der Schlussverteilung muss der Insolvenzverwalter prüfen, ob – sofern der Auszahlungsbetrag mehr als 5.000 € beträgt (§ 48 Abs. 2 Satz 1 Nr. 2 EStG) – eine Freistellungsbescheinigung des Insolvenzgläubigers vorliegt, da es für die Bauabzugsteuer nicht auf den Zeitpunkt der Leistungserbringung, sondern auf den Zeitpunkt der Zahlung ankommt. Ein Zuschlag für die Befassung hiermit dürfte allenfalls angemessen sein für Verfahren, die in den Jahren 2002/2003 eröffnet wurden, da es hier die zentralen Umsetzungsschwierigkeiten zu beachten galt.

173 Einer der wesentlichen Gründe für einen Zuschlag trotz Delegation an einen Dienstleister dürfte die Einführung des § 55 Abs. 4 InsO für die ab dem 1.1.2011

---

327) *Mock*, ZIP 2014, 445, 448.
328) Gesetz zur Eindämmung illegaler Betätigung im Baugewerbe v. 30.8.2001 (BGBl. I 2001, 2267).
329) BFH, Beschl. v. 13.11.2002 – I B 147/02, ZIP 2003, 173.

beantragten (Art. 103e EGInsO) Insolvenzverfahren im Zusammenhang mit der Rechtsprechung zur **zweifachen Umsatzsteuerberichtigung** darstellen.[330] Weitgehende Rechtsklarheit herrscht hier erst seit einem Urteil des BFH vom 24.9.2014[331] und einem BMF-Schreiben vom 20.5.2015,[332] hinsichtlich der Übergangsregelungen sogar erst seit einem BMF-Schreiben vom 18.5.2016.[333] Nicht vieles hat in den vergangenen Jahren im administrativen Teil der Insolvenzabwicklung mehr Zeit verbrannt als diese Thematik, da Gesetzgeber (§ 55 Abs. 4 InsO), Bundesfinanzministerium (BMF-Schreiben) und BFH nur zögerlich eine gemeinsame Linie fanden. Soweit für *vorübergehend* anzuerkennende Zuschläge auf Rechtsänderungen abgestellt wird, die irgendwann jeder verinnerlicht haben muss, dürften sich beachtliche Zuschläge[334] für die von 2011 bis 2015 beantragten Insolvenzverfahren ergeben, da eine erhebliche Unsicherheit darüber bestand, welche Insolvenzforderungen nun zu Masseverbindlichkeiten umqualifiziert werden müssen, was ersichtlich jedwede Liquidationsplanung beeinträchtigte. Soweit aufgrund der (endgültigen) Regelung *dauerhaft* zusätzliche Aufgaben entstanden sind (statische Definition[335] des Normalverfahrens), verbleiben bis auf Weiteres kleinere Zuschläge anzuerkennen, wenn und weil nun die gesamte Tabelle bei Abschlags- oder Schlussverteilungen auf einen möglichen Vorsteuerabzug hin zu überprüfen ist.

Verfahrensdauer

Anhand der Auslagenpauschale des § 8 Abs. 3 InsVV lässt sich annehmen, dass für ein Normalverfahren eine Bearbeitungsdauer von *zweieinhalb Jahren* anzusetzen ist. Die Verfahrensdauer soll nach Auffassung des BGH nur dann eigenständiger Zuschlagsfaktor sein, wenn sie nicht auf Umständen beruht, die bereits zu einer Massemehrung geführt haben; überdies sei eine Gesamtwürdigung erforderlich.[336] Dies ist zu präzisieren. Gemeint ist zunächst ein Zusammenhang zwischen Verfahrensdauer und Einnahmen. Dies ist i. S. e. Vergleichsrechnung freilich aus mathematischen Gründen isoliert betrachtet Unsinn. Das weitere Argument der Gesamtwürdigung ist nur dort zulässig, wo es um die Vermeidung der Doppelberücksichtigung von Sachvortrag oder Lebenssachverhalten geht (Rz. 41).[337] Richtig ist folglich, dass ein Zuschlag für lange Verfahrensdauer zum einen nicht auf Lebenssachverhalte gestützt werden kann, die bereits für andere Zuschläge herangezogen wurden. So kann die Langwierigkeit einer Rechtsverfolgung einen anderen Zuschlag rechtfertigen, ebenso kann eine lange Betriebsfortführung jenen Zuschlag erhöhen,

174

---

330) Ausführlich *Zimmer*, Insolvenzbuchhaltung, Rz. 910 ff.
331) BFH, Urt. v. 24.9.2014 – V R 48/13, ZIP 2014, 2451 = BStBl. II 2015, 506.
332) BMF-Schreiben v. 20.5.2015 zu § 55 Abs. 4 InsO, IV A 3 – S 0550/10/10020-05 (2015/0416027), BStBl. I 2015, 476 = ZIP 2015, 1093.
333) BMF-Schreiben v. 18.5.2016, III XC 2 – S 7330/09/10001:002 (2016/06284329), ZInsO 2016, 1150.
334) HambKommInsO/*Büttner*, § 3 InsVV Rz. 129 ff.; Lorenz/Klanke/*Lorenz* InsVV, § 3 Rz. 6, 69; **a. A.** AG Hamburg, Beschl. v. 23.5.2016 – 67g IN 184/07, ZVI 2016, 330, 335.
335) BVerfG, Beschl. v. 9.2.1989 – 1 BvR 1165/87, ZIP 1989, 382, 383 (mit Anm. *Eickmann*).
336) Ständige Rechtsprechung, vgl. nur BGH, Beschl. v. 26.2.2015 – IX ZB 34/13, ZInsO 2015, 765.
337) Im hiesigen Kontext BGH, Beschl. v. 6.5.2010 – IX ZB 123/09, ZInsO 2010, 1504.

sodass stets ein **Vorrang sachnäherer Zuschläge** gilt. Es ist jedoch zu erinnern, dass § 3 Abs. 1 InsVV nur ein *Tatbestandsmerkmal* kennt, namentlich den nachzuweisenden **Mehraufwand**;[338] die *Zuschlagsfaktoren* sind hierfür lediglich *Beweisangebote* (Rz. 21). Daher können unter Verzicht auf andere Zuschläge auch sämtliche Mehrbelastungen auf den Faktor Verfahrensdauer gestützt werden,[339] die namentliche Bezeichnung der Faktoren ist daher gleichgültig. Mit dieser Lesart ist dem BGH uneingeschränkt zuzustimmen.

175 Für einen *eigenständigen* Zuschlag[340] muss es sich um eine **objektiv lange Verfahrensdauer** handeln, was es erforderlich macht, dass der Insolvenzverwalter nachweist, das Verfahren ohne größere zeitliche Lücken bearbeitet zu haben, da das Berichtswesen doch oftmals Gegenteiliges vermuten lässt. Insbesondere liegt keine objektiv lange Verfahrensdauer vor, wenn z. B. Ansprüche aus Insolvenzanfechtung oder Organhaftung aufgrund *kanzleiinterner Arbeitsabläufe* grundsätzlich erst kurz vor Ablauf der Verjährungsfrist erstmals konkret geprüft bzw. geltend gemacht werden. Oftmals kann anhand des Belegwesens zur Schlussrechnung festgestellt werden, wann erstmals Korrespondenz mit einem Anspruchsgegner geführt wurde. Ferner ist zu hinterfragen, ob die lange Verfahrensdauer nicht hätte *vermieden* werden können, z. B. durch den Vorbehalt einer Nachtragsverteilung, wenn es nur darum ging, Ratenzahlungen oder Quotenzahlungen aus anderen Insolvenzverfahren ohne steuerliche Auswirkungen zu vereinnahmen. Allein eine Ratenzahlungsvereinbarung oder das Zuwarten auf Quoten aus anderen Verfahren dürfte einen Zuschlag für eine längere Verfahrensdauer nicht rechtfertigen. Sofern die Verfahrensdauer jedoch auf der *zögerlichen Bearbeitung Dritter* beruht, z. B. durch Prozessgerichte bei Aktiv- oder Passivprozessen, ist ein Zuschlag indiziert, ohne dass eine Vergleichsrechnung oder Gesamtwürdigung zu erfolgen hätte, da dem Insolvenzverwalter ansonsten das Verschulden Dritter zugerechnet würde.

176 Für den **vorläufigen Insolvenzverwalter** kann ein Zuschlag für lange Verfahrensdauer im Ausnahmefall ebenfalls in Betracht kommen. Erfolgt während der vorläufigen Verwaltung z. B. eine Betriebsfortführung und bedarf es einer revolvierenden Insolvenzgeldvorfinanzierung, ist eine angemessene Würdigung allerdings beim Zuschlagsfaktor der Betriebsfortführung sachnäher verortet. Im Übrigen scheinen die Stichwörter Aufklärungshindernisse oder obstruktiver Schuldner zielführender.

Verwertungsprobleme

177 Die Verwertung der gemäß § 35 InsO zur Insolvenzmasse gehörenden Vermögensgegenstände gehört gemäß § 159 InsO zu den Aufgaben des Insolvenzverwalters. Ein Vergütungszuschlag nach § 3 Abs. 1 InsVV ist nur veranlasst, wenn die Verwertungsmaßnahmen den Insolvenzverwalter überobligatorisch in Anspruch genommen haben; die Verwertung einer einzigen Immobilie durch einen vom Insol-

---

338) Im hiesigen Kontext BGH, Beschl. v. 6.5.2010 – IX ZB 123/09, ZInsO 2010, 1504; BGH, Beschl. v. 7.10.2010 – IX ZB 115/08, ZInsO 2010, 2409.
339) In diese Richtung wohl BGH, Beschl. v. 10.7.2008 – IX ZB 152/07, ZInsO 2008, 854.
340) LG Aachen, Beschl. v. 16.12.2008 – 6 T 78/08, ZIP 2009, 576; LG Potsdam, Beschl. v. 23.5.2006 – 5 T 14/06, ZVI 2006, 475.

venzverwalter beauftragten Makler erfüllt diese Anforderungen ersichtlich nicht.[341] Nicht selten allerdings ist die Masseverwertung von tatsächlichen oder rechtlichen Problemen begleitet. Sofern sich ein entsprechender Mehraufwand nicht mit einschlägigeren Erhöhungsfaktoren erfassen lässt, stellen die **besonderen Verwertungsprobleme** einen eigenständigen Zuschlagsfaktor dar, wobei stets eine Vergleichsrechnung erforderlich sein wird.[342]

Zahlungszusagen

In der vorläufigen Insolvenzverwaltung werden regelmäßig **Zahlungszusagen** abgegeben. Soweit diese nicht als Garantie mit schuldrechtlicher Haftung des vorläufigen Insolvenzverwalters abgegeben werden, also fast nie, handelt es sich um symbolische Maßnahmen, die nach Verfahrenseröffnung isoliert betrachtet nicht zu einer Zahlungsberechtigung führen und wegen des unmittelbaren Zusammenhangs mit der Betriebsfortführung keinen eigenständigen Zuschlagsfaktor darstellen. Es geht hier um die Überzeugungsarbeit gegenüber Lieferanten, die nicht vom Zuschlag für Betriebsfortführung gelöst werden kann.

178

VII. Abschläge (§ 3 Abs. 2 InsVV)

1. Einleitung

Wie bereits die Zuschlagsfaktoren sind auch die Abschlagsfaktoren des § 3 Abs. 2 InsVV nur **Regelbeispiele**, d. h. nicht abschließend. Gleichwohl gilt hier eine gewisse *Zurückhaltung*, insbesondere bei der dogmatischen Herleitung eines Abschlagstatbestands. So zeigen die § 3 Abs. 2 lit. e und f InsVV hervorragend, wie auch ein funktionierendes System ruiniert werden kann.

179

Im Gleichlauf mit Zuschlägen sind Abschläge nur indiziert, wenn der Insolvenzverwalter schwächer als in entsprechenden Verfahren üblich in Anspruch genommen wurde. Abschläge sollen demgemäß in Betracht kommen, wenn die Anforderungen eines Normalverfahrens *erheblich unterschritten* werden.[343] § 3 Abs. 2 InsVV kennt im Grunde nur ein **Tatbestandsmerkmal**, das der *Minderbelastung* als Pendant zur Mehrbelastung i. S. d. § 3 Abs. 1 InsVV. Im Ergebnis handelt es sich stets um Einzelfallentscheidungen, da sich weder ein Normalverfahren definieren lässt noch der Begriff der Erheblichkeit losgelöst vom Einzelfall beschrieben werden könnte. Anders als bei den Zuschlägen besteht bei Abschlägen bereits auf der Ebene der Tatbestandserfüllung – folglich nicht erst auf der Ebene der Höhe des Abschlags – ein *Ermessen des Tatrichters*[344] („ein Zurückbleiben ist gerechtfertigt"). Ein Abschlag ist folglich selbst dann nicht zwingend vorzunehmen, wenn die Tatbestandsvoraussetzungen erfüllt sind.[345]

180

---

341) BGH, Beschl. v. 18.6.2009 – IX ZB 119/08, NZI 2009, 554.
342) BGH, Beschl. v. 8.3.2012 – IX ZB 162/11, NZI 2012, 372.
343) BGH, Beschl. v. 11.5.2006 – IX ZB 249/04, ZIP 2006, 1204.
344) HambKommInsO/*Büttner*, § 3 InsVV Rz. 135; Lorenz/Klanke/*Lorenz* InsVV, § 3 Rz. 13.
345) Begründung zum Entwurf einer Verordnung über die Vergütung des Konkursverwalters, des Vergleichsverwalters, der Mitglieder des Gläubigerausschusses und der Mitglieder des Gläubigerbeirats (Bundesanzeiger Nr. 127 v. 6.7.1960, S. 4), siehe Anh. I Rz. 56.

181 Abzugrenzen ist stets eine *Kürzung eines Zuschlags* (Rz. 36 ff.) von der Anwendung eines Abschlags. Letzteres ist bei der **Mindestvergütung** auf besondere Ausnahmefälle beschränkt.[346] Im Ergebnis kommt eine Reduzierung der Mindestvergütung nur in Betracht bei Anwendung der § 3 Abs. 2 lit. b und c InsVV (Amtswechsel) sowie zwecks Kürzung wegen Delegation einer Regelaufgabe (Rz. 248 ff.).

182 Hinsichtlich der **Höhe des Abschlags** muss stets auf den *Einzelfall* rekurriert werden, Faustregeltabellen sind auch hier weitgehend irrelevant. Bagatellabweichungen bei der Tätigkeit führen nicht zu Abschlägen, sodass ein Abschlag mindestens mit 5 % Prozent bewertet werden können muss, um angewendet werden zu können. *Vergleichsrechnungen* sind hier nicht möglich, da sich die Vorarbeit des vorläufigen Insolvenzverwalters nicht aus der Berechnungsgrundlage des Insolvenzverwalters ablesen lässt. Eine Gemeinsamkeit zwischen Zu- und Abschlägen besteht darin, dass die Zu- und Abschläge auf die *Regelvergütung* des § 2 Abs. 1 InsVV zu beziehen sind.[347] Nicht also werden erst Erhöhungstatbestände ermittelt, um dann die Abschläge auf die erhöhte Vergütung zu beziehen, da dann die gefundenen Zuschlagsfaktoren ohne Rechtsgrundlage gekürzt würden. Das *Nichtvorhandensein eines Zuschlags* bedeutet nicht zugleich die Einschlägigkeit eines Abschlags, sodass ein Abschlag insbesondere nicht damit begründet werden kann, dass keine Betriebsfortführung erfolgt sei.[348]

183 Da Abschlagsfaktoren nicht „geltend gemacht" werden können, ist die Darstellung von Abschlagsfaktoren im **Vergütungsantrag** Bestandteil der *Mitwirkungspflicht* des Insolvenzverwalters, um dem Insolvenzgericht i. S. d. § 5 Abs. 1 InsO alle auch die Vergütung negativ beeinflussenden Sachverhalte und Wertungen pflichtgemäß und unaufgefordert zur Kenntnis zu bringen (§ 8 Rz. 47).

2. Vorläufige Insolvenzverwaltung (§ 3 Abs. 2 lit. a InsVV)

184 Gemäß § 3 Abs. 2 lit. a InsVV kann es für den **Insolvenzverwalter** einen Abschlagsfaktor darstellen, wenn ein vorläufiger Insolvenzverwalter in dem Verfahren tätig war. Rechtlich gibt es drei verschiedene Arten des vorläufigen Insolvenzverwalters, nämlich den „starken" vorläufigen Insolvenzverwalter, den „schwachen" vorläufigen Insolvenzverwalter und einen isolierten vorläufigen Insolvenzverwalter, der jedoch keine empirische Relevanz hat.

185 Allein die Bestellung des vorläufigen Verwalters ist kein hinreichender Grund für einen Abschlag von der Vergütung des Insolvenzverwalters, da es nach dem Wortlaut des § 3 Abs. 2 lit. a InsVV auf eine *Tätigkeit* des vorläufigen Insolvenzverwalters ankommt. Nun ist freilich jeder vorläufige Insolvenzverwalter in irgendeiner Weise tätig, was für die Anwendung des § 3 Abs. 2 lit. a InsVV ebenfalls noch nicht ausreichend ist. Vielmehr muss die Tätigkeit des vorläufigen Insolvenzverwalters die Tätigkeit des Insolvenzverwalters **erheblich erleichtert** haben.[349] Dabei ist zu-

---

346) BGH, Beschl. v. 13.7.2006 – IX ZB 104/05, Rz. 41, ZIP 2006, 1403.
347) BGH, Beschl. v. 11.5.2006 – IX ZB 249/04, Rz. 46, ZIP 2006, 1204.
348) BGH, Beschl. v. 11.5.2006 – IX ZB 249/04, Rz. 14, ZIP 2006, 1204.
349) BGH, Beschl. v. 11.5.2006 – IX ZB 249/04, Rz. 25, ZIP 2006, 1204; BGH, Beschl. v. 1.2.2007 – IX ZB 279/05, JurBüro 2007, 267.

nächst abzuschichten, auf welche Aufgaben des Insolvenzverwalters sich die Tätigkeit des vorläufigen Insolvenzverwalters bezogen hat. Handelte es sich um vorbereitende Maßnahmen, die in ihrer Fortsetzung oder Umsetzung nach Verfahrenseröffnung als Sonderaufgabe oder Zuschlagsfaktor anerkannt sind, mag bei der Vergütung des Insolvenzverwalters ein entsprechend geltend gemachter Zuschlag gekürzt werden; ein Fall des § 3 Abs. 2 lit. a InsVV ist dies nicht.

Folglich kann sich eine Anwendbarkeit des § 3 Abs. 2 lit. a InsVV nur auf eine erhebliche Arbeitserleichterung in Bezug auf **Regelaufgaben** beziehen.[350] Da sich die Regelaufgaben von vorläufigem Insolvenzverwalter (Sicherung) und Insolvenzverwalter (Verwaltung und Verwertung) jedoch im Grundsatz nicht decken, ist ein Abschlag nie automatisch indiziert,[351] sondern es bedarf stets der *Einzelfallbetrachtung*. Dies gilt auch dann, wenn es sich um einen *„starken" vorläufigen Insolvenzverwalter* handelte, da dieser zwar mehr Rechte als ein *„schwacher" vorläufiger Insolvenzverwalter* hat, sich die Pflichtaufgaben aber gleichwohl auf das beschränken, was dem Antragsverfahren zugewiesen ist, nämlich die Sicherung des schuldnerischen Vermögens. Nicht anwendbar ist § 3 Abs. 2 lit. a InsVV, wenn im Antragsverfahren lediglich ein *vorläufiger Sachwalter* tätig war, da sich der BGH der Auffassung angeschlossen hat, hier läge keine sichernde, sondern eine überwachende Tätigkeit vor;[352] dann kann es keine Überschneidungen mit den Regelaufgaben eines Insolvenzverwalters geben.[353]

186

Die **Höhe des Abschlags** soll regelmäßig nicht über 5–20 % hinausgehen[354] und kann den Regelbruchteil des vorläufigen Insolvenzverwalters (25 %) nicht überschreiten. Unter Berücksichtigung dessen, dass Vorarbeiten des vorläufigen Insolvenzverwalters systemimmanent sind und sich in der Praxis oftmals auf zuschlagswürdige Sonderaufgabe beziehen, ist der Anwendungsbereich der Norm sehr restriktiv zu handhaben. Nicht ausreichend ist z. B., dass der vorläufige Insolvenzverwalter bereits Vorarbeiten zu den Verzeichnissen nach §§ 151–153 InsO geleistet hat,[355] schon weil aufgrund der unglücklichen Aufgabenverteilung in § 22 Abs. 1 Satz 2 Nr. 3 InsO gar nicht feststellbar ist, ob dies vom vorläufigen Insolvenzverwalter für die Prüfung der Verfahrenskostendeckung oder vom Sachverständigen für die Prüfung des Eröffnungsgrundes geleistet wurde. Tatsächlich dürfte rechtlich weder das eine noch das andere zutreffen, denn es handelt sich um eine reine Rationalisierungsmaßnahme bei den innerbetrieblichen Arbeitsabläufen, die einer vergütungsrechtlichen Bewertung nicht zugänglich sind. Alles andere dürfte ein Problem der übereifrigen Berichterstattung des vorläufigen Insolvenzverwalters sein.

187

---

350) Vgl. BGH, Beschl. v. 11.5.2006 – IX ZB 249/04, Rz. 26, ZIP 2006, 1204.
351) Missverständlich BGH, Beschl. v. 11.5.2006 – IX ZB 249/04, ZIP 2006, 1204, da hier die Aufgaben des vorläufigen Insolvenzverwalters und diejenigen des Sachverständigen im Eröffnungsverfahren nicht hinreichend getrennt werden.
352) BGH, Beschl. v. 21.7.2016 – IX ZB 70/14, ZIP 2016, 1592; BGH, Beschl. v. 22.9.2016 – IX ZB 71/14, ZIP 2016, 1981.
353) Ähnlich KPB-InsO/*Prasser/Stoffler*, § 3 InsVV Rz. 130 (Stand: 09/2014).
354) BGH, Beschl. v. 10.10.2013 – IX ZB 38/11, Rz. 25, ZIP 2013, 2164.
355) *Keller*, Vergütung und Kosten, § 5 Rz. 178; KPB-InsO/*Prasser/Stoffler*, § 3 InsVV Rz. 125 (Stand: 09/2014); a. A. BGH, Beschl. v. 11.5.2006 – IX ZB 249/04, ZIP 2006, 1204.

188 Was nicht der vorläufige Insolvenzverwalter, sondern der regelmäßig ebenfalls personenidentische **Gutachter im Antragsverfahren** geleistet hat, ist unerheblich. Diese Ermittlungstätigkeit eröffnet nicht den Anwendungsbereich des § 3 Abs. 2 InsVV.[356] Die Bestellung eines Gutachters im Eröffnungsverfahren stellt die Regel dar und ist somit Bestandteil eines Normalverfahrens, das Ausgangspunkt jeder Bewertung nach § 3 InsVV ist. Möglich scheint allenfalls, eine solche Ermittlungstätigkeit bei der Geltendmachung eines Zuschlags mindernd zu berücksichtigen.

189 Insgesamt ist eher problematisch, dass die **Anforderungen mancher Insolvenzrichter** an die Gutachten der Sachverständigen bzw. die Berichte der vorläufigen Insolvenzverwalter stetig steigen. Nicht selten werden hier Dinge abgefragt, für die dogmatisch erst der Insolvenzverwalter im eröffneten Insolvenzverfahren zuständig ist. Dass dem von den Vergütungsberechtigten zur Vermeidung eines Delistings oder einer zurückhaltenden Wiederbestellung gefolgt wird, kann keine vergütungsrechtlichen Auswirkungen haben. Insoweit muss einem Rechtspfleger bewusst sein, was vom Insolvenzrichter als Bonus des Sachverständigen oder vorläufigen Insolvenzverwalters erwartet wurde.

190 Im Übrigen sind Abgrenzungsprobleme zu § 3 Abs. 2 lit. d InsVV zu beachten. Liegt nach den dortigen Voraussetzungen eine **einfache Geschäftsführung** des Insolvenzverwalters vor, beruht dies jedoch gerade auf den Vorarbeiten des vorläufigen Insolvenzverwalters, können nicht zwei Abschlagstatbestände auf denselben Lebenssachverhalt gestützt werden; hier wird § 3 Abs. 2 lit. a InsVV den § 3 Abs. 2 lit. d InsVV aus dogmatischen und systematischen Gründen verdrängen.

191 Die Vergütung des Insolvenzverwalters kann nicht mit der Begründung gekürzt werden, seine Vergütung als vorläufiger Insolvenzverwalter sei zu hoch festgesetzt worden,[357] d. h., es erfolgt über § 3 Abs. 2 lit. a InsVV **keine faktische Korrektur der Vergütung des vorläufigen Insolvenzverwalters**. Umgekehrt soll ein Abschlag von der Vergütung des Insolvenzverwalters selbst dann gerechtfertigt sein, wenn dem vorläufigen Insolvenzverwalter keine adäquaten Zuschläge für die herangezogenen Lebenssachverhalte gewährt worden waren[358] oder der vorläufige Insolvenzverwalter die Geltendmachung geeigneter Zuschläge übersehen hatte.

192 Insgesamt gilt es hier zwei Grundsätze zu berücksichtigen, die an anderen Stellen des Vergütungsrechts gelegentlich ins Wanken gebracht werden: Vorläufiger Insolvenzverwalter und Insolvenzverwalter sind auch bei Personenidentität verschiedene Amtsträger mit eigenständigen und **eigenständig zu berechnenden Vergütungsansprüchen**, es gibt keine Einheitsvergütung für beide Verfahrensabschnitte.[359]

---

356) BGH, Beschl. v. 18.6.2009 – IX ZB 97/08, NZI 2009, 601; BGH, Beschl. v. 8.7.2010 – IX ZB 222/09, NZI 2010, 902.
357) BGH, Beschl. v. 10.10.2013 – IX ZB 38/11, ZIP 2013, 2164.
358) BGH, Beschl. v. 11.5.2006 – IX ZB 249/04, ZIP 2006, 1204; **a. A.** zuvor noch BGH, Beschl. v. 2.2.2006 – IX ZB 167/04, ZIP 2006, 483.
359) **A. A.** neuerdings und contra legem für den (vorläufigen) Sachwalter: BGH, Beschl. v. 21.7.2016 – IX ZB 70/14, ZIP 2016, 1592; BGH, Beschl. v. 22.9.2016 – IX ZB 71/14, ZIP 2016, 1981; im Ergebnis richtig, aber mit unzutreffender Begründung hinsichtlich des Fortführungsüberschusses, BGH, Beschl. v. 2.3.2017 – IX ZB 90/15, ZIP 2017, 979, dazu EWiR 2017, 375 *(Keller)*; BGH, Beschl. v. 6.4.2017 – IX ZB 23/16, ZInsO 2017, 982.

Sicherzustellen ist einzig, dass nicht vorläufiger Insolvenzverwalter und Insolvenzverwalter für dieselbe Tätigkeit (doppelt) vergütet werden.[360]

Auf den **vorläufigen Insolvenzverwalter** selbst ist § 3 Abs. 2 lit. a InsVV denklogisch nicht anwendbar. Sofern eine Auswechselung des vorläufigen Insolvenzverwalters stattfindet, ist eine (doppelt) analoge Anwendung des § 3 Abs. 2 lit. c InsVV für den *ausgeschiedenen* vorläufigen Insolvenzverwalter einschlägig. Für den *eingewechselten* vorläufigen Insolvenzverwalter entspricht eine (doppelt) analoge Anwendung des § 3 Abs. 2 lit. b InsVV, der auf den Wegfall von Regelaufgaben rekurriert, der größeren Sachnähe.

3. Nachträgliche Amtsannahme (§ 3 Abs. 2 lit. b InsVV)

Gemäß § 3 Abs. 2 lit. b InsVV ist ein Abschlag von der Vergütung möglich, wenn die Masse bereits zu einem wesentlichen Teil verwertet war, als der Insolvenzverwalter das Amt übernahm. Bevor ein Abschlag geprüft werden kann, gilt es schwerpunktmäßig die **Berechnungsgrundlage** zu ermitteln, da hier die größeren Unsicherheiten zu bestehen scheinen. Stehen den tatbestandlichen Verwertungshandlungen keine Surrogate gegenüber (Aktivtausch vor Amtsannahme z. B. in Gestalt von noch vorhandenen Verwertungserlösen), ist bereits die Berechnungsgrundlage reduziert, sodass nach dem Rechtsgedanken einer Vergleichsrechnung ein Abschlag ausscheiden muss. Ist ein solcher Verwertungserlös jedoch noch vorhanden und fließt er als eher einfache Maßnahme des Insolvenzverwalters vom Treuhandkonto eines Amtsvorgängers auf ein Treuhandkonto des Insolvenzverwalters und folglich in die Berechnungsgrundlage ein, ist der Anwendungsbereich des § 3 Abs. 2 lit. b InsVV ebenfalls nicht eröffnet, dogmatisch einschlägig wäre in dieser Konstellation allenfalls § 3 Abs. 2 lit. d InsVV (einfache Geschäftsführung).

Mit dem Begriff der Masse wird auf den **Massebegriff** des § 35 InsO rekurriert, der erst mit Verfahrenseröffnung einschlägig wird. Damit muss zunächst einmal *bei Verfahrenseröffnung* etwas zur Insolvenzmasse gehört haben. Nicht eröffnet ist der Anwendungsbereich des § 3 Abs. 2 lit. b InsVV bei Vermögensverwertungen vor Verfahrenseröffnung durch den Schuldner oder einen vorläufigen Insolvenzverwalter,[361] wenngleich hier die Anwendung des § 3 Abs. 2 lit. d InsVV (einfache Geschäftsführung) in Betracht kommt. Daraus folgt, dass § 3 Abs. 2 lit. b InsVV im Grunde nur bei einem Verwalterwechsel für den *eingewechselten Insolvenzverwalter* gelten kann. Ein solcher Verwalterwechsel kann gläubigerveranlasst sein (§§ 56a, 57 InsO) oder auf Tod bzw. Entlassung (§ 59 InsO) des Insolvenzverwalters beruhen. Auch der Wechsel vom Sachwalter zum Insolvenzverwalter könnte hierunter subsumiert werden, allerdings wird es in dieser Konstellation wohl nur selten zu einer Verwertung wesentlichen Ausmaßes gekommen sein.

Von einem **wesentlichen Teil** der Masse kann gesprochen werden, wenn 50 %[362] der im ursprünglichen Masseverzeichnis (§ 151 InsO) aufgeführten Vermögensge-

---

360) BGH, Beschl. v. 11.5.2006 – IX ZB 249/04, Rz. 23, ZIP 2006, 1204.
361) BerlKommInsO/*Blersch*, § 3 InsVV Rz. 27 (Stand: 02/2009); a. A. *Haarmeyer/Mock* InsVV, § 3 Rz. 114.
362) BerlKommInsO/*Blersch*, § 3 InsVV Rz. 28 (Stand: 02/2009).

genstände vor Amtsantritt verwertet worden waren, wobei es auf die Euro-Werte ankommen muss, nicht auf die Anzahl der einzelnen Vermögensgegenstände.

197 Ein Abschlag kann gemindert werden oder ganz entfallen, wenn sich trotz der Tatbestandserfüllung des § 3 Abs. 2 lit. b InsVV **keine erhebliche Arbeitsentlastung** des eingewechselten Insolvenzverwalters ergibt, da die Vergütung auf der Ebene des § 3 InsVV keine Erfolgs-, sondern eine Tätigkeitsvergütung darstellt. Gerade nach einer Entlassung des Insolvenzverwalters kann sich die Situation ergeben, dass sich die vom neuen Insolvenzverwalter vorgefundene Ausgangslage nicht sonderlich von derjenigen unterscheidet, die ein Schuldner hinterlassen hat. Ein neuer Insolvenzverwalter hat stets sämtliches Handeln und Unterlassen seines Amtsvorgängers zu überprüfen, um etwaige Korrekturmaßnahmen zu ergreifen oder Regressansprüche nach §§ 60, 92 Satz 2 InsO zu ermitteln.[363] Je aufwendiger sich dies gestaltet, desto weniger gerechtfertigt ist ein Abschlag bei der Festsetzung der Vergütung des neuen Insolvenzverwalters. Dies kann sogar so weit gehen, dass statt eines Abschlags ein Zuschlag indiziert ist.

198 Das **Pendant** für den *ausgewechselten bzw. verstorbenen Insolvenzverwalter* – oder Amtsvorgänger im Allgemeinen – stellt § 3 Abs. 2 lit. c InsVV dar.

199 Die Norm betrifft nur die Verwertung der Masse. Es ist nicht anzunehmen, dass sich der Verordnungsgeber an dieser Stelle Gedanken darüber gemacht hat, dass es neben der Verwertung auch noch **andere Regelaufgaben** eines Insolvenzverwalters gibt, deren Erfüllung durch den Amtsvorgänger zu einer erheblichen Arbeitserleichterung beim amtierenden Insolvenzverwalter führen könnte. Eine Ausweitung des Anwendungsbereichs der Norm auf andere Aufgaben ist jedoch aus vorgenannten Gründen abzulehnen.

200 Sollte es bereits in der vorläufigen Verwaltung zu einer Auswechselung des Amtsträgers kommen, gilt § 3 Abs. 2 lit. b InsVV mit den vorstehenden Beschränkungen wegen des Verweises in § 10 InsVV auch für den eingewechselten **vorläufigen Insolvenzverwalter**. Nur kommt es freilich nicht auf die Verwertung an, sondern auf die Regelaufgaben eines vorläufigen Insolvenzverwalters (Sicherung und Verwaltung). Da jedoch in der Antragsphase die Sachverhaltsaufklärung im Vordergrund steht, wird sich beim eingewechselten vorläufigen Insolvenzverwalter faktisch nie eine erhebliche Arbeitserleichterung ergeben. Dies erstens, weil derartige Amtsträgerwechsel i. d. R. auf Entlassung oder Tod des Amtsvorgängers beruhen, was vom Arbeitsaufwand her eher der Zusammenarbeit mit einem obstruktiven Schuldner vergleichbar ist, und zweitens, weil es gleichgültig ist, ob der eingewechselte vorläufige Insolvenzverwalter die erforderlichen Informationen vom Schuldner, Amtsvorgänger oder Dritten erhält; die Tätigkeit des vorläufigen Insolvenzverwalters besteht in der intellektuellen Erfassung und Verarbeitung der Informationen, nicht in der Befassung mit dem Kommunikationsweg.

4. Vorzeitige Amts- oder Verfahrensbeendigung (§ 3 Abs. 2 lit. c InsVV)

201 Gemäß § 3 Abs. 2 lit. c InsVV kommt ein Vergütungsabschlag bei vorzeitiger Amtsbeendigung oder vorzeitiger Verfahrensbeendigung in Betracht. Die **vorzeitige**

---

[363] *Zimmer*, Haftung des eingewechselten Insolvenzverwalters, S. 329 ff.

Verfahrensbeendigung ist hinsichtlich ihrer Definition identisch mit derjenigen in § 1 Abs. 1 Satz 2 InsVV, sodass auf die dortige Kommentierung verwiesen werden kann (§ 1 Rz. 163 ff.). Im Ergebnis kann der Anwendungsbereich des § 3 Abs. 2 lit. c InsVV nur eröffnet sein bei Einstellungen nach §§ 212, 213 InsO oder bei erfolgreicher Beschwerde gegen den Beschluss über die Eröffnung des Insolvenzverfahrens. Die **vorzeitige Amtsbeendigung** (§ 1 Rz. 175 ff.) kann gläubigerveranlasst (§§ 56a, 57 InsO) sein, auf einer Entlassung (§ 59 InsO) oder Tod des Insolvenzverwalters beruhen, aber auch einem Verfahrenswechsel von der Eigenverwaltung zum Regelverfahren (oder umgekehrt) geschuldet sein. Die Aufhebung des Verfahrens gemäß § 258 InsO nach Bestätigung eines **Insolvenzplans** ist keine vorzeitige Verfahrensbeendigung, da der Insolvenzplan in § 1 Satz 1 InsO als gleichwertige Alternative zur Gesamtvollstreckung i. S. e. Versilberung schuldnerischen Vermögens nebst Erlösverteilung an die Insolvenzgläubiger genannt wird. Kernproblem in all diesen Fällen ist die Ermittlung der Berechnungsgrundlage für die Vergütung (§ 1 Rz. 162 ff.).

Der **Vergütungsabschlag** orientiert sich daran, welche *Regelaufgaben* vom ausgeschiedenen Insolvenzverwalter noch nicht erbracht wurden. Auf etwaige Sonderaufgaben kann es nur insoweit ankommen, als entsprechende Zuschläge zu kürzen sind, wenn die Aufgaben noch nicht vollständig erfüllt wurden; dies ist jedoch kein Fall des § 3 Abs. 2 lit. c InsVV.

202

Um einen *Korridor für mögliche Abschläge* zu bilden, müssen zunächst Extremfälle definiert werden. Scheidet ein Insolvenzverwalter nach Schlussrechnungslegung aus, ist die Schlussverteilung als Regelaufgabe nicht erfüllt. Die Verfahrensbeendigung erfasst jedoch mehr als nur die Schlussverteilung. Insbesondere sind steuerliche Restarbeiten erforderlich und eventuell noch Archivierungen vorzunehmen, ggf. entspannt sich noch weitere Korrespondenz mit verschiedenen Beteiligten. Die Kernfrage lautet mithin, was ein Verfahrensabschluss in Euro oder Prozentsätzen wert ist; hier scheint ein Wert von 10 % angemessen. Das andere Extrem ist die Amtsbeendigung bereits kurz nach Verfahrenseröffnung. In der ersten Woche nach Verfahrenseröffnung sind zahlreiche administrativen Aufgaben zu erfüllen. Es sind sämtliche Beteiligten über die Insolvenzeröffnung zu informieren, es sind Arbeitsabläufe durch Checklisten oder To-do-Listen vorzubereiten, für eine Vielzahl von Forderungen aus Lieferung und Leistung, Organhaftung, Anfechtung etc. sind Verjährungsfristen zu ermitteln, für derartige Vorgänge sind ggf. einzelne Akten anzulegen und mit den jeweiligen Dokumenten und Wiedervorlagen zu versehen und dergleichen mehr. Es kann mithin nicht davon ausgegangen werden, dass in einem solchem Fall überhaupt noch keine Vergütung verdient wäre, da die Vergütung des Insolvenzverwalters Tätigkeitsvergütung ist. Für diesen administrativen Erstaufwand dürfte in Ermangelung anderer empirisch gesicherter Werte ebenfalls ein Wert von 10 % angemessen sein, der als Vergütung schon in den ersten Tagen nach Amtsantritt verdient ist, auch wenn noch keinerlei Verwertungshandlung erfolgt ist.[364] Im Ergebnis also kann sich ein Abschlag nach § 3 Abs. 2 lit. c InsVV zwischen 10 % und 90 % bewegen.

203

---

364) Ähnlich *Haarmeyer/Mock* InsVV, § 3 Rz. 115.

204 Die restliche Bewertung ist dem *Einzelfall* geschuldet. Es muss kursorisch anhand des bisherigen Sachstands (welche Maßnahmen waren objektiv erforderlich und welche wurden subjektiv angekündigt) in einer Liste erfasst werden, welche Soll-Regelaufgaben zu erfüllen waren. Diesen Aufgaben sind einzelne Prozentwerte zuzuordnen, die in der Summe 100 % ergeben müssen. Für die Erstbearbeitung und den Verfahrensabschluss z. B. sind jeweils 10 % zu befürworten (Rz. 203), für die Forderungsprüfung wird ein Arbeitsanteil von 20 % genannt[365] usw. Dem ist gegenüberzustellen, was bereits abschließend bearbeitet, angefangen oder noch gar nicht angefasst wurde. Dann ist die prozentuale Bewertung des Bearbeitungsstands nicht sonderlich anspruchsvoll, wenn zuvor die Berechnungsgrundlage sorgfältig ermittelt wurde.

205 Nicht relevant an dieser Stelle ist, ob dem ausgeschiedenen Insolvenzverwalter *Pflichtverletzungen* vorgeworfen werden, da diese zu ermitteln dem neuen Insolvenzverwalter obliegt (§ 92 Satz 2 InsO), das Insolvenzgericht mithin nicht gesetzlicher Richter gemäß Art. 101 Abs. 1 Satz 2 GG ist.

206 Auf die Vergütung des **vorläufigen Insolvenzverwalters** ist die Norm wegen des Verweises in § 10 InsVV mit nachvollziehbaren Anpassungen anhand vorstehender Kriterien entsprechend anwendbar.

5. Geringe Anforderungen (§ 3 Abs. 2 lit. d InsVV)

207 Gemäß § 3 Abs. 2 lit. d InsVV ist ein Abschlag von der Vergütung möglich, wenn die Masse groß war *und* die Geschäftsführung geringe Anforderungen an den Insolvenzverwalter stellte. Daraus entwickelte sich der scheinbar ungeschriebene Abschlagsfaktor, auch *ohne* Bezugnahme auf den **Umfang der Masse** eine einfache Geschäftsführung vergütungsmindernd zu berücksichtigen,[366] sodass der Umfang der Masse scheinbar gleichgültig ist.[367] Maßgeblich allein soll sein, ob die Vergütung außer Verhältnis zur Tätigkeit zu stehen droht.[368] Dies ist freilich abwegig, wenn eine Querfinanzierung der Verfahren bzw. Vergütungen gefordert wird (Rz. 44 ff.), da es dann irgendwo ein „Zuviel" geben muss, um das „Zuwenig" anderen Orts zu subventionieren. Dieses „Zuviel" hat der BGH zur Legitimierung der Querfinanzierung bereits ausdrücklich verortet: In massereichen Verfahren ist eine deutlich höhere Vergütung möglich, ohne dass hier zwangsläufig ein entsprechender Mehraufwand für den Insolvenzverwalter vorläge.[369] Genau hier liegt mithin das „Zuviel", das zur Subventionierung kleiner Verfahren per definitionem benötigt wird und innerhalb eines konsistenten Vergütungssystems nicht über einen erfundenen Abschlagstatbestand vernichtet werden kann.

208 Gänzlich unsinnig wird die Einschränkung dadurch, dass sie letztlich auf eine immer nur so gerade eben nicht verfassungswidrig niedrige Vergütung hinausläuft. Der

---

365) Lorenz/Klanke/*Lorenz* InsVV, § 3 Rz. 91.
366) BGH, Beschl. v. 11.5.2006 – IX ZB 249/04, ZIP 2006, 1204; BGH, Beschl. v. 1.3.2007 – IX ZB 280/05, NZI 2007, 412 (Erbschaftsanfall zwischen Schlussrechnung und Vergütungsantrag ohne nennenswertes Zutun des Insolvenzverwalters, Abschlag 70 %).
367) BGH, Beschl. v. 15.12.2011 – IX ZB 229/09, ZInsO 2012, 243.
368) BGH, Beschl. v. 11.5.2006 – IX ZB 249/04, Rz. 37, ZIP 2006, 1204.
369) BGH, Beschl. v. 15.1.2004 – IX ZB 96/03, Rz. 29, ZIP 2004, 417.

ursprüngliche Verordnungsgeber hat die Norm nicht gesondert begründet,[370] sondern § 4 Abs. 3 lit. d VergVO[371] übernommen. Da er jedoch für § 3 Abs. 2 InsVV ganz allgemein auf den tatsächlich geminderten Arbeitsaufwand abstellt,[372] ergibt sich keine Begründung für die Inbezugnahme der Masse. Ganz ersichtlich besteht jedoch eine teleologische Korrelation zum Degressionsausgleich nach § 3 Abs. 1 lit. c InsVV.[373] Wenn ein Arbeitsaufwand nicht mehr angemessen vergütet wird, weil er sich in einer der ungünstigeren Staffelstufen des § 2 Abs. 1 InsVV widerspiegelt, mithin die Höhe der Masse von Relevanz ist, um eine konkrete Tätigkeit zu bewerten, muss dies umgekehrt auch für einen Abschlag nach § 3 Abs. 2 lit. d InsVV gelten. Wenn ein Degressionsausgleich ab einer Berechnungsgrundlage von 250.000 € greifen soll (Rz. 112), kann auch ein Abschlag nach § 3 Abs. 2 lit. d InsVV erst jenseits dieses Werts einschlägig sein.[374]

Die **geringen Anforderungen an die Geschäftsführung** dürfen als Tatbestandsmerkmal nicht überbewertet werden, da das Vergütungssystem in Ansehung des § 3 Abs. 1 InsVV und der §§ 5, 4 Abs. 1 Satz 3 InsVV davon ausgeht, dass Komplikationen bei der Verfahrensabwicklung stets zur Qualifizierung als Sonderaufgabe führen. Das Nichtvorhandensein einer Sonderaufgabe begründet jedoch noch keinen Abschlag nach § 3 Abs. 2 lit. d InsVV. Eine *einfache Tätigkeit* des Insolvenzverwalters i. S. e. durchschnittlichen Arbeitsaufwands ist mithin der idealistische Normalfall in dem Sinne, dass auf seine (Zahlungs-)Aufforderungen unverzüglich (mit Zahlung) reagiert wird. Die Norm ist keine Strafe dafür, dass den Anspruchsgegnern einmal nicht mit Klage gedroht werden muss. 209

§ 3 Abs. 2 lit. d InsVV repräsentiert mithin den seltenen Ausnahmefall,[375] dass mehr oder weniger *ohne (nennenswerte) Tätigkeit* des Insolvenzverwalters etwas in die Berechnungsgrundlage einfließt. Dies kann sein bei einem großen Lottogewinn[376] oder bei einer großen und unkompliziert abzuwickelnden Erbschaft des Schuldners[377] (als einzigem Vermögensgegenstand); bei einer umfangreichen Befassung mit 210

---

370) Insolvenzrechtliche Vergütungsverordnung (InsVV) v. 19.8.1998 (BGBl. I 1998, 2205), siehe Anh. III Rz. 39 ff.
371) Verordnung über die Vergütung des Konkursverwalters, des Vergleichsverwalters, der Mitglieder des Gläubigerausschusses und der Mitglieder des Gläubigerbeirats v. 25.5.1960 (BGBl. I 1960, 329) in der letzten Fassung v. 11.6.1979 (BGBl. I 1979, 637), siehe Anh. II.
372) Insolvenzrechtliche Vergütungsverordnung (InsVV) v. 19.8.1998 (BGBl. I 1998, 2205), siehe Anh. III Rz. 39.
373) *Keller*, Vergütung und Kosten, § 5 Rz. 188; Lorenz/Klanke/*Lorenz* InsVV, § 3 Rz. 95.
374) BerlKommInsO/*Blersch*, § 3 InsVV Rz. 33 (Stand: 02/2009); *Graeber*/*Graeber* InsVV, § 3 Rz. 312; *Haarmeyer*/*Mock* InsVV, § 3 Rz. 118; *Keller*, Vergütung und Kosten, § 5 Rz. 188 ff.; KPB-InsO/*Prasser*/*Stoffler*, § 3 InsVV Rz. 138 (Stand: 09/2014).
375) *Haarmeyer*/*Mock* InsVV, § 3 Rz. 118.
376) AG Göttingen, Beschl. v. 8.9.2011 – 74 IN 235/09, NZI 2012, 32.
377) BGH, Beschl. v. 11.2.2010 – IX ZB 183/08, JurionRS 2010, 11241 (Zurückweisung der Revision gegen die Entscheidung LG Chemnitz, Beschl. v. 7.7.2008 – 3 T 133/08, ZInsO 2008, 1266); zuvor bereits BGH, Beschl. v. 11.5.2006 – IX ZB 249/04, ZIP 2006, 1204; BGH, Beschl. v. 1.3.2007 – IX ZB 280/05, NZI 2007, 412 (Erbschaftsanfall zwischen Schlussrechnung und Vergütungsantrag ohne nennenswertes Zutun des Insolvenzverwalters, Abschlag 70 %).

den erbrechtlichen Verhältnissen ist der Abschlag allerdings entsprechend zu reduzieren bzw. zu unterlassen.[378]

211 Zu unterscheiden sind die Fälle, in denen sich eine nicht nennenswerte Tätigkeit aus dem *Zusammenspiel der Amtsträger* ergibt. Ist der vorläufige Insolvenzverwalter (durch Zuschläge) für eine Tätigkeit vergütet worden, die regelmäßig erst dem Insolvenzverwalter oblegen hätte, kann ein Abschlag für den Insolvenzverwalter nach § 3 Abs. 2 lit. a InsVV in Betracht kommen. Hat der vorläufige Insolvenzverwalter z. B. bereits Vermögensgegenstände verwertet und durch Vereinnahmung des Kaufpreises einen Aktivtausch vorgenommen, ist der bloße Übertrag des Geldbestands auf den Insolvenzverwalter per Stichtag Insolvenzeröffnung einer einfachen Geschäftsführung i. S. d. § 3 Abs. 2 lit. d InsVV zuzuordnen.[379] Denn i. d. R. fließen hierdurch große Beträge in die Berechnungsgrundlage, wofür der Insolvenzverwalter die kontoführende Bank lediglich bitten muss, hinsichtlich des Treuhandkontos die Inhaberbezeichnung von „vorläufiger Insolvenzverwalter" auf „Insolvenzverwalter" abzuändern. Fließen z. B. 250.000 € schon wegen eines solchen Übertrags in die Berechnungsgrundlage des Insolvenzverwalters ein, dürften sich ein Abschlag nach § 3 Abs. 2 lit. d InsVV für diesen Sachverhalt und ein Zuschlag wegen Degressionsausgleich (§ 3 Abs. 1 lit. c InsVV) in Bezug auf alle anderen Sachverhalte gegenseitig aufheben.

212 Da sich der Abschlag – wie auch jeder Zuschlag – auf einen konkreten Lebenssachverhalt und seine vergütungsrechtlichen Auswirkungen beziehen muss, wird bei einem Abschlag nach § 3 Abs. 2 lit. d InsVV eine **Vergleichsrechnung** erforderlich. Durch den Abschlag kann dasjenige, was nur in Bezug auf diesen Lebenssachverhalt in die Regelvergütung nach §§ 1, 2 InsVV eingeflossen ist, nicht völlig aufgezehrt werden, d. h., hier gibt es keine „Negativzinsen". Vielmehr muss immer etwas an Vergütung übrig bleiben, da die einfache Geschäftsführung primär auf die Verwertungshandlung abstellt; geschuldet ist aber auch der administrative Aufwand unter Berücksichtigung steuerlicher Anforderungen.

213 Die vorstehenden Ausführungen gelten jedoch nur dann, wenn es überhaupt auf die Masse ankommt, die einfache Geschäftsführung mithin einzig auf die *Verwertung* von Vermögensgegenständen bezogen sein soll. Somit stellt sich die Frage, ob sich die geringen Anforderungen nicht auch auf **andere Regelaufgaben** beziehen können. Dann ergäbe sich die einfache Geschäftsführung als ungeschriebener Abschlagstatbestand. Dass dies dem Willen des Verordnungsgebers entspräche, ergibt sich schon aus der Existenz des § 3 Abs. 2 lit. e InsVV, der hinsichtlich der überschaubaren Vermögensverhältnisse maßgeblich auf die Passivseite (Insolvenztabelle) abstellt. Auch § 3 Abs. 2 lit. a InsVV (Abschlag wegen vorläufiger Insolvenzverwaltung) und § 3 Abs. 2 lit. c InsVV (vorzeitige Amts- oder Verfahrensbeendigung) stellen nicht allein auf den Massebegriff (Aktiva) ab, sondern sind im Ergebnis nur Unterfälle einer einfachen Geschäftsführung. Damit kann die einfache Geschäfts-

---

[378] AG Essen, Beschl. v. 23.3.2010 – 162 IK 43/06, JurionRS 2010, 45109 (rechtskräftig, da die Beschwerde des Schuldners als verfristet galt und die insoweit ungünstigere Entscheidung des LG Essen aufgehoben wurde; siehe BGH, Beschl. v. 14.11.2013 – IX ZB 101/11, ZIP 2013, 2425).
[379] BGH, Beschl. v. 11.5.2006 – IX ZB 249/04, ZIP 2006, 1204.

führung als ungeschriebener Abschlagsfaktor nicht negiert werden, auch wenn er auf besondere Ausnahmefälle beschränkt sein muss.

6. Überschaubare Vermögensverhältnisse (§ 3 Abs. 2 lit. e InsVV)

a) Einführung

§ 3 Abs. 2 lit. e InsVV wurde eingeführt durch Art. 5 Nr. 1 des Gesetzes zur Verkürzung des Restschuldbefreiungsverfahrens und zur Stärkung der Gläubigerrechte vom 15.7.2013[380)] und gilt für Insolvenzverfahren, die seit dem 1.7.2014 beantragt werden (§ 19 Abs. 4 InsVV). Die Begründung des Änderungsgesetzes erschöpft sich in der Aussage, für Kleinverfahren bestünden nach Maßgabe von § 5 Abs. 2 InsO *Verfahrenserleichterungen*; die geringeren Anforderungen für den Insolvenzverwalter sollten durch einen Abschlag bei der Vergütung berücksichtigt werden können.[381)] Aus der Bezugnahme auf Kleinverfahren lässt sich ableiten, dass es nicht auf die Verfahrensart (Regel- oder Verbraucherinsolvenz) ankommt. Der Zusammenhang zwischen einem schriftlichen Verfahren und einem Vergütungsabschlag ist allerdings unglücklich und unreflektiert.[382)] Es wird bezweifelt, dass die Regelung den Kern einer vernünftigen vergütungsrechtlichen Abgrenzung zwischen Regelinsolvenz- und „Kleinverfahren" trifft.[383)] Denn ein „Kleinverfahren" ist nicht kodifiziert und kann insoweit auch nicht für eine Verordnungsbegründung herangezogen werden. Damit wird Anlass zu Assoziationen gegeben, ohne dass konkret ein Tatbestand beschrieben worden wäre.[384)] Schon wegen Unbestimmtheit der Norm ergeben sich verfassungsrechtliche Bedenken.

214

b) Anwendungsbereich: Verfahrenserleichterungen

Der Anwendungsbereich des § 3 Abs. 2 lit. e InsVV soll eröffnet sein, wenn eine Verfahrenserleichterung i. S. d. § 5 Abs. 2 Satz 1 InsO[385)] zu bejahen ist. § 5 Abs. 2 InsO lautet: Sind die Vermögensverhältnisse des Schuldners überschaubar und ist die Zahl der Gläubiger oder die Höhe der Verbindlichkeiten gering, wird das Verfahren schriftlich durchgeführt. Es gibt somit eine Fülle von Tatbestandsvoraussetzungen für die Anwendung des § 3 Abs. 2 lit. e InsVV. **Tatbestandsvoraussetzung Nr. 1** ist die Überschaubarkeit der Vermögensverhältnisse, **Tatbestandsvoraussetzung Nr. 2** ist die geringe Gläubigerzahl *oder* eine niedrige Höhe der Verbindlichkeiten (zur unglücklichen Abgrenzung der beiden Tatbestandsmerkmale siehe Rz. 222 f.). Rechtsfolge ist die Anordnung des schriftlichen Verfahrens (§ 5 Abs. 2 Satz 1 InsO), wobei die Anordnung des schriftlichen Verfahrens als *Ver-*

215

---

380) Gesetz zur Verkürzung des Restschuldbefreiungsverfahrens und zur Stärkung der Gläubigerrechte v. 15.7.2013 (BGBl. I 2013, 2379), siehe Anh. XII Rz. 92.
381) Gesetz zur Verkürzung des Restschuldbefreiungsverfahrens und zur Stärkung der Gläubigerrechte v. 15.7.2013 (BGBl. I 2013, 2379), Begründung zu § 3 Abs. 2 lit. e InsVV, siehe Anh. XII Rz. 93.
382) Lorenz/Klanke/*Lorenz* InsVV, § 3 Rz. 99.
383) *Wischemeyer/Schur*, ZVI 2017, 171, 176.
384) *Wischemeyer/Schur*, ZVI 2017, 171, 178.
385) § 5 Abs. 2 InsO neu gefasst durch das Gesetz zur Verkürzung des Restschuldbefreiungsverfahrens und zur Stärkung der Gläubigerrechte v. 15.7.2013 (BGBl. I 2013, 2379), siehe Anh. XII Rz. 4.

fahrenserleichterung verstanden wird, was wiederum für die Einführung eines neuen Abschlagsfaktors herangezogen wurde. Daher ist die Anordnung des schriftlichen Verfahrens **Tatbestandsvoraussetzung Nr. 3** für einen Abschlag nach § 3 Abs. 2 lit. e InsVV. Daraus ergibt sich, dass der Übergang zum mündlichen Verfahren stets einen Wegfall des § 3 Abs. 2 lit. e InsVV zur Folge haben muss.

216 Die Überschaubarkeit der Vermögensverhältnisse findet sich ferner in § 29 Abs. 2 Satz 2 InsO, wonach bei Tatbestandserfüllung auf einen Berichtstermin i. S. d. § 156 InsO verzichtet werden soll. Da auch dies zu der Verfahrensvereinfachung i. S. d. Verordnungsbegründung gehört, kann angenommen werden, dass **Tatbestandsvoraussetzung Nr. 4** für die Anwendung des § 3 Abs. 2 lit. e InsVV ist, dass kein – auch kein schriftlicher – Berichtstermin angeordnet wurde. Daraus ergibt sich, dass die Anordnung eines Berichtstermins – auch im schriftlichen Verfahren – einen Wegfall des § 3 Abs. 2 lit. e InsVV zur Folge hat. Aus dem Zusammenhang kann gefolgert werden, dass – als **Tatbestandsmerkmal Nr. 5** – auch jedwede fakultative Gläubigerversammlung i. S. d. § 75 InsO zum Wegfall des § 3 Abs. 2 lit. e InsVV führt, und zwar unabhängig davon, ob diese im mündlichen oder schriftlichen Verfahren durchgeführt wird, da eine zusätzliche Gläubigerversammlung ersichtlich keine Verfahrenserleichterung darstellt. Nichts anderes kann – als **Tatbestandsmerkmal Nr. 6** – gelten, wenn Anhörungstermine notwendig werden.

217 Im **Ergebnis** darf es mithin nur Prüfungstermine und einen Schlusstermin jeweils im schriftlichen Verfahren geben, um § 3 Abs. 2 lit. e InsVV überhaupt anwenden zu können.[386] § 3 Abs. 2 InsVV verlangt jedoch für jeden Abschlagsfaktor, dass eine erhebliche Minderbelastung des Vergütungsberechtigten eingetreten ist, d. h., die Tätigkeit – auf die es bei § 3 InsVV einzig ankommt – muss hinter dem Normalfall zurückbleiben. Es wäre jedoch ein Trugschluss anzunehmen, allein das schriftliche Verfahren erfülle automatisch die Voraussetzungen einer erheblichen Minderbelastung,[387] zumal allein die Schriftlichkeit des Verfahrens zuvor noch nie von Forderungen nach einer Absenkung der Vergütung begleitet worden war.[388] Insoweit besteht auch keine widerlegbare Vermutung, sondern die Minderbelastung ist stets nachzuweisen.

218 Ferner eröffnet allein die Anordnung des schriftlichen Verfahrens dort, wo es sich nicht um ein **Kleinverfahren** i. S. d. Gesetzesbegründung handelt, schon nicht den Anwendungsbereich des § 3 Abs. 2 lit. e InsVV,[389] da in diesen Fällen die Verfahrensvereinfachung für den Insolvenzverwalter nicht nennenswert ins Gewicht fällt, zudem in solchen Verfahren regelmäßig ein Berichtstermin stattfindet (mündlich oder schriftlich), was schon als solches die Anwendung des § 3 Abs. 2 lit. e InsVV entfallen lässt; in solchen Verfahren dominieren die Verfahrensvereinfachungen der §§ 5 Abs. 2, 29 Abs. 2 Satz 2 InsO für das Insolvenzgericht, was zu keiner Vergütungsrelevanz für den Insolvenzverwalter führt. Was aber nun ein Kleinverfahren sein soll, ist nicht kodifiziert, sodass allein auf überschaubare Vermögensverhältnisse,

---

386) Vgl. auch BGH, Beschl. v. 6.4.2017 – IX ZB 48/16, NZI 2017, 459.
387) *Wischemeyer/Schur*, ZVI 2017, 171, 175.
388) *Schmerbach/Semmelbeck*, NZI 2014, 547, 548.
389) *Wischemeyer/Schur*, ZVI 2017, 171, 175.

die ebenfalls nicht kodifiziert und nicht aus dem schriftlichen Verfahren abzuleiten sind, abzustellen ist. Insoweit entscheidet die Tatbestandserfüllung über den Anwendungsbereich einer Norm, was rechtssystematisch eher unüblich ist.

c) Tatbestandserfüllung: Arbeitserleichterung

Ist der Anwendungsbereich des § 3 Abs. 2 lit. e InsVV eröffnet (Rz. 215 ff.), ist die Erfüllung dessen Tatbestandsvoraussetzungen zu prüfen, denn eine *Verfahrenserleichterung* hat mit § 3 Abs. 2 InsVV noch nichts zu tun,[390] da es dort auf eine *Arbeitserleichterung* ankommt. Nun gilt es mithin zu prüfen, ob eine Überschaubarkeit der Vermögensverhältnisse und eine niedrige Zahl der Gläubiger bzw. eine niedrige Höhe der Verbindlichkeiten vorliegen. Eine vernünftige Definition dieses Tatbestandsmerkmals ist dem Gesetz- bzw. Verordnungsgeber jedoch nicht gelungen. Es steht nicht einmal fest, ob hier ein Tatbestandsmerkmal oder mehrere kodifiziert wurden.

219

Die Überschaubarkeit der Vermögensverhältnisse einerseits und die geringe Zahl von Gläubigern bzw. Verbindlichkeiten andererseits sind im Grunde zwei völlig verschiedene Dinge, wenn unter Vermögensverhältnissen die Aktivseite verstanden wird. Dies würde jedenfalls dem **Vermögensbegriff des Verordnungsgebers** entsprechen, wie er für die Begründung des § 11 InsVV artikuliert wurde, nämlich dass „Verbindlichkeiten nicht zum *Vermögen* zu rechnen sind, sodass sie auch nicht den Rechten gegenübergestellt und wertmäßig von ihnen abgezogen werden können. Insofern ließe sich auch von der Maßgeblichkeit des Aktivvermögens sprechen."[391] Gleichwohl findet eine Trennung der Voraussetzungen im Bereich des § 3 Abs. 2 lit. e InsVV nicht statt, da sich der Begriff der Vermögens*verhältnisse* tatsächlich auf die Aktiv- und Passivseite des schuldnerischen Vermögens bezieht (vgl. § 153 InsO). Denn ein „Verhältnis" verlangt, dass mindestens zwei verschiedene Dinge zueinander in Bezug gesetzt werden. Ob sich Gesetz- und Verordnungsgeber allerdings über die Jahre der Änderungen hinweg durchgehend bewusst waren, dass es hier Unterschiede geben kann, darf bezweifelt werden. In dem seit dem 1.12.2001 geltenden § 304 InsO[392] (§ 19 Rz. 9) wird auf Vermögensverhältnisse rekurriert und ausgeführt, Überschaubarkeit sei nicht mehr gegeben, wenn es 20 Gläubiger und mehr gibt. Folglich wären entweder nur die Passiva relevant oder aber Aktiva und Passiva gemeinsam zu bewerten; auf Aktiva alleine käme es mithin nicht an. Freilich handelt es sich bei § 304 InsO nicht um eine Vergütungsnorm, vielmehr soll bei natürlichen Personen zwischen Verbrauchern und Unternehmern unterschieden und damit die Verfahrensart bestimmt werden, was aber inzwischen für das eröffnete Verfahren überhaupt keine Bedeutung mehr hat, da §§ 312–314 InsO

220

---

390) Im Ergebnis auch *Wischemeyer/Schur*, ZVI 2017, 171, 175.
391) Zweite Verordnung zur Änderung der Insolvenzrechtlichen Vergütungsverordnung (InsVV) v. 21.12.2006 (BGBl. I 2006, 3389), Begründung zur Änderung des § 11 InsVV, siehe Anh. VIII Rz. 16.
392) § 304 InsO geändert durch das Gesetz zur Änderung der Insolvenzordnung und anderer Gesetze v. 26.10.2001 (BGBl. I 2001, 2710).

aufgehoben wurden.[393)] In den im Jahre 2013[394)] geschaffenen §§ 5 Abs. 2, 29 Abs. 2 Satz 2 InsO, § 3 Abs. 2 lit. e InsVV wird hingegen auf überschaubare Vermögensverhältnisse *und* auf niedrige Verbindlichkeiten bzw. Gläubigerzahlen abgestellt. Nach diesem Verständnis wären folglich Aktiva und Passiva als zwei Tatbestandsmerkmale getrennt voneinander zu betrachten. Hilfreich sind die Motive des Gesetz- bzw. Verordnungsgebers folglich nicht.

221 Gerichtliche Entscheidungen oder Literaturansichten, die **isoliert** auf die **Aktiva** rekurrieren, sind nicht ersichtlich. Dies verwundert, da die Abschlagsfaktoren der § 3 Abs. 2 lit. b und d InsVV ausschließlich auf die Aktiva rekurrieren.

222 Soweit **isoliert** auf die **Passiva** abgestellt wird, findet sich bereits ein Meinungsbild. Überschaubar sollen die Vermögensverhältnisse des Schuldners u. a. dann sein, wenn der Schuldner weniger als 20 Gläubiger hat (arg.: § 304 Abs. 2 InsO)[395)] *oder* die Verbindlichkeiten den Betrag von 25.000 € nicht überschreiten.[396)] Bei nur fünf Gläubigern soll es schon nicht mehr auf die Höhe der Verbindlichkeiten als Alternativtatbestand ankommen.[397)] Da schon elf Gläubiger nach der Intention des § 2 Abs. 2 Satz 1 InsVV nicht mehr zum Normalfall gehören, sondern eine Erhöhung der Mindestvergütung verlangen, ist es allerdings widersinnig, dass 19 Gläubiger einen Abschlag nach § 3 Abs. 2 lit. e InsVV rechtfertigen könnten. Um dem Normalfall einen Korridor zuzugestehen, kann für § 3 Abs. 2 lit. e InsVV eine *Gläubigerzahl von unter sechs* angenommen werden, damit sich noch ansatzweise ein Vergütungssystem erkennen ließe. Richtig wird sein, anzunehmen, dass es hinsichtlich der zu berücksichtigenden Gläubigerzahl nur auf diejenigen Insolvenzgläubiger ankommt, die am Verfahren teilnehmen,[398)] mithin eine Forderung zur Tabelle angemeldet haben.

223 Ob die Insolvenzforderungen dann maximal 10.000 €[399)] oder 25.000 €[400)] betragen dürfen, scheint irrelevant, da dies mit der für § 3 InsVV maßgeblichen Arbeitsbelas-

---

393) §§ 312–314 InsO aufgehoben durch das Gesetz zur Verkürzung des Restschuldbefreiungsverfahrens und zur Stärkung der Gläubigerrechte v. 15.7.2013 (BGBl. I 2013, 2379), siehe Anh. XII Rz. 83 ff.
394) § 29 Abs. 2 Satz 2 InsO und § 3 Abs. 2 lit. e InsVV eingefügt durch das Gesetz zur Verkürzung des Restschuldbefreiungsverfahrens und zur Stärkung der Gläubigerrechte v. 15.7.2013 (BGBl. I 2013, 2379).
395) LG Frankenthal, Beschl. v. 26.8.2015 – 1 T 215/15, ZInsO 2016, 772 (Rechtsbeschwerde aus formalen Gründen zurückgewiesen, da sie fehlerhaft erst nachträglich zugelassen wurde, BGH, Beschl. v. 9.6.2016 – IX ZB 92/15, NJW 2016, 3247).
396) LG Frankenthal, Beschl. v. 26.8.2015 – 1 T 215/15, ZInsO 2016, 772 (Rechtsbeschwerde aus formalen Gründen zurückgewiesen, da sie fehlerhaft erst nachträglich zugelassen wurde, BGH, Beschl. v. 9.6.2016 – IX ZB 92/15, NJW 2016, 3247).
397) LG Frankenthal, Beschl. v. 26.8.2015 – 1 T 215/15, ZInsO 2016, 772 (Rechtsbeschwerde aus formalen Gründen zurückgewiesen, da sie fehlerhaft erst nachträglich zugelassen wurde, BGH, Beschl. v. 9.6.2016 – IX ZB 92/15, NJW 2016, 3247).
398) BGH, Beschl. v. 6.4.2017 – IX ZB 48/16, NZI 2017, 459.
399) *Wischemeyer/Schur*, ZVI 2017, 171, 176.
400) LG Frankenthal, Beschl. v. 26.8.2015 – 1 T 215/15, ZInsO 2016, 772 (Rechtsbeschwerde aus formalen Gründen zurückgewiesen, da sie fehlerhaft erst nachträglich zugelassen wurde, BGH, Beschl. v. 9.6.2016 – IX ZB 92/15, NJW 2016, 3247).

tung in keinem Zusammenhang steht.⁴⁰¹⁾ Ausschlaggebend ist einzig die *rechtliche Qualität und Komplexität der Forderungen*, wie es auch bei Zuschlägen dem § 3 Abs. 1 InsVV entspräche; etwas dem § 1 InsVV Vergleichbares (Wert der Aktiva) gibt es bei den Passiva nicht. Ist die Gläubigerzahl von sechs unterschritten, bleibt stattdessen ergänzend zu prüfen, ob nicht auch nur eine einzige Insolvenzforderung die widerlegbar vermutete Minderbelastung des Vergütungsberechtigten beseitigt oder auch nur eine einzige Insolvenzforderung sogar die rechtliche Qualität der §§ 5, 4 Abs. 1 Satz 3 InsVV erreicht.⁴⁰²⁾ Bei einem Schuldner, der Unternehmer war oder ist, dürfte daher nie von überschaubaren Vermögensverhältnissen auszugehen sein, da es bei der Frage der Überschaubarkeit nicht auf dasjenige ankommt, was der Rechtspfleger für seine Arbeit benötigt (Forderung festgestellt oder nicht), sondern darauf, welcher Arbeitsaufwand sich für den (vorläufigen) Insolvenzverwalter ergibt. Liegen z. B. nur zwei Forderungsanmeldungen einer Bank und eines Finanzamts vor, hatte der Schuldner ein betrieblich aufgenommenes Darlehen jedoch für private Zwecke missbraucht, sind (berichtigende) Einkommensteuererklärungen erforderlich, und für die Masse ändert sich der Vorsteuerabzug aus Eingangsrechnungen. Überschaubar sind die Vermögensverhältnisse dann erst *nachdem* der Insolvenzverwalter seine Arbeitsleistung erbracht hat, was für § 3 Abs. 2 lit. e InsVV nicht ausreicht.

Ungeachtet dessen können die aufgestellten Maßstäbe für den *vorläufigen Insolvenzverwalter* grundsätzlich nicht gelten.⁴⁰³⁾ Nach der Konzeption der §§ 21, 22 InsO sind Insolvenzgläubiger nur für die Prüfung des Insolvenzgrundes von Relevanz; insoweit ist der Sachverständige, nicht der vorläufige Insolvenzverwalter, betroffen. 224

Für eine **gemeinsame Betrachtung von Aktiva und Passiva** ist ebenfalls ein Meinungsbild erkennbar. Das Vorhandensein von nur vier⁴⁰⁴⁾ oder fünf⁴⁰⁵⁾ Gläubigern und die Beschränkung des schuldnerischen Vermögens auf pfändbares Einkommen soll bereits den Tatbestand des § 3 Abs. 2 lit. e InsVV erfüllen. Dem kann insoweit zugestimmt werden, als die hier favorisierte Gläubigerzahl von maximal fünf (Rz. 222) nicht überschritten wird. Ob es jedoch auch auf Aktiva ankommt, ist eine andere Frage. Die Tatbestandserfüllung soll nach Auffassung des BGH in einer Entscheidung vom 6.4.2017 bei neun Insolvenzgläubigern sogar gelten, wenn zusätzlich zum pfändbaren Einkommen auch noch Rückkaufswerte aus zwei Lebensversicherungen und eine Einkommensteuererstattung für ein Jahr eingezogen wurden.⁴⁰⁶⁾ Allerdings – zunächst einmal – nur in den Verfahren, die ab dem 1.7.2014 als *Verbraucherinsolvenzverfahren* eröffnet werden; denn gehe die Tätigkeit des Insolvenzverwalters in einem Verbraucherinsolvenzverfahren nicht über die Tätigkeit eines Treuhän- 225

---

401) Ähnlich *Graeber/Graeber* InsVV, § 3 Rz. 319.
402) Ähnlich *Haarmeyer/Mock* InsVV, § 3 Rz. 119.
403) **A. A.** Leonhardt/Smid/Zeuner/*Amberger* InsVV, § 11 Rz. 136.
404) BGH, Beschl. v. 22.9.2016 – IX ZB 82/15, InsbürO 2017, 29 (obiter dictum), ebenso die Vorinstanz LG Frankenthal, Beschl. v. 8.10.2015 – 1 T 284/15, JurionRS 2015, 40920.
405) LG Frankenthal, Beschl. v. 26.8.2015 – 1 T 215/15, ZInsO 2016, 772 (Rechtsbeschwerde aus formalen Gründen zurückgewiesen, da sie fehlerhaft erst nachträglich zugelassen wurde, BGH, Beschl. v. 9.6.2016 – IX ZB 92/15, NJW 2016, 3247).
406) BGH, Beschl. v. 6.4.2017 – IX ZB 48/16, NZI 2017, 459.

ders nach § 313 InsO a. F.[407] hinaus, könne dies nach den Umständen des Einzelfalls einen Abschlag rechtfertigen, der dazu führe, dass sich der Vergütungssatz des Insolvenzverwalters im Ergebnis am bisherigen Vergütungssatz für einen Treuhänder orientiere.[408] Damit soll erreicht werden, dass in denjenigen Insolvenzverfahren über das Vermögen natürlicher Personen, denen ein Verfahren nach §§ 304 ff. InsO vorgeschaltet war, wertmäßig § 13 Abs. 1 Satz 1 InsVV a. F.[409] Anwendung finden soll, wonach lediglich 15 % der Berechnungsgrundlage als Regelvergütung galten und noch nicht die Staffelsätze des § 2 Abs. 1 InsVV, beginnend mit 40 % der Berechnungsgrundlage. Damit setzt sich der BGH freilich über den Willen des Verordnungsgebers und den Wortlaut relevanter Normen hinweg, sodass die Auffassung abzulehnen ist. Hinsichtlich der Gläubigerzahl (Passiva) kann insoweit auf Rz. 222 verwiesen werden. Hinsichtlich der Aktiva bleibt das Vorhandensein von pfändbarem Einkommen, Steuererstattungen und Rückkaufswerten bei einem Verbraucherinsolvenzverfahren ersichtlich nicht hinter den Vorstellungen von einem Normalverfahren zurück. Es löst Befremden aus, was sich der BGH unter einem Verbraucher, gegen den vorinsolvenzlich schon Einzelvollstreckungen anhängig gemacht worden waren, vorstellt. Überdies werden bei dieser Betrachtungsweise der Erfolg und die Tätigkeit als getrennte Vergütungsparameter unzulässig vermischt. Dass andere Vermögenswerte nicht gefunden wurden, z. B. Anfechtungsansprüche, heißt ersichtlich nicht, dass nicht hiernach gesucht worden wäre. Die Darstellung des Erfolgs ist jedoch einzig dem § 1 InsVV vorbehalten und kann nicht ein weiteres Mal auf der Ebene des § 3 InsVV berücksichtigt werden.

226 Der Verordnungsgeber wollte evident die Vergütung des Insolvenzverwalters im Verbraucherinsolvenzverfahren, den es als Rechtsfigur überdies gar nicht geben kann (§ 13 Rz. 61), der Vergütung eines Insolvenzverwalters im Regelinsolvenzverfahren angleichen. Eine Ausnahme gilt für die Mindestvergütung nach § 13 InsVV n. F.[410], die wegen des Vorverfahrens i. S. d. §§ 304 ff. InsO niedriger ausfallen soll. Daher führt der BGH sogar in einem Leitsatz aus, dass § 13 InsVV nur für die Mindestvergütung eines Verbraucherinsolvenzverwalters gelten könne.[411] Anders steht es ja auch nicht in der Verordnung; es scheint inzwischen schon einen Leitsatz wert, wenn sich ein Gericht an den Wortlaut einer Norm hält. Warum der BGH dann dennoch seine Entscheidung zu § 3 Abs. 2 lit. e InsVV auf die Tatbestände des § 13 InsVV n. F. stützt, entzieht sich einer Grundlage. Überschaubar i. S. d. § 3 Abs. 2 lit. e InsVV sollen die Vermögensverhältnisse hiernach sein, wenn sich bereits aus den bisherigen Ermittlungen ein zuverlässiger Überblick über das Vermögen, das Einkommen und die Verbindlichkeiten des Schuldners gewinnen

---

407) § 313 InsO aufgehoben durch das Gesetz zur Verkürzung des Restschuldbefreiungsverfahrens und zur Stärkung der Gläubigerrechte v. 15.7.2013 (BGBl. I 2013, 2379).
408) BGH, Beschl. v. 6.4.2017 – IX ZB 48/16, NZI 2017, 459.
409) § 13 InsVV geändert durch das Gesetz zur Verkürzung des Restschuldbefreiungsverfahrens und zur Stärkung der Gläubigerrechte v. 15.7.2013 (BGBl. I 2013, 2379), siehe Anh. XII Rz. 101.
410) § 13 InsVV geändert durch das Gesetz zur Verkürzung des Restschuldbefreiungsverfahrens und zur Stärkung der Gläubigerrechte v. 15.7.2013 (BGBl. I 2013, 2379), siehe Anh. XII Rz. 101.
411) BGH, Beschl. v. 6.4.2017 – IX ZB 48/16, NZI 2017, 459.

lässt, wobei mit bisherigen Ermittlungen auf die von einer Schuldnerberatung erstellten *Verzeichnisse* (*§ 305 Abs. 1 Nr. 3 InsO*) abzustellen sein soll.[412] Kurzum: Liegen Verzeichnisse i. S. d. § 13 InsVV vor, soll der Tatbestand des § 3 Abs. 2 lit. e InsVV erfüllt sein. Dies hätte den Charme, dass der Lebenssachverhalt „Verzeichnisse" dann vergütungsrechtlich verbraucht wäre, was eine Anwendung des § 3 Abs. 2 lit. e InsVV auf die Mindestvergütung nach § 13 InsVV ausschlösse und aus rechtspolitischen Gründen ohnehin zu fordern wäre.[413] Ansonsten läge eine Doppelberücksichtigung vor, worauf zu vermeiden der BGH bei Zuschlägen nach § 3 Abs. 1 InsVV stets achtet. Gleichwohl ist die Ansicht, das Vorliegen der Verzeichnisse begründe die widerlegbare Vermutung einer Arbeitserleichterung i. S. d. § 3 Abs. 2 lit. e InsVV, nicht überzeugend. Es scheint doch sehr zweifelhaft, ob die von einer Schuldnerberatungsstelle erstellten Verzeichnisse tatsächlich zu einer Arbeitserleichterung des Insolvenzverwalters führen.[414] Der BGH argumentiert hier gegen die Berufserfahrung von Insolvenzverwaltern und Rechtspflegern gleichermaßen und macht aus einer These gleich eine Behauptung. Ferner ist im Lichte des § 60 InsO arg bedenklich, dass sich der Insolvenzverwalter auf Fremdermittlungen verlassen müssen soll. So scheint es Bescheinigungen nach § 305 Abs. 1 Nr. 1 InsO zu geben, die contra legem nicht auf einer Beratung des Schuldners durch einen Rechtsanwalt beruhen, sondern auf der Beratung durch dessen Mitarbeiter[415] oder von ihm eingeschalteter Dienstleister.[416] Auch telefonische Beratungen zur Erlangung dieser Bescheinigung sind im Streit.[417] So soll eine Bescheinigung auch schon mal aufgrund eines Telefonats mit dem Schwager des Schuldners während einer LKW-Fahrt erstellt worden sein.[418] Diese Vorgehensweisen zur Erlangung der Bescheinigung nach § 305 Abs. 1 Nr. 1 InsO lassen nicht erkennen, dass die Verzeichnisse nach § 305 Abs. 1 Nr. 3 InsO zwingend von größerer Sorgfalt geprägt sein könnten. Diese Verzeichnisse muss die geeignete Stelle selbst erstellen, oder beim Ausfüllen durch den Schuldner muss sie mindestens eine Mitverantwortung übernehmen, indem sie die Fragenkataloge mit dem Schuldner gemeinsam durchgeht; füllt der Schuldner die Unterlagen zumindest teilweise selbst und ohne Hilfe einer geeigneten Person aus, ist die erhöhte Richtigkeits- und Vollständigkeitsgewähr nicht gegeben, die es rechtfertigen würde, von einem „Erstellen" durch eine geeignete Person i. S. d. § 13 InsVV auszugehen.[419] Nichts anderes kann für § 3 Abs. 2 lit. e InsVV gelten, wenn die Verzeichnisse – bestritten[420] – relevant sein sollten (zu weiteren Problemen hinsichtlich der Ver-

---

412) BGH, Beschl. v. 6.4.2017 – IX ZB 48/16, NZI 2017, 459; LG Frankenthal, Beschl. v. 26.8.2015 – 1 T 215/15, ZInsO 2016, 772 (Rechtsbeschwerde aus formalen Gründen zurückgewiesen, da sie fehlerhaft erst nachträglich zugelassen wurde, BGH, Beschl. v. 9.6.2016 – IX ZB 92/15, NJW 2016, 3247).
413) *Gortan*, NZI 2016, 339; *Graeber/Graeber* InsVV, § 3 Rz. 316; *Haarmeyer/Mock* InsVV, § 3 Rz. 119; *Wischemeyer/Schur*, ZVI 2017, 171, 177 f.
414) *Reck/Köster/Wathling*, ZVI 2016, 1, 5.
415) AG Aachen, Beschl. v. 27.7.2016 – 92 IK 194/16, NZI 2016, 956.
416) LG Köln, Beschl. v. 24.11.2015 – 13 T 96/15, ZInsO 2016, 289.
417) Vgl. nur LG Landshut, Beschl. v. 24.10.2016 – 33 T 1670/16, ZInsO 2016, 2405.
418) LG Düsseldorf, Beschl. v. 10.2.2017 – 25 T 3/17, ZVI 2017, 267.
419) LG Stuttgart, Beschl. v. 10.12.2015 – 10 T 517/15, ZInsO 2016, 470.
420) *Gortan*, NZI 2016, 339.

gütungsrelevanz der Verzeichnisse nach § 305 Abs. 1 Nr. 3 InsO ablehnend auch § 13 Rz. 67 ff.). Allein aus dem Vorhandensein von Verzeichnissen i. S. d. § 305 Abs. 1 Nr. 3 InsO lässt sich außerhalb des § 13 InsVV keine vergütungsrechtliche Relevanz ableiten. Die Aussage, derartige Verzeichnisse indizierten die für § 3 Abs. 2 InsVV erforderliche erhebliche (!) Arbeitserleichterung, ist schlichtweg eine unbewiesene Tatsachenbehauptung. Für die Gerichte im Amtsermittlungsverfahren gilt nichts anderes als für die Parteien eines Rechtsstreits: Das geforderte Minimalmaß an Substantiierung [...] ist jedenfalls dann nicht erreicht, wenn der Antragsteller in lediglich formelhafter und pauschaler Weise Tatsachenbehauptungen aufstellt, ohne diese zu dem zugrunde liegenden Sachverhalt in Beziehung zu setzen.[421] Ungeachtet dessen darf richterliche Rechtsfortbildung nicht dazu führen, dass der Richter seine eigene materielle Gerechtigkeitsvorstellung an die Stelle derjenigen des Gesetzgebers setzt.[422] Bereits im Zusammenhang mit der Vergütung des vorläufigen Insolvenzverwalters sprach der BGH einmal vom „modifizierten Vergütungsmodell des Senats".[423]

227 Zu allem Überfluss will der BGH auch in den *vor dem 1.7.2014 beantragten Regelinsolvenzverfahren* den Regelungsgehalt des § 3 Abs. 2 lit. e InsVV in § 3 Abs. 2 lit. d InsVV hineinlesen.[424] Eine abschlagsbegründende Arbeitserleichterung soll vorliegen, wenn in einem Regelinsolvenzverfahren über das Vermögen einer natürlichen Person, das 14½ Monate gedauert hat und in dem 16 Gläubiger Forderungen in Höhe von 31.013,01 € angemeldet haben, sich die Aktivwerte lediglich auf pfändbares Einkommen beschränken.[425] Wegen des Verschlechterungsverbots sollte im konkreten Fall aber wohl nur erreicht werden, dass ein rechtlicher Teilerfolg der Rechtsbeschwerde wirtschaftlich zunichtegemacht wird, was allein schon verfassungsrechtliche Bedenken gegen die sog. Gesamtwürdigung rechtfertigt, die im vorliegenden Fall der Willkür schon recht nahe ist. Ungeachtet dessen erfüllen weder die genannten Aktiva noch die genannten Passiva (hierzu Rz. 222 f.) die Anforderungen an eine erhebliche Arbeitserleichterung i. S. d. § 3 Abs. 2 InsVV; die Verfahrensdauer an sich kann ohnehin keine Erheblichkeit begründen (Rz. 174).

228 Fazit: Nach den ersten Erfahrungen mit § 3 Abs. 2 lit. e InsVV ist davon auszugehen, dass überschaubare Vermögensverhältnisse i. S. e. indizierten erheblichen Minderbelastung des Insolvenzverwalters vorliegen, wenn von maximal fünf Gläubigern einfach gelagerte Insolvenzforderungen zur Tabelle angemeldet werden und keinerlei Aktiva vorgefunden wurden. Auf eine Mindestvergütung ist die Norm nicht anwendbar. Im Übrigen ist die Norm derart unbestimmt, dass sie kaum einer vernünftigen Anwendung fähig ist und insoweit gegen das Bestimmtheitsgebot verstößt. Dies ergibt sich auch daraus, dass die Norm offenbar auch auf Unternehmer bzw. Unternehmen, bei denen auch Anlage- und Umlaufvermögen eine

---

421) BGH, Beschl. v. 10.11.2015 – VI ZB 11/15, NJW-RR 2016, 63.
422) BVerfG, Beschl. v. 17.9.2013 – 1 BvR 1928/12, Rz. 31, ZIP 2013, 2105.
423) BGH, Beschl. v. 13.7.2006 – IX ZB 104/05, Rz. 30, NZI 2006, 515.
424) BGH, Beschl. v. 6.4.2017 – IX ZB 3/16, Rz. 21 f., ZIP 2017, 932, dazu EWiR 2017, 471 *(Prasser)*.
425) BGH, Beschl. v. 6.4.2017 – IX ZB 3/16, Rz. 21 f., ZIP 2017, 932, dazu EWiR 2017, 471 *(Prasser)*.

Rolle spielen, anwendbar sein soll. Was sollen die Insolvenzverwalter und Rechtspfleger oder die Fachliteratur hier leisten? Eine Diskussion darüber, ob fünf Schraubenzieher noch überschaubar sind, sechs aber nicht mehr? Rechtspolitisch gehört die Norm ebenso wie § 13 InsVV abgeschafft. Sie stellt ein bürokratisches Monstrum dar, beruht auf politischem Aktionismus und steht im krassen Widerspruch zur sog. Querfinanzierung (Rz. 44 ff.).

7. Verfahrenskoordination (§ 3 Abs. 2 lit. f InsVV)

a) Vergütung des Verfahrenskoordinators

Der Verfahrenskoordinator in der Konzerninsolvenz nach § 269e InsO,[426] hat lediglich die Aufgabe, für eine abgestimmte Abwicklung der Verfahren über die gruppenangehörigen Schuldner zu sorgen, soweit dies im Interesse der Gläubiger liegt (§ 269f Abs. 1 Satz 1 InsO). Zu diesem Zweck kann er insbesondere einen Koordinationsplan vorlegen (§ 269f Abs. 1 Satz 2 InsO). Er kann einen solchen Plan in den jeweiligen Gläubigerversammlungen erläutern oder durch eine von ihm bevollmächtigte Person erläutern lassen (§ 269f Abs. 1 Satz 3 InsO). Hierfür gebührt ihm gemäß §§ 269f, 269g Abs. 3, 63–65 InsO ein eigenständiger Vergütungsanspruch, der sich im Wesentlichen nach den §§ 1–3 InsVV bestimmt (§ 1 Rz. 190 ff.). Die Vergütung des Verfahrenskoordinators ist anteilig aus den Insolvenzmassen der gruppenangehörigen Schuldner zu berichten, wobei im Zweifel das Verhältnis des Werts der einzelnen Massen zueinander maßgebend ist (§ 269g Abs. 2 InsO).

229

b) Abschlag bei gruppenangehörigen Insolvenzverwaltern

aa) Tatbestand

Die Bestellung eines Verfahrenskoordinators, die nur durch ein Koordinationsgericht möglich ist (§ 269e Abs. 1 Satz 1 InsO[427]), stellt für die einzelnen Insolvenzverwalter in den *gruppenangehörigen Verfahren* einen Abschlagsfaktor nach § 3 Abs. 2 lit. f InsVV[428] dar. Soweit eine Verfahrenskoordination ohne Bestellung eines Verfahrenskoordinators erfolgt (§ 269a InsO), ist § 3 Abs. 2 lit. f InsVV aufgrund seines Wortlauts nicht anwendbar. Ein ausdrücklicher Abschlag für den *Verfahrenskoordinator* selbst ist nicht kodifiziert, aber erforderlich. Das Gesamtkonzept ist völlig verfehlt.

230

cc) Lösungsansätze

Unter verfassungskonformer Auslegung der Vergütungsregelungen im Lichte des Art. 12 Abs. 1 GG lässt sich vertreten, dass die Anordnung der Verfahrenskoordination nach §§ 269d ff. InsO für die **Insolvenzverwalter der gruppenangehörigen Insolvenzverfahren** tatsächlich einen *Zuschlag* nach § 3 Abs. 1 InsVV rechtfertigt,

231

---

[426] §§ 269a–269i InsO eingefügt durch das Gesetz zur Erleichterung der Bewältigung von Konzerninsolvenzen v. 13.4.2017 (BGBl. I 2017, 866) mit Inkrafttreten zum 21.4.2018 (Art. 10 des Änderungsgesetzes), siehe Anh. XV.
[427] §§ 269a–269i InsO eingefügt durch das Gesetz zur Erleichterung der Bewältigung von Konzerninsolvenzen v. 13.4.2017 (BGBl. I 2017, 866) mit Inkrafttreten zum 21.4.2018 (Art. 10 des Änderungsgesetzes), siehe Anh. XV.
[428] § 3 Abs. 2 lit. f InsVV eingefügt durch das Gesetz zur Erleichterung der Bewältigung von Konzerninsolvenzen v. 13.4.2017 (BGBl. I 2017, 866) mit Inkrafttreten zum 21.4.2018 (Art. 10 des Änderungsgesetzes), siehe Anh. XV Rz. 106.

der bei Personenidentität der Verwalter bei 10 %, im Übrigen bei 25 % beginnen sollte. Für eine Koordinierung der Verfahren ohne Anordnung eines Koordinationsverfahrens (§ 269a InsO), d. h. ohne Bestellung eines Verfahrenskoordinators, bedarf es bei Personenidentität der gruppenangehörigen Insolvenzverwalter keines Zuschlags (oder Abschlags), da sich Mehrbelastung und Synergieeffekte gegeneinander aufheben dürften, während bei Personenverschiedenheit ein Zuschlag bei 10 % beginnen sollte.

232 Schon der intensive Austausch über die weitere Verfahrensabwicklung mit einem Gläubigerausschuss ist als zuschlagsbegründend anerkannt.[429] Über diesen Kommunikationsaufwand hinaus muss ein Insolvenzverwalter nun bei seinen Überlegungen auch noch die Interessen anderer Schuldner und der dortigen Verfahrensbeteiligten berücksichtigen. Er muss sich sogar mit der Wiederherstellung der wirtschaftlichen Leistungsfähigkeit der anderen gruppenangehörigen Schuldner befassen (§ 269h Abs. 2 Satz 2 Nr. 1 InsO), sich mithin an der Sanierung von Schuldnern beteiligen, in deren Verfahren er (bei fehlender Personenidentität) keinen Vergütungsanspruch hat. Soweit ein gruppenangehöriger Insolvenzverwalter aus eigener Initiative einen Koordinationsplan ausarbeitet bzw. mit den anderen Insolvenzverwaltern diskutiert (§ 269h Abs. 1 Satz 1 InsO), dürfte ein Zuschlag analog § 3 Abs. 1 lit. e InsVV selbstverständlich sein. Mit der Kodifizierung eines Abschlags wurde daher weder die Lebenswirklichkeit erfasst noch lassen sich dem Gesetzgeber hier Kenntnisse des Vergütungssystems unterstellen.

233 Der **Verfahrenskoordinator** hingegen hat lediglich die Aufgabe eines Lenkungsausschusses. Er hat weder Masse festzustellen, Masse zu verwalten, Masse zu sichern, Masse zu verwerten, eine Insolvenztabelle zu führen, mit den Gläubigern zu korrespondieren, Aus- und Absonderungsrechte zu prüfen, Rechnung zu legen, handels- und steuerliche Pflichten zu erfüllen etc. Da er die Insolvenzverwalter der gruppenangehörigen Verfahren auch nicht zu überwachen hat, bleibt seine Aufgabe sogar hinter der eines Sachwalters oder Gläubigerausschusses zurück, wenngleich er – wofür auch immer – der persönlichen Haftung unterliegt (§§ 269f, 60 InsO). Soweit er befugt ist, einen Koordinationsplan auszuarbeiten (§ 269f Abs. 1 Satz 2 InsO), kommt dies allenfalls der Erstellung eines Insolvenzplans gleich, auch soweit der Verfahrenskoordinator nach einer übertragenden Sanierung, einer Betriebseinstellung oder dem Zustandekommen eines Insolvenzplans keinen sinnvollen Aufgabenbereich mehr hat, wenn der mediative Aspekt (§ 269h Abs. 2 Nr. 2 InsO) außer Acht gelassen wird, zudem dieser Aspekt bei Personenidentität ohnehin die Bestellung eines Sonderinsolvenzverwalters erfordert (§ 56b Abs. 2 Satz 3 InsO[430]). Hier wäre eine Stundenvergütung sicherlich sinnvoller gewesen, die bei Personenidentität hätte entfallen können, wenn in den gruppenangehörigen Verfahren ein Zuschlag nach § 3 Abs. 1 InsVV für die Teilhabe an der Verfahrenskoordination gewährt wird. Sofern sich jedoch die Vergütung des Verfahrenskoordinators tatsächlich auf Basis addierter Berechnungsgrundlagen nach §§ 1–3 InsVV ergeben

---

429) BGH, Beschl. v. 21.7.2016 – IX ZB 70/14, ZIP 2016, 1592 (vorläufiger Sachwalter).
430) § 56b InsO eingefügt durch das Gesetz zur Erleichterung der Bewältigung von Konzerninsolvenzen v. 13.4.2017 (BGBl. I 2017, 866) mit Inkrafttreten zum 21.4.2018 (Art. 10 des Änderungsgesetzes), siehe Anh. XV Rz. 10.

soll, wären für den Verfahrenskoordinator sicher *Abschläge*[431)] analog § 3 Abs. 2 lit. d InsVV denkbar, die unter 75 % nicht beginnen sollten und bei Personenidentität auch 100 % erreichen können, wenn im einzelnen Insolvenzverfahren ein angemessener Zuschlag gewährt wird. Das Ergebnis für den Verfahrenskoordinator sollte ein *Regelbruchteil* des § 2 Abs. 1 InsVV sein, der in Ansehung der Regelbruchteile anderer Vergütungsberechtigter bei 10–25 % liegen sollte. Der allgemeinen Begründung zur Einführung der §§ 269a ff. InsO[432)] lässt sich die Formulierung entnehmen, es „gebe zwar einen zu vergütenden Aufwand, aber eben nicht den Aufwand eines Insolvenzverwalters";[433)] vergütungsrechtlich geregelt wurde das Gegenteil. Immerhin lässt sich daraus schließen, dass umfangreiche Abschläge nach § 3 Abs. 2 InsVV möglich sind, weil sich das vergütungsrechtliche „Normalverfahren" eben nicht an den Aufgaben des Verfahrenskoordinators, sondern an den Aufgaben eines Insolvenzverwalters orientiert.

bb) Auswirkungen (Beispiel)

Die Auswirkungen seien zunächst anhand eines Beispiels dargestellt, wobei zur Beleuchtung des Systems zunächst – der Verordnungsbegründung folgend[434)] – unterstellt werden soll, dass sich das Gesamtvergütungsvolumen der gruppenangehörigen Verfahren durch die Bestellung eines Verfahrenskoordinators im Regelfall nicht ändern soll: 234

Beispiel: 235

	Verfahren A	Verfahren B	Verfahren C	Verfahrens-koordinator
Berechnungsgrundlage (§ 269g Abs. 1 Satz 2 InsO)	1.000.000,00	500.000,00	200.000,00	1.700.000,00
Anteil (§ 269g Abs. 2 InsO)	*58,82 %*	*29,41 %*	*11,76 %*	*100,00 %*
Regelvergütung	47.750,00	37.750,00	26.750,00	61.750,00
Umlage (§ 269g Abs. 2 InsO)	*36.323,53*	*18.161,76*	*7.264,71*	*61.750,00*
Abschlag 55 %	*−26.262,50*	*−20.762,50*	*−14.712,50*	

Abb. 11. Wechselwirkung Verfahrenskoordination

---

431) KPB-InsO/*Thole*, § 269g Rz. 5 (Stand: 06/2017).
432) §§ 269a–269i InsO eingefügt durch das Gesetz zur Erleichterung der Bewältigung von Konzerninsolvenzen v. 13.4.2017 (BGBl. I 2017, 866) mit Inkrafttreten zum 21.4.2018 (Art. 10 des Änderungsgesetzes), siehe Anh. XV.
433) Gesetz zur Erleichterung der Bewältigung von Konzerninsolvenzen v. 13.4.2017 (BGBl. I 2017, 866) mit Inkrafttreten zum 21.4.2018 (Art. 10 des Änderungsgesetzes), Beratungsverlauf (BT-Drucks. 18/11436, S. 1, 23).
434) Gesetz zur Erleichterung der Bewältigung von Konzerninsolvenzen v. 13.4.2017 (BGBl. I 2017, 866) mit Inkrafttreten zum 21.4.2018 (Art. 10 des Änderungsgesetzes), Begründung zu § 3 Abs. 2 lit. f InsVV siehe Anh. XV Rz. 108.

Ergebnisse:

236 (1) Im **Verfahren A** hat der Verwalter A bei einer Berechnungsgrundlage in Höhe von 1.000.000 € einen Anspruch auf eine Regelvergütung in Höhe von 47.750 €. Wenn die Verfahrenskoordination vergütungsneutral sein soll und jeder Insolvenzverwalter denselben Abschlag hinnehmen muss, ergäbe sich für den Verwalter A ein Abschlag nach § 3 Abs. 2 lit. f InsVV in Höhe von gerundet 55 %, was bedenklich hoch scheint. Der Verwalter A müsste folglich auf 26.262,50 € an Vergütung verzichten. Stattdessen würde die Masse A durch die Umlage der Vergütung des Verfahrenskoordinators 36.323,53 € tragen müssen. Insgesamt *steigen* die Verfahrenskosten im Verfahren A saldiert um 10.061,03 €.

237 (2) Im **Verfahren B** hat der Verwalter B bei einer Berechnungsgrundlage in Höhe von 500.000 € einen Anspruch auf eine Regelvergütung in Höhe von 37.750 €. Wenn die Verfahrenskoordination vergütungsneutral sein soll und jeder Insolvenzverwalter denselben Abschlag hinnehmen muss, ergäbe sich für den Verwalter B ein Abschlag nach § 3 Abs. 2 lit. f InsVV in Höhe von gerundet 55 %, was bedenklich hoch scheint. Der Verwalter B müsste folglich auf 20.762,50 € an Vergütung verzichten. Stattdessen würde die Masse B durch die Umlage der Vergütung des Verfahrenskoordinators 18.161,76 € tragen müssen. Insgesamt *sinken* die Verfahrenskosten im Verfahren B saldiert um 2.600,74 €.

238 (3) Im **Verfahren C** hat der Verwalter C bei einer Berechnungsgrundlage in Höhe von 200.000 € einen Anspruch auf eine Regelvergütung in Höhe von 26.750 €. Wenn die Verfahrenskoordination vergütungsneutral sein soll und jeder Insolvenzverwalter denselben Abschlag hinnehmen muss, ergäbe sich für den Verwalter C ein Abschlag nach § 3 Abs. 2 lit. f InsVV in Höhe von gerundet 55 %, was bedenklich hoch scheint. Der Verwalter C müsste folglich auf 14.712,50 € an Vergütung verzichten. Stattdessen würde die Masse C durch die Umlage der Vergütung des Verfahrenskoordinators 7.264,71 € tragen müssen. Insgesamt *sinken* die Verfahrenskosten im Verfahren C saldiert um 7.447,79 €.

Rechtliche Würdigung

239 Das Beispiel und seine Folgen vermögen ein überzeugendes Konzept nicht darzulegen. Wofür ein Verfahrenskoordinator den vollen Regelsatz nach § 2 Abs. 1 InsVV auf Basis der Summe aller Berechnungsgrundlagen zuzüglich etwaiger Zuschläge nach § 3 Abs. 1 InsVV erhalten soll, lässt sich aus der gesetzlich vorgesehenen Aufgabenverteilung nicht ableiten. Dass im Beispiel die Vergütungen der Insolvenzverwalter der gruppenangehörigen Verfahren auf rund die Hälfte zu kürzen sein sollen, lässt sich mit der Tätigkeit eines Verfahrenskoordinators ebenfalls nicht rechtfertigen. Schon gar nicht ersichtlich und aus der Perspektive der Insolvenzgläubiger verfassungsrechtlich bedenklich ist, weshalb Verfahrenskosten von einem Verfahren ins andere verschoben werden sollen, wobei derzeit auch nur angenommen werden kann, dass es sich bei der Umlage der Vergütung des Verfahrenskoordinators in den gruppenangehörigen Verfahren um Verfahrenskosten i. S. d. § 54 Nr. 2 InsO handeln soll[435] (§ 1 Rz. 99), da eine entsprechende Regelung fehlt.

---

435) KPB-InsO/*Thole*, § 269g Rz. 9 (Stand: 06/2017).

Unlösbar scheint das Problem, dass die Addition der einzelnen Berechnungsgrund- 240
lagen nur dann möglich ist, wenn alle gruppenangehörigen Verfahren nahezu gleichzeitig abgeschlossen werden. Insoweit entscheidet das Verfahren mit der längsten Verfahrensdauer über den geeigneten Beendigungszeitpunkt aller Verfahren; und das nur wegen der Vergütung des Verfahrenskoordinators. Dem Gesetz ist jedoch nicht zu entnehmen, dass die Verfahrenskoordination auch vorzeitig beendet werden könnte, selbst wenn in einem Verfahren ein Insolvenzplan beabsichtigt ist und die anderen Verfahren noch jahrelang weitergeführt werden müssen. Jedenfalls bleibt trotz einer Nichteröffnung, Aufhebung oder Einstellung des Insolvenzverfahrens über das Vermögen eines gruppenangehörigen Schuldners der Gruppengerichtsstand erhalten (§ 3b InsO). Wie nach der Verfahrensbeendigung eines Verfahrens noch eine Umlage der Vergütung des Verfahrenskoordinators auf alle Verfahren möglich sein soll, bleibt zu klären.

Bis dahin können die Verfahrenskosten in den gruppenangehörigen Verfahren nur 241
sehr grob geschätzt werden, da es keine rechtliche Handhabe dafür gibt, dass ein Insolvenzverwalter gegenüber dem anderen entsprechende Auskünfte einverlangen dürfte. Daher sind die gruppenangehörigen Insolvenzverwalter nicht einmal in der Lage, ihrer Pflicht zur Einhaltung der Befriedigungsreihenfolge i. S. d. §§ 53–55, 209 Abs. 1 InsO nachzukommen, sodass Regressansprüche vorprogrammiert scheinen. Diesem Zwischenfazit könnte entgegengehalten werden, dass ohnehin in allen Verfahren derselbe Insolvenzverwalter – zudem identisch mit dem Verfahrenskoordinator – bestellt wird; gerade das soll aber nur der Ausnahmefall sein (§ 269e Abs. 1 Satz 2 InsO).[436] Mit überobligatorischer Zurückhaltung lässt sich feststellen, dass dieses (Vergütungs-)Konzept noch deutliches Entwicklungspotential hat. Freilich könnte auch konzediert werden, dass dem Gesetzgeber hier jegliche Kenntnisse des Vergütungsrechts fehlten.

8. Ungeschriebene Abschlagsfaktoren

a) Verfahrensdauer

Eine kurze Verfahrensdauer kommt jenseits des § 3 Abs. 2 lit. c InsVV als Abschlag 242
von der Vergütung des **Insolvenzverwalters** grundsätzlich nicht in Betracht,[437] schon weil eine Kongruenz zur Bewertung einer langen Verfahrensdauer (Rz. 174) bestehen muss. Darüber hinaus wäre es rechtspolitisch verfehlt, den Insolvenzverwalter durch Kürzung seiner Vergütung an einem zügigen Verfahrensabschluss zu hindern. Die Europäische Kommission hat eine effiziente Verfahrensabwicklung auch durch die Justizbehörden angemahnt[438] und die nationalen Gesetzgeber aufgefordert, einen Gebührenrahmen zu schaffen, der einen zeitnahen und effizienten

---

436) KPB-InsO/*Thole*, § 269e Rz. 5 f. (Stand: 06/2017).
437) A. A. *Haarmeyer/Mock* InsVV, § 3 Rz. 124.
438) Art. 24 Abs. 2 des Vorschlags für eine Richtlinie des Europäischen Parlamentes und des Rates über präventive Restrukturierungsrahmen, die zweite Chance und Maßnahmen zur Steigerung der Effizienz von Restrukturierungs-, Insolvenz- und Entschuldungsverfahren und zur Änderung der Richtlinie 2012/30/EU, Stand: 22.11.2016 (COM(2016) 723 final), Beilage 1 zu ZIP 1/2017.

Abschluss eines Insolvenzverfahrens ermöglicht;[439] da wäre ein Abschlag wegen kurzer Verfahrensdauer nun fast schon europarechtswidrig, zumal der Europäische Gerichtshof für Menschenrechte die Bundesrepublik Deutschland mehrfach dafür gerügt hat, dass kein Rechtsmittel gegen zu lange Verfahrensdauern bei Gerichtsverfahren bestehe,[440] was schließlich zur Einführung der §§ 198 ff. GVG[441] (Verzögerungsschaden) führte, anwendbar z. T. auch in Insolvenzverfahren[442] (§ 8 Rz. 132).

243 Hinsichtlich des **vorläufigen Insolvenzverwalters** hatte der BGH am 16.11.2006 entschieden, dass ein Abschlag in Betracht komme, wenn die vorläufige Verwaltung dreieinhalb Wochen gedauert habe.[443] Tatsächlich hatte der ursprüngliche Verordnungsgeber im Jahr 1998 ausgeführt, zur Vermeidung unangemessen hoher Vergütungen werde ausdrücklich festgelegt, dass bei kurzer Dauer der vorläufigen Insolvenzverwaltung ein Zurückbleiben hinter dem Regelsatz der Vergütung des vorläufigen Insolvenzverwalters gerechtfertigt sei.[444] Vorstellungen davon, wie lange eine vorläufige Verwaltung dauern soll, finden sich in den Materialien allerdings nicht. Diese Auffassung ist jedoch nicht mehr repräsentativ, da sie sich noch auf die veraltete Ansicht stützte, bei ungewöhnlich langer Verfahrensdauer komme ein Zuschlag für die Vergütung des Insolvenzverwalters in Betracht, sodass es – nachvollziehbar – auch korrespondierende Abschläge geben müsse. Einen Zuschlag für lange Verfahrensdauer hat der BGH jedoch inzwischen deutlich eingeschränkt (Rz. 174), was konsequenterweise dann auch umgekehrt für Abschläge gelten muss.

244 Zudem war schon in Bezug auf die genannte Entscheidung fraglich, was denn eine ungewöhnlich kurze Verfahrensdauer einer vorläufigen Verwaltung sein soll; hierzu hatte der BGH keine Begründung geliefert, da die Sache lediglich an die Vorinstanz zurückverwiesen wurde, um das Weitere zu prüfen. Es gibt keine kodifizierte Verfahrensdauer für die vorläufige Verwaltung, auf die sich eine Tatbestandsprüfung beziehen könnte. Bekanntermaßen hat sich eine dreimonatige Dauer der vorläufigen Verwaltung nur wegen des Insolvenzgeldzeitraums etabliert. Wann die letzten Gehälter gezahlt wurden, ist einer der ersten Punkte, die ein vorläufiger Insolvenzverwalter klärt, da hiervon abhängt, wie lange eine vorläufige Verwaltung maximal dauern darf, um die Rechte der Arbeitnehmer zu gewährleisten. Stellt sich heraus, dass durch Rückstand

---

439) Art. 27 Abs. 2 des Vorschlags für eine Richtlinie des Europäischen Parlamentes und des Rates über präventive Restrukturierungsrahmen, die zweite Chance und Maßnahmen zur Steigerung der Effizienz von Restrukturierungs-, Insolvenz- und Entschuldungsverfahren und zur Änderung der Richtlinie 2012/30/EU, Stand: 22.11.2016 (COM(2016) 723 final), Beilage 1 zu ZIP 1/2017.
440) EuGHMR, 5. Sektion, Urt. v. 2.9.2010 – 46344/06 [Rumpf/Deutschland], NJW 2010, 3355 auch mit Verweis auf die frühere Entscheidung EuGHMR, Große Kammer, Urt. v. 8.6.2006 – 75529/01 [Stürmeli/Deutschland], NJW 2006, 2389.
441) Gesetz über den Rechtsschutz bei überlangen Gerichtsverfahren und strafrechtlichen Ermittlungsverfahren v. 24.11.2011 (BGBl. I 2011, 2302) mit Inkrafttreten zum 3.12.2011.
442) Zu den Einzelheiten *Zimmer*, ZInsO 2011, 2302 (aufgrund eines redaktionellen Fehlers wurde hier allerdings die Verzögerungsrüge mit der Anhörungsrüge verwechselt); *Zimmer*, InsbürO 2012, 342.
443) BGH, Beschl. v. 16.11.2006 – IX ZB 302/05, ZIP 2007, 284.
444) Insolvenzrechtliche Vergütungsverordnung (InsVV) v. 19.8.1998 (BGBl. I 1998, 2205), Allgemeine Begründung, siehe Anh. III Rz. 17.

der Lohnansprüche nur eine kurze vorläufige Verwaltung möglich ist, muss der vorläufige Insolvenzverwalter in dieser kurzen Zeit mehr oder weniger dieselbe Leistung erbringen wie bei Ausschöpfen des Drei-Monats-Zeitraums. Ein Ansatzpunkt für eine Kürzung der Vergütung ist hier nicht ersichtlich.

Etwas anderes kann freilich gelten, wenn es nicht zur Verfahrenseröffnung kommt, 245 weil ein Insolvenzantrag *zurückgenommen oder für erledigt erklärt* wird und noch nicht alle Soll-Regelaufgaben eines vorläufigen Insolvenzverwalters erbracht wurden; dies gilt dann sogar für die Mindestvergütung des vorläufigen Insolvenzverwalters (§ 11 Rz. 128).

Maßgeblich ist folglich für alle Vergütungsberechtigten allein, ob alle **Soll-Regelaufgaben erfüllt** wurden, die zu erfüllen waren. Ist dies der Fall, wäre ein Abschlag wegen zügigen Handelns absurd,[445] sodass in einem entsprechend „kleinen" Verfahren auch eine Tätigkeit des vorläufigen Insolvenzverwalters von nur vier bis fünf Stunden keinen Anlass für die Kürzung der Mindestvergütung bietet.[446] 246

b) Einfache Geschäftsführung

Zum Abschlag wegen einfacher Geschäftsführung siehe Rz. 207 ff. 247

c) Arbeitserleichterung wegen Delegation einer Regelaufgabe

Gemäß §§ 5, 4 Abs. 1 Satz 3 InsVV kann der Insolvenzverwalter die Masse mit den 248 Honoraren für sog. Sonderaufgaben belasten. Sofern es sich tatsächlich nicht um eine Sonderaufgabe handelte, wurde – da nur zwischen Regel- und Sonderaufgaben zu unterscheiden ist – offensichtlich eine Regelaufgabe delegiert. Damit wurde einerseits die Masse belastet, da es sich bei den Gegenleistungen aus den entsprechenden Verträgen um sonstige Masseverbindlichkeiten i. S. d. § 55 Abs. 1 Nr. 1, Abs. 2 InsO handelt, andererseits hat der Insolvenzverwalter die Erfüllung einer geschuldeten Regelaufgabe, für die er eine Regelvergütung nach §§ 1, 2 InsVV erhält, eingespart. Es entspricht ständiger Rechtsprechung, eine Kürzung der Vergütung vorzunehmen, um eine **Doppelbelastung** der Masse mit den Honoraren von Dienstleister und Insolvenzverwalter zu vermeiden.[447]

Bedauerlicherweise hält die Umgangssprache auch in die Entscheidungen der Insolvenzgerichte und des BGH Einzug, sodass die Rechtsgrundlage für den Abzug nicht immer erkennbar ist.[448] Es kommt aber einzig ein Abschlag nach § 3 Abs. 2 InsVV wegen **Arbeitserleichterung** in Betracht.[449] Schon der Verordnungsgeber hat ausgeführt: „Im Übrigen hat das Gericht bei der Festsetzung der Zu- und 249

---

445) Ähnlich BerlKommInsO/*Blersch*, § 11 InsVV Rz. 42 (Stand: 03/2014).
446) BGH, Beschl. v. 14.12.2006 – IX ZB 190/03, ZInsO 2007, 88.
447) Vgl. nur BGH, Beschl. v. 11.11.2004 – IX ZB 48/04, ZIP 2005, 36; BGH, Beschl. v. 11.10.2007 – IX ZB 234/06, ZIP 2007, 2323; BGH, Beschl. v. 14.11.2012 – IX ZB 95/10, ZInsO 2013, 152; BGH, Beschl. v. 4.12.2014 – IX ZB 60/13, Rz. 17, ZIP 2015, 138.
448) BGH, Beschl. v. 11.11.2004 – IX ZB 48/04, ZIP 2005, 36; BGH, Beschl. v. 14.11.2012 – IX ZB 95/10, ZInsO 2013, 152; BGH, Beschl. v. 14.11.2013 – IX ZB 161/11, ZIP 2013, 2413; BGH, Beschl. v. 4.12.2014 – IX ZB 60/13, Rz. 17, ZIP 2015, 138; BGH, Beschl. v. 14.7.2016 – IX ZB 62/15, ZIP 2016, 1645.
449) BGH, Beschl. v. 11.10.2007 – IX ZB 234/06, ZIP 2007, 2323; *Ganter*, ZInsO 2016, 677, 679.

Abschläge zur Regelvergütung zu prüfen, inwieweit die Tätigkeit des Verwalters durch den Abschluss von Dienst- oder Werkverträgen für die Insolvenzmasse vereinfacht worden ist."[450] Denn in solchen Fällen käme explizit ein Abschlag nach § 3 Abs. 2 InsVV in Betracht.[451] Der Unterschied zwischen einem Abschlag nach § 3 Abs. 2 InsVV und einem Regress nach §§ 60, 92 Satz 2 InsO sollte hinreichend beachtet werden, da das Insolvenzgericht nur für Ersteres gesetzlicher Richter ist. Die Formulierung, ein zu Unrecht der Masse entnommener Betrag sei an die Masse zu erstatten, oder die Auffassung, der Rückzahlungsanspruch könne vom Insolvenzgericht mit dem Vergütungsanspruch des Insolvenzverwalters verrechnet werden,[452] ist daher unzutreffend. Der Unterschied besteht u. a. darin, dass der Insolvenzverwalter vortragen kann, trotz der Delegation einer vermeintlichen Regelaufgabe keine Arbeitsersparnis erzielt zu haben. Kein tauglicher Einwand gegen einen Abschlag ist hingegen die Äußerung, die Delegation sei im Interesse der Masse erfolgt,[453] da dies ohnehin conditio sine qua non für jedes Verwalterhandeln ist und ohne ein Masseinteresse eine Insolvenzzweckwidrigkeit vorliegen würde.

250 Ein Abschlag entfällt, wenn bei der Masse bereits **Kompensation** eingetreten ist, z. B. bei einer Kostenerstattung durch die Gegenseite nach einer rechtlichen Auseinandersetzung, da durch eine nochmalige Berücksichtigung im Vergütungsfestsetzungsverfahren eine ungerechtfertigte Bereicherung der Masse eintreten würde.[454]

251 Da die Masse bereits mit einem Euro-Betrag belastet wurde, kann auch der **Abschlag in Euro** erfolgen, er muss nicht in einen Prozentsatz umgerechnet werden. Der Abzug erfolgt auf der Netto-Ebene, zumindest bei zum Vorsteuerabzug berechtigten Schuldnern. Der Abschlag kann je nach Höhe der durch die Delegation begründeten Verbindlichkeiten auch die gesamte Vergütung aufzehren,[455] jedoch nicht die Auslagenpauschale, die sich auf die Regelvergütung bezieht.

252 Da es sich um einen Abschlag nach § 3 Abs. 2 InsVV handelt, wird nicht etwa die Regelvergütung gekürzt,[456] die Basis für (andere) Zu- und Abschläge ist.

d) Arbeitserleichterung wegen Delegation einer Sonderaufgabe

253 Gemäß §§ 5, 4 Abs. 1 Satz 3 InsVV kann der Insolvenzverwalter die Masse mit den Honoraren für sog. Sonderaufgaben belasten. Kollidieren die hierfür aus der Masse entrichteten Honorare als sonstige Masseverbindlichkeiten mit Vergütungszuschlägen i. S. d. § 3 Abs. 1 InsVV, ist eine Kürzung des Vergütungszuschlags zu

---

450) Insolvenzrechtliche Vergütungsverordnung (InsVV) v. 19.8.1998 (BGBl. I 1998, 2205), Begründung zu § 4 InsVV, siehe Anh. III Rz. 46.
451) Insolvenzrechtliche Vergütungsverordnung (InsVV) v. 19.8.1998 (BGBl. I 1998, 2205), Begründung zu § 3 InsVV, siehe Anh. III Rz. 42.
452) LG Flensburg, Beschl. v. 4.11.2003 – 5 T 323/03, ZInsO 2003, 1093.
453) *Graeber/Graeber*, ZInsO 2013, 1284, 1289.
454) BGH, Beschl. v. 8.7.2010 – IX ZB 222/09, ZInsO 2010, 1503; LG Saarbrücken, Beschl. v. 3.1.2007 – 5 T 532/06, ZVI 2007, 334.
455) BGH, Beschl. v. 10.10.2013 – IX ZB 38/11, Rz. 27, ZIP 2013, 2164.
456) **A. A.** offenbar KPB-InsO/*Stoffler*, § 4 InsVV Rz. 108 (Stand: 05/2016), jedoch ohne nachvollziehbare Begründung.

prüfen (Rz. 36 ff.). Handelte es sich hingegen um eine delegierte Regelaufgabe, kann ein Abschlag nach § 3 Abs. 2 InsVV wegen Arbeitserleichterung in Betracht kommen (Rz. 248 ff.).

Teils wird darüber hinaus vertreten, die Delegation einer *Sonderaufgabe* könne zu einem Abzug über § 3 Abs. 2 InsVV wegen einer ersparten *Regelaufgabe* führen, also nicht nur zu einer Minderung eines Zuschlags.[457] Soll z. B. die Ermittlung von Anfechtungsansprüchen wegen ihrer Komplexität Sonderaufgabe sein, würde die Regelaufgabe der Ermittlung einfacher Anfechtungsansprüche entfallen.[458] Nichts anderes gälte bei Verwertungshandlungen, die als Sonderaufgaben eingestuft wurden,[459] denn schließlich entfielen einfache Verwertungshandlungen. Daher könnten die Kosten eines aus der Masse honorierten Dienstleisters von der Vergütung in Abzug gebracht werden.[460] Eine solche vergütungsrechtliche **Substituierung von Regelaufgaben durch Sonderaufgaben** ist jedoch abzulehnen. Soweit für derartige Sonderaufgaben trotz Delegation auch noch ein Vergütungszuschlag geltend gemacht wird, besteht bereits ein abgeschlossenes Vergütungskonzept (Rz. 36 ff.). Soweit kein Zuschlag geltend gemacht wird, kann sich die Gegenansicht nicht auf eine rechtliche Grundlage stützen. Die Vielzahl der massearmen und Stundungsverfahren zeigt, dass es auch Verfahren ganz ohne ausreichende Vermögenswerte gibt, auf die sich eine Regelaufgabe der Verwertung beziehen könnte. Insoweit bedeutet Regelaufgabe nur, sich um das zu kümmern, was da ist. Was nicht da ist, kann auch keine Regelaufgabe begründen. Wenn der Verordnungsgeber hinsichtlich dessen, was zu tun ist, auch delegationsfähige Sonderaufgaben anerkennt und ausdrücklich regelt, dass dies die Vergütung nicht beeinflussen kann, scheiden die Sonderaufgaben ohne Auswirkung auf die Vergütung aus dem Kreis der vom Insolvenzverwalter zu erfüllenden Regelaufgaben aus. Ungeachtet dessen führt eine Delegation von Sonderaufgaben – zumindest bei rechtmäßigem Vorgehen – nie zu einer vollständigen Beseitigung der Regelaufgaben, da auch in einer solchen Konstellation der Insolvenzverwalter den Dienstleister zu informieren, anzuleiten und zu überwachen hat,[461] überdies trägt der Insolvenzverwalter das Haftungsrisiko (§ 60 InsO). Dem kann pauschal dadurch gerecht werden, dass die Kosten des Dienstleisters nur zu 90 % von der Vergütung in Abzug gebracht werden,[462] soweit sich im Vergütungsantrag nicht dezidierte Ausführungen zur Aufgabenverteilung finden. Eine weitere Schwierigkeit, der die Gegenansicht nicht Rechnung trägt, ist der Umstand, dass marktübliche Honorare für Dienstleister meist höher ausfallen als die Vergütung des Insolvenzverwalters für dieselbe Tätigkeit. Die Anwendung der Gegenansicht würde mithin dazu führen, dass eine überobligatorische Minderung der Vergütung erfolgt. Im Ergebnis setzt sich die Gegenansicht über die vom Verordnungsgeber vorgesehene vergütungsrechtliche Auswirkung der Trennung von Regel- und Sonderaufgaben hinweg.

---

457) *Ganter*, ZInsO 2016, 677, 681; *Graeber/Graeber*, ZInsO 2013, 1284, 1290.
458) *Ganter*, ZInsO 2016, 677, 681.
459) *Haarmeyer/Mock* InsVV, § 4 Rz. 29.
460) BGH, Beschl. v. 11.10.2007 – IX ZB 234/06, ZIP 2007, 2323.
461) *Graeber/Graeber*, ZInsO 2013, 1284, 1289.
462) *Graeber/Graeber*, ZInsO 2013, 1284, 1290.

§ 4 Geschäftskosten, Haftpflichtversicherung

255 Ein Abschlag nach § 3 Abs. 2 InsVV kommt allerdings für den **vorläufigen Insolvenzverwalter** in Betracht, wenn ein Vermögensgegenstand, an dem nach Verfahrenseröffnung Aus- oder Absonderungsrechte geltend gemacht werden können, wegen erheblicher Befassung in die Berechnungsgrundlage aufgenommen wird, jedoch ein wesentlicher Teil der erheblichen Befassung einem Dienstleister zuzuordnen ist, der aus der Masse honoriert wurde. Zwar ist die Definition der Erheblichkeit i. S. d. Einbeziehung in die Berechnungsgrundlage identisch mit der Definition der Mehrbelastung i. S. e. Zuschlagsgewährung,[463] jedoch wird die Zuschlagsgewährung hier durch die Einbeziehung in die Berechnungsgrundlage ersetzt, sodass kein Zuschlag vorliegt, der gemindert werden könnte.

e) Verhinderung der Masseinsuffizienz

256 Die Vergütung des Insolvenzverwalters orientiert sich einzig an deren Angemessenheit im Verhältnis zur Tätigkeit. Ob die Höhe der Vergütung zum Eintritt der Massearmut oder Masseunzulänglichkeit führen kann, ist irrelevant.[464]

---

463) BGH, Beschl. v. 28.9.2006 – IX ZB 230/05, Rz. 20, ZIP 2006, 2134.
464) BGH, Beschl. v. 18.12.2003 – IX ZB 50/03, ZIP 2004, 518; a. A. *Haarmeyer/Mock* InsVV, § 3 Rz. 124.

§ 4
Geschäftskosten, Haftpflichtversicherung

(1) ¹Mit der Vergütung sind die allgemeinen Geschäftskosten abgegolten. ²Zu den allgemeinen Geschäftskosten gehört der Büroaufwand des Insolvenzverwalters einschließlich der Gehälter seiner Angestellten, auch soweit diese anläßlich des Insolvenzverfahrens eingestellt worden sind. ³Unberührt bleibt das Recht des Verwalters, zur Erledigung besonderer Aufgaben im Rahmen der Verwaltung für die Masse Dienst- oder Werkverträge abzuschließen und die angemessene Vergütung aus der Masse zu zahlen.

(2) Besondere Kosten, die dem Verwalter im Einzelfall, zum Beispiel durch Reisen, tatsächlich entstehen, sind als Auslagen zu erstatten.

(3) ¹Mit der Vergütung sind auch die Kosten einer Haftpflichtversicherung abgegolten. ²Ist die Verwaltung jedoch mit einem besonderen Haftungsrisiko verbunden, so sind die Kosten einer angemessenen zusätzlichen Versicherung als Auslagen zu erstatten.

Literatur: *Beck*, Verpflichtung zur Abgabe einer Einkommensteuererklärung in Insolvenzverfahren, insbesondere bei der Antragsveranlagung, NZI 2012, 991; *Blersch/Bremen*, Entwurf des VID für ein Gesetz zur Insolvenzrechtlichen Vergütung (E-InsVG), Beilage 1 zu ZIP 28/2014; *Bork*, Verfolgungspflichten – Muss der Insolvenzverwalter alle Forderungen einziehen?, ZIP 2005, 1120; *Bork*, Beauftragung von Dienstleistern durch den Insolvenzverwalter; Regelaufgabe oder besondere Aufgabe, ZIP 2009, 1747; *Bucher*, Die Archivierung von Geschäftsunterlagen, ZInsO 2007, 1031; *van Bühren*, Die Berufshaftpflichtversicherung des Insolvenzverwalters, NZI 2003, 465; *Cranshaw*, Haftung, Versicherung und Haftungsbeschränkung des (vorläufigen) Gläubigerausschusses?, ZInsO 2012, 1151; *Dinstühler*, Die Abwicklung masseamer Insolvenzverfahren nach der Insolvenzordnung, ZIP 1998, 1697; *Donath*, Die Einschaltung Dritter bei Be- und Verwertung – Probleme des Missbrauchs, ZInsO 2008, 1364; *Frind*, Der vorläufige Gläubigerausschuss – Rechte, Pflichten, Haftungsgefahren – Gläubigerverantwortung im Eröffnungsverfahren: haftungsrechtlicher Schleudersitz?, ZIP 2012, 1380; *Ganter*, Nochmals: Die Delegation der Ermittlung von Anfechtungsansprüchen, ZInsO 2016, 677; *Haarmeyer*, Gläubigerinformationssysteme – Ausdruck professioneller Verfahrensgestaltung oder erstattungsfähige Kosten?, InsbürO 2016, 97; *Holzer*, Die Haftung des Insolvenzverwalters für Verschulden von Beauftragten, NZI 2016, 903; *Jacoby*, Die Einschaltung der eigenen Sozietät durch den Insolvenzverwalter, ZIP 2005, 1060; *Laubereau*, Die Delegation der Ermittlung von Anfechtungsansprüchen, ZInsO 2016, 496; *Pape*, Erstattungsfähigkeit der Steuerberaterkosten bei Unverständnis der Finanzverwaltung, ZInsO 2004, 1051; *Prasser*, Steuerberatungskosten als Auslagen des Verwalters gemäß § 54 Nr. 2 InsO bei Masseunzulänglichkeit, in: FS Kübler, 2015, S. 551; *Rattunde/Röder*, Verfahreneröffnung und Kostendeckung nach der InsO, DZWiR 1999, 309; *Stiller*, Absetzung von Reisekosten eines beauftragten Prozessanwalts vor der Insolvenzverwaltervergütung bei Prozessführung an einem auswärtigen Gericht?, ZInsO 2016, 28; *Vallender*, Wohin mit den Patientenakten?, NZI 2013, 1001; *Vogt*, Die neue Vergütung in Verbraucherinsolvenzverfahren und der „Dauerbrenner" Zustellkosten, ZVI 2016, 9; *Wienberg/Voigt*, Aufwendungen für Steuerberatungskosten bei masseunzulänglichen Insolvenzverfahren als Auslagen des Verwalters gemäß § 54 Nr. 2 InsO; *Wiester/Wilk*, Zur Einschaltung von Industriegutachtern durch den vorläufigen Insolvenzverwalter, NZI 2007, 12; *Zimmer*, Die Vergütung der Mitglieder des Gläubigerausschusses, ZIP 2013, 1309; *Zipperer*, Was, wenn nicht alles endet, wenn alles endet …?, in: FS Kübler, 2015, S. 859.

Übersicht

I. Zweck der Norm 1
II. Historie 2
III. Rechtsnatur der Norm 3
1. Im Allgemeinen 3
2. § 4 Abs. 1 Satz 3 InsVV 4
IV. Abgeltungsbereich der Vergütung (§ 4 Abs. 1 Satz 1 und 2 InsVV) 8
1. Vergütung als Tatbestandsmerkmal/ Persönlicher Anwendungsbereich 8
2. Geschäftskosten als Tatbestandsmerkmal 13
V. Beauftragung Dritter (§ 4 Abs. 1 Satz 3 InsVV) 17
1. Tatbestandsmerkmale 17
2. Abgrenzung zur Betriebsfortführung 19
3. Dritter als Gesellschaft mit Verwalterbeteiligung 27
4. Regel- und Sonderaufgaben 32
   a) Allgemeine Abgrenzungskriterien 32
   b) Ermittlung, Inventarisierung und Bewertung der Masse 38
   c) Verwertung im Allgemeinen 41
   d) Grundstücksangelegenheiten 44
   e) Handels- und steuerrechtliche Buchführung bzw. Jahresabschlüsse 49
   aa) Sonderaufgabe 49
   bb) Betriebsfortführung 53
   cc) Fehlende Notwendigkeit 54
   f) Verwalterbuchführung 58
   g) Steuererklärungen und -beratung 60
   aa) Allgemeines 60
   bb) Einkommensteuer 62
   (1) Entscheidungen des BGH 62
   (2) Eigene Ansicht 63
   cc) Körperschaftsteuer 69
   dd) Gewerbesteuer 70
   ee) Besonderheit Personengesellschaft 71
   ff) Umsatzsteuer 72
   gg) Sonstige Steuerarten 76
   hh) Prüfung von Steuerbescheiden 78
   ii) Rechtsmittel gegen Steuerbescheide 79
   h) Betriebswirtschaftliche Analysen und Gutachten 80
   i) Rechtsberatung 81
   aa) Allgemeines 81
   bb) Sachverhaltsermittlung 82
   cc) Geltendmachung von Ansprüchen 87
   dd) Streitbefangenheit des Anspruchs 94
   ee) Nachträgliche Regelaufgabe? 97
   ff) Auswärtige Rechtsstreite – Zusatzkosten 98
   gg) Zwangsvollstreckungsmaßnahmen 103
   hh) Außergerichtliche (Rechts-)Beratung/Sonstiges 107
   j) Arbeitnehmerangelegenheiten 112

§ 4   Geschäftskosten, Haftpflichtversicherung

k) Archivierung von Geschäftsunterlagen/Datenzugriff 118
l) Gläubigerinformationssystem/ Digitalisierung 122
5. Angemessene Vergütung 124
6. Unberechtigte Entnahmen 128
VI. Erstattung besonderer Kosten (§ 4 Abs. 2 InsVV) 129
1. Allgemeines 129
2. Abgrenzung zur Betriebsfortführung 134
3. Reisekosten 135
4. Übertragenes Zustellungswesen 139
5. Oktroyierte Delegation in Stundungsverfahren 148
6. Sonstige „unausweichliche" Kosten 152
7. Unberechtigte Entnahmen 156
VII. Kosten einer Haftpflichtversicherung (§ 4 Abs. 3 InsVV) 157
1. Versicherungsprämien als allgemeine Geschäftskosten (§ 4 Abs. 3 Satz 1 InsVV) 157
2. Versicherungsprämien als besondere Kosten (§ 4 Abs. 3 Satz 2 InsVV) 158
   a) Allgemeines 158
   b) Besonderes Haftungsrisiko als Tatbestandsmerkmal 159
   c) Angemessenheit des Versicherungsschutzes 163
   d) Rechtsnatur/Entnahme/ Festsetzungsverfahren 166

I. Zweck der Norm

1 Nach den allgemeinen Grundprinzipien des Kostenrechts soll die in einer Vergütungskodifikation geregelte Vergütung neben der Gewinnerwartung auch – und vor allem – die Geschäftskosten des Vergütungsberechtigten abgelten; ein Auslagenersatz ist stets gesondert geregelt. Dieses Grundprinzip findet über § 4 InsVV Eingang in das insolvenzrechtliche Vergütungsrecht. Lediglich § 4 Abs. 1 Satz 3 InsVV weist insoweit eine Besonderheit auf, als in Kombination mit § 5 InsVV geregelt werden soll, welche Aufgaben als Regelaufgaben mit der Vergütung des Insolvenzverwalters abgegolten sind und welche als Sonderaufgaben unmittelbar von der Masse zu tragen sind. Ferner sind die besonderen Auslagen des § 4 Abs. 2, Abs. 3 Satz 2 InsVV von den allgemeinen Auslagen des § 8 Abs. 3 InsVV abzugrenzen.

II. Historie

2 § 4 InsVV ist seit Einführung der InsVV zum 1.1.1999[1] unverändert.

III. Rechtsnatur der Norm

1. Im Allgemeinen

3 § 4 Abs. 1 Satz 1 InsVV übernimmt ein allgemeines Prinzip des Kostenrechts, nach dem die Geschäftskosten des Vergütungsberechtigten von der Vergütung abgegolten sind. Die Norm hat klarstellende Wirkung zur Vorbereitung der Definition zusätzlichen Auslagenersatzes. Auch § 4 Abs. 1 Satz 2 InsVV hat klarstellende Wirkung, gehört aber im Grunde nur zu den Motiven des Verordnungsgebers. § 4 Abs. 2 InsVV ist Ausprägung des Anspruchs auf Auslagenersatz gemäß § 63 Abs. 1 Satz 1 InsO. § 4 Abs. 3 Satz 1 InsVV enthält wiederum eine Klarstellung des Inhalts, dass auch die Kosten einer Haftpflichtversicherung von der Vergütung abgegolten sind. Gleichfalls dient die Norm als Ausgangslage, um gemäß § 4 Abs. 3 Satz 2 InsVV einen zusätzlichen Anspruch zu ermöglichen, der sich aus den Kosten einer überobligatorischen Haftpflichtversicherung ergeben kann.

---

1) Insolvenzrechtliche Vergütungsverordnung (InsVV) v. 19.8.1998 (BGBl. I 1998, 2205), siehe Anh. III.

Geschäftskosten, Haftpflichtversicherung § 4

2. § 4 Abs. 1 Satz 3 InsVV

Vordergründig hat § 4 Abs. 1 Satz 3 InsVV nur klarstellende Wirkung, um im 4
Anschluss an § 4 Abs. 1 Satz 2 InsVV zu verdeutlichen, dass nicht sämtliche Aufgaben eines Insolvenzverwalters unabhängig von der Größe und Komplexität des Verfahrens von der Vergütung abgedeckt werden. Dies stellt eine **Besonderheit innerhalb des Kostenrechts** dar, da das Aufgabenspektrum eines Insolvenzverwalters weitaus größer ist als dasjenige der Vergütungsberechtigten nach anderen Vergütungsordnungen. Dass der Insolvenzverwalter Dienst- und Werkverträge mit Dritten zulasten der Masse schließen kann, ergibt sich materiell-rechtlich aus § 80 Abs. 1 InsO, der den Übergang der Verwaltungs- und Verfügungsbefugnis über das Vermögen des Schuldners auf den Insolvenzverwalter überträgt. Bis hierhin kann eine eindeutige Rechtsnatur der Norm daher nicht erkannt werden.

§ 4 Abs. 1 Satz 3 InsVV weist die Besonderheit auf, dass – gemeinsam mit § 5 InsVV – 5
geklärt werden soll, welche sonstigen Masseverbindlichkeiten i. S. d. § 55 Abs. 1 Nr. 1, Abs. 2 InsO den Vergütungsanspruch tangieren sollen (§ 8 Abs. 2 InsVV). Hierzu soll zwischen **Regel- und Sonderaufgaben** des Vergütungsberechtigten differenziert werden. Da die InsVV jedoch nur eine Verordnung i. S. d. Art. 80 Abs. 1 GG ist, scheint zweifelhaft, ob § 65 InsO als Ermächtigungsgrundlage für die Schaffung der InsVV ausreicht, um die nicht einmal in der InsO abschließend geregelten Aufgaben der Vergütungsberechtigten zu definieren. Die Regelung der Aufgaben des Insolvenzverwalters steht unter dem Vorbehalt des Gesetzgebers bzw. der Rechtsprechung zu einer diesbezüglichen gesetzlichen Regelung. Der BGH hat in Bezug auf die Befassung mit Aus- und Absonderungsrechten deutlich zwischen den Aufgaben eines Insolvenzverwalters und denen eines vorläufigen Insolvenzverwalters unterschieden und hieraus vergütungsrechtliche Konsequenzen abgeleitet, die nach seiner Auffassung zur Nichtigkeit bestimmter früherer Normen der InsVV geführt haben,[2] was eine anschließende Verschiebung des Regelungsgehalts der beanstandeten Normen in die InsO zur Folge hatte.[3] In Konsequenz dessen muss angenommen werden, dass auch eine vergütungsrechtliche Aufteilung von Regel- und Sonderaufgaben nur durch den InsO-Gesetzgeber vorgenommen werden kann (vgl. § 5 Rz. 9 ff.). Daher scheint es de lege ferenda verfassungsrechtlich geboten, den Regelungsgehalt der §§ 5, 4 Abs. 1 Satz 3 InsVV in § 63 InsO zu verschieben oder aus der InsVV ein Gesetz zu machen. *Insoweit sind verfassungsrechtliche Bedenken gegen § 4 Abs. 1 Satz 3 InsVV aus formalen Gründen zu erheben.*

Hinsichtlich § 4 Abs. 1 Satz 3 InsVV ist ergänzend bedenklich, dass der Insolvenz- 6
verwalter zuerst einen Dritten mit der Erledigung bestimmter Aufgaben betraut und ihn hierfür aus der Masse entlohnt, um dann Jahre später mit dem Insolvenzgericht eine Auseinandersetzung darüber zu führen, ob die delegierten Aufgaben Regel- oder Sonderaufgaben waren. Insoweit fehlt es an einer verfassungsrechtlich gebotenen **Rechtssicherheit**, denn die getätigten Geschäfte kann der Insolvenz-

---

[2] BGH, Beschl. v. 15.11.2012 – IX ZB 130/10, ZInsO 2013, 100 (Absonderungsrechte); BGH, Beschl. v. 15.11.2012 – IX ZB 88/09, ZInsO 2013, 44 (Aussonderungsrechte).
[3] § 63 Abs. 3 InsO eingeführt und § 11 InsVV geändert durch das Gesetz zur Verkürzung des Restschuldbefreiungsverfahrens und zur Stärkung der Gläubigerrechte v. 15.7.2013 (BGBl. I 2013, 2379), siehe Anh. XII.

verwalter nicht rückgängig machen. Anders als im Bereich des § 3 Abs. 1 InsVV, wo es darauf ankommt, ob der Insolvenzverwalter selbst für seine Tätigkeit einen Vergütungszuschlag bekommen kann oder nicht, hat die Anwendung des § 4 Abs. 1 Satz 3 InsVV zur Folge, dass Honorare, die ein Dritter nach meist viel günstigeren Vergütungsordnungen oder marktüblichen Konditionen aus der Masse enthalten hat, von der Vergütung des Insolvenzverwalters abgezogen werden können (§ 3 Rz. 248 ff.). Die Kriterien hierfür unterliegen jedoch faktisch einer ex-post-Betrachtung durch den Rechtspfleger bzw. Tatrichter im Einzelfall und sind einem ständigen Wandel unterzogen. Nimmt der Staat für Aufgaben, deren Wahrnehmung im öffentlichen Interesse liegt, Staatsbürger beruflich in Anspruch, dann erweist es sich – unabhängig davon, ob die Aufgabenerfüllung freiwillig oder gezwungenermaßen erfolgt – als übermäßige, durch keine Gründe des Gemeinwohls gerechtfertigte Einschränkung der freien Berufsausübung (Art. 12 Abs. 1 GG), diese Tätigkeit nicht durch eine angemessene Vergütung zu entlohnen.[4] Der Staat hat also sicherzustellen, dass der Insolvenzverwalter eine auch seine persönlichen Bedürfnisse deckende Vergütung enthält.[5] Regelungen für die Vergütung beruflicher Leistungen und hierauf gründende Entscheidungen, die auf die Einnahmen, welche durch eine berufliche Tätigkeit erzielt werden können, und damit auch auf die Existenzerhaltung von nicht unerheblichem Einfluss sind, greifen in die Freiheit der Berufsausübung ein.[6] Es bestehen erhebliche verfassungsrechtliche Bedenken insoweit, als die Frage, welche Tätigkeit zu vergüten ist, im Rahmen des § 4 Abs. 1 Satz 3 InsVV letztlich nachträglich anhand des Zeitgeistes – und nicht einmal durch ein Gesetz oder Rechtsprechung der ordentlichen Gerichte – beurteilt wird, anstatt vorher einen belastbaren Aufgabenkatalog gesetzlich zu regeln. *Daher bestehen gegen § 4 Abs. 1 Satz 3 InsVV auch aus materiell-rechtlichen Gründen erhebliche verfassungsrechtliche Bedenken.*

7 Insgesamt empfiehlt sich daher die **Einführung eines Gesetzes** über die insolvenzrechtliche Vergütung.[7] Denn der Insolvenzverwalter untersteht lediglich der Aufsicht des Insolvenzgerichts (§ 58 InsO); § 4 Abs. 1 Satz 3 InsVV führt jedoch dazu, dass der Rechtspfleger am Insolvenzgericht an Stelle des Gesetzgebers die Aufgaben eines Insolvenzverwalters definiert. Insgesamt wird auf diese Weise Rechtsaufsicht und Rechtsetzung verwechselt, sodass eine bedenkliche Durchbrechung des Gewaltenteilungsprinzips anzunehmen ist.

IV. Abgeltungsbereich der Vergütung (§ 4 Abs. 1 Satz 1 und 2 InsVV)

1. Vergütung als Tatbestandsmerkmal/Persönlicher Anwendungsbereich

8 Mit der Vergütung des Insolvenzverwalters sind dessen allgemeinen Geschäftskosten abgegolten (§ 4 Abs. 1 Satz 1 InsVV). Zunächst ist daher die Vergütung als Tatbestandsmerkmal und Abgeltungssubjekt zu definieren.

---

4) BVerfG, Urt. v. 1.7.1980 – 1 BvR 349/75, 1 BvR 378/76, NJW 1980, 2179; BGH, Urt. v. 5.12.1991 – IX ZR 275/90, ZIP 1992, 120.
5) BGH, Urt. v. 5.12.1991 – IX ZR 275/90, ZIP 1992, 120.
6) BVerfG, Beschl. v. 31.8.2005 – 1 BvR 700/05, ZIP 2005, 1694.
7) Vgl. auch *Blersch/Bremen*, Beilage 1 zu ZIP 28/2014.

Geschäftskosten, Haftpflichtversicherung § 4

Mit der Vergütung des **Insolvenzverwalters** ist zunächst die aus §§ 1–2 InsVV 9
resultierende Vergütung gemeint, was sich aus der systematischen Stellung des § 4
Abs. 1 InsVV ergibt. Trotz eines Systembruchs ist mit der Vergütung auch diejenige für eine Nachtragsverteilung (§ 6 Abs. 1 InsVV) und für die Überwachung
eines Insolvenzplans (§ 6 Abs. 2 InsVV) gemeint, da sie demjenigen Insolvenzverwalter gebührt, der für die entsprechende Tätigkeit trotz Aufhebung oder Einstellung des Insolvenzverfahrens weiter amtiert.

Wegen des Generalverweises in § 10 InsVV auf den Ersten Abschnitt der InsVV 10
erstreckt sich der Vergütungsbegriff des § 4 Abs. 1 Satz 1 und 2 InsVV ferner auf
die Vergütung des **vorläufigen Insolvenzverwalters** (§ 11 InsVV), die Vergütung
des **(vorläufigen) Sachwalters** (§ 12 InsVV) und die Vergütung des **Treuhänders
im vereinfachten Insolvenzverfahren** alten Rechts[8]) (§ 13 InsVV a. F.[9])). Wegen
des Verweises in § 269f Abs. 3 InsO auf §§ 63–65 InsO gilt dies ebenso für den
Verfahrenskoordinator in der nationalen Konzerninsolvenz (§§ 269a–269i InsO[10])).

Nicht geregelt ist die Anwendung des § 4 Abs. 1 Satz 1 InsVV auf die Vergütung 11
des **Gruppenkoordinators** nach Art. 77 Abs. 1 EuInsVO. Derzeit ist nicht von
einer Anwendbarkeit auszugehen (§ 1 Rz. 196). Keine Anwendung findet § 4 Abs. 1
Satz 1 InsVV auf die Vergütung der Mitglieder eines **Gläubigerausschusses**, da eine
entsprechende Verweisungsnorm fehlt. Weder dem Gesetz- noch dem Verordnungsgeber ist die Erkenntnis zu unterstellen, auch ein Gläubigerausschussmitglied
könne Geschäftskosten haben.

Auch die Tätigkeit als **Treuhänder in der Wohlverhaltensphase** gemäß § 292 InsO 12
im Anschluss an ein Insolvenzverfahren über das Vermögen einer natürlichen Person,
die Restschuldbefreiung beantragt hat, wird vom Gesetz- und Verordnungsgeber
offenbar ausschließlich in einer Überwachungsfunktion gesehen. Jedenfalls fehlt im
einschlägigen Dritten Abschnitt der InsVV ein Verweis auf § 4 Abs. 1 Satz 1 und 2
InsVV, sodass das Vorhandensein von Geschäftskosten völlig ignoriert wird. Von
Interesse ist daher, dass aufgrund der Gesetzessystematik die Vergütung des Treuhänders i. S. d. §§ 14–16 InsVV ausdrücklich nicht die Geschäftskosten des Treuhänders abzugelten geeignet sein muss, was die Möglichkeit eröffnet, Auslagenerstattungsansprüche ins Felde zu führen. Dagegen würde jedoch voraussichtlich
behauptet, es läge nur ein Redaktionsversehen des Verordnungsgebers vor.

2. Geschäftskosten als Tatbestandsmerkmal

Die Abgeltung der Geschäftskosten (als Abgeltungsobjekt) des Vergütungsberech- 13
tigten durch die Vergütung ist eine *allgemeine Floskel des Kostenrechts*. So dienen

---

[8] § 313 InsO aufgehoben durch das Gesetz zur Verkürzung des Restschuldbefreiungsverfahrens und zur Stärkung der Gläubigerrechte v. 15.7.2013 (BGBl. I 2013, 2379), siehe
Anh. XII Rz. 83.
[9] § 13 InsVV geändert durch das Gesetz zur Verkürzung des Restschuldbefreiungsverfahrens und zur Stärkung der Gläubigerrechte v. 15.7.2013 (BGBl. I 2013, 2379), siehe
Anh. XII Rz. 101.
[10] §§ 269a–269i InsO eingefügt durch das Gesetz zur Erleichterung der Bewältigung von
Konzerninsolvenzen v. 13.4.2017 (BGBl. I 2017, 866) mit Inkrafttreten zum 21.4.2018
(Art. 10 des Änderungsgesetzes), siehe Anh. XV.

entsprechende Formulierungen in § 3 Abs. 1 StBVV sowie in der Vorbemerkung 7 Abs. 1 Satz 1 der Anlage 1 zu § 2 Abs. 2 RVG der Abgrenzung der Vergütung zu einem konkreten und zusätzlichen Auslagenersatz. Auch § 4 Abs. 1 Satz 1 InsVV dient daher allgemein nur der *Abgrenzung zu einem Auslagenersatzanspruch* i. S. d. § 8 Abs. 3 InsVV und insolvenzspezifisch als *Vorbemerkung zum besonderen Kostenersatz* nach § 4 Abs. 2 InsVV. Allgemeine Geschäftskosten sind diejenige Kosten, die beim Vergütungsberechtigten **ohne Bezug auf ein bestimmtes Verfahren** bzw. Mandat anfallen. Gelegentlich fallen hier Abgrenzungsprobleme an, die im Zusammenhang mit § 4 Abs. 2 InsVV, § 4 Abs. 1 Satz 3 InsVV oder § 4 Abs. 3 InsVV zu prüfen sind.

14 Gemäß § 4 Abs. 1 Satz 2 InsVV zählt zu den **Geschäftskosten** der *Büroaufwand* des Insolvenzverwalters einschließlich der *Gehälter seiner Angestellten*, auch soweit diese anlässlich des Insolvenzverfahrens eingestellt worden sind. Ersteres gehört zu den allgemeinen Floskeln des Kostenrechts, Letzteres ist im Grunde als Verordnungstext überflüssig, da lediglich zu den Motiven des InsVV-Verordnungsgebers gehörend; denn § 5 Abs. 2 VergVO[11] als Vorläufernorm für den Geltungsbereich von KO[12]/GesO[13]/VerglO[14] sah insoweit noch einen gesonderten Auslagenerstattungsanspruch für neu eingestellte Mitarbeiter vor. Maßgeblich allein ist die für den Anwendungsbereich der InsVV konzipierte Delegationsbefugnis des Insolvenzverwalters nach Maßgabe des § 4 Abs. 1 Satz 3 InsVV. Notwendige „Zuarbeit" ist daher nicht mehr zwingend vom Insolvenzverwalter vorzufinanzieren und als Auslagenersatz geltend zu machen, sondern kann über entsprechende Dienst- oder Werkverträge mit Dritten unmittelbar als Masseverbindlichkeit i. S. d. § 55 Abs. 1 Nr. 1, Abs. 2 InsO honoriert werden.

15 Der Übergang von den Geschäftskosten des Insolvenzverwalters i. S. d. § 4 Abs. 1 Satz 1 und 2 InsVV (Kostenschuldner: Insolvenzverwalter) zu den **Dienst- und Werkverträgen** i. S. d. § 4 Abs. 1 Satz 3 InsVV (Kostenschuldner: „Insolvenzmasse") bedarf im Einzelfall einer konkreten Betrachtung. Im Zeitalter des Outsourcings muss z. B. berücksichtigt werden, dass es bei der Prüfung des § 4 Abs. 1 Satz 2 InsVV tatbestandlich nicht ausschließlich auf „Gehälter von Angestellten" des Insolvenzverwalters ankommt. Auch die Kosten *freiberuflicher Mitarbeiter des Insolvenzverwalters* werden von den allgemeinen Geschäftskosten umfasst. Hier ist im Zusammen-

---

11) Verordnung über die Vergütung des Konkursverwalters, des Vergleichsverwalters, der Mitglieder des Gläubigerausschusses und der Mitglieder des Gläubigerbeirats v. 25.5.1960 (BGBl. I 1960, 329) in der letzten Fassung v. 11.6.1979 (BGBl. I 1979, 637), siehe Anh. II.
12) Konkursordnung v. 10.2.1877 (RGBl. 1877, 351), zuletzt geändert durch das Gesetz zur Abschaffung der Gerichtsferien v. 28.10.1996 (BGBl. I 1996, 1546), aufgehoben mit Wirkung zum 1.1.1999 durch Art. 2 Nr. 4 EGInsO.
13) Gesamtvollstreckungsordnung v. 1.1.1976 (GBl. DDR 1976 I, 5) in der Fassung der Bekanntmachung für das wiedervereinte Deutschland v. 23.5.1991 (BGBl. I 1991, 1185), zuletzt geändert durch das Justizmitteilungsgesetz und Gesetz zur Änderung kostenrechtlicher Vorschriften und anderer Gesetze v. 18.6.1997 (BGBl. I 1997, 1430), aufgehoben mit Wirkung zum 1.1.1999 durch Art. 2 Nr. 7 EGInsO.
14) Vergleichsordnung v. 26.2.1935 (RGBl. 1935, 321 ber. S. 356), zuletzt geändert durch das Gesetz zur Abschaffung der Gerichtsferien v. 28.10.1996 (BGBl. I 1996, 1546), aufgehoben mit Wirkung zum 1.1.1999 durch Art. 2 Nr. 1 EGInsO.

hang mit § 4 Abs. 1 Satz 3 InsVV stets darauf zu achten, dass die Leistungen nicht unmittelbar gegen die Masse abgerechnet werden. Ferner muss § 4 Abs. 1 Satz 1 und 2 InsVV dahingehend ausgelegt werden, dass die Norm (analog) auch für *angestellte Insolvenzverwalter* gilt, die den Kostenapparat ihres Arbeitgebers nicht selbst zu tragen, mithin keine eigenen Geschäftskosten haben; Insolvenzverwalter im Anstellungsverhältnis hatte der InsO-Gesetzgeber nicht im Blick, sie weisen zudem ein Unabhängigkeitsproblem auf.[15] Jedenfalls kann der Arbeitgeber seine Kosten für das unter allgemeine Geschäftskosten zu Subsumierende nicht gegen die Masse abrechnen, was ebenfalls im Kontext des § 4 Abs. 1 Satz 3 InsVV zu prüfen ist. Die Einstellung *neuer Mitarbeiter des Schuldners* fällt ebenfalls unter § 4 Abs. 1 Satz 3 InsVV, da es sich um Dienstverträge handelt.[16] Insoweit spricht der InsVV-Verordnungsgeber von einem Vorteil für den Insolvenzverwalter.[17] Soweit die neuen Mitarbeiter jedoch für die Betriebsfortführung eingestellt werden, gilt nicht § 4 Abs. 1 Satz 3 InsVV, sondern § 1 Abs. 2 Nr. 4 Satz 2 lit. b InsVV (Rz. 19 ff.). Insgesamt bedarf es erst einer nachträglichen Bewertung, ob die über § 4 Abs. 1 Satz 3 InsVV delegierten Tätigkeiten nicht vielmehr zu den allgemeinen Aufgaben bzw. Geschäftskosten i. S. d. § 4 Abs. 1 Satz 1 und 2 InsVV gehörten.

Gelegentlich wird im Kontext der Geschäftskosten daran erinnert, dass die Abgeltung der Geschäftskosten durch die Vergütung nur dann gelten könne, wenn die **Vergütung angemessen ist**.[18] Dies ist zutreffend, betrifft jedoch dogmatisch die Frage, wie § 2 Abs. 1 InsVV de lege lata auszulegen (§ 2 Rz. 57 ff.) und de lege ferenda zu ändern ist; auf die Anwendung des § 4 Abs. 1 Satz 1 InsVV hat dies keine Auswirkungen. 16

V. Beauftragung Dritter (§ 4 Abs. 1 Satz 3 InsVV)

1. Tatbestandsmerkmale

Als Abgrenzung zur Vergütung des Insolvenzverwalters gemäß §§ 1–2 InsVV, zum allgemeinen Auslagenersatz gemäß § 8 Abs. 3 InsVV und zur Erstattung besonderer Kosten gemäß § 4 Abs. 2, Abs. 3 Satz 2 InsVV formuliert § 4 Abs. 1 Satz 3 InsVV das Recht des Insolvenzverwalters, zur Erledigung besonderer Aufgaben im Rahmen der Verwaltung für die Masse Dienst- oder Werkverträge abzuschließen und eine hierfür angemessene Vergütung aus der Masse zu zahlen. Der Abschluss derartiger Dienst- oder Werkverträge ist dem Insolvenzverwalter bereits über § 80 Abs. 1 InsO ermöglicht, da ihm dort die Verwaltungs- und Verfügungsbefugnis über das Vermögen des Schuldners zugewiesen wird. Nichts anderes gilt für den sog. „starken" vorläufigen Insolvenzverwalter i. S. d. §§ 21 Abs. 2 Satz 1 Nr. 2 Alt. 1, 22 Abs. 1 Satz 1 InsO oder den „schwachen" vorläufigen Insolvenzverwalter i. S. d. §§ 21 Abs. 2 Satz 1 Nr. 2 Alt. 2, 22 Abs. 2 InsO mit Einzelermächtigung zur Begründung einschlägiger Verbindlichkeiten. Die Bedeutung des § 4 Abs. 1 Satz 3 InsVV liegt mithin nicht darin, dem Insolvenzverwalter eine (weitere) 17

---

15) Bork/Hölzle/*Zimmer*, Handbuch Insolvenzrecht, Kap. 5 Rz. 121.
16) BGH, Beschl. v. 22.7.2004 – IX ZB 161/03, ZIP 2004, 1717, 1720.
17) Insolvenzrechtliche Vergütungsverordnung (InsVV) v. 19.8.1998 (BGBl. I 1998, 2205), Begründung zu § 4 InsVV, siehe Anh. III Rz. 46.
18) Lorenz/Klanke/*Lorenz*, InsVV, § 4 Rz. 3.

Verwaltungs- und Verfügungsbefugnis zuzuweisen; dies könnte eine Verordnung i. S. d. Art. 80 Abs. 1 GG ohnehin nicht regeln. Die Bedeutung des § 4 Abs. 1 Satz 3 InsVV liegt auf der Betonung *besonderer Aufgaben* und einer *Angemessenheit* der Honorare Dritter. Diese zwei Begriffe sind die **Tatbestandsmerkmale** des § 4 Abs. 1 Satz 3 InsVV. Neben der korrekten Ermittlung der Berechnungsgrundlage (§ 1 InsVV) und der Prüfung relevanter Zu- und Abschläge (§ 3 InsVV) ist die Prüfung der Delegation (vermeintlich) besonderer Aufgaben und deren angemessene Vergütung „dritte Säule" bei der Ermittlung einer angemessenen Vergütung des Insolvenzverwalters (§ 8 Abs. 2 InsVV).[19] Insoweit empfiehlt sich stets eine sorgsame *Dokumentation*, wer wann weshalb womit und mit welchem Ergebnis beauftragt wurde. Denn stellt eine delegierte Tätigkeit keine Sonderaufgabe dar, kann ein Abzug der aus der Masse entrichteten Honorare von der Vergütung des Insolvenzverwalters erfolgen (§ 3 Rz. 248 ff.). Hierbei wird virulent, dass die Geschäfte nicht nur zeitnah vom Insolvenzverwalter verstanden werden müssen (das versteht sich von selbst), sondern Jahre später vom Insolvenzgericht bzw. der Gläubigerversammlung.

18 Das Tatbestandsmerkmal der **besonderen Aufgaben** (Rz. 32 ff.) dient dem Zweck, dem Insolvenzgericht bei der Festsetzung der Vergütung des Insolvenzverwalters die Prüfung zu ermöglichen, ob die Fremdvergabe bestimmter Aufgaben eventuell eine Arbeitserleichterung des Insolvenzverwalters i. S. d. § 3 Abs. 2 InsVV zur Folge hatte. Dies ist der Fall, wenn die fremdvergebene Aufgabe tatsächlich keine besondere Aufgabe (Sonderaufgabe), sondern Regelaufgabe des Insolvenzverwalters war. Die Abgrenzung der Regel- von den Sonderaufgaben ist ein gewichtiger Streitpunkt im Vergütungsrecht, je nach Insolvenzantrag in der Praxis oder Schwerpunktsetzung in der Literatur über § 4 Abs. 1 Satz 3 InsVV, § 5 InsVV oder § 3 InsVV ausgetragen. Das Tatbestandsmerkmal der **Angemessenheit der Honorare Dritter** (Rz. 124 ff.) scheint begrifflich selbsterläuternd, ist jedoch ebenfalls Gegenstand von Diskussionen. Die Prüfung der **Zweckmäßigkeit** der Beauftragung Dritter ist allerdings ausschließlich in die Hände der Gläubiger(-organe) gelegt,[20] mithin nicht dem Regime der §§ 5, 4 Abs. 1 Satz 3, 8 Abs. 2 InsVV unterworfen.

2. Abgrenzung zur Betriebsfortführung

19 Gemäß § 1 Satz 1 InsO dient das Insolvenzverfahren als Gesamtvollstreckungsverfahren der Befriedigung der Insolvenzgläubiger, indem das Vermögen des Schuldners verwertet und der Erlös unter Berücksichtigung der §§ 53–55 InsO an die Insolvenzgläubiger verteilt wird. Eine Betriebsfortführung gehört stets zu den Sonderaufgaben (§ 3 Abs. 1 lit. b Alt. 1 InsVV). Diesbezüglich regelt § 1 Abs. 2 Nr. 4 Satz 2 lit. b InsVV als lex specialis zu § 1 Abs. 2 Nr. 4 Satz 1 InsVV ein Überschussprinzip, d. h., fortführungsbedingte Ausgaben mindern die Berechnungsgrundlage. Fortführungsbedingte Ausgaben können somit im **Grundsatz** nicht

---

19) KPB-InsO/*Stoffler*, § 4 InsVV Rz. 4 (Stand: 05/2016).
20) Insolvenzrechtliche Vergütungsverordnung (InsVV) v. 19.8.1998 (BGBl. I 1998, 2205), Begründung zu § 4 InsVV, siehe Anh. III Rz. 46.

(zusätzlich) unter §§ 5, 4 Abs. 1 Satz 3 InsVV fallen[21] und unterfallen einzig einer Zweckmäßigkeitskontrolle durch die Gläubigerorgane.

Es dürfte insoweit eindeutig sein, dass dem Insolvenzgericht die Befugnis fehlt i. R. d. § 8 Abs. 2 InsVV zu prüfen, ob beispielsweise die Einstellung eines neuen Mechatronikers zur Fortführung einer Kfz-Werkstatt angemessen war. Es grenzte an Unsinn anzunehmen, bei der Tätigkeit eines Mechatronikers über eine Aufteilung in Regel- und Sonderaufgaben des Insolvenzverwalters nachzudenken. Die vorstehenden Formulierungen wurden bewusst drastisch gewählt, da es eine allgemeine Tendenz zu sein scheint anzunehmen, dass alles, was am Schreibtisch und/oder mit einem Computer erledigt werden kann, eine Regelaufgabe des Insolvenzverwalters sei. Daher muss deutlich hervorgehoben werden, dass Betriebsfortführung nie nur eine operative Komponente, sondern stets auch eine **administrative Komponente** hat. Einzig maßgeblich ist, ob Ausgaben im Zusammenhang mit der Betriebsfortführung stehen (§ 1 Rz. 114 ff.). Auch Kosten administrativer Aufgaben, die der Betriebsfortführung zuzurechnen sind, fallen nicht unter den Anwendungsbereich der §§ 5, 4 Abs. 1 Satz 3, 8 Abs. 2 InsVV, sie können allerdings die Höhe eines Zuschlags für die Betriebsfortführung gemäß § 3 Abs. 1 lit. b Alt. 1 InsVV haben[22] und sind vorrangig bei der Anwendung des § 1 Abs. 2 Nr. 4 Satz 2 lit. b InsVV zu prüfen.

20

Die vorstehenden Grundsätze gelten auch für eine **Ausproduktion**[23] bei einem Schuldner im produzierenden Gewerbe, sinngemäß auch bei einer bloßen Abarbeitung von Aufträgen im Dienstleistungssektor ohne Fortführungsprognose, nur teilweise allerdings für einen **Abverkauf** im Einzelhandel (§ 1 Rz. 124).

21

Anhand der Praxis können folgende **Beispiele** hervorgehoben werden. Während der Betriebsfortführung bedarf es z. B. einer funktionierenden *Personalabteilung* bzw. *Lohnbuchführung*, die die laufenden Lohn- und Gehaltsabrechnungen nebst Lohnsteueranmeldungen und Sozialversicherungsmeldungen erstellt. Ist (zuverlässiges) schuldnerisches Personal nicht (mehr) vorhanden oder hatte sich bereits der Schuldner vorinsolvenzlich eines Dienstleisters bedient, steht auch in einer Delegation dieser Aufgaben für die Dauer der Betriebsfortführung in keinem Zusammenhang mit §§ 5, 4 Abs. 1 Satz 3, 8 Abs. 2 InsVV. Selbiges gilt für die *handelsrechtliche Buchführung* nach §§ 238 ff. HGB bzw. die *steuerliche Buchführung* nach §§ 140 ff. AO einschließlich der *Umsatzsteuervoranmeldungen* für die Dauer der Betriebsfortführung. Insgesamt kommt es nie darauf an, wann diese Leistungen erbracht werden, sondern ausschließlich darauf, ob sie den *Zeitraum der Betriebsfortführung* betreffen. Bei Kosten für handelsrechtliche *Jahresabschlüsse* und *Steuererklärungen* kann zwar ebenfalls eine Aufteilung in Abwicklung und Betriebsfortführung erforderlich sein;[24] es ist allerdings zu berücksichtigen, dass eine Betriebsfortführung in aller Regel unterjährig endet und die zu deklarierenden Werte nicht immer in fortführungsbedingt oder abwicklungsbedingt aufgeteilt werden können, was sich bei den Gebühren für die Erstellung von Jahresabschlüssen und Steuererklärungen fortsetzt.

22

---

21) Im Ergebnis auch KPB-InsO/*Stoffler*, § 4 InsVV Rz. 44 und 51 (Stand: 05/2016).
22) BGH, Beschl. v. 11.3.2010 – IX ZB 122/08, ZInsO 2010, 730 (Interimsmanager).
23) BGH, Beschl. v. 27.9.2012 – IX ZB 243/11, Rz. 9, ZInsO 2013, 840.
24) BGH, Beschl. v. 21.7.2011 – IX ZB 148/10, Rz. 12, NZI 2011, 714.

23　Nach den vorstehenden Grundsätzen wäre auch die Honorierung eines *Interimsmanagers* prima facie als – oft übersehen – fortführungsbedingte Ausgabe nicht am Maßstab der §§ 5, 4 Abs. 1 Satz 3, 8 Abs. 2 InsVV zu messen. Insoweit besteht allerdings die Besonderheit, dass es hier nicht um einen Vergütungsabschlag nach § 3 Abs. 2 InsVV wegen Delegation einer vermeintlichen Regelaufgabe gehen kann, sondern hier geht es um eine mögliche Kürzung des Vergütungszuschlags nach § 3 Abs. 1 lit. b Alt. 1 InsVV für die Betriebsfortführung. Folglich spielt sich der Vorgang auf einer anderen Wertungsebene ab, da der Insolvenzverwalter – vereinfacht ausgedrückt – keinen Zuschlag für Tätigkeiten erhalten kann, die bereits ein Dritter gegen die Masse abgerechnet hat. Insoweit entzieht sich die Beauftragung eines Interimsmanagers nicht der vergütungsrechtlichen Bewertung durch das Insolvenzgericht,[25] allerdings unter einer anderen Norm.

24　Im Hinblick auf die oben aufgestellten Grundsätze bliebe zu klären, inwieweit sich *Rechtsberatungskosten* als fortführungsbedingte Ausgaben dem Regime der §§ 5, 4 Abs. 1 Satz 3, 8 Abs. 2 InsVV entziehen können. Ist ein Vorgang streitig, handelt es sich um eine abwicklungsbedingte Sonderaufgabe des Insolvenzverwalters (Rz. 94 ff.), sodass auf derartige Vorgänge hier nicht eingegangen werden muss. Somit verbleiben zum einen reine Beratungskosten z. B. im Zusammenhang mit unternehmens- oder branchenspezifischen Besonderheiten, Patent- oder Markenangelegenheiten etc., die nach den oben aufgestellten Grundsätzen nicht unter §§ 5, 4 Abs. 1 Satz 3, 8 Abs. 2 InsVV zu subsumieren sind, da sich das Insolvenzgericht ansonsten in die operative Ausgestaltung der Betriebsfortführung einmischen würde. Schwieriger ist dies bei der Rechtsverfolgung gegen Drittschuldner zu beurteilen. Hintergrund sind Forderungen, die im Zuge der Betriebsfortführung generiert wurden, auf die jedoch keine Zahlung erfolgt, die aber noch nicht eindeutig streitig sind. Als Vereinfachungsregel kann angenommen werden, dass es sich bei einer etwaigen Rechtsverfolgung bis zum Eintritt der Streitbefangenheit um fortführungsbedingte Ausgaben handelt.

25　Freilich mindern Ausgaben, die nach vorstehenden Grundsätzen der Betriebsfortführung zuzuordnen sind, auf der Ebene des § 1 Abs. 2 Nr. 4 Satz 2 lit. b InsVV konsequenterweise die **Berechnungsgrundlage**. Dies führt nicht zwingend zu Nachteilen des Insolvenzverwalters, da bei einem Zuschlag für Betriebsfortführung nach § 3 Abs. 1 lit. b Alt. 1 InsVV eine Vergleichsrechnung erforderlich ist: je niedriger die Berechnungsgrundlage, desto höher der Zuschlag nach Vergleichsrechnung. Ziel ist jedoch ein konsistentes Vergütungssystem, in dem auch Kriterien für eine Abgrenzung verschiedener Normen erkennbar werden, hier die Abgrenzung von § 1 Abs. 2 Nr. 4 Satz 2 lit. b InsVV zu § 4 Abs. 1 Satz 3 InsVV (zu weiteren Normkollisionen siehe § 1 Rz. 129).

26　Ein nicht unwesentlicher Punkt, weswegen die Ausgaben für Dienstleister in der Kritik stehen, ist der, dass Dienstleister bei den **Leistungsbeschreibungen** auf den Rechnungen nicht konsequent erkennen lassen, wann was genau getan wurde. Es würde der Transparenz und Akzeptanz von Delegationen keinen erkennbaren Abbruch tun und den Insolvenzgerichten Prüfungsaufwand ersparen, hier Verbes-

---

25) BGH, Beschl. v. 11.3.2010 – IX ZB 122/08, ZInsO 2010, 730.

serungen anzustreben, denn unzureichende Leistungsbeschreibungen müssten eigentlich schon den Insolvenzverwalter hindern, Zahlung hierauf zu veranlassen. Ebenso konsequent muss die **Insolvenzbuchhaltung** erkennen lassen, dass die vorgenannten Geschäftsvorfälle als fortführungsbedingt erfasst wurden.

3. Dritter als Gesellschaft mit Verwalterbeteiligung

§ 4 Abs. 1 Satz 3 InsVV rekurriert auf Dienst- oder Werkverträge mit Dritten. Dritter kann jedoch auch der Insolvenzverwalter selbst sein (§ 5 InsVV) oder eine Gesellschaft, an der der Insolvenzverwalter gesellschaftsrechtlich oder wirtschaftlich beteiligt ist. Denn nicht selten sind Insolvenzverwalter an zwei Gesellschaften beteiligt, zum einen an der Gesellschaft für Insolvenzabwicklungen, zum anderen an Gesellschaften mit klassischem anwaltlichem oder steuerberatendem Fokus. Hier wird gelegentlich der Verdacht geäußert, dies beruhe auf **vergütungsoptimierenden Erwägungen**. Diesem Vorurteil muss zunächst auch für das Gesamtverständnis entgegengetreten werden. Nach einer früheren Auffassung der Finanzverwaltung sollten die Einnahmen aus Insolvenzverwaltung der Gewerbesteuer unterworfen werden.[26] Aufgrund der steuerrechtlichen Abfärberegel wurden nun auch Einnahmen aus anwaltlicher oder steuerberatender Tätigkeit derselben Kanzlei gewerbesteuerpflichtig. Daher mussten die Tätigkeiten rechtlich auf zwei Gesellschaften aufgeteilt werden. Nachdem die finanzgerichtliche Rechtsprechung die Gewerbesteuerpflicht der Einnahmen aus Insolvenzverwaltertätigkeit revidiert hatte,[27] waren zwei getrennte Gesellschaften nicht mehr zwingend erforderlich. Jedoch wurde der Vorteil erkannt, dass sich „normale" Mandanten bei der zweiten Gesellschaft nicht von Hinweisen auf eine Insolvenzverwaltertätigkeit abschrecken lassen mussten. Insoweit steht diese Vorgehensweise in keinem Zusammenhang mit einer Optimierung der Vergütung nach der InsVV. Selbiges gilt für den allgemeinen Trend weg vom „Einzelkämpfer" hin zu größeren Kanzleien.

§ 4 Abs. 1 Satz 3 InsVV verhält sich zu diesem Sachverhalt nicht. Folglich war fraglich, ob die Beauftragung einer Gesellschaft mit Verwalterbeteiligung **zulässig** ist. Die Zulässigkeit ist inzwischen unstreitig,[28] wenn allein auf die *Gesellschafterstellung* des Insolvenzverwalters abgestellt wird. Ist der Insolvenzverwalter hingegen *Geschäftsführer* der Gesellschaft, soll das Problem des Verbots des In-Sich-Geschäfts (§ 181 BGB) wie auch im Anwendungsbereich des § 5 InsVV (§ 5 Rz. 10) weiterhin bestehen.[29] Daher wäre es de lege ferenda sinnvoll, die Zulässigkeit von In-sich-Geschäften in § 63 InsO oder in einem neuen Vergütungsgesetz zu regeln.

Dem Insolvenzverwalter obliegt eine rechtzeitige **Unterrichtung des Insolvenzgerichts** unter unmissverständlicher Offenlegung des Sachverhalts, um den Verdacht einer Interessenkollision gar nicht erst entstehen zu lassen.[30] Dies soll bedeuten,

---

26) So noch BFH, Urt. v. 11.8.1994 – IV R 126/91, BStBl. 1994 II, S. 936 = ZIP 1994, 1877.
27) BFH, Urt. v. 15.12.2010 – VIII R 50/09, BStBl. 2011 II, S. 506 = ZIP 2011, 582.
28) BGH, Urt. v. 24.1.1991 – IX ZR 250/89, ZIP 1991, 324; BGH, Beschl. v. 11.11.2004 – IX ZB 48/04, ZIP 2005, 36; *Jacoby*, ZIP 2005, 1060.
29) *Keller*, Vergütung und Kosten, § 2 Rz. 134; a. A. BGH, Urt. v. 24.1.1991 – IX ZR 250/89, ZIP 1991, 324; *Jacoby*, ZIP 2005, 1060.
30) BGH, Urt. v. 24.1.1991 – IX ZR 250/89, ZIP 1991, 324.

dass das Insolvenzgericht bereits vor der Beauftragung der entsprechenden Gesellschaft zu informieren ist.[31] Soweit der Insolvenzverwalter diejenige Gesellschaft beauftragt, unter deren Briefbogen er regelmäßig mit dem Insolvenzgericht korrespondiert (Eröffnungsgutachten, Zwischenberichte etc.), ist eine gesonderte Anzeige entbehrlich. In einem Verfahren, das der Amtsermittlung unterfällt (hier: § 5 Abs. 1 Satz 1 InsO), sind bei hinreichender Evidenz auch konkludente Erklärungen möglich. So hat der BFH beispielsweise entschieden, dass ein Antrag auf Umsatzbesteuerung nach vereinnahmten Geldern (Ist-Besteuerung) gemäß § 20 UStG auch konkludent durch entsprechende Umsatzsteuervoranmeldungen gestellt werden kann, wenn das Finanzamt aufgrund eingereichter Einnahme-/Überschussrechnungen i. S. d. § 4 Abs. 3 EStG erkennen konnte, dass die Antragsvoraussetzungen erfüllt sind,[32] obgleich Umsatzsteuer und Einkommensteuer nicht zwingend vom selben Finanzbeamten bearbeitet werden. Allgemein ausgedrückt: Mitwirkungspflichten des Antragstellers verbieten nicht das Mitdenken aufseiten der Behörde. Eine Anzeigepflicht ist aber umso dringlicher zu fordern, wenn der Dritte rechtlich und wirtschaftlich mit einer dem Insolvenzverwalter nahestehenden Person verbunden ist.[33]

30 Nicht diskutiert wird die Auswirkung des § 4 Abs. 1 Satz 3 InsVV auf **angestellte Insolvenzverwalter**. Ist der Insolvenzverwalter lediglich bei einer Gesellschaft angestellt und beauftragt er diese Gesellschaft nach Maßgabe des § 4 Abs. 1 Satz 3 InsVV, handelt es sich bei der Gesellschaft um einen Dritten *ohne* Verwalterbeteiligung. Die von der Rechtsprechung entwickelte Anzeigepflicht kommt daher nicht zur Anwendung, zumal ja auch das Insolvenzgericht sieht, unter welchem Briefbogen der Insolvenzverwalter tätig wird. Problematisch ist lediglich, dass der angestellte Insolvenzverwalter auch eine andere Gesellschaft beauftragen kann, an der sein „Chef" beteiligt ist. Hier wäre grundsätzlich eine Anzeigepflicht zu fordern, wenngleich es sich beim Arbeitgeber selten um eine nahestehende Person handelt. Dem steht allerdings entgegen, dass ein angestellter Insolvenzverwalter keinen Anspruch gegen seinen Arbeitgeber auf Auskunft über dessen weitere wirtschaftlichen Beteiligungen und Betätigungen hat. Insgesamt ist bei angestellten Insolvenzverwaltern auf vielen Ebenen ein Unabhängigkeitsproblem zu konzedieren.[34]

31 Anders als im Anwendungsbereich des § 5 InsVV (§ 1 Rz. 105 ff.) kommt ein Abzug der Honorare Dritter, an denen der Insolvenzverwalter beteiligt ist, von der **Berechnungsgrundlage** im Anwendungsbereich des § 4 Abs. 1 Satz 3 InsVV nicht in Betracht, da § 1 Abs. 2 Nr. 4 Satz 2 lit. a InsVV diesen Sachverhalt nicht erfasst.[35]

4. Regel- und Sonderaufgaben

a) Allgemeine Abgrenzungskriterien

32 Es ist allgemein anerkannt, dass dem Insolvenzverwalter nicht zugemutet werden kann, die **gesamte Verfahrensabwicklung** persönlich oder mit eigenen Mitarbei-

---

31) BGH, Beschl. v. 26.4.2012 – IX ZB 31/11, ZIP 2012, 1187.
32) BFH, Urt. v. 18.8.2015 – V R 47/14, BFH/NV 2015, 1786.
33) BGH, Beschl. v. 19.1.2012 – IX ZB 25/11, ZInsO 2012, 269, 270.
34) Bork/Hölzle/*Zimmer*, Handbuch Insolvenzrecht, Kap. 5 Rz. 121.
35) BGH, Beschl. v. 5.7.2007 – IX ZB 305/04, NZI 2007, 583.

tern zu bewältigen,[36] schon weil jedes Verfahren eine andere Größenordnung hat und seine eigenen Besonderheiten aufweist. Zutreffend ist die Aussage, die Bandbreite möglicher Fallgestaltungen bewege sich zwischen den Extremfällen der sicher unzulässigen Totaldelegation[37] und der sicher unrealistischen Erwartung, der Verwalter möge alles selbst machen und dabei allein so viel schaffen wie zuvor ein fünfköpfiger Vorstand.[38] Unzutreffend ist daher der Ansatz, alle im Zusammenhang mit einer Betriebsabwicklung stehenden Aufgaben seien Regelaufgaben.[39] Im Geltungsbereich der VergVO[40] hatte der Konkursverwalter das Wahlrecht, ob er die etwaig notwendigen Kosten zusätzlich angestellten Personals (erst viel später) als Auslagenersatz geltend macht (§ 5 Abs. 2 VergVO) oder er eine Delegation zulasten der Masse vornimmt. Nach § 4 Abs. 1 Satz 3 InsVV gilt nur noch Letzteres. Insoweit hat der InsVV-Verordnungsgeber ein Outsourcing ermöglicht, gleichwohl aber über § 4 Abs. 1 Satz 3 InsVV hervorgehoben, dass die Ausgaben angemessen sein müssen, was im Zusammenhang mit § 8 Abs. 2 InsVV zu überprüfen ist. Sowohl nach damaligem wie nach heutigem Recht wird also spätestens im Zusammenhang mit dem Vergütungsantrag geprüft, inwieweit angefallene Tätigkeiten *Regel- oder Sonderaufgaben* waren; der Unterschied ist lediglich der, dass die „Vorfinanzierung" dieser Frage nun vorrangig durch die Masse zu erfolgen hat.

Der Insolvenzverwalter tritt nie an die Stelle des gesamten schuldnerischen Mitarbeiterbestandes, sondern nur **an die Stelle des Schuldners** als Rechtsfigur, die Erfüllung bestimmter Pflichten zu verantworten hat. Selbst die Aussage, der Insolvenzverwalter würde an die Stelle der geschäftsführenden Organe des Schuldners treten,[41] muss dahingehend abstrahiert werden, dass der Insolvenzverwalter auch nicht die Arbeitsleistung einer mehrköpfigen Geschäftsleitung in sich vereinen kann.[42] An die Stelle des Schuldners zu treten, ist eine abstrakte Rechtsfolge, keine Tatsachenfrage oder Stellenbeschreibung. Daher trifft den Insolvenzverwalter im Wesentlichen die Pflicht, das Notwendige zu veranlassen und dies auch zu verantworten. Unzutreffend ist die Annahme, eine Aufgabe sei schon dann Regelaufgabe, weil sie bereits dem Schuldner oblegen hätte,[43] weil es sonst – bis auf Anfechtung und bestimmte Fälle der Organhaftung – überhaupt keine Sonderaufgaben geben könnte. Derartige Äußerungen verkennen nicht erst die Regelungen der InsVV, sondern bereits den Sinn und Zweck der Insolvenzordnung. Der Insolvenzverwalter kann für die Erfüllung vorgenannter Aufgaben schuldnerisches Personal einsetzen, soweit er ihnen die Berücksichtigung insolvenzspezifischer Besonderheiten zutraut. Er kann auch neue schuldnerische Mitarbeiter einstellen,[44] sogar leitende Mitarbei-

33

---

36) *Haarmeyer/Mock*, InsVV, § 4 Rz. 13; KPB-InsO/*Stoffler*, § 4 InsVV Rz. 31 (Stand: 05/2016).
37) OLG Bamberg, Beschl. v. 3.12.2007 – VA 11/07, NZI 2008, 309, 311.
38) *Bork*, ZIP 2009, 1747, 1749.
39) So aber LG Flensburg, Beschl. v. 4.11.2003 – 5 T 323/03, ZInsO 2003, 1093.
40) Verordnung über die Vergütung des Konkursverwalters, des Vergleichsverwalters, der Mitglieder des Gläubigerausschusses und der Mitglieder des Gläubigerbeirats v. 25.5.1960 (BGBl. I 1960, 329) in der letzten Fassung v. 11.6.1979 (BGBl. I 1979, 637), siehe Anh. II.
41) *Haarmeyer/Mock*, InsVV, § 4 Rz. 16; KPB-InsO/*Stoffler*, § 4 InsVV Rz. 31 (Stand: 05/2016).
42) *Bork*, ZIP 2009, 1747, 1749.
43) So aber LG Flensburg, Beschl. v. 4.11.2003 – 5 T 323/03, ZInsO 2003, 1093.
44) *Haarmeyer/Mock*, InsVV, § 4 Rz. 16.

ter,[45)] insbesondere bei Ausscheiden der bisherigen Geschäftsführung oder Interessenkollisionen aufseiten der Geschäftsführung[46)] oder Gesellschafter. Sofern nach Zweckmäßigkeitserwägungen des Insolvenzverwalters, die sich auch am Haftungspotential des Insolvenzverwalters aus § 60 InsO orientieren, die Weiterbeschäftigung oder Neueinstellung schuldnerischer Mitarbeiter nicht opportun scheint, können Dritte zulasten der Masse hinzugezogen werden. All dies bedeutet freilich nicht, dass der Insolvenzverwalter sämtliche ihm obliegende Tätigkeiten auf schuldnerische Mitarbeiter oder Dritte delegieren kann. Im Kern geht es bei § 4 Abs. 1 Satz 3 InsVV folglich um die Frage des *Abgeltungsbereichs der Regelvergütung des Insolvenzverwalters*, was sich bereits aus der systematischen Stellung des § 4 Abs. 1 Satz 3 InsVV ergibt.

34 Die folglich notwendige Unterscheidung zwischen **Regel- und Sonderaufgaben** in § 5 InsVV ist mit der Unterscheidung von Regel- und Sonderaufgaben gemäß § 4 Abs. 1 Satz 3 InsVV grundsätzlich identisch,[47)] wenngleich über § 4 Abs. 1 Satz 3 InsVV weitaus mehr delegiert werden kann, da § 5 InsVV im Wesentlichen nur die Rechts- und Steuerberatung erfasst. Ebenso liegt im Grundsatz Identität mit der Unterscheidung zwischen Normalverfahren und Zuschlagswürdigkeit i. S. d. § 3 Abs. 1 InsVV vor,[48)] wenngleich diese Norm weit über § 4 Abs. 1 Satz 3 InsVV hinausgeht.

35 Angemessen soll die Übertragung einer Tätigkeit auf einen Dritten als **Obersatz** sein, wenn ein sonst *vernünftig Handelnder*, der über keine berufsspezifischen Spezialkenntnisse verfügt, die Tätigkeit einem Dritten übertragen hätte.[49)] Hinsichtlich der berufsspezifischen Spezialkenntnisse ist zu berücksichtigen, dass ein Insolvenzverwalter solche Aufgaben, die eine volljuristische Ausbildung erfordern, an einen Dritten delegieren darf.[50)] Daher ist dem Insolvenzverwalter auch dann Prozesskostenhilfe unter Beiordnung eines Rechtsanwalts zu gewähren, wenn er selbst Rechtsanwalt ist,[51)] was im Übrigen nur Sinn ergibt, wenn ein Klageverfahren als Sonderaufgabe bewertet wird. Entsprechendes gilt für einen insolvenzverwaltenden Steuerberater bzw. Wirtschaftsprüfer, wenn der Einsatz der berufsspezifischen Spezialkenntnisse für das Insolvenzverfahren erforderlich wird. Grundsätzlich hat sich die Frage der Abgrenzung zwischen Regel- und Sonderaufgaben an den nach § 56 InsO *vom Insolvenzverwalter verlangten Fähigkeiten* zu orientieren. Nach dieser Norm muss ein Insolvenzverwalter auf allen in Betracht kommenden Gebieten vertiefte Grundkenntnisse haben, um Handlungsbedarf und Gestaltungsspielräume erkennen zu können. Für die konkrete Bestellungsentscheidung kommt es zwar in Abhängigkeit von Größe des Verfahrens und Branche des Schuldners noch auf weitere Qualifikationen an, jedoch führen derartige Qualifikationen allein

---

45) OLG Hamm, Urt. v. 23.10.2014 – 27 U 54/13, JurionRS 2014, 39532.
46) OLG Hamm, Urt. v. 23.10.2014 – 27 U 54/13, JurionRS 2014, 39532.
47) BGH, Beschl. v. 11.11.2004 – IX ZB 48/04, ZIP 2005, 36.
48) Ausführlich *Ganter*, ZInsO 2016, 677.
49) BGH, Beschl. v. 11.11.2004 – IX ZB 48/04, ZIP 2005, 36; BGH, Beschl. v. 4.12.2014 – IX ZB 60/13, ZIP 2015, 138.
50) BGH, Beschl. v. 11.11.2004 – IX ZB 48/04, ZIP 2005, 36.
51) BGH, Beschl. v. 23.3.2006 – IX ZB 130/05, ZIP 2006, 825.

durch die Bestellung ersichtlich nicht zum Ausschluss des § 4 Abs. 1 Satz 3 InsVV bzw. zur Vergütungsminderung, indem nun aus Sonderaufgaben Regelaufgaben würden. Daher darf die hiesige Diskussion nicht dazu führen, dass umgekehrt die Anforderungen des § 56 InsO faktisch durch die Diskussion zu § 4 Abs. 1 Satz 3 InsVV geprägt werden. Insoweit kann die InsVV als bloße Verordnung i. S. d. Art. 80 Abs. 1 GG nicht über die Regelungen desjenigen Gesetzes, das die Ermächtigungsgrundlage für die Verordnung enthält, hinausgehen. Anders ausgedrückt: was der Richter am Insolvenzgericht bei seiner Bestellungsentscheidung nach § 56 InsO nicht an Fähigkeiten gefordert hat, kann der Rechtspfleger nach Verfahrenseröffnung nicht zu Regelaufgaben des Insolvenzverwalters erklären. Insoweit ist das Zusammenspiel von § 56 InsO und § 4 Abs. 1 Satz 3 InsVV *verfassungsrechtlich fragil*. Dies muss nicht die Diskussion zu § 4 Abs. 1 Satz 3 InsVV beenden, wohl aber empfähle sich ein Vergütungsgesetz mit einer eindeutigen Definition wenigstens der wichtigsten Regelaufgaben eines Insolvenzverwalters.[52] Nicht relevant für die Unterscheidung von Regel- und Sonderaufgaben ist jedenfalls zutreffend, dass die zu überprüfenden Tätigkeiten nach anderen Gebührenordnungen höher vergütet würden als nach der InsVV;[53] dies ist eher eine rechtspolitische Frage bei einer Ausgestaltung des § 2 InsVV de lege ferenda.

Zu den **anerkannten Regelaufgaben** gehören: die *Wahrnehmung der Gläubigerversammlungen*[54] nebst *Abgabe dort vorgesehener Erklärungen*,[55] die *Führung der Insolvenztabelle*,[56] die Berichterstattung gegenüber Insolvenzgericht und Gläubigerversammlungen,[57] die *Verwendung eines geeigneten Verfahrenskontos*,[58] die Erstellung einer *Schlussrechnung* nach § 66 InsO (Rechnungslegung ist ein Synonym für Rechenschaftslegung), die *Erstellung der Verzeichnisse* nach §§ 151–154 InsO,[59] die Entscheidung über die *Aufnahme von Prozessen* gemäß §§ 85, 86 InsO,[60] die Wahl der *Vertragserfüllung* gemäß §§ 103 ff. InsO,[61] die *Geltendmachung der Insolvenzanfechtung*,[62] die Erstellung eines *Schlussberichts*[63] sowie die Erstellung eines *Schlussver-* 36

---

52) Siehe als Entwurfsvorschlag *Blersch/Bremen*, Beilage 1 zu ZIP 28/2014, S. 21.
53) BGH, Beschl. v. 14.11.2013 – IX ZB 161/11, ZIP 2013, 2413.
54) LG Stendal, Beschl. v. 26.2.1999 – 25 T 250/98, ZIP 2000, 982; Kölner Leitlinien zur Zusammenarbeit mit dem Insolvenzgericht, Ziff. B.I.3, ZInsO 2017, 637, 639; Lorenz/Klanke/*Lorenz*, InsVV, § 4 Rz. 8; *Keller*, Vergütung und Kosten, § 2 Rz. 129.
55) KPB-InsO/*Stoffler*, § 4 InsVV Rz. 21 (Stand: 05/2016).
56) *Keller*, Vergütung und Kosten, § 2 Rz. 129.
57) *Haarmeyer/Mock*, InsVV, § 4 Rz. 12.
58) LG Memmingen, Beschl. v. 4.2.2004 – 4 T 2262/03, ZInsO 2004, 497; AG Memmingen, Beschl. v. 5.11.2003 – IN 26/99, JurionRS 2003, 32600.
59) Lorenz/Klanke/*Lorenz*, InsVV, § 4 Rz. 8.
60) LG Stendal, Beschl. v. 26.2.1999 – 25 T 250/98, ZIP 2000, 982; *Haarmeyer/Mock*, InsVV, § 4 Rz. 12; *Keller*, Vergütung und Kosten, § 2 Rz. 129; KPB-InsO/*Stoffler*, § 4 InsVV Rz. 21 (Stand: 05/2016).
61) *Haarmeyer/Mock*, InsVV, § 4 Rz. 12; *Keller*, Vergütung und Kosten, § 2 Rz. 129; KPB-InsO/*Stoffler*, § 4 InsVV Rz. 21 (Stand: 05/2016).
62) LG Stendal, Beschl. v. 26.2.1999 – 25 T 250/98, ZIP 2000, 982; Lorenz/Klanke/*Lorenz*, InsVV, § 4 Rz. 8; *Keller*, Vergütung und Kosten, § 2 Rz. 129.
63) *Keller*, Vergütung und Kosten, § 2 Rz. 129.

zeichnisses.⁶⁴⁾ Inwieweit hier eine Delegation auf Mitarbeiter des Insolvenzverwalters zulässig ist, ist vergütungsrechtlich unbeachtlich.

37 Von der Diskussion um Regel- und Sonderaufgaben zu unterscheiden ist die **Vergütung nicht geschuldeter Tätigkeiten**. Zu vergüten sind alle Tätigkeiten, die dem Insolvenzverwalter vom Gesetz oder vom Insolvenzgericht (auch falls rechtlich zweifelhaft⁶⁵⁾) oder von den Verfahrensbeteiligten (Schuldner, Gläubigerversammlung, Gläubigerausschuss) zulässig und wirksam übertragen worden sind.⁶⁶⁾ Tätigkeiten, die der Insolvenzverwalter in Überschreitung seiner ihm zukommenden Aufgaben ausgeübt hat, sind nicht vergütungsfähig.⁶⁷⁾ Dies gilt gleichermaßen für die Regelvergütung wie auch für § 5 InsVV und § 3 Abs. 1 InsVV, ebenso für eine Delegationsbefugnis nach § 4 Abs. 1 Satz 3 InsVV. Werden nicht geschuldete Tätigkeiten über §§ 5, 4 Abs. 1 Satz 3 InsVV aus der Masse vergütet, fällt dies jedoch nicht unter die Prüfungskompetenz des Insolvenzgerichts i. S. d. § 8 Abs. 2 InsVV, wohl aber unter die Prüfungskompetenz des Insolvenzgerichts nach §§ 58, 60, 92 Satz 2 InsO, sodass stets ein Sonderinsolvenzverwalter mit der Prüfung eines Masseverkürzungsschadens zu beauftragen ist.⁶⁸⁾

b) Ermittlung, Inventarisierung und Bewertung der Masse

38 Die **Ermittlung** der Insolvenzmasse ist unzweifelhaft Regelaufgabe des Insolvenzverwalters. Ergibt sich jedoch die Notwendigkeit der Einschaltung von Detekteien⁶⁹⁾ oder muss Auslandsvermögen etc. ermittelt werden, ist von einer delegationsfähigen Sonderaufgabe auszugehen. Manche Ansprüche gegen Gesellschafter und Geschäftsführer oder aus Insolvenzanfechtung resultieren aus Ereignissen, die vor einigen Jahren stattgefunden haben. Es wird nicht als Regelaufgabe des Insolvenzverwalters gesehen, das gesamte schuldnerische Verhalten der letzten Jahre aufzuarbeiten, sodass ferner der Einsatz sog. Asset Tracer als Sonderaufgabe zulässig sein muss.⁷⁰⁾

39 Die **Inventarisierung und Bewertung** des schuldnerischen Vermögens ist vergütungsrechtlich nicht hinreichend geklärt. Grundsätzlich kann davon ausgegangen werden, dass in Kleinverfahren eine Regelaufgabe vorliegt, eine Sonderaufgabe jedoch dann, wenn es sich um eine Unternehmensinsolvenz mit nennenswertem Anlage- und Umlaufvermögen handelt⁷¹⁾ und/oder absehbar ist, dass auch die Verwertung aufgrund Art und Umfang die Einschaltung eines Verwerters rechtfertigen wird.⁷²⁾ Entgegen § 151 Abs. 2 Satz 3 InsO dürfte die sachverständige Bewertung durch einen Dritten daher empirisch den Regelfall darstellen.⁷³⁾ Problematisch ist jedoch der Zeitpunkt und die Honorierung, da in denjenigen Verfahren, in denen

---

64) LG Stendal, Beschl. v. 26.2.1999 – 25 T 250/98, ZIP 2000, 982.
65) BGH, Beschl. v. 21.7.2016 – IX ZB 70/14, Rz. 70, ZIP 2016, 1592 (Sachwalter).
66) BGH, Beschl. v. 21.7.2016 – IX ZB 70/14, Rz. 61, ZIP 2016, 1592 (Sachwalter).
67) BGH, Beschl. v. 21.7.2016 – IX ZB 70/14, Rz. 61, ZIP 2016, 1592 (Sachwalter).
68) Ausführlich Beck/Depré/*Zimmer*, Praxis der Insolvenz, § 47 Rz. 38 ff.
69) *Bork*, ZIP 2009, 1747, 1752.
70) *Bork*, ZIP 2005, 1120.
71) Vgl. auch HambKommInsO/*Büttner*, § 4 InsVV Rz. 17; *Haarmeyer/Mock*, InsVV, § 4 Rz. 35.
72) *Bork*, ZIP 2009, 1747, 1751.
73) *Donath*, ZInsO 2008, 1364, 1365.

von einer Sonderaufgabe auszugehen sein wird, stets eine vorläufige Verwaltung angeordnet wird. Wenig problematisch sind die Anordnung der „starken" vorläufigen Verwaltung oder die Erteilung von Einzelermächtigungen, da hier § 55 Abs. 2 InsO Anwendung findet; für § 4 Abs. 1 Satz 3 InsVV ist Voraussetzung, dass die Honorare Dritter *sonstige Masseverbindlichkeiten* sind. Bei einer „schwachen" vorläufigen Insolvenzverwaltung ohne Einzelermächtigung kann der vorläufige Insolvenzverwalter keine Verpflichtungsgeschäfte eingehen, sodass der Dienstleister vom Schuldner zu beauftragen ist. Erfüllen darf der vorläufige Verwalter die Honorarforderung jedoch nur bis zur Verfahrenseröffnung, da danach eine *Insolvenzforderung* ohne Drittrecht vorläge. Häufig werden derartige Kosten daher als Auslagenersatz des Gutachters im Eröffnungsverfahren (personenidentisch mit dem vorläufigen Verwalter) nach JVEG behandelt. Teilweise wird vertreten, wegen § 407a Abs. 2 Satz 1 ZPO sei ein solcher Untersachverständiger ausschließlich vom Insolvenzgericht zu bestellen, wobei der eigentliche Gutachter ein Vorschlagsrecht habe; der sachverständige Bewerter erhielte einen Anspruch unmittelbar nach JVEG.[74] In diesen Konstellationen handelt es sich um *Verfahrenskosten* gemäß § 54 Nr. 1 InsO, sodass § 4 Abs. 1 Satz 3 InsVV keine Anwendung findet. Im Ergebnis wird mithin nur eine rechtliche Rechtfertigung für das gesucht, was jeder als selbstverständlich erachtet.

Ein weiterer Ansatz ist schließlich der, auf Honorare für die Bewertung zu verzichten, wenn *Be- und Verwerter identisch* sind und eine entsprechende Verwertungsprovision vereinbart wird.[75] Dies wird problematisch bei der übertragenden Sanierung bzw. einem Paketverkauf im Allgemeinen. Denn hier wird der Verwerter i. d. R. nicht tätig, da die Kaufinteressenten maßgeblich mit dem Insolvenzverwalter oder einem M&A-Berater kommunizieren, sodass keine Verwertungsprovision verdient ist.[76] Sofern dennoch eine Verwertungsprovision bezahlt wird, soll dies im Ergebnis das entgangene Bewertungshonorar kompensieren. Die Verwertungsprovision beträgt jedoch – nach subjektiver Beobachtung – meist ein Vielfaches des reinen – nach Stundenaufwand bemessenen – Bewertungshonorars, sodass der Vorgang auch am Maßstab der Insolvenzzweckwidrigkeit zu prüfen ist. Die Differenz zwischen fiktivem Bewertungshonorar und tatsächlicher Verwertungsprovision dürfte einen Masseverkürzungsschaden i. S. d. §§ 60, 92 Satz 2 InsO darstellen, der nicht vergütungsrechtlich zu klären ist, sondern die Beauftragung eines Sachverständigen oder Sonderinsolvenzverwalters erfordert.

40

c) Verwertung im Allgemeinen

Grundsätzlich gehört die Verwertung des massebefangenen Vermögens des Schuldners zu den Regelaufgaben des Insolvenzverwalters.[77] Nicht wenige Ausnahmen sind anzuerkennen, wenn die Verwertung im Einzelfall vom Insolvenzverwalter nicht

41

---

74) AG Hamburg, Beschl. v. 29.4.2013 – 67g IN 327/11, ZIP 2014, 338; *Wiester/Wilk*, NZI 2007, 12.
75) Zu den Bedenken siehe *Donath*, ZInsO 2008, 1364, 1366 ff.
76) Zutreffend *Haarmeyer/Mock*, InsVV, § 4 Rz. 29.
77) BGH, Beschl. v. 11.11.2004 – IX ZB 48/04, ZIP 2005, 36, 37; BGH, Beschl. v. 11.10.2007 – IX ZB 234/06, ZIP 2007, 2323.

oder nur unzureichend bzw. mit wesentlich geringerem Erfolg bewerkstelligt werden kann.[78] Dies ist z. B. der Fall, wenn die Verwertung nur an einem besonderen Markt erfolgen kann.[79] Ausreichend ist die Annahme, dass durch die Einschaltung eines speziell hierfür ausgerüsteten gewerblichen Verwerters bessere Erlösaussichten bestehen.[80] Dies ist zu bejahen, wenn der Verwerter über ein überlegenes Fachwissen, eine Vertrautheit mit dem Markt, bessere Geschäftsbeziehungen bzw. einen spezialisierten Mitarbeiterstab verfügt.[81] Sind nur einige wenige Gegenstände zu verwerten, deren Veräußerung auch Laien geläufig ist, etwa Kraftfahrzeuge in geringer Zahl, soll die Einschaltung eines gewerblichen Verwerters auf Kosten der Masse jedoch ausscheiden.[82] Insbesondere gehört die Kündigung von Lebensversicherungen zwecks Einziehung des Rückkaufswerts zu den Regelaufgaben, soweit es in diesem Zusammenhang nicht zu einer streitigen Auseinandersetzung kommt.[83] Im Grunde ist die Verwertung daher nur dann **Regelaufgabe**, wenn sie auch *von einem Laien bewältigt* werden kann. Die Rechtfertigung hierfür findet sich darin, dass der Insolvenzverwalter selbst weder Makler noch Auktionator oder Händler ist. Streit kann insoweit immer nur darüber bestehen, was auch einem Laien zugemutet werden könnte. Die Bezugnahme auf Kraftfahrzeuge in geringer Zahl[84] wird dabei dem Einzelfall geschuldet sein, denn auch Fahrzeuge können nur auf einem speziellen Markt veräußert werden. Als Käufer kommen nur jene Interessenten in Betracht, die zu einem Kauf „wie gesehen" unter Ausschluss von Gewährleistungsansprüchen bereit sind. Es widerspricht dem Sinn eines Vollstreckungsverfahrens, die Vermögensgegenstände in einer Weise zu veräußern, die eine jahrelange Gewährleistungsfrist und ggf. eine persönliche Haftung des Insolvenzverwalters zur Folge haben kann. Daher stellt z. B. die Einschaltung eines Auktionators in jedem Fall eine Sonderaufgabe dar.[85]

42 Wesentlich relevanter sind zwei typische Sachverhalte, die zu Kollisionen in der Bewertung führen können. Bei **Verwertung von Absonderungsgut** (§§ 166 ff. InsO) gebührt der Masse eine Verwertungskostenpauschale in Höhe von 5 % des Brutto-Veräußerungserlöses (§ 171 Abs. 2 Satz 1 InsO). Lagen die tatsächlichen Verwertungskosten jedoch wesentlich darüber, was bei Einschaltung professioneller Verwerter regelmäßig der Fall ist, sind die tatsächlichen Kosten an den Absonderungsgläubiger weiterzuberechnen (§ 171 Abs. 2 Satz 2 InsO). Die Nicht-Weiterbelastung der Differenz zwischen Pauschale und tatsächlichen Kosten begründet die widerlegbare Vermutung eines Masseverkürzungsschadens.

---

78) BGH, Beschl. v. 11.10.2007 – IX ZB 234/06, ZIP 2007, 2323.
79) BGH, Beschl. v. 11.10.2007 – IX ZB 234/06, ZIP 2007, 2323 (Kunstgegenstände, Verwertungen im Ausland); BGH, Beschl. v. 10.10.2013 – IX ZB 38/11, ZIP 2013, 2164 (Pflegeheime).
80) BGH, Beschl. v. 11.10.2007 – IX ZB 234/06, ZIP 2007, 2323.
81) BGH, Beschl. v. 11.10.2007 – IX ZB 234/06, ZIP 2007, 2323.
82) BGH, Beschl. v. 11.10.2007 – IX ZB 234/06, ZIP 2007, 2323.
83) BGH, Beschl. v. 11.11.2004 – IX ZB 48/04, ZIP 2005, 36.
84) BGH, Beschl. v. 11.10.2007 – IX ZB 234/06, ZIP 2007, 2323.
85) *Haarmeyer/Mock*, InsVV, § 4 Rz. 34.

Bei Unternehmensinsolvenzen wird nicht selten ein Paketverkauf im Kontext der 43
übertragenden Sanierung (Asset Deal) angestrebt, um neben einem Verwertungserlös auch einen Erhalt von Arbeitsplätzen zu erreichen. Ungeachtet dessen dürfte der Kaufpreis aus übertragender Sanierung stets höher ausfallen als bei einem Einzelverkauf der Gegenstände. Für eine übertragende Sanierung muss jedoch zunächst ein Käufer gefunden werden, wobei die Schwierigkeiten u. a. von Branche und Größe des Unternehmens abhängen. Erforderlich kann sein eine Investorensuche unter Einschaltung von M&A-Beratern. Deren Honorare unterfallen dem § 4 Abs. 1 Satz 3 InsVV[86] nicht wegen Kollision mit einer Regelaufgabe, sondern wegen einer möglichen Kürzung des Zuschlags zur Verwaltervergütung wegen übertragender Sanierung (§ 3 Rz. 36). Eine Kollision ergibt sich nun dann, wenn zuvor ein Bewerter eingeschaltet worden war, dem nicht eine Vergütung für die Bewertung, sondern eine Provision bei der Verwertung zugesagt wurde. Sofern neben dem M&A-Berater auch noch der Bewerter eine „Verwertungsprovision" erhält, sind sowohl ein Masseverkürzungsschaden als auch eine vergütungsrechtliche Auswirkung zu prüfen.

d) Grundstücksangelegenheiten

Die **Bewertung** des Grundstücks oder grundstücksgleichen Rechts ist Sonderaufgabe,[87] sodass ein Sachverständigengutachten eingeholt werden kann. Zutreffend wird darauf verwiesen, dass auch bei einer Zwangsversteigerung ein Wertgutachten eingeholt wird, dessen Kosten sogar vorrangig als Auslagen des Gerichts behandelt werden.[88] Entsprechendes gilt für die Ermittlung und Bewertung von Bodenkontaminationen etc. 44

Die **Prüfung der dinglichen Belastung** eines Grundstücks ist Regelaufgabe des Insolvenzverwalters, ebenso die Prüfung einer eventuellen Anfechtbarkeit der Belastungen und die Prüfung der Valutierung. Im Übrigen kann die Beseitigung beschränkender Rechte oder eine Rangfolgenklärung[89] Sonderaufgabe sein, wenn umfangreiche Verhandlungen zu führen sind (vgl. § 3 Abs. 1 lit. a InsVV). 45

Die **Immobilienverwaltung** ist stets *Sonderaufgabe* (§ 3 Abs. 1 lit. b Alt. 2 InsVV). Es liegt im Ermessen des Insolvenzverwalters, hierzu eine professionelle Hausverwaltung zu beauftragen.[90] Freilich sind Grenzen zu beachten, denn eine einzelne Wohnung, ein Einfamilienhaus oder eine überschaubare Anzahl von Tiefgaragenstellplätzen bedarf keiner nennenswerten Verwaltung. Die Einschaltung eines Maklers für eine Neuvermietung beruht auf einer Sonderaufgabe, da einerseits der Insolvenzverwalter nicht als Makler zu fungieren hat und andererseits sowohl Gewerbe- als auch Wohnungsmietrecht komplexe Spezialmaterien sind. Ein mit dem Markt vertrauter und ständig mit Vermietungen befasster Makler hat schon grund- 46

---

86) *Bork*, ZIP 2009, 1747, 1750.
87) *Haarmeyer/Mock*, InsVV, § 4 Rz. 35.
88) KPB-InsO/*Stoffler*, § 4 InsVV Rz. 67 (Stand: 05/2016).
89) LG Memmingen, Beschl. v. 4.2.2004 – 4 T 2262/03, ZInsO 2004, 497.
90) Leonhardt/Smid/Zeuner/*Amberger*, InsVV, § 4 Rz. 32; zu den Konditionen siehe *Haarmeyer/Mock*, InsVV, § 4 Rz. 46 ff.

sätzlich bessere Möglichkeiten Mieter zu akquirieren als der Zwangsverwalter selbst;[91] nichts anderes gilt für den Insolvenzverwalter. Sofern es sich um Wohnraum handelt, kann die Einführung des § 2 Abs. 1a WoVermRG (Gesetz zur Regelung der Wohnraumvermittlung) zum 1.6.2015[92] – keine Kostentragungspflicht der Mieter – keine Auswirkungen auf § 4 Abs. 1 Satz 3 InsVV haben. Sofern die Immobilien zum *Betriebsvermögen* gehören, kann es sich bei der Hausverwaltung um eine Betriebsfortführung handeln.

47 Die **Verwertung** eines Grundstücks gehört im Grundsatz zu den Regelaufgaben des Insolvenzverwalters.[93] Damit gemeint ist jedoch nur die Durchführung der Verwertung, nicht die Käufersuche, sodass weiter zu differenzieren ist. Die Einschaltung eines Maklers zur *Käufersuche* beruht auf einer Sonderaufgabe,[94] da es sich bei Grundstücken um einen speziellen Markt handelt. Hinsichtlich der *Durchführung der Grundstücksveräußerung* kann eine Sonderaufgabe vorliegen, wenn ein Grundstücksveräußerungsvertrag detaillierte Regelungen enthält, die Ergebnis umfangreicher Verhandlungen sind;[95] von der Sonderaufgabe erfasst wird mithin die vorherige Rechtsberatung. Nichts anderes gilt, wenn neben dem massebefangenen Grundstück ein weiteres Grundstück eines Dritten mit zu veräußern ist;[96] dabei ist unerheblich, ob der Dritte ebenfalls insolvent ist und Verwalteridentität vorliegt.[97] Erfolgt eine Grundstücksverwertung unter der aufschiebenden Bedingung der Zustimmung durch die Gläubigerversammlung, handelt es sich ebenfalls um eine Sonderaufgabe, wenn und weil Vorkehrungen für eine Rückabwicklung zu treffen sind.[98] Regelaufgabe ist jedoch stets die Wahrnehmung des Notartermins.[99] In diesem Bereich ist festzustellen, dass Insolvenzverwalter häufig eigene Mitarbeiter als vollmachtslose Vertreter zu den Notarterminen entsenden, um später – nach Zeitplanung des Insolvenzverwalters – Nachgenehmigungen vorzunehmen; die durch Letzteres veranlassten Kosten beruhen nicht auf einer Sonderaufgabe.

48 Die **Veräußerung eines Erbbaurechts** stellt regelmäßig eine Sonderaufgabe dar, da die Zustimmung des Grundstückseigentümers eingeholt und der schuldrechtliche Eintritt in den Erbbaurechtsvertrag sowie das Schicksal des rückständigen Erbbauzinses zu regeln ist.[100]

---

91) OLG Köln, Beschl. v. 12.9.2011 – 5 U 78/11, NZI 2011, 959.
92) § 2 Abs. 1a WoVermRG eingefügt durch Art. 3 Nr. 1 des Gesetzes zur Dämpfung des Mietanstiegs auf angespannten Wohnungsmärkten und zur Stärkung des Bestellerprinzips bei der Wohnungsvermittlung (Mietrechtsnovellierungsgesetz – MietNovG) v. 21.4.2015 (BGBl. I 2015, 610).
93) BGH, Beschl. v. 11.11.2004 – IX ZB 48/04, ZIP 2005, 36.
94) Leonhardt/Smid/Zeuner/*Amberger*, InsVV, § 4 Rz. 33; KPB-InsO/*Stoffler*, § 4 InsVV Rz. 60 (Stand: 05/2016).
95) BGH, Urt. v. 17.9.1998 – IX ZR 237/97, ZIP 1998, 1793.
96) BGH, Beschl. v. 11.11.2004 – IX ZB 48/04, ZIP 2005, 36.
97) BGH, Beschl. v. 11.11.2004 – IX ZB 48/04, ZIP 2005, 36; a. A. LG Memmingen, Beschl. v. 4.2.2004 – 4 T 2262/03, ZInsO 2004, 497.
98) BGH, Beschl. v. 11.11.2004 – IX ZB 48/04, ZIP 2005, 36.
99) BGH, Beschl. v. 21.2.2008 – IX ZB 232/06, JurionRS 2008, 10851.
100) BGH, Beschl. v. 11.11.2004 – IX ZB 48/04, ZIP 2005, 36.

e) Handels- und steuerrechtliche Buchführung bzw. Jahresabschlüsse

aa) Sonderaufgabe

Ist die handelsrechtliche Buchführung vor Eröffnung des Insolvenzverfahrens außerhalb des schuldnerischen Unternehmens erledigt worden, ist es dem Insolvenzverwalter nicht zuzumuten, eine neue Buchhaltung anzulegen und von eigenen Mitarbeitern führen zu lassen; schaltet er deswegen zusätzlich einen Steuerberater ein, darf sich dies nicht mindernd auf die Vergütung oder die Auslagenpauschale auswirken.[101] Dies muss aber generell, d. h. unabhängig davon gelten, ob der Schuldner vorinsolvenzlich die Buchführung ausgelagert hatte,[102] da die handels- und steuerrechtliche Buchführung keine Kernaufgabe des Insolvenzverwalters ist.[103] Folglich ist die Erstellung der handelsrechtlichen Buchführung *stets Sonderaufgabe*.[104] Die handelsrechtliche Buchführungspflicht knüpft an die Kaufmannseigenschaft des Schuldners an, die selbst dann nicht auf den Insolvenzverwalter übergeht, wenn er den Geschäftsbetrieb des Schuldners fortführt.[105] Insoweit gehört diese Buchführungspflicht nicht zu den Bestandteilen eines Gesamtvollstreckungsverfahrens i. S. d. § 1 Satz 1 InsO. Die Pflicht des Insolvenzverwalters ergibt sich öffentlichrechtlich aus §§ 34, 35 AO, insoweit hat § 155 Abs. 1 Satz 1 und 2 InsO allenfalls deklaratorischen Charakter. Eine Sonderaufgabe nur dann anzunehmen, wenn bereits der Schuldner die Buchführung fremdvergeben hatte, ist eine Missachtung der Lebenswirklichkeit. Es sind gerade Einzelunternehmer und kleinere Unternehmen, die sich mit der Buchführung nicht befassen wollen bzw. denen die Mittel für eigenes Personal fehlen und deswegen Steuerberater oder freiberufliche Buchhalter einschalten. Es würde die absurde Folge eintreten, dass solche vergleichsweise einfachen Buchführungen dann Sonderaufgaben wären, während die Buchführung größerer Unternehmen, die über eigenes Buchführungspersonal verfügen, als Regelaufgabe zu qualifizieren wäre. Der Widersinn ist evident. Ungeachtet dessen tritt der Insolvenzverwalter nie an die Stelle des gesamten schuldnerischen Mitarbeiterbestandes (einschließlich Buchhaltungsmitarbeitern), sondern nur an die Stelle des Schuldners als Rechtsfigur (Rz. 33), die die Erfüllung öffentlich-rechtlicher Pflichten zu verantworten hat.

Dass die Insolvenzverwalter zunehmend *Software-Produkte* einsetzen, die möglicherweise die handelsrechtliche Buchführung mit der Verwalterbuchführung i. S. d. § 66 InsO kombinieren oder anderweitig Synergieeffekte schaffen können, macht die handelsrechtliche Buchführung nicht zur Regelaufgabe.[106] Denn andererseits entstünde eine gleichfalls widersinnige Abwärtsspirale: Je mehr der Insolvenzverwalter in Kosteneinsparungen und Synergieeffekte investiert, desto mehr Aufgaben würden Regelaufgaben; dies ist nicht Aufgabe des § 4 Abs. 1 Satz 3 InsO, sondern

---

101) BGH, Beschl. v. 11.11.2004 – IX ZB 48/04, ZIP 2005, 36; BGH, Beschl. v. 3.3.2005 – IX ZB 261/03, ZVI 2005, 143.
102) BGH, Beschl. v. 22.7.2004 – IX ZB 161/03, ZIP 2004, 1717; BGH, Beschl. v. 8.7.2010 – IX ZB 222/09, ZInsO 2010, 1503.
103) BGH, Urt. v. 3.3.2016 – IX ZR 119/15, ZIP 2016, 727.
104) *Haarmeyer/Mock*, InsVV, § 3 Rz. 100.
105) BGH, Urt. v. 25.2.1987 – VIII ZR 341/86, ZIP 1987, 584.
106) A. A. offenbar Leonhardt/Smid/Zeuner/*Amberger*, InsVV, § 4 Rz. 8.

gehört in eine grundsätzliche Diskussion zu § 2 Abs. 1 InsVV bzw. § 63 InsO, sodass der Rechtspfleger den Verordnungsgeber nicht ersetzen kann. Ungeachtet dessen arbeitet die handelsrechtliche Buchführung mit Personenkonten (Debitoren und Kreditoren) und Jahresabschlusskonten, sodass sich die Geschäftsvorfälle dort stets anders darstellen als in der Verwalterbuchführung, die sich an dem für die handelsrechtliche Buchführung völlig irrelevanten § 1 Abs. 2 InsVV zu orientieren hat. Die handelsrechtliche Buchführung basiert auf einer Darstellung der Bestandsveränderungen, während die Verwalterbuchführung ausschließlich auf Zahlungsflüssen basiert. Insoweit ist die Annahme unzutreffend, durch Datenimporte könnte das eine das andere substituieren.[107]

51 Die Erstellung von **Jahresabschlüssen** und **Bilanzen** stellt ebenso eine Sonderaufgabe dar.[108] **Abschlussprüfungen** i. S. d. § 316 HGB und anderer Normen gehören schon nicht in die hiesige Diskussion, da sich der Steuerpflichtige denklogisch nicht selbst prüfen kann, was ebenso denklogisch auch für den Vermögensverwalter i. S. d. §§ 35, 34 AO, § 80 Abs. 1 InsO gilt.

52 Die handelsrechtliche Buchführung basiert auf der Idee des Gläubigerschutzes (HGB) und der Heranziehung zur Ertragbesteuerung (§§ 140 AO, 4 Abs. 1 Satz 1 EStG, § 8 Abs. 1 Satz 1 KStG, § 7 Satz 1 GewStG). Daneben gelten **Aufzeichnungspflichten für die Umsatzsteuer** (§ 22 UStG). Solange die Pflicht zur Erstellung einer handelsrechtlichen Buchführung besteht, gilt hierdurch auch die Anforderung aus § 22 UStG als erfüllt (§ 140 AO, Abschn. 22.1 Abs. 1 Satz 1 UStAE). Fällt die Pflicht zur Erstellung einer handelsrechtlichen Buchführung weg oder bestand sie gar nicht erst, wie z. B. bei bestimmten Einzelkaufleuten (Rz. 55) oder Freiberuflern, oder obliegt sie nicht dem Insolvenzverwalter, wie z. B. bei Personengesellschaften (Rz. 56), bleibt die Aufzeichnungspflicht für die Umsatzsteuer isoliert als Aufgabe bestehen. Wie lange hier eine Einstufung als Sonderaufgabe akzeptiert werden kann, richtet sich danach, in welchem Umfang bzw. in welchem Zeitraum auch die Abgabe von Umsatzsteuervoranmeldungen als Sonderaufgabe gilt (Rz. 72 ff.).

bb) Betriebsfortführung

53 Hinsichtlich der Erstellung der handelsrechtlichen Buchführung sowie der Jahresabschlüsse für Zeiträume der Betriebsfortführung sei auf Rz. 19 ff. verwiesen. Hier greift nicht § 4 Abs. 1 Satz 3 InsVV, sondern § 1 Abs. 2 Nr. 4 Satz 2 lit. b InsVV, soweit die Kosten mit zumutbarem Aufwand in abwicklungsbedingt und fortführungsbedingt aufgeteilt werden können.

cc) Fehlende Notwendigkeit

54 Selten wird diskutiert, ob die Erstellung der handelsrechtlichen Buchführung nebst Jahresabschlüssen überhaupt notwendig war. Zwar obliegt dem Insolvenzgericht hier keine Zweckmäßigkeitsprüfung, jedoch müssen die Ausgaben für die Erstellung einer handelsrechtlichen Buchführung auf einer *tatbestandlichen Notwendigkeit*

---

107) Ähnlich KPB-InsO/*Stoffler*, § 4 InsVV Rz. 56 (Stand: 05/2016).
108) BGH, Beschl. v. 22.7.2004 – IX ZB 161/03, ZIP 2004, 1717; LG Flensburg, Beschl. v. 4.11.2003 – 5 T 323/03, ZInsO 2003, 1093.

beruhen, denn was nicht vergütungsfähig ist, kann auch nicht delegiert werden (Rz. 37). Aus der Praxis sind die folgenden Problembereiche bekannt:

Gemäß § 241a HGB müssen **Einzelkaufleute**, die an den Abschlussstichtagen von zwei aufeinander folgenden Geschäftsjahren nicht mehr als jeweils 600.000 € Umsatzerlöse und jeweils 60.000 € Jahresüberschuss aufweisen, die §§ 238–241 HGB nicht anwenden. Es besteht unter diesen Voraussetzungen folglich keine Pflicht zur Erstellung der handelsrechtlichen Buchführung oder von Jahresabschlüssen. Nichts anderes folgt aus § 141 AO für die *steuerliche Buchführungspflicht*. In diesen Fällen dürfte es schon im Grundsatz zweifelhaft sein, eine handelsrechtliche Buchführung abzurechnen. Hier geht es regelmäßig nur um die *Überschussermittlung* i. S. d. § 4 Abs. 3 Satz 1 EStG. Das Problem der Buchführungspflicht in diesen Fällen wird auch in der steuerrechtlichen Literatur diskutiert. Dabei wird darauf verwiesen, dass die §§ 32, 33 StBVV (Gebühren für Buchführung) analog auf die Überschussermittlung angewendet werden müssen, da es an einem spezifischen Gebührentatbestand mangelt.[109] Allerdings sei eine Buchführung nur bei hohem Belegaufkommen erforderlich; bei niedrigem Belegaufkommen käme nur ein Honorar für die Erstellung der Einkommensteuererklärung nach § 25 StBVV in Betracht.[110] Insoweit handelt es sich bei der Erstellung der Buchführung im Anwendungsbereich des § 241a HGB um eine *Zweckmäßigkeitsentscheidung* des Insolvenzverwalters, die im Wesentlichen von der Zweckmäßigkeitsentscheidung des Steuerberaters, dem keine Steuererklärung aufgrund unzureichenden Zahlenmaterials zuzumuten ist, abhängt. Für *vorinsolvenzliche Zeiträume* ist stets eine Zweckmäßigkeit zu bejahen, da es nicht Aufgabe eines Gesamtvollstreckungsverfahrens ist, das Scheitern des Schuldners für das Finanzamt zu dokumentieren. Inzwischen scheint auch die Rechtsprechung anerkannt zu haben, dass die steuerliche Buchführung nicht zu den Regelaufgaben eines Insolvenzverwalters gehört.[111] Hinsichtlich des Zeitraums der *Betriebsfortführung* sei auf Rz. 19 ff. verwiesen. Für den Zeitraum *nach der Betriebsfortführung* bzw. ohne eine solche wird i. d. R. davon auszugehen sein, dass nur ein niedriges Belegaufkommen tatbestandlich ist, sodass die Abrechnung einer Buchführung ausscheidet. Erst recht scheidet die Abrechnung einer Buchführung aus, wenn überhaupt keine Erklärung über Einkommensteuer erstellt wird, da die Buchführung nur der Erstellung einer Einnahmen- Überschuss-Rechnung für steuerliche Zwecke dient. In diesem nicht seltenen Fall muss aus der Abrechnung einer Buchführung gegen die Masse – widerlegbar – geschlossen werden, dass die sog. *Verwalterbuchführung* i. S. d. § 66 InsO als Regelaufgabe gegen die Masse abgerechnet wurde. Anderes gilt, wenn auch ohne eine Betriebsfortführung oder nach einer Betriebsfortführung die Aufzeichnungspflichten nach § 22 UStG zu erfüllen sind.

Hinsichtlich der Ertragsteuern (Einkommensteuer, Körperschaftsteuer) wird eine **Personengesellschaft** nicht auf der Ebene der Gesellschaft besteuert, sondern auf der Ebene der Gesellschafter. Daher hat die Gesellschaft auf Basis von Jahresab-

---

109) *Berners*, StBVV, § 32 Rz. 9.
110) *Berners*, StBVV, § 25 Rz. 5.
111) BGH, Urt. v. 3.3.2016 – IX ZR 119/15, ZIP 2016, 727.

schlüssen eine einheitliche und gesonderte Gewinnfeststellung zu veranlassen (§ 180 Abs. 1 Nr. 2 lit. a AO). Ein entsprechender Feststellungsbescheid führt noch nicht zu einer Steuerzahllast. Er dient lediglich als Grundlagenbescheid einer anschließenden Festsetzung der Körperschaft- oder Einkommensteuer gegen die Gesellschafter. Da die einheitliche und gesonderte Gewinnfeststellung damit nicht der Gesellschaft dient, sondern nur den Gesellschaftern, ist ein Insolvenzverwalter nicht zur Abgabe dieser Erklärung verpflichtet.[112] Die Durchführung der einheitlichen Gewinnfeststellung gehört zu den insolvenzfreien Angelegenheiten der Kommanditgesellschaft[113] bzw. der Personengesellschaft im Allgemeinen. Daher hat auch der Gesellschafter der Schuldnerin keinen Anspruch darauf, dass das Finanzamt den Insolvenzverwalter mit Zwangsmitteln dazu anhält, eine Erklärung zur einheitlichen und gesonderten Gewinnfeststellung abzugeben.[114] Auch sind Kosten eines finanzgerichtlichen Verfahrens der Gesellschafter gegen das Finanzamt keine Masseverbindlichkeiten.[115] Daher wurde zunächst vertreten, der Insolvenzverwalter habe generell keine *Jahresabschlüsse* zu erstellen; dies sei Aufgabe der Gesellschafter, die hierfür ein Einsichtsrecht nach § 810 BGB in die hierfür benötigten Unterlagen des Insolvenzverwalters hätten.[116] Die Rechtsprechung hat inzwischen jedoch eine Änderung erfahren. Der Insolvenzverwalter ist zur Erstellung der Jahresabschlüsse verpflichtet, jedoch nur gegen Kostenerstattung durch die Gesellschafter.[117] Wenn die Jahresabschlüsse mithin nicht für die Masse benötigt werden, sondern nur für die Interessen der Gesellschafter, so sind die Jahresabschlüsse nur in Auftrag zu geben, wenn eine Kostenübernahme durch die Gesellschafter (ggf. durch Vorschusszahlung) gesichert ist. Das hat freilich Rückwirkung bereits auf die Erstellung der *handelsrechtlichen Buchführung*, die auch nur unter den vorgenannten Voraussetzungen benötigt wird und im Ergebnis von den Gesellschaftern zu finanzieren ist. Anderes gilt, wenn und solange die Buchführung der Aufzeichnungspflicht nach § 22 UStG entspricht. Soweit mithin eine handelsrechtliche Buchführung und Jahresabschlüsse gegen die Masse abgerechnet werden, ist darzulegen, dass die Gesellschafter den Insolvenzverwalter zur Veranlassung der Erstellung aufgefordert haben. Ferner ist nachzuweisen, dass die Gesellschafter die entstandenen Kosten an die Masse erstattet haben. Da beides oftmals nicht erfolgt, ist die Frage nach einem Regress i. S. d. §§ 60, 92 Satz 2 InsO vordringlicher als die Frage nach der Sonderaufgabe. Denn in diesem Fall geht es nicht um die Abgrenzung der Regelaufgabe zur Sonderaufgabe, sondern um die Abgrenzung der Sonderaufgabe zu einer nicht geschuldeten Aufgabe (Rz. 37). Von den vorstehenden Ausführungen muss eine Ausnahme gemacht werden, wenn *kein Gesellschafter der Personengesellschaft eine natürliche Person ist* (arg.: §§ 264a, 264–330 HGB). Hier gelten in

---

112) BFH, Urt. v. 21.6.1979 – IV R 131/74, ZIP 1980, 53; BFH, Urt. v. 23.8.1994 – VII R 143/92, ZIP 1994, 1969.
113) BGH, Beschl. v. 2.4.1998 – IX ZR 187/97, ZIP 1998, 1076; BGH, Urt. v. 16.9.2010 – IX ZR 121/09, ZInsO 2010, 2094.
114) BFH, Beschl. v. 12.11.1992 – IV B 83/91, ZIP 1993, 374.
115) BGH, Beschl. v. 2.4.1998 – IX ZR 187/97, ZIP 1998, 1076; OLG Düsseldorf, Urt. v. 2.5.1997 – 22 U 223/96, ZIP 1998, 1077.
116) OLG Dresden, Beschl. v. 29.11.2004 – 2 U 1507/04, GmbHG 2005, 238.
117) BGH, Urt. v. 16.9.2010 – IX ZR 121/09, ZInsO 2010, 2094.

Ermangelung einer einschlägigen Rechtsprechung für den hiesigen Fragenkatalog die Regeln für Kapitalgesellschaften (Rz. 57), da sich ein Insolvenzverwalter so zu verhalten hat, wie es einem geringstmöglichen Haftungsrisiko entspricht. Insoweit handelt es sich bei der Erstellung der handelsrechtlichen Buchführung und der Jahresabschlüsse um eine reine Zweckmäßigkeitsentscheidung des Insolvenzverwalters. Gleichwohl sollte aufgrund obiger Rechtsprechung versucht werden, die entstandenen Kosten von den Gesellschaftern einzufordern.

Bei **Kapitalgesellschaften** lässt sich die Erstellung der handelsrechtlichen Buchführung und der Jahresabschlüsse als Erfüllung öffentlich-rechtlicher Pflichten nicht vermeiden, da der HGB-Gesetzgeber offenbar auch in der Insolvenz noch einen Gläubigerschutz erwartet. Sofern wegen hoher Verlustvorträge keine Erklärungen über Körperschaftsteuer für nachinsolvenzliche Zeiträume mehr abgegeben werden, werden zumindest die Jahresabschlüsse ausschließlich für die Ablage erstellt; dies ist jedoch kein Problem des § 4 Abs. 1 Satz 3 InsVV, sondern ein Abstimmungsproblem zwischen InsO- und HGB-Gesetzgeber. 57

f) Verwalterbuchführung

Die Erstellung einer *Schlussrechnung* nach § 66 Abs. 1 Satz 1 InsO ist unstreitig eine **Regelaufgabe**,[118] da Rechnungslegung ein Synonym für die Ablegung von Rechenschaft ist. Allerdings kennt § 66 Abs. 1 Satz 1 InsO auch nur die Schlussrechnung, eine *laufende Rechnungslegung* ist der InsO gänzlich unbekannt. Der InsO-Gesetzgeber geht offenbar von einer einfachen Einnahmen-Ausgaben-Rechnung i. S. d. §§ 666, 259 Abs. 1 BGB aus, wie sie auch für den Vormund (§§ 1840, 1841 BGB), den rechtlichen Betreuer (§§ 1908i, 1840, 1841 BGB), den Pfleger (§§ 1915, 1840, 1841 BGB) und den Testamentsvollstrecker (§§ 2218, 666, 259 BGB) Anwendung findet. Immerhin für den Zwangsverwalter ist – seit dem 1.1.2004 – in §§ 14, 15 ZwVwV[119] eine Buchführungspflicht und die Nutzung von Sachkonten vorgesehen, was die Anwendung der doppelten Buchführung[120] erforderlich macht. Da die Buchführung im Insolvenzverfahren ungleich aufwendiger als in der Zwangsverwaltung ist, sollten auch in § 66 InsO entsprechende Regelungen zu einer laufenden Buchführung und zur Gestaltung von Kontenplänen eingefügt werden.[121] Gleichwohl hat sich eine laufende Buchführung unter Anwendung standardisierter Kontenpläne[122] aus verschiedenen Gründen inzwischen auch für den Insolvenzverwalter etabliert. Insoweit zählt auch die laufende Verwalterbuchführung zu den Regelaufgaben.[123] 58

---

118) *Bork*, ZIP 2009, 1747, 1750.
119) Zwangsverwalterverordnung v. 19.12.2003 (BGBl. I 2003, 2804).
120) Hierzu *Zimmer*, Insolvenzbuchhaltung, Rz. 241 ff.
121) Ein Vorschlag findet sich bei *Zimmer*, Insolvenzbuchhaltung, Rz. 495.
122) *Zimmer*, Insolvenzbuchhaltung, Rz. 486 ff.
123) LG Memmingen, Beschl. v. 4.2.2004 – 4 T 2262/03, ZInsO 2004, 497; LG Stendal, Beschl. v. 26.2.1999 – 25 T 250/98, ZIP 2000, 982; Lorenz/Klanke/*Lorenz*, InsVV, § 4 Rz. 8; *Keller*, Vergütung und Kosten, § 2 Rz. 129; KPB-InsO/*Stoffler*, § 4 InsVV Rz. 21 (Stand: 05/2016).

59 In besonders gelagerten Fällen soll eine delegationsfähige **Sonderaufgabe** angenommen werden können.[124] Dem kann jedoch nicht gefolgt werden, da ein großer Umfang an Geschäftsvorfällen regelmäßig auf Umständen beruht, die bereits die Berechnungsgrundlage nach § 1 Abs. 2 InsVV erhöhen oder Zuschläge nach § 3 Abs. 1 InsVV rechtfertigen (z. B. für Betriebsfortführung oder umfangreichen Forderungseinzug). Sofern das Ergebnis nicht angemessen scheint, mag eine Sonderaufgabe angenommen werden, die jedoch wegen der Höchstpersönlichkeit der Schlussrechnungslegung unter § 4 Abs. 2 InsVV oder § 3 Abs. 1 InsVV zu subsumieren ist und nicht unter § 4 Abs. 1 Satz 3 InsVV.

g) Steuererklärungen und -beratung
aa) Allgemeines

60 Da der Insolvenzverwalter gemäß § 80 Abs. 1 InsO die Verwaltungs- und Verfügungsbefugnis über das Vermögen des Schuldners innehat, ist er zugleich **Verfügungsberechtigter** i. S. d. **§ 35 AO** bzw. **Vermögensverwalter** i. S. d. **§ 34 AO**, sodass er die steuerlichen Pflichten des Schuldners zu erfüllen hat. Dass § 155 Abs. 1 Satz 2 InsO diese Pflicht auf die Masse beschränkt, führt nach Auffassung der Finanzverwaltung lediglich zu einer inhaltlichen Abgrenzung zum insolvenzfreien Vermögen, nicht aber zu einer zeitlichen Abgrenzung zu vorinsolvenzlichen Zeiträumen.

61 Insoweit ist für die Anwendung des § 4 Abs. 1 Satz 3 InsVV zu definieren, welche der steuerlichen Aufgaben Regel-, und welche Sonderaufgaben darstellen. Hierzu existiert nur ansatzweise ein geschlossenes Konzept. Ungeachtet des konkreten Einzelfalls besteht das am wenigsten taugliche Konzept darin, die steuerlichen Aufgaben in „einfach" oder „schwierig" einzuteilen. Einem mit dem Prozessstoff nicht befassten Rechtspfleger wird es kaum möglich sein, belastbare Überlegungen dazu anzustellen und niederzulegen, ob ein Prozessverfahren umfangreich oder schwierig ist.[125] Nichts anderes gilt für Fragen des Steuerrechts. Es ist nicht ersichtlich, dass sich Rechtspfleger konstruktiv an der insolvenzsteuerrechtlichen Diskussion beteiligen würden, sodass vertieftes Grundlagenwissen dort nicht unterstellt werden kann. Maßstab kann jedoch nicht sein, ob der Tatrichter seine eigene Steuererklärung für leicht oder schwierig hält. Daher ist es weder sachgerecht noch umsetzbar, die Schwierigkeit einer steuerlichen Frage zum alleinentscheidenden Unterscheidungsmerkmal von Regel- und Sonderaufgaben zu machen;[126] denn ob ein Vorgang schwierig war oder nicht, weiß auch der Insolvenzverwalter oft erst *nach* der steuerlichen Beratung. Der nachfolgende Versuch eines Konzeptes beruht auf einer Betrachtung getrennt nach Steuerarten und Besteuerungszeiträumen, wenngleich im begründeten Einzelfall stets auch Abweichungen von den aufgestellten Grundsätzen zulässig sein müssen.

---

124) *Haarmeyer/Mock*, InsVV, § 3 Rz. 100; HK-InsO/*Riedel*, § 66 Rz. 81; KPB-InsO/*Stoffler*, § 4 InsVV Rz. 58 (Stand: 05/2016).
125) OLG München, Beschl. v. 10.12.2015 – 11 W 2293/15, ZInsO 2016, 184, 185.
126) KPB-InsO/*Stoffler*, § 4 InsVV Rz. 49 (Stand: 05/2016).

bb) Einkommensteuer

(1) Entscheidungen des BGH

Mit einer Entscheidung vom 22.7.2004 anerkannte der BGH die Steuerberaterkosten 62
für die Erstellung einer Erklärung über Einkommensteuer in einem Stundungsverfahren als besondere Auslagen i. S. d. § 4 Abs. 2 InsVV,[127] was nur dann als zulässig erachtet werden kann, wenn die Abgabe von Erklärungen über Einkommensteuer als Sonderaufgabe qualifiziert wird. Eine Ausnahme für die Einstufung als Sonderaufgabe soll nach einer Entscheidung des BGH vom 14.11.2013 für im Verhältnis zur Größe des Insolvenzverfahrens wenige und einfach zu erstellende Steuererklärungen gelten.[128] Streitgegenstand waren Einkommensteuererklärungen, jedoch ohne dass Art und Höhe der Einkünfte aus der Sachverhaltsdarstellung ersichtlich wären. Es wird lediglich ausgeführt, dass Millionen Arbeitnehmer jährlich zahlreiche einfache Steuererklärungen abgäben. Die restriktive Betrachtung führt der BGH in einer Entscheidung vom 13.3.2014 fort, indem er ausführt, um eine Sonderaufgabe handele es sich nur, wenn die erforderlichen Kenntnisse bzw. der erforderliche Arbeitsaufwand über das hinausging, was mit jeder Steuererklärung verbunden ist.[129] Hier wiederum war die Besonderheit zu beachten, dass der Insolvenzverwalter mit der Entnahme der Steuerberatervergütungen nach Auffassung des BGH – scheinbar – die Befriedigungsreihenfolge des § 209 InsO verletzt hatte; ganz schlüssig ist dies in Ansehung der erstgenannten Entscheidung vom 22.7.2004 nicht. Aus der Entscheidung vom 13.3.2014 ist jedoch abzuleiten, dass der BGH nun offenbar Einkommensteuererklärungen *im Grundsatz als Regelaufgaben* einstuft. Dies nehmen Rechtspfleger z. T. zum Anlass, dies als Obersatz auch für andere Steuerarten anzuwenden.

(2) Eigene Ansicht

Der Entwicklung zu einer restriktiven Beurteilung der Steuererklärungspflichten 63
kann nicht uneingeschränkt gefolgt werden, zumal die zuletzt entschiedenen Sachverhalte sich als Ausnahmefälle darstellen, aus denen heraus sich keine Leitsätze für die generelle Betrachtung rechtfertigen. Dass „Millionen" Arbeitnehmer jährlich zahlreiche einfache Steuererklärungen abgeben, ist weder ein wissenschaftliches Argument noch ein **allgemeiner Rechtssatz**. Erstens lässt sich durch einfache Internetrecherchen feststellen, dass auch „Millionen" Arbeitnehmer die sog. Lohnsteuerhilfevereine in Anspruch nehmen. Nicht dokumentiert ist zweitens, welche inoffizielle Unterstützung im Freundes- und Verwandtenkreis bei der Erstellung der Steuererklärungen geleistet wird. Drittens lässt sich im Frühjahr jeden Jahres der Boulevard-Presse entnehmen, dass „Millionen" von Arbeitnehmern Steuererstattungen verschenken, weil sie überhaupt keine Steuererklärungen abgeben oder Abzugspotential nicht ausschöpfen. Viertens geben „Millionen" von Arbeitnehmern keine Steuererklärung ab, weil der Arbeitgeber bereits am Jahresende einen Lohnsteuerausgleich vornimmt. Und woher nimmt der BGH die Kenntnis, dass die

---

127) BGH, Beschl. v. 22.7.2004 – IX ZB 161/03, ZIP 2004, 1717.
128) BGH, Beschl. v. 14.11.2013 – IX ZB 161/11, ZIP 2013, 2413.
129) BGH, Beschl. v. 13.3.2014 – IX ZB 204/11, ZInsO 2014, 951.

übrigen Steuererklärungen einfach sind? Für die Rechtsprechung gilt nichts anderes als für die Parteien eines Rechtsstreits: Das geforderte Minimalmaß an Substantiierung ist jedenfalls dann nicht erreicht, wenn der Antragsteller in lediglich formelhafter und pauschaler Weise Tatsachenbehauptungen aufstellt, ohne diese zu dem zugrunde liegenden Sachverhalt in Beziehung zu setzen.[130] Richterliche Rechtsfortbildung darf auch nicht dazu führen, dass der Richter seine eigene materielle Gerechtigkeitsvorstellung an die Stelle derjenigen des Gesetzgebers setzt.[131] Insoweit liegen keine tragfähigen Entscheidungsgründe vor, um ein generelles System zu beschreiben.

64 Dienen Steuererklärungen ausschließlich der Ermöglichung einer Forderungsanmeldung zur Insolvenztabelle oder zur Bezifferung einer Insolvenzforderung, könnte vertreten werden, der Insolvenzverwalter dürfte derartige Steuererklärungen überhaupt nicht abgeben. Denn im Lichte der Unabhängigkeit ist der Insolvenzverwalter nicht befugt, einseitig für die Interessen eines Insolvenzgläubigers aufzutreten und diesem einen Vorteil gegenüber anderen Insolvenzgläubigern zu verschaffen. Dem steht freilich entgegen, dass der Insolvenzverwalter gemäß §§ 34, 35 AO die steuerlichen Pflichten des Schuldners zu erfüllen und folglich Steuererklärungen abzugeben hat. Im Prinzip liegt eine **Pflichtenkollision** des Insolvenzverwalters vor, die es aufzulösen gilt.

65 Steuererklärungen für **vorinsolvenzliche Zeiträume** sind nach hier vertretener Auffassung stets *Sonderaufgaben*. Anerkannt ist dies bereits für die vorinsolvenzliche handelsrechtliche Buchführung (Rz. 49) und die Lohnbuchführung für vorinsolvenzliche Zeiträume (Rz. 112), da es nicht Regelaufgabe eines Insolvenzverwalters bzw. überhaupt eines Gesamtvollstreckungsverfahrens ist, das Scheitern oder Vorleben des Schuldners für das Finanzamt zu dokumentieren. Es ist ferner nicht Aufgabe eines Gesamtvollstreckungsverfahrens, für vorinsolvenzliche Zeiträume z. B. Überschussermittlungen nach § 4 Abs. 3 EStG durchzuführen, Belege für Sonderausgaben und außergewöhnliche Belastungen zusammenzutragen oder sich mit dem Progressionsvorbehalt bei Lohnersatzleistungen früherer Jahre zu befassen. Auch Änderungen im Personenstand oder bei den Unterhaltspflichten in vorinsolvenzlichen Zeiträumen haben keinen Bezug zum Insolvenzverfahren und stehen mit einem Gesamtvollstreckungsverfahren nicht ansatzweise im Zusammenhang. Die einzige Regelaufgabe des Insolvenzverwalters besteht insgesamt darin, grob abzuschätzen, ob sich Hinweise auf mögliche Steuererstattungen oder nützliche Verlustvorträge ergeben oder Minderungen auf der Passivseite zur Beseitigung von Schätzungen erzielt werden können, um dann das Notwendige, nämlich die Beauftragung eines Steuerberaters, zu veranlassen. Alles weitere wäre eine Überspannung der Aufgaben des Insolvenzverwalters und eine dogmatisch verfehlte Übertragung des Allzuständigkeitsprinzips der §§ 34, 35 AO auf ein Verfahren des Vollstreckungsrechts, zu dem die InsO immer noch gehört.

66 Hinsichtlich des Zeitraums einer **Betriebsfortführung** sei auf Rz. 19 ff. verwiesen. Hier greift nicht § 4 Abs. 1 Satz 3 InsVV, sondern § 1 Abs. 2 Nr. 4 Satz 2 lit. b

---
130) BGH, Beschl. v. 10.11.2015 – VI ZB 11/15, NJW-RR 2016, 63.
131) BVerfG, Beschl. v. 17.9.2013 – 1 BvR 1928/12, Rz. 31, ZIP 2013, 2105.

InsVV, soweit die Kosten mit zumutbarem Aufwand in abwicklungsbedingt und fortführungsbedingt aufgeteilt werden können.

Ob die Steuererklärungen für Zeiträume **nach einer (oder ohne eine) Betriebs-** 67
fortführung im eröffneten Insolvenzverfahren Regelaufgaben oder Sonderaufgaben sind, kann eine Frage des *Einzelfalls* sein. Eine „Freigabe" eines Geschäftsbetriebs gemäß § 35 Abs. 2 InsO ist stets Indiz für eine Sonderaufgabe, da der Insolvenzverwalter hier auch Einkünfte aus dem insolvenzfreien Vermögen beachten muss und selten sicher sein kann, insoweit belastbare Angaben zu erhalten; hier ist nicht einmal geklärt, ob der Schuldner die für die insolvenzfreien Einkünfte maßgeblichen Anlagen zur Steuererklärung selbst zu erstellen hat. War der Schuldner Unternehmer, kann es durch Verwertungshandlungen zur Aufdeckung stiller Reserven kommen; auch dann ist eine Steuererklärung Sonderaufgabe. Gleiches gilt, wenn bei einem verheirateten Schuldner über die Zusammen- oder Getrenntveranlagung zu entscheiden ist[132)] bzw. Aufteilungsbescheide nach § 268 AO erforderlich werden. Ebenso liegt eine Sonderaufgabe vor, wenn steuerrelevantes Absonderungsgut veräußert wurde und die ertragsteuerlichen Auswirkungen zu klären sind. Sobald Insolvenzspezifika zu berücksichtigen sind, liegt ebenfalls eine Sonderaufgabe vor.[133)] Im Grunde bliebe als Regelaufgabe nur jene Steuererklärung bei einem nicht verheirateten oder getrenntveranlagten Schuldner ohne Unterhaltspflichten in einem durchgängigen Beschäftigungsverhältnis[134)] mit Werbungskosten bis zum Werbungskostenpauschbetrag, ohne außergewöhnliche Belastungen und mit einem ausschließlich aus der Lohnsteuerbescheinigung ersichtlichen Vorsorgeaufwand. Derartige Steuererklärungen dürften jedem Insolvenzverwalter in der Tat zuzumuten sein. Dies würde dann der BGH-Entscheidung vom 14.11.2013[135)] entsprechen und die mangelhaft begründete, allenfalls für den Einzelfall zutreffende BGH-Entscheidung vom 13.3.2014[136)] relativieren.

Eine andere Frage ist die der **tatbestandlichen Notwendigkeit**. Nicht geschuldete 68
Tätigkeiten sind weder vergütungs- noch delegationsfähig (Rz. 37). Besteht z. B. der einzige Vermögenswert des Schuldners in einem unpfändbaren Einkommen, scheidet schon die *Pflicht* des Insolvenzverwalters zur Abgabe von Steuererklärungen aus, da sich die Pflicht nur auf die Masse bezieht (§ 155 Abs. 1 Satz 2 InsO, § 34 Abs. 3 AO).[137)] In diesem Fall geht es nicht um die Abgrenzung der Regelaufgabe zur Sonderaufgabe, sondern um die Abgrenzung der Sonderaufgabe zu einer nicht geschuldeten Aufgabe. Freilich besteht immer noch ein *Recht* zur Abgabe der Steuererklärung, wenn sich Steuererstattungen für die Masse vereinnahmen lassen. Dann stellt sich die Frage, ob die Steuerberatungskosten als Verwertungskosten höher sein dürfen als die voraussichtliche Steuererstattung. Dies ist zu verneinen, aber keine Frage der §§ 4 Abs. 1 Satz 3, 8 Abs. 2 InsVV, sondern der §§ 60, 92 Satz 2 InsO.

---

132) So auch KPB-InsO/*Stoffler*, § 4 InsVV Rz. 51 (Stand: 05/2016).
133) HambKommInsO/*Büttner*, § 4 InsVV Rz. 8.
134) Ähnlich KPB-InsO/*Stoffler*, § 4 InsVV Rz. 51 (Stand: 05/2016).
135) BGH, Beschl. v. 14.11.2013 – IX ZB 161/11, ZIP 2013, 2413.
136) BGH, Beschl. v. 13.3.2014 – IX ZB 204/11, ZInsO 2014, 951.
137) *Beck*, NZI 2012, 991, 992.

cc) Körperschaftsteuer

69 Die Erstellung von Erklärungen über Körperschaftsteuer ist stets **Sonderaufgabe**; hinsichtlich des Zeitraums einer *Betriebsfortführung* sei auf Rz. 19 ff. verwiesen. Hier greift nicht § 4 Abs. 1 Satz 3 InsVV, sondern § 1 Abs. 2 Nr. 4 Satz 2 lit. b InsVV, soweit die Kosten mit zumutbarem Aufwand in abwicklungsbedingt und fortführungsbedingt aufgeteilt werden können.

dd) Gewerbesteuer

70 Die Erstellung von Erklärungen über Gewerbesteuer ist stets **Sonderaufgabe**; hinsichtlich des Zeitraums einer *Betriebsfortführung* sei auf Rz. 19 ff. verwiesen. Hier greift nicht § 4 Abs. 1 Satz 3 InsVV, sondern § 1 Abs. 2 Nr. 4 Satz 2 lit. b InsVV, soweit die Kosten mit zumutbarem Aufwand in abwicklungsbedingt und fortführungsbedingt aufgeteilt werden können.

ee) Besonderheit Personengesellschaft

71 Ist der Schuldner eine Personengesellschaft, sind im Kontext der §§ 5, 4 Abs. 1 Satz 3 InsVV Besonderheiten zu beachten. Hier kommt es nicht selten zur Erfüllung bzw. Delegation nicht geschuldeter Aufgaben. Hinsichtlich der Erstellung der *handelsrechtlichen Buchführung* und der Abgabe der *Erklärung über die einheitliche und gesonderte Gewinnfeststellung* sei auf Rz. 56 verwiesen. Bei Personenhandelsgesellschaften endet die *Gewerbesteuerpflicht* wegen § 4 Abs. 2 GewStDV noch nicht mit Insolvenzeröffnung, nach allgemeinen gewerbesteuerrechtlichen Konsequenzen jedoch dann, wenn der Betrieb seine werbende Tätigkeit völlig beendet hat. Dies ist nicht automatisch der Tag der Insolvenzeröffnung; vielmehr kommt es auf den Zeitpunkt des Beginns der *Veräußerung der wesentlichen Betriebsgrundlagen* durch den Insolvenzverwalter nach einer ggf. vorübergehend erfolgten Betriebsfortführung an[138)] (R 2.6 GewStR 2009); lediglich bei Kapitalgesellschaften endet die Gewerbesteuerpflicht erst mit Verteilung der Veräußerungserlöse, d. h. mit der Schlussverteilung. Kommt es zur Belastung der Masse mit Kosten für nicht geschuldete Aufgaben, steht nicht die Abgrenzung von Regel- zu Sonderaufgaben im Vordergrund, sodass auch kein Abzug von der Vergütung möglich ist; vielmehr gilt es einen Gesamtschaden wegen Masseverkürzung i. S. d. §§ 60, 92 Satz 2 InsO aufzuklären.

ff) Umsatzsteuer

72 Gemäß § 1 Satz 1 InsO dient das Insolvenzverfahren als Gesamtvollstreckungsverfahren der Befriedigung der Insolvenzgläubiger, indem das Vermögen des Schuldners verwertet und der Erlös verteilt wird. Insoweit gehört die Abgabe von Erklärungen über Umsatzsteuer für **vorinsolvenzliche Zeiträume** nicht zu den Bestandteilen eines Gesamtvollstreckungsverfahrens i. S. d. § 1 Satz 1 InsO, da es nicht Aufgabe eines Insolvenzverwalters bzw. eines Gesamtvollstreckungsverfahrens ist, das Scheitern des Schuldners für das Finanzamt zu dokumentieren. Die Abgabe notwendiger Steuererklärungen beruht auf einer öffentlich-rechtlichen Pflicht aus §§ 34, 35 AO, insoweit hat § 155 Abs. 1 Satz 1 und 2 InsO allenfalls deklaratorischen

---

138) BFH, Urt. v. 24.4.1980 – IV R 68/77, BStBl. 1980 II, S. 658 = ZIP 1980, 795.

Charakter. Daher gehören Erklärungen für den vorinsolvenzlichen Zeitraum stets zu den Sonderaufgaben (vgl. Rz. 65).

Hinsichtlich des Zeitraums einer **Betriebsfortführung** sei auf Rz. 19 ff. verwiesen. 73 Dies gilt gleichermaßen für Umsatzsteuervoranmeldungen und Jahreserklärungen. Hier greift nicht § 4 Abs. 1 Satz 3 InsVV, sondern § 1 Abs. 2 Nr. 4 Satz 2 lit. b InsVV, soweit die Kosten mit zumutbarem Aufwand in abwicklungsbedingt und fortführungsbedingt aufgeteilt werden können, was zumindest bei Honoraren für Umsatzsteuervoranmeldungen der Fall ist.

Für den Zeitraum **nach einer (oder ohne eine) Betriebsfortführung** ist zu differenzieren. Solange *regelmäßig steuerbare Umsätze* getätigt werden, ist sowohl hinsichtlich 74 der Umsatzsteuervoranmeldungen[139] als auch hinsichtlich der Jahreserklärungen von einer Sonderaufgabe auszugehen. Dies gilt gleichermaßen, wenn die Umsatzsteuer wegen vorinsolvenzlicher Umsätze erst nach Verfahrenseröffnung entsteht. Dieser Anwendungsbereich wird aufgrund der BFH-Rechtsprechung zur Umsatzsteuerberichtigung nach § 17 UStG zunehmend größer.[140] Sobald jedoch auf der Einnahmenseite nur noch *unregelmäßige Einnahmen aus steuerbaren Umsätzen* zu verzeichnen sind und/oder auf der Ausgabenseite der Vorsteuerabzug nur noch aus den i. S. d. § 4 Abs. 1 Satz 3 InsVV delegierten Tätigkeiten resultiert (perpetuum mobile der Voranmeldungen[141]), kann hinsichtlich der Voranmeldungen von einer Regelaufgabe ausgegangen werden, da dann keine Rechtsfragen mehr im Raume stehen.[142] Anders ist dies für die Jahreserklärung, da stets Zusammenhänge mit früheren und gar vorinsolvenzlichen Veranlagungszeiträumen zu prüfen sind.

Die Durchführung der **Schlussverteilung** hat sich durch die Rechtsprechung gravierend geändert, was sich erst in absehbarer Zeit verwirklichen wird. Nach Auffassung 75 des BFH sind mit Anordnung der vorläufigen Verwaltung, spätestens mit Verfahrenseröffnung, alle Verbindlichkeiten des Schuldners einer Vorsteuerkorrektur zu unterziehen[143]. Folge ist die faktische Ist-Versteuerung, d. h., der Vorsteuerabzug besteht in dem Voranmeldungszeitraum der Zahlung auf die Verbindlichkeit. Folge für Insolvenzforderungen i. S. d. § 38 InsO ist ein Vorsteuerabzug bei Schlussverteilung. Durch den Vorsteuerabzug wird jedoch nach der Schlussverteilung weitere zu verteilende Masse generiert, sodass eine weitere Verteilung erforderlich wird usw. Daher gibt es (künftig) nicht mehr die *eine* Schlussverteilung, die dem InsO-Gesetzgeber vorschwebte, sondern mehrere Verteilungen, bis sich der Vorsteuerabzug nicht mehr lohnt. Dies kann durch eine integrierte Finanzplanung aufgelöst werden, um doch wieder zu einer einzigen Schlussverteilung zurückzukehren. Allerdings ist dies stark von den Vorgehensweisen der einzelnen Finanzämter

---

139) KPB-InsO/*Stoffler*, § 4 InsVV Rz. 52 (Stand: 05/2016); a. A. LG Flensburg, Beschl. v. 4.11.2003 – 5 T 323/03, ZInsO 2003, 1093 (mit mehreren bedenklichen Aussagen); *Haarmeyer/Mock*, InsVV, § 4 Rz. 38 mit der unzutreffenden Annahme, die Umsatzsteuervoranmeldungen würden grundsätzlich aus der Verwalterbuchführung generiert.
140) Ausführlich *Zimmer*, Insolvenzbuchhaltung, Rz. 912 ff.
141) KPB-InsO/*Stoffler*, § 4 InsVV Rz. 53 (Stand: 05/2016).
142) In dieser Richtung auch LG Memmingen, Beschl. v. 4.2.2004 – 4 T 2262/03, ZInsO 2004, 497; *Bork*, ZIP 2009, 1747, 1751; KPB-InsO/*Stoffler*, § 4 InsVV Rz. 53 (Stand: 05/2016).
143) BFH, Urt. v. 24.9.2014 – V R 48/13, BStBl. 2015 II, S. 506 = ZInsO 2014, 2589.

abhängig und insgesamt ein Erschwernis bei der Masseverwertung. Hier stellen sich zusätzliche tatsächliche und rechtliche Fragen, die zu beantworten als Sonderaufgabe gelten muss.

gg) Sonstige Steuerarten

76 Das deutsche Steuerrecht kennt noch einige andere Steuerarten, z. B. Energiesteuer, Tabaksteuer, Grundsteuer, Versicherungssteuer, Grunderwerbsteuer, Kfz-Steuer, Stromsteuer, Erbschaftsteuer, Zölle, Branntweinsteuer, Lotteriesteuer, Kernbrennstoffsteuer, Kaffeesteuer, Luftverkehrsteuer, Vergnügungssteuer, Biersteuer, Schaumweinsteuer, Feuerschutzsteuer, Hundesteuer, Sport- und Rennwettsteuer, Zweitwohnungsteuer, Zwischenerzeugnissteuer, Jagd- und Fischereisteuer etc.

77 Einige diese Steuern verlangen keine Steuererklärung. Soweit dies doch der Fall ist, handelt es sich um Sonderaufgaben; hinsichtlich des Zeitraums einer Betriebsfortführung sei auf Rz. 19 ff. verwiesen. Soweit es nur um die Prüfung von Steuerbescheiden geht, sei auf Rz. 78 verwiesen.

hh) Prüfung von Steuerbescheiden

78 Die Beurteilung der Prüfung von Steuerbescheiden im Kontext der §§ 5, 4 Abs. 1 Satz 3 InsVV folgt dem Schicksal der Bewertung der Steuererklärung. Handelte es sich bei der Erstellung der Steuererklärung um eine Sonderaufgabe, gilt dies grundsätzlich auch für die Prüfung des Steuerbescheids. War keine Steuererklärung erforderlich, wie z. B. bei der Kfz-Steuer, liegt grundsätzlich eine Regelaufgabe vor.

ii) Rechtsmittel gegen Steuerbescheide

79 Das Einlegen bzw. die Begründung eines Rechtsmittels ist stets Sonderaufgabe, da es sich dann um einen streitigen Vorgang handelt.[144] Aber auch die vorherige Prüfung der Erfolgsaussichten eines Rechtsmittels muss zu den Sonderaufgaben gezählt werden. Umgekehrt gilt dies auch für die Begleitung einer Außenprüfung gemäß §§ 193 ff. AO.

h) Betriebswirtschaftliche Analysen und Gutachten

80 Die betriebswirtschaftlichen Vorermittlungen zur Feststellung des Zeitpunkts der materiellen Insolvenz (Zahlungsunfähigkeit bzw. Überschuldung) bzw. zur Überprüfung der Kapitalentwicklung und des Zahlungsflusses im Zusammenhang mit hierauf beruhenden Ansprüchen gegen Gesellschafter, Geschäftsführer und Anfechtungsgegner stellt eine Sonderaufgabe dar.[145] Gleiches gilt für die Erstellung betriebswirtschaftlicher Gutachten[146] bzw. Ertragsplanungen[147] im Kontext der Betriebsfortführung (Rz. 19 ff.), übertragenden Sanierung, des Insolvenzplans etc.

---

144) BGH, Beschl. v. 14.11.2013 – IX ZB 161/11, Rz. 8, ZIP 2013, 2413.
145) OLG Hamm, Urt. v. 23.10.2014 – 27 U 54/13, JurionRS 2014, 39532; LG Aachen, Beschl. v. 8.5.2007 – 6 T 67/07, ZInsO 2007, 768; Leonhardt/Smid/Zeuner/*Amberger*, InsVV, § 4 Rz. 11; *Bork*, ZIP 2009, 1747, 1752; HambKommInsO/*Büttner*, § 4 InsVV Rz. 15.
146) Leonhardt/Smid/Zeuner/*Amberger*, InsVV, § 4 Rz. 11 und 29; *Haarmeyer/Mock*, InsVV, § 4 Rz. 43.
147) Vgl. BGH, Urt. v. 3.3.2016 – IX ZR 119/15, ZIP 2016, 727.

i) Rechtsberatung

aa) Allgemeines

Nach dem Aussagehalt des § 5 Abs. 1 InsVV stellen Aufgaben, die ein nicht als 81
Rechtsanwalt zugelassener Insolvenzverwalter in angemessener Weise an einen
Rechtsanwalt delegiert hätte, Sonderaufgaben dar. Nichts anderes gilt für die Anwendung des § 4 Abs. 1 Satz 3 InsVV, da die Abgrenzungskriterien identisch sind.[148]
Ein Insolvenzverwalter hat folglich zunächst insolvenzspezifisches Spezialwissen vorzuweisen, nicht jedoch das Fachwissen eines Volljuristen.[149] Kein alleiniger Maßstab
ist die Frage, ob es sich um eine gerichtliche oder außergerichtliche Angelegenheit
handelt,[150] sodass auch die außergerichtliche Beratung der Prüfung am Maßstab
der §§ 5, 4 Abs. 1 Satz 3 InsVV unterfällt. Alleinentscheidend ist, dass ein Nichtjurist bei sachgerechter Arbeitsweise einen Rechtsanwalt[151] oder Sachverständigen
hinzugezogen hätte. Aus der Praxis ergeben sich folgende Schwerpunktthemen,
wobei sich die Lösungsansätze primär an der Chronologie der Ereignisse und nicht
an der Art des Anspruchs orientieren.

bb) Sachverhaltsermittlung

Die Sachverhaltsermittlung im Bereich des **Forderungseinzugs** gehört zu den 82
Regelaufgaben des Insolvenzverwalters. Dies beschränkt sich jedoch auf das Zur-Kenntnis-Nehmen offener Forderungen anhand vollständig aufbereiteter Schuldnerunterlagen. Die Aufarbeitung der schuldnerischen Buchhaltung zum Zwecke
der Vorbereitung des Forderungseinzugs ist hingegen Sonderaufgabe (vgl. auch
Rz. 49), da es nicht Aufgabe des Insolvenzverwalters ist, Sachverhalte erst überhaupt
erst zu schaffen. Zu den Regelaufgaben gehört wiederum, die beim Schuldner vorhandenen einschlägigen Unterlagen (Rechnungen, Lieferscheine, Auftragsbestätigungen, Monierungen, Gewährleistungseinreden, Aufrechnungseinreden etc.) zu
sichten und rechtlich einzuordnen. Gelegentlich sind vorinsolvenzlich erbrachte
Leistungen des Schuldners erst noch zu fakturieren. Dies geschieht regelmäßig im
Antragsverfahren durch schuldnerisches Personal. Ist dies nicht mehr vorhanden,
ist die Frage, ob es sich bei der Fakturierung um eine Regel- oder Sonderaufgabe
handelt, nur anhand des Einzelfalls zu beantworten und regelmäßig von der Branche, in
der der Schuldner tätig ist, abhängig. Soweit für die Erstellung der Rechnung z. B.
technisches Wissen erforderlich ist oder im Baubereich andere Gebührenordnungen maßgeblich sind, handelt es sich um eine Sonderaufgabe.

Soweit die Forderungen aus einer *Betriebsfortführung* resultieren, sei auf Rz. 19 ff. 83
verwiesen.

---

148) St. Rspr., vgl. nur BGH, Beschl. v. 11.11.2004 – IX ZB 48/04, ZIP 2005, 36; BGH, Beschl.
v. 4.12.2014 – IX ZB 60/13, ZIP 2015, 138.
149) St. Rspr., vgl. nur BGH, Beschl. v. 11.11.2004 – IX ZB 48/04, ZIP 2005, 36; BGH, Beschl.
v. 4.12.2014 – IX ZB 60/13, ZIP 2015, 138.
150) BGH, Beschl. v. 11.11.2004 – IX ZB 48/04, ZIP 2005, 36.
151) St. Rspr., vgl. nur BGH, Urt. v. 17.9.1998 – IX ZR 237/97, ZIP 1998, 1793; BGH, Beschl.
v. 11.11.2004 – IX ZB 48/04, ZIP 2005, 36; BGH, Beschl. v. 4.12.2014 – IX ZB 60/13, ZIP
2015, 138.

84 Bei Ansprüchen aus **Insolvenzanfechtung** (§§ 129 ff. InsO) ist zu differenzieren. Die betriebswirtschaftliche *Ermittlung des Zeitpunkts der materiellen Insolvenz* ist Sonderaufgabe, da sie erstens eine Aufarbeitung der vorinsolvenzlichen Buchführung[152] (Rz. 49) und zweitens eine rekursive betriebswirtschaftliche Analyse erfordert, die der Insolvenzverwalter als Idealtypus mit eigenen Fähigkeiten und Mitteln weder leisten kann noch muss.

85 Die *Ermittlung der Sachverhalte*, die einen anfechtungsrechtlichen Rückgewähranspruch begründen könnten, ist im Grundsatz Regelaufgabe.[153] Die Sachverhaltsermittlung erfordert jedoch, dass – auch im Zeitalter der EDV – oftmals kartonweise Unterlagen gesichtet werden müssen. Wenn mithin geäußert wird, die Regelaufgabe erschöpfe sich in einer überschlägigen Eingangsprüfung, ob eine Anfechtung überhaupt ernsthaft in Betracht kommt,[154] ist damit zutreffend noch nichts darüber gesagt, wie (aufwendig) es denn zur Feststellung des Sachverhalts kam. Daher wird vertreten, die Ermittlung der Sachverhalte sei bereits delegationsfähige Sonderaufgabe.[155] Gleichwohl kann Letzterem nicht ganz gefolgt werden. Allerdings fehlt eine Diskussion um ein geeignetes Abgrenzungskriterium. Untauglich ist der Ansatz, nach der Anspruchsgrundlage zu differenzieren. Denn diese Auffassung[156] basiert auf der lebensfremden Annahme, es würden konkrete Ansprüche gesucht. Tatsächlich wird das Vorleben des Schuldners „auseinander genommen" und erst dann ergeben sich Sachverhalte, die anschließend einer Anspruchsnorm zuzuordnen sind. Dass Gerichten meist fertige Sachverhalte vorgelegt werden, bedeutet nicht, dass der Anspruchsteller diesen so vorgefunden hat und nur noch rechtlich bewerten musste. Anfechtungsansprüche sind also weder da noch wird nach ihnen gesucht, sie ergeben sich durch Aufarbeitung des schuldnerischen Vorlebens. Nach hier vertretener Ansicht kann der *Drei-Monats-Zeitraum* der §§ 130 Abs. 1 Satz 1 Nr. 1, 131 Abs. 1 Nr. 3 InsO hinsichtlich der Sachverhaltsermittlung den Regelaufgaben zugewiesen werden. Dies gilt nicht, wenn der Schuldner Unternehmer war und eine undurchsichtige Buchhaltung[157] hatte; denn hier muss der Insolvenzverwalter die Basis für die Ermittlung aufwendig selbst – bzw. durch Delegation generieren. Wegen davor liegender Zeiträume muss die aktive Sachverhaltsermittlung grundsätzlich den Sonderaufgaben zugewiesen werden.[158] Die passive Sachverhaltsermittlung, d. h die Aufdeckung anfechtungsrelevanter Sachverhalte durch Schuldnerauskünfte oder (unbeabsichtigte) Hinweise der Gläubiger in ihren Forderungsanmeldungen, zählt wiederum nicht zu den Sonderaufgaben.

86 Hinsichtlich der Haftung von Gesellschaftern und Geschäftsführern (**Organhaftung**) gelten die Ausführungen zur Insolvenzanfechtung (Rz. 85) entsprechend.

---

152) OLG Hamm, Urt. v. 23.10.2014 – 27 U 54/13, JurionRS 2014, 39532; LG Aachen, Beschl. v. 8.5.2007 – 6 T 67/07, ZInsO 2007, 768; Leonhardt/Smid/Zeuner/*Amberger*, InsVV, § 4 Rz. 11; *Bork*, ZIP 2009, 1747, 1752; HambKommInsO/*Büttner*, § 4 InsVV Rz. 15.
153) BGH, Beschl. v. 8.3.2012 – IX ZB 162/11, ZInsO 2012, 753.
154) *Ganter*, ZInsO 2016, 677, 681.
155) *Laubereau*, ZInsO 2016, 496.
156) So wohl u. a. HambKommInsO/*Büttner*, § 4 InsVV Rz. 14.
157) *Bork*, ZIP 2009, 1747, 1752.
158) Ähnlich *Bork*, ZIP 2005, 1120; *Ganter*, ZInsO 2016, 681.

cc) Geltendmachung von Ansprüchen

Die **Geltendmachung** von *Forderungen* (Rz. 82) erfolgt i. d. R. durch einfaches 87
Aufforderungsschreiben. Sie gehört zur Verwertung schuldnerischen Vermögens
als Kernaufgabe des Insolvenzverwalters[159] und setzt regelmäßig keine besondere
Sachkunde, die die Einschaltung eines Rechtsanwalts rechtfertigen würde, voraus.[160]
Nichts anderes gilt im Ergebnis für die Geltendmachung der *Ansprüche aus Insolvenzanfechtung* (Rz. 84)[161] oder Organhaftung (Rz. 86), obwohl hier im Aufforderungsschreiben nicht auf Rechnungen o. Ä. verwiesen werden kann, sondern Sachverhalt und rechtliche Wertung hinreichend substantiiert dargelegt werden müssen.
Ein solches Aufforderungsschreiben muss noch nicht die Qualität einer Klageschrift aufweisen, aber gleichwohl dem Empfänger aufzeigen, um welchen Sachverhalt es geht und dass die Tatbestandsvoraussetzungen der zugrunde gelegten Norm
als erfüllt angesehen werden, was rechtliche Ausführungen unvermeidlich macht.

Ohne jedwede Reaktion des Anspruchsgegners sind dem Insolvenzverwalter im 88
Rahmen der Regelaufgaben zwei **Mahnungen** zuzumuten.[162] Hier kann allerdings
nicht auf eine dies so bekundende Norm rekurriert werden; vielmehr dürfte die
Grundthese gelten, dass der Insolvenzverwalter einvernehmlicher und masseschonender agieren soll als der Schuldner selbst, der bereits bei Eintritt des Verzugs
rechtliche Schritte einleiten könnte.

Ferner gehört zu den Regelaufgaben, **Einwendungen** zum *Sachverhalt* zu prüfen. 89
So werden im Bereich des Forderungseinzugs oftmals Zahlungen behauptet, die der
Schuldner nicht gebucht hatte, es werden Aufrechnungen behauptet oder Mängeleinreden erhoben. Letztere können vom noch vorhandenen (oder zeitnah ausgeschiedenen) schuldnerischen Personal geklärt werden. Soweit hierauf nicht zurückgegriffen werden kann, richtet sich die Frage, ob Gewährleistungseinreden auf der
Sachverhaltsebene Regel- oder Sonderaufgaben sind, nach dem Einzelfall, schwerpunktmäßig nach der Branche, in der der Schuldner tätig war. Einwendungen zum
Sachverhalt bei Anfechtungsansprüchen können sich auf den Eintritt der materiellen Insolvenz beziehen; diese Einwendungen zu widerlegen, stellt eine Sonderaufgabe dar (Rz. 84). Die Einwendungen können sich auch auf den subjektiven
Tatbestand der Anfechtungsansprüche beziehen, d. h. auf die Kenntnis des Anfechtungsgegners von der materiellen Insolvenz. Ob es sich bei der Befassung mit
diesen Einwänden um eine Regel- oder Sonderaufgabe handelt, muss der Einzelfall
entscheiden. Eine Sonderaufgabe liegt jedenfalls vor, wenn umfangreiche Recherchen angestellt werden müssen[163] (z. B. das Durchforsten des E-Mail- oder SMS-Verkehrs nach Indizien für die Erfüllung der subjektiven Tatbestandsvoraussetzungen), da dieser Vorgang der Einschaltung von Detekteien zur Aufdeckung von Vermögenswerten vergleichbar ist.

---

159) BGH, Beschl. v. 4.12.2014 – IX ZB 60/13, Rz. 20, ZIP 2015, 138; BGH, Urt. v. 3.3.2016 –
IX ZR 119/15, ZIP 2016, 727.
160) BGH, Beschl. v. 4.12.2014 – IX ZB 60/13, Rz. 20, ZIP 2015, 138.
161) BGH, Beschl. v. 14.11.2012 – IX ZB 95/10, ZInsO 2013, 152.
162) BGH, Beschl. v. 8.7.2010 – IX ZB 222/09, ZInsO 2010, 1503 (ohne jedwede Begründung).
163) BGH, Beschl. v. 23.3.2006 – IX ZB 130/05, ZIP 2006, 825; BGH, Beschl. v. 8.3.2012 –
IX ZB 162/11, ZInsO 2012, 753; *Ganter*, ZInsO 2016, 677, 681.

90 Einwendungen zur *rechtlichen Bewertung* zu prüfen, gehört im Grundsatz zu den Regelaufgaben, sofern die Prüfung keine gesteigerten Anforderungen stellt.[164] Dies ist der Fall, wenn anhand einschlägiger Rechtsprechung feststeht, dass die gegnerischen Einwendungen, die ja nicht selten auf umgangssprachlicher Ebene vorgebracht werden, widerlegt werden können. Fehlt Rechtsprechung oder liegt divergierende Rechtsprechung vor, gehört es noch zu den Regelaufgaben des Insolvenzverwalters, seine Rechtsauffassung substantiiert zu verdeutlichen. Ob die Gegenseite bis hierin schon anwaltlich vertreten war, ist irrelevant.[165] Fruchtet all dies nicht oder stehen technische Fragen im Raum, ist der Übergang von der Regelaufgabe zur Sonderaufgabe erreicht. Allerdings ist nun auch noch anderweitig zu differenzieren. Eine Sonderaufgabe ist nämlich nicht anzunehmen, wenn die rechtliche Bewertung schon in dem nach JVEG vergüteten Eröffnungsgutachten weitgehend beantwortet wurde[166] und sich am dortigen Ergebnis trotz der Einwendungen der Gegenseite nichts geändert hat; dies gilt freilich nur bei Personenidentität von Insolvenzverwalter und Gutachter.

91 Bei *unsubstantiierten Einwendungen* der Gegenseite muss gleichwohl eine letzte Zahlungsaufforderung mit Klageandrohung erfolgen, um der Gegenseite Gelegenheit zu geben, weitere Verzugstatbestände (Rechtsverfolgungskosten) zu vermeiden.

92 Schwieriger ist die Situation zu bewerten, wenn **keinerlei Reaktion des Anspruchsgegners** vorliegt. In einer Entscheidung vom 4.12.2014 führt der BGH aus, im Entscheidungsfall seien lediglich zwei Zahlungsaufforderungen ohne Erfolg geblieben, sodass mit besonderen Schwierigkeiten bei der weiteren Durchsetzung der Forderung nicht zu rechnen gewesen sei.[167] Dies bedeutet jedoch nicht, dass es hier nun schon grundsätzlich an der Streitbefangenheit i. S. e. Sonderaufgabe fehlte; es handelt sich lediglich um eine Vorbemerkung zur Beantwortung der Spezialfrage, ob ein hiernach eingeleitetes Mahnverfahren nach §§ 688 ff. ZPO noch zur Regelaufgabe oder schon zur Sonderaufgabe gehörte (Rz. 93); hätte der Insolvenzverwalter ohne jede Reaktion sofort Klage erhoben, wäre eine Sonderaufgabe nicht zu verneinen gewesen.

93 Dem Anspruchsinhaber steht es frei, nach Eintreten der Notwendigkeit ein **gerichtliches Mahnverfahren** gemäß §§ 688 ff. ZPO einzuleiten oder einen Rechtsanwalt mit der Prüfung von Klageaussichten oder der Einreichung einer Klage zu beauftragen. Eine Verpflichtung, es zunächst mit einem Mahnbescheid zu versuchen, existiert nicht. Dies wirft die Frage auf, ob die Entscheidung zugunsten eines gerichtlichen Mahnverfahrens noch zu den Regelaufgaben oder schon zu den Sonderaufgaben gehört. Für den Bereich der §§ 5, 4 Abs. 1 Satz 3 InsVV steht die Frage im Raum, ob der Masse bei dieser Vorgehensweise anwaltliche Vergütungen entnommen werden dürfen oder von einer Sonderaufgabe erst ab Einlegung eines

---

164) BGH, Beschl. v. 8.3.2012 – IX ZB 162/11, ZInsO 2012, 753; *Ganter*, ZInsO 2016, 677, 681.
165) BGH, Beschl. v. 23.3.2006 – IX ZB 130/05, ZIP 2006, 825.
166) BGH, Beschl. v. 29.4.2004 – IX ZB 225/03, ZInsO 2004, 672; BGH, Beschl. v. 14.12.2005 – IX ZB 268/04, ZInsO 2006, 143; BGH, Beschl. v. 14.11.2012 – IX ZB 95/10, ZInsO 2013, 152.
167) BGH, Beschl. v. 4.12.2014 – IX ZB 60/13, Rz. 21, ZIP 2015, 138.

Rechtsmittels des Anspruchsgegners auszugehen ist. Letzteres ist zu bejahen,[168] weil es für ein gerichtliches Mahnverfahren aufgrund seiner grundsätzlichen Einfachheit keiner anwaltlichen Unterstützung bedarf.[169] Etwas anderes kann gelten, wenn sich die Anspruchsgrundlage nicht in den Schlüsseln des Mahnverfahrens findet und der Anspruch individuell zu beschreiben ist, da dann bereits mögliches Haftungspotential i. S. d. § 60 InsO wegen der Probleme im Zusammenhang mit der hinreichenden Bestimmtheit eines Mahnbescheids (im Hinblick auf die Eignung zur Verjährungshemmung) gegeben ist. Sofern eine Vielzahl von Mahnverfahren eingeleitet werden muss, kann ebenfalls von einer Sonderaufgabe ausgegangen werden.

dd) Streitbefangenheit des Anspruchs

Sobald ein Vorgang streitig wird, die Gegenseite mithin trotz eines substantiierten Aufforderungsschreibens und erfolgloser Mahnungen (Rz. 88) keine Zahlung leistet oder wenigstens anzeigt, den Vorgang noch einmal abschließend prüfen oder rechtliche Beratung in Anspruch nehmen zu wollen, ist die Fortsetzung der Angelegenheit **Sonderaufgabe** i. S. d. §§ 5, 4 Abs. 1 Satz 3 InsVV,[170] da nun jeder verständig Handelnde einen Rechtsanwalt beauftragen würde, um die Klageaussichten prüfen zu lassen oder gleich Klage einzureichen. Dies gilt nicht nur für Verfahren vor der ordentlichen Gerichtsbarkeit, sondern auch z. B. für Verfahren vor den Finanzgerichten, den Patentgerichten,[171] den Sozialgerichten, den Arbeitsgerichten (Rz. 116), den Verwaltungsgerichten[172] einschließlich der Vorgänge nach den Informationsfreiheitsgesetzen[173] und freilich für Gerichtsverfahren im Ausland. Unbeachtlich ist allerdings, ob die Gegenseite bis zu diesem Zeitpunkt bereits anwaltlich vertreten war.[174] Ebenso unbeachtlich ist, ob anhand der Forderungshöhe oder des einschlägigen Gerichtszweigs Anwaltszwang besteht.[175]

94

Es entspricht der Arbeitsroutine von Rechtsanwälten, nach ihrer Mandatierung die Gegenseite noch einmal schriftlich zur Zahlung aufzufordern und nicht gleich Klage zu erheben. Auch ein solch einfaches **Aufforderungsschreiben** ist stets zweckmäßig und erforderlich,[176] sodass die Sonderaufgabe nicht nachträglich zur Regelaufgabe werden kann.

95

Nicht nur der Insolvenzverwalter als Anspruchsinhaber (Rz. 93), sondern – im Folgenden maßgeblich – auch der mandatierte Rechtsanwalt kann sich aufgrund

96

---

168) Vgl. BGH, Beschl. v. 4.12.2014 – IX ZB 60/13, Rz. 21, ZIP 2015, 138.
169) BGH, Beschl. v. 11.2.2010 – IX ZB 175/07, ZInsO 2010, 478.
170) BGH, Beschl. v. 23.3.2006 – IX ZB 130/05, ZIP 2006, 825; BGH, Beschl. v. 8.3.2012 – IX ZB 162/11, ZInsO 2012, 753; BGH, Beschl. v. 4.12.2014 – IX ZB 60/13, Rz. 17, ZIP 2015, 138.
171) LG Augsburg, Urt. v. 23.9.1977 – 3 O 143/77, KTS 1978, 117; KPB-InsO/*Stoffler*, § 4 InsVV Rz. 77 (Stand: 05/2016).
172) OVG Lüneburg, Beschl. v. 2.2.1979 – IX OVGB 16/77, KTS 1978, 254; KPB-InsO/*Stoffler*, § 4 InsVV Rz. 78 (Stand: 05/2016).
173) OVG Bremen, Beschl. v. 6.7.2010 – 1 S 164/10, JurionRS 2010, 19174.
174) BGH, Beschl. v. 23.3.2006 – IX ZB 130/05, ZIP 2006, 825.
175) Leonhardt/Smid/Zeuner/*Amberger*, InsVV, § 4 Rz. 18; KPB-InsO/*Stoffler*, § 4 InsVV Rz. 69 (Stand: 05/2016).
176) BGH, Urt. v. 17.9.2015 – IX ZR 280/14, ZInsO 2015, 2437 (ohne Insolvenzbezug).

eigener Zweckmäßigkeitserwägungen und in Abstimmung mit dem Mandanten dafür entscheiden, zunächst ein **gerichtliches Mahnverfahren** gemäß §§ 688 ff. ZPO einzuleiten. Allein diese Zweckmäßigkeitserwägungen des Dienstleisters machen aus der Sonderaufgabe nicht wieder eine Regelaufgabe. Die entgegenstehende Ansicht[177]) führt zwar formal zutreffend aus, dass es sich bei einem Mahnverfahren nicht um ein streitiges Verfahren handelt; jedoch wird die Intention eines Mahnverfahrens nicht lebensnah erfasst. Ein Mahnverfahren wird nicht aus Bequemlichkeit eingeleitet, sondern um der nicht ganz einsichtigen Gegenseite den Rechtsverfolgungswillen zu beweisen, um eine erstmalige Reaktion zu erzwingen, um eine Verjährungsfrist zu unterbrechen, um höhere Prozesskosten in der Hoffnung auf ein „Aufgeben" der Gegenseite zunächst zu vermeiden, insbesondere wenn für eine sofortige Klageerhebung Prozesskostenhilfe beantragt werden müsste etc. Damit griffe die Gegenansicht in unzulässiger Weise in die Zweckmäßigkeitserwägungen des Dienstleisters, also eines Nicht-Verfahrensbeteiligten, ein. Insbesondere ein Rechtsanwalt übt seinen Beruf frei, selbstbestimmt und unreglementiert aus (§ 1 BORA[178])). Auch die vorherige Zweckmäßigkeitsentscheidung des Insolvenzverwalters unterliegt ausschließlich der Überprüfung durch die Gläubigerorgane.[179] Im Ergebnis führt die Gegenauffassung zu dem Ergebnis, ein Insolvenzverwalter müsse immer ein gerichtliches Mahnverfahren einleiten, bevor er einen Rechtsanwalt aufsucht. Es gibt jedoch nichts, was diese These rechtlich stützen könnte. Allerdings muss sich aus dem Berichtswesen des Insolvenzverwalters oder dem Gesamtzusammenhang erkennen lassen, dass der Vorgang streitig war und der beauftragte Rechtsanwalt aus prozesstaktischen Überlegungen auf den Vorzug eines gerichtlichen Mahnverfahrens verwiesen hat, da sonst auf der Sachverhaltsebene nicht hinreichend erkennbar ist, ob das Mahnverfahren eigentlich noch vom Insolvenzverwalter initiiert (Rz. 93) und nur aus Vergütungszwecken delegiert wurde; nur hierin liegt in der Praxis das wahre Problem.

ee) **Nachträgliche Regelaufgabe?**

97 Gelegentlich ergeben sich nach der Beauftragung eines Rechtsanwalts Erkenntnisse zum Sachverhalt, die nachträglich die vergütungsrechtliche Berechtigung der Delegation in Zweifel ziehen. So kann sich ergeben, dass der Drittschuldner schon vor der Beauftragung eines Rechtsanwalts die eidesstattliche Versicherung über seine Vermögensverhältnisse (Vermögensauskunft) abgegeben hat bzw. ein Insolvenzverfahren eröffnet oder mangels Masse abgewiesen wurde. Auch kann sich ergeben, dass vorheriges Vorbringen des Anspruchsgegners nicht angemessen gewürdigt worden war, wie z. B. der Wunsch nach Übersendung einer Rechnungskopie, die Erklärung der Aufrechnung, die Erhebung eines Gewährleistungseinwands etc. Solche **fehlerhaften Aufklärungen** durch den Insolvenzverwalter vor der Delegation bzw. die Folgen einer voreiligen Delegation gehen zu seinen Lasten,

---

177) BGH, Beschl. v. 4.12.2014 – IX ZB 60/13, Rz. 21, ZIP 2015, 138.
178) Berufsordnung der Rechtsanwälte (Stand: 1.1.2017).
179) Insolvenzrechtliche Vergütungsverordnung (InsVV) v. 19.8.1998 (BGBl. I 1998, 2205), Begründung zu § 4 InsVV, siehe Anh. III Rz. 46.

Geschäftskosten, Haftpflichtversicherung § 4

d. h., ex ante liegt eine Regelaufgabe vor.[180] Stellt sich nachträglich heraus, dass der in Anspruch Genommene nicht der wahre Drittschuldner ist, ist allerdings zu differenzieren. Der Insolvenzverwalter muss sich grundsätzlich auf die schuldnerischen Unterlagen verlassen können. Ergibt sich erst nach dem Übergang der Regelaufgabe zur Sonderaufgabe nach obigen Kriterien, dass aufgrund bislang unbekannter Tatsachen ein anderer der wahre Anspruchsgegner ist, ist die vorherige Charakterisierung als Sonderaufgabe nicht ex post zu korrigieren.

ff) Auswärtige Rechtsstreite – Zusatzkosten

Gemäß § 5 InsVV kann ein als Rechtsanwalt, Wirtschaftsprüfer oder Steuerberater zugelassener Insolvenzverwalter der Masse Gebühren nach den einschlägigen Gebührenordnungen entnehmen, wenn er Aufgaben erfüllt, die ein Insolvenzverwalter, der nicht über diese besonderen Qualifikationen verfügt, angemessenerweise einem Rechtsanwalt, Wirtschaftsprüfer oder Steuerberater übertragen hätte. In diesem Fall richtet sich die Auslagenerstattung ebenfalls nach diesen Gebührenordnungen, z. B. nach KV 7003–7006 der Anlage 1 zu § 2 Abs. 2 RVG oder §§ 18–20 StBVV. Diesbezüglich ist als **Problemstellung** fraglich, ob bei Anwendung dieser Normen insolvenzspezifische Besonderheiten zu berücksichtigen sind. Ferner ist zu klären, wann der Insolvenzverwalter bei auswärtigen Rechtsstreiten i. S. d. § 4 Abs. 1 Satz 3 InsVV einen Verkehrsanwalt zwischenschalten darf und ob der Insolvenzverwalter selbst i. S. d. § 5 Abs. 1 InsVV Verkehrsanwalt sein kann. 98

Allgemein ist die Erstattungsfähigkeit von Kosten im **gerichtlichen Kostenfestsetzungsverfahren** zu bejahen, wenn diese zur zweckentsprechenden Rechtsverfolgung oder -verteidigung notwendig waren (§ 91 Abs. 1 ZPO). Schon ohne einen Insolvenzbezug stellt sich hier stets die Frage, ob die Kosten für einen Verkehrsanwalt oder die Reisekosten des „eigenen Rechtsanwalts" erstattungspflichtig sind. Dies hängt von der Frage ab, ob der Rechtsuchende aufgrund der Schwierigkeit der Sache zunächst einen Rechtsanwalt an seinem Wohnsitz aufsuchen durfte oder er direkt einen Rechtsanwalt am auswärtigen Prozessgericht hätte beauftragen müssen. 99

Ein *gewerbliches Unternehmen mit eigener Rechtsabteilung* soll z. B. grundsätzlich in der Lage sein, direkt einen am Sitz des Prozessgerichts ansässigen Prozessbevollmächtigten umfassend schriftlich zu instruieren.[181] Diese Grundregel soll generell auf den *Insolvenzverwalter* zu übertragen sein, d. h., ein als Rechtsanwalt zugelassener Insolvenzverwalter soll nach Auffassung der **Rechtsprechung** ohne Weiteres imstande sein, einen am Prozessgericht tätigen Rechtsanwalt sachgerecht über den Gegenstand des jeweiligen Verfahrens zu unterrichten;[182] dies jedenfalls dann, wenn der Rechtsstreit nicht besonders umfangreich und schwierig ist.[183] Im Bereich des § 4 Abs. 1 Satz 3 InsVV würde dies bedeuten, dass der Insolvenzverwalter nicht erst eine Kanzlei an seinem Geschäftssitz (ggf. seine eigene Kanzlei) als Ver- 100

---

180) BGH, Beschl. v. 3.7.2008 – IX ZB 167/07, JurionRS 2008, 16954.
181) BGH, Beschl. V. 16.10.2002 – VIII ZB 30/02, NJW 2003, 898, 901; BAG, Beschl. v. 10.4.2004 – I ZB 36/02, NJW 2003, 2027.
182) BGH, Beschl. v. 13.7.2004 – X ZB 40/03, ZIP 2004, 2115; BGH, Beschl. v. 4.7.2005 – II ZB 14/04, NZI 2006, 183, 184.
183) BGH, Beschl. v. 13.6.2006 – IX ZB 44/04, ZIP 2006, 1416, 1417.

kehrsanwalt und dann einen Prozessanwalt am auswärtigen Prozessgericht beauftragen dürfte (Problem: höhere Anwaltsgebühren). Auch dürfte die an seinem Geschäftssitz beauftragte Kanzlei, wenn sie selbst als Prozessanwalt am auswärtigen Prozessgericht tätig wird, keine Erstattung der Reiskosten verlangen (Problem: angemessene Reisekosten).[184] Vielmehr müsste der Insolvenzverwalter ausschließlich einen Prozessanwalt am auswärtigen Prozessgericht beauftragen.[185] Im Bereich des § 5 InsVV würde all dies bedeuten, dass der Insolvenzverwalter, der „sich selbst" beauftragt, keinen Anspruch gegen die Masse auf Erstattung der Kosten für Reisen an auswärtige Prozessgerichte haben kann; dass er neben den normalen Gebühren nicht auch noch eine Gebühr nach KV 3400 der Anlage 1 zu § 2 Abs. 2 RVG für die Tätigkeit als Verkehrsanwalt haben kann, scheint selbstverständlich. Von diesen Grundsätzen macht die Rechtsprechung eine Ausnahme, wenn zwar die einzelne Rechtssache nicht besonders schwierig war, der Insolvenzverwalter aber zahlreiche gleichgelagerte Ansprüche an verschiedenen Prozessgerichten verfolgt.[186]

101 Die **eigene Auffassung** kann dem nicht vollumfänglich folgen. Schon der Ansatz, den Insolvenzverwalter mit einem Unternehmen, das über eine eigene Rechtsabteilung verfügt, gleichzustellen, widerspricht der Rechtsprechung zu den Aufgaben des Insolvenzverwalters, der gerade nicht die Anforderungen an einen Volljuristen erfüllen muss, selbst wenn er zugleich Rechtsanwalt ist[187] – wenn § 5 InsVV für irgendetwas gut ist, dann doch sicherlich für diese Abgrenzung. Die Gegenansicht vermag nicht zu definieren, wer dann in diesem Modell die Rechtsabteilung sein soll. Vor dem Hintergrund, dass Honorare für delegierte Regelaufgaben von der Vergütung des Insolvenzverwalters in Abzug gebracht werden können (§ 3 Rz. 248 ff.), handelt es sich um die mittlerweile nicht mehr ganz untypische Situation, dass ein Bruch des Vergütungssystems in Kauf genommen wird, nur um mit irgendeiner Begründung Ansprüche des Insolvenzverwalters zu kürzen.

102 Die Entscheidung davon abhängig zu machen, ob ein Vorgang besonders schwierig war, ist kein taugliches Abgrenzungsmerkmal. Dem mit dem Prozessstoff nicht befassten Rechtspfleger (hier: Rechtspfleger am Insolvenzgericht im Rahmen der Prüfung der Angemessenheit) wird es kaum möglich sein, belastbare Überlegungen dazu anzustellen und niederzulegen, ob ein Prozessverfahren umfangreich oder schwierig war,[188] wenn der Vorgang schon für den Insolvenzverwalter eine Sonderaufgabe darstellte. Wesentlich ist jedoch, dass die Rechtsprechung im Bereich der Haftung des Insolvenzverwalters gemäß § 60 Abs. 1 InsO einen – zweifelhaften[189] – Wandel vollzogen hat. Der Insolvenzverwalter soll nicht mehr nur für die

---

184) BGH, Beschl. v. 8.3.2012 – IX ZB 174/10, ZIP 2012, 697.
185) BGH, Beschl. v. 13.6.2006 – IX ZB 44/04, ZIP 2006, 1416, 1417; BGH, Beschl. v. 8.3.2012 – IX ZB 174/10, ZIP 2012, 697.
186) OLG München, Beschl. v. 10.12.2015 – 11 W 2293/15, ZInsO 2016, 184 (16 Anfechtungsrechtsstreite).
187) St. Rspr., vgl. nur BGH, Urt. v. 17.9.1998 – IX ZR 237/97, ZIP 1998, 1793; BGH, Beschl. v. 11.11.2004 – IX ZB 48/04, ZIP 2005, 36; BGH, Beschl. v. 4.12.2014 – IX ZB 60/13, ZIP 2015, 138.
188) OLG München, Beschl. v. 10.12.2015 – 11 W 2293/15, ZInsO 2016, 184, 185.
189) *Holzer*, NZI 2016, 903.

Auswahl- und Überwachung des Prozessanwalts haften, sondern für die richtige Erfüllung des Auftrags; der Insolvenzverwalter haftet somit für die Fehler des Prozessanwalts.[190] Vor diesem Hintergrund ist der Insolvenzverwalter berechtigt und verpflichtet, den aus seiner Sicht am wenigsten haftungsträchtigen Weg einzuschlagen. Daher kann der nun engmaschig erforderliche Überwachungsprozess keine vergütungsrechtlichen Nachteile für den Insolvenzverwalter mit sich bringen.[191] Insgesamt handelt es sich um eine Zweckmäßigkeitsentscheidung des Insolvenzverwalters, die nur einer Prüfung durch die Gläubiger(-organe) zugänglich ist, nicht aber einer Prüfung durch das Insolvenzgericht.[192] Überdies muss berücksichtigt werden, dass die (Insolvenz-)Gerichte regelmäßig und nachträglich fertige Sachverhalte und rechtliche Bewertungen der Parteien präsentiert bekommen, was sich dann recht einfach liest. Regelmäßig entwickelt sich ein solcher Sachverhalt aber erst während der Auseinandersetzung, sodass die abgelehnte Auffassung schon etwas naiv ist, wenn sie ganz offen unterstellt, im Insolvenzrecht könnten Prozesse auf Zuruf geführt werden. Ergänzend fehlt der insolvenzspezifische Blick auf den Vorgang. Mit großer Regelmäßigkeit werden in einer Auseinandersetzung (besser: in der mündlichen Verhandlung oder Beweisaufnahme) Punkte relevant, auf die nur derjenige sachgerecht und rechtssicher reagieren kann, der nicht nur den einen Vorgang kennt, sondern größere Teile des ganzen Insolvenzverfahrens. So ergeben sich hier plötzlich Hinweise für andere Auseinandersetzungen, die ein nicht mit dem ganzen Insolvenzverfahren kursorisch betrauter Rechtsanwalt nicht einmal zur Kenntnis genommen hätte, da nicht im konkreten Prozess relevant. Auch dies bestätigt, dass es sich ausschließlich um eine Zweckmäßigkeitsentscheidung des Insolvenzverwalters handelt, wie und mit wem er den Prozess führt. Dass nach zivilprozessualen Grundsätzen trotz vollständigen Obsiegens eventuell nicht alle Kosten von der Gegenseite zu erstatten sind,[193] ist eine völlig andere Frage und für die Abgrenzung von Regel- und Sonderaufgaben unerheblich, da § 91 ZPO nicht auf der Ermächtigungsgrundlage des § 65 InsO beruht und daher keinen Einfluss auf die Anwendung der InsVV haben kann.

gg) Zwangsvollstreckungsmaßnahmen

Die Einleitung der Zwangsvollstreckung aus einem bereits vorinsolvenzlich vorhandenen Titel wird als **Regelaufgabe** bezeichnet.[194] Ganz generell gilt jedoch, dass einfach gelagerte Maßnahmen der Zwangsvollstreckung den Regelaufgaben zuzuordnen sind,[195] auch wenn die Titel erst für die Masse erwirkt wurden. Hierzu gehören ein *Zwangsvollstreckungsauftrag*,[196] der Antrag auf Abnahme der *Vermögens-*

---

190) BGH, Urt. v. 3.3.2016 – IX ZR 119/15, NZI 2016, 352.
191) *Holzer*, NZI 2016, 903, 906; *Stiller*, ZInsO 2016, 28.
192) Allgemein: Insolvenzrechtliche Vergütungsverordnung (InsVV) v. 19.8.1998 (BGBl. I 1998, 2205), Begründung zu § 4 InsVV, siehe Anh. III Rz. 46; für den hiesigen Fall: *Stiller*, ZInsO 2016, 28 f.
193) OLG München, Beschl. v. 5.2.2004 – 11 W 2657/03, ZIP 2004, 1287.
194) BGH, Beschl. v. 3.7.2008 – IX ZB 167/07, JurionRS 2008, 16954.
195) BGH, Beschl. v. 4.12.2014 – IX ZB 60/13, Rz. 23 ff., ZIP 2015, 138; BGH, Urt. v. 3.3.2016 – IX ZR 119/15, ZIP 2016, 727.
196) BGH, Beschl. v. 4.12.2014 – IX ZB 60/13, Rz. 23 ff., ZIP 2015, 138.

§ 4 Geschäftskosten, Haftpflichtversicherung

auskunft gemäß §§ 802c, 802f, 807 ZPO[197] (früher: eidesstattliche Versicherung), die Auswertung der Vermögensauskunft,[198] die Einholung einer Abschrift einer bereits abgegebenen Vermögensauskunft sowie ein einfach gelagerter Antrag auf Erlass eines *Pfändungs- und Überweisungsbeschlusses* (z. B. in Bezug auf pfändbares Einkommen).[199] Auch die Herausgabevollstreckung soll hierzu gehören.[200]

104 Zu beachten ist allerdings, dass nicht einmal ein Rechtsanwalt über darüber hinausgehende Detailkenntnisse verfügen muss, da das Vollstreckungsrecht eine Domäne der Rechtsanwaltsfachangestellten bzw. Rechtsfachwirte ist.[201] Zu den **Sonderaufgaben** wird es daher gehören, wenn die *amtlichen Formulare* für o. g. Anträge aufgrund der Besonderheit des Einzelfalls nicht geeignet sind, den konkreten Sachverhalt zutreffend zu erfassen. Gleiches gilt für *komplexere Aufgaben*, wie z. B. die erweiterte Lohnpfändung,[202] die Pfändung von Lohnersatzleistungen[203] (soweit die Pfändungsfreigrenzen übersteigend), die Pfändung einer Eigentümergrundschuld, die Pfändung eines Gesellschaftsanteils, die Pfändung abgetretener Forderungen, die Pfändung von Unterhaltsansprüchen, die Pfändung von im Ausland befindlichen oder nach anderen Rechtsordnungen zu behandelnden Vermögensgegenständen, die Eintragung einer Zwangssicherungshypothek oder gar die Stellung eines Insolvenzantrages etc. Außerhalb des Insolvenzrechts kann ein Vollstreckungsgläubiger Anspruch auf Gewährung von Prozesskostenhilfe unter Beiordnung eines Rechtsanwalts haben (§§ 114, 119 Abs. 2 ZPO). Auch im dortigen Anwendungsbereich wird regelmäßig geprüft, ob der Vorgang hinreichend komplex ist, um die Voraussetzungen für die Gewährung von Prozesskostenhilfe zu prüfen.[204] Wenn nach dortigen Voraussetzungen in Bezug auf die Komplexität des Vorgangs Prozesskostenhilfe möglich wäre, handelt es sich offensichtlich um eine Sonderaufgabe des Insolvenzverwalters (auch ohne die Beantragung von Prozesskostenhilfe).[205] Bemüht der Vollstreckungsgegner *Rechtsmittel*, liegt ebenfalls eine Sonderaufgabe vor. Auch die *Anzahl* der per Vollstreckung beizutreibenden Forderungen kann für die Abgrenzung der Regelaufgabe zur Sonderaufgabe entscheidend sein.

105 Nicht einschlägig ist die Abgrenzung von Regel- zu Sonderaufgaben, wenn der Schuldner über eine *Forderungsausfallversicherung* verfügt, da §§ 5, 4 Abs. 1 Satz 3 InsVV nicht den Zweck haben, die Einstandspflicht des Versicherers zulasten des Vergütungsanspruchs des Insolvenzverwalters zu mindern.

106 Bei den **Hebegebühren** i. S. d. KV 1009 der Anlage 1 zu § 2 Abs. 2 RVG ist zu differenzieren. Im Anwendungsbereich des § 5 Abs. 1 InsVV scheiden derartige Hebegebühren aus, weil die Vereinnahmung von Geldern für die Masse typische

---

197) BGH, Beschl. v. 4.12.2014 – IX ZB 60/13, Rz. 23 ff., ZIP 2015, 138.
198) BGH, Beschl. v. 4.12.2014 – IX ZB 60/13, Rz. 23 ff., ZIP 2015, 138.
199) BGH, Beschl. v. 4.12.2014 – IX ZB 60/13, Rz. 23 ff., ZIP 2015, 138.
200) KPB-InsO/*Stoffler*, § 4 InsVV Rz. 85 (Stand: 05/2016).
201) Kritisch insoweit auch Leonhardt/Smid/Zeuner/*Amberger*, InsVV, § 4 Rz. 20.
202) BGH, Beschl. v. 18.7.2003 – IXa ZB 124/03, ZVI 2003, 457.
203) BGH, Beschl. v. 18.7.2003 – IXa ZB 124/03, ZVI 2003, 457.
204) BGH, Beschl. v. 18.7.2003 – IXa ZB 124/03, ZVI 2003, 457.
205) In diesem Sinne auch Leonhardt/Smid/Zeuner/*Amberger*, InsVV, § 4 Rz. 20.

Verwalteraufgabe ist.[206] Dass dies allerdings auch im Anwendungsbereich des § 4 Abs. 1 Satz 3 InsVV gelten soll,[207] ist abzulehnen. Da der Anspruch des Dritten nach RVG unzweifelhaft besteht, ließe sich diese Auffassung nur umsetzen, wenn bei Beauftragung von Rechtsanwälten ausdrücklich auf die Erteilung einer Geldempfangsvollmacht verzichtet würde. Dies führte dogmatisch zu der gesonderten Diskussion, ob die Erteilung einer Geldempfangsvollmacht eine Regelaufgabe sein kann, wenn die Beauftragung im Übrigen auf einer Sonderaufgabe beruht. Dies scheint doch eher zweifelhaft.

hh) Außergerichtliche (Rechts-)Beratung/Sonstiges

Eine **außergerichtliche Rechtsberatung** ist nach allgemeinen Grundsätzen als Sonderaufgabe zu qualifizieren, wenn ein Insolvenzverwalter, der nicht Volljurist ist, eine Rechtsberatung in Anspruch genommen hätte (vgl. § 5 Abs. 1 InsVV). Dies kann sich auf alle verfahrensbezogenen Themen beziehen, wie z. B. schwierige Vertragsverhandlungen bei Verwaltung und Verwertung der Masse, Vergleichsverhandlungen zur Vermeidung eines Rechtsstreits bei komplexen Sachverhalten,[208] Fragestellungen zu immateriellen Wirtschaftsgütern (z. B. Marken- oder Patentrechte[209]), Organhaftung,[210] verwaltungsrechtliche Problemstellungen,[211] arbeitsrechtliche Fragen, steuerrechtliche Fragen, kapitalmarktrechtliche Themen (z. B. Delisting einer Aktiengesellschaft[212]), erbrechtliche Fragen, Fragestellungen mit internationalem Bezug,[213] schwierige Fragen bei der Forderungsprüfung[214] etc. Freilich ist gerade bei der außergerichtlichen Rechtsberatung unverzichtbar, die zu klärende Frage nicht erst Jahre später en passant im Vergütungsantrag zu erwähnen. Die Anforderungen der Insolvenzgerichte an das Berichtswesen variieren stark; im Idealfall aber muss davon ausgegangen werden, dass nicht hinten wichtig sein kann, was vorne keiner Erwähnung wert war. Ferner muss ohne Rückfragen erkennbar sein, welche Fragen zu klären und warum sie schwierig waren.

107

Alles Vorgenannte ermöglicht auch die Einholung von **Sachverständigengutachten** zur Klärung schwieriger Rechtsfragen[215] bzw. zur Haftungsvermeidung des Insolvenzverwalters[216] als Sonderaufgabe. Nichts anderes gilt für technische Fragen.[217]

108

---

206) LG Aschaffenburg, Beschl. v. 26.1.1960 – T 125/59, KTS 1960, 78; KPB-InsO/*Stoffler*, § 4 InsVV Rz. 80 (Stand: 05/2016).
207) KPB-InsO/*Stoffler*, § 4 InsVV Rz. 80 (Stand: 05/2016).
208) KPB-InsO/*Stoffler*, § 4 InsVV Rz. 79 (Stand: 05/2016).
209) KPB-InsO/*Stoffler*, § 4 InsVV Rz. 79 (Stand: 05/2016).
210) HambKommInsO/*Büttner*, § 4 InsVV Rz. 15; KPB-InsO/*Stoffler*, § 4 InsVV Rz. 89 (Stand: 05/2016).
211) KPB-InsO/*Stoffler*, § 4 InsVV Rz. 79 (Stand: 05/2016).
212) KPB-InsO/*Stoffler*, § 4 InsVV Rz. 79 (Stand: 05/2016).
213) KPB-InsO/*Stoffler*, § 4 InsVV Rz. 79 (Stand: 05/2016).
214) KPB-InsO/*Stoffler*, § 4 InsVV Rz. 92 (Stand: 05/2016).
215) *Bork*, ZIP 2009, 1747, 1750.
216) KPB-InsO/*Stoffler*, § 4 InsVV Rz. 68 (Stand: 05/2016).
217) *Haarmeyer/Mock*, InsVV, § 4 Rz. 37.

109 Soweit die Rechtsfragen aus einer **Betriebsfortführung** resultieren, sei auf Rz. 19 ff. verwiesen. Hier greift nicht § 4 Abs. 1 Satz 3 InsVV, sondern § 1 Abs. 2 Nr. 4 Satz 2 lit. b InsVV.

110 Ein **Insolvenzplan** (§§ 217 ff. InsO) ist regelmäßig ein Sammelsurium aus einer Beschreibung der Ausgangslage, Maßnahmen zur finanz- und leistungswirtschaftlichen Sanierung, gesellschaftsrechtlichen Maßnahmen, steuerlichen Folgen etc., ergänzt um die notwendigen Plananlagen gemäß §§ 229 f. InsO. Da die *Erstellung eines Insolvenzplans* – auch wenn er von den Gläubigern nicht angenommen wird – gemäß § 3 Abs. 1 lit. e InsVV zu einem Vergütungszuschlag führen kann, handelt es sich auch um eine (delegationsfähige) Sonderaufgabe i. S. d. §§ 5, 4 Abs. 1 Satz 3 InsVV.[218] Insoweit kann immer nur in Rede stehen, wie sich die Kosten der Delegation auf diesen Zuschlag auswirken, aber hier etwas als Regelaufgabe einzustufen, scheidet aus. Etwas anderes gilt, wenn ein *vom Schuldner vorgelegter Plan* zu prüfen ist. Hier ist der Insolvenzverwalter zunächst nur zur Stellungnahme berechtigt (§ 232 Abs. 1 Nr. 3 InsO). Diese Stellungnahme ist höchstpersönlicher Natur. Sofern er Planregelungen oder betriebswirtschaftliche Prämissen und Prognosen nicht als schlüssig erachtet, kann er den Schuldner zur Nachbesserung auffordern, um die Mängel zu beseitigen. Er selbst kann zwar seine Tätigkeit über § 3 Abs. 1 InsVV würdigen, jedoch nichts im Anwendungsbereich der §§ 5, 4 Abs. 1 Satz 3 InsVV leisten bzw. veranlassen. Eine Rückausnahme gilt, wenn er einen „Gegenplan" erstellen möchte oder von der Gläubigerversammlung bzw. dem Gläubigerausschuss beauftragt wird, einen eigenen Plan zu erstellen oder den Schuldnerplan dezidierter zu prüfen.

111 Bei der Einschaltung eines **Inkassounternehmens** für den Forderungseinzug ist zu differenzieren. Hatte der *Schuldner* vorinsolvenzlich bereits Forderungen zur Beitreibung an ein Inkassounternehmen abgegeben und fällt der entsprechende Vertrag nicht unter §§ 115, 116 InsO, bleibt es beim Einzug durch das Inkassounternehmen. Die Einschaltung eines Inkassounternehmens durch den *Insolvenzverwalter* hingegen wird kritisch gesehen, da der Forderungseinzug zu den Kern- und Regelaufgaben des Insolvenzverwalters zählt.[219] Ist der Vorgang jedoch streitig, liegt bereits eine Sonderaufgabe des Insolvenzverwalters vor (Rz. 94), sodass es eine Zweckmäßigkeitsentscheidung des Insolvenzverwalters ist, ein Inkassounternehmen einzuschalten. Sofern die Anzahl der Forderungen einen Zuschlag nach § 3 Abs. 1 InsVV rechtfertigen würde, ist eine Fremdvergabe an ein Inkassounternehmen ebenfalls zulässig und vergütungsrechtlich unschädlich. Gleiches gilt, wenn die Abgabe an ein Inkassounternehmen bessere Verwertungsaussichten verspricht,[220] was von der Art der Forderungen abhängt; manchem Drittschuldner ist der Umgang mit Inkassounternehmen vertrauter als die Korrespondenz mit einem Insolvenzverwalter.

---

218) KPB-InsO/*Stoffler*, § 4 InsVV Rz. 91 (Stand: 05/2016).
219) BGH, Beschl. v. 4.12.2014 – IX ZB 60/13, ZIP 2015, 138; BGH, Urt. v. 3.3.2016 – IX ZR 119/15, ZIP 2016, 727.
220) *Bork*, ZIP 2009, 1747, 1751.

j) Arbeitnehmerangelegenheiten

Die Aufarbeitung der **vorinsolvenzlichen** *Lohnbuchführung*[221] nebst Erstellung von *Gehaltsabrechnungen*,[222] *Lohnsteueranmeldungen*[223] und *Sozialversicherungsmeldungen*[224] etc. stellt eine Sonderaufgabe dar. Diese Aufgaben gehören nicht zu den Bestandteilen eines Gesamtvollstreckungsverfahrens i. S. d. § 1 Satz 1 InsO im engeren Sinne. Eine Sonderaufgabe nur dann anzunehmen, wenn bereits der Schuldner diese Aufgaben fremdvergeben hatte, wäre eine Missachtung der Lebenswirklichkeit. Es sind gerade Einzelunternehmer und kleinere Unternehmen, die sich mit dem Personalbereich nicht befassen wollen bzw. denen die Mittel für eine eigene Personalabteilung fehlen und deswegen Dienstleister einschalten. Es würde die absurde Folge eintreten, dass es sich in diesen Fällen um Sonderaufgaben handelte, während es sich in größeren Unternehmen, die über eine eigene Personalabteilung verfügen, um Regelaufgaben handeln würde. Der Widersinn ist evident. Ungeachtet dessen tritt der Insolvenzverwalter nie an die Stelle des gesamten schuldnerischen Mitarbeiterbestandes (einschließlich Personalabteilung), sondern nur an die Stelle des Schuldners als Rechtsfigur, die die Erfüllung arbeits- oder sozialversicherungsrechtlicher Pflichten zu verantworten hat. Da es für die Kostenbelastung der Masse keinen Unterschied macht, ob die Aufgaben von schuldnerischem Personal oder externen Dienstleistern erfüllt werden, kann sich auch keine negative Auswirkung für die Vergütung des Insolvenzverwalters ergeben. Nichts anderes gilt für andere Aufgaben, die sich auf vorinsolvenzliche Zeiträume beziehen, wie etwa die Erstellung von *Arbeitsbescheinigungen* bzw. *Insolvenzgeldbescheinigungen*, die im Grundsatz als Sonderaufgabe zu qualifizieren sind.[225]

112

Nach ständiger Rechtsprechung des BGH soll es sich als *Wertschwelle* jedoch nur dann um Sonderaufgaben handeln, wenn mehr als 20 Arbeitnehmer von den Maßnahmen betroffen sind.[226] Die pauschale Grenze von 20 Arbeitnehmern, ist jedoch überhöht. Im Jahr 2011 hatten von den mittelständischen Unternehmen in Deutschland 84 % weniger als fünf Beschäftigte; weitere 8 % hatten fünf bis neun Beschäftigte.[227] Wenn somit 92 % der Unternehmen des Mittelstandes weniger als zehn Mitarbeiter haben bzw. 84 % weniger als fünf, können nicht 20 Arbeitnehmer zum Regelfall in einem Insolvenzverfahren gehören.[228] Auch wenn speziell auf insolvente Unternehmen abgestellt wird, ergibt sich kein anderes Bild. Im Jahr 2016

113

---

221) BGH, Beschl. v. 13.7.2006 – IX ZB 198/05, ZIP 2006, 1501.
222) KPB-InsO/*Stoffler*, § 4 InsVV Rz. 97 (Stand: 05/2016).
223) LG Dresden, Beschl. v. 6.7.2006 – 551 IN 1042/05, ZIP 2006, 1686.
224) LG Dresden, Beschl. v. 6.7.2006 – 551 IN 1042/05, ZIP 2006, 1686.
225) BGH, Beschl. v. 13.7.2006 – IX ZB 198/05, ZIP 2006, 1501; LG Dresden, Beschl. v. 6.7.2006 – 551 IN 1042/05, ZIP 2006, 1686.
226) BGH, Beschl. v. 18.12.2003 – IX ZB 50/03, ZIP 2004, 518, 520 (Insolvenzgeldvorfinanzierung und Sozialplan); BGH, Beschl. v. 28.9.2006 – IX ZB 212/03, ZInsO 2007, 439 (Insolvenzgeldvorfinanzierung und Sozialplan); BGH, Beschl. v. 22.2.2007 – IX ZB 120/06, ZInsO 2007, 438 (Insolvenzgeldvorfinanzierung); BGH, Beschl. v. 25.10.2007 – IX ZB 55/06, ZInsO 2007, 1272 (Insolvenzgeldvorfinanzierung); BGH, Beschl. v. 9.10.2008 – IX ZB 182/04, ZInsO 2008, 1265 (Insolvenzgeldvorfinanzierung).
227) KfW Mittelstandspanel 2012.
228) *Zimmer*, ZIP 2013, 1309, 1312.

waren durch 21.518 Unternehmensinsolvenzen 108.973 Arbeitnehmer betroffen;[229] das führt zu einem Durchschnittswert von fünf Arbeitnehmern je Unternehmensinsolvenz. Nichts anderes ergibt sich für die Vorjahre 2014 und 2015.[230] Sofern überhaupt eine Wertschwelle anzunehmen ist, um die Bearbeitung der hier diskutierten Arbeitnehmerangelegenheiten als Sonderaufgabe einzustufen, kann allenfalls die Aufgabenerfüllung für fünf Arbeitnehmer den Regelaufgaben zugeordnet werden. Aber auch innerhalb einer solchen Wertschwelle, d. h. bei bis zu fünf Arbeitnehmern, muss es *Ausnahmen* geben, die eine Einschätzung der Bearbeitung als Sonderaufgabe (oder Zuschlagsfaktor) zulassen. Dies ist der Fall, wenn diese Bearbeitung zusätzliche Kenntnisse voraussetzt, wie etwa branchenbezogen in der Bauwirtschaft,[231] oder ganz allgemein ein Zusammenhang mit Altersteilzeit, Kurzarbeit, Schlechtwettergeld,[232] Eingliederungsbeihilfen oder Mindestlohn etc. besteht. Denn wenn es beispielsweise nicht zu den Anforderungen an einen durchschnittlichen Insolvenzverwalter gehört, vertiefte Kenntnisse im Recht der Altersteilzeit zu haben, kann dies denklogisch nicht erst ab einer Mindestzahl von Arbeitnehmern gelten. Insoweit kann eine Wertschwelle nicht in Betracht kommen, wenn die rechtliche Qualität im Vordergrund steht, sondern nur dort, wo es quantitativ um die Menge einfach auszufüllender Formulare[233] oder die Länge von Listen[234] geht.

114 Hinsichtlich der Bearbeitung vorgenannter Aufgaben betreffend den Zeitraum einer **Betriebsfortführung** sei auf Rz. 19 ff. verwiesen. Hier greift nicht § 4 Abs. 1 Satz 3 InsVV, sondern § 1 Abs. 2 Nr. 4 Satz 2 lit. b InsVV.

115 Ob die vorgenannten Aufgaben für Zeiträume **nach einer (oder ohne eine) Betriebsfortführung** (jedoch für Zeiträume nach Insolvenzeröffnung) Regelaufgaben oder Sonderaufgaben sind, kann eine Frage des *Einzelfalls* sein. Wesentlich ist jedoch auch hier davon auszugehen, dass mindestens sechs Arbeitnehmer (Rz. 113) betroffen sein müssen, um von einer Sonderaufgabe ausgehen zu können, sofern nicht ein Ausnahmetatbestand greift. Über die genannten Beispiele für Ausnahmen hinaus (Rz. 113) ist insoweit insbesondere die Berechnung der *Differenzlöhne*[235] zu erwähnen, da hierfür ergänzend ermittelt werden muss, ob vormalige Arbeitnehmer nach ihrer Freistellung anderweitiges Arbeitseinkommen erzielt haben.

116 **Rechtsstreite** im Zusammenhang mit Arbeitnehmerangelegenheiten stellen stets eine Sonderaufgabe dar.[236] Dass § 11 ArbGG keinen Anwaltszwang vorsieht, wird

---

229) Aus den Meldungen in NJW-aktuell 13/2017, 7 und NZI aktuell 7/2017,VIII f.
230) NZI aktuell 14/2015, IX.
231) Leonhardt/Smid/Zeuner/*Amberger*, InsVV, § 4 Rz. 34.
232) Vgl. KPB-InsO/*Stoffler*, § 4 InsVV Rz. 73 (Stand: 05/2016).
233) Zur Insolvenzgeldvorfinanzierung BGH, Beschl. v. 18.12.2003 – IX ZB 50/03, ZIP 2004, 518, 520; BGH, Beschl. v. 28.9.2006 – IX ZB 212/03, ZInsO 2007, 439; BGH, Beschl. v. 22.2.2007 – IX ZB 120/06, ZInsO 2007, 438; BGH, Beschl. v. 25.10.2007 – IX ZB 55/06, ZInsO 2007, 1272; BGH, Beschl. v. 9.10.2008 – IX ZB 182/04, ZInsO 2008, 1265.
234) Zum Sozialplan BGH, Beschl. v. 18.12.2003 – IX ZB 50/03, ZIP 2004, 518, 520; BGH, Beschl. v. 28.9.2006 – IX ZB 212/03, ZInsO 2007, 439.
235) Für eine Regelaufgabe: *Haarmeyer/Mock*, InsVV, § 4 Rz. 69 mit einer allerdings höchst eigenwilligen Definition von Differenzlohn.
236) BAG, Beschl. v. 8.5.2003 – 2 AZB 56/02, ZInsO 2003, 722; LAG Hamm, Beschl. v. 30.1.2006 – 4 Ta 36/05, JurionRS 2006, 15323.

mit sozialpolitischen Erwägungen begründet. Insgesamt gilt das Arbeitsrecht als Spezialmaterie, das der Insolvenzverwalter nur insoweit kursorisch kennen muss, um Handlungspotential erkennen zu können. Nichts anderes gilt für die **außergerichtliche Beratung**, z. B. im Zusammenhang mit einem Interessenausgleich und/oder Sozialplan (Erstellung, Prüfung, Verhandlungen), einer Ausarbeitung und Umsetzung von Personalkonzepten oder Beratungen bzw. Unterstützungshandlungen zu den Themen Altersteilzeit, betriebliche Altersvorsoge, Kurzarbeit, Schlechtwettergeld, Insolvenzsicherung von Betriebsrentnern oder Versorgungsanwärtern über den Pensions-Sicherungs-Verein aG etc.[237] Ebenfalls nichts anderes gilt, wenn die Ergebnisse von Betriebsprüfungen bzw. die notwendige Reaktion hierauf arbeits-, lohnsteuer- oder sozialversicherungsrechtliche Spezialkenntnisse erfordern.[238]

Auch bei der Durchführung der **Schlussverteilung** können sich weitere Sonderaufgaben ergeben, da für den Auszahlungsbetrag regelmäßig Gehaltsabrechnungen zu erstellen sind, sodass von der auf die Arbeitnehmer entfallenden Insolvenzquote Teilbeträge in Gestalt von Sozialversicherungsabgaben und Lohnsteuerbeträgen zu ermitteln, zu deklarieren und abzuführen sind. Auch hier sollte – wenn überhaupt eine Wertschwelle angemessen scheint – ab sechs betroffenen Arbeitnehmern (Rz. 113) von einer Sonderaufgabe ausgegangen werden. 117

k) Archivierung von Geschäftsunterlagen/Datenzugriff

Archivierungspflichten i. S. d. § 257 HGB, §§ 146, 147 AO (*handelsrechtliche Buchführung* und *steuerrelevante Unterlagen*) oder anderer Normen[239] (insbesondere Patientenunterlagen[240]) stehen in keinem Zusammenhang mit der Diskussion um Regel- oder Sonderaufgaben. Es sind – einschließlich des notwendigen Transports – stets allgemeine Verwaltungskosten,[241] die nur deswegen mit § 4 Abs. 1 Satz 3 InsVV in Verbindung gebracht werden, weil offenbar auch Insolvenzverwalter gelegentlich an entsprechenden Dienstleistern rechtlich oder wirtschaftlich beteiligt sind oder Räumlichkeiten des Insolvenzverwalters für Archivierungszwecke angemietet werden. Letzteres ist ein unzulässiges In-Sich-Geschäft,[242] und ein Mietvertrag ist auch kein Dienst- oder Werkvertrag i. S. d. § 4 Abs. 1 Satz 3 InsVV;[243] im Übrigen geht es hier nur um Transparenz gegenüber dem Insolvenzgericht, nicht aber um die Behauptung einer Regelaufgabe. Dies folgt schon daraus, dass der Insolvenzverwalter für eine Archivierung bis zum Ablauf der Aufbewahrungspflichten zu sorgen hat, selbst wenn das Insolvenzverfahren viel früher beendet wird.[244] Denn aufbewah- 118

---

[237] KPB-InsO/*Stoffler*, § 4 InsVV Rz. 73 (Stand: 05/2016).
[238] KPB-InsO/*Stoffler*, § 4 InsVV Rz. 99 (Stand: 05/2016).
[239] Hierzu *Bucher*, ZInsO 2007, 1031; *Zipperer* in: FS Kübler, S. 859, 867.
[240] Hierzu *Vallender*, NZI 2013, 1001.
[241] *Bork*, ZIP 2009, 1747, 1751; *Haarmeyer/Mock*, InsVV, § 4 Rz. 26 und 50 (mit Hinweisen zu Konditionen); MünchKommInsO/*Riedel*, § 4 InsVV Rz. 15; *Vallender*, NZI 2013, 1001 (Patientenunterlagen); *Zipperer* in: FS Kübler, S. 859 (passim).
[242] *Graeber/Graeber*, InsVV, § 4 Rz. 49a.
[243] Zutreffend *Graeber/Graeber*, InsVV, § 4 Rz. 49a; missverständlich *Haarmeyer/Mock*, InsVV, § 4 Rz. 26 f.
[244] *Zipperer* in: FS Kübler, S. 859, 862 ff.

rungspflichtig ist derjenige mit der letzten Sachherrschaft,[245)] und die ordnungsrechtlichen Pflichten enden nicht vor ihrer Erfüllung.[246)]

119 Auch soweit keine Aufbewahrungspflicht nach einschlägigen Kodifikationen besteht, müssen diejenigen Unterlagen aufbewahrt werden, die zur Geltendmachung oder Abwehr von Ansprüchen erforderlich sind bzw. waren (**Beweismittel**); auch insoweit handelt es sich zwar nicht hinsichtlich der Inbesitznahme, wohl aber in Bezug auf die Einlagerung um Sonderaufgaben.

120 Am Vorgesagten ändert sich nichts, wenn die Daten **elektronisch gespeichert** sind bzw. gespeichert werden müssen oder (z. B. wegen schuldnerspezifischer Software) Hardware zu archivieren ist. Ungeachtet eines körperlichen Transports können hier zusätzliche Kosten für einen Systemadministrator anfallen.

121 Im Zusammenhang mit Investorenprozessen müssen die relevanten Vertragsunterlagen und Geschäftsbücher des Schuldners den Verhandlungspartnern einsichtig gemacht werden. Dies kann je nach Größe des schuldnerischen Unternehmens einen exorbitanten Umfang annehmen. Die entsprechende Ermöglichung eines sog. **DataRoom** durch den Insolvenzverwalter gehört zu den Sonderaufgaben. Ausgaben entstehen regelmäßig für die Einrichtung eines EDV-Servers nebst Infrastruktur und/oder für die Anmietung von Räumlichkeiten sowie für die Betreuung durch einen Systemadministrator etc.

l) Gläubigerinformationssystem/Digitalisierung

122 Die Kosten für ein vom Insolvenzverwalter eingerichtetes software- oder internetgestütztes Gläubigerinformationssystem sind weder Masseverbindlichkeiten i. S. d. § 55 Abs. 1 InsO noch beruht die hierüber erfolgte Gläubigerinformation auf einer Sonderaufgabe des Insolvenzverwalters, sodass der Aufwand den **allgemeinen Geschäftskosten** i. S. d. § 4 Abs. 1 Satz 1 InsVV zuzuordnen ist.[247)] Dass dieses Informationssystem im Wesentlichen zur Entlastung der Insolvenzgerichte in Bezug auf Akteneinsichtsgesuche eingerichtet wird, da der Insolvenzgläubiger außerhalb der Gläubigerversammlungen keinen Auskunftsanspruch gegen den Insolvenzverwalter in Bezug auf die Verfahrensabwicklung hat,[248)] soll keine Belastung der Masse aus eigener Entscheidungshoheit des Insolvenzverwalters rechtfertigen.[249)] Eine Entscheidungshoheit der Insolvenzgerichte dürfte allerdings auch nicht gegeben sein, da die Insolvenzgerichte nicht befugt sind zu regeln, welchen Abgeltungsbereich die insolvenzspezifischen Gerichtskosten nach GKG haben; dies unterliegt dem Gesetzesvorbehalt. Es wäre jedoch verfehlt daraus abzuleiten, die Implementierung eines solchen Systems sei nun Regelaufgabe i. S. e. Verpflichtung im Rahmen

---

245) VGH Mannheim, Beschl. v. 17.4.2012 – 10 S 3127/11, ZIP 2012, 1819.
246) BVerwG, Urt. v. 22.10.1998 – 7 C 38/97, NZI 1999, 37, 39.
247) BGH, Beschl. v. 14.7.2016 – IX ZB 62/15, ZIP 2016, 1645, dazu EWiR 2016, 669 (*Prasser*); a. A. LG Dresden, Beschl. v. 28.4.2010 – 5 T 182/10, DZWiR 2011, 131; LG Hannover, Beschl. v. 30.11.2011 – 20 T 43/11, ZInsO 2013, 311 (Entscheidungsbefugnis der Gläubigerversammlung).
248) Übersehen von *Haarmeyer*, InsbürO 2016, 97, 99 f.
249) BGH, Beschl. v. 14.7.2016 – IX ZB 62/15, ZIP 2016, 1645, dazu EWiR 2016, 669 (*Prasser*).

Geschäftskosten, Haftpflichtversicherung §4

professioneller Insolvenzabwicklung, da der einzelne Insolvenzgläubiger auch weiterhin keinen Informationsanspruch gegen den Insolvenzverwalter hat. Daher sind Insolvenzverwalter nicht verpflichtet, derartige Informationssysteme auf eigene Kosten beizubehalten.

Allerdings könnte grundsätzlich die Diskussion aufgenommen werden, wie sich die 123
Digitalisierung auf die Insolvenzabwicklung auswirken könnte. Hierfür muss jedoch der Gesetzgeber ein Gerüst vorgeben, da die Zuständigkeit der einzelnen Bundesländer noch nicht zu spektakulären Neuerungen geführt hat. Das schriftliche Verfahren in § 5 Abs. 2 InsO zum Regelfall zu erklären, statt Videokonferenzen für Gläubigerversammlungen im GVG zu verankern, war kein Schritt in die Zukunft, sondern ein Verharren in der Akte. Ob elektronische Akte, elektronischer Rechtsverkehr oder Begriffe wie „EGVP", „beA" etc. überhaupt etwas mit Digitalisierung von Arbeitsprozessen zu tun haben, darf bezweifelt werden, da immer nur der Übertragungsweg verändert, aber nicht die Ersetzung der Übertragung als solcher angestrebt wird. Mit einer Effizienzsteigerung hat dies nichts zu tun (§ 2 Rz. 64).

5. Angemessene Vergütung

Die Vergütung für die i. S. d. §§ 5, 4 Abs. 1 Satz 3 InsVV delegierten Aufgaben muss 124
angemessen sein. Dies ist ein Tatbestandsmerkmal des § 4 Abs. 1 Satz 3 InsVV. Nach der Auffassung des Verordnungsgebers soll das Insolvenzgericht die Angemessenheit der Vergütung prüfen, aber nicht die Zweckmäßigkeit der Fremdvergabe.[250]

Hauptsächlich im Bereich der Rechts- und Steuerberatung stehen **Gebührenordnungen** 125
zur Verfügung, um eine angemessene Vergütung zu bestimmen. Der Anwendung der sachlich zutreffenden Normen unter Berücksichtigung des zutreffenden *Gegenstandswerts* wohnt die Angemessenheit der Vergütung inne, sodass die Entnahme der Vergütung nicht angreifbar ist.[251] Soweit diese Gebührenvorschriften *Rahmengebühren* vorsehen, stellt sich allerdings die Frage, ob dem Insolvenzgericht die Befugnis zusteht, innerhalb eines solchen Rahmens eigene Entscheidungen treffen zu können. So findet sich in der Praxis nicht selten die Vorstellung, es dürfe immer nur die Mittelgebühr gegen die Masse abgerechnet werden. Dies ist zweifelhaft. Zunächst gibt es bei der StBVV – anders als im RVG – keine Mittelgebühr,[252] sodass der Steuerberater uneingeschränkt die Darlegungs- und Beweislast für die Billigkeit der erhobenen Gebühr innerhalb eines Gebührenrahmens trägt.[253] Des Weiteren gehören die Fragen, ob die nach RVG oder StBVV berechneten Gebühren angemessen sind, vor die ordentliche Gerichtsbarkeit, sodass das Insolvenzgericht nicht gesetzlicher Richter i. S. d. Art. 101 Abs. 1 Satz 2 GG ist. Drittens entscheidet zunächst einmal der Dritte, zu welchen Konditionen er tätig zu werden bereit

---

250) Insolvenzrechtliche Vergütungsverordnung (InsVV) v. 19.8.1998 (BGBl. I 1998, 2205), Begründung zu § 4 InsVV, siehe Anh. III Rz. 46.
251) HambKommInsO/*Büttner*, § 4 InsVV Rz. 3.
252) *Berners*, StBVV, Kap. C § 11 Rz. 39; a. A. *Haarmeyer/Mock*, InsVV, § 4 Rz. 40 (ohne Begründung).
253) *Berners*, StBVV, Kap. C § 11 Rz. 39.

ist, d. h., die Schwierigkeit des Vorgangs ist aus seiner Perspektive zu be-stimmen. Dem Insolvenzverwalter obliegt insoweit nur die Entscheidung, ob er in Ansehung der vorgeschlagenen Vergütung einen anderen Dienstleister auswählt. Nun sind die Probleme im Insolvenzrecht allerdings meist derart komplex, dass nur hoch spezialisierte Dienstleister in Betracht kommen. Insoweit muss lediglich Marktüblichkeit (Rz. 126) der Vergütung vorliegen, im Übrigen findet hier ein schleichender Übergang zur Zweckmäßigkeit des Verwalterhandelns statt. Es muss jedoch angeraten werden, Begründungen für Abweichungen von einer etwaigen Mittelgebühr vorzuhalten.

126 Das Kriterium der **Marktüblichkeit** gilt insbesondere für die Vergütungen außerhalb von Gebührenordnungen.[254] Hierzu fehlen jedoch belastbare Studien, die für die Zukunft anzuregen wären, soweit es sich um standardisierte Tätigkeiten *innerhalb eines Insolvenzverfahrens* handelt. Bei Tätigkeiten, die auch *außerhalb eines Insolvenzverfahrens* erbracht werden können, ist der Einzelfall entscheidend, wobei der Insolvenzverwalter freilich in einigen Fällen auf einen lokalen Anbietermarkt beschränkt ist; ob beispielsweise eine Archivierung von Geschäftsunterlagen außerhalb des Gerichtssprengels zulässig ist, ist mit Bedenken behaftet, da es sich immer noch um Unterlagen des Schuldners handelt. Sofern der Insolvenzverwalter nachweist, *verschiedene Angebote* eingeholt zu haben, ist die Angemessenheit der Vergütung indiziert,[255] wobei er sich mit einer hinreichenden Begründung sogar für den teuersten Anbieter entscheiden kann, da die Angemessenheit der Vergütung stets auch die Nebenabreden und das Haftungspotential des Insolvenzverwalters berücksichtigen muss. Zur Marktüblichkeit gehören ferner die gängigen Erfolgshonorare für gewerbliche Vermögensverwerter, Makler, Inkassobüros, Detekteien, Asset Tracer,[256] Prozessfinanzierer etc.

127 Daraus kann freilich nicht abgeleitet werden, es müssten nun bei jedem Vorgang **verschiedene Angebote** eingeholt und nachgewiesen werden. Zwar steht der Vorwurf von Dienstleistungskartellen im Raum,[257] wenn und weil immer dieselben Dienstleister beauftragt werden, womöglich noch mit Verwalterbeteiligung. Richtig ist, dass insoweit eine gesteigerte Aufmerksamkeit erforderlich ist. Allerdings ist das Insolvenzrecht doch sehr speziell, sodass nicht jeder Feld-Wald-und-Wiesen-Dienstleister in Betracht kommen kann. Bei der *Archivierung* dominieren die Zugriffsmöglichkeiten des Insolvenzverwalters, der „seine" Unterlagen nicht auf allzu viele Archivierungsgesellschaften verteilen muss. Bei der *Steuerberatung* werden sich nur wenige Dienstleister finden, die das Insolvenzsteuerrecht beherrschen und auch noch hinnehmen, in massearmen oder masseunzulänglichen Verfahren mit ihrer Vergütung auszufallen. Bei der *Rechtsberatung* dominiert das Vertrauensverhältnis des Insolvenzverwalters zum Dienstleister, da der Insolvenzverwalter sich hier primär an § 60 InsO zu orientieren hat. Bei *Be- und Verwertern* kann es allerdings nicht schaden, in den verschiedenen Insolvenzverfahren mit mehreren

---

254) BGH, Beschl. v. 26.4.2012 – IX ZB 31/11, ZIP 2012, 1187.
255) HambKommInsO/*Büttner*, § 4 InsVV Rz. 3.
256) *Bork*, ZIP 2009, 1747, 1754.
257) *Haarmeyer/Mock*, InsVV, § 4 Rz. 13.

Anbietern zusammenzuarbeiten, zumal immer auch die branchenbezogenen Anforderungen zu berücksichtigen sind. Im Zusammenhang mit der Bewältigung von *Arbeitnehmerangelegenheiten* ist der Markt an professionellen Dienstleistern ebenfalls überschaubar. Insoweit ist die Grundkritik nicht völlig falsch, aber der Markt an professionellen Dienstleistern im Insolvenzrecht ist relativ eng.

6. Unberechtigte Entnahmen

Ist eine aus der Masse honorierte Tätigkeit nicht als Sonderaufgabe einzustufen, kann ein Abzug von der Vergütung des Insolvenzverwalters erfolgen, richtigerweise als Abschlag gemäß § 3 Abs. 2 InsVV wegen Arbeitserleichterung (§ 3 Rz. 248 ff.). Ist eine solche Tätigkeit zwar Sonderausgabe, wird jedoch diesbezüglich auch ein Zuschlag nach § 3 Abs. 1 InsVV geltend gemacht, ist der Zuschlag angemessen zu reduzieren (§ 3 Rz. 36 ff.). Die Erfüllung einer nicht geschuldeten Aufgabe führt zu der widerlegbaren Vermutung eines Masseverkürzungsschadens (Rz. 37). 128

VI. Erstattung besonderer Kosten (§ 4 Abs. 2 InsVV)

1. Allgemeines

Die Begründung des InsVV-Verordnungsgebers aus dem Jahr 1998 beschränkt sich auf die Formulierung, wie bisher seien die besonderen Kosten, die für das einzelne Insolvenzverfahren über den Rahmen der allgemeinen Geschäftskosten hinaus entstehen (Reisekosten, weiter z. B. Portokosten), als Auslagen zu erstatten.[258] Damit ist die Verordnungsbegründung so **wenig aussagekräftig** wie der Verordnungstext selbst. Werden aus der Verordnungsbegründung des Jahres 1960[259] die Themen der Delegation auf Dritte oder Hilfskräfte (heute: § 4 Abs. 1 Satz 3 InsVV) und des Umsatzsteuerersatzes (heute: § 7 InsVV) eliminiert, bleiben als Beispiele auch dort nur Reisekosten, aber missverständlicherweise auch Portokosten, die im Grundsatz zu den Auslagen i. S. d. § 8 Abs. 3 InsVV gehören und nur bei den Zustellkosten dem § 4 Abs. 2 InsVV zu subsumieren sind (Rz. 139 ff.); Portokosten im Kontext der Betriebsfortführung sind ohnehin sonstige Masseverbindlichkeiten gemäß § 55 Abs. 1 Nr. 1, Abs. 2 InsO, § 1 Abs. 2 Nr. 4 Satz 2 lit. b InsVV. 129

Im Grunde gilt es folglich zu definieren, welche **Auslagentatbestände** wohl nicht vom Begriff der allgemeinen Geschäftskosten (§ 4 Abs. 1 Satz 1 und 2 InsVV) oder der allgemeinen Auslagen (§ 8 Abs. 3 InsVV) erfasst werden, bevor ein gesonderter Erstattungsanspruch bejaht werden kann. Insolvenzspezifische Auslagen betreffen Reisekosten (Rz. 135), das übertragene Zustellungswesen (Rz. 139), oktroyierte Verbindlichkeiten in Stundungsverfahren (Rz. 148) und die Kosten eines Privatgutachtens des Insolvenzverwalters hinsichtlich seiner Vergütung (§ 1 Rz. 25). Im Übrigen kann auf umfangreiche Erfahrungen mit § 3 Abs. 1 StBVV oder der Vorbemerkung 7 Abs. 1 Satz 1 der Anlage 1 zu § 2 Abs. 2 RVG verwiesen werden, sodass im Ergebnis nur wenig Zweifelsfragen bestehen dürften. Soweit in diesem 130

---

258) Insolvenzrechtliche Vergütungsverordnung (InsVV) v. 19.8.1998 (BGBl. I 1998, 2205), Begründung zu § 4 Abs. 2, siehe Anh. III Rz. 47.
259) Begründung zum Entwurf einer Verordnung über die Vergütung des Konkursverwalters, des Vergleichsverwalters, der Mitglieder des Gläubigerausschusses und der Mitglieder des Gläubigerbeirats (Bundesanzeiger Nr. 127 v. 6.7.1960, S. 4), siehe Anh. I Rz. 37 ff.

Zusammenhang gelegentlich dennoch einzelne Positionen erwähnt werden, wie z. B. Einwohnermeldeamtsanfragen, Gebühren für Grundbuchauszüge etc., zeigt sich eine weitgehende Verabschiedung einiger Diskutanten von der Vergütungssystematik. In solchen Fällen handelt es sich um Masseverbindlichkeiten nach § 55 Abs. 1 Nr. 1, Abs. 2 InsO, § 1 Abs. 2 Nr. 4 Satz 1 InsVV, die mit dem Auslagenbegriff nichts zu tun haben und allenfalls bei masselosen Verfahren (Rz. 152 ff.) oder Stundungsverfahren (Rz. 148 ff.) eine Diskussion auslösen könnten.

131 Entscheidend ist lediglich, dass es sich nicht um einen Vergütungsanspruch, sondern um einen *Auslagenerstattungsanspruch* handelt, der wegen der Abgrenzung zu § 8 Abs. 3 InsVV lediglich begrifflich als **besonderer Kostenerstattungsanspruch** bezeichnet wird. Denn die verfahrensbezogenen allgemeinen Auslagen, wie z. B. Telekommunikationskosten oder Porti, fallen nicht unter § 4 Abs. 2 InsVV, sondern unter § 8 Abs. 3 InsVV.[260] Dieser besondere Kostenerstattungsanspruch nach § 4 Abs. 2 InsVV besteht *neben der Auslagenerstattung* nach § 8 Abs. 3 InsVV (§ 8 Rz. 79 ff.). Freilich müssen besondere Kosten *tatsächlich angefallen* sein, allein eine fiktive Berechnung zur Geltendmachung zusätzlicher Vergütungsbeträge ist nicht ausreichend.[261]

132 Aus dem höherrangigen § 63 Abs. 1 Satz 1 InsO lässt sich ableiten, dass auch dieser besondere Kostenerstattungsanspruch **angemessen** sein muss. Als angemessen sind diejenigen Auslagen anzusehen, die aus Sicht des Insolvenzverwalters zum Zeitpunkt ihres Entstehens als *erforderlich* zu beurteilen waren (*Ex-ante-Betrachtung*).[262] Maßgebend ist ein *objektiver Maßstab* unter Berücksichtigung der *subjektiven Erkenntnismöglichkeiten* eines verständigen Insolvenzverwalters. Heranzuziehen sind §§ 675, 670 BGB, wonach eine Pflicht zum Ersatz von Aufwendungen nur besteht, wenn der Beauftragte sie den Umständen nach für erforderlich halten durfte.[263] Diese Beurteilung des Beauftragten, seine Aufwendung sei notwendig, ist bei objektiv fehlender Notwendigkeit nur dann i. S. d. § 670 BGB gerechtfertigt, wenn er seine Entscheidung nach sorgfältiger, den Umständen des Falles nach gebotener Prüfung trifft.[264]

133 Der besondere Kostenerstattungsanspruch gemäß § 4 Abs. 2 InsVV verlangt stets einen konkreten **Einzelnachweis**. Eine Pauschalierung wie im Anwendungsbereich des § 8 Abs. 3 InsVV ist grundsätzlich nicht möglich,[265] wohl aber in bestimmten Fällen ein Rückgriff auf Pauschalen in anderen Gebührenordnungen.

---

260) Missverständlich KPB-InsO/*Stoffler*, § 4 InsVV Rz. 9 (Stand: 05/2016).
261) Vgl. BGH, Beschl. v. 13.7.2004 – X ZB 40/03, NJW 2004, 3187; BGH, Beschl. v. 9.6.2016 – IX ZB 17/15, ZIP 2016, 1299 (keine Mehrvergütung nach § 1 Abs. 2 Nr. 1 Satz 2 InsVV ohne Verwertungshandlung).
262) *Haarmeyer/Mock*, InsVV, § 4 Rz. 96; KPB-InsO/*Stoffler*, § 4 InsVV Rz. 11 (Stand: 05/2016).
263) KPB-InsO/*Stoffler*, § 4 InsVV Rz. 11 (Stand: 05/2016).
264) BGH, Urt. v. 19.9.1985 – IX ZR 16/85, NJW 1986, 310.
265) Die beiden Normen verwechseln Leonhardt/Smid/Zeuner/*Amberger*, InsVV, § 4 Rz. 35 f.; *Haarmeyer/Mock*, InsVV, § 4 Rz. 91 f; Lorenz/Klanke/*Lorenz*, InsVV, § 4 Rz. 26 f.; KPB-InsO/*Stoffler*, § 4 InsVV Rz. 12 (Stand: 05/2016).

2. Abgrenzung zur Betriebsfortführung

Gemäß § 1 Satz 1 InsO dient das Insolvenzverfahren als Gesamtvollstreckungsverfahren der Befriedigung der Insolvenzgläubiger, indem das Vermögen des Schuldners verwertet und der Erlös unter Berücksichtigung der §§ 53–55 InsO an die Insolvenzgläubiger (§§ 38, 39 InsO) verteilt wird. Eine Betriebsfortführung gehört stets zu den Sonderaufgaben (§ 3 Abs. 1 lit. b Alt. 1 InsVV). Diesbezüglich regelt § 1 Abs. 2 Nr. 4 Satz 2 lit. b InsVV als lex specialis zu § 1 Abs. 2 Nr. 4 Satz 1 InsVV ein Überschussprinzip, d. h., fortführungsbedingte Ausgaben mindern die Berechnungsgrundlage. **Fortführungsbedingte Kosten** können somit nicht (zusätzlich) unter § 4 Abs. 2 InsVV fallen und unterliegen einzig einer Zweckmäßigkeitskontrolle durch die Gläubigerorgane. Sie sind dann aber auch keine Verfahrenskosten i. S. d. §§ 54 Nr. 2 InsO, 4 Abs. 2 InsVV, sondern sonstige Masseverbindlichkeiten gemäß § 55 Abs. 1 Nr. 1, Abs. 2 InsO, § 1 Abs. 2 Nr. 4 Satz 2 lit. b InsVV. Der Unterschied ist nicht unwichtig, weil z. B. bei fortführungsveranlassten Reisekosten zu hinterfragen ist, ob der Begriff Betriebsfortführung oder der Begriff Verfahrenskosten dominiert.

134

3. Reisekosten

Die Erstattung angemessener Reisekosten ist *Regelbeispiel* für eine gesonderte Kostenerstattung nach § 4 Abs. 2 InsVV außerhalb des Anwendungsbereichs des § 8 Abs. 3 InsVV. Zunächst müssen diese Reisekosten besonderer Art sein. Die **Abwicklung** eines Insolvenzverfahrens innerhalb des Sprengels des Insolvenzgerichts erfordert naturgemäß Besuche des Schuldners durch den (vorläufigen) Insolvenzverwalter, unabhängig davon, wo der Insolvenzverwalter seinen Kanzleisitz hat. In Abwandlung der Vorbemerkung 7 Abs. 2 der Anlage 1 zu § 2 Abs. 2 RVG bzw. der Formulierung in § 18 Abs. 1 Satz 2 StBVV liegt demnach eine Geschäftsreise vor, wenn das Reiseziel außerhalb des Zuständigkeitsgebiets des Insolvenzgerichts[266] liegt. Ansonsten handelt es sich um allgemeine Geschäftskosten des Insolvenzverwalters, die von der Regelvergütung abgedeckt sind (§ 4 Abs. 1 Satz 1 InsVV). Besondere Reisekosten können unter diesen Voraussetzungen entstehen bei mehreren Betriebsstätten des Schuldners, gesellschaftsrechtlichen Beteiligungen des Schuldners an auswärtigen Rechtsträgern, sicherzustellendem Vermögen des Schuldners außerhalb des Gerichtssprengels, zu verwaltendem Vermögen des Schuldners außerhalb des Gerichtssprengels (z. B. Eigentümerversammlungen bei Immobilienbesitz etc.), Verhandlungen mit Investoren zur Vorbereitung einer übertragenden Sanierung, Verhandlungen mit Investoren und Gesellschaftern zur Vorbereitung eines Insolvenzplans, Vor-Ort-Besprechungen bei einem auswärtig ansässigen Geschäftsführer etc. Nicht selten werden derartige Kosten nicht separat geltend gemacht, sondern in die Bemessung eines angemessenen Zuschlags nach § 3 Abs. 1 InsVV einbezogen. In allen Fällen handelt es sich daher um Kosten, die über § 4 Abs. 2 InsVV oder § 3 Abs. 1 InsVV zu kompensieren, d. h. zunächst vom Insolvenzverwalter zu verauslagen sind; es handelt sich mithin nicht um sonstige Masseverbindlichkeiten i. S. d. § 55 Abs. 1 Nr. 1, Abs. 2 InsO, die unmittelbar der Masse entnommen werden dürften.

135

---

266) *Haarmeyer/Mock*, InsVV, § 4 Rz. 96 („überregional").

136 Etwas anderes muss gelten bei Reisekosten, die im Rahmen einer **Betriebsfortführung** anfallen (Rz. 19 ff., 134). Diese können als sonstige Masseverbindlichkeiten gemäß § 55 Abs. 1 Nr. 1, Abs. 2 InsO unmittelbar der Masse entnommen werden, da notwendige Reisen zum gewöhnlichen Geschäftsgang einer Betriebsfortführung gehören. Es besteht kein Unterschied, ob Mitarbeiter des Schuldners diese Reisen vornehmen und als Spesen gegen die Masse abrechnen oder der Insolvenzverwalter notwendigen Reiseaufwand selbst tätigt. Zu beachten ist lediglich eine Erfassung als fortführungsbedingte Ausgabe i. S. d. § 1 Abs. 2 Nr. 4 Satz 2 lit. b InsVV. Dies gilt nicht für Übernahmeverhandlungen, da diese zur Abwicklung, nicht zur Betriebsfortführung gehören.[267]

137 Die Kosten müssen **angemessen** sein, was in doppelter Hinsicht zu prüfen ist. Zum einen muss der Anlass angemessen sein, zum anderen die Höhe der Reisekosten. Bei der *Angemessenheit des Anlasses* besteht ein weiter Spielraum, der im Ermessen des Insolvenzverwalters liegt.[268] Denn es obliegt seiner Verantwortung, das für die Masse Sinnvollste zu veranlassen, d. h., einen optimalen Verfahrensablauf bei geringstmöglichem Haftungspotential zu gewähren. Daher müssen die Reisekosten lediglich sachdienlich sein (vgl. § 45 Abs. 1 RVG). Eine Zweckmäßigkeitskontrolle steht ausschließlich den Gläubigerorganen zu.

138 Hinsichtlich der *Höhe der Reisekosten* dürften die zu anwaltlichen Reisekosten entwickelten Grundsätze gelten. Bei Nutzung eines eigenen Kraftfahrzeuges der Kanzlei des Insolvenzverwalters gilt eine Auslagenpauschale in Höhe von 0,30 € für jeden gefahrenen Kilometer (vgl. KV 7003 der Anlage 1 zu § 2 Abs. 2 RVG und KV 9006 Nr. 1 der Anlage 1 zu § 3 Abs. 2 GKG sowie § 18 Abs. 2 Nr. 1 StBVV) zuzüglich barer Auslagen z. B. für Parkgebühren (vgl. § 18 Abs. 2 Nr. 1 StBVV). Bei Nutzung eines Leihwagens sind die tatsächlichen Kosten in Ansatz zu bringen. Selbiges gilt bei Nutzung eines anderen Verkehrsmittels (vgl. KV 7004 der Anlage 1 zu § 2 Abs. 2 RVG und § 18 Abs. 2 Nr. 2 StBVV). Bei Nutzung der Bahn ist eine Reise in der 1. Klasse angemessen.[269] Bei einer Flugreise dürfte innerhalb Europas die Kategorie „Economy" ausreichend sein, bei Flugreisen in außereuropäische Länder die Kategorie „Businessclass"; die Nutzung der Kategorie „First class" dürfte unangemessen sein,[270] sofern nicht gemeinsame Reisen mit Investoren ein anderes Auftreten des Insolvenzverwalters erforderlich machen. Ein Tage- oder Abwesenheitsgeld i. S. d. KV 7005 der Anlage 1 zu § 2 Abs. 2 RVG bzw. § 18 Abs. 3 Satz 1 StBVV dürfte nicht anfallen, jedoch sind notwendige Übernachtungskosten er stattungsfähig (vgl. § 18 Abs. 3 Satz 2 StBVV). Der Maßstab der Angemessenheit ist großzügig zu bemessen. „Persönlichkeiten, wie man sie sich als Verwalter wünscht, pflegen nicht in drittklassigen Herbergen abzusteigen und sich in Stehimbissen zu ernähren."[271]

---

267) MünchKommInsO/*Riedel*, § 4 InsVV Rz. 2.
268) *Haarmeyer/Mock*, InsVV, § 4 Rz. 98; KPB-InsO/*Stoffler*, § 4 InsVV Rz. 17 (Stand: 05/2016).
269) Leonhardt/Smid/Zeuner/*Amberger*, InsVV, § 4 Rz. 38; KPB-InsO/*Stoffler*, § 4 InsVV Rz. 18 (Stand: 05/2016).
270) KPB-InsO/*Stoffler*, § 4 InsVV Rz. 18 (Stand: 05/2016).
271) KPB-InsO/*Stoffler*, § 4 InsVV Rz. 18 (Stand: 05/2016).

4. Übertragenes Zustellungswesen

Beschlüsse, durch die eine der in § 21 Abs. 2 Nr. 2 InsO vorgesehenen Verfügungsbeschränkungen angeordnet und ein vorläufiger Insolvenzverwalter bestellt wird, sind dem Schuldner und den Drittschuldnern gesondert zuzustellen (§ 23 Abs. 1 Satz 2 InsO). Ferner ist dem Schuldner, den Drittschuldnern und den Insolvenzgläubigern der Beschluss über die Eröffnung des Insolvenzverfahrens zuzustellen. Ist ein besonderer Prüfungstermin erforderlich, ist der dies anordnende Beschluss des Insolvenzgerichts den Insolvenzgläubigern und dem Schuldner zuzustellen (§ 177 Abs. 3 Satz 2 InsO). Nach jedem Prüfungstermin muss den Insolvenzgläubigern, deren Forderung bestritten wurde, ein Tabellenauszug zugestellt werden (§ 179 Abs. 3 InsO). Hat der Insolvenzverwalter (drohende) Masseunzulänglichkeit nach § 208 InsO angezeigt, ist die Anzeige den Massegläubigern zuzustellen (§ 208 Abs. 2 Satz 2 InsO). Diese und andere Zustellungen erfolgen **von Amts wegen** (§ 8 Abs. 1 Satz 1 InsO), obliegen folglich dem Insolvenzgericht. Das Insolvenzgericht kann jedoch den (vorläufigen) Insolvenzverwalter beauftragen, diese Zustellungen durchzuführen (§ 8 Abs. 3 Satz 1 InsO). Für die Übertragung des Zustellungswesens auf den (vorläufigen) Insolvenzverwalter steht diesem ein gesonderter Gebührenanspruch zu, da es sich nicht um eine ureigene Aufgabe des (vorläufigen) Insolvenzverwalters handelt. Die Art und Weise der Honorierung hat eine wechselvolle Geschichte: 139

Die mit der Übertragung des Zustellungswesens verbundenen Auslagen können nicht nach §§ 53–55 InsO ohne Weiteres *der Masse entnommen* werden. Da die Zustellung i. d. R. durch Aufgabe zur Post erfolgt, handelt es sich auch nicht originär um *Auslagen des Gerichts* i. S. d. § 54 Nr. 1 InsO[272]) i. V. m. § 3 Abs. 2 GKG, da KV 9002 der Anlage 1 zu § 3 Abs. 2 GKG nicht die Zustellung durch Aufgabe zur Post nach § 184 ZPO erfasst. Es handelt sich aber auch nicht um *Masseverbindlichkeiten nach § 55 Abs. 1 Nr. 1, Abs. 2 InsO*, weil die Übertragung des Zustellungswesens keine Verwaltung der Masse durch den Insolvenzverwalter darstellt.[273]) Solche Auslagen sind aber auch nicht unter den *Auslagenbegriff des § 8 Abs. 3 InsVV* zu subsumieren,[274]) da der Verwalter lediglich eine Aufgabe des Insolvenzgerichts wahrnimmt, es sich also nicht um eigene Auslagen des (vorläufigen) Insolvenzverwalters handelt. Mit der Übertragung des Zustellungswesens dürfte der Insolvenzverwalter unzweifelhaft zum **Verwaltungshelfer** oder – vorzugswürdig – zum **Beliehenen** i. S. d. öffentlichen Rechts neben seinem Verwalteramt werden. Mit der Inanspruchnahme durch das Insolvenzgericht entstehen dem Verwalter *besondere Kosten*, die zu erstatten sind. Dies ermöglicht eine Anwendung des § 4 Abs. 2 InsVV,[275]) wenngleich der Anspruch richtigerweise auf §§ 675, 670 BGB zu stützen ist, was auch eine berechtigte Gewinnerwartung des in Anspruch Genommenen inkludiert. 140

---

272) A. A. Leonhardt/Smid/Zeuner/*Amberger*, InsVV, § 4 Rz. 43.
273) BGH, Beschl. v. 21.12.2006 – IX ZB 81/06, NZI 2007, 166.
274) BGH, Beschl. v. 21.12.2006 – IX ZB 81/06, NZI 2007, 166.
275) LG Bamberg, Beschl. v. 23.9.2004 – 3 T 95/04, ZInsO 2004, 1196; LG Chemnitz, Beschl. v. 21.10.2003 – 3 T 2177/03, ZIP 2004, 84; AG Göttingen, Beschl. v. 7.12.2004 – 74 IK 22/04, ZVI 2004, 766.

141 Gleichwohl hatte sich der BGH für die bis zum 31.12.2003 eröffneten Insolvenzverfahren zunächst für einen Lösungsansatz über einen *Zuschlag gemäß § 3 Abs. 1 InsVV* entschieden, wobei er jedoch einen nicht unerheblichen Aufwand des Insolvenzverwalters als Tatbestand kreierte.[276] Ein solcher wurde z. B. bejaht bei 96 Zustellungen.[277] In den ab dem 1.1.2004 eröffneten Insolvenzverfahren wendete der BGH zwar nun § 4 Abs. 2 InsVV an, anerkannte jedoch nur die sächlichen Kosten, wie z. B. Briefpapier, Briefumschläge und Porto, wobei er allerdings eine Schätzung zuließ und die Erstattung ab der ersten Zustellung greifen ließ; den personellen Aufwand wollte er weiterhin über § 3 Abs. 1 InsVV lösen, wobei er ausführte, ein beachtlicher Mehraufwand sei erst ab 100 Zustellungen anzunehmen.[278] Seit einer Entscheidung vom 21.3.2013 geht der BGH jedoch zutreffend davon aus, dass auch der personelle Aufwand schon ab der ersten Zustellung zu vergüten ist,[279] freilich ohne sich mit der Anspruchsgrundlage zu befassen, im Leitsatz lediglich Zuschläge erwähnend, wobei allerdings einzig § 4 Abs. 2 InsVV in Betracht kommt. Insoweit kann festgehalten werden, dass nun richtigerweise über § 4 Abs. 2 InsVV **ab der ersten Zustellung** und neben der Auslagenpauschale des § 8 Abs. 3 InsVV eine **Auslagenpauschale** je Zustellung festzusetzen ist.

142 Hinsichtlich des Betrages für diesen Auslagenersatz scheint noch keine Einigkeit zu bestehen. Nach Auffassung des BGH ist es nicht zu beanstanden, wenn Sach- und Personalaufwand mit 2,80 € zusammengefasst[280] oder getrennt für den Personalaufwand 1,80 € zuzüglich Sachkosten in Höhe von 1,50 €, mithin in summa 3,30 € festgesetzt werden,[281] falls kein Einzelnachweis erfolgt. In der Praxis schwanken die Pauschalen offenbar zwischen 1,00 € und 4,50 €. Teils finden sich für die Sachkosten ausführliche Berechnungen, die auch Kleinstbeträge von 0,01 € für einen Briefumschlag und 0,02 € für die Druckerabnutzung inkludieren.[282] Sofern noch ein konsistentes Gefüge innerhalb des Kostenrechts gesucht wird, scheint ein Betrag von **3,50 €** zutreffend zu sein. Dieser rechtfertigt sich aus KV 7000 Nr. 1 lit. d der Anlage 1 zu § 2 Abs. 2 RVG (bei sieben Seiten pro Zustellung) bzw. erst recht und aufwandsunabhängig aus KV 9002 der Anlage 1 zu § 3 Abs. 2 GKG; ob letztgenannte Norm nur für förmliche Zustellungen gilt, ist für die Frage von Bedeutung, ob das Gericht die Kosten weiterbelasten darf, nicht aber für die Frage der Angemessenheit der Kosten. Es bedarf mithin keines Trial-and-Error-Prinzips, wenn es eine Norm gibt, die sich in analoger Anwendung zur Schließung einer ersichtlich ungewollten und ausfüllungsbedürftigen Regelungslücke eignet. Unabhängig davon, dass die Delegation der Zustellungen auf den Insolvenzverwalter sicherlich primär der Einsparung aufseiten der Staatskasse führen soll, haben weder der Schuldner noch die Insolvenzgläubiger Anspruch darauf, dass der Insolvenz-

---

276) BGH, Beschl. v. 21.12.2006 – IX ZB 81/06, NZI 2007, 166.
277) BGH, Beschl. v. 22.2.2007 – IX ZB 106/06, ZInsO 2007, 436.
278) BGH, Beschl. v. 21.12.2006 – IX ZB 81/06, NZI 2007, 166; BGH, Beschl. v. 8.3.2012 – IX ZB 162/11, ZInsO 2012, 753.
279) BGH, Beschl. v. 21.3.2013 – IX ZB 209/10, ZInsO 2013, 894.
280) BGH, Beschl. v. 21.3.2013 – IX ZB 209/10, ZInsO 2013, 894.
281) BGH, Beschl. v. 11.6.2015 – IX ZB 50/14, ZIP 2015, 1401.
282) *Vogt*, ZVI 2016, 9, 10.

verwalter als Beliehener billiger arbeitet als der Staat als Zustellverpflichteter. Bei Zustellauslagen unterhalb von 3,50 € drängt sich daher die Annahme auf, der Insolvenzverwalter könnte wegen des Differenzbetrages einen Anspruch aus ungerechtfertigter Bereicherung gegen den Schuldner und die Insolvenzgläubiger haben – dies ist freilich nicht justiziabel, zeigt aber die Groteske der ganzen Diskussion. Die Europäische Kommission hat – freilich in größerem Zusammenhang – eine effiziente Verfahrensabwicklung auch durch die Justizbehörden angemahnt[283] und die nationalen Gesetzgeber aufgefordert einen Gebührenrahmen zu schaffen, der einen zeitnahen und effizienten Abschluss eines Insolvenzverfahrens ermöglicht;[284] die Diskussion um die Höhe der Zustellkosten steht einem solchen Ziel konträr gegenüber und ist eine Verschwendung notwendiger Ressourcen auf allen Seiten.

Der Insolvenzverwalter kann sich zur Zustellung **Dritter** bedienen (§ 8 Abs. 3 Satz 2 InsO). Da der Insolvenzverwalter als Beliehener tätig wird (Rz. 140), unterfallen die Kosten einer solchen Delegation nicht dem § 4 Abs. 1 Satz 3 InsVV. Derartige Ausgaben sind aber auch nicht sonstige Masseverbindlichkeiten i. S. d. § 55 Abs. 1 Nr. 1, Abs. 2 InsO. Ob diese Kosten dennoch unmittelbar der Masse entnommen werden können, ist zu bejahen.[285] Denn dem Insolvenzgericht fehlt die Befugnis vom Insolvenzverwalter zu verlangen, mit eigenen finanziellen Mitteln in Vorlage für Aufgaben des Gerichts treten zu müssen. Gleichwohl müssen die Kosten einer derartigen Delegation angemessen sein. Ein Betrag von 20 € je Zustellung gilt unzweifelhaft als unangemessen.[286] Im Grunde muss der für den Insolvenzverwalter ermittelte Wert von 3,50 € (Rz. 142) auch hier gelten, da er sich auf Regelungen im RVG und GKG stützt und nach hier vertretener Ansicht nicht zur Disposition steht. Dem Insolvenzgericht muss die Delegation an einen Dritten nur dann außerhalb des § 8 Abs. 2 InsVV förmlich angezeigt werden, wenn der Insolvenzverwalter gesellschaftsrechtlich oder wirtschaftlich an dem Dritten beteiligt ist;[287] Gleiches gilt, wenn der Ehepartner des Insolvenzverwalters oder eine ihm sonstig nahestehende Person gesellschaftsrechtlich oder wirtschaftlich an dem Dritten beteiligt ist, da sonst die Besorgnis der Befangenheit besteht.[288] Sind die Kosten der an einen Dritten delegierten Zustellungen niedriger als die mögliche Zustellungspauschale des Insolvenzverwalters (Rz. 142), kann der Insolvenzverwalter den Differenzbetrag über § 4 Abs. 2 InsVV geltend machen, da ihm die Verant-

143

---

283) Art. 24 Abs. 2 des Vorschlags für eine Richtlinie des Europäischen Parlamentes und des Rates über präventive Restrukturierungsrahmen, die zweite Chance und Maßnahmen zur Steigerung der Effizienz von Restrukturierungs-, Insolvenz- und Entschuldungsverfahren und zur Änderung der Richtlinie 2012/30/EU, Stand: 22.11.2016 (COM(2016) 723 final), Beilage 1 zu ZIP 1/2017.
284) Art. 27 Abs. 2 des Vorschlags für eine Richtlinie des Europäischen Parlamentes und des Rates über präventive Restrukturierungsrahmen, die zweite Chance und Maßnahmen zur Steigerung der Effizienz von Restrukturierungs-, Insolvenz- und Entschuldungsverfahren und zur Änderung der Richtlinie 2012/30/EU, Stand: 22.11.2016 (COM(2016) 723 final), Beilage 1 zu ZIP 1/2017.
285) BGH, Beschl. v. 19.1.2012 – IX ZB 25/11, ZInsO 2012, 269, 270.
286) BGH, Beschl. v. 19.1.2012 – IX ZB 25/11, ZInsO 2012, 269, 270; BGH, Beschl. v. 26.4.2012 – IX ZB 31/11, ZIP 2012, 1187.
287) BGH, Beschl. v. 26.4.2012 – IX ZB 31/11, ZIP 2012, 1187.
288) BGH, Beschl. v. 19.1.2012 – IX ZB 25/11, ZInsO 2012, 269, 270.

wortung und Kontrolle der Zustellungen obliegt; es handelt sich schlichtweg um die zulässige Gewinnspanne eines Beliehenen.

144 Das gesamte Konzept, die Kosten des Zustellungswesens über § 4 Abs. 2 InsVV zu lösen, ist freilich eine „Hilfskrücke". Tatsächlich hat der Insolvenzverwalter einen Anspruch aus §§ 675, 670 BGB gegen die Staatskasse. Da die Zustellung i. d. R. durch Aufgabe zur Post erfolgt, handelt es sich jedoch nicht um Auslagen des Gerichts i. S. d. § 54 Nr. 1 InsO i. V. m. § 3 Abs. 2 GKG, da KV 9002 der Anlage 1 zu § 3 Abs. 2 GKG nicht die Zustellung durch Aufgabe zur Post nach § 184 ZPO erfasst. Folglich wäre die Staatskasse nicht berechtigt, die über § 4 Abs. 2 InsVV gewährten oder gebilligten Ausgaben dem Schuldner aufzuerlegen, d. h., die Zustellkosten wären durch die allgemeinen Gerichtskosten abgedeckt. Insoweit wäre anzuraten, das GKG bzw. die dortige Anlage zu ändern.

145 Sofern an dem Konzept dennoch ohne Rechtsänderungen festgehalten werden soll, sei erinnert, dass die Zustellkosten auch keine Masseverbindlichkeiten i. S. d. § 55 Abs. 1 Nr. 1, Abs. 2 InsO sind.[289] Daraus wiederum folgt, dass die Befriedigungsreihenfolge des § 209 InsO bei angezeigter **Masseunzulänglichkeit** unbeachtlich ist.

146 Aus allem zusammen ergibt sich, dass der Insolvenzverwalter auch bei Einstellung wegen **Massearmut** (§ 207 InsO) einen Anspruch gegen die Staatskasse außerhalb der Befriedigungsreihenfolge des § 207 Abs. 3 Satz 1 InsO hat, selbst wenn keine Verfahrenskostenstundung vorliegt; bei vorliegender Stundung gilt ein Erst-recht-Schluss.

147 Daraus folgt ebenso, dass der vorläufige Verwalter in einem Verfahren ohne Verfahrenskostenstundung bei **Nichteröffnung des Insolvenzverfahrens** zumindest diese Zustellkosten von der Staatskasse erstattet bekommen muss.[290] In einer Entscheidung vom 22.1.2004[291] hatte der BGH dies zwar noch offengelassen, jedoch auf Basis der inzwischen veralteten Ansicht, die Kostenerstattung habe über § 3 Abs. 1 InsVV zu erfolgen (Rz. 141).

5. Oktroyierte Delegation in Stundungsverfahren

148 Der Insolvenzverwalter kann nach Maßgabe des § 4 Abs. 1 Satz 3 InsVV Sonderaufgaben an Dritte delegieren. Dies wird er im Lichte seiner Haftung aus §§ 60, 61 InsO nur tun, wenn die durch die Delegation veranlassten Honoraransprüche der Dritten aus der Masse entrichtet werden können, mithin ausreichend Liquidität vorhanden ist. Ohne ausreiche Liquidität wird der Insolvenzverwalter pflichtgemäß auf eine Delegation verzichten. Es gibt jedoch Fälle, in denen eine Delegation faktisch erzwungen wird. Dies ist für den Insolvenzverwalter unerquicklich, da er im Ergebnis unvergütet tätig wird. Zum einen ist dies in der Diskussion um die sog. **Querfinanzierung** zu berücksichtigen (§ 3 Rz. 44 ff.).

149 Zum anderen hat die Rechtsprechung für diejenigen Verfahren über das Vermögen natürlicher Personen, denen gemäß §§ 4a ff. InsO **Verfahrenskostenstundung** gewährt wurde, ein Lösungsmodell erarbeitet. Kann trotz versuchter Abwehrstrate-

---

289) BGH, Beschl. v. 21.12.2006 – IX ZB 81/06, NZI 2007, 166.
290) Leonhardt/Smid/Zeuner/*Amberger*, InsVV, § 4 Rz. 42.
291) BGH, Beschl. v. 22.1.2004 – IX ZB 123/03, ZIP 2004, 571.

gien des Insolvenzverwalters auf die Erfüllung sog. Sonderaufgaben nicht verzichtet werden, weil beispielsweise die Finanzbehörden handelsrechtliche *Jahresabschlüsse*[292] bzw. *Steuererklärungen*[293] oder die Arbeitsämter *Insolvenzgeldbescheinigungen*[294] einfordern, für Letzteres die Aufarbeitung der *Lohnbuchführung*[295] erforderlich ist oder allgemein *Lohnsteueranmeldungen*[296] und *Sozialversicherungsmeldungen*[297] abgegeben werden müssen, so richtet sich ein entsprechender Kostenerstattungsanspruch aus § 4 Abs. 2 InsVV gegen die Staatskasse, geltend zu machen zunächst als Vorschuss i. S. d. § 9 InsVV für künftige Auslagen.

Ungeachtet dessen ist für einen solchen Vorschussanspruch stets darauf zu achten, 150 inwieweit sich die Auffassung zur *Abgrenzung von Regel- und Sonderaufgaben* ändert, da das Vorgesagte nicht für Regelaufgaben, sondern ausschließlich für Sonderaufgaben gilt. Dass die Einstandspflicht der Staatskasse auch für die *Archivierungspflichten* i. S. d. § 257 HGB, §§ 146, 147 AO und anderer Normen gelten soll,[298] ist zu begrüßen, aber zweifelhaft, da die Archivierung nicht öffentlich-rechtlich erzwingbar ist.

Der Vorschussanspruch soll sich nur auf *Honoraransprüche Dritter* beziehen, nicht 151 auf Kosten für eigenes Personal des Insolvenzverwalters; in einer entsprechenden Entscheidung vom 13.7.2006 rät der BGH hier zum gesonderten Abschluss eines Dienstvertrages mit dem eigenen Personal, um einen Auslagenerstattungsanspruch gegen die Staatskasse zu erlangen.[299] Dies würde den Insolvenzverwalter zwingen, seine Angestellten zu überreden sich selbstständig zu machen und „Urlaub" zu nehmen, um im „Urlaub" auf Basis freiberuflicher oder gewerblicher Tätigkeit Leistungen für die Masse zu erbringen. Teils wird sogar eine Freistellung der eigenen Mitarbeiter für derartige Zwecke erwähnt.[300] Dies scheint doch etwas lebensfern bis zur Absurdität und arbeitsrechtlich unzulässig. Es sind u. a. solche Ratschläge, die die Insolvenzverwalter zum Outsourcing veranlasst haben, was heute wiederum eher kritisch gesehen wird. Insoweit sollte die Rechtsprechung ihren Ansatz überdenken und auch einen Auslagenersatz für den Einsatz eigenen Personals des Insolvenzverwalters zulassen. Der Übergang von § 5 Abs. 2 VergVO zu § 4 Abs. 1 und 2 InsVV beruhte ex post auf einer Fehlvorstellung des Verordnungsgebers, der im Jahr 1998 überhaupt noch nicht die viel später erfolgte Einführung der Verfahrenskostenstundung[301] im Blick haben konnte, sodass eine Rechtsfortbildung möglich scheint.

---

292) BGH, Beschl. v. 22.7.2004 – IX ZB 161/03, ZIP 2004, 1717.
293) BGH, Beschl. v. 22.7.2004 – IX ZB 161/03, ZIP 2004, 1717.
294) BGH, Beschl. v. 13.7.2006 – IX ZB 198/05, ZIP 2006, 1501; LG Dresden, Beschl. v. 6.7.2006 – 551 IN 1042/05, ZIP 2006, 1686.
295) BGH, Beschl. v. 13.7.2006 – IX ZB 198/05, ZIP 2006, 1501.
296) LG Dresden, Beschl. v. 6.7.2006 – 551 IN 1042/05, ZIP 2006, 1686.
297) LG Dresden, Beschl. v. 6.7.2006 – 551 IN 1042/05, ZIP 2006, 1686.
298) Leonhardt/Smid/Zeuner/*Amberger*, InsVV, § 4 Rz. 44; MünchKommInsO/*Riedel*, § 4 InsVV Rz. 4.
299) BGH, Beschl. v. 13.7.2006 – IX ZB 198/05, ZIP 2006, 1501.
300) *Haarmeyer/Mock*, InsVV, § 4 Rz. 18; KPB-InsO/*Stoffler*, § 4 InsVV Rz. 33 (Stand: 05/2016).
301) Gesetz zur Änderung der Insolvenzordnung und anderer Gesetze v. 26.10.2001 (BGBl. I 2001, 2710), siehe Anh. IV.

6. Sonstige „unausweichliche" Kosten

152 Unter dem Oberbegriff der unausweichlichen Kosten eines Insolvenzverfahrens werden jene Ausgaben verstanden, die zwingend getätigt werden müssen, selbst wenn sich die Begründung entsprechender Verbindlichkeiten aufgrund Massearmut oder Masseunzulänglichkeit wegen des Haftungspotentials aus § 61 InsO eigentlich verbietet, das Unterlassen der zu honorierenden Tätigkeit aber eine Pflichtverletzung i. S. d. § 60 InsO darstellen könnte, sich der Insolvenzverwalter folglich in einem Dilemma bzw. in einer **Pflichtenkollision** befindet, da er immer nur falsch handeln kann. Auch hier wird erörtert, ob derartige sonstige Masseverbindlichkeiten i. S. d. § 55 Abs. 1 Nr. 1, Abs. 2 InsO in Verfahrenskosten i. S. d. § 54 Nr. 2 InsO, § 4 Abs. 2 InsVV umgedeutet werden können oder sogar noch vor den Verfahrenskosten zu befriedigen sind. Prominente Beispiele sind die (Verkehrs-) Sicherungspflichten im weiteren Sinne, z. B. Prämien für Betriebsversicherungen, Bewachungen, Einzäunungen, Strom für Tiefkühlanlagen, Futter für Tiere, aber auch die Aufbewahrungspflichten für Geschäftsunterlagen oder Patientenunterlagen, im Einzelfall auch die Kosten der Sicherstellung und Inbesitznahme der Insolvenzmasse etc. Aufgrund der evidenten Pflichtenkollision wird eine Bevorzugung derartiger Kosten z. T. befürwortet,[302] z. T. einzelfallbezogen abgelehnt.[303]

153 Die bereits anerkannten Ausnahmen gelten für Stundungsverfahren (Rz. 148 ff.) und beruhen u. a. darauf, dass die Erteilung der Restschuldbefreiung als Anlass für die Verfahrenskostenstundung ein sozialpolitisches Ziel ist und – wenn überhaupt – nicht vom Insolvenzverwalter, sondern vom Staat vorzufinanzieren ist.[304] **Außerhalb der Stundungsverfahren** bestünde das Risiko, dass die Zulassung des ersten Ausnahmetatbestandes sofort weitere Begehrlichkeiten wecken würde. Im Übrigen muss akzeptiert werden, dass der Gesetzgeber mit der Einführung der Insolvenzordnung ganz bewusst eine von der Konkursordnung abweichende Abgrenzung der Verfahrenskosten von sonstigen Masseverbindlichkeiten vorgenommen hat,[305] sodass zumindest keine ungewollte Regelungslücke erkennbar ist, die durch Analogien zu schließen wäre.

154 Gleichwohl ist das Ergebnis unbefriedigend, denn in nicht wenigen Fällen gehen derartige Kosten zulasten des Insolvenzverwalters, der derartige Masseverbindlich-

---

302) Leonhardt/Smid/Zeuner/*Amberger*, InsVV, § 4 Rz. 45 (Allgemein); Pape, ZInsO 2004, 1051; *Prasser* in: FS Kübler, S. 551, 554 (Steuerberatungskosten); *Rattunde/Röder*, DZWiR 1999, 309 (mit einzelnen Beispielen); *Wienberg/Voigt*, ZIP 1999, 1662 (Steuerberatungskosten).
303) BGH, Beschl. v. 19.11.2009 – IX ZB 261/08, ZIP 2010, 145 (Grundstücksbewirtschaftungskosten, allerdings in einem eher fragwürdigen Sachverhalt zur „kalten" Zwangsverwaltung); BGH, Beschl. v. 14.10.2010 – IX ZB 224/08, ZIP 2010, 2252 (Umsatzsteuer); BGH, Beschl. v. 13.3.2014 – IX ZB 204/11, ZInsO 2014, 951 (Steuerberaterkosten bei delegierter Regelaufgabe); AG Charlottenburg, Beschl. v. 30.3.1999 – 102 IN 642/99, ZIP 1999, 1689 (Verwertungsprovisionen); AG Charlottenburg, Beschl. v. 26.4.1999 – 103 IN 502/99, ZIP 1999, 1688 (Archivierung von Patientenunterlagen, Entsorgung von Medikamenten und chemischen Substanzen); AG Charlottenburg, Beschl. v. 3.5.1999 – 107 IN 299/99, ZIP 1999, 1687 (steuerliche Pflichten); AG Neuruppin, Beschl. v. 10.5.1999 – 15 IN 15/99, ZIP 1999, 1687 (Entsorgungskosten); *Haarmeyer/Mock*, InsVV, § 4 Rz. 104 (Sachversicherungen).
304) LG Kassel, Beschl. v. 25.9.2002 – 3 T 360/02, ZVI 2002, 387.
305) *Dinstühler*, ZIP 1998, 1697.

keiten zunächst aus der Masse begleicht und im Fall der Massearmut anteilig mit seinem Vergütungsanspruch wirtschaftlich ausfällt. Im Fall der Masseunzulänglichkeit setzt er sich der Haftung aus § 61 InsO oder der Haftung aus §§ 60, 92 Satz 2 InsO wegen Verletzung der Befriedigungsreihenfolge aus. Sind derartige Kosten bereits im Antragsverfahren absehbar, dürfte es **verfassungsrechtlich bedenklich** sein, diese Kosten nicht bei der Eröffnungsentscheidung zu berücksichtigen, nur weil sie sonstige Masseverbindlichkeiten nach § 55 InsO sind, da dann schon feststeht, dass der Insolvenzverwalter das Verfahren aus eigener Tasche nicht nur vorzufinanzieren, sondern endgültig zu finanzieren hat. Hierzu fehlt jedwedes Lösungskonzept, dem InsO-Gesetzgeber könnte fehlendes Problembewusstsein zu unterstellen sein.[306] Dagegen könnte freilich vorgetragen werden, dass die Abschaffung bestimmter Vorrechte, die noch in der KO vorgesehen waren, seinerzeit durchaus intensiv diskutiert wurde. Regelmäßig gelingt dem Insolvenzverwalter eine Verhandlungslösung, die allerdings auch die Vertragspartner (z. B. Steuerberater, Archivierungsunternehmen) zu einer sog. Querfinanzierung zwingt, d. h., sie müssen derartige Ausfälle in ihre Preiskalkulation einbeziehen. Im Zweifel bleibt dem Insolvenzverwalter nur die Freigabe der kostenauslösenden Vermögensgegenstände. Konzeptionell ungeeignet scheint jedoch der Ansatz, Sonderaufgaben aufgrund der fehlenden Kostendeckung in Regelaufgaben umzumünzen.[307] Die verfassungsrechtlichen Bedenken können allerdings nur durch den Gesetzgeber beseitigt werden, da ansonsten ein unzulässiger Eingriff in die Normen zur Befriedigungsreihenfolge vorläge.[308]

Ein interessantes Beispiel liefert *Stoffler* mit der Organisation größerer Gläubigerversammlungen.[309] Insbesondere in Großverfahren komme es vor, dass die ordnungsgemäße Durchführung einer Gläubigerversammlung angesichts der erwarteten Teilnehmerzahl besondere Vorkehrungen erfordere. Dies reiche von der Anmietung eines Saales über die Beauftragung von Sicherheitsfirmen bis zum Catering. Auch würden Veranstaltungstechniker für Bildpräsentationen und Akustik benötigt. Zutreffend weist *Stoffler* darauf hin, dass es sich hier nicht um Verträge i. S. d. § 4 Abs. 1 Satz 3 InsVV handelt, sondern derartige Kosten Auslagen des Gerichts i. S. d. § 54 Nr. 1 InsO i. V. m. KV 9000 ff. GKG darstellen (können). Gleichwohl würden derartige Kosten unmittelbar der Masse in Rechnung gestellt. Richtig ist jedenfalls, dass der Insolvenzverwalter derartige Kosten nicht i. S. d. § 4 Abs. 2 InsVV zunächst aus eigenem Vermögen vorstrecken muss. Denn es lässt sich aus den §§ 27, 675, 669, 713, 1091, 1835, 1915 BGB, § 3 JVEG der allgemeine Rechtsgedanke ableiten, dass niemand für Handlungen im Interesse anderer in Vorlage treten muss.[310] Hier offenbart sich ein Problem, das einen größeren Anwendungs-

155

---

306) *Prasser* in: FS Kübler, S. 551, 552.
307) In diese Richtung geht die Entscheidung BGH, Beschl. v. 13.3.2014 – IX ZB 204/11, ZInsO 2014, 951 (Steuerberaterkosten).
308) Vgl. BGH, Urt. v. 15.2.1984 – VIII ZR 213/82, NJW 1984, 1527 zur Abgrenzung von Alt- und Neumasseverbindlichkeiten bei einer in der KO nicht geregelten Masseunzulänglichkeit.
309) KPB-InsO/*Stoffler*, § 4 InsVV Rz. 102 f. (Stand: 05/2016).
310) Jaeger/*Gerhardt* InsO, § 73 Rz. 17.

bereich z. B. bei den Prämien einer (zusätzlichen) Haftpflichtversicherung des Insolvenzverwalters (Rz. 158 ff.) oder der Gläubigerausschussmitglieder (§ 18 Rz. 18 f.) hat, nämlich die Begleichung von Verfahrenskosten ohne gerichtliche Verfügung (hier: Gerichtskostenabrechnung). Anders als bei den Zustellkosten (Rz. 139 ff.) existiert hier noch nicht einmal eine Rechtsgrundlage dafür, dass der Insolvenzverwalter die Durchführung einer solchen Gläubigerversammlung im Auftrag des Insolvenzgerichts zu übernehmen hätte. Insgesamt handelt es sich nicht um oktroyierte Masseverbindlichkeiten im Rahmen einer Pflichtenkollision, sondern um eine rechtliche zweifelhafte Gefälligkeit gegenüber dem Insolvenzgericht.

7. Unberechtigte Entnahmen

156 Zu den Folgen unberechtigter Entnahmen auf die von § 4 Abs. 2 InsVV erfassten Kostenerstattungstatbestände siehe § 8 Rz. 109.

VII. Kosten einer Haftpflichtversicherung (§ 4 Abs. 3 InsVV)

1. Versicherungsprämien als allgemeine Geschäftskosten (§ 4 Abs. 3 Satz 1 InsVV)

157 Das Bestehen einer Vermögensschadenhaftpflichtversicherung ist schon für Berufsträger wie Rechtsanwälte, Wirtschaftsprüfer und Steuerberater zwingend, nichts anderes gilt für Insolvenzverwalter.[311] Nach Ziffer II. 5. der Grundsätze ordnungsgemäßer Insolvenzverwaltung (GOI) des Verbandes Insolvenzverwalter Deutschlands e. V. (Stand: 22.4.2016) soll der Mindestversicherungsschutz 2 Mio. € pro Versicherungsfall und 4 Mio. € Jahreshöchstleistung betragen. Eine gesetzliche Regelung fehlt indes. Die vorgenannten Werte unterstellen, dass ein Insolvenzverwalter regelmäßig „größere" Verfahren abwickelt, während zahlreiche Insolvenzverwalter, die nicht mit Verfahren in dieser Größenordnung betraut werden, Haftpflichtversicherungen mit niedrigeren **Versicherungssummen** abschließen. Aufgrund der Fülle der Probleme im insolvenzrechtlichen Vergütungsrecht sollte allerdings im Rahmen des § 4 Abs. 3 Satz 1 InsVV nicht erörtert werden, mit welchen Größenordnungen der Insolvenzverwalter regelmäßig befasst ist. Daher können die vorgenannten Werte nicht Maßstab für die Beantwortung der Frage sein, in welchem Umfang die Prämien für eine Haftpflichtversicherung bereits von der Vergütung des Insolvenzverwalters abgedeckt werden. Wenn der Insolvenzverwalter zum Zeitpunkt seiner Bestellung einen Versicherungsschutz von z. B. 500.000 € nachweisen konnte, sind auch nur die hierauf gerichteten Prämien von § 4 Abs. 3 Satz 1 InsVV abgedeckt. Der Rechtspfleger kann später nicht behaupten, Prämien für einen Versicherungsschutz von z. B. 2 Mio. € würden unter § 4 Abs. 3 Satz 1 InsVV fallen, da er dann nachträglich in das Auswahlermessen des Insolvenzrichters eingreifen würde; insoweit würde die Auffassung des Rechtspflegers an § 8 Abs. 4 RPflG scheitern. Ob der Insolvenzrichter den Versicherungsschutz überhaupt geprüft hat, ist unerheblich. Abschließend scheint es notwendig zu sein, einen Mindestversicherungsschutz gesetzlich zu regeln.

---

311) Für viele Uhlenbruck/*Zipperer* InsO, § 56 Rz. 53.

Geschäftskosten, Haftpflichtversicherung § 4

2. Versicherungsprämien als besondere Kosten (§ 4 Abs. 3 Satz 2 InsVV)

a) Allgemeines

Machen es die Besonderheiten eines konkreten Verfahrens aufgrund qualitativer 158
oder quantitativer Umstände erforderlich, eine verfahrensbezogene zusätzliche
Vermögensschadenhaftpflichtversicherung des Insolvenzverwalters abzuschließen,
stellen die hierfür aufgewendeten Prämien besondere Auslagen des Insolvenzverwalters i. S. d. § 4 Abs. 3 Satz 2 InsVV dar. Denn von diesem Versicherungsschutz
profitiert nicht in erster Linie der Insolvenzverwalter, sondern – im Schadensfall –
die Insolvenzmasse, die ohne eine derartige Versicherung ihre Ansprüche gegen
den Insolvenzverwalter aus wirtschaftlichen Gründen nicht durchsetzen könnte.

b) Besonderes Haftungsrisiko als Tatbestandsmerkmal

§ 4 Abs. 3 Satz 2 InsVV spricht von einem besonderen Haftungsrisiko bei der Ver- 159
waltung. Folglich sind zwei Tatbestandsmerkmale zu prüfen, einerseits das besondere Haftungsrisiko, andererseits die „Verwaltung".

Das Tatbestandsmerkmal der **Verwaltung** ist weit zu fassen. Gemeint ist die ge- 160
samte Insolvenzverwaltung, nicht bloß die *Verwaltung* der Masse als Abgrenzung
zur *Verwertung*. Es entspricht allgemeiner – nicht diskutierter – Ansicht, dass in
diesem Bereich nicht zwischen Abwicklung und *Betriebsfortführung* zu unterscheiden ist. Für den Anwendungsbereich des § 4 Abs. 1 Satz 3 InsVV (Rz. 19 ff.) und
des § 4 Abs. 2 InsVV (Rz. 134) wird eine entsprechende Abgrenzung indes befürwortet. Daher schiene es konsequent, eine einzig wegen einer Betriebsfortführung
abgeschlossene zusätzliche Haftpflichtversicherung als sonstige Masseverbindlichkeit i. S. d. § 55 Abs. 1 Nr. 1, Abs. 2 InsO, § 1 Abs. 2 Nr. 4 Satz 2 lit. b InsVV zu
behandeln und nicht als Verfahrenskosten i. S. d. § 54 Nr. 2 InsO, § 4 Abs. 3 Satz 2
InsVV. Dies scheitert jedoch daran, dass sich der Versicherungsschutz nicht derart
aufteilen lässt – soweit die Versicherungsbedingungen nichts anderes vorsehen oder
für den Insolvenzverwalter eine reine D&O-Versicherung abgeschlossen wird.

Das **besondere Haftungsrisiko** des Insolvenzverwalters muss aus dem konkreten 161
Verfahren heraus resultieren und wertmäßig denjenigen Versicherungsschutz überschreiten, dessen Kosten als allgemeine Geschäftskosten des Insolvenzverwalters
von der Vergütung des Insolvenzverwalters abgegolten sind (Rz. 157). Die möglichen Haftungsrisiken können qualitativer oder quantitativer Art sein. Ob es
beispielsweise nur eine Forderung von 10 Mio. € beizutreiben gilt oder 100.000
Forderungen zu je 100 €, ist gleichgültig. Ebenso gleichgültig ist, ob der Schuldner
z. B. über eine Maschine im Wert von 10 Mio. € oder kleinteiliges Vorratsvermögen
im selbigen Gesamtwert verfügt. Selbst wenn der Schuldner nur über geringfügiges
Vermögen verfügt, kann sich ein besonderes Haftungsrisiko aus den Pflichten des
Insolvenzverwalters ergeben, z. B. im Umgang mit kontaminierten Grundstücken.
Auch wenn der Schuldner ausschließlich über geleaste oder gemietete Tankwagen
verfügt, mithin das Vermögen vollständig der Aussonderung obliegt, kann der
Einsatz dieser Fahrzeuge ein enormes Haftungsrisiko mit sich bringen, sodass die
Belastung der Vermögenswerte mit Drittrechten insgesamt unerheblich ist. Erst
recht kann ein besonderes Haftungsrisiko aus der Betriebsfortführung resultieren.
Existiert beim Schuldner keine auskunftsbereite oder -fähige Geschäftsführung

oder sind die schuldnerischen Unterlagen mangelhaft, kann dies ebenfalls ein besonderes Haftungsrisiko darstellen.[312] Eine bereits bestehende D&O-Versicherung der Geschäftsführung ist ebenfalls Indiz für eine notwendige zusätzliche Haftpflichtversicherung.[313]

162 Die möglichen Anlässe für ein besonderes Haftungsrisiko (Rz. 161) zeigen, dass nicht nur das Haftungsrisiko stets nur im Einzelfall zu bestimmen ist, es zeigt auch, dass dieses Tatbestandsmerkmal stets eine *Zweckmäßigkeitsentscheidung* des Insolvenzverwalters ist, sodass das besondere Haftungsrisiko nicht der Überprüfung durch das Insolvenzgericht zugänglich ist.[314] Sofern Bedenken hinsichtlich des notwendigen Versicherungsschutzes bestehen, kann stets nur ein Sachverständiger oder ein Sonderinsolvenzverwalter bestellt werden, dessen Prüfungsergebnis Anlass für eine Einberufung einer Gläubigerversammlung mit dem Ziel der Beschlussfassung über die Geltendmachung eines Gesamtschadens i. S. d. §§ 60, 92 Satz 2 InsO sein kann.[315] Allein die Auffassung des Rechtspflegers bzw. Tatrichters hinsichtlich der Beurteilung des Haftungsrisikos ist nicht ausreichend, da es sich um eine bürgerlich-rechtliche Streitigkeit handelt, die der ordentlichen Gerichtsbarkeit zugewiesen ist. Kurzum: Für die Prüfung des Tatbestandsmerkmals des Haftungsrisikos ist das Insolvenzgericht nicht gesetzlicher Richter i. S. d. Art. 101 Abs. 1 Satz 2 GG.

c) Angemessenheit des Versicherungsschutzes

163 Gemäß § 4 Abs. 3 Satz 2 InsVV müssen die Prämien für eine zusätzliche Haftpflichtversicherung des Insolvenzverwalters angemessen sein. Nicht erkennbar ist, ob sich dies auf die Höhe der Deckungssumme und/oder auf die Höhe der Prämien bezieht. Nach diesseitiger Auffassung stellt die Höhe der **Versicherungssumme** eine Zweckmäßigkeitsentscheidung dar, die einzig einer Kontrolle durch die Gläubigerorgane unterfällt.[316] Freilich kann das Insolvenzgericht die Prüfung durch einen Sachverständigen oder Sonderinsolvenzverwalter vornehmen, um zu prüfen, ob es für die Gläubigerversammlung Anlass gibt, über einen Regress gegen den Insolvenzverwalter i. S. d. §§ 60, 92 Satz 2 InsO überhaupt zu entscheiden. Denn die Sachverhaltsaufklärung gehört nicht zu den Aufgaben der Insolvenzgläubiger, ihnen ist lediglich eine Beschlussvorlage vorzulegen. Dies auch dann, wenn es eigentlich Aufgabe des Gläubigerausschusses gewesen wäre, die Angemessenheit der Versicherungssumme zu prüfen, da eine Gläubigerversammlung auch beschließen kann, dass das Insolvenzgericht einen Sonderinsolvenzverwalter mit der Durchsetzung von Regressansprüchen der Gläubigerausschussmitglieder beauftragt. Insgesamt ist das Insolvenzgericht damit nicht von einer Prüfung ausgeschlossen, nur dass eben §§ 58, 60 InsO einschlägig sind und nicht §§ 8 Abs. 2, 4 Abs. 2 InsVV.

---

312) LG Gießen, Beschl. v. 29.3.2012 – 7 T 434/11, ZIP 2012, 1677.
313) KPB-InsO/*Stoffler*, § 4 InsVV Rz. 20 (Stand: 05/2016).
314) **A. A.** LG Gießen, Beschl. v. 29.3.2012 – 7 T 434/11, ZIP 2012, 1677 (ohne Begründung).
315) Ausführlich Beck/Depré/*Zimmer*, Praxis der Insolvenz, § 47 Rz. 38 ff.
316) **A. A.** offenbar *Haarmeyer/Mock*, InsVV, § 4 Rz. 103. Wie hier eher *Graeber/Graeber*, InsVV, § 4 Rz. 68.

Im Vordergrund steht üblicherweise die Prüfung der Angemessenheit der **Prämien** 164
durch das Insolvenzgericht. Zum einen unterscheiden sich allerdings verschiedene
Vertragsangebote nicht nur in den Prämien, sondern auch in den Leistungen. Es
scheint zweifelhaft, dass der Insolvenzverwalter dem Insolvenzgericht die Vor- und
Nachteile verschiedener Allgemeiner Geschäftsbedingungen[317] zusammenzufassen
haben soll, um die Entscheidung zwischen mehreren Vertragsangeboten zu rechtfertigen.[318] Zum anderen sind es die Versicherungsgesellschaften zwar gewöhnt, Vertragsangebote zu unterbreiten, wohlwissend, dass dies nicht immer zum Vertragsschluss führt; ob aber die InsVV als Verordnung i. S. d. Art. 80 Abs. 1 GG berechtigt ist, die Versicherungsgesellschaften hierzu zu zwingen, scheint jedoch bedenklich. Letztlich sollte das Insolvenzgericht bei einer (nach Jahren) nachträglichen
Bewertung beachten, dass ihm ein fertiger Sachverhalt vorgelegt wird, während der
(vorläufige) Insolvenzverwalter seine Entscheidung unter Unsicherheit und Zeitdruck fällen musste. Ungeachtet der rechtlichen Bedenken verbietet sich daher im
Grundsatz eine kleinliche Betrachtung. Insbesondere hat der Insolvenzverwalter nicht
zwangsläufig das preiswerteste Angebot anzunehmen.[319] Soweit angeregt wird, das
Insolvenzgericht schon beim Abschluss der Versicherung zu involvieren,[320] dient
dies einem „Burgfrieden", eine rechtliche Lösung ist dies nicht.

Eine viel bedeutsamere Frage stellt sich hinsichtlich der **Dauer des Versicherungs-** 165
schutzes. Denn nicht selten ist festzustellen, dass der Fortgang des Insolvenzverfahrens erlahmt. Ein zusätzlicher Versicherungsschutz ist regelmäßig bis zum
Abschluss der Betriebsfortführung durch Betriebseinstellung oder übertragende
Sanierung erforderlich. Auch nur in diesem Bereich ist eine zügige Verfahrensabwicklung zu beobachten. Danach werden zwar zahlreiche und umfangreiche Tätigkeiten erbracht; ob diese aber noch eines zusätzlichen Versicherungsschutzes bedürfen, ist fraglich und meist sukzessive zu verneinen. Insbesondere bei jahrelanger
Ankündigung eines Schlussberichts ohne nennenswerte Tätigkeiten kann die Beibehaltung eines zusätzlichen Versicherungsschutzes an Insolvenzzweckwidrigkeit
grenzen.[321] Gleichwohl ist dem Insolvenzgericht kein Abzug solch unnützer Prämien
möglich, es bedarf zur Ermittlung eines Gesamtschadens i. S. d. §§ 60, 92 Satz 2
InsO der Bestellung eines Sachverständigen oder Sonderinsolvenzverwalters (Rz. 163).

d) Rechtsnatur/Entnahme/Festsetzungsverfahren

Wie bereits die besonderen Kosten nach § 4 Abs. 2 InsVV (Rz. 129 ff.) sind auch 166
die besonderen Kosten nach § 4 Abs. 3 Satz 2 InsVV von den Auslagen i. S. d. § 8
Abs. 3 InsVV zu unterscheiden, d. h., diese besonderen Kosten nehmen an einer

---

317) Ausführlich *van Bühren*, NZI 2003, 465.
318) So aber wohl *Haarmeyer/Mock*, InsVV, § 4 Rz. 103 und die überwiegende Ansicht; zum Gläubigerausschuss AG Hannover, Beschl. v. 30.8.2016 – 908 IN 460/16, ZIP 2016, 2035, dazu EWiR 2017, 83 *(Zimmer)*.
319) Zum Gläubigerausschuss AG Hannover, Beschl. v. 30.8.2016 – 908 IN 460/16, ZIP 2016, 2035, dazu EWiR 2017, 83 *(Zimmer)*; HambKommInsO/*Büttner*, § 4 InsVV Rz. 35.
320) Leonhardt/Smid/Zeuner/*Amberger*, InsVV, § 4 Rz. 46; MünchKommInsO/*Riedel*, § 4 InsVV Rz. 29.
321) Vgl. *Haarmeyer/Mock*, InsVV, § 4 Rz. 103.

Pauschalierung i. S. d. § 8 Abs. 3 InsVV nicht teil und sind als **eigenständiger Anspruch** stets zu belegen und zusätzlich zu erstatten (§ 8 Rz. 79 ff.).[322]

167 Gelegentlich ist festzustellen, dass diese Prämien direkt aus der Masse beglichen werden. Da es sich trotz des abgekürzten Zahlungsweges um **Verfahrenskosten** i. S. d. § 54 Nr. 2 InsO, § 4 Abs. 3 Satz 2 InsVV handelt,[323] ist dies im Grunde ein Verstoß gegen die Festsetzungsbefugnis des Insolvenzgerichts gemäß § 64 Abs. 1 InsO und könnte sogar den Straftatbestand der Untreue erfüllen. Daher empfiehlt sich grundsätzlich die Einholung einer Genehmigung der abgekürzten Zahlung durch das Insolvenzgericht.[324] Das praktische Problem kann nicht dadurch gelöst werden, die Prämien der Vermögensschadenhaftpflichtversicherung stattdessen als *sonstige Masseverbindlichkeiten* i. S. d. § 55 Abs. 1 Nr. 1, Abs. 2 InsO zu betrachten.[325] Hinsichtlich der Befriedigungsreihenfolgen bei Masseaarmut und Masseunzulänglichkeit hätte dies zudem mehr Nach- als Vorteile. In der vorläufigen Verwaltung ist ferner zu konzedieren, dass manch Richter nicht mit der Problematik der Einzelermächtigung zur Begründung von Masseverbindlichkeiten belästigt werden möchte.

168 Daher scheint ein anderer Lösungsansatz sinnvoller. Anders als bei einer Verteilung an Insolvenzgläubiger bedarf es wegen § 53 InsO niemals einer Zustimmung des Insolvenzgerichts zur **Entnahme** von Verfahrenskosten. Insoweit unterscheiden sich die Verfahrenskosten i. S. d. § 54 InsO nicht von sonstigen Masseverbindlichkeiten i. S. d. § 55 InsO. Im Hinblick auf Versicherungsprämien scheint einzig vertretbarer Lösungsansatz zu sein, § 64 Abs. 1 InsO verfassungskonform dahingehend auszulegen, dass es eines **Festsetzungsverfahrens** durch das Insolvenzgericht nicht bedarf. Denn es lässt sich aus den §§ 27, 675, 669, 713, 1091, 1835, 1915 BGB, § 3 JVEG der allgemeine Rechtsgedanke ableiten, dass niemand für Handlungen im Interesse anderer in Vorlage treten muss;[326] die Versicherungsprämie erst bezahlen und dann zur Erstattung beantragen zu müssen, ist ein evidenter Verstoß gegen diesen Rechtssatz, da hier – anders als bei besonderen Kosten i. S. d. § 4 Abs. 2 InsVV – stets Eilbedarf besteht und nicht selten hohe Summen im Raume stehen. Zwar ist Versicherungsgesellschaften ein rückwirkender Versicherungsschutz nicht fremd, es fehlt aber jedweder nachvollziehbare Ansatz, dies von einer Entscheidung des Gerichtspersonals abhängig zu machen. Die Europäische Kommission hat – freilich in größerem Zusammenhang – eine effiziente Verfahrensabwicklung auch

---

322) LG Gießen, Beschl. v. 29.3.2012 – 7 T 434/11, ZInsO 2012, 755; Leonhardt/Smid/Zeuner/*Amberger*, InsVV, § 4 Rz. 46; *Graeber/Graeber*, InsVV, § 4 Rz. 69; *Haarmeyer/Mock*, InsVV, § 4 Rz. 101; KPB-InsO/*Stoffler*, § 4 InsVV Rz. 19 (Stand: 05/2016).
323) Zum Gläubigerausschuss siehe BGH, Beschl. v. 29.3.2012 – IX ZB 310/11, ZIP 2012, 876; *Cranshaw*, ZInsO 2012, 1151, 1155; *Frind*, ZIP 2012, 1380, 1386; *Zimmer*, Insolvenzbuchhaltung, Rz. 703.
324) Zum Gläubigerausschuss siehe LG Göttingen, Beschl. v. 10.1.2005 – 10 T 1/05, NZI 2005, 339; Leonhardt/Smid/Zeuner/*Amberger*, InsVV, § 18 Rz. 3 m. w. N.; *Frind*, ZIP 2012, 1380, 1386.
325) Als Vorschlag de lege ferenda HambKommInsO/*Büttner*, § 4 InsVV Rz. 35.
326) Jaeger/*Gerhardt* InsO, § 73 Rz. 17.

durch die Justizbehörden angemahnt[327] und die nationalen Gesetzgeber aufgefordert einen Gebührenrahmen zu schaffen, der einen zeitnahen und effizienten Abschluss eines Insolvenzverfahrens ermöglicht;[328] die Diskussion um die Entnahme derartiger Versicherungsprämien steht einem solchen Ziel konträr gegenüber. Die Erfüllung besonderer Aufgaben hat der Verordnungsgeber dadurch erleichtert, dass erst eine Entnahme der Honorare aus der Masse (§ 4 Abs. 1 Satz 3 InsVV) möglich und anschließend eine Prüfung durch das Insolvenzgericht erforderlich ist. Möglicherweise war seinerzeit nicht ersichtlich, dass dieses Prinzip auch für Haftpflichtversicherungsprämien sinnvoll sein könnte. Wegen der Dringlichkeit der Haftpflichtversicherung ist allerdings ebenfalls nicht ersichtlich, weshalb dieses zu § 55 Abs. 1 Nr. 1, Abs. 2 InsO entwickelte Konzept nicht ausnahmsweise auf § 54 Nr. 2 InsO Anwendung finden könnte.[329] Der Vollständigkeit halber sei an die Organisation größerer Gläubigerversammlungen durch den Insolvenzverwalter erinnert (Rz. 155). Es wäre doch etwas merkwürdig, dass die Entnahme von Verfahrenskosten ohne gerichtliche Verfügung dort möglich ist, wo es dem Gericht nützlich ist, aber nicht dort, wo es dem Insolvenzverwalter bzw. den Gläubigern nützt.

---

327) Art. 24 Abs. 2 des Vorschlags für eine Richtlinie des Europäischen Parlamentes und des Rates über präventive Restrukturierungsrahmen, die zweite Chance und Maßnahmen zur Steigerung der Effizienz von Restrukturierungs-, Insolvenz- und Entschuldungsverfahren und zur Änderung der Richtlinie 2012/30/EU, Stand: 22.11.2016 (COM(2016) 723 final), Beilage 1 zu ZIP 1/2017.
328) Art. 27 Abs. 2 des Vorschlags für eine Richtlinie des Europäischen Parlamentes und des Rates über präventive Restrukturierungsrahmen, die zweite Chance und Maßnahmen zur Steigerung der Effizienz von Restrukturierungs-, Insolvenz- und Entschuldungsverfahren und zur Änderung der Richtlinie 2012/30/EU, Stand: 22.11.2016 (COM(2016) 723 final), Beilage 1 zu ZIP 1/2017.
329) Zu diesem Ergebnis kommen *Haarmeyer/Mock*, InsVV, § 4 Rz. 99 für Reisekosten, zumindest bei ständiger Kontrolle durch einen Gläubigerausschuss.

§ 5
Einsatz besonderer Sachkunde

(1) Ist der Insolvenzverwalter als Rechtsanwalt zugelassen, so kann er für Tätigkeiten, die ein nicht als Rechtsanwalt zugelassener Verwalter angemessenerweise einem Rechtsanwalt übertragen hätte, nach Maßgabe des Rechtsanwaltsvergütungsgesetzes Gebühren und Auslagen gesondert aus der Insolvenzmasse entnehmen.

(2) Ist der Verwalter Wirtschaftsprüfer oder Steuerberater oder besitzt er eine andere besondere Qualifikation, so gilt Absatz 1 entsprechend.

Literatur: *Frind*, Der januskköpfige vorläufige Sachwalter?, ZInsO 2013, 2302; *Römermann*, Anwaltsgebühren bei Selbstbeauftragung – Neuregelung im RVG ab 1.7.2006, ZInsO 2006, 284; *Vill*, Kann ein Rechtsanwalt, der zum vorläufigen Sachwalter bestellt wurde, mit dem Schuldner des Insolvenzverfahrens rechtswirksam Verträge zur rechtlichen Beratung im Insolvenzeröffnungsverfahren schließen?, ZInsO 2015, 2245; *Zimmer*, Wann kann ein (vorläufiger) Sachwalter Gläubiger einer sonstigen Masseverbindlichkeit i. S. d. § 55 InsO sein? – Eigenverwaltung und Insolvenzvergütungsrecht, ZInsO 2013, 2305.

Übersicht

I.	Zweck der Norm	1	
II.	Historie	3	
III.	Persönlicher Anwendungsbereich	4	
IV.	Sachlicher Anwendungsbereich	8	
V.	Rechtsnatur der Norm	9	
1.	Problemstellung	9	
2.	In-sich-Geschäft	10	
3.	Sonstige Masseverbindlichkeit i. S. d. § 55 Abs. 1 Nr. 1 InsO	11	
4.	Aufsicht des Insolvenzgerichts	12	
5.	Entnahmerecht	14	
6.	Anwaltliches Berufsrecht	15	
7.	Fazit	17	

I. Zweck der Norm

1   Gemäß § 2 Nr. 3 Satz 2 VergVO[1] wurden im Geltungsbereich von KO[2]/GesO[3]/ VerglO[4] diejenigen Beträge, die der Konkursverwalter als Rechtsanwalt aus der Masse erhalten hat, von der Berechnungsgrundlage in Abzug gebracht. Der InsVV-Verordnungsgeber wollte mit der Neuregelung in § 5 Abs. 1 InsVV lediglich klarstellen, dass von der Regelung nicht nur die Vertretung in einem Prozess, bei dem Anwaltszwang besteht, erfasst wird, sondern auch andere Arten anwaltlicher Tätigkeit.[5] Tätigkeiten, die in den Kernbereich der von der Insolvenzordnung festgelegten Aufgaben des Verwalters gehören, sollen nicht als Einsatz besonderer Sachkunde zusätzlich vergütet werden können.[6]

2   § 5 Abs. 2 InsVV überträgt die für den Rechtsanwalt entwickelten Grundsätze nach den Vorstellungen des Verordnungsgebers[7] auf andere Qualifikationen, insbesondere die des Wirtschaftsprüfers oder des Steuerberaters. Dies soll bedeuten, dass ein Insolvenzverwalter, der Wirtschaftsprüfer ist, für den Einsatz seiner besonderen Sachkunde im Insolvenzverfahren unter der Voraussetzung, dass ein anderer Insolvenzverwalter sachgerechterweise einen Wirtschaftsprüfer eingeschaltet hätte, eine gesonderte Vergütung für die Wirtschaftsprüfertätigkeit aus der Insolvenzmasse entnehmen kann;[8] nichts anderes gilt für Steuerberater.

---

1) Verordnung über die Vergütung des Konkursverwalters, des Vergleichsverwalters, der Mitglieder des Gläubigerausschusses und der Mitglieder des Gläubigerbeirats v. 25.5.1960 (BGBl. I 1960, 329) in der letzten Fassung v. 11.6.1979 (BGBl. I 1979, 637), siehe Anh. II.
2) Konkursordnung v. 10.2.1877 (RGBl. 1877, 351), zuletzt geändert durch das Gesetz zur Abschaffung der Gerichtsferien v. 28.10.1996 (BGBl. I 1996, 1546), aufgehoben mit Wirkung zum 1.1.1999 durch Art. 2 Nr. 4 EGInsO.
3) Gesamtvollstreckungsordnung v. 1.1.1976 (GBl. DDR 1976 I, 5) in der Fassung der Bekanntmachung für das wiedervereinte Deutschland v. 23.5.1991 (BGBl. 1991 I, 1185), zuletzt geändert durch das Justizmitteilungsgesetz und Gesetz zur Änderung kostenrechtlicher Vorschriften und anderer Gesetze v. 18.6.1997 (BGBl. I 1997, 1430), aufgehoben mit Wirkung zum 1.1.1999 durch Art. 2 Nr. 7 EGInsO.
4) Vergleichsordnung v. 26.2.1935 (RGBl. 1935, 321 ber. S. 356), zuletzt geändert durch das Gesetz zur Abschaffung der Gerichtsferien v. 28.10.1996 (BGBl. I 1996, 1546), aufgehoben mit Wirkung zum 1.1.1999 durch Art. 2 Nr. 1 EGInsO.
5) Insolvenzrechtliche Vergütungsverordnung (InsVV) v. 19.8.1998 (BGBl. I 1998, 2205), Begründung zu § 5 InsVV, siehe Anh. III Rz. 50.
6) Insolvenzrechtliche Vergütungsverordnung (InsVV) v. 19.8.1998 (BGBl. I 1998, 2205), Begründung zu § 5 InsVV, siehe Anh. III Rz. 50.
7) Insolvenzrechtliche Vergütungsverordnung (InsVV) v. 19.8.1998 (BGBl. I 1998, 2205), Begründung zu § 5 InsVV, siehe Anh. III Rz. 51.
8) Insolvenzrechtliche Vergütungsverordnung (InsVV) v. 19.8.1998 (BGBl. I 1998, 2205), Begründung zu § 5 InsVV, siehe Anh. III Rz. 51.

Einsatz besonderer Sachkunde § 5

II. Historie

§ 5 InsVV ist seit Einführung der InsVV zum 1.1.1999[9] inhaltlich unverändert. 3
Ursprünglich hatte § 5 Abs. 1 InsVV jedoch auf die Bundesgebührenordnung für
Rechtsanwälte (BRAGO)[10] abgestellt; mit der Ablösung der BRAGO durch das
Rechtsanwaltsvergütungsgesetz (RVG)[11] wurde in § 5 Abs. 1 InsVV mit Inkrafttreten
zum 1.7.2004[12] lediglich das in Bezug genommene Gesetz geändert.[13]

III. Persönlicher Anwendungsbereich

Der persönliche Anwendungsbereich des § 5 InsVV betrifft einerseits die Qualifi- 4
kation bzw. den Hauptberuf des Vergütungsberechtigten, andererseits die Stellung
des Vergütungsberechtigten im Insolvenz(-antrags-)verfahren.

§ 5 Abs. 1 InsVV stellt auf den zum *Insolvenzverwalter* bestellten **Rechtsanwalt** ab, 5
§ 5 Abs. 2 InsVV auf den zum Insolvenzverwalter bestellten **Wirtschaftsprüfer** oder
Steuerberater. Hintergrund der Regelung ist im Wesentlichen, dass die Tätigkeit
als Insolvenzverwalter aufgrund der Qualifikationsanforderungen des § 56 InsO regelmäßig
einen Hauptberuf voraussetzt. Zwar ist der Insolvenzverwalter inzwischen
als Beruf i. S. d. Art. 12 Abs. 1 GG anerkannt,[14] jedoch handelt es sich auch weiterhin
nicht um einen erlernbaren Hauptberuf. § 5 Abs. 2 InsVV erwähnt ergänzend
andere besondere Qualifikationen, da § 56 InsO nicht verlangt, dass ein Insolvenzverwalter
im Hauptberuf Rechtsanwalt, Wirtschaftsprüfer oder Steuerberater
ist. Maßgeblich für die Anwendung des § 5 InsVV dürfte jedoch aufgrund teleologischer
Auslegung sein, dass es für den Hauptberuf eine einschlägige Gebührenordnung
gibt,[15] wie z. B. für Ärzte, Architekten etc., da die InsVV als Gebührenordnung
und Bestandteil des Kostenrechts keine individuellen Vereinbarungen
oder Preisabsprachen kennt. Hier scheint der Weg über § 3 Abs. 1 InsVV eher der
Intention einer auf Vertrauen beruhenden Transparenz zu entsprechen.

Vorstehendes gilt gemäß § 10 InsVV entsprechend, wenn ein *vorläufiger Insolvenz-* 6
verwalter bereits Masseverbindlichkeiten begründen kann, da § 5 InsVV eine entsprechende
Mandatierung voraussetzt (Rz. 10). Soweit ihm die Verwaltungs- und
Verfügungsbefugnis fehlt („schwacher" vorläufiger Insolvenzverwalter ohne Einzeler-

---

9) Insolvenzrechtliche Vergütungsverordnung (InsVV) v. 19.8.1998 (BGBl. I 1998, 2205), siehe Anh. III.
10) Bundesgebührenordnung für Rechtsanwälte (BRAGO) v. 26.7.1957 (BGBl. I 1957, 907), zuletzt geändert durch Art. 2 Abs. 6 des Gesetzes zur Reform des Geschmacksmusterrechts (Geschmacksmusterreformgesetz) v. 12.3.2004 (BGBl. I 2004, 390), aufgehoben durch Art. 6 Nr. 4 des Gesetzes zur Modernisierung des Kostenrechts (Kostenrechtsmodernisierungsgesetz – KostRMoG) v. 5.5.2004 (BGBl. I 2004, 718) mit Inkrafttreten zum 1.7.2004.
11) Gesetz über die Vergütung der Rechtsanwältinnen und Rechtsanwälte (Rechtsanwaltsvergütungsgesetz – RVG) v. 5.5.2004 (BGBl. I 2004, 718, 788).
12) Art. 8 des Gesetzes zur Modernisierung des Kostenrechts (Kostenrechtsmodernisierungsgesetz – KostRMoG) v. 5.5.2004 (BGBl. I 2004, 718), siehe Anh. VI Rz. 4.
13) Art. 4 Abs. 21 Nr. 1 des Gesetzes zur Modernisierung des Kostenrechts (Kostenrechtsmodernisierungsgesetz – KostRMoG) v. 5.5.2004 (BGBl. I 2004, 718), siehe Anh. VI Rz. 3.
14) BVerfG, Beschl. v. 3.8.2004 – 1 BvR 135/00 u. 1086/01, ZIP 2004, 1649, dazu EWiR 2005, 437 *(Wieland)*.
15) A. A. Lorenz/Klanke/*Lorenz*, InsVV, § 5 Rz. 9.

mächtigung), kann er sich jedoch nicht vom Schuldner mandatieren lassen, da er dann einerseits nicht mehr unabhängig i. S. d. § 56 Abs. 1 Satz 1 InsO ist und ggf. gegen das für ihn geltende Berufsrecht verstößt.[16)]

7 Der *Sachwalter* im Insolvenzverfahren in Eigenverwaltung gemäß §§ 270 ff. InsO hat ein im Verhältnis zum Insolvenzverwalter eingeschränktes Aufgabengebiet. § 5 InsVV kann nur dort zur Anwendung kommen, wo der Sachwalter wie ein Insolvenzverwalter agiert, d. h., eine „Selbstbeauftragung" i. S. e. Verwaltungs- und Verfügungsbefugnis möglich ist; in Betracht kommt im Wesentlichen das Aufgabenspektrum aus § 280 InsO (hierzu § 12 Rz. 7 ff., 46 ff.). Daraus folgt, dass eine Anwendung des § 5 InsVV für den *vorläufigen Sachwalter* in Gänze ausscheidet, da nicht ersichtlich ist, an welchen Stellen er über eine Verwaltungs- und Verfügungsbefugnis verfügen könnte. Für beide Amtsträger gilt, dass sie sich nur sehr eingeschränkt *vom eigenverwaltenden Schuldner mandatieren* lassen können,[17)] was allerdings kein Problem des § 5 InsVV ist.

IV. Sachlicher Anwendungsbereich

8 Der Verordnungsgeber ging ersichtlich vom sog. „Einzelkämpfer" aus. Um dies zu verstehen, muss daran erinnert werden, dass die Tätigkeit als Konkursverwalter zunächst nur neben dem Hauptberuf als Rechtsanwalt, Wirtschaftsprüfer oder Steuerberater ausgeübt wurde. Zudem muss daran erinnert werden, dass Rechtsanwalt, Wirtschaftsprüfer oder Steuerberater gemäß § 18 Abs. 1 Nr. 1 EStG freie Berufe sind. Insoweit ist es erst eine Entwicklung der letzten Jahrzehnte, dass sich einerseits diese Berufsträger immer häufiger als Gesellschafter zu Gesellschaften zusammenschließen oder gar in einem Anstellungsverhältnis tätig sind, und dass andererseits die Tätigkeit als Insolvenzverwalter zum „Hauptberuf" geworden ist, ohne dass hieraus eine Berufsordnung für Insolvenzverwalter hervorgegangen wäre. Der „Einzelkämpfer" verliert daher zunehmend an Bedeutung, auch weil das Vergütungsrecht eine vernünftige Kostendeckung nicht mehr zulässt. Viel häufiger vorzufinden ist daher der in eine Sozietät (Gesellschaft Bürgerlichen Rechts, Partnerschaftsgesellschaft) oder Kapitalgesellschaft eingebundene Insolvenzverwalter, der die von § 5 InsVV erfassten **Sonderaufgaben** nach Maßgabe des § 4 Abs. 1 Satz 3 InsVV an „seine" Gesellschaft oder einen anderen Dienstleister (ggf. ebenfalls mit Verwalterbeteiligung) fremdvergibt. Während die Abgrenzung zwischen Regel- und Sonderaufgaben also historisch und rechtlich aus § 5 InsVV herzuleiten ist, entfaltet sie ihre praktische Bedeutung inzwischen überwiegend bei der Anwendung des § 4 Abs. 1 Satz 3 InsVV. Daher sei wegen des sachlichen Anwendungsbereichs (Definition von Sonderaufgaben) und zur Vermeidung von Redundanzen auf die Kommentierung zu § 4 Abs. 1 Satz 3 InsVV verwiesen.

---

16) Vgl. zum vorläufigen Sachwalter OLG Dresden, Urt. v. 15.10.2014 – 13 U 1605/13, ZIP 2015, 1937, dazu EWiR 2015, 707 *(Zimmer)*; *Frind*, ZInsO 2013, 2302; *Vill*, ZInsO 2015, 2245; *Zimmer*, ZInsO 2013, 2305.

17) OLG Dresden, Urt. v. 15.10.2014 – 13 U 1605/13, ZIP 2015, 1937, dazu EWiR 2015, 707 *(Zimmer)*; *Frind*, ZInsO 2013, 2302; *Vill*, ZInsO 2015, 2245; *Zimmer*, ZInsO 2013, 2305.

V. Rechtsnatur der Norm

1. Problemstellung

§ 5 InsVV gewährt dem Insolvenzverwalter keinen Anspruch auf Vergütung, sondern lediglich ein Entnahmerecht; ganz eindeutig ist die Rechtsnatur dieser Regelung allerdings nicht. Die Literatur stützt sich z. T. auf Äußerungen wie „allgemein anerkannt"[18)] und geht davon aus, dass der BGH die Verfassungskonformität des § 5 InsVV bereits bejaht habe.[19)] Letzteres ist nicht eindeutig ersichtlich. Eine Entscheidung des BGH vom 29.9.2011 befasst sich lediglich mit der Frage, ob § 1 Abs. 2 Nr. 4 Satz 2 lit. a InsVV (Abzug derartiger Vergütungen von der Berechnungsgrundlage) im Lichte des Art. 3 Abs. 1 GG (im Verhältnis zu externen Dienstleistern mit Verwalterbeteiligung) verfassungsgemäß ist.[20)] Mit der Prüfung des § 5 InsVV war der BGH zumindest in dieser Entscheidung nicht ausdrücklich befasst, freilich hat er auch keine Bedenken gegen § 5 InsVV erhoben. Insoweit entspricht die Verfassungskonformität des § 5 InsVV zwar offensichtlich herrschender Ansicht, eine inhaltliche Auseinandersetzung findet sich jedoch nur begrenzt.

9

2. In-sich-Geschäft

Um einen Gebührenanspruch außerhalb der InsVV gegen die Masse zu erlangen, muss der Insolvenzverwalter sich als Rechtsanwalt o. Ä. selbst mandatieren. Die rechtliche Macht hierzu hat er bereits aus § 80 Abs. 1 InsO, sodass § 5 InsVV lediglich – aber immerhin – als **Befreiung vom Verbot des In-sich-Geschäfts** (§ 181 BGB) verstanden werden könnte. Zwar kann ein Gesetz In-sich-Geschäfte zulassen (z. B. § 1009 Abs. 2 BGB, § 125 Abs. 2 HGB, § 78 Abs. 4 AktG, § 10 Abs. 3 BBiG), jedoch ist die InsVV kein Gesetz, sondern nur eine Verordnung i. S. d. Art. 80 Abs. 1 Satz 1 GG. Eine solche Verordnung kann über das Gesetz, das die Ermächtigungsgrundlage für den Erlass der Verordnung enthält (hier: § 65 InsO) nicht hinausgehen. Die Zulässigkeit eines In-sich-Geschäfts findet sich in der InsO jedoch nicht. Daher wäre die Annahme, § 5 InsVV würde ein In-sich-Geschäft zulassen, ein Verstoß gegen das Gewaltenteilungsprinzip des Art. 20 Abs. 2 Satz 2 GG. Teilweise wird jedoch vertreten, einer Mandatierung bedürfe es nicht,[21)] sodass es sich schon nicht um ein In-Sich-Geschäft handeln würde; dies ist unzutreffend, weil einerseits eine eventuell betroffene Gegenseite wissen muss, mit wem in welcher Funktion sie es zu tun hat, und andererseits von Anfang an für die Beteiligten des Insolvenzverfahrens feststehen muss, ob bei einer Pflichtverletzung im Rahmen der Erfüllung der Sonderaufgabe eine Haftung des Insolvenzverwalters aus § 60 InsO hergeleitet werden oder die weitergehende Haftung nach zivilrechtlichen Regelungen[22)] einschlägig sein soll. Im Ergebnis wird wohl von einem unzulässigen In-sich-Geschäft auszugehen sein.

10

---

18) Für viele: Lorenz/Klanke/*Lorenz*, InsVV, § 5 Rz. 1; KPB-InsO/*Stoffler*, § 5 InsVV Rz. 1 (Stand: 09/2012).
19) KPB-InsO/*Stoffler*, § 5 InsVV Rz. 11 (Stand: 09/2012).
20) BGH, Beschl. v. 29.9.2011 – IX ZB 112/09, ZIP 2011, 2117.
21) MünchKommInsO/*Riedel*, § 5 InsVV Rz. 2; *Römermann*, ZInsO 2006, 284, 285; wohl auch Graf-Schlicker/*Kalkmann*, InsO, § 5 InsVV Rz. 10.
22) Hierzu Beck/Depré/*Zimmer*, Praxis der Insolvenz, § 47 Rz. 169 ff.

3. Sonstige Masseverbindlichkeit i. S. d. § 55 Abs. 1 Nr. 1 InsO

11 Ungeachtet dessen folgt aus dem Vorgesagten, dass die von § 5 InsVV erfassten Honorare keine Verfahrenskosten nach § 54 InsO, sondern sonstige Masseverbindlichkeiten gemäß § 55 Abs. 1 Nr. 1 InsO sind, was jedoch nur die Rechtsfolgen und nicht die Rechtsnatur des § 5 InsVV betrifft. Das Problem des unzulässigen Insich-Geschäfts wird dadurch allerdings nicht gelöst, da §§ 54, 55 InsO nur **Rangvorschriften** auf der Ebene des Erfüllungsgeschäfts sind. Davon abgesehen folgt aus der Qualifizierung als sonstige Masseverbindlichkeit, dass die von § 5 InsVV erfassten Honorare der **Regelverjährung** des § 195 BGB unterfallen und während des eröffneten Verfahrens verjähren können. Sie sind nicht Bestandteil der Verwaltervergütung, für die Privilegien bei der Verjährung existieren. Die Einrede der Verjährung obliegt dem Schuldner,[23] jedem Insolvenzgläubiger[24] sowie einem Sonderinsolvenzverwalter[25] bzw. generell einem neuen Insolvenzverwalter (§§ 60, 92 Satz 2 InsO), nicht aber dem Insolvenzgericht[26] oder den Mitgliedern des Gläubigerausschusses.[27] Die Entnahme einer verjährten Vergütung kann eine Pflichtwidrigkeit i. S. d. §§ 60, 92 Satz 2 InsO darstellen.[28]

4. Aufsicht des Insolvenzgerichts

12 Dass § 5 InsVV ein Entnahmerecht außerhalb eines förmlichen Festsetzungsverfahrens gemäß § 64 InsO vorsieht, ist gleichfalls nicht unbedenklich. Denn eine Entnahme gemäß § 5 InsVV ist nach dem Telos der Regelungen eine Vorwegentnahme von Zuschlägen nach § 3 Abs. 1 InsVV.[29] Dieses Problem könnte jedoch dadurch beseitigt werden, dass § 5 InsVV nicht als vergütungsrechtliche Regelung, sondern als Bestandteil der Aufsicht des Insolvenzgerichts i. S. d. § 58 InsO verstanden wird.[30] § 58 InsO regelt jedoch nur die **Rechtsaufsicht** über den Insolvenzverwalter, hingegen nicht Ansprüche des Insolvenzverwalters. Nach systematischer Auslegung ist unschwer erkennbar, dass § 65 InsO als Ermächtigungsgrundlage für den Erlass der InsVV den Regelungen nach §§ 63, 64 InsO folgt. In der InsVV kann nichts anderes als die Vergütung des Insolvenzverwalters geregelt werden. § 65 InsO ist folglich keine Ermächtigungsgrundlage, die Aufsicht i. S. d. §§ 58, 59 InsO näher auszugestalten. Einer solchen Ermächtigungsgrundlage bzw. Verordnung bedarf es auch nicht, da §§ 58, 59 InsO abschließend geregelt, d. h.

---

23) KPB-InsO/*Prasser/Stoffler*, Vor § 1 InsVV Rz. 13 (Stand: 04/2015).
24) LG Karlsruhe, Beschl. v. 14.9.2009 – 11 T 458/08, ZInsO 2009, 2358; KPB-InsO/*Prasser/Stoffler*, Vor § 1 InsVV Rz. 13 (Stand: 04/2015).
25) LG Hamburg, Beschl. v. 15.1.2010 – 326 T 109/09, NZI 2010, 486; KPB-InsO/*Prasser/Stoffler*, Vor § 1 InsVV Rz. 13 (Stand: 04/2015).
26) LG Gießen, Beschl. v. 23.6.2009 – 7 T 34/09, NZI 2009, 728; MünchKommInsO/*Stephan*, § 63 Rz. 20); KPB-InsO/*Prasser/Stoffler*, Vor § 1 InsVV Rz. 13 (Stand: 04/2015).
27) KPB-InsO/*Prasser/Stoffler*, Vor § 1 InsVV Rz. 13 (Stand: 04/2015).
28) LG Hannover, Beschl. v. 3.8.2009 – 11 T 35/09, NZI 2009, 688; KPB-InsO/*Prasser/Stoffler*, Vor § 1 InsVV Rz. 14 (Stand: 04/2015).
29) Vgl. auch *Keller*, Vergütung und Kosten, § 2 Rz. 146.
30) Für viele: HambKommInsO/*Büttner*, § 5 InsVV Rz. 5.

nicht beliebig erweiterbar sind.[31] Insoweit existiert zwischen § 58 InsO und § 5 InsVV kein Zusammenhang.

Davon zu unterscheiden ist allerdings die **Prüfungskompetenz des Insolvenzgerichts**, 13 im Rahmen der (späteren) Vergütungsfestsetzung die Berechtigung der über § 5 InsVV getätigten Honorarentnahme zu prüfen. Dies ergibt sich bereits daraus, dass im Vergütungsantrag anzugeben ist, wie die nach § 1 Abs. 2 InsVV maßgebliche Berechnungsmasse berechnet wurde (§ 8 Abs. 2 InsVV), und § 1 Abs. 2 Nr. 4 Satz 2 lit. a InsVV vorsieht, dass die über § 5 InsVV entnommenen Honorare (netto) von der Berechnungsgrundlage in Abzug zu bringen sind. Stellt das Insolvenzgericht fest, dass die vergütete Tätigkeit keine Sonderaufgabe, sondern nur eine Regelaufgabe war, wird nicht die Berechnungsgrundlage um das Honorar gekürzt, sondern (netto) die Vergütung.[32] Da das Insolvenzgericht freilich eine Rechtsgrundlage hierfür heranziehen muss, wird auf eine Arbeitserleichterung i. S. d. § 3 Abs. 2 InsVV rekurriert, sodass der „Abzug von der Vergütung" eher umgangssprachlicher Natur ist. Denn gesetzlicher Richter i. S. d. Art. 101 Abs. 1 Satz 2 GG für einen Regress des Insolvenzverwalters gegenüber der Insolvenzmasse i. S. d. § 92 Satz 2 InsO ist das Insolvenzgericht gerade nicht. Der Unterschied zwischen Abschlag gemäß § 3 Abs. 2 InsVV und Abzug „einfach so" scheint in der gerichtlichen Praxis allerdings weitgehend verkannt zu werden. Diese Prüfungskompetenz ist jedoch etwas anderes als die Aufsichtspflicht, sie ist der **Amtsermittlung** nach § 5 Abs. 1 Satz 1 InsO zuzuordnen. All dies betrifft jedoch nur die Rechtsfolgen und legitimiert die Existenz des § 5 InsVV nicht.

5. Entnahmerecht

§ 5 InsVV wurde ohne rechtliche Auseinandersetzung aus § 2 Nr. 3 Satz 2 VergVO 14 übernommen (Rz. 1). Dort war jedoch überhaupt kein Entnahmerecht kodifiziert. Die Norm beschränkte sich auf den Regelungsgehalt, dass entnommene Vergütungen von der Berechnungsgrundlage in Abzug zu bringen sind. Die Nicht-Regelung eines Entnahmerechts hatte seinen Grund. Denn der VergVO-Verordnungsgeber aus dem Jahr 1960 hatte zu dieser Norm in seiner Begründung ausgeführt, aus Wirtschaftskreisen sei angeregt worden, im Rahmen der Verordnung über die Vergütung des Konkursverwalters etc. auch die Frage zu regeln, inwieweit ein Konkursverwalter, der gleichzeitig Rechtsanwalt ist und als solcher Masseprozesse führt oder sonstige Prozesshandlungen vornimmt, die Gebühren für seine anwaltliche Tätigkeit – ohne Anrechnung auf die Vergütung als Konkursverwalter – aus der Masse erstattet verlangen könnte; für eine Regelung dieser Frage sei im Rahmen der Verordnung allerdings kein Raum, weil sie **von der Ermächtigung des § 85 Abs. 2 KO wohl nicht gedeckt** würde.[33] Ferner hatte der Verordnungsgeber ausgeführt, dass Gebühren, die von einem Gegner nicht verlangt werden könnten, auch nicht der

---

31) LG Göttingen, Beschl. v. 3.7.2008 – 10 T 73/08, ZIP 2008, 1933; Bork/Hölzle/*Zimmer*, Handbuch Insolvenzrecht, Kap. 5 Rz. 50; ähnlich im hiesigen Kontext wohl *Graeber/Graeber*, InsVV, § 9 Rz. 112.
32) BGH, Beschl. v. 11.11.2004 – IX ZB 48/04, ZIP 2005, 36.
33) Begründung zum Entwurf einer Verordnung über die Vergütung des Konkursverwalters, des Vergleichsverwalters, der Mitglieder des Gläubigerausschusses und der Mitglieder des Gläubigerbeirats (Bundesanzeiger Nr. 127 v. 6.7.1960, S. 4), siehe Anh. I Rz. 42.

Masse in Rechnung gestellt werden können, weil der Konkursverwalter insoweit nicht als Rechtsanwalt, sondern als Konkursverwalter tätig sei.[34] Insoweit lag neben verfassungsrechtlichen Bedenken sogar eine eindeutige Regelung *gegen ein „echtes" Entnahmerecht* vor, da die Entnahme eigener Gebühren nur für zulässig erachtet wurde, wenn eine Erstattung durch die Gegenseite erzielt werden konnte, was im Ergebnis als *durchlaufender Posten* masseneutral war. Faktisch handelte es sich mit dieser Begründung mithin um ein Darlehen aus der Masse an den Konkursverwalter, zu tilgen durch einen Dritten bei entsprechender Kostenlast. Die ursprünglichen verfassungsrechtlichen Bedenken des VergVO-Verordnungsgebers wurden vom InsVV-Verordnungsgeber im Jahr 1998 jedoch nicht aufgegriffen und sogar durch eine weitergehende Regelung („echtes" Entnahmerecht) konterkariert. Offenbar ein Zugeständnis an die Praxis, jedoch ohne dogmatische Fundierung.

6. Anwaltliches Berufsrecht

15 Das RVG als Gebührenrecht für Rechtsanwälte findet keine Anwendung für die Tätigkeit als Insolvenzverwalter oder Sachwalter in einem Insolvenzverfahren (§ 1 Abs. 2 Satz 2 RVG). Nach § 1 Abs. 2 Satz 3 RVG bleibt für die Tätigkeit als Rechtsanwalt allerdings § 1835 Abs. 3 BGB unberührt. Nach dieser Norm kann ein Vormund Ersatz seiner Aufwendungen verlangen; als Aufwendungen gelten auch Dienste, die zu seinem Gewerbe oder Beruf gehören. Der in dieser Bestimmung enthaltene Rechtsgedanke ist auf die übrigen § 1 Abs. 2 Satz 2 RVG erfassten Tätigkeiten sinngemäß zu übertragen.[35] Daher kann der Rechtsanwalt als Insolvenzverwalter zusätzliche Gebühren nach RVG in Rechnung stellen, wenn er in seiner amtlichen Tätigkeit eine Aufgabe wahrgenommen hat, die besonderer rechtlicher Fertigkeiten bedurfte und daher von einem Insolvenzverwalter, der nicht selbst Volljurist ist, bei sachgerechter Arbeitsweise in der Regel einem Rechtsanwalt hätte übertragen werden müssen.[36] Dabei macht es grundsätzlich keinen Unterschied, ob es sich um eine gerichtliche oder eine außergerichtliche Tätigkeit gehandelt hat.[37] Bei der Prüfung der Frage, ob dem Rechtsanwalt als Insolvenzverwalter eine Sondervergütung analog § 1 Abs. 2 Satz 2 RVG i. V. m. § 1835 Abs. 3 BGB zusteht, sind allerdings strenge Maßstäbe anzulegen; jede derartige Verwaltung ist schon ihrer Natur nach mit zahlreichen Rechtshandlungen verbunden, sodass eine Person ohne rechtswissenschaftliche Ausbildung, die eine solche Tätigkeit übernommen hat, grundsätzlich in der Lage sein muss, entsprechende Aufgaben, die keine besonderen rechtlichen Schwierigkeiten aufweisen, ohne Einschaltung eines Rechtsanwalts zu bewältigen.[38] Alles dies ist durch die nicht nach den Regeln des RVG geschuldete Vergütung abgegolten; der als Insolvenzverwalter tätige Rechtsanwalt kann daher für rechtliche Aufgaben, die eine geschäftserfahrene Person

---

34) Begründung zum Entwurf einer Verordnung über die Vergütung des Konkursverwalters, des Vergleichsverwalters, der Mitglieder des Gläubigerausschusses und der Mitglieder des Gläubigerbeirats (Bundesanzeiger Nr. 127 v. 6.7.1960, S. 4), siehe Anh. I Rz. 42.
35) BGH, Urt. v. 17.9.1998 – IX ZR 237/97, ZIP 1998, 1793, 1795.
36) BGH, Urt. v. 17.9.1998 – IX ZR 237/97, ZIP 1998, 1793, 1795.
37) BGH, Urt. v. 17.9.1998 – IX ZR 237/97, ZIP 1998, 1793, 1795.
38) BGH, Urt. v. 17.9.1998 – IX ZR 237/97, ZIP 1998, 1793, 1795.

üblicherweise ohne fremden Beistand erledigt, kein über diese Vergütung hinausgehendes Honorar verlangen.[39]

Dieses Konzept beruht folglich auf der Begründung, die Tätigkeit als Insolvenzverwalter sei kein eigenständiger Beruf, sondern lediglich – wie auch die Übernahme von Vormundschaften – eine zulässige Tätigkeit eines Rechtsanwalts. Im Ergebnis beruht die Berechtigung des § 5 InsVV also nicht auf einer Ausgestaltung der (vergütungsrechtlichen) Befugnisse eines Insolvenzverwalters, sondern auf dem **anwaltlichen Berufsrecht**. Mit dieser historischen Betrachtung ist § 5 InsVV daher zumindest nachvollziehbar. Dass der Insolvenzverwalter inzwischen ein eigenständiger und von Art. 12 Abs. 1 GG geschützter Beruf ist,[40] könnte die historische Argumentationskette allerdings zunichtemachen. Davon scheint die Rechtsprechung aber nicht auszugehen, da in Ermangelung eines Berufsrechts für Insolvenzverwalter immer noch das Berufsrecht für Rechtsanwälte Anwendung findet.[41] Dass es – soweit ersichtlich – keine auf § 1835 BGB verweisenden Regelungen für *Steuerberater* und *Wirtschaftsprüfer* gibt, scheint unerheblich, da auch bei diesen Berufsträgern anerkannt ist, dass sie die Tätigkeit als Insolvenzverwalter ausüben dürfen. Allerdings sind Verweise auf § 1835 BGB auch dem Berufsrecht der *Notare* nicht zu entnehmen, gleichwohl sollen Beurkundungen, die ein Notar-Insolvenzverwalter vornimmt, wegen Verstoßes gegen §§ 3, 6, 7 BeurkG unwirksam sein;[42] in den Anwendungsbereich des § 5 InsVV fielen somit nur Gebühren für die Erstellung von Entwürfen.[43] Inhaltlich berechtigt sind solche Gebühren regelmäßig bei Verträgen mit gesellschaftsrechtlichem Gegenstand und Erbauseinandersetzungen,[44] bei Verträgen über Grundstücke bzw. dingliche Rechte mit materiell-rechtlichem Insolvenzbezug oder bei Insolvenzplänen, die Regelungen i. S. d. § 254a InsO enthalten sollen.

7. Fazit

Insgesamt beruht § 5 InsVV auf anwaltlichem Berufsrecht unter Einschluss des § 1835 BGB. Verfassungsrechtlich „sauber" ist § 5 InsVV daher allenfalls für Rechtsanwälte, da aus § 1 Abs. 2 Satz 3 RVG kein allgemeiner Rechtsgedanke des Kostenrechts abgeleitet werden kann, vielmehr die Norm als lex specialis dem Berufsrecht der Rechtsanwälte zuzuordnen ist. Es wäre der Rechtssicherheit nicht abträglich, einen solchen Verweis auf § 1835 BGB in § 63 InsO aufzunehmen, da die InsVV nur eine Verordnung i. S. d. Art. 80 Abs. 1 GG ist; der Verordnungsgeber aus dem Jahr 1960 war sich dessen noch bewusst. Sollte es zu einem kodifizierten Berufsrecht der Insolvenzverwalter kommen, entfiele allerdings dieser Ansatz, d. h., § 5 InsVV müsste spätestens dann einer vernünftigen Regelung zugeführt werden.

---

39) BGH, Urt. v. 17.9.1998 – IX ZR 237/97, ZIP 1998, 1793, 1795.
40) BVerfG, Beschl. v. 3.8.2004 – 1 BvR 135/00 u. 1086/01, ZIP 2004, 1649, dazu EWiR 2005, 437 *(Wieland)*.
41) BGH, Urt. v. 6.7.2015 – AnwZ (Brfg) 24/14, ZIP 2015, 1546; Verfassungsbeschwerde nicht zur Entscheidung angenommen, siehe BVerfG, Beschl. v. 28.10.2015 – 1 BvR 2400/15, ZIP 2015, 2328.
42) Uhlenbruck/*Mock* InsO, § 63 Rz. 37; Jaeger/*Schilken*, InsO, § 63 Rz. 24.
43) Uhlenbruck/*Mock*, InsO, § 63 Rz. 37; KPB-InsO/*Stoffler*, § 5 InsVV Rz. 7 (Stand: 09/2012).
44) KPB-InsO/*Stoffler*, § 5 InsVV Rz. 7 (Stand: 09/2012).

§ 6
Nachtragsverteilung. Überwachung der Erfüllung eines Insolvenzplans

(1) ¹Für eine Nachtragsverteilung erhält der Insolvenzverwalter eine gesonderte Vergütung, die unter Berücksichtigung des Werts der nachträglich verteilten Insolvenzmasse nach billigem Ermessen festzusetzen ist. ²Satz 1 gilt nicht, wenn die Nachtragsverteilung voraussehbar war und schon bei der Festsetzung der Vergütung für das Insolvenzverfahren berücksichtigt worden ist.

(2) ¹Die Überwachung der Erfüllung eines Insolvenzplans nach den §§ 260 bis 269 der Insolvenzordnung wird gesondert vergütet. ²Die Vergütung ist unter Berücksichtigung des Umfangs der Tätigkeit nach billigem Ermessen festzusetzen.

Literatur: *Zimmer*, Die Nachtragsverteilung in InsO und InsVV, KTS 2009, 199.

Übersicht

I. Zweck der Norm 1	f) Anwendung der §§ 4, 5 InsVV 22
II. Historie 2	g) Anwendung der §§ 7–9 InsVV ... 26
III. Nachtragsverteilung	IV. Überwachung eines Insolvenz-
(§ 6 Abs. 1 InsVV) 3	plans (§ 6 Abs. 2 InsVV) 27
1. Sachlicher Anwendungsbereich 3	1. Sachlicher Anwendungsbereich 27
2. Persönlicher Anwendungsbereich 8	2. Persönlicher Anwendungsbereich 28
3. Rechtsnatur und Anspruchs-	3. Rechtsnatur und Anspruchs-
grundlage 10	grundlage 29
4. Vergütung nach billigem Ermessen 11	4. Vergütung nach billigem Ermessen 30
a) Einleitung 11	a) Einleitung 30
b) Berechnungsgrundlage 12	b) Vergütungsbestimmung 31
c) Ausschluss der Vergütung	c) Anwendung der §§ 4, 5 InsVV 36
(§ 6 Abs. 1 Satz 2 InsVV) 15	d) Anwendung der §§ 7–9 InsVV
d) Regelvergütung als Zwischen-	– insbesondere Festsetzungs-
schritt 18	verfahren 38
e) Angemessener Bruchteil 19	

I. Zweck der Norm

1 § 6 Abs. 1 InsVV gewährt dem Insolvenzverwalter eine gesonderte Vergütung für eine Tätigkeit im Rahmen einer angeordneten Nachtragsverteilung. § 6 Abs. 2 InsVV regelt eine gesonderte Vergütung für die Überwachung eines Insolvenzplans. In beiden Fällen wird folglich eine Vergütung für **Tätigkeiten nach Aufhebung bzw. Einstellung des Insolvenzverfahrens** geregelt, wobei es sich um einen gebührenrechtlich selbstständigen Anspruch handelt.

II. Historie

2 § 6 InsVV ist seit Einführung der InsVV zum 1.1.1999[1)] unverändert.

III. Nachtragsverteilung (§ 6 Abs. 1 InsVV)

1. Sachlicher Anwendungsbereich

3 Gemäß § 203 Abs. 1 InsO ordnet das Insolvenzgericht auf Antrag des Insolvenzverwalters oder eines Insolvenzgläubigers oder von Amts wegen eine Nachtragsver-

---

1) Insolvenzrechtliche Vergütungsverordnung (InsVV) v. 19.8.1998 (BGBl. I 1998, 2205), siehe Anh. III.

teilung an, wenn bei der Schlussverteilung zurückbehaltene Beträge für die Verteilung an die Insolvenzgläubiger frei werden, aus der Masse gezahlte Beträge an sie zurückfließen oder Gegenstände der Masse ermittelt werden, wozu auch die nachträgliche Feststellung der Werthaltigkeit eines nicht verwerteten Vermögensgegenstandes gehört.[2] Ob der Schuldner es unterlassen hatte, den Vermögensgegenstand zuvor anzugeben, ist unerheblich.[3] Die **Aufhebung des Verfahrens** steht der Anordnung der Nachtragsverteilung nicht entgegen (§ 203 Abs. 2 InsO), was jedoch nur klarstellenden Charakter hat. Die Norm rekurriert aufgrund der systematischen Stellung zunächst auf die Aufhebung des Insolvenzverfahrens nach *§ 200 InsO*. Bei einer Aufhebung des Insolvenzverfahrens gemäß *§ 258 InsO* aufgrund eines Insolvenzplans ist eine Nachtragsverteilung ebenfalls möglich, soweit dem keine Planregelungen entgegenstehen.

Eine **Einstellung des Insolvenzverfahrens** gemäß *§ 211 Abs. 1 InsO* nach angezeigter Masseunzulänglichkeit steht der Anordnung der Nachtragsverteilung ebenfalls nicht entgegen (§ 211 Abs. 3 Satz 1 InsO). Da dann jedoch auch eine Verteilung an Massegläubiger stattfindet, muss das Verzeichnis offener Masseverbindlichkeiten wegen § 205 Satz 1 InsO zum Bestandteil des Schlussverzeichnisses gemacht werden.[4] Antragsberechtigt sind der Insolvenzverwalter und jeder Massegläubiger, eine Anordnung von Amts wegen soll nach dem Wortlaut der Norm folglich nicht möglich sein, wird jedoch von der Rechtsprechung bejaht, da § 203 InsO vollständig analoge Anwendung finden soll.[5] Die Anordnung der Nachtragsverteilung nach Einstellung des Verfahrens wegen Massearmut (*§ 207 Abs. 1 Satz 1 InsO*) ist nach vorgenannten Grundsätzen ebenfalls zulässig.[6] Eine Einstellung des Insolvenzverfahrens gemäß *§ 212 InsO* dürfte jedoch einer Nachtragsverteilung entgegenstehen, da der Wegfall der Eröffnungsgründe gegen die Notwendigkeit einer Verwertung des schuldnerischen Vermögens zugunsten der Insolvenzgläubiger spricht. Selbiges gilt für eine Einstellung gemäß *§ 213 InsO*, da hier die Gläubigerautonomie eine (weitere) Durchführung eines Insolvenzverfahrens überlagert. 4

Die Anwendung des § 6 Abs. 1 InsVV setzt eine **Anordnung der Nachtragsverteilung** durch das Insolvenzgericht voraus, denn nur hierdurch lebt die auf den Vermögensgegenstand beschränkte Verwaltungs- und Verfügungsbefugnis des Insolvenzverwalters wieder auf.[7] Ausreichend für die Aufnahme der Tätigkeit des Insolvenzverwalters ist freilich bereits die Anordnung des Vorbehalts der Nachtragsverteilung.[8] Der Vermögensgegenstand, der der Nachtragsverteilung unterworfen werden soll, muss im anordnenden Beschluss hinreichend bestimmt sein.[9] Bei 5

---

2) BGH, Beschl. v. 1.12.2005 – IX ZB 17/04, NZI 2006, 180; BGH, Beschl. v. 21.9.2006 – IX ZB 287/05, ZInsO 2006, 1105.
3) BGH, Beschl. v. 22.10.2009 – IX ZB 78/08, NZI 2010, 259.
4) *Zimmer*, Insolvenzbuchhaltung, Rz. 1097 f.
5) BGH, Beschl. v. 10.10.2013 – IX ZB 40/13, Rz. 8, ZIP 2013, 2320, dazu EWiR 2014, 19 (*Zimmer*).
6) BGH, Beschl. v. 10.10.2013 – IX ZB 40/13, ZIP 2013, 2320, dazu EWiR 2014, 19 (*Zimmer*); *Zimmer*, KTS 2009, 199, 216 f.
7) BFH, Urt. v. 20.9.2016 – VII R 10/15, JurionRS 2016, 32641.
8) BFH, Urt. v. 28.2.2012 – VII R 36/11, BStBl. II 2012, 451 = ZIP 2012, 933.
9) BFH, Urt. v. 20.9.2016 – VII R 10/15, JurionRS 2016, 32641.

Ansprüchen gegen Finanzbehörden ist die Angabe der Steuerart jedoch nicht zwingend erforderlich.[10] Sollte sich der Beschluss des Insolvenzgerichts als fehlerhaft erweisen, steht dies einem Vergütungsanspruch nicht entgegen.[11]

6 Die (vorherige) Durchführung einer **Schlussverteilung** im eröffneten Verfahren ist kein Tatbestandsmerkmal für eine Nachtragsverteilung, da ein massearmes Stundungsverfahren auch ohne Schlussverteilung aufgehoben[12] und die Nachtragsverteilung ohnehin auch bei Einstellung wegen Masseamut oder -unzulänglichkeit angeordnet werden kann (Rz. 4).

7 Die Möglichkeit zur Anordnung zur Nachtragsverteilung ist **zeitlich unbefristet.** § 203 Abs. 2 InsO durchbricht die Rechtskraft des Aufhebungs- bzw. Einstellungsbeschlusses, was grundsätzlich zu den Regelungen über die Wiederaufnahme von Gerichtsverfahren analog §§ 578–591 ZPO führen müsste, da diese Normen über § 4 InsO auch im Insolvenzverfahren Anwendung finden.[13] Eine unbefristete Möglichkeit zur Anordnung der Nachtragsverteilung bedeutete im Prinzip „lebenslänglich" für den Schuldner, was mit Sinn und Zweck der InsO nicht im Einklang steht und verfassungsrechtlich bedenklich sein dürfte. Dies würde bedeuten, dass der Antrag des vormaligen Insolvenzverwalters auf Anordnung einer Nachtragsverteilung innerhalb einer Notfrist von einem Monat zu stellen ist; die Frist begänne mit Erlangung der Kenntnis des vormaligen Insolvenzverwalters von einem Vermögensgegenstand, der der Nachtragsverteilung zugewiesen werden könnte.[14] Der BGH lehnt die Anwendung von § 586 ZPO jedoch mit dem Argument ab, die Nachtragsverteilung könne auch von Amts wegen erfolgen.[15] Die Nachtragsverteilung habe zudem Vorrang vor einer gesellschaftsrechtlichen Nachtragsliquidation.[16] Wenngleich dogmatische Zweifel bestehen, ist diese Auffassung der Rechtsprechung zu begrüßen, da es den Insolvenzverwalter davor bewahrt, eine Notfrist zu versäumen.

2. Persönlicher Anwendungsbereich

8 Aufgrund seiner systematischen Stellung im Ersten Abschnitt der InsVV findet § 6 Abs. 1 InsVV zunächst Anwendung auf den **Insolvenzverwalter.** Obgleich sich im Dritten Abschnitt der InsVV kein Verweis auf § 6 Abs. 1 InsVV findet, gelten die Regelungen zur Nachtragsverteilung und eine Vergütung analog § 6 Abs. 1 InsVV für den **Treuhänder** im vereinfachten Insolvenzverfahren alten Rechts[17] entsprechend.[18]

---

10) BFH, Urt. v. 20.9.2016 – VII R 10/15, JurionRS 2016, 32641.
11) Vgl. BGH, Beschl. v. 21.7.2016 – IX ZB 70/14, Rz. 70, ZIP 2016, 1592.
12) Für eine Zulässigkeit der Nachtragsverteilung in diesen Fällen z. B. BFH, Urt. v. 20.9.2016 – VII R 10/15, JurionRS 2016, 32641.
13) LG Göttingen, Beschl. v. 5.12.2006 – 10 T 27/06, ZInsO 2007, 47.
14) *Zimmer*, KTS 2009, 199, 207 ff.
15) BGH, Beschl. v. 2.12.2010 – IX ZB 184/09, ZVI 2011, 26.
16) OLG Hamm, Beschl. v. 5.5.2011 – 15 W 469/10, NZI 2011, 766.
17) §§ 312–314 InsO aufgehoben durch das Gesetz zur Verkürzung des Restschuldbefreiungsverfahrens und zur Stärkung der Gläubigerrechte v. 15.7.2013 (BGBl. I 2013, 2379), siehe Anh. XII Rz. 83 ff.
18) BGH, Beschl. v. 1.12.2005 – IX ZB 17/04, NZI 2006, 180; BGH, Beschl. v. 11.2.2010 – IX ZB 105/09, ZInsO 2010, 538; BFH, Urt. v. 20.9.2016 – VII R 10/15, JurionRS 2016, 32641.

Nicht von einer Nachtragsverteilung betroffen sein dürfte der **Verfahrenskoordinator** i. S. d. §§ 269a ff. InsO.[19]

Eine Nachtragsverteilung ist auch in der Eigenverwaltung i. S. d. §§ 270 ff. InsO möglich, da es hier ebenfalls zur Aufhebung des Verfahrens gemäß §§ 200, 258 InsO oder zur Einstellung nach §§ 207, 211 InsO kommen kann. Wegen des Verweises in § 10 InsVV gilt § 6 Abs. 1 InsVV daher auch für den **Sachwalter**. Da die §§ 203– 206 InsO mit großer Selbstverständlichkeit unterstellen, dass hierfür der Insolvenzverwalter zuständig bleibt und lediglich die Nachtragsverteilung als solche anzuordnen ist, muss als ebenso selbstverständlich gelten, dass auch die Grundprinzipien der Eigenverwaltung für eine Nachtragsverteilung gelten. Soweit es nicht um Vermögensgegenstände geht, die von § 280 InsO erfasst werden, obliegt dem Sachwalter im Wesentlichen allerdings nur die Überwachung des Schuldners, aber auch die Überprüfung des Verteilungsverzeichnisses gemäß § 283 Abs. 2 Satz 2 InsO, das für die Nachtragsverteilung heranzuziehen ist. 9

3. Rechtsnatur und Anspruchsgrundlage

Anspruchsgrundlage für eine Vergütung des Insolvenzverwalters, der eine Nachtragsverteilung durchführt, ist § 63 Abs. 1 InsO; § 6 Abs. 1 InsVV hat lediglich **wertausfüllenden Charakter**. Die Anspruchsgrundlage für einen Treuhänder im Verbraucherinsolvenzverfahren alten Rechts ist insoweit § 313 Abs. 1 Satz InsO a. F.,[20] Anspruchsgrundlage für einen Sachwalter sind §§ 274 Abs. 1, 63 Abs. 1 InsO. Auch für die Vergütung nach § 6 Abs. 1 InsVV gilt, dass es sich um eine **Tätigkeitsvergütung** handelt. Die Vergütung wird fällig mit Beendigung der Tätigkeit und unterliegt der **Festsetzungsverjährung** des § 195 BGB. Die Verjährung ist während der Dauer der angeordneten Nachtragsverteilung jedoch gehemmt.[21] 10

4. Vergütung nach billigem Ermessen

a) Einleitung

Gemäß § 6 Abs. 1 Satz 1 InsVV ist die Vergütung für die Durchführung einer Nachtragsverteilung nach billigem Ermessen, jedoch anhand des Werts der nachträglich verteilten Insolvenzmasse zu bestimmen. 11

b) Berechnungsgrundlage

§ 6 Abs. 1 Satz 1 InsVV stellt für die Ermittlung der Vergütung auf den Wert der nachträglich verteilten Insolvenzmasse ab. Damit scheidet eine Vergütung nach Stundensätzen aus,[22] wenngleich dies eine Überlegung de lege ferenda wert wäre. 12

---

19) §§ 269a–269i InsO eingeführt durch das Gesetz zur Erleichterung der Bewältigung von Konzerninsolvenzen v. 13.4.2017 (BGBl. I 2017, 866) mit Inkrafttreten zum 21.4.2018 (Art. 10 des Änderungsgesetzes), siehe Anh. XV Rz. 26.
20) §§ 312–314 InsO aufgehoben durch das Gesetz zur Verkürzung des Restschuldbefreiungsverfahrens und zur Stärkung der Gläubigerrechte v. 15.7.2013 (BGBl. I 2013, 2379), siehe Anh. XII Rz. 83 ff.
21) Vgl. BGH, Beschl. v. 22.9.2010 – IX ZB 195/09, ZIP 2010, 2160; BGH, Beschl. v. 20.7.2011 – IX ZB 58/11, JurionRS 2011, 21223.
22) Lorenz/Klanke/*Lorenz*, InsVV, § 6 Rz. 9; **a. A.** HambKommInsO/*Büttner*, § 6 InsVV Rz. 5; *Haarmeyer/Mock*, InsVV, § 6 Rz. 9.

Die Wertbestimmung erfolgt nach den Vorgaben des § 1 InsVV. Bei tatsächlichen Einnahmen (und Ausgaben) wird die Berechnungsgrundlage anhand § 1 Abs. 2 InsVV ermittelt. In den Fällen der § 203 Abs. 1 Nrn. 1 und 2 InsO kommt es zu einer Einbeziehung von Einnahmen bzw. Werten, die bereits im eröffneten Verfahren Bestandteil der Berechnungsgrundlage waren. Gleichwohl liegt keine unzulässige Doppelberücksichtigung vor, da sich der Rechtsgrund der Massezugehörigkeit ändert und eine zusätzliche Tätigkeit (Nachtragsverteilung) zu erbringen ist.[23] Wegen der rechtlichen Eigenständigkeit der Nachtragsverteilung besteht insoweit eine Parallele mit der Übernahme von liquiden Guthaben von der vorläufigen Verwaltung in das eröffnete Insolvenzverfahren (§ 1 Rz. 35).

13 Zu beachten ist zentral die **zeitliche Abgrenzung** zu derjenigen Berechnungsgrundlage, die bereits für eine Vergütung für das eröffnete Insolvenzverfahren herangezogen wurde. Massezuflüsse *bis zur Schlussrechnung* sind gemäß § 1 Abs. 1 Satz 1 InsVV ausschließlich für die Vergütung des Insolvenzverwalters im eröffneten Verfahren heranzuziehen, insoweit besteht kein Zusammenhang mit einer Vergütung nach § 6 Abs. 1 InsVV. Selbiges gilt für Massezuflüsse *zwischen Schlussrechnung und Schlusstermin*; in diesem Fall kann die ursprüngliche Vergütung in einem Zweitfestsetzungsverfahren auf Basis einer fortgeschriebenen Berechnungsgrundlage angepasst werden (§ 8 Rz. 145 ff.).[24] Dies gilt auch für Massezuflüsse *zwischen Schlusstermin und Vollzug der Schlussverteilung*.[25] Da § 6 Abs. 1 InsVV eine Vergütung für eine Nachtragsverteilung gewährt, wäre folglich der Vollzug der Schlussverteilung zentrales Kriterium für die Abgrenzung.[26] Erst *Massezuflüsse zwischen Schlussverteilung und Aufhebung bzw. Einstellung des Insolvenzverfahrens* bildeten dann die eigenständige Berechnungsgrundlage für eine Vergütung nach § 6 Abs. 1 InsVV.[27] Für Massezuflüsse *nach Aufhebung bzw. Einstellung des Insolvenzverfahrens* galt dies ohnehin immer schon.[28] Wurde wegen Massearmut oder -unzulänglichkeit *keine Schlussverteilung* durchgeführt, müsste dann auf den Stichtag des Vollzugs der Verteilung nach §§ 207 Abs. 3 Satz 1, 209 InsO abgestellt werden. Aufgrund des Wortlauts des § 63 Abs. 1 Satz 2 InsO ist jedoch tatsächlich auf den Stichtag der *Aufhebung bzw. Einstellung des Insolvenzverfahrens* abzustellen,[29] sodass sich eine Vergütung nach § 6 Abs. 1 InsVV nur bei Massezuflüssen nach Aufhebung oder Einstellung des Insolvenzverfahrens ergeben kann.

14 Wegen der **Eigenständigkeit der Berechnungsgrundlagen** für das eröffnete Verfahren und für die Nachtragsverteilung kann folglich nicht die Berechnungsgrundlage für das eröffnete Verfahren fortgeschrieben werden, um eine Vergütung nach § 6 Abs. 1 InsVV zu ermitteln.[30] Dies gilt auch dann, wenn die zuvor festgestellte

---

23) So wohl auch Leonhardt/Smid/Zeuner/*Amberger*, InsVV, § 6 Rz. 6.
24) BGH, Beschl. v. 26.1.2006 – IX ZB 183/04, ZIP 2006, 486; BGH, Beschl. v. 12.10.2006 – IX ZB 294/05, ZIP 2006, 2131.
25) BGH, Beschl. v. 19.12.2013 – IX ZB 9/12, ZIP 2014, 334, dazu EWiR 2014, 183 *(Zimmer)*.
26) BGH, Beschl. v. 19.12.2013 – IX ZB 9/12, Rz. 11, ZIP 2014, 334, dazu EWiR 2014, 183 *(Zimmer)*; Zimmer, KTS 2009, 199, 204.
27) BGH, Beschl. v. 19.12.2013 – IX ZB 9/12, ZIP 2014, 334, dazu EWiR 2014, 183 *(Zimmer)*; Zimmer, KTS 2009, 199, 204.
28) BGH, Beschl. v. 6.10.2011 – IX ZB 12/11, ZIP 2011, 2115, dazu EWiR 2011, 785 *(Kalkmann)*.
29) BGH, Beschl. v. 6.4.2017 – IX ZB 3/16, ZIP 2017, 932.
30) BGH, Beschl. v. 12.10.2006 – IX ZB 294/05, ZIP 2006, 2131.

Verteilungsmasse null betrug und deshalb lediglich eine (erhöhte) Mindestvergütung festgesetzt worden war.[31]

c) **Ausschluss der Vergütung (§ 6 Abs. 1 Satz 2 InsVV)**

Gemäß § 6 Abs. 1 Satz 2 InsVV besteht kein Anspruch auf eine Vergütung für die Durchführung einer Nachtragsverteilung, wenn diese voraussehbar war *und* schon bei der Festsetzung der Vergütung für das Insolvenzverfahren berücksichtigt worden ist. Dies knüpft hinsichtlich der Berechnungsgrundlage ergänzend an die zeitliche Abgrenzung zum eröffneten Verfahren und damit auf den Stichtag der Aufhebung bzw. Einstellung des Insolvenzverfahrens (Rz. 13) an.[32] Denkbar sind vier Fallkonstellationen:

1. War die Nachtragsverteilung voraussehbar und wurde sie bei der Festsetzung der Vergütung bereits berücksichtigt, ist ein gesonderter Vergütungsanspruch des Insolvenzverwalters gemäß § 6 Abs. 1 Satz 2 InsVV ausgeschlossen. Dies kann der Fall sein, wenn die prognostizierten Massezuflüsse bereits als noch zu erwartende Einnahmen in die Berechnungsgrundlage für die Vergütung des Insolvenzverwalters eingestellt worden waren. Es mag dann zu einer zweiten Verteilung an die Gläubiger kommen, nicht aber zu einer Nachtragsverteilung.

2. War die Nachtragsverteilung zwar vorhersehbar, wurde sie jedoch bei der Festsetzung der Vergütung noch nicht berücksichtigt, besteht ein Vergütungsanspruch nach § 6 Abs. 1 Satz 1 InsVV, wenn die Einnahme nach Aufhebung bzw. Einstellung des Insolvenzverfahrens erzielt wurde. Auf ein „Hätte-kennen-Müssen" des Insolvenzverwalters kommt es nicht an, er ist nicht verpflichtet, künftige Einnahmen bei seinem Erstantrag zu berücksichtigen.[33] Bei einem Zahlungseingang bis zu diesem Termin ist die Zweitfestsetzung (§ 8 Rz. 146 f.) auf Basis einer fortgeführten Berechnungsgrundlage einschlägig;[34] in diesem Fall ist schon § 6 Abs. 1 Satz 1 InsVV nicht einschlägig, sodass es des Rückgriffs auf § 6 Abs. 1 Satz 2 InsVV nicht bedarf.

3. War die Nachtragsverteilung nicht voraussehbar, wurde sie aber bei der Vergütung bereits berücksichtigt, – nun, den Fall sollte es nicht geben.

4. War die Nachtragsverteilung nicht voraussehbar und wurde sie auch bei der Vergütung des Insolvenzverwalters noch nicht berücksichtigt, besteht ein Vergütungsanspruch nach § 6 Abs. 1 InsVV.

Soweit es – zweifelhaft – für zulässig erachtet wird, bei der Vergütung für das eröffnete Insolvenzverfahren einen **Zuschlag** gemäß § 3 Abs. 1 InsVV für die bereits absehbare Nachtragsverteilung zu gewähren,[35] führt dies zu einem Ausschluss einer Vergütung für eine Nachtragsverteilung gemäß § 6 Abs. 1 Satz 2 InsVV.[36]

---

31) BGH, Beschl. v. 22.10.2009 – IX ZB 78/08, NZI 2010, 259.
32) BGH, Beschl. v. 6.4.2017 – IX ZB 3/16, ZIP 2017, 932.
33) BGH, Beschl. v. 20.7.2017 – IX ZB 75/16, ZIP 2017, 1629.
34) BGH, Beschl. v. 6.4.2017 – IX ZB 3/16, ZIP 2017, 932.
35) Kritisch auch *Graeber/Graeber*, InsVV, § 6 Rz. 22.
36) Leonhardt/Smid/Zeuner/*Amberger*, InsVV, § 6 Rz. 6; HambKommInsO/*Büttner*, § 6 InsVV Rz. 8; *Haarmeyer/Mock*, InsVV, § 6 Rz. 11; Lorenz/Klanke/*Lorenz*, InsVV, § 6 Rz. 7; KPB-InsO/*Prasser*, § 6 InsVV Rz. 6 (Stand: 09/2015).

§ 6 Nachtragsverteilung. Überwachung der Erfüllung eines Insolvenzplans

17 Eine Besonderheit kann sich ergeben, wenn der Insolvenzverwalter in vorwerfbarer Weise (§ 60 Abs. 1 InsO) den Vermögensgegenstand noch nicht im eröffneten Verfahren ermittelt hatte. Dann haftet der Insolvenzverwalter aus **Verschulden gegen sich selbst** im Grunde den Beteiligten des Insolvenzverfahrens für die Kosten einer Nachtragsverteilung. In diesem Fall kann ausnahmsweise eine gesonderte Vergütung nach § 6 Abs. 1 InsVV zugunsten einer Zweitfestsetzung (§ 8 Rz. 146 f.) unter Fortschreibung der ursprünglichen Vergütung für das eröffnete Verfahren verdrängt werden.

d) Regelvergütung als Zwischenschritt

18 Auf Basis der ermittelten Berechnungsgrundlage (Rz. 12) ist eine Regelvergütung anhand des § 2 Abs. 1 InsVV zu ermitteln.[37] Dies ist nicht ganz konsequent, da § 6 Abs. 1 Satz 1 InsVV von billigem Ermessen spricht;[38] es erleichtert jedoch die praktische Anwendung, das billige Ermessen erst auf der Ebene des zu findenden Bruchteils (Rz. 19) auszuüben.[39] Die Mindestvergütung des § 2 Abs. 2 InsVV ist nicht einschlägig (Rz. 21).

e) Angemessener Bruchteil

19 Aufgrund der Festsetzung der Vergütung nach **billigem Ermessen** (§ 6 Abs. 1 Satz 1 InsVV) lehnt die höchstrichterliche Rechtsprechung einen festen Regelbruchteil, wie er beispielsweise mit 25 % für den vorläufigen Insolvenzverwalter (§ 63 Abs. 3 Satz 2 InsO) oder mit 60 % für den Sachwalter (§ 12 Abs. 1 InsVV) anerkannt ist, ab.[40] Denn ein „Normalverfahren" der Nachtragsverteilung existiere nicht.[41] Daher müsse anhand des konkreten Einzelfalls entschieden werden, welcher Bruchteil dem billigen Ermessen entspricht. Maßgebende Faktoren könnten u. a. sein die Komplexität und das Haftungsrisiko der Nachtragsverteilung, die Dauer der Nachtragsverteilung sowie die Gläubigerzahl;[42] halten sich die Belastungen des Insolvenzverwalters in diesem Bereich in Grenzen, gilt nach Auffassung des BGH ein Bruchteil von 10 % nicht als unangemessen.[43] Diese zurückhaltende Formulierung macht jedoch deutlich, dass Angemessenheit auch weit jenseits der 10 % liegen kann; nur hatte der Insolvenzverwalter in dem vom BGH entschiedenen Fall auch nicht mehr beantragt. Teils wird als Untergrenze ein Wert von 25 %[44] oder 35 %[45] befürwortet. Insgesamt muss berücksichtigt werden, dass die Staffelstufen

---

37) BGH, Beschl. v. 12.10.2006 – IX ZB 294/05, ZIP 2006, 2131.
38) *Zimmer*, KTS 2009, 199, 201 f.; zweifelnd auch KPB-InsO/*Prasser*, § 6 InsVV Rz. 8 (Stand: 09/2015).
39) LG Köln, Beschl. v. 20.9.2016 – 1 T 61/16, NZI 2017, 227.
40) BGH, Beschl. v. 12.10.2006 – IX ZB 294/05, ZIP 2006, 2131; a. A. Einen Regelsatz von 25 % befürworten LG Köln, Beschl. v. 20.9.2016 – 1 T 61/16, NZI 2017, 227; LG Offenburg, Beschl. v. 5.1.2005 – 4 T 100/04, NZI 2005, 172.
41) BGH, Beschl. v. 12.10.2006 – IX ZB 294/05, ZIP 2006, 2131; HambKommInsO/*Büttner*, § 6 InsVV Rz. 4.
42) BGH, Beschl. v. 12.10.2006 – IX ZB 294/05, ZIP 2006, 2131.
43) BGH, Beschl. v. 12.10.2006 – IX ZB 294/05, ZIP 2006, 2131.
44) LG Köln, Beschl. v. 20.9.2016 – 1 T 61/16, NZI 2017, 227; LG Offenburg, Beschl. v. 5.1.2005 – 4 T 100/04, NZI 2005, 172; HambKommInsO/*Büttner*, § 6 InsVV Rz. 4; MünchKommInsO/*Stephan*, § 6 InsVV Rz. 9.
45) Lorenz/Klanke/*Lorenz*, InsVV, § 6 Rz. 10; KPB-InsO/*Prasser*, § 6 InsVV Rz. 11 (Stand: 09/2015).

des § 2 Abs. 1 InsVV für den eigenständigen Vergütungsanspruch des Insolvenzverwalters für die Nachtragsverteilung „wieder von vorne" beginnen, d. h., bis zu einer Berechnungsgrundlage von 25.000 € beträgt die Regelvergütung 40 % der Berechnungsgrundlage. Hier können 35 % (oder mehr) als Bruchteil im Einzelfall angemessen sein, als generelle Untergrenze scheint es etwas hoch. Da es jedoch insgesamt nicht hilfreich ist, den unbestimmten Rechtsbegriff des billigen Ermessens mit anderen unbestimmten Rechtsbegriffen definieren zu wollen, um sich brauchbaren Orientierungsgrößen zu entziehen, sollte sich schon aus Gründen der Verfahrensökonomie ein genereller **Regelsatz von 25 %** etablieren.[46]

Bruchteilserhöhend anzusetzen sind zunächst diejenigen Erschwernisse, die mit der Ermittlung und Verwertung des betroffenen Vermögensgegenstandes verbunden sind, aber auch steuerrechtliche, sozialversicherungsrechtliche und arbeitsrechtliche Erschwernisse im Zusammenhang mit der Verteilung. Bei Nachtragsverteilungen an Arbeitnehmer können Gehaltsabrechnungen erforderlich werden, die auch einen Einbehalt (nebst Abführungspflicht) von Sozialversicherungsbeiträgen oder Lohnsteuer zur Folge haben. Beim klassischen Forderungseinzug sind aufgrund der sog. faktischen Ist-Besteuerung[47] Umsatzsteuervoranmeldungen mit der Folge einer Zahllast erforderlich. Ebenfalls aufgrund der faktischen Ist-Besteuerung ist im Zusammenhang mit der Verteilung an die Gläubiger eine weitere Vorsteuerkorrektur erforderlich, die wiederum zu Massezuflüssen führt. Insgesamt verbietet sich daher eine kleinliche Betrachtung, da gerade die Nachtragsverteilung vor Augen führt, welch administrativer Apparat in Gang gesetzt wird, wenn es Gelder zu verteilen gilt. 20

Aufgrund des Abstellens auf das billige Ermessen im Einzelfall, in das bereits alle vergütungsrelevanten Umstände und Tätigkeiten einzubeziehen sind, kann es weder eine *Mindestvergütung* nach § 2 Abs. 2 InsVV geben[48] noch ist der gefundene Bruchteil für den *Sachwalter* auf 60 % (§ 12 Abs. 1 InsVV) zu kürzen oder für den *Treuhänder im vereinfachten Insolvenzverfahren alten Rechts*[49] nach Maßgabe des § 13 InsVV a. F.[50] zu ermitteln.[51] Die Anwendung des § 3 Abs. 1 InsVV *(Zuschläge)* ist ebenfalls formal ausgeschlossen,[52] da die Komplexität der Tätigkeit bereits bei der Ausübung des billigen Ermessens berücksichtigt werden muss,[53] sodass betrags- 21

---

46) LG Köln, Beschl. v. 20.9.2016 – 1 T 61/16, NZI 2017, 227.
47) Ausführlich *Zimmer*, Insolvenzbuchhaltung, Rz. 910 ff.
48) Im Ergebnis *Graeber/Graeber*, InsVV, § 6 Rz. 16; a. A. HambKommInsO/*Büttner*, § 6 InsVV Rz. 4.
49) §§ 312–314 InsO aufgehoben durch das Gesetz zur Verkürzung des Restschuldbefreiungsverfahrens und zur Stärkung der Gläubigerrechte v. 15.7.2013 (BGBl. I 2013, 2379), siehe Anh. XII Rz. 83 ff.
50) § 13 InsVV geändert durch das Gesetz zur Verkürzung des Restschuldbefreiungsverfahrens und zur Stärkung der Gläubigerrechte v. 15.7.2013 (BGBl. I 2013, 2379), siehe Anh. XII Rz. 101.
51) LG Offenburg, Beschl. v. 5.1.2005 – 4 T 100/04, NZI 2005, 172; Leonhardt/Smid/Zeuner/*Amberger*, InsVV, § 6 Rz. 10; Lorenz/Klanke/*Lorenz*, InsVV, § 6 Rz. 14; KPB-InsO/*Prasser*, § 6 InsVV Rz. 12 (Stand: 09/2015); MünchKommInsO/*Stephan*, § 6 InsVV Rz. 11.
52) *Zimmer*, KTS 2009, 199, 203; a. A. HambKommInsO/*Büttner*, § 6 InsVV Rz. 4; *Haarmeyer/Mock*, InsVV, § 6 Rz. 9; Lorenz/Klanke/*Lorenz*, InsVV, § 6 Rz. 8; KPB-InsO/*Prasser*, § 6 InsVV Rz. 13 (Stand: 09/2015).
53) BGH, Beschl. v. 12.10.2006 – IX ZB 294/05, ZIP 2006, 2131.

mäßig kein Unterschied entsteht; im Übrigen könnte nicht allein auf § 3 Abs. 1 InsVV rekurriert werden, da doch in anderen Fällen umfangreich von § 3 Abs. 2 InsVV (Abschläge) Gebrauch gemacht werden müsste. Eine Begrenzung des Bruchteils auf 100 % der Regelvergütung[54] (*Obergrenze*) findet in der InsVV keine Stütze.

f) Anwendung der §§ 4, 5 InsVV

22 Die Anwendung der §§ 4, 5 InsVV scheint aufgrund der Verordnungssystematik ausgeschlossen.[55] Dem ist jedoch nicht so, da die Vergütung nach § 6 Abs. 1 InsVV auf einem eigenständigen Anspruch beruht. Dass die §§ 4, 5 InsVV dem § 6 InsVV vorgelagert sind, ist nicht der systematischen Folge der Normen geschuldet, sondern der temporalen Abfolge der Sachverhalte. Da sich der Zweite Abschnitt der InsVV u. a. mit einer Tätigkeit vor Eröffnung des Insolvenzverfahrens befasst, wäre naheliegend, auch die Vergütung für eine Tätigkeit nach Beendigung des Insolvenzverfahrens in einem eigenständigen Abschnitt der InsVV mit Verweis auf bestimmte Normen des Ersten Abschnitts der InsVV anzusiedeln.

23 Dass § 4 Abs. 1 Satz 1 und 2 InsVV sowie § 4 Abs. 3 Satz 1 InsVV analog auch im Anwendungsbereich des § 6 Abs. 1 InsVV gelten, ist ohnehin selbstverständlich, da es dem allgemeinen Gebührenrecht entspricht, dass die gesetzliche Vergütung die Geschäftskosten und einen notwendigen Versicherungsschutz des Vergütungsberechtigten abdeckt. Die in § 4 Abs. 2 InsVV und § 4 Abs. 3 Satz 2 InsVV enthaltenen besonderen Auslagenerstattungsansprüche können auch dem nach § 6 Abs. 1 InsVV Vergütungsberechtigten bei verfassungskonformer Auslegung nicht genommen werden, denn es lässt sich aus den §§ 27, 675, 669, 713, 1091, 1835, 1915 BGB, § 3 JVEG der allgemeine Rechtsgedanke ableiten, dass niemand für Handlungen im Interesse anderer in Vorlage treten muss.[56]

24 Somit besteht Klärungsbedarf nur noch im Bereich der §§ 5, 4 Abs. 1 Satz 3 InsVV, d. h. im Bereich der Abgrenzung zwischen Regel- und Sonderaufgaben zur Vorbereitung der Frage, ob eine gesonderte Vergütungsentnahme nach § 5 InsVV oder eine Fremdvergabe nach § 4 Abs. 1 Satz 3 InsVV möglich sind. Auch diese Frage ist zu bejahen, da eine abstrakt anerkannte Sonderaufgabe nicht allein dadurch zur Regelaufgabe werden kann, dass sie nach Aufhebung bzw. Einstellung des Insolvenzverfahrens zu erfüllen ist.

25 Im Ergebnis kann mithin kein Zweifel darüber bestehen, dass §§ 4, 5 InsVV auch für den Fall der Nachtragsverteilung Anwendung finden. Ob die Tatbestandsvoraussetzungen im konkreten Fall erfüllt sind, ist freilich – wie stets – nur im Einzelfall festzustellen.

g) Anwendung der §§ 7–9 InsVV

26 Die §§ 7–9 InsVV einschließlich des Festsetzungsverfahrens gemäß § 64 InsO und des eigenständigen Auslagenersatzes gemäß § 8 Abs. 3 InsVV ohne Anrechnung

---

54) So *Haarmeyer/Mock*, InsVV, § 6 Rz. 8.
55) MünchKommInsO/*Stephan*, § 6 InsVV Rz. 1; *Zimmer*, KTS 2009, 199, 203.
56) Jaeger/*Gerhardt*, InsO, § 73 Rz. 17.

der Beträge aus der Vergütung für das eröffnete Insolvenzverfahren[57] gelten bei einer Vergütung nach § 6 Abs. 1 InsVV aufgrund der Verordnungssystematik entsprechend, da es sich um einen eigenständigen und vom eröffneten Insolvenzverfahren unabhängigen Vergütungsanspruch in einem gebührenrechtlich selbstständigen Verfahren handelt.

IV. Überwachung eines Insolvenzplans (§ 6 Abs. 2 InsVV)

1. Sachlicher Anwendungsbereich

Im gestaltenden Teil des Insolvenzplans kann vorgesehen werden, dass die Erfüllung des Plans überwacht wird (§ 260 Abs. 1 InsO). Die Überwachung erfolgt dann durch den Insolvenzverwalter (§ 261 Abs. 1 Satz 1 InsO) nach Aufhebung des Insolvenzverfahrens (§ 260 Abs. 2 InsO). Tatbestandliche Voraussetzung für eine Anwendung des § 6 Abs. 2 InsVV ist mithin eine entsprechende Planregelung und eine Aufhebung des Verfahrens gemäß § 258 Abs. 1 InsO. Die Vergütung gemäß § 6 Abs. 2 InsVV erstreckt sich nur auf **Überwachungstätigkeiten**. Soll der Insolvenzverwalter gemäß § 259 Abs. 3 InsO anhängige Anfechtungsrechtsstreite fortsetzen, handelt es sich nicht um eine Überwachungstätigkeit, sondern um einen Fall der Nachtragsverteilung i. S. d. § 6 Abs. 1 InsVV.

27

2. Persönlicher Anwendungsbereich

Hinsichtlich des persönlichen Anwendungsbereichs kann auf die Ausführungen zur Nachtragsverteilung (Rz. 8) verwiesen werden, da Unterschiede nicht erkennbar sind.

28

3. Rechtsnatur und Anspruchsgrundlage

Hinsichtlich der Rechtsnatur des § 6 Abs. 2 InsVV und der Anspruchsgrundlage für die Vergütung kann zunächst auf die Ausführungen zur Nachtragsverteilung (Rz. 10) verwiesen werden. Eine Besonderheit kann sich jedoch für die Fälligkeit und Verjährung der Vergütung ergeben, sofern eine Stundenvergütung Anwendung findet (vgl. § 17 Rz. 40 ff.).

29

4. Vergütung nach billigem Ermessen

a) Einleitung

Die Überwachung der Erfüllung eines Insolvenzplans nach den §§ 260–269 InsO wird gesondert vergütet. Die Vergütung ist unter Berücksichtigung des Umfangs der Tätigkeit nach billigem Ermessen festzusetzen.

30

b) Vergütungsbestimmung

Die Überwachung eines Insolvenzplans ist gemäß § 260 Abs. 1 InsO plandisponibel. Enthält der gestaltende Teil des Insolvenzplans eine entsprechende Regelung, ist es allerdings das Gesetz, das dem Insolvenzverwalter die Überwachung als Aufgabe zuweist (§ 261 Abs. 1 InsO). Folglich ist auch die Vergütung des Insolvenzverwalters eine gesetzliche gemäß § 63 Abs. 1 Satz 1 InsO, § 6 Abs. 2 InsVV, hingegen

31

---

57) *Graeber/Graeber*, InsVV, § 6 Rz. 11; *Haarmeyer/Mock*, InsVV, § 6 Rz. 12; Lorenz/Klanke/ Lorenz, InsVV, § 6 Rz. 12; KPB-InsO/*Prasser*, § 6 InsVV Rz. 14 (Stand: 09/2015).

keine vertragliche. Daher ist aufgrund einer Entscheidung des BGH vom 16.2.2017[58] davon auszugehen, dass die Höhe der Vergütung für die Planüberwachung nicht im Insolvenzplan geregelt werden kann.[59] Tatsächlich ist die Frage aber davon abhängig, wer zur Festsetzung der Vergütung für die Planüberwachung befugt ist, was wiederum von der Kostenschuldnerschaft abhängig sein kann (Rz. 38 ff.). Wird die Festsetzungsbefugnis beim Insolvenzgericht gesehen, wird eine Planregelung nicht möglich sein. Wird die Festsetzungsbefugnis hingegen bei der ordentlichen Gerichtsbarkeit gesehen, dürften die Argumente des BGH für die Vergütung des eröffneten Verfahrens nicht auf die Vergütung für die Planüberwachung übertragbar sein.

32 Zulässig soll die Bemessung der Vergütung nach §§ 1, 2 InsVV unter Anwendung eines angemessenen Bruchteils **wie bei der Vergütung für Nachtragsverteilung** sein, wobei Bruchteile von 20–40 %[60] bzw. 50 %[61] genannt werden. Gegen eine Orientierung an §§ 1, 2 InsVV spricht freilich, dass nur § 6 Abs. 1 InsVV auf den Wert der der Nachtragsverteilung unterfallenden Masse rekurriert, während § 6 Abs. 2 Satz 2 InsVV ohne Erwähnung einer Berechnungsgrundlage auf den Umfang der Tätigkeit abstellt. Zudem ist fraglich, ob sich die Überwachungstätigkeit des Insolvenzverwalters überhaupt auf Einnahmen oder die operative Betriebsfortführung i. S. d. § 1 Abs. 2 InsVV erstrecken kann. Soweit vertreten wird, es seien nicht die Einnahmen und Ausgaben, sondern die Werte von Vermögensgegenständen nach § 229 Satz 1 InsO (faktisch i. S. d. § 63 Abs. 3 Satz 2 InsO) maßgeblich,[62] stellt sich ebenso die Frage, inwieweit sich die Überwachungstätigkeit auf diese Vermögenswerte erstrecken kann.

33 Tatsächlich schuldet der Insolvenzverwalter im Wesentlichen nur die Überwachung der Erfüllung der Ansprüche, die den Gläubigern nach dem gestaltenden Teil des Insolvenzplans gegen den Schuldner zustehen.[63] Vergütungserhöhend soll sich allerdings nach der Verordnungsbegründung u. a. auswirken, wenn im Insolvenzplan bestimmte Geschäfte an die Zustimmung des Verwalters gebunden werden (§ 263 InsO) oder ein Kreditrahmen vorgesehen ist (§ 264 InsO).[64] Dies wiederum spräche für eine Anwendung des § 3 Abs. 1 InsVV, der jedoch eine Anwendung von § 1 InsVV oder § 63 Abs. 3 Satz 2 InsVV (analog) i. V. m. § 2 Abs. 1 InsVV denklogisch voraussetzt. Ein konsistentes System ist hier abschließend nicht erkennbar. *Die Überwachungstätigkeit i. S. d. § 6 Abs. 2 InsVV ist irgendwo zwischen den Aufgaben eines Gläubigerausschusses und eines Sachwalters angesiedelt.*

---

58) BGH, Beschl. v. 16.2.2017 – IX ZB 103/15, ZIP 2017, 482, dazu EWiR 2017, 179 *(Madaus)*.
59) AG Hamburg, Beschl. v. 19.4.2016 – 67c IN 232/13, ZIP 2016, 2492.
60) Leonhardt/Smid/Zeuner/*Amberger*, InsVV, § 6 Rz. 14.
61) Lorenz/Klanke/*Lorenz*, InsVV, § 6 Rz. 18; KPB-InsO/*Prasser*, § 6 InsVV Rz. 19 (Stand: 09/2015).
62) HambKommInsO/*Büttner*, § 6 InsVV Rz. 10; Lorenz/Klanke/*Lorenz*, § 6 InsVV Rz. 18.
63) *Haarmeyer/Mock*, InsVV, § 6 Rz. 20.
64) Insolvenzrechtliche Vergütungsverordnung (InsVV) v. 19.8.1998 (BGBl. I 1998, 2205), Begründung zu § 6 Abs. 2 InsVV, siehe Anh. III Rz. 55.

Daher wird zutreffend vertreten, dass im Anwendungsbereich des § 6 Abs. 2 InsVV auch eine **Stundenvergütung** zulässig ist,[65] da es für eine Stundenvergütung gleichgültig ist, womit sich der Insolvenzverwalter – freilich innerhalb seines Aufgabengebiets – beschäftigt. Tatsächlich scheint eine Stundenvergütung der einzig sinnvolle Ansatz zu sein,[66] da alles andere auf Fiktionen beruht, die kein System ergeben. Abgesehen davon, dass eine Stundenvergütung bei Überwachungstätigkeiten der InsVV ohnehin nicht fremd ist (vgl. §§ 69, 73 InsO, § 17 InsVV), ist der für die Vergütung maßgebliche *Umfang* der Tätigkeit am ehesten in einem Stundennachweis zu erfassen, während die *Komplexität* des Verfahrens bei anderen Vergütungen – und in § 6 Abs. 2 InsVV nicht erwähnt – eine Bruchteilsregelung rechtfertigen mag, bei einer Stundenvergütung aber auch im Stundensatz Berücksichtigung finden kann.

34

Als **Stundensätze** werden in der insolvenzrechtlichen Literatur Beträge von 125 – 600[67] € genannt. Die Problematik bei Stundensätzen liegt darin, dass oftmals auf die Art der Tätigkeit rekurriert wird, obgleich tatsächlich die Qualifikation des Beauftragten einschlägig ist (vgl. § 17 Rz. 75 f.). Doch auch hierfür gehen publizierte Angaben weit auseinander. So finden sich bereits im Jahr 2005 in Abhängigkeit von Rechtsgebiet, Stellung innerhalb der Kanzlei und Lage der Kanzlei anwaltliche Stundensätze von 116 – 400 €, wobei JUVE aus 150 Antworten von 11.000 befragten Unternehmen aller Größen und Branchen einen durchschnittlichen Stundensatz von 285 € ermittelt habe,[68] wohlgemerkt im Jahr 2005, aber immerhin bezogen auf die Referenzgröße *Unternehmen*. Bei einer Wertsteigerung von ca. 20 % bis 2017[69] ergäbe sich ein Stundensatz in Höhe von 342 €. Neuere Recherchen führen für die auf ein Rechtsgebiet spezialisierten Rechtsanwälte zu Stundensätzen von 312 – 413 € (Restrukturierung/Sanierung 366 €[70]). Folglich kann ein Stundensatz von **350 €** nicht als unangemessen erscheinen. Für eine rein interne Beratung durch einen Rechtsanwalt in einem durchschnittlichen Mandat (folglich ohne eine insolvenzspezifische Haftung aus § 60 InsO gegenüber zahlreichen Beteiligten) hat die Rechtsprechung bereits einen Stundensatz von 275 € (Sachverhalt aus dem Jahr 2009) als üblich i. S. d. § 34 Abs. 1 RVG, § 612 Abs. 2 BGB anerkannt,[71] freilich inflationsbedingt anzupassen. Damit dürfte doch relativ eindeutig sein, dass sich alle Vorschläge unterhalb von 300 € verbieten.

35

---

65) Leonhardt/Smid/Zeuner/*Amberger*, InsVV, § 6 Rz. 14; Lorenz/Klanke/*Lorenz*, InsVV, § 6 Rz. 19; KPB-InsO/*Prasser*, § 6 InsVV Rz. 18 (Stand: 09/2015); MünchKommInsO/*Stephan*, § 6 InsVV Rz. 16.
66) So auch HambKommInsO/*Büttner*, § 6 InsVV Rz. 13; Graeber/*Graeber*, InsVV, § 6 Rz. 31.
67) Leonhardt/Smid/Zeuner/*Amberger*, InsVV, § 6 Rz. 14; HambKommInsO/*Büttner*, § 6 InsVV Rz. 13; *Haarmeyer/Mock*, InsVV, § 6 Rz. 17; KPB-InsO/*Prasser*, § 6 InsVV Rz. 18 (Stand: 09/2015).
68) AnwBl 2006, 473.
69) Vgl. auch Anh. XIV.
70) Siehe https://de.statista.com/statistik/daten/studie/309211/umfrage/stundensaetze-von-rechtsanwaelten-nach-fachgebiet/, [Stand: 13.3.2017); ebenso http://www.juve.de/rechtsmarkt/stundensaetze [Stand: 13.3.2017].
71) OLG Hamm, Urt. v. 7.7.2015 – 28 U 189/13, AnwBl 2016, 175.

c) Anwendung der §§ 4, 5 InsVV

36 § 5 InsVV gewährt dem Insolvenzverwalter keinen Vergütungsanspruch, sondern lediglich ein „Entnahmerecht" (zur Problematik siehe § 5 Rz. 14 ff.). Da dem planüberwachenden Insolvenzverwalter jedoch die Verwaltungs- und Verfügungsbefugnis über das Vermögen des Schuldners fehlt, kann § 5 InsVV keine Anwendung finden, denn ansonsten hätte § 5 InsVV die rechtliche Qualität bzw. den Aussagegehalt des § 80 Abs. 1 InsO, was evident nicht sein kann. Bei einer Vergütung nach Stundensätzen (Rz. 34 f.) würde § 5 InsVV überdies völlig verdrängt, da die besondere Sachkunde bereits bei der Bemessung des angemessenen Stundensatzes zu berücksichtigen ist. Soweit keine Stundenvergütung, sondern eine Bruchteilsvergütung (Rz. 32 f.) beantragt wird, ist die besondere Sachkunde bei der Findung des Bruchteils zu berücksichtigen, da § 6 Abs. 2 InsVV auf billiges Ermessen abstellt.

37 Hinsichtlich der Anwendung des **§ 4 InsVV** bei der Vergütung für Planüberwachung gemäß § 6 Abs. 2 InsVV gilt das zur Vergütung für Nachtragsverteilung Gesagte (Rz. 22 ff.) zunächst entsprechend. Fraglich allein ist, ob es bei der Planüberwachung eine Unterscheidung zwischen Regel- und Sonderaufgaben i. S. d. § 4 Abs. 1 Satz 3 InsVV geben kann. Dies ist zweifelhaft, da § 6 Abs. 2 InsVV gerade deswegen auf das billige Ermessen abstellt, weil es bei der Planüberwachung nur den Einzelfall zu betrachten gilt, was eine Aufteilung in Regel- und Sonderaufgaben ausschließt. Im Übrigen fehlt dem planüberwachenden Insolvenzverwalter die Verwaltungs- und Verfügungsbefugnis i. S. d. § 80 Abs. 1 InsO, sodass er eine Fremdvergabe bestimmter Aufgaben auf Kosten des schuldnerischen Vermögens rechtlich nicht veranlassen kann. Damit ist lediglich § 4 Abs. 1 Satz 3 InsVV ausgeschlossen, § 4 InsVV im Übrigen jedoch anwendbar.

d) Anwendung der §§ 7–9 InsVV – insbesondere Festsetzungsverfahren

38 Über die Ausführungen zur Nachtragsverteilung (Rz. 26) hinaus sind Besonderheiten bei der Vergütung für Planüberwachung lediglich beim **Festsetzungsverfahren** zu beachten, da die Kosten der Überwachung – plandisponibel[72)] – vom Schuldner selbst zu tragen sind (§ 269 Abs. 1 InsO) oder im Insolvenzplan der Übernahmegesellschaft auferlegt werden können (§§ 260 Abs. 3, 269 Satz 2 InsO).

39 Anders als bei der Vergütung für das eröffnete Insolvenzverfahren, das insoweit keinen Antragsgegner als Kostenschuldner kennt und in dem stattdessen der Insolvenzverwalter ermächtigt wird, die Vergütung der Masse zu entnehmen, bedarf es im Anwendungsbereich des § 6 Abs. 2 InsVV einer Festsetzung gegen den Zahlungspflichtigen. Hinsichtlich des **Schuldners** entsteht so im Wege der Festsetzung nach § 64 Abs. 1 InsO[73)] ein *Titel* i. S. d. § 794 Abs. 1 Nr. 3 ZPO.[74)] Funktional zuständig dürfte seit dem 1.1.2013[75)] wegen § 18 Abs. 1 Nr. 2 RPflG der Richter sein.

---

72) Uhlenbruck/*Lüer/Streit*, InsO, § 269 Rz. 1.
73) LG Memmingen, Beschl. v. 28.2.2011 – 44 T 207/11, ZInsO 2011, 1567.
74) Leonhardt/Smid/Zeuner/*Amberger*, InsVV, § 6 Rz. 16; KPB-InsO/*Prasser*, § 6 InsVV Rz. 16 (Stand: 09/2015).
75) Änderung des § 18 Abs. 1 RPflG durch das Gesetz zur weiteren Erleichterung der Sanierung von Unternehmen (ESUG) v. 7.12.2011 (BGBl. I 2011, 2582), mit Inkrafttreten zum 1.1.2013 (Art. 103g Satz 2 EGInsO).

Nach allgemeiner Ansicht wird die Vergütung erst mit Beendigung der Überwachungstätigkeit *fällig*.[76] Dem kann zumindest bei einer Stundenvergütung nicht gefolgt werden, hier tritt Fälligkeit sofort ein (vgl. § 17 Rz. 40 ff.). Nur nach der allgemeinen Ansicht stellt sich daher das Problem von *Vorschüssen*, wobei immerhin eine Anwendung des § 9 InsVV für zulässig erachtet wird.[77] Auch dies ist jedoch nicht unproblematisch, da die herrschende Ansicht in einer Vorschussgewährung keinen Titel sieht, was dem Insolvenzverwalter gerade im Bereich der Planüberwachung nichts nützt; auch insoweit wird diesseits eine abweichende Ansicht vertreten (zur Thematik siehe § 9 Rz. 64 ff.). Interessanter ist der Ansatz, § 292 Abs. 2 Satz 2 InsO analog zur Anwendung zu bringen.[78] Es ist tatsächlich nicht nachvollziehbar, dass der Treuhänder in der Wohlverhaltensphase die Überwachung der Obliegenheiten des Schuldners von einer Vorschussgewährung abhängig machen kann, der planüberwachende Insolvenzverwalter jedoch vergütungsrechtlich ein sehr viel höheres Risiko eingehen soll.

Hinsichtlich der **Übernahmegesellschaft** besteht ebenfalls keine Einigkeit. Teils 40 wird vertreten, auch hier könne vom Insolvenzgericht ein vollstreckbarer Titel gegen den Zahlungsverpflichteten erlassen werden.[79] Teils wird dagegen vertreten, das Insolvenzgericht könne nur die Höhe der Vergütung festsetzen; die Kostentragungspflicht der Übernahmegesellschaft müsse (zusätzlich) vor der ordentlichen Gerichtsbarkeit erstritten werden.[80] Zutreffend dürfte allerdings sein, dass dem Insolvenzgericht generell die Festsetzungsbefugnis fehlt, mithin die *ordentliche Gerichtsbarkeit* für Anspruchsgrund und -höhe zuständig ist, da es in der InsO keine Norm gibt, die es dem Insolvenzgericht zugestehen würde, über Ansprüche oder Verpflichtungen von Nicht-Beteiligten des Insolvenzverfahrens zu befinden. Die InsVV als bloße Verordnung i. S. d. Art. 80 Abs. 1 GG kann über den Regelungsgehalt der InsO zudem nicht hinausgehen, sodass das Insolvenzgericht insgesamt nicht gesetzlicher Richter i. S. d. Art. 101 Abs. 1 Satz 2 GG für den materiellrechtlichen Anspruch des Insolvenzverwalters gegen einen Dritten sein kann. Wenn es im Bereich der §§ 5, 4 Abs. 1 Satz 3, 8 Abs. 2 InsVV zulässig ist, dass das Insolvenzgericht den bürgerlich-rechtlichen Anspruch aus RVG oder StBVV überprüft, spricht nichts dagegen, § 6 Abs. 2 InsVV durch die ordentliche Gerichtsbarkeit anwenden zu lassen, da diese Norm ohnehin nur das billige Ermessen als einzige Rechtsfolge enthält. Zudem sind die ordentlichen Gerichte auch bei einer Schadenersatzklage gegen den Insolvenzverwalter im Anwendungsbereich des §§ 60, 92 Satz 2 InsO berechtigt, die Erfüllung der Tatbestände der InsVV zu prüfen.[81] Dieser Ansicht steht auch § 26a InsO nicht entgegen, da im dortigen An-

---

76) Für viele MünchKommInsO/*Stephan*, § 6 InsVV Rz. 18.
77) Leonhardt/Smid/Zeuner/*Amberger*, InsVV, § 6 Rz. 12; HambKommInsO/*Büttner*, § 6 InsVV Rz. 14; Lorenz/Klanke/*Lorenz*, InsVV, § 6 Rz. 20; MünchKommInsO/*Stephan*, § 6 InsVV Rz. 27.
78) *Haarmeyer/Mock*, InsVV, § 6 Rz. 15.
79) Lorenz/Klanke/*Lorenz*; InsVV, § 8 Rz. 20; KPB-InsO/*Prasser*, § 6 InsVV Rz. 16 (Stand: 09/2015); MünchKommInsO/*Stephan*, § 6 InsVV Rz. 24.
80) Uhlenbruck/*Lüer/Streit*, InsO, § 269 Rz. 3 w. w. N.
81) OLG Hamm, Urt. v. 23.10.2014 – 27 U 54/13, JurionRS 2014, 39532; OLG Köln, Beschl. v. 1.12.2005 – 2 U 76/05, JurionRS 2005, 35400.

wendungsbereich zwar eine Vergütung gegen einen Gläubiger festgesetzt werden kann, ein insolvenzantragstellender Gläubiger aber Partei bzw. Beteiligter des Insolvenzantragsverfahrens ist, während die Übernahmegesellschaft weder Partei noch Beteiligte des Insolvenzverfahrens wird.

41 Aus alledem ergibt sich im Übrigen, dass nicht die Gläubiger für die Vergütung haften, was eine **Rückstellung** für die Vergütung nach § 6 Abs. 2 InsVV im eröffneten Verfahren ebenso ausschließt[82] wie ein **Beschwerderecht der Insolvenzgläubiger** i. S. d. § 64 Abs. 3 InsO, und sich eine gewährte **Verfahrenskostenstundung** i. S. d. §§ 4a ff. InsO nicht auf die Vergütung nach § 6 Abs. 2 InsVV erstreckt.

---

82) A. A. offenbar *Haarmeyer/Mock*, InsVV, § 6 Rz. 15.

§ 7
Umsatzsteuer

Zusätzlich zur Vergütung und zur Erstattung der Auslagen wird ein Betrag in Höhe der vom Insolvenzverwalter zu zahlenden Umsatzsteuer festgesetzt.

Literatur: *Graeber*, Die Auswirkungen der Umsatzsteuererhöhung zum 1.1.2007 auf bereits festgesetzte Vergütungen und insbesondere auf Vergütungen in Altverfahren, ZInsO 2007, 21; *Janca*, Die Umsatzsteuersatzanhebung zum 1.1.2007 auf 19 % und die Auswirkungen auf die Gutachter- und Verwaltervergütung, ZInsO 2006, 1191; *Stadie*, Umsatzsteuerausgleich bei Vorschußzahlungen an den Konkursverwalter, ZIP 1996, 665.

Übersicht

I. Zweck der Norm 1	4. „Zahlung" bei Abtretung des Vergütungsanspruchs 13
II. Historie 5	5. „Zahlung" bei Einstellung mangels Masse (§ 207 InsO) 14
III. Rechtsnatur und Anspruchsgrundlage 7	6. Änderung des Steuersatzes 15
IV. Höhe der Umsatzsteuer 10	7. Vorsteuerabzug des Schuldners ... 25
1. Allgemeines 10	
2. Bemessungsgrundlage 11	
3. Definition des „Zahlens" 12	

I. Zweck der Norm

1 Die Norm verfolgt im Ergebnis den Zweck klarzustellen, dass die nach den übrigen Vorschriften der InsVV zu berechnende Vergütung der Höhe nach eine solche *vor* Betrachtung der Umsatzsteuerpflicht des Insolvenzverwalters sein soll. Daher sollen alle nach der InsVV zu berechnenden Beträge für Vergütungen und Auslagen als **Netto-Beträge** zu betrachten sein.[1]

2 Im kaufmännischen Geschäftsverkehr gibt es keinen Handelsbrauch des Inhalts, dass Preisangebote oder Vereinbarungen als netto zu verstehen sind.[2] Ohne gesonderte Absprachen ist die Umsatzsteuer im angebotenen oder vereinbarten Preis

---

1) *Graeber/Graeber*, InsVV, § 7 Rz. 2; *Haarmeyer/Mock*, InsVV, § 7 Rz. 1.
2) OLG Düsseldorf, Urt. v. 15.12.1975 – 12 U 1535/75, NJW 1976, 1268.

enthalten.[3] Dies gilt auch dann, wenn die Kalkulation offengelegt wird, aber eine Berücksichtigung von Umsatzsteuer nicht erkennbar ist.[4] Denn ohne ausdrückliche Vereinbarung ist die Umsatzsteuer unselbstständiger Bestandteil des bürgerlich-rechtlichen Entgelts, auch wenn der Vertragspartner zum Vorsteuerabzug berechtigt ist.[5]

Daher regeln Gebührenordnungen regelmäßig, dass zusätzlich zur bürgerlich-rechtlichen Vergütung Umsatzsteuer verlangt werden kann, wobei lediglich die Begrifflichkeiten unterschiedlich sind. So wird in KV 7008 der Anlage 1 zum RVG von einer *Auslage* gesprochen, nach § 15 Satz 1 StBVV ist die Umsatzsteuer der Vergütung *hinzuzurechnen*; Letzteres scheint die zutreffende Wortwahl zu sein, wenn die Umsatzsteuer unselbstständiger Bestandteil der Vergütung sein soll.[6] Dies korrespondiert mit der Formulierung in § 10 Abs. 1 Satz 2 UStG, wonach eben nicht Umsatzsteuer auf einen Netto-Betrag berechnet, sondern die Umsatzsteuer aus der (Brutto-)Vergütung herausgerechnet wird. In diesem Sinne formuliert auch § 7 InsVV, dass der Insolvenzverwalter Anspruch auf **Hinzurechnung** des Umsatzsteuerbetrages hat. 3

Die Unselbstständigkeit der Umsatzsteuer hat ferner zur Folge, dass sich Ansprüche gegen die Staatskasse bei gewährter **Verfahrenskostenstundung** immer auf die Gesamtvergütung einschließlich Umsatzsteuer beziehen.[7] 4

II. Historie

Die Norm ist seit Einführung der InsVV zum 1.1.1999[8] unverändert. 5

Nur der Vollständigkeit halber sei erwähnt, dass die Umsatzsteuer im Geltungsbereich der VergVO[9] anders geregelt war, was zu zahlreichen Diskussionen geführt hatte.[10] Auf eine Darstellung der Auseinandersetzungen wird jedoch verzichtet, da sich hieraus keine Erkenntnisse ergeben, die auch für die Auslegung des § 7 InsVV nützlich sein könnten. Maßgeblich allein ist, dass die Tätigkeit als Insolvenzverwalter inzwischen eindeutig als sonstige Leistung i. S. d. § 3 Abs. 9 Satz 1 UStG eingestuft wird.[11] 6

---

3) BGH, Urt. v. 28.2.2002 – I ZR 318/99, NJW 2002, 2312.
4) BGH, Urt. v. 11.5.2001 – V ZR 492/99, NJW 2001, 2464.
5) BGH, Beschl. v. 2.12.2010 – V ZB 52/10, NJW-RR 2011, 591.
6) Für die Vergütung des Konkursverwalters so bereits *Stadie*, ZIP 1996, 665.
7) *Haarmeyer/Mock*, InsVV, § 7 Rz. 1.
8) Insolvenzrechtliche Vergütungsverordnung (InsVV) v. 19.8.1998 (BGBl. I 1998, 2205), siehe Anh. III.
9) Verordnung über die Vergütung des Konkursverwalters, des Vergleichsverwalters, der Mitglieder des Gläubigerausschusses und der Mitglieder des Gläubigerbeirats v. 25.5.1960 (BGBl. I 1960, 329) in der letzten Fassung v. 11.6.1979 (BGBl. I 1979, 637), siehe Anh. II.
10) Zum letzten Streitstand siehe *Eickmann*, VergVO, § 4 Rz. 34 (halber Steuersatz) und BGH, Beschl. v. 20.11.2003 – IX ZB 469/02, ZIP 2004, 81 (Differenz zum ermäßigten Steuersatz) gegen *Haarmeyer/Wutzke/Förster*, VergVO, 1. Aufl. 1997, § 4 Rz. 44 (voller Steuersatz); zuletzt BGH, Beschl. v. 20.11.2003 – IX ZB 469/02, ZIP 2004, 81 (Differenz zwischen Regelsteuersatz und ermäßigtem Steuersatz).
11) Zum Konkursverwalter maßgeblich BFH, Vorbescheid v. 20.2.1986 – V R 16/81, ZIP 1986, 517.

III. Rechtsnatur und Anspruchsgrundlage

7 Da die Umsatzsteuer unselbstständiger Bestandteil der Vergütung des Insolvenzverwalters ist (Rz. 3), ist bereits § 63 Abs. 1 Satz 1 InsO Anspruchsgrundlage für die Gesamtvergütung. Daher richten sich die Fragen des **Anspruchsberechtigten**, der bürgerlich-rechtlichen **Anspruchsentstehung**, der **Fälligkeit**, der **Verjährung** und einer eventuellen **Verwirkung** nach dem Schicksaal der „Netto-Vergütung". Ob der Vergütungsberechtigte Unternehmer i. S. d. § 2 Abs. 1 UStG ist, obliegt zu prüfen nicht dem Insolvenzgericht; insoweit genügt die (konkludente) Behauptung des Vergütungsberechtigten (§ 4 InsO, § 104 Abs. 2 Satz 3 ZPO).

8 Aus vorstehenden Erwägungen gehört auch die Umsatzsteuer zu den **Verfahrenskosten** i. S. d. § 54 Nr. 2 InsO.

9 Dass die Umsatzsteuer nur unselbstständiger Bestandteil der Gesamtvergütung ist, hat auch eine verfahrensrechtliche Bedeutung. Denn § 7 InsVV regelt zugleich die **Festsetzung** der Umsatzsteuer, während die Netto-Beträge aus Vergütung und Auslagen nach § 8 InsVV festgesetzt werden sollen. Dies ist systematisch misslungen, denn keineswegs erfolgt eine gesonderte Festsetzung der Umsatzsteuer i. S. e. separaten Beschlusses. Nach richtiger Lesart (vgl. § 15 Satz 1 StBVV) ist die Umsatzsteuer der Vergütung und dem Auslagenersatz hinzuzurechnen. Die Festsetzung erfolgt unter teleologischer Erweiterung des § 8 Abs. 1 Satz 1 InsVV gemeinsam mit der Festsetzung von Vergütung und Auslagenersatz, die Umsatzsteuer muss in dem Beschluss freilich separat ausgewiesen werden.

IV. Höhe der Umsatzsteuer

1. Allgemeines

10 § 7 InsVV stellt auf die Höhe der **vom Insolvenzverwalter zu zahlenden Umsatzsteuer** ab. Dies wirft dogmatische und praktische Fragen auf:

2. Bemessungsgrundlage

11 Gemäß § 10 Abs. 1 Satz 1 UStG wird der steuerrelevante Umsatz nach dem Entgelt bemessen. Entgelt ist alles, was der Leistungsempfänger aufwendet, um die Leistung zu erhalten, jedoch abzüglich der Umsatzsteuer. Die vom Insolvenzverwalter „zu zahlende" Umsatzsteuer ist im Ergebnis die nach dem Regelsteuersatz des § 12 Abs. 1 UStG (derzeit 19 %) auf die nach §§ 1–6 InsVV ermittelte **Vergütung** zu berechnende Umsatzsteuer. Dies muss lediglich insoweit ergänzt werden, als auch auf **Auslagen** i. S. d. § 63 Abs. 1 Satz 1 InsO, § 8 Abs. 3 Satz 1 InsVV Umsatzsteuer anfällt,[12] da es sich bei diesen Auslagen regelmäßig nicht um durchlaufende Posten i. S. d. § 10 Abs. 1 Satz 6 UStG handelt, die ohne Ausweis von Umsatzsteuer weiterbelastet werden können; insoweit ist lediglich die Reihenfolge der Normen nicht ganz gelungen. Selbiges gilt für **Vorschüsse** nach § 9 InsVV, auf die ebenfalls Umsatzsteuer zu berechnen ist, da es sich um Anzahlungen handelt, die zu einem steuerrechtlichen Entstehen der Umsatzsteuer i. S. d. § 13 Abs. 1 Nr. 1 lit. a Satz 4

---

[12] FK-InsO/*Lorenz*, § 7 Rz. 4.

UStG und zu einem „zu zahlenden" Betrag i. S. d. § 7 InsVV führen.[13] Insgesamt gilt also, dass alle nach der InsVV zu berechnenden Beträge für Vergütungen und Auslagen als Netto-Beträge und damit als Bemessungsgrundlage auch für § 7 InsVV zu betrachten sind.[14] Nichts anderes gilt folglich für Auslagen i. S. d. § 4 Abs. 2, 3 Satz 2 InsVV.

3. Definition des „Zahlens"

Zunächst ist Tatbestandsmerkmal, welcher Umsatzsteuerbetrag vom Insolvenzverwalter gegenüber dem Finanzamt aus der Verwaltertätigkeit **zu deklarieren** ist. Denn auf eine Zwangssaldierung nach § 16 Abs. 2 UStG mit Vorsteuerabzugsposten des Insolvenzverwalters kommt es ersichtlich nicht an. Das Abstellen auf das „zahlen" in § 7 InsVV ist daher ebenso ein Anachronismus wie die Bezeichnung „Auslage" in KV 7008 der Anlage 1 zum RVG. Vielleicht sollte sich der Verordnungsgeber eher an § 15 Satz 1 StBVV orientieren. Auch bedarf es keines Nachweises der Zahlung, es kommt einzig auf das wohl stets erfüllte Tatbestandsmerkmal der Unternehmereigenschaft des Insolvenzverwalters gemäß § 2 Abs. 1 UStG an. Maßgeblich ist mithin nicht eine *tatsächliche Zahlung*, sondern das rechtliche *Zahlenmüssen*, das sich aber bereits aus der *Unternehmereigenschaft* des Insolvenzverwalters ergibt.

12

4. „Zahlung" bei Abtretung des Vergütungsanspruchs

Die ganze Struktur des Vergütungsrechts nach der InsVV und anderen Gebührenordnungen stellt darauf ab, dass der Beauftragte eine natürliche Person ist. Für die InsVV ist dies wegen des Merkmals der natürlichen Person i. S. d. § 56 Abs. 1 Satz 1 InsO selbstverständlich. Darüber hinaus gehen diese Gebührenordnungen davon aus, dass der Anspruchsinhaber – nach altem (Selbst-)Verständnis der Berufsträger – selbstständig tätig ist. Jedwede Besonderheiten, die aus gesellschaftsrechtlichen Zusammenschlüssen oder aus der Tendenz zu angestellten Berufsträgern resultieren, sind demnach nicht geregelt. Daher muss auch für § 7 InsVV gleichgültig sein, ob der Insolvenzverwalter persönlich, seine Kanzlei (Gesellschaft mit Verwalterbeteiligung) oder – bei angestellten Insolvenzverwaltern – der Arbeitgeber (Abschn. 2.2 Abs. 3 Satz 6, 7 UStAE) die Umsatzsteuer „zu zahlen" hat. Denn hier ist allein maßgeblich, dass die Umsatzsteuer unselbstständiger Bestandteil der Gesamtvergütung ist; wird die Gesamtvergütung durch Vertrag oder Gesetz an einen Dritten abgetreten und muss dieser die Umsatzsteuer abführen, ist dies für § 7 InsVV unerheblich. Das Tatbestandsmerkmal „vom Insolvenzverwalter zu zahlen" ist daher **nicht höchstpersönlich** zu erfüllen.[15]

13

5. „Zahlung" bei Einstellung mangels Masse (§ 207 InsO)

Zumindest theoretisch ergibt sich ein Problem bei beabsichtigter Einstellung des Insolvenzverfahrens nach § 207 InsO. Denn hier sind die Verfahrenskosten nicht gedeckt, der Insolvenzverwalter wird seine Vergütung nicht vollständig entnehmen

14

---

13) Die Erstreckung der Umsatzsteuer auf Vorschüsse wurde bereits zu Zeiten der Konkursordnung diskutiert und bejaht, siehe *Stadie*, ZIP 1996, 665. Dies hat jedoch nur noch historische Bedeutung.
14) *Graeber/Graeber*, InsVV, § 7 Rz. 2; *Haarmeyer/Mock*, InsVV, § 7 Rz. 1.
15) Nicht eindeutig *Keller*, Vergütung und Kosten, § 13 Rz. 55.

können, folglich muss er (als Soll-Versteuerer nach einer Berichtigung gemäß § 17 Abs. 2 Nr. 1 UStG) im Ergebnis auch nur anteilig Umsatzsteuer an das Finanzamt abführen. Dies mindert folglich den „zu zahlenden" Umsatzsteuerbetrag. Dies kann jedoch auf der Ebene des § 7 InsVV **nicht berücksichtigt** werden, da es ansonsten zu Zirkelschlüssen käme, die sowohl steuerlich als auch insolvenzvergütungsrechtlich nicht auflösbar wären. Im Übrigen würde sich am wirtschaftlichen Ergebnis auch nichts ändern.

6. Änderung des Steuersatzes

15   Bei Änderungen des Steuersatzes ist zu berücksichtigen, dass die Entstehung des bürgerlich-rechtlichen Anspruchs des Insolvenzverwalters auf Hinzurechnung der Umsatzsteuer vom steuerlichen Begriff des Entstehens (§ 38 AO) abweicht. Denn steuerlich entsteht die Umsatzsteuer in dem Zeitpunkt, in dem die Leistung ausgeführt wird (Abschn. 12.1 Abs. 2 Satz 1 UStAE), mithin erst mit der **Beendigung des Verwalteramts**, d. h. regelmäßig – ohne die Fälle einer vorzeitigen Amtsbeendigung – mit der Aufhebung oder Einstellung des Insolvenzverfahrens;[16] ungeklärt ist die Frage, ob es dabei auch auf die Rechtskraft des entsprechenden Beschlusses kommt.[17] An dieser Stelle folgt daraus lediglich, dass für die endgültige Vergütung nicht der Steuersatz im Zeitpunkt von Vergütungsantrag oder -festsetzung maßgeblich ist, sondern der Steuersatz im Zeitpunkt der Aufhebung bzw. Einstellung des Insolvenzverfahrens; denn § 7 InsVV stellt auf die vom Insolvenzverwalter "zu zahlende" Umsatzsteuer ab, sodass es allein auf die steuerliche Definition des Entstehens ankommt. Daraus folgt:

16   Ändert sich der Steuersatz zwischen Vergütungsantrag und Vergütungsfestsetzung, ist ein korrigierter Vergütungsantrag erforderlich und zulässig.

17   Ändert sich der Steuersatz zwischen Erlass des Vergütungsbeschlusses und der Aufhebung bzw. Einstellung des Insolvenzverfahrens, ist auf Antrag des Insolvenzverwalters der steuerliche Differenzbetrag nachträglich und zusätzlich festzusetzen, selbst wenn der Vergütungsbeschluss bereits in Rechtskraft erwachsen ist; insoweit ist eine Zweitfestsetzung erforderlich und zulässig.[18]

18   Die Tätigkeit als **Sachverständiger** gemäß § 4 InsO, § 402 ff. ZPO endet mit der Übergabe des Gutachtens an das Insolvenzgericht.[19]

19   Die Tätigkeit als **vorläufiger Insolvenzverwalter** endet automatisch mit Eröffnung des Insolvenzverfahrens, falls nicht die Sicherungsmaßnahme aus anderen Gründen vorher aufgehoben wird.

20   Die Tätigkeit als *Sachwalter* nach § 270a Abs. 1 Satz 2 InsO endet grundsätzlich mit Aufhebung bzw. Einstellung des Insolvenzverfahrens. Wird jedoch die **Eigenverwaltung** aufgehoben und ein Insolvenzverwalter bestellt, könnte dieser Amtswechsel zu einem abweichenden Ergebnis führen, wenn dies nicht nur als Änderung des

---

16) AG Potsdam, Beschl. v. 22.11.2006 – 35 IN 658/04, ZInsO 2006, 1263; zum Thema instruktiv *Janca*, ZInsO 2006, 1191.
17) Hierfür *Janca*, ZInsO 2006, 1191, 1193; ihm folgend *Graeber*, ZInsO 2007, 21.
18) FK-InsO/*Lorenz*, § 7 Rz. 5; einschränkend *Graeber*, ZInsO 2007, 21, 22.
19) *Haarmeyer/Mock*, InsVV, § 7 Rz. 4.

Aufgabenkreises, sondern als Beginn eines neuen Amtes definiert wird. Selbiges gilt umgekehrt für den *Insolvenzverwalter*, wenn die Eigenverwaltung nachträglich angeordnet wurde.

Auch das Amt des **vorläufigen Sachwalters** endet – falls nicht während des Antragsverfahrens ein vorläufiger Insolvenzverwalter eingesetzt wird oder der Insolvenzantrag zurückgenommen wird – mit Eröffnung des Insolvenzverfahrens. Allerdings soll der vorläufige Sachwalter keinen eigenständigen Vergütungsanspruch haben, seine Leistungen sollen lediglich als Zuschlag bei der Vergütung des endgültigen Sachwalters Berücksichtigen finden. Insoweit erfolgt eine Gesamtbetrachtung, für die Leistungen im Antragsverfahren soll lediglich ein Vorschuss gewährt werden (hierzu ausführlich § 12 Rz. 104 ff.).[20] Dies hätte zur Folge, dass es für § 7 InsVV bzw. einen geänderten Steuersatz überhaupt nicht auf eine Trennung von Antragsverfahren und eröffnetem Verfahren ankäme, denn:

Vorschüsse sind für die Anwendung des § 7 InsVV auf der *Brutto-Ebene* zu berücksichtigen. Von der endgültigen Brutto-Vergütung sind die Brutto-Vorschüsse abzuziehen. Für den Insolvenzverwalter bedeutet dies, dass die endgültige Vergütung mit aktuellem Steuersatz einzubuchen ist, gleichzeitig sind die Vorschüsse mit dem seinerzeitigen Steuersatz zu stornieren.

Zum Zeitpunkt der Beendigung der Tätigkeit als **Treuhänder** gemäß § 292 InsO siehe § 16 Rz. 20.

Bei der Tätigkeit als Mitglied des vorläufigen (§ 21 Abs. 2 Satz 1 Nr. 1a InsO), einstweiligen (§ 67 Abs. 1 InsO) und endgültigen (§ 68 Abs. 1 Satz 1 InsO) **Gläubigerausschusses** wird zu differenzieren sein. Bei einer *Stundenvergütung* handelt es sich um eine teilbare Leistung und somit steuerlich um eine Teilleistung i. S. d. § 13 Abs. 1 Nr. 1 lit. a Satz 2 UStG. Hier ist folglich maßgeblich, wann die Stunden geleistet wurden. Anderes gilt bei *abweichenden Vergütungsmethoden*, die auf eine Gesamtbetrachtung (dann unteilbare Leistung wie beim Insolvenzverwalter) abstellen.

7. Vorsteuerabzug des Schuldners

Ob der Schuldner zum Vorsteuerabzug berechtigt ist, ist für die Anwendung des § 7 InsVV ohne jeglichen Belang, da es ausschließlich auf die „vom Insolvenzverwalter zu zahlende" Umsatzsteuer ankommt. Sofern und soweit Vorsteuerabzugsberechtigung des Schuldners besteht, obliegt es dem Insolvenzverwalter aufgrund § 34 AO, § 155 InsO freilich, den Vorsteuererstattungsanspruch aus der Vergütung für die Masse geltend zu machen. Hierfür bedarf es einer Rechnung i. S. d. § 14 UStG.[21] Folge ist ein weiterer Massezufluss. Ob dieser wiederum die Berechnungsgrundlage für die Vergütung erhöht, ist einzig eine Frage des § 1 InsVV (§ 1 Rz. 153 ff.).

---

20) BGH, Beschl. v. 21.7.2016 – IX ZB 70/14, ZIP 2016, 1592.
21) BFH, Urt. v. 26.9.2012 – V R 9/11, ZInsO 2013, 354; Abschn. 15.2 Abs. 7 Satz 7 UStAE.

§ 8
Festsetzung von Vergütung und Auslagen

(1) ¹Die Vergütung und die Auslagen werden auf Antrag des Insolvenzverwalters vom Insolvenzgericht festgesetzt. ²Die Festsetzung erfolgt für Vergütung und Auslagen gesondert. ³Der Antrag soll gestellt werden, wenn die Schlußrechnung an das Gericht gesandt wird.

(2) In dem Antrag ist näher darzulegen, wie die nach § 1 Abs. 2 maßgebliche Insolvenzmasse berechnet worden ist und welche Dienst- oder Werkverträge für besondere Aufgaben im Rahmen der Insolvenzverwaltung abgeschlossen worden sind (§ 4 Abs. 1 Satz 3).

(3) ¹Der Verwalter kann nach seiner Wahl anstelle der tatsächlich entstandenen Auslagen einen Pauschsatz fordern, der im ersten Jahr 15 vom Hundert, danach 10 vom Hundert der Regelvergütung, höchstens jedoch 250 Euro je angefangenen Monat der Dauer der Tätigkeit des Verwalters beträgt. ²Der Pauschsatz darf 30 vom Hundert der Regelvergütung nicht übersteigen.

Literatur: *Bittmann*, Zur Strafbarkeit unrichtiger oder überhöhter Vergütungsanträge im Insolvenzverfahren, ZInsO 2009, 1437; *Blankenburg*, Ein vergütungsrechtlicher Bärendienst mit Folgen – Anmerkung zu BGH, Beschl. v. 16.2.2017, ZInsO 2017, 531; *Blersch*, Die vorzeitige Entnahme der Verwaltervergütung – unkalkulierbares Risiko für Verwalter und Windfall Profits für Gläubiger?, in: FS Kübler, 2015, S. 51; *Cranshaw*, Bemerkungen zu der Leistung der Insolvenzverwaltervergütung und zu der Erstattung von „Überzahlungen", ZInsO 2017, 989; *Franke/Burger*, Richter und Rechtspfleger im Insolvenzverfahren. Zur Zuständigkeitsabgrenzung, insbesondere bei der Vergütungsfestsetzung, NZI 2001, 403; *Frind*, Gültigkeit von thematischen Teil-Richtervorbehalten gem. § 18 Abs. 2 RPflG, ZInsO 2001, 993; *Fuchs*, Die Zuständigkeitsverteilung zwischen Richter und Rechtspfleger im Insolvenzeröffnungs- und eröffnetem Insolvenzverfahren, ZInsO 2001, 1033; *Ganter*, Paradigmenwandel bei der Insolvenzverwaltervergütung?, ZIP 2014, 2323; *Graeber*, Keine Strafbarkeit unrichtiger oder überhöhter Vergütungsanträge im Insolvenzverfahren, ZInsO 2010, 1972; *Graeber*, Rückzahlung und Verzinsung zu viel entnommener Verwaltervergütung, NZI 2014, 147; *Graeber/Graeber*, Die Beauftragung von Dienstleistern und deren Auswirkungen auf die Vergütung des Insolvenzverwalters – inklusive Exkurs zur Zuschlagsbemessung nach Marktkriterien, ZInsO 2013, 1284; *Haarmeyer*, Die Konkretisierung der Darlegungs- und Beweislast im Vergütungsfestsetzungsverfahren, ZInsO 2016, 2057; *Keller*, Bedarf es wirklich eine Reform des insolvenzrechtlichen Vergütungsrechts?, ZIP 2014, 2014; *Kirchhof*, Insolvenzrechtliche weitere Beschwerden im Zickzackkurs, ZInsO 2012, 16; *Laroche/Pruskowski/Schöttler/Siebert/Vallender*, 30 Monate ESUG – eine Zwischenbilanz aus insolvenzrichterlicher Sicht, ZIP 2014, 2153; *Lissner*, Der verwirkte Vergütungsanspruch, ZInsO 2017, 754; *Madaus*, Möglichkeiten und Grenzen von Insolvenzplanregelungen, ZIP 2016, 1141; *Madaus/Heßel*, Die Verwaltervergütung in Reorganisationsfällen – Unzulänglichkeiten und Reformansätze, ZIP 2014, 2088; *von der Meden/Solka*, Betrug durch fehlerhafte Abrechnungen des Insolvenzverwalters? – Zur Sperrwirkung des § 352 StGB, ZIP 2017, 941; *Mohrbutter/Drischler*, Richter- und Rechtspflegerzuständigkeit in Konkurs- und Vergleichsverfahren, NJW 1971, 361; *Reck*, Neues zur Rechtsbehelfsbelehrung in Internetveröffentlichungen, ZVI 2017, 95; *E. Schneider*, Der Kabinettsbefehl, ZInsO 1999, 276; *Schöttler*, Gerichtliche Bindung an Vergütungsvereinbarungen im Insolvenzplan?, NZI 2014, 852; *Smid*, Tituliierung des Vergütungsanspruchs des Insolvenzverwalters und des vorläufigen Verwalters – zugleich ein Beitrag zur Auslegung des § 26a InsO, ZIP 2014, 1714; *Uhlenbruck*, Die Zusammenarbeit von Richter und Rechtspfleger in einem künftigen Insolvenzverfahren, Rpfleger 1997, 356; *Uhlenbruck*, Ablehnung einer Ent-

Festsetzung von Vergütung und Auslagen　§ 8

scheidung über die Kosten des vorläufigen Insolvenzverwalters – ein Fall der Rechtsschutzverweigerung?, NZI 2010, 161; *Vill*, Zur Reform des insolvenzrechtlichen Vergütungsrechts, in: FS Kübler, 2015, S. 741; *Vorwerk*, Gläubigereinbeziehung in das Festsetzungsverfahren der Verwaltervergütung – Verfassungsmäßigkeit des § 64 II InsO, NZI 2011, 7; *Vuia*, Der Anspruch auf Gewährung rechtlichen Gehörs zu dem Vergütungsfestsetzungsantrag des (vorläufigen) Insolvenzverwalters nach §§ 26a, 63, 64 InsO, § 8 InsVV, ZInsO 2014, 1038; *Wimmer*, Der Rechtspfleger im neuen Insolvenzverfahren, InVo 1997, 316; *Zimmer*, Gesetz zur Änderung des § 522 ZPO (und des § 7 InsO!) – Das neue Beschwerderecht in Insolvenzsachen, ZInsO 2011, 1689; *Zimmer*, Gesetz über den Rechtsschutz bei überlangen Gerichtsverfahren und strafrechtlichen Ermittlungsverfahren – Auswirkungen auf die Insolvenzpraxis, ZInsO 2011, 2302; *Zimmer*, Praxisrelevante Auswirkungen des Gesetzes über den Rechtsschutz bei überlangen Gerichtsverfahren, InsbürO 2012, 342; *Zimmer*, Wann kann ein (vorläufiger) Sachwalter Gläubiger einer sonstigen Masseverbindlichkeit i. S. d. § 55 InsO sein? – Eigenverwaltung und Insolvenzvergütungsrecht, ZInsO 2013, 2305; *Zimmer*, Beschränkung der Vergütungsfestsetzung gegen die Staatskasse auf die Mindestvergütung (BGH – IX ZB 245/11) – rechtswidrige Verfahrenseröffnungen und „kalte" Versagung der Restschuldbefreiung?, InsbürO 2014, 162; *Zimmer*, Die Rückstellung für die Treuhändervergütung und ihre (Folge-)Probleme, InsbürO 2016, 324; *Zipperer*, Das Gesetz zur Einführung einer Rechtsbehelfsbelehrung im Zivilprozess und zur Änderung anderer Vorschriften vom 5.12.2012 und seine Auswirkungen auf die Insolvenzrechtspraxis, NZI 2013, 865.

Übersicht

I. Zweck, Anwendungsbereich und Rechtsnatur der Norm – Überblick zum Festsetzungsverfahren 1
II. Historie 4
1. Änderungen in der InsVV (Auslagenpauschbetrag) 4
2. Änderungen in der InsO (Abschaffung des § 7 InsO) 10
III. Vergütungsantrag 13
1. Antragserfordernis (§ 8 Abs. 1 Satz 1 InsVV) 13
2. Zeitpunkt des Antrags (§ 8 Abs. 1 Satz 3 InsVV) 14
 a) Allgemeines 14
 b) Insolvenzverwalter 15
 c) Treuhänder im Verbraucherinsolvenzverfahren alten Rechts 19
 d) Vorläufiger Insolvenzverwalter ... 20
 e) (Vorläufiger) Sachwalter 22
 f) Mitglieder des Gläubigerausschusses 23
 g) Treuhänder im Restschuldbefreiungsverfahren 24
 h) Sonderinsolvenzverwalter 25
 i) Verfahrenskoordinator 26
3. Inhalt des Vergütungsantrags 27
 a) Allgemeines 27
 b) Berechnungsgrundlage (§ 8 Abs. 2 InsVV) 30
  aa) Insolvenzverwalter 30
  bb) Treuhänder/Insolvenzverwalter im Verbraucherinsolvenzverfahren 33
  cc) Vorläufiger Insolvenzverwalter 34
  dd) (Vorläufiger) Sachwalter 36
  ee) Mitglieder des Gläubigerausschusses 37
  ff) Treuhänder im Restschuldbefreiungsverfahren 38
  gg) Sonderinsolvenzverwalter 39
  hh) Verfahrenskoordinator 40
 c) Regel-/Mindestvergütung 41
 d) Zu- und Abschläge 44
 e) Dienst- oder Werkverträge (§ 8 Abs. 2 InsVV) 48
 f) Auslagenersatz (§ 8 Abs. 3 InsVV) 56
  aa) Anspruchsgrundlage und persönlicher Anwendungsbereich 56
  bb) Einzelauslagen 58
  cc) Pauschbeträge 59
   (1) Allgemeines 59
   (2) Bezugsgröße 66
   (3) Relative Obergrenze (monatlich max. 250 €) 73
   (4) Absolute Obergrenze (30 % der Regelvergütung) 78
 g) Besondere Kostenerstattungen (§ 4 Abs. 2, Abs. 3 Satz 2 InsVV) 79
 h) Umsatzsteuer (§ 7 InsVV) 82
IV. Festsetzungsverfahren (§ 64 InsO) 83
1. § 8 InsVV vs. § 64 InsO – Anwendungsbereich 83
2. Zuständigkeit 87

299

§ 8 — Festsetzung von Vergütung und Auslagen

a) Sachliche und örtliche Zuständigkeit (§ 64 Abs. 1 InsO) ... 87
b) Funktionale Zuständigkeit 88
aa) nach Verfahrenseröffnung 88
bb) ohne Verfahrenseröffnung 91
3. Bindung an Vereinbarungen bzw. Gläubigervoten 93
4. Prüfung durch das Insolvenzgericht 94
a) Insolvenz- und Beschwerdegericht als Tatsacheninstanz 94
aa) Tatrichterliche Feststellungen 94
bb) Amtsermittlung/Beweisaufnahme 95
cc) Erschöpfende Antragserledigung 98
dd) Beschränkung durch den Vergütungsantrag 99
ee) Maßgeblicher Zeitpunkt 100
b) Ermessensausübung 101
aa) Anwendungsbereich 101
bb) Toleranzgrenze i. R. d. § 3 InsVV 103
c) Prüfung delegierter Aufgaben (§ 8 Abs. 2 InsVV) 105
d) Prüfung besonderer Kosten (§ 4 Abs. 2, Abs. 3 Satz 2 InsVV) 108
aa) Grundsatz 108
bb) Behandlung entnommener Beträge 109
e) Prüfung von Pflichtverletzungen (§§ 58, 60, 92 Satz 2 InsO) 111
f) Verwirkung 114
aa) Herleitung 114
bb) Erschleichen des Verwalteramts 116
(1) Vorherige Verurteilung 116
(2) Noch keine Verurteilung 117
cc) Pflichtverletzungen im konkreten Verfahren 121
dd) Auslagenersatzanspruch 123
g) Anhörungen 124
h) Bearbeitungsdauer, Verzinsung und Regress 128
5. Beschluss (§ 64 Abs. 1 InsO) 134
a) Allgemeines 134
b) Inhalt und Begründung 135
aa) Formalien/Titel 135
bb) Tatbestand und Entscheidungsgründe 136
cc) Beschränkung auf den beantragten Betrag 137
dd) Gesonderte Festsetzung von Auslagen (§ 8 Abs. 1 Satz 2 InsVV) 139
ee) Anrechnungen von Vorschüssen 140
ff) Rechtsmittelbelehrung 141
c) Verkündung 142
d) Zustellungen und Veröffentlichungen (§ 64 Abs. 2 InsO) 143
6. Rechtskraft und Zweitfestsetzung 145
V. **Sofortige Beschwerde** 148
1. Allgemeines 148
2. (Beginn der) Beschwerdefrist 150
3. Beschwerdeberechtigte 154
a) Vergütung des Insolvenzverwalters 154
b) Vergütung des vorläufigen Insolvenzverwalters 158
c) Vergütung des (vorläufigen) Sachwalters 162
d) Vergütung des Verfahrenskoordinators 163
e) Vergütung des Gruppenkoordinators 164
f) Vergütung eines Sonderinsolvenzverwalters 165
g) Vergütung der Gläubigerausschussmitglieder 166
h) Vergütung des Treuhänders im Restschuldbefreiungsverfahren 167
4. Beschwer und Rechtsschutzinteresse 168
5. Verschlechterungsverbot 170
VI. **Rechtsbeschwerde** 171
1. Zulassungsbeschwerde (Aufgaben des Beschwerdegerichts) 171
2. Einlegung der Beschwerde (Aufgaben des Beschwerdeführers) . 176
3. Entscheidung über die Rechtsbeschwerde (BGH) 177
VII. **Außerordentliche Beschwerde** 178
VIII. **Entnahme der Vergütung** 179
1. Entnahme im Allgemeinen 179
2. Quotelung bei Massearmut (§ 207 InsO) 181
3. Entnahmen bei eingelegten Rechtsmitteln 182
4. Einstandspflicht der Staatskasse (Stundung) 183
a) Persönlicher Anwendungsbereich 183
b) Trennung der Verfahrensabschnitte 184
c) Festsetzung und Rechtsmittel 186
d) Höhe der Einstandspflicht der Staatskasse 188
5. Rückzahlung von Überentnahmen 193

Festsetzung von Vergütung und Auslagen § 8

I. Zweck, Anwendungsbereich und Rechtsnatur der Norm – Überblick zum Festsetzungsverfahren

Gemäß § 64 Abs. 1 InsO setzt das Insolvenzgericht die Vergütung und die zu erstattenden Auslagen des *Insolvenzverwalters* fest. Dies gilt gleichermaßen für den *vorläufigen Insolvenzverwalter* (§ 21 Abs. 2 Satz 1 Nr. 1 InsO), den *Sachwalter* (§ 274 Abs. 1 InsO), den *vorläufigen Sachwalter* (§§ 270a Abs. 1 Satz 2, 274 Abs. 1 InsO), den *vorläufigen Sachwalter im Schutzschirmverfahren* (§§ 270b Abs. 2 Satz 1, 270a Abs. 1 Satz 2, 274 Abs. 1 InsO), den *Treuhänder im Verbraucherinsolvenzverfahren* alten Rechts (§ 313 Abs. 1 Satz 2 InsO a. F.[1]), den *Sonderinsolvenzverwalter*,[2] den *Verfahrenskoordinator* (§§ 269f Abs. 3, 269g Abs. 1 Satz 4 InsO[3]), die *Mitglieder von Gläubigerausschüssen* (§ 73 Abs. 2 InsO) und den *Treuhänder im Restschuldbefreiungsverfahren* (§ 293 Abs. 2 InsO) – also für alle Verfahrensbeteiligten mit einem Vergütungsanspruch nach der InsO, mithin z. B. nicht für etwaige Vergütungen des *gemeinsamen Vertreters der Anleihegläubiger*.[4] Gemäß § 65 InsO soll das Weitere eine Verordnung klären. Aufgrund dieser Ermächtigungsgrundlage wurde die InsVV erlassen. Hinsichtlich des *Gruppenkoordinators* in innereuropäisch grenzüberschreitenden Insolvenzverfahren ist dasjenige Insolvenzgericht, das das Gruppen-Koordinationsverfahren eröffnet hat, lediglich für die Verteilung der Kosten auf die gruppenangehörigen Insolvenzverfahren zuständig (Art. 77 Abs. 4 EuInsVO), nicht jedoch für die Festsetzung der Vergütung als solcher. 1

§ 8 Abs. 1 Satz 1 InsVV regelt ergänzend nur das *Antragserfordernis* für eine solche Vergütungsfestsetzung. § 8 Abs. 1 Satz 3 InsVV gibt einen geeigneten *Zeitpunkt* für diesen Antrag vor. § 8 Abs. 2 InsVV fordert über die verfahrensrechtlichen Selbstverständlichkeiten hinaus bestimmte *Inhalte des Antrags* ein. Insoweit handelt es sich um reine Verfahrensvorschriften. § 8 Abs. 3 InsVV regelt hingegen materiellrechtlich die *Höhe des Auslagenpauschalbetrages*. § 8 Abs. 1 Satz 2 InsVV ist wieder eine reine Verfahrensvorschrift, die eine *gesonderte Feststellung* von Vergütung und Auslagen verlangt. Insoweit ist die amtliche Überschrift „Festsetzung" eher verwirrend, denn § 8 InsVV enthält nichts, was im prozessualen Sinne als Anforderungen an einen gerichtlichen Beschluss zu verstehen wäre. Diesbezüglich muss stets auf Regelungen der ZPO zurückgegriffen werden. 2

Chronologisch geht es dann mit § 64 Abs. 2 InsO weiter, der *Zustellungen und Veröffentlichungen* des Vergütungsbeschlusses regelt, gefolgt von § 64 Abs. 3 Satz 1 InsO mit der Aufzählung der *Beschwerdeberechtigten*. Das Rechtsmittel der *sofortigen Beschwerde* ist in § 6 InsO, §§ 567 ff. ZPO geregelt, jedoch muss der Wert 3

---

1) § 313 InsO aufgehoben durch das Gesetz zur Verkürzung des Restschuldbefreiungsverfahrens und zur Stärkung der Gläubigerrechte v. 15.7.2013 (BGBl. I 2013, 2379), siehe Anh. XII Rz. 83.
2) BGH, Beschl. v. 29.5.2008 – IX ZB 303/05, Rz. 26, ZIP 2008, 1294; BGH, Beschl. v. 26.3.2015 – IX ZB 62/13, Rz. 6, ZIP 2015, 1034.
3) §§ 269a–269i InsO eingefügt durch das Gesetz zur Erleichterung der Bewältigung von Konzerninsolvenzen v. 13.4.2017 (BGBl. I 2017, 866) mit Inkrafttreten zum 21.4.2018 (Art. 10 des Änderungsgesetzes), siehe Anh. XV.
4) BGH, Beschl. v. 14.7.2016 – IX ZB 46/15, ZIP 2016, 1688; BGH, Urt. v. 12.1.2017 – IX ZR 87/16, Rz. 6, ZIP 2017, 383.

§ 8   Festsetzung von Vergütung und Auslagen

des Beschwerdegegenstands 200 € übersteigen (§ 64 Abs. 3 Satz 2 InsO, § 567 Abs. 2 ZPO). Gegen diese Beschwerdeentscheidung ist unter bestimmten Voraussetzungen die *Rechtsbeschwerde* möglich (**§ 4 InsO, §§ 574 ff. ZPO**).

II. Historie
1. Änderungen in der InsVV (Auslagenpauschbetrag)

4   § 8 Abs. 1 und 2 InsVV sind seit Einführung der InsVV zum 1.1.1999[5)] unverändert.

5   § 8 Abs. 3 Satz 1 InsVV sah in der ursprünglichen Fassung vor, dass Bemessungsgrundlage für die Berechnung des Auslagenpauschbetrages die gesetzliche Vergütung sein soll; der Höchstbetrag betrug 500 DM je angefangenem Monat. Mit dem Gesetz zur Einführung des Euro in Rechtspflegesetzen und in Gesetzen des Straf- und Ordnungswidrigkeitenrechts, zur Änderung der Mahnvordruckverordnungen sowie zur Änderung weiterer Gesetze vom 13.12.2001[6)] wurde der Pauschbetrag mit Wirkung zum **1.1.2002** auf 250 € abgeändert; einer Übergangsregelung bedurfte es nicht (§ 19 Rz. 13 ff.).

6   Mit der Verordnung zur Änderung der InsVV vom 4.10.2004[7)] wurde die Bemessungsgrundlage für den Pauschbetrag in § 8 Abs. 3 Satz 1 InsVV geändert. Bezugsgröße ist seither nicht mehr die gesetzliche Vergütung (einschließlich Zu- und Abschlägen i. S. d. § 3 InsVV), sondern die Regel- bzw. Mindestvergütung nach § 2 InsVV. Mit Einführung des § 8 Abs. 3 Satz 2 InsVV wurde der Pauschbetrag zugleich auf 30 % der Regelvergütung gekappt. Die Änderungen gelten für Verfahren, die ab dem **1.1.2004** eröffnet werden (§ 19 Abs. 1 InsVV). Streitig waren zunächst zwei Rechtsfragen:

7   Für den *vorläufigen Insolvenzverwalter* war unklar, zu welchem Stichtag sich die Neuregelung auswirken soll, da er in der vorherigen Diskussion um die Verfassungswidrigkeit der Mindestvergütung nicht thematisiert worden war. Eine Präzisierung erfolgte durch die Rechtsprechung[8)] dahingehend, dass es auch hier auf den Stichtag der Insolvenzeröffnung ankomme, sodass ein vor dem 1.1.2004 bestellter vorläufiger Insolvenzverwalter in einem ab dem 1.1.2004 eröffneten Insolvenzverfahren nur die reduzierte Auslagenpauschale neuen Rechts geltend machen kann. Kam es hier nicht zur Eröffnung des Insolvenzverfahrens, sollte auf den Zeitpunkt abzustellen sein, in dem bei Vorliegen der Eröffnungsvoraussetzungen eröffnet worden wäre; dies sei der Zeitpunkt der Abweisung des Eröffnungsantrags oder der sonstigen Beendigung des Eröffnungsverfahrens. Diese Formulierung des BGH[9)]

---

5)   Insolvenzrechtliche Vergütungsverordnung (InsVV) v. 19.8.1998 (BGBl. I 1998, 2205), siehe Anh. III.
6)   Gesetz zur Einführung des Euro in Rechtspflegesetzen und in Gesetzen des Straf- und Ordnungswidrigkeitenrechts, zur Änderung der Mahnvordruckverordnungen sowie zur Änderung weiterer Gesetze v. 13.12.2001 (BGBl. I 2001, 3574), siehe Anh. V.
7)   Verordnung zur Änderung der Insolvenzrechtlichen Vergütungsverordnung (InsVV) v. 4.10.2004 (BGBl. I 2004, 2569), siehe Anh. VII.
8)   BGH, Beschl. v. 6.4.2006 – IX ZB 109/05, ZIP 2006, 2228.
9)   BGH, Beschl. v. 6.4.2006 – IX ZB 109/05, Rz. 9, ZIP 2006, 2228.

ist sicher nicht erhellend, jedoch dürfte sich zumindest dieses Problem wegen Zeitablaufs und Verjährung nicht mehr stellen.

Generell stellte sich ferner die Frage der *Zulässigkeit der Rückwirkung* auf den 1.1.2004, da die Änderungsverordnung am 6.10.2004 verkündet wurde, mithin am 7.10.2004 in Kraft trat. Nach der Rechtsprechung liegt jedoch nur eine zulässige unechte Rückwirkung vor.[10] Der Streit dürfte sich durch Zeitablauf und Rechtsprechung erledigt haben (zu den Argumenten und aktueller Kritik siehe § 19 Rz. 24 f.).

8

Begründet wurde diese im Ergebnis fast schon dramatische Kürzung der Auslagenpauschale im Wesentlichen damit, dass Rechtspfleger unangemessen hohe Pauschalen moniert hätten und überdies durch eine unbegrenzte Pauschale keine falschen Anreize gesetzt werden dürften, die Verfahren nicht zügig abzuschließen.[11] Letzteres dürfte zutreffend sein, da es nach der vorherigen Regelung zumindest theoretisch möglich war, durch bewusste Untätigkeit Auslagenpauschalen zu generieren.

9

2. Änderungen in der InsO (Abschaffung des § 7 InsO)

Die InsO in ihrer ersten Fassung zum 1.1.1999 enthielt einen § 7 InsO, der die weitere sofortige Beschwerde vor dem Oberlandesgericht von einer Zulassung abhängig machte. Das Ziel einer einheitlichen Rechtsprechung ohne Einschaltung des BGH wurde jedoch verfehlt.[12] Daher wurde mit dem Gesetz zur Reform des Zivilprozesses vom 27.7.2001[13] mit Inkrafttreten zum 1.1.2002 (§ 26 EGZPO) die weitere sofortige Beschwerde abgeschafft und stattdessen die Rechtsbeschwerde (§§ 574 ff. ZPO) eingeführt. Gleichzeitig wurde § 7 InsO dahingehend geändert, dass die Rechtsbeschwerde in Insolvenzsachen (also dort, wo § 6 InsO die sofortige Beschwerde zulässt) ohne das Erfordernis einer Zulassung statthaft ist. Folge war (außerhalb des Insolvenzrechts) jedoch wiederum eine Zersplitterung der Rechtsprechung, da die Berufungsgerichte von der Möglichkeit der Zurückweisung der Berufung sehr unterschiedlich Gebrauch machten.[14]

10

Um diesem Missstand zu begegnen, führte das Gesetz zur Änderung des § 522 der Zivilprozessordnung vom 21.10.2011[15] mit einer Übergangsregelung auf den **27.10.2011** (§ 38a EGZPO) zu einer Reform des Berufungsrechts. Ausdrücklich zur Gegenfinanzierung einer hierdurch erwarteten Mehrbelastung des BGH wurde § 7 InsO geopfert, da im Insolvenzrecht ohnehin alle relevanten Fragen geklärt seien.[16] Für die restliche Anwendung des § 7 InsO sieht Art. 103f Satz 1 EGInsO vor, dass das neue Recht (Rechtsbeschwerde nur nach Zulassung durch das Beschwerdegericht) anwendbar ist auf Entscheidungen über die sofortige Beschwerde

11

---

10) BGH, Beschl. v. 25.10.2012 – IX ZB 242/11, ZIP 2013, 34.
11) Verordnung zur Änderung der Insolvenzrechtlichen Vergütungsverordnung (InsVV) v. 4.10.2004 (BGBl. I 2004, 2569), Begründung zur Änderung des § 8 InsVV, siehe Anh. VII Rz. 35.
12) KPB-InsO/*Prütting*, § 7 Rz. 3 (Stand: 04/2012).
13) Gesetz zur Reform des Zivilprozesses v. 27.7.2001 (BGBl. I 2001, 1887).
14) *Zimmer*, ZInsO 2011, 1689.
15) Gesetz zur Änderung des § 522 der Zivilprozessordnung v. 21.10.2011 (BGBl. I 2011, 2082).
16) Gesetz zur Änderung des § 522 der Zivilprozessordnung v. 21.10.2011 (BGBl. I 2011, 2082), Begründung zur Abschaffung des § 7 InsO, siehe Anh. X Rz. 4 und 8 ff.; *Zimmer*, ZInsO 2011, 1689, 1690.

nach § 6 InsO, bei denen die Frist des § 575 ZPO am 27.10.2011 noch nicht abgelaufen ist. Diese Übergangsregelung war zunächst unklar.[17] Die Rechtsprechung kam zu dem Ergebnis, dass § 7 InsO nur noch anzuwenden ist, wenn die mit der Rechtsbeschwerde anzufechtende Entscheidung des Beschwerdegerichts vor dem 27.10.2011 erlassen worden ist.[18]

12 In Ansehung der Notfrist für die Einlegung der Rechtsbeschwerde ist das Thema daher seit Ende des Jahres 2011 nicht mehr relevant. Vor dem Hintergrund, dass zu diesem Zeitpunkt bereits über das ESUG diskutiert wurde,[19] das einen nicht unerheblichen Paradigmenwechsel zur Folge hatte, wird die Abschaffung des § 7 InsO und die damit erforderliche Zulassung der Rechtsbeschwerde durch das Beschwerdegericht allerdings als **verfrüht**[20] bezeichnet. Die Landgerichte können bei derart zentralen Gesetzesänderungen nicht alleine darüber entscheiden, ob sie letzte Instanz sind; hier fehlen schlichtweg die Fachkompetenz und ein Verantwortungsgefühl für einheitliche Rechtsprechung. Ein Blick auf die Rechtsprechung zu den Fragen der Begründung von Masseverbindlichkeiten in der vorläufigen Eigenverwaltung und der Vergütung des vorläufigen Sachwalters zeigt dies deutlich. Nichts anderes wird sich zeigen bei der Frage der Verkürzung der Wohlverhaltensphase nach § 300 Abs. 1 Satz 2 InsO,[21] bei der Bestimmung der Vergütung des Verfahrenskoordinators[22] und bei der Verteilung der Kosten (Vergütung) des Gruppenkoordinators auf die gruppenangehörigen Insolvenzverfahren nach Art. 77 Abs. 4 EuInsVO.[23]

III. Vergütungsantrag

1. Antragserfordernis (§ 8 Abs. 1 Satz 1 InsVV)

13 Gemäß § 8 Abs. 1 Satz 1 InsVV ist für die Festsetzung der Vergütung stets ein Antrag des Anspruchsinhabers erforderlich. Dies ist ein verfahrensrechtliches und prozessuales Selbstverständnis. Der Antrag auf Festsetzung einer Vergütung muss stets **schriftlich** gestellt werden.[24] Was der Schriftform genügt, bestimmt sich nach allgemeinen Regeln.

---

17) *Zimmer*, ZInsO 2011, 1689, 1695.
18) BGH, Beschl. v. 20.12.2011 – IX ZB 294/11, ZInsO 2012, 218; BGH, Beschl. v. 14.2.2012 – IX ZA 2/12, WuM 2012, 170; BGH, Beschl. v. 10.5.2012 – IX ZB 295/11, ZIP 2012, 1146; BGH, Beschl. v. 10.5.2012 – IX ZB 296/11, ZInsO 2012, 1185.
19) Gesetzentwurf der Bundesregierung, BR-Drucks. 127/11 v. 4.3.2011.
20) KPB-InsO/*Prütting*, § 7 Rz. 6 (Stand: 04/2012); *Zimmer*, ZInsO 2011, 1689, 1696.
21) § 300 InsO geändert durch das Gesetz zur Verkürzung des Restschuldbefreiungsverfahrens und zur Stärkung der Gläubigerrechte v. 15.7.2013 (BGBl. I 2013, 2379), siehe Anh. XII.
22) §§ 269a–269i InsO eingefügt durch das Gesetz zur Erleichterung der Bewältigung von Konzerninsolvenzen v. 13.4.2017 (BGBl. I 2017, 866) mit Inkrafttreten zum 21.4.2018 (Art. 10 des Änderungsgesetzes), siehe Anh. XV.
23) Verordnung (EU) 2015/848 des Europäischen Parlaments und des Rates über Insolvenzverfahren (Neufassung) v. 20.5.2015 (ABl. EU v. 5.6.2015, L 141/19), in Kraft getreten zum 26.6.2017, siehe Anh. XIII.
24) BGH, Beschl. v. 7.12.2006 – IX ZB 1/04, Rz. 11, ZIP 2007, 647.

Festsetzung von Vergütung und Auslagen §8

2. Zeitpunkt des Antrags (§ 8 Abs. 1 Satz 3 InsVV)
a) Allgemeines
Ganz allgemein gilt, dass ein Vergütungsantrag gestellt werden kann, sobald die Vergütung fällig ist. 14

b) Insolvenzverwalter
Gemäß § 63 Abs. 1 Satz 2 InsO ist hinsichtlich der Höhe der Vergütung auf den Zeitpunkt der Beendigung des Insolvenzverfahrens abzustellen. Dies kann nicht wörtlich verstanden werden, da eine Beendigung des Insolvenzverfahrens erst mit Aufhebung bzw. Einstellung des Verfahrens eintritt. Zu diesem Zeitpunkt muss die liquide Insolvenzmasse bereits verteilt sein, was denklogisch voraussetzt, dass die Vergütung des Insolvenzverwalters entnommen, und ebenso denklogisch vorher festgesetzt wurde. Daher stellt § 1 Abs. 1 Satz 1 InsVV konkretisierend auf den Zeitpunkt der Schlussrechnung des Insolvenzverwalters ab. Diese Schlussrechnung wird erstellt, sobald der Insolvenzverwalter das Verfahren *subjektiv* für abschlussreif hält und die Schlussrechnung nebst Schlussbericht einreicht. Daher sieht § 8 Abs. 1 Satz 3 InsVV die zeitgleiche Einreichung des Vergütungsantrags vor. Es ist jedoch zu präzisieren, dass nicht nur eine **Schlussrechnung tatsächlich eingereicht** werden muss; erforderlich ist ferner, dass überhaupt eine **Schlussrechnung (zeitlich) möglich** ist, also *objektiv* Abschlussreife des Insolvenzverfahrens vorliegt. Zum Zeitpunkt einer Zweitfestsetzung der Vergütung bei nachträglichen Massezuflüssen siehe Rz. 145 ff. 15

Bei **vorzeitiger Amtsbeendigung**, etwa durch Tod, Entlassung (§ 59 InsO), Wahl eines neuen Insolvenzverwalters (§§ 56a, 57 InsO) oder nachträgliche Anordnung der Eigenverwaltung, ist eine Schlussrechnung (§ 1 Rz. 175) erst nach Amtsbeendigung möglich und setzt ersichtlich nicht die Abschlussreife des Verfahrens voraus. 16

Bei **vorzeitiger Verfahrensbeendigung** (§§ 212, 213 InsO) richtet sich die Frage des Zeitpunkts eines Vergütungsantrags nach dem Einzelfall. Einer Schlussrechnung bedarf es freilich auch hier (§ 1 Rz. 164 ff.). 17

Bei einem **Insolvenzplanverfahren** muss ein Vergütungsantrag schon vor der Schlussrechnung möglich sein.[25] Dies ergibt sich daraus, dass die Vorlage einer Schlussrechnung in diesem Fall gemäß § 66 Abs. 1 Satz 2 InsO disponibel sein soll, jedenfalls aber erst nach dem Abstimmungs- und Erörterungstermin (§ 235 InsO) fällig wäre. Im Hinblick auf § 58 InsO (Überwachungspflicht) und die Berechnungsgrundlage für die Vergütung (§ 1 Rz. 170 ff.) scheint daher zweifelhaft, ob die Disponibilität der Schlussrechnung auch gegenüber dem Insolvenzgericht gelten kann.[26] 18

c) Treuhänder im Verbraucherinsolvenzverfahren alten Rechts
Aufgrund des Generalverweises in § 10 InsVV gilt § 8 Abs. 1 Satz 3 InsVV auch für den Treuhänder im Verbraucherinsolvenzverfahren alten Rechts (§ 313 InsO a. F.[27]). 19

---

[25] KPB-InsO/*Prasser*, § 8 InsVV Rz. 3 (Stand: 09/2015).
[26] *Zimmer*, Insolvenzbuchhaltung, Rz. 1104 ff.
[27] § 313 InsO aufgehoben durch das Gesetz zur Verkürzung des Restschuldbefreiungsverfahrens und zur Stärkung der Gläubigerrechte v. 15.7.2013 (BGBl. I 2013, 2379), siehe Anh. XII Rz. 83.

Abweichungen zu den Ausführungen zum Vergütungsantrag des Insolvenzverwalters sind nicht ersichtlich.

d) Vorläufiger Insolvenzverwalter

20 Wegen des Generalverweises in § 10 InsVV gilt § 8 Abs. 1 Satz 3 InsVV auch für den vorläufigen Insolvenzverwalter. Allerdings ist hier eine Soll-Vorgabe für den Zeitpunkt des Antrags fraglich. Zwingend scheint einzig die Einreichung des Antrags **spätestens** mit Einreichung der Schlussrechnung und des Vergütungsantrags für das eröffnete Verfahren (arg.: § 63 Abs. 3 Satz 4 InsO, § 11 Abs. 2 InsVV).

21 Soweit in § 8 Abs. 1 Satz 3 InsVV auf eine Schlussrechnung rekurriert wird, gilt stattdessen für den vorläufigen Insolvenzverwalter eine Bezugnahme auf die Bezifferung der Vermögenswerte i. S. d. § 63 Abs. 3 Satz 3 InsO, § 11 Abs. 1 InsVV, wofür regelmäßig auf das Eröffnungsgutachten oder das Masseverzeichnis i. S. d. § 151 InsO abgestellt wird. Folglich wird ein Vergütungsantrag **frühestens** nach Eröffnung des Insolvenzverfahrens zulässig sein. Die Schlussrechnung des vorläufigen Insolvenzverwalters, erforderlich gemäß §§ 21 Abs. 2 Satz 1 Nr. 1, 66 Abs. 1 Satz 1 InsO, hat insoweit lediglich ergänzenden und erläuternden Charakter. Bei Nicht-Eröffnung des Insolvenzverfahrens kann ein Vergütungsantrag gestellt werden, sobald die vorläufige Verwaltung als Sicherungsmaßnahme aufgehoben wurde oder das Insolvenzgericht die Aufhebung einer solchen Maßnahme ankündigt.

e) (Vorläufiger) Sachwalter

22 Aufgrund des Generalverweises in § 10 InsVV gilt § 8 Abs. 1 Satz 3 InsVV auch für den **Sachwalter**. Eine Besonderheit ergibt sich im Zusammenhang mit § 8 Abs. 1 Satz 3 InsVV lediglich insoweit, als die Schlussrechnung vom Schuldner selbst zu erstellen (§ 281 Abs. 3 Satz 1 InsO), jedoch vom Sachwalter zu prüfen ist (§ 281 Abs. 3 Satz 2 i. V. m. Abs. 1 Satz 2 InsO), ergänzt um eine eigenständige Schlussrechnung des Sachwalters hinsichtlich des Aufgabengebiets aus § 280 InsO.[28] Ob für den **vorläufigen Sachwalter** ein eigenständiger Vergütungsantrag möglich ist, ist streitig (ausführlich § 12 Rz. 104 ff.).

f) Mitglieder des Gläubigerausschusses

23 Zu den Besonderheiten der Vergütungsanträge von Mitgliedern eines Gläubigerausschusses siehe die Kommentierung zu § 17 InsVV.

g) Treuhänder im Restschuldbefreiungsverfahren

24 Zu den Besonderheiten des Vergütungsantrags des Treuhänders im Restschuldbefreiungsverfahren gemäß § 292 InsO siehe die Kommentierungen zu §§ 14–16 InsVV.

h) Sonderinsolvenzverwalter

25 Zu den Besonderheiten bei der Vergütung eines Sonderinsolvenzverwalters siehe § 1 Rz. 7.

---

[28] *Zimmer*, Insolvenzbuchhaltung, Rz. 42.

i) Verfahrenskoordinator

Zu den Besonderheiten des Vergütungsantrags des Verfahrenskoordinators nach 26
§ 269e InsO[29] siehe die Kommentierungen zu § 1 InsVV (§ 1 Rz. 190 ff.) und § 3
InsVV (§ 3 Rz. 229 ff.).

3. Inhalt des Vergütungsantrags

a) Allgemeines

Die Feststellungslast für Tatsachen, die seine Vergütungsforderung begründen, 27
trifft nach allgemeinen Grundsätzen den Insolvenzverwalter[30] bzw. allgemein den
Antragsteller. Die beantragte Vergütung muss daher **konkret beziffert** werden.[31]
Der Antrag muss so formuliert sein, dass – im besten Fall – die Vergütung antragsgemäß festgesetzt werden kann, ohne dass seitens des Gerichts eigene Berechnungen oder Überlegungen erforderlich werden. Dies bezieht sich sowohl auf die beantragten Beträge für Vergütung, Auslagen und Umsatzsteuer als auch auf die **Begründung** der einzelnen Elemente des Vergütungsantrags, wie z. B. notwendige Vergleichsrechnungen, Zuschlagsbegründungen etc. Denn das Insolvenzgericht ist zu eigenen Amtsermittlungen erst verpflichtet, wenn der Vergütungsantrag die erforderlichen tatsächlichen Grundlagen enthält.[32] Dem Gericht muss folglich der gesamte entscheidungsrelevante Sachverhalt dargestellt werden, da es sonst schon an der Schlüssigkeit des Antrags fehlen kann.[33] Dabei kann grundsätzlich auf den i. d. R. zeitgleich eingereichten Schlussbericht verwiesen werden, jedoch nicht pauschal. Der Zusammenhang zwischen Sachverhalt und Vergütungsrelevanz muss ohne zusätzliche Anstrengungen des Lesers erkennbar sein, insbesondere ist es nicht Aufgabe des Insolvenzgerichts, die ganze Gerichtsakte daraufhin durchzusehen, ob der im Vergütungsantrag in Bezug genommene Sachverhalt zu irgendeinem Zeitpunkt dem Gericht mitgeteilt wurde. Das Gegenteil ist der Fall, sodass Schlussbericht und Vergütungsantrag ersichtlich nicht im Widerspruch zu früheren Berichten stehen dürfen.

Hilfsanträge sind nach allgemeinen Regeln zulässig. Dies kann sich z. B. darauf 28
beziehen, dass hilfsweise ein zweiter Zuschlag beantragt wird, falls der erste nicht
anerkannt werden sollte,[34] aber auch auf den Fall, dass im Einzelfall verschiedene
Berechnungsmethoden zulässig sein sollten. Es muss jedoch ein Hauptantrag erkennbar sein, denn **bedingte Anträge** sind nach allgemeinen zivilprozessualen Regeln unzulässig.

---

29) §§ 269a–269i InsO eingefügt durch das Gesetz zur Erleichterung der Bewältigung von Konzerninsolvenzen v. 13.4.2017 (BGBl. I 2017, 866) mit Inkrafttreten zum 21.4.2018 (Art. 10 des Änderungsgesetzes), siehe Anh. XV.
30) BGH, Beschl. v. 29.3.2012 – IX ZB 134/09, Rz. 6, ZInsO 2012, 1236.
31) Leonhardt/Smid/Zeuner/*Amberger*, InsVV, § 8 Rz. 8 m. w. N.; KPB-InsO/*Prasser*, § 8 InsVV Rz. 4 m. w. N. (Stand: 09/2015).
32) BGH, Beschl. v. 7.12.2006 – IX ZB 1/04, Rz. 13, ZIP 2007, 647; BGH, Beschl. v. 16.10.2008 – IX ZB 247/06, NZI 2009, 57.
33) *Haarmeyer*, ZInsO 2016, 2057, 2061.
34) BGH, Beschl. v. 25.10.2007 – IX ZB 55/06, ZInsO 2007, 1272.

29 Im Grunde lässt sich dies alles sehr einfach zusammenfassen: Der Vergütungsantrag muss auf dem Niveau eines anwaltlichen Schriftsatzes im Rahmen einer **Zahlungsklage** erstellt werden. Wo dort Beweisanträge erforderlich wären, müssen die Ausführungen im Vergütungsantrag so dezidiert sein, dass der Beweis gleich als tatsächlich erbracht gelten kann. Hinsichtlich der rechtlichen Würdigung muss der Antragsteller darlegen, mit welcher Argumentation er von einer herrschenden Meinung bzw. höchstrichterlichen Rechtsprechung abweichen möchte. Nicht selten finden sich Ausführungen, die von der Hoffnung geprägt sind, der Rechtspfleger kenne die einschlägige Rechtsprechung nicht; diese Vorgehensweise ist bedenklich.

b) Berechnungsgrundlage (§ 8 Abs. 2 InsVV)

aa) Insolvenzverwalter

30 In dem Vergütungsantrag ist näher darzulegen, wie die nach § 1 Abs. 2 InsVV maßgebliche Insolvenzmasse berechnet worden ist (§ 8 Abs. 2 InsVV). Dabei kann regelmäßig auf die **Schlussrechnung** verwiesen werden. Da jedoch die Standardisierung der von Insolvenzverwaltern eingesetzten Kontenpläne noch ein recht junger Prozess ist[35] und insbesondere in älteren Verfahren kanzleispezifische Kontenpläne eingesetzt wurden (und noch werden), empfiehlt es sich, im Vergütungsantrag anhand der verschiedenen Abgrenzungen des § 1 Abs. 2 InsVV entsprechende Ausführungen zu machen. Es genügt nicht, auf Ausdrucke von Vergütungsmodulen der Verwalter-Software zu verweisen. Besondere Schwerpunkte sind die Abgrenzung von abwicklungsbedingten und fortführungsbedingten Geschäftsvorfällen, die Abgrenzung von freier Masse und Geschäftsvorfällen unter Berücksichtigung von Aus- und Absonderungsrechten sowie die Abgrenzung der Geschäftsvorfälle des eröffneten Verfahrens von denjenigen des Antragsverfahrens. Sofern bereits auf der Ebene des § 1 InsVV eine Vergleichsrechnung erforderlich ist (Mehrvergütung gemäß § 1 Abs. 2 Nr. 1 Satz 2 InsVV), ist dies entsprechend zu erläutern. Selbiges gilt für Zahlungen an Aus- und Absonderungsberechtigte, ohne dass entsprechende Einnahmen aus der Schlussrechnung ersichtlich wären (z. B. Abfindungen gemäß § 1 Abs. 2 Nr. 2 InsVV).

31 Inhaltlich kann vollständig auf die Kommentierung zu § 1 verwiesen werden. Was dort als problematisch erkannt wurde, ist im Vergütungsantrag entsprechend zu würdigen, da es nicht Aufgabe des Insolvenzgerichts ist, aktiv nach Problemen zu suchen. Insbesondere wenn der Insolvenzverwalter einschlägige Rechtsprechung als nicht zutreffend erachtet, hat er das Insolvenzgericht darauf hinzuweisen, damit sich der Rechtspfleger (Tatrichter) selbst eine rechtliche Auffassung bilden kann. Ansonsten muss der Rechtspfleger davon ausgehen können, dass der Insolvenzverwalter bei der Erstellung der Schlussrechnung zumindest die wichtigsten Leitentscheidungen der Rechtsprechung berücksichtigt hat, soweit sie die Berechnungsgrundlage betreffen. Noch weitergehend wird behauptet, der Insolvenzverwalter erkläre mit der Schlussrechnung bzw. mit dem Vergütungsantrag konkludent, die InsVV eingehalten zu haben; erwiese sich dies als falsch, weil vergütungsmindernde Tatsachen verschwiegen wurden, sei dies betrugsrelevant,[36] wobei

---

35) *Zimmer*, Insolvenzbuchhaltung, Rz. 486 ff.
36) *Bittmann*, ZInsO 2009, 1437, 1440.

alternativ auch Gebührenüberhebung (§ 352 StGB) in Betracht kommt.[37] Da der Kontenplan für die Verwalterbuchführung dem Vergütungsrecht folgt, würde aus der *Rechtsauffassung* für die Auswahl des entsprechenden Sachkontos folglich eine *Tatsachenbehauptung*.

Auch wenn § 8 Abs. 2 InsVV die Insolvenzmasse nach § 1 Abs. 2 InsVV in Bezug nimmt, gilt die Darlegungslast auch hinsichtlich der Heranziehung von **Schätzwerten** nach § 1 Abs. 1 Satz 2 InsVV. 32

bb) Treuhänder/Insolvenzverwalter im Verbraucherinsolvenzverfahren

Für den Treuhänder im Verbraucherinsolvenzverfahren alten Rechts (§ 313 InsO a. F.[38]) gelten keine Besonderheiten, da auch er eine Schlussrechnung zu erstellen hat. Aufgrund des Generalverweises in § 10 InsVV ist auch hier auf die Berechnungsgrundlage des § 1 Abs. 2 InsVV abzustellen. Nichts anderes gilt nun für den Insolvenzverwalter im Verbraucherinsolvenzverfahren. § 13 InsVV hat hinsichtlich der Bezugnahme auf eine Schlussrechnung keine Änderung erfahren. 33

cc) Vorläufiger Insolvenzverwalter

Für den vorläufigen Insolvenzverwalter enthält § 10 InsVV zwar einen Verweis auf §§ 1–9 InsVV, jedoch findet sich für ihn eine spezielle Berechnungsgrundlage in § 63 Abs. 3 InsO i. V. m. § 11 Abs. 1 InsVV. Maßgeblich sind hier nicht Einnahmen und Ausgaben wie beim Insolvenzverwalter (Stichwort Gewinn- und Verlustrechnung), sondern Bestände i. S. v. Aktiva und Passiva (Stichwort: Bilanz). Insoweit kann auf die Kommentierung zu § 11 InsVV verwiesen werden. Die Berechnungsgrundlage ergibt sich aus dem darzustellenden Wert bestimmter Vermögensgegenstände, wobei grundsätzlich auf das Eröffnungsgutachten oder das Masseverzeichnis gemäß § 151 InsO und ergänzende Erläuterungen rekurriert werden kann. Hinsichtlich der Bezifferung, Begründungspflicht und Darlegungslast gelten die für den Insolvenzverwalter aufgestellten Regeln. 34

Für den Vergütungsantrag sind jedoch folgende Punkte hervorzuheben: 35

– Der Grundgedanke, dass bei einer **Betriebsfortführung** nur der Überschuss vergütungsrelevant ist (§ 1 Abs. 2 Nr. 4 Satz 2 lit. b InsVV), gilt auch für den vorläufigen Insolvenzverwalter. Daher sind Verbindlichkeiten, die in der vorläufigen Verwaltung begründet wurden, jedoch während der vorläufigen Verwaltung noch nicht zu einer Ausgabe geführt haben, zu passivieren.[39] Gleichfalls sind Forderungen, die in der vorläufigen Verwaltung begründet, aber noch nicht zu einer Einnahme geführt haben, zu aktivieren (zur zeitlichen Abgrenzung der Verfahrensabschnitte siehe auch § 1 Rz. 140 ff.).[40]

---

37) *Von der Meden/Solka*, ZIP 2017, 941.
38) § 313 InsO aufgehoben durch das Gesetz zur Verkürzung des Restschuldbefreiungsverfahrens und zur Stärkung der Gläubigerrechte v. 15.7.2013 (BGBl. I 2013, 2379), siehe Anh. XII Rz. 83.
39) BGH, Beschl. v. 27.9.2012 – IX ZB 243/11, Rz. 6, ZInsO 2013, 840.
40) BGH, Beschl. v. 16.11.2006 – IX ZB 302/05, Rz. 14, ZIP 2007, 284; BGH, Beschl. v. 26.4.2007 – IX ZB 160/06, ZIP 2007, 1330.

§ 8   Festsetzung von Vergütung und Auslagen

- Grundsätzlich soll dem Insolvenzgericht nicht zugemutet werden können, anhand der Verfahrensdaten zu prüfen, welche Übergangsregelungen bei Gesetzesänderungen einschlägig sind, sodass der vorläufige Insolvenzverwalter z. B. im Zusammenhang mit der wechselvollen Geschichte der Einbeziehung der **Aus- und Absonderungsgüter** in die Berechnungsgrundlage (§ 11 Rz. 67 ff.) verpflichtet sein soll, ausdrücklich darauf hinzuweisen, welches Recht zur Anwendung kommt.[41]
- Gemäß § 63 Abs. 3 Satz 4 InsO, § 11 Abs. 2 InsVV besteht eine sog. **Abänderungsbefugnis** des Insolvenzgerichts zu späterem Zeitpunkt (§ 11 Rz. 144 ff.). Dies jedoch nur dann, wenn die Festsetzung der Vergütung des vorläufigen Insolvenzverwalters erfolgt ist, *bevor* eine Verwertung der für die Berechnungsgrundlage herangezogenen Vermögensgegenstände erfolgt ist. Je nach Zeitpunkt der Stellung des Vergütungsantrags des vorläufigen Insolvenzverwalters muss in dem Antrag darauf hingewiesen werden, ob die Verwertung bereits erfolgt ist und ob bei der Ermittlung der Berechnungsgrundlage auf tatsächliche *Einnahmen* oder auf ursprünglich prognostizierte Werte der *Aktiva* abgestellt wird; dem Insolvenzgericht ist nicht zuzumuten, dies selbst herauszufinden, da es sich um Tatsachenbehauptungen des (vorläufigen) Insolvenzverwalters handelt.

dd) (Vorläufiger) Sachwalter

36   Aufgrund des Generalverweises in § 10 InsVV gilt § 1 Abs. 2 InsVV auch für die Bestimmung der Berechnungsgrundlage für die Vergütung des Sachwalters. Hier sind jedoch einige Besonderheiten zu berücksichtigen (§ 12 Rz. 24 ff.), auf die im Vergütungsantrag einzugehen ist. Weitere Besonderheiten ergeben sich für den vorläufigen Sachwalter (§ 12 Rz. 101 ff.), auf die ebenfalls im Vergütungsantrag einzugehen ist. Hinsichtlich der Bezifferung, Begründungspflicht und Darlegungslast gelten die für den Insolvenzverwalter aufgestellten Regeln.

ee) Mitglieder des Gläubigerausschusses

37   Wegen der Berechnungsgrundlage für die Vergütung der Mitglieder von Gläubigerausschüssen sei auf die Kommentierung zu § 17 InsVV verwiesen. Hinsichtlich der Bezifferung, Begründungspflicht und Darlegungslast gelten die für den Insolvenzverwalter aufgestellten Regeln.

ff) Treuhänder im Restschuldbefreiungsverfahren

38   Wegen der Berechnungsgrundlage für die Vergütung des Treuhänders im Restschuldbefreiungsverfahren nach § 292 InsO sei auf die Kommentierung zu § 14 InsVV verwiesen. Hinsichtlich der Bezifferung, Begründungspflicht und Darlegungslast gelten die für den Insolvenzverwalter aufgestellten Regeln.

gg) Sonderinsolvenzverwalter

39   Wegen der Berechnungsgrundlage für die Vergütung eines Sonderinsolvenzverwalters sei auf § 1 Rz. 7 verwiesen. Hinsichtlich der Bezifferung, Begründungspflicht und Darlegungslast gelten die für den Insolvenzverwalter aufgestellten Regeln.

---

41) Vgl. BGH, Beschl. v. 7.12.2006 – IX ZB 1/04, Rz. 13, ZIP 2007, 647.

hh) Verfahrenskoordinator

Wegen der Berechnungsgrundlage für die Vergütung des Verfahrenskoordinators nach § 269e InsO[42] sei auf die Kommentierung zu § 1 InsVV (§ 1 Rz. 190 ff.) verwiesen. Hinsichtlich der Bezifferung, Begründungspflicht und Darlegungslast gelten die für den Insolvenzverwalter aufgestellten Regeln.

c) Regel-/Mindestvergütung

Nachdem die Berechnungsgrundlage dargestellt wurde, muss der Vergütungsantrag die Bezifferung der **Regelvergütung** enthalten. Meist ist § 2 Abs. 1 InsVV maßgeblich, wobei eine Mehrvergütung nach § 1 Abs. 2 Nr. 1 Satz 2 InsVV zur *erhöhten Regelvergütung* führt (§ 1 Rz. 73 ff.). Insbesondere kann unter dem Stichwort der inflationsbedingten Anpassung eine verfassungskonforme Auslegung des § 2 Abs. 1 InsVV eingefordert werden (§ 2 Rz. 23 ff.). § 14 Abs. 2 InsVV enthält eine eigenständige Regelung für die Regelvergütung des Treuhänders im Restschuldbefreiungsverfahren.

In bestimmten Fällen gelten darzustellende **Regelbruchteile** (25 % der Regelvergütung als Regelbruchteil für den vorläufigen Insolvenzverwalter gemäß § 63 Abs. 3 Satz 2 InsO, 60 % der Regelvergütung als Regelbruchteil für den Sachwalter gemäß § 12 Abs. 1 InsVV). Der Rechenweg muss aus dem Vergütungsantrag heraus nachvollziehbar sein.

Erreichen die so festgestellten Werte nicht die im Einzelfall geltenden **Mindestvergütungen**, so ist dies darzustellen und die Mindestvergütung zu beantragen.

d) Zu- und Abschläge

Stehen Regel- oder Mindestvergütung nicht im Einklang mit den geleisteten Tätigkeiten des Insolvenzverwalters, kommen Zu- und Abschläge gemäß § 3 InsVV in Betracht. Die begehrten Zuschläge i. S. d. § 3 Abs. 1 InsVV und deren tatsächliche Voraussetzungen sowie diejenigen Umstände, die Abschläge nach § 3 Abs. 2 InsVV rechtfertigen könnten, sind so darzulegen, dass dem Gericht und den übrigen Verfahrensbeteiligten eine **Prüfung der Berechnung möglich** ist.[43] Insoweit müssen auch erforderliche Vergleichsrechnungen nachvollziehbar sein, sodass es nicht ausreicht, lediglich auf das Ergebnis hinzuweisen und auf Anlagen aus den Vergütungsmodulen von Softwareprodukten zu verweisen.

Der Vergütungsantrag muss enthalten den behaupteten Zuschlagstatbestand, dessen Erfüllung (Sachvortrag) und eine rechtliche Würdigung zur Angemessenheit des beantragten Zuschlags (Rechtfertigung des Prozentsatzes). Der Vergütungsantrag muss folglich die Qualität einer Zahlungsklage haben. Enthält die beantragte Vergütung in diesem Punkt keine bzw. keine **nachvollziehbare Begründung**, kann der Zuschlag abgelehnt werden. Ein gerichtlicher Hinweis ist ebenfalls möglich, nicht

---

42) §§ 269a–269i InsO eingefügt durch das Gesetz zur Erleichterung der Bewältigung von Konzerninsolvenzen v. 13.4.2017 (BGBl. I 2017, 866) mit Inkrafttreten zum 21.4.2018 (Art. 10 des Änderungsgesetzes), siehe Anh. XV.
43) BGH, Beschl. v. 7.12.2006 – IX ZB 1/04, Rz. 11, ZIP 2007, 647.

jedoch ist der Vergütungsantrag als unzulässig zurückzuweisen.[44] In diesem Bereich kommt es nicht selten zu Missverständnissen. Vergütungsanträge rekurrieren oftmals lediglich auf Ausführungen zu Rechtsprechung und Literaturansichten dazu, ob ein Zuschlagstatbestand *abstrakt* anzuerkennen ist und welche Prozentsätze anderen Orts anerkannt wurden. Hier wird ein falscher Fokus gesetzt. Streitentscheidend und dementsprechend ausführlich vorzutragen ist der Lebenssachverhalt im konkreten Verfahren, d. h., hier muss die *Tatbestandsebene* die *rechtliche Würdigung* dominieren und nicht umgekehrt. Das geforderte Minimalmaß an Substantiierung ist jedenfalls dann nicht erreicht, wenn der Antragsteller in lediglich formelhafter und pauschaler Weise Tatsachenbehauptungen aufstellt, ohne diese zu dem zugrunde liegenden Sachverhalt in Beziehung zu setzen.[45] Zwischen der Darstellung des Tatbestands und der rechtlichen Würdigung muss sauber unterschieden werden. Nicht bereits die rechtliche Würdigung, selbst wenn sie einen objektiv unangemessen hohen Zuschlag zur Folge haben soll,[46] sondern ausschließlich eine falsche Sachverhaltsdarstellung[47] kann strafbar sein, wobei entweder Betrug (§ 263 StGB)[48] oder Gebührenüberhebung (§ 352 StGB)[49] in Betracht kommen kann.

46 Bei den jeweiligen Zuschlagsfaktoren ist deutlich zwischen den **Verfahrensabschnitten** zu unterscheiden. Dies scheint selbstverständlich, liest sich in der Praxis aber gelegentlich anders. So soll schon ein Zuschlag für die Verfahrensdauer im Vorschussantrag für den Insolvenzverwalter einfach in den Vergütungsantrag des vorläufigen Verwalters übernommen worden sein.[50] Vor Textbausteinen kann immer nur gewarnt werden. Einfach zu unterscheidende Fälle sind konkret messbare bzw. nachweisbare Tätigkeiten, wie z. B. die Vorfinanzierung des Insolvenzgeldes, die regelmäßig dem Antragsverfahren zuzurechnen ist. Schwierigere Fälle sind z. B. die Vorbereitung einer übertragenden Sanierung, da es hier – sofern die Übertragung nicht bereits unmittelbar nach Verfahrenseröffnung erfolgt – nahezu unmöglich ist, nach allgemeinen Beweisgrundsätzen tatsächlich definitiv zu bestimmen, welcher Arbeitsaufwand dem vorläufigen Insolvenzverwalter oder dem Insolvenzverwalter zuzurechnen ist. Gleichwohl bedarf es einer gewissen Darlegung der vom jeweils Vergütungsberechtigten geleisteten Tätigkeit, um wenigstens eine plausible Abgrenzung so vornehmen zu können, dass einerseits eine Tätigkeit nicht doppelt vergütet wird, andererseits nicht ein Zuschlag für den Insolvenzverwalter gekürzt oder versagt wird, weil der Zuschlag für den vorläufigen Insolvenzverwalter bereits zu euphorisch begründet wurde.

---

44) Zutreffend *Graeber/Graeber*, InsVV, § 8 Rz. 10; a. A. AG Hamburg, Beschl. v. 19.11.2002 – 67g IN 165/02, ZInsO 2002, 1180.
45) BGH, Beschl. v. 10.11.2015 – VI ZB 11/15, NJW-RR 2016, 63.
46) LG Aurich, Urt. v. 25.4.2017 – 15 KLs 1000 Js 17239/10 (3/14), ZInsO 2017, 1740; zu weit gehend *Bittmann*, ZInsO 2009, 1437.
47) LG Aurich, Beschl. v. 27.7.2015 – 15 KLs 1000 Js 17239/10 (3/14), ZInsO 2015, 1809; *Graeber*, ZInsO 2010, 1972.
48) OLG Oldenburg, Beschl. v. 25.4.2016 – 1 Ws 508/15, InsbürO 2016, 263; *Bittmann*, ZInsO 2009, 1437.
49) *Von der Meden/Solka*, ZIP 2017, 941.
50) BGH, Beschl. v. 7.12.2006 – IX ZB 1/04, Rz. 14, ZIP 2007, 647.

Festsetzung von Vergütung und Auslagen § 8

Obgleich **Abschläge** nach § 3 Abs. 2 InsVV nicht „geltend gemacht" werden können, 47
bedarf es entsprechender Ausführungen im Vergütungsantrag, wenn ein Tatbestand des § 3 Abs. 2 InsVV erfüllt ist oder aufgrund erster Betrachtung erfüllt sein könnte. Im letzteren Fall bedarf es des konkreten Sachvortrags und einer Auseinandersetzung mit Rechtsprechung und Fachliteratur, um ggf. einen Abschlag negieren zu können. Es sollte nicht darauf vertraut werden, dass Rechtspfleger die aktuellen Entscheidungen nicht kennen. Das „Austricksen" eines Tatrichters war noch nie konstruktiv.

e) Dienst- oder Werkverträge (§ 8 Abs. 2 InsVV)

Gemäß § 8 Abs. 2 InsVV ist im Vergütungsantrag näher darzulegen, welche Dienst- 48
oder Werkverträge für besondere Aufgaben im Rahmen der Insolvenzverwaltung abgeschlossen worden sind. Dies rekurriert auf § 4 Abs. 1 Satz 3 InsVV, der im Ergebnis zu der Unterscheidung führt, welche Aufgaben eines Insolvenzverwalters von der Regelvergütung abgegolten sind (Regelaufgaben) und für welche Aufgaben der Insolvenzverwalter Masseverbindlichkeiten i. S. d. § 55 Abs. 1 Nr. 1 InsO begründen kann (zur Abgrenzung von Regel- und Sonderaufgaben siehe ausführlich § 4 Rz. 32 ff.), sei es durch eigene Erledigung (§ 5 InsVV), sei es durch die Beauftragung Dritter (§ 4 Abs. 1 Satz 3 InsVV). Das Gericht muss in die Lage versetzt werden prüfen zu können, ob eine erfolgte Ausgabe von der Gesamtvergütung in Abzug gebracht werden muss, weil eine Regelaufgabe delegiert wurde (§ 3 Rz. 248 ff.), oder ob ein nach § 3 Abs. 1 InsVV geltend gemachter Zuschlag um derartige Ausgaben zu kürzen ist, um eine Doppelbelastung der Masse mit der Vergütung für Insolvenzverwalter und Dienstleister zu vermeiden (§ 3 Rz. 36 ff.). Ausdrücklich verlangt der Verordnungsgeber, dass der Insolvenzverwalter darzulegen hat, weshalb der Abschluss von Dienst- oder Werkverträgen zur Erledigung von Aufgaben aus seinem Tätigkeitsbereich die Geschäftsführung nicht erleichtert hat.[51]
Insgesamt besteht folglich eine **Darlegungslast** zur Vermeidung von Abschlägen von Amts wegen. Die Nichterfüllung dieser Darlegungslast führt zu einer unvollständigen Darstellung des entscheidungsrelevanten Sachverhalts auf der Tatbestandsebene. Allerdings muss das Insolvenzgericht zunächst davon ausgehen, dass ein Vergütungsantrag alles Relevante enthält. Ergibt dann der Schlussrechnungsprüfung, dass bestimmte Ausgaben im Konflikt mit Regelvergütung oder Zuschlägen stehen, ist ein Abschlag von Amts wegen indiziert. Es ist eine Frage der Glaubwürdigkeit, wenn der Insolvenzverwalter erst auf Vorhalt nachschiebt, die Arbeitserleichterung durch Delegation nicht erfahren oder stillschweigend bereits berücksichtigt zu haben. Bereits im Vergütungsantrag können und sollten daher Abzüge von der Vergütung so vorgenommen – oder eben ausführlich begründet negiert – werden, dass eine kognitive Befassung mit § 8 Abs. 2 InsVV auf Anhieb ersichtlich wird.

§ 8 Abs. 2 InsVV muss dahingehend eingeschränkt werden, dass bei einer **Betriebs-** 49
fortführung nicht sämtliche Dienst- oder Werkverträge des *operativen* Bereichs im Vergütungsantrag darzulegen sind, denn das Gericht hat nicht die Aufgabe, die

---

51) Insolvenzrechtliche Vergütungsverordnung (InsVV) v. 19.8.1998 (BGBl. I 1998, 2205), Begründung zu § 8 InsVV, siehe Anh. III Rz. 60.

Betriebsfortführung inhaltlich zu überwachen. Zudem ist die Betriebsfortführung immer eine Sonderaufgabe (§ 4 Rz. 19 ff.). Insoweit genügt es anhand der Schlussrechnung bzw. Buchführung feststellen zu können, welche dieser Ausgaben i. S. d. § 1 Abs. 2 Nr. 4 Satz 2 lit. b InsVV als fortführungsbedingt erfasst wurden. Besonders relevant im Kontext Betriebsfortführung ist der Zusammenhang zwischen einem geltend gemachten Zuschlag für Betriebsfortführung und den Ausgaben für ein *Interimsmanagement*.[52] Hier muss zur Vermeidung einer Anrechnung derartiger Ausgaben auf den Zuschlag im Vergütungsantrag dezidiert dargelegt werden, welche Aufgaben der Dienstleister und welche der Insolvenzverwalter erfüllt hat. Dies ist in der Theorie einfacher als in der Praxis, denn es ist derartigen Fremdvergaben immanent, dass der Auftragnehmer (Dienstleister) für die Arbeit bezahlt wird, der Auftraggeber (Insolvenzverwalter) für das Fällen von und die Umsetzung der Entscheidungen sowie die Übernahme der regressbewährten (§ 60 InsO) Verantwortung.

50 Bei Dienstleistern im Bereich **anwaltlicher Tätigkeiten** geht es weniger um eine mögliche Kollision mit Zuschlägen i. S. d. § 3 Abs. 1 InsVV als eher um eine Kollision mit den Regelaufgaben des Insolvenzverwalters (§ 4 Rz. 81 ff.).[53] Da jedes Mandat oftmals zu mehreren Rechnungen führt, empfiehlt sich im Vergütungsantrag eine entsprechende Zusammenstellung der Ausgaben nach Mandat bzw. Vorgang.

51 Im Bereich **handels- und steuerrechtlicher Pflichten** muss ebenfalls erkennbar sein, ob der delegierte Vorgang als Regel- oder Sonderaufgabe einzustufen ist (§ 4 Rz. 49 ff., 60 ff.) oder der Betriebsfortführung zuzuordnen ist (§ 4 Rz. 19 ff.). Daher sollte der Vergütungsantrag eine kursorische Zusammenfassung nach bestimmten Kriterien enthalten, sodass abgegrenzt werden kann zwischen der Erstellung der handelsrechtlichen Buchführung, der Erstellung von Jahresabschlüssen, der Erstellung von Steuererklärungen und anderen Aufgaben bzw. Dienstleistungen.

52 Soweit es sich unstreitig um Sonderaufgaben handelt, ist gleichwohl darzulegen, ob der **Insolvenzverwalter sich selbst** (§ 5 InsVV) oder im Rahmen des § 4 Abs. 1 Satz 3 InsVV einen **Dritten mit Verwalterbeteiligung** beauftragt hat. Im ersteren Fall hat dies Auswirkungen bereits auf die Berechnungsgrundlage i. S. d. § 1 Abs. 2 Nr. 4 Satz 2 lit. a InsVV (§ 1 Rz. 105 ff.), im letzteren Fall dient dies der Transparenz der Verwaltertätigkeit und der Vervollständigung des Gesamteindrucks (§ 4 Rz. 27 ff.).

53 Ob die Darlegungslast des Insolvenzverwalters auch verlangt, dass die entsprechenden **Verträge vorzulegen** sind, dürfte vom Einzelfall abhängen. Meist sind die Ausführungen im Vergütungsantrag bzw. Schlussbericht ausreichend. Gleiches gilt bei **aussagekräftigen Rechnungen** der Dienstleister, die detailliert erkennen lassen müssen, wann der Dienstleister welche Tätigkeit erbracht hat. Schon § 14 Abs. 4 Satz 1 Nrn. 5 und 6 UStG verlangen die Angabe der Art und des Umfangs der sonstigen Leistung sowie die Angabe des Zeitpunkts bzw. Zeitraums dieser Leistung. Auf die Vorlage der Verträge sollte es nur dort ankommen, wo es Zweifel darüber gibt, mit welchem Auftragsgegenstand der Dienstleister befasst war und wie dessen Vergütung berechnet werden sollte. Solche Zweifel bestehen dann, wenn die Rechnungen

---

[52] BGH, Beschl. v. 11.3.2010 – IX ZB 122/08, ZInsO 2010, 730.
[53] BGH, Beschl. v. 4.12.2014 – IX ZB 60/13, Rz. 17, ZIP 2015, 138.

des Dienstleisters nicht einmal die o. g. Anforderungen nach dem UStG erfüllen. Dass gerade hier recht häufig auf die Angabe des Leistungszeitraums verzichtet wird, ist insoweit bedenklich, als anschließende Prüfungen nicht selten ergeben, dass im eröffneten Verfahren Rechnungen beglichen wurden, die sich auf einen Leistungsgegenstand beziehen, der in der vorläufigen Verwaltung erbracht worden war. Hier steht nicht nur die vergütungsrechtliche Komponente im Raum, sondern auch die Frage der Berechtigung der Zahlung, mithin ein Verdacht auf einen Masseverkürzungsschaden i. S. d. §§ 60, 92 Satz 2 InsO. Selbiges Problem stellt sich bei der Abgrenzung von Alt- zu Neu-Masseverbindlichkeiten gemäß § 209 Abs. 1 InsO. Bei Stundenabrechnungen muss zudem als selbstverständlich gelten, dass der Insolvenzverwalter jederzeit in der Lage sein muss, die von ihm dem Dienstleister abverlangten Tätigkeitsnachweise unverzüglich dem Insolvenzgericht vorzulegen, wobei es noch einfacher scheint, die mit der Übersendung der Rechnung übersandten Stundennachweise im Belegordner bei der Rechnung zu belassen. Spätere Behauptungen, dies sei aufgrund des Zeitablaufs nicht mehr aufklärbar, sind unseriös.

Über diese vergütungsrechtlichen Fragen hinaus dient § 8 Abs. 2 InsVV nicht dazu, 54 die **Zweckmäßigkeit der Delegation** zu überprüfen, da dies nicht dem Insolvenzgericht, sondern ausschließlich den Gläubigerorganen zusteht.[54] Etwas anderes kann nur in den seltenen Fällen der Insolvenzzweckwidrigkeit gelten.

Damit das Gericht die Erfüllung vorgenannter Anforderungen prüfen kann, ist die 55 Darlegung derartiger Dienst- und Werkverträge im Vergütungsantrag **zwingend**. Der Wortlaut der Norm (§ 8 Abs. 2 InsVV), die amtliche Begründung[55] und die einschlägige Rechtsprechung[56] haben hinreichende Deutlichkeit und lassen keine Zweifel aufkommen. Gleichwohl werden die aus § 8 Abs. 2 InsVV resultierenden Anforderungen immer noch eher zurückhaltend erfüllt. Da es sich bei der Vergütungsfestsetzung um ein quasi-kontradiktorisches Verfahren handelt und der Vergütungsantrag die Qualität einer Zahlungsklage haben muss, bewegt sich das Unterlassen zwingend notwendiger Ausführungen zum vergütungsrelevanten Sachverhalt auf einem schmalen Grat zum Prozessbetrug. Insbesondere bei konsequenter Verwendung der Ich-Form des Insolvenzverwalters bei der Beschreibung von Tätigkeiten, die tatsächlich ein Dritter erbracht und gegen die Masse abgerechnet hat, kann **Strafbarkeit** des Insolvenzverwalters gegeben sein, wobei entweder Betrug (§ 263 StGB)[57] oder Gebührenüberhebung (§ 352 StGB)[58] in Betracht kommen kann. Dies gilt nicht, wenn Mitarbeiter des Insolvenzverwalters oder von ihm aus

---

54) Insolvenzrechtliche Vergütungsverordnung (InsVV) v. 19.8.1998 (BGBl. I 1998, 2205), Begründung zu § 4 InsVV, siehe Anh. III Rz. 46.
55) Insolvenzrechtliche Vergütungsverordnung (InsVV) v. 19.8.1998 (BGBl. I 1998, 2205), Begründung zu § 8 InsVV, siehe Anh. III Rz. 60.
56) BGH, Beschl. v. 11.11.2004 – IX ZB 48/04, ZIP 2005, 36; BGH, Beschl. v. 10.10.2013 – IX ZB 38/11, Rz. 27, ZIP 2013, 2164.
57) OLG Oldenburg, Beschl. v. 25.4.2016 – 1 Ws 508/15, InsbürO 2016, 263; *Bittmann*, ZInsO 2009, 1437.
58) *Von der Meden/Solka*, ZIP 2017, 941.

eigenen Mitteln honorierte Dritte Tätigkeiten entfaltet haben; derartige Tätigkeiten kann der Insolvenzverwalter als eigene darstellen.[59]

f) Auslagenersatz (§ 8 Abs. 3 InsVV)

aa) Anspruchsgrundlage und persönlicher Anwendungsbereich

56 Materiell-rechtliche Anspruchsgrundlage des *Insolvenzverwalters* auf Erstattung angemessener Auslagen ist § 63 Abs. 1 Satz 1 InsO. Selbiges gilt für den *vorläufigen Insolvenzverwalter* (§ 21 Abs. 2 Satz 1 Nr. 1 InsO), den *Sachwalter* (§ 274 Abs. 1 InsO), den *vorläufigen Sachwalter* (§§ 270a Abs. 1 Satz 2, 274 Abs. 1 InsO), den *vorläufigen Sachwalter im Schutzschirmverfahren* (§§ 270b Abs. 2 Satz 1, 270a Abs. 1 Satz 2, 274 Abs. 1 InsO), den *Verfahrenskoordinator* (§ 269g Abs. 1 Satz 1 InsO[60]) und den *Treuhänder im Verbraucherinsolvenzverfahren* alten Rechts (§ 313 InsO a. F.[61]).

57 Für die Mitglieder des vorläufigen (§ 21 Abs. 2 Satz 1 Nr. 1a InsO), einstweiligen (§ 67 Abs. 1 InsO) oder endgültigen (§ 68 InsO) *Gläubigerausschusses* enthalten § 73 Abs. 1 Satz 2 InsO, § 18 Abs. 1 InsVV eine eigenständige Regelung. Auch für den *Treuhänder im Restschuldbefreiungsverfahren* gibt es mit § 293 Abs. 1 Satz 1 InsO, § 16 Abs. 1 Satz 3 InsVV eine eigenständige Regelung. In diesen Fällen ist nicht § 8 Abs. 3 InsVV einschlägig, sondern § 64 Abs. 1 InsO i. V. m. den vorgenannten Spezialnormen.

bb) Einzelauslagen

58 (Vorläufige) Insolvenzverwalter und (vorläufige) Sachwalter machen i. d. R. keine Einzelauslagen geltend, da die Auslagenpauschale den geringeren Aufwand darstellt. Nichts anderes wird für den Verfahrenskoordinator gelten. Daher kann auf eine Vertiefung verzichtet werden. Im Übrigen ergibt sich schon semantisch, dass Einzelauslagen zu belegen sind (vgl. § 103 Abs. 2 Satz 2 ZPO).

cc) Pauschbeträge

(1) Allgemeines

59 Der von § 8 Abs. 3 InsVV erfasste Vergütungsberechtigte kann einen Pauschsatz fordern, der im ersten Jahr 15 %, danach 10 % der maßgeblichen Vergütung beträgt. Es war früher streitig, ob es sich bei den 10 % um einen Einmalbetrag für die Verfahrensdauer, die ein Jahr überschreitet, handeln soll oder es sich bei den 10 % um einen Pauschsatz handelt, der ab Beginn des zweiten Jahres **jährlich zu gewähren** ist, da sowohl der Wortlaut der Norm als auch ihre amtliche Begründung für eine Auslegung unergiebig sind. Die Rechtsprechung hat sich für Letzteres

---

59) *Graeber/Graeber*, ZInsO 2013, 1284, 1288.
60) §§ 269a–269i InsO eingefügt durch das Gesetz zur Erleichterung der Bewältigung von Konzerninsolvenzen v. 13.4.2017 (BGBl. I 2017, 866) mit Inkrafttreten zum 21.4.2018 (Art. 10 des Änderungsgesetzes), siehe Anh. XV.
61) § 313 InsO aufgehoben durch das Gesetz zur Verkürzung des Restschuldbefreiungsverfahrens und zur Stärkung der Gläubigerrechte v. 15.7.2013 (BGBl. I 2013, 2379), siehe Anh. XII Rz. 83.

entschieden;[62)] eine abweichende Auffassung wird – soweit ersichtlich – nicht mehr vertreten.

Dauert die Verwaltung weniger lang als ein (weiteres) volles Jahr, ist die Pauschale nicht entsprechend zu kürzen. Insoweit fällt die Pauschale für das jeweils **angefangene Jahr** an, sie ist jedoch begrenzt auf den monatlichen Höchstbetrag[63)] (Rz. 73), wobei nach dem Wortlaut des § 8 Abs. 3 Satz 1 InsVV wiederum und ausdrücklich *angefangene Monate* relevant sind. 60

Obgleich es sich um einen Pauschbetrag handelt, ist zu berücksichtigen, dass die Auslagen i. S. d. § 63 Abs. 1 Satz 1 InsO *angemessen* sein müssen. Dies kommt bei einem Pauschbetrag dadurch zum Ausdruck, dass er nur bis zu dem Zeitpunkt verlangt werden kann, zu dem bei ordnungsgemäßer und zügiger Durchführung des Verfahrens die insolvenzrechtlich erforderliche Tätigkeit abgeschlossen worden wäre; eine verspätete Vorlage des Schlussberichts oder Beschwerden des Insolvenzverwalters gegen die Festsetzung der Vergütung begründen keine weitergehenden Ansprüche.[64)] Maßgeblich ist somit die objektiv **erforderliche Verfahrensdauer**,[65)] die regelmäßig anhand des Berichtswesens des Insolvenzverwalters nachvollzogen werden kann. Manch Insolvenzgericht und manch Insolvenzverwalter verzichten jedoch auf aussagekräftige Zwischenberichte, gelegentlich handelt es sich um nichtssagende Zweizeiler, die dem Gericht lediglich suggerieren, die Verfahrensbearbeitung dauere noch an. Jedoch spätestens bei Einreichung der Schlussrechnung kann anhand der Buchhaltung und des Belegwesens nachvollzogen werden, wann welche Tätigkeiten erbracht wurden. Hier sind oftmals sehr große zeitliche Lücken bei der Verfahrensbearbeitung erkennbar. Allerdings wird es dem Insolvenzgericht und etwaig Beschwerdeberechtigten regelmäßig nicht gelingen nachzuweisen, dass hier tatsächlich gar nichts getan wurde. Insoweit sind Lücken *während* der Verfahrensbearbeitung regelmäßig nicht entscheidungsrelevant. Zwar wird vertreten, Zeitspannen verminderten Aufwands des Insolvenzverwalters müssten bei der Bemessung der Auslagenpauschale berücksichtigt werden,[66)] jedoch verkennt diese Auffassung erstens, dass das Alternieren von mehr oder weniger Aufwand dem System eines Pauschbetrages immanent ist, und zweitens, dass Auslagen nicht in untrennbarem Zusammenhang mit einer verfahrensfördernden Tätigkeit stehen – d. h., auch in einer weniger produktiven Phase fallen Tätigkeiten und Auslagen an, wie z. B. Korrespondenz mit Tabellengläubigern, Aufarbeitung von Insolvenzgeldansprüchen, Beantwortung von Sachstandsanfragen, weniger wichtige steuerliche Angelegenhei- 61

---

62) BGH, Beschl. v. 23.7.2004 – IX ZB 257/03, ZIP 2004, 1715.
63) BGH, Beschl. v. 23.7.2004 – IX ZB 257/03, Rz. 13, ZIP 2004, 1715.
64) BGH, Beschl. v. 23.7.2004 – IX ZB 255/03, ZIP 2004, 1716.
65) BGH, Beschl. v. 23.7.2004 – IX ZB 255/03, ZIP 2004, 1716; BGH, Beschl. v. 2.2.2006 – IX ZB 167/04, Rz. 32, ZIP 2006, 483; BGH, Beschl. v. 10.7.2008 – IX ZB 152/07, Rz. 19, ZIP 2008, 1640; BGH, Beschl. v. 21.7.2011 – IX ZB 148/10, ZInsO 2011, 1615; BGH, Beschl. v. 10.10.2013 – IX ZB 38/11, Rz. 33, NZI 2013, 1014; BGH, Beschl. v. 11.6.2015 – IX ZB 18/13, Rz. 14, ZIP 2015, 1595.
66) BGH, Beschl. v. 10.7.2008 – IX ZB 152/07, ZIP 2008, 544 mit kritischen Anmerkungen von *Prasser* (NZI 2008, 546) und *Blersch* (EWiR 2008, 421).

ten usw.⁶⁷⁾ Sofern jedoch in den Zwischenberichten die Einreichung eines Schlussberichts angekündigt wird bzw. ab dem Zeitpunkt, ab dem den Zwischenberichten keine noch zu erledigenden Aufgaben mehr zu entnehmen sind, und auch in der späteren Rückschau anhand von Schlussbericht und Schlussrechnung keine erledigten Aufgaben mehr erkennbar sind, muss von dem zeitlichen Ende einer not-wendigen Verfahrensbearbeitung ausgegangen werden. Zu präzisieren ist dies jedoch insoweit, als die notwendige Verfahrensdauer nicht bereits mit Einreichung der Schlussrechnung endet, sondern erst mit Aufhebung bzw. Einstellung des Verfahrens.⁶⁸⁾ Daher kann sich die Geltendmachung der Auslagenpauschale auch auf ein *prognostisches Element* stützen, wobei natürlich wiederum eine zügige Bearbeitung bis zum Bericht über die Verteilung der liquiden Masse zu unterstellen ist. *Verfahrensverzögerungen durch das Insolvenzgericht* sind hierbei nicht unbeachtlich, da auch während dieser Zeit Tätigkeiten des Insolvenzverwalters zu erbringen sind und Auslagen anfallen.⁶⁹⁾

62 In diesen Zusammenhang gehört auch die Feststellung, dass die Auslagenpauschale nur für die Tätigkeiten bzw. die Verfahrensdauer gewährt werden kann, die den originären **Aufgabenkreis des Anspruchsberechtigten** betreffen. Praxisrelevant ist dies weniger für den Insolvenzverwalter als eher für den Sachwalter und den Treuhänder im Verbraucherinsolvenzverfahren alten Rechts (§ 313 InsO a. F.⁷⁰⁾), da hier gelegentlich überobligatorische Tätigkeiten erbracht werden, die dann jedoch nicht vergütungsfähig sind. Verfolgt z. B. der Treuhänder im Verbraucherinsolvenzverfahren alten Rechts einen anfechtungsrechtlichen Rückgewähranspruch, ohne von der Gläubigerversammlung hierzu beauftragt worden zu sein (§ 313 Abs. 2 Satz 3 InsO a. F.), begründet die hierdurch begründete *zusätzliche* Verfahrensdauer keinen Anspruch auf Auslagenpauschalen.⁷¹⁾

63 Im Grundsatz kann auch der Pauschbetrag nur geltend gemacht werden, wenn überhaupt **Auslagen angefallen** sind, was jedoch stets zu unterstellen ist, da die vielfältige Kommunikation des Vergütungsberechtigten per Brief, Fax, Telefon, E-Mails etc. zweifelsohne mit Kosten verbunden ist.

64 Ob der Insolvenzverwalter den Pauschbetrag oder den Einzelnachweis wählt, obliegt einzig seinem freien **Wahlrecht**. Grundsätzlich kann der Insolvenzverwalter jederzeit die Berechnungsmethode ändern,⁷²⁾ was jedoch nur für Vorschüsse relevant sein dürfte.

65 Sofern im Einzelfall die **Regelvergütung null** betragen sollte, ohne dass es zur Anwendung der Mindestvergütung kommt (z. B. Abschläge wegen Delegation von Auf-

---

67) Wie hier im Ergebnis auch *Graeber/Graeber,* InsVV, § 8 Rz. 47; KPB-InsO/*Prasser,* § 8 InsVV Rz. 29 (Stand: 09/2015).
68) BGH, Beschl. v. 23.7.2004 – IX ZB 255/03, ZIP 2004, 1716; BGH, Beschl. v. 2.2.2006 – IX ZB 167/04, ZIP 2006, 483; BGH, Beschl. v. 9.3.2006 – IX ZB 103/04, ZInsO 2006, 424; BGH, Beschl. v. 6.4.2017 – IX ZB 3/16, Rz. 18, ZIP 2017, 932, dazu EWiR 2017, 471 *(Prasser)* (Zweitfestsetzung).
69) KPB-InsO/*Prasser,* § 8 InsVV Rz. 28 (Stand: 09/2015).
70) § 313 InsO aufgehoben durch das Gesetz zur Verkürzung des Restschuldbefreiungsverfahrens und zur Stärkung der Gläubigerrechte v. 15.7.2013 (BGBl. I 2013, 2379), siehe Anh. XII Rz. 83.
71) BGH, Beschl. v. 11.6.2015 – IX ZB 18/13, Rz. 15, ZIP 2015, 1595.
72) BGH, Beschl. v. 23.7.2004 – IX ZB 257/03, Rz. 11, ZIP 2004, 1715.

gaben, Verwirkung), soll faktisch auch die Auslagenpauschale (zugunsten eines Einzelnachweises) entfallen.[73] Dem kann nicht gefolgt werden, da Vergütung und Auslagenersatz unterschiedliche Dinge sind. Ersteres betrifft die Arbeitsleistung, Letzteres das Invorlagetreten mit eigenen finanziellen Mitteln im Rahmen einer fremdnützigen Tätigkeit, sodass beim Schuldner stets eine entsprechende Bereicherung vorliegt.

(2) Bezugsgröße

In den **ab dem 1.1.2004 eröffneten Insolvenzverfahren** (§ 19 Abs. 1 InsVV) bezieht sich der Pauschbetrag auf die Regelvergütung. Für den *Insolvenzverwalter* ist dies zunächst die Regelvergütung gemäß § 2 Abs. 1 InsVV. Dies muss dahingehend präzisiert werden, dass sich der Pauschbetrag auf die erhöhte Regelvergütung bezieht, die sich als Summe aus der Regelvergütung gemäß § 2 Abs. 1 InsVV und der sog. Mehrvergütung gemäß § 1 Abs. 2 Nr. 1 Satz 2 InsVV ergibt, da diese Mehrvergütung neben Regelvergütung und Zuschlägen kein drittes Element darstellt, sondern integraler Bestandteil der Regelvergütung ist; dies ergibt sich bereits aus der systematischen Stellung der Normen. 66

Für den *vorläufigen Insolvenzverwalter* gilt als Regelvergütung ein Regelbruchteil von 25 % der Vergütung des Insolvenzverwalters (§ 63 Abs. 3 Satz 2 InsO), mithin ein Satz von 25 % der nach § 2 Abs. 1 InsVV ermittelten Vergütung auf Basis der für den vorläufigen Insolvenzverwalter spezifischen Berechnungsgrundlage.[74] 67

Für den *Sachwalter* gilt als Regelvergütung ein Regelbruchteil von 60 % der Vergütung des Insolvenzverwalters (§ 12 Abs. 1 InsVV), mithin ein Satz von 60 % der nach § 2 Abs. 1 InsVV ermittelten Vergütung auf Basis der gemäß § 1 Abs. 2 InsVV ermittelten Berechnungsgrundlage. 68

Für den *vorläufigen Sachwalter* fehlt eine ausdrückliche Regelung. Die Vergütung des vorläufigen Sachwalters soll nicht mehr eigenständig sein, vielmehr soll die vorläufige Sachwaltung lediglich einen Zuschlag für den Sachwalter des eröffneten Verfahrens darstellen; für die Berechnung des Pauschbetrages hat dies zur Folge, dass als Bemessungsgrundlage dieselbe heranzuziehen ist wie beim Sachwalter.[75] Dies ist jedoch nicht frei von Bedenken (§ 12 Rz. 104 ff.). 69

Für den *Treuhänder im Verbraucherinsolvenzverfahren alten Rechts* (§ 313 InsO a. F.[76]) wird die Regelvergütung durch § 13 Abs. 1 Satz 1 InsVV a. F.[77] bestimmt. 70

In den Fällen, in denen es zur Anwendung der *Mindestvergütung* gemäß § 2 Abs. 2 InsVV oder § 13 InsVV bzw. § 13 Abs. 1 InsVV a. F.[78] kommt, ist diese Mindest- 71

---

73) BGH, Beschl. v. 10.10.2013 – IX ZB 38/11, Rz. 37, NZI 2013, 1014.
74) BGH, Beschl. v. 6.4.2006 – IX ZB 109/15, ZIP 2006, 2228.
75) BGH, Beschl. v. 21.7.2016 – IX ZB 70/14, Rz. 84, ZIP 2016, 1592.
76) § 313 InsO aufgehoben durch das Gesetz zur Verkürzung des Restschuldbefreiungsverfahrens und zur Stärkung der Gläubigerrechte v. 15.7.2013 (BGBl. I 2013, 2379), siehe Anh. XII Rz. 83.
77) § 13 InsVV geändert durch das Gesetz zur Verkürzung des Restschuldbefreiungsverfahrens und zur Stärkung der Gläubigerrechte v. 15.7.2013 (BGBl. I 2013, 2379), siehe Anh. XII Rz. 101.
78) § 13 InsVV geändert durch das Gesetz zur Verkürzung des Restschuldbefreiungsverfahrens und zur Stärkung der Gläubigerrechte v. 15.7.2013 (BGBl. I 2013, 2379), siehe Anh. XII Rz. 101.

vergütung Bemessungsgrundlage für die Auslagenpauschale.[79] Die Auffassung, hier seien auch Zuschläge gemäß § 3 Abs. 1 InsVV zu berücksichtigen,[80] findet im Gesetz keine Stütze.[81]

72 In den **vor dem 1.1.2004** eröffneten **Insolvenzverfahren** bezieht sich der Pauschbetrag auf die jeweilige *gesetzliche Vergütung* (unter Berücksichtigung von Zu- und Abschlägen nach § 3 InsVV).

(3) Relative Obergrenze (monatlich max. 250 €)

73 Der Höchstbetrag von 250 € je angefangenem[82] Monat (§ 8 Abs. 3 Satz 1 InsVV) bezieht sich auf den **gesamten Zeitraum**, ungeachtet des Umstands, dass für das erste Jahr 15 % und für weitere Jahre jeweils 10 % der maßgeblichen Vergütung als Höchstbeträge kodifiziert sind.

74 **Beispiel:**[83]

Angenommen sei eine Regelvergütung nach § 2 Abs. 1 InsVV in Höhe von 25.000 € und eine Verfahrensdauer von 25 Monaten. Dann ergibt sich als Berechnung für die Auslagenpauschale:

15 % aus 25.000 € für das erste Jahr:	3.750 €
10 % aus 25.000 € für das zweite Jahr:	2.500 €
10 % aus 25.000 € für das dritte angefangene Jahr:	<u>2.500 €</u>
Summe	**8.750 €**
Kappungsgrenze: 25 Monate x 250 € =	**6.250 €**

75 Nach anderer Auffassung[84] soll nicht die Gesamtzahl der Monate relevant sein, sondern die monatliche Kappungsgrenze soll auf jedes einzelne Jahr bezogen sein. Dann ergäbe sich für das o. g. Beispiel:

15 % aus 25.000 € für das erste Jahr (3.750 €), max.:	*3.000 €*
10 % aus 25.000 € für das zweite Jahr:	2.500 €
10 % aus 25.000 € für das dritte angefangene Jahr (2.500 €), max.:	<u>*250 €*</u>
Summe	**5.750 €**

76 Der zweite Ansatz scheint jedoch unzutreffend. Die in Bezug genommene Entscheidung des BGH[85] befasst sich mit dieser Thematik nur am Rande, da es ausweislich des dortigen Zahlenmaterials nicht auf die Frage ankam. Die Regelvergü-

---

79) BGH, Beschl. v. 13.7.2006 – IX ZB 104/05, Rz. 43, ZIP 2006, 1403 (Insolvenzverwalter); BGH, Beschl. v. 13.3.2008 – IX ZB 60/05, ZInsO 2008, 555 (Treuhänder).
80) *Haarmeyer/Mock*, InsVV, § 2 Rz. 56; Lorenz/Klanke/*Lorenz*, InsVV, § 2 Rz. 45; beide unter Falschzitierung von AG Potsdam, Beschl. v. 5.12.2006 – 35 IN 1058/05, ZInsO 2006, 1262, das mit „erhöhter Mindestvergütung" zutreffend auf § 2 Abs. 2 Satz 2 und 3 InsVV abstellt, nicht hingegen auf § 3 Abs. 1 InsVV.
81) AG Köln, Beschl. v. 28.11.2005 – 71 IK 238/04, NZI 2006, 47.
82) BGH, Beschl. v. 23.7.2004 – IX ZB 257/03, Rz. 13, ZIP 2004, 1715.
83) KPB-InsO/*Prasser*, § 8 InsVV Rz. 26 (Stand: 09/2015).
84) Leonhardt/Smid/Zeuner/*Amberger*, InsVV, § 8 Rz. 64 ff.
85) BGH, Beschl. v. 23.7.2004 – IX ZB 257/03, ZIP 2004, 1715.

Festsetzung von Vergütung und Auslagen § 8

tung war so niedrig, dass die Auslagenpauschale im ersten Jahr schon nicht eine angebliche Obergrenze von 12 × 250 € erreichte. Stattdessen hebt der BGH hervor, dass die Verordnungsbegründung davon ausgegangen sei, dass gerade im ersten Jahr besonders hohe Auslagen anfielen, weshalb hierfür ein Pauschsatz von 15 % statt 10 % gewählt wurde.[86] Zutreffend ist allerdings, dass der Verordnungsgeber bei der Bestimmung der monatlichen Obergrenze nicht berücksichtigt hat, dass dies mit unterschiedlichen Pauschsätzen für verschiedene Jahre unvereinbar sein könnte. Denn würde im o. g. Beispiel das Verfahren genau ein Jahr dauern, ergäbe sich wahlweise eine Kappungsgrenze von 3.750 € (15 %) oder 3.000 € (12 x 250 €). Lediglich bei *großen* Teilungsmassen – wozu eine Regelvergütung von 25.000 € sicher nicht gehört – wollte der Verordnungsgeber verhindern, dass sich der Pauschsatz von den tatsächlichen Auslagen unangemessen entfernt;[87] seine andere Prämisse, dass die Auslagen im ersten Jahr besonders hoch seien, gilt aber auch dann noch.

Beim **Sachwalter** (§ 12 Abs. 3 InsVV) und beim **vorläufigen Sachwalter**[88] ist ergänzend zu berücksichtigen, dass die monatliche Obergrenze nicht 250 €, sondern nur 125 € beträgt. 77

(4) Absolute Obergrenze (30 % der Regelvergütung)

In den **ab dem 1.1.2004 eröffneten Insolvenzverfahren** (§ 19 Abs. 1 InsVV) ist die gesamte Auslagenpauschale auf 30 % der um eine Mehrvergütung nach § 1 Abs. 2 Nr. 1 Satz 2 InsVV *(erhöhten) Regelvergütung* bzw. – soweit einschlägig – auf 30 % einer *Mindestvergütung* nach §§ 2 Abs. 2, 13 InsVV beschränkt. Bezugsgröße für den vorläufigen Insolvenzverwalter ist der Regelbruchteil in Höhe von 25 % gemäß § 63 Abs. 3 Satz 2 InsO.[89] In den **vor dem 1.1.2004 eröffneten Insolvenzverfahren** gilt diese absolute Obergrenze nicht. 78

g) Besondere Kostenerstattungen (§ 4 Abs. 2, Abs. 3 Satz 2 InsVV)

Gemäß § 4 Abs. 1 Satz 1 und 2 InsVV sind mit der Vergütung die allgemeinen Geschäftskosten des Insolvenzverwalters abgegolten. In diesem Sinne erfasst § 8 Abs. 3 InsVV ebenfalls – vollständig, aber auch nur – die *allgemeinen Auslagen* des Insolvenzverwalters. Ergänzend regelt § 4 Abs. 2 InsVV, dass dem Insolvenzverwalter *besondere Kosten*, die dem Verwalter im Einzelfall tatsächlich entstehen, gesondert zu erstatten sind; die Norm nennt als Beispiel Reisekosten. Das **Verhältnis zu § 8 Abs. 3 InsVV** ist nicht eindeutig geklärt. § 4 Abs. 2 InsVV ergäbe jedoch keinen Sinn, wenn die von § 4 Abs. 2 InsVV erfassten Sachverhalte in der Auslagenpauschale des § 8 Abs. 3 InsVV aufgehen würden. Andererseits könnte vertreten werden, § 4 Abs. 2 InsVV konkretisiere lediglich bestimmte Sachverhalte, die zu einem materiell-rechtlichen Anspruch führen, ohne die Entscheidung des Insolvenzverwalters zwischen Einzelauslagenerstattung und Auslagenpauschale vorweg- 79

---

86) Insolvenzrechtliche Vergütungsverordnung (InsVV) v. 19.8.1998 (BGBl. I 1998, 2205), Begründung zu § 8 InsVV, siehe Anh. III Rz. 61.
87) Insolvenzrechtliche Vergütungsverordnung (InsVV) v. 19.8.1998 (BGBl. I 1998, 2205), Begründung zu § 8 InsVV, siehe Anh. III Rz. 61.
88) BGH, Beschl. v. 21.7.2016 – IX ZB 70/14, Rz. 84, ZIP 2016, 1592.
89) BGH, Beschl. v. 6.4.2006 – IX ZB 109/05, ZIP 2006, 2228.

zunehmen.[90] Dagegen wiederum spricht die Wortwahl der Normen, da neben der *Vergütung* und den *Auslagen* nunmehr in § 4 Abs. 2 InsVV der Begriff *Kosten(-erstattung)* verwendet wird.

80 Nach unnötigem und indifferentem Hin und Her der Rechtsprechung steht zumindest für die Auslagen aufgrund der **Übertragung der Zustellungen** auf den Insolvenzverwalter gemäß § 8 Abs. 3 InsO fest, dass es sich um eine besondere Kostenerstattung nach § 4 Abs. 2 InsVV handelt (§ 4 Rz. 139 ff.), die nicht auf die Auslagenpauschale des § 8 Abs. 3 InsVV angerechnet wird.[91] Nichts anderes kann dann gelten z. B. für die Prämien für eine besondere **Vermögensschadenhaftpflichtversicherung** des Insolvenzverwalters[92] gemäß § 4 Abs. 3 Satz 2 InsVV (§ 4 Rz. 158 ff.); es vermag keinen Sinn zu stiften anzunehmen, dass die Erforderlichkeit einer zusätzlichen Haftpflichtversicherung aufgrund der Größe des Verfahrens zum Erfordernis eines Einzelkostennachweises *aller* Auslagen führen könnte, also ausgerechnet in sehr großen Verfahren die Insolvenzverwalter nunmehr wieder Portobücher führen, Kopien zählen und die Dauer von Telefonaten und Faxen aufzeichnen müsste, nur weil die Umstände eine zusätzliche Haftpflichtversicherung einfordern.

81 Es ergibt aber ebenfalls entschieden keinen Sinn und verbietet sich für diejenigen, die im Vergütungsrecht noch ein System erkennen wollen, für Zustellungen und Versicherungsprämien lediglich Ausnahmen anzunehmen, im Übrigen aber davon auszugehen, § 4 Abs. 2 InsVV gehe in § 8 Abs. 3 InsVV auf.[93] Insgesamt kann daher davon ausgegangen werden, dass es sich bei § 4 Abs. 2 InsVV grundsätzlich um eine **zusätzliche Kostenerstattung** neben der Auslagenpauschale des § 8 Abs. 3 InsVV handelt. Eine entsprechende Klarstellung durch den Gesetzgeber in diesem Sinne durch den Entwurf eines Gesetzes zur Verbesserung und Vereinfachung der Aufsicht in Insolvenzverfahren (GAVI) scheiterte aus anderen Gründen, wurde jedoch durch Bundesrat[94] und Bundesregierung[95] begrüßt. Mit anderen Worten kann auch zwischen *Regelauslagen* i. S. d. § 8 Abs. 3 InsVV und *Sonderauslagen* i. S. d. § 4 Abs. 2, 3 Satz 2 InsVV unterschieden werden. Es kann ferner angenommen werden, dass sich die Einzelauslagen des § 8 Abs. 3 InsVV wie in jeder Gebührenordnung auf Porti, Telekommunikationskosten u. Ä. beziehen, nicht aber auf derartige Sonderauslagen, was sich aus der Begrenzung auf 30 % der Regelvergütung ergibt. Dass die Auslagenpauschale deutlich höher ausfällt als in anderen Gebührenordnungen, ist dem Umstand geschuldet, dass in einem Insolvenzverfahren auch ein deutlich höherer Korrespondenz- und Kommunikationsbedarf besteht als bei einem Einzelmandat von Rechtsanwälten oder Steuerberatern. Ob die Auslagenpauschale wegen der EDV-Entwicklungen oder Flatrates nicht mehr angemessen und letztlich unverdiente Zusatzvergütung ist,[96] kann ein Diskussionsansatz für

---

90) *Graeber/Graeber*, InsVV, § 8 Rz. 1 (ohne Begründung).
91) KPB-InsO/*Prasser*, § 8 InsVV Rz. 23 und 34 f. (Stand: 09/2015).
92) LG Gießen, Beschl. v. 29.3.2012 – 7 T 434/11, ZInsO 2012, 755; Leonhardt/Smid/Zeuner/*Amberger*, InsVV, § 4 Rz. 46; KPB-InsO/*Stoffler*, § 4 InsVV Rz. 19 (Stand: 05/2016).
93) In diesem Sinne aber HambKommInsO/*Büttner*, § 4 InsVV Rz. 26 (ohne Begründung); *Graeber/Graeber*, InsVV, § 4 Rz. 15 und § 8 Rz. 51 ff. (ohne Begründung).
94) BR-Drucks. 566/07 = ZVI 2007, 577, siehe Anh. IX Rz. 9.
95) BT-Drucks. 16/7251, S. 29 ff. = ZVI 2008, 124, siehe Anh. IX Rz. 10.
96) *Graeber/Graeber*, InsVV, § 1 Rz. 120; *Haarmeyer/Mock*, InsVV, § 8 Rz. 20.

das gesamte Kostenrecht de lege ferenda sein, ist aber an hiesiger Stelle irrelevant; überdies ist der Einsatz einer EDV-Infrastruktur mit laufender Instandhaltung unter Einsatz eines Systemadministrators wohl kaum preiswerter als der Griff zu Feder, Tinte und Telefonhörer. Zwar findet sich in einer Entscheidung des BGH vom 14.7.2016 das Schlusswort, Kostenerstattungen nach § 4 Abs. 2 InsVV seien ausgeschlossen, wenn die Pauschale nach § 8 Abs. 3 InsVV beantragt worden sei;[97] jedoch hat diese Aussage im entschiedenen Fall keine Entscheidungsrelevanz, sodass keine inhaltliche Auseinandersetzung mit der Frage erkennbar ist. Sollte dies ernsthaft der Auffassung des BGH entsprechen, muss sich der BGH vorwerfen lassen, den Überblick verloren zu haben. Denn das ganze Hin und Her um die Zustellungskosten, d. h. die Verschiebung von § 8 Abs. 3 InsVV in § 4 Abs. 2 InsVV, wäre dann sinnentleert.

h) Umsatzsteuer (§ 7 InsVV)

§ 7 InsVV verfolgt im Ergebnis den Zweck klarzustellen, dass die gemäß § 8 InsVV festzusetzenden Beträge zunächst als Netto-Beträge zu betrachten sind.[98] Folglich muss der Vergütungsantrag zusätzlich zu den Netto-Beträgen aus Vergütung, Auslagenersatz und besonderen Kostenerstattungen auch noch einen Ausweis der Umsatzsteuer enthalten, wenn und weil der Vergütungsberechtigte Unternehmer i. S. d. § 2 Abs. 1 UStG ist (siehe hierzu ausführlich die Kommentierung zu § 7 InsVV). Eines Nachweises der Unternehmereigenschaft bedarf es allerdings nicht (§ 4 InsO, § 104 Abs. 2 Satz 3 ZPO).

82

IV. Festsetzungsverfahren (§ 64 InsO)

1. § 8 InsVV vs. § 64 InsO – Anwendungsbereich

§ 8 InsVV findet sich im Ersten Abschnitt der InsVV, der sich mit der Vergütung des **Insolvenzverwalters** befasst. Aufgrund des Verweises in § 10 InsVV findet § 8 InsVV Anwendung auch für den **vorläufigen Insolvenzverwalter**, den **Sachwalter**, den **vorläufigen Sachwalter**[99] und den **Treuhänder im Verbraucherinsolvenzverfahren** alten Rechts (§ 313 InsO a. F.[100]). Analoge Anwendung findet die Norm ferner auf den **Sonderinsolvenzverwalter**.[101] Obgleich eine konkrete Regelung nicht erkennbar ist, wird § 8 InsVV auch für den **Verfahrenskoordinator** nach § 269e InsO[102] (§ 1 Rz. 190 ff.) gelten müssen.[103]

83

Weder direkte noch aufgrund eines Verweises analoge Anwendung findet § 8 InsVV auf den **Treuhänder im Restschuldbefreiungsverfahren**, da § 16 Abs. 1 Satz 2 InsVV eine Spezialregelung enthält. Selbiges gilt für die **Mitglieder des Gläubigerausschusses**,

84

---

97) BGH, Beschl. v. 14.7.2016 – IX ZB 62/15, Rz. 29, ZInsO 2016, 1647.
98) *Graeber/Graeber*, InsVV, § 7 Rz. 2; *Haarmeyer/Mock*, InsVV, § 7 Rz. 1.
99) BGH, Beschl. v. 21.7.2016 – IX ZB 70/14, Rz. 84, ZIP 2016, 1592.
100) § 313 InsO aufgehoben durch das Gesetz zur Verkürzung des Restschuldbefreiungsverfahrens und zur Stärkung der Gläubigerrechte v. 15.7.2013 (BGBl. I 2013, 2379), siehe Anh. XII Rz. 83.
101) BGH, Beschl. v. 29.5.2008 – IX ZB 303/05, Rz. 26, ZIP 2008, 1294.
102) §§ 269a – 269i InsO eingefügt durch das Gesetz zur Erleichterung der Bewältigung von Konzerninsolvenzen v. 13.4.2017 (BGBl. I 2017, 866) mit Inkrafttreten zum 21.4.2018 (Art. 10 des Änderungsgesetzes), siehe Anh. XV.
103) Vgl. KPB-InsO/*Thole*, § 269g Rz. 7 (Stand: 06/2017).

für die das Festsetzungsverfahren nur rudimentär in § 17 InsVV geregelt ist. Offenbar hatte der Verordnungsgeber unter der amtlichen Überschrift „Festsetzung" überwiegend die Auslagenpauschale i. S. d. § 8 Abs. 3 InsVV und die nach § 8 Abs. 2 InsVV erforderliche Darstellung der Berechnungsgrundlage nebst Darlegung der Dienst- und Werkverträge vor Augen, als er § 8 InsVV nicht auch für die Mitglieder des Gläubigerausschusses bzw. den Treuhänder im Restschuldbefreiungsverfahren für anwendbar erklärte. Die Regelungen des § 8 InsVV haben jedoch ohnehin recht wenig mit einem Festsetzungsverfahren im prozessualen Sinne zu tun, sodass die amtliche Überschrift zu § 8 InsVV eher verwirrend ist. Tatsächlich maßgeblich für das Festsetzungsverfahren ist § 64 InsO i. V. m. einschlägigen Vorschriften der ZPO. Daher findet sich nahezu in jeder Kommentierung – auch der hiesigen – die nur im umgangssprachlichen Sinne richtige Formulierung, § 8 InsVV gälte analog auch für die Mitglieder des Gläubigerausschusses oder für den Treuhänder im Restschuldbefreiungsverfahren, wenn von einem Festsetzungsverfahren die Rede ist.

85 Eine Besonderheit ergibt sich bei Festsetzung der Vergütung des Insolvenzverwalters oder des Sachwalters gemäß § 6 Abs. 2 InsVV für die **Überwachung eines Insolvenzplans**, da die Kosten der Überwachung – plandisponibel[104] – vom Schuldner selbst zu tragen sind (§ 269 Abs. 1 InsO) oder im Insolvenzplan der Übernahmegesellschaft auferlegt werden können (§§ 260 Abs. 3, 269 Satz 2 InsO). Diesbezüglich sei auf die Kommentierung zu § 6 Abs. 2 InsVV verwiesen.

86 Nicht eröffnet ist der Anwendungsbereich des § 8 InsVV für den **Gruppenkoordinator** nach Art. 77 Abs. 1 EuInsVO (§ 1 Rz. 196).[105] Die Aufgabe des Insolvenzgerichts besteht lediglich darin, im Streitfall über die Verteilung der Kosten der Gruppenkoordination auf die gruppenangehörigen Insolvenzverfahren zu entscheiden (Art. 77 Abs. 4 EuInsVO). Hier findet nicht einmal § 64 InsO Anwendung, da Art. 77 EuInsVO eine abschließende Regelung enthält, ergänzt um eine jeweils nationale Regelung zum Beschwerderecht, die sich in einem neuen Art. 102c § 26 EGInsO findet.[106]

2. Zuständigkeit

a) Sachliche und örtliche Zuständigkeit (§ 64 Abs. 1 InsO)

87 Gemäß § 64 Abs. 1 InsO ist das Insolvenzgericht zuständig für die Festsetzung aller Vergütungen, die sich materiell-rechtlich aus InsO und InsVV ergeben. Soweit hier vom „Insolvenzgericht" die Rede ist, darf nicht übersehen werden, dass es sich lediglich um eine Bezeichnung für eine funktionelle Zuständigkeit innerhalb der Gerichtsbarkeit handelt, es hingegen nicht ein eigenständiges Organ oder Gremium darstellt, das in einem verwaltungsrechtlichen Organstreitverfahren Parteistellung hätte.[107] Folglich ist es stets das **Amtsgericht**, das handelt. Örtlich zuständig ist das Amtsgericht, an dem auch das **Insolvenzverfahren anhängig** ist.

---

104) Uhlenbruck/*Lüer*/*Streit*, InsO, § 269 Rz. 1.
105) Verordnung (EU) 2015/848 des Europäischen Parlaments und des Rates über Insolvenzverfahren (Neufassung) v. 20.5.2015 (ABl. EU v. 5.6.2015, L 141/19), in Kraft getreten zum 26.6.2017, siehe Anh. XIII.
106) Gesetz zur Durchführung der Verordnung (EU) 2015/848 über Insolvenzverfahren v. 5.6.2017 (BGBl. I 2017, 1476), siehe Anh. XIII Rz. 5.
107) OLG Düsseldorf, Beschl. v. 31.8.2007 – I-3 VA 2/07, NZI 2008, 105.

b) Funktionale Zuständigkeit
aa) nach Verfahrenseröffnung

Durch § 3 Nr. 2 lit. e RPflG sind dem Rechtspfleger die nach den gesetzlichen Vorschriften vom Richter wahrzunehmenden Geschäfte in den Verfahren nach der InsO übertragen, soweit nicht § 18 RPflG Ausnahmen hiervon enthält. Dies bedeutet nach Eröffnung des Insolvenzverfahrens eine grundsätzliche Zuständigkeit des **Rechtspflegers** am Insolvenzgericht. Obwohl thematisch dem Eröffnungsverfahren zuzuordnen, wird für die Beschlussfassung über die Festsetzung der Vergütung des vorläufigen Verwalters nach Verfahrenseröffnung ebenfalls der Rechtspfleger als zuständig erachtet.[108] Dies auch dann, wenn der Vergütungsantrag noch vor Verfahrenseröffnung gestellt, aber vom Richter nicht bearbeitet wurde.[109]

88

Gemäß § 18 Abs. 2 RPflG kann sich der Richter das Verfahren ganz oder teilweise vorbehalten (Richtervorbehalt) bzw. es nach Übertragung auf den Rechtspfleger zur eigenen Entscheidung wieder an sich ziehen, sofern und sooft er dies für erforderlich hält (**Evokationsrecht**). Die Rückholung des Richters darf sich aber nicht nur auf bestimmte Themengebiete beziehen,[110] sondern muss einen bestimmten Zeitraum umfassen.[111] Ein Beschluss ist für die Entscheidung des Richters nicht erforderlich; die Entscheidung kann auch mündlich erfolgen, sollte aber aktenkundig gemacht werden.[112] Die Entscheidung des Richters ist unanfechtbar.[113] Insgesamt darf das Evokationsrecht nicht den Eindruck eines „Kabinettsbefehls",[114] den der Gesetzgeber ausdrücklich vermeiden wollte,[115] hinterlassen.

89

Gemäß § 18 Abs. 1 Nr. 2 RPflG bleibt dem Richter (seit dem 1.1.2013)[116] das Verfahren über einen **Insolvenzplan** i. S. d. §§ 217 ff. InsO vorbehalten. Damit geht auch die funktionale Zuständigkeit für die Vergütungsfestsetzung auf den Richter am Insolvenzgericht über. Nichts anderes kann gelten für die Vergütung nach § 6 Abs. 2 InsVV i. V. m. § 269 InsO bei Planüberwachung (§ 6 Rz. 38 ff.).

90

bb) ohne Verfahrenseröffnung

Ist das Insolvenzverfahren nicht eröffnet worden, sollte die Vergütung des vorläufigen Insolvenzverwalters nach vorübergehend und überraschend ergangener Rechtsprechung nicht nach §§ 63, 64 InsO, §§ 8, 10, 11 InsVV vom Insolvenzgericht festgesetzt werden können; der vorläufige Insolvenzverwalter wurde auf den ordent-

91

---

108) BGH, Beschl. v. 22.9.2010 – IX ZB 195/09, ZIP 2010, 2160, dazu EWiR 2011, 25 *(Blersch)*.
109) *Franke/Burger*, NZI 2001, 403.
110) So aber *Frind*, ZInsO 2001, 993.
111) *Fuchs*, ZInsO 2001, 1033, 1034 f.
112) *Wimmer*, InVo 1997, 316; Nach BGH, Urt. v. 21.6.1968 – V ZR 33/65, NJW 1968, 1675 ist es lediglich wünschenswert, nicht aber erforderlich, dass die mündliche Übertragung eines Zwangsversteigerungsverfahrens auf den Rechtspfleger aktenkundig gemacht wird.
113) *Mohrbutter/Drischler*, NJW 1971, 361.
114) *Schneider*, ZInsO 1999, 276.
115) *Fuchs*, ZInsO 2001, 1033, 1034 f. m. w. N.; kritisch auch *Uhlenbruck*, Rpfleger 1997, 356, 359.
116) Änderung des § 18 Abs. 1 RPflG durch das Gesetz zur weiteren Erleichterung der Sanierung von Unternehmen (ESUG) v. 7.12.2011 (BGBl. I 2011, 2582), siehe Anh. XI, mit Inkrafttreten zum 1.1.2013 (Art. 103g Satz 2 EGInsO).

lichen Gerichtsweg verwiesen.[117] Der Gesetzgeber[118] ist dieser Auffassung mit Einführung des § 26a InsO für die **ab dem 1.3.2012 beantragten Insolvenzverfahren** (Art. 103g Satz 1 EGInsO) entgegengetreten, sodass die Zuständigkeit (wieder) beim Insolvenzgericht liegt. Die funktionale Zuständigkeit liegt beim Richter.[119]

92 Für **zuvor beantragte Verfahren** gilt letztlich Selbiges. Zwar überschreite das Insolvenzgericht mit einer Vergütungsfestsetzung seine Befugnisse, es begebe sich aber nicht in einen Bereich, der eindeutig und unstreitig ganz außerhalb seiner Zuständigkeit läge;[120] möglicherweise ein Zurückrudern der Rechtsprechung nach heftiger Kritik bis hin zum Vorwurf der Rechtsschutzverweigerung.[121] Eine formale Rückwirkung entfaltet die Einführung des § 26a InsO allerdings nicht.[122] Die Thematik dürfte sich zeitlich überholt haben.

3. Bindung an Vereinbarungen bzw. Gläubigervoten

93 Es entspricht allgemeiner Ansicht, dass jegliche Vereinbarungen des Insolvenzverwalters mit dem Schuldner oder Dritten über seine Vergütung gemäß § 134 BGB nichtig sind[123] und folglich das Insolvenzgericht nicht binden können (§ 1 Rz. 16 ff.). Die Diskussion wurde jedoch wieder aufgegriffen, seitdem der Insolvenzplan durch die Umsetzung des ESUG[124] wieder an Bedeutung gewinnt. In Rede steht hier die Frage, ob im Insolvenzplan die Vergütung des Insolvenzverwalters bzw. Sachwalters mit für das Insolvenzgericht bindender Wirkung geregelt werden kann.[125] Die Frage ist de lege lata zu verneinen,[126] de lege ferenda sollte

---

117) BGH, Beschl. v. 3.12.2009 – IX ZB 280/08, ZIP 2010, 89, dazu EWiR 2010, 195 *(Mitlehner)*.
118) Gesetz zur weiteren Erleichterung der Sanierung von Unternehmen (ESUG) v. 7.12.2011 (BGBl. I 2011, 2582), siehe Anh. XI, mit Inkrafttreten zum 1.1.2013 (Art. 103g Satz 2 EGInsO).
119) AG Hamburg, Beschl. v. 4.2.2015 – 67c IN 500/14, ZIP 2015, 795; HambKommInsO/*Denkhaus*, § 26a Rz. 2a; *Graeber/Graeber*, InsVV, § 8 Rz. 22; KPB-InsO/*Prasser*, § 26a Rz. 5 (Stand: 06/2014); HK-InsO/*Rüntz*, § 26a Rz. 6; FK-InsO/*Schmerbach*, § 26a InsO, Rz. 14; **a. A.** AG Hamburg, Beschl. v. 20.10.2014 – 67g IN 260/14, ZIP 2015, 47 (Rechtspfleger).
120) BGH, Beschl. v. 8.3.2012 – IX ZB 219/11, ZInsO 2012, 800.
121) *Uhlenbruck*, NZI 2010, 161.
122) BGH, Beschl. v. 9.2.2012 – IX ZB 79/10, NZI 2012, 317.
123) RG, Urt. v. 15.4.1935 – VI 561/34, RGZ 147, 366, 367; BGH, Urt. v. 20.12.1976 – II ZR 215/75, WM 1977, 256; BGH, Urt. v. 14.10.1981 – IVa ZR 317/80, NJW 1982, 185, 186; *Zimmer*, ZInsO 2013, 2305 mit zahlreichen Nachweisen in Fn. 8.
124) Gesetz zur weiteren Erleichterung der Sanierung von Unternehmen (ESUG) v. 7.12.2011 (BGBl. I 2011, 2582).
125) Grundsätzlich **bejahend** LG Heilbronn, Beschl. v. 25.3.2015 – Bm 1 T 130/15, ZInsO 2015, 910, 911; LG München I, Beschl. v. 2.8.2013 – 14 T 16050/13, ZInsO 2013, 1966; LG Münster, Beschl. v. 1.10.2016 – 5 T 526/15, ZIP 2016, 1179; AG Hannover, Beschl. v. 6.11.2015 – 908 IK 1886/13-7, ZIP 2015, 2385 (m. w. N. aus der Literatur). Grundsätzlich **verneinend** LG Mainz, Beschl. v. 2.11.2015 – 8 T 182/15, ZIP 2016, 587; AG Hamburg, Beschl. v. 19.4.2016 – 67c IN 232/13, ZIP 2016, 2492; AG Köln, Beschl. v. 6.4.2016 – 74 IN 45/15, ZIP 2016, 1240; *Ganter*, ZIP 2014, 2323, 2333; *Keller*, ZIP 2014, 2017; *Laroche/Pruskowski/Schöttler/Siebert/Vallender*, ZIP 2014, 2153, 2160; *Madaus*, ZIP 2016, 1141, 1149; *Madaus/Heßel*, ZIP 2013, 2088; *Schöttler*, NZI 2014, 852.
126) BGH, Beschl. v. 16.2.2017 – IX ZB 103/15, ZIP 2017, 482, dazu EWiR 2017, 179 *(Madaus)*; kritisch hierzu *Blankenburg*, ZInsO 2017, 531.

Festsetzung von Vergütung und Auslagen § 8

dies jedoch ermöglicht werden, da der Sinn und Zweck eines Insolvenzplans eigentlich nichts anderes zulässt.

4. Prüfung durch das Insolvenzgericht
a) Insolvenz- und Beschwerdegericht als Tatsacheninstanz
aa) Tatrichterliche Feststellungen

Das Insolvenzgericht hat den Vergütungsantrag und die für die Bemessung der Vergütung maßgeblichen Tatsachen von Amts wegen zu prüfen. Es hat eine **materielle Prüfungspflicht**, welche die Richtigkeit des Ansatzes der einzelnen Positionen des Vergütungsfestsetzungsantrags umfasst.[127] Insbesondere soll nach einer Entscheidung des BGH vom 28.9.2006 keine Bindung an die ordnungsmäßige Rechnungslegung des Insolvenzverwalters bestehen.[128] Dies ist unzutreffend, wenn unter Ordnungsmäßigkeit nicht nur eine Trennung von Einnahmen und Ausgaben verstanden wird, wie vermutlich im entschiedenen Fall, sondern – so unzweifelhaft die heutigen Anforderungen – auch eine Abgrenzung der Kriterien des § 1 Abs. 2 InsVV durch geeignete Sachkonten (insolvenzspezifischer Kontenplan[129]). Sowohl der Entscheidungsträger beim Insolvenzgericht[130] als auch der Entscheidungsträger beim Beschwerdegericht[131] ist **Tatrichter** in Bezug auf die Richtigkeit der Bemessungsgrundlage, der Zu- und Abschläge, der Auswirkungen von Delegationen i. S. d. § 4 Abs. 1 Satz 3 InsVV[132] sowie nicht der Höhe nach kodifizierter Regelbruchteile[133] bzw. der Ausübung billigen Ermessens.[134] Diese tatrichterlichen Feststellungen sind in der Rechtsbeschwerdeinstanz nur darauf zu überprüfen, ob sie die Gefahr der Verschiebung der Maßstäbe mit sich bringen.[135] Denn allgemein gilt, dass die dem (Berufungs-)Gericht obliegende tatrichterliche Beurteilung gemäß § 559 Abs. 2 ZPO revisionsgerichtlicher Nachprüfung weitgehend entzogen ist. Bei der **Heranziehung höchstrichterlicher Entscheidungen** zur eigenen Entscheidungsfindung ist zudem zu berücksichtigen, dass diese kein Gesetzesrecht sind und keine damit vergleichbare Rechtsbindung erzeugen. Von ihnen abzuweichen, verstößt grundsätzlich nicht gegen Art. 20 Abs. 3 GG. Ihr Geltungsanspruch über den Einzelfall hinaus beruht allein auf der Überzeugungskraft ihrer Gründe sowie der Autorität und den Kompetenzen des Gerichts.[136]

94

---

127) BGH, Beschl. v. 28.9.2006 – IX ZB 108/15, ZIP 2006, 2186.
128) BGH, Beschl. v. 28.9.2006 – IX ZB 108/15, ZIP 2006, 2186.
129) *Zimmer*, Insolvenzbuchhaltung, passim.
130) BGH, Beschl. v. 24.7.2003 – IX ZB 607/02, ZIP 2003, 1757; BGH, Beschl. v. 23.9.2004 – IX ZB 215/03, NZI 2004, 665; BGH, Beschl. v. 16.7.2005 – IX ZB 285/03, ZIP 2005, 1371; Beschl. v. 11.5.2006 – IX ZB 249/04, ZIP 2006, 1204, 1205.
131) BGH, Beschl. v. 28.9.2006 – IX ZB 108/15, ZIP 2006, 2186; BGH, Beschl. v. 23.2.2012 – IX ZB 26/11, JurionRS 2012, 11350.
132) BGH, Beschl. v. 3.3.2005 – IX ZB 261/03, 2005, 143.
133) BGH, Beschl. v. 29.5.2008 – IX ZB 303/05, Rz. 21, ZIP 2008, 1294 (Sonderinsolvenzverwalter).
134) Vergütung für Nachtragsverteilung (§ 6 Abs. 1 Satz 1 InsVV).
135) St. Rspr. vgl. nur BGH, Beschl. v. 4.7.2002 – IX ZB 31/02, ZIP 2002, 1459, 1460; BGH, Beschl. v. 16.10.2008 – IX ZB 247/06, NZI 2009, 57.
136) BVerfG, Beschl. v. 26.6.1991 – 1 BvR 779/85, Rz. 42, NJW 1991, 2549, 2550.

bb) Amtsermittlung/Beweisaufnahme

95 Die Beweiswürdigung ist grundsätzlich Sache des Tatrichters und nur eingeschränkt daraufhin zu überprüfen, ob der Tatrichter sich mit dem Prozessstoff und den Beweisergebnissen umfassend und widerspruchsfrei auseinandergesetzt hat, die Beweiswürdigung also vollständig und rechtlich möglich ist und nicht gegen Denkgesetze und Erfahrungssätze verstößt.[137] Das Insolvenzgericht ist jedoch zu eigenen **Amtsermittlungen** erst verpflichtet, wenn der Vergütungsantrag die erforderlichen tatsächlichen Grundlagen enthält.[138] Im Zweifel ist zunächst ein Hinweisbeschluss zu erlassen. Dabei muss das Gericht auf den fehlenden Sachvortrag, den es als entscheidungserheblich ansieht, unmissverständlich hinweisen.[139] Kurzum: dem Insolvenzgericht und ggf. dem Beschwerdegericht obliegt zu prüfen, ob alle Anforderungen an den Vergütungsantrag (Rz. 13 ff.) vollständig und richtig erfüllt sind und der materiell-rechtliche Anspruch in geltend gemachter Höhe besteht.

96 Das Gericht verstößt gegen den Anspruch auf rechtliches Gehör des Antragstellers (Art. 103 Abs. 1 GG), wenn ein Vorbringen zwar zur Kenntnis genommen wurde, aber eine hiernach gemäß § 5 Abs. 1 InsO notwendige **Beweisaufnahme** unterlassen wurde;[140] dies gilt auch im Vergütungsfestsetzungsverfahren.[141] Letzteres verlangt z. B. eine Feststellung der Berechnungsgrundlage im Wege der Amtsermittlung, weswegen eine Berechnungsgrundlage sprachlich zwar niemals „streitig" oder „unstreitig" sein kann;[142] jedoch können Sachverständige nach § 4 InsO, §§ 402 ff. ZPO eingesetzt werden, um z. B. die Richtigkeit der Schlussrechnung des Insolvenzverwalters zu prüfen.[143] Der Anspruch auf rechtliches Gehör gebietet es nicht nur, dem Insolvenzverwalter das Gutachten eines Sachverständigen zur Stellungnahme zu überreichen; vielmehr hat er einen Anspruch darauf, den Sachverständigen zu seinem schriftlichen Gutachten mündlich zu befragen.[144]

97 Die Prüfung umfasst alles, was mit Tatsachen in Verbindung steht und aus der Buchhaltung hergeleitet werden kann und muss. Zum **Umfang der Prüfung** gehört im Wesentlichen die Ermittlung der Berechnungsgrundlage, die Prüfung von Vergleichsrechnungen sowie die Belastung der Masse mit Verbindlichkeiten aus Dienst- und Werkverträgen i. S. d. §§ 5, 4 Abs. 1 Satz 3 InsVV. Dabei bleibt es nicht aus, dass der Tatrichter bzw. der Sachverständige auch eigene rechtliche Würdigungen vorzunehmen hat, wenn und weil die Rechtsprechung zur Vergütung sich auch darauf

---

137) BGH, Urt. v. 27.9.2011 – XI ZR 182/10, Rz. 29, BGHZ 191, 119; BGH, Beschl. v. 17.9.2013 – II ZR 142/12, Rz. 10, ZIP 2014, 261; BGH, Beschl. v. 28.6.2016 – II ZR 291/15, Rz. 11, ZInsO 2017, 287.
138) BGH, Beschl. v. 7.12.2006 – IX ZB 1/04, Rz. 13, ZIP 2007, 647; BGH, Beschl. v. 16.10.2008 – IX ZB 247/06, NZI 2009, 57.
139) BGH, Urt. v. 3.7.2014 – IX ZR 285/13, ZInsO 2014, 1679; OLG Bamberg, Urt. v. 18.8.2016 – 1 U 24/16, NJW 2016, 3315.
140) BVerfG, Beschl. v. 25.10.2002 – 1 BvR 2116/01, NJW 2003, 1655.
141) BGH, Beschl. v. 29.3.2012 – IX ZB 134/09, Rz. 6, ZInsO 2012, 1236.
142) BGH, Beschl. v. 21.7.2016 – IX ZB 70/14, Rz. 83, ZIP 2016, 1592.
143) BVerfG, Nichtannahmebeschluss v. 10.2.2016 – 2 BvR 212/15 (n. v.). Ausführlich *Zimmer*, Insolvenzbuchhaltung, Rz. 1159 ff.
144) BGH, Beschl. v. 21.2.2017 – VI ZR 314/15, JurionRS 2017, 12861; BGH, Beschl. v. 30.5.2017 – VI ZR 439/16, NJW 2017, 1875.

auswirkt, wie ein Lebenssachverhalt buchhalterisch zu erfassen ist. Die Ansprache des vergütungsrechtlich korrekten Sachkontos ist eine Tatsachenbehauptung, die zu prüfen ist, auch wenn die Auswahl des Sachkontos auf einer rechtlichen Würdigung des Insolvenzverwalters beruhte.

cc) Erschöpfende Antragserledigung

Der Beschluss über die Festsetzung der Vergütung muss nicht nur den Antrag erschöpfend erledigen, sondern auch die vorgebrachten Argumente und Sachverhaltsdarstellungen vollständig würdigen.[145] Es ist jedoch nicht erforderlich, alle Einzelpunkte des Sachvortrags ausdrücklich zu bescheiden; die Gerichte sind lediglich verpflichtet, das Vorbringen zur Kenntnis zu nehmen und in Erwägung zu ziehen.[146]

98

dd) Beschränkung durch den Vergütungsantrag

Da eine Vergütungsfestsetzung ohne entsprechenden Antrag unzulässig ist, kann das festsetzende Gericht nicht über den Antrag hinausgehen (§ 4 InsO, § 308 Abs. 1 Satz 1 ZPO).[147] Es ist allerdings nicht an die Begründung des Antragstellers gebunden.

99

ee) Maßgeblicher Zeitpunkt

Maßgeblicher Zeitpunkt für die Berücksichtigung von Sachvortrag und Erkenntnisquellen ist die letzte Tatsachenentscheidung.[148] Da das Beschwerdegericht zweite Tatsacheninstanz ist,[149] ist ein (geänderter oder neuer) Sachvortrag bis zum Erlass der Beschwerdeentscheidung zu berücksichtigen. Liegt jedoch ein umfassend formulierter neuer Vergütungsantrag mit einer sogar höheren Vergütung vor, gilt der mit der Beschwerde angegriffene Erstantrag als zurückgenommen, sodass die Beschwerde unzulässig wird.[150]

100

b) Ermessensausübung

aa) Anwendungsbereich

Die Feststellung der Berechnungsgrundlage, die Definition von Zu- oder Abschlagstatbeständen sowie deren Tatbestandserfüllung im konkreten Fall ist eine *Tatsachenentscheidung*, sodass kein Ermessen des Insolvenzgerichts oder des Beschwerdegerichts besteht. Ebenfalls kein Ermessen besteht hinsichtlich der Rechtsfolge der Regelvergütung oder der Einschlägigkeit einer Mindestvergütung.

101

Ein Ermessen des Insolvenzgerichts (und des Beschwerdegerichts) besteht nur bei der Frage, mit welchem Wert ein Zu- oder Abschlag i. S. d. § 3 InsVV zu bemessen

102

---

145) Vgl. nur BGH, Beschl. v. 23.3.2006 – IX ZB 28/05, NZI 2006, 34; BGH, Beschl. v. 11.5.2006 – IX ZB 249/04, ZIP 2006, 1204; BGH, Beschl. v. 26.4.2007 – IX ZB 160/06, ZIP 2007, 1330; BGH, Beschl. v. 19.9.2013 – IX ZB 122/11, ZInsO 2013, 2180.
146) BVerfG, Urt. v. 8.7.1997 – 1 BvR 1621/94, Rz. 43, NJW 1997, 2310; BGH, Beschl. v. 24.2.2005 – III ZR 263/04, NJW 2005, 1432.
147) BGH, Beschl. v. 28.9.2006 – IX ZB 108/05, ZIP 2006, 2186.
148) BGH, Beschl. v. 20.5.2010 – IX ZB 23/07, NZI 2010, 644, 645.
149) BGH, Beschl. v. 28.9.2006 – IX ZB 108/15, ZIP 2006, 2186; BGH, Beschl. v. 23.2.2012 – IX ZB 26/11, JurionRS 2012, 11350.
150) AG Hamburg, Beschl. v. 18.4.2017 – 67c IN 332/14, ZIP 2017, 1079.

ist, d. h. **wie hoch ein Zu- oder Abschlag** ausfallen kann. Dabei ist das Gericht nicht an sog. Faustregeltabellen gebunden,[151] die ihren Wert jedoch darin haben, anderweitig ergangene Entscheidungen sowie Literaturansichten zusammenzufassen, um einen brauchbaren Korridor für die Ausübung des Ermessens vorzugeben (siehe hierzu insgesamt die Kommentierung zu § 3 InsVV). Auch hier gilt, dass der Beschluss über die Festsetzung der Vergütung den Antrag erschöpfend erledigen muss (Rz. 98), d. h., auch die Argumente des Antragstellers für die Begründung einer Angemessenheit von Zuschlägen oder einer Unangemessenheit von Abschlägen müssen vollständig gewürdigt werden.

bb) Toleranzgrenze i. R. d. § 3 InsVV

103 Ein Zu- oder Abschlag gemäß § 3 InsVV kann nie „punktgenau" ermittelt werden, sodass es hier nie ein richtig oder falsch, sondern immer nur ein angemessen oder unangemessen geben kann. Daher wird vertreten, eine Abweichung von 20 % vom beantragten Wert als Toleranzgrenze sei immer noch antragsgemäß und nicht angreifbar. Dies wird gestützt auf einen Vergleich mit Rahmengebühren nach § 14 RVG[152] oder Schmerzensgeld.[153]

104 Dem kann nicht gefolgt werden, da sich ein Vergleich mit Schmerzensgeld nur mittelbar aufdrängt und ein direkter Vergleich mit § 14 RVG daran scheitert, dass es hier konkrete Regelgebühren gibt, auf die 20 % aufgeschlagen werden können, ohne unbillig zu sein.[154] So kann eine 1,3-fache Geschäftsgebühr auf eine 1,5-fache Gebühr angehoben werden.[155] Übertragen auf das Vergütungssystem der InsVV würde dies bedeuten, dass ein Zuschlag von 50 % zu einer Gesamtvergütung von 150 % führte, auf die die Toleranzgrenze von 20 % anzuwenden sein könnte, sodass sich eine Untergrenze von 120 % ergäbe, was den Zuschlag von 50 % auf 20 % reduzieren würde. Dies wäre systemwidrig und sinnfrei. Wenn es eine solche Toleranzgrenze geben soll, müsste diese ausdrücklich und isoliert auf die Zuschläge (also unter Ausklammerung der Regelvergütung) beschränkt sein, was die abweichende Auffassung wohl auch so fordert. Dies würde dann z. B. bedeuten, dass bei Beantragung eines Zuschlags von 50 % eine Festsetzung von 40 % antragsgemäß sein soll. Auch dies würde jedoch das Vergütungssystem der InsVV entwerten, schon weil die Antragsteller „immer" etwas mehr beantragen könnten, weil die Zuschläge „immer" gekürzt würden. Überdies hat die Rechtsprechung zum RVG einen Wandel vollzogen, da die Erhöhung einer 1,3-fachen Geschäftsgebühr auf eine 1,5-fache Gebühr nunmehr nur gefordert werden kann, wenn die Tätigkeit des Rechtsanwalts umfangreich oder schwierig war.[156] Es existiert mithin keine echte Toleranzgrenze mehr, die auf die InsVV übertragen werden könnte; vielmehr wurde umgekehrt die Idee des § 3 Abs. 1 InsVV auf das RVG übertragen.

---

151) BGH, Beschl. v. 22.3.2007 – IX ZB 201/05, ZInsO 2007, 370.
152) KPB-InsO/*Prasser/Stoffler*, § 3 InsVV Rz. 2 (Stand: 11/2014).
153) *Graeber/Graeber*, InsVV, § 8 Rz. 24a.
154) BGH, Urt. v. 13.1.2011 – IX ZR 110/10, NJW 2011, 1603.
155) BGH, Urt. v. 13.1.2011 – IX ZR 110/10, NJW 2011, 1603.
156) BGH, Urt. v. 11.7.2012 – VIII ZR 323/11, NJW 2012, 2813.

c) Prüfung delegierter Aufgaben (§ 8 Abs. 2 InsVV)

Gemäß § 8 Abs. 2 InsVV ist im Vergütungsantrag näher darzulegen, welche Dienst- oder Werkverträge für besondere Aufgaben im Rahmen der Insolvenzverwaltung abgeschlossen worden sind. Ausdrücklich verlangt der Verordnungsgeber, dass der Insolvenzverwalter darzulegen hat, weshalb der Abschluss von Dienst- oder Werkverträgen zur Erledigung von Aufgaben aus seinem Tätigkeitsbereich die Geschäftsführung nicht erleichtert haben soll.[157] Folglich hat das Tatsachengericht zu prüfen, ob die Angaben des Insolvenzverwalters richtig sind – oder pflichtwidrig unterlassen wurden. Insoweit kann auf die Ausführungen zu den Anforderungen an den Vergütungsantrag (Rz. 48 ff.) bzw. das Amtsermittlungsverfahren (Rz. 95 ff.) verwiesen werden.

105

Die Begleichung von Honoraren für Aufgaben, die nach den Kriterien der §§ 5, 4 Abs. 1 Satz 3 InsVV tatsächlich nicht als Sonderaufgaben einzustufen sind, kann zu einer Kürzung der Vergütung führen, denn regelmäßig geht die Delegation von **Regelaufgaben** mit einer Arbeitserleichterung des Insolvenzverwalters einher (§ 3 Rz. 248 ff.). Die Begleichung von Honoraren für Aufgaben, die nach den Kriterien der §§ 5, 4 Abs. 1 Satz 3 InsVV als **Sonderaufgaben** einzustufen sind, kann zu einer Kürzung eines Vergütungszuschlags, der auf dieselben Lebenssachverhalte und Tätigkeiten abstellt wie die Sonderaufgaben, führen (§ 3 Rz. 36 ff.). Im Ergebnis geht es im Rahmen einer Missbrauchskontrolle[158] um die Frage, ob der Abgeltungsbereich der nach §§ 1–3 InsVV festzusetzenden Vergütung von bereits erfolgten Massebelastungen nach §§ 5, 4 Abs. 1 Satz 3 InsVV tangiert wird. Die Prüfung bezieht sich folglich nur auf die durch Delegation der Masse in Rechnung gestellten Honorare, hingegen nicht auf solche Ausgaben, der der Insolvenzverwalter aus eigenem Vermögen beglichen hat[159] und eventuell für die Begründung eines Zuschlags nach § 3 Abs. 1 InsVV argumentativ heranzieht.

106

Von der Diskussion um Regel- und Sonderaufgaben zu unterscheiden ist die **Vergütung nicht geschuldeter Tätigkeiten**. Zu vergüten sind alle Tätigkeiten, die dem Insolvenzverwalter vom Gesetz oder vom Insolvenzgericht (auch falls rechtlich zweifelhaft[160]) oder von den Verfahrensbeteiligten (Schuldner, Gläubigerversammlung, Gläubigerausschuss) zulässig und wirksam übertragen worden sind.[161] Tätigkeiten, die der Insolvenzverwalter in Überschreitung seiner ihm zukommenden Aufgaben ausgeübt hat, sind nicht vergütungsfähig.[162] Dies gilt gleichermaßen für die Regelvergütung nach §§ 1, 2 InsVV und Zuschläge nach § 3 Abs. 1 InsVV wie auch für Honorarentnahmen über §§ 5, 4 Abs. 1 Satz 3 InsVV. Werden nicht geschuldete Tätigkeiten über §§ 5, 4 Abs. 1 Satz 3 InsVV aus der Masse vergütet, fällt dies jedoch nicht unter die Prüfungskompetenz des Insolvenzgerichts i. S. d. § 8 Abs. 2 InsVV, sondern unter die Prüfungskompetenz des Insolvenzgericht gemäß §§ 58,

107

---

157) Insolvenzrechtliche Vergütungsverordnung (InsVV) v. 19.8.1998 (BGBl. I 1998, 2205), Begründung zu § 8 InsVV, siehe Anh. III Rz. 60.
158) LG Memmingen, Beschl. v. 4.2.2004 – 4 T 2262/03, ZInsO 2004, 497.
159) *Graeber/Graeber*, ZInsO 2013, 1284, 1288.
160) BGH, Beschl. v. 21.7.2016 – IX ZB 70/14, Rz. 70, ZIP 2016, 1592 (Sachwalter).
161) BGH, Beschl. v. 21.7.2016 – IX ZB 70/14, Rz. 61, ZIP 2016, 1592 (Sachwalter).
162) BGH, Beschl. v. 21.7.2016 – IX ZB 70/14, Rz. 61, ZIP 2016, 1592 (Sachwalter).

60, 92 Satz 2 InsO, sodass stets ein Sonderinsolvenzverwalter mit der Prüfung eines Masseverkürzungsschadens zu beauftragen ist (Rz. 111 ff.).[163] Ein Abzug von der Vergütung kommt daher nicht in Betracht, da es sich um eine bürgerlich-rechtliche Angelegenheit handelt, für die die ordentliche Gerichtsbarkeit zuständig ist.

d) **Prüfung besonderer Kosten (§ 4 Abs. 2, Abs. 3 Satz 2 InsVV)**

aa) **Grundsatz**

108 Sind dem Insolvenzverwalter besondere Kosten i. S. d. § 4 Abs. 2 InsVV (§ 4 Rz. 129 ff.) oder Prämien für eine überobligatorische Vermögensschadenhaftpflichtversicherung i. S. d. § 4 Abs. 3 Satz 2 InsVV (§ 4 Rz. 158 ff.) entstanden, kann neben der Auslagenpauschale des § 8 Abs. 3 InsVV ein gesonderter Kostenersatz beantragt werden (Rz. 79 ff.). Die Berechtigung ist **im Rahmen der Vergütungsfestsetzung zu prüfen.**

bb) **Behandlung entnommener Beträge**

109 Gravierender scheint das Problem der Behandlung bereits der Masse entnommener Beträge zu sein, die eigentlich der Vergütungsfestsetzung oblegen hätten. Im Anwendungsbereich des **§ 4 Abs. 2 InsVV** ist dies eher selten der Fall. Einige oftmals diskutierten „Auslagen" sind schon keine solchen i. S. d. § 4 Abs. 2 InsVV, sondern Abwicklungskosten nach § 55 Abs. 1 Nr. 1 InsO (§ 4 Rz. 130). Für Reisekosten im Zusammenhang mit einer Betriebsfortführung gilt nichts anderes (§ 4 Rz. 136), sodass lediglich abwicklungsbedingte Reisekosten auffällig sein können. Die Übertragung des Zustellungswesens gemäß § 8 Abs. 3 InsO auf den Insolvenzverwalter kann dieser zulasten der Masse an Dritte delegieren, sodass hier nur die Prüfung der Angemessenheit der Honorare des Dritten Prüfungsgegenstand ist (§ 4 Rz. 143). Lässt sich nach alledem feststellen, dass die Masse unangemessen belastet wurde, ist zu differenzieren. Geht mit der Massebelastung eine *Arbeitserleichterung* einher, kann über § 3 Abs. 2 InsVV eine Vergütungskürzung von Amts wegen erfolgen (§ 3 Rz. 248 ff.). Dies ließe sich bejahen bei einem unangemessen hohen finanziellen Aufwand für die Delegation des Zustellungswesens. Hat der Insolvenzverwalter jedoch keine Arbeitserleichterung erfahren, sondern wurden allgemeine Geschäftskosten des Insolvenzverwalters entgegen § 4 Abs. 1 Satz 1 InsVV gegen die Masse abgerechnet (*Kostenersparnis*), läge im Grunde ein Masseverkürzungsschaden i. S. d. §§ 60, 92 Satz 2 InsO vor, der zur Bestellung eines Sonderinsolvenzverwalters führen müsste. Die Rechtsprechung neigt jedoch zu einem unmittelbaren Abzug von der Vergütung, zumindest bei einer Belastung der Masse mit den Kosten für ein Gläubigerinformationssystem.[164] Diese durchaus vertretbare Auffassung überzeugt jedenfalls durch Praktikabilität, zumal sich Arbeitserleichterung und Kostenersparnis nicht immer rechtssicher differenzieren lassen. Der Lösungsansatz über § 3 Abs. 2 InsVV beseitigt zumindest im Grundsatz auch die Idee, hier von einer Untreuehandlung des Insolvenzverwalters[165] auszugehen, da sich Arbeitserleichterung und Untreue ersichtlich ausschließen.

---

163) Ausführlich Beck/Depré/*Zimmer*, Praxis der Insolvenz, § 47 Rz. 38 ff.
164) BGH, Beschl. v. 14.7.2016 – IX ZB 62/15, ZIP 2016, 1645, dazu EWiR 2016, 669 *(Prasser)*.
165) Erwogen bei *Graeber/Graeber*, InsVV, § 4 Rz. 8.

Sollte sich nach den zu prüfenden Kriterien des § 4 Abs. 3 Satz 2 InsVV (§ 4 Rz. 158 ff.) ergeben, dass die Masse bereits mit Prämien für eine Haftpflichtversicherung des Insolvenzverwalters belastet wurde, entsteht ebenfalls Klärungsbedarf. Wäre eine Festsetzung nach § 4 Abs. 3 Satz 2 InsVV möglich gewesen, sollte von einer Beanstandung abgesehen werden (§ 4 Rz. 166 ff.). Sind die Tatbestandsvoraussetzungen des § 4 Abs. 3 Satz 2 InsVV hingegen nicht erfüllt, wird ein Abzug von der Vergütung empfohlen.[166] Dogmatisch handelt es sich jedoch um einen Gesamtschaden i. S. d. §§ 60, 92 Satz 2 InsO, da weder eine *Arbeitserleichterung* i. S. d. § 3 Abs. 2 InsVV noch eine *Kostenersparnis* analog § 3 Abs. 2 InsVV vorliegt, sondern *Insolvenzzweckwidrigkeit*. 110

e) Prüfung von Pflichtverletzungen (§§ 58, 60, 92 Satz 2 InsO)

Gemäß § 58 InsO steht der Insolvenzverwalter unter der Aufsicht des Insolvenzgerichts. Ergeben sich Hinweise auf eine Pflichtverletzung, die einen Gesamtschaden i. S. d. §§ 60, 92 Satz 2 InsO begründen könnten, hat das Insolvenzgericht zu prüfen, ob die Bestellung eines Sonderinsolvenzverwalters erforderlich wird. Da mit dem Vergütungsantrag regelmäßig die Einreichung einer Schlussrechnung und eines Schlussberichts einhergeht, ist die Einreichung der vorgenannten Unterlagen ein geeigneter **Zeitpunkt**, die Überwachungspflicht zu vertiefen. 111

Im Rahmen der Aufsichtspflicht des Insolvenzgerichts i. S. d. § 58 InsO kann das Insolvenzgericht bei Vorliegen eines hinreichenden Anfangsverdachts einen **Sonderinsolvenzverwalter** mit der Ermittlung und Prüfung eines Gesamtschadens beauftragen. Der Sonderinsolvenzverwalter ist somit noch nicht befugt, eine Regressforderung geltend zu machen. Er ist jedoch verpflichtet, das Insolvenzgericht und die Insolvenzgläubiger zeitnah von den Ergebnissen seiner Untersuchungen zu unterrichten und zu gegebener Zeit eine Klage gegen den Insolvenzverwalter anzuregen.[167] Die Insolvenzgläubiger können sodann entscheiden, ob sie den Anspruch gegen den Insolvenzverwalter verfolgen wollen; zu diesem Zweck können sie eine Erweiterung der Befugnisse des Sonderinsolvenzverwalters auf die Prozessführung beantragen.[168] Das Insolvenzgericht ist insoweit nur Mittler zwischen den Geschädigten und dem Sonderinsolvenzverwalter.[169] Keinesfalls kann das Insolvenzgericht von Amts wegen den Sonderinsolvenzverwalter mit der (klageweisen) Durchsetzung beauftragen, sonst würde gegen den Anspruch aller Beteiligten auf den gesetzlichen Richter (Art. 101 Abs. 1 GG) verstoßen. Denn zum einen handelt es sich bei der Außenhaftung des Insolvenzverwalters, zum anderen gehört die Regressforderung vor die ordentliche Gerichtsbarkeit. Vielmehr ist gemäß § 74 InsO eine Gläubigerversammlung einzuberufen. Sofern die Gläubiger dort eine Geltendmachung des Schadenersatzanspruchs gegen den Insolvenzverwalter beschließen, ist der Beschluss für das Insolvenzgericht bindend (§ 76 Abs. 2 InsO), sodass der Sonderinsolvenzverwalter nun vom Insolvenzgericht in diesem Sinne zu bestellen ist.[170] 112

---

166) HambKommInsO/*Büttner*, § 4 InsVV Rz. 35; *Lissner*, ZInsO 2017, 754, 759.
167) BGH, Urt. v. 17.7.2014 – IX ZR 301/12, NZI 2014, 973.
168) BGH, Urt. v. 17.7.2014 – IX ZR 301/12, NZI 2014, 973.
169) Beck/Depré/*Zimmer*, Praxis der Insolvenz, § 47 Rz. 40.
170) Ausführlich Beck/Depré/*Zimmer*, Praxis der Insolvenz, § 47 Rz. 38 ff.

§ 8 Festsetzung von Vergütung und Auslagen

Insgesamt dürfte die Geltendmachung eines Gesamtschadens durch einen Sonderinsolvenzverwalter mangelhaft geregelt sein, zumal der Gesetzgeber bewusst auf eine Regelungstiefe verzichtet hat.

113 Aus der Notwendigkeit der Bestellung eines Sonderinsolvenzverwalters ergibt sich als **vergütungsrechtliche Auswirkung** zugleich, dass das Insolvenzgericht weder über einen Schadenersatzanspruch der Insolvenzgläubiger nach § 60 InsO (siehe § 92 Satz 2 InsO) bzw. § 280 BGB (siehe Art. 101 Abs. 1 Satz 2 GG) noch über bereicherungsrechtliche Ansprüche nach §§ 812 ff. BGB (siehe Art. 101 Abs. 1 Satz 2 GG) oder Aufrechnungen nach §§ 387 ff. BGB mit Ansprüchen eines Sonderinsolvenzverwalters oder Amtsnachfolgers[171] und auch nicht über Zurückbehaltungsrechte eines Sonderinsolvenzverwalters bzw. Amtsnachfolgers nach § 273 BGB[172] befinden darf.

f) **Verwirkung**

aa) **Herleitung**

114 Ein Makler kann analog § 654 BGB wegen vorsätzlicher oder fahrlässiger Verletzung seiner Treuepflicht seinen Lohnanspruch verlieren. Diese pauschale Aussage des Reichsgerichts u. a. in einer Entscheidung vom 24.4.1926[173] wurde vom BGH in einer Leitentscheidung vom 5.2.1962 kritisch hinterfragt und konkretisiert.[174] Die Verwirkung hat hiernach *Strafcharakter*.[175] Der Makler soll unter der Sanktion des Verlusts seines Vergütungsanspruchs gehalten sein, die ihm gegenüber seinem Auftraggeber obliegende Treuepflicht, dessen Interessen zu wahren, einzuhalten. Denn § 654 BGB sei das zivilrechtliche Pendant zum *Parteiverrat* (§ 356 StGB). Ob dem Auftraggeber ein Schaden entstanden ist, sei unerheblich.[176] Soweit jedoch ein Schaden vorliege, der über das Rechtsinstitut der positiven Vertragsverletzung (§ 280 BGB) zufriedenstellend gelöst werden kann, bedürfe es keiner Verwirkung des Vergütungsanspruchs.[177] Im Jahr 2005 kam der BGH weiter abschwächend zu dem Ergebnis, dass die Verwirkung nach § 654 BGB erst in Betracht komme, wenn der Makler seine Treuepflicht *vorsätzlich*, wenn nicht gar arglistig, mindestens aber in einer dem Vorsatz nahekommenden grob leichtfertigen Weise verletzt hat; andere Fälle seien der positiven Vertragsverletzung (§ 280 BGB) zuzuordnen.[178] Ungeachtet dessen könne eine *Rückzahlung* bereits empfangenen Maklerlohns nicht auf

---

171) BGH, Beschl. v. 6.5.2004 – IX ZB 349/02, Rz. 36, ZIP 2004, 1214; BGH, Urt. v. 5.1.1995 – IX ZR 241/93, ZIP 1995, 290, 291; *Haarmeyer/Mock*, InsVV, § 8 Rz. 51; Uhlenbruck/*Mock*, InsO, § 63 Rz. 47; KPB-InsO/*Prasser/Stoffler*, Vor § 1 InsVV Rz. 20 ff. (Stand: 04/2015); Jaeger/*Schilken*, InsO, § 64 Rz. 28.
172) BGH, Beschl. v. 6.11.2014 – IX ZB 90/12, Rz. 10, ZIP 2014, 2450.
173) RG, Urt. v. 24.4.1926 – I 340/25, RGZ 113, 264, 268.
174) BGH, Urt. v. 5.2.1962 – VII ZR 248/60, NJW 1962, 734.
175) BGH, Urt. v. 5.2.1962 – VII ZR 248/60, Rz. 15, NJW 1962, 734; BGH, Urt. v. 13.3.1985 – IVa ZR 222/83, Rz. 8, NJW 1986, 2573.
176) BGH, Urt. v. 5.2.1962 – VII ZR 248/60, Rz. 15, NJW 1962, 734; BGH, Urt. v. 29.11.1989 – IVa ZR 206/88, JurionRS 1989, 13738.
177) BGH, Urt. v. 5.2.1962 – VII ZR 248/60, Rz. 16, NJW 1962, 734.
178) BGH, Urt. v. 19.5.2005 – III ZR 322/04, Rz. 12, JurionRS 2005, 14775.

§ 654 BGB gestützt werden.[179] Für eine Anwendung des § 654 BGB auf den Steuerberater stellte der BGH fest, dass *Untreue* (§ 266 StGB) etwas völlig anderes als Parteiverrat sei und für eine Verwirkung des Honoraranspruchs nicht ausreiche.[180] Für einen Rechtsanwalt befand der BGH zusammenfassend, erst der *strafbare, vorsätzliche Parteiverrat* beseitige den Anspruch des Rechtsanwalts auf eine Vergütung i. S. e. Verwirkung, wobei von der weniger strengen Auffassung des Reichsgerichts aus der Entscheidung vom 24.4.1926[181] ebenfalls ausdrücklich abgewichen wurde.[182]

Da das Insolvenzgericht für die Anwendung bürgerlich-rechtlicher Anspruchsgrundlagen nicht gesetzlicher Richter ist (Art. 101 Abs. 1 Satz 2 GG), sämtliche möglichen Pflichtverletzungen eines Insolvenzverwalters über §§ 60, 92 InsO oder §§ 280, 812, 823 BGB verfolgt werden können und Untreue nicht für die Anwendung des § 654 BGB ausreichen würde, wäre eigentlich evident, dass das Rechtsinstitut der Verwirkung nicht der richtige Ansatz für eine Sanktionierung des Insolvenzverwalters sein kann.[183] Überdies liegt ein Eingriff in die Rechte eines in dem jeweiligen Verfahren neu bestellten Insolvenzverwalters vor. Dessen Pflicht ist es, sämtliche Pflichtverletzungen seines Amtsvorgängers auf mögliche Schadenersatzansprüche hin zu überprüfen,[184] wobei er diese dem ausgeschiedenen Insolvenzverwalter auch im Wege der Vollstreckungsgegenklage (§ 767 ZPO) bei möglichen Vollstreckungsversuchen aus einem Vergütungsbeschluss entgegenhalten muss.[185] Insoweit könnte die Verwirkung auch einen unzulässigen Eingriff des Insolvenzgerichts in die Masseverwaltung durch den neuen Insolvenzverwalter darstellen. Gleichwohl hat der BGH in mehreren Entscheidungen die Verwirkung auf die Vergütung des Insolvenzverwalters angewendet; im Einzelnen:

bb) Erschleichen des Verwalteramts

(1) Vorherige Verurteilung

Wurde ein Insolvenzverwalter wegen Untreue[186] (§ 266 StGB) oder Titelmissbrauchs[187] (§ 132 Abs. 1 Satz 1 StGB) oder anderen schweren Straftaten[188] zu einer *Haftstrafe von mehr als einem Jahr* verurteilt, darf er danach keine neuen Insolvenzverfahren mehr annehmen; tut er dies dennoch, liege eine Erschleichung des Verwalteramts vor. Der Insolvenzverwalter werde den charakterlichen und persönlichen

---

179) BGH, Urt. v. 26.9.1984 – IVa ZR 162/82, Rz. 8, NJW 1985, 45.
180) BGH, Urt. v. 12.5.2011 – III ZR 107/10, Rz. 29, ZIP 2011, 1367.
181) RG, Urt. v. 24.4.1926 – I 340/25, RGZ 113, 264, 268.
182) BGH, Urt. v. 29.4.1963 – III ZR 211/61, NJW 1963, 1301, 1303; BGH, Urt. v. 30.9.1976 – III ZR 140/74, Rz. 47, JurionRS 1976, 12757; BGH, Urt. v. 15.1.1981 – III ZR 19/80, NJW 1981, 1211, 1212; BGH, Urt. v. 23.4.2009 – IX ZR 167/07, Rz. 38, ZIP 2009, 1767.
183) Jaeger/*Schilken*, InsO, § 63 Rz. 28.
184) *Zimmer*, Haftung des eingewechselten Insolvenzverwalters, S. 329 ff.
185) BGH, Urt. v. 15.11.1951 – IV ZR 72/51, Rz. 14 ff., NJW 1952, 144; BGH, Beschl. v. 6.5.2004 – IX ZB 349/02, Rz. 11, ZIP 2004, 1214; BGH, Beschl. v. 6.11.2014 – IX ZB 90/12, ZIP 2014, 2450.
186) BGH, Beschl. v. 9.6.2011 – IX ZB 248/09, ZIP 2011, 1526.
187) BGH, Beschl. v. 6.5.2004 – IX ZB 349/02, ZIP 2004, 1214; BGH, Beschl. v. 23.9.2009 – V ZB 90/09, Rz. 15, NZI 2009, 820.
188) BGH, Beschl. v. 9.6.2011 – IX ZB 248/09, ZIP 2011, 1526.

Anforderungen, die an einen Insolvenzverwalter zu stellen sind, nicht gerecht. Im Hinblick auf die mit diesem Amt verbundene besondere Vertrauensstellung seien Insolvenzverwalter, die schwerwiegende Zweifel an ihrer beruflichen Zuverlässigkeit und Redlichkeit begründen, für die Verfahrensbeteiligten nicht tragbar.[189] Wenngleich hier im Verhältnis zum eindeutigen Parteiverrat für die Rechtfertigung der Verwirkung der Vergütung nach InsVV ein unbestimmter Rechtsbegriff an den anderen gereiht wird, der Insolvenzverwalter mangels „Rahmenvertrags" weder einen Parteiverrat i. S. d. § 356 StGB noch eine Doppeltätigkeit i. S. d. § 654 BGB gegenüber dem Insolvenzgericht begehen kann, der Insolvenzverwalter nicht in einem Dienstverhältnis mit dem Insolvenzgericht steht und auch noch § 654 BGB eine bürgerlich-rechtliche Norm ist, für die das Insolvenzgericht nicht gesetzlicher Richter ist, so liegt die Auffassung des BGH dennoch im Rahmen des soeben noch Vertretbaren und auf der Linie der Rechtsprechung zur Verwirkung des Maklerlohns nach § 654 BGB (Rz. 114). Die Verwirkung erfasst in diesem Fall die Vergütung in jenen Verfahren, die *nach* der Verurteilung übernommen wurden, wobei bereits auf die Bestellung als vorläufiger Insolvenzverwalter abzustellen ist.

(2) Noch keine Verurteilung

117 *Ohne eine Verurteilung zu einer Haftstrafe von mehr als einem Jahr* kann ein Erschleichen des Verwalteramts mit der Folge der Verwirkung jedoch aus folgenden Erwägungen nicht angenommen werden. Zunächst sei daran erinnert, dass alle genannten Entscheidungen (Rz. 114) eine strafrechtliche Verurteilung vorausgesetzt haben, insbesondere wurden schwere Straftaten[190] verlangt. Ferner verlangt der Verhältnismäßigkeitsgrundsatz eine enge Begrenzung der Fälle.[191] Laufende Ermittlungen der Strafverfolgungsbehörden allein können daher nicht für eine Verwirkung ausreichend sein. Mit Rücksicht auf die den Strafverfolgungsbehörden eröffneten besonderen Aufklärungsmöglichkeiten ist das Insolvenz- oder Beschwerdegericht nicht in der Lage, sich im Wege der Amtsermittlung eine abschließende Überzeugung von der Strafbarkeit eines Insolvenzverwalters zu bilden.[192] Das Verfahren zur Entlassung des Insolvenzverwalters nach § 59 InsO ist daher nicht geeignet, eine endgültige Klärung komplexer strafrechtlicher Vorwürfe zu gewährleisten.[193] Darum kann die den Strafgerichten vorbehaltene Aufklärung strafrechtlicher Vorwürfe, soweit Ermittlungen noch andauern, nicht in das Insolvenzverfahren verlagert werden.[194] Zwar kann eine Entlassung nach § 59 InsO auf Gefahr im Verzug gestützt werden, aber weder darf das Insolvenzgericht im Zusammenhang mit der Verwirkung des Vergütungsanspruchs den strafrechtlichen Feststellungen vorgrei-

---

189) BGH, Beschl. v. 6.5.2004 – IX ZB 349/02, Rz. 19, ZIP 2004, 1214.
190) BGH, Beschl. v. 9.6.2011 – IX ZB 248/09, ZIP 2011, 1526.
191) BGH, Beschl. v. 6.5.2004 – IX ZB 349/02, Rz. 32, ZIP 2004, 1214; BGH, Beschl. v. 9.6.2011 – IX ZB 248/09, ZIP 2011, 1526; *Lissner*, ZInsO 2017, 754, 758.
192) BGH, Beschl. v. 17.3.2011 – IX ZB 192/10, ZInsO 2011, 167.
193) BGH, Beschl. v. 17.3.2011 – IX ZB 192/10, ZInsO 2011, 167.
194) BGH, Beschl. v. 17.3.2011 – IX ZB 192/10, ZInsO 2011, 167.

fen noch rechtfertigt allein eine Entlassung nach § 59 InsO zugleich die Verwirkung des Vergütungsanspruchs.[195]

Daher ist eine vorherige Verurteilung für eine Verwirkung zwingende Voraussetzung. Das Mindestmaß von einer Haftstrafe von mindestens einem Jahr ergibt sich aus dem Rechtsgedanken des § 41 BBG. Die verfahrensübergreifende Verwirkung der Vergütungsansprüche des Insolvenzverwalters ist vergleichbar mit einer Beendigung eines Beamtenverhältnisses bei gleichzeitigem Verlust der Besoldungs- und Versorgungsbezüge. Auch dies ist nur möglich, wenn Beamte, die sich besonders schwerwiegender Rechtsverstöße schuldig gemacht haben, als schlechthin untragbar für den öffentlichen Dienst kraft Gesetzes ihre Beamtenrechte verlieren, ohne dass es dazu noch eines Disziplinarverfahrens bedarf.[196] Dabei ist unerheblich, dass es auch straffreie Amtszeiten gegeben hat.[197] Voraussetzung ist jedoch nach § 41 BBG, dass der Beamte im ordentlichen Strafverfahren durch das Urteil eines deutschen Gerichts wegen einer vorsätzlichen Tat rechtskräftig zu einer Freiheitsstrafe von mindestens einem Jahr verurteilt wurde. Die beamtenrechtlichen Verwaltungsbehörden und Verwaltungsgerichte haben sich auf die Prüfung zu beschränken, ob das Strafgericht den Betreffenden wegen einer vorsätzlich begangenen Tat verurteilt hat, ob der Strafausspruch auf mindestens ein Jahr Gefängnis lautet und ob das Urteil rechtskräftig ist; alle anderen Fragen im Zusammenhang mit der strafrechtlichen Verurteilung sind einer Prüfung durch die Verwaltungsbehörden und Verwaltungsgerichte entzogen.[198] Damit ist klar, wer hier für was gesetzlicher Richter i. S. d. Art. 101 Abs. 1 Satz 2 GG ist. 118

Ungeachtet dessen ist stets an die Unschuldsvermutung (Art. 2 Abs. 1, 20 Abs. 3 GG, 6 Abs. 2 MRK) zu denken.[199] Wenn Strafbefehle und Strafurteile als Urkunden i. S. d. § 580 Nr. 7b ZPO erst nach der Vergütungsfestsetzung datieren, können sie zudem für eine Wiederaufnahme des Vergütungsfestsetzungsverfahrens nicht herangezogen werden.[200] Daraus folgt, dass Entscheidungen der Strafgerichte bis zur Entscheidung über die Verwirkung vorliegen müssen. Denn wenn die Verwirkung durch das Insolvenzgericht festgestellt wird, es aber im Strafverfahren anschließend zu einem Freispruch kommt, könnte der Insolvenzverwalter keine Wiederaufnahme des Vergütungsfestsetzungsverfahrens betreiben. Damit wäre der Insolvenzverwalter nachweislich unschuldig, gleichwohl wäre seine Vergütung verwirkt. Eine solche nachträgliche Behauptung eines Justizirrtums kann nicht Teil eines rechtsstaatlichen Lösungskonzepts sein, sodass eine Verwirkung nicht allein auf den Verdacht strafbaren Verhaltens oder auf ein bloß anhängiges strafrechtliches Ermittlungsverfahren gestützt werden kann. Dem kann nicht entgegengehalten werden, 119

---

195) BGH, Beschl. v. 6.5.2004 – IX ZB 349/02, Rz. 22, ZIP 2004, 1214.
196) BVerwG, Urt. v. 29.12.1969 – VI C 4/95, Rz. 23, BVerwGE 34, 353; BVerwG, Urt. v. 10.6.1992 – 2 B 88/92, 2 C 13/92, Rz. 2, ZBR 1992, 314 = JurionRS 1992, 12747; BVerwG, Beschl. v. 30.7.2013 – 2 B 23/13, Rz. 11, ZBR 2013, 381 = JurionRS 2013, 42423.
197) BVerwG, Beschl. v. 30.7.2013 – 2 B 23/13, Rz. 11, ZBR 2013, 381 = JurionRS 2013, 42423.
198) BVerwG, Urt. v. 29.12.1969 – VI C 4/95, Rz. 21, BVerwGE 34, 353.
199) *Lissner*, ZInsO 2017, 754, 758.
200) BGH, Beschl. v. 6.5.2004 – IX ZB 349/02, Rz. 10, ZIP 2004, 1214.

der Insolvenzverwalter könne über § 812 BGB eine Vergütung geltend machen, denn ein solcher Anspruch wäre bloße Masseverbindlichkeit nach § 55 InsO, da die ordentliche Gerichtsbarkeit nicht über die Zuordnung zu den Verfahrenskosten nach § 54 InsO zu befinden hat. Umgekehrt ist das Insolvenzgericht unstreitig nicht gesetzlicher Richter für einen Ausspruch von Schuld. Selbst ein Staatsanwalt im Fall des § 153 Abs. 1 StPO bzw. ein Strafrichter im Fall des § 153 Abs. 2 StPO verletzt die Unschuldsvermutung, wenn er ohne eine bis zur Schuldfeststellung durchgeführte Hauptverhandlung eine Einstellung des Verfahrens vornimmt, sich in den Entscheidungsgründen jedoch positiv feststellend zur Schuld des Beschuldigten äußert; die sprachliche Wendung, dass eine schuldhafte Begehung einer Straftat vorliege, ist mithin eine Feststellung von Schuld.[201] Wenn mithin der BGH für die verfahrensübergreifende Verwirkung von Vergütungsansprüchen verlangt, dass sich der Betroffene einer strafbaren Tat schuldig gemacht hat,[202] ist auch eine Feststellung von Schuld erforderlich. Hierzu bedarf es eines Strafverfahrens mit einer bis zur Schuldfeststellung durchgeführten Hauptversammlung.[203]

120 Ohne jegliche Befassung mit Kritikpunkten und der Frage des gesetzlichen Richters und ohne neue Argumente kommt der BGH jedoch in einer Entscheidung vom 14.7.2016 zu dem Ergebnis, dass eine vorherige Verurteilung nicht erforderlich sei.[204] Dass der BGH – offenbar nicht nur der IX. Zivilsenat – ausschließlich seine eigenen Entscheidungen heranzieht und fortschreibt, ohne sich fallbezogen erneut mit den einschlägigen Normen und deren Auslegung zu befassen, wird als schleichende und bedenkliche Entwicklung hin zu einem Case Law bezeichnet, was bereits die Präsidentin des BGH zu einer Stellungnahme veranlasste.[205] Insoweit sollte wenigstens die Frage des gesetzlichen Richters noch ernst genommen werden. Zuzugeben ist dem BGH für den entschiedenen Fall, dass es für die weitere Abwicklung betroffener Insolvenzverfahren durch Amtsnachfolger nicht hilfreich ist, wenn die Strafverfolgungsbehörden es selbst in der sechsjährigen Wohlverhaltensphase im Insolvenzverfahren über das Vermögen des ungetreuen Verwalters nicht schaffen, die Sachverhalte aufzuklären. Wohl nur damit lässt sich erklären, dass eine Verfassungsbeschwerde gegen diese Entscheidung des BGH nicht zur Entscheidung angenommen wurde.[206] Mit welcher Begründung die Verfassungsbeschwerde geführt wurde, ist allerdings nicht bekannt; möglicherweise wurde hier nur auf Grundrechtsverletzungen des Betroffenen rekurriert und nicht auf die Problematik des gesetzlichen Richters. Insgesamt steht in Rede, ob die Aufsichtspflicht nach § 58 InsO ordnungsgemäß wahrgenommen wird. Auf dieser Ebene könnte und sollte der Gesetzgeber über eine erhöhte Regelungstiefe nachdenken.

---

201) BVerfG, Beschl. v. 29.5.1990 – 2 BvR 254/88, 2 BvR 1343/88, NJW 1990, 2741.
202) BGH, Urt. v. 29.4.1963 – III ZR 211/61, NJW 1963, 1301, 1303; BGH, Urt. v. 15.1.1981 – III ZR 19/80, NJW 1981, 1211, 1212; BGH, Beschl. v. 6.5.2004 – IX ZB 349/02, Rz. 33, ZIP 2004, 1214; BGH, Beschl. v. 23.9.2009 – V ZB 90/09, Rz. 22, NZI 2009, 820.
203) *Haarmeyer/Mock*, InsVV, Vor Rz. 88; KPB-InsO/*Prasser/Stoffler*, Vor § 1 InsVV Rz. 24 (Stand: 04/2015).
204) BGH, Beschl. v. 14.7.2016 – IX ZB 52/15, ZIP 2016, 1648.
205) Siehe „Rechtskulturwandel", NJW-aktuell 52/2016, S. 18 f.
206) BVerfG, Beschl. v. 16.9.2016 – 1 BvR 1963/16 (n. v.).

cc) Pflichtverletzungen im konkreten Verfahren

Von einer möglichen Verwirkung des Vergütungsanspruchs wegen des Erschleichens des Verwalteramts (Rz. 116) zu unterscheiden ist die Situation, dass in einem konkreten Insolvenzverfahren Pflichtverletzungen für eine Verwirkung des Vergütungsanspruchs in eben jenem Verfahren herangezogen werden. Zu dieser Konstellation existiert nur ein obiter dictum des BGH dahingehend, dass eine Verwirkung in Betracht komme, wenn der Insolvenzverwalter besonders schwerwiegende schuldhafte Verletzungen in Form von Straftaten zum Nachteil der Masse begangen hat.[207] Bezug genommen wird diesbezüglich auf eine Entscheidung des OLG Karlsruhe, das sich mit einem Sachverhalt zu befassen hatte, in dem eine rechtskräftige Verurteilung bereits vorlag.[208] Wenngleich zwar Untreue (§ 266 StGB) nicht für eine Verwirkung genügen soll[209] und insoweit ein Widerspruch vorliegt, kann zugunsten eines einheitlichen Systems (Rz. 116 ff.) angenommen werden, dass eine Verwirkung der Vergütung in Betracht kommt, wenn im selben Insolvenzverfahren masseschädigende Handlungen zu einer Verurteilung des Insolvenzverwalters zu einer Freiheitsstrafe von mindestens einem Jahr geführt haben. Alles andere wäre in vielfacher Hinsicht ein Verstoß gegen den gesetzlichen Richter (Rz. 117 ff.).

121

Nicht übernommen werden kann § 628 Abs. 1 Satz 2 BGB. Unter Berufung auf diese Norm kann ein Prozessbevollmächtigter seinen Vergütungsanspruch verlieren, wenn der Mandant den Auftrag kündigt, weil der Prozessbevollmächtigte wegen des Verdachts der Untreue in Untersuchungshaft genommen wurde, und anschließend zusätzliche Kosten wegen der Beauftragung eines neuen Prozessbevollmächtigten entstehen.[210] Denn abweichend von dieser Beziehung zwischen Anwalt und Mandant regeln die §§ 56a, 57, 59 InsO ausdrücklich Fälle des Verwalterwechsels, begleitet von den vergütungsrechtlichen Regelungen in § 3 Abs. 2 InsVV sowohl für den ausgeschiedenen als auch den eingewechselten Insolvenzverwalter. Folglich liegt ein abgeschlossenes Regelungskonzept vor.

122

dd) Auslagenersatzanspruch

Ob sich eine Verwirkung des insolvenzrechtlichen Vergütungsanspruchs auch auf Auslagenerstattungsansprüche nach §§ 8 Abs. 3 Satz 1, 4 Abs. 2, 3 Satz 2 InsVV erstreckt, ist umstritten.[211] Aufgrund der generellen Bedenken müsste die Frage zu verneinen sein, da schon die Annahme, ein Insolvenzverwalter würde sich sein Amt zum Zwecke eines Auslagenersatzanspruchs erschleichen, abwegig sein dürfte.

123

---

207) BGH, Beschl. v. 6.5.2004 – IX ZB 349/02, Rz. 30, ZIP 2004, 1214; BGH, Beschl. v. 6.11.2014 – IX ZB 90/12, Rz. 13, ZIP 2014, 2450.
208) OLG Karlsruhe, Beschl. v. 6.4.2000 – 9 W 87/99, ZIP 2000, 2035.
209) BGH, Urt. v. 12.5.2011 – III ZR 107/10, Rz. 29, ZIP 2011, 1367; übersehen von *Lissner*, ZInsO 2017, 754, 759.
210) BGH, Urt. v. 30.3.1995 – IX ZR 182/94, NJW 1995, 1954.
211) Bejahend z. B. AG Duisburg, Beschl. v. 2.2.2009 – 46 L 197-200/04, 94/05, ZVI 2009, 346, 350; verneinend z. B. AG Potsdam, Beschl. v. 6.4.2005 – 35 IN 686/01, NZI 2005, 341, 342; offengelassen von BGH, Beschl. v. 6.5.2004 – IX ZB 349/02, Rz. 37, ZIP 2004, 1214.

g) Anhörungen

124 Vor Gericht hat jedermann Anspruch auf rechtliches Gehör (Art. 103 Abs. 1 GG). Welche Anhörungsrechte im Verfahren über die Festsetzung der Vergütung des Insolvenzverwalters bestehen, ist nach wie vor nicht abschließend geklärt. Eindeutig besteht ein Anhörungsrecht des **Schuldners**,[212] da er mit seinem insolvenzbefangenen Vermögen Schuldner der Vergütung ist.

125 Weitere Beteiligte des Insolvenzverfahrens sind die **Insolvenzgläubiger**, deren Befriedigungsquote auch von der Höhe der Verfahrenskosten abhängt. Allerdings ergibt sich schon aus der Befriedigungsreihenfolge der §§ 53–55, 38 InsO, dass den Insolvenzgläubigern nur dasjenige schuldnerische Vermögen als Haftungsmasse zur Verfügung steht, das nach Abzug der Verfahrenskosten übrigbleibt. Ferner hat sich der Gesetzgeber dazu entschlossen, den Insolvenzgläubigern nicht einmal die Höhe der festgesetzten Vergütung bekannt zu geben; sie werden auf die Möglichkeit der Akteneinsichtnahme verwiesen (§ 64 Abs. 2 InsO). Weder § 66 InsO noch § 197 InsO sehen vor, dass die Vergütung obligatorischer Tagesordnungspunkt einer **Gläubigerversammlung** sein soll. Daher muss wohl insgesamt angenommen werden, dass sich ein Anhörungsrecht der Insolvenzgläubiger oder der Gläubigerversammlung nicht aus dem Gesetz herleiten lässt.[213] Ein solches Anhörungsrecht ergäbe sich nur dann, wenn diese (fehlende) Regelung verfassungswidrig wäre.[214] Dies ist jedoch nicht anzunehmen. Insbesondere ergibt sich ein solcher Anspruch nicht aus Art. 14 Abs. 3 GG, da die Insolvenzgläubiger von dem verstrickten Vermögen erst nach Abzug der Verfahrenskosten profitieren sollen. Damit ist schon zweifelhaft, ob die Gläubiger hinsichtlich der Ermittlung der Verfahrenskosten als förmliche Beteiligte oder zumindest materiell Betroffene eines Verfahrens, in dem sie Träger eines grundrechtsgleichen Anspruchs auf Anhörung sein könnten, anzusehen sein könnten. Jenseits aller dogmatischen Erwägungen scheint es sich aber auch um eine akademische Frage ohne empirische Relevanz zu handeln. Denn das Interesse von Insolvenzgläubigern an der Vergütung ist weniger auf die Höhe als auf die Berechenbarkeit gerichtet. Nur hierin liegt eines der Grundübel des gegenwärtigen Systems, das nicht dadurch beseitigt werden kann, dass den Insolvenzgläubigern zusätzliche Interessen aufgedrängt werden. Das Vergütungsfestsetzungsverfahren ist quasi-kontradiktorisch, sodass die Interessen der Insolvenzgläubiger durch einen pflichtgemäßen Umgang des Rechtspflegers (allgemein: des Tatrichters) mit dem Vergütungsantrag ausreichend berücksichtigt werden. Damit ist ein faires Verfahren i. S. d. Art. 103 Abs. 1 GG gewährleistet.[215] Im Grunde ist umgekehrt

---

212) BGH, Beschl. v. 12.7.2012 – IX ZB 42/10, ZIP 2012, 1779; *Vuia*, ZInsO 2014, 1038, 1039.
213) LG Gießen, Beschl. v. 23.6.2009 – 7 T 34/09, NZI 2009, 728; LG Potsdam, Beschl. v. 8.3.2005 – 5 T 5/05, ZIP 2005, 914; AG Göttingen, Beschl. v. 18.12.2009 – 71 IN 51/04, NZI 2010, 68; Leonhardt/Smid/Zeuner/*Amberger*, InsVV, § 8 Rz. 30; MünchKommInsO/*Riedel*, § 64 Rz. 5; a. A. LG Aurich, Beschl. v. 29.10.2013 – 4 T 206/10, ZInsO 2013, 2388 (mit zustimmender Anmerkung von *Haarmeyer*); LG Karlsruhe, Beschl. v. 14.9.2009 – 11 T 458/08, ZInsO 2009, 2358; *Graeber/Graeber*, InsVV, § 8 Rz. 14 ff.; *Haarmeyer/Mock*, InsVV, § 8 Rz. 25; *Vuia*, ZInsO 2014, 1038, 1040 (mit Ausnahmen).
214) So *Vorwerk*, NZI 2011, 7.
215) Übersehen von *Vorwerk*, NZI 2011, 7.

fraglich, weshalb Insolvenzgläubiger überhaupt ein Beschwerderecht gegen die Festsetzung von Verfahrenskosten haben sollen, denn Rechtspflegererinnerung gegen den Ansatz der Gerichtskosten können sie auch nicht einlegen. Unzufriedenheit mit dem Ergebnis begründet allein noch keine zusätzlichen Rechte, zumal sich die Unzufriedenheit – sofern vorhanden – ja nur auf das Ergebnis (Euro-Betrag) bezieht, nicht aber auf die Begründung, zu der die Insolvenzgläubiger regelmäßig nichts beisteuern können, weder hinsichtlich des Sachverhalts noch hinsichtlich einer rechtlichen Würdigung. Sofern Insolvenzgerichte ihre Aufgaben in einem quasikontradiktorischen Verfahren nur mangelhaft erfüllen sollten, und zwar empirisch relevant in mehr als nur wenigen spektakulären Einzelfällen, mag dies Anlass für eine Gesetzesänderung oder einen Amtshaftungsanspruch sein; Versagen im Einzelfall ist jedoch unserem Rechtssystem immanent.

Den Mitgliedern des **Gläubigerausschusses** sollen Anhörungsrechte zustehen, da sie nicht zu den Beschwerdeberechtigten gemäß § 64 Abs. 3 Satz 1 InsO gehören, aber irgendwie ihrer Kontrollfunktion aus § 69 InsO nachkommen müssen.[216] Dass sie allerdings wegen ihrer mangelhaften Kenntnisse im Vergütungsrecht zulasten der Masse Sachverständige beauftragen können, den Vergütungsantrag zu prüfen,[217] scheint isoliert betrachtet abwegig; freilich können sie aber die Überwachung des Geldverkehrs einem Sachverständigen übertragen[218] (§ 18 Rz. 20), der dann ebenso freilich nur dann hinreichend qualifiziert ist, wenn er über die notwendigen Kenntnisse des Insolvenzvergütungsrechts verfügt. Denn da die Verwalterbuchführung dem Vergütungsrecht folgt, besteht die Prüfung nicht nur in der Nachfrage nach Belegen, sondern in der Auswahl des für den Sachverhalt einschlägigen Sachkontos innerhalb eines insolvenzspezifischen Kontenplans. Damit wäre dann zumindest die Anhörung zur Berechnungsgrundlage schon dadurch erledigt, dass sich der Gläubigerausschuss pflichtgemäß und unter vergütungsrechtlichen Gesichtspunkten hiermit befasst. Ob eine Anhörung im Hinblick auf Zu- und Abschläge nach § 3 InsVV erforderlich ist, wäre zu diskutieren. Üblicherweise werden jedoch Schlussrechnung, Schlussbericht und Vergütungsantrag erst den Ausschussmitgliedern und dann dem Insolvenzgericht zugeleitet. Wenn Ausschussmitglieder hier „großflächig" nicht mit der Vergütung einverstanden gewesen wären, hätte sich dies sicher schon in der Rechtsprechung bemerkbar gemacht. Insofern darf der Gläubigerautonomie nicht mehr zugewiesen werden, als die Gläubiger selbst unter Autonomie verstehen. 126

Sofern ein Anspruch auf rechtliches Gehör besteht, kann ein **Gehörsverstoß** im Rechtsmittelzug nachgeholt werden.[219] 127

---

216) *Vill* in: FS Kübler, 2015, S. 741, 753; *Vuia*, ZInsO 2014, 1038, 1041; a. A. Lorenz/Klanke/Lorenz, InsVV, § 8 Rz. 16; Uhlenbruck/*Mock*, InsO, § 64 Rz. 8.
217) So *Graeber/Graeber*, InsVV, § 8 Rz. 20.
218) *Zimmer*, Insolvenzbuchhaltung, Rz. 1182 ff.
219) BGH, Beschl. v. 17.3.2011 – IX ZB 192/10, NZI 2011, 282.

h) Bearbeitungsdauer, Verzinsung und Regress

128 Der durch Art. 12 Abs. 1 GG geschützte Anspruch des Insolvenzverwalters auf Vergütung[220] ist auf unverzügliche Erfüllung gerichtet.[221] Deshalb hat das Insolvenzgericht die Festsetzung mit der gebotenen Beschleunigung vorzunehmen.[222] Es ist nicht unbekannt, dass Vergütungsanträge seitens der Insolvenzgerichte dennoch nicht immer zeitnah bearbeitet werden, es werden sogar jahrelange Verzögerungen berichtet.[223] Ein angemessener Zeitraum für die Vergütungsfestsetzung aufgrund eines ordnungsmäßigen Vergütungsantrags wird mit sechs Wochen angegeben.[224] Dies muss freilich relativiert werden, da das festsetzende Gericht eine Prüfung der Schlussrechnung vorzunehmen hat, immer mehr Vergleichsrechnungen vom Insolvenzgericht zu prüfen sind, vielen Gerichten hierfür schon die EDV-Ausstattung fehlt, das Vergütungsrecht immer mehr zum Case Law mutiert und die Gerichte auf Veranlassung des BGH und einiger Protagonisten zunehmend die Rechnungen der Dienstleister prüfen und die dahinterstehenden Lebenssachverhalte zivilrechtlich bewerten müssen. Insoweit muss jedoch angenommen werden, dass der Mehraufwand aufseiten der Gerichte ein Problem der Gerichtsorganisation und kein Finanzierungsobjekt des Insolvenzverwalters ist. Der Staat hat seine Gerichte so auszustatten, dass sie die anstehenden Verfahren ohne vermeidbare Verzögerung abschließen können; die Erfüllung dieser Verpflichtung kann den Justizbehörden insgesamt als drittgerichtete Amtspflicht obliegen. Dieser Obersatz stammt aus einer Entscheidung des BGH,[225] mit der ein Zinsschaden des Antragstellers bejaht wurde, weil das Grundbuchamt nach 22 Monaten immer noch nicht die beantragte Eintragung vorgenommen hatte.

129 Umgekehrt ist zu beobachten, dass Verfahren seitens der Insolvenzverwalter nicht zwingend bei objektiver Abschlussreife abgeschlossen werden, sondern erst, wenn Zeit hierfür oder Geldbedarf besteht. Dies zwingt wiederum nicht die Insolvenzgerichte, schneller als **ohne schuldhaftes Zögern** in die Bearbeitung der Vergütungsanträge einzusteigen. Wenn jedoch alle entscheidungsrelevanten Informationen vorliegen, einschließlich des Ergebnisses einer Schlussrechnungsprüfung, scheinen die vorgeschlagenen sechs Wochen für alle Beteiligten zumutbar.

130 Hintergrund ist ein grundsätzliches Dilemma. Im Prinzip schuldet der Schuldner die Vergütung. Aufgrund des förmlichen Festsetzungsverfahrens kann der Insolvenzverwalter den Schuldner jedoch nicht in Verzug setzen, zumal dies aufgrund des Übergangs der Verwaltungs- und Verfügungsbefugnis eine belanglose In-sich-Erklärung wäre. Andererseits kann das Insolvenzgericht § 288 BGB (**Verzugszinsen**)

---

220) BVerfG, Urt. v. 1.7.1980 – 1 BvR 349/75, 1 BvR 378/76, NJW 1980, 2179; BGH, Urt. v. 5.12.1991 – IX ZR 275/90, ZIP 1992, 120; BGH, Beschl. v. 4.12.2014 – IX ZB 60/13, ZIP 2015, 138.
221) BGH, Beschl. v. 1.10.2002 – IX ZB 53/02, ZIP 2002, 2223; BGH, Beschl. v. 4.12.2003 – IX ZB 48/03, ZIP 2004, 574; BGH, Urt. v. 17.11.2005 – IX ZR 179/04, ZIP 2006, 36; BGH, Beschl. v. 6.11.2014 – IX ZB 90/12, Rz. 11, ZIP 2014, 2450.
222) BGH, Beschl. v. 6.11.2014 – IX ZB 90/12, Rz. 11, ZIP 2014, 2450.
223) *Graeber/Graeber*, InsVV, § 8 Rz. 26.
224) *Graeber/Graeber*, InsVV, § 8 Rz. 26; Uhlenbruck/*Mock*, InsO, § 64 Rz. 13.
225) BGH, Urt. v. 11.1.2007 – III ZR 302/05, NJW 2007, 830.

nicht anwenden, da es sich um eine bürgerlich-rechtliche Anspruchsgrundlage handelt, für die das Insolvenzgericht nicht gesetzlicher Richter i. S. d. Art. 101 Abs. 1 Satz 2 GG ist. Erst recht kann nicht das Insolvenzgericht in Verzug (§§ 286 ff. BGB) gesetzt werden. Auch eine Verzinsungspflicht analog § 104 Abs. 1 Satz 2 ZPO soll ausscheiden.[226]

Eine schuldhafte Amtspflichtverletzung, die zu einer **Amtshaftung** gemäß Art. 34 GG, § 839 Abs. 1 BGB führen würde, kann allenfalls angenommen werden, wenn das Verhalten des zuständigen Gerichtspersonals objektiv unvertretbar ist, was inhaltlich auf ein grob fahrlässiges oder vorsätzliches Handeln hinausläuft.[227] Da die Beweislast hierfür beim Geschädigten liegt, ist die Amtshaftung faktisch ausgeschlossen.[228]   131

Einzig denkbar ist ein **Entschädigungsanspruch** nach § 198 Abs. 1 GVG. Mit dem Gesetz über den Rechtsschutz bei überlangen Gerichtsverfahren und strafrechtlichen Ermittlungsverfahren vom 24.11.2011[229] wurden die §§ 198 ff. GVG eingeführt. Hintergrund war eine Entscheidung des Europäischen Gerichtshofs für Menschenrechte mit der Feststellung, dass es in Deutschland entgegen Art. 13 EMRK keinen wirksamen Rechtsbehelf gegen überlange zivil- und verwaltungsgerichtliche Verfahren gebe; die überlange Dauer gerichtlicher Verfahren sei in Deutschland ein allgemeines Problem, das den meisten für Deutschland festgestellten Konventionsverletzungen zugrunde liege.[230] Dass §§ 198 ff. GVG für Vergütungsanträge im Insolvenzverfahren Anwendung finden, dürfte unstreitig sein, da es sich bei der Vergütungsfestsetzung um eine Entscheidung i. S. d. § 198 Abs. 6 Nr. 1 GVG handelt.[231] Formale Voraussetzung ist zunächst eine Verzögerungsrüge nach § 198 Abs. 3 GVG. Erst sechs Monate danach kann Entschädigungsklage erhoben werden (§ 198 Abs. 5 Satz 1 GVG). Angesichts dessen und der Frage, ob sich diese Entschädigung am nachzuweisenden Schaden orientiert oder an § 288 BGB (was nicht zu vermuten ist), ist die gesamte Regelung für den hier diskutierten Fall ebenfalls keine zielführende Lösung, zumal sich ein solches Vorgehen faktisch auf die Bestellungspraxis der Gerichte auswirken würde, was nicht minder rechtlich bedenklich ist. Im Ergebnis ist der Insolvenzverwalter schutzlos.   132

Soweit die Rechtsprechung erwidert, das Risiko einer verzögerten Festsetzung könne der Insolvenzverwalter durch **Vorschüsse** vermindern,[232] ist dies angesichts der praktischen Handhabung einiger Insolvenzgerichte und der Unsicherheit über   133

---

226) BGH, Beschl. v. 4.12.2003 – IX ZB 69/03, Rz. 7, ZInsO 2004, 268.
227) Vgl. BGH, Urt. v. 16.10.2014 – IX ZR 190/13, Rz. 19 f., ZIP 2014, 2299.
228) Siehe auch Beck/Depré/Zimmer, Praxis der Insolvenz, § 50 Rz. 2 ff.
229) Gesetz über den Rechtsschutz bei überlangen Gerichtsverfahren und strafrechtlichen Ermittlungsverfahren v. 24.11.2011 (BGBl. I 2011, 2302).
230) EuGHMR, 5. Sektion, Urt. v. 2.9.2010 – 46344/06 (Rumpf/Deutschland), NJW 2010, 3355 auch mit Verweis auf die frühere Entscheidung EuGHMR, Große Kammer, Urt. v. 8.6.2006 – 75529/01 (Stürmeli/Deutschland), NJW 2006, 2389.
231) Zu den Einzelheiten *Zimmer*, ZInsO 2011, 2302 (aufgrund eines redaktionellen Fehlers wurde hier allerdings die Verzögerungsrüge mit der Anhörungsrüge verwechselt); *Zimmer*, InsbürO 2012, 342.
232) BGH, Beschl. v. 4.12.2003 – IX ZB 69/03, ZInsO 2004, 268.

das einschlägige Rechtsmittel gegen die Versagung von Vorschüssen (§ 9 Rz. 63 ff.) nicht ganz frei von Zynismus.

5. Beschluss (§ 64 Abs. 1 InsO)

a) Allgemeines

134 Die Regelungen in § 64 InsO, § 8 InsVV sind nicht abschließend, sodass im Zweifel die für vergleichbare Festsetzungsverfahren nach der ZPO entwickelten Grundsätze heranzuziehen sind.[233] In welcher Form Beschlüsse ergehen sollen, hat der Gesetzgeber allerdings auch in der ZPO nicht geregelt. § 329 ZPO betrifft nur die Verkündung und Zustellung von Beschlüssen. Diese Regelung verweist zwar auf einzelne Vorschriften der ZPO über das Urteil; § 313 ZPO ist jedoch in § 329 ZPO nicht zitiert. Da aber auch der Beschluss auf der Subsumtion eines dargelegten Sachverhalts unter eine Rechtsnorm beruht, werden in der Praxis die Grundregeln des § 313 ZPO entsprechend berücksichtigt, soweit sie auf den jeweiligen Beschluss passen. Nichts anderes gilt für Vergütungsbeschlüsse, da § 64 Abs. 2 InsO lediglich die Zustellung und die öffentliche Bekanntmachung ergänzend regelt. Gleichwohl handelt es sich bei der Vergütungsfestsetzung nicht um Rechtsprechung,[234] schon weil sonst die Übertragung der Zuständigkeit auf den Rechtspfleger verfassungswidrig wäre.[235]

b) Inhalt und Begründung

aa) Formalien/Titel

135 Der Inhalt eines **Beschlusses** richtet sich grundsätzlich nach den Anforderungen an ein Urteil i. S. d. § 313 ZPO mit den erforderlichen Anpassungen bei Beschlüssen und den erforderlichen Anpassungen des Insolvenzrechts. Erforderlich ist daher ein Dokument, das den *Schuldner*, ggf. dessen *Bevollmächtigten*, den *Vergütungsantragsteller*, die Bezeichnung des Gerichts, den Tenor und den Namen desjenigen, der den Beschluss in funktionaler Zuständigkeit erlassen hat (*Entscheidungsträger*), ausweisen muss. Insgesamt muss der Beschluss den Anforderungen an einen vollstreckbaren Titel i. S. d. § 794 Abs. 1 Nr. 3 ZPO genügen. Hiervon weicht die Praxis allerdings durchgängig ab.

bb) Tatbestand und Entscheidungsgründe

136 Der allgemeine Grundsatz, dass Entscheidungen, gegen die ein Rechtsmittel zulässig ist, zu begründen sind, gilt auch für Beschlüsse[236] des Insolvenzgerichts, insbesondere auch für Vergütungsentscheidungen.[237] Ohne ausreichende Begründung kann ein Vergütungsbeschluss schon deswegen von Amts wegen aufgehoben werden.[238] Nichts anderes gilt für Entscheidungen des Beschwerdegerichts, wenn

---

233) KPB-InsO/*Prasser*, § 8 InsVV Rz. 1 (Stand: 09/2015).
234) Jarass/Pieroth/*Jarass*, GG, Art. 92 Rz. 5.
235) BGH, Beschl. v. 20.5.2010 – IX ZB 11/07, Rz. 6, ZIP 2010, 1617.
236) OLG Köln, Beschl. v. 28.6.1991 – 19 W 14/91, NJW 1992, 188.
237) LG Köln, Beschl. v. 23.9.1987 – 19 T 277/87, ZIP 1987, 1470, 1472.
238) BGH, Beschl. v. 21.7.2011 – IX ZB 148/10, ZInsO 2011, 1615.

Festsetzung von Vergütung und Auslagen §8

und weil Rechtsbeschwerde möglich ist.[239] Gemäß § 4 InsO, § 313 ZPO sind daher in der **Tatbestandsdarstellung** die erhobenen Ansprüche und die dazu vorgebrachten Sachverhalte und Argumente unter Hervorhebung der gestellten Anträge mit ihrem wesentlichen Inhalt in gebotener Kürze darzustellen.[240] Die **Entscheidungsgründe** müssen eine kurze Zusammenfassung der Erwägungen, auf denen die Entscheidung in tatsächlicher und rechtlicher Hinsicht beruht, enthalten. Der Beschwerdeberechtigte muss dem Vergütungsbeschluss folglich entnehmen können, warum welche Entscheidung gefällt wurde. Dies bezieht sich auf alle vergütungsrelevanten Umstände im Einzelnen; Leerformeln erfüllen diese Voraussetzungen nicht.[241] Insbesondere im Hinblick auf die Gesamtwürdigung von Zu- und Abschlägen nach § 3 InsVV gilt, dass die Überprüfung und ihr Ergebnis in der Begründung des Beschlusses entsprechenden Ausdruck zu finden hat,[242] d. h., Gesamtwürdigung (§ 3 Rz. 41 ff.) ist weder Schlagwort noch Tatbestand. Die Abfassung von Tatbestand und Entscheidungsgründen *außerhalb* des Beschlusses in einem separaten Aktenvermerk wird zutreffend als skurril[243] bis unzulässig[244] bezeichnet; diese Vorgehensweise sollte sich historisch überholt haben.[245]

cc) Beschränkung auf den beantragten Betrag

Da eine Vergütungsfestsetzung ohne entsprechenden Antrag unzulässig ist, kann das festsetzende Gericht **nicht über den Antrag hinausgehen** (§ 4 InsO, § 308 Abs. 1 Satz 1 ZPO).[246] Es ist allerdings nicht an die Begründung des Antragstellers gebunden, sodass z. B. ein Zuschlag i. S. d. § 3 Abs. 1 InsVV gewährt werden kann, jedoch abweichend von der Argumentation des Antragstellers. Es ist allerdings zwischen Berechnungsgrundlage und Zu- bzw. Abschlägen zu differenzieren. Die Berechnungsgrundlage kann durch das Insolvenzgericht nicht hinaufgesetzt werden;[247] richtiger Weg wäre ein Hinweisbeschluss, aufgrund dessen der Insolvenzverwalter diese Berechnungsgrundlage bis zur Festsetzung der Vergütung noch ändern kann. 137

Eine **Teilentscheidung** über einen Vergütungsfestsetzungsantrag ist nur zulässig, wenn diese einen tatsächlich und rechtlich selbstständigen Teil des Vergütungsfestsetzungsbegehrens betrifft, was regelmäßig ausscheidet; eine Teilentscheidung über eine unselbstständige Vorfrage ist insoweit unzulässig.[248] Bewilligt das Insolvenz- 138

---

239) BGH, Beschl. v. 27.8.2014 – XII ZB 266/13, MDR 2014, 1339.
240) BGH, Beschl. v. 21.7.2011 – IX ZB 148/10, ZInsO 2011, 1615.
241) LG Köln, Beschl. v. 23.9.1987 – 19 T 277/87, ZIP 1987, 1470, 1472.
242) BGH, Beschl. v. 21.7.2016 – IX ZB 70/14, Rz. 57, ZIP 2016, 1592.
243) *Eickmann*, ZIP 1987, 1473, 1474 (Anmerkung zu LG Köln, Beschl. v. 23.9.1987 – 19 T 277/87).
244) *Keller*, Vergütung und Kosten, § 14 Rz. 46.
245) Der Begründungszwang war früher fraglich, da § 25 FGG a. F. eine Begründung nur für die Entscheidung des Beschwerdegerichts vorgesehen hatte und nicht eindeutig geklärt war, ob das Vergütungsfestsetzungsverfahren unter das FGG fiel. Heute ist wegen des Verweises in § 4 InsO eindeutig, dass in Zweifelsfällen nicht das FGG, inzwischen ersetzt durch das FamFG, sondern die ZPO heranzuziehen ist.
246) BGH, Beschl. v. 28.9.2006 – IX ZB 108/05, ZIP 2006, 2186.
247) BGH, Beschl. v. 25.10.2007 – IX ZB 55/06, ZInsO 2007, 1272.
248) BGH, Beschl. v. 14.7.2016 – IX ZB 23/14, ZIP 2016, 1599.

gericht statt der abschließend beantragten Vergütung von Amts wegen einen – nicht beantragen – Vorschuss, um sich die abschließende Beantwortung einer Rechtsfrage vorzubehalten, stellt dies eine mit der sofortigen Beschwerde angreifbare Ablehnung der Vergütungsfestsetzung dar.[249]

dd) Gesonderte Festsetzung von Auslagen (§ 8 Abs. 1 Satz 2 InsVV)

139 Gemäß § 8 Abs. 1 Satz 2 InsVV erfolgt die *Festsetzung* für Vergütung und Auslagen gesondert. Dies macht nicht etwa zwei getrennte Beschlüsse erforderlich.[250] Sinn und Zweck der Norm ist einzig, Vergütung und Auslagen – einschließlich jeweiliger Umsatzsteuer – sowohl im Vergütungsantrag als auch im Festsetzungsbeschluss separat zu *beziffern* und zu begründen. Sinnvollerweise ist dabei auch noch zwischen Auslagen gemäß § 8 Abs. 3 InsVV (Rz. 56 ff.) und Auslagen gemäß § 4 Abs. 2, Abs. 3 Satz 2 InsVV (Rz. 79 ff.) zu unterscheiden. Im Ergebnis geht es nur darum, die Einhaltung der Befriedigungsreihenfolge des § 207 Abs. 3 Satz 1 InsO zu ermöglichen.

ee) Anrechnungen von Vorschüssen

140 Die Anrechnung von Vorschüssen (§ 9 InsVV) auf die endgültige Vergütungsfestsetzung scheint selbstverständlich. Hervorzuheben sind jedoch folgende Besonderheiten. Hinsichtlich der Begründung der einzelnen Vergütungsfaktoren im endgültigen Vergütungsantrag sind weder der Vergütungsberechtigte noch das festsetzende Gericht an die Begründungen im Vorschussantrag gebunden.[251] Da bereits der Beschluss des Insolvenzgerichts über die Bewilligung eines Vorschusses einen vollstreckbaren Titel analog § 794 Abs. 1 Nr. 2 ZPO darstellen könnte (§ 9 Rz. 59 ff.), sollten bewilligte Vorschüsse auch dann von der endgültigen Festsetzung in Abzug gebracht werden, wenn auf eine *Entnahme des Vorschusses* – aus welchen Gründen auch immer – verzichtet wurde. Es steht dem Vergütungsberechtigten jederzeit frei, den bewilligten Vorschuss zu entnehmen, da es keine Vergütungsbeschlüsse mit auflösender Bedingung gibt. Im Hinblick auf Änderungen des Umsatzsteuersatzes erfolgt die Anrechnung von Vorschüssen auf der Ebene der *Brutto-Beträge*. Sollte sich ergeben, dass die festgesetzten Vorschüsse die endgültige Vergütung übersteigen, trifft den Vergütungsberechtigten eine Pflicht zur Erstattung von *Überzahlungen* (§ 9 Rz. 78). All dies macht es erforderlich, die Beträge *konkret zu beziffern*. Die gelegentlich verwendete Formulierung „Vorschüsse sind abzuziehen" ist für einen Vergütungsbeschluss ungenügend.

ff) Rechtsmittelbelehrung

141 Seit dem 1.1.2014[252] ist jede anfechtbare gerichtliche Entscheidung mit einer ausführlichen Rechtsmittelbelehrung zu versehen (§ 4 InsO, § 232 ZPO). Fehlt diese Belehrung oder ist sie fehlerhaft, kann unter erleichterten Bedingungen Wieder-

---

249) BGH, Beschl. v. 14.7.2016 – IX ZB 23/14, ZIP 2016, 1599.
250) KPB-InsO/*Prasser*, § 8 InsVV Rz. 9 (Stand: 09/2015).
251) *Graeber*, NZI 2014, 147.
252) Gesetz zur Einführung einer Rechtsbehelfsbelehrung im Zivilprozess und zur Änderung anderer Vorschriften v. 5.12.2012 (BGBl. I 2012, 2418); kritisch zur praktischen Umsetzung *Zipperer*, NZI 2013, 865.

einsetzung in den vorherigen Stand beantragt werden (§ 4 InsO, § 233 Satz 2 ZPO). Kann gegen die gerichtliche Entscheidung ein Rechtsmittel (sofortige Beschwerde) nicht eingelegt werden, findet die Erinnerung statt; auch hier erleichtert das Fehlen einer ordnungsgemäßen Rechtsmittelbelehrung die Wiedereinsetzung (§ 11 Abs. 2 RPflG). Dies gilt sogar für Kostenrechnungen der Gerichtskasse (§§ 5b, 68 Abs. 2 Satz 1 GKG). Ein Insolvenzverwalter sollte daher auch antragsgemäße Vergütungsfestsetzungen daraufhin überprüfen, ob eine ordnungsgemäße Rechtsmittelbelehrung erfolgt ist, da sonst die Beschwerdeberechtigten zu späteren Zeitpunkten Wiedereinsetzung beantragen und sofortige Beschwerde einlegen können. *Zugunsten* des Insolvenzverwalters gilt dies aber nur selten. Denn die unrichtige Rechtsmittelbelehrung muss für eine verfristet eingelegte Beschwerde kausal und die Verfristung unverschuldet sein. Dem Insolvenzverwalter soll jedoch zuzumuten sein, die Richtigkeit der Rechtsmittelbelehrung unverzüglich zu prüfen, sodass er sich so gut wie nie auf fehlendes Verschulden berufen kann.[253] Inzwischen wird die erleichterte Wiedereinsetzung generell für anwaltlich vertretene Parteien bestritten.[254] Ist eine Rechtsmittelbelehrung fehlerhaft, weigern sich Insolvenzgerichte jedoch gelegentlich, eine Berichtigung vorzunehmen, was die Beschwerdefrist „kalt" unterläuft. Dies sollte ein eigenständiges Beschwerderecht des Vergütungsberechtigten auslösen, da er einen Anspruch auf Rechtssicherheit hat.

c) Verkündung

Da die Vergütungsbeschlüsse nach der InsO/InsVV ohne mündliche Verhandlung ergehen, bedarf es keiner Verkündung (§ 4 InsO, § 329 Abs. 1 ZPO). 142

d) Zustellungen und Veröffentlichungen (§ 64 Abs. 2 InsO)

Der Beschluss über die Festsetzung einer Vergütung nach InsO/InsVV stellt stets 143
– jedoch eventuell für Ausnahmen für die Vergütung bei Überwachung eines Insolvenzplans (§ 6 Rz. 40) – einen vollstreckbaren Titel i. S. d. § 794 Abs. 1 Nr. 3 ZPO dar. Daher sind Vergütungsbeschlüsse zuzustellen (§ 4 InsO, § 329 Abs. 3 ZPO). Der **Adressatenkreis der Zustellungen** ergibt sich zunächst aus § 64 Abs. 2 InsO. Zustellungen haben hiernach zu erfolgen an den Antragsteller, den Schuldner und an die Mitglieder eines amtierenden Gläubigerausschusses. Ferner hat eine Zustellung zu erfolgen an die jeweils amtierenden Verwaltungs- und Verfügungsberechtigten, z. B. einen neuen Insolvenzverwalter.

Darüber hinaus ist der Beschluss **öffentlich bekannt zu machen** (64 Abs. 2 Satz 1 144
InsO). Maßgebliche Norm hierfür ist § 9 Abs. 1 InsO (zu den Problemen siehe Rz. 150). Die festgesetzten Beträge sind nicht zu veröffentlichen; stattdessen bedarf es eines Hinweises, dass der vollständige Beschluss in der Geschäftsstelle des Insolvenzgerichts eingesehen werden kann (§ 64 Abs. 2 Satz 2 InsO). Dies entspricht nicht zwingend dem effektiven Rechtsschutz der Gläubiger,[255] jedoch der Verhältnismäßigkeit. Denn gemäß §§ 66 Abs. 1 Satz 1, 197 Abs. 1 Satz 2 Nr. 1 InsO ist eine Schlussrechnung – und damit ein Schlussbericht – von der Gläubigerver-

---

253) BGH, Beschl. v. 24.3.2016 – IX ZB 67/14, ZIP 2016, 988.
254) LG Duisburg, Beschl. v. 22.2.2016 – 7 T 203/15, ZVI 2017, 110; *Reck*, ZVI 2017, 95.
255) *Vill* in: FS Kübler, 2015, S. 741, 754.

6. Rechtskraft und Zweitfestsetzung

145 Nach Ablauf der Rechtsmittelfrist bzw. nach Wirksamwerden einer Beschwerdeentscheidung erwächst die Vergütungsfestsetzung in formelle und materielle **Rechtskraft**, die sich auf den Vergütungsanspruch als solchen und auf die Höhe der Vergütung bezieht; die Berechnungsgrundlage und der Vergütungssatz einschließlich der Zu- und Abschläge sollen allerdings als Vorfragen an der Rechtskraft nicht teilnehmen.[256)] Daher ist trotz rechtskräftiger Erstfestsetzung ein **Zweitantrag** zulässig, wenn sich neue Tatsachen ergeben, die bei der Erstfestsetzung nicht berücksichtigt worden waren (Rz. 146 f.). Ein solches Zweitsetzungsverfahren soll allerdings den weiteren Verfahrensablauf nicht hindern, insbesondere soll der Insolvenzverwalter trotz eines solchen Antrags die Schlussverteilung durchführen.[257)] Gerade bei laufendem pfändbarem Einkommen ergibt sich sonst ein perpetuum mobile. Bei der Schussverteilung kann eine Rückstellung gebildet werden,[258)] deren spätere Auflösung zugunsten einer Vergütung aufgrund Zweitfestsetzung allerdings keine erneute Vergütung rechtfertigt, weder als Grund für eine erneute Zweitfestsetzung noch als Vergütung für Nachtragsverteilung i. S. d. § 6 Abs. 1 InsVV;[259)] auch keine Einbeziehung in die dritte mögliche Berechnungsgrundlage nach § 14 InsVV bei sich anschließender Restschuldbefreiungsphase einer natürlichen Person scheidet aus. Das Insolvenzgericht ist insoweit verpflichtet, nach der Schlussverteilung die Aufhebung bzw. Einstellung des Verfahrens vorzunehmen, auch wenn über den Zweitfestsetzungsantrag noch nicht entschieden wurde.[260)] In diesem Idealfall werden bei Schuldnern mit pfändbarem Einkommen sicher noch weitere Einnahmen anfallen, die den Zeitraum von der Stellung des Zweitfestsetzungsantrags bis zur Verfahrensaufhebung betreffen. Unterlässt das Insolvenzgericht die unverzügliche Verfahrensaufhebung, stünden Amtshaftungsansprüche des Insolvenzverwalters im Raum. Einzig sinnvoller Lösungsansatz ist daher der, zunächst auf eine Zweitfestsetzung zu verzichten und die Schlussverteilung unter Bildung einer Rückstellung durchzuführen, und gleichzeitig einen Zweitfestsetzungsantrag nach Verfahrensaufhebung anzukündigen, um die Rückstellung zu rechtfertigen. Erweist sich die Rückstellung als zu hoch, muss eine zweite Verteilung an die Insolvenzgläubiger (jedoch keine Nachtragsverteilung) erfolgen; erweist sich die Rückstellung als zu niedrig, können offene Verfahrenskosten auch aus den in der sich anschließenden Wohlverhaltensphase erzielten Einnahmen beglichen werden.

---

256) BGH, Beschl. v. 20.5.2010 – IX ZB 11/07, ZInsO 2010, 1407; BGH, Beschl. v. 6.4.2017 – IX ZB 3/16, Rz. 17, ZIP 2017, 932, dazu EWiR 2017, 471 *(Prasser)*.
257) BGH, Beschl. v. 20.7.2017 – IX ZB 75/16, ZIP 2017, 1629.
258) BGH, Beschl. v. 20.7.2017 – IX ZB 75/16, Rz. 21, ZIP 2017, 1629.
259) BGH, Beschl. v. 20.7.2017 – IX ZB 75/16, ZIP 2017, 1629.
260) BGH, Beschl. v. 20.7.2017 – IX ZB 75/16, Rz. 20, ZIP 2017, 1629.

Zu den neuen Tatsachen gehören *nachträgliche Massezuflüsse*, was allerdings eine 146
Abgrenzung zur Vergütung für Nachtragsverteilung nach § 6 Abs. 1 InsVV erforderlich macht. Diese Abgrenzung ist seit einer Entscheidung des BGH vom 6.4.2017 sehr einfach, da nun feststeht, dass alle tatsächlichen Massezuflüsse *bis zur Aufhebung oder Einstellung des Insolvenzverfahrens* dem Zweitantrag unter Fortschreibung der Berechnungsgrundlage des eröffneten Verfahrens zuzuweisen sind,[261] während eine Vergütung für Nachtragsverteilung erst bei Massezuflüssen nach diesem Stichtag in Betracht kommt (§ 6 Rz. 13). In Konsequenz dessen kann auch nach Aufhebung oder Einstellung des Verfahrens der ursprüngliche Vergütungsantrag hinsichtlich Berechnungsgrundlage, Regel- oder Mindestvergütung, Zu- und Abschlägen sowie Auslagenersatz überarbeitet und für eine Zweitfestsetzung herangezogen werden.[262] Wurde der nachträgliche Massezufluss bereits als noch zu erwartende Einnahme im Rahmen der Erstfestsetzung berücksichtigt, scheidet eine nochmalige Berücksichtigung in einer Zweitfestsetzung denklogisch aus. Verpflichtet ist der Insolvenzverwalter zur Einbeziehung künftiger Einnahmen bei der Erstfestsetzung allerdings nicht.[263]

Fraglich ist jedoch die *Präklusion* in Bezug auf Zu- und Abschläge nach § 3 InsVV. 147
Grundsätzlich kann ein Zweitfestsetzungsverfahren nicht auf Umstände gestützt werden, die bereits im Erstverfahren geltend gemacht worden sind oder hätten geltend gemacht werden können.[264] Obwohl der BGH dies auch in einer Entscheidung vom 6.4.2017 hervorhebt,[265] gibt er in derselben Entscheidung dem Beschwerdegericht aufgrund Zurückverweisung auf zu prüfen, ob nicht im Erstverfahren eine Arbeitserleichterung nach § 3 Abs. 2 lit. d InsVV übersehen wurde.[266] Auch in einer Entscheidung vom 19.12.2013 äußert sich der BGH[267] widersprüchlich. Jedoch könnte eine Präklusion für § 3 Abs. 1 InsVV nicht anders beurteilt werden als für § 3 Abs. 2 InsVV. Nach hier vertretener Auffassung gilt hinsichtlich der Sachverhalte, die bis zur Erstfestsetzung im Rahmen des § 3 InsVV berücksichtigt wurden bzw. hätten berücksichtigt werden können, eine Präklusionswirkung.[268] Die Entscheidungen des BGH lassen sich nur dahingehend interpretieren, dass ein nachträglicher Vergütungserfolg auf der Ebene von §§ 1, 2, 3 Abs. 1 InsVV über § 3 Abs. 2 InsVV entwertet werden soll, damit die abschließende Erstfestsetzung (nach Zurückverweisung durch den BGH an das Tatsachengericht) oder die

---

261) BGH, Beschl. v. 6.4.2017 – IX ZB 3/16, ZIP 2017, 932, dazu EWiR 2017, 471 *(Prasser)*; BGH, Beschl. v. 20.7.2017 – IX ZB 75/16, ZIP 2017, 1629.
262) BGH, Beschl. v. 6.4.2017 – IX ZB 3/16, ZIP 2017, 932, dazu EWiR 2017, 471 *(Prasser)*; BGH, Beschl. v. 20.7.2017 – IX ZB 75/16, ZIP 2017, 1629.
263) BGH, Beschl. v. 20.7.2017 – IX ZB 75/16, ZIP 2017, 1629.
264) BGH, Beschl. v. 20.5.2010 – IX ZB 11/07, ZInsO 2010, 1407.
265) BGH, Beschl. v. 6.4.2017 – IX ZB 3/16, Rz. 17, ZIP 2017, 932, dazu EWiR 2017, 471 *(Prasser)*.
266) BGH, Beschl. v. 6.4.2017 – IX ZB 3/16, Rz. 21 f., ZIP 2017, 932, dazu EWiR 2017, 471 *(Prasser)*; fortgeführt von BGH, Beschl. v. 20.7.2017 – IX ZB 75/16, ZIP 2017, 1629.
267) BGH, Beschl. v. 19.12.2013 – IX ZB 9/12, ZIP 2014, 334, dazu EWiR 2014, 183 *(Zimmer)*.
268) BGH, Beschl. v. 20.5.2010 – IX ZB 11/07, ZInsO 2010, 1407; ähnlich Leonhardt/Smid/Zeuner/*Amberger*, InsVV, § 8 Rz. 6; Lorenz/Klanke/*Lorenz*, InsVV, § 8 Rz. 61; Uhlenbruck/*Mock*, InsO, § 64 Rz. 16.

Zweitfestsetzung trotz höherer Berechnungsgrundlage im Ergebnis zu keiner anderen Vergütung als bei der ursprünglichen Erstfestsetzung (vor Einlegung der Rechtsbeschwerde) führt. Dies scheint jedoch willkürlich.

V. Sofortige Beschwerde

1. Allgemeines

148 Gegen die Festsetzung der Vergütung des Insolvenzverwalters steht dem Insolvenzverwalter selbst, dem Schuldner und jedem Insolvenzgläubiger gemäß §§ 64 Abs. 3, 6 InsO i. V. m. §§ 567 ff. ZPO die sofortige Beschwerde zu, soweit der Beschwerdegegenstand **mehr als 200 €** (einschließlich Umsatzsteuer) beträgt (§ 567 Abs. 2 ZPO). Die sofortige Beschwerde ist gemäß §§ 4, 6 Abs. 1 Satz 2 InsO, § 569 Abs. 1 Satz 1 ZPO beim **Insolvenzgericht** einzulegen, und zwar durch eine **Beschwerdeschrift**. Anwaltszwang für die Einlegung der sofortigen Beschwerde besteht nicht (§§ 78 Abs. 3, 571 Abs. 3, 569 Abs. 3 Nr. 1 ZPO). Eine **Begründung** der Beschwerde ist nicht zwingend erforderlich, da § 571 Abs. 1 ZPO nur eine Soll-Vorschrift darstellt. Freilich ist eine Begründung hilfreich, insbesondere wenn auf Argumente der angegriffenen Entscheidung einzugehen ist. Der Beschwerdeführer kann **neue Tatsachen** oder rechtliche Würdigungen vortragen (§ 571 Abs. 2 ZPO). Das Insolvenzgericht kann hierfür jedoch eine Frist setzen (§ 571 Abs. 3 ZPO). Wird jedoch ein Vergütungsantrag vollständig neugefasst und enthält er eine höhere Vergütung als ursprünglich beantragt, liegt ein neuer Vergütungsantrag vor, der zur Unzulässigkeit der Beschwerde gegen den Erstantrag, der als zurückgenommen gilt, führt.[269] Das Insolvenzgericht kann der angegriffenen Entscheidung durch Beschluss (eines Richters, § 572 Abs. 1 Satz 1 ZPO) **abhelfen**, anderenfalls ist sie dem Beschwerdegericht (Landgericht) vorzulegen (§ 572 ZPO).

149 Das **Beschwerdegericht** ist **zweite Tatsacheninstanz** (Rz. 94), sodass neuer Sachvortrag möglich ist. Auch das Beschwerdegericht kann hierfür eine Frist setzen (§ 571 Abs. 3 ZPO). Das Beschwerdegericht entscheidet durch **Beschluss**. Die Anforderungen an diesen Beschluss unterscheiden sich nicht von den Anforderungen an den Beschluss des Insolvenzgerichts. Darüber hinaus muss der Beschluss die Entscheidung enthalten, ob die Rechtsbeschwerde zugelassen wird oder nicht (Rz. 171 ff.).

2. (Beginn der) Beschwerdefrist

150 Die Beschwerdefrist als Notfrist beträgt **zwei Wochen** (§ 4 InsO, § 569 Abs. 1 Satz 1 ZPO). Für den Beginn der Beschwerdefrist ist stets der **frühere Zeitpunkt von Veröffentlichung und Individualzustellung** maßgeblich, da § 9 Abs. 3 InsO ungeachtet der gesonderten Zustellung nach § 64 Abs. 2 InsO gilt. Dies gilt gleichermaßen für den Insolvenzverwalter[270] und den Schuldner.[271] Für das Beschwerderecht der Insolvenzgläubiger ist einzig die Veröffentlichung maßgeblich, da eine Individualzustellung nicht stattfindet. Ist eine Veröffentlichung im Internet über-

---

269) AG Hamburg, Beschl. v. 18.4.2017 – 67c IN 332/14, ZInsO 2017, 985.
270) BGH, Beschl. v. 4.12.2003 – IX ZB 249/02, ZInsO 2004, 199; BGH, Beschl. v. 5.11.2009 – IX ZB 173/08, ZInsO 2009, 2414; BGH, Beschl. v. 24.3.2016 – IX ZB 67/14, ZInsO 2016, 867.
271) BGH, Beschl. v. 12.7.2012 – IX ZB 42/10, ZInsO 2012, 1640.

haupt **nicht oder falsch erfolgt**, ist die Individualzustellung maßgeblich.[272] Dabei ist zu berücksichtigen, dass allein der Ausdruck eines Sendeberichts für die Internetveröffentlichung keinen Anscheinsbeweis für die tatsächlich erfolgte öffentliche Bekanntmachung durch Veröffentlichung im Internet darstellt;[273] insoweit obliegt dem Rechtspfleger die Prüfung der tatsächlichen Veröffentlichung. Da aber eine solche Individualzustellung an die beschwerdeberechtigten Insolvenzgläubiger nie erfolgt, beginnt die Beschwerdefrist für die Gläubiger wegen § 6 Abs. 2 InsO nicht zu laufen,[274] sodass die Beschwerde im Ergebnis unbefristet ist. Denn auch die fünfmonatige Höchstfrist des § 569 Abs. 1 Satz 2 ZPO greift nicht,[275] da die Vergütungsbeschlüsse nicht verkündet werden (Rz. 142).

Die **Fristberechnung** erfolgt nach §§ 187 Abs. 2, 188 Abs. 2 Fall 2 BGB. Gemäß § 9 Abs. 1 Satz 3 InsO gilt die Bekanntmachung als bewirkt, sobald nach dem Tag der Veröffentlichung zwei weitere Tage verstrichen sind. Die zweiwöchige Beschwerdefrist berechnet sich sodann nach § 4 InsO i. V. m. § 222 Abs. 1 ZPO, §§ 187 Abs. 2, 188 Abs. 2 Fall 2 BGB.

Beispiel:[276]

Eine Veröffentlichung im Internet erfolgte am Donnerstag, den 25.3.2010. Der zweite Tag nach der Veröffentlichung fiel auf einen Samstag. Gemäß § 4 InsO i. V. m. § 222 Abs. 2 ZPO endete die Frist mit Ablauf des nächsten Werktages, also am Montag, den 29.3.2010, um 24:00 Uhr. Die zweiwöchige Beschwerdefrist begann somit am Dienstag, den 30.3.2010, um 0:00 Uhr, und endete am Montag, den 12.4.2010, um 24:00 Uhr.

Gerade für überregional tätige Insolvenzverwalter ist nicht unbeachtlich, dass auch innerhalb von Bundesländern regionale Feiertage zu berücksichtigen sind. Maßgeblich sind die Feiertagsregelungen am Ort des Gerichts.[277] Ein ungeeigneter Kalender begründet keine Wiedereinsetzung in den vorherigen Stand.[278] Weitere Probleme beim Beginn der Beschwerdefrist ergeben sich bei fehlerhafter Rechtsmittelbelehrung (Rz. 141).

3. Beschwerdeberechtigte

a) Vergütung des Insolvenzverwalters

Ausweislich des § 64 Abs. 3 InsO kann gegen die Festsetzung der Vergütung des Insolvenzverwalters der **Insolvenzverwalter** selbst, der **Schuldner** (als natürliche Person oder als vertretungsberechtigtes Organ) und jeder **Insolvenzgläubiger** Beschwerde einlegen. Bei den Insolvenzgläubigern kommt es nicht darauf an, ob eine

---

272) BGH, Beschl. v. 10.11.2011 – IX ZB 166/10, WM 2012, 141.
273) BGH, Beschl. v. 6.7.2017 – IX ZB 73/16, ZIP 2017, 1680.
274) BGH, Beschl. v. 17.11.2011 – IX ZB 85/11, NZI 2011, 978.
275) *Vill* in: FS Kübler, 2015, S. 741, 754.
276) BGH, Beschl. v. 14.11.2013 – IX ZB 101/11, ZInsO 2013, 2577.
277) BGH, Beschl. v. 27.7.2017 – III ZB 76/16, JurionRS 2017, 19252 (Mariä Himmelfahrt nur in Teilen Bayerns).
278) BGH, Beschl. v. 27.7.2017 – III ZB 76/16, JurionRS 2017, 19252 (Mariä Himmelfahrt nur in Teilen Bayerns).

§ 8 Festsetzung von Vergütung und Auslagen

zur Tabelle angemeldete Forderung tatsächlich besteht; ausreichend ist die Forderungsanmeldung, da die Frage der Forderungsberechtigung bzw. Tabellenfeststellung in die Zuständigkeit der ordentlichen Gerichtsbarkeit fällt,[279] das Insolvenzgericht mithin nicht gesetzlicher Richter i. S. d. Art. 101 Abs. 1 Satz 2 GG ist.

155 Ein Beschwerderecht für **Massegläubiger** besteht nicht. Hat sich jedoch ein Dritter zur Deckung der Verfahrenskosten gegenüber der Masse verpflichtet, steht ihm als Massegläubiger, wenn er wegen Masseunzulänglichkeit nicht befriedigt werden konnte, ein Beschwerderecht zu.[280] Können alle Gläubiger befriedigt werden und läuft es auf eine Überschussherausgabe gemäß § 199 InsO hinaus, sollen auch die **Gesellschafter der Schuldnerin** beschwerdeberechtigt sein.[281]

156 Im Fall eines Verwalterwechsels (§§ 56a, 57, 59 InsO) hat der **amtierende Insolvenzverwalter** ein eigenes Beschwerderecht in Bezug auf die Vergütung seines Amtsvorgängers.[282] Daher muss auch ein **Sachwalter** bei (nachträglicher) Anordnung der Eigenverwaltung und nichtpersonenidentischem (vorläufigem) Insolvenzverwalter ein Beschwerderecht haben.[283] Nach Auffassung des BGH ist auch ein Sonderinsolvenzverwalter, der mit der Durchsetzung eines Schadenersatzanspruchs i. S. d. §§ 60, 92 Satz 2 InsO beauftragt wurde, beschwerdeberechtigt;[284] ein Zurückbehaltungsrecht wegen eben jener Ansprüche wurde jedoch zutreffend verneint, da der ordentlichen Gerichtsbarkeit zugewiesen.

157 In Stundungsverfahren besteht **kein Beschwerderecht der Staatskasse** (Bezirksrevisor); insoweit ist aber die Rechtspflegererinnerung gemäß § 11 Abs. 2 RPflG möglich.

b) Vergütung des vorläufigen Insolvenzverwalters

158 Gemäß §§ 21 Abs. 2 Satz 1 Nr. 1, 64 Abs. 3 InsO kann gegen die Festsetzung der Vergütung des vorläufigen Insolvenzverwalters der **vorläufige Insolvenzverwalter** selbst, der **Schuldner** und jeder **Insolvenzgläubiger** (sofern das Verfahren eröffnet wird, denn das Beschwerderecht setzt eine Forderungsanmeldung voraus)[285] Beschwerde einlegen.

159 Ein Beschwerderecht für **Massegläubiger** besteht nicht. Dies beträfe im Übrigen nur Massegläubiger aufgrund „starker" vorläufiger Verwaltung oder Einzelermächtigung (§ 55 Abs. 2 InsO). Anders ist dies im Fall der nach Eröffnung des Insolvenzverfahrens eingetretenen Masseunzulänglichkeit; hat sich ein Dritter vor Verfahrenseröffnung zur Deckung der Verfahrenskosten gegenüber der Masse verpflichtet, soll ihm als potentiellem Massegläubiger ebenfalls ein Beschwerderecht zustehen.[286] Können alle Gläubiger befriedigt werden (was ebenfalls die Eröffnung des Verfahrens voraussetzt) und läuft es auf eine Überschussherausgabe gemäß

---

279) BGH, Beschl. v. 7.12.2006 – IX ZB 1/04, Rz. 7, ZIP 2007, 647.
280) Vgl. BGH, Beschl. v. 20.12.2012 – IX ZB 19/10, ZInsO 2013, 238.
281) BGH, Beschl. v. 20.2.2014 – IX ZB 32/12, ZInsO 2014, 622.
282) BGH, Beschl. v. 27.9.2012 – IX ZB 276/11, ZInsO 2012, 2099.
283) Vgl. BGH, Beschl. v. 27.9.2012 – IX ZB 276/11, ZInsO 2012, 2099.
284) BGH, Beschl. v. 6.11.2014 – IX ZB 90/12, NZI 2014, 46 (mit zweifelnder Anmerkung von *Keller*).
285) BGH, Beschl. v. 7.12.2006 – IX ZB 1/04, Rz. 7, ZIP 2007, 647.
286) BGH, Beschl. v. 20.12.2012 – IX ZB 19/10, ZInsO 2013, 238.

Festsetzung von Vergütung und Auslagen § 8

§ 199 InsO hinaus, sollen auch die **Gesellschafter der Schuldnerin** beschwerdeberechtigt sein.[287]

Ist der Insolvenzverwalter nicht personenidentisch mit dem vorläufigen Insolvenzverwalter, steht auch dem **Insolvenzverwalter** ein Beschwerderecht zu.[288] Daher muss auch ein **Sachwalter** bei (nachträglicher) Anordnung der Eigenverwaltung und nichtpersonenidentischem vorläufigem Insolvenzverwalter ein Beschwerderecht haben.[289] 160

In Stundungsverfahren besteht **kein Beschwerderecht der Staatskasse** (Bezirksrevisor); insoweit ist aber die Rechtspflegererinnerung gemäß § 11 Abs. 2 RPflG möglich. 161

c) Vergütung des (vorläufigen) Sachwalters

Für das Beschwerderecht gegen die Vergütung des (vorläufigen) Sachwalters gelten die Ausführungen zum (vorläufigen) Insolvenzverwalter wegen der Verweise in §§ 270a Abs. 1 Satz 2, 270b Abs. 2 Satz 1, 274 Abs. 1 InsO u. a. auf § 64 InsO entsprechend. 162

d) Vergütung des Verfahrenskoordinators

Wegen des Verweises in § 269f Abs. 3 InsO gelten u. a. die §§ 63–65 InsO für den Verfahrenskoordinator nach § 269e InsO[290] entsprechend. Den Ausführungen zum (vorläufigen) Insolvenzverwalter ist hinzuzufügen, dass die Insolvenzverwalter und Schuldner aller gruppenangehörigen Insolvenzverfahren beschwerdeberechtigt sind.[291] Auch ein Beschwerderecht der Insolvenzgläubiger aller gruppenangehörigen Insolvenzverfahren muss bejaht werden,[292] da die Vergütung des Verfahrenskoordinators (§ 1 Rz. 190 ff.) auf alle Insolvenzverfahren umzulegen ist (§ 269e Abs. 1 Satz 1 InsO), wobei der Umlageschlüssel zusätzlicher Beschwerdegegenstand sein kann. 163

e) Vergütung des Gruppenkoordinators

Die Vergütung des Gruppenkoordinators ist in Art. 77 Abs. 1 EuInsVO[293] nur rudimentär geregelt, hier scheint Vertragsautonomie zu herrschen (§ 1 Rz. 195 ff.). Beschwerderechte hinsichtlich der Vergütung als solcher und der Verteilung auf die gruppenangehörigen Insolvenzverfahren sind dem jeweiligen *Insolvenzverwalter* vorbehalten (Art. 77 Abs. 4 EuInsVO, Art. 102c § 26 EGInsO[294]). Andere Beteiligte des nationalen Insolvenzverfahrens sind nicht beschwerdeberechtigt. Nach den Rechtsgedanken des § 4 Abs. 1 Satz 3 InsVV und der §§ 60, 92 Satz 2 InsO 164

---

287) Vgl. BGH, Beschl. v. 20.2.2014 – IX ZB 32/12, ZInsO 2014, 622.
288) BGH, Beschl. v. 27.9.2012 – IX ZB 276/11, ZInsO 2012, 2099.
289) Vgl. BGH, Beschl. v. 27.9.2012 – IX ZB 276/11, ZInsO 2012, 2099.
290) §§ 269a–269i InsO eingefügt durch das Gesetz zur Erleichterung der Bewältigung von Konzerninsolvenzen v. 13.4.2017 (BGBl. I 2017, 866) mit Inkrafttreten zum 21.4.2018 (Art. 10 des Änderungsgesetzes), siehe Anh. XV.
291) KPB-InsO/*Thole*, § 269g Rz. 8 (Stand: 06/2017).
292) A. A. KPB-InsO/*Thole*, § 269g Rz. 8 (Stand: 06/2017).
293) Verordnung (EU) 2015/848 des Europäischen Parlaments und des Rates über Insolvenzverfahren (Neufassung) v. 20.5.2015 (ABl. EU v. 5.6.2015, L 141/19), in Kraft getreten zum 26.6.2017, siehe Anh. XIII.
294) Art. 102c § 26 EGInsO eingeführt durch das Gesetz zur Durchführung der Verordnung (EU) 2015/848 über Insolvenzverfahren v. 5.6.2017 (BGBl. I 2017, 1476), siehe Anh. XIII Rz. 4.

dürfte es der *Gläubigerversammlung* eines jeden gruppenangehörigen Insolvenzverfahrens obliegen, über einen Sonderinsolvenzverwalter prüfen zu lassen, ob die Zustimmung des Insolvenzverwalters zur Vergütung des Gruppenkoordinators pflichtwidrig war. Selbiges gilt in Bezug auf ein mögliches Unterlassen des Insolvenzverwalters, die Umlage der Kosten auf das betroffene Insolvenzverfahren anzugreifen. Diese Überwachung der Zweckmäßigkeit des Verwalterhandelns dürfte im Übrigen auch zu den Aufgaben des *Gläubigerausschusses* gehören (§ 69 Satz 1 InsO). Im Ergebnis spielt sich hier für die üblicherweise von § 64 Abs. 3 InsO erfassten Beschwerdeberechtigten tatsächlich nichts im Rahmen der Vergütungsfestsetzung ab, sondern auf der Ebene der §§ 60, 92 Satz 2 InsO.

f) Vergütung eines Sonderinsolvenzverwalters

165 Der amtierende Insolvenzverwalter hat stets auch ein Beschwerderecht gegen die Festsetzung der Vergütung eines Sonderinsolvenzverwalters.[295] Da dessen Vergütung aus §§ 63–65 InsO abgeleitet wird (§ 1 Rz. 7), hat auch der Schuldner gemäß § 64 Abs. 3 Satz 1 InsO ein Beschwerderecht, was im Grunde bereits dessen Anhörung und eine Zustellung an ihn erfordert. Zweifelhaft scheint hingegen ein Beschwerderecht der Insolvenzgläubiger. Ein solches kann nur bejaht werden, wenn die Gläubigerversammlung beschlossen hat, das Gericht solle den Sonderinsolvenzverwalter mit der Durchsetzung eines Gesamtschadens beauftragen.[296]

g) Vergütung der Gläubigerausschussmitglieder

166 Aufgrund des Verweises u. a. auf § 64 Abs. 3 InsO in § 73 Abs. 2 InsO sind jedenfalls der Insolvenzverwalter und der Schuldner, offenbar auch jeder Insolvenzgläubiger berechtigt, Beschwerde gegen einen Beschluss über die Vergütung eines Mitglieds eines Gläubigerausschusses einzulegen. Beschwerdeberechtigt ist freilich das betroffene Ausschussmitglied selbst, nicht aber andere Ausschussmitglieder.

h) Vergütung des Treuhänders im Restschuldbefreiungsverfahren

167 Wegen des Verweises in § 293 Abs. 2 InsO u. a. auf § 64 Abs. 3 InsO gelten die Ausführungen zum Insolvenzverwalter entsprechend. In Bezug auf das Beschwerderecht der Insolvenzgläubiger kann dies allerdings nur für jene gelten, die im Schlussverzeichnis aufgeführt wurden.[297] Diese Abweichung vom Beschwerderecht gegen die Vergütung des Insolvenzverwalters (Rz. 154) rechtfertigt sich aus der Aufhebung bzw. Einstellung des Insolvenzverfahrens; nach diesem Stichtag könnte auch die ordentliche Gerichtsbarkeit nichts mehr am Tabellenprüfungsergebnis ändern. In Betracht kommt daher aber ein Beschwerderecht für Insolvenzgläubiger, bei denen eine Tabellenfeststellungsklage i. S. d. § 189 InsO noch rechtshängig ist.

4. Beschwer und Rechtsschutzinteresse

168 Erforderlich für eine sofortige Beschwerde sind nach allgemeinen Grundsätzen eine Beschwer und ein Rechtsschutzinteresse des Beschwerdeführers. Eine Beschwer

---

295) BGH, Beschl. v. 27.9.2012 – IX ZB 276/11, ZInsO 2012, 2099.
296) Hierzu Beck/Depré/*Zimmer*, Praxis der Insolvenz, § 47 Rz. 41.
297) Uhlenbruck/*Sternal*, InsO, § 293 Rz. 24.

des **Vergütungsberechtigten** ist gegeben, wenn die festgesetzte Vergütung um mehr als 200 € hinter der beantragten Vergütung zurückbleibt (§ 64 Abs. 3 Satz 2 InsO, § 567 Abs. 2 ZPO). Ein Rechtsschutzinteresse ist dann bereits indiziert. Nichts anderes gilt, wenn der **Schuldner** meint, die Vergütung könne um mehr als 200 € gesenkt werden.

Bei einer Beschwerde durch einen **Insolvenzgläubiger** soll dies bedeuten, dass dessen 169 Quote bei angestrebter Vergütungsabsenkung um mehr als 200 € steigt.[298] Dies ist unzutreffend, da es nicht darauf ankommt, was ein einzelner Gläubiger mehr erhalten könnte, sondern mit was die Insolvenzmasse belastet wird.[299] Eine *Beschwerdeberechtigung* der Insolvenzgläubiger entfällt nur dann, wenn sämtliche Insolvenzgläubiger (§§ 38, 39 InsO) befriedigt werden können.[300] Soweit nach diesen Grundsätzen eine Beschwer vorliegt, kann jedoch ausnahmsweise das *Rechtsschutzinteresse* von Insolvenzgläubigern fehlen, wenn bereits im Zeitpunkt der Einlegung der Beschwerde mit Sicherheit feststeht, dass der beschwerdeführende Gläubiger keine auch nur teilweise Befriedigung seiner Forderung erwarten kann.[301] Dies kann der Fall sein, wenn Masseunzulänglichkeit angezeigt wurde, mithin vom Beschwerdeerfolg nicht der Insolvenzgläubiger, sondern Massegläubiger profitieren würden; es ist jedoch vom Stand des Verfahrens abhängig, ob dies zum Zeitpunkt der Beschwerde bereits als sicher gelten kann.[302] Diese Ausnahme kann allerdings nicht gelten, wenn die Masseunzulänglichkeit oder gar Massearmut durch die behauptete Überhöhung der Vergütung erst ausgelöst wurde.[303] Ein Rechtsschutzinteresse nachrangiger Insolvenzgläubiger (§ 39 InsO) dürfte regelmäßig zu verneinen sein, wenn und weil keinerlei Quotenaussicht besteht.[304] Soweit das Rechtsschutzinteresse nach dem Vorgesagten an der Quotenaussicht scheitern soll, kann dies allerdings nicht gelten, wenn es sich bei dem Schuldner um eine natürliche Person handelt,[305] da hier die Weiterverfolgung der Forderung nach Beendigung des Insolvenzverfahrens einen anderen Stellenwert hat als bei der Insolvenz von Gesellschaften. Denn jeder verbliebene Anspruch des Insolvenzverwalters, der Staatskasse (aufgrund Verfahrenskostenstundung) oder sonstiger Massegläubiger mindert die Realisierungsaussichten des Gläubigers. Nichts anderes gilt, wenn der Schuldner Restschuldbefreiung beantragt hat, da erst geraume Zeit nach Aufhebung oder Einstellung des Insolvenzverfahrens feststeht, ob die Restschuldbefreiung abschließenden Bestand hat.

5. Verschlechterungsverbot

Das Verschlechterungsverbot (reformatio in peius) hindert das Beschwerdegericht 170 nicht, bei Feststellung der angemessenen Vergütung im Einzelfall Zu- und Abschläge zum Nachteil des Vergütungsberechtigten anders zu bemessen als das Insolvenzge-

---

298) Uhlenbruck/*Mock*, InsO, § 64 Rz. 18.
299) BGH, Beschl. v. 2.2.2006 – IX ZB 78/04, Rz. 7, WM 2006, 1498.
300) Lorenz/Klanke/*Lorenz*, InsVV, § 8 Rz. 47.
301) BGH, Beschl. v. 2.2.2006 – IX ZB 78/04, WM 2006, 1498.
302) BGH, Beschl. v. 7.12.2006 – IX ZB 1/04, Rz. 4, ZIP 2007, 647.
303) LG Frankfurt/Main, Beschl. v. 14.10.1991 – 2/9 T 639/91, ZIP 1991, 1442.
304) Lorenz/Klanke/*Lorenz*, InsVV, § 8 Rz. 47.
305) Vgl. BGH, Beschl. v. 2.2.2006 – IX ZB 78/04, WM 2006, 1498.

richt, soweit es den Vergütungssatz insgesamt nicht zu seinem Nachteil ändert.[306] Allgemein kann das Beschwerdegericht bei einer Beschwerde des Vergütungsberechtigten die Gesamtvergütung nicht unter den Wert mindern, den das Insolvenzgericht festgesetzt hat, wohl kann es aber die Begründung ändern.[307]

VI. Rechtsbeschwerde

1. Zulassungsbeschwerde (Aufgaben des Beschwerdegerichts)

171 Seit Abschaffung des § 7 InsO durch das Gesetz zur Änderung des § 522 der Zivilprozessordnung vom 21.10.2011[308] (Rz. 11) ist gemäß § 4 InsO, § 574 Abs. 1 Nr. 2 ZPO die Rechtsbeschwerde nur noch **statthaft**, wenn das Landgericht als Beschwerdegericht sie zugelassen hat. Zuzulassen ist die Rechtsbeschwerde, wenn die Rechtssache *grundsätzliche Bedeutung* hat oder *die Fortbildung des Rechts oder die Sicherung einer einheitlichen Rechtsprechung eine Entscheidung des Rechtsbeschwerdegerichts erfordern* (§ 4 InsO, § 574 Abs. 3 Satz 1 i. V. m. Abs. 2 ZPO).[309] Die Prüfung dieser Fragen hat nunmehr durch das Landgericht zu erfolgen, während eine Prüfung im Geltungsbereich von § 7 InsO durch den BGH als Rechtsbeschwerdegericht (§ 133 GVG) erfolgte. Bei der Prüfung besteht grundsätzlich kein Ermessen des Gerichts, überdies besteht Amtsermittlungspflicht.

172 Hält der *Einzelrichter* am Landgericht die Zulassung der Rechtsbeschwerde für geboten, hat er die Sache dem Spruchkörper, d. h. der mit drei Richtern besetzten **Kammer** vorzulegen (§ 4 InsO, § 568 Satz 2 Nr. 2 ZPO), denn dem originären Einzelrichter i. S. d. § 568 ZPO ist die Entscheidung von Rechtssachen von grundsätzlicher Bedeutung schlechthin untersagt.[310] Bejaht er mit der Zulassungsentscheidung dennoch die grundsätzliche Bedeutung der Sache, ist seine Entscheidung objektiv willkürlich und verstößt gegen das Verfassungsgebot des gesetzlichen Richters nach Art. 101 Abs. 1 Satz 2 GG.[311]

173 Die **Beschränkung** der Zulassung der Rechtsbeschwerde auf einzelne Punkte ist unwirksam, d. h., bei Zulassung der Rechtsbeschwerde soll die gesamte Vergütung überprüft werden können, da Berechnungsgrundlage, Regelvergütung und Zu- bzw. Abschläge eine Einheit bildeten.[312] Dies ist nicht frei von Bedenken. Genutzt wird dieser Ansatz, um bei Erfolg der Rechtsbeschwerde durch Zurückverweisung mit „Segelanweisungen" zu erreichen, dass die Tatgerichte nochmals prüfen, ob die Vergütung nicht aus anderen Gründen gekürzt werden könnte.[313]

---

306) BGH, Beschl. v. 16.6.2005 – IX ZB 285/03, ZIP 2005, 1371.
307) BGH, Beschl. v. 16.6.2005 – IX ZB 264/03, ZIP 2005, 1372.
308) Gesetz zur Änderung des § 522 der Zivilprozessordnung v. 21.10.2011 (BGBl. I 2011, 2082), siehe Anh. X.
309) Ausführlich *Zimmer*, ZInsO 2011, 1689.
310) BGH, Beschl. v. 16.5.2012 – I ZB 65/11, Rz. 4, NJW 2012, 3518.
311) BGH, Beschl. v. 13.3.2003 – IX ZB 134/02, BGHZ 154, 200, 201 ff.; BGH, Beschl. v. 28.6.2012 – IX ZB 298/11, Rz. 3, ZInsO 2012, 1439; BGH, Beschl. v. 3.7.2014 – IX ZB 4/14, JurionRS 2014, 18873; BGH, Beschl. v. 16.4.2015 – IX ZB 93/12, Rz. 4, ZInsO 2015, 1103; BGH, Beschl. v. 22.9.2016 – IX ZB 82/15, JurionRS 2016, 26801.
312) BGH, Beschl. v. 9.6.2016 – IX ZB 17/15, ZIP 2016, 1299.
313) Exemplarisch BGH, Beschl. v. 6.4.2017 – IX ZB 3/16, ZIP 932; BGH, Beschl. v. 20.7.2017 – IX ZB 75/16, ZIP 2017, 1629.

Wird die **Zulassung verneint**, was keiner Begründung bedarf, ist die Entscheidung 174
unanfechtbar,[314)] da in §§ 574 ff. ZPO ein Verweis auf § 543 Abs. 1 Nr. 2 ZPO
fehlt. Eine Nichtzulassungsbeschwerde ist daher nicht gegeben. Wurde jedoch die
Rechtsgrundsätzlichkeit durch das Landgericht zweifelsfrei verkannt, bietet § 321a
ZPO (Fortsetzung des Verfahrens wegen Verletzung des Anspruchs auf rechtliches
Gehör) Abhilfemöglichkeit.[315)] Letztlich ist auch eine Verfassungsbeschwerde nicht
ausgeschlossen. Dies dürfte nicht selten berechtigt sein, da die Landgerichte eine
grundsätzliche Bedeutung sehr oft verneinen, obwohl selbst in den Entscheidungsgründen divergierende Entscheidungen der Landgerichte erwähnt werden. Allein
die Existenz divergierender Entscheidungen verlangt jedoch nach der Zulassung der
Rechtsbeschwerde, da sonst das Gebot des effektiven Rechtsschutzes aus Art. 20
Abs. 3 GG verletzt ist.[316)]

Enthält die Beschwerdeentscheidung keine ausdrückliche Zulassung der Rechtsbe- 175
schwerde, gilt sie wegen § 574 Abs. 1 Satz 1 Nr. 2 ZPO als verneint; eine **Nachholung** der Entscheidung durch einen Ergänzungsbeschluss ist nicht möglich,[317)] auch
nicht aufgrund einer Anhörungsrüge oder Gegenvorstellung.[318)] Schweigen sowohl
der Ausspruch als auch die Gründe einer Beschwerdeentscheidung zur Frage der
Zulassung der Rechtsbeschwerde, liegt allein in der Beifügung einer Rechtsmittelbelehrung keine Zulassung der Rechtsbeschwerde.[319)] Eine **Berichtigung** der Entscheidung nach § 319 ZPO kommt jedoch in Betracht, wenn die Zulassung der
Rechtsbeschwerde beschlossen und nur versehentlich nicht in dem Beschluss ausgesprochen war.[320)] Dies muss sich dann aber aus dem Zusammenhang des Beschlusses selbst oder mindestens aus den Vorgängen bei seinem Erlass oder seiner
Verkündung ergeben, weil nur dann eine offenbare Unrichtigkeit vorliegen kann.
Diese Umstände müssen den gerichtsinternen Bereich verlassen haben und nach
außen hervorgetreten sein. Maßgeblich ist die Entscheidung des Landgerichts so,
wie sie getroffen wurde und sich unterzeichnet in der Gerichtsakte befindet. Wurde
die Zulassung der Rechtsbeschwerde hier verneint, wurde dem Insolvenzverwalter
aber versehentlich eine **falsche Abschrift** mit dem Tenor der Zulassung übermittelt, bleibt die Rechtsbeschwerde unstatthaft.[321)]

2. Einlegung der Beschwerde (Aufgaben des Beschwerdeführers)

Die Einlegung der Rechtsbeschwerde richtet sich nach § 575 ZPO. Die Rechtsbe- 176
schwerde ist binnen einer Notfrist von einem Monat nach Zustellung des Beschlusses
des Beschwerdegerichts durch Einreichen einer **Beschwerdeschrift** bei dem Rechtsbeschwerdegericht (BGH gemäß § 133 GVG) einzulegen. Die Rechtsbeschwerdeschrift muss enthalten die Bezeichnung der angegriffenen Beschwerdeentscheidung

---
314) BGH, Beschl. v. 16.11.2006 – IX ZA 26/06, WuM 2007, 41.
315) *Kirchhof*, ZInsO 2012, 16, 17.
316) BVerfG, Beschl. v. 16.6.2016 – 1 BvR 873/15, ZIP 2016, 1721.
317) BGH, Beschl. v. 10.5.2012 – IX ZB 295/11, ZIP 2012, 1146.
318) BGH, Beschl. v. 9.6.2016 – IX ZB 92/15, NJW 2016, 3247.
319) BGH, Beschl. v. 13.3.2014 – IX ZB 48/13, NZI 2014, 402.
320) BGH, Beschl. v. 6.2.2014 – IX ZB 114/12, ZInsO 2014, 517.
321) BGH, Beschl. v. 13.10.2016 – IX ZB 57/14, ZInsO 2016, 2320.

des Landgerichts und freilich die Erklärung, dass Rechtsbeschwerde gegen diese Entscheidung eingelegt wird. Mit der Rechtsbeschwerdeschrift soll eine Ausfertigung oder beglaubigte Abschrift der angefochtenen Entscheidung vorgelegt werden. Die Rechtsbeschwerde ist, sofern die Beschwerdeschrift keine **Begründung** enthält, binnen einer Frist von einem Monat zu begründen. Die Frist beginnt mit der Zustellung der angefochtenen Entscheidung; § 551 Abs. 2 Satz 5 und 6 ZPO gilt entsprechend. Die Begründung der Rechtsbeschwerde muss enthalten entsprechende Rechtsbeschwerdeanträge, die bestimmte Bezeichnung der Umstände, aus denen sich die behauptete Rechtsverletzung ergibt, bzw. die Bezeichnung der Tatsachen, auf die eine behauptete Verfahrensverletzung gestützt wird. Im Übrigen kann auf die Kommentierungen zu § 575 ZPO verwiesen werden.

3. Entscheidung über die Rechtsbeschwerde (BGH)

177 Die Prüfungskompetenzen und **Entscheidungsbefugnisse** des BGH als Rechtsbeschwerdegericht ergeben sich aus § 577 ZPO. Das Rechtsbeschwerdegericht hat von Amts wegen zu prüfen, ob die Rechtsbeschwerde an sich statthaft und ob sie in der gesetzlichen Form und Frist eingelegt und begründet ist. Mangelt es an einem dieser Erfordernisse, ist die Rechtsbeschwerde als unzulässig zu verwerfen. Der Prüfung des Rechtsbeschwerdegerichts unterliegen nur die vom Beschwerdeführer gestellten Anträge (siehe aber Rz. 173). Das Rechtsbeschwerdegericht ist an die geltend gemachten Rechtsbeschwerdegründe nicht gebunden. Auf Verfahrensmängel, die nicht von Amts wegen zu berücksichtigen sind, darf die angefochtene Entscheidung nur geprüft werden, wenn die Mängel nach §§ 575 Abs. 3, 574 Abs. 4 Satz 2 ZPO gerügt worden sind; § 559 ZPO gilt entsprechend. Ergibt die Begründung der angefochtenen Entscheidung zwar eine Rechtsverletzung, stellt sich die Entscheidung selbst aber aus anderen Gründen als richtig dar, ist die Rechtsbeschwerde zurückzuweisen. Wird die Rechtsbeschwerde für begründet erachtet, ist die angefochtene Entscheidung aufzuheben und die Sache zur erneuten Entscheidung zurückzuverweisen; § 562 Abs. 2 ZPO gilt entsprechend. Der BGH kann die Entscheidung folglich an das Landgericht oder das Insolvenzgericht[322] **zurückverweisen**; Letzteres jedoch nur dann, wenn auch das Landgericht ohne den Rechtsfehler vernünftigerweise eine Zurückverweisung an das Insolvenzgericht vorgenommen hätte.[323] Das Gericht, an das die Sache zurückverwiesen ist, hat die rechtliche Beurteilung, die der Aufhebung zugrunde liegt, auch seiner Entscheidung zugrunde zu legen (§ 577 Abs. 4 Satz 4 ZPO). Höchstrichterliche Entscheidungen sind allerdings kein Gesetzesrecht und erzeugen keine damit vergleichbare Rechtsbindung. Von ihnen abzuweichen, verstößt grundsätzlich nicht gegen Art. 20 Abs. 3 GG. Ihr Geltungsanspruch über den Einzelfall hinaus beruht allein auf der Überzeugungskraft ihrer Gründe sowie der Autorität und den Kompetenzen des Gerichts.[324] Das Rechtsbeschwerdegericht hat in der Sache **selbst zu entscheiden**, wenn die Aufhebung der Entscheidung nur wegen Rechtsverletzung bei Anwendung des Rechts auf das festgestellte Sachverhältnis

---

322) BGH, Beschl. v. 26.6.2014 – IX ZB 87/13, Rz. 16, WM 2014, 1432; BGH, Beschl. v. 21.7.2016 – IX ZB 70/14, Rz. 82, ZIP 2016, 1592.
323) BGH, Beschl. v. 22.7.2004 – IX ZB 161/03, NZI 2004, 577.
324) BVerfG, Beschl. v. 26.6.1991 – 1 BvR 779/85, Rz. 42, NJW 1991, 2549, 2550.

erfolgt und nach Letzterem die Sache zur Endentscheidung reif ist; § 563 Abs. 4 ZPO gilt entsprechend. Die Entscheidung über die Rechtsbeschwerde ergeht durch Beschluss; § 564 ZPO gilt entsprechend. Im Übrigen kann von einer **Begründung** abgesehen werden, wenn sie nicht geeignet wäre, zur Klärung von Rechtsfragen grundsätzlicher Bedeutung, zur Fortbildung des Rechts oder zur Sicherung einer einheitlichen Rechtsprechung beizutragen. Im Übrigen kann auf die Kommentierungen zu § 577 ZPO verwiesen werden.

VII. Außerordentliche Beschwerde

In den Fällen, in denen keine Beschwerde (§ 6 InsO) zulässig ist, die angegriffene Entscheidung jedoch greifbar gesetzwidrig ist, besteht nicht (mehr) die Möglichkeit einer außerordentlichen Beschwerde,[325] obgleich ein solches Beschwerderecht früher der herrschenden Meinung entsprach.[326] Dieses Ergebnis befriedigt nicht die Ansprüche an einen Rechtsstaat. Dass insoweit – neben meist unergiebigen Anhörungsrügen nach § 321a ZPO oder Gegenvorstellungen – ausschließlich eine Verfassungsbeschwerde möglich sein soll, vermag jedenfalls dann nicht zu überzeugen, wenn das Ausgangsgericht seine eigenen Möglichkeiten einer Abhilfe nicht einmal kennt; in diesen Ausnahmefällen soll wegen des Vorrangs der fachgerichtlichen Korrektur eine außerordentliche Beschwerde zulässig sein.[327] Für das Vergütungsrecht dürfte dies jedoch wegen § 64 Abs. 3 InsO ohne Bedeutung sein. 178

VIII. Entnahme der Vergütung

1. Entnahme im Allgemeinen

Die **festgesetzte Vergütung** stellt Verfahrenskosten gemäß § 54 Nr. 2 InsO dar und kann der Masse entnommen werden (§ 53 InsO). Einer *Zustimmung* des Insolvenzgerichts zur Entnahme bedarf es nicht, da eine solche nur für Zahlungen an Insolvenzgläubiger vorgesehen ist (§ 196 Abs. 2 InsO). Eine Anordnung des Insolvenzgerichts, die Entnahme könne erst nach Rechtskraft der Masse entnommen werden, ist unbeachtlich.[328] Eine Anordnung, die Vergütung dürfe (vorläufig) nicht entnommen werden, ist ebenso unbeachtlich und löst sogar ein eigenes Beschwerderecht des Insolvenzverwalters aus.[329] 179

Die Entnahme einer *beantragten* Vergütung noch **vor der gerichtlichen Festsetzung** stellt eine Pflichtverletzung dar, die – jedenfalls im Wiederholungsfall – zur Entlassung gemäß § 59 InsO führen kann. Sofern die Vergütung (in Unkenntnis der bereits erfolgten Entnahme) antragsgemäß festgesetzt wird, entsteht allerdings kein Gesamtschaden i. S. d. §§ 60, 92 Satz 2 InsO. Fällt die festgesetzte Vergütung jedoch niedriger aus, besteht ein Bereicherungsanspruch der Masse nach §§ 812 ff. BGB (Rz. 193). Erfolgt gar eine Entnahme noch **vor einem Vergütungsantrag**, ist darüber hinaus von Untreue i. S. d. § 266 StGB auszugehen. 180

---

325) BVerfG, Beschl. v. 30.4.2003 – 1 PBvU 1/02, NJW 2003, 1924; BVerfG, Beschl. v. 16.1.2007 – 1 BvR 2803/06, NJW 2007, 2538.
326) BGH, Beschl. v. 8.11.2001 – IX ZB 44/01, NJW 2002, 754.
327) LG Bonn, Beschl. v. 6.6.2016 – 6 T 114/16, ZInsO 2017, 447.
328) BGH, Urt. v. 17.11.2005 – IX ZR 179/04, ZIP 2006, 36.
329) BGH, Beschl. v. 14.4.2011 – IX ZB 18/10, ZInsO 2011, 1566.

2. Quotelung bei Masseamut (§ 207 InsO)

181 Im Fall des § 207 InsO wird nur eine quotale Entnahme der Vergütung möglich sein. Die Berechnung der Quoten für Verwaltervergütung, Gerichtskosten und sonstige Verfahrenskosten i. S. d. § 54 InsO obliegt dem Insolvenzverwalter. Eine **Zustimmung des Insolvenzgerichts** zu dieser Berechnung ist nicht erforderlich, da § 196 Abs. 2 InsO nur für Verteilungen an Insolvenzgläubiger gilt. Hinsichtlich der Verfahrenskosten nach § 54 Nr. 2 InsO, also maßgeblich der Vergütung des Insolvenzverwalters, wird für die **Berechnung der Quoten** nur die Restforderung abzgl. bereits erhaltener Vorschüsse berücksichtigt. Für Gerichtskosten nach § 54 Nr. 1 InsO gilt dies nicht, sodass es sogar zu Erstattungen von Gerichtskostenvorschüssen kommen kann. Der Unterschied beruht darauf, dass der Vorschussanspruch des Insolvenzverwalters aus § 9 InsVV von der Berufsfreiheit des Art. 12 Abs. 1 GG geschützt ist und die Vorschüsse gerade den Zweck erfüllen sollen, einen Vergütungsausfall bei Masseamut zu vermeiden.[330] Bei Vorschüssen auf die Gerichtskosten sollte der Insolvenzverwalter allerdings stets darauf achten, dass in der Vorschussanforderung zwischen Gerichtskosten und Auslagen unterschieden wird, sonst ist eine korrekte Quotenberechnung später nicht möglich; im Zweifel ist davon auszugehen, dass ein Vorschuss an die Gerichtskasse zunächst auf Auslagen der Gerichtskasse anzurechnen ist.

3. Entnahmen bei eingelegten Rechtsmitteln

182 Erging der Vergütungsbeschluss zum Nachteil des Insolvenzverwalters, begehrt dieser mit dem Rechtsmittel folglich ein „Mehr" gegenüber der festgesetzten Vergütung, ergeben sich hinsichtlich der Entnahme keine Bedenken, da der Insolvenzverwalter zunächst nur den festgesetzten Betrag entnimmt und er dann seinen restlichen Anspruch weiter verfolgt. Eine andere Situation tritt jedoch ein, wenn nicht der Verwalter ein „Mehr" begehrt, sondern ein anderer Beschwerdeberechtigter Rechtsmittel gegen eine vermeintlich zu hohe Vergütung einlegt. Führt dieses Rechtsmittel zu einer Aufhebung des Vergütungsbeschlusses, soll § 717 Abs. 2 ZPO zu beachten sein; nach Ansicht des BGH führt dies dazu, dass die festgesetzte Vergütung wieder vollständig an die Masse zu erstatten ist, bis die Vergütung erneut festgesetzt wurde.[331] Dies scheint jedoch bedenklich.[332] Der unstreitige Teil der Vergütung gebührt dem Vergütungsberechtigten sofort, etwas anderes verstieße gegen Art. 12 Abs. 1, 14 GG. Hinsichtlich des streitigen Teils ist die Masse über §§ 812 ff. BGB und ggf. §§ 60, 92 Satz 2 InsO ausreichend geschützt.[333]

4. Einstandspflicht der Staatskasse (Stundung)

a) Persönlicher Anwendungsbereich

183 Mit dem Gesetz zur Änderung der Insolvenzordnung und anderer Gesetze vom 26.10.2001[334] wurde durch Einfügung der §§ 4a–4d InsO die Stundung der Ver-

---

330) LG Göttingen, Beschl. v. 8.4.2014 – 10 T 16/14, ZInsO 2014, 2295.
331) BGH, Urt. v. 17.11.2005 – IX ZR 179/04, ZIP 2006, 36.
332) *Cranshaw*, ZInsO 2017, 989.
333) Kritisch auch *Blersch* in: FS Kübler, 2015, S. 51, 61 ff.; ausführlich zur Anspruchskonkurrenz *Cranshaw*, ZInsO 2017, 989.
334) Gesetz zur Änderung der Insolvenzordnung und anderer Gesetze v. 26.10.2001 (BGBl. I 2001, 2710), siehe Anh. IV.

fahrenskosten eingeführt. Durch den gleichzeitig eingeführten § 63 Abs. 2 InsO steht dem **Insolvenzverwalter** für seine Vergütung und seine Auslagen ein Anspruch gegen die Staatskasse zu, soweit die Insolvenzmasse dafür nicht ausreicht. Aus der Gesetzesbegründung ergibt sich, dass dies für alle im Insolvenzverfahren tätigen Personen, insbesondere auch den **vorläufigen Insolvenzverwalter** und den **Treuhänder im vereinfachten Insolvenzverfahren** (damaligen Rechts)[335] gelten soll.[336] Verbunden hiermit sei ein *Sekundäranspruch* gegen die Staatskasse.[337] Ebenfalls mit einem Sekundäranspruch begründet wurde die Änderung des § 73 Abs. 2 InsO durch Einfügung eines Verweises auf § 63 Abs. 2 InsO für die Vergütung der Mitglieder des **Gläubigerausschusses**.[338] Ein solcher Sekundäranspruch wurde durch Verweis auf § 63 Abs. 2 InsO in § 293 Abs. 2 InsO gleichfalls für den **Treuhänder im Restschuldbefreiungsverfahren** eingeführt.[339] Theoretisch gälte dies auch für den **(vorläufigen) Sachwalter** wegen der Verweisungen in §§ 270a Abs. 1 Satz 2, 270b Abs. 2 Satz 1, 274 Abs. 1 InsO, wenngleich sich Eigenverwaltung und Verfahrenskostenstundung evident ausschließen; § 270 Abs. 1 Satz 3 InsO schließt die Eigenverwaltung allerdings nur bei Verbrauchern aus, nicht bei natürlichen Personen als Unternehmer. Zumindest praktisch ausgeschlossen sein dürfte auch ein Sekundäranspruch des **Verfahrenskoordinators**,[340] obgleich § 269f Abs. 3 InsO auch auf § 63 Abs. 2 InsO verweist; zu den gruppenangehörigen Verfahren dürfte jedoch regelmäßig kein Verfahren über das Vermögen einer natürlichen Person, der Stundung gewährt wurde, gehören.

b) Trennung der Verfahrensabschnitte

Die Stundung der Verfahrenskosten muss für jeden Verfahrensabschnitt (Antragsverfahren, eröffnetes Verfahren, Restschuldbefreiungsverfahren) gesondert erfolgen (§ 4a Abs. 3 Satz 2 InsO), was zur Folge hat, dass der in jedem Verfahrensabschnitt tätige Amtsträger nicht nur einen eigenständigen Vergütungsanspruch, sondern auch einen **eigenständigen Sekundäranspruch** gegen die Staatskasse hat. Obgleich der Wortlaut der Norm eindeutig scheint, musste die Rechtsprechung dies ausdrücklich betonen,[341] sodass z. B. die Stundung für das eröffnete Verfahren noch

184

---

335) §§ 312–314 InsO aufgehoben durch das Gesetz zur Verkürzung des Restschuldbefreiungsverfahrens und zur Stärkung der Gläubigerrechte v. 15.7.2013 (BGBl. I 2013, 2379), siehe Anh. XII Rz. 83 ff.
336) Gesetz zur Änderung der Insolvenzordnung und anderer Gesetze v. 26.10.2001 (BGBl. I 2001, 2710), Begründung zu § 63 Abs. 2 InsO, siehe Anh. IV Rz. 30.
337) Gesetz zur Änderung der Insolvenzordnung und anderer Gesetze v. 26.10.2001 (BGBl. I 2001, 2710), Begründung zu § 63 Abs. 2 InsO, siehe Anh. IV Rz. 30.
338) Gesetz zur Änderung der Insolvenzordnung und anderer Gesetze v. 26.10.2001 (BGBl. I 2001, 2710), Begründung zu § 73 Abs. 2 InsO, siehe Anh. IV Rz. 32 ff.
339) Gesetz zur Änderung der Insolvenzordnung und anderer Gesetze v. 26.10.2001 (BGBl. I 2001, 2710), Begründung zu § 293 Abs. 2 InsO, siehe Anh. IV Rz. 38 ff.
340) §§ 269a–269i InsO eingefügt durch das Gesetz zur Erleichterung der Bewältigung von Konzerninsolvenzen v. 13.4.2017 (BGBl. I 2017, 866) mit Inkrafttreten zum 21.4.2018 (Art. 10 des Änderungsgesetzes), siehe Anh. XV.
341) BGH, Beschl. v. 18.12.2003 – IX ZB 60/03, NZI 2004, 156; BGH, Beschl. v. 7.10.2010 – IX ZB 259/09, NZI 2010, 948; BGH, Beschl. v. 7.2.2013 – IX ZB 245/11, NZI 2013, 351; BGH, Beschl. v. 9.7.2015 – IX ZB 68/14, ZVI 2015, 438.

keinen Vertrauenstatbestand für die Vergütung des Treuhänders in der Restschuldbefreiungsphase (§ 292 InsO) schafft.[342] Nichts anderes gilt, wenn zwar ein Stundungsantrag auch für das Restschuldbefreiungsverfahren gestellt worden war, das Insolvenzgericht den Antrag aber nicht bearbeitet hat.[343]

185 Umgekehrt bedeutet eine Stundung der Kosten des eröffneten Verfahrens nicht zugleich eine Stundung der Kosten des Antragsverfahrens. Wurde für das Antragsverfahren keine Verfahrenskostenstundung beantragt, ist zu differenzieren. Wurde das Insolvenzverfahren aufgrund eines Gläubigerantrags eröffnet, ohne dem Schuldner Gelegenheit zur Stellung eines Stundungsantrags zu geben, kann der Stundungsantrag für das Antragsverfahren ausnahmsweise nach Verfahrenseröffnung nachgeholt werden, da dem Schuldner nicht die Fehler des Insolvenzgerichts angelastet werden können.[344] Hat der Schuldner hingegen die Gelegenheit zur Stellung eines Stundungsantrags nicht genutzt, wurde das Verfahren jedoch wegen prognostizierter ausreichender Masse eröffnet, geht die fehlende Stundung zunächst zulasten des (vorläufigen) Insolvenzverwalters, wenn und weil dieser nicht die Abweisung des Insolvenzantrages mangels Masse empfohlen hatte. Wird nach Verfahrenseröffnung jedoch ausreichend Masse generiert, könnte die Vergütung des *vorläufigen Insolvenzverwalters* der Masse ohne Rücksicht darauf entnommen werden, dass die spätere Einstandspflicht der Staatskasse für die Vergütung des *Insolvenzverwalters* für das eröffnete Verfahren nun wegen Verbrauchs der Liquidität höher ausfällt. Hierin könnte jedoch auch eine Verletzung der Befriedigungsreihenfolge gesehen werden (hierzu Rz. 189).

c) Festsetzung und Rechtsmittel

186 Auf die Rechtsmittel, die dem Schuldner bei Nichtgewährung der Verfahrenskostenstundung zustehen, soll hier nicht eingegangen werden. Fraglich allein ist, welche Rechtsmittel dem Vergütungsberechtigten zustehen, wenn Zahlung aus der Staatskasse verweigert wird. Nach Auffassung des BGH soll hier ein eigenständiges **Beschwerderecht** des Anspruchsberechtigten analog § 64 Abs. 3 Satz 1 InsO bestehen.[345]

187 Einer förmlichen **Festsetzung** gegen die Staatskasse bedarf es jedoch nicht, d. h., allein der Beschluss über die Stundung der Verfahrenskosten i. V. m. dem Beschluss über die Festsetzung der Vergütung ist ausreichend. Damit ist *festgestellt*, dass die Staatskasse den Anspruch des Vergütungsberechtigten zu erfüllen hat; *Zahlungsklagen* und *-titel* gegen den Staat sind ohnehin nicht vorgesehen.

d) Höhe der Einstandspflicht der Staatskasse

188 Die Höhe der Einstandspflicht der Staatskasse soll nach einer Entscheidung des BGH vom 7.2.2013 stets **auf die Mindestvergütung beschränkt** sein, selbst wenn die (gegen den Schuldner) festgesetzte Vergütung höher ausfällt.[346] Dies ist jedoch

---

342) BGH, Beschl. v. 7.2.2013 – IX ZB 75/12, ZInsO 2013, 564.
343) BGH, Beschl. v. 7.2.2013 – IX ZB 75/12, ZInsO 2013, 564.
344) BGH, Beschl. v. 9.7.2015 – IX ZB 68/14, ZVI 2015, 438.
345) BGH, Beschl. v. 14.10.2010 – IX ZB 224/08, ZInsO 2010, 2188; BGH, Beschl. v. 7.2.2013 – IX ZB 175/11, ZInsO 2013, 563.
346) BGH, Beschl. v. 7.2.2013 – IX ZB 245/11, NZI 2013, 351.

eklatant verfassungswidrig.[347] Wird z. B. im Eröffnungsgutachten eine voraussichtliche Vergütung jenseits der Mindestvergütung angegeben und das Verfahren daraufhin unter Gewährung von Verfahrenskostenstundung eröffnet, würde schon die *Verfahrenseröffnung* an sich dazu führen, dass der Insolvenzverwalter einen Ausfall seiner Vergütung erleidet. Dass der Insolvenzrichter in dieser Konstellation in positiver Kenntnis des Vergütungsausfalls dennoch den Insolvenzverwalter bestellt, kann zu einem Amtshaftungsanspruch führen.[348] Dies widerspricht völlig der Konzeption der Verfahrenskostenstundung, sodass schon die Eröffnung des Insolvenzverfahrens den Insolvenzverwalter in seinen Rechten aus Art. 12 Abs. 1 GG verletzt. Gegen *Ende des Verfahrens* entstünde die Situation, dass der Insolvenzverwalter einen gegen den Schuldner titulierten Anspruch hat, der nicht von der Stundung erfasst sein soll. Dies müsste zwingend zur Einstellung nach § 207 InsO und einer „kalten" Versagung der Restschuldbefreiung führen, da die Verfahrenskosten eben nicht gedeckt sind. Daran halten sich die Insolvenzgerichte freilich nicht, sodass dem Schuldner rechtswidrig Restschuldbefreiung erteilt wird, obgleich die Verfahrenskosten nicht gedeckt sind, was nicht nur eine Verletzung des Art. 12 Abs. 1 GG für den Insolvenzverwalter, sondern auch eine Verletzung des Art. 14 GG für die Insolvenzgläubiger bedeutet, da die rechtswidrige Erteilung der Restschuldbefreiung ihre Durchsetzungs- und Eigentumsansprüche verletzt.[349] Hintergrund der angegriffenen Entscheidung war, dass die Vergütung des vorläufigen Insolvenzverwalters zuvor rechtskräftig festgesetzt worden war, und zwar gegen die Vorstellungen des BGH zur Einbeziehung der Aus- und Absonderungsrechte in die Berechnungsgrundlage. Zur „Bestrafung" des vorläufigen Insolvenzverwalters und zur Räsonierung der Landgerichte sollte nun die Vergütung zumindest im Hinblick auf die Einstandspflicht der Staatskasse auf die Mindestvergütung reduziert werden. Dies lässt sich unter Willkür subsumieren.

Eine Einstandspflicht der Staatskasse entfällt, wenn die Verfahrenskosten nur deswegen nicht gedeckt sind, weil der Insolvenzverwalter zuvor die **Befriedigungsreihenfolge** der §§ 53, 209 Abs. 1 InsO verletzt hat, indem er *sonstige Masseverbindlichkeiten i. S. d. § 55 InsO* beglichen hat. Die Einstandspflicht der Staatskasse greift nur hinsichtlich desjenigen Teils der Vergütung, der auch bei Einhaltung der Befriedigungsreihenfolge nicht aus der Masse gedeckt gewesen wäre,[350] da die Verfahrenskostenstundung weder den Zweck hat, dem Schuldner die Kosten gänzlich zu erlassen, noch Pflichtverletzungen des Insolvenzverwalters finanzieren soll. Wurde nur für das eröffnete Verfahren Stundung bewilligt, stellt sich die Frage, ob der Masse die Vergütung des vorläufigen Insolvenzverwalters entnommen werden kann, ohne dass dies Einfluss auf die (spätere) Einstandspflicht der Staatskasse für die Vergütung des Insolvenzverwalters hätte (Rz. 185). Dies ist jedoch zu vernei-

189

---
347) Ausführlich *Zimmer*, InsbürO 2014, 162; ablehnend auch LG Aurich, Beschl. v. 1.6.2011 – 4 T 96/11, ZInsO 2012, 802; LG Bückeburg, Beschl. v. 30.5.2012 – 4 T 97/11, ZInsO 2012, 1283; LG Erfurt, Beschl. v. 2.5.2012 – 1 T 447/11, ZInsO 2012, 947; LG Gera, Beschl. v. 15.8.2012 – 5 T 136/12, ZIP 2012, 2076.
348) Vgl. BGH, Beschl. v. 22.1.2004 – IX ZB 123/03, ZIP 2004, 571.
349) Ausführlich *Zimmer*, InsbürO 2014, 162.
350) BGH, Beschl. v. 19.11.2009 – IX ZB 261/08, NZI 2010, 188; BGH, Beschl. v. 14.10.2010 – IX ZB 224/08, ZInsO 2010, 2188.

nen. Auch hinsichtlich der *Verfahrenskosten i. S. d. § 54 InsO* hat der Insolvenzverwalter in Stundungsverfahren stets die Befriedigungsreihenfolge des § 207 Abs. 3 Satz 1 InsO zu beachten, d. h., alle Verfahrenskosten sind gleichmäßig zu bedienen.[351] Folge ist aufgrund analoger Anwendung des § 207 Abs. 3 Satz 1 InsO, dass – abweichend von Verfahren ohne jedwede Stundung – bei der (fiktiven) Quotenberechnung sämtliche Verfahrenskosten, einschließlich der bereits beglichenen in den Nenner aufgenommen und dem Massebestand im Zähler die bereits entnommenen Beträge hinzugerechnet werden müssen. Wird das Problem, dass die Einstandspflicht der Staatskasse auf die Mindestvergütung beschränkt sein soll (Rz. 188) an dieser Stelle ignoriert, wird sich dann ergeben, dass der vorläufige Insolvenzverwalter einen Betrag x an die Masse zu erstatten hat (wegen Verletzung der Befriedigungsreihenfolge) und der Insolvenzverwalter der Masse einen Betrag y auf seine Vergütung entnehmen kann. Die Differenz zwischen der für den Insolvenzverwalter festgesetzten Vergütung und dem aus der Masse hierfür verfügbaren Betrag y beschreibt die Einstandspflicht der Staatskasse der Höhe nach. Hinsichtlich des Betrags x erleidet der vorläufige Insolvenzverwalter einen Vergütungsausfall. Auch diese Konstellation führt letztlich zu einer *rechtswidrigen Erteilung der Restschuldbefreiung* (Rz. 188). Daher müsste im Grunde gefordert werden, dass die Nicht-Stellung eines Stundungsantrags für das Antragsverfahren einen Versagungsgrund i. S. d. § 290 InsO von Amts wegen darstellt *und* ein Insolvenzverfahren nur eröffnet werden kann, wenn die Vergütung des vorläufigen Insolvenzverwalters auf jeden Fall gedeckt ist, und sei es durch Ermöglichung eines **nachträglichen Stundungsantrages**. Der Gesetzgeber hat diese Konsequenzen nicht bedacht, sodass es bis zu einer Gesetzesänderung einer verfassungskonformen Auslegung der Stundungsregeln bedarf. Hierzu gehört, auch nachträgliche Stundungsanträge zuzulassen. Dies hat der BGH zwar *grundsätzlich verneint*,[352] jedoch ohne die Folgen einer daraus resultierenden rechtswidrigen Restschuldbefreiung zu berücksichtigen. Immerhin war es dem BGH eine *Abweichung von dem Grundsatz* wert, wenn das Insolvenzverfahren auf Gläubigerantrag hin eröffnet wurde und der Schuldner noch nicht über die Möglichkeiten einer Stundung zur Erlangung der Restschuldbefreiung belehrt wurde.[353] Aus Gründen der Waffengleichheit muss es aus der Perspektive der Insolvenzgläubiger daher auch zulässig sein, rückwirkende Stundungsanträge zu stellen; kommt der Schuldner dem nicht nach, ist die Restschuldbefreiung zu versagen.[354]

190 Bei einer **Aufhebung der Stundung** der Verfahrenskosten im eröffneten Insolvenzverfahren haftet die Staatskasse aufgrund der vorherigen Schaffung eines Vertrauenstatbestandes[355] zumindest für den Teil der Vergütung, der bis zur Kenntniserlangung des Insolvenzverwalters von der Aufhebung der Stundung[356] verdient wurde.

---

351) BGH, Beschl. v. 7.2.2013 – IX ZB 175/11, ZInsO 2013, 563; hierzu *Zimmer*, InsbürO 2014, 162.
352) BGH, Beschl. v. 9.7.2015 – IX ZB 68/14, Rz. 14, ZInsO 2015, 1734.
353) BGH, Beschl. v. 9.7.2015 – IX ZB 68/14, ZInsO 2015, 1734.
354) BGH, Beschl. v. 9.7.2015 – IX ZB 68/14, ZInsO 2015, 1734.
355) BGH, Beschl. v. 15.11.2007 – IX ZB 74/07, ZInsO 2008, 111.
356) BGH, Beschl. v. 8.5.2014 – IX ZB 31/13, ZIP 2014, 1251.

Dies begründet freilich keinen Abschlag nach § 3 Abs. 2 InsVV deswegen, weil zu diesem Zeitpunkt noch nicht die Schlussverteilung erfolgt oder sonstige Abschlussarbeiten erledigt werden konnten.

Nicht von der Stundung erfasst werden die **Kosten des Zustellungswesens** i. S. d. § 8 Abs. 3 InsO in dem Sinne, dass hier ohnehin ein eigenständiger Vergütungsanspruch besteht. Zwar sind diese besonderen Kostenerstattungsansprüche regelmäßig dem § 4 Abs. 2 InsVV zu subsumieren, jedoch handelt der Insolvenzverwalter hier als Beliehener, sodass sich die Anspruchsgrundlage nicht wirklich aus § 63 InsO herleitet, sondern aus einem Geschäftsbesorgungsvertrag (§ 4 Rz. 140). Daher besteht ein Anspruch auf Vergütung der Zustellungen immer gegen die Staatskasse, selbst wenn eine Stundung nicht vorliegt oder aufgehoben wurde. Der BGH hatte diese Frage zwar in einer Entscheidung vom 22.1.2004 offengelassen,[357] jedoch auf Basis der veralteten Ansicht, die Übertragung der Zustellungen sei über § 3 Abs. 1 InsVV zu vergüten.

191

Dass eine Entnahme festgesetzter Vergütungen für das Antragsverfahren und das eröffnete Verfahren vor einer Verteilung der Masse an restliche Massegläubiger (§ 55 InsO) oder Insolvenzgläubiger (§ 38 InsO) zu erfolgen hat, ist wegen § 53 InsO selbstverständlich. Im Zusammenhang mit der Stundung der Verfahrenskosten stellt sich darüber hinaus die Frage, ob bei einer solchen Verteilung auch eine **Rückstellung für die Vergütung des Treuhänders** in der Wohlverhaltensphase gebildet werden muss. Der BGH hat diese Frage in einer Entscheidung vom 20.11.2014 bejaht mit der Folge, dass ein Verstoß gegen die Rückstellungspflicht dazu führen soll, dass trotz Verfahrenskostenstundung keine Einstandspflicht für die Vergütung des Treuhänders bestehen soll.[358] Diese Entscheidung ist aus der Perspektive der Insolvenzgläubiger evident verfassungswidrig (Art. 14 GG),[359] da nun die Insolvenzgläubiger durch die Verminderung der ihnen gebührenden Insolvenzquote die Kosten der Restschuldbefreiung tragen sollen, obgleich diese Kosten nach der ausdrücklichen Vorgabe des Gesetzgebers ausschließlich vom Schuldner (Einnahmen während der Restschuldbefreiungsphase) oder vom Staat (Stundung der Verfahrenskosten) zu tragen sind, anderenfalls gemäß § 298 Abs. 1 Satz 1 InsO die Versagung der Restschuldbefreiung auszusprechen ist (§ 14 Rz. 69 ff.).

192

5. Rückzahlung von Überentnahmen

Ergibt die abschließende Vergütungsfestsetzung, dass bereits bewilligte und entnommene Vorschüsse zu hoch waren, oder fällt eine Beschwerdeentscheidung zulasten des Insolvenzverwalters aus, besteht eine **Rückzahlungspflicht** des Insolvenzverwalters. Hier sind jedoch die Möglichkeiten des Insolvenzgerichts beschränkt auf die Bestellung eines Sonderinsolvenzverwalters, der derartige Ansprüche aus ungerechtfertigter Bereicherung i. S. d. § 812 Abs. 1 Satz 1 Alt. 1 BGB[360] vor der

193

---

357) BGH, Beschl. v. 22.1.2004 – IX ZB 123/03, ZIP 2004, 571.
358) BGH, Beschl. v. 20.11.2014 – IX ZB 16/14, ZIP 2015, 85.
359) Ausführlich *Zimmer*, InsbürO 2016, 324.
360) *Blersch* in: FS Kübler, 2015, S. 51, 61 ff.; *Graeber*, NZI 2014, 147, 148.

§ 9 Vorschuß

194 ordentlichen Gerichtsbarkeit durchsetzen muss.[361] Gegenansprüche kann der Insolvenzverwalter regelmäßig nicht zur Aufrechnung stellen.[362]

194 Nicht ganz eindeutig geregelt ist eine **Verzinsungspflicht**. Bei einer *Beschwerdeentscheidung* zulasten des Vergütungsberechtigten soll der Anspruch analog § 717 Abs. 2 ZPO[363] i. V. m. § 288 Abs. 2 BGB[364] oder § 291 BGB[365] ab dem Zeitpunkt der Entnahme und nicht erst ab Eintritt des Verzugs zu verzinsen sein, jedoch wegen § 717 Abs. 3 ZPO nur bis zum Erlass der Beschwerdeentscheidung;[366] danach sollen allein die Bereicherungsvorschriften gelten. Diese Auffassung überzeugt nicht.[367] Zum einen enthält das Bereicherungsrecht eine ausreichende und abschließende Regelung.[368] Zum anderen liegen den Fällen des § 717 ZPO regelmäßig Fälle zugrunde, in denen auch die streitgegenständliche Forderung einer grundsätzlichen Verzinsung unterfällt. Eine Verzinsung des Vergütungsanspruchs ist jedoch ausgeschlossen (Rz. 128 ff.). Es widerspricht dem Grundsatz von Treu und Glauben, dem nach InsO/InsVV Vergütungsberechtigten jeglichen Verzinsungsanspruch zu nehmen, selbst denjenigen aus § 104 Abs. 1 Satz 2 ZPO,[369] ihn aber bei einer Rückzahlungspflicht einer weitaus höheren Verzinsung zu unterwerfen als die Masse durch Geldanlage hätte erzielen können; daher enthält die Anwendung des § 717 Abs. 2 ZPO eine Pönale zulasten des Insolvenzverwalters, die gesetzlich nicht vorgesehen ist. Insgesamt gelten allein die bereicherungsrechtlichen Vorschriften.[370]

195 Bei Erstattung eines nicht verbrauchten bzw. unberechtigten *Vorschusses* (§ 9 InsVV) kann § 717 Abs. 2 ZPO ebenfalls nicht einschlägig sein, wenn und weil der Vorschussantrag keine Rechtshängigkeit des endgültigen Vergütungsantrags begründet.[371] Hier gelten allein die bereicherungsrechtlichen Vorschriften.

---

361) BGH, Urt. v. 17.11.2005 – IX ZR 179/04, ZIP 2006, 36; ausführlich Beck/Depré/*Zimmer*, Praxis der Insolvenz, § 47 Rz. 38 ff.
362) BGH, Beschl. v. 17.10.2013 – IX ZR 25/12, ZInsO 2016, 2203.
363) BGH, Urt. v. 20.3.2014 – IX ZR 25/12, ZIP 2014, 1345, Leonhardt/Smid/Zeuner/*Amberger*, InsVV, § 8 Rz. 34; *Graeber*, NZI 2014, 147, 148.
364) *Graeber*, NZI 2014, 147, 148.
365) Leonhardt/Smid/Zeuner/*Amberger*, InsVV, § 8 Rz. 34.
366) *Graeber*, NZI 2014, 147, 149.
367) AG Aurich, Beschl. v. 17.3.2017 – 9 IN 143/07, ZInsO 2017, 976 (ohne Begründung).
368) *Blersch* in: FS Kübler, 2015, S. 51, 61 ff.; *Smid*, ZIP 2014, 1714, 1719 f.; zur Konkurrenz der in Betracht kommenden Normen ausführlich *Cranshaw*, ZInsO 2017, 989.
369) BGH, Beschl. v. 4.12.2003 – IX ZB 69/03, Rz. 7, ZInsO 2004, 268.
370) *Smid*, ZIP 2014, 1714, 1719 f.
371) **A. A.** *Graeber*, NZI 2014, 147, 148.

§ 9

Vorschuß

¹Der Insolvenzverwalter kann aus der Insolvenzmasse einen Vorschuß auf die Vergütung und die Auslagen entnehmen, wenn das Insolvenzgericht zustimmt. ²Die Zustimmung soll erteilt werden, wenn das Insolvenzverfahren länger als sechs Monate dauert oder wenn besonders hohe Auslagen erforderlich werden.

§ 9

³Sind die Kosten des Verfahrens nach § 4a der Insolvenzordnung gestundet, so bewilligt das Gericht einen Vorschuss, sofern die Voraussetzungen nach Satz 2 gegeben sind.

Literatur: *Fuchs*, Die Zuständigkeitsverteilung zwischen Richter und Rechtspfleger im Insolvenzeröffnungs- und eröffnetem Insolvenzverfahren, ZInsO 2001, 1033; *Nicht/Schildt*, Der Vorschussanspruch des Insolvenzverwalters – Rechtsgrundlage, Festsetzung und Rechtsmittel des Insolvenzverwalters, NZI 2010, 466; *E. Schneider*, Der Kabinettsbefehl, ZInsO 1999, 276; *Uhlenbruck*, Die Zusammenarbeit von Richter und Rechtspfleger in einem künftigen Insolvenzverfahren, Rpfleger 1997, 356; *Wilhelm/Oppermann*, Gläubigerausschuss/Insolvenzverwalter ohne sichere Vergütung – oder: Der unnütze Vorschuss, ZInsO 2013, 528; *Zimmer*, Verjährung der nicht festgesetzten Vergütung des (vorläufigen) Insolvenzverwalters nach der Schuldrechtsreform, ZVI 2004, 662; *Zimmer*, Gesetz über den Rechtsschutz bei überlangen Gerichtsverfahren und strafrechtlichen Ermittlungsverfahren – Auswirkungen auf die Insolvenzpraxis, ZInsO 2011, 2302; *Zimmer*, Praxisrelevante Auswirkungen des Gesetzes über den Rechtsschutz bei überlangen Gerichtsverfahren, InsbürO 2012, 342.

Übersicht

I. Zweck der Norm 1
1. Vergütung 1
2. Auslagenersatz 7
3. Umsatzsteuer 8
II. Rechtsnatur des Vorschusses 9
III. Historie 10
IV. Anwendungsbereich 12
V. Zustimmung des Insolvenzgerichts 16
1. Bedeutung der Zustimmung
   (§ 9 Satz 1 InsVV) 16
2. Zeitpunkte (§ 9 Satz 2 InsVV) ... 18
   a) Verfahrensdauer 18
   b) Auslagen 24
3. Vorschuss bei Verfahrenskostenstundung (§ 9 Satz 3 InsVV) 28
VI. Berechnung des Vorschusses 31
1. Insolvenzverwalter 31
   a) Berechnungsgrundlage (§ 1 InsVV) 31
   b) Regelvergütung (§ 2 InsVV) ... 36
   c) Zu- und Abschläge
      (§ 3 InsVV) 37
   d) Auslagen 38
   e) Bruchteil der Gesamtvergütung als Vorschuss 39
   f) Umsatzsteuer 43
2. Vorläufiger Insolvenzverwalter .. 44
3. Treuhänder nach § 313 InsO a. F. . 47
4. (Vorläufiger) Sachwalter 48
VII. Festsetzungsverfahren 50
1. Antrag 50
2. Prüfung durch das Insolvenzgericht 52
3. Entscheidung 55
4. Titulierung 59
   a) Problemstellung 59
   b) Lösungsansatz 60
VIII. Rechtsmittel 63
1. Rechtspflegererinnerung (h. M.) . 63
2. Sofortige Beschwerde (eigene Ansicht) 64
3. Sonstige Möglichkeiten 73
4. Berechtigte 74
IX. Rückzahlungspflicht 75
1. Liquiditätsgründe (§ 207 Abs. 3 Satz 1 InsO) 75
2. Überschießende Beträge 78

I. Zweck der Norm

1. Vergütung

Der durch Art. 12 Abs. 1 GG geschützte[1] Vergütungsanspruch des Insolvenzverwalters *entsteht* zwar laufend mit Erbringung der Arbeitsleistung, er wird jedoch erst zum Verfahrensende *fällig*,[2] da er wegen § 63 Abs. 1 Satz 2 InsO erst bei Be- 1

---

1) BVerfG, Beschl. v. 30.3.1993 – 1 BvR 1045/89, 1 BvR 1381/90, 1 BvL 11/90, ZIP 1993, 838, 841; BVerfG, Beschl. v. 24.6.1993 – 1 BvR 338/91, ZIP 1993, 1246, 1247.
2) BGH, Urt. v. 5.12.1991 – IX ZR 275/90, ZIP 1992, 120; BGH, Beschl. v. 1.10.2002 – IX ZB 53/02, ZIP 2002, 2223; BGH, Beschl. v. 29.3.2007 – IX ZB 153/06, ZInsO 2007, 539.

endigung des Verfahrens bzw. wegen § 1 Abs. 1 Satz 1 InsVV bei Schlussrechnungslegung i. S. d. § 66 Abs. 1 Satz 1 InsO beziffert werden kann.

2 Die rechtzeitige Erlangung von Vorschüssen soll das **wirtschaftliche Ausfallrisiko** des Vergütungsberechtigten ausschalten oder wenigstens verringern.[3] Diese Funktion des Vorschusses ist jedoch seit Einführung der InsO in seiner Bedeutung rückläufig, oder besser gesagt: nicht mehr vorhanden. Daher ist auch der in der aktuellen Literatur noch zu findende Streit, ob der Vorschuss höher als die voraussichtlich endgültige Vergütung sein darf, obsolet. Die Konkursordnung kannte Rangvorschriften, nach denen bestimmte (im heutigen Sprachgebrauch) sonstige Masseverbindlichkeiten den Verfahrenskosten vorgingen. Nur durch Vorschüsse konnte sichergestellt werden, dass der Konkursverwalter derartige Masseverbindlichkeiten nicht letztlich aus eigenen Mitteln (Vergütungsausfall) finanziert. Aus dieser Zeit resultiert auch der Grundgedanke, dass Vorschüsse später nicht zurückgezahlt werden müssen, wenn der Massebestand nicht zur Begleichung anderer (vorrangiger) Verbindlichkeiten genügt, denn sonst hätte das Vorschusssystem keinen Sinn ergeben. Ein solches wirtschaftliches Risiko könnte im Geltungsbereich der InsO zwar noch mit den Gefahren von Masseunarmut (§ 207 InsO) oder Masseunzulänglichkeit (§ 208 InsO) begründet werden. Dem steht jedoch entgegen, dass §§ 53, 209 Abs. 1 Nr. 1 InsO einen ausnahmslosen Vorrang der Verfahrenskosten i. S. d. § 54 InsO vorgeben. Dies sogar dann, wenn Masseunzulänglichkeit i. S. d. § 208 InsO nicht angezeigt[4] oder die Verfahrenskosten gestundet wurden.[5] Damit liegt es ausschließlich in der Verantwortung des Insolvenzverwalters, durch eine Liquiditätsplanung[6] stets sicherzustellen, dass die Verfahrenskosten gedeckt sind. Können Gerichtskosten als Teil der Verfahrenskosten (§ 54 Nr. 1 InsO) nicht beglichen werden, kann eine Haftung des Insolvenzverwalters nach § 60 InsO gegenüber der Staatskasse bestehen, wenn zuvor sonstige Masseverbindlichkeiten i. S. d. § 55 InsO beglichen worden waren.[7] Bei der eigenen Vergütung handelt es sich dann um ein Verschulden gegen sich selbst, das Gericht ist nicht Gehilfe bei der Liquiditätsplanung. Insgesamt ist das Ausfallrisiko des Insolvenzverwalters zumindest ex post als Motivirrtum des Verordnungsgebers anzusehen. Hieraus folgt umgekehrt auch, dass die Ansicht, die Interessen anderer Massegläubiger (i. S. d. § 55 InsO) könnten einen Ablehnungsgrund für die Vorschussgewährung darstellen,[8] seit Einführung der InsO schlicht falsch sein muss.

---

3) Insolvenzrechtliche Vergütungsverordnung (InsVV) v. 19.8.1998 (BGBl. I 1998, 2205), Begründung zu § 9 InsVV, Anh. III Rz. 63; BGH, Urt. v. 5.12.1991 – IX ZR 275/90, ZIP 1992, 120; BGH, Beschl. v. 1.10.2002 – IX ZB 53/02, ZIP 2002, 2223.
4) BGH, Beschl. v. 14.10.2010 – IX ZB 224/08, ZInsO 2010, 2188; BGH, Urt. v. 21.10.2010 – IX ZR 220/09, Rz. 12, ZIP 2010, 2356; OLG Düsseldorf, Urt. v. 27.1.2012 – I-22 U 49/11, NZI 2012, 675.
5) BGH, Beschl. v. 14.10.2010 – IX ZB 224/08, ZInsO 2010, 2188.
6) BGH, Urt. v. 6.5.2004 – IX ZR 48/03, NZI 2004, 435; BGH, Urt. v. 17.12.2004 – IX ZR 185/03, NZI 2005, 222.
7) OLG Schleswig, Urt. v. 6.3.1984 – 3 U 150/82, ZIP 1984, 619; Beck/Depré/*Zimmer*, Praxis der Insolvenz, § 47 Rz. 140.
8) Zum Beispiel *Haarmeyer/Mock*, InsVV, § 9 Rz. 17 unter Verweis auf gerichtliche Entscheidungen zum Geltungsbereich von KO/VergVO.

Mit der Möglichkeit zur Entnahme eines Vorschusses auf die Insolvenzverwaltervergütung mit Zustimmung des Insolvenzgerichts soll – und nur noch dies ist maßgeblich – dem Gedanken Rechnung getragen werden, dass der Insolvenzverwalter mit seiner Tätigkeit in **Vorleistung** tritt und er erhebliche **Vorhaltekosten** für die Ausübung seiner Tätigkeit trägt.[9] Zwar sind keine empirischen Untersuchungen über die Kostenstruktur bei Insolvenzverwaltern bekannt, jedoch sind Kanzleikosten in Höhe von monatlich 120.000 € bei einer Kanzlei mit 20 Mitarbeitern[10] kursorisch betrachtet nachvollziehbar. Der Verordnungsgeber fasst diesen Aspekt eher umgangssprachlich zusammen, indem er ausführt, insbesondere Berufsanfängern sei es nicht zuzumuten, länger als ein halbes Jahr auf ihre Vergütung zu warten.[11] Soweit hinsichtlich Vorleistung und Vorhaltekosten allerdings auf die Betriebsfortführung rekurriert wird,[12] scheint dies nicht die notwendige Relevanz zu haben, da hierfür maßgeblich schuldnerisches Personal und ggf. Interimsmanager i. S. d. § 4 Abs. 1 Satz 3 InsVV beschäftigt werden. Betriebsfortführung ist insoweit nur ein Regelbeispiel für die Vorleistung.[13] Ausschlaggebend ist vielmehr, dass der Forderungseinzug, die Ermittlung, Prüfung, Geltendmachung und Durchsetzung von gesellschaftsrechtlichen Ansprüchen und anfechtungsrechtlichen Rückgewähransprüchen – und ebenso steuerliche Fragen – zu oft recht langen Verfahrensdauern führen. So ist es nicht unüblich, dass in den ersten Monaten nach Verfahrenseröffnung der Großteil der vergütungsrechtlichen Teilungsmasse erwirtschaftet wird, die restlichen Aufgaben aber mehrere Jahre in Anspruch nehmen. Während dieser Zeit hat der Insolvenzverwalter seine Bürokosten aus eigenen Mitteln zu tragen, was jedoch nur kurzfristig zumutbar ist.[14]

Es lässt sich aus den §§ 27, 675, 669, 713, 1091, 1835, 1915 BGB, § 3 JVEG der **allgemeine Rechtsgedanke** ableiten, dass niemand für Handlungen im Interesse anderer in Vorlage treten muss.[15] Konkretisierend entspricht der Vorschussanspruch den allgemeinen Rechtsgrundsätzen bei der Vergütung von *Beratungsdienstleistungen*[16] (vgl. § 9 RVG, § 8 StBVV). Aber auch im *Vollstreckungsrecht* ist ein Vorschussanspruch des Gerichtsvollziehers durch § 4 GvKostG kodifiziert, ebenso kann die Gerichtskasse in *Insolvenzverfahren* Vorschüsse beanspruchen (§ 15 Abs. 4 Satz 1 KostVfg[17]). Insoweit ist der Vorschuss nach § 9 InsVV weder ein Spezifikum noch

---

9) BGH, Beschl. v. 1.10.2002 – IX ZB 53/02, ZIP 2002, 2223.
10) *Haarmeyer/Mock*, InsVV, § 9 Rz. 14.
11) Insolvenzrechtliche Vergütungsverordnung (InsVV) v. 19.8.1998 (BGBl. I 1998, 2205), Begründung zu § 9 InsVV, Anh. III Rz. 63.
12) BGH, Beschl. v. 1.10.2002 – IX ZB 53/02, ZIP 2002, 2223; *Keller*, Vergütung und Kosten, § 14 Rz. 90; *Nicht/Schildt*, NZI 2010, 466.
13) *Haarmeyer/Mock*, InsVV, § 9 Rz. 12.
14) LG Stuttgart, Beschl. v. 15.8.2000 – 10 T 149/00, ZInsO 2000, 621; Leonhardt/Smid/Zeuner/*Amberger*, InsVV, § 9 Rz. 2.
15) Jaeger/*Gerhardt*, InsO, § 73 Rz. 17.
16) *Nicht/Schildt*, NZI 2010, 466.
17) Bekanntmachung der Neufassung der Kostenverfügung v. 6.3.2014 (Bundesanzeiger AT 7.4.2014, B 1), geändert durch Verwaltungsvorschrift v. 10.8.2015 (Bundesanzeiger AT 25.8.2015, B 1).

ein „Entgegenkommen", sondern ein von Art. 12 Abs. 1 GG geschützter Rechtsanspruch.[18]

5 Ergänzend sollen Vorschüsse das wirtschaftliche Risiko einer **verzögerten Vergütungsfestsetzung** mindern.[19] Damit wird berücksichtigt, dass sich Festsetzungsverfahren in der Praxis offenbar über längere Zeit hinziehen, obwohl der Insolvenzverwalter Anspruch auf beschleunigte Bearbeitung, nicht aber auf Verzinsung seines Vergütungsanspruchs hat (§ 8 Rz. 128 ff.). Aus dieser Begründung wird deutlich, dass ein Vorschussantrag auch mit oder nach dem eigentlichen Vergütungsantrag gestellt werden kann.

6 Es soll vorkommen, dass Richter oder Rechtspfleger der Insolvenzgerichte den Insolvenzverwaltern „vermitteln", dass in ihrem Zuständigkeitsbereich Vorschussanträge „unüblich" seien, um die Verwalter zu einem **„freiwilligen" Verzicht** auf Vorschussanträge zu bewegen, offenbar um „Weiterungen" zu vermeiden. Nun, dies dürfte nicht nur mit dem Argument des fairen Verfahrens abzulehnen sein;[20] auch ein Rechtspfleger kann Rechtsbeugung gemäß § 339 StGB begehen.[21] Eine grob fehlerhafte Rechtsanwendung i. S. e. Rechtsbeugung kann bereits vorliegen, wenn die Intention der „Disziplinierung" des Antragstellers mitbestimmend für die zu treffende Entscheidung ist.[22]

2. Auslagenersatz

7 Der Wortlaut des § 9 Satz 1 InsVV erstreckt sich auch auf die Auslagen des Insolvenzverwalters. Erfasst werden die konkreten oder pauschalierten Auslagen i. S. d. § 8 Abs. 3 InsVV, die besonderen Kosten gemäß § 4 Abs. 2 InsVV und die Prämien für eine zusätzliche Haftpflichtversicherung nach § 4 Abs. 3 Satz 2 InsVV. Nicht einschlägig ist die Norm hingegen für sonstige Masseverbindlichkeiten i. S. d. § 55 InsO, die nach Maßgabe der §§ 5, 4 Abs. 1 Satz 3 InsVV begründet werden. Auch hier formuliert der Verordnungsgeber eher umgangssprachlich, dass es insbesondere Berufsanfängern nicht zuzumuten sei, derartige Auslagen für länger als sechs Monate aus eigenen Mitteln aufzubringen.[23] Der Wortlaut des § 9 Satz 2 InsVV lässt aber immerhin einen eigenständigen Auslagenvorschuss zu, wenn die Auslagen besonders hoch sind.

3. Umsatzsteuer

8 Obgleich § 9 InsVV nicht auf die Umsatzsteuer Bezug nimmt, bezieht sich der Vorschussanspruch i. S. d. § 9 InsVV stets auch auf die auf Vergütung und Auslagen zu berechnende Umsatzsteuer i. S. d. § 7 InsVV. Dies ergibt sich aus der systematischen Stellung der Normen.

---

18) BGH, Beschl. v. 4.12.2003 – IX ZB 69/03, ZInsO 2004, 268.
19) BGH, Beschl. v. 4.12.2003 – IX ZB 69/03, ZInsO 2004, 268.
20) *Graeber/Graeber*, InsVV, § 9 Rz. 109; in diesem Sinne auch *Haarmeyer/Mock*, InsVV, § 9 Rz. 1.
21) BGH, Urt. v. 25.2.1988 – 1 StR 466/87, NJW 1988, 2809.
22) BVerfG, Beschl. v. 14.7.2016 – 2 BvR 661/16, NJW 2016, 3711.
23) Insolvenzrechtliche Vergütungsverordnung (InsVV) v. 19.8.1998 (BGBl. I 1998, 2205), Begründung zu § 9 InsVV, Anh. III Rz. 63.

II. Rechtsnatur des Vorschusses

Die Entscheidung über die Zustimmung des Insolvenzgerichts zur Entnahme eines 9
Vorschusses soll nach herrschender Ansicht unter die Aufsichtspflicht des Insolvenzgerichts gemäß § 58 InsO fallen[24] (Rz. 63), was jedoch abzulehnen ist (Rz. 64 ff.). Schon aufgrund des allgemeinen Rechtsgedankens, dass niemand für Handlungen im Interesse anderer in Vorlage treten muss (Rz. 4), handelt es sich bei dem Vorschuss um einen Anspruch, der nichts mit der Aufsichtspflicht des Insolvenzgerichts i. S. d. § 58 InsO zu tun haben kann. Ungeachtet dessen besteht ein **Anspruch auf pflichtgemäße Ermessensausübung**.[25] Die Ermessensausübung des Insolvenzgerichts ist insoweit gebunden, als die Entnahme eines Vorschusses auf die nach den Maßstäben der §§ 1–3 InsVV verdiente Vergütung nur unter besonderen Voraussetzungen abgelehnt werden darf.[26] Keineswegs ist erforderlich, dass der Insolvenzverwalter eine wirtschaftliche Notwendigkeit aus seiner Sphäre heraus darlegt;[27] es geht hier nicht darum, ob der Insolvenzverwalter Geld braucht, sondern ob es ihm zusteht.

III. Historie

§ 9 Satz 1 und 2 InsVV ist seit Einführung der InsVV zum 1.1.1999[28] unverändert. 10

Obgleich bereits mit dem Gesetz zur Änderung der Insolvenzordnung und anderer 11
Gesetze vom 26.10.2001[29] die Stundung der Verfahrenskosten in §§ 4a ff. InsO eingeführt worden war, wurde erst mit der Verordnung zur Änderung der InsVV vom 4.10.2004[30] auch § 9 Satz 3 InsVV eingeführt, geltend für die ab dem 1.1.2004 eröffneten Verfahren (§ 19 Abs. 1 InsVV). In der Zwischenzeit war offensichtlich unklar, ob bei gewährter Verfahrenskostenstundung ein Anspruch auf Vorschussgewährung gemäß § 9 InsVV gegen die Staatskasse geltend gemacht werden kann.[31] Dies hat der Verordnungsgeber mit Einführung des § 9 Satz 3 InsVV bejaht, da es dem Insolvenzverwalter auch in Stundungsverfahren nicht zugemutet werden kann, über einen längeren Zeitraum ohne Entgelt tätig zu werden oder Auslagen aus der „eigenen Tasche" zu finanzieren.[32] Kurz vor Erlass der Änderungsverordnung hatte

---

24) BGH, Beschl. v. 1.10.2002 – IX ZB 53/02, ZIP 2002, 2223; Leonhardt/Smid/Zeuner/Amberger, InsVV, § 9 Rz. 27; Graeber/Graeber, InsVV, § 9 Rz. 90 ff.; Haarmeyer/Mock, InsVV, § 9 Rz. 28; Nicht/Schildt, NZI 2010, 466, 469; KPB-InsO/Prasser, § 9 InsVV Rz. 19 (Stand: 07/2015).
25) BGH, Beschl. v. 1.10.2002 – IX ZB 53/02, ZIP 2002, 2223.
26) BGH, Beschl. v. 1.10.2002 – IX ZB 53/02, ZIP 2002, 2223.
27) BGH, Beschl. v. 1.10.2002 – IX ZB 53/02, ZIP 2002, 2223.
28) Insolvenzrechtliche Vergütungsverordnung (InsVV) v. 19.8.1998 (BGBl. I 1998, 2205), siehe Anh. III.
29) Gesetz zur Änderung der Insolvenzordnung und anderer Gesetze v. 26.10.2001 (BGBl. I 2001, 2710), siehe Anh. IV.
30) Verordnung zur Änderung der Insolvenzrechtlichen Vergütungsverordnung (InsVV) v. 4.10.2004 (BGBl. I 2004, 2569), siehe Anh. VII.
31) Verordnung zur Änderung der Insolvenzrechtlichen Vergütungsverordnung (InsVV) v. 4.10.2004 (BGBl. I 2004, 2569), Begründung zu § 9 Satz 3 InsVV, siehe Anh. VII Rz. 37.
32) Verordnung zur Änderung der Insolvenzrechtlichen Vergütungsverordnung (InsVV) v. 4.10.2004 (BGBl. I 2004, 2569), Begründung zu § 9 Satz 3 InsVV, siehe Anh. VII Rz. 37.

der BGH dies bereits in diesem Sinne entschieden.[33] Gleichwohl handelt es sich um mehr als eine Klarstellung des Verordnungsgebers, da sich Rechtsprechung bekanntlich auch ändern kann.

IV. Anwendungsbereich

12 § 9 InsVV gilt wegen seiner systematischen Stellung unmittelbar für den **Insolvenzverwalter**. Ebenfalls direkte Anwendung findet § 9 InsVV auf den Insolvenzverwalter, der mit einer **Nachtragsverteilung** i. S. d. § 203 InsO beauftragt ist, wenn und weil sich ein Vergütungsanspruch nach § 6 Abs. 1 InsVV abzeichnet.

13 Ebenfalls aufgrund der Verordnungssystematik gilt § 9 InsVV *direkt* für den Insolvenzverwalter, der nach Verfahrensaufhebung (§ 258 InsO) die **Erfüllung eines Insolvenzplans** zu überwachen hat, da insoweit ein eigenständiger Vergütungsanspruch gemäß § 6 Abs. 2 InsVV besteht. Aus § 6 Abs. 2 Satz 2 InsVV lässt sich ableiten, dass die Vergütung des Insolvenzverwalters für die Planüberwachung nach billigem Ermessen vom Insolvenzgericht festzusetzen ist. Gemäß § 269 Satz 2 InsO allerdings trägt im Fall des § 260 Abs. 3 InsO die Übernahmegesellschaft die durch Planüberwachung entstehenden Kosten; zu diesen Kosten gehört u. a. die Vergütung des Insolvenzverwalters i. S. d. § 6 Abs. 2 InsVV. Ob das Insolvenzgericht tatsächlich eine Vergütung gegen die Übernahmegesellschaft festsetzen kann oder die Kostenlast der Übernahmegesellschaft ein zweiter, bürgerlich-rechtlicher Erstattungs- oder Freistellungsanspruch des Schuldners ist, kann hier offen bleiben (siehe hierzu die Kommentierung zu § 6 Abs. 2 InsVV). Nach anderer Ansicht soll § 9 InsVV lediglich *analoge* Anwendung finden, da keine Insolvenzmasse mehr vorhanden sei.[34] Ungeachtet dessen, dass die abweichende Ansicht zu keinem anderen praktischen Ergebnis führt, dürfte sie unzutreffend sein. Denn für den eigentlichen Anspruch aus § 6 Abs. 2 InsVV bei Fälligkeit gälte ja dasselbe Argument (kein Zugriff auf die Masse), und es wäre doch etwas merkwürdig, wenn § 6 Abs. 2 InsVV niemals einen direkten, sondern immer nur einen analogen Anwendungsbereich haben soll.

14 Aufgrund des Generalverweises in § 10 InsVV findet § 9 InsVV analoge Anwendung für den **vorläufigen Insolvenzverwalter**, den **Sachwalter** und den (vorläufigen) **Treuhänder** im vereinfachten Insolvenzverfahren gemäß § 313 InsO a. F.[35] (siehe hierzu die Kommentierung zu § 13 InsVV). Für den **vorläufigen Sachwalter** fehlt eine Regelung. Hier vertritt die Rechtsprechung die Auffassung, dass der vorläufige Sachwalter ohnehin keinen eigenständigen Vergütungsanspruch hat, sondern diese Tätigkeit (lediglich) Zuschlagsfaktor für die Vergütung des Sachwalters ist. Insoweit wird auf die Kommentierung zu § 12 InsVV verwiesen. Der

---

[33] BGH, Beschl. v. 22.7.2004 – IX ZB 161/03, ZIP 2004, 1717.
[34] Leonhardt/Smid/Zeuner/*Amberger*, InsVV, § 9 Rz. 6; *Graeber/Graeber*, InsVV, § 9 Rz. 13; KPB-InsO/*Prasser*, § 9 InsVV Rz. 2a (Stand: 07/2015).
[35] § 313 InsO aufgehoben durch das Gesetz zur Verkürzung des Restschuldbefreiungsverfahrens und zur Stärkung der Gläubigerrechte v. 15.7.2013 (BGBl. I 2013, 2379), siehe Anh. XII Rz. 83.

Verfahrenskoordinator in der Konzerninsolvenz nach § 269e InsO,[36] der mit den Insolvenzverwaltern der gruppenangehörigen Verfahren nicht identisch sein soll (§ 269e Abs. 1 Satz 2 InsO), aber folglich sein darf, hat wegen des Verweises in § 269f Abs. 3 InsO auf §§ 63–65 InsO und einer unnötigen Wiederholung in § 269g InsO einen eigenständigen Vergütungsanspruch (§ 1 Rz. 190 ff.). Der Verweis auf § 65 InsO wurde jedoch bislang nicht mit Leben gefüllt, sodass die InsVV keine Regelungen enthält. Immerhin enthält § 269g Abs. 1 Satz 2 InsO eine Regelung zur Berechnungsgrundlage. Insgesamt ist davon auszugehen, dass auch hier ein Vorschussanspruch analog § 9 InsVV besteht.

Für den **Treuhänder in der Wohlverhaltensphase** gilt mit § 16 Abs. 2 Satz 1 InsVV 15 eine eigenständige Vorschussregelung. Ist er mit der Überwachung der Obliegenheiten des Schuldners beauftragt, existiert eine besondere Vorschussregelung in § 292 Abs. 2 Satz 3 InsO (§ 15 Rz. 36 ff.). Zum Vorschussanspruch der **Gläubigerausschussmitglieder** siehe § 17 Rz. 129 ff. und § 18 Rz. 37 ff. Gemäß Art. 77 Abs. 1 EuInsVO[37] hat der **Gruppenkoordinator**, der nach Art. 71 Abs. 2 EuInsVO nicht zugleich Verwalter in einem der an der Gruppe beteiligten Verfahren sein darf, einen Anspruch auf angemessene Vergütung. Die Details sind unklar (§ 1 Rz. 195). Ein Vorschussanspruch wird nach allgemeinen Grundsätzen (Rz. 4) bestehen, jedoch nicht nach § 9 InsVV, schon weil an einer solchen grenzüberschreitenden Konzerninsolvenz Schuldner aus verschiedenen Rechtsräumen beteiligt sind, die InsVV dies jedoch nicht erfassen kann.

V. Zustimmung des Insolvenzgerichts

1. Bedeutung der Zustimmung (§ 9 Satz 1 InsVV)

In Ermangelung großzügigerer Regelungen muss davon ausgegangen werden, dass 16 die Zustimmung des Insolvenzgerichts zur Entnahme eines Vorschusses **konstitutive Wirkung** hat, sodass eine Entnahme vor der Bewilligung unzulässig ist. Daraus folgt, dass eine nachträgliche Genehmigung durch das Insolvenzgericht nach dem Rechtsgedanken des § 184 Abs. 1 BGB schon im Grundsatz nicht in Betracht kommt,[38] da es sich um eine bürgerlich-rechtliche Norm handelt, für die das Insolvenzgericht nicht gesetzlicher Richter (Art. 101 Abs. 1 Satz 2 GG) sein kann, und derartige Genehmigungen dem Prozessrecht bei Zahlungsansprüchen fremd sind.

Hinsichtlich etwaiger Entnahmen zwischen Vorschussantrag und Zustimmung 17 existiert eine kritisch zu betrachtende rechtliche Grauzone, hinsichtlich etwaiger Entnahmen vor bzw. ganz ohne Vorschussantrag muss jedoch von einer Pflichtver-

---

36) §§ 269a–269i InsO eingefügt durch das Gesetz zur Erleichterung der Bewältigung von Konzerninsolvenzen v. 13.4.2017 (BGBl. I 2017, 866) mit Inkrafttreten zum 21.4.2018 (Art. 10 des Änderungsgesetzes), siehe Anh. XV Rz. 26 ff.
37) Verordnung (EU) 2015/848 des Europäischen Parlaments und des Rates über Insolvenzverfahren (Neufassung) v. 20.5.2015 (ABl. EU v. 5.6.2015, L 141/19), in Kraft getreten zum 26.6.2017, siehe Anh. XIII.
38) Leonhardt/Smid/Zeuner/*Amberger*, InsVV, § 9 Rz. 20; *Graeber/Graeber*, InsVV, § 9 Rz. 2; *Keller*, Vergütung und Kosten, § 14 Rz. 84; KPB-InsO/*Prasser*, § 9 InsVV Rz. 15 (Stand: 07/2015); a. A. BerlKommInsO/*Blersch*, § 9 InsVV Rz. 16 (Stand: 12/2004); Jaeger/*Schilken*, InsO, § 63 Rz. 15.

letzung i. S. d. §§ 58, 59 InsO[39]) und ggf. einer Untreue gemäß § 266 StGB[40]) ausgegangen werden.

2. Zeitpunkte (§ 9 Satz 2 InsVV)

a) Verfahrensdauer

18 Gemäß § 9 Satz 2 InsVV *soll* die Zustimmung erteilt werden, wenn das Insolvenzverfahren **länger als sechs Monate** dauert oder wenn besonders hohe Auslagen erforderlich werden. Es soll jedoch nicht alle sechs Monate automatisch ein Vorschuss zu bewilligen sein, vielmehr soll die Entnahme eines Vorschusses einer Rechtfertigung aus den Umständen des Einzelfalls heraus bedürfen.[41]) Hierbei sind jedoch keine allzu strengen Maßstäbe anzulegen, da dies dem Wortlaut des § 9 Satz 2 InsVV und der Intention des § 9 InsVV widersprechen würde. Nach Ablauf von jeweils sechs Monaten ist das Ermessen des Insolvenzgerichts im Grunde auf null reduziert.[42]) Denn die Ermessensausübung des Insolvenzgerichts ist insoweit gebunden, als die Entnahme eines Vorschusses auf die nach den Maßstäben der §§ 1–3 InsVV verdienten Vergütung nur **unter besonderen Voraussetzungen abgelehnt** werden darf, da auch der Vorschussanspruch von der freien Berufsausübung i. S. d. Art. 12 Abs. 1 GG geschützt wird.[43]) Zu den besonderen Voraussetzungen gehört nicht die Frage, ob der Vorschuss überhaupt durch den liquiden Massebestand gedeckt ist,[44]) da dies weder für den Vorschuss noch für die endgültige Vergütungsfestsetzung als Tatbestandsmerkmal kodifiziert ist und zudem §§ 53, 209 Abs. 1 InsO eindeutig sind. Aufgrund des seit der Einführung der InsO geltenden Vorrangs der Verfahrenskosten (Rz. 2) sind die Interessen anderer Massegläubiger i. S. d. § 55 InsO ohne jede Bedeutung für die Vorschussgewährung.[45]) Zu den besonderen Voraussetzungen gehört erst recht nicht, dass durch die Vorschussentnahme eine Betriebsfortführung behindert werden könnte,[46]) da das Insolvenzgericht für derartige materiell-rechtliche Fragen nicht der gesetzliche Richter ist (Art. 101 Abs. 1 Satz 2 GG).

---

39) *Graeber/Graeber*, InsVV, § 9 Rz. 97, 104.
40) Vgl. BGH, Beschl. v. 13.6.2001 – 5 StR 78/01, ZInsO 2001, 956 (Geschäftsführer einer Treuhandgesellschaft, Alleingesellschafter: Treuhandanstalt bzw. Bundesanstalt für vereinigungsbedingte Sonderaufgaben, vertragliche Vergütung analog VergVO).
41) LG Stuttgart, Beschl. v. 15.8.2000 – 10 T 149/00, NZI 2000, 547.
42) *Graeber/Graeber*, InsVV, § 9 Rz. 5; KPB-InsO/*Prasser*, § 9 InsVV Rz. 7 (Stand: 07/2015).
43) BGH, Beschl. v. 1.10.2002 – IX ZB 53/02, ZIP 2002, 2223.
44) Vgl. BGH, Beschl. v. 14.12.2000 – IX ZB 105/00, ZIP 2001, 296; so auch Leonhardt/Smid/Zeuner/*Amberger*, InsVV, § 9 Rz. 21; KPB-InsO/*Prasser*, § 9 InsVV Rz. 10 (Stand: 07/2015).
45) Widersprüchlich *Haarmeyer/Mock*, InsVV, § 9 Rz. 17 (allerdings unter Berufung auf Entscheidungen aus dem Geltungsbereich von KO/VergVO) gegen Rz. 18.
46) So aber noch AG Göttingen, Beschl. v. 3.2.1998 – 71 N 90/94, ZInsO 1998, 287 und – den Unterschied zwischen KO und InsO nicht reflektierend – Leonhardt/Smid/Zeuner/*Amberger*, InsVV, § 9 Rz. 21; *Graeber/Graeber*, InsVV, § 9 Rz. 51; *Keller*, Vergütung und Kosten, § 14 Rz. 90; KPB-InsO/*Prasser*, § 9 InsVV Rz. 10 (Stand: 07/2015); wie hier auch *Haarmeyer/Mock*, InsVV, § 19 Rz. 17 mit dem ausdrücklichen und zutreffenden Hinweis auf die Unterschiede zwischen KO und InsO. Die Gegenansicht ist schlichtweg veraltet.

Insolvenzverwalter werden gelegentlich dafür kritisiert, dass sie zu viele Verfahren   19
gleichzeitig bearbeiten. Erklärt sich ein Verwalter umgekehrt bereit, immer nur ein
Verfahren zu bearbeiten, bis Kapazitäten für das nächste Verfahren frei werden, so
ist ein Vorschuss auch bei einer Verfahrensdauer von **weniger als sechs Monaten**
möglich, da die Sechs-Monats-Frist lediglich eine Soll-Vorschrift darstellt. Gerade
hier kann dem Insolvenzverwalter nicht zugemutet werden, nur alle paar Jahre einen
Vergütungsanspruch realisieren zu können.[47]

Auch wenn die Frage der Vorschussbewilligung nicht davon abhängt, ob der Insol-   20
venzverwalter Geld benötigt,[48] muss doch lebensnah berücksichtigt werden, dass
nicht wenige Insolvenzverwalter bzw. ihre Kanzleien sog. Bilanzierer i. S. d. § 4
Abs. 1 Satz 1 EStG sind. Dies bedeutet, dass für die Aufstellung des jährlichen
Jahresabschlusses des Insolvenzverwalters bzw. seiner Kanzlei die angefangenen
Arbeiten bewertet werden müssen, was dazu führt, dass diese unabhängig von
einem Zahlungsfluss auch schon der *jährlichen Ertragbesteuerung* unterfallen. Dieser
Aspekt ist weder in der InsO noch in der InsVV berücksichtigt worden, da Gesetz-
und Verordnungsgeber stets davon ausgehen, dass der Insolvenzverwalter Freiberufler ist. Dies wiederum ist in der Historie des Anwaltsberufs begründet. Die
Lebenswirklichkeit hat sich jedoch in den vergangenen Jahrzehnten drastisch verändert, sodass der freiberufliche „Einzelkämpfer" nicht mehr als Referenzgröße
herangezogen werden kann, zumal § 18 Abs. 1 Nr. 1 Satz 2 EStG den Beruf des
Insolvenzverwalters nicht kennt und wiederum § 56 InsO nicht vorschreibt, dass
nur freiberufliche Rechtsanwälte, Wirtschaftsprüfer und Steuerberater zu Insolvenzverwaltern bestellt werden dürfen. Daher muss insgesamt davon ausgegangen
werden, dass auf jeden Fall ein **jährlicher Vorschussanspruch** besteht, das gerichtliche Ermessen insoweit eingeschränkt ist. Denn ansonsten müsste der Insolvenzverwalter nicht nur aus eigenen Mitteln das Insolvenzverfahren, sondern auch noch
Ertragsteuern auf nicht erhaltene Vergütungen vorfinanzieren. Dies mag ein privater
Aspekt des Insolvenzverwalters sein, verhindert jedoch auch, dass ein Insolvenzverwalter aus wirtschaftlichen Gründen faktisch zur Beauftragung seiner Kanzlei
(§ 4 Abs. 1 Satz 3 InsVV) gezwungen wird, was wiederum an anderen Stellen des
Vergütungsrechts zu Problemen führen würde.

Die **Arbeitsbelastung der Insolvenzgerichte** durch regelmäßige Vorschussanträge   21
ist kein tauglicher Versagungsgrund. Da allerdings die Vorschussgewährung ohnehin eine Maßnahme im Rahmen des § 58 InsO sein soll (Rz. 63 ff.), können und
müssen Vorschussanträge zum Anlass genommen werden, den Fortgang des Verfahrens zu prüfen und ggf. auf eine zügige(re) Bearbeitung zu drängen bzw. Hinde-
rungsgründe abzufragen. Grundsätzlich ist allerdings auch Insolvenzverwaltern
zuzumuten, auf die Arbeitsbelastung der Insolvenzgerichte angemessen Rücksicht
zu nehmen. Unnötig lange Verfahrensdauern führen zu überflüssigen Zwischenberichten, deren Bearbeitung den Rechtspflegern die Zeit nimmt, sich stattdessen mit
Vorschussanträgen befassen zu können. Überdies sollten Vorschussanträge mit

---

47) Vgl. *Graeber/Graeber*, InsVV, § 9 Rz. 42; KPB-InsO/*Prasser*, § 9 InsVV Rz. 7a (Stand: 07/2015).
48) BGH, Beschl. v. 1.10.2002 – IX ZB 53/02, ZIP 2002, 2223.

Zwischenberichten verbunden werden, damit der Rechtspfleger die Akte nicht zwischen den Berichtsfristen nochmals in die Hand nehmen muss.

22 Dem Vorschussanspruch steht nicht entgegen, dass bereits ein **Verfahrensabschluss angekündigt** oder sogar eine Schlussrechnung nebst **Vergütungsantrag eingereicht** wurde.[49]

23 Nach **Amtsbeendigung** ist Fälligkeit der Vergütung bereits eingetreten, sodass kein Vorschuss mehr, sondern nur noch die endgültige Festsetzung beantragt werden können soll.[50] Einschlägig ist diese Auffassung nur bei vorzeitiger Amtsbeendigung (§§ 56a, 57, 59 InsO bzw. Versterben des Verwalters). Dem ist gleichwohl nicht zu folgen. Die Fälligkeit des Vergütungsanspruchs bedeutet noch nicht, dass der Anspruch auch endgültig beziffert werden könnte.[51] Gerade dies rechtfertigt einen Vorschuss. Auch dem Verfahrensrecht ist eine solche Regelung nicht fremd. So kann gemäß § 165 AO ein vorläufiger Steuerbescheid ergehen, wenn der abschließenden Bezifferung objektive Aufklärungshindernisse entgegenstehen. Ähnliches gilt für die Gerichtskosten im Insolvenzverfahren. Die Antragsgebühr wird mit Eingang des Insolvenzantrags bei Gericht fällig (§ 6 Abs. 1 Nr. 3 GKG), die Durchführungsgebühr mit Beginn der Durchführung des Insolvenzverfahrens. Die Durchführungsgebühr ist gemäß § 16 Abs. 1 KostVfg spätestens nach Abhaltung des Prüfungstermins anzusetzen. Da der Wert für die Gerichtsgebühren erst gegen Verfahrensbeendigung feststeht, sieht § 15 Abs. 4 Satz 1 KostVfg ausdrücklich und trotz eingetretener Fälligkeit die Einforderung eines Vorschusses vor. Wegen der Einheitlichkeit des Kostenrechts kann für einen ausgeschiedenen Insolvenzverwalter nichts anderes gelten. Der praktische Hintergrund des Vorschussanspruchs des ausgeschiedenen Verwalters besteht darin, dass bei vorzeitiger Amtsbeendigung die Berechnungsgrundlage des § 1 Abs. 2 InsVV noch nicht abschließend feststeht, da auch nach dem Amtswechsel zahlreiche Geschäftsvorfälle (Einnahmen und Ausgaben) noch auf den Handlungen des ausgeschiedenen Verwalters beruhen. Freilich kann bei Bezifferung des Bruchteils, der als Vorschuss zu bewilligen ist (Rz. 39 ff.), entsprechend den Umständen des Einzelfalls ein *restriktiver Maßstab* angelegt werden, gerade bei einer Entlassung des Verwalters nach § 59 InsO. Die entgegenstehende Auffassung führt im Übrigen zu unnötigen Friktionen an anderer Stelle, da z. B. das Amt des vorläufigen Insolvenzverwalters mit Insolvenzeröffnung endet und das Amt eines Sachwalters bei Aufhebung der Eigenverwaltung unter Bestellung des vormaligen Sachwalters zum Insolvenzverwalter etc. In all diesen Fällen können bei der Bestimmung der Berechnungsgrundlage bzw. der endgültigen Vergütung tatsächliche und rechtliche Probleme entstehen, deren Lösung sich über Monate erstrecken kann, teils sogar erst bei Verfahrensbeendigung unter Ägide des Amtsnachfolgers zu erwarten ist. Letztendlich ist aber auch die Verordnungssystematik ausschlaggebend: § 9 InsVV beendet den Ersten Abschnitt der InsVV, ist mithin auf die Tatbestände der §§ 1–8 InsVV bezogen. § 3 Abs. 2 lit. c InsVV berücksichtigt aber bereits die vorzeitige Amtsbeendigung auf der Ebene der Minderung des

---

49) *Graeber/Graeber*, InsVV, § 9 Rz. 101; KPB-InsO/*Prasser*, § 9 InsVV Rz. 2c (Stand: 07/2015).
50) OLG Zweibrücken, Beschl. v. 16.10.2001 – 3 W 177/01, ZInsO 2002, 67.
51) BGH, Beschl. v. 22.9.2010 – IX ZB 195/09, ZIP 2010, 2160; *Zimmer*, ZVI 2004, 662.

Vergütungsanspruchs, sodass es einer konkreten Norm bedürfte, um statt der Minderung einen Ausschluss des Vorschussanspruchs zu rechtfertigen.

b) Auslagen

Alternativ oder *kumulativ* kann eine Vorschussgewährung in Betracht kommen, wenn *besonders hohe Auslagen* des Insolvenzverwalters erforderlich werden (§ 9 Satz 2 InsVV). Soweit die Auslagen gemäß § 8 Abs. 3 InsVV **pauschaliert** geltend gemacht werden, dürfte sich ein isolierter Vorschuss nicht hierauf beziehen können, da die Pauschale in Abhängigkeit von der Vergütung steht. Insoweit kann sich ein Vorschuss nur auf Vergütung plus Auslagenpauschale beziehen; freilich ist der Insolvenzverwalter nicht gezwungen, bei einem Vorschuss auf die Vergütung auch schon die Auslagenpauschale zu berücksichtigen. 24

Etwas anderes gilt, wenn der Insolvenzverwalter aufgrund des Einzelfalls einen Vorschuss auf die **tatsächlichen Auslagen** begehrt. Diese konkreten Auslagen können einen isolierten Vorschussantrag rechtfertigen. Soweit es sich um Einzelauslagen i. S. d. § 8 Abs. 3 InsVV handelt, ist der Insolvenzverwalter bis zur endgültigen Vergütungsfestsetzung frei in seiner Entscheidung, ob er die Pauschale oder den Einzelauslagennachweis wählt.[52] Soweit es sich um besondere Kosten i. S. d. § 4 Abs. 2 InsVV (z. B. Reisekosten, Zustellungsauslagen) oder Prämien für eine zusätzliche Vermögensschadenhaftpflichtversicherung (§ 4 Abs. 3 Satz 2 InsVV) handelt, besteht ohnehin kein Zusammenhang mit § 8 Abs. 3 InsVV (§ 8 Rz. 79 ff.). In jedem Fall verlangt ein Vorschuss auf Einzelauslagen einen entsprechenden Nachweis (vgl. § 103 Abs. 2 Satz 2 ZPO). 25

Nach dem Wortlaut des § 9 Satz 2 InsVV ist eindeutig, dass sich der Vorschuss nicht nur auf bereits entstandene Auslagen, sondern auch auf **künftige Auslagen** bezieht,[53] wobei diese jedoch hinsichtlich Höhe und Erforderlichkeit zu begründen sind (empfohlen wird die Einholung eines Kostenvoranschlags)[54] und unmittelbar bevorstehen müssen. Hauptfälle sind hier wiederum anstehende Prämien für eine zusätzliche Vermögensschadenhaftpflichtversicherung des Insolvenzverwalters (§ 4 Abs. 3 Satz 2 InsVV) oder Kosten der Zustellungen (§ 8 Abs. 3 InsO, § 4 Abs. 2 InsVV), aber auch unvermeidliche Kosten in massearmen Stundungsverfahren,[55] insgesamt also eher besondere Kosten gemäß § 4 Abs. 2, 3 Satz 2 InsVV als Einzelauslagen nach § 8 Abs. 3 InsVV. Nicht berücksichtigungsfähig sind freilich künftige Kosten des eigenen Personals des Insolvenzverwalters.[56] 26

---

52) BGH, Beschl. v. 23.7.2004 – IX ZB 257/03, Rz. 11, ZIP 2004, 1715.
53) BGH, Beschl. v. 22.7.2004 – IX ZB 161/03, ZIP 2004, 1717; BGH, Beschl. v. 13.7.2006 – IX ZB 198/05, ZIP 2006, 1501; LG Dresden, Beschl. v. 27.5.2003 – 5 T 303/02, ZVI 2004, 143; LG Frankfurt/Oder, Beschl. v. 11.7.2005 – 19 T 294/05, JurionRS 2005, 35670.
54) Leonhardt/Smid/Zeuner/*Amberger*, InsVV, § 9 Rz. 10.
55) BGH, Beschl. v. 22.7.2004 – IX ZB 161/03, ZIP 2004, 1717 (Kosten für Jahresabschlüsse, Bilanzen und Steuererklärungen, wenn keine Schätzungen des Finanzamts erreicht werden können); BGH, Beschl. v. 13.7.2006 – IX ZB 198/05, ZIP 2006, 1501 (Aufarbeitung der Lohnbuchführung zwecks Erfüllung der Auskunftspflichten gegenüber dem Arbeitsamt im Zusammenhang mit der Erstellung von Insolvenzgeldbescheinigungen).
56) BGH, Beschl. v. 13.7.2006 – IX ZB 198/05, ZIP 2006, 1501.

27 Nach dem Wortlaut des § 9 Satz 2 InsVV stellt es ein Tatbestandsmerkmal dar, dass die Auslagen **besonders hoch** sein müssen. Dies ist freilich ein unbestimmter Rechtsbegriff. Die *pauschalierten Auslagen* gemäß § 8 Abs. 3 InsVV sind von einer gesonderten Prüfung ausgenommen, da es sich um eine gesetzliche Pauschale handelt. Folglich kann die besondere Höhe nur bei *Einzelauslagen* zusätzliches Tatbestandsmerkmal sein. Genannt werden hier Beträge von 300 € zzgl. Umsatzsteuer im massearmen Stundungsverfahren[57] bzw. 500 € als generelle Richtschnur.[58] Tatsächlich sollte weniger auf die Beträge als eher auf den Anlass rekurriert werden. Einzelauslagen nach § 8 Abs. 3 InsVV werden ohnehin selten beansprucht, und Auslagen nach § 4 Abs. 2, 3 Satz 2 InsVV sind stets besonders hoch, da sie der Verordnungsgeber eben als besondere Kosten deklariert hat.

3. Vorschuss bei Verfahrenskostenstundung (§ 9 Satz 3 InsVV)

28 Wie bereits ausgeführt, bezieht sich der Vorschussanspruch auch auf Stundungsverfahren (Rz. 11), sodass der Vorschuss gegen die Staatskasse festzusetzen ist.

29 Hervorzuheben sind hier Vorschüsse auf **besonders hohe Auslagen** i. S. d. § 9 Satz 2 InsVV. Einen konkreten Fall in diesem Sinne stellt es dar, wenn die Finanzverwaltung in massearmen Stundungsverfahren auf der Erfüllung steuerlicher Pflichten i. S. d. § 34 AO, § 155 Abs. 1 Satz 1 InsO besteht und es sich bei diesen Aufgaben um delegationsfähige Sonderaufgaben des Insolvenzverwalters handelt. Denn dem Insolvenzverwalter kann in dieser Konstellation nicht zugemutet werden, gemäß § 4 Abs. 1 Satz 3 InsVV einen Steuerberater zu beauftragen – wohl wissend, dass er wegen der Befriedigungsreihenfolge des § 53 InsO keine Zahlung auf derartige sonstigen Masseverbindlichkeiten i. S. d. § 55 Abs. 1 Nr. 1 InsO leisten darf –, da er in diesem Fall gemäß § 61 InsO persönlich für diese Verbindlichkeiten haften würde. Hier ist es möglich, die Beauftragung des Steuerberaters als besondere Kosten i. S. d. § 4 Abs. 2 InsVV zu qualifizieren und § 9 InsVV zur Anwendung zu bringen.[59] Der Insolvenzverwalter muss jedoch zunächst versuchen, im Verhandlungswege die Befreiung von steuerlichen Pflichten, deren Erfüllung die Einschaltung eines Steuerberaters erfordert, zu erreichen.[60]

30 Wie bereits ausgeführt, muss es sich um eine **delegationsfähige Sonderaufgabe** handeln. Wenige und einfache Einkommensteuererklärungen sollen – bestritten (§ 4 Rz. 62 ff.) – zu den Regelaufgaben des Insolvenzverwalters gehören,[61] nicht jedoch die Aufarbeitung der handels- bzw. steuerrechtlichen Buchführung[62] oder der Lohnbuchführung zwecks Erteilung der Auskünfte für die Gewährung von Insolvenzgeld.[63] Grundsätzlich zu den Sonderaufgaben gehört auch die Erstellung von Sozialversicherungsmeldungen, Lohnsteueranmeldungen und Insolvenzgeldbescheinigungen,[64] wobei jedoch z. T. auf die Anzahl der betroffenen Arbeitnehmer abge-

---

57) LG Dresden, Beschl. v. 27.5.2003 – 5 T 303/02, ZVI 2004, 143.
58) Leonhardt/Smid/Zeuner/*Amberger*, InsVV, § 9 Rz. 10; FK-InsO/*Lorenz*, § 9 InsVV Rz. 13.
59) BGH, Beschl. v. 22.7.2004 – IX ZB 161/03, ZIP 2004, 1717.
60) BGH, Beschl. v. 22.7.2004 – IX ZB 161/03, ZIP 2004, 1717.
61) BGH, Beschl. v. 14.11.2013 – IX ZB 161/11, ZIP 2013, 2413.
62) BGH, Beschl. v. 22.7.2004 – IX ZB 161/03, ZIP 2004, 1717.
63) BGH, Beschl. v. 13.7.2006 – IX ZB 198/05, ZIP 2006, 1501.
64) AG Dresden, Beschl. v. 6.7.2006 – 551 IN 1042/05, ZIP 2006, 1686.

VI. Berechnung des Vorschusses

1. Insolvenzverwalter

a) Berechnungsgrundlage (§ 1 InsVV)

Es ist einem Vorschuss immanent, dass der Insolvenzverwalter noch nicht alle ihm obliegenden Aufgaben erfüllt hat. Daher ist zunächst zu hinterfragen, welche Werte in die Berechnungsgrundlage einfließen können. Hinsichtlich der **bereits erzielten Einnahmen und getätigten Ausgaben** ist unproblematisch auf eine Zwischenrechnung abzustellen, die sich an den Kriterien des § 1 Abs. 2 InsVV zu orientieren hat.[65]

Ob auch **künftige Einnahmen und Ausgaben** zu berücksichtigen sind, ist offenbar noch nicht endgültig geklärt. Eine gelegentlich zitierte[66] Entscheidung des BGH aus dem Jahr 1991[67] stellt – vermeintlich – nur auf die bisherigen Geschäftsvorfälle ab, was gegen die Einbeziehung künftiger Geschäftsvorfälle spräche. Damit wird diese Entscheidung jedoch fehlinterpretiert, da es im entschiedenen Fall um das konkursspezifische Problem ging, wie die Vergütung des Konkursverwalters bei – seinerzeit noch nicht gesetzlich geregelter Masseunzulänglichkeit – aufzuteilen ist, da es (im heutigen Sprachgebrauch) sonstige Masseverbindlichkeiten gab, die den Verfahrenskosten in der Befriedigungsreihenfolge vorgingen. Hier entschied der BGH zusammengefasst, dass die bis zum Eintritt der Masseunzulänglichkeit verdiente Vergütung vorrangig, die danach verdiente Vergütung nachrangig sei. Insoweit ist die Entscheidung für die hiesige Frage nicht einschlägig. In einer späteren Entscheidung zur Insolvenzordnung führte der BGH aus, die vom Insolvenzverwalter erbrachte Leistung sei bei Vorschussbeantragung mit einem entsprechenden Bruchteil der gemäß §§ 2, 3 InsVV für das *gesamte Verfahren* zu schätzenden Vergütungssätze zu veranschlagen.[68] Da sich im entschiedenen Fall der Insolvenzverwalter nur auf bisherige Geschäftsvorfälle bezogen hatte, ist nicht eindeutig, ob sich die Bezugnahme auf das gesamte Verfahren nur auf § 3 InsVV oder auch auf § 1 InsVV beziehen soll. Es wäre jedoch sinnfrei, künftige Zuschlagsfaktoren zu berücksichtigen, nicht aber künftige Geschäftsvorfälle. Zudem spricht der BGH davon, dass „mindestens" die „bisherige" Tätigkeit zu vergüten sei.[69] Die Literatur geht mehrheitlich davon aus, dass auch künftige Geschäftsvorfälle zu berücksichtigen sind.[70]

Die Minderansicht in der Literatur[71] verkennt, dass es sich bei der Vergütung des Insolvenzverwalters gemäß § 63 Abs. 1 Satz 1 InsO um eine Tätigkeitsvergütung für eine Geschäftsführung handelt. Es wird mithin nicht nur die Erzielung von Einnah-

---

[65] Hierzu ausführlich *Zimmer*, Insolvenzbuchhaltung, Rz. 287 ff.
[66] Leonhardt/Smid/Zeuner/*Amberger*, InsVV, § 9 Rz. 14.
[67] BGH, Urt. v. 5.12.1991 – IX ZR 275/90, ZIP 1992, 120.
[68] BGH, Beschl. v. 1.10.2002 – IX ZB 53/02, ZIP 2002, 2223.
[69] BGH, Beschl. v. 1.10.2002 – IX ZB 53/02, ZIP 2002, 2223.
[70] *Graeber/Graeber*, InsVV, § 9 Rz. 73 ff.; *Haarmeyer/Mock*, InsVV, § 9 Rz. 9, 16; *Keller*, Vergütung und Kosten, § 14 Rz. 92; *Nicht/Schildt*, NZI 2010, 466, 467; KPB-InsO/*Prasser*, § 9 InsVV Rz. 13 (Stand: 07/2015).
[71] Leonhardt/Smid/Zeuner/*Amberger*, InsVV, § 9 Rz. 15.

men vergütet, sondern auch die Sicherung und Verwaltung der Masse. Daher muss sich erst recht ein Vorschuss auch auf diejenige Tätigkeit beziehen, die noch nicht zu Geschäftsvorfällen in der Verwalterbuchführung geführt hat. Es wäre einem kohärenten Vergütungssystem nicht zuträglich und für die Praxis mit zusätzlichen Unklarheiten behaftet, für derartige Tätigkeiten im Vorschussantrag „vorübergehend" auf einen Zuschlag gemäß § 3 Abs. 1 InsVV zu rekurrieren, diesen jedoch bei dem endgültigen Vergütungsantrag wegzulassen. Dies würde Verwirrung darüber auslösen, was der Insolvenzverwalter getan hat und als vergütungsrelevant erachtet. Nach hier vertretener Ansicht entspricht es einem in sich stimmigen Vergütungskonzept, bei einem Vorschuss ähnlich wie bei einer Vergütungsfestsetzung in den Fällen des § 1 Abs. 1 Satz 2 InsVV vorzugehen, d. h. hinsichtlich der noch nicht erfolgten Geschäftsvorfälle von entsprechenden *Werten der Aktiva und Passiva* wie folgt auszugehen:

34 Der Wert der noch nicht verwerteten, aber gesicherten und verwalteten *Aktiva* ergibt sich aus einem fortgeschriebenen Masseverzeichnis nach § 151 InsO. In diesem Verzeichnis ist im Wege der Fortschreibung nachzuvollziehen, ob die ursprünglich prognostizierten Werte aufgrund von Wertminderungen oder Wertaufhellungen anzupassen sind.[72] Dies ist die modernere und professionellere Alternative zum Abstellen auf „sicher erwartete" Einnahmen. Der Vorteil dieses Ansatzes zeigt sich erst recht bei den *Passiva*. Die statische Betrachtung nur auf Basis der Zwischenrechnung (Einnahmen und Ausgaben) würde unberücksichtigt lassen, dass z. B. Verwertungserlöse noch an Absonderungsberechtigte auszukehren sind; solche Verbindlichkeiten sind zu passivieren, da die Berechnungsgrundlage ansonsten zu hoch ausfallen würde. Selbiges gilt für die noch nicht beglichenen Verbindlichkeiten aus Betriebsfortführung, die ebenfalls zu passivieren sind, um die Berechnungsgrundlage für den Vorschuss nicht zu hoch anzusetzen. Wenn der Vorschussantrag bereits sechs Monate nach Verfahrenseröffnung gestellt wird, kann es zudem sein, dass Geschäftsvorfälle, die in der vorläufigen Verwaltung begründet worden waren, bis zum Vorschussantrag noch nicht beglichen wurden; auch diese nachlaufenden Verbindlichkeiten sind zu passivieren.[73] Insoweit ist die Berechnungsgrundlage für den Vorschuss recht einfach aus zwei Komponenten zusammenzusetzen:

> Saldo relevanter *Einnahmen und Ausgaben* gemäß § 1 Abs. 2 InsVV betreffend das bereits Geschehene
>
> + Saldo relevanter *Aktiva und Passiva* nach den Kriterien des § 1 Abs. 2 InsVV für das noch zu Erledigende
>
> = Berechnungsgrundlage für den Vorschuss

35 Damit werden unbestimmte Rechtsbegriffe entbehrlich. Stattdessen erfolgt eine Orientierung an der anerkannten Berechnungsmethode gemäß § 1 Abs. 1 Satz 2 InsVV (Schätzung der Berechnungsgrundlage bei vorzeitiger Amts- oder Verfahrensbe-

---

72) *Zimmer*, Insolvenzbuchhaltung, Rz. 224 ff.
73) Vgl. BGH, Beschl. v. 26.4.2007 – IX ZB 160/06, Rz. 10, ZInsO 2007, 766; BGH, Beschl. v. 27.9.2012 – IX ZB 243/11, Rz. 6, ZInsO 2013, 840; BGH, Beschl. v. 2.3.2017 – IX ZB 90/15, ZIP 2017, 979, dazu EWiR 2017, 375 *(Keller)*; BGH, Beschl. v. 6.4.2017 – IX ZB 23/16, ZInsO 2017, 982.

endigung) abzüglich eines fiktiven Abschlags gemäß § 3 Abs. 2 lit. c InsVV, der aber erst bei der Findung des angemessenen Bruchteils (Rz. 39 ff.) berechnet wird.

b) Regelvergütung (§ 2 InsVV)

Auf Basis der ermittelten Berechnungsgrundlage (Rz. 31 ff.) ist die Regelvergütung nach § 2 InsVV zu bestimmen. An dieser Stelle soll noch keine Kürzung erfolgen, da der später zu findende Bruchteil der Gesamtvergütung (Rz. 39 ff.) als Vorschuss zunächst voraussetzt, dass eine Vergütung gemäß §§ 2, 3 InsVV ermittelt wird.[74] Erst die nach § 2 InsVV ermittelte Vergütung zu kürzen und dann auf den gekürzten Betrag ungekürzte Zu- und Abschläge zu berechnen,[75] führt wegen der Prozentrechnung gleichwohl zum selben Ergebnis, ist mithin nicht zu beanstanden. 36

c) Zu- und Abschläge (§ 3 InsVV)

Zu- und Abschläge i. S. d. § 3 InsVV sind entsprechend zu berücksichtigen. Allerdings kann es nur darauf ankommen, welche Mehr- oder Minderbelastung des Insolvenzverwalters bereits erfolgt ist, d. h. welches Tatbestandsmerkmal des § 3 InsVV bereits erfüllt ist.[76] Dem steht nicht entgegen, bereits „angefangene"[77] Mehrbelastungen zu erwähnen, einen geringen Zuschlag geltend zu machen und darauf hinzuweisen, dass der Zuschlag bei endgültigem Vergütungsantrag voraussichtlich höher ausfallen wird. Dies kann z. B. der Fall sein bei noch laufenden Verhandlungen um eine übertragende Sanierung oder einen Insolvenzplan sowie in allen Fällen, die (später) eine (abschließende) Vergleichsrechnung erfordern (z. B. Betriebsfortführung, Befassung mit Absonderungsrechten etc.). 37

d) Auslagen

Zur Berücksichtigung der Auslagenerstattung siehe Rz. 24 ff. 38

e) Bruchteil der Gesamtvergütung als Vorschuss

Von der so gefundenen Vergütung soll ein *angemessener* Bruchteil als Vorschuss festgesetzt werden. Welcher Bruchteil der **Vergütung** als angemessen bezeichnet werden kann, ist eine Frage des Einzelfalls. Je weiter das Verfahren fortgeschritten ist, je größer also der tatsächlich realisierte Anteil an der Berechnungsgrundlage ist, desto höher ist der Bruchteil anzusetzen. Eine Untergrenze – freilich stets unter Berücksichtigung vorangegangener Vorschüsse – sollte bei 50 % liegen, eine Obergrenze bei 80 % der errechneten Vergütung. Letzteres selbst dann, wenn ein abschließender Vergütungsantrag (nebst Schlussrechnung) bereits eingereicht wurde und der Vorschuss lediglich der weiteren Bearbeitungsdauer bei Gericht Rechnung tragen soll.[78] Denn auch die Durchführung der Schlussverteilung und andere rest- 39

---

74) BGH, Beschl. v. 1.10.2002 – IX ZB 53/02, ZIP 2002, 2223.
75) So offenbar Leonhardt/Smid/Zeuner/*Amberger*, InsVV, § 9 Rz. 15 f.
76) Leonhardt/Smid/Zeuner/*Amberger*, InsVV, § 9 Rz. 16; *Keller*, Vergütung und Kosten, § 14 Rz. 93; *Nicht/Schildt*, NZI 2010, 466, 467. Großzügiger offenbar BGH, Beschl. v. 1.10.2002 – IX ZB 53/02, ZIP 2002, 2223.
77) Vgl. Leonhardt/Smid/Zeuner/*Amberger*, InsVV, § 9 Rz. 16; KPB-InsO/*Prasser*, § 9 InsVV Rz. 13a (Stand: 07/2015).
78) **A. A.** *Graeber/Graeber*, InsVV, § 9 Rz. 89 (100 %).

lichen Abwicklungsarbeiten sind in der Gesamtvergütung als Aufgaben enthalten, aber noch nicht erbracht.

40 Im Ergebnis führt dies dazu, dass auch bereits verwirklichte Zuschlagstatbestände zwar vollumfänglich in die Berechnung eingestellt, aber dann nur mit einem Bruchteil vorschüssig berücksichtigt werden.[79] Auch dies ist nicht unangemessen, da zum Zeitpunkt des Vorschussantrages oft noch nicht zweifelsfrei erkennbar ist, ob bestimmte Ausgaben mindernde Auswirkung auf einen Zuschlagstatbestand haben.[80]

41 Die Differenz zwischen ermittelter Gesamtvergütung und angemessenem Bruchteil entspricht *sinngemäß* und *wertmäßig* einem Abschlag gemäß § 3 Abs. 2 lit. c InsVV, d. h., es wird für die Bestimmung des Bruchteils unterstellt, dass nach der Vorschussbewilligung das Amt des Verwalters endet. Wenn auf diese Weise jeder Parameter bestimmt und beziffert wird, ist die Frage, ob der Bruchteil der Gesamtvergütung nicht höher sein darf als die (ungekürzte) Regelvergütung nach § 2 Abs. 1 InsVV, sinnentleert und zu verneinen.[81] Dass der Vorschuss nicht höher sein soll als die voraussichtlich endgültige Vergütung,[82] wird mit dieser Berechnungsmethode automatisch berücksichtigt.

42 Im Fall nicht pauschalierter, sondern konkreter **Auslagen** ist jedoch kein Bruchteil, sondern der gesamte Betrag als Vorschuss zu bewilligen.

f) Umsatzsteuer

43 Aus den zu § 7 InsVV aufgestellten Grundsätzen ist selbstverständlich, dem Vorschuss auch die Umsatzsteuer hinzuzurechnen. Dies ergibt sich im Übrigen aus der systematischen Stellung des § 9 InsVV nach § 7 InsVV.

2. Vorläufiger Insolvenzverwalter

44 Aufgrund der Verweisung in § 10 InsVV ist § 9 InsVV auf die Vergütung des vorläufigen Insolvenzverwalters entsprechend anwendbar, sodass auch dem vorläufigen Insolvenzverwalter ein Vorschussanspruch gebührt. Die Besonderheit besteht gemäß § 63 Abs. 3 InsO, § 11 InsVV darin, dass hinsichtlich der Berechnungsgrundlage nicht auf Einnahmen und Ausgaben abzustellen ist, sondern auf die Werte vergütungsrelevanter Aktiva und Passiva. Im Übrigen bestehen keine grundsätzlichen Besonderheiten. In der Praxis ist jedoch zu unterscheiden:

45 Noch **während der vorläufigen Verwaltung** ist ein Vorschussantrag nicht üblich, aber rechtlich möglich. Die Sechs-Monats-Frist des § 9 Satz 2 InsVV ist hier, da es sich um eine Soll-Vorschrift handelt, nicht anwendbar. Einerseits, weil vorläufige Verwaltungen regelmäßig schon nicht die Dauer von sechs Monaten erreichen, und andererseits, weil erfahrungsgemäß in der vorläufigen Verwaltung die größte Arbeitsbelastung anfällt. Ein Vorschussantrag dürfte jedoch nur hinreichend begründet sein, wenn bereits die Werte der wesentlichen vergütungsrelevanten Aktiva und Passiva

---

79) A. A. KPB-InsO/*Prasser*, § 9 InsVV Rz. 16b (Stand: 07/2015).
80) Vgl. BGH, Beschl. v. 11.3.2010 – IX ZB 122/08, ZInsO 2010, 730 (Kürzung eines Zuschlags für Betriebsfortführung wegen Honorierung eines Interimsmanagers).
81) Im Ergebnis so auch *Haarmeyer/Mock*, InsVV, § 9 Rz. 20 unter Darstellung der Diskussion.
82) BGH, Beschl. v. 1.10.2002 – IX ZB 53/02, ZIP 2002, 2223.

durch Inventur[83)] und Bewertung[84)] ermittelt wurden oder Auslagen von besonderer Höhe getätigt werden müssen; Letzteres kann z. B. der Fall sein bei einer zusätzlichen Vermögensschadenhaftpflichtversicherung (§ 4 Abs. 3 Satz 2 InsVV), Reisekosten (§ 4 Abs. 2 InsVV) oder Zustellkosten bei besonders hoher Gläubigerzahl (§ 8 Abs. 3 InsO, § 4 Abs. 2 InsVV).

Die Vergütung des vorläufigen Insolvenzverwalters gemäß § 63 Abs. 3 InsO, § 11 InsVV weist zahlreiche Besonderheiten auf, die es nahezu unmöglich machen, direkt nach Verfahrenseröffnung einen hinreichend substantiierten Vergütungsantrag zu stellen. Insoweit sei auf die Kommentierung zu § 11 InsVV verwiesen. Daher werden derartige Vergütungsanträge oft erst viele Monate nach Verfahrenseröffnung gestellt, teils sogar erst im Zusammenhang mit der Verfahrensbeendigung. Hier muss hervorgehoben werden, dass die Vergütung bereits mit Beendigung des Antragsverfahrens bzw. mit Aufhebung der Sicherungsmaßnahmen, also regelmäßig mit Verfahrenseröffnung fällig wird. Gleichwohl stehen der Bezifferung vorübergehend objektive Aufklärungshindernisse entgegen. Daher können auch **nach Verfahrenseröffnung** Vorschüsse auf die Vergütung des vorläufigen Verwalters beantragt werden. Es würde den von Art. 12 Abs. 1 GG geschützten Vergütungsanspruch konterkarieren, wenn die Bezifferung des Antrags immer schwieriger wird, aber die Eröffnungsentscheidung einen Vorschuss ausschlösse. Vergleichbare Überlegungen haben bereits zu der Erkenntnis geführt, dass der Vergütungsanspruch des vorläufigen Insolvenzverwalters während der Dauer des eröffneten Verfahrens nicht der Verjährung anheimfallen kann.[85)] Für die hier vertretene Auffassung spricht ferner, dass die Fälligkeit von Gerichtskosten ebenfalls einem Vorschussanspruch der Gerichtskasse nicht entgegensteht (Rz. 76).

46

3. Treuhänder nach § 313 InsO a. F.

Durch das Gesetz zur Verkürzung des Restschuldbefreiungsverfahrens und zur Stärkung der Gläubigerrechte vom 15.7.2013[86)] ist die sog. Verbraucherinsolvenz neu geregelt worden. Die verbliebenen Regelungen betreffen nur noch das Antragsverfahren. Die für das eröffnete Verfahren geltenden §§ 312–314 InsO a. F. wurden aufgehoben. Der vormalige Treuhänder im vereinfachten Insolvenzverfahren ist seit dem 1.7.2014 (Art. 103h Satz 1 EGInsO) als „ganz normaler" Insolvenzverwalter zu bestellen. Für den Treuhänder nach § 313 InsO a. F., dessen Vergütung eigenständig in § 13 InsVV a. F.[87)] geregelt war, gelten – soweit noch relevant – für den Vorschuss nur zwei Besonderheiten: Die Regelvergütung ist nicht nach § 2 InsVV, sondern nach § 13 Abs. 1 InsVV a. F. zu bestimmen. Die Zu- und Abschläge sind nicht nach § 3 InsVV, sondern (freilich nach dem Rechtsgedanken

47

---

83) Hierzu *Zimmer*, Insolvenzbuchhaltung, Rz. 61 ff.
84) Hierzu *Zimmer*, Insolvenzbuchhaltung, Rz. 87 ff.
85) BGH, Beschl. v. 22.9.2010 – IX ZB 195/09, ZIP 2010, 2160; *Zimmer*, ZVI 2004, 662.
86) Gesetz zur Verkürzung des Restschuldbefreiungsverfahrens und zur Stärkung der Gläubigerrechte v. 15.7.2013 (BGBl. I 2013, 2379), siehe Anh. XII.
87) § 13 InsVV geändert durch das Gesetz zur Verkürzung des Restschuldbefreiungsverfahrens und zur Stärkung der Gläubigerrechte v. 15.7.2013 (BGBl. I 2013, 2379), siehe Anh. XII Rz. 101.

des § 3 InsVV) nach § 63 Abs. 1 Satz 3 InsO zu bestimmen. Insoweit kann auf die Kommentierung zu § 13 InsVV verwiesen werden.

4. (Vorläufiger) Sachwalter

48 Aufgrund der Generalverweisung in § 10 InsVV ist § 9 InsVV entsprechend auf die Vergütung des **Sachwalters** anwendbar. Die Besonderheiten bestehen hier jedoch nur bei der Definition der Berechnungsgrundlage und hinsichtlich in Betracht kommender Zu- und Abschläge. Insoweit kann auf die Kommentierung zu § 12 InsVV verwiesen werden.

49 Für den **vorläufigen Sachwalter** fehlt eine Regelung. Hier vertritt die Rechtsprechung die Auffassung, dass der vorläufige Sachwalter ohnehin keinen eigenständigen Vergütungsanspruch hat, sondern diese Tätigkeit (lediglich) Zuschlagsfaktor für die Vergütung des Sachwalters ist. Gleichwohl soll ein Vorschuss auf die Tätigkeit im Antragsverfahren möglich sein. Wegen des Umfangs der Diskussion muss ebenfalls auf die Kommentierung zu § 12 InsVV verwiesen werden (§ 12 Rz. 101 ff.).

VII. Festsetzungsverfahren

1. Antrag

50 Auch wenn es in § 9 InsVV nicht ausdrücklich geregelt ist, ist ein schriftlicher[88] Antrag[89] des Insolvenzverwalters erforderlich, da es sich trotz des Vorschusscharakters um einen Antrag in einem gerichtlichen Verfahren handelt. Hinsichtlich der Anforderungen an Inhalt und Qualität des Antrags kann grundsätzlich auf die Kommentierung zu § 8 InsVV verwiesen werden. Der Antrag muss unter Beifügung einer aktuellen Summen- und Saldenliste konkret beziffert und begründet werden.[90] Soweit bestimmte Positionen nur vorläufig sind, ist darauf hinzuweisen. Auch im Vorschussantrag muss gemäß § 8 Abs. 2 InsVV dargelegt werden, welche Dienst- und Werkverträge für besondere Aufgaben geschlossen worden sind. Soweit Einzelauslagen nach § 8 Abs. 3 InsVV oder besondere Kosten nach § 4 Abs. 2, Abs. 3 Satz 2 InsVV betroffen sind, bedarf es eines konkreten Nachweises bzw. für bevorstehende Auslagen entsprechender Ausführungen, ggf. unter Beifügung eines Kostenvoranschlages (Rz. 26). Bereits bewilligte Vorschüsse sind auf der Brutto-Ebene in Abzug zu bringen.

51 Ferner muss die Berechtigung des Vorschusses dargetan werden. Hierzu genügt es, auf den aktuellen Verfahrensstand, die zeitliche Komponente i. S. d. § 9 Satz 2 InsVV und den aktuellen liquiden Massebestand hinzuweisen. Dass der Insolvenzverwalter droht, mit seinem Vergütungsanspruch ohne die Bewilligung des beantragten Vorschusses auszufallen, muss entgegen veralteter Auffassung[91] nicht dargetan werden; hier handelt es sich lediglich um den Sinn und Zweck für die Einführung des § 9

---

88) BGH, Urt. v. 16.10.2014 – IX ZR 190/13, Rz. 23 ff., ZIP 2014, 2299; *Haarmeyer/Mock*, InsVV, § 9 Rz. 4.; a. A. *Graeber/Graeber*, InsVV, § 9 Rz. 17.
89) BGH, Beschl. v. 30.3.2006 – IX ZB 282/04, BGHReport 2006, 998 = JurionRS 2006, 13879.
90) Leonhardt/Smid/Zeuner/*Amberger*, InsVV, § 9 Rz. 19; *Graeber/Graeber*, InsVV, § 9 Rz. 20; *Haarmeyer/Mock*, InsVV, § 9 Rz. 6 ff. Vgl. auch *Wilhelm/Oppermann*, ZInsO 2013, 528, 530.
91) Leonhardt/Smid/Zeuner/*Amberger*, InsVV, § 9 Rz. 19.

InsVV, nicht aber um ein Tatbestandsmerkmal, zumal der Insolvenzverwalter seit Einführung der InsO (insbesondere §§ 53, 209 Abs. 1 InsO) überhaupt nicht mehr mit Gläubigern sonstiger Masseverbindlichkeiten konkurrieren muss (Rz. 2).

2. Prüfung durch das Insolvenzgericht

Auch hier kann grundsätzlich auf die Kommentierung zu § 8 InsVV verwiesen werden (§ 8 Rz. 94 ff.). Es ist jedoch lediglich eine kursorische Prüfung erforderlich, da das Insolvenzgericht bei der Bewilligung eines Vorschusses (noch) nicht als Tatsacheninstanz tätig wird. Denn weder die Höhe noch die Begründung des Vorschusses haben für die endgültige Festsetzung bindenden Charakter.[92] Die vergütungsrelevanten Faktoren müssen daher **schlüssig**, aber nicht nachgewiesen sein. Gleichwohl besteht entsprechende Pflicht zur Amtsermittlung i. S. d. § 5 Abs. 1 InsO,[93] soweit das Gericht Bedenken gegen die vorgebrachten Angaben hegt. Von Amts wegen zu prüfen ist jedenfalls anhand der Gerichtsakte, ob bereits Vorschüsse bewilligt worden waren. Einer **Anhörung** Dritter bedarf es nicht,[94] lediglich der Antragsteller ist anzuhören, wenn der Vorschuss abweichend vom Antrag bewilligt bzw. versagt werden soll. Ist der Antragsteller nicht der Verwaltungs- und Verfügungsbefugte (z. B. bei Vorschussanträgen von Gläubigerausschussmitgliedern, eines Sachwalters oder eines Sonderinsolvenzverwalters), sollte jedoch eine Anhörung des Verwaltungs- und Verfügungsbefugten erfolgen, da er schließlich aus der Masse an den Vorschussberechtigten zu zahlen hat (zur Problematik der Vollstreckung siehe Rz. 59 ff.).

52

Der durch Art. 12 Abs. 1 GG geschützte Anspruch des Insolvenzverwalters auf Vergütung ist auf unverzügliche Erfüllung gerichtet.[95] Deshalb hat das Gericht die Festsetzung mit der **gebotenen Beschleunigung** vorzunehmen.[96] Nichts anderes gilt für den Vorschussantrag.[97] Sind die Voraussetzungen des § 9 Satz 2 InsVV erfüllt, ist das Ermessen des Insolvenzgerichts gebunden, d. h. auf null reduziert; eine Ablehnung des Vorschussantrags kommt nur unter besonderen Voraussetzungen in Betracht (Rz. 18).[98] Daher wird vertreten, über einen Vorschussantrag müsse innerhalb von zwei Wochen entschieden werden.[99] Diese Frist scheint freilich etwas kurz, da auch die Arbeitsabläufe bei Gericht und die Prüfungskompetenz des Insolvenzgerichts beachtet werden müssen, zudem nach § 5 Abs. 1 Satz 2 InsVV auch ein Sachverständiger mit der Prüfung der Berechnungsgrundlage beauftragt

53

---

92) BGH, Beschl. v. 24.3.2011 – IX ZB 67/10, ZInsO 2011, 777; a. A. *Haarmeyer/Mock*, InsVV, § 9 Rz. 25.
93) *Nicht/Schildt*, NZI 2010, 466, 468; KPB-InsO/*Prasser*, § 9 InsVV Rz. 16b (Stand: 07/2015).
94) A. A. *Graeber/Graeber*, InsVV, § 9 Rz. 34 ff.; *Haarmeyer/Mock*, InsVV, § 9 Rz. 23.
95) BGH, Beschl. v. 1.10.2002 – IX ZB 53/02, ZIP 2002, 2223; BGH, Beschl. v. 4.12.2003 – IX ZB 48/03, ZIP 2004, 574; BGH, Urt. v. 17.11.2005 – IX ZR 179/04, ZIP 2006, 36; BGH, Beschl. v. 6.11.2014 – IX ZB 90/12, Rz. 11, ZIP 2014, 2450.
96) BGH, Beschl. v. 6.11.2014 – IX ZB 90/12, Rz. 11, ZIP 2014, 2450.
97) BGH, Urt. v. 5.12.1991 – IX ZR 275/90, ZIP 1992, 120; BGH, Beschl. v. 1.10.2002 – IX ZB 53/02, ZIP 2002, 2223.
98) BGH, Beschl. v. 1.10.2002 – IX ZB 53/02, ZIP 2002, 2223.
99) *Graeber/Graeber*, InsVV, § 9 Rz. 58 f.; *Haarmeyer/Mock*, InsVV, § 9 Rz. 17; KPB-InsO/*Prasser*, § 9 InsVV Rz. 16a (Stand: 07/2015).

werden kann. Ab einer Dauer von einem Monat dürfte jedoch ein Rechtfertigungszwang des Insolvenzgerichts eintreten, wenn noch überhaupt keine Prüfungshandlung begonnen bzw. initiiert wurde.

54 Die Entnahme eines Vorschusses auf die nach den Maßstäben der §§ 1–3 InsVV verdienten Vergütung darf nur unter besonderen Voraussetzungen abgelehnt werden, da auch der Vorschussanspruch von der freien Berufsausübung i. S. d. Art. 12 Abs. 1 GG geschützt wird.[100] Teils wird vertreten, diese besonderen Voraussetzungen lägen auch vor, wenn der Insolvenzverwalter die Abwicklung des Verfahrens vernachlässigt oder verzögert habe oder der Vorschuss außer Verhältnis zur bisherigen Abwicklungstätigkeit stehe.[101] Letzteres ist isoliert betrachtet unbeachtlich, da eine Frage des angemessenen Bruchteils (Rz. 39 ff.). Im Übrigen wird faktisch ein **Zurückbehaltungsrecht** des Insolvenzgerichts behauptet, das gesetzlich nicht vorgesehen ist und auch einem neuen Insolvenzverwalter bei Verwalterwechsel nicht zustehen würde.[102] Der Vorschussanspruch des Insolvenzverwalters nach § 9 InsVV ist nicht Bestandteil möglicher Sanktionen i. S. d. §§ 58 Abs. 2 und 3, 59 InsO.[103] Da die herrschende Auffassung jedoch davon ausgeht, dass die Zustimmung nach § 9 InsVV nicht im Rahmen einer Vergütungsfestsetzung (§ 64 InsO), sondern im Rahmen gerichtlicher Aufsicht (§ 58 InsO) erteilt wird (Rz. 63), ist nicht ganz eindeutig, ob sie solche „Zurückbehaltungsrechte" des Insolvenzgerichts anerkennen will. Nach hier vertretener Ansicht (Rz. 64 ff.) ist diese Frage jedoch zu verneinen. Eine fehlerhafte Entscheidung nur zum Zwecke der Disziplinierung des Antragstellers kann den Tatbestand der Rechtsbeugung i. S. d. § 399 StGB erfüllen.[104]

3. Entscheidung

55 Die Entscheidung ergeht durch **Beschluss**.[105] Insoweit kann grundsätzlich auf § 8 Rz. 134 ff. verwiesen werden. Dies insbesondere für die Darstellung von Tatbestand und Entscheidungsgründen (§ 8 Rz. 136), wenn und weil ein Rechtsmittel möglich ist (Rz. 63 ff.). Bei der Rechtsmittelbelehrung ist darauf zu achten, welches Rechtsmittel einschlägig ist (Rz. 63 ff.). Teils wird auch vertreten, zwischen Insolvenzverwalter und Gericht könnte eine Schweigensfrist vereinbart werden, nach Ablauf derer die Zustimmung als bewirkt gälte; erforderlich sei dann lediglich eine Notiz in der Gerichtsakte.[106] Der Ansatz hat Charme, wird aber den vielen echten und künstlich produzierten Rechtsunsicherheiten im Vergütungsrecht nicht gerecht. Auf der sicheren Seite wäre der Verwalter nur, wenn er sich diese „Notiz" in Kopie zukommen lassen würde. Damit wäre diese auf Vertrauen basierende Vor-

---

100) BGH, Beschl. v. 1.10.2002 – IX ZB 53/02, ZIP 2002, 2223.
101) AG Göttingen, Beschl. v. 28.9.2001 – 74 IN 147/99, ZIP 2001, 1824; offengelassen von BGH, Urt. v. 16.10.2014 – IX ZR 190/13, Rz. 29, ZIP 2014, 2299.
102) BGH, Beschl. v. 6.11.2014 – IX ZB 90/12, Rz. 11, ZIP 2014, 2450.
103) So auch *Graeber/Graeber*, InsVV, § 9 Rz. 12.
104) BVerfG, Beschl. v. 14.7.2016 – 2 BvR 661/16, NJW 2016, 3711.
105) *Graeber/Graeber*, InsVV, § 9 Rz. 62; *Keller*, Vergütung und Kosten, § 14 Rz. 96; KPB-InsO/*Prasser*, § 9 InsVV Rz. 16 (Stand: 07/2015); *Wilhelm/Oppermann*, ZInsO 2013, 528, 529.
106) *Haarmeyer/Mock*, InsVV, § 9 Rz. 24.

gehensweise schon konterkariert. Diese Ansicht ist mithin mit geltendem Recht nicht vereinbar.

Der Beschluss ist jedenfalls dem Antragsteller **zuzustellen**. Teils wird vertreten, eine förmliche Zustellung sei nur bei nicht antragsgemäßer Entscheidung erforderlich, im Übrigen genüge eine formlose Übersendung.[107] Dies scheint vertretbar, wenngleich ein Grund hierfür nicht ersichtlich ist. Soweit jedoch vertreten wird, die Vorschussbewilligung sei eine Vergütungsfestsetzung i. S. d. § 64 Abs. 1 InsO (Rz. 64 ff.), gelten die Zustellungsregelungen des § 64 Abs. 2 InsO. Eine **Veröffentlichung** gemäß § 64 Abs. 2 Satz 2 InsO scheint jedenfalls wegen des Vorläufigkeitscharakters des Vorschusses entbehrlich.[108] Daher ist es auch nicht erforderlich, andere Beteiligte formlos oder durch Zustellung über die Bewilligung des Vorschusses zu informieren.[109] Etwas anderes gilt wiederum dann, wenn die Vorschussbewilligung als Vergütungsfestsetzung i. S. d. § 64 Abs. 1 InsO erachtet wird (Rz. 64 ff.).

Hat der (vorläufige) Insolvenzverwalter seine abschließende Vergütung beantragt, kann das Insolvenzgericht nicht eine **Teilentscheidung** treffen und von Amts wegen einfach einen Vorschuss festsetzen. Denn die Bewilligung eines nicht beantragten Vorschusses statt der beantragten Vergütungsfestsetzung ist rechtlich eine mit der sofortigen Beschwerde gemäß § 64 Abs. 3 Satz 1 InsO angreifbare Ablehnung der Vergütungsfestsetzung.[110]

Die Entscheidung hat – ungeachtet der Frage, welches Rechtsmittel für zulässig erwogen wird (Rz. 63 ff.) – nur **Vorläufigkeitscharakter**, sodass jeder Teilaspekt (Berechnungsgrundlage, Zu- und Abschlagsfaktoren, Auslagen etc.) im abschließenden Vergütungsfestsetzungsverfahren anders vorgetragen, bewertet und beschieden werden kann.

4. Titulierung

a) Problemstellung

Gelegentlich findet sich die Konstellation, dass ein Vorschuss bewilligt, aber der Masse nicht entnommen wurde, z. B. weil der Insolvenzverwalter die Liquidität der Masse schonen wollte. Bei der endgültigen Vergütungsfestsetzung gemäß § 64 Abs. 1 InsO ist dann zu entscheiden, ob ein solcher Vorschuss dennoch in Abzug zu bringen ist. Dies ist abhängig von der Frage, ob der Beschluss über die Bewilligung des Vorschusses ein Titel i. S. d. § 794 Abs. 1 Nr. 2 ZPO ist, da eine Doppeltitulierung zu vermeiden ist. Bezieht sich der Beschluss über die Bewilligung eines Vorschusses nicht auf den Verwaltungs- und Verfügungsberechtigten, also z. B. auf den Sachwalter ohne Kassenführungsbefugnis, ein Gläubigerausschussmitglied oder einen Sonderinsolvenzverwalter, stellt sich ebenfalls die Frage, ob der Anspruchsinhaber aus der Vorschussentscheidung in die Masse vollstrecken kann.

---

[107] *Graeber/Graeber*, InsVV, § 9 Rz. 69; *Haarmeyer/Mock*, InsVV, § 9 Rz. 24; KPB-InsO/*Prasser*, § 9 InsVV Rz. 18 (Stand: 07/2015).
[108] *Graeber/Graeber*, InsVV, § 9 Rz. 67; *Keller*, Vergütung und Kosten, § 14 Rz. 97; KPB-InsO/*Prasser*, § 9 InsVV Rz. 18 (Stand: 07/2015).
[109] **A. A.** *Graeber/Graeber*, InsVV, § 9 Rz. 71.
[110] BGH, Beschl. v. 14.7.2016 – IX ZB 23/14, ZIP 2016, 1599.

b) Lösungsansatz

60 Die aufgeworfene Frage wird – soweit ersichtlich – nicht diskutiert. § 9 InsVV kennt kein „Verfallsdatum" eines Vorschussbeschlusses. Selbstverständlich aus dem Begriff des Vorschusses heraus ist lediglich, dass Vorschüsse auf die endgültige Vergütung anzurechnen sind. Es ist jedoch nicht eindeutig, ob sich dieses Anrechnungsgebot nur auf entnommene Vorschüsse oder auch (bereits) auf durch gerichtlichen Beschluss bewilligte Vorschüsse bezieht.

61 Da gegen den nicht antragsgemäßen Beschluss über die Bewilligung eines Vorschusses nach herrschender Auffassung nicht die sofortige Beschwerde, sondern lediglich die Rechtspflegererinnerung zulässig sein soll (Rz. 63), handelt es sich jedenfalls nicht um einen Titel gemäß § 794 Abs. 1 Nr. 3 ZPO. Dies dürfte jedoch für diejenigen Vorschussberechtigten, die nicht über die Verwaltungs- und Verfügungsbefugnis über das schuldnerische Vermögen verfügen (Sachwalter ohne Kassenführungsbefugnis, Gläubigerausschussmitglied, Sonderinsolvenzverwalter) unzumutbar sein. Es dürfte der Rechtsschutzverweigerung gleichkommen und nicht dem System der InsVV entsprechen, wenn diese Vergütungsberechtigten den Vorschussbeschluss lediglich als „Grundlagenbescheid" hinnehmen und im Übrigen vor der ordentlichen Gerichtsbarkeit Zahlungsklage gegen den Verwaltungs- und Verfügungsberechtigten erheben müssten. Daher liegt es nahe, den Vorschussbeschluss als vollstreckungsfähigen Beschluss analog § 794 Abs. 1 Nr. 2 ZPO (Kostenfestsetzungsbeschluss) anzusehen. Denn der Verwaltungs- und Verfügungsbefugte ist – ebenso wie die Masse – durch § 210 InsO und die Möglichkeit einer Vollstreckungsabwehrklage gemäß § 767 ZPO hinreichend geschützt. Diese Wertung muss dann auch gelten, wenn es um den Vorschuss des Insolvenzverwalters geht, sodass davon auszugehen ist, dass ein Vorschussbeschluss stets Titel analog § 794 Abs. 1 Nr. 2 ZPO ist.

62 Nach diesem Lösungsansatz muss dann bei der endgültigen Vergütungsfestsetzung auch derjenige Vorschuss in Abzug gebracht werden, der noch nicht der Masse entnommen wurde, da sonst eine Doppeltitulierung des Vergütungsanspruchs droht. Dieses Ergebnis ist ohnehin selbstverständlich, wenn als Rechtsmittel gegen die Vorschussentscheidung die sofortige Beschwerde als zulässig erachtet wird (Rz. 64 ff.), da es sich dann bei der Vorschussentscheidung ohnehin um einen Titel i. S. d. § 794 Abs. 1 Nr. 3 ZPO handelt.

VIII. Rechtsmittel

1. Rechtspflegererinnerung (h. M.)

63 Die Entscheidung über die Gewährung eines Vorschusses auf die Vergütung des Insolvenzverwalters bedarf wegen Art. 19 Abs. 4 Satz 1 GG der Möglichkeit einer richterlichen Überprüfung.[111] Eine direkte Anwendung des § 64 Abs. 3 InsO (sofortige Beschwerde)[112] soll jedoch ausscheiden, da die Versagung der Genehmigung als Aufsichtsmaßnahme gemäß § 58 InsO (so die angenommene Rechtsnatur

---

111) BGH, Beschl. v. 1.10.2002 – IX ZB 53/02, ZIP 2002, 2223.
112) So OLG Zweibrücken, Beschl. v. 16.10.2001 – 3 W 177/01, ZInsO 2002, 67; LG Stuttgart, Beschl. v. 15.8.2000 – 10 T 149/00, NZI 2000, 547.

des Vorschusses) nicht in der InsO als eine mit der sofortigen Beschwerde (§ 6 InsO) angreifbare Entscheidung aufgeführt werde.[113] Auch eine analoge Anwendung des § 64 Abs. 3 InsO scheide aus, da die Vorschussgewährung lediglich vorläufigen Charakter hat; zudem solle § 6 InsO die Möglichkeit von Rechtsmitteln gezielt beschränken, um den zügigen Ablauf des Insolvenzverfahrens zu gewährleisten.[114] Insoweit sei erforderlich und ausreichend, hier eine Erinnerung gemäß § 11 Abs. 2 Satz 1 RPflG zuzulassen.[115] Dem folgen auch weite Teile der Literatur, wenngleich meist ohne abwägende Begründung.[116]

2. Sofortige Beschwerde (eigene Ansicht)

Es fragt sich jedoch, ob die o. g. Auffassung alle Aspekte berücksichtigt. Nach hier vertretener Ansicht sprechen die überwiegenden Gründe für eine Zulässigkeit der sofortigen Beschwerde, da es sich bei dem Verfahren über die Zustimmung zur Vorschussentnahme nicht um eine Maßnahme im Rahmen der Aufsicht (§ 58 InsO) handelt, sondern um eine Entscheidung nach § 64 Abs. 1 InsO; im Einzelnen: 64

Dass § 58 InsO keine sofortige Beschwerde für die nicht antragsgemäße Vorschussbewilligung bzw. die Versagung eines Vorschusses vorsieht, ist kein Argument, sondern ein Zirkelschluss, denn es soll ja gerade Rechtsfolge dieser Argumentation sein, dass für den Vorschuss § 58 InsO Anwendung findet und nicht § 64 InsO. Wenn die Aufsichtspflicht gemäß § 58 InsO maßgeblich für die Vorschussbewilligung sein soll, ist zu beachten, dass für die einzige Sanktion, die § 58 Abs. 2 InsO vorsieht, nämlich die Anordnung eines Zwangsgeldes, gerade auf die sofortige Beschwerde verwiesen wird. Wenn mithin in § 58 InsO neue Entscheidungsmöglichkeiten des Gerichts hineingelesen werden, stellt es eine unvollständige Analogie dar, nicht auch die entsprechend notwendigen Rechtsmittel zuzulassen. Eine gesetzliche Analogie enthält insoweit bereits § 58 Abs. 3 InsO in Bezug auf Herausgabepflichten eines entlassenen Verwalters einschließlich der Zulassung der sofortigen Beschwerde. Dass mithin § 58 InsO statt § 64 InsO einschlägig sein soll, nur um sich negierend auf § 6 InsO berufen zu können, ist wenig überzeugend und trägt das Ergebnis hinsichtlich möglicher Rechtsmittel (und der Rechtsnatur des Vorschussanspruchs) nicht. 65

Bedenken bestehen ferner gegen die Annahme, § 64 InsO komme wegen des Vorläufigkeitscharakters eines Vorschusses nicht in Betracht. Aus § 64 InsO lässt sich dies nicht ableiten. Soweit dies zur Anwendung des § 58 InsO führen soll, handelt es sich wiederum um einen Zirkelschluss, der zudem unvollständig umgesetzt wurde. Denn das bereits erwähnte Zwangsgeld als einzige in § 58 InsO genannte „Entscheidung" des Insolvenzgerichts hat ebenfalls nur vorläufigen Charakter; wenn 66

---

113) BGH, Beschl. v. 1.10.2002 – IX ZB 53/02, ZIP 2002, 2223; BGH, Beschl. v. 24.3.2011 – IX ZB 67/10, ZInsO 2011, 777.
114) BGH, Beschl. v. 1.10.2002 – IX ZB 53/02, ZIP 2002, 2223 unter Berufung auf die Gesetzesmaterialien.
115) BGH, Beschl. v. 1.10.2002 – IX ZB 53/02, ZIP 2002, 2223; BGH, Beschl. v. 24.3.2011 – IX ZB 67/10, ZInsO 2011, 777.
116) Leonhardt/Smid/Zeuner/*Amberger*, InsVV, § 9 Rz. 27; *Graeber/Graeber*, InsVV, § 9 Rz. 90 ff.; *Haarmeyer/Mock*, InsVV, § 9 Rz. 28; FK-InsO/*Lorenz*, § 9 InsVV Rz. 20; *Nicht/Schildt*, NZI 2010, 466, 469; KPB-InsO/*Prasser*, § 9 InsVV Rz. 19 (Stand: 07/2015).

der Zweck des Zwangsmittels erreicht ist, kann das Zwangsgeld nicht mehr durchgesetzt werden, da es sich nicht um eine Strafe, sondern um ein (vorübergehendes) Beugemittel handelt.[117]

67 Schon im Grundsatz ist zweifelhaft, wie auf § 58 InsO rekurriert werden kann. § 58 InsO regelt die Rechtsaufsicht über den Insolvenzverwalter, hingegen nicht Ansprüche des Insolvenzverwalters. Nach systematischer Auslegung ist unschwer erkennbar, dass § 65 InsO den §§ 63, 64 InsO folgt. Wenn § 65 InsO Ermächtigungsgrundlage dafür ist, dass es für die Umsetzung der §§ 63, 64 InsO eine Verordnung geben kann, und diese Verordnung einen Vorschuss regelt, so beziehen sich die dortigen Vorschussregelungen ausschließlich auf §§ 63, 64 InsO. § 65 InsO ist hingegen keine Ermächtigungsgrundlage, die Aufsicht i. S. d. §§ 58, 59 InsO näher auszugestalten. Einer solchen Ermächtigungsgrundlage bzw. Verordnung bedarf es auch nicht, da §§ 58, 59 InsO abschließend geregelt, d. h. nicht beliebig erweiterbar sind.[118] Insoweit existiert zwischen § 58 InsO und § 9 InsVV nicht einmal ansatzweise ein Zusammenhang. Wenn § 58 InsO einschlägig wäre, dürfte § 9 InsVV folglich nicht zur Anwendung kommen, da es an einer Ermächtigungsgrundlage für § 9 InsVV fehlte, die ja offenbar nicht in § 65 InsO gesehen werden kann, wenn § 58 InsO maßgeblich sein soll. Dann müsste sich die herrschende Ansicht auf die allgemeinen Regeln des Inhalts berufen, dass niemand für fremdnützige Tätigkeiten mit eigenen Mitteln in Vorlage treten muss (Rz. 4), ohne auf eine bestimmte Norm rekurrieren zu können. Da aber § 9 InsVV nun einmal existent ist und unzweifelhaft von der Ermächtigungsgrundlage des § 65 InsO gedeckt zu sein scheint, ist die Anwendung von § 64 Abs. 3 InsO auf den Vorschuss zwingend, sodass tatsächlich die sofortige Beschwerde einschlägig ist. Dass § 9 InsVV nicht von der Ermächtigungsgrundlage des § 65 InsO gedeckt sein soll, da ein Vorschussanspruch nicht unmittelbar in der InsO geregelt ist, dürfte ernsthaft zweifelhaft sein. Es kann dem Gesetzgeber unterstellt werden, dass er die Vorschussproblematik aus dem Geltungsbereich von KO/VergVO kannte und er dies (weiterhin) in der auf der Ermächtigungsgrundlage des § 65 InsO erlassenen Verordnung näher geregelt wissen wollte, wie dies auch durch die Vorgängernorm § 7 VergVO geschah. Zuzugestehen ist der herrschenden Ansicht allerdings, dass auch zu § 7 VergVO schon vertreten wurde, bei einer Rechtspflegerentscheidung sei die Erinnerung einschlägig.[119] Eine vergleichbare Nicht-Abdeckung einer Norm der InsVV durch die Ermächtigungsgrundlage des § 65 InsO hat der BGH aber bereits bei bestimmten Aspekten für die Vergütung des vorläufigen Verwalters behauptet[120]. Daraufhin wurde vom Gesetzgeber klargestellt, dass diese Interpretation des BGH zu keinem Zeitpunkt dem

---

117) BGH, Beschl. v. 4.7.2013 – IX ZB 44/11, JurionRS 2013, 42028; BGH, Beschl. v. 11.12.2014 – IX ZB 42/14, ZVI 2015, 99.
118) LG Göttingen, Beschl. v. 3.7.2008 – 10 T 73/08, ZIP 2008, 1933; Bork/Hölzle/*Zimmer*, Handbuch Insolvenzrecht, Kap. 5 Rz. 50; ähnlich im hiesigen Kontext wohl *Graeber/Graeber*, InsVV, § 9 Rz. 112.
119) *Eickmann*, VergVO, § 7 Rz. 14 (jedoch ohne Begründung).
120) BGH, Beschl. v. 15.11.2012 – IX ZB 88/09, ZInsO 2013, 44; BGH, Beschl. v. 15.11.2012 – IX ZB 130/10, ZInsO 2013, 100; BGH, Beschl. v. 7.2.2013 – IX ZB 286/11, ZInsO 2013, 515; BGH, Beschl. v. 14.2.2013 – IX ZB 260/11, ZInsO 2013, 630.

Willen des Gesetzgebers entsprochen habe;[121] nichts anderes kann in Bezug auf § 9 InsVV gelten, der ja nichts weiter ist als die Ausprägung des allgemeinen Rechtsgedankens über Vorschussansprüche. Insoweit sind die beiden (nur z. T. formulierten) Grundannahmen der herrschenden Ansicht, für § 9 InsVV fehle es an der notwendigen Ermächtigungsgrundlage und die Aufsicht nach § 58 InsO könne durch Verordnung geregelt werden, zu bestreiten.

Die Anwendung von § 58 InsO, mithin die Einstufung der Vorschussgewährung als Aufsichtsmaßnahme, führt ferner zu einer Unschärfe bei der Frage, ob eine Vorschussentnahme auch nachträglich genehmigt werden kann (Rz. 16 f.); denn die Aufsicht nach §§ 58, 59 InsO bezieht sich i. d. R. nur auf vergangene Ereignisse, was eine nachträgliche Genehmigung zwingend zulassen müsste. Soweit sich die Aufsicht in die Zukunft erstreckt (Anforderung von Sachstandsberichten), ist kein teleologischer Zusammenhang mit dem Vorschussanspruch zu erkennen, wenn und weil die Entscheidung über den Vorschuss nicht als Druckmittel zur Erfüllung von Verwalterpflichten anerkannt werden kann, da im enumerativen § 58 Abs. 2 und 3 InsO nicht erwähnt. 68

Ferner führt die Verweigerung der sofortigen Beschwerde zu einer überflüssigen Erschwerung bei der Beantwortung der Frage, ob die Vorschussentscheidung ein Titel i. S. d. § 794 Abs. 1 ZPO sein kann (Rz. 59 ff.). Ebenso werden völlig unnötige Rechtsunsicherheiten bei den Fragen der Anhörung, Zustellung und Veröffentlichung produziert. Dies führt in der Praxis nicht zu einem Rechtssystem, sondern zu einem *Case Law*. 69

Letztlich ist noch der Unterschied zwischen Erinnerung und sofortiger Beschwerde zu nennen. Wird die Entscheidung über die Erinnerung gemäß § 11 Abs. 2 Satz 6 RPflG von einem Richter getroffen, ist sie unanfechtbar. Nun besteht im Insolvenzverfahren allerdings die Besonderheit, dass sich im eröffneten Verfahren der Richter das Verfahren ganz oder teilweise vorbehalten kann (§ 18 Abs. 2 Satz 1 RPflG). Er kann es auch nachträglich ganz oder teilweise wieder an sich ziehen (§ 18 Abs. 2 Satz 3 RPflG). Erfährt ein Richter folglich nach Verfahrenseröffnung, dass ein Vorschussantrag gestellt wurde, kann er von seinem Evokationsrecht Gebrauch machen und über den Antrag entscheiden, ohne dass dann ein Rechtsmittel gegeben wäre. Dies entspricht evident nicht der Vorstellung des Gesetzgebers von der Trennung zwischen Rechtspfleger- und Richteraufgaben im Insolvenzverfahren, da vergleichbare „Kabinettsbefehle"[122] – offenbar gegen die Auffassung von *Graeber*[123] – ausdrücklich vermieden werden müssen.[124] Insoweit wird zutreffend darauf hingewiesen, dass sich die herrschende Ansicht im Widerspruch zur historischen Auslegung des § 11 Abs. 2 RPflG befindet; diese Norm sei lediglich ein allgemeiner Auffangtatbestand aus vermeintlich verfassungsrechtlicher Notwendigkeit.[125] Eines 70

---

121) Gesetz zur Verkürzung des Restschuldbefreiungsverfahrens und zur Stärkung der Gläubigerrechte v. 15.7.2013 (BGBl. I 2013, 2379), siehe Anh. XII Rz. 128.
122) *Schneider*, ZInsO 1999, 276.
123) *Graeber/Graeber*, InsVV, § 9 Rz. 30 ff.
124) *Fuchs*, ZInsO 2001, 1033, 1034 f. m. w. N.; krit. auch *Keller*, Vergütung und Kosten, § 14 Rz. 105; *Uhlenbruck*, Rpfleger 1997, 356, 359.
125) *Keller*, Vergütung und Kosten, § 14 Rz. 104.

Rückgriffs auf einen Auffangtatbestand bedarf es jedoch nicht, wenn ein einschlägiges Rechtsmittel zur Verfügung steht.

71 Insgesamt proklamiert die herrschende Ansicht auf der Ebene von Anspruch, Tatbeständen, Ermessenseinschränkung und Rechtsfolge ein „auf jeden Fall", um auf der Rechtsmittelebene ein „na, dann nicht" hinterherzuschieben; dies ist inkonsequent und sinnfrei.

72 Wird in dem Beschluss eine *endgültige Entscheidung* getroffen, z. B. die grundsätzliche Erstattungsfähigkeit von Einzelauslagen gemäß § 8 Abs. 3 InsVV oder besonderen Kosten gemäß § 4 Abs. 2, 3 Satz 2 InsVV negiert oder Verwirkung behauptet, so ist ohnehin die sofortige Beschwerde einschlägig, da es in dieser Konstellation selbst nach dem BGH am Vorläufigkeitscharakter der Entscheidung fehlt, sodass eine endgültige Entscheidung i. S. d. § 64 InsO vorliegt.[126]

3. Sonstige Möglichkeiten

73 Die Nichtgewährung eines Vorschusses führt nicht dazu, dass auf den Vergütungsanspruch (später) **Verzugszinsen** beansprucht werden könnten (§ 8 Rz. 130). Eine schuldhafte Amtspflichtverletzung, die zu einer **Amtshaftung** gemäß Art. 34 GG, § 839 Abs. 1 BGB führen würde, kann allenfalls angenommen werden, wenn das Verhalten des zuständigen Gerichtspersonals objektiv unvertretbar ist, was inhaltlich auf ein grob fahrlässiges oder vorsätzliches Handeln hinausläuft.[127] Da die Beweislast hierfür beim Geschädigten liegt, ist die Amtshaftung für nicht oder zögerlich bearbeitete Vorschussanträge faktisch ausgeschlossen.[128] Auch die Geltendmachung eines **Entschädigungsanspruchs gemäß § 198 Abs. 1 GVG**[129] ist faktisch ausgeschlossen (§ 8 Rz. 132). Der BGH weist neuerdings ausdrücklich auf die Möglichkeit des **Verzögerungsschadens** (nach Abschluss des endgültigen Vergütungsfestsetzungsverfahrens) hin; ein solcher soll nach zivilrechtlichen Grundsätzen in Gestalt eines Zinsschadens zur Finanzierung von Vorhaltekosten nachgewiesen werden müssen.[130] Da der Insolvenzverwalter jedoch seine Vorhaltekosten faktisch nicht den konkreten Verfahren zuordnen kann, muss der Hinweis wohl als zynisch bezeichnet werden.

4. Berechtigte

74 Ungeachtet der Frage, welches Rechtsmittel gegen einen nicht antragsgemäßen Beschluss einschlägig ist, herrscht offenbar Einigkeit darüber, dass lediglich der Antragsteller zur Einlegung des Rechtsmittels berechtigt ist. Den übrigen in § 64 Abs. 3 InsO genannten Beteiligten steht kein Rechtsmittel zu. Für sie besteht ausreichend

---

126) BGH, Beschl. v. 22.7.2004 – IX ZB 161/03, ZIP 2004, 1717.
127) Vgl. BGH, Urt. v. 16.10.2014 – IX ZR 190/13, Rz. 19 f., ZIP 2014, 2299.
128) Siehe auch Beck/Depré/*Zimmer*, Praxis der Insolvenz, § 50 Rz. 2 ff.
129) Zu den Einzelheiten *Zimmer*, ZInsO 2011, 2302 (aufgrund eines redaktionellen Fehlers wurde hier allerdings die Verzögerungsrüge mit der Anhörungsrüge verwechselt); *Zimmer*, InsbürO 2012, 342.
130) BGH, Urt. v. 16.10.2014 – IX ZR 190/13, ZIP 2014, 2299.

Schutz darin, die endgültige Vergütungsfestsetzung angreifen zu können.[131] Hieran würde sich auch nichts ändern, wenn die Vorschussbewilligung nicht dem § 58 InsO, sondern dem § 64 InsO subsumiert wird. Denn wegen des Vorschusscharakters kann trotz Anwendung des § 64 Abs. 3 InsO ein Rechtsschutzinteresse verneint werden.

IX. Rückzahlungspflicht

1. Liquiditätsgründe (§ 207 Abs. 3 Satz 1 InsO)

Bei der Rückzahlungspflicht ist zu differenzieren. Aufgrund des Vorschusscharakters ist ausgeschlossen, dass der Insolvenzverwalter berechtigte Vorschussentnahmen zurückzahlen muss, wenn die Liquidität der Masse nicht für andere Verbindlichkeiten ausreicht.[132] Dieser **Grundsatz** wurde jedoch geprägt in Zeiten der Konkursordnung, in deren Anwendungsbereich es (im heutigen Sprachgebrauch) sonstige Masseverbindlichkeiten gab, die den Verfahrenskosten rangmäßig vorgingen. Problematisch war, dass die Konkursordnung auch nicht das Institut der Masseunzulänglichkeit kannte, sodass ein gewisser Vorrang der Verfahrenskosten vor Neu-Masseverbindlichkeiten erst durch die Rechtsprechung geschaffen werden musste.[133]

75

Im Geltungsbereich der InsO hat dieser Grundsatz nur noch Auswirkung auf die Frage, ob eine Rückzahlungspflicht des Insolvenzverwalters besteht, wenn die **Verteilung der Masse gemäß § 207 Abs. 3 Satz 1 InsO** zu berechnen ist. Dem gleichzusetzen wäre es, den Vorschuss auch den Verteilungsschlüssel des § 207 Abs. 3 Satz 1 InsO anzurechnen. Die Frage ist jedoch zu verneinen,[134] da sich am Inhalt des Grundsatzes nichts geändert hat. Mit der Entnahme des Vorschusses gilt eine anteilige Befriedigung des Vergütungsanspruchs des Insolvenzverwalters gemäß § 362 BGB als erfüllt.[135] Ferner ist auch die Gerichtskasse als – neben den Gläubigerausschussmitgliedern – einzig verbleibender „Konkurrent" bei der Masseverteilung berechtigt, Vorschüsse auf Gerichtskosten und Auslagen des Gerichts einzufordern. Aus § 15 Abs. 1 Satz 1 KostVfg[136] lässt sich ableiten, dass die Antragsgebühr im Fall der Insolvenzeröffnung unverzüglich nach diesem Ereignis geltend gemacht werden muss, wenngleich Fälligkeit der Gebühr nach § 6 Abs. 1 Nr. 3 GKG bereits mit Eingang des Insolvenzantrags bei Gericht eintritt. Selbiges gilt für Auslagen, die das Insolvenzgericht im Antragsverfahren getätigt hat (vgl. § 15 Abs. 2 KostVfg).

76

---

131) LG Göttingen, Beschl. v. 2.8.2001 – 10 T 40/01, ZInsO 2001, 846; LG Münster, Beschl. v. 26.7.2001 – 5 T 614/01, ZInsO 2001, 903; *Haarmeyer/Mock*, InsVV, § 9 Rz. 27; *Keller*, Vergütung und Kosten, § 14 Rz. 100; KPB-InsO/*Prasser*, § 9 InsVV Rz. 20 (Stand: 07/2015).
132) BGH, Beschl. v. 1.10.2002 – IX ZB 53/02, ZIP 2002, 2223.
133) BGH, Urt. v. 5.12.1991 – IX ZR 275/90, ZIP 1992, 120.
134) LG Göttingen, Beschl. v. 8.4.2014 – 10 T 16/14, ZIP 2014, 1943; *Graeber/Graeber*, InsVV, § 9 Rz. 107; *Haarmeyer/Mock*, InsVV, § 9 Rz. 22; KPB-InsO/*Prasser*, § 9 InsVV Rz. 13d (Stand: 07/2015).
135) BGH, Urt. v. 5.12.1991 – IX ZR 275/90, ZIP 1992, 120; Leonhardt/Smid/Zeuner/ *Amberger*, InsVV, § 9 Rz. 30; *Haarmeyer/Mock*, InsVV, § 9 Rz. 22; *Nicht/Schildt*, NZI 2010, 466, 467; KPB-InsO/*Prasser*, § 9 InsVV Rz. 3 (Stand: 07/2015).
136) Bekanntmachung der Neufassung der Kostenverfügung v. 6.3.2014 (Bundesanzeiger AT 7.4.2014, B 1), geändert durch Verwaltungsvorschrift v. 10.8.2015 (Bundesanzeiger AT 25.8.2015, B 1).

Die Durchführungsgebühr ist gemäß § 16 Abs. 1 KostVfg spätestens nach Abhaltung des Prüfungstermins anzusetzen. Da der Wert für die Gerichtsgebühren erst gegen Verfahrensbeendigung feststeht, sieht § 15 Abs. 4 Satz 1 KostVfg ausdrücklich die Einforderung eines Vorschusses vor. Unterlässt die Gerichtskasse bzw. das Insolvenzgericht die rechtzeitige Anforderung eines Vorschusses, führt dies mit dazu, dass sich der Insolvenzverwalter bereits erhaltene Vorschüsse auf die Quote gemäß § 207 Abs. 3 Satz 1 InsO anrechnen lassen müsste; auch für die Gerichtskasse gilt insoweit ein Verschulden gegen sich selbst, wenn von Vorschussmöglichkeiten kein Gebrauch gemacht wird.

77 Etwas anderes gilt in dem nicht ganz seltenen Fall, dass eine Vorschussanforderung seitens der Gerichtskasse zunächst damit beantwortet wird, der gegenwärtige Massebestand lasse eine Zahlung nicht zu. Kommt es dann später zur Vorschussbewilligung gemäß § 9 InsVV, ist bereits bei der Entnahme des Vergütungsvorschusses § 207 Abs. 3 Satz 1 InsO analog anzuwenden. Wird hier die Vorschussanforderung der Gerichtskasse missachtet, führt dies zwar nicht zur Rückzahlungsverpflichtung des Insolvenzverwalters; wohl aber – und wirtschaftlich besteht kein Unterschied – haftet der Insolvenzverwalter wegen Verletzung der Befriedigungsreihenfolge der §§ 53, 207 Abs. 3 Satz 1 InsO gemäß § 60 InsO persönlich für den Quotenschaden der Gerichtskasse.[137]

2. Überschießende Beträge

78 Ergibt die abschließende Vergütungsfestsetzung, dass die bereits bewilligten und entnommenen Vorschüsse zu hoch waren, besteht eine Rückzahlungspflicht des Insolvenzverwalters. Hier sind jedoch die Möglichkeiten des Insolvenzgerichts beschränkt auf die Bestellung eines Sonderinsolvenzverwalters, der derartige Ansprüche aus ungerechtfertigter Bereicherung i. S. d. § 812 Abs. 1 Satz 1 Alt. 1 BGB vor der ordentlichen Gerichtsbarkeit durchsetzen muss (§ 8 Rz. 193).[138]

79 Eine Verzinsung analog § 717 Abs. 2 ZPO[139] (§ 8 Rz. 194) scheidet aus, da der Vorschussantrag keine Rechtshängigkeit des endgültigen Vergütungsantrags begründet.

---

137) OLG Schleswig, Urt. v. 6.3.1984 – 3 U 150/82, ZIP 1984, 619; Beck/Depré/*Zimmer*, Praxis der Insolvenz, § 47 Rz. 140.
138) BGH, Urt. v. 17.11.2005 – IX ZR 179/04, ZIP 2006, 36; ausführlich Beck/Depré/*Zimmer*, Praxis der Insolvenz, § 47 Rz. 38 ff.
139) Anwendbar auf die Aufhebung bzw. Abänderung eines Vergütungsbeschlusses durch die Rechtsmittelinstanz gemäß BGH, Urt. v. 17.11.2005 – IX ZR 179/04, ZIP 2006, 36; BGH, Urt. v. 20.3.2014 – IX ZR 25/12, ZIP 2014, 1345.

Zweiter Abschnitt
Vergütung des vorläufigen Insolvenzverwalters, des Sachwalters und des Insolvenzverwalters im Verbraucherinsolvenzverfahren

§ 10
Grundsatz

Für die Vergütung des vorläufigen Insolvenzverwalters, des Sachwalters und des Insolvenzverwalters im Verbraucherinsolvenzverfahren gelten die Vorschriften des Ersten Abschnitts entsprechend, soweit in den §§ 11 bis 13 nichts anderes bestimmt ist.

Übersicht

I. Zweck der Norm 1	5. Vorläufiger Treuhänder im vereinfachten Insolvenzverfahren alten Rechts 9
II. Historie 2	
III. Rechtsnatur 3	
IV. Regelungsbereich (kursorisch) 4	6. Insolvenzverwalter im Verbraucherinsolvenzverfahren 10
1. Vorläufiger Insolvenzverwalter 4	
2. Sachwalter 6	7. Vorläufiger Insolvenzverwalter im Verbraucherinsolvenzverfahren 11
3. Vorläufiger Sachwalter 7	
4. Treuhänder im vereinfachten Insolvenzverfahren alten Rechts 8	

I. Zweck der Norm

§ 10 InsVV regelt die entsprechende Anwendung der §§ 1–9 InsVV, die im Ersten Abschnitt der InsVV unmittelbar für den Insolvenzverwalter gelten, auf die Ermittlung der Vergütung des vorläufigen Insolvenzverwalters, des Sachwalters und des Insolvenzverwalters im Verbraucherinsolvenzverfahren, soweit für diese Anspruchsberechtigten keine speziellen Regelungen in den §§ 11–13 InsVV enthalten sind.

1

II. Historie

Im Grunde ist die Norm seit Einführung der InsVV zum 1.1.1999[1)] unverändert. Mit dem Gesetz zur Verkürzung des Restschuldbefreiungsverfahrens und zur Stärkung der Gläubigerrechte vom 15.7.2013[2)] wurde jedoch für die ab dem 1.7.2014 beantragten Insolvenzverfahren (Art. 103h Satz 1 EGInsO) die Figur des *Treuhänders im vereinfachten Insolvenzverfahren* (§ 313 Abs. 1 Satz 1 InsO a. F.) abgeschafft. Seither handelt es sich um einen „ganz normalen" *Insolvenzverwalter im Verbraucherinsolvenzverfahren*. Daher wurde gleichzeitig die Amtsbezeichnung in § 10 InsVV geändert, denn § 13 InsVV enthält insoweit weiterhin eine Sonderregelung, jedoch reduziert auf die Bestimmung der Mindestvergütung.

2

---

1) Insolvenzrechtliche Vergütungsverordnung (InsVV) v. 19.8.1998 (BGBl. I 1998, 2205), siehe Anh. III Rz. 64.
2) Gesetz zur Verkürzung des Restschuldbefreiungsverfahrens und zur Stärkung der Gläubigerrechte v. 15.7.2013 (BGBl. I 2013, 2379), siehe Anh. XII.

III. Rechtsnatur

3 Es handelt sich um eine reine Verweisungsvorschrift.

IV. Regelungsbereich (kursorisch)

1. Vorläufiger Insolvenzverwalter

4 Für den vorläufigen Insolvenzverwalter ist im Wesentlichen zu beachten, dass § 1 InsVV grundsätzlich *keine direkte oder analoge Anwendung* findet, da § 11 Abs. 1 Satz 2–5 InsVV a. F. bzw. § 63 Abs. 3 Satz 2–3 InsO n. F., § 11 Abs. 1 InsVV n. F. eine spezielle Regelung für die Berechnungsgrundlage enthalten. Es ist jedoch nicht ausgeschlossen, dass einige *Grundsätze* des § 1 Abs. 2 InsVV auch auf den vorläufigen Insolvenzverwalter übertragen werden können, wie z. B. das Überschussprinzip bei Betriebsfortführung nach dem Gedanken des § 1 Abs. 2 Nr. 4 Satz 2 lit. b InsVV,[3] denn dem Verordnungsgeber ging es darum, die von §§ 1–9 InsVV geschaffene *Grundstruktur* des Vergütungsrechts auch auf die in § 10 InsVV Genannten zu übertragen.[4] Die Bestimmung der Berechnungsgrundlage ist der größte Streitpunkt bei der Vergütung des vorläufigen Insolvenzverwalters. § 10 InsVV hatte früher insoweit eine größere Bedeutung, da das heutige Verständnis von der Vergütung des vorläufigen Insolvenzverwalters maßgeblich auf der Änderung des § 11 InsVV durch die (Erste) Verordnung zur Änderung der InsVV vom 4.10.2004[5] beruht.

5 § 2 InsVV findet Anwendung, da die Regelvergütung zur Bestimmung eines Regelbruchteils benötigt wird. Ebenso findet § 3 InsVV Anwendung, um Zu- und Abschläge ermitteln zu können. § 4 InsVV findet ebenfalls Anwendung, § 4 Abs. 1 Satz 3 InsVV freilich mit der Maßgabe, dass der vorläufige Verwalter zur Begründung von sonstigen Masseverbindlichkeiten berechtigt sein muss; Selbiges bedingt die Anwendung des § 5 InsVV. Aufgrund der Chronologie eines Insolvenzverfahrens kann § 6 InsVV keine Anwendung für den vorläufigen Verwalter finden. § 8 InsVV gilt mit der Maßgabe, dass sich die Berechnungsgrundlage und der Zeitpunkt für einen Vergütungsantrag nach den Spezifika der vorläufigen Verwaltung richten. § 7 InsVV (Umsatzsteuer) gilt ebenfalls für die Vergütung des vorläufigen Verwalters, der auch einen Vorschussanspruch i. S. d. § 9 InsVV nach freilich kürzerer Wartezeit geltend machen kann. Im Übrigen kann auf die Kommentierung zu § 11 InsVV verwiesen werden.

2. Sachwalter

6 Für den Sachwalter gilt § 1 InsVV uneingeschränkt. § 2 InsVV findet Anwendung, da die Regelvergütung zur Bestimmung eines Regelbruchteils benötigt wird. Ebenso findet § 3 InsVV Anwendung, um Zu- und Abschläge ermitteln zu können. § 4 InsVV

---

3) BGH, Beschl. v. 26.4.2007 – IX ZB 160/06, ZInsO 2007, 766 (für den „starken" vorläufigen Verwalter); BGH, Beschl. v. 9.6.2011 – IX ZB 47/10, ZInsO 2011, 1519 (für den „schwachen" vorläufigen Verwalter); BGH, Beschl. v. 27.9.2012 – IX ZB 243/11, ZInsO 2013, 840 (Passivierung fortführungsbedingter Verbindlichkeiten).
4) Insolvenzrechtliche Vergütungsverordnung (InsVV) v. 19.8.1998 (BGBl. I 1998, 2205), Begründung zu § 10 InsVV, siehe Anh. III Rz. 65.
5) Verordnung zur Änderung der Insolvenzrechtlichen Vergütungsverordnung (InsVV) v. 4.10.2004 (BGBl. I 2004, 2569), siehe Anh. VII.

Grundsatz §10

findet ebenfalls Anwendung, § 4 Abs. 1 Satz 3 InsVV allerdings nur dort, wo der Sachwalter zur Begründung von sonstigen Masseverbindlichkeiten bzw. zur Delegation berechtigt sein kann; Selbiges bedingt die Anwendung des § 5 InsVV. Da auch nach einem Insolvenzverfahren in Eigenverwaltung eine Nachtragsverteilung und erst recht eine Planüberwachung stattfinden können, gilt § 6 InsVV uneingeschränkt. § 8 InsVV gilt mit der Maßgabe, dass die Auslagenpauschale reduziert ist. § 7 InsVV (Umsatzsteuer) gilt ebenfalls für die Vergütung des Sachwalters, der auch einen Vorschussanspruch i. S. d. § 9 InsVV geltend machen kann. Im Übrigen kann auf die Kommentierung zu § 12 InsVV verwiesen werden.

3. Vorläufiger Sachwalter

Aufgrund §§ 270a Abs. 1 Satz 2, 274 Abs. 1, 63 InsO hat der vorläufige Sachwalter 7 einen Vergütungsanspruch. Aufgrund des Verweises auf § 65 InsO in §§ 270a Abs. 1 Satz 2, 274 Abs. 1 InsO wäre zu erwarten gewesen, dass die InsVV auch die Vergütung des vorläufigen Sachwalters näher regelt. Dies hat der Verordnungsgeber jedoch übersehen (wollen). Derzeit ist die Rechtsprechung bemüht, den Vergütungsanspruch zu präzisieren (ausführlich § 12 Rz. 101 ff.).

4. Treuhänder im vereinfachten Insolvenzverfahren alten Rechts

In den bis zum 30.6.2014 (Art. 103h Satz 1 EGInsO) beantragten Insolvenzverfah- 8 ren nach dem Neunten Teil der Insolvenzordnung (Verbraucherinsolvenzverfahren und sonstige Kleinverfahren über das Vermögen natürlicher Personen) wurden die einem Insolvenzverwalter zugewiesenen Aufgaben von einem stattdessen zu bestellenden Treuhänder wahrgenommen (§ 313 Abs. 1 Satz 1 InsO a. F.[6]). Für die Berechnungsgrundlage seiner Vergütung gilt § 1 InsVV, die Regel- und Mindestvergütung ist jedoch in § 13 InsVV a. F.[7] abweichend von § 2 InsVV geregelt. § 3 InsVV soll nach dem Verordnungswortlaut keine Anwendung finden, hier ist jedoch abweichende Rechtsprechung ersichtlich. §§ 4, 5 InsVV sind ebenfalls anwendbar, § 6 InsVV mit der Einschränkung, dass erst seit dem 19.7.2013 Insolvenzpläne in Verbraucherinsolvenzverfahren möglich sind. § 8 InsVV gilt uneingeschränkt. § 7 InsVV (Umsatzsteuer) gilt ebenfalls für die Vergütung des Treuhänders im vereinfachten Insolvenzverfahren alten Rechts, der auch einen Vorschussanspruch i. S. d. § 9 InsVV geltend machen kann. Im Übrigen kann auf die Kommentierung zu § 13 InsVV verwiesen werden.

5. Vorläufiger Treuhänder im vereinfachten Insolvenzverfahren alten Rechts

Der Gesetzgeber hatte in § 313 InsO a. F.[8] nicht vorgesehen, dass es in den verein- 9 fachten Insolvenzverfahren einen vorläufigen Treuhänder geben können soll. Die

---

6) §§ 312–314 InsO aufgehoben durch das Gesetz zur Verkürzung des Restschuldbefreiungsverfahrens und zur Stärkung der Gläubigerrechte v. 15.7.2013 (BGBl. I 2013, 2379), siehe Anh. XII Rz. 83 ff.
7) § 13 InsVV geändert durch das Gesetz zur Verkürzung des Restschuldbefreiungsverfahrens und zur Stärkung der Gläubigerrechte v. 15.7.2013 (BGBl. I 2013, 2379), siehe Anh. XII Rz. 101.
8) §§ 312–314 InsO aufgehoben durch das Gesetz zur Verkürzung des Restschuldbefreiungsverfahrens und zur Stärkung der Gläubigerrechte v. 15.7.2013 (BGBl. I 2013, 2379), siehe Anh. XII Rz. 83 ff.

Praxis hatte jedoch vereinzelt eine Notwendigkeit erkannt.[9] Für die Berechnung der Vergütung werden verschiedene Ansätze vertreten, sodass auf die Kommentierung zu § 13 InsVV verwiesen wird. Im Übrigen kann auf die Kommentierung zu § 13 InsVV verwiesen werden.

6. Insolvenzverwalter im Verbraucherinsolvenzverfahren

10 Für den Insolvenzverwalter im Verbraucherinsolvenzverfahren neuen Rechts gelten die §§ 1–9 InsVV nach hier vertretener Ansicht nicht nur entsprechend aufgrund der Verweisung in § 10 InsO, sondern **unmittelbar**. Es handelt sich jetzt um einen Insolvenzverwalter gemäß § 56 InsO, für den der Erste Abschnitt der InsVV maßgeblich ist. § 13 InsVV n. F.[10] reduziert lediglich die Mindestvergütung, was nur aufgrund einer inkonsequenten Umsetzung der Änderungen der InsO in der InsVV nicht in einen neuen § 3 Abs. 2 InsVV überführt wurde, wo die Regelung systematisch zu verorten gewesen wäre. Den *Insolvenzverwalter im Verbraucherinsolvenzverfahren* gibt es in der InsO nicht und der *Treuhänder im vereinfachten Insolvenzverfahren* wurde abgeschafft. Folglich ist schon fraglich, ob die Neuregelung des § 13 InsVV überhaupt von der Ermächtigungsgrundlage des § 65 InsO gedeckt ist, da sie sich mit der Vergütung eines in der InsO nicht existenten Anspruchsinhabers befasst. Im Übrigen kann auf die Kommentierung zu § 13 InsVV verwiesen werden.

7. Vorläufiger Insolvenzverwalter im Verbraucherinsolvenzverfahren

11 Für den vorläufigen Insolvenzverwalter im Verbraucherinsolvenzverfahren gelten daher – bis auf die Mindestvergütung – die allgemeinen Regelungen zum vorläufigen Insolvenzverwalter, sodass auf die Kommentierung zu § 11 InsVV verwiesen werden kann.

---

9) BGH, Beschl. v. 12.7.2007 – IX ZB 82/03, VuR 2007, 470.
10) § 13 InsVV geändert durch das Gesetz zur Verkürzung des Restschuldbefreiungsverfahrens und zur Stärkung der Gläubigerrechte v. 15.7.2013 (BGBl. I 2013, 2379), siehe Anh. XII Rz. 101.

§ 11
Vergütung des vorläufigen Insolvenzverwalters

(1) ¹Für die Berechnung der Vergütung des vorläufigen Insolvenzverwalters ist das Vermögen zugrunde zu legen, auf das sich seine Tätigkeit während des Eröffnungsverfahrens erstreckt. ²Vermögensgegenstände, an denen bei Verfahrenseröffnung Aus- oder Absonderungsrechte bestehen, werden dem Vermögen nach Satz 1 hinzugerechnet, sofern sich der vorläufige Insolvenzverwalter in erheblichem Umfang mit ihnen befasst. ³Sie bleiben unberücksichtigt, sofern der Schuldner die Gegenstände lediglich auf Grund eines Besitzüberlassungsvertrages in Besitz hat.

(2) Wird die Festsetzung der Vergütung beantragt, bevor die von Absatz 1 Satz 1 erfassten Gegenstände veräußert wurden, ist das Insolvenzgericht spätestens mit Vorlage der Schlussrechnung auf eine Abweichung des tatsächlichen Werts von

dem der Vergütung zugrunde liegenden Wert hinzuweisen, sofern die Wertdifferenz 20 vom Hundert bezogen auf die Gesamtheit dieser Gegenstände übersteigt.

(3) Art, Dauer und der Umfang der Tätigkeit des vorläufigen Insolvenzverwalters sind bei der Festsetzung der Vergütung zu berücksichtigen.

(4) Hat das Insolvenzgericht den vorläufigen Insolvenzverwalter als Sachverständigen beauftragt zu prüfen, ob ein Eröffnungsgrund vorliegt und welche Aussichten für eine Fortführung des Unternehmens des Schuldners bestehen, so erhält er gesondert eine Vergütung nach dem Justizvergütungs- und -entschädigungsgesetz.

Literatur: *Amery/Kästner*, Die Vergütung des vorläufigen Insolvenzverwalters als Streitfrage – eine Betrachtung aus systematischer und verfassungsrechtlicher Perspektive, ZIP 2013, 2041; *Blankenburg*, Reform der strafrechtlichen Vermögensabschöpfung – Neue Möglichkeiten der Staatsanwaltschaft im Insolvenzverfahren, ZInsO 2017, 1453; *Blersch*, Vergütungsrolle rückwärts contra legem!, ZIP 2006, 598; *Bork/Muthorst*, Zur Vergütung des vorläufigen Insolvenzverwalters – Ist die Neufassung des § 11 InsVV verfassungskonform?, ZIP 2010, 1627; *Büttner*, Die Neuregelung des § 11 Abs. 2 InsVV – Ein Sturm im Wasserglas?, ZVI 2008, 281; *Büttner*, Strukturgleichheit im Vergütungsrecht?, ZVI 2013, 289; *Frind*, Zwischenruf: Änderung des § 14 InsO – Freibrief für den verschleppten oder unbegründeten Gläubigerantrag?, ZInsO 2010, 2183; *Frind*, Die Praxis fragt, „ESUG" antwortet nicht, ZInsO 2011, 2249; *Ganter*, Betriebsfortführung im Insolvenzeröffnungs- und Schutzschirmverfahren, NZI 2012, 433; *Graeber*, Vorläufige Verwaltung zum Mindesttarif oder Explosion der Zuschläge, ZInsO 2006, 794; *Graeber*, Der neue § 11 InsVV: Seine Auswirkungen auf vorläufige Insolvenzverwalter, Insolvenzverwalter und Insolvenzgerichte, ZInsO 2007, 133; *Graeber*, Zum Umgang mit Aus- und Absonderungsgegenständen in der Berechnungsgrundlage eines vorläufigen Insolvenzverwalters in Verfahren vor dem 19.7.2013, NZI 2013, 836; *Haarmeyer*, Von Irrtümern, Kleingeistern und einem „großen" Vorsitzenden oder eine Sternstunde des Rechtsstaats, ZInsO 2006, 337; *Haarmeyer*, Die „neue" Vergütung des vorläufigen Insolvenzverwalters nach der Grundsatzentscheidung des BGH v. 13.7.2006, ZInsO 2006, 786; *Haarmeyer*, Die „neue" Vergütung des vorläufigen Verwalters, ZInsO 2007, 73; *Hentrich*, Vergütungsbestimmung des vorläufigen Insolvenzverwalters bei Nichtberücksichtigung des § 11 Abs. 1 Satz 4 InsVV, InsbürO 2013, 128; *Keller*, Die Rechtsprechung des Bundesgerichtshofs zur Vergütung in Insolvenzverfahren, NZI 2004, 465; *Keller*, Berücksichtigung von Aus- und Absonderungsrechten bei der Vergütungsberechnung des vorläufigen Insolvenzverwalters, NZI 2006, 271; *Keller*, Adversus haereses – Glaubenskampf um die Berechnungsgrundlage der Vergütung des vorläufigen Insolvenzverwalters, ZIP 2008, 1615; *Keller*, Die Berechnungsgrundlage zur Vergütung des vorläufigen Insolvenzverwalters, NZI 2013, 240; *Krösch*, Die Vergütung des Sachverständigen im Insolvenzverfahren nach der Novellierung des Justizvergütungs- und Entschädigungsgesetzes (JVEG), ZInsO 2013, 1562; *Küpper/Heinze*, Die Verfassungswidrigkeit der Abänderungsbefugnis nach § 11 Abs. 2 Satz 2 InsVV, ZInsO 2007, 231; *Langer/Bausch*, Die fortschreibende Rechnungslegung im Rahmen standardisierter Gutachten und Zwischenberichte – Ein Beitrag des AG Aachen zur Arbeitserleichterung und Qualitätssicherung im Insolvenzverfahren, ZInsO 2011, 1287; *Ley*, Die neue Vergütung des Sachverständigen im Insolvenzverfahren nach dem Justizvergütungs- und Entschädigungsgesetz, ZIP 2004, 1391; *Marotzke*, Kostenfreie Weiterverfolgung einer von Gläubigerseite gestellten Insolvenzantrags trotz Wegfalls der zugrundeliegenden Forderung?, ZInsO 2011, 841; *Prasser*, Zuständigkeit zur Vergütungsfestsetzung des vorläufigen Insolvenzverwalters, NZI 2011, 54; *Prasser*, Die Berücksichtigung von Aus- und Absonderungsrechten bei der Vergütung des vorläufigen Insolvenzverwalters nach altem und neuem Recht, InsbürO 2017, 14; *Raebel*, Die Berechnungsgrundlage der Vergütung des vorläufigen Insolvenzverwalters, in: Festschrift für Gero Fischer, 2008, S. 459; *Riewe*, Festsetzung der Vergütung des vorläufigen Insolvenzverwalters bei fehlender Eröffnung des Insolvenzverfahrens, NZI 2010, 131; *Rüffert*, Verjährung der Vergütung des vorläufigen Verwalters, ZInsO 2009, 757; *Schmidt*, Das Ende der sanierenden Insolvenzverwaltung, ZInsO 2006, 791; *Smid*, Berechnungsgrundlage zur Ermittlung der Vergütung des vorläufigen Insolvenzverwalters – Kritische Bemerkungen zu den tragenden Prinzipien des insolvenzrechtlichen Vergütungsrechts, ZInsO 2013, 321; *Smid*, Titulierung des Vergütungsanspruchs des Insolvenzverwalters und des vorläufigen Verwalters, ZIP 2014, 1714; *Uhlenbruck*, Ablehnung einer Entscheidung über die Kosten des vorläufigen Insolvenzverwalters – ein Fall der Rechtsschutzverweigerung?, NZI 2010, 161; *Vallender*, Die Beschlüsse des BGH zur Vergütung des vorläufigen Insolvenzverwalters – eine Gefahr für den Insolvenzstandort Deutschland?, NJW 2006, 2956; *Vallender*, Der gerichtlich bestellte Sachverständige im Insolvenzeröffnungsverfahren, ZInsO 2010, 1457; *Vill*, Die Vergütung des vorläufigen Insolvenzverwalters, in: Festschrift für Gero Fischer, 2008, S. 547; *Vill*, Zur Reform des insolvenzrechtlichen Vergütungsrechts, in: Festschrift für Bruno M. Kübler, 2015, 741; *Zimmer*, Verjährung der nicht festgesetzten Vergütung des (vorläufigen) Insolvenzverwalters nach der Schuldrechtsreform, ZVI 2004, 662; *Zimmer*, Probleme des Vergütungsrechts (bei Nicht-Eröffnung des Insolvenzverfahrens) vor und nach ESUG – Plädoyer für das Eröffnungsverfahren als notwendige Vorstufe eines Insolvenzverfahrens im Sinne einer Vorgesellschaft, ZInsO 2012, 1658.

Übersicht

I. Normzweck und Rechtsnatur 1
1. § 63 Abs. 3 InsO 1
2. § 11 InsVV 4
3. Verfahrenskosten 5
II. Historie 6
1. Einleitung und Grundkritik 6
2. Historie nach Ereignissen 8
3. Normfassungen nach Ereignissen 15
   a) Einleitung 15
   b) Bestellung 1.1.1999 – 31.12.2003
      und Eröffnung 1.1.1999 –
      31.12.2003 16
   c) Bestellung 1.1.1999 – 30.6.2004
      und Eröffnung ab 1.1.2004 18
   d) Bestellung 1.7.2004 – 28.12.2006 ... 20
   e) Bestellung 29.12.2006 –
      18.7.2013 22
   f) Bestellung seit 19.7.2013 26
III. Vergütungsanspruch des vorläufigen Insolvenzverwalters 33
1. Anspruchsgrundlage (§ 63 InsO) 33
2. Persönlicher Anwendungsbereich 35
3. Entstehung und Fälligkeit 36
4. Vergütungsschuldner 37
5. Verjährung 38
6. Verwirkung 39
7. Reformvorschläge 40
IV. Höhe der Vergütung 41
1. Vergütungsfähigkeit und Vergütungsgegenstand 41
2. Berechnungsgrundlage 44
   a) Eigenständigkeit 44
   b) Werte vs. Masse (Grundproblem) 45
   c) Relevante Aktiva 47
    aa) Grundsatz: Alle Vermögensgegenstände (§ 63 Abs. 3 Satz 2 InsO) 47
    (1) Vermögensbegriff des Verordnungsgebers 47
    (2) (Vermeintliche) Problemfälle 49
    (3) Informationsquellen 59
    bb) Ausgeschiedene Vermögensgegenstände (§ 63 Abs. 3 Satz 3 InsO) 60
    cc) Aus- und Absonderungsgut bzw. Absonderungsrechte 67
    (1) Historische Herleitung 67
    (2) Anwendbares Recht (zeitlicher Anwendungsbereich) 78
    (3) Erheblichkeit der Befassung 80
    dd) Besitzüberlassungsverträge 90
    ee) Wertansätze 93
   d) Relevante Passiva 96
    aa) Grundsatz 96
    bb) Anwendung des § 1 InsVV 97
    (1) § 1 Abs. 1 Satz 1 InsVV (Schlussrechnung) 97
    (2) § 1 Abs. 1 Satz 2 InsVV (Schätzung) 98
    (3) § 1 Abs. 2 Nr. 1 InsVV (Absonderungsrechte) 99
    (4) § 1 Abs. 2 Nr. 2 InsVV (Abfindungen) 100
    (5) § 1 Abs. 2 Nr. 3 InsVV (Aufrechnungslagen) 102
    (6) § 1 Abs. 2 Nr. 4 Satz 1 InsVV (Abzug Masseverbindlichkeiten) 103
    (7) § 1 Abs. 2 Nr. 4 Satz 2 lit. a InsVV („eigene" Honorare) 104

(8) § 1 Abs. 2 Nr. 4 Satz 2 lit. b
InsVV (Fortführungsüber-
schuss) 105
(9) § 1 Abs. 2 Nr. 5 InsVV (Vor-
und Zuschüsse Dritter) 108
e) Wertbegrenzung 109
f) Berechnungsgrundlage bei
Nicht-Eröffnung 110
3. Regelbruchteil (einschließlich
Inflationsausgleich) 111
a) Fiktive Verwaltervergütung 111
b) Regelbruchteil (§ 63 Abs. 3
Satz 2 InsO) 112
c) Mindestvergütung 113
4. Zu- und Abschläge 114
a) Anwendungsbereich des
§ 11 Abs. 3 InsVV 114
b) Zu- und Abschläge
(§§ 10, 3 InsVV) 115
aa) Anwendbarkeit des § 3 InsVV
(Grundsatz) 115
bb) Ungekürzte vs. quotale
Berücksichtigung 116
cc) Konkrete Tätigkeit 119
dd) Ausgleich nicht berücksichtig-
ter Vermögensgegenstände 120
ee) Vergleichsrechnung 124
ff) Gesamtwürdigung 125
gg) Anwendung auf die Mindestvergütung 126
hh) Gesonderter Ausweis 129
V. Anwendbarkeit der §§ 4 – 9 InsVV
(§ 10 InsVV) 130
VI. Festsetzungsverfahren
(§ 64 Abs. 1 InsO) 134
1. Allgemeines 134

2. Nicht-Eröffnung des Insolvenzverfahrens (§ 26a InsO) 135
a) Zuständigkeit 135
b) Vergütungsschuldner 137
c) Entnahmerecht 142
d) Rang in einem Folgeinsolvenzverfahren 143
VII. Abänderungsbefugnis
(§ 63 Abs. 3 Satz 4 InsO) 144
1. Einleitung 144
a) Kernaussage 144
b) Rechtsnatur 145
c) Ermessensentscheidung vs.
Amtspflicht 147
d) Zeitlicher Anwendungs-
bereich 148
2. Wertabweichungen (§ 63 Abs. 3
Satz 4 InsO) 151
a) Grundprinzip 151
b) Definitionen und Problemfälle ... 155
c) Wertabweichung > 20 % 160
3. Hinweispflicht
(§ 11 Abs. 2 InsVV) 162
4. Rechtsfolge 167
VIII. Gesonderte Vergütung nach
JVEG (§ 11 Abs. 4 InsVV) 171
1. Einleitung 171
2. Stundensatz des
Sachverständigen 176
a) Vorläufiger Insolvenz-
verwalter als Sachver-
ständiger 176
b) Isoliert bestellter
Sachverständiger 177
c) Geltendmachung der
Vergütung 182

I. Normzweck und Rechtsnatur

1. § 63 Abs. 3 InsO

Gemäß **§ 63 Abs. 3 Satz 1 InsO** wird die Tätigkeit des vorläufigen Insolvenzverwalters 1
neben der Tätigkeit des Insolvenzverwalters gesondert vergütet. Gleichwohl dürften
die §§ 21 Abs. 2 Satz 1 Nr. 1, 63 Abs. 1 InsO die Anspruchsgrundlage für die Vergütung darstellen. Der Hinweis auf eine *gesonderte Vergütung* scheint entbehrlich, da
die Amtsträger im Antragsverfahren und im eröffneten Insolvenzverfahren rechtlich
verschieden sind, selbst wenn Personenidentität vorliegt, sodass denklogisch auch
eigenständige Vergütungsansprüche bestehen müssen. Offenbar gab es aber Fälle, in
denen beide Vergütungsansprüche in einem Vergütungsbeschluss zusammengefasst
wurden, was schon wegen der unterschiedlichen Beschwerdeberechtigten eigentlich
noch nie geltendem Recht entsprochen hat.[1] Gleichwohl ist der Wortlaut des § 63
Abs. 3 Satz 1 InsO nicht unbeachtlich, da der Gesetzgeber i. S. e. Normzwecks zum

---

1) A. A. KPB-InsO/*Prasser/Stoffler*, § 63 Rz. 54 (Stand: 11/2013).

Ausdruck bringt, eben wegen der regelmäßigen Personenidentität gleichwohl keine Einheitsvergütung gewollt zu haben. Zwar ließen sich für eine Einheitsvergütung de lege ferenda gute Gründe anführen,[2] es scheint jedoch zweifelhaft, Derartiges als geltendes Recht darzustellen.[3] Aus dem Wortlaut des § 63 Abs. 3 Satz 1 InsO ergibt sich ferner, dass es sich bei der Vergütung des vorläufigen Insolvenzverwalters um eine *Tätigkeitsvergütung* handelt; ein Erfolg i. S. v. Einnahmen ist nicht vorgesehen,[4] was einen zentralen Unterschied zur Rechtsnatur des Vergütungsanspruchs des Insolvenzverwalters, der aus beiden Elementen besteht, darstellt.

2 Der vorläufige Insolvenzverwalter erhält i. d. R. 25 % der nach § 2 Abs. 1 InsVV zu ermittelnden Vergütung (*Regelbruchteil*) auf Basis einer eigenständigen *Berechnungsgrundlage*, die definiert wird mit dem Vermögen, auf das sich seine Tätigkeit während des Eröffnungsverfahrens erstreckt (§ 63 Abs. 3 Satz 2 InsO). Die Norm hat somit wertbestimmenden Charakter. Maßgebend für die Wertermittlung ist der *Zeitpunkt* der Beendigung der vorläufigen Verwaltung oder der Zeitpunkt, ab dem der Gegenstand nicht mehr der vorläufigen Verwaltung unterliegt (§ 63 Abs. 3 Satz 3 InsO). Die Norm hat ebenfalls wertbestimmenden Charakter im Hinblick auf eine zeitliche Komponente.

3 Beträgt die Differenz des (nach der Verwertung im eröffneten Verfahren festzustellenden) tatsächlichen Werts der Berechnungsgrundlage zu dem der Vergütung zugrunde gelegten Wert mehr als 20 %, kann das Insolvenzgericht den Beschluss über die Vergütung des vorläufigen Insolvenzverwalters bis zur Rechtskraft der Entscheidung über die Vergütung des Insolvenzverwalters ändern (§ 63 Abs. 3 Satz 4 InsO). Diese sog. *Abänderungsbefugnis* hat letztlich ebenfalls wertbestimmenden Charakter im Hinblick auf eine eventuelle Korrektur vorheriger Wertansätze.

2. § 11 InsVV

4 Die Aussagen des § 63 Abs. 3 InsO werden durch § 11 InsVV präzisiert. § 11 Abs. 1 Satz 1 InsVV scheint eine ebenso unvollständige wie überflüssige *Wiederholung* des Wortlauts des § 63 Abs. 3 Satz 3 InsO zu sein.[5] § 11 Abs. 1 Satz 2 und 3 InsVV regeln die Einbeziehung von Aus- und Absonderungsrechten (besser: *Aus- und Absonderungsgut*) in die Berechnungsgrundlage. Die Norm hat folglich wertbestimmenden Charakter. Damit die Voraussetzungen zur sog. Abänderung der bereits festgesetzten Vergütung i. S. d. § 63 Abs. 3 Satz 4 InsO geprüft werden können, enthält § 11 Abs. 2 InsVV eine Hinweispflicht des Insolvenzverwalters im eröffneten Insolvenzverfahren. Insoweit handelt es sich um eine *Mitwirkungspflicht* des Insolvenzverwalters, die verfahrensrechtlich am ehesten dem § 153 AO vergleichbar ist. § 11 Abs. 3 InsVV passt die Regelvergütung des vorläufigen Insolvenzverwalters an die *Umstände des Einzelfalls* an, soweit hier die Kriterien der Art, der Dauer und des Umfangs der Tätigkeit des vorläufigen Insolvenzverwalters angesprochen werden. Ganz eindeutig ist die Regelung nicht. So könnte sie sich auf den Regelbruchteil des § 63 Abs. 3 Satz 2 InsO

---

2) *Zimmer*, ZInsO 2012, 1658, 1665.
3) So aber *Haarmeyer/Mock*, InsVV, § 11 Rz. 1 ff., 24, 27, 31, 33 u. a.
4) BGH, Beschl. v. 14.12.2000 – IX ZB 105/00, ZIP 2001, 296; *Bork/Muthorst*, ZIP 2010, 1627, 1631; *Smid*, ZIP 2014, 1714, 1718.
5) *Vill*, in: FS Fischer, S. 547, 548 f.

beziehen und entsprechende Abweichungen bei der Festsetzung dieses Regelbruchteils zulassen; sie könnte im Zusammenhang mit § 10 InsVV allerdings auch einen Verweis auf § 3 InsVV (Zu- und Abschläge) darstellen, um einen Gleichklang mit der Vergütung des Insolvenzverwalters in Abhängigkeit von Umfang und Schwierigkeit der Geschäftsführung des Insolvenzverwalters (§ 63 Abs. 1 Satz 3 InsO) herzuleiten.

§ 11 Abs. 4 InsVV hat vermeintlich klarstellenden Charakter, um die Vergütung für die Tätigkeit als vorläufiger Insolvenzverwalter nach InsO/InsVV von der Vergütung als personenidentischer Sachverständiger i. S. d. § 22 Abs. 1 Satz 2 Nr. 3 Fall 2 InsO i. V. m. § 4 InsO, §§ 402 ff. ZPO nach dem JVEG abzugrenzen, was in Ansehung der merkwürdigen Aufgabenverteilung in § 22 Abs. 1 Satz 2 Nr. 3 Fall 2 InsO (Rz. 43) kaum als gelungen bezeichnet werden kann. § 11 Abs. 4 InsVV ist jedenfalls keine Anspruchsgrundlage für eine Vergütung als Sachverständiger, die tatsächlich in § 4 InsO, § 413 ZPO, § 1 Abs. 1 Satz 3 JVEG zu sehen ist. Im Ergebnis enthält § 11 Abs. 4 InsVV folglich nur eine materiell-rechtliche *Nichtanrechnungsklausel*.

3. Verfahrenskosten

Die festgesetzte Vergütung des vorläufigen Insolvenzverwalters stellt im eröffneten 5 Insolvenzverfahren eine Masseverbindlichkeit nach § 54 Nr. 2 InsO dar. Im Fall der Nicht-Eröffnung des Insolvenzverfahrens ist dies streitig (Rz. 143).

II. Historie

1. Einleitung und Grundkritik

Die Vergütung des vorläufigen Insolvenzverwalters ist wohl häufigster Gegenstand 6 von Änderungen der InsVV, da zum einen handwerkliche Mängel des Gesetz- und Verordnungsgebers nicht völlig verneint werden können und zum anderen ein kontinuierlicher Dissens zwischen Bundesjustizministerium und BGH über die Angemessenheit der Vergütung besteht. Nur anhand der Materialien zum Vergütungsrecht erschlösse sich dabei allerdings niemandem mehr, was mit Gewaltenteilung i. S. d. Art. 20 Abs. 2 GG gemeint sein könnte. Ungeachtet der Frage, ob die Vergütungen der Höhe nach angemessen sind, was stets zu diskutieren ist, stellt sich die grundsätzliche Frage, ob in Ansehung der Tatsache, dass ein vom Staat in Anspruch Genommener *vorher* wissen sollte, welche Vergütungsansprüche er hat, Verordnungs- und Gesetzgeber sowie die Gerichte noch das Ziel der Rechtssicherheit verfolgen, d. h., denjenigen Zustand zu erreichen gedenken, dessentwegen es eines Staatswesens überhaupt bedarf. Insbesondere stellen unscharfe Grenzen zwischen Gesetz und Verordnung einen Verstoß gegen das Gebot rechtsstaatlicher Klarheit dar; dass zur Normenklarheit auch Normenwahrheit gehört, wirkt sich denkbar einfach aus: Überschrift und Einleitung eines Regelungswerks müssen auch nach zahlreichen Änderungen noch halten, was sie versprechen.[6]

Kernproblem scheint jedoch, dass sich die Daseinsberechtigung der vorläufigen Verwaltung zum Selbstläufer entwickelt hat[7] und in Frage gestellt werden könnte,[8] zudem die Rechtsordnungen anderer europäischer Länder ohne eine vorläufige Verwal-

---

6) So wörtlich BVerfG, Beschl. v. 13.9.2005 – 2 BvF 2/03, BVerfGE 114, 196.
7) *Haarmeyer/Mock*, InsVV, § 11 Rz. 4 ff.
8) *Zimmer*, Insolvenzbuchhaltung, Rz. 446.

tung auskommen. Ein sinnvoller Lösungsansatz schiene beispielsweise, die Gewährung von Insolvenzgeld unter Abänderung der §§ 165 ff. SGB III (auch) für Zeiträume nach Verfahrenseröffnung zu gewähren, was die entsprechende EU-Richtlinie durchaus zuließe.[9] Denn dieser sozialpolitische Aspekt ist im Grunde insolvenzfremd und greift in verzerrender Weise in die notwendige Chronologie eines Gerichtsverfahrens, das das Insolvenzverfahren immer noch ist, ein, da derzeit der vorläufigen Verwaltung dasjenige an Aufgaben aufgebürdet wird, was der ursprüngliche Konkursgesetzgeber zwischen Verfahrenseröffnung und Berichtstermin angesiedelt hat. Solange jedoch die Existenzberechtigung der vorläufigen Verwaltung auch unter Ausschöpfung des Insolvenzgeldzeitraums vom Gesetzgeber ausdrücklich bejaht wird, verbietet es sich, eine gegenteilige Auffassung über das Vergütungsrecht durchsetzen zu wollen, zumal es immer der erste Amtsträger ist, der denklogisch den größten Arbeitsaufwand zu betreiben hat und hierfür angemessen zu vergüten ist.

2. Historie nach Ereignissen

8   Die erste Fassung des § 63 InsO[10] mit Inkrafttreten zum 1.1.1999 (§ 359 InsO i. V. m. Art. 110 Abs. 1 EGInsO) regelte seinem Wortlaut nach ausschließlich die Vergütung des Insolvenzverwalters. Auch in den ersten Fassungen von § 64 InsO[11] (Festsetzungsverfahren) und § 65 InsO[12] (Verordnungsermächtigung) war nur vom Insolvenzverwalter die Rede. Allerdings verwies bereits die erste Fassung von § 21 Abs. 2 Nr. 1 InsO[13] für einen vorläufigen Insolvenzverwalter u. a. auf die §§ 63–65 InsO, sodass sich der Verordnungsgeber in die Lage versetzt sah, einzig in § 11 InsVV Regelungen zur Vergütung des vorläufigen Insolvenzverwalters aufzunehmen. Der heutige *§ 11 Abs. 4 InsVV* entspricht dem § 11 Abs. 2 InsVV erster Fassung[14]. Der heutige *§ 11 Abs. 3 InsVV* ist nahezu wortgleich mit § 11 Abs. 1 Satz 3 InsVV erster Fassung.[15] Restlich regelte § 11 InsVV erster Fassung in Abs. 1 Satz 1, dass die Tätigkeit des vorläufigen Insolvenzverwalters gesondert vergütet werde, und in Abs. 1 Satz 2, dass die Vergütung i. d. R. einen angemessenen Bruchteil der Vergütung des Insolvenzverwalters nicht überschreiten solle;[16] in z. T. abgeänderter Form finden sich diese Aussagen derzeit in § 63 Abs. 3 InsO.

---

9) Art. 3, 4 RL 80/987/EWG (ABl. L 283 v. 28.10.1980, S. 3) in der Fassung der RL 2002/74/EG (ABl. L 270/10 v. 8.10.2002).
10) Insolvenzordnung (InsO) v. 5.10.1994 (BGBl. I 1994, 2866), abgedruckt bei *Kübler/Prütting*, Das neue Insolvenzrecht, S. 234.
11) Insolvenzordnung (InsO) v. 5.10.1994 (BGBl. I 1994, 2866), abgedruckt bei *Kübler/Prütting*, Das neue Insolvenzrecht, S. 236.
12) Insolvenzordnung (InsO) v. 5.10.1994 (BGBl. I 1994, 2866), abgedruckt bei *Kübler/Prütting*, Das neue Insolvenzrecht, S. 238.
13) Insolvenzordnung (InsO) v. 5.10.1994 (BGBl. I 1994, 2866), abgedruckt bei *Kübler/Prütting*, Das neue Insolvenzrecht, S. 176.
14) Insolvenzrechtliche Vergütungsverordnung (InsVV) v. 19.8.1998 (BGBl. I 1998, 2205), siehe Anh. III Rz. 66.
15) Insolvenzrechtliche Vergütungsverordnung (InsVV) v. 19.8.1998 (BGBl. I 1998, 2205), siehe Anh. III Rz. 66.
16) Insolvenzrechtliche Vergütungsverordnung (InsVV) v. 19.8.1998 (BGBl. I 1998, 2205), siehe Anh. III Rz. 66.

Mit dem *Gesetz zur Änderung der Insolvenzordnung und anderer Gesetze* vom 26.10.2001[17] wurde durch Einfügung der §§ 4a–4d InsO die Stundung der Verfahrenskosten eingeführt, geltend für Insolvenzverfahren, die seit dem 1.12.2001 eröffnet werden (Art. 103a EGInsO). Der vorläufige Insolvenzverwalter hat seither bei Vorliegen der entsprechenden Voraussetzungen, die zu erfüllen nicht in der Sphäre des vorläufigen Insolvenzverwalters liegen, einen Sekundäranspruch gegen die Staatskasse. Dies ergibt sich jedoch nur aus der Begründung des Änderungsgesetzes,[18] da auch der zeitgleich eingeführte § 63 Abs. 2 InsO wörtlich nur auf den Insolvenzverwalter Bezug nahm.[19] Aufgrund der weiterhin bestehenden Verweisung in § 21 Abs. 2 Nr. 1 InsO, die folglich auch § 63 Abs. 2 InsO n. F. erfasste, scheint die Anwendung des § 63 Abs. 2 InsO auf den vorläufigen Insolvenzverwalter jedoch unproblematisch. Änderungen in § 11 InsVV waren damit nicht verbunden.

9

Mit dem *Gesetz zur Modernisierung des Kostenrechts* vom 5.5.2004[20] mit Inkrafttreten zum 1.7.2004 (Art. 8 Satz 1 des Änderungsgesetzes) erfolgte eine Änderung des seinerzeitigen § 11 Abs. 2 InsVV (heute § 11 Abs. 4 InsVV). Es war jedoch nur eine redaktionelle Änderung vorzunehmen, da das ursprünglich in Bezug genommene Gesetz über die Entschädigung von Zeugen und Sachverständigen (ZSEG) zeitgleich durch das Justizvergütungs- und -entschädigungsgesetz (JVEG) ersetzt wurde.

10

Mit der (ersten) *Verordnung zur Änderung der InsVV* vom 4.10.2004[21] wurde primär die Mindestvergütung des Insolvenzverwalters geändert, ohne ausdrücklich den vorläufigen Insolvenzverwalter zu erwähnen. Die Gelegenheit wurde jedoch genutzt, um Anwendungsschwierigkeiten des Tatbestandsmerkmals des „angemessenen" Bruchteils der Verwaltervergütung aus der Vergütung des vorläufigen Insolvenzverwalters zu beseitigen und in § 11 Abs. 1 Satz 2 InsVV einzufügen, dass diese Vergütung i. d. R. 25 % der Vergütung nach § 2 Abs. 1 InsVV bezogen auf das Vermögen, auf das sich die Tätigkeit während des Eröffnungsverfahrens erstreckt, betragen soll. Damit wurde einerseits ein Regelbruchteil in Höhe von 25 % der sich aus § 2 Abs. 1 InsVV ergebenden Vergütung festgelegt und andererseits die Berechnungsgrundlage konkretisiert.[22] Gemäß § 19 Abs. 1 InsVV waren die Regelungen anwendbar für Verfahren, die ab dem 1.1.2004 eröffnet werden (zum Problem der Rückwirkung siehe § 19 Rz. 23 ff.).

11

In der Allgemeinen Begründung zur *Zweiten Verordnung zur Änderung der InsVV* vom 21.12.2006[23] führt der Verordnungsgeber aus, er sei davon ausgegangen, dass mit

12

---

17) Gesetz zur Änderung der Insolvenzordnung und anderer Gesetze v. 26.10.2001 (BGBl. I 2001, 2710), siehe Anh. IV.
18) Gesetz zur Änderung der Insolvenzordnung und anderer Gesetze v. 26.10.2001 (BGBl. I 2001, 2710), siehe Anh. IV Rz. 9, 12 und 30.
19) Gesetz zur Änderung der Insolvenzordnung und anderer Gesetze v. 26.10.2001 (BGBl. I 2001, 2710), siehe Anh. IV Rz. 29.
20) Gesetz zur Modernisierung des Kostenrechts (Kostenrechtsmodernisierungsgesetz – KostRMoG) v. 5.5.2004 (BGBl. I 2004, 718), siehe Anh. VI.
21) Verordnung zur Änderung der Insolvenzrechtlichen Vergütungsverordnung (InsVV) v. 4.10.2004 (BGBl. I 2004, 2569), siehe Anh. VII.
22) Verordnung zur Änderung der Insolvenzrechtlichen Vergütungsverordnung (InsVV) v. 4.10.2004 (BGBl. I 2004, 2569), siehe Anh. VII Rz. 38 ff.
23) Zweite Verordnung zur Änderung der Insolvenzrechtlichen Vergütungsverordnung (InsVV) v. 21.12.2006 (BGBl. I 2006, 3389), siehe Anh. VIII.

der vorstehenden Änderung klargestellt worden sei, dass die Berechnungsgrundlage nicht allein Literatur und Rechtsprechung überlassen werden könne, sondern der Praxis deutliche Anhaltspunkte für die Festsetzung der Vergütung des vorläufigen Insolvenzverwalters gegeben werden sollten;[24] dies sei offenbar nicht hinreichend gelungen,[25] sodass § 11 InsVV weitgehend neugefasst wurde. Dabei ging der Verordnungsgeber von drei zentralen Aspekten aus.[26] Erstens stellte er heraus, dass die Berechnungsgrundlage für die Vergütung des vorläufigen Insolvenzverwalters abweichend von § 1 Satz 1 InsVV unter Berücksichtigung der Eigenheiten der vorläufigen Verwaltung zu ermitteln sei. Zweitens betonte er, dass das für § 11 Abs. 1 Satz 2 InsVV (seinerzeitige Fassung) heranzuziehende Vermögen nicht zu einem bestimmten Stichtag ermittelt werden könne, sondern das gesamte Vermögen heranzuziehen sei, auf das sich die Tätigkeit des vorläufigen Insolvenzverwalters bezieht, auch wenn es während der vorläufigen Verwaltung aus dem schuldnerischen Vermögen ausscheidet. Maßgeblich drittens brachte der Verordnungsgeber zum Ausdruck, dass aufgrund des Vermögensbegriffs weder Verbindlichkeiten noch – im Grundsatz – Aus- und Absonderungsrechte von der Berechnungsgrundlage abzuziehen seien, sofern es sich nicht um Besitzüberlassungsverträge handelt. Erforderlich sei lediglich, dass sich der vorläufige Insolvenzverwalter erheblich mit dem Aus- oder Absonderungsgut befasst habe. Dass daher die Vergütung des vorläufigen Insolvenzverwalters durchaus höher sein könne als diejenige des Insolvenzverwalters im eröffneten Verfahren, entspräche ausdrücklich dem Konzept des Verordnungsgebers. Hintergrund dieser sehr deutlichen Aussage waren mehrfache Versuche des BGH, die Thematik Aus- und Absonderungsrechte ausschließlich über § 3 Abs. 1 InsVV (Zuschlag) zu regeln. Eine vielfach so empfundene Fehlentscheidung des BGH vom 13.7.2006[27] führte dann zu dieser ungewöhnlich schnellen Reaktion des Verordnungsgebers. Um dem Risiko bzw. dem Verdacht überhöhter Vergütungen vorzubeugen, wurde jedoch gleichzeitig die sog. Abänderungsbefugnis eingeführt. Hiernach kann auch lange nach Rechtskraft der Festsetzung der Vergütung des vorläufigen Insolvenzverwalters – spätestens jedoch bis zur Rechtskraft der Festsetzung der Vergütung des Insolvenzverwalters im eröffneten Verfahren – die Vergütung des vorläufigen Insolvenzverwalters abgeändert werden, wenn sich herausstellt, dass zwischen ursprünglich angesetztem Wert und tatsächlich erzieltem Erlös eine Wertdifferenz von mehr als 20 % liegt. Da die gleichzeitig in § 19 Abs. 2 InsVV verankerte Übergangsregelung jedoch sprachlich und rechtlich misslungen war (§ 19 Rz. 29 f.), kam der BGH zu dem Ergebnis, dass die Neuregelung grundsätzlich nur Anwendung finde für ab dem **29.12.2006** bestellte vorläufige Insolvenzverwalter.[28] Die neu eingeführte Abänderungsbefugnis soll keine Anwendung finden, wenn die Vergütung

---

24) Zweite Verordnung zur Änderung der Insolvenzrechtlichen Vergütungsverordnung (InsVV) v. 21.12.2006 (BGBl. I 2006, 3389), Allgemeine Begründung, siehe Anh. VIII Rz. 3.
25) Zweite Verordnung zur Änderung der Insolvenzrechtlichen Vergütungsverordnung (InsVV) v. 21.12.2006 (BGBl. I 2006, 3389), Allgemeine Begründung, siehe Anh. VIII Rz. 4.
26) Zweite Verordnung zur Änderung der Insolvenzrechtlichen Vergütungsverordnung (InsVV) v. 21.12.2006 (BGBl. I 2006, 3389), Begründung zur Änderung des § 11 InsVV, siehe Anh. VIII Rz. 16 ff.
27) BGH, Beschl. v. 13.7.2006 – IX ZB 104/05, NZI 2006, 515.
28) BGH, Beschl. v. 23.10.2008 – IX ZB 35/05, ZIP 2008, 2323.

des vorläufigen Insolvenzverwalters bis einschließlich 28.12.2006 bereits rechtskräftig festgesetzt worden war.[29)]

Alsdann vermutete der BGH, für den Fall der Nicht-Eröffnung des Insolvenzverfahrens enthielten weder die InsO noch die InsVV Regelungen für eine Vergütungsfestsetzung des vorläufigen Insolvenzverwalters; es wurde auf eine Zivilklage auf der Anspruchsgrundlage der §§ 1835, 1836, 1915, 1987, 2221 BGB verwiesen.[30)] Die Kritik hieran gipfelte im Vorwurf der Rechtsschutzverweigerung.[31)] Mit dem *Gesetz zur weiteren Erleichterung der Sanierung von Unternehmen (ESUG)* vom 7.12.2011[32)] wurde daher § 26a InsO eingeführt, der das Festsetzungsverfahren für die Vergütung des vorläufigen Insolvenzverwalters bei Nichteröffnung des Insolvenzverfahrens regelt. Als Übergangsregelung fungiert der gleichzeitig neu eingeführte Art. 103g EGInsO, wonach auf Insolvenzverfahren, die vor dem 1.3.2012 beantragt worden sind, altes Recht anzuwenden ist. Folglich gelten die durch das ESUG in die Insolvenzordnung aufgenommenen Änderungen nur in denjenigen Verfahren, die seit dem 1.3.2012 beantragt werden.

13

Da es durch den soeben eingeführten § 26a InsO zu der Situation kam, dass Schuldner mit den Vergütungsansprüchen eines vorläufigen Insolvenzverwalters trotz Nicht-Eröffnung des Insolvenzverfahrens belastet wurden, obgleich nicht wenige „Druckanträge" von Insolvenzgläubigern nach Befriedigung wieder zurückgenommen worden waren, wurde erkannt, dass gelegentlich auch der antragstellende Insolvenzgläubiger für die Kosten des Insolvenzantragsverfahrens einschließlich der Vergütung des vorläufigen Insolvenzverwalters haften können muss. Mit dem *Gesetz zur Verkürzung des Restschuldbefreiungsverfahrens und zur Stärkung der Gläubigerrechte* vom 15.7.2013[33)] wurde § 26a InsO insoweit neugefasst. Dies sollte es ermöglichen, im Fall eines gänzlich unberechtigten Eröffnungsantrags[34)] die Vergütung des vorläufigen Insolvenzverwalters gegen den Gläubiger festzusetzen.[35)] Gemäß Art. 103h Satz 1 EGInsO gilt dies für Insolvenzverfahren, die seit dem 1.7.2014 beantragt werden. Zentrale Änderung war ferner die Neufassung des § 63 InsO im Hinblick auf die Vergütung des vorläufigen Insolvenzverwalters, der nun auch in § 65 InsO (Verordnungsermächtigung) erwähnt wird. Hierzu wurden wesentliche Aussagen des vormaligen § 11 Abs. 1 InsVV a. F. in § 63 Abs. 3 InsO n. F. verschoben. Hintergrund waren erneut Entscheidungen des BGH zur (Nicht-)Einbeziehung von Vermögenswerten – an denen nach

14

---

29) BGH, Beschl. v. 23.10.2008 – IX ZB 35/05, Rz. 7, ZIP 2008, 2323.
30) BGH, Beschl. v. 3.12.2009 – IX ZB 280/08, ZIP 2010, 89.
31) *Uhlenbruck*, NZI 2010, 161.
32) Gesetz zur weiteren Erleichterung der Sanierung von Unternehmen (ESUG) v. 7.12.2011 (BGBl. I 2011, 2582), siehe Anh. XI.
33) Gesetz zur Verkürzung des Restschuldbefreiungsverfahrens und zur Stärkung der Gläubigerrechte v. 15.7.2013 (BGBl. I 2013, 2379), siehe Anh. XII.
34) Gesetz zur Verkürzung des Restschuldbefreiungsverfahrens und zur Stärkung der Gläubigerrechte v. 15.7.2013 (BGBl. I 2013, 2379), Begründung zur Änderung des § 26a InsO, siehe Anh. XII Rz. 12.
35) Gesetz zur Verkürzung des Restschuldbefreiungsverfahrens und zur Stärkung der Gläubigerrechte v. 15.7.2013 (BGBl. I 2013, 2379), Begründung zur Änderung des § 26a InsO, siehe Anh. XII Rz. 15.

§ 11 Vergütung des vorläufigen Insolvenzverwalters

Verfahrenseröffnung Aus-[36] oder Absonderungsrechte[37] geltend gemacht werden können – in die Berechnungsgrundlage. Aufgrund der Vorgeschichte, wonach eindeutig war, dass die Auffassung des BGH nicht dem Willen des Verordnungsgebers entsprechen würde, rekurrierte der BGH nun darauf, dass § 11 Abs. 1 Satz 4 und 5 InsVV (seinerzeitige Fassung) gegen § 63 Abs. 1 Satz 2 und 3 InsO (seinerzeitige Fassung) verstoße; die Ermächtigungsgrundlagen in §§ 63, 65 InsO (seinerzeitige Fassung) würden die Regelungen zur Vergütung des vorläufigen Insolvenzverwalters in § 11 InsVV (seinerzeitige Fassung) insofern nicht decken, als sich der vorläufige Insolvenzverwalter nicht auf eine höhere Berechnungsgrundlage stützen könne als der Insolvenzverwalter im eröffneten Verfahren. Da sich jedoch die gleichzeitig eingeführten Übergangsregelungen in Art. 103h EGInsO für die Änderungen in §§ 63, 65 InsO (1.7.2014) und in § 19 Abs. 4 InsVV für die Änderungen in § 11 InsVV (19.7.2013) widersprachen (§ 19 Rz. 49, 53), gelangte der BGH zu der Auffassung, dass die Neuregelung für die ab dem 19.7.2013 beantragten Insolvenzverfahren gelte.[38] Gerade im Hinblick auf die Einbeziehung der Aus- und Absonderungsgegenstände in die Berechnungsgrundlage der Vergütung für zuvor bestellte vorläufige Insolvenzverwalter lehnte er eine Rückwirkung ab, da er eine Rechtsänderung annahm,[39] obgleich der Verordnungsgeber von einer Klarstellung ausgegangen war.[40] Der Vollständigkeit halber wurde auch die sog. Abänderungsbefugnis von § 11 Abs. 2 InsVV a. F. in § 63 Abs. 3 Satz 4 InsO verschoben; insoweit war eine Übergangsregelung entbehrlich.

3. Normfassungen nach Ereignissen

a) Einleitung

15 Die Historie der Änderungen in InsO und InsVV sei nachfolgend nach den Zeitpunkten der Bestellung des vorläufigen Insolvenzverwalters und – soweit relevant – der Eröffnung des Insolvenzverfahrens dargestellt, um in noch anhängigen Verfahren die jeweils zutreffende Fassung ermitteln zu können. Nicht berücksichtigt wurden dabei die Änderungen bei Nicht-Eröffnung des Insolvenzverfahrens, die Einführung der Verfahrenskostenstundung und Änderungen bei der Mindestvergütung, da dies den Rahmen der Darstellung sprengen würde.

b) Bestellung 1.1.1999 – 31.12.2003 und Eröffnung 1.1.1999 – 31.12.2003

§ 11 InsVV

16 (1) ¹Die Tätigkeit des vorläufigen Insolvenzverwalters wird besonders vergütet. ²Die Vergütung soll in der Regel einen angemessenen Bruchteil der Vergütung des Insolvenzverwalters nicht überschreiten. ³Art, Dauer und Umfang der Tätigkeit des

---

36) BGH, Beschl. v. 15.11.2012 – IX ZB 88/09, ZIP 2012, 2515; BGH, Beschl. v. 14.2.2013 – IX ZB 260/11, ZInsO 2013, 630.
37) BGH, Beschl. v. 15.11.2012 – IX ZB 130/10, ZIP 2013, 30; BGH, Beschl. v. 7.2.2013 – IX ZB 286/11, ZIP 2013, 468; BGH, Beschl. v. 14.2.2013 – IX ZB 260/11, ZInsO 2013, 630.
38) BGH, Beschl. v. 14.7.2016 – IX ZB 46/14, ZIP 2016, 1601.
39) BGH, Beschl. v. 14.7.2016 – IX ZB 46/14, ZIP 2016, 1601.
40) Gesetz zur Verkürzung des Restschuldbefreiungsverfahrens und zur Stärkung der Gläubigerrechte v. 15.7.2013 (BGBl. I 2013, 2379), Begründung zur Änderung des § 63 InsO, siehe Anh. XII Rz. 21.

vorläufigen Insolvenzverwalters sind bei der Festsetzung der Vergütung zu berücksichtigen.

(2) Hat das Insolvenzgericht den vorläufigen Insolvenzverwalter als Sachverständigen beauftragt zu prüfen, ob ein Eröffnungsgrund vorliegt und welche Aussichten für eine Fortführung des Unternehmens des Schuldners bestehen, so wird er gesondert nach dem Gesetz über die Entschädigung von Zeugen und Sachverständigen entschädigt.

c) Bestellung 1.1.1999 – 30.6.2004 und Eröffnung ab 1.1.2004

§ 11 InsVV

(1) ¹Die Tätigkeit des vorläufigen Insolvenzverwalters wird besonders vergütet. ²~~Die Vergütung soll in der Regel einen angemessenen Bruchteil der Vergütung des Insolvenzverwalters nicht überschreiten.~~ ²Er erhält in der Regel 25 vom Hundert der Vergütung nach § 2 Abs. 1 bezogen auf das Vermögen, auf das sich seine Tätigkeit während des Eröffnungsverfahrens erstreckt. ³Art, Dauer und Umfang der Tätigkeit des vorläufigen Insolvenzverwalters sind bei der Festsetzung der Vergütung zu berücksichtigen.

(2) Hat das Insolvenzgericht den vorläufigen Insolvenzverwalter als Sachverständigen beauftragt zu prüfen, ob ein Eröffnungsgrund vorliegt und welche Aussichten für eine Fortführung des Unternehmens des Schuldners bestehen, so wird er gesondert nach dem Gesetz über die Entschädigung von Zeugen und Sachverständigen entschädigt.

d) Bestellung 1.7.2004 – 28.12.2006

§ 11 InsVV

(1) ¹Die Tätigkeit des vorläufigen Insolvenzverwalters wird besonders vergütet. ²Er erhält in der Regel 25 vom Hundert der Vergütung nach § 2 Abs. 1 bezogen auf das Vermögen, auf das sich seine Tätigkeit während des Eröffnungsverfahrens erstreckt. ³Art, Dauer und Umfang der Tätigkeit des vorläufigen Insolvenzverwalters sind bei der Festsetzung der Vergütung zu berücksichtigen.

(2) Hat das Insolvenzgericht den vorläufigen Insolvenzverwalter als Sachverständigen beauftragt zu prüfen, ob ein Eröffnungsgrund vorliegt und welche Aussichten für eine Fortführung des Unternehmens des Schuldners bestehen, so erhält er gesondert eine Vergütung nach dem Justizvergütungs- und -entschädigungsgesetz.

e) Bestellung 29.12.2006 – 18.7.2013

§ 11 InsVV

(1) ¹Die Tätigkeit des vorläufigen Insolvenzverwalters wird besonders vergütet. ²Er erhält in der Regel 25 vom Hundert der Vergütung nach § 2 Abs. 1 bezogen auf das Vermögen, auf das sich seine Tätigkeit während des Eröffnungsverfahrens erstreckt. ³~~Art, Dauer und Umfang der Tätigkeit des vorläufigen Insolvenzverwalters sind bei der Festsetzung der Vergütung zu berücksichtigen.~~ ³Maßgebend für die Wertermittlung ist der Zeitpunkt der Beendigung der vorläufigen Verwaltung oder der Zeitpunkt, ab dem der Gegenstand nicht mehr der vorläufigen Verwaltung unterliegt. ⁴Vermögensgegenstände, an denen bei Verfahrenseröffnung Aus- oder Absonderungs-

rechte bestehen, werden dem Vermögen nach Satz 2 hinzugerechnet, sofern sich der vorläufige Insolvenzverwalter in erheblichem Umfang mit ihnen befasst. ⁵Eine Berücksichtigung erfolgt nicht, sofern der Schuldner die Gegenstände lediglich aufgrund eines Besitzüberlassungsvertrages in Besitz hat.

23 (2) ¹Wird die Festsetzung der Vergütung beantragt, bevor die von Absatz 1 Satz 2 erfassten Gegenstände veräußert wurden, ist das Insolvenzgericht spätestens mit Vorlage der Schlussrechnung auf eine Abweichung des tatsächlichen Werts von dem der Vergütung zugrunde liegenden Wert hinzuweisen, sofern die Wertdifferenz 20 vom Hundert bezogen auf die Gesamtheit dieser Gegenstände übersteigt. ²Bei einer solchen Wertdifferenz kann das Gericht den Beschluss bis zur Rechtskraft der Entscheidung über die Vergütung des Insolvenzverwalters ändern.

24 (3) Art, Dauer und der Umfang der Tätigkeit des vorläufigen Insolvenzverwalters sind bei der Festsetzung der Vergütung zu berücksichtigen.

25 (24) Hat das Insolvenzgericht den vorläufigen Insolvenzverwalter als Sachverständigen beauftragt zu prüfen, ob ein Eröffnungsgrund vorliegt und welche Aussichten für eine Fortführung des Unternehmens des Schuldners bestehen, so erhält er gesondert eine Vergütung nach dem Justizvergütungs- und -entschädigungsgesetz.

f) **Bestellung seit 19.7.2013**

§ 63 InsO

26 (3) ¹Die Tätigkeit des vorläufigen Insolvenzverwalters wird gesondert vergütet. ²Er erhält in der Regel 25 Prozent der Vergütung des Insolvenzverwalters bezogen auf das Vermögen, auf das sich seine Tätigkeit während des Eröffnungsverfahrens erstreckt. ³Maßgebend für die Wertermittlung ist der Zeitpunkt der Beendigung der vorläufigen Verwaltung oder der Zeitpunkt, ab dem der Gegenstand nicht mehr der vorläufigen Verwaltung unterliegt. ⁴Beträgt die Differenz des tatsächlichen Werts der Berechnungsgrundlage der Vergütung zu dem der Vergütung zugrunde gelegten Wert mehr als 20 Prozent, so kann das Gericht den Beschluss über die Vergütung des vorläufigen Insolvenzverwalters bis zur Rechtskraft der Entscheidung über die Vergütung des Insolvenzverwalters ändern.

§ 65 InsO

27 Das Bundesministerium der Justiz wird ermächtigt, die Vergütung und die Erstattung der Auslagen des vorläufigen Insolvenzverwalters und des Insolvenzverwalters sowie das hierfür maßgebliche Verfahren durch Rechtsverordnung zu regeln.

§ 11 InsVV

28 ~~(1) ¹Die Tätigkeit des vorläufigen Insolvenzverwalters wird besonders vergütet. ²Er erhält in der Regel 25 vom Hundert der Vergütung nach § 2 Abs. 1 bezogen auf das Vermögen, auf das sich seine Tätigkeit während des Eröffnungsverfahrens erstreckt. ³Maßgebend für die Wertermittlung ist der Zeitpunkt der Beendigung der vorläufigen Verwaltung oder der Zeitpunkt, ab dem der Gegenstand nicht mehr der vorläufigen Verwaltung unterliegt. ⁴Vermögensgegenstände, an denen bei Verfahrenseröffnung Aus- oder Absonderungsrechte bestehen, werden dem Vermögen nach Satz 2 hinzugerechnet, sofern sich der vorläufige Insolvenzverwalter in erheblichem Umfang~~

~~mit ihnen befasst. ⁵Eine Berücksichtigung erfolgt nicht, sofern der Schuldner die Gegenstände lediglich aufgrund eines Besitzüberlassungsvertrages in Besitz hat.~~

(1) ¹Für die Berechnung der Vergütung des vorläufigen Insolvenzverwalters ist das Vermögen zugrunde zu legen, auf das sich seine Tätigkeit während des Eröffnungsverfahrens erstreckt. ²Vermögensgegenstände, an denen bei Verfahrenseröffnung Aus- oder Absonderungsrechte bestehen, werden dem Vermögen nach Satz 1 hinzugerechnet, sofern sich der vorläufige Insolvenzverwalter in erheblichem Umfang mit ihnen befasst. ³Sie bleiben unberücksichtigt, sofern der Schuldner die Gegenstände lediglich auf Grund eines Besitzüberlassungsvertrages in Besitz hat.

(2) ¹Wird die Festsetzung der Vergütung beantragt, bevor die von Absatz 1 ~~Satz 2~~ Satz 1 erfassten Gegenstände veräußert wurden, ist das Insolvenzgericht spätestens mit Vorlage der Schlussrechnung auf eine Abweichung des tatsächlichen Werts von dem der Vergütung zugrunde liegenden Wert hinzuweisen, sofern die Wertdifferenz 20 vom Hundert bezogen auf die Gesamtheit dieser Gegenstände übersteigt. ~~²Bei einer solchen Wertdifferenz kann das Gericht den Beschluss bis zur Rechtskraft der Entscheidung über die Vergütung des Insolvenzverwalters ändern.~~

(3) Art, Dauer und der Umfang der Tätigkeit des vorläufigen Insolvenzverwalters sind bei der Festsetzung der Vergütung zu berücksichtigen.

(4) Hat das Insolvenzgericht den vorläufigen Insolvenzverwalter als Sachverständigen beauftragt zu prüfen, ob ein Eröffnungsgrund vorliegt und welche Aussichten für eine Fortführung des Unternehmens des Schuldners bestehen, so erhält er gesondert eine Vergütung nach dem Justizvergütungs- und -entschädigungsgesetz.

III. Vergütungsanspruch des vorläufigen Insolvenzverwalters

1. Anspruchsgrundlage (§ 63 InsO)

Gemäß §§ 21 Abs. 2 Satz 1 Nr. 1, 63 Abs. 1 Satz 1 InsO hat der vorläufige Insolvenzverwalter einen Anspruch auf Vergütung für seine Geschäftsführung und auf Erstattung angemessener Auslagen. Seit Einführung des § 63 Abs. 3 InsO für Insolvenzverfahren, die seit dem 19.7.2013 beantragt werden,[41] wird die Tätigkeit des vorläufigen Insolvenzverwalters gesondert vergütet. Insoweit könnte nun streitig sein, ob die Anspruchsgrundlage für die Vergütung (weiterhin) in § 63 Abs. 1 Satz 1 InsO oder (nunmehr) in § 63 Abs. 3 Satz 1 InsO zu sehen ist. Der Streit scheint jedoch unergiebig. Tatsächlich wird die Anspruchsgrundlage ohne zeitliche Zäsur in §§ 21 Abs. 2 Satz 1 Nr. 1, 63 Abs. 1 Satz 1 InsO zu sehen sein,[42] da die Verweisung in § 21 Abs. 2 Satz 1 Nr. 1 InsO auf § 63 Abs. 1 Satz 1 InsO eindeutig ist und bereits der ursprüngliche Verordnungsgeber die entsprechende Anwendung des § 63 Abs. 1 InsO für ausreichend erachtet hatte,[43] wenngleich die Einzelheiten später zum Gegenstand von Auseinandersetzungen wurden. Im Übrigen kann auf die Ausführungen zum Insolvenzverwalter verwiesen werden (§ 1 Rz. 1 ff.).

---

41) BGH, Beschl. v. 14.7.2016 – IX ZB 46/14, ZIP 2016, 1601.
42) *Vill*, in: FS Fischer, S. 547, 548 f.; a. A. Leonhardt/Smid/Zeuner/*Amberger*, InsVV, § 11 Rz. 6.
43) Insolvenzrechtliche Vergütungsverordnung (InsVV) v. 19.8.1998 (BGBl. I 1998, 2205), Allgemeine Begründung, siehe Anh. III Rz. 3.

§ 11 Vergütung des vorläufigen Insolvenzverwalters

34 Insbesondere verweist § 21 Abs. 2 Satz 1 Nr. 1 InsO ausdrücklich auf § 65 InsO, der insoweit auch Ermächtigungsgrundlage dafür ist, dass der Verordnungsgeber die Vergütung des vorläufigen Insolvenzverwalters in der InsVV regeln konnte.[44]

2. Persönlicher Anwendungsbereich

35 Seinem Wortlaut nach ist § 11 InsVV ausschließlich auf den **vorläufigen Insolvenzverwalter** anzuwenden. Mit Abweichungen und in älteren Fassungen ist § 11 InsVV anwendbar jedoch für den **vorläufigen Treuhänder im vereinfachten Insolvenzverfahren alten Rechts** (§ 13 Rz. 51 ff.).[45] Zweifelhaft ist eine Anwendung auf den **vorläufigen Sachwalter** (§ 12 Rz. 101 ff.). Ein **vorläufiger Verfahrenskoordinator** ist offenbar nicht vorgesehen, da § 21 Abs. 2 Satz 1 Nr. 1 InsO nicht auf § 269a ff. InsO[46] verweist. Ein Verfahrenskoordinator soll die einzelnen Verfahren koordinieren, auch wenn es Antragsverfahren betrifft (§ 269f Abs. 2 Satz 1 InsO), sodass es sich offenbar um eine Einheitsvergütung handeln soll.

3. Entstehung und Fälligkeit

36 Hinsichtlich der Entstehung und Fälligkeit der Vergütung des vorläufigen Insolvenzverwalters kann auf die Ausführungen zum Insolvenzverwalter verwiesen werden (§ 1 Rz. 18 f.). Insbesondere entsteht der Vergütungsanspruch sukzessive mit Erbringung der Tätigkeit, er wird mit Beendigung des Amts als vorläufiger Insolvenzverwalter fällig.[47]

4. Vergütungsschuldner

37 Vergütungsschuldner ist stets der **Schuldner**.[48] Eine Haftung der Staatskasse oder des antragstellenden Gläubigers ist im Grundsatz ausgeschlossen.[49] Davon gelten jedoch Ausnahmen. Bei einer gemäß §§ 4a ff. InsO gewährten Verfahrenskostenstundung ist eine *Sekundärhaftung* der **Staatskasse** zu prüfen (§ 8 Rz. 183 ff.). Ein *Primäranspruch* gegen die Staatskasse besteht im Hinblick auf die Auslagen für das nach § 8 Abs. 3 InsO übertragene Zustellungswesen (§ 8 Rz. 191). Eine Festsetzung der Vergütung des vorläufigen Insolvenzverwalters gegen den antragstellenden **Gläubiger** kommt nur unter den Voraussetzungen des § 26a InsO in Betracht (Rz. 135 ff.).

5. Verjährung

38 Hinsichtlich der Verjährung des Vergütungsanspruchs des vorläufigen Insolvenzverwalters kann auf die Ausführungen zum Insolvenzverwalter verwiesen werden (§ 1

---

44) Nochmals betont vom Verordnungsgeber in der Begründung zur Zweiten Verordnung zur Änderung der Insolvenzrechtlichen Vergütungsverordnung (InsVV) v. 21.12.2006 (BGBl. I 2006, 3389), siehe Anh. VIII Rz. 5.
45) §§ 312–314 InsO aufgehoben durch das Gesetz zur Verkürzung des Restschuldbefreiungsverfahrens und zur Stärkung der Gläubigerrechte v. 15.7.2013 (BGBl. I 2013, 2379), siehe Anh. XII Rz. 83.
46) §§ 269a–269i InsO eingefügt durch das Gesetz zur Erleichterung der Bewältigung von Konzerninsolvenzen v. 13.4.2017 (BGBl. I 2017, 866) mit Inkrafttreten zum 21.4.2018 (Art. 10 des Änderungsgesetzes), siehe Anh. XV.
47) LG Göttingen, Beschl. v. 1.2.2001 – 10 T 1/01, NZI 2001, 219.
48) BGH, Urt. v. 13.12.2007 – IX ZR 196/06, ZIP 2008, 228.
49) Ausführlich BGH, Urt. v. 13.12.2007 – IX ZR 196/06, ZIP 2008, 228.

Rz. 21). Insbesondere kann der noch nicht festgesetzte Anspruch des vorläufigen
Insolvenzverwalters im eröffneten Insolvenzverfahren nicht verjähren,[50] mindestens
aber hemmt ein Vergütungsantrag die Verjährung.[51]

6. Verwirkung

Die Vergütung des (vorläufigen) Insolvenzverwalters soll ausnahmsweise bei schweren 39
Pflichtverstößen der Verwirkung unterfallen können. Die Einzelheiten sind jedoch
streitig (hierzu § 8 Rz. 114 ff.).

7. Reformvorschläge

Da die Regelvergütung seit Einführung von InsO/InsVV zum 1.1.1999 nicht ange- 40
passt wurde und das Vergütungsrecht auch aus anderen Gründen und Perspektiven
in der Kritik steht, wurden im Jahr 2014 drei unterschiedliche **Reformvorschläge**
unterbreitet,[52] die jedoch noch kein Handeln des Gesetz- oder Verordnungsgebers
zur Folge hatten.

IV. Höhe der Vergütung

1. Vergütungsfähigkeit und Vergütungsgegenstand

Zu vergüten sind alle Tätigkeiten, die dem Insolvenzverwalter vom Gesetz oder vom 41
Insolvenzgericht (auch falls rechtlich zweifelhaft[53]) oder von den Verfahrensbeteiligten
(Schuldner, Gläubigerversammlung, Gläubigerausschuss) zulässig und wirksam
übertragen worden sind.[54] Tätigkeiten, die der Insolvenzverwalter in Überschreitung
seiner ihm zukommenden Aufgaben ausgeübt hat, sind nicht vergütungsfähig.[55]
Dieser Grundsatz ist für alle Vergütungsberechtigten anzuwenden, folglich
auch bei der Berechnungsgrundlage nach § 63 InsO, § 11 InsVV,[56] wobei eine Entscheidung
durch eine Gläubigerversammlung ausscheidet, die es im Antragsverfahren
noch nicht geben kann. Entscheidungen des vorläufigen Gläubigerausschusses
müssen im hiesigen Kontext jedenfalls dann unbeachtlich sein, wenn lediglich ein
Gläubigerantrag auf Eröffnung des Insolvenzverfahrens vorliegt. Das Eröffnungsverfahren
ist kontradiktorischer Natur, sodass dem Schuldner im Grunde schon nicht zugemutet
werden kann, vor Stellung eines Eigenantrags oder Anordnung eines Verfügungsverbots
irgendwelche Dritte Entscheidungen über sein Vermögen treffen zu

---

50) BGH, Beschl. v. 22.9.2010 – IX ZB 195/09, NZI 2010, 977; Lorenz/Klanke/*Lorenz*, InsVV, § 11 Rz. 9; *Rüffert*, ZInsO 2009, 757; a. A. Leonhardt/Smid/Zeuner/*Amberger*, InsVV, § 11 Rz. 144; *Prasser*, NZI 2011, 54; MünchKommInsO/*Stephan*, § 11 InsVV Rz. 97; *Vill*, in: FS Fischer, S. 547, 564; zweifelnd BerlKommInsO/*Blersch*, § 11 InsVV Rz. 61a (Stand: 03/2014).
51) BGH, Beschl. v. 22.9.2010 – IX ZB 195/09, NZI 2010, 977; Zimmer, ZVI 2004, 662.
52) *Verband Insolvenzverwalter Deutschlands e. V. (VID)*, Beilage 1 zu ZIP 28/2014; *Neue Insolvenzverwaltervereinigung Deutschlands e. V. (NIVD)*, ZInsO 2014, 941; *Gläubigerforum/Haarmeyer*, ZInsO 2014, 650.
53) BGH, Beschl. v. 21.7.2016 – IX ZB 70/14, Rz. 70, ZIP 2016, 1592 (Sachwalter).
54) BGH, Beschl. v. 16.6.2005 – IX ZB 264/03, ZIP 2005, 1372 (vorläufiger Insolvenzverwalter); BGH, Beschl. v. 21.7.2016 – IX ZB 70/14, Rz. 61, ZIP 2016, 1592 (Sachwalter).
55) BGH, Beschl. v. 16.6.2005 – IX ZB 264/03, ZIP 2005, 1372 (vorläufiger Insolvenzverwalter); BGH, Beschl. v. 21.7.2016 – IX ZB 70/14, Rz. 61, ZIP 2016, 1592 (Sachwalter).
56) BGH, Beschl. v. 16.6.2005 – IX ZB 264/03, ZIP 2005, 1372.

lassen, weswegen ein gegen den Willen des Schuldners eingesetzter vorläufiger Gläubigerausschuss verfassungswidrig sein dürfte.[57)]

42 Insgesamt muss der **Vergütungsgegenstand** folglich aus der InsO/InsVV resultieren. Der ursprüngliche Verordnungsgeber nahm insbesondere die *Sicherung und Erhaltung* der künftigen Insolvenzmasse (§ 22 Abs. 1 Satz 2 Nr. 1 InsO) und die *vorläufige Fortführung* des schuldnerischen Unternehmens (§ 22 Abs. 1 Satz 2 Nr. 2 InsO) in Bezug.[58)] Gemäß § 21 Abs. 1 Satz 1 InsO dient die Anordnung der vorläufigen Verwaltung einzig der Vermeidung nachteiliger Veränderungen in der Vermögenslage des Schuldners.

43 Interessanterweise gehört abweichend vom allgemeinen Praxisverständnis die *Prüfung der Verfahrenskostendeckung* zu den Aufgaben des vorläufigen Insolvenzverwalters und nicht zu den Aufgaben des (personenidentischen) Sachverständigen, was sich aus § 22 Abs. 1 Satz 2 Nr. 3 InsO ergibt. Zu den Aufgaben des Sachverständigen gehören hingegen die *Prüfung des Eröffnungsgrundes* und die *Prüfung der Fortführungsaussichten* über den Zeitraum der Insolvenzeröffnung hinaus. Daher ist es unzutreffend, die Prüfung der Fortführungsaussichten dem vorläufigen Insolvenzverwalter aufzuerlegen.[59)] Hinsichtlich des Eröffnungsgrundes hat der Sachverständige nur das Ob zu prüfen, da es verfahrensrechtliche Bedingung für die Eröffnung des Insolvenzverfahrens ist. Wann erstmals ein Insolvenzgrund vorlag, ist eine materiell-rechtliche Frage, die nur für die Geltendmachung bestimmter Ansprüche ausschlaggebend ist; diese Frage zu beantworten obliegt dem vorläufigen Insolvenzverwalter; jedoch nur, wenn die hieraus resultierenden Ansprüche auch der Einbeziehung in die Berechnungsgrundlage seiner Vergütung fähig sind (Rz. 49 ff.). Gleichfalls kann es nach der Konzeption des Gesetzgebers zumindest keine Regelaufgabe des vorläufigen Insolvenzverwalters sein, Sanierungsansätze zu prüfen oder eine übertragende Sanierung vorzubereiten;[60)] insoweit liegt stets eine Sonderaufgabe i. S. d. § 3 Abs. 1 InsVV vor.[61)]

2. Berechnungsgrundlage

a) Eigenständigkeit

44 Da die InsVV Bestandteil des Kostenrechts[62)] und das Insolvenzverfahren ein Gerichtsverfahren ist, bedarf es zunächst der Bestimmung eines *Gegenstandswerts*. Obwohl § 21 Abs. 2 Satz 1 Nr. 1 InsO auch auf § 63 Abs. 1 InsO verweist, regelt § 63 Abs. 3 InsO für den vorläufigen Insolvenzverwalter eine **eigenständige** Berechnungsgrundlage. Zwar wird propagiert, eine einheitliche Berechnungsgrundlage für das Antragsverfahren und das eröffnete Insolvenzverfahren sei sinnvoller,[63)] jedoch

---

57) Bedenken bereits bei Pape/Uhländer/*Zimmer*, InsO, § 13 Rz. 32; Bork/Hölzle/*Zimmer*, Handbuch Insolvenzrecht, Kap. 5, Rz. 570.
58) Insolvenzrechtliche Vergütungsverordnung (InsVV) v. 19.8.1998 (BGBl. I 1998, 2205), Begründung zu § 11 InsVV, siehe Anh. III Rz. 67.
59) So aber *Haarmeyer/Mock*, InsVV, § 11 Rz. 56.
60) Missverständlich *Haarmeyer/Mock*, InsVV, § 11 Rz. 56.
61) BGH, Beschl. v. 8.7.2004 – IX ZB 589/02, ZIP 2004, 1555.
62) *Zimmer*, ZVI 2004, 662.
63) BGH, Beschl. v. 21.7.2016 – IX ZB 70/14, ZIP 2016, 1592 (vorläufiger Sachwalter); BGH, Beschl. v. 22.9.2016 – IX ZB 71/14, ZIP 2016, 1981 (vorläufiger Sachwalter); *Vill*, in: FS Kübler, S. 741, 746.

entspricht dies nicht geltendem Recht. Zudem würde dann die Frage zu beantworten sein, weshalb der vorläufige Insolvenzverwalter nur einen Bruchteil der Vergütung des § 2 Abs. 1 InsVV erhalten soll.[64]

b) Werte vs. Masse (Grundproblem)

Gemäß § 63 Abs. 3 Satz 2 InsO soll die Vergütung des vorläufigen Insolvenzverwalters 25 % der Vergütung des Insolvenzverwalters betragen. Dies bedeutet nicht, dass zunächst eine Vergütung des Insolvenzverwalters auszurechnen wäre, sondern führt lediglich dazu, dass der Regelbruchteil von 25 % für den vorläufigen Insolvenzverwalter auf § 2 Abs. 1 InsVV zu beziehen ist. Um diesen anwenden zu können bedarf es zunächst der Ermittlung einer Berechnungsgrundlage, wobei § 63 Abs. 3 InsO, § 11 InsVV auf **Werte** abstellen, während für die Berechnungsgrundlage für die Vergütung des Insolvenzverwalters auf **Einnahmen und Ausgaben** abzustellen ist. Der Unterschied zwischen Werten einerseits und Einnahmen und Ausgaben andererseits sei anhand der Begrifflichkeiten der handelsrechtlichen Buchführung erläutert. Unter Werten sind dort die Aktiva und Passiva i. S. d. § 266 HGB zu verstehen, Einnahmen und Ausgaben werden (hinsichtlich der zeitlichen Zuordnung abweichend) als Erträge und Aufwendungen i. S. e. Gewinn- und Verlustrechnung (§ 275 HGB) bezeichnet, wobei sich folgendes Zusammenspiel ergibt: 45

	Bilanz	GuV	
		Erträge	Aufwendungen
		Umsatzerlöse	Materialaufwand
Aktiva	Passiva	[...]	Personalaufwand
Anlagevermögen	Eigenkapital	[...]	Abschreibungen
Umlaufvermögen	• [...]	[...]	[...]
[...]	• *Jahresüberschuss* ←	*Jahresüberschuss*	
	Rückstellungen		
	Verbindlichkeiten		
	[...]		
Summe =	Summe		

Abb. 1: Bilanz und GuV

Handelsrechtlich besteht hier freilich ein Zusammenhang, da der Begriff der doppelten Buchführung im Grundsatz bedeutet, dass bei jedem Buchungssatz sowohl ein Bestandskonto (Bilanz) als auch ein Erfolgskonto (Gewinn- und Verlustrechnung) anzusprechen ist.[65] Bilanz und GuV stehen daher in einem Interdependenzverhältnis, sind aber nicht dasselbe. Dies zeigt für hiesige Zwecke, dass die für § 63 Abs. 3 InsO, § 11 InsVV benötigten Werte vom Prinzip her nicht in einem Zusam- 46

---

64) *Keller*, ZIP 2008, 1615, 1619.
65) Ausführlich *Zimmer*, Insolvenzbuchhaltung, Rz. 241 ff.

menhang mit (späteren) Einnahmen und Ausgaben stehen, im Wesentlichen stellen Aktiva keine antizipierten Einnahmen dar. Dieses Prinzip wird jedoch vergütungsrechtlich durchbrochen, wenn auf Realisierungswerte abgestellt wird (Rz. 94). Kodifiziert ist dieser Systembruch durch die Abänderungsbefugnis des § 63 Abs. 3 Satz 4 InsO (Rz. 144 ff.). Dabei darf nicht übersehen werden, dass der Verordnungsgeber den Regelbruchteil für die Vergütung des vorläufigen Insolvenzverwalters einmal damit gerechtfertigt hat, dass „die Berechnungsgrundlage für die Vergütung des Vergleichsverwalters (Aktivvermögen) in der Regel bereits wesentlich höhere Ausgangswerte ergibt als die für den Konkursverwalter maßgebliche Berechnungsgrundlage (Teilungsmasse)".[66] Sofern nun bereits für den vorläufigen Insolvenzverwalter auf Realisierungswerte oder tatsächliche Werte abgestellt wird, entfällt im Grunde die Rechtfertigung dafür, dem Insolvenzverwalter bloß einen Regelbruchteil des § 2 Abs. 1 InsVV zuzugestehen. Nicht verstanden wird der Unterschied von Werten und Einnahmen z. T. in der Diskussion um die Vergütung des vorläufigen Sachwalters (§ 12 Rz. 123), aber auch vom Verordnungsgeber, wenn er für die Vergütung des vorläufigen Insolvenzverwalters auf den Wert des gesicherten Vermögens gegen *Ende* der vorläufigen Verwaltung abstellt (Rz. 66). Der BGH scheint ohnehin die handelsrechtlichen Begrifflichkeiten abzulehnen und ausschließlich auf den insolvenzrechtlichen Massebegriff abstellen zu wollen (Rz. 73, 76).[67] Aufgrund dieser semantischen Gemengelage dürfte zweifelhaft sein, jemals einen konsensualen Weg zur Wertbestimmung zu finden.

c) **Relevante Aktiva**

aa) **Grundsatz: Alle Vermögensgegenstände (§ 63 Abs. 3 Satz 2 InsO)**

(1) **Vermögensbegriff des Verordnungsgebers**

47 Gemäß § 63 Abs. 3 Satz 2 InsO ist dasjenige Vermögen relevant, auf das sich die Tätigkeit des vorläufigen Insolvenzverwalters erstreckt. Diese Formulierung hat Gültigkeit seit Umsetzung der Verordnung zur Änderung der Insolvenzrechtlichen Vergütungsverordnung vom 4.10.2004, wenngleich sie vorübergehend in § 11 InsVV verortet worden war.[68] Der Verordnungsgeber spricht von einer „neutralen Tätigkeitsbeschreibung",[69] was sich jedoch mangels teleologischen Gehalts nicht auf die Berechnungsgrundlage, sondern nur auf den zeitgleich eingeführten Regelbruchteil von 25 % der nach § 2 Abs. 1 InsVV zu ermittelnden Vergütung beziehen kann. Später ergänzte der Verordnungsgeber,[70] es solle „durch die Klarstellung verdeutlicht

---

66) Begründung zum Entwurf einer Verordnung über die Vergütung des Konkursverwalters, des Vergleichsverwalters, der Mitglieder des Gläubigerausschusses und der Mitglieder des Gläubigerbeirats (Bundesanzeiger Nr. 127 v. 6.7.1960, S. 4), siehe Anh. I Rz. 51.
67) Ausführlich *Raebel*, in: FS Fischer, S. 459, 475 ff.; *Vill*, in: FS Fischer, S. 547, 550 ff.
68) Änderung des seinerzeitigen § 11 Abs. 1 Satz 2 InsVV durch die Verordnung zur Änderung der Insolvenzrechtlichen Vergütungsverordnung (InsVV) v. 4.10.2004 (BGBl. I 2004, 2569), siehe Anh. VII Rz. 38.
69) Verordnung zur Änderung der Insolvenzrechtlichen Vergütungsverordnung (InsVV) v. 4.10.2004 (BGBl. I 2004, 2569), Begründung zur Änderung des § 11 InsVV, siehe Anh. VII Rz. 41.
70) Zweite Verordnung zur Änderung der Insolvenzrechtlichen Vergütungsverordnung (InsVV) v. 21.12.2006 (BGBl. I 2006, 3389), Begründung zur Änderung des § 11 InsVV, siehe Anh. VIII Rz. 16.

werden, dass der Vermögensbegriff, der (der Berechnungsgrundlage) zugrunde liegt, der „klassische" Vermögensbegriff ist, wie er in der Rechtswissenschaft seit vielen Jahren verwendet wird. Insofern wird unter Vermögen die **Gesamtheit der einer Person zustehenden Güter und Rechte von wirtschaftlichem Wert** verstanden. Hierzu zählen insbesondere das Eigentum an Grundstücken und beweglichen Sachen, Forderungen und sonstige Rechte, wie etwa Patente oder Urheberrechte, die einen *Geldwert* besitzen." Erforderlich ist jedoch, dass sich die *Verwaltungstätigkeit* auf diese Vermögenswerte bezieht,[71] wodurch die Auffassung, es bedürfte – abgesehen von Aus- oder Absonderungsrechten – keiner konkreten Befassung mit den Vermögensgegenständen,[72] überholt sein dürfte.

Wegen dieses doch sehr eindeutigen Wortlauts scheint es entbehrlich, sämtliche denkbaren Vermögensgegenstände durchzudeklinieren, nur um ältere Rechtsprechung hierzu zitieren zu können. Rechtlich bindend i. S. d. Art. 20 Abs. 3 GG sind die Begründungen einer Ministerverordnung für die Gerichte allerdings nicht.[73] Gleichwohl scheint zweifelhaft, den Vermögensbegriff immer wieder neu zu diskutieren, zumal recht viele Äußerungen die notwendige Abgrenzung zwischen Vermögensgegenstand und Tätigkeit und damit auch zu § 3 InsVV vermissen lassen. 48

(2) (Vermeintliche) Problemfälle

Nur soweit immer noch entgegen der Verordnungsbegründung (Rz. 47) argumentiert wird oder Unsicherheiten bestehen, bedarf es einer Erwähnung einiger Vermögensgegenstände. Der **Firmenwert** bezieht sich auf die Firma i. S. d. § 23 HGB und ist ein eigenständiger Vermögenswert wie auch veräußerbare Namensrechte im Allgemeinen, sodass eine Einbeziehung in die Berechnungsgrundlage erfolgen kann.[74] Nichts anderes gilt für einen **Goodwill**, der jedoch auf einer anderen Definition beruht. Hierbei handelt es sich – vereinfacht ausgedrückt – um die Differenz desjenigen Betrages, den ein Dritter für eine Vielzahl oder die Gesamtheit von Vermögenswerten zu zahlen bereit ist, zu demjenigen Wert, der sich bei Einzelveräußerung ergeben würde. Die Bereitschaft eines Dritten, eine Gesamtheit von Vermögensgegenständen zu erwerben, dürfte jedoch stets mit einer Fortführungskomponente verbunden sein, sodass ein Goodwill nahezu ausschließlich bei einer angestrebten übertragenden Sanierung in Betracht kommt. Dann besteht der Goodwill jedoch in der Differenz zwischen Fortführungs- und Zerschlagungswerten, was wiederum dazu führt, dass bei Einbeziehung eines Goodwill in die Berechnungsgrundlage die widerlegbare Vermutung dafür besteht, dass für die betroffenen Vermögensgegenstände nur noch der Zerschlagungswert in Ansatz gebracht werden kann, da die positive Differenz zwischen Fortführungs- und Zerschlagungswert sonst doppelt berücksichtigt würde. Dies gilt auch für Vermögensgegenstände, an denen nach Verfahrenseröffnung Absonderungsrechte geltend gemacht werden können, da der Ausweis eines Goodwill auch 49

---

71) Zweite Verordnung zur Änderung der Insolvenzrechtlichen Vergütungsverordnung (InsVV) v. 21.12.2006 (BGBl. I 2006, 3389), Begründung zur Änderung des § 11 InsVV, siehe Anh. VIII Rz. 16.
72) BGH, Beschl. v. 9.6.2005 – IX ZB 230/03, ZInsO 2005, 759. *Vill*, in: FS Kübler, S. 741, 749.
73) *Raebel*, in: FS Fischer, S. 459, 475.
74) BGH, Beschl. v. 8.7.2004 – IX ZB 589/02, ZIP 2004, 1555.

darauf beruht, dass dem Absonderungsgläubiger nur der Zerschlagungswert zusteht, sodass die positive Differenz zum Fortführungswert in zulässiger Weise in den unbelasteten Goodwill verschoben wird.

50 **Forderungen** aus Lieferungen und Leistungen sind auch dann vergütungsrelevante Bestandteile der Ist-Masse, wenn sie erst noch zu fakturieren sind.[75] Daraus kann allgemein abgeleitet werden, dass Forderungen jeglicher Art vergütungsrelevant sind, auch wenn der Schuldner sie bis zur Anordnung der vorläufigen Verwaltung selbst noch nicht geltend gemacht hatte.

51 Ansprüche aus **Insolvenzanfechtung** (§§ 129 ff. InsO) sollen erst mit Insolvenzeröffnung entstehen.[76] Daraus leitet der BGH ab, dass derartige Ansprüche nicht bei der Berechnungsgrundlage für die Vergütung des vorläufigen Insolvenzverwalters berücksichtigt werden könnten;[77] allenfalls ein Zuschlag nach §§ 10, 3 Abs. 1 InsVV sei denkbar.[78] Diese Entscheidungen wurden jedoch (erstens) gefällt, bevor der Verordnungsgeber seine Vorstellung des vergütungsrelevanten Vermögensbegriffs zum Ausdruck brachte (Rz. 47). Gleichwohl hielt der BGH an seiner Auffassung zunächst fest.[79] In einer Entscheidung vom 20.11.2014 formuliert der BGH jedoch (zweitens), dass – im entschiedenen Fall aus anderen Gründen nicht entscheidungserheblich – die Anfechtungsansprüche bereits mit Verwirklichung des Anfechtungstatbestands entstehen könnten und die Insolvenzeröffnung nur eine aufschiebende Bedingung für die Geltendmachung sein könnte.[80] Zumindest indiziell übernimmt der BGH damit den Gedanken, dass jene Anfechtungstatbestände, die auch ohne ein Insolvenzverfahren nach dem Anfechtungsgesetz (AnfG) geltend gemacht werden könnten, nicht von einer Insolvenzeröffnung abhängen können. Dieser Ansatz scheint zutreffend. Die §§ 129 ff. InsO konkretisieren überwiegend lediglich die Ansprüche aus dem AnfG und machen diese zum Bestandteil der Insolvenzmasse i. S. d. § 35 InsO, um die Bildung von Sondermassen, wie bei § 93 InsO (Haftung von Personengesellschaftern) oder § 823 Abs. 2 BGB, § 15a, 92 InsO (Insolvenzverschleppungshaftung), zu vermeiden. Im Wesentlichen gilt es jedoch (drittens) ein allgemeines Missverständnis festzustellen, da offensichtlich die Praxis und die Judikatur davon ausgehen, dass die Prüfung von Anfechtungsansprüchen, wenn schon im Antragsverfahren erforderlich, vom Sachverständigen und nicht vom vorläufigen Insolvenzverwalter zu erledigen sei. Dem ist jedoch nicht so. Ausweislich § 22 Abs. 1 Satz 2 Nr. 3 InsO hat der vorläufige Insolvenzverwalter die voraussichtliche Verfahrenskostendeckung zu prüfen, während der Sachverständige den Eröffnungsgrund und die Fortführungsaussichten zu prüfen hat. Da die Anfechtungsansprüche weder für den Eröffnungsgrund noch für die Fortführungsaussichten relevant sind, sondern – im Zweifel – für die Verfahrenskostendeckung, fällt die Prüfung der Anfechtungsansprüche unter

---

75) Leonhardt/Smid/Zeuner/*Amberger*, InsVV, § 11 Rz. 53.
76) BGH, Beschl. v. 9.7.1987 – IX ZR 167/86, ZIP 1987, 1132.
77) BGH, Beschl. v. 29.4.2004 – IX ZB 225/03, ZIP 2004, 1653.
78) BGH, Beschl. v. 29.4.2004 – IX ZB 225/03, ZIP 2004, 1653; BGH, Beschl. v. 14.12.2005 – IX ZB 268/04, ZVI 2006, 70.
79) BGH, Beschl. v. 23.9.2010 – IX ZB 204/09, ZIP 2010, 2107.
80) BGH, Beschl. v. 20.11.2014 – IX ZR 275/13, ZInsO 2015, 319.

den Abgeltungsbereich der Vergütung des vorläufigen Insolvenzverwalters,[81] sodass sie auch in die Berechnungsgrundlage einzubeziehen sind,[82] da die Tätigkeit sonst unvergütet bliebe. Folglich handelt es sich auch nicht um eine Mehrbelastung i. S. d. §§ 10, 3 Abs. 1 InsVV, soweit nicht Menge und Komplexität der Ansprüche eine Bewertung als Sonderaufgabe i. S. d. §§ 10, 5, 4 Abs. 1 Satz 3 InsVV zulassen (hierzu § 4 Rz. 81 ff.). Inzwischen wird auch generell vertreten, selbst die mit Insolvenzeröffnung entstehenden Ansprüche sollten in die Berechnungsgrundlage einfließen, wenngleich de lege ferenda.[83]

Ansprüche aus **§ 64 Satz 1 und 2 GmbHG** gegen den Geschäftsführer der Schuldnerin wegen Erstattung verbotener Zahlungen in der Krise der Gesellschaft sollen in die Berechnungsgrundlage einbezogen werden können, da diese Ansprüche bereits mit Vornahme der verbotenen Zahlung entstünden.[84] Dieser zutreffenden Auffassung steht nicht entgegen, dass für die Geltendmachung der Ansprüche eine Eröffnungsentscheidung des Insolvenzgerichts erforderlich ist, da die Ansprüche auch bei Abweisung des Insolvenzantrags mangels einer die Verfahrenskosten deckenden Masse geltend gemacht werden können,[85] mithin zum schuldnerischen Vermögen gehören (Innenhaftung). Dem steht weiter nicht entgegen, dass der Anspruch nun generell nicht als gesellschaftsrechtliche, sondern als insolvenzspezifische Norm angesehen wird, da diese Auffassung lediglich zur Anwendung der Normen auf Kapitalgesellschaften ausländischen Rechts herangezogen wird.[86] Unproblematisch in die Berechnungsgrundlage einzubeziehen sind ferner Ansprüche gegen die Gesellschafter auf Einzahlung ausstehender **Stammeinlagen** oder auf Erstattung **verbotener Rückzahlungen** nach § 31 GmbHG[87] sowie **Haftungsansprüche** gegen den Geschäftsführer aus § 43 GmbHG.[88] Nichts anderes gilt für entsprechende Regelungen für andere Gesellschaftsformen. 52

Vermeintlich nicht einbezogen werden können Ansprüche aus **eigenkapitalersetzender Nutzungsüberlassung**, es sei jedoch ein Zuschlag nach §§ 10, 3 Abs. 1 InsVV möglich, da die Prüfung nicht dem Sachverständigen obläge; denn nicht selten hinge 53

---

81) *Haarmeyer/Mock*, InsVV, § 11 Rz. 57.
82) LG Berlin, Beschl. v. 14.5.2002 – 86 T 245/02, ZInsO 2002, 623; LG Köln, Beschl. v. 26.3.2004 – 19 T 6/04, ZIP 2004, 961; LG Köln, Beschl. v. 15.1.2009 – 1 T 91/08, NZI 2009, 251; LG Osnabrück, Beschl. v. 8.8.2003 – 5 T 637/03, ZInsO 2003, 896; AG Göttingen, Beschl. v. 18.12.2006 – 74 IN 223/06, ZInsO 2007, 89; Leonhardt/Smid/Zeuner/Amberger, InsVV, § 11 Rz. 61; BerlKommInsO/*Blersch*, § 11 InsVV Rz. 23 (Stand: 03/2014); HambKommInsO/*Büttner*, § 11 InsVV Rz. 6; *Graeber/Graeber*, InsVV, § 11 Rz. 3; *Haarmeyer*, ZInsO 2007, 73, 74; *Keller*, NZI 2004, 465, 468; KPB-InsO/*Prasser/Stoffler*, § 11 InsVV Rz. 35 f. (Stand: 11/2013); a. A. LG Kiel, Beschl. v. 4.5.2017 – 4 T 55/17, ZInsO 2017, 1756.
83) *Vill*, in: FS Kübler, S. 741, 747.
84) BGH, Beschl. v. 23.9.2010 – IX ZB 204/09, Rz. 13, ZIP 2010, 2107.
85) BGH, Beschl. v. 23.9.2010 – IX ZB 204/09, Rz. 14 ff., ZIP 2010, 2107.
86) EuGH, Urt. v. 10.12.2015 – Rs C-594/14, ZIP 2015, 2468; BGH, Urt. v. 15.3.2016 – II ZR 119/14, ZIP 2016, 821.
87) BerlKommInsO/*Blersch*, § 11 InsVV Rz. 31 (Stand: 03/2014); *Haarmeyer/Mock*, InsVV, § 11 Rz. 82; KPB-InsO/*Prasser/Stoffler*, § 11 InsVV Rz. 37 (Stand: 11/2013).
88) *Haarmeyer*, ZInsO 2007, 73, 74.

hiervon die Betriebsfortführung ab.[89] Diese aufgrund der Aufgabenverteilung in § 22 Abs. 1 Satz 2 Nr. 3 InsO (Rz. 43 f.) durch den BGH im Jahr 2006 nicht ganz zutreffend beantwortete Frage (die Fortführungsprüfung obliegt sehr wohl dem Sachverständigen und nicht dem vorläufigen Insolvenzverwalter) dürfte sich allerdings erledigt haben, da erstens die eigenkapitalersetzende Nutzungsüberlassung seit Inkrafttreten des MoMiG[90] zum 1.11.2008 nur noch zu Verbindlichkeiten nach § 135 Abs. 3 InsO führt (und nicht mehr zu einem Vermögensanspruch der Masse) und zweitens von einem Besitzüberlassungsvertrag betroffene Aussonderungsgüter für die ab dem 29.12.2006 bestellten vorläufigen Insolvenzverwalter[91] ohnehin nicht mehr in die Berechnungsgrundlage einbezogen werden können (§ 11 Abs. 1 Satz 3 InsVV[92]). Da es folglich keinen einzubeziehenden Vermögensgegenstand mehr gibt, käme ohnehin nur ein Zuschlag nach § 3 Abs. 1 InsVV in Betracht, sofern die Prüfung nicht – richtigerweise – vom Sachverständigen abgerechnet wird. Auch die vermeintliche Nichteinbeziehung der Ansprüche auf Erstattung **eigenkapitalersetzender Gesellschafterdarlehen** i. S. d. §§ 32a, 32b GmbHG a. F.[93] dürfte sich aufgrund Wegfalls der Normen durch das MoMiG erledigt haben. Soweit für Alt-Verfahren noch relevant, dürfte die Ablehnung der Einbeziehung in die Berechnungsgrundlage jedoch der deutlichen Klarstellung des Vermögensbegriffs durch den Gesetzgeber (Rz. 47) widersprechen.[94]

54 Hängt der Vermögenswert von einem **Erfüllungswahlrecht** i. S. d. §§ 103 ff. InsO ab, das erst nach Eröffnung des Insolvenzverfahrens ausgeübt werden kann, kann nur ein Überschuss über die voraussichtlichen Masseverbindlichkeiten i. S. d. § 55 Abs. 1 Nr. 1 InsO Berücksichtigung finden.[95]

55 Vor Anordnung der vorläufigen Verwaltung **abhandengekommene Vermögenswerte** können nicht in die Berechnungsgrundlage eingestellt werden,[96] es sei denn, es zeichnet sich ein Schadenersatzanspruch oder eine Versicherungsleistung ab, wofür zunächst ein Erinnerungswert gebildet werden kann.

56 Bei natürlichen Personen dürfte unzweifelhaft sein, dass unpfändbares Einkommen nicht der Berechnungsgrundlage hinzuzurechnen ist,[97] selbst wenn es vom vorläu-

---

89) BGH, Beschl. v. 27.7.2006 – IX ZB 243/05, ZIP 2006, 1739.
90) Gesetz zur Modernisierung des GmbH-Rechts und zur Bekämpfung von Missbräuchen (MoMiG) v. 23.10.2008 (BGBl. I 2008, S. 2026).
91) BGH, Beschl. v. 23.10.2008 – IX ZB 35/05, ZIP 2008, 2323.
92) Der Regelungsgehalt des mit der Zweiten Verordnung zur Änderung der Insolvenzrechtlichen Vergütungsverordnung (InsVV) v. 21.12.2006 (BGBl. I 2006, 3389) eingeführten § 11 Abs. 1 Satz 5 InsVV, siehe Anh. VIII Rz. 14, wurde verschoben in § 11 Abs. 1 Satz 3 InsVV durch das Gesetz zur Verkürzung des Restschuldbefreiungsverfahrens und zur Stärkung der Gläubigerrechte v. 15.7.2013 (BGBl. I 2013, 2379), siehe Anh. XII Rz. 98.
93) BGH, Beschl. v. 23.9.2010 – IX ZB 204/09, ZIP 2010, 2107.
94) Leonhardt/Smid/Zeuner/*Amberger*, InsVV, § 11 Rz. 62; *Graeber/Graeber*, InsVV, § 11 Rz. 52b.
95) *Graeber/Graeber*, InsVV, § 11 Rz. 47; **a. A.** (d. h. überhaupt keine Berücksichtigung) BGH, Beschl. v. 15.11.2012 – IX ZB 88/09, ZIP 2012, 2515; *Vill*, in: FS Fischer, S. 547, 556 f.; so auch widersprüchlich *Graeber/Graeber*, InsVV, § 11 Rz. 51.
96) AG Hamburg, Beschl. v. 10.1.2002 – 67c IN 195/01, NZI 2002, 210.
97) Vgl. BGH, Beschl. v. 5.7.2007 – IX ZB 83/03, ZInsO 2007, 766.

figen Insolvenzverwalter vereinnahmt wurde.[98] Nichts anderes gilt für **insolvenzfreies Vermögen** im Allgemeinen, was sich aus der negativen Abgrenzung des Massebegriffs in § 36 InsO erschließt. Ergibt sich im Verlauf des eröffneten Verfahrens z. B. durch neue Rechtsprechung, dass zunächst für unpfändbar erachtetes Vermögen tatsächlich pfändbar ist, und können hieraus Massezuflüsse realisiert werden, kann eine Berücksichtigung bei der Berechnungsgrundlage für die Vergütung des vorläufigen Insolvenzverwalters bei entsprechender Verwaltungstätigkeit erfolgen, da es sich um eine nachträgliche Erkenntnis zum Wert des Gegenstands handelt. Insoweit empfiehlt sich bei zweifelhafter Pfändbarkeit zunächst die Berücksichtigung eines Erinnerungswerts.

Wurde ein **Vermögensgegenstand erst nach Verfahrenseröffnung bekannt**, soll eine Berücksichtigung bei der Berechnungsgrundlage für den vorläufigen Insolvenzverwalter erfolgen können,[99] da es nach einer Entscheidung des BGH vom 9.6.2005 grundsätzlich keiner Befassung mit den Vermögensgegenständen bedürfe[100] (sofern es sich nicht um Aus- oder Absonderungsgut handelt). Dies ist nicht ganz überzeugend,[101] da die Vergütung des vorläufigen Insolvenzverwalters Tätigkeitsvergütung und nicht Bestandsvergütung ist. Selbst wenn keine Befassung erforderlich sein sollte, müsste es doch zumindest einer Kenntnis vom Vermögensgegenstand bedürfen.[102] Daher scheint zweifelhaft, z. B. Steuererstattungen für Zeiträume vor Anordnung der vorläufigen Verwaltung (nachträglich) in die Berechnungsgrundlage aufzunehmen, wenn nicht nach Steuerart und Veranlagungsjahr getrennt im Eröffnungsgutachten Ausführungen gemacht werden, die auf die mögliche Existenz derartiger Erstattungsansprüche hinweisen. Denn auf Zufallsfunde im eröffneten Verfahren kann sich eine Tätigkeit im Antragsverfahren ersichtlich nicht erstrecken, da nach dem im Jahr 2006 – und damit zeitlich nach der o. g. BGH-Entscheidung – formulierten Vermögensbegriff des Verordnungsgebers dasjenige Vermögen heranzuziehen ist, auf das sich die *Verwaltungstätigkeit* des vorläufigen Insolvenzverwalters erstreckt.[103]

57

In Insolvenzverfahren sind gelegentlich **Sondermassen** zu bilden,[104] wobei zunächst vergütungsrechtlich *geregelte* Sondermassen (§ 1 Rz. 179) und vergütungsrechtlich *unbeachtliche* Sondermassen (§ 1 Rz. 180) abzugrenzen sind. Das wohl einzig echte Problem bei der Berechnungsgrundlage für die Vergütung des vorläufigen Insolvenzverwalters, das nicht auf nachvollziehbaren oder postfaktischen Bedenken zur Angemessenheit der Vergütung beruht, sondern auf einer seit nunmehr 20 Jahren bestehenden Regelungslücke, sind Sondermassen aufgrund der Regelungen in §§ 92, 93 InsO. Nach hier vertretener Auffassung besteht für den Insolvenzverwalter im Zu-

58

---

98) Leonhardt/Smid/Zeuner/*Amberger*, InsVV, § 11 Rz. 81.
99) *Haarmeyer/Mock*, InsVV, § 11 Rz. 73.
100) BGH, Beschl. v. 9.6.2005 – IX ZB 230/03, ZInsO 2005, 759.
101) LG Mönchengladbach, Beschl. v. 12.7.2006 – 5 T 22/06, NZI 2006, 598; MünchKommInsO/ Stephan, § 11 InsVV Rz. 40.
102) *Graeber*, ZInsO 2007, 133, 134.
103) Zweite Verordnung zur Änderung der Insolvenzrechtlichen Vergütungsverordnung (InsVV) v. 21.12.2006 (BGBl. I 2006, 3389), Begründung zur Änderung des § 11 InsVV, siehe Anh. VIII Rz. 16.
104) Ausführlich *Zimmer*, Insolvenzbuchhaltung, Rz. 359 ff.

sammenhang mit Sondermassen ein rechtlich eigenständiger Vergütungsanspruch auf Basis einer eigenständigen Berechnungsgrundlage neben der regulären Verwaltervergütung, was jedoch nicht zu einer Erhöhung der Gesamtvergütung führen muss (§ 1 Rz. 184); dies kann für die Berechnung der Vergütung des vorläufigen Insolvenzverwalters übernommen werden. Nach anderer Ansicht sollen die von §§ 92, 93 InsO erfassten Ansprüche jedoch nicht in die Berechnungsgrundlage des vorläufigen Insolvenzverwalters oder eine eigenständige Berechnungsgrundlage einfließen, wohl aber sei ein Zuschlag nach §§ 10, 3 Abs. 1 InsVV möglich.[105] Dies scheint jedoch nicht der zutreffende Ansatz zu sein, wenn schon der vorläufige Insolvenzverwalter Ansprüche aus Insolvenzverschleppung ermitteln soll, um zur Vermeidung der Abweisung des Insolvenzantrags den zum rechtzeitigen Insolvenzantrag Verpflichteten nach § 26 Abs. 4 Satz 3 InsO zur Zahlung eines Vorschusses aufzufordern,[106] oder wenn der vorläufige Insolvenzverwalter eine voraussichtliche Verfahrenskostendeckung nach § 22 Abs. 1 Satz 2 Nr. 3 InsO nur auf eine Geltendmachung der von § 93 InsO erfassten Ansprüche gegen Personengesellschafter stützen kann. Insgesamt kann die unglückliche Einbeziehung der Außenhaftung in das Insolvenzverfahren nicht zu vergütungsrechtlichen Nachteilen für den (vorläufigen) Insolvenzverwalter führen.

(3) Informationsquellen

59 Zur Ermittlung der Berechnungsgrundlage wird regelmäßig das *Verzeichnis der Aktiva*, das dem Eröffnungsgutachten beigefügt wurde, oder das *Masseverzeichnis* i. S. d. § 151 InsO, das für den Berichtstermin auf den Stichtag der Insolvenzeröffnung zu erstellen ist (§ 154 InsO), herangezogen. Letzteres sollte der Regelfall sein, da zwischen Erstellung des Eröffnungsgutachtens und Verfahrenseröffnung ein zeitliches Delta besteht, in dem sich Veränderungen zugunsten oder zulasten der Vergütung des vorläufigen Insolvenzverwalters ergeben können. Maßgebend ist die Beendigung der vorläufigen Verwaltung, die in diesen Fällen erst mit Verfahrenseröffnung eintritt. Anhand dieser Dokumentation können vergütungsrechtliche Anpassungen erfolgen, z. B. im Hinblick auf ausgeschiedene Vermögensgegenstände oder Wertanpassungen. Folglich wäre nur bei Nicht-Eröffnung des Insolvenzverfahrens allein das Eröffnungsgutachten maßgeblich. Ist ein Vermögensgegenstand in einem der genannten Verzeichnisse enthalten, ist eine diesbezügliche Tätigkeit des vorläufigen Insolvenzverwalters indiziert.[107]

bb) Ausgeschiedene Vermögensgegenstände (§ 63 Abs. 3 Satz 3 InsO)

60 Zunächst ist der BGH aufgrund der spärlichen Ursprungsfassung der Regelungen davon ausgegangen, dass ausschließlich der Wert der relevanten Vermögenswerte per Stichtag der Beendigung der vorläufigen Verwaltung maßgeblich sei.[108] § 63 Abs. 3

---

105) LG Münster, Beschl. v. 3.2.2014 – 5 T 318/13, JurionRS 2014, 13926; *Graeber/Graeber*, InsVV, § 11 Rz. 56a; *Haarmeyer/Mock*, InsVV, § 11 Rz. 73.
106) AG München, Beschl. v. 28.8.2014 – 1506 IN 3555/13, ZIP 2015, 491.
107) Missverständlich BGH, Beschl. v. 9.6.2005 – IX ZB 230/03, ZInsO 2005, 759.
108) BGH, Beschl. v. 14.12.2000 – IX ZB 105/00, ZIP 2001, 296.

Satz 3 InsO (zuvor § 11 Abs. 1 Satz 3 InsVV a. F.[109]) für die vom 29.12.2006[110]) bis zum 18.7.2013[111]) bestellten Insolvenzverwalter) enthält jedoch die **zeitlichen Varianten** der Beendigung der vorläufigen Verwaltung oder das Ausscheiden eines Vermögensgegenstandes aus der vorläufigen Verwaltung. Die Problematik sei an einem Beispiel verdeutlicht:

Beispiel: 61

Per Stichtag der Anordnung der vorläufigen Verwaltung sei ein Bestand an Forderungen gegen Drittschuldner (Forderungen aus Lieferungen und Leistungen) in Höhe von 100.000 € gegeben. Während der vorläufigen Verwaltung konnten hierauf 40.000 € eingezogen werden, der Restbestand per Beendigung der vorläufigen Verwaltung beträgt 60.000 €.

- Variante A: Als Berechnungsgrundlage wird herangezogen der Forderungsbestand per Anordnung der vorläufigen Verwaltung in Höhe von 100.000 €.

- Variante B: Als Berechnungsgrundlage werden herangezogen der Forderungsbestand per Beendigung der vorläufigen Verwaltung (60.000 €) zzgl. des Bestandes auf dem Treuhandkonto des vorläufigen Insolvenzverwalters aus Forderungseinzug (40.000 €).

- Variante C: Als Berechnungsgrundlage werden herangezogen der gesicherte Forderungsbestand in Höhe von 100.000 € zzgl. des Bestandes auf dem Treuhandkonto des vorläufigen Insolvenzverwalters in Höhe von 40.000 €.

Dass Variante C (140.000 €) unzulässig ist, scheint eindeutig. Zum einen muss bei 62 Ausscheiden eines Vermögensgegenstandes das Surrogat, hier das erhaltene Geld, angerechnet werden, um eine Doppelberücksichtigung zu vermeiden.[112]) Zum anderen sind die beiden Berechnungsmethoden in § 63 Abs. 3 Satz 3 InsO mit einem „oder" verbunden, was ein Wahlrecht ermöglicht, jedoch keine Addition. Varianten A und B kommen zum selben Ergebnis (100.000 €). Variante B ist jedoch systematisch der zutreffendere Ansatz, der auch die Praxis dominiert. Fraglich allein ist die Auswirkung, wenn die aus dem Forderungseinzug vereinnahmten Gelder per Beendigung der vorläufigen Verwaltung unter Fortsetzung des Beispiels nicht mehr (hier: in Höhe von 40.000 €) vorhanden sind, weil in anderem Zusammenhang und berechtigt (abwicklungsbedingte) Ausgaben getätigt wurden. Im Beispiel flössen dann nur 60.000 € als Bestand an restlichen Forderungen in die Berechnungsgrundlage. Dies führt zu der Frage, ob die getätigten Ausgaben (hier: 40.000 €) manuell der Berechnungsgrundlage hinzuzurechnen sind. Nach dem Wortlaut des § 63 Abs. 3 Satz 3

---

109) Der Regelungsgehalt des mit der Zweiten Verordnung zur Änderung der Insolvenzrechtlichen Vergütungsverordnung (InsVV) v. 21.12.2006 (BGBl. I 2006, 3389) eingeführten § 11 Abs. 1 Satz 3 InsVV, siehe Anh. VIII Rz. 14, wurde verschoben in einen neuen § 63 Abs. 3 Satz 3 InsO durch das Gesetz zur Verkürzung des Restschuldbefreiungsverfahrens und zur Stärkung der Gläubigerrechte v. 15.7.2013 (BGBl. I 2013, 2379), siehe Anh. XII Rz. 20.
110) BGH, Beschl. v. 23.10.2008 – IX ZB 35/05, ZIP 2008, 2323.
111) BGH, Beschl. v. 14.7.2016 – IX ZB 46/14, ZIP 2016, 1601.
112) Leonhardt/Smid/Zeuner/*Amberger*, InsVV, § 11 Rz. 67; BerlKommInsO/*Blersch*, § 11 InsVV Rz. 30 (Stand: 03/2014); *Graeber*, ZInsO 2007, 133, 134; KPB-InsO/*Prasser/Stoffler*, § 11 InsVV Rz. 22 (Stand: 11/2013); MünchKommInsO/*Stephan*, § 11 InsVV Rz. 27.

InsO könnte dies angenommen werden, da die vereinnahmten 40.000 € als Geldbestand einen Vermögenswert darstellen, der vor Beendigung der vorläufigen Verwaltung aus der vorläufigen Verwaltung ausgeschieden ist. Eine ähnliche Problematik ergibt sich bei der Verarbeitung von Warenvorräten zwecks Generierung von neuen Forderungen aus Lieferungen und Leistungen. Die anfangs vorgefundenen Warenvorräte sind durch Verarbeitung aus der vorläufigen Verwaltung ausgeschieden, gleichzeitig hat sich aber der Bestand an Forderungen aus Lieferungen und Leistungen erhöht. Ist dann nur noch der Endbestand an Warenvorräten (neben dem Bestand an Forderungen) maßgeblich oder sind durch Verarbeitung ausgeschiedene Warenvorräte trotz der Einbeziehung der Forderungen der Berechnungsgrundlage manuell hinzuzurechnen?

63 Fraglich ist folglich, was mit ausgeschiedenen Vermögensgegenständen gemeint ist. Der Verordnungsgeber führt hierzu aus:[113] „Betrifft die vorläufige Verwaltung ein Unternehmen, so ist leicht einsichtig, dass der Vermögensbestand Schwankungen unterworfen ist. Erfolgen etwa **Notverkäufe** oder muss der vorläufige Insolvenzverwalter **Herausgabeansprüche** erfüllen oder **Lieferantenrechnungen** begleichen, um eine Weiterbelieferung sicherzustellen, so muss sich dies auch bei der Ermittlung der Berechnungsgrundlage niederschlagen; insofern könnte von einem dynamischen Vermögen gesprochen werden. [… Maßgeblich ist der Zeitpunkt,] zu dem der einzelne Gegenstand nicht mehr der vorläufigen Verwaltung unterliegt, etwa weil er vom Verwalter **veräußert** wurde." Abschließend erhellend ist dies nicht. Soweit auf Notverkäufe oder Veräußerungen abgestellt wird, scheint der Verordnungsgeber zu übersehen, dass der hierdurch generierte Geldbestand als Vermögensposition in die Berechnungsgrundlage einfließt, sodass aufgrund des Aktivtauschs dem Geldbestand nichts mehr hinzuzurechnen ist; lediglich Herausgabeansprüche ohne Geldfluss scheinen hier präzise erfasst worden zu sein. Bei der Begleichung von Lieferantenrechnungen unterstellt der Verordnungsgeber jedoch einen solchen Geldbestand, der vergütungsrechtlich nicht gemindert werden soll. Allerdings stellt er hier unverständlicherweise nicht auf die sachnahen Eigentumsvorbehalte ab, um sich zu § 1 Abs. 2 Nr. 2 InsVV zu positionieren, sondern mehr oder weniger auf Erpressungsszenarien, wobei aber fraglich ist, warum dies dann nur für Lieferanten gelten soll, nicht aber für Dienstleister, die gerade nicht über den Schutz eines Aus- oder Absonderungsrechts verfügen.

64 Richtig wird sein, insoweit nicht Vermögensgegenstände wertmäßig heranzuziehen, die einer **Verwendung** des vorläufigen Insolvenzverwalters bzw. des Schuldners mit Zustimmung des vorläufigen Insolvenzverwalters unterfielen und nur deswegen keine eigenständigen Vermögenswerte mehr darstellen. In der vorläufigen Verwaltung vorgenommene Ausgaben oder Verarbeitungen von Warenvorräten (Warenentnahmen) sind daher unbeachtlich, d. h., hier erfolgt keine manuelle Hinzurechnung entsprechender Werte. Hinsichtlich Ausgaben kann auch nicht auf § 1 Abs. 2 Nr. 4 Satz 1 InsVV abgestellt werden, da diese Norm in der vorläufigen Verwaltung schon deswegen nicht gilt, weil es allgemein für die Vergütung des vorläufigen Insolvenz-

---

113) Zweite Verordnung zur Änderung der Insolvenzrechtlichen Vergütungsverordnung (InsVV) v. 21.12.2006 (BGBl. I 2006, 3389), Begründung zur Änderung des § 11 InsVV, siehe Anh. VIII Rz. 16 f.

verwalters nicht auf Einnahmen und Ausgaben, sondern auf Vermögenswerte, d. h. Bestände ankommt. Im Übrigen stellen die Soll- und Haben-Positionen auf einem Kontokorrentkonto keine realen Gegenstände dar, die miteinander vermischt oder voneinander getrennt werden könnten.[114] Soweit es sich bei Ausgaben nur um *Vorschusszahlungen* handelt, lässt sich allerdings eine Hinzurechnung vertreten,[115] wobei allerdings präziser zu formulieren ist, dass der bis zur Erbringung der Leistung bestehende Rückforderungsanspruch ohnehin als Forderung zu aktivieren ist; insoweit liegt durch die Vorschussleistung lediglich ein Aktivtausch vor (Forderung statt Geldbestand).

Der Anwendungsbereich des Tatbestandsmerkmals der ausgeschiedenen Vermögens- 65
gegenstände i. S. e. Hinzurechnung erschöpft sich insoweit auf **Aus- und Absonderungen**[116] (soweit die Vermögenswerte überhaupt relevant sind, Rz. 67 ff.) als lex specialis zu § 1 Abs. 2 Nr. 1 InsVV, **Freigaben** von Vermögensgegenständen (soweit in der vorläufigen Verwaltung möglich) und den **Untergang** von Vermögensgegenständen während der vorläufigen Verwaltung, sofern nicht ein Anspruch auf Schadenersatz oder Versicherungsleistung als Forderung zu aktivieren ist (Aktivtausch); zu Abfindungen i. S. d. § 1 Abs. 2 Nr. 2 InsVV siehe Rz. 100.

Hieraus wird ersichtlich, dass es **teleologisch verfehlt** ist, für die Vergütung des vor- 66
läufigen Insolvenzverwalters auf die Werte per *Beendigung* der vorläufigen Verwaltung abzustellen. Dieses zeitliche Tatbestandsmerkmal wurde aus den Regelungen zum Insolvenzverwalter übernommen. Der Insolvenzverwalter hat durch Verwertung Einnahmen zu erzielen, die erst nachträglich feststehen. Der vorläufige Insolvenzverwalter hat jedoch vorgefundene Vermögenswerte zu sichern, sodass der Wert per *Beginn* der vorläufigen Verwaltung maßgeblich sein muss; dann bedürfte es auch keiner Hinzurechnungen. Dies bedürfte jedoch eines Diskussionsprozesses für eine Regelung de lege ferenda.

cc) Aus- und Absonderungsgut bzw. Absonderungsrechte
(1) Historische Herleitung

Die Einbeziehung von Vermögensgegenständen, an denen nach Verfahrenseröffnung 67
Aus- oder Absonderungsrechte geltend gemacht werden können, ist ausnahmsweise kein Dauerstreit zwischen (vorläufigen) Insolvenzverwaltern und Insolvenzgerichten, sondern originär eine Auseinandersetzung zwischen dem Bundesministerium für Justiz und Verbraucherschutz und dem BGH. Diese Auseinandersetzung muss vorweg dargestellt werden, um den Anwendungsbereich der aktuellen Normen zu verstehen und die richtige Übergangsregelung zu finden.

Der ursprüngliche **Verordnungsgeber** hat für den Insolvenzverwalter in § 1 Abs. 2 68
Nr. 1 InsVV ein Überschussprinzip bei der Einbeziehung der Vermögensgegenstände, an denen ein *Absonderungsrecht* geltend gemacht wird, unter Einführung von sog. Kostenbeiträgen vorgesehen[117] (§ 1 Rz. 65 ff.) und ausgeführt, dass für die üb-

---

114) BGH, Urt. v. 8.5.2008 – IX ZR 229/06, NZI 2008, 426 (Ersatzaussonderung).
115) BerlKommInsO/*Blersch*, § 11 InsVV Rz. 30 (Stand: 03/2014).
116) Die Begriffe entstehen zwar erst nach Verfahrenseröffnung, dies sei an dieser Stelle jedoch aus Vereinfachungsgründen ignoriert.
117) Insolvenzrechtliche Vergütungsverordnung (InsVV) v. 19.8.1998 (BGBl. I 1998, 2205), Allgemeine Begründung, siehe Anh. III Rz. 12.

§ 11   Vergütung des vorläufigen Insolvenzverwalters

rigen Vergütungsberechtigten hierauf Bezug genommen werden könne,[118] soweit dem keine anderweitigen Regelungen entgegenstünden. Für Gegenstände, an denen ein *Aussonderungsrecht* geltend gemacht wird, findet sich für den Insolvenzverwalter keine Einbeziehung in die Berechnungsgrundlage. All dies galt nach der Vorstellung des Verordnungsgebers folglich auch für die Vergütung des vorläufigen Insolvenzverwalters, sofern nicht § 11 InsVV eine abweichende Regelung enthält. Eine abweichende Regelung lässt sich jedoch der Ursprungsfassung von § 11 InsVV ebenso wenig entnehmen wie der seinerzeitigen Verordnungsbegründung.[119] Insgesamt lag keine wirklich brauchbare Regelung vor, was als „*Ursünde" des Verordnungsgebers* bezeichnet werden kann.

69 Nach zunächst geäußerter Auffassung des **BGH** in einer Entscheidung vom 14.12.2000 waren die mit Aus- und Absonderungsrechten belasteten Gegenstände bei der Berechnungsgrundlage jedoch zu berücksichtigen, wenn sich der vorläufige Insolvenzverwalter *nennenswert* mit den Gegenständen befasst hat.[120] Allerdings sei ein Abschlag nach §§ 10, 3 Abs. 2 InsVV indiziert, wenn die Bearbeitung der Aus- oder Absonderungsrechte nicht einen erheblichen Teil der Tätigkeit des vorläufigen Insolvenzverwalters ausgemacht hat. Diese Entscheidung kann als „*Ursünde" des BGH* beschrieben werden,[121] da hier ein Fenster geöffnet wurde, ohne erst einmal nach dem Wetter zu schauen. Allerdings habe es sich um die erste vergütungsrechtliche Entscheidung des IX. Zivilsenats des BGH zur InsVV gehandelt, sodass vertiefte Kenntnisse oder Erfahrungen mit diesem Rechtsgebiet von keinem seiner Mitglieder hätten erwartet werden können (sic).[122] Wesentlichen Fragen sei daher keine Beachtung geschenkt worden (sic).[123] Teils wird aber auch vertreten, die Entscheidung sei nur in der Praxis mangelhaft umgesetzt worden, insbesondere seien die notwendigen Abschläge zu selten angewendet worden.[124]

70 Mit der Verordnung zur Änderung der InsVV vom 4.10.2004 wurde § 11 InsVV dahingehend geändert, dass dasjenige Vermögen in die Berechnungsgrundlage einzustellen sei, auf das sich die Tätigkeit des vorläufigen Insolvenzverwalters erstreckt habe. Der **Verordnungsgeber** führte hierzu aus, dass im Einzelfall anhand vorgenannter BGH-Entscheidung (nennenswerte Befassung als Tatbestandsmerkmal) entschieden werden könne, ob Gegenstände, an denen nach Verfahrenseröffnung Aus- oder Absonderungsrechte bestehen, berücksichtigt werden könnten.[125] Tiefschürfende Erkenntnisse ergeben sich hieraus jedoch nicht.[126]

71 Nach Auffassung des **BGH** in einer Entscheidung vom 14.12.2005 sollte die Bearbeitung der Aus- und Absonderungsrechte den vorläufigen Insolvenzverwalter aber nun

---

118) Insolvenzrechtliche Vergütungsverordnung (InsVV) v. 19.8.1998 (BGBl. I 1998, 2205), Allgemeine Begründung, siehe Anh. III Rz. 10.
119) Insolvenzrechtliche Vergütungsverordnung (InsVV) v. 19.8.1998 (BGBl. I 1998, 2205), siehe Anh. III Rz. 66 ff.
120) BGH, Beschl. v. 14.12.2000 – IX ZB 105/00, ZIP 2001, 296.
121) Vgl. auch *Keller*, ZIP 2008, 1615, 1616.
122) *Raebel*, in: FS Fischer, S. 459, 469.
123) *Raebel*, in: FS Fischer, S. 459, 470 f.
124) *Vill*, in: FS Fischer, S. 547, 547 f.
125) Verordnung zur Änderung der Insolvenzrechtlichen Vergütungsverordnung (InsVV) v. 4.10.2004 (BGBl. I 2004, 2569), Begründung zur Änderung des § 11 InsVV, siehe Anh. VII Rz. 41.
126) Ähnlich *Raebel*, in: FS Fischer, S. 459, 472 f.

erheblich in Anspruch genommen haben und sich nicht mehr in der Berechnungsgrundlage, sondern in einem Zuschlag nach §§ 10, 3 Abs. 1 InsVV wiederfinden.[127] Zum Verständnis dieser einschränkenden Rechtsauffassung ist anzumerken, dass es sich bei dem streitbefangenen Vermögensgegenstand um einen solchen aus Besitzüberlassung handelte (Wert einer gemieteten Betriebsimmobilie) und der Vorgang zeitlich noch nicht der vorgenannten Verordnungsänderung unterfiel. Konzediert werden muss hier eine *„Ursünde" der Insolvenzverwalter*, bei der Einbeziehung des Werts von gemieteten Immobilien in die Berechnungsgrundlage jegliches Augenmaß, vielleicht sogar den notwendigen Anstand, verloren zu haben, sodass eine Korrektur durch den BGH notwendig geworden war. Eine weitere Entscheidung vom 13.7.2006 bezog sich jedoch auf die Änderung des § 11 InsVV (Rz. 70) und kam zu dem Ergebnis, dass es auch weiterhin auf eine erhebliche Befassung mit Aus- oder Absonderungsrechten ankomme und nur ein Zuschlag möglich sei, nicht jedoch eine Einbeziehung in die Berechnungsgrundlage.[128] Dieses „Übersehen" einer Verordnungsänderung führte zu erheblicher Kritik in der Literatur[129] bis hin zur Frage, ob nun der Insolvenzstandort Deutschland in Gefahr sei.[130] Denn es kann nicht unerwähnt bleiben, dass sich der seinerzeitige Vorsitzende des IX. Zivilsenats noch am 31.3.2006 auf einer Fachtagung für die „Fehlentscheidung" – so es denn eine war – vom 14.12.2005 entschuldigt hatte,[131] was eine gewisse Irritation nach der Entscheidung vom 13.7.2006 durchaus rechtfertigte, da Rechtssicherheit nicht bloß ein Nebeneffekt gerichtlicher Tätigkeit ist.

Der Kritik der Fachwelt folgend schritt der **Verordnungsgeber** ungewohnt schnell 72 ein und bemühte sich in der Zweiten Verordnung zur Änderung der Insolvenzrechtlichen Vergütungsverordnung vom 21.12.2006[132] um einen Mittelweg.[133] In § 11 Abs. 1 Satz 4 InsVV wurde die „alte" Rechtslage insoweit wiederhergestellt, als der Wert der aus- und absonderungsbehafteten Gegenstände in die Berechnungsgrundlage einfließt; jedoch wurde aus der Rechtsprechung des BGH die Anforderung an eine erhebliche Befassung mit diesen Rechten übernommen. Der Verordnungsgeber hob hervor, dass es seiner Vorstellung vom Vermögensbegriff entspräche, bei der Bewertung der Aktiva keine Abzüge wegen Drittrechten vorzunehmen, insbesondere gelte kein Überschussprinzip.[134] Fehlt jedoch eine erhebliche Befassung, könne der

---

127) BGH, Beschl. v. 14.12.2005 – IX ZB 256/04, NZI 2006, 284. Für Alt-Fälle daran festhaltend BGH, Beschl. v. 11.10.2007 – IX ZB 15/07, NZI 2008, 33; BGH, Beschl. v. 23.10.2008 – IX ZB 35/05, ZInsO 2008, 1321; BGH, Beschl. v. 19.11.2009 – IX ZB 105/08, NZI 2010, 300; BGH, Beschl. v. 11.3.2010 – IX ZB 128/07, NZI 2010, 527; BGH, Beschl. v. 20.5.2010 – IX ZB 23/07, NZI 2010, 644. Kritisch hierzu *Blersch*, ZIP 2006, 598; *Keller*, NZI 2006, 271.
128) BGH, Beschl. v. 13.7.2006 – IX ZB 104/05, NZI 2006, 515.
129) Vgl. nur *Graeber*, ZInsO 2006, 794 ff.; *Haarmeyer*, ZInsO 2006, 786; *Schmidt*, ZInsO 2006, 791 ff.
130) *Vallender*, NJW 2006, 2956.
131) Zitiert bei *Haarmeyer*, ZInsO 2006, 337.
132) Zweite Verordnung zur Änderung der Insolvenzrechtlichen Vergütungsverordnung (InsVV) v. 21.12.2006 (BGBl. I 2006, 3389), Begründung zur Änderung des § 11 InsVV, siehe Anh. VIII Rz. 14 ff; kritisch hierzu *Raebel*, in: FS Fischer, S. 459, 478 ff.
133) *Vill*, in: FS Fischer, S. 547, 548.
134) Zweite Verordnung zur Änderung der Insolvenzrechtlichen Vergütungsverordnung (InsVV) v. 21.12.2006 (BGBl. I 2006, 3389), Begründung zur Änderung des § 11 InsVV, siehe Anh. VIII Rz. 19.

§ 11　　Vergütung des vorläufigen Insolvenzverwalters

Regelbruchteil von 25 % entsprechend reduziert werden,[135)] was auch einen Abschlag nach § 3 Abs. 2 InsVV ermöglichen würde. Lag keine wertausschöpfende Belastung vor, war der freie Teil außerhalb des § 11 Abs. 1 Satz 4 InsVV, d. h. auch ohne erhebliche Befassung, dem Wert der Vermögensgegenstände hinzuzurechnen.[136)] Ob ein Absonderungsrecht nach Verfahrenseröffnung anfechtbar war, spielte an dieser Stelle keine Rolle.[137)] Allerdings wurde zugleich § 11 Abs. 1 Satz 5 InsVV des Inhalts eingeführt, dass eine Einbeziehung von Gegenständen, die der Schuldner nur aufgrund eines Besitzüberlassungsvertrages in Besitz hat, nicht zu erfolgen habe, wobei maßgeblich wiederum auf die gemietete Betriebsimmobilie abgestellt wurde.[138)] Gleichfalls wurde zur Vermeidung der Einbeziehung unrealistischer Vermögenswerte die sog. Abänderungsbefugnis (Rz. 144 ff.) eingeführt. Dies alles schien ein gangbarer Weg und ein deutlicher Fingerzeig Richtung BGH und Insolvenzverwaltern gewesen zu sein.

73　In der Auseinandersetzung zwischen Justizministerium und **BGH** legte Letzterer dann jedoch durch zwei Entscheidungen vom 15.11.2012 nach.[139)] In Bezug auf *Absonderungsrechte* verstoße § 11 Abs. 1 Satz 4 InsVV (seinerzeitige Fassung) gegen den höherrangigen § 63 Abs. 1 Satz 2 und 3 InsO; es könne nur dasjenige in die Berechnungsgrundlage einfließen, was die Masse nach Verfahrenseröffnung voraussichtlich erhalte, d. h. eine „freie Spitze" bei nicht wertausschöpfend belasteten Gegenständen bzw. überhaupt nichts bei wertausschöpfend belasteten Gegenständen.[140)] Allerdings bedürfe es bei dieser Betrachtung nicht mehr einer Befassung mit dem Absonderungsgut. In Bezug auf *Aussonderungsrechte* wurde ähnlich argumentiert. § 11 Abs. 1 Satz 4 InsVV (seinerzeitige Fassung) sei unwirksam, sodass Aussonderungsrechte überhaupt nicht in die Berechnungsgrundlage einfließen könnten, da sich sonst der vorläufige Insolvenzverwalter besser stehe als der endgültige Insolvenzverwalter.[141)] Da § 63 InsO lediglich die Vergütung des Insolvenzverwalters regele, könne die Ermächtigungsgrundlage des § 65 InsO und die hierauf beruhende InsVV nichts regeln, was dem vorläufigen Insolvenzverwalter mehr zustehen könnte als dem Insolvenzverwalter. Sofern dies alles nicht der Arbeitsbelastung des vorläufigen Insolvenzverwalters entspräche, könne ein Zuschlag nach § 3 Abs. 1 lit. a InsVV geprüft werden. Diese Thesen lösten erhebliche Kritik in der Fachliteratur aus.[142)]

74　Nun war wieder der **Gesetz- bzw. Verordnungsgeber** am Zug. Mit dem Gesetz zur Verkürzung des Restschuldbefreiungsverfahrens und zur Stärkung der Gläubiger-

---

135) Zweite Verordnung zur Änderung der Insolvenzrechtlichen Vergütungsverordnung (InsVV) v. 21.12.2006 (BGBl. I 2006, 3389), Begründung zur Änderung des § 11 InsVV, siehe Anh. VIII Rz. 21.
136) AG Göttingen, Beschl. v. 14.8.2009 – 74 IN 73/09, ZInsO 2009, 1781.
137) BGH, Beschl. v. 18.12.2008 – IX ZB 46/08, ZInsO 2009, 495.
138) Zweite Verordnung zur Änderung der Insolvenzrechtlichen Vergütungsverordnung (InsVV) v. 21.12.2006 (BGBl. I 2006, 3389), Begründung zur Änderung des § 11 InsVV, siehe Anh. VIII Rz. 22 f.
139) Angekündigt bereits von *Raebel*, in: FS Fischer, S. 459, 487.
140) BGH, Beschl. v. 15.11.2012 – IX ZB 130/10, ZIP 2013, 30; BGH, Beschl. v. 7.2.2013 – IX ZB 286/11, ZIP 2013, 468; BGH, Beschl. v. 14.2.2013 – IX ZB 260/11, ZInsO 2013, 630.
141) BGH, Beschl. v. 15.11.2012 – IX ZB 88/09, ZIP 2012, 2515; BGH, Beschl. v. 14.2.2013 – IX ZB 260/11, ZInsO 2013, 630.
142) Vgl. nur *Graeber*, NZI 2013, 836; *Keller*, NZI 2013, 240; *Smid*, ZInsO 2013, 321.

rechte vom 15.7.2013[143]) wurde aus § 11 Abs. 1 Satz 1–3 InsVV seinerzeitiger Fassung der neue § 63 Abs. 3 InsO. Es ist nun also in der Insolvenzordnung geregelt, dass der vorläufige Insolvenzverwalter einen eigenständigen Vergütungsanspruch hat und diese Vergütung im Regelfall 25 % der Vergütung des Insolvenzverwalters betragen soll. Bedauerlicherweise ist aus dem vom BGH monierten § 11 Abs. 1 Satz 4 InsVV a. F. ein neuer § 11 Abs. 1 Satz 2 InsVV geworden, d. h., nach der Argumentation des BGH könnte es weiterhin an einer Ermächtigungsgrundlage für die Einbeziehung von Aus- und Absonderungsrechten in die Berechnungsgrundlage fehlen, da dies eben „erst" in der InsVV geregelt sei und nicht „schon" in der InsO. Immerhin ergibt sich aus der Gesetzesbegründung, dass das vom BGH herangezogene Überschussprinzip bei den Drittrechten zu keinem Zeitpunkt der Konzeption des Gesetzbzw. Verordnungsgebers entsprochen hätte[144]) und auch nicht in den neuen § 63 Abs. 3 InsO hineingelesen werden könne.[145]) Ferner wird dort ausgeführt, es sei auch weiterhin ein Gleichlauf der Vergütungsregelungen des vorläufigen und des endgültigen Insolvenzverwalters nicht sachgerecht, sodass für die Vergütung des vorläufigen Insolvenzverwalters durchaus etwas berücksichtigt werden könne, was beim Insolvenzverwalter unberücksichtigt bleibt. Sehr pointiert formuliert der Gesetzgeber, zur Ermittlung der Vergütung sei zwischen den unterschiedlichen Schwerpunkten beider Tätigkeiten zu differenzieren; der vorläufige Insolvenzverwalter sichere die Ist-Masse, der Insolvenzverwalter verwerte die Soll-Masse.[146])

Stellungnahme: Ob nun der BGH diese „Zurechtweisung" hinnimmt oder aus dogmatischen Gründen weiterhin das Fehlen einer Ermächtigungsgrundlage behauptet, bleibt abzuwarten. Der Gesetzgeber geht jedenfalls davon aus, dass die in §§ 63 Abs. 3, 65 InsO vorgenommenen Änderungen ohnehin nur klarstellenden Charakter haben,[147]) da der BGH zuvor einfach nur den Willen des Gesetzgebers ignoriert habe. Einer Auszehrung der Masse könne im Einzelfall mit einer Kürzung des Regelbruchteils oder der Anwendung eines Abschlags nach §§ 10, 3 Abs. 2 InsVV Rechnung getragen werden.[148]) Allerdings wird aus dem Umstand, dass der Gesetzgeber (Legislative) eine Verordnung der Exekutive geändert (Problem der Gubernative), konkret aber die Einbeziehung von Aus- und Absonderungsrechten in der Verord-

---

143) Gesetz zur Verkürzung des Restschuldbefreiungsverfahrens und zur Stärkung der Gläubigerrechte v. 15.7.2013 (BGBl. I 2013, 2379), siehe Anh. XII.
144) Gesetz zur Verkürzung des Restschuldbefreiungsverfahrens und zur Stärkung der Gläubigerrechte v. 15.7.2013 (BGBl. I 2013, 2379), Begründung zu Art. 9 des Änderungsgesetzes (Inkrafttreten), siehe Anh. XII Rz. 128.
145) Gesetz zur Verkürzung des Restschuldbefreiungsverfahrens und zur Stärkung der Gläubigerrechte v. 15.7.2013 (BGBl. I 2013, 2379), Begründung zu Art. 9 des Änderungsgesetzes (Inkrafttreten), siehe Anh. XII Rz. 130.
146) Gesetz zur Verkürzung des Restschuldbefreiungsverfahrens und zur Stärkung der Gläubigerrechte v. 15.7.2013 (BGBl. I 2013, 2379), Begründung zu Art. 9 des Änderungsgesetzes (Inkrafttreten), siehe Anh. XII Rz. 128.
147) Gesetz zur Verkürzung des Restschuldbefreiungsverfahrens und zur Stärkung der Gläubigerrechte v. 15.7.2013 (BGBl. I 2013, 2379), Begründung zu Art. 9 des Änderungsgesetzes (Inkrafttreten), siehe Anh. XII Rz. 129.
148) Gesetz zur Verkürzung des Restschuldbefreiungsverfahrens und zur Stärkung der Gläubigerrechte v. 15.7.2013 (BGBl. I 2013, 2379), Begründung zu Art. 9 des Änderungsgesetzes (Inkrafttreten), siehe Anh. XII Rz. 131.

nung belassen hat (Problem der Reichweite der Ermächtigungsgrundlage), durchaus Diskussionsbedarf abgeleitet.[149] Aufgrund der Entstehungsgeschichte der relevanten Normen dürfte es jedoch nicht einer verfassungskonformen Auslegung entsprechen, nun doch wieder eine Strukturgleichheit[150] der Vergütungen von vorläufigem Insolvenzverwalter und Insolvenzverwalter anzunehmen.[151] Dass allein die Begründung von Verordnungen der Exekutive die Gerichte nicht binde,[152] ist als Gegenargument nicht mehr ausreichend, da nun die Begründung eines Gesetzes (Legislative) vorliegt. Es gibt jedoch berechtigte Zweifel,[153] ob sich der BGH von Gesetzen und Verordnungen hindern lassen wird, seine abweichenden Vorstellungen weiter zu verfolgen, was durch seine späteren Entscheidungen zur Vergütung des vorläufigen Sachwalters[154] belegt ist (§ 12 Rz. 105 ff.).

76 Der bisherige Streit beruht darauf, dass der BGH bereits für die Vergütung des vorläufigen Insolvenzverwalters den Massebegriff des § 35 InsO anwenden will, während das Justizministerium berücksichtigt, dass die Bereinigung der Ist-Masse zur Soll-Masse notwendigerweise auch die Befassung mit Fremdrechten inkludiert. Doch was berechtigt einen vorläufigen Insolvenzverwalter (oder den InsO-Gesetzgeber) überhaupt, in die Rechte Dritter einzugreifen? Doch offensichtlich einzig der Charakter eines Insolvenz(-antrags-)verfahrens als Ordnungsverfahren. Insoweit wird der vorläufige Insolvenzverwalter (auch) für die *Ausübung einer Ordnungsfunktion* vergütet, wofür der Massebegriff irrelevant ist. Beachtlich ist jedoch das Argument, die Vergütung des (vorläufigen) Insolvenzverwalters werde im Ergebnis nur von den ungesicherten Gläubigern getragen. Im Hinblick auf Aussonderungsgläubiger sollte daher über eine Regelung i. S. d. §§ 170, 171 InsO (Kostenbeiträge) nachgedacht werden. Im Übrigen sind Gläubiger ohne Absonderungsrecht nicht schutzwürdig, wenn und weil sie auf mannigfaltig mögliche Sicherungsrechte verzichten.

77 Zu allem Glück kommt noch hinzu, dass die Einführung des § 63 Abs. 3 InsO für alle ab dem 19.7.2013 beantragten Verfahren gilt (§ 103h EGInsO), die Änderung des § 11 InsVV jedoch erst in den ab dem 1.7.2014 beantragten Verfahren (§ 19 Abs. 4 InsVV). Insoweit liegt ein handwerklicher Fehler des **Gesetz- bzw. Verordnungsgebers** vor. Diesbezüglich ist der **BGH** zu dem Ergebnis gekommen, dass der 19.7.2013 maßgeblich sei.[155]

(2) Anwendbares Recht (zeitlicher Anwendungsbereich)

78 Aufgrund der historischen Herleitung (Rz. 67 ff.) gilt für die **ab dem 19.7.2013 beantragten** Insolvenzverfahren die aktuelle Fassung des § 63 Abs. 3 InsO i. V. m. der aktuellen Fassung des § 11 Abs. 1 InsVV ohne Rücksicht darauf, dass für letztere Norm eigentlich in § 19 Abs. 4 InsVV ein Anwendungsbereich ab dem 1.7.2014

---

149) *Vill*, in: FS Kübler, S. 741, 744; *Amery/Kästner*, ZIP 2013, 2041, 2047 ff.
150) Ausführlich *Büttner*, ZVI 2013, 289.
151) *Amery/Kästner*, ZIP 2013, 2041, 2048 ff.
152) *Raebel*, in: FS Fischer, S. 459, 475.
153) *Keller*, NZI 2013, 240, 242.
154) BGH, Beschl. v. 21.7.2016 – IX ZB 70/14, ZIP 2016, 1592; BGH, Beschl. v. 22.9.2016 – IX ZB 71/14, ZIP 2016, 1981.
155) BGH, Beschl. v. 14.7.2016 – IX ZB 46/14, ZIP 2016, 1601.

vorgesehen ist.[156] Dies bedeutet eine Einbeziehung derjenigen Vermögensgegenstände, an denen nach Verfahrenseröffnung Aus- oder Absonderungsrechte geltend gemacht werden können, in die Berechnungsgrundlage, wenn sich der vorläufige Insolvenzverwalter erheblich mit den Vermögensgegenständen befasst hat. Ist dies der Fall, dürfte jedoch eine widerlegbare Vermutung dafür bestehen, dass zugleich eine Mehrbelastung i. S. d. § 3 Abs. 1 lit. a InsVV verbraucht ist, da sonst eine Doppelberücksichtigung desselben Lebenssachverhalts vorliegen würde.

In den **vor dem 19.7.2013 beantragten** Insolvenzverfahren gelten hingegen die „November-Entscheidungen" des BGH vom 15.11.2012[157] (Rz. 73), ausweislich derer Aus- und Absonderungsgut nur nach einem Überschussprinzip in die Berechnungsgrundlage einfließen kann. Im Übrigen könne eine Mehrbelastung des vorläufigen Insolvenzverwalters über § 3 Abs. 1 lit. a InsVV vergütet werden, wenn eine erhebliche Befassung zu bejahen ist. Freilich sind die Gerichte in ihren Entscheidungen frei und sogar verpflichtet, anzuwendende Normen des Vergütungsrechts jeweils selbst verfassungskonform auszulegen,[158] was zu einer Anwendung neuen Rechts entgegen der Auffassung des BGH[159] auf Alt-Verfahren zuließe.[160] Immerhin zeigen die schnelle Reaktion des Gesetzgebers und die Deutlichkeit seiner Ausführungen (Rz. 74), dass die Auffassung des BGH zu keinem Zeitpunkt der Konzeption des Gesetz- bzw. Verordnungsgebers entsprochen hätte.[161] Wenn der BGH von einem „modifizierten Vergütungsmodell des Senats" spricht,[162] wird schnell deutlich, dass sich der BGH hier entgegen dem Gewaltenteilungsprinzip als Normgeber versteht. Dass der offensichtliche Streit darüber, ob die „besseren" oder „sachkundigeren" Juristen nun im Justizministerium oder beim BGH sitzen,[163] faktisch auf Kosten der vorläufigen Insolvenzverwalter finanziert wird, scheint mit der traditionellen Auffassung von Rechtsstaatlichkeit nicht vollends in Einklang zu stehen. Allerdings kann auch die Anwendung des § 3 Abs. 1 lit. a InsVV statt einer Einbeziehung in die Berechnungsgrundlage zu einem äquivalenten[164] Ergebnis führen.

(3) Erheblichkeit der Befassung

Als erheblich ist bereits die *vertiefte Befassung* mit dem behaupteten **Aus- oder Absonderungs*recht*** anzusehen.[165] Dies ist jedenfalls dann zu bejahen, wenn das geltend gemachte Recht substantiiert bestritten wird,[166] aber auch dann, wenn Verhandlungen

---

156) BGH, Beschl. v. 14.7.2016 – IX ZB 46/14, ZIP 2016, 1601.
157) BGH, Beschl. v. 15.11.2012 – IX ZB 130/10, ZIP 2013, 30 (Absonderungsrechte); BGH, Beschl. v. 15.11.2012 – IX ZB 88/89, ZIP 2012, 2515 (Aussonderungsrechte).
158) BVerfG, Beschl. v. 9.2.1989 – 1 BvR 1165/87, ZIP 1989, 382, 383 (mit Anm. *Eickmann*).
159) BGH, Beschl. v. 14.7.2016 – IX ZB 46/14, ZIP 2016, 1601.
160) *Graeber/Graeber*, InsVV, § 11 Rz. 27b; *Keller*, Vergütung und Kosten, § 7 Rz. 54 ff; *Lorenz/Klanke/Lorenz*, InsVV, § 11 Rz. 24, 31; *Prasser*, InsbürO 2017, 14.
161) Gesetz zur Verkürzung des Restschuldbefreiungsverfahrens und zur Stärkung der Gläubigerrechte v. 15.7.2013 (BGBl. I 2013, 2379), Begründung zu Art. 9 des Änderungsgesetzes (Inkrafttreten), siehe Anh. XII Rz. 128.
162) BGH, Beschl. v. 13.7.2006 – IX ZB 104/05, Rz. 30, NZI 2006, 515.
163) Ausführlich *Raebel*, in: FS Fischer, S. 459 (passim).
164) A. A. *Hentrich*, InsbürO 2013, 128.
165) *Haarmeyer/Mock*, InsVV, § 11 Rz. 75.
166) BGH, Beschl. v. 13.7.2006 – IX ZB 104/05, Rz. 28, NZI 2006, 515.

über einen Verzicht oder eine Abgeltung des Drittrechts geführt werden. Nicht überschritten ist die Grenze zur Erheblichkeit bei bloßer Prüfung, wie die Eigentumsverhältnisse liegen, welche der verwalteten Gegenstände mit Fremdrechten belastet sind und um welche Fremdrechte es sich handelt.[167] Damit ist eine erhebliche Befassung zu verneinen, wenn es sich um einfache und übliche Kreditsicherheiten,[168] die üblichen Eigentumsvorbehaltsrechte von Lieferanten[169] oder Standardprobleme bei Grundpfandrechten[170] handelt. Von der Verneinung der Erheblichkeit nicht erfasst sind hingegen kollidierende Drittrechte (z. B. in Gestalt von Eigentumsvorbehalt vs. Globalzession)[171] oder Drittrechte nach ausländischem Recht. Von einer erheblichen Befassung muss wohl auch ausgegangen werden, wenn sich Aus- oder Absonderungsrechte des Fiskus oder Geschädigter aus der reformierten strafrechtlichen Vermögensabschöpfung[172] ergeben, da in diesem Bereich noch einige Rechtsunsicherheiten bestehen.[173] Maßgeblich ist in temporaler Hinsicht die Existenz des Aus- oder Absonderungsrechts (wirksame Entstehung, kein Untergang, keine Erfüllung), nicht aber die Frage der Beseitigung durch Anfechtung nach §§ 129 ff. InsO;[174] hier stellt sich die andere Frage, ob Anfechtungsansprüche als eigenständiger Vermögenswert zu berücksichtigen sind (Rz. 51). Wird diese Frage bejaht, kann sich an der Einbeziehung in die Berechnungsgrundlage nichts dadurch ändern, dass der Anfechtungsanspruch in einer Doppelinsolvenz von Gesellschaft und Gesellschafter seinerseits der Aussonderung[175] unterfallen kann.

81 Die erhebliche Befassung muss sich nicht zwingend auf das Aus- und Absonderungs*recht* beziehen, weit häufiger ist die erhebliche Befassung mit dem **Aus- und Absonderungs*gut***, was vergütungsrechtlich keinen Unterschied bedeutet.[176] Maßgeblich soll sein eine *über das gewöhnliche Maß hinausgehende Inanspruchnahme* des vorläufigen Insolvenzverwalters[177] oder ein *real gestiegener Arbeitsaufwand*.[178] Damit sind die Kriterien in qualitativer Hinsicht identisch mit denjenigen für einen Zuschlag nach § 3 Abs. 1 InsVV.[179]

82 Eine Anordnung nach § 21 Abs. 2 Satz 1 Nr. 5 InsO (*Verwertungsstopp*) beispielsweise indiziert die erhebliche Befassung,[180] da schon die *Nutzung* des Aus- und Absonderungsguts für eine *Betriebsfortführung* das Kriterium der erheblichen Befassung

---

167) BGH, Beschl. v. 13.7.2006 – IX ZB 104/05, NZI 2006, 515.
168) *Haarmeyer/Mock*, InsVV, § 11 Rz. 76.
169) *Haarmeyer/Mock*, InsVV, § 11 Rz. 76.
170) *Haarmeyer/Mock*, InsVV, § 11 Rz. 76.
171) Leonhardt/Smid/Zeuner/*Amberger*, InsVV, § 11 Rz. 77.
172) Gesetz zur Reform der strafrechtlichen Vermögensabschöpfung v. 13.4.2017 (BGBl. I 2017, 872).
173) Instruktiv *Blankenburg*, ZInsO 2017, 1453.
174) BGH, Beschl. v. 18.12.2008 – IX ZB 46/08, ZInsO 2009, 495.
175) BGH, Urt. v. 27.4.2017 – IX ZR 198/16, ZIP 2017, 1336.
176) BGH, Beschl. v. 18.12.2008 – IX ZB 46/08, Rz. 11, ZInsO 2009, 495.
177) BGH, Beschl. v. 14.12.2005 – IX ZB 256/04, NZI 2006, 284; BGH, Beschl. v. 13.7.2006 – IX ZB 104/05, NZI 2006, 515.
178) BGH, Beschl. v. 24.7.2003 – IX ZB 607/02, NZI 2003, 603; BGH, Beschl. v. 13.7.2006 – IX ZB 104/05, NZI 2006, 515.
179) Ausdrücklich BGH, Beschl. v. 28.9.2006 – IX ZB 230/05, Rz. 20, ZIP 2006, 2134.
180) HambKommInsO/*Büttner*, § 11 InsVV Rz. 25; **a. A.** *Haarmeyer/Mock*, InsVV, § 11 Rz. 77.

erfüllt.[181] Selbiges gilt für eine Verarbeitung von Aus- und Absonderungsgut (z. B. Warenvorräte). Dies insbesondere auch, wenn bereits in der vorläufigen Verwaltung ein *Sicherheitenpool* von Lieferanten gebildet wird.[182] Zutreffend wird darauf hingewiesen, dass sich das Tatbestandsmerkmal der Erheblichkeit bei einer Betriebsfortführung mehr oder weniger selbst erfüllt und eine konkrete Abgrenzung zur Nicht-Erheblichkeit nur in Abwicklungsfällen möglich ist.[183]

Eine erhebliche Befassung mit dem betroffenen Vermögensgegenstand ist zu bejahen, wenn eine dinglich belastete *Immobilie des Schuldners* vermietet wird,[184] was sich bereits aus dem Zuschlagstatbestand des § 3 Abs. 1 lit. b InsVV ergibt; das Bejahen einer Sonderaufgabe kann nicht zur Verneinung einer erheblichen Befassung führen, da die Kriterien nach Auffassung des BGH identisch sind.[185] Soweit der BGH anderen Orts ausführt, eine erhebliche Befassung liege nicht vor, wenn die Tätigkeit des vorläufigen Insolvenzverwalters derjenigen eines Zwangsverwalters gleiche,[186] ist anzumerken, dass die Erheblichkeit nur deswegen verneint wurde, weil der wesentliche Teil der Vermietungstätigkeit delegiert worden war, was tatsächlich nicht das Tatbestandsmerkmal der Erheblichkeit betrifft, sondern die Vermeidung einer Doppelbelastung der Masse wegen Delegation einer Sonderaufgabe darstellt. Diese Konstellation führt bei neuer Lesart zur Einbeziehung in die Berechnungsgrundlage unter Anwendung eines Abschlags nach § 3 Abs. 2 InsVV ist maximal zur Höhe der Honorare für den Dienstleister (§ 3 Rz. 256). War bei Anordnung der vorläufigen Insolvenzverwaltung bereits eine *Zwangsverwaltung* über das Grundstück anhängig, können sich bereits im Antragsverfahren Kompetenzkonflikte maßgeblich aus dem Steuerrecht oder hinsichtlich einer Betriebsfortführung ergeben; eine entsprechende Mehrbelastung führt zur Überschreitung der Schwelle der Erheblichkeit. Nichts anderes gilt, wenn Bemühungen um eine Einstellung der *Zwangsversteigerung* erfolgen,[187] eine Vollstreckungsmaßnahme i. S. d. ZVG gerade durch Verhandlungen verhindert werden soll[188] oder die Reichweite des Haftungsverbands einer Hypothek zu prüfen ist.[189] Ebenso kann das Ergreifen von *Sicherungsmaßnahmen* (Austauschen der Schlösser, Einziehung ausgegebener Schlüssel, Einbau einer Alarmanlage, Beauftragung eines Wachschutzes etc.) als erhebliche Befassung anzusehen sein;[190] wegen § 11 Abs. 1 Satz 3 InsVV kann dies jedoch nicht für *gemietete Immobilien* gelten, hier wären einzig Zuschläge nach §§ 10, 3 Abs. 1 InsVV zu prüfen. Weitere Fälle der

---

181) LG Bochum, Beschl. v. 14.6.2007 – 10 T 35/07, JurionRS 2007, 53734; *Haarmeyer*, ZInsO 2007, 73, 75.
182) LG Bochum, Beschl. v. 14.6.2007 – 10 T 35/07, JurionRS 2007, 53734.
183) BerlKommInsO/*Blersch*, § 11 InsVV Rz. 26 (Stand: 03/2014); *Keller*, ZIP 2008, 1615, 1618 f.; KPB-InsO/*Prasser/Stoffler*, § 11 InsVV Rz. 47 (Stand: 11/2013).
184) BGH, Beschl. v. 13.7.2006 – IX ZB 104/05, NZI 2006, 515.
185) BGH, Beschl. v. 28.9.2006 – IX ZB 230/05, Rz. 20, ZIP 2006, 2134.
186) BGH, Beschl. v. 20.5.2010 – IX ZB 3/07, JurionRS 2010, 16547.
187) BGH, Beschl. v. 13.7.2006 – IX ZB 104/05, NZI 2006, 515; BGH, Beschl. v. 28.9.2006 – IX ZB 230/05, ZIP 2006, 2134.
188) KPB-InsO/*Prasser/Stoffler*, § 11 InsVV Rz. 45 (Stand: 11/2013).
189) Leonhardt/Smid/Zeuner/*Amberger*, InsVV, § 11 Rz. 77.
190) *Haarmeyer*, ZInsO 2007, 73, 75.

erheblichen Befassung können sich aus dem Umwelt- oder Ordnungsrecht oder sonstigen Anforderungen des Sachenrechts oder des öffentlichen Rechts ergeben.

84 Keine erhebliche Befassung soll vorliegen bei bloßer *Inventarisierung*[191] oder bei bloßer *Prüfung des Versicherungsschutzes*.[192] Abzulehnen ist eine Erheblichkeit regelmäßig auch dann, wenn lediglich ein *Sperrvermerk im Grundbuch* oder anderen Registern einzutragen ist.[193]

85 Da die Definition der Erheblichkeit i. S. d. Einbeziehung in die Berechnungsgrundlage identisch mit der Definition der Mehrbelastung i. S. e. Zuschlagsgewährung ist,[194] kann sich eine Erheblichkeit theoretisch auch aus der Betrachtung der **Aus- und Absonderungs***gläubiger* ergeben. Insbesondere bei *großer Zahl* von Aus- und Absonderungsgläubigern wäre daher an eine Einbeziehung der Werte in die Berechnungsgrundlage zu denken.[195] Dem kann jedoch nicht gefolgt werden, da hier ein Zuschlag nach § 3 Abs. 1 lit. a InsVV sachnäher ist und sich die erhebliche Befassung nur auf jeden einzelnen Vorgang beziehen kann. Möglich ist jedoch eine erhebliche Befassung mit einem *obstruktiven* Aus- oder Absonderungsgläubiger.

86 Sofern die Erheblichkeit zu bejahen ist, die Befassung jedoch überwiegend auf Kosten der Masse **delegiert** wurde, soll die Einbeziehung des Vermögensgegenstands in die Berechnungsgrundlage zu verneinen sein.[196] Dies ist jedoch aus systematischen Gründen als veraltet abzulehnen; richtig ist (inzwischen) der Abzug der Honorare Dritter als Abschlag von der Vergütung nach § 3 Abs. 2 InsVV (§ 3 Rz. 256), ohne dass die Berechnungsgrundlage betroffen wäre.

87 Ist die **erhebliche Befassung zu verneinen**, kann der Vermögensgegenstand nur nach dem *Überschussprinzip* berücksichtigt werden,[197] d. h. mit den voraussichtlichen Massebeteiligungen nach §§ 170, 171 InsO[198] oder einem Übererlös. Dies scheint jedenfalls systemgerechter zu sein als die Gewährung eines Zuschlags nach §§ 10, 3 Abs. 1 lit. a InsVV,[199] da die erhebliche Befassung i. S. d. Berechnungsgrundlage und Mehraufwand i. S. d. § 3 Abs. 1 InsVV identisch sind.[200]

88 Einen Sonderfall stellt es dar, wenn zwar eine erhebliche Befassung mit einem wertausschöpfend belasteten Vermögensgegenstand zu verneinen ist, das Sicherungsrecht jedoch die *Forderungen eines Dritten* betrifft; wenn und weil ein Ausgleichsanspruch

---

[191] BGH, Beschl. v. 13.7.2006 – IX ZB 104/05, NZI 2006, 515; BGH, Beschl. v. 28.9.2006 – IX ZB 230/05, ZIP 2006, 2134.
[192] BGH, Beschl. v. 13.7.2006 – IX ZB 104/05, NZI 2006, 515; BGH, Beschl. v. 28.9.2006 – IX ZB 230/05, ZIP 2006, 2134.
[193] A. A. Leonhardt/Smid/Zeuner/*Amberger*, InsVV, § 11 Rz. 77.
[194] BGH, Beschl. v. 28.9.2006 – IX ZB 230/05, Rz. 20, ZIP 2006, 2134.
[195] LG Bochum, Beschl. v. 14.6.2007 – 10 T 35/07, JurionRS 2007, 53734.
[196] BGH, Beschl. v. 20.5.2010 – IX ZB 3/07, JurionRS 2010, 16547.
[197] *Haarmeyer/Mock*, InsVV, § 11 Rz. 76.
[198] KPB-InsO/*Prasser/Stoffler*, § 11 InsVV Rz. 29 (Stand: 11/2013).
[199] So noch zur alten Rechtslage *Graeber*, ZInsO 2007, 133, 135; *Haarmeyer*, ZInsO 2007, 73, 75; zum aktuellen Recht so Leonhardt/Smid/Zeuner/*Amberger*, InsVV, § 11 Rz. 72; Lorenz/Klanke/*Lorenz*, InsVV, § 11 Rz. 45.
[200] Ausdrücklich BGH, Beschl. v. 28.9.2006 – IX ZB 230/05, Rz. 20, ZIP 2006, 2134.

des Schuldners gegen den Dritten besteht, ist der Wert dieses Anspruchs in die Berechnungsgrundlage einzubeziehen,[201] was letztlich nur einen Aktivtausch darstellt.

Ist ein Vermögensgegenstand **nicht wertausschöpfend belastet**, ist ohne die Notwendigkeit einer erheblichen Befassung ebenfalls nur das *Überschussprinzip* anwendbar.[202] Denn der Gesetzgeber hat die Verneinung eines Überschussprinzips ausdrücklich auf wertausschöpfend mit Absonderungsrechten belastete Gegenstände bezogen.[203] Nach anderer Ansicht soll jedoch das Überschussprinzip in dieser Konstellation nicht zur Anwendung kommen, sodass der Vermögensgegenstand überhaupt nicht bei der Berechnungsgrundlage zu berücksichtigen sei.[204] Bezogen auf Grundstücke würde dies im Ergebnis bedeuten, dass selbst in Abt. II und III des Grundbuchs lastenfreie Grundstücke mit großem Wert nicht zu berücksichtigen wären, wenn z. B. nach § 12 GrStG oder Landesrecht auch nur 1 € Zahlungsrückstand bei Grundsteuern oder Müllgebühren besteht. Dieses Ergebnis verträgt sich evident nicht mit der wechselvollen Historie der Einbeziehung von Absonderungsgut in die Berechnungsgrundlage und verquickt die über die Jahre herangezogenen Begründungen für den einen oder anderen Lösungsansatz in unzulässiger Weise. Erneut wird missachtet, dass der vorläufige Insolvenzverwalter eine Sicherungstätigkeit in Bezug auf diese Vermögensgegenstände erbringt, die zu vergüten ist. Liegt jedoch eine *erhebliche Befassung* vor, führt dies zur vollständigen Berücksichtigung des Werts des Vermögensgegenstands.

89

dd) Besitzüberlassungsverträge

Gemäß § 11 Abs. 1 Satz 3 InsVV werden in den ab dem 29.12.2006 beantragten Insolvenzverfahren[205] Vermögensgegenstände, die der Schuldner nur aufgrund eines Besitzüberlassungsvertrages in Besitz hat, nicht in die Berechnungsgrundlage einbezogen. Für zuvor beantragte Insolvenzverfahren gilt Selbiges aufgrund Rechtsprechung.[206]

90

Zu den Besitzüberlassungsverträgen gehören zunächst **Miete, Pacht, Leihe** und **Verwahrung**,[207] aber auch ein **Erbbaurecht**. Bei **Finanzierungsleasing** ist zu unterscheiden. Verfügt der Schuldner über etwas, was Bestandteil der Insolvenzmasse i. S. d.

91

---

201) BGH, Beschl. v. 10.12.2009 – IX ZB 181/06, NZI 2010, 227.
202) BerlKommInsO/*Blersch*, § 11 InsVV Rz. 26 (Stand: 03/2014); *Graeber/Graeber*, InsVV, § 11 Rz. 25.
203) Gesetz zur Verkürzung des Restschuldbefreiungsverfahrens und zur Stärkung der Gläubigerrechte v. 15.7.2013 (BGBl. I 2013, 2379), Begründung zu Art. 9 des Änderungsgesetzes (Inkrafttreten), siehe Anh. XII Rz. 98.
204) AG Hannover, Beschl. v. 18.4.2017 – 903 IN 172/16, ZInsO 2017, 1286.
205) Der Regelungsgehalt des mit der Zweiten Verordnung zur Änderung der Insolvenzrechtlichen Vergütungsverordnung (InsVV) v. 21.12.2006 (BGBl. I 2006, 3389) eingeführten § 11 Abs. 1 Satz 5 InsVV, siehe Anh. VIII Rz. 14, wurde verschoben in § 11 Abs. 1 Satz 3 InsVV durch das Gesetz zur Verkürzung des Restschuldbefreiungsverfahrens und zur Stärkung der Gläubigerrechte. v. 15.7.2013 (BGBl. I 2013, 2379), siehe Anh. XII Rz. 98.
206) BGH, Beschl. v. 14.12.2005 – IX ZB 256/04, NZI 2006, 284; BGH, Beschl. v. 15.11.2012 – IX ZB 88/09, ZIP 2012, 2515.
207) Zweite Verordnung zur Änderung der Insolvenzrechtlichen Vergütungsverordnung (InsVV) v. 21.12.2006 (BGBl. I 2006, 3389), Begründung zur Änderung des § 11 InsVV, siehe Anh. VIII Rz. 22.

§ 35 InsO werden könnte, z. B. aufgrund einer Kaufoption, soll eine Einbeziehung in die Berechnungsgrundlage möglich sein.[208] Gleiches gilt für **Mietkaufverträge**.[209] Hier scheint jedoch eine gewisse Zurückhaltung geboten, da nach Verfahrenseröffnung oftmals die *Nichterfüllung* nach §§ 103 ff. InsO erklärt wird, was dann spätestens bei der Prüfung der Abänderung der Vergütung nach § 63 Abs. 3 Satz 4 InsO zur Eliminierung aus der Berechnungsgrundlage führen müsste. Ferner müssen für die Ausübung derartiger **Optionen und Anwartschaftsrechte** (*Erfüllungswahl*) oftmals Gegenleistungen (Geldzahlungen aus der Masse) erfolgen, die vom Wertansatz in Abzug zu bringen sind (Rz. 54). Denn ein solcher Vorgang, mit Mitteln der Masse Geschäfte zu betreiben, weist eine gewisse Nähe zu § 1 Abs. 2 Nr. 4 Satz 2 lit. b InsVV auf. Nicht zu den Besitzüberlassungsverträgen gehören **Eigentumsvorbehaltsrechte**, da diese über eine bloße Gebrauchsüberlassung hinausgehen.[210]

92 Sofern ein Ausschluss aus der Berechnungsgrundlage erfolgt, gleichwohl eine erhebliche Befassung mit dem Vermögenswert zu bejahen ist, bleibt ein Vergütungszuschlag nach §§ 10, 3 Abs. 1 InsVV zu prüfen.[211]

ee) Wertansätze

93 Soweit ein Vermögensgegenstand im Grundsatz in die Berechnungsgrundlage einbezogen werden kann, ist noch über den heranzuziehenden Wert zu entscheiden. Maßgeblich ist der objektive **Verkehrswert**[212] einschließlich Umsatzsatzsteuer.[213] Der Verordnungsgeber erwähnt zwar eine Orientierung an §§ 252 ff. HGB,[214] jedoch können die dortigen Grundsätze nur eingeschränkt gelten, weil handelsrechtliche Werte an insolvenzrechtlich unbeachtliche Wirtschaftsjahre und Abschreibungsregelungen anknüpfen; im Grunde gilt einzig das Vorsichtsprinzip des § 252 Abs. 1 Nr. 4 HGB, um anderweitig vertretene Modelle einer „risikoneutralen Wertermittlung" oder einer „Erwartungswertbilanzierung" – sofern auch vergütungsrechtlich befürwortet – zu vermeiden.[215]

94 Schon wegen der Vorgabe zum Masseverzeichnis in § 151 Abs. 2 Satz 2 InsO, das auf den Stichtag der Insolvenzeröffnung rekurrieren muss (§ 153 Abs. 1 Satz 1 InsO), wird regelmäßig bereits im Eröffnungsgutachten zwischen **Zerschlagungs- und Fortführungswerten** unterschieden. Für den Ansatz in der Berechnungsgrundlage soll nach einer Entscheidung des BGH vom 8.7.2004 maßgeblich sein, welche Werte

---

208) Zweite Verordnung zur Änderung der Insolvenzrechtlichen Vergütungsverordnung (InsVV) v. 21.12.2006 (BGBl. I 2006, 3389), Begründung zur Änderung des § 11 InsVV, siehe Anh. VIII Rz. 22.
209) BGH, Beschl. v. 14.12.2005 – IX ZB 256/04, NZI 2006, 284; *Graeber*, ZInsO 2007, 133, 135.
210) MünchKommInsO/*Stephan*, § 11 InsVV Rz. 56.
211) Leonhardt/Smid/Zeuner/*Amberger*, InsVV, § 11 Rz. 116; *Graeber*, ZInsO 2007, 133, 135.
212) BGH, Beschl. v. 8.7.2004 – IX ZB 589/02, Rz. 12, ZIP 2004, 1555.
213) *Haarmeyer/Mock*, InsVV, § 11 Rz. 93; KPB-InsO/*Prasser/Stoffler*, § 11 InsVV Rz. 25 (Stand: 11/2013).
214) Zweite Verordnung zur Änderung der Insolvenzrechtlichen Vergütungsverordnung (InsVV) v. 21.12.2006 (BGBl. I 2006, 3389), Begründung zur Änderung des § 11 InsVV, siehe Anh. VIII Rz. 19.
215) *Haarmeyer*, ZInsO 2007, 73, 75.

sich voraussichtlich verwirklichen lassen, wenn Zerschlagungs- und Fortführungswert voneinander abweichen (Realisierungswerte).[216] Die Formulierung führte im konkreten Fall zur Anwendung von Fortführungswerten, da der vorläufige Insolvenzverwalter zuversichtlich war, dass eine übertragende Sanierung nach Verfahrenseröffnung zu Fortführungswerten gelingen werde. Da die vorläufige Verwaltung in der juristischen Sekunde der Verfahrenseröffnung endet, dürfte per Stichtag der Beendigung der vorläufigen Verwaltung feststehen, ob nach Verfahrenseröffnung eine Fortführung des schuldnerischen Unternehmens erfolgen wird, sodass bejahendenfalls der Ansatz von Fortführungswerten unzweifelhaft ist. Anders nur, wenn zu diesem Stichtag bereits positiv feststeht, dass eine alsbaldige Betriebsstilllegung ohne Aussicht auf eine sog. übertragende Sanierung zu erfolgen hat.[217] War der Geschäftsbetrieb bereits vor Insolvenzantragstellung eingestellt worden, sind unzweifelhaft Liquidationswerte anzusetzen, falls nicht ausnahmsweise eine Wiederaufnahme des Geschäftsbetriebs durch den vorläufigen Insolvenzverwalter erfolgen konnte. Wurde der Geschäftsbetrieb in der vorläufigen Verwaltung oder mit Verfahrenseröffnung eingestellt, sind Zerschlagungswerte in Ansatz zu bringen. Ein Ansatz von Zerschlagungswerten ist im Übrigen dann indiziert, wenn die positive Differenz zum Fortführungswert separat in einem Goodwill angesetzt wird (Rz. 49).

Wertrelevanter Zeitpunkt ist gemäß § 63 Abs. 3 Satz 3 InsO die Beendigung der vorläufigen Verwaltung oder das vorherige Ausscheiden des Vermögensgegenstandes aus der vorläufigen Verwaltung. Das vorherige Ausscheiden von Vermögensgegenständen ist vergütungsrechtlich mit Problemen behaftet (Rz. 60 ff.). Teleologisch ist das Abstellen auf das Ende der vorläufigen Verwaltung verfehlt, richtigerweise wären die Werte zu Beginn der vorläufigen Verwaltung maßgeblich (Rz. 66). Dies kann jedoch nur de lege ferenda berücksichtigt werden. Nach den relevanten Zeitpunkten sich ereignende *Sachverhalte* sind irrelevant (z. B. Untergang, Wertminderung durch Beschädigungen, Abnutzung durch Betriebsfortführung, Bonitätsverlust von Drittschuldnern etc.).[218] Zu berücksichtigen sind allerdings nachträgliche *Erkenntnisse* bis zur letzten tatrichterlichen Entscheidung[219] (§ 8 Rz. 100) über den Vergütungsantrag bzw. bis zum letzten Zeitpunkt der möglichen Abänderung der Vergütung gemäß § 63 Abs. 3 Satz 4 InsO. Zu diesen nachträglichen Erkenntnissen kann z. B. ein erst nach Verfahrenseröffnung eingehendes Sachverständigengutachten gehören,[220] aber umgekehrt auch die Erkenntnis, dass sich ein vor Verfahrenseröffnung vorliegendes Sachverständigengutachten nachträglich als unzutreffend bzw. veraltet[221] erweist. Insgesamt ist folglich eine *Betrachtung ex ante* erforderlich.

---

216) BGH, Beschl. v. 8.7.2004 – IX ZB 589/02, Rz. 12, ZIP 2004, 1555.
217) *Haarmeyer/Mock*, InsVV, § 11 Rz. 95; KPB-InsO/*Prasser/Stoffler*, § 11 InsVV Rz. 25 (Stand: 11/2013).
218) KPB-InsO/*Prasser/Stoffler*, § 63 Rz. 47 (Stand: 11/2013).
219) BGH, Beschl. v. 12.5.2011 – IX ZB 125/08, ZInsO 2011, 1128; BGH, Beschl. v. 22.9.2011 – IX ZB 107/10, ZInsO 2011, 2055.
220) KPB-InsO/*Prasser/Stoffler*, § 63 Rz. 45 (Stand: 11/2013).
221) BGH, Beschl. v. 22.9.2011 – IX ZB 107/10, ZInsO 2011, 2055.

d) Relevante Passiva
aa) Grundsatz

96 Nach der Vorstellung des Verordnungsgebers[222] (Rz. 47) entspricht es dem klassischen Vermögensbegriff, dass „Verbindlichkeiten nicht zum Vermögen zu rechnen sind, sodass sie auch nicht den Rechten gegenübergestellt und wertmäßig von ihnen abgezogen werden können. Insofern ließe sich auch von der Maßgeblichkeit des Aktivvermögens sprechen." Daher sind Passiva grundsätzlich nicht zu berücksichtigen, wobei der Verordnungsgeber die vor Insolvenzantragstellung vom Schuldner begründeten Altforderungen meint. Etwas anderes kann gelten, wenn und weil wegen § 10 InsVV Fälle des § 1 InsVV auf die Berechnungsgrundlage für die Vergütung des vorläufigen Insolvenzverwalters zu übertragen sind:

bb) Anwendung des § 1 InsVV
(1) § 1 Abs. 1 Satz 1 InsVV (Schlussrechnung)

97 Gemäß § 1 Abs. 1 Satz 1 InsVV bezieht sich die Berechnungsgrundlage für die Vergütung des Insolvenzverwalters regelmäßig auf dessen Schlussrechnung. Da für die Vergütung des vorläufigen Insolvenzverwalters jedoch davon abweichend die Werte der Vermögensgegenstände (Bestände) heranzuziehen sind, findet § 1 Abs. 1 Satz 1 InsVV auf den vorläufigen Insolvenzverwalter keine Anwendung.[223] Lediglich für die Abänderungsbefugnis nach § 63 Abs. 3 Satz 4 InsO sind der Schlussrechnung des Insolvenzverwalters die Einnahmen aus der Verwertung zu entnehmen, um sie mit den ursprünglich herangezogenen Werten der Bestände abgleichen zu können. Ungeachtet dessen hat jedoch auch der vorläufige Insolvenzverwalter wegen des Verweises in § 21 Abs. 2 Satz 1 Nr. 1 InsO auf § 66 InsO eine Schlussrechnung für seine Tätigkeit zu legen.

(2) § 1 Abs. 1 Satz 2 InsVV (Schätzung)

98 § 1 Abs. 1 Satz 2 InsVV kann für den vorläufigen Insolvenzverwalter keine Anwendung finden, da sich die Norm auf ein eröffnetes Verfahren bezieht. Eine sinngemäße Anwendung ist jedoch geboten, wenn die vorläufige Verwaltung ohne Verfahrenseröffnung und ohne abschließende Ermittlungen des vorläufigen Insolvenzverwalters endet, z. B. aufgrund Rücknahme des Insolvenzantrags (Rz. 110).[224]

(3) § 1 Abs. 2 Nr. 1 InsVV (Absonderungsrechte)

99 § 1 Abs. 2 Nr. 1 InsVV regelt das Überschussprinzip bzw. eine sog. Mehrvergütung bei der Verwertung von Absonderungsgut durch den Insolvenzverwalter. Diese Norm wird durch die speziellen Regelungen des § 11 Abs. 1 Satz 2 InsVV ausdrücklich verdrängt, was jedoch Gegenstand langwieriger Auseinandersetzungen zwischen Normgeber und BGH war (Rz. 67 ff.). Im Ergebnis gilt § 1 Abs. 2 Nr. 1 InsVV jedoch

---

222) Zweite Verordnung zur Änderung der Insolvenzrechtlichen Vergütungsverordnung (InsVV) v. 21.12.2006 (BGBl. I 2006, 3389), Begründung zur Änderung des § 11 InsVV, siehe Anh. VIII Rz. 16.
223) *Haarmeyer/Mock*, InsVV, § 11 Rz. 98.
224) BGH, Beschl. v. 9.6.2005 – IX ZB 284/03, ZIP 2015, 1281.

noch für die vor dem 19.7.2013 beantragten Insolvenzverfahren,[225] ferner wenn die Schwelle der erheblichen Befassung nicht überschritten wurde (Rz. 87) oder keine wertausschöpfende Belastung des Vermögensgegenstands vorliegt (Rz. 89).

(4) § 1 Abs. 2 Nr. 2 InsVV (Abfindungen)

§ 1 Abs. 2 Nr. 2 InsVV regelt die Auswirkung von Abfindungszahlungen an Aus- und Absonderungsgläubiger auf die Berechnungsgrundlage des Insolvenzverwalters. Vereinfacht ausgedrückt bedeutet Abfindungszahlung, dass nicht auf eine Forderung oder Rechnung gezahlt wird, sondern ein Aus- oder Absonderungsrecht abgegolten wird, und zwar unabhängig davon, ob damit korrespondierende Einnahmen erzielt werden. Verwendet werden derartige Abfindungen u. a. dann, wenn ein Lieferant wegen zeitlicher Zäsuren nicht mehr befriedigt werden dürfte, ihm aber ein Sicherungs- oder Herausgaberecht aufgrund verschiedener Arten von Eigentumsvorbehalten zusteht.

100

Für den vorläufigen Insolvenzverwalter kommen demgemäß Abfindungen in Betracht, wenn die Forderung des Gläubigers vor Anordnung der vorläufigen Verwaltung begründet worden war und deswegen während der vorläufigen Verwaltung nicht mehr befriedigt werden dürfte, dem Gläubiger aber Sicherungs- oder Herausgaberechte zustehen, beispielsweise aufgrund Eigentumsvorbehalts. Dies betrifft zunächst nur die Berechtigung der Zahlung. Vergütungsrechtlich würde aus der Verweisungsnorm des § 10 InsVV folgen, dass derartige Zahlungen von der Berechnungsgrundlage abzuziehen wären. Dagegen spräche jedoch § 11 Abs. 1 Satz 2 InsVV als lex specialis, wonach auch diejenigen Vermögensgegenstände, an denen nach Verfahrenseröffnung Aus- oder Absonderungsrechte geltend gemacht werden könnten, in die Berechnungsgrundlage einfließen, ohne dass Zahlungen an den Gläubiger in Abzug zu bringen sind. Aus der Begründung zu § 63 Abs. 3 Satz 3 Alt. 2 InsO, wonach auch Vermögensgegenstände relevant sind, die während des Antragsverfahrens aus der vorläufigen Verwaltung ausgeschieden sind (hier: vorhandene Gelder, die für die Abfindungszahlungen verwendet werden), ergibt sich ergänzend, dass derartige Abfindungen für die Berechnungsgrundlage irrelevant sein sollen. Tatsächlich ist zu differenzieren: Soweit die Abfindung erfolgt, um den Vermögensgegenstand für eine Betriebsfortführung zu nutzen, was den Regelfall darstellen dürfte, hat der BGH zutreffend festgestellt, dass insoweit das Überschussprinzip des § 1 Abs. 2 Nr. 4 Satz 2 lit. b InsVV auch für den vorläufigen Insolvenzverwalter gilt.[226] Daher handelt es sich zumindest im Hinblick auf Warenvorräte (Abfindungen von Lieferanten) um fortführungsbedingte Ausgaben, d. h., § 1 Abs. 2 Nr. 4 Satz 2 lit. b InsVV verdrängt § 1 Abs. 2 Nr. 2 InsVV (§ 1 Rz. 129). Dies ist nicht unangemessen, weil dadurch verhindert wird, dass sich Drittrechte an den durch Weiterverarbeitung generierten Forderungen aus Lieferungen und Leistungen fortsetzen. Sowohl die – jetzt unbelasteten – Warenvorräte als auch die schließlich unbelasteten Forderungen in die

101

---
225) BGH, Beschl. v. 14.7.2016 – IX ZB 46/14, ZIP 2016, 1601.
226) BGH, Beschl. v. 26.4.2007 – IX ZB 160/06, ZIP 2007, 1330 („starker" vorläufiger Insolvenzverwalter); BGH, Beschl. v. 9.6.2011 – IX ZB 47/10, ZInsO 2011, 1519 („schwacher" vorläufiger Insolvenzverwalter); BGH, Beschl. v. 27.9.2012 – IX ZB 243/11, Rz. 6, ZInsO 2013, 840 („schwacher" vorläufiger Insolvenzverwalter).

Berechnungsgrundlage einzubeziehen, ohne die Zahlung an den Gläubiger (Lieferanten) in Abzug zu bringen, führte zu einer Doppelberücksichtigung.

(5) § 1 Abs. 2 Nr. 3 InsVV (Aufrechnungslagen)

102 Gemäß § 1 Abs. 2 Nr. 3 InsVV gilt für die Berechnungsgrundlage der Vergütung des Insolvenzverwalters ein Überschussprinzip bei Aufrechnungslagen. Nach dem Vermögensbegriff des Verordnungsgebers, der sich ausdrücklich auf Aktiva bezieht, ohne Aus- und Absonderungsrechte passivierend zu berücksichtigen (Rz. 47), müssten auch Aufrechnungslagen als dritte Art eines Drittrechts für die Berechnungsgrundlage für die Vergütung des vorläufigen Insolvenzverwalters irrelevant sein,[227] da eine insolvenzfeste Aufrechnungslage erst mit Insolvenzeröffnung entsteht. Dies ist jedoch mit Zweifeln behaftet.[228] Insbesondere ist der Eintritt der Insolvenzfestigkeit mit Insolvenzeröffnung als Argument ungeeignet, um nicht der Argumentation zur Einbeziehung von Anfechtungsansprüchen in die Berechnungsgrundlage (Rz. 51) zu widersprechen. Ferner müsste im Einklang mit der Einbeziehung von Aus- und Absonderungsgut in die Berechnungsgrundlage gefordert werden, dass sich der vorläufige Insolvenzverwalter sowohl mit der Forderung des Schuldners als auch mit der Forderung der Gegenseite und mit der rechtlichen Bewertung der Aufrechnungslage erheblich befasst haben muss.

(6) § 1 Abs. 2 Nr. 4 Satz 1 InsVV (Abzug Masseverbindlichkeiten)

103 Gemäß § 1 Abs. 2 Nr. 4 Satz 1 InsVV werden bei der Vergütung des Insolvenzverwalters die Masseverbindlichkeiten i. S. d. §§ 54, 55 InsO nicht von der Berechnungsgrundlage in Abzug gebracht, soweit nicht aus § 1 Abs. 2 Nr. 4 Satz 2 InsVV etwas anderes herzuleiten ist. Als selbstverständlich kann gelten, dass das Abzugsverbot für *Verfahrenskosten* i. S. d. § 54 InsO gilt. Folglich sind nicht zu passivieren die Vergütung des vorläufigen Insolvenzverwalters, die Vergütung der Mitglieder eines vorläufigen Gläubigerausschusses oder die Antragsgebühr als Bestandteil der Gerichtskosten. Nichts anderes gilt für die in der vorläufigen Verwaltung entstandenen Auslagenerstattungsansprüche der Vergütungsberechtigten bzw. der Gerichtskasse. Im Ergebnis bleibt an dieser Stelle für den vorläufigen Insolvenzverwalter nur zu prüfen, wie *abwicklungsbedingte Verbindlichkeiten* einzuordnen sind. Die bereits *im Antragsverfahren beglichenen Verbindlichkeiten* richten sich insoweit nach den Lösungsansätzen zu den ausgeschiedenen Vermögenswerten, da das Geld, das für die Begleichung der Verbindlichkeiten hergegeben wurde, ein solch ausgeschiedener Vermögensgegenstand sein könnte, was zu bestreiten ist (Rz. 62 ff.). Nach diesen Abschichtungen verbleibt einzig die Frage zu klären, ob die in der vorläufigen Verwaltung begründeten, aber bis zur Verfahrenseröffnung **noch nicht beglichenen, abwicklungsbedingten Verbindlichkeiten** bei der Berechnungsgrundlage zu passivieren sind. Diese Frage ist zu bejahen. Die Regelungen des § 1 Abs. 2 InsVV können immer nur analoge Anwendung finden, d. h., die Besonderheiten der vorläufigen Verwaltung sind zu beachten. Zu diesen Besonderheiten gehört, dass § 1 Abs. 2 InsVV auf Einnahmen abstellt, während die Berechnungsgrundlage für die Vergütung des vor-

---

227) *Haarmeyer/Mock*, InsVV, § 11 Rz. 102; *Keller*, Vergütung und Kosten, § 7 Rz. 40; Lorenz/Klanke/*Lorenz*, InsVV, § 11 Rz. 54.
228) *Vill*, in: FS Fischer, S. 547, 555 f.

läufigen Verwalters auf den Wert von Beständen rekurriert (zum Unterschied siehe Rz. 45). Daher passt die Regelung des § 1 Abs. 2 Nr. 4 Satz 1 InsVV schon im Grundsatz nicht auf den vorläufigen Verwalter. Ferner nimmt diese Norm Masseverbindlichkeiten in Bezug. Der Begriff der Masseverbindlichkeit entsteht jedoch erst mit Verfahrenseröffnung. Während der vorläufigen Verwaltung gibt es keine sonstigen Masseverbindlichkeiten. Auch § 55 Abs. 2 InsO besagt nichts anderes, da diese Norm lediglich die Berechtigung zur Zahlung nach Verfahrenseröffnung regelt, während der vorläufigen Verwaltung hat sie keinen Anwendungsbereich. Nichts anderes gilt für § 55 Abs. 4 InsO. Dieser Wertung steht abschließend nicht entgegen, dass der Vermögensbegriff des Verordnungsgebers die Berücksichtigung von Passiva ausschließt (Rz. 47). Denn erstens hat der Verordnungsgeber diesen Begriff im Kontext Aus- und Absonderungsrechte entwickelt, um zugunsten der vorläufigen Verwalter das Aus- und Absonderungsgut in die Berechnungsgrundlage einzubeziehen, woraus zweitens folgt, dass mit Passiva hier nur die bis zur Anordnung der vorläufigen Verwaltung begründeten Verbindlichkeiten gemeint sein können.

(7) § 1 Abs. 2 Nr. 4 Satz 2 lit. a InsVV („eigene" Honorare)

Entnimmt der Insolvenzverwalter der Masse Vergütungen über § 5 InsVV für den Einsatz besonderer Sachkunde, sind die Beträge von der Berechnungsgrundlage in Abzug zu bringen (§ 1 Abs. 2 Nr. 4 Satz 2 lit. a InsVV). Da es bei der Berechnungsgrundlage für die Vergütung des vorläufigen Insolvenzverwalters nicht auf Einnahmen und Ausgaben, sondern auf den Wert relevanter Bestände ankommt, kann § 1 Abs. 2 Nr. 4 Satz 2 lit. a InsVV auf den ersten Blick keine Anwendung auf den vorläufigen Insolvenzverwalter finden. Bei genauer Betrachtung ergibt sich das Gegenteil. Der Bestand auf den Geldkonten per Stichtag der Beendigung der vorläufigen Verwaltung fließt als eigenständiger Wert in die Berechnungsgrundlage ein, sodass *bereits bezahlte Rechnungen* schon diesen Bestand mindern (siehe auch Rz. 62 ff.). Sofern eine *Begleichung noch nicht erfolgt* sein sollte, bedarf es zunächst einer Berechtigung über § 55 Abs. 2 InsO, um nach Verfahrenseröffnung überhaupt Zahlung leisten zu dürfen. Unabhängig davon bedarf es für die Berechnungsgrundlage für die Vergütung des vorläufigen Insolvenzverwalters der Passivierung dieser Verbindlichkeit. Denn dass der Verweis in § 10 InsVV nur der Berechtigung einer zusätzlichen Vergütungsentnahme des vorläufigen Insolvenzverwalters dienen, aber abweichend vom Insolvenzverwalter nicht die Berechnungsgrundlage mindern soll, erschlösse sich aufgrund der untrennbaren Einheit von § 5 InsVV und § 1 Abs. 2 Nr. 4 Satz 2 lit. a InsVV nicht.[229]

(8) § 1 Abs. 2 Nr. 4 Satz 2 lit. b InsVV (Fortführungsüberschuss)

Gemäß § 1 Abs. 2 Nr. 4 Satz 2 lit. b InsVV wird bei Geschäftsvorfällen im Zusammenhang mit einer Betriebsfortführung nur der Überschuss der Einnahmen über die Ausgaben berücksichtigt. Dieser Grundsatz gilt – auch wenn nicht auf Einnahmen und Ausgaben, sondern auf Aktiva und Passiva abzustellen ist – ebenso für die Vergütung des „starken"[230] oder „schwachen"[231] vorläufigen Insolvenzverwalters.

---

229) Im Ergebnis auch BerlKommInsO/*Blersch*, § 11 InsVV Rz. 16 (Stand: 03/2014).
230) BGH, Beschl. v. 26.4.2007 – IX ZB 160/06, ZIP 2007, 1330.
231) BGH, Beschl. v. 9.6.2011 – IX ZB 47/10, ZInsO 2011, 1519; BGH, Beschl. v. 27.9.2012 – IX ZB 243/11, Rz. 6, ZInsO 2013, 840.

106 So, wie die in der vorläufigen Verwaltung begründeten **Forderungen** aus Lieferungen und Leistungen als Bestand bei der Berechnungsgrundlage für die Vergütung des vorläufigen Insolvenzverwalters berücksichtigt werden können (Aktivierung), obgleich bis zur Insolvenzeröffnung noch *keine Einzahlung* zu verzeichnen war,[232] müssen auch die in der vorläufigen Verwaltung begründeten, aber bis zur Insolvenzeröffnung noch *nicht beglichenen* **Verbindlichkeiten** bei der Berechnungsgrundlage für die Vergütung des vorläufigen Insolvenzverwalters passiviert werden,[233] wobei oftmals § 55 Abs. 4 InsO und die Ansprüche von Subunternehmern übersehen werden. Soweit bei den einzelnen Vorgängen zwischen Begründung und Entstehung zu differenzieren ist, ist die Entstehung der Forderung oder Verbindlichkeit maßgeblich.[234] Zur Auswirkung auf die Vergütung des Insolvenzverwalters aufgrund anschießender Zahlungsflüsse im eröffneten Verfahren siehe § 1 Rz. 143 ff. Ein bloßer **Auftragsbestand** per Stichtag der Beendigung der vorläufigen Verwaltung ist jedoch nicht zu aktivieren,[235] da es sich nicht um einen Vermögenswert, sondern um eine ungewisse Gewinnchance handelt. Überdies rechtfertigen vorhandene, aber *noch nicht begonnene Aufträge* überhaupt erst den Ansatz von Fortführungswerten bei den anderen Vermögensgegenständen. Insoweit handelt es sich um ein Motiv, nicht um einen Vermögensgegenstand. Bei *angefangenen Aufträgen* gilt im Prinzip Selbiges, falls nicht zum Zeitpunkt der Beendigung der vorläufigen Verwaltung ein Bearbeitungsstand erreicht wurde, der Forderungen gegen den Auftraggeber zivilrechtlich rechtfertigt. Beruht der Auftragsbestand auf *Akquisitionsmaßnahmen des vorläufigen Insolvenzverwalters*, kann dies über § 3 Abs. 1 lit. b InsVV gewürdigt werden. Die bereits in der vorläufigen Verwaltung beglichenen Verbindlichkeiten (Ausgaben) mindern bereits den Bestand auf dem **Treuhandkonto des vorläufigen Insolvenzverwalters**, während bereits eingezogene Forderungen diesen Bestand erhöhen. Insoweit ergibt sich kein Handlungsbedarf, nun und weil der Endbestand auf diesem Geldkonto in die Berechnungsgrundlage eingestellt wird. Soweit in der vorläufigen Verwaltung für die Betriebsfortführung mit dem Treuhandkontenmodell (**Treuhandkonto eines Dritten**) gearbeitet wird, sollen die hierüber abgewickelten Geschäftsvorfälle (überhaupt) nicht berücksichtigt werden dürfen;[236] ein nach Abschluss der Treuhandphase verbleibender Überschuss wäre demnach als eine Position „Übernahme Bankguthaben" erst für den endgültigen Verwalter vergütungsrelevant, aber kein Fortführungsüberschuss des vorläufigen Insolvenzverwalters.

---

232) BGH, Beschl. v. 16.11.2006 – IX ZB 302/05, Rz. 14, ZIP 2007, 284; BGH, Beschl. v. 26.4.2007 – IX ZB 160/06, ZIP 2007, 1330.
233) BGH, Beschl. v. 27.9.2012 – IX ZB 243/11, Rz. 6, ZInsO 2013, 840.
234) Vgl. BGH, Beschl. v. 26.4.2007 – IX ZB 160/06, ZIP 2007, 1330.
235) **A. A.** LG Münster, Beschl. v. 3.2.2014 – 5 T 318/13, JurionRS 2014, 13926; KPB-InsO/ *Prasser/Stoffler*, § 11 InsVV Rz. 23 (Stand: 11/2013).
236) *Ganter*, NZI 2012, 433, 436; *Keller*, Vergütung und Kosten, § 7 Rz. 78.

Das **Gesamtergebnis** der Betriebsfortführung für die vorläufige Verwaltung setzt sich demgemäß wie folgt zusammen: 107

	in der vorläufigen Verwaltung begründete und vereinnahmte Forderungen
+	in der vorläufigen Verwaltung begründete und restlich zu aktivierende Forderungen
./.	in der vorläufigen Verwaltung begründete und beglichene Verbindlichkeiten
./.	in der vorläufigen Verwaltung begründete und restlich zu passivierende Verbindlichkeiten (einschl. § 55 Abs. 4 InsO)
./.	Abfindungen vorinsolvenzlicher Gläubiger (Rz. 100 f.)
=	Fortführungsüberschuss vorläufige Verwaltung

(9) § 1 Abs. 2 Nr. 5 InsVV (Vor- und Zuschüsse Dritter)

Gemäß § 1 Abs. 2 Nr. 5 InsVV sind Vorschüsse, die eine andere Person als der Schuldner zur Durchführung des Verfahrens geleistet hat, und Zuschüsse eines Dritten zur Erfüllung eines Insolvenzplans bei der Vergütung des Insolvenzverwalters nicht zu berücksichtigen. Dies muss – wenngleich empirisch kaum relevant – auch für die Berechnungsgrundlage der Vergütung des vorläufigen Insolvenzverwalters gelten.[237] Denn es handelt sich weder um Ist-Masse noch um (künftige) Soll-Masse, sondern um ein separates Treuhandvermögen (Sondermasse). Aus der Begrifflichkeit des § 11 Abs. 1 Satz 3 InsVV könnte – freilich nicht ganz sauber – ein Besitzüberlassungsvertrag herangezogen werden, unter den der Verordnungsgeber auch die Verwahrung subsumiert.[238] 108

e) Wertbegrenzung

Insoweit kann auf die Ausführungen zum Insolvenzverwalter verwiesen werden, d. h., eine **absolute Begrenzung** der Berechnungsgrundlage existiert nicht (§ 1 Rz. 160 f.). Die Vergütung des vorläufigen Insolvenzverwalters ist auch nicht auf die Vergütung des Insolvenzverwalters beschränkt (**relative Begrenzung**). Nach Auffassung des *Verordnungsgebers* lässt sich „weder aus dem Wortlaut, noch aus Sinn und Zweck oder aus der Entstehungsgeschichte der InsVV [...] ein allgemeiner Grundsatz dergestalt ableiten, dass die Vergütung des vorläufigen Insolvenzverwalters nicht die des Insolvenzverwalters übersteigen dürfe. Eine solche einengende Interpretation würde zudem der Lebenswirklichkeit nicht gerecht."[239] Der *Gesetzgeber* macht sich dies etwas knapper zu eigen, indem er ausführt, die Vergütung des vorläufigen Insolvenzverwalters könne die Vergütung des Insolvenzverwalters übersteigen.[240] 109

---

237) BerlKommInsO/*Blersch*, § 11 InsVV Rz. 18 (Stand: 03/2014).
238) Zweite Verordnung zur Änderung der Insolvenzrechtlichen Vergütungsverordnung (InsVV) v. 21.12.2006 (BGBl. I 2006, 3389), Begründung zur Änderung des § 11 InsVV, siehe Anh. VIII Rz. 22.
239) Zweite Verordnung zur Änderung der Insolvenzrechtlichen Vergütungsverordnung (InsVV) v. 21.12.2006 (BGBl. I 2006, 3389), Begründung zur Änderung des § 11 InsVV, siehe Anh. VIII Rz. 18.
240) Gesetz zur Verkürzung des Restschuldbefreiungsverfahrens und zur Stärkung der Gläubigerrechte v. 15.7.2013 (BGBl. I 2013, 2379), Begründung zu Art. 9 des Änderungsgesetzes (Inkrafttreten), siehe Anh. XII Rz. 128.

f) Berechnungsgrundlage bei Nicht-Eröffnung

110 Wird das Insolvenzverfahren nicht eröffnet, ist durch § 63 Abs. 3 Satz 3 InsO geregelt, dass maßgeblich für die Wertermittlung jener Zeitpunkt ist, in dem die vorläufige Verwaltung endete oder ein Vermögensgegenstand zuvor aus der vorläufigen Verwaltung ausgeschieden ist. Besondere Probleme stellen sich hier im Grunde nicht, insbesondere nicht bei einer abschließenden Tätigkeit des vorläufigen Insolvenzverwalters, so z. B. bei einer Abweisung des Insolvenzantrags mangels einer die Verfahrenskosten deckenden Masse. Lediglich bei „abgebrochener" Tätigkeit durch Antragsrücknahme, Erledigterklärung u. a. dürfte ebenso eindeutig wie hinzunehmen sein, dass eine abschließende Bewertung nicht möglich ist, sodass Schätzwerte heranzuziehen sind. Die Schätzung ist gemäß § 4 InsO, § 287 ZPO auf Grundlage des bisherigen Sach- und Streitstandes unter Berücksichtigung der vorliegenden Zwischenberichte, Forderungszusammenstellungen (Debitoren) und sonstiger Ermittlungsergebnisse vorzunehmen.[241] Dies ergibt sich aus §§ 10, 1 Abs. 1 Satz 2 InsVV, sodass es einer amtswegigen Ermittlung durch das Insolvenzgericht nicht bedarf,[242] vielmehr der vorläufige Insolvenzverwalter seine für ein Eröffnungsgutachten angedachten Bewertungen in den Vergütungsantrag zu überführen hat. Insgesamt stellen sich hier keine Rechts-, sondern Tatsachenfragen.

3. Regelbruchteil (einschließlich Inflationsausgleich)

a) Fiktive Verwaltervergütung

111 Auf Basis der Berechnungsgrundlage (Rz. 44 ff.) wird zunächst eine (fiktive) Vergütung nach § 2 Abs. 1 InsVV ermittelt. Hierbei ist im Wege der verfassungskonformen Auslegung eine inflationsbedingte Anpassung zu prüfen (§ 2 Rz. 23 ff.).

b) Regelbruchteil (§ 63 Abs. 3 Satz 2 InsO)

112 Von dieser fiktiven Vergütung des Insolvenzverwalters (Rz. 111) soll der vorläufige Insolvenzverwalter einen Regelbruchteil in Höhe von 25 % erhalten. Für die *bis zum 31.12.2003 eröffneten Verfahren* basiert dies auf Rechtsprechung,[243] für die *ab dem 1.1.2004 eröffneten Verfahren* ergibt sich dies aus § 11 Abs. 1 Satz 2 InsVV vorübergehender Fassung[244] i. V. m. § 19 Abs. 1 InsVV, und für die *ab dem 19.7.2013 beantragten* Verfahren[245] (§ 19 Rz. 49, 53) ist dieser Grundsatz nun in § 63 Abs. 3 Satz 2 InsO[246] normiert. Dabei ist unbeachtlich, ob eine Bestellung als sog. „starker" oder „schwacher" Insolvenzverwalter erfolgt ist.[247] Zutreffend wird darauf hinge-

---

241) BGH, Beschl. v. 9.6.2005 – IX ZB 284/03, ZIP 2015, 1281.
242) BGH, Beschl. v. 9.6.2005 – IX ZB 284/03, ZIP 2015, 1281.
243) BGH, Beschl. v. 24.6.2003 – IX ZB 453/02, ZIP 2003, 1759.
244) § 11 Abs. 1 Satz 2 InsVV neugefasst durch die Verordnung zur Änderung der Insolvenzrechtlichen Vergütungsverordnung (InsVV) v. 4.10.2004 (BGBl. I 2004, 2569), siehe Anh. VII Rz. 38.
245) BGH, Beschl. v. 14.7.2016 – IX ZB 46/14, ZIP 2016, 1601.
246) Der Regelungsgehalt des § 11 Abs. 1 Satz 2 InsVV wurde verschoben in einen neuen § 63 Abs. 3 Satz 2 InsO durch das Gesetz zur Verkürzung des Restschuldbefreiungsverfahrens und zur Stärkung der Gläubigerrechte v. 15.7.2013 (BGBl. I 2013, 2379), siehe Anh. XII Rz. 20.
247) BGH, Beschl. v. 24.6.2003 – IX ZB 453/02, ZIP 2003, 1759.

wiesen, dass der Regelbruchteil noch keine allgemein anerkannte Bezeichnung hat, sodass z. T. von Ausgangssatz, Basisvergütung, Regelvergütung des vorläufigen Insolvenzverwalters, Mindestvergütung, Grundvergütung oder Regelsatz gesprochen wird.[248] Abgesehen vom Begriff der Mindestvergütung, der etwas anderes meint (Rz. 113), scheint hier alles vertretbar, auch der hier favorisierte Begriff des Regelbruchteils.

c) Mindestvergütung

Hinsichtlich der Mindestvergütung kann auf die Kommentierung zu § 2 Abs. 2 InsVV, der wegen des Generalverweises in § 10 InsVV auch für den vorläufigen Insolvenzverwalter gilt, verwiesen werden. Insbesondere ist die Mindestvergütung von einer relevanten Gläubigerzahl abhängig (§ 2 Rz. 85) und nicht auf einen Bruchteil von 25 % zu reduzieren (§ 2 Rz. 84). Ferner ist bei verfassungskonformer Auslegung ein Inflationsausgleich zu berücksichtigen (§ 2 Rz. 75 ff.)

113

4. Zu- und Abschläge

a) Anwendungsbereich des § 11 Abs. 3 InsVV

Gemäß § 11 Abs. 3 InsVV sollen Art, Dauer und Umfang der Tätigkeit des vorläufigen Insolvenzverwalters bei der Festsetzung der Vergütung zu berücksichtigen sein. Gleichzeitig findet über § 10 InsVV auch die Anpassung der Vergütung an Mehr- und Minderbelastungen des vorläufigen Insolvenzverwalters durch analoge Anwendung des § 3 InsVV statt, was seit Einführung des Regelbruchteils von 25 %[249] im Vordergrund steht. Insoweit wird lediglich noch die *Geschäftsführung des Insolvenzverwalters* in § 63 Abs. 1 InsO durch die *Tätigkeit des vorläufigen Insolvenzverwalters* in § 11 Abs. 3 InsVV sprachlich ersetzt; damit ist der Regelungsbereich des § 11 Abs. 3 InsVV erschöpft.

114

b) Zu- und Abschläge (§§ 10, 3 InsVV)

aa) Anwendbarkeit des § 3 InsVV (Grundsatz)

Wegen des Generalverweises in § 10 InsVV finden auch § 3 Abs. 1 InsVV (Zuschläge) und § 3 Abs. 2 InsVV (Abschläge) Anwendung auf die Vergütung des vorläufigen Insolvenzverwalters.[250] Folglich kann auf die Kommentierung zu § 3 InsVV verwiesen werden, sodass lediglich Besonderheiten hervorzuheben sind:

115

bb) Ungekürzte vs. quotale Berücksichtigung

Die Vergütung des vorläufigen Insolvenzverwalters ist **grundsätzlich** in der Weise zu berechnen, dass besondere Umstände, welche die Tätigkeit erleichtern oder erschweren, unmittelbar den für den vorläufigen Insolvenzverwalter maßgeblichen Bruchteil verringern oder erhöhen; dies bedeutet zunächst nichts anderes, als dass

116

---

248) Vgl. KPB-InsO/*Prasser/Stoffler*, § 63 Rz. 50 (Stand: 11/2013).
249) Verordnung zur Änderung der Insolvenzrechtlichen Vergütungsverordnung (InsVV) v. 4.10.2004 (BGBl. I 2004, 2569), siehe Anh. VII Rz. 38.
250) Zweifelnd *Vill*, in: FS Kübler, S. 741, 745.

Zu- oder Abschläge wie beim Insolvenzverwalter zu ermitteln und ungekürzt, d. h. nicht etwa nur zu 25 %, anzusetzen sein sollen.[251]

117 Für **Zuschläge** kann dem uneingeschränkt gefolgt werden, wenn und weil die zuschlagspflichtige Tätigkeit des vorläufigen Insolvenzverwalters in vollem Umfang der Tätigkeit eines endgültigen Insolvenzverwalters entspricht, insbesondere in Aufgaben, Befugnissen, Umfang und Dauer der Tätigkeit sowie im Haftungsrisiko.[252] Folglich sind abstrakt angemessene Zuschläge bei *vergleichbarer Tätigkeit* von vorläufigem Insolvenzverwalter und Insolvenzverwalter der Höhe nach identisch, eine Kürzung des Zuschlags auf 25 % findet nicht statt. Ein Zuschlag von beispielsweise 20 % wird nicht mit dem Regelbruchteil von 25 % multipliziert (Vergütung insgesamt 30 % der Vergütung nach § 2 Abs. 1 InsVV), er wird ihm stattdessen addiert (Vergütung insgesamt 45 % der Vergütung nach § 2 Abs. 1 InsVV). An diesem Grundprinzip hat sich nichts dadurch geändert, dass § 63 Abs. 3 Satz 2 InsO hinsichtlich des Regelbruchteils von 25 % generell auf die Vergütung des Insolvenzverwalters verweist, ohne zwischen Regelvergütung und Zuschlägen zu differenzieren. Nunmehr die Zuschläge nur zu 25 % anzusetzen würde der Eigenständigkeit der Vergütung des vorläufigen Insolvenzverwalters und der Trennung der zu erbringenden Tätigkeiten widersprechen.[253] Für *dieselbe Tätigkeit* kann der Insolvenzverwalter freilich später nicht erneut einen Zuschlag geltend machen. Bei Tätigkeiten des vorläufigen Insolvenzverwalters, die *nicht vergleichbar* mit denjenigen des Insolvenzverwalters sein können, ist vorstehender Grundsatz jedoch zweifelhaft. Tätigkeiten, die nur der vorläufige Insolvenzverwalter, nicht aber der Insolvenzverwalter erbringen kann, sind jedoch spärlich; in einem solchen Fall wäre jedoch das Additionsprinzip durch das Multiplikationsprinzip zu ersetzen (z. B. Insolvenzgeldvorfinanzierung, § 3 Rz. 117).

118 Da Verordnungsgeber und Gesetzgeber[254] darauf hinweisen, dass in Ausnahmefällen bereits der Regelbruchteil zu mindern sein könnte, stellt sich die Frage, ob **Abschläge** nach § 3 Abs. 2 InsVV durch eine Kürzung des Regelbruchteils generell verdrängt werden. Diese Lesart scheint jedoch systemwidrig (Rz. 114). Allenfalls und vorzugswürdig kann die Formulierung in den Materialien bedeuten, dass Abschläge nur gequotelt zu berücksichtigen sind. Dies bedeutet im Wesentlichen, dass Abschläge, die im Ergebnis auch nichts anderes als eine Minderung des Regelbruchteils darstellen, nur auf eben jenen Regelbruchteil bezogen werden können. Ein Abschlag von beispielsweise 20 % wird mit dem Regelbruchteil von 25 % multipliziert (Vergütung insgesamt 20 % der Vergütung nach § 2 Abs. 1 InsVV), er wird hingegen nicht subtrahiert (Vergütung insgesamt 5 % der Vergütung nach § 2 Abs. 1 InsVV). Der

---

251) BGH, Beschl. v. 18.12.2003 – IX ZB 50/03, ZIP 2004, 518; BGH, Beschl. v. 9.10.2008 – IX ZB 292/04, ZInsO 2008, 1264; BGH, Beschl. v. 27.9.2012 – IX ZB 243/11, ZInsO 2013, 840.
252) BGH, Beschl. v. 8.7.2004 – IX ZB 589/02, ZIP 2004, 1555; BGH, Beschl. v. 4.11.2004 – IX ZB 52/04, NZI 2005, 106; BGH, Beschl. v. 1.3.2007 – IX ZB 277/05, ZInsO 2010, 1855; BGH, Beschl. v. 27.9.2012 – IX ZB 243/11, ZInsO 2013, 840.
253) *Zimmer*, ZInsO 2012, 1658, 1659.
254) Gesetz zur Verkürzung des Restschuldbefreiungsverfahrens und zur Stärkung der Gläubigerrechte v. 15.7.2013 (BGBl. I 2013, 2379), Begründung zu Art. 9 des Änderungsgesetzes (Inkrafttreten), siehe Anh. XII Rz. 131 (Einbeziehung Aus- und Absonderungsgut).

Unterschied zu den Zuschlägen (Rz. 117) besteht darin, dass dort eine vergleichbare Aufgabe auch identisch zu vergüten ist, während sich Abschläge immer nur auf den Wegfall einer Regelaufgabe beziehen können. Der vorläufige Insolvenzverwalter kann aber nicht unterlassen, was erst dem Insolvenzverwalter obliegen hätte, da die Regelaufgaben beider Amtsträger *nicht identisch* sind. Etwas anderes gilt, wenn es sich um einen in Euro zu bemessenden Abschlag wegen der Delegation einer Regelaufgabe handelt (hierzu § 3 Rz. 248 ff.).

cc) Konkrete Tätigkeit

Bei der Frage der Mehr- oder Minderbelastung des vorläufigen Insolvenzverwalters i. S. d. §§ 10, 3 InsVV ist ausschließlich auf dessen **konkrete Tätigkeit** abzustellen,[255] die sich auf einen *vergütungsfähigen Sachverhalt* (Rz. 41 ff.) beziehen muss. Wie auch für den Insolvenzverwalter (§ 3 Rz. 12 ff.) ist die Definition eines **Normalverfahrens** der vorläufigen Insolvenzverwaltung abzulehnen.[256] Ferner bedarf es einer **Abgrenzung der Aufgabenbereiche**. Die Tätigkeit des *späteren Insolvenzverwalters* bleibt außer Betracht.[257] Da regelmäßig Personenidentität von vorläufigem Insolvenzverwalter und *Sachverständigem* vorliegt, kann auch die Tätigkeit, die bereits der Gutachter abschließend erbracht hat, nicht mehr für die Begründung eines Zuschlags für den vorläufigen Insolvenzverwalter herangezogen werden.[258] Der ursprüngliche Verordnungsgeber war ferner davon ausgegangen, dass ein *„starker" vorläufiger Insolvenzverwalter* eine höhere Vergütung beanspruchen können müsse als ein „schwacher" vorläufiger Insolvenzverwalter. Allerdings war in der Ursprungsfassung des § 11 InsVV noch kein konkreter Regelbruchteil vorgegeben, wie er erst später mit 25 % eingeführt wurde,[259] sodass nun anhand des konkreten Arbeitsaufwands und in Abhängigkeit von der übertragenen Rechtsmacht nebst deren Ausübung ein Zuschlag nach § 3 Abs. 1 InsVV zu prüfen ist.

dd) Ausgleich nicht berücksichtigter Vermögensgegenstände

Soweit die Einbeziehung von Vermögensgegenständen in die Berechnungsgrundlage verneint wird, gleichwohl eine erhebliche Befassung des vorläufigen Insolvenzverwalters mit diesen Vermögensgegenständen zu bejahen ist, ist ein Zuschlag zu prüfen. Dies betrifft zunächst die **vermeintlichen Problemfälle** (Rz. 49 ff.) im Hinblick auf die Einbeziehung in die Berechnungsgrundlage.

Einen eigenen Problemkreis stellen diejenigen Vermögensgegenstände dar, an denen nach Verfahrenseröffnung ein **Aus- oder Absonderungsrecht** geltend gemacht werden

---

255) Insolvenzrechtliche Vergütungsverordnung (InsVV) v. 19.8.1998 (BGBl. I 1998, 2205), Begründung zu § 11 InsVV, siehe Anh. III Rz. 68; BGH, Beschl. v. 18.12.2003 – IX ZB 50/03, ZIP 2004, 518.
256) *Haarmeyer/Mock*, InsVV, § 11 Rz. 14 ff., 59 ff.
257) Insolvenzrechtliche Vergütungsverordnung (InsVV) v. 19.8.1998 (BGBl. I 1998, 2205), Begründung zu § 11 InsVV, siehe Anh. III Rz. 68. BGH, Beschl. v. 14.12.2005 – IX ZB 256/04, NZI 2006, 284; BGH, Beschl. v. 28.9.2006 – IX ZB 212/03, ZInsO 2007, 439.
258) BVerfG, Beschl. v. 29.11.2005 – 1 BvR 2035/05, ZIP 2006, 86; BGH, Beschl. v. 14.12.2005 – IX ZB 268/04, ZVI 2006, 70 (Prüfung Anfechtungsansprüche).
259) Verordnung zur Änderung der Insolvenzrechtlichen Vergütungsverordnung (InsVV) v. 4.10.2004 (BGBl. I 2004, 2569), siehe Anh. VII Rz. 38.

kann. Aufgrund der historischen Herleitung (Rz. 67 ff.) gilt für die *ab dem 19.7.2013 beantragten Insolvenzverfahren* die aktuelle Fassung des § 63 Abs. 3 InsO i. V. m. der aktuellen Fassung des § 11 Abs. 1 InsVV. Dies bedeutet eine Einbeziehung derjenigen Vermögensgegenstände, an denen nach Verfahrenseröffnung Aus- oder Absonderungsrechte geltend gemacht werden können, in die Berechnungsgrundlage, wenn sich der vorläufige Insolvenzverwalter erheblich mit den Vermögensgegenständen befasst hat. Ist dies der Fall, besteht die widerlegbare Vermutung dafür, dass zugleich eine Mehrbelastung i. S. d. § 3 Abs. 1 lit. a InsVV verbraucht ist, da sonst eine Doppelberücksichtigung desselben Lebenssachverhalts vorliegen würde. Denn die Tatbestandsvoraussetzungen für eine erhebliche Befassung und eine Mehrbelastung sind identisch,[260] allerdings bezogen auf jeden einzelnen Vermögensgegenstand, d. h. nur in qualitativer Hinsicht. Sollte ein überdurchschnittlicher Anteil der Vermögenswerte hiervon betroffen sein, ist ein Zuschlag wegen quantitativer Faktoren möglich. Zu berücksichtigen ist dabei allerdings, dass der Verordnungsgeber davon ausgeht, dass ohnehin 4/5 der Vermögenswerte drittrechtsbelastet sind,[261] sodass die Hürden für einen solchen Zuschlag entsprechend hoch sind.

122 In den *vor dem 19.7.2013 beantragten Insolvenzverfahren* gelten die „November-Entscheidungen" des BGH vom 15.11.2012[262] (Rz. 73), ausweislich derer die Werte von Aus- und Absonderungsgut nur nach einem Überschussprinzip in die Berechnungsgrundlage einfließen, die Mehrbelastung (gleich erhebliche Befassung, Rz. 80 ff.) jedoch über § 3 Abs. 1 lit. a InsVV vergütet werden kann.

123 Unabhängig von der vorgenannten zeitlichen Zäsur kann eine bloß *nennenswerte Befassung* mit den Drittrechten oder den betroffenen Vermögensgegenständen nicht zu einem Zuschlag führen,[263] da ansonsten die Verneinung der Einbeziehung in die Berechnungsgrundlage konterkariert würde. Ebenfalls unabhängig von dieser zeitlichen Einteilung gilt für Vermögensgegenstände, die der Schuldner aufgrund eines *Besitzüberlassungsvertrages* in Besitz hat, das Verbot der Einbeziehung in die Berechnungsgrundlage (Rz. 90 ff.). In diesen Fällen allerdings ist ein Vergütungszuschlag nach §§ 10, 3 Abs. 1 InsVV zu prüfen,[264] da bis hierin noch keine qualitative Bewertung (erhebliche/nennenswerte Befassung) erfolgt ist. Werden die von der Besitzüberlassung erfassten Vermögensgegenstände für eine Betriebsfortführung benötigt und ergibt sich die Notwendigkeit von Verhandlungen mit dem Aussonderungsgläubiger, ist bereits ein Zuschlag gerechtfertigt.[265] Nichts anderes gilt, wenn die Verhandlungen nicht zum Erfolg führen und ein „Verwertungsstopp" nach § 21 Abs. 2 Satz 1 Nr. 5 InsO beantragt werden muss. Eine bloß nennenswerte Befassung reicht hingegen nicht.[266] Ob ein solcher Zuschlag auf § 3 Abs. 1 lit. a InsVV (Aus- und Ab-

---

260) Ausdrücklich BGH, Beschl. v. 28.9.2006 – IX ZB 230/05, Rz. 20, ZIP 2006, 2134.
261) Insolvenzrechtliche Vergütungsverordnung (InsVV) v. 19.8.1998 (BGBl. I 1998, 2205), Allgemeine Begründung, siehe Anh. III Rz. 12.
262) BGH, Beschl. v. 15.11.2012 – IX ZB 88/09, ZIP 2012, 2515 (Aussonderungsrechte); BGH, Beschl. v. 15.11.2012 – IX ZB 130/10, ZIP 2013, 30 (Absonderungsrechte).
263) *Vill*, in: FS Fischer, S. 547, 557 f.; **a. A.** *Keller*, Vergütung und Kosten, § 7 Rz. 84.
264) Leonhardt/Smid/Zeuner/*Amberger*, InsVV, § 11 Rz. 116; *Graeber*, ZInsO 2007, 133, 135.
265) *Graeber*, ZInsO 2007, 133, 135.
266) *Vill*, in: FS Fischer, S. 547, 559.

sonderungsrechte) oder § 3 Abs. 1 lit. b InsVV (Betriebsfortführung) gestützt wird, scheint gleichgültig, wobei allerdings Letzteres befürwortet wird, da einzig die Betriebsfortführung die Vorgehensweise erforderlich macht, sodass sich im Ergebnis nur eine angemessene Erhöhung des Zuschlags für Betriebsfortführung ergibt.

ee) Vergleichsrechnung

Soweit einzelne Zuschläge eine **Vergleichsrechnung** erforderlich machen (§ 3 Rz. 32 ff.), gilt dieses Prinzip auch für den vorläufigen Insolvenzverwalter.[267] Allerdings nur dort, wo der vorläufige Insolvenzverwalter auch die Möglichkeit hat, durch *eigene Aktivitäten* die Berechnungsgrundlage zu beeinflussen, d. h. ausschließlich im Anwendungsbereich der § 3 Abs. 1 lit. b InsVV (Betriebsfortführung und Hausverwaltung). Denn in den anderen Fällen hängt die Berechnungsgrundlage ausschließlich von objektiven Umständen, d. h. von der in der Sphäre des Schuldners liegenden Ausgangslage per Anordnung der vorläufigen Verwaltung, ab.

124

ff) Gesamtwürdigung

Sind abstrakt angemessene Zu- und Abschläge gefunden und ggf. durch eine Vergleichsrechnung an den Einzelfall angepasst worden, soll abschließend eine Gesamtwürdigung erfolgen. Dies soll auch für den vorläufigen Insolvenzverwalter gelten.[268] Dem kann nur eingeschränkt gefolgt werden. Werden mehrere Zuschläge geltend gemacht, sind freilich Synergieeffekte und Doppelberücksichtigungen von vergütungsrelevanten Lebenssachverhalten zu eliminieren. Dies kann zur Minderung eines Zuschlags führen, aber nicht zu einer „Verrechnung" mit einem Abschlag, d. h., eine „Überkreuz-Prüfung" von Zu- und Abschlägen scheidet aus, da Zu- und Abschläge beim vorläufigen Insolvenzverwalter auf unterschiedlichen Grundprinzipien beruhen (Rz. 117 ff.): Bei Zuschlägen gilt das Additionsprinzip, bei Abschlägen das Multiplikationsprinzip.

125

gg) Anwendung auf die Mindestvergütung

Die Berechnung von Zu- oder Abschlägen gemäß § 3 InsVV ist auch bei der Mindestvergütung möglich.[269] Insoweit kann auf die Kommentierung zu § 3 InsVV verwiesen werden. **Zuschläge** sollen so ausgestaltet werden, dass die konkrete Mehrbelastung angemessen vergütet wird; dies soll auch Zuschläge von 1.000 % rechtfertigen.[270] Dieser Auffassung kann nur dann zugestimmt werden, wenn das Prinzip der Querfinanzierung abgelehnt wird (§ 3 Rz. 44 ff.).

126

Da es sich um eine Mindestvergütung handelt, kommen **Abschläge** gemäß § 3 Abs. 2 InsVV nur in besonders gelagerten Ausnahmefällen in Betracht.[271] Ein derartiger Ausnahmefall soll vorliegen, wenn das Amt des vorläufigen Insolvenzverwalters nach

127

---

267) BGH, Beschl. v. 7.10.2010 – IX ZB 115/08, ZInsO 2010, 2409.
268) LG Aurich, Beschl. v. 29.10.2013 – 4 T 206/10, ZInsO 2013, 2388.
269) BGH, Beschl. v. 15.1.2004 – IX ZB 96/03, ZIP 2004, 417; BGH, Beschl. v. 13.3.2008 – IX ZB 63/05, ZIP 2008, 976; BGH, Beschl. v. 25.6.2009 – IX ZB 118/08, ZInsO 2009, 1511; BGH, Beschl. v. 27.4.2010 – IX ZB 172/08, JurionRS 2010, 15006.
270) *Graeber*, ZInsO 2006, 794, 797; *Haarmeyer/Mock*, InsVV, § 2 Rz. 56.
271) BGH, Beschl. v. 13.7.2006 – IX ZB 104/05, Rz. 41, ZIP 2006, 1403; *Haarmeyer/Mock*, InsVV, § 2 Rz. 56.

einer Verfahrensdauer von nur zwei bis drei Wochen aufgrund der Erledigterklärung des antragstellenden Gläubigers endete und weder besondere Maßnahmen zur Sicherung noch sonstige verwaltende oder gestaltende Tätigkeiten erbracht wurden[272] bzw. noch nicht mit einer Bewertung des schuldnerischen Vermögens begonnen wurde.[273] Maßgeblich ist folglich, dass gleich *mehrere Regelaufgaben nicht erfüllt* wurden, weil z. B. erkennbar war, dass der Schuldner die dem Insolvenzantrag zugrunde liegende Gläubigerforderung ausgleichen wird. Im Ergebnis gilt es mithin nur zu verhindern, dass lediglich die Aktenanlage und eine kursorische Befassung mit dem Schuldner mit der vollen Mindestvergütung honoriert wird.

128 Nicht zu kürzen ist die Mindestvergütung hingegen, wenn der vorläufige Insolvenzverwalter in sehr kurzer Zeit *alle wesentlichen Regelaufgaben erfüllt* und es keinen Anlass für eine längere Verfahrensdauer gibt, z. B. weil mangels Arbeitnehmern der Insolvenzgeldzeitraum irrelevant ist. Daher rechtfertigt selbst ein Arbeitsaufwand von nur vier Stunden noch keinen Abschlag von der Mindestvergütung.[274] Dies zeigt, dass das in der Praxis oft bemühte Kriterium der Verfahrensdauer gänzlich unbeachtlich ist, es kommt ausschließlich darauf an, welche Regelaufaufgaben im konkreten Verfahren erforderlich gewesen wären, aber nicht erbracht wurden. Dass ein Verfahren auch einfach gelagert sein kann, ist kein besonders gelagerter Ausnahmefall, der einen Abschlag von der Mindestvergütung rechtfertigen könnte. Daher ist § 3 Abs. 2 lit. e InsVV (siehe dortige Kommentierung) auf die Mindestvergütung bei verfassungskonformer Auslegung nicht anzuwenden, da es sich um ein Regelbeispiel handelt und deswegen kein besonders gelagerter Ausnahmefall sein kann.

hh) Gesonderter Ausweis

129 Ob der Regelbruchteil einerseits und die Zu- bzw. Abschläge andererseits getrennt ausgewiesen werden sollen oder ein insgesamt höherer bzw. niedriger Regelbruchteil das Ergebnis sein soll, scheint eine entbehrliche Diskussion zu sein, obgleich Gesetz- bzw. Verordnungsgeber – mehr oder weniger durchdacht oder beabsichtigt – beide Ansätze zulassen. Aufgrund des Begründungszwangs in Vergütungsantrag und Vergütungsbeschluss einerseits und der Beschränkung der Bezugsgröße für die Auslagenpauschale nach §§ 10, 8 Abs. 3 InsVV auf den Regelbruchteil ohne Zu- oder Abschläge andererseits scheint der getrennte Ausweis sinnvoller, nach hiesiger Auffassung sogar zwingend.

V. Anwendbarkeit der §§ 4–9 InsVV (§ 10 InsVV)

130 Grundsätzlich gelten für die Vergütung des vorläufigen Insolvenzverwalters wegen des Generalverweises in § 10 InsVV auch die §§ 4–9 InsVV entsprechend. Soweit eine analoge Anwendung dieser Normen zu bejahen ist, kann inhaltlich auf die Kommentierung dieser Normen verwiesen werden. Nachfolgend erwähnt seien lediglich etwaige Besonderheiten:

131 Unzweifelhaft sind mit der Vergütung des vorläufigen Insolvenzverwalters dessen allgemeine Geschäftskosten abgedeckt, sodass die analoge Anwendung des **§ 4 Abs. 1**

---

272) AG Köln, Beschl. v. 4.1.2017 – 72 IN 310/16, ZVI 2017, 167.
273) LG Göttingen, Beschl. v. 25.11.2002 – 10 T 62/02, ZInsO 2003, 25.
274) BGH, Beschl. v. 14.12.2006 – IX ZB 190/03, ZInsO 2007, 88.

Satz 1 InsVV unproblematisch ist. Nichts anderes gilt für die Klarstellung in § 4 Abs. 1 Satz 2 InsVV. Die Delegationsbefugnis für Sonderaufgaben gemäß § 4 Abs. 1 Satz 3 InsVV kann jedoch nur gelten, wenn der vorläufige Insolvenzverwalter berechtigt ist, den Schuldner zu verpflichten, mithin eine Verbindlichkeit zu begründen. Dies ist nur möglich für einen „starken" vorläufigen Insolvenzverwalter oder bei Erteilung entsprechender (Einzel- oder Gruppen-) Ermächtigungen durch das Insolvenzgericht (Verpflichtungsgeschäft). Wird ein Dienstleister hingegen vom Schuldner selbst beauftragt, obliegt dem „schwachen" Insolvenzverwalter lediglich die Frage der Zustimmung zur Zahlung (Erfüllungsgeschäft). Kommt es zur Beauftragung eines Dienstleisters, findet auch § 4 Abs. 1 Satz 3 InsVV insoweit Berücksichtigung, als die Auswirkungen auf die Vergütung des vorläufigen Insolvenzverwalters zu prüfen sind. § 4 Abs. 2 InsVV (besondere Kosten einschließlich derer für die Übertragung des Zustellungswesens nach § 8 Abs. 3 InsO neben der Auslagenpauschale des § 8 Abs. 3 InsVV) und § 4 Abs. 3 InsVV (Kosten einer Haftpflichtversicherung) gelten ebenfalls für den vorläufigen Insolvenzverwalter.

§ 5 InsVV („Selbstbeauftragung") kann nur für den „starken" vorläufigen Insolvenzverwalter oder den „schwachen" vorläufigen Insolvenzverwalter mit entsprechender Einzelermächtigung gelten. § 6 InsVV (Nachtragsverteilung und Überwachung Insolvenzplan) kann aufgrund der Chronologie der Ereignisse keine Anwendung auf den vorläufigen Insolvenzverwalter finden. § 7 InsVV (Umsatzsteuer) gilt für den vorläufigen Insolvenzverwalter uneingeschränkt. Nichts anderes gilt für § 9 InsVV (Vorschuss). 132

§ 8 Abs. 1 Satz 1 InsVV enthält lediglich das Erfordernis eines Vergütungsantrags, was unzweifelhaft auch für den vorläufigen Insolvenzverwalter gilt. Nichts anderes gilt für die gesonderte Festsetzung von Vergütung und Auslagen nach § 8 Abs. 1 Satz 2 InsVV. Nicht anwendbar ist hingegen § 8 Abs. 1 Satz 3 InsVV, da es für den Zeitpunkt des Vergütungsantrags nicht auf eine Schlussrechnung ankommt. Insoweit ist die Regelung nur für den Insolvenzverwalter einschlägig, dessen Vergütung sich auf der Ebene der Berechnungsgrundlage nach dem Inhalt der Schlussrechnung richtet. Wegen der Abänderungsbefugnis gemäß § 63 Abs. 3 Satz 4 InsO, § 11 Abs. 2 InsVV scheint jedoch indiziert, dass der Vergütungsantrag für den vorläufigen Insolvenzverwalter spätestens mit dem Vergütungsantrag für den Insolvenzverwalter einzureichen ist. Im Übrigen kann der Vergütungsantrag für den vorläufigen Insolvenzverwalter auch unmittelbar nach Verfahrenseröffnung gestellt werden. Im Fall der Nicht-Eröffnung des Insolvenzverfahrens kann der Antrag bereits vor der Beendigung der vorläufigen Verwaltung gestellt werden. § 8 Abs. 2 Fall 1 InsVV (Darstellung der Berechnungsgrundlage im Vergütungsantrag) gilt für den vorläufigen Insolvenzverwalter mit der Maßgabe, dass nicht auf § 1 Abs. 2 InsVV, sondern auf § 63 Abs. 3 InsO, § 11 InsVV abzustellen ist. Soweit § 4 Abs. 1 Satz 3 InsVV Anwendung findet, ist nach § 8 Abs. 2 Fall 2 InsVV auch der vorläufige Insolvenzverwalter verpflichtet, im Vergütungsantrag die entsprechenden Dienst- und Werkverträge zu benennen. § 8 Abs. 3 InsVV (Auslagenpauschale) gilt mit der Maßgabe, dass unter Regelvergütung i. S. d. § 8 Abs. 3 InsVV der Regelbruchteil von 25 % 133 gemäß § 63 Abs. 3 Satz 2 InsO zu verstehen ist.[275] Nicht etwa wird die so ermittelte Auslagenpauschale erneut auf 25 % gekürzt.[276] Die **Überschrift zu § 8 InsVV** (Festsetzung von Vergütung und Auslagen) ist weitestgehend unzutreffend; die Festsetzung erfolgt nicht nach § 8 InsVV, sondern nach §§ 21 Abs. 2 Satz 1 Nr. 1, 64 InsO.

VI. Festsetzungsverfahren (§ 64 Abs. 1 InsO)

1. Allgemeines

134 Hinsichtlich des Festsetzungsverfahrens nach § 21 Abs. 2 Satz 1 Nr. 1, 64 Abs. 1 InsO einschließlich etwaiger Rechtsmittel sowie der Vergütungsentnahme nebst Stundung der Verfahrenskosten kann grundsätzlich auf die Ausführungen zum Insolvenzverwalter verwiesen werden (§ 8 Rz. 83 – 195.). Selbiges gilt für die Anforderungen an einen Vergütungsantrag (§ 8 Rz. 27 – 82), der den Bestimmtheitsanforderungen des § 253 Abs. 2 ZPO genügen muss.[277]

2. Nicht-Eröffnung des Insolvenzverfahrens (§ 26a InsO)

a) Zuständigkeit

135 Nach früherer Auffassung des BGH enthielten weder die InsO noch die InsVV Regelungen für eine Vergütungsfestsetzung des vorläufigen Insolvenzverwalters durch das Insolvenzgericht. In diesem Fall wurde der vorläufige Insolvenzverwalter auf eine Zivilklage gegen den offensichtlich nicht vermögenden Schuldner auf der Anspruchsgrundlage der §§ 1835, 1836, 1915, 1987, 2221 BGB verwiesen.[278] Die Kritik hieran[279] gipfelte im Vorwurf der Rechtsschutzverweigerung.[280] Denn offensichtlich wollte der BGH §§ 21 Abs. 2 Satz 1 Nr. 1, 64 Abs. 1 InsO nicht sehen.[281] Mit dem Gesetz zur weiteren Erleichterung der Sanierung von Unternehmen (ESUG) vom 7.12.2011[282] wurde daher § 26a InsO eingeführt, der die Festsetzung der Vergütung durch das **Insolvenzgericht** regelt. Gemäß Art. 103g EGInsO gilt dies in den *ab dem 1.3.2012 beantragten Insolvenzverfahren*. Die funktionale Zuständigkeit liegt beim Richter.[283]

---

275) BGH, Beschl. v. 6.4.2006 – IX ZB 109/05, ZIP 2006, 2228.
276) LG Berlin, Beschl. v. 25.6.2003 – 86 T 781/03, NZI 2003, 502.
277) *Smid*, ZIP 2014, 1714, 1722.
278) BGH, Beschl. v. 13.12.2007 – IX ZR 196/06, NZI 2008, 170 (Sequester); BGH, Beschl. v. 3.12.2009 – IX ZB 280/08, ZIP 2010, 89 (vorläufiger Insolvenzverwalter).
279) LG Koblenz, Beschl. v. 5.7.2011 – 2 T 342/11, ZInsO 2011, 1805; AG Düsseldorf, Beschl. v. 9.9.2010 – 502 IN 27/10, ZInsO 2010, 1807; AG Duisburg, Beschl. v. 28.4.2010 – 62 IN 145/09, ZInsO 2010, 973; AG Göttingen, Beschl. v. 5.5.2010 – 74 IN 281/09, ZInsO 2010, 975; *Riewe*, NZI 2010, 131.
280) *Uhlenbruck*, NZI 2010, 161.
281) *Frind*, ZInsO 2011, 2249.
282) Gesetz zur weiteren Erleichterung der Sanierung von Unternehmen (ESUG) v. 7.12.2011 (BGBl. I 2011, 2582), siehe Anh. XI.
283) BGH, Beschl. v. 22.9.2010 – IX ZB 195/09, NZI 2010, 977; AG Hamburg, Beschl. v. 4.2.2015 – 67c IN 500/14, ZIP 2015, 795; BerlKommInsO/*Blersch*, § 11 InsVV Rz. 56 (Stand: 03/2014); HambKommInsO/*Denkhaus*, § 26a Rz. 2a; *Graeber/Graeber*, InsVV, § 8 Rz. 22; Lorenz/Klanke/*Lorenz*, InsVV, § 11 Rz. 106; KPB-InsO/*Prasser*, § 26a Rz. 5 (Stand: 06/2014); HK-InsO/*Rüntz*, § 26a Rz. 6; FK-InsO/*Schmerbach*, § 26a Rz. 14; *Smid*, ZIP 2014, 1714, 1722; **a. A.** AG Hamburg, Beschl. v. 20.10.2014 – 67g IN 260/14, ZIP 2015, 47 (Rechtspfleger).

Für zuvor beantragte Insolvenzverfahren muss grundsätzlich die Auffassung des BGH 136
herangezogen werden, da § 26a InsO keine Rückwirkung entfaltet.[284] Erfolgt gleichwohl eine Festsetzung durch das Insolvenzgericht, ist dies im Ergebnis jedoch unschädlich, da das Insolvenzgericht zwar seine Befugnisse überschreitet, aber nicht in einem Bereich, der eindeutig und unstreitig ganz außerhalb seiner Zuständigkeit liegt.[285] Aufgrund Zeitablaufs dürfte sich der Streit erledigt haben.

b) Vergütungsschuldner

Vergütungsschuldner ist stets der **Schuldner** (Rz. 37). Nichts anderes gilt bei Nicht- 137
Eröffnung des Insolvenzverfahrens. Der Vergütungsfestsetzungsbeschluss muss jedoch auch eine Kostenlastentscheidung enthalten (vgl. auch § 8 Rz. 135), die den Schuldner als Zahlungspflichtigen ausweist,[286] da sonst kein vollstreckbarer Titel entstehen kann.

Eine *Sekundärhaftung* der **Staatkasse** kommt grundsätzlich nur bei einer gemäß 138
§§ 4a ff. InsO gewährten Verfahrenskostenstundung in Betracht (§ 8 Rz. 183 ff.). Damit liegt das unternehmerische Risiko beim vorläufigen Insolvenzverwalter.[287] Dies scheint vertretbar, wenn der personenidentische Sachverständige die Anordnung der vorläufigen Verwaltung pflichtgemäß angeregt hat. Wurde die vorläufige Verwaltung hingegen ohne eine solche Anregung angeordnet, kommt ein *Staatshaftungsanspruch* wegen einer Pflichtverletzung des Insolvenzrichters in Betracht. Eine solche soll vorliegen, wenn der Insolvenzrichter erkennen konnte, dass mit einem Vergütungsausfall zu rechnen sein wird.[288] Diese Auffassung ist jedoch zu eng, da sie den Hauptfall der „gedankenlosen" Anordnung der vorläufigen Insolvenzverwaltung nicht erfassen würde. Eine *Primärhaftung* der Staatkasse besteht jedoch im Hinblick auf die Auslagen für das nach § 8 Abs. 3 InsO übertragene Zustellungswesen (§ 8 Rz. 191).[289] Reicht das für den vorläufigen Insolvenzverwalter erreichbare Vermögen des Schuldners nicht aus, seine Gesamtforderung zu befriedigen, kann der vorläufige Insolvenzverwalter seine Vergütung dem gesicherten Vermögen (anteilig) entnehmen und die Zustellungsauslagen gesondert gegen die Staatkasse geltend machen; insoweit begründet die Übertragung des Zustellungswesens einen Geschäftsbesorgungsvertrag bzw. ein Beleihungsverhältnis zwischen Bundesland und vorläufigem Insolvenzverwalter, der mit insolvenzrechtlichen Befriedigungsreihenfolgen nichts zu tun hat.

Eine Sekundärhaftung des **Insolvenzgläubigers**, der den Insolvenzantrag gestellt hat, 139
ist *im Grundsatz ausgeschlossen*.[290] Für die ab dem 1.7.2014 beantragten Insolvenzverfahren (Art. 103h Satz 1 EGInsO) gilt jedoch gemäß § 26a Abs. 2 InsO n. F.,[291]

---

284) BGH, Beschl. v. 9.2.2012 – IX ZB 79/10, NZI 2012, 317.
285) BGH, Beschl. v. 8.3.2012 – IX ZB 219/11, ZInsO 2012, 800.
286) A. A. *Frind*, ZInsO 2011, 2249, 2250.
287) BGH, Beschl. v. 22.1.2004 – IX ZB 123/03, ZIP 2004, 571.
288) BGH, Beschl. v. 22.1.2004 – IX ZB 123/03, ZIP 2004, 571.
289) Offengelassen von BGH, Beschl. v. 22.1.2004 – IX ZB 123/03, ZIP 2004, 571; wie hier auch Lorenz/Klanke/*Lorenz*, InsVV, § 11 Rz. 137.
290) BGH, Beschl. v. 26.1.2006 – IX ZB 231/04, ZInsO 2006, 204.
291) § 26a InsO geändert durch das Gesetz zur Verkürzung des Restschuldbefreiungsverfahrens und zur Stärkung der Gläubigerrechte v. 15.7.2013 (BGBl. I 2013, 2379), siehe Anh. XII Rz. 8.

dass eine Festsetzung der Vergütung oder eines Teils der Vergütung gegen den Gläubiger (als Primärschuldner) zu erfolgen hat, wenn der *Insolvenzantrag unzulässig oder unbegründet* war und den Gläubiger ein *grobes Verschulden* trifft. Ein grobes Verschulden ist insbesondere dann anzunehmen, wenn der Antrag von vornherein keine Aussicht auf Erfolg hatte und der Gläubiger dies erkennen musste (§ 26 Abs. 2 Satz 3 InsO). Für die bis zum 30.6.2014 beantragten Insolvenzverfahren ist eine Rückwirkung der Neuregelung abzulehnen.[292]

140 Wird die Forderung des Gläubigers jedoch erfüllt und kommt es deswegen zur *Erledigung oder Antragsrücknahme*, bleibt es nach § 14 Abs. 3 InsO dabei, dass sämtliche Verfahrenskosten gegen den Schuldner festzusetzen sind.[293] Dies stellt in dieser Pauschalität einen Verstoß gegen das Willkürverbot (Art. 3 Abs. 1 GG) dar.[294] Denn macht der Antragsteller in Kenntnis aller Voraussetzungen von der Möglichkeit zur Fortsetzung des Insolvenz(-antrags-)verfahrens trotz erledigender Zahlung keinen Gebrauch, liegt ein hinreichendes Indiz für einen unzulässigen Druckantrag vor, sodass die Kosten des Verfahrens nach § 4 InsO, § 91a ZPO dem Antragsteller auferlegt werden könnten.[295] Offengelassen wurde dabei allerdings zunächst, ob dies auch für die Vergütung des vorläufigen Insolvenzverwalters gelten könne.[296] Dies wiederum beruhte darauf, dass § 14 InsO durch das Haushaltsbegleitgesetz 2011 für die ab dem 1.1.2011 beantragten Insolvenzverfahren (Art. 103e EGInsO) geändert wurde,[297] seinerzeit jedoch streitig war, ob die Vergütung des vorläufigen Insolvenzverwalters bei Nicht-Eröffnung des Insolvenzverfahrens überhaupt durch das Insolvenzgericht festgesetzt werden kann (Rz. 135). Mit dem Gesetz zur weiteren Erleichterung der Sanierung von Unternehmen (ESUG) vom 7.12.2011[298] wurde daher § 26a InsO eingeführt, der für die ab dem 1.3.2012 beantragten Insolvenzverfahren (Art. 103g EGInsO) die Festsetzung der Vergütung durch das Insolvenzgericht regelt. Für die ab dem 1.7.2014 beantragten Insolvenzverfahren (Art. 103h Satz 1 EGInsO) wurde zwar § 26a Abs. 2 InsO auch dahingehend neugefasst,[299] dass eine Festsetzung der Vergütung oder eines Teils der Vergütung gegen den antragstellenden Gläubiger möglich ist, aber gerade ohne Erledigungserklärungen, Antragsrücknahmen und Druckanträge zu erfassen.[300] Daher wird § 26a InsO weiterhin für reformbedürftig gehalten.[301]

---

292) LG Frankfurt/Main, Beschl. v. 11.11.2014 – 2-09 T 286/14, ZIP 2015, 1599.
293) LG Bonn, Beschl. v. 7.12.2011 – 6 T 258/11, ZIP 2012, 1362.
294) AG Deggendorf, Beschl. v. 3.8.2011 – IN 102/11, ZInsO 2011, 1801; kritisch auch *Frind*, ZInsO 2012, 2183; *Marotzke*, ZInsO 2011, 841.
295) AG Hamburg, Beschl. v. 27.9.2011 – 67c IN 74/11, NZI 2011, 859 m. w. N.
296) AG Hamburg, Beschl. v. 27.9.2011 – 67c IN 74/11, NZI 2011, 859.
297) Haushaltsbegleitgesetz 2011 v. 9.12.2010 (BGBl. I 2010, 1885).
298) Gesetz zur weiteren Erleichterung der Sanierung von Unternehmen (ESUG) v. 7.12.2011 (BGBl. I 2011, 2582), siehe Anh. XI.
299) § 26a InsO geändert durch das Gesetz zur Verkürzung des Restschuldbefreiungsverfahrens und zur Stärkung der Gläubigerrechte v. 15.7.2013 (BGBl. I 2013, 2379), siehe Anh. XII Rz. 8.
300) Uhlenbruck/*Vallender*, InsO, § 26a Rz. 8.
301) *Zimmer*, ZInsO 2012, 1658, 1660; *Vill*, in: FS Kübler, S. 741, 743.

Hat das Insolvenzgericht in dem Beschluss über die Zurückweisung des Insolvenz- 141
antrags dem Gläubiger die Kosten des Verfahrens einschließlich der vorläufigen Insolvenzverwaltung auferlegt und wurde dieser Beschluss rechtskräftig, liegt eine Kostengrundentscheidung vor, auf Grundlage derer die Vergütung des vorläufigen Insolvenzverwalters gegen den Gläubiger festgesetzt werden kann.[302] Der Rechtskraft der Kostengrundentscheidung steht nicht entgegen, dass der Beschluss durch das Insolvenzgericht eventuell unberechtigt erlassen worden war; denn zwar habe das Insolvenzgericht seine Befugnisse überschritten, aber nicht in einem Bereich, der eindeutig und unstreitig ganz außerhalb seiner Zuständigkeit läge.[303]

c) Entnahmerecht

Ein „starker" vorläufiger Insolvenzverwalter ist gemäß § 25 Abs. 2 Satz 1 InsO befugt, 142
die ihm zustehende und festgesetzte Vergütung dem von ihm verwalteten Vermögen zu entnehmen. Die Norm muss für den „schwachen" vorläufigen Insolvenzverwalter analog anwendbar sein.[304] Mindestens steht ihm jedoch ein Zurückbehaltungsrecht i. S. d. § 273 BGB zu,[305] da die Tätigkeit als (vorläufiger) Insolvenzverwalter auf einem gesetzlichen, prozessualen Geschäftsbesorgungsvertrag beruht.[306] Der BGH ging lange von einem nicht näher präzisierten besonderen Schuldverhältnis aus, zieht jedoch zunehmend ebenfalls das Auftragsrecht heran.[307] Teilweise wird daraus abgeleitet, ein vorläufiger Insolvenzverwalter könne selbst nach Aufhebung seines Amts so lange schuldnerisches Vermögen verwerten, bis seine Vergütung gedeckt ist.[308] Wegen des Wegfalls sämtlicher Befugnisse dürfte dies jedoch an § 753 ZPO scheitern.

d) Rang in einem Folgeinsolvenzverfahren

Die *nicht entnommene Vergütung* ist in einem Folgeinsolvenzverfahren **keine Mas-** 143
severbindlichkeit i. S. d. §§ 54, 55 InsO,[309] sondern Insolvenzforderung nach § 38 InsO. Folglich können *Zahlungen* auf die Vergütung für das nicht eröffnete Insolvenzverfahren im Folgeinsolvenzverfahren nach §§ 129 ff. InsO **anfechtbar sein,**[310] was im Lichte des Art. 12 Abs. 1 GG nicht frei von verfassungsrechtlichen Bedenken ist.[311] Zudem ist die Annahme des BGH, eine Privilegierung der Vergütung

---

302) BGH, Beschl. v. 8.3.2012 – IX ZB 219/11, ZInsO 2012, 800.
303) BGH, Beschl. v. 8.3.2012 – IX ZB 219/11, ZInsO 2012, 800.
304) MünchKommInsO/*Stephan*, § 11 InsVV Rz. 99.
305) Lorenz/Klanke/*Lorenz*, InsVV, § 11 Rz. 112.
306) Ausführlich *Zimmer*, Haftung des eingewechselten Verwalters, S. 288; *Smid*, ZIP 2014, 1714, 1718.
307) Z. B. BGH, Urt. v. 16.9.2010 – IX ZR 121/09, ZIP 2010, 2164, dazu EWiR 2010, 827 *(H.-F. Müller)*.
308) *Haarmeyer/Mock*, InsVV, § 11 Rz. 154 m. w. N.
309) BGH, Beschl. v. 20.9.2007 – IX ZB 239/06, JurionRS 2007, 38887 (vorläufiger Insolvenzverwalter); BGH, Beschl. v. 13.12.2007 – IX ZR 196/06, NZI 2008, 170 (Sequester); BGH, Beschl. v. 9.10.2008 – IX ZR 168/07, NZI 2009, 53 (Sequester); BGH, Beschl. v. 3.12.2009 – IX ZB 280/08, ZIP 2010, 89 (vorläufiger Insolvenzverwalter); BGH, Beschl. v. 15.12.2011 – IX ZR 118/11, NZI 2012, 135 (vorläufiger Insolvenzverwalter).
310) BGH, Beschl. v. 15.12.2011 – IX ZR 118/11, NZI 2012, 135.
311) *Martini*, Die Anfechtbarkeit der Zahlung der Vergütung des vorläufigen Insolvenzverwalters im Zweitverfahren, S. 73 ff.

über §§ 53, 54 InsO setze eine Verfahrenseröffnung voraus,[312] nicht aus den Gesetzesmaterialien herleitbar.[313] Entscheidend ist aber, dass die Begründung, §§ 53, 54 InsO gelten erst im eröffneten Verfahren, irrelevant ist. Maßgeblich ist, dass die Begleichung der Verfahrenskosten stets im ordentlichen Geschäftsgang analog § 64 Satz 2 GmbHG i. V. m. §§ 21 Abs. 2 Satz 1 Nr. 1, 60 InsO erfolgt. Ansonsten müsste sich auch die Gerichtskasse über §§ 129 ff. InsO entgegenhalten lassen, die Antragsgebühr i. S. d. KV 2310, 2311 der Anlage 1 zu § 3 Abs. 2 GKG in anfechtbarer Weise erhalten zu haben.

VII. Abänderungsbefugnis (§ 63 Abs. 3 Satz 4 InsO)

1. Einleitung

a) Kernaussage

144 Gemäß § 63 Abs. 3 Satz 4 InsVV (vormals § 11 Abs. 2 Satz 2 InsVV a. F.[314]) kann das Insolvenzgericht den Beschluss über die Vergütung des vorläufigen Insolvenzverwalters bis zur Rechtskraft der Entscheidung über die Vergütung des Insolvenzverwalters abändern, wenn die Differenz des tatsächlichen Werts der Berechnungsgrundlage zu dem der Vergütung des vorläufigen Insolvenzverwalters zugrunde gelegten Wert mehr als 20 % beträgt. Dies wird durch § 11 Abs. 2 InsVV dahingehend präzisiert, dass der Insolvenzverwalter das Insolvenzgericht spätestens mit Vorlage der Schlussrechnung für das eröffnete Verfahren auf eine entsprechende Wertdifferenz hinzuweisen hat, sofern die Differenz 20 % bezogen auf die Gesamtheit der Vermögensgegenstände übersteigt; dies jedoch nur dann, wenn die Vergütung des vorläufigen Insolvenzverwalters beantragt wurde, bevor die Vermögensgegenstände, die in die Berechnungsgrundlage eingeflossen sind, verwertet wurden.

b) Rechtsnatur

145 Teils wurde in der Abänderungsbefugnis eine unzulässige Rechtskraftdurchbrechung i. S. d. § 4 InsO, § 107 ZPO bzw. § 4 InsO, § 322 ZPO gesehen.[315] Durch die Verschiebung der Regelung von der InsVV in die InsO[316] dürfte sich der Streit für

---

312) BGH, Beschl. v. 13.12.2007 – IX ZR 196/06, NZI 2008, 170.
313) *Zimmer*, ZInsO 2012, 1658, 1665.
314) Der Regelungsgehalt des mit der Zweiten Verordnung zur Änderung der Insolvenzrechtlichen Vergütungsverordnung (InsVV) v. 21.12.2006 (BGBl. I 2006, 3389) eingeführten § 11 Abs. 2 Satz 2 InsVV, siehe Anh. VIII Rz. 14, wurde verschoben in einen neuen § 63 Abs. 3 Satz 4 InsO durch das Gesetz zur Verkürzung des Restschuldbefreiungsverfahrens und zur Stärkung der Gläubigerrechte v. 15.7.2013 (BGBl. I 2013, 2379), siehe Anh. XII Rz. 20.
315) AG Leipzig, Beschl. v. 27.8.2007 – 401 IN 1541/07, DZWIR 2008, 39; *Büttner*, ZVI 2008, 281, 285; *Haarmeyer*, ZInsO 2007, 73, 76; *Haarmeyer/Mock*, InsVV, § 11 Rz. 91; *Küpper/Heinze*, ZInsO 2007, 231; KPB-InsO/*Prasser/Stoffler*, § 63 Rz. 66 ff. (Stand: 11/2013); a. A. *Bork/Muthorst*, ZIP 2010, 1627, 1634; *Graeber*, ZInsO 2007, 133, 139.
316) Der Regelungsgehalt des mit der Zweiten Verordnung zur Änderung der Insolvenzrechtlichen Vergütungsverordnung (InsVV) v. 21.12.2006 (BGBl. I 2006, 3389) eingeführten § 11 Abs. 2 Satz 2 InsVV, siehe Anh. VIII Rz. 14, wurde verschoben in einen neuen § 63 Abs. 3 Satz 4 InsO durch das Gesetz zur Verkürzung des Restschuldbefreiungsverfahrens und zur Stärkung der Gläubigerrechte v. 15.7.2013 (BGBl. I 2013, 2379), siehe Anh. XII Rz. 20.

die ab dem **19.7.2013 beantragten Insolvenzverfahren** (Art. 103h Satz 3 EGInsO) erledigt haben,[317] da die Regelung nunmehr in einem Gesetz und nicht bloß in einer Verordnung verortet ist.

Für die **bis zum 18.7.2013 beantragten Insolvenzverfahren** ist die Kritik jedoch weiterhin berechtigt.[318] Für den Eingriff in die Rechtskraft bedarf es eines Gesetzes; die Ermächtigungsgrundlage des § 65 InsO reicht nicht aus, da das Eigentumsgrundrecht (Art. 14 Abs. 1 Satz 1 GG) und das Grundrecht auf Berufsausübungsfreiheit (Art. 12 Abs. 1 GG) betroffen sind.[319] Dagegen wird vertreten, es läge keine Rechtskraftdurchbrechung, sondern ein Entscheidungsvorbehalt vor,[320] sodass eine Vergleichbarkeit mit einem Steuerbescheid unter dem Vorbehalt der Nachprüfung (§ 164 AO) bestehe.[321] Dies ist jedoch unzutreffend bzw. bestätigt gerade die gegenteilige Ansicht. Denn anders als bei der Vergütung nach InsO/InsVV gilt im Steuerrecht hinsichtlich der Tatbestandserfüllung der Amtsermittlungsgrundsatz. Daher knüpft § 164 AO auch nicht daran an, dass der Steuerpflichtige noch etwas zu tun hat, sondern daran, dass der Finanzbeamte sich zur Prüfung bequemt. Insoweit einschlägig wäre daher § 165 AO (vorläufiger Steuerbescheid bei objektiven Aufklärungshindernissen), der aber explizit verlangt, dass Grund und Umfang der Vorläufigkeit anzugeben sind (§ 165 Abs. 1 Satz 3 AO); der bloße Verweis auf eine Vorschrift genügt nicht. Ferner ist die AO gerade ein Gesetz (§ 1 Abs. 1 Satz 1 AO) und nicht bloß Verordnung i. S. d. Art. 80 Abs. 1 GG. Zwar kennt auch die ZPO abänderbare Urteile (z. B. §§ 302, 305, 305a ZPO), jedoch ist auch die ZPO ein Gesetz und nicht bloß Verordnung. Im Ergebnis muss daher davon ausgegangen werden, dass die Abänderungsbefugnis in den bis zum 18.7.2013 beantragten Insolvenzverfahren aus formalen Gründen verfassungswidrig ist.

c) Ermessensentscheidung vs. Amtspflicht

Obgleich nach dem Wortlaut des § 63 Abs. 3 Satz 4 InsO eine Kann-Regelung vorliegt, steht die Anpassung der Vergütung nicht im Ermessen des Gerichts; die Anpassung ist **Amtspflicht**.[322] Mindestens wäre bei Erfüllung der Tatbestandsvoraussetzungen eine Ermessensreduzierung auf null anzunehmen. Etwas anderes würde bei nachträglich höher festgestellter Berechnungsgrundlage zu einem Systembruch führen, da die Berechnungsgrundlage ein Tatbestandsmerkmal ist, das nicht dem freien Ermessen des Tatrichters obliegt. Bei nachträglich niedriger festgestellter Berechnungsgrundlage gilt im Grunde Selbiges, nur eben aus dem Schutzbereich der

146

147

---

317) Leonhardt/Smid/Zeuner/*Amberger*, InsVV, § 11 Rz. 88; BerlKommInsO/*Blersch*, § 11 InsVV Rz. 68 (Stand: 03/2014); Lorenz/Klanke/*Lorenz*, InsVV, § 11 Rz. 132.
318) *Graeber/Graeber*, InsVV, § 11 Rz. 187; Lorenz/Klanke/*Lorenz*, InsVV, § 11 Rz. 131; MünchKommInsO/*Stephan*, § 11 InsVV Rz. 95.
319) AG Leipzig, Beschl. v. 27.8.2007 – 401 IN 1541/07, DZWIR 2008, 39.
320) *Bork/Muthorst*, ZIP 2010, 1627; HambKommInsO/*Büttner*, § 63 Rz. 100.
321) HambKommInsO/*Büttner*, § 63 Rz. 100.
322) KPB-InsO/*Prasser/Stoffler*, § 63 Rz. 72 (Stand: 11/2013); *Vill*, in: FS Fischer, S. 547, 562 f.

Insolvenzgläubiger heraus. Die entgegenstehende Ansicht,[323] die dem Rechtspfleger (Tatrichter) ein Ermessen einräumt, verquickt diese Frage aufgrund der unpräzisen Regelung mit der Frage, welche Wertabweichungen überhaupt relevant sind; dies muss sinnvollerweise jedoch auf der Ebene des Tatbestandsmerkmals der Wertabweichung geprüft werden, da Relevanz nach hiesigem Verständnis zum Sachverhalt (Tatbestandserfüllung) und nicht zur Rechtsfolge (Ermessen) gehört. Überdies soll eine Anpassung auch zugunsten des vorläufigen Insolvenzverwalters möglich sein, damit nicht diejenigen Verwalter benachteiligt werden, die die Gegenstände nach einer sehr vorsichtigen Wertermittlung taxiert haben.[324] Diese Anpassung von einer Ermessensentscheidung abhängig zu machen, würde dem Anliegen des Verordnungsgebers und der vorläufigen Insolvenzverwalter nicht gerecht.

d) Zeitlicher Anwendungsbereich

148 Der zeitliche Anwendungsbereich erstreckt sich wegen nicht ganz glücklicher Übergangsregelungen (§ 19 Rz. 29 ff.) nur auf solche Vergütungen eines vorläufigen Insolvenzverwalters, die *nicht* bereits **bis einschließlich 28.12.2006 rechtskräftig** festgesetzt worden waren.[325]

149 *Nicht* anwendbar ist die Abänderungsbefugnis ferner aufgrund des ausdrücklichen Wortlauts des § 11 Abs. 2 InsVV, wenn die Vergütung des vorläufigen Insolvenzverwalters erst beantragt wurde, nachdem die **Vermögensgegenstände verwertet** worden waren. Dabei geht der Verordnungsgeber stillschweigend davon aus, dass die Vermögensgegenstände im Vergütungsantrag mit ihrem tatsächlichen Verwertungserlös in die Berechnungsgrundlage einzustellen sind. Hintergrund ist die Auffassung des Verordnungsgebers, dass allein die Einbeziehung von Schätzwerten zu völlig unrealistischen Bewertungen führen könne, weswegen etablierte Insolvenzverwalter die Vergütung ohnehin erst nach der Verwertung beantragen würden.[326] Diese Annahme ist recht kühn, da der Vergütungsanspruch mit Beendigung der vorläufigen Verwaltung fällig wird und die Insolvenzverwalter der Masse kein Darlehen zu gewähren haben, nur weil die Vergütungsregeln schwer handhabbar sind. Wohl wegen dieser dogmatischen Fehlannahme wurde der Ausschluss der Abänderungsbefugnis nur in § 11 Abs. 2 InsVV geregelt und nicht in § 63 Abs. 3 InsO. Daher kann nicht ausgeschlossen werden, dass § 11 Abs. 2 InsVV insoweit nichtig ist, als hier möglicherweise ein Privileg geschaffen wurde, das im Gesetz nicht vorgesehen ist. Mindestens muss daraus aber folgen, dass das Tatgericht zu prüfen hat, ob tatsächlich die realisierten Erlöse angesetzt wurden; denn allein ein Vergütungsantrag nach der Verwertung schließt nicht aus, dass im Vergütungsantrag unzutreffende Werte herangezogen werden. Der Beantragung eines Vorschusses nach §§ 10, 9 InsVV steht all dies freilich nicht im Wege.

---

323) Leonhardt/Smid/*Amberger*, InsVV, § 11 Rz. 93; BerlKommInsO/*Blersch*, § 11 InsVV Rz. 67 (Stand: 03/2014); HambKommInsO/*Büttner*, § 63 Rz. 98; *Graeber*, ZInsO 2007, 133, 141; Haarmeyer/Mock, InsVV, § 11 Rz. 88; Lorenz/Klanke/*Lorenz*, InsVV, § 11 Rz. 128.

324) Zweite Verordnung zur Änderung der Insolvenzrechtlichen Vergütungsverordnung (InsVV) v. 21.12.2006 (BGBl. I 2006, 3389), Begründung zu § 11 InsVV, siehe Anh. VIII Rz. 25.

325) BGH, Beschl. v. 23.10.2008 – IX ZB 35/05, Rz. 7, ZIP 2008, 2323.

326) Zweite Verordnung zur Änderung der Insolvenzrechtlichen Vergütungsverordnung (InsVV) v. 21.12.2006 (BGBl. I 2006, 3389), Begründung zur Änderung des § 11 InsVV, siehe Anh. VIII Rz. 24.

Vergütung des vorläufigen Insolvenzverwalters § 11

Nicht anwendbar ist die Anpassung der Vergütung des vorläufigen Insolvenzverwalters, wenn bereits die **Vergütung des endgültigen Insolvenzverwalters rechtskräftig festgesetzt** wurde (§ 63 Abs. 3 Satz 4 InsO). Ob zwischen vorläufigem Insolvenzverwalter und Insolvenzverwalter Personenidentität besteht, ist unerheblich. 150

2. Wertabweichungen (§ 63 Abs. 3 Satz 4 InsO)

a) Grundprinzip

Es hat bei jedem ursprünglich in die Berechnungsgrundlage einbezogenen Vermögensgegenstand ein **Abgleich von Wertansatz und Verwertungsergebnis** zu erfolgen, sodass sich eine Gegenüberstellung in vier Spalten empfiehlt: 151

(1)	(2)	(3)	(4)
Vermögensgegenstand	Ursprünglicher Wertansatz	Verwertungserlös	Endgültiger Wertansatz

Abb. 2: Prüfungsschema

Die erste und zweite Spalte (*Abb. 2*) kann im Grunde aus dem **ursprünglichen Vergütungsantrag** übernommen werden, wobei freilich zu berücksichtigen ist, ob bestimmte Vermögensgegenstände schon im *ursprünglichen Vergütungsfestsetzungsverfahren* aus der Berechnungsgrundlage eliminiert worden waren. Denn die Frage, ob ein Vermögensgegenstand in die Berechnungsgrundlage einbezogen werden kann, unterfällt nicht der Abänderungsbefugnis, die sich nur auf die Bewertung bezieht.[327] Wurde z. B. die Einbeziehung von Aus- und Absonderungsgut mangels erheblicher Befassung im ursprünglichen Festsetzungsverfahren rechtskräftig verneint, kann diese Frage nicht über die Abänderungsbefugnis neu aufgerollt werden.[328] Selbiges gilt für andere Vermögenswerte, bei denen unterschiedliche Auffassungen zur Einbeziehung in die Berechnungsgrundlage bestehen (Rz. 49 ff.); dies selbst dann, wenn auch der Tatrichter inzwischen seine Auffassung geändert haben sollte. Wer sich all diese Fragen offenhalten möchte, darf zunächst nur einen Vorschuss auf die Vergütung als vorläufiger Insolvenzverwalter beantragen. Alternative ist die Berücksichtigung problematischer Vermögensgegenstände mit einem Erinnerungswert;[329] wird im Erstfestsetzungsverfahren jedoch auch dieser Erinnerungswert aus der Berechnungsgrundlage eliminiert, ist der Vermögensgegenstand endgültig unbeachtlich. All dies gilt auch umgekehrt, d. h., ein ursprünglich anerkannter Vermögensgegenstand kann nicht aufgrund neuer Rechtsauffassung aus der Anpassungsberechnung eliminiert werden. Nach Verfahrenseröffnung erstmalig bekannt gewordene Vermögensgegenstände können ebenfalls nicht ergänzend berücksichtigt werden (Rz. 57).[330] 152

Die dritte Spalte in der Gegenüberstellung (*Abb. 2*) sollte die **tatsächlichen Verwertungsergebnisse** abbilden, hinreichend nachvollziehbar abzuleiten aus der *Rechnungs-* 153

---

327) BerlKommInsO/*Blersch*, § 11 InsVV Rz. 63 (Stand: 03/2014).
328) Vgl. AG Hamburg, Beschl. v. 18.4.2017 – 67c IN 332/14, ZIP 2017, 1079.
329) BerlKommInsO/*Blersch*, § 11 InsVV Rz. 64 (Stand: 03/2014).
330) LG Mönchengladbach, Beschl. v. 12.7.2006 – 5 T 22/06, NZI 2006, 598; *Keller*, Vergütung und Kosten, § 7 Rz. 701; speziell zur Abänderungsbefugnis MünchKommInsO/*Stephan*, § 11 InsVV Rz. 90.

legung des Insolvenzverwalters. Hier stellen sich keine Rechtsfragen, sondern praktische Fragen der Transparenz und Nachvollziehbarkeit. Die Intention des Verordnungsgebers, überhöhte Wertansätze durch Abgleich mit tatsächlichen Ergebnissen sichtbar zu machen, findet an dieser Stelle ihren Ausdruck. Gegenwärtig sind Bemühungen erkennbar, eine entsprechende Gegenüberstellung durch eine Fortschreibung des Masseverzeichnisses bzw. eine fortschreibende Rechnungslegung zu erleichtern.[331]

154 Die vierte Spalte (*Abb. 2*) sollte diejenigen Werte enthalten, die für die **endgültige Bewertung** maßgeblich sind. Der Unterschied zur dritten Spalte besteht darin, dass hier *rechtliche Wertungen* berücksichtigt werden können. Ist z. B. ein Vermögensgegenstand im eröffneten Verfahren ohne Surrogat (z. B. Versicherungsleistung) untergegangen, ist in die vierte Spalte nicht der Wert aus der dritten Spalte (Verwertungserlös null), sondern der Wert aus der zweiten Spalte (objektiver Verkehrswert nach ursprünglicher Bewertung) zu übernehmen. Insoweit ist diese vierte Spalte der tatsächliche *Kernbereich der Abänderungsregelung*. Die nachfolgenden Erörterungen beziehen sich auf diese endgültige Bewertung, d. h. den Wertansatz in der vierten Spalte (*Abb. 2*).

b) Definitionen und Problemfälle

155 Zunächst sind unter dem Tatbestandsmerkmal der **Veräußerung** in § 11 Abs. 2 InsVV sämtliche Vorgänge einer *Verwertung* einschließlich etwaiger *Freigaben* aus dem Massebeschlag zu subsumieren. Entscheidend ist, ob die wertbildenden Erkenntnisse vor oder nach dem relevanten Stichtag vorlagen. Eine Wertminderung durch weitere *Abnutzung* ist irrelevant. Problematisch ist der *Verbrauch* von Vermögensgegenständen, der jedoch im Grundsatz unbeachtlich ist.[332] Unter Berücksichtigung der Möglichkeiten einer *vorzeitigen Verfahrensbeendigung* bzw. eines *Insolvenzplans* ergeben sich vergütungsrechtlich keine Nachteile dadurch, dass überhaupt keine Verwertung vorgenommen wurde oder beabsichtigt ist.[333] Selbiges gilt für nicht verwertete Vermögensgegenstände i. S. d. § 197 Abs. 1 Satz 2 Nr. 3 InsO. Wurden mithin nachvollziehbar keine Verwertungserlöse erzielt, ohne dass dies im Eröffnungsverfahren bereits objektiv ex ante vorhersehbar gewesen wäre, oder wurden unter selbiger Voraussetzung niedrigere Erlöse erzielt, ist der ursprünglich prognostizierte Wert in Ansatz zu bringen.

156 Bei der **Weiterverarbeitung** zur Generierung von Forderungen aus Lieferungen und Leistungen können die eingesetzten und ursprünglich bewerteten Vermögensgegenstände nicht einfach dem Wert der Forderungen gegenübergestellt werden. Erst recht kann nicht gefordert werden, dass eine Deckungsbeitragsrechnung erstellt wird, um den Anteil des Wareneinsatzes an den neu generierten Forderungen zu ermitteln. Bei einer Betriebsfortführung über den Stichtag der Insolvenzeröffnung hinaus ist zudem zu berücksichtigen, dass weiter Vorratsvermögen hinzuerworben und verar-

---

331) Instruktiv *Langer/Bausch*, ZInsO 2011, 1287 (Aachener Modell); dem folgend die Kölner Leitlinien zur Zusammenarbeit mit dem Insolvenzgericht, ZInsO 2017, 637; ausführlich *Zimmer*, Insolvenzbuchhaltung, Rz. 224 ff.
332) Lorenz/Klanke/*Lorenz*, InsVV, § 11 Rz. 129.
333) Lorenz/Klanke/*Lorenz*, InsVV, § 11 Rz. 127.

beitet wird. Es ist dann später unmöglich herauszufinden, ob sich der Restbestand, für den im Rahmen eines Asset Deal ein Teilkaufpreis erzielt wird, auf die per Stichtag Insolvenzeröffnung vorhandene oder die danach hinzuerworbene Ware bezieht. Dies würde den Einsatz eines Warenwirtschaftssystems voraussetzen, das in den meisten Unternehmen nicht vorhanden ist und aus Kostengründen auch nicht nur für die Abänderungsbefugnis auf Kosten der Masse implementiert werden kann. Insoweit sind die Anforderungen einer Abänderungsbefugnis im Hinblick auf Warenvorräte i. d. R. nicht erfüllbar. Gleichwohl ist dem Insolvenzverwalter – und nicht erst dem Tatrichter oder Schlussrechnungsprüfer – eine *Plausibilitätsprüfung* zuzumuten. Ist z. B. der Wert der per Stichtag Verfahrenseröffnung vorhandenen Warenvorräte zzgl. der Ausgaben im eröffneten Verfahren für Zukäufe insgesamt höher als die Einnahmen auf die nach Verfahrenseröffnung generierten Forderungen aus Weiterverarbeitung zzgl. eines Erlöses aus der Verwertung eines Restbestandes, ergibt sich zwingender Erläuterungsbedarf. Führt eine Plausibilitätsprüfung nicht zu Beanstandungen, ist von einem unbeachtlichen Verbrauch auszugehen,[334] sodass die ursprünglich prognostizierten Werte beizubehalten sind.

In die Berechnungsgrundlage einbezogenes **Aussonderungsgut** verändert seinen Wert grundsätzlich nicht. Denn es wandelt sich lediglich eine Herausgabepflicht mit Insolvenzeröffnung in einen Aussonderungsanspruch um. Ein Verwertungserlös wird hier im Grundsatz nie erzielt. Masseverbindlichkeiten nach §§ 169, 172 InsO (Zinsen und Wertersatz) mindern den Wertansatz nicht. 157

Bei **Absonderungsgut** besteht zunächst ein Problem bei Weiterverarbeitung (Rz. 156). Ferner besteht die Möglichkeit, dass eine Verwertung nach Verfahrenseröffnung nicht durch den Insolvenzverwalter, sondern durch den Absonderungsgläubiger erfolgt. Dies ist insoweit unbeachtlich, als der Verwertungserlös nicht vom Insolvenzverwalter selbst erzielt werden muss, um die Abänderungsbefugnis zur Anwendung zu bringen. Anzusetzen als endgültiger Wert ist der vom Gläubiger erzielte Verwertungserlös. Nichts anderes gilt, wenn es sich um ein Grundstück handelt, das der Gläubiger zwangsversteigern lässt, wobei als Verwertungserlös alles zählt, was der Gläubiger erhält, einschließlich der Übernahme von Verbindlichkeiten durch den Ersteigerer, mindestens aber der sachverständig festgestellte Verkehrswert.[335] Mit dem Vorwurf der „Schlechtverwertung" durch den Gläubiger kann der (vorläufige) Insolvenzverwalter vergütungsrechtlich nicht durchdringen.[336] All dies – neben der umsatzsteuerlichen Frage – zwingt den Insolvenzverwalter, auch die vom Absonderungsgläubiger erzielten Erlöse in seine Rechnungslegung aufzunehmen.[337] Masseverbindlichkeiten nach §§ 169, 172 InsO (Zinsen und Wertersatz) mindern den Wertansatz nicht. 158

---

334) Lorenz/Klanke/*Lorenz*, InsVV, § 11 Rz. 129.
335) BerlKommInsO/*Blersch*, § 11 InsVV Rz. 65 (Stand: 03/2014); Lorenz/Klanke/*Lorenz*, InsVV, § 11 Rz. 126.
336) A. A. Lorenz/Klanke/*Lorenz*, InsVV, § 11 Rz. 126.
337) *Zimmer*, Insolvenzbuchhaltung, Rz. 786.

159 Ist ein Vermögensgegenstand im Antragsverfahren durch **sachverständiges Gutachten** bewertet worden, soll eine Wertabweichung irrelevant sein.[338] Dies kann jedoch nicht gelten für das Eröffnungsgutachten des mit dem vorläufigen Insolvenzverwalter personenidentischen Sachverständigen, da ein solcher Selbstbeweis nicht dem Telos der Regelungen entspricht; denn wegen § 22 Abs. 1 Satz 2 Nr. 3 InsO hätte die Abänderungsbefugnis bei anderer Lesart überhaupt keinen Anwendungsbereich. In Betracht kommen jedoch Gutachten der üblicherweise eingeschalteten Bewerter (§ 4 Rz. 39), sofern sie entweder vom Insolvenzgericht eingesetzt worden waren oder vereidigt sind (z. B. nach § 36 GewO). Im Übrigen können zu jedem Zeitpunkt Sachverständigengutachten herangezogen werden. Ein Gutachten, das nachträglich und ausschließlich im Zusammenhang mit einer Auseinandersetzung um die Abänderung der Vergütung eingeholt wird, stellt jedoch nur dann Verfahrenskosten i. S. d. § 54 InsO dar, wenn die Beauftragung durch das Insolvenzgericht erfolgte. Im Übrigen handelt es sich um sonstige Masseverbindlichkeiten i. S. d. § 55 Abs. 1 Nr. 1 InsO und nicht etwa um private Ausgaben des Insolvenzverwalters.

c) **Wertabweichung > 20 %**

160 Während dem § 63 Abs. 3 Satz 4 InsO nicht eindeutig zu entnehmen ist, ob sich der Wert von 20 % auf jeden einzelnen Vermögensgegenstand oder auf den **Gesamtwert** aller Vermögenswerte beziehen soll, ergibt sich Letzteres aus § 11 Abs. 2 InsVV. Basis für die Wertermittlung sind die ursprünglichen Werte, d. h., die Abweichung von 20 % ist auf die ursprüngliche Berechnungsgrundlage zu beziehen („**Vorwärtsrechnung**"),[339] nicht also sind 20 % von den tatsächlich realisierten Werten zu ermitteln („Rückwärtsrechnung").[340] Dies ergibt sich zwar weder aus dem Wortlaut noch aus der Begründung der Verordnung, jedoch aus dem Telos der Regelung und den Grundprinzipien des Dreisatzes.

161 Den Wert von 20 % stützt der Verordnungsgeber darauf, dass bei einem höheren Zurückbleiben der tatsächlichen Erlöse hinter den prognostizierten Werten offenbar bei der Vergütungsfestsetzung völlig **unrealistische Werte** herangezogen worden waren.[341] Die Diktion mag dem seinerzeitigen Umfeld geschuldet sein, in dem die Rechtsänderung erfolgte. Der Verordnungsgeber berücksichtigt an dieser Stelle nicht, dass auch realistisch bewerte Vermögensgegenstände aufgrund nachträglicher Erkenntnisse ein von der Prognose abweichendes Schicksal erleiden können. Dies kann positiv allerdings auch dahingehend interpretiert werden, dass Wertveränderungen aufgrund von Ereignissen nach Eröffnung des Insolvenzverfahrens außer Betracht bleiben müssen,[342] da es eben nur darauf ankommt, ob per Beendigung

---

338) Lorenz/Klanke/*Lorenz*, InsVV, § 11 Rz. 130; KPB-InsO/*Prasser/Stoffler*, § 11 InsVV Rz. 27 (Stand: 11/2013).
339) *Vill*, in: FS Fischer, S. 547, 562.
340) Mathematisch verfehlt *Graeber*, ZInsO 2007, 133, 137.
341) Zweite Verordnung zur Änderung der Insolvenzrechtlichen Vergütungsverordnung (InsVV) v. 21.12.2006 (BGBl. I 2006, 3389), Begründung zur Änderung des § 11 InsVV, siehe Anh. VIII Rz. 25.
342) BGH, Beschl. v. 14.12.2005 – IX ZB 256/04, NZI 2006, 284; BGH, Beschl. v. 28.9.2006 – IX ZB 212/03, ZInsO 2007, 439; BGH, Beschl. v. 16.11.2006 – IX ZB 302/05, ZIP 2007, 284.

der vorläufigen Verwaltung ein Vermögensgegenstand **objektiv überbewertet** worden war. Nur dann erschließt sich, dass die Anpassung der Vergütung auch dann möglich ist, wenn sie zugunsten des vorläufigen Verwalters ausfällt.[343] Die Abänderungsbefugnis dient insgesamt lediglich der Vermeidung bzw. **Korrektur von Missbrauch**, nicht der Sanktionierung nicht vorhersehbarer Veränderungen oder normaler Prognoserisiken.[344]

3. Hinweispflicht (§ 11 Abs. 2 InsVV)

Die Hinweispflicht des Insolvenzverwalters stellt im Rahmen des Amtsermittlungsverfahrens dogmatisch nur eine **Mitwirkungspflicht** dar. An den Hinweis, es hätte sich keine Wertabweichung von mehr als 20 % ergeben, ist das Insolvenzgericht daher nicht gebunden, vielmehr hat eine Prüfung von Amts wegen zu erfolgen, soweit sich Anlass hierfür abzeichnet, z. B. bei unvollständigem oder widersprüchlichem Sachvortrag des Insolvenzverwalters. Folglich kann eine Abänderung der Vergütung, sofern das Tatgericht von einer Wertdifferenz von mehr als 20 % überzeugt ist, von Amts wegen erfolgen.[345]

162

Die Hinweispflicht wird **fällig** *spätestens* mit Einreichung der Schlussrechnung für das eröffnete Insolvenzverfahren. Zwar wird dem Insolvenzverwalter viel früher bekannt sein, ob er seine prognostizierten Werte erreicht hat, gleichwohl dürfte das Unterlassen eines Hinweises bis zur Einreichung der Schlussrechnung keine Pflichtwidrigkeit darstellen.[346] Wird jedoch nach der Verwertung ein Vergütungsantrag auf objektiv überhöhte Schätzwerte gestützt, dürfte nicht nur eine Pflichtwidrigkeit,[347] sondern Strafbarkeit anzunehmen sein. Bei unterlassenem Hinweis trotz Fälligkeit greift die Aufsichtspflicht des Insolvenzgerichts aus § 58 InsO, d. h., der Insolvenzverwalter ist zur Abgabe des Hinweises zwangsgeldbewährt aufzufordern. In gravierenden Fällen oder bei wiederholtem Unterlassen soll gar für die Zukunft ein Delisting in Betracht kommen;[348] dies ist zu befürworten.

163

Obgleich ein **Unterschreiten der Wertgrenze** nach dem Wortlaut des § 11 Abs. 2 InsVV keine Hinweispflicht auslösen soll, ist Gegenteiliges richtig;[349] anders ergäbe eine Regelung zur Missbrauchskontrolle schlechterdings keinen Sinn.

164

Bei **nicht personenidentischem Insolvenzverwalter** läuft zwar die Hinweispflicht des § 11 Abs. 2 InsVV nach der Vorstellung des Gesetz- bzw. Verordnungsgebers ins

165

---

343) Zweite Verordnung zur Änderung der Insolvenzrechtlichen Vergütungsverordnung (InsVV) v. 21.12.2006 (BGBl. I 2006, 3389), Begründung zur Änderung des § 11 InsVV, siehe Anh. VIII Rz. 25.
344) *Haarmeyer*, ZInsO 2007, 73, 76.
345) Zweite Verordnung zur Änderung der Insolvenzrechtlichen Vergütungsverordnung (InsVV) v. 21.12.2006 (BGBl. I 2006, 3389), Begründung zur Änderung des § 11 InsVV, siehe Anh. VIII Rz. 24. MünchKommInsO/*Stephan*, § 11 InsVV Rz. 93; **a. A.** Leonhardt/Smid/Zeuner/*Amberger*, InsVV, § 11 InsVV Rz. 92; HambKommInsO/*Büttner*, § 11 InsVV Rz. 42.
346) HambKommInsO/*Büttner*, § 11 InsVV Rz. 37; *Haarmeyer/Mock*, InsVV, § 11 Rz. 89.
347) *Graeber*, ZInsO 2007, 133, 137.
348) KPB-InsO/*Prasser/Stoffler*, § 11 InsVV Rz. 124 (Stand: 11/2013); MünchKommInsO/*Stephan*, § 11 InsVV Rz. 93.
349) *Vill*, in: FS Fischer, S. 547, 562.

Leere,[350] nicht aber die grundsätzliche Anwendung des § 63 Abs. 3 Satz 4 InsO. Folglich bedarf es spätestens bei Einreichung der Schlussrechnung des amtierenden Insolvenzverwalters einer Prüfung von Amts wegen, ob die für die Vergütung des vorläufigen Insolvenzverwalters herangezogenen Werte im relevanten Ausmaß verfehlt waren. Aus §§ 60, 92 Satz 2 InsO wird herzuleiten sein, dass der amtierende Insolvenzverwalter mitzuteilen hat, ob sich Hinweise auf eine Abänderung der Vergütung zum Nachteil des früheren vorläufigen Insolvenzverwalters ergeben haben,[351] da eine Reduzierung der Vergütung eines früheren oder anderen Amtsträgers immer auch ein vom amtierenden Insolvenzverwalter geltend zu machender Massebestandteil ist. Rechtlich kann es sich zwar um eine Sondermasse aufgrund Außenhaftung handeln,[352] jedoch sind hier sämtliche Gläubiger betroffen. Insofern entstehen keine unlösbaren Konflikte,[353] sondern verwalterwechselspezifische Pflichten des jeweils aktuellen Amtsträgers. Alsdann bedarf es einer Anhörung des früheren vorläufigen Insolvenzverwalters. Da der objektive Wert eines Vermögensgegenstandes durch den späteren Verwertungserlös indiziert ist,[354] kann sich der vormalige vorläufige Insolvenzverwalter nicht allein damit verteidigen, es läge eine mangelhafte Leistung des amtierenden Insolvenzverwalters vor;[355] hierzu bedürfte es eines substantiierten Sachvortrags nebst Beweisantritten. Da das Insolvenzgericht jedoch nicht gesetzlicher Richter für mangelhafte Insolvenzverwaltung ist, wäre ohnehin von einer Unbeachtlichkeit im Vergütungsfestsetzungs- oder Anpassungsverfahren auszugehen, vielmehr wäre der frühere vormalige Insolvenzverwalter auf eine Schadenersatzklage gegen den amtierenden Insolvenzverwalter zu verweisen, sofern nicht auch eine Gläubigerversammlung den Beschluss fasst, es möge ein Sonderinsolvenzverwalter mit der Prüfung und Durchsetzung eines Anspruchs nach §§ 60, 92 Satz 2 InsO gegen den amtierenden Insolvenzverwalter beauftragt werden.[356]

166 Aus § 69 Satz 1 InsO soll folgen, dass auch die Mitglieder des **Gläubigerausschusses** verpflichtet sein sollen, einen entsprechenden Hinweis zu erteilen.[357] Dem ist im Grundsatz zuzustimmen, da den Ausschussmitgliedern ein Zurückbleiben hinter den Erwartungen bei pflichtgemäßer Amtsführung ohnehin nicht entgehen kann. Eine dezidierte Prüfung allerdings ist den Ausschussmitgliedern nicht zuzumuten, da sie nicht über vertiefte Kenntnisse des Vergütungsrechts verfügen müssen. Insoweit löst lediglich ein unübersehbarer Anfangsverdacht eine Hinweispflicht eines jeden Ausschussmitglieds aus.

---

350) Zweite Verordnung zur Änderung der Insolvenzrechtlichen Vergütungsverordnung (InsVV) v. 21.12.2006 (BGBl. I 2006, 3389), Begründung zur Änderung des § 11 InsVV, siehe Anh. VIII Rz. 24.
351) HambKommInsO/*Büttner*, § 11 InsVV Rz. 40; *Vill*, in: FS Fischer, S. 547, 561.
352) Vgl. BGH, Urt. v. 9.10.2014 – IX ZR 140/11, ZIP 2014, 2242 (Haftung Gläubigerausschuss), dazu EWiR 2014, 781 *(Krüger)*.
353) So aber Lorenz/Klanke/*Lorenz*, InsVV, § 11 Rz. 125.
354) BGH, Beschl. v. 16.11.2006 – IX ZB 302/05, ZIP 2007, 284.
355) *Haarmeyer/Mock*, InsVV, § 11 Rz. 91.
356) Ausführlich Beck/Depré/*Zimmer*, Praxis der Insolvenz, § 47 Rz. 38 ff.
357) HambKommInsO/*Büttner*, § 11 InsVV Rz. 41.

4. Rechtsfolge

Die Abänderungsbefugnis bezieht sich auf die **Berechnungsgrundlage**, auf die sich hieraus ergebende *fiktive Verwaltervergütung* nach § 2 InsVV, auf den daraus resultierenden *Regelbruchteil (in Euro)* sowie auf die Höhe einer vergütungsabhängigen *Auslagenpauschale*. Nicht berührt wird der *Regelbruchteil in Prozent* bzw. *Zu- und Abschläge*;[358] anders nur, wenn Zuschläge anhand einer Vergleichsrechnung ermittelt wurden.[359]

167

Wenn sich aufgrund des Hinweises des Insolvenzverwalters und einer objektiv positiven Wertdifferenz von mehr als 20 % ergibt, dass die Vergütung des vorläufigen Insolvenzverwalters **höher** ausfallen könnte, bedarf es eines entsprechenden *Antrags auf Festsetzung* der höheren Vergütung,[360] da das Insolvenzgericht nicht über den (früheren) Antrag des Vergütungsberechtigten hinausgehen kann (§ 4 InsO, § 308 Abs. 1 ZPO). Wird die Festsetzung vom Insolvenzgericht abgelehnt, soll kein Rechtsmittel existieren.[361] Dies ist unzutreffend,[362] da sich aufgrund des Vergütungsantrags die Festsetzung des Differenzbetrages nach §§ 21 Abs. 2 Satz 1 Nr. 1, 64 InsO richtet, sodass ein Beschluss erforderlich ist, gegen den das Rechtsmittel der Beschwerde vorgesehen ist.

168

Ergibt sich jedoch eine **niedrigere** Vergütung, hat die Anpassung von Amts wegen zu erfolgen. Dabei stellt sich die Frage, wie der Beschluss zu formulieren ist, da sich im Ergebnis eine Rückzahlungsverpflichtung ergibt. Hierzu wird vertreten, dass aufgrund des i. d. R. gegebenen zeitlichen Zusammenhangs mit der Beantragung der Vergütung des Insolvenzverwalters der Rückzahlungsbetrag dort in Abzug gebracht werden könne.[363] Dies ist freilich unzutreffend,[364] da die Rückforderung von Vergütungsansprüchen vor die ordentliche Gerichtsbarkeit gehört, sodass bei nicht freiwilliger Rückzahlung ein Sonderinsolvenzverwalter zu bestellen wäre.[365] Eine andere Vorgehensweise stellte einen Verstoß gegen den Anspruch auf den gesetzlichen Richter (Art. 101 Abs. 1 Satz 2 GG) dar. Es bleibt daher lediglich im Beschluss zu formulieren, dass die Vergütung aufgrund der Abänderungsbefugnis neu festgesetzt wird, von dem festgesetzten Betrag die ursprünglich festgesetzte Vergütung in Abzug

169

---

358) Leonhardt/Smid/Zeuner/*Amberger*, InsVV, § 11 Rz. 87; BerlKommInsO/*Blersch*, § 11 InsVV Rz. 66 (Stand: 03/2014); HambKommInsO/*Büttner*, § 63 Rz. 100; *Graeber*, ZInsO 2007, 133, 141; *Haarmeyer*, ZInsO 2007, 73, 77; *Keller*, Vergütung und Kosten, § 7 Rz. 111; Lorenz/Klanke/*Lorenz*, InsVV, § 11 Rz. 128; KPB-InsO/*Prasser/Stoffler*, § 63 Rz. 76 (Stand: 11/2013); **a. A.** *Haarmeyer/Mock*, InsVV, § 11 Rz. 92; *Vill*, in: FS Fischer, S. 547, 563.
359) *Graeber*, ZInsO 2007, 133, 141; *Haarmeyer*, ZInsO 2007, 73, 77; Lorenz/Klanke/*Lorenz*, InsVV, § 11 Rz. 128.
360) Leonhardt/Smid/Zeuner/*Amberger*, InsVV, § 11 Rz. 93; HambKommInsO/*Büttner*, § 63 Rz. 100; *Vill*, in: FS Fischer, S. 547, 564; **a. A.** KPB-InsO/*Prasser/Stoffler*, § 63 Rz. 75 (Stand: 11/2013).
361) KPB-InsO/*Prasser/Stoffler*, § 63 Rz. 75 (Stand: 11/2013).
362) HambKommInsO/*Büttner*, § 63 Rz. 102.
363) BerlKommInsO/*Blersch*, § 11 InsVV Rz. 68 (Stand: 03/2014); *Haarmeyer*, ZInsO 2007, 73, 77; Lorenz/Klanke/*Lorenz*, InsVV, § 11 Rz. 133; KPB-InsO/*Prasser/Stoffler*, § 63 Rz. 73 (Stand: 11/2013).
364) Leonhardt/Smid/Zeuner/*Amberger*, InsVV, § 11 Rz. 96; HambKommInsO/*Büttner*, § 63 Rz. 106; *Vill*, in: FS Fischer, S. 547, 564.
365) *Büttner*, ZVI 2008, 281, 290.

zu bringen ist und sich eine Überzahlung ergibt. In einem Begleitschreiben kann das Insolvenzgericht im Rahmen des § 58 InsO den (vorläufigen) Insolvenzverwalter auffordern, den Betrag an die Masse zu erstatten, um die Bestellung eines Sonderinsolvenzverwalters zu vermeiden. Abgesehen von der Verzinsungspflicht ergibt sich somit kein Unterschied zu einer Vergütungsfestsetzung unterhalb vorheriger Vorschussbewilligungen (§ 8 Rz. 193 ff.). Liegt eine Abweichung von mehr als 20 % vor, beabsichtigt der Rechtspfleger jedoch keine Reduzierung der Vergütung, soll auch dies einen rechtsmittelfähigen Beschluss erfordern,[366] damit ein Beschwerderecht anderer Berechtigter nicht unterlaufen wird. Dem ist zuzustimmen, da sonst die ganze Konzeption sinnfrei wäre.

170 Kommt es bei **nicht personenidentischem Insolvenzverwalter** zu einer Reduzierung der Vergütung des vormaligen vorläufigen Insolvenzverwalters, besteht ein Zahlungsanspruch der Masse gegen den früheren vormaligen vorläufigen Insolvenzverwalter, den der amtierende Verwalter vor der ordentlichen Gerichtsbarkeit geltend zu machen hat, da das Insolvenzgericht zwar die Vergütung festsetzen, jedoch keinen vollstreckbaren Rückforderungstitel erlassen kann.

VIII. Gesonderte Vergütung nach JVEG (§ 11 Abs. 4 InsVV)

1. Einleitung

171 Der vorläufige Insolvenzverwalter wird **zusätzlich** als Sachverständiger vergütet, wenn das Insolvenzgericht ihn nach § 22 Abs. 1 Nr. 3 InsO mit der Prüfung des Eröffnungsgrundes und den Aussichten für eine Fortführung des Unternehmens des Schuldners beauftragt hat. Nach der Vorstellung des ursprünglichen Verordnungsgebers werde damit sichergestellt, dass zumindest dieser Teil der Tätigkeit des vorläufigen Insolvenzverwalters auch dann vergütet wird, wenn das Insolvenzverfahren mangels Masse nicht eröffnet wird; denn ein antragstellender Gläubiger soll für die Vergütung des vorläufigen Insolvenzverwalters nicht einstehen müssen, ebenso wenig der Fiskus.[367] § 11 Abs. 4 InsVV ist jedoch nicht Anspruchsgrundlage für eine Vergütung als Sachverständiger, die tatsächlich in § 4 InsO, § 413 ZPO, § 1 Abs. 1 Satz 3 JVEG zu sehen ist; § 11 Abs. 4 InsVV enthält lediglich eine *Nichtanrechnungsklausel*. Dass später die Stundung der Verfahrenskosten eingeführt wurde, kann das Ergebnis einer zusätzlichen Vergütung nicht beseitigen, da § 11 Abs. 4 InsVV weiterhin geltendes Recht ist.

172 Die Vergütung des nach § 4 InsO, §§ 402 ff. ZPO bestellten Sachverständigen wird gemäß § 4 InsO, § 413 ZPO nach dem Justizvergütungs- und -entschädigungsgesetz (**JVEG**) ermittelt. § 8 JVEG regelt die Grundsätze des Honoraranspruchs des Sachverständigen und verweist hinsichtlich des Leistungshonorars auf §§ 9–11 JVEG, wobei nur § 9 JVEG einschlägig sein dürfte. Über das dort geregelte Stundenhonorar (Rz. 176 ff.) hinaus erhält der Sachverständige einen Fahrtkostenersatz (§ 5 JVEG), eine allgemeine Aufwandsentschädigung (§ 6 JVEG) sowie eine besondere Aufwandsentschädigung (§§ 7, 12 JVEG). Unter bestimmten Voraussetzungen kann ein Vorschuss auf die Vergütung bewilligt werden (§ 3 JVEG).

---

366) HambKommInsO/*Büttner*, § 63 Rz. 104; *Vill*, in: FS Fischer, S. 547, 564.
367) Insolvenzrechtliche Vergütungsverordnung (InsVV) v. 19.8.1998 (BGBl. I 1998, 2205), Begründung zu § 11 InsVV, siehe Anh. III Rz. 69.

Bei der Auslegung der Normen des JVEG soll zu berücksichtigen sein, dass der Sachverständige auch einer **staatsbürgerlichen Ehrenpflicht** nachkomme und somit keine Orientierung der Entschädigung an einer in der Privatwirtschaft üblichen Vergütung zu erfolgen habe.[368] Gleichwohl solle ein Sachverständiger durchweg besser vergütet werden als ein tüchtiger Handwerker, da die Anforderungen an den Sachverständigen höher seien.[369] Ersteres ist für den Sachverständigen im Insolvenzeröffnungsverfahren nicht vertretbar. Die (potenziellen) Insolvenzverwalter, die nahezu immer erst als Sachverständiger beauftragt werden, sodass auch nur potentielle Insolvenzverwalter überhaupt für die Sachverständigentätigkeit in Betracht kommen, bemühen sich nicht um einen Zugang zu staatsbürgerlichen Ehrenpflichten, sondern um einen Zugang zum Markt der Insolvenzverwaltung, in der zwischen Sachverständigem im Eröffnungsverfahren und (vorläufigem) Insolvenzverwalter fast ausnahmslos Personenidentität besteht, sodass nicht der Sachverständige staatsbürgerliche Ehrenpflichten erfüllt und erst der (vorläufige) Insolvenzverwalter Unternehmer oder Amtsträger ist. Im Übrigen ist zu berücksichtigen, dass das JVEG von einem Sachverständigen ausgeht, dem die zu begutachtenden Umstände vorgelegt werden, während sich der Sachverständige im Insolvenzeröffnungsverfahren arbeitsintensiv in den Besitz der relevanten Informationen und Unterlagen bringen muss, teils gegen erheblichen Widerstand des Schuldners. Letztlich besteht die Aufgabe des Sachverständigen auch darin, die Fortführungsaussichten eines schuldnerischen Unternehmens zu prüfen (§ 22 Abs. 1 Satz 2 Nr. 3 InsO); wo hier die Nähe zu staatsbürgerlichen Ehrenpflichten liegen soll, erschließt sich nicht.

173

Der Sachverständige ist nicht befugt, von sich aus einen **Untersachverständigen** zu bestellen (§ 4 InsO, § 407a Abs. 2 Satz 1 ZPO). Auch die Beauftragung eines sog. Be- und Verwerters zum Zweck der Bewertung des schuldnerischen Anlage- oder Umlaufvermögens erfolgt ausschließlich durch das Insolvenzgericht; der eigentliche Sachverständige kann insoweit allerdings Vorschläge unterbreiten.[370] Auf diesem Wege erhält der Dritte einen *unmittelbaren Anspruch gegen die Staatskasse*. Die Praxis bleibt oftmals hinter dieser gesetzlichen Anforderung zurück, z. T. wird der Be- und Verwerter vom Sachverständigen beauftragt. Dies sollte grundsätzlich in enger Abstimmung mit dem Insolvenzgericht erfolgen, auch damit diese Kosten als *Auslagen des eigentlichen Sachverständigen* vom Insolvenzgericht festgesetzt und als Verfahrenskosten i. S. d. § 54 Nr. 1 InsO anerkannt werden können.[371] Etwas anderes gilt dann, wenn der Sachverständige lediglich eine **Hilfskraft** einsetzt. Nach § 12 Abs. 1 Satz 2 Nr. 1 JVEG sind dem Sachverständigen Aufwendungen für Hilfskräfte zu ersetzen, wobei das Gericht die an die Hilfskraft gezahlte Vergütung auf ihre Angemessenheit prüfen kann.[372] Mitarbeiter und andere Personen, derer sich der Sachverständige bedient, hat der Sachverständige ohnehin namhaft zu machen, soweit es sich nicht um Hilfsdienste von untergeordneter Bedeutung handelt (§ 407a Abs. 2 Satz 2 ZPO). Ein Be- und Verwerter kann auch als Hilfskraft in diesem Sinne ver-

174

---

368) *Hartmann*, § 8 JVEG Rz. 2.
369) *Hartmann*, § 8 JVEG Rz. 23.
370) AG Hamburg, Beschl. v. 29.4.2013 – 67g IN 327/11, ZInsO 2014, 1071.
371) *Vallender*, ZInsO 2010, 1457, 1461.
372) OLG Jena, Beschl. v. 20.1.2012 – 9 W 580/11, IBR 2012, 425 = JurionRS 2012, 11525.

standen werden, sodass dessen Bezahlung zunächst vom Sachverständigen zu erfolgen hat, was wiederum zum Auslagenersatzanspruch des Sachverständigen führt.

175 Neben dem Stundenhonorar stehen dem Sachverständigen nach JVEG **Auslagenerstattungsansprüche** zu, auf die nicht weiter eingegangen wird.

2. Stundensatz des Sachverständigen

a) Vorläufiger Insolvenzverwalter als Sachverständiger

176 Bis zum 31.7.2013 gab es mit einem Stundensatz von 65 € nur eine Regelung für den „starken" vorläufigen Insolvenzverwalter. Insoweit hat die Änderung durch das Zweite Kostenrechtsmodernisierungsgesetz (KostRMoG) vom 23.7.2013[373] mit Inkrafttreten zum 1.8.2013 (Art. 50 KostRMoG) eine Harmonisierung und Klarstellung bewirkt. Gemäß § 9 Abs. 2 JVEG beträgt der Stundensatz des Sachverständigen seither **80 €**, wenn er zugleich als vorläufiger Insolvenzverwalter gleichwelcher Art bestellt wurde. Die Regelung wird auch dann gelten müssen, wenn der Sachverständige gleichzeitig vorläufiger Sachwalter ist. Der Stundensatz begegnet Bedenken, da die Stundensätze nach JVEG von einer staatsbürgerlichen Ehrenpflicht der Zeugen und Sachverständigen ausgehen, was auf einen Sachverständigen im Insolvenzeröffnungsverfahren nicht übertragbar ist (Rz. 173). Das BVerfG sieht indes keine Bedenken, wenn und weil der Sachverständige eine Vergütung als vorläufiger Insolvenzverwalter erhält.[374] Das Argument ist zwar bedenklich, da § 11 Abs. 4 InsVV ausdrücklich eine Trennung der Vergütungsansprüche bzw. eine zusätzliche Vergütung vorsieht; da die InsVV jedoch nur eine Verordnung i. S. d. Art. 80 Abs. 1 GG ist und sich die Ermächtigungsgrundlage des § 65 InsO nur auf die InsVV bezieht, bewirkt § 11 Abs. 4 InsVV keinen Schutz des Sachverständigen. Lösungsansatz wäre daher die Verschiebung des Regelungsgehalts des § 11 Abs. 4 InsVV in § 63 Abs. 3 InsO.

b) Isoliert bestellter Sachverständiger

177 Je nach Vorgehensweise des Insolvenzgerichts wird zunächst nur ein Sachverständiger bestellt, der oftmals schon nach dem Erstbesuch beim Schuldner die Anordnung der vorläufigen Verwaltung beantragt. In diesem Fall sollte für die wenigen Stunden, die der Sachverständige bis zu seiner Bestellung als vorläufiger Insolvenzverwalter tätig war, nach § 9 Abs. 2 JVEG (Rz. 176) vorgegangen werden, obgleich er in dieser Zwischenzeit nur isoliert bestellter Sachverständiger ist.

178 Sofern es jedoch bei der Bestellung als Sachverständiger verbleibt und keine Bestellung als vorläufiger Insolvenzverwalter (oder vorläufiger Sachwalter) erfolgt, handelt es sich um einen sog. isolierten Sachverständigen. Aufgrund der ausdrücklichen Bezugnahme auf den vorläufigen Insolvenzverwalter ist eine direkte Anwendung des § 9 Abs. 2 JVEG auf den Gutachter, der nicht zugleich vorläufiger Insolvenzverwalter ist, allerdings nicht möglich.[375] Da die Anlage 1 zu § 9 Abs. 1 JVEG die Tätigkeit des

---

373) Zweites Gesetz zur Modernisierung des Kostenrechts (2. Kostenrechtsmodernisierungsgesetz – 2. KostRMoG) v. 23.7.2013 (BGBl. I 2013, 2586).
374) BVerfG, Beschl. v. 29.11.2005 – 1 BvR 2035/05, ZIP 2006, 86.
375) OLG Bamberg, Beschl. v. 24.2.2005 – 1 W 8/05, ZIP 2005, 819; OLG Frankfurt/Main, Beschl. v. 3.3.2006 – 26 W 80/05, ZIP 2006, 676; OLG Hamburg, Beschl. v. 11.2.2010 – 4 W 138/09, ZInsO 2010, 634; OLG Koblenz, Beschl. v. 27.12.2005 – 14 W 815/05, NZI 2006, 180; OLG Nürnberg, Beschl. v. 20.2.2006 – 2 W 267/06, ZInsO 2006, 761.

Sachverständigen im Insolvenzeröffnungsverfahren nicht enthält, existiert mithin keine einschlägige Norm für die Ermittlung des Stundensatzes für den isoliert bestellten Sachverständigen. Daher muss die **Auffangnorm des § 9 Abs. 1 Satz 2 JVEG** herangezogen werden.[376] Demgemäß ist die Tätigkeit des Sachverständigen unter Berücksichtigung der allgemein für Leistungen dieser Art außergerichtlich und außerbehördlich vereinbarten Stundensätze nach billigem Ermessen einer Honorargruppe der Anlage 1 zu § 9 Abs. 1 JVEG zuzuordnen. Die Geltendmachung verschiedener Stundensätze entsprechend einer thematischen Aufspaltung der Tätigkeit des Sachverständigen nach dem dort vorgesehenen System dürfte jedoch an § 9 Abs. 1 Satz 3 JVEG scheitern, da der Gesetzgeber von einem *einheitlichen Stundensatz* für die gesamte Tätigkeit ausgeht. Auch die Geltendmachung des höchsten Stundensatzes, dessen zugrunde liegende Honorargruppe für wenige Einzeltätigkeiten tatbestandlich gegeben ist, für die gesamte Tätigkeit dürfte an § 9 Abs. 1 Satz 3 JVEG scheitern, da dort auf den Schwerpunkt der Tätigkeit abgestellt wird. Es böte sich mithin an, die Tätigkeit im Einzelnen anhand der Honorargruppen darzustellen und zu entscheiden, welche Tätigkeit die maßgeblichste war. Die für diese Tätigkeit einschlägige Honorargruppe könnte für die gesamte Tätigkeit geltend gemacht werden. Die Anlage 1 zu § 9 Abs. 1 JVEG ist jedoch überwiegend branchenbezogen, was für die Ermittlung einer angemessenen Honorargruppe für den Sachverständigen nicht weiterhilft, denn jeder Branchentypizität des Schuldners muss die insolvenzrechtliche Bewertung addiert werden. Ausweislich der Gesetzesbegründung zum Zweiten Kostenrechtsmodernisierungsgesetz soll für die isolierte Sachverständigentätigkeit „zukünftig regelmäßig ein Sachgebiet [einschlägig] sein, das in der neuen Sachgebietsliste unter Nummer 6 aufgeführt ist".[377] Dort jedoch reichen die Honorargruppen von „Besteuerung" (Gruppe 3: 75 €) über „Unternehmensbewertung, Betriebsunterbrechungs- und -verlagerungsschäden" (Gruppe 11: 115 €) bis „Kapitalanlage und private Finanzplanung" (Gruppe 13: 125 €). Der Verdacht einer Glanzleistung des Gesetzgebers drängt sich im Hinblick auf den isoliert bestellten Sachverständigen im Insolvenzeröffnungsverfahren daher nicht auf.

Unter Berücksichtigung der qualitativen Abstufungen bei den Honorargruppen in der Anlage 1 zu § 9 Abs. 1 JVEG hatte sich zum alten Recht die Anwendung der Honorargruppe 7 (Stundensatz 80 €) durchgesetzt.[378] Zum neuen Recht wird als gegenwärtiger **Diskussionsstand** vertreten, es könne aus den drei Gruppen der Sachgebietsliste 6 ein Mittelwert gebildet werden, sodass sich im Regelfall ein Stunden-

179

---

376) OLG Bamberg, Beschl. v. 24.2.2005 – 1 W 8/05, ZIP 2005, 819; OLG Frankfurt/Main, Beschl. v. 3.3.2006 – 26 W 80/05, ZIP 2006, 676; OLG Hamburg, Beschl. v. 11.2.2010 – 4 W 138/09, ZInsO 2010, 634.
377) BR-Drucks. 512/12 v. 31.8.2012, S. 401.
378) OLG Frankfurt/Main, Beschl. v. 3.3.2006 – 26 W 80/05, ZIP 2006, 676; OLG Koblenz, Beschl. v. 27.12.2005 – 14 W 815/05, NZI 2006, 180; OLG München, Beschl. v. 15.6.2005 – 11 W 1423/05, ZIP 2005, 1329; LG Aschaffenburg, Beschl. v. 24.11.2004 – 4 T 204/04, ZVI 2004, 760; LG Hamburg, Beschl. v. 28.7.2009 – 326 T 34/08, ZInsO 2009, 1608; LG Hamburg, Beschl. v. 16.5.2011 – 326 T 17/11, NZI 2011, 637; LG Mönchengladbach, Beschl. v. 22.8.2007 – 5 T 326/07, ZInsO 2007, 1044 (unter ausdrücklicher Aufgabe der früheren Rechtsauffassung); AG Hamburg, Beschl. v. 29.3.2010 – 67c IN 446/09, ZInsO 2010, 734; AG Hamburg, Beschl. v. 21.6.2010 – 67c IN 164/10, ZInsO 2010, 1342.

satz von *105 €* ergäbe.³⁷⁹⁾ Andererseits wird vertreten, die Vergütung müsse *95 €* betragen. Diese Auffassung ist abzulehnen, wenn sie ausschließlich damit begründet wird, der isolierte Sachverständige hätte früher 15 € je Stunde mehr erhalten als der „starke" vorläufige Insolvenzverwalter und das könne nun nicht anders sein.³⁸⁰⁾ Teils wird dieser Stundensatz auch mit dem Umfang des Verfahrens begründet.³⁸¹⁾ Letzteres wird auch für einen Stundensatz von *90 €* herangezogen.³⁸²⁾ Ferner wird ein Stundensatz von *80 €* befürwortet, da kein Unterschied zum Sachverständigen, der zugleich vorläufiger Insolvenzverwalter ist, bestehe.³⁸³⁾ Wird die Begutachtung in einem Kleinstverfahren (eingestellter Geschäftsbetrieb, auf Sozialleistungen angewiesener Insolvenzschuldner) beauftragt, soll sogar eine Vergütung auf dem untersten Niveau des Sachgebiets „Betriebswirtschaft" (Anl. 1 zu § 9 JVEG) in Höhe eines Stundensatzes von *75 €* nicht unangemessen sein.³⁸⁴⁾

180 Ganz nachvollziehbar ist die Diskussion nicht. Die Aufgabe des Sachverständigen, gemäß § 22 Abs. 1 Satz 2 Nr. 3 InsO das Vorliegen eines Insolvenzgrundes bzw. die Fortführungsaussichten des schuldnerischen Unternehmens zu prüfen, weist branchenunabhängig die größte Sachnähe zur **Unternehmensbewertung** auf,³⁸⁵⁾ sodass ein *Stundensatz* von 115 € angemessen ist.³⁸⁶⁾ Alles Übrige ist nach dem intellektuell überschaubaren Grundprinzip des Dreisatzes eine Frage der *Stundenzahl* als Multiplikator. Ist ein Verfahren wenig komplex, fällt schon der Stundenaufwand niedrig aus, sodass die Absenkung des Stundensatzes eine unzulässige Doppelminderung der Vergütung darstellt. Ist kein Geschäftsbetrieb mehr vorhanden, ist der Stundenaufwand für die Prüfung der Fortführungsaussichten gleich null; dies rechtfertigt es nicht, den Stundensatz für die Prüfung des Insolvenzgrundes zu reduzieren. Selbst der hier befürwortete Stundensatz begegnet noch Bedenken, da die Stundensätze nach JVEG von einer staatsbürgerlichen Ehrenpflicht der Zeugen und Sachverständigen ausgehen, was auf einen Sachverständigen im Insolvenzeröffnungsverfahren nicht übertragbar ist (Rz. 173), sodass auch ein höherer Stundensatz verfassungskonformer Auslegung entsprechen müsste.

---

379) AG Stuttgart, Beschl. v. 10.1.2014 – 3 IN 806/13, ZInsO 2014, 364.
380) So aber AG Darmstadt, Beschl. v. 17.10.2013 – 9 IN 612/13, ZInsO 2013, 2400.
381) OLG Frankfurt/Main, Beschl. v. 29.9.2016 – 26 W 2/16, NZI 2017, 225; OLG Zweibrücken, Beschl. v. 11.8.2016 – 6 W 45/16, ZIP 2016, 2427; AG Saarbrücken, Beschl. v. 3.5.2016 - 61 IN 8/16, NZI-aktuell, Heft 14/2016, S. VII.
382) LG Wuppertal, Beschl. v. 4.3.2014 – 16 T 37/14145, ZInsO 2015, 875; AG Göttingen, Beschl. v. 25.7.2016 – 71 IN 21/16, ZIP 2016, 1792.
383) LG Schweinfurt, Beschl. v. 12.1.2017 – 41 T 212/16, ZIP 2017, 885.
384) LG Frankenthal, Beschl. v. 9.6.2016 – 1 T 91/15, ZInsO 2016, 1388.
385) OLG Düsseldorf, Beschl. v. 13.9.2006 – III-4 Ws 448/06, NZI 2006, 716 (Sachverständiger im Strafverfahren); OLG Karlsruhe, Beschl. v. 16.9.2015 – 15 W 57/15, ZInsO 2016, 355, dazu EWiR 2016, 279 *(Zimmer)*.
386) OLG Karlsruhe, Beschl. v. 16.9.2015 – 15 W 57/15, ZInsO 2016, 355, dazu EWiR 2016, 279 *(Zimmer)*; AG Göttingen, Beschl. v. 25.7.2016 – 71 IN 21/16, ZVI 2016, 459; AG Göttingen, Beschl. v. 26.7.2016 – 71 IN 23/16, ZInsO 2017, 403; AG Göttingen, Beschl. v. 30.9.2016 – 71 IN 58/16, ZIP 2016, 2284; AG Göttingen, Beschl. v. 13.12.2016 – 71 IN 77/16, ZIP 2017, 1037; Leonhardt/Smid/Zeuner/*Amberger*, InsVV, § 11 Rz. 155; BerlKommInsO/*Blersch*, § 11 InsVV Rz. 83 (Stand: 03/2014); HambKommInsO/*Büttner*, § 11 InsVV Rz. 75; *Haarmeyer/Mock*, InsVV, § 11 Rz. 160; *Keller*, Vergütung und Kosten, § 16 Rz. 15; *Krösch*, ZInsO 2013, 1562; Lorenz/Klanke/*Lorenz*, InsVV, § 11 Rz. 147.

Grundsätzlich ist eine **Vorabentscheidung** über die Höhe des Stundensatzes im Beschlusswege möglich, um vorzeitig die Frage der Zuordnung zu einer Honorargruppe klären zu lassen;[387] aufgrund der regelmäßigen Bestellung als Sachverständiger durch dasselbe Gericht scheint dies jedoch nicht zielführend.

181

c) Geltendmachung der Vergütung

Grundsätzlich könnte der Sachverständige gemäß § 4 Abs. 1 JVEG Kostenfestsetzungsantrag stellen, was jedoch als formales **Kostenfestsetzungsverfahren** die Anhörung des Schuldners und des etwaig abweichenden Zweitschuldners sowie eine intensivere Prüfung der abgerechneten Stunden einfordert. Dieses Vorgehen wird selten praktiziert, ist jedoch erforderlich, wenn ein Rechtsmittel (Rz. 184) beabsichtigt wird.

182

Häufiger findet sich die zulässige Alternative der **formlosen Abrechnung**, zu adressieren an das Insolvenzgericht binnen einer *Notfrist von drei Monaten* nach Beendigung der Tätigkeit als Gutachter (§ 2 Abs. 1 Satz 1 JVEG). Innerhalb dieser Frist muss der Antrag dem Grunde und der Höhe nach vollständig geltend gemacht werden. Anderenfalls erlischt der Anspruch (§ 2 Abs. 1 Satz 1 JVEG). Auf einen ausführlich zu begründenden Antrag kann das Insolvenzgericht die Frist verlängern (§ 2 Abs. 1 Satz 3 JVEG). Eine Ablehnung des Fristverlängerungsantrags muss durch (anfechtbaren) Beschluss ergehen; in diesem Fall ist der Antrag binnen zwei Wochen ab Bekanntgabe des Beschlusses nachzuholen. Ferner besteht die Möglichkeit der *Wiedereinsetzung in den vorherigen Stand*, wenn der Sachverständige ohne sein Verschulden gehindert war, den Vergütungsantrag fristgerecht einzureichen oder zu begründen (§ 2 Abs. 2 JVEG). Seit dem 1.1.2014[388] ist der Sachverständige bei seiner Bestellung über die Drei-Monats-Frist zu belehren; geschieht dies nicht, wird zu seinen Gunsten fehlendes Verschulden vermutet (§ 2 Abs. 2 Satz 2 JVEG), was eine Erleichterung der Wiedereinsetzung bedeutet, jedoch für einen Insolvenzverwalter nicht gelten soll.[389] Nach Beseitigung des Hindernisses ist der Vergütungsantrag binnen einer Frist von zwei Wochen nachzuholen. Gegen die Ablehnung der Wiedereinsetzung kann mit einer Frist von zwei Wochen Beschwerde eingelegt werden (§ 2 Abs. 2 Satz 4 JVEG). Nach Ablauf eines Jahres ab der ursprünglichen Frist ist Wiedereinsetzung jedoch nicht mehr möglich, auch wenn es an einer Belehrung fehlte (§ 2 Abs. 2 Satz 3 JVEG). Ist der Antrag eingereicht, verjährt der Vergütungsanspruch in drei Jahren nach Ablauf des Kalenderjahrs, in dem die Einreichung des Gutachtens beim Insolvenzgericht erfolgte (§ 2 Abs. 3 JVEG). Zur Hemmung der Verjährung genügt ein Kostenfestsetzungsantrag (Rz. 182).

183

Im *formlosen Abrechnungsverfahren* ist ein **Rechtsmittel** nicht vorgesehen. Sollte ein solches angestrebt werden, muss nachträglich ein *Kostenfestsetzungsverfahren* (Rz. 182) hinsichtlich des nicht bewilligten Teils des beantragten Honorars eingeleitet werden. Gegen einen nicht antragsgemäßen Kostenfestsetzungsbeschluss ist Beschwerde möglich, sofern der Wert des Beschwerdegegenstands 200 € übersteigt oder die Beschwerde

184

---

387) OVG Nordrhein-Westfalen, Beschl. v. 15.6.2012 – 17 A 2508/09, JurionRS 2012, 19073.
388) Gesetz zur Einführung einer Rechtsmittelbelehrung im Zivilprozess und zur Änderung anderer Vorschriften v. 5.12.2012 (BGBl. I 2012, 2418).
389) Vgl. BGH, Beschl. v. 24.3.2016 – IX ZB 67/14, ZIP 2016, 988.

wegen grundsätzlicher Bedeutung zugelassen wird (§ 4 Abs. 3 JVEG). Wurde der Kostenfestsetzungsbeschluss nicht mehr durch den im Eröffnungsverfahren zuständigen Insolvenzrichter erlassen, sondern durch den im eröffneten Verfahren zuständigen Rechtspfleger, ist bei Wegfall der Beschwerdemöglichkeit die befristete Erinnerung nach § 11 Abs. 2 Satz 1 RPflG statthaft.[390] Hält das Insolvenzgericht die Beschwerde für zulässig und begründet, hat es ihr abzuhelfen; im Übrigen ist die Beschwerde unverzüglich dem Beschwerdegericht (Landgericht) vorzulegen. Gegen eine Entscheidung des Landgerichts ist eine weitere Beschwerde statthaft, wenn sie wegen grundsätzlicher Bedeutung zugelassen worden ist (§ 4 Abs. 5 JVEG); über die weitere Beschwerde entscheidet das OLG. Gemäß § 4 Abs. 8 JVEG sind Festsetzungs- und Beschwerdeverfahren gebührenfrei; Kosten (z. B. durch anwaltliche Vertretung) werden nicht erstattet. Seit dem 1.1.2014[391] muss jede anfechtbare Entscheidung eine Rechtsmittelbelehrung enthalten (§ 4c JVEG). Fehlt die Belehrung oder ist sie fehlerhaft, kann unter erleichterten Bedingungen Wiedereinsetzung in den vorherigen Stand beantragt werden, was jedoch für einen Insolvenzverwalter nicht gelten soll.[392]

---

390) *Ley*, ZIP 2004, 1391, 1393.
391) Gesetz zur Einführung einer Rechtsmittelbelehrung im Zivilprozess und zur Änderung anderer Vorschriften v. 5.12.2012 (BGBl. I 2012, 2418).
392) Vgl. BGH, Beschl. v. 24.3.2016 – IX ZB 67/14, ZIP 2016, 988.

§ 12
Vergütung des Sachwalters

(1) Der Sachwalter erhält in der Regel 60 vom Hundert der für den Insolvenzverwalter bestimmten Vergütung.

(2) Eine den Regelsatz übersteigende Vergütung ist insbesondere festzusetzen, wenn das Insolvenzgericht gemäß § 277 Abs. 1 der Insolvenzordnung angeordnet hat, daß bestimmte Rechtsgeschäfte des Schuldners nur mit Zustimmung des Sachwalters wirksam sind.

(3) § 8 Abs. 3 gilt mit der Maßgabe, daß an die Stelle des Betrags von 250 Euro der Betrag von 125 Euro tritt.

Literatur: *Bork*, Die Wirkung des § 93 InsO auf Ansprüche aus § 303 AktG – Ein Beitrag zur Verzahnung von Insolvenz- und Aktienrecht, ZIP 2012, 1001; *Buchalik/Schröder/Ibershoff*, Die Vergleichsrechnung zwischen den Fortführungskosten in der (vorläufigen) Eigenverwaltung und im Regelinsolvenzverfahren – die Quadratur des Kreises?, ZInsO 2016, 1445; *Budnik*, Zur Regelvergütung des vorläufigen Sachwalters, NZI 2014, 247; *Deutschbein*, Ist der Streit um die Vergütung des vorläufigen Sachwalters ein Stolperstein für die vorläufige Eigenverwaltung?, ZInsO 2015, 1957; *Frind*, Der janusköpfige vorläufige Sachwalter?, ZInsO 2013, 2302; *Ganter*, Paradigmenwandel bei der Insolvenzverwaltervergütung?, ZIP 2014, 2323; *Graeber*, Die Bemessung der besonderen Insolvenzverwaltervergütung für die Geltendmachung von Ansprüchen nach §§ 92, 93 InsO, NZI 2016, 860; *Graeber/Graeber*, Der Abbruch der vorläufigen Eigenverwaltung als vergütungsrechtliches Problem, ZInsO 2015, 891; *Haarmeyer/Mock*, Zur Struktur der Vergütung des Sachwalters, ZInsO 2016, 1; *Haarmeyer/Mock*, Die Vergütung des vorläufigen Sachwalters – Finales und Halbfinales aus Karlsruhe, ZInsO 2016, 1829; *Hammes*, Keine Eigenverwaltung ohne Berater?, NZI 2017, 233; *Hammes*, Das Votum des vorläufigen Gläubigerausschusses zur Frage der Eigenverwaltung und die Ermittlungspflicht des Insolvenzgerichts, ZIP 2017, 1505; *Keller*, Bedarf es wirklich einer Reform des insolvenzrechtlichen Vergütungsrechts?, ZIP 2014, 2014; *Keller*, Die Vergütung des vorläufigen Sachwalters nach den Vorstellungen des BGH, NZI 2016, 753; *Laroche/Pruskowski/Schöttler/Siebert/Vallender*, 30 Monate ESUG – eine Zwischenbilanz aus insolvenzrichterlicher Sicht, ZIP 2014, 2153; *Madaus*, Möglichkeit und Grenzen von Insolvenzplanregelungen, ZIP 2016, 1141; *Madaus/Heßel*, Die Verwaltervergütung in Reorganisationsfällen – Unzulänglichkeiten und Reformansätze, ZIP 2013, 2088; *Pape*, Eigenverwaltungsverfahren im Spiegel der Rechtsprechung nach Inkrafttreten des ESUG, ZInsO 2013, 2129; *Schöttler*, Gerichtliche Bindung an Vergütungsvereinbarungen im Insolvenzplan?, NZI 2014, 852; *Schur*, Die Vergütung des vorläufigen Sachwalters – Regelvergütung, Berechnungsgrundlage, Zuschläge, ZIP 2014, 757; *Undritz/Schur*, Das Recht des (vorläufigen) Sachwalters zur Kassenführung, ZIP 2016, 549; *Vill*, Kann ein Rechtsanwalt, der zum vorläufigen Sachwalter bestellt wurde, mit dem Schuldner des Insolvenzverfahrens rechtswirksam Verträge zur rechtlichen Beratung im Insolvenzeröffnungsverfahren schließen?, ZInsO 2015, 2245; *Vill*, Zur Reform des insolvenzrechtlichen Vergütungsrechts, in: FS Kübler (2015), S. 741; *Zimmer*, Probleme des Vergütungsrechts (bei Nicht-Eröffnung des Insolvenzverfahrens) vor und nach ESUG – Plädoyer für das Eröffnungsverfahren als notwendige Vorstufe eines Insolvenzverfahrens im Sinne einer Vorgesellschaft, ZInsO 2012, 1658; *Zimmer*, Wann kann ein (vorläufiger) Sachwalter Gläubiger einer sonstigen Masseverbindlichkeit i. S. d. § 55 InsO sein? – Eigenverwaltung und Insolvenzvergütungsrecht, ZInsO 2013, 2305.

Übersicht

I. **Anspruchsgrundlage und Zweck der Norm** ... 1
1. Einführung ... 1
2. Aufgaben des Sachwalters (Skizzierung) ... 2
   a) Aufsicht über den Schuldner ... 3
   b) Mitwirkungspflichten des Sachwalters ... 5
   c) Kassenführung ... 6
   d) Eigene Aufgaben ... 7
   e) Ansprüche nach §§ 92, 93 InsO ... 9
   f) Fakultative Aufgaben (Insolvenzplan) ... 13
3. Anspruchsgrundlage für die Vergütung des Sachwalters ... 14
4. Zweck der Norm (§ 12 InsVV) ... 15
5. Rechtsnatur und Schuldner des Anspruchs ... 18
6. Entstehung des Anspruchs ... 19
7. Fälligkeit des Anspruchs ... 20
8. Verjährung des Anspruchs ... 21
II. **Historie** ... 22
III. **Vergütung des Sachwalters** ... 24
1. Berechnungsgrundlage (§ 1 InsVV) ... 24
   a) Schlussrechnung des Schuldners ... 24
   b) Schlussrechnung des Sachwalters (§ 280 InsO) ... 31
   c) Insolvenzplan ... 34
2. Regelvergütung (§ 2 InsVV) ... 35
3. Regelbruchteil (§ 12 Abs. 1 InsVV) ... 37
4. Zu- und Abschläge (§ 3 InsVV) ... 39
   a) Einführung ... 39
   b) Zuschläge (§ 3 Abs. 1 InsVV) ... 46
      aa) Korrektur des § 12 Abs. 1 InsVV im Bereich des § 280 InsO ... 46
      bb) Zustimmungsbedürftigkeit von Rechtsgeschäften (§ 12 Abs. 2 InsVV) ... 50
      cc) Einzelfälle des §§ 10, 3 Abs. 1 InsVV ... 54
   c) Abschläge (§ 3 Abs. 2 InsVV) ... 76
      aa) Grundsätze ... 76
      bb) Fälle ... 77
   d) Gesamtwürdigung ... 85
5. Besonderheiten bei §§ 4, 5 InsVV ... 87
6. Auslagen (§ 12 Abs. 3 InsVV) ... 92
7. Umsatzsteuer (§ 7 InsVV) ... 93
8. Festsetzungsverfahren (§ 64 InsO, § 8 InsVV) ... 94
9. Vorschüsse (§ 9 InsVV) ... 98
10. Besonderheiten bei § 6 InsVV ... 99
    a) Nachtragsverteilung (§ 6 Abs. 1 InsVV) ... 99
    b) Überwachung eines Insolvenzplans (§ 6 Abs. 2 InsVV) ... 100
IV. **Vergütung des vorläufigen Sachwalters** ... 101
1. Der vorläufige Sachwalter ... 101

2. Rechtsnatur und Anspruchsgrundlage 104	c) Theorie der rechtlichen Einheitsvergütung (BGH) 117
a) Gesetzeswortlaut 104	d) Eigene Auffassung: Wirtschaftliche Einheitsvergütung 118
b) BGH 105	5. Regelvergütung (§ 2 InsVV) und Regelbruchteil (§ 12 Abs. 1 InsVV) 122
c) Stellungnahme 106	a) Berechnungsmethoden 122
d) Rechtsnatur 110	b) Mindestvergütung 129
3. Entstehung, Fälligkeit und Verjährung 111	6. Zu- und Abschläge (§ 3 InsVV) 130
a) bei eigenständigem Vergütungsanspruch 111	7. Besonderheiten bei §§ 4, 5 InsVV 137
b) ohne eigenständigen Vergütungsanspruch (BGH) 112	8. Auslagen (§ 8 Abs. 3 InsVV) 138
4. Berechnungsgrundlage (§ 1 InsVV) . 113	9. Umsatzsteuer (§ 7 InsVV) 139
a) Einleitung 113	10. Festsetzungsverfahren (§ 64 InsO, § 8 InsVV) 140
b) Theorie der Vergleichbarkeit mit dem vorläufigen Insolvenzverwalter 114	11. Vorschüsse (§ 9 InsVV) 143
	V. Besonderheiten bei Amtswechseln 145

I. Anspruchsgrundlage und Zweck der Norm

1. Einführung

1   In §§ 270–285 InsO ist die Eigenverwaltung als besondere Art des Insolvenzverfahrens geregelt. Der Schuldner ist bei entsprechender Anordnung durch das Insolvenzgericht berechtigt, unter Aufsicht eines Sachwalters die Insolvenzmasse selbst zu verwalten und über sie zu verfügen. Die Verwaltungs- und Verfügungsbefugnis über das Vermögen des Schuldners verbleibt daher beim Schuldner. Offenbleiben kann hier die Frage, ob der Schuldner gleichwohl nur als Amtswalter vorrangig die Interessen der Insolvenzgläubiger zu beachten hat, da es sich trotz Eigenverwaltung um ein gerichtliches Vollstreckungsverfahren handelt. Wegen des Numerus clausus des Verfahrensrechts abwegig ist jedoch die Annahme, die Eigenverwaltung sei ein Verfahren sui generis.[1] Maßgeblich an dieser Stelle ist lediglich, dass ein Sachwalter zu bestellen ist (§ 270c Satz 1 InsO), der nach § 270 Abs. 1 Satz 1 InsO die Aufsicht über den Schuldner auszuüben hat. Über diese Aufsicht hinaus werden dem Sachwalter bestimmte Aufgaben zugewiesen.

2. Aufgaben des Sachwalters (Skizzierung)

2   Da die Eigenverwaltung zwar an Bedeutung zunimmt, hinsichtlich der Aufgaben des Sachwalters jedoch noch nicht auf verinnerlichte Erfahrungswerte zurückgegriffen werden kann, seien die Aufgaben des Sachwalters nachfolgend skizziert, um an geeigneter Stelle eine Abgrenzung des sog. Normalverfahrens von Zu- und Abschlagsfaktoren zu ermöglichen.

a) Aufsicht über den Schuldner

3   Zur generellen Aufsicht über den Schuldner (§ 270 Abs. 1 Satz 1 InsO) gehört die Aufgabe, die **wirtschaftliche Lage** des Schuldners zu prüfen und die **Geschäftsführung** sowie die **Ausgaben für die Lebensführung** zu überwachen (§ 274 Abs. 2 Satz 1 InsO). Aufgrund des Verweises in § 274 Abs. 2 Satz 2 InsO auf § 22 Abs. 3 InsO ist der Sachwalter deswegen berechtigt, die Geschäftsräume des Schuldners zu be-

---

1) So aber *Haarmeyer/Mock*, ZInsO 2016, 1 ff.

treten und dort Nachforschungen anzustellen. Der Schuldner hat dem Sachwalter Einsicht in seine Bücher und Geschäftspapiere zu gestatten. Der Schuldner hat dem Sachwalter alle erforderlichen Auskünfte zu erteilen und ihn bei der Erfüllung seiner Aufgaben zu unterstützen. Die Auskunftspflichten des Schuldners und bestimmter Angestellter i. S. d. §§ 97, 98, 101 Abs. 1 Satz 1 und 2 sowie Abs. 2 InsO gelten entsprechend. Stellt der Sachwalter Umstände fest, die erwarten lassen, dass die Fortsetzung der Eigenverwaltung zu **Nachteilen für die Gläubiger** führen wird, hat er dies unverzüglich dem Gläubigerausschuss und dem Insolvenzgericht anzuzeigen (§ 274 Abs. 3 Satz 1 InsO). Ist ein Gläubigerausschuss nicht bestellt, hat der Sachwalter stattdessen die Insolvenzgläubiger, die Forderungen zur Insolvenztabelle angemeldet haben, und die absonderungsberechtigten **Gläubiger zu unterrichten** (§ 274 Abs. 3 Satz 2 InsO). Hintergrund ist die Möglichkeit der Aufhebung der Eigenverwaltung unter den Voraussetzungen des § 272 InsO.

Im **Berichtstermin** (§ 156 InsO) tritt der Schuldner an die Stelle des Insolvenzverwalters. Der Sachwalter hat zu dem Bericht des Schuldners jedoch Stellung zu nehmen (§ 281 Abs. 2 Satz 2 InsO). Die Erstellung der sog. Verwalterbuchführung[2] einschließlich der **Verzeichnisse** nach §§ 151–153 InsO[3] sowie der **Schlussrechnung** nach § 66 InsO obliegt dem Schuldner selbst. Der Sachwalter hat die Verzeichnisse und die Schlussrechnung jedoch zu prüfen und schriftlich zu erklären, ob nach dem Ergebnis seiner Prüfung Einwendungen zu erheben sind (§ 281 Abs. 1 Satz 2, Abs. 3 Satz 2 InsO).

b) Mitwirkungspflichten des Sachwalters

Zu den Mitwirkungspflichten des Sachwalters gehört zunächst, dass **Verbindlichkeiten** des Schuldners, die nicht zum gewöhnlichen Geschäftsbetrieb gehören, nur mit Zustimmung des Sachwalters begründet werden sollen (§ 275 Abs. 1 Satz 1 InsO). Auch Verbindlichkeiten, die zum gewöhnlichen Geschäftsbetrieb gehören, soll der Schuldner nicht eingehen, wenn der Sachwalter widerspricht (§ 275 Abs. 1 Satz 2 InsO). Letzteres ist sprachlich misslungen, da ein Widerspruch eigentlich voraussetzt, dass eine Maßnahme bereits getroffen, d. h., die Verbindlichkeit bereits eingegangen wurde. Anders als bei der nachträglichen Aufsicht über den Schuldner ist der Sachwalter hier jedenfalls insgesamt bereits im Vorfeld der Begründung einer Verbindlichkeit gefragt. Der Zustimmung des Sachwalters bedarf es ferner für **bestimmte Rechtsgeschäfte**, die vom Insolvenzgericht festzulegen sind (§ 277 Abs. 1 Satz 1 InsO). Dies stellt auf die Begründung einer Verbindlichkeit ab, sodass die Zustimmung des Sachwalters hier ausnahmsweise zu dessen Haftung nach § 61 InsO führen kann. Auch ohne insolvenzgerichtliche Anordnung bedarf es der Zustimmung des Sachwalters, wenn der Schuldner nach § 120 InsO **Betriebsvereinbarungen** kündigen möchte und es nach § 122 InsO der arbeitsgerichtlichen Zustimmung zu einer **Betriebsänderung** bedarf bzw. im **arbeitsrechtlichen Beschlussverfahren** nach § 126 InsO (§ 279 Satz 3 InsO) ein Antrag des Schuldners gestellt wird. Die übrigen **Vorgänge i. S. d. §§ 103–128 InsO** setzen lediglich voraus, dass der Schuldner im Einvernehmen mit dem Sachwalter handelt (§ 279 Satz 2 InsO), wie auch immer dies in

---
2) Hierzu *Zimmer*, Insolvenzbuchhaltung, Rz. 37 ff.
3) Hierzu *Zimmer*, Insolvenzbuchhaltung, Rz. 116 ff.

einen justiziablen Tatbestand gekleidet werden kann. Selbiges gilt für die **Verwertung von Absonderungsgut**; auch hier soll der Schuldner sein Verwertungsrecht im Einvernehmen mit dem Sachwalter ausüben (§ 282 Abs. 2 InsO). Die Notwendigkeit des Einvernehmens rechtfertigt sich dadurch, dass hier regelmäßig auch die Tabellenführung durch den Sachwalter gemäß §§ 270c Satz 2, 283 InsO betroffen ist (z. B. Anerkennung für den Ausfall nebst späterer Prüfung der Ausfallbezifferung). Die **Abberufung und Neubestellung von Mitgliedern der Geschäftsleitung** ist wiederum nur wirksam, wenn der Sachwalter zustimmt (§ 276a Satz 2 InsO).

c) Kassenführung

6 Gemäß § 275 Abs. 2 InsO kann der Sachwalter vom Schuldner verlangen, dass alle eingehenden Gelder nur vom Sachwalter entgegengenommen und Zahlungen nur vom Sachwalter geleistet werden (§ 275 Abs. 2 InsO). Die sprachlich nicht sonderlich geglückte Formulierung ist von ihrem Sinngehalt jedoch weitgehend eindeutig, der Sachwalter kann die sog. Kassenführung an sich ziehen. Dies bedeutet jedoch nicht den Übergang der Verwaltungs- und Verfügungsbefugnis i. S. d. § 80 Abs. 1 InsO auf den Sachwalter, stattdessen wird vom Sachwalter als gesetzlichem Vertreter des Schuldners gesprochen,[4] den dann auch die Pflichten aus §§ 34, 35 AO treffen können.[5]

d) Eigene Aufgaben

7 Eigene Aufgaben des Sachwalters, die sich mit der Tätigkeit als Insolvenzverwalter vergleichen ließen, bestehen im Bereich der **Insolvenzanfechtung** gemäß §§ 129 ff. InsO, die nur vom Sachwalter geltend gemacht werden kann (§ 280 InsO). Da die anfechtungsrechtlichen Rückgewähransprüche den Massebegriff des § 35 InsO erweitern, hat der Sachwalter hier die notwendige Verwaltungs- und Verfügungsbefugnis i. S. d. § 80 Abs. 1 InsO inne.[6] Etwas modifiziert ist die **Tabellenführung** nach §§ 174 ff. InsO. Zwar obliegt die Tabellenführung mangels abweichender Regelungen dem Sachwalter, und bei ihm sind die Forderungen anzumelden (§§ 174 Abs. 1 Satz 1, 175 Abs. 1 Satz 1 InsO); anders als im Regelfall (§ 178 Abs. 1 Satz 2 InsO) führt ein Widerspruch des Schuldners jedoch dazu, dass die Forderung nicht als festgestellt gilt (§ 283 Abs. 1 Satz 2 InsO). Das Schlussverzeichnis ist vom Sachwalter zu erstellen, anschließend hat der Schuldner ein Verteilungsverzeichnis anzufertigen. Dieses wiederum ist vom Sachwalter zu prüfen (§ 283 Abs. 2 Satz 2 InsO), die Schlussverteilung obliegt dann dem Schuldner (§ 283 Abs. 2 Satz 1 InsO); nichts anderes gilt für Abschlagsverteilungen.

8 Dem Sachwalter obliegt ferner die **Anzeige der Masseunzulänglichkeit** i. S. d. § 208 InsO (§ 285 InsO). Dies könnte zwar auch den Überwachungsaufgaben zugeordnet werden; aufgrund einer möglichen Haftung für die Folgen einer verfrühten oder verspäteten Anzeige der Masseunzulänglichkeit[7] ist jedoch die Zuordnung zu den eigenen Aufgaben des Sachwalters sachnäher, zumal er den Eintritt der Masseunzulänglichkeit unabhängig vom Schuldner zu prüfen hat.

---

4) FK-InsO/*Foltis*, § 275 Rz. 26.
5) Ausführlich *Undritz/Schur*, ZIP 2016, 549, 555.
6) FK-InsO/*Foltis*, § 280 Rz. 1.
7) Hierzu Beck/Depré/*Zimmer*, Praxis der Insolvenz, § 47 Rz. 133 ff.

e) Ansprüche nach §§ 92, 93 InsO

Eine Besonderheit ergibt sich daraus, dass der Sachwalter gemäß § 280 InsO als eigene Aufgabe die Haftung nach §§ 92, 93 InsO geltend machen soll. Hierbei ist jedoch zu differenzieren, da bei beiden Normen zu prüfen ist, ob die Haftung des Betroffenen eine **Innenhaftung** oder eine **Außenhaftung** darstellt, also die Ansprüche massezugehörig sind oder Sondermassen gebildet werden müssen.

So bezieht sich § 93 InsO auf die persönliche Haftung von Gesellschaftern einer *Personengesellschaft* gemäß §§ 128, 161 Abs. 1 und 2 HGB.[8] Hierzu gehört auch der Anspruchsübergang im Zusammenhang mit der Gewährung von Insolvenzgeld.[9] Hier bleiben die Gläubiger Anspruchsinhaber, der Insolvenzverwalter erhält lediglich die Einziehungs- und Prozessführungsbefugnis;[10] nichts anderes gilt für den Sachwalter. Für die so generierten Einnahmen ist eine Sondermasse zu bilden.[11] Bei *Kapitalgesellschaften* kann § 93 InsO zur Anwendung kommen, wenn eine Vermögensvermischungshaftung geltend gemacht wird;[12] in solchen Fällen scheint eine Eigenverwaltung jedoch ohnehin nicht zumutbar. Ebenfalls unter § 93 InsO fällt die Ausfallhaftung des herrschenden Unternehmens im Aktienkonzern gemäß § 303 AktG.[13] Bei *beiden Gesellschaftsformen* umfasst § 93 InsO rückständige Sozialversicherungsbeiträge, wenn eine vertragliche akzessorische Haftung nach § 128 HGB bejaht werden kann und nicht durch einen außergesellschaftsrechtlichen Individualanspruch verdrängt wird.[14] Die Haftung für Beiträge zur gesetzlichen Unfallversicherung gemäß § 150 Abs. 1 SGB VII knüpft z. B. nicht an eine Haftung nach § 128 HGB an; hier handelt es sich um einen eigenständigen Haftungstatbestand des Beitragsrechts der gesetzlichen Unfallversicherung.[15]

Unter **§ 92 InsO** fällt z. B. die *Insolvenzverschleppungshaftung* (§ 92 Satz 1 InsO).[16] Grundsätzlich sind Sondermassen für Alt-Gläubiger zu bilden, da es sich um eine Außenhaftung handelt. Ansprüche gegen einen (vorläufigen) Insolvenzverwalter aus § 60 InsO als Gesamtschaden (§ 92 Satz 2 InsO) können nur von einem Sonderinsolvenzverwalter oder einem neu zu bestellenden Insolvenzverwalter geltend gemacht werden.[17] Nichts anderes gilt für die Eigenverwaltung insoweit, als ein amtierender Sachwalter derartige *Ansprüche gegen einen vorherigen (vorläufigen) Insolvenzverwalter oder Sachwalter* geltend zu machen hat (§ 280 InsO). Unter § 92 Satz 1 InsO fällt wiederum ein *Regress gegen Mitglieder des Gläubigerausschusses* nach § 71 Satz 1 InsO,

---

8) Ausführlich *Zimmer* in: Kraemer/Vallender/Vogelsang, Fach 2, Kap. 16 Rz. 11 ff. (Stand: 04/2017).
9) LAG Hamm, Urt. v. 4.3.2009 – 2 Sa 1382/05, ZInsO 2010, 822, 824; Abschn. 5.1.3.1. Abs. 2 der Durchführungsanweisung der Bundesagentur für Arbeit zum Insolvenzgeld (§§ 165 ff. SGB III), Stand: 1.6.2015.
10) BGH, Urt. v. 9.10.2006 – II ZR 193/05, ZIP 2007, 79.
11) *Zimmer* in: Kraemer/Vallender/Vogelsang, Fach 2, Kap. 16 Rz. 133 ff. (Stand: 04/2017); *Zimmer*, Insolvenzbuchhaltung, Rz. 379 ff.
12) *Zimmer*, Insolvenzbuchhaltung, Rz. 388 f.
13) Ausführlich *Bork*, ZIP 2012, 1001.
14) *Zimmer* in: Kraemer/Vallender/Vogelsang, Fach 2, Kap. 16 Rz. 23 (Stand: 04/2017).
15) BSG, Urt. v. 27.5.2008 – B 2 U 19/07, ZIP 2008, 1965.
16) Hierzu *Zimmer*, Insolvenzbuchhaltung, Rz. 390 ff.
17) Ausführlich Beck/Depré/*Zimmer*, Praxis der Insolvenz, § 47 Rz. 38 ff.

wobei wiederum Sondermassen für die Geschädigten zu bilden sind; jedenfalls insoweit, als aus den Einnahmen keine Verbindlichkeiten i. S. d. §§ 54, 55 InsO beglichen werden dürfen.[18] Ebenfalls dem § 92 Satz 1 InsO zuzuordnen sind *Ansprüche gegen Vorstandsmitglieder einer Aktiengesellschaft* i. S. d. § 93 Abs. 5 AktG.

12 Die **Haftung von Organen einer Kapitalgesellschaft** wird in § 280 InsO nicht erwähnt. Es muss jedoch davon ausgegangen werden, dass auch derartige Ansprüche von § 280 InsO erfasst werden, da sich bereits aus den vorstehenden Ausführungen ergibt, dass die Insolvenzverschleppungshaftung, die Vermögensvermischungshaftung und die Haftung von Vorstandsmitgliedern einer Aktiengesellschaft über §§ 92, 93 InsO unter § 280 InsO zu subsumieren ist. Es wäre systemfremd, beispielsweise eine Haftung aus §§ 43, 64 GmbHG vom Anwendungsbereich des § 280 InsO auszunehmen.

f) Fakultative Aufgaben (Insolvenzplan)

13 Die Gläubigerversammlung kann den Sachwalter mit der Ausarbeitung eines Insolvenzplans beauftragen (§ 284 Abs. 1 Satz 1 InsO). Beauftragt die Gläubigerversammlung hingegen den Schuldner mit der Ausarbeitung eines Insolvenzplans, wirkt der Sachwalter beratend mit (§ 284 Abs. 1 Satz 2 InsO). Wird die Überwachung eines zustande gekommenen Insolvenzplans angeordnet (§§ 260 ff. InsO), obliegt diese Aufgabe dem Sachwalter (§ 284 Abs. 2 InsO).

3. Anspruchsgrundlage für die Vergütung des Sachwalters

14 Aufgrund der Verweisung in § 274 Abs. 1 InsO gelten für die Vergütung des Sachwalters die §§ 63–65 InsO entsprechend. Dies bedeutet zunächst, dass §§ 274 Abs. 1, 63 Abs. 1 InsO Anspruchsgrundlage für die Vergütung des Sachwalters ist.

4. Zweck der Norm (§ 12 InsVV)

15 Aufgrund der Verweisung in § 274 Abs. 1 InsO auch auf § 65 InsO besteht eine ausreichende Ermächtigungsgrundlage für eine Verordnung (InsVV), die die **Vergütung des Sachwalters** näher ausgestaltet. § 12 InsVV übernimmt diese Aufgabe, indem die *Regelvergütung* des Sachwalters als Bruchteilsvergütung des Insolvenzverwalters ausgestaltet ist. Konkret bedeutet dies zunächst, dass eine Berechnungsgrundlage zu ermitteln ist (Rz. 24 ff.), alsdann ist die Regelvergütung nach § 2 Abs. 1 InsVV zu ermitteln; hiervon erhält der Sachwalter gemäß § 12 Abs. 1 InsVV einen Regelbruchteil in Höhe von 60 %.

16 Aufgrund des Verweises in § 274 Abs. 1 InsO auch auf § 63 Abs. 1 Satz 3 InsO ist jedoch dem Umstand des Einzelfalls Rechnung zu tragen, was über den Generalverweis in § 10 InsVV zur Anwendung des § 3 InsVV (*Zu- und Abschläge*) führt, konkretisiert durch ein (weiteres) Regelbeispiel für einen Zuschlag in § 12 Abs. 2 InsVV.

17 Wegen des Generalverweises in § 10 InsVV gelten im Übrigen – soweit einschlägig – auch die §§ 4–9 InsVV, wobei lediglich der Pauschbetrag der *Auslagenpauschale* i. S. d. § 8 Abs. 3 Satz 1 InsVV durch einen abweichenden Betrag in § 12 Abs. 3 InsVV ersetzt wird.

---

18) BGH, Urt. v. 9.10.2014 – IX ZR 140/11, ZIP 2014, 2242; *Zimmer*, Insolvenzbuchhaltung, Rz. 399.

5. Rechtsnatur und Schuldner des Anspruchs

Die Vergütung des Sachwalters gehört zu den **Verfahrenskosten** i. S. d. § 54 Nr. 2 18
InsO, die gemäß §§ 53, 209 Abs. 1 Nr. 1 InsO stets vorrangig zu befriedigen sind.
Daraus ergibt sich bereits, dass **Schuldner** des Vergütungsanspruchs stets der Insolvenzschuldner ist. Nicht sonderlich praxisrelevant dürfte die Einstandspflicht der Staatskasse in Stundungsverfahren sein. Wie jede Vergütung in einem Insolvenzverfahren ist auch die Vergütung des Sachwalters eine auch erfolgsbezogene **Tätigkeitsvergütung**.[19]

6. Entstehung des Anspruchs

Hinsichtlich des Entstehens des Anspruchs gibt es keine Abweichungen zur Vergü- 19
tung des Insolvenzverwalters. Der Anspruch entsteht zivilrechtlich sukzessive mit Erbringung der Tätigkeit.

7. Fälligkeit des Anspruchs

Auch hinsichtlich der Fälligkeit des Anspruchs gibt es keine Abweichungen zur Ver- 20
gütung des Insolvenzverwalters. Fälligkeit tritt grundsätzlich mit Beendigung der Tätigkeit ein, wobei jedoch wegen §§ 10, 1 Abs. 1 InsVV stets auf die Möglichkeit zur Erstellung einer Schlussrechnung abzustellen ist. Maßgeblich ist folglich, dass neben der Durchführung der Schlussverteilung keine zentralen Aufgaben mehr zu erledigen sind.

8. Verjährung des Anspruchs

Hinsichtlich der Verjährung des Anspruchs gibt es keine Abweichungen zur Ver- 21
gütung des Insolvenzverwalters. Zu beachten ist lediglich eine mögliche Aufhebung der Eigenverwaltung zugunsten der Bestellung eines Insolvenzverwalters. Der nicht mehr amtierende Sachwalter ist ein anderer Amtsträger als der nun agierende Insolvenzverwalter. Beide Amtsträger haben eigenständige Vergütungsansprüche (Rz. 146), auch wenn Personenidentität vorliegt, sodass mit dem Amtswechsel die Vergütung des Sachwalters fällig wird. Wird für die Tätigkeit als Sachwalter jedoch kein Vergütungsantrag gestellt, obgleich das Regelinsolvenzverfahren noch einige Jahre andauert, könnte nach der Regelverjährung des § 195 BGB (drei Jahre ab Ende des Kalenderjahres)[20] Verjährung des Vergütungsanspruchs drohen. Für die Vergütung eines vorläufigen Insolvenzverwalters gilt jedoch, dass die Verjährung bis zum Abschluss des eröffneten Insolvenzverfahrens gehemmt ist.[21] Hintergrund ist ein allgemeiner Rechtsgedanke, der sich z. B. auch in § 8 Abs. 2 Satz 1 RVG findet, wonach die Verjährung anwaltlicher Vergütungsansprüche bis zum rechtskräftigen Abschluss des betroffenen Gerichtsverfahrens gehemmt ist. Nichts anderes gilt für die Vergütung eines ausgeschiedenen Sachwalters, dessen Anspruch während des eröffneten Verfahrens wegen Hemmung nicht verjähren kann.

---

19) *Haarmeyer/Mock*, ZInsO 2016, 1, 3.
20) Anwendbar auf nicht festgesetzte Vergütungsansprüche nach der InsVV, siehe BGH, Beschl. v. 29.3.2007 – IX ZB 153/06, WM 2007, 1072.
21) BGH, Beschl. v. 22.9.2010 – IX ZB 195/09, ZIP 2010, 2160; BGH, Beschl. v. 20.7.2011 – IX ZB 58/11, JurionRS 2011, 21223.

II. Historie

22 § 12 Abs. 1 und 2 InsVV sind seit Einführung der InsVV zum 1.1.1999[22)] unverändert.

23 § 12 Abs. 3 InsVV, der lediglich die Auslagenpauschale nach § 8 Abs. 3 Satz 1 InsVV modifiziert, sah zunächst einen Betrag von 250 Deutsche Mark vor. Mit dem Gesetz zur Einführung des Euro in Rechtspflegegesetzen und in Gesetzen des Straf- und Ordnungswidrigkeitenrechts, zur Änderung der Mahnvordruckverordnungen sowie zur Änderung weiterer Gesetze vom 13.12.2001[23)] wurde der Pauschbetrag mit Wirkung zum 1.1.2002 auf 125 € abgeändert; einer Übergangsregelung bedurfte es nicht (§ 19 Rz. 13 ff.).

III. Vergütung des Sachwalters

1. Berechnungsgrundlage (§ 1 InsVV)

a) Schlussrechnung des Schuldners

24 Die Berechnungsgrundlage für die Vergütung des Sachwalters ist aufgrund des Verweises in § 10 InsVV nach den Kriterien des § 1 InsVV zu bestimmen, sodass auf die Kommentierung zu § 1 InsVV verwiesen werden kann. Gleichwohl sind Besonderheiten zu beachten:

25 Zunächst ist zu berücksichtigen, dass nicht der Sachwalter, sondern der Schuldner für die Erstellung der maßgeblichen **Schlussrechnung** i. S. d. § 66 Abs. 1 Satz 1 InsO, § 1 Abs. 1 Satz 1 InsVV zuständig ist (§ 281 Abs. 3 Satz 1 InsO). Dies auch dann, wenn der Sachwalter gemäß § 275 Abs. 2 InsO die Kassenführung an sich gezogen hat. Der Sachwalter hat jedoch die Schlussrechnung des Schuldners zu prüfen (§ 281 Abs. 3 Satz 2, Abs. 1 Satz 2 InsO). Damit ist es dem Sachwalter möglich und auferlegt zu prüfen, ob die Anforderungen des § 1 InsVV an die Rechnungslegung des Schuldners erfüllt sind. Wie es möglich sein soll, auf die Schlussrechnung abzustellen, aber § 1 Abs. 2 InsVV nicht zur Anwendung zu bringen,[24)] ist zunächst nicht nachvollziehbar. Verständlich wird dies erst, wenn der Vertreter dieser Auffassung ausführen, Berechnungsgrundlage seien die anhand des Masseverzeichnisses (§ 151 InsO) zu ermittelnden Liquidationswerte.[25)] Dies ist ein diskutabler Ansatz de lege ferenda, aber vom geltenden Recht nicht gedeckt. § 12 Abs. 1 InsVV verweist ausdrücklich auf die Vergütung des Insolvenzverwalters, nicht hingegen auf die Vergütung des vorläufigen Insolvenzverwalters, die in der Tat nach dem Wert von Vermögensgegenständen ermittelt wird.

26 Der Bestand an liquiden Mitteln des Schuldners (Kasse, Guthaben auf Kontokorrentkonten etc.), der bei Amtsantritt vorgefunden wird, ist nach allgemeinen Grundsätzen eine vergütungsrelevante Einnahme. Davon zu unterscheiden sind die Bestände liquider Mittel, die vom Antragsverfahren am Stichtag Insolvenzeröffnung in das er-

---

22) Insolvenzrechtliche Vergütungsverordnung (InsVV) v. 19.8.1998 (BGBl. I 1998, 2205), siehe Anh. III Rz. 70.
23) Gesetz zur Einführung des Euro in Rechtspflegegesetzen und in Gesetzen des Straf- und Ordnungswidrigkeitenrechts, zur Änderung der Mahnvordruckverordnungen sowie zur Änderung weiterer Gesetze v. 13.12.2001 (BGBl. I 2001, 3574), siehe Anh. V.
24) So *Haarmeyer/Mock*, InsVV, § 12 Rz. 5.
25) *Haarmeyer/Mock*, ZInsO 2016, 1, 9 ff.

Vergütung des Sachwalters § 12

öffnete Verfahren übernommen werden. Auch diese stellen für den Insolvenzverwalter eine Einnahme i. S. d. Vergütungsrechts dar. An dieser Stelle gilt es eine Besonderheit der Eigenverwaltung zu beachten. Solche Geldbestände, die vom Antragsverfahren in das eröffnete Verfahren übernommen werden (**Übernahmebestände**), sind – anders als beim Insolvenzverwalter – *nicht* als vergütungsrelevante Einnahme zu behandeln, jedenfalls bei Personenidentität von vorläufigem Sachwalter und endgültigem Sachwalter. Der Grund liegt in der hier vertretenen Auffassung einer wirtschaftlichen Einheitsvergütung (Rz. 118 ff.). Hier findet kein Vorgang statt, der nennenswert zu überwachen wäre oder die wirtschaftliche Lage des Schuldners ändern würde, sodass keine Tätigkeit des Sachwalters i. S. d. § 274 Abs. 2 InsO erbracht werden kann. Denn anders als im Regelverfahren, in dem wenigstens noch der Kontoinhaber des Treuhandkontos geändert wird, passiert in der Eigenverwaltung hinsichtlich der schuldnerischen Konten überhaupt nichts. Anders nur, wenn mit Verfahrenseröffnung (oder später) erstmals Eigenverwaltung angeordnet wurde oder mit Insolvenzeröffnung ein vom vorläufigen Sachwalter abweichender Sachwalter bestellt wurde.

In Ermangelung abweichender Regelungen und wegen des ausdrücklichen Verweises in § 12 Abs. 1 InsVV auf die Vergütung des Insolvenzverwalters ist im Rahmen der **Betriebsfortführung** der Überschuss relevant,[26] der mindestens mit null anzusetzen ist.[27] Eine abweichende Ansicht hält hingegen § 1 Abs. 2 Nr. 4 Satz 2 lit. b InsVV nicht für anwendbar. Dies wird entweder gar nicht begründet[28] oder damit, dass der Sachwalter keine Tätigkeit erbringe und sich der Aufgabenkreis der Überwachung durch die Betriebsfortführung weder ändere noch erweitere.[29] Ein anderer Grund soll sein, dass es wegen der Überwachungsfunktion des Sachwalters nicht sein könne, dass die Ausgaben von der Berechnungsgrundlage in Bezug zu bringen seien, da sie doch auch der Überprüfung unterlägen.[30] Die eine Begründung will folglich nicht einmal den Überschuss berücksichtigen, die andere Ansicht nur die Einnahmen. Tatsächlich bezieht sich die Überwachung der Geschäftsführung des Schuldners (§ 274 Abs. 2 InsO) ganz zentral auf die Betriebsfortführung, zudem ändert sich die vom Sachwalter zu prüfende wirtschaftliche Lage des Schuldners (§ 274 Abs. 2 InsO) durch die Betriebsfortführung nahezu täglich. Ferner repräsentiert § 1 InsVV zunächst den Erfolg der Verfahrensabwicklung, bevor die Vergütung durch korrigierende Anpassungen nach § 3 InsVV zur Tätigkeitsvergütung wird. Es gibt rechtlich folglich nichts, worauf sich ein Ausschluss von § 1 Abs. 2 Nr. 4 Satz 2 lit. b InsVV stützen könnte, sodass hier keine vom Insolvenzverwalter abweichende Berechnungsmethode Anwendung findet.[31] Wegen der im Einzelfall schwierigen Abgrenzung von abwick-

27

---

26) BGH, Beschl. v. 21.7.2016 – IX ZB 70/14, Rz. 69, ZIP 2016, 1592.
27) BGH, Beschl. v. 24.5.2005 – IX ZB 6/03, NZI 2005, 567; BGH, Beschl. v. 16.10.2008 – IX ZB 179/07, NZI 2009, 49; BGH, Beschl. v. 1.7.2010 – IX ZB 208/08, NZI 2010, 942.
28) HK-InsO/*Keller*, § 12 InsVV Rz. 4.
29) *Haarmeyer/Mock*, ZInsO 2016, 1, 12.
30) AG Göttingen, Beschl. v. 28.11.2012 – 74 IN 160/12, ZIP 2013, 36.
31) BGH, Beschl. v. 21.7.2016 – IX ZB 70/14, ZIP 2016, 1592; BGH, Beschl. v. 22.9.2016 – IX ZB 71/14, ZIP 2016, 1981.

§ 12 Vergütung des Sachwalters

lungs- und fortführungsbedingten Einnahmen und Ausgaben sei auf die Kommentierung zu § 1 InsVV verwiesen.

28 Gemäß § 282 InsO obliegt die **Verwertung von Absonderungsgut** dem Schuldner selbst, jedoch im Einvernehmen mit dem Sachwalter; ein Feststellungskostenbeitrag i. S. d. § 171 Abs. 1 InsO fällt nicht an, ein Verwertungskostenbeitrag i. S. d. § 171 Abs. 2 Satz 1 und 2 InsO nur in Höhe der tatsächlichen Verwertungskosten. Da der Sachwalter folglich nicht selbst das Absonderungsgut veräußern kann und keine Feststellungskostenbeiträge anfallen, findet die sog. Mehrvergütung nach § 1 Abs. 2 Nr. 1 Satz 1 und 2 InsVV keine Anwendung. Wohl aber gilt auch für den Sachwalter das Überschussprinzip des § 1 Abs. 2 Nr. 1 Satz 3 InsVV, sodass bei Verwertung eines wertausschöpfend belasteten Gegenstands der vorgenannte Verwertungskostenbeitrag und die Umsatzsteuer aus dem Veräußerungsgeschäft (§ 171 Abs. 2 Satz 3 InsO) in die Berechnungsgrundlage einfließen. Bei nicht wertausschöpfender Belastung fließt nur der sog. Übererlös in die Berechnungsgrundlage ein.

29 Einen Sonderfall bildet § 173 InsO, der auch in der Eigenverwaltung gilt. Hiernach ist allein der Absonderungsgläubiger zur Verwertung berechtigt, wenn er sich vor Verfahrenseröffnung in den Besitz des Absonderungsguts gebracht hat. Gleichwohl bleibt die Masse zur Deklarierung der Umsatzsteuer aus dem Veräußerungsgeschäft verpflichtet. Daher hat der Schuldner analog § 13b Abs. 1 Nr. 2 UStG, §§ 170 Abs. 2, 171 Abs. 2 Satz 3 InsO einen Anspruch gegen den Absonderungsgläubiger auf Herausgabe der vereinnahmten Umsatzsteuer.[32] Diese Einnahme erhöht die Berechnungsgrundlage nach dem vorgenannten Überschussprinzip ebenfalls.

30 Ausgeschlossen werden muss auch nicht die Anwendung des § 1 Abs. 2 Nr. 2 InsVV (**Abfindung von Aus- oder Absonderungsberechtigten**). Der Abfindung (Ausgabe) steht zwar kein entsprechender *Sachwert* gegenüber, da es bei der Berechnungsgrundlage für die Vergütung des Sachwalters generell nicht auf Werte ankommt. Jedoch erfolgt die Abfindung stets mit dem Zweck, weitere Fortführungserlöse unter Einsatz des Aus- oder Absonderungsguts (oder spätere Verwertungserlöse) zu erzielen. Folglich mindern derartige Ausgaben die Berechnungsgrundlage.

b) **Schlussrechnung des Sachwalters (§ 280 InsO)**

31 Die Geltendmachung **anfechtungsrechtlicher Rückgewähransprüche** obliegt gemäß § 280 InsO dem Sachwalter, sodass er hier neben dem Schuldner eigenverantwortlich tätig wird. Der Sachwalter hat insoweit die Verwaltungs- und Verfügungsbefugnis i. S. d. § 80 Abs. 1 InsO,[33] wobei nicht geregelt, aber anzunehmen ist, dass den Sachwalter eine eigenständige Rechnungslegungspflicht i. S. d. § 66 InsO trifft.[34] Diese Rechnungslegung ist spätestens bei Schlussrechnungslegung in die Rechnungslegung des Schuldners (§ 281 Abs. 3 InsO) zu integrieren. In jedem Fall sind die Einnahmen aus der Geltendmachung entsprechender Ansprüche Bestandteil der Berechnungsgrundlage, notwendige Kosten der Ermittlung und Durchsetzung der

---

32) BGH, Urt. v. 29.3.2007 – IX ZR 27/06, ZIP 2007, 1126. Vgl. auch BFH, Beschl. v. 19.7.2007 – V B 222/06, ZIP 2007, 1998; BFH, Beschl. v. 1.3.2010 – XI B 34/09, NZI 2010, 451.
33) FK-InsO/*Foltis*, § 280 Rz. 1.
34) *Zimmer*, Insolvenzbuchhaltung, Rz. 42.

Ansprüche sind vergütungsrechtlich nicht relevante, d. h. abwicklungsbedingte Ausgaben i. S. d. § 1 Abs. 2 Nr. 4 Satz 1 InsVV.

Dem Sachwalter obliegt ferner die Geltendmachung von **Ansprüchen i. S. d. §§ 92, 93 InsO** (Rz. 9 ff.), für die zunächst nichts anderes gilt. Bei diesen Ansprüchen ist jedoch zu differenzieren zwischen der Innenhaftung und der Außenhaftung der Betroffenen. Im Rahmen des § 92 Satz 1 InsO ist beispielsweise die Insolvenzverschleppungshaftung zu erwähnen, die eine Außenhaftung darstellt. Auch die Haftung der Mitglieder von Gläubigerausschüssen gemäß § 71 InsO[35] oder die Haftung eines ausgeschiedenen Insolvenzverwalters bzw. Sachwalters sind Bestandteil der Außenhaftung. Im Rahmen des § 93 InsO ist die Haftung der Gesellschafter einer Personengesellschaft (im Wesentlichen) nach § 128 HGB ebenfalls Außenhaftung. Außenhaftung bedeutet vereinfacht ausgedrückt, dass der Haftungsanspruch gegen den Betroffenen nicht in die Insolvenzmasse i. S. d. § 35 InsO fällt, vielmehr bleiben es Ansprüche der Geschädigten, für die der Insolvenzverwalter bzw. Sachwalter nur eine Einzugsermächtigung erhält, sodass er im Klagefall als Prozessstandschafter auftritt. Da die auf diese Weise generierten Einnahmen dann auch stets nur an die Inhaber dieser Haftungsansprüche ausgekehrt werden dürfen, sind regelmäßig Sondermassen zu bilden, da insoweit ein Treuhandverhältnis zwischen den Anspruchsinhabern und dem zur Geltendmachung Berechtigten besteht.[36] Daher ist schon für den Insolvenzverwalter fraglich, ob die Einnahmen und Ausgaben, die im Rahmen der Geltendmachung derartiger Ansprüche als Geschäftsvorfälle anfallen, in die Berechnungsgrundlage nach § 1 Abs. 2 InsVV einzustellen sind oder hier ein eigenständiger Vergütungsanspruch gegen die Inhaber der Haftungsansprüche besteht (§ 1 Rz. 178 ff.). Dieses Problem ist auch für den Sachwalter zu beachten.

32

Grundsätzlich ist zunächst anzunehmen, dass ein einheitlicher Vergütungsanspruch besteht.[37] Ist jedoch eine Sondermasse zu bilden, weil nicht alle Gläubiger (gleichmäßig) von §§ 92, 93 InsO profitieren, soll ein eigener Vergütungsanspruch analog InsVV bestehen.[38] Dieser sollte, wenn der Auffassung gefolgt wird, jedoch bei Anwendung der Staffelstufen des § 2 Abs. 1 InsVV wertmäßig dort beginnen, wo die Berechnungsgrundlage für die reguläre Masse endet („Progressionsvorbehalt"); für den Sachwalter entstünde dann im Ergebnis dieselbe (Gesamt-)Vergütung wie bei einer Einbeziehung der Sondermasse in die Berechnungsgrundlage. Diese Sondervergütung müsste quotal auf diejenigen Gläubiger umgelegt werden, die von der Sondermasse profitieren. Dies entspräche in etwa der BGH-Rechtsprechung zur ungerechtfertigten Bereicherung, da auch hier nicht die unbeteiligten Insolvenzgläubiger mit den Verfahrenskosten für derartige Sondersituationen belastet werden sollen.[39] Schon im Bereich des § 93 InsO außerhalb der Eigenverwaltung ist überdies unklar, ob die so generierten Einnahmen erst mit der Schlussverteilung ausgeschüttet werden

33

---

35) BGH, Urt. v. 9.10.2014 – IX ZR 140/11, ZIP 2014, 2242.
36) *Zimmer*, Insolvenzbuchhaltung, Rz. 359 ff.
37) *Zimmer* in: Kraemer/Vallender/Vogelsang, Fach 2, Kap. 16 Rz. 148 (Stand: 04/2017).
38) Vgl. *Graeber*, NZI 2016, 860, 861.
39) BGH, Urt. v. 5.3.2015 – IX ZR 164/14, ZIP 2015, 738.

dürfen oder schon vorher wie bei Auskehrungen an Absonderungsgläubiger.[40] Das Problem wird virulent in der Eigenverwaltung, da derjenige, der die von § 93 InsO erfassten Ansprüche geltend macht (Sachwalter), nicht mit demjenigen identisch ist, der die Schlussverteilung durchführt (Schuldner). Insgesamt scheint daher vorzugswürdig, generell davon auszugehen, dass die Sondermassen in die allgemeine Berechnungsgrundlage einbezogen werden, da schon ab der zweiten Sondermasse eine faktische Undurchführbarkeit getrennter Berechnungen eintritt.

c) **Insolvenzplan**

34 Eigenverwaltungen sind oftmals mit Bemühungen um einen Insolvenzplan (§§ 217 ff. InsO) verbunden. Hier enthält § 1 Abs. 1 Satz 2 InsVV bei Aufhebung des Verfahrens nach § 258 InsO eine **Spezialregelung**, die sich in solchen Fällen jedoch nicht von der entsprechenden Berechnungsgrundlage für die Vergütung des Insolvenzverwalters bei einem Insolvenzplan ohne Eigenverwaltung (§ 1 Rz. 170 ff.) unterscheidet. Sofern gemäß § 66 Abs. 1 Satz 2 InsO in einem Insolvenzplan der **Verzicht auf eine Schlussrechnung** vereinbart wird, kann dies nur für das Verhältnis zwischen Schuldner, Sachwalter, Gläubigern und Gläubigerausschuss gelten. Die Schlussrechnung ist Bestandteil der Aufsicht i. S. d. § 58 InsO,[41] der Vergütungsfestsetzung (§ 1 Abs. 1 Satz 1 InsVV)[42] und der Ermittlung der Gerichtskosten nach § 58 GKG, mithin im Verhältnis zum Insolvenzgericht unverzichtbar. Dies wird auch nicht durch § 1 Abs. 1 Satz 2 InsVV (Schätzung) verdrängt, da sich die Berechnungsgrundlage dann zusammensetzt aus einer Schlussrechnung für das tatsächlich bereits Geschehene und Schätzwerten für nicht verwertete Vermögenswerte (§ 1 Rz. 164 ff.). Eine **Vereinbarung über die Sachwaltervergütung** im Insolvenzplan ist unzulässig, aber de lege ferenda zu fordern (ausführlich § 1 Rz. 16).

2. Regelvergütung (§ 2 InsVV)

35 Anhand der Berechnungsgrundlage ist die **Regelvergütung** des § 2 Abs. 1 InsVV zu ermitteln. Für den Sachwalter bestehen keine Besonderheiten, sodass auf die Kommentierung zu § 2 InsVV – einschließlich der Möglichkeiten zur Inflationsanpassung – verwiesen werden kann.

36 Nicht sonderlich praxisrelevant, aber gleichwohl rechtlich möglich, ist das Abstellen auf die **Mindestvergütung** des § 2 Abs. 2 InsVV.

3. Regelbruchteil (§ 12 Abs. 1 InsVV)

37 Gemäß § 12 Abs. 1 InsVV erhält der Sachwalter in der Regel 60 % der für den Insolvenzverwalter bestimmten Regelvergütung. Folglich ist ein **Regelbruchteil** von 60 % der nach § 2 Abs. 1 InsVV zu ermittelnden Vergütung maßgeblich; dieser Wert wird dann als *Regelbruchteilsvergütung* oder als *Regelvergütung des Sachwalters* bezeichnet. Vorbild für den Sachwalter in der Eigenverwaltung war dem InsO-Gesetz-

---

40) BGH, Urt. v. 17.12.2015 – IX ZR 143/13, ZIP 2016, 274 erwähnt nur nebenbei eine Verteilung nach §§ 187 ff. InsO, ohne dass sich hieraus ein konkreter Lösungsansatz oder ein obiter dictum ablesen ließe.
41) AG Ludwigshafen, Beschl. v. 10.4.2015 – 3 f IN 27/14 Lu, ZIP 2015, 991.
42) *Zimmer*, Insolvenzbuchhaltung, Rz. 1107.

geber[43]) der Vergleichsverwalter nach §§ 38 ff. VerglO.[44]) Für diesen sah § 9 VergVO einen Regelbruchteil von 50 % der für den Konkursverwalter zu ermittelnden Regelvergütung vor.[45]) Der InsVV-Verordnungsgeber sah jedoch ein gewisses Mehr an Aufgaben des Sachwalters gegenüber dem Vergleichsverwalter,[46]) sodass er den Regelbruchteil auf 60 % anhob.

Nicht gemäß § 12 Abs. 1 InsVV zu kürzen ist die **Mindestvergütung** des § 2 Abs. 2 InsVV.[47]) Dies ergibt sich einerseits aus dem Verweis in § 10 InsVV auf § 2 Abs. 2 InsVV, andererseits aus dem grundsätzlichen Sinn und Zweck einer Mindestvergütung, weshalb auch die Mindestvergütung des vorläufigen Insolvenzverwalters nicht etwa nur 25 % des sich aus § 2 Abs. 2 InsVV ergebenden Betrages beträgt.[48])   38

4. Zu- und Abschläge (§ 3 InsVV)

a) Einführung

Aufgrund der Verweisungsnorm des § 10 InsVV findet § 3 **InsVV analoge Anwendung**, sodass Zu- und Abschläge unzweifelhaft möglich sind,[49]) zudem § 12 Abs. 1 InsVV ausdrücklich von einer Regelvergütung spricht, § 12 Abs. 2 InsVV ein Regelbeispiel für einen Zuschlag enthält und generell §§ 274 Abs. 1, 63 Abs. 1 Satz 3 InsO eine Anpassung der Regelvergütung an die Schwierigkeit der Tätigkeit des Sachwalters vorgibt. Maßgebliches Kriterium für die Anwendung von Zu- oder Abschlägen ist der im Verhältnis zu den in jedem Verfahren zu erfüllenden gesetzlichen Aufgaben des Sachwalters gestiegene oder geminderte Arbeitsaufwand.[50]) Zuschlagsfähig ist folglich eine Tätigkeit, die nicht ohnehin in jedem Verfahren erbracht werden muss; Abschläge sind nur zulässig, wenn eine Tätigkeit, die grundsätzlich in jedem Verfahren zu erbringen ist, nicht erbracht wurde.   39

Die analoge Anwendung des § 3 InsVV setzt allerdings voraus, dass die von § 3 InsVV erfassten Tätigkeiten überhaupt **vom Sachwalter erbracht werden dürfen** bzw. in einer Eigenverwaltung als Lebenssachverhalte anfallen können. Zu vergüten sind alle Tätigkeiten, die dem Sachwalter vom Gesetz oder vom Insolvenzgericht (auch falls rechtlich zweifelhaft[51]) oder von den Verfahrensbeteiligten (Schuldner, Gläubigerversamm-   40

---

43) Begründung zu § 331 InsO RegE (§ 270 InsO), BT-Drucks. 12/2443, S. 132 ff., abgedruckt bei *Kübler/Prütting*, Das neue Insolvenzrecht, S. 518.
44) Vergleichsordnung v. 26.2.1935 (RGBl. I 1935, S. 321, 356), anzuwenden für die bis zum 31.12.1998 beantragten Verfahren (Art. 103 EGInsO).
45) Verordnung über die Vergütung des Konkursverwalters, des Vergleichsverwalters, der Mitglieder des Gläubigerausschusses und der Mitglieder des Gläubigerbeirats v. 25.5.1960 (BGBl. I 1960, 329) in der letzten Fassung v. 11.6.1979 (BGBl. I 1979, 637), siehe Anh. II.
46) Insolvenzrechtliche Vergütungsverordnung (InsVV) v. 19.8.1998 (BGBl. I 1998, 2205), Begründung zu § 12 InsVV, siehe Anh. III Rz. 71.
47) HambKommInsO/*Büttner*, § 12 InsVV Rz. 20; a. A. offenbar AG Dortmund, Beschl. v. 5.12.2016 – 259 IN 13/14, ZInsO 2016, 2499 (jedoch ohne Begründung und Entscheidungsrelevanz); *Graeber/Graeber*, InsVV, § 12 Rz. 3 (ohne Begründung).
48) BGH, Beschl. v. 13.7.2006 – IX ZB 104/05, ZIP 2006, 1403; BGH, Beschl. v. 14.12.2006 – IX ZB 190/03, ZInsO 2007, 88.
49) BGH, Beschl. v. 21.7.2016 – IX ZB 70/14, Rz. 55, ZIP 2016, 1592.
50) BGH, Beschl. v. 21.7.2016 – IX ZB 70/14, Rz. 56, ZIP 2016, 1592.
51) BGH, Beschl. v. 21.7.2016 – IX ZB 70/14, Rz. 70, ZIP 2016, 1592.

lung, Gläubigerausschuss) zulässig und wirksam übertragen worden sind.[52] Tätigkeiten, die der Sachwalter in Überschreitung seiner ihm zukommenden Aufgaben ausgeübt hat, sind nicht vergütungsfähig.[53] Allerdings scheint inzwischen enervierend, dass dem Sachwalter ausschließlich Vergütungsinteressen unterstellt werden. Ein erfahrener und professioneller Insolvenzverwalter bzw. Sachwalter geht stets lieber ein Haftungsrisiko für ein Tun als für ein Unterlassen ein und lässt sich auch vom BGH nicht hindern, einer Sanierung zum Gelingen zu verhelfen.[54] In gut verlaufenden Eigenverwaltungen kann und muss sich der Sachwalter auf seine originären Aufgaben beschränken, in schlecht laufenden Eigenverwaltungen muss er die Aufhebung der Eigenverwaltung empfehlen. Dazwischen liegt eine faktische Grauzone, in der der Sachwalter die anderen Verfahrensbeteiligten gelegentlich etwas in die richtige Richtung „schubsen" muss. Da der Sachwalter bei Aufhebung der Eigenverwaltung und Bestellung seiner selbst als Insolvenzverwalter einen voraussichtlich höheren Vergütungsanspruch hätte, ist leicht ersichtlich, dass die vermeintliche Überschreitung von Aufgaben primär dem Gelingen der Eigenverwaltung im Interesse der Gläubiger dient; wo dies der Fall ist, können diese Tätigkeiten nicht unvergütet bleiben, da es sich um eine Tätigkeitsvergütung handelt.

41 § 3 InsVV setzt voraus, dass ein **Normalverfahren** definiert werden kann. Dies ist schon grundsätzlich mit Schwierigkeiten behaftet, da eine Legaldefinition eines Normalverfahrens fehlt. Eine solche Definition ergibt sich um Umkehrschluss nur aus der Rechtsprechung zu § 3 InsVV. Wurde ein Zuschlag hier verneint, obwohl eine bestimmte Tätigkeit erbracht wurde, ist diese dem Normalverfahren zuzurechnen. Nichts anderes gilt für die Anwendung des § 3 InsVV auf den Sachwalter, wobei die Rechtsprechung erst jetzt beginnt, sich mit derartigen Zuschlägen intensiv zu befassen. Eine gefestigte Rechtsprechung, die ein Normalverfahren sofort erkennbar macht, fehlt daher noch. Fest steht lediglich, dass sich die Definition des Normalverfahrens als Korridor darstellt. Die Untergrenze des Normalverfahrens bilden die in § 274 Abs. 2 Satz 1 InsO (Prüfung der wirtschaftlichen Lage des Schuldners und dessen Geschäftsführung), § 274 Abs. 3 InsO (Unterrichtung bei voraussichtlichen Nachteilen der Eigenverwaltung), § 281 Satz 2 InsO (Prüfung der Verzeichnisse), § 281 Abs. 2 Satz 2 InsO (Stellungnahme im Berichtstermin), § 281 Abs. 3 Satz 2 InsO (Prüfung der Schlussrechnung) genannten Aufgaben des Sachwalters. Diese Aufgaben können im Grunde nicht qualitativ unterschritten werden, was insoweit Abschläge nach §§ 10, 3 Abs. 2 InsVV ausschließt. Diese Aufgaben gehören zum Normalverfahren, bis qualitative oder quantitative Umstände einen Zuschlag gemäß §§ 10, 3 Abs. 1 InsVV rechtfertigen.[55] Die weiteren Aufgaben des Sachwalters setzen voraus, dass der Sachverhalt solche Aufgaben überhaupt zulässt. Sie gehören bis zu einem gewissen qualitativen oder quantitativen Umfang zum Normalverfahren; sind entsprechende Sachverhalte aber schon nicht existent, rechtfertigt dies keinen Abschlag nach §§ 10, 3 Abs. 2 InsVV. Nicht unwesentlich ist allerdings, dass der Schuldner über eine insolvenzspezifische Expertise verfügen muss, weil nur dies die reduzierten Aufgaben eines

---

52) BGH, Beschl. v. 21.7.2016 – IX ZB 70/14, Rz. 61, ZIP 2016, 1592.
53) BGH, Beschl. v. 21.7.2016 – IX ZB 70/14, Rz. 61, ZIP 2016, 1592.
54) Trefflichst *Keller*, NZI 2016, 753, 756.
55) *Haarmeyer/Mock*, InsVV, § 12 Rz. 9.

Sachwalters rechtfertigt.[56] Zu dieser Expertise gehören auch zwingend die insolvenzspezifischen Kenntnisse im Sozialversicherungs- und Steuerrecht[57] sowie im Arbeitsrecht.[58]

Obgleich die Eigenverwaltung erst in den letzten Jahren an Bedeutung gewinnt, muss berücksichtigt werden, dass sie bereits mit der InsO zum 1.1.1999 eingeführt wurde. Auch hier stellt sich daher die Frage, ob ein Verfahren dynamisch zu definieren ist,[59] oder ob ausschließlich die ursprüngliche Vorstellung des Gesetzgebers vom Aufgabenbereich des Sachwalters maßgebend ist. Für den Insolvenzverwalter hat sich das Bundesverfassungsgericht für Letzteres entschieden;[60] nichts anderes gilt für die Definition eines Normalfalls der Eigenverwaltung.[61] Auch für den Treuhänder im vereinfachten Insolvenzverfahrens gemäß § 313 InsO a. F.[62] war anerkannt, dass die Vergütung erhöht werden konnte, wenn der Treuhänder aufgrund sich wandelnder Rechtsprechung mehr leisten musste, als es sich Gesetz- und Verordnungsgeber zunächst vorgestellt hatten.[63] 42

Ist ein Zuschlagsfaktor als solcher festgestellt, ergibt sich die Frage, ob ein Zuschlag in derselben Höhe (als Prozentsatz) gewährt werden kann wie bei einem Insolvenzverwalter in selbiger Konstellation. Für den vorläufigen Insolvenzverwalter ist diese Frage zu bejahen.[64] Für den Sachwalter ist dies jedoch neu zu diskutieren. Nach Auffassung des BGH[65] und eines Teils der Literatur[66] sind die Zuschläge **niedriger als beim Insolvenzverwalter** zu bemessen, wenn und weil die Überwachungsfunktion des Sachwalters hinter den aktiven Tätigkeiten eines Insolvenzverwalters hinsichtlich der Arbeitsbelastung zurückbleibt. Eine andere Ansicht[67] scheint hingegen von einer quantitativen und qualitativen Äquivalenz der Zuschlagsbemessung auszugehen. Richtigerweise müssen die Zuschläge regelmäßig niedriger ausfallen, da sonst die unterschiedlichen Aufgaben und Tätigkeiten von Insolvenzverwalter und Sachwalter nicht angemessen berücksichtigt würden. Da die Bemessung des Zuschlags eine auf den Einzelfall 43

---

56) BGH, Beschl. v. 21.7.2016 – IX ZB 70/14, Rz. 81, ZIP 2016, 1592; BGH, Beschl. v. 22.9.2016 – IX ZB 71/14, Rz. 81; ZIP 2016, 1981; *Haarmeyer/Mock*, ZInsO 2016, 1829.
57) BGH, Beschl. v. 22.9.2016 – IX ZB 71/14, Rz. 57, ZIP 2016, 1981.
58) BGH, Beschl. v. 22.9.2016 – IX ZB 71/14, Rz. 71, ZIP 2016, 1981.
59) BGH, Beschl. v. 20.1.2005 – IX ZB 134/04, ZInsO 2005, 253 (Insolvenzverwalter).
60) BVerfG, Beschl. v. 9.2.1989 – 1 BvR 1165/87, ZIP 1989, 382, 383 (mit Anmerkung *Eickmann*).
61) So auch *Keller*, NZI 2016, 753, 756.
62) § 313 InsO aufgehoben durch das Gesetz zur Verkürzung des Restschuldbefreiungsverfahrens und zur Stärkung der Gläubigerrechte v. 15.7.2013 (BGBl. I 2013, 2379), siehe Anh. XII Rz. 83.
63) BGH, Beschl. v. 24.5.2005 – IX ZB 6/03, ZInsO 2005, 760; BGH, Beschl. v. 26.4.2012 – IX ZB 176/11, ZInsO 2012, 1138.
64) BGH, Beschl. v. 18.12.2003 – IX ZB 50/03, WM 2004, 585; BGH, Beschl. v. 4.11.2004 – IX ZB 52/04, ZIP 2004, 2448; BGH, Beschl. v. 1.3.2007 – IX ZB 277/05, Rz. 12, ZInsO 2010, 1855; BGH, Beschl. v. 27.9.2012 – IX ZB 243/11, Rz. 13, ZInsO 2013, 840.
65) BGH, Beschl. v. 21.7.2016 – IX ZB 70/14, ZIP 2016, 1592; BGH, Beschl. v. 22.9.2016 – IX ZB 71/14, Rz. 81, ZIP 2016, 1981.
66) *Haarmeyer/Mock*, InsVV, § 12 Rz. 12.
67) Leonhardt/Smid/*Amberger*, InsVV, § 12 Rz. 19 f.; KPB-InsO/*Prasser*, § 12 InsVV Rz. 8 (Stand: 07/2015).

bezogene Entscheidung des Tatrichters darstellt, also auf einer Amtsermittlung (anstelle einer Beweisaufnahme) beruht, sollte eine Orientierung an altbekannten Zuschlägen für (vorläufige) Insolvenzverwalter ohnehin nicht erfolgen, hier hat eine eigenständige Diskussion zu beginnen. Die sich für den (vorläufigen) Insolvenzverwalter ergebenden Zuschläge einfach nur zu 1/10 zu gewähren,[68] geht daher in die falsche Richtung. Die Diskussion um die Zuschläge mag im Laufe der Jahre „ausgefranst" sein; ein Chaos mit 10 % zu multiplizieren ist jedoch kein tauglicher Lösungsansatz. Anders ist dies dort, wo ein Sachwalter wie ein Insolvenzverwalter agiert, was im Anwendungsbereich der §§ 280, 284 Abs. 1 InsO der Fall ist (Geltendmachung der Insolvenzanfechtung und der von §§ 92, 93 InsO erfassten Ansprüche (Rz. 9 ff.) sowie die ausführende oder beratende Tätigkeit bei der Erstellung eines Insolvenzplans. Insgesamt gilt, dass sog. Faustregeltabellen nur eine Orientierungshilfe darstellen, aber nicht bindend sind; die Bemessung der Zu- und Abschläge ist stets Aufgabe des Tatrichters.[69]

44 Sofern sich eine Tätigkeit, für die ein Zuschlag geltend gemacht wird, bereits erhöhend auf die Berechnungsgrundlage ausgewirkt hat, ist stets eine **Vergleichsrechnung** (vgl. § 3 Rz. 32) erforderlich.[70]

45 Der **Zuschlag erhöht den Regelbruchteil** von 60 % i. S. d. § 12 Abs. 1 InsVV unmittelbar, d. h., er wird nicht etwa nur zu 60 % gewährt.[71] Wird z. B. ein Zuschlag von 25 % ermittelt, beträgt die Vergütung 85 % (Additionsprinzip) und nicht 75 % (Multiplikationsprinzip) der nach § 2 Abs. 1 InsVV zu ermittelnden Vergütung.

b) Zuschläge (§ 3 Abs. 1 InsVV)

aa) Korrektur des § 12 Abs. 1 InsVV im Bereich des § 280 InsO

46 Die Geltendmachung **anfechtungsrechtlicher Rückgewähransprüche** obliegt gemäß § 280 InsO dem Sachwalter. Die in diesem Zusammenhang anfallenden Geschäftsvorfälle sind in die Berechnungsgrundlage zu integrieren (Rz. 31). Daher fließt diese Tätigkeit des Sachwalters in die Regelvergütung des § 2 Abs. 1 InsVV mit ein. Es ist jedoch zu fragen, ob die anschließende Kürzung auf 60 % gemäß § 12 Abs. 1 InsVV der Forderung nach einer angemessenen Vergütung i. S. d. §§ 274 Abs. 1, 63 Abs. 1 InsO, Art. 12 Abs. 1 GG gerecht wird. Der Sachwalter agiert hier im gleichen Umfang wie ein Insolvenzverwalter. Dass die Ermittlung, Geltendmachung und Durchsetzung von anfechtungsrechtlichen Rückgewähransprüchen in der Eigenverwaltung einfacher sei als in der Regelinsolvenz, scheint keine tragfähige Annahme zu sein. Jedenfalls ist ein allgemeingültiger Rechtssatz in einem solchen Sinne nicht existent. Dennoch folgt aus § 12 Abs. 1 InsVV konkludent, dass der Sachwalter auch für diesen Teilkomplex nur eine Vergütung in Höhe von 60 % der für den Insolvenzverwalter bestimmten Vergütung erhalten soll. Um die Vergütung des Sachwalters an dieser Stelle der Vergütung des Insolvenzverwalters anzupassen, käme ein Zuschlag in Betracht, da sich die aufgeworfene Frage nicht über §§ 1, 2 InsVV lösen lässt. Ob es sich insoweit um einen ei-

---

68) Gefordert von *Haarmeyer/Mock*, ZInsO 2016, 1829, 1833.
69) BGH, Beschl. v. 21.7.2016 – IX ZB 70/14, Rz. 60, ZIP 2016, 1592.
70) BGH, Beschl. v. 21.7.2016 – IX ZB 70/14, Rz. 68, ZIP 2016, 1592; BGH, Beschl. v. 22.9.2016 – IX ZB 71/14, Rz. 58, ZIP 2016, 1981.
71) BGH, Beschl. v. 21.7.2016 – IX ZB 70/14, Rz. 58, ZIP 2016, 1592.

Vergütung des Sachwalters § 12

genen Zuschlagstatbestand handelt oder hier der Degressionsausgleich nach § 3 Abs. 1 lit. c InsVV analog oder als Rechtsgedanke zur Anwendung kommen kann, scheint nicht klärungsbedürftig, da einzig die Angemessenheit des Zuschlags zu prüfen ist.

Beispiel: 47

Es sei eine Berechnungsgrundlage in Höhe von 500.000 € angenommen, die Einnahmen aus anfechtungsrechtlichen Rückgewähransprüchen in Höhe von 100.000 € enthält. Auf Basis der §§ 1, 2 InsVV ergibt sich eine Regelvergütung nach § 2 Abs. 1 InsVV in Höhe von netto 37.750 €. Der Regelbruchteil gemäß § 12 Abs. 1 InsVV beträgt somit netto   22.650 €

Die Einnahmen aus Anfechtung in Höhe von 100.000 € finden sich als „Spitzenerlöse" in der vierten Staffelstufe des § 2 Abs. 1 InsVV wieder. In dieser Stufe beträgt die Vergütung 3 % der Berechnungsgrundlage, mithin im Beispiel 3.000 €. Ein Teilbetrag von 1.800 € (60 %) ist über § 12 Abs. 1 InsVV bereits im Regelbruchteil berücksichtigt. Die Differenz in Höhe von 1.200 € (40 %) ist der (in diesem Punkt unangemessene) Unterschied zwischen der Vergütung eines Insolvenzverwalters und eines Sachwalters. Folglich könnte ein Zuschlag gewährt werden, der im Beispiel einem Betrag von 1.200 € entspricht.   1.200 €

Auf Basis des Regelbruchteils in Höhe von 22.650 € bedeutet ein Zuschlag in Höhe von 1.200 € umgerechnet einen Zuschlag in Höhe von   5,3 %.

Dieser Zuschlag ist nicht zu verwechseln mit einem Zuschlag wegen Mehrbelastung 48 aufgrund Anzahl, Umfang und Komplexität der Anfechtungsansprüche (Rz. 70); er kompensiert als **Korrektur des § 12 Abs. 1 InsVV** einzig, dass sich die Geltendmachung von anfechtungsrechtlichen Rückgewähransprüchen für den Sachwalter nicht derart vereinfachend von derselben Tätigkeit eines Insolvenzverwalters unterscheidet, dass der Erfolg i. S. d. § 1 InsVV nur mit 60 % der Regelvergütung zu honorieren wäre.

Nichts anderes gilt bei der **Geltendmachung der von §§ 92, 93 InsO erfassten Ansprüche**, die gemäß § 280 InsO dem Sachwalter obliegt. Werden die Geschäftsvorfälle aus der Tätigkeit des Sachwalters (§ 280 InsO) bei der Geltendmachung von Ansprüchen aus §§ 92, 93 InsO in die Berechnungsgrundlage integriert (Rz. 32), ergibt sich – wie bereits bei der Geltendmachung der anfechtungsrechtlichen Rückgewähransprüche durch den Sachwalter – die Frage, ob der Sachwalter sich insoweit mit einem Regelbruchteil von 60 % zufriedengeben muss, obgleich die Tätigkeit in diesem Punkt nicht von der Tätigkeit eines Insolvenzverwalters abweicht. Wegen der Möglichkeit eines Zuschlags kann daher auf die o. g. Ausführungen zu einem Zuschlag wegen Anfechtung verwiesen werden, da es auch hier einer **Korrektur des § 12 Abs. 1 InsVV** bedarf. 49

bb) Zustimmungsbedürftigkeit von Rechtsgeschäften (§ 12 Abs. 2 InsVV)

§ 12 Abs. 2 InsVV enthält als Regelbeispiel für einen Zuschlag den Tatbestand, dass 50 das Insolvenzgericht gemäß § 277 Abs. 1 InsO angeordnet hat, dass bestimmte Rechtsgeschäfte des Schuldners nur mit Zustimmung des Sachwalters wirksam sind. Ein solcher Zuschlag sollte insgesamt nicht kleinlich berechnet werden, denn es soll hier nicht nur vergütet werden, dass der Sachwalter den Vorgang prüft und seine Zustimmung erklärt; vielmehr muss der Zuschlag kompensieren, dass den Sachwalter bei erteilter Zustimmung auch die Haftung nach § 61 InsO treffen kann (§ 277 Abs. 1 Satz 3 InsO). Insgesamt agiert der Sachwalter hier hinsichtlich Arbeitsaufwand und Risiken nicht anders als ein Insolvenzverwalter. Im Grunde ist die Belastung des Sachwalters sogar höher; es dürfte der allgemeinen Lebenserfahrung entsprechen, dass es leichter ist, eine eigene Entscheidung zu treffen, als die Entscheidung eines anderen vollumfänglich – und regressbewährt – nachzuvollziehen.

51 **Beispiel:**

Es sei eine Berechnungsgrundlage in Höhe von 500.000 € angenommen. Auf Basis der §§ 1, 2 InsVV ergibt sich eine Regelvergütung nach § 2 Abs. 1 InsVV in Höhe von netto 37.750 €. Der Regelbruchteil gemäß § 12 Abs. 1 InsVV beträgt somit netto 22.650 €.

Variante 1: Gemäß § 277 Abs. 1 Satz 1 InsO wurde Zustimmungsbedürftigkeit eines Rechtsgeschäfts angeordnet, das einen Wert von 100.000 € hat. Ob und wie der Vorgang nach § 1 Abs. 2 InsVV Berücksichtigung fand, ist gleichgültig. Der Vorgang könnte nach der letzten einschlägigen Staffelstufe des § 2 Abs. 1 InsVV berechnet werden, d. h. hier anhand der vierten Staffelstufe. Daher wäre es möglich, einen Zuschlag zu gewähren in Höhe von 3 %.

Variante 2: Bei einem Streitwert von 100.000 € könnte analog RVG eine 1,0 Gebühr ermittelt werden, die 1.503 € betrüge. Auf Basis des Regelbruchteils in Höhe von 22.650 € bedeutete ein Zuschlag in Höhe von 1.503 € umgerechnet einen prozentualen Zuschlag in Höhe von 6,64 %.

Ergebnis: Insgesamt ergäbe sich bei der Prüfung eines angemessenen Zuschlags ein Korridor von 3 % – 6,64 %.

52 Dies ist freilich nur eine Hilfestellung bei der Findung eines angemessenen Zuschlags, da für eine Angemessenheit Referenzgrößen vorhanden sein müssen, um einen Rahmen für das Ermessen zu finden. Mindestens 5 %[72] oder 10 %[73] anzunehmen, um den aufwendigen Begründungsaufwand zu sparen, scheint nicht unangemessen. Obergrenze des Zuschlags soll die Differenz von Regelbruchteil (60 %) und Regelvergütung (§ 2 Abs. 1 InsVV) sein, da die Vergütung des Sachwalters bei gleicher Arbeitsbelastung nicht die Vergütung eines Insolvenzverwalters übersteigen soll.[74] Dies ist zwar als Intention zutreffend, lässt sich aber praktisch nicht umsetzen. Denn einerseits können sich die zustimmungsbedürftigen Rechtsgeschäfte auf Einnahmen *oder* auf Ausgaben *oder* auf erfolgsneutrale Geschäfte beziehen, andererseits können solche Vorgänge im Lichte des § 1 Abs. 2 InsVV berechnungsneutral *oder* -relevant sein.

---

72) *Haarmeyer/Mock*, InsVV, § 12 Rz. 6.
73) KPB-InsO/*Prasser*, § 12 InsVV Rz. 9 (Stand: 07/2015).
74) *Haarmeyer/Mock*, InsVV, § 12 Rz. 8.

Daher ist ein exakter Abgleich mit der Vergütung des Insolvenzverwalters i. S. e. Vergleichsrechnung regelmäßig nicht möglich bzw. nur mit überobligatorischem Aufwand darzustellen.

Beziehen sich die zustimmungsbedürftigen Rechtsgeschäfte auf Sachverhalte, bei 53
denen auch ein Insolvenzverwalter einen Zuschlag beanspruchen könnte, ist auch
für den Sachwalter ein zusätzlicher Zuschlagsfaktor gemäß §§ 10, 3 Abs. 1 InsVV
neben dem Zuschlag nach § 12 Abs. 2 InsVV möglich. So wird vielleicht die Zustimmung zur Veräußerung im Rahmen einer übertragenden Sanierung angeordnet, was
dann unter diesem Schlagwort zuschlagswürdig ist. Es scheint jedoch sinnvoll, hier
nicht zwei getrennte Zuschlagsfaktoren zu bemühen, sondern beim thematisch dominierenden Zuschlagsfaktor wertsteigernd zu erwähnen, dass nicht nur die Überwachung, sondern auch die Zustimmung geschuldet war.

cc) Einzelfälle des §§ 10, 3 Abs. 1 InsVV

Übernimmt der Sachwalter die **Kassenführung gemäß § 275 Abs. 2 InsO** (Rz. 6),[75] 54
liegt eine zulässige und regelmäßige Abweichung vom sog. Normalverfahren vor, da
es sich um eine fakultative Aufsichtsmaßnahme des Sachwalters handelt, die mit erheblichem Arbeitsaufwand des Sachwalters verbunden ist. Denn Zahlungseingänge
erfolgen meist nicht ohne Korrespondenz zum Grund der Forderung, gelegentlich
wird auch Zahlung unter Berufung von Gewährleistungseinbehalten oder (von wem?)
zu prüfenden Aufrechnungen verweigert. Die Prüfung der wirtschaftlichen Lage des
Schuldners gemäß § 274 Abs. 2 Satz 1 InsO oder die Prüfung des Eintritts der Masseunzulänglichkeit kann sogar erschwert werden, da sich die relevanten Daten nun
aus zwei Rechenwerken ergeben. Folglich ist stets ein Zuschlag zu gewähren.[76] Als
Größenordnung finden sich hier Werte von 5–20 %.[77] Der Zuschlag kann höher
ausfallen, wenn sich die Ansicht durchsetzt, im Bereich der Kassenführung träfen den
Sachwalter die steuerlichen Pflichten aus §§ 34, 35 AO;[78] denn hieran haben Gesetz-
und Verordnungsgeber mit Sicherheit nicht gedacht. Im Bereich der Ertragsteuern
könnte dann eine leicht chaotische Situation entstehen. Bis zur Klärung dieser Frage
ist der Sachwalter im Ungewissen, welche Auskehrungen er an den Schuldner vornehmen darf und welche Rückstellungen er für etwaige Steuerzahllasten zu bilden
hat. Ungeklärt ist ferner, ob der Sachwalter überhaupt einen Steuerberater beauftragen dürfte. Untergrenze eines Zuschlags sollte selbst bei völlig reibungslosem Ablauf der Kassenführung ein Betrag sein, der sich ergibt aus der Summe (nicht aus dem
Saldo!) aller Einnahmen und Ausgaben, multipliziert mit 0,25 % analog KV 1009
Nr. 3 der Anlage 1 zu § 2 Abs. 2 RVG (Hebegebühr).

Entsteht im Zusammenhang mit den **Aufsichtstätigkeiten** des Sachwalters (Rz. 3) 55
ein Mehraufwand, liegt eine zuschlagsbegründende Abweichung vom sog. Normalverfahren vor.[79] Maßstab für ein Normalverfahren ist die optimal vorbereitete, durchgeführte und ggf. begleitete Eigenverwaltung, die die Überwachung und Kontrolle

---

75) Ausführlich *Undritz/Schur*, ZIP 2016, 549.
76) BGH, Beschl. v. 21.7.2016 – IX ZB 70/14, Rz. 79, ZIP 2016, 1592.
77) *Haarmeyer/Mock*, InsVV, § 12 Rz. 9; KPB-InsO/*Prasser*, § 12 InsVV Rz. 9 (Stand: 07/2015).
78) Ausführlich *Undritz/Schur*, ZIP 2016, 549, 555.
79) KPB-InsO/*Prasser*, § 12 InsVV Rz. 7 (Stand: 07/2015).

durch den Sachwalter jederzeit ermöglicht, entsprechende Unterlagen und Daten aufbereitet und vollständig zur Verfügung stellt und insgesamt jederzeit Auskünfte erteilt.[80] Gemäß §§ 274 Abs. 2 Satz 2, 22 Abs. 3 InsO hat der Schuldner dem Sachwalter Einsicht in seine Bücher und Geschäftspapiere zu gestatten; er hat ihm alle erforderlichen Auskünfte zu erteilen und ihn bei der Erfüllung seiner Aufgaben zu unterstützen. Insoweit gehört es zum Normalverfahren der Eigenverwaltung, dass der Schuldner dem Sachwalter ohne nennenswerten Zusatzaufwand alle notwendigen Informationen in vorbildlicher Weise zur Verfügung stellt. Kommt es hier zu einem Mehraufwand des Sachwalters wegen obstruktiven, unfähigen oder auch nur schwerfälligen Verhaltens des Schuldners oder sind gar Maßnahmen nach §§ 274 Abs. 2 Satz 2, 22 Abs. 3 Satz 3 InsO i. V. m. §§ 97, 98, 101 Abs. 1 Satz 1 und 2, Abs. 2 InsO erforderlich, ist ein Zuschlag indiziert. Freilich kann der Sachwalter die Aufhebung der Eigenverwaltung anregen, jedoch nicht voreilig. Zudem endet seine Tätigkeit noch nicht allein dadurch, es bedarf eines Antrags anderer (in § 272 Abs. 1 InsO genannter) Beteiligter.

56 Die **Prüfung der wirtschaftlichen Lage des Schuldners** gehört zu den Regelaufgaben des Sachwalters (§ 274 Abs. 2 Satz 1 InsO). Diese ändert sich inhaltlich kontinuierlich aufgrund einer *Betriebsfortführung*, sodass Besonderheiten bei einem Zuschlag für Betriebsfortführung berücksichtigt werden können. Zuschlagsrelevante *inhaltliche Erschwernisse* sind indiziert, wenn die Eigenverwaltung zunächst unter rudimentären Planungsbedingungen eingeleitet wurde und die Planungen im weiteren Verlauf kontinuierlich Änderungen erfahren.[81] In *formaler Hinsicht* ist ein Zuschlag möglich, wenn der eigenverwaltende Schuldner z. B. nicht in der Lage ist, dem Sachwalter geordnete Unterlagen für einen laufenden Soll/Ist-Abgleich zur Verfügung zu stellen, sodass der Sachwalter diese Informationen selbst aus den Unternehmensdaten generieren muss.[82] Dies ähnelt folglich den Voraussetzungen für einen Zuschlag wegen Mehrbelastung bei der allgemeinen Aufsichtstätigkeit (Rz. 55), stellt in einer solchen Konstellation gleichwohl einen zusätzlichen Erhöhungstatbestand dar, da das eine die rechtliche, das andere die wirtschaftliche Kontrolle betrifft.

57 Der Sachwalter hat kontinuierlich zu prüfen, ob die Fortsetzung der Eigenverwaltung zu **Nachteilen für die Gläubiger** führt (§ 274 Abs. 3 InsO). Dies kann verbunden sein mit zahlreichen „*Mahnungen*" an den Schuldner, die rechtlichen Grundlagen zu beachten, denn nicht jede Pflichtverletzung oder Fehleinschätzung rechtfertigt gleich die Aufhebung der Eigenverwaltung. Auch kann es sein, dass der Sachwalter die Nachteiligkeit der Eigenverwaltung pflichtgemäß kommuniziert, gleichwohl keine (zeitnahe) Aufhebung der Eigenverwaltung gemäß § 272 Abs. 1 Nrn. 1 und 2 InsO erfolgt. Hier kann sich bei Vertiefung der Nachteiligkeit die Situation ergeben, dass der Sachwalter einer *wiederholten Mitteilungspflicht* aus § 274 Abs. 3 InsO nachkommen muss, um nicht selber in eine Haftungssituation zu geraten. Ein solcher Mehraufwand muss durch einen Zuschlag abgegolten werden und ergänzt die Zuschläge wegen Mehrbelastungen bei der allgemeinen Aufsicht (Rz. 55) und der Prüfung der wirtschaftlichen Lage des Schuldners (Rz. 56).

---

80) BGH, Beschl. v. 21.7.2016 – IX ZB 70/14, Rz. 67, ZIP 2016, 1592.
81) *Haarmeyer/Mock*, ZInsO 2016, 1, 4.
82) *Haarmeyer/Mock*, ZInsO 2016, 1, 4.

Entsteht im Zusammenhang mit Tätigkeiten des Schuldners, die eine Zustimmung des Sachwalters voraussetzen, ein Mehraufwand des Sachwalters, liegt eine zuschlagsbegründende Abweichung vom sog. Normalverfahren vor.[83] Die **Zustimmungsbedürftigkeit** bestimmter Rechtsgeschäfte (§ 277 Abs. 1 Satz 1 InsO) stellt insoweit das in § 12 Abs. 2 InsVV einzige speziell für den Sachwalter normierte Regelbeispiel dar (Rz. 50). In den nicht von § 12 Abs. 2 InsVV erfassten Zustimmungsfällen bedeutet das jeweilige Zustimmungserfordernis nicht automatisch, dass der Vorgang bzw. der Sachverhalt zum Normalverfahren gehört, da mit der Zustimmungsbedürftigkeit nur das rechtliche Können von Schuldner und Sachwalter geregelt wird. Maßgeblich ist vielmehr, ob der jeweilige Sachverhalt im Grundsatz in allen oder zumindest in einer Vielzahl von Eigenverwaltungen vorzufinden ist. So dürfte die *Kündigung von Betriebsvereinbarungen* (§§ 279 Satz 3, 120 InsO) stets einen Zuschlag begründen.[84] Nichts anderes gilt für die arbeitsgerichtliche Zustimmung zu einer *Betriebsänderung* (§§ 279 Satz 3, 122 InsO), die Einleitung eines *Beschlussverfahrens zum Kündigungsschutz* (§§ 279 Satz 3, 126 InsO)[85] oder gar die *Neubestellung von Mitgliedern der Geschäftsleitung* (§ 276a Satz 2 InsO). Aber auch die Zustimmung zur Begründung von Verbindlichkeiten, die *nicht zum gewöhnlichen Geschäftsbetrieb* gehören (§ 275 Abs. 1 Satz 1 InsO), ist wegen des damit verbundenen Mehraufwands zuschlagsfähig.[86] Zu diesen Ausgaben außerhalb des gewöhnlichen Geschäftsbetriebs sollen gehören z. B. die Aufnahme eines Massekredits,[87] die Anschaffung neuer Maschinen, soweit nicht nur als Ersatzbeschaffung notwendig,[88] Ausgaben für eine Umgestaltung des Produktionsprozesses[89] oder des Unternehmenszwecks,[90] der Ausbau des Personalbestandes,[91] Beraterkosten für die Ausarbeitung eines Insolvenzplans[92] etc. Schon die bloße Aufzählung zeigt, dass die Zustimmung des Sachwalters mit notwendigem Mehraufwand verbunden ist und – da nicht in einer Vielzahl von Fällen anfallend – nicht zum Normalverfahren gehört. Im Ergebnis ist also bei allen Entscheidungen des Schuldners, die eine Zustimmung des Sachwalters erfordern, ein Zuschlag indiziert.

58

Entsteht im Zusammenhang mit Tätigkeiten des Schuldners, die ein **Einvernehmen mit dem Sachwalter** voraussetzen, ein Mehraufwand des Sachwalters, liegt eine zuschlagsbegründende Abweichung vom sog. Normalverfahren vor.[93] Dies betrifft die von §§ 103–128 InsO erfassten Vorgänge, soweit nicht Zustimmungsbedürftigkeit vorliegt (siehe hierzu Rz. 58), und die Verwertung von Sicherungsgut (siehe

59

---

83) KPB-InsO/*Prasser*, § 12 InsVV Rz. 7 (Stand: 07/2015).
84) Leonhardt/Smid/Zeuner/*Amberger*, InsVV, § 12 Rz. 17; KPB-InsO/*Prasser*, § 12 InsVV Rz. 7 (Stand: 07/2015).
85) Leonhardt/Smid/Zeuner/*Amberger*, InsVV, § 12 Rz. 17; KPB-InsO/*Prasser*, § 12 InsVV Rz. 7 (Stand: 07/2015).
86) *Schur*, ZIP 2014, 757, 763 f.
87) FK-InsO/*Foltis*, § 275 Rz. 11.
88) FK-InsO/*Foltis*, § 275 Rz. 11.
89) FK-InsO/*Foltis*, § 275 Rz. 11.
90) FK-InsO/*Foltis*, § 275 Rz. 11.
91) FK-InsO/*Foltis*, § 275 Rz. 11.
92) *Hammes*, NZI 2017, 233, 239.
93) KPB-InsO/*Prasser*, § 12 InsVV Rz. 7 (Stand: 07/2015).

hierzu Rz. 60). Ganz überwiegend dürfte die Beteiligung des Sachwalters an einem Einvernehmen mit dem Schuldner keinen Zuschlag rechtfertigen, wenn nicht im Einzelfall qualitativ oder quantitativ eine gewisse Grenze überschritten wird. So wird es z. B. in Bauinsolvenzen eine Vielzahl von beiderseitig nicht vollständig erfüllten Verträgen i. S. d. § 103 InsO geben, die zudem von Gewährleistungseinreden betroffen sein können. Hier kann ein Zuschlag nicht verneint werden. Sobald der Anwendungsbereich des § 104 InsO betroffen ist, ist ein Zuschlag automatisch indiziert, da die Anwendung dieser Norm der absolute Ausnahmefall ist. Im Bereich der §§ 105–119 InsO hingegen dürften an einen Zuschlag hohe Hürden zu stellen sein. Im Anwendungsbereich des § 121 InsO scheint ein Zuschlag ausgeschlossen, da die Beantragung eines Vermittlungsversuchs vor der Einigungsstelle keinen Mehraufwand darstellt. Das Einvernehmen im Kontext der §§ 123–125 InsO (Sozialplan) dürfte wiederum automatisch zu einem Zuschlag führen, da Sozialpläne weder in Regelinsolvenzverfahren noch in Eigenverwaltungen selbstverständlich sind. Im Bereich der §§ 127–128 InsO sind keine zuschlagsfähigen Tätigkeiten des Sachwalters erkennbar.

60 Die **Verwertung von Sicherungsgut** durch den Schuldner im Einvernehmen mit dem Sachwalter ist im Grundsatz nicht zuschlagswürdig, da in nahezu jedem Insolvenzverfahren Absonderungsrechte geltend gemacht werden. Insoweit gelten hinsichtlich der Hürden für einen Zuschlag die für § 3 Abs. 1 lit. a InsVV aufgestellten Maßstäbe. Dies jedoch reduziert auf die Tätigkeiten, die überhaupt von einem Sachwalter erbracht werden können. So ist das Einvernehmen, wie es der Gesetzgeber in § 282 Abs. 2 InsO formuliert, nicht justiziabel und kann auch nicht über § 60 InsO regressbewährt sein.[94] Das Einvernehmen kann sich mithin nur darauf beziehen, dass einerseits Gegenstände nicht unter Wert veräußert und andererseits keine Auskehrungen vom Schuldner an Absonderungsgläubiger vorgenommen werden, bevor der Sachwalter eine mögliche Anfechtung des Sicherungsrechts geprüft hat. Insgesamt scheint sich allerdings aufzudrängen, dass der Gesetzgeber den Schuldner mit § 282 InsO etwas überfordert, zumindest wird der Schuldner ohne anwaltliche Unterstützung kaum alle Facetten von Absonderungsrechten überschauen können. Daher muss hier eine beratende Überwachung durch den Sachwalter zulässig und über einen Zuschlag auch vergütungsfähig sein.

61 Die **Betriebsfortführung** ist Regelbeispiel für einen Zuschlag bei der Vergütung des Insolvenzverwalters (§ 3 Abs. 1 lit. b InsVV). Auch für den (vorläufigen) Sachwalter ist die Betriebsfortführung nicht Bestandteil des Normalverfahrens,[95] da es sich auch bei der Eigenverwaltung zuvörderst um ein gerichtliches Gesamtvollstreckungsverfahren im Interesse der Gläubiger[96] handelt und die Eigenverwaltung auch in reinen Abwicklungsverfahren möglich ist. Insoweit muss doch gelegentlich daran erinnert werden, dass die InsO kein Sanierungsgesetz für den Schuldner ist, sondern ledig-

---

94) A. A. offenbar FK-InsO/*Foltis*, § 282 Rz. 17.
95) BGH, Beschl. v. 21.7.2016 – IX ZB 70/14, Rz. 66, ZIP 2016, 1592; BGH, Beschl. v. 22.6.2017 – IX ZB 91/15, ZInsO 2017, 1813; AG Dortmund, Beschl. v. 5.12.2016 – 259 IN 13/14, ZInsO 2016, 2499; KPB-InsO/*Prasser*, § 12 InsVV Rz. 6 (Stand: 07/2015); a. A. *Haarmeyer/Mock*, InsVV, § 12 Rz. 10.
96) *Haarmeyer/Mock*, ZInsO 2016, 1, 2.

lich diejenigen Sanierungsmöglichkeiten kodifiziert, die zu einem für die Gläubiger beim Vergleich mit der Abwicklung mindestens gleichwertigen Vollstreckungserfolg führen (vgl. § 245 InsO). Insoweit ist die Betriebsfortführung kein kodifizierter Bestandteil der Eigenverwaltung, wenngleich die Eigenverwaltung nur bei Betriebsfortführung ihren tieferen Sinn entfaltet. Freilich muss streng zwischen aktiver Betriebsfortführung und deren Überwachung unterschieden werden, wobei es hilfreich wäre, wenn die betriebswirtschaftlichen Definitionen auch bei Gericht bekannt wären. Wenn z. B. ausgeführt wird, das „Controlling" obliege dem Sachwalter,[97] wird der Unterschied zur „Kontrolle" offenbar nicht erfasst.

Unbestritten kann die Begleitung der Unternehmensfortführung ähnlich aufwendig sein wie die Unternehmensfortführung selbst.[98] Das soll jedoch nicht der Fall sein, wenn der Schuldner die Überwachung und Kontrolle jederzeit ermöglicht, die Unterlagen und Daten aufbereitet und vollständig zur Verfügung stellt und ferner jederzeit Auskunft erteilt.[99] Das kann als Widerspruch gesehen werden, weil eine gut vorbereitete und durchgeführte Eigenverwaltung dann letztlich doch einen Zuschlag für Betriebsfortführung verhindert. Es ist jedoch auch eine Interpretation dahingehend möglich, dass auch nur eine solch optimale Eigenverwaltung das Normalverfahren definiert. Sofern dies auch bei einer Haftung des Sachwalters so gesehen wird, dürften keine Einwände bestehen. Gleichwohl besteht noch keine abschließende Klarheit. Soweit vertreten wird, bei der Betriebsfortführung gehöre zur Regelaufgabe des Sachwalters die Überwachung der Geschäftsführung, was die dauerhafte und umfassende Einbindung in den Prozess der Betriebsfortführung erfordere und die Kontrolle der laufenden Bestellungen inkludiere,[100] scheint der Fokus auf kleineren Verfahren und einer Liquiditätskontrolle zu liegen. „Die" Geschäftsführung zu überwachen ist bei größeren und großen Unternehmen schon etwas schwieriger. Hier finden sich als Mitglieder der Geschäftsführung z. T. Geschäftsführer bzw. Vorstände für Einkauf und Beschaffung, Personal, Finanzen und Controlling, Forschung und Entwicklung, Recht, Compliance, Absatzmärkte, Marken, Beteiligungen etc. Die Überwachung einer solchen Geschäftsführung unter umfassender Einbindung in den Prozess der Betriebsfortführung als Regelaufgabe des Sachwalters zu bezeichnen, dürfte lebensfremd sein. Selbst ein mehrköpfiger Aufsichtsrat einer solchen Gesellschaft müsste weniger leisten. Daher stellt der BGH zutreffend klar, dass seine restriktive Auffassung nur in durchschnittlichen Verfahren gilt.[101]

Für die Festsetzungspraxis ist dies allerdings noch nicht bestimmt genug, sodass die Rechtsentwicklung noch nicht als abgeschlossen gelten kann. Eine derartige Arbeitsbelastung des Sachwalters spiegelt sich jedenfalls nicht in den anderen Vergütungsbestandteilen wider, wenn für die Berechnungsgrundlage gemäß § 1 Abs. 2 Nr. 4 Satz 2 lit. b InsVV nur der Fortführungsüberschuss relevant ist, aber bei der Bemessung des Zuschlags sogar die *Umsatzgröße* des Unternehmens nur eine untergeord-

---

97) AG Dortmund, Beschl. v. 5.12.2016 – 259 IN 13/14, ZInsO 2016, 2499.
98) BGH, Beschl. v. 21.7.2016 – IX ZB 70/14, Rz. 66, ZIP 2016, 1592; *Schur*, ZIP 2014, 757, 765.
99) BGH, Beschl. v. 21.7.2016 – IX ZB 70/14, Rz. 67, ZIP 2016, 1592.
100) BGH, Beschl. v. 21.7.2016 – IX ZB 70/14, Rz. 67, ZIP 2016, 1592.
101) BGH, Beschl. v. 21.7.2016 – IX ZB 70/14, Rz. 67, ZIP 2016, 1592.

nete Rolle spielen soll.¹⁰²⁾ Soweit die Rechtsprechung noch weitergehend behauptet, der *Gewinn* des Unternehmens spiegele sich bereits in der Berechnungsgrundlage wider, um einen Zuschlag anzuzweifeln,¹⁰³⁾ muss wiederum fehlende Kenntnis der betriebswirtschaftlichen und vergütungsrechtlichen Fachbegriffe beklagt werden; der handels- und steuerrechtlicher Gewinn nach HGB/EStG steht mit dem Fortführungsüberschuss nach InsVV nun wirklich in keinem Zusammenhang.

64 Missverständlich ist die Rechtsprechung im Hinblick auf **Konzernstrukturen** und **Auslandsbezug.** Zunächst wird davon ausgegangen, dass bei einem Unternehmen, das von diesen Umständen betroffen ist, dies eben zum Normalfall gehöre, um dann nur für den Einzelfall einen Zuschlag für den Mehraufwand bei der Überwachung zuzulassen.¹⁰⁴⁾ Dies muss wohl dahingehend interpretiert werden, dass die Rechtsprechung nicht mehr über eine Vielzahl von einzelnen Zuschlägen entscheiden möchte, sondern nur noch über wenige, die aber durchaus mit zahlreichen Teilaspekten begründet werden können. Im Ergebnis betrifft dies folglich nur die Gliederung eines Vergütungsantrags, ohne dass erschwerende Umstände unvergütet blieben.

65 Eine **hohe Beschäftigtenzahl** soll keinen Zuschlagsgrund darstellen, da dieser Umstand bereits bei § 2 InsVV berücksichtigt werde.¹⁰⁵⁾ Dies ist freilich völlig abwegig, da die Beschäftigtenzahl weder mit den Werten (Aktiva und Passiva) noch mit der Schlussrechnung (Einnahmen und Ausgaben) in irgendeinem Zusammenhang steht. Insoweit besteht selbstverständlich die Möglichkeit eines Zuschlags, wenngleich zutreffend vertreten wird, dies wertmäßig bei der Bezifferung des Zuschlags für Betriebsfortführung zu berücksichtigen.¹⁰⁶⁾

66 Generell gilt jedoch zu **Arbeitnehmerangelegenheiten**, dass der Sachwalter kaum involviert ist. Die *Abhaltung von Mitarbeiterversammlungen* oder das Entwerfen und Versenden von *Informationsschreiben an die Mitarbeiter* ist weder Tätigkeit des Sachwalters noch überwachungsbedürftig.¹⁰⁷⁾ Dies setzt freilich die optimale Eigenverwaltung voraus. In weniger gut vorbereiteten Eigenverwaltungen den gleichwohl möglichen Erfolg zu verhindern, weil der Sachwalter nichts mit den Arbeitnehmern zu schaffen haben soll und diese wiederum mit dem schuldnerischen Berater oder einer eingewechselten Geschäftsführung nichts anfangen können, scheint doch sehr formalistisch und entzieht sich der betriebswirtschaftlichen Praxis; die Motivation der Mitarbeiter ist Kernstück eines erfolgreichen Unternehmens. Auch insoweit muss eine beratende und zukunftsorientierte Überwachung des Sachwalters möglich sein,¹⁰⁸⁾ zumal eine solche begleitende Kontrolle und Überwachung der *Insolvenzgeldvorfinan-*

---

102) BGH, Beschl. v. 21.7.2016 – IX ZB 70/14, Rz. 68, ZIP 2016, 1592; BGH, Beschl. v. 22.9.2016 – IX ZB 71/14, Rz. 58, ZIP 2016, 1981.
103) BGH, Beschl. v. 22.9.2016 – IX ZB 71/14, Rz. 51, ZIP 2016, 1981.
104) BGH, Beschl. v. 22.9.2016 – IX ZB 71/14, Rz. 60, ZIP 2016, 1981.
105) *Haarmeyer/Mock*, InsVV, § 12 Rz. 22.
106) BGH, Beschl. v. 21.7.2016 – IX ZB 70/14, Rz. 77, ZIP 2016, 1592; BGH, Beschl. v. 22.9.2016 – IX ZB 71/14, Rz. 66, ZIP 2016, 1981; AG Dortmund, Beschl. v. 5.12.2016 – 259 IN 13/14, ZInsO 2016, 2499.
107) BGH, Beschl. v. 21.7.2016 – IX ZB 70/14, Rz. 78, ZIP 2016, 1592.
108) BGH, Beschl. v. 21.7.2016 – IX ZB 70/14, Rz. 74, ZIP 2016, 1592 zum Sanierungskonzept.

zierung anerkannt ist.[109] Insgesamt sind Zuschläge daher nicht ausgeschlossen. Stets muss jedoch deutlich werden, dass der Sachwalter nur in eben jener überwachenden Funktion tätig wird. Eigenständige Verhandlungen z. B. mit dem *Betriebsrat* oder *Gewerkschaften* darf der (vorläufige) Sachwalter nicht führen.[110]

Nichts anderes gilt für Verhandlungen um einen etwaigen **Massekredit**; auch hier ist 67 eine begleitende und überwachende Kontrolle durch den (vorläufigen) Sachwalter möglich.[111] Da ein solcher Kredit nicht zum Normalverfahren gehört, sind entsprechende Tätigkeiten des (vorläufigen) Sachwalters über einen angemessenen Zuschlag zu vergüten, zumal die Aufnahme eines Massekredits zu Verbindlichkeiten führt, die nicht zum gewöhnlichen Geschäftsbetrieb gehören, folglich nur mit Zustimmung des (vorläufigen) Sachwalters begründet werden sollen (§ 275 Abs. 1 Satz 1 InsO).

Die Maßnahmen bezüglich einer (**übertragenden**) **Sanierung** hat der Schuldner selbst 68 zu treffen. Die Überwachungstätigkeit des Sachwalters in Bezug auf einen Sanierungs- oder M&A-Prozess und ein ggf. angeordneter Zustimmungsvorbehalt erhöhen jedoch dessen Arbeitsaufwand, sodass ein Zuschlag möglich ist.[112] Denn die von der Eigenverwaltung ausgearbeiteten Szenarien hat der (vorläufige) Sachwalter auf ihre Durchführbarkeit und hinsichtlich der Auswirkungen auf die Quotenerwartungen der Insolvenzgläubiger zu überprüfen; insoweit trifft den Sachwalter die Pflicht zur Abwägung und Plausibilisierung.[113] Nichts anderes gilt für die Entwicklung sanierungsfördernder Strategieentwicklungen im Bereich des Sozialversicherungs- oder Steuerrechts.[114] Dabei darf sich der Sachwalter nicht darauf beschränken, die von der Eigenverwaltung vorgelegten Konzepte einfach nur zu billigen oder zu verwerfen; er muss vielmehr beratend in dem Sinne tätig werden, dass er sich rechtzeitig in die Erarbeitung der Konzepte einbinden lässt und rechtzeitig zu erkennen gibt, welche erwogene Maßnahme nach seiner Auffassung möglich und welche geprüften Wege gangbar sind.[115] Insoweit gilt eine zukunftsorientierte Überwachungsfunktion.[116]

Die *Ausarbeitung* eines **Insolvenzplans** im Auftrag der Gläubigerversammlung gemäß 69 § 284 Abs. 1 Satz 1 InsO stellt gemäß §§ 10, 3 Abs. 1 lit. e InsVV einen Zuschlagsfaktor dar.[117] Nichts anderes gilt, wenn der Auftrag an den Schuldner gerichtet wird und der Sachwalter *beratend mitwirkt* (§ 284 Abs. 1 Satz 2 InsO). Wurde der Insolvenzplan ohne vorgenanntes Gläubigervotum *vom Schuldner alleine* erstellt, dürfte

---

109) BGH, Beschl. v. 21.7.2016 – IX ZB 70/14, Rz. 80, ZIP 2016, 1592; BGH, Beschl. v. 22.9.2016 – IX ZB 71/14, Rz. 70, ZIP 2016, 1981.
110) BGH, Beschl. v. 22.9.2016 – IX ZB 71/14, Rz. 71, ZIP 2016, 1981.
111) BGH, Beschl. v. 22.9.2016 – IX ZB 71/14, Rz. 56, ZIP 2016, 1981.
112) BGH, Beschl. v. 22.9.2016 – IX ZB 71/14, Rz. 62, ZIP 2016, 1981.
113) BGH, Beschl. v. 21.7.2016 – IX ZB 70/14, Rz. 72, ZIP 2016, 1592; BGH, Beschl. v. 22.9.2016 – IX ZB 71/14, Rz. 64 f., ZIP 2016, 1981; a. A. *Haarmeyer/Mock*, ZInsO 2016, 1, 7.
114) BGH, Beschl. v. 22.9.2016 – IX ZB 71/14, Rz. 57, ZIP 2016, 1981.
115) BGH, Beschl. v. 21.7.2016 – IX ZB 70/14, Rz. 73, ZIP 2016, 1592. Eine Beratungstätigkeit insoweit generell negierend offenbar *Frind*, ZInsO 2013, 2302, 2305; *Haarmeyer/Mock*, ZInsO 2016, 1, 7.
116) BGH, Beschl. v. 21.7.2016 – IX ZB 70/14, Rz. 74, ZIP 2016, 1592; BGH, Beschl. v. 22.9.2016 – IX ZB 71/14, Rz. 64 f., 77, ZIP 2016, 1981.
117) Leonhardt/Smid/Zeuner/*Amberger*, InsVV, § 12 Rz. 17; *Haarmeyer/Mock*, InsVV, § 12 Rz. 10; KPB-InsO/*Prasser*, § 12 InsVV Rz. 7 (Stand: 07/2015).

zumindest eine Vergleichsrechnung zu prüfen nicht Aufgabe des Sachwalters sein, da die vermeintliche Schlechterstellung i. S. d. § 245 InsO eine Angelegenheit zwischen Schuldner und Gläubiger ist. Eine spätere *Planüberwachung* ist kein Zuschlagsfaktor, da diese Tätigkeit über §§ 10, 6 Abs. 2 InsVV gesondert zu vergüten ist (Rz. 100).

70 Ein Zuschlag wegen **Anzahl, Umfang und Komplexität der Anfechtungsansprüche** ist möglich, und zwar nach denselben Kriterien wie bei einem Insolvenzverwalter, da auch hier gilt, dass die Arbeitsleistung eines anfechtenden Sachwalters nicht hinter derjenigen eines anfechtenden Insolvenzverwalters zurückbleibt. Es kann sogar das Gegenteil der Fall sein, wenn der Schuldner den Zugriff auf die notwendigen Geschäftsunterlagen behindert oder – von welcher Seite auch immer – Erpressungsszenarien hinsichtlich eines angestrebten Insolvenzplans aufgebaut werden. Ein Erschwerungsgrund kann auch darin liegen, dass der Anfechtungsgegner Widerklage erhebt. Denn hinsichtlich der von der Widerklage erfassten Ansprüche ist zunächst davon auszugehen, dass der Sachwalter nicht passivlegitimiert ist. Gleichwohl wird dem Anfechtungsgegner das Rechtsschutzbedürfnis für eine Widerklage nicht abgesprochen werden können, da es sich trotz der Aufgabenteilung in der Eigenverwaltung um ein einheitliches Insolvenzverfahren handelt. Folglich wird der eigenverwaltende Schuldner in den Prozess einzubeziehen sein, was zu erheblichen rechtlichen und tatsächlichen Problemen führen kann. Da der Sachwalter im Bereich der Anfechtung nicht anders agiert als ein Insolvenzverwalter, ist zusätzlich zu prüfen, ob ein Zuschlag wegen Korrektur des § 12 Abs. 1 InsVV in Betracht kommt (Rz. 46).

71 Die vorstehenden Ausführungen gelten ebenso bei einer Mehrbelastung bei der **Geltendmachung der von §§ 280, 92, 93 InsO erfassten Ansprüche**.

72 Die **Zusammenarbeit mit einem (vorläufigen) Gläubigerausschuss** kann einen Zuschlagsfaktor für den (vorläufigen) Sachwalter darstellen, da ein (vorläufiger) Gläubigerausschuss nicht zum Normalverfahren gehört.[118] Dass ein solcher Zuschlag jedoch deswegen niedrig angesetzt werden soll, weil die Existenz eines solchen Ausschusses auch zu einer Arbeitserleichterung des Sachwalters führt,[119] dürfte zweifelhaft sein und nur dann gelten, wenn durch den Gläubigerausschuss weniger restrukturierungsspezifisches als eher branchenbezogenes Fachwissen in die Verfahrensabwicklung eingebracht wird und zudem eine aktive Unterstützung und Überwachung durch den Gläubigerausschuss erkennbar[120] ist. Ungeachtet dessen muss hier Augenmaß walten.

73 Die **Kommunikation mit den Gläubigern** ist im Übrigen Aufgabe der Eigenverwaltung. Der (vorläufige) Sachwalter kann entsprechende Informationsschreiben jedoch vorab prüfen, Änderungen anregen und den Schuldner sogar beraten;[121] ein Zuschlag ist jedoch nur bei außergewöhnlicher Mehrbelastung gerechtfertigt.[122]

74 Gemäß § 281 Abs. 3 Satz 2, Abs. 1 Satz 2 InsO hat der Sachwalter nur die **Schlussrechnung** des Schuldners zu prüfen. Dies ist ein einmaliger Vorgang. Sollte die Prüfungs-

---

118) BGH, Beschl. v. 21.7.2016 – IX ZB 70/14, Rz. 76, ZIP 2016, 1592; BGH, Beschl. v. 22.9.2016 – IX ZB 71/14, Rz. 69, ZIP 2016, 1981.
119) BGH, Beschl. v. 21.7.2016 – IX ZB 70/14, Rz. 76, ZIP 2016, 1592; BGH, Beschl. v. 22.9.2016 – IX ZB 71/14, Rz. 69, ZIP 2016, 1981.
120) *Buchalik/Schröder/Ibershoff*, ZInsO 2016, 1445, 1450.
121) BGH, Beschl. v. 22.9.2016 – IX ZB 71/14, Rz. 80, ZIP 2016, 1981.
122) BGH, Beschl. v. 22.9.2016 – IX ZB 71/14, Rz. 80, ZIP 2016, 1981.

pflicht jedoch dahingehend verstanden werden, dass der Sachwalter die laufende Rechnungslegung bzw. Zwischenrechnungen zu prüfen hat, würde dies einen Zuschlag wegen Mehrbelastung rechtfertigen. Dies muss ohnehin gelten, wenn die Gläubigerversammlung dem Schuldner gemäß § 66 Abs. 3 Satz 1 InsO aufgibt, förmliche Zwischenrechnungen zu legen, da sich dann wegen §§ 281 Abs. 3, Abs. 1 Satz 2, 66 Abs. 3 Satz 2 InsO wiederholte Prüfungspflichten des Sachwalters ergeben.

Gemäß §§ 10, 4 Abs. 1 Satz 2 InsVV ist mit der Regelvergütung der Büroaufwand einschließlich der Gehälter seiner Angestellten abgegolten. Ein Zuschlag für die **Hinzuziehung eines Kanzleikollegen** oder anderer Mitarbeiter ist daher nicht möglich.[123] 75

c) Abschläge (§ 3 Abs. 2 InsVV)

aa) Grundsätze

Wegen der generellen analogen Anwendung des § 3 InsVV aufgrund der Verweisung in § 10 InsVV sind auch Abschläge gemäß § 3 Abs. 2 InsVV möglich, soweit die Abschlagstatbestände durch einen Sachwalter erfüllt werden können. Voraussetzung ist eine erhebliche Arbeitserleichterung für den Sachwalter. 76

bb) Fälle

Gemäß § 3 Abs. 2 lit. a InsVV kann es für die Vergütung des Insolvenzverwalters einen Abschlag begründen, wenn ein vorläufiger Insolvenzverwalter im Verfahren tätig war und hierdurch eine erhebliche Arbeitserleichterung für den Insolvenzverwalter eingetreten ist. Die Tätigkeit als („schwacher") vorläufiger Insolvenzverwalter hat sichernden und vorbereitenden Charakter, die Tätigkeit als Insolvenzverwalter hat verwaltenden und gestaltenden Charakter, sodass solche Arbeitserleichterungen **aufgrund einer vorläufigen Verwaltung** in der Tat denkbar sind, wenn im Antragsverfahren Maßnahmen vorbereitet werden, die erst nach Verfahrenseröffnung umgesetzt werden. Für den vorläufigen Sachwalter hingegen verweisen § 270a Abs. 1 Satz 2 InsO („normale" vorläufige Sachwaltung) bzw. §§ 270b Abs. 2 Satz 1, 270a Abs. 1 Satz 2 InsO (Schutzschirm) lediglich auf §§ 274, 275 InsO. Die dort genannten Überwachungsfunktionen, die Prüfung der wirtschaftlichen Verhältnisse und die Übernahme der Kassenführung sind in sich abgeschlossen. Ungeachtet der Frage, ob diese Aufgaben auch sichernden Charakter haben, was lediglich für die Vergütung des vorläufigen Sachwalters von Bedeutung ist, kann die Erfüllung dieser Aufgaben keine Arbeitserleichterung für den endgültigen Sachwalter bedeuten, da die Überwachungsaufgaben sukzessive erbracht und nicht vorbereitet werden. Insoweit fehlt es an dem für § 3 Abs. 2 lit. a InsVV erforderlichen Ergänzungscharakter aufeinander aufbauender Tätigkeiten. Daher ist der Anwendungsbereich des § 3 Abs. 2 lit. a InsVV grundsätzlich nicht eröffnet.[124] Etwas anderes kann gelten, wenn ein vorläufiger Insolvenzverwalter mit Verfahrenseröffnung zum Sachwalter bestellt wird. 77

Gemäß § 3 Abs. 2 lit. b InsVV ist ein Abschlag von der Vergütung indiziert, wenn eine **wesentliche Masseverwertung bei Amtsantritt** gegeben ist. Dies betrifft zunächst die Vergütung eines eingewechselten Insolvenzverwalters. Ungeachtet dessen steht die 78

---

123) BGH, Beschl. v. 21.7.2016 – IX ZB 70/14, Rz. 63, ZIP 2016, 1592.
124) *Haarmeyer/Mock*, InsVV, § 12 Rz. 20 und 25; KPB-InsO/*Prasser*, § 12 InsVV Rz. 16 (Stand: 07/2015).

§ 12 Vergütung des Sachwalters

Verwertung der Masse bei der Eigenverwaltung nicht im Vordergrund, da die Eigenverwaltung regelmäßig der vorübergehenden Betriebsfortführung bis zum Zustandekommen eines Insolvenzplans dient. Jenseits eines Amtswechsels (Rz. 145 ff.) dürfte der Anwendungsbereich des § 3 Abs. 2 lit. b InsVV daher nicht eröffnet sein.

79 Gemäß § 3 Abs. 2 lit. c InsVV ist ein Abschlag von der Vergütung indiziert, wenn das Amt des Vergütungsberechtigten oder das Insolvenzverfahren vorzeitig enden. Zur **vorzeitigen Verfahrensbeendigung** gehören die Fälle des § 212 InsO (Einstellung wegen Wegfalls des Eröffnungsgrundes) und des § 213 InsO (Einstellung mit Zustimmung der Insolvenzgläubiger). Eine Einstellung wegen Masseärmut (§ 207 InsO) oder nach angezeigter Masseunzulänglichkeit (§ 211 InsO) ist hingegen keine vorzeitige Verfahrensbeendigung.[125] Ob eine Aufhebung nach § 258 InsO (Insolvenzplan) vorzeitig ist, dürfte zu verneinen sein, da sonst der Zuschlagsfaktor des § 3 Abs. 1 lit. e InsVV keinen Sinn ergäbe, zudem Regel- und Planverfahren in § 1 Satz 1 InsO als gleichwertig benannt werden. Der Begriff „vorzeitig" hat insgesamt keine temporale, sondern eine tätigkeitsbezogene Bedeutung. Entscheidend ist einzig, dass aufgrund eines bestimmten Ereignisses nicht mehr alle Aufgaben erfüllt werden müssen, die dem Sachwalter ansonsten zwingend zugewiesen sind. Wie lange das Verfahren bis zu diesem Ereignis bereits angedauert hat, ist unerheblich.[126] Keine Verfahrensbeendigung ist der Wechsel vom Regelinsolvenzverfahren zur Eigenverwaltung und umgekehrt, da hierdurch das Insolvenzverfahren weder unterbrochen noch beendet wird.

80 Für eine **vorzeitige Amtsbeendigung** i. S. d. § 3 Abs. 2 lit. c InsVV kommen das Versterben oder die Entlassung des Sachwalters (§§ 274 Abs. 1, 59 InsO), seltener auch dessen Auswechselung nach §§ 274 Abs. 1, 56a, 57 InsO in Betracht. Um eine vorzeitige Amtsbeendigung handelt es sich auch, wenn die Eigenverwaltung nach § 272 InsO aufgehoben wird. Denn unabhängig davon, ob der nun folgende Insolvenzverwalter mit dem vormaligen Sachwalter personenidentisch ist, handelt es sich um unterschiedliche Ämter. Da die Kontroll- und Überwachungstätigkeit als Sachwalter jedoch sukzessive, also nahezu stündlich neu erbracht wird, dürfte eine vorzeitige Beendigung des Sachwalteramts allenfalls eine Kürzung solcher Zuschläge zur Folge haben, die auf Planungsprozesse angelegt sind, wie z. B. im Bereich der Sanierungsmaßnahmen. Ein „echter" Abschlag käme nur im Hinblick auf die eingesparten Tätigkeiten im Zusammenhang mit Schlussrechnung und Schlussverteilung in Betracht, da diese Aufgaben erst später dem Insolvenzverwalter obliegen. Eine zurückhaltende Anwendung dieses Abschlagsfaktors ist auch insoweit angemessen, als bei einem Insolvenzverwalter auch die zum Zeitpunkt eines Amtswechsels noch nicht verwerteten Vermögensgegenstände mit ihrem Schätzwert in die Berechnungsgrundlage eingestellt werden; bei einem ausgeschiedenen Sachwalter hingegen wird in einer solchen Konstellation lediglich auf die bisherigen Einnahmen und Ausgaben nach Maßgabe des § 1 Abs. 2 InsVV abgestellt, sodass schon die Berechnungsgrundlage weitaus niedriger ist als bei einem ausgeschiedenen Insolvenzverwalter.

81 Nach § 3 Abs. 2 lit. d InsVV kann ein Abschlag von der Vergütung einschlägig sein, wenn die Masse groß war und die **Geschäftsführung geringe Anforderungen** an

---

125) AG Potsdam, Beschl. v. 23.1.2001 – 35 IK 18/99, ZInsO 2001, 189 (zu § 211 InsO).
126) Vgl. BGH, Beschl. v. 12.10.2006 – IX ZB 191/05, NZI 2007, 55.

den Insolvenzverwalter stellte. Der Anwendungsbereich des § 3 Abs. 2 lit. d InsVV ist für den Sachwalter schon deswegen nicht eröffnet, weil dem Sachwalter nicht die Geschäftsführung i. S. d. § 63 Abs. 1 Satz 1 InsO obliegt. Der Unterschied zwischen „geschäftsführendem" Insolvenzverwalter und überwachendem und mitwirkendem Sachwalter kommt bereits im Regelbruchteil von 60 % nach § 12 Abs. 1 InsVV angemessen und ausreichend zum Ausdruck. Für die Definition eines Normalverfahrens der Eigenverwaltung wird zudem unterstellt, dass der Schuldner dem Sachwalter stets alle erforderlichen Unterlagen zur Verfügung stellt; leichter als nur „durchsehen und abnicken" geht es aber nicht, sodass eine Tätigkeit unterhalb des qualitativen Anspruchs an ein Normalverfahren nicht möglich ist und der Abschlagstatbestand regelmäßig nicht erfüllt sein kann.

§ 3 Abs. 2 lit. e InsVV[127] ist nur in den ab dem 1.7.2014 beantragten Insolvenzverfahren anwendbar (§ 19 Abs. 4 InsVV). Obgleich rechtlich nicht ausgeschlossen, dürften Verfahren, in denen die **Vermögensverhältnisse des Schuldners überschaubar** und die Anzahl der Gläubiger bzw. die Höhe derer Forderungen gering sind, als Verfahren in Eigenverwaltung allerdings eine absolute Ausnahme darstellen. Dann kann jedoch dieser Abschlagstatbestand auch für einen Sachwalter gelten. Zur Problematik des § 3 Abs. 2 lit. f InsVV[128] (**Verfahrenskoordination** nach §§ 269a ff. InsO[129]) siehe § 3 Rz. 229 ff. 82

Die **Delegation von Aufgaben** des Sachwalters im Rahmen des § 4 Abs. 1 Satz 3 InsVV (genauer: die hierdurch zulasten des Schuldners entstandene Verbindlichkeit) kann die Regelvergütung (bei Delegation einer Regelaufgabe) oder einen beantragten Zuschlag (bei Delegation einer Sonderaufgabe) mindern (ausführlich § 3 Rz. 36 ff., 248 ff.). Diese für den Insolvenzverwalter entwickelten Grundsätze gelten freilich in der Eigenverwaltung nur dort, wo der Sachwalter überhaupt delegationsbefugt ist (Rz. 90), was zumindest im Aufgabenbereich des § 280 InsO der Fall ist. 83

Keinen Abschlagsfaktor stellt es dar, wenn über die Personen der Geschäftsführung (z. B. CRO), des Sanierungsberaters oder eines Generalbevollmächtigten eine **insolvenzrechtliche Expertise des Schuldners** vorliegt, da eine solche Expertise ohnehin zum Normalverfahren gehört und die reduzierten Aufgaben des Sachwalters überhaupt erst rechtfertigt.[130] Auch dass der Schuldner einschließlich seiner Verzeichnisse i. S. d. §§ 151–153 InsO oder die Schlussrechnung nach § 66 Abs. 1 InsO vorbildlich erstellt, ist von § 281 InsO vorgegeben und begründet *keinen* Ab- 84

---

127) § 3 Abs. 2 lit. e InsVV eingeführt durch das Gesetz zur Verkürzung des Restschuldbefreiungsverfahrens und zur Stärkung der Gläubigerrechte v. 15.7.2013 (BGBl. I 2013, 2379), siehe Anh. XII Rz. 92.
128) § 3 Abs. 2 lit. f InsVV eingeführt durch das Gesetz zur Erleichterung der Bewältigung von Konzerninsolvenzen v. 13.4.2017 (BGBl. I 2017, 866) mit Inkrafttreten zum 21.4.2018 (Art. 10 des Änderungsgesetzes), siehe Anh. XV Rz. 106.
129) §§ 269a–269i InsO eingeführt durch das Gesetz zur Erleichterung der Bewältigung von Konzerninsolvenzen v. 13.4.2017 (BGBl. I 2017, 866) mit Inkrafttreten zum 21.4.2018 (Art. 10 des Änderungsgesetzes), siehe Anh. XV Rz. 26.
130) BGH, Beschl. v. 21.7.2016 – IX ZB 70/14, Rz. 81, ZIP 2016, 1592; BGH, Beschl. v. 22.9.2016 – IX ZB 71/14, Rz. 81, ZIP 2016, 1981; in diesem Sinne auch *Hammes*, NZI 2017, 233, 236; **a. A.** aus der Beraterszene *Buchalik/Schröder/Ibershoff*, ZInsO 2016, 1445, 1450; *Haarmeyer/Mock*, InsVV, § 12 Rz. 11 (Sachwalter) und 22 (vorläufiger Sachwalter).

schlag bei der Sachwaltervergütung.[131] Die Sorgfalt des Schuldners in diesen Dingen gehört zum Normalfall der Eigenverwaltung.[132]

d) Gesamtwürdigung

85 Das die Vergütung festsetzende Gericht kann für einzelne Zu- und Abschlagsfaktoren zunächst gesonderte Zu- und Abschläge festsetzen. Eine solche Vorgehensweise ist jedoch nicht zwingend,[133] da es sich um tatrichterliche Feststellungen aufgrund Amtsermittlung handelt; dem Rechtspfleger am Insolvenzgericht kann nicht vorgeschrieben werden, wie er hier vorgeht. Maßgebend ist für den Gesamtzuschlag oder Gesamtabschlag eine im Ergebnis angemessene **Gesamtwürdigung**, da sich die in Betracht kommenden Zu- und Abschlagsfaktoren überschneiden können.[134] Es geht mithin nur um die Vermeidung einer Doppelberücksichtigung von Lebenssachverhalten (§ 3 Rz. 41 ff.). Die Überprüfung und ihr Ergebnis hat in der Begründung der Vergütungsfestsetzung entsprechenden Ausdruck zu finden.[135]

86 Eine **Obergrenze** von Zuschlägen ist nicht vorgesehen,[136] da die Vergütung im Lichte des Art. 12 Abs. 1 GG stets dem Einzelfall angemessen sein muss. Es gibt keinen rechtlichen Grundsatz des Inhalts, ein Sachwalter müsse auf Vergütung verzichten, um das Instrument der Eigenverwaltung – zugunsten von Vergütungsansprüchen der schuldnerischen Berater, die in die Nachteilsprognose gemäß § 270 Abs. 2 Nr. 2 InsO einzubeziehen sind[137] – vorteilhaft erscheinen zu lassen. Auch eine faktische Vergütungskürzung zur sog. Querfinanzierung der Verfahren (§ 3 Rz. 44 ff.) greift nicht durch, da es in anderen Verfahren keinen äquivalenten Erhöhungstatbestand gibt.

5. Besonderheiten bei §§ 4, 5 InsVV

87 Aufgrund der Verweisung in § 10 InsVV finden auch §§ 4, 5 InsVV **analoge Anwendung**.[138] Freilich bedeutet Analogie, dass die herangezogenen Normen überhaupt auf die Eigenverwaltung zugeschnitten werden können.

88 Gemäß §§ 10, 4 Abs. 3 Satz 1 InsVV sind die **Prämien einer Haftpflichtversicherung** durch die Regelvergütung des Sachwalters abgegolten. Dies könnte dogmatisch zweifelhaft sein, wenn der Sachwalter nach § 12 Abs. 1 InsVV nur 60 % der nach §§ 1, 2 InsVV zu berechnenden Vergütung erhält, sich die Versicherungsprämien für einen Sachwalter jedoch nicht von den Prämien eines Insolvenzverwalters unterscheiden. In der Praxis dürfte sich dieses Problem nicht stellen, da die allgemeinen Vermögensschadenhaftpflichtversicherungen der Amtsträger regelmäßig beide Tätigkeiten umfassen, ohne die Prämien in Tätigkeitsbereiche aufzuteilen. Nach Art und Umfang des Verfahrens kann es für den Sachwalter jedoch erforderlich sein, ergänzend eine

---

131) A. A. aus der Beraterszene *Buchalik/Schröder/Ibershoff*, ZInsO 2016, 1445, 1450; *Haarmeyer/Mock*, InsVV, § 12 Rz. 11.
132) Vgl. BGH, Beschl. v. 21.7.2016 – IX ZB 70/14, Rz. 67, ZIP 2016, 1592.
133) BGH, Beschl. v. 21.7.2016 – IX ZB 70/14, Rz. 57, ZIP 2016, 1592; a. A. *Haarmeyer/Mock*, ZInsO 2016, 1, 8 ff.; *Haarmeyer/Mock*, ZInsO 2016, 1829, 1832.
134) BGH, Beschl. v. 21.7.2016 – IX ZB 70/14, Rz. 57, ZIP 2016, 1592.
135) BGH, Beschl. v. 21.7.2016 – IX ZB 70/14, Rz. 57, ZIP 2016, 1592.
136) A. A. aus der Beraterszene *Haarmeyer/Mock*, InsVV, § 12 Rz. 8 (ohne Begründung).
137) *Deutschbein*, ZInsO 2015, 1957, 1960.
138) Lorenz/Klanke/*Lorenz*, InsVV, § 12 Rz. 16; *Zimmer*, ZInsO 2013, 2305, 2308.

verfahrensbezogene Haftpflichtversicherung abzuschließen. §§ 10, 4 Abs. 3 Satz 2 InsVV eröffnet hier den Weg zu einem zusätzlichen Auslagenersatz (§ 4 Rz. 157 ff.). Eine zusätzliche Haftpflichtversicherung nur dann zuzulassen, wenn gemäß § 277 InsO die Zustimmungsbedürftigkeit bestimmter Rechtsgeschäfte angeordnet wurde,[139] greift zu kurz. Maßgeblich ist die Größenordnung einer möglichen Haftung i. S. d. §§ 274 Abs. 1, 60 InsO, nicht hingegen nur die Größenordnung einer möglichen Haftung gemäß §§ 277 Abs. 1 Satz 3, 61 InsO.

Besondere Kosten i. S. d. § 4 Abs. 2 InsVV, die stets zusätzlich zu den Auslagen i. S. d. § 8 Abs. 3 InsVV zu erstatten sind (§ 8 Rz. 79 ff.), wären z. B. die in der Norm genannten *Reisekosten* des Sachwalters, soweit notwendigerweise angefallen und angemessen. Nicht geklärt scheint, ob die *Zustellungen* i. S. d. § 8 Abs. 3 InsO auf den Schuldner oder auf den Sachwalter zu übertragen sind; soweit Letzteres der Fall ist, fallen die entsprechenden Auslagenerstattungsansprüche unter § 4 Abs. 2 InsVV, da die Übertragung auf den Sachwalter nicht dazu dienen kann, den Schuldner finanziell zu entlasten. 89

Soweit der Sachwalter **Tätigkeiten an Dritte delegieren** kann, gilt §§ 10, 4 Abs. 1 Satz 3 InsVV entsprechend.[140] Nichts anderes gilt, wenn der Sachwalter **eigene Sachkunde** i. S. d. § 5 InsVV einbringt.[141] Die Kernfrage ist jedoch nicht vergütungsrechtlicher, sondern insolvenzrechtlicher Natur. Denn es ist weitgehend zweifelhaft, wie ein Sachwalter die Masse verpflichten können soll. So ist der Sachwalter nicht berechtigt, seine Aufgaben *eigenmächtig* zulasten der Masse zu erweitern.[142] Daher ist der Anwendungsbereich von §§ 5, 4 Abs. 1 Satz 3 InsVV zwar nicht rechtlich, aber faktisch reduziert. Wo es jedoch um eigenständige Aufgaben des Sachwalters geht, was im Wesentlichen § 280 InsO meint (Insolvenzanfechtung und Geltendmachung der von §§ 92, 93 InsO erfassten Ansprüche, ggf. Organhaftung in der Kapitalgesellschaft), sind die Normen nach allgemeinen Kriterien anwendbar.[143] Die Abgrenzung von Regelaufgaben zu Sonderaufgaben ist qualitativ und quantitativ dieselbe wie beim Insolvenzverwalter. 90

Grundsätzlich ausgeschlossen ist (umgekehrt) eine **Beauftragung des Sachwalters durch den Schuldner** dort, wo entweder die Unabhängigkeit des Sachwalters i. S. d. §§ 274 Abs. 1, 56 InsO in Gefahr ist[144] oder der Sachwalter über §§ 274 ff. InsO später – sinnwidrig – seine eigene Tätigkeit überprüfen müsste; hier gilt nach dem Gedanken des § 319 Abs. 3 Satz 1 Nr. 3 lit. a HGB ein Selbstbeauftragungsverbot.[145] Dem entgegenstehende Verträge sind wegen Insolvenzzweckwidrigkeit nichtig.[146] Sollte der Sachwalter als Rechtsanwalt tätig werden, ergibt sich die Unwirksamkeit der Beauftragung zudem aus § 45 Abs. 1 Nr. 1 BRAO.[147] 91

---

139) *Haarmeyer/Mock*, InsVV, § 12 Rz. 14.
140) *Haarmeyer/Mock*, InsVV, § 12 Rz. 14.
141) *Haarmeyer/Mock*, InsVV, § 12 Rz. 15.
142) BGH, Beschl. v. 21.7.2016 – IX ZB 70/14, Rz. 61, ZIP 2016, 1592.
143) *Zimmer*, ZInsO 2013, 2305, 2308 f.
144) *Frind*, ZInsO 2013, 2302.
145) *Zimmer*, ZInsO 2013, 2305, 2310.
146) BGH, Beschl. v. 22.9.2016 – IX ZB 71/14, Rz. 72, ZIP 2016, 1981; OLG Dresden, Urt. v. 15.10.2014 – 13 U 1605/13, ZIP 2015, 1937, dazu EWiR 2015, 707 *(Zimmer)*.
147) BGH, Beschl. v. 22.9.2016 – IX ZB 71/14, Rz. 73, ZIP 2016, 1981; *Vill*, ZInsO 2015, 2245.

6. Auslagen (§ 12 Abs. 3 InsVV)

92 Hinsichtlich des Anspruchs des Sachwalters auf Erstattung angemessener Auslagen kann auf die Kommentierung zu § 8 Abs. 3 InsVV verwiesen werden. Zu berücksichtigen ist lediglich, dass der dort genannte Wert von 250 € als *monatliche* Kappungsgrenze in § 12 Abs. 3 InsVV auf 125 € reduziert wird. Die *prozentuale* Ermittlung bzw. Kappung bezieht sich auf den Regelbruchteil i. S. d. § 12 Abs. 1 InsVV.[148] Soweit vertreten wird, der Sachwalter könne nur Einzelauslagen geltend machen,[149] steht dies im offensichtlichen Widerspruch zu § 12 Abs. 3 InsVV und den im Kostenrecht üblichen Pauschalierungen.

7. Umsatzsteuer (§ 7 InsVV)

93 Hinsichtlich der auf die Vergütung und die Auslagen nach §§ 10, 7 InsVV zu berechnenden Umsatzsteuer bestehen keine Besonderheiten, sodass auf die Kommentierung zu § 7 InsVV verwiesen werden kann.

8. Festsetzungsverfahren (§ 64 InsO, § 8 InsVV)

94 Das **Festsetzungsverfahren** für die Vergütung des Sachwalters richtet sich nach §§ 274 Abs. 1, 64 InsO. Insoweit kann auf die Kommentierung zu § 8 InsVV verwiesen werden. Diesem Festsetzungsverfahren steht nicht entgegen, dass der Sachwalter im Grundsatz keinen Zugriff auf die Masse hat, da es bei der Festsetzung nur um die Titulierung des Anspruchs und nicht schon um die Entnahme- oder Vollstreckungsmöglichkeiten geht.

95 Der Vergütungsbeschluss ist **Titel** i. S. d. § 4 InsO, § 794 Abs. 1 Nr. 3 ZPO, sodass bei nicht freiwilliger Zahlung des Schuldners die Anbringung einer Vollstreckungsklausel durch das Insolvenzgericht und die Vollstreckung in das schuldnerische Vermögen möglich ist. Hat der Sachwalter gemäß § 275 Abs. 2 InsO die Kassenführung an sich gezogen, so ist eine **Entnahme** der Vergütung durch den Sachwalter freilich unproblematisch. Da ihm im Rahmen seiner Aufgaben nach § 280 InsO eine Verwaltungs- und Verfügungsbefugnis zusteht, kann aus diesem Bereich Liquidität bestehen, die für eine Entnahme der Vergütung ebenfalls herangezogen werden kann. Zumindest besteht immer ein Zurückbehaltungsrecht gemäß § 273 Abs. 1 BGB.

96 Aufgrund der Titulierung der Vergütung nach vorstehenden Regeln ist es zum einen überflüssig im Beschluss zu formulieren, der Schuldner sei verpflichtet, den festgesetzten Betrag als Massekosten gemäß § 54 Nr. 2 InsO an den Sachwalter zu zahlen.[150] Schuldner und Gläubiger des titulierten Anspruchs ergeben sich bereits aus dem Titel. Dass es sich um Verfahrenskosten handelt, findet sich bereits in § 54 Nr. 2 InsO. Die Befriedigungsreihenfolge ergibt sich aus §§ 53, 209 Abs. 1 Nr. 1 InsO. Ferner sind derartige **gerichtliche Zahlungsanweisungen** aber auch unzulässig, da eine Beteiligung des Gerichts bei Ausgaben lediglich in § 196 Abs. 2 InsO (Schluss- oder Abschlagsverteilungen) vorgesehen ist. Jedwede andere Anordnung ist ein Verstoß gegen den gesetzlichen Richter (Art. 101 Abs. 1 Satz 2 GG).[151]

---

148) *Graeber/Graeber*, InsVV, § 12 Rz. 8.
149) *Haarmeyer/Mock*, ZInsO 2016, 1, 8 f.
150) Vorgeschlagen z. B. von *Graeber/Graeber*, InsVV, § 12 Rz. 9.
151) Vgl. BGH, Urt. v. 17.11.2005 – IX ZR 179/04, ZInsO 2006, 27; BGH, Beschl. v. 14.4.2011 – IX ZB 18/10, ZInsO 2011, 1566.

Aufgrund der Verweisung in § 274 Abs. 1 InsO auf § 63 Abs. 2 InsO ist bei gewährter 97
Verfahrenskostenstundung i. S. d. §§ 4a ff. InsO ein Sekundäranspruch gegen die
Staatskasse gegeben (§ 8 Rz. 183 ff.).

9. Vorschüsse (§ 9 InsVV)

Aufgrund der Verweisung in § 10 InsVV findet auch § 9 InsVV auf den Sachwalter An- 98
wendung. Insoweit kann auf die Kommentierung zu § 9 InsVV verwiesen werden. Zur
Entnahme des Vorschusses siehe Rz. 144.

10. Besonderheiten bei § 6 InsVV

a) Nachtragsverteilung (§ 6 Abs. 1 InsVV)

Eine Nachtragsverteilung gemäß §§ 203–206 InsO ist auch in der Eigenverwaltung 99
möglich. Da die Normen mit großer Selbstverständlichkeit unterstellen, dass hierfür der Insolvenzverwalter zuständig bleibt und lediglich die Nachtragsverteilung als
solche anzuordnen ist, muss als ebenso selbstverständlich gelten, dass auch die Grundprinzipien der Eigenverwaltung für eine Nachtragsverteilung gelten. Soweit es nicht
um Vermögensgegenstände geht, die von § 280 InsO erfasst werden, obliegt dem
Sachwalter im Wesentlichen nur die Überwachung des Schuldners, aber auch die Überprüfung des Verteilungsverzeichnisses gemäß § 283 Abs. 2 Satz 2 InsO. Im Grundsatz und wegen der Verweisung in § 10 InsVV kann daher auf die Kommentierung
zu § 6 InsVV verwiesen werden. Zu beachten ist lediglich, dass wegen § 12 Abs. 1
InsVV nur ein Bruchteil von 60 % der für einen Insolvenzverwalter einschlägigen
Vergütung angemessen ist.

b) Überwachung eines Insolvenzplans (§ 6 Abs. 2 InsVV)

Gemäß § 260 InsO kann im gestaltenden Teil eines Insolvenzplans vorgesehen wer- 100
den, dass die Erfüllung des Plans überwacht wird. Die Planüberwachung ist Aufgabe
des Insolvenzverwalters (§ 261 Abs. 1 Satz 1 InsO). Letzteres wird in der Eigenverwaltung durch § 284 Abs. 2 InsO dahingehend modifiziert, dass es nun dem Sachwalter obliegt, die Planerfüllung zu überwachen. Die Planüberwachung wird gemäß
§ 6 Abs. 2 Satz 1 InsVV gesondert vergütet, sodass die Norm wegen § 10 InsVV
auch für den Sachwalter Anwendung findet.[152] Die Vergütung ist unter Berücksichtigung des Umfangs der Tätigkeit nach billigem Ermessen festzusetzen (§ 6 Abs. 2
Satz 2 InsVV). Die in §§ 260–269 InsO vorgesehenen Aufgaben lassen keinen Unterschied zwischen Sachwalter und Insolvenzverwalter erkennen, sodass auch vergütungsrechtlich kein Unterschied gerechtfertigt ist. Im Übrigen kann auf die Kommentierung zu § 6 Abs. 2 InsVV verwiesen werden.

IV. Vergütung des vorläufigen Sachwalters

1. Der vorläufige Sachwalter

Wie jedes Insolvenzverfahren setzt auch die Eigenverwaltung einen Insolvenzantrag 101
voraus, wodurch ein **Insolvenzantragsverfahren** ausgelöst wird, das mit der Entscheidung über den Insolvenzantrag oder durch Rücknahme bzw. Erledigterklärung des
Insolvenzantrags endet. Für das Eigenverwaltungsverfahren gelten die allgemeinen

---

152) Leonhardt/Smid/Zeuner/*Amberger*, InsVV, § 12 Rz. 19; *Haarmeyer/Mock*, InsVV, § 12 Rz. 10.

Vorschriften, soweit sich in §§ 270–285 InsO keine abweichenden Regelungen finden (§ 270 Abs. 1 Satz 2 InsO). Im Antragsverfahren der Eigenverwaltung soll das Insolvenzgericht davon absehen, dem Schuldner ein allgemeines Verfügungsverbot aufzuerlegen (§ 270a Abs. 1 Nr. 1 InsO) oder anzuordnen, dass alle Verfügungen des Schuldners nur mit Zustimmung eines vorläufigen Insolvenzverwalters wirksam sind (§ 270a Abs. 1 Nr. 2 InsO). Folglich soll weder ein „starker" noch ein „schwacher" vorläufiger Insolvenzverwalter bestellt werden. Übrig bliebe der isolierte vorläufige Insolvenzverwalter, der bereits im Regelinsolvenzverfahren keine empirische Relevanz hat. Anstelle eines solchen vorläufigen Insolvenzverwalters wird im Antragsverfahren der Eigenverwaltung ein vorläufiger Sachwalter bestellt, auf den die §§ 274, 275 InsO entsprechend anzuwenden sind (§ 270a Abs. 1 Satz 2 InsO).[153] Nichts anderes gilt, wenn der Antrag auf Insolvenzeröffnung und Anordnung der Eigenverwaltung mit einem Schutzschirmantrag verbunden wird (§ 270b Abs. 2 Satz 1 InsO).[154]

102 Im Schutzschirmverfahren ergibt sich lediglich die zusätzliche **Aufgabe des vorläufigen Sachwalters**, dem Gericht den Eintritt einer Zahlungsunfähigkeit anzuzeigen (§ 270b Abs. 4 Satz 2 InsO). Ansonsten obliegt jedem vorläufigen Sachwalter aufgrund des Verweises auf §§ 274, 275 InsO die Prüfung der wirtschaftlichen Lage des Schuldners (§ 274 Abs. 2 Satz 1 InsO), die Überwachung der Geschäftsführung des Schuldners (§ 274 Abs. 2 Satz 1 InsO) sowie die Überwachung der Ausgaben für die Lebensführung des Schuldners (§ 274 Abs. 2 Satz 1 InsO). Um all dies leisten zu können, ist der vorläufige Sachwalter berechtigt, die Geschäftsräume des Schuldners zu betreten und dort Nachforschungen anzustellen (§§ 274 Abs. 2 Satz 2, 22 Abs. 3 Satz 1 InsO). Der Schuldner hat dem vorläufigen Sachwalter Einsicht in seine Bücher und Geschäftspapiere zu gestatten (§§ 274 Abs. 2 Satz 2, 22 Abs. 3 Satz 2 InsO) und ferner alle erforderlichen Auskünfte zu erteilen und ihn bei der Erfüllung seiner Aufgaben zu unterstützen (§§ 274 Abs. 2 Satz 2, 22 Abs. 3 Satz 3 InsO). Die Auskunftspflichten des Schuldners werden präzisiert in §§ 274 Abs. 2 Satz 2, 22 Abs. 3 Satz 3, 97, 98 InsO, sodass der vorläufige Sachwalter den Schuldner sogar zwangsweise vorführen und in Haft nehmen lassen kann. Die Normen gelten teilweise entsprechend in Bezug auf die Geschäftsleitung des Schuldners, wenn es sich nicht um eine natürliche Person handelt, sowie bestimmte frühere Mitglieder der Geschäftsleitung und Angestellte (§§ 274 Abs. 2 Satz 2, 22 Abs. 3 Satz 3, 101 Abs. 1 Satz 1 und 2, Abs. 2 InsO). Ferner obliegt dem vorläufigen Sachwalter kontinuierlich zu prüfen, ob die Fortsetzung der Eigenverwaltung zu Nachteilen für die Gläubiger führt (§ 274 Abs. 3 InsO). Verbindlichkeiten, die nicht zum gewöhnlichen Geschäftsbetrieb gehören, soll der Schuldner nur mit Zustimmung des vorläufigen Sachwalters eingehen (§ 275 Abs. 1 InsO). Nicht unerheblich ist, dass bereits der vorläufige Sachwalter die Kassenführung an sich ziehen kann (§ 275 Abs. 2 InsO).[155]

103 Da die Bestellung eines vorläufigen Sachwalters *anstelle* eines vorläufigen Insolvenzverwalters erfolgt und nur im Schutzschirmverfahren zwingend ist, im Übrigen aber

---

[153] § 270a InsO eingeführt durch das Gesetz zur weiteren Erleichterung der Sanierung von Unternehmen (ESUG) v. 7.12.2011 (BGBl. I 2011, 2582).
[154] § 270b InsO eingeführt durch das Gesetz zur weiteren Erleichterung der Sanierung von Unternehmen (ESUG) v. 7.12.2011 (BGBl. I 2011, 2582).
[155] Ausführlich *Undritz/Schur*, ZIP 2016, 549.

wegen der Soll-Vorschrift des § 270a Abs. 1 InsO auch eine Bestellung eines vorläufigen Insolvenzverwalters *möglich*[156]) ist, ist generell davon auszugehen, dass es sich bei der Bestellung des vorläufigen Sachwalters um eine **Sicherungsmaßnahme** i. S. d. § 21 InsO handelt, d. h., um eine Maßnahme, die erforderlich scheint, um bis zur Entscheidung über den Antrag eine den Gläubigern nachteilige Veränderung in der Vermögenslage des Schuldners zu verhüten.[157] Dass § 21 InsO insoweit nicht von der Eigenverwaltung verdrängt wird, ergibt sich für das Schutzschirmverfahren ergänzend daraus, dass das Insolvenzgericht weitere vorläufige Maßnahmen nach § 21 InsO anordnen kann und ggf. muss (§ 270b Abs. 2 Satz 3, Abs. 3 InsO). Die Möglichkeit weiterer Sicherungsmaßnahmen i. S. d. § 21 InsO gilt jedoch auch in der „normalen" vorläufigen Eigenverwaltung, soweit sie dieser nicht konträr gegenüberstehen[158] oder die Verfügungsbefugnis des Schuldners einschränken.[159] Auch die Möglichkeit des vorläufigen Sachwalters, die Kassenführung an sich zu ziehen, ist nichts anderes als eine Sicherungsmaßnahme, die in das freie Ermessen des vorläufigen Sachwalters gestellt ist.[160] Auch der Schuldner ist in seinen Handlungen im Antragsverfahren nicht frei in seinen Entscheidungen. Seine Rolle ist vergleichbar mit der eines „starken" vorläufigen Insolvenzverwalters, sodass für ihn sinngemäß zumindest auch § 22 Abs. 1 Nr. 1 InsO gilt; hiernach hat er sein Vermögen bis zur Eröffnungsentscheidung zu sichern und zu erhalten. Damit dominiert die Sicherungsfunktion der §§ 21, 22 InsO zugunsten der Gläubiger stets das schuldnerische Interesse an einer Eigenverwaltung.[161]

2. Rechtsnatur und Anspruchsgrundlage

a) Gesetzeswortlaut

Die Anspruchsgrundlage für die Vergütung des vorläufigen Sachwalters ergibt sich aus §§ 270a Abs. 1 Satz 2, 274 Abs. 1, 63 InsO bzw. im Schutzschirmverfahren aus §§ 270b Abs. 2 Satz 1, 270a Abs. 1 Satz 2, 274 Abs. 1, 63 InsO.

104

b) BGH

Trotz dieser eindeutigen Verweisungskette geht der BGH in zwei Entscheidungen vom 21.7.2016[162] und 22.9.2016[163] davon aus, eine eigenständige Anspruchsgrundlage bestünde für den vorläufigen Sachwalter nicht. Zwar müsse ein solcher Anspruch (sic) aufgrund Art. 12 Abs. 1 GG den Qualifikationen des vorläufigen Sachwalters entsprechen; dem könne jedoch dadurch gerecht werden, dass für das Antrags- und das eröffnete Verfahren eine **Einheitsvergütung** festzusetzen sei, wobei die Tätigkeit als vorläufiger Sachwalter einen generellen Zuschlag von 25 % ausmache, sodass die Einheitsvergütung zu einem Regelbruchteil nach § 12 Abs. 1 InsVV in Höhe von

105

---

156) Verkannt von BGH, Beschl. v. 21.7.2016 – IX ZB 70/14, Rz. 47, ZIP 2016, 1592, der fälschlich ein generelles Verbot der Bestellung eines vorläufigen Insolvenzverwalters behauptet.
157) *Schur*, ZIP 2014, 757, 760.
158) AG Leipzig, Beschl. v. 25.1.2017 – 401 IN 81/17, ZInsO 2017, 328 („Verwertungsstopp" gemäß § 21 Abs. 2 Satz 1 Nr. 5 InsO); KPB-InsO/*Pape*, § 270a Rz. 10 ff. (Stand: 07/2012); Schmidt/Morgen, Sanierungsrecht, Abschn. 9, § 270a Rz. 76.
159) Graf-Schlicker/*Graf-Schlicker*, InsO, § 270a Rz. 4.
160) Ausführlich *Undritz/Schur*, ZIP 2016, 549.
161) *Hammes*, ZIP 2017, 1505, 1506.
162) BGH, Beschl. v. 21.7.2016 – IX ZB 70/14, Rz. 28, 52, ZIP 2016, 1592.
163) BGH, Beschl. v. 22.9.2016 – IX ZB 71/14, Rz. 32, ZIP 2016, 1981.

85 % führe. Trotz zwischenzeitlicher Kritik hält der BGH an der Auffassung, bei der vorläufigen Sachwaltung handele es sich lediglich um einen „Umstand", fest.[164]

c) Stellungnahme

106 In der Praxis wird das Ergebnis zwar z. T. begrüßt,[165] jedoch dürften einige Grundannahmen einer dogmatischen Prüfung nicht standhalten. Soweit der BGH ausführt, die Insolvenzordnung sähe keinen eigenständigen Vergütungsanspruch des vorläufigen Sachwalters vor,[166] ist dies durch die Verweisungsketten §§ 270a Abs. 1 Satz 2, 274 Abs. 1, 63 InsO („normale" Eigenverwaltung) bzw. §§ 270b Abs. 2 Satz 1, 270a Abs. 1 Satz 2, 274 Abs. 1, 63 InsO (Schutzschirmverfahren) widerlegt und insoweit ein **Verstoß gegen Art. 20 Abs. 3 GG**. Bedauerlicherweise lässt der BGH nicht erkennen, diese Verweisungskette überhaupt erkannt zu haben, um sich ihr mit einer expliziten Begründung entgegenzustellen. Damit ist mit der herrschenden Meinung davon auszugehen, dass mit den vorgenannten Verweisungsketten ein eigenständiger Vergütungsanspruch des vorläufigen Sachwalters besteht.[167]

107 Etwas anderes ist die Ausgestaltung des Vergütungsanspruchs, der einen seiner Qualifikation und seiner Tätigkeit angemessenen Umfang haben muss.[168] Die obigen Verweisungsketten führen über § 65 InsO zur InsVV. Erst dort (!) wird von der herrschenden Meinung eine Regelungslücke gesehen, für die verschiedene Lösungsansätze vertreten werden (Rz. 122 ff.). Der BGH verneint jedoch eine dortige (!) Regelungslücke, weil er dem Verordnungsgeber unterstellt, in § 12 InsVV eine Einheitsvergütung vorgegeben zu haben. Zwar ist das Konzept einer rechtlichen Einheitsvergütung de lege ferenda diskussionswürdig,[169] was allerdings eine umfangreiche Änderung der InsO erforderlich machte; de lege lata ist die Annahme des BGH, der Verordnungsgeber habe eine Einheitsvergütung auf Basis des § 12 InsVV

---

164) BGH, Beschl. v. 22.6.2017 – IX ZB 91/15, ZInsO 2017, 1813.
165) *Haarmeyer/Mock*, ZInsO 2016, 1829, 1830; *Körner/Rendels*, EWiR 2016, 763 (Anm. zu BGH, Beschl. v. 22.9.2016 – IX ZB 71/14, ZIP 2016, 1981).
166) BGH, Beschl. v. 21.7.2016 – IX ZB 70/14, Rz. 52, ZIP 2016, 1592; BGH, Beschl. v. 22.9.2016 – IX ZB 71/14, Rz. 32, ZIP 2016, 1981; BGH, Beschl. v. 22.6.2017 – IX ZB 91/15, ZInsO 2017, 1813.
167) LG Bonn, Beschl. v. 11.10.2013 – 6 T 184/13, ZIP 2014, 694; LG Freiburg, Beschl. v. 30.10.2015 – 3 T 194/15, ZInsO 2016, 185; AG Essen, Beschl. v. 3.11.2014 – 166 IN 155/13, ZIP 2015, 538; AG Essen, Beschl. v. 17.1.2015 – 164 IN 135/13, NZI 2014, 271; AG Essen, Hinweisbeschl. v. 27.3.2015 – 163 IN 170/14, ZIP 2015, 1041; AG Essen, Beschl. v. 9.7.2015 – 163 IN 170/14, ZIP 2015, 1796; AG Göttingen, Beschl. v. 28.11.2012 – 74 IN 160/12, ZIP 2013, 36; AG Hamburg, Beschl. v. 20.12.2013 – 67g IN 419/12, ZIP 2014, 237; AG Köln, Beschl. v. 13.11.2012 – 71 IN 109/12, ZIP 2013, 426; AG Ludwigshafen, Beschl. v. 22.7.2015 – 3 b IN 414/14 Lu, ZInsO 2015, 1639; AG Münster, Beschl. v. 18.1.2016 – 74 IN 65/14, ZInsO 2016, 719; AG Potsdam, Beschl. v. 8.1.2015 – 35 IN 748/12, NZI 2015, 247; AG Wuppertal, Beschl. v. 26.5.2014 – 145 IN 751/13, ZIP 2015, 541; Leonhardt/Smid/Zeuner/*Amberger*, InsVV, § 12 Rz. 27; *Budnik*, ZInsO 2014, 247, 250; *Deutschbein*, ZInsO 2015, 1957, 1964; Graf-Schlicker/*Graf-Schlicker*, InsO, § 270a Rz. 12; *Haarmeyer/Mock*, ZInsO 2016, 1, 13; *Haarmeyer/Mock*, InsVV, § 12 Rz. 21; Lorenz/Klanke/*Lorenz*, InsVV, § 12 Rz. 39b; KPB-InsO/*Prasser*, § 12 InsVV Rz. 26 (Stand: 07/2015); *Schur*, ZIP 2014, 757, 758; *Zimmer*, ZInsO 2012, 1658.
168) BGH, Beschl. v. 21.7.2016 – IX ZB 70/14, Rz. 52, ZIP 2016, 1592 zur Begründung eines Zuschlags für die Tätigkeit als vorläufiger Sachwalter.
169) *Vill*, FS Kübler, S. 741, 746 f.; *Zimmer*, ZInsO 2012, 1658, 1665.

gewollt, sodass schon keine Regelungslücke in der InsVV vorläge,[170] allerdings abenteuerlich. Nichts aus der Vergangenheit weist bei historischer Auslegung darauf hin, dass Gesetz- oder Verordnungsgeber jemals die Trennung von eröffnetem Verfahren und Antragsverfahren aufgeben wollten. Zudem wäre der Verordnungsgeber allein hierzu auch nicht berechtigt, da die Ausgestaltung des Numerus clausus des Prozess- bzw. Verfahrensrechts unter Gesetzesvorbehalt steht. In der über § 65 InsO legitimierten InsVV kann mithin nicht die in der InsO vorgegebene Trennung der Verfahrensabschnitte mit eigenen Anspruchsgrundlagen (!) aufgegeben werden. Die über Art. 80 Abs. 1 Satz 1 GG möglichen Rechtsverordnungen sind keine Gesetzgebungsakte der *Legislative*, sondern folgen dem Prinzip der Rechtsetzung durch die *Exekutive*.[171] Art. 80 GG ist folglich Konkretisierung des in Art. 20 Abs. 2 Satz 2 GG normierten Gewaltenteilungsprinzips und des Gesetzesvorbehalts. Die Durchbrechung des Rechtsetzungsmonopols des Bundestages zugunsten der Exekutive ist nur unter absoluter Wahrung des Vorrangs des Gesetzes zulässig.[172] Eine Rechtsverordnung steht damit im Rang unter dem Gesetz[173] und darf nicht über die Grenzen der Ermächtigungsgrundlage hinausgehen.[174] Im Zusammenhang mit der Vergütung des vorläufigen Insolvenzverwalters war dies dem BGH sehr wichtig hervorzuheben. Dort kam er zu dem Ergebnis, dass eine seinerzeit in der InsVV befindliche Norm zur Einbeziehung von Aussonderungsgut in die Berechnungsgrundlage nichtig, weil nicht von der Ermächtigungsgrundlage des § 65 InsO und anderen Normen der InsO gedeckt, sei.[175] Nun aber geht der BGH soweit, dass er dem Verordnungsgeber unterstellt, in § 12 InsVV eine Einheitsvergütung für zwei Verfahrensabschnitte geschaffen zu haben, obwohl in der InsO getrennte Vergütungsansprüche kodifiziert sind. Im Grunde unterstellt der BGH somit dem Verordnungsgeber fälschlich, eine Rechtsverletzung und gar einen Verfassungsbruch begangen zu haben. Dies ist hanebüchen und nicht frei von Willkür. Die Auffassung des BGH beruht ausschließlich auf Fiktionen,[176] ist zweifelhaft,[177] fragwürdig[178] bzw. verwegen[179] und geht ins Leere.[180] Sie ist in diesem Punkt rundheraus abzulehnen. Sie muss auch künftig nicht beachtet werden, da die Gerichte sich an Recht und Gesetz halten müssen (Art. 20 Abs. 3 GG), aber nicht an anderweitige Rechtsprechung,[181] insbesondere bei dort evidenten Rechtsverletzungen.

Ergänzend will der BGH diejenigen Fälle, bei denen der vorläufige Sachwalter im Antragsverfahren durch einen anderen vorläufigen Sachwalter oder einen vorläufigen In- 108

---

170) BGH, Beschl. v. 21.7.2016 – IX ZB 70/14, Rz. 31, 39, ZIP 2016, 1592; BGH, Beschl. v. 22.9.2016 – IX ZB 71/14, Rz. 35, ZIP 2016, 1981.
171) Jarass/Pieroth/*Pieroth*, GG, Art. 80 Rz. 1.
172) Jarass/Pieroth/*Pieroth*, GG, Art. 80 Rz. 1.
173) Jarass/Pieroth/*Pieroth*, GG, Art. 80 Rz. 14.
174) BVerfG, Urt. v. 12.10.1976 – 1 BvR 197/73, BVerfGE 42, 374, 387 f.; BVerwG, Urt. v. 19.9.2001 – 6 C 13/00, BVerwGE 115, 125, 137 f.
175) BGH, Beschl. v. 15.11.2012 – IX ZB 88/09, ZIP 2012, 2515.
176) HambKommInsO/*Büttner*, § 12 InsVV Rz. 6.
177) *Haarmeyer/Mock*, ZInsO 2016, 1829, 1830.
178) *Keller*, NZI 2016, 753, 755.
179) *Keller*, NZI 2016, 753, 754.
180) Lorenz/Klanke/*Lorenz*, InsVV, § 12 Rz. 39b.
181) BVerfG, Beschl. v. 26.6.1991 – 1 BvR 779/85, NJW 1991, 2549.

solvenzverwalter ausgetauscht oder mit Insolvenzeröffnung ein nicht personenidentischer Sachwalter oder ein Insolvenzverwalter bestellt wird, dahingehend lösen, dass erst gegen Beendigung des eröffneten Verfahrens eine Einheitsvergütung ermittelt und entsprechend aufgeteilt wird; zuvor bestehe lediglich ein Anspruch auf Vorschussgewährung gemäß § 9 InsVV.[182] Hierzu ist anzumerken, dass es aufgrund zahlreich möglicher Funktions- oder Amtsträgerwechsel (Rz. 145 ff.) kaum möglich sein wird, diese Auffassung in die Praxis umzusetzen. Denn es entsteht hier die Situation, dass sich verschiedene Funktionsträger um die Berechnungsgrundlage und die Aufteilung einer Einheitsvergütung streiten werden, was weder in §§ 63–65 InsO noch in der InsVV vorgesehen ist. Der für den Geltungsbereich der Konkursordnung und der Gesamtvollstreckungsordnung geltende § 3 Abs. 3 VergVO[183] wurde nicht in die InsVV übernommen und galt zudem nur für ein Nebeneinander verschiedener Verwalter und nicht für ein Nacheinander. Im Grunde dürfte eine solche Aufteilung dem allgemeinen Kostenrecht widersprechen. So sieht z. B. § 6 RVG vor, dass jeder Rechtsanwalt die volle Vergütung erhält, wenn ein Auftrag mehreren Rechtsanwälten zur gemeinschaftlichen Erledigung übertragen wurde. Im Ergebnis werden die verschiedenen Anspruchsberechtigten im Modell der rechtlichen Einheitsvergütung zu **Gesamtgläubigern einer unteilbaren Leistung** i. S. d. § 432 BGB. Für einen solchen bürgerlich-rechtlichen Gesamtgläubigerausgleich ist das Insolvenzgericht – schon weil es an jeglicher Kodifikation fehlt – nicht der gesetzliche Richter i. S. d. Art. 101 Abs. 1 Satz 2 GG. Letztlich steht sich der BGH hier selbst etwas im Weg, wenn er den Vorschuss gemäß § 9 InsVV nicht als Festsetzung i. S. d. § 64 InsO verstanden wissen will, sondern lediglich als Aufsichtsmaßnahme des Insolvenzgerichts (ausführlich § 9 Rz. 63), was eine Anhörung des amtierenden Amtsträgers und dessen Rechtsmittel faktisch ausschließt.

109 Da seine hier zugrunde gelegten Entscheidungen[184] jedoch überzeugende Teilaspekte zum Aufgabenbereich von Sachwalter und vorläufigem Sachwalter enthalten und sich das Ziel einer zumindest *wirtschaftlichen* Einheitsvergütung auch anders erzielen lässt (Rz. 118 ff., 125 ff.), muss konzediert werden, dass der BGH ein großes Versäumnis des Verordnungsgebers sachnah angegangen ist. Insoweit bezieht sich sie grob fehlerhafte Verneinung einer Anspruchsgrundlage letztlich nur darauf, dass entgegen dem BGH die Vergütung des vorläufigen Sachwalters gemäß § 64 InsO festzusetzen ist und nicht nur einen Vorschussanspruch darstellt.

d) Rechtsnatur

110 Ungeachtet der Fragen zur Anspruchsgrundlage (Rz. 104 ff.) handelt es sich hinsichtlich der Rechtsnatur des Anspruchs um **Verfahrenskosten** gemäß § 54 Nr. 2 InsO. Für den „normalen" vorläufigen Sachwalter folgt dies aus §§ 270a Abs. 1 Satz 2, 274 Abs. 1, 54 Nr. 2 InsO, für den vorläufigen Sachwalter im Schutzschirmverfahren gilt §§ 270b Abs. 2 Satz 1, 270a Abs. 1 Satz 2, 274 Abs. 1, 54 Nr. 2 InsO. Inhaltlich handelt es sich um eine **Tätigkeitsvergütung**.

---

182) BGH, Beschl. v. 21.7.2016 – IX ZB 70/14, Rz. 54, ZIP 2016, 1592.
183) Verordnung über die Vergütung des Konkursverwalters, des Vergleichsverwalters, der Mitglieder des Gläubigerausschusses und der Mitglieder des Gläubigerbeirats v. 25.5.1960 (BGBl. I 1960, 329) in der letzten Fassung v. 11.6.1979 (BGBl. I 1979, 637), siehe Anh. II.
184) BGH, Beschl. v. 21.7.2016 – IX ZB 70/14, ZIP 2016, 1592; BGH, Beschl. v. 22.9.2016 – IX ZB 71/14, ZIP 2016, 1981.

3. Entstehung, Fälligkeit und Verjährung

a) bei eigenständigem Vergütungsanspruch

Die Vergütung des vorläufigen Sachwalters **entsteht** – soweit ihm ein eigenständiger 111
Vergütungsanspruch zugestanden wird (Rz. 106 ff.) – zivilrechtlich laufend mit Erbringung der Tätigkeit. Sie wird **fällig** mit Beendigung des Amts als vorläufiger Sachwalter, d. h. regelmäßig mit Eröffnung des Insolvenzverfahrens oder aber mit einer Auswechselung des vorläufigen Sachwalters zugunsten eines vorläufigen Insolvenzverwalters oder eines anderen vorläufigen Sachwalters oder durch Beendigung des Antragsverfahrens durch Erledigterklärung bzw. Rücknahme des Insolvenzantrags (freilich auch durch Versterben des vorläufigen Sachwalters). Hinsichtlich der **Verjährung** des Anspruchs gibt es keine Abweichungen zur Vergütung des vorläufigen Insolvenzverwalters. Die nicht festgesetzte Vergütung unterfällt der Regelverjährung des § 195 BGB (drei Jahre ab Ende des Kalenderjahres).[185] Für die Vergütung eines vorläufigen Insolvenzverwalters gilt jedoch, dass die Verjährung bis zum Abschluss des eröffneten Insolvenzverfahrens gehemmt ist.[186] Hintergrund ist ein allgemeiner Rechtsgedanke, der sich z. B. auch in § 8 Abs. 2 Satz 1 RVG findet, wonach die Verjährung anwaltlicher Vergütungsansprüche bis zum rechtskräftigen Abschluss des betroffenen Gerichtsverfahrens gehemmt ist. Nichts anderes gilt für die Vergütung eines vorläufigen Sachwalters, dessen Anspruch bis zum Abschluss des eröffneten Verfahrens wegen Hemmung nicht verjähren kann.

b) ohne eigenständigen Vergütungsanspruch (BGH)

Soweit dem vorläufigen Sachwalter kein eigenständiger Vergütungsanspruch zuge- 112
standen wird (Rz. 105),[187] sind Entstehung, Fälligkeit und Verjährung nicht zu diskutieren. Eine Ausnahme ergibt sich für den Fall der Nicht-Eröffnung des Insolvenzverfahrens; hier gelten hinsichtlich Entstehung, Fälligkeit und Verjährung die allgemeinen Regeln (Rz. 111).

4. Berechnungsgrundlage (§ 1 InsVV)

a) Einleitung

Die Berechnungsgrundlage ist neben dem Regelbruchteil (Rz. 122 ff.) der wesentliche 113
Streitpunkt, was den BGH[188] zum Modell einer Einheitsvergütung bewogen hat
(Rz. 105); im Einzelnen:

b) Theorie der Vergleichbarkeit mit dem vorläufigen Insolvenzverwalter

Da es sich bei der vorläufigen Sachwaltung um eine Maßnahme im Insolvenzantrags- 114
verfahren handelt, lag zunächst nahe, die Berechnungsgrundlage für die Vergütung
des vorläufigen Sachwalters an der Berechnungsgrundlage für den vorläufigen Insol-

---

185) Anwendbar auf nicht festgesetzte Vergütungsansprüche nach der InsVV, siehe BGH, Beschl. v. 29.3.2007 – IX ZB 153/06, WM 2007, 1072.
186) BGH, Beschl. v. 22.9.2010 – IX ZB 195/09, ZIP 2010, 2160; BGH, Beschl. v. 20.7.2011 – IX ZB 58/11, JurionRS 2011, 21223.
187) BGH, Beschl. v. 21.7.2016 – IX ZB 70/14, ZIP 2016, 1592; BGH, Beschl. v. 22.9.2016 – IX ZB 71/14, ZIP 2016, 1981; BGH, Beschl. v. 22.6.2017 – IX ZB 91/15, ZInsO 2017, 1813.
188) BGH, Beschl. v. 21.7.2016 – IX ZB 70/14, ZIP 2016, 1592; BGH, Beschl. v. 22.9.2016 – IX ZB 71/14, ZIP 2016, 1981; BGH, Beschl. v. 22.6.2017 – IX ZB 91/15, ZInsO 2017, 1813.

venzverwalter zu orientieren, d. h., auf den Wert der gesicherten **Aktiva** und vergütungsrelevanter Passiva abzustellen (§ 63 Abs. 3 Satz 3 InsO, § 11 Abs. 1 InsVV).[189]

115 Die Aufgabenbeschreibung für den vorläufigen Sachwalter ist jedoch eine andere. Die Aufgaben des vorläufigen Sachwalters ergeben sich aus §§ 270a Abs. 1 Satz 2, 274, 275 InsO (Rz. 102). Folglich hat der vorläufige Sachwalter die wirtschaftliche Lage des Schuldners zu prüfen und die Geschäftsführung sowie die Ausgaben für die Lebensführung zu überwachen. Stellt der vorläufige Sachwalter Umstände fest, die erwarten lassen, dass die Fortsetzung der vorläufigen Eigenverwaltung zu Nachteilen für die künftigen Insolvenzgläubiger führen wird, so hat er dies unverzüglich dem vorläufigen Gläubigerausschuss und dem Insolvenzgericht anzuzeigen. Ist ein vorläufiger Gläubigerausschuss nicht bestellt, dürfte allerdings die alternative Information künftiger Insolvenzgläubiger nach § 274 Abs. 3 Satz 2 InsO nicht einschlägig sein, da Forderungsanmeldungen im Antragsverfahren noch nicht möglich sind und auch insolvenzrechtliche Absonderungsrechte erst mit Verfahrenseröffnung entstehen. Ferner gilt auch im Antragsverfahren, dass der Schuldner Verbindlichkeiten nicht ohne Zustimmung des vorläufigen Sachwalters eingehen soll. Von besonderer Bedeutung ist, dass bereits der vorläufige Sachwalter die Kassenführung an sich ziehen kann. Handelt es sich um ein Schutzschirmverfahren, kommt für den vorläufigen Sachwalter ergänzend hinzu, gemäß § 270b Abs. 4 Satz 2 InsO den Eintritt der Zahlungsunfähigkeit zu prüfen und dem Insolvenzgericht anzuzeigen.

116 Insgesamt sind die Aufgaben des vorläufigen Sachwalters daher weitgehend identisch mit den Aufgaben des Sachwalters im eröffneten Verfahren, jedoch ohne die über §§ 274, 275 InsO hinausgehenden Aufgaben. Daher kann es bei der Berechnungsgrundlage nicht auf einen Vergleich mit dem vorläufigen Insolvenzverwalter (Wert der Aktiva und vergütungsrelevanter Passiva) ankommen,[190] selbst wenn auch der vorläufigen Eigenverwaltung maßgeblich ein Sicherungscharakter innewohnt (Rz. 103).

c) Theorie der rechtlichen Einheitsvergütung (BGH)

117 Nach Auffassung des BGH[191] hat der vorläufige Sachwalter keinen eigenständigen Vergütungsanspruch, sondern er partizipiert über einen Zuschlag von der Vergütung des endgültigen Sachwalters, die auf Basis der Berechnungsgrundlage für das eröffnete Verfahren zu ermitteln ist. Insoweit existiert keine eigenständige Berechnungs-

---

189) LG Bonn, Beschl. v. 11.10.2013 – 6 T 184/13, ZIP 2014, 694; AG Essen, Beschl. v. 3.11.2014 – 166 IN 155/13, ZIP 2015, 538; AG Essen, Beschl. v. 17.1.2015 – 164 IN 135/13, NZI 2014, 271; AG Essen, Hinweisbeschl. v. 27.3.2015 – 163 IN 170/14, ZIP 2015, 1041; AG Essen, Beschl. v. 9.7.2015 – 163 IN 170/14, ZIP 2015, 1796; AG Köln, Beschl. v. 13.11.2012 – 71 IN 109/12, ZIP 2013, 426; AG Potsdam, Beschl. v. 8.1.2015 – 35 IN 748/12, NZI 2015, 247; *Buchalik/Schröder/Ibershoff*, ZInsO 2016, 1445, 1447 ff.; Graf-Schlicker/*Graf-Schlicker*, InsO, § 270a Rz. 12; *Graeber/Graeber*, InsVV, § 12 Rz. 14; *Haarmeyer/Mock*, InsVV, § 12 Rz. 21; Lorenz/Klanke/*Lorenz*, InsVV, § 12 Rz. 44 ff.; *Pape*, ZInsO 2013, 2129, 2135; KPB-InsO/*Prasser*, § 12 InsVV Rz. 27 (Stand: 07/2015); *Schur*, ZIP 2016, 757, 760 ff.
190) BGH, Beschl. v. 21.7.2016 – IX ZB 70/14, Rz. 42 ff., ZIP 2016, 1592.
191) BGH, Beschl. v. 21.7.2016 – IX ZB 70/14, ZIP 2016, 1592; BGH, Beschl. v. 22.9.2016 – IX ZB 71/14, ZIP 2016, 1981; BGH, Beschl. v. 22.6.2017 – IX ZB 91/15, ZInsO 2017, 1813.

grundlage für die Vergütung des vorläufigen Sachwalters.[192] Diese Auffassung ist jedoch abzulehnen (Rz. 106 ff.), da der InsO gleichermaßen wie der InsVV eine Einheitsvergütung fremd ist.

d) Eigene Auffassung: Wirtschaftliche Einheitsvergütung

Dem Modell einer Einheitsvergütung kann jedoch Rechnung getragen werden, auch wenn die *rechtliche Einheitsvergütung* abzulehnen ist. Nach Auffassung des BGH[193] soll sich eine Einheitsvergütung auf Basis der nur für das eröffnete Verfahren zu ermittelnden Berechnungsgrundlage ermitteln lassen. Nun ist aber die stets erste Position, die in die Berechnungsgrundlage für das eröffnete Verfahren eingestellt wird, der liquide Massebestand (Kasse, Kontokorrentkonten, Treuhandkonten etc.) per Stichtag Insolvenzeröffnung. Dieser Übertrag vom Antragsverfahren in das eröffnete Verfahren stellt im eröffneten Verfahren eine Einnahme i. S. d. § 1 InsVV dar. Faktisch fließt also selbst nach der Auffassung des BGH der Saldo der Einnahmen und Ausgaben des Antragsverfahrens in die einheitliche Berechnungsgrundlage ein. Dies ließe sich mit zwei Annahmen in zwei Berechnungsgrundlagen trennen, die durch rechtliche Auslegung erzielt werden können: (1.) Für den vorläufigen Sachwalter wird nicht auf die *Werte* der Vermögensgegenstände abgestellt, sondern auf eine Schlussrechnung der **Einnahmen und Ausgaben** gemäß § 1 Abs. 2 InsVV. (2.) Die Übernahme der liquiden Bestände per Stichtag Insolvenzeröffnung (Bank- und Kassenguthaben) wird bei der Berechnung des endgültigen Sachwalters aus der Berechnungsgrundlage eliminiert. Wenn im Antragsverfahren keine abwicklungsbedingten Ausgaben anfallen, ist die Addition beider Berechnungsgrundlagen für den vorläufigen und den endgültigen Sachwalter identisch mit der einheitlichen Berechnungsgrundlage nach den Vorstellungen des BGH. 118

Dies setzt voraus, dass eine ungewollte Regelungslücke durch Analogie geschlossen wird. Denn die §§ 270a, 270b, 274, 275 InsO als maßgebliche Normen für das Antragsverfahren enthalten keinen Verweis auf § 281 InsO, der dem Schuldner für das Antragsverfahren eine Schlussrechnung und dem vorläufigen Sachwalter deren Prüfung auferlegt. Da jedoch der vorläufig eigenverwaltende Schuldner dem „starken" vorläufigen Insolvenzverwalter gleichzusetzen ist, wird sich das Erfordernis einer Schlussrechnung für das Antragsverfahren bereits aus §§ 21 Abs. 2 Nr. 1, 66 InsO ergeben. Insoweit scheint unproblematisch, eine analoge Anwendung des § 281 InsO für das Antragsverfahren anzunehmen. Da eine Schlussrechnung für das Antragsverfahren denklogisch ohnehin erst nach Beendigung des Antragsverfahrens erstellt werden kann, lässt sich § 281 InsO auch ohne Analogie dahingehend auslegen, dass die Norm eine Schlussrechnung für das Antragsverfahren inkludiert, zu prüfen vom Sachwalter nach Verfahrenseröffnung. Insgesamt scheitert diese Auffassung daher nicht an der Erstellung einer Schlussrechnung für das Antragsverfahren. 119

Das für den (vorläufigen) Insolvenzverwalter konzipierte Modell, die Übernahme der liquiden Bestände (Bank- und Kassenguthaben) per Stichtag Insolvenzeröffnung 120

---

[192] BGH, Beschl. v. 21.7.2016 – IX ZB 70/14, Rz. 50, ZIP 2016, 1592; BGH, Beschl. v. 22.9.2016 – IX ZB 71/14, Rz. 37, ZIP 2016, 1981; BGH, Beschl. v. 22.6.2017 – IX ZB 91/15, ZInsO 2017, 1813.

[193] BGH, Beschl. v. 21.7.2016 – IX ZB 70/14, ZIP 2016, 1592; BGH, Beschl. v. 22.9.2016 – IX ZB 71/14, ZIP 2016, 1981; BGH, Beschl. v. 22.6.2017 – IX ZB 91/15, ZInsO 2017, 1813.

in die Berechnungsgrundlage für die Vergütung des Insolvenzverwalters zu übernehmen, kann in der Eigenverwaltung aufgegeben werden. Zumindest bei Personenidentität von vorläufigem und endgültigem Sachwalter kann die Übernahme des „Anfangssaldos" für den endgültigen Sachwalter aus der Berechnungsgrundlage eliminiert werden, da es sich nicht um eine nennenswert überwachungsbedürftige Maßnahme der Geschäftsführung des Schuldners i. S. d. § 274 Abs. 2 InsO handelt und sich auch die wirtschaftliche Lage des Schuldners i. S. d. § 274 Abs. 2 InsO nicht ändert. Anders als beim (vorläufigen) Insolvenzverwalter findet hier nicht einmal eine Änderung der Kontenbezeichnung statt. Im Ergebnis lässt sich dieser Ansatz auch über § 3 Abs. 2 lit. d InsVV (einfache Geschäftsführung) begründen.

121 Insoweit kann auf der Ebene der Berechnungsgrundlage eine *wirtschaftliche* Einheitsvergütung angestrebt werden, ohne geltendes Recht zu verletzen. Folglich kann – mit der vorgenannten Einschränkung – vollumfänglich auf die Ermittlung der Berechnungsgrundlage nach §§ 12 Abs. 1, 1 InsVV verwiesen werden (Rz. 24 ff.).

5. Regelvergütung (§ 2 InsVV) und Regelbruchteil (§ 12 Abs. 1 InsVV)

a) Berechnungsmethoden

122 Anhand der Berechnungsgrundlage ist die **Regelvergütung** des § 2 Abs. 1 InsVV zu ermitteln. Dies ist unproblematisch. Insoweit kann auf die Kommentierung zu § 2 InsVV – einschließlich einer inflationsbedingten Anpassung – verwiesen werden. Es stellt sich jedoch die Frage, ob der **Regelbruchteil** nach § 12 Abs. 1 InsVV (60 %),[194] nach § 63 Abs. 3 Satz 2 InsO (25 %)[195] oder durch eine Kombination beider Vorschriften (15 %)[196] zu bestimmen ist.

123 Jedenfalls die **Kombinationslösung** war immer schon unzutreffend, obgleich häufig angewandt. Sie berücksichtigt nicht, dass die unterschiedlichen Prozentsätze von 60 % und 25 % auch auf unterschiedliche Berechnungsgrundlagen bezogen sind. So können 25 % der relevanten *Werte* nicht (mit § 2 InsVV als Konstante) mit 60 % der relevanten *Einnahmen* multipliziert werden. Ein solcher Rechenweg führte – mathematisch korrekt angewendet – zu einem abstrus hohen Ergebnis. Es dürfte unstreitig sein, dass die Tätigkeit als vorläufiger Insolvenzverwalter erheblich arbeitsintensiver ist als die Tätigkeit als Sachwalter im eröffneten Verfahren. Dass der Regelbruchteil für

---

194) AG Göttingen, Beschl. v. 28.11.2012 – 74 IN 160/12, ZIP 2013, 36; AG Hamburg, Beschl. v. 20.12.2013 – 67g IN 419/12, ZIP 2014, 237; AG Potsdam, Beschl. v. 8.1.2015 – 35 IN 748/12, NZI 2015, 247; Budnik, NZI 2014, 247, 250; KPB-InsO/*Prasser*, § 12 InsVV Rz. 26 (Stand: 07/2015).

195) AG Köln, Beschl. v. 13.11.2012 – 71 IN 109/12, ZIP 2013, 426; AG Wuppertal, Beschl. v. 26.5.2014 – 145 IN 751/13, ZIP 2015, 541; Lorenz/Klanke/*Lorenz*, InsVV, § 12 Rz. 29; *Pape*, ZInsO 2013, 2129, 2135; *Schur*, ZIP 2014, 757, 761.

196) LG Bonn, Beschl. v. 11.10.2013 – 6 T 184/13, ZIP 2014, 694; LG Freiburg, Beschl. v. 30.10.2015 – 3 T 194/15, ZInsO 2016, 185; AG Essen, Beschl. v. 3.11.2014 – 166 IN 155/13, ZIP 2015, 538; AG Essen, Beschl. v. 17.1.2015 – 164 IN 135/13, NZI 2014, 271; AG Essen, Hinweisbeschl. v. 27.3.2015 – 163 IN 170/14, ZIP 2015, 1041; AG Essen, Beschl. v. 9.7.2015 – 163 IN 170/14, ZIP 2015, 1796; AG Ludwigshafen, Beschl. v. 22.7.2015 – 3 b IN 414/14 Lu, ZInsO 2015, 1639; AG Münster, Beschl. v. 18.1.2016 – 74 IN 65/14, ZInsO 2016, 720; *Buchalik/Schröder/Ibershoff*, ZInsO 2016, 1445; *Deutschbein*, ZInsO 2015, 1957, 1966; *Graeber/Graeber*, InsVV, § 12 Rz. 13a; Graf-Schlicker/*Graf-Schlicker*, InsO, § 270a Rz. 12; *Haarmeyer/Mock*, InsVV, § 12 Rz. 21.

den vorläufigen Insolvenzverwalter dennoch nur 25 % beträgt, während der Sachwalter 60 % erhalten soll, ist ganz zentral dem Umstand geschuldet, dass die Berechnungsgrundlage auf Basis der *Werte* viel höher sein kann als die Berechnungsgrundlage im eröffneten Verfahren auf Basis der *Einnahmen*. Der Verordnungsgeber hebt sogar ausdrücklich und mehrfach hervor, dass die Regelvergütung des vorläufigen Insolvenzverwalters höher sein kann als die Regelvergütung des Insolvenzverwalters,[197] was für den Sachwalter aufgrund der klaren Regelung in § 12 Abs. 1 InsVV nun sicher nicht gilt und für den vorläufigen Sachwalter ebenso wenig gelten kann. Dem Verordnungsgeber war also hinreichend bewusst, dass es zwischen *Einnahmen* und *Werten* einen eklatanten Unterschied gibt (ausführlich § 11 Rz. 45). Die Vertreter der Kombinationslösung lassen hingegen z. T. nicht einmal erkennen, auf welche Berechnungsgrundlage abgestellt werden soll.

Der **Vergleich mit dem vorläufigen Insolvenzverwalter**, der zu dem Lösungsansatz über § 63 Abs. 3 Satz 2 InsO und einem Regelbruchteil von 25 % führt, wurde auch vom Verfasser vertreten,[198] wenngleich gelegentlich übersehen wird, dass der Wert von 25 % lediglich einen *Regelbruchteil* darstellt, der für den vorläufigen Sachwalter unproblematisch auch auf 15 % gekürzt hätte werden können. Dies sollte eine vermittelnde Ansicht darstellen, um auf Basis der *Werte* als Berechnungsgrundlage eine im Verhältnis zum vorläufigen Insolvenzverwalter deutlich niedrigere Regelvergütung des vorläufigen Sachwalters zu erzielen. Diese Auffassung wird jedoch aufgegeben, da die Tätigkeit des vorläufigen Sachwalters doch der Tätigkeit des Sachwalters näher ist als der Tätigkeit des vorläufigen Insolvenzverwalters (Rz. 102, 125). In Konsequenz dessen ist als Berechnungsgrundlage eine Schlussrechnung für die vorläufige Sachwaltung heranzuziehen, sodass auf *Einnahmen* abzustellen ist (Rz. 118 ff.), was auch die Heranziehung von § 63 Abs. 3 Satz 2 InsO unmöglich macht.

124

Wegen des Unterschieds zwischen *Einnahmen* und *Werten* ist daher nun richtigerweise auch der Regelbruchteil analog § 12 Abs. 1 InsVV mit 60 % der nach § 2 Abs. 1 InsVV zu bestimmenden Vergütung anzusetzen, da der **Vergleich mit dem endgültigen Sachwalter** dominiert.[199] Dies liegt als *wirtschaftliche Einheitsvergütung* auf der Linie des BGH,[200] der allerdings eine abzulehnende (Rz. 106 ff.) *rechtliche Einheitsvergütung* vertritt. Der weitgehende Gleichklang der Auffassungen sei an zwei Beispielen verdeutlicht:

125

Beispiel:

Angenommen seien eine für den *vorläufigen Sachwalter* relevante Berechnungsgrundlage in Höhe von 250.000 € und eine für den *Sachwalter* relevante Berechnungs-

---

197) Zweite Verordnung zur Änderung der Insolvenzrechtlichen Vergütungsverordnung (InsVV) v. 21.12.2006 (BGBl. I 2006, 3389), siehe Anh. VIII Rz. 18; Gesetz zur Verkürzung der Restschuldbefreiungsverfahrens und zur Stärkung der Gläubigerrechte v. 15.7.2013 (BGBl. I 2013, 2379), siehe Anh. XII Rz. 128.
198) Zimmer, ZInsO 2012, 1658, 1661.
199) BGH, Beschl. v. 21.7.2016 – IX ZB 70/14, ZIP 2016, 1592; BGH, Beschl. v. 22.9.2016 – IX ZB 71/14, ZIP 2016, 1981; BGH, Beschl. v. 22.6.2017 – IX ZB 91/15, ZInsO 2017, 1813; *Haarmeyer/Mock*, ZInsO 2016, 1829, 1831.
200) BGH, Beschl. v. 21.7.2016 – IX ZB 70/14, ZIP 2016, 1592; BGH, Beschl. v. 22.9.2016 – IX ZB 71/14, ZIP 2016, 1981; BGH, Beschl. v. 22.6.2017 – IX ZB 91/15, ZInsO 2017, 1813.

§ 12   Vergütung des Sachwalters

grundlage in Höhe von 500.000 €. Dann ergeben sich folgende Vergütungsansprüche (*Abb. 1*):

	vorläufiger Sachwalter	Sachwalter	Summe	BGH[201]
Berechnungsgrundlage (§ 1 InsVV)	250.000,00	500.000,00		750.000,00
Regelvergütung (§ 2 Abs. 1 InsVV)	30.250,00	37.750,00		42.750,00
Bruchteil 60 % (§ 12 Abs. 1 InsVV)	18.150,00	22.650,00	*40.800,00*	25.650,00
Zuschlag für vorläufige Sachwaltung (25 %)				10.687,50
Summe				*36.337,50*

Abb. 1: Vergütungsvergleich (1)

Beispiel:

Angenommen seien eine für den *vorläufigen Sachwalter* relevante Berechnungsgrundlage in Höhe von 500.000 € und eine für den *Sachwalter* relevante Berechnungsgrundlage in Höhe von 1.500.000 €. Dann ergeben sich folgende Vergütungsansprüche (*Abb. 2*):

	vorläufiger Sachwalter	Sachwalter	Summe	BGH[202]
Berechnungsgrundlage (§ 1 InsVV)	500.000,00	1.500.000,00		2.000.000,00
Regelvergütung (§ 2 Abs. 1 InsVV)	37.750,00	57.750,00		67.750,00
Bruchteil 60 % (§ 12 Abs. 1 InsVV)	22.650,00	34.650,00	*57.300,00*	40.650,00
Zuschlag für vorläufige Sachwaltung (25 %)				16.937,50
Summe				*57.587,50*

Abb. 2: Vergütungsvergleich (2)

126 Der BGH geht zwar davon aus, dass die Berechnungsgrundlage nur anhand des eröffneten Verfahrens zu ermitteln ist, sodass vordergründig unklar scheint, weshalb in den Beispielen (rechte Spalte) die Berechnungsgrundlagen aus beiden Verfahrensabschnitten addiert werden. Dies erschließt sich jedoch daraus, dass die Übernahme

---

201) BGH, Beschl. v. 21.7.2016 – IX ZB 70/14, ZIP 2016, 1592; BGH, Beschl. v. 22.9.2016 – IX ZB 71/14, ZIP 2016, 1981; BGH, Beschl. v. 22.6.2017 – IX ZB 91/15, ZInsO 2017, 1813.
202) BGH, Beschl. v. 21.7.2016 – IX ZB 70/14, ZIP 2016, 1592; BGH, Beschl. v. 22.9.2016 – IX ZB 71/14, ZIP 2016, 1981; BGH, Beschl. v. 22.6.2017 – IX ZB 91/15, ZInsO 2017, 1813.

des Saldos liquider Bestände (Kasse, Bankkonten etc.) per Stichtag Insolvenzeröffnung traditionell als massemehrende Einnahme für die Berechnungsgrundlage des eröffneten Verfahrens angesehen wird. Gab es mithin in der vorläufigen Sachwaltung keine abwicklungsbedingten Einnahmen, ist nach dem Konzept des BGH im Ergebnis die Summe beider Berechnungsgrundlagen identisch mit der Berechnungsgrundlage nur des eröffneten Verfahrens. In der Spalte „Sachwalter" wird jedoch für das hiesige Lösungsmodell davon ausgegangen, dass die Übernahme eines solchen Anfangssaldos keine Berücksichtigung findet (Rz. 120), um dem Gedanken einer *wirtschaftlichen Einheitsvergütung* Rechnung zu tragen.

Die Vergütungen sind nach dem hiesigen Lösungsmodell zunächst etwas höher als nach dem Modell des BGH (*Abb. 1*). Aufgrund der für beide Vergütungen jeweils wieder neu beginnenden Degression der Staffelstufen des § 2 Abs. 1 InsVV sinkt dieser Vorteil jedoch bei größeren Berechnungsgrundlagen. Ab einer Summe der Berechnungsgrundlagen in Höhe von ca. 2.000.000 € ergeben sich sogar niedrigere Werte als nach dem Modell des BGH (*Abb. 2*). Insgesamt ist es aber aufgrund der Eigenständigkeit der Vergütungsansprüche – anders als nach dem Modell des BGH – möglich, jedem Vergütungsberechtigten genau diejenigen Zuschläge zuzuordnen, die von ihm tatbestandlich verwirklicht wurden, sodass der wirtschaftliche Unterschied vom Modell des BGH nicht nennenswert sein dürfte.

127

Erzielen der vorläufige Sachwalter und der Sachwalter identische Berechnungsgrundlagen, so sind – abgesehen von Zuschlägen – auch die Vergütungen gleich hoch. Damit wird der vorläufige Sachwalter etwas bevorzugt, da er für dieselbe Vergütung weniger Aufgaben zu bewältigen hat. Dies wird jedoch dadurch kompensiert, dass der vorläufige Sachwalter einen erheblichen Einarbeitungsaufwand zu betreiben hat,[203] der sich nicht in der Berechnungsgrundlage widerspiegelt.

128

b) Mindestvergütung

Nicht sonderlich praxisrelevant, aber gleichwohl rechtlich möglich, ist das Abstellen auf die **Mindestvergütung** des § 2 Abs. 2 InsVV, die nicht gemäß § 12 Abs. 1 InsVV zu kürzen ist.[204]

129

6. Zu- und Abschläge (§ 3 InsVV)

Die **Anwendung** von §§ 10, 3 InsVV gilt unproblematisch auch für den vorläufigen Sachwalter.[205] Maßgebliches Kriterium für die Anwendung von Zu- und Abschlägen ist der im Verhältnis zu den in jedem Verfahren zu erfüllenden gesetzlichen Aufgaben des vorläufigen Sachwalters gestiegene oder geminderte Arbeitsaufwand.[206] Zuschlagsfähig ist folglich jede Tätigkeit, die nicht in allen Verfahren erbracht werden muss; Abschläge sind nur zulässig, wenn eine Aufgabe, die grundsätzlich in jedem Verfahren zu erbringen ist, nicht erbracht wurde.

130

---

203) BGH, Beschl. v. 21.7.2016 – IX ZB 70/14, Rz. 44, ZIP 2016, 1592; Lorenz/Klanke/*Lorenz*, InsVV, § 12 Rz. 52; *Zimmer*, ZInsO 2012, 1658 ff.
204) *Haarmeyer/Mock*, InsVV, § 12 Rz. 24.
205) BGH, Beschl. v. 21.7.2016 – IX ZB 70/14, Rz. 55, ZIP 2016, 1592; BGH, Beschl. v. 22.9.2016 – IX ZB 71/14, Rz. 41, ZIP 2016, 1981; BGH, Beschl. v. 22.6.2017 – IX ZB 91/15, ZInsO 2017, 1813.
206) BGH, Beschl. v. 21.7.2016 – IX ZB 70/14, Rz. 56, ZIP 2016, 1592.

§ 12

131 Die **Aufgaben** des vorläufigen Sachwalters ergeben sich aus §§ 270a Abs. 1 Satz 2, 274, 275 InsO. Folglich hat der vorläufige Sachwalter die wirtschaftliche Lage des Schuldners zu prüfen und die Geschäftsführung sowie die Ausgaben für die Lebensführung zu überwachen. Stellt der vorläufige Sachwalter Umstände fest, die erwarten lassen, dass die Fortsetzung der vorläufigen Eigenverwaltung zu Nachteilen für die künftigen Insolvenzgläubiger führen wird, hat er dies unverzüglich dem vorläufigen Gläubigerausschuss und dem Insolvenzgericht anzuzeigen. Ist ein vorläufiger Gläubigerausschuss nicht bestellt, dürfte allerdings die alternative Information künftiger Insolvenzgläubiger nach § 274 Abs. 3 Satz 2 InsO nicht einschlägig sein, da Forderungsanmeldungen im Antragsverfahren noch nicht möglich sind und auch insolvenzrechtliche Absonderungsrechte erst mit Verfahrenseröffnung entstehen. Ferner gilt auch im Antragsverfahren, dass der Schuldner Verbindlichkeiten nicht ohne Zustimmung des vorläufigen Sachwalters eingehen soll. Von besonderer Bedeutung ist, dass bereits der vorläufige Sachwalter die Kassenführung an sich ziehen kann. Handelt es sich um ein Schutzschirmverfahren, so kommt für den vorläufigen Sachwalter ergänzend hinzu, gemäß § 270b Abs. 4 Satz 2 InsO den Eintritt der Zahlungsunfähigkeit zu prüfen und dem Insolvenzgericht anzuzeigen.

132 Insgesamt sind die Aufgaben des vorläufigen Sachwalters daher weitgehend identisch mit den Aufgaben des Sachwalters im eröffneten Verfahren, jedoch ohne die über §§ 274, 275 InsO hinausgehenden Aufgaben. Auf diesen Aufgabenkreis des vorläufigen Sachwalters reduziert, richten sich **Zu- und Abschläge** nach den *zum Sachwalter entwickelten Kriterien* (Rz. 39 ff.). Zu vergüten sind alle Tätigkeiten, die dem vorläufigen Sachwalter vom Gesetz oder vom Insolvenzgericht (auch falls rechtlich zweifelhaft[207]) oder von den Verfahrensbeteiligten (Schuldner, Gläubigerversammlung, Gläubigerausschuss) zulässig und wirksam übertragen worden sind.[208]

133 Hierzu soll auch gehören, dass der vorläufige Gläubigerausschuss den vorläufigen Sachwalter mit der *Ausarbeitung eines Insolvenzplans* beauftragt. Dies würde eine Analogie erfordern, da ein Verweis auf den einschlägigen § 284 Abs. 1 Satz 1 InsO in § 270a Abs. 1 Satz 2 InsO fehlt; die Rechtsprechung hat eine solche Analogie jedoch befürwortet, wenn eine entsprechende Zustimmung des Schuldners vorliegt.[209] Ganz eindeutig ist das Ergebnis jedoch nicht. Einerseits könnte der gesetzgeberische Wille dahingehend ausgelegt werden, dass dem vorläufigen Gläubigerausschuss ein derartiges Initiativrecht ohnehin – und gewollt – fehlt. Andererseits scheint die Rechtsprechung die Komplexität eines Insolvenzplans nicht erfasst zu haben, denn für den „Einkauf" betriebswirtschaftlichen oder branchenbezogenen Sachverstands wäre dann die zweifelhafte Diskussion eröffnet, inwieweit der vorläufige Sachwalter Verbindlichkeiten hierfür begründen können soll, oder ob er den „Auftrag" auch ablehnen kann.

134 Zusätzlicher Zuschlagsfaktor für den vorläufigen Sachwalter ist auf jeden Fall die *Prüfung des Eintritts der Zahlungsunfähigkeit* gemäß § 270b Abs. 4 Satz 2 InsO.[210]

---

207) BGH, Beschl. v. 21.7.2016 – IX ZB 70/14, Rz. 70, ZIP 2016, 1592.
208) BGH, Beschl. v. 21.7.2016 – IX ZB 70/14, Rz. 61, ZIP 2016, 1592.
209) BGH, Beschl. v. 22.9.2016 – IX ZB 71/14, Rz. 77, ZIP 2016, 1981.
210) BGH, Beschl. v. 22.9.2016 – IX ZB 71/14, Rz. 36, ZIP 2016, 1981; Lorenz/Klanke/*Lorenz*, InsVV, § 12 Rz. 53; KPB-InsO/*Prasser*, § 12 InsVV Rz. 53 (Stand: 07/2015).

Die Einbindung des vorläufigen Sachwalters in die *Problematik der Einzelermächtigung* ist ebenfalls ein denkbarer Zuschlagsfaktor, wobei er in den Zuschlag für Betriebsfortführung integriert werden sollte.[211] Die relativ kurze *Dauer des Antragsverfahrens* ist kein Abschlagsfaktor, da die Berechnungsgrundlage auf vergütungsrelevante Einnahmen und Ausgaben abstellt; diesem System ist eine temporale Bewertung fremd. Anders wäre dies nur, wenn für die Berechnungsgrundlage – wie beim vorläufigen Insolvenzverwalter – auf Werte abgestellt würde.[212]

Tätigkeiten, die der vorläufige Sachwalter in *Überschreitung seiner ihm zukommenden Aufgaben* ausgeübt hat, sind im Übrigen nicht vergütungsfähig.[213]   135

Hinsichtlich der **Berechnungsmethode** gelten die für den Sachwalter aufgestellten Grundsätze[214] (Rz. 41 ff.), d. h., die Zuschläge sind dem Regelbruchteil von 60 % hinzuzurechnen, sie werden nicht etwa nur zu 60 % gewährt.[215]   136

7. Besonderheiten bei §§ 4, 5 InsVV

Insoweit kann auf die Ausführungen zum Sachwalter verwiesen werden (Rz. 87 ff.).   137

8. Auslagen (§ 8 Abs. 3 InsVV)

Hinsichtlich des Anspruchs des vorläufigen Sachwalters auf Erstattung angemessener Auslagen kann auf die Kommentierung zu § 8 Abs. 3 InsVV und die Ausführungen zum Sachwalter (Rz. 92) verwiesen werden, da keine Abweichungen bestehen.[216]   138

9. Umsatzsteuer (§ 7 InsVV)

Hinsichtlich der auf die Vergütung und die Auslagen nach §§ 10, 7 InsVV zu berechnenden Umsatzsteuer bestehen keine Besonderheiten, sodass auf die Kommentierung zu § 7 InsVV verwiesen werden kann.   139

10. Festsetzungsverfahren (§ 64 InsO, § 8 InsVV)

Soweit vertreten wird, der vorläufige Sachwalter habe **keinen eigenständigen Vergütungsanspruch** (Rz. 105), gilt zwar für den endgültigen Sachwalter § 64 InsO i. V. m. § 8 InsVV, für den *Vorschuss* auf die Tätigkeit als vorläufiger Sachwalter jedoch lediglich § 9 InsVV (Rz. 143).[217]   140

Soweit hingegen vertreten wird, wegen der ausdrücklichen gesetzlichen Regelung habe auch der vorläufige Sachwalter einen **eigenständigen Vergütungsanspruch**   141

---

211) BGH, Beschl. v. 21.7.2016 – IX ZB 70/14, Rz. 70, ZIP 2016, 1592.
212) Insoweit zutreffend, aber nicht auf eine Berechnungsgrundlage auf Basis § 1 Abs. 2 InsVV übertragbar, Leonhardt/Smid/Zeuner/*Amberger*, InsVV, § 12 Rz. 27; KPB-InsO/*Prasser*, § 12 InsVV Rz. 31 (Stand: 07/2015).
213) BGH, Beschl. v. 21.7.2016 – IX ZB 70/14, Rz. 61, ZIP 2016, 1592; BGH, Beschl. v. 22.9.2016 – IX ZB 71/14, Rz. 71 ff., ZIP 2016, 1981.
214) BGH, Beschl. v. 21.7.2016 – IX ZB 70/14, Rz. 53, ZIP 2016, 1592.
215) BGH, Beschl. v. 21.7.2016 – IX ZB 70/14, Rz. 58, ZIP 2016, 1592.
216) BGH, Beschl. v. 21.7.2016 – IX ZB 70/14, Rz. 84, ZIP 2016, 1592; BGH, Beschl. v. 22.9.2016 – IX ZB 71/14, Rz. 84, ZIP 2016, 1981.
217) BGH, Beschl. v. 21.7.2016 – IX ZB 70/14, Rz. 54, ZIP 2016, 1592; BGH, Beschl. v. 22.9.2016 – IX ZB 71/14, ZIP 2016, 1981; BGH, Beschl. v. 22.6.2017 – IX ZB 91/15, ZInsO 2017, 1813.

(Rz. 106 ff.), gilt auch für ihn – unabhängig von der Vergütung des Sachwalters – § 64 InsO, § 8 InsVV, d. h. ein *förmliches Festsetzungsverfahren*. Folglich kann auf die Kommentierung zu § 8 InsVV und die Ausführungen zum Sachwalter (Rz. 94 ff.) verwiesen werden.

142 Nach beiden Ansichten dürfte es bei **Nichteröffnung des Insolvenzverfahrens** zulässig sein, analog § 26a InsO eine Festsetzung der Vergütung durch das Insolvenzgericht zuzulassen.[218)] Spätestens an dieser Stelle wird jedoch deutlich, dass dies ohne einen eigenständigen und bezifferbaren Anspruch des vorläufigen Sachwalters nicht funktionieren kann. Darüber hinaus ist auch hier erkennbar, dass der Unterschied zwischen einer Vergütung auf Basis von *Werten* und auf Basis von *Einnahmen* (Rz. 123) nicht nachvollzogen wird. Richtig können als Regelbruchteil nur sein 25 % analog § 63 Abs. 3 Satz 2 InsO auf Basis von Werten oder – vorzugsweise – 60 % analog § 12 Abs. 1 InsVV auf Basis der Einnahmen (in diesem Sinne müsste der BGH interpretiert werden), nicht aber eine Kombinationslösung (Rz. 123).[219)]

11. Vorschüsse (§ 9 InsVV)

143 Soweit vertreten wird, der vorläufige Sachwalter habe keinen eigenständigen Vergütungsanspruch (Rz. 105), wird ihm wenigstens ein Vorschuss nach §§ 10, 9 InsVV zugebilligt.[220)] Diese Auffassung regelt zunächst den Fall, dass **nach Verfahrenseröffnung** eine Vorschussgewährung statt einer Vergütungsfestsetzung zu erfolgen habe. Dies unabhängig von der Sechs-Monats-Frist des § 9 Satz 2 InsVV, sodass der Vorschussantrag auch unmittelbar nach Verfahrenseröffnung gestellt werden kann. Im Übrigen kann auf die Kommentierung zu § 9 InsVV verwiesen werden, da auch § 9 InsVV wiederum nicht frei von Problemen ist, insbesondere im Kontext möglicher Rechtsmittel (§ 9 Rz. 63 ff.).

144 **Während der vorläufigen Sachwaltung** ist gemäß §§ 10, 9 InsVV ebenfalls ein Vorschuss möglich. Ein Vorschuss für einen vorläufigen Insolvenzverwalter noch während des Antragsverfahrens ist insoweit problematisch, als zunächst die Werte der relevanten Aktiva und Passiva zu bestimmen sind; daher ist ein Vorschuss noch während des Antragsverfahrens eher ungewöhnlich, aber rechtlich möglich. Da es für den vorläufigen Sachwalter hingegen auf vergütungsrelevante Einnahmen und Ausgaben i. S. d. § 1 InsVV ankommt (Rz. 118 ff.), wäre die Berechnungsgrundlage für den Vorschuss leichter zu bestimmen. Gleichwohl ist ein Vorschuss noch während des Antragsverfahrens auch hier eher selten. Er ist jedoch rechtlich möglich, insbesondere gilt die Sechs-Monats-Frist des § 9 Satz 2 InsVV in dieser Konstellation hier nicht. Einerseits handelt es sich ohnehin nur um eine Soll-Vorschrift, andererseits muss berück-

---

218) BGH, Beschl. v. 21.7.2016 – IX ZB 70/14, Rz. 54, ZIP 2016, 1592; BGH, Beschl. v. 22.9.2016 – IX ZB 71/14, Rz. 39, ZIP 2016, 1981; AG Hamburg, Beschl. v. 20.12.2013 – 67g IN 419/12, ZInsO 2014, 569; AG Köln, Beschl. v. 25.1.2017 – 73 IN 411/16, ZIP 2017, 980; Leonhardt/Smid/Zeuner/*Amberger*, InsVV, § 12 Rz. 27; *Graeber/Graeber*, InsVV, § 12 Rz. 9a; Lorenz/Klanke/*Lorenz*, InsVV, § 12 Rz. 60; *Zimmer*, ZInsO 2012, 1658.
219) A. A. AG Köln, Beschl. v. 25.1.2017 – 73 IN 411/16, ZIP 2017, 980, als erste Entscheidung nach den BGH-Entscheidungen zur Vergütung des vorläufigen Sachwalters nun zu dem Fall der Nicht-Eröffnung des Verfahrens.
220) BGH, Beschl. v. 21.7.2016 – IX ZB 70/14, ZIP 2016, 1592; BGH, Beschl. v. 22.9.2016 – IX ZB 71/14, ZIP 2016, 1981; BGH, Beschl. v. 22.6.2017 – IX ZB 91/15, ZInsO 2017, 1813.

sichtigt werden, dass § 9 InsVV aufgrund des Verweises in § 10 InsVV nur analoge Anwendung findet, was eine Anpassung der Voraussetzungen an die Besonderheiten des Antragsverfahrens erfordert.[221] Antragsverfahren erreichen regelmäßig schon nicht die Dauer von sechs Monaten, gleichwohl fällt in diesem Verfahrensabschnitt die größte Arbeitsbelastung an.

V. Besonderheiten bei Amtswechseln

Gemäß § 272 Abs. 1 InsO kann **im eröffneten Verfahren** eine angeordnete Eigenverwaltung aufgehoben werden, es *kann* der bisherige Sachwalter zum Insolvenzverwalter bestellt werden (§ 272 Abs. 3 InsO). Bei Eröffnung des Insolvenzverfahrens als Regelverfahren kann umgekehrt auch nachträglich eine Eigenverwaltung angeordnet werden (§ 271 Satz 1 InsO), es *kann* der bisherige Insolvenzverwalter zum Sachwalter bestellt werden (§ 271 Satz 2 InsO). Im eröffneten Verfahren kann es überdies zur Auswechslung des Sachwalters nach § 56a InsO (Entscheidung des Gläubigerausschusses) oder § 57 InsO (Entscheidung der Gläubigerversammlung) oder § 59 InsO (Entlassung) kommen (§ 274 Abs. 1 InsO). Ferner kann es auch zum Amtswechsel aufgrund Versterbens des Amtsträgers kommen. **Im Antragsverfahren** gilt einiges davon entsprechend.

145

Insgesamt können in einem problembehafteten Verfahren daher mehrere Funktionswechsel stattfinden. Der Begriff des Funktionswechsels ist jedoch eher praktischer oder umgangssprachlicher Natur, rechtlich handelt es sich um jeweils eigenständige Amtsträger. Jede dieser Amtsträger hat einen **eigenständigen Vergütungsanspruch**, der auch bei personenidentischem Funktionswechsel mit Amtsbeendigung fällig wird.[222] Für den Insolvenzverwalter ergibt sich dies aus § 63 Abs. 1 InsO, für den vorläufigen Insolvenzverwalter gilt § 63 Abs. 3 InsO. Für den Sachwalter ergibt sich der Anspruch aus §§ 274 Abs. 1, 63 Abs. 1 InsO. Der Anspruch des vorläufigen Sachwalters ergibt sich aus §§ 270a Abs. 1 Satz 2, 274 Abs. 1, 63 InsO bzw. im Schutzschirmverfahren aus §§ 270b Abs. 2 Satz 1, 270a Abs. 1 Satz 2, 274 Abs. 1, 63 InsO (zur Problematik der Anspruchsgrundlage für den vorläufigen Sachwalter siehe Rz. 104 ff.).

146

Diese Vielzahl der Ansprüche löst reflexartig die Annahme aus, hier entstünden insgesamt zu hohe Vergütungsansprüche. Dies kann nicht ganz nachvollzogen werden, da die InsVV für diese Sachverhalte ausreichende Regelungen bereithält. Auf der Ebene der **Berechnungsgrundlage** ist eine eindeutige Abgrenzung unproblematisch. Anders ist dies nur nach der Theorie der rechtlichen Einheitsvergütung (Rz. 118 ff., 125 ff.), die hier zu keinen brauchbaren Ergebnissen führen kann.

147

Hinsichtlich der **Regelvergütung** bestehen für die Anwendung des § 2 Abs. 1 InsVV keine Besonderheiten, ebenso ist § 12 Abs. 1 InsVV eindeutig.

148

Maßgeblich aber ist, dass § 3 Abs. 2 InsVV ausreichende Möglichkeiten für angemessene **Abschläge** eröffnet. Gemäß § 3 Abs. 2 lit. c InsVV ist es Regelbeispiel für einen Abschlag, wenn das Amt des Anspruchsberechtigten vorzeitig endet. Das

149

---

221) Dies übersehen *Haarmeyer/Mock*, InsVV, § 12 Rz. 24.
222) *Haarmeyer/Mock*, InsVV, § 12 Rz. 16 und 19; KPB-InsO/*Prasser*, § 12 InsVV Rz. 18 (Stand: 07/2015); vgl. auch *Graeber/Graeber*, ZInsO 2015, 891, 892.

ist die zentrale Norm, um die Vergütung des *ausgeschiedenen Amtsträgers* an die Umstände des Einzelfalls anzupassen. Wenn hier unter Personenidentität der Amtsträger Funktionswechsel stattfinden, kann von solchen Abschlägen großzügig Gebrauch gemacht werden, um die Gesamtvergütung (nur als Vergleichsgröße!) nicht unangemessen zu überschreiten. Für den durch Funktionswechsel personenidentisch *eingewechselten Amtsträger* bietet § 3 Abs. 2 lit. a InsVV die Möglichkeit, die Tätigkeit des vorangegangenen Amtsträgers als Erleichterung für den aktuellen Amtsträger angemessen zu würdigen, so z. B. im Hinblick auf die Tabellenführung. Auch § 3 Abs. 2 lit. b InsVV bietet solche Möglichkeiten, wenngleich es in der Eigenverwaltung weniger auf Verwertungserlöse ankommt als auf die Betriebsfortführung. Letztlich kann auch der Abschlagsfaktor des § 3 Abs. 2 lit. d InsVV einschlägig sein, wenn im fortgeschrittenen Verfahrensstadium zwar eine große Masse vom Amtsvorgänger „übernommen" wird, die restliche Geschäftsführung des neuen Amtsträgers aber nur noch geringe Anforderungen an den Amtsträger stellt. Aufgrund der Fülle an Möglichkeiten, die jeweiligen Vergütungen anhand konkreter Vorschriften so zu kürzen, dass das summierte Vergütungsvolumen der gesamten Verfahrensabwicklung (einschließlich der schuldner- und gläubigerseits verursachten Komplikationen, die zu den Amtswechseln führten) *angemessen* ist, was das Vergütungsvolumen eines reibungslos abgewickelten Verfahrens auch deutlich überschreiten kann,[223] ist kein Raum für anderweitige Versuche, Vergütungsansprüche zu negieren oder „einfach so" zu kürzen. Es müssen Sachverhalte subsumiert, und es muss gerechnet werden.

---

223) *Graeber/Graeber*, ZInsO 2015, 891, 895.

§ 13
Vergütung des Insolvenzverwalters im Verbraucherinsolvenzverfahren

Werden in einem Verfahren nach dem Neunten Teil der Insolvenzordnung die Unterlagen nach § 305 Absatz 1 Nummer 3 der Insolvenzordnung von einer geeigneten Person oder Stelle erstellt, ermäßigt sich die Vergütung nach § 2 Absatz 2 Satz 1 auf 800 Euro.

Literatur: *Blersch*, Die Änderung der Insolvenzrechtlichen Vergütungsverordnung, ZIP 2004, 2311; *Eickmann*, Neuregelungen im Insolvenz-Vergütungsrecht, NZI 2005, 205; *Graeber/Graeber*, Der Einzug der vom selbstständigen Schuldner abzuführenden Beträge vor dem Prozessgericht: vergütungsrechtliche Auswirkungen, InsbürO 2016, 367; *Keller*, Die Neuregelungen der InsVV zur Mindestvergütung im masselosen Insolvenzverfahren, ZVI 2004, 569; *Keller*, Berechnungsformeln zur Vergütung des Insolvenzverwalters, NZI 2005, 23; *Reck/Köster/Wathling*, 1½ Jahre neues Verbraucherinsolvenzrecht – ein Zwischenstand, ZVI 2016, 1; *Stephan*, Neues Vergütungsrecht im reformierten Privatinsolvenzrecht, VIA 2015, 1; *Vogt*, Die neue Vergütung in Verbraucherinsolvenzverfahren, ZVI 2016, 9; *Zimmer*, Freigabe einer selbstständigen Tätigkeit (§ 35 Abs. 2 InsO) in Verbraucherinsolvenz und Restschuldbefreiungsphase?, InsbürO 2011, 253; *Zimmer*, Vergütung des Insolvenzverwalters für Hausverwaltung und "kalte" Zwangsverwaltung, InsbürO 2015, 510.

Übersicht

I.	Zweck der Norm 1	II.	Historie 4
1.	Seit 1.7.2014 1	1.	Stichtag 1.1.1999 4
2.	Bis 30.6.2014 3	2.	Stichtag 1.1.2002 8

3. Stichtag 1.1.2004 9	e) Auslagen, Umsatzsteuer, Festsetzungsverfahren und Vorschuss 47
4. Stichtag 1.7.2014 11	f) Delegation von Aufgaben 48
III. Rechtsnatur und Anspruchsgrundlage 12	g) Nachtragsverteilung, Überwachung Insolvenzplan 49
1. Bis zum 30.6.2014 beantragte Insolvenzverfahren 12	h) Vorläufiger Treuhänder 51
2. Ab dem 1.7.2014 beantragte Insolvenzverfahren 13	aa) Einleitung 51
IV. Höhe der Vergütung 14	bb) Berechnungsgrundlage 52
1. Bis zum 30.6.2014 beantragte Insolvenzverfahren (§ 13 InsVV a. F.) 14	cc) Regelsatz und Regelbruchteil 55
a) Berechnungsgrundlage (§ 13 Abs. 1 Satz 1 InsVV a. F.) 14	dd) Mindestvergütung 56
b) Regelvergütung (§ 13 Abs. 1 Satz 1 InsVV a. F.) 24	ee) Zu- und Abschläge 60
c) Zu- und Abschläge 26	2. Seit dem 1.7.2014 beantragte Insolvenzverfahren (§ 13 InsVV n. F.) 61
aa) Grundsätze 26	a) Grundkritik 61
bb) Zuschläge 27	b) Rechtsfolge 62
cc) Abschläge 32	aa) Wortlaut der Norm 62
dd) Gesamtwürdigung 37	bb) Verfassungsrechtliche Bedenken 64
d) Mindestvergütung 38	c) Tatbestandsvoraussetzungen 67
aa) Vom 1.1.1999 beantragte bzw. bis zum 31.12.2003 eröffnete Verfahren 38	aa) Unterlagen nach § 305 Abs. 1 Nr. 3 InsO 68
bb) Vom 1.1.2004 eröffnete bzw. bis 30.6.2014 beantragte Verfahren 39	bb) Vorlage durch eine geeignete Stelle 70
	cc) Qualität der Verzeichnisse 72

I. Zweck der Norm

1. Seit 1.7.2014

§ 13 InsVV ergänzt – scheinbar – die Regelung zur Mindestvergütung des in einem „Verbraucherinsolvenzverfahren" bestellten Insolvenzverwalters gemäß § 2 Abs. 2 Satz 1 InsVV. Das „Verbraucherinsolvenzverfahren" ist in §§ 304 ff. InsO geregelt. Die dortigen Normen beziehen sich jedoch ausschließlich auf das Eröffnungsverfahren. Die Normen für das eröffnete Verfahren (§§ 312–314 InsO a. F.) wurden durch das Gesetz zur Verkürzung des Restschuldbefreiungsverfahrens und zur Stärkung der Gläubigerrechte vom 15.7.2013[1]) abgeschafft, und zwar für die ab dem 1.7.2014 beantragten Insolvenzverfahren (Art. 103h Satz 1 EGInsO). Insoweit gibt es kein eröffnetes „Verbraucherinsolvenzverfahren" als eigenständige Verfahrensart. Daher ist auch eine Rechtsfigur des „Insolvenzverwalters im Verbraucherinsolvenzverfahren" schlichtweg nicht existent, es handelt sich um einen „normalen" Insolvenzverwalter. Dies macht die amtliche Überschrift zu § 13 InsVV sinnwidrig und die Norm insgesamt bedenklich, da die Vergütung eines nicht existenten Berechtigten geregelt wird. Daher ließe sich eine generelle Unanwendbarkeit der Norm durchaus vertreten; allenfalls für den vorläufigen Insolvenzverwalter in einem mit dem Aktenzeichen IK anhängigen Verfahren wäre eine Anwendbarkeit zu prüfen.

1

---

1) §§ 312–314 InsO aufgehoben durch das Gesetz zur Verkürzung des Restschuldbefreiungsverfahrens und zur Stärkung der Gläubigerrechte v. 15.7.2013 (BGBl. I 2013, 2379), siehe Anh. XII Rz. 83 ff.

§ 13 Vergütung des Insolvenzverwalters im Verbraucherinsolvenzverfahren

2 Darüber hinaus ist der Regelungsgehalt des § 13 InsVV nur auf den ersten Blick eine Ergänzung zu § 2 Abs. 2 InsVV. Tatsächlich geht der Verordnungsgeber durch das Vorhandensein von Unterlagen i. S. d. § 305 Abs. 1 Nr. 3 InsO, ausgestellt durch eine geeignete Person oder Stelle, von einem geringeren Aufwand,[2] d. h. einer Arbeitserleichterung für den Insolvenzverwalter aus. Daher ist § 13 InsVV tatsächlich und dogmatisch ein weiteres **Regelbeispiel zu § 3 Abs. 2 InsVV** (Rz. 71, 72).

2. Bis 30.6.2014

3 Bis zum Inkrafttreten des Gesetzes zur Verkürzung des Restschuldbefreiungsverfahrens und zur Stärkung der Gläubigerrechte vom 15.7.2013[3] regelte § 13 InsVV a. F. die Vergütung des Treuhänders im eröffneten vereinfachten Insolvenzverfahren (§§ 312–314 InsVV a. F.)[4] als **lex specialis zu §§ 2-3 InsVV** wie folgt:

> Vergütung des Treuhänders im vereinfachten Insolvenzverfahren
>
> (1) ¹Der Treuhänder erhält in der Regel 15 vom Hundert der Insolvenzmasse. ²Ein Zurückbleiben hinter dem Regelsatz ist insbesondere dann gerechtfertigt, wenn das vereinfachte Insolvenzverfahren vorzeitig beendet wird. ³Haben in dem Verfahren nicht mehr als 5 Gläubiger ihre Forderungen angemeldet, so soll die Vergütung in der Regel mindestens 600 Euro betragen. ⁴Von 6 bis zu 15 Gläubigern erhöht sich die Vergütung für je angefangene 5 Gläubiger um 150 Euro. ⁵Ab 16 Gläubiger erhöht sich die Vergütung je angefangene 5 Gläubiger um 100 Euro.
>
> (2) §§ 2 und 3 finden keine Anwendung.

II. Historie

1. Stichtag 1.1.1999

4 In der ersten Fassung des § 13 Satz 1 InsVV[5] für die **ab dem 1.1.1999 beantragen** Insolvenzverfahren über das Vermögen von natürlichen Personen (seinerzeit existierte noch keine Beschränkung auf Verbraucher) war eine von § 2 Abs. 1 InsVV unabhängige *Regelvergütung* enthalten. Der seinerzeitige „Treuhänder im vereinfachten Insolvenzverfahren" gemäß § 313 InsO a. F.[6] erhielt eine Regelvergütung in Höhe von 15 % der nach §§ 10, 1 Abs. 2 InsVV zu ermittelnden Berechnungsgrundlage. Insoweit war § 13 Satz 1 InsVV a. F. lex specialis zu § 2 Abs. 1 InsVV, der aufgrund § 13 Abs. 2 InsVV a. F. ausdrücklich keine Anwendung fand. Da § 13 Abs. 2 InsVV a. F. auch eine Anwendung des § 3 InsVV ausschloss, enthielt § 13 Abs. 1 Satz 2 InsVV a. F. die Regelung, dass ein Zurückbleiben hinter diesem Regelsatz insbesondere dann gerechtfer-

---

2) Gesetz zur Verkürzung des Restschuldbefreiungsverfahrens und zur Stärkung der Gläubigerrechte vom 15.7.2013 (BGBl. I 2013, 2379), Begründung zu § 13 InsVV, siehe Anh. XII Rz. 102.
3) Gesetz zur Verkürzung des Restschuldbefreiungsverfahrens und zur Stärkung der Gläubigerrechte v. 15.7.2013 (BGBl. I 2013, 2379), siehe Anh. XII.
4) §§ 312–314 InsO aufgehoben durch das Gesetz zur Verkürzung des Restschuldbefreiungsverfahrens und zur Stärkung der Gläubigerrechte v. 15.7.2013 (BGBl. I 2013, 2379), siehe Anh. XII Rz. 83 ff.
5) Insolvenzrechtliche Vergütungsverordnung (InsVV) v. 19.8.1998 (BGBl. I 1998, 2205), siehe Anh. III Rz. 72.
6) § 313 InsO aufgehoben durch das Gesetz zur Verkürzung des Restschuldbefreiungsverfahrens und zur Stärkung der Gläubigerrechte v. 15.7.2013 (BGBl. I 2013, 2379), siehe Anh. XII Rz. 83.

tigt ist, wenn das vereinfachte Insolvenzverfahren vorzeitig beendet wird. Nach dem Verordnungswortlaut waren somit keine *Zuschläge* auf die Vergütung möglich, wohl aber ein *Abschlag*. § 13 Abs. 1 Satz 3 InsVV a. F. sah eine *Mindestregelvergütung* in Höhe von 500 Deutsche Mark vor, die jedoch in Abhängigkeit von der Tätigkeit des Treuhänders bis auf 200 Deutsche Mark herabgesetzt werden konnte, was in sich freilich der Logik entbehrte, da es sich nicht wirklich um eine Mindestvergütung handelt, wenn sie von der konkreten Tätigkeit des Treuhänders abhängig sein soll. Insoweit war schon die Ursprungsfassung des § 13 InsVV durch Unsicherheiten darüber, was ein Treuhänder im vereinfachten Insolvenzverfahren zu leisten hat, gekennzeichnet.

Der Verordnungsgeber hatte sich von der Erwägung leiten lassen, dass dem vereinfachten Insolvenzverfahren stets der Versuch der außergerichtlichen Schuldenbereinigung und das gerichtliche Verfahren über den Schuldenbereinigungsplan vorausgehen. Dementsprechend sei das Insolvenzverfahren zum Zeitpunkt seiner Eröffnung weitestgehend aufbereitet, das Vermögensverzeichnis, das Gläubigerverzeichnis und das Forderungsverzeichnis lägen bereits vor.[7] Zudem sei von erheblichen Verfahrenserleichterungen auszugehen: Nach der ursprünglichen Fassung der §§ 312–314 InsO a. F.[8] entfiel in diesen Verfahren der Berichtstermin i. S. d. § 156 InsO (§ 312 Abs. 1 Satz 2 InsO a. F.), ferner waren weder ein Insolvenzplan (§§ 217–269 InsO) noch eine Eigenverwaltung (§§ 270–285 InsO) möglich (§ 312 Abs. 2 InsO a. F.). Zur Anfechtung von Rechtshandlungen nach den §§ 129–147 InsO war nicht der Treuhänder, sondern jeder Insolvenzgläubiger berechtigt (§ 313 Abs. 2 Satz 1 InsO a. F.), falls die Aufgabe nicht durch die Gläubigerversammlung dem Treuhänder übertragen wurde (§ 313 Abs. 1 Satz 3 InsO a. F.). Ferner war der Treuhänder nicht zur Verwertung von Absonderungsgut berechtigt (§ 313 Abs. 3 InsO a. F.). Zudem konnte in Gänze auf eine Verwertung der Insolvenzmasse verzichtet werden, wenn der Schuldner aus seinem insolvenzfreien Vermögen eine entsprechende Leistung an die Masse abführte (§ 314 InsO a. F.).

Die unklare Regelung zur ursprünglichen Mindestvergütung beruhte auf der Annahme des Verordnungsgebers, dass vereinfachte Insolvenzverfahren, in denen regelmäßig verwertungsfähige Masse nicht in nennenswertem Umfang vorhanden sei, nicht durch zu hohe und starre Vergütungssätze belastet bzw. undurchführbar werden.[9] Dies ist nur vor dem Hintergrund nachvollziehbar, dass es seinerzeit noch keine Stundung der Verfahrenskosten gab.[10]

Insgesamt ist die ursprüngliche Verordnungsbegründung als Sammelsurium von Annahmen und Rechtsfolgen ex post zweifelhaft. *Verfahrensvereinfachungen* begründen

---

7) Insolvenzrechtliche Vergütungsverordnung (InsVV) v. 19.8.1998 (BGBl. I 1998, 2205), Begründung zu § 13 InsVV, siehe Anh. III Rz. 73.
8) §§ 312–314 InsO aufgehoben durch das Gesetz zur Verkürzung des Restschuldbefreiungsverfahrens und zur Stärkung der Gläubigerrechte v. 15.7.2013 (BGBl. I 2013, 2379), siehe Anh. XII Rz. 83 ff.
9) Insolvenzrechtliche Vergütungsverordnung (InsVV) v. 19.8.1998 (BGBl. I 1998, 2205), Begründung zu § 13 InsVV, siehe Anh. III Rz. 75.
10) Die Verfahrenskostenstundung wurde erst eingeführt durch das Gesetz zur Änderung der Insolvenzordnung und anderer Gesetze v. 26.10.2001 (BGBl. I 2001, 2710), siehe Anh. IV Rz. 4 ff.

§ 13 Vergütung des Insolvenzverwalters im Verbraucherinsolvenzverfahren

eine unwiderlegliche Vermutung, die eine im Verhältnis zum Insolvenzverwalter niedrigere Vergütung des Treuhänders gerechtfertigt haben mögen. *Arbeitserleichterungen* hingegen stellen ein (ungeschriebenes) Regelbeispiel des § 3 Abs. 2 InsVV dar, dessen Tatbestandserfüllung derjenige zu beweisen hat, der die Vergütung nicht antragsgemäß festgesetzt wissen will. Die Ermöglichung des *Zugangs zum Insolvenzverfahren* ist Aufgabe des Gesetzgebers, nicht des Verordnungsgebers, sodass ein Überschreiten der Kompetenzen des Verordnungsgebers nicht gänzlich ausgeschlossen scheint.

2. Stichtag 1.1.2002

8   Mit dem Gesetz zur Einführung des Euro in Rechtspflegegesetzen und in Gesetzen des Straf- und Ordnungswidrigkeitenrechts, zur Änderung der Mahnvordruckverordnungen sowie zur Änderung weiterer Gesetze vom 13.12.2001[11] wurden mit Wirkung zum 1.1.2002 die Beträge zur Mindestvergütung von 500 Deutsche Mark in 250 € und von 200 Deutsche Mark in 100 € abgeändert. Übergangsregelungen waren nicht erforderlich (§ 19 Rz. 13 ff.).

3. Stichtag 1.1.2004

9   Mit der Verordnung zur Änderung der Insolvenzrechtlichen Vergütungsverordnung (InsVV) vom 4.10.2004[12] trug der Verordnungsgeber dem Umstand Rechnung, dass der BGH die Mindestvergütung des Treuhänders im eröffneten Verbraucherinsolvenzverfahren[13] in Höhe von 250 € als verfassungswidrig niedrig eingestuft hatte, jedoch erst für Bestellungen ab dem 1.1.2004. § 13 Abs. 1 Satz 3 InsVV lautete nunmehr wie folgt: „Haben in dem Verfahren nicht mehr als 5 Gläubiger ihre Forderungen angemeldet, so soll die Vergütung in der Regel mindestens 600 € betragen. Von 6 bis zu 15 Gläubigern erhöht sich die Vergütung für je angefangene 5 Gläubiger um 150 €. Ab 16 Gläubiger erhöht sich die Vergütung je angefangene 5 Gläubiger um 100 €." Nach zwei vom Verordnungsgeber eilig herangezogenen Studien sollen die Kosten eines Verbraucherinsolvenzverfahrens lediglich 55 % bzw. 61 % der Kosten eines Regelinsolvenzverfahrens betragen, sodass die Mindestvergütung in Verbraucherinsolvenzverfahren niedriger ausfallen könne als im gleichzeitig geänderten § 2 Abs. 2 InsVV für das Regelinsolvenzverfahren.[14] Für Verbraucherinsolvenzverfahren könne von einem Tätigkeitsaufwand des Treuhänders in Höhe von sieben Stunden zzgl. eines Tätigkeitsaufwands eines Sachbearbeiters in Höhe von neun Stunden ausgegangen werden.[15] Bei der Heranziehung der seinerzeitigen Stundensätze des Zwangsverwalters nach § 19 ZwVwV ergebe sich eine *Vergütung in Höhe von 980 €*, die bei

---

11) Gesetz zur Einführung des Euro in Rechtspflegegesetzen und in Gesetzen des Straf- und Ordnungswidrigkeitenrechts, zur Änderung der Mahnvordruckverordnungen sowie zur Änderung weiterer Gesetze v. 13.12.2001 (BGBl. I 2001, 3574), siehe Anh. V.
12) Verordnung zur Änderung der Insolvenzrechtlichen Vergütungsverordnung (InsVV) v. 4.10.2004 (BGBl. I 2004, 2569), siehe Anh. VII.
13) BGH, Beschl. v. 15.1.2004 – IX ZB 46/03, ZIP 2004, 424.
14) Verordnung zur Änderung der Insolvenzrechtlichen Vergütungsverordnung (InsVV) v. 4.10.2004 (BGBl. I 2004, 2569), Begründung zu § 13 Abs. 1 Satz 3 InsVV, siehe Anh. VII Rz. 43.
15) Verordnung zur Änderung der Insolvenzrechtlichen Vergütungsverordnung (InsVV) v. 4.10.2004 (BGBl. I 2004, 2569), Begründung zu § 13 Abs. 1 Satz 3 InsVV, siehe Anh. VII Rz. 43.

einer durchschnittlichen Gläubigerzahl von 14 aufgrund der nun gestaffelten Mindestvergütung ebenfalls erreicht werde.

Aufgrund der Vorgabe des BGH ließ der Verordnungsgeber die Neuregelung für die **ab dem 1.1.2004 eröffneten Insolvenzverfahren** gelten (§ 19 Abs. 1 InsVV). Da die Änderungsverordnung am 7.10.2004 im Bundesgesetzblatt bekannt gegeben wurde, liegt für die vom 1.1.2004 bis zum 6.10.2004 eröffneten Insolvenzverfahren folglich eine (unechte) Rückwirkung zugunsten der Treuhänder vor (hierzu § 19 Rz. 23 ff.). Zudem wird vertreten, die Verfassungswidrigkeit der Altregelung hätte auf den 1.12.2001 festgestellt werden müssen, da bereits mit Einführung der Verfahrenskostenstundung zum 1.12.2001[16] festgestanden habe, dass die ursprünglichen Annahmen des Verordnungsgebers hinsichtlich der Arbeitsbelastung der Treuhänder nicht mehr der Praxis entsprächen.[17] Folglich sei auch hier die Neuregelung anwendbar.[18] Dem wollte sich das Bundesverfassungsgericht jedoch – ohne Begründung – nicht anschließen.[19]

10

4. Stichtag 1.7.2014

Durch das Gesetz zur Verkürzung des Restschuldbefreiungsverfahrens und zur Stärkung der Gläubigerrechte vom 15.7.2013[20] wurde für die **ab dem 1.7.2014 beantragten Insolvenzverfahren** (§ 19 Abs. 4 InsVV) vom bisherigen Regelungskonzept abgewichen. § 13 InsVV enthält nun keine von § 2 InsVV unabhängige Regelung zur Regel- oder Mindestvergütung des Insolvenzverwalters (vormals Treuhänder) mehr. Vielmehr beschränkt sich § 13 InsVV n. F. darauf, die in § 2 Abs. 2 Satz 1 InsVV kodifizierte Regelmindestvergütung um 200 € von 1.000 € auf 800 € zu kürzen, wenn und weil die in § 305 Abs. 1 Nr. 3 InsO genannten Unterlagen von einer geeigneten Person oder Stelle erstellt wurden. Im Übrigen gelten die §§ 1–9 InsVV uneingeschränkt. Ob es dafür der Verweisungsnorm des § 10 InsVV bedarf, scheint zweifelhaft, da es einen „Insolvenzverwalter im Verbraucherinsolvenzverfahren" als eigene Figur nicht gibt (Rz. 1).

11

III. Rechtsnatur und Anspruchsgrundlage

1. Bis zum 30.6.2014 beantragte Insolvenzverfahren

Die Aufgaben eines Insolvenzverwalters wurden in den bis zum 30.6.2014 beantragten Insolvenzverfahren (Art. 103h Satz 1 EGInsO) durch den Treuhänder im vereinfachten Insolvenzverfahren wahrgenommen (§ 313 Abs. 1 InsO a. F.[21]). Für ihn enthielt § 313 Abs. 1 Satz 3 InsO a. F. einen Verweis u. a. auf § 63 Abs. 1 InsO, der die

12

---

16) Gesetz zur Änderung der Insolvenzordnung und anderer Gesetze v. 26.10.2001 (BGBl. I 2001, 2710), siehe Anh. IV.
17) Ausführlich FK-InsO/*Lorenz*, § 13 InsVV Rz. 27 ff. m. w. N; hierzu bereits *Keller*, ZVI 2004, 569 ff.
18) LG Cottbus, Beschl. v. 16.12.2004 – 7 T 193/04, ZIP 2005, 821.
19) BVerfG, Beschl. v. 24.6.2004 – 1 BvR 648/04, 1 BvR 633/04, ZIP 2005, 447.
20) Gesetz zur Verkürzung des Restschuldbefreiungsverfahrens und zur Stärkung der Gläubigerrechte v. 15.7.2013 (BGBl. I 2013, 2379), siehe Anh. XII.
21) § 313 InsO aufgehoben durch das Gesetz zur Verkürzung des Restschuldbefreiungsverfahrens und zur Stärkung der Gläubigerrechte v. 15.7.2013 (BGBl. I 2013, 2379), siehe Anh. XII Rz. 83.

Anspruchsgrundlage für die Vergütung des Treuhänders darstellte. Hiernach hat(te) der Treuhänder alten Rechts einen Anspruch auf Vergütung und Ersatz angemessener Auslagen. Da sich der Verweis in § 313 Abs. 1 Satz 3 InsO a. F. auch auf § 65 InsO erstreckte, soll(te) die InsVV **das Nähere regeln.** § 13 Abs. 1 Satz 1 InsVV a. F. enthielt diesbezüglich einen eigenständigen Regelsatz auf die nach §§ 10, 1 Abs. 2 InsVV zu ermittelnde Berechnungsgrundlage.

2. Ab dem 1.7.2014 beantragte Insolvenzverfahren

13 In der Neufassung durch das Gesetz zur Verkürzung des Restschuldbefreiungsverfahrens und zur Stärkung der Gläubigerrechte vom 15.7.2013[22]) ist § 63 InsO als Anspruchsgrundlage für die Vergütung unmittelbar anwendbar, ohne dass es eines Verweises bedürfte. Über § 65 InsO kommt die InsVV zur Anwendung, die in §§ 1–9 InsVV (Erster Abschnitt) die Vergütung des Insolvenzverwalters regelt. § 13 InsVV n. F. beschränkt sich – bedenklich (Rz. 1 f., 61 ff.) – auf eine **Reduzierung der Regelmindestvergütung** des § 2 Abs. 2 Satz 1 InsVV. Da die Reduzierung mit einer Arbeitserleichterung des Insolvenzverwalters begründet wird, handelt es sich dogmatisch um einen Abschlagstatbestand i. S. d. § 3 Abs. 2 InsVV (Rz. 71, 72). Zur Übergangsregelung siehe § 19 Rz. 52.

IV. Höhe der Vergütung

1. Bis zum 30.6.2014 beantragte Insolvenzverfahren (§ 13 InsVV a. F.)

a) Berechnungsgrundlage (§ 13 Abs. 1 Satz 1 InsVV a. F.)

14 Gemäß § 13 Abs. 1 Satz 1 InsVV a. F. erhält der Treuhänder i. d. R. 15 % der Insolvenzmasse. In Ermangelung einer Spezialregelung und aufgrund des Verweises in § 10 InsVV gilt folglich § 1 **InsVV** zur Ermittlung der Berechnungsgrundlage,[23]) sodass auf die Kommentierung zu § 1 InsVV und das Erfordernis einer Schlussrechnung verwiesen werden kann, jedoch mit folgenden **Besonderheiten:**

15 Bei der Verwertung der Masse bei natürlichen Personen steht nicht selten der Neuerwerb in Gestalt pfändbaren Einkommens im Vordergrund. Da sich dem eröffneten Verfahren meist die Restschuldbefreiungsphase anschließt, ist auf eine **Abgrenzung der Einnahmen beider Verfahrensabschnitte** zu achten (hierzu § 14 Rz. 34). Selbiges gilt im Hinblick auf eine Abgrenzung von eröffnetem Verfahren und Nachtragsverteilung (hierzu § 14 Rz. 35 f.), z. B. bei Steuererstattungen.

16 Ergänzend sind beim **pfändbaren Einkommen** zwei Aspekte zu berücksichtigen, wenn das eröffnete Verfahren recht lange andauert. Zum einen ist der in den vor dem 1.7.2014 beantragten Verfahren (Art. 103h Satz 1 EGInsO) noch geltende *Motivationsrabatt* (§ 292 Abs. 1 Satz 4 InsO a. F.[24])) eine gemäß § 1 Abs. 2 Nr. 4 Satz 1 InsVV unbeachtliche Ausgabe, d. h., beim pfändbaren Einkommen existiert insoweit kein Überschussprinzip. Zum anderen ist das *ab Ablauf der sechsjährigen Wohlverhal-*

---

[22]) Gesetz zur Verkürzung des Restschuldbefreiungsverfahrens und zur Stärkung der Gläubigerrechte v. 15.7.2013 (BGBl. I 2013, 2379), siehe Anh. XII.
[23]) BGH, Beschl. v. 24.5.2005 – IX ZB 6/03, ZInsO 2005, 760.
[24]) § 292 InsO unter Abschaffung des Motivationsrabatts geändert durch das Gesetz zur Verkürzung des Restschuldbefreiungsverfahrens und zur Stärkung der Gläubigerrechte v. 15.7.2013 (BGBl. I 2013, 2379), siehe Anh. XII Rz. 34 ff.

tensfrist fällige (begründete) pfändbare Einkommen Gegenstand einer Sondermasse,[25] die bei Erteilung der Restschuldbefreiung zugunsten des Schuldners aufzulösen ist.[26] In den ab dem 1.7.2014 beantragten Verfahren gilt für diese Einnahmen eine eigenständige Vergütungsregelung (§ 300a Abs. 3 InsO), in den zuvor eröffneten Verfahren jedoch nicht. Insoweit ist fraglich, ob derartige Einnahmen in die Berechnungsgrundlage nach § 13 Abs. 1 Satz 1 InsVV einbezogen werden können. Durch die Neuregelung hat der Verordnungsgeber zum Ausdruck gebracht, dass der Treuhänder (nun Insolvenzverwalter) auch an dieser Stelle nicht unvergütet bleiben kann, da er schließlich eine fremdnützige Tätigkeit erbringt. Ausgehend davon, dass dies dem generellen Grundsatz entspringt, Tätigkeit zu vergüten, und andererseits keine Norm existiert, die einen Abzug von der Berechnungsgrundlage aufgrund Auskehrens an den Schuldner regelt, ist davon auszugehen, dass in den Altfällen zwar kein eigenständiger Vergütungsanspruch entsteht, wohl aber eine Einbeziehung in die reguläre Vergütung (Berechnungsgrundlage) des Treuhänders erfolgen muss; insoweit besteht kein Unterschied zum Motivationsrabatt alten Rechts. Allerdings: Die Neuregelung in § 300a Abs. 3 InsO hat zur Folge, dass sich dieser neue Vergütungsanspruch aufgrund Verwaltens der Sondermasse ausschließlich gegen den Schuldner richtet, nicht gegen die Masse und nicht gegen die Staatskasse (§ 14 Rz. 77 ff.). Insoweit bedarf es in Altfällen einer Vergleichsrechnung. Denjenigen Teil der Vergütung, der sich auf den Zeitraum nach Ablauf der Wohlverhaltensphase bezieht, muss der Treuhänder von der Auskehrung der Sondermasse an den Schuldner einbehalten, damit nicht die Insolvenzgläubiger hiermit belastet werden. Dieses Ergebnis korreliert dann sowohl mit der Neuregelung als auch mit der Rechtsprechung zur ungerechtfertigten Bereicherung.[27]

§ 1 Abs. 2 Nr. 1 InsVV enthält Regelungen bei **Verwertung von Absonderungsgut.** 17 Hierzu ist der Treuhänder alten Rechts jedoch nicht befugt (§ 313 Abs. 3 InsO a. F.[28]), sodass § 1 Abs. 2 Nr. 1 InsVV im *Grundsatz* keine Anwendung finden kann. Der Grundsatz wird jedoch durch zahlreiche Ausnahmen faktisch überlagert. Zunächst verweist § 313 Abs. 3 Satz 3 InsO a. F. auf § 173 Abs. 2 InsO. Nach dieser Norm kann das Insolvenzgericht auf Antrag des Insolvenzverwalters bzw. Treuhänders und nach Anhörung des Absonderungsgläubigers eine Frist bestimmen, innerhalb derer der Gläubiger den Gegenstand zu verwerten hat; nach Ablauf der Frist entsteht ein *Verwertungsrecht des Insolvenzverwalters bzw. Treuhänders*. In dieser Konstellation gilt § 1 Abs. 2 Nr. 1 InsVV folglich auch für den Treuhänder.[29] Selbiges gilt, wenn der Treuhänder *Verwertungsvereinbarungen* mit dem Absonderungsgläubiger trifft und §§ 170, 171 InsO (Kostenbeiträge) aufgrund Individualvereinbarung Anwendung finden. Erst recht führt auch ein sog. *Übererlös*, d. h. ein Verwertungserlös oberhalb der persönlichen Forderung des Gläubigers, zu einer Massemehrung i. S. d. § 1 Abs. 2 Nr. 1

---

25) *Zimmer*, Insolvenzbuchhaltung, Rz. 403.
26) BGH, Beschl. v. 3.12.2009 – IX ZB 247/08, ZInsO 2010, 102; BGH, Beschl. v. 13.2.2014 – IX ZB 23/13, ZInsO 2014, 603.
27) BGH, Urt. v. 5.3.2015 – IX ZR 164/14, ZIP 2015, 738.
28) § 313 InsO aufgehoben durch das Gesetz zur Verkürzung des Restschuldbefreiungsverfahrens und zur Stärkung der Gläubigerrechte v. 15.7.2013 (BGBl. I 2013, 2379), siehe Anh. XII Rz. 83.
29) *Haarmeyer/Mock*, § 13 Rz. 11; *Keller*, Vergütung und Kosten, § 10 Rz. 18; KPB-InsO/*Stoffler*, § 13 InsVV Rz. 14 (Stand: 05/2016).

Satz 3 InsVV. Nutzt der Absonderungsgläubiger sein Verwertungsrecht aus § 173 Abs. 1 InsO, muss – gleichwohl es sich um ein Verbraucherinsolvenzverfahren handelt – geprüft werden, ob eine Veräußerung mit *Umsatzsteuer* zu erfolgen hat, wenn und weil der Schuldner vormals selbstständig tätig war und der Vermögensgegenstand zum Betriebsvermögen gehörte. Einen Feststellungs- und Verwertungskostenbeitrag kann der Treuhänder dann zwar nicht beanspruchen, wohl aber analog § 13b Abs. 1 Nr. 2 UStG, §§ 170 Abs. 2, 171 Abs. 2 Satz 3 InsO die Herausgabe der Umsatzsteuer aus dem Veräußerungsgeschäft, da die Umsatzsteuer von der Masse zu deklarieren und als Masseverbindlichkeit abzuführen ist;[30] in dieser Konstellation ist die vereinnahmte Umsatzsteuer in die Berechnungsgrundlage aufzunehmen.

18 Bei einer Verwertung durch den Treuhänder ohne Abstimmung mit dem Absonderungsgläubiger und ohne Anwendung des § 173 InsO ist von einer *unberechtigten Veräußerung* auszugehen. Der Verwertungserlös ist an den berechtigten Gläubiger herauszugeben. Hierzu wird vertreten, der Anspruch des Absonderungsgläubigers stütze sich nunmehr auf § 812 BGB (ungerechtfertigte Bereicherung), sodass die Auskehrung wegen § 1 Abs. 2 Nr. 4 Satz 1 InsVV, § 55 Abs. 1 Nr. 3 InsO nicht von der Berechnungsgrundlage in Abzug zu bringen sei.[31] Dem kann nicht gefolgt werden. Verwertungsrecht und Massezugehörigkeit sind zwei verschiedene Dinge. Trotz Verwertungsrechts des Absonderungsgläubigers ist der Vermögensgegenstand unzweifelhaft Gegenstand der Masse i. S. d. § 35 InsO, sonst läge ja kein Absonderungsrecht, sondern ein Aussonderungsrecht vor. Hier greift die Ersatzabsonderung analog § 48 Satz 2 InsO, die vergütungsrechtlich nach § 1 Abs. 2 Nr. 1 Satz 3 InsVV zu beurteilen ist (nur Überschuss erhöht Berechnungsgrundlage). Im Übrigen scheint zweifelhaft, unrechtmäßiges Verhalten vergütungsrechtlich zu honorieren, auch wenn sich die Unrechtmäßigkeit nur auf das Innenverhältnis zwischen Treuhänder und Absonderungsgläubiger bezieht (Einzelschaden i. S. d. § 60 InsO). Entsprechendes gilt, wenn das *Sicherungsrecht erst nach der Verwertung bekannt* wird, wenngleich der Auskehrungsanspruch durch § 28 Abs. 2 Satz 3 InsO eingeschränkt sein kann.

19 § 1 Abs. 2 Nr. 2 InsVV befasst sich mit der **Abfindung von Aus- und Absonderungsrechten**. Da Abfindungen keine Verwertungshandlungen voraussetzen, findet die Norm Anwendung auch für den Treuhänder alten Rechts.[32]

20 § 1 Abs. 2 Nr. 4 Satz 2 lit. b InsVV regelt das Überschussprinzip bei **Betriebsfortführung**. Grundsätzlich ist bei einer Betriebsfortführung im *Zeitpunkt der Eröffnungsentscheidung* nicht von der Einschlägigkeit des Verbraucherinsolvenzverfahrens auszugehen. Allerdings kann ein Verbraucherinsolvenzverfahren einschlägig sein, wenn es sich um eine geringfügige selbstständige (Neben-)Tätigkeit mit unregelmäßigen bzw. geringfügigen Einnahmen handelt und eine organisierte Unternehmensstruktur fehlt;[33] wegen § 304 Abs. 1 Satz 2 InsO dürften jedoch keine Arbeitnehmer vorhanden sein, auch keine gelegentlichen Aushilfen. Der Schuldner kann sich freilich

---

30) BGH, Urt. v. 29.3.2007 – IX ZR 27/06, ZIP 2007, 1126. Vgl. auch BFH, Beschl. v. 19.7.2007 – V B 222/06, ZIP 2007, 1998; BFH, Beschl. v. 1.3.2010 – XI B 34/09, NZI 2010, 451.
31) KPB-InsO/*Stoffler*, § 13 InsVV Rz. 14 (Stand: 05/2016).
32) Zutreffend BerlKommInsO/*Blersch*, § 13 InsVV Rz. 11 (Stand: 11/2015).
33) BGH, Beschl. v. 24.3.2011 – IX ZB 80/11, ZIP 2011, 966.

auch *nach der Eröffnung des Insolvenzverfahrens* selbstständig machen. Bis zu der auch im Verbraucherinsolvenzverfahren möglichen „Freigabe" des Geschäftsbetriebs gemäß § 35 Abs. 2 InsO[34]) handelt es sich dann im Kontext des § 1 InsVV um eine Betriebsfortführung. In beiden Fällen können *Vermögensgegenstände* wegen der Betriebsfortführung bzw. Unternehmensgründung zum Betrieb gehören. Liegt eine Betriebsfortführung vor, so fallen diese Vermögensgegenstände wegen § 36 InsO, § 811 Abs. 1 Nr. 5 ZPO nicht in die Insolvenzmasse. Dennoch wird zutreffend vertreten, diese Vermögensgegenstände müssten der Berechnungsgrundlage hinzugerechnet werden, weil der Treuhänder diese Gegenstände gesichert und verwaltet hat und anderenfalls eine Zerschlagung des Betriebs vergütungsrechtlich begünstigt wird.[35]) Liegt hingegen keine Betriebsfortführung, sondern eine Unternehmensgründung nach Verfahrenseröffnung vor, gilt das Ergebnis erst recht. Denn der Treuhänder hatte bereits ab Insolvenzeröffnung die Verwaltungs- und Verfügungsbefugnis i. S. d. § 80 Abs. 1 InsO, sodass der Schuldner diese Vermögensgegenstände überhaupt nicht ohne (zu vergütende) Zustimmung des Treuhänders in sein insolvenzfreies (Betriebs-)Vermögen übertragen kann.

Gemäß § 314 Abs. 1 InsO a. F.[36]) kann der Treuhänder anregen, dass **von einer Verwertung der Insolvenzmasse abgesehen** wird. Erforderlich ist eine anschließende Anordnung durch das Insolvenzgericht, das dem Schuldner aufzugeben hat, binnen einer Frist einen Betrag an die Masse zu zahlen, der dem Wert der Masse entspricht. Da § 1 InsVV ohnehin keine Legaldefinition von Einnahmen enthält, zählt auch ein solcher Betrag, den der Schuldner aus dem insolvenzfreien Vermögen zu entrichten hat, zur Berechnungsgrundlage.[37]) 21

Zahlungen aus dem insolvenzfreien Vermögen des Schuldners sind auch in anderer Konstellation denkbar und üblich, z. B. bei **ratierlichen Zahlungen auf die Verfahrenskosten**, wenn keine Verfahrenskostenstundung bewilligt wurde. Für die Vergütung des Treuhänders in der Wohlverhaltensphase ist eine Einbeziehung in die Berechnungsgrundlage zu verneinen, da § 14 InsVV ausdrücklich darauf Bezug nimmt, dass die Einnahmen nur relevant sind, wenn sie der Befriedigung der Insolvenzgläubiger dienen (§ 14 Rz. 24). Eine solche Einschränkung enthält § 13 Abs. 1 InsVV a. F. jedoch nicht, sodass auch derartige Einnahmen die Berechnungsgrundlage erhöhen könnten. Gleichfalls ist § 1 Abs. 2 Nr. 5 InsVV so zu verstehen, dass Zahlungen des Schuldners auf die Verfahrenskosten als vergütungsrelevant zu erachten sind. Dem könnte entgegenstehen, dass mit „Schuldner" nur das insolvenzbefangene Vermögen gemeint ist, sodass das insolvenzfreie Vermögen des Schuldners „Dritter" i. S. d. § 1 Abs. 2 Nr. 5 InsVV sein könnte. Die Verordnungsbegründung[38]) ist inso- 22

---

34) *Zimmer,* InsbürO 2011, 253.
35) BGH, Beschl. v. 24.5.2005 – IX ZB 6/03, ZInsO 2005, 760.
36) § 314 InsO aufgehoben durch das Gesetz zur Verkürzung des Restschuldbefreiungsverfahrens und zur Stärkung der Gläubigerrechte v. 15.7.2013 (BGBl. I 2013, 2379), siehe Anh. XII Rz. 83.
37) Leonhardt/Smid/Zeuner/*Amberger,* InsVV, § 13 Rz. 3; *Haarmeyer/Mock,* § 13 Rz. 10; *Keller,* Vergütung und Kosten, § 10 Rz. 17; FK-InsO/*Lorenz,* § 13 InsVV Rz. 7; KPB-InsO/ *Stoffler,* § 13 InsVV Rz. 17 (Stand: 05/2016).
38) Insolvenzrechtliche Vergütungsverordnung (InsVV) v. 19.8.1998 (BGBl. I 1998, 2205), Begründung zu § 1 InsVV, siehe Anh. III Rz. 31.

weit unergiebig. Selbiges gilt für die Begründung der Vorgängernorm.[39] Daher ist nicht zweifelsfrei festzustellen, dass eine ungewollte Regelungslücke vorliegen könnte. Folglich lässt sich die Einbeziehung derartiger Zahlungen in die Berechnungsgrundlage vertreten. Dies ist auch für den Schuldner nicht unangemessen, da sich der Treuhänder neben der Verwertung der Masse und sonstigen Pflichten nun zusätzlich um die Deckung der Verfahrenskosten außerhalb des obligatorischen Potentials kümmern muss, d. h., es wird eine zusätzliche Tätigkeit erbracht, deren Veranlassung in denjenigen Lebensumständen des Schuldners, die zur Versagung der Kostenstundung geführt haben, begründet liegt.

23　Auch für den Treuhänder gilt, dass die Berechnungsgrundlage nicht durch die Summe der Insolvenzforderungen begrenzt ist, d. h., es existiert **keine Obergrenze**.[40]

b) Regelvergütung (§ 13 Abs. 1 Satz 1 InsVV a. F.)

24　Die Regelvergütung beträgt gemäß § 13 Abs. 1 Satz 1 InsVV a. F. **15 % der Berechnungsgrundlage**. Da die Vergütung folglich nicht – wie bei § 2 Abs. 1 InsVV – degressiv ist, kann auf Beispiele verzichtet werden. In den meisten Fällen ist die Vergütung des Treuhänders niedriger als die des Insolvenzverwalters. Dies gilt jedoch nur bei einer Berechnungsgrundlage bis 159.375 €, darüber ist die Regelvergütung des Treuhänders sogar höher als die des Insolvenzverwalters. Dies ist hinzunehmen, § 13 Abs. 1 Satz 1 InsVV a. F. enthält insoweit keine Obergrenze der Vergütung,[41] da § 2 InsVV ausdrücklich keine Anwendung findet (§ 13 Abs. 2 InsVV a. F.). Allerdings ist dann stets ein Abschlag von der Vergütung zu prüfen. Ein solcher kommt in Betracht, wenn die Massemehrung aufgrund nur eines Vermögensgegenstands eintrat (z. B. Erbschaft).[42]

25　Eine **inflationsbedingte Anpassung** der Regelvergütung des Treuhänders ist nicht erforderlich, da die inflationsbedingte Steigerung der Berechnungsgrundlage voll auf eine Steigerung der Regelvergütung durchschlägt, wenn es nur eine Vergütungsstufe und keine degressiven Staffelstufen gibt (§ 2 Rz. 53).

c) Zu- und Abschläge

aa) Grundsätze

26　Gemäß § 13 Abs. 1 Satz 1 InsVV a. F. beträgt die Vergütung *in der Regel* 15 % der Berechnungsgrundlage. Obgleich es sich folglich um eine Regelvergütung handelt, sieht § 13 Abs. 2 InsVV a. F. vor, dass § 3 InsVV keine Anwendung finden soll. Dies ist ein Widerspruch, der dadurch bekräftigt wird, dass § 13 Abs. 1 Satz 2 InsVV a. F. ein Zurückbleiben hinter dem Regelsatz *insbesondere* dann vorgibt, wenn das

---

39) Begründung zum Entwurf einer Verordnung über die Vergütung des Konkursverwalters, des Vergleichsverwalters, der Mitglieder des Gläubigerausschusses und der Mitglieder des Gläubigerbeirats (Bundesanzeiger Nr. 127 v. 6.7.1960, S. 4), Begründung zu § 2 Nr. 6 Satz 1 VergVO, siehe Anh. I Rz. 17 ff.
40) BGH, Beschl. v. 22.9.2011 – IX ZB 193/10, ZIP 2011, 2158.
41) BGH, Beschl. v. 22.9.2011 – IX ZB 193/10, ZIP 2011, 2158.
42) BGH, Beschl. v. 22.9.2011 – IX ZB 193/10, ZIP 2011, 2158; insoweit überholt ist der Ansatz, stattdessen entgegen § 13 Abs. 2 InsVV a. F. doch § 2 Abs. 1 InsVV anzuwenden (so noch AG Düsseldorf, Beschl. v. 15.2.2008 – 513 IK 120/05, ZInsO 2010, 636).

vereinfachte Insolvenzverfahren vorzeitig beendet wird; hier kann es sich folglich nur um ein Regelbeispiel, nicht aber um den einzigen Tatbestand zur Anpassung der Treuhändervergütung an dessen Arbeitsleistung handeln. Tatsächlich sprach der Verordnungsgeber davon, dass auch im Rahmen des § 13 InsVV bei **atypischen Sachverhalten** die Möglichkeit bestehen müsse, von der Regelsatzvergütung abzuweichen; dies sei etwa bei einer vorzeitigen Verfahrensbeendigung der Fall.[43] Der BGH interpretierte dies so, dass der Rechtsgedanke des § 3 InsVV, aber nicht unmittelbar die dortigen Regelbeispiele, Anwendung finden könnten.[44] Entscheidend sei abgesehen von dem Regelbeispiel des § 13 Abs. 1 Satz 2 InsVV a. F. einzig, ob die tatsächliche Tätigkeit vom Treuhänderverständnis des Verordnungsgebers abweiche, also eher der Tätigkeit des Insolvenzverwalters entspräche.

bb) Zuschläge

Daher kommt z. B. ein Zuschlag in Betracht für eine **Betriebsfortführung**,[45] für die generelle Befassung mit § 35 Abs. 2 InsO („**Freigabe**" eines Geschäftsbetriebs),[46] für die Erfüllung von nachlaufenden Arbeitgeberpflichten bei ehemals selbstständigen Schuldnern (Insolvenzgeldbescheinigungen, Sozialversicherungsmeldungen, Lohnsteuererklärungen etc.),[47] für die Prüfung und Durchsetzung von **anfechtungsrechtlichen Rückgewähransprüchen** im Auftrag der Gläubigerversammlung,[48] für die Prüfung und Geltendmachung von Ansprüchen aus der **Rückschlagsperre** des § 88 InsO,[49] für die Prüfung bzw. Durchsetzung **erbrechtlicher Ansprüche**,[50] für einen **obstruktiven Schuldner** oder die **Verwertung von Auslandsvermögen**.[51] Ein Zuschlag allein wegen der **Verfahrensdauer** scheidet aus.[52] Auch sollen im Verhältnis zur Größe des Verfahrens wenige, einfach zu erstellende **Steuererklärungen** mit der Regelvergütung abgegolten sein;[53] dies gilt jedoch nicht für die Einlegung von Rechtsmitteln.[54] Wird ein vereinfachtes Insolvenzverfahren aufgrund Versterbens des Schuldners in ein **Nachlassinsolvenzverfahren** überführt, so bleibt der Treuhänder in eben jener Stellung, falls das Insolvenzgericht ihn nicht zum Nachlassinsolvenzverwalter bestellt; insoweit existiert kein Automatismus.[55] Bleibt er aber lediglich Treuhänder, so ist ein Zuschlag indiziert, wenn er Tätigkeiten entfaltet, die typischerweise in den Aufgabenbereich eines Nachlassinsolvenzverwalters fallen.[56]

27

---

43) Insolvenzrechtliche Vergütungsverordnung (InsVV) v. 19.8.1998 (BGBl. I 1998, 2205), Begründung zu § 13 InsVV, siehe Anh. III Rz. 76.
44) BGH, Beschl. v. 24.5.2005 – IX ZB 6/03, ZInsO 2005, 760.
45) BGH, Beschl. v. 24.5.2005 – IX ZB 6/03, ZInsO 2005, 760.
46) *Graeber/Graeber*, InsbürO 2016, 367.
47) KPB-InsO/*Stoffler*, § 13 InsVV Rz. 25 (Stand: 05/2016).
48) BGH, Beschl. v. 26.4.2012 – IX ZB 176/11, ZVI 2012, 318.
49) *Keller*, Vergütung und Kosten, § 10 Rz. 27.
50) KPB-InsO/*Stoffler*, § 13 InsVV Rz. 25 (Stand: 05/2016).
51) BGH, Beschl. v. 22.9.2011 – IX ZB 193/10, ZIP 2011, 2158.
52) BGH, Beschl. v. 22.9.2011 – IX ZB 193/10, ZIP 2011, 2158.
53) BGH, Beschl. v. 14.11.2013 – IX ZB 161/11, ZIP 2013, 2413; BGH, Beschl. v. 13.3.2014 – IX ZB 204/11, ZInsO 2014, 951.
54) BGH, Beschl. v. 13.3.2014 – IX ZB 204/11, ZInsO 2014, 951.
55) BGH, Beschl. v. 21.2.2008 – IX ZB 62/05, ZIP 2008, 798.
56) BGH, Beschl. v. 21.2.2008 – IX ZB 62/05, ZIP 2008, 798.

28 Auch wenn der Treuhänder nicht zur Verwertung von Absonderungsgut berechtigt ist (§ 313 Abs. 3 InsO a. F.[57]), muss er sich dennoch mit **Absonderungsrechten** befassen, da es hier augenscheinlich um die Abgrenzung zur freien Masse geht. Zudem sind *Absonderungsrecht* und *Absonderungsgut* zwei völlig verschiedene Dinge. Folglich kann auch der Rechtsgedanke des § 3 Abs. 1 lit. a InsVV zur Anwendung kommen.[58] Nichts anderes gilt für § 3 Abs. 1 lit. b InsVV in Bezug auf die **Verwaltung von Immobilien**,[59] da solche bei natürlichen Personen regelmäßig nicht im Betriebsvermögen (dann Betriebsfortführung), sondern im Privatvermögen zu verorten sind.[60] § 313 Abs. 3 InsO a. F. schließt auch nicht einen Zuschlag für die „kalte" Zwangsverwaltung[61] aus,[62] da an den Mieten wegen § 110 InsO gerade kein Absonderungsrecht besteht.[63] Seit dem 19.7.2013 ist auch in den vor dem 1.7.2014 beantragten Insolvenzverfahren ein **Insolvenzplan** möglich (Art. 103h Satz 2 EGInsO), sodass § 3 Abs. 1 lit. e InsVV zu berücksichtigen ist. Nicht selten muss sich der Treuhänder intensiv mit **Versagungsgründen** i. S. d. § 290 InsO befassen, was ebenfalls einen Zuschlag rechtfertigen kann.[64] Die **Anzahl der Insolvenzgläubiger** kann ebenfalls einen Zuschlag rechtfertigen.[65] Interessant ist der Ansatz, auch für ein **unterlassenes Schuldenbereinigungsverfahren** (§ 305a InsO) einen Zuschlag zu fordern;[66] dies wäre dann stets der Fall, wenn ausschließlich[67] oder als erstes ein Gläubigerantrag auf Eröffnung des Insolvenzverfahrens gestellt wurde.

29 Soweit die zuschlagsfähige Tätigkeit bereits zu einer Erhöhung der Berechnungsgrundlage führt, ist stets eine **Vergleichsrechnung** erforderlich (siehe § 3 Rz. 32).

30 Im Ergebnis ist daher mehr oder weniger gleichgültig, ob § 3 Abs. 1 InsVV direkt, analog oder als Rechtsgedanke zur Anwendung kommt, sodass ergänzend – und soweit einschlägig – auf die Kommentierung zu § 3 Abs. 1 InsVV verwiesen werden kann. Denn § 313 Abs. 1 Satz 3 InsO a. F. verweist auch auf § 63 Abs. 1 Satz 3 InsO, nach dem dem Umfang und der Schwierigkeit der Tätigkeit des Treuhänders bei der Vergütungsfestsetzung Rechnung zu tragen ist. Da Gesetz- und Verordnungsgeber ein völlig unrealistisches Bild von der Treuhändertätigkeit hatten, was nun viele Jahre später nicht glaubwürdig bestritten werden kann, kann der **Ausschluss des § 3 Abs. 1 InsVV** mit guten Gründen auch schlicht als **unanwendbar** bezeichnet werden.

---

57) § 313 InsO aufgehoben durch das Gesetz zur Verkürzung des Restschuldbefreiungsverfahrens und zur Stärkung der Gläubigerrechte v. 15.7.2013 (BGBl. I 2013, 2379), siehe Anh. XII Rz. 83.
58) AG Chemnitz, Beschl. v. 3.11.2004 – 1010 IK 1511/03, ZVI 2005, 56.
59) LG Hanau, Beschl. v. 17.6.2003 – 8 T 86/03, ZVI 2004, 63.
60) Hierzu *Zimmer*, InsbürO 2015, 510.
61) BGH, Beschl. v. 14.7.2016 – IX ZB 31/14, ZIP 2016, 1543.
62) AG Chemnitz, Beschl. v. 3.11.2004 – 1010 IK 1511/03, ZVI 2005, 56.
63) Ausführlich *Zimmer*, InsbürO 2015, 510.
64) *Haarmeyer/Mock*, § 13 Rz. 7; KPB-InsO/*Stoffler*, § 13 InsVV Rz. 25 (Stand: 05/2016).
65) LG Mönchengladbach, Beschl. v. 22.9.2004 – 5 T 287/04, ZVI 2005, 156 (51 Gläubiger); *Haarmeyer/Mock*, § 13 Rz. 7 (21 Gläubiger); FK-InsO/*Lorenz*, § 13 InsVV Rz. 8 (16 Gläubiger).
66) *Haarmeyer/Mock*, § 13 Rz. 7; *Keller*, Vergütung und Kosten, § 10 Rz. 27.
67) BerlKommInsO/*Blersch*, § 13 InsVV Rz. 23 (Stand: 11/2015).

Da die Zuschläge stets **angemessen** sein müssen, werden sie regelmäßig niedriger 31
als beim Insolvenzverwalter ausfallen, ohne dass dies dogmatisch zu begründen wäre;
das Ergebnis resultiert oftmals – aber nicht immer! – aus einer vergleichsweise niedrigeren Mehrbelastung des Treuhänders.

cc) Abschläge

Bei den Abschlägen ist zunächst das Regelbeispiel der **vorzeitigen Verfahrensbeen-** 32
digung (§ 13 Abs. 1 Satz 2 InsVV a. F.) zu beachten. Zur vorzeitigen Verfahrensbeendigung gehören im Wesentlichen die Fälle des § 212 InsO (Einstellung wegen Wegfalls des Eröffnungsgrundes) und des § 213 InsO (Einstellung mit Zustimmung der Insolvenzgläubiger). Eine Einstellung wegen Massearmut (§ 207 InsO) oder nach angezeigter Masseunzulänglichkeit (§ 211 InsO) ist hingegen keine vorzeitige Verfahrensbeendigung.[68] Ob eine Aufhebung nach § 258 InsO (Insolvenzplan) vorzeitig ist, was in vor dem 1.7.2014 beantragten Verfahren seit dem 19.7.2013 möglich ist (Art. 103h Satz 2 EGInsO), dürfte zu verneinen sein, da sonst der Zuschlagsfaktor des § 3 Abs. 1 lit. e InsVV keinen Sinn ergäbe. Der Begriff „vorzeitig" hat insgesamt keine temporale, sondern eine verfahrensrechtliche Bedeutung. Entscheidend ist einzig, dass aufgrund eines bestimmten Ereignisses nicht mehr alle Aufgaben erfüllt werden müssen, die dem Treuhänder ansonsten zwingend zugewiesen sind. Wie lange das Verfahren bis zu diesem Ereignis bereits angedauert hat, ist unerheblich.[69]

Liegt keine vorzeitige Verfahrensbeendigung, sondern eine **vorzeitige Amtsbeendi-** 33
gung vor, muss der Rechtsgedanke des § 3 Abs. 2 lit. c InsVV berücksichtigt werden.[70] Einschlägig ist das Versterben oder die Entlassung des Treuhänders (§ 59 InsO), seltener auch dessen Auswechselung nach § 57 InsO. Für den neu zu bestellenden Treuhänder ist folglich der Rechtsgedanke des § 3 Abs. 2 lit. b InsVV zu beachten, d. h. ein Abschlag, wenn und weil die Masse bei Amtsantritt schon zum wesentlichen Teil verwertet war. Freilich kann dann auch wieder ein Zuschlag anfallen, da der neue Treuhänder stets auch sämtliche Handlungen seines Amtsvorgängers zu überprüfen hat, um ggf. Haftungsansprüche i. S. d. §§ 60, 92 Satz 2 InsO zu ermitteln.

Nach dem Rechtsgedanken des § 3 Abs. 2 lit. d InsVV kommt ein Abschlag in Be- 34
tracht, wenn bei großer Masse eine **einfache Geschäftsführung** des Treuhänders vorlag. Dies kann der Fall sein bei einer großen und unkompliziert abzuwickelnden Erbschaft des Schuldners[71] (als einzigem Vermögensgegenstand); bei einer umfangreichen Befassung mit den erbrechtlichen Verhältnissen ist der Abschlag allerdings entsprechend zu reduzieren.[72] Obgleich § 3 Abs. 2 lit. d InsVV die Tatbestandsmerkmale „große Masse" sowie „einfache Geschäftsführung" ausdrücklich mit einem „und"

---

68) AG Potsdam, Beschl. v. 23.1.2001 – 35 IK 18/99, ZInsO 2001, 189 (zu § 211 InsO).
69) BGH, Beschl. v. 12.10.2006 – IX ZB 191/05, NZI 2007, 55.
70) FK-InsO/*Lorenz*, § 13 InsVV Rz. 7.
71) BGH, Beschl. v. 11.2.2010 – IX ZB 183/08, JurionRS 2010, 11241 (Zurückweisung der Revision gegen die Entscheidung LG Chemnitz, Beschl. v. 7.7.2008 – 3 T 133/08, ZInsO 2008, 1266).
72) AG Essen, Beschl. v. 23.3.2010 – 162 IK 43/06, JurionRS 2010, 45109 (rechtskräftig, da die Beschwerde des Schuldners als verfristet galt und die insoweit ungünstigere Entscheidung des LG Essen aufgehoben wurde; siehe BGH, Beschl. v. 14.11.2013 – IX ZB 101/11, ZIP 2013, 2425).

verbindet, tendiert die Rechtsprechung dazu, die einfache Geschäftsführung unabhängig von der Höhe der Masse als Abschlagsfaktor anzuwenden (§ 3 Rz. 207).[73]

35 Die **Delegation von Aufgaben** im Rahmen des § 4 Abs. 1 Satz 3 InsVV kann die Regelvergütung oder einen beantragten Zuschlag mindern (siehe ausführlich § 3 Rz. 248 ff.), was auch für den Treuhänder gilt.[74]

36 Der neue § 3 Abs. 2 lit. e InsVV[75] (**überschaubare Vermögensverhältnisse, geringe Gläubigerzahl, niedrige Verbindlichkeiten**) ist jedoch in den vor dem 1.7.2014 beantragten Verfahren nicht anwendbar (§ 19 Abs. 4 InsVV).

dd) Gesamtwürdigung

37 Ist zwar das Regelbeispiel der vorzeitigen Verfahrensbeendigung als Abschlagstatbestand erfüllt, z. B. durch eine Einstellung des Verfahrens nach § 212 InsO, war jedoch die Tätigkeit des Treuhänders umfangreich (z. B. gerichtliche Geltendmachung eines Pflichtteilanspruchs), können sich Zu- und Abschlag wertmäßig aufheben,[76] was nicht ausschließt, wie bei § 3 InsVV Zu- und Abschläge zunächst isoliert zu betrachten und zu beziffern, wobei Letzteres allerdings nicht zwingend erforderlich sein soll.[77] Erforderlich ist folglich auch bei der Treuhändervergütung generell eine abschließende Gesamtwürdigung (hierzu § 3 Rz. 41).[78]

d) Mindestvergütung

aa) Vom 1.1.1999 beantragte bzw. bis zum 31.12.2003 eröffnete Verfahren

38 Für die vor dem 1.1.2004 eröffneten Insolvenzverfahren (§ 19 Abs. 1 InsVV) galt eine Mindestvergütung in Höhe von 500 Deutsche Mark (Rz. 4) bzw. ab dem 1.1.2002 eine solche in Höhe von 250 € (Rz. 8). Wegen Zeitablaufs wird auf derartige Verfahren nicht mehr eingegangen. Es sei lediglich daran erinnert, dass der BGH diese Mindestvergütung als verfassungswidrig niedrig eingestuft hatte, jedoch erst für Bestellungen ab dem 1.1.2004.[79] Zum Hintergrund siehe Rz. 9, zur Übergangsregelung siehe § 19 Rz. 19.

bb) Vom 1.1.2004 eröffnete bzw. bis 30.6.2014 beantragte Verfahren

39 § 13 Abs. 1 Satz 3 InsVV a. F. für die vom 1.1.2004 *eröffneten*[80] (§ 19 Abs. 1 InsVV) bzw. bis zum 30.06.2014 *beantragten*[81] (§ 19 Abs. 4 InsVV) Insolvenzverfahren lau-

---

73) BGH, Beschl. v. 11.5.2006 – IX ZB 249/04, ZIP 2006, 1204; LG Berlin, Beschl. v. 19.6.2009 – 83 T 157/09, NZI 2009, 777.
74) BGH, Beschl. v. 22.9.2011 – IX ZB 193/10, ZIP 2011, 2158.
75) § 3 Abs. 2 lit. e InsVV eingeführt durch das Gesetz zur Verkürzung des Restschuldbefreiungsverfahrens und zur Stärkung der Gläubigerrechte v. 15.7.2013 (BGBl. I 2013, 2379), siehe Anh. XII Rz. 92.
76) BGH, Beschl. v. 12.10.2006 – IX ZB 191/05, NZI 2007, 55.
77) BGH, Beschl. v. 1.3.2007 – IX ZB 280/05, ZIP 2007, 639.
78) BGH, Beschl. v. 1.3.2007 – IX ZB 280/05, ZIP 2007, 639; BGH, Beschl. v. 22.9.2011 – IX ZB 193/10, ZIP 2011, 2158.
79) BGH, Beschl. v. 15.1.2004 – IX ZB 46/03, ZIP 2004, 424.
80) § 13 Abs. 1 Satz 3 InsVV geändert durch die Verordnung zur Änderung der Insolvenzrechtlichen Vergütungsverordnung (InsVV) v. 4.10.2004 (BGBl. I 2004, 2569), siehe Anh. VII Rz. 42.
81) § 13 InsVV geändert durch das Gesetz zur Verkürzung des Restschuldbefreiungsverfahrens und zur Stärkung der Gläubigerrechte v. 15.7.2013 (BGBl. I 2013, 2379), siehe Anh. XII Rz. 101.

tete: „Haben in dem Verfahren nicht mehr als 5 Gläubiger ihre Forderungen angemeldet, so soll die Vergütung in der Regel mindestens 600 € betragen. Von 6 bis zu 15 Gläubigern erhöht sich die Vergütung für je angefangene 5 Gläubiger um 150 €. Ab 16 Gläubiger erhöht sich die Vergütung je angefangene 5 Gläubiger um 100 €." Zu den Beweggründen des Verordnungsgebers siehe Rz. 9 f. Auch gegen die Neuregelung wurden verfassungsrechtliche Bedenken erhoben,[82)] denen sich der BGH jedoch nicht anzuschließen vermochte.[83)] Daraus ergibt sich eine **gestaffelte Regelmindestvergütung** wie folgt:

Quantitatives Tatbestandsmerkmal des § 13 Abs. 1 Satz 3 InsVV a. F. ist die Anzahl der Gläubiger, die eine Forderung **zur Insolvenztabelle angemeldet** haben; der Wortlaut wird als eindeutig bezeichnet.[84)] Maßgeblich ist die Kopfzahl der Insolvenzgläubiger.[85)] Eine Gebietskörperschaft ist folglich als ein Gläubiger zu behandeln, auch wenn mehrere Behörden Forderungen anmelden.[86)] Dass die Forderungen bestimmter Gläubiger für die Eintragung in die Insolvenztabelle aufgeteilt werden, ist mithin unerheblich.

40

Obwohl der Wortlaut der Norm nun wirklich nicht mehrdeutig ist, wird vom Wortlaut abweichend vertreten, bestrittene oder zurückgenommene Forderungen müssten unberücksichtigt bleiben; maßgeblich sei allein die Anzahl der Gläubiger festgestellter Forderungen im Schlussverzeichnis.[87)] Diese Auffassung ist abzulehnen.[88)] Sie verkennt nicht nur den Wortlaut der Norm und findet keine Stütze im Gesetzgebungsverfahren,[89)] sie verstößt auch gegen den höherrangigen § 313 Abs. 1 Satz 3 InsO a. F.,[90)] der auf § 63 Abs. 1 Satz 1 InsO verweist, der wiederum eine Vergütung für die Geschäftsführung vorgibt. Zu dieser Geschäftsführung gehört auch, die Passivseite des schuldnerischen Vermögens zu bereinigen, d. h., sich mit jeder Tabellenanmeldung zu befassen. Maßgeblich dürfte aber sein, dass diese Auffassung den Anspruch des Treuhänders auf den gesetzlichen Richter (Art. 101 Abs. 1 Satz 2 GG) verletzt. Beim Beschwerderecht der Insolvenzgläubiger (§ 64 Abs. 3 Satz 1 InsO) kommt es ebenfalls nicht darauf an, ob eine zur Tabelle angemeldete Forderung tat-

41

---

82) AG Potsdam, Beschl. v. 22.12.2004 – 35 IN 470/04, ZIP 2005, 363; *Blersch*, ZIP 2004, 2311, 2316; *Eickmann*, NZI 2005, 205, 207 f.; *Keller* NZI 2005, 23, 28.
83) BGH, Beschl. v. 13.3.2008 – IX ZB 60/05, ZVI 2008, 271.
84) BGH, Beschl. v. 9.3.2006 – IX ZB 257/04, JurionRS 2006, 12491.
85) BGH, Beschl. v. 13.3.2008 – IX ZB 63/05, ZIP 2008, 976; BGH, Beschl. v. 16.2.2010 – IX ZB 39/10, ZInsO 2011, 200.
86) BGH, Beschl. v. 18.5.2011 – IX ZB 27/10, NZI 2011, 542: Landesjustizkasse Chemnitz und Finanzamt Schwarzenberg als verschiedene Behörden nur eines Gläubigers, nämlich des Freistaats Sachsen.
87) LG Dessau-Roßlau, Beschl. v. 12.2.2014 – 1 T 16/14, ZInsO 2014, 2293; *Haarmeyer/Mock*, § 13 Rz. 13.
88) So auch Leonhardt/Smid/Zeuner/*Amberger*, InsVV, § 13 Rz. 18; KPB-InsO/*Stoffler*, § 13 InsVV Rz. 35 (Stand: 05/2016).
89) Verordnung zur Änderung der Insolvenzrechtlichen Vergütungsverordnung (InsVV) v. 4.10.2004 (BGBl. I 2004, 2569), Begründung zu § 13 Abs. 1 Satz 3 InsVV, siehe Anh. VII Rz. 43.
90) § 313 InsO aufgehoben durch das Gesetz zur Verkürzung des Restschuldbefreiungsverfahrens und zur Stärkung der Gläubigerrechte v. 15.7.2013 (BGBl. I 2013, 2379), siehe Anh. XII Rz. 83.

sächlich besteht; ausreichend ist die Forderungsanmeldung, da die Frage der Forderungsberechtigung bzw. Tabellenfeststellung in die Zuständigkeit der ordentlichen Gerichtsbarkeit fällt,[91] das Insolvenzgericht mithin nicht gesetzlicher Richter i. S. d. Art. 101 Abs. 1 Satz 2 GG ist. Nichts anders gilt, wenn das Insolvenzgericht bei der Prüfung der Gläubigerzahl über die materiell-rechtlichen Ansprüche der Gläubiger zu befinden müssen glaubt.

42 Die **Mindestvergütung** in Abhängigkeit derjenigen Gläubiger, die eine Forderung zur Tabelle angemeldet haben, beträgt:

Gesamtzahl Gläubiger	Mindestvergütung (Euro)	Begründung
1–5	600,00	Tatbestandsmerkmal „mehr als fünf Gläubiger" nicht erfüllt.
6–9	750,00	Tatbestandsmerkmal „mehr als fünf Gläubiger" erfüllt und gleichzeitig ein *angefangener* Block zu je fünf Gläubiger vorhanden.
10	750,00	Tatbestandsmerkmal „mehr als fünf Gläubiger" erfüllt und gleichzeitig ein *angefangener* Block zu je fünf Gläubiger vorhanden.
11–14	900,00	Tatbestandsmerkmal „mehr als fünf Gläubiger" erfüllt und gleichzeitig zwei *angefangene* Blöcke zu je fünf Gläubiger vorhanden.
15	900,00	Tatbestandsmerkmal „mehr als fünf Gläubiger" erfüllt und gleichzeitig zwei *angefangene* Blöcke zu je fünf Gläubiger vorhanden.
16–20	1.000,00	Tatbestandsmerkmal „mehr als fünf Gläubiger" erfüllt, zwei Blöcke zu je fünf Gläubiger vollendet und ein dritter Block *angefangen*, für den die Erhöhung nicht mehr 150 €, sondern nur noch 100 € beträgt.
ab 21	+ 100,00	je weiteren *angefangenen* Block zu je fünf Gläubiger

43 Interessant ist eine Übersicht, die die Mindestvergütung in ein Verhältnis zu derjenigen Masse setzt, die zu einer Regelvergütung führt, die wiederum der Regelmindestvergütung entspricht:[92]

Insolvenzmasse (Euro)	Regelvergütung in Euro (§ 13 Abs. 1 Satz 1 InsVV a. F.)	Identische Mindestvergütung bei folgender Gläubigerzahl
4.000,00	600,00	1–5
5.000,00	750,00	6–10

---

91) BGH, Beschl. v. 7.12.2006 – IX ZB 1/04, Rz. 7, ZIP 2007, 647.
92) Leonhardt/Smid/Zeuner/*Amberger*, InsVV, § 13 Rz. 20.

6.000,00	900,00	11–15
6.666,67	1.000,00	16–20
7.333,33	1.100,00	21–25
8.000,00	1.200,00	26–30

Die Regelung kennt **keine Obergrenze** bei einer sehr hohen Zahl von anmeldenden 44
Insolvenzgläubigern, sodass ein scheinbares Missverhältnis zum Wert der Insolvenzmasse entstehen kann. Daher wird vertreten, die Regelung verstoße gegen den höherrangigen § 63 Abs. 1 Satz 2 InsO.[93] Dem kann nicht gefolgt werden, wenngleich hierzu auch § 63 Abs. 1 Satz 3 InsO betrachtet werden muss, wonach auch Umfang und Schwierigkeit der Geschäftsführung des Treuhänders ausschlaggebend sind. Die Forderungsanmeldungen in Verbraucherinsolvenzverfahren sind sehr oft mit Schwierigkeiten behaftet, wenn und weil die Insolvenzgläubiger oftmals juristisch nicht bewanderte Privatpersonen sind. Die Anmeldungen sind daher emotional aufgeladen, begleitet von zahlreichen Anträgen auf Versagung der Restschuldbefreiung. Gerade in größeren Verfahren werden z. T. wahllos Schadenersatzansprüche angemeldet, die allesamt vollständig vom Treuhänder zu prüfen sind, zumal sich aus dem Vortrag der Gläubiger auch Vermögenswerte ergeben können, z. B. in Gestalt von Anfechtungsansprüchen, über die der Treuhänder die Gläubiger informieren muss (arg.: § 313 Abs. 2 Satz 1 InsO a. F.[94]). Dass sich der Schwerpunkt der Tätigkeit des Treuhänders hier von der Aktiv- auf die Passivseite des schuldnerischen Vermögens verschiebt, steht einer Angemessenheit der Vergütung grundsätzlich nicht Wege. Soweit also bei 5.000 Gläubigern eine Mindestvergütung in Höhe von 100.600 € entsteht,[95] erhält der Treuhänder rd. 20 € für jede Forderungsprüfung. Dies ist aus keinem Blickwinkel unangemessen. Der Treuhänder sorgt zugleich für eine Titulierung der Ansprüche (§ 178 Abs. 3 InsO) und eine Vollstreckung hieraus, was in Ansehung der einschlägigen Vorschriften in GKG[96] und GvKostG[97] immer noch der preiswerteste Weg der Rechtsverfolgung für die Gläubiger ist. Schließlich kann dem Verordnungsgeber auch nicht unterstellt werden, hier ein (nicht existentes) Problem übersehen zu haben, da er in § 13 Abs. 2 InsVV a. F. die Anwendung des § 3 Abs. 1 InsVV (Zuschläge) ausschloss, sodass er derartige Probleme offenbar unmittelbar in die Mindestvergütung integriert wissen wollte.

Da die Mindestvergütung konkrete Euro-Beträge vorgibt, stellt sich – wie stets in 45
solchen Fällen – die Frage eines **Inflationsausgleichs**. Diese wird für den Insolvenzverwalter grundsätzlich im Rahmen des § 2 InsVV (§ 2 Rz. 23 ff.) und für den Ver-

---

93) FK-InsO/*Lorenz*, § 13 InsVV Rz. 36.
94) § 313 InsO aufgehoben durch das Gesetz zur Verkürzung des Restschuldbefreiungsverfahrens und zur Stärkung der Gläubigerrechte v. 15.7.2013 (BGBl. I 2013, 2379), siehe Anh. XII Rz. 83.
95) Beispiel bei FK-InsO/*Lorenz*, § 13 InsVV Rz. 35.
96) Gerichtskostengesetz (GKG) vom 5.5.2004, neugefasst durch Bekanntmachung v. 27.2.2014 (BGBl. I 2014, 154) in der jeweils aktuellen Fassung.
97) Gesetz über Kosten der Gerichtsvollzieher (Gerichtsvollzieherkostengesetz – GvKostG) v. 19.4.2011 (BGBl. 2011, 623) in der jeweils aktuellen Fassung.

braucherinsolvenzverwalter neuen Rechts weiter unten (Rz. 65 f.) diskutiert. Da der Anwendungsbereich des hier diskutierten § 13 InsVV a. F. jedoch lediglich zehn Jahre währte, wird aber wohl lediglich ein Ärgernis, hingegen keine Verfassungswidrigkeit konzediert werden können.

46 Für die Frage, ob auf die Mindestvergütung **Zu- und Abschläge** anfallen können, sind zwei Dinge zu unterscheiden. Zum einen wurde bereits gezeigt, dass § 13 Abs. 2 InsVV a. F., der eine Anwendung des § 3 InsVV ausschließt, nicht grundsätzlich Zu- und Abschläge verbietet; insoweit kann auf Rz. 26 ff. verwiesen werden. Der Begriff der Mindestvergütung bezieht sich zum anderen nur auf die Untergrenze der Regelvergütung auf Basis einer entsprechend niedrigen Berechnungsgrundlage, muss im Übrigen jedoch wegen § 313 Abs. 1 Satz 3 InsO a. F.[98)] i. V. m. § 63 Abs. 1 Satz 3 InsO an die Geschäftsführung des Treuhänders angepasst werden. Abschläge sind allerdings im Grundsatz ausgeschlossen,[99)] da es sonst eben keine Mindestvergütung wäre. Hiervon gibt es wenige Ausnahmen, z. B. ein Abschlag wegen Arbeitserleichterung aufgrund einer Delegation von Regelaufgaben an Dritte.[100)]

e) Auslagen, Umsatzsteuer, Festsetzungsverfahren und Vorschuss

47 Wegen der Verweisung in § 10 InsVV gelten für den Auslagenerstattungsanspruch und das Festsetzungsverfahren (§ 8 InsVV), für den besonderen Auslagenersatz betreffs die Übertragung des Zustellungswesens (§ 4 Abs. 2 InsVV), für die Umsatzsteuer (§ 7 InsVV) und den Vorschussanspruch (§ 9 InsVV) keine nennenswerten Besonderheiten, sodass auf die dortigen Kommentierungen verwiesen werden kann.

f) Delegation von Aufgaben

48 Wegen der Verweisung in § 10 InsVV gelten für die Delegation von Aufgaben (§ 4 Abs. 1 Satz 3 InsVV) bzw. die persönliche Erledigung von Sonderaufgaben (§ 5 InsVV) sowie für die notwendige Darstellung im Vergütungsantrag (§ 8 Abs. 2 InsVV) ebenfalls keine Besonderheiten.

g) Nachtragsverteilung, Überwachung Insolvenzplan

49 Wegen der Verweisung in § 10 InsVV findet auch § 6 InsVV Anwendung. Der Anwendungsbereich des § 6 Abs. 2 InsVV (**Vergütung des** *Treuhänders* **für die Überwachung eines Insolvenzplans**) ist freilich zeitlich etwas eingeschränkt. Das Insolvenzverfahren muss vor dem 1.7.2014 beantragt[101)] und der Insolvenzplan nach dem 19.7.2013[102)] eingereicht worden sein, um hier von einer Vergütung des *Treuhänders* sprechen zu können. Inhaltlich ergeben sich ohnehin keine Besonderheiten im Vergleich zum *Insolvenzverwalter*, die Vergütung ist unter Berücksichtigung des Um-

---

98) § 313 InsO aufgehoben durch das Gesetz zur Verkürzung des Restschuldbefreiungsverfahrens und zur Stärkung der Gläubigerrechte v. 15.7.2013 (BGBl. I 2013, 2379), siehe Anh. XII Rz. 83.
99) *Haarmeyer/Mock*, § 13 Rz. 13.
100) BGH, Beschl. v. 14.11.2013 – IX ZB 161/11, ZIP 2013, 2413; BGH, Beschl. v. 13.3.2014 – IX ZB 204/11, ZInsO 2014, 951.
101) Seit dem 1.7.2014 gelten ohnehin die allgemeinen Regeln für Insolvenzverwalter (Art. 103h Satz 1 EGInsO).
102) Art. 103h Satz 2 EGInsO.

fangs der Tätigkeit nach billigem Ermessen festzusetzen (§ 6 Abs. 2 Satz 2 InsVV), ohne dass auf § 2 InsVV oder § 13 InsVV a. F. rekurriert werden könnte. Insgesamt kann folglich auf die Kommentierung zu § 6 Abs. 2 InsVV verwiesen werden.

Nichts anderes gilt für eine **Vergütung des *Treuhänders* für die Durchführung einer** 50 **Nachtragsverteilung** i. S. d. §§ 203 ff. InsO (§ 6 Abs. 1 InsVV). Auch diese Vergütung ist nach billigem Ermessen festzusetzen. Wegen der Einzelheiten sei auf die Kommentierung zu § 6 Abs. 1 InsVV verwiesen. Einzig fraglich ist wegen der Bezugnahme auf den Wert der nachträglich verteilten Masse, ob auf Basis dieser Berechnungsgrundlage eine Bruchteilsvergütung an § 2 Abs. 1 InsVV[103] oder an § 13 Abs. 1 Satz 1 InsVV a. F.[104] zu orientieren ist. Diese Frage wird offenbleiben können, da wegen der Bezugnahme auf das billige Ermessen bei beiden Rechenwegen immer dasselbe Ergebnis in Euro herauskommen muss, sonst wäre es eben kein billiges Ermessen unter Berücksichtigung der konkreten Tätigkeit, bei der es keinen Unterschied macht, ob der Vergütungsberechtigte nun Treuhänder oder Insolvenzverwalter genannt wird.[105]

h) Vorläufiger Treuhänder

aa) Einleitung

Obgleich weder der InsO-Gesetzgeber das Amt des vorläufigen Treuhänders noch 51 der InsVV-Verordnungsgeber eine entsprechende Vergütung kodifiziert hat, ist (bzw. war) die Bestellung eines vorläufigen Treuhänders zulässig (arg.: § 306 Abs. 1 Satz 1 InsO i. V. m. §§ 21 ff. InsO), sodass auch ein Vergütungsanspruch nicht verneint werden kann.[106]

bb) Berechnungsgrundlage

Zunächst scheint hinsichtlich der Berechnungsgrundlage eindeutig, dass der **Wert** 52 **der Gegenstände** von Bedeutung ist, nicht hingegen die im Antragsverfahren erzielten Einnahmen. Dies ist ein der Abgrenzung beider Verfahrensabschnitte immanenter Grundsatz, da im Antragsverfahren stets nur die Sicherung des schuldnerischen Vermögens im Vordergrund steht, nicht bereits dessen Verwaltung und Verwertung. Werte und Einnahmen sind jedoch zwei völlig unterschiedliche Begriffe und beruhen auf völlig unterschiedlichen Tatbeständen. Handelsrechtlich werden Werte in der Bilanz (Aktiva und Passiva) und Einnahmen in der Gewinn- und Verlustrechnung (Aufwendungen und Erträge) abgebildet. Insolvenzrechtlich werden Werte im Eröffnungsgutachten bzw. in den Verzeichnissen nach §§ 153–153 InsO und Einnahmen in der laufenden Verwalterbuchführung bzw. Schlussrechnung (§ 66 InsO) abgebildet. Schon dies zwingt, § 11 Abs. 1 InsVV a. F.[107] anzuwenden, die einzige vergütungsrechtliche Norm, die sich mit dem Wert von Vermögensgegenständen befasst.

---

103) LG Offenburg, Beschl. v. 5.1.2005 – 4 T 100/04, NZI 2005, 172; KPB-InsO/*Stoffler*, § 13 InsVV Rz. 46 (Stand: 05/2016).
104) *Graeber/Graeber*, InsVV, § 13 Rz. 1.
105) So im Ergebnis auch LG Offenburg, Beschl. v. 5.1.2005 – 4 T 100/04, ZInsO 2005, 481; Leonhardt/Smid/Zeuner/*Amberger*, InsVV, § 13 Rz. 43; FK-InsO/*Lorenz*, § 13 InsVV Rz. 45.
106) BGH, Beschl. v. 12.7.2007 – IX ZB 82/03, VuR 2007, 470.
107) Durch das Gesetz zur Verkürzung des Restschuldbefreiungsverfahrens und zur Stärkung der Gläubigerrechte v. 15.7.2013 (BGBl. I 2013, 2379) wurde § 11 Abs. 1 InsVV geändert, der Regelungsgehalt z. T. in § 63 Abs. 3 Satz 1 InsO verschoben, siehe Anh. XII Rz. 98, 20; für die hiesige Diskussion ergeben sich jedoch keine Änderungen.

53 Insoweit kann auf die entsprechende Kommentierung zur Bestimmung der Berechnungsgrundlage bei § 11 InsVV verwiesen werden, wobei für den Treuhänder zwei **Besonderheiten** hervorzuheben sind. Der *nicht pfändbare Anteil des Arbeitseinkommens* soll bei der Wertbestimmung keine Berücksichtigung finden, da er wegen § 36 Abs. 1 InsO, § 850 ff. ZPO nicht zur Insolvenzmasse gehöre.[108] Das Ergebnis ist richtig, die Begründung nicht ganz vollständig. Die Sicherungsfunktion in der vorläufigen Verwaltung bezieht sich auf alles, was theoretisch Masse sein könnte. Die Bereinigung von der Ist- zur Soll-Masse ist erst Aufgabe im eröffneten Verfahren. Insoweit muss auch im Antragsverfahren bereits geprüft werden, ob das pfändbare Einkommen richtig berechnet wird. Überdies gibt es ohne eine Vollstreckungsmaßnahme (hier: Insolvenzeröffnung) den Begriff des pfändbaren Einkommens überhaupt noch nicht. Ungeachtet dessen wird aber wohl nicht vertreten werden können, das theoretisch pfändbare Einkommen im Antragsverfahren sei etwas, was mit einem Aussonderungsrecht des Schuldners nach Verfahrenseröffnung i. S. d. § 11 Abs. 1 Satz 4 InsVV a. F. zu beschreiben wäre, um es in die Berechnungsgrundlage einbeziehen zu können.

54 Dies leitet zur zweiten Besonderheit über, nämlich zur *Einbeziehung von Aus- und Absonderungsgut* in die Berechnungsgrundlage. Insoweit existieren schon für den vorläufigen Insolvenzverwalter ausreichend Probleme (hierzu § 11 Rz. 67 ff.). Ergänzend ist für den vorläufigen Treuhänder zu berücksichtigen, dass der Treuhänder nach Verfahrenseröffnung nicht zur Verwertung von Absonderungsgut berechtigt ist (§ 313 Abs. 3 InsO a. F.[109]). Daher ist – losgelöst von dieser Problematik für den vorläufigen Verwalter – grundsätzlich fraglich, ob Absonderungsgut bei der Vergütung des vorläufigen Treuhänders Berücksichtigung finden kann. Dies muss aus zwei Gründen bejaht werden. Erstens bezieht sich die Sicherungsfunktion i. S. d. §§ 306 Abs. 2 Satz 1, 21 ff. InsO in Ermangelung anderweitiger Regelungen auch auf Absonderungsgut, zweitens steht erst mit Insolvenzeröffnung fest, ob es überhaupt zu einem vereinfachten Insolvenzverfahren kommt, da die Sachverhaltsermittlungen im Antragsverfahren gerade auch dazu dienen zu prüfen, ob ein Regel- oder ein vereinfachtes Insolvenzverfahren einschlägig ist. Daher gibt es insgesamt keine Abweichungen zum vorläufigen Insolvenzverwalter.

cc) Regelsatz und Regelbruchteil

55 Ferner ist dem Vergütungsrecht immanent, dass die Vergütung im Antragsverfahren nur einen Bruchteil der Vergütung für das eröffnete Verfahren betragen soll, wobei sich der Bruchteil freilich nicht auf den Euro-Wert als Ergebnis, sondern auf den anzuwendenden Regelsatz als Multiplikator bezieht. Für den **Regelbruchteil** hat sich grundsätzlich ein Wert von 25 % etabliert (§ 11 Abs. 1 Satz 2 InsVV a. F.).[110] Dieser

---

108) BGH, Beschl. v. 12.7.2007 – IX ZB 82/03, VuR 2007, 470.
109) § 313 InsO aufgehoben durch das Gesetz zur Verkürzung des Restschuldbefreiungsverfahrens und zur Stärkung der Gläubigerrechte v. 15.7.2013 (BGBl. I 2013, 2379), siehe Anh. XII Rz. 83.
110) Durch das Gesetz zur Verkürzung des Restschuldbefreiungsverfahrens und zur Stärkung der Gläubigerrechte v. 15.7.2013 (BGBl. I 2013, 2379) wurde § 11 Abs. 1 Satz 2 InsVV gestrichen, der Regelungsgehalt findet sich nun in § 63 Abs. 3 Satz 2 InsO, siehe Anh. XII Rz. 98, 20.

kann sich auf § 2 Abs. 1 InsVV oder aber auf § 13 Abs. 1 Satz 1 InsVV a. F. als **Regelsatz** beziehen. Dies ist die einzig streitentscheidende Frage. Der BGH hat diese Frage ausdrücklich offengelassen und eine Orientierung an § 2 Abs. 1 InsVV nicht beanstandet, aber lediglich mit der Begründung, eine Orientierung an § 13 Abs. 1 Satz 1 InsVV a. F. würde zu einer niedrigen Vergütung führen, was im entschiedenen Fall am Verschlechterungsverbot scheitere.[111] Tatsächlich wird eine Orientierung an § 2 Abs. 1 InsVV erfolgen müssen,[112] da die Tätigkeit eines vorläufigen Treuhänders einzig mit der Tätigkeit eines vorläufigen Insolvenzverwalters vergleichbar ist (Sicherung), nicht aber mit der Tätigkeit eines Treuhänders im eröffneten Verfahren (Verwaltung und Verwertung).[113] Auch treten die – vermeintlichen – Verfahrens- und Arbeitserleichterungen eines Treuhänders im Verhältnis zum Insolvenzverwalter erst nach Verfahrenseröffnung ein, im Antragsverfahren sind derartige Verfahrens- oder Arbeitserleichterungen weder kodifiziert noch nennenswert existent. Sollten solche Arbeitserleichterungen im konkreten Fall vorliegen, bietet § 3 Abs. 2 InsVV, der uneingeschränkt Anwendung findet, da § 13 Abs. 2 InsVV a. F. erst nach Verfahrenseröffnung einschlägig ist, ausreichende Möglichkeiten für eine Anpassung der Vergütung.[114]

dd) Mindestvergütung

Bei der Mindestvergütung des vorläufigen Treuhänders ist dann wiederum fraglich, 56
ob § 2 Abs. 2 InsVV oder § 13 Abs. 1 Satz 3–5 InsVV a. F. zur Anwendung kommen soll. Um das Vergütungssystem zu wahren, müsste § 2 **Abs. 2 InsVV** Anwendung finden, da die Tätigkeit des vorläufigen Treuhänders nach o. g. Argumentation der Tätigkeit des vorläufigen Insolvenzverwalters vergleichbar ist (Sicherung) und mit einer Tätigkeit eines Treuhänders im eröffneten Verfahren (Verwaltung und Verwertung) nichts gemein hat.

Dagegen wird eingewandt, nur die Anwendung des **§ 13 Abs. 1 Satz 3–5 InsVV** 57
a. F. stelle sicher, dass der vorläufige Treuhänder keine höhere Mindestvergütung als der Treuhänder im eröffneten Verfahren erhalte.[115] Dem Ergebnis, nicht der Begründung, kann in vielen Fällen gefolgt werden, da § 13 Abs. 1 Satz 3–5 InsVV a. F. letztlich auch als Abschlag i. S. d. § 3 Abs. 2 InsVV wegen Arbeitserleichterung gewertet werden kann. Hier ist allerdings nicht auf die Verfahrens- und Arbeitserleichterungen i. S. d. §§ 312–314 InsO a. F.[116] abzustellen, da diese erst nach Verfahrenser-

---

111) BGH, Beschl. v. 12.7.2007 – IX ZB 82/03, VuR 2007, 470.
112) AG Köln, Beschl. v. 21.1.2000 – 72 IK 69/99, ZIP 2000, 418; AG Rosenheim, Beschl. v. 13.2.2001 – IK 159/99, ZInsO 2001, 218; BerlKommInsO/*Blersch*, § 13 InsVV Rz. 36 (Stand: 11/2015); FK-InsO/*Lorenz*, § 13 InsVV Rz. 47; KPB-InsO/*Stoffler*, § 13 InsVV Rz. 32 (Stand: 05/2016).
113) Zutreffend BerlKommInsO/*Blersch*, § 13 InsVV Rz. 36 (Stand: 11/2015); **a. A.** ohne nennenswerte Begründung jeweils LG Heilbronn, Beschl. v. 6.9.2004 – 1 T 323/04 Rpfleger 2005, 106; LG Kaiserslautern, Beschl. v. 31.8.2001 – 1 T 290/00, juris; AG Halle-Saalkreis, Beschl. v. 11.10.2002 – 59 IK 524/01, DZWiR 2002, 527; *Keller*, Vergütung und Kosten, § 10 Rz. 45; in sich widersprüchlich *Haarmeyer/Mock*, InsVV, § 13 Rz. 21.
114) So auch Leonhardt/Smid/Zeuner/*Amberger*, InsVV, § 13 Rz. 37.
115) LG Berlin, Beschl. v. 18.2.2011 – 85 T 31/11, ZVI 2011, 192; Leonhardt/Smid/Zeuner/*Amberger*, InsVV, § 13 Rz. 40.
116) §§ 312–314 InsO aufgehoben durch das Gesetz zur Verkürzung des Restschuldbefreiungsverfahrens und zur Stärkung der Gläubigerrechte v. 15.7.2013 (BGBl. I 2013, 2379), siehe Anh. XII.

öffnung eintreten, sondern auf die oft tatsächlich vorliegenden – aber eben nicht gesetzlich als Normallfall geregelten – Verfahrens- und Arbeitserleichterungen, die allerdings vom Insolvenzgericht (oder Beschwerdeberechtigten) nachzuweisen und zu begründen sind, weshalb die Lösung über § 2 Abs. 2 InsVV i. V. m. § 3 Abs. 2 InsVV der *Beweislastverteilung* eher gerecht wird als derart, dass der vorläufige Treuhänder bei Bezugnahme auf § 13 Abs. 1 Satz 3–5 InsVV a. F. in doch recht vielen Fällen nachweisen muss, dass ein nicht kodifiziertes Tatbestandsmerkmal nicht erfüllt ist (sic).

58 Gänzlich unzutreffend ist allerdings die Ansicht, die Vergütung des vorläufigen Treuhänders dürfe (in Euro) *nicht höher sein als die Vergütung des Treuhänders* im eröffneten Verfahren.[117] Bereits für den (vorläufigen) Insolvenzverwalter hat der Verordnungsgeber vor geraumer Zeit klargestellt, dass sich weder aus dem Wortlaut noch aus Sinn und Zweck oder der Entstehungsgeschichte der InsVV ein allgemeiner Grundsatz dergestalt herleiten ließe, dass die Vergütung des vorläufigen Insolvenzverwalters nicht die des Insolvenzverwalters übersteigen dürfe;[118] nichts anderes gilt für den (vorläufigen) Treuhänder.

59 Ungeachtet dessen kann es bei beiden Lösungsansätzen nicht auf die *Zahl der anmeldenden Insolvenzgläubiger* ankommen, da es in diesem Verfahrensabschnitt noch keine zulässigen Forderungsanmeldungen geben kann. Maßgeblich ist vielmehr die Zahl der Gläubiger, denen nach den Unterlagen des Schuldners offene Forderungen zustehen, soweit mit einer Forderungsanmeldung im Insolvenzverfahren zu rechnen ist; es kommt nicht darauf an, ob sich der vorläufige Treuhänder mit den Forderungen konkret befasst hat.[119]

ee) Zu- und Abschläge

60 Aus den bisherigen Ausführungen zur Vergütung des vorläufigen Treuhänders ergibt sich, dass § 13 Abs. 1 InsVV a. F. erst nach Verfahrenseröffnung Anwendung finden kann, was konsequenter Weise auch für § 13 Abs. 2 InsVV a. F. gelten muss. Folglich greift der dortige Ausschluss von § 3 InsVV für den vorläufigen Treuhänder nicht, sodass Zu- und Abschläge nach § 3 InsVV schon wegen der Verweisung in § 10 InsVV zulässig sind. Soweit allerdings § 13 Abs. 1 InsVV auch für den vorläufigen Treuhänder gelten soll, scheint es konsequent, auch insoweit auf die Möglichkeit von Zu- und Abschlägen nach den Kriterien der Vergütung für das eröffnete Verfahren zu verweisen (Rz. 26 ff.).

2. Seit dem 1.7.2014 beantragte Insolvenzverfahren (§ 13 InsVV n. F.)

a) Grundkritik

61 In der Neufassung durch das Gesetz zur Verkürzung des Restschuldbefreiungsverfahrens und zur Stärkung der Gläubigerrechte vom 15.7.2013[120] hat § 13 InsVV nur

---

117) So aber *Haarmeyer/Mock*, InsVV, § 13 Rz. 22.
118) Zweite Verordnung zur Änderung der Insolvenzrechtlichen Vergütungsverordnung (InsVV) v. 21.12.2006 (BGBl. I 2006, 3389), siehe Anh. VIII Rz. 18.
119) BGH, Beschl. v. 4.2.2010 – IX ZB 129/08, NZI 2010, 256 (zu § 2 Abs. 2 InsVV).
120) Gesetz zur Verkürzung des Restschuldbefreiungsverfahrens und zur Stärkung der Gläubigerrechte v. 15.7.2013 (BGBl. I 2013, 2379), siehe Anh. XII.

noch einen einzigen Regelungsgehalt, nämlich die Kürzung der in § 2 Abs. 2 Satz 1 InsVV normierten Regelmindestvergütung. Insoweit ist allein die Existenz des § 13 InsVV verwirrend, denn die Norm hätte ganz aufgehoben werden müssen, dessen Regelungsgehalt gehört scheinbar in § 2 Abs. 2 InsVV, tatsächlich aber in § 3 Abs. 2 InsVV (Rz. 71, 72). Streng genommen hat § 13 InsVV im eröffneten Insolvenzverfahren überhaupt **keinen Anwendungsbereich**. Denn § 13 InsVV nimmt inhaltlich Bezug auf Verfahren nach dem Neunten Teil der InsO und beschreibt in seiner amtlichen Überschrift die Vergütung eines „Insolvenzverwalters im Verbraucherinsolvenzverfahren". Da gleichzeitig die §§ 312–314 InsO a. F. aufgehoben wurden, gibt es jedoch im Neunten Teil der InsO kein eröffnetes Insolvenzverfahren mehr, die verbliebenen Regelungen betreffen ausschließlich das Antragsverfahren. Insoweit ist der Begriff „Verbraucherinsolvenzverfahren" nach Verfahrenseröffnung nur noch umgangssprachlicher Natur, auch wenn im Gesetz verwendet. Auch die Rechtsfigur des „Insolvenzverwalters im Verbraucherinsolvenzverfahren" ist somit nicht existent, es handelt sich um einen ganz normalen Insolvenzverwalter. Im Ergebnis bezieht sich § 13 InsVV folglich auf eine nicht existierende Person; allenfalls für den vorläufigen Insolvenzverwalter in einem mit dem Aktenzeichen IK anhängigen Verfahren wäre eine Anwendbarkeit zu prüfen. Zur Übergangsregelung siehe § 19 Rz. 52.

b) Rechtsfolge

aa) Wortlaut der Norm

Grundsätzlich kann vollständig auf die Kommentierung zu § 2 InsVV verwiesen werden (zur Gläubigerzahl auch Rz. 40 ff.). Dort ist eine nach Anzahl der Forderungsanmeldungen gestaffelte Mindestvergütung vorgesehen, die mit 1.000 € (bei bis zu zehn Gläubigern) beginnt. Eben jener Wert wird durch § 13 InsVV als Rechtsfolge auf 800 € herabgesetzt. Daraus ergibt sich beispielhaft:

62

Gläubigerzahl	Vergütungsmehrbetrag (Euro)	Mindestvergütung (Euro)
1–10	0,00	800,00
11–15	150,00	950,00
16–20	150,00	1.100,00
21–25	150,00	1.250,00
26–30	150,00	1.400,00
31–35	100,00	1.500,00
36–40	100,00	1.600,00
je weitere *angefangene* 5	weitere 100,00	

63 Interessant ist eine Übersicht, die die Mindestvergütung in ein Verhältnis zu derjenigen Masse setzt, die zu einer Regelvergütung führt, die der Mindestvergütung entspricht:[121]

Insolvenzmasse (Euro)	Regelvergütung in Euro (§§ 2 Abs. 1, 13 InsVV)	Identische Mindestvergütung bei folgender Gläubigerzahl:
2.000,00	800,00	1 – 10
2.375,00	950,00	11 – 15
2.750,00	1.100,00	16 – 20
3.125,00	1.250,00	21 – 25
3.500,00	1.400,00	26 – 30
3.750,00	1.500,00	31 – 35

bb) **Verfassungsrechtliche Bedenken**

64 Bei im Durchschnitt 14 Gläubigern, der Referenzgröße des Verordnungsgebers,[122] ergibt sich folglich eine Mindestvergütung in Höhe von 950 €. In den vor dem 1.7.2014 beantragten vereinfachten Insolvenzverfahren ergab sich bei selbiger Gläubigerzahl seit dem 1.1.2004 eine Mindestvergütung in Höhe von 900 € (Rz. 42). In einem Null-Masse-Verfahren (bzw. bis zu einer Berechnungsgrundlage von 2.375 €) beträgt die Erhöhung durch die Gesetzesänderung zum 1.7.2014 folglich 50 €. Für diesen Betrag müssen nun zusätzlich Absonderungsgüter verwertet und anfechtungsrechtliche Rückgewähransprüche verfolgt werden, wegen § 133 InsO bis zu zehn Jahre zurückgehend und mit (in dieser Zeit bei natürlichen Personen durchaus häufig) wechselnden nahestehenden Personen i. S. d. § 138 InsO. Dies ist evident keine angemessene Vergütung der Geschäftsführung des Insolvenzverwalters, sodass § 13 InsVV evident gegen den höherrangigen § 63 Abs. 1 Satz 1 InsO verstößt, was nur mit übergebührlicher Höflichkeit als Fehler des Gesetzgebers[123] bezeichnet werden kann. Der Anspruch des Insolvenzverwalters aus Art. 12 Abs. 1 Satz 2 GG ist eindeutig nicht gewahrt.

65 Zudem ist zu berücksichtigen, dass mit der Neuregelung bei verständiger Lesart nicht eine Mindestvergütung von 800 € normiert wurde, also die Diskussion bei null anfangen würde, sondern die Mindestvergütung des § 2 Abs. 2 InsVV in Höhe von 1.000 € wurde um 200 € gekürzt. § 2 Abs. 2 Satz 1 InsVV als Referenzgröße wurde jedoch bereits mit Wirkung zum 1.1.2004 geändert, d. h., bis zur Neuregelung zum 1.7.2014 haben zehn Jahre Geldentwertung stattgefunden, sodass trotz zusätzlicher Aufgaben real eine Kürzung der Vergütung des Insolvenzverwalters erfolgt ist. Unter Berücksichtigung des Erzeugerpreisindex für Dienstleistungen[124] ergibt sich für das Jahr 2004 ein Index von 93,95 und für das Jahr 2014 ein Index von 112,44.[125] Hätte der Verordnungsgeber folglich im Jahr 2014 erst eine Anpassung der Mindestvergütung in

---

121) Leonhardt/Smid/Zeuner/*Amberger*, InsVV, § 13 Rz. 33.
122) So die Annahme des Verordnungsgebers, siehe Anh. VII Rz. 43.
123) *Stephan*, VIA 2015, 1, 4.
124) Zur Erläuterung und Relevanz siehe § 2 Rz. 23 ff. und Anh. XIV Rz. 7.
125) Anh. XIV Rz. 13.

§ 2 Abs. 2 Satz 1 InsVV um rd. 20 % auf 1.200 € vorgenommen und dann in § 13 InsVV einen Abzug von 200 € vorgenommen, betrüge die Mindestvergütung des Insolvenzverwalters nach § 13 InsVV tatsächlich 1.000 €, bei 14 Gläubigern 1.150 €. Anders ausgedrückt: Unter Berücksichtigung der Geldentwertung ergäbe sich eine Mindestvergütung des Insolvenzverwalters im „Verbraucherinsolvenzverfahren" in genau der Höhe, die jetzt (ohne Inflationsausgleich) der Insolvenzverwalter im Regelinsolvenzverfahren erhält.

Noch einfacher ausgedrückt: um den Inflationsausgleich und den Aufgabenzuwachs 66 angemessen zu kompensieren, sollte § 13 InsVV insgesamt als verfassungswidrig eingestuft, d. h. nicht angewendet werden. Der BGH ging zwar zunächst davon aus, dass eine von der normierten Mindestvergütung abweichende Festsetzung durch die Insolvenzgerichte nicht erfolgen dürfe,[126] jedoch ist dies ersichtlich falsch, denn auch die Insolvenzgerichte als Fachgerichte können und müssen an der Rechtsfortbildung teilnehmen. Daher hatte bereits das Bundesverfassungsgericht Verwunderung über eine derartige Ansicht geäußert, indem es bereits zur VergVO feststellte: „Allerdings ist der vom Landgericht in seiner Schlussbemerkung möglicherweise vertretenen Ansicht nicht zu folgen, ein Fachgericht habe die Vergütungsregelung auch dann unverändert anzuwenden, wenn es sie für nicht mehr angemessen hielte."[127] Dem hatte sich der BGH dann auch angeschlossen, indem er den Fachgerichten die Möglichkeit eröffnete, das Problem der Geldentwertung – außerhalb der Mindestvergütung – über den Degressionsausgleich nach § 3 Abs. 1 lit. c InsVV zu lösen,[128] was freilich bei der Mindestvergütung so nicht funktioniert, aber immerhin den Fachgerichten die verfassungsmäßigen Freiräume zugesteht.

c) Tatbestandsvoraussetzungen

Voraussetzung für die Herabsetzung der Regelmindestvergütung des § 2 Abs. 2 Satz 1 67 InsVV ist, dass in einem Verfahren nach dem Neunten Teil der InsO die in § 305 Abs. 1 Nr. 3 InsO genannten Unterlagen von einer geeigneten Person oder Stelle erstellt werden. Auch insoweit bestehen erhebliche Bedenken:

aa) Unterlagen nach § 305 Abs. 1 Nr. 3 InsO

Gemäß § 305 Abs. 1 Nr. 3 InsO hat der Schuldner – sofern er Verbraucher ist – mit 68 dem schriftlich einzureichenden Antrag auf Eröffnung des Insolvenzverfahrens oder unverzüglich nach diesem Antrag dem Gericht vorzulegen:

– ein Verzeichnis des vorhandenen Vermögens und des Einkommens (Vermögensverzeichnis),

– eine Zusammenfassung des wesentlichen Inhalts dieses Verzeichnisses (Vermögensübersicht),

– ein Verzeichnis der Gläubiger und ein Verzeichnis der gegen ihn gerichteten Forderungen;

– den Verzeichnissen und der Vermögensübersicht ist die Erklärung beizufügen, dass die enthaltenen Angaben richtig und vollständig sind.

---
126) BGH, Beschl. v. 13.3.2008 – IX ZB 60/05, Rz. 6, ZVI 2008, 271.
127) BVerfG, Beschl. v. 9.2.1989 – 1 BvR 1165/87, ZIP 1989, 382, 383 (mit Anm. *Eickmann*).
128) BGH, Beschl. v. 4.12.2014 – IX ZB 60/13, ZIP 2015, 138.

69 Diese Verzeichnisse gehören mithin zum Antragsverfahren, sie müssen nach der Vorstellung des Gesetzgebers zwingend vorliegen, um dem Verfahren Fortgang zu verschaffen.

bb) Vorlage durch eine geeignete Stelle

70 Die vorgenannten Verzeichnisse müssen für die Anwendung des § 13 InsVV von einer geeigneten Stelle vorgelegt werden. Sprachlich ist die Norm etwas misslungen, da die Vorlage in der Vergangenheitsform hätte formuliert werden müssen, denn sie werden nicht nach Verfahrenseröffnung eingereicht. Was eine geeignete Stelle ist, ergibt sich aus § 305 Abs. 4 InsO, ausweislich dessen sich der Schuldner bei der Erstellung der Verzeichnisse von einer geeigneten Stelle vertreten lassen kann. Dieses Vertretungsverhältnis besteht folglich bereits im Antragsverfahren und ist vom Richter am Insolvenzgericht zu prüfen. Ob die Verzeichnisse von einer geeigneten Stelle (Rechtsanwälte, Notare und Steuerberater sowie die von den Ländern anerkannten Schuldnerberatungsstellen) eingereicht wurden, lässt sich folglich nur mit ja oder nein beantworten, eine eigenständige Prüfung der Eignung durch den Insolvenzverwalter dürfte nicht stattfinden.

71 Dies scheint sich in der Praxis anders zu verwirklichen, denn tatsächlich sind Insolvenzverwalter oftmals bemüht herauszufinden, ob eine tatbestandliche Vertretung bei der Erstellung der Verzeichnisse vorlag.[129] Hier wird offenbar, dass die korrekte Vertretung des Schuldners im Antragsverfahren nicht immer pflichtgemäß geprüft wird. Die vom Verordnungsgeber vorgenommene Umkehrung der Beweislast ist daher arg bedenklich. Er ging davon aus, dass die Vertretung im Antragsverfahren von Amts wegen geprüft wird, um eine Arbeitserleichterung beim Insolvenzverwalter fingieren zu können. Doch bei genauer Betrachtung der Materialien ist zu differenzieren. Der Regierungsentwurf bezog sich auf die Vorliegen der Bescheinigung nach § 305 Abs. 1 Nr. 1 InsO,[130] um eine Arbeitserleichterung des Insolvenzverwalters anzunehmen. Nun ist Arbeitserleichterung faktisch ein Abschlag nach § 3 Abs. 2 InsVV, für den das Insolvenzgericht (bzw. die Beschwerdeberechtigten nach § 64 Abs. 3 Satz 1 InsO) beweispflichtig ist.[131] Durch die Bezugnahme auf die Bescheinigung nach § 305 Abs. 1 Nr. 1 InsO, die für das Antragsverfahren zwingend ist, wäre die Umkehr der Beweislast hinzunehmen, da unwiderleglich zu vermuten ist, dass diese Bescheinigung vorlag. Der Rechtsausschuss stellte jedoch zutreffend fest, dass die Bescheinigung nach § 305 Abs. 1 Nr. 1 InsO keine Arbeitserleichterung für den Insolvenzverwalter zur Folge haben könne, sodass empfohlen wurde, stattdessen auf die Verzeichnisse nach § 305 Abs. 1 **Nr. 3** InsO zu rekurrieren.[132] Ohne inhaltliche Auseinandersetzung wurde dann die Bezugnahme auf § 305 Abs. 1 **Nr. 3** InsO kodifiziert und nun dem Insolvenzverwalter, der mit dem Antragsverfahren überhaupt nichts zu tun hat, die Beweislast dafür auferlegt, dass die Verzeichnisse nicht

---
129) *Stephan*, VIA 2016, 1, 3; *Vogt*, ZVI 2016, 9.
130) Gesetz zur Verkürzung des Restschuldbefreiungsverfahrens und zur Stärkung der Gläubigerrechte v. 15.7.2013 (BGBl. I 2013, 2379), siehe Anh. XII Rz. 102.
131) Zu § 13 InsVV insoweit auch *Graeber/Graeber*, InsVV, § 13 Rz. 24a.
132) Gesetz zur Verkürzung des Restschuldbefreiungsverfahrens und zur Stärkung der Gläubigerrechte v. 15.7.2013 (BGBl. I 2013, 2379), siehe Anh. XII Rz. 104.

(sic) von einer geeigneten Stelle erstellt wurden. Hier dürfte die Umkehrung der Beweislast für den faktischen Abschlag von der Vergütung an § 305 Abs. 4 Satz 1 InsO scheitern, der dem Insolvenzgericht auflegt zu prüfen, durch wen die Vertretung des Schuldners im Antragsverfahren erfolgte.[133] Damit dürfte die Umkehr der Beweislast wegen Verstoßes gegen alle prozessualen Grundsätze verfassungswidrig sein.

cc) Qualität der Verzeichnisse

Maßgebliches – wenngleich vom Verordnungsgeber übersehenes – Tatbestandsmerkmal ist die Qualität der Verzeichnisse. Denn der Verordnungsgeber geht davon aus, dass eine nennenswerte **Arbeitserleichterung** des Insolvenzverwalters nach Verfahrenseröffnung dadurch entsteht, dass ihm die für die Erstellung der Verzeichnisse nach §§ 151–153 InsO erforderlichen Informationen quasi frei Haus geliefert werden.[134] Insoweit ist § 13 InsVV tatsächlich ein Abschlag gemäß § 3 Abs. 2 InsVV wegen Arbeitserleichterung durch Einschaltung eines Dritten. Für eine Minderung der Regelmindestvergütung von 1.000 € gemäß § 2 Abs. 2 Satz 1 InsVV auf 800 € gemäß § 13 InsVV ist folglich streitentscheidend, ob die nach § 305 Abs. 1 Nr. 3 InsO von einer geeigneten Stelle eingereichten Unterlagen tatsächlich zu einer Arbeitserleichterung aufseiten des Insolvenzverwalters führen. Dies wird aus der Praxis generell bestritten.[135] Fraglich ist überdies auch hier, ob eine solche Umkehr der Beweislast überhaupt zulässig ist, denn es handelt sich faktisch um einen Abschlag nach § 3 Abs. 2 InsVV von Amts wegen, ohne den konkreten Fall zu betrachten. Insoweit ist die Arbeitserleichterung keine widerlegliche Vermutung, sondern eine zu beweisende Behauptung. 72

Zur Qualität der Verzeichnisse gilt zunächst:[136] „Die geeignete Stelle muss die Unterlagen selbst erstellen oder bei Ausfüllen durch den Schuldner mindestens eine Mitverantwortung übernehmen, indem sie die Fragenkataloge mit dem Schuldner gemeinsam durchgeht. Füllt der Schuldner die Unterlagen zumindest teilweise selbst und ohne Hilfe einer geeigneten Person aus, so ist die erhöhte Richtigkeits- und Vollständigkeitsgewähr nicht gegeben, die es rechtfertigen würde, von einem Erstellen durch eine geeignete Person auszugehen." Ist die geeignete Stelle keine Schuldnerberatungsstelle, sondern ein Rechtsanwalt o. Ä., dürfen die Verzeichnisse nicht alleinverantwortlich von dessen Personal erstellt worden sein, d. h., es muss erkennbar sein, dass sich der Rechtsanwalt höchstselbst mit Verzeichnissen befasst hat.[137] 73

---

133) Übersehen vom AG Düsseldorf, Beschl. v. 20.3.2017 – 513 IK 22/16, NZI 2017, 533.
134) Gesetz zur Verkürzung des Restschuldbefreiungsverfahrens und zur Stärkung der Gläubigerrechte v. 15.7.2013 (BGBl. I 2013, 2379), Begründung des Rechtsausschusses zu § 13 InsVV, siehe Anh. XII Rz. 104.
135) *Reck/Köster/Wathling*, ZVI 2016, 1, 3; *Vogt*, ZVI 2016, 9 f.
136) LG Stuttgart, Beschl. v. 10.12.2015 – 10 T 517/15, ZInsO 2016, 470; ähnlich AG Düsseldorf, Beschl. v. 20.3.2017 – 513 IK 22/16, NZI 2017, 533.
137) AG Aachen, Beschl. v. 27.7.2016 – 92 IK 184/16, NZI 2016, 956 (zu § 305 Abs. 1 Nr. 1 InsO).

74 All das muss der Insolvenzverwalter jetzt auch noch prüfen, um eine Kürzung der Mindestvergütung durch § 13 InsVV zu vermeiden. Er muss folglich zusätzlichen Arbeitsaufwand betreiben, um die Annahme einer Arbeitserleichterung zu widerlegen. Dies stellt ein weiteres Argument dar, für eine Nichtanwendung des § 13 InsVV zu plädieren, da die Norm jedwede Kenntnis des Verordnungsgebers von den zu regelnden Lebenssachverhalten missen lässt und exakt das Gegenteil von Bürokratieabbau repräsentiert.

Dritter Abschnitt
Vergütung des Treuhänders nach § 293 der Insolvenzordnung

§ 14
Grundsatz

(1) Die Vergütung des Treuhänders nach § 293 der Insolvenzordnung wird nach der Summe der Beträge berechnet, die auf Grund der Abtretungserklärung des Schuldners (§ 287 Abs. 2 der Insolvenzordnung) oder auf andere Weise zur Befriedigung der Gläubiger des Schuldners beim Treuhänder eingehen.

(2) Der Treuhänder erhält

1. von den ersten 25.000 Euro 5 vom Hundert,
2. von dem Mehrbetrag bis 50.000 Euro 3 vom Hundert und
3. von dem darüber hinausgehenden Betrag 1 vom Hundert.

(3) ¹Die Vergütung beträgt mindestens 100 Euro für jedes Jahr der Tätigkeit des Treuhänders. ²Hat er die durch Abtretung eingehenden Beträge an mehr als 5 Gläubiger verteilt, so erhöht sich diese Vergütung je 5 Gläubiger um 50 Euro.

Literatur: *Adam*, Die Klage des Treuhänders im RSB-Verfahren, ZInsO 2007, 198; *Bork*, Treuhänder-Studie, ZVI 2009, 273; *Graeber/Graeber*, Der Einzug von vom selbstständigen Schuldner abzuführenden Beträge vor dem Prozessgericht: vergütungsrechtliche Auswirkungen, InsbürO 2016, 367; *Hingerl/Rätzke*, Keine Rückstellungen für die Kosten in der Wohlverhaltensphase, ZInsO 2015, 1309; *Holzer/Semmelbeck*, Rücklagenbildung für die Kosten des Restschuldbefreiungsverfahrens, NZI 2015, 354; *Lissner*, Die Bildung von Rückstellungen für zukünftig anfallende Verfahrenskosten – au revoir § 298 InsO?, ZInsO 2015, 489; *Lissner*, Die Vergütung des Treuhänders nach § 293 InsO – Teil 1, InsbürO 2016, 372; *Lissner*, Die Vergütung des Treuhänders nach § 293 InsO – Teil 2, InsbürO 2016, 416; *Reck*, Rückstellung für die Wohlverhaltensphase – Fluch für die Gläubiger und Segen für Schuldner und Staatskasse?, ZVI 2015, 161; *Zimmer*, Freigabe einer selbstständigen Tätigkeit (§ 35 Abs. 2 InsO) in Verbraucherinsolvenz und Restschuldbefreiungsphase?, InsbürO 2011, 253; *Zimmer*, Erhöhung der Treuhändervergütung nach § 14 Abs. 3 Satz 2 InsVV, InsbürO 2016, 143; *Zimmer*, Die Rückstellung für die Treuhändervergütung und ihre (Folge-)Probleme, InsbürO 2016, 324.

Übersicht

I. Zweck der Norm ... 1	5. Verjährung des Anspruchs ... 16
1. Ausgestaltung des Vergütungsanspruchs aus § 293 Abs. 1 InsO ... 1	6. Verwirkung des Anspruchs ... 18
	V. Höhe der Vergütung ... 19
2. Kein Verweis auf §§ 1–9 InsVV ... 2	1. Einleitung: § 293 Abs. 1 Satz 2
II. Rechtsnatur des Anspruchs ... 3	InsO vs. § 14 InsVV ... 19
1. Verfahrenskosten „eigener Art". ... 3	2. Berechnungsgrundlage
2. Tätigkeitsvergütung vs. Erfolgsvergütung ... 5	(§ 14 Abs. 1 InsVV) ... 22
	a) Einleitung ... 22
III. Historie ... 7	b) Einnahmen ... 23
IV. Der Vergütungsanspruch ... 11	c) Ausgaben ... 26
1. Anspruchsgrundlage	aa) Ungerechtfertigte Bereicherung ... 27
(§ 293 Abs. 1 Satz 1 InsO) ... 11	bb) Motivationsrabatt ... 32
2. Anspruchsberechtigte ... 12	cc) Sonstige Ausgaben ... 33
3. Anspruchsentstehung ... 14	d) Relevanter Zeitraum ... 34
4. Fälligkeit des Anspruchs ... 15	aa) Beginn ... 34

bb) Abgrenzung zur Nachtragsverteilung und zum eröffneten Verfahren 35	aa) Wortlaut der Norm und Angemessenheit 55
cc) Ende 37	bb) Tatbestandsmerkmal „eingehende Gelder" 57
dd) Gesamtzeitraum 40	cc) Tatbestandsmerkmal „Verteilung" 58
3. Regelvergütung (§ 14 Abs. 2 InsVV) 41	dd) Tatbestandsmerkmal „Verteilung an mehr als fünf Gläubiger" und Rechtsfolgen 62
a) Staffelvergütung 41	
b) Inflationsbedingte Anpassung 44	
c) Erhöhungsfaktoren 46	ee) Vorschusscharakter 67
d) Abschlagsfaktoren 50	ff) Inflationsbedingte Anpassung 68
4. Mindestvergütung (§ 14 Abs. 3 InsVV) 53	c) Deckung durch Rückstellungen im eröffneten Verfahren 69
a) Regelmindestvergütung (§ 14 Abs. 3 Satz 1 InsVV) 53	5. Auslagen 71
	6. Umsatzsteuer 72
aa) Wortlaut der Norm 53	VI. Festsetzungsverfahren 73
bb) Inflationsbedingte Anpassung 54	VII. Vorschüsse 74
b) Erhöhung der Mindestvergütung (§ 14 Abs. 3 Satz 2 InsVV) 55	VIII. Vergütung nach Ablauf der Wohlverhaltensphase 75

I. Zweck der Norm

1. Ausgestaltung des Vergütungsanspruchs aus § 293 Abs. 1 InsO

1 Für die sog. Wohlverhaltensphase zur Erlangung der Restschuldbefreiung einer natürlichen Person als Schuldner bedarf es der Bestellung eines Treuhänders (vgl. §§ 287 Abs. 2, 288 InsO). Hierbei handelt es sich um eine eigenständige Rechtsfigur. Daher hat der Treuhänder – trotz meist vorliegender Personenidentität mit dem zuvor tätigen Insolvenzverwalter – einen eigenen Anspruch auf Vergütung (§ 293 Abs. 1 InsO). Wegen des Verweises in § 293 Abs. 2 InsO u. a. auf § 65 InsO soll die InsVV die Vergütung und die Erstattung der Auslagen sowie das Festsetzungsverfahren näher ausgestalten. § 14 InsVV regelt insoweit die Vergütung, die Erstattung von Auslagen ist in § 16 Abs. 1, 2 InsVV geregelt.

2. Kein Verweis auf §§ 1–9 InsVV

2 § 14 InsVV regelt die Vergütung des Treuhänders, § 15 InsVV enthält eine Sonderregelung für die Überwachung der Obliegenheiten des Schuldners durch den Treuhänder, und § 16 InsVV enthält Regelungen zu Auslagen, Umsatzsteuer, Vorschüssen und Festsetzungsverfahren. Damit scheint innerhalb dieses Dritten Abschnitts der InsVV ein abgeschlossenes Vergütungssystem vorzuliegen, sodass kein Verweis auf die allgemeinen Regeln der §§ 1–9 InsVV (Erster Abschnitt der InsVV) vorgesehen ist. Allerdings scheinen Gesetz- und Verordnungsgeber diese Wohlverhaltensphase etwas einfacher gesehen zu haben, als sie sich tatsächlich verwirklicht, sodass an geeigneter Stelle eine analoge Anwendung einzelner Normen des ersten Abschnitts zu diskutieren ist.

II. Rechtsnatur des Anspruchs

1. Verfahrenskosten „eigener Art"

3 Die Vergütung des Treuhänders ist in § 54 Nr. 2 InsO nicht erwähnt. Zudem bezieht sich der Begriff der Masseverbindlichkeiten regelmäßig auf die Phase bis zur Beendigung des eröffneten Insolvenzverfahrens. Daher ist die Rechtsprechung zu dem

Ergebnis gekommen, dass es sich bei der Vergütung des Treuhänders *nicht* um **Verfahrenskosten gemäß § 54 Nr. 2 InsO** handelt.[1)]

Die Rechtsnatur des Vergütungsanspruchs des *(vorläufigen) Insolvenzverwalters* ist   4
nicht zivil-, sondern öffentlich-rechtlicher Art, da der staatlich bestellte Verwalter eine im öffentlichen Interesse liegende Aufgabe wahrnimmt, sodass die Vergütung auch ein **nach Art. 12 GG garantiertes Recht** darstellt.[2)] Für den *Treuhänder* kann im Ergebnis nichts anderes gelten. Zwar obliegt ihm nicht die Verwaltung fremden Vermögens i. S. e. Verwaltungs- und Verfügungsbefugnis (§ 80 Abs. 1 InsO), gleichwohl ist auch er Treuhänder in einem uneigennützigen doppelseitigen Treuhandverhältnis,[3)] bestellt durch ein staatliches Organ. Daraus muss folgen, dass der Vergütungsanspruch dort, wo es Befriedigungsreihenfolgen zu beachten gilt, einen besonderen Schutz genießt. Erst recht kann es sich nicht um Neuverbindlichkeiten des Schuldners handeln, für die sich InsO und InsVV nicht zuständig „fühlen". Kommt es zu der Situation, dass das eröffnete Insolvenzverfahren nach Anzeige der Masseunzulänglichkeit eingestellt werden musste (§ 211 InsO), so wird sich ergeben, dass in der Wohlverhaltensphase nach der Befriedigung von Verfahrenskosten (§ 54 InsO), sonstigen Masseverbindlichkeiten (§ 55 InsO) – jeweils noch aus dem eröffneten Insolvenzverfahren resultierend – und Insolvenzforderungen (§ 38 InsO) – bei der vorzunehmenden Verteilungen nach § 292 Abs. 1 Satz 2 InsO – zu differenzieren ist. Insoweit wird auch hier die grundsätzlich immer geltende Rangfolge des § 209 Abs. 1 Nr. 1 InsO gelten. All dies macht es unerlässlich, die Vergütung des Treuhänders als Verfahrenskosten zu betrachten; ob es sich dann um Verfahrenskosten analog § 54 Nr. 2 InsO handelt, eine direkte Anwendung dieser Norm tatsächlich ausscheidet oder es sich um Verfahrenskosten eigener Art handelt, die jedoch wie Verfahrenskosten nach § 54 Nr. 2 InsO zu behandeln sind, dürfte daher im Ergebnis eine „Schlacht um Begrifflichkeiten" darstellen, zumal § 54 Nr. 2 InsO auch andere Inhaber von Vergütungsansprüchen nicht erwähnt. Daher hat die Rechtsprechung in Ergänzung der mangelhaften Ausgestaltung des § 54 InsO durch den Gesetzgeber ein zusätzliches Problem geschaffen, statt ein vorhandenes zu lösen.[4)]

2. Tätigkeitsvergütung vs. Erfolgsvergütung

Ausweislich des Wortlauts des § 293 Abs. 1 Satz 1 InsO handelt es sich ausdrücklich   5
um eine Vergütung für eine Tätigkeit, mithin um eine **Tätigkeitsvergütung**. Dies ist insoweit von Bedeutung, als der Insolvenzverwalter gemäß § 63 Abs. 1 Satz 1 InsO einen Anspruch auf Vergütung für seine Geschäftsführung hat. Tätigkeit und Geschäftsführung sind im Verhältnis zueinander keine Synonyme, sodass dem Unterschied im Grundsatz Rechnung zu tragen ist. Allerdings wird auch die Vergütung des Insolvenzverwalters spätestens auf der Ebene des § 3 InsVV zu einer Tätigkeitsvergütung, sodass allein aus dem Wortlaut des § 293 Abs. 1 Satz 1 InsO noch keine abschließenden Rückschlüsse auf die Höhe der Vergütung gezogen werden können.

---

1) BGH, Beschl. v. 20.11.2014 – IX ZB 16/14, ZIP 2015, 85.
2) BVerfG, Beschl. v. 9.2.1989 – 1 BvR 1165/87, ZIP 1989, 382; BGH, Beschl. v. 15.1.2004 – IX ZB 96/03, ZIP 2004, 417.
3) Uhlenbruck/*Sternal*, InsO, § 292 Rz. 8.
4) *Zimmer*, InsbürO 2016, 324.

6 Da § 3 InsVV jedoch für den Treuhänder nach Gesetzeswortlaut und -systematik nicht anwendbar ist, erfolgt dessen Vergütungsberechnung ausschließlich auf Basis der Einnahmen (Rz. 23). Obgleich § 293 Abs. 1 Satz 1 InsO ausdrücklich eine Tätigkeitsvergütung fordert, ist § 14 InsVV tatsächlich als **Erfolgsvergütung** konzipiert worden. Dies ist ein Widerspruch[5] und lässt Raum für Diskussionen bei der Anpassung der Vergütung, da der Verordnungsgeber in § 14 InsVV den Spielraum der Ermächtigungsgrundlage des § 293 InsO ganz offensichtlich nicht ausgeschöpft hat.

III. Historie

7 § 14 Abs. 1 InsVV ist seit Einführung der InsVV zum **1.1.1999**[6] unverändert.

8 § 293 Abs. 2 InsO wurde mit dem Gesetz zur Änderung der Insolvenzordnung und anderer Gesetze vom 26.10.2001[7] um einen Verweis auf § 63 Abs. 2 InsO erweitert. Hintergrund ist die Einführung der Stundung der Verfahrenskosten für Insolvenzverfahren, die ab dem **1.12.2001** eröffnet werden (Art. 103a EGInsO). Der Treuhänder hat hierdurch einen Sekundäranspruch gegen die Staatskasse.[8]

9 Mit dem Gesetz zur Einführung des Euro in Rechtspflegegesetzen und in Gesetzen des Straf- und Ordnungswidrigkeitenrechts, zur Änderung der Mahnvordruckverordnungen sowie zur Änderung weiterer Gesetze vom 13.12.2001[9] wurden die Beträge in § 14 Abs. 2, 3 InsVV mit Wirkung zum **1.1.2002** im Verhältnis 2:1 umgerechnet, ferner wurden die unveränderten Staffelstufen in § 14 Abs. 2 InsVV zur Erleichterung der Benennung nummeriert.

10 Mit der Verordnung zur Änderung der Insolvenzrechtlichen Vergütungsverordnung (InsVV) vom 4.10.2004[10] trug der Verordnungsgeber dem Umstand Rechnung, dass der BGH die Mindestvergütungen des Insolvenzverwalters[11] in Höhe von 500 € und des (seinerzeitigen) Treuhänders im eröffneten Verbraucherinsolvenzverfahren[12] in Höhe von 250 € als verfassungswidrig niedrig eingestuft hatte, in beiden Fällen jedoch erst für Bestellungen ab dem 1.1.2004. Für den Treuhänder in der Wohlverhaltensphase führte dies im Rahmen des § 14 InsVV zu einer gestaffelten Anhebung der Mindestvergütung in Abhängigkeit von der Anzahl der Gläubiger, an die eine Verteilung vorgenommen wurde (Einführung des § 14 Abs. 3 Satz 2 InsVV); hinsichtlich der generellen Übergangsregelung zum **1.1.2004** gab es insoweit Unklarheiten (§ 19 Rz. 22), die jedoch zeitlich überholt sind.

---

5) *Haarmeyer/Mock*, InsVV, § 14 Rz. 10, 15; FK-InsO/*Lorenz*, Vor §§ 14–16 InsVV Rz. 2.
6) Insolvenzrechtliche Vergütungsverordnung (InsVV) v. 19.8.1998 (BGBl. I 1998, 2205), siehe Anh. III.
7) Gesetz zur Änderung der Insolvenzordnung und anderer Gesetze v. 26.10.2001 (BGBl. I 2001, 2710), siehe Anh. IV.
8) Gesetz zur Änderung der Insolvenzordnung und anderer Gesetze v. 26.10.2001 (BGBl. I 2001, 2710), Begründung zu § 293 Abs. 2 InsO, siehe Anh. IV Rz. 39.
9) Gesetz zur Einführung des Euro in Rechtspflegegesetzen und in Gesetzen des Straf- und Ordnungswidrigkeitenrechts, zur Änderung der Mahnvordruckverordnungen sowie zur Änderung weiterer Gesetze v. 13.12.2001 (BGBl. I 2001, 3574), siehe Anh. V.
10) Verordnung zur Änderung der Insolvenzrechtlichen Vergütungsverordnung (InsVV) v. 4.10.2004 (BGBl. I 2004, 2569), siehe Anh. VII.
11) BGH, Beschl. v. 15.1.2004 – IX ZB 96/03, ZIP 2004, 417.
12) BGH, Beschl. v. 15.1.2004 – IX ZB 46/03, ZIP 2004, 424.

IV. Der Vergütungsanspruch

1. Anspruchsgrundlage (§ 293 Abs. 1 Satz 1 InsO)

Anspruchsgrundlage für die Vergütung ist § 293 Abs. 1 Satz 1 InsO. Hiernach hat der Treuhänder einen Anspruch auf Vergütung für seine Tätigkeit.

2. Anspruchsberechtigte

Anspruchsberechtigt ist der nach § 288 InsO bestellte Treuhänder. Diese Bestellung muss wirksam, das Amt angenommen worden sein. Hinsichtlich dieser Tatbestandsmerkmale sind Probleme kaum bekannt. Freilich besteht der Anspruch nicht parallel zu dem Zeitraum, in dem der Treuhänder gleichzeitig (noch) Insolvenzverwalter ist.[13]

Kommt es zu einer Entlassung des Treuhänders gemäß §§ 292 Abs. 3 Satz 2, 59 InsO oder verstirbt der Treuhänder, muss ein neuer Treuhänder bestellt werden, der seinerseits einen Vergütungsanspruch hat. Insoweit stellt sich nur die Frage nach der Höhe der Vergütung beider Anspruchsberechtigten.

3. Anspruchsentstehung

Da es sich bei der Vergütung des Treuhänders um eine Tätigkeitsvergütung handelt, entsteht der Vergütungsanspruch mit der Erbringung der Tätigkeit, also sukzessive. Das Entstehen des Anspruchs ist rechtlich kaum problematisch.

4. Fälligkeit des Anspruchs

Die Vergütung des Treuhänders ist eine Gesamtvergütung für die Wohlverhaltensphase, unabhängig von deren Dauer. Der Höhe nach steht die Vergütung aufgrund der Abhängigkeit von den erzielten Einnahmen (§ 14 InsVV) erst gegen Beendigung der Abtretungsfrist (§ 287 Abs. 2 Satz 1 InsO) fest. Daher tritt Fälligkeit grundsätzlich erst mit Ablauf der Abtretungsfrist ein, sofern es nicht zu einer vorzeitigen Beendigung der Wohlverhaltensphase (z. B. aufgrund Versterbens des Schuldners)[14] oder zu einer vorzeitigen Amtsbeendigung (aufgrund Entlassung oder Tod) des Treuhänders kommt (zu den Beendigungsgründen siehe § 16 Rz. 20). Insoweit liegt eine hinreichende Bestimmung i. S. d. allgemeinen Fälligkeitsregelung des § 271 Abs. 1 BGB vor.

5. Verjährung des Anspruchs

In Ermangelung einer speziellen Regelung richtet sich die Verjährung des Anspruchs nach §§ 194 ff. BGB. Eine noch **nicht festgesetzte Vergütung** verjährt gemäß § 195 BGB in *drei Jahren*, was aufgrund vorstehender Ausführungen zur Fälligkeit unproblematisch ist.

Eine Vergütung, die durch Beschluss des Insolvenzgerichts oder einer Beschwerdeinstanz **rechtskräftig festgesetzt** wurde, verjährt gemäß § 197 Abs. 1 Nr. 3 BGB nach dreißig Jahren ab Rechtskraft (§ 201 Satz 1 BGB).

---

13) BGH, Beschl. v. 18.12.2003 – IX ZB 60/03, ZVI 2004, 57.
14) AG Leipzig, Beschl. v. 11.1.2013 – 402 IK 204/06, ZVI 2013, 236.

6. Verwirkung des Anspruchs

18 Die Vergütung des Treuhänders soll ausnahmsweise bei schweren Pflichtverstößen der Verwirkung unterfallen können. Wegen der grundsätzlichen Problematik sei auf die Ausführungen zum Insolvenzverwalter (§ 8 Rz. 114 ff.) verwiesen.

V. Höhe der Vergütung

1. Einleitung: § 293 Abs. 1 Satz 2 InsO vs. § 14 InsVV

19 Gemäß § 293 Abs. 1 Satz 2 InsO soll bei der Festsetzung der Vergütung des Treuhänders dessen Zeitaufwand und dem Umfang der Tätigkeit Rechnung getragen werden. Diese Formulierung entspricht inhaltlich eher dem § 17 Abs. 1 Satz 2 InsVV, der grundsätzlich eine Stundenvergütung (für die Mitglieder eines Gläubigerausschusses) vorsieht. Gleichwohl sieht § 14 InsVV eine Vergütung wie beim Insolvenzwalter vor, d. h. eine Vergütung in Abhängigkeit von den erzielten Einnahmen, ohne jedoch eine Anpassung an den konkreten Aufwand über eine Anwendung des § 3 InsVV zuzulassen. Der Verordnungsgeber hat sich grundsätzlich an der Vergütung des Zwangsverwalters orientieren wollen,[15] da auch dieser Gelder einzieht und an Gläubiger verteilt. Allerdings galt seinerzeit noch die Verordnung über die Geschäftsführung und die Vergütung des Zwangsverwalters vom 16.2.1970,[16] die auch im Jahr 1998 (Erlass der InsVV) schon heftig umstritten war, da jahrzehntelang keine Anpassungen erfolgt waren. So kam es – erst nach Erlass der InsVV – zur Zwangsverwalterverordnung (ZwVwV).[17] Aus der diesbezüglichen Verordnungsbegründung[18] ergibt sich, dass ein früheres Reformvorhaben aus 1991/1992 „an den politischen Vorgaben der damaligen Spardiskussion" gescheitert sei. Nach heutiger Lesart der ZwVwV hat der InsVV-Verordnungsgeber lediglich § 18 Abs. 1 Satz 1 ZwVwV berücksichtigt. Schon § 18 Abs. 1 Satz 2 ZwVwV enthält eine Berücksichtigung von Forderungen, die nicht eingezogen werden konnten, § 18 Abs. 2 ZwVwV sieht eine dem § 3 Abs. 1 InsVV vergleichbare Erhöhung der Vergütung vor und § 19 ZwVwV lässt eine Vergütung auf Basis von Stundensätzen zu, wenn eine Vergütung auf Basis der Einnahmen offensichtlich unangemessen ist. Ungeachtet der Frage, ob es sich letztlich um eine Tätigkeitsvergütung oder eine Erfolgsvergütung handeln soll (Rz. 5 f.), müssen folglich die „Gedankengänge" des InsVV-Verordnungsgebers aktualisiert werden. Denn gegenwärtig ist die Vergütung des Treuhänders ein Sammelsurium aus gewollter Tätigkeitsvergütung, tatsächlich kodifizierter Erfolgsvergütung und nicht aktualisierter Parallelen zur Zwangsverwaltervergütung.

20 Zu beachten ist hier zusätzlich die letztlich ungeklärte Beschreibung der Aufgaben des Treuhänders. Der Gesetzgeber scheint davon auszugehen, dass der Treuhänder ohne nennenswerten Aufwand passiv Einzahlungen entgegennimmt und lediglich die jährliche Verteilung mit Aufwand verbunden ist. Faktisch vergütet wird damit nur die Verteilung, nicht aber der Einzug. Die Praxis zeigt jedoch, dass es sehr viel

---

15) Insolvenzrechtliche Vergütungsverordnung (InsVV) v. 19.8.1998 (BGBl. I 1998, 2205), Begründung zu § 14 InsVV, siehe Anh. III Rz. 79.
16) Verordnung über die Geschäftsführung und die Vergütung des Zwangsverwalters v. 16.2.1970 (BGBl. I 1970, 185).
17) Zwangsverwalterverordnung v. 19.12.2003 (BGBl. I 2003, 2804).
18) BR-Drucks. 842/03 v. 6.11.2003.

Grundsatz § 14

aufwendiger ist, diese Einnahmen überhaupt zu erzielen.[19] So ist nicht abschließend geklärt, ob der Treuhänder pfändbares Einkommen im Hinblick auf die korrekte Berechnung zu prüfen hat[20] und ob er ggf. gegen den Arbeitgeber vorgehen kann und muss.[21] Auch hälftige Erbschaften i. S. d. § 295 Abs. 1 Nr. 2 InsO kommen nicht von allein herein, hier sind regelmäßig umfangreiche Prüfungen und Nachforschungen erforderlich. Bei selbstständig tätigen Schuldnern ergeben sich im Einzelfall immer wieder Fragen im Umgang mit § 295 Abs. 2 InsO. Insoweit muss hinterfragt werden, ob der Aufgabenbereich des Treuhänders aus der Höhe der Vergütung abgeleitet wird, oder ob die Vergütung sich danach zu richten hat, welche Aufgaben die Rechtsprechung dem Treuhänder auferlegt. Aufgrund des dem § 14 InsVV übergeordneten § 293 Abs. 1 InsO kann dies nicht unberücksichtigt bleiben. Ferner fehlt ein Verweis auf § 4 Abs. 1 Satz 1 und 2 InsVV, sodass der Verordnungsgeber offenbar davon ausgeht, dass der Treuhänder als Privatperson in seiner Freizeit tätig wird. Tatsächlich setzt jedoch auch ein Treuhänder seine Kanzlei-Infrastruktur ein, sodass der fehlende Verweis auf § 4 Abs. 1 Satz 1 und 2 InsVV eigentlich dazu führen müsste, dass der ganze Kanzleiaufwand als Auslage geltend gemacht werden könnte.

Ungeachtet dessen gelten hier die allgemeinen Grundsätze, sodass eine Vereinbarung 21
zwischen Schuldner und Treuhänder über die Höhe der Vergütung unwirksam ist und auch die Gläubigerversammlung keinen Einfluss auf die Höhe der Vergütung nehmen kann.

2. Berechnungsgrundlage (§ 14 Abs. 1 InsVV)

a) Einleitung

Gemäß § 14 Abs. 1 InsVV ist zunächst eine Berechnungsgrundlage zu ermitteln. Diese 22
besteht aus der Summe der Beträge, die aufgrund der Abtretungserklärung des Schuldners (§ 287 Abs. 2 InsO) oder auf andere Weise zur Befriedigung der Gläubiger des Schuldners beim Treuhänder eingehen. Zunächst ergibt sich aus der Formulierung des § 14 Abs. 1 InsVV, dass es sich um eine eigenständige Regelung handelt, insoweit § 1 InsVV keine Anwendung finden soll.

b) Einnahmen

Hinsichtlich der Einnahmen ist alles relevant, was bestimmungsgemäß **der Befrie-** 23
digung der Insolvenzgläubiger dient. Hierzu gehören Einnahmen aufgrund der Abtretungserklärung (§§ 292 Abs. 1 Satz 2, 287 Abs. 2 InsO), aufgrund von erbrechtlichen Ansprüchen i. S. d. § 295 Abs. 1 Nr. 2 InsO[22] oder aufgrund von Zahlungen selbstständig tätiger Schuldner i. S. d. § 295 Abs. 2 InsO. All dies ist aufgrund des Zusammenhangs von §§ 295, 293 Abs. 1 InsO und § 14 Abs. 1 InsVV völlig eindeutig.

---

19) Zu den Grundproblemen dieser Verfahren auch *Bork*, ZVI 2009, 273.
20) Bejahend z. B. KPB-InsO/*Wenzel*, § 292 Rz. 10 (Stand: 04/2014); verneinend z. B. OLG Celle, Urt. v. 2.10.2007 – 16 U 29/07, NZI 2008, 52; Uhlenbruck/*Sternal*, InsO, § 292 Rz. 28.
21) Bejahend z. B. *Adam*, ZInsO 2007, 198; *Haarmeyer/Mock*, InsVV, § 14 Rz. 8; Uhlenbruck/*Sternal*, InsO, § 292 Rz. 30; KPB-InsO/*Wenzel*, § 292 Rz. 11 (Stand: 04/2014); für möglich erachtet von OLG Düsseldorf, Urt. v. 2.3.2012 – I-17 U 8/11, NZI 2012, 516, 517; als wohl überwiegende Meinung bezeichnet von *Graeber/Graeber*, InsbürO 2016, 367, 369.
22) LG Hannover, Beschl. v. 15.3.2011 – 6 T 20/11, ZVI 2011, 469.

§ 14 Grundsatz

24 Zahlungen des Schuldners aus insolvenzfreiem Vermögen zur **Deckung der Verfahrenskosten** dienen ersichtlich nicht der Befriedigung der Insolvenzgläubiger, können mithin bei der Berechnungsgrundlage nicht berücksichtigt werden.[23] Nichts anderes gilt, wenn Einzahlungen zur Deckung der Verfahrenskosten von dritter Seite vorgenommen werden[24] (mit seinem insolvenzfreien Vermögen ist sogar der Schuldner selbst streng genommen Dritter). Konnte anschließend jedoch die Treuhändervergütung regulär erwirtschaftet werden (z. B. durch Erbantritt des Schuldners), bestünde ein Rückzahlungsanspruch des Schuldners bzw. Dritten. Wird hierauf verzichtet, liegt eine freiwillige Zahlung zum Zwecke der Gläubigerbefriedigung vor, d. h., die Zahlungen fließen in die Berechnungsgrundlage mit ein.[25]

25 Vergütungsrelevant sind aufgrund der erforderlichen Zweckbestimmung ergänzend all jene Einnahmen, die aus dem insolvenzfreien Vermögen des Schuldners oder von Dritten geleistet werden, um sie den Gläubigern zukommen zu lassen, z. B. zur **Verkürzung der Wohlverhaltensphase** gemäß § 300 InsO.[26] Dabei ist unbeachtlich, ob das dortige Ziel der Verkürzung der Wohlverhaltensphase tatsächlich erreicht wird; maßgeblich allein ist, dass das Geld zur Befriedigung der Insolvenzgläubiger bestimmt ist.

c) Ausgaben

26 Gemäß § 14 Abs. 1 InsVV beschränkt sich die Berechnungsgrundlage auf die Betrachtung der Einnahmen, Ausgaben scheinen irrelevant. Ganz so eindeutig ist dies jedoch in bestimmten Fällen nicht.

aa) Ungerechtfertigte Bereicherung

27 So kann es bei der Berechnung des pfändbaren Einkommens durch den Arbeitgeber durchaus zu Fehlern kommen, die eine Rückzahlung an den Arbeitgeber oder eine Weiterleitung an den Schuldner erforderlich machen:

28 In den vor dem 1.7.2014 eröffneten Insolvenzverfahren (Art. 103h Satz 1 EGInsO) war § 114 Abs. 1 InsO a. F. zu beachten.[27] Hiernach wurde eine vorinsolvenzliche Abtretung oder Verpfändung pfändbaren Einkommens erst zwei Jahre nach Verfahrenseröffnung unwirksam. In schnell abgewickelten Insolvenzverfahren reichte diese Zwei-Jahres-Frist über die Verfahrensbeendigung hinaus in die Wohlverhaltensphase hinein. Nicht selten überwiesen Arbeitgeber trotzdem pfändbare Anteile des Einkommens auf ein Konto des Treuhänders. Es dürfte sich von selbst verstehen, dass in dieser Konstellation die Auszahlungen des Treuhänders an den **Absonderungsberechtigten**

---

23) Leonhardt/Smid/Zeuner/*Amberger*, InsVV, § 14 Rz. 6; *Haarmeyer/Mock*, InsVV, § 14 Rz. 13; *Lissner*, InsbürO 2016, 372, 373; FK-InsO/*Lorenz*, § 14 InsVV Rz. 5; KPB-InsO/*Prasser*, § 14 InsVV Rz. 5 (Stand: 07/2012); *Zimmer*, InsbürO 2016, 143, 144.
24) Leonhardt/Smid/Zeuner/*Amberger*, InsVV, § 14 Rz. 6; *Zimmer*, InsbürO 2016, 143, 144.
25) *Zimmer*, InsbürO 2016, 143, 144.
26) Gesetz zur Verkürzung des Restschuldbefreiungsverfahrens und zur Stärkung der Gläubigerrechte v. 15.7.2013 (BGBl. I 2013, 2379), Begründung zur Änderung des § 300 InsO, siehe Anh. XII Rz. 46; *Haarmeyer/Mock*, InsVV, § 14 Rz. 12; *Zimmer*, InsbürO 2016, 143, 145.
27) § 114 InsO aufgehoben durch das Gesetz zur Verkürzung des Restschuldbefreiungsverfahrens und zur Stärkung der Gläubigerrechte v. 15.7.2013 (BGBl. I 2013, 2379), siehe Anh. XII Rz. 28.

Grundsatz § 14

bei der Ermittlung der Berechnungsgrundlage berücksichtigt werden müssen, sodass auch eine analoge Anwendung des § 1 Abs. 2 Nr. 1 Satz 3 InsVV in Betracht käme.

Auch in der Wohlverhaltensphase kann sich ein **Schuldner selbstständig** machen.[28] Da es in dieser Phase den Massebegriff des § 35 InsO nicht mehr gibt, fallen die vom Schuldner generierten Forderungen aus Lieferung und Leistung nicht in die Verfügungsgewalt des Treuhänders. Gleichzeitig entstehen Verbindlichkeiten nicht als Masseverbindlichkeiten i. S. d. § 55 InsO. Es obliegt vielmehr dem Schuldner, die gemäß § 295 Abs. 2 InsO an den Treuhänder abzuführenden Beträge zu ermitteln. Gelegentlich kommt es hier zu Fehlberechnungen, wenn nicht auf das abstrakt mögliche pfändbare Einkommen in einem Anstellungsverhältnis abgestellt wird, sondern ganz konkrete Berechnungen anhand von Einnahmen-Ausgaben-Rechnungen und Pfändungstabellen erstellt werden. Hier vergisst der Schuldner gelegentlich, dass auf Gewinne auch Einkommensteuer zu entrichten ist, die das „pfändbare" Einkommen schmälern. Dann nehmen Treuhänder ggf. Rückzahlungen an den Schuldner vor. Freilich müssen auch solche Auszahlungen ungeachtet der rechtlichen Bewertung vorgenannter Konstellation von den Einnahmen abgesetzt werden. 29

Gemäß § 295 Abs. 1 Nr. 2 InsO hat der Schuldner hälftige **Erbschaften** an den Treuhänder herauszugeben. Tut er dies pflichtgemäß, stellt sich jedoch erst danach heraus, dass der Nachlass auch mit Verbindlichkeiten oder Vermächtnisverpflichtungen belegt ist bzw. Erbschaftsteuer anfällt, so wird es auch hier zu Rückzahlungen an den Schuldner kommen, die für die Berechnungsgrundlage der Treuhändervergütung von den Einnahmen abzusetzen sind. 30

Regelmäßig wird es sich mithin um eine **ungerechtfertigte Bereicherung** des Treuhänders (persönlich als Kontoinhaber) handeln, da der Treuhänder – ähnlich einem „schwachen" vorläufigen Insolvenzverwalter – rechtlich nicht in der Lage ist, den Schuldner zu Zahlungen zu verpflichten.[29] Buchhalterisch sind die Rückzahlungen als negative Einnahmen zu behandeln. Vergütungsrechtlich sind derartige Ausgaben von den Einnahmen abzusetzen.[30] Denn diese Einnahmen wurden nicht zur Befriedigung der Insolvenzgläubiger erzielt (auch nicht zur Bedienung von Verfahrenskosten). Mit betriebswirtschaftlichem Vokabular könnte hier auch der Unterschied zwischen Einzahlungen und Einnahmen bemüht werden, d. h., es gibt Einzahlungen, die keine Einnahmen darstellen (vgl. auch § 1 Rz. 37 ff.). 31

bb) Motivationsrabatt

In den vor dem 1.7.2014 beantragen Insolvenzverfahren (Art. 103h Satz 1 EGInsO) war bei den jährlichen Verteilungen an die Insolvenzgläubiger zu beachten, dass dem 32

---

28) Hierzu *Zimmer*, InsbürO 2011, 253.
29) Vgl. BGH, Urt. v. 20.9.2007 – IX ZR 91/06, ZIP 2007, 2279 (Anderkonto vorläufiger Insolvenzverwalter); BGH, Urt. v. 18.12.2008 – IX ZR 192/07, ZIP 2009, 531 (Anderkonto Insolvenzverwalter); BGH, Urt. v. 26.3.2015 – IX ZR 302/13, ZIP 2015, 1179 (Vollrechtstreuhandkonto vorläufiger Insolvenzverwalter).
30) *Zimmer*, InsbürO 2016, 143, 144.

Schuldner ein gewisser Motivationsrabatt zustand (§ 292 Abs. 1 Satz 4 InsO a. F.).[31] Im Ergebnis kam es dann zu Zahlungen an den Schuldner, mithin zu Ausgaben des Treuhänders. Diese Ausgaben sind vergütungsrechtlich gleichgültig,[32] da die Einnahmen grundsätzlich zur Befriedigung der Insolvenzgläubiger gedacht waren, der Gesetzgeber den Gläubigern hier jedoch ein Sonderopfer abverlangte, um den Schuldner zum „Durchhalten" zu motivieren.

cc) Sonstige Ausgaben

33 Im Übrigen werden Ausgaben schon im Grundsatz nicht berücksichtigt. Auch wenn in der Wohlverhaltensphase noch Massegläubiger aus dem eröffneten Verfahren zu bedienen sind, gilt nicht etwa § 1 Abs. 2 Nr. 4 Satz 2 InsVV.

d) Relevanter Zeitraum
aa) Beginn

34 § 14 Abs. 1 InsVV stellt lediglich auf die Abtretungserklärung des Schuldners i. S. d. § 287 Abs. 2 InsO ab. Diese wird zwar schon bei Insolvenzantragstellung erstellt und eingereicht, gleichwohl entfaltet sie erst in der Sekunde der Aufhebung bzw. Einstellung des Insolvenzverfahrens ihre Wirkung; denn bis dahin scheitert die Wirksamkeit der Abtretung an den Treuhänder daran, dass das pfändbare Einkommen unter den Massebegriff des § 35 InsO fällt. Folglich beginnt die auch für § 14 Abs. 1 InsVV relevante Wohlverhaltensphase mit **Aufhebung bzw. Einstellung des Insolvenzverfahrens** (§ 288 InsO). Grundsätzlich kommt es hierbei nicht auf das Datum der Rechtskraft an. Sollte jedoch ein Rechtsmittel gegen einen solchen Beschluss eingelegt werden, wäre der zeitliche Übergang von §§ 1, 2 InsVV zu § 14 InsVV im Einzelfall zu prüfen. In den vor dem 1.7.2014 beantragten Insolvenzverfahren (Art. 103h Satz 1 EGInsO) begann das Treuhänderamt mit Rechtskraft des Ankündigungsbeschlusses gemäß § 291 Abs. 2 InsO a. F.;[33] eine Auswirkung auf § 14 InsVV hat die Rechtsänderung jedoch nicht.

bb) Abgrenzung zur Nachtragsverteilung und zum eröffneten Verfahren

35 Die *Abgrenzung zum eröffneten Verfahren* erfolgt – wohl gegen die überwiegende Praxis – nach dem Kriterium der **Begründung der Forderung**, auf die eine Einnahme erzielt wurde. Denn dies ist das Merkmal, anhand dessen grundsätzlich alle Abgrenzungen erfolgen, z. B. bei der Abgrenzung von Insolvenzforderungen zu Masseverbindlichkeiten (arg. § 38 InsO), bei der Abgrenzung der Berechnungsgrundlagen von vorläufigem und endgültigem Insolvenzverwalter oder bei der Abgrenzung von Alt-Masseverbindlichkeiten zu Neu-Masseverbindlichkeiten (§ 209 Abs. 1 InsO). Hier ein anderes Kriterium zu wählen, würde das System durchbrechen, weshalb z. B. auch der Begriff der pagatorischen Buchhaltung nicht zutrifft. Eine Forderung, die im eröffneten Verfahren begründet, aber erst in der Wohlverhaltensphase vereinnahmt

---

31) § 292 Abs. 1 Satz 4 InsO neugefasst durch das Gesetz zur Verkürzung des Restschuldbefreiungsverfahrens und zur Stärkung der Gläubigerrechte v. 15.7.2013 (BGBl. I 2013, 2379), siehe Anh. XII Rz. 34.
32) Zutreffend FK-InsO/*Lorenz*, § 14 InsVV Rz. 5.
33) § 291 InsO aufgehoben durch das Gesetz zur Verkürzung des Restschuldbefreiungsverfahrens und zur Stärkung der Gläubigerrechte v. 15.7.2013 (BGBl. I 2013, 2379).

Grundsatz § 14

wurde, gehört zur regulären Vergütung des Insolvenzverwalters, sodass die Beantragung einer Zweitfestsetzung auf Basis einer fortgeschriebenen Berechnungsgrundlage erforderlich wird; einer *Abgrenzung zur Nachtragsverteilung* (§ 6 Abs. 1 InsVV) bedarf es nicht mehr, seitdem der BGH zutreffend auf die Aufhebung bzw. Einstellung des Verfahrens abstellt, um die Vergütung für das eröffnete Verfahren von der Vergütung für Nachtragsverteilung abzugrenzen (§ 6 Rz. 13)[34]. In die Berechnungsgrundlage nach § 14 InsVV gehört die Einnahme in keinem Fall.

Einen besonderen Fall stellt es dar, wenn nun ausgerechnet am **Tag der Aufhebung** 36 des eröffneten Insolvenzverfahrens ein Erbfall eintritt. Hier – und generell – sind zwei Dinge exemplarisch zu berücksichtigen: die Aufhebung des Insolvenzverfahrens wird im Zweifel mit der *Beschlussfassung* des Insolvenzgerichts wirksam, sodass es auf die öffentliche Bekanntmachung dieser Entscheidung nicht ankommt; ist in dem Beschluss keine Uhrzeit angegeben, so gilt als Zeitpunkt der Aufhebung des Verfahrens die *Mittagsstunde* des Tages, an dem der Beschluss erlassen worden ist.[35]

cc) Ende

Der für § 14 InsVV relevante Zeitraum endet mit **Ablauf der Abtretungsfrist** des 37 Schuldners, d. h. gemäß § 287 Abs. 2 InsO genau sechs Jahre nach Verfahrenseröffnung. Hierbei kommt es ausschließlich auf eine kalendarische Betrachtung an; die für Verkündungen, Zustellungen u. a. entwickelten Grundsätze oder Normen finden keine Anwendung. Wurde ein Insolvenzverfahren z. B. am 1.3.2013 eröffnet, endet die Abtretungsfrist am 28.2.2019.

Die Abgrenzung zum danach „**lastenfreien**" **Zeitraum** könnte ebenfalls nach dem 38 Kriterium der Begründung einer Forderung vorgenommen werden (vgl. Rz. 35). Eine Forderung, die während der Wohlverhaltensphase begründet wurde, müsste auch dann noch vergütungsrechtlich berücksichtigt werden, wenn sie erst nach Ablauf der Abtretungsfrist zu einer Einnahme beim Treuhänder führt. Dies ist aber im Ergebnis keine vergütungsrechtliche Frage; kommen Einnahmen herein, die nicht als ungerechtfertigte Bereicherung zurückgezahlt werden müssen, sind sie vergütungsrelevant. Ungeklärt ist die Frage, ob auch Forderungen, die während der Wohlverhaltensphase begründet, aber **nicht vereinnahmt** wurden, in die Berechnungsgrundlage einfließen können. Aus § 14 InsVV heraus wäre die Frage zu verneinen. Wegen der Bezugnahme des Verordnungsgebers auf die Vergütung des Zwangsverwalters (Rz. 19) wäre hingegen eine Diskussion möglich (siehe § 18 Abs. 1 Satz 2 ZwVwV), zumal sich auch hier auswirkt, dass der Gesetzgeber in § 293 Abs. 1 InsO eine Tätigkeitsvergütung vorgegeben, der Verordnungsgeber in § 14 InsVV jedoch nur eine Erfolgsvergütung umgesetzt (Rz. 5 f.) und damit die Ermächtigungsgrundlage der §§ 293 Abs. 2, 65 InsO nicht ausgeschöpft hat.

Sofern – aus welchen Rechtsgründen auch immer – eine **anderweitige Beendigung** 39 **der Wohlverhaltensphase** eintritt, ist dies auch für den nach § 14 InsVV relevanten Zeitraum zu beachten. Selbiges gilt, wenn eine vorzeitige Amtsbeendigung des Treu-

---

34) BGH, Beschl. v. 6.4.2017 – IX ZB 3/16, ZIP 2017, 932.
35) BGH, Beschl. v. 15.7.2010 – IX ZB 229/07, ZIP 2010, 1610.

händers (durch Tod oder Entlassung) eintritt (zur Beendigung der Wohlverhaltensphase und des Treuhänderamts siehe § 16 Rz. 20).

dd) Gesamtzeitraum

40 Aus alledem folgt, dass hier dem auch für den Insolvenzverwalter geltenden Prinzip einer Vergütung für den Gesamtzeitraum gefolgt wird, d. h., es handelt sich nicht um eine Jahresvergütung.[36]

3. Regelvergütung (§ 14 Abs. 2 InsVV)

a) Staffelvergütung

41 Gemäß § 14 Abs. 2 InsVV erhält der Treuhänder

1. von den ersten 25.000 € 5 vom Hundert,

2. von dem Mehrbetrag bis 50.000 € 3 vom Hundert und

3. von dem darüber hinausgehenden Betrag 1 vom Hundert.

42 Dies bedeutet beispielhaft:

Einnahmen Wohlverhaltensphase	Regelvergütung netto
2.000 €	100 €
3.000 €	150 €
5.000 €	250 €
8.000 €	400 €
15.000 €	750 €
25.000 €	1.250 €
50.000 €	2.000 €

43 Dies zeigt, dass jährliche Einnahmen in Höhe von mehr als 2.000 € erforderlich sind, um überhaupt über die jährliche Mindestvergütung von 100 € hinauszukommen. Teils wird vertreten, die starke Degression sei kein Anreiz für den Treuhänder, höhere Beträge beizutreiben.[37] Dies entbehrt einer gewissen Nachvollziehbarkeit, wenn auf die möglichen Einnahmequellen des § 295 InsO, auf die der Treuhänder grundsätzlich keinen Einfluss hat, geachtet wird. Insoweit stellt sich – und mit dieser Lesart ist die Kritik völlig berechtigt – auch hier die vom Gesetzgeber zu klärende grundsätzliche Frage, ob der Treuhänder passiv Einnahmen entgegenzunehmen oder aktiv durchzusetzen hat. Dies ist eine Frage möglicher Erhöhungsfaktoren (Rz. 46).

b) Inflationsbedingte Anpassung

44 Wie bereits bei der Vergütung des Insolvenzverwalters bzw. den Staffelsätzen des § 2 Abs. 1 InsO ausgeführt (§ 2 Rz. 23 ff.), kommt eine Anpassung der Staffelsätze nur dadurch sinnvoll in Betracht, dass die einzelnen Wertstufen an den **Erzeuger-**

---

36) LG Mönchengladbach, Beschl. v. 7.8.2007 – 5 T 209/07, ZVI 2007, 483.
37) *Haarmeyer/Mock*, InsVV, § 14 Rz. 16.

preisindex (Dienstleistungen) angepasst werden. Bei einer Wertsteigerung von 35 % seit Einführung der InsVV zum 1.1.1999[38] ergäbe sich folgende Lesart:
Gemäß § 14 Abs. 2 InsVV erhält der Treuhänder

1. von den ersten 33.750 € 5 vom Hundert,
2. von dem Mehrbetrag bis 67.500 € 3 vom Hundert und
3. von dem darüber hinausgehenden Betrag 1 vom Hundert.

c) Erhöhungsfaktoren

Wie bereits bei der Rechtsnatur des Vergütungsanspruchs (Rz. 4) und dem Verhältnis von § 293 Abs. 1 Satz 2 InsO zu § 14 InsVV ausgeführt, muss eine Anpassung der Vergütung im Einzelfall zulässig sein. Erstens, weil die übergeordnete Vorschrift des § 293 Abs. 1 Satz 2 InsO eine Tätigkeitsvergütung vorgibt, § 14 InsVV seinem Wortlaut nach jedoch (nur) Erfolgsvergütung ist (Rz. 5 f.). Zweitens, weil sich der Verordnungsgeber an der Vergütung des Zwangsverwalters orientiert hat, diese inzwischen jedoch reformiert wurde (Rz. 19). Drittens, weil der Verordnungsgeber ein passives Treuhänderamt vor Augen hatte, bei dem nur die Verteilung vergütet wird (Rz. 20). Auf diese Grundprobleme wird nicht eingegangen, wenn eine Anpassung der Vergütung generell verneint wird.[39] Insgesamt schöpft § 14 InsVV die Ermächtigungsgrundlage des §§ 293, 65 InsO mithin nicht vollständig aus.

Daher wird zutreffend vertreten, dass z. B. die gerichtliche Durchsetzung und Vollstreckung abgetretener Beträge gegen den Verpflichteten einen Zuschlag rechtfertigen muss.[40] Nichts anderes kann gelten, wenn es sich um erbrechtliche Ansprüche i. S. d. § 295 Abs. 1 Nr. 2 InsO handelt. Ist der Schuldner z. B. nur Vermächtnisnehmer, so ist der Zahlungsanspruch gegen den Erben (§ 2174 BGB) den Ansprüchen aus pfändbarem Einkommen vergleichbar. Ganz allgemein kann daher nicht bezweifelt werden, dass eine Erhöhung möglich sein muss,[41] da sich die Aufgaben des Treuhänders anders darstellen, als es der Verordnungsgeber ursprünglich vor Augen hatte. Der Mehraufwand muss freilich im konkreten Fall bestehen;[42] abstrakte Zuschläge gibt es nicht.

Zwar wird betont, dass dies Ausnahmecharakter haben muss,[43] jedoch hilft dies nicht weiter. Die *Ausnahme* von der *Regel* ist nichts anderes als die Abgrenzung der **Regelaufgaben** von den **Sonderaufgaben** im Lichte der §§ 4, 5 InsVV. Auch wenn diese mangels Verweises keine Anwendung finden, muss von der dortigen Terminologie nicht abgewichen werden. Insofern bedarf es keiner neuen Begrifflichkeiten, um noch einen Superlativ für Sonderaufgaben zu determinieren; es sind einfach Sonderaufgaben. Daher reicht für den Nachweis ein substantiierter Vortrag.[44] Die

---

38) Zur Ermittlung des Index siehe Anh. XIV Rz. 7.
39) Wie z. B. Uhlenbruck/*Sternal*, InsO, § 293 Rz. 6.
40) *Haarmeyer/Mock*, InsVV, § 14 Rz. 18; *Keller*, Vergütung und Kosten, Rz. 12 f.; *Lissner*, InsbürO 2016, 372, 374.
41) Leonhardt/Smid/Zeuner/*Amberger*, InsVV, § 14 Rz. 11; *Graeber/Graeber*, InsVV, § 14 Rz. 29; *Keller*, Vergütung und Kosten, Rz. 12 f.; *Lissner*, InsbürO 2016, 372, 374; KPB-InsO/*Stoffler*, § 14 InsVV Rz. 9 (Stand: 07/2012); *Zimmer*, InsbürO 2016, 143, 145.
42) *Haarmeyer/Mock*, InsVV, § 14 Rz. 19.
43) *Lissner*, InsbürO 2016, 372, 374.
44) *Haarmeyer/Mock*, InsVV, § 14 Rz. 20; *Lissner*, InsbürO 2016, 372, 374.

Forderung nach Stundenprotokollen[45] dürfte systemfremd sein; überdies bewegt man sich hier (pfändbares Einkommen, Prozessführung, Zwangsvollstreckung u. a.) in einem Bereich, in dem der Rechtspfleger (in der Rolle als Tatrichter) kraft seiner Ausbildung „zu Hause" ist, d. h., er wird den Aufwand für Tituierung und Vollstreckung grundsätzlich nachvollziehen können. Bedenklich ist die Auffassung, wegen „Skaleneffekten im Massengeschäft" könnten Erhöhungen nur in „krassen Ausnahmefällen" in Betracht kommen;[46] also eine fast schon demagogisch inspirierte und unzulässige Steigerung des Superlativs von Sonderaufgaben. Dies zumindest dann, wenn dem Verordnungsgeber gleichzeitig – zutreffend, in diesem Kontext aber widersinnig – vorgeworfen wird, er habe die Reichweite der Aufgaben des Treuhänders aus § 292 InsO nicht erfasst.[47] Ob für einen Zuschlag § 3 Abs. 1 InsVV analog heranzuziehen ist,[48] scheint nicht zwingend. § 14 InsVV bleibt hinter dem übergeordneten § 293 InsO zurück (Rz. 5 f.), sodass die Lücke allein mit § 293 InsO gefüllt werden könnte. Gleichwohl wäre ein Rückgriff auf § 3 Abs. 1 InsVV immerhin praktikabel. Ein dogmatisches Richtig oder Falsch dürfte es hier nicht geben. Zu beachten gilt, dass auch § 13 Abs. 2 InsVV a. F. für den Treuhänder im Verbraucherinsolvenzverfahren alten Rechts[49] eine Anwendung des § 3 InsVV ausschloss; die Rechtsprechung hat dies jedoch anders bewertet, wenn erhebliche Abweichungen vom typischen Tätigkeitsumfang vorliegen.[50] Denn generell kann ein Fachgericht von der gesetzlichen Vergütungsregelung abweichen, wenn es die Vergütung als nicht mehr angemessen erachtet.[51]

49 Keine Erhöhung der Vergütung nach § 14 InsVV, sondern eine ganz andere Vergütung stellt jene für die Überwachung der Obliegenheiten des Schuldners durch den Treuhänder dar (§ 15 InsVV).

d) Abschlagsfaktoren

50 Wenn Erhöhungsfaktoren in Betracht kommen (Rz. 46 ff.), müssen auch Abschlagsfaktoren berücksichtigt werden.

51 Durch die Möglichkeit zur **Verkürzung der Wohlverhaltensphase** gemäß § 300 Abs. 1 Satz 2 InsO kann sich beim Treuhänder eine Zeitersparnis ergeben, jedoch unter gleichzeitiger Erhöhung der Vergütung z. B. aufgrund von Zahlungen i. S. d. § 300 Abs. 1 Satz 2 Nr. 2 InsO. Hier muss eine angemessene Minderung der Vergütung möglich sein, wenngleich es nicht Aufgabe des Treuhänders ist, der misslungenen Regelung des § 300 Abs. 1 Satz 2 Nr. 2 InsO durch Vergütungsverzicht zu einem Anwendungsbereich zu verhelfen. Daher kommt es auf den konkreten Einzelfall an. Unzutreffend ist hingegen, dass der Abschlag so zu wählen sei, als ob – vom Ergebnis her betrachtet – die Zahlung von dritter Seite schon nicht in die Berechnungsgrundlage

---

45) *Haarmeyer/Mock*, InsVV, § 14 Rz. 20.
46) *Haarmeyer/Mock*, InsVV, § 14 Rz. 2.
47) *Haarmeyer/Mock*, InsVV, § 14 Rz. 15.
48) *Haarmeyer/Mock*, InsVV, § 14 Rz. 17.
49) § 313 InsO aufgehoben durch das Gesetz zur Verkürzung des Restschuldbefreiungsverfahrens und zur Stärkung der Gläubigerrechte v. 15.7.2013 (BGBl. I 2013, 2379), siehe Anh. XII Rz. 83.
50) BGH, Beschl. v. 24.5.2005 – IX ZB 6/03, ZInsO 2005, 760.
51) BVerfG, Beschl. v. 9.2.1989 – 1 BvR 1165/87, ZIP 1989, 382 (am Ende).

Grundsatz § 14

eingeflossen wäre.[52] Dies widerspricht vorsätzlich – jedoch nicht kundgetan – der Gesetzesbegründung, die ausdrücklich berücksichtigt hat, dass in dieser Konstellation die Verfahrenskosten steigen.[53] Die Wohlverhaltensphase kann auch durch anderweitig erzielte Einnahmen (und vollständige Gläubigerbefriedigung) oder den Tod des Schuldners enden (zur Beendigung der Wohlverhaltensphase und des Treuhänderamts siehe § 16 Rz. 20).

Ebenso kann das **Amt des Treuhänders** durch Tod oder Entlassung enden. Auch insoweit sind angemessene Kürzungen der Treuhändervergütung anhand § 293 Abs. 1 InsO möglich, wobei auf entsprechende Erfahrungen mit § 3 Abs. 2 InsVV auch ohne dessen analoge Anwendung zurückgegriffen werden kann. 52

4. Mindestvergütung (§ 14 Abs. 3 InsVV)

a) Regelmindestvergütung (§ 14 Abs. 3 Satz 1 InsVV)

aa) Wortlaut der Norm

Nach § 14 Abs. 3 Satz 1 InsVV beträgt die Vergütung mindestens 100 € für jedes Jahr der Tätigkeit. Es handelt sich um eine absolute Mindestvergütung, die unabhängig davon, ob überhaupt Einnahmen erzielt oder Tätigkeiten des Treuhänders entfaltet wurden, anfällt.[54] Das erste Jahr beginnt rechtlich mit der Bestellung zum Treuhänder, faktisch – und maßgeblich kalendarisch – mit der Aufhebung bzw. Einstellung des Insolvenzverfahrens. Für die letzte Phase der Abtretungsfrist bzw. Wohlverhaltensphase ist von Bedeutung, dass die jährliche Mindestvergütung insoweit auf **angefangene Jahre** abstellt.[55] Insoweit kann das letzte „Jahr" auch nur ein paar Tage dauern. 53

bb) Inflationsbedingte Anpassung

Da der Wert von 100 € – ungeachtet der Euro-Umstellung – seit Erlass der InsVV im Jahr 1998 unverändert ist, ist auch hier daran zu denken, eine inflationsbedingte Anpassung vorzunehmen. Maßgeblicher Index ist der **Erzeugerpreisindex (Dienstleistungen)**, da es nicht auf die Verbraucherstellung des Schuldners ankommt (dann *Verbraucherpreisindex*), sondern auf die unternehmerische Tätigkeit des Treuhänders als Dienstleister. Bei einer Wertsteigerung von 35 % seit Erlass der InsVV im Jahr 1998[56] ergäbe sich eine Mindestvergütung in Höhe von 135 € pro Jahr. 54

b) Erhöhung der Mindestvergütung (§ 14 Abs. 3 Satz 2 InsVV)

aa) Wortlaut der Norm und Angemessenheit

Hat der Treuhänder die durch Abtretung eingehenden Beträge an mehr als fünf Gläubiger verteilt, erhöht sich die Mindestvergütung je fünf Gläubiger um 50 €. Es handelt sich nicht um einen Zuschlag, der auch zur Regelvergütung geltend gemacht werden 55

---

52) So aber *Haarmeyer/Mock*, InsVV, § 14 Rz. 21.
53) Gesetz zur Verkürzung des Restschuldbefreiungsverfahrens und zur Stärkung der Gläubigerrechte v. 15.7.2013 (BGBl. I 2013, 2379), Begründung zu § 300 InsO, siehe Anh. XII Rz. 46.
54) *Haarmeyer/Mock*, InsVV, § 14 Rz. 22 ff.; FK-InsO/*Lorenz*, § 14 InsVV Rz. 8.
55) *Haarmeyer/Mock*, InsVV, § 14 Rz. 25; FK-InsO/*Lorenz*, § 14 InsVV Rz. 8.
56) Zur Ermittlung des Index siehe Anh. XIV Rz. 7.

könnte.[57] Die Norm gilt für **Verteilungen seit dem 7.10.2004**.[58] Sie ist eingeführt worden durch die (Erste) Verordnung zur Änderung der InsVV vom 4.10.2004.[59] Der Verordnungsgeber war zu der Erkenntnis gelangt, dass in vielen Verfahren nicht die 2.000 € pro Jahr vereinnahmt werden können, die zu einer Vergütung des Treuhänders oberhalb der Mindestvergütung führen würden. Eine auskömmliche Vergütung für den Treuhänder sei in diesen Fällen nur zu erzielen, wenn die Mindestvergütung in Abhängigkeit von der Zahl der Gläubiger, an die er die eingegangenen Beträge verteilt hat, aufgestockt werde.[60]

56 Damit hat der Verordnungsgeber das Problem nicht erfasst. Nicht die Durchführung der Verteilung ist der Parameter, der die Regelmindestvergütung unangemessen erscheinen lässt. Vielmehr sind es die vom Gesetzgeber nicht gesehenen Aufgaben des Treuhänders (Rz. 20) und das Grundproblem, dass § 14 InsVV hinter der Vorgabe des § 293 Abs. 1 Satz 2 InsO zurückbleibt (Rz. 5 f., 19 f.). Die Begründung des Verordnungsgebers, man wolle die Restschuldbefreiung des Schuldners „nicht an diesem Punkt scheitern lassen",[61] ist hingegen eine **Überschreitung der Kompetenzen des Verordnungsgebers**, da einzig der Gesetzgeber die Frage zu beantworten hat, bei Erfüllung welcher Tatbestandsmerkmale eine Restschuldbefreiung nicht in Betracht kommt. Dies ist insoweit ärgerlich, als eine Erhöhung der Regelmindestvergütung nach anderen Kriterien (Rz. 46 ff.) ausscheiden könnte, wenn bereits eine Erhöhung anhand der Verteilungen erfolgte.

bb) Tatbestandsmerkmal „eingehende Gelder"

57 Entgegen dem Wortlaut des § 14 Abs. 3 Satz 2 InsVV kommt es nicht nur auf die eingehenden Gelder aus der Abtretungserklärung, d. h. aus pfändbarem Einkommen, an. § 14 Abs. 3 Satz 2 InsVV enthält keine neue oder zusätzliche Regelung zur Ermittlung der Berechnungsgrundlage. Daher kann nicht etwa die Erhöhung der Mindestvergütung um die Staffelsätze nach § 14 Abs. 3 Satz 2 InsVV verneint werden, wenn und weil einzig Einnahmen aus Erbschaften o. Ä. verteilt werden.[62] Um ein eigenständiges Tatbestandsmerkmal handelt es sich bei den in Bezug genommenen Einnahmen folglich *nicht*.

cc) Tatbestandsmerkmal „Verteilung"

58 Einziges **qualitatives Tatbestandsmerkmal** des § 14 Abs. 3 Satz 2 InsVV ist die Durchführung einer Verteilung.

59 Diese Verteilung muss sich auf die **Einnahmen aus der Wohlverhaltensphase** beziehen. Auch hier ist jedoch kein pagatorischer Begriff indiziert, vielmehr muss auch

---

57) BGH, Beschl. v. 16.12.2010 – IX ZB 261/09, NZI 2011, 147.
58) BGH, Beschl. v. 16.12.2010 – IX ZB 261/09, NZI 2011, 147.
59) Verordnung zur Änderung der Insolvenzrechtlichen Vergütungsverordnung (InsVV) v. 4.10.2004 (BGBl. I 2004, 2569), siehe Anh. VII Rz. 45.
60) Verordnung zur Änderung der Insolvenzrechtlichen Vergütungsverordnung (InsVV) v. 4.10.2004 (BGBl. I 2004, 2569), Begründung zu § 14 Abs. 3 Satz 2 InsVV, siehe Anh. VII Rz. 46.
61) Insolvenzrechtliche Vergütungsverordnung (InsVV) v. 19.8.1998 (BGBl. I 1998, 2205), siehe Anh. III Rz. 80.
62) *Zimmer*, InsbürO 2016, 143, 146.

Grundsatz §14

der Grund der Einnahme in der Zeit der Wohlverhaltensphase liegen (Rz. 35). Damit ist es zunächst ausgeschlossen, eine Nachtragsverteilung zugleich als Verteilung i. S. d. § 14 Abs. 3 Satz 2 InsVV zu werten. Auch wenn ohne förmliche Nachtragsverteilung nach Aufhebung des Verfahrens Einnahmen verteilt werden, die auf einem Rechtsgrund vor Aufhebung des Verfahrens beruhen – oder gar noch vor Aufhebung des Verfahrens eingegangen sind –, handelt es sich nicht um eine Verteilung i. S. d. § 14 Abs. 3 Satz 2 InsVV.[63]

Ferner muss es sich um eine **Verteilung an Insolvenzgläubiger** handeln. Dies folgt schon aus dem Wortlaut des § 292 Abs. 1 Satz 2 InsO, der diese Verteilungen des Treuhänders regelt. Insofern ist die Begleichung von Verfahrenskosten nach § 54 InsO oder eine Zahlung an die Staatskasse zur Kompensation gestundeter Beträge evident keine Verteilung i. S. d. § 14 Abs. 3 Satz 2 InsVV. Aber auch Verteilungen an Gläubiger sonstiger Masseverbindlichkeiten i. S. d. § 55 InsO, die nach einer Einstellung des Verfahrens nach Anzeige der Masseunzulänglichkeit (§ 211 InsO) durchaus erforderlich sein können, erfüllen nicht den Tatbestand der Verteilung i. S. d. Erhöhung der Mindestvergütung für den Treuhänder.[64] Da die Erhöhung auf die Durchführung einer Verteilung abstellt, die in § 292 Abs. 1 Satz 2 InsO jährlich vorgesehen ist, fiele dann auch die Erhöhung der Mindestvergütung jährlich an. Wird von einer Verteilung wegen Geringfügigkeit abgesehen (§ 292 Abs. 1 Satz 4 InsO), so fällt zwar die jährliche Mindestvergütung an, jedoch ohne Erhöhung nach § 14 Abs. 3 Satz 2 InsVV. 60

Bei genauer Lesart des Verordnungstextes kann ein Zirkelschluss entstehen, wenn und weil die Erhöhung der Mindestvergütung erst *nach* einer Verteilung anfällt. *Vor* der Verteilung besteht ja nur Anspruch auf die Mindestvergütung in Höhe von 100 €. Danach wird die Verteilung durchgeführt, jetzt erst findet die verteilungsbedingte Erhöhung der Mindestvergütung statt, die nun nicht mehr gedeckt sein könnte. Dieses Problem entsteht, wenn die verfügbare Masse zwischen Regelmindestvergütung und erhöhter Mindestvergütung liegt. Erstens könnte der Treuhänder auf eine Verteilung verzichten (§ 292 Abs. 1 Satz 4 InsO) und nur die Regelmindestvergütung beanspruchen. Werden weitere Zahlungseingänge sicher erwartet, könnte der Treuhänder zunächst die Regelmindestvergütung entnehmen, die Verteilung durchführen, und erst danach den Erhöhungsbetrag entnehmen. Werden keine Einnahmen (mehr sicher) erwartet, besteht nun ein Dilemma, das aber erst im letzten Jahr virulent wird. Hier wird eine sachgerechte Aufteilung zwischen Treuhänder und Gläubigern vorgeschlagen.[65] 61

dd) Tatbestandsmerkmal „Verteilung an mehr als fünf Gläubiger" und Rechtsfolgen

Quantitatives Tatbestandsmerkmal des § 14 Abs. 3 Satz 2 InsVV ist die Anzahl der Gläubiger, an die eine Verteilung gemäß § 292 Abs. 1 Satz 2 InsO vorgenommen wird. 62

Maßgeblich ist die **Kopfzahl der Insolvenzgläubiger**.[66] Eine Gebietskörperschaft ist lediglich als ein Gläubiger zu behandeln, auch wenn mehrere Behörden Forderun- 63

---

63) *Zimmer*, InsbürO 2016, 143, 146.
64) *Zimmer*, InsbürO 2016, 143, 146.
65) *Graeber/Graeber*, InsVV, § 14 Rz. 27.
66) Vgl. BGH, Beschl. v. 16.12.2010 – IX ZB 39/10, ZIP 2011, 132.

§ 14 Grundsatz

gen anmelden.[67] Dass die Forderungen bestimmter Gläubiger für die Eintragung in die Insolvenztabelle aufgeteilt werden, ist mithin unerheblich.

64 Die Verteilung muss an **mehr als fünf Gläubiger** vorgenommen werden, alsdann fällt eine Mehrvergütung in Höhe von 50 € je fünf Gläubiger an. Im Ergebnis beginnt die Erhöhung folglich ab dem sechsten Gläubiger, nicht erst ab dem zehnten Gläubiger.[68] Allerdings muss jeweils ein Block von fünf Gläubigern erreicht sein, nicht ausreichend ist ein „angefangener" Block.

65 Die **Rechtsfolge** aus dem Vorgesagten ist jedoch für die ersten fünf Gläubiger offenbar nicht ganz eindeutig. Nach der maßgeblichen Entscheidung des BGH[69] „fällt der Zuschlag an, wenn an mehr als fünf Gläubiger verteilt wurde; der Zuschlag fällt dann jeweils an, wenn an (weitere) fünf Gläubiger verteilt wird." Dies bedeutet ohne den Klammerzusatz, dass, wenn eine Verteilung an *mindestens sechs Gläubiger* erfolgt, bereits für die *ersten fünf* Gläubiger ein Zuschlag anfällt.[70] Eine andere Lesart würde sich mit der Aussage des BGH nicht in Einklang bringen lassen.[71] Daraus ergibt sich:

Gesamtzahl Gläubiger	Erhöhung Vergütung	Begründung
1–5	0,00	Tatbestandsmerkmal „mehr als fünf Gläubiger" nicht erfüllt.
6–9	50,00	Tatbestandsmerkmal „mehr als fünf Gläubiger" erfüllt und gleichzeitig *ein* Block zu je fünf Gläubiger vollendet.
10	100,00	Tatbestandsmerkmal „mehr als fünf Gläubiger" erfüllt und *zwei* ganze „Blöcke" zu je fünf Gläubiger vollendet.
11–15	150,00	Tatbestandsmerkmal „mehr als fünf Gläubiger" erfüllt und *drei* ganze „Blöcke" zu je fünf Gläubiger vollendet.
16–18	150,00	Tatbestandsmerkmal „mehr als fünf Gläubiger" erfüllt und weiterhin nur *drei* ganze „Blöcke" zu je fünf Gläubiger vollendet.

66 Hier entspricht *jede Zeile einem Verfahren*, in dem an x Gläubiger zu verteilen ist. Die Zeilen sind daher nicht zu addieren. Zuerst muss also überlegt werden, an wie viele Gläubiger zu verteilen ist, um dann die richtige Zeile auszuwählen. Anderen Orts beziehen sich *Übersichten auf ein Verfahren*, in dem dann die einzelnen Zeilen zu addieren sind. Der Unterschied ist wichtig, um die Behandlung der ersten fünf Gläubiger korrekt zu handhaben. Deswegen stehen andere Tabellen oft vordergründig im Widerspruch zu den dortigen Erläuterungen.

---

67) Vgl. BGH, Beschl. v. 19.5.2011 – IX ZB 27/10, NZI 2011, 542: Landesjustizkasse Chemnitz und Finanzamt Schwarzenberg als verschiedene Behörden nur eines Gläubigers, nämlich des Freistaats Sachsen.
68) So zuvor LG Memmingen, Beschl. v. 2.10.2008 – 4 T 1336/08, ZInsO 2009, 302; LG Lübeck, Beschl. v. 25.6.2009 – 7 T 190/09, NZI 2009, 566.
69) BGH, Beschl. v. 16.12.2010 – IX ZB 261/09, NZI 2011, 147.
70) *Graeber/Graeber*, InsVV, § 14 Rz. 16; *Haarmeyer/Mock*, InsVV, § 14 Rz. 29; *Keller*, Vergütung und Kosten, § 11 Rz. 16; *Lissner*, InsbürO 2016, 416, 417.
71) So aber Leonhardt/Smid/Zeuner/*Amberger*, InsVV, § 14 Rz. 18: die ersten fünf Gläubiger bleiben unberücksichtigt.

Grundsatz § 14

ee) Vorschusscharakter

Die Erhöhung der Mindestvergütung gemäß § 14 Abs. 3 Satz 2 InsVV hat ebenso wie die Regelmindestvergütung gemäß § 14 Abs. 3 Satz 1 InsVV lediglich Vorschusscharakter. Waren in einem Jahr die Einnahmen besonders hoch (z. B. aufgrund einer Erbschaft des Schuldners), so kann die gegen Verfahrensende zu ermittelnde Regelvergütung höher sein als die bereits entnommenen Jahresvorschüsse einschließlich der Vergütungserhöhungen nach § 14 Abs. 3 Satz 2 InsVV. Da die Erhöhung nach § 14 Abs. 3 Satz 2 InsVV nicht auf die Regelvergütung i. S. d. § 14 Abs. 1, 2 InsVV anzuwenden ist, ist eine dann die erhöhte Mindestregelvergütung überschreitende Regelvergütung maßgeblich; die höhere Vergütung ist festzusetzen.[72]

67

ff) Inflationsbedingte Anpassung

Da der Wert von 50 € seit Einführung der Staffelregelung im Jahr 2004 unverändert ist, ist auch hier daran zu denken, eine inflationsbedingte Anpassung vorzunehmen (ausführlich § 2 Rz. 23 ff.). Maßgeblicher Index ist der **Erzeugerpreisindex (Dienstleistungen)**, da es nicht auf die Verbraucherstellung des Schuldners ankommt (dann *Verbraucherpreisindex*), sondern auf die unternehmerische Tätigkeit des Treuhänders als Dienstleister. Bei einer Wertsteigerung von 21,03 % seit Einführung der Staffelsätze im Jahr 2004 bis zum Jahr 2015[73] ergäbe sich eine Anhebung auf abgerundet 60 € je angefangene fünf Gläubiger.

68

c) Deckung durch Rückstellungen im eröffneten Verfahren

Zum Zeitpunkt der Aufhebung bzw. Einstellung des eröffneten Insolvenzverfahrens liegen regelmäßig noch keine belastbaren Erkenntnisse darüber vor, ob der Schuldner während der Wohlverhaltensphase über pfändbares Einkommen oder Erbansprüche verfügen wird. Folglich ist zu diesem Zeitpunkt unklar, ob die (Mindest-) Vergütung des Treuhänders gedeckt sein wird. Dies war dem Gesetzgeber jedoch bewusst. Er hat diese Konstellation dadurch geregelt, dass der Schuldner die Mindestvergütung aus seinem pfändungsfreien Einkommen bzw. aus dem nicht von § 295 InsO erfassten Vermögen zu begleichen hat oder Stundung beantragen kann; anderenfalls ist dem Schuldner die Restschuldbefreiung zu versagen (§ 298 Abs. 1 Satz 1 InsO).

69

Gleichwohl ist der BGH zu dem Ergebnis gekommen, dass im eröffneten Verfahren eine Rückstellung zur Deckung der voraussichtlichen Vergütungsansprüche des Treuhänders zu bilden sei.[74] Aus der Perspektive des Treuhänders ist dies positiv, da er auf liquide Mittel zugreifen kann. Auch für die Staatskasse ist dies positiv, weil eine bewilligte Stundung nicht in Anspruch genommen wird, eine beantragte Stundung

70

---

72) BGH, Beschl. v. 16.12.2010 – IX ZB 261/09 ZInsO 2011, 247; LG Mönchengladbach, Beschl. v. 7.8.2007 – 5 T 209/07, ZVI 2007, 483.
73) Zur Ermittlung des Index siehe Anh. XIV Rz. 7.
74) BGH, Beschl. v. 20.11.2014 – IX ZB 16/14, ZIP 2015, 85; zuvor bereits LG Duisburg, Beschl. v. 23.12.2004 – 7 T 282/04, BeckRS 2007, 00894; LG Essen, Beschl. v. 19.7.2005 – 16a T 40/05, JurionRS 2005, 37300; AG Duisburg, Beschl. v. 30.4.2003 – 62 IN 91/00, NZI 2003, 508; ebenso *Holzer/Semmelbeck*, NZI 2015, 354, 356 (die dann unverständlicherweise aber eine Gesetzesänderung für erforderlich halten); *Lissner*, ZInsO 2015, 489 (ohne Auseinandersetzung mit der eigentlichen Problematik); *Schädlich*, NZI 2015, 128, 131 (der in der Urteilsbesprechung schon beim pfändbaren Einkommen nicht zwischen eröffnetem Verfahren und Wohlverhaltensphase unterscheidet).

abgelehnt werden kann bzw. eine noch nicht beantragte Stundung das Gericht nicht belastet. Schließlich muss sich auch der Schuldner keine Gedanken mehr machen. Aus der Perspektive der Insolvenzgläubiger dürfte die Entscheidung jedoch als verfassungswidrig einzustufen sein.[75] Wie bereits ausgeführt, sieht der Gesetzgeber ganz ausdrücklich und *enumerativ* nur drei Lösungsansätze vor, wenn die Einnahmen *in der Wohlverhaltensphase* die Treuhändervergütung nicht decken, nämlich die Begleichung der Mindestvergütung aus dem pfändungsfreien Vermögen des Schuldners *oder* die Stundung der Verfahrenskosten für diesen Verfahrensabschnitt *oder* die Versagung der Restschuldbefreiung.[76] Faktisch wird mit der Bildung einer Rückstellung zulasten der Insolvenzgläubiger jedoch nun erreicht, dass die Kosten der Restschuldbefreiung weder vom Schuldner (aus dem unpfändbaren Vermögen) noch von der Staatskasse, sondern (schon im Voraus) von den Insolvenzgläubigern qua Minderung der Insolvenzquote getragen werden. Dieses Ziel könnte jedoch nur der Gesetzgeber durch Gesetzesänderung erreichen, daher liegt ein unzulässiger Eingriff in die Grundrechte der Insolvenzgläubiger (Art. 14 Abs. 3 GG) vor. Damit steht die Entscheidung des BGH nicht im Einklang mit Recht und Gesetz und verstößt gegen Art. 20 Abs. 3, 19 Abs. 4 GG. Anders wird dies im Anwendungsbereich des § 15 InsVV zu sehen sein (§ 15 Rz. 41). Soweit dem BGH gefolgt wird, resultiert daraus freilich nicht, dass die Übernahme eines entsprechenden Geldbestands aus dem eröffneten Verfahren für den Treuhänder eine Einnahme i. S. d. § 14 Abs. 1 InsVV wäre.

5. Auslagen

71 Für die Erstattung angemessener Auslagen des Treuhänders enthält § 16 Abs. 1 InsVV eine Spezialregelung, sodass auf die dortige Kommentierung verwiesen werden kann.

6. Umsatzsteuer

72 Für die Erhebung von Umsatzsteuer auf die Vergütung (und Auslagen) des Treuhänders enthält § 16 Abs. 1 Satz 4 InsVV eine Spezialregelung, sodass auf die dortige Kommentierung verwiesen werden kann.

VI. Festsetzungsverfahren

73 Hinsichtlich der Festsetzung der Vergütung enthält § 16 Abs. 1 Satz 2 InsVV eine spezielle Regelung, sodass auf die dortige Kommentierung verwiesen werden kann. Selbiges gilt für mögliche Rechtsmittel, die Entnahme der Vergütung und eine Einstandspflicht der Staatskasse.

VII. Vorschüsse

74 Für die Entnahme von Vorschüssen auf die Treuhändervergütung enthält § 16 Abs. 2 InsVV eine Spezialregelung, sodass auf die dortige Kommentierung verwiesen werden kann. Zum Vorschusscharakter der jährlichen Mindestvergütung siehe Rz. 67.

---

75) Ausführlich *Zimmer*, InsbürO 2016, 324.
76) Eine Rückstellung daher de lege lata ablehnend LG Berlin, Beschl. v. 10.4.2012 – 85 T 34/11, n. v.; LG Kleve, Beschl. v. 31.7.2006 – 4 T 174/06, ZInsO 2006, 1002; *Hingerl/Rätzke*, ZInsO 2015, 1309, 1310; Jaeger/*Meller-Hannich*, InsO, § 196 Rz. 17; *Reck*, ZVI 2015, 161, 162; *Zimmer*, InsbürO 2016, 324.

Grundsatz §14

VIII. Vergütung nach Ablauf der Wohlverhaltensphase

In der Praxis soll es vorkommen, dass das eröffnete Insolvenzverfahren nach Ablauf der sechsjährigen Abtretungsfrist (§ 287 Abs. 2 Satz 1 InsO) noch nicht beendet, d. h. aufgehoben bzw. eingestellt wurde. 75

Für die **ab dem 1.7.2014 beantragten Insolvenzverfahren** (Art. 103h Satz 1 EGInsO) ist ab Mitte des Jahres 2020 die Einführung des § 300a InsO[77] zu berücksichtigen. Ab dann hat der Insolvenzverwalter die nach Ablauf der Abtretungsfrist *begründeten Ansprüche* (i. d. R. Neuerwerb aus pfändbarem Einkommen) nur noch treuhänderisch einzuziehen und bei Rechtskraft der Restschuldbefreiung an den Schuldner herauszugeben. Soweit dann auf die *tatsächlichen Einnahmen* abgestellt werden würde, entstünde ein überflüssiger Systembruch (Rz. 35, 38), bei dem die Vergütung des Insolvenzverwalters nach §§ 1, 2 InsVV nicht mehr von der Vergütung nach § 300a Abs. 3 InsO zu trennen sein würde. 76

Denn: für diesen Teil der „Einnahmen" hat der Insolvenzverwalter einen eigenständigen Vergütungsanspruch nach § 300a Abs. 3 InsO, der auf § 293 InsO verweist, sodass die Treuhändervergütung i. S. d. § 14 InsVV analog zur Anwendung kommt. Es ist mithin neben dem Insolvenzbeschlag eine Sondermasse zu bilden,[78] aus der die gesonderte Vergütung entnommen werden kann. Schuldner dieses Vergütungsanspruchs ist ausschließlich der Schuldner bzw. diese Sondermasse, nicht die reguläre Insolvenzmasse, obwohl aufgrund des Verweises auf §§ 64, 65 InsO in §§ 300a Abs. 3 Satz 2, 293 InsO das Insolvenzgericht die Vergütung festzusetzen hat. 77

Problematisch ist insoweit der Verweis in §§ 300a Abs. 3 Satz 2, 293 InsO auf § 63 Abs. 2 InsO. Hiernach müsste der Insolvenzverwalter auch für diesen Teil der Vergütung einen Sekundäranspruch gegen die Staatskasse bei gewährter Verfahrenskostenstundung haben. Relevant wird dies jedoch denklogisch nur dann, wenn die Mindestvergütung nach § 14 Abs. 3 InsVV ebenfalls zur Anwendung kommen soll. Dies wollte der Gesetzgeber jedoch ausgeschlossen sehen.[79] 78

Eine Übertragung dieser Regelung auf die **bis zum 30.6.2014 beantragten Insolvenzverfahren** scheidet aus. Zwar handelt es sich auch hier um eine zu bildende Sondermasse,[80] die bei Erteilung der Restschuldbefreiung zugunsten des Schuldners aufzulösen ist;[81] eine gesonderte Vergütung ist hierfür jedoch nicht vorgesehen. Hier stellt sich lediglich im Rahmen der normalen Vergütung des Insolvenzverwalters die Frage, ob die Beträge in die Berechnungsgrundlage einfließen. 79

---

77) § 300a InsO eingeführt durch das Gesetz zur Verkürzung des Restschuldbefreiungsverfahrens und zur Stärkung der Gläubigerrechte v. 15.7.2013 (BGBl. I 2013, 2379), siehe Anh. XII Rz. 39.
78) *Zimmer*, Insolvenzbuchhaltung, Rz. 403.
79) Gesetz zur Verkürzung des Restschuldbefreiungsverfahrens und zur Stärkung der Gläubigerrechte v. 15.7.2013 (BGBl. I 2013, 2379), Begründung zu § 300a InsO, siehe Anh. XII Rz. 55.
80) *Zimmer*, Insolvenzbuchhaltung, Rz. 403.
81) BGH, Beschl. v. 3.12.2009 – IX ZB 247/08, ZInsO 2010, 102; BGH, Beschl. v. 13.2.2014 – IX ZB 23/13, ZInsO 2014, 603.

§ 15
Überwachung der Obliegenheiten des Schuldners

(1) ¹Hat der Treuhänder die Aufgabe, die Erfüllung der Obliegenheiten des Schuldners zu überwachen (§ 292 Abs. 2 der Insolvenzordnung), so erhält er eine zusätzliche Vergütung. ²Diese beträgt regelmäßig 35 Euro je Stunde.

(2) ¹Der Gesamtbetrag der zusätzlichen Vergütung darf den Gesamtbetrag der Vergütung nach § 14 nicht überschreiten. ²Die Gläubigerversammlung kann eine abweichende Regelung treffen.

Literatur: *Lissner*, Die Vergütung des Treuhänders nach § 293 InsO – Teil 1, InsbürO 2016, 372; *Zimmer*, Beschränkung der Vergütungsfestsetzung gegen die Staatskasse auf die Mindestvergütung (BGH, IX ZB 245/11) – rechtswidrige Verfahrenseröffnungen und "kalte" Versagung der Restschuldbefreiung?, InsbürO 2014, 162.

Übersicht

I. Zweck der Norm 1	b) Abweichungen 15
II. Rechtsnatur des Anspruchs 2	aa) Grundsätze 15
1. Verfahrenskosten „eigener Art" 2	bb) Anwendungsfälle 18
2. Tätigkeitsvergütung 3	c) Inflationsbedingte Anpassung 20
III. Historie 4	2. Stundenzahl 21
IV. Der Vergütungsanspruch 8	3. Kappung der Zusatzvergütung
1. Anspruchsgrundlage	(§ 15 Abs. 2 InsVV) 27
(§ 293 Abs. 1 Satz 1 InsO) 8	a) Grundregel (§ 15 Abs. 2 Satz 1
2. Anspruchsberechtigte 9	InsVV) 27
3. Anspruchsentstehung 11	b) Beschluss Gläubigerversamm-
4. Fälligkeit des Anspruchs 12	lung (§ 15 Abs. 2 Satz 2 InsVV) .. 31
5. Verjährung des Anspruchs 13	aa) Formalien 31
V. Höhe der Vergütung 14	bb) Wertgrenze 34
1. Stundensatz	VI. Vorschüsse 36
(§ 15 Abs. 1 Satz 1 InsVV) 14	VII. Umsatzsteuer 43
a) Regelstundensatz 14	VIII. Festsetzungsverfahren 44

I. Zweck der Norm

1 Die eigentliche Vergütung des Treuhänders in der Wohlverhaltensphase ist in § 14 InsVV geregelt. Sie bezieht sich auf Tätigkeiten des Treuhänders im Rahmen des § 292 Abs. 1 InsO. Die dem Schuldner gemäß § 295 InsO obliegenden Pflichten bleiben grundsätzlich ohne Überwachung durch den Treuhänder. Wie weit allerdings die Regelaufgaben des Treuhänders gehen, ist schon nicht geklärt (§ 14 Rz. 5 ff., 20, 46 ff.). Die Gläubigerversammlung kann gemäß § 292 Abs. 2 Satz 1 InsO dem Treuhänder zusätzlich die Aufgabe übertragen, die Erfüllung der Obliegenheiten des Schuldners zu überwachen. In diesem Fall hat der Treuhänder die Gläubiger unverzüglich zu benachrichtigen, wenn er einen Verstoß gegen diese Obliegenheiten feststellt (§ 292 Abs. 2 Satz 2 InsO). Der Treuhänder ist nur zur Überwachung verpflichtet, soweit die ihm dafür zustehende zusätzliche Vergütung gedeckt ist oder vorgeschossen wird (§ 292 Abs. 2 Satz 3 InsO). Aufgrund der Gesetzessystematik gilt § 293 Abs. 2 InsO, der u. a. auf § 65 InsO verweist, sodass die Insolvenzrechtliche Vergütungsverordnung zur Anwendung kommt, um die Zusatzvergütung **näher auszugestalten**. Infolgedessen enthält § 15 InsVV eine Regelung für diese zusätzliche Vergütung.

II. Rechtsnatur des Anspruchs
1. Verfahrenskosten „eigener Art"
Hinsichtlich der Rechtsnatur als Verfahrenskosten sei auf die Ausführungen zu § 14 InsVV verwiesen (§ 14 Rz. 3), da die Zusatzvergütung lediglich unselbstständiger Bestandteil der Treuhändervergütung ist.

2. Tätigkeitsvergütung
Ausweislich des Wortlauts des § 293 Abs. 1 Satz 1 InsO handelt es sich bei der Vergütung gemäß § 292 Abs. 2 InsO, § 15 InsVV um eine Vergütung für eine Tätigkeit, mithin um eine **Tätigkeitsvergütung**. Da § 292 Abs. 2 InsO einen von § 292 Abs. 1 InsO abweichenden, zusätzlichen Aufgabenkreis des Treuhänders regelt, handelt es sich bei der Vergütung für die Überwachung der Obliegenheiten des Schuldners um eine *zusätzliche*,[1] aber nicht selbstständige Vergütung des Treuhänders gemäß § 14 InsVV. Aufgrund des Wortlauts des § 15 Abs. 1 InsVV handelt es sich um eine *Stundenvergütung*. Insgesamt handelt es sich um eine *Regelzusatzvergütung*.

III. Historie
Im Kern ist die Vorschrift seit Einführung der InsVV zum 1.1.1999[2] unverändert, es erfolgten in der Folgezeit lediglich Anpassungen des Stundensatzes. Der ursprüngliche Stundensatz betrug *25 DM*.

§ 293 Abs. 2 InsO wurde mit dem Gesetz zur Änderung der Insolvenzordnung und anderer Gesetze vom 26.10.2001[3] um einen Verweis auf § 63 Abs. 2 InsO erweitert. Hintergrund ist die Einführung der Stundung der Verfahrenskosten für Insolvenzverfahren, die ab dem **1.12.2001** eröffnet werden (Art. 103a EGInsO). Der Treuhänder hat hierdurch einen *Sekundäranspruch* gegen die Staatskasse.[4] Da die Zusatzvergütung nach § 15 InsVV unselbstständiger Bestandteil der Treuhändervergütung nach § 14 InsVV ist, erstreckt sich der Sekundäranspruch des Treuhänders auch auf diese Zusatzvergütung.

Mit dem Gesetz zur Einführung des Euro in Rechtspflegegesetzen und in Gesetzen des Straf- und Ordnungswidrigkeitenrechts, zur Änderung der Mahnvordruckverordnungen sowie zur Änderung weiterer Gesetze vom 13.12.2001[5] wurde der Stundensatz in § 15 Abs. 1 Satz 2 InsVV mit Wirkung zum 1.1.2002 nicht im Verhältnis 2:1 umgerechnet. Nach der Begründung zu diesem Änderungsgesetz „bietet es sich

---

1) Insolvenzrechtliche Vergütungsverordnung (InsVV) v. 19.8.1998 (BGBl. I 1998, 2205), Allgemeine Begründung, siehe Anh. III Rz. 21.
2) Insolvenzrechtliche Vergütungsverordnung (InsVV) v. 19.8.1998 (BGBl. I 1998, 2205), siehe Anh. III Rz. 81.
3) Gesetz zur Änderung der Insolvenzordnung und anderer Gesetze v. 26.10.2001 (BGBl. I 2001, 2710), siehe Anh. IV Rz. 38.
4) Gesetz zur Änderung der Insolvenzordnung und anderer Gesetze v. 26.10.2001 (BGBl. I 2001, 2710), Begründung zu § 293 Abs. 2 InsO, siehe Anh. IV Rz. 39.
5) Gesetz zur Einführung des Euro in Rechtspflegegesetzen und in Gesetzen des Straf- und Ordnungswidrigkeitenrechts, zur Änderung der Mahnvordruckverordnungen sowie zur Änderung weiterer Gesetze v. 13.12.2001 (BGBl. I 2001, 3574), siehe Anh. V.

bei der ohnehin schon geringen Vergütung des Treuhänders an, diesen Satz nach oben hin geglättet auf *15 €* anzuheben".[6]

7 Mit der Verordnung zur Änderung der Insolvenzrechtlichen Vergütungsverordnung (InsVV) vom 4.10.2004[7] trug der Verordnungsgeber dem Umstand Rechnung, dass der BGH die Mindestvergütungen des Insolvenzverwalters[8] in Höhe von 500 € und des (seinerzeitigen) Treuhänders im eröffneten Verbraucherinsolvenzverfahren[9] in Höhe von 250 € als verfassungswidrig niedrig eingestuft hatte, in beiden Fällen jedoch erst für Bestellungen ab dem 1.1.2004. Für den Treuhänder in der Wohlverhaltensphase führte dies im Rahmen des § 14 InsVV zu einer gestaffelten Anhebung der Mindestvergütung in Abhängigkeit von der Anzahl der Gläubiger, an die eine Verteilung vorgenommen wurde (Einführung des § 14 Abs. 3 Satz 2 InsVV), sowie zu einer Änderung des Stundensatzes in § 15 Abs. 1 Satz 2 InsVV auf nunmehr *35 €*. Hinsichtlich der generellen Übergangsregelung zum 1.1.2004 gab es insoweit Unklarheiten (§ 19 Rz. 22), die jedoch zeitlich überholt sind.

IV. Der Vergütungsanspruch

1. Anspruchsgrundlage (§ 293 Abs. 1 Satz 1 InsO)

8 Anspruchsgrundlage für die Vergütung ist – wie auch für die Regelvergütung des Treuhänders gemäß § 14 InsVV – § 293 Abs. 1 Satz 1 InsO. Hiernach hat der Treuhänder einen Anspruch auf Vergütung für seine Tätigkeit. Diese Tätigkeit bezieht sich jedoch nur auf die Aufgaben des Treuhänders gemäß § 292 Abs. 1 InsO. Sofern die Gläubigerversammlung den Treuhänder gemäß § 292 Abs. 2 InsO mit der Überwachung der Obliegenheiten des Schuldners beauftragt, wird hierdurch kein neues Rechtsverhältnis begründet, sondern es werden die Pflichten aus dem bestehenden Rechtsverhältnis erweitert. Daher regelt § 292 Abs. 2 Satz 3 InsO lediglich eine Zusatzvergütung in einem bestehenden Rechtsverhältnis, näher ausgestaltet durch § 15 InsVV; § 15 Abs. 1 Satz 1 InsVV ist insoweit keine eigenständige Anspruchsgrundlage.

2. Anspruchsberechtigte

9 Anspruchsberechtigter ist immer der **Treuhänder**, da mit der Überwachung der Obliegenheiten kein Dritter beauftragt werden kann. Daher kann auf die allgemeinen Grundsätze verwiesen werden (§ 14 Rz. 12).

10 Fraglich sind allerdings die Fälle des **Treuhänderwechsels**, die aufgrund einer Entlassung oder des Versterbens des Treuhänders eintreten können. Hier wird nach allgemeinen Grundsätzen nur gelten können, dass sich der Beschluss der Gläubigerversammlung mit dem Inhalt der Überwachung der Obliegenheitspflichten auch auf den neu zu bestellenden Treuhänder erstreckt, da diese Aufgabe nicht personengebunden, sondern amtsgebunden ist. Wegen der Bestimmung der Vergütungsmetho-

---

6) Gesetz zur Einführung des Euro in Rechtspflegegesetzen und in Gesetzen des Straf- und Ordnungswidrigkeitenrechts, zur Änderung der Mahnvordruckverordnungen sowie zur Änderung weiterer Gesetze v. 13.12.2001 (BGBl. I 2001, 3574), Begründung zu § 15 InsVV, siehe Anh. V Rz. 17.
7) Verordnung zur Änderung der Insolvenzrechtlichen Vergütungsverordnung (InsVV) v. 4.10.2004 (BGBl. I 2004, 2569), siehe Anh. VII.
8) BGH, Beschl. v. 15.1.2004 – IX ZB 96/03, ZIP 2004, 417.
9) BGH, Beschl. v. 15.1.2004 – IX ZB 46/03, ZIP 2004, 424.

de noch im eröffneten Verfahren (siehe §§ 15 Abs. 2 Satz 2, 16 Abs. 1 Satz 1 InsVV) können sich für den neuen Treuhänder insoweit keine Änderungen ergeben.[10]

3. Anspruchsentstehung

Da es sich bei der Vergütung des Treuhänders um eine Tätigkeitsvergütung handelt, entsteht der Vergütungsanspruch mit der Erbringung der Tätigkeit, also sukzessive. Das Entstehen des Anspruchs ist rechtlich kaum problematisch. 11

4. Fälligkeit des Anspruchs

Da es sich um eine Stundenvergütung handelt, träte Fälligkeit grundsätzlich sofort ein (§ 271 Abs. 1 BGB). Die Zusatzvergütung nach § 15 InsVV ist jedoch keine eigenständige Vergütung, sondern Bestandteil einer Gesamtvergütung für die Wohlverhaltensphase, unabhängig von deren Dauer. Daher tritt Fälligkeit grundsätzlich erst mit Ablauf der Abtretungsfrist ein, sofern es nicht zu einer vorzeitigen Beendigung der Wohlverhaltensphase (z. B. aufgrund Versterbens des Schuldners oder Tatbeständen des § 300 Abs. 1 Satz 2 InsO) oder zu einer vorzeitigen Amtsbeendigung (aufgrund Entlassung oder Tod) des Treuhänders kommt (zur Beendigung der Wohlverhaltensphase und des Treuhänderamts siehe § 16 Rz. 20). Insoweit liegt eine hinreichende Bestimmung i. S. d. allgemeinen Fälligkeitsregelung des § 271 Abs. 1 BGB vor. 12

5. Verjährung des Anspruchs

Wie bereits ausgeführt, ist die Zusatzvergütung nicht eigenständig, sondern Bestandteil der Treuhändervergütung. Insoweit kann auf die dortigen Ausführungen verwiesen werden (§ 14 Rz. 16 f.). 13

V. Höhe der Vergütung

1. Stundensatz (§ 15 Abs. 1 Satz 2 InsVV)

a) Regelstundensatz

Gemäß § 15 Abs. 1 Satz 2 InsVV beträgt der Stundensatz regelmäßig 35 €. Er gilt grundsätzlich für Tätigkeiten, die der Treuhänder ab dem 7.10.2004 entfaltet (§ 19 Rz. 22). Da jedoch die Höhe des Stundensatzes bereits im eröffneten Verfahren vom Insolvenzgericht festgesetzt wird (§ 16 Abs. 1 Satz 1 InsVV), lässt sich die Zulässigkeit einer rückwirkenden Anpassung nicht vertreten,[11] denn die Regelung soll für das gesamte Restschuldbefreiungsverfahren Rechtssicherheit über dessen Kosten schaffen.[12] Diese Frage hat zwar aktuell keine Bedeutung, jedoch würde sich im Rahmen der Gläubigerentscheidung i. S. d. § 15 Abs. 2 Satz 2 InsVV bzw. der Festsetzung des Stundensatzes nach § 16 Abs. 1 Satz 1 InsVV empfehlen, hinsichtlich des Stundensatzes auf die jeweils gültige Fassung des § 15 Abs. 1 Satz 2 InsVV abzustellen. Denn immerhin ist es eine Entscheidung für sechs Jahre (abzgl. der Dauer des eröffneten Insolvenzverfahrens) im Voraus. 14

---

10) Vgl. FK-InsO/*Lorenz,* § 15 InsVV Rz. 9.
11) *Graeber/Graeber,* InsVV, § 16 Rz. 4; *Haarmeyer/Mock,* InsVV, § 16 Rz. 5; FK-InsO/ *Lorenz,* § 16 InsVV Rz. 8; a. A. Leonhardt/Smid/Zeuner/*Amberger,* InsVV, § 15 Rz. 4; widersprüchlich folglich *Haarmeyer/Mock,* InsVV, § 15 Rz. 13.
12) Insolvenzrechtliche Vergütungsverordnung (InsVV) v. 19.8.1998 (BGBl. I 1998, 2205), Begründung zu § 16 InsVV, siehe Anh. III Rz. 85.

b) Abweichungen

aa) Grundsätze

15 Da es sich bei dem Stundensatz um eine *Regelzusatzvergütung* handelt, sind Abweichungen möglich, denn schon nach der Verordnungsbegründung kann der Stundensatz den Umständen des Einzelfalles angepasst werden.[13] Zunächst einmal obliegt der Stundensatz nicht der Dispositionsbefugnis der Gläubigerversammlung (Rz. 34), die nur Einfluss auf die Höchstgrenze der Zusatzvergütung nehmen kann (§ 15 Abs. 2 Satz 2 InsVV). Folglich ist die Frage der Abweichung vom Regelstundensatz eine Sache zwischen Insolvenzverwalter (weil noch im eröffneten Verfahren festzusetzen, § 16 Abs. 1 Satz 1 InsVV) und Insolvenzgericht.

16 Missverständliche Formulierungen, wie z. B. bei der Vergütung des Gläubigerausschusses, finden sich für den Treuhänder nicht. Es kommt insbesondere nicht auf das untaugliche Tatbestandsmerkmal des „Umfangs der Tätigkeit" an, um zu einer Erhöhung des Stunden*satzes* zu gelangen, da sich dieser Umfang bereits in der Stunden*zahl* niederschlägt.[14] Die Zusatzvergütung gemäß § 15 InsVV ist ausweislich der Verordnungsbegründung allerdings nur *grundsätzlich* nach dem damit verbundenen Zeitaufwand zu bemessen.[15] Andere Berechnungsmethoden als das Produkt aus Stundenzahl und Stundensatz, wie z. B. für den Gläubigerausschuss diskutiert, scheinen hier jedoch verfehlt und werden – soweit ersichtlich – auch nicht erwogen.

17 Es bleibt daher nur, den Stundensatz zu hinterfragen. Bei der Anhebung des Stundensatzes von 15 € auf 35 € durch die Verordnung zur Änderung der Insolvenzrechtlichen Vergütungsverordnung (InsVV) vom 4.10.2004[16] hat sich der Verordnungsgeber von „Anhaltspunkten" bezüglich der Angemessenheit von Stundensätzen „in Abhängigkeit von der Qualifikation des zu Vergütenden" leiten lassen.[17] Festgestellt wurde ein notwendiger Korridor von 35 95 €, den er so auch für den Gläubigerausschuss übernommen hat. Für den Treuhänder sei ein über 35 € hinausgehender Betrag allerdings nicht angemessen, da die Überwachung des Schuldners nicht als hochqualifizierte Tätigkeit eingeordnet werden könne.[18] Dem Ergebnis wird man folgen können, die Begründung ist allerdings zweifelhaft. Bei seinen „Anhaltspunkten" für die angemessene Vergütung „in Abhängigkeit von der Qualifikation des zu Vergütenden" hat er sich nicht an der marktgerechten Vergütung derart Qualifizierter orientiert,[19] sondern an den Vergütungen derjenigen, die sich im Rahmen von Insolvenzverwaltung, Zwangsverwaltung, rechtlicher Betreuung etc. staatlich bestellen

---

[13] Insolvenzrechtliche Vergütungsverordnung (InsVV) v. 19.8.1998 (BGBl. I 1998, 2205), Begründung zu § 15 InsVV, siehe Anh. III Rz. 82.
[14] KPB-InsO/*Stoffler*, § 15 InsVV Rz. 3 (Stand: 07/2012).
[15] Insolvenzrechtliche Vergütungsverordnung (InsVV) v. 19.8.1998 (BGBl. I 1998, 2205), Allgemeine Begründung, siehe Anh. III Rz. 21.
[16] BGBl. I 2004, 2569, Verordnung zur Änderung der Insolvenzrechtlichen Vergütungsverordnung (InsVV) v. 4.10.2004 (BGBl. I 2004, 2569), siehe Anh. VII.
[17] Verordnung zur Änderung der Insolvenzrechtlichen Vergütungsverordnung (InsVV) v. 4.10.2004 (BGBl. I 2004, 2569), Begründung zu § 15 InsVV, Anh. VII Rz. 48.
[18] Verordnung zur Änderung der Insolvenzrechtlichen Vergütungsverordnung (InsVV) v. 4.10.2004 (BGBl. I 2004, 2569), Begründung zu § 15 InsVV, Anh. VII Rz. 48.
[19] Kritisch auch Leonhardt/Smid/Zeuner/*Amberger*, InsVV, § 15 Rz. 3.

lassen;[20] das ist durchaus ein Unterschied. Ungeachtet der Begrifflichkeiten dürfte eine Anhebung des Stundensatzes daher nur in Ausnahmefällen in Betracht kommen.

bb) Anwendungsfälle

Solche Ausnahmen können Schuldner sein mit **außergewöhnlichen Gehaltsabrechnungen** von z. B. **ausländischen Arbeitgebern**, die nur mit überobligatorischem Aufwand in das deutsche Regelungsgefüge pfändbaren Einkommens übertragen werden können, zumindest bei ständig wechselnden Berechnungspositionen (Stundenlohn, diverse Zuschläge etc.).

Bei **selbstständig tätigen Schuldnern** wird zu differenzieren sein. Wird – wie es der Gesetzgeber offenbar vor Augen hatte – nur einmalig anhand der personenbezogenen Daten und der beruflichen Qualifikation des Schuldners ein fiktiv pfändbares Einkommen ermittelt, bleibt dies für die Dauer des Verfahrens im Grunde konstant. Das Leben spielt freilich anders. Jedoch müssen von all den Sonderfällen, die sich in der Praxis finden, diejenigen eliminiert werden, die sich auf die Stunden*zahl* auswirken; relevant für die Diskussion um den Stunden*satz* sind nur diejenigen Fallkonstellationen, die auch erhöhte Anforderungen an den Treuhänder bzw. die Überwachungstätigkeit stellen.[21] Im eröffneten Insolvenzverfahren stellt das fiktiv pfändbare Einkommen aus einem abhängigen Beschäftigungsverhältnis lediglich die Obergrenze der abzuführenden Beträge dar; im Übrigen hat der Schuldner die Überschüsse aus der nach § 35 Abs. 2 InsO „freigegebenen" selbstständigen Tätigkeit an die Masse abzuführen.[22] Wenn dies auch in der Wohlverhaltensphase gelten würde, müsste der Treuhänder faktisch einen laufenden Geschäftsbetrieb überwachen und die schuldnerische Buchhaltung streng kontrollieren; in Anlehnung an einschlägige Vorschriften nach StBVV ergäbe sich hier mit Sicherheit ein Stundensatz weit oberhalb von 35 €. Die vorgenannten Grundsätze gelten jedoch in der Wohlverhaltensphase gerade nicht, d. h., die Pflicht zur Abführung fiktiv pfändbaren Einkommens besteht hier unabhängig davon, mit welchem Erfolg die selbstständige Tätigkeit betrieben wird,[23] d. h., eine Überwachung der Betriebsfortführung ist vom Treuhänder in der Wohlverhaltensphase auch nach § 292 Abs. 2 InsO nicht geschuldet.[24] Damit ist allein die Tatbestandsmäßigkeit des § 295 Abs. 2 InsO noch kein Grund für eine Anhebung des Stundensatzes.[25]

c) Inflationsbedingte Anpassung

Da der Wert von 35 € seit seiner Einführung im Jahr 2004 unverändert ist, ist daran zu denken, eine inflationsbedingte Anpassung vorzunehmen (§ 2 Rz. 23 ff.). Maßgeblicher Index ist der **Erzeugerpreisindex (Dienstleistungen)**, da es nicht auf die Verbraucherstellung des Schuldners ankommt (dann *Verbraucherpreisindex*), sondern auf

---

[20] Vgl. auch *Graeber/Graeber*, InsVV, § 15 Rz. 11 f.
[21] Evtl. übersehen von Leonhardt/Smid/Zeuner/*Amberger*, InsVV, § 15 Rz. 5.
[22] BGH, Beschl. v. 13.6.2013 – IX ZB 38/10, Rz. 11, NZI 2013, 797; BGH, Urt. v. 13.3.2014 – IX ZR 43/12, Rz. 21, NZI 2014, 461.
[23] BGH, Beschl. v. 13.6.2013 – IX ZB 38/10, Rz. 12, NZI 2013, 797.
[24] Übersehen von FK-InsO/*Lorenz*, § 16 InsVV Rz. 6.
[25] **A. A.** *Graeber/Graeber*, InsVV, § 15 Rz. 9; widersprüchlich und veraltet *Haarmeyer/Mock*, InsVV, § 15 Rz. 7.

die unternehmerische Tätigkeit des Treuhänders als Dienstleister. Bei einer Wertsteigerung von 21,03 % ab dem Jahr 2004 bis zum Jahr 2015[26)] ergäbe sich eine Anhebung auf mindestens 40 €.

2. Stundenzahl

21 Das Charakteristikum als nach Stunden bemessene Zeitvergütung verlangt, dass der Treuhänder entsprechende Aufzeichnungen, d. h. eine **Stundenerfassung** vornimmt, aus der sich sowohl der konkrete Zeitaufwand als auch die konkrete Tätigkeit ergeben müssen. Der Zeitaufwand muss folglich nachgewiesen werden, da es sich um ein gerichtliches Festsetzungsverfahren handelt (§ 16 Abs. 1 Satz 2 InsVV). Zwar kann der für die Festsetzung Zuständige nach freier Überzeugung entscheiden, ob eine tatsächliche Behauptung für wahr oder für nicht wahr erachtet wird (§ 4 InsO, § 286 Abs. 1 Satz 1 ZPO), jedoch muss er diese Überlegungen auf irgendetwas stützen können. Eine Rechtsgrundlage für eine Glaubhaftmachung i. S. d. § 294 ZPO ist auf den ersten Blick nicht ersichtlich, sie könnte jedoch in § 4 InsO, § 104 Abs. 2 Satz 1 ZPO gesehen werden. Vor dem Hintergrund möglicher Beschwerderechte des Schuldners und der Insolvenzgläubiger (§§ 293 Abs. 2, 64 Abs. 3 Satz 1 InsO) handelt es sich um ein quasi-kontradiktorisches Verfahren, sodass auf hinreichenden Nachweisen bestanden werden muss. Analog § 103 Abs. 2 Satz 2 ZPO sind die Vergütungsberechnung und die zur Rechtfertigung der einzelnen Ansätze dienenden Belege beizufügen. Hat das Insolvenzgericht Zweifel, besteht eine Hinweispflicht analog § 139 Abs. 2 ZPO.

22 Es wird vertreten, dass im Zweifel auch eine Schätzung zulässig ist.[27)] Nach hier vertretener Ansicht ist jedoch nicht erkennbar, unter welchen Umständen eine Zeiterfassung unzumutbar sein soll; sie gehört zum Arbeitsstandard beratender Berufe. Insoweit müssen Schätzungen auf die wenigen Fälle eines Akten- oder Datenverlusts beschränkt sein. Sofern eine Schätzung in Betracht kommt, sind Schlüssigkeits- und Plausibilitätserwägungen heranzuziehen.

23 Relevant ist die Zeit, die der Treuhänder auf die Überwachung des Schuldners verwendet hat. Hierzu gehören auch die vor- und nachbereitenden **Tätigkeiten**, wie z. B. die Berichterstattung.[28)] Vergütungsfähig sind nur jene Stunden bzw. Tätigkeiten, die innerhalb des zusätzlichen Aufgabenkreises des Treuhänders nach §§ 292 Abs. 2, 295 InsO geleistet wurden. Es entspricht einem allgemeinen Prinzip des Vergütungsrechts, dass nur diejenige Tätigkeit vergütet wird, die dem Anspruchsinhaber vom Gesetz oder vom Insolvenzgericht und den Verfahrensbeteiligten in wirksamer Weise übertragen wurde.[29)]

24 Insgesamt erstreckt sich der **Zeitraum** auf die *gesamte Treuhändertätigkeit* von der Aufhebung bzw. Einstellung des Insolvenzverfahrens bis zum Ablauf der sechsjährigen Abtretungsfrist (§ 287 Abs. 2 Satz 1 InsO). Denn nur in diesem Zeitraum bestehen die Obliegenheitspflichten des Schuldners i. S. d. § 295 InsO. Dieser Grund-

---

26) Zur Ermittlung des Index siehe Anh. XIV Rz. 7.
27) KPB-InsO/*Stoffler*, § 15 InsVV Rz. 2 (Stand: 07/2012); a. A. HambKommInsO/*Büttner*, § 16 InsVV Rz. 7; FK-InsO/*Lorenz*, § 16 InsVV Rz. 18.
28) *Haarmeyer/Mock*, InsVV, § 15 Rz. 4; KPB-InsO/*Stoffler*, § 15 InsVV Rz. 2 (Stand: 07/2012).
29) Vgl. BGH, Beschl. v. 21.7.2016 – IX ZB 70/14, ZIP 2016, 1592 (vorläufiger Sachwalter).

satz gilt allgemein, sofern es nicht zu einer vorzeitigen Beendigung der Wohlverhaltensphase (z. B. aufgrund Versterbens des Schuldners oder Tatbeständen des § 300 Abs. 1 Satz 2 InsO) oder zu einer vorzeitigen Amtsbeendigung (aufgrund Entlassung oder Tod) des Treuhänders kommt (zur Beendigung der Wohlverhaltensphase und des Treuhänderamts siehe § 16 Rz. 20).

Gleichwohl wird davon auszugehen sein, dass es *nachlaufende Tätigkeiten* des Treuhänders im Rahmen der Pflichten aus § 292 Abs. 2 InsO geben kann. Denn es muss grundsätzlich auf den Zeitpunkt der Pflichtverletzung abgestellt werden. Stellt sich z. b. einen Tag vor Ablauf der Abtretungsfrist heraus, dass der Schuldner einen während der Wohlverhaltensphase erfolgten Erbantritt verschwiegen hat, so muss der Treuhänder auch noch nach Ablauf der Abtretungsfrist berechtigt und verpflichtet sein, die Gläubiger gemäß § 292 Abs. 2 Satz 2 InsO zu informieren. Denn ohnehin kann das Gericht die Restschuldbefreiung erst nach Ablauf der Abtretungsfrist erteilen (§ 300 Abs. 1 Satz 1 InsO), und zwar nach Anhörung u. a. der Gläubiger und des Treuhänders. Jene nachlaufenden Pflichten sind auch im Rahmen des § 15 InsVV zu berücksichtigen. 25

Ein gänzlich *abweichender Zeitraum* kann sich ergeben, wenn es – was hier nicht zu vertiefen ist – zulässig sein soll, den Treuhänder zeitlich befristet, aufschiebend oder auflösend bedingt mit den Aufgaben aus § 292 Abs. 2 InsO zu beauftragen. 26

3. Kappung der Zusatzvergütung (§ 15 Abs. 2 InsVV)

a) Grundregel (§ 15 Abs. 2 Satz 1 InsVV)

Gemäß § 15 Abs. 2 Satz 1 InsVV darf der Gesamtbetrag der zusätzlichen Vergütung den Gesamtbetrag der Vergütung i. S. d. § 14 InsVV nicht überschreiten. Als Kappungsgrenze gilt daher der höhere Wert aus Regelvergütung i. S. d. § 14 Abs. 1, 2 InsVV oder (erhöhter) Mindestvergütung i. S. d. § 14 Abs. 3 InsVV. Faktisch ist die **Gesamtvergütung** folglich auf das Doppelte der Vergütung nach § 14 InsVV beschränkt. Der Verordnungsgeber wollte hierdurch verhindern, dass die Vergütung für die Überwachung des Schuldners in eine Höhe steigt, die von den Gläubigern nicht vorausgesehen werden kann,[30] wenn sie einen Beschluss nach § 292 Abs. 2 InsO fassen. 27

Die Bezugnahme auf die **Regelvergütung** nach § 14 Abs. 1, 2 InsVV scheint bereits wenig sinnvoll.[31] Denn die Höhe der Einnahmen, die für die Ermittlung der Regelvergütung relevant ist, steht grundsätzlich nicht in einem Zusammenhang mit der Überwachungsnotwendigkeit und -tätigkeit. Das Gegenteil kann der Fall sein. Ein Schuldner, der in ständig wechselnden Arbeitsverhältnissen immer nur ein Einkommen in der Nähe der Pfändungsfreigrenze erzielt und hierfür womöglich noch mehrfach den Wohnort wechselt, bedarf ersichtlich einer intensiveren Überwachung als der Schuldner, der in einem konstanten Arbeitsverhältnis beachtliche pfändbare Einkünfte erzielt. 28

Die **erhöhte Mindestvergütung** nach § 14 Abs. 3 Satz 2 InsVV ist abhängig erstens von der Durchführung von Verteilungen und zweitens von der Anzahl der Gläubi- 29

---

30) Insolvenzrechtliche Vergütungsverordnung (InsVV) v. 19.8.1998 (BGBl. I 1998, 2205), Begründung zu § 15 InsVV, siehe Anh. III Rz. 83.
31) So auch KPB-InsO/*Stoffler*, § 15 InsVV Rz. 4 (Stand: 07/2012).

ger. Beides hat nichts mit der Überwachungstätigkeit zu tun. Hier ist zu beachten, dass die Erhöhung der Mindestvergütung nachträglich eingefügt wurde und folglich bei der bislang unveränderten Fassung des § 15 Abs. 2 Satz 1 InsVV nicht berücksichtigt werden konnte. Ungeachtet dessen ergab die Ursprungsfassung des § 14 Abs. 3 InsVV, die eine starre Mindestvergütung von jährlich 200 DM vorsah, in Kombination mit der Ursprungsfassung des § 15 Abs. 1 Satz 2 InsVV (Stundensatz 25 DM) wenigstens insoweit Sinn, als sich hieraus ein Soll-Wert von *acht Stunden* je Jahr der Überwachung rückrechnen ließ. Bei der gegenwärtigen Fassung von § 14 Abs. 3 Satz 1 InsVV (**Regelmindestvergütung** 100 € pro Jahr) und § 15 Abs. 1 Satz 2 InsVV (Stundensatz 35 €) ergibt sich ein Soll-Wert von knapp *drei Stunden*. Folglich ist das ursprüngliche Konzept durch unvollständige Verordnungsänderungen mehr oder weniger ruiniert worden. Bei einem ursprünglichen Ansatz von acht Stunden Überwachungstätigkeit pro Jahr ergäbe sich jetzt eine Kappungsgrenze in Höhe von 280 € pro Jahr.

30 Insgesamt besteht damit kein sachlicher Zusammenhang (mehr) zwischen § 15 Abs. 2 Satz 1 InsVV und § 14 InsVV;[32] § 15 Abs. 2 Satz 1 InsVV hat insoweit nur (noch) eine **Warnfunktion** für die Gläubiger und den Insolvenzverwalter, um über eine Abänderung der Kappungsgrenze nach § 15 Abs. 2 Satz 2 InsVV nachzudenken.[33]

b) Beschluss Gläubigerversammlung (§ 15 Abs. 2 Satz 2 InsVV)

aa) Formalien

31 Gemäß § 15 Abs. 2 Satz 2 InsVV kann die Gläubigerversammlung hinsichtlich der Kappungsgrenze eine abweichende Regelung treffen, d. h. einen **Beschluss** fassen. Da es in der Wohlverhaltensphase keine Gläubigerversammlung mehr gibt, ist diese Entscheidung folglich noch im eröffneten Verfahren zu treffen, sinnvollerweise im Schlusstermin und gleichzeitig mit der Beschlussfassung nach § 292 Abs. 2 Satz 1 InsO. Soll das Verfahren aufgrund angezeigter Masseunzulänglichkeit gemäß § 211 Abs. 1 InsO eingestellt werden, ergibt sich eine obligatorische Gläubigerversammlung nur aus § 66 Abs. 1 Satz 1 InsO. Ob die Entscheidung der Gläubiger bereits früher, d. h. im Berichtstermin oder in einer fakultativen Gläubigerversammlung nach § 75 InsO getroffen werden kann, scheint nicht praxisrelevant, aber zulässig. Ebenfalls nur theoretisch zu beachten ist, dass auch ein Beschluss i. S. d. § 15 Abs. 2 Satz 2 InsVV gemäß § 78 Abs. 1 InsO auf Antrag eines Insolvenzgläubigers aufzuheben ist, wenn der Beschluss dem gemeinsamen Interesse der Insolvenzgläubiger widerspricht. Grundsätzlich sind Beschlüsse der Gläubigerversammlung jedoch unanfechtbar, sodass insbesondere dem Schuldner kein Rechtsmittel zur Verfügung steht.

32 Generell kann die Gläubigerversammlung jedoch nur über **Tagesordnungspunkte** entscheiden, die vorher nach § 74 Abs. 2 InsO zumindest schlagwortartig öffentlich bekannt gemacht wurden, allein die Aufzählung von Gesetzesvorschriften genügt nicht.[34] Insoweit sollte nicht nur die Anordnung der Überwachung, sondern auch die Vergütung des Treuhänders als Beschlussgegenstand veröffentlicht werden. Denn ansonsten könnte der Beschluss i. S. d. § 15 Abs. 2 Satz 2 InsVV unwirksam ergangen sein. Zudem müssen die Beschlussfassungen der Gläubigerversammlung vom Insol-

---
32) Kritisch auch Leonhardt/Smid/Zeuner/*Amberger*, InsVV, § 15 Rz. 7.
33) Im Ergebnis auch *Haarmeyer/Mock*, InsVV, § 15 Rz. 9.
34) BGH, Beschl. v. 20.3.2008 – IX ZB 104/07, ZIP 2008, 1030.

venzgericht protokolliert werden. Zwar sind Protokollberichtigungen nach § 4 InsO, § 164 Abs. 1 ZPO jederzeit möglich, jedoch ist eine ablehnende Entscheidung des Insolvenzgerichts nicht beschwerdefähig.[35]

Da sich die Schlusstermine bei Gläubigern zurückhaltender Beliebtheit erfreuen und ohnehin das schriftliche Verfahren dominiert, könnte sich der Insolvenzverwalter quasi für die Zeit als Treuhänder selbst beauftragen, wenn er die Anordnung der Überwachung i. S. d. § 292 Abs. 2 InsO sowie die Abänderung der Kappungsgrenze auf die Tagesordnung für die maßgebliche Gläubigerversammlung setzen lässt, die Beschlussvorlage entsprechend formuliert und dann niemand erscheint. Insoweit kann die **Genehmigungsfiktion** des § 160 Abs. 1 Satz 3 InsO weder für § 292 Abs. 2 InsO noch für § 15 Abs. 2 Satz 2 InsVV gelten. 33

bb) Wertgrenze

Welchen Wert die Gläubigerversammlung beschließen kann, ist nicht eindeutig geregelt. Die Verordnungsbegründung spricht lediglich davon, dass die **Höchstgrenze** abweichend festgelegt werden kann.[36] Das entspricht der systematischen Stellung des § 15 Abs. 2 Satz 2 InsVV, sodass offenbar nicht der *Stundensatz* von der Gläubigerversammlung bestimmt werden kann,[37] was dem generellen Grundprinzip des Vergütungsrechts entspräche. Die Gläubiger sollen lediglich auf die Höchstgrenze Einfluss nehmen können, um nicht überrascht zu werden.[38] Die Gläubigerversammlung kann einen *bestimmten Betrag* oder ein zu bestimmendes *Vielfaches* der Vergütung nach § 14 InsVV vorgeben. Sie kann den Treuhänder freilich auch ganz von der Kappungsgrenze freistellen.[39] Eindeutig scheint zumindest, dass immer der Netto-Betrag gemeint ist, da die Festsetzung von Umsatzsteuer nach § 16 Abs. 1 Satz 4 InsVV nicht zur Disposition der Gläubigerversammlung steht. 34

Theoretisch kann die Gläubigerversammlung auch beschließen, die Höchstgrenze *herabzusetzen*, denn unwirksam wäre ein solcher Beschluss nicht. Allerdings kann (ggf. und muss) der Treuhänder die Übernahme der Überwachungstätigkeit (also nicht die Übernahme des Treuhänderamts) ablehnen; § 292 Abs. 2 Satz 3 InsVV ist so zu verstehen, dass der Treuhänder nicht gezwungen werden kann, unterhalb der *gesetzlichen* Vergütung zu arbeiten. Ob hier tatsächlich Absenkungen des Höchstbetrages durch die Gläubigerversammlung möglich sind und der Insolvenzverwalter ganz oder teilweise auf die gesetzliche Vergütung des Treuhänders im Vorhinein verzichten kann, scheint auch vor dem Aspekt möglicher Treuhänderwechsel fraglich. Diese bereits im eröffneten Verfahren zu treffenden Entscheidungen können nach Verfahrenseröffnung nicht mehr geändert werden, gelten also auch für einen 35

---

35) LG Saarbrücken, Beschl. v. 9.5.2007 – 5 T 108/06, ZInsO 2007, 824.
36) Insolvenzrechtliche Vergütungsverordnung (InsVV) v. 19.8.1998 (BGBl. I 1998, 2205), Begründung zu § 15 InsVV, siehe Anh. III Rz. 83.
37) Wie hier auch *Graeber/Graeber*, InsVV, § 15 Rz. 13, 26; a. A. *Lissner*, InsbürO 2016, 372, 374 (allerdings ohne Begründung). Nicht eindeutig *Haarmeyer/Mock*, InsVV, § 15 Rz. 10; *Keller*, Vergütung und Kosten, § 11 Rz. 26.
38) Insolvenzrechtliche Vergütungsverordnung (InsVV) v. 19.8.1998 (BGBl. I 1998, 2205), Begründung zu § 15 InsVV, siehe Anh. III Rz. 83.
39) *Graeber/Graeber*, InsVV, § 15 Rz. 19; FK-InsO/*Lorenz*, § 15 InsVV Rz. 6; KPB-InsO/*Stoffler*, § 15 InsVV Rz. 5 (Stand: 07/2012).

VI. Vorschüsse

36 Die Entnahme von Vorschüssen ist grundsätzlich in § 16 Abs. 2 Satz 1 InsVV geregelt, sodass zunächst auf die dortige Kommentierung verwiesen werden kann. Eine besondere Vorschussregelung für die Zusatzvergütung nach § 15 InsVV enthält jedoch § 292 Abs. 2 Satz 3 InsO. Denn der Treuhänder ist nach dieser Norm nur zur Überwachung verpflichtet, soweit die ihm dafür zustehende zusätzliche Vergütung gedeckt ist oder vorgeschossen wird.

37 Ist **Liquidität** vorhanden, kann der Vorschuss den erzielten Einnahmen entnommen werden. Jedenfalls ist aus der systematischen Stellung des § 16 Abs. 2 Satz 1 InsVV nichts Gegenteiliges abzuleiten. Regelmäßig wird es an einer solchen Liquidität jedoch fehlen.

38 (Gesamt-)Schuldner dieses **Vorschussanspruchs** i. S. d. §§ 420 ff. BGB sind die *Insolvenzgläubiger*,[40] soweit ihre Forderungen in das Schlussverzeichnis aufgenommen wurden. Folglich kann der Treuhänder nach § 421 BGB verfahren,[41] d. h. einen beliebigen Gläubiger zur Zahlung des Vorschusses auffordern. Regelmäßig werden dabei diejenigen Gläubiger herangezogen, die die Beschlussfassung nach § 292 Abs. 2 Satz 1 InsO initiiert bzw. bei der Beschlussfassung zustimmend mitgewirkt haben. Eine eindeutige Regelung, ob der Vorschuss auf bestimmte Zeitabschnitte gerichtet sein muss oder gleich für die gesamte Dauer der Wohlverhaltensphase verlangt werden kann, existiert nicht. Der Wortlaut des § 292 Abs. 2 Satz 3 InsO kann allerdings ohne ersichtliche Probleme dahingehend ausgelegt werden, dass der Vorschuss den Gesamtzeitraum abdecken muss.[42]

39 Sobald die Tätigkeit des Treuhänders mit dem Aufgabengebiet der Überwachung des Schuldners beendet wurde, sind einerseits die noch nicht berechneten Stunden, andererseits die vorschüssig vergüteten Stunden abzurechnen. Ergibt sich ein Guthaben aufgrund nicht verbrauchter Vorschüsse, so hat der Einzahler einen Erstattungsanspruch aus ungerechtfertigter Bereicherung. Eine Verrechnung des Guthabens mit der Vergütung nach § 14 InsVV kommt nicht in Betracht.[43] Soweit sich eine Restforderung des Treuhänders ergibt, die weder aus der „Masse" der Wohlverhaltensphase noch von einer Verfahrenskostenstundung gedeckt werden kann, haften ausschließlich die Insolvenzgläubiger, nicht aber der Schuldner.[44]

40 Sind dem Schuldner gemäß § 4a InsO die Kosten des Verfahrens auch für den Abschnitt der Wohlverhaltensphase gestundet worden, so erstreckt sich die Stundung auch auf die zusätzliche Vergütung i. S. d. § 15 InsVV. Daher wird vertreten, die Vorschüsse könnten auch gegen die *Staatskasse* geltend gemacht werden.[45] Hier

---

40) FK-InsO/*Lorenz*, § 15 InsVV Rz. 8; KPB-InsO/*Stoffler*, § 15 InsVV Rz. 6 (Stand: 07/2012).
41) FK-InsO/*Lorenz*, § 15 InsVV Rz. 8; KPB-InsO/*Stoffler*, § 15 InsVV Rz. 6 (Stand: 07/2012).
42) FK-InsO/*Lorenz*, § 15 InsVV Rz. 3, 6.
43) KPB-InsO/*Stoffler*, § 15 InsVV Rz. 10 (Stand: 07/2012).
44) *Graeber/Graeber*, InsVV, § 15 Rz. 24.
45) FK-InsO/*Lorenz*, § 15 InsVV Rz. 3; KPB-InsO/*Stoffler*, § 15 InsVV Rz. 9 (Stand: 07/2012).

müssen jedoch neuere Entwicklungen nachvollzogen werden. Seit geraumer Zeit geht die Rechtsprechung davon aus, dass eine Festsetzung von Vergütungsansprüchen gegen die Staatskasse auf die jeweils gesetzliche Mindestvergütung beschränkt ist.[46] Ungeachtet genereller Bedenken gegen diese Rechtsansicht[47] würde dies bei deren Übertragung auf § 15 InsVV bedeuten, dass gegen die Staatskasse nur die in § 15 Abs. 2 Satz 1 InsVV vorgesehene Vergütung festgesetzt werden kann, nicht aber eine erhöhte Vergütung nach § 15 Abs. 2 Satz 2 InsVV; für den Differenzbetrag blieben ausschließlich die Insolvenzgläubiger verhaftet.[48] Nichts anderes müsste daher für Vorschüsse gelten.

Ebenfalls noch nicht diskutiert wird die Frage, ob sich die Rechtsansicht, im eröffneten Verfahren müssten **Rückstellungen** für die Vergütung des Treuhänders gebildet werden, auch auf die Zusatzvergütung nach § 15 InsVV erstrecken soll. Diese Ansicht wird hier im Grundsatz nicht geteilt, da sie zulasten der Insolvenzgläubiger verfassungswidrig sein dürfte (§ 14 Rz. 70). Im Kontext des § 15 InsVV könnte diese Bewertung jedoch anders ausfallen, da es gerade die in das Schlussverzeichnis aufgenommenen Insolvenzgläubiger sind, die gleichermaßen von einer Minderung der Insolvenzquote bei der Schlussverteilung (aufgrund Rückstellung) und vom gegen sie als Gesamtschuldner gerichteten Anspruch des Treuhänders auf Vorschussgewährung auf die Vergütung nach § 292 Abs. 2 Satz 3 InsO, § 15 InsVV betroffen sind (Rz. 38 f.). Dann ist der Vorgang für die Insolvenzgläubiger nicht nur liquiditäts- und erfolgsneutral, sondern es wird vermieden, dass nur ein Gläubiger für die Vorschussleistung in Anspruch genommen wird und die Gläubiger untereinander einen Gesamtschuldnerausgleich nach § 426 Abs. 1 Satz 1 BGB durchführen müssen – kurz nachdem sie eine Insolvenzquote aus der Schlussverteilung erhalten haben. 41

Wird ein (begründet) angeforderter **Vorschuss nicht fristgerecht geleistet**, kann der Treuhänder die Überwachungstätigkeit gemäß § 292 Abs. 2 Satz 3 InsO einstellen.[49] 42

VII. Umsatzsteuer

Für die Erhebung von Umsatzsteuer auf die (zusätzliche) Vergütung des Treuhänders enthält § 16 Abs. 1 Satz 4 InsVV eine Spezialregelung, sodass auf die dortige Kommentierung verwiesen werden kann. 43

VIII. Festsetzungsverfahren

Hinsichtlich der Festsetzung der Vergütung enthält § 16 Abs. 1 Satz 2 InsVV eine spezielle Regelung, sodass auf die dortige Kommentierung verwiesen werden kann. Selbiges gilt für mögliche Rechtsmittel, die Entnahme der Vergütung und eine Einstandspflicht der Staatskasse. Soweit sich Letztere auf eine von der Gläubigerversammlung beschlossene abweichende Kappungsgrenze beziehen soll, sei jedoch auf Rz. 40 verwiesen. 44

---

46) BGH, Beschl. v. 7.2.2013 – IX ZB 245/11, ZIP 2013, 631.
47) Ausführlich *Zimmer*, InsbürO 2014, 162.
48) Ohne Bezugnahme auf die Rechtsprechung, eher als Forderung, im Ergebnis auch *Graeber/Graeber*, InsVV, § 15 Rz. 22 f.; a. A. *Keller*, Vergütung und Kosten, § 11 Rz. 27, jedoch ohne Begründung.
49) FK-InsO/*Lorenz*, § 15 InsVV Rz. 3; KPB-InsO/*Stoffler*, § 15 InsVV Rz. 8 (Stand: 07/2012).

§ 16
Festsetzung der Vergütung. Vorschüsse

(1) ¹Die Höhe des Stundensatzes der Vergütung des Treuhänders, der die Erfüllung der Obliegenheiten des Schuldners überwacht, wird vom Insolvenzgericht bei der Ankündigung der Restschuldbefreiung festgesetzt. ²Im übrigen werden die Vergütung und die zu erstattenden Auslagen auf Antrag des Treuhänders bei der Beendigung seines Amtes festgesetzt. ³Auslagen sind einzeln anzuführen und zu belegen. ⁴Soweit Umsatzsteuer anfällt, gilt § 7 entsprechend.

(2) ¹Der Treuhänder kann aus den eingehenden Beträgen Vorschüsse auf seine Vergütung entnehmen. ²Diese dürfen den von ihm bereits verdienten Teil der Vergütung und die Mindestvergütung seiner Tätigkeit nicht überschreiten. ³Sind die Kosten des Verfahrens nach § 4a der Insolvenzordnung gestundet, so kann das Gericht Vorschüsse bewilligen, auf die Satz 2 entsprechend Anwendung findet.

Literatur: *Holzer/Semmelbeck*, Rücklagenbildung für die Kosten des Restschuldbefreiungsverfahrens, NZI 2015, 354; *Lissner*, Die Bildung von Rückstellungen für zukünftig anfallende Verfahrenskosten – au revoir § 298 InsO?, ZInsO 2015, 489; *Zimmer*, Die Rückstellung für die Treuhändervergütung und ihre (Folge-)Probleme, InsbürO 2016, 324.

Übersicht

I. Zweck der Norm 1	b) Besonderheit § 15 Abs. 2 Satz 2 InsVV 26
II. Rechtsnatur 2	VIII. Vorschüsse (§ 16 Abs. 2 InsVV) 27
III. Historie 3	1. Freies Entnahmerecht aus eingehenden Beträgen (§ 16 Abs. 2 Satz 1 InsVV) 27
IV. Stundensatz für Überwachung von Obliegenheiten (§ 16 Abs. 1 Satz 1 InsVV) 5	a) Freies Entnahmerecht 27
V. Auslagenerstattung (§ 16 Abs. 1 Satz 3 InsVV) 8	b) Tatbestandsmerkmal „eingehende Beträge" 28
1. Allgemeines 8	aa) Einnahmen in Wohlverhaltensphase 28
2. Angemessene Auslagen 9	
3. Nachweis 13	bb) Rückstellungen im eröffneten Verfahren 29
4. Auslagen bei Überwachung Obliegenheit 15	cc) Rückstellungen während der Wohlverhaltensphase 31
VI. Umsatzsteuer (§ 16 Abs. 1 Satz 4 InsVV) 16	dd) Abgrenzung zur Nachtragsverteilung 33
VII. Festsetzungsverfahren im Übrigen (§ 16 Abs. 1 Satz 2 InsVV) 18	2. (Höchst-)Betrag des Vorschusses (§ 16 Abs. 2 Satz 2 InsVV) 35
1. Allgemeines 18	
2. Beendigung des Treuhänderamts 20	3. Sekundäranspruch gegen die Staatskasse (§ 16 Abs. 2 Satz 3 InsVV) 38
3. Besonderheiten bei Festsetzung gegen die Staatskasse 22	
a) Allgemeine Regeln 22	

I. Zweck der Norm

1 Die Vergütung des Treuhänders in der Wohlverhaltensphase ist in § 293 Abs. 1 InsO, § 14 InsVV geregelt, ergänzt um eine Zusatzvergütung für die Überwachung der Obliegenheiten des Schuldners gemäß § 292 Abs. 2 Satz 3 InsO, § 15 InsVV. Für die Festsetzung dieser Vergütung verweist § 293 Abs. 2 InsO auf §§ 64, 65 InsO, aufgrund derer § 16 InsVV das Festsetzungsverfahren **näher ausgestaltet**.

Festsetzung der Vergütung. Vorschüsse § 16

II. Rechtsnatur

§ 16 InsVV ist eine reine **Verfahrensvorschrift** zur Festsetzung der Vergütung, die 2
allenfalls im Hinblick auf die Gewährung von Umsatzsteuer auf die Vergütung als steuerliche Bemessungsgrundlage eine materiell-rechtliche Anspruchsgrundlage enthält.

III. Historie

§ 16 Abs. 1 InsVV sowie § 16 Abs. 2 Satz 1 und 2 InsVV sind seit Einführung der 3
InsVV zum 1.1.1999[1)] unverändert.

§ 293 Abs. 2 InsO wurde mit dem Gesetz zur Änderung der Insolvenzordnung und 4
anderer Gesetze vom 26.10.2001[2)] um einen Verweis auf § 63 Abs. 2 InsO erweitert.
Hintergrund ist die Einführung der Stundung der Verfahrenskosten für Insolvenzverfahren, die ab dem 1.12.2001 eröffnet werden (Art. 103a EGInsO). Der Treuhänder hat hierdurch einen Sekundäranspruch gegen die Staatskasse.[3)] In diesem Zusammenhang wurde § 16 Abs. 2 Satz 3 InsVV eingeführt, der den Sekundäranspruch auf Vorschüsse des Treuhänders erweitert.

IV. Stundensatz für Überwachung von Obliegenheiten (§ 16 Abs. 1 Satz 1 InsVV)

Die dem Schuldner gemäß § 295 InsO obliegenden Pflichten bleiben grundsätzlich 5
ohne Überwachung durch den Treuhänder. Die Gläubigerversammlung kann gemäß
§ 292 Abs. 2 Satz 1 InsO dem Treuhänder jedoch zusätzlich die Aufgabe übertragen, die Erfüllung der Obliegenheiten des Schuldners zu überwachen. Hierfür gebührt
dem Treuhänder eine **zusätzliche Vergütung** nach §§ 292 Abs. 2 Satz 3, 293 Abs. 1
InsO, § 15 InsVV. In § 15 Abs. 1 Satz 2 InsVV ist diese zusätzliche Vergütung als
Stundenvergütung vorgegeben.

Der regelmäßige **Stundensatz** beträgt hiernach 35 €. Das Insolvenzgericht kann auf 6
Antrag des Insolvenzverwalters (da die Entscheidung noch im eröffneten Insolvenzverfahren ergeht) einen abweichenden Stundensatz „akzeptieren". Unabhängig davon,
ob der Regelstundensatz oder ein abweichender Stundensatz zur Anwendung kommt,
muss das Insolvenzgericht den Stundensatz nach § 16 Abs. 1 Satz 1 InsVV förmlich
festsetzen. Hinsichtlich der Frage, in welchen Fällen ein abweichender Stundensatz in
Betracht kommt, sei auf die Kommentierung zu § 15 InsVV verwiesen (§ 15 Rz. 15 ff.);
gleiches gilt für eine mögliche inflationsbedingte Anpassung (§ 15 Rz. 20). Die Gläubigerversammlung kann auch über § 15 Abs. 2 Satz 2 InsVV keinen Einfluss auf den
Stundensatz nehmen (§ 15 Rz. 34).

Für das **Festsetzungsverfahren** gelten die allgemeinen Regeln, sodass auch die Fest- 7
setzung des Stundensatzes durch einen Beschluss des Insolvenzgerichts, gegen den
die Beschwerde möglich ist, ergeht. Da § 293 Abs. 2 InsO auch auf § 64 Abs. 2 InsO
verweist, bedarf es der öffentlichen Bekanntmachung des Beschlusses, jedoch ohne
Erwähnung des Stundensatzes. Der Stundensatz ist nachträglich keiner Anpassung

---

1) Insolvenzrechtliche Vergütungsverordnung (InsVV) v. 19.8.1998 (BGBl. I 1998, 2205), siehe Anh. III.
2) Gesetz zur Änderung der Insolvenzordnung und anderer Gesetze v. 26.10.2001 (BGBl. I 2001, 2710), siehe Anh. IV.
3) Gesetz zur Änderung der Insolvenzordnung und anderer Gesetze v. 26.10.2001 (BGBl. I 2001, 2710), Begründung zu § 293 Abs. 2 InsO, siehe Anh. IV Rz. 39.

zugänglich (§ 15 Rz. 14), da der Verordnungsgeber Rechtssicherheit für das gesamte Restschuldbefreiungsverfahren herstellen wollte.[4] Folglich wäre ansonsten eine unzulässige Rechtskraftdurchbrechung festzustellen.[5]

V. Auslagenerstattung (§ 16 Abs. 1 Satz 3 InsVV)

1. Allgemeines

8 Materiell-rechtliche Anspruchsgrundlage des Treuhänders in der Wohlverhaltensphase auf Erstattung angemessener Auslagen ist § 293 Abs. 1 Satz 1 InsO. § 16 Abs. 1 Satz 3 InsVV regelt insoweit lediglich, dass Auslagen einzeln anzuführen und zu belegen sind.

2. Angemessene Auslagen

9 Der Verordnungsgeber geht davon aus, dass angesichts des eingeschränkten Aufgabenkreises des Treuhänders nur eventuell **Auslagen** entstehen.[6] Zu denken ist zunächst an die Kosten der Telekommunikation des Treuhänders mit dem Schuldner, Arbeitgebern, dem Insolvenzgericht etc. Erstattungsfähig sind jedoch auch Kosten für Recherchen, die Einholung von Auskünften oder die Informationsbeschaffung allgemein. Sofern vertreten wird, der Treuhänder hätte die aus §§ 287 Abs. 2, 295 InsO resultierenden Ansprüche auch gerichtlich durchzusetzen (§ 14 Rz. 20), sind auch hierdurch begründete Auslagen zu erstatten.[7] Nicht unbeachtlich ist, dass im Dritten Abschnitt der InsVV ein Verweis auf § 4 Abs. 1 Satz 1 und 2 InsVV (Abgeltung der Geschäftskosten durch die Vergütung) fehlt, sodass der Verordnungsgeber offenbar davon ausgeht, dass der Treuhänder als Privatperson in seiner Freizeit tätig wird. Tatsächlich setzt jedoch auch ein Treuhänder seine Kanzlei-Infrastruktur ein, sodass der fehlende Verweis auf § 4 Abs. 1 Satz 1 und 2 InsVV eigentlich dazu führen müsste, dass der ganze Kanzleiaufwand als Auslage geltend gemacht werden könnte. Dem würde jedoch entgegengehalten werden, es läge nur ein redaktioneller Fehler des Verordnungsgebers vor.

10 Als angemessen sind diejenigen Auslagen anzusehen, die aus Sicht des Treuhänders zum Zeitpunkt ihres Entstehens als **erforderlich** zu beurteilen waren (**ex-ante-Betrachtung**).[8] Maßgebend ist ein **objektiver Maßstab** unter Berücksichtigung der **subjektiven Erkenntnismöglichkeiten** eines verständigen Treuhänders.[9] Heranzuziehen sind §§ 675, 670 BGB, wonach eine Pflicht zum Ersatz von Aufwendungen nur besteht, wenn der Beauftragte sie den Umständen nach für erforderlich halten durfte.[10] Diese Beurteilung des Beauftragten, seine Aufwendung sei notwendig, ist bei objektiv fehlender Notwendigkeit nur dann i. S. d. § 670 BGB gerechtfertigt, wenn

---

4) Insolvenzrechtliche Vergütungsverordnung (InsVV) v. 19.8.1998 (BGBl. I 1998, 2205), Begründung zu § 16 InsVV, siehe Anh. III Rz. 85.
5) *Graeber/Graeber*, InsVV, § 16 Rz. 4.
6) Insolvenzrechtliche Vergütungsverordnung (InsVV) v. 19.8.1998 (BGBl. I 1998, 2205), Begründung zu § 16 InsVV, siehe Anh. III Rz. 85.
7) *Haarmeyer/Mock*, InsVV, § 16 Rz. 6.
8) *Haarmeyer/Mock*, InsVV, § 16 Rz. 6; KPB-InsO/*Stoffler*, § 16 InsVV Rz. 6 (Stand: 07/2012).
9) Vgl. KPB-InsO/*Stoffler*, § 16 InsVV Rz. 6 (Stand: 07/2012).
10) *Haarmeyer/Mock*, InsVV, § 16 Rz. 6.

er seine Entscheidung nach sorgfältiger, den Umständen des Falles nach gebotener Prüfung trifft.[11] Insoweit gilt nichts anderes als beim Insolvenzverwalter.[12]

Die Angemessenheit von Auslagen richtet sich ausschließlich nach dem **Aufgaben-** 11 **kreis des Treuhänders.** Eine analoge Anwendung von § 4 Abs. 2 InsVV scheidet zwar aus, da sich im Dritten Abschnitt der InsVV kein Verweis auf die Regeln des Ersten Abschnitts findet, ohne dass eine ungewollte Regelungslücke erkennbar wäre; eine Tätigkeit außerhalb des vorgegebenen Aufgabenkreises kann gleichwohl nicht zu angemessenen Auslagen führen.

Eine Mischung aus vorgenannten Erwägungen ergibt sich bei den **Kontoführungs-** 12 **gebühren** für das vom Treuhänder geführte Verfahrenskonto. Denn das Entstehen der Kontoführungsgebühren beruht nicht auf einer Handlung des Treuhänders, sodass hier im Grunde stets eine Verletzung der Befriedigungsreihenfolge der Insolvenzordnung indiziert ist, was ein grundsätzliches Problem darstellt. In Bezug auf den Treuhänder kann vertreten werden, dass er erst dann ein Konto für die Restschuldbefreiungsphase einrichten soll, wenn tatsächlich Einnahmen zu erwarten sind; ansonsten könnte es an der Angemessenheit von Kontoführungsgebühren fehlen. Werden diese Kontoführungsgebühren aus den eingehenden Geldern gedeckt, stellt sich dieses Problem freilich nicht, obgleich es hier nicht den Begriff der Masseverbindlichkeit i. S. d. § 55 InsO gibt. Problematisch sind Kontoführungsgebühren nur dann, wenn sie von der Liquidität nicht gedeckt sind (und das Konto in einen negativen Saldo gerät) und Erstattung gegen die Staatskasse geltend gemacht wird. Bei unregelmäßigen Zahlungseingängen kann jedoch vom Treuhänder (und der kontoführenden Bank) nicht erwartet werden, dass ständig neue Konten eröffnet und wieder geschlossen werden. All dies ist den Insolvenzgerichten in der Vergangenheit möglicherweise nicht bewusst gewesen, da die Banken aufgrund der Geschäftsbeziehungen mit den Insolvenzverwaltern meist auf Kontoführungsgebühren verzichtet haben. Aufgrund der langanhaltenden Niedrigzinsphase scheint sich dies derzeit jedoch zu ändern.

3. Nachweis

Gemäß § 16 Abs. 1 Satz 3 InsVV sind Auslagen **einzeln zu belegen.** Nach der Vor- 13 stellung des Verordnungsgebers ist dem Treuhänder dies aufgrund seines reduzierten Aufgabenkreises zuzumuten.[13] In Ermangelung eines Verweises auf § 8 Abs. 3 InsVV kann jedenfalls keine Pauschale verlangt werden.

Hierbei darf jedoch nicht übersehen werden, dass die Regelung aus dem Jahr 1998 14 stammt. Inzwischen können die Treuhänder Telefonkosten nicht mehr einzeln nachweisen, da Flatrates die Marktlandschaft beherrschen. Für Porti muss die Akte durchgesehen und geschätzt werden, wie schwer wohl ein Brief war, d. h. mit welchem Porto die Post frankiert wurde, denn Portobücher sind inzwischen ebenfalls weitgehend abgeschafft worden. Einiges an Kommunikation erfolgt per E-Mail-Verkehr, der für den Treuhänder nicht kostenlos, aber auch nicht einzeln zu beziffern ist. Für den Konkursverwalter war in § 6 Abs. 4 VergVO ebenfalls ein Einzelnachweis vor-

---

11) Vgl. BGH, Urt. v. 19.9.1985 – IX ZR 16/85, NJW 1986, 310.
12) Vgl. KPB-InsO/*Stoffler*, § 16 InsVV Rz. 6 (Stand: 07/2012).
13) Insolvenzrechtliche Vergütungsverordnung (InsVV) v. 19.8.1998 (BGBl. I 1998, 2205), Begründung zu § 16 InsVV, siehe Anh. III Rz. 85.

gesehen, jedoch hat die Rechtsprechung eine **Pauschalierung** in Abhängigkeit von der Vergütung nicht beanstandet.[14] Daher ist ein Pauschbetrag auch für den Treuhänder nicht gänzlich ausgeschlossen. Der Angemessenheit dürfte es entsprechen, hier analog KV 7002 der Anlage 1 zum RVG bzw. § 16 Satz 2 StBVV eine Auslagenpauschale von 20 € pro Jahr anzusetzen.

4. Auslagen bei Überwachung Obliegenheit

15 Aufgrund der systematischen Stellung des § 16 InsVV hinter § 15 InsVV und des § 293 Abs. 1 Satz 1 InsO hinter § 292 Abs. 2 Satz 3 InsO scheint eindeutig, dass der Auslagenerstattungsanspruch auch für diejenigen Tätigkeiten besteht, die der Treuhänder nicht als Regelaufgabe i. S. d. § 292 Abs. 1 InsO erbringt, sondern auch für diejenigen Tätigkeiten, die im Fall des § 292 Abs. 2 InsO für die Überwachung der Obliegenheiten des Schuldners anfallen. Diese Auslagen können nicht vom Höchstbetrag nach § 15 Abs. 2 InsVV umfasst sein, da dieser nur die Vergütung betrifft.

VI. Umsatzsteuer (§ 16 Abs. 1 Satz 4 InsVV)

16 Professionelle Treuhänder sind regelmäßig Unternehmer i. S. d. § 2 Abs. 1 UStG, sodass sie auf die Vergütung für ihre Leistung Umsatzsteuer zu erheben haben. Damit der Umsatzsteuerbetrag von der gerichtlichen Festsetzung der Gesamtvergütung erfasst wird, verweist § 16 Abs. 1 Satz 4 InsVV auf § 7 InsVV.

17 Die Verordnungssystematik ist insoweit ein Anachronismus, als immer noch davon ausgegangen wird, dass erstens nur *eventuell* Umsatzsteuer anfällt[15] und zweitens die Umsatzsteuer *zusätzlich* festzusetzen sei. Dies betrifft vordergründig nur den Sprachgebrauch und die Reihenfolge der Regelungen. Inhaltlich wirft dies jedoch die Frage auf, ob der Treuhänder nachweisen muss, dass er Unternehmer i. S. d. § 2 Abs. 1 UStG ist. Insoweit genügt jedoch die Geltendmachung der Umsatzsteuer als konkludente Erklärung, Unternehmer zu sein. Ob das Insolvenzgericht eine Glaubhaftmachung verlangen kann,[16] scheint zweifelhaft, zumal der Treuhänder die Umsatzsteuer auch dann an das Finanzamt abzuführen hat, wenn er sie unberechtigt ausweist (§ 14c UStG). Ungeachtet dessen dürfte das Erfordernis der Glaubhaftmachung an § 4 InsO, § 104 Abs. 2 Satz 3 ZPO scheitern.

VII. Festsetzungsverfahren im Übrigen (§ 16 Abs. 1 Satz 2 InsVV)

1. Allgemeines

18 Für den Treuhänder in der Wohlverhaltensphase verweist § 293 Abs. 2 InsO u. a. auf § 64 InsO, der eine Festsetzung der Vergütung und Auslagen durch das **Insolvenzgericht** vorsieht. Dies wird über §§ 293 Abs. 2, 65 InsO, § 16 Abs. 1 Satz 2 InsVV konkretisiert. Hiernach werden die Vergütung und die zu erstattenden Auslagen auf **Antrag des Treuhänders** bei der **Beendigung seines Amtes** festgesetzt.

19 § 8 InsVV gilt in Ermangelung eines Verweises nicht. Gleichwohl besteht der Unterschied zu § 8 Abs. 1 Satz 1 InsVV nur darin, dass die Beendigung des Treuhän-

---

14) BGH, Beschl. v. 13.7.2006 – IX ZB 164/04, ZInsO 2006, 816.
15) Insolvenzrechtliche Vergütungsverordnung (InsVV) v. 19.8.1998 (BGBl. I 1998, 2205), Begründung zu § 16 InsVV, siehe Anh. III Rz. 85.
16) *Graeber/Graeber*, InsVV, § 16 Rz. 16; KPB-InsO/*Stoffler*, § 16 InsVV Rz. 7 (Stand: 07/2012).

deramts (Rz. 20) als Zeitpunkt vorgegeben wird. Daher kann im Allgemeinen auf die Kommentierung zu § 8 InsVV verwiesen werden (§ 8 Rz. 83 ff.). Insbesondere muss der Vergütungsantrag begründet werden, d. h., die Berechnungsgrundlage des § 14 Abs. 1 InsVV muss ebenso wie – falls einschlägig – der Stundenaufwand i. S. d. § 15 Abs. 1 InsVV dargelegt werden. Da die Zusatzvergütung nach § 15 InsVV unselbstständiger Bestandteil der Treuhändervergütung ist, sollte nur eine einheitliche Vergütungsfestsetzung erfolgen.

2. Beendigung des Treuhänderamts

Die Beendigung des Treuhänderamtes kann auf der Erfüllung folgender Tatbestände 20 beruhen:

– Rechtskräftige[17] Erteilung oder Versagung der Restschuldbefreiung (§ 300 Abs. 1 Satz 1 InsO) nach Ablauf der sechsjährigen Abtretungsfrist (§ 287 Abs. 2 InsO); auf den Eintritt der Rechtskraft kann es aber wegen der Chronologie der Abläufe nicht ankommen;

– Vorzeitige Verfahrensbeendigung durch Verkürzung der Wohlverhaltensphase nach § 300 Abs. 1 Satz 2 InsO;

– Vorzeitige Verfahrensbeendigung durch Befriedigung aller Insolvenz- und Massegläubiger einschließlich Befriedigung der Verfahrenskosten; allein die Stundung der Verfahrenskosten ist nicht ausreichend;[18]

– Vorzeitige Verfahrensbeendigung nach Vergleich mit allen Insolvenzgläubigern und vollständiger Begleichung der Verfahrenskosten und aller sonstigen Masseverbindlichkeiten;[19]

– Vorzeitige Verfahrensbeendigung durch Tod des Schuldners;

– Tod oder Entlassung (§§ 292 Abs. 4 Satz 2, 59 InsO) des Treuhänders.

Im Regelfall kann der Vergütungsantrag nach Ablauf der Abtretungsfrist gestellt 21 werden, da hiernach keine vergütungsrelevanten Einnahmen mehr zu erwarten sind (zum vergütungsrelevanten Zeitraum siehe § 14 Rz. 34 ff.).

3. Besonderheiten bei Festsetzung gegen die Staatskasse

a) Allgemeine Regeln

Mit dem Gesetz zur Änderung der Insolvenzordnung und anderer Gesetze vom 22 26.10.2001[20] ist die Stundung der Verfahrenskosten in §§ 4a ff. InsO eingeführt worden. Für den Treuhänder bedeutet der Verweis in § 293 Abs. 2 InsO auf § 63 Abs. 2 InsO, dass auch er einen Sekundäranspruch gegen die Staatskasse hat.[21]

Gemäß § 4a Abs. 3 Satz 2 InsO ist die Stundung allerdings für jeden Verfahrensab- 23 schnitt gesondert zu gewähren. Die Wohlverhaltensphase bzw. das Restschuldbefrei-

---

17) *Haarmeyer/Mock*, InsVV, § 16 Rz. 3; KPB-InsO/*Stoffler*, § 16 InsVV Rz. 3 (Stand: 07/2012).
18) BGH, Beschl. v. 22.9.2016 – IX ZB 29/16, ZVI 2017, 39.
19) BGH, Beschl. v. 29.9.2011 – IX ZB 219/10, ZVI 2011, 465.
20) Gesetz zur Änderung der Insolvenzordnung und anderer Gesetze v. 26.10.2001 (BGBl. I 2001, 2710), siehe Anh. IV.
21) Gesetz zur Änderung der Insolvenzordnung und anderer Gesetze v. 26.10.2001 (BGBl. I 2001, 2710), Begründung zu § 293 Abs. 2 InsO, siehe Anh. IV Rz. 39.

ungsverfahren ist ein solch eigenständiger Verfahrensabschnitt.[22] Nicht ausreichend ist, dass zwar ein Stundungsantrag gestellt wurde, der zu einer Stundung für das Eröffnungsverfahren und das eröffnete Verfahren geführt hatte, aber hinsichtlich des Restschuldbefreiungsverfahrens vom Insolvenzgericht nicht bearbeitet wurde.[23] Wird eine bewilligte Stundung während des Verfahrensabschnitts aufgehoben, besteht die Subsidiärhaftung der Staatskasse immerhin so lange fort, bis der Treuhänder von der Aufhebung Kenntnis erlangt.[24]

24 Für das Festsetzungsverfahren gelten die allgemeinen Regeln (§ 8 Rz. 183 ff.). Die eigentliche Festsetzung des Vergütungsanspruchs (gegen den Schuldner) und die Festsetzung des aus der Staatskasse zu leistenden Betrages sind zwei getrennte Vorgänge. Steht die Höhe der Vergütung fest, weigert sich jedoch die Staatskasse zu zahlen, löst dies ein eigenes Beschwerderecht des Treuhänders analog § 64 Abs. 3 Satz 1 InsO aus;[25] dem Bezirksrevisor hingegen steht nur die Erinnerung nach § 11 Abs. 2 RPflG zu.

25 Hinsichtlich der Höhe soll ein Anspruch gegen die Staatskasse auf die Mindestvergütung beschränkt sein;[26] für den Treuhänder hat dies keine praktische Auswirkung. Anders nur bei einer erfolgten Einstellung des Verfahrens nach § 211 InsO, wenn der Treuhänder unter Verletzung der Befriedigungsreihenfolge der §§ 53, 209 InsO sonstige Masseverbindlichkeiten aus dem eröffneten Verfahren begleicht, ohne an seine Vergütung als Treuhänder zu denken.[27]

b) Besonderheit § 15 Abs. 2 Satz 2 InsVV

26 Eine Besonderheit ergibt sich, wenn der Treuhänder einen Vergütungsanspruch gemäß §§ 292 Abs. 2 Satz 3, 293 Abs. 1 InsO, § 15 InsVV für die Überwachung der Obliegenheiten des Schuldners hat. Bei der erst später kodifizierten Verfahrenskostenstundung wurde die Zusatzvergütung nicht ausreichend gewürdigt. Es ist aufgrund der Gesetzessystematik jedoch eindeutig, dass zumindest der gesetzliche Höchstbetrag dieser Zusatzvergütung (§ 15 Abs. 2 Satz 1 InsVV) von der Verfahrenskostenstundung erfasst wird. Zweifelhaft ist jedoch, ob die Anhebung dieses Betrages durch die Gläubigerversammlung (§ 15 Abs. 2 Satz 2 InsVV) ebenfalls von der Staatskasse zu tragen ist; dies ist zu verneinen (§ 15 Rz. 40).

VIII. Vorschüsse (§ 16 Abs. 2 InsVV)

1. Freies Entnahmerecht aus eingehenden Beträgen (§ 16 Abs. 2 Satz 1 InsVV)

a) Freies Entnahmerecht

27 Der Treuhänder kann aus den eingehenden Beträgen Vorschüsse auf seine **Vergütung** entnehmen (§ 16 Abs. 2 Satz 1 InsVV). Dies bedeutet zunächst ein freies Entnahmerecht des Treuhänders im Hinblick auf verdiente Vorschüsse (Rz. 35). Dies

---

22) BGH, Beschl. v. 25.9.2003 – IX ZB 459/02, ZInsO 2003, 1041.
23) BGH, Beschl. v. 7.2.2013 – IX ZB 75/12, ZIP 2013, 635.
24) BGH, Beschl. v. 8.5.2014 – IX ZB 31/13, ZIP 2014, 1251.
25) Vgl. BGH, Beschl. v. 14.10.2010 – IX ZB 224/08, ZInsO 2010, 2188; BGH, Beschl. v. 7.2.2013 – IX ZB 175/11, ZInsO 2013, 563.
26) BGH, Beschl. v. 7.2.2013 – IX ZB 175/11, ZInsO 2013, 563.
27) Vgl. BGH, Beschl. v. 19.11.2009 – IX ZB 261/08, NZI 2010, 188; BGH, Beschl. v. 14.10.2010 – IX ZB 224/08, ZInsO 2010, 2188.

inkludiert Vorschüsse auf die bereits verdiente Vergütung für die **Überwachung der Obliegenheiten** des Schuldners nach § 292 Abs. 2 Satz 3 InsO, § 15 InsVV. Es bedarf folglich weder einer Festsetzung durch das Gericht noch einer Zustimmung zur „Verteilung" der eingegangenen Gelder durch das Insolvenzgericht, da § 9 InsVV in Ermangelung eines Verweises nicht gilt. Das Vorschussrecht erstreckt sich auch auf die bereits angefallenen **Auslagen**[28] sowie die **Umsatzsteuer**. Die Entnahme des Vorschusses soll dem Insolvenzgericht angezeigt werden.[29] Hierfür fehlt es jedoch an einer Rechtsgrundlage, sodass die Entnahme in die jährliche Berichterstattung des Treuhänders (§ 292 Abs. 1 Satz 4 InsO) integriert werden kann – aber auch muss.

b) Tatbestandsmerkmal „eingehende Beträge"

aa) Einnahmen in Wohlverhaltensphase

Die „eingehenden Beträge" müssen sich nach dem Verordnungswortlaut auf die **Wohlverhaltensphase** beziehen, d. h., die Einnahmen müssen aus den Tatbeständen der §§ 287 Abs. 2, 295, 300 Abs. 1 InsO resultieren: pfändbares Einkommen (§ 287 Abs. 2 InsO), fiktiv pfändbares Einkommen bei selbstständig tätigen Schuldnern (§ 295 Abs. 2 InsO), hälftige erbrechtliche Ansprüche nach Maßgabe des § 295 Abs. 1 Nr. 2 InsO oder freiwillige Zuzahlungen Dritter bzw. des Schuldners aus insolvenzfreiem Vermögen zur Verkürzung der Wohlverhaltensphase. Dieses Tatbestandsmerkmal macht folglich zwei Sachverhalte problematisch, nämlich die Auswirkungen einer Nachtragsverteilung (Rz. 33) und die Bildung von Rückstellungen: 28

bb) Rückstellungen im eröffneten Verfahren

Die Bildung von **Rückstellungen** für die Treuhändervergütung im eröffneten Insolvenzverfahren soll nach der Rechtsprechung des BGH zulässig sein.[30] Dies ist grundsätzlich abzulehnen,[31] da die entsprechende Entscheidung aus der Perspektive der Insolvenzgläubiger verfassungswidrig sein dürfte (ausführlich § 14 Rz. 70). Denn die damit verbundene Kürzung der Insolvenzquote führt dazu, dass die Insolvenzgläubiger die Treuhändervergütung, also die Restschuldbefreiung des Schuldners, finanzieren, obwohl der Gesetzgeber gerade dies ausgeschlossen hat. Ungeachtet dessen bezieht sich das freie *Entnahmerecht* des Treuhänders nicht nur auf die „eingehenden Beträge", sondern denklogisch auch auf den Bestand aus der Rückstellung. 29

Daher kann sich nach dem Wortlaut des § 16 Abs. 2 Satz 1 InsVV das Tatbestandsmerkmal der „eingehenden Beträge" nicht auf Rückstellungen aus dem eröffneten Verfahren beziehen. Soweit der Ansicht des BGH gefolgt wird, stellt die entspre- 30

---

28) Insolvenzrechtliche Vergütungsverordnung (InsVV) v. 19.8.1998 (BGBl. I 1998, 2205), Begründung zu § 16 InsVV, siehe Anh. III Rz. 87.
29) *Lissner*, InsbürO 2016, 416, 418.
30) BGH, Beschl. v. 20.11.2014 – IX ZB 16/14, ZIP 2015, 85. Zuvor bereits LG Duisburg, Beschl. v. 23.12.2004 – 7 T 282/04, BeckRS 2007, 00894; LG Essen, Beschl. v. 19.7.2005 – 16a T 40/05, JurionRS 2005, 37300; AG Duisburg, Beschl. v. 30.4.2003 – 62 IN 91/00, NZI 2003, 508. Ebenso *Holzer/Semmelbeck*, NZI 2015, 354, 356 (die dann unverständlicherweise aber eine Gesetzesänderung für erforderlich halten); *Lissner*, ZInsO 2015, 489 (ohne Auseinandersetzung mit der eigentlichen Problematik); *Schädlich*, NZI 2015, 128, 131 (der in der Urteilsbesprechung schon beim pfändbaren Einkommen nicht zwischen eröffnetem Verfahren und Wohlverhaltensphase unterscheidet).
31) Ausführlich *Zimmer*, InsbürO 2016, 324.

chende Übernahme eines Geldbestandes aus dem eröffneten Verfahren *keine Einnahme* des Treuhänders i. S. d. § 14 Abs. 1 InsVV dar.

cc) **Rückstellungen während der Wohlverhaltensphase**

31   Dies wirft die Folgefrage auf, ob **Rückstellungen während der Wohlverhaltensphase** für die Vergütungsansprüche in den Folgejahren zulässig sind. Auch dies ist zu verneinen, da § 292 Abs. 1 Satz 1 InsO ausdrücklich von einer Verteilung aller eingegangenen Beträge an die Insolvenzgläubiger spricht, zu kürzen lediglich um die i. S. d. § 16 Abs. 2 Satz 1 und 2 InsVV verdiente Vergütung für das abgelaufene Jahr der Treuhändertätigkeit. Ein Absehen von der Verteilung ist in § 292 Abs. 1 Satz 4 InsO lediglich für den Fall der Geringfügigkeit des zu verteilenden Betrages vorgesehen, was ersichtlich nicht die Bildung von Rückstellungen für Vergütungsansprüche des Treuhänders in Folgejahren meint.

32   Die Entscheidung des BGH zur Bildung einer Rückstellung im eröffneten Verfahren[32] wäre jedoch nur dann konsequent, wenn auch während der Wohlverhaltensphase derartige Rückstellungen zulässig wären. Dort wäre es isoliert betrachtet sogar sinnvoller und nicht verfassungsrechtlich bedenklich. Denn wenn auch § 292 Abs. 1 Satz 1 InsO jährliche Verteilungen vorsieht, dürfte den Insolvenzgläubigern nur dasjenige zustehen, was aus der Wohlverhaltensphase insgesamt abzgl. Treuhändervergütungen übrig bleibt. Dies ließe sich daraus ableiten, dass § 292 Abs. 1 Satz 2 InsO von einer Verteilung nach Berichtigung der gestundeten Verfahrenskosten spricht, die Stundung regelmäßig bei Beginn der Wohlverhaltensphase (Aufhebung oder Einstellung des Insolvenzverfahrens) auch schon vorliegt, aber wegen § 16 Abs. 1 Satz 2 InsVV erst bei Beendigung des Treuhänderamts betragsmäßig beziffert werden kann. Es ist ja tatsächlich auch kaum nachvollziehbar, dass die jährlichen Verteilungen an die Gläubiger endgültig sein sollen, noch bevor überhaupt die Verfahrenskosten der Wohlverhaltensphase feststehen, und der Treuhänder auf Vorschüsse verwiesen wird. Der BGH müsste daher entweder seine Ansicht zu den Rückstellungen im eröffneten Verfahren aufgeben oder diese Ansicht bei Gelegenheit konsequent auf Rückstellungen während der Wohlverhaltensphase ausweiten; sonst fehlt es schlichtweg an einem Konzept. Ein solches herbeizuführen könnte freilich auch dem Gesetzgeber bzw. dem Verordnungsgeber gelingen.

dd) **Abgrenzung zur Nachtragsverteilung**

33   Nicht eindeutiger scheint (inzwischen) die **Abgrenzung zur Nachtragsverteilung** zu sein. Beträge, die aufgrund einer angeordneten Nachtragsverteilung (§§ 203 ff. InsO) eingehen, müssen als Annex zum eröffneten Insolvenzverfahren nachträglich an die Insolvenzgläubiger verteilt werden (§ 205 Satz 1 InsO). Davon kann zwar bei Geringfügigkeit abgesehen werden, jedoch bedarf dies der Zustimmung des Insolvenzgerichts (§ 203 Abs. 3 Satz 1 InsO). Außerdem fiele das betroffene Vermögen wegen § 203 Abs. 3 Satz 1 InsO an den Schuldner, wäre mithin nicht vom „Beschlag" des Treuhänders erfasst; insoweit sollte bei anschließender Wohlverhaltensphase grundsätzlich auf den Verzicht verzichtet werden. Grundsätzlich gilt also, dass diese Gelder nicht für einen Vorschuss auf die Treuhändervergütung verwendet werden dürfen, wenn und weil Nachtragsverteilung angeordnet wurde.

---

[32] BGH, Beschl. v. 20.11.2014 – IX ZB 16/14, ZIP 2015, 85.

Auch dieses Ergebnis könnte nun fraglich sein, wenn es mit dem BGH zulässig sein 34
soll, im eröffneten Verfahren Rückstellungen für die Vergütung des Treuhänders in
der Wohlverhaltensphase zu bilden;[33)] wird der Ansicht des BGH gefolgt, müssten
auch aus denjenigen Geldern, die über eine Nachtragsverteilung hereinkommen und
als Annex das eröffnete Verfahren betreffen, Rückstellungen für die künftige Treuhändervergütung zulässig sein.

2. (Höchst-)Betrag des Vorschusses (§ 16 Abs. 2 Satz 2 InsVV)

Gemäß § 16 Abs. 2 Satz 2 InsVV darf der **Vorschuss** die bereits verdiente Vergütung 35
nicht übersteigen. Dies ist freilich ein Widerspruch, da sich ein Vorschuss sprachlich
auf die Zukunft bezieht. Insoweit handelt es sich tatsächlich um eine *Abschlagszahlung*. Für die **Ermittlung** der Abschlagszahlung ist eine Berechnung gemäß § 14
Abs. 1 und 2 InsVV erforderlich. Diese rekurriert ausschließlich auf die Vergangenheit. Aus dem Zusammenhang innerhalb der § 292 Abs. 1 Satz 1 InsO, § 14 Abs. 3
Satz 1 InsVV ergibt sich ein Anspruch auf eine **jährliche** Abschlagszahlung, was bei
vorgenannter Berechnung zu berücksichtigen ist. Alsdann hat ein Vergleich mit der
jährlichen Mindestvergütung gemäß § 14 Abs. 3 InsVV zu erfolgen; der höhere Betrag
ist maßgeblich.[34)] Wegen des Abstellens auf die bereits verdiente Vergütung ist nicht
nachvollziehbar, weshalb der Vorschuss nach anderer Ansicht auf die Mindestvergütung beschränkt sein soll.[35)]

Bei stark wechselnden Einnahmen ist jedoch zu berücksichtigen, dass die Berechnung 36
des Vorschusses auf Basis des § 14 Abs. 1 und 2 InsVV immer den **gesamten zurückliegenden Zeitraum** betrifft und nicht nur das letzte Jahr. So kann sich für ein „erfolgreiches" Jahr ein hoher Vorschuss ergeben und für das folgende „erfolglose" Jahr
überhaupt kein Vorschuss (mehr).

Das Vorschussrecht erstreckt sich auch auf die bereits angefallenen **Auslagen**.[36)] Diese 37
mindern freilich nicht den Höchstbetrag der Vergütung.

3. Sekundäranspruch gegen die Staatskasse (§ 16 Abs. 2 Satz 3 InsVV)

Gemäß § 16 Abs. 2 Satz 3 InsVV kann das Insolvenzgericht auf Antrag des Treu- 38
händers Vorschüsse in maximaler Höhe der bereits verdienten Vergütung gegen die
Staatskasse festsetzen. Hintergrund ist der Verweis auf § 63 Abs. 2 InsO in § 293
Abs. 2 InsO. Aufgrund der Einführung der Stundung der Verfahrenskosten in
§§ 4a ff. InsO hat der Treuhänder einen Sekundäranspruch gegen die Staatskasse.[37)]
Aus der Regelung zur Mindestvergütung in § 14 Abs. 3 InsVV ergibt sich die **Obergrenze** der Mindestvergütung, aber auch, dass ein **jährlicher Vorschussanspruch**
besteht. Wegen der Einstandspflicht der Staatskasse für Vorschüsse aufgrund §§ 292
Abs. 2 Satz 3, 293 InsO, § 15 InsVV siehe Rz. 26.

---

33) BGH, Beschl. v. 20.11.2014 – IX ZB 16/14, ZIP 2015, 85.
34) Vgl. BGH, Beschl. v. 16.12.2010 – IX ZB 261/09, ZInsO 2011, 247; LG Mönchengladbach, Beschl. v. 7.8.2007 – 5 T 209/07, ZVI 2007, 483.
35) So z. B. FK-InsO/*Lorenz*, § 16 InsVV Rz. 25.
36) Insolvenzrechtliche Vergütungsverordnung (InsVV) v. 19.8.1998 (BGBl. I 1998, 2205), Begründung zu § 16 InsVV, siehe Anh. III Rz. 87.
37) Gesetz zur Änderung der Insolvenzordnung und anderer Gesetze v. 26.10.2001 (BGBl. I 2001, 2710), Begründung zu § 293 Abs. 2 InsO, siehe Anh. IV Rz. 39.

39 Die Festsetzung gegen die Staatskasse setzt freilich voraus, dass die Stundung für den Verfahrensabschnitt der Restschuldbefreiung **gewährt** wurde. Nicht ausreichend ist, dass zwar ein Stundungsantrag gestellt wurde, der zu einer Stundung für das Eröffnungsverfahren und das eröffnete Verfahren geführt hatte, aber hinsichtlich des Restschuldbefreiungsverfahrens vom Insolvenzgericht nicht bearbeitet wurde.[38] Wird eine bewilligte Stundung während des Verfahrensabschnitts **aufgehoben**, besteht die Subsidiärhaftung der Staatskasse immerhin so lange fort, bis der Treuhänder von der Aufhebung Kenntnis erlangt.[39] Bei der jährlichen Mindestvergütung sind insoweit angefangene Jahre maßgeblich.[40] Wird die Stundung erst **nachträglich bewilligt**, muss dies zumindest das zurückliegende Jahr mit erfassen, sonst ergäbe § 298 Abs. 1 InsO keinen Sinn.

40 Abweichend vom Wortlaut des § 16 Abs. 2 Satz 3 InsVV besteht **kein Ermessen** des Insolvenzgerichts.[41] Der Treuhänder kann gegen einen versagenden Beschluss jedoch keine Beschwerde einlegen, da § 64 Abs. 3 InsO nur die endgültige Vergütungsfestsetzung erfasst.[42] Möglich ist jedoch die befristete **Rechtspflegererinnerung** gemäß § 11 Abs. 2 RPflG. Eine Amtspflichtverletzung liegt in der Versagung des Vorschusses nur vor, wenn die Versagung objektiv unvertretbar ist.[43]

41 Nicht geregelt ist, ob der Vorschuss auch die bereits angefallenen **Auslagen** erfassen muss. Dies kann jedoch aus § 16 Abs. 1 Satz 2 InsVV hergeleitet werden: wenn der Vorschuss nicht die Auslagen erfassen würde, dürfte er auch nicht die Umsatzsteuer auf den Vorschuss enthalten; dass dies nicht gewollt sein kann, ist evident. Zudem erstreckt sich das freie Entnahmerecht bei ausreichender Liquidität nach der Verordnungsbegründung auch auf die Auslagen;[44] nichts anderes kann für die Einstandspflicht der Staatskasse gelten, die erst später kodifiziert wurde.

42 Hinsichtlich der Festsetzung durch **Beschluss** gelten die allgemeinen Regeln (§§ 293 Abs. 2, 64 InsO). Die funktionale Zuständigkeit richtet sich nach Landesrecht und kann analog §§ 55 Abs. 1, 12 RVG auf den Urkundsbeamten der Geschäftsstelle übergehen.[45]

43 § 16 Abs. 2 Satz 3 InsVV gilt auch für Verfahren, die *vor dem 1.1.2004 eröffnet* wurden.[46] Dies kann bedeutsam sein nur für Verfahren, die *nach dem 1.12.2001 eröffnet* wurden (Art. 103a EGInsO), da es vorher keine Stundung der Verfahrenskosten gab. Da gleichzeitig aber auch der Beginn der Wohlverhaltensphase auf die Insolvenzeröffnung vorverlegt wurde, ist ein praktischer Anwendungsbereich nicht mehr erkennbar.

---

38) BGH, Beschl. v. 7.2.2013 – IX ZB 75/12, ZIP 2013, 635.
39) BGH, Beschl. v. 8.5.2014 – IX ZB 31/13, ZIP 2014, 1251.
40) BGH, Beschl. v. 8.5.2014 – IX ZB 31/13, ZIP 2014, 1251.
41) *Haarmeyer/Mock*, InsVV, § 16 Rz. 11; KPB-InsO/*Stoffler*, § 16 InsVV Rz. 14 (Stand: 07/2012).
42) BGH, Beschl. v. 24.3.2011 – IX ZB 67/10, ZInsO 2011, 777.
43) Vgl. BGH, Urt. v. 16.10.2014 – IX ZR 190/13, NZI 2015, 24.
44) Insolvenzrechtliche Vergütungsverordnung (InsVV) v. 19.8.1998 (BGBl. I 1998, 2205), Begründung zu § 16 InsVV, siehe Anh. III Rz. 87.
45) AG Göttingen, Beschl. v. 4.8.2010 – 71 IK 242/07, ZInsO 2010, 1760.
46) KPB-InsO/*Stoffler*, § 16 InsVV Rz. 15 (Stand: 07/2012).

Vierter Abschnitt
Vergütung der Mitglieder des Gläubigerausschusses

§ 17
Berechnung der Vergütung

(1) ¹Die Vergütung der Mitglieder des Gläubigerausschusses beträgt regelmäßig zwischen 35 und 95 Euro je Stunde. ²Bei der Festsetzung des Stundensatzes ist insbesondere der Umfang der Tätigkeit zu berücksichtigen.

(2) ¹Die Vergütung der Mitglieder des vorläufigen Gläubigerausschusses für die Erfüllung der ihm nach § 56a und § 270 Absatz 3 der Insolvenzordnung zugewiesenen Aufgaben beträgt einmalig 300 Euro. ²Nach der Bestellung eines vorläufigen Insolvenzverwalters oder eines vorläufigen Sachwalters richtet sich die weitere Vergütung nach Absatz 1.

Literatur: *Ampferl/Kilper*, Die Pflicht des Gläubigerausschusses zur Prüfung von Geldverkehr und -bestand, ZIP 2015, 553; *Cranshaw/Portisch/Knöpnadel*, Aspekte der Haftung, der Versicherung und des Risikomanagements des Gläubigerausschusses, ZInsO 2015, 1; *Frind*, Der vorläufige Gläubigerausschuss – Rechte, Pflichten, Haftungsgefahren – Gläubigerverantwortung im Eröffnungsverfahren: haftungsrechtlicher Schleudersitz?, ZIP 2012, 1380; *Gundlach/Schirrmeister*, Der Vergütungsanspruch des beamteten Gläubigerausschussmitglieds, ZInsO 2008, 896; *Heeseler/Neu*, Plädoyer für die Professionalisierung des Gläubigerausschusses, NZI 2012, 440; *Klaas/Zimmer*, Zeitpunkt der Anzeige der Masseunzulänglichkeit als taugliches Qualitätsmerkmal des Insolvenzverwalters?, ZInsO 2011, 666; *Schäfer/Kleen/Riegler*, Freie Preise für freie Berufe, NJW 2015, 3404; *Vallender*, Rechtsstellung und Aufgaben des Gläubigerausschusses, WM 2002, 2040; *Zimmer*, Gesetz über den Rechtsschutz bei überlangen Gerichtsverfahren und strafrechtlichen Ermittlungsverfahren – Auswirkungen auf die Insolvenzpraxis, ZInsO 2011, 2302; *Zimmer*, Praxisrelevante Auswirkungen des Gesetzes über den Rechtsschutz bei überlangen Gerichtsverfahren, InsbürO 2012, 342; *Zimmer*, Probleme des Vergütungsrechts (bei Nicht-Eröffnung des Insolvenzverfahrens) vor und nach ESUG – Plädoyer für das Eröffnungsverfahren als notwendige Vorstufe eines Insolvenzverfahrens im Sinne einer Vorgesellschaft, ZInsO 2012, 1658; *Zimmer*, Die Vergütung des Gläubigerausschusses, ZIP 2013, 1309; *Zimmer*, Beschränkung der Vergütungsfestsetzung gegen die Staatskasse auf die Mindestvergütung (BGH – IX ZB 245/11) – rechtswidrige Versagung der Restschuldbefreiung?, InsbürO 2014, 162.

Übersicht

I. Zweck der Norm 1	a) Einzelne Mitglieder 21
1. Ausgestaltung des Vergütungsanspruchs aus § 73 Abs. 1 InsO 1	b) Wirksamkeit der Bestellung als Tatbestandsmerkmal 22
2. Kein Verweis auf §§ 1–9 InsVV 3	c) Amtsannahme als Tat-
II. Rechtsnatur 7	bestandsmerkmal 26
1. Verfahrenskosten (§ 54 Nr. 2 InsO) 7	d) Vorläufiger Gläubigerausschuss
2. Anspruch öffentlich-rechtlicher Art 9	vor dem 1.3.2012 27
3. Tätigkeitsvergütung 10	e) Ausschluss bestimmter Aus-
III. Historie 12	schussmitglieder 29
IV. Der Vergütungsanspruch 19	3. Anspruchsentstehung 38
1. Anspruchsgrundlage (§ 73 Abs. 1 Satz 1 InsO) 19	4. Fälligkeit des Vergütungsanspruchs 39
	a) Stundenvergütung 40
2. Anspruchsberechtigte (§ 73 Abs. 1 Satz 1 InsO) 21	aa) Eigene Auffassung 40
	bb) Allgemeine Ansicht 47

b) Andere Berechnungsmethoden ... 50
5. Verjährung 52
6. Verwirkung 56
V. Höhe der Vergütung 57
1. Vergütungsparameter
   (§ 73 Abs. 1 Satz 2 InsO) 57
2. Vergütung nach Zeitaufwand 59
   a) Anrechenbare Zeiten/Nachweis ... 59
   b) Stundensatz
      (§ 17 Abs. 1 InsVV) 67
      aa) Stundensätze nach Gesetzes-
          wortlaut (§ 17 Abs. 1 Satz 1
          InsVV) 67
      bb) Grundproblem einer Rahmen-
          vergütung 69
      cc) Angemessenheit von Stunden-
          sätzen 73
      dd) Stundensätze nach Angemes-
          senheit 77
3. Vergütung unabhängig vom
   Zeitaufwand 85
   a) Einleitung 85
   b) Angemessenheit der Gesamt-
      vergütung 86
   c) Vereinbarungen mit dem Insol-
      venzverwalter 88
   d) Entscheidung durch die Gläu-
      bigerversammlung 89
   e) Vergleichsrechnung 92
   f) Orientierung an Aufsichtsrats-
      vergütung 93
   g) Abhängigkeit von der Verwal-
      tervergütung 94
4. Besonderheit: vorläufiger Gläubigerausschuss (§ 17 Abs. 2 InsVV) 96
   a) Beteiligungsrechte gemäß § 56a
      InsO bzw. § 270 Abs. 3 InsO
      (§ 17 Abs. 2 Satz 1 InsVV) 96

   aa) Beteiligung bei der Auswahl
       des (vorläufigen) Insolvenz-
       verwalters 97
   bb) Beteiligung bei der Entschei-
       dung über die (vorläufige)
       Eigenverwaltung 102
   cc) Dopplung der Vergütung bei
       Bestellung des (vorläufigen)
       Sachwalters? 103
   dd) Dopplung der Vergütung bei
       Verfahrenswechsel? 104
   ee) Keine Gesamtvergütung 105
   b) Allgemeine Tätigkeiten
      (§ 17 Abs. 2 Satz 2 InsVV) 106
5. Auslagenersatz 107
6. Umsatzsteuer 108
VI. Festsetzung der Vergütung
  (§§ 73 Abs. 2, 64 Abs. 1 InsO) 109
1. Allgemeines 109
2. Vergütungsantrag 110
3. Prüfung durch das Insolvenzgericht ... 116
4. Festsetzung durch Beschluss 118
5. Festsetzung bei Nichteröffnung
   des Verfahrens 120
6. Rechtsmittel (§§ 73 Abs. 2, 64
   Abs. 3 InsO) 122
7. Festsetzung gegen Staatskasse
   (Stundungsverfahren) 125
VII. Entnahme 126
VIII. Vorschuss auf die Vergütung 129
IX. Kostenschuldner 134
1. Schuldner (Insolvenzmasse) 134
2. Staatskasse (§ 73 Abs. 2 InsO) 136
3. Insolvenzverwalter (§ 60 InsO) 137
4. Gläubiger 141
5. Amtshaftung (§ 839 BGB i. V. m.
   Art. 34 GG) 142

I. Zweck der Norm

1. Ausgestaltung des Vergütungsanspruchs aus § 73 Abs. 1 InsO

1 Gemäß § 69 InsO haben die Mitglieder des einstweiligen (§ 67 Abs. 1 InsO) oder endgültigen (§ 68 Abs. 1 Satz 1 InsO) Gläubigerausschusses den Insolvenzverwalter bei seiner Geschäftsführung zu unterstützen und zu überwachen. Ferner haben sie sich über den Gang der Geschäfte zu unterrichten sowie Bücher und Geschäftspapiere einsehen und den Geldverkehr und -bestand prüfen zu lassen. Für eine Pflichtverletzung haften sie nach Maßgabe des § 71 InsO.[1] Gemäß § 269c Abs. 2 Satz 1 InsO[2] hat ein Mitglied eines Gruppen-Gläubigerausschusses auch die Gläubiger-

---

1) Hierzu ausführlich Beck/Depré/*Zimmer*, Praxis der Insolvenz, § 49 Rz. 1 ff.
2) §§ 269a–269i InsO eingefügt durch das Gesetz zur Erleichterung der Bewältigung von Konzerninsolvenzen v. 13.4.2017 (BGBl. I 2017, 866) mit Inkrafttreten zum 21.4.2018 (Art. 10 des Änderungsgesetzes), siehe Anh. XV.

ausschüsse in anderen gruppenangehörigen Insolvenzverfahren zu unterstützen. In Verfahren nach der EuInsVO kommen weitere Aufgaben hinzu, z. B. aus Art. 102c § 11 Abs. 1 EuInsVO oder Art. 102c § 23 Abs. 1 EuInsVO.[3] Da all dies mit Aufwand und Risiken für die Ausschussmitglieder verbunden ist, haben sie gemäß § 73 Abs. 1 InsO einen Anspruch auf Vergütung ihrer Tätigkeit und auf Erstattung angemessener Auslagen. Wegen des Verweises in § 73 Abs. 2 InsO u. a. auf § 65 InsO soll die InsVV die Vergütung und die Erstattung der Auslagen sowie das Festsetzungsverfahren **näher ausgestalten**.

Nichts anderes gilt aufgrund des Verweises in § 21 Abs. 2 Satz 1 Nr. 1a InsO für die Mitglieder des vorläufigen Gläubigerausschusses im Antragsverfahren. Dessen Aufgabenkatalog wird lediglich noch ergänzt um eine Beteiligung bei der Auswahl des (vorläufigen) Insolvenzverwalters (§ 56a InsO) bzw. im Vorfeld der Anordnung der Eigenverwaltung (§ 270 Abs. 3 InsO) oder im Zusammenhang mit der Verwalterbestellung bei Schuldnern derselben Unternehmensgruppe (§ 56b Abs. 2 InsO[4]). 2

2. Kein Verweis auf §§ 1–9 InsVV

§ 17 InsVV regelt die Höhe der Vergütung, § 18 InsVV die Erstattung von Auslagen sowie die Umsatzsteuer. Eines **Verweises auf die allgemeinen Regeln** der §§ 1–9 InsVV (Erster Abschnitt der InsVV) bedarf es für die Vergütung der Ausschussmitglieder nicht.[5] Weder ist eine *Berechnungsgrundlage* (§ 1 InsVV) erforderlich noch sind bei einer Zeitvergütung *Zu- oder Abschläge* (§ 3 InsVV) einschlägig. Da der Verordnungsgeber die Mitglieder des Gläubigerausschusses nicht als externe Berater ansieht, sondern das Konzept eher auf einem bezahlten Ehrenamt zu beruhen scheint, bedarf es auch keiner den *§§ 4, 5 InsVV* vergleichbaren Regelung. Hinsichtlich der *Auslagen* enthält § 18 Abs. 1 InsVV eine Spezialregelung, hinsichtlich der *Umsatzsteuer* auf die Ausschussvergütung enthält § 18 Abs. 2 InsVV einen ausdrücklichen und ausreichenden Verweis auf § 7 InsVV. 3

Mit der Aufhebung bzw. Einstellung des Insolvenzverfahrens endet das Amt der Ausschussmitglieder, sodass sie nicht mehr in eine *Nachtragsverteilung* (§ 6 Abs. 1 InsVV) involviert sind; § 187 Abs. 3 Satz 2 InsO findet bei einer Nachtragsverteilung mangels Existenz eines Gläubigerausschusses keine Anwendung, da § 205 InsO als Verteilungsvorschrift lex specialis ist. Schließlich ist das *Festsetzungsverfahren* nach § 8 InsVV auf den Gläubigerausschuss nicht übertragbar, insoweit gilt § 64 InsO aufgrund des Verweises in § 73 Abs. 2 InsO. Lediglich hinsichtlich einer *Vorschussregelung* i. S. d. § 9 InsVV muss eine analoge Anwendung für die Ausschussmitglieder diskutiert werden. 4

Während die InsVV in ihrem Zweiten Abschnitt durch § 10 InsVV regelt, dass §§ 1–9 InsVV für den vorläufigen Verwalter, den Sachwalter und den Insolvenz- 5

---

3) Art. 102c EGInsO eingeführt durch das Gesetz zur Durchführung der Verordnung (EU) 2015/848 über Insolvenzverfahren v. 5.6.2017 (BGBl. I 2017, 1476), siehe Anh. XIII Rz. 4.
4) § 56b InsO eingefügt durch das Gesetz zur Erleichterung der Bewältigung von Konzerninsolvenzen v. 13.4.2017 (BGBl. I 2017, 866) mit Inkrafttreten zum 21.4.2018 (Art. 10 des Änderungsgesetzes), siehe Anh. XV Rz. 10.
5) Vgl. BGH, Beschl. v. 29.3.2012 – IX ZB 310/11, ZIP 2012, 876.

verwalter im vereinfachten Insolvenzverfahren (Verbraucherinsolvenz) analoge Anwendung finden sollen, war es daher insgesamt entbehrlich, für die Vergütung der Mitglieder des Gläubigerausschusses im Vierten Abschnitt der InsVV ebenfalls einen Verweis auf den Ersten Abschnitt aufzunehmen.

6   Soweit eine Aufhebung des Verfahrens gemäß § 258 InsO (Insolvenzplan) erfolgt und der gestaltende Teil des Insolvenzplans eine **Planüberwachung** durch den Insolvenzverwalter vorsieht (§ 260 Abs. 1 InsO), bleiben die Mitglieder des Gläubigerausschusses im Amt (§ 261 Abs. 1 Satz 2 InsO). Insoweit gelten §§ 17, 18 InsVV unmittelbar, eine dem § 6 Abs. 2 Satz 1 InsVV vergleichbaren Spezialregelung für die Planüberwachung bedarf es hinsichtlich der *Höhe der Vergütung* folglich nicht. Aus § 6 Abs. 2 Satz 2 InsVV lässt sich ableiten, dass die Vergütung des Insolvenzverwalters für die Planüberwachung vom Insolvenzgericht festzusetzen ist. Eine eindeutige Regelung, ob dies auch für den Gläubigerausschuss gilt, fehlt innerhalb der InsVV; wegen des Verweises in § 73 Abs. 2 InsO auf § 64 InsO scheint das *Festsetzungsverfahren* jedoch ausreichend geregelt. Gemäß § 269 Satz 2 InsO allerdings trägt die *Übernahmegesellschaft* im Fall des § 260 Abs. 3 InsO die durch Planüberwachung entstehenden Kosten. Zu diesen Kosten gehören u. a. die Vergütungen des Insolvenzverwalters nach § 6 Abs. 2 InsVV und der Mitglieder des Gläubigerausschusses nach §§ 17, 18 InsVV.[6] Hier sind zwar erhebliche Probleme im Rahmen des Festsetzungsverfahrens zu verzeichnen, jedoch hülfe eine analoge Anwendung des Ersten Abschnitts der InsVV auch hier nicht weiter.

II. Rechtsnatur

1. Verfahrenskosten (§ 54 Nr. 2 InsO)

7   Bei der Vergütung der Mitglieder des Gläubigerausschusses handelt es sich gemäß § 54 Nr. 2 InsO um **Verfahrenskosten**, die gemäß § 53 InsO stets vorweg, d. h. vor den sonstigen Masseverbindlichkeiten i. S. d. § 55 InsO und den Insolvenzforderungen i. S. d. §§ 38, 39 InsO zu befriedigen sind (§ 53 InsO). Von Bedeutung ist dies bei beabsichtigter Einstellung des Insolvenzverfahrens gemäß § 211 Abs. 1 InsO nach angezeigter Masseunzulänglichkeit; auch hier gehören die Vergütungen der Ausschussmitglieder zu den Verfahrenskosten i. S. d. § 209 Abs. 1 Nr. 1 InsO, sodass es nicht darauf ankommt, ob die Tätigkeiten der Ausschussmitglieder vor oder nach Anzeige der Masseunzulänglichkeit erbracht wurden. Von Bedeutung ist dies ferner bei Einstellung gemäß § 207 Abs. 1 InsO, da hier der Verteilungsschlüssel des § 207 Abs. 3 Satz 1 InsO zu beachten ist, was die Trennung von Vergütung (§ 17 InsVV) und Auslagenersatzanspruch (§ 18 Abs. 1 InsVV) erforderlich macht (zu einer etwaigen Haftung des Insolvenzverwalters für die ausgefallene Ausschussvergütung siehe Rz. 139).

8   Nicht um Verfahrenskosten i. S. d. § 54 Nr. 2 InsO handelt es sich hingegen bei der Vergütung der Ausschussmitglieder im Fall der **Überwachung eines Insolvenzplans** (§ 260 Abs. 1 InsO), da diese Vergütungsansprüche erst nach Aufhebung des Ver-

---

6) KPB-InsO/*Pleister*, § 269 InsO Rz. 2 (Stand: 10/2013).

fahrens entstehen.[7] was allerdings nur für die in dieser Phase unbeachtlichen Befriedigungsreihenfolgen der InsO von Bedeutung ist, und freilich für das Festsetzungsverfahren.

2. Anspruch öffentlich-rechtlicher Art

Die Rechtsnatur des Vergütungsanspruchs des *(vorläufigen) Insolvenzverwalters* ist nicht zivil-, sondern öffentlich-rechtlicher Art, da der staatlich bestellte Verwalter eine im öffentlichen Interesse liegende Aufgabe wahrnimmt, sodass die Vergütung auch ein nach Art. 12 GG garantiertes Recht darstellt.[8] Ob dies so auch für die Vergütung der *Ausschussmitglieder* gilt, wird bislang nicht diskutiert. Die Frage ist jedoch nur von Bedeutung, wenn eine Amtshaftung für eine ausgefallene Ausschussvergütung in Betracht kommt (Rz. 142). 9

3. Tätigkeitsvergütung

Ausweislich des Wortlauts der Verordnung handelt es sich ausdrücklich um eine Vergütung für eine Tätigkeit, mithin um eine **Tätigkeitsvergütung**.[9] Dies ist insoweit von Beachtung, als der Insolvenzverwalter nach § 63 Abs. 1 Satz 1 InsO einen Anspruch auf Vergütung für seine Geschäftsführung hat. Tätigkeit und Geschäftsführung sind im Verhältnis zueinander keine Synonyme, sodass dem Unterschied im Grundsatz Rechnung zu tragen ist. Allerdings wird auch die Vergütung des Insolvenzverwalters spätestens auf der Ebene des § 3 InsVV zu einer Tätigkeitsvergütung, sodass allein aus dem Wortlaut des § 73 Abs. 1 Satz 1 InsO noch keine abschließenden Rückschlüsse auf die Höhe der Vergütung gezogen werden können. 10

Unzutreffend ist daher die Formulierung, es handele sich um eine **Aufwandsentschädigung** für entstandene Zeitsäumnis.[10] Diese Begrifflichkeit existierte zu Zeiten der Konkursordnung lediglich für den Gläubiger*beirat* gemäß § 13 Abs. 2 VergVO[11] und schon damals nicht für den Gläubigerausschuss, für den explizit eine Vergütung für Geschäftsführung vorgesehen war.[12] Es fehlt jedwedes Indiz dafür, dass der Gesetzgeber dies nun anders sehen könnte, sonst hätte er sich rechtstechnisch am JVEG orientieren müssen, wo es entsprechende Regelungen zur Entschädigung bei Zeitsäumnis gibt (§§ 20–22 JVEG). Der bloßen Entschädigung bei Zeitsäumnis steht der umfangreiche Pflichtenkatalog des § 69 InsO ebenso entgegen wie die persönliche Haftung nach § 71 InsO. 11

---

7) Vgl. BGH, Beschl. v. 20.11.2014 – IX ZB 16/14, ZIP 2015, 85 (Treuhändervergütung gemäß § 14 InsVV).
8) BVerfG, Beschl. v. 9.2.1989 – 1 BvR 1165/87, ZIP 1989, 382; BGH, Beschl. v. 15.1.2004 – IX ZB 96/03, ZIP 2004, 417.
9) HambKommInsO/*Büttner*, § 17 InsVV Rz. 18; HambKommInsO/*Frind*, § 73 Rz. 2.
10) So aber LG Münster, Beschl. v. 27.9.2016 – 5 T 253/16, NZI 2017, 548; Jaeger/*Gerhardt*, InsO, § 73 Rz. 3; Uhlenbruck/*Knof*, InsO, § 73 Rz. 1, MünchKommInsO/*Riedel*, § 73 Rz. 8.
11) Begründung zum Entwurf einer Verordnung über die Vergütung des Konkursverwalters, des Vergleichsverwalters, der Mitglieder des Gläubigerausschusses und der Mitglieder des Gläubigerbeirats (Bundesanzeiger Nr. 127 v. 6.7.1960, S. 4), siehe Anh. I Rz. 67.
12) Begründung zum Entwurf einer Verordnung über die Vergütung des Konkursverwalters, des Vergleichsverwalters, der Mitglieder des Gläubigerausschusses und der Mitglieder des Gläubigerbeirats (Bundesanzeiger Nr. 127 v. 6.7.1960, S. 4), siehe Anh. I Rz. 65.

III. Historie

12 Bereits die Verordnung über die Vergütung des Konkursverwalters, des Vergleichsverwalters, der Mitglieder des Gläubigerausschusses und der Mitglieder des Gläubigerbeirats vom 25.5.1960 (VergVO) – in Kraft getreten zum 1.10.1960 (§ 16 VergVO) – regelte eine Vergütung der Mitglieder des Gläubigerausschusses. Diese richtete sich nach Art und Umfang der Tätigkeit, maßgebend war im Allgemeinen der erforderliche Zeitaufwand. Die Vergütung betrug gemäß § 13 VergVO regelmäßig mindestens 5 DM je Stunde, in der letzten Fassung der VergVO vom 11.6.1979[13]) immerhin 15 DM je Stunde.

13 Mit Inkrafttreten zum 1.1.1999 – jedoch nur für die Verfahren nach der gleichzeitig in Kraft getretenen InsO – wurden die Grundsätze für die Vergütung der Mitglieder des Gläubigerausschusses weitestgehend in die neue Insolvenzrechtliche Vergütungsverordnung[14]) (hier: § 17 InsVV) übernommen. Nach der ersten Fassung des § 17 Satz 1 InsVV (heute: Abs. 1 Satz 1) betrug die Stundenvergütung regelmäßig zwischen 50 DM und 100 DM. Nach der Verordnungsbegründung beruhte die deutliche Anhebung des Stundensatzes gegenüber § 13 VergVO allerdings nicht auf der lediglich erwähnten Feststellung, der alte Stundensatz von 15 DM werde in der Praxis regelmäßig weit überschritten; vielmehr wurde der in der InsO gegenüber der KO erweiterte Aufgabenkreis der Ausschussmitglieder sowie die allgemeine Preisentwicklung als Begründung herangezogen.[15]) Darüber hinaus wurde die Einführung eines Vergütungsrahmens – statt eines bisher starren Werts – mit einer erforderlichen Flexibilität begründet, um den unterschiedlichen Anforderungen im Einzelfall, aber auch den unterschiedlichen Qualifikationen der Ausschussmitglieder gerecht werden zu können.

14 Das Gesetz zur Änderung der Insolvenzordnung und anderer Gesetze vom 26.10.2001[16]) mit Inkrafttreten zum 1.1.2002 hatte im Wesentlichen die Einführung der Verfahrenskostenstundung zum Inhalt. Der eingeführte § 63 Abs. 2 InsO gewährt dem Insolvenzverwalter einen *Sekundäranspruch* gegen die Staatskasse bei nicht ausreichender Deckung der Vergütung aus der Insolvenzmasse. Durch einen Verweis im geänderten § 73 Abs. 2 InsO auf § 63 Abs. 2 InsO gilt dies so auch für die Vergütung der Mitglieder des Gläubigerausschusses.[17]) Nicht unwichtig scheint zu erwähnen, dass in § 73 Abs. 2 InsO auch ein Verweis auf §§ 64, 65 InsO eingeführt wurde. Erst seither ist kodifiziert, dass die InsVV als Verordnung i. S. d. § 65 InsO die Vergütung der Ausschussmitglieder näher regeln kann und die Festsetzung der

---

13) Verordnung über die Vergütung des Konkursverwalters, des Vergleichsverwalters, der Mitglieder des Gläubigerausschusses und der Mitglieder des Gläubigerbeirats v. 25.5.1960 (BGBl. I 1960, 329) in der letzten Fassung v. 11.6.1979 (BGBl. I 1979, 637), siehe Anh. II.
14) Insolvenzrechtliche Vergütungsverordnung (InsVV) v. 19.8.1998 (BGBl. I 1998, 2205), siehe Anh. III.
15) Insolvenzrechtliche Vergütungsverordnung (InsVV) v. 19.8.1998 (BGBl. I 1998, 2205), Begründung zu § 17 InsVV, siehe Anh. III Rz. 89.
16) Gesetz zur Änderung der Insolvenzordnung und anderer Gesetze v. 26.10.2001 (BGBl. I 2001, 2710), siehe Anh. IV.
17) Gesetz zur Änderung der Insolvenzordnung und anderer Gesetze v. 26.10.2001 (BGBl. I 2001, 2710), Begründung zu § 73 Abs. 2 InsO, siehe Anh. IV Rz. 33.

Vergütung der Ausschussmitglieder durch das Insolvenzgericht zu erfolgen hat. Ganz offensichtlich war dies als Klarstellung gemeint, da bereits zuvor nichts anderes in der Praxis gelebt wurde. Allerdings kam die Rechtsprechung später zu dem Ergebnis, dass Teile des § 11 InsVV für die Vergütung des vorläufigen Insolvenzverwalters unwirksam seien, da der vorläufige Verwalter weder in § 63 InsO noch in § 64 InsO, noch in § 65 InsO erwähnt war. Insoweit könnte für die Vergütung der Ausschussmitglieder die Auffassung vertreten werden, dass in den vor dem 1.12.2001 eröffneten Insolvenzverfahren weder die InsVV anwendbar ist (es fehlte der Verweis in § 73 InsO auf § 65 InsO) noch eine Festsetzung durch das Insolvenzgericht erfolgen könne (es fehlte der Verweis in § 73 InsO auf § 64 InsO). Allerdings würde insoweit nur eine Verordnung fehlen, die den unzweifelhaften Anspruch der Ausschussmitglieder aus § 73 Abs. 1 InsO näher ausgestaltet. Dies ist der wesentliche Unterschied zur Diskussion um den vorläufigen Verwalter, dessen Vergütungsanspruch bis zu dieser Gesetzesänderung in der InsO überhaupt nicht erwähnt worden war. Es wäre daher nicht ermessensfehlerhaft, wenn sich das Insolvenzgericht an der InsVV orientieren würde, um den Vergütungsanspruch aus § 73 Abs. 1 InsO „mit Leben zu füllen". Mit der Einführung des Euro zum 1.1.2002 wurden ferner die Stundensätze von 50–100 DM in 25–50 € umgewandelt.[18]

Mit der (Ersten) Verordnung zur Änderung der InsVV vom 4.10.2004[19] wurden die Stundensätze auf einen Korridor von 35–95 € angehoben. Der Grund hierfür lag in der Harmonisierung u. a. mit der reformierten Vergütung des Zwangsverwalters[20] sowie dem Kostenrechtsmodernisierungsgesetz.[21] In der Begründung der Änderungsverordnung wird ergänzend hervorgehoben, dass auch hochqualifizierte und sachverständige Nichtgläubiger dem Ausschuss angehören können. In diesem Zusammenhang werden etwa Wirtschaftsprüfer, Rechtsanwälte, vereidigte Buchprüfer, Steuerberater oder Hochschullehrer genannt, für die eine Anhebung des Gebührenrahmens erfolgen müsse.[22] Aufgrund der Übergangsregelung (§ 19 Abs. 1 InsVV) gelten die Änderungen in den ab dem **1.1.2004** eröffneten Insolvenzverfahren. 15

Mit dem Gesetz zur Änderung des § 522 der Zivilprozessordnung vom 21.10.2011[23] wurde § 7 InsO abgeschafft. Die Rechtsbeschwerde gegen eine Vergütungsfestsetzung ist seither nur noch möglich, wenn das Landgericht als Beschwerdegericht die Rechtsbeschwerde zugelassen hat (zu den Einzelheiten siehe § 8 Rz. 171 ff.). Als Übergangsregelung ist die Rechtsprechung durch Auslegung des Art. 103f EGInsO zu 16

---

18) Gesetz zur Einführung des Euro in Rechtspflegegesetzen und in Gesetzen des Straf- und Ordnungswidrigkeitenrechts, zur Änderung der Mahnvordruckverordnungen sowie zur Änderung weiterer Gesetze v. 13.12.2001 (BGBl. I 2001, 3574), siehe Anh. V Rz. 18.
19) Verordnung zur Änderung der Insolvenzrechtlichen Vergütungsverordnung (InsVV) v. 4.10.2004 (BGBl. I 2004, 2569), siehe Anh. VII Rz. 51.
20) Zwangsverwalterverordnung v. 19.12.2003 (BGBl. I 2003, 2804).
21) Gesetz zur Modernisierung des Kostenrechts (Kostenrechtsmodernisierungsgesetz – KostRMoG) v. 5.5.2004 (BGBl. I 2004, 718), siehe Anh. VI.
22) Verordnung zur Änderung der Insolvenzrechtlichen Vergütungsverordnung (InsVV) v. 4.10.2004 (BGBl. I 2004, 2569), Begründung zu § 17 InsVV, siehe Anh. VII Rz. 52, 48.
23) Gesetz zur Änderung des § 522 der Zivilprozessordnung v. 21.10.2011 (BGBl. I 2011, 2082), siehe Anh. X.

dem Ergebnis gekommen, dass dies für alle (landgerichtlichen) Beschwerdeentscheidungen gilt, die seit dem 27.10.2011 erlassen werden.[24]

17 Mit dem Gesetz zur weiteren Erleichterung der Sanierung von Unternehmen (ESUG) vom 7.12.2011[25] wurde durch Einführung des § 21 Abs. 2 Satz 1 Nr. 1a InsO der vorläufige Gläubigerausschuss im Antragsverfahren legitimiert. Durch dortigen Verweis auf §§ 69–73 InsO ist im Ergebnis § 17 Abs. 1 InsVV auch auf die Mitglieder des vorläufigen Gläubigerausschusses anwendbar. Die gleichzeitige Einfügung des § 26a InsO (Festsetzung der Vergütung des vorläufigen Insolvenzverwalters bei Nicht-Eröffnung des Insolvenzverfahrens) wurde allerdings nicht auf den vorläufigen Gläubigerausschuss ausgedehnt, sodass bei Nichteröffnung unklar ist, wie die Mitglieder des vorläufigen Gläubigerausschusses ihren Vergütungsanspruch durchsetzen können. Mit Einführung des § 56a InsO wurden dem (vorläufigen) Gläubigerausschuss neue Rechte bei der Auswahl des (vorläufigen) Insolvenzverwalters eingeräumt, ebenso ein Anhörungsrecht bei beantragter Eigenverwaltung. § 17 InsVV wurde dahingehend geändert, dass der bisherige Wortlaut (Stundenvergütung) zu Abs. 1 wurde; Abs. 2 regelt nun für diese Beteiligung einen zusätzlichen Vergütungsanspruch. Durch den eingeführten § 19 Abs. 3 InsVV gelten die Regelungen in den ab dem 7.12.2011 beantragten Insolvenzverfahren; dies ist freilich einzuschränken, da es einen vorläufigen Gläubigerausschuss erst in den ab dem 1.3.2012 beantragten Insolvenzverfahren gibt (Art. 103g EGInsO).

18 Mit dem Gesetz zur Verkürzung des Restschuldbefreiungsverfahrens und zur Stärkung der Gläubigerrechte vom 15.7.2013[26] wurde lediglich ein redaktioneller Fehler in § 17 Abs. 2 InsVV beseitigt. Wie bereits ausgeführt, erhielt mit dem ESUG der vorläufige Gläubigerausschuss ein Beteiligungsrecht bei der Auswahl des Insolvenzverwalters, wofür die Mitglieder des Gläubigerausschusses eine zusätzliche Vergütung erhalten. In § 17 Abs. 2 InsVV war jedoch versehentlich auf § 56 Abs. 2 InsO statt auf § 56a InsO verwiesen worden. Dies wurde nun korrigiert.

IV. Der Vergütungsanspruch

1. Anspruchsgrundlage (§ 73 Abs. 1 Satz 1 InsO)

19 Anspruchsgrundlage für die Vergütung ist § 73 Abs. 1 Satz 1 InsO. Hiernach haben die Mitglieder des Gläubigerausschusses einen Anspruch auf Vergütung ihrer Tätigkeit und auf Erstattung angemessener Auslagen. Aufgrund des Verweises in § 21 Abs. 2 Satz 1 Nr. 1a InsO gilt dies auch für die Mitglieder des vorläufigen Gläubigerausschusses im Antragsverfahren.

20 Der Norm lässt sich unproblematisch entnehmen, dass es sich nicht um eine Gesamtvergütung des Organs handelt, sondern um einen **individuellen Anspruch** jedes einzelnen Mitglieds.

---

24) BGH, Beschl. v. 20.12.2011 – IX ZB 294/11, ZInsO 2012, 218; BGH, Beschl. v. 14.2.2012 – IX ZA 2/12, WuM 2012, 170; BGH, Beschl. v. 10.5.2012 – IX ZB 295/11, ZIP 2012, 1146; BGH, Beschl. v. 10.5.2012 – IX ZB 296/11, ZInsO 2012, 1185.

25) Gesetz zur weiteren Erleichterung der Sanierung von Unternehmen (ESUG) v. 7.12.2011 (BGBl. I 2011, 2582), siehe Anh. XI.

26) Gesetz zur Verkürzung des Restschuldbefreiungsverfahrens und zur Stärkung der Gläubigerrechte v. 15.7.2013 (BGBl. I 2013, 2379), siehe Anh. XII.

2. Anspruchsberechtigte (§ 73 Abs. 1 Satz 1 InsO)
a) Einzelne Mitglieder

Nach § 73 Abs. 1 Satz 1 InsO hat jedes einzelne Mitglied des Gläubigerausschusses einen eigenständigen Vergütungsanspruch. Dabei ist unerheblich, ob es sich um einen *vorläufigen* (§ 21 Abs. 2 Satz 1 Nr. 1a InsO), *einstweiligen* (§ 67 Abs. 1 InsO) oder *endgültigen* (§ 68 Abs. 1 InsO) Gläubigerausschuss handelt. Die Anspruchsberechtigung knüpft insoweit ausschließlich an eine wirksame Bestellung durch das Insolvenzgericht (Rz. 22 ff.) und eine Annahme des Amts als Ausschussmitglied (Rz. 26) an.

21

b) Wirksamkeit der Bestellung als Tatbestandsmerkmal

Problematisch kann die Wirksamkeit der Bestellung des Ausschussmitglieds nur in Ausnahmefällen sein. Entspricht z. B. die **Zusammensetzung des Gläubigerausschusses** nicht den Vorgaben des § 67 Abs. 2 InsO, ist nicht von einer Unwirksamkeit der Bestellung auszugehen, da es sich um eine Soll-Vorschrift handelt.

22

Von einer Unwirksamkeit der Bestellung gemäß § 8 Abs. 4 Satz 1 RPflG ist allerdings auszugehen, wenn im Antragsverfahren oder im Eröffnungsbeschluss ein (vorläufiger bzw. einstweiliger) Gläubigerausschuss eingesetzt, und die Bestellung unter **Verletzung der funktionalen Zuständigkeitsregelungen** durch den Rechtspfleger unterzeichnet wird;[27] denn bis einschließlich der Unterzeichnung des Eröffnungsbeschlusses ist der Richter zuständig (§ 18 Abs. 1 Nr. 1 RPflG). Der Richter kann gemäß § 18 Abs. 2 Satz 1 RPflG nach Verfahrenseröffnung von seinem Evokationsrecht Gebrauch machen und das Verfahren nach Verfahrenseröffnung ganz oder teilweise (wieder) an sich ziehen. Wenn dann eine Einsetzung des Gläubigerausschusses oder dessen personelle Veränderung in der Gläubigerversammlung und die diesbezügliche Unterzeichnung des Beschlusses durch den Rechtspfleger erfolgt, liegt zwar eine Verletzung der funktionellen Zuständigkeit vor, jedoch ist das „Geschäft" nicht unwirksam, da das „Geschäft" dem Rechtspfleger hätte übertragen werden können (§ 8 Abs. 4 Satz 1 RPflG).

23

Letztlich ist noch zu beachten, dass das Verfahren über einen Insolvenzplan nach Verfahrenseröffnung dem Richter obliegt (§ 18 Abs. 1 Nr. 2 RPflG). Auch hier ist denkbar, dass nach Verfahrenseröffnung erstmals ein Gläubigerausschuss eingesetzt oder dessen Zusammensetzung geändert wird. Wird diese Maßnahme vom Rechtspfleger unterzeichnet, obgleich bereits ein planbedingter Wechsel in der funktionellen Zuständigkeit stattgefunden hat, dürfte die Einsetzung des Gläubigerausschusses wiederum unwirksam sein, da der Richter dies nicht i. S. d. § 8 Abs. 4 Satz 1 RPflG auf den Rechtspfleger hätte übertragen können; dies gilt jedenfalls dann, wenn § 18 Abs. 1 Nr. 2 RPflG dahingehend ausgelegt wird, dass die Zuständigkeit des Richters das gesamte Insolvenzverfahren und nicht nur die planbezogenen Verfahrensbestandteile betrifft.

24

War die Bestellung des Ausschussmitglieds nach vorgenannten Grundsätzen unwirksam, reicht dies für einen Ausschluss des Vergütungsanspruchs jedoch nicht aus. Dies

25

---

[27] Vgl. BGH, Urt. v. 17.10.1985 – III ZR 105/84, ZIP 1986, 319, dazu EWiR 1986, 295 *(Eickmann)*.

wäre nur der Fall, wenn gleichzeitig **Nichtigkeit der Bestellung** vorläge.[28] Dies kann in den vorgenannten Fällen jedoch nicht der Fall sein, wenn sogar die Bestellung eines vorläufigen Gläubigerausschusses in einem vor dem 1.3.2012 beantragten Insolvenzverfahren nicht nichtig ist, obgleich es in diesen Verfahren zumindest rechtlich noch gar keinen vorläufigen Gläubigerausschuss geben konnte.[29]

c) Amtsannahme als Tatbestandsmerkmal

26 Die Amtsannahme kann auch konkludent erfolgen, eine förmliche Annahme des Amts durch entsprechende Erklärung gegenüber dem Insolvenzgericht dient jedoch der Rechtssicherheit. Insbesondere bei Aufforderung seitens des Insolvenzgerichts führt das Unterlassen der fristgerechten Amtsannahme dazu, dass keine wirksame Bestellung vorliegt; auch ein Vergütungsanspruch scheidet aus.

d) Vorläufiger Gläubigerausschuss vor dem 1.3.2012

27 In den Verfahren, die vor dem 1.3.2012 beantragt wurden (Art. 103g EGInsO), war der vorläufige Gläubigerausschuss im Antragsverfahren nicht kodifiziert, sodass hier eine wirksame Bestellung (Rz. 22 ff.) schon im Grundsatz nicht vorliegen konnte. Lag hier **überhaupt keine Bestellung** vor, dürfte ein Vergütungsanspruch jedenfalls gemäß § 73 InsO i. V. m. §§ 17, 18 InsVV ausscheiden. Ob ein Vergütungsanspruch nach den Regeln der Geschäftsführung ohne Auftrag kann dahingestellt bleiben; es wären dann aber Masseverbindlichkeiten gemäß § 55 Abs. 1 Nr. 1 InsO, nicht Verfahrenskosten gemäß § 54 Nr. 2 InsO.

28 Lag hingegen eine **unwirksame Bestellung** durch das Insolvenzgericht vor, weil eben eine wirksame Bestellung schon im Grundsatz nicht möglich war, so soll dieser Verstoß nicht so schwerwiegend sein, dass die Bestellung als nichtig anzusehen wäre; folglich besteht auch in diesen Fällen ein Vergütungsanspruch nach § 73 InsO.[30]

e) Ausschluss bestimmter Ausschussmitglieder

29 Grundsätzlich hat gemäß § 73 Abs. 1 InsO jedes Ausschussmitglied einen Anspruch auf Vergütung. Gleichwohl gibt es seit je her eine nicht immer nachvollziehbare Diskussion, ob bestimmte Ausschussmitglieder von einem Vergütungsanspruch ausgeschlossen sein können. Nicht selten artet die Diskussion in ein unübersichtliches *Case Law* aus; ein Versuch der Gruppierung:

30 Eine *natürliche Person*, die Insolvenzgläubigerin ist, hat unproblematisch einen **eigenen Vergütungsanspruch** als Ausschussmitglied.

31 Eine *juristische Person*, die Insolvenzgläubigerin ist, kann zum Mitglied des Gläubigerausschusses bestellt werden[31] und hat dann ebenso einen Vergütungsanspruch. Da freilich keine juristische Person „am Tisch sitzen" kann, bedarf es der Entsendung eines Vertreters. Ob es sich hierbei um eine Person aus der Geschäftsführung (organschaftliche Vertretung) handelt, einen sonstigen Angestellten oder einen ex-

---

28) BGH, Beschl. v. 10.11.2011 – IX ZB 166/10, WM 2012, 141 (am Ende).
29) BGH, Beschl. v. 10.11.2011 – IX ZB 166/10, WM 2012, 141 (am Ende).
30) BGH, Beschl. v. 10.11.2011 – IX ZB 166/10, WM 2012, 141 (am Ende).
31) BGH, Urt. v. 11.11.1993 – IX ZR 35/93, ZIP 1994, 46.

ternen Dienstleister (z. B. Rechtsanwalt) als Stellvertreter i. S. d. §§ 164 ff. BGB, ist unerheblich. Dieser Vertreter hat jedenfalls keinen eigenen oder zusätzlichen Vergütungsanspruch gemäß § 73 Abs. 1 InsO; dieser Vergütungsanspruch steht schon nach bürgerlich-rechtlichen Grundsätzen **ausschließlich dem Vertretenen** zu, sodass es hier überhaupt keine insolvenzspezifische Diskussion zu führen gilt. All dies muss auch gelten, wenn es sich bei dem in den Ausschuss gewählten Insolvenzgläubiger um eine *rechtsfähige Gesellschaft anderer Art* handelt, auch wenn sie keine juristische Person ist. Praxisrelevant sind hier meist Personengesellschaften. Nichts anderes kann im Grundsatz gelten für *rechtsfähige Körperschaften, Anstalten oder Stiftungen des öffentlichen Rechts*,[32] die Insolvenzgläubiger sind. Teilweise wird insoweit auch der Begriff des institutionellen Gläubigers verwendet.[33] Denn sonst würden z. B. die Agentur für Arbeit, bestimmte Krankenkassen, bestimmte Sparkassen, die Kirche (gelegentlich steht eine Betriebsimmobilie auf einem Erbpachtgrundstück) oder die kassenärztlichen Vereinigungen (bei Arztinsolvenzen sind Rückforderungen nicht selten) von der Bestellung als Ausschussmitglied ausgeschlossen sein. Freilich ist der Vertretene auch dann Anspruchsinhaber, wenn er selbst *natürliche Person* ist. Dies ist insoweit von Bedeutung, als auch größere Unternehmen als Einzelkaufmann auftreten können.[34]

Dass eine *Behörde* nicht Mitglied eines Gläubigerausschusses sein kann, liegt ausschließlich in deren **fehlender Rechtsfähigkeit** begründet; dies ist das einzige Merkmal, das von der Bestellung als Ausschussmitglied (und einem Vergütungsanspruch) ausschließt.[35] Folglich muss sich eine Behörde immer vertreten lassen. Meist wird hierzu ein Mitarbeiter der Behörde auserkoren. Es handelt sich jedoch nur im Innenverhältnis um eine Vertretung, nach außen tritt der Mitarbeiter als natürliche Person in eigener Sache, wenngleich nicht Insolvenzgläubiger, auf.[36] Daher hat er einen eigenständigen Vergütungsanspruch nach § 73 Abs. 1 InsO. 32

Diskutiert wird die Auffassung, es müsse eine **Doppelvergütung** vermieden werden. Diese läge vor, wenn der Mitarbeiter sowohl von seinem Arbeitgeber Einkommen erhält als auch eine Vergütung als Gläubigerausschussmitglied.[37] Zu trennen ist diese Diskussion zunächst von der Stellvertretung, da hier ohnehin der Vertretene den Vergütungsanspruch aus § 73 Abs. 1 InsO hat. Ob die Person, die hiernach überhaupt noch einen eigenen Vergütungsanspruch hat, die Aufgaben als Ausschussmitglied in ihrer Freizeit (bezahlter Urlaub) ausübt oder die Ausschussvergütung an den Dienstherrn abliefern muss, ist jedoch unerheblich;[38] im letzteren Fall liegt auch 33

---

32) *Jaeger/Gerhardt*, InsO, § 73 Rz. 13; *Keller*, Vergütung und Kosten, § 12 Rz. 25; KPB-InsO/*Prasser*, § 73 InsO Rz. 16 (Stand: 04/2014).
33) *Haarmeyer/Mock*, InsVV, § 17 Rz. 37.
34) Zutreffend *Cranshaw/Portisch/Knöpnadel*, ZInsO 2015, 1, 4.
35) BGH, Urt. v. 11.11.1993 – IX ZR 35/93, ZIP 1994, 46.
36) OLG Köln, Urt. v. 1.6.1988 – 13 U 234/87, ZIP 1988, 992.
37) Nachweise bei Uhlenbruck/*Knof*, InsO, § 73 Rz. 7.
38) OLG Köln, Urt. v. 1.6.1988 – 13 U 234/87, ZIP 1988, 992; Leonhardt/Smid/Zeuner/*Amberger*, InsVV, § 17 Rz. 13; Jaeger/*Gerhardt*, InsO, § 73 Rz. 12; *Gundlach/Schirrmeister*, ZInsO 2008, 896; *Keller*, Vergütung und Kosten, § 12 Rz. 28; Uhlenbruck/*Knof*, InsO, § 73 Rz. 9 ff.; **a. A.** KPB-InsO/*Prasser*, § 73 InsO Rz. 16 (Stand: 04/2014).

keine Sonderbefriedigung eines Insolvenzgläubigers vor,[39] da es sich um eine arbeitsvertragliche, dienstrechtliche oder vielleicht sogar strafrechtliche (Nötigung) Angelegenheit handelt. Insgesamt würde sich der Rechtspfleger bei der Vergütungsfestsetzung in allen vorgenannten Fällen in die (Dienst-) Belange Dritter einmischen,[40] was einen *Verstoß gegen den gesetzlichen Richter* i. S. d. Art. 101 Abs. 1 Satz 2 GG bedeuten würde, denn zuständig für solche Konstellationen sind die ordentliche Gerichtsbarkeit sowie die Arbeits-, Verwaltungs- und Strafgerichtsbarkeit. Müsste ein anderweitiger Verdienst auf die Ausschussvergütung angerechnet werden, bedürfte es einer ausdrücklichen *Rechtsgrundlage*, die in § 73 Abs. 1 InsO ersichtlich nicht enthalten ist. So enthalten z. B. die §§ 20–22 JVEG unterschiedliche Regelungen in Abhängigkeit von einem Einkommen. Auch § 13 Abs. 2 VergVO enthielt für den *Gläubigerbeirat* lediglich eine Entschädigung für Zeitversäumnis. Nichts dergleichen wurde in die InsO/InsVV übernommen.

34 Nicht nachvollziehbar ist zudem, wie sich die entgegenstehende Auffassung auf § 1 Abs. 2 Nr. 4 Satz 2 lit. a InsVV stützen können soll.[41] Diese Norm regelt, dass sich ein Insolvenzverwalter, der der Masse gemäß § 5 InsVV Honorare für selbst erfüllte Sonderaufgaben entnommen hat, diese Honorare auf die Berechnungsgrundlage nach § 1 InsVV anrechnen lassen muss. Nun scheitert der Vergleich schon daran, dass der in den Gläubigerausschuss Entsandte keine anderweitigen Gelder *aus der Masse* enthält und der Arbeitgeber wiederum nichts gegen die Masse geltend machen kann, weder als Massegläubiger noch als Insolvenzgläubiger. Daher liegt der für § 1 Abs. 2 Nr. 4 Satz 2 lit. a InsVV erforderliche Massebezug nicht ansatzweise vor.[42] Außerdem scheint diese Auffassung zu übersehen, dass § 1 Abs. 2 Nr. 4 Satz 2 lit. a InsVV lediglich die Berechnungsgrundlage kürzt, nicht hingegen die Vergütung (wie bei § 3 Abs. 2 InsVV), oder gar einen Anspruchsverlust zur Folge hätte.

35 Insgesamt findet sich kein Argument, das für einen Anspruchsverlust des Ausschussmitglieds diskutabel und mit Recht und Gesetz i. S. d. Art. 20 Abs. 3 GG in Einklang zu bringen wäre. Die Diskussion ist trotz ihrer Fortführung insgesamt veraltet. Sie stützt sich eventuell darauf, dass bestimmte Gläubiger keinen ökonomischen Zwängen unterliegen würden, was aufgrund der Entwicklungen der letzten Jahrzehnte nicht mehr ganz aktuell sein dürfte.

36 **Bloße Interessenvertreter** als Ausschussmitglieder wiederum haben unproblematisch einen eigenen Vergütungsanspruch. Es handelt sich um externe Dritte (meist insolvenzerfahrene Rechtsanwälte, Wirtschaftsprüfer oder Steuerberater), die eine der in § 67 Abs. 2 InsO genannten Gruppen repräsentieren, ohne Stellvertreter i. S. d. § 164 BGB für einen bestimmten Insolvenzgläubiger zu sein (§ 67 Abs. 3 InsO). Dass Dritte hierdurch Verfahrensbeteiligte werden, ist dogmatisch nicht ganz sauber, dient aber der Praxistauglichkeit des § 67 Abs. 2 InsO. Denn nicht jeder der in Betracht

---

[39] Leonhardt/Smid/Zeuner/*Amberger*, InsVV, § 17 Rz. 13; a. A. *Keller*, Vergütung und Kosten, § 12 Rz. 31.
[40] Vgl. AG Elmshorn, Beschl. v. 25.6.1982 – 6 N 7/81, ZIP 1982, 981; a. A. AG Köln, Beschl. v. 9.9.1992 –71 VN 3/92, ZIP 1992, 1492, 1495 (allerdings für den heute nicht mehr existierenden Gläubigerbeirat); widersprüchlich *Haarmeyer/Mock*, InsVV, § 17 Rz. 36, 37.
[41] So aber *Haarmeyer/Mock*, InsVV, § 17 Rz. 36.
[42] Zutreffend Leonhardt/Smid/Zeuner/*Amberger*, InsVV, § 17 Rz. 13.

kommenden Insolvenzgläubiger verfügt in persona über das Fachwissen, das für eine sinnvolle Ausgestaltung der Ausschusstätigkeit erforderlich ist. Zudem kommen theoretisch recht viele Insolvenzgläubiger für eine Ausschusstätigkeit in Betracht, jedoch muss der Gläubigerausschuss zahlenmäßig beschränkt sein, um funktionsfähig zu sein. Schließlich sind von den vielen in Betracht kommenden Insolvenzgläubigern in praxi auch nur wenige bereit, sich als Ausschussmitglied einsetzen zu lassen. Wenn ein Vergleich mit allgemeinen prozessualen Grundsätzen gezogen werden müsste, würde es am ehesten auf eine bunte Mischung aus Sachverständigem nach §§ 402 ff. ZPO, Nebenintervenient nach § 66 ZPO, Notanwalt nach § 78b ZPO, Schöffen nach §§ 28 ff. GVG und Bezirksrevisor am Amtsgericht nach Landesrecht hinauslaufen; insoweit ist der externe Dritte als Ausschussmitglied und Verfahrensbeteiligter prozessual ein Insolvenzspezifikum.

Eine Besonderheit gilt (auch aus vorgenannten Gründen) für derartige Interessenvertreter im Insolvenzantragsverfahren. Denn in § 21 Abs. 2 Satz 1 Nr. 1a InsO findet sich für den *vorläufigen Gläubigerausschuss* nur ein Verweis auf § 67 Abs. 2 InsO, nicht aber ein Verweis auf § 67 Abs. 3 InsO. Folglich können zu Mitgliedern des vorläufigen Gläubigerausschusses nur jene Personen bestellt werden, die nach Insolvenzeröffnung Insolvenzgläubiger wären. Dass externe Interessenvertreter nicht als Mitglieder des vorläufigen Gläubigerausschusses bestellt werden können, wird als verunglückte Regelung bezeichnet.[43] Denn mit Insolvenzeröffnung kann eine solche Bestellung erfolgen, dann sind aber die wesentlichen Weichen der weiteren Verfahrensabwicklung schon gestellt. Allerdings handelt es sich beim Insolvenzverfahren um ein Gerichtsverfahren, das zumindest bei einem Fremdantrag für die Dauer des Eröffnungsverfahrens kontradiktorischer Art ist. Hier einem Nichtbeteiligten Rechte und Pflichten über das schuldnerische Vermögen zuzugestehen, noch bevor überhaupt ein Insolvenzverwalter mit Verwaltungs- und Verfügungsbefugnis ausgestattet wird, dürfte verfahrensrechtlich – und damit verfassungsrechtlich – arg bedenklich sein. Wird hier dennoch ein externer Interessenvertreter bestellt, muss daher nicht nur von einer Unwirksamkeit der Bestellung ausgegangen werden, sondern von einer Nichtigkeit (siehe Rz. 25), was einen Vergütungsanspruch entfallen ließe.[44]

37

3. Anspruchsentstehung

Da es sich bei der Vergütung der Ausschussmitglieder um eine Tätigkeitsvergütung handelt (Rz. 10), entsteht der Vergütungsanspruch mit der Erbringung einer Tätigkeit. Dies ist auch im Fall des § 17 Abs. 2 Satz 1 InsVV nicht anders, da die Beteiligung an der Auswahl des (vorläufigen) Insolvenzverwalters oder die Befassung mit dem Antrag auf Eigenverwaltung eine Tätigkeit darstellt. Das Entstehen des Anspruchs ist mithin kaum problematisch, insbesondere existieren keine Insolvenzspezifika, die einer Diskussion lohnten.

38

4. Fälligkeit des Vergütungsanspruchs

Schwieriger ist die Fälligkeit des Vergütungsanspruchs zu beurteilen, wobei hier keine „echte" Diskussion erkennbar ist.

39

---

43) *Cranshaw/Portisch/Knöpnadel*, ZInsO 2015, 1, 5.
44) Vgl. BGH, Beschl. v. 10.11.2011 – IX ZB 166/10, WM 2012, 141.

a) Stundenvergütung

aa) Eigene Auffassung

40 Bei einer nach Stundenaufwand honorierten Tätigkeit tritt Fälligkeit mit Erbringung der Tätigkeit ein. Eine gesetzliche Regelung für den Gläubigerausschuss, wann die Tätigkeit i. S. d. Fälligkeit erbracht wurde, sehen weder die InsO noch die InsVV vor; vertragliche Regelungen (vgl. Arbeitsvertrag mit Lohnabrechnungen auf Basis Stundenlohn) scheiden aus. Bei einer Stundenvergütung kann nach allgemeinen Regeln zu jedem beliebigen Zeitpunkt eine Stundenabrechnung erfolgen, d. h. ein Vergütungsantrag gestellt werden. Das Ausschussmitglied ist folglich nicht gehindert, bei einem länger andauernden Insolvenzverfahren auch mehrere Vergütungsanträge einzureichen.

41 In der Praxis werden die Vergütungsanträge der Ausschussmitglieder oft erst sehr spät, meist im Zusammenhang mit der Einreichung der Schlussrechnung des Insolvenzverwalters eingereicht. Dies beruht auf mindestens drei Fehlvorstellungen. Erstens wird hier offenbar stets ein Zusammenhang mit der (Höhe der) *Verwaltervergütung* gesehen. Dies kann zwar diskutiert werden (Rz. 86 ff.), ist aber bei expliziter Geltendmachung einer Stundenvergütung offensichtlich widersinnig. Zweitens geht eine Vielzahl von Ausschussmitgliedern offenbar immer noch rechtsirrig davon aus, dass der *Insolvenzverwalter ihre Vergütungsanträge formulieren oder gar stellen* wird (hierzu Rz. 110).

42 Drittens wird ein zeitlicher, inhaltlicher und sachlicher Zusammenhang mit der *Schlussrechnung* gesehen. Auch dies ist ausgesprochen zweifelhaft, da die Vergütung der Ausschussmitglieder nicht nur für deren Tätigkeit i. S. d. § 66 Abs. 2 Satz 2 InsO (Prüfung der Schlussrechnung des Insolvenzverwalters) gewährt wird. Die Prüfung von Geldverkehr und -bestand hat – ebenso wie die Unterstützung und Überwachung des Insolvenzverwalters – von Anbeginn der Amtsannahme jederzeit, d. h. kontinuierlich zu erfolgen.[45] Bei einer Stundenvergütung kommt es nicht – wie beim Insolvenzverwalter (§ 63 Abs. 1 Satz 2 InsO, § 1 Abs. 1 Satz 1 InsVV) – auf den Stichtag Schlussrechnung an. Auch *andere Stichtage* sind im Gesetz nicht vorgesehen. Abgesehen vom Berichtstermin, in dem die Mitglieder des Gläubigerausschusses Gelegenheit zur Stellungnahme haben (§ 156 Abs. 2 InsO), kommt der Gläubigerausschuss in der Aufgabenbeschreibung von Gläubigerversammlungen – abgesehen von seinem Teilnahmerecht aus § 74 Abs. 1 Satz 2 InsO – überhaupt nicht vor. Insbesondere regelt § 197 InsO nicht, dass der Gläubigerausschuss im Schlusstermin über irgendetwas Bericht zu erstatten hätte, er wird nicht einmal zum Abstimmungs- und Erörterungstermin im Planverfahren gesondert geladen (§ 235 Abs. 3 Satz 1 InsO). Nach der Konzeption des § 69 InsO soll sich der Gläubigerausschuss außerhalb des Berichtstermins offenbar nur dann bemerkbar machen, wenn er klärungsbedürftige Auffälligkeiten zu berichten hat, und dies auch nur gegenüber dem Insolvenzgericht, nachdem der Insolvenzverwalter keine Abhilfe geschaffen hat. Insoweit gibt es mit der Insolvenzeröffnung (für die Vergütung der Mitglieder des vorläufigen Gläubigerausschusses), dem Ende der Betriebsfortführung, dem Abschluss einer übertragenden Sanierung, den einzelnen Maßnahmen nach §§ 158 Abs. 1, 160 Abs. 1 Satz 1 InsO, der sukzessiven „Kassenprüfung" oder geeigneten Tätigkeiten in der Eigenverwaltung

---

45) Zu den Prüfungsintervallen BGH, Urt. v. 9.10.2014 – IX ZR 140/11, ZIP 2014, 2242; ausführlich auch *Ampferl/Kilper*, ZIP 2015, 553, 557 ff.

einige Zeitpunkte, die sich für einen Antrag auf Festsetzung der Vergütung für das bisher Geleistete eignen. Einen konkreten Stichtag aber, der eine hiervon abweichende Fälligkeit der Vergütung begründen könnte, gibt es nicht.

Beispiel: 43

Der einstweilige Gläubigerausschuss prüft zwischen Insolvenzeröffnung und Berichtstermin die Schlussrechnung des vorläufigen Verwalters. Schlussrechnung für das eröffnete Verfahren wird jedoch erst viele Jahre später gelegt. Es ist kein rechtlicher Grund ersichtlich, die Fälligkeit des Vergütungsanspruchs der Ausschussmitglieder für die Prüfung der Schlussrechnung des vorläufigen Verwalters erst viele Jahre später zu bejahen.

Beispiel: 44

Drei Monate nach Verfahrenseröffnung wird eine übertragene Sanierung umgesetzt, nachdem intensive Verhandlungen und Beratungen unter Einbeziehung des Gläubigerausschusses stattgefunden haben. Auch hier ist kein Rechtsgrund ersichtlich, die Stundenvergütung für die Ausschussmitglieder erst viele Jahre später fällig werden zu lassen.

Beispiel: 45

Aufgrund eines objektiven Eilbedarfs wird eine übertragene Sanierung bereits im Antragsverfahren unter Einbeziehung des vorläufigen Gläubigerausschusses verhandelt und am Tag nach Insolvenzeröffnung umgesetzt. Weshalb sollte die Vergütung der Mitglieder des vorläufigen Gläubigerausschusses, deren Amt mit Insolvenzeröffnung automatisch endet, erst viele Jahre später bei Schlussrechnungslegung für das eröffnete Verfahren fällig werden? Hier tritt spätestens Fälligkeit mit Amtsbeendigung des vorläufigen Gläubigerausschusses ein.[46]

Die Beispiele ließen sich beliebig fortsetzen. Daher kann man wohl nur zu dem Ergebnis kommen, dass eine Stundenvergütung gemäß § 271 Abs. 1 BGB stets **sofort fällig** ist, weil sie fortlaufend entsteht,[47] wobei freilich nicht jede Stunde einzeln abzurechnen ist. Gewisse Zusammenfassungen sind möglich, um den Aufwand der Ausschussmitglieder und der Rechtspfleger zu beschränken. Daher sind jährliche Abrechnungen und Anträge zu empfehlen, sinnvollerweise abgestimmt auf die Fristen zur Berichterstattung des Insolvenzverwalters. 46

bb) Allgemeine Ansicht

Die allgemeine Ansicht scheint hingegen davon auszugehen, dass Fälligkeit erst gegen 47
Ende des Insolvenzverfahrens eintritt. Entweder wird pauschal auf die Regelungen für den Insolvenzverwalter verwiesen[48] oder ohne Eingehen auf die Rechtsnatur einer Stundenvergütung pauschal auf die Schlussrechnungsprüfung bzw. Amtsbeendigung rekurriert.[49] Nur etwas präziser ist das Abstellen auf die letzte Sitzung des Gläubi-

---

46) Zutreffend AG Konstanz, Beschl. v. 11.8.2015 – 40 IN 408/14, ZIP 2015, 1841.
47) HambKommInsO/*Büttner*, § 17 InsVV Rz. 26.
48) Lorenz/Klanke/*Lorenz*, InsVV, § 17 Rz. 58 mit Verweis auf § 8 Rz. 5.
49) Leonhardt/Smid/Zeuner/*Amberger*, InsVV, § 17 Rz. 9; K. Schmidt/*Jungmann*, InsO, § 73 Rz. 13; *Keller*, Vergütung und Kosten, § 12 Rz. 6; Uhlenbruck/*Knof*, InsO, § 73 Rz. 4; MünchKommInsO/*Stephan/Riedel*, § 73 InsO Rz. 12.

gerausschusses,[50] wenngleich hier ebenfalls die Rechtsnatur einer Stundenvergütung nicht diskutiert wird.

48 Ein Argument für eine Fälligkeit im Zeitpunkt des Schlusstermins[51] soll sein, dass es sich empfiehlt, die Gläubigerversammlung vor der Festsetzung der Vergütung anzuhören, obgleich dies weder in der InsO noch in der InsVV geregelt ist.[52] Das Argument greift jedoch nicht durch. Wie bereits ausgeführt (Rz. 42), beschreibt die InsO außerhalb des Berichtstermins (§ 156 Abs. 2 Satz 1 InsO) und des Teilnahmerechts (§ 74 Abs. 1 Satz 2 InsO) keinen Zusammenhang zwischen Gläubigerausschuss und Gläubigerversammlung. Zudem wird hier die Reihenfolge verkehrt. Ein in der Gläubigersammlung zu diskutierender, bereits gestellter Vergütungsantrag mag die Verjährung hemmen (Rz. 52), die Erörterung begründet jedoch keine Fälligkeit. Ein Vergütungsantrag erst nach der Erörterung möglicher Vergütungsansprüche kann diesen nicht heilen, wenn zu diesem Zeitpunkt bereits Verjährung eingetreten ist. Da der Gläubigerausschuss zu keinem Zeitpunkt gegenüber der Gläubigerversammlung Bericht über seine Tätigkeit zu erstatten hat, er lediglich „Bemerkungen" zur Schlussrechnung anzufertigen hat (§ 66 Abs. 2 Satz 2 InsO), hat die Gläubigerversammlung auch keine Informationen, die für eine solche Erörterung brauchbar wären. Zudem steht bei einer Stundenvergütung der Zeitaufwand (des redlich Abrechnenden) fest, der Stundensatz steht ausschließlich im Ermessen des Rechtspflegers, nicht der Gläubiger. Aufgrund der ab Amtsbeginn kontinuierlich zu erstellenden Zeiterfassung ist auch nicht nachvollziehbar, weshalb der Zeitaufwand erst im Schlusstermin endgültig bestimmt werden können soll.[53] Auch das Recht eines jeden Insolvenzgläubigers zur sofortigen Beschwerde gegen die Festsetzung der Vergütung nach §§ 73 Abs. 2, 64 Abs. 3 InsO mag zu Anhörungspflichten führen (Rz. 117), jedoch gilt das zur Erörterung durch die Gläubigerversammlung Gesagte.

49 Das Argument ist jedoch – obgleich wiederum keine Auseinandersetzung mit der Rechtsnatur einer Stundenvergütung erfolgt – insoweit von Interesse, als hier der Ursprung des allgemeinen Fehlschlusses erkennbar wird. § 91 Abs. 1 Satz 2 KO sah eine Anhörung der Gläubigerversammlung zu den Vergütungsanträgen der Mitglieder des Gläubigerausschusses vor. Die Auffassung, Fälligkeit der Ausschussvergütung trete mit Schlusstermin ein, beruht folglich auf einem nicht nachvollzogenen Wechsel dogmatischer Grundsätze beim Übergang vom Konkurs- zum Insolvenzrecht – falls nicht schon § 91 Abs. 1 Satz 2 KO in einem übersehenen Konflikt zu § 271 Abs. 1 BGB stand. Dies hat auch der Verordnungsgeber übersehen. Denn soweit er einen Vorschussanspruch nicht hat regeln wollen, weil der Vorschussanspruch schon im Geltungsbereich der VergVO anerkannt war,[54] scheint auch er von einer Fälligkeit

---

50) HambKommInsO/*Frind*, § 73 Rz. 2; Jaeger/*Gerhardt*, InsO, § 73 Rz. 7; *Haarmeyer/Mock*, InsVV, § 17 Rz. 23; Uhlenbruck/*Knof*, InsO, § 73 Rz. 4; Pape/Uhländer/*Pape*, InsO, § 73 Rz. 5.
51) LG Göttingen, Beschl. v. 1.12.2004 – 10 T 128/04, NZI 2005, 340; *Haarmeyer/Mock*, InsVV, § 17 Rz. 23.
52) Uhlenbruck/*Knof*, InsO, § 73 Rz. 4; KPB-InsO/*Prasser*, § 73 InsO Rz. 5 (Stand: 04/2014).
53) So aber Uhlenbruck/*Knof*, InsO, § 73 Rz. 4; KPB-InsO/*Prasser*, § 73 InsO Rz. 5 (Stand: 04/2014).
54) Zu einem verworfenen § 18 Abs. 3 InsVV-E siehe Lorenz/Klanke/*Lorenz*, InsVV, § 17 Rz. 36; KPB-InsO/*Prasser*, § 73 InsO Rz. 19 (Stand: 04/2014).

Berechnung der Vergütung § 17

der Stundenvergütung erst bei Verfahrensabschluss auszugehen; insgesamt eine völlig widersinnige Rechtslage.

b) Andere Berechnungsmethoden

Die Fälligkeit der Vergütung bei anderen Berechnungsmethoden hängt von eben jener Methode ab. Sofern auf die Verwaltervergütung oder in sonstiger Weise auf das wirtschaftliche Ergebnis der Verfahrensabwicklung abgestellt wird, ist rechtlich – wie beim Insolvenzverwalter – auf die Verfahrensbeendigung abzustellen, falls nicht das Amt des Ausschussmitglieds früher endet. 50

Für die Vergütung der Mitglieder des vorläufigen Gläubigerausschusses im Insolvenzeröffnungsverfahren können jedoch die für den vorläufigen Insolvenzverwalter bestehenden Besonderheiten für die Bestimmung der Berechnungsgrundlage nicht gelten. Daher ist eine Orientierung an der Vergütung des vorläufigen Insolvenzverwalters zweifelhaft. Maßgeblich ist jedoch, dass das Amt der Mitglieder des vorläufigen Gläubigerausschusses mit Insolvenzeröffnung endet,[55] falls das Eröffnungsverfahren nicht anderweitig endet, sodass sich die Fälligkeit der Vergütung der Ausschussmitglieder ausschließlich und allgemein an der Beendigung des Antragsverfahrens bzw. des Ausschussamts orientiert. 51

5. Verjährung

In Ermangelung einer speziellen Regelung richtet sich die Verjährung des Vergütungsanspruchs nach §§ 194 ff. BGB. Eine noch **nicht festgesetzte Vergütung** verjährt gemäß § 195 BGB in *drei Jahren*, was aufgrund der Problematik der Fälligkeit einer Stundenvergütung heikel sein kann. Denn gemäß § 199 Abs. 1 BGB dürfte Verjährungsbeginn stets das Ende des jeweiligen Kalenderjahres, in dem die Tätigkeit durch das Ausschussmitglied erbracht wurde, sein. Eine *Hemmung der Verjährung* gemäß § 203 BGB kann nicht einschlägig sein, da im Vergütungsrecht keine Verhandlungen über Anspruchsgrund und -höhe stattfinden. Lediglich der Vergütungsantrag führt gemäß § 204 Abs. 1 Nr. 1 BGB zur Verjährungshemmung.[56] Maßnahmen i. S. d. § 212 Abs. 1 Nr. 1 BGB, die zu einem *Neubeginn der Verjährung* führen würden, d. h. Anerkenntnisse des Schuldners, sind im Vergütungsrecht ebenfalls nicht denkbar. 52

Da all dies relativ selbstverständlich scheint, verlegt sich die allgemeine Ansicht auf eine Verschiebung der Fälligkeit (und konkludent des Verjährungsbeginns) auf das Verfahrensende (Rz. 47 ff.), was bei einer Zeitvergütung nach hier vertretener Ansicht (Rz. 40 ff.) keine Stütze im Gesetz findet. Anders ist dies nur, wenn eine vom Zeitaufwand unabhängige Vergütung bejaht wird (Rz. 50 f.). Für den vorläufigen Insolvenzverwalter wird vertreten, ein Vergütungsanspruch könne im eröffneten Insolvenzverfahren nicht verjähren (§ 11 Rz. 38). Zur Wahrung der Einheitlichkeit des Kostenrechts kann dieser Grundsatz auch für die Vergütungsansprüche der Ausschussmitglieder übernommen werden, jedoch mit einer zentralen Ausnahme. Hat das Amt eines Ausschussmitglieds seine Beendigung mit der Eröffnungsent- 53

---

55) Bork/Hölzle/*Zimmer*, Handbuch Insolvenzrecht, Kap. 5 Rz. 551.
56) BGH, Beschl. v. 29.3.2007 – IX ZB 153/06, ZIP 2007, 1070.

scheidung oder im laufenden Verfahren gefunden, kann nur ein Vergütungsantrag Hemmung der Verjährung herbeiführen. Endet folglich das Amt der Mitglieder des vorläufigen Gläubigerausschusses mit der Eröffnungsentscheidung (was immer der Fall ist) oder endet das Amt der Mitglieder des einstweiligen Gläubigerausschusses (§ 67 Abs. 1 InsO) mit dem Berichtstermin, da die Gläubigerversammlung auf einen Gläubigerausschuss verzichten oder ihn anders besetzen möchte, oder endet das Amt eines (endgültigen) Gläubigerausschusses durch Tod oder Entlassung, so gilt die allgemeine Verjährungsfrist. Damit schützt der Grundsatz, eine Vergütung könne im eröffneten Insolvenzverfahren nicht verjähren, ausschließlich diejenigen Mitglieder, die mit Insolvenzeröffnung oder durch die Gläubigerversammlung eingesetzt wurden und gegen Beendigung des Insolvenzverfahrens noch im Amt sind.

54 Eine Vergütung, die durch Beschluss des Insolvenzgerichts oder einer Beschwerdeinstanz **rechtskräftig festgesetzt** wurde, verjährt gemäß § 197 Abs. 1 Nr. 3 BGB nach dreißig Jahren ab Rechtskraft (§ 201 Satz 1 BGB).

55 Zur **Erhebung der Einrede** der Verjährung soll im eröffneten Insolvenzverfahren einzig der Insolvenzverwalter berechtigt sein,[57] richtigerweise auch der Schuldner, da die Vergütung aus seinem Vermögen zu entrichten ist.

6. Verwirkung

56 Die Vergütung der Mitglieder des Gläubigerausschusses soll ausnahmsweise bei schweren Pflichtverstößen der Verwirkung unterfallen können.[58] Wegen der grundsätzlichen Problematik sei auf die Ausführungen zum Insolvenzverwalter (§ 8 Rz. 114 ff.) verwiesen. Im Ergebnis dürfte die Verwirkung abzulehnen sein, maßgeblich wegen der Frage des gesetzlichen Richters. Pflichtwidrigkeiten von Ausschussmitgliedern sind der Verfolgung durch den Insolvenzverwalter vor der ordentlichen Gerichtsbarkeit vorbehalten und damit der Bewertung durch das Insolvenzgericht entzogen.

V. Höhe der Vergütung

1. Vergütungsparameter (§ 73 Abs. 1 Satz 2 InsO)

57 Gemäß § 73 Abs. 1 Satz 2 InsO ist dem Zeitaufwand und dem Umfang der Tätigkeit Rechnung zu tragen. Die Formulierung ist nicht sonderlich erhellend. Bei einer Stundenvergütung gibt es nur zwei Multiplikatoren: die **Anzahl der Stunden** (hierzu Rz. 59 ff.) und den **Stundensatz** (hierzu Rz. 67 ff.). Wenn jedoch der „Zeitaufwand" und der „Umfang" Multiplikatoren sein sollen, ergeben sich zahlreiche Probleme, weil der für Stundenvergütungen im Grunde recht einfache Dreisatz nicht mehr anwendbar ist. Genau dies ist jedoch ein Kernproblem in der Diskussion, die wesentlich einfacher geführt werden könnte. Daher ist – möglicherweise gegen die allgemeine Ansicht – streng zwischen den beiden Parametern zu trennen.

58 Der Versuch, aus einem einfachen Dreisatz ein komplexeres Ergebnis zu gewinnen, beruht vermutlich auf der Annahme, das Ergebnis müsse **angemessen** sein. Nun ist ein nachgewiesener Zeitaufwand als erster Multiplikator schon per se nicht unangemessen, sodass allenfalls über die Angemessenheit des Stundensatzes als zweitem Mul-

---

57) HambKommInsO/*Büttner*, § 17 InsVV Rz. 26.
58) HambKommInsO/*Büttner*, § 17 InsVV Rz. 25.

tiplikator zu diskutieren ist. Wer dann das Ergebnis immer noch für unangemessen hält, muss sich bei seiner Argumentation auf Möglichkeiten *außerhalb einer Stundenvergütung* (Rz. 86 ff.) berufen, da sich mathematische Formeln nicht durch Rechtsansichten ändern lassen.

2. Vergütung nach Zeitaufwand

a) Anrechenbare Zeiten/Nachweis

Der Zeitaufwand muss **nachgewiesen** werden,[59] da es sich um ein gerichtliches Festsetzungsverfahren handelt. Zwar kann der für die Festsetzung Zuständige nach freier Überzeugung entscheiden, ob eine tatsächliche Behauptung für wahr oder für nicht wahr erachtet wird (§ 4 InsO, § 286 Abs. 1 Satz 1 ZPO), jedoch muss er diese Überlegungen auf irgendetwas stützen können. Eine Rechtsgrundlage für eine Glaubhaftmachung i. S. d. § 294 ZPO ist auf den ersten Blick nicht ersichtlich, sie könnte jedoch in § 4 InsO, § 104 Abs. 2 Satz 1 ZPO gesehen werden. Vor dem Hintergrund möglicher Beschwerderechte des Insolvenzverwalters, des Schuldners und der Insolvenzgläubiger (§§ 73 Abs. 2, 64 Abs. 3 Satz 1 InsO) handelt es sich um ein quasi-kontradiktorisches Verfahren, sodass auf hinreichenden Nachweisen bestanden werden muss. Ansonsten wäre unklar, worauf ein Beschwerdeberechtigter seine Beschwerde überhaupt stützen können soll. Analog § 103 Abs. 2 Satz 2 ZPO sind die Vergütungsberechnung und die zur Rechtfertigung der einzelnen Ansätze dienenden Belege beizufügen. Hat das Insolvenzgericht nach eventuell notwendigen Anhörungen Zweifel, besteht eine Hinweispflicht analog § 139 Abs. 2 ZPO. 59

Ist eine Zeiterfassung nicht erfolgt, kann das Insolvenzgericht eine **Schätzung** anhand hinreichender Kriterien vornehmen.[60] Die Erfassung des Zeitaufwands ist durch eine Zeiterfassungsliste allerdings relativ einfach möglich, sodass nicht ersichtlich ist, wann eine Zeiterfassung unzumutbar sein soll.[61] Hier dürften zwei Entwicklungen ursächlich sein. Die Rechtsprechung hierzu stammt aus einer Zeit, in der Zeiterfassungen eventuell noch nicht so selbstverständlich waren wie in heutigen Arbeitsprozessen. Zum anderen wurde in den entschiedenen Fällen z. T. zunächst auf eine Pauschalvergütung vertraut, die abgelehnt wurde; hier war der Zeitaufwand zu rekonstruieren. Als drittes – was nicht als Entwicklung bezeichnet werden soll – lassen sich in einigen entschiedenen Fällen doch Merkwürdigkeiten nicht überlesen; die Anzahl „eventuell" angefallener Stunden scheint hier auffällig hoch. Auch für verschiedene Ausschussmitglieder einfach kopierte Stundennachweise bieten Anlass zu Zweifeln. Als missverständlich muss die Aussage bewertet werden, solche Schätzungen ließen später hinreichend Spielraum für Anpassungen.[62] Daher ist nicht ganz nachvollziehbar, weshalb auch neuere Literatur die Möglichkeit von Schätzungen unreflektiert zulässt;[63] 60

---

59) LG Aachen, Beschl. v. 20.7.1992 – 3 T 265/91, ZIP 1993, 137; *Haarmeyer/Mock*, InsVV, § 17 Rz. 21; KPB-InsO/*Prasser*, § 73 InsO Rz. 8 (Stand: 04/2014).
60) LG Aachen, Beschl. v. 20.7.1992 – 3 T 265/91, ZIP 1993, 137; LG Duisburg, Beschl. v. 13.9.2004 – 7 T 221/04, NZI 2005, 116.
61) Wohl auch *Haarmeyer/Mock*, InsVV, § 17 Rz. 22.
62) So AG Duisburg, Beschl. v. 13.1.2004 – 62 IN 167/02 u. a., NZI 2004, 325, 326.
63) Leonhardt/Smid/Zeuner/*Amberger*, InsVV, § 17 Rz. 14; HambKommInsO/*Büttner*, § 17 InsVV Rz. 15; KPB-InsO/*Prasser*, § 73 InsO Rz. 9 (Stand: 04/2014).

eine Schätzung durch das Insolvenzgericht kann nur am unteren Rand des Unzweifelhaften erfolgen. Soweit auch von Pauschalierungen die Rede ist, handelt es sich nicht mehr um eine stundenabhängige Vergütung, sondern um einen anderen Lösungsansatz (Rz. 85 ff.). Von Ausnahmefällen abgesehen dürften sich im Ergebnis Schätzungen und Seriosität konträr gegenüberstehen.

61 Vergütungsfähig sind nur jene Stunden bzw. Tätigkeiten, die innerhalb des **Aufgabengebiets des Gläubigerausschusses** geleistet wurden. Es entspricht einem allgemeinen Prinzip des Vergütungsrechts, dass nur die Tätigkeit vergütet wird, die dem Anspruchsinhaber vom Gesetz oder vom Insolvenzgericht und den Verfahrensbeteiligten in wirksamer Weise übertragen wurde.[64] Hierzu gehört gemäß der zentralen Vorschrift des § 69 InsO die Unterstützung und Überwachung der Geschäftsführung des (vorläufigen) Insolvenzverwalters – an vielen Stellen der InsO präzisiert – einschließlich Prüfung von Geldbestand und -verkehr. Dies ist freilich nicht immer einfach von darüber hinausgehenden Interessen des Ausschussmitglieds abzugrenzen.

62 Ohne Zweifel gehören zu den notwendigen Tätigkeiten die Teilnahme an Sitzungen des Gläubigerausschusses, die Teilnahme an Gläubigerversammlungen (arg. § 74 Abs. 1 Satz 2 InsO), Ortsbesichtigungen beim Schuldner auch an mehreren Betriebsstätten, Besprechungen bei Gesellschaftern, Investoren oder beim Insolvenzverwalter, dies alles einschließlich An- und Abreisen[65] sowie die Vor- und Nachbereitung von Terminen.[66] Auch eigene Recherchen und Planspiele müssen hinzugehören, da der Gläubigerausschuss auch unterstützende Funktion, mithin nicht nur Vorlagen des Insolvenzverwalters zu prüfen hat. Hält es ein Ausschussmitglied für notwendig, bei Gericht Aufsichtsmaßnahmen anzuregen, gehört der hiermit verbundene Aufwand ebenfalls zu den notwendigen Tätigkeiten.[67] Dies sogar dann, wenn die Tätigkeiten sich auf entsprechende Rechtsmittel beziehen.[68] Aus alledem folgt, dass der Stundenaufwand der verschiedenen Ausschussmitglieder sehr unterschiedlich sein kann und wird.

63 Ohne Zweifel *nicht* zu den Aufgaben des Ausschussmitglieds gehören Tätigkeiten im Interesse der eigenen Gläubigerstellung, vergütet wird nur die dem Organ Gläubigerausschuss zugewiesene Tätigkeit.

64 *Zweifelhaft* ist allerdings die Auffassung, das Gläubigerausschussmitglied könne keine Vergütung beanspruchen für „falsch erledigte" Aufgaben. Diese Aussage beruht auf einem Fall, in dem das Ausschussmitglied ein unstatthaftes Rechtsmittel eingelegt und den damit verbundenen Zeitaufwand geltend gemacht hatte.[69] Abgesehen von den Besonderheiten des Einzelfalls, die das Ergebnis rechtfertigen mögen, muss jedoch bedacht werden, dass keineswegs jedem Laien zumutbar ersichtlich ist, wann eine

---

64) Vgl. BGH, Beschl. v. 21.7.2016 – IX ZB 70/14, ZIP 2016, 1592 (vorläufiger Sachwalter).
65) LG Göttingen, Beschl. v. 1.12.2004 – 10 T 128/04, NZI 2005, 340 (allerdings mit der zweifelhaften Diskussion, ob auch die Verkehrslage substantiiert darzutun ist); AG Konstanz, Beschl. v. 11.8.2015 – 40 IN 408/14, ZIP 2015, 1841 (mit dem zutreffenden Hinweis, Fahrzeit und Entfernung könnten auch offenkundig sein).
66) Vgl. auch KPB-InsO/*Prasser*, § 73 InsO Rz. 15 (Stand: 04/2014).
67) LG Göttingen, Beschl. v. 10.1.2005 – 10 T 1/05, NZI 2005, 339.
68) LG Göttingen, Beschl. v. 10.1.2005 – 10 T 1/05, NZI 2005, 339.
69) LG Göttingen, Beschl. v. 10.1.2005 – 10 T 1/05, NZI 2005, 339.

Beschwerde statthaft ist. Der BGH hält z. B. eine Rechtsbeschwerde auch dann für statthaft, wenn das Beschwerdegericht die sofortige Beschwerde als unzulässig verworfen hat;[70] also können offenbar auch Richter am Landgericht über die Statthaftigkeit der Beschwerde irren. Insgesamt ist die einschränkende Auffassung schon deswegen abzulehnen, weil es sich um eine Tätigkeitsvergütung und nicht um eine Erfolgsvergütung handelt; die Ausschussmitglieder schulden keinen Erfolg i. S. e. Werkvertrages. Jedwede Tätigkeit, die ein Ausschussmitglied für objektiv erforderlich hält und sich mit einer überwachenden oder unterstützenden Funktion in Verbindung bringen lässt, ist vergütungsfähig.

Ebenso zweifelhaft ist die Auffassung, die Unterstützungs- und Überwachungstätigkeit des vorläufigen Gläubigerausschusses im Antragsverfahren könne sich nicht auf die Vorbereitung einer übertragenden Sanierung beziehen, da dies schon nicht Aufgabe eines „schwachen" vorläufigen Verwalters sei.[71] Da Letzteres unzutreffend ist,[72] kann auch Ersteres nicht richtig sein.[73] Zudem ist es Aufgabe des Gläubigerausschusses, den Insolvenzverwalter nicht nur zu unterstützen, sondern auch zu überwachen (§ 69 Satz 1 InsO). Sollte der (vorläufige) Insolvenzverwalter oder der (vorläufige) Sachwalter seine Befugnisse überschreiten, indem er *außerhalb* seines Aufgabenkreises tätig wird, so obliegt dies erst recht der Überwachung durch den Gläubigerausschuss bis hin zu einer eventuell notwendigen Kontaktaufnahme mit dem Insolvenzgericht. Damit bleibt der Gläubigerausschuss *innerhalb* seines Aufgabenkreises tätig. Etwas anderes würde den Sinn von Überwachung völlig verfehlen. 65

Ist das Ausschussmitglied Stellvertreter (Rz. 31) oder Interessenvertreter (Rz. 36), so sollen nicht vergütungsfähig sein Leistungen des Ausschussmitglieds für den Vertretenen bzw. für die Interessengruppe. Ersteres ist überzeugend, Letzteres nicht. So sollen nicht zum erforderlichen Zeitaufwand gehören Besprechungen eines Arbeitnehmervertreters mit dem Betriebsrat und mit Gewerkschaftsvertretern, ebenso die Teilnahme des Arbeitnehmervertreters an Verhandlungen des Insolvenzverwalters mit potentiellen Übernahmeinteressenten, beides gerichtet auf den Erhalt möglichst vieler Arbeitsplätze.[74] Dies scheint doch etwas am Sinn und Zweck des Arbeitnehmervertreters im Gläubigerausschuss (Soll-Mitglied gemäß § 67 Abs. 2 Satz 2 InsO) vorbeizugehen. Zwar ist der Erhalt von Arbeitsplätzen kein in § 1 InsO normiertes Ziel des Insolvenzverfahrens; die Aufgaben des Gläubigerausschusses gemäß § 69 InsO beschränken sich jedoch nicht nur auf die *Regelaufgaben* des Insolvenzverwalters, sondern auch auf dessen *Sonderaufgaben*. Wenn der Insolvenzverwalter für entsprechende Tätigkeiten einen Zuschlag gemäß § 3 Abs. 1 InsVV verlangen kann, so gilt auch ein entsprechender Zeitaufwand des Ausschussmitglieds als notwendig. Durch möglichst viele Übertragungen von Arbeitsverhältnissen auf einen Investor können 66

---

70) BGH, Beschl. v. 10.11.2011 – IX ZB 166/10, Rz. 6, WM 2012, 141.
71) LG Aurich, Beschl. v. 6.3.2013 – 4 T 204/10, ZInsO 2013, 631; Leonhardt/Smid/Zeuner/*Amberger*, InsVV, § 17 Rz. 7.
72) BGH, Beschl. v. 8.7.2004 – IX ZB 589/02, ZIP 2004, 1555.
73) HambKommInsO/*Frind*, § 73 Rz. 3; *Zimmer*, ZIP 2013, 1309, 1316.
74) LG Duisburg, Beschl. v. 13.9.2004 – 7 T 221/04, NZI 2005, 116; Leonhardt/Smid/Zeuner/*Amberger*, InsVV, § 17 Rz. 14.

zudem regelmäßig auch Masseverbindlichkeiten gemäß §§ 55 Abs. 1 Nr. 2, 123 Abs. 2 Satz 1 InsO vermieden werden, sodass dies ohne Zweifel auch im Interesse der Gläubigergesamtheit ist.

b) Stundensatz (§ 17 Abs. 1 InsVV)

aa) Stundensätze nach Gesetzeswortlaut (§ 17 Abs. 1 Satz 1 InsVV)

67 In den Insolvenzverfahren, die ab dem 1.1.1999 beantragt bzw. **bis zum 31.12.2003 eröffnet** wurden, gilt es wegen der Euro-Umstellung zu differenzieren:

vom 1.1.1999 bis 31.12.2001 geleistete Stunden

Korridor 50–100 DM[75] =	25,56–51,13 €
Mittelwert 75 DM =	38,35 €

seit dem 1.1.2002 geleistete Stunden

Korridor	25–50 €[76]
Mittelwert	37,50 €

68 In den Insolvenzverfahren, die **ab dem 1.1.2004 eröffnet** wurden,[77] gilt:

Korridor	35–95 €
Mittelwert	65 €

bb) Grundproblem einer Rahmenvergütung

69 § 17 Abs. 1 InsVV sieht einen regelmäßigen Stundensatz von 35–95 € vor. Der Wert in der Mitte beträgt 65 €. Fraglich ist, ob es sich hierbei um eine Rahmenvergütung handelt. Wenn dies der Fall ist, müsste jede Abweichung von diesem **Mittelwert** begründet werden. Die VergVO in ihrer letzten Fassung sah eine Stundenvergütung von regelmäßig 15 DM vor.[78] Mit der Einführung der InsVV wurde eine regelmäßige Stundenvergütung von 50–100 DM vorgeschrieben. Die Verordnungsbegründung ist jedoch unpräzise. Soweit dort von „Abweichungen von diesem Satz" oder einem „erhöhten Stundensatz" die Rede ist,[79] ist durch Auslegung nicht eindeutig zu ermitteln, ob sich dies auf eine Abweichung vom Mittelwert innerhalb des Korridors oder auf Werte oberhalb der Obergrenze bezieht. Allerdings wird in der Verordnungsbegründung auch ausgeführt, gerade der Vergütungsrahmen solle dem Gericht die Flexibilität er-

---

75) Insolvenzrechtliche Vergütungsverordnung (InsVV) v. 19.8.1998 (BGBl. I 1998, 2205), siehe Anh. III Rz. 88.
76) Gesetz zur Einführung des Euro in Rechtspflegegesetzen und in Gesetzen des Straf- und Ordnungswidrigkeitenrechts, zur Änderung der Mahnvordruckverordnung sowie zur Änderung weiterer Gesetze v. 13.12.2001 (BGBl. I 2001, 3574), siehe Anh. V Rz. 18.
77) Verordnung zur Änderung der Insolvenzrechtlichen Vergütungsverordnung (InsVV) v. 4.10.2004 (BGBl. I 2004, 2569), siehe Anh. VII Rz. 51.
78) Verordnung über die Vergütung des Konkursverwalters, des Vergleichsverwalters, der Mitglieder des Gläubigerausschusses und der Mitglieder des Gläubigerbeirats v. 25.5.1960 (BGBl. I 1960, 329) in der letzten Fassung v. 11.6.1979 (BGBl. I 1979, 637), siehe Anh. II § 13 Abs. 1 Satz 3 VergVO.
79) Insolvenzrechtliche Vergütungsverordnung (InsVV) v. 19.8.1998 (BGBl. I 1998, 2205), Begründung zu § 17 InsVV, siehe Anh. III Rz. 89.

Berechnung der Vergütung § 17

möglichen, höhere Vergütungen festzusetzen. Insgesamt ist die Begründung sprachlich derart misslungen, dass von einem eindeutigen Willen des Verordnungsgebers nicht ausgegangen werden kann; nur der subjektive Gesamteindruck lässt vermuten, dass es sich um eine Rahmenvergütung mit Mittelwert handeln könnte.

Bei einer Rahmenvergütung stehen i. d. R. der Beauftragte und dessen Qualifikation fest. Lediglich die Schwierigkeit im Einzelfall soll Einfluss auf die Vergütungsfindung haben. Bei den aus RVG[80)] und StBVV[81)] bekannten Rahmen*gebühren* soll die Vergütung dem Umstand Rechnung tragen, dass der Zeitaufwand nicht immer mit der Höhe der allgemeinen Geschäftsgebühr o. Ä. korreliert. Nun wird aber bei einer Stundenvergütung der Zeitaufwand als eigenständiger Multiplikator zum Einsatz gebracht. Daher scheint es im Grunde widersinnig, bei einer Stundenvergütung den Zeitaufwand sowohl beim Stundensatz als auch bei der Stundenanzahl zu berücksichtigen; es handelt sich im Ergebnis um eine *Doppelberücksichtigung* all dessen, was die Sache vom „Regelfall" abweichend einfach oder kompliziert macht. Daher müssen wohl erhebliche Bedenken gegen eine Rahmen*gebühr* bei Stunden*vergütung* vorgebracht werden, wenn die Qualifikation des Beauftragten feststeht. 70

Ergänzend soll nach der ursprünglichen Verordnungsbegründung aber auch noch die unterschiedliche Qualifikation des Ausschussmitglieds ausschlaggebend dafür sein, wie der Vergütungsrahmen zur Anwendung kommen soll.[82)] Durch diesen zusätzlichen Parameter entsteht eine „**Rahmenvergütung**", wobei der Verordnungsgeber seinerzeit aber wohl davon ausging, dass der Gläubigerausschuss hauptsächlich aus Insolvenzgläubigern zusammensetzt. Denn er führte weiter aus, dass die Gläubiger für die Durchsetzung ihrer Interessen im Gläubigerausschuss nur eine bescheidene Vergütung erhalten sollen. Erst im Jahre 2004 wurde die Obergrenze auf 95 € fast verdoppelt mit der Begründung, auch hochqualifizierte und sachverständige Nichtgläubiger (Wirtschaftsprüfer, Rechtsanwälte, vereidigte Buchprüfer, Steuerberater oder Hochschullehrer) seien als Ausschussmitglieder zulässig.[83)] Allerdings spricht die Begründung der Änderungsverordnung auch davon, dass für diesen Personenkreis der erhöhte Vergütungsrahmen eröffnet sei. Die wörtliche Auslegung dieser Formulierung kann nur so verstanden werden, dass Ausschussmitglieder, die Gläubiger sind, eigentlich nicht von der Anhebung der Obergrenze von 50 € auf 95 € profitieren sollten. Wenn also auch noch zwischen Gläubigern und Nichtgläubigern als Ausschussmitgliedern zu differenzieren ist, handelt es sich um eine „**Rahmen²vergütung**". Würde angesichts der gelegentlich zu beobachten „Family&friends-Ausschüsse" auch noch die Nähe zum Schuldner zu berücksichtigen sein, würde dieser weitere Parameter zu einer „**Rahmen³vergütung**" führen. Die Einbeziehung einer von den jeweiligen Entscheidungen abhängige, d. h. in den verschiedenen Verfahren 71

---

80) Gesetz über die Vergütung der Rechtsanwältinnen und Rechtsanwälte (Rechtsanwaltsvergütungsgesetz – RVG) v. 5.5.2004 (BGBl. I 2004, 718, 788).
81) Vergütungsverordnung für Steuerberater, Steuerbevollmächtigte und Steuerberatungsgesellschaften (Steuerberatervergütungsverordnung – StBVV) v. 17.12.1981 (BGBl. I 1981, 1442).
82) Insolvenzrechtliche Vergütungsverordnung (InsVV) v. 19.8.1998 (BGBl. I 1998, 2205), Begründung zu § 17 InsVV, siehe Anh. III Rz. 89.
83) Verordnung zur Änderung der Insolvenzrechtlichen Vergütungsverordnung (InsVV) v. 4.10.2004 (BGBl. I 2004, 2569), Begründung zu § 17 InsVV, siehe Anh. VII Rz. 52, 48.

unterschiedliche Gefahr einer persönlichen Haftung der Ausschussmitglieder nach § 71 InsO, führte zu einer „**Rahmen⁴vergütung**". Ein solch vierdimensionaler Rahmen scheint doch etwas komplex.

72 Dies zeigt, dass das Konzept, alle paar Jahre neue Parameter die Ausfüllung einer Rahmenvergütung bestimmen zu lassen, zum Scheitern verurteilt ist. Es entspricht unserem Wirtschafts- und Gesellschaftssystem, dass entweder Fleiß oder eine höhere Bildung zu einer höheren Vergütung führt. Die gegenwärtige Regelung und ihre praktische Umsetzung versuchen eine Verquickung, die jedwede Logik missen lässt. Hier werden z. T. hilflos und ängstlich Wörter aneinandergereiht („besonderer Umfang", „außerordentlich", „außergewöhnlich", „besonders" etc.),[84] die keinen Satz von semantischem oder juristischem Wert ergeben.[85]

cc) Angemessenheit von Stundensätzen

73 Vor dem Hintergrund, dass der Sachverstand der Gläubiger in die Verfahrensabwicklung einbezogen werden soll[86] und auch Nicht-Gläubiger als Ausschussmitglieder bestellt werden können (§ 67 Abs. 3 InsO), scheint die Grundannahme, die Ausschussmitglieder sollten sich mit einer bescheidenen Vergütung zufrieden geben,[87] zweifelhaft. Für Nicht-Gläubiger ohnehin, für Gläubiger insoweit, als sie im Ausschuss gerade nicht ihre eigenen Interessen, sondern die Interessen der Gläubigergesamtheit zu wahren haben,[88] sodass sie im Zweifel sogar gegen ihre eigenen Interessen (und Befriedigungsaussichten) votieren müssen. Hinsichtlich der Angemessenheit der Gesamtvergütung sei auf Rz. 86 verwiesen. Losgelöst davon muss aber auch ein Stundensatz isoliert betrachtet angemessen sein. Dies sieht auch der Verordnungsgeber so, wenn er erstens eine Rahmenvergütung kodifiziert und zweitens die Obergrenze der Angemessenheit mit Bescheidenheit definiert. Im Übrigen ist auch die Freiwilligkeit der Ausschusstätigkeit kein Argument gegen Angemessenheit.[89] Der Eintritt als Richter in den Staatsdienst ist auch freiwillig, und dennoch kann eine niedrige Richterbesoldung verfassungswidrig sein.[90]

74 Es mag eine Frage der Definition sein, ob ein (hoher) Stundensatz durch geeignete Kriterien festgelegt oder von einer Erhöhung der Vergütung[91] gesprochen wird; hier wird Ersteres präferiert. Die Begriffe Zuschlag[92] und Abschlag[93] scheinen hingegen unpassend, da § 3 InsVV keine Anwendung findet. Jedenfalls sind für jedes Ausschussmitglied **individuell entsprechende Kriterien** zu prüfen.[94] Da der zweite Multiplikator neben der Stundenzahl im Stundensatz zu sehen ist, § 73 Abs. 1 Satz 2

---

84) Vgl. nur LG Köln, Beschl. v. 13.2.2015 – 13 T 196/14, ZIP 2015, 1450.
85) In ähnlicher Schärfe auch die Anmerkung von *Blersch*, ZIP 2015, 1450, 1451.
86) Für Viele Jaeger/*Gerhardt*, InsO, § 73 Rz. 3.
87) Insolvenzrechtliche Vergütungsverordnung (InsVV) v. 19.8.1998 (BGBl. I 1998, 2205), Begründung zu § 17 InsVV, siehe Anh. III Rz. 89.
88) BGH, Beschl. v. 24.1.2008 – IX ZB 222/05, Rz. 15, ZIP 2008, 652.
89) So aber z. B. LG Köln, Beschl. v. 13.2.2015 – 13 T 196/14, ZIP 2015, 1450.
90) BVerfG, Urt. v. 5.5.2015 – 2 BvL 17/09 u. a., NJW 2015, 1935.
91) KPB-InsO/*Prasser*, § 73 InsO Rz. 10 (Stand: 04/2014).
92) *Haarmeyer/Mock*, InsVV, § 17 Rz. 28; Lorenz/Klanke/*Lorenz*, InsVV, § 17 Rz. 11.
93) *Haarmeyer/Mock*, InsVV, § 17 Rz. 30; Uhlenbruck/*Knof*, InsO, § 73 Rz. 15.
94) Leonhardt/Smid/Zeuner/*Amberger*, InsVV, § 17 Rz. 16.

Berechnung der Vergütung § 17

InsO diesen Stundensatz jedoch sprachlich verwirrend mit dem Umfang der Tätigkeit beschreibt, bedarf es einer Klarstellung dahingehend, dass sich die Angemessenheit des Stundensatzes an allem orientieren kann, außer am Zeitaufwand. Als qualitatives Kriterium verbleiben im Ergebnis nur die **Qualifikation und die berufliche Stellung des Ausschussmitglieds.** Der BGH hat in einem masselosen Verbraucherinsolvenzverfahren entschieden, dass es nicht (nur) auf die Angemessenheit im Verhältnis zur Qualifikation des Ausschussmitglieds ankomme, sondern (auch) auf die wirtschaftliche Lage des Schuldners.[95] Hier bestand jedoch die Besonderheit, dass die mit 50 € je Stunde beantragte Ausschussvergütung sogar die Mindestvergütung des Treuhänders überstieg. Aus den Entscheidungsgründen kann abgeleitet werden, dass es über eine derartige Konstellation hinaus freilich auf eine angemessene Vergütung im Verhältnis zur Qualifikation des Ausschussmitglieds ankomme. Ungeachtet dessen begegnet die Entscheidung Zweifeln, da eine fehlende gesetzliche Kappungsgrenze nicht durch eine Ermessensentscheidung ersetzt werden kann.

Darüber hinaus wird die **Komplexität des Verfahrens** erwähnt.[96] Dieses Merkmal führt freilich wieder zu erheblichen Abgrenzungsschwierigkeiten. Zwar gibt es z. B. auch in der StBVV Rahmengebühren, die vom Schwierigkeitsgrad der Aufgabe abhängen, jedoch können die *„leichteren"* Sachen dort auch an Steuerfachangestellte delegiert werden. Dies ist ein weiteres zentrales Problem dieser Diskussion. Wenn ein hochqualifiziertes Ausschussmitglied gewählt wird, um einfache Dinge höchstselbst zu erledigen, ist das für sich genommen kein Vergütungsproblem des Ausschussmitglieds, sondern ein unbeachtlicher Motivirrtum derjenigen, die das Ausschussmitglied ausgesucht und bestellt haben. Daher ist die Aussage, eine qualitative Unterschreitung eines sog. Normalverfahrens rechtfertige einen niedrigeren Stundensatz,[97] arg bedenklich, zumal dies inhaltlich durch die dann weniger anfallenden Stunden als Multiplikator ausreichend gewürdigt wird.

75

Diese Ausführungen machen es schwer, dann umgekehrt einen höheren Stundensatz bei besonders *„schwierigen"* Verfahren zu fordern, wenn man versucht ist, in allem noch ein System wiederzufinden. Auch hier wird im Grundsatz davon auszugehen sein, dass die (dann auch höhere) Stundenzahl und die Wahl eines der beruflichen Qualifikation des Ausschussmitglieds entsprechenden Stundensatzes abschließende Faktoren sind. Hier werden nur wenige Ausnahmen anzuerkennen sein, denn freilich gibt es immer Vorgänge, die aus dem Rahmen fallen. So besteht gelegentlich ein sehr großer Eilbedarf mit der Folge, dass sowohl der Insolvenzverwalter als auch der Gläubigerausschuss noch eher als üblich Entscheidungen unter Unsicherheit fällen müssen. Das kann klappen, oder auch nicht. Beides muss sich auswirken, für die Haftung nach § 71 InsO, für die Vergütung nach § 17 Abs. 1 InsVV.[98] Die Masse und die Gesamtgläubigerschaft können nicht nur das Gelingen für sich reklamieren, ohne

76

---

95) BGH, Beschl. v. 8.10.2009 – IX ZB 11/08, ZIP 2009, 2453.
96) Für Viele LG Aachen, Beschl. v. 20.7.1992 – 3 T 265/91, ZIP 1993, 137; AG Detmold, Beschl. v. 6.3.2008 – 10 IN 214/07, NZI 2008, 505; HambKommInsO/*Büttner*, § 17 InsVV Rz. 27; KPB-InsO/*Prasser*, § 73 InsO Rz. 10 (Stand: 04/2014).
97) Uhlenbruck/*Knof*, InsO, § 73 Rz. 15.
98) LG Aachen, Beschl. v. 20.7.1992 – 3 T 265/91, ZIP 1993, 137; AG Köln, Beschl. v. 9.9.1992 – 71 VN 3/92, ZIP 1992, 1492 (Gläubigerbeirat); HambKommInsO/*Frind*, § 73 Rz. 5.

das überobligatorische Risiko der Ausschussmitglieder zu honorieren. In der Betriebswirtschaftslehre sind daher Begriffe wie Risiko- oder Haftungsprämie nicht unbekannt, im Vergütungsrecht auch Erhöhung wegen Haftungsrisiken genannt.[99]

dd) Stundensätze nach Angemessenheit

77 Einzig zulässiges Kriterium für die Bestimmung der Angemessenheit des Stundensatzes ist die **Qualifikation und die berufliche Stellung des Ausschussmitglieds**, in Einzelfällen ergänzt um **besondere Haftungsrisiken**, die sich außerhalb der Risiken der normalen Berufsausübung des Ausschussmitglieds bewegen. Daher ist der Stundensatz für jedes Ausschussmitglied **individuell** zu bestimmen.[100] Der in der Praxis meist vorzufindende einheitliche Stundensatz mag, wenn er so beantragt wird, der „Optik" dienen. Werden jedoch unterschiedliche Stundensätze beantragt und nicht bewilligt, verstößt die Nivellierung durch das Gericht gegen das Grundprinzip einer qualifikationsabhängigen Vergütung.

78 Nach diesem Prinzip kann eine **marktübliche Vergütung** beansprucht werden. Unter marktüblich ist nicht der nicht vorhandene Markt von Ausschusstätigkeiten zu verstehen, sondern der Markt, an dem das Ausschussmitglied berufstypisch agiert, denn ein Ausschussmitglied darf an der Ausschusstätigkeit nichts Zusätzliches verdienen.[101] Bei Ausschussmitgliedern, die in einem Anstellungsverhältnis stehen, ist jedoch zu berücksichtigen, dass nicht das Netto-Gehalt maßgeblich ist, sondern dasjenige, was der Mitarbeiter seinen Arbeitgeber kostet. Unter Berücksichtigung des Arbeitgeberanteils zur Sozialversicherung, der Lohnsteuerabführung durch den Arbeitgeber, der Lohnfortzahlung im Krankheitsfall, der Büroausstattung etc. ist dies regelmäßig mindestens das Dreifache dessen, was der Arbeitnehmer anhand seines Nettolohns subjektiv wahrnimmt.

79 So kommt die gesetzliche **Untergrenze von 35 €** nur selten in Betracht, allenfalls für Familienangehörige des Schuldners oder ihm nahestehende Personen, die nicht von Berufs wegen, sondern aus eher privaten Interessen im Gläubigerausschuss sitzen.

80 Aus dem Umstand einer Vorgabe von 35–95 € wird meist abgeleitet, dass es einen Mittelwert von 65 € gäbe.[102] Dies ist jedoch lediglich eine arithmetische Betrachtung und zeigt noch nicht auf, welche Sachverhalte welche Stundenvergütung rechtfertigen. Eine Mittelgebühr ist jedenfalls nicht kodifiziert. Nach dem Sprachgebrauch der InsVV kann lediglich angenommen werden, dass eine *Normalvergütung* in dieser Höhe angedacht war. Der Betrag von 65 € ist identisch mit denjenigen 65 €, die einem Sachverständigen im Insolvenzeröffnungsverfahren gemäß § 9 Abs. 2 JVEG a. F. zugestanden wurden, wenn er zugleich „starker" vorläufiger Insolvenzverwalter ist. Inzwischen wurde der Betrag in § 9 Abs. 2 JVEG jedoch auf 80 € angehoben. Wird die staatsbürgerliche Ehrenpflicht, derentwegen die Entschädigung von Zeugen unterhalb der in der Privatwirtschaft üblichen Vergütung liegen soll, mit ca. 20 % der Vergütung bewertet, ergäbe sich eine **Normalvergütung in**

---

99) Für Viele LG Aachen, Beschl. v. 20.7.1992 – 3 T 265/91, ZIP 1993, 137.
100) Zutreffend HambKommInsO/*Büttner*, § 17 InsVV Rz. 31; *Haarmeyer/Mock,* InsVV, § 17 Rz. 29.
101) *Haarmeyer/Mock,* InsVV, § 17 Rz. 35; Uhlenbruck/*Knof,* InsO, § 73 Rz. 7.
102) Z. B. LG Aurich, Beschl. v. 6.3.2013 – 4 T 204/10, ZIP 2013, 1342.

Berechnung der Vergütung § 17

Höhe von rd. 95 €.[103)] Da dies noch innerhalb des Wortlauts des § 17 Satz 1 InsVV liegt, scheint eine Anwendung dieses Betrages unproblematisch. Auf die Größe des Unternehmens kann es daher ebenso wenig ankommen[104)] wie auf die Komplexität des Verfahrens, da all dies ausschließlich die Stundenzahl als Multiplikator betrifft. Der Wert von 95 € kann z. B. in Betracht kommen für Sachbearbeiter von Gläubigern, die nicht über insolvenz- oder restrukturierungsspezifisches Spezialwissen verfügen.

Bei **Nicht-Gläubigern** dominieren Rechtsanwälte, Wirtschaftsprüfer und Steuerberater mit insolvenz- und restrukturierungsspezifischem Spezialwissen. Eine im Jahr 2007 veröffentlichte Studie kommt zu dem Ergebnis, dass die Anwaltschaft – über alle Rechtsgebiete hinweg – entweder variable Stundensätze im Durchschnitt zwischen 146 € und 231 € oder einen festen Stundensatz von durchschnittlich 182 € mit den Mandanten vereinbart.[105)] Wird der letztgenannte Wert anhand der Preisentwicklung[106)] bereinigt, ergäbe sich mittlerweile ein durchschnittlicher Stundensatz von mindestens 200 €. Bei einer im Jahr 2009 ermittelten Kostenquote in den rechtsberatenden Berufen in Höhe von 52,6 %[107)] entspricht dies dem bekannten Wert von 95 € zzgl. Gemeinkostenzuschlag. Ein solcher wurde von der Rechtsprechung bereits anerkannt.[108)] Dem Verordnungsgeber ist zu unterstellen, dass er das idealistische Ausschussmitglied vor Augen hatte, ohne zu berücksichtigen, dass ein solcher Experte niemals als Einzel- oder Privatperson Ausschussmitglied wird, sondern es sich um einen Auftrag seiner Kanzlei handelt. Für diesen Personenkreis externer Experten ist somit von einer Vergütung in Höhe von mindestens 200 € auszugehen.[109)] Auch dieser Wert ist im Grunde schon veraltet. Die Rechtsprechung hält in neuerer Zeit bei Rechtsanwälten Stundensätze von 250–300 € für angemessen und üblich.[110)] Nicht unerwähnt kann bleiben, dass die Europäische Kommission u. a. Deutschland vorwirft, bei den freien Berufen in wettbewerbswidriger Weise Mindestpreisregelungen vorzusehen (gezielt angesprochen wird die StBVV).[111)] All dies wird Grund sein, warum bereits seit Jahren Ausschussvergütungen von 200–300 € je Stunde für angemessen erachtet werden.[112)]

81

Für Sachbearbeiter von Gläubigern, die über insolvenz- oder restrukturierungsspezifisches Spezialwissen verfügen, meist **institutionelle Gläubiger**, kann ebenfalls

82

---

103) *Zimmer*, ZIP 2013, 1309, 1311 f.
104) A. A. noch *Zimmer*, ZIP 2013, 1309, 1312 (an der Auffassung wird nicht mehr festgehalten).
105) Soldan Institut, AnwBl. 2007, 362, 364 Tab. 2.
106) Siehe hierzu Anh. XIV.
107) Soldan Institut, Presseinformation zum Vortrag „Anwaltschaft 2009 – Produkte, Preise, Kommunikation" auf dem 60. Deutschen Anwaltstag am 22.5.2009.
108) AG Köln, Beschl. v. 9.9.1992 – 71 VN 3/92, ZIP 1992, 1492 (Gläubigerbeirat).
109) So bereits AG Braunschweig, Beschl. v. 21.6.2005 – 273 IN 211/99, ZInsO 2005, 870.
110) OLG Hamm, Urt. v. 7.7.2015 – 28 U 189/13, AnwBl. 2016, 175; OLG München, Urt. v. 19.9.2012 – 7 U 736/12, ZIP 2013, 23.
111) Hierzu *Schäfer/Kleen/Riegler*, NJW 2015, 3404.
112) Vgl. nur AG Bremen, Beschl. v. 15.12.2015 – 40 IN 588/05 L, ZIP 2016, 633; AG Detmold, Beschl. v. 6.3.2008 – 10 IN 214/07, NZI 2008, 505; AG Köln, Beschl. v. 9.9.1992 – 71 VN 3/92, ZIP 1992, 1492 (Gläubigerbeirat); HambKommInsO/*Frind*, § 73 Rz. 5; *Graeber/Graeber*, InsVV, § 17 Rz. 6; *Haarmeyer/Mock*, InsVV, § 17 Rz. 29; *Vallender*, WM 2002, 2040, 2049; *Zimmer*, ZIP 2013, 1309.

ein Stundensatz von mindestens 200 € als angemessen erachtet werden. Denn auch hier agiert nicht das idealistische Ausschussmitglied als Privatperson, sondern es wird die Leistung ihrer organisatorischen Einheit beansprucht.[113]

83 Auch der **Gesetzgeber** hat bereits die mangelnde Bereitschaft hochqualifizierter Gläubiger(vertreter) beklagt, im Gläubigerausschuss mitzuwirken. Mit dem Gesetzentwurf des *Bundesrates* zur Verbesserung und Vereinfachung der Aufsicht in Insolvenzverfahren (GAVI) vom 12.10.2007[114] wurde u. a. das Thema der Ausschussvergütung aufgegriffen. Nicht nur, dass hier bereits die Legitimierung des vorläufigen Gläubigerausschusses im Antragsverfahren vorgesehen war, es wurden auch Vorschläge zur Vergütung der Ausschussmitglieder gemacht. So sah u. a. § 17 Abs. 1 InsVV-E vor, dass der Betrag von 95 € auf 190 € angehoben wird. Die Stellungnahme der *Bundesregierung* lautete: „Die Bundesregierung stimmt dem Änderungsvorschlag des Bundesrates grundsätzlich zu. Es erscheint allerdings fraglich, ob durch die Erhöhung der Vergütung tatsächlich qualifizierte Mitglieder für den Gläubigerausschuss gewonnen werden können, weil selbst die angehobene Vergütung im Vergleich zu den auf dem Beratungsmarkt erzielbaren Honoraren nur gering ist."[115] Das GAVI scheiterte (lediglich) daran, dass andere Vorschläge zum Berichtswesen als zu bürokratisch empfunden wurden. Der Gesetzgeber ist somit keine gute Quelle für die Behauptung, 65 € seien angemessen.

84 Sofern das Insolvenzgericht einen Stundensatz jenseits von 95 € für angemessen hält, scheitert es nicht an einer **Festsetzungsbefugnis**. Das Bundesverfassungsgericht hat die Auffassung, ein Fachgericht habe die Vergütungsregelung auch dann unverändert anzuwenden, wenn es sie für nicht mehr angemessen hielte, ausdrücklich abgelehnt.[116]

3. Vergütung unabhängig vom Zeitaufwand

a) Einleitung

85 Die nach Zeitaufwand bemessene Vergütung der Mitglieder des Gläubigerausschusses kann sich insgesamt – subjektiv oder objektiv – als unangemessen erweisen, obwohl bereits beim Stundensatz die Qualifikation des Ausschussmitglieds berücksichtigt wurde. Hintergrund ist im Wesentlichen, dass es bei der Tätigkeit im Gläubigerausschuss gelegentlich Umstände gibt, die sich weder in Zeit noch in monetisierter Qualifikation messen lassen. Zu diesen Faktoren können z. B. gehören ein sehr großes Haftungsrisiko, die Publikumswirksamkeit des Verfahrens oder ein besonders hoher Zeitdruck.

b) Angemessenheit der Gesamtvergütung

86 Nun fragt sich allerdings zunächst, ob das Kriterium der Angemessenheit der Gesamtvergütung nach der Konzeption von InsO und InsVV zulässig ist. Gemäß § 91 KO hatten die Ausschussmitglieder einen „Anspruch auf Erstattung angemessener barer Auslagen und auf Vergütung". Das Prädikat „angemessen" bezog sich demnach

---

113) *Zimmer*, ZIP 2013, 1309, 1313.
114) Gesetzentwurf des Bundesrates zur Verbesserung und Vereinfachung der Aufsicht in Insolvenzverfahren (GAVI) v. 12.10.2007, BR-Drucks. 566/07 = ZVI 2007, 577, siehe Anh. IX.
115) Stellungnahme der Bundesregierung v. 21.11.2007 (BT-Drucks. 16/7251, S. 29 ff. = ZVI 2008, 124), siehe Anh. IX Rz. 13.
116) BVerfG, Beschl. v. 9.2.1989 – 1 BvR 1165/87, ZIP 1989, 382 (am Ende).

Berechnung der Vergütung § 17

ausdrücklich auf die Auslagen, nicht auf die Vergütung. Gleichwohl wurde bereits im dortigen Anwendungsbereich davon ausgegangen, dass sich die Angemessenheit auch auf die Vergütung beziehen muss. Die Formulierung in § 73 Abs. 1 Satz 1 InsO ist nun umgekehrt, es besteht „Anspruch auf Vergütung für ihre Tätigkeit und auf Erstattung angemessener Auslagen". Zutreffend wird darauf hingewiesen, dass die grammatikalische Auslegung zu einem engeren Ergebnis führt;[117] grammatikalisch ließe sich die Angemessenheit nun nicht mehr auf die Vergütung "vorverlegen". Ebenso zutreffend ist allerdings die Feststellung, dass hieraus nicht positiv abzuleiten ist, das Gericht dürfe bewusst eine unangemessene Vergütung festsetzen.[118]

Bei der historischen Auslegung ist zu berücksichtigen, dass im Gesetzgebungsverfahren (1994–1998) die Reihenfolge der Parameter in § 73 Abs. 1 Satz 2 InsO geändert wurde. Der Regierungsentwurf sah vor, dass dem „Umfang der Tätigkeit und dem Zeitaufwand" Rechnung zu tragen sei.[119] Der Rechtsausschuss empfahl die schließlich Gesetz gewordene Formulierung, es sei „dem Zeitaufwand und dem Umfang der Tätigkeit" Rechnung zu tragen. Die Begründung des Rechtsausschusses beschränkt sich auf die Formulierung, in erster Linie solle der Zeitaufwand maßgeblich sein.[120] Erst in zweiter Linie solle der Umfang der Tätigkeit Berücksichtigung finden. Teilweise wird aus diesem Gesetzgebungsprozess ebenfalls abgeleitet, die Angemessenheit ließe sich nicht auf die Vergütung übertragen.[121] Diese Interpretation scheint jedoch nicht die einzig zulässige zu sein. Denn das Tatbestandsmerkmal „Umfang" ist nicht eindeutig. Was mit „Umfang" gemeint ist, ergibt sich auch nicht aus dem Gesetzgebungsverfahren.[122] Es könnte ein – zweites – zeitliches Element darstellen, auf die Komplexität des Verfahrens abstellen oder aber eben eine Angemessenheit der Vergütung bei Gesamtbetrachtung zulassen. Die Rechtsprechung hält die historische Auslegung ebenfalls für wenig hilfreich und bejaht das Erfordernis der Angemessenheit; allerdings nicht (nur) im Verhältnis zu Qualifikation des Ausschussmitglieds, sondern (auch) im Verhältnis zur wirtschaftlichen Lage des Schuldners – und zur Vergütung des Insolvenzverwalters.[123] 87

c) Vereinbarungen mit dem Insolvenzverwalter

Vereinbarungen zwischen Insolvenzverwalter und Ausschussmitgliedern werden zutreffend als **unzulässig** und unwirksam erachtet.[124] Da es sich bei der Ausschussver- 88

---

117) KPB-InsO/*Prasser*, § 73 InsO Rz. 1 (Stand: 04/2014).
118) BVerfG, Beschl. v. 9.2.1989 – 1 BvR 1165/87, ZIP 1989, 382 (am Ende); Uhlenbruck/*Knof*, InsO, § 73 Rz. 1.
119) Begründung zu § 84 InsO RegE (§ 73 InsO), BT-Drucks. 12/2443, S. 132, abgedruckt bei *Kübler/Prütting*, Das neue Insolvenzrecht, S. 247.
120) Begründung Rechtsausschuss zu § 80 InsO RegE (§ 69 InsO), BT-Drucks. 12/7302, S. 155 ff., abgedruckt bei *Kübler/Prütting*, Das neue Insolvenzrecht, S. 247.
121) KPB-InsO/*Prasser*, § 73 InsO Rz. 1 (Stand: 04/2014).
122) Begründung Bundesregierung zu § 84 InsO-RegE (BT-Drucks. 12/2443, S. 108 ff.); Begründung Rechtsausschuss (BT-Drucks. 12/7302, S. 155 ff.); beides abgedruckt bei *Kübler/Prütting*, Das neue Insolvenzrecht, S. 247.
123) BGH, Beschl. v. 8.10.2009 – IX ZB 11/08, ZIP 2009, 2453.
124) HambKommInsO/*Büttner*, § 17 InsVV Rz. 12; HambKommInsO/*Frind*, § 73 Rz. 3; Uhlenbruck/*Knof*, InsO, § 73 Rz. 16.

gütung um Verfahrenskosten gemäß § 54 Nr. 2 InsO handelt und für diese ausschließlich das Insolvenzgericht zur Festsetzung befugt ist (§§ 73 Abs. 2, 64 Abs. 1 InsO), scheint das Ergebnis offenkundig.

d) Entscheidung durch die Gläubigerversammlung

89 Da der Gläubigerausschuss die Gläubigerautonomie repräsentiert und insoweit die unflexible Gläubigerversammlung (das ist immer nur ein Gerichtstermin) ergänzt, könnte in Betracht kommen, die Gläubigerversammlung über die Vergütung der Ausschussmitglieder entscheiden zu lassen. Dies wird jedoch als **nicht zulässig** bzw. als das Insolvenzgericht nicht bindend bezeichnet,[125] sodass ferner eine Regelung im Insolvenzplan ausschiede.[126] Dem kann insgesamt zugestimmt werden. Der Wortlaut von §§ 73 Abs. 2, 64 Abs. 1 InsO ist hinsichtlich der Festsetzungsbefugnis des Insolvenzgerichts für alle Verfahrenskosten so eindeutig, dass hier kein Ansatz für Interpretationen ist.

90 Eine andere Frage ist die, ob insoweit eine Gesetzesänderung erstrebenswert ist.[127] Das mag wirtschaftlich oder aus praktischen Gründen der Fall sein, jedoch wird ein konsistentes System niemals zu dem Ergebnis kommen können, dass die Gläubigerversammlung Verfahrenskosten bestimmen kann. Insoweit wäre es allenfalls denkbar, denjenigen Teil der Vergütung, der nicht gemäß § 54 Nr. 2 InsO i. V. m. §§ 17, 18 InsVV als Verfahrenskosten definiert werden kann, also einen überschießenden Betrag, als sonstige Masseverbindlichkeiten gemäß § 55 Abs. 1 Nr. 1 InsO zu behandeln. Aber auch hier ist der Ansatz **rechtstechnisch zweifelhaft**.

91 Mit dem Gesetzentwurf des *Bundesrates* zur Verbesserung und Vereinfachung der Aufsicht in Insolvenzverfahren (GAVI) vom 12.10.2007[128] wurde u. a. das Thema der Ausschussvergütung aufgegriffen. Der Entwurf sah in § 17 Abs. 3 InsVV-E vor, dass die Gläubigerversammlung eine Vergütung der Mitglieder des Gläubigerausschusses beschließen könne, die von der Festsetzung nach der InsVV abweicht, insbesondere könne eine Pauschalvergütung beschlossen werden; lediglich bei einer Festsetzung gegen die Staatskasse in Stundungsverfahren sei dies nicht bindend. Die *Bundesregierung* erhob in ihrer Stellungnahme keine Einwände.[129] Das GAVI scheiterte (lediglich) daran, dass andere Vorschläge zum Berichtswesen als zu bürokratisch empfunden wurden.

e) Vergleichsrechnung

92 Wenn die Ausschusstätigkeit am wirtschaftlichen Ergebnis des Verfahrens orientiert sein soll und die Annahme zuträfe, durch Einbeziehung eines Gläubigerausschusses würde sich eben jenes Ergebnis verbessern, müsste zunächst an eine Vergleichsrechnung gedacht werden, da derartige Vergleichsrechnungen dem Prinzip des § 3 InsVV

---

125) HambKommInsO/*Büttner*, § 17 InsVV Rz. 12; HambKommInsO/*Frind*, § 73 Rz. 3; Uhlenbruck/*Knof*, InsO, § 73 Rz. 1.
126) HambKommInsO/*Frind*, § 73 Rz. 3.
127) HambKommInsO/*Büttner*, § 17 InsVV Rz. 12.
128) Gesetzentwurf des Bundesrates zur Verbesserung und Vereinfachung der Aufsicht in Insolvenzverfahren (GAVI) v. 12.10.2007, BR-Drucks. 566/07 = ZVI 2007, 577, siehe Anh. IX.
129) Stellungnahme der Bundesregierung v. 21.11.2007 (BT-Drucks. 16/7251, S. 29 ff. = ZVI 2008, 124), siehe Anh. IX Rz. 13.

entsprechen. Ungeachtet dessen, dass § 3 InsVV mangels Verweises keine Anwendung findet, wäre dieser Lösungsweg doch schwer zu beschreiten. Um die Vergleichsrechnung zu erstellen, müssten alle Einnahmen und Ausgaben aus der nach § 1 InsVV generierten Berechnungsgrundlage eliminiert werden, die nicht auf einer Mitwirkung des Gläubigerausschusses beruhen. Obgleich derartige Vergleichsrechnungen das Vergütungsrecht wie ein roter Faden durchziehen, scheint doch offenkundig, dass dieser Ansatz hier schlicht **untauglich** ist.

f) Orientierung an Aufsichtsratsvergütung

Im Einzelfall soll es gerechtfertigt sein, sich an der Vergütung eines Aufsichtsrats zu orientieren, zumindest wenn der Aufgabenkreis des „verfahrensübergreifenden Gläubigerausschusses" demjenigen des Aufsichtsrats vor Eintritt der Insolvenz entspricht.[130] Auch dieser Ansatz scheint nicht umsetzbar.[131] Denn erstens wird hier nicht die insolvenzbedingte Situation des Schuldners berücksichtigt,[132] zweitens fehlte es an einem diese Vergütung inhaltlich zu Bestimmendem und drittens würde hiermit nicht die Leistung des Ausschussmitglieds vergütet.[133]

93

g) Abhängigkeit von der Verwaltervergütung

Teilweise wird eine Vergütung der Ausschussmitglieder in Abhängigkeit von der Vergütung des Insolvenzverwalters für unzulässig erachtet,[134] allerdings nicht darauf eingehend, dass der BGH bereits die **Zulässigkeit** bejaht hat.[135] Zu den einzelnen Kriterien musste sich der BGH bislang jedoch nicht äußern, da es im entschiedenen Fall um die drastische Kürzung der Ausschussvergütung in einem masselosen Verbraucherinsolvenzverfahren ging. Um eine Kürzung bis auf die Höhe der Mindestvergütung des Treuhänders zu erreichen, musste er zunächst die Zulässigkeit einer Abhängigkeit der Ausschussvergütung von der Verwaltervergütung erklären. Da er nicht absehen konnte, wie sich dies wirtschaftlich in den Fällen auswirkt, in denen eine deutliche Erhöhung der Ausschussvergütung zu erwarten ist, wenn auf die Verwaltervergütung rekurriert wird, hat er für den Fall der Fälle schon einmal die grundsätzliche Bedeutung der Sache i. S. d. § 574 Abs. 2 Nr. 1 ZPO bejaht, sodass eine Rechtsbeschwerde zuzulassen wäre; soweit ersichtlich, wurde diese „Chance" noch nicht genutzt.[136]

94

---

130) AG Duisburg, Beschl. v. 20.6.2003 – 62 IN 167/02, ZIP 2003, 1460 (hier führte dieser Ansatz allerdings zu einer Absenkung der Vergütung); HambKommInsO/*Frind*, § 73 Rz. 5; Uhlenbruck/*Knof*, InsO, § 73 Rz. 16.
131) Leonhardt/Smid/Zeuner/*Amberger*, InsVV, § 17 Rz. 18; HambKommInsO/*Büttner*, § 17 InsVV Rz. 33.
132) HambKommInsO/*Büttner*, § 17 InsVV Rz. 33.
133) HambKommInsO/*Büttner*, § 17 InsVV Rz. 33.
134) LG Aurich, Beschl. v. 6.3.2013 – 4 T 204/10, ZIP 2013, 1342; AG Duisburg, Beschl. v. 20.6.2003 – 62 IN 167/02, ZIP 2003, 1460; HambKommInsO/*Büttner*, § 17 InsVV Rz. 33; HambKommInsO/*Frind*, § 73 Rz. 4; Uhlenbruck/*Knof*, InsO, § 73 Rz. 16.
135) BGH, Beschl. v. 8.10.2009 – IX ZB 11/08, ZIP 2009, 2453 mit umfangreichen Nachweisen aus Rechtsprechung, Literatur und Gesetzgebungsverfahren.
136) Daher ist die Interpretation, die Entscheidung sei nur auf masselose Verfahren anwendbar (*Haarmeyer/Mock*, InsVV, § 17 Rz. 24), ersichtlich unzutreffend.

95 Zweite Frage ist die **Angemessenheit** und die Höhe einer solchen Vergütung. Mindestens 1 % je Ausschussmitglied wäre denkbar, ebenso eine Obergrenze von 5 % der Verwaltervergütung für alle Ausschussmitglieder, wobei nicht jedem Ausschussmitglied derselbe Prozentsatz zugebilligt werden muss.[137] Zunächst wäre jedoch zu berücksichtigen, dass sich dies nicht uneingeschränkt auf die Gesamtvergütung des Insolvenzverwalters beziehen kann, wenn und weil diese Vergütung auch aus Komponenten besteht, mit denen die Ausschussmitglieder evident nichts zu tun haben, sei es auf der Ebene des § 1 Abs. 2 InsVV (z. B. Übernahme Bankguthaben, Forderungseinzug, anfechtungsrechtliche Rückgewähransprüche etc.), sei es auf der Ebene des § 3 Abs. 1 InsVV. Die Angemessenheit kann sich trotz Pauschalierung nur auf diejenigen Tätigkeiten beziehen, die dem Aufgabengebiet der Ausschussmitglieder entsprechen (§ 73 Abs. 1 Satz 1 InsO). Ferner ist zu berücksichtigen, dass die Ausschussmitglieder oftmals nur die „heiße Phase" des Insolvenzverfahrens bis zur Abwicklung einer übertragenden Sanierung begleiten und dann untätig auf die Schlussrechnung des Insolvenzverwalters warten. Die Tätigkeit muss für einen Pauschbetrag erkennen lassen, dass tatsächlich sämtliche Aufgaben eines Gläubigerausschusses lückenlos wahrgenommen wurden. Bedenklich wäre insoweit auch, einerseits einen solchen Pauschbetrag zu fordern, andererseits die Kassenprüfung auch noch delegiert zu haben. Im Ergebnis muss ein solcher Lösungsansatz auf wenige Fälle beschränkt sein, in denen objektiv erkennbar ist, dass nicht nur alle *Überwachungsaufgaben* wahrgenommen wurden, sondern auch die *Unterstützung* des Insolvenzverwalters zu einem erkennbaren Mehrwert für die Insolvenzgläubiger geführt hat.[138] Widersinnig wäre allerdings der Ansatz, einen Stundennachweis für die Angemessenheitsprüfung heranzuziehen, da es sich sonst eben nicht mehr um einen stundenunabhängigen Pauschsatz handeln würde.[139]

4. Besonderheit: vorläufiger Gläubigerausschuss (§ 17 Abs. 2 InsVV)

a) **Beteiligungsrechte gemäß § 56a InsO bzw. § 270 Abs. 3 InsO (§ 17 Abs. 2 Satz 1 InsVV)**

96 Die Vergütung der Mitglieder des vorläufigen Gläubigerausschusses für die Erfüllung der diesem nach § 56a und § 270 Abs. 3 InsO zugewiesenen Aufgaben beträgt gemäß § 17 Abs. 2 Satz 1 InsVV einmalig 300 €. Diese Regelung ist nicht frei von Problemen; im Einzelnen:

aa) **Beteiligung bei der Auswahl des (vorläufigen) Insolvenzverwalters**

97 Gemäß § 56a Abs. 1 InsO ist dem vorläufigen Gläubigerausschuss vor der Bestellung des **Insolvenzverwalters** Gelegenheit zu geben, sich zu den Anforderungen, die an den Verwalter zu stellen sind, und zur Person des Verwalters zu äußern. Gemäß § 56a Abs. 3 InsO soll der *vorläufige* Gläubigerausschuss in seiner ersten Sitzung einen anderen Verwalter wählen können, wenn das Insolvenzgericht dem Vorschlag des vorläufigen Gläubigerausschusses nicht gefolgt ist. Nun ist bereits Letzteres recht-

---

[137] KPB-InsO/*Prasser*, § 17 InsVV Rz. 10 (Stand: 04/2014).
[138] Insgesamt kritisch auch *Heeseler/Neu*, NZI 2012, 440, 445.
[139] *Zimmer*, ZIP 2013, 1309, 1316; a. A. LG Aurich, Beschl. v. 6.3.2013 – 4 T 204/10, ZIP 2013, 1342.

lich nicht möglich. Sowohl das Amt des vorläufigen Insolvenzverwalters als auch das Amt der Mitglieder eines vorläufigen Gläubigerausschusses endet mit Insolvenzeröffnung. Selbst wenn mit Verfahrenseröffnung ein personenidentisch besetzter *einstweiliger* Gläubigerausschuss gemäß § 67 Abs. 1 InsO eingesetzt wird, liegt keine Organidentität vor. § 56a Abs. 3 InsO muss daher so verstanden werden, dass der einstweilige Gläubigerausschuss in seiner ersten Sitzung das entsprechende Wahlrecht hat, der vorläufige Ausschuss ist nicht mehr existent.

Sinn ergibt die Regelung des § 56a InsO nur in Bezug auf den **vorläufigen Insolvenzverwalter**, für den § 56a InsO aufgrund des Verweises in § 21 Abs. 2 Satz 1 Nr. 1 InsO entsprechend gilt. Hier ist mithin zunächst ein vorläufiger Gläubigerausschuss einzusetzen, der das Anforderungsprofil und die Person des zu bestellenden vorläufigen Insolvenzverwalters beschreiben kann. Wurde von dieser Anhörung seitens des Insolvenzgerichts kein Gebrauch gemacht, so kann der vorläufige Gläubigerausschuss in seiner ersten Sitzung einen anderen vorläufigen Insolvenzverwalter wählen. 98

Dass § 56a InsO die Beteiligungsrechte in Bezug auf den Insolvenzverwalter regelt und nur eine entsprechende Anwendung in Bezug auf den vorläufigen Verwalter vorsieht, obgleich die Regelung einzig für den vorläufigen Verwalter Sinn stiftet, könnte dazu führen, dass die Rechte aus § 56a InsO nun **zweimal wahrgenommen** werden können.[140] Dies ist für eine Anhörung nach § 56a Abs. 1 InsO unproblematisch, jedoch für eine Anwendung des § 56a Abs. 3 InsO aus oben genannten Gründen nicht eindeutig und daher streitig.[141] 99

Vergütungsrechtlich bedeutet dies zunächst, dass allein die Anhörung der Mitglieder des vorläufigen Gläubigerausschusses nebst Erstellung eines Anforderungsprofils gemäß §§ 21 Abs. 2 Satz 1 Nr. 1, 56a Abs. 1 InsO den Anspruch auf eine Vergütung von 300 € gemäß § 17 Abs. 2 Satz 1 InsVV auslöst. Finden vor Bestellung des vorläufigen Verwalters und vor Bestellung des Insolvenzverwalters zwei Anhörungen statt, verdoppelt dies den Vergütungsanspruch nicht. Wählt der vorläufige Gläubigerausschuss gemäß §§ 21 Abs. 2 Satz 1 Nr. 1, 56a Abs. 3 InsO einen neuen vorläufigen Verwalter, entsteht ebenfalls keine zusätzliche Vergütung. Denn § 17 Abs. 2 Satz 1 InsVV verlangt nicht, dass die Rechte sowohl aus § 56a **Abs. 1** InsO als auch aus § 56a **Abs. 3** InsO geltend gemacht werden bzw. eine diesbezügliche Tätigkeit erbracht wird. 100

Soll nach Verfahrenseröffnung § 56a Abs. 3 InsO Anwendung finden, ist zu unterscheiden. Sofern vertreten wird, es gäbe hier eine Fortsetzung des im Antragsverfahren bestellten vorläufigen Gläubigerausschusses,[142] kann kein zusätzlicher Vergütungsanspruch entstehen. Wird jedoch – wie hier – vertreten, das Wahlrecht aus § 56a Abs. 3 InsO stehe dem mit Insolvenzeröffnung bestellten einstweiligen Gläubigerausschuss zu, so muss ein neuer Vergütungsanspruch für dessen Mitglieder entstehen, da zwischen vorläufigem und einstweiligem Gläubigerausschuss keine Organidentität besteht. Wenn drittens vertreten wird, § 56a Abs. 3 InsO gehe für den In- 101

---

140) *Frind*, ZIP 2012, 1380, 1383.
141) Zum Streitstand Uhlenbruck/*Zipperer*, InsO, § 56a Rz. 15.
142) Uhlenbruck/*Zipperer*, InsO, § 56a Rz. 15.

solvenzverwalter im eröffneten Verfahren ins Leere, entsteht ohnehin kein (zusätzlicher) Vergütungsanspruch.

bb) Beteiligung bei der Entscheidung über die (vorläufige) Eigenverwaltung

102 Die Vergütung von 300 € gemäß § 17 Abs. 2 Satz 1 InsVV fällt an für die Erfüllung der dem Gläubigerausschuss gemäß § 270 Abs. 3 InsO obliegenden Aufgaben. Nach dieser Norm ist dem vorläufigen Gläubigerausschuss Gelegenheit zur Äußerung zu geben. Aufgrund der Gesetzessystematik bezieht sich diese Äußerung einzig auf die Frage, ob Umstände bekannt sind, die erwarten lassen, dass die Anordnung der Eigenverwaltung zu **Nachteilen für die Gläubiger** führt (§ 270 Abs. 2 Nr. 2 InsO). Denn nichts, was im Siebten Teil der InsO systematisch vor § 270 Abs. 3 InsO steht, bedürfte einer Anhörung oder Entscheidung des Gläubigerausschusses. Der Gesetzgeber geht davon aus, dass die Prüfung, ob durch die Anordnung der Eigenverwaltung Nachteile für die Gläubiger zu erwarten sind, in drei Stunden zu bewältigen ist.[143] Das ist isoliert betrachtet lebensfremd. Erforderlich sind umfangreiche Vergleichsrechnungen im Hinblick auf die Vergütung der Beteiligten, aber freilich auch eine intensive Befassung mit der Kompetenz und Zuverlässigkeit des Schuldners und dessen Sanierungsberaters, was wiederum voraussetzt, dass Schuldner bzw. Sanierungsberater ein tragfähiges Konzept vorlegen, was mit dem Schuldner nun geschehen soll. Ein seriöses Placet des vorläufigen Gläubigerausschusses kann daher erst einige Wochen nach seiner Bestellung abgegeben werden, teils wird eine Zweckmäßigkeit erst kurz vor Verfahrenseröffnung gesehen.[144] Dies leitet nun zum nächsten Problem über:

cc) Dopplung der Vergütung bei Bestellung des (vorläufigen) Sachwalters?

103 Gleich zu Beginn des Antragsverfahrens ist über die Auswahl des vorläufigen Sachwalters zu entscheiden. Gemäß § 270a Abs. 1 Satz 2 InsO wird ein vorläufiger Sachwalter bestellt, für den wegen des dortigen Verweises auf § 274 Abs. 1 InsO auch § 56a InsO gilt. Folglich gelten die Ausführung zu § 56a InsO bzw. die hieraus resultierenden vergütungsrechtlichen Konsequenzen (Rz. 97 ff.) auch in der (vorläufigen) Eigenverwaltung. Damit ist fraglich, ob die Vergütung nach § 17 Abs. 2 Satz 1 InsVV zweimal anfallen kann, einmal für die Beteiligung an der **Auswahl des vorläufigen Sachwalters**, einmal für die **Stellungnahme zu den Nachteilen der Eigenverwaltung**. § 17 Abs. 2 Satz 1 InsVV spricht von der Erfüllung der dem Gläubigerausschuss nach § 56a InsO *und* § 270 Abs. 3 InsO obliegenden Aufgaben. Das lässt darauf schließen, dass der Verordnungsgeber hier ein einheitliches Aufgabenpaket gesehen hat, sodass keine zweite Vergütung anfallen kann. Allerdings sind die Aufgaben aus § 56a InsO und § 270 Abs. 3 InsO völlig unterschiedlich, sie haben inhaltlich nichts miteinander zu tun. Daher sind Zweifel angebracht, ob das „und" in § 17 Abs. 2 Satz 1 InsVV aufgrund eines bewussten Vorgehens statt eines „oder" verwendet wurde. Befindet der Gläubigerausschuss i. S. d. § 56a Abs. 1 InsO über das Profil des zu bestellenden Sachwalters, wäre die zusätzliche Vergütung nach § 17 Abs. 2

---

143) Gesetz zur weiteren Erleichterung der Sanierung von Unternehmen (ESUG) v. 7.12.2011 (BGBl. I 2011, 2582), Begründung zu Art. 2 Nr. 1, Änderung des § 17 InsVV, siehe Anh. XI Rz. 41.
144) Uhlenbruck/*Zipperer*, InsO, § 270 Rz. 57.

Satz 1 InsVV schon verdient. Danach gilt jedoch die „normale" Vergütung nach § 17 Abs. 1 InsVV, sodass die Auseinandersetzung mit der Frage, ob denn auch mit Verfahrenseröffnung Eigenverwaltung angeordnet werden soll, faktisch nicht unvergütet bleibt, da entsprechende Stunden anfallen.

dd) Dopplung der Vergütung bei Verfahrenswechsel?

Ein praxisrelevanter Fall ist die Aufhebung der vorläufigen Eigenverwaltung zugunsten einer vorläufigen Insolvenzverwaltung. Hier haben die Mitglieder des vorläufigen Gläubigerausschusses durch die Beteiligung an der Auswahl des vorläufigen Sachwalters (§§ 270a Abs. 1 Satz 2, 274 Abs. 1, 56a InsO) und ihre eventuell schon vorliegende Stellungnahme zur Eigenverwaltung (§ 270 Abs. 3 InsO) bereits den Vergütungstatbestand des § 17 Abs. 2 Satz 1 InsVV verwirklicht. Nun steht die Bestellung des vorläufigen Insolvenzverwalters im Raum, sodass § 56a InsO erneut Anwendung finden könnte. Dies dürfte jedoch keinen zusätzlichen Vergütungstatbestand auslösen, zumal ein damit verbundener Zeitaufwand ohnehin über § 17 Abs. 1 InsVV zu vergüten ist.

104

ee) Keine Gesamtvergütung

Die besondere Vergütung gemäß § 17 Abs. 2 InsVV steht jedem Ausschussmitglied zu, nicht (nur) dem gesamten Organ.[145]

105

b) Allgemeine Tätigkeiten (§ 17 Abs. 2 Satz 2 InsVV)

Nach der Bestellung eines vorläufigen Insolvenzverwalters oder eines vorläufigen Sachwalters richtet sich die weitere Vergütung nach § 17 Abs. 1 InsVV (§ 17 Abs. 2 Satz 2 InsVV). Mit der „weiteren" Vergütung erfolgt eine Abgrenzung von der „einmaligen" Vergütung i. S. d. § 17 Abs. 2 Satz 1 InsVV (siehe Rz. 96 ff.), die *zusätzlich* zur „weiteren" Vergütung anfällt.[146] Dies meint nichts anderes, als dass auch die Mitglieder des vorläufigen Gläubigerausschusses den allgemeinen Vergütungsanspruch nach § 17 Abs. 1 InsVV haben. Denn dort ist der vorläufige Gläubigerausschuss nicht erwähnt, obgleich ihn wegen des Verweises in § 21 Abs. 2 Satz 1 Nr. 1a InsO dieselben Rechte und Pflichten aus §§ 69–73 InsO treffen wie den Gläubigerausschuss im eröffneten Insolvenzverfahren. Allerdings muss der Wortlaut der Norm interpretiert werden. Die allgemeine – „weitere" – Vergütung fällt nicht erst für Tätigkeiten *nach* der Tatbestandserfüllung der „einmaligen" Vergütung an; der Verordnungsgeber hat hier die tatsächlichen zeitlichen Abläufe verkannt.[147] Bei Insolvenzverfahren über Schuldner derselben *Unternehmensgruppe* enthält § 56b Abs. 2 InsO[148] zwar einen Aufgabenbereich der Mitglieder eines vorläufigen Gläubigerausschusses, der dem § 56a InsO nicht unähnlich ist; da jedoch die Ergänzung der Aufgaben in der InsVV nicht nachvollzogen wurde, gilt für diesen Aufwand die Vergütung für allgemeine Tätigkeiten, d. h. eine Stundenvergütung nach § 17 Abs. 1 InsVV.

106

---

145) HambKommInsO/*Büttner*, § 17 InsVV Rz. 38; KPB-InsO/*Prasser*, § 17 Rz. 21 (04/2014).
146) AG Konstanz, Beschl. v. 11.8.2015 – 40 IN 408/14, ZIP 2015, 1841.
147) *Haarmeyer/Mock*, InsVV, § 17 Rz. 15.
148) § 56b InsO eingefügt durch das Gesetz zur Erleichterung der Bewältigung von Konzerninsolvenzen v. 13.4.2017 (BGBl. I 2017, 866) mit Inkrafttreten zum 21.4.2018 (Art. 10 des Änderungsgesetzes), siehe Anh. XV Rz. 10.

5. Auslagenersatz

107 Sofern das Mitglied des Gläubigerausschusses neben der Vergütung einen Ersatz von Auslagen beansprucht, ist § 18 Abs. 1 InsVV einschlägig; auf die dortige Kommentierung wird verwiesen.

6. Umsatzsteuer

108 Soweit das Mitglied des Gläubigerausschusses Unternehmer i. S. d. § 2 Abs. 1 UStG ist, wird es auf seine Vergütung und Auslagen Umsatzsteuer erheben. Diesbezüglich kann auf die Kommentierung zu § 18 Abs. 2 InsVV verwiesen werden.

VI. Festsetzung der Vergütung (§§ 73 Abs. 2, 64 Abs. 1 InsO)

1. Allgemeines

109 Die Festsetzung der Vergütung der Ausschussmitglieder erfolgt gemäß §§ 73 Abs. 2, 64 Abs. 1 InsO durch das Insolvenzgericht; § 8 InsVV findet mangels Verweises keine Anwendung. Eine nähere Ausgestaltung des Festsetzungsverfahrens findet sich jedoch in InsO/InsVV nicht. Auch § 8 InsVV, der die amtliche Überschrift „Festsetzung" enthält, regelt nur rudimentäre Teile des Festsetzungsverfahrens. Daher richtet sich das Festsetzungsverfahren nach allgemeinen Regeln, die einheitlich bei der Kommentierung zu § 8 InsVV dargestellt werden. Im Folgenden erfolgt eine kursorische Zusammenfassung unter Hervorhebung der Besonderheiten bei der Vergütung von Mitgliedern des Gläubigerausschusses.

2. Vergütungsantrag

110 Inhaber des Vergütungsanspruchs ist das einzelne Ausschussmitglied, folglich muss auch jedes einzelne Mitglied einen **eigenen Vergütungsantrag** stellen,[149] und zwar nach allgemeinen Grundsätzen schriftlich. Da es sich um ein gerichtliches Festsetzungsverfahren handelt, muss das Ausschussmitglied als Partei des Verfahrens (§ 4 InsO, § 50 ZPO) eindeutig bestimmt und rubrumsfähig sein. Folglich sind Gruppenanträge ebenso unzulässig[150] wie verfahrensübergreifende Vergütungsanträge.[151] Vergütungsfestsetzungsverfahren sind quasi-kontradiktorische Verfahren, sodass der Insolvenzverwalter nicht als Stellvertreter oder Bevollmächtigter von Ausschussmitgliedern auftreten und für sie oder in deren Namen Vergütungsanträge stellen kann; ein solcher Antrag wäre prozessual unzulässig.[152]

111 Bei der Wahl des geeigneten **Zeitpunkts** sind die Besonderheiten bei der Fälligkeit der Ausschussvergütung zu beachten (Rz. 39 ff.).

112 Da zwischen vorläufigem Gläubigerausschuss im Insolvenzeröffnungsverfahren einerseits und einstweiligem bzw. endgültigem Gläubigerausschuss im eröffneten Ver-

---

149) HambKommInsO/*Büttner*, § 17 InsVV Rz. 5; HambKommInsO/*Frind*, § 73 Rz. 2; Uhlenbruck/*Knof,* InsO, § 73 Rz. 28; KPB-InsO/*Prasser*, § 73 InsO Rz. 24 (Stand: 04/2014).
150) *Haarmeyer/Mock*, InsVV, § 17 Rz. 18.
151) Bedenklich AG Duisburg, Beschl. v. 20.6.2003 – 62 IN 167/02, ZIP 2003, 1460.
152) LG Aurich, Beschl. v. 6.3.2013 – 4 T 204/10, ZIP 2013, 1342; AG Duisburg, Beschl. v. 13.1.2004 – 62 IN 167/02 u. a., NZI 2004, 325; HambKommInsO/*Büttner*, § 17 InsVV Rz. 5; HambKommInsO/*Frind*, § 73 Rz. 2; *Haarmeyer/Mock*, InsVV, § 17 Rz. 18; Uhlenbruck/*Knof,* InsO, § 73 Rz. 28; KPB-InsO/*Prasser*, § 73 InsO Rz. 24 (Stand: 04/2014).

fahren andererseits **keine Organidentität** besteht, müssen die Vergütungen für die Tätigkeit im Insolvenzeröffnungsverfahren und für die Tätigkeit im eröffneten Verfahren getrennt beantragt werden,[153] da schlichtweg der Antragsteller eine andere Partei ist.

Der beantragte Betrag ist zu **beziffern**,[154] da es sich prozessual um eine Festsetzung von Verfahrenskosten handelt (vgl. § 103 Abs. 2 Satz 2 ZPO). Ein Antrag auf Festsetzung einer nicht bezifferten „angemessenen" Vergütung ist unbestimmt und unzulässig,[155] da es sich nicht um einen Schadenersatz oder Schmerzensgeld handelt.

Die **Vergütungsberechnung** und die zur Rechtfertigung der einzelnen Ansätze dienenden Belege sind beizufügen (§ 4 InsO, § 103 Abs. 2 Satz 2 ZPO), was sich bei einer Stundenvergütung maßgeblich auf den Stundennachweis und Ausführungen zum angesetzten Stundensatz bezieht. Insgesamt bedarf der Antrag auf Festsetzung der Vergütung folglich einer **Begründung**. Fehlen derartige Angaben und werden sie auch auf Nachfrage unter Fristsetzung nicht nachgereicht, so ist das Insolvenzgericht zur Schätzung befugt (Rz. 60).[156] Das Insolvenzgericht ist zu eigenen Amtsermittlungen jedoch erst verpflichtet, wenn der Vergütungsantrag die erforderlichen tatsächlichen Grundlagen enthält.[157] Ansonsten wäre der Vergütungsantrag unzulässig oder unbegründet. Falschangaben zum Sachverhalt im Vergütungsantrag, d. h., bewusst unwahre Tatsachenbehauptungen können strafbar sein,[158] was sich bei einer Stundenvergütung maßgeblich auf die Richtigkeit der Zeiterfassung bezieht.

Es empfiehlt sich aus Gründen der Verfahrensvereinfachung, in den Vergütungsantrag auch die Erstattung von **Auslagen** (§ 18 Abs. 1 InsVV) und die Geltendmachung von **Umsatzsteuer** auf Vergütung und Auslagen (§ 18 Abs. 2 InsVV) aufzunehmen, da auch insoweit keine Festsetzung von Amts wegen erfolgt.

3. Prüfung durch das Insolvenzgericht

Hinsichtlich der Prüfung durch das Insolvenzgericht sei grundsätzlich auf die Ausführungen zu § 8 InsVV verwiesen. Insbesondere fungieren Insolvenz- und Beschwerdegericht als Tatsacheninstanzen (§ 8 Rz. 94), deren **tatrichterlichen Feststellungen** in der Rechtsbeschwerdeinstanz nur darauf zu überprüfen sind, ob sie die Gefahr der Verschiebung der Maßstäbe mit sich bringen.[159] Dieses allgemeine Prinzip

---

153) Zutreffend AG Konstanz, Beschl. v. 11.8.2015 – 40 IN 408/14, ZIP 2015, 1841.
154) HambKommInsO/*Büttner*, § 17 InsVV Rz. 6; HambKommInsO/*Frind*, § 73 Rz. 2; Jaeger/*Gerhardt*, InsO, § 73 Rz. 5 und 18; *Haarmeyer/Mock*, InsVV, § 17 Rz. 19; KPB-InsO/*Prasser*, § 73 InsO Rz. 25 (Stand: 04/2014).
155) HambKommInsO/*Frind*, § 73 Rz. 2; *Zimmer*, ZIP 2013, 1309, 1310; a. A. HambKommInsO/*Büttner*, § 17 InsVV Rz. 6; Uhlenbruck/*Knof*, InsO, § 73 Rz. 29.
156) Vgl. nur LG Aachen, Beschl. v. 20.7.1992 – 3 T 265/91, ZIP 1993, 137; LG Aurich, Beschl. v. 6.3.2013 – 4 T 204/10, ZIP 2013, 1342; LG Duisburg, Beschl. v. 13.9.2004 – 7 T 221/04, NZI 2005, 116; Jaeger/*Gerhardt*, InsO, § 73 Rz. 5; Uhlenbruck/*Knof*, InsO, § 73 Rz. 28.
157) BGH, Beschl. v. 7.12.2006 – IX ZB 1/04, Rz. 13, ZIP 2007, 647; BGH, Beschl. v. 16.10.2008 – IX ZB 247/06, NZI 2009, 57.
158) Vgl. OLG Oldenburg, Beschl. v. 25.4.2016 – 1 Ws 508/15, InsbürO 2016, 263.
159) BGH, Beschl. v. 4.7.2002 – IX ZB 31/02, ZIP 2002, 1459, 1460; BGH, Beschl. v. 16.10.2008 – IX ZB 247/06, NZI 2009, 57.

gilt auch bei der Festsetzung der Ausschussvergütung.[160] Möglich ist daher auch eine Beweisaufnahme (§ 8 Rz. 96). Hinsichtlich der Bearbeitungsdauer und eines Verzögerungsschadens ist das Ausschussmitglied rechtlich schutzlos (vgl. § 8 Rz. 128 ff.).

117 Eine Besonderheit ergibt sich lediglich im Hinblick auf **Anhörungen**. Denkbar scheint die Anhörung der nach §§ 73 Abs. 2, 64 Abs. 3 Satz 1 InsO Beschwerdeberechtigten, d. h. Insolvenzverwalter,[161] Schuldner[162] und Insolvenzgläubiger,[163] wobei letztere durch die Gläubigerversammlung[164] ersetzt werden könnten. In Betracht kämen als Anhörungsberechtigte auch die anderen Mitglieder des Gläubigerausschusses. Die Anhörung der *Gläubigerversammlung* scheint jedoch entbehrlich, da der dies so regelnde § 91 Abs. 1 Satz 2 KO ausdrücklich nicht in die InsO übernommen wurde.[165] Im Übrigen besteht zwischen Gläubigerversammlung und Gläubigerausschuss keine Verbindung (Rz. 42). Eine Anhörung der *Insolvenzgläubiger* scheint schon aufgrund deren Anzahl nicht opportun. Bei einer Stundenvergütung ist auch nicht ersichtlich, wie sich eine Beteiligung der Insolvenzgläubiger sinnstiftend auswirken könnte. Da es der Sachverhaltsaufklärung bzw. -bestätigung dienlich ist, wäre eine Anhörung des *Insolvenzverwalters* zumindest hilfreich, selbst wenn eine Beschwerdeberechtigung fehlen sollte (Rz. 123). Denn gerade der Insolvenzverwalter wird der Einzige sein, der eine Schlüssigkeits- und Plausibilitätsprüfung des Stundenaufwands leisten kann, da es gerade er ist, der von den Ausschussmitgliedern unterstützt und überwacht werden soll. Eine Anhörung des *Schuldners* muss stets gefordert werden, da die festzusetzenden Beträge letztlich aus seinem Vermögen entrichtet werden.

4. Festsetzung durch Beschluss

118 Hinsichtlich der Festsetzung der Vergütung durch Beschluss sei grundsätzlich auf die Ausführungen zu § 8 InsVV verwiesen. Insbesondere muss der Beschluss bestimmte formale Bestandteile aufweisen (§ 8 Rz. 135), ferner eine Tatbestandsdarstellung und die Entscheidungsgründe beinhalten (§ 8 Rz. 136). Das festsetzende Gericht darf nicht über den Antrag betragsmäßig hinausgehen, sich wohl aber auf eine abweichende Begründung stützen (§ 8 Rz. 137). Sofern Vorschüsse gewährt wurden, sind diese bei der endgültigen Festsetzung anzurechnen (§ 8 Rz. 140). Zwingend erforderlich ist eine Rechtsmittelbelehrung (§ 8 Rz. 141). Eine Verkündung des Beschlusses findet nicht statt (§ 8 Rz. 142).

119 Der Beschluss über die Festsetzung der Vergütung ist dem *Insolvenzverwalter*,[166] dem *Schuldner* und dem *Antragsteller* **gesondert zuzustellen**. Aus der Formulierung

---

160) BGH, Beschl. v. 8.10.2009 – IX ZB 11/08, ZIP 2009, 2453.
161) HambKommInsO/*Büttner*, § 17 InsVV Rz. 20; *Haarmeyer/Mock*, InsVV, § 17 Rz. 34.
162) HambKommInsO/*Büttner*, § 17 InsVV Rz. 20; *Haarmeyer/Mock*, InsVV, § 17 Rz. 34; KPB-InsO/*Prasser*, § 73 InsO Rz. 26 (Stand: 04/2014).
163) KPB-InsO/*Prasser*, § 73 InsO Rz. 26 (Stand: 04/2014).
164) LG Göttingen, Beschl. v. 1.12.2004 – 10 T 128/04, NZI 2005, 340; HambKommInsO/*Büttner*, § 17 InsVV Rz. 20; Uhlenbruck/*Knof*, InsO, § 73 Rz. 30.
165) Leonhardt/Smid/Zeuner/*Amberger*, InsVV, § 17 Rz. 28; Jaeger/*Gerhardt*, InsO, § 73 Rz. 5; *Haarmeyer/Mock*, InsVV, § 17 Rz. 17; Lorenz/Klanke/*Lorenz*, InsVV, § 17 Rz. 29.
166) A. A. Lorenz/Klanke/*Lorenz*, InsVV, § 17 Rz. 32.

Berechnung der Vergütung § 17

des § 64 Abs. 2 Satz 1 InsO könnte abgeleitet werden, dass der Beschluss auch den anderen Mitgliedern des Gläubigerausschusses zuzustellen wäre. Hierfür ist jedoch kein Grund ersichtlich,[167] da die Ausschussmitglieder insoweit kein „wechselseitiges" Beschwerderecht haben. Darüber hinaus ist der Beschluss **öffentlich bekannt zu machen** (§§ 73 Abs. 2, 64 Abs. 2 Satz 1 InsO). Maßgebliche Norm hierfür ist § 9 Abs. 1 InsO. Die festgesetzten Beträge sind nicht zu veröffentlichen; stattdessen bedarf es eines Hinweises, dass der vollständige Beschluss in der Geschäftsstelle des Insolvenzgerichts eingesehen werden kann (§§ 73 Abs. 2, 64 Abs. 2 Satz 2 InsO). Zu den Folgen einer unterlassenen oder fehlerhaften Veröffentlichung siehe § 8 Rz. 150.

5. Festsetzung bei Nichteröffnung des Verfahrens

Der Gesetzgeber hat den Fall der Nichteröffnung des Insolvenzverfahrens im Hinblick auf die Vergütung der Ausschussmitglieder nicht berücksichtigt. § 26a InsO, anwendbar für die ab dem 1.3.2012 beantragten Insolvenzverfahren (Art. 103g EGInsO), enthält lediglich eine Regelung für den vorläufigen Insolvenzverwalter. Dies verwundert, da der vorläufige Gläubigerausschuss im Antragsverfahren ebenfalls für die ab dem 1.3.2012 beantragten Insolvenzverfahren eingeführt bzw. legitimiert wurde (§ 21 Abs. 2 Satz 1 Nr. 1a InsO, Art. 103g EGInsO). Beide Änderungen erfolgten aufgrund des Gesetzes zur weiteren Erleichterung der Sanierung von Unternehmen (ESUG) vom 7.12.2011.[168] 120

Die Intentionen des Gesetzgebers für beide Änderungen waren jedoch unterschiedlich. Die Einführung des § 26a InsO hatte mit der eigentlichen Intention des ESUG-Gesetzgebers nichts zu tun. Hier ging es um die Stärkung des Sanierungsansatzes in der InsO und die Ausweitung der Möglichkeiten eines Insolvenzplans. Der Gesetzgeber hatte erkannt, dass es hierfür der Legitimierung des seit Jahrzehnten „geduldeten" vorläufigen Gläubigerausschusses bedarf. Mit der davon gedanklich unabhängigen Einführung des § 26a InsO für den vorläufigen Insolvenzverwalter hatte der Gesetzgeber lediglich auf problematische BGH-Entscheidungen,[169] die dem vorläufigen Insolvenzverwalter bei Nichteröffnung des Insolvenzverfahrens ein Recht auf Vergütung nach der InsVV absprachen, reagiert. Wenn man sich mit der „Reparatur" der verfahrensrechtlichen Aspekte der Vergütung des vorläufigen Insolvenzverwalters befasst und gleichzeitig den vorläufigen Gläubigerausschuss einführt, hätte es die Denklogik eigentlich erfordert, auch eine Regelung für die Vergütung der Mitglieder des vorläufigen Gläubigerausschusses bei Nichteröffnung des Insolvenzverfahrens zu treffen. Nun findet sich im Gesetzgebungsverfahren allerdings kein Hinweis, dass der Gesetzgeber hierüber überhaupt nachgedacht hätte. Daher ist dem Gesetzgeber anzuraten, künftig in § 73 Abs. 2 InsO auch auf § 26a InsO zu verweisen[170] oder sich anderweitig zur Vergütung des vorläufigen Gläubigeraus- 121

---

167) *Haarmeyer/Mock*, InsVV, § 17 Rz. 34; KPB-InsO/*Prasser*, § 17 InsVV Rz. 16 (Stand: 04/2014).
168) Gesetz zur weiteren Erleichterung der Sanierung von Unternehmen (ESUG) v. 7.12.2011 (BGBl. I 2011, 2582), siehe Anh. XI.
169) BGH, Urt. v. 13.12.2007 – IX ZR 196/06, ZInsO 2008, 151; BGH, Beschl. v. 3.12.2009 – IX ZB 280/08, ZInsO 2010, 107; BGH, Beschl. v. 9.2.2012 – IX ZB 79/10, ZInsO 2012, 802.
170) *Zimmer*, ZInsO 2012, 1658, 1664.

schusses bei Nichteröffnung des Insolvenzverfahrens zu positionieren. Während der vorläufige Insolvenzverwalter vor Einführung des § 26a InsO wenigstens noch auf eventuell generierte Einnahmen auf seinem Treuhandkonto zurückgreifen konnte, um wegen des Vergütungsanspruchs Zurückbehaltungsrechte geltend machen oder Aufrechnungen vornehmen zu können, es also letztlich nur um einen Streit um die Anspruchsgrundlage ging, fehlt dem Ausschussmitglied jegliche Sicherungsmöglichkeit im Hinblick auf seinen Vergütungsanspruch.[171] Daher wird eine analoge Anwendung des § 26a InsO auch ohne Verweis in § 73 Abs. 2 InsO befürwortet.[172] Dieser Ansatz könnte sich auch darauf stützen, das Antragsverfahren als notwendige Vorstufe i. S. e. Vorgesellschaft zu betrachten.[173] Letztlich hat der BGH für die Vergütung des vorläufigen Sachwalters – allerdings bei Eröffnung des Insolvenzverfahrens – eben jenen Ansatz herangezogen.[174] Bei einem Fremdantrag ist allerdings zu prüfen, ob die Bestellung von Ausschussmitgliedern nicht nichtig war (Rz. 37).

6. Rechtsmittel (§§ 73 Abs. 2, 64 Abs. 3 InsO)

122 Aufgrund des Verweises in § 73 Abs. 2 InsO auf § 64 Abs. 3 InsO kann gegen den Beschluss über die Festsetzung der Vergütung **sofortige Beschwerde** (§ 6 InsO) eingelegt werden. Hier gelten zunächst die allgemeinen Regeln (§ 8 Rz. 148 ff.). Insbesondere ist auf eine korrekte Berechnung der Beschwerdefrist zu achten (§ 8 Rz. 150 ff.). Erforderlich sind stets eine Beschwer und ein Rechtsschutzinteresse des Beschwerdeführers (§ 8 Rz. 168 f.). Unter bestimmten Voraussetzungen ist gegen den Beschluss des Beschwerdegerichts die Rechtsbeschwerde zulässig (§ 8 Rz. 171 ff.).

123 Nicht abschließend geklärt ist der Kreis der **Beschwerdeberechtigten**. Aufgrund des Verweises in § 73 Abs. 2 InsO auf § 64 Abs. 3 Satz 1 InsO ist zunächst unstreitig, dass der *Schuldner* zu den Beschwerdeberechtigten gehört, da die Vergütung aus seinem (insolvenzbefangenen) Vermögen zu begleichen ist (§ 54 Nr. 2 InsO). Nach dem Wortlaut der Norm wäre auch alle *Insolvenzgläubiger* beschwerdeberechtigt. Einigkeit scheint auch darüber zu bestehen, dass die *anderen Ausschussmitglieder* nicht beschwerdeberechtigt sind.[175] Offen ist jedoch die Frage, ob der *Insolvenzverwalter* berechtigt ist, Beschwerde gegen die Vergütung der Ausschussmitglieder einzulegen. Nach dem Wortlaut des § 64 Abs. 3 Satz 1 InsO ist dies der Fall.[176] Dagegen könnte jedoch eingewendet werden, mit „Insolvenzverwalter" in § 64 Abs. 3 Satz 1 InsO sei bei entsprechender Auslegung der „Antragsteller" gemeint, was bei lediglich entsprechender Anwendung des § 64 Abs. 3 Satz 1 InsO zu berücksichtigen sei.[177] Letzteres scheint vorzugswürdig. Dies nicht nur aufgrund der Gesetzessystematik, sondern zur Wahrung der Unabhängigkeit der Aus-

---

171) *Zimmer*, ZInsO 2012, 1658, 1664.
172) HambKommInsO/*Büttner*, § 17 InsVV Rz. 48.
173) *Zimmer*, ZInsO 2012, 1658, 1665.
174) BGH, Beschl. v. 21.7.2016 – IX ZB 70/14, ZIP 2016, 1592.
175) Lorenz/Klanke/*Lorenz*, InsVV, § 17 Rz. 33; KPB-InsO/*Prasser*, § 17 InsVV Rz. 17 (Stand: 04/2014).
176) Befürwortend daher HambKommInsO/*Büttner*, § 17 InsVV Rz. 35; *Haarmeyer/Mock*, InsVV, § 17 Rz. 34.
177) Ablehnend daher Lorenz/Klanke/*Lorenz*, InsVV, § 17 Rz. 33.

schussmitglieder. Es würde etwas befremdlich wirken, wenn die Ausschussmitglieder den Insolvenzverwalter zu überwachen hätten, dieser jedoch im Hinblick auf die Vergütung der Ausschussmitglieder beschwerdebefugt wäre. Insoweit muss ein Anhörungsrecht des Insolvenzverwalters bei der Vergütungsfestsetzung ausreichen.

Soweit der BGH in Ausnahmefällen für die Vergütung des Insolvenzverwalters einen Massekreditgeber als beschwerdeberechtigt angesehen hat,[178] dürfte dies für die Mitglieder des Gläubigerausschusses nicht gelten, da hier die erforderliche Einflussmöglichkeit fehlt. Daher bleibt es bei dem Grundsatz, dass *Massegläubiger* i. S. d. § 55 InsO nicht beschwerdebefugt sind. Auch soweit der BGH eine Beschwerdeberechtigung der *Gesellschafter des Schuldners* angenommen hat, wenn es auf eine Überschussherausgabe gemäß § 199 InsO hinausläuft,[179] dürfte dies aus selbigen Erwägungen nicht für die Vergütung der Ausschussmitglieder gelten.

124

7. Festsetzung gegen Staatskasse (Stundungsverfahren)

Sind dem Schuldner die Kosten des Insolvenz(eröffnungs)verfahrens gemäß §§ 4a ff. InsO gestundet worden, ist eine Festsetzung der Vergütung gegen die Staatskasse möglich (§§ 73 Abs. 2, 63 Abs. 2 InsO). Die Ausschussmitglieder haben einen **Sekundäranspruch** gegen die Staatskasse, wenn die Insolvenzmasse zur Befriedigung ihrer festgesetzten Vergütungen nicht ausreicht.[180] Die eigentlich und zunächst gegen den Schuldner festzusetzende Vergütung richtet sich im ersten Schritt nach allgemeinen Regeln. Erst im zweiten Schritt ist eine Festsetzung des nicht von der Insolvenzmasse gedeckten (Teil-) Betrages gegen die Staatskasse möglich. Für den Insolvenzverwalter soll gelten, dass die Staatskasse immer nur für die Mindestvergütung hafte.[181] Eine solche gibt es für die Ausschussmitglieder jedoch nicht. Die Festsetzung gegen die Staatskasse kann der Höhe nach aber auf die Mindestvergütung des Insolvenzverwalters beschränkt sein.[182] Dies ist jedoch bedenklich, da hier kein Zusammenhang erkennbar ist (Rz. 74).

125

VII. Entnahme

Eine festgesetzte Vergütung kann der Insolvenzmasse entnommen werden. Auf den Eintritt der Rechtskraft kommt es nicht an; hier kann für die Vergütung der Ausschussmitglieder nichts anderes gelten als für den Insolvenzverwalter.[183] Eine Anordnung des Insolvenzgerichts, die Vergütung dürfe trotz Festsetzung nicht der Masse entnommen werden, ist daher auch hier unbeachtlich und löst ein eigenes Beschwerderecht aus.[184]

126

---

178) BGH, Beschl. v. 20.12.2012 – IX ZB 19/10, ZInsO 2013, 238.
179) BGH, Beschl. v. 20.2.2014 – IX ZB 32/12, ZInsO 2014, 622.
180) Gesetz zur Änderung der Insolvenzordnung und anderer Gesetze v. 26.10.2001 (BGBl. I 2001, 2710), Begründung zu § 73 Abs. 2 InsO, siehe Anh. IV Rz. 33.
181) BGH, Beschl. v. 7.2.2013 – IX ZB 245/11, ZInsO 2013, 566; hierzu kritisch *Zimmer*, InsbürO 2014, 162.
182) Vgl. BGH, Beschl. v. 8.10.2009 – IX ZB 11/08, ZIP 2009, 2453.
183) Insoweit BGH, Urt. v. 17.11.2005 – IX ZR 179/04, ZIP 2006, 36.
184) BGH, Beschl. v. 14.4.2011 – IX ZB 18/10, ZInsO 2011, 1566 (Insolvenzverwalter).

127 Allerdings haben die Mitglieder des Gläubigerausschusses keine Verwaltungs- und Verfügungsbefugnis über das schuldnerische Vermögen. Sie haben den Insolvenzverwalter daher unter Beifügung des Beschlusses (und einer Rechnung bei Inkludierung von Umsatzsteuer) zur Zahlung aufzufordern. Der Insolvenzverwalter ist zwingend gehalten, unverzüglich Zahlung aus der Masse zu vorzunehmen (§§ 53, 54 Nr. 2 InsO), freilich unter Berücksichtigung besonderer Befriedigungsreihenfolgen in §§ 207 Abs. 3 Satz 1, 209 Abs. 1 Nr. 1 InsO.

128 Sollte es nicht zu einer „freiwilligen" Zahlung durch den Insolvenzverwalter kommen, kann aus dem Vergütungsfestsetzungsbeschluss in die Masse vollstreckt werden, da es sich um einen Titel i. S. d. § 794 Abs. 1 Nr. 3 ZPO handelt. Die hierfür erforderliche Rubrizierung fehlt in der Praxis allerdings zumeist. Ein Vollstreckungsverbot kann sich aus § 210 InsO ergeben, der analog auch für Massegläubiger i. S. d. § 54 InsO gilt, jedenfalls bei vom Insolvenzverwalter darzulegender Massearmut.[185]

VIII. Vorschuss auf die Vergütung

129 Die Gewährung eines Vorschusses für die Vergütung der Mitglieder des (vorläufigen, einstweiligen oder endgültigen) Gläubigerausschusses ist weder in der InsO noch in der InsVV vorgesehen. Eine analoge Anwendung des § 9 InsVV, der einen Vorschuss auf die Vergütung des Insolvenzverwalters ermöglicht, scheitert an der Systematik der Verordnung, da sich die Norm im *Ersten Abschnitt* der InsVV (Vergütung des Insolvenzverwalters) befindet. Im *Zweiten Abschnitt* der InsVV ist eine analoge Anwendung des § 9 InsVV aufgrund des Verweises in § 10 InsVV ausschließlich für den vorläufigen Verwalter, den Sachwalter und den Insolvenzverwalter im Verbraucherinsolvenzverfahren ermöglicht worden. Im *Dritten Abschnitt* der InsVV findet sich in § 16 Abs. 2 Satz 1 InsVV eine eigenständige Regelung für den Treuhänder in der Wohlverhaltensphase gemäß § 293 InsO. Daher scheint unzweifelhaft, dass es auch bei der Vergütung der Mitglieder des Gläubigerausschusses im *Vierten Abschnitt* der InsVV eines Verweises oder einer eigenständigen Regelung bedurft hätte, um einen Vorschuss zu ermöglichen.

130 Teilweise wird darauf hingewiesen, dass eine ursprüngliche Entwurfsfassung einen § 18 Abs. 3 InsVV-E mit einer Vorschussregelung enthielt, der ohne Begründung nicht in die InsVV übernommen worden sei. Daraus folgere, dass der Verordnungsgeber eine Regelung für entbehrlich hielt, da die Vorschussgewährung im Geltungsbereich der VergVO einhellig anerkannt worden war.[186] Die Schlussfolgerung muss nicht zutreffend sein, da der Verordnungsgeber bei einer Stundenvergütung auch von einer Entbehrlichkeit eines Vorschusses wegen sofortigen Eintritts der Fälligkeit ausgegangen sein könnte. Insoweit kann auch nicht von einem bloßen Redaktionsversehen ausgegangen werden. Vielleicht ist dem Verordnungsgeber einfach nur die Folge des § 271 Abs. 1 BGB bei einer Stundenvergütung (Rz. 40 ff.) bewusst geworden. Dies ist allerdings nicht belegt.

---

185) BGH, Beschl. v. 21.9.2006 – IX ZB 11/04, NZI 2006, 697.
186) Lorenz/Klanke/*Lorenz*, InsVV, § 17 Rz. 36; KPB-InsO/*Prasser*, § 73 InsO Rz. 19 (Stand: 04/2014).

Berechnung der Vergütung § 17

Haarmeyer/Mock rechtfertigen die Berechtigung eines Vorschusses damit, dass ein 131
Ausschussmitglied im Grundsatz auch unentgeltlich tätig sein könne.[187] Dies ergibt freilich keinen Sinn. Hier wird die Unentgeltlichkeit zum erstrebenswerten Regelfall stilisiert, und das idealistische Ausschussmitglied, das das Amt dennoch annehme, solle wenigstens einen Vorschussanspruch haben. Entweder das Mitglied möchte eine Vergütung haben, dann kann es einen Antrag stellen, oder nicht, dann nicht. Mit einem Vorschuss hat dies jedenfalls rechtlich nichts zu tun.

Nach *hier vertretener Ansicht* richtet sich die Fälligkeit einer Stundenvergütung danach, 132
wann die Stunden erbracht wurden (Rz. 46). Dann sind jederzeit Vergütungsanträge zulässig, **einer Vorschussregelung bedarf es nicht.** Selbiges gilt für bereits getätigte Auslagen (§ 18 Rz. 37).

Die *allgemeine Ansicht* sieht hinsichtlich der Fälligkeit der Ausschussvergütung 133
hingegen einen Zusammenhang mit dem Verfahrensabschluss (Rz. 47 ff.). Dann wäre die Ermöglichung eines Vorschusses unverzichtbar, sodass ein **Vorschussanspruch bejaht** werden müsste.[188] Denn die Ausschussmitglieder sind zwar Beteiligte des Insolvenzverfahrens, nicht aber Parteien dieses Verfahrens. Daher lässt sich aus Art. 14 GG zugunsten der Ausschussmitglieder herleiten, dass sie nicht verpflichtet sind, ein Insolvenzverfahren vorzufinanzieren. Erforderlich wäre ein schriftlicher und zu begründender Antrag. Für die Bewilligung eines Vorschusses bedürfte es nicht der Gewährung rechtlichen Gehörs anderer Beteiligter.[189] Wird die Gewährung eines Vorschusses versagt, wäre lediglich die Erinnerung gemäß § 11 Abs. 2 RPflG zulässig, nicht jedoch die sofortige Beschwerde gemäß § 6 InsO,[190] was nach hier vertretener Auffassung zu weiteren unnötigen Problemen führt (vgl. § 9 Rz. 63 ff.).

IX. Kostenschuldner

1. Schuldner (Insolvenzmasse)

Schuldner des Vergütungsanspruchs der Mitglieder des Gläubigerausschusses ist der 134
Insolvenzschuldner. Dies findet sich zwar nicht ausdrücklich in einem Gesetzes- oder Verordnungswortlaut, ergibt sich jedoch aus der Gesamtsystematik des Kostenrechts. Gemäß § 54 Nr. 2 InsO handelt es sich bei den festgesetzten Vergütungen um Verfahrenskosten, die gemäß § 53 InsO vorab aus dem schuldnerischen Vermögen zu begleichen sind. Damit gehen §§ 53, 54 Nr. 2 InsO etwas über die Parallelvorschrift zur Einzelzwangsvollstreckung in § 788 Abs. 1 ZPO hinaus, da sich dort eine Beschränkung auf die *notwendigen* Kosten findet, was sich aufgrund eines dortigen Verweises nach der Zentralnorm des § 91 ZPO richtet. Insoweit ist die

---

187) *Haarmeyer/Mock,* InsVV § 17 Rz. 3.
188) LG Aachen, Beschl. v. 20.7.1992 – 3 T 265/91, ZIP 1993, 137; AG Ansbach, Beschl. v. 12.12.1989 – N 36/88, ZIP 1990, 249; AG Elmshorn, Beschl. v. 25.6.1982 – 6 N 81, ZIP 1982, 981; AG Mannheim, Beschl. v. 6.2.1985 – N 187/84, ZIP 1985, 301; AG Stuttgart, Beschl. v. 19.12.1985 – 6 (S) N 698/82, ZIP 1986, 659; Leonhardt/Smid/Zeuner/*Amberger,* InsVV, § 17 Rz. 32; Jaeger/*Gerhardt,* InsO, § 73 Rz. 17; *Haarmeyer/Mock,* InsVV § 17 Rz. 3; *Keller,* Vergütung und Kosten, § 12 Rz. 61.
189) HambKommInsO/*Büttner,* § 17 InsVV Rz. 36.
190) HambKommInsO/*Büttner,* § 17 InsVV Rz. 36.

grundsätzliche Verweisung in § 4 InsO auf die Vorschriften der Zivilprozessordnung inhaltlich eingeschränkt. Dies ist insoweit von Beachtung, als sonst stets zu prüfen wäre, ob die Einsetzung eines Gläubigerausschusses zur ordnungsgemäßen Durchführung des Insolvenzverfahrens überhaupt notwendig war.

135 Da die Mitglieder des Gläubigerausschusses selbst keine Verwaltungs- und Verfügungsbefugnis über das schuldnerische Vermögen besitzen, sind sie auf die Zugriffsmöglichkeiten des Insolvenzverwalters angewiesen. Dieser wiederum kann nur auf das vom Massebegriff der §§ 35, 36 InsO erfasste Vermögen zugreifen, sodass faktisch (nur) die **Insolvenzmasse** haftet. Reicht diese zur Befriedigung nicht aus, haftet der Insolvenzschuldner gleichwohl mit seinem **insolvenzfreien Vermögen**, was wirtschaftlich freilich nur eingeschränkten Wert hat. Von einer eventuellen **Restschuldbefreiung** ist die festgesetzte Vergütung nicht betroffen, da sich die Restschuldbefreiung natürlicher Personen gemäß § 301 Abs. 1 InsO nur auf Insolvenzgläubiger i. S. d. §§ 38, 39 InsO erstreckt, nicht auf Massegläubiger i. S. d. §§ 53, 54, 55 InsO.

2. Staatskasse (§ 73 Abs. 2 InsO)

136 Mit dem Gesetz zur Änderung der Insolvenzordnung und anderer Gesetze vom 26.10.2001[191] ist in §§ 4a ff. InsO die Stundung der Verfahrenskosten eingeführt worden, nachdem es zuvor intensive Auseinandersetzungen und divergierende Rechtsprechung zur Anwendung der Regelungen über die Gewährung von Prozesskostenhilfe nach §§ 114 ff. ZPO gekommen war. Im Wesentlichen wurde in § 63 Abs. 2 InsO geregelt, dass dem Insolvenzverwalter bei erfolgter Verfahrenskostenstundung hinsichtlich seiner Vergütung und Auslagen ein Anspruch gegen die Staatskasse zusteht, soweit die Masse für eine Befriedigung nicht ausreicht. Etwas knapper wurde für die Mitglieder des Gläubigerausschusses in § 73 Abs. 2 InsO geregelt, dass eben dieser § 63 Abs. 2 InsO entsprechend gelte. Folglich haben die Mitglieder des Gläubigerausschusses einen **Sekundäranspruch**[192] **gegen die Staatskasse**, wenn die Insolvenzmasse zur Befriedigung ihrer festgesetzten Vergütungen nicht ausreicht.

3. Insolvenzverwalter (§ 60 InsO)

137 Gemäß § 60 Abs. 1 Satz 1 InsO ist der Insolvenzverwalter allen Beteiligten zum Schadenersatz verpflichtet, wenn er schuldhaft die Pflichten verletzt, die ihm nach der InsO obliegen. Mit der Annahme des Amts als Mitglied eines Gläubigerausschusses werden die Ausschussmitglieder zu **Beteiligten** in diesem Sinne.[193]

138 Sind die Kosten des Insolvenzverfahrens gedeckt, reicht die Insolvenzmasse jedoch nicht aus, um die fälligen sonstigen Masseverbindlichkeiten zu erfüllen, hat der Verwalter dem Gericht anzuzeigen, dass Masseunzulänglichkeit vorliegt (§ 208 Abs. 1 Satz 1 InsO). Gleiches gilt, wenn die Masse voraussichtlich nicht ausreichen wird, um die bestehenden sonstigen Masseverbindlichkeiten im Zeitpunkt der Fälligkeit

---

191) Gesetz zur Änderung der Insolvenzordnung und anderer Gesetze v. 26.10.2001 (BGBl. I 2001, 2710), siehe Anh. IV.
192) Gesetz zur Änderung der Insolvenzordnung und anderer Gesetze v. 26.10.2001 (BGBl. I 2001, 2710), Begründung zu § 73 Abs. 2 InsO, siehe Anh. IV Rz. 33.
193) Beck/Depré/*Zimmer*, Praxis der Insolvenz, § 47 Rz. 9.

zu erfüllen (§ 208 Abs. 1 Satz 2 InsO). Folge ist ein eigenständiger Verteilungsschlüssel gemäß § 209 Abs. 1 InsO, der im hiesigen Kontext die Verfahrenskosten privilegiert. Eine gesetzliche Definition der Masseunzulänglichkeit fehlt jedoch.[194] Wie bei § 207 InsO könnte vertreten werden, es sei das gesamte – auch nicht verwertete – Vermögen heranzuziehen. In der Praxis wird jedoch nur auf das liquide Vermögen (Geldbestand) abgestellt; der BGH hat diese Frage offengelassen.[195] Konsequenz ist die insolvenzspezifische Pflicht des Insolvenzverwalters, eine stetig zu prüfende und zu aktualisierende **Liquiditätsplanung** vorzunehmen,[196] wobei selbstverständlich auch die Verfahrenskosten zu berücksichtigen sind. Nur dann entfällt eine Darlegungs- und Beweislast des Insolvenzverwalters für die Ursachen einer von der Liquiditätsprognose abweichenden Entwicklung,[197] denn bei einer ex-ante-Betrachtung sind nachträgliche Sachverhaltsänderungen oder Änderungen in der rechtlichen Bewertung unbeachtlich.[198]

Nicht unbeachtlich ist, dass die Befriedigungsreihenfolge des § 209 Abs. 1 InsO wegen § 53 InsO immer gilt, auch wenn keine Anzeige der Masseunzulänglichkeit erfolgt ist, sodass die Befriedigungsreihenfolge des § 209 Abs. 1 InsO mit der Anzeige gemäß § 208 InsO nichts (mehr) zu tun hat.[199] Kommt es sogar zur Massearmut i. S. d. § 207 InsO, bei der nicht einmal die Verfahrenskosten aus der Insolvenzmasse gedeckt sind, greift der besondere Verteilungsschlüssel des § 207 Abs. 3 InsO, sodass folglich ein Teil der Verfahrenskosten – auch der Vergütungen der Mitglieder des Gläubigerausschusses – nicht befriedigt werden können. Zu einer Haftung des Insolvenzverwalters für die Verfahrenskosten[200] kann es kommen, wenn – wie nicht selten – zuvor sonstige Masseverbindlichkeiten i. S. d. § 55 InsO beglichen wurden, also die Befriedigungsreihenfolgen der §§ 53, 54, 55, 209 Abs. 1 InsO schuldhaft verletzt wurde. Somit kommt grundsätzlich eine Haftung des Insolvenzverwalters für die Vergütung der Mitglieder des Gläubigerausschusses in Betracht, wenn eine Liquiditätsplanung ganz fehlte, mangelhaft war oder nicht stetig geprüft und aktualisiert wurde. 139

Auf der Ebene des **Mitverschuldens** gemäß § 254 BGB ist freilich zu prüfen, inwieweit die Mitglieder des Gläubigerausschusses bei ordnungsmäßiger Erfüllung ihrer Pflichten aus § 69 InsO all dies hätten erkennen können. 140

---

194) *Klaas/Zimmer*, ZInsO 2011, 666.
195) BGH, Urt. v. 6.5.2004 – IX ZR 48/03, NZI 2004, 435 (obiter dictum: bei einer Betriebsfortführung können noch ausstehende Forderungen aus Lieferungen und Leistungen berücksichtigt werden, soweit sie weitere fortführungsbedingte Ausgaben überschreiten).
196) BGH, Urt. v. 6.5.2004 – IX ZR 48/03, NZI 2004, 435; BGH, Urt. v. 17.12.2004 – IX ZR 185/03, NZI 2005, 222.
197) BGH, Urt. v. 6.5.2004 – IX ZR 48/03, NZI 2004, 435; BGH, Urt. v. 17.12.2004 – IX ZR 185/03, NZI 2005, 222.
198) LAG Hamm, Urt. v. 27.5.2009 – 2 Sa 311/09, ZInsO 2009, 1457.
199) BGH, Urt. v. 21.10.2010 – IX ZR 220/09, Rz. 12, ZIP 2010, 2356; BGH, Beschl. v. 14.10.2010 – IX ZB 224/08, ZInsO 2010, 2188; OLG Düsseldorf, Urt. v. 27.1.2012 – I-22 U 49/11, NZI 2012, 675; ausführlich Beck/Depré/*Zimmer*, Praxis der Insolvenz, § 49 Rz. 135 ff.
200) Haftung für den Ausfall der Gerichtskosten bejaht von OLG Schleswig, Urt. v. 6.3.1984 – 3 U 150/82, ZIP 1984, 619.

4. Gläubiger

141 Obgleich der Gläubigerausschuss ein Gläubigerorgan ist, gibt es keine unmittelbare Haftung von Gläubigern für die Vergütung der Mitglieder des Gläubigerausschusses. Eine mittelbare Haftung ergibt sich nur insoweit, als durch die Begleichung als Verfahrenskosten (§§ 53, 54 Nr. 2 InsO) die Befriedigungsquote der Insolvenzgläubiger (§§ 38, 39 InsO) sinkt. Sollte die Vergütung der Mitglieder des Gläubigerausschusses nicht aus der Masse gedeckt oder von der Sekundärhaftung der Staatskasse bei Verfahrenskostenstundung erfasst sein, existiert kein Anspruch der Ausschussmitglieder gegen irgendwelche (Insolvenz-) Gläubiger. Dies auch dann nicht, wenn der Gläubigerausschuss nicht von Amts wegen (§§ 21 Abs. 2 Satz 1 Nr. 1a, 67 Abs. 1 InsO), sondern aufgrund eines Beschlusses der Gläubigerversammlung (§ 68 Abs. 1 Satz 1 InsO) eingesetzt wurde. Auch im Fall der Einsetzung eines vorläufigen Gläubigerausschusses im Antragsverfahren und Nichteröffnung des Insolvenzverfahrens entstehen keine derartigen Ansprüche, auch nicht bei einem Gläubigerantrag auf Insolvenzeröffnung.

5. Amtshaftung (§ 839 BGB i. V. m. Art. 34 GG)

142 Obgleich die Mitglieder des Gläubigerausschusses vom Richter am Amtsgericht (im Eröffnungs- und Planverfahren) bzw. Rechtspfleger eingesetzt werden, scheidet eine Amtshaftung für einen Ausfall bei der Vergütung der Ausschussmitglieder **grundsätzlich** aus. Etwas anderes wird zu diskutieren sein, wenn es sich um einen sog. Muss-Gläubigerausschuss im Antragsverfahren i. S. d. § 22a InsO handelt, es aber nicht zur Eröffnung des Insolvenzverfahrens kommt. Hier wird es jedoch grundsätzlich am Verschulden des Richters fehlen. Diejenigen, die in der Ausschussvergütung keine Tätigkeitsvergütung, sondern eine Entschädigung für Zeitsäumnis sehen (Rz. 11), müssen dann allerdings eine analoge Anwendung des § 9 Abs. 1 Satz 3 JVEG gegen sich gelten lassen.

143 Eine Ausnahme von der Verneinung der Amtshaftung wird hingegen anzunehmen sein, wenn die Einsetzung eines **vorläufigen Gläubigerausschusses als Sicherungsmaßnahme** (§ 21 Abs. 2 Satz 1 Nr. 1a InsO) angeordnet wurde, noch bevor die Zulässigkeit des Insolvenzantrages geprüft wurde und es anschließend zu einer **Zurückweisung des Insolvenzantrages als unzulässig** kommt. Denn Voraussetzung für die Anordnung jedweder Sicherungsmaßnahme ist ein zulässiger Insolvenzantrag. Nur ausnahmsweise darf das Gericht im Sicherungsinteresse und wegen der Eilbedürftigkeit Sicherungsmaßnahmen bereits dann anordnen, wenn noch nicht alle Zulässigkeitsvoraussetzungen abschließend geklärt, jedoch mit überwiegender, auf gesicherter Grundlage beruhenden Wahrscheinlichkeit, gegeben sind;[201] insoweit obliegt dem Insolvenzgericht eine Abwägung, inwieweit die Zweifel an der Zulässigkeit des Antrags oder das Sicherungsbedürfnis überwiegen. Ergibt sich im weiteren Verlauf des Antragsverfahrens, dass der Insolvenzantrag unzulässig war, so sind angeordnete Sicherungsmaßnahmen gleich welcher Art wieder aufzuheben.

---

201) BGH, Beschl. v. 22.3.2007 – IX ZB 164/06, ZInsO 2007, 440; BGH, Beschl. v. 22.4.2010 – IX ZB 217/09, ZInsO 2010, 1013.

Spätestens an dieser Stelle wird dann die Rechtsnatur des Vergütungsanspruchs zu klären sein. Die Rechtsnatur des Vergütungsanspruchs des (vorläufigen) Insolvenzverwalters ist nicht zivil-, sondern öffentlich-rechtlicher Art, da der staatlich bestellte Verwalter eine im öffentlichen Interesse liegende Aufgabe wahrnimmt, sodass die Vergütung auch ein nach Art. 12 GG garantiertes Recht darstellt;[202] ob dies so auch für die Vergütung der Ausschussmitglieder gilt, wird bislang nicht diskutiert. Ebenfalls nicht diskutiert werden die Fragen, ob den Mitgliedern des vorläufigen Gläubigerausschusses die Anordnung ihrer Bestellung als Sicherungsmaßnahme entgegen § 23 Abs. 1 InsO nicht vielleicht doch gesondert zugestellt werden müsste und ob es nicht zwingend erforderlich wäre, wenigstens die Aufhebung dieser Maßnahme analog des teleologisch zu erweiternden § 23 Abs. 1 InsO ebenfalls den Ausschussmitgliedern gesondert zuzustellen.

144

---

202) BVerfG, Urt. v. 9.2.1989 – 1 BvR 1165/87, ZIP 1989, 382; BGH, Beschl. v. 15.1.2004 – IX ZB 96/03, ZIP 2004, 417.

§ 18
Auslagen. Umsatzsteuer

(1) Auslagen sind einzeln anzuführen und zu belegen.

(2) Soweit Umsatzsteuer anfällt, gilt § 7 entsprechend.

Literatur: *Ampferl/Kilper*, Die Pflicht des Gläubigerausschusses zur Prüfung von Geldverkehr und -bestand, ZIP 2015, 553; *Cranshaw*, Haftung, Versicherung und Haftungsbeschränkung des (vorläufigen) Gläubigerausschusses?, ZInsO 2012, 1151; *Frind*, Der vorläufige Gläubigerausschuss – Rechte, Pflichten, Haftungsgefahren – Gläubigerverantwortung im Eröffnungsverfahren: haftungsrechtlicher Schleudersitz?, ZIP 2012, 1380; *Steinwachs*, Druck von der Masse nehmen: Versicherung geht günstiger, INDat Report 06/2017, 11; *Vallender*, Rechtsstellung und Aufgaben des Gläubigerausschusses, WM 2002, 2040; *Zimmer*, Die Vergütung des Belegprüfers aus buchhalterischer Sicht, ZInsO 2009, 1806.

Übersicht

I. Zweck der Norm 1	2. Art der Auslagen 15
1. Ausgestaltung des Auslagenerstattungsanspruchs aus § 73 Abs. 1 InsO 1	a) Allgemeines 15
	b) Haftpflichtversicherung 18
2. Kein Verweis auf §§ 1–9 InsVV 3	c) Rechnungsprüfung
II. Rechtsnatur 5	(§ 69 Satz 2 InsO) 20
III. Historie 6	3. Angemessenheit 26
IV. Allgemeines zum Anspruch 7	a) Allgemeines 26
1. Anspruchsgrundlage 7	b) Haftpflichtversicherung 28
2. Anspruchsberechtigte 8	c) Rechnungsprüfung
3. Anspruchsentstehung 9	(§ 69 Satz 2 InsO) 29
4. Fälligkeit des Anspruchs 11	4. Nachweis der Auslagen 30
5. Verjährung des Anspruchs 13	VI. Umsatzsteuer (§ 18 Abs. 2 InsVV) 34
V. Auslagenerstattungsanspruch	VII. Festsetzungsverfahren 36
(§ 18 Abs. 1 InsVV) 14	VIII. Vorschuss 37
1. Allgemeines 14	IX. Kostenschuldner 40

§ 18

I. Zweck der Norm

1. Ausgestaltung des Auslagenerstattungsanspruchs aus § 73 Abs. 1 InsO

1   Gemäß § 73 Abs. 1 Satz 1 InsO haben die Mitglieder des Gläubigerausschusses einen Anspruch auf Vergütung für ihre Tätigkeit und auf Erstattung angemessener Auslagen. Wegen des Verweises in § 73 Abs. 2 InsO u. a. auf § 65 InsO soll die InsVV die Vergütung und die Erstattung der Auslagen sowie das Festsetzungsverfahren **näher ausgestalten**. Hinsichtlich der eigentlichen Vergütung kann auf die Kommentierung zu § 17 InsVV verwiesen werden. § 18 InsVV regelt ergänzend den Anspruch des Ausschussmitglieds auf Auslagenersatz und – soweit einschlägig – die Umsatzsteuer auf Vergütung und Auslagenersatz. Vergütung und Auslagenersatz stehen jedoch in keinem Zusammenhang, sodass ein Auslagenerstattungsanspruch auch dann besteht, wenn das Mitglied des Gläubigerausschusses – aus welchen Gründen auch immer – eine Vergütung nicht geltend macht.

2   Nichts anderes gilt aufgrund des Verweises in § 21 Abs. 2 Satz 1 Nr. 1a InsO für die Mitglieder des vorläufigen Gläubigerausschusses im Antragsverfahren.

2. Kein Verweis auf §§ 1–9 InsVV

3   Wie bereits zu § 17 InsVV ausgeführt (§ 17 Rz. 3 ff.), bedarf es keines *generellen* Verweises auf die allgemeinen Regeln im Ersten Abschnitt der InsVV (§§ 1–9 InsVV).[1] Die Regelung zum Auslagenersatz in § 18 Abs. 1 InsVV ist daher *eigenständig*, einer Anwendung des § 8 Abs. 3 InsVV bedarf es nicht. Hinsichtlich der Umsatzsteuer enthält § 18 Abs. 2 InsVV einen *speziellen Verweis* auf § 7 Abs. 2 InsVV.

4   Soweit Auslagen und Umsatzsteuer im Zusammenhang mit einer Überwachung des Insolvenzplans durch den Gläubigerausschuss anfallen, sei auf die entsprechenden Ausführungen bei § 17 InsVV verwiesen (§ 17 Rz. 6).

II. Rechtsnatur

5   Hinsichtlich der Rechtsnatur sei auf die Kommentierung zu § 17 InsVV verwiesen (§ 17 Rz. 7 ff.); auch bei den gemäß § 18 InsVV zu ermittelnden Beträgen handelt es sich um Verfahrenskosten i. S. d. § 54 Nr. 2 InsO, soweit sie nicht nach Verfahrensaufhebung im Zusammenhang mit einer Planüberwachung entstehen.[2]

III. Historie

6   Seit Einführung der Insolvenzrechtlichen Vergütungsverordnung[3] mit Inkrafttreten zum 1.1.1999 ist § 18 InsVV unverändert. Zuvor bestand zwar ein Auslagenerstattungsanspruch nach § 91 Abs. 1 Satz 1 KO, der jedoch in der VergVO[4] nicht weiter spezifiziert wurde. Der Anspruch auf die „Erstattung" der Umsatzsteuer

---

1) Vgl. BGH, Beschl. v. 29.3.2012 – IX ZB 310/11, ZIP 2012, 876.
2) Vgl. BGH, Beschl. v. 20.11.2014 – IX ZB 16/14, ZIP 2015, 85 (Treuhändervergütung gemäß § 14 InsVV).
3) Insolvenzrechtliche Vergütungsverordnung (InsVV) v. 19.8.1998 (BGBl. I 1998, 2205), siehe Anh. III.
4) Verordnung über die Vergütung des Konkursverwalters, des Vergleichsverwalters, der Mitglieder des Gläubigerausschusses und der Mitglieder des Gläubigerbeirats v. 25.5.1960 (BGBl. I 1960, 329) in der letzten Fassung v. 11.6.1979 (BGBl. I 1979, 637), siehe Anh. II.

war im Geltungsbereich der KO/VergVO überhaupt nicht geregelt, insoweit sollte die Einführung des § 18 Abs. 2 InsVV eine Zweifelsfrage klären.[5)]

IV. Allgemeines zum Anspruch

1. Anspruchsgrundlage

Anspruchsgrundlage für die Vergütung ist § 73 Abs. 1 Satz 1 InsO. Hiernach haben die Mitglieder des Gläubigerausschusses einen Anspruch auf Vergütung ihrer Tätigkeit und auf Erstattung angemessener Auslagen. Aufgrund des Verweises in § 21 Abs. 2 Satz 1 Nr. 1a InsO gilt dies auch für die Mitglieder des vorläufigen Gläubigerausschusses im Antragsverfahren. Dies stellt den Anspruch *dem Grunde nach* dar. § 18 Abs. 1 InsVV spezifiziert den Anspruch auf Auslagenersatz *der Höhe nach*, § 18 Abs. 2 InsVV ergänzt sowohl den Vergütungsanspruch nach § 17 InsVV als auch den Auslagenerstattungsanspruch nach § 18 Abs. 1 InsVV um die Umsatzsteuer hierauf.

7

2. Anspruchsberechtigte

Hinsichtlich des personellen Anwendungsbereichs des § 18 InsVV kann vollumfänglich auf die Ausführungen zu § 17 InsVV verwiesen werden (§ 17 Rz. 21 ff.). Es handelt sich in Ergänzung dessen um einen *Individualanspruch* der einzelnen Ausschussmitglieder, da das Kollektivorgan mangels Rechtsfähigkeit nicht selbst Auslagen tätigen kann.[6)] Hinsichtlich des **Auslagenersatzes** gemäß § 18 Abs. 1 InsVV ist lediglich zu ergänzen, dass er nicht im unmittelbaren Zusammenhang mit einer Vergütung nach § 17 InsVV steht, d. h., ein Auslagenersatzanspruch steht davon unabhängig z. B. auch denjenigen Gläubigerausschussmitgliedern zu, die keinen Vergütungsanspruch geltend machen wollen oder können. Ferner ist im Einzelfall zu prüfen, ob bei einer Gesamtschuldnerschaft der Ausschussmitglieder für notwendige Auslagen (z. B. Haftpflichtversicherung, Rechnungsprüfung) nur ein quotaler Auslagenerstattungsanspruch besteht.[7)] Bei Haftpflichtversicherungen existiert das Problem, dass die Ausschussmitglieder oft nur versicherte Personen sind, während als Versicherungsnehmer (und Prämienschuldner) die Masse benannt wird. Hier stellt sich schon grundsätzlich die Frage, inwieweit praktische Vorgehensweisen mit den rechtlichen Vorgehensweisen kompatibel sind. Hinsichtlich der **Umsatzsteuer** gemäß § 18 Abs. 2 InsVV ist zu ergänzen, dass der Anspruchsberechtigte Unternehmer i. S. d. § 2 Abs. 1 UStG sein muss (siehe auch Rz. 34).

8

3. Anspruchsentstehung

Hinsichtlich der eigentlichen **Vergütung** gemäß § 17 InsVV kann auf die dortigen Kommentierungen verwiesen werden (§ 17 Rz. 38). Soweit auf diese Vergütung **Umsatzsteuer** geltend gemacht wird, entsteht der Anspruch auf „Erstattung" der Umsatzsteuer gemäß § 18 Abs. 2 InsVV zeitgleich.

9

---

5) Insolvenzrechtliche Vergütungsverordnung (InsVV) v. 19.8.1998 (BGBl. I 1998, 2205), Begründung zu § 18 InsVV, siehe Anh. III Rz. 92.
6) Zutreffend im Kontext der Auslagenerstattung AG Hannover, Beschl. v. 30.8.2016 – 908 IN 460/16, ZIP 2016, 2035, dazu EWiR 2017, 83 *(Zimmer)*.
7) AG Hannover, Beschl. v. 30.8.2016 – 908 IN 460/16, ZIP 2016, 2035, dazu EWiR 2017, 83 *(Zimmer)*.

10 Der Anspruch auf Erstattung der **Auslagen** i. S. d. § 18 Abs. 1 InsVV entsteht grundsätzlich in dem Moment, in dem die Auslage als Geldzahlung getätigt wird. Darüber hinaus muss jedoch vertreten werden, dass der Auslagenerstattungsanspruch bereits dann entsteht, wenn das Ausschussmitglied aus dem Auslagentatbestand schuldrechtlich verpflichtet wird. Es besteht im Übrigen keinerlei Zusammenhang mit dem Vergütungsanspruch nach § 17 InsVV, sodass die Entstehungszeitpunkte unabhängig voneinander zu beurteilen sind. Ein Anspruch auf Erstattung von Reisekosten dürfte erst nach Abschluss der Reise entstehen. Soweit auf vorgenannte Auslagenerstattungsansprüche Umsatzsteuer geltend gemacht wird, entsteht der Anspruch auf „Erstattung" der Umsatzsteuer gemäß § 18 Abs. 2 InsVV zeitgleich.

4. Fälligkeit des Anspruchs

11 Hinsichtlich der eigentlichen **Vergütung** gemäß § 17 InsVV kann auf die dortigen Kommentierungen verwiesen werden (§ 17 Rz. 39 ff.). Sobald diese Vergütung fällig ist, wird auch der Anspruch auf „Erstattung" der Umsatzsteuer nach § 18 Abs. 2 InsVV fällig.

12 Der Anspruch auf Erstattung bereits getätigter **Auslagen** gemäß § 18 Abs. 1 InsVV wird einschließlich der hierauf bezogenen Umsatzsteuer i. S. d. § 18 Abs. 2 InsVV fällig durch „Zahlungsaufforderung", d. h. durch Antrag auf Festsetzung durch das Insolvenzgericht.[8]

5. Verjährung des Anspruchs

13 Insoweit kann vollumfänglich auf die Ausführungen zu § 17 InsVV verwiesen werden (§ 17 Rz. 52 ff.).

V. Auslagenerstattungsanspruch (§ 18 Abs. 1 InsVV)

1. Allgemeines

14 Die Verordnungsbegründung zu § 18 Abs. 1 InsVV erschöpft sich in der Aussage, eine Auslagenpauschale, wie sie für den Verwalter vorgesehen sei, eigne sich wegen ihrer ganz unterschiedlichen Beanspruchung für die Mitglieder des Gläubigerausschusses nicht.[9] Daher findet sich in § 18 Abs. 1 InsVV die Regelung, dass Auslagen einzeln anzuführen und zu belegen sind; gemäß § 73 Abs. 1 InsO müssen sie angemessen sein.

2. Art der Auslagen

a) Allgemeines

15 Zu den Auslagen i. S. d. § 18 Abs. 1 InsVV gehören **Sachaufwendungen** und in bestimmten Fällen auch **Personalkosten**.[10] Als Beispiel für Letzteres werden z. B.

---

8) Abwegig AG Hannover, Beschl. v. 30.8.2016 – 908 IN 460/16, ZIP 2016, 2035, dazu EWiR 2017, 83 (*Zimmer*); hiernach soll auch der Auslagenerstattungsanspruch des vorläufigen Gläubigerausschusses erst mit Verfahrensbeendigung entstehen; hier hülfe ein Blick in § 271 BGB.
9) Insolvenzrechtliche Vergütungsverordnung (InsVV) v. 19.8.1998 (BGBl. I 1998, 2205), Begründung zu § 18 InsVV, siehe Anh. III Rz. 91.
10) *Haarmeyer/Mock*, InsVV, § 18 Rz. 2.

Auslagen. Umsatzsteuer § 18

Schreibkräfte genannt,[11] wobei es sich jedoch um externe Dienstleister handeln muss, nicht hingegen um Mitarbeiter des Ausschussmitglieds; denn die allgemeinen Bürokosten fallen nicht unter den Auslagenbegriff.[12]

Insbesondere zu erwähnen sind Fahrtkosten bzw. – bei Übernachtungsaufwand – Reisespesen allgemein. Ziele können im Wesentlichen sein die Gläubigerausschusssitzungen,[13] der Insolvenz- bzw. Sachwalter oder der Schuldner, eventuell auch an verschiedenen Betriebsstätten, ebenso ein potentieller Investor oder die Gesellschafter. 16

Erstattungsfähig sind auch Kosten für Recherchen, Einholung von Auskünften oder Informationsbeschaffung.[14] 17

b) Haftpflichtversicherung

Zu den Auslagen der Ausschussmitglieder gehören auch die Prämien für Vermögensschadenhaftpflichtversicherungen. Üblicherweise finden sich jedoch Versicherungspolicen, in denen alle Ausschussmitglieder gemeinsam als versicherte Personen geführt werden, sodass im Zweifel eine betragsmäßige Aufteilung erforderlich wäre.[15] Gravierender ist jedoch, dass diese Prämien regelmäßig direkt aus der Masse beglichen werden, wenn und weil die Masse als Versicherungsnehmer und Prämienschuldner auftritt. Da es sich trotz des abgekürzten Zahlungsweges um **Verfahrenskosten** i. S. d. § 54 Nr. 2 InsO, § 18 Abs. 1 InsVV handelt,[16] ist dies im Grunde ein Verstoß gegen die Festsetzungsbefugnis des Insolvenzgerichts gemäß §§ 73 Abs. 2, 64 Abs. 1 InsO. Daher empfiehlt sich grundsätzlich die Einholung einer Genehmigung durch das Insolvenzgericht.[17] Der BGH hat lediglich darauf hingewiesen, dass in der Literatur vertreten werde, eine direkte Entnahme aus der Masse (durch den Insolvenzverwalter) sei zulässig; er hat die Frage jedoch weder beantwortet noch ausdrücklich offengelasssen.[18] Allerdings hat er hervorgehoben, dass dem Ausschussmitglied eine Tätigkeit ohne Versicherungsschutz nicht zuzumuten sei, was zugleich bedeutet, dass diese Prämien niemals schon von der Vergütung nach § 17 InsVV abgedeckt sind. 18

Das praktische Problem kann jedoch nicht dadurch gelöst werden, die Prämien der Vermögensschadenhaftpflichtversicherung als *sonstige Masseverbindlichkeiten* i. S. d. § 55 Abs. 1 Nr. 1 InsO zu betrachten.[19] Hinsichtlich der Befriedigungsreihenfolgen bei Massearmut und Masseunzulänglichkeit hat dies zudem mehr Nach- als Vorteile. In der vorläufigen Verwaltung ist ferner zu konzedieren, dass manch Richter 19

---

11) *Haarmeyer/Mock*, InsVV, § 18 Rz. 3.
12) *Haarmeyer/Mock*, InsVV, § 18 Rz. 3.
13) *Haarmeyer/Mock*, InsVV, § 18 Rz. 3.
14) *Haarmeyer/Mock*, InsVV, § 18 Rz. 3.
15) AG Hannover, Beschl. v. 30.8.2016 – 908 IN 460/16, ZIP 2016, 2035, dazu EWiR 2017, 83 (*Zimmer*).
16) BGH, Beschl. v. 29.3.2012 – IX ZB 310/11, ZIP 2012, 876; *Cranshaw*, ZInsO 2012, 1151, 1155; *Frind*, ZIP 2012, 1380, 1386; *Zimmer*, Insolvenzbuchhaltung, Rz. 703.
17) LG Göttingen, Beschl. v. 10.1.2005 – 10 T 1/05, NZI 2005, 339; Leonhardt/Smid/Zeuner/Amberger, InsVV, § 18 Rz. 3 m. w. N.; *Frind*, ZIP 2012, 1380, 1386.
18) BGH, Beschl. v. 29.3.2012 – IX ZB 310/11, ZIP 2012, 876.
19) So aber Lorenz/Klanke/*Lorenz*, InsVV, § 18 Rz. 5 für Fälle der Eilbedürftigkeit.

nicht mit der Problematik der Einzelermächtigung zur Begründung von Masseverbindlichkeiten belästigt werden möchte. Daher scheint ein anderer Lösungsansatz sinnvoller. Anders als bei einer Verteilung an Insolvenzgläubiger bedarf es wegen § 53 InsO niemals einer Zustimmung des Insolvenzgerichts zur **Entnahme** von Verfahrenskosten i. S. d. § 54 InsO. Insoweit unterscheiden diese sich nicht von sonstigen Masseverbindlichkeiten i. S. d. § 55 InsO. Im Hinblick auf Versicherungsprämien der Ausschussmitglieder scheint einzig vertretbarer Lösungsansatz zu sein, im Rahmen des §§ 73 Abs. 2, 64 Abs. 1 InsO gewohnheitsrechtlich zu akzeptieren, dass es auch eines **Festsetzungsverfahrens** durch das Insolvenzgericht nicht bedarf. Auch dem Gesetz- bzw. Verordnungsgeber muss unterstellt werden, dass er in dieser Konstellation von Gewohnheitsrecht ausgeht, da das Problem seit Jahrzehnten bekannt ist, aber nicht in eine Kodifikation gekleidet wird. Anders als für den Insolvenzverwalter in § 4 Abs. 3 InsVV erkennbar, ist für die Mitglieder des Gläubigerausschusses nicht ersichtlich, dass Gesetz- und Verordnungsgeber das Thema Versicherungsschutz überhaupt auf der Agenda hatten. Dies schließt freilich nicht aus, dass das Insolvenzgericht später die Angemessenheit prüft. Kommt es hier zu Meinungsverschiedenheiten, ist die Masse durch einen möglichen Regress gegen den Insolvenzverwalter aus §§ 60, 92 Satz 1 InsO ausreichend geschützt (ein Abzug von der Vergütung des Insolvenzverwalters oder Ausschussmitglieds wäre ein Verstoß gegen den gesetzlichen Richter), sodass das vorherige Festsetzungsverfahren für den Auslagenersatz in Gestalt der Versicherungsprämien arge Förmelei zu sein scheint.

c) Rechnungsprüfung (§ 69 Satz 2 InsO)

20 Nach § 69 Satz 2 InsO haben die Ausschussmitglieder als Individualaufgabe die Rechnungslegung und Geldbestände des Insolvenzverwalters regelmäßig prüfen zu lassen. Schon aus dem Wortlaut folgt, dass insoweit ein **externer Sachverständiger** (Rechnungsprüfer) beauftragt werden kann.[20] Ob dies durch ein einzelnes Ausschussmitglied oder durch die Ausschussmitglieder als Gesamtschuldner erfolgt, ist unerheblich. Soweit die Ausschussmitglieder als Gesamtschuldner auftreten, ist freilich für das Festsetzungsverfahren zum Auslagenersatz zu diskutieren, ob im letzteren Fall Gesamtgläubigerschaft vorliegt. Dies führt zu der Frage, ob der Auslagenersatzanspruch immer (bereits) dann besteht, wenn das Ausschussmitglied für einen Auslagentatbestand zivilrechtlich haftet, oder erst dann, wenn es auf diesen Auslagentatbestand tatsächlich Zahlung geleistet hat. Letzteres dürfte dem System des Kostenrechts entsprechen, sodass auch bei Gesamtschuld der Ausschussmitglieder für die Ansprüche des externen Rechnungsprüfers nur dasjenige Ausschussmitglied einen Auslagenerstattungsanspruch gemäß § 18 Abs. 1 InsVV haben kann, das tatsächlich Zahlung an den externen Rechnungsprüfer geleistet hat. Dieser Lösungsansatz ist jedoch nicht sachgerecht, sodass schon die schuldrechtliche Verpflichtung ausreichen muss. Bei Gesamtschuldnerschaft ist lediglich sicherzustellen, dass nicht jedes Ausschussmitglied den gesamten Betrag geltend macht. In der Praxis

---

20) Zu den Einzelheiten siehe BGH, Urt. v. 9.10.2014 – IX ZR 140/11, NZI 2015, 166; *Zimmer*, Insolvenzbuchhaltung, Rz. 385 ff; Beck/Depré/*Zimmer*, Praxis der Insolvenz, § 49 Rz. 9 ff.

Auslagen. Umsatzsteuer § 18

wird dies meist durch den Insolvenzverwalter koordiniert, rechtlich eindeutig gehört dies jedoch in die Geschäftsordnung des Gläubigerausschusses.

Nach der gesetzlichen Konzeption handelt es sich jedenfalls um Auslagen i. S. d. § 73 Abs. 1 InsO, § 18 Abs. 1 InsVV,[21)] mithin um **Verfahrenskosten** i. S. d. § 54 Nr. 2 InsO. Dennoch erfolgt oftmals eine Zahlung direkt aus der Masse, sodass die Festsetzungsbefugnis des Insolvenzgerichts gemäß §§ 73 Abs. 2, 64 Abs. 1 InsO unterlaufen wird. Gelegentlich findet sich der Lösungsansatz, dass der Gläubigerausschuss den Insolvenzverwalter beauftragt, seinerseits einen Rechnungsprüfer zu beauftragen. Damit soll erreicht werden, dass es sich um *sonstige Masseverbindlichkeiten* gemäß § 55 Abs. 1 Nr. 1 InsO handelt. Dieses Modell dürfte mit rechtlichen Zweifeln behaftet sein. So besteht z. B. die Pflicht und Befugnis des Aufsichtsrats, in den notwendigen Fällen den Abschlussprüfer selbst zu beauftragen (§ 318 Abs. 1 Satz 4 HGB) und nicht nur den Vorstand diesbezüglich zu veranlassen. Diese Regelung ergäbe keinen Sinn, wenn hier die Möglichkeit bestünde, dass der Vorstand selbst den Auftrag erteilt, seine Rechenschafts- und Rechnungslegung zu prüfen. Ergänzend kommt hinzu, dass dem Gläubigerausschuss jegliche Weisungsbefugnis gegenüber dem Insolvenzverwalter fehlt.[22)] Nicht selten ist zu beobachten, dass es überdies zu erheblichen Verzögerungen kommt, der Insolvenzverwalter nach einer „Grundsatzentscheidung" des Gläubigerausschusses letztlich selbst entscheidet, wann er eine Rechnungsprüfung für angezeigt hält. Das will mit dem Zweck des § 69 InsO nicht wirklich konvenieren. Für den Insolvenzverwalter besteht seinerseits ein Risiko, wenn er sich auf § 55 Abs. 1 Nr. 1 InsO beruft, dann aber im Einzelfall die Befriedigungsreihenfolge des § 209 Abs. 1 InsO nicht einhält oder bereits bei Auftragserteilung erkennt, dass das Honorar des Sachverständigen voraussichtlich nicht beglichen werden kann; hier kann er gemäß §§ 60, 61 InsO selbst in Regress genommen werden.[23)]

Aus dem Gedanken des § 318 Abs. 1 Satz 4 HGB (Beauftragung des Abschlussprüfers durch den Aufsichtsrat) bzw. § 111 Abs. 2 Satz 3 AktG[24)] wird hergeleitet, die Ausschussmitglieder könnten die Masse unmittelbar verpflichten, d. h. Masseverbindlichkeiten analog § 55 Abs. 1 Nr. 1 InsO begründen.[25)] Dies scheitert daran, dass es den Mitgliedern des Gläubigerausschusses an jeglicher Verwaltungs- und Verfügungsbefugnis über das schuldnerische Vermögen fehlt und nicht ersichtlich ist, dass diesbezüglich Analogien zulässig sein könnten.

Freilich muss konzediert werden, dass solche Wege auch – besser: einzig – deswegen eingeschlagen werden, weil Rechtspfleger es scheinbar ablehnen, den Ausschussmitgliedern Vorschüsse zu gewähren; insoweit will mancher Rechtspfleger nicht „belästigt" werden. Dann wäre es selbstredend eine auch in der Insolvenzordnung so nicht manifestierte Zumutung für die Ausschussmitglieder, für derartige Kosten aus dem Privatvermögen in Vorlage treten zu müssen. Insoweit kann von Nothilfe

21

22

23

---

21) *Haarmeyer/Mock*, InsVV, § 18 Rz. 3; *Zimmer*, ZInsO 2009, 1806.
22) Uhlenbruck/*Knof*, InsO, § 69 Rz. 10; KPB-InsO/*Kübler*, § 69 InsO Rz. 21 (Stand: 02/2015); *Vallender*, WM 2002, 2040, 2046.
23) Ausführlich Beck/Depré/*Zimmer*, Praxis der Insolvenz, § 47 Rz. 123 ff., 136 ff.
24) *Ampferl/Kilper*, ZIP 2015, 553, 559.
25) Z. B. Leonhardt/Smid/Zeuner/*Amberger*, InsVV, § 18 Rz. 4; Uhlenbruck/*Mock*, InsO, § 66 Rz. 100.

der Praxis gesprochen werden. Wie bereits zu den Prämien für die Haftpflichtversicherung der Ausschussmitglieder ausgeführt (Rz. 19), kann dieses Problem jedoch nicht innerhalb der Differenzierung von Verfahrenskosten und sonstigen Masseverbindlichkeiten gelöst werden. Kein Ansatz für eine Charakterisierung als sonstige Masseverbindlichkeit i. S. d. § 55 InsO findet im Gesetz eine Stütze. Streitpunkt allein ist, ob es hier nach dem Gesetzeswortlaut eines förmlichen *Festsetzungsverfahrens* nach §§ 73 Abs. 2, 64 Abs. 1 InsO bedarf oder hierauf gewohnheitsrechtlich verzichtet werden kann. Wenn Letzterem so ist, was hier vertreten wird, kann der Insolvenzverwalter unmittelbar Zahlung aus der Masse leisten, da es für die Begleichung von Verfahrenskosten durch *Entnahme* aus der Masse nie der Zustimmung des Insolvenzgerichts bedarf. Insoweit liegt ein abgekürzter Zahlungsweg vor, der am Rechtscharakter als Verfahrenskosten allerdings nichts ändert.

24 Zuzugeben ist, dass der Gesetzgeber im Regierungsentwurf zur Insolvenzordnung ausgeführt hat, dass die Kosten einer Prüfung der Kasse durch einen Sachverständigen durch die Verwaltung der Masse begründet (§ 55 Abs. 1 Nr. 1 InsO) und somit aus der Masse zu entnehmen seien.[26] Dies macht es zunächst unproblematisch, eine **Entnahme** aus der Masse ohne Zustimmung des Insolvenzgerichts zu ermöglichen, da eine solche Zustimmung weder bei Verfahrenskosten noch bei sonstigen Masseverbindlichkeiten erforderlich ist. Auch ein **Festsetzungsverfahren** hielt der Gesetzgeber in Übereinstimmung mit der hier vertretenen Auffassung offenbar für entbehrlich. Insoweit steht die Gesetzesbegründung nicht im Widerspruch zur hier vertretenen Auffassung. Allerdings kann dem Gesetzgeber nicht unterstellt werden angenommen zu haben, dass solche Honoraransprüche auch unter Berücksichtigung von Masseunzulänglichkeit und Massearmut „nur" sonstige Masseverbindlichkeiten nach § 55 Abs. 1 Nr. 1 InsO sein sollen; denn dann hätte er den Pflichtenkreis des Gläubigerausschusses in § 69 InsO entsprechend einschränken müssen. Wenn die Mitglieder des Gläubigerausschusses einen Sachverständigen ohne Rücksicht auf Massearmut und Masseunzulänglichkeit beauftragen könnten, ohne selbst für den Gebührenanspruch zu haften, und gleichwohl der Insolvenzverwalter nicht für oktroyierte Masseverbindlichkeiten nach §§ 60, 61 InsO haftet,[27] wäre der Sachverständige im Hinblick auf seinen Vergütungsanspruch völlig schutzlos. Dies widerspricht dem Vergütungssystem, da die *Vergütung* derjenigen Ausschussmitglieder, die selbst die Prüfung von Geldverkehr und -bestand vorgenommen haben, unstreitig Verfahrenskosten nach §§ 54 Nr. 2, 73 Abs. 1 Satz 1 InsO, § 17 InsVV darstellen; dass diese Vergütung durch Delegation zur *Auslage* wird, kann die Rechtsnatur als Verfahrenskosten nicht ändern.

25 Der Streit kann mithin insgesamt dadurch gelöst werden, dass der Honoraranspruch des Sachverständigen nach dem eindeutigen Wortlaut von InsO und InsVV zu den Verfahrenskosten nach §§ 54 Nr. 2, 69 Satz 2, 73 Abs. 1 Satz 1 InsO, § 18 Abs. 1 InsVV gehört, es aber wegen der Begründung zum Regierungsentwurf der Insolvenzordnung eines förmlichen Festsetzungsverfahrens gemäß §§ 73 Abs. 2, 64

---

26) Begründung zu § 80 InsO RegE (§ 69 InsO), BT-Drucks. 12/2443, S. 132, abgedruckt bei *Kübler/Prütting*, Das neue Insolvenzrecht, S. 244.
27) Beck/Depré/*Zimmer*, Praxis der Insolvenz, § 47 Rz. 124.

Abs. 1 InsO als Auslagenersatz nicht bedarf, was ein unmittelbares Recht und eine unmittelbare Pflicht des Insolvenzverwalters zur Befriedigung zur Folge hat (§ 53 InsO). Vertragspartner des Sachverständigen im schuldrechtlichen Sinne sind jedoch die Mitglieder des Gläubigerausschuss einzeln bzw. als Gesamtschuldner, denn einzig sie profitieren davon, die ihnen obliegenden Aufgaben delegieren zu dürfen; nicht der Verwalter und nicht der Schuldner.

3. Angemessenheit

a) Allgemeines

Als angemessen sind diejenigen Auslagen anzusehen, die aus Sicht des Ausschussmitglieds zum Zeitpunkt ihres Entstehens als **erforderlich** zu beurteilen waren[28] (**Ex-ante-Betrachtung**).[29] Maßgebend ist ein **objektiver Maßstab** unter Berücksichtigung der **subjektiven Erkenntnismöglichkeiten** eines verständigen Ausschussmitglieds.[30] Heranzuziehen sind §§ 675, 670 BGB, wonach eine Pflicht zum Ersatz von Aufwendungen nur besteht, wenn der Beauftragte den Umständen nach für erforderlich halten durfte.[31] Diese Beurteilung des Beauftragten, seine Aufwendung sei notwendig, ist bei objektiv fehlender Notwendigkeit nur dann i. S. d. § 670 BGB gerechtfertigt, wenn er seine Entscheidung nach sorgfältiger, den Umständen des Falles nach gebotener Prüfung trifft.[32]

26

Die Angemessenheit von Auslagen richtet sich ausschließlich nach dem **Aufgabenkreis der Gläubigerausschussmitglieder**. Eine analoge Anwendung von § 4 Abs. 2 InsVV scheidet aus,[33] da sich im Vierten Abschnitt der InsVV kein Verweis auf die Regeln des Ersten Abschnitts findet, ohne dass eine ungewollte Regelungslücke erkennbar wäre. Eine Tätigkeit außerhalb dieses Aufgabenkreises (vgl. § 17 Rz. 61 ff.) kann freilich nicht zu angemessenen Auslagen führen.

27

b) Haftpflichtversicherung

An einer Angemessenheit von Prämien zur Vermögensschadenhaftpflichtversicherung (zu den Grundsätzen siehe Rz. 18 ff.) kann es fehlen, wenn nach Abschluss von Betriebsfortführung und eventuell übertragender Sanierung jahrelang keine Aktivitäten des Ausschussmitglieds erkennbar sind. Das tatenlose Warten auf eine Schlussrechnung des Insolvenzverwalters ist ein nahezu vorsätzlicher Verstoß gegen die Pflichten aus § 69 Satz 2 InsO,[34] sodass ein Ausschluss des Versicherungsschutzes droht. Damit wäre die Haftpflichtversicherung für die Geschädigten wertlos, die Belastung der Masse mit den Prämien unangemessen. Grundsätzlich aber ist der Abschluss einer Haftpflichtversicherung **stets angemessen**, da eine Tätigkeit ohne

28

---

28) Lorenz/Klanke/*Lorenz*, InsVV § 18 Rz. 3.
29) *Haarmeyer/Mock*, InsVV, § 18 Rz. 2.
30) *Haarmeyer/Mock*, InsVV, § 18 Rz. 2.
31) Leonhardt/Smid/Zeuner/*Amberger*, InsVV, § 18 Rz. 2.
32) BGH, Urt. v. 19.9.1985 – IX ZR 16/85, NJW 1986, 310.
33) Vgl. BGH, Beschl. v. 29.3.2012 – IX ZB 310/11, ZIP 2012, 876; a. A. *Haarmeyer/Mock*, InsVV, § 18 Rz. 2 (ohne Begründung).
34) Vgl. BGH, Urt. v. 9.10.2014 – IX ZR 140/11, NZI 2015, 166.

Versicherungsschutz für die Ausschussmitglieder nicht zumutbar ist.[35] Nichts anderes gilt für die Mitglieder des vorläufigen Gläubigerausschusses im Antragsverfahren.[36] Aufgrund des Eilbedarfs gerade im Antragsverfahren (vorläufiger Gläubigerausschuss) – aber auch generell – ist dem Ausschussmitglied ferner nicht zuzumuten, erst mehrere Angebote von Versicherungsunternehmen[37] einzuholen. Ein regelmäßig bestelltes Ausschussmitglied wird entsprechende Erfahrungen haben und jedenfalls nicht bewusst und anlasslos den teuersten Anbieter auswählen. Rein dogmatisch ist das Ermessen (des Rechtspflegers) bei der Festsetzung des Auslagenersatzes darauf beschränkt, zu prüfen, *ob* ein Versicherungsschutz im Einzelfall (und für welchen Zeitraum) erforderlich war; die Höhe der Prämien fällt nicht unter den Ermessensspielraum, zumal sich der Grund für Prämienunterschiede nicht selten im „Kleingedruckten" der Versicherungsbedingungen findet und nicht der Prüfung durch das Insolvenzgericht unterfallen kann.[38] Viel sinnvoller schiene es, den regelmäßigen Berichten des Insolvenzverwalters (§ 58 Abs. 1 Satz 2 InsO) abzuverlangen, darzulegen, was der Gläubigerausschuss im Berichtszeitraum eigentlich getan hat.

c) **Rechnungsprüfung (§ 69 Satz 2 InsO)**

29 Der von den Mitgliedern des Gläubigerausschusses zwecks Prüfung der Rechnungslegung des Insolvenzverwalters beauftragte externe Sachverständige muss nicht nach den Stundensätzen des § 9 JVEG vergütet werden, er darf **marktübliche Stundensätze** abrechnen.[39] Diese Tätigkeit ist vergleichbar mit der Prüfung einer handelsrechtlichen Buchführung i. S. d. § 36 StBVV. Analog § 36 Abs. 1 StBVV könnte der Sachverständige für die Prüfung der Buchführung, einzelner Sachkonten, einzelner Posten der Schlussrechnung sowie der Vollständigkeit der Masseverwertung einschließlich Berichterstattung hierüber eine Zeitgebühr beanspruchen; diese betrüge analog § 13 Satz 2 StBVV 60–140 € je angefangene Stunde. Da die Prüfung der Schlussrechnung jedoch nicht weniger umfangreich ist als die Prüfung einer Gewinn- und Verlustrechnung, zumal die Verwalterbuchführung zwischen Abwicklung und Betriebsfortführung zu unterscheiden hat, um eine Vergleichsrechnung i. S. d. § 3 Abs. 1 InsVV zu ermöglichen, könnte *zusätzlich* eine Rahmengebühr auf Basis eines Gegenstandswerts beansprucht werden (vgl. § 36 Abs. 2 Nr. 1 StBVV). Letzteres schiene jedoch nicht vermittelbar zu sein, sodass auf eine individuell zu vereinbarende Vergütung abzustellen ist, die aufgrund der Qualifikation des Sachverständigen nicht unter 150 € je Stunde liegen sollte.[40] Prüft ein qualifiziertes Ausschussmitglied selbst, sollen gar 300 € angemessen sein,[41] was doch etwas übertrieben scheint und daher nicht auf den externen Rechnungsprüfer übertragen werden kann.

---

35) BGH, Beschl. v. 29.3.2012 – IX ZB 310/11, ZIP 2012, 876.
36) AG Hannover, Beschl. v. 30.8.2016 – 908 IN 460/16, ZIP 2016, 2035, dazu EWiR 2017, 83 *(Zimmer)*.
37) Hierzu *Steinwachs*, INDat Report 06/2017, 11 ff.
38) Im Ergebnis auch AG Hannover, Beschl. v. 30.8.2016 – 908 IN 460/16, ZIP 2016, 2035, dazu EWiR 2017, 83 *(Zimmer)*.
39) *Keller*, Vergütung und Kosten, § 12 Rz. 52.
40) *Berners*, StBVV, § 36 Rz. 5.
41) AG Bremen, Beschl. v. 15.12.2015 – 40 IN 588/05 L, ZIP 2016, 633; AG Detmold, Beschl. v. 6.3.2008 – 10 IN 214/07, NZI 2008, 505.

4. Nachweis der Auslagen

Gemäß § 18 Abs. 1 InsVV sind Auslagen einzeln zu belegen. Nach der Vorstellung des Verordnungsgebers scheidet ein Pauschbetrag aus.[42] Grund ist einerseits, dass jedes Ausschussmitglied andere Auslagen tätigt, und andererseits, dass die Ausschussmitglieder – anders als der Insolvenzverwalter – nicht kontinuierlich Auslagen in größerem Umfang haben. Unproblematisch ist der Nachweis bei den Prämien zur Haftpflichtversicherung und bei den Kosten der Rechnungsprüfung, falls nicht ohnehin direkt aus der Masse beglichen, sodass ein Erstattungsanspruch gar nicht erst entstünde.

30

Die Begründung des Verordnungsgebers zur Ablehnung eines Pauschbetrages ist im Grundsatz nachvollziehbar, jedoch stammt sie aus dem Jahr 1998. Seinerzeit ließen sich Telekommunikationskosten noch einzelnen Gesprächen und Faxen zuordnen, ferner wurden in den meisten Büros Post- und Portobücher geführt. Heute dominieren Flatrates die Tariflandschaft, sodass zwar Kosten vorhanden, mangels Identifizierbarkeit aber nicht mehr als konkrete Auslagen erkennbar und einem Vorgang zuordnenbar sind. Dieses Problem kann sich auch bei Reisekosten stellen. So sollen Kosten für eine sog. „Bahncard 100" auch nicht anteilig als Reisekosten erstattungsfähig sein.[43] Einerseits wegen der fehlenden Individualisierung, andererseits aus Angst davor, mit der Jahreskarte könne auch einmal eine Privatfahrt unternommen oder sogar Gewinn erzielt werden. So soll für die Zubilligung eines Fahrtkostenerstattungsanspruchs in Höhe eines Bruchteils der Kosten der Bahncard die Vorlage einer lückenlosen Dokumentation und Aufschlüsselung aller unter Verwendung der Bahncard unternommenen Bahnreisen unerlässlich sein;[44] dies lässt sich nicht sachlich bewerten, hier treffen einfach zwei Welten aufeinander.

31

Da jedoch (vernünftige) **Schätzungen** zulässig sind,[45] dürfte eine Orientierung an anderen Gesetzen (jedoch keine direkte oder analoge Anwendung) möglich sein, sodass z. B. 0,30 € je gefahrenem Kilometer angesetzt werden können (§ 5 Abs. 2 Nr. 2 JVEG[46] bzw. Anl. 1 RVG KV 7003 und § 18 Abs. 2 Nr. 1 StBVV), was unabhängig vom gewählten Verkehrsmittel als Pauschale zu verstehen ist, aber nicht als Entfernungspauschale nach steuerlichen Grundsätzen.[47] Anzusetzen sind ferner je 0,50 € für die ersten 50 Kopien (§ 7 Abs. 2 JVEG bzw. Anl. 1 RVG KV 7000 und § 17 Abs. 2 Satz 1 StBVV) und 5,00 € für gespeicherte Dateien (§ 7 Abs. 3 JVEG bzw. Anl. 1 RVG KV 7000). Einer angemessenen Schätzung dürfte es ferner entsprechen, für Post- und Telekommunikationsentgelte eine jährliche Pauschale in Höhe von 20 € nach dem Gedanken des KV 7002 der Anlage 1 zum RVG bzw. § 16 Satz 2 StBVV anzusetzen.

32

---

42) Insolvenzrechtliche Vergütungsverordnung (InsVV) v. 19.8.1998 (BGBl. I 1998, 2205), Begründung zu § 18 InsVV, siehe Anh. III Rz. 91.
43) OLG Düsseldorf, Beschl. v. 7.4.2009 – I-10 W 32/09, Rpfleger 2009, 592 (Sachverständiger).
44) VG Köln, Beschl. v. 9.8.2005 – 6 K 2566/02, NJW 2005, 3513 (Rechtsanwalt).
45) *Haarmeyer/Mock,* InsVV, § 18 Rz. 2.
46) Leonhardt/Smid/Zeuner/*Amberger,* InsVV, § 18 Rz. 2.
47) So aber LG Göttingen, Beschl. v. 1.12.2004 – 10 T 128/04, NZI 2005, 340, 341.

§ 18 Auslagen. Umsatzsteuer

33 Daraus muss folgen, dass auch andere Schätzungen möglich sind, z. B. eine Auslagenpauschale in Höhe von 250 € für jede wahrgenommene Ausschusssitzung als Ausgleich für eine „standesgemäße Anreise und Verpflegung".[48] Während ein gesetzlicher Pauschbetrag unabhängig vom Einzelfall Anwendung findet, bedeutet Schätzung, dass ein Auslagentatbestand konkret erfüllt sein muss, aber dessen Wert anhand nachvollziehbarer Kriterien zur Vermeidung unnötigen Aufwands überschlägig ermittelt wird.

VI. Umsatzsteuer (§ 18 Abs. 2 InsVV)

34 Soweit auf Vergütung (§ 17 InsVV) und Auslagen (§ 18 Abs. 1 InsVV) Umsatzsteuer anfällt, verweist § 18 Abs. 2 InsVV auf § 7 InsVV. Hiernach wird ein Betrag in Höhe der zu zahlenden Umsatzsteuer festgesetzt, sodass dieser Betrag freilich auch zu beantragen ist, da keine Festsetzung von Amts wegen erfolgt. Die Formulierung in § 7 InsVV ist vielleicht nicht ganz geglückt, aber eindeutig. Wenn Umsatzsteuer geltend gemacht wird, ist davon auszugehen, dass das Ausschussmitglied Unternehmer i. S. d. § 2 Abs. 1 UStG ist. Eine (anschließende) Zahlung durch den Insolvenzverwalter sollte ohnehin nur erfolgen, wenn das Ausschussmitglied zusätzlich zum Festsetzungsbeschluss eine Rechnung i. S. d. § 14 UStG vorlegt, da die Masse sonst nicht zum Vorsteuerabzug berechtigt ist. Liegt eine solche Rechnung vor, kann davon ausgegangen werden, dass das Ausschussmitglied die Umsatzsteuer an das Finanzamt zahlt, da im Zweifel auch ein unberechtigter Steuerausweis zur Abführung verpflichtet (§ 14c UStG). Da Umsatzsteuer von Gesetzes wegen entsteht und nicht als Verbindlichkeit begründet werden kann, ist die Terminologie des § 18 Abs. 2 InsVV veraltet, es handelt sich nicht um Auslagen. Daher fehlt hier jegliches Ermessen im Festsetzungsverfahren, allein die Geltendmachung von Umsatzsteuer genügt. Schon wegen § 14c UStG verbietet sich eine Prüfung der Unternehmereigenschaft durch das Insolvenzgericht, zudem es für eine solche Frage nicht gesetzlicher Richter ist. Insbesondere einer Glaubhaftmachung bedarf es analog § 104 Abs. 2 Satz 3 ZPO nicht.[49] Zumindest dann, wenn der Schuldner Unternehmer ist – was bei Verfahren mit Gläubigerausschuss regelmäßig der Fall ist – besteht für die Masse Vorsteuerabzugsberechtigung, sodass die Frage auch wirtschaftlich keine Bedeutung hat.

35 Stellt sich die Unternehmereigenschaft des Ausschussmitglieds nachträglich heraus, so ist eine nachträgliche Festsetzung des Umsatzsteuerbetrages möglich.[50] Die isolierte Festsetzung der Umsatzsteuer setzt jedoch voraus, dass die Festsetzung der Netto-Vergütung dann schon rechtskräftig ist,[51] da ansonsten die ursprüngliche Festsetzung ergänzt werden kann.

---

48) AG Duisburg, Beschl. v. 13.1.2004 – 62 IN 167/02 u. a., NZI 2004, 325, 327; vgl. auch Uhlenbruck/*Knof*, InsO, § 73 Rz. 27 für Zweifelsfälle.
49) So aber KPB-InsO/*Prasser*, § 18 InsVV Rz. 6 (Stand: 04/2014).
50) *Keller*, Vergütung und Kosten, § 12 Rz. 55.
51) BGH, Beschl. v. 10.11.2011 – IX ZB 167/10, JurionRS 2011, 29378.

VII. Festsetzungsverfahren

Hinsichtlich des Festsetzungsverfahrens kann auf die entsprechenden Ausführungen zu § 17 InsVV verwiesen werden (§ 17 Rz. 110 ff.). Umsatzsteuer gemäß § 18 Abs. 2 InsVV auf die Vergütung nach § 17 InsVV ist gemeinsam mit der Vergütung zu beantragen und festzusetzen. Auslagenerstattungen nach § 18 Abs. 1 InsVV können – einschließlich hierauf entfallender Umsatzsteuer nach § 18 Abs. 2 InsVV – separat beantragt und festgesetzt werden.[52] 36

VIII. Vorschuss

Es dürfte unbestritten sein, dass im Rahmen des Auslagenersatzes ebenso ein Vorschussanspruch besteht wie bei der Vergütung nach § 17 InsVV,[53] wenngleich eine Notwendigkeit bereits dort bezweifelt wurde (§ 17 Rz. 129 ff.). Für bereits angefallene Auslagen bedarf es wegen § 271 Abs. 1 BGB keiner Vorschussregelung, da wegen bereits eingetretener Fälligkeit unmittelbar ein Auslagenerstattungsanspruch gemäß § 18 Abs. 1 InsVV besteht. Relevanz ist folglich nur bei *künftigen* Auslagen gegeben.[54] Für die Prämien zur Haftpflichtversicherung (Rz. 18 f.) und für die Vergütung eines sachverständigen Rechnungsprüfers (Rz. 20 ff.) sei auf entsprechende Lösungsansätze verwiesen. Insoweit scheint der Vorschussanspruch eher theoretischer Natur. Es lässt sich jedoch aus den §§ 27, 675, 669, 713, 1091, 1835, 1915 BGB, § 3 JVEG der allgemeine Rechtsgedanke ableiten, dass niemand für Handlungen im Interesse anderer in Vorlage treten muss.[55] 37

Ein Vorschuss käme in Betracht, wenn bei Insolvenzverfahren mit internationalem Bezug überobligatorische Reisekosten anzufallen drohen, beispielsweise eine Ausschusssitzung im Ausland erforderlich ist, um mit dort ansässigen Investoren, Großgläubigern oder Gesellschaftern (Insolvenzplan) zu verhandeln. Denn auch hier gilt nach den Regeln der Zumutbarkeit, dass es nicht Aufgabe der Ausschussmitglieder ist, das Gelingen eines Insolvenzverfahrens mit eigenen Mitteln vorzufinanzieren. 38

Für die Beantragung des Vorschusses ist ein schriftlicher und zu begründender Antrag erforderlich, über den vom Insolvenzgericht durch Beschluss zu entscheiden ist (siehe auch Rz. 133). 39

IX. Kostenschuldner

Hinsichtlich der Kostenschuldnerschaft festgesetzter Ansprüche kann auf die entsprechenden Ausführungen zu § 17 InsVV verwiesen werden (§ 17 Rz. 134 ff.). 40

---

52) *Haarmeyer/Mock,* InsVV, § 18 Rz. 2.
53) AG Hannover, Beschl. v. 30.8.2016 – 908 IN 460/16, ZIP 2016, 2035, dazu EWiR 2017, 83 *(Zimmer).*
54) AG Hannover, Beschl. v. 30.8.2016 – 908 IN 460/16, ZIP 2016, 2035 (Prämien zur Haftpflichtversicherung), dazu EWiR 2017, 83 *(Zimmer).*
55) Jaeger/*Gerhardt,* InsO, § 73 Rz. 17; *Zimmer,* EWiR 2017, 83, 84.

Fünfter Abschnitt
Übergangs- und Schlußvorschriften

§ 19
Übergangsregelung

(1) Auf Insolvenzverfahren, die vor dem 1. Januar 2004 eröffnet wurden, sind die Vorschriften dieser Verordnung in ihrer bis zum Inkrafttreten der Verordnung vom 4. Oktober 2004 (BGBl. I S. 2569) am 7. Oktober 2004 geltenden Fassung weiter anzuwenden.

(2) Auf Vergütungen aus vorläufigen Insolvenzverwaltungen, die zum 29. Dezember 2006 bereits rechtskräftig abgerechnet sind, sind die bis zum Inkrafttreten der Zweiten Verordnung zur Änderung der Insolvenzrechtlichen Vergütungsverordnung vom 21. Dezember 2006 (BGBl. I S. 3389) geltenden Vorschriften anzuwenden.

(3) Auf Insolvenzverfahren, die vor dem 1. März 2012 beantragt worden sind, sind die Vorschriften dieser Verordnung in ihrer bis zum Inkrafttreten des Gesetzes vom 7. Dezember 2011 (BGBl. I S. 2582) am 1. März 2012 geltenden Fassung weiter anzuwenden.

(4) Auf Insolvenzverfahren, die vor dem 1. Juli 2014 beantragt worden sind, sind die Vorschriften dieser Verordnung in ihrer bis zum Inkrafttreten des Gesetzes vom 15. Juli 2013 (BGBl. I S. 2379) am 1. Juli 2014 geltenden Fassung weiter anzuwenden.

Literatur: *Blankenburg*, Anwendbarkeit des Gesetzes zur Verkürzung des Restschuldbefreiungsverfahrens und zur Stärkung der Gläubigerrechte gem. Art. 103h EGInsO bei Anträgen vor und nach dem Stichtag, ZInsO 2015, 293; *Reck*, Verfahrensverbindung bei Fremd- und Eigenantrag und der Stichtag 1.7.2014, ZVI 2014, 253; *Zimmer*, Gesetz zur Änderung des § 522 ZPO (und des § 7 InsO!) – Das neue Beschwerderecht in Insolvenzsachen, ZInsO 2011, 1689.

Übersicht

I. Zweck der Norm 1	VI. Kostenrechtsmodernisierungsgesetz 17
II. Vergütung des Konkurs- und Gesamtvollstreckungsverwalters (Art. 103 EGInsO) 2	VII. (Erste) Verordnung zur Änderung der InsVV (§ 19 Abs. 1 InsVV) 18
III. Einführung der Insolvenzrechtlichen Vergütungsverordnung (InsVV) 6	1. Geänderte Tatbestände 18
	2. Übergangsregelung 19
	a) Grundsatz 19
IV. Einführung der Verfahrenskostenstundung (Art. 103a EGInsO) 7	b) Auslagenpauschale des vorläufigen Verwalters 20
1. Geänderte Tatbestände 7	c) Treuhänder in der Wohlverhaltensphase 22
2. Übergangsregelung 9	
a) Grundsatz 9	
b) Probleme 10	3. Rückwirkung der Neuregelungen 23
V. Einführung des Euro 12	VIII. Zweite Verordnung zur Änderung der InsVV (§ 19 Abs. 2 InsVV) 26
1. Geänderte Tatbestände 12	
2. Übergangsregelung 13	1. Geänderte Tatbestände 26
a) Entbehrlichkeit 13	2. Übergangsregelung 29
b) Besonderheiten 14	

§ 19 Übergangsregelung

a) Wortlaut des § 19 Abs. 2 InsVV 29
b) Auslegung durch den BGH 31
c) Besonderheit Abänderungsbefugnis 33
IX. Abschaffung des § 7 InsO (Art. 103f EGInsO) 34
1. Geänderte Tatbestände 34
2. Übergangsregelung 35
X. ESUG I (Art. 103g EGInsO) 36
1. Geänderte Tatbestände 36
2. Übergangsregelung 38
  a) Grundsatz 38
  b) Probleme 39
XI. ESUG II (§ 19 Abs. 3 InsVV) 41
1. Geänderte Tatbestände 41
2. Übergangsregelung 42
  a) Grundsatz 42
  b) Probleme 43
XII. Reform der Verbraucherinsolvenz I (Art. 103h EGInsO) 44
1. Geänderte Tatbestände 44
2. Übergangsregelung Art. 103h Satz 1 EGInsO 47
3. Übergangsregelung Art. 103h Satz 2 EGInsO 48
4. Übergangsregelung Art. 103h Satz 3 EGInsO 49
XIII. Reform der Verbraucherinsolvenz II (§ 19 Abs. 4 InsVV) 51
1. Einleitung 51
2. Übergangsregelung im Grundsatz 52
3. Übergangsregelung für die Vergütung des vorläufigen Verwalters 53
XIV. Ausblick 54
XV. Das Problem mehrerer Anträge 56

I. Zweck der Norm

1 § 19 InsVV enthält Übergangsregelungen für die seit ihrem Inkrafttreten vorgenommenen Änderungen am Verordnungstext. Um das Vergütungsrecht und seine Veränderungen insgesamt nachvollziehen und rechtssicher anwenden zu können, gilt jedoch zu beachten, dass die InsVV die Vergütung der dort Genannten lediglich ausgestaltet. Die eigentlichen Anspruchsgrundlagen finden sich in der Insolvenzordnung (InsO), sodass relevante Übergangsvorschriften im Einführungsgesetz zur Insolvenzordnung (EGInsO) ebenfalls zu beachten sind. Schließlich gab es auch noch Veränderungen, die keiner Übergangsregelung bedurften.

II. Vergütung des Konkurs- und Gesamtvollstreckungsverwalters (Art. 103 EGInsO)

2 Mit Art. 2 Nr. 4 EGInsO wurde die Konkursordnung (KO) aufgehoben. Konsequent wurde mit Art. 2 Nr. 5 EGInsO auch die Verordnung über die Vergütung des Konkursverwalters, der Mitglieder des Gläubigerausschusses und der Mitglieder des Gläubigerbeirats (VergVO)[1)] aufgehoben. Die erste Fassung des § 19 InsVV lautete als Übergangsvorschrift: „Auf Verfahren nach der Konkursordnung, der Vergleichsordnung und der Gesamtvollstreckungsordnung sind weiter die bisherigen Vergütungsvorschriften anzuwenden." Mit der Verordnung zur Änderung der Insolvenzrechtlichen Vergütungsverordnung vom 4.10.2004[2)] wurde § 19 InsVV jedoch neugefasst, sodass wegen Außerkrafttretens der VergVO einerseits und Wegfalls der Übergangsregelung in der InsVV andererseits zweifelhaft sein könnte, ob es für die Vergütung in Konkurs- und Gesamtvollstreckungsverfahren überhaupt noch eine Kodifikation gibt.

---

1) Verordnung über die Vergütung des Konkursverwalters, des Vergleichsverwalters, der Mitglieder des Gläubigerausschusses und der Mitglieder des Gläubigerbeirats v. 25.5.1960 (BGBl. I 1960, 329) in der letzten Fassung v. 11.6.1979 (BGBl. I 1979, 637), siehe Anh. II.
2) Verordnung zur Änderung der Insolvenzrechtlichen Vergütungsverordnung (InsVV) v. 4.10.2004 (BGBl. I 2004, 2569), siehe Anh. VII.

Übergangsregelung § 19

Insoweit könnte abgestellt werden auf Art. 103 EGInsO, nach dem auf Konkurs-, 3
Vergleichs- und Gesamtvollstreckungsverfahren, die vor dem 1.1.1999 beantragt
worden sind, und deren Wirkungen weiter die bisherigen gesetzlichen Vorschriften
anzuwenden sind. Zwar datiert das EGInsO auf den 5.10.1994,[3] als es noch gar keinen
Entwurf einer InsVV gab, und in den Materialien zu Art. 103 EGInsO[4] wird nicht
darauf eingegangen, ob auch das Vergütungsrecht von dieser Norm erfasst sein
könnte; jedoch erfasst Art. 103 EGInsO unstreitig § 85 Abs. 1 KO, der – dem § 63
InsO vergleichbar – die materiell-rechtliche Anspruchsgrundlage für die Vergütung
des Konkursverwalters ist. Selbst wenn es an einer Verordnung zur näheren Ausgestaltung der Vergütung i. S. d. § 85 Abs. 2 KO nun formell fehlen sollte, kann die
VergVO gleichwohl herangezogen werden.

Zum selben Ergebnis wird man für den Gesamtvollstreckungsverwalter kommen 4
müssen, obgleich zweifelhaft ist, ob § 21 Abs. 1 GesO nur eine Verweisungsvorschrift (auf die außer Kraft befindliche VergVO) oder eine materiell-rechtliche Anspruchsgrundlage ist;[5] dieses Problem wurde aber schon zu früheren Zeiten ignoriert.

Vertreten wird die Auffassung, dass die InsVV zur Interpretation der VergVO he- 5
rangezogen werden könne.[6] Unbeachtlich ist die Frage nicht, da es immer noch
zahlreiche Verfahren nach KO und GesO geben dürfte, die eines Abschlusses harren.
Inzwischen dürfte sich der Gedanke nicht mehr verwirklichen lassen, da sonst eine
unangemessene „Rosinenpickerei" droht. Die InsVV ist inzwischen mehrfach geändert worden, teils auch zulasten des Verwalters. Sich bei Nachteilen auf Rückwirkungsverbote zu berufen, aber die Vorteile in Anspruch zu nehmen, dürfte nicht
angängig sein. Wirtschaftlich vorteilhaft scheint die Heranziehung der InsVV
ohnehin lediglich für den Sequester als (nicht kodifizierten) Vorläufer des vorläufigen
Insolvenzverwalters zu sein. Insoweit hat der BGH für Sequestertätigkeiten im
Jahr 1998 eine Heranziehung der InsVV befürwortet.[7] Er hat hierfür eine Parallele
zum Übergang der Vergütung des Zwangsverwalters von altem zu neuem Recht gezogen.[8] Daher kann für die Tätigkeit eines Sequesters in der letzten Geltungszeit
von KO/GesO/VergVO eine Vergütung in Höhe von 25 % der Staffelvergütung
nach § 2 Abs. 1 InsVV festgesetzt werden.[9]

III. Einführung der Insolvenzrechtlichen Vergütungsverordnung (InsVV)

Aus den Materialien zu Art. 103 EGInsO[10] ergibt sich, dass das neue Recht nicht 6
auf Verfahren nach der Konkursordnung (KO), Vergleichsordnung (VglO) oder
Gesamtvollstreckungsordnung (GesO) Anwendung finden kann. Damit kann die

---

3) Einführungsgesetz zur Insolvenzordnung (EGInsO) v. 5.10.1994 (BGBl. I 1994, 2911).
4) *Kübler/Prütting*, Das neue Insolvenzrecht, S. 1005 f.
5) Problematisiert bei *Eickmann*, VergVO, Vor § 1 Rz. 1a.
6) FK-InsO/*Lorenz*, § 19 InsVV Rz. 2.
7) BGH, Beschl. v. 20.5.2010 – IX ZB 23/07, Rz. 12, ZIP 2010, 1504.
8) Vgl. hierzu BGH, Beschl. v. 12.9.2002 – IX ZB 39/02, ZIP 2002, 1959; BGH, Beschl. v. 27.2.2004 – IXa ZB 37/03, ZIP 2004, 971; BGH, Beschl. v. 25.6.2004 – IXa ZB 30/03, ZIP 2004, 1570.
9) KPB-InsO/*Prasser*, § 19 InsVV Rz. 11 (Stand: 04/2012) unter Berufung auf die unveröffentlichte Entscheidung LG Heilbronn, Beschl. v. 9.1.2012 – 1 T 232/05 St.
10) *Kübler/Prütting*, Das neue Insolvenzrecht, S. 1005 f.

§ 19 Übergangsregelung

Insolvenzrechtliche Vergütungsverordnung vom 19.8.1998[11] in jeweils aktueller Fassung nur auf Verfahren nach der Insolvenzordnung (InsO) Anwendung finden. Die InsVV ist gemäß § 20 InsVV am 1.1.1999 in Kraft getreten, ebenso wie die InsO nach Art. 110 Abs. 1 EGInsO.

IV. Einführung der Verfahrenskostenstundung (Art. 103a EGInsO)

1. Geänderte Tatbestände

7   Mit dem Gesetz zur Änderung der Insolvenzordnung und anderer Gesetze vom 26.10.2001[12] (Insolvenzrechtsänderungsgesetz) wurde die Stundung der Verfahrenskosten eingeführt. Aus vergütungsrechtlicher Perspektive ist von Bedeutung, dass der vorläufige Insolvenzverwalter, der Insolvenzverwalter und der Treuhänder im vereinfachten Insolvenzverfahren a. F.[13] hierdurch einen Sekundäranspruch gegen die Staatskasse (§ 63 Abs. 2 InsO n. F.) erhielten, soweit eine Befriedigung aus der Masse bzw. dem schuldnerischen Vermögen nicht möglich ist. Selbiges gilt für die Mitglieder des Gläubigerausschusses aufgrund des eingeführten Verweises auf § 63 Abs. 2 InsO n. F. in § 73 Abs. 2 InsO n. F.) sowie für den Treuhänder in der Wohlverhaltensphase aufgrund des eingeführten Verweises auf § 63 Abs. 2 InsO n. F. in § 293 Abs. 2 InsO n. F.

8   Ferner erfolgte durch den Verweis in § 73 Abs. 2 InsO n. F. auf §§ 64, 65 InsO eine Klarstellung des Inhalts, dass auch die Vergütungen der Mitglieder des Gläubigerausschusses durch das Gericht festzusetzen sind und durch Rechtsverordnung (InsVV) näher geregelt werden können.

2. Übergangsregelung

a) Grundsatz

9   Nach Art. 10 Satz 1 des Insolvenzrechtsänderungsgesetzes trat dies – soweit hier von Bedeutung – am ersten Tag des zweiten auf die Verkündung (31.10.2001) folgenden Kalendermonats in Kraft, mithin am 1.12.2001. Nach dem gleichzeitig eingeführten Art. 103a EGInsO sind auf Insolvenzverfahren, die vor dem 1.12.2001 eröffnet worden sind, die bis dahin geltenden gesetzlichen Vorschriften weiter anzuwenden. Folglich gelten die Neuregelungen nur in denjenigen Verfahren, die **seit dem 1.12.2001 eröffnet wurden.**

b) Probleme

10 Da es noch abzuschließende Insolvenzverfahren geben dürfte, die vor dem 1.12.2001 eröffnet wurden, ist zu beachten, dass auch in diesen Verfahren für die Mitglieder des Gläubigerausschusses die §§ 64, 65 InsO anzuwenden sind, da der neu eingeführte Verweis in § 73 Abs. 2 InsO nur klarstellende Funktion haben soll.

---

11) Insolvenzrechtliche Vergütungsverordnung (InsVV) v. 19.8.1998 (BGBl. I 1998, 2205), siehe Anh. III.
12) Gesetz zur Änderung der Insolvenzordnung und anderer Gesetze v. 26.10.2001 (BGBl. I 2001, 2710), siehe Anh. IV.
13) §§ 312–314 InsO später aufgehoben durch das Gesetz zur Verkürzung des Restschuldbefreiungsverfahrens und zur Stärkung der Gläubigerrechte v. 15.7.2013 (BGBl. I 2013, 2379), siehe Anh. XII Rz. 83 ff.

Übergangsregelung § 19

Allerdings traten später Probleme bei der Vergütung des vorläufigen Insolvenzverwalters auf, auch darauf gestützt, dass der vorläufige Verwalter in früheren Fassungen nicht in §§ 63–65 InsO erwähnt war. Der BGH hatte anschließende Änderungen explizit gegen die Verordnungsbegründung nicht als Klarstellung, sondern als Rechtsänderungen interpretiert (vgl. Rz. 31). Daher ist nicht völlig ausgeschlossen, dass es in Streitfällen bei der Vergütung von Mitgliedern des Gläubigerausschusses noch einmal problematisch werden könnte. Es könnte vertreten werden, dass in den vor dem 1.12.2001 eröffneten Insolvenzverfahren weder die InsVV anwendbar ist (es fehlte der Verweis in § 73 InsO auf § 65 InsO) noch eine Festsetzung durch das Insolvenzgericht erfolgen könne (es fehlte der Verweis in § 73 InsO auf § 64 InsO). Allerdings würde insoweit nur eine Verordnung fehlen, die den unzweifelhaften Anspruch der Ausschussmitglieder aus § 73 Abs. 1 InsO näher ausgestaltet. Somit stünde die Höhe der Vergütung im Ermessen des Rechtspflegers. Es wäre jedenfalls nicht ermessensfehlerhaft, wenn sich der Rechtspfleger an der InsVV orientieren würde.

11

V. Einführung des Euro

1. Geänderte Tatbestände

Eine erste Änderung erfuhr die InsVV durch das Gesetz zur Einführung des Euro in Rechtspflegegesetzen und in Gesetzen des Straf- und Ordnungswidrigkeitenrechts, zur Änderung der Mahnvordruckverordnungen sowie zur Änderung weiterer Gesetze vom 13.12.2001.[14] Die in *Deutsche Mark* ausgedrückten Werte wurden in *Euro*-Werte umgewandelt, wobei fast ausschließlich ein Verhältnis 2:1 Anwendung fand, was eine minimale Reduzierung der Vergütungssätze bedeutete.

12

2. Übergangsregelung

a) Entbehrlichkeit

Diese Umstellung trat gemäß Art. 36 dieses Änderungsgesetzes zum 1.1.2002 in Kraft. Einer Übergangsregelung bedurfte es weder generell noch in der InsVV. Wegen der allgemeinen Wirkung der Währungsumstellung mussten zum 1.1.2002 auch alle Buchhaltungen auf Euro umgestellt werden, was für die Ermittlung der Berechnungsgrundlage nach § 1 InsVV von Bedeutung ist.

13

b) Besonderheiten

Eine Besonderheit ergibt sich dann, wenn ein Insolvenzverwalter in heutiger Zeit ein vor dem 1.1.2002 eröffnetes Insolvenzverfahren abschließt und – aus welchen Gründen auch immer – erst jetzt seine Vergütung als vorläufiger Verwalter geltend macht. Die Beendigung der vorläufigen Verwaltung fällt dann in den Zeitraum vor der Währungsumstellung, sodass die Vergütung des vorläufigen Verwalters zunächst vollständig in *Deutsche Mark* zu berechnen, jedoch abschließend in *Euro* festzusetzen ist. Dies führt zu einem geringfügigen Vorteil des vorläufigen Verwalters, da nun der tatsächliche Umrechnungskurs von 1,95583 statt des vereinfachten Umrechnungskurses in Höhe von 2,0 zur Anwendung kommt.

14

---

14) Gesetz zur Einführung des Euro in Rechtspflegegesetzen und in Gesetzen des Straf- und Ordnungswidrigkeitenrechts, zur Änderung der Mahnvordruckverordnungen sowie zur Änderung weiterer Gesetze v. 13.12.2001 (BGBl. I 2001, 3574), siehe Anh. V.

15 Das Prinzip der Ermittlung in alter und Festsetzung in neuer Währung gilt ebenso für Stundenvergütungen der Mitglieder von Gläubigerausschüssen in Bezug auf die vor dem 1.1.2002 geleisteten Stunden, auch wenn erst heute eine Geltendmachung erfolgt und keine Verjährung eingetreten ist.

16 Das vorgenannte Prinzip gilt schließlich auch bei heute noch nach VergVO gestellten Vergütungsanträgen, da die VergVO aufgrund ihrer Abschaffung nicht mehr an die Währungsumstellung angepasst wurde.

VI. Kostenrechtsmodernisierungsgesetz

17 Eine zweite Änderung erfuhr die InsVV durch das Gesetz zur Modernisierung des Kostenrechts (Kostenrechtsmodernisierungsgesetz – KostRMoG) vom 5.5.2004.[15] Hier ging es jedoch nur um Begrifflichkeiten aufgrund der Neukodifikation anderer Vergütungsregelungen. Die Bundesgebührenordnung für Rechtsanwälte (BRAGO) wurde ersetzt durch das Rechtsanwaltsvergütungsgesetz (RVG), das Gesetz über die Entschädigung von Zeugen und Sachverständigen (ZSEG) durch das Justizvergütungs- und -entschädigungsgesetz (JVEG). Insoweit bedurfte es **keiner Übergangsregelung** in der InsVV.

VII. (Erste) Verordnung zur Änderung der InsVV (§ 19 Abs. 1 InsVV)

1. Geänderte Tatbestände

18 Erst die dritte Änderung der InsVV bedurfte einer Übergangsregelung innerhalb der Verordnung (Abs. 1). Mit der Verordnung zur Änderung der Insolvenzrechtlichen Vergütungsverordnung (InsVV) vom 4.10.2004[16] trug der Verordnungsgeber dem Umstand Rechnung, dass der BGH die Mindestvergütungen des Insolvenzverwalters[17] in Höhe von 500 € und des Treuhänders im eröffneten Verbraucherinsolvenzverfahren[18] in Höhe von 250 € als verfassungswidrig niedrig eingestuft hatte, in beiden Fällen jedoch erst für Bestellungen ab dem 1.1.2004. Dies führte zu einer Anhebung der Werte in § 2 Abs. 2 InsVV (Insolvenzverwalter), § 13 Abs. 1 InsVV (Treuhänder im eröffneten Insolvenzverfahren) und § 15 Abs. 1 InsVV nebst gestaffelter Anhebung der Mindestvergütung in § 14 Abs. 3 InsVV (Treuhänder in der Wohlverhaltensphase). Erheblich reduziert wurde demgegenüber der Auslagenersatz nach § 8 Abs. 3 InsVV. Präzisiert wurde in § 11 Abs. 1 InsVV der Regelbruchteil der Vergütung des vorläufigen Verwalters mit 25 % der Vergütung des Insolvenzverwalters. Deutlich angehoben wurden die Stundensätze für die Vergütung der Mitglieder des Gläubigerausschusses in § 17 InsVV. Zudem wurde in § 9 Satz 3 InsVV klargestellt, dass auch in Stundungsverfahren ein Vorschussanspruch besteht.

---

15) Gesetz zur Modernisierung des Kostenrechts (Kostenrechtsmodernisierungsgesetz – KostRMoG) v. 5.5.2004 (BGBl. I 2004, 718), siehe Anh. VI.
16) Verordnung zur Änderung der Insolvenzrechtlichen Vergütungsverordnung (InsVV) v. 4.10.2004 (BGBl. I 2004, 2569), siehe Anh. VII.
17) BGH, Beschl. v. 15.1.2004 – IX ZB 96/03, ZIP 2004, 417.
18) BGH, Beschl. v. 15.1.2004 – IX ZB 46/03, ZIP 2004, 424.

2. Übergangsregelung

a) Grundsatz

Abschließend enthielt die Änderungsverordnung die vollständige Neuformulierung des § 19 InsVV. Der alte Text betraf die Übergangsregelung für Verfahren nach der Konkursordnung, der Vergleichsordnung und der Gesamtvollstreckungsordnung (Rz. 2). Nach der Neuformulierung (heute Abs. 1) sind die neuen Regelungen anwendbar auf Insolvenzverfahren, die **seit dem 1.1.2004 eröffnet** werden. Dies entspricht zwar insoweit den eingangs genannten Entscheidungen des BGH, der eine Verfassungswidrigkeit der Mindestvergütungen erst für die ab dem 1.1.2004 bestellten Verwalter bzw. Treuhänder erkennen wollte; gleichwohl handelt es sich um eine Änderungsverordnung mit Inkrafttreten zum 7.10.2004, sodass ein Fall der rückwirkenden Verordnungsgebung vorliegt (hierzu Rz. 23 ff.). 19

b) Auslagenpauschale des vorläufigen Verwalters

Hinsichtlich der Reduzierung der Auslagenpauschale nach § 8 Abs. 3 InsVV war unklar, zu welchem Stichtag sich die Neuregelung auf den vorläufigen Verwalter auswirkt, da er in der bisherigen Diskussion um die Mindestvergütung nicht thematisiert worden war. Eine Präzisierung erfolgte durch die Rechtsprechung[19] dahingehend, dass es auch hier auf den **Stichtag der Insolvenzeröffnung** ankomme, sodass ein vor dem 1.1.2004 bestellter vorläufiger Verwalter in einem ab dem 1.1.2004 eröffneten Insolvenzverfahren nur die reduzierte Auslagenpauschale neuen Rechts geltend machen kann. 20

Kam es hier nicht zur Eröffnung, sollte auf den Zeitpunkt abzustellen sein, in dem bei Vorliegen der Eröffnungsvoraussetzungen eröffnet worden wäre; dies sei der Zeitpunkt der Abweisung des Eröffnungsantrags oder der sonstigen Beendigung des Eröffnungsverfahrens.[20] Diese Formulierung des BGH ist sicher nicht erhellend, jedoch dürfte sich zumindest dieses Problem wegen Zeitablaufs und Verjährung nicht mehr stellen. 21

c) Treuhänder in der Wohlverhaltensphase

Hinsichtlich des Treuhänders in der Wohlverhaltensphase, dessen Mindestvergütung ebenfalls mit der Reform erhöht wurde, kann nicht auf den Stichtag der Verfahrenseröffnung abgestellt werden, da es sich um einen selbstständigen Verfahrensabschnitt handelt. Insoweit enthält § 19 Abs. 1 InsVV keine Übergangsregelung. Für Tätigkeiten, die der Treuhänder nach Inkrafttreten dieser Verordnung (am 7.10.2004) entfaltet, sind die neuen Vergütungssätze maßgebend.[21] Fraglich ist lediglich, was eine Tätigkeit in diesem Sinne ist. Da die Höhe der reformierten Mindestvergütung auf die jährliche Verteilung i. S. d. § 292 Abs. 1 Satz 1 InsO rekurriert, wird zutreffend vertreten, dass bei einer **Verteilung ab dem 7.10.2004** bereits die Neuregelung greift.[22] 22

---

19) BGH, Beschl. v. 6.4.2006 – IX ZB 109/05, ZIP 2006, 2228.
20) BGH, Beschl. v. 6.4.2006 – IX ZB 109/05, Rz. 9, ZIP 2006, 2228.
21) Begründung zur Änderung des § 19 InsVV, siehe Anh. VII Rz. 54; so auch BGH, Beschl. v. 16.12.2010 – IX ZB 261/09, NZI 2011, 147.
22) BGH, Beschl. v. 16.12.2010 – IX ZB 261/09, NZI 2011, 147; KPB-InsO/*Prasser*, § 19 InsVV Rz. 5 (Stand: 04/2012).

3. Rückwirkung der Neuregelungen

23 Zunächst einmal kann die Rückwirkung nicht verlangt werden in Verfahren, die vor dem 1.1.2004 eröffnet wurden. Der BGH hat insoweit seine Stichtagslösung zulasten der Altfälle verteidigt, d. h., die Mindestvergütung alten Rechts sei in den zuvor eröffneten Verfahren nicht verfassungswidrig, die Neuregelung sei auf Altverfahren nicht anwendbar.[23] Auch wenn Zweifel an der Begründung nicht unberechtigt scheinen, dürfte sich die Frage empirisch überholt haben; Verfahren mit Mindestvergütung sollten mehr als 13 Jahre nach ihrer Eröffnung nicht mehr existent sein.

24 Problematisch scheint die Rückwirkung in denjenigen Verfahren, die **im Zeitraum vom 1.1.2004 – 6.10.2004 eröffnet** wurden, und zwar im Hinblick auf die Verschlechterung beim Auslagenersatz in § 8 Abs. 3 InsVV. Derartige Verfahren finden sich immer noch im Bestand der Verwalter, wie die vorgelegten Schlussrechnungen zeigen. Zunächst ist unstreitig, dass ein Rückwirkungsverbot auch für Rechtsverordnungen gilt.[24] Der BGH[25] hat für diesen Fall des Auslagenersatzes jedoch entschieden, dass lediglich eine *unechte* Rückwirkung vorliegt. Von einer solchen unechten Rückwirkung werde gesprochen, wenn eine Norm auf gegenwärtige, noch nicht abgeschlossene Sachverhalte und Rechtsbeziehungen für die Zukunft einwirkt und damit zugleich die betroffene Rechtsposition nachträglich entwertet. Sie sei verfassungsrechtlich grundsätzlich zulässig, es sei denn, die vom Gesetzgeber angeordnete unechte Rückwirkung ist zur Erreichung des Gesetzeszwecks nicht geeignet oder erforderlich oder die Bestandsinteressen der Betroffenen überwiegen die Veränderungsgründe des Gesetzgebers.

25 Der gleichwohl noch vorhandenen Kritik[26] muss „Rosinenpickerei" vorgehalten werden. Wenn hier eine *echte* Rückwirkung vorläge, gälte dies nicht nur für § 8 Abs. 3 InsVV, sondern auch für den Vorteil der erhöhten Mindestvergütung. Wie die Kritik selbst vorträgt, kommt es auf Verbesserungen der Beteiligten an.[27] Für den Schuldner als Zahlungspflichtigen bzw. die Insolvenzgläubiger als wirtschaftlich Belastete – ebenfalls Beteiligte – ist die Erhöhung der Mindestvergütung und anderer Vergütungen allerdings ein Nachteil; insoweit sind beide Seiten zu berücksichtigen.[28] Somit könnte sich mindestens der Schuldner – und wegen Stundungen die Staatskasse – dann auf das Rückwirkungsverbot berufen und sämtliche Verbesserungen der InsVV aufgrund der Reform zunichtemachen.

VIII. Zweite Verordnung zur Änderung der InsVV (§ 19 Abs. 2 InsVV)
1. Geänderte Tatbestände

26 Eine vierte Änderung der InsVV erfolgte durch die Zweite Verordnung zur Änderung der InsVV vom 21.12.2006.[29] Regelungsgehalt war die vollständige Neufassung des

---

23) BGH, Beschl. v. 20.1.2005 – IX ZB 134/04, ZIP 2005, 447 (Treuhänder im vereinfachten Insolvenzverfahren); BGH, Beschl. v. 17.2.2005 – IX ZB 144/04, NZI 2005, 333 (Insolvenzverwalter); a. A. FK-InsO/*Lorenz*, § 19 InsVV Rz. 3.
24) Vgl. BVerfG, Urt. v. 8.6.1977 – 2 BvR 1042/75, BVerfGE 45, 142.
25) BGH, Beschl. v. 25.10.2012 – IX ZB 242/11, ZIP 2013, 34.
26) FK-InsO/*Lorenz*, § 19 InsVV Rz. 5.
27) FK-InsO/*Lorenz*, § 19 InsVV Rz. 4.
28) Vgl. BGH, Beschl. v. 23.10.2008 – IX ZB 35/05, Rz. 8, ZIP 2008, 2323.
29) Zweite Verordnung zur Änderung der Insolvenzrechtlichen Vergütungsverordnung (InsVV) v. 21.12.2006 (BGBl. I 2006, 3389), siehe Anh. VIII.

§ 11 InsVV, d. h. die Regelung der Vergütung des vorläufigen Insolvenzverwalters. Dabei ging der Verordnungsgeber von drei zentralen Aspekten aus.[30] Erstens stellte er heraus, dass die Berechnungsgrundlage für die Vergütung des vorläufigen Verwalters abweichend von § 1 Satz 1 InsVV unter Berücksichtigung der Eigenheiten der vorläufigen Verwaltung zu ermitteln sei. Zweitens betonte er, dass das für § 11 Abs. 1 Satz 2 InsVV (seinerzeitige Fassung) heranzuziehende Vermögen nicht zu einem bestimmten Stichtag ermittelt werden könne, sondern das gesamte Vermögen heranzuziehen sei, auf das sich die Tätigkeit des vorläufigen Verwalters bezieht, auch wenn es während der vorläufigen Verwaltung aus dem schuldnerischen Vermögen ausscheidet.

Maßgeblich drittens brachte der Verordnungsgeber zum Ausdruck, dass aufgrund des Vermögensbegriffs weder Verbindlichkeiten noch – im Grundsatz – Aus- und Absonderungsrechte von der Berechnungsgrundlage abzuziehen seien. Erforderlich sei lediglich, dass sich der vorläufige Insolvenzverwalter erheblich mit dem Aus- oder Absonderungsgut befasst habe. Dass daher die Vergütung des vorläufigen Verwalters durchaus höher sein könne als diejenige des Verwalters im eröffneten Verfahren, entspräche ausdrücklich dem Konzept des Verordnungsgebers. Hintergrund dieser sehr deutlichen Aussage waren mehrfache Versuche des BGH, die Thematik Aus- und Absonderungsrechte ausschließlich über § 3 Abs. 1 InsVV (Zuschlag) zu regeln. Eine vielfach so empfundene Fehlentscheidung des BGH vom 13.7.2006[31] führte dann zu einer ungewöhnlich schnellen Reaktion des Verordnungsgebers. 27

Um dem Risiko bzw. dem Verdacht überhöhter Vergütungen vorzubeugen, wurde jedoch gleichzeitig die sog. Abänderungsbefugnis eingeführt. Hiernach kann auch lange nach Rechtskraft der Festsetzung der Vergütung des vorläufigen Verwalters – spätestens jedoch bis zur Rechtskraft der Festsetzung der Vergütung des Verwalters im eröffneten Verfahren – die Vergütung des vorläufigen Verwalters abgeändert werden, wenn sich herausstellt, dass zwischen ursprünglich angesetztem Wert und tatsächlich erzieltem Erlös eine Wertdifferenz von mehr als 20 % liegt. 28

2. Übergangsregelung

a) Wortlaut des § 19 Abs. 2 InsVV

Insofern bedurfte es einer Übergangsregelung. Ausnahmsweise wird in § 19 Abs. 2 InsVV nicht auf den Insolvenzantrag oder die Insolvenzeröffnung abgestellt. Da sich schnell abgezeichnet hatte, dass die Entwicklung der Rechtsprechung des BGH nicht dem Willen des Verordnungsgebers entsprach, hatten zahlreiche (vorläufige) Insolvenzverwalter von der Einreichung von Vergütungsanträgen abgesehen bzw. beim Insolvenzgericht um Ruhen des Festsetzungsverfahrens gebeten. Dem trug der Verordnungsgeber Rechnung, indem er in § 19 Abs. 2 InsVV vorgab, dass die Anwendung der Neuregelung lediglich ausgeschlossen sei für alle bis zum 29.12.2006 bereits rechtskräftig abgerechneten Vergütungen vorläufiger Insolvenzverwalter (nach Art. 2 der Zweiten Änderungsverordnung trat diese am Tag nach ihrer Verkündung in Kraft, wegen der Veröffentlichung im Bundesgesetzblatt am 28.12.2006 war dies der 29.12.2006). 29

---

30) Begründung zur Änderung des § 11 InsVV, siehe Anh. VIII Rz. 16 ff.
31) BGH, Beschl. v. 13.7.2006 – IX ZB 104/05, NZI 2006, 515.

30 Der Wortlaut des § 19 Abs. 2 InsVV ist eher umgangssprachlicher Natur, denn eine rechtskräftige „Abrechnung" gibt es nicht. Insoweit ist eindeutig, dass sprachlich auf den Eintritt der Rechtskraft eines entsprechenden Vergütungsfestsetzungsbeschlusses abzustellen ist. Doch ein anderes Problem war gravierender:

b) Auslegung durch den BGH

31 Ganz überzeugt zeigte sich der BGH von der Übergangsregelung zu Recht nicht. Er kam zu dem Ergebnis, dass die Neuregelung grundsätzlich nur Anwendung finde für **ab dem 29.12.2006 bestellte vorläufige Verwalter**.[32] Der Vergütungsanspruch des (vorläufigen) Insolvenzverwalters entstehe dem Rechtsgrunde nach mit der Berufung in sein Amt; sein Wert werde durch die Arbeitsleistung aufgefüllt. Eine solche Sichtweise liege auch der Übergangsregelung des § 19 Abs. 1 InsVV zugrunde. Außerdem verstehe es sich von selbst, dass eine Rechtsänderung auf rechtskräftig abgeschlossene Verfahren im Allgemeinen keinen Einfluss hat.

32 In Sachen Einbeziehung von Aus- und Absonderungsgut in die Berechnungsgrundlage des vorläufigen Verwalters stand es nun 2:0 für den BGH, nachdem der Verordnungsgeber auch im zweiten Anlauf seine verwalterfreundliche Position nicht in rechte Worte zu kleiden vermocht hatte.

c) Besonderheit Abänderungsbefugnis

33 Was auch heute noch zu beachten ist, ist der Anwendungsbereich der sog. Abänderungsbefugnis. Nicht selten werden ältere Verfahren abgeschlossen, bei denen die Frage im Raum steht, ob die vor Jahren rechtskräftig festgesetzte Vergütung des vorläufigen Verwalters abzuändern ist. Wenigstens hier gilt § 19 Abs. 2 InsVV nahezu wörtlich, sodass eine nachträgliche Anpassung der Vergütung des vorläufigen Verwalters nicht möglich ist, wenn sie bis einschließlich 28.12.2006 bereits rechtskräftig festgesetzt worden war.[33]

IX. Abschaffung des § 7 InsO (Art. 103f EGInsO)

1. Geänderte Tatbestände

34 Mit dem Gesetz zur Änderung des § 522 der Zivilprozessordnung vom 21.10.2011[34] wurde § 7 InsO aufgehoben. Diese Norm regelte zuvor die (in Abweichung von zivilprozessualen Regelungen) zulassungsfreie Rechtsbeschwerde. Die Rechtsbeschwerde (gegen eine Vergütungsfestsetzung) ist seither nur noch möglich, wenn das Landgericht als Beschwerdegericht die Rechtsbeschwerde gemäß § 4 InsO, § 574 Abs. 1 Nr. 2 ZPO zugelassen hat. Zuzulassen ist die Rechtsbeschwerde, wenn die Rechtssache grundsätzliche Bedeutung hat oder die Fortbildung des Rechts oder die Sicherung einer einheitlichen Rechtsprechung eine Entscheidung des Rechtsbeschwerdegerichts (BGH) erfordern. Die Prüfung dieser Fragen hat seither also durch das Landgericht zu erfolgen, während eine Prüfung im Geltungsbereich von § 7 InsO durch den BGH erfolgte. Hintergrund war eine angestrebte Entlastung des BGH, der aufgrund der gleich-

---

32) BGH, Beschl. v. 23.10.2008 – IX ZB 35/05, ZIP 2008, 2323; a. A. KPB-InsO/*Prasser*, § 19 InsVV Rz. 8 (Stand: 04/2012).
33) BGH, Beschl. v. 23.10.2008 – IX ZB 35/05, Rz. 7, ZIP 2008, 2323.
34) Gesetz zur Änderung des § 522 der Zivilprozessordnung v. 21.10.2011 (BGBl. I 2011, 2082), siehe Anh. X.

Übergangsregelung § 19

zeitigen Änderungen im Berufungsrecht mit einer Mehrbelastung rechnen musste. Ferner hielt der Gesetzgeber die zentralen Fragen des Insolvenzrechts für geklärt.

2. Übergangsregelung

Nach Art. 103f EGInsO gilt die alte Regelung, d. h. die Anwendung des § 7 InsO mit 35 der Folge einer zulassungsfreien Rechtsbeschwerde, für (landgerichtliche) Beschwerdeentscheidungen, bei denen die Frist des § 575 ZPO am 27.10.2011 (Inkrafttreten des Änderungsgesetzes) noch nicht abgelaufen ist. § 575 Abs. 1 ZPO regelt die Notfrist von einem Monat nach Zustellung des angegriffenen Beschlusses, also die Frist, innerhalb derer überhaupt Rechtsbeschwerde eingelegt werden kann. Diese Übergangsregelung war nicht eindeutig. Denn wurde erst nach dem 27.10.2011 sofortige Beschwerde eingelegt bzw. vom Landgericht über eine sofortige Beschwerde entschieden, konnte am 27.10.2011 die Notfrist für die Einlegung der Rechtsbeschwerde nicht abgelaufen sein, da sie noch gar nicht zu laufen begonnen hatte. Folge wäre gewesen, dass das neue Recht überhaupt keine Anwendung für neuere Fälle finden kann.[35] Daher hat die Rechtsprechung präzisiert, dass die Neuregelung für alle (landgerichtlichen) **Beschwerdeentscheidungen** gilt, die **seit dem 27.10.2011 erlassen** werden.[36]

X. ESUG I (Art. 103g EGInsO)

1. Geänderte Tatbestände

Mit dem Gesetz zur weiteren Erleichterung der Sanierung von Unternehmen (ESUG) 36 vom 7.12.2011[37] wurde die Insolvenzordnung umfangreich geändert. Im Vordergrund standen die Einführung eines sog. Schutzschirmverfahrens in der vorläufigen Eigenverwaltung, die Ausweitung der Möglichkeiten eines Insolvenzplans sowie eine stärkere Einbindung der Insolvenzgläubiger. Aus vergütungsrechtlicher Perspektive von Bedeutung sind folgende Änderungen:

In § 21 InsO wurde ein vorläufiger Gläubigerausschuss im Insolvenzantragsverfahren 37 kodifiziert, nachdem dieser in der Praxis bereits seit Jahrzehnten üblich, aber gesetzlich nicht geregelt war. Durch einen Verweis auf § 73 InsO wurde sichergestellt, dass die Mitglieder eines vorläufigen Gläubigerausschusses ebenfalls Anspruch auf Vergütung haben. Neu eingefügt wurde § 26a InsO, der das Festsetzungsverfahren für die Vergütung des vorläufigen Insolvenzverwalters bei Nichteröffnung des Insolvenzverfahrens regelt. Hier war es im Vorfeld durch Rechtsprechung des BGH zu erheblichen Verwerfungen gekommen, sodass es dieser Regelung, die seit jeher Usus war, dringend bedurfte. Der BGH hatte die Auffassung vertreten, in diesem Fall sei nicht das Insolvenzgericht zuständig, vielmehr müsse der (ehemals) vorläufige Insolvenzverwalter den Schuldner vor der ordentlichen Gerichtsbarkeit verklagen.[38] In § 6 InsO wurde klargestellt, dass eine sofortige Beschwerde ausschließlich beim Insolvenzgericht einzulegen ist, da in der Praxis Unsicherheit herrschte, ob die Einlegung dort oder beim Landgericht zu erfolgen habe.

---

35) *Zimmer*, ZInsO 2011, 1689, 1695.
36) BGH, Beschl. v. 20.12.2011 – IX ZB 294/11, ZInsO 2012, 218; BGH, Beschl. v. 14.2.2012 – IX ZA 2/12, WuM 2012, 170.
37) Gesetz zur weiteren Erleichterung der Sanierung von Unternehmen (ESUG) v. 7.12.2011 (BGBl. I 2011, 2582), siehe Anh. XI.
38) BGH, Beschl. v. 3.12.2009 – IX ZB 280/08, ZIP 2010, 89.

2. Übergangsregelung
a) Grundsatz

38 Als Übergangsregelung fungiert der gleichzeitig neu eingeführte Art. 103g EGInsO, wonach auf Insolvenzverfahren, die vor dem 1.3.2012 beantragt worden sind, altes Recht anzuwenden ist. Folglich gelten die durch das ESUG in die Insolvenzordnung aufgenommenen Änderungen nur in denjenigen Verfahren, die **seit dem 1.3.2012 beantragt** werden.

b) Probleme

39 Weder in § 21 Abs. 2 Satz 1 Nr. 1a InsO noch in § 73 InsO findet sich ein Verweis auf § 26a InsO, sodass Mitglieder des vorläufigen Gläubigerausschusses bei **Nichteröffnung des Insolvenzverfahrens** faktisch keinen Vergütungsanspruch haben, da für sie die Normenkette §§ 1835, 1836, 1915, 1987, 2221 BGB – wie zuvor vom BGH für den vorläufigen Verwalter herangezogen[39] – nicht greifen dürfte. Ebenso wäre das Insolvenzgericht nach der Argumentation des BGH nicht für eine Festsetzung zuständig. Wenn es sich demnach nicht um Verfahrenskosten nach § 54 Nr. 2 InsO handelt, ist auch dem (abberufenen) vorläufigen Insolvenzverwalter verwehrt, nach § 25 Abs. 2 Satz 1 InsO Zahlungen auf solche vermeintliche Vergütungen zu zahlen.

40 Streng genommen müsste hinterfragt werden, ob die Vergütung der Mitglieder eines vorläufigen Gläubigerausschusses überhaupt zu den Verfahrenskosten gehört, da sie keine Erwähnung in § 54 Nr. 2 InsO findet. Die dortige Aufzählung ist jedoch derart lückenhaft, dass von einem redaktionellen Versehen auszugehen ist.

XI. ESUG II (§ 19 Abs. 3 InsVV)
1. Geänderte Tatbestände

41 Soweit das Gesetz zur weiteren Erleichterung der Sanierung von Unternehmen (ESUG) vom 7.12.2011[40] die *Insolvenzordnung* geändert hat, sei auf die vorangegangene Gliederungsüberschrift verwiesen (Rz. 36 ff.). Mit diesem Änderungsgesetz wurde die *Insolvenzrechtliche Vergütungsverordnung* inhaltlich nur insoweit geändert, als in § 17 Abs. 2 InsVV ein zusätzlicher Vergütungstatbestand eingeführt wurde. Mit dem ESUG erhielt der vorläufige Gläubigerausschuss die Möglichkeit, in gewisser Weise bei der Auswahl des (vorläufigen) Insolvenzverwalters mitzuwirken und bereits vor Anordnung einer vorläufigen Eigenverwaltung diesbezüglich angehört zu werden. Nach § 17 Abs. 2 Satz 1 InsVV n. F. sollen die Mitglieder des vorläufigen Gläubigerausschusses hierfür einmalig 300 € erhalten.

2. Übergangsregelung
a) Grundsatz

42 Als Übergangsregelung wurde in § 19 Abs. 3 InsVV festgelegt, dass auf Insolvenzverfahren, die vor dem 1.3.2012 beantragt worden sind, altes Recht anzuwenden ist. Folglich gilt § 17 Abs. 2 InsVV in Insolvenzverfahren, die **seit dem 1.3.2012 beantragt** werden. Der Tatbestand, auf den § 17 Abs. 2 Satz 1 InsVV vergütungsauslösend

---

39) BGH, Beschl. v. 3.12.2009 – IX ZB 280/08, ZIP 2010, 89.
40) Gesetz zur weiteren Erleichterung der Sanierung von Unternehmen (ESUG) v. 7.12.2011 (BGBl. I 2011, 2582), siehe Anh. XI.

Übergangsregelung § 19

Bezug nimmt, kann wegen der Übergangsregelung in Art. 103g EGInsO ebenfalls nur in den Verfahren, die seit dem 1.3.2012 beantragt werden, verwirklicht werden. Insoweit scheint § 19 Abs. 3 InsVV entbehrlich, da es keine Altfälle geben kann.[41]

b) Probleme

Wegen der Problematik bei Nichteröffnung des Insolvenzverfahrens kann auf Rz. 39 verwiesen werden.

XII. Reform der Verbraucherinsolvenz I (Art. 103h EGInsO)

1. Geänderte Tatbestände

Mit dem Gesetz zur Verkürzung des Restschuldbefreiungsverfahrens und zur Stärkung der Gläubigerrechte vom 15.7.2013[42] wurde die Insolvenzordnung erneut umfangreich geändert. Im Vordergrund stand die Verkürzung der Restschuldbefreiungsphase bzw. die Entschuldung natürlicher Personen im Allgemeinen. Aus vergütungsrechtlicher Perspektive sind folgende Änderungen von Bedeutung:

Durch Änderung des § 5 Abs. 2 InsO wurde das schriftliche Verfahren zum Regelfall erklärt. Mit der Änderung des § 26a InsO wurde geregelt, dass und wann ein antragstellender Gläubiger für die Vergütung des vorläufigen Insolvenzverwalters bei Nichteröffnung des Insolvenzverfahrens haften kann. Der Treuhänder im eröffneten IK-Verfahren wurde abgeschafft, es handelt sich jetzt ebenfalls um einen Insolvenzverwalter. In § 300a Abs. 3 InsO wurde ein neuer Vergütungstatbestand für treuhänderische Tätigkeiten eingeführt, wenn das eröffnete Verfahren über die Dauer der Wohlverhaltensphase (nunmehr Abtretungsfrist) hinaus andauert.

Zentrale Änderung ist die Neufassung des § 63 InsO im Hinblick auf die Vergütung des vorläufigen Insolvenzverwalters, der nun auch in § 65 InsO erwähnt wird. Hierzu wurden wesentliche Aussagen des vormaligen § 11 Abs. 1 InsVV a. F. in § 63 Abs. 3 InsO n. F. verschoben. Hintergrund waren erneut (Rz. 27) Entscheidungen des BGH zur (Nicht-)Einbeziehung von Vermögenswerten, an denen Aus-[43] oder Absonderungsrechte[44] geltend gemacht werden, in die Berechnungsgrundlage. Aufgrund der Vorgeschichte, wonach eindeutig war, dass die Auffassung des BGH nicht dem Willen des Verordnungsgebers entsprechen würde, rekurrierte der BGH nun darauf, dass § 11 Abs. 1 Satz 4 und 5 InsVV a. F. gegen § 63 Abs. 1 Satz 2 und 3 InsO. verstoße; die Ermächtigungsgrundlagen in §§ 63, 65 InsO a. F. würden die Regelungen zur Vergütung des vorläufigen Verwalters in § 11 InsVV a. F. insofern nicht decken, als der vorläufige Verwalter eine höhere Vergütung erhalten könne als der Verwalter im eröffneten Verfahren. Insbesondere der Rechtsausschuss trat den materiell-rechtlichen Wertungen des BGH entschieden entgegen. Es musste aber wohl eingesehen werden, dass dem InsO-Gesetzgeber ein Fehler unterlaufen war, indem er den vorläufigen Verwalter in §§ 63, 65 InsO a. F. unerwähnt gelassen hatte,

---

41) So auch *Haarmeyer/Mock*, InsVV, § 19 Rz. 4; HK-InsO/*Keller*, § 19 InsVV Rz. 6.
42) Gesetz zur Verkürzung des Restschuldbefreiungsverfahrens und zur Stärkung der Gläubigerrechte v. 15.7.2013 (BGBl. I 2013, 2379), siehe Anh. XII.
43) BGH, Beschl. v. 15.11.2012 – IX ZB 88/09, ZInsO 2013, 44; BGH, Beschl. v. 14.2.2013 – IX ZB 260/11, ZInsO 2013, 630.
44) BGH, Beschl. v. 15.11.2012 – IX ZB 130/10, ZInsO 2013, 100; BGH, Beschl. v. 7.2.2013 – IX ZB 286/11, ZInsO 2013, 515; BGH, Beschl. v. 14.2.2013 – IX ZB 260/11, ZInsO 2013, 630.

was nun korrigiert wurde. Der Vollständigkeit halber wurde auch die sog. Abänderungsbefugnis von § 11 Abs. 2 InsVV a. F. in § 63 Abs. 3 Satz 4 InsO verschoben.

2. Übergangsregelung Art. 103h Satz 1 EGInsO

47 Als Übergangsregelung für die Änderungen in der InsO wurde ein neuer Art. 103h EGInsO geschaffen. Nach Art. 103h Satz 1 EGInsO ist altes Recht anzuwenden in Insolvenzverfahren, die vor dem 1.7.2014 beantragt worden sind. Folglich greifen die neuen Regelungen **grundsätzlich** in denjenigen Verfahren, die **seit dem 1.7.2014 beantragt** werden. Dies gilt insbesondere für die vergütungsrelevanten §§ 5 Abs. 2, 26a, 300a Abs. 3 InsO.

3. Übergangsregelung Art. 103h Satz 2 EGInsO

48 Art. 103h Satz 2 EGInsO regelt abweichend von Satz 1 – und vergütungsrechtlich nur für die Anwendung des § 3 Abs. 2 lit. e InsVV (Zuschlag für Insolvenzplan) von Bedeutung – die sofortige Ermöglichung von Insolvenzplänen auch in **bereits laufenden IK-Verfahren**. Der Rechtsausschuss sah hier keine Bedenken für eine Ausnahme von einer ansonsten allgültigen Stichtagsregelung.[45]

4. Übergangsregelung Art. 103h Satz 3 EGInsO

49 Von besonderer Bedeutung im Kontext der Vergütung ist Art. 103h Satz 3 EGInsO. Denn die Änderung der §§ 63 Abs. 3, 65 InsO – relevant für die Vergütung des vorläufigen Verwalters, insbesondere die Einbeziehung von Aus- und Absonderungsgut ohne Abzug der Aus- und Absonderungsrechte in die Berechnungsgrundlage – soll hiernach gelten für Insolvenzverfahren, die **ab dem 19.7.2013 beantragt** werden. Dies führte jedoch zu einem Konflikt mit der Übergangsregelung in § 19 Abs. 4 InsVV für die Änderungen in § 11 InsVV, der auf die ab dem 1.7.2014 beantragten Insolvenzverfahren abstellt (Rz. 52). Der BGH hat inzwischen entschieden, dass insoweit der 19.7.2013 maßgeblich ist.[46] Damit hat er zugleich abgelehnt, die Anwendung der Neuregelung auf die vor dem 19.7.2013 beantragten Insolvenzverfahren zuzulassen.

50 Hinsichtlich der sog. Abänderungsbefugnis (Verschiebung von § 11 Abs. 2 Satz 2 InsVV a. F. in § 63 Abs. 3 Satz 4 InsO n. F.) dürften sich überhaupt keine Auswirkungen ergeben; hier bedarf es keiner Übergangsregelung.

XIII. Reform der Verbraucherinsolvenz II (§ 19 Abs. 4 InsVV)

1. Einleitung

51 Soweit das Gesetz zur Verkürzung des Restschuldbefreiungsverfahrens und zur Stärkung der Gläubigerrechte vom 15.7.2013[47] die *Insolvenzordnung* geändert hat, sei auf die vorangegangene Gliederungsüberschrift verwiesen (Rz. 44 ff.). In der *Insolvenzrechtlichen Vergütungsverordnung* erfolgten korrespondierende Änderungen. So wurde im Zuge der Reform der Insolvenz natürlicher Personen die Vergütung für den Treuhänder im eröffneten IK-Verfahren ersetzt durch die Vergütung eines Insolvenzverwalters, allerdings mit abweichender Mindestvergütung. Ferner wurde

---

45) BT-Drucks. 17/13535, siehe Anh. XII Rz. 121 f.
46) BGH, Beschl. v. 14.7.2016 – IX ZB 46/14, ZIP 2016, 1601, dazu EWiR 2016, 667 (*Blersch*).
47) Gesetz zur Verkürzung des Restschuldbefreiungsverfahrens und zur Stärkung der Gläubigerrechte v. 15.7.2013 (BGBl. I 2013, 2379), siehe Anh. XII.

Übergangsregelung § 19

ein neuer Abschlagsfaktor in § 3 Abs. 2 lit. e InsVV n. F. für den Fall überschaubarer Vermögensverhältnisse eingeführt. Im Zusammenhang mit der Vergütung des vorläufigen Verwalters wurde § 11 Abs. 1 InsVV a. F. aufgeteilt in Regelungen, die in § 63 Abs. 3 InsO verschoben wurden, und Regelungen, die sich innerhalb des § 11 Abs. 1 InsVV n. F. nun an anderer Stelle befinden. Die Einbeziehung von Aus- und Absonderungsgut in die Berechnungsgrundlage ist in der InsVV verblieben, da der Gesetzgeber es für ausreichend erachtet hat, die Ermächtigungsgrundlage in §§ 63, 65 InsO auf den vorläufigen Verwalter auszuweiten.

2. Übergangsregelung im Grundsatz

Als Übergangsregelung wurde § 19 Abs. 4 InsVV geschaffen. Hiernach ist auf Insolvenzverfahren, die vor dem 1.7.2014 beantragt worden sind, altes Recht anzuwenden. Dies bedeutet umgekehrt, dass die Neuregelungen nur in Insolvenzverfahren gelten, die **seit dem 1.7.2014 beantragt** werden. 52

3. Übergangsregelung für die Vergütung des vorläufigen Verwalters

Für die Vergütung des vorläufigen Verwalters ergab sich insoweit ein Konflikt mit Art. 103h Satz 3 EGInsO für die Änderungen in §§ 63 Abs. 3, 65 InsO, der auf die **ab dem 19.7.2013 beantragten Insolvenzverfahren** abstellt (Rz. 49). Der BGH hat entschieden, dass der 19.7.2013 entscheidend ist.[48] Maßgeblich ist, dass mit Wirkung 19.7.2013 eine Ermächtigungsgrundlage für die Vergütung des vorläufigen Verwalters in §§ 63, 65 InsO eingeführt wurde; dass es für die zwischen dem 19.7.2013 und dem 1.7.2014 beantragten Insolvenzverfahren eine gewisse Doppelregelung in InsO und InsVV gibt, ist hingegen unschädlich. Eine Anwendung auf die vor dem 19.7.2013 beantragten Insolvenzverfahren hat der BGH denklogisch abgelehnt.[49] 53

XIV. Ausblick

Ob die wiederholten Auseinandersetzungen zwischen Bundesjustizministerium und BGH hinsichtlich der Einbeziehung von Aus- und Absonderungsgut in die Berechnungsgrundlage des vorläufigen Verwalters nun ein Ende haben, bleibt abzuwarten. 54

Was ferner zu erwarten ist, ist die praktische Anwendung der EuInsVO. Der dortige Artikel 77 Abs. 1 EuInsVO[50] betrifft die Vergütung und Auslagen des **Gruppen-Koordinators**, dessen Vergütung angemessen und verhältnismäßig zu den wahrgenommenen Aufgaben sein muss, aber außerhalb einer konkreten Regelung steht (hierzu § 1 Rz. 195 ff.). Art. 77 Abs. 2–5 EuInsVO befassen sich mit der Endabrechnung der Kosten, die nach Vorlage durch den Gruppen-Koordinator als gebilligt gilt, wenn nicht ein beteiligter Verwalter innerhalb von 30 Tagen Widerspruch einlegt; im letzteren Fall muss dasjenige Insolvenzgericht entscheiden, das das Gruppen-Koordinationsverfahren eröffnet hat. Gegen dessen Entscheidung ist ein Rechtsmittel nach nationalen Vorschriften vorgesehen. Gemäß Art. 102c § 26 Satz 1 EGInsO[51] ist 55

---

48) BGH, Beschl. v. 14.7.2016 – IX ZB 46/14, ZIP 2016, 1601, dazu EWiR 2016, 667 (*Blersch*).
49) BGH, Beschl. v. 14.7.2016 – IX ZB 46/14, ZIP 2016, 1601, dazu EWiR 2016, 667 (*Blersch*).
50) Verordnung (EU) 2015/848 des Europäischen Parlaments und des Rates über Insolvenzverfahren (Neufassung) v. 20.5.2015 (ABl. EU v. 5.6.2015, L 141/19), siehe Anh. XIII.
51) Art. 102c EGInsO eingeführt durch das Gesetz zur Durchführung der Verordnung (EU) 2015/848 über Insolvenzverfahren v. 5.6.2017 (BGBl. I 2017, 1476), siehe Anh. XIII Rz. 4.

dies die sofortige Beschwerde. Ebenfalls beobachtet werden muss die Vergütung des **Verfahrenskoordinators** i. S. d. §§ 269a ff. InsO.[52] Die entsprechenden Regelungen können als missglückt bezeichnet werden, sodass eine Neuregelung mit Übergangsregelungen nicht auszuschließen ist.

XV. Das Problem mehrerer Anträge

56 Soweit sich eine Stichtagsregelung nicht auf das Datum der Eröffnungsentscheidung, sondern auf das Ereignis eines Insolvenzantrags bezieht, kann es zu Komplikationen kommen, wenn mehrere Insolvenzanträge vorliegen. Im Grundsatz gilt das Primat des ersten zulässigen Antrags. Wird ein erster Antrag zurückgenommen, obgleich inzwischen ein zweiter Antrag vorliegt, kommt es auf den zweiten Insolvenzantrag an, oder anders formuliert auf den chronologisch ersten, im Zeitpunkt der Eröffnungsentscheidung noch nicht beseitigten Insolvenzantrag. Eine Besonderheit soll bestehen, wenn es sich bei dem zweiten Insolvenzantrag um denjenigen einer natürlichen Person handelt, die zugleich Restschuldbefreiung beantragt, und eine Gesetzesänderung in Rede steht, die für den Schuldner von Vorteil ist; dann soll eine Ermessensentscheidung des Insolvenzgerichts vorliegen.[53] Dem kann jedoch nicht gefolgt werden, da die Frage anwendbaren Rechts immer eine Rechtsfrage und nie eine Ermessensfrage darstellt.[54]

---

52) §§ 269a–269i InsO eingeführt durch das Gesetz zur Erleichterung der Bewältigung von Konzerninsolvenzen v. 13.4.2017 (BGBl. I 2017, 866) mit Inkrafttreten zum 21.4.2018 (Art. 10 des Änderungsgesetzes), siehe Anh. XV Rz. 26.
53) *Reck*, ZVI 2014, 253.
54) *Blankenburg*, ZInsO 2015, 293, 294.

§ 20
Inkrafttreten

Diese Verordnung tritt am 1. Januar 1999 in Kraft.

Übersicht

I. Zweck der Norm .... 1 | II. Inkrafttreten 2

I. Zweck der Norm

1 § 20 InsVV regelt das Inkrafttreten der Insolvenzrechtlichen Vergütungsverordnung.

II. Inkrafttreten

2 Die InsVV trat am 1.1.1999 (in ihrer Ursprungsfassung)[1] in Kraft. Sie gilt ausschließlich für Verfahren nach der Insolvenzordnung (InsO), die ebenfalls zum 1.1.1999 in Kraft trat, und zwar für Verfahren, die ab dem 1.1.1999 beantragt werden (Art. 103 EGInsO). Hinsichtlich der Änderungen der InsVV und entsprechender Übergangsregelungen zum Vergütungsrecht in InsVV und InsO sei auf die Kommentierung zu § 19 InsVV verwiesen.

---

1) Insolvenzrechtliche Vergütungsverordnung (InsVV) v. 19.8.1998, BGBl. I 1998, 2205, siehe Anh. III.

Anhang

Anhang I

Anhang I
Begründung zum Entwurf einer Verordnung über die Vergütung des Konkursverwalters, des Vergleichsverwalters, der Mitglieder des Gläubigerausschusses und der Mitglieder des Gläubigerbeirats[1)]

I. Rechtsgrundlage für eine Regelung der Vergütung

Im Konkursverfahren haben der Konkursverwalter und die Mitglieder des Gläubigerausschusses Anspruch auf Erstattung angemessener barer Auslagen und auf Vergütung für ihre Geschäftsführung (§§ 85 Abs. 1, 91 Abs. 1 KO). Nach §§ 85 Abs. 2, 91 Abs. 2 KO kann die Landesjustizverwaltung für die dem Verwalter und den Mitgliedern des Gläubigerausschusses zu gewährende Vergütung allgemeine Anordnungen treffen. Im Vergleichsverfahren kann der Vergleichsverwalter von dem Schuldner die Erstattung angemessener barer Auslagen und eine angemessene Vergütung für seine Geschäftsführung verlangen (§ 43 Abs. 1 VglO). Die Mitglieder des Gläubigerbeirats haben gegen den Schuldner einen Anspruch auf Erstattung angemessener barer Auslagen sowie auf angemessenen Ersatz für Zeitversäumnis (§ 45 Abs. 2 VglO). Nach §§ 43 Abs. 5, 45 Abs. 2 Satz 2 VglO kann der Reichsminister der Justiz über die dem Verwalter zu gewährende Vergütung und die den Gläubigerbeiratsmitgliedern zu zahlende Entschädigung für Zeitversäumnis allgemeine Anordnungen treffen.

II. Bisherige Anordnungen über die Vergütung

1. Von der Befugnis zum Erlass von Vergütungsrichtlinien ist zunächst nur vereinzelt Gebrauch gemacht worden. Lediglich der württembergische und der badische Justizminister haben in den Jahren 1900 und 1905 entsprechende Bestimmungen erlassen. Die Konkursrichter größerer Amtsgerichte trafen jedoch verschiedentlich jeweils für ihren Bezirk Vereinbarungen über die in Konkursverfahren (und später auch über die in Geschäftsaufsichts- und Vergleichsverfahren) zu gewährenden Vergütungen. Solche „Tarife" – ohne bindenden Charakter – gab es u. a. in Berlin, Hamburg, Leipzig und München (vgl. die Hinweise bei *Vogels* KuT 36, 49). Diese örtlichen Tarife waren die Grundlage der „Richtlinien für die Vergütung des Konkurs- und Vergleichsverwalters und der Mitglieder des Gläubigerausschusses und Gläubigerbeirats", die als AV des RJM vom 22.2.1936 erlassen und in der Deutschen Justiz (S. 311) bekannt gemacht worden sind. Diese Richtlinien sollten sicherstellen, dass die Vergütung in allen Gerichtsbezirken angemessen und möglichst gleichmäßig festgesetzt werde.

2. Gegen die Rechtswirksamkeit der Richtlinien vom 22.2.1936 als Gesamtkomplex und ihre Fortgeltung nach 1945 dürften keine Bedenken bestehen. Nach §§ 43 Abs. 5, 45 Abs. 2 Satz 2 VglO war der Reichsminister der Justiz zum Erlass von Anordnungen über die Vergütung des Vergleichsverwalters und die Entschädigung der

---

1) Abgedruckt im Bundesanzeiger Nr. 127 v. 6.7.1960, S. 4 als Beitrag von *Böhle-Stamschräder*, redaktionell überarbeitet vom Verfasser. Die Verordnung vom 25.5.1960 mit Inkrafttreten zum 1.10.1960 als solche wurde am 22.6.1960 im Bundesgesetzblatt veröffentlicht (BGBl. I 1960, 329), siehe Anh. II. in der zuletzt geltenden Fassung.

Anhang I

Mitglieder des Gläubigerbeirats ermächtigt. Von dieser Ermächtigung hat er in der AV vom 22.2.1936 Gebrauch gemacht.

4 Die Ermächtigung in §§ 85 Abs. 2, 91 Abs. 2 KO zum Erlass von Anordnungen über die Vergütung des Konkursverwalters und der Mitglieder des Gläubigerausschusses lautete zwar auf die Landesjustizverwaltungen. Durch die Überleitung der Rechtspflege auf das Reich als Folge des Gesetzes über den Neuaufbau des Reichs vom 30.1.1934 (BGBl. I, 75) war diese Ermächtigung aber auf den damaligen Reichsminister der Justiz übergegangen.

5 Im Schrifttum werden die Richtlinien vom 22.2.1936 fast ausnahmslos auch als rechtswirksam zustande gekommen und fortgeltendes Recht angesehen (vgl. *Jaeger-Weber* KO, § 85 Anm. 2a; *Mentzel-Kuhn* KO, § 85 Anm. 1; *Bley* VglO, § 43 Anm. 8; *Stein*, KTS 56, 1; *Skrotzki*, KTS 57, 152; *Tidow*, KTS 58, 57; *von Stockum*, KTS 58, 87). Die Konkurs- und Vergleichsgerichte berücksichtigen die Richtlinien bei der Festsetzung der Vergütung (vgl. *Schrader-Bauer*, Konkurs- und Vergleichsverfahren, Band III des Handbuchs der amtsgerichtlichen Praxis, 2. Aufl., S. 54; *Stein*, NJW 57, 1308). Sie gewähren jedoch in Anlehnung an die Regelungen des Gesetzes über Maßnahmen auf dem Gebiete des Kostenrechts vom 7.8.1952 (BGBl. I, 401) allgemein Zuschläge bis zu 25 vom Hundert zu den Richtliniensätzen, nachdem die Landesjustizverwaltungen in den Jahren 1953 und 1954 durch Verfügungen und Erlasse (vgl. die Hinweise bei *Jaeger-Weber* KO, § 85 Anm. 2a) zum Ausdruck gebracht haben, dass gegen eine solche allgemeine Anhebung der Richtliniensätze keine Bedenken beständen.

III. Übergang zum neuen Recht

6 1. Auf Grund einer Anregung des deutschen Industrie- und Handelstages haben das Bundesjustizministerium und die Landesjustizverwaltungen geprüft, ob die Richtlinien für die Vergütung des Konkurs- und Vergleichsverwalters und der Mitglieder des Gläubigerausschusses und Gläubigerbeirats (AV des RJM vom 22.2.1936, Deutsche Justiz S. 311) – auch unter Berücksichtigung der Zuschläge (vgl. oben II 2 Abs. 3) – den Verhältnissen noch gerecht werden. Sie sind zu dem Ergebnis gekommen, dass die Richtlinien insgesamt einer Änderung bedürfen. Im Auftrage der Landesjustizverwaltungen hat das Hessische Justizministerium, zusammen mit dem Bundesjustizministerium, einen Vorentwurf neuer Richtlinien ausgearbeitet. Unter Verwertung dieses Vorentwurfs und weiterer Anregungen der Landesjustizverwaltungen hat das Bundesjustizministerium die Verordnung über die Vergütung des Konkursverwalters, des Vergleichsverwalters, der Mitglieder des Gläubigerausschusses und der Mitglieder des Gläubigerbeirats fertiggestellt, die am 25.5.1960 erlassen und als Rechtsverordnung im Bundesgesetzblatt I S. 329 verkündet worden ist. Sie tritt am 1.10.1960 in Kraft.

7 2. Für den Erlass der Bestimmung als Rechtsverordnung waren folgende Erwägungen maßgebend: Anordnungen auf Grund der Ermächtigungen in §§ 85 Abs. 2, 91 Abs. 2 KO und in §§ 43 Abs. 5, 45 Abs. 2 Satz 2 VglO haben den Zweck, eine möglichst gleichmäßige Festsetzung der Vergütung und der Entschädigung zu erreichen. Sie sollen die Grundlage für die Entscheidungen der Gerichte bilden und für die Beteiligten maßgebend sein. Das Gesetz gibt dem Verwalter, dem Schuldner

Anhang I

und weiteren Beteiligten das Recht der Beschwerde gegen die Festsetzung der Vergütungen (§ 73 Abs. 3 KO, §§ 43 Abs. 3, 45 Abs. 2 Satz 2, 121 Abs. 2 VglO). Die Beteiligten müssen sich also auf die Anordnungen berufen können. Das ist jedoch nur gewährleistet, wenn die Anordnungen Rechtssatzcharakter haben, also als Rechtsverordnung erlassen sind.

3. Die Zuständigkeit des Bundesministers der Justiz für den Erlass der Vorschriften beruht auf folgendem:

a) Die Konkurs- und die Vergleichsordnung beziehen sich auf Gegenstände der konkurrierenden Gesetzgebung (Art. 74 Nr. 1 GG). Die Bestimmungen dieser Gesetze sind nach Art. 125 GG Bundesrecht geworden. Das gilt auch für die Vorschriften der Konkurs- und Vergleichsordnung, welche zum Erlass von Rechtsverordnungen ermächtigen. Diese Vorschriften gelten auch fort, weil sie nicht zum Erlass von Rechtsvorschriften an Stelle von Gesetzen ermächtigen (Art. 129 Abs. 3 GG).

b) Die Ermächtigungen in § 43 Abs. 5 und § 45 Abs. 2 Satz 2 VglO lauten auf den Reichsminister der Justiz. Sie sind nach Art. 129 Abs. 1 GG auf die Stelle übergegangen, die nach dem Grundgesetz nunmehr für den Erlass der Anordnungen sachlich zuständig wäre. Die Ermächtigungen betreffen das Verfahrensrecht auf dem in der Vergleichsordnung geregelten Gebiet. Dieser sachliche Inhalt der Ermächtigungen und das Erfordernis einer bundeseinheitlichen Regelung rechtfertigen es, die auf den Reichsminister der Justiz lautenden Ermächtigungen als auf den Bundesminister der Justiz übergegangen anzusehen.

c) Die in §§ 85 Abs. 2, 91 Abs. 2 KO enthaltenen Ermächtigungen lauten auf die Landesjustizverwaltung. Durch die Überleitung der Rechtspflege auf das Reich (vgl. oben II 2 Abs. 2) sind diese Ermächtigungen seinerzeit auf den Reichsminister der Justiz übergegangen, ohne dass es einer ausdrücklichen Änderung des Wortlauts der Ermächtigungen bedurfte. Sie sind nunmehr in gleicher Weise wie die in der Vergleichsordnung enthaltenen Ermächtigungen (§§ 43 Abs. 5, 45 Abs. 2 Satz 2 VglO) nach Art. 129 Abs. 1 GG auf den Bundesminister der Justiz übergegangen.

IV. Übersicht über den Aufbau und den Inhalt der neuen Verordnung

1. Die Verordnung über die Vergütung des Konkursverwalters, des Vergleichsverwalters, der Mitglieder des Gläubigerausschusses und der Mitglieder des Gläubigerbeirats vom 25.5.1960 (BGBl. I, 329) ist in vier Abschnitte aufgeteilt. Der erste Abschnitt regelt die Vergütung des Konkursverwalters, der zweite die Vergütung des Vergleichsverwalters, der dritte die Entschädigung der Mitglieder des Gläubigerausschusses und des Gläubigerbeirats; der vierte Abschnitt enthält die Schlussbestimmungen. Die Vorschriften sind insgesamt in durchlaufender Paragrafenfolge geordnet.

2. Abschnitt I ist wie folgt gegliedert: § 1 bestimmt den Ausgangspunkt (die Grundlage) für die Berechnung der Vergütung des Konkursverwalters; ergänzt wird § 1 Abs. 1 durch die Vorschriften des § 2. In § 3 sind die Regelsätze der Vergütung des Konkursverwalters genannt. § 4 sieht für besonders gelagerte Fälle ein Abweichen von den Regelsätzen vor. Aus § 5 folgt, welche Tätigkeiten und Aufwendungen mit der Vergütung abgegolten sind. § 6 enthält Vorschriften über den Antrag auf Festsetzung der Gebühren und Auslagen. § 7 betrifft Vorschusszahlungen.

Anhang I

14 3. Abschnitt II ist wie folgt gegliedert: § 8 bestimmt den Ausgangspunkt (die Grundlage) für die Berechnung der Vergütung des Vergleichsverwalters. Aus § 9 ergeben sich die Regelsätze der Vergütung des Vergleichsverwalters. In § 10 ist gesagt, wann ein Abweichen von den Regelsätzen gerechtfertigt ist. § 11 enthält im Absatz 1 Bestimmungen darüber, welche Tätigkeiten und Aufwendungen durch die Vergütung abgegolten sind; Absatz 2 regelt die Vergütung des vorläufigen Verwalters; Absatz 3 betrifft die Vergütung für die Tätigkeit des Vergleichsverwalters in einem Nachverfahren. § 12 enthält Vorschriften über die Festsetzung der Vergütung und Auslagen sowie über Vorschusszahlungen.

15 4. Abschnitt III trifft im § 13 Anordnungen über die Entschädigung der Mitglieder des Gläubigerausschusses und des Gläubigerbeirats.

16 5. Abschnitt IV enthält im § 14 Bestimmungen betreffend die Aufhebung von Vorschriften und eine Übergangsregelung, im § 15 die Berlin-Klausel und im § 16 die Bestimmungen über das Inkrafttreten der Verordnung.

V. Vergütung des Konkursverwalters

1. Grundlage der Berechnung

17 a) Die Vergütung des Konkursverwalters wird – wie bisher – grundsätzlich nach der Teilungsmasse berechnet (§ 1 Abs. 1). Zur Teilungsmasse im Sinne dieser Vorschrift gehört nur konkursgebundenes Vermögen des Gemeinschuldners (§§ 1, 117 KO). Gegenstände, die der Aussonderung unterliegen, scheiden aus, weil sie nicht Bestandteile der Konkursmasse sind. Für die Bestimmung der Teilungsmasse gelten im Einzelnen die Vorschriften des § 2, die inhaltlich weitgehend den bisherigen Vorschriften entsprechen. Beibehalten ist auch die Bestimmung, dass Gegenstände, die mit Absonderungsrechten (z. B. Hypotheken, Vertrags- oder Pfändungspfandrechten, Rechten aus einer Sicherungsübereignung) belastet sind, grundsätzlich nur insoweit berücksichtigt werden, als aus ihnen ein Überschuss zur Masse geflossen ist oder voraussichtlich noch fließen wird (§ 2 Nr. 1).

18 b) Aus Wirtschaftskreisen und im Schrifttum (vgl. *Skrotzki*, KTS 57, 152; *Stein*, NJW 57, 1308 f; *von Stockum*, KTS 58, 87, 89 f.) ist angeregt worden, bereits im Rahmen des § 1 Abs. 1 die besondere Belastung eines Konkursverwalters durch die Bearbeitung von Aus- und Absonderungsrechten zu berücksichtigen und diese Rechte – ganz oder zu einem Bruchteil – in die Teilungsmasse einzubeziehen oder sie neben der Teilungsmasse zur Bemessungsgrundlage für die Vergütung des Konkursverwalters zu machen.

19 aa) Eine Berücksichtigung des Wertes von Aus- und Absonderungsrechten bei der Bestimmung der Teilungsmasse ist mit der Gestaltung unseres Konkursrechtes wohl nicht vereinbar. Das Konkursverfahren erfasst nach § 1 KO nur Vermögen des Gemeinschuldners; also nicht die Gegenstände, welche ausgesondert werden können (§ 43 KO). Wer Aussonderung begehrt, macht geltend, dass der Gegenstand nicht zur Konkursmasse gehört. Die Aussonderung erfolgt demgemäß auch außerhalb des Konkurses und unabhängig von dem Verfahren.

20 Gegenstände, aus denen abgesonderte Befriedigung verlangt werden kann, gehören zwar zur Konkursmasse. Für eine Masseverteilung (also als Teilungsmasse) kommen

Anhang I

sie aber nur in Frage, soweit sich nach Durchführung der abgesonderten Befriedigung ein Überschuss ergibt. Die abgesonderte Befriedigung erfolgt – wie die Aussonderung – unabhängig vom Konkursverfahren (§ 4 Abs. 2 KO).

bb) Es geht auch nicht an, den Wert von Aus- und Absonderungsrechten neben der Teilungsmasse allgemein (ganz oder zu einem bestimmten Bruchteil) als Bemessungsgrundlage für die Vergütung des Konkursverwalters zu bestimmen. Lediglich die Konkursmasse ist (als Teilungsmasse) Gegenstand des Konkursverfahrens. Aufgabe des Konkursverwalters ist es, diese Masse zu sammeln, zu verwalten, zu verwerten und zu verteilen. Nur die Konkursmasse (als Teilungsmasse) kann daher als fester Ausgangspunkt allgemein der Bemessung der Vergütung zugrunde gelegt werden. Die Schwierigkeiten, die sich bei der Bearbeitung von Aus- und Absonderungsrechten ergeben, sind bei der Vielgestaltigkeit der Sicherungsformen im Übrigen auch so unterschiedlich, dass eine allgemeine Einbeziehung des Wertes dieser Rechte in die Bemessungsgrundlage des § 1 Abs. 1 den Verhältnissen im Einzelfalle wohl kaum gerecht werden könnte, und zwar auch dann nicht, wenn die entsprechende Bestimmung mit Vorbehalten versehen würde. 21

Die Einbeziehung des Wertes von Aus- und Absonderungsrechten in die Bemessungsgrundlage würde auch der Regelung widersprechen, die in § 51 Abs. 1 GKG für die Gerichtskosten und in § 77 Abs. 1 RAGebO für die Gebühren der Rechtsanwälte getroffen ist. 22

c) Im Rahmen der Bestimmungen über die Vergütung des Konkursverwalters ist jedoch nicht unberücksichtigt geblieben, dass ein Verwalter sich bei der Übernahme des Amtes oft einer großen Zahl von möglichen Fremdrechten gegenübergestellt sieht, mit denen er sich befassen muss, um die Konkursmasse begrenzen zu können. Fremdrechte haben nicht selten auch zur Folge, dass die Teilungsmasse gering ist, sodass die Tätigkeit des Verwalters, insgesamt gesehen, durch den nach der Teilungsmasse bestimmten Regelsatz der Vergütung nicht angemessen entgolten würde. In § 4 Abs. 2 Satz 1 ist nunmehr eine Bestimmung getroffen, die eine Anpassung an die Besonderheiten des Einzelfalles ermöglicht. Danach erhält der Konkursverwalter eine über den Regelsatz hinausgehende Vergütung insbesondere dann, wenn die Bearbeitung von Aus- und Absonderungsrechten einen erheblichen Teil der Verwaltertätigkeit ausgemacht hat, ohne dass die Teilungsmasse entsprechend größer geworden ist. 23

d) Berechnet wird die Vergütung des Konkursverwalters nach der Teilungsmasse, auf die sich die Schlussrechnung erstreckt (§ 1 Abs. 1). Die Wertangaben für die Bestimmung der Teilungsmasse (insbesondere nach § 2) müssen also durch die Schlussrechnung belegt sein. Das ist in jedem Falle möglich; denn die Schlussrechnung ist keine bloße Zusammenstellung der Einnahmen und Ausgaben, sondern eine Übersicht über die gesamte Geschäftsführung des Konkursverwalters (*Jaeger-Weber* KO, § 86 Anm. 2). Sind Massegegenstände veräußert, so ergibt sich bei rechter Gestaltung der Schlussrechnung, um was für Gegenstände es sich gehandelt hat und wie der Erlös im Einzelnen verwendet worden ist. 24

Anhang I

25 e) Nach § 1 Abs. 2 der neuen Vorschriften ist für die Berechnung der Vergütung des Konkursverwalters – ausnahmsweise – der Gesamtbetrag der Konkursforderungen maßgebend, wenn dieser geringer ist als die Teilungsmasse.

2. Regelsätze der Vergütung

26 a) Die Vergütung des Konkursverwalters richtet sich – wie bisher – nach einer Vergütungsstaffel (§ 3). Die früheren Wertstufen sind beibehalten worden; lediglich bei Teilungsmassen über 500.000 DM ist eine weitere Aufteilung erfolgt.

27 b) Die Regelsätze der Vergütung sind jedoch allgemein angehoben worden, weil die geänderten Rechts- und Wirtschaftsverhältnisse sich auch auf die Konkursverwaltung ausgewirkt haben und – gegenüber früher – regelmäßig einen erhöhten Arbeitsaufwand erfordern. Während der Konkursverwalter von den ersten 5.000 DM der Teilungsmasse nach der Vergütungsstaffel der Richtlinien vom 22.2.1936 10 v. H. erhielt, erhält er jetzt von den ersten 5.000 DM 15 v. H.; das ist eine Erhöhung um 50 %. Berücksichtigt man, dass jedenfalls seit dem Jahre 1955 zu den alten Sätzen bereits Zuschläge bis zu 25 % gewährt wurden (vgl. oben II 2 Abs. 3), so enthält die Neufestsetzung jetzt noch eine Anhebung um weitere 25 %. Die Regelsätze sind in den höheren Wertstufen bis zu 500.000 DM gegenüber 1936 ebenfalls um 50 %, unter Berücksichtigung der seit 1955 gewährten Zuschläge also auch um weitere 25 % angehoben worden. Bei Teilungsmassen über 500.000 DM erhielt der Konkursverwalter bislang von dem Mehrbetrage in der Regel 5/8 (1/2+1/8) v. H. Er erhält jetzt regelmäßig von dem Mehrbetrage bis zu 1.000.000 DM 1 v. H., von dem darüber hinausgehenden Mehrbetrag allerdings nur 1/2 v. H.

28 c) Es ist geprüft worden, ob die Vergütung in einem gewissen Umfange nicht auch von dem Ergebnis des Verfahrens abhängig gemacht werden sollte, und zwar in der Weise, dass beim Überschreiten einer bestimmten Konkursquote die Regelvergütung um einen gewissen Hundertsatz erhöht würde. Ein solches allgemeines „Erfolgshonorar" erschien aber schon deswegen bedenklich, weil die Erreichung einer bestimmten Quote nicht in jedem Falle das Verdienst des Verwalters ist. Zu berücksichtigen ist auch, dass es doch zu den Amtspflichten des Konkursverwalters gehört, dem Verfahren zu einem größtmöglichen Erfolge zu verhelfen, sodass ein solcher Erfolg wohl kaum allgemein gesondert honoriert werden kann. Hat der Verwalter jedoch allein durch seine Initiative, seinen erhöhten Einsatz und sein Geschick eine verhältnismäßig hohe Quote erreicht, so kann es angezeigt sein, dies im Einzelfalle bei der Bemessung der Vergütung durch ein Überschreiten des Regelsatzes nach § 4 Abs. 1, 2 auszugleichen.

29 d) In § 3 Abs. 2 ist der Regelmindestsatz der Vergütung unter Berücksichtigung der geänderten Rechts- und Wirtschaftsverhältnisse auf 200 DM angehoben worden.

30 e) § 3 Abs. 3 betreffend die Vergütung in Fällen, in denen mehrere Konkursverwalter nebeneinander bestellt sind, entspricht dem bisherigen Recht.

31 f) § 4 regelt in den Absätzen 1 bis 3, wann ein Abweichen vom Regelsatz der Vergütung in Frage kommt. § 4 Abs. 1 ist die Grundregel dieser Vorschriften. Danach muss, wenn sich im Einzelfall ein Missverhältnis zwischen der Tätigkeit des Konkursverwalters und dem Regelsatz der Vergütung ergibt, dies durch eine entsprechende Abweichung vom Regelsatz ausgeglichen werden. Diese Bestimmung gilt

Anhang I

allgemein, also auch, wenn einer der in § 4 Abs. 2 und 3 besonders angesprochenen Gründe nicht vorliegt.

§ 4 Abs. 2 betrifft besondere Fälle, die ein Überschreiten des Regelsatzes erfordern oder erforderlich machen können. Im Rahmen dieser Vorschrift nimmt Satz 1 eine Sonderstellung ein. Danach erhält der Konkursverwalter eine über dem Regelsatz liegende Vergütung insbesondere dann, wenn die Bearbeitung von Aus- und Absonderungsrechten einen erheblichen Teil der Verwaltertätigkeit ausgemacht hat, ohne dass die Teilungsmasse entsprechend größer geworden ist. Für diese Fälle ist die Bewilligung einer über dem Regelsatz liegenden Vergütung also zwingend vorgeschrieben (ergänzend vgl. oben V 1 c). 32

Nach § 4 Abs. 2 Satz 2 kann der Regelsatz ferner überschritten werden, wenn der Verwalter zur Vermeidung von Nachteilen für die Konkursmasse das Geschäft weitergeführt oder wenn er Häuser verwaltet hat und die Teilungsmasse nicht entsprechend größer geworden ist. Sind diese Voraussetzungen gegeben, so muss im Einzelfall geprüft werden, ob § 4 Abs. 1 ein Überschreiten des Regelsatzes erfordert. Die Fälle des § 4 Abs. 2 Satz 2 sind nicht lediglich beispielhaft aufgezeigt. Ausdrücklich angesprochen sind hier vielmehr Fälle, die in der Regel wohl ein Überschreiten des Regelsatzes rechtfertigen werden. Die Aufzählung ist aber, wie auch § 4 Abs. 1 ergibt (vgl. oben V 2 f Abs. 1), keineswegs erschöpfend. So kann ein Überschreiten des Regelsatzes etwa auch dann gerechtfertigt sein, wenn der Konkursverwalter sich um das Zustandekommen eines Zwangsvergleichs besonders bemüht hat. Auf weitere Gründe, die ein Überschreiten des Regelsatzes rechtfertigen können, ist in V 2 c, V 4 d und VI 4 a (jeweils am Ende) hingewiesen. 33

In § 4 Abs. 3 ist gesagt, wann möglicherweise ein Zurückbleiben hinter dem Regelsatz gerechtfertigt ist. Die Ausdrucksweise der Verordnung ergibt bereits, dass selbst dann, wenn einer der Fälle des § 4 Abs. 3 vorliegt, das Unterschreiten des Regelsatzes nicht geboten ist. Die Vorschrift besagt vielmehr, dass in den genannten Fällen besonderer Anlass zu einer Prüfung der Frage besteht, ob die Regelvergütung unter Berücksichtigung der Umstände sich nicht als zu hoch erweisen würde und nach § 4 Abs. 1 ein Ausgleichen erforderlich ist. 34

3. Nachtragsverteilungen

Für Nachtragsverteilungen gilt die Sonderregelung des § 4 Abs. 4. In Anwendung dieser Vorschrift bestimmt das Gericht nach billigem Ermessen unter Berücksichtigung der Umstände des Einzelfalles, ob und in welcher Höhe Nachtragsverteilungen besonders vergütet werden. Eine besondere Vergütung wird wohl nur dann nicht in Frage kommen, wenn der frühere Konkursverwalter die Verteilung durchgeführt hat, die Verteilung (auch unter Berücksichtigung der Vorarbeiten) keine besondere Mühewaltung erforderte, nur geringe Beträge ausgezahlt wurden und die Zahl der Gläubiger klein war. 35

Es ist davon abzusehen, für die Fälle, in denen eine Vergütung zu gewähren ist, feste Sätze zu bestimmen, weil Nachtragsverteilungen zu verschieden gelagert sein können. Ist eine Vergütung gerechtfertigt, so muss sie so bemessen sein, dass durch sie die erneute Arbeitsleistung des Konkursverwalters ausreichend und angemessen ent- 36

Anhang I

lohnt wird (vgl. *Schrader-Bauer*, Konkurs- und Vergleichsverfahren, Handbuch der amtsgerichtlichen Praxis III, München 1960, S. 120; *Bauer*, „Büro" 1959 S. 50).

4. Abgeltung der allgemeinen Geschäftsunkosten durch die Vergütung

37 a) Nach § 5 Abs. 1 werden durch die Vergütung die allgemeinen Geschäftsunkosten, zu denen der Büroaufwand gehört, abgegolten. Diese allgemeinen Geschäftsunkosten sind keine Auslagen, die dem Konkursverwalter nach § 85 Abs. 1 KO besonders zu erstatten wären. Sie gehören zur Geschäftsführung, für welche der Verwalter die Vergütung erhält. § 5 Abs. 1 Satz 1 entspricht dem § 25 RAGebO, wonach die allgemeinen Geschäftsunkosten gleichfalls nicht als Auslagen besonders berechnet werden, sondern mit den Gebühren entgolten sind.

38 § 5 Abs. 1 Satz 3 enthält eine Auslegungsregel dahin, dass Schreibgebühren und Gehälter von Angestellten, die im Rahmen ihrer laufenden Arbeiten auch bei der Konkursverwaltung beschäftigt werden, der Masse nicht in Rechnung gestellt werden können, weil diese Schreibgebühren und Gehälter zum Büroaufwand des Konkursverwalters gehören und demgemäß als allgemeine Geschäftsunkosten durch die Vergütung abgegolten sind (vgl. dazu *Jaeger-Weber* KO, § 85 Anm. 2b; und für den Vergleichsverwalter *Bley* VglO, § 43 Anm. 6).

39 b) Zu den allgemeinen Geschäftsunkosten gehören nicht die besonderen Unkosten, die dem Verwalter im Einzelfalle (z. B. durch die Einstellung von Hilfskräften für bestimmte Aufgaben im Rahmen der Konkursverwaltung oder durch Reisen) tatsächlich erwachsen (§ 5 Abs. 2 Satz 1). Ob und in welcher Höhe diese besonderen Unkosten nach § 85 Abs. 1 KO als Auslagen zu erstatten sind, wird in der Verordnung nicht entschieden, weil sich die Ermächtigung des § 85 Abs. 2 KO nur auf die Vergütung und nicht auch auf die Auslagen erstreckt. Lediglich zur Klarstellung ist in § 5 Abs. 2 Satz 2 erwähnt, durch § 5 Abs. 1 sei nicht ausgeschlossen, dass die besonderen Unkosten des § 5 Abs. 2 Satz 1 als Auslagen erstattet werden, soweit sie angemessen sind.

40 c) Nach § 5 Abs. 1 Satz 4 gehört zu den allgemeinen Unkosten, welche durch die Vergütung abgegolten werden, auch die vom Konkursverwalter zu zahlende Umsatzsteuer. Eine Überwälzung der vom Konkursverwalter zu zahlenden Umsatzsteuer auf die Masse ist nach § 10 UStG ausgeschlossen, weil die Vergütungen des Konkursverwalters auch dann keine gesetzlich bemessenen Gebühren im Sinne des § 10 Abs. 1 Satz 2 UStG sind, wenn sie nach der vorliegenden Verordnung festgesetzt werden (vgl. mit Bezug auf die Vergütung nach Maßgabe der Richtlinien vom 22.2.1936 *Plückebaum-Malitzky*, Umsatzsteuergesetz, Berlin-Köln 1959, Bem. 5484; *Jaeger-Weber* KO, § 85 Anm. 2b).

41 d) Zu den allgemeinen Geschäftsunkosten, welche durch die Vergütung abgegolten werden, gehören auch die Kosten einer Haftpflichtversicherung (§ 5 Abs. 1 Satz 4). Mit dem Amt des Konkursverwalters ist die persönliche Haftung nach § 82 KO verbunden. Es muss seiner Entscheidung überlassen bleiben, ob er dieserhalb eine Haftpflichtversicherung abschließen will. Tut er das, so würde es eine Verlagerung des Risikos bedeuten, wenn er befugt wäre, die Kosten der Versicherung allgemein auf einen anderen, hier die Konkursmasse, abzuwälzen. In gleicher Weise wie die Haftung nach § 82 KO den Konkursverwalter persönlich trifft, gehen auch die

Anhang I

Kosten einer Haftpflichtversicherung, welche er persönlich zur Deckung seiner Haftpflicht nimmt, grundsätzlich zu seinen Lasten (vgl. *Jaeger-Weber* KO, § 82 Anm. 17; und für den Vergleichsverwalter *Bley* VglO, § 42 Anm. 3a). Vielfach wird auch das normale Haftungsrisiko der Tätigkeit als Konkursverwalter durch eine aus beruflichen Gründen allgemein abgeschlossene Haftpflichtversicherung gedeckt sein. Ist jedoch in einem Insolvenzfalle das Haftungsrisiko des Verwalters wegen der besonders schwierigen Sach- und Rechtslage außergewöhnlich groß und hat der Verwalter aus diesem Grund eine besondere Haftpflichtversicherung abgeschlossen, so kann aus diesem Grunde gar wohl nach § 4 Abs. 1 ein Überschreiten des Regelsatzes der Vergütung gerechtfertigt sein (so auch *Jaeger-Weber* KO, § 85 Anm. 2b; *Bley* a. a. O.).

5. Gebühren des Konkursverwalters für eine anwaltliche oder steuerliche Tätigkeit

a) Aus Wirtschaftskreisen ist angeregt worden, im Rahmen der Verordnung über die Vergütung des Konkursverwalters etc. auch die Frage zu regeln, inwieweit ein Konkursverwalter, der gleichzeitig Rechtsanwalt ist und als solcher Masseprozesse führt oder sonstige Prozesshandlungen vornimmt, die Gebühren für seine anwaltliche Tätigkeit – ohne Anrechnung auf die Vergütung als Konkursverwalter – aus der Masse erstattet verlangen kann. Für eine Regelung dieser Frage ist im Rahmen der Verordnung kein Raum, weil sie von der Ermächtigung des § 85 Abs. 2 KO wohl nicht gedeckt würde. Es darf jedoch auf folgendes hingewiesen werden: Gebühren, die von einem erstattungspflichtigen Gegner nicht verlangt werden können, können auch der Masse nicht in Rechnung gestellt werden, weil der Konkursverwalter insoweit nicht als Rechtsanwalt, sondern als Konkursverwalter tätig war (vgl. *Jaeger-Weber* KO, § 85 Anm. 3b ß, a). Im Übrigen ist zu unterscheiden zwischen Prozesshandlungen, die dem Anwaltszwang unterliegen, und solchen, bei denen eine Vertretung durch Rechtsanwälte nicht geboten ist. Bei Prozesshandlungen, die dem Anwaltszwang unterliegen und nicht pflichtwidrig vorgenommen werden, ist die Anwaltstätigkeit aus der Konkursmasse besonders zu vergüten. Gebühren für Prozesshandlungen, die nicht dem Anwaltszwang unterliegen, können der Konkursmasse nur dann besonders in Rechnung gestellt werden, wenn ein Konkursverwalter, der nicht Rechtsanwalt ist, aber doch die für einen Konkursverwalter allgemein vorauszusetzende Sachkunde und Geschäftsgewandtheit besitzt, die Vornahme der Prozesshandlungen einem Rechtsanwalt übertragen hätte (vgl. *Jaeger-Weber* KO, § 85 Anm. 3 zu 5b ß). 42

b) Diese Grundsätze gelten entsprechend in Fällen, in denen ein Konkursverwalter eine andere spezielle fachliche Ausbildung in den Dienst der Konkursabwicklung stellt, vornehmlich also für den Konkursverwalter, der Steuerfachmann (Steuerberater, Wirtschaftsprüfer) ist. Nach *Jaeger-Weber* KO, § 85 Anm. 3c, kann dieser aus der Masse eine besondere Vergütung nach der für ihn maßgeblichen Gebührenregelung für eine spezielle steuerliche Tätigkeit dann verlangen, wenn ein Konkursverwalter, der keine solche Fachausbildung besitzt, pflichtgemäß für die betreffende Aufgabe einen Steuerfachmann hätte hinzuziehen müssen. Dabei ist jedoch zu berücksichtigen, dass ein durchschnittliches Maß von Fähigkeit, Steuerfragen zu erledigen, bei jedem Konkursverwalter vorausgesetzt werden muss. (Zum Fragenkomplex sei er- 43

Anhang I

gänzend auf die Ausführungen von *Haegele*, KTS 57, 81; *Röhm*, BB 57, 138; *Oswald*, FR 56, 475; jedoch auch auf die abweichende Entscheidung des FG Rheinland-Pfalz, BB 56, 1180 verwiesen).

44 c) Beträge, die der Konkursverwalter als Rechtsanwalt nach der Gebührenordnung für Rechtsanwälte aus der Masse erhält, werden nach § 2 Nr. 3 Satz 2 bei der Bestimmung der Teilungsmasse in Abzug gebracht. Diese Vorschrift wird auch gelten müssen für Beträge, die der Konkursverwalter als Steuerfachmann nach der insoweit für ihn maßgeblichen Gebührenregelung für eine besondere steuerliche Tätigkeit aus der Masse erhält.

6. Festsetzung der Vergütung

45 a) § 6 wiederholt in Absatz 1 Satz 1 die Bestimmung des § 85 Abs. 1 Satz 2 KO, wonach das Konkursgericht die Vergütung und die Auslagen des Konkursverwalters festsetzt. Voraussetzung ist ein begründeter (vgl. § 6 Abs. 3, 4) Antrag des Konkursverwalters. Die Festsetzung erfolgt mit Rücksicht auf § 60 KO, wonach bei Masseunzulänglichkeit die baren Auslagen den Vorrang vor der Vergütung haben, für Vergütung und Auslagen gesondert (§ 6 Abs. 1 Satz 2).

46 b) Nach § 6 Abs. 2 soll der Festsetzungsantrag tunlichst gestellt werden, wenn die Schlussrechnung an das Konkursgericht übersandt wird. Auf diese Weise soll es dem Konkursgericht ermöglicht werden, die Festsetzung der Gebühren und Auslagen zugleich mit der Bekanntgabe der Anberaumung des Schlusstermins (§ 162 in Verbindung mit § 76 KO) öffentlich bekannt zu machen (vgl. dazu *Jaeger-Weber* KO, § 85 Anm. 5).

7. Vorschusszahlungen

47 Einen Vorschuss auf die Vergütung und Auslagen kann der Konkursverwalter nach § 7 Satz 1 aus der Masse nur entnehmen, wenn das Gericht es genehmigt; Genehmigung im Sinne dieser Vorschrift bedeutet vorherige Zustimmung. Das Gericht soll die Genehmigung nur erteilen, wenn das Konkursverfahren ungewöhnlich lange (etwa mehrere Jahre) dauert oder besonders hohe Auslagen erforderlich werden (§ 7 Satz 2); die Rechtswirksamkeit der Genehmigung ist jedoch von dieser Voraussetzung nicht abhängig.

8. Private Vereinbarungen über die Vergütung

48 In A V 2 der Richtlinien vom 22.2.1936 war bestimmt, dass der Konkursverwalter weder mit dem Gemeinschuldner noch mit einem Dritten Vereinbarungen über eine Vergütung oder den Ersatz von Auslagen treffen dürfe, und zwar auch nicht im Zusammenhang mit einem Zwangsvergleich. Auch sei es unzulässig, dass der Konkursverwalter sich neben der Vergütung ein Entgelt (Gehalt oder dgl.) für die Weiterführung des Geschäfts des Gemeinschuldners zahlen lasse. Diese Bestimmungen sind in die neue Verordnung nicht übernommen, weil sie von der Ermächtigung in § 85 Abs. 2 KO wohl kaum gedeckt werden. Aus dem Fehlen der Bestimmungen kann aber nicht geschlossen werden, dass nunmehr Vereinbarungen über die Höhe der Vergütung oder die Zahlung eines besonderen Entgelts für die Weiterführung des Schuldnergeschäfts zulässig wären. Die Unzulässigkeit solcher Vereinbarungen folgt vielmehr unmittelbar aus § 85 KO, der durch die richterliche

Anhang I

Festsetzung der Vergütung des Konkursverwalters die Unabhängigkeit des Verwalters von einzelnen Verfahrensbeteiligten sichern will (vgl. *Jaeger-Weber* KO, § 85 Anm. 2). Für den Vergleichsverwalter ist die Frage in § 43 Abs. 4 VglO ausdrücklich geregelt.

VI. Vergütung des Vergleichsverwalters

1. Bemessungsgrundlage

a) Die Vergütung des Vergleichsverwalters wird – wie bisher – grundsätzlich nach dem Aktivvermögen des Schuldners berechnet (§ 8 Abs. 1 Satz 1). Für die Bestimmung des Aktivvermögens ist nicht § 58 GKG maßgebend; es gelten vielmehr die besonderen Vorschriften des § 8 Abs. 1 und 2, die inhaltlich im Wesentlichen auch den bisherigen Vorschriften entsprechen. Auszugehen ist nach § 8 Abs. 1 Satz 2 von der Vermögensübersicht, die nach §§ 4 Abs. 1 Nr. 1, 5 VglO als Anlage zum Vergleichsantrag mit diesem einzureichen ist. Zu berücksichtigen sind Berichtigungen dieses ursprünglichen Vermögensverzeichnisses, die sich im Laufe des Verfahrens (etwa auf Grund der Angabe des Schuldners oder auf Grund von Ermittlungen des Gerichts oder des Vergleichsverwalters) ergeben (§ 8 Abs. 1 Satz 2 Halbs. 2). Gegenstände, die im Konkurs der Aussonderung unterliegen, scheiden aus, weil sie nicht dem Schuldner gehören. Der Wert von Gegenständen, die mit Absonderungsrechten (z. B. Hypotheken, Vertrags- oder Pfändungspfandrechten, Rechten aus einer Sicherungsübereignung) belastet sind, wird nur insoweit in Ansatz gebracht, als er den Wert dieser Rechte übersteigt (§ 8 Abs. 2 Nr. 1); Gegenstände, die lediglich dem Vermieterpfandrecht unterliegen, werden jedoch voll berücksichtigt. 49

b) Ist der Gesamtbetrag der Vergleichsforderungen (vgl. §§ 25 bis 28, 36 VglO) geringer als das Aktivvermögen des Schuldners, so ist für die Berechnung der Vergütung des Vergleichsverwalters der Gesamtbetrag der Vergleichsforderungen maßgebend (§ 8 Abs. 3). 50

2. Regelsätze der Vergütung

a) Die Vergütung des Vergleichsverwalters ist nach dem Betrag der Bemessungsgrundlage (Aktivvermögen oder – in Ausnahmefällen – Gesamtbetrag der Vergleichsforderungen) gestaffelt. Dabei ist von der für den Konkursverwalter geltenden Staffel des § 3 Abs. 1 auszugehen. Der Vergleichsverwalter erhält je nach dem Umfang und der Schwierigkeit seiner Geschäftsführung in der Regel 1/4 bis 1/2 der für den Konkursverwalter geltenden Sätze (§ 9). Die Regelsätze der Vergütung des Vergleichsverwalters sind also in einer doppelten Weise angehoben. Zunächst kommt dem Vergleichsverwalter die Erhöhung der Sätze für den Konkursverwalter zugute (vgl. oben V 2 a, b). Außerdem sind die Regelsätze für den Vergleichsverwalter in ein günstigeres Verhältnis zu den für den Konkursverwalter geltenden Sätzen gebracht worden (1/4 bis 1/2 statt – wie bisher – 1/5 bis 1/3). Diese Anhebung war erforderlich, dürfte andererseits aber auch den allgemein schwierigen und wirtschaftlich bedeutsamen Aufgaben des Vergleichsverwalters gerecht werden. Es ist nämlich zu berücksichtigen, dass die Berechnungsgrundlage für die Vergütung des Vergleichsverwalters (Aktivvermögen) in der Regel bereits wesentlich höhere Ausgangswerte ergibt als die für den Konkursverwalter maßgebliche Berechnungsgrundlage (Teilungsmasse). 51

Anhang I

52 b) Angehoben ist in § 9 auch der Regelmindestbetrag der Vergütung des Vergleichsverwalters (150 statt – wie bisher – 100 DM).

53 c) Ergibt sich im Einzelfall ein Missverhältnis zwischen der Tätigkeit des Vergleichsverwalters und dem Regelsatz der Vergütung nach §§ 8, 9, so ist dies durch eine entsprechende Abweichung vom Regelsatz auszugleichen (§ 10 Abs. 1 in Verbindung mit § 4 Abs. 1).

54 Entsprechend der für den Konkursverwalter geltenden Vorschrift des § 4 Abs. 2 Satz 1 bestimmt § 10 Abs. 2 Satz 1, dass der Vergleichsverwalter eine über dem Regelsatz des § 9 liegende Vergütung insbesondere dann erhält, wenn die Prüfung von Aus- und Absonderungsrechten einen erheblichen Teil der Verwaltertätigkeit ausgemacht hat (§ 10 Abs. 2 Satz 1). Für die Fälle des § 10 Abs. 2 Satz 1 ist damit auch im Hinblick auf die Vergütung des Vergleichsverwalters (vgl. die Regelung in § 4 Abs. 2 Satz 1 für den Konkursverwalter) die Bewilligung einer über dem Regelsatz liegenden Vergütung zwingend vorgeschrieben.

55 Ein Überschreiten des Regelsatzes der Vergütung des Vergleichsverwalters kann nach § 10 Abs. 2 Satz 2 ferner in Betracht kommen, wenn infolge anderer durch das Verfahren bedingter Umstände die Verwaltertätigkeit besonders umfangreich war. In einem Klammervermerk der Bestimmung sind einzelne Vorgänge aufgezeigt, die eine besonders umfangreiche Verwaltertätigkeit auslösen können. Die Bestimmung des § 10 Abs. 2 Satz 2 ist (wie die Bestimmung des § 4 Abs. 2 Satz 2 für den Konkursverwalter; vgl. dazu oben V f Abs. 3) nicht erschöpfend.

56 In § 10 Abs. 3 ist aufgezeigt, wann möglicherweise ein Zurückbleiben hinter dem Regelsatz der Vergütung nach § 9 gerechtfertigt ist. Die Ausdrucksweise der Bestimmung ergibt hier (wie bei § 4 Abs. 2 Satz 3; vgl. oben V 2 f Abs. 4), dass selbst dann, wenn einer der Fälle des § 10 Abs. 3 vorliegt, ein Unterschreiten des Regelsatzes nicht in jedem Falle geboten ist. § 10 Abs. 3 dient vornehmlich als Hinweis, wann besonderer Anlass zu der Prüfung besteht, ob die Regelvergütung des § 9 unter Berücksichtigung der Umstände des Falles sich nicht als zu hoch erweisen würde und nach § 10 Abs. 1 – in Verbindung mit § 4 Abs. 1 – ein Ausgleichen erforderlich ist.

3. Umfang der durch die Vergütung abgegoltenen Tätigkeit

57 Für den Umfang der durch die Vergütung des Vergleichsverwalters entgoltenen Tätigkeit gilt § 5 entsprechend (§ 11 Abs. 1 Satz 1). Es werden also durch die Vergütung auch die allgemeinen Geschäftsunkosten, zu denen der Büroaufwand gehört, abgegolten, nicht dagegen die besonderen Unkosten, die dem Verwalter im Einzelfalle erwachsen. Zur Vermeidung von Wiederholungen darf auf die Ausführungen zu § 5 (vgl. oben V 4) verwiesen werden.

58 Unter Bezugnahme auf § 43 Abs. 1 Satz 2 VglO ist zur Klarstellung in § 11 Abs. 1 Satz 2 ergänzend bestimmt, dass die Vergütung des Vergleichsverwalters in der Regel auch die Auslagen des Verwalters für die Prüfung der Bücher oder die Abschätzung der Warenbestände des Schuldners deckt. Nach § 43 Abs. 1 Satz 2 VglO kann nämlich der Vergleichsverwalter Aufwendungen, die daraus entstehen, dass er durch Sachverständige die Bücher des Schuldners prüfen und seine Warenbestände schätzen lässt, als Auslagen nur dann erstattet verlangen, wenn das Vergleichsge-

Anhang I

richt vorher der Beiziehung zugestimmt hat; das Gericht soll nur zustimmen, wenn die Prüfung oder die Schätzung besondere Schwierigkeiten bietet.

4. Vergütung der Geschäftsführung im Vor- und Nachverfahren

a) Wird der nach § 11 VglO für das Vorverfahren bestellte vorläufige Verwalter nach § 20 VglO auch als Vergleichsverwalter für das Vergleichsverfahren bestellt, so wird seine Tätigkeit als vorläufiger Verwalter im Vorverfahren nicht besonders vergütet (§ 11 Abs. 2 Satz 1). Ergibt sich im Einzelfalle jedoch, dass der Regelsatz der Vergütung des Vergleichsverwalters (§ 9) zu seiner gesamten Tätigkeit unter Einbeziehung der erforderlichen Arbeiten im Vorverfahren nicht in dem rechten Verhältnis steht, so kann aber nach § 10 Abs. 1 in Verbindung mit § 4 Abs. 1 ein Überschreiten des Regelsatzes der Vergütung gerechtfertigt sein. 59

b) Wird der vorläufige Verwalter nicht zum Vergleichsverwalter bestellt, so erhält er für seine Tätigkeit als vorläufiger Verwalter einen angemessenen Bruchteil der in § 9 für den Vergleichsverwalter vorgesehenen Regelvergütung (§ 11 Abs. 2 Satz 2). Die Bestimmungen des § 10 sind entsprechend zu berücksichtigen. 60

c) Besonders vergütet wird – wie in § 11 Abs. 3 Satz 1 unter Hinweis auf § 43 Abs. 2 Satz 3 VglO bestimmt ist – die Tätigkeit des Vergleichsverwalters in einem Nachverfahren nach § 96 VglO. Maßgebend für die Höhe der Vergütung sind Art und Umfang der Tätigkeit des Verwalters im Nachverfahren. Besonders zu berücksichtigen ist, inwieweit der Vergleich erfüllt ist (§ 11 Abs. 3 Satz 2; auch § 43 Abs. 2 Satz 3 VglO). Nach § 11 Abs. 3 Satz 3 soll die Vergütung für die Geschäftsführung des Vergleichsverwalters im Nachverfahren in der Regel einen angemessenen Bruchteil der Vergütung für das Vergleichsverfahren nicht übersteigen. Durch diese Bestimmung wird nicht ausgeschlossen, dass die Vergütung für das Nachverfahren unter Berücksichtigung der besonderen Umstände des Einzelfalles ausnahmsweise gleich hoch oder sogar höher sein kann als die Vergütung für das Vergleichsverfahren. 61

5. Festsetzung der Vergütung

a) Die Höhe der Vergütung und der Auslagen des Vergleichsverwalters setzt das Vergleichsgericht fest. Die Festsetzung erfolgt nach § 12 Abs. 1 für Vergütung und Auslagen gesondert. Ihren Rechtsgrund hat diese Vorschrift in § 105 VglO in Verbindung mit § 60 KO; danach haben in einem Anschlusskonkurs bei Unzulänglichkeit der Masse die baren Auslagen den Vorrang vor der Vergütung. 62

b) Die Festsetzung der Vergütung und Auslagen erfolgt alsbald nach der Beendigung des Amtes des Vergleichsverwalters. Ist in dem Verfahren ein Vergleich geschlossen und bestätigt, so ist jedoch wie folgt zu unterscheiden: Wird das Verfahren mit der Bestätigung des Vergleichs aufgehoben (§§ 90, 91 VglO), so sind die Vergütung und Auslagen alsbald nach der Bestätigung des Vergleichs und Aufhebung des Verfahrens festzusetzen. Wird das Verfahren nicht mit der Bestätigung des Vergleichs aufgehoben, sondern nach § 96 fortgesetzt, so erfolgt die Festsetzung alsbald nach der Bestätigung des Vergleichs, jedoch zunächst nur für die Zeit bis zur Bestätigung des Vergleichs (§ 12 Abs. 2 Satz 1; dazu § 43 Abs. 2 Satz 2 VglO). Für das Nachverfahren (§ 96 VglO) werden die Vergütung und Auslagen 63

Anhang I

dann alsbald nach der Beendigung des Nachverfahrens gesondert festgesetzt (§ 12 Abs. 2 Satz 2; auch § 43 Abs. 2 Satz 3 VglO). Ergänzend vgl. dazu oben VI 4 c.

6. Vorschusszahlungen

64 Vorschusszahlungen auf die Vergütung und Auslagen des Vergleichsverwalters bedürfen der Genehmigung des Gerichts; Genehmigung auch hier – wie in den Fällen des § 7 – im Sinne vorheriger Zustimmung. Das Gericht soll die Genehmigung nur in ganz besonders gelagerten Ausnahmefällen erteilen (§ 12 Abs. 3); diese Voraussetzung kann gegeben sein, wenn außergewöhnlich hohe Auslagen entstanden sind oder bevorstehen.

VII. Entschädigung der Mitglieder des Gläubigerausschusses und des Gläubigerbeirats

65 1. Die Mitglieder des Gläubigerausschusses im Konkursverfahren haben nach § 91 Abs. 1 Satz 1 KO Anspruch auf Erstattung angemessener barer Auslagen und auf Vergütung für ihre Geschäftsführung. Die Höhe der Vergütung richtet sich nach der Art und dem Umfang der Tätigkeit im Einzelfalle; maßgebend ist im Allgemeinen der erforderliche Zeitaufwand (§ 13 Abs. 1 Satz 1, 2). Im Hinblick auf die Bedeutung des Gläubigerausschusses und seinen Aufgabenbereich sowie mit Rücksicht auf die Pflichten und die Verantwortlichkeit der einzelnen Mitglieder ist in § 11 Abs. 1 Satz 3 bestimmt, dass die Vergütung regelmäßig mindestens 5 DM je Stunde beträgt. Lediglich zur Klarstellung weist § 13 Abs. 1 Satz 4 darauf hin, dass dies auch für die Teilnahme an einer Gläubigerversammlung und für die Vornahme einer Kassenprüfung gilt.

66 Die Festsetzung der Auslagen und der Vergütung für die Mitglieder des Gläubigerausschusses erfolgt nach Anhörung der Gläubigerversammlung durch das Konkursgericht (§ 91 Abs. 1 Satz 2 KO).

67 2. Die Mitglieder des Gläubigerbeirats im Vergleichsverfahren können nach § 45 Abs. 2 Satz 1 VglO von dem Schuldner die Erstattung angemessener barer Auslagen sowie angemessenen Ersatz für Zeitversäumnis verlangen. Die Höhe der Auslagen und des Ersatzes für Zeitversäumnis setzt das Vergleichsgericht fest (§ 45 Abs. 2 Satz 2 in Verbindung mit § 43 Abs. 2 VglO; auch zur getrennten Festsetzung für das Vergleichsverfahren und das Nachverfahren). Da die Arbeit und die Verantwortlichkeit der Mitglieder eines Gläubigerbeirates im Vergleichsverfahren in ihrer wirtschaftlichen Bedeutung allgemein der Tätigkeit und der Verantwortlichkeit von Mitgliedern eines Gläubigerausschusses im Konkursverfahren gleichstehen dürfte, ist durch § 13 Abs. 2 Satz 2 in Verbindung mit Absatz 1 Satz 3 und 4 angeordnet, dass die Mitglieder des Gläubigerbeirats als Ersatz für Zeitversäumnisse ebenfalls regelmäßig mindestens 5 DM je Stunde erhalten sollen und dass dies auch für die Teilnahme an einer Gläubigerbeiratssitzung sowie für die Vornahme einer Kassenprüfung gilt.

VIII. Schlussvorschriften

68 1. Die Verordnung über die Vergütung des Konkursverwalters, des Vergleichsverwalters, der Mitglieder des Gläubigerausschusses und der Mitglieder des Gläubigerbeirats ist am 25.5.1960 erlassen und am 22.6.1960 im Bundesgesetzblatt I S. 329

Anhang I

verkündet worden. Sie tritt am 1.10.1960 in Kraft (§ 16). Gleichzeitig treten die durch die Allgemeine Verfügung des früheren Reichsministers der Justiz vom 22.2.1936 erlassenen Richtlinien für die Vergütung des Konkurs- und Vergleichsverwalters und der Mitglieder des Gläubigerausschusses und Gläubigerbeirats (Deutsche Justiz S. 311) sowie alle übrigen auf Grund von §§ 85 Abs. 2, 91 Abs. 2 KO und §§ 43 Abs. 5, 45 Abs. 2 VglO erlassenen Anordnungen und Verfügungen des früheren Reichsministers der Justiz und der Landesjustizverwaltung außer Kraft (§ 14 Abs. 1).

Als Übergangsregelung ist in § 14 Abs. 2 bestimmt, dass für Konkurs- und Vergleichsverfahren, die im Zeitpunkt des Inkrafttretens dieser Verordnung (1.10.1960) bereits eröffnet sind, die früheren Bestimmungen anwendbar bleiben. Da auch die Richtlinien vom 22.2.1936 ein Überschreiten des Regelsatzes der Vergütungen des Konkurs- und Vergleichsverwalters zum Ausgleich von Unbilligkeiten zulassen, schließt § 14 Abs. 2 nicht aus, dass in Verfahren, die unter die Übergangsregelung fallen, unter Berücksichtigung der besonderen Umstände Vergütungen festgesetzt werden, wie sie bei Anwendung der neuen Verordnung in Frage kommen würden. 69

2. § 15 enthält die Berlin-Klausel. Danach gilt die Verordnung im Land Berlin, wenn sie dort in Kraft gesetzt wird. 70

Anhang II

Anhang II
Verordnung über die Vergütung des Konkursverwalters, des Vergleichsverwalters, der Mitglieder des Gläubigerausschusses und der Mitglieder des Gläubigerbeirats

vom 25. Mai 1960 (BGBl. I 1960, 329)

geändert durch Verordnung zur Änderung der Verordnung über die Vergütung des Konkursverwalters, des Vergleichsverwalters, der Mitglieder des Gläubigerausschusses und der Mitglieder des Gläubigerbeirats vom 22. Dezember 1967 (BGBl. I 1967, 1366), der Zweiten Verordnung zur Änderung der Verordnung über die Vergütung des Konkursverwalters, des Vergleichsverwalters, der Mitglieder des Gläubigerausschusses und der Mitglieder des Gläubigerbeirats vom 19. Juli 1972 (BGBl. I 1972, 1260), der Dritten Verordnung zur Änderung der Verordnung über die Vergütung des Konkursverwalters, des Vergleichsverwalters, der Mitglieder des Gläubigerausschusses und der Mitglieder des Gläubigerbeirats vom 8. Dezember 1977 (BGBl. I 1977, 2482) und der Vierten Verordnung zur Änderung der Verordnung über die Vergütung des Konkursverwalters, des Vergleichsverwalters, der Mitglieder des Gläubigerausschusses und der Mitglieder des Gläubigerbeirats vom 11. Juni 1979 (BGBl. I 1979, 637).

Erster Abschnitt
Vergütung des Konkursverwalters

§ 1
Grundsätze für die Vergütung

(1) Die Vergütung des Konkursverwalters wird nach der Teilungsmasse berechnet, auf die sich die Schlussrechnung erstreckt.

(2) Ist der Gesamtbetrag der Konkursforderungen geringer, so ist dieser maßgebend.

§ 2
Bestimmung der Teilungsmasse

Die Teilungsmasse ist im einzelnen wie folgt zu bestimmen:

1. ¹Massegegenstände, die mit Absonderungsrechten (z. B. Hypotheken, Vertrags- oder Pfändungspfandrechten, Rechten aus einer Sicherungsübereignung) belastet sind, werden nur insoweit berücksichtigt, als aus ihnen ein Überschuss zur Masse geflossen ist oder voraussichtlich noch fließen wird. ²Gegenstände, die dem Vermieterpfandrecht unterliegen, werden jedoch voll berücksichtigt, auch wenn auf Grund des Pfandrechts Zahlungen aus der Masse an den Vermieter geleistet sind.

2. Werden Aus- oder Absonderungsrechte abgefunden, so wird die aus der Masse hierfür gewährte Leistung vom Sachwert der Gegenstände, auf die sich diese Rechte erstrecken, abgezogen.

3. ¹Massekosten und Masseschulden werden nicht abgesetzt. ²Beträge, die der Konkursverwalter als Rechtsanwaltsgebühren aus der Masse erhält, werden jedoch in Abzug gebracht.
4. Steht einer Forderung eine Gegenforderung gegenüber, so wird lediglich der bei einer Verrechnung sich ergebende Überschuss berücksichtigt.
5. Wird das Geschäft des Gemeinschuldners weitergeführt, so ist aus den Einnahmen nur der Überschuss zu berücksichtigen, der sich nach Abzug der Ausgaben ergibt.
6. ¹Ein zur Durchführung des Verfahrens von einem anderen als dem Gemeinschuldner geleisteter Vorschuss oder ein zur Erfüllung eines Zwangsvergleichs zur Masse geleisteter Zuschuss bleibt außer Betracht. ²Gleiches gilt für den Verzicht eines Gläubigers auf seine Forderung.

§ 3
Vergütung in v. H. der Teilungsmasse; Mindestvergütung;
Vergütung mehrerer Konkursverwalter

(1) Der Konkursverwalter erhält in der Regel

von den ersten	10.000 DM der Teilungsmasse	15 v. H.,
von dem Mehrbetrag bis zu	50.000 DM der Teilungsmasse	12 v. H.,
von dem Mehrbetrag bis zu	100.000 DM der Teilungsmasse	6 v. H.,
von dem Mehrbetrag bis zu	500.000 DM der Teilungsmasse	2 v. H.,
von dem Mehrbetrag bis zu	1 000.000 DM der Teilungsmasse	1 v. H.,
von dem darüber hinausgehenden Betrag		1/2 v. H.

(2) Die Vergütung soll in der Regel mindestens 400 DM betragen.

(3) Sind mehrere Konkursverwalter nebeneinander bestellt, so sind die Vergütungen so zu berechnen, dass sie zusammen den Betrag nicht übersteigen, der in dieser Verordnung als Vergütung für einen Konkursverwalter vorgesehen ist.

§ 4
Abweichende Vergütung; Vergütung von
Nachtragsverteilungen; Umsatzsteuer

(1) Die Vergütung ist abweichend vom Regelsatz (§§ 1 bis 3) festzusetzen, wenn Besonderheiten der Geschäftsführung des Konkursverwalters es erfordern.

(2) Eine den Regelsatz übersteigende Vergütung ist insbesondere festzusetzen, wenn

a) die Bearbeitung von Aus- und Absonderungsrechten einen erheblichen Teil der Verwaltertätigkeit ausgemacht hat, ohne dass die Teilungsmasse entsprechend größer geworden ist, oder

b) der Verwalter zur Vermeidung von Nachteilen für die Konkursmasse das Geschäft weitergeführt oder er Häuser verwaltet hat und die Teilungsmasse nicht entsprechend größer geworden ist.

Anhang II

(3) Ein Zurückbleiben hinter dem Regelsatz kann insbesondere gerechtfertigt sein, wenn

a) der Konkursverwalter in einem früheren Vergleichsverfahren als Vergleichsverwalter erhebliche Vorarbeiten für das Konkursverfahren geleistet und dafür eine entsprechende Vergütung erhalten hat oder

b) die Masse bereits zu einem wesentlichen Teil verwertet war, als der Konkursverwalter das Amt übernahm, oder

c) das Konkursverfahren vorzeitig beendet wird (etwa durch Aufhebung des Eröffnungsbeschlusses oder durch Einstellung des Verfahrens) oder

d) die Teilungsmasse groß war und die Geschäftsführung verhältnismäßig geringe Anforderungen an den Konkursverwalter stellte.

(4) Ob und in welcher Höhe Nachtragsverteilungen besonders vergütet werden, bestimmt das Gericht nach billigem Ermessen unter Berücksichtigung der Umstände des Einzelfalls.

(5) [1]In der Vergütung ist die vom Konkursverwalter zu zahlende Umsatzsteuer enthalten. [2]Wird für die Leistung des Konkursverwalters jedoch eine Umsatzsteuer nach § 12 Abs. 1 des Umsatzsteuergesetzes erhoben, so erhält er einen Ausgleich in Höhe der Hälfte des Betrages, der sich aus der Anwendung des allgemeinen Steuersatzes auf die sonstige Vergütung ergibt.

§ 5
Abgeltung der allgemeinen Geschäftsunkosten
durch die Vergütung

(1) [1]Durch die Vergütung sind die allgemeinen Geschäftsunkosten abgegolten. [2]Zu den allgemeinen Geschäftsunkosten gehört der Büroaufwand des Konkursverwalters. [3]Schreibgebühren und Gehälter von Angestellten, die im Rahmen ihrer laufenden Arbeiten auch bei der Konkursverwaltung beschäftigt werden, können der Masse daher nicht – auch nicht anteilig – in Rechnung gestellt werden. [4]Gleiches gilt für die Kosten einer Haftpflichtversicherung.

(2) [1]Zu den allgemeinen Geschäftsunkosten gehören nicht die besonderen Unkosten, die dem Verwalter im Einzelfall (z. B. durch die Einstellung von Hilfskräften für bestimmte Aufgaben im Rahmen der Konkursverwaltung oder durch Reisen) tatsächlich erwachsen. [2]Durch Absatz 1 wird nicht ausgeschlossen, dass diese besonderen Unkosten als Auslagen erstattet werden, soweit sie angemessen sind.

§ 6
Festsetzung von Auslagen und Vergütung
durch das Konkursgericht auf Antrag

(1) [1]Vergütung und Auslagen werden auf Antrag des Konkursverwalters vom Konkursgericht festgesetzt. [2]Die Festsetzung erfolgt für die Vergütung und Auslagen gesondert.

(2) Der Antrag soll tunlichst gestellt werden, wenn die Schlussrechnung an das Konkursgericht übersandt wird.

Anhang II

(3) In dem Antrag ist anzugeben und näher darzulegen, inwieweit die in der Schlussrechnung ausgewiesenen Einnahmen als Teilungsmasse anzusehen sind.

(4) ¹Auslagen hat der Konkursverwalter einzeln anzuführen und zu belegen. ²Ist zweifelhaft, ob eine Aufwendung als Masseschuld nach § 59 KO oder als eine nach § 85 KO zu erstattende Auslage anzusehen ist, so hat er den Posten zu erläutern. ³Dies kann erforderlich werden, wenn Entschädigungen an Hilfskräfte gezahlt worden sind, die zur Beaufsichtigung des Geschäfts, zur Ordnung des Lagers oder zur Bestandsaufnahme herangezogen wurden; hatte der Verwalter diese Aufgaben eigenen Angestellten übertragen, so ist dies anzugeben.

§ 7
Vorschuss auf Vergütung und Auslagen

¹Der Konkursverwalter kann aus der Masse einen Vorschuss auf die Vergütung und Auslagen entnehmen, wenn das Konkursgericht es genehmigt. ²Die Genehmigung soll erteilt werden, wenn das Konkursverfahren ungewöhnlich lange dauert oder besonders hohe Auslagen erforderlich werden.

Zweiter Abschnitt
Vergütung des Vergleichsverwalters

§ 8
Grundsatz: Vergütung nach dem Aktivvermögen

(1) ¹Die Vergütung des Vergleichsverwalters wird nach dem Aktivvermögen des Schuldners berechnet. ²Das Aktivvermögen ergibt sich aus der mit dem Vergleichsantrag eingereichten Vermögensübersicht (§ 5 VerglO); Berichtigungen, die sich im Laufe des Verfahrens (etwa auf Grund der Angaben des Schuldners oder auf Grund von Ermittlungen des Gerichts oder des Vergleichsverwalters) ergeben, werden berücksichtigt.

(2) Für die Bestimmung des Aktivvermögens gilt im Einzelnen Folgendes:

1. Der Wert von Gegenständen, die mit Absonderungsrechten belastet sind, wird nur insoweit in Ansatz gebracht, als er den Wert dieser Rechte übersteigt.
2. Werden Aus- oder Absonderungsrechte abgefunden, so sind von dem Wert der Gegenstände die Abfindungsbeträge abzusetzen.
3. Steht einer Forderung eine Gegenforderung gegenüber, so ist lediglich der bei einer Verrechnung sich ergebende Überschuss zu berücksichtigen.
4. Die zur Erfüllung eines Vergleichs von einem Dritten geleisteten Zuschüsse bleiben außer Betracht.

(3) Ist der Gesamtbetrag der Vergleichsforderungen geringer als das Aktivvermögen des Schuldners, so ist für die Berechnung der Vergütung des Vergleichsverwalters der Gesamtbetrag der Vergleichsforderungen maßgebend.

Anhang II

§ 9
Regelsätze der Vergütung; Mindestvergütung

Der Vergleichsverwalter erhält als Vergütung in der Regel ½ der in § 3 Abs. 1 für den Konkursverwalter bestimmten Sätze, in der Regel jedoch mindestens 300 DM.

§ 10
Abweichende Vergütung

(1) § 4 Abs. 1 gilt für den Vergleichsverwalter entsprechend.

(2) Eine den Regelsatz übersteigende Vergütung ist insbesondere festzusetzen, wenn

a) die Prüfung von Aus- und Absonderungsrechten einen erheblichen Teil der Verwaltertätigkeit ausgemacht hat oder

b) durch die Ausübung des Mitwirkungsrechts bei Rechtsgeschäften des Schuldners nach § 57 VerglO oder durch Maßnahmen mit Rücksicht auf Verfügungsbeschränkungen des Schuldners nach §§ 58 ff. VerglO oder infolge anderer durch das Verfahren bedingter Umstände die Verwaltertätigkeit besonders umfangreich war.

(3) Ein Zurückbleiben hinter dem Regelsatz kann insbesondere gerechtfertigt sein, wenn

a) das Vergleichsverfahren durch Einstellung vorzeitig beendet wurde oder

b) das Aktivvermögen des Schuldners groß war und das Verfahren verhältnismäßig geringe Anforderungen an den Verwalter stellte oder

c) der Verwalter ausnahmsweise zum Vergleichsverwalter bestellt wurde, obwohl er vor der Stellung des Antrags auf Eröffnung des Vergleichsverfahrens zur Vorbereitung des Vergleichsantrags tätig war und für die vorbereitende Tätigkeit ein Entgelt erhalten hat.

(4) § 4 Abs. 5 gilt für den Vergleichsverwalter entsprechend.

§ 11
Abgeltung der allgemeinen Geschäftsunkosten;
vorläufiger Verwalter; Nachverfahren

(1) ¹Für den Umfang der durch die Vergütung des Vergleichsverwalters abgegoltenen Tätigkeit und den Ersatz der besonderen Auslagen gilt § 5 entsprechend. ²Die Vergütung deckt in der Regel auch die Auslagen des Verwalters für die Prüfung der Bücher oder die Abschätzung der Warenbestände des Schuldners (§ 43 Abs. 1 Satz 2 VerglO).

(2) ¹Eine Tätigkeit, die der Vergleichsverwalter vor der Eröffnung des Vergleichsverfahrens als vorläufiger Verwalter ausgeübt hat, wird nicht besonders vergütet. ²Wird der vorläufige Verwalter nicht zum Vergleichsverwalter bestellt, so erhält er für seine Tätigkeit als vorläufiger Verwalter einen angemessenen Bruchteil der in § 9 für den Vergleichsverwalter vorgesehenen Regelvergütung. ³§ 10 gilt entsprechend.

Anhang II

(3) ¹Die Tätigkeit des Vergleichsverwalters in einem Nachverfahren nach § 96 VerglO wird besonders vergütet (§ 43 Abs. 2 Satz 3 VerglO). ²Die Vergütung wird nach der Art und dem Umfang der Tätigkeit des Verwalters im Nachverfahren bemessen; zu berücksichtigen ist, inwieweit der Vergleich erfüllt worden ist. ³Die Vergütung soll in der Regel einen angemessenen Bruchteil der Vergütung für das Vergleichsverfahren nicht überschreiten.

§ 12
Festsetzung von Vergütung und Auslagen

(1) Vergütung und Auslagen werden von dem Vergleichsgericht getrennt festgesetzt.

(2) ¹Die Festsetzung erfolgt alsbald nach der Beendigung des Amtes des Vergleichsverwalters oder – wenn das Verfahren nicht mit der Bestätigung des Vergleichs endet – alsbald nach der Bestätigung des Vergleichs. ²Für das Nachverfahren werden die Vergütung und Auslagen alsbald nach dessen Beendigung festgesetzt.

(3) Vorschusszahlungen auf die Vergütung und den Auslagenersatz soll das Gericht nur in Ausnahmefällen bewilligen.

Dritter Abschnitt
Entschädigung der Mitglieder des Gläubigerausschusses
und des Gläubigerbeirats

§ 13
Entschädigung der Mitglieder des Gläubigerausschusses
und des Gläubigerbeirats

(1) ¹Die Vergütung der Mitglieder des Gläubigerausschusses im Konkursverfahren richtet sich nach der Art und dem Umfang ihrer Tätigkeit. ²Maßgebend ist im allgemeinen der erforderliche Zeitaufwand. ³Die Vergütung beträgt regelmäßig 15 DM je Stunde. ⁴Dies gilt auch für die Teilnahme an einer Gläubigerausschusssitzung und für die Vornahme einer Kassenprüfung.

(2) ¹Der Anspruch der Mitglieder des Gläubigerbeirats auf Ersatz für Zeitversäumnis im Vergleichsverfahren bestimmt sich nach dem erforderlichen Zeitaufwand. ²Absatz 1 Satz 3 und 4 gilt entsprechend.

Vierter Abschnitt
Schlussvorschriften

§ 14
Außer Kraft tretende Bestimmungen; Übergangsregelungen

(1) Mit dem Inkrafttreten dieser Verordnung treten die durch die Allgemeine Verfügung des früheren Reichsministers der Justiz vom 22. Februar 1936 erlassenen Richtlinien für die Vergütung des Konkurs- und Vergleichsverwalters und der Mitglieder des Gläubigerausschusses und Gläubigerbeirats (Deutsche Justiz S. 311) und alle übrigen auf Grund von § 85 Abs. 2, § 91 Abs. 2 der Konkursordnung und § 43 Abs. 5, § 45 Abs. 2 der Vergleichsordnung erlassenen

Anhang II

Verordnungen und Verfügungen des früheren Reichsministers der Justiz und der Landesjustizverwaltungen außer Kraft.

(2) Für Konkurs- und Vergleichsverfahren, die im Zeitpunkt des Inkrafttretens dieser Verordnung bereits eröffnet sind, bleiben die früheren Bestimmungen anwendbar.

§ 15
Berlin-Klausel

(gegenstandslos)

Diese Verordnung gilt auch im Land Berlin, sofern sie im Land Berlin in Kraft gesetzt wird.

§ 16
Inkrafttreten

Diese Verordnung tritt am 1. Oktober 1960 in Kraft.

Anhang III

Anhang III
Insolvenzrechtliche Vergütungsverordnung (InsVV)
vom 19. August 1998 (BGBl. I 1998, 2205)

In ZIP 1998, 1460 wird auf einen Stand Juni 1998 rekurriert. Der Anhang II zur Kommentierung der InsVV bei KPB-InsO/Eickmann (Stand 05/2005) erwähnt einen Stand August 1998. Die beiden Fassungen unterscheiden sich z. B. bei den Ziffern A. I. 2., 5. und 6. sowie ggf. anderen Stellen. Bei Haarmeyer/Mock (5. Aufl. 2014) findet sich im Anhang 1 Ziffer I. zwar der Text Stand August 1998, dann aber fälschlich mit der Fundstelle ZIP 1998, 1460 versehen. Bei Keller, Vergütung und Kosten im Insolvenzverfahren (1. Aufl. 2000), findet sich im Anhang III ebenfalls der Text Stand August 1998, jedoch einleitend mit Stand Juni 1998 angegeben. Daher wird anzunehmen sein, dass die bei KPB-InsO/Eickmann wiedergegebene Fassung Stand August 1998 die letzte Fassung der amtlichen Begründung ist und im Übrigen lediglich Schreib- oder Zitierfehler vorliegen. Diese Fassung wird im Folgenden wiedergegeben, wobei der Verfasser redaktionelle Änderungen vorgenommen hat (Anpassung an die neue Rechtschreibung, Nummerierung der Sätze innerhalb eines Paragrafen, Einfügung von Randziffern).

1

A. Allgemeine Begründung

1. Gesetzliche Grundlage

Nach § 65 der Insolvenzordnung vom 5. Oktober 1994 (BGBl I, 2866) ist das Bundesministerium der Justiz ermächtigt, die Vergütung und die Erstattung der Auslagen des Insolvenzverwalters näher zu regeln. In anderen Vorschriften der Insolvenzordnung wird diese Ermächtigung durch entsprechende Verweisungen auf die Vergütung und die Erstattung der Auslagen des vorläufigen Insolvenzverwalters (§ 21 Abs. 2 Nr. 1 InsO), des Sachwalters (§ 274 Abs. 1 InsO), des Treuhänders im vereinfachten Insolvenzverfahren (§ 313 Abs. 1 InsO), des Treuhänders während der Laufzeit der Abtretungserklärung (§ 293 Abs. 2 InsO) und der Mitglieder des Gläubigerausschusses (§ 73 Abs. 2 InsO) erstreckt.

2

Im Zusammenhang mit den genannten Bestimmungen enthält die Insolvenzordnung wichtige Vorgaben für den Inhalt der künftigen Vergütungsvorschriften. Insbesondere ist in § 63 InsO festgelegt, dass der Regelsatz der Vergütung des Insolvenzverwalters nach dem Wert der Insolvenzmasse zur Zeit der Beendigung des Verfahrens zu berechnen ist und dass dem Umfang und der Schwierigkeit der Geschäftsführung des Verwalters durch Abweichungen vom Regelsatz Rechnung getragen werden muss. Dies soll nach den bereits genannten Vorschriften der Insolvenzordnung entsprechend für den vorläufigen Insolvenzverwalter, den Sachwalter und den Treuhänder im vereinfachten Insolvenzverfahren gelten. Für die Bemessung der Vergütungen des Treuhänders während der Laufzeit der Abtretungserklärung und der Mitglieder des Gläubigerausschusses werden in § 293 Abs. 1 InsO und in § 73 Abs. 1 InsO der Umfang der Tätigkeit und der Zeitaufwand als maßgebliche Kriterien genannt. Die Vergütung soll wie bisher vom Gericht festgesetzt werden (vgl. § 64 für den Insolvenzverwalter; die Vorschrift gilt entsprechend für die übrigen genannten Personen).

3

Anhang III

2. Vorarbeiten für das neue Vergütungsrecht

4 Vorarbeiten für das neue Vergütungsrecht hat bereits die *Kommission für Insolvenzrecht* in ihrem Zweiten Bericht, der 1986 veröffentlicht wurde, geleistet (Leitsätze 3.4.1 bis 3.4.11). Sie hat die Struktur einer neuen Vergütungsregelung entwickelt, die auf das künftige einheitliche Insolvenzverfahren zugeschnitten ist und Mängel des geltenden Vergütungsrechts vermeidet. Von Vorschlägen zur Höhe der künftigen Vergütungssätze hat die Kommission abgesehen.

5 Weiter hat das Bundesministerium der Justiz im Jahre 1993 ein Gutachten von Professor *Eickmann* (Berlin) zur Ausgestaltung des künftigen Vergütungsrechts auf der Grundlage des Regierungsentwurfs der Insolvenzordnung eingeholt. In diesem Gutachten werden die Probleme der gegenwärtigen Vergütungspraxis ausführlich dargestellt und detaillierte Vorschläge für angemessene Lösungen im Rahmen der Vorgaben des Regierungsentwurfs unterbreitet.

6 Der hierauf aufbauende Entwurf der insolvenzrechtlichen Vergütungsverordnung mit Begründung wurde erstmals 1994 und danach 1998 in einer überarbeiteten Fassung den Landesjustizverwaltungen, dem Bundesgerichtshof und den an der Insolvenzrechtsreform beteiligten Verbänden mit der Bitte um Stellungnahme übersandt.

3. Ziele der Neuregelung des Vergütungsrechts

7 Die wichtigste Aufgabe der neuen Vergütungsverordnung ist es, im Rahmen der geschilderten gesetzlichen Vorgaben Maßstäbe für die Bemessung der Höhe der jeweils geschuldeten Vergütung nach den Prinzipien der Angemessenheit und Vertretbarkeit festzulegen. Dabei ist einerseits zu berücksichtigen, dass die besonderen Probleme einer Insolvenzsituation regelmäßig den Einsatz besonders qualifizierter Personen erfordern und dass von solchen Personen nur dann die Übernahme einer Funktion im Insolvenzverfahren erwartet werden kann, wenn eine Vergütung in Aussicht steht, die der Schwierigkeit der Tätigkeit und dem häufig großen Haftungsrisiko entspricht. Andererseits muss sich die Belastung der Insolvenzmasse mit Vergütungsansprüchen in Grenzen halten, damit die Verfahren durchführbar bleiben und die Befriedigungsaussichten der Gläubiger nicht unzumutbar gemindert werden.

8 Bei der Bestimmung der Maßstäbe für die Höhe der Vergütungen orientiert sich die neue Vergütungsverordnung an der heutigen Praxis zur Auslegung der geltenden Vergütungsverordnung (Verordnung über die Vergütung des Konkursverwalters, des Vergleichsverwalters, der Mitglieder des Gläubigerausschusses und der Mitglieder des Gläubigerbeirats in der im Bundesgesetzblatt Teil III, Gliederungsnummer 311-6, veröffentlichten bereinigten Fassung, zuletzt geändert durch Verordnung vom 11. Juni 1979, BGBl I, 637). Jedoch wird dafür gesorgt, dass die Vergütungen bei außergewöhnlich großen Insolvenzmassen nicht in unangemessene Höhen steigen; wie spektakuläre Einzelfälle vor einiger Zeit gezeigt haben, führt das geltende Vergütungsrecht in diesem Bereich nicht immer zu befriedigenden Ergebnissen. Allgemein muss bei der Übertragung von Lösungen des geltenden Vergütungsrechts in die neue Verordnung die geänderte Struktur des künftigen Insolvenzverfahrens berücksichtigt werden. Insbesondere entfällt mit dem einheitlichen Insolvenzverfahren die bisherige Unterscheidung zwischen der Vergütung

Anhang III

des Konkursverwalters und der des Vergleichsverwalters; Vorbild für die neuen Vergütungsregelungen für Insolvenzverwalter sind in erster Linie die bisher für den Konkursverwalter geltenden Vorschriften. Da im künftigen Insolvenzverfahren die Gläubiger auf der Grundlage eines Berichts des Insolvenzverwalters darüber entscheiden sollen, ob die Liquidation des insolventen Unternehmens, die Sanierung des Schuldners oder die übertragende Sanierung ihren Interessen am besten dient, ist bei der Festlegung der Vergütungsvorschriften darauf zu achten, dass keine dieser Möglichkeiten von vornherein vergütungsmäßig favorisiert wird.

Bei der Ausgestaltung des neuen Vergütungsrechts ist ein weiteres Ziel, Schwierigkeiten zu vermeiden, die sich in der Praxis bei der Auslegung der geltenden Vergütungsvorschriften ergeben haben. Veraltete Vorschriften sind der heutigen Rechtswirklichkeit anzupassen, unklare Regelungen zu präzisieren, Lücken der gegenwärtigen Regelung zu schließen. 9

4. Wesentlicher Inhalt der neuen Vergütungsverordnung

Für den Aufbau der neuen Verordnung erscheint es sinnvoll, in einem Ersten Abschnitt die Vergütung des Insolvenzverwalters vollständig zu regeln (einschließlich des Auslagenersatzes und der Entnahme von Vorschüssen). Für die übrigen Vergütungsberechtigten kann in den folgenden Abschnitten dann weitgehend auf diese Regelung Bezug genommen werden. 10

Berechnungsgrundlage für die Vergütung des Insolvenzverwalters ist grundsätzlich der Wert der Insolvenzmasse, auf die sich die Schlussrechnung des Verwalters bezieht (vgl. § 1 Abs. 1 der geltenden Vergütungsverordnung für die Vergütung des Konkursverwalters). Keine Entsprechung in der Verordnung hat die Berechnung der Vergütung nach dem Wert des Aktivvermögens zu Beginn des Verfahrens, wie sie bisher für die Vergütung des Vergleichsverwalters vorgesehen ist (§ 8 Abs. 1 der geltenden Vergütungsverordnung). Bei einer Beendigung des Verfahrens vor der Schlussverteilung ist die Vergütung nach dem Schätzwert der Masse zur Zeit der Beendigung des Verfahrens zu berechnen. 11

Massegegenstände, die mit Pfandrechten oder anderen Absonderungsrechten belastet sind, sollen abweichend vom geltenden Recht insoweit berücksichtigt werden, als die mit Absonderungsrechten belasteten Gegenstände durch den Verwalter verwertet werden. Da nach Schätzungen 4/5 der im Unternehmen vorgefundenen Gegenstände mit Aus- und Absonderungsrechten belastet sind, muss sichergestellt sein, dass durch die Einbeziehung von Vermögensgegenständen in die Berechnungsgrundlage, die für die Zahlung der Vergütung nicht zur Verfügung stehen, die Masse nicht vollständig durch die Verwaltervergütung absorbiert wird. Deshalb soll der Teil der Vergütung, der auf die mit Absonderungsrechten belasteten Gegenstände entfällt, limitiert werden. Der Mehrbetrag der Vergütung, der durch die Einbeziehung dieser Gegenstände entsteht, darf die Hälfte des nach § 171 Abs. 1 InsO, § 10 Abs. 1 Nr. 1a ZVG anfallenden Kostenbeitrags nicht übersteigen. Mit dieser grundlegenden Änderung bei der Bestimmung der Berechnungsgrundlage soll der unterschiedlichen Aufgabenstellung von Konkursverwalter und Insolvenzverwalter Rechnung getragen werden. Während unter der Konkursordnung die Verwertung des mit einem Absonderungsrecht belasteten Gegenstandes regelmäßig durch den 12

Anhang III

gesicherten Gläubiger erfolgte, steht nach § 166 InsO das Verwertungsrecht hinsichtlich der beweglichen Sachen, an denen Sicherheiten bestellt wurden, dem Insolvenzverwalter zu. Künftig wird somit die Verwertung durch den Insolvenzverwalter den gesetzlichen Regelfall bilden. Werden allerdings die mit Absonderungsrechten belasteten Gegenstände nicht durch den Insolvenzverwalter verwertet, so werden diese auch nicht in die Berechnungsgrundlage einbezogen und wirken sich deshalb auch nicht vergütungserhöhend aus. Hat der Insolvenzverwalter zwar insofern keine Verwertungshandlungen vorgenommen, hat er aber dennoch einen erheblichen Teil seiner Tätigkeit auf die Absonderungsrechte verwandt, so muss ihm ein Zuschlag gemäß § 3 Abs. 1 Buchstabe a EInsVV gewährt werden.

13 Bei der Festsetzung der Regelsätze in § 2 wurde von der bisherigen Praxis zur Höhe der Konkursverwaltervergütung ausgegangen. Die zusätzlichen Aufgaben, die das neue Insolvenzrecht dem Insolvenzverwalter überträgt, wurden ebenso berücksichtigt wie die Auswirkungen der sonstigen Neuregelungen. Abweichend vom bisherigen Vergütungsrecht wurden die Regelsätze deutlich angehoben. Gleichzeitig wurde die Degression verstärkt, um exorbitant hohe Vergütungen, die vom Arbeitsaufwand, von der Leistung und von der Verantwortung des Insolvenzverwalters nicht mehr zu rechtfertigen sind, auszuschließen. Um trotz dieser stärkeren Degression besondere Leistungen bei großen Insolvenzmassen angemessen berücksichtigen zu können, ist in § 3 bei der Regelung der Zu- und Abschläge zum Regelsatz eine neue Regelung eingefügt worden, die einen besonderen Zuschlag im Fall der Mehrung einer ohnehin großen Insolvenzmasse erlaubt (Absatz 1 Buchstabe c). Die Bearbeitung schwieriger arbeitsrechtlicher Fragen und die Ausarbeitung eines Insolvenzplans sind weitere Umstände, die einen in der bisherigen Vergütungsverordnung nicht vorgesehenen Zuschlag rechtfertigen (§ 3 Abs. 1 Buchstabe d, e). Als neue Gründe für einen Abschlag vom Regelsatz werden die Tätigkeit eines vorläufigen Insolvenzverwalters und die vorzeitige Beendigung der Verwaltertätigkeit genannt (§ 3 Abs. 2 Buchstabe a, c).

14 In den §§ 4 und 5 werden Zweifelsfragen des geltenden Vergütungsrechts geklärt, indem die allgemeinen Geschäftskosten deutlicher als bisher von den besonderen, als Auslagen zu erstattenden Ausgaben abgegrenzt werden und indem außerdem der Fall geregelt wird, dass der Insolvenzverwalter als Anwalt, Wirtschaftsprüfer oder Steuerberater besondere Sachkunde zugunsten der Insolvenzmasse einsetzt. In § 7 wird die veraltete Umsatzsteuerregelung des § 4 Abs. 5 der geltenden Vergütungsverordnung durch die Bestimmung ersetzt, dass der Insolvenzverwalter zusätzlich zur Vergütung und zur Auslagenerstattung einen Betrag in Höhe der von ihm geschuldeten Umsatzsteuer beanspruchen kann.

15 In § 8 der Verordnung wird im Anschluss an § 64 der Insolvenzordnung das Verfahren zur Festsetzung von Vergütung und Auslagen näher geregelt. Hervorzuheben ist, dass nach Absatz 3 der neuen Vorschrift zur Vereinfachung der Abrechnung anstelle der tatsächlich entstandenen Ausgaben ein Auslagenpauschsatz verlangt werden kann.

16 Im Zweiten Abschnitt der Verordnung werden die Besonderheiten der Vergütungen des vorläufigen Insolvenzverwalters, des Sachwalters und des Treuhänders im vereinfachten Insolvenzverfahren geregelt.

Anhang III

Die Bestimmungen zur Vergütung des vorläufigen Insolvenzverwalters in § 11 17
schließen eine bisher vorhandene Regelungslücke. Im Anschluss an die bisherige
Gerichtspraxis zur Sequestervergütung soll der vorläufige Insolvenzverwalter einen
angemessenen Bruchteil der Vergütung des Insolvenzverwalters erhalten. Allerdings wird zur Vermeidung unangemessen hoher Vergütungen ausdrücklich festgelegt, dass bei kurzer Dauer der vorläufigen Verwaltung ein Zurückbleiben hinter
dem Regelsatz gerechtfertigt ist. In Absatz 2 wird in Ergänzung des § 22 Abs. 1
Nr. 3 InsO bestimmt, dass der vorläufige Insolvenzverwalter gesondert als Sachverständiger vergütet wird, soweit das Gericht ihn beauftragt hat zu prüfen, ob ein
Eröffnungsgrund vorliegt und welche Aussichten für eine Fortführung des Unternehmens des Schuldners bestehen.

Die Vergütung des Sachwalters, der im Falle der Eigenverwaltung den Schuldner 18
beaufsichtigt, wird in § 12 in Anlehnung an die bisherigen Vorschriften über die
Vergütung des Vergleichsverwalters geregelt (vgl. die §§ 8 und 12 der geltenden
Vergütungsverordnung), wobei jedoch dem größeren Aufgabenbereich des Sachwalters Rechnung getragen wird. Regelmäßig erhält der Sachwalter 60 % der für
den Insolvenzverwalter bestimmten Vergütung.

Als völlig neue Regelung war in die Verordnung die Vergütung für den anstelle des 19
Insolvenzverwalters im vereinfachten Verbraucherinsolvenzverfahren tätigen
Treuhänders (vgl. die §§ 311–314 InsO) aufzunehmen. Die Neuregelung ist eine
notwendige Ergänzung des ersten Entwurfs der insolvenzrechtlichen Vergütungsverordnung, nachdem das Verbraucherinsolvenzverfahren und sonstige Kleinverfahren als Ergebnis der Beratungen des Regierungsentwurfs der Insolvenzordnung
im Rechtsausschuss des Deutschen Bundestages als neuer Neunter Teil in die Insolvenzordnung eingestellt wurde.

Ausschlaggebend für die Bemessung der Treuhändervergütung sind sowohl der 20
geringere Arbeitsaufwand im vereinfachten Verfahren als auch ein dem Verfahrensziel der Verbraucherentschuldung entsprechender Kostenumfang.

Ebenfalls ohne Vorbild im geltenden Recht ist der Dritte Abschnitt über die 21
Vergütung des Treuhänders, der während der siebenjährigen „Wohlverhaltensperiode" vor der Erteilung der Restschuldbefreiung tätig werden soll (vgl. die §§ 292
und 293 InsO). Berechnungsgrundlage für die Vergütung ist nach § 14 der Verordnung der Gesamtwert der Beträge, die beim Treuhänder eingehen und von ihm an
die Gläubiger zu verteilen sind. Von diesem Gesamtwert soll der Treuhänder
bestimmte Bruchteile erhalten, die wie bei den Regelsätzen für die Vergütung des
Insolvenzverwalters degressiv gestaffelt sind. Die zusätzliche Vergütung, die der
Treuhänder im Falle einer Überwachung des Schuldners erhalten soll, ist gemäß
§ 15 grundsätzlich nach dem damit verbundenen Zeitaufwand zu bestimmen. Die
Vorschriften der Verordnung über die Vergütung des Treuhänders schließen nicht
aus, dass dieser im Einzelfall bereit ist, sein Amt unentgeltlich auszuüben.

Im Vierten Abschnitt des Verordnungsentwurfs wird die Vergütung der Mitglieder 22
des Gläubigerausschusses dahin bestimmt, dass im Regelfall ein in etwa der gegenwärtigen Praxis entsprechender Stundensatz festzusetzen ist. Die Bestimmung soll
ebenso wie bisher § 13 Abs. 1 der geltenden Vergütungsverordnung flexibel ge-

Anhang III

handhabt werden; jedoch sollen auch in diesem Bereich übermäßig hohe Vergütungen vermieden werden.

5. Kosten und Preise

a) Kosten der öffentlichen Haushalte

23 Die Haushalte des Bundes, der Länder, Gemeinden und Gemeindeverbände werden durch die Verordnung keine zusätzliche Belastung erfahren. Mit der Verordnung soll die gegenwärtige Vergütungspraxis, die sich erheblich vom Wortlaut der geltenden Vergütungsverordnung entfernt hat, wieder mit dem geschriebenen Vergütungsrecht in Einklang gebracht werden. Insgesamt sollen die Vergütungen nicht erhöht werden. Ganz im Gegenteil strebt die vorliegende Verordnung an, durch eine stärkere Degression exorbitant hohe Vergütungen bei außergewöhnlich großen Insolvenzmassen zu verhindern. Teilweise wird von den interessierten Kreisen die Befürchtung geäußert, die in der Verordnung festgelegten Regelsätze würden im Vergleich zur gegenwärtigen Vergütungspraxis zu erheblichen Gebühreneinbußen der Insolvenzverwalter führen.

24 Da die Insolvenzordnung die bisherige Aufteilung in Konkurs- und Vergleichsverfahren aufhebt und sie in einem einheitlichen Verfahren zusammenführt, entfällt auch die im geltenden Vergütungsrecht vorgesehene Unterscheidung zwischen der Vergütung des Konkursverwalters und der des Vergleichsverwalters. Insgesamt kann somit eher von einer kostendämpfenden Wirkung der Vergütungsverordnung ausgegangen werden.

b) Sonstige Kosten

25 Der Großteil der bisherigen Konkurs- und Vergleichsverwalter stammte aus der Anwaltschaft. Unter der Insolvenzordnung wird wohl auch die Mehrzahl der Insolvenzverwalter dieser Berufsgruppe angehören. Allerdings ist zu erwarten, dass durch die besondere Betonung des Sanierungsgedankens insbesondere durch den Insolvenzplan auch Wirtschaftsprüfer oder verwandte Berufsgruppen in diesem Bereich tätig sein werden. Auswirkungen auf die Kosten, die etwa bei Wirtschaftsunternehmen entstehen können, sind hierdurch nicht zu erwarten. Durch die Beseitigung von Zweifelsfragen des geltenden Rechts ist insofern eher mit einer Entlastung zu rechnen.

c) Preise

26 Da durch die Verordnung die bisherige Vergütungspraxis gesetzlich fixiert werden soll, sind Auswirkungen auf das Preisniveau, insbesondere das Verbraucherpreisniveau, nicht zu erwarten.

B. Verordnungstext mit Begründung

Erster Abschnitt
Vergütung des Insolvenzverwalters

§ 1
Berechnungsgrundlage

27 (1) ¹Die **Vergütung des Insolvenzverwalters wird nach dem Wert der Insolvenzmasse berechnet, auf die sich die Schlussrechnung bezieht.** ²Wird das Verfahren

Anhang III

nach Bestätigung eines Insolvenzplans aufgehoben oder durch Einstellung vorzeitig beendet, so ist die Vergütung nach dem Schätzwert der Masse zur Zeit der Beendigung des Verfahrens zu berechnen.

(2) Die maßgebliche Masse ist im einzelnen wie folgt zu bestimmen:

1. ¹Massegegenstände, die mit Absonderungsrechten belastet sind, werden berücksichtigt, wenn sie durch den Verwalter verwertet werden. ²Der Mehrbetrag der Vergütung, der auf diese Gegenstände entfällt, darf jedoch 50 v. H. des Betrages nicht übersteigen, der für die Kosten ihrer Feststellung in die Masse geflossen ist. ³Im Übrigen werden die mit Absonderungsrechten belasteten Gegenstände nur insoweit berücksichtigt, als aus ihnen der Masse ein Überschuss zusteht.

2. Werden Aus- und Absonderungsrechte abgefunden, so wird die aus der Masse hierfür gewährte Leistung vom Sachwert der Gegenstände abgezogen, auf die sich diese Rechte erstreckten.

3. Steht einer Forderung eine Gegenforderung gegenüber, so wird lediglich der Überschuss berücksichtigt, der sich bei einer Verrechnung ergibt.

4. ¹Die Kosten des Insolvenzverfahrens und die sonstigen Masseverbindlichkeiten werden nicht abgesetzt. ²Es gelten jedoch folgende Ausnahmen:

    a) Beträge, die der Verwalter nach § 5 als Vergütung für den Einsatz besonderer Sachkunde erhält, werden abgezogen.

    b) Wird das Unternehmen des Schuldners fortgeführt, so ist nur der Überschuss zu berücksichtigen, der sich nach Abzug der Ausgaben von den Einnahmen ergibt.

5. Ein Vorschuss, der von einer anderen Person als dem Schuldner zur Durchführung des Verfahrens geleistet worden ist, und ein Zuschuss, den ein Dritter zur Erfüllung eines Insolvenzplans geleistet hat, bleiben außer Betracht.

Begründung: Die Festlegung der Berechnungsgrundlage in § 1 entspricht, wie schon in der Allgemeinen Begründung ausgeführt wurde, weitgehend der bisher für den Konkursverwalter geltenden Regelung. Dabei konkretisiert Absatz 1 die allgemeine Formulierung in § 63 InsO, nach der „der Wert der Insolvenzmasse zur Zeit der Beendigung des Insolvenzverfahrens" für die Berechnung des Regelsatzes der Vergütung maßgeblich ist. Satz 1 regelt im Anschluss an § 1 Abs. 1 der geltenden Vergütungsverordnung den Fall, dass das Insolvenzverfahren bis zur Schlussverteilung durchgeführt wird; Ausgangspunkt für die Berechnung der Vergütung ist in diesem Fall der in der Schlussrechnung festgestellte Wert der Masse. Schwerer feststellbar ist der Massewert, wenn das Verfahren vorzeitig beendet oder nach der Bestätigung eines Insolvenzplans aufgehoben wird; in diesen Fällen ist nach Satz 2 der Wert der Masse zur Zeit der Beendigung des Verfahrens zu schätzen. Anhaltspunkte können die in § 153 InsO und für den Fall eines Insolvenzplans die in § 229 InsO vorgesehenen Vermögensübersichten geben. 28

Nicht übernommen worden ist die Sonderregelung in § 1 Abs. 2 der bisherigen Vergütungsverordnung, nach der für die Berechnung der Gesamtbetrag der Konkursforderungen maßgeblich ist, wenn dieser geringer ist als der Wert der Masse. Ein 29

Anhang III

Masseüberschuss ist häufig auf eine besondere Leistung des Verwalters zurückzuführen; schon deshalb sollte er bei der Festsetzung der Vergütung nicht außer Betracht bleiben. Außerdem ist in § 199 Satz 2 InsO vorgesehen, dass es bei juristischen Personen und Gesellschaften ohne Rechtspersönlichkeit künftig Aufgabe des Verwalters sein wird, einen Masseüberschuss an die am Schuldner beteiligten Personen zu verteilen (vgl. die Begründung zu § 74 EInsO, BT-Drucks. 12/2443, S. 130, abgedruckt in: *Kübler/Prütting*, Das neue Insolvenzrecht, RWS-Dok. 18, Bd. I, zu § 63 InsO).

30 Absatz 2 der neuen Vorschrift enthält Einzelregelungen zur Bestimmung der Masse, die für die Berechnung der Vergütung maßgeblich ist. Sie entsprechen weitgehend § 2 der bisherigen Vergütungsverordnung.

31 Bereits in der allgemeinen Begründung wurde erläutert, dass bei der Ermittlung der Berechnungsgrundlage auch die mit Absonderungsrechten belasteten Gegenstände einzubeziehen sind. Damit soll der unterschiedlichen Aufgabenstellung von Insolvenzverwalter und Konkursverwalter Rechnung getragen werden. Auch vom systematischen Ansatz ist es überzeugender, bei der Bestimmung der Berechnungsgrundlage die Gegenstände einzubeziehen, auf die sich die Tätigkeit des Insolvenzverwalters erstreckt. Allerdings muss dabei berücksichtigt werden, dass bei diesem Ansatz Werte in die Berechnungsgrundlage einbezogen werden, die letztlich nicht für die Bezahlung der Vergütung zur Verfügung stehen. Es sind deshalb mehrere Einschränkungen erforderlich. Zunächst werden die mit Absonderungsrechten belasteten Gegenstände nur insoweit berücksichtigt, als sie auch vom Insolvenzverwalter verwertet wurden. Werden etwa in einem Insolvenzplanverfahren lediglich die Forderungen der gesicherten Gläubiger gekürzt, so werden die mit Absonderungsrechten belasteten Gegenstände auch nicht bei der Berechnungsgrundlage berücksichtigt. Um zu verhindern, dass die freie Masse weitgehend durch die Vergütung aufgezehrt wird, wird der Teil der Vergütung, der sich durch die Einbeziehung der mit Absonderungsrechten belasteten Gegenstände ergibt, insofern limitiert, als er nicht die Hälfte des nach § 171 Abs. 1 InsO oder nach § 10 Abs. 1 Nr. 1a ZVG anfallenden Kostenbeitrags für die Feststellung der Sicherheit übersteigen darf. Bei der Berechnung der Vergütung ist somit ein Vergleich anzustellen, wie hoch die Vergütung bei Einbeziehung und bei Ausschluss der belasteten Massegegenstände ist. Die Differenz ergibt den Mehrbetrag der Vergütung, der dann auf die Hälfte des Kostenbeitrags nach § 171 Abs. 1 InsO bzw. § 10 Abs. 1 Nr. 1a ZVG limitiert wird. Bei der Bestimmung der Obergrenze wurde nur die Hälfte des Kostenbeitrags für die Feststellung herangezogen, da dieser Beitrag der gesicherten Gläubiger auch das Ziel hat, die Masse im Interesse der einfachen Insolvenzgläubiger anzureichern.

32 Nicht übernommen worden ist § 2 Nr. 3 Abs. 2 der bisherigen Vergütungsverordnung: Es dürfte selbstverständlich sein, dass von der Masse verauslagte Kosten, die später wieder eingehen, die Berechnungsgrundlage nicht vergrößern können.

Anhang III

§ 2
Regelsätze

(1) Der Insolvenzverwalter erhält in der Regel

von den ersten	50 000 DM	der Insolvenzmasse	40 v. H.,
von dem Mehrbetrag bis zu	100 000 DM		25 v. H.,
von dem Mehrbetrag bis zu	500 000 DM		7 v. H.,
von dem Mehrbetrag bis zu	1 000 000 DM		3 v. H.,
von dem Mehrbetrag bis zu	50 000 000 DM		2 v. H.,
von dem Mehrbetrag bis zu	100 000 000 DM		1 v. H.,
von dem darüber hinausgehenden Betrag			0,5 v. H.

(2) Die Vergütung soll in der Regel mindestens 1 000 DM betragen.

<u>Begründung</u>: Absatz 1 übernimmt aus § 3 Abs. 1 der geltenden Vergütungsverordnung das System der wertabhängig gestaffelten und degressiv gestalteten Regelsätze für die Vergütung des Insolvenzverwalters. Die Wertgrenzen und die Höhe der Vomhundertsätze weichen allerdings erheblich vom Wortlaut der geltenden Verordnung ab. Die bisherige erste Wertgrenze von 10 000 DM ist entfallen; auf der anderen Seite sind im oberen Bereich zwei neue Wertgrenzen – von 50 und von 100 Mio. DM – hinzugekommen. Die Verordnung sieht danach im Gegensatz zum geltenden Recht sieben Wertstufen vor. Damit soll im oberen Bereich eine stärkere Differenzierung ermöglicht und der Verwalter angemessen an der von ihm be- und erwirtschafteten Teilungsmasse beteiligt werden. Im Bereich bis zu 50 Mio. DM wird gleichzeitig sichergestellt, dass für die Insolvenzverwalter im Vergleich zur gegenwärtigen Vergütungspraxis (Regelvergütung in Höhe der vierfachen Staffelvergütung) keine Verschlechterung eintritt. Lediglich bei sehr hohen Teilungsmassen über 50 Mio. DM greift eine stärkere Degression als nach dem bisher geltendem Recht.

Bei der Festsetzung der Höhe der einzelnen Regelsätze war davon auszugehen, dass die im Wortlaut der bisherigen Verordnung vorgesehenen Sätze keine angemessene Vergütung mehr gewährleisten. Diese Sätze sind zuletzt durch die Änderungsverordnung vom 19. Juni 1972 (BGBl I, 1260) angepasst worden. Sie berücksichtigen weder die allgemeine Kostensteigerung seit dieser Zeit noch die Erweiterung des Aufgabenkreises des Insolvenzverwalters insbesondere auf dem Gebiet des Arbeitsrechts; auch die zunehmende Verbreitung von Sicherungsvereinbarungen, insbesondere des Eigentumsvorbehalts, der Sicherungsübereignung und der Sicherungsabtretung einschließlich ihrer Verlängerungs- und Erweiterungsformen, und die dadurch bedingte Schmälerung der unbelasteten Insolvenzmassen lassen die bisherigen Sätze seit langem als unangemessen erscheinen.

Für die Höhe der neuen Regelsätze waren weiter folgende Gesichtspunkte zu berücksichtigen:

– Die Insolvenzordnung überträgt dem Insolvenzverwalter eine Reihe von neuen Aufgaben. Er soll die Gläubiger im Berichtstermin sachkundig beraten, wenn sie zwischen Liquidation, Sanierung des Schuldners und übertragender Sanie-

Anhang III

rung wählen (§§ 156 f. InsO). Die Verwertung der „besitzlosen Mobiliarsicherheiten" ist in Zukunft Sache des Verwalters (§ 166 InsO). Die persönliche Haftung der Gesellschafter eines insolventen Unternehmens ist neuerdings vom Insolvenzverwalter geltend zu machen (§ 93 InsO).

– Auf der anderen Seite tragen zahlreiche Regelungen der Insolvenzordnung zur Vergrößerung der Insolvenzmasse bei, insbesondere die Kostenbeiträge der gesicherten Gläubiger (§§ 170 f. InsO), die Verschärfung des Anfechtungsrechts (§§ 129 ff. InsO) und die soeben erwähnte Zuweisung von gesellschaftsrechtlichen Ansprüchen an die Masse.

– Zusätzlich zur Vergütung und zur Erstattung der Auslagen soll in Zukunft die vom Insolvenzverwalter geschuldete Umsatzsteuer in voller Höhe erstattet werden (§ 7 der Verordnung).

37 Die Höhe der in die Verordnung aufgenommenen Regelsätze ist in Abwägung aller dieser Gesichtspunkte festgelegt worden. Die neuen Regelsätze sollen in Zukunft maßgeblich sein, ohne dass schon für ein Normalverfahren Multiplikatoren angewandt oder Zuschläge gewährt werden. Nur bei Besonderheiten des einzelnen Verfahrens sind die in § 3 geregelten Zu- und Abschläge vorzunehmen.

§ 3
Zu- und Abschläge

38 (1) Eine den Regelsatz übersteigende Vergütung ist insbesondere festzusetzen, wenn

a) die Bearbeitung von Aus- und Absonderungsrechten einen erheblichen Teil der Tätigkeit des Insolvenzverwalters ausgemacht hat, ohne dass ein entsprechender Mehrbetrag nach § 1 Abs. 2 Nr. 1 angefallen ist,

b) der Verwalter das Unternehmen fortgeführt oder Häuser verwaltet hat und die Masse nicht entsprechend größer geworden ist,

c) die Masse groß war und die Regelvergütung wegen der Degression der Regelsätze keine angemessene Gegenleistung dafür darstellt, dass der Verwalter mit erheblichem Arbeitsaufwand die Masse vermehrt oder zusätzliche Masse festgestellt hat,

d) arbeitsrechtliche Fragen zum Beispiel in Bezug auf das Insolvenzgeld, den Kündigungsschutz oder einen Sozialplan den Verwalter erheblich in Anspruch genommen haben oder

e) der Verwalter einen Insolvenzplan ausgearbeitet hat.

(2) Ein Zurückbleiben hinter dem Regelsatz ist insbesondere gerechtfertigt, wenn

a) ein vorläufiger Insolvenzverwalter im Verfahren tätig war,

b) die Masse bereits zu einem wesentlichen Teil verwertet war, als der Verwalter das Amt übernahm,

c) das Insolvenzverfahren vorzeitig beendet wird oder das Amt des Verwalters vorzeitig endet, oder

d) die Masse groß war und die Geschäftsführung geringe Anforderungen an den Verwalter stellte.

Anhang III

Begründung: Als Korrektiv zu den starren, ausschließlich auf den Wert der Masse 39
bezogenen Regelsätzen in § 2 sind wie im bisherigen Vergütungsrecht konkret
tätigkeitsbezogene Zu- und Abschläge erforderlich. § 3 der Verordnung schließt an
§ 63 InsO an, wonach „dem Umfang und der Schwierigkeit der Geschäftsführung
des Verwalters" durch Abweichungen vom Regelsatz Rechnung zu tragen ist. Bei
der Berechnung der Zu- und Abschläge sind zukünftig aber nicht pauschal Multiplikatoren zu verwenden; maßgebendes Bemessungskriterium sollte der tatsächlich
gestiegene oder geminderte Arbeitsaufwand des Insolvenzverwalters sein.

Die Kriterien für diese Abweichungen sind im Wesentlichen aus § 4 Abs. 2 und 3 40
der bisherigen Vergütungsverordnung übernommen. Durch Änderungen und Ergänzungen werden der modifizierte Aufgabenbereich des künftigen Insolvenzverwalters und - in § 3 Abs. 1 Buchstabe c - die stärkere Degression der Regelsätze
berücksichtigt. Wie im bisherigen Recht wird durch das Wort „insbesondere"
gewährleistet, dass auch nicht geregelte Faktoren, die Einfluss auf den Umfang und
die Schwierigkeit der Geschäftsführung des Verwalters haben, die Höhe der Vergütung beeinflussen können. So können beispielsweise die derzeit noch im Beitrittsgebiet vorhandenen Besonderheiten einen Zuschlag begründen (Restitutionsansprüche, die sich wertmindernd auf die Insolvenzmasse auswirken; unklare Rechtsverhältnisse an Grundstücken mit verfahrensverzögernder Wirkung usw.). Muss
der Insolvenzverwalter einen erheblichen Teil seiner Arbeitskraft auf die Bearbeitung von Aus- und Absonderungsrechten verwenden, ohne dass der Wert dieser
belasteten Gegenstände in die Berechnungsgrundlage einfließen würde, so ist auch
dies nach Abs. 1 Buchstabe a vergütungserhöhend zu berücksichtigen.

Hervorzuheben sind die neu in die Verordnung aufgenommenen Kriterien, die das 41
Gericht bei der Vergütungsfestsetzung zu berücksichtigen hat. Für eine Überschreitung der Regelsätze sind dies in Absatz 1

- der bereits in der allgemeinen Begründung erläuterte Fall, dass der Insolvenzverwalter eine ohnehin große Insolvenzmasse durch erheblichen Arbeitseinsatz
  weiter vergrößert hat (Buchstabe c); hier soll der Zuschlag die für diesen Fall
  nicht angemessene Degression der Regelsätze ausgleichen;

- Erschwernisse bei der Berücksichtigung von Arbeitnehmerinteressen im
  Insolvenzverfahren (Buchstabe d); außer den in der Vorschrift genannten Beispielen des Insolvenzgelds, des Kündigungsschutzes und des Sozialplans lassen
  sich weiter besondere Probleme im Zusammenhang mit der Insolvenzsicherung der Betriebsrenten oder schwierige Verhandlungen über eine Herabsetzung des Arbeitslohns oder über eine Änderung oder vorzeitige Beendigung
  von Betriebsvereinbarungen (vgl. dazu § 120 InsO) anführen;

- die Vorlage eines Insolvenzplans durch den Verwalter nach § 218 InsO.

Als neues Kriterium für eine regelsatzunterschreitende Vergütung wird der Fall 42
genannt, dass ein vorläufiger Insolvenzverwalter im Verfahren tätig war (Absatz 2
Buchstabe a). Durch die Tätigkeit eines vorläufigen Insolvenzverwalters können
dem Insolvenzverwalter erhebliche Arbeiten erspart werden. Auch das Kriterium
einer vorzeitigen Beendigung der Verwaltertätigkeit (Absatz 2 Buchstabe c) - etwa
durch Amtsenthebung oder durch Tod des Verwalters - wird in der bisherigen

Anhang III

Verordnung nicht ausdrücklich aufgeführt. Die Kriterien für eine Minderung der Regelsatzvergütung sind auch hier nicht abschließend geregelt. So kann beispielsweise im Einzelfall auch die Entlastung des Insolvenzverwalters durch zusätzliche Hilfskräfte (auf der Grundlage von Dienst- und Werkverträgen, vgl. § 4 Abs. 1 Satz 2) einen Abschlag rechtfertigen.

§ 4
Geschäftskosten. Haftpflichtversicherung

43 (1) ¹Mit der Vergütung sind die allgemeinen Geschäftskosten abgegolten. ²Zu den allgemeinen Geschäftskosten gehört der Büroaufwand des Insolvenzverwalters einschließlich der Gehälter seiner Angestellten, auch soweit diese anlässlich des Insolvenzverfahrens eingestellt worden sind. ³Unberührt bleibt das Recht des Verwalters, zur Erledigung besonderer Aufgaben im Rahmen der Verwaltung für die Masse Dienst- oder Werkverträge abzuschließen und die angemessene Vergütung aus der Masse zu zahlen.

(2) Besondere Kosten, die dem Verwalter im Einzelfall, zum Beispiel durch Reisen, tatsächlich entstehen, sind als Auslagen zu erstatten.

(3) ¹Mit der Vergütung sind auch die Kosten einer Haftpflichtversicherung abgegolten. ²Ist die Verwaltung jedoch mit einem besonderen Haftungsrisiko verbunden, so sind die Kosten einer angemessenen zusätzlichen Versicherung als Auslagen zu erstatten.

44 Begründung: Die Vorschrift schließt an § 5 der geltenden Vergütungsverordnung an. Jedoch wird in einer wichtigen Frage bewusst von diesem Vorbild abgewichen:

45 Mit der Vergütung des Insolvenzverwalters sind die Gehälter aller seiner Angestellten abgegolten, auch soweit diese für besondere Aufgaben im Rahmen eines bestimmten Insolvenzverfahrens eingestellt worden sind (Absatz 1 Satz 2). Eine Erstattung solcher Gehälter als Auslagen, wie sie § 5 Abs. 2 der geltenden Vergütungsverordnung erlaubt, soll nicht mehr möglich sein. Allerdings soll nicht ausgeschlossen werden, dass der Verwalter, der für die Durchführung eines besonders umfangreichen Insolvenzverfahrens zusätzliche Hilfskräfte benötigt, für die Insolvenzmasse entsprechende Dienst- oder Werkverträge abschließt (Absatz 1 Satz 3 der neuen Vorschrift). Auf diese Weise ist die Vergütung von Hilfskräften klarer als bisher geregelt.

46 Die neue Regelung hat für den Insolvenzverwalter den Vorteil, dass er das Arbeitsentgelt für die Hilfskräfte laufend aus der Masse entnehmen kann. Das Gericht wird von der Aufgabe entlastet, bei der Festsetzung der Auslagenerstattung zu prüfen, ob das Einstellen zusätzlicher Angestellter beim Insolvenzverwalter den Umständen nach angemessen war; es wird auf die Aufgabe beschränkt, die Angemessenheit der gezahlten Vergütung festzustellen. Im Übrigen hat das Gericht bei der Festsetzung der Zu- und Abschläge zur Regelvergütung zu prüfen, inwieweit die Tätigkeit des Verwalters durch den Abschluss von Dienst- oder Werkverträgen für die Insolvenzmasse vereinfacht worden ist (vgl. die Erläuterung zu § 8 Abs. 2 der Verordnung). Die Prüfung der wirtschaftlichen Zweckmäßigkeit des Abschlusses zusätzlicher Dienst- oder Werkverträge wird auf die Gläubiger verlagert, in erster Linie auf den Gläubigerausschuss, der nach § 69 InsO den Insolvenzverwalter bei

seiner Geschäftsführung zu unterstützen und zu überwachen hat und daher für diese Aufgabe am besten geeignet ist.

Wie bisher sind die besonderen Kosten, die für das einzelne Insolvenzverfahren über den Rahmen der allgemeinen Geschäftskosten hinaus entstehen (Reisekosten, weiter zum Beispiel Portokosten), als Auslagen zu erstatten (Absatz 2). 47

Für die Kosten von Haftpflichtversicherungen enthält Absatz 3 Satz 1 den Grundsatz, dass sie mit der Vergütung als abgegolten gelten (ebenso § 5 Abs. 1 Satz 4 der geltenden Vergütungsverordnung). Schon für das heutige Recht hat sich jedoch die Auffassung durchgesetzt, dass bei Insolvenzverfahren, deren Risiken die eines Durchschnittsverfahrens übersteigen, die Kosten einer entsprechenden zusätzlichen Haftpflichtversicherung als Auslagen erstattungsfähig sind. Dies wird in § 4 Abs. 3 Satz 2 der Verordnung ausdrücklich festgelegt. Dabei ist zu berücksichtigen, dass durch die verstärkte Gläubigerautonomie bei wichtigen Verwertungsentscheidungen im Insolvenzverfahren das Haftungsrisiko des Verwalters verringert wird. 48

§ 5
Einsatz besonderer Sachkunde

(1) Ist der Insolvenzverwalter als Rechtsanwalt zugelassen, so kann er für Tätigkeiten, die ein nicht als Rechtsanwalt zugelassener Verwalter angemessenerweise einem Rechtsanwalt übertragen hätte, nach Maßgabe der Bundesgebührenordnung für Rechtsanwälte Gebühren und Auslagen gesondert aus der Insolvenzmasse entnehmen. 49

(2) Ist der Verwalter Wirtschaftsprüfer oder Steuerberater oder besitzt er eine andere besondere Qualifikation, so gilt Absatz 1 entsprechend.

Begründung: Schon die geltende Vergütungsverordnung geht in § 2 Nr. 3 Satz 2 davon aus, dass der Verwalter, der für die Insolvenzmasse als Rechtsanwalt tätig wird, zusätzlich zu seiner Vergütung als Insolvenzverwalter Rechtsanwaltsgebühren aus der Insolvenzmasse erhält. § 5 Abs. 1 der Verordnung regelt dies ausdrücklich und legt als Kriterium für die Abgrenzung der gesondert zu vergütenden Tätigkeit fest, dass es bei einem nicht als Rechtsanwalt zugelassenen Verwalter sachgerecht gewesen wäre, mit dieser Tätigkeit einen Anwalt zu beauftragen. Es wird also nicht nur die Vertretung in einem Prozess erfasst, bei dem Anwaltszwang besteht, sondern auch andere Arten anwaltlicher Tätigkeit. Das entspricht der allgemeinen Auffassung zum geltenden Recht. Tätigkeiten, die in den Kernbereich der von der Insolvenzordnung festgelegten Aufgaben des Verwalters gehören, können nicht als Einsatz besonderer Sachkunde zusätzlich vergütet werden; zu diesen Tätigkeiten gehört beispielsweise die Ausarbeitung eines Insolvenzplans (vgl. auch § 3 Abs. 1 Buchstabe e der Verordnung). 50

Absatz 2 überträgt die für den Rechtsanwalt entwickelten Grundsätze auf andere Qualifikationen, insbesondere die des Wirtschaftsprüfers oder des Steuerberaters. Es wäre nicht gerechtfertigt, dem Rechtsanwalt den Einsatz seiner Sachkunde im Insolvenzverfahren besonders zu vergüten, dies dem Wirtschaftsprüfer aber zu versagen. Die vorgesehene entsprechende Anwendung bedeutet im einzelnen, dass ein Insolvenzverwalter, der Wirtschaftsprüfer ist, für den Einsatz dieser besonderen Sachkunde im Insolvenzverfahren unter der Voraussetzung, dass ein anderer Insol- 51

Anhang III

venzverwalter sachgerechterweise einen Wirtschaftsprüfer eingeschaltet hätte, eine gesonderte Vergütung für die Wirtschaftsprüfertätigkeit aus der Insolvenzmasse entnehmen kann.

52 Wie im bisherigen Recht vermindern die Beträge, die der Insolvenzmasse für den Einsatz besonderer Sachkunde entnommen worden sind, die Berechnungsgrundlage für die Vergütung des Insolvenzverwalters (§ 1 Abs. 2 Nr. 4 Buchstabe a im Anschluss an die bereits genannte Vorschrift des § 2 Nr. 3 Satz 2 der geltenden Vergütungsverordnung).

§ 6
Nachtragsverteilung. Überwachung der Erfüllung eines Insolvenzplans

53 (1) ¹Für eine Nachtragsverteilung erhält der Insolvenzverwalter eine gesonderte Vergütung, die unter Berücksichtigung des Werts der nachträglich verteilten Insolvenzmasse nach billigem Ermessen festzusetzen ist. ²Satz 1 gilt nicht, wenn die Nachtragsverteilung vorhersehbar war und schon bei der Festsetzung der Vergütung für das Insolvenzverfahren berücksichtigt worden ist.

(2) ¹Die Überwachung der Erfüllung eines Insolvenzplans nach den §§ 260 bis 269 der Insolvenzordnung wird gesondert vergütet. ²Die Vergütung ist unter Berücksichtigung des Umfangs der Tätigkeit nach billigem Ermessen festzusetzen.

54 Begründung: Absatz 1 betrifft den Fall, dass nach der Aufhebung oder Einstellung des Insolvenzverfahrens eine Nachtragsverteilung stattfindet (§§ 203, 211 Abs. 2 InsO). Im Anschluss an § 4 Abs. 4 der geltenden Vergütungsverordnung wird festgelegt, dass die Vergütung des Insolvenzverwalters in diesem Fall vom Gericht nach billigem Ermessen festgesetzt wird. Zur Konkretisierung wird zum einen hinzugefügt, dass bei der Vergütungsfestsetzung der Wert der nachträglich verteilten Insolvenzmasse zu berücksichtigen ist (Satz 1), und zum anderen, dass eine Vergütung entfällt, wenn die Nachtragsverteilung schon bei der Festsetzung der Vergütung für das Insolvenzverfahren berücksichtigt worden ist.

55 Absatz 2 betrifft eine andere Tätigkeit des Insolvenzverwalters nach der Aufhebung des Insolvenzverfahrens, nämlich die Überwachung der Erfüllung eines Insolvenzplans. Auch diese Tätigkeit soll nach billigem Ermessen vergütet werden, wobei der Umfang der Tätigkeit zu berücksichtigen ist. Vergütungserhöhend wird sich beispielsweise auswirken, wenn im Insolvenzplan bestimmte Geschäfte an die Zustimmung des Verwalters gebunden werden (§ 263 InsO) oder ein Kreditrahmen vorgesehen ist (§ 264 InsO).

§ 7
Umsatzsteuer

56 Zusätzlich zur Vergütung und zur Erstattung der Auslagen wird ein Betrag in Höhe der vom Insolvenzverwalter zu zahlenden Umsatzsteuer festgesetzt.

57 Begründung: In Zukunft soll dem Insolvenzverwalter die Umsatzsteuer voll erstattet werden, die er auf die Vergütung und die Auslagen zu zahlen hat. Die bisherige Regelung in § 4 Abs. 5 der Vergütungsverordnung, die einen Umsatzsteuerausgleich in Höhe der Hälfte des Betrages vorsieht, der sich aus der Anwendung des allgemeinen Steuersatzes ergibt, hat ihre Grundlage verloren, seit der

Anhang III

Insolvenzverwalter allgemein dem Regelsteuersatz unterliegt. Mit der Erstattung des vollen Umsatzsteuersatzes wird der Insolvenzverwalter vergleichbaren Berufen, zum Beispiel dem Rechtsanwalt (§ 25 Abs. 2 BRAGO), gleichgestellt.

§ 8
Festsetzung von Vergütung und Auslagen

(1) ¹Die Vergütung und die Auslagen werden auf Antrag des Insolvenzverwalters vom Insolvenzgericht festgesetzt. ²Die Festsetzung erfolgt für Vergütung und Auslagen gesondert. ³Der Antrag soll gestellt werden, wenn die Schlussrechnung an das Gericht gesandt wird.

(2) In dem Antrag ist näher darzulegen, wie die nach § 1 Abs. 2 maßgebliche Insolvenzmasse berechnet worden ist und welche Dienst- oder Werkverträge für besondere Aufgaben im Rahmen der Insolvenzverwaltung abgeschlossen worden sind (§ 4 Abs. 1 Satz 3).

(3) Der Verwalter kann nach seiner Wahl anstelle der tatsächlich entstandenen Auslagen einen Pauschsatz fordern, der im ersten Jahr 15 v. H., danach 10 v. H. der gesetzlichen Vergütung, höchstens jedoch 500 DM je angefangenen Monat der Dauer der Tätigkeit des Verwalters beträgt.

Begründung: Schon aus § 64 Abs. 1 InsO ergibt sich, dass die Vergütung und die zu erstattenden Auslagen vom Gericht festgesetzt werden. Ergänzend wird in § 8 Abs. 1 der Verordnung insbesondere festgelegt, dass die Festsetzung auf Antrag des Verwalters erfolgt und dass Vergütung und Auslagen gesondert festgesetzt werden. Die Regelung entspricht § 6 Abs. 1 und 2 der geltenden Vergütungsverordnung.

Auch § 8 Abs. 2 schließt in wesentlichen Teilen an das geltende Recht an (§ 6 Abs. 3 und 4 der geltenden Vergütungsverordnung): Zur Erleichterung der Prüfung des Antrags und der Festsetzung der Vergütung hat der Verwalter näher darzulegen, wie er die maßgebliche Masse berechnet hat – zum Beispiel, welche Beträge der Verwalter als Vergütung für den Einsatz besonderer Sachkunde entnommen hat (§ 1 Abs. 2 Nr. 4 Buchstabe a der Verordnung) – und weshalb der Abschluss von Dienst- oder Werkverträgen zur Erledigung von Aufgaben aus seinem Tätigkeitsbereich die Geschäftsführung nicht erleichtert hat (§ 3 Abs. 2 Buchstabe d).

Für die Auslagenerstattung sieht § 8 Abs. 3 der Verordnung die Möglichkeit einer Pauschalierung vor, um die aufwendige Vorlage und Prüfung von Einzelbelegen zu ersparen. Der Satz von 15 % der gesetzlichen Vergütung ist der entsprechenden Regelung in § 26 Satz 2 BRAGO entnommen; die zusätzliche Höchstgrenze von 500 DM je angefangenen Monat der Tätigkeit des Verwalters ist erforderlich, um bei größeren Insolvenzmassen zu vermeiden, dass sich die Höhe der Pauschale weit von den tatsächlich entstandenen Auslagen entfernt. Allerdings zeigen die Erfahrungen der Justizpraxis, dass die Auslagen nur im ersten Jahr der Verwaltung entsprechend hoch sind und später deutlich abnehmen. Aus diesem Grund wird eine Auslagenpauschale in Höhe von 15 % nur im ersten Jahr gewährt und anschließend eine Absenkung auf 10 % vorgesehen.

Anhang III

§ 9
Vorschuss

62 ¹Der Insolvenzverwalter kann aus der Insolvenzmasse einen Vorschuss auf die Vergütung und die Auslagen entnehmen, wenn das Insolvenzgericht zustimmt. ²Die Zustimmung soll erteilt werden, wenn das Insolvenzverfahren länger als sechs Monate dauert oder wenn besonders hohe Auslagen erforderlich werden.

63 Begründung: Wie in § 7 der geltenden Vergütungsverordnung wird vorgesehen, dass der Insolvenzverwalter mit Zustimmung des Gerichts der Insolvenzmasse Vorschüsse entnehmen darf. Auch die Kriterien für die Erteilung der Zustimmung sind aus dem geltenden Recht übernommen. Sie werden allerdings dahin präzisiert, dass die Zustimmung erteilt werden soll, wenn das Verfahren länger als ein Jahr dauert oder besonders hohe Auslagen anfallen. Abweichend von der geltenden Vergütungspraxis, die regelmäßig eine „ungewöhnlich lange" Verfahrensdauer im Sinne von § 7 der geltenden Vergütungsverordnung erst nach einem Jahr annahm, soll nach § 9 das Gericht einen Vorschuss bereits nach 6 Monaten genehmigen. Insbesondere Berufsanfängern ist es nicht zumutbar, länger als ein halbes Jahr auf ihre Vergütung zu warten und dabei noch die Auslagen aus eigenen Mitteln aufzubringen. Durch die Absenkung der Verfahrensdauer, ab der ein Vorschuss regelmäßig zu genehmigen ist, wird auch die Gefahr reduziert, dass der Insolvenzverwalter mit seinem Vergütungsanspruch in einem massearmen Verfahren ausfällt. Sollte sich jedoch bereits früher herausstellen, dass es zweifelhaft ist, ob der Verwalter seinen Vergütungsanspruch realisieren kann, so hat das Gericht in Übereinstimmung mit der Rechtsprechung des BGH die Zustimmung zur Entnahme eines Vorschusses zu erteilen (vgl. BGHZ 116 S. 233, 241 f = ZIP 1992, 120 (m. Bespr. *Gerhardt*, S. 741), dazu EWiR 1992, 173 (*Uhlenbruck*)).

Zweiter Abschnitt
Vergütung des vorläufigen Insolvenzverwalters, des Sachwalters und des Treuhänders im vereinfachten Insolvenzverfahren

§ 10
Grundsatz

64 Für die Vergütung des vorläufigen Insolvenzverwalters, des Sachwalters und des Treuhänders im vereinfachten Insolvenzverfahren gelten die Vorschriften des Ersten Abschnitts entsprechend, soweit in den §§ 11 bis 13 nichts anderes bestimmt ist.

65 Begründung: Da die Tätigkeiten des vorläufigen Insolvenzverwalters, des Sachwalters und des Treuhänders im vereinfachten Verfahren in vieler Hinsicht mit der Tätigkeit des Insolvenzverwalters vergleichbar sind, können für die Struktur, Berechnung und Festsetzung der Vergütung dieser Personen in weitem Umfang die entsprechenden Vorschriften zur Vergütung des Insolvenzverwalters gelten. Die erforderlichen Sonderregelungen sind Gegenstand der weiteren Vorschriften dieses Abschnitts. Allgemein gilt für alle von § 10 erfassten Personen, dass ihr Tätigkeitsbereich im Vergleich zu dem des Insolvenzverwalters eingeschränkt ist. Dem geringeren Umfang ihrer Tätigkeit entsprechend ist auch ihre Vergütung niedriger zu bemessen.

Anhang III

§ 11
Vergütung des vorläufigen Insolvenzverwalters

(1) ¹Die Tätigkeit des vorläufigen Insolvenzverwalters wird besonders vergütet. ²Die Vergütung soll in der Regel einen angemessenen Bruchteil der Vergütung des Insolvenzverwalters nicht überschreiten. ³Art, Dauer und Umfang der Tätigkeit des vorläufigen Insolvenzverwalters sind bei der Festsetzung der Vergütung zu berücksichtigen.

(2) Hat das Insolvenzgericht den vorläufigen Insolvenzverwalter als Sachverständigen beauftragt zu prüfen, ob ein Eröffnungsgrund vorliegt und welche Aussichten für eine Fortführung des Unternehmens des Schuldners bestehen, so wird er gesondert nach dem Gesetz über die Entschädigung von Zeugen und Sachverständigen entschädigt.

Begründung: Wie dies der bisherigen Praxis entspricht, soll die Vergütung des vorläufigen Insolvenzverwalters gesondert festgesetzt werden, auch wenn der vorläufige Insolvenzverwalter und der bei der Eröffnung des Insolvenzverfahrens bestellte Insolvenzverwalter personenidentisch sind (Absatz 1 Satz 1). Die in § 22 InsO vorgesehenen Aufgaben des vorläufigen Insolvenzverwalters, insbesondere die Sicherung und Erhaltung der Insolvenzmasse und die vorläufige Fortführung des insolventen Unternehmens, entsprechen dem ersten Teil der Tätigkeit des Insolvenzverwalters. Die dafür festzusetzende Vergütung soll demzufolge einen Bruchteil der Vergütung des Insolvenzverwalters ausmachen (Absatz 1 Satz 2). Die Sequester erhalten derzeit für die Inbesitznahme, Sicherung und zeitweilige Verwaltung des Vermögens des Schuldners häufig um die 25 % der Konkursverwaltervergütung. Neben der Dauer und dem Umfang ist insbesondere die Art der Tätigkeit des vorläufigen Insolvenzverwalters von Bedeutung. In der Höhe der Vergütung sollte sich auch widerspiegeln, dass zwischen einem vorläufigen Insolvenzverwalter mit Verwaltungs- und Verfügungsbefugnis und einem solchen ohne diese Kompetenz unterschieden werden muss. Erster ist für die Fortführung des Geschäfts verantwortlich und trägt insgesamt ein deutlich höheres Haftungsrisiko. Dies muss sich auch vergütungserhöhend auswirken.

Bei der Berechnung der Vergütung sind die Zu- und Abschläge nach § 3 der Verordnung zu berücksichtigen. Welche von ihnen gerechtfertigt sind, ist nach der konkreten Tätigkeit des vorläufigen Insolvenzverwalters zu bestimmen, nicht nach der des späteren Insolvenzverwalters.

Der vorläufige Insolvenzverwalter wird zusätzlich zu seiner Vergütung als Sachverständiger entschädigt, wenn das Gericht ihn nach § 22 Abs. 1 Nr. 3 InsO mit der Prüfung des Eröffnungsgrunds und den Aussichten für eine Fortführung des Unternehmens des Schuldners beauftragt hat (§ 11 Abs. 2 der Verordnung). Damit wird in Anlehnung an eine bisherige Gerichtspraxis sichergestellt, dass zumindest dieser Teil der Tätigkeit des vorläufigen Insolvenzverwalters auch dann vergütet wird, wenn das Verfahren mangels Masse nicht eröffnet wird. Ein antragstellender Gläubiger soll für die Vergütung des vorläufigen Insolvenzverwalters nicht einstehen müssen, ebenso wenig der Fiskus (vgl. die Begründung zu Artikel 27 Nr. 8 des Entwurfs des Einführungsgesetzes zur Insolvenzordnung, BT-Drucks. 12/3803, S. 72, und die

Anhang III

Gegenäußerung der Bundesregierung zur Stellungnahme des Bundesrates zum Entwurf der Insolvenzordnung, BT-Drucks. 12/2443, S. 262, bei Nummer 3).

§ 12
Vergütung des Sachwalters

70 (1) Der Sachwalter erhält in der Regel 60 v. H. der für den Insolvenzverwalter bestimmten Vergütung.

(2) Eine den Regelsatz übersteigende Vergütung ist insbesondere festzusetzen, wenn das Insolvenzgericht gemäß § 277 Abs. 1 der Insolvenzordnung angeordnet hat, dass bestimmte Rechtsgeschäfte des Schuldners nur mit Zustimmung des Sachwalters wirksam sind.

(3) § 8 Abs. 3 gilt mit der Maßgabe, dass an die Stelle des Betrags von 500 DM der Betrag von 250 DM tritt.

71 Begründung: Die Rechtsstellung des Sachwalters, der den Schuldner bei der Eigenverwaltung überwacht (vgl. die §§ 270 bis 285 InsO), ist nach dem Modell des Vergleichsverwalters ausgestaltet. Daher kann in § 12 Abs. 1 der Verordnung für die Vergütung des Sachwalters an die bisher für den Vergleichsverwalter getroffene Regelung angeknüpft werden, nach der in der Regel die Hälfte der für den Konkursverwalter vorgesehenen Vergütung festzusetzen ist (§ 9 der geltenden Vergütungsverordnung). Jedoch soll dem im Verhältnis zum Vergleichsverwalter größeren Aufgabenbereich des Sachwalters dadurch Rechnung getragen werden, dass er 60 % der Insolvenzverwaltervergütung erhält. Wenn das Gericht gemäß § 277 Abs. 1 InsO besondere Mitwirkungspflichten des Sachwalters angeordnet hat, sind diese mit einem besonderen Zuschlag zum Regelsatz zu vergüten (§ 12 Abs. 2 der Verordnung). Die Auslagenpauschale nach § 8 Abs. 3 der Verordnung ist für den Sachwalter um die Hälfte gemindert worden (§ 12 Abs. 3).

§ 13
Vergütung des Treuhänders im vereinfachten Insolvenzverfahren

72 (1) ¹Der Treuhänder erhält in der Regel 15 v. H. der Insolvenzmasse. ²Ein Zurückbleiben hinter dem Regelsatz ist insbesondere dann gerechtfertigt, wenn das vereinfachte Insolvenzverfahren vorzeitig beendet wird. ³Die Vergütung soll in der Regel mindestens 500 DM betragen; sie kann in Abhängigkeit von der Tätigkeit des Treuhänders bis auf 200 DM herabgesetzt werden.

(2) §§ 2 und 3 finden keine Anwendung.

73 Begründung: Im Verbraucherinsolvenzverfahren geht dem vereinfachten Insolvenzverfahren nach §§ 311–314 InsO der Versuch einer außergerichtlichen Schuldenbereinigung und das Verfahren über den Schuldenbereinigungsplan voraus. Dementsprechend ist das Insolvenzverfahren zum Zeitpunkt seiner Eröffnung weitestgehend aufbereitet, das Vermögensverzeichnis, das Gläubigerverzeichnis und das Forderungsverzeichnis liegen bereits vor. Anstelle des dadurch entbehrlich gewordenen Berichtstermins wird nur der Prüfungstermin durchgeführt. Daneben können Rechtshandlungen nur von den Insolvenzgläubigern angefochten werden. Von der Verwertung der Insolvenzmasse kann ganz oder teilweise abgesehen und das Verfahren oder einzelne seiner Teile schriftlich durchgeführt werden; ausge-

schlossen sind die Bestimmungen über den Insolvenzplan und über die Eigenverwaltung durch den Schuldner. Die Verwertung von Gegenständen, an denen Pfandrechte oder andere Absonderungsrechte bestehen, obliegt den Gläubigern.

Der Aufgabenkreis des anstelle des Insolvenzverwalters in diesem Verfahren tätigen Treuhänders ist dadurch erheblich reduziert und rechtfertigt regelmäßig eine auf 15 v. H. des Wertes der Insolvenzmasse geminderte Vergütung. 74

Ziel der Bestimmung über die Mindestvergütung des Treuhänders in Absatz 1 Satz 2 ist, dass das Verbraucherinsolvenzverfahren, in dem regelmäßig verwertungsfähige Masse nicht in nennenswertem Umfang vorhanden sein wird, nicht durch zu hohe und starre Vergütungssätze belastet bzw. undurchführbar wird. 75

Für die Vergütung des Treuhänders gelten nach § 10 die Vorschriften des ersten Abschnitts entsprechend. Jedoch sind aus den zuvor genannten Gründen der Verfahrensvereinfachung nach Absatz 2 die Regelungen der §§ 2 und 3 nicht anzuwenden. Allerdings muss auch im Rahmen des § 13 bei atypischen Sachverhalten die Möglichkeit bestehen, von der Regelsatzvergütung abzuweichen. Dies ist etwa bei einer vorzeitigen Verfahrensbeendigung der Fall. 76

Dritter Abschnitt
Vergütung des Treuhänders nach § 293 der Insolvenzordnung

§ 14
Grundsatz

(1) Die Vergütung des Treuhänders nach § 293 der Insolvenzordnung wird nach der Summe der Beträge berechnet, die auf Grund der Abtretungserklärung des Schuldners (§ 287 Abs. 2 der Insolvenzordnung) oder auf andere Weise zur Befriedigung der Gläubiger des Schuldners beim Treuhänder eingehen. 77

(2) Der Treuhänder erhält:

von den ersten	50 000 DM	5 v. H.,
von dem Mehrbetrag bis	100 000 DM	3 v. H.,
von dem darüber hinausgehenden Betrag		1 v. H.

(3) Die Vergütung beträgt mindestens 200 DM für jedes Jahr der Tätigkeit des Treuhänders.

Begründung: Die Vergütung des Treuhänders hat – wie dessen Amt im Verfahren, das zur Restschuldbefreiung führt – im geltenden Recht kein Gegenstück. Die Höhe der Vergütung kann sich daher auch nicht unmittelbar an der Vergütung vergleichbarer Personen- oder Berufsgruppen orientieren. 78

Die gesetzliche Vorgabe in § 293 Abs. 1 Satz 2 InsO, nach der die Höhe der Vergütung des Treuhänders dem Zeitaufwand und dem Umfang der Tätigkeit Rechnung tragen muss, wird in § 14 Abs. 1 der Verordnung dahin konkretisiert, dass für die Vergütung von der Summe der Beträge auszugehen ist, die beim Treuhänder eingehen. Von dieser Summe erhält der Treuhänder nach Absatz 2 einen bestimmten Bruchteil. Wie bei der Vergütung des Insolvenzverwalters ist eine degressive Staffelung vorgesehen. Vorbild für diese Staffelsatzregelung ist allerdings in erster Linie die Vergütung des Zwangsverwalters im Zwangsverwaltungsverfahren nach 79

Anhang III

den §§ 146 ff. des Gesetzes über die Zwangsversteigerung und die Zwangsverwaltung. Die Tätigkeit des Zwangsverwalters ist insofern mit der des Treuhänders vergleichbar, als auch der Zwangsverwalter Gelder (regelmäßig: Mietzinsleistungen) einzuziehen und nach einem bestimmten Schlüssel (dem Teilungsplan) an die Gläubiger zu verteilen hat. Für seine Vergütung sind in § 24 der Verordnung über die Geschäftsführung und die Vergütung des Zwangsverwalters vom 16. Februar 1970 (BGBl I, 185) ebenfalls degressiv gestaffelte Vomhundertsätze vorgesehen. Aus der Höhe der in der Verordnung festgelegten Sätze und aus deren Anwendung in der Praxis ergeben sich Anhaltspunkte für die angemessene Höhe der Vergütung des Treuhänders: Nach dem Wortlaut der Verordnung erhält der Zwangsverwalter jährlich von den ersten 1 000 DM des eingezogenen Betrages 9 v. H. und von den darüber hinausgehenden Beträgen bis 2 000 DM 8 v. H., bis 3 000 DM 7 v. H. und über 3 000 DM 6 v. H. Berücksichtigt man einerseits, dass diese Sätze von der Praxis als unzureichend empfunden werden – häufig wird der dreifache Satz für ein Normalverfahren bewilligt –, andererseits, dass die Tätigkeit des Zwangsverwalters regelmäßig schwieriger, umfangreicher und verantwortungsvoller ist als die des Treuhänders, so erscheint ein Bruchteil von 5 v. H. der eingehenden Beträge als Ausgangssatz für die Vergütung des Treuhänders angemessen. Für die Fälle, in denen außergewöhnlich hohe Summen eingehen, werden niedrigere Vomhundertsätze vorgesehen. Zur Vereinfachung der Regelung wird die Staffelung der Vomhundertsätze auf die Beträge bezogen, die während der Gesamtdauer der Tätigkeit des Treuhänders eingehen, also auf sieben Jahre, wenn es nicht zu einem vorzeitigen Abbruch der „Wohlverhaltensperiode" kommt.

80 Der Treuhänder kann nicht dazu verpflichtet werden, seine Tätigkeit unentgeltlich auszuüben. Er hat daher, auch wenn keine Beträge bei ihm eingehen, Anspruch auf eine jährliche Mindestvergütung. Zahlt der Schuldner diese Mindestvergütung trotz mehrfacher Aufforderung nicht ein, so wird die Restschuldbefreiung auf Antrag des Treuhänders versagt (§ 298 InsO). Um möglichst zu vermeiden, dass die Restschuldbefreiung an diesem Punkt scheitert, wird die Mindestvergütung in § 14 Abs. 3 der Verordnung auf den geringen Betrag von 100 DM pro Jahr festgesetzt.

§ 15
Überwachung der Obliegenheiten des Schuldners

81 (1) ¹Hat der Treuhänder die Aufgabe, die Erfüllung der Obliegenheiten des Schuldners zu überwachen (§ 292 Abs. 2 der Insolvenzordnung), so erhält er eine zusätzliche Vergütung. ²Diese beträgt regelmäßig 25 DM je Stunde.

(2) ¹Der Gesamtbetrag der zusätzlichen Vergütung darf den Gesamtbetrag der Vergütung nach § 14 nicht überschreiten. ²Die Gläubigerversammlung kann eine abweichende Regelung treffen.

82 **Begründung:** Wenn dem Treuhänder auch die Überwachung des Schuldners übertragen worden ist, hat er dafür eine zusätzliche Vergütung zu erhalten (vgl. die Begründung zu den §§ 241 und 242 EInsO, BT-Drucks. 12/2443, S. 191). Maßstab ist nach § 15 Abs. 1 der Verordnung der erforderliche Zeitaufwand. Der vorgesehene Regelsatz von 25 DM je Stunde kann den Umständen des Einzelfalls angepasst werden.

Anhang III

Um zu verhindern, dass die Vergütung für die Überwachung des Schuldners in eine Höhe steigt, die von den Gläubigern nicht vorausgesehen werden kann, wird in Absatz 2 eine Höchstgrenze normiert, die auf den Gesamtbetrag der nach § 14 geschuldeten Vergütung bezogen ist. Die Gläubigerversammlung, die dem Treuhänder die Überwachungsaufgabe überträgt (vgl. § 292 Abs. 2 InsO), kann die Höchstgrenze abweichend festlegen.

83

§ 16
Festsetzung der Vergütung. Vorschüsse

(1) ¹Die Höhe des Stundensatzes der Vergütung des Treuhänders, der die Erfüllung der Obliegenheiten des Schuldners überwacht, wird vom Insolvenzgericht bei der Ankündigung der Restschuldbefreiung festgesetzt. ²Im Übrigen werden die Vergütung und die zu erstattenden Auslagen auf Antrag des Treuhänders bei der Beendigung seines Amtes festgesetzt. ³Auslagen sind einzeln anzuführen und zu belegen. ⁴Soweit Umsatzsteuer anfällt, gilt § 7 entsprechend.

84

(2) ¹Der Treuhänder kann aus den eingehenden Beträgen Vorschüsse auf seine Vergütung entnehmen. ²Diese dürfen den von ihm bereits verdienten Teil der Vergütung und die Mindestvergütung seiner Tätigkeit nicht überschreiten.

Begründung: Zusätzlich zu der in den §§ 14 und 15 geregelten Vergütung kann der Treuhänder den Ersatz angemessener Auslagen (vgl. § 293 Abs. 1 Satz 1 InsO) und gegebenenfalls der Erstattung der auf die Vergütung und die Auslagen entfallenden Umsatzsteuer verlangen. Das Gericht soll grundsätzlich nur einmal mit der Festsetzung dieser Beträge befasst werden, nämlich bei der Beendigung der Tätigkeit des Treuhänders. Wenn der Treuhänder allerdings mit der Überwachung des Schuldners beauftragt ist, soll die Höhe des Stundensatzes bereits bei der Ankündigung der Restschuldbefreiung festgelegt werden, damit für alle Beteiligten Klarheit besteht, welche Aufwendungen durch die Überwachung verursacht werden (Absatz 1 Satz 1, 2). Beispielsweise sollte der Treuhänder schon während seiner Tätigkeit in der Lage sein, festzustellen, ob die Höchstgrenze der Überwachungsvergütung nach § 14 Abs. 2 erreicht ist, um die Überwachungstätigkeit rechtzeitig entsprechend einschränken zu können.

85

Die für den Insolvenzverwalter vorgesehene Auslagenpauschale ist auf den Treuhänder nicht anwendbar (Absatz 1 Satz 3). Bei seinem begrenzten Aufgabenbereich ist es ihm zumutbar, die entstehenden Auslagen einzeln zu belegen.

86

Zur Verfahrensvereinfachung wird dem Treuhänder in Absatz 2 gestattet, Vorschüsse aus den bei ihm eingehenden Beträgen zu entnehmen, ohne dass eine Zustimmung des Gerichts erforderlich wäre. Gegen Missbräuche schützen einerseits die in der Vorschrift vorgesehene Begrenzung des Entnahmerechts auf die Vergütung für die vergangene Zeit und die Mindestvergütung sowie die bereits entstandenen Auslagen, andererseits die Aufsicht des Gerichts über den Treuhänder (vgl. § 292 Abs. 3 Satz 2 i. V. m. den §§ 58, 59 InsO).

87

Anhang III

Vierter Abschnitt
Vergütung der Mitglieder des Gläubigerausschusses

§ 17
Berechnung der Vergütung

88 ¹Die Vergütung der Mitglieder des Gläubigerausschusses beträgt regelmäßig zwischen 50 und 100 DM je Stunde. ²Bei der Festsetzung des Stundensatzes ist insbesondere der Umfang der Tätigkeit zu berücksichtigen.

89 Begründung: Die bisherige Regelung zur Vergütung der Mitglieder des Gläubigerausschusses im Konkursverfahren bestimmt den erforderlichen Zeitaufwand als „im allgemeinen" maßgebend für die Vergütung (§ 13 Abs. 1 Satz 2 der geltenden Vergütungsverordnung). Die neue Regelung übernimmt dieses Bemessungskriterium. Der bisherige Regelsatz wird in der Praxis regelmäßig weit überschritten. Die Erhöhung der Regelsätze, wie sie § 17 Satz 1 der Verordnung vorsieht, ist aber vor allem mit dem erweiterten Aufgabenkreis der Mitglieder des Gläubigerausschusses im Insolvenzverfahren und mit der allgemeinen Preisentwicklung zu begründen. Abweichungen von diesem Satz sind möglich, damit im Einzelfall eine Vergütung festgesetzt werden kann, die dem Zeitaufwand und dem Umfang der Tätigkeit Rechnung trägt (§ 17 Satz 2 der Verordnung, vgl. auch § 73 Abs. 1 Satz 2 InsO). Zu berücksichtigen sind insbesondere die Schwierigkeit des jeweiligen Verfahrens und die Intensität der Mitwirkung des einzelnen Mitglieds des Gläubigerausschusses. So kann etwa bei einer starken zeitlichen Beanspruchung ein erhöhter Stundensatz gerechtfertigt sein. In besonders gelagerten Einzelfällen kann auch eine Vergütung, die nicht auf den Zeitaufwand bezogen ist, angemessen sein. Um dem Gericht die hierfür erforderliche Flexibilität zu ermöglichen, wird ein Rahmen für die Bestimmung des Stundensatzes zwischen 50 und 100 DM eröffnet, der auch Raum für die Berücksichtigung der jeweiligen Qualifikation des Mitglieds des Gläubigerausschusses gibt. In jedem Fall sollte aber beachtet werden, dass die Tätigkeit im Gläubigerausschuss regelmäßig der Durchsetzung der Interessen der Gläubiger dient und dass es insofern zumutbar ist, wenn die Gläubiger für diese Tätigkeit nur eine bescheidene Vergütung erhalten.

§ 18
Auslagen. Umsatzsteuer

90 (1) Auslagen sind einzeln anzuführen und zu belegen.

(2) Soweit Umsatzsteuer anfällt, gilt § 7 entsprechend.

91 Begründung: Eine Auslagenpauschale, wie sie für den Insolvenzverwalter vorgesehen ist, eignet sich für die Mitglieder des Gläubigerausschusses wegen ihrer ganz unterschiedlichen Beanspruchung nicht (Absatz 1).

92 Durch die Vorschrift über die Erstattung der Umsatzsteuer in Absatz 2 wird eine Zweifelsfrage des geltenden Rechts entschieden.

Anhang III

Fünfter Abschnitt
Übergangs- und Schlussvorschriften

§ 19
Anwendung des bisherigen Rechts

Auf Verfahren nach der Konkursordnung, der Vergleichsordnung und der Gesamtvollstreckungsordnung sind weiter die bisherigen Vergütungsvorschriften anzuwenden. 93

<u>Begründung:</u> Die neue Verordnung soll nur auf Tätigkeiten in den Verfahren nach der neuen Insolvenzordnung Anwendung finden. Soweit nach der Übergangsvorschrift des Artikels 103 des Einführungsgesetzes zur Insolvenzordnung auch nach dem Inkrafttreten der Reform noch Konkursverfahren, Vergleichsverfahren und Gesamtvollstreckungsverfahren (einschließlich der diesen Verfahren vorgeschalteten Sequestration) durchgeführt werden, bleibt die bisher geltende Vergütungsverordnung maßgebend. 94

§ 20
Inkrafttreten

Diese Verordnung tritt am 1. Januar 1999 in Kraft. 95

<u>Begründung:</u> Die Vorschrift koordiniert das Inkrafttreten der Verordnung mit dem der Gesetze zur Insolvenzrechtsreform. 96

# Anhang IV

Anhang IV

Gesetz zur Änderung der Insolvenzordnung und anderer Gesetze *(Auszug)*
vom 26. Oktober 2001 *(BGBl. I 2001, 2710)*

1 *Vorbemerkung des Verfassers: Das Insolvenzrechtsänderungsgesetz hat das Insolvenzrecht an zahlreichen Stellen neu gestaltet. Aus vergütungsrechtlicher Perspektive stand die Einführung der Verfahrenskostenstundung im Vordergrund. Nachfolgend werden nur diejenigen Änderungen abgedruckt, die einen Bezug zum Vergütungsrecht haben. Es wird insoweit Bezug genommen auf den Gesetzentwurf der Bundesregierung (BT-Drucks. 14/5680 v. 28. März 2001) und auf die Beschlussempfehlung des Rechtsausschusses (BT-Drucks. 14/6468 v. 27. Juni 2001). Auf die dazwischen liegende Stellungnahme des Bundesrats (BT-Drucks. 14/5680 v. 28. März 2001, Anlage 2) nebst Gegenäußerung der Bundesregierung (BT-Drucks. 14/5680 v. 28. März 2001, Anlage 3) wird nicht weiter eingegangen. Die redaktionellen Änderungen des Verfassers beschränken sich auf die Nummerierung der Sätze innerhalb eines Paragrafen sowie auf die Einfügung von Randziffern.*

A. Allgemeine Begründung

2 *Von einem Abdruck wird abgesehen.*

B. Gesetzestext mit der Begründung zu den einzelnen Vorschriften

Artikel 1
Änderung der Insolvenzordnung

3 Die Insolvenzordnung vom 5. Oktober 1994 (BGBl. I S. 2866), zuletzt geändert durch Artikel 12 des Gesetzes vom 27. Juli 2001 (BGBl. I S. 1887), wird wie folgt geändert:

Nr. 1

4 Nach § 4 werden folgende §§ 4a bis 4d eingefügt:

„§ 4a
Stundung der Kosten des Insolvenzverfahrens

(1) ¹Ist der Schuldner eine natürliche Person und hat er einen Antrag auf Restschuldbefreiung gestellt, so werden ihm auf Antrag die Kosten des Insolvenzverfahrens bis zur Erteilung der Restschuldbefreiung gestundet, soweit sein Vermögen voraussichtlich nicht ausreichen wird, um diese Kosten zu decken. ²Die Stundung nach Satz 1 umfasst auch die Kosten des Verfahrens über den Schuldenbereinigungsplan und des Verfahrens zur Restschuldbefreiung. ³Der Schuldner hat dem Antrag eine Erklärung beizufügen, ob einer der Versagungsgründe des § 290 Abs. 1 Nr. 1 und 3 vorliegt. ⁴Liegt ein solcher Grund vor, ist eine Stundung ausgeschlossen.

(2) ¹Werden dem Schuldner die Verfahrenskosten gestundet, so wird ihm auf Antrag ein zur Vertretung bereiter Rechtsanwalt seiner Wahl beigeordnet, wenn die Vertretung durch einen Rechtsanwalt trotz der dem Gericht obliegenden

Anhang IV

Fürsorge erforderlich erscheint. ²§ 121 Abs. 3 bis 5 der Zivilprozessordnung gilt entsprechend.

(3) ¹Die Stundung bewirkt, dass

1. die Bundes- oder Landeskasse
   a) die rückständigen und die entstehenden Gerichtskosten,
   b) die auf sie übergegangenen Ansprüche des beigeordneten Rechtsanwalts nur nach den Bestimmungen, die das Gericht trifft, gegen den Schuldner geltend machen kann;
2. der beigeordnete Rechtsanwalt Ansprüche auf Vergütung gegen den Schuldner nicht geltend machen kann.

²Die Stundung erfolgt für jeden Verfahrensabschnitt besonders. ³Bis zur Entscheidung über die Stundung treten die in Satz 1 genannten Wirkungen einstweilig ein. ⁴§ 4b Abs. 2 gilt entsprechend.

§ 4b
Rückzahlung und Anpassung der gestundeten Beträge

(1) ¹Ist der Schuldner nach Erteilung der Restschuldbefreiung nicht in der Lage, den gestundeten Betrag aus seinem Einkommen und seinem Vermögen zu zahlen, so kann das Gericht die Stundung verlängern und die zu zahlenden Monatsraten festsetzen. ²§ 115 Abs. 1 und 2 sowie § 120 Abs. 2 der Zivilprozessordnung gelten entsprechend.

(2) ¹Das Gericht kann die Entscheidung über die Stundung und die Monatsraten jederzeit ändern, soweit sich die für sie maßgebenden persönlichen oder wirtschaftlichen Verhältnisse wesentlich geändert haben. ²Der Schuldner ist verpflichtet, dem Gericht eine wesentliche Änderung dieser Verhältnisse unverzüglich anzuzeigen. ³§ 120 Abs. 4 Satz 1 und 2 der Zivilprozessordnung gilt entsprechend. ⁴Eine Änderung zum Nachteil des Schuldners ist ausgeschlossen, wenn seit der Beendigung des Verfahrens vier Jahre vergangen sind.

§ 4c
Aufhebung der Stundung

Das Gericht kann die Stundung aufheben, wenn

1. der Schuldner vorsätzlich oder grob fahrlässig unrichtige Angaben über Umstände gemacht hat, die für die Eröffnung des Insolvenzverfahrens oder die Stundung maßgebend sind, oder eine vom Gericht verlangte Erklärung über seine Verhältnisse nicht abgegeben hat;
2. die persönlichen oder wirtschaftlichen Voraussetzungen für die Stundung nicht vorgelegen haben; in diesem Fall ist die Aufhebung ausgeschlossen, wenn seit der Beendigung des Verfahrens vier Jahre vergangen sind;
3. der Schuldner länger als drei Monate mit der Zahlung einer Monatsrate oder mit der Zahlung eines sonstigen Betrages schuldhaft in Rückstand ist;

Anhang IV

4. der Schuldner keine angemessene Erwerbstätigkeit ausübt und, wenn er ohne Beschäftigung ist, sich nicht um eine solche bemüht oder eine zumutbare Tätigkeit ablehnt; § 296 Abs. 2 Satz 2 und 3 gilt entsprechend;
5. die Restschuldbefreiung versagt oder widerrufen wird.

§ 4d
Rechtsmittel

7 (1) Gegen die Ablehnung der Stundung oder deren Aufhebung sowie gegen die Ablehnung der Beiordnung eines Rechtsanwalts steht dem Schuldner die sofortige Beschwerde zu.

(2) ¹Wird die Stundung bewilligt, so steht der Staatskasse die sofortige Beschwerde zu. ²Diese kann nur darauf gestützt werden, dass nach den persönlichen oder wirtschaftlichen Verhältnissen des Schuldners die Stundung hätte abgelehnt werden müssen."

Begründung Regierungsentwurf:

Zu § 4a InsO

8 § 4a InsO (neu) beinhaltet die zentrale Vorschrift der neuen Verfahrenskostenstundung. In ihr werden der begünstigte Personenkreis, die Voraussetzungen der Stundung und deren Wirkung sowie die Beiordnung eines Rechtsanwalts geregelt.

9 Nach Absatz 1 Satz 1 können von der Stundung alle natürlichen Personen profitieren. Wenngleich in der öffentlichen Diskussion überwiegend von Verbrauchern die Rede war, denen mittels öffentlicher Hilfe der Zugang zum Verfahren eröffnet werden müsse, sieht der Gesetzentwurf vor, dass alle Personen, die eine Restschuldbefreiung nach den §§ 286 ff. InsO erlangen können, auch von dieser Verfahrenskostenhilfe profitieren. Eine davon abweichende Einschränkung des begünstigten Personenkreises wäre aus verfassungsrechtlichen Gründen nicht haltbar gewesen. Voraussetzung der Stundung ist, dass das Vermögen des Schuldners, also die spätere Insolvenzmasse, nicht ausreichend ist, um die Kosten des Verfahrens zu decken. Der Gesetzentwurf geht dabei davon aus, dass der Einsatz öffentlicher Mittel zur Durchführung eines Insolvenzverfahrens lediglich als Ultima Ratio in den Fällen vorgesehen werden sollte, in denen ansonsten eine Abweisung mangels Masse nach § 26 Abs. 1 InsO erfolgen müsste. Vorrangig ist somit das Vermögen des Schuldners heranzuziehen. Da nach § 35 Abs. 1 InsO auch der Neuerwerb während des Insolvenzverfahrens zur Masse gehört, ist vor der Gewährung einer Stundung zu prüfen, ob das in diesem Zeitraum vom Schuldner erlangte pfändbare Einkommen zur Deckung der Verfahrenskosten ausreichen wird. Ist dies nicht der Fall, so hat das Gericht zu ermitteln, ob ein Verfahrenskostenvorschuss, der sowohl vom Schuldner als auch von einem Gläubiger oder einem interessierten Dritten geleistet werden kann, in Frage kommt. Ist etwa eine karitative Einrichtung bereit, dem Schuldner die Mittel zur Durchführung des Verfahrens zur Verfügung zu stellen, so scheidet eine Stundung aus. Die von einer Stundung erfassten Kosten ergeben sich aus § 54 InsO. Hierzu zählen zunächst die im Gerichtskostengesetz geregelten Gerichtskosten und Auslagen des Verfahrens, soweit diese von der Masse zu tragen sind. Weiter sind die Vergütungen und die Auslagen des vorläufigen

Anhang IV

Insolvenzverwalters, des Insolvenzverwalters und des Treuhänders zu nennen. Die genannten Personen erhalten hinsichtlich ihrer Forderungen ein Sekundäranspruch gegen die Staatskasse, soweit eine Befriedigung aus der Masse rsp. dem schuldnerischen Vermögen nicht möglich ist (vgl. § 63 Abs. 2 (neu)). In die Anlage 1 des Gerichtskostengesetzes wird ein gesonderter Auslagentatbestand eingefügt, so dass die Staatskasse nach Ablauf der Stundung die verauslagten Beträge beim Schuldner geltend machen kann. Nicht zu den in § 54 InsO aufgezählten Kosten gehört die Vergütung des Treuhänders im Restschuldbefreiungsverfahren, die jedoch ebenfalls in die Stundungslösung einbezogen wird. Zeitlich erstreckt sich die Stundung bis zur Erteilung der Restschuldbefreiung, da mit Ablauf der Wohlverhaltensperiode der Schuldner auch wieder über den pfändbaren Teil seines Einkommens verfügen kann. Regelmäßig wird er jedoch zu diesem Zeitpunkt den gestundeten Betrag nicht auf einmal begleichen können, so dass ihm nach § 4b Abs. 1 InsO (neu) Ratenzahlungen zu bewilligen sind. Die Stundung verfolgt lediglich das Ziel, dem Schuldner einen wirtschaftlichen Neuanfang, sei es durch eine gütliche Einigung mit den Gläubigern, sei es durch eine Restschuldbefreiung, zu ermöglichen. Deshalb ist ein Antrag auf Stundung nur zulässig, wenn der Schuldner einen Antrag auf Erteilung der Restschuldbefreiung gestellt hat. Da nach § 287 Abs. 1 InsO (neu) der Antrag auf Restschuldbefreiung mit dem Eröffnungsantrag regelmäßig zu verbinden ist, hat der Schuldner im Regelfall gleichzeitig drei Anträge einzureichen.

Unter Berücksichtigung des Grundsatzes der Sparsamkeit der Verwendung öffentlicher Mittel ist eine Stundung nur in den Fällen gerechtfertigt, in denen die Wahrscheinlichkeit besteht, dass es letztlich zu einer Restschuldbefreiung kommt. Ein gewisses Pendant stellt die „hinreichende Erfolgsaussicht" bei der Prozesskostenhilfe nach § 114 ZPO dar. Vom Grundsatz ist die geforderte Wahrscheinlichkeit der Restschuldbefreiung bereits dann nicht mehr gegeben, wenn einer der Versagungsgründe des § 290 Abs. 1 InsO vorliegt. Für die in diesem Verfahrensstadium zu fordernde kursorische Prüfung durch das Gericht ist es unerheblich, ob bereits zu diesem Zeitpunkt ein Gläubiger signalisiert, er wolle einen Antrag nach § 290 InsO stellen und er könne einen Versagungsgrund auch glaubhaft machen. Allerdings ist es nicht gerechtfertigt und zum Teil auch nicht möglich, alle Versagungsgründe bereits bei der Gewährung der Stundung zu berücksichtigen. So ist etwa § 290 Abs. 1 Nr. 5 InsO ein offensichtlich nicht tauglicher Anknüpfungspunkt, da er auf die Verletzung von Auskunfts- oder Mitwirkungspflichten während des Insolvenzverfahrens abstellt. Zu den untauglichen Anknüpfungspunkten wird man auch die Nummer 6 zu rechnen haben. Im Zeitpunkt der Bewilligung der Stundung wird es dem Gericht regelmäßig nicht möglich sein zu beurteilen, ob der Schuldner in den vorzulegenden Verzeichnissen vorsätzlich oder grob fahrlässig unrichtige oder unvollständige Angaben gemacht hat. Darüber hinaus würde dieser Versagungsgrund nur bei Personen eingreifen, die einem Verbraucherinsolvenzverfahren unterfallen und sie damit schlechter stellen als Schuldner, die nach Durchlaufen eines Regelinsolvenzverfahrens eine Restschuldbefreiung erlangen wollen. Für den zuletzt genannten Personenkreis besteht ein vergleichbarer Versagungsgrund nur bei der Obliegenheitsverletzung nach Nummer 5, der erst nach Verfahrenseröffnung zu Tragen kommt. Weiter können die Versagungsgründe nicht berücksichtigt werden, die nicht durch das Gericht im Rahmen einer vorläufigen Prüfung ermittelt

Anhang IV

werden können, sondern eingehende Recherchen mit schwierigen Abgrenzungsfragen erfordern. Dies gilt etwa für die Versagungsgründe der Nummern 2 und 4. Denn ob ein Schuldner vorsätzlich oder grob fahrlässig unrichtige oder unvollständige Angaben gemacht oder ob er unangemessene Verbindlichkeiten begründet hat, setzt schwierige Abwägungen voraus, über die zwischen dem Schuldner und dem jeweils betroffenen Gläubiger oftmals unterschiedliche Auffassungen bestehen dürften. Regelmäßig wird ein betroffener Gläubiger der Auffassung sein, bereits aus dem Eintritt der Insolvenz lasse sich ablesen, dass die vom Schuldner eingegangene Verbindlichkeit unangemessen gewesen sein müsse. Deshalb stellt der Entwurf bei der Entscheidung über die Stundung lediglich auf die leicht festzustellenden Versagungsgründe der Nummern 1 und 3 ab. Die Tatsachen, die diese Versagungsgründe ausfüllen, sind leicht feststellbar und auch für den Schuldner offensichtlich. Um den Gerichten die Entscheidungsfindung zu erleichtern, hat deshalb der Schuldner eine Erklärung abzugeben, ob einer der in den Nummern 1 und 3 genannten Versagungsgründe vorliegt. Liegt ein solcher vor, ist eine Stundung ausgeschlossen. Die anderen in § 290 Abs. 1 InsO genannten Gründe können bei einer Aufhebung der Stundung nach § 4c Abs. 1 Nr. 5 InsO (neu) berücksichtigt werden.

11 Der Entwurf geht davon aus, dass der Schuldner im Insolvenzverfahren regelmäßig selbst seine Rechte wahrnehmen kann. Dem Gericht obliegt gegenüber dem Schuldner eine Fürsorgepflicht, die insbesondere im Verbraucherinsolvenzverfahren gegenüber dem häufig Rechtsunkundigen auch eine eingehende Beratung erforderlich machen kann. Vor diesem Hintergrund soll die Beiordnung eines Rechtsanwalts nur dann zulässig sein, wenn dies, etwa nach der Schwierigkeit der Sach- und Rechtslage, erforderlich erscheint. Absatz 2 sieht deshalb davon ab, die Beiordnung eines Rechtsanwalts bereits dann vorzusehen, wenn der Gegner anwaltlich vertreten ist. Eine andere Lösung hätte zu dem kostenträchtigen Ergebnis geführt, dass bereits bei einer Forderungsanmeldung durch einen Rechtsanwalt auch dem Schuldner ein Anwalt beizuordnen wäre. Im Interesse der Waffengleichheit ist jedoch die Beiordnung regelmäßig dann erforderlich, wenn in einem quasikontradiktorischen Verfahren der Schuldner nach § 290 oder nach § 296 InsO für seine Restschuldbefreiung kämpft. Die Beiordnung verfolgt dasselbe Ziel wie die Restschuldbefreiung, nämlich dem Schuldner einen wirtschaftlichen Neuanfang zu ermöglichen. Deshalb kann eine Beiordnung nur erfolgen, wenn dem Schuldner zuvor die Verfahrenskosten gestundet wurden. Durch die Verweisung in Absatz 2 Satz 2 auf die entsprechenden Vorschriften der ZPO sollen die Regelungen über die Beiordnung im Rahmen der Verfahrenskostenstundung ergänzt werden. So kommt etwa die Beiordnung eines Rechtsanwalts, der nicht bei dem Landgericht zugelassen ist, in dessen Bezirk das Insolvenzgericht liegt, nur in Frage, wenn hierdurch keine weiteren Kosten entstehen.

12 In Absatz 3 werden im Einzelnen die Wirkungen der Stundung aufgelistet. Die Vorschrift lehnt sich dabei an § 122 ZPO an. Danach kann die Bundes- bzw. Landeskasse die Kosten gegen den Schuldner nur nach den Bestimmungen geltend machen, die das Gericht in der Stundungsentscheidung festgelegt hat, d. h. von einer Geltendmachung ist regelmäßig bis zur Erteilung der Restschuldbefreiung abzusehen. Davon unberührt bleibt jedoch die Verpflichtung des Insolvenzverwalters/Treu-

Anhang IV

händers bei anfallender Masse zunächst gemäß § 53 InsO die Kosten zu berichtigen. Die Erwähnung der Bundeskasse erfolgt lediglich der Vollständigkeit halber, um künftigen Rechtsänderungen Rechnung zu tragen. Zu den Gerichtskosten zählen die Gebühren und die baren Auslagen des Gerichts, einschließlich etwaiger Schreibgebühren für die gerichtliche Anfertigung der erforderlichen Abschriften. Dabei erfasst die Stundung sowohl die bereits entstandenen als auch die noch entstehenden Kostenansprüche, so dass ein Auslagenvorschuss nach § 68 GKG nicht erhoben werden darf. Ebenso werden von der Stundung auch die Vergütungen für Sachverständige (vgl. GKG KV Nr. 9005) und insbesondere die Vergütungen für den vorläufigen Insolvenzverwalter, den Insolvenzverwalter, die Mitglieder des Gläubigerausschusses oder den Treuhänder im vereinfachten Insolvenzverfahren und im Restschuldbefreiungsverfahren (GKG KV Nr. 9017 (neu)) erfasst, unabhängig davon, ob diese Vergütungen bereits von der Staatskasse bezahlt oder noch zu zahlen sind.

Wird dem Schuldner ein Rechtsanwalt beigeordnet, so gehen dessen Vergütungsansprüche gegen den Schuldner gemäß § 130 BRAGO auf die Staatskasse über. Die Regelung des Absatzes 3 Nr. 1 Buchstabe b soll in diesem Zusammenhang sicherstellen, dass die Staatskasse diese Ansprüche gegen den Schuldner geltend machen kann und die §§ 412, 404 BGB dem nicht entgegenstehen. Diese übergegangenen Ansprüche sollen vielmehr wie die Gerichtskosten geltend gemacht werden können. Durch Absatz 3 Nr. 2 ist der beigeordnete Rechtsanwalt gehindert, seinen Vergütungsanspruch gegenüber dem Schuldner einzufordern, vielmehr ist er auf seine Ansprüche nach § 121 BRAGO gegen die Staatskasse verwiesen. 13

In Anlehnung an § 119 Abs. 1 ZPO erfolgt nach Absatz 3 Satz 2 die Entscheidung über die Stundung für jeden Verfahrensabschnitt besonders. Der Entwurf verwendet nicht wie die genannte Vorschrift der ZPO den Begriff des Rechtszugs, da dies zu Missverständnissen Anlass geben könnte. Vielmehr wird auf den einzelnen Verfahrensabschnitt abgestellt, worunter jeder Teil des Verfahrens verstanden wird, der besondere Kosten verursacht und für den bei der ursprünglichen Stundung noch nicht alle einer Restschuldbefreiung möglicherweise entgegenstehenden Umstände geprüft werden konnten. Vor diesem Hintergrund könnte es sich etwa anbieten, das gerichtliche Schuldenbereinigungsplanverfahren, das Regel- bzw. Verbraucherinsolvenzverfahren und das Restschuldbefreiungsverfahren jeweils als gesonderte Verfahrensabschnitte anzusehen. Die dargestellten Wirkungen der Stundung treten erst mit deren Bewilligung ein. Im Interesse eines zügigen Fortgang des Verfahrens und um zu verhindern, dass bis zur Bewilligung über die Stundung Vorschüsse vom Schuldner geltend gemacht werden, sieht Absatz 3 Satz 3 vor, dass ab Antragstellung die Wirkungen der Stundung einstweilig eintreten. 14

Zu § 4b InsO

Nach Erteilung der Restschuldbefreiung endet die Stundung, so dass der Schuldner die gestundeten Beträge an die Staatskasse zu zahlen hat, sofern ihm keine Ratenzahlungen bewilligt werden. Diese grundlegende Zahlungsverpflichtung ergibt sich aus § 50 GKG, während § 4 GKG den Zahlungsgläubiger festgelegt. 15

Anhang IV

16 Die Erteilung der Restschuldbefreiung soll dem Schuldner einen wirtschaftlichen Neuanfang ermöglichen. Dieses Ziel würde jedoch verfehlt, wenn nach Ablauf der Stundung der Schuldner sich Kostenansprüchen ausgesetzt sehen würde, die seine wirtschaftliche Leistungsfähigkeit weit übersteigen. Der Gesetzentwurf stellt deshalb den Grundsatz auf, dass der Schuldner nach Ablauf der Wohlverhaltensperiode sein Einkommen und sein Vermögen zur Begleichung der gestundeten Beträge heranzuziehen hat, dass dabei jedoch die besonderen Bedürfnisse des Schuldners angemessen zu berücksichtigen sind. Ist der Schuldner nicht in der Lage, die noch ausstehenden Beträge durch eine Einmalzahlung zu begleichen, so werden die Stundung verlängert und ihm Ratenzahlungen bewilligt. Zur näheren Ausgestaltung des Verfahrens verweist Absatz 1 Satz 2 auf § 115 Abs. 1 und 2 ZPO. Dies gilt zunächst für den Einkommensbegriff der durch die Verweisung in § 115 Abs. 1 ZPO auf § 76 BSHG näher konkretisiert wird. Anhand der Tabelle des § 115 Abs. 1 Satz 4 ZPO ist zu ermitteln, welche Raten der Schuldner aus seinem verfügbaren Einkommen aufzubringen hat. Der Schuldner hat jedoch nicht nur seine laufenden Einnahmen zur Begleichung der Kosten heranzuziehen, sondern muss auch sein gesamtes verwertbares Vermögen, also über die Verpflichtung aus § 295 Abs. 1 Nr. 2 InsO hinaus, einsetzen, soweit ihm dies zumutbar ist. Zur genaueren Bestimmung des einzusetzenden Vermögens verweist § 115 Abs. 2 Satz 2 ZPO auf § 88 BSHG. Diese Vorschrift ist damit auch für die Stundung im Insolvenzverfahren maßgebend. Durch die Verweisung auf § 115 Abs. 1 Satz 4 ZPO wird die Höchstzahl der Raten unabhängig von der Zahl der Rechtszüge auf höchstens 48 festgelegt. Mit der Verweisung auf § 120 Abs. 2 ZPO wird die übliche Verteilung des Gebührenaufkommens in der Justiz für die Ratenzahlungen zugrunde gelegt.

17 Ähnlich wie § 120 Abs. 4 ZPO muss auch der Gesetzentwurf Vorkehrungen dafür treffen, wenn sich die für die Stundung oder die Ratenzahlungen maßgebenden Verhältnisse, sei es in der Wohlverhaltensperiode oder erst nach Erteilung der Restschuldbefreiung, wesentlich geändert haben. In diesem Fall muss dem Gericht die Möglichkeit eröffnet werden, entweder die Stundung insgesamt oder die Ratenzahlungen anzupassen. Eine solche Anpassung kann das Gericht jedoch nur dann vornehmen, wenn ihm tatsächliche Anhaltspunkte bekannt sind. Im Interesse einer sparsamen Verwendung öffentlicher Mittel und um eine möglichst zügige, das Gericht wenig belastende Anpassung zu ermöglichen, sieht Absatz 2 vor, dem Schuldner eine Unterrichtungspflicht gegenüber dem Gericht aufzuerlegen. Wie bei der Prozesskostenhilfe wird jedoch eine wesentliche Änderung der maßgebenden Umstände gefordert, so dass nur geringfügige oder vorübergehende Änderungen unberücksichtigt bleiben können. Als Anhaltspunkt, ob eine Änderung in diesem Sinne wesentlich ist, kann auch die Tabelle des § 115 Abs. 1 Satz 4 ZPO herangezogen werden. Kommt der Schuldner nicht seiner Unterrichtungspflicht nach, so kann das Gericht, wenn tatsächliche Anhaltspunkte über eine Veränderung der wesentlichen Verhältnisse vorliegen, den Schuldner auffordern, eine entsprechende Erklärung abzugeben (§ 4b Abs. 2 Satz 3 InsO (neu) i. V. m. § 120 Abs. 4 Satz 2 ZPO). Folgt der Schuldner dieser Aufforderung nicht, so kann die Stundung nach § 4c Abs. 1 Nr. 1 InsO (neu) aufgehoben werden.

Anhang IV

Tritt eine Änderung während des Schuldenbereinigungsplanverfahrens ein, so ist 18 der Schuldner gehalten, das Insolvenzgericht zu informieren, das anhand der geänderten Verhältnisse den zu stundenden Betrag neu festsetzen kann. Eine vergleichbare Informationspflicht für den Insolvenzverwalter/Treuhänder nach Eröffnung des Insolvenzverfahrens ist nicht erforderlich. Der Insolvenzverwalter hat ohnehin Masseverbindlichkeiten nach dem gesetzlichen Vorwegbefriedigungsanspruch des § 53 InsO zu begleichen. Verletzt der Verwalter diese insolvenzspezifische Pflicht, so macht er sich unter Umständen schadensersatzpflichtig. Gelingt dem Verwalter etwa durch eine Insolvenzanfechtung oder durch einen Aktivprozess für die Masse eine Masseanreicherung, so hat er stets die Masseverbindlichkeiten des § 54 zu berücksichtigen. Ändert sich während der Treuhandzeit des Restschuldbefreiungsverfahrens das pfändbare Einkommen des Schuldners, so ist ein entsprechend höherer Betrag an den Treuhänder abzuführen, der seinerseits zunächst die Verfahrenskosten zu berichtigen hat. Erwirbt der Schuldner jedoch in diesem Zeitraum Vermögen, das nicht von der Obliegenheit des § 295 Abs. 1 Nr. 2 InsO erfasst wird, so hat er diese Änderung seiner wirtschaftlichen Verhältnisse dem Insolvenzgericht anzuzeigen. Der Schuldner hat somit auch Vermögen, das während des Restschuldbefreiungsverfahrens nicht den Insolvenzgläubigern zugutekommt, für die Verfahrenskosten einzusetzen. Wird dem Schuldner nach Erteilung der Restschuldbefreiung Ratenzahlung bewilligt, so hat er das Gericht über Veränderungen seines Einkommens oder seines Vermögens zu informieren, um eine Anpassung an die geänderten Verhältnisse zu ermöglichen. Wie in § 120 Abs. 4 ZPO ist eine Änderung zu Ungunsten des Schuldners ausgeschlossen, wenn seit der Beendigung des Verfahrens, also etwa seit der Erteilung der Restschuldbefreiung, vier Jahre vergangen sind.

Zu § 4c InsO

Während § 4b Abs. 2 InsO (neu) bei grundsätzlich fortbestehender Stundung einer 19 später eintretenden Veränderung der maßgebenden Verhältnisse Rechnung tragen will, soll § 4c InsO (neu) insbesondere eine Stundungsbewilligung beseitigen, die von Anfang an unrichtig war. Die Vorschrift orientiert sich an § 124 ZPO und stellt einen abschließenden Katalog der Aufhebungsgründe dar. Durch die nachteilige Rechtsfolge soll der Schuldner zu ordnungsgemäßer Mitwirkung und Förderung des Verfahrens angehalten werden. Mit der Aufhebung der Stundung entfallen die Wirkungen des § 4a Abs. 3 InsO (neu). Befindet sich das Verfahren noch im Eröffnungsstadium, so hat regelmäßig eine Abweisung mangels Masse gemäß § 26 InsO zu erfolgen. Ist das Verfahren bereits eröffnet, so ist es nach § 207 InsO mangels Masse einzustellen. Erfolgt die Aufhebung erst in der Treuhandphase des Restschuldbefreiungsverfahrens, so hat der Schuldner ab diesem Zeitpunkt für die Treuhänderkosten selbst aufzukommen und unterliegt der Gefahr der Versagung der Restschuldbefreiung nach § 298 InsO. Die Bewilligung von Ratenzahlungen nach Erteilung der Restschuldbefreiung ist ebenfalls ausgeschlossen. Regelmäßig wird somit die Aufhebung der Stundungsbewilligung zur erneuten Zahlungsunfähigkeit des Schuldners führen.

Die Stundung hat lediglich das Ziel, dem Schuldner einen wirtschaftlichen Neuanfang zu ermöglichen, sei es durch eine gütliche Einigung im Schuldenbereinigungs- 20

Anhang IV

planverfahren, sei es durch ein Restschuldbefreiungsverfahren. Voraussetzung ist jedoch, dass der Schuldner tatsächlich zahlungsunfähig ist. Spiegelt der Schuldner Umstände vor, die für die Eröffnung eines Verfahrens maßgebend sind, so ist es gerechtfertigt, sofern dies vorsätzlich oder grob fahrlässig geschieht, dem Schuldner die Rechtswohltat einer Stundung wieder zu entziehen. Denkbar ist dies etwa, wenn er unrichtige Angaben hinsichtlich seiner Zahlungsfähigkeit macht oder durch Behauptung eines inländischen Wohnsitzes sich die deutsche Gerichtsbarkeit erschleicht. Die persönlichen oder wirtschaftlichen Verhältnisse, die für die Stundung maßgebend sind, werden regelmäßig auch von den Angaben abgedeckt, die für die Eröffnung des Insolvenzverfahrens von Belang sind. Für die Gewährung der Stundung ist jedoch von entscheidender Bedeutung, ob einer der in § 290 Abs. 1 Nr. 1 und 3 InsO genannten Versagungsgründe vorliegt. Grob schuldhaft falsche Angaben des Schuldners rechtfertigen auch insofern eine Aufhebung der Stundung. Nach § 124 Nr. 2 ZPO ist eine Aufhebung der Bewilligung der PKH auch dann zulässig, wenn der Schuldner nach Aufforderung des Gerichts keine Erklärung über seine persönlichen oder wirtschaftlichen Verhältnisse abgegeben hat. Ein entsprechender Aufhebungsgrund wird in § 4c InsO (neu) übernommen. Der Schuldner ist nach § 4b Abs. 2 InsO (neu) verpflichtet, eine wesentliche Änderung seiner Verhältnisse auch ohne Aufforderung seitens des Gerichts anzuzeigen. Bleibt er lediglich untätig, ohne seitens des Gerichts auf eine möglicherweise eingetretene Veränderung hingewiesen worden zu sein, ist es allerdings nicht gerechtfertigt, die Stundung aufzuheben und dadurch möglicherweise eine Restschuldbefreiung zu verhindern. Anders verhält es sich hingegen, wenn dem Gericht tatsächliche Anhaltspunkte vorliegen und es deshalb den Schuldner zu einer entsprechenden Erklärung aufgefordert hat (§ 4b Abs. 2 Satz 3 InsO (neu) i. V. m. § 120 Abs. 4 Satz 2 ZPO). Gibt der Schuldner nun die Erklärung trotz ausdrücklicher Aufforderung nicht ab, so muss dem Gericht die Möglichkeit eröffnet sein, die Stundung aufzuheben. Lagen von Anfang an die Voraussetzungen der Stundung nicht vor, ohne dass die fehlerhafte Entscheidung vom Schuldner zu verantworten wäre oder ihm insofern allenfalls leichte Fahrlässigkeit zur Last fällt, so sieht Nummer 2 eine zeitlich limitierte Möglichkeit der Aufhebung vor. Die Bewilligungsentscheidung ist unabänderlich, wenn seit Beendigung des Verfahrens vier Jahre vergangen sind. Dieser Zeitraum entspricht der Verjährungsregelung in § 10 GKG. Die Unbilligkeit, die darin liegen kann, dass nach einem doch recht erheblichen Zeitraum die Stundung aufgehoben wird, kann dadurch gemildert werden, dass das Gericht bei seiner Entscheidung die bereits verflossene Zeit und das Verhalten des Schuldners berücksichtigt. Um den Schuldner zu einer pünktlichen Zahlung seiner Ratenverpflichtungen anzuhalten, sieht Nummer 3 die Aufhebung für den Fall vor, dass der Schuldner mit einer Zahlung länger als drei Monate im Rückstand ist. Ist diese Säumnis allerdings in einer nachteiligen Veränderung der wirtschaftlichen Veränderung des Schuldners begründet, so hat das Gericht zu prüfen, ob nicht eine Anpassung der Ratenzahlungen gemäß § 4b Abs. 2 InsO (neu) geboten ist. Bei § 124 Nr. 4 ZPO ist umstritten, ob der Zahlungsrückstand der Partei verschuldet sein muss, um eine Aufhebung zu rechtfertigen. Teilweise wird vertreten, das Verschulden könne im Rahmen einer Ermessensprüfung der Aufhebung berücksichtigt werden. Eine solche Unsicherheit ist bei § 4c InsO (neu) nicht akzeptabel, da die Stundung existentielle Bedeutung für den Schuldner haben kann. Deshalb wird in der Vorschrift eindeutig klargestellt, dass nur ein schuldhafter Rückstand eine Aufhebung rechtfertigen kann.

Der Einsatz öffentlicher Mittel für ein mit dem Ziel der Restschuldbefreiung betriebenes Insolvenzverfahren ist nur dann gerechtfertigt, wenn auch der Schuldner erhebliche Anstrengungen unternimmt, um für die Verfahrenskosten aufzukommen und eine möglichst optimale Befriedigung der Gläubiger anzustreben. Der Gesetzentwurf schlägt deshalb in Nummer 4 vor, die Obliegenheit aus § 295 Abs. 1 Nr. 1 InsO bereits für das Insolvenzverfahren heranzuziehen. Damit wird einerseits das Argument entkräftet, dem Schuldner werde eine Restschuldbefreiung zum Nulltarif eröffnet. Andererseits ist das ernsthafte Bemühen des Schuldners um eine angemessene Erwerbstätigkeit ein wesentliches Indiz für seine Motivation, das mehrjährige Verfahren auch durchzustehen. Insofern stellt die Erwerbsobliegenheit eine gewisse Parallele zur Prüfung der Erfolgsaussicht im Rahmen der Prozesskostenhilfe dar. Um dem Gericht die Feststellung zu erleichtern, ob der Schuldner dieser Obliegenheit nachkommt, wird die in § 296 Abs. 2 Satz 2 InsO statuierte Pflicht des Schuldners, Auskunft über die Erfüllung seiner Obliegenheit zu erteilen sowie gegebenenfalls ihre Richtigkeit an Eides Statt zu versichern, auch auf die Erwerbsobliegenheit im Rahmen der Stundung ausgedehnt. Durch die entsprechende Anwendung von § 296 Abs. 2 Satz 3 InsO wird dem Gericht die Möglichkeit eröffnet, bei unzureichender Mitwirkung des Schuldners die Stundung aufzuheben. Damit soll jedoch keine Pflicht des Gerichts begründet werden, etwa die Erwerbsobliegenheiten des Schuldners zu überwachen. Das Gericht ist nur dann gehalten tätig zu werden, wenn tatsächliche Anhaltspunkte, etwa der Hinweis eines Gläubigers, eine Obliegenheitsverletzung seitens des Schuldners nahe legen.

Der Entwurf sieht davon ab, die Versagungsgründe des § 290 Abs. 1 InsO oder einen Verstoß gegen die in § 295 Abs. 1 InsO genannten Obliegenheiten als selbstständige Aufhebungsgründe auszugestalten. Es scheint nicht geboten, die Stundung aufzuheben, wenn die unmittelbar von einer Restschuldbefreiung betroffenen Gläubiger diesen Verstoß des Schuldners als nicht so schwerwiegend einstufen, um die Versagung der Restschuldbefreiung zu beantragen. Darüber hinaus wird sich auch nach der vorgeschlagenen Fassung ein vergleichbares Ergebnis wie bei einer ausdrücklichen Festlegung als Aufhebungsgrund erreichen lassen. War dem Gericht eine Straftat nach § 290 Abs. 1 Nr. 1 InsO nicht bekannt, so wird in aller Regel der Aufhebungsgrund der Nummer 1 vorliegen. Erfolgt die Verurteilung erst nach Gewährung der Stundung, so wird die Restschuldbefreiung, sofern ein entsprechender Gläubigerantrag vorliegt, nach § 297 InsO versagt. Die Versagungsgründe des § 290 Abs. 1 Nr. 2 und 4 werden ganz überwiegend von einem betroffenen Gläubiger vorgetragen, der dann auch die Versagung der Restschuldbefreiung beantragen wird. Wurde dem Schuldner bereits einmal eine Restschuldbefreiung erteilt, so wird auch insofern regelmäßig der Versagungsgrund der Nummer 1 gegeben sein. Die Verletzung von Auskunfts- oder Mitwirkungspflichten des Schuldners wird hinsichtlich der für die Stundung besonders wichtigen Erwerbsobliegenheit über Nummer 4 zweiter Halbsatz sanktioniert. Hat der Schuldner im Rahmen eines Insolvenzverfahrens vorsätzlich oder grob fahrlässig in den vorzulegenden Verzeichnissen un-

Anhang IV

richtige Angaben gemacht, so wird ebenfalls häufig der Aufhebungsgrund der Nummer 1 eingreifen. Vergleichbares gilt für die Obliegenheiten des § 295 Abs. 1 InsO. Kommt der Schuldner zu neuem Vermögen, beispielsweise durch einen Erbfall, so kann das Gericht dieser Veränderung der wirtschaftlichen Verhältnisse nach § 4b Abs. 2 InsO (neu) Rechnung tragen. Bei schwerwiegenden Verstößen gegen die in § 295 Abs. 1 Nr. 3 und 4 genannten Obliegenheiten wird regelmäßig auch ein Gläubiger die Versagung der Restschuldbefreiung beantragen. Eine eigenständige Aufhebungsmöglichkeit durch das Gericht unabhängig von dem Verhalten der Insolvenzgläubiger ist deshalb nicht erforderlich.

Zu § 4d InsO

23   Im Interesse einer zügigen Abwicklung des Insolvenzverfahrens kann nach § 6 InsO eine gerichtliche Entscheidung nur in den Fällen angefochten werden, in denen dies ausdrücklich vorgesehen ist. Da die Gewährung einer Stundung oftmals ausschlaggebend sein wird, ob der Schuldner die Chance für einen wirtschaftlichen Neuanfang erhält, wird gegen die Ablehnung der Stundung oder deren Aufhebung dem Schuldner das Rechtsmittel der sofortigen Beschwerde eröffnet. Wird die Stundung abgelehnt, so wird regelmäßig der Antrag auf Eröffnung des Insolvenzverfahrens mangels Masse abzuweisen sein. Wird die Stundung aufgehoben, so dürfte dies ebenfalls in der Regel zur Masseamut des Verfahrens und damit zu einer Einstellung nach § 207 Abs. 1 InsO führen, die keine taugliche Anknüpfung für eine Restschuldbefreiung ist. Von gleich existenzieller Bedeutung kann die Beiordnung eines Rechtsanwalts für einen rechtsunkundigen Schuldner sein, der nicht in der Lage ist, sich angemessen mündlich und schriftlich auszudrücken. Wird ihm die Beiordnung versagt, so wird er häufig seine Rechte im Verfahren nicht geltend machen können.

24   Wird die Stundung bewilligt, so wird in Anlehnung an § 127 Abs. 3 ZPO der Staatskasse eine Beschwerdebefugnis eingeräumt. Allerdings soll die Staatskasse nur beschwerdeberechtigt sein, wenn das Insolvenzgericht bei der Gewährung der Stundung von unzutreffenden persönlichen oder wirtschaftlichen Verhältnissen des Schuldners ausgegangen ist.

Begründung Rechtsausschuss:

25   (unverändert übernommen)

Nr. 5

26   § 26 Abs. 1 Satz 2 wird wie folgt gefasst:

„²Die Abweisung unterbleibt, wenn ein ausreichender Geldbetrag vorgeschossen wird oder die Kosten nach § 4a gestundet werden."

Begründung Regierungsentwurf:

27   In Ergänzung der in §§ 4a ff. InsO (neu) geregelten Stundungslösung wird die vorgeschlagene Ergänzung in § 26 Abs. 1 Satz 2 klarstellen, dass eine Abweisung mangels Masse unterbleibt, wenn das Gericht dem Schuldner eine Stundung der Verfahrenskosten bewilligt.

Anhang IV

Begründung Rechtsausschuss:

(unverändert übernommen)

Nr. 9

§ 63 wird wie folgt geändert:

a) Der bisherige Wortlaut wird Absatz 1.

b) Folgender Absatz 2 wird angefügt:

„(2) Sind die Kosten des Verfahrens nach § 4a gestundet, steht dem Insolvenzverwalter für seine Vergütung und seine Auslagen ein Anspruch gegen die Staatskasse zu, soweit die Insolvenzmasse dafür nicht ausreicht."

Begründung Regierungsentwurf:

Die Stundung der Gerichtskosten allein ist nicht ausreichend, um bei Massearmut ein Insolvenzverfahren durchführen zu können. Vielmehr muss auch dafür Sorge getragen werden, dass in diesem Verfahren tätige Personen, also insbesondere der vorläufige Insolvenzverwalter, der Insolvenzverwalter und der Treuhänder im vereinfachten Insolvenzverfahren, einen werthaltigen Anspruch auf ihre Vergütung erhalten. In § 63 Abs. 2 InsO wird für diese Personen ein Sekundäranspruch gegen die Staatskasse geschaffen, sofern das Vermögen des Schuldners rsp. die Insolvenzmasse nicht ausreichend ist, um die Vergütungsansprüche abzudecken. Insofern besteht eine gewisse Parallele zu § 1836a BGB. Nach Ablauf der Stundungsfrist kann die Staatskasse die verauslagten Beträge bei dem Schuldner geltend machen, da in Anlage 1 zum Gerichtskostengesetz unter Nr. 9017 hierfür ein neuer Auslagentatbestand geschaffen wird.

Begründung Rechtsausschuss:

(unverändert übernommen)

Nr. 10

§ 73 Abs. 2 wird wie folgt gefasst:

„(2) § 63 Abs. 2 sowie die §§ 64 und 65 gelten entsprechend."

Begründung Regierungsentwurf:

Durch die Ergänzung der Verweisung in § 73 Abs. 2 wird erreicht, dass in den Fällen, in denen ein Gläubigerausschuss eingesetzt wurde, die Mitglieder dieses Ausschusses hinsichtlich ihrer Vergütung ebenfalls einen Sekundäranspruch gegen die Staatskasse haben.

Begründung Rechtsausschuss:

(unverändert übernommen)

Nr. 14

§ 207 Abs. 1 Satz 2 wird wie folgt gefasst:

„²Die Einstellung unterbleibt, wenn ein ausreichender Geldbetrag vorgeschossen wird oder die Kosten nach § 4a gestundet werden; § 26 Abs. 3 gilt entsprechend."

Anhang IV

Begründung Regierungsentwurf:

36 In aller Regel wird dem Schuldner bekannt sein, ob sein Vermögen ausreicht, die Verfahrenskosten zu decken. Deshalb sieht § 4a Abs. 1 Satz 1 InsO (neu) vor, dass ein Antrag auf Stundung nur gestellt werden kann, wenn ein Antrag auf Erteilung der Restschuldbefreiung vorliegt. Der letztgenannte Antrag soll nach § 287 Abs. 1 InsO (neu) gemeinsam mit dem Eröffnungsantrag gestellt werden. Stellt sich die Massekostenarmut jedoch erst nach Eröffnung des Insolvenzverfahrens heraus, so muss, um eine Einstellung gemäß § 207 Abs. 1 zu verhindern, dem Schuldner das Recht eingeräumt werden, auch nach Eröffnung des Insolvenzverfahrens die Stundung zu beantragen. Allerdings ist ein solcher Antrag nur zulässig, wenn der Schuldner rechtzeitig die Restschuldbefreiung beantragt hat.

Begründung Rechtsausschuss:

37 *(unverändert übernommen)*

Nr. 17

38 § 293 Abs. 2 wird wie folgt gefasst:

„(2) § 63 Abs. 2 sowie die §§ 64 und 65 gelten entsprechend."

Begründung Regierungsentwurf:

39 Durch die vorgeschlagene Verweisung auf § 63 Abs. 2 soll dem Treuhänder im Restschuldbefreiungsverfahren ein Sekundäranspruch gegen die Staatskasse eingeräumt werden, sofern die an ihn abgeführten Beträge seine Vergütung nicht decken.

Begründung Rechtsausschuss:

40 *(unverändert übernommen)*

Artikel 9
Änderung des Einführungsgesetzes zur Insolvenzordnung

41 ·In das Einführungsgesetz zur Insolvenzordnung vom 5. Oktober 1994 (BGBl. I S. 2911), zuletzt geändert durch Artikel 2 des Gesetzes vom 8. Dezember 1999 (BGBl. I S. 2384), wird nach Artikel 103 folgender Artikel 103a eingefügt:

„Artikel 103a
Überleitungsvorschrift

42 Auf Insolvenzverfahren, die vor dem [Einsetzen: Datum des Inkrafttretens des Gesetzes nach Artikel 12 Satz 1] eröffnet worden sind, sind die bis dahin geltenden gesetzlichen Vorschriften weiter anzuwenden."

Begründung Regierungsentwurf:

43 *(Art. 11)* Unabhängig von der Antragstellung sollen alle Verfahren, die erst nach In-Kraft-Treten dieses Gesetzes eröffnet werden, nach dem neuen Recht abgewickelt werden. Die Schuldner in diesen Verfahren können somit insbesondere von einer Stundung der Verfahrenskosten profitieren. Nach der Neufassung von § 304 InsO durch Artikel 1 Nr. 21 werden künftig Sachverhalte dem Regelinsolvenzverfahren unterfallen, die nach bisherigem Recht dem Verbraucherinsolvenzverfahren

Anhang IV

zugerechnet werden. Artikel 103a EGInsO (neu) ermöglicht insofern einen ungestörten Ablauf dieser nach dem neunten Teil der Insolvenzordnung begonnenen Verfahren, da bereits eröffnete Verfahren nach der bisherigen Fassung von § 304 InsO zu behandeln sind. Wurde jedoch lediglich das außergerichtliche Schuldenbereinigungsverfahren abgewickelt, so ist bei unternehmerisch tätigen Personen, sofern nicht die Voraussetzungen des § 304 Abs. 1 Satz 2 InsO (neu) vorliegen, ein Regelinsolvenzverfahren zu eröffnen.

<u>Begründung Rechtsausschuss:</u>

(unverändert übernommen) 44

Artikel 10
Inkrafttreten

Dieses Gesetz tritt vorbehaltlich des Satzes 2 am ersten Tag des zweiten auf die 45
Verkündung folgenden Kalendermonats in Kraft. Artikel 6 dieses Gesetzes tritt am 1. Januar 2002 in Kraft.

<u>Begründung Regierungsentwurf:</u>

Art. 12 46
Inkrafttreten

Dieses Gesetz tritt vorbehaltlich des Satzes 2 am Tage nach der Verkündung in Kraft. Artikel 6 dieses Gesetzes tritt am 1. Januar 2002 in Kraft.

Der Regierungsentwurf enthält keine Begründung.

<u>Begründung Rechtsausschuss:</u>

Die Länder hatten nachdrücklich darum gebeten, der Praxis für die Umstellung auf 47
das neue Recht mindestens einen Monat Zeit zu geben. Dem wird durch die Neufassung der Inkrafttretensvorschrift Rechnung getragen.

Anhang V

Anhang V

Gesetz zur Einführung des Euro in Rechtspflegegesetzen und in Gesetzen des Straf- und Ordnungswidrigkeitenrechts, zur Änderung der Mahnvordruckverordnungen sowie zur Änderung weiterer Gesetze *(Auszug)*

vom 13. Dezember 2001 *(BGBl. I 2001, 3574)*

1 *Wiedergegeben werden nur die für die InsVV maßgeblichen Änderungen nebst Auszügen aus der Entwurfsbegründung der Bundesregierung (BT-Drucks. 14/6371).*

A. Allgemeine Begründung *(Auszug)*

2 In der Insolvenzrechtlichen Vergütungsverordnung und in den Vergütungsvorschriften für Zwangsverwalter werden sowohl Signalbeträge in Gestalt von Wertgrenzen als auch Beträge für bestimmte Vergütungssätze im Verhältnis 2:1 umgestellt. Nur in einem Fall (§ 15 Abs. 1 InsVV) ist eine geringfügige Anhebung eines Vergütungssatzes vorgesehen, um eine Umstellung auf einen Cent-Betrag zu vermeiden. Im Übrigen wirkt sich die geglättete Umstellung der Wertansätze für die Vergütungsberechnung zukünftig auf die Vergütungshöhe der Insolvenz- und Zwangsverwalter geringfügig minimierend aus. Dies kann ohne Kompensation hingenommen werden, für die Insolvenzverwalter auch deshalb, weil mit der 1999 in Kraft getretenen Verordnung die Vergütungssätze erst vor kurzem insgesamt deutlich angehoben worden sind.

B. Gesetzestext mit Begründung zu den einzelnen Vorschriften *(Auszug)*

Artikel 11
Änderung der Insolvenzordnung

3 In § 58 Abs. 2 der Insolvenzordnung vom 5. Oktober 1994 (BGBl. I S. 2866), die zuletzt durch Artikel 1 des Gesetzes vom 26. Oktober 2001 (BGBl. I S. 2710) geändert worden ist, werden die Wörter „fünfzigtausend Deutsche Mark" durch die Wörter „fünfundzwanzigtausend Euro" ersetzt.

Artikel 12
Änderung der Insolvenzrechtlichen Vergütungsverordnung

4 Die Insolvenzrechtliche Vergütungsverordnung vom 19. August 1998 (BGBl. I S. 2205) wird wie folgt geändert:

Nr. 1

5 § 2 wird wie folgt gefasst:

„§ 2 Regelsätze

(1) Der Insolvenzverwalter erhält in der Regel

1. von den ersten 25.000 Euro der Insolvenzmasse 40 vom Hundert,
2. von dem Mehrbetrag bis zu 50.000 Euro 25 vom Hundert,
3. von dem Mehrbetrag bis zu 250.000 Euro 7 vom Hundert,
4. von dem Mehrbetrag bis zu 500.000 Euro 3 vom Hundert,

Anhang V

5. von dem Mehrbetrag bis zu 25.000.000 Euro 2 vom Hundert,
6. von dem Mehrbetrag bis zu 50.000.000 Euro 1 vom Hundert,
7. von dem darüber hinausgehenden Betrag 0,5 vom Hundert.

(2) Die Vergütung soll in der Regel mindestens 500 Euro betragen."

Begründung: Mit § 2 InsVV werden die Regelsätze für die Vergütungsberechnung bestimmt. Die wertabhängige Vergütung ist dabei nach Wertstufen geregelt, die auf geglättete Euro-Beträge im Verhältnis 2:1 umgestellt werden. Die Regelsätze sind prozentual bestimmt und bleiben unverändert. Die Wertgrenzenumstellung ist mit einer geringfügigen Verringerung der davon prozentual zu berechnenden Vergütung verbunden. Ein Ausgleich wird nicht für erforderlich gehalten.

Um die Regelsätze besser zitieren zu können, soll in § 2 Abs. 1 InsVV eine Nummerierung eingefügt werden.

Nr. 2

In § 8 Abs. 3 wird die Angabe „500 Deutsche Mark" durch die Angabe „250 Euro" ersetzt.

Begründung: Die in § 8 Abs. 3 InsVV vorgesehene Höchstgrenze für den Pauschsatz der Auslagen wird im Verhältnis 2:1 umgestellt und damit auf 250 Euro nach unten geglättet. Die damit verbundene geringfügige Minderung des Höchstsatzes ist zur einfachen Anwendung der Vorschrift in der Auslagenberechnung geboten. Nachteile in der Auslagenerstattung sind infolge der Umstellung nicht zu erwarten (Pauschsatz).

Nr. 3

In § 12 Abs. 3 werden

a) die Angabe „500 Deutsche Mark" durch die Angabe „250 Euro" und
b) die Angabe „250 Deutsche Mark" durch die Angabe „125 Euro"

ersetzt.

Begründung: Der in § 12 Abs. 3 InsVV bestimmte Höchstsatz für die Auslagenpauschale des Sachwalters wird infolge des geänderten Höchstsatzes der Auslagenpauschale des Insolvenzverwalters im gleichen Verhältnis umgestellt. Auf die Begründung zur Umstellung in § 8 Abs. 3 InsVV wird verwiesen.

Nr. 4

In § 13 Abs. 1 Satz 3 werden

a) die Angabe „500 Deutsche Mark" durch die Angabe „250 Euro" und
b) die Angabe „200 Deutsche Mark" durch die Angabe „100 Euro"

ersetzt.

Begründung: Die Umstellung der Mindestvergütungen des Treuhänders im vereinfachten Insolvenzverfahren wird sich durch die Glättung nach unten geringfügig verringern. Wegen der Geringfügigkeit ist ein Ausgleich nicht vorgesehen.

Anhang V

Nr. 5

14 § 14 wird wie folgt geändert:

a) Absatz 2 wird wie folgt gefasst:

„(2) Der Treuhänder erhält:

1. von den ersten 25.000 Euro 5 vom Hundert,
2. von dem Mehrbetrag bis 50.000 Euro 3 vom Hundert und
3. von dem darüber hinausgehenden Betrag 1 vom Hundert.

b) In Absatz 3 wird die Angabe „200 Deutsche Mark" durch die Angabe „100 Euro" ersetzt.

15 Begründung: Die Vergütung des Treuhänders im vereinfachten Insolvenzverfahren wird ebenso berechnet wie die Vergütung des Insolvenzverwalters. Ein Ausgleich für die geringfügige Vergütungsminderung ist nicht vorgesehen. Auf die Begründung zur Umstellung von § 2 wird verwiesen. Wie in § 2 Abs. 1 InsVV soll auch in § 14 Abs. 2 InsVV eine Nummerierung eingefügt werden, um die Vorschrift besser zitieren zu können.

Nr. 6

16 In § 15 Abs. 1 Satz 2 wird die Angabe „25 Deutsche Mark" durch die Angabe „15 Euro" ersetzt.

17 Begründung: Die zusätzliche Vergütung des Treuhänders für die Überwachung des Schuldners in der Wohlverhaltensperiode wird mit einem Stundensatz in Höhe von 25 DM vergütet. In diesem Fall bietet es sich bei der ohnehin schon geringen Vergütung des Treuhänders an, diesen Satz nach oben hin geglättet auf 15 Euro anzuheben.

Nr. 7

18 In § 17 wird die Angabe „50 und 100 Deutsche Mark" durch die Angabe „25 und 50 Euro" ersetzt.

19 Begründung: Die Mitglieder des Gläubigerausschusses werden derzeit mit einem Stundensatz zwischen 50 und 100 DM vergütet. Die durch die geglättete Umstellung bewirkte geringfügige Minderung kann ohne Ausgleich hingenommen werden, zumal für die Vergütung im Einzelfall eine Stundensatzspanne zur Verfügung steht.

Artikel 36
Inkrafttreten

20 (1) Dieses Gesetz tritt am 1. Januar 2002 in Kraft, soweit in den Absätzen 2 und 3 nichts Abweichendes bestimmt ist.

(2) Artikel 33 tritt am Tag nach der Verkündung in Kraft.

(3) Artikel 34 tritt am 2. Januar 2002 in Kraft.

Anhang VI

Gesetz zur Modernisierung des Kostenrechts
(Kostenrechtsmodernisierungsgesetz – KostRMoG) *(Auszug)*

vom 5. Mai 2004 *(BGBl. I 2004, 718)*

Mit dem Änderungsgesetz wurden das GKG neugefasst sowie das RVG unter Abschaffung der BRAGO und das JVEG unter Abschaffung des ZVEG eingeführt. Wiedergegeben werden nur die für die InsVV maßgeblichen Änderungen. 1

A. Allgemeine Begründung

Von einem Abdruck wurde abgesehen. 2

B. Gesetzestext zu den einzelnen Vorschriften *(Auszug)*

Artikel 4
Änderung der Insolvenzrechtlichen Vergütungsverordnung

Nr. 21

Die Insolvenzrechtliche Vergütungsverordnung vom 19. August 1998 (BGBl. I 3
S. 2205), geändert durch Artikel 12 des Gesetzes vom 13. Dezember 2001 (BGBl. I
S. 3574), wird wie folgt geändert:

1. In § 5 Abs. 1 werden die Wörter „der Bundesgebührenordnung für Rechtsanwälte" durch die Wörter „des Rechtsanwaltsvergütungsgesetzes" ersetzt.

2. In § 11 Abs. 2 werden die Wörter „wird er gesondert nach dem Gesetz über die Entschädigung von Zeugen und Sachverständigen entschädigt" durch die Wörter „erhält er gesondert eine Vergütung nach dem Justizvergütungs- und -entschädigungsgesetz" ersetzt.

Artikel 8
Inkrafttreten

Das Gesetz tritt mit Ausnahme von Artikel 5 am 1. Juli 2004 in Kraft. Artikel 5 4
tritt am 1. Juli 2006 in Kraft.

Anhang VII

Verordnung zur Änderung der Insolvenzrechtlichen Vergütungsverordnung
(InsVV)
vom 4. Oktober 2004 (BGBl. I 2004, 2569)

1 *In ZIP 2004, 1927 ff. ist ein erster Entwurf vom 17. September 2004 abgedruckt. Der Anhang III zur Kommentierung der InsVV bei KPB-InsO/Eickmann (Stand 05/2005) erwähnt Änderungen bis zur endgültigen Fassung vom 5. Mai 2004. Die beiden Fassungen unterscheiden sich z. B. in § 2 Abs. 2 InsVV n. F., der zunächst vorsah, dass die Mindestvergütung 1.000 Euro beträgt, dann aber tatsächlich in eine Soll-Vorschrift umgewandelt wurde. Bei Haarmeyer/Mock (5. Aufl., 2014) findet sich im Anhang 2 Ziffer III. zwar der Text wie bei Eickmann (a.a.O.), jedoch mit der dann nicht ganz richtigen Fundstelle ZIP 2004, 1927. Bei Lorenz/Klanke, InsVV (2. Aufl., 2014), findet sich im Anhang V lediglich die ursprüngliche Fassung (wie ZIP 2004, 1927). Daher wird anzunehmen sein, dass die bei KPB-InsO/Eickmann wiedergegebene Fassung die letzte der amtlichen Begründung ist. Diese wird im Folgenden wiedergegeben, wobei der Verfasser redaktionelle Änderungen vorgenommen hat (Anpassung an die neue Rechtschreibung, Nummerierung der Sätze innerhalb eines Paragrafen und Einfügung von Randzahlen).*

A. Allgemeine Begründung

1. Wesentlicher Inhalt der BGH-Entscheidungen

2 In zwei Beschlüssen vom 15. Januar 2004 hat der Bundesgerichtshof entschieden, dass die Mindestvergütung in massearmen Regelinsolvenzverfahren (zur Zeit 500 Euro; im Folgenden IN-Verfahren) und in massearmen Verbraucherinsolvenzverfahren (zur Zeit 250 Euro; im Folgenden IK-Verfahren) nicht auskömmlich und als unverhältnismäßiger Eingriff in die Berufsfreiheit verfassungswidrig sei. Der Verordnungsgeber habe bis zum 1. Oktober 2004 eine verfassungsgemäße Neuregelung zu schaffen. Der BGH geht zunächst davon aus, durch die Vorschriften der InsVV werde in die Berufsfreiheit eingegriffen. Nach § 63 Abs. 1 InsO habe der Verwalter einen Anspruch auf eine seiner Qualifikation und Tätigkeit angemessene Vergütung. Durch die Mindestvergütung von 500 Euro im Regelinsolvenzverfahren und 250 Euro im vereinfachten Insolvenzverfahren werde jedoch sein Bearbeitungsaufwand nicht angemessen entgolten.

3 Nach Einschätzung des BGH ist es rechtlich nicht geboten, für jeden konkreten Einzelfall eine ausreichende Vergütung vorzusehen, vielmehr könne auch eine Querfinanzierung mit massehaltigen Verfahren berücksichtigt werden. In der Praxis komme diesem Gedanken jedoch kaum noch Bedeutung zu, da die massearmen Verfahren nunmehr die überwiegende Zahl der Gesamtverfahren darstellen. Bei einzelnen Insolvenzgerichten würden 70 % der Verfahren nur über eine Stundung der Verfahrenskosten finanziert werden können. Deshalb müsse ein wirtschaftlicher Ausgleich bereits innerhalb der massearmen Verfahren erfolgen. Vereinzelt wurde von Insolvenzgerichten versucht, durch Befragung der Insolvenzverwalter den tatsächlichen Kostenaufwand für die Abwicklung eines Verfahrens zu ermit-

Anhang VII

teln. Dabei wurde eine Kostenbelastung in Regelinsolvenzverfahren von 1.400 Euro bis zu 2.400 Euro je Verfahren genannt. Das Amtsgericht Hamburg hat daraufhin eine Pauschalvergütung von 800 Euro in Verbraucherinsolvenz- und 1.200 Euro in Regelinsolvenzverfahren festgesetzt.

Der BGH räumt jedoch ein, dass diese Selbsteinschätzung der Verwalter nur bedingt geeignet ist, den tatsächlichen Aufwand zu ermitteln. Zumindest als Groborientierung könne diese Selbsteinschätzung herangezogen werden, sodass der BGH für ein durchschnittliches massearmes Verfahren von einem Aufwand von mindestens 20 Stunden ausgeht, von denen 2/3 durch einen Mitarbeiter und 1/3 vom Insolvenzverwalter selbst erbracht werden. Zur Bestimmung einer Stundenvergütung zieht der BGH dann die Zwangsverwalterverordnung heran, die einen Mindeststundensatz für einen qualifizierten Mitarbeiter in Höhe von 35 Euro und für den Zwangsverwalter einen Betrag von 95 Euro vorsieht. Legt man diese Annahme zugrunde, so kommt der BGH zu einer Vergütung von ca. 1.100 Euro für ein durchschnittliches massearmes Verfahren. Angesichts der Unsicherheit über die Ausgestaltung einer angemessenen Mindestvergütung in massearmen Verfahren sind nach Ansicht des BGH die Regelungen zur Mindestvergütung erst ab dem 1. Januar 2004 verfassungswidrig. 4

2. Konzept der Verordnung

Die tatsächliche Ausgangslage ist, was die Belastung der Insolvenzverwalter in masselosen Verfahren anbelangt, mit erheblichen Unsicherheiten behaftet. Insofern liegen im Wesentlichen Selbsteinschätzungen der Verwalter vor. An diesem Befund hat sich nichts Grundlegendes geändert, obwohl nun zwei rechtstatsächliche Untersuchungen zum zeitlichen Aufwand von Insolvenzverwaltern/Treuhändern in masselosen Verfahren (*Prof. Dr. Christoph Hommerich*) respektive zur Kostensituation in masselosen Regel- und Verbraucherinsolvenzverfahren (*Institut für freie Berufe, IFB*) vorliegen. Beide Untersuchungen wurden anlässlich der anstehenden Änderung der InsVV initiiert. Beiden Projekten liegen schriftliche Befragungen der Insolvenzverwalter zugrunde. Eine umfassende Zeitbudgetuntersuchung konnte nicht durchgeführt werden, da die Novellierung der Mindestvergütung nach den Vorgaben des BGH bis Ende September 2004 abgeschlossen sein muss. Insofern konnte lediglich eine Erhebung aufgrund von Selbsteinschätzungen der Insolvenzverwalter vorgenommen werden, die den zeitlichen Aufwand bei masselosen Insolvenzverfahren ermitteln soll. Die Untersuchung von *Prof. Hommerich* hat dabei lediglich den Tätigkeitsaufwand in dem letzten bearbeiteten masselosen Insolvenzverfahren ermittelt, da davon ausgegangen werden konnte, dass sich die befragten Insolvenzverwalter an dieses Verfahren besonders gut erinnern. Im Übrigen hat es die zuletzt genannte Studie vermieden, die Tätigkeit der Insolvenzverwalter in kleinste Schritte aufzuteilen und in der Befragung hierzu Angaben zu erheben, da ein solches Vorgehen leicht zu einer Scheingenauigkeit führt und häufig Angaben zu Tätigkeiten provoziert, über deren zeitlichen Aufwand keine genauen Vorstellungen bestehen. 5

Zur Festlegung der Mindestvergütung stehen zwei unterschiedliche Lösungsansätze zur Verfügung. So kann versucht werden, den regeltypischen Normalfall eines 6

Anhang VII

massearmen Verfahrens zu umreißen und Zuschläge nur in den in § 3 Abs. 1 InsVV aufgeführten Fällen vorzusehen. Eine solche Vergütung schwebt wohl dem BGH in den zitierten Entscheidungen vor. Problematisch ist dabei jedoch bereits die Bestimmung des Normalfalls. So liegen zur Zahl der Gläubiger erheblich divergierende Angaben vor. Während der BGH ausgehend von den Selbstauskünften der Insolvenzverwalter für das Regelinsolvenzverfahren 20 Gläubiger annimmt, weist die Untersuchung von *Hommerich* eine hohe Streubreite auf. In masselosen IN-Verfahren lag die Zahl der Gläubiger bei dieser Untersuchung zwischen 7 und 80. Während 24 % der Befragten eine Gläubigerzahl von bis zu 20 nannten, lag bei 42 % die durchschnittliche Zahl der Gläubiger zwischen 21 und 30. Entsprechende Ergebnisse waren auch bei den masselosen IK-Verfahren anzutreffen, wo die Gläubigerzahl zwischen 3 und 42 betrug. Während von 44 % der Büros nicht mehr als 10 Gläubiger je Verfahren genannt wurden, waren es bei 16 % durchschnittlich mehr als 15 Gläubiger. In IN-Verfahren liegt nach dieser Untersuchung sowohl das getrimmte Mittel (nur der Wertbereich zwischen 5 % und 95 %) als auch der Median bei 29 Gläubiger. In IK-Verfahren beträgt das getrimmte Mittel 13 und der Median 12 Gläubiger. Die Untersuchung des *IFB* nennt lediglich die durchschnittliche Zahl der Gläubiger, die in IN-Verfahren 34,6 und in IK-Verfahren 16,2 beträgt.

7 Angesichts dieser Unsicherheit hinsichtlich der Zahl der Gläubiger empfiehlt es sich, bei der Beschreibung des regeltypischen Normalfalls von einer geringeren Gläubigerzahl auszugehen, Erhöhungen jedoch entsprechend der Zahl der Gläubiger vorzusehen. In einem Insolvenzverfahren mit sehr geringer Masse ist der Verwalter durch die Sicherung, Verwaltung und Verwertung der insolvenzbefangenen Gegenstände allenfalls geringfügig belastet. Der BGH geht davon aus, die Tätigkeit des Verwalters bestehe in einem solchen Verfahren insbesondere in einem Gespräch mit dem Schuldner, Sichtung und Auswertung der übergebenen Unterlagen, Vorbereitung und Durchführung von Berichts- und Prüfungsterminen einschließlich der Erstellung der erforderlichen Verzeichnisse und Berichte sowie im Schriftverkehr mit den Gläubigern und der Überprüfung der Forderungsanmeldung. Die Aufzählung beleuchtet, dass nach Einschätzung des BGH die Belastung der Verwalter in den Verfahren deutlich von der Zahl der Gläubiger beeinflusst wird. Besonders eindrucksvoll wird diese Korrelation durch die Untersuchung des *IFB* belegt. In IN-Verfahren mit bis zu 20 Gläubigern beträgt der zeitliche Aufwand des Verwalters 648 und der des Sachbearbeiters 885 Minuten und steigt in Verfahren mit 41 und mehr Gläubigern auf 2.700 beim Verwalter und 2 385 beim Sachbearbeiter an. Dieser extreme Anstieg bei den zuletzt genannten Verfahren dürfte allerdings zumindest teilweise darauf zurückzuführen sein, dass hier Verfahren mit extrem hohen Gläubigerzahlen eingeflossen sind, die das Gesamtbild etwas verzerren. Es bleibt jedoch festzuhalten, dass die Gläubigerzahl generell geeignet ist, ein Differenzierungskriterium für die Höhe der Vergütung zu bieten, das in etwa den Aufwand der Verwalter in den Verfahren abbildet.

8 Die Festlegung einer Mindestvergütung ist allgemein und nicht etwa nur in den Stundungsfällen geboten. In den Verfahren mit geringer Masse legt die Mindestvergütung fest, wie werthaltig die Insolvenzmasse sein muss, damit die Kosten

Anhang VII

gedeckt sind und somit ein Insolvenzverfahren überhaupt eröffnet werden kann. Allerdings ist sicherzustellen, dass die Höhe der Mindestvergütung in masselosen Verfahren nicht zu Friktionen mit der Vergütung in Verfahren mit geringer Masse führt. So geht der BGH in seiner Entscheidung davon aus, im Allgemeinen werde eine Masse von 3.000 Euro zur Kostendeckung als erforderlich angesehen. Dem Verwalter würde dann eine Vergütung von 1.200 Euro zustehen. Bei der in dem Verordnungsentwurf vorgesehenen, nach Gläubigersätzen gestaffelten Mindestvergütung würde damit noch die Vergütung in einem Verfahren mit 15 Gläubigern abgedeckt. Bei einem Verfahren mit 26–30 Gläubigern würde die Mindestvergütung nach dem vorgesehenen Staffelsatz 1.600 Euro betragen, sodass künftig ein solches Verfahren bei einer Masse von lediglich 3.000 Euro nur noch eröffnet werden könnte, wenn entweder ein Massekostenvorschuss geleistet wird oder die Kosten gestundet werden.

Die gegenwärtig stark differierende Mindestvergütung in Regel- und Verbraucherinsolvenzverfahren ist nach ganz überwiegender Auffassung in Rechtsprechung und Schrifttum so nicht mehr gerechtfertigt. Eine Vergütung in IN-Verfahren, die doppelt so hoch ist wie die in IK-Verfahren, gibt ein unzutreffendes Bild von der Arbeitsbelastung der Verwalter in diesen beiden Verfahrensarten. Da die Vergütung jedoch vom Ansatz her dem Aufwand entsprechen sollte, den der Verwalter in dem jeweiligen Verfahren zu betreiben hat, müssen die beiden Mindestvergütungen angenähert werden. Nach den vorliegenden Untersuchungen ist davon auszugehen, dass die Gläubigerzahl in einem Regelinsolvenzverfahren höher als in einem Verbraucherinsolvenzverfahren ist. In IN-Verfahren beträgt die durchschnittliche Gläubigerzahl 29 (*Hommerich*) rsp. 34 (*IFB*) und in IK-Verfahren 12 *(Hommerich)* rsp. 16 (*IFB*). Deshalb soll bei einem IN-Verfahren die Mindestvergütung bei bis zu 10 Gläubigern 1.000 Euro und im Verbraucherinsolvenzverfahren bei bis zu 5 Gläubigern 600 Euro betragen. 9

Stellt man eine Relation zwischen den Kosten für die Bearbeitung masseloser Verfahren her, ergibt sich bei der Untersuchung *Hommerich* ein Verhältnis von 1.800 Euro (IN-Verfahren berechnet nach dem Median) zu 1.100 Euro (IK-Verfahren ebenfalls nach Median berechnet). Die Untersuchung des *IFB* weist für das Jahr 2003 durchschnittliche Verfahrenskosten von 2.998,66 Euro (IN-Verfahren) zu 1.651,03 Euro (IK-Verfahren) auf. Beide Relationen entsprechen in etwa dem in dem Verordnungsentwurf gewählten Verhältnis der Grundvergütung in IN-Verfahren von 1.000 Euro zu der Grundvergütung in IK-Verfahren von 600 Euro. Die maßvolle Differenzierung zwischen den beiden Verfahrensarten ist gerechtfertigt, da das Verbraucherinsolvenzverfahren häufig durch eine Schuldnerberatungsstelle vorbereitet wird (Ordnung der Belege, Ermittlung von Vermögen und Verbindlichkeiten, Ausfüllen der Vordrucke) und es zudem in geeigneten Fällen schriftlich abgewickelt werden kann, sodass eine Teilnahme an der Gläubigerversammlung entfällt. Bei über 30 (IN-Verfahren) rsp. 15 Gläubigern (IK-Verfahren) ist für beide Verfahrensarten eine Degression vorgesehen, da bei einer höheren Gläubigerzahl gewisse Rationalisierungseffekte einsetzen. 10

Die Untersuchung von *Prof. Hommerich* zeigt zudem, dass mit dem Spezialisierungsgrad des Büros zumindest der Sachbearbeitungsaufwand unterhalb des Auf- 11

Anhang VII

wands in nicht spezialisierten Büros liegt. Es wäre deshalb wünschenswert, wenn bei der Bestellung der Verwalter durch die Gerichte eine Spezialisierung für Kleinverfahren gefördert werden könnte. Auch der BGH weist in seiner Entscheidung zur Mindestvergütung in Regelinsolvenzverfahren darauf hin, es sei eine möglichst kostengünstige Verfahrensweise unter Ausnutzung effizienter und rationaler Büroabläufe zugrunde zu legen. Werde zur Abwicklung der Kleininsolvenzen ein unangemessener Aufwand betrieben, so könne dieser bei der Festsetzung der Vergütung keine Berücksichtigung finden.

12 Der Verordnungsentwurf ist mit dem Recht der Europäischen Union vereinbar.

13 Eine Befristung der in dem Entwurf vorgeschlagenen Vorschriften scheidet aus, weil die Regelungen als Dauerregelungen angelegt sind und sie zudem die InsVV ändern, die ihrerseits eine Dauerregelung darstellt.

14 Der Entwurf hat keine erkennbaren gleichstellungspolitischen Auswirkungen. Grundsätzlich sind Frauen und Männer von den Vorschriften des Entwurfs in gleicher Weise betroffen.

15 Das Bundesministerium der Justiz wird die Handhabung der Vorschriften des Entwurfs in der Praxis beobachten, um auftretenden Missständen zügig abhelfen zu können. Außerdem werden die Länder gebeten, ihrerseits auf Unzulänglichkeiten der InsVV hinzuweisen.

3. Auswirkungen der Verordnung auf die Einnahmen und Ausgaben der öffentlichen Haushalte, Kosten für die Wirtschaftsunternehmen und Auswirkungen auf das Preisniveau

a) Auswirkungen auf die Justizhaushalte von Bund und Ländern

16 Werden in einem Regel- oder Verbraucherinsolvenzverfahren die Kosten gestundet, so hat die Staatskasse zunächst auch für die Vergütung des Insolvenzverwalters rsp. Treuhänders aufzukommen. Erzielt der Schuldner während des Insolvenzverfahrens Einkommen, das über der Pfändungsfreigrenze liegt, so wird dies zunächst zur Deckung der gestundeten Verfahrenskosten verwendet. Können durch den Neuerwerb während des Verfahrens die Verfahrenskosten nicht bedient werden, so erstreckt sich die Stundung gemäß § 4a Abs. 1 InsO bis zur Erteilung der Restschuldbefreiung. Ist der Schuldner auch dann nicht in der Lage, die gestundeten Beträge in einer Einmalzahlung zu begleichen, so können ihm nach § 4b Abs. 1 InsO Ratenzahlungen von bis zu 48 Monatsraten auferlegt werden. Erst danach steht fest, dass die Staatskasse endgültig für die gestundeten Beträge aufzukommen hat. Vor diesem Hintergrund ist nur schwer abschätzbar, wie hoch die tatsächliche Belastung der Justizhaushalte der Länder durch die Erhöhung der Mindestvergütung ausfallen wird. Eine weitere Schwierigkeit besteht darin, dass die Differenz zwischen der durch die Verordnung angepassten Vergütung und der bisherigen Mindestvergütung nicht einfach mit der Zahl der Stundungsfälle multipliziert werden kann, da eine solche Berechnung ausblendet, dass bereits in der Vergangenheit zahlreiche Gerichte eine deutlich höhere Mindestvergütung als die in der InsVV ausgewiesene festsetzen. Von einigen Gerichten wurden in masselosen Regelinsolvenzverfahren Vergütungen von bis zu 3.000 Euro gewährt. Insofern hätte die Änderung der InsVV in Einzelfällen sogar einen kostendämpfenden Effekt.

Anhang VII

Zur Prognostizierung der Kosten wird im Verbraucherinsolvenzverfahren von 17
40.000 Verfahren ausgegangen, wobei nach Schätzungen in 90 % eine Stundung der
Verfahrenskosten erfolgt. Zur weiteren Berechnung wird ein durchschnittliches
Verbraucherinsolvenzverfahren von 14 Gläubigern zugrunde gelegt. Die Mindestvergütung beträgt heute in einem solchen Verfahren 250 Euro. Es ist jedoch davon
auszugehen, dass in 20 % der Fälle bereits in der Vergangenheit eine höhere Vergütung gewährt wurde. Nach den bisherigen Erfahrungen zur PKH, wie sie auch
dem Kostenrechtsmodernisierungsgesetz 2004 zugrunde gelegt wurden, können
von der Staatskasse etwa 15 % der gestundeten Kosten wieder eingezogen werden.
Mangels anderer Anhaltspunkte wird dieser Wert auch auf die Stundungsverfahren
übertragen. Die Gesamtkosten für die Mindestvergütung würde unter Zugrundelegung dieser Annahmen somit heute ca. 9,2 Mio. Euro betragen. Nach der Anhebung durch die vorliegende Rechtsverordnung würde die Vergütung in einem
durchschnittlichen masseärmen Verfahren 900 Euro und insgesamt 32,4 Mio. Euro
betragen. Davon wären die Rückflüsse in Höhe von 15 % abzuziehen, sodass sich
das Erhöhungsvolumen auf ca. 18 Mio. Euro belaufen würde.

Bei den Regelinsolvenzverfahren wird von 30.000 Verfahren ausgegangen, wobei 18
eine durchschnittliche Gläubigerzahl von 30 zugrunde gelegt wird. Während nach
heutigem Recht die Mindestvergütung in einem solchen Verfahren 500 Euro beträgt, würde sie künftig auf 1.600 Euro ansteigen. Weiter wird davon ausgegangen,
dass in 80 % der Verfahren, also bei 24.000 Verfahren, eine Stundung der Verfahrenskosten gewährt wird und dass die Rückflussquote ebenfalls 15 % beträgt. Wie
beim Verbraucherinsolvenzverfahren wird auch hier die Prämisse zugrunde gelegt,
dass in 20 % der Fälle bereits heute eine höhere Vergütung gewährt wird. Geht
man von diesen Annahmen aus, so betragen die heutigen Gesamtkosten für die
Mindestvergütung 13,1 Mio. Euro und steigen bei einem durchschnittlichen masseärmen Verfahren mit 30 Gläubigern auf 32,6 Mio. Euro an. Das Erhöhungsvolumen
für die Mindestvergütung in den IN-Verfahren mit Stundung würde sich somit auf
ca. 19,5 Mio. Euro belaufen.

Möglicherweise wird sich nach Inkrafttreten des Gesetzes zur Änderung der Insol- 19
venzordnung, des Kreditwesengesetzes und anderer Gesetze eine gewisse Entlastung für die öffentliche Hand einstellen, da nach diesem Gesetz deutlich mehr
Verfahren als bisher dem Verbraucherinsolvenzverfahren zugewiesen werden sollen.
Zudem sieht der entsprechende Gesetzentwurf vor, dass die oberste Landesbehörde
oder eine von ihr bestellte Stelle in Stundungsfällen Vereinbarungen mit einzelnen
Verwaltern abschließen kann, in denen eine von der InsVV abweichende Vergütung
festgesetzt wird. Solche Vereinbarungen sind sinnvoll, da nach der Untersuchung
von *Prof. Hommerich* 12 % der befragten Insolvenzverwalter ihre Bruttokosten je
Arbeitsstunde einschließlich eines kalkulatorischen Gewinns in einer Spannbreite
von 34 bis 49 Euro und weitere 26 % in einer von 50 bis 99 Euro angeben. Daraus
kann geschlossen werden, dass einzelne Büros, die wohl insbesondere auf Kleinverfahren spezialisiert sind, die Verfahren teilweise deutlich unter den bei der Festsetzung der Mindestvergütung kalkulierten 95 Euro je Arbeitsstunde abwickeln
können. Für die Sachbearbeiter ist ein vergleichbarer Befund feststellbar, da dort
21 % der Befragten die Kosten pro Arbeitsstunde mit bis zu 24 Euro veranschlagt

Anhang VII

haben, während bei dem vorliegenden Verordnungsentwurf 35 Euro zugrunde gelegt wurden.

20 Mit der Begrenzung der Höhe des Pauschsatzes dürfte eine gewisse Kostenentlastung verbunden sein, ohne dass diese sich quantifizieren ließe. Die Erhöhung der Vergütung für den Treuhänder im Restschuldbefreiungsverfahren hat nur Bedeutung, sofern tatsächlich Gelder eingehen und diese zu verteilen sind. Die Vergütung ist aus diesen Geldern zu entnehmen und belastet nicht die Justizhaushalte. Die Änderungen zu §§ 15 und 17 InsVV betreffen die öffentlichen Haushalte lediglich wie jeden anderen Gläubiger. Da die Überwachungsaufgabe des Treuhänders nach § 292 Abs. 2 InsO von einem Beschluss der Gläubigerversammlung abhängig ist, haben es die Gläubiger ohnehin in der Hand, diese zusätzlichen Kosten zu vermeiden. Die höhere Vergütung für die Mitglieder des Gläubigerausschusses sind Kosten des Insolvenzverfahrens, die sich letztlich zulasten der ungesicherten Gläubiger auswirken. Ob und in welcher Höhe die öffentlichen Haushalte als Gläubiger in Insolvenzverfahren hiervon betroffen sein werden, lässt sich auch nicht ansatzweise quantifizieren.

b) Kosten für die Wirtschaftsunternehmen

21 Nach der bisherigen Praxis wird ein Insolvenzverfahren mit geringer Masse noch eröffnet, wenn in etwa Vermögenswerte in Höhe von 3.000 Euro vorliegen. Der Verwalter erhält dann eine Vergütung nach § 2 Abs. 1 InsVV in Höhe von 1.200 Euro. Wird künftig die Mindestvergütung angehoben, so kann ein Insolvenzverfahren mit mehr als 31 Gläubiger – von der Möglichkeit der Stundung einmal abgesehen – nur eröffnet werden, wenn eine Masse von 4.250 Euro vorliegt. Ab 36 Gläubiger könnte ein Verfahren nur bei einer Masse von 4.500 Euro eröffnet werden. Auswirkungen auf die Quoten der Insolvenzgläubiger sind jedoch nicht messbar, da bei diesen geringen Massen häufig Masseunzulänglichkeit eintreten wird, sodass die Insolvenzgläubiger ohnehin leer ausgehen. Für die Anhebung der Stundensatzvergütung für den Treuhänder, der mit einer Überwachung des Schuldners beauftragt wurde, gelten die Ausführungen unter a) entsprechend. Die Anhebung der Vergütung für die Mitglieder des Gläubigerausschusses wird ebenfalls keine messbaren Auswirkungen auf die Quoten haben, die Unternehmen als Gläubiger in Insolvenzverfahren erlangen können.

22 Die Anhebung der Mindestvergütung für den Treuhänder in der Wohlverhaltensperiode hat zur Folge, dass in einem durchschnittlichen Verfahren mit bis zu 15 Gläubigern die Vergütung im Jahr künftig 200 Euro betragen wird, sofern der Verwalter tatsächlich eine Verteilung an die Gläubiger vornimmt. Eine messbare Auswirkung auf die Beträge, die die Gläubiger im Laufe der Wohlverhaltensperiode erhalten, ist hierdurch nicht zu erwarten.

c) Preiswirkungen

23 Durch die Verordnung wird die Mindestvergütung in massearmen Insolvenzverfahren – einschließlich der Verbraucherinsolvenzverfahren – maßvoll angehoben. Die geringfügigen Einzelpreiserhöhungen (für die Dienstleistung des Insolvenzverwalters bzw. Treuhänders) dürften aufgrund ihrer geringen Gewichtung jedoch nicht ausreichen, um messbare Effekte auf das allgemeine Preis- bzw. Verbraucherpreis-

Anhang VII

niveau zu induzieren. Die geringfügigen Belastungen der öffentlichen Haushalte erfordern keine Gegenfinanzierung, die mittelbare preisrelevante Effekte generiert.

B. Verordnungstext mit der Begründung zu den einzelnen Vorschriften

Artikel 1

Die Insolvenzrechtliche Vergütungsverordnung vom 19. August 1998 (BGBl. I S. 2205), zuletzt geändert durch Artikel 4 Abs. 21 des Gesetzes vom 5. Mai 2004 (BGBl. I S. 718), wird wie folgt geändert:

Nr. 1

§ 2 Abs. 2 wird wie folgt gefasst:

„(2) Haben in dem Verfahren nicht mehr als 10 Gläubiger ihre Forderungen angemeldet, so soll die Vergütung in der Regel mindestens 1.000 Euro betragen. Von 11 bis zu 30 Gläubigern erhöht sich die Vergütung für je angefangene 5 Gläubiger um 150 Euro. Ab 31 Gläubiger erhöht sich die Vergütung je angefangene 5 Gläubiger um 100 Euro."

Begründung: Nach den Ausführungen des BGH zur Mindestvergütung in Regelinsolvenzverfahren ist bei einem regeltypischen Normalfall eine Mindestvergütung von ca. 1.100 Euro geboten. Dabei geht der BGH wohl von 20 Gläubigern aus. Hinsichtlich der Gläubigerzahl besteht auch nach Vorlage der beiden Untersuchungen noch eine gewisse Unsicherheit. Das *IFB* gibt lediglich an, die durchschnittliche Zahl der Gläubiger in masselosen Insolvenzverfahren habe im Jahre 2003 in IN-Verfahren 34,6 und in IK-Verfahren 16,2 betragen. Nach den Ermittlungen von *Prof. Hommerich* ist die Spreizung der Gläubigerzahl in IN-Verfahren sehr erheblich. Nach seiner Untersuchung waren in IN-Verfahren zwischen 7 und 80 Gläubiger anzutreffen. Sowohl nach dem 5 % getrimmten Mittel als auch nach dem Median ist von einer Gläubigerzahl von 29 auszugehen. Dabei ist unter dem „5 % getrimmten Mittel" ein Wert zu verstehen, bei dem die 5 % der niedrigsten sowie die 5 % der höchsten Gläubigerangaben unberücksichtigt bleiben. Über diese Mittelwertberechnung können Ausreißer herausgefiltert werden. Demgegenüber beschreibt der Median den Punkt auf der Skala, unterhalb oder oberhalb dessen jeweils die Hälfte aller angegebenen Gläubigerzahlen liegt. Vor diesem Hintergrund wurde bei den Berechnungen in dem Verordnungsentwurf von einer durchschnittlichen Gläubigerzahl in IN-Verfahren von 30 ausgegangen.

Von ganz entscheidender Bedeutung für die Höhe der Vergütung ist der Tätigkeitsaufwand, den der Verwalter bzw. seine Hilfspersonen in masselosen IN-Verfahren zu betreiben haben. Die beiden Untersuchungen weisen hier die gravierendsten Unterschiede auf. Während das *IFB* von einem Zeitaufwand von 18,42 Stunden für den Insolvenzverwalter und 18,32 Stunden für den Sachbearbeiter ausgeht, liegt nach *Prof. Hommerich* das 5 % getrimmte Mittel im letzten abgeschlossenen masselosen IN-Verfahren bei 680 Minuten und der Median bei 585 Minuten für den Verwalter. Das arithmetische Mittel beträgt demgegenüber 721 Minuten. Da somit der Median geringer als das arithmetische Mittel ausfällt, liegt eine so genannte „linksschiefe Verteilung" vor, bei der wenige Fälle den Durchschnitt insgesamt anheben. Insofern wäre es gerechtfertigt, bei der weiteren Berechnung den

Anhang VII

Median zugrunde zu legen. Da jedoch die Differenz zu der Untersuchung des *IFB* so gravierend ist, soll bei der weiteren Vergütungsberechnung das 5 % getrimmte Mittel herangezogen werden, sodass die 5 % der niedrigsten sowie die 5 % der höchsten Tätigkeitsangaben unberücksichtigt bleiben. Somit werden für die Berechnung des getrimmten Mittels insgesamt 90 % der Fälle herangezogen. Der eklatante Unterschied beider Untersuchungen in diesem Bereich lässt sich vielleicht darauf zurückführen, dass es methodisch bedenklich ist, im Rahmen einer solchen Befragung kleinschrittige Zuordnungen des Tätigkeitsaufwandes zu detaillierten Tätigkeitsbereichen erheben zu wollen, da eine solche Zuordnung, soweit sie lediglich aus der Erinnerung heraus vorgenommen wird, zu einer Scheingenauigkeit führt. Im Übrigen könnte sie den Befragten veranlassen, Angaben zu Tätigkeiten zu machen, zu denen er keine konkreten Erinnerungen mehr hat. Der durchschnittliche Aufwand von Sachbearbeiterinnen/Sachbearbeitern lag nach beiden Untersuchungen bei ca. 18 Stunden (nach *Hommerich* 5 % getrimmtes Mittel bei 1 089 min.), sodass dieser Wert zugrunde gelegt werden kann. Ergänzend bleibt noch festzuhalten, dass nach beiden Untersuchungen durch diesen Aufwand des Verwalters und seiner Hilfskräfte auch die für Zustellungen erforderliche Zeit abgedeckt wird.

28 In beiden Untersuchungen wurden die Insolvenzverwalter nach den Kosten pro Arbeitsstunde beim Verwalter selbst und bei den Sachbearbeitern befragt. Während die Untersuchung des *IFB* keine Informationen darüber enthält, welche Kosten hierbei herangezogen werden, ergibt sich aus der Untersuchung von *Prof. Hommerich*, dass die Bruttolohnkosten, die (anteiligen) Gemeinkosten und auch der kalkulatorische Gewinn der Verwalter mit berücksichtigt wurden. Nach beiden Untersuchungen liegen die Kosten je Arbeitsstunde für den Verwalter bei etwa 125 Euro (*Hommerich* 5 % getrimmtes Mittel: 125 Euro; Median: 118 Euro). Bemerkenswert ist zunächst, die erhebliche Spreizung, die die Angaben zu den Kosten je Arbeitsstunde aufweisen. Sie reichen von 34 bis zu 300 Euro. Nach der Untersuchung von *Prof. Hommerich* lag der Median unterhalb der mittleren Kosten, d. h. die Kosten lagen in der Mehrzahl des Büros unterhalb der durchschnittlichen Kosten. Insofern wäre es gerechtfertigt, den Median zugrunde zu legen. Ein Stundensatz zwischen 118 und 125 Euro mag in einem durchschnittlichen massehaltigen Regelinsolvenzverfahren, in dem der Insolvenzverwalter ggf. auch ein Unternehmen fortführen muss, durchaus angebracht sein. Anders verhält es sich jedoch bei der Erledigung masseloser Kleinverfahren, in denen die Anforderungen, die an den Verwalter gestellt werden, deutlich hinter denen in einer üblichen Unternehmensinsolvenz zurückbleiben. In diesen Fällen entspricht das Anforderungsprofil, das an den Verwalter anzulegen ist, eher dem eines Zwangsverwalters. Insofern ist es, wie dies auch schon der BGH in seiner Entscheidung vom 15. Januar 2004 angeregt hat, gerechtfertigt, die Zwangsverwalterverordnung vom 19. Dezember 2003 (BGBl. I S. 2804) heranzuziehen, und die Stundensätze des § 19 Abs. 1 ZwVwV (35 bis 95 Euro) auf die masselose Regelinsolvenz zu übertragen.

29 Die durchschnittlichen Kosten je Arbeitsstunde für Sachbearbeiter lagen nach der Untersuchung des *IFB* bei 38,43 Euro, während nach *Prof. Hommerich* das 5 % getrimmte Mittel 43 Euro und der Median 40 Euro beträgt. Auch für die durch-

Anhang VII

schnittlichen Kosten pro Arbeitsstunde des Sachbearbeiters gilt das für den Insolvenzverwalter ausgeführte entsprechend, sodass auch insofern der Stundensatz aus § 19 ZwVwV in Höhe von 35 Euro zugrunde zu legen ist. Geht man unter Zugrundelegung dieser Werte von einem Tätigkeitsaufwand des Verwalters von 11 Stunden und des Sachbearbeiters von 18 Stunden aus, so betragen die Kosten 1 675 Euro. Nach dem Vergütungskonzept, wie es nun § 2 Abs. 2 InsVV-E zugrunde liegt, ergibt sich demgegenüber eine Vergütung von 1.600 Euro. Dies zeigt, dass beide Berechnungsmethoden zu nahezu gleichen Ergebnissen führen.

Es bietet sich daher an, eine anhand der Zahl der Gläubiger gestaffelte Vergütung vorzusehen. Bei einem Regelinsolvenzverfahren mit einer unterdurchschnittlichen Gläubigerzahl wird deshalb eine Mindestvergütung von 1.000 Euro festgelegt. Da die Zahl der anmeldenden Gläubiger einen ungefähren Maßstab für die Belastung des Verwalters im Verfahren bildet, soll je 5 weitere Gläubiger sich die Vergütung um 150 Euro erhöhen. Bei 26 bis 30 Gläubigern wird eine Mindestvergütung von 1.600 Euro erreicht, und damit ein Wert erzielt, wie er nach der Untersuchung von *Prof. Hommerich* dem Tätigkeitsaufwand bei einem durchschnittlichen masselosen Verfahren entspricht. Mit diesem neuen Vergütungssystem wird dem Aufwand des Insolvenzverwalters im Verfahren angemessen Rechnung getragen, sodass auch Verwalter, die sich auf die Abwicklung masseloser Kleininsolvenzen spezialisiert haben, eine angemessene Vergütung erwirtschaften können. An eine Abweichung von der Regelvergütung werden deshalb künftig im Vergleich zur geltenden Rechtslage deutlich höhere Anforderungen zu stellen sein. 30

Nach den Ausführungen des Bundesgerichtshofs muss nicht in jedem einzelnen Verfahren eine auskömmliche Vergütung gewährt werden, vielmehr genügt es, wenn ein wirtschaftlicher Ausgleich innerhalb der in massearmen Verfahren anfallenden Vergütungen erzielt werden kann. Über das Korrektiv der Anzahl der beteiligten Gläubiger wird gewährleistet, dass auch Insolvenzverwalter, die überwiegend mit Kleininsolvenzen befasst sind, eine auskömmliche Vergütung erzielen können. Im Interesse der Verfahrensökonomie verzichtet der Entwurf darauf, durch unbestimmte Rechtsbegriffe, wie etwa Umfang und Schwierigkeit der Tätigkeit, die Festsetzung der Mindestvergütung mit weiteren Imponderabilien zu belasten. Vor dem Hintergrund, dass eine auskömmliche Mindestvergütung bereits aus dem Durchschnitt der masselosen Verfahren zu erzielen sein muss, wird auch darauf verzichtet, ein Abweichen von der Mindestvergütung in besonders einfach gelagerten Sachverhalten zu ermöglichen. Da bei einer größeren Gläubigerzahl mit gewissen Rationalisierungseffekten gerechnet werden kann, sieht der Entwurf ab 31 Gläubiger eine Degression der Erhöhung auf 100 Euro je 5 Gläubiger vor. 31

Es dürfte auf die unterschiedlichen Stundensätze zurückzuführen sein, wenn die Mindestvergütung nach § 2 Abs. 2 InsVV-E etwas hinter den in den Gutachten als Modellrechnungen ausgewiesenen Vergütungen zurückbleibt. Ergänzend ist noch darauf hinzuweisen, dass mit dem Inkrafttreten des Gesetzes zur Änderung der Insolvenzordnung, des Kreditwesengesetzes und anderer Gesetze der Bearbeitungsaufwand für die Verfahren natürlicher Personen deutlich reduziert werden, auch um den Verwalter bzw. Treuhänder eine im Vergleich zu ihrem Aufwand ausreichende Vergütung zu gewährleisten. So soll künftig die Trennlinie zwischen Regel- und 32

Anhang VII

Verbraucherinsolvenzverfahren danach getroffen werden, ob zum schuldnerischen Vermögen noch ein werbendes Unternehmen gehört oder nicht. Nach geltendem Recht unterfällt der überwiegende Teil ehemaliger Kleinunternehmer dem Anwendungsbereich des Regelinsolvenzverfahrens selbst dann, wenn keine verwertbare Masse vorhanden ist. Die Verfahrenserleichterungen des Verbraucherinsolvenzverfahrens können in diesen Verfahren nicht in Anspruch genommen werden. Durch das genannte Gesetz soll dies künftig geändert werden, sodass in masselosen Verfahren aller ehemals Selbstständigen die Erleichterungen des vereinfachten Verfahrens genutzt werden können.

33 Bislang mussten Schuldner nur in IK-Verfahren eine vollständige Vermögensübersicht vorlegen. Ehemals Selbstständige, die nicht den Verbraucherinsolvenzverfahren zugerechnet wurden, konnten bislang ein Verfahren mit dem Ziel der Restschuldbefreiung beantragen, ohne geordnete Unterlagen vorlegen zu müssen. In diesen Fällen musste der Verwalter die Vermögensverhältnisse ermitteln. Wie die vorliegenden rechtstatsächlichen Untersuchungen zeigen, ist der zeitliche Aufwand von Insolvenzverwaltern in IN-Verfahren bei den Eingangstätigkeiten deutlich höher als der, den ein Treuhänder betreiben muss. Künftig erhält der Verwalter auch in IN-Verfahren mit der Eröffnung des Verfahrens geordnete und vollständige Unterlagen des Schuldners. Eine weitere Erleichterung für den Verwalter/Treuhänder wird der Ausschluss der nachträglichen Forderungsanmeldung im vereinfachten Insolvenzverfahren bringen. Mit dieser Regelung könnten künftig masselose Insolvenzverfahren zügig durchgeführt und abgeschlossen werden. Einen erheblichen zeitlichen Aufwand bei der Abwicklung des Insolvenzverfahrens nimmt die Wahrnehmung von Terminen in Anspruch. Nach der Untersuchung von *Prof. Hommerich* beträgt das 5 % getrimmte Mittel für Termine (einschließlich An- und Abfahrt) 149 Min. In Einzelfällen war ein Zeitaufwand von bis zu 900 min. festzustellen. Insofern besteht hier erhebliches Rationalisierungspotenzial. Gerade in masselosen Verfahren bietet es sich deshalb an, an Stelle des Termins das Verfahren schriftlich durchzuführen. Der o. a. Gesetzentwurf sieht daher in § 5 Abs. 2 InsO-E vor, dass das Verfahren oder einzelne seiner Teile schriftlich durchgeführt werden können, wenn die Vermögenswerte des Schuldners überschaubar und die Zahl der Gläubiger oder die Höhe der Verbindlichkeit gering sind. Angesichts der erheblichen Belastung der Gerichte durch masselose Insolvenzverfahren werden die Gerichte von dieser Möglichkeit voraussichtlich erheblich Gebrauch machen.

Nr. 2

34 § 8 Abs. 3 wird wie folgt geändert:

a) Die Wörter „gesetzlichen Vergütung" werden durch das Wort „Regelvergütung" ersetzt.

b) Es wird folgender Satz angefügt: „Der Pauschsatz darf 30 vom Hundert der Regelvergütung nicht übersteigen."

35 <u>Begründung:</u> Aus der Praxis wird kritisiert, der Begriff der „gesetzlichen Vergütung" sei nicht hinreichend klar umrissen. Es sei unklar, ob die Regelvergütung oder die im Einzelfall festgesetzte Vergütung angesprochen ist. Da zudem insbesondere von Seiten der Rechtspfleger moniert wird, die Auslagenpauschale sei

unangemessen hoch, wird als Berechnungsgrundlage für die Pauschale die Regelvergütung zugrunde gelegt. Nach zwischenzeitlich gefestigter Rechtsprechung ist davon auszugehen, dass der Pauschsatz des § 8 Abs. 3 Halbs. 1 InsVV im ersten Jahr 15 % und danach jährlich 10 % der gesetzlichen Vergütung beträgt. Um keine falschen Anreize zu setzen, ein Insolvenzverfahren nicht zügig abzuschließen, sieht der Entwurf vor, dass der Pauschbetrag auf 30 % der Regelvergütung limitiert wird. Sollten bei einem länger andauernden Verfahren einmal höhere Auslagen anfallen, so ist es dem Insolvenzverwalter unbenommen, diese durch einen Einzelnachweis geltend zu machen. Die Höchstgrenze von 250 Euro je angefangenen Monat ist insofern nicht ausreichend, da sie lediglich verhindern soll, dass sich in einem massereichen Verfahren die Pauschale zu weit von den tatsächlich entstandenen Auslagen entfernt. Ein ungemessener Aufwand wird dadurch dem Insolvenzverwalter nicht abverlangt, da ein vorsichtiger Verwalter ohnehin ständig überprüfen wird, ob der tatsächliche Auslagenaufwand die Pauschale übersteigt.

Nr. 3

Dem § 9 wird folgender Satz angefügt: 36

„Sind die Kosten des Verfahrens nach § 4a der Insolvenzordnung gestundet, so bewilligt das Gericht einen Vorschuss, sofern die Voraussetzungen nach Satz 2 gegeben sind."

Begründung: Bisher war unklar, inwiefern dem Insolvenzverwalter in den Fällen 37 ein Anspruch auf einen Vorschuss gegen die Staatskasse zusteht, in denen die Verfahrenskosten gestundet wurden. Da es auch in den Stundungsfällen dem Verwalter nicht zugemutet werden kann, über einen längeren Zeitraum ohne Entgelt tätig zu werden oder Auslagen aus der eigenen Tasche zu finanzieren, wird durch eine Änderung in § 63 Abs. 2 InsO in der Fassung des Gesetzentwurfs zur Änderung der Insolvenzordnung, des Kreditwesengesetzes und anderer Gesetze klargestellt, dass der Anspruch gegen die Staatskasse auch einen etwaigen Vorschuss abdeckt. Das Gericht hat nach § 9 Satz 3 InsVV-E einen Vorschuss zu bewilligen, wenn das Verfahren länger als ein halbes Jahr dauert oder hohe Auslagen anfallen. Für das von § 9 Satz 1 InsVV erfasste Risiko der Masseunzulänglichkeit war keine Regelung erforderlich, da mit der Staatskasse dem Insolvenzverwalter ein solventer Anspruchsverpflichteter zur Verfügung steht.

Nr. 4

§ 11 Abs. 1 Satz 2 wird wie folgt gefasst: 38

„Er erhält in der Regel 25 vom Hundert der Vergütung nach § 2 Abs. 1 bezogen auf das Vermögen, auf das sich seine Tätigkeit während des Eröffnungsverfahrens erstreckt."

Begründung: Die Bestimmung über die Vergütung des vorläufigen Insolvenzverwalters in § 11 Abs. 1 Satz 2 InsVV ist teilweise auf heftige Kritik gestoßen. So 39 wird etwa ausgeführt, die InsVV habe die Ausgestaltung der Berechnungsgrundlage der Rechtsprechung und Literatur überlassen. Es wäre deshalb wünschenswert, wenn eine präzisere Berechnungsgrundlage für die Vergütung des vorläufigen Insol-

Anhang VII

venzverwalters geschaffen werden könnte (vgl. etwa Frankfurter Kommentar/*Lorenz* Anhang IV § 11 InsVV Rz. 7).

40 In der Literatur werden im Wesentlichen drei Berechnungsmethoden vertreten. So sollen etwa die Schwierigkeiten bei der Tätigkeit des vorläufigen Insolvenzverwalters bereits bei der Festlegung der fiktiven Verwaltervergütung berücksichtigt werden, an der sich dann die Vergütung des vorläufigen Insolvenzverwalters zu orientieren habe. Andere Stimmen wollen die Besonderheiten nur bei der Höhe des für den vorläufigen Insolvenzverwalter maßgeblichen Prozentsatzes berücksichtigen. Eine vermittelnde Lösung will demgegenüber darauf abstellen, ob die vergütungsrelevanten Besonderheiten sowohl das Eröffnungsverfahren als auch das Insolvenzverfahren insgesamt prägen. Der BGH hat sich in seiner Entscheidung vom 18. Dezember 2003 (IX ZB 50/03) der zweiten Auffassung angeschlossen. Nach dieser Ansicht sind die Schwierigkeit und die Bedeutung der vorläufigen Insolvenzverwaltung aus sich heraus zu bewerten, sodass sich der für die Vergütung des vorläufigen Insolvenzverwalters maßgeblicher Prozentsatz der Staffelvergütung nach § 2 Abs. 1 InsO jeweils anhand der Verhältnisse des konkreten Einzelfalls bemisst. Die Änderung von § 11 Abs. 1 Satz 2 soll lediglich diese Rechtsprechung des BGH auch in der InsVV nachvollziehen. Dabei braucht nicht entschieden zu werden, inwiefern die Figur der fiktiven Insolvenzverwaltervergütung für die Bestimmung der Vergütung des vorläufigen Insolvenzverwalters überhaupt noch von Bedeutung ist.

41 Bei der Beendigung der Tätigkeit des vorläufigen Insolvenzverwalters gibt es noch keine Teilungsmasse, die als Berechnungsgrundlage herangezogen werden könnte. Deshalb wird zu Ermittlung der Staffelvergütung das Vermögen herangezogen, auf das sich seine Tätigkeit während des Eröffnungsverfahrens erstreckt. Mit dieser neutralen Tätigkeitsbeschreibung des vorläufigen Insolvenzverwalters wird vermieden, dass bereits zu Beginn der Vergütungsberechnung die Differenzierung zwischen Verwaltern mit und ohne Verfügungsbefugnis eine zentrale Bedeutung erhält. Mit dem BGH ist nämlich davon auszugehen, dass nicht die rein formale Rechtsposition „starker" oder „schwacher" Verwalter maßgebend ist, sondern die Höhe der Vergütung davon abhängt, inwiefern sich diese Rechtsmacht tatsächlich in der Tätigkeit des Verwalters widerspiegelt. Ob sich die Tätigkeit des vorläufigen Insolvenzverwalters auch auf Gegenstände bezieht, die mit Aus- und Absonderungsrechten belastet sind, kann im Einzelfall anhand der Kriterien ermittelt werden, die vom BGH in seinem Beschluss vom 14. Dezember 2000 (IX ZB 105/00) entwickelt wurden.

Nr. 5

42 § 13 Abs. 1 Satz 3 wird durch folgende Sätze ersetzt:

„Haben in dem Verfahren nicht mehr als 5 Gläubiger ihre Forderungen angemeldet, so soll die Vergütung in der Regel mindestens 600 Euro betragen. Von 6 bis zu 15 Gläubigern erhöht sich die Vergütung für je angefangene 5 Gläubiger um 150 Euro. Ab 16 Gläubiger erhöht sich die Vergütung je angefangene 5 Gläubiger um 100 Euro."

43 <u>Begründung:</u> Auch die Mindestvergütung des Treuhänders im vereinfachten Verfahren wurde vom BGH als verfassungswidrig eingestuft. Nach der Einschätzung

Anhang VII

des BGH bestehen zwischen Regelinsolvenzverfahren und Verbraucherinsolvenzverfahren nur geringfügige Unterschiede, sodass das gegenwärtige Verhältnis der Vergütung für den Insolvenzverwalter einerseits und den Treuhänder andererseits nicht zu rechtfertigen sei. Diese Einschätzung des BGH wird durch die vorliegenden rechtstatsächlichen Untersuchungen allerdings nicht gestützt. Nach der Untersuchung des *IFB* betragen die Kosten eines IK-Verfahrens lediglich 55 % der Kosten eines IN-Verfahrens, und nach *Prof. Hommerich* betragen die Kosten eines IK-Verfahrens nur 61 % der Kosten eines IN-Verfahrens. Insofern ist die dem Verordnungsentwurf zugrunde liegende Differenzierung zwischen beiden Verfahrensarten durchaus gerechtfertigt. Zieht man den Tätigkeitsaufwand in masselosen IK-Verfahren heran, so liegt das Ergebnis beider Untersuchungen nicht so weit auseinander wie bei den IN-Verfahren. Nach der Untersuchung *Hommerich* betrug der Tätigkeitsaufwand bei IN-Verfahren lediglich 60 % des Wertes, der in der *IFB*-Untersuchung ermittelt wurde. Bei den IK-Verfahren beträgt diese Relation 73 %. In der *IFB*-Untersuchung wird der Zeitaufwand für den Verwalter mit 9,63 Stunden und für den Sachbearbeiter mit 12,56 Stunden angegeben, ohne dass genannt würde, welche Daten diesem arithmetischen Mittel zugrunde gelegt wurden. Nach der Untersuchung von *Prof. Hommerich* zeigt sich eine eklatante Spreizung bei dem Tätigkeitsaufwand der Verwalter, da hier die geringste Belastung mit 6 Min. und die Höchste mit 1440 Min. angegeben wurde. Um das Ergebnis nicht durch die genannten Extremwerte zu verfälschen, ist es deshalb gerechtfertigt, das 5 % getrimmte Mittel heranzuziehen, sodass sich für den Verwalter ein Tätigkeitsaufwand von 411 min. ergibt. Bei dem Tätigkeitsaufwand der Sachbearbeiter liegen die Minimum- und Maximumwerte noch weiter auseinander. Die kürzeste Belastung für den Sachbearbeiter betrug hier 5 min., während als anderes Extrem 2.400 min. genannt wurden. Insofern wird auch bei den Sachbearbeitern das 5 % getrimmte Mittel herangezogen, das von *Prof. Hommerich* mit 559 min. angegeben wird. Legt man somit den Tätigkeitsaufwand in masselosem Verfahren für den Verwalter mit 7 Stunden und für den Sachbearbeiter mit 9 Stunden fest, so ergibt sich bei Zugrundelegung der Stundensätze aus § 19 ZwVwV eine Vergütung von 980 Euro. Die aus beiden Untersuchungen ermittelte durchschnittliche Gläubigerzahl wurde mit 14 angenommen, sodass sich nach der gestaffelten Vergütung nach § 13 Abs. 1 Satz 2 InsVV-E eine Vergütung von 900 Euro ergibt. Beide Berechnungsmethoden führen somit auch in diesem Fall zu einem annähernd gleichen Ergebnis.

Die in § 13 Abs. 1 Satz 2 Halbs. 2 InsVV vorgesehene Möglichkeit, die Mindestvergütung im Einzelfall abzusenken, wird beseitigt. Sie hatte in der praktischen Handhabung ohnehin keine Bedeutung, und widerspricht zudem der Zielsetzung, aus dem Durchschnitt der masseärmen Verbraucherinsolvenzverfahren eine auskömmliche Vergütung zu erwirtschaften. Da hinsichtlich der Tätigkeiten des Verwalters, die wesentlich durch die Zahl der Gläubiger beeinflusst werden, zwischen Regel- und Verbraucherinsolvenzverfahren keine gravierenden Unterschiede bestehen, sind die Erhöhungsfaktoren wie im Regelinsolvenzverfahren ausgestaltet. Dies gilt auch für die Degression des Erhöhungsfaktors bei mehr als 15 Gläubigern. 44

Anhang VII

Nr. 6

45 Dem § 14 Abs. 3 wird folgender Satz angefügt:

„Hat er die durch Abtretung eingehenden Beträge an mehr als 5 Gläubiger verteilt, so erhöht sich diese Vergütung je 5 Gläubiger um 50 Euro."

46 <u>Begründung:</u> Damit der Treuhänder in der Wohlverhaltensperiode die Mindestvergütung von 100 Euro erhält, müsste nach der Staffelvergütung von § 14 Abs. 2 InsVV durch die Abtretung der pfändbaren Bezüge ein Betrag von 2.000 Euro beim Treuhänder eingehen. In vielen Fällen wird jedoch nicht einmal dieser Betrag erreicht, sodass der Treuhänder unter Umständen gezwungen ist, für eine jährliche Mindestvergütung von 100 Euro die eingehenden Beträge an mehrere Gläubiger zu verteilen. Eine auskömmliche Vergütung für den Treuhänder ist in diesen Fällen nur zu erzielen, wenn die Mindestvergütung in Abhängigkeit von der Zahl der Gläubiger, an die er die eingegangenen Beträge verteilt hat, aufgestockt wird. Ist die Zahl der Gläubiger im Verhältnis zu den vereinnahmten Beträgen hoch, sodass die Kosten einer Verteilung in keinem vernünftigen Verhältnis zu den Auszahlungen stehen würden, so wird keine Auszahlung an die Gläubiger erfolgen, sodass auch keine erhöhte Mindestvergütung anfällt.

Nr. 7

47 In § 15 Abs. 1 Satz 2 wird die Angabe „15 Euro" durch die Angabe „35 Euro" ersetzt.

48 <u>Begründung zu Nummer 7 und Nummer 9:</u> Mit der Zwangsverwalterverordnung vom 19. Dezember 2003 (BGBl. I S. 2804) – ebenso wie mit Artikel 2 des zeitgleich entstandenen Kostenrechtsmodernisierungsgesetzes vom 5. Mai 2004 (BGBl. I S. 718; 776) – wurden neue Anhaltspunkte gegeben, welche Stundensätze in Abhängigkeit von der Qualifikation des zu Vergütenden angemessen sind. Insofern wird ein Vergütungsrahmen von mindestens 35 und höchstens 95 Euro eröffnet. Aus diesem Vergütungsrahmen wird für einen Treuhänder, der mit der Überwachung des Schuldners beauftragt ist, eine Vergütung von 35 Euro vorgesehen. Im Vergleich zum geltenden Recht bedeutet dies mehr als eine Verdoppelung der Vergütung. Ein darüber hinausgehender Betrag wäre nicht angemessen, da die Überwachung des Schuldners nicht als hochqualifizierte Tätigkeit eingeordnet werden kann. Etwas anderes gilt jedoch für die Mitglieder des Gläubigerausschusses. Durch § 67 Abs. 3 InsO wird gewährleistet, dass auch hochqualifizierte und sachverständige Nichtgläubiger dem Ausschuss angehören können. In diesem Zusammenhang werden etwa Wirtschaftsprüfer, Rechtsanwälte, vereidigte Buchprüfer, Steuerberater oder Hochschullehrer genannt. Für diesen Personenkreis muss ein höherer Vergütungsrahmen eröffnet werden.

Nr. 8

49 Dem § 16 Abs. 2 wird folgender Satz angefügt:

„Sind die Kosten des Verfahrens nach § 4a der Insolvenzordnung gestundet, so kann das Gericht Vorschüsse bewilligen, auf die Satz 2 entsprechend Anwendung findet."

Anhang VII

Begründung: Ebenso wie bei dem Insolvenzverwalter (vgl. Nummer 3) ist es beim Treuhänder nach § 293 InsO umstritten, ob ihm ein Anspruch auf einen Vorschuss zusteht, wenn die Kosten während der Wohlverhaltensperiode gestundet wurden. Ein Teil der Gerichte gewährt dem Treuhänder bereits de lege lata einen Vorschuss. Die Länder, die sich zu diesem Problem geäußert haben, vertreten überwiegend die Auffassung, es könne dem Treuhänder nicht zugemutet werden, seine Vergütung erst nach Ablauf der Wohlverhaltensperiode zu erhalten. Sofern Zweifel bestehen sollten, inwiefern sich ein Anspruch auf einen Vorschuss bereits aus dem geltenden Recht ergibt, wird eine diesbezügliche Klarstellung angeregt. Wie auch in den Fällen der Vorschussentnahme wird die Höhe doppelt begrenzt. Einmal kann der Treuhänder nur einen Vorschuss in Höhe des bereits Verdienten verlangen, zum anderen – und dies versteht sich in den Stundungsfällen von selbst – kann ihm vom Gericht höchstens die Mindestvergütung zugebilligt werden.

Nr. 9

In § 17 wird die Angabe „zwischen 25 und 50 Euro" durch die Angabe „zwischen 35 und 95 Euro" ersetzt.

Begründung: [Vgl. oben Begründung zu Nummer 7]

Nr. 10

§ 19 wird wie folgt gefasst:

„§ 19 Übergangsregelung

Auf Insolvenzverfahren, die vor dem 1. Januar 2004 eröffnet wurden, sind die Vorschriften dieser Verordnung in ihrer bis zum Inkrafttreten der Verordnung vom ... (einsetzen: Datum und Fundstelle dieser Änderungsverordnung) am ... (einsetzen: Datum des Inkrafttretens der Änderungsverordnung) geltenden Fassung weiter anzuwenden."

Begründung: Nach den Entscheidungen des BGH zur Mindestvergütung des Insolvenzverwalters rsp. Treuhänders sind die entsprechenden Vorschriften der InsVV ab dem 1. Januar 2004 verfassungswidrig. Auf Verfahren, die nach dem 31. Dezember 2003 eröffnet wurden, sind somit die neuen Mindestvergütungen anzuwenden. Für den Treuhänder in der Wohlverhaltensperiode hat dies zur Konsequenz, dass für Tätigkeiten, die er nach Inkrafttreten dieser Verordnung entfaltet, die neuen Vergütungssätze maßgebend sind.

Artikel 2

Diese Verordnung tritt am Tag nach der Verkündung in Kraft.

Anhang VIII

Anhang VIII
Zweite Verordnung zur Änderung der Insolvenzrechtlichen Vergütungsverordnung (InsVV)
vom 21. Dezember 2006 (BGBl. I 2006, 3389)

1 *In ZIP 2006, 2102 ff. ist ein undatierter Entwurf abgedruckt. Der gleichlautende Anhang IV zur Kommentierung der InsVV bei KPB-InsO (Stand 11/2006) bezieht sich auf einen Stand vom 19. Oktober 2006. Die Texte sind identisch mit Anhang 2. Ziffer V. bei Haarmeyer/Mock InsVV (5. Aufl., 2014). Bei Lorenz/Klanke, InsVV (2. Aufl., 2014), findet sich im Anhang VI eine neuere Fassung, ebenfalls undatiert (gleichlautend mit der Fassung in ZInsO 2007, 27 ff.). Diese neuere Fassung stimmt mit den tatsächlichen Änderungen der InsVV überein, sodass diese maßgeblich sein dürfte und nachfolgend wiedergegeben wird, wobei der Verfasser redaktionelle Änderungen vorgenommen hat (Anpassung an die neue Rechtschreibung, Nummerierung der Sätze innerhalb eines Paragrafen sowie Einfügung von Randzahlen). Laut Internetrecherche datiert diese Begründung auf den 13. Dezember 2006.*

A. Allgemeine Begründung
1. Regelungsbedürfnis

2 In jüngerer Zeit ist eine erhebliche Unsicherheit entstanden, wie die Vergütung des vorläufigen Insolvenzverwalters zu berechnen ist.

3 Mit der Verordnung zur Änderung der insolvenzrechtlichen Vergütungsverordnung vom 4. Oktober 2004 (BGBl. I S. 2569) wurde unter anderem auch § 11 InsVV mit dem Ziel novelliert, die Berechnungsgrundlage nicht mehr allein Rechtsprechung und Literatur zu überlassen, sondern der Praxis deutlichere Anhaltspunkte für die Festsetzung der Vergütung des vorläufigen Insolvenzverfahrens zu geben.

4 Dies ist offenbar nicht hinreichend gelungen. Bei der Novellierung von § 11 InsVV wurde mit der überwiegenden Auffassung in Rechtsprechung und Literatur davon ausgegangen, der vorläufige Insolvenzverwalter habe im Verhältnis zum Insolvenzverwalter einen eigenständigen Vergütungsanspruch unabhängig davon, ob Personenidentität besteht. Dies hat zur Folge, dass dieser eigenständige Vergütungsanspruch nach § 11 InsVV aufgrund einer eigenen Berechnungsgrundlage zu ermitteln ist. Zur Bestimmung dieser Berechnungsgrundlage soll in Übereinstimmung mit der früheren Rechtsprechung des Bundesgerichtshofs das Vermögen herangezogen werden, auf das sich seine Tätigkeit während der Laufzeit des Eröffnungsverfahrens bezieht. Dies wird noch einmal durch eine ausdrückliche Klarstellung in § 11 InsVV verdeutlicht.

5 Die Änderung von § 11 InsVV wird auf § 21 Abs. 2 Nr. 1 i. V. m. § 65 InsO gestützt, wobei die entsprechende Anwendung der letztgenannten Vorschrift als Ermächtigungsgrundlage auch die Anordnung einer besonderen Berechnungsgrundlage für die Vergütung des vorläufigen Verwalters abdeckt.

Anhang VIII

2. **Auswirkungen der Verordnung auf die Einnahmen und Ausgaben der öffentlichen Haushalte, Kosten der Wirtschaftsunternehmen und Auswirkungen auf das Preisniveau.**

a) **Auswirkungen auf die Justizhaushalte von Bund und Ländern**

Obwohl die Anordnung einer vorläufigen Insolvenzverwaltung als Sicherungsmaßnahme in den Fällen keinen Sinn macht, in denen der Schuldner nicht einmal die Verfahrenskosten aufbringen kann, ist nicht auszuschließen, dass von einzelnen Gerichten eine solche Maßnahme angeordnet wird. Da bei einer Stundung der Verfahrenskosten nach § 4a InsO zunächst die Staatskasse auch für die Vergütung des vorläufigen Insolvenzverwalters aufzukommen hätte, könnten insofern auch Kosten auf die Justizhaushalte der Länder zukommen, die sich allerdings nicht quantifizieren lassen. 6

Dabei ist auch zu berücksichtigen, dass die Restschuldbefreiung in völlig masselosen Fällen grundlegend neu geregelt werden soll und dabei geprüft wird, ob nicht insgesamt auf eine Stundung der Verfahrenskosten verzichtet werden kann. Weiter wird die Klarstellung in § 11 InsVV zu einer Entlastung der Gerichte führen, da unnötige gerichtliche Auseinandersetzungen vermieden werden. In jüngster Zeit zeigte sich, dass zwischen den einzelnen Insolvenzgerichten erhebliche Meinungsunterschiede darüber bestehen, wie Vermögensgegenstände, an denen Aus- oder Absonderungsrechte bestehen, bei der Vergütung des vorläufigen Insolvenzverwalters berücksichtigt werden. Hätte diese Rechtsunsicherheit weiter bestanden, so wäre einerseits ein völlig uneinheitliches Vergütungsgefüge entstanden, andererseits hätten zahlreiche Verwalter bei einer unzureichenden Vergütung Rechtsmittel eingelegt. 7

Im Übrigen wird die öffentliche Hand durch die Klarstellung wie jeder andere Gläubiger im Insolvenzverfahren betroffen. Führt die Änderung von § 11 InsVV zu einer maßvollen Vergütungserhöhung, so ist diese aus der Insolvenzmasse aufzubringen und schmälert damit die Quote für die Insolvenzgläubiger. 8

Werden andererseits von den vorläufigen Insolvenzverwaltern wie bisher Sanierungschancen wahrgenommen, so wirkt sich dies insgesamt positiv auf die Wirtschaft aus und minimiert die volkswirtschaftlichen Verluste durch Insolvenzen. Im Übrigen kann, wenn die sanierten Unternehmen wieder erfolgreich am Markt operieren, mit höheren Steuereinnahmen gerechnet werden. 9

b) **Kosten für die Wirtschaftsunternehmen**

Die Unternehmen sind durch die in einzelnen Fällen denkbare geringere Insolvenzmasse ebenso betroffen wie die öffentliche Hand. Andererseits können diese möglichen Einbußen durch den Erhalt gewachsener Geschäftsbeziehungen kompensiert werden. Eine Quantifizierung ist insofern nicht möglich. 10

c) **Preiswirkungen**

Da die Verordnung lediglich den Rechtszustand wieder herstellt, wie er bis etwa Ende 2005 bestanden hat, sind insofern keine Auswirkungen zu erwarten. Sollte es dennoch zu geringfügigen Einzelpreiserhöhungen (für die Dienstleistungen der vorläufigen Insolvenzverwalter) kommen, so dürfte dies aufgrund ihrer geringen 11

Anhang VIII

Gewichtung jedoch nicht ausreichen, um messbare Effekte auf das allgemeine Preis- bzw. Verbraucherpreisniveau zu induzieren.

B. Verordnungstext mit der Begründung zu den einzelnen Vorschriften

12 Auf Grund des § 65 der Insolvenzordnung vom 5. Oktober 1994 (BGBl. I S. 2866) in Verbindung mit § 21 Abs. 2 Nr. 1, der durch Artikel 2 Nr. 1 des Gesetzes vom 19. Dezember 1998 (BGBl. I S. 3836) geändert worden ist, § 73 Abs. 2, der durch Artikel 1 Nr. 10 des Gesetzes vom 26. Oktober 2001 (BGBl. I S. 2710) geändert worden ist, § 293 Abs. 2, der durch Artikel 1 Nr. 17 des Gesetzes vom 26. Oktober 2001 (BGBl. I S. 2710) geändert worden ist, und § 313 Abs. 1 verordnet das Bundesministerium der Justiz:

Artikel 1

13 Die Insolvenzrechtliche Vergütungsverordnung vom 19. August 1998 (BGBl. I S. 2205), zuletzt geändert durch die Verordnung vom 4. Oktober 2004 (BGBl. I S. 2569), wird wie folgt geändert:

Nr. 1

14 § 11 wird wie folgt geändert:

a) Die Absätze 1 und 2 werden durch folgende Absätze 1 bis 3 ersetzt:

„(1) ^{1}Die Tätigkeit des vorläufigen Insolvenzverwalters wird besonders vergütet. ^{2}Er erhält in der Regel 25 vom Hundert der Vergütung nach § 2 Abs. 1 bezogen auf das Vermögen, auf das sich seine Tätigkeit während des Eröffnungsverfahrens erstreckt. ^{3}Maßgebend für die Wertermittlung ist der Zeitpunkt der Beendigung der vorläufigen Verwaltung oder der Zeitpunkt, ab dem der Gegenstand nicht mehr der vorläufigen Verwaltung unterliegt. ^{4}Vermögensgegenstände, an denen bei Verfahrenseröffnung Aus- oder Absonderungsrechte bestehen, werden dem Vermögen nach Satz 2 hinzugerechnet, sofern sich der vorläufige Insolvenzverwalter in erheblichem Umfang mit ihnen befasst. ^{5}Eine Berücksichtigung erfolgt nicht, sofern der Schuldner die Gegenstände lediglich aufgrund eines Besitzüberlassungsvertrages in Besitz hat.

(2) ^{1}Wird die Festsetzung der Vergütung beantragt, bevor die von Absatz 1 Satz 2 erfassten Gegenstände veräußert wurden, ist das Insolvenzgericht spätestens mit Vorlage der Schlussrechnung auf eine Abweichung des tatsächlichen Werts von dem der Vergütung zugrunde liegenden Wert hinzuweisen, sofern die Wertdifferenz 20 vom Hundert bezogen auf die Gesamtheit dieser Gegenstände übersteigt. ^{2}Bei einer solchen Wertdifferenz kann das Gericht den Beschluss bis zur Rechtskraft der Entscheidung über die Vergütung des Insolvenzverwalters ändern.

(3) Art, Dauer und der Umfang der Tätigkeit des vorläufigen Insolvenzverwalters sind bei der Festsetzung der Vergütung zu berücksichtigen."

b) Der bisherige Absatz 2 wird Absatz 4.

Anhang VIII

Begründung: Da im Zeitpunkt des Abschlusses der vorläufigen Insolvenzverwaltung eine Teilungsmasse nicht vorhanden ist, wird als Berechnungsgrundlage das Vermögen herangezogen, auf das sich die Tätigkeit des vorläufigen Insolvenzverwalters während des Eröffnungsverfahrens bezieht.

15

Damit wird dreierlei klargestellt: Zum einen, dass die Berechnungsgrundlage abweichend von § 1 Satz 1 InsVV unter Berücksichtigung der Eigenheiten der vorläufigen Insolvenzverwaltung zu ermitteln ist. Zum anderen, dass das Vermögen, das in § 11 Abs. 1 Satz 2 angesprochen wird, nicht zu einem bestimmten Stichtag ermittelt werden kann, sondern insofern das gesamte Vermögen heranzuziehen ist, auf das sich die Verwaltungstätigkeit während der Dauer der vorläufigen Insolvenzverwaltung bezieht. Betrifft die vorläufige Verwaltung ein Unternehmen, so ist leicht einsichtig, dass der Vermögensbestand Schwankungen unterworfen ist. Erfolgen etwa Notverkäufe oder muss der vorläufige Insolvenzverwalter Herausgabeansprüche erfüllen oder Lieferantenrechnungen begleichen, um eine Weiterbelieferung sicherzustellen, so muss sich dies auch bei der Ermittlung der Berechnungsgrundlage niederschlagen; insofern könnte von einem dynamischen Vermögen gesprochen werden. Drittens soll durch die Klarstellung verdeutlicht werden, dass der Vermögensbegriff, der § 11 Abs. 1 Satz 2 InsVV zugrunde liegt, der „klassische" Vermögensbegriff ist, wie er in der Rechtswissenschaft seit vielen Jahren verwendet wird. Insofern wird unter Vermögen die Gesamtheit der einer Person zustehenden Güter und Rechte von wirtschaftlichem Wert verstanden. Hierzu zählen insbesondere das Eigentum an Grundstücken und beweglichen Sachen, Forderungen und sonstige Rechte, wie etwa Patente oder Urheberrechte, die einen Geldwert besitzen. Bei diesem Vermögensbegriff ist es weitgehend unstreitig, dass die Verbindlichkeiten nicht zum Vermögen zu rechnen sind, so dass sie auch nicht den Rechten gegenübergestellt und wertmäßig von ihnen abgezogen werden können. Insofern ließe sich auch von der Maßgeblichkeit des Aktivvermögens sprechen.

16

Gerade bei einem sich ändernden Bestand von Vermögensgegenständen ist es geboten, festzulegen, welcher Zeitpunkt für die Wertermittlung maßgebend ist. Nach § 11 Abs. 1 Satz 3 InsVV-E soll dies die Eröffnung des Insolvenzverfahrens oder eine sonstige Beendigung der vorläufigen Verwaltung sein oder der Zeitpunkt, zu dem der einzelne Gegenstand nicht mehr der vorläufigen Verwaltung unterliegt, etwa weil er vom Verwalter veräußert wurde.

17

Weder aus dem Wortlaut, noch aus Sinn und Zweck oder aus der Entstehungsgeschichte der InsVV lässt sich ein allgemeiner Grundsatz dergestalt ableiten, dass die Vergütung des vorläufigen Insolvenzverwalters nicht die des Insolvenzverwalters übersteigen dürfe. Eine solche einengende Interpretation würde zudem der Lebenswirklichkeit nicht gerecht. Erinnert sei in diesem Zusammenhang lediglich an den Fall, dass eine übertragende Sanierung sich abzeichnet, der vorläufige Insolvenzverwalter die Durchführung einer Due Diligence veranlasst, die ersten sondierenden Gespräche mit Übernahmeinteressenten führt und die einschlägigen Verträge bereits formuliert werden. Nach Verfahrenseröffnung wird somit lediglich die Übertragung vollzogen und der Kaufpreis an die Gläubiger verteilt. Wie dieses Beispiel zeigt, sind somit vielfältige Fallkonstellationen denkbar, in denen der vorläufige Insolvenzverwalter durch einen erheblichen Einsatz die Weichenstellung für

18

Anhang VIII

das Verfahren vornimmt und nach Verfahrenseröffnung lediglich noch die Ausführung des bereits im Eröffnungsverfahren Konzipierten zu erfolgen hat.

19 In der gegenwärtigen Diskussion besonders umstritten ist die Berücksichtigung von Gegenständen, die der Schuldner in Besitz hat, die jedoch bei Verfahrenseröffnung mit Aus- oder Absonderungsrechten belastet sind. Nach dem oben zum Vermögensbegriff Ausgeführten erschließt sich unschwer, dass insofern keine Saldierung zu erfolgen hat, so dass quasi nur ein Überschuss, der sich bei einem möglichen Verkauf ergeben würde, berücksichtigt werden kann. Vielmehr ist der Vermögensgegenstand als solcher ohne die auf ihm ruhenden Belastungen zu taxieren. Dabei versteht es sich von selbst, dass die Bewertung nicht losgelöst von dem wirtschaftlichen Wert des Vermögensgegenstandes erfolgen kann. Insofern ist immer zu berücksichtigen, dass das vorläufige Insolvenzverfahren lediglich dazu dient, das Insolvenzverfahren vorzubereiten und deshalb eine Verfahrensgestaltung zu wählen ist, die möglichst zu einer optimalen Gläubigerbefriedigung führt. Vor diesem Hintergrund müssen somit bei der Bewertung der für die Berechnungsgrundlage maßgebenden Vermögensgegenstände allgemein anerkannte Bewertungsgrundsätze herangezogen werden, wie sie etwa in den §§ 252 ff. des Handelsgesetzbuchs ihren Niederschlag gefunden haben. Völlig unrealistische Bewertungsansätze, wie sie teilweise in der Praxis vorgekommen sein sollen, würden das gesamte Vergütungssystem der vorläufigen Insolvenzverwaltung desavouieren.

20 Um die Masse nicht durch die Vergütungsansprüche des vorläufigen Insolvenzverwalters unverhältnismäßig zu belasten, ist neben realistischen Bewertungsansätzen auch eine erhebliche Befassung des vorläufigen Insolvenzverwalters mit den Gegenständen erforderlich, an denen mit Verfahrenseröffnung Aus- oder Absonderungsrechte bestehen. Insofern wird an die in der Praxis gebräuchliche Differenzierung zwischen einer lediglich „nennenswerten" und einer „erheblichen" Befassung mit den mit Aus- oder Absonderungsrechten behafteten Vermögenswerten des Schuldners angeknüpft. Die genannten Gegenstände werden somit nur dann in die Berechnungsgrundlage einbezogen, wenn der vorläufige Insolvenzverwalter sich in erheblichem Umfang mit ihnen befasst hat. Berechtigte Vergütungsinteressen werden hierdurch nicht berührt, da bei einer lediglich „nennenswerten" Befassung häufig nur Routinetätigkeiten vorliegen werden, die keine besondere Vergütung erfordern.

21 Nur wenn die Schwelle zu einer „erheblichen" Befassung überschritten ist, ist es gerechtfertigt, die jeweiligen Vermögensgegenstände ungeschmälert bei der Ermittlung der Berechnungsgrundlage einzustellen. Insofern wird den Gerichten eine Möglichkeit geboten, den Aufwand des vorläufigen Insolvenzverwalters in Relation zu der zu gewährenden Vergütung zu setzen. Zudem ist daran zu erinnern, dass die Vergütung nach § 11 InsVV lediglich in der Regel 25 % der Vergütung im eröffneten Verfahren betragen soll, und somit eine unangemessene Vergütungshöhe durch eine Reduzierung dieses Prozentsatzes verhindert werden kann.

22 Wie bereits ausgeführt, besteht der Zweck der vorläufigen Insolvenzverwaltung darin, ein Insolvenzverfahren vorzubereiten. Angesichts dieses Verfahrenszwecks können bei der Berechnungsgrundlage für die Vergütung des vorläufigen Insolvenzverwalters keine Gegenstände berücksichtigt werden, bei denen aufgrund der Rechtsbeziehung des Schuldners zu diesen Gegenständen von vornherein klar ist,

Anhang VIII

dass sie nicht zur Masse des späteren Insolvenzverfahrens gehören werden. Insofern werden nach § 11 Abs. 1 Satz 4 InsVV-E Gegenstände, die der Schuldner lediglich aufgrund eines Besitzüberlassungsvertrages in Besitz hat, nicht zur Ermittlung der Berechnungsgrundlage herangezogen. Zu den Besitzüberlassungsverträgen sind zunächst die Gebrauchsüberlassungsverträge (also insbesondere Miete, Pacht und Leihe) zu rechnen. Daneben werden aber auch noch die Verträge erfasst, die etwa wie die Verwahrung kein Recht zum Gebrauch gewähren. Zieht man als Unterscheidungskriterium heran, ob aufgrund der Rechtsbeziehung des Schuldners zu dem betreffenden Gegenstand offensichtlich ist, dass er nicht zur Insolvenzmasse gehören wird, so könnte bei den Leasinggegenständen je nach dem zugrundeliegenden Vertragsverhältnis eine differenzierende Betrachtungsweise geboten sein. So ließe sich etwa beim Finanzierungsleasing mit Kaufoption eine Einbeziehung in die Berechnungsgrundlage mit guten Gründen vertreten.

Zur Verdeutlichung von Absatz 1 Satz 5 sei etwa der Fall angeführt, dass der Schuldner in sehr guter Lage Büroräume angemietet hat, deren Wert mehrere Millionen Euro betragen. Es wäre durch nichts zu rechtfertigen, diese Immobilie in die Berechnungsgrundlage für die Vergütung des vorläufigen Insolvenzverwalters einzubeziehen. 23

Von erheblicher Bedeutung in der Praxis ist das Problem, dass die Festsetzung der Vergütung des vorläufigen Insolvenzverwalters, sofern sie unmittelbar nach Verfahrenseröffnung geltend gemacht wird, lediglich anhand von Schätzwerten der der vorläufigen Verwaltung unterliegenden Vermögensgegenstände erfolgen kann. Dies hat in der Vergangenheit – wie bereits erwähnt – zu teilweise völlig unrealistischen Berechnungsgrundlagen geführt. Insofern sollen Vermögensgegenstände bei der Berechnungsgrundlage mit einem Schätzwert eingestellt worden sein, der von dem nach Verfahrenseröffnung ermittelten Wert erheblich abwich. Zahlreiche etablierte Insolvenzverwalter haben vor diesem Hintergrund ihre Abrechnungen deshalb so ausgestaltet, dass sie ihre Vergütung als vorläufige Insolvenzverwalter erst dann geltend machen, wenn tatsächlich belastbare Werte vorliegen. Dieser Praxis wird mit dem neuen Absatz 2 Rechnung getragen. Erfolgt die Abrechnung der vorläufigen Insolvenzverwaltung, bevor die Werte nach Verfahrenseröffnung verifiziert werden konnten, so ist der vormalige vorläufige Insolvenzverwalter verpflichtet, das Insolvenzgericht auf eine erhebliche Abweichung des tatsächlichen Werts der mit Aus- und Absonderungsrechten belasteten Gegenstände von dem der Vergütungsabrechnung zugrunde liegenden Schätzwert hinzuweisen. Um die Vergütung für den vorläufigen Insolvenzverwalter im Rahmen der Berechnung der Vergütung für den Insolvenzverwalter anpassen zu können, ist der Verwalter gehalten, seiner Hinweispflicht bis zur Vorlage der Schlussrechnung nachzukommen. In den seltenen Fällen, in denen der vorläufige nicht mit dem endgültigen Verwalter übereinstimmt, läuft die Hinweispflicht leer. Allerdings kann das Insolvenzgericht künftig auch ohne einen Hinweis die Vergütung von Amts wegen nach Absatz 2 anpassen. 24

Eine erhebliche Wertdifferenz soll nach dem Verordnungsentwurf bei einer Abweichung von 20 % vorliegen, bezogen auf die Gesamtheit der Gegenstände, die in die Berechnungsgrundlage eingeflossen sind. Da in einem solchen Fall die Vergütung unter Zugrundelegung völlig unrealistischer Werte erfolgt ist, wird dem Insolvenz- 25

Anhang VIII

gericht die Möglichkeit eröffnet, den Beschluss über die Vergütung des vorläufigen Insolvenzverwalters anzupassen. Diese Anpassungsmöglichkeit ist auch in den Fällen gegeben, in denen der Verwalter die Werte zu seinen Ungunsten zu niedrig festgesetzt hat. Andernfalls würden gerade die Verwalter benachteiligt, die die Gegenstände nach einer sehr vorsichtigen Wertermittlung taxiert haben.

26 Um die Vergütungsentscheidung nicht über eine zu lange Zeit in der Schwebe zu halten, kann die Anpassung lediglich bis zur Rechtskraft der Entscheidung über die Vergütung des endgültigen Insolvenzverwalters erfolgen.

Nr. 2

27 § 19 wird wie folgt geändert:

a) Der bisherige Wortlaut wird Absatz 1.

b) Folgender Absatz 2 wird angefügt:

„(2) Auf Vergütungen aus vorläufigen Insolvenzverwaltungen, die zum 29. Dezember 2006 bereits rechtskräftig abgerechnet sind, sind die bis zum Inkrafttreten der Zweiten Verordnung zur Änderung der Insolvenzrechtlichen Vergütungsverordnung vom 21. Dezember 2006 (BGBl. I S. 3389) geltenden Vorschriften anzuwenden."

28 <u>Begründung:</u> Da zahlreiche Abrechnungen über vorläufige Insolvenzverwaltungen noch anhängig sind, sieht die Übergangsvorschrift des § 19 Abs. 2 InsVV-E vor, dass das neue Recht auf alle Verfahren Anwendung findet, deren Abrechnung noch nicht rechtskräftig abgeschlossen ist.

Artikel 2

29 Diese Verordnung tritt am Tag nach der Verkündung in Kraft.

Anhang IX

Anhang IX

Entwurf eines Gesetzes zur Verbesserung und Vereinfachung der Aufsicht in Insolvenzverfahren – GAVI *(Auszug)*

*Nachdem ein Diskussionsentwurf des Justizministeriums des Landes Nordrhein-West- 1
falen vom 18. September 2006 am 14. Mai 2007 zu einem Referentenentwurf wurde,
kam es unter dem 15. August 2007 zu einem Gesetzesantrag des Landes NRW (BR-
Drucks. 566/07), zu dem der Rechtsausschuss unter dem 1. Oktober 2007 Stellung nahm
(BR-Drucks. 566/1/07). Mit den entsprechenden Änderungen, die sich im Wesentlichen
auf das Verfahren zur Vorauswahl der Insolvenzverwalter bezogen, legte der Bundesrat
schließlich am 12. Oktober 2007 einen abschließenden Gesetzentwurf vor (BR-
Drucks. 566/07 = ZVI 2007, 577). Es folgten eine Stellungnahme der Bundesregierung vom 21. November 2007 (BT-Drucks. 16/7251, S. 29 ff. = ZVI 2008, 124), eine
erste Lesung im Bundestag am 14. Februar 2008 sowie zwei öffentliche Anhörungen
vor dem Rechtsausschuss. Danach wurde der Vorgang nicht weiter verfolgt, wenige
Elemente – wie z. B. die Einführung des vorläufigen Gläubigerausschusses im Insolvenzantragsverfahren – wurden in spätere Vorhaben integriert. Den Protokollen der
Anhörungen lässt sich entnehmen, dass wesentliche Inhalte des Gesetzentwurfs als zu
bürokratisch empfunden wurden.*

*Nachfolgend werden nur diejenigen Vorschläge abgedruckt, die einen unmittelbaren 2
Bezug zum Vergütungsrecht haben. Es wird insoweit Bezug genommen auf den Gesetzentwurf des Bundesrats (BR-Drucks. 566/07 = ZVI 2007, 577) und auf die Stellungnahme der Bundesregierung (BT-Drucks. 16/7251, S. 29 ff. = ZVI 2008, 124). Die
redaktionellen Änderungen des Verfassers beschränken sich auf die Nummerierung der
Sätze innerhalb der Paragrafen und auf Einfügung von Randzahlen.*

A. Allgemeine Begründung *(Auszug)*

II. 5. In vielen umfangreichen Insolvenzverfahren ist eine mangelnde Mitwirkungs- 3
bereitschaft betriebswirtschaftlich hoch qualifizierter Gläubiger im Gläubigerausschuss zu beklagen. Dies ist besonders bedauerlich vor dem Hintergrund der dem
Gläubigerausschuss obliegenden Aufgaben der Geschäfts- und Rechnungsprüfung.
Eine der Hauptursachen hierfür ist die – für diesen Personenkreis – relativ geringe
Vergütung, die sich auf höchstens 95 Euro pro Stunde beläuft. Die Bandbreite der
festsetzungsfähigen Vergütung ist daher anzuheben. Zugleich soll es der Gläubigerversammlung ermöglicht werden, eine noch höhere Vergütung zu beschließen,
wenn sie dies im Hinblick auf die im Ausschuss zu erfüllenden Aufgaben oder zur
Gewinnung bestimmter Personen für diese Aufgaben für erforderlich erachtet. [...]

III. Mit Auswirkungen auf die Einnahmen und Ausgaben der öffentlichen Haus- 4
halte ist nicht zu rechnen. Insbesondere wird auch die Anhebung des Vergütungsrahmens für Mitglieder des Gläubigerausschusses nicht zu einer messbaren Steigerung
der Ausgaben führen. Denn dabei ist zu berücksichtigen, dass die Vergütung in der
Regel aus der Insolvenzmasse gezahlt wird und nur in Fällen der Masselosigkeit
oder Masseunzulänglichkeit der Staatskasse zur Last fällt. In diesen Fällen wird es
sich jedoch in der Regel um eher einfach gelagerte Sachverhalte handeln, in denen
entweder überhaupt kein Gläubigerausschuss bestellt wird oder die Vergütung am

Anhang IX

unteren Rand der Spanne anzusiedeln sein wird und damit den bereits nach jetziger Gesetzeslage anfallenden Kosten entspricht. [...]

B. Gesetzentwurf mit der Begründung zu den einzelnen Vorschriften

Artikel 1
Änderung der Insolvenzordnung

Nr. 11

5   Dem § 73 wird folgender Absatz 3 angefügt:

„(3) ¹Die Gläubigerversammlung kann eine Vergütung der Mitglieder des Gläubigerausschusses beschließen, die von der Festsetzung in der nach § 65 erlassenen Rechtsverordnung abweicht, insbesondere kann sie eine Pauschalvergütung beschließen, wenn dies im Hinblick auf den Umfang der zu verwaltenden Masse oder den zu erwartenden Aufwand der Mitglieder des Gläubigerausschusses geboten scheint. ²Die Vergütung kann nicht zu Lasten der Staatskasse geltend gemacht werden, soweit sie über den Betrag hinausgeht, der sich bei Anwendung der Rechtsverordnung ergeben würde."

6   <u>Begründung Gesetzentwurf</u>: Die Änderung enthält die Befugnis der Gläubigerversammlung, eine über den Rahmen der Insolvenzrechtlichen Vergütungsverordnung hinausgehende Vergütung oder eine abweichende Berechnungsart der Vergütung für Mitglieder des Gläubigerausschusses zu beschließen. Sie hat damit freie Hand, die von ihr gewünschten Personen durch entsprechende Bezahlung für eine Mitarbeit im Gläubigerausschuss zu gewinnen. Dabei darf aber die Staatskasse nicht durch die prinzipiell unbeschränkte Beschlussmöglichkeit der Gläubiger belastet werden. Daher schließt Satz 2 eine Festsetzung von Vergütungsanteilen, die über den gesetzlich vorgesehenen Rahmen hinausgehen, zu Lasten der Staatskasse aus. Um einen Missbrauch der Gestaltungsfreiheit zu Lasten anderer Insolvenzgläubiger auszuschließen, ist die Befugnis zur Überschreitung des Vergütungsrahmens auf solche Fälle beschränkt, in denen sie im Gesamtinteresse aller Gläubiger liegt.

7   <u>Stellungnahme der Bundesregierung</u>: Die Bundesregierung stimmt dem Änderungsvorschlag des Bundesrates im Grundsatz zu. Allerdings sollte Satz 2 gestrichen werden, da er den Schluss erlaubt, bei einer Vergütung entsprechend der InsVV habe die Staatskasse unter bestimmten Umständen einzutreten. Dies ist jedoch nicht der Fall.

Artikel 2
Änderung der Insolvenzrechtlichen Vergütungsverordnung

Nr. 1

8   § 4 Abs. 3 wird wie folgt gefasst:

„(3) ¹Mit der Vergütung sind auch die Kosten einer allgemeinen Haftpflichtversicherung abgegolten. ²Ist die Verwaltung jedoch mit einem besonderen Haftungsrisiko verbunden, so sind dem Verwalter die Kosten einer angemessenen zusätzlichen Versicherung als Auslagen, auch neben dem Pauschsatz des § 8 Abs. 3, zu erstatten."

Anhang IX

Begründung Gesetzentwurf: Zusätzlich zur Grundhaftpflichtversicherung ist es 9
weithin üblich, dass bei Verfahren mit hohem zu verwaltendem Vermögen eine
gesonderte, verfahrensbezogene Haftpflichtversicherung mit höherer Deckungssumme abgeschlossen wird. Die dafür verauslagten Beträge können eine beträchtliche Höhe erreichen, die durch die Auslagenpauschale des § 8 Abs. 3 InsVV nicht
abgedeckt wird. Der Verwalter steht daher vor der Wahl, entweder diese Kosten zu
einem erheblichen Anteil selbst zu tragen, oder von einer Pauschalabrechnung Abstand zu nehmen. Letzteres führt sowohl beim Verwalter als auch bei Gericht und
den übrigen am Festsetzungsverfahren Beteiligten zu Mehraufwand. Da der Abschluss der Versicherung auch dem Interesse und dem Schutz der Masse dient, sollte
der Verwalter diese Kosten auch neben dem Pauschsatz des § 8 Abs. 3 InsVV geltend
machen können.

Stellungnahme Bundesregierung: Die Bundesregierung stimmt dem Änderungs- 10
vorschlag des Bundesrates zu.

Nr. 2

In § 17 Satz 1 wird die Angabe „95 Euro" durch die Angabe „190 Euro" ersetzt. 11

Begründung Gesetzentwurf: Die Änderung sieht eine Anhebung des Vergütungs- 12
rahmens vor, um mehr und besser qualifizierte Personen für eine Mitarbeit im Gläubigerausschuss gewinnen zu können. Eine Verdoppelung der Obergrenze erscheint
dabei angemessen. Zusätzlich können die Gläubiger eine noch höhere Vergütung
beschließen, vgl. hierzu Artikel 1 Nr. 11.

Stellungnahme Bundesregierung: Die Bundesregierung stimmt dem Änderungs- 13
vorschlag des Bundesrates grundsätzlich zu. Es erscheint allerdings fraglich, ob durch
die Erhöhung der Vergütung tatsächlich qualifizierte Mitglieder für den Gläubigerausschuss gewonnen werden können, weil selbst die angehobene Vergütung im
Vergleich zu den auf dem Beratungsmarkt erzielbaren Honoraren nur gering ist.

Nr. 3

Dem § 18 Abs. 1 werden folgende Sätze angefügt: 14

„²Jedes Mitglied des Gläubigerausschusses kann nach seiner Wahl anstelle der
tatsächlich entstandenen Auslagen einen Pauschsatz fordern, der 5 vom Hundert
der festgesetzten Vergütung für jedes Jahr der Tätigkeit, höchstens jedoch 100 Euro
je angefangenem Monat der Dauer der Tätigkeit beträgt. ³Der Pauschsatz darf
20 vom Hundert der festgesetzten Vergütung nicht überschreiten."

Begründung Gesetzentwurf: Die Änderung übernimmt das bewährte und arbeits- 15
sparende Prinzip der Pauschsätze zur Abgeltung von Auslagen auch für die Mitglieder des Gläubigerausschusses. Im Hinblick auf den geringeren Umfang der Tätigkeit sind die Höchstsätze gegenüber § 8 Abs. 3 InsVV niedriger angesetzt.

Stellungnahme Bundesregierung: Die Bundesregierung stimmt dem Änderungs- 16
vorschlag des Bundesrates grundsätzlich zu. Auf die Ausführungen zu Nummer 2
(§ 17 Satz 1 InsVV) wird verwiesen.

Anhang X

Gesetz zur Änderung des § 522 der Zivilprozessordnung *(Auszug)*
vom 21. Oktober 2011 *(BGBl. I 2011, S. 2082)*

1 *Mit diesem Änderungsgesetz wurde einem Missstand im Berufungsrecht entgegen getreten. Aufgrund des am 1. Januar 2002 in Kraft getretenen Gesetzes zur Reform des Zivilprozesses vom 27. Juli 2001 (BGBl. I 2001, 1887) sind die Berufungsgerichte gemäß § 522 Abs. 2 ZPO verpflichtet, eine Berufung durch einstimmigen Beschluss zurückzuweisen, wenn sie davon überzeugt sind, dass die Berufung keine Aussicht auf Erfolg hat, die Rechtssache keine grundsätzliche Bedeutung hat und die Fortbildung des Rechts oder die Sicherung einer einheitlichen Rechtsprechung eine Entscheidung des Berufungsgerichts nicht erfordert. Der Zurückweisungsbeschluss war gemäß § 522 Abs. 3 ZPO unanfechtbar. Es wurde jedoch eine Zersplitterung der Rechtsprechung erkannt, da die Oberlandesgerichte sehr unterschiedlich Gebrauch von dieser Regelung machten. Zumindest für Streitwerte von mehr als 20.000 Euro wurde nun eine Nichtzulassungsbeschwerde eingeführt.*

2 *Aus Kostengründen wurde § 7 InsO abgeschafft. Nachfolgend werden nur diejenigen Änderungen abgedruckt, die einen unmittelbaren Bezug zum Vergütungsrecht haben. Es wird insoweit Bezug genommen auf den Gesetzentwurf der Bundesregierung (BT-Drucks. 17/5334 vom 1. April 2011) und auf die Beschlussempfehlung des Rechtsausschusses (BT-Drucks. 17/6406 vom 1. Juli 2011). Die redaktionellen Änderungen des Verfassers beschränken sich auf die Einfügung von Randzahlen.*

A. Allgemeine Begründung *(Auszug)*

3 *Die Begründung befasst sich nach der Darstellung der Problematik des bisherigen Berufungsrechts zunächst mit einer möglichen Mehrbelastung des BGH durch die eingeführte Nichtzulassungsbeschwerde.*

4 [...] Auf der anderen Seite besteht für die zulassungsfreie Rechtsbeschwerde in Insolvenzsachen nach § 7 der Insolvenzordnung (InsO) kein praktisches Bedürfnis mehr, weil die Zulassungsgründe in § 543 Absatz 2 und § 574 Absatz 2 ZPO durch die Rechtsprechung des BGH mittlerweile hinreichend konturiert sind. Deshalb können die Voraussetzungen für die Statthaftigkeit der Rechtsbeschwerde nach § 7 InsO eingeschränkt werden. Dadurch wird der BGH gleichzeitig partiell entlastet. Eine solche Einschränkung wird bereits seit längerem gefordert, da der zuständige Zivilsenat seit Jahren mit diesen Rechtsbeschwerden stark belastet ist. 2009 entfielen auf den zuständigen Zivilsenat 20,9 Prozent der insgesamt beim BGH eingegangenen Rechtsbeschwerden, davon waren 73 Prozent (209) Rechtsbeschwerden nach der Insolvenzordnung. Diese sind seit dem 1. Januar 2002 nicht mehr von einer Zulassung abhängig.

5 Das verbleibende Mehraufkommen bei den Zivilsenaten des BGH lässt sich voraussichtlich in Anbetracht der seit dem Jahr 2002 deutlich zurückgegangenen Anzahl der Revisionen mit den vorhandenen Personalkapazitäten bewältigen, zumal der BGH über eine Nichtzulassungsbeschwerde ohne mündliche Verhandlung entscheiden kann und der Beschluss gemäß § 544 Absatz 4 ZPO regelmäßig nicht begründet werden muss.

Anhang X

Personelle Mehrbelastungen werden teilweise kompensiert, indem in Insolvenzsachen die Rechtsbeschwerde nur noch eingeschränkt statthaft ist. Der Entwurf hat mithin keine belastenden Auswirkungen auf den Bundeshaushalt. [...]

B. Gesetzestext mit der Begründung zu den einzelnen Vorschriften

Artikel 2
Änderung der Insolvenzordnung

§ 7 der Insolvenzordnung vom 5. Oktober 1994 (BGBl. I S. 2866), die zuletzt durch Artikel 3 des Gesetzes vom 9. Dezember 2010 (BGBl. I S. 1885) geändert worden ist, wird aufgehoben.

Begründung Regierungsentwurf: Mit der Insolvenzordnung wurden teilweise für das deutsche Recht völlig neue Wege beschritten. Zu nennen ist in diesem Zusammenhang etwa das Insolvenzplanverfahren und die Restschuldbefreiung. Es war somit nahezu zwingend, dass mit der Umsetzung dieses neuen Rechts in der Praxis zahlreiche Streitfragen auftreten würden, die einer höchstrichterlichen Klärung zugeführt werden mussten. Dies betraf insbesondere Fragen des Verbraucherinsolvenzverfahrens, der Stundung der Verfahrenskosten, der Insolvenzanfechtung sowie der Vergütung des Insolvenzverwalters. Nachdem die Insolvenzordnung nun über zehn Jahre in Kraft ist, sind die wesentlichen Streitfragen geklärt, so dass nun das allgemeine Rechtsbeschwerdeverfahren für den Bereich der Insolvenzordnung anwendbar sein soll.

Durch die Aufhebung von § 7 wird die zulassungsfreie Rechtsbeschwerde zum BGH gegen Entscheidungen der Beschwerdegerichte in Insolvenzsachen abgeschafft. Es gelten damit über § 4 im Hinblick auf die Anfechtbarkeit von Beschwerdeentscheidungen in Insolvenzsachen ausschließlich die allgemeinen Regeln der Zivilprozessordnung. Die Rechtsbeschwerde ist gemäß § 574 Absatz 1 Nummer 2 ZPO nur noch statthaft, wenn das Beschwerdegericht sie im Beschluss zugelassen hat. Die Zulassungsgründe in § 543 Absatz 2 und § 574 Absatz 2 ZPO sind durch die Rechtsprechung des BGH mittlerweile hinreichend konturiert. Es ist daher sichergestellt, dass auch nach Einführung der Zulassungsrechtsbeschwerde die Fälle, die eine höchstrichterliche Entscheidung in der Sache rechtfertigen, zum BGH gelangen. Die Klärung von Grundsatzfragen in Insolvenzsachen zur Wahrung der Rechtseinheit und zur Fortbildung des Insolvenzrechts bleibt gewährleistet. Gleichzeitig ist mit der Änderung keine Einbuße an Rechtsschutzgewährung verbunden. Es stellt für den Rechtsuchenden keine Einschränkung dar, wenn eine Rechtsbeschwerde, die keine grundsätzliche Bedeutung hat und bei der keine Entscheidung des Rechtsbeschwerdegerichts zur Fortbildung des Rechts oder zur Sicherung einer einheitlichen Rechtsprechung erforderlich ist, nicht erst durch eine dritte Instanz auf Kosten des Rechtsuchenden als unzulässig verworfen wird, sondern bereits vom Beschwerdegericht nicht zugelassen wird.

Mit einer solchen Rechtsänderung ist auch eine deutliche Entlastung für den BGH verbunden, so dass dies eine partielle Kompensation für die mit der Änderung von § 522 ZPO zu erwartende zusätzliche Belastung für den BGH bedeutet. Der Gesetzentwurf sieht deshalb vor, die Voraussetzungen für die Statthaftigkeit der Rechtsbeschwerde nach § 7 einzuschränken. Eine solche Einschränkung wird

Anhang X

bereits seit längerem gefordert, da der zuständige Zivilsenat seit Jahren mit diesen Rechtsbeschwerden stark belastet ist. 2009 entfielen auf den zuständigen Zivilsenat 20,9 Prozent der insgesamt beim BGH eingegangenen Rechtsbeschwerden, davon waren 73 Prozent (209) Rechtsbeschwerden nach der Insolvenzordnung. Diese sind seit dem 1. Januar 2002 nicht mehr von einer Zulassung abhängig.

11 Begründung Rechtsausschuss: *(unverändert übernommen)*

Artikel 4
Änderung des Einführungsgesetzes zur Insolvenzordnung

12 Das Einführungsgesetz zur Insolvenzordnung vom 5. Oktober 1994 (BGBl. I S. 2911), das zuletzt durch Artikel 3 des Gesetzes vom 22. Dezember 2010 (BGBl. I S. 2248) geändert worden ist, wird wie folgt geändert:

Nr. 1

Artikel 102 § 7 Satz 2 wird wie folgt gefasst:

„Die §§ 574 bis 577 der Zivilprozessordnung gelten entsprechend."

13 Begründung Regierungsentwurf: Es handelt sich um eine Folgeänderung. Artikel 102 betrifft die Durchführung der Verordnung (EG) Nr. 1346/2000 über Insolvenzverfahren (EUInsVO). Artikel 102 §§ 5 und 6 betreffen das Verfahren und die Zuständigkeit der öffentlichen Bekanntmachung des wesentlichen Inhaltes der Entscheidung über die Eröffnung des Insolvenzverfahrens nach Artikel 21 EUInsVO und der Eintragung der Eröffnung des Hauptverfahrens in öffentliche Bücher und Register nach Artikel 22 EUInsVO. Gemäß Artikel 102 § 7 Satz 1 findet gegen die Entscheidungen des Insolvenzgerichtes nach diesen Vorschriften die sofortige Beschwerde statt. Durch den Verweis in Artikel 102 § 7 Satz 2 – alt – auf die Vorschrift des § 7 InsO war gegen diese Entscheidungen die Rechtsbeschwerde gegeben. Aufgrund der Aufhebung von § 7 InsO wurde dieser Verweis gegenstandslos und in Artikel 102 § 7 Satz 2 – neu – werden nunmehr die Vorschriften der Zivilprozessordnung über die Rechtsbeschwerde für entsprechend anwendbar erklärt. Damit ist die Rechtsbeschwerde gegen Entscheidungen des Insolvenzgerichts nach Artikel 102 § 5 oder § 6 künftig auch nur statthaft, wenn das Beschwerdegericht sie zulässt.

14 Begründung Rechtsausschuss: *(unverändert übernommen)*

Nr. 2

15 Vor Artikel 104 wird folgender Artikel 103 ... [einsetzen: bei der Verkündung nächster freier Buchstabenzusatz] eingefügt:

„Artikel 103 ... [einsetzen: bei der Verkündung
nächster freier Buchstabenzusatz]
Überleitungsvorschrift zum Gesetz
zur Änderung des § 522 der Zivilprozessordnung

Für Entscheidungen über die sofortige Beschwerde nach § 6 der Insolvenzordnung, bei denen die Frist des § 575 der Zivilprozessordnung am ... [einsetzen: Datum des Inkrafttretens des Gesetzes zur Änderung des § 522 der Zivilpro-

Anhang X

zessordnung] noch nicht abgelaufen ist, ist die Insolvenzordnung in der bis zum ... [einsetzen: Datum des Inkrafttretens des Gesetzes zur Änderung des § 522 der Zivilprozessordnung] geltenden Fassung weiter anzuwenden. Für Entscheidungen über die sofortige Beschwerde nach Artikel 102 § 7 Satz 1 des Einführungsgesetzes zur Insolvenzordnung gilt Satz 1 entsprechend."

Begründung Regierungsentwurf: Die Übergangsvorschrift in Satz 1 stellt klar, dass eine Zulassung der Rechtsbeschwerde nur gegen solche Entscheidungen über die sofortige Beschwerde nach § 6 InsO erforderlich ist, die nach Inkrafttreten dieses Gesetzes erlassen werden. Für Entscheidungen über die sofortige Beschwerde, die vor dem Inkrafttreten dieses Gesetzes erlassen wurden und bei denen die Notfrist des § 575 Absatz 1 ZPO noch nicht abgelaufen ist, ist die Rechtsbeschwerde gemäß § 7 InsO weiter zulassungsfrei. Satz 2 stellt dies für die Entscheidungen über die sofortige Beschwerde nach Artikel 102 § 7 Satz 1 EGInsO klar. 16

Begründung Rechtsausschuss: *(unverändert übernommen)* 17

Anhang XI

Gesetz zur weiteren Erleichterung der Sanierung von Unternehmen (ESUG)
(Auszug)

vom 7. Dezember 2011 (BGBl. I 2011, 2582)

1 *Das ESUG hat das Insolvenzrecht an zahlreichen Stellen neu gestaltet. Im Vordergrund standen Eigenverwaltung, Insolvenzplan und Gläubigerbeteiligung. Nachfolgend werden nur diejenigen Änderungen abgedruckt, die einen unmittelbaren Bezug zum Vergütungsrecht haben. Es wird insoweit Bezug genommen auf den Gesetzentwurf der Bundesregierung (BR-Drucks. 127/11 vom 4. März 2011) und auf die Beschlussempfehlung des Rechtsausschusses (BT-Drucks. 17/7511 vom 26. Oktober 2011). Die redaktionellen Änderungen des Verfassers beschränken sich auf die Nummerierung der Sätze innerhalb eines Paragrafen sowie auf die Einfügung von Randzahlen.*

A. Allgemeine Begründung

2 *Von einem Abdruck wird abgesehen.*

B. Gesetzestext mit der Begründung zu den einzelnen Vorschriften

Artikel 1
Änderung der Insolvenzordnung

3 Die Insolvenzordnung vom 5. Oktober 1994 (BGBl. I S. 2866), die zuletzt durch Artikel 2 des Gesetzes vom 21. Oktober 2011 (BGBl. I S. 2082) geändert worden ist, wird wie folgt geändert:

Nr. 1

4 Dem § 6 Abs. 1 wird folgender Satz angefügt:

„Die sofortige Beschwerde ist bei dem Insolvenzgericht einzulegen."

5 Begründung Regierungsentwurf: *(die Änderung war im Regierungsentwurf noch nicht vorgesehen).*

6 Begründung Rechtsausschuss: Mit der Regelung wird vorgeschrieben, dass die Beschwerde abweichend von § 569 Absatz 1 Satz 1 der Zivilprozessordnung (ZPO) nur beim Insolvenzgericht eingelegt werden kann. Eine entsprechende Vorschrift findet sich in § 64 Absatz 1 des Gesetzes über das Verfahren in Familiensachen und in den Angelegenheiten der freiwilligen Gerichtsbarkeit. Die zwingende Einlegung der Beschwerde beim Insolvenzgericht hat den Vorteil, dass der Insolvenzrichter sofort überprüfen kann, ob er von seiner Abhilfebefugnis nach § 572 Absatz 1 Satz 1 ZPO Gebrauch machen will. Hilft er der Beschwerde ab, so tritt Erledigung ein, wodurch das Verfahren verkürzt und das Beschwerdegericht entlastet wird.

Nr. 4

7 § 21 wird wie folgt geändert:

a) Die Überschrift wird wie folgt gefasst:

Anhang XI

„§ 21
Anordnung vorläufiger Maßnahmen".

b) Absatz 2 wird wie folgt geändert:

aa) In Satz 1 Nummer 1 wird nach der Angabe „56" die Angabe „56a" eingefügt.

bb) Nach Satz 1 Nummer 1 wird folgende Nummer 1a eingefügt:

„1a. einen vorläufigen Gläubigerausschuss einsetzen, für den § 67 Absatz 2 und die §§ 69 bis 73 entsprechend gelten; zu Mitgliedern des Gläubigerausschusses können auch Personen bestellt werden, die erst mit Eröffnung des Verfahrens Gläubiger werden;".

Begründung Regierungsentwurf: Zu Buchstabe a: Es handelt sich um eine redaktionelle Änderung. Die Überschrift der Vorschrift wird dem erweiterten Regelungsgehalt des § 21 InsO angepasst. 8

Zu Buchstabe b (§ 21 Absatz 2 Nummer 1a): In Insolvenzverfahren sind häufig bereits im Eröffnungsverfahren Entscheidungen zu treffen, die für das weitere Verfahren von erheblicher Bedeutung sind. Die Weichen für eine erfolgreiche Unternehmensfortführung werden regelmäßig in den ersten Wochen nach dem Eröffnungsantrag und nicht erst nach Eröffnung des Insolvenzverfahrens gestellt. Soll ein Unternehmen fortgeführt und nicht abgewickelt werden, ist es sinnvoll, gleich zu Beginn auf die Mitwirkung der Gläubiger zurückgreifen zu können, denn ohne sie ist eine Sanierung nicht möglich. Die Gläubiger kommen teilweise aus demselben Wirtschaftszweig wie der Schuldner und verfügen insofern über Wissen, das zu einer erfolgreichen Sanierung beitragen kann. Sie haben in der Regel auch ein erhebliches wirtschaftliches Interesse an einer erfolgreichen Sanierung des Schuldners. 9

In der gerichtlichen Praxis bestehen verschiedene Ansätze zur frühzeitigen Einbindung der Gläubiger. Teils werden vor der Bestellung eines vorläufigen Insolvenzverwalters oder Sachverständigen im Eröffnungsverfahren wesentliche Fragen wie die Bestellung des Verwalters mit den wichtigsten Gläubigergruppen erörtert, um möglichst konsensuale Entscheidungen zu treffen. Vereinzelt sind auch bereits „vorvorläufige Gläubigerausschüsse" bestellt worden, um den Gläubigereinfluss vor Verfahrenseröffnung zu erhöhen. Anknüpfend an diese Entwicklungen in der Praxis und um die Einbindung der Gläubiger zu einem früheren Zeitpunkt institutionell zu verankern, sieht der Gesetzentwurf die Möglichkeit der Einsetzung eines vorläufigen Gläubigerausschusses vor. Ein vorläufiger Gläubigerausschuss bereits im Eröffnungsverfahren ist in der Insolvenzordnung bislang nicht geregelt. In der Praxis ist umstritten, ob diese Anordnung zulässig ist. Hier soll seine Aufnahme in den Katalog möglicher vorläufiger Maßnahmen für Rechtssicherheit sorgen. Andere, derzeit beschrittene Wege zur Einbindung von Gläubigern sollen hierdurch nicht präjudiziert werden. 10

Auf die Zusammensetzung des vorläufigen Gläubigerausschusses, seine Aufgaben, die Beschlussfassung und die Vergütung seiner Mitglieder finden die Vorschriften über den im eröffneten Verfahren eingesetzten Gläubigerausschuss entsprechende Anwendung. Zu den möglichen Mitgliedern des vorläufigen Gläubigerausschusses 11

Anhang XI

gehört auch der Pensions-Sicherungs-Verein Versicherungsverein auf Gegenseitigkeit (PSVaG), auch wenn dieser eine Stellung als Insolvenzgläubiger regelmäßig erst mit Eintritt des Sicherungsfalls, also mit der Eröffnung des Verfahrens erlangt. Auch bislang ist es nicht erforderlich, dass ein Mitglied des Gläubigerausschusses selbst Gläubiger ist. Ist für das Gericht absehbar, dass der PSVaG mit der Eröffnung Insolvenzgläubiger wird, kann es diesen bereits in den vorläufigen Gläubigerausschuss aufnehmen.

12 Begründung Rechtsausschuss: Der vorläufige Gläubigerausschuss im Eröffnungsverfahren dient der Stärkung der Gläubigerrechte durch eine Ausweitung der im Insolvenzverfahren bestehenden Mitwirkungsmöglichkeiten in das Eröffnungsverfahren. Dabei muss jedoch sichergestellt sein, dass tatsächlich nur Gläubiger oder ihre Vertreter als Mitglieder des vorläufigen Gläubigerausschusses bestellt werden. Gerade in diesem frühen Stadium des Verfahrens werden regelmäßig wichtige und weitreichende Entscheidungen getroffen – wie z. B. der Vorschlag eines vorläufigen Insolvenzverwalters –, die häufig unter erheblichem Zeitdruck stehen. Hierfür sind ein unmittelbarer Bezug zum Schuldner und praktische Kenntnisse von dessen Geschäftsbetrieb sinnvoll, die ein Nicht-Gläubiger erst erwerben müsste. Zugleich dürfen diejenigen Personen berücksichtigt werden, die ihre Gläubigerstellung erst mit der Eröffnung des Insolvenzverfahrens erlangen, wie z. B. der Pensions-Sicherungs-Verein (PSVaG) oder Kredit- bzw. Kautionsversicherer. Dies wird durch die vorgeschlagene Änderung ausdrücklich klargestellt.

13 Die Änderung in § 21 Absatz 2 Satz 1 Nummer 1 InsO-E trägt der Einführung von § 56a InsO-E Rechnung.

Nr. 7

14 Nach § 26 wird folgender § 26a eingefügt:

„§ 26a
Vergütung des
vorläufigen Insolvenzverwalters

(1) ¹Wird das Insolvenzverfahren nicht eröffnet, setzt das Insolvenzgericht die Vergütung und die zu erstattenden Auslagen des vorläufigen Insolvenzverwalters gegen den Schuldner durch Beschluss fest. ²Der Beschluss ist dem vorläufigen Verwalter und dem Schuldner besonders zuzustellen.

(2) ¹Gegen den Beschluss steht dem vorläufigen Verwalter und dem Schuldner die sofortige Beschwerde zu. ²§ 567 Absatz 2 der Zivilprozessordnung gilt entsprechend."

15 Begründung Regierungsentwurf: *(die Änderung war im Regierungsentwurf noch nicht vorgesehen).*

16 Begründung Rechtsausschuss: Die Regelung stellt klar, dass auch bei Nichteröffnung des Insolvenzverfahrens das Insolvenzgericht für die Festsetzung der Vergütung sowie der Auslagen des vorläufigen Insolvenzverwalters zuständig ist. Dabei spielt es keine Rolle, ob die Verfügungsbefugnis über das Vermögen des Schuldners auf ihn übergegangen ist.

Anhang XI

Die Rechtsprechung des Bundesgerichtshofs, wonach der vorläufige Verwalter seine 17
Ansprüche gegen den Schuldner vor den allgemeinen Zivilgerichten analog §§ 1835,
1836, 1915, 1987, 2221 des Bürgerlichen Gesetzbuchs geltend machen müsse (BGH,
Beschl. v. 3. Dezember 2009 – IX ZB 280/08), wird nicht nur in der Literatur
vielfach kritisiert (vgl. *Uhlenbruck*, NZI 2010, S. 161 ff.; Frankfurter Kommentar-
Schmitt, InsO, 6. Aufl. 2010, § 64 Rz. 7; *Riewe*, NZI 2010, S. 131 ff.; *Mitlehner*,
EWiR 2010, S. 195 f.; *Keller*, EWiR 2010, S. 461 f.). Zum Teil treffen die Insolvenzgerichte sogar abweichende Entscheidungen in ausdrücklichem Widerspruch zum
BGH (vgl. AG Göttingen, Beschluss vom 5. Mai 2010 – 75 IN 281/09; AG
Düsseldorf, Beschluss vom 9. September 2010 – 502 IN 27/10). Mit der Neuregelung wird eine prozessökonomische Regelung geschaffen, die für Rechtssicherheit
bei den Beteiligten sorgt. Die Festsetzung der Höhe der im Einzelfall angemessenen Vergütung des vorläufigen Verwalters durch die allgemeinen Zivilgerichte
würde zu einer unverhältnismäßigen Belastung der Gerichte führen. Neben dem
Insolvenzgericht müsste sich zusätzlich auch das entsprechende allgemeine Zivil-
gericht in die Akten einlesen sowie diese zunächst beschaffen, was zu Doppelarbeit
führen würde. Ferner drohte hierdurch die Gefahr, dass mangels regelmäßiger Befassung der allgemeinen Zivilrichter mit Bemessungsfragen im Rahmen der Insolvenzverwaltervergütung abweichende Entscheidungen gegenüber der bei den Insolvenzgerichten herrschenden Praxis getroffen würden. Zudem ist mit der Geltendmachung des Vergütungsanspruchs vor dem Prozessgericht unter Umständen ein
langwieriger Prozess verbunden, bei dem der Verwalter vorschusspflichtig ist und
das Kostenrisiko und damit verbunden ein erhebliches Ausfallrisiko trägt. Da der
Insolvenzverwalter vom Gericht bestellt wird, hat er auch einen Anspruch auf eine
effektive und kostengünstige Durchsetzung seines Vergütungsanspruchs. Zudem
wird eine Ungleichbehandlung im Hinblick auf den durch § 25 InsO privilegierten
starken vorläufigen Insolvenzverwalter beseitigt.

Durch die Neuregelung wird die – vom BGH bisher vermisste – gesetzliche 18
Grundlage für eine Vergütungsentscheidung im Insolvenzverfahren geschaffen und
die vom BGH festgestellte Gesetzeslücke mithin geschlossen. Der vorläufige Insolvenzverwalter erhält mit dem Vergütungsfestsetzungsbeschluss des Insolvenzgerichts einen vorläufig vollstreckbaren Titel im Sinne des § 794 Absatz 1 Nummer 3
ZPO. Die §§ 63 f. InsO finden über die Verweisung in § 21 Absatz 2 Satz 1 Nummer 1
InsO Anwendung.

Nr. 10
Nach § 56 wird folgender § 56a eingefügt: 19

„§ 56a
Gläubigerbeteiligung
bei der Verwalterbestellung

(1) Vor der Bestellung des Verwalters ist dem vorläufigen Gläubigerausschuss
Gelegenheit zu geben, sich zu den Anforderungen, die an den Verwalter zu
stellen sind, und zur Person des Verwalters zu äußern, soweit dies nicht offensichtlich zu einer nachteiligen Veränderung der Vermögenslage des Schuldners
führt.

Anhang XI

(2) ¹Das Gericht darf von einem einstimmigen Vorschlag des vorläufigen Gläubigerausschusses zur Person des Verwalters nur abweichen, wenn die vorgeschlagene Person für die Übernahme des Amtes nicht geeignet ist. ²Das Gericht hat bei der Auswahl des Verwalters die vom vorläufigen Gläubigerausschuss beschlossenen Anforderungen an die Person des Verwalters zugrunde zu legen.

(3) Hat das Gericht mit Rücksicht auf eine nachteilige Veränderung der Vermögenslage des Schuldners von einer Anhörung nach Absatz 1 abgesehen, so kann der vorläufige Gläubigerausschuss in seiner ersten Sitzung einstimmig eine andere Person als die bestellte zum Insolvenzverwalter wählen."

20 **Begründung Regierungsentwurf:** *(Vorgenannte Absätze 1 und 2 des § 56a InsO entsprechen den Vorschlägen im Regierungsentwurf zu § 56 Abs. 2 und 3 RegE).*

21 Die Einbeziehung der Gläubiger in die Auswahl des Verwalters ist bereits nach der geltenden Rechtslage möglich und hat sich bei einigen Gerichten bewährt. Eine solche Praxis soll künftig in den Fällen, in denen nach den neuen § 21 Absatz 2 Nummer 1a, § 22a InsO-E ein vorläufiger Gläubigerausschuss bestellt worden ist, die Regel sein. Dem Ausschuss ist nicht nur Gelegenheit zu geben, sich zu den Anforderungen zu äußern, die im konkreten Fall bei der Auswahl des Verwalters zu berücksichtigen sind, sondern ihm ist auch die Möglichkeit einzuräumen, eine bestimmte Person als Verwalter vorzuschlagen (Absatz 2). Die in diesem Zusammenhang vorgesehene Ausnahme für den Fall einer nachteiligen Verzögerung wird kaum praktische Bedeutung erlangen, da die Konsultation eines bereits gebildeten vorläufigen Gläubigerausschusses nur einen geringen Zeitaufwand verursacht. Eine mit der Einsetzung des Ausschusses verbundene Verzögerung wird bereits im Rahmen des § 22a berücksichtigt.

22 Von einem vorläufigen Gläubigerausschuss, in dem gemäß § 21 Absatz 2 Nummer 1a InsO-E in Verbindung mit § 67 Absatz 2 InsO die verschiedenen Kategorien der Gläubiger vertreten sind, kann erwartet werden, dass seine Vorschläge zum Anforderungsprofil und zur Person des Verwalters ausgewogen sind und die Interessen aller Gläubiger berücksichtigen. Nach dem neuen Absatz 3 sollen Vorschläge des Ausschusses zu den Anforderungen an den Verwalter für das Gericht bindend sein. Dabei darf das beschlossene Anforderungsprofil jedoch selbstverständlich nur solche Anforderungen enthalten, die mit dem Gesetz übereinstimmen bzw. von der Rechtsprechung nicht als unzulässig verworfen worden sind. Dies soll auch dann gelten, wenn die Vorschläge nicht einstimmig beschlossen worden sind, sondern mit der für Beschlüsse des Ausschusses maßgeblichen Kopfmehrheit (§ 21 Absatz 2 Nummer 1a InsO-E in Verbindung mit § 72 InsO). An einen Vorschlag des vorläufigen Gläubigerausschusses, eine bestimmte Person zum Verwalter zu bestellen, soll das Gericht allerdings nur dann gebunden sein, wenn der Beschluss einstimmig gefasst worden ist, und auch dann nur, wenn der Vorschlag nicht in Widerspruch zu den Kriterien der Eignung des Verwalters nach § 56 Absatz 1 Satz 1 steht, die vorgeschlagene Person also für die Übernahme des Amtes im konkreten Fall nicht geeignet ist. Ob die einstimmig vorgeschlagene Person auf einer Vorauswahlliste eines Insolvenzgerichts steht, ist hingegen gleichgültig, solange sie den Kriterien des § 56 Absatz 1 Satz 1 InsO genügt.

Anhang XI

Auch wenn ein Verwalter in dieser Weise auf Vorschlag des vorläufigen Gläubigerausschusses vom Gericht bestellt worden ist, bleibt es dabei, dass im eröffneten Verfahren die Gläubigerversammlung mit Summen- und Kopfmehrheit endgültig über die Person des Verwalters entscheidet (§ 57 InsO). Der vorläufige Gläubigerausschuss wird sich dessen bewusst sein und keine Person vorschlagen, bei der mit einer Abwahl durch die Gläubigerversammlung zu rechnen ist. Wegen der Befugnisse der Gläubigerversammlung nach § 57 InsO ist es entbehrlich, ein Rechtsmittel gegen die Bestellung des Verwalters nach Maßgabe des § 56 Absatz 3 InsO-E vorzusehen. 23

Ist der vorläufige Gläubigerausschuss vom Gericht bei der Auswahl des vorläufigen Insolvenzverwalters beteiligt worden und beabsichtigt das Gericht, die gleiche Person bei der Eröffnung des Verfahrens zum Insolvenzverwalter zu bestellen, so wird im Allgemeinen kein Anlass bestehen, die Beteiligung des Ausschusses vor der Verfahrenseröffnung zu wiederholen. Wenn keine besonderen Umstände eingetreten sind, wird das Einverständnis des Ausschusses mit dieser Bestellung angenommen werden können. 24

<u>Begründung Rechtsausschuss:</u> Im Interesse systematischer Klarheit schlägt der Ausschuss vor, die Gläubigerbeteiligung bei der Bestellung des Insolvenzverwalters in einem eigenständigen § 56a InsO-E zu regeln. Gegen eine frühzeitige Einbindung der Gläubiger noch vor der Bestellung eines vorläufigen Insolvenzverwalters wird häufig eingewandt, das Eröffnungsverfahren als Eilverfahren dulde keinen Aufschub, so dass regelmäßig Sicherungsmaßnahmen seitens des Gerichts, etwa in der Form der Bestellung eines vorläufigen Insolvenzverwalters, ergriffen werden müssten. In zahlreichen Verfahren sei es nicht angängig, mit dieser Bestellung zunächst abzuwarten, bis ein vorläufiger Gläubigerausschuss sich konstituiert und sein Votum zur Person des Insolvenzverwalters abgegeben hat. 25

Dies mag auf eine Vielzahl von Verfahren zutreffen, gleichwohl ist die frühzeitige Einbindung eines vorläufigen Gläubigerausschusses gerade in den Fällen sinnvoll, in denen ein einsichtiger Schuldner frühzeitig das Gespräch mit seinen Gläubigern über die Abwicklung des Insolvenzverfahrens sucht. Um einem dringenden Sicherungsbedürfnis Rechnung tragen zu können, sieht bereits der Regierungsentwurf vor, dass auf eine Beteiligung des vorläufigen Gläubigerausschusses bei der Verwalterbestellung verzichtet werden kann, wenn dies zu einer nachteiligen Veränderung der Vermögenslage des Schuldners geführt hätte. 26

Von anderer Seite wurde jedoch die Befürchtung geäußert, die generelle Eilbedürftigkeit in Insolvenzverfahren könne als Vorwand verwendet werden, um regelmäßig von einer Gläubigerbeteiligung abzusehen. Der Ausschuss hat deshalb beschlossen, die in § 57 InsO vorgesehene Befugnis der Gläubigerversammlung, einen anderen Insolvenzverwalter zu wählen, in modifizierter Form auf den vorläufigen Gläubigerausschuss zu übertragen. Sollte sich in einem Fall ein kein Aufschub duldendes Sicherungsbedürfnis zeigen, so kann das Gericht zügig einen vorläufigen Insolvenzverwalter einsetzen und die Gläubigerbeteiligung nachholen. Der vorläufige Gläubigerausschuss erhält deshalb nach dem vom Ausschuss vorgeschlagenen § 56a Absatz 3 InsO-E die Befugnis, eine andere Person als die vom Gericht eingesetzte zum Insolvenzverwalter zu wählen. Dabei muss jedoch berücksichtigt werden, dass einem vorläufigen Gläubigerausschuss, der naturgemäß nur ein unvollkommenes 27

Anhang XI

Abbild der Gesamtgläubigerschaft darstellen kann, im Vergleich zur Gläubigerversammlung nur eine eingeschränkte Legitimation zukommt. Aus diesem Grund wird auch für die Abwahl des Insolvenzverwalters anders als im eröffneten Verfahren eine einstimmige Entscheidung verlangt.

28 Weiter ist dafür Sorge zu tragen, dass der vom Gericht eingesetzte vorläufige Insolvenzverwalter handlungsfähig ist und nicht durch den Druck einzelner Mitglieder des vorläufigen Gläubigerausschusses zu einem bestimmten Verhalten gedrängt werden kann. Um die Phase der Ungewissheit für den vom Gericht eingesetzten Verwalter möglichst kurz zu halten, kann der vorläufige Gläubigerausschuss ihn nur in der ersten Sitzung abwählen. Um zu verhindern, dass einzelne, besonders durchsetzungsstarke Mitglieder das Verfahren dominieren, erfordert die Wahl eines neuen Insolvenzverwalters Einstimmigkeit. Dem entspricht die Regelung in § 56a Absatz 2 InsO-E, welche eine Bindung des Gerichts an den Vorschlag des vorläufigen Gläubigerausschusses nur dann vorsieht, wenn das Votum einstimmig getroffen wird. Die Abwahlmöglichkeit nach § 57 InsO soll hierdurch nicht eingeschränkt werden, so dass sich weiterhin in ersten Gläubigerversammlung die organisierte Gläubigergesamtheit mehrheitlich für einen neuen Insolvenzverwalter aussprechen kann.

29 Allgemein sieht der Ausschuss die Notwendigkeit, bei einem vom vorläufigen Gläubigerausschuss vorgeschlagenem Insolvenzverwalter besonders eingehend dessen Unabhängigkeit zu prüfen. Diese Prüfung hat auch einzuschließen, ob die vorgeschlagene Person etwa in einer Anwaltssozietät tätig ist, von denen ein Mitglied den Schuldner im Vorfeld der Insolvenz beraten hat. Ein besonderes Augenmerk auf die Unabhängigkeit des Verwalters ist auch in den Fällen zu richten, in denen der Vorgeschlagene etwa in einer internationalen Großkanzlei mit Unternehmensberatern tätig ist, die den Schuldner in der Krise beratend begleitet haben.

Nr. 11

30 Dem § 66 Absatz 1 wird folgender Satz angefügt:

„²Der Insolvenzplan kann eine abweichende Regelung treffen."

31 Begründung Regierungsentwurf: Im Rahmen des Insolvenzplanverfahrens stellt sich in der Praxis die Frage, ob bei Beendigung des Verfahrens nach § 258 InsO eine Schlussrechnung nach § 66 Absatz 1 InsO zu legen ist und diese vom Insolvenzgericht geprüft werden muss. Diese Frage ist in der Praxis umstritten. Die Schlussrechnungslegung und eine Schlussrechnungsprüfung können die Aufhebung des Insolvenzplanverfahrens erheblich verzögern, obwohl materiell-rechtlich eine Beendigung des Insolvenzverfahrens bereits durch die Planbestätigung eingetreten ist. Dies kann im Einzelfall Sanierungschancen beeinträchtigen, da der Schuldner die Verfügungsbefugnis über sein Vermögen erst verzögert zurückerhält. Den Gläubigern soll durch die Neuregelung Gelegenheit gegeben werden, im Insolvenzplan eine Regelung über die Notwendigkeit einer Schlussrechnung zu treffen und gegebenenfalls auf diese nach § 66 InsO vollständig zu verzichten. Alternativ kann der Plan jedoch auch eine zeitliche Verschiebung derart vorsehen, dass zwar eine Schlussrechnung zu legen ist, das Verfahren aber bereits vorher aufgehoben werden kann.

32 Begründung Rechtsausschuss: *(unverändert übernommen)*.

Anhang XI

Nr. 45

§ 270 wird wie folgt geändert:

a) *[...]*

b) Absatz 3 wird durch die folgenden Absätze 3 und 4 ersetzt:

„(3) ¹Vor der Entscheidung über den Antrag ist dem vorläufigen Gläubigerausschuss Gelegenheit zur Äußerung zu geben, wenn dies nicht offensichtlich zu einer nachteiligen Veränderung in der Vermögenslage des Schuldners führt. ²Wird der Antrag von einem einstimmigen Beschluss des vorläufigen Gläubigerausschusses unterstützt, so gilt die Anordnung nicht als nachteilig für die Gläubiger.

(4) Wird der Antrag abgelehnt, so ist die Ablehnung schriftlich zu begründen; § 27 Absatz 2 Nummer 5 gilt entsprechend."

Begründung Regierungsentwurf: Durch den neuen Absatz 3 wird der Einfluss der Gläubiger auf die Anordnung der Eigenverwaltung verstärkt. Die bisher in Absatz 3 enthaltene Regelung über die Bestellung des Sachwalters findet sich nun in § 270c InsO-E. 33

Die Frage, ob die Gläubiger schon im Eröffnungsverfahren maßgeblichen Einfluss auf die Entscheidung über die Eigenverwaltung haben sollten, ähnelt der Frage nach dem Einfluss der Gläubiger auf die Auswahl des Insolvenzverwalters. Auch für die Eigenverwaltung sieht das Gesetz derzeit eine Entscheidung der Gläubigerversammlung vor, und auch in diesem Fall findet die Entscheidung in einem Verfahrensstadium statt, in dem sie zu spät kommt, um größere praktische Bedeutung zu gewinnen. Es ist deshalb geboten, den Zeitpunkt der Einflussnahme der Gläubiger in das Eröffnungsverfahren vorzuverlegen. Nur so kann der Gläubigerautonomie effektiv Geltung verschafft werden. 34

In Satz 1 ist daher – parallel zur Regelung im neuen § 56 Absatz 2 InsO-E – vorgesehen, dass in den Fällen, in denen nach § 21 Absatz 2 Nummer 1a, § 22a InsO-E ein vorläufiger Gläubigerausschuss eingesetzt ist, vor der Entscheidung über den Antrag auf Eigenverwaltung grundsätzlich diesem Ausschuss Gelegenheit zur Äußerung zu geben ist. Ein einstimmiger Beschluss des Ausschusses zugunsten der Eigenverwaltung hat die Wirkung, dass das Gericht bei seiner Entscheidung über den Antrag des Schuldners zu unterstellen hat, dass die Anordnung der Eigenverwaltung nicht zu Nachteilen für die Gläubiger führt. Die Voraussetzung des neu gefassten § 270 Absatz 2 Nummer 2 InsO-E gilt also als erfüllt. 35

Die Anhörung des vorläufigen Gläubigerausschusses zur Frage der Eigenverwaltung kann das Gericht mit der Beteiligung des Ausschusses zur Auswahl des vorläufigen Insolvenzverwalters oder Sachwalters verbinden (vgl. den neuen § 56 Absatz 2 InsO-E in Verbindung mit § 21 Absatz 1 Nummer 1 InsO, für den Sachwalter zusätzlich in Verbindung mit dem neuen § 270a Absatz 1 Satz 2 InsO-E und § 274 Absatz 1 InsO). Im Einzelfall kann es aber auch zweckmäßig sein, den Ausschuss erst kurz vor der Verfahrenseröffnung zur Entscheidung über die Eigenverwaltung zu konsultieren und dabei die Erfahrungen mit dem Verhalten des Schuldners einzubeziehen, die während des Eröffnungsverfahrens gewonnen worden sind. 36

Anhang XI

37 Der neue Absatz 4 statuiert eine Begründungspflicht des Gerichts im Falle einer ablehnenden Entscheidung. Sie gilt auch für den Fall, dass der Antrag des Schuldners auf Eigenverwaltung zunächst keine Unterstützung bei den Gläubigern findet. Die Begründung ist durch die Verweisung auf § 27 Absatz 2 Nummer 5 InsO-E in den Eröffnungsbeschluss aufzunehmen. So wird der Gläubigerversammlung ermöglicht, auf Basis dieser Begründung die Entscheidung zu fällen, ob nachträglich dennoch eine Eigenverwaltung beantragt wird.

38 Begründung Rechtsausschuss: *(unverändert übernommen)*.

Artikel 2
Änderung der Insolvenzrechtlichen Vergütungsverordnung

39 Die Insolvenzrechtliche Vergütungsverordnung vom 19. August 1998 (BGBl. I S. 2205), die zuletzt durch Artikel 1 der Verordnung vom 21. Dezember 2006 (BGBl. I S. 3389) geändert worden ist, wird wie folgt geändert:

Nr. 1

40 § 17 wird wie folgt geändert:

a) Der Wortlaut wird Absatz 1.

b) Folgender Absatz 2 wird angefügt:

„(2) ¹Die Vergütung der Mitglieder des vorläufigen Gläubigerausschusses für die Erfüllung der ihm nach § 56 Absatz 2 und § 270 Absatz 3 der Insolvenzordnung zugewiesenen Aufgaben beträgt einmalig 300 Euro. ²Nach der Bestellung eines vorläufigen Insolvenzverwalters oder eines vorläufigen Sachwalters richtet sich die weitere Vergütung nach Absatz 1."

41 Begründung Regierungsentwurf: § 56 Absatz 2 und § 270 Absatz 3 InsO-E sowie § 274 Absatz 1 i. V. m. § 56 Absatz 2 InsO-E räumen dem vorläufigen Gläubigerausschuss ein Anhörungsrecht bei der Entscheidung über die Auswahl des vorläufigen Insolvenzverwalters und des vorläufigen Sachwalters sowie die Anordnung der Eigenverwaltung ein. Diese Rechte nehmen die Gläubigervertreter auch im eigenen Interesse wahr. Um eine Auszehrung der Masse zu verhindern, ist daher die hierfür zu entrichtende Vergütung klar zu begrenzen. Die vorgesehene Vergütung in Höhe von 300 Euro entspricht in etwa der Vergütung für eine dreistündige Tätigkeit nach dem bislang in § 17 InsVV vorgesehenen regelmäßigen Höchststundensatz von 95 Euro. Diese Dauer sollte die Tätigkeit des vorläufigen Gläubigerausschusses im Rahmen der Entscheidung über die Auswahl des vorläufigen Insolvenzverwalters, des vorläufigen Sachwalters und über die Eigenverwaltung nicht überschreiten, auch wenn im Einzelfall mehrere dieser Entscheidungen nacheinander zu treffen sind. Die Vergütung für weitere, möglicherweise arbeitsintensivere Aufgaben richtet sich nach den allgemeinen Regeln über die Vergütung der Mitglieder des Gläubigerausschusses.

42 Begründung Rechtsausschuss: *(unverändert übernommen)*.

Nr. 2

43 Dem § 19 wird folgender Absatz 3 angefügt:

„(3) Auf Insolvenzverfahren, die vor dem 7. Dezember 2011 (BGBl. I S. 2582) beantragt worden sind, sind die Vorschriften dieser Verordnung in ihrer bis zum

Anhang XI

Inkrafttreten des Gesetzes vom 7. Dezember 2011 (BGBl. I S. 2582) am 1. März 2012 geltenden Fassung weiter anzuwenden."

Begründung Regierungsentwurf: *Keine* 44

Artikel 3
Änderung des Einführungsgesetzes zur Insolvenzordnung

Vor Artikel 104 des Einführungsgesetzes zur Insolvenzordnung vom 5. Oktober 1994 (BGBl. I S. 2911), das zuletzt durch Artikel 4 des Gesetzes vom 21. Oktober 2011 (BGBl. I S. 2082) geändert worden ist, wird folgender Artikel 103g eingefügt: 45

„Artikel 103g
Überleitungsvorschrift zum Gesetz zur weiteren
Erleichterung der Sanierung von Unternehmen

Auf Insolvenzverfahren, die vor dem 1. März 2012 beantragt worden sind, sind die bis dahin geltenden Vorschriften weiter anzuwenden."

Begründung Regierungsentwurf: Für die Anwendung des neuen Rechts ist der Zeitpunkt des Eröffnungsantrages maßgeblich. Die Neuregelungen betreffen in vielen Fällen gerade auch das Eröffnungsverfahren, so dass die Anwendung auf bereits eröffnete Verfahren oder Verfahren im Stadium nach Antragstellung nicht zweckmäßig ist. Zu diesem Zeitpunkt können die entscheidenden Weichenstellungen für die Ausgestaltung des Verfahrens bereits erfolgt sein. 46

Begründung Rechtsausschuss: *(unverändert übernommen).* 47

Artikel 5
Änderung des Rechtspflegergesetzes

Das Rechtspflegergesetz vom 5. November 1969 (BGBl. I S. 2065), das zuletzt durch Artikel 18 des Gesetzes vom 6. Dezember 2011 (BGBl. I S. 2515) geändert worden ist, wird wie folgt geändert: 48

Nr. 2

§ 18 wird wie folgt geändert: 49

a) Absatz 1 wird wie folgt geändert:

aa) Nach Nummer 1 wird folgende Nummer 2 eingefügt:

„2. Das Verfahren über einen Insolvenzplan nach den §§ 217 bis 256 und den §§ 258 bis 269 der Insolvenzordnung,".

bb) Die bisherigen Nummern 2 und 3 werden die Nummern 3 und 4.

Begründung Regierungsentwurf: Wegen der wirtschaftlichen Bedeutung und den rechtlichen Implikationen des neu gestalteten Insolvenzplanverfahrens wird durch die neue Nummer 2 in § 18 Absatz 1 des Rechtspflegergesetzes die funktionelle Zuständigkeit für das gesamte Insolvenzplanverfahren vom Rechtspfleger dem Richter übertragen. Hiervon ausgenommen ist lediglich § 257 InsO, so dass es für das Klauselverfahren bei der bisherigen Zuständigkeit von Rechtspflegern bzw. den Urkundsbeamten der Geschäftsstelle bleibt. 50

Begründung Rechtsausschuss: *(unverändert übernommen).* 51

Anhang XII

Anhang XII
Gesetz zur Verkürzung des Restschuldbefreiungsverfahrens und zur Stärkung der Gläubigerrechte *(Auszug)*

vom 15. Juli 2013 (BGBl. I 2013, 2379)

1 *Die Reform der Verbraucherinsolvenz hat das Insolvenzrecht an zahlreichen Stellen neu kodifiziert. Im Vordergrund stand die Verkürzung der Restschuldbefreiungsphase bzw. die Entschuldung von natürlichen Personen allgemein. Nachfolgend werden nur diejenigen Änderungen abgedruckt, die einen Bezug zum Vergütungsrecht haben. Es wird insoweit Bezug genommen auf den Gesetzentwurf der Bundesregierung (BT-Drucks. 17/11268 vom 31. Oktober 2012) und die Beschlussempfehlung des Rechtsausschusses (BT-Drucks. 17/13535 vom 15. Mai 2013). Auf die dazwischen liegende Stellungnahme des Bundesrats (BT-Drucks. 17/11268 vom 31. Oktober 2012, Anlage 3) nebst Gegenäußerung der Bundesregierung (BT-Drucks. 17/11268 vom 31. Oktober 2012, Anlage 4) wird nicht weiter eingegangen, da sie keinen vergütungsrelevanten Bezug haben. Die redaktionellen Änderungen des Verfassers beschränken sich auf die Nummerierung der Sätze innerhalb eines Paragrafen und die Einfügung von Randzahlen.*

A. Allgemeine Begründung

2 *Von einem Abdruck wird abgesehen.*

B. Gesetzestext mit der Begründung zu den einzelnen Vorschriften

Artikel 1
Änderung der Insolvenzordnung

3 Die Insolvenzordnung vom 5. Oktober 1994 (BGBl. I S. 2866), die zuletzt durch Artikel 19 des Gesetzes vom 20. Dezember 2011 (BGBl. I S. 2854) geändert worden ist, wird wie folgt geändert:

Nr. 3

4 § 5 Absatz 2 wird wie folgt gefasst:

„(2) ¹Sind die Vermögensverhältnisse des Schuldners überschaubar und ist die Zahl der Gläubiger oder die Höhe der Verbindlichkeiten gering, wird das Verfahren schriftlich durchgeführt. ²Das Insolvenzgericht kann anordnen, dass das Verfahren oder einzelne seiner Teile mündlich durchgeführt werden, wenn dies zur Förderung des Verfahrensablaufs angezeigt ist. ³Es kann diese Anordnung jederzeit aufheben oder ändern. ⁴Die Anordnung, ihre Aufhebung oder Abänderung sind öffentlich bekannt zu machen."

<u>Begründung Regierungsentwurf:</u>

5 Die Änderung beruht auf Anregungen der Praxis und führt zu einer Vereinfachung des Verfahrens. Aus der Praxis wird berichtet, dass insbesondere Verbraucherinsolvenzverfahren ganz überwiegend nach § 5 Absatz 2 Satz 1 InsO schriftlich durchgeführt werden.

Anhang XII

Zur Vereinfachung des Verfahrens sieht der Gesetzentwurf daher vor, dass Verbraucherinsolvenzverfahren und Regelverfahren, in denen die Vermögensverhältnisse des Schuldners überschaubar und die Zahl der Gläubiger oder die Höhe der Verbindlichkeiten gering sind, künftig im Regelfall schriftlich durchgeführt werden sollen. Überschaubar sind die Vermögensverhältnisse des Schuldners, wenn sich das Vermögen und die Verbindlichkeiten des Schuldners nach dem Stand des bisherigen Verfahrens zuverlässig beurteilen lassen. Der in § 304 Absatz 2 InsO bereits jetzt vorgesehene Grenzwert (weniger als 20 Gläubiger) zur Bestimmung des Begriffs der „überschaubaren Vermögensverhältnisse" liefert im Regelfall ein Indiz für die Handhabung des Begriffs in § 5 Absatz 2 InsO-E. Allerdings ist diese feste Grenze im Sinne einer flexiblen und auf den Einzelfall abgestimmten Entscheidung des Insolvenzgerichts nicht absolut zu übertragen. Das Insolvenzgericht kann deshalb auch bei Vorliegen der Kriterien des § 5 Absatz 2 Satz 1 anordnen, dass das Verfahren oder einzelne seiner Teile mündlich durchgeführt werden, wenn dies zur Förderung des Verfahrensablaufs angezeigt ist. Das Insolvenzgericht trifft diese Entscheidung nach pflichtgemäßem Ermessen. Das Insolvenzgericht kann seine Anordnung jederzeit aufheben oder ändern. Durch die Umkehrung des Regel-Ausnahme-Verhältnisses in § 5 Absatz 2 Satz 1 InsO wird insbesondere in Verbraucherinsolvenzverfahren künftig nur noch im Ausnahmefall eine Anordnung des Insolvenzgerichts notwendig sein. 6

<u>Begründung Rechtsausschuss:</u>

(unverändert übernommen). 7

Nr. 6

§ 26a wird wie folgt gefasst: 8

„§ 26a
Vergütung des
vorläufigen Insolvenzverwalters

(1) Wird das Insolvenzverfahren nicht eröffnet, setzt das Insolvenzgericht die Vergütung und die zu erstattenden Auslagen des vorläufigen Insolvenzverwalters durch Beschluss fest.

(2) ¹Die Festsetzung erfolgt gegen den Schuldner, es sei denn, der Eröffnungsantrag ist unzulässig oder unbegründet und den antragstellenden Gläubiger trifft ein grobes Verschulden. ²In diesem Fall sind die Vergütung und die zu erstattenden Auslagen des vorläufigen Insolvenzverwalters ganz oder teilweise dem Gläubiger aufzuerlegen und gegen ihn festzusetzen. ³Ein grobes Verschulden ist insbesondere dann anzunehmen, wenn der Antrag von vornherein keine Aussicht auf Erfolg hatte und der Gläubiger dies erkennen musste. ⁴Der Beschluss ist dem vorläufigen Verwalter und demjenigen, der die Kosten des vorläufigen Insolvenzverwalters zu tragen hat, zuzustellen. ⁵Die Vorschriften der Zivilprozessordnung über die Zwangsvollstreckung aus Kostenfestsetzungsbeschlüssen gelten entsprechend.

Anhang XII

(3) ¹Gegen den Beschluss steht dem vorläufigen Verwalter und demjenigen, der die Kosten des vorläufigen Insolvenzverwalters zu tragen hat, die sofortige Beschwerde zu. ²§ 567 Absatz 2 der Zivilprozessordnung gilt entsprechend."

Begründung Regierungsentwurf:

9 § 26a wird wie folgt geändert:

   a) *Absatz 1 wird wie folgt geändert:*

   aa) *In Satz 1 werden die Wörter „gegen den Schuldner" gestrichen.*

   bb) *Nach Satz 1 wird folgender Satz eingefügt:*

   „Ist der Antrag des Gläubigers unbegründet, werden dem Gläubiger die Kosten auferlegt, ansonsten dem Schuldner."

   cc) *In dem neuen Satz 3 werden die Wörter „dem Schuldner" durch die Wörter „dem, der die Kosten zu tragen hat," ersetzt.*

   b) *In Absatz 2 Satz 1 werden die Wörter „dem Schuldner" durch die Wörter „dem, der die Kosten zu tragen hat," ersetzt.*

10 Die Änderungen folgen der Einsicht, dass eine Kostentragungspflicht des Schuldners in den Fällen unbillig wäre, in denen die Verfahrenseröffnung unterbleibt, weil ein Gläubiger einen unbegründeten Antrag gestellt hat. In diesen Fällen sind die Kosten vom antragstellenden Gläubiger zu tragen.

Begründung Rechtsausschuss *(vollständige Neufassung des Entwurfs)*:

11 Mit der hier vorgeschlagenen Neuregelung wird den Bedenken des Bundesrates Rechnung getragen und gleichzeitig der Grundsatz der schuldnerischen Haftung gegenüber dem vorläufigen Insolvenzverwalter beibehalten. Die entsprechende Anspruchsgrundlage für den Vergütungsanspruch gegen den Schuldner war nach der Rechtsprechung des Bundesgerichtshofs vor Einführung des § 26a InsO in den Grundsätzen für die Vergütung eines „Vermögenspflegers" (§§ 1835, 1836, 1915, 1987 sowie § 2221 des Bürgerlichen Gesetzbuches BGB) zu finden (vgl. BGH, Beschl. v. 3. Dezember 2009 – IX ZB 280/08 sowie BGH, Beschl. v. 9. Februar 2012 – IX ZB 79/10). Der Schuldner hat diese als Inhaber des verwalteten Vermögens grundsätzlich allein zu tragen. § 26a Absatz 2 Satz 1 Halbs. 1 InsO-E stellt diesen Vergütungsanspruch des vorläufigen Insolvenzverwalters dem Grunde nach gesetzlich klar.

12 Im Falle eines gänzlich unberechtigten Eröffnungsantrags eines Gläubigers wird mit Absatz 2 Satz 1 Halbs. 2 sowie Satz 2 InsO-E die Möglichkeit einer im Einzelfall zu prüfenden vergütungsrechtlichen Direkthaftung des antragstellenden Gläubigers gegenüber dem vorläufigen Insolvenzverwalters eröffnet. Mit dieser Entscheidung wird ausnahmsweise die Haftung des Schuldners aufgehoben. Gleichzeitig werden mit dem Regelbeispiel in Absatz 2 Satz 3 InsO-E der Rechtsprechung konkrete Kriterien an die Hand gegeben, die für die notwendige Rechtssicherheit bei den Beteiligten sorgen.

13 Angesichts des mit einem Insolvenzantrag einhergehenden unkalkulierbaren Haftungsrisikos für die Vergütung des vorläufigen Insolvenzverwalters (vgl. BGH NJW 1961, 2016 (2017); OLG Celle NZI 2000, 226 (228); LG Stuttgart NZI 2004,

630) darf den Gläubiger nur in dem Ausnahmefall eines gänzlich unberechtigten Insolvenzantrags das Kostenrisiko treffen. Hierbei ist zu berücksichtigen, dass die Ernennung eines vorläufigen Insolvenzverwalters nicht nur im Interesse des antragstellenden Gläubigers, sondern im Gesamtinteresse aller Gläubiger erfolgt. Ein Gläubiger ist zudem grundsätzlich nicht in der Lage, die finanzielle Situation des Schuldners zu übersehen bzw. entsprechenden Informationen zu beschaffen, insbesondere zu den die Höhe der Vergütung des vorläufigen Insolvenzverwalters bestimmenden Fakten. Der antragstellende Gläubiger hat darüber hinaus in dem von dem Offizialprinzip beherrschten Sicherungsverfahren gemäß den §§ 5 Absatz 1 Satz 1, 21 InsO keinen Einfluss darauf, ob ein vorläufiger Insolvenzverwalter benannt wird, sondern diese Sicherungsmaßnahme liegt allein im gerichtlichen Ermessen. Das Kostenrisiko des antragstellenden Gläubigers gegenüber dem vorläufigen Insolvenzverwalter ist daher auf im Einzelfall zu prüfende Fälle groben Verschuldens zu beschränken. Grobes Verschulden verlangt Vorsatz oder eine Außerachtlassung der nach den Umständen erforderlichen Sorgfalt in besonders schwerem Maße, also die Nichtbeachtung dessen, was im gegebenen Fall jedem einleuchten musste.

Werden dem Gläubiger die Vergütung und die Auslagen des vorläufigen Insolvenzverwalters auferlegt und wird dadurch der Schuldner von den haftungsrechtlichen Folgen freigestellt, schränkt diese Entscheidung auch die Befugnis des vorläufigen Insolvenzverwalters im Rahmen des § 25 Absatz 2 Satz 1 InsO ein. 14

Für das Festsetzungsverfahren finden die §§ 63 f. InsO über die Verweisung in § 21 Absatz 2 Satz 1 Nummer 1 InsO Anwendung. Der vorläufige Insolvenzverwalter erhält mit dem Vergütungsfestsetzungsbeschluss des Insolvenzgerichts einen Titel im Sinne des § 794 der Zivilprozessordnung (ZPO). Da die Verweisung des § 4 InsO auf die Vorschriften der ZPO auf Vergütungsansprüche des vorläufigen Insolvenzverwalters in § 26a InsOE nicht anwendbar ist, war eine ausdrückliche Inbezugnahme der Vorschriften der ZPO über die Zwangsvollstreckung aus Kostenfestsetzungsbeschlüssen vorzusehen. 15

Die gerichtliche Entscheidung nach Absatz 2 hindert den Schuldner nicht, etwaige weitergehende Ansprüche gegen den Gläubiger – insbesondere aufgrund § 826 BGB – im Klagewege zu verfolgen. 16

Nr. 8

Dem § 29 Absatz 2 wird folgender Satz angefügt: 17

„Das Gericht soll auf den Berichtstermin verzichten, wenn die Vermögensverhältnisse des Schuldners überschaubar sind und die Zahl der Gläubiger oder die Höhe der Verbindlichkeiten gering ist."

<u>Begründung Regierungsentwurf:</u>

Das Insolvenzgericht soll künftig in geeigneten Fällen auf den Berichtstermin (§ 29 Absatz 1 Nummer 1 InsO) verzichten. Der Berichtstermin ist vor allem in Verbraucherinsolvenzverfahren in der Regel überflüssig, weil es hier nicht um die Wahl der Gläubiger zwischen Fortführung und Stilllegung eines Unternehmens gehen kann (§ 157 InsO). Eine Sanierung im Insolvenzverfahren kommt nach dem Scheitern des vorgerichtlichen Einigungsversuchs wohl nur in seltenen Ausnahmefällen 18

Anhang XII

in Betracht, für die nun das Insolvenzplanverfahren eröffnet wird. Sollte einer dieser Ausnahmefälle vorliegen, so steht es dem Gericht frei, trotz der Vorgabe in § 29 Absatz 2 InsO-E einen Berichtstermin anzuordnen. Auch bei Insolvenzen von Kleinstunternehmen, in denen die Vermögensverhältnisse überschaubar und die Zahl der Gläubiger oder die Höhe der Verbindlichkeiten gering sind, soll, sofern kein Insolvenzplan angestrebt wird, auf den Berichtstermin verzichtet werden. Der Verzicht auf den Berichtstermin soll eine zügige Insolvenzbereinigung fördern und die Gerichte entlasten. Überschaubar sind die Vermögensverhältnisse des Schuldners, wenn sich das Vermögen und die Verbindlichkeiten des Schuldners nach dem Stand des bisherigen Verfahrens zuverlässig beurteilen lassen. Die Zahl der Gläubiger oder die Höhe der Verbindlichkeiten sind hierbei Indizien für die Überschaubarkeit der Vermögensverhältnisse. Eine Obergrenze wie bei § 304 Absatz 2 InsO war nicht vorzusehen. Der in § 304 Absatz 2 InsO bereits jetzt vorgesehene Grenzwert (weniger als 20 Gläubiger) zur Bestimmung des Begriffs der „überschaubaren Vermögensverhältnisse" liefert jedoch auch hier im Regelfall ein Indiz für die Handhabung des Begriffs in § 5 Absatz 2 InsO-E. Allerdings ist diese feste Grenze auf die intendierte Ermessensentscheidung des Insolvenzgerichts nicht absolut zu übertragen.

Begründung Rechtsausschuss:

19   (unverändert übernommen).

Nr. 12

20   Dem § 63 wird folgender Absatz 3 angefügt:

„(3) [1]Die Tätigkeit des vorläufigen Insolvenzverwalters wird gesondert vergütet. [2]Er erhält in der Regel 25 Prozent der Vergütung des Insolvenzverwalters bezogen auf das Vermögen, auf das sich seine Tätigkeit während des Eröffnungsverfahrens erstreckt. [3]Maßgebend für die Wertermittlung ist der Zeitpunkt der Beendigung der vorläufigen Verwaltung oder der Zeitpunkt, ab dem der Gegenstand nicht mehr der vorläufigen Verwaltung unterliegt. [4]Beträgt die Differenz des tatsächlichen Werts der Berechnungsgrundlage der Vergütung zu dem der Vergütung zugrunde gelegten Wert mehr als 20 Prozent, so kann das Gericht den Beschluss über die Vergütung des vorläufigen Insolvenzverwalters bis zur Rechtskraft der Entscheidung über die Vergütung des Insolvenzverwalters ändern."

Begründung Regierungsentwurf:

21   Der angefügte Absatz 3 regelt erstmals in der Insolvenzordnung, dass der vorläufige Insolvenzverwalter eine gesonderte Vergütung erhält. Dabei entspricht Satz 1 im Wesentlichen dem bisherigen § 11 Absatz 1 Satz 1 der Insolvenzrechtlichen Vergütungsverordnung (InsVV). Satz 2 umschreibt die wesentlichen Grundlagen für die Berechnung der Vergütung des vorläufigen Insolvenzverwalters, die bislang in § 11 Absatz 1 Satz 2 InsVV geregelt war. Satz 3 stellt klar, auf welches Vermögen sich die Tätigkeit des vorläufigen Insolvenzverwalters während des Eröffnungsverfahrens erstreckt. Die gesetzliche Anerkennung des Vergütungsanspruchs des vorläufigen Insolvenzverwalters führt angesichts der Bedeutung der vorläufigen Insolvenzverwaltung für das Vergütungsaufkommen des damit befassten Personenkreises

Anhang XII

zu größerer Rechtssicherheit; gleichzeitig wird an dem Grundsatz festgehalten, dass der gesetzlich festgeschriebene Regelsatz über- oder unterschritten werden kann.

Absatz 3 Satz 4 enthält eine Regelung, die eine Abänderung des Beschlusses über die Vergütung des vorläufigen Insolvenzverwalters erlaubt, wenn die Differenz zwischen dem tatsächlichen Wert der Berechnungsgrundlage für die Vergütung und dem Wert, der der Vergütung zugrunde gelegt wird, mehr als 20 Prozent beträgt. Das Gericht kann die Vergütung des vorläufigen Insolvenzverwalters bis zur Rechtskraft der Entscheidung über die Vergütung des Insolvenzverwalters sowohl erhöhen als auch reduzieren. Die vorgenannte Bestimmung war bisher in § 11 Absatz 2 Satz 2 InsVV enthalten. Hiergegen wurde eingewandt, dass § 65 InsO für eine Abänderungsbefugnis des Gerichts keine Ermächtigungsgrundlage enthalte. Dies erscheint zwar zweifelhaft, weil § 65 InsO eine umfassende Regelungskompetenz für die Vergütung im Insolvenzverfahren vorsieht, die das der Vergütungsfestsetzung zugrunde liegende Verfahren mit umfasst. Aus Gründen der Rechtssicherheit und Rechtsklarheit wird nun die Abänderungsbefugnis des Insolvenzgerichts gesetzlich geregelt. 22

<u>Begründung Rechtsausschuss:</u>

(unverändert übernommen). 23

Nr. 13

§ 65 wird wie folgt gefasst: 24

„§ 65
Verordnungsermächtigung

Das Bundesministerium der Justiz wird ermächtigt, die Vergütung und die Erstattung der Auslagen des vorläufigen Insolvenzverwalters und des Insolvenzverwalters sowie das hierfür maßgebliche Verfahren durch Rechtsverordnung zu regeln."

<u>Begründung Regierungsentwurf:</u>

Die erstmalige Aufnahme des Vergütungsanspruchs des vorläufigen Insolvenzverwalters sowie der Grundzüge der hierfür maßgeblichen Berechnung in das Gesetz machen eine Ergänzung der Verordnungsermächtigung für die nähere Ausgestaltung der Vergütung (§ 11 InsVV) erforderlich. 25

Bisher kann zweifelhaft sein, ob die Verordnungsermächtigung nicht nur für den Erlass von Vorschriften zur Festsetzung der Vergütung und Auslagen gilt, sondern auch für die Schaffung von Bestimmungen über das hierfür notwendige Verfahren. Die Änderung dehnt die Verordnungsermächtigung aus Gründen der Rechtssicherheit auch auf das Festsetzungsverfahren aus. 26

<u>Begründung Rechtsausschuss:</u>

(unverändert übernommen). 27

Nr. 15

§ 114 wird aufgehoben. 28

Anhang XII

Begründung Regierungsentwurf:

29 Die Streichung des Absatzes 1 trägt zur Verbreiterung der Insolvenzmasse bei und erhöht die Verteilungsgerechtigkeit des Verfahrens. Sie fördert auch das Gelingen von außergerichtlichen Einigungen, welche bisweilen am Widerstand der durch die Verfügung begünstigten Gläubiger scheitern. Schließlich ist die Streichung auch mit Blick auf die geplante Verkürzung der Dauer des Restschuldbefreiungsverfahrens erforderlich. Soll die Restschuldbefreiung unter bestimmten Voraussetzungen bereits nach drei Jahren erteilt werden, muss sichergestellt sein, dass das Arbeitseinkommen als regelmäßig einzige Einnahmequelle der Gläubigergesamtheit möglichst ungeschmälert zur Verfügung steht. Dem Schuldner wird es dann auch leichter gelingen, gestundete Verfahrenskosten zurückzuzahlen. Bei den Landesjustizverwaltungen, welche die Kosten der Stundung zu tragen haben, ist mit einer Entlastung zu rechnen. Erhebliche negative Auswirkungen auf die Praxis der Kreditvergabe sind demgegenüber nicht zu befürchten. Es ist nicht erkennbar geworden, dass die Lohnabtretung für die Vergabe von Kreditverträgen von entscheidender Bedeutung ist. Die Werthaltigkeit von Lohnforderungen ist von zahlreichen und erheblichen Unsicherheiten geprägt. Sie setzt insbesondere den Erhalt des Arbeitsplatzes und das Fehlen von Abtretungsverboten und -hindernissen voraus, die allerdings häufig in Tarifverträgen, Betriebsvereinbarungen oder im Arbeitsvertrag vereinbart werden. Letztlich deutet auf die untergeordnete Bedeutung der Lohnabtretung als Kreditsicherungsmittel auch der Umstand hin, dass die Abtretungsklauseln in aller Regel nicht individuell vereinbart werden, sondern regelmäßig in den Allgemeinen Geschäftsbedingungen von Kreditverträgen enthalten sind.

30 Nach Absatz 1 der aufgehobenen Vorschrift sind Verfügungen über Dienstbezüge auch insoweit wirksam, wie sie sich auf Ansprüche beziehen, die auf einen Zeitraum von zwei Jahren nach Insolvenzeröffnung entfallen. Der Einführung der Vorschrift lag die Annahme zugrunde, dass entsprechende Vorausverfügungen grundsätzlich wirksam seien und dass eine Beschränkung dieser Wirksamkeit erforderlich sei, um die Insolvenzgläubiger zumindest teilweise an dem Wert der Bezüge partizipieren zu lassen; auch sollte verhindert werden, dass eine etwaig erteilte Restschuldbefreiung mit Blick auf die fortbestehenden Belastungen aus der Verfügung über die Bezüge ins Leere läuft (Bundestagsdrucksache 12/2443, S. 150 f.). Diese Sichtweise wird zunehmend unter Berufung auf die Rechtsprechung zum Zeitpunkt des Rechtserwerbs bei Vorausverfügungen infrage gestellt (*Grote*, ZInsO 2010, S. 1974, 1975 f.; *Grote/Pape*, ZInsO 2012, S. 409, 420). Erfolgt dieser Rechtserwerb nämlich als Durchgangserwerb im Zeitpunkt des Entstehens der künftigen Forderung, d. h. nach Insolvenzeröffnung, so steht ihm bereits die Bestimmung des § 91 Absatz 1 InsO entgegen, wonach ein Erwerb aus der Masse nach Insolvenzeröffnung nicht möglich ist. Aus dieser Perspektive schränkt § 114 Absatz 1 InsO die Wirkungen der Vorausverfügung nicht ein, sondern begründet sie vielmehr erst (BGHZ 167, S. 363, 367; BGH ZIP 2006, S. 2276, 2277; ZInsO 2008, S. 806, 807). Darin liegt ein Privileg, das sich zulasten der Insolvenzmasse auswirkt und dem Grundsatz der Gläubigergleichbehandlung zuwiderläuft (*Grote*, ZInsO 2010, S. 1974, 1976 m. w. N.).

Anhang XII

Mit dem Wegfall des Verfügungsprivilegs nach Absatz 1 entfällt auch die sachliche 31
Rechtfertigung für das in Absatz 2 enthaltene Aufrechnungsprivileg.

Auch die in Absatz 3 enthaltene – wenn auch im Vergleich zu Absatz 1 eingeschränkte 32
– Privilegierung von Verfügungen im Rahmen von Maßnahmen der Einzelzwangsvollstreckung ist zu streichen. Sie steht im Widerspruch zum Grundsatz des § 91 Absatz 1 InsO, aber auch des § 89 Absatz 1 und 2 InsO. Mit der Streichung des Absatzes 3 wird auch ein Wertungswiderspruch behoben, der darin gesehen werden kann, dass die Pfändung der Bezüge für die letzten drei Monate vor Insolvenzeröffnung der Anfechtung wegen inkongruenter Deckung unterliegt (BGH ZIP 2008, S. 1488, 1489; ZVI 2008, S. 433, 434), während sie durch § 114 Absatz 3 InsO für den Monat nach der Insolvenzeröffnung wirksam sein soll.

Begründung Rechtsausschuss:

(unverändert übernommen). 33

Nr. 24

§ 292 Absatz 1 Satz 4 und 5 wird durch folgenden Satz ersetzt: 34

„⁴Der Treuhänder kann die Verteilung längstens bis zum Ende der Laufzeit der Abtretungserklärung aussetzen, wenn dies angesichts der Geringfügigkeit der zu verteilenden Beträge angemessen erscheint; er hat dies dem Gericht einmal jährlich unter Angabe der Höhe der erlangten Beträge mitzuteilen."

Begründung Regierungsentwurf:

(Nr. 23) Nach derzeitiger Rechtslage hat der Treuhänder von den eingenommenen 35
Beträgen nach Ablauf von vier Jahren seit der Aufhebung des Insolvenzverfahrens 10 Prozent und nach Ablauf von fünf Jahren 15 Prozent an den Schuldner abzuführen (§ 292 Absatz 1 Satz 4 InsO). Dieser sog. Motivationsrabatt sollte dem Schuldner ursprünglich einen zusätzlichen Anreiz geben, die Treuhandphase durchzustehen (Bundestagsdrucksache 12/7302, S. 153). Dies war bei Inkrafttreten der Insolvenzordnung geboten, da damals die Wohlverhaltensperiode des Restschuldbefreiungsverfahrens erst nach Aufhebung des Insolvenzverfahrens zu laufen begann, was jedoch in Einzelfällen dazu führte, dass eine Restschuldbefreiung erst nach über zehn Jahren erteilt wurde. Mit dem Gesetz zur Änderung der InsO und anderer Gesetze vom 26. Oktober 2001 (BGBl. I S. 2710) wurde deshalb der Beginn der nunmehr sechsjährigen Wohlverhaltensperiode auf den Zeitpunkt der Eröffnung des Insolvenzverfahrens vorverlegt und damit eine deutliche Verbesserung für den Schuldner erreicht. Da die Vorschrift des § 292 Absatz 1 Satz 4 InsO weiterhin an den Zeitpunkt der Aufhebung des Insolvenzverfahrens anknüpft, hat der Motivationsrabatt in der Praxis wesentlich an Bedeutung verloren.

Künftig erhält der Schuldner durch die geplante Verkürzung der Treuhandphase 36
auf drei oder fünf Jahre einen weit höheren Anreiz, das Verfahren durchzustehen und durch entsprechende Eigenleistungen zu verkürzen. Aus diesem Grund kann auf den inzwischen weitgehend bedeutungslosen – für den Treuhänder aber sehr arbeitsaufwendigen – Motivationsrabatt nach § 292 Absatz 1 Satz 4 und 5 InsO verzichtet werden.

Anhang XII

37 Führt der Schuldner über die zur Deckung der Treuhändervergütung erforderlichen Beträge hinaus nur geringfügige Beträge an den Treuhänder ab, kann die im geltenden Recht zwingend vorgeschriebene jährliche Verteilung an die Gläubiger unverhältnismäßigen Aufwand verursachen. Der neu gefasste Satz 4 sieht deshalb vor, dass der Treuhänder die Verteilung innerhalb der Restschuldbefreiungsphase ab Beendigung des Insolvenzverfahrens für ein Jahr oder mehrere Jahre, längstens jedoch bis zum Ende der Abtretungsfrist, aussetzen kann. Der Treuhänder hat dabei einerseits den Aufwand für eine Auskehrung an die Gläubiger und andererseits das wirtschaftliche Interesse der Gläubiger an einem zeitnahen Erhalt ihrer Quote gegeneinander abzuwägen. Sind nur wenige Gläubiger vorhanden, kann eine jährliche Auszahlung auch bei geringen Beträgen angezeigt sein; Gleiches gilt, wenn an einzelne Gläubiger nennenswerte Beträge auszukehren sind. Dabei sind die wirtschaftlichen Interessen der Gläubiger zu berücksichtigen. Die Abwägung ist jährlich unter Berücksichtigung des beim Treuhänder vorhandenen Gesamtbetrages vorzunehmen. Eine Auskehrung der Beträge hat spätestens zum Ende der Abtretungsfrist zu erfolgen. Die Entscheidung des Treuhänders, auf eine Auskehrung zu verzichten, ist dem Gericht mitzuteilen. Dieses hat die Entscheidung des Treuhänders im Rahmen seiner Aufsicht nach § 58 InsO, außer im Fall des rechtsmissbräuchlichen Handelns, grundsätzlich nicht auf ihre Zweckmäßigkeit hin zu prüfen.

<u>Begründung Rechtsausschuss:</u>

38 *(unverändert übernommen).*

Nr. 30

39 § 300 wird durch die folgenden §§ 300 und 300a ersetzt:

„§ 300
Entscheidung über die Restschuldbefreiung

(1) ¹Das Insolvenzgericht entscheidet nach Anhörung der Insolvenzgläubiger, des Insolvenzverwalters oder Treuhänders und des Schuldners durch Beschluss über die Erteilung der Restschuldbefreiung, wenn die Abtretungsfrist ohne vorzeitige Beendigung verstrichen ist. ²Hat der Schuldner die Kosten des Verfahrens berichtigt, entscheidet das Gericht auf seinen Antrag, wenn

1. im Verfahren kein Insolvenzgläubiger eine Forderung angemeldet hat oder wenn die Forderungen der Insolvenzgläubiger befriedigt sind und der Schuldner die sonstigen Masseverbindlichkeiten berichtigt hat,

2. drei Jahre der Abtretungsfrist verstrichen sind und dem Insolvenzverwalter oder Treuhänder innerhalb dieses Zeitraums ein Betrag zugeflossen ist, der eine Befriedigung der Forderungen der Insolvenzgläubiger in Höhe von mindestens 35 Prozent ermöglicht, oder

3. fünf Jahre der Abtretungsfrist verstrichen sind.

³Satz 1 gilt entsprechend. ⁴Eine Forderung wird bei der Ermittlung des Prozentsatzes nach Satz 2 Nummer 2 berücksichtigt, wenn sie in das Schlussverzeichnis aufgenommen wurde. ⁵Fehlt ein Schlussverzeichnis, so wird eine Forderung berücksichtigt, die als festgestellt gilt oder deren Gläubiger entsprechend § 189

Anhang XII

Absatz 1 Feststellungsklage erhoben oder das Verfahren in dem früher anhängigen Rechtsstreit aufgenommen hat.

(2) ¹In den Fällen von Absatz 1 Satz 2 Nummer 2 ist der Antrag nur zulässig, wenn Angaben gemacht werden über die Herkunft der Mittel, die an den Treuhänder geflossen sind und die über die Beträge hinausgehen, die von der Abtretungserklärung erfasst sind. ²Der Schuldner hat zu erklären, dass die Angaben nach Satz 1 richtig und vollständig sind. ³Das Vorliegen der Voraussetzungen von Absatz 1 Satz 2 Nummer 1 bis 3 ist vom Schuldner glaubhaft zu machen.

(3) Das Insolvenzgericht versagt die Restschuldbefreiung auf Antrag eines Insolvenzgläubigers, wenn die Voraussetzungen des § 290 Absatz 1, des § 296 Absatz 1 oder Absatz 2 Satz 3, des § 297 oder des § 297a vorliegen, oder auf Antrag des Treuhänders, wenn die Voraussetzungen des § 298 vorliegen.

(4) ¹Der Beschluss ist öffentlich bekannt zu machen. ²Gegen den Beschluss steht dem Schuldner und jedem Insolvenzgläubiger, der bei der Anhörung nach Absatz 1 die Versagung der Restschuldbefreiung beantragt oder der das Nichtvorliegen der Voraussetzungen einer vorzeitigen Restschuldbefreiung nach Absatz 1 Satz 2 geltend gemacht hat, die sofortige Beschwerde zu. ³Wird Restschuldbefreiung nach Absatz 1 Satz 2 erteilt, gelten die §§ 299 und 300a entsprechend.

§ 300a
Neuerwerb im laufenden Insolvenzverfahren

(1) ¹Wird dem Schuldner Restschuldbefreiung erteilt, gehört das Vermögen, das der Schuldner nach Ende der Abtretungsfrist oder nach Eintritt der Voraussetzungen des § 300 Absatz 1 Satz 2 erwirbt, nicht mehr zur Insolvenzmasse. ²Satz 1 gilt nicht für Vermögensbestandteile, die aufgrund einer Anfechtung des Insolvenzverwalters zur Insolvenzmasse zurückgewährt werden oder die auf Grund eines vom Insolvenzverwalter geführten Rechtsstreits oder auf Grund Verwertungshandlungen des Insolvenzverwalters zur Insolvenzmasse gehören.

(2) ¹Bis zur rechtskräftigen Erteilung der Restschuldbefreiung hat der Verwalter den Neuerwerb, der dem Schuldner zusteht, treuhänderisch zu vereinnahmen und zu verwalten. ²Nach rechtskräftiger Erteilung der Restschuldbefreiung findet die Vorschrift des § 89 keine Anwendung. ³Der Insolvenzverwalter hat bei Rechtskraft der Erteilung der Restschuldbefreiung dem Schuldner den Neuerwerb herauszugeben und über die Verwaltung des Neuerwerbs Rechnung zu legen.

(3) ¹Der Insolvenzverwalter hat für seine Tätigkeit nach Absatz 2, sofern Restschuldbefreiung rechtskräftig erteilt wird, gegenüber dem Schuldner Anspruch auf Vergütung und auf Erstattung angemessener Auslagen. ²§ 293 gilt entsprechend."

Begründung Regierungsentwurf:

(Nr. 29) Zur Änderung von § 300   40

*„§ 300
Entscheidung über die Restschuldbefreiung*

(1) Das Insolvenzgericht entscheidet nach Anhörung der Insolvenzgläubiger, des Insolvenzverwalters oder Treuhänders und des Schuldners durch Beschluss über die Er-

Anhang XII

teilung der Restschuldbefreiung, wenn die Abtretungsfrist ohne vorzeitige Beendigung verstrichen ist. Hat der Schuldner die Kosten des Verfahrens berichtigt, entscheidet das Gericht auf seinen Antrag, wenn

1. *[wie Endfassung]*
2. *drei Jahre der Abtretungsfrist verstrichen sind und dem Insolvenzverwalter oder Treuhänder innerhalb dieses Zeitraums ein Betrag zugeflossen ist, der eine Befriedigung der Forderungen der Insolvenzgläubiger in Höhe von mindestens 25 Prozent ermöglicht, oder*
3. *[wie Endfassung]*

Satz 1 gilt entsprechend. Eine Forderung wird bei der Ermittlung des Prozentsatzes nach Satz 2 Nummer 2 berücksichtigt, wenn sie in das Schlussverzeichnis aufgenommen wurde. Fehlt ein Schlussverzeichnis, wird eine Forderung berücksichtigt, die als festgestellt gilt oder deren Gläubiger entsprechend § 189 Absatz 1 Feststellungsklage erhoben oder das Verfahren in dem früher anhängigen Rechtsstreit aufgenommen hat. Das Vorliegen der Voraussetzungen von Satz 2 Nummer 1 bis 3 ist vom Schuldner glaubhaft zu machen.

(2) Das Insolvenzgericht versagt die Restschuldbefreiung auf Antrag eines Insolvenzgläubigers, wenn die Voraussetzungen des § 290 Absatz 1, des § 296 Absatz 1 oder Absatz 2 Satz 3, des § 297 oder des § 297a vorliegen, oder auf Antrag des Treuhänders, wenn die Voraussetzungen des § 298 vorliegen.

(3) Der Beschluss ist öffentlich bekannt zu machen. Gegen den Beschluss steht dem Schuldner und jedem Insolvenzgläubiger, der bei der Anhörung nach Absatz 1 die Versagung der Restschuldbefreiung beantragt oder der das Nichtvorliegen der Voraussetzungen einer vorzeitigen Restschuldbefreiung nach Absatz 1 Satz 2 geltend gemacht hat, die sofortige Beschwerde zu."

41 Absatz 1 Satz 1 entspricht dem bisherigen Regelungsgehalt des § 300 Absatz 1 InsO. Klarzustellen ist, dass das Insolvenzgericht nach Ablauf der sechsjährigen Abtretungsfrist auch dann über die Erteilung der Restschuldbefreiung zu entscheiden hat, wenn das Insolvenzverfahren noch nicht aufgehoben ist (grundlegend BGH, Beschluss vom 3. Dezember 2009 – IX ZB 247/08). Das Insolvenzgericht hat vor seiner Entscheidung die Insolvenzgläubiger, den Insolvenzverwalter oder den Treuhänder und den Schuldner anzuhören.

42 Mit der vorgeschlagenen Nummer 1 des Absatzes 1 Satz 2 werden die in der Rechtsprechung entwickelten Fälle der Unverhältnismäßigkeit der Durchführung des Restschuldbefreiungsverfahrens erfasst. Bislang wird auch ohne Zustimmung der Gläubiger in Analogie zu § 299 InsO vorzeitig eine Restschuldbefreiung erteilt, wenn kein Gläubiger im Insolvenzverfahren eine Forderung angemeldet hat (BGH, Beschluss vom 17. März 2005 – IX ZB 214/04; BGH, Beschluss vom 18. November 2007 – IX ZB 115/04) oder wenn alle Gläubiger befriedigt werden (BGH, Beschluss vom 29. September 2011 – IX ZB 219/10 zu dem Fall eines Vergleichsschlusses in der Wohlverhaltensperiode; BGH, Beschluss vom 29. Januar 2009 – IX ZB 290/08). Eine vorzeitige Restschuldbefreiung kann jedoch nur auf Antrag des Schuldners erteilt werden, soweit der Schuldner belegt, dass die Verfahrenskosten und die sonstigen Masseverbindlichkeiten getilgt sind.

Anhang XII

Mit Nummer 2 des Absatzes 1 Satz 2 wird der Auftrag des Koalitionsvertrags vom 26. Oktober 2009 (S. 25) umgesetzt und eine vorzeitige Erteilung der Restschuldbefreiung nach drei Jahren ermöglicht. Anders als von dem Koalitionsvertrag vorgesehen, kommt die Regelung nicht nur Gründern, sondern allen natürlichen Personen zugute. Eine Differenzierung zwischen Gründern und Nichtgründern wäre weder praktikabel noch sozialpolitisch oder gesamtwirtschaftlich sinnvoll. Insbesondere ist auch kein sachlicher Grund erkennbar, Gründern, nicht aber Verbrauchern zügig eine zweite Chance zu ermöglichen. Damit wird auch der Entwicklung des europäischen Rechtsraums Rechnung getragen, in der dem Gedanken der „second chance" verstärkt Bedeutung zukommt. 43

Voraussetzung für die vorzeitige Erteilung der Restschuldbefreiung nach drei Jahren ist, dass der Schuldner diese beim Insolvenzgericht beantragt und innerhalb von drei Jahren eine Mindestbefriedigungsquote von 25 Prozent erzielt hat. Dem Schuldner soll mit dieser Regelung ein deutlicher Anreiz geboten werden, erhebliche Anstrengungen zu unternehmen, um seine Schulden abzubauen. 44

Die Regelung ist das Ergebnis einer Abwägung zwischen den Interessen des Schuldners und den Interessen der Gläubiger an der Befriedigung ihrer Forderungen. Da die Verkürzung der Restschuldbefreiungsphase die Aussichten der Gläubiger, zu einer Befriedigung ihrer Forderungen zu gelangen, regelmäßig verschlechtert, soll die fühlbare Abkürzung der Dauer des Restschuldbefreiungsverfahrens nur dann eintreten, wenn der Schuldner seinerseits einen beträchtlichen Beitrag zum Schuldenabbau leistet. Eine Mindestbefriedigungsquote von 25 Prozent trägt dem Umstand Rechnung, dass eine Schuldentilgung in dieser Höhe derzeit eher selten erreicht wird. Der Grund hierfür ist zum einen in der häufig sehr späten Antragstellung zu sehen. Zum anderen enthält die Insolvenzordnung derzeit keine Anreize für den Schuldner, besondere Anstrengungen zur Befriedigung seiner Gläubiger zu unternehmen. Auf beide Aspekte soll durch die Neuregelung Einfluss genommen werden. Insbesondere liegt die Höhe der Quote in einem Rahmen, der eine Vielzahl von Schuldnern unter Berücksichtigung ihrer Durchschnittsverschuldung zu erheblichen Anstrengungen motivieren dürfte. Der erhöhte Selbstbehalt vier und fünf Jahre nach Abschluss des Insolvenzverfahrens (sog. Motivationsrabatt, § 292 Absatz 1 Satz 4 InsO) konnte dies nicht leisten. Eine deutliche Verkürzung der Dauer des Entschuldungsverfahrens ist dagegen geeignet, den Schuldner zu überobligatorischen Anstrengungen zu motivieren. Dies wird beispielsweise auch Verwandte des Schuldners dazu bewegen, diesen zu unterstützen. Insbesondere gescheiterte Selbständige, die der Koalitionsvertrag bei der Verkürzung der Dauer des Restschuldbefreiungsverfahrens besonders im Blick hat, sind häufig in der Lage, durch eine neue Tätigkeit in relativ kurzer Frist einen Teil ihrer Schulden zurückzuzahlen. 45

Durch Absatz 1 Satz 4 und 5 wird festgelegt, welche Forderungen bei der Ermittlung der Quote zu berücksichtigen sind. Vorrangig ist dabei auf das Schlussverzeichnis abzustellen. Liegt ein solches noch nicht vor, so ist das Verteilungsverzeichnis nach § 188 InsO maßgebend. Bei der Bezugnahme auf § 189 InsO handelt es sich um eine Rechtsgrundverweisung. Bei der Berechnung der 25 Prozent ist auf die im Schlussverzeichnis oder, für den Fall der Entscheidung über die Restschuldbefreiung vor Abschluss des Insolvenzverfahrens auf die bis zu diesem Zeitpunkt 46

Anhang XII

festgestellten Forderungen abzustellen. Wurden im letzten Fall die Forderungen bestritten, sind sie zu berücksichtigen, wenn für die bestrittenen Forderungen ein vollstreckbarer Titel oder ein Endurteil im Prüfungstermin vorlag oder der Gläubiger den Nachweis des § 189 Absatz 1 InsO geführt oder das Verfahren in dem früheren Rechtsstreit aufgenommen hat. Wegen § 53 InsO muss der Schuldner zudem die bis zu diesem Zeitpunkt angefallenen Verfahrenskosten und die sonstigen Masseverbindlichkeiten berichtigt haben. Dies gilt auch für den Fall einer von dem Schuldner aktivierten entgeltlichen oder unentgeltlichen Direktzahlung aus Drittmitteln, da eine solche Direktzahlung nicht anders behandelt werden kann, als wenn dem Schuldner das Geldmittel zunächst überlassen und das Geld somit in die Insolvenzmasse geflossen wäre und anschließend zur Tilgung der Verbindlichkeiten verwendet wird.

47 Schließlich sieht der Entwurf in Absatz 1 Satz 2 Nummer 3 eine vorzeitige Beendigung des Restschuldbefreiungsverfahrens vor, wenn der Schuldner innerhalb von fünf Jahren zumindest seine Verfahrenskosten begleicht. Hierdurch soll dem Schuldner, der die Mindestbefriedigungsquote verfehlt, ein weiterer Anreiz gesetzt werden, das Verfahren durchzustehen und durch eigene Bemühungen zu einem vorzeitigen Ende zu bringen. Dieser Anreiz ist auch erheblich, weil der Schuldner nach den Vorschriften über das Stundungsverfahren noch vier Jahre nach Erteilung der Restschuldbefreiung für die gestundeten Verfahrenskosten aufzukommen hat (§ 4b Absatz 1 Satz 2 InsO in Verbindung mit § 115 Absatz 2 Satz 1 der Zivilprozessordnung – ZPO). Es ist zu erwarten, dass die Regelung zu einer vorzeitigen Rückzahlung der gestundeten Verfahrenskosten führen und damit auch zu einer Entlastung der Länderhaushalte beitragen wird. Hinsichtlich der Gläubigerseite ist Folgendes zu berücksichtigen: Bereits die Vorschrift des § 53 InsO regelt, dass die Verfahrenskosten vorrangig zu berichtigen sind. Es ist auch gerechtfertigt, den Anreiz auf die Tilgung der Verfahrenskosten zu beschränken. Von Nummer 3 werden die Verfahren erfasst, in denen die Verfahrenskosten gestundet wurden, um eine Abweisung des Antrags auf Verfahrenseröffnung mangels Masse nach § 26 Absatz 1 InsO zu verhindern. Nummer 3 trägt hierbei dem Umstand Rechnung, dass die Staatskasse mit der Stundung für den Schuldner in Vorleistung tritt und während der Stundung auf einer Geltendmachung ihrer Forderungen insoweit verzichtet, um einerseits dem Schuldner den Zugang zum Verfahren überhaupt erst zu ermöglichen, andererseits aber auch um der Gläubigergesamtheit zumindest eine teilweise Befriedigung ihrer Forderungen im Rahmen des Insolvenzverfahrens zu ermöglichen. Im Übrigen ist davon auszugehen, dass die Gläubiger auch im sechsten Jahr des Restschuldbefreiungsverfahrens keine nennenswerte Quote erhalten dürften, wenn es dem Schuldner – möglicherweise unter Einsatz von Drittmitteln – lediglich gelingt, innerhalb der fünf Jahre die Verfahrenskosten zu berichtigen. Hier überwiegt das Interesse des redlichen, um eine Schuldenbereinigung bemühten Schuldners an einem wirtschaftlichen Neustart.

48 Der Schuldner hat die vorzeitige Beendigung zu beantragen und ist darlegungs- und beweispflichtig für die vollständige Berichtigung der Kosten und Tilgung der in den einzelnen Alternativen zu berücksichtigenden Verbindlichkeiten in der vorgegebenen Zeit. Für die Beweisführung ist die Glaubhaftmachung ausreichend. Wird dieser Beweis von dem Schuldner nicht erbracht, darf die vorzeitige Restschuldbefreiung nicht erteilt werden.

Anhang XII

Zur Einfügung von § 300a

Der neue § 300a Absatz 1 InsO-E regelt den Umgang mit dem Vermögen, das der 49
Schuldner während des Insolvenzverfahrens zu einem Zeitpunkt erwirbt, zu dem ihm
bereits die Restschuldbefreiung erteilt wurde oder zu dem die Voraussetzungen des
§ 300 Absatz 1 Satz 2 bereits vorgelegen haben. Es existieren schon heute Fälle, in
denen die sechsjährige Laufzeit der Abtretungsfrist (§ 287 Absatz 2 Satz 1 InsO)
endet, bevor das Insolvenzverfahren aufgehoben worden ist. Wegen der vorgeschlagenen Verkürzung der Dauer des Restschuldbefreiungsverfahrens ist davon auszugehen,
dass sich diese Fälle noch häufen werden. Der Bundesgerichtshof hat in seiner
Grundsatzentscheidung vom 3. Dezember 2009 (IX ZB 247/08) Direktiven zum
Verfahren in diesen Fällen aufgestellt. Dabei hat er auch die Zugehörigkeit des
Neuerwerbs zur Insolvenzmasse auf die Laufzeit der Abtretungserklärung nach § 287
Absatz 2 Satz 1 InsO beschränkt. Mit dem Ende der Laufzeit der Abtretungserklärung
soll danach der Insolvenzbeschlag für den Neuerwerb entfallen, wenn dem Schuldner
im laufenden Insolvenzverfahren Restschuldbefreiung erteilt wird. Allerdings hat der
Insolvenzverwalter den pfändbaren Neuerwerb bis zur rechtskräftigen Erteilung der
Restschuldbefreiung einzuziehen und für die Masse zu sichern. Der Gesetzentwurf
übernimmt insoweit die vom Bundesgerichtshof entwickelte Lösung. Denn aus dem
Regelungszweck des § 287 Absatz 2 InsO folgt, dass der Masse die Abtretung beziehungsweise der Neuerwerb nach Ablauf der Abtretungsfrist nicht mehr zugutekommen soll, wenn Restschuldbefreiung erteilt wird. Andernfalls würden die Insolvenzgläubiger, deren Forderungen durch die Restschuldbefreiung in eine Naturalobligation
verwandelt werden (§ 301 Absatz 3 InsO), nicht gerechtfertigte Vorteile erlangen, die
lediglich aus der längeren Laufzeit des Insolvenzverfahrens resultieren. Zudem würden
sie die Befriedigungsaussichten der Gläubiger schmälern, denen nach § 302 InsO eine
privilegierte Forderung zusteht. Voraussetzung für die Massefreiheit des Neuerwerbs
ist allerdings, dass die Restschuldbefreiung im Verfahren erteilt wird. Hat der Schuldner die vorzeitige Restschuldbefreiung nach § 300 Absatz 1 Satz 2 InsO-E beantragt,
so endet der Insolvenzbeschlag entsprechend, wenn auch die weiteren Voraussetzungen für die vorzeitige Erteilung der Restschuldbefreiung vorliegen.

Dabei soll dem Schuldner nicht nur der von der Abtretungserklärung nach § 287 50
Absatz 2 Satz 1 InsO erfasste Neuerwerb zustehen. Der insolvenzfreie Neuerwerb
soll sich vielmehr auch auf andere Vermögenszuflüsse erstrecken, die nach dem
Ende der Abtretungsfrist oder nach dem Eintritt der Voraussetzungen des § 300
Absatz 1 Satz 2 InsO-E anfallen, wie etwa Steuerrückerstattungen aus vom Schuldner
veranlassten Steuererklärungen oder aus Erbschaften und Schenkungen. Hintergrund der Regelung ist, dass dem Schuldner in Bezug auf seine Restschuldbefreiung
kein Nachteil dadurch entstehen soll, dass das Insolvenzverfahren über sein Vermögen noch nicht abgeschlossen werden konnte. Vielmehr soll durch die Regelung
das Vertrauen des Schuldners in einen wirtschaftlichen Neustart gestärkt werden,
sofern er die Voraussetzungen für eine Erteilung der Restschuldbefreiung erfüllt.

Ausgenommen hiervon ist nach Absatz 1 Satz 2 allerdings der Neuerwerb, der im 51
Wesentlichen auf Tätigkeiten des Insolvenzverwalters beruht und der somit der
Gläubigergesamtheit zugeordnet bleiben soll. Es wäre nicht gerechtfertigt, diese
Vermögenszuflüsse, die überwiegend auf Verwaltungshandeln des aus der Masse

Anhang XII

vergüteten Insolvenzverwalters zurückzuführen sind, dem Schuldner zukommen zu lassen. Dabei handelt sich insbesondere um Vermögenszuflüsse, die aus Anfechtungsprozessen oder aus anderen bereits eingeklagten, massebefangenen Forderungen sowie aus Verwertungshandlungen des Insolvenzverwalters stammen. In diesem Fall wäre es unbillig, wenn der Schuldner zum Nachteil der Gläubiger davon profitieren könnte, dass erst nach Ablauf der Abtretungsfrist ein Anfechtungsprozess, ein anderer Zivilprozess oder eine Verwertungshandlung des Insolvenzverwalters abgeschlossen werden kann.

52 Nach Absatz 2 Satz 1 hat der Insolvenzverwalter den nach Ablauf der Abtretungsfrist anfallenden Neuerwerb treuhänderisch für den Schuldner zu vereinnahmen. Hierdurch soll sichergestellt sein, dass der Neuerwerb im Fall einer Versagung der Restschuldbefreiung für die Insolvenzmasse zur Verfügung steht. Ist dem Schuldner die Restschuldbefreiung rechtskräftig erteilt worden, so kann er den Neuerwerb, sofern er nicht von Absatz 1 Satz 2 erfasst wird, selbst vereinnahmen.

53 Da der Neuerwerb nicht mehr dem Insolvenzbeschlag unterliegt und auch nicht mehr für die Insolvenzgläubiger gesichert werden muss, ordnet Absatz 2 Satz 2 an, dass die Vollstreckungsbeschränkungen des § 89 InsO nicht mehr greifen. Obwohl das Insolvenzverfahren noch nicht aufgehoben worden ist, können also nach der rechtskräftigen Erteilung der Restschuldbefreiung sowohl die Neugläubiger als auch die Insolvenzgläubiger mit den nach § 302 InsO ausgenommenen Forderungen in das insolvenzfreie Vermögen und somit auch in den Neuerwerb vollstrecken, das heißt auch in künftige Forderungen auf Bezüge aus einem Dienstverhältnis des Schuldners oder an deren Stelle tretende laufende Bezüge.

54 Der Verwalter ist nach Absatz 2 Satz 3 bei rechtskräftiger Erteilung der Restschuldbefreiung dem Schuldner gegenüber verpflichtet, den verwalteten Neuerwerb herauszugeben und dem Schuldner gegenüber Rechnung über seine Verwaltungstätigkeit hinsichtlich des Neuerwerbes zu legen.

55 Für diese treuhänderische Verwaltung des Neuerwerbs sieht Absatz 3 einen Vergütungsanspruch des Insolvenzverwalters gegenüber dem Schuldner vor, dessen Höhe sich wie bei einem Treuhänder gemäß § 293 InsO nach dem Zeitaufwand und dem Umfang der Tätigkeit richten soll. Die Vergütung des Insolvenzverwalters ist insoweit wie die Vergütung des Treuhänders über die Verweisung in § 293 Absatz 2 InsO auf § 64 InsO von dem Insolvenzgericht festzusetzen. Die Höhe der Vergütung ergibt sich dann aus § 14 InsVV. Im Regelfall wird der anfallende Neuerwerb sich unterhalb der Grenze von 25.000 Euro bewegen, so dass nach § 14 Absatz 2 Nummer 1 InsVV eine Vergütung in Höhe von 5 Prozent von dem Neuerwerb zu erwarten sein wird. Angesichts des geringen Pflichtenkreises, der dem Insolvenzverwalter durch Absatz 2 auferlegt wird, soll § 14 Absatz 3 InsVV nicht entsprechend anwendbar sein, so dass eine Mindestvergütung nicht gewährt wird.

Begründung Rechtsausschuss:

56 *(Änderungen bei § 300 InsO-E, unveränderte Übernahme von § 300a InsO-E)*

Zu § 300 Absatz 1 Satz 2 Nummer 2 InsO-E

Im Rahmen der Diskussion der Fachöffentlichkeit über den Gesetzentwurf der Bundesregierung und in der öffentlichen Anhörung des Rechtsausschusses zum Ge-

Anhang XII

setzentwurf der Bundesregierung wurde insbesondere von den Interessenvertretern des deutschen Mittelstandes und der Kreditwirtschaft die Befürchtung geäußert, eine Verkürzung der Dauer des Restschuldbefreiungsverfahrens um die Hälfte gegenüber einer Mindestbefriedigungsquote, die nur eine Schuldentilgung von 25 Prozent vorschreibe, schmälere erheblich die Eigentumsrechte der Gläubiger, die mit 75 Prozent ihrer Forderungen leer ausgingen.

Daher soll eine Abkürzung der Dauer des Restschuldbefreiungsverfahrens nach § 300 Absatz 1 Satz 2 Nummer 2 InsO-E um die Hälfte nur dann eintreten, wenn eine hinreichende Befriedigung der Gläubiger gesichert ist. Vor diesem Hintergrund wird die Mindestbefriedigungsquote auf 35 Prozent angehoben. 57

Da valide Zahlen über die Befriedigungsquoten von Gläubigern unter Einbezug der Restschuldbefreiungsphase nicht existieren und im Übrigen die Anreizwirkungen des Gesetzentwurfs abzuwarten sind, wird, der Anregung des Bundesrates folgend, eine Evaluierung der Befriedigungsquoten in Artikel 107 des Einführungsgesetzes zur Insolvenzordnung vorgesehen. 58

Zu § 300 Absatz 1 Satz 5 InsO-E

Es handelt sich um eine sprachliche Klarstellung. 59

Zu § 300 Absatz 1 Satz 6 InsO-E

Aus redaktionellen Gründen wurde Satz 6 in Absatz 2 übernommen. 60

Zu § 300 Absatz 2 InsO-E

Die in Satz 1 vorgesehene Einführung eines Herkunftsnachweises für Mittel, die über das abgetretene Einkommen hinaus aufgebracht werden, soll der Gefahr entgegenwirken, dass der Schuldner eine „geplante" Insolvenz verfolgt und die Quote aus Vermögen aufbringt, das während des Insolvenzverfahrens verheimlicht oder das vor der Insolvenz auf Dritte übertragen wurde. Während des Insolvenzverfahrens ist es die Aufgabe des Insolvenzverwalters, die Herkunft von Mitteln zu erfragen, die zur Insolvenzmasse gelangen, soweit die Herkunft unklar ist. Leistet der Schuldner in der Wohlverhaltensphase Zahlungen, um die Quote für eine vorzeitige Restschuldbefreiung zu erreichen, ist zu hinterfragen, woher diese Mittel stammen. Dies hat der Schuldner nach Satz 2 mit dem Antrag auf vorzeitige Restschuldbefreiung anzugeben und die Richtigkeit und Vollständigkeit seiner Angaben zu erklären. 61

Zu § 300 Absatz 4 Satz 3 InsO-E

Die Änderung beruht auf dem Vorschlag des Bundesrates in Nummer 5 Buchstabe b seiner Stellungnahme, dem die Bundesregierung in ihrer Gegenäußerung teilweise zugestimmt hat. Während § 299 InsO für den Fall der Versagung der Restschuldbefreiung ein vorzeitiges Ende der Abtretungsfrist festlegt, fehlt im Fall der vorzeitigen Beendigung nach § 300 InsO-E eine entsprechende Regelung. 62

Mit der Ergänzung des § 300 Absatz 4 InsO-E wird klargestellt, dass die Abtretung bei vorzeitiger Erteilung der Restschuldbefreiung entsprechend § 299 InsO mit der Rechtskraft der Entscheidung endet. Durch die Anordnung einer lediglich entsprechenden Anwendung von § 299 InsO wird sichergestellt, dass die Verweisung von 63

Anhang XII

vornherein keine Bedeutung für Fallkonstellationen hat, die von der Verweisungsnorm nicht abgedeckt sind.

64 Die entsprechende Anwendung von § 300a InsO-E soll verhindern, dass die Abtretung im Fall einer vorzeitigen Erteilung der Restschuldbefreiung erst mit Rechtskraft der Entscheidung endet. Im Falle des § 300a InsO-E stehen nach Ablauf der Abtretungsfrist die pfändbaren Lohnanteile dem Schuldner zu. Auch im Fall einer vorzeitigen Erteilung der Restschuldbefreiung soll nichts anderes gelten.

Nr. 36

65 § 305 wird wie folgt geändert:
a) Absatz 1 wird wie folgt geändert:
   aa) In dem Satzteil vor Nummer 1 wird die Angabe „(§ 311)" gestrichen.
   bb) In Nummer 1 werden nach dem Wort „Stelle" die Wörter „auf der Grundlage persönlicher Beratung und eingehender Prüfung der Einkommens- und Vermögensverhältnisse des Schuldners" eingefügt.
b) Absatz 3 Satz 1 wird wie folgt gefasst:
   „Hat der Schuldner die amtlichen Formulare nach Absatz 5 nicht vollständig ausgefüllt abgegeben, fordert ihn das Insolvenzgericht auf, das Fehlende unverzüglich zu ergänzen."
c) [...]
d) Absatz 5 Satz 1 wird wie folgt gefasst:
   „¹Das Bundesministerium der Justiz wird ermächtigt, durch Rechtsverordnung mit Zustimmung des Bundesrates zur Vereinfachung des Verbraucherinsolvenzverfahrens für die Beteiligten Formulare für die nach Absatz 1 Nummer 1 bis 3 vorzulegenden Bescheinigungen, Anträge und Verzeichnisse einzuführen."

Begründung Regierungsentwurf:

66 *(Nr. 35) § 305 wird wie folgt geändert:*
a) *Absatz 1 wird wie folgt geändert:*
   aa) *[wie Endfassung]*
   bb) *Nummer 1 wird wie folgt gefasst:*
   „1. eine Bescheinigung, die von einer geeigneten Person oder Stelle auf der Grundlage persönlicher Beratung und eingehender Prüfung der Einkommens- und Vermögensverhältnisse des Schuldners ausgestellt ist und aus der sich ergibt, dass innerhalb der letzten sechs Monate vor dem Eröffnungsantrag eine außergerichtliche Einigung mit den Gläubigern über die Schuldenbereinigung auf der Grundlage eines Plans erfolglos versucht worden ist oder eine außergerichtliche Einigung offensichtlich aussichtslos war; offensichtlich aussichtslos ist eine Einigung in der Regel, wenn die Gläubiger im Rahmen einer Schuldenbereinigung voraussichtlich nicht mehr als fünf Prozent ihrer Forderungen erhalten hätten oder der Schuldner 20 oder mehr Gläubiger hat; die Länder können bestimmen, welche Personen oder Stellen als geeignet anzusehen sind;".

Anhang XII

cc) In Nummer 3 wird das Semikolon am Ende durch einen Punkt ersetzt.

dd) Nummer 4 wird aufgehoben.

b) Absatz 3 wird wie folgt gefasst:

„*(3) Hat der Schuldner die amtlichen Formulare nach Absatz 5 nicht vollständig ausgefüllt abgegeben, fordert ihn das Insolvenzgericht auf, das Fehlende unverzüglich zu ergänzen. Kommt der Schuldner dieser Aufforderung nicht binnen eines Monats nach, ist sein Antrag als unzulässig zu verwerfen. Gegen diese Entscheidung steht dem Schuldner die sofortige Beschwerde zu.*"

c) [wie Endfassung]

d) [wie Endfassung]

Zu Buchstabe a

Nach der Neukonzeption des Insolvenzverfahrens über das Vermögen von Verbrauchern soll der außergerichtliche Einigungsversuch gestärkt werden. Außergerichtliche Einigungen sind nicht nur der bessere Weg einer Entschuldung, weil sie die Insolvenzgerichte entlasten und so zu erheblichen Einspareffekten bei den Justizhaushalten der Länder führen. Außergerichtliche Einigungen ermöglichen auch eine einfachere, schnellere, kostensparende und dem Einzelfall angemessene Bewältigung der Insolvenzsituation. So können beispielsweise in einem außergerichtlichen Schuldenbereinigungsplan Mittel von dritter Seite (Zuschüsse aus kommunalen Stiftungen, Umschuldungsdarlehen von Resozialisierungsfonds für Straffällige, Unterstützung durch Angehörige, vorweggenommener Erbausgleich) einbezogen, mehrere überschuldete Personen (Ehegatten, Partner, Familienangehörige) in einen Schuldenbereinigungsplan eingebunden, die Plan-Laufzeit variiert und spezielle Verwertungsvereinbarungen (z. B. bei schwer veräußerbaren Immobilien) getroffen werden.

67

Der Zwang zu einem außergerichtlichen Einigungsversuch wird daher grundsätzlich beibehalten. Allerdings wird in den Fällen, in denen eine außergerichtliche Einigung offensichtlich aussichtslos ist, ein Einigungsversuch als Zulässigkeitsvoraussetzung für den Antrag auf Eröffnung des Insolvenzverfahrens nicht mehr zwingend verlangt. Die Gläubiger sollen künftig nur noch in den Fällen mit einem Vorschlag zu einer gütlichen Schuldenregulierung befasst werden, in denen tatsächlich Aussicht besteht, dass sie dem Vorschlag nähertreten werden.

68

Die Grundkonzeption des Insolvenzverfahrens über das Vermögen von Verbrauchern wird von der Neuregelung nicht berührt. Wie im geltenden Recht hat der Schuldner die in § 305 Absatz 1 InsO aufgeführten Unterlagen einzureichen und dabei grundsätzlich durch die Bescheinigung einer geeigneten Person oder Stelle nachzuweisen, dass er entweder einen Einigungsversuch auf der Grundlage eines Plans mit den Gläubigern unternommen hat oder dass eine solche Einigung offensichtlich nicht erreicht werden konnte. Dieser Nachweis ist wie bisher Zulässigkeitsvoraussetzung für den Insolvenzantrag. Der Insolvenzantrag soll aber künftig auch dann zulässig sein, wenn der Schuldner nachweist, dass eine solche Einigung offensichtlich aussichtslos war. Diese Änderung dient der Verfahrensoptimierung und der Stärkung des außergerichtlichen Einigungsversuchs. In aussichtslosen Fällen

69

Anhang XII

Verhandlungen über eine außergerichtliche Einigung zu verlangen, führt bei den Gläubigern aufgrund des anfallenden erheblichen, aber letztlich sinnlosen Arbeitsaufwandes zu einer allgemeinen Verweigerungshaltung gegenüber allen Schuldenbereinigungsplänen. Der Einigungszwang soll daher in den Fällen wegfallen, in denen eine Übereinkunft mit den Gläubigern offensichtlich nicht zu erwarten oder wegen der Komplexität nicht durchführbar ist. Hierzu ist es jedoch – wie bislang – erforderlich, dass die geeignete Person oder Stelle die finanzielle Situation des Schuldners eingehend prüft und diesen berät. Eine außergerichtliche Einigung wird meist in Verfahren aussichtslos sein, in denen der Schuldner zur Zeit der Planerstellung ohne nennenswertes Vermögen und pfändbares Einkommen ist und in denen auch keine konkreten Erwartungen bestehen, dass er in Zukunft wieder Einkommen in pfändbarer Höhe erzielen wird. In diesem Sinn dürfte eine Einigung immer dann aussichtslos sein, wenn die Gläubiger nach freier Schätzung im Rahmen einer Schuldenbereinigung nicht mehr als 5 Prozent ihrer Forderungen erhalten hätten oder die Gläubigerzahl nicht mehr überschaubar ist. Der Gesetzentwurf geht davon aus, dass bei 20 oder mehr Gläubigern die Chancen für eine außergerichtliche Einigung in keinem Verhältnis zu dem dafür erforderlichen Aufwand stehen und daher in diesen Fällen kaum mit dem Zustandekommen einer außergerichtlichen Einigung zu rechnen ist. Wie sich aus der Formulierung „in der Regel" ergibt, ist dies jedoch lediglich eine Vermutung, die im Einzelfall durchaus widerlegt werden kann. Denkbar wäre etwa, dass der Großgläubiger signalisiert, auch eine Quote von 5 Prozent akzeptieren zu wollen.

70 Voraussetzung für das Ausstellen der Bescheinigung über die erfolglose Durchführung des außergerichtlichen Einigungsversuchs oder über die Aussichtslosigkeit eines solchen ist eine eingehende Prüfung der Finanz- und Vermögensverhältnisse des Antragstellers durch die geeignete Person oder Stelle. Diese der Bescheinigung vorangehende Analyse der finanziellen Situation des Schuldners hat erhebliche Bedeutung für die Qualität der Bescheinigung. Ein bloßes Ausstellen der Bescheinigung ohne diese eingehende Vorarbeit wäre für alle Beteiligten wertlos. Es ist eine gründliche Prüfung und Beratung des Schuldners erforderlich, um den Antrag auf Eröffnung des Insolvenzverfahrens zu stützen und gerichtsfeste Unterlagen zu erstellen. Schließlich ist eine umfassende und qualifizierte Beratung durch eine geeignete Person oder Stelle am besten geeignet, den unerwünschten Drehtüreffekt zu vermeiden.

71 Die vom Schuldner vorgetragene und von der geeigneten Person oder Stelle bescheinigte Aussichtslosigkeit eines außergerichtlichen Einigungsversuchs kann vom Gericht überprüft werden.

72 Mit der Abschaffung des Schuldenbereinigungsplanverfahrens entfällt auch die in § 305 Absatz 1 Nummer 4 InsO enthaltene Verpflichtung, mit dem Antrag auf Eröffnung einen Schuldenbereinigungsplan vorzulegen, so dass die Vorschrift gestrichen werden kann.

Zu Buchstabe b

73 Absatz 3 Satz 1 präzisiert das Erfordernis, dem Insolvenzgericht vollständige Unterlagen zum Insolvenzantrag vorzulegen. Der Gesetzentwurf sieht vor, dass bei einem Insolvenzantrag nach § 305 InsO vom Schuldner nur die Angaben gefordert

werden können, die in den amtlichen Formularen ausdrücklich genannt sind. Ziel dieser Änderung ist es, überzogene Auflagenverfügungen und damit verbundene Verfahrensverzögerungen zu vermeiden. Vereinzelt wurde aus der Praxis berichtet, Insolvenzgerichte hätten zu einem auf dem amtlichen Vordruck gestellten Insolvenzantrag so umfangreiche Auflagenverfügungen erlassen, dass es dem Schuldner oder der ihn unterstützenden Stelle nahezu unmöglich gewesen sei, die geforderten Angaben dem Gericht zu unterbreiten. Zum Teil hätte sich weder im Wortlaut der Insolvenzordnung noch in den amtlichen Formularen eine Grundlage für die geforderten Angaben gefunden. Erlässt ein Gericht eine völlig überzogene Auflagenverfügung – teilweise sollen bis zu zehn zusätzliche Angaben gefordert worden sein –, so wird nicht nur dem Schuldner die Erlangung der Restschuldbefreiung deutlich erschwert, vielmehr kann in Extremfällen ein solches Vorgehen auch als Rechtsschutzverweigerung gewertet werden, weil nach derzeitiger Rechtslage die Rücknahmefiktion des § 305 Absatz 3 Satz 2 InsO droht.

Nach der Verbraucherinsolvenzvordruckverordnung vom 17. Februar 2002 (BGBl. I S. 703) sollen die amtlichen Formulare sowohl für die Schuldner als auch für die Insolvenzgerichte zu einer Verfahrenserleichterung führen und „die vom Schuldner geforderten Angaben auf das unumgängliche Maß" reduzieren. Die Strukturierung der Formulare soll auch rechtlich unbeholfenen Schuldnern das Ausfüllen erleichtern und eine geführte Bearbeitung ermöglichen. Der Schuldner soll nur mit den Unterlagen konfrontiert werden, die in seinem Fall tatsächlich maßgebend sind (Bundesratsdrucksache 1105/01). Dieses Anliegen der Verordnung würde jedoch konterkariert, wenn das Gericht ohne hinreichende Anhaltspunkte im Wortlaut der Insolvenzordnung zusätzliche Angaben vom Schuldner fordern könnte. 74

Kommt der Schuldner einer Ergänzungsaufforderung des Insolvenzgerichts nicht nach, so tritt künftig nicht mehr die Rücknahmefiktion des § 305 Absatz 3 Satz 2 InsO ein. Vielmehr hat das Gericht nach der Neufassung des § 305 Absatz 3 Satz 2 InsO-E den Insolvenzantrag nach Ablauf der Frist als unzulässig zurückzuweisen. Diese Entscheidung ist mit der sofortigen Beschwerde anfechtbar. 75

Zu Buchstabe c

Bislang kann sich der Schuldner im gerichtlichen Schuldenbereinigungsplanverfahren von einer geeigneten Person oder einer als geeignet anerkannten Stelle im Sinne des § 305 Absatz 1 Nummer 1 InsO vertreten lassen. Die Vertretungsbefugnis erfasst jedoch nicht die gerichtliche Vertretung des Schuldners im vereinfachten Insolvenzverfahren und in der Wohlverhaltensperiode (BGH, Beschluss vom 29. April 2004 – IX ZB 30/04). Die Änderung in Absatz 4 soll einem praktischen Bedürfnis folgend den Wirkungskreis der geeigneten Personen und der Angehörigen einer als geeignet anerkannten Stelle erweitern und ihnen die gerichtliche Vertretung im gesamten Insolvenzverfahren erlauben. Mit dieser Erlaubnis ist aber keine Verpflichtung der geeigneten Stellen oder Personen zur Vertretung des Schuldners im gerichtlichen Verfahren verbunden. 76

Zu Buchstabe d

Es handelt sich um Folgeänderungen zu Buchstabe a. 77

<u>**Begründung Rechtsausschuss:**</u> *(mit einigen Änderungen am Entwurf)* 78

Anhang XII

Zu Buchstabe a Doppelbuchstabe bb (§ 305 Absatz 1 Nummer 1 InsO-E)

Der Gesetzentwurf der Bundesregierung sieht die Ersetzung des obligatorischen Einigungsversuchs in aussichtslosen Fällen durch die Erstellung einer entsprechenden Bescheinigung vor. Damit sollen Ressourcen der Schuldner- und Insolvenzberatung in den Fällen entlastet werden, in denen den Gläubigern nur ein vollständiger Ausfall angeboten werden kann (sogenannte „Nullpläne").

79 Von der Fachöffentlichkeit und in der öffentlichen Anhörung des Rechtsausschusses zum Gesetzentwurf der Bundesregierung wurde darauf hingewiesen, dass eine Aussichtslosigkeitsbescheinigung kaum zu einer Entlastung der Schuldnerberatung führen werde, da in jedem Fall eine umfassende Vorbereitung des Verbraucherinsolvenzverfahrens erforderlich sei, so dass allenfalls von einer Aufwandsreduzierung von 10 Prozent auszugehen sei.

80 Ohne die bislang außergerichtlich vorgenommene zeit- und kostenintensive Aufbereitung der Unterlagen sei damit zu rechnen, dass im großen Umfang leichtfertig Bescheinigungen erstellt würden. Dies führe zu einer Belastung der Insolvenzgerichte, da die Aufbereitung im Rahmen der Antragsprüfung nachgeholt werden müsste. Der Ausschuss schlägt daher vor, auf die Einführung einer Aussichtslosigkeitsbescheinigung zu verzichten.

Zu Buchstabe a Doppelbuchstabe cc und dd (§ 305 Absatz 1 Nummer 3 und 4 InsO)

81 Es handelt sich um Folgeänderungen zu dem Vorschlag des Rechtsausschusses, das gerichtliche Schuldenbereinigungsplanverfahren beizubehalten.

Zu Buchstabe b (§ 305 Absatz 3 InsO-E)

82 Der Bundesrat schlägt in Nummer 9 seiner Stellungnahme vor, die Rücknahmefiktion in § 305 Absatz 3 Satz 2 InsO beizubehalten. Der Ausschuss folgt diesem Vorschlag, da er die Gefahr überzogener Auflageverfügungen, denen mit der Einführung eines Rechtsmittels begegnet werden sollte, nicht mehr in gleicher Schärfe wie früher sieht. So wird in § 305 Absatz 3 Satz 1 InsO-E bestimmt, dass bei einem Insolvenzantrag vom Schuldner künftig nur noch die Angaben gefordert werden können, die in den bundesweit einheitlichen amtlichen Formularen ausdrücklich angesprochen sind. Zusätzliche Angaben vom Schuldner darf das Gericht ohne hinreichende Anhaltspunkte nun also nicht mehr fordern. Der Schuldner ist damit durch die einheitlichen Vorgaben in den amtlichen Formularen ausreichend geschützt.

Nr. 38

83 Die §§ 312 bis 314 werden aufgehoben.

<u>Begründung Regierungsentwurf:</u>

84 *(Nr. 40)* [...] Die §§ 312 bis 314 InsO sollten im Fall eines Verbraucher- oder Kleininsolvenzverfahrens das Verfahren vereinfachen und die Gerichte entlasten. Aufgrund der praktischen Erfahrungen mit dem Verbraucherinsolvenzverfahren sind jedoch grundlegende Anpassungen erforderlich. Zum einen hat sich herausgestellt, dass bestimmte Verfahrensvereinfachungen, wie die Möglichkeit des schriftlichen Verfahrens oder die Bestimmung nur eines Prüfungstermins, nicht nur in Verfahren sinnvoll sind, in denen der Schuldner eine natürliche Person ist. Nicht die Qualifikation als Verbraucher oder juristische Person kann maßgebend sein,

Anhang XII

Verfahrensvereinfachungen zuzulassen. Entscheidendes Kriterium für Verfahrenserleichterungen ist vielmehr, dass die Vermögensverhältnisse überschaubar und die Zahl der Gläubiger oder die Höhe der Verbindlichkeiten gering sind. So ist die Möglichkeit, das Verfahren oder einzelne seiner Teile schriftlich durchzuführen, nunmehr allgemein in § 5 Absatz 2 InsO-E geregelt. Die Regelung, wonach in einfachen Verfahren der Berichtstermin wegfallen soll, ist in § 29 Absatz 2 InsO-E eingefügt worden. Anders als in § 312 InsO, in dem diese Verfahrensvereinfachungen für die in den Anwendungsbereich des § 304 InsO fallenden Verfahren zwingend vorgeschrieben waren, kann nunmehr das Gericht entscheiden, ob es im konkreten Fall von den Verfahrensvereinfachungen Gebrauch machen will, wenn die Voraussetzungen des § 5 Absatz 2 InsO vorliegen. Damit wird der Forderung der Justiz nach flexibleren Handlungsmöglichkeiten Rechnung getragen.

Während die vorgenannten allgemeinen Verfahrensvereinfachungen künftig einem erweiterten Anwendungsbereich unterliegen, haben andere Regelungen nicht die in sie gesetzten Erwartungen erfüllt. Die Bestellung eines Treuhänders im bisherigen vereinfachten Insolvenzverfahren hatte den Zweck, im Vorgriff auf die Restschuldbefreiung zu gewährleisten, dass nur eine Person für die Verwalter- und Treuhänderaufgaben bestellt wird (Beschlussempfehlung des Rechtsausschusses, Bundestagsdrucksache 12/7302, S. 193). Der Treuhänder sollte nur einen beschränkten Teil der Aufgaben des Insolvenzverwalters wahrnehmen. Wichtige Aufgaben wie die Anfechtung von Rechtshandlungen nach den §§ 129 bis 147 InsO und die Verwertung von Gegenständen, an denen Pfandrechte oder andere Absonderungsrechte bestehen, waren den Gläubigern übertragen (§ 313 Absatz 2, 3 InsO). 85

Die Verlagerung des Anfechtungsrechts auf die Insolvenzgläubiger zeigte jedoch nicht das gewünschte Ergebnis, da ein Gläubiger kaum einen Anreiz hat, den mit einer Insolvenzanfechtung verbundenen Aufwand auf sich zu nehmen, und zwar auch dann nicht, wenn er von der Gläubigerversammlung damit beauftragt worden ist und mit der Erstattung seiner Kosten rechnen kann. Auch die mit dem Gesetz vom 27. Oktober 2001 geschaffene Möglichkeit, den Treuhänder mit der Anfechtung zu betrauen, konnte den Funktionsverlust der Anfechtung im Verbraucherinsolvenzverfahren nicht verhindern. Der Forderung der Praxis, dem Treuhänder ein originäres Anfechtungsrecht zu geben, soll daher mit der Streichung von § 313 Absatz 2 InsO Rechnung getragen werden. Gleiches gilt für die Regelung, wonach die Verwertung von Gegenständen, an denen Absonderungsrechte bestehen, den absonderungsberechtigten Gläubigern zustehen soll. Diese Aufgabenverlagerung auf die Gläubiger hat sich nicht bewährt. 86

Auch § 314 InsO sollte der Verfahrensvereinfachung dienen. Die praktischen Erfahrungen mit dieser Regelung haben jedoch gezeigt, dass die vereinfachte Verteilung häufig zu einem erheblichen Aufwand führt. Aus diesem Grund wird die Vorschrift aufgehoben. Häufiges Beispiel ist der Verzicht auf die Verwertung eines Pkw, der lediglich einen Restwert von wenigen 100 Euro hat. Der Aufwand, einen entsprechenden Antrag zu stellen, die Gläubiger zu hören und eine Entscheidung des Gerichts abzuwarten, entspricht nicht dem Regelungszweck. Viel einfacher ist es, eine Vereinbarung mit dem Schuldner zu treffen, dass ihm der Gegenstand gegen Zahlung des Restwertes überlassen wird. Diesen Betrag kann der Schuldner aus dem 87

Anhang XII

pfändungsfreien Einkommen ansparen bzw. von einer dritten Person zur Verfügung gestellt bekommen. Die Regelung des § 314 InsO schafft auch erhebliche Risiken für den Schuldner, da bei einem Ausbleiben oder einer Verzögerung der Zahlung die Versagung der Restschuldbefreiung droht. Falls eine Zahlungsanordnung beantragt würde, deren Betrag vom Schuldner nicht aufgebracht werden kann, würden trotz aller bisherigen Bemühungen des Schuldners seine Aussichten auf eine Restschuldbefreiung ohne sein Verschulden scheitern.

88 Wenn jedoch künftig der Insolvenzverwalter im Verbraucherinsolvenzverfahren selbst anfechten und verwerten kann und keine vereinfachte Verteilung durchzuführen hat, gibt es von den rechtlichen Vorgaben keine Unterschiede mehr zu den Aufgaben des Insolvenzverwalters im Regelinsolvenzverfahren. Allerdings bleibt insofern noch ein wichtiger Unterschied, als die Durchführung eines Verbraucherinsolvenzverfahrens einen deutlich geringeren Aufwand verursacht. Die Unterlagen über die Vermögenssituation sind bereits durch das außergerichtliche Verfahren gesichtet und geordnet, die Vermögensverhältnisse sind überschaubar und in der Regel sind die Zahl der Gläubiger und die Höhe der Verbindlichkeiten gering. Der geringere Aufwand allein rechtfertigt keine Differenzierung mehr nach Treuhänder und Insolvenzverwalter in der Insolvenzordnung. Dem Unterschied ist allein bei der Vergütung Rechnung zu tragen. Künftig werden daher auch in Verbraucherinsolvenzverfahren Insolvenzverwalter tätig.

89 Die Erweiterung der Rückschlagsperre nach einer außergerichtlichen Einigung mit den Gläubigern über die Schuldenbereinigung (§ 312 Absatz 1 Satz 3 InsO) ist nunmehr in § 88 InsO-E geregelt. Die Nichtanwendbarkeit der Vorschriften über die Eigenverwaltung im Verbraucherinsolvenzverfahren ist nun in § 270 Absatz 1 Satz 3 InsO-E geregelt. Damit können die Vorschriften der §§ 313 bis 314 InsO vollständig aufgehoben werden.

<u>Begründung Rechtsausschuss:</u>

90 Es handelt sich um eine Folgeänderung zu dem Vorschlag des Rechtsausschusses, das gerichtliche Schuldenbereinigungsplanverfahren beizubehalten, so dass § 311 InsO erhalten bleibt und somit nur die §§ 312 bis 314 InsO aufgehoben werden.

Artikel 5
Änderung der Insolvenzrechtlichen Vergütungsverordnung

91 Die Insolvenzrechtliche Vergütungsverordnung vom 19. August 1998 (BGBl. I S. 2205), die zuletzt durch Artikel 2 des Gesetzes vom 7. Dezember 2011 (BGBl. I S. 2582) geändert worden ist, wird wie folgt geändert:

Nr. 1

92 § 3 Absatz 2 wird wie folgt geändert:

a) In Buchstabe c wird nach dem Komma das Wort „oder" gestrichen.

b) In Buchstabe d wird der Punkt am Ende durch das Wort „oder" ersetzt.

c) Folgender Buchstabe e wird angefügt:

„e) die Vermögensverhältnisse des Schuldners überschaubar sind und die Zahl der Gläubiger oder die Höhe der Verbindlichkeiten gering ist."

Anhang XII

Begründung Regierungsentwurf:

(Artikel 6 Nr. 1) Für Kleinverfahren bestehen nach Maßgabe von § 5 Absatz 2 InsO-E Verfahrenserleichterungen. Die geringeren Anforderungen für den Verwalter sollen durch einen Abschlag bei der Vergütung berücksichtigt werden können.

Begründung Rechtsausschuss:

(unverändert übernommen).

Nr. 2

In der Überschrift des Zweiten Abschnitts und in § 10 werden jeweils die Wörter „Treuhänders im vereinfachten Insolvenzverfahren" durch die Wörter „Insolvenzverwalters im Verbraucherinsolvenzverfahren" ersetzt.

Begründung Regierungsentwurf:

(Artikel 6 Nr. 2) Die Änderung der Überschrift des Zweiten Abschnitts und von § 10 InsVV trägt dem Wegfall des bisher in den §§ 312 bis 314 InsO geregelten vereinfachten Insolvenzverfahrens Rechnung.

Begründung Rechtsausschuss:

(unverändert übernommen).

Nr. 3

§ 11 wird wie folgt geändert:

a) Absatz 1 wird wie folgt gefasst:

„(1) ¹Für die Berechnung der Vergütung des vorläufigen Insolvenzverwalters ist das Vermögen zugrunde zu legen, auf das sich seine Tätigkeit während des Eröffnungsverfahrens erstreckt. ²Vermögensgegenstände, an denen bei Verfahrenseröffnung Aus- oder Absonderungsrechte bestehen, werden dem Vermögen nach Satz 1 hinzugerechnet, sofern sich der vorläufige Insolvenzverwalter in erheblichem Umfang mit ihnen befasst. ³Sie bleiben unberücksichtigt, sofern der Schuldner die Gegenstände lediglich auf Grund eines Besitzüberlassungsvertrages in Besitz hat."

b) Absatz 2 wird wie folgt geändert:

aa) In Satz 1 wird die Angabe „Satz 2" durch die Angabe „Satz 1" ersetzt.

bb) Satz 2 wird aufgehoben.

Begründung Regierungsentwurf:

(Artikel 6 Nr. 3) Mit Bezug auf § 11 Absatz 2 Satz 2 InsVV sind Zweifel aufgekommen, ob § 65 InsO für die Regelung der Befugnis des Insolvenzgerichts, Beschlüsse über die Vergütung des vorläufigen Insolvenzverwalters abzuändern, eine hinreichende Ermächtigungsgrundlage ist. Zwar stellt § 65 InsO nach überwiegender Ansicht auch für Bestimmungen über das Verfahren der Vergütungsfestsetzung eine geeignete Ermächtigungsgrundlage dar. Aus Gründen der Rechtsklarheit und Rechtssicherheit wird der Regelungsgehalt des geltenden § 11 Absatz 2 Satz 2 InsVV

Anhang XII

wie auch von § 11 Absatz 1 Satz 1 und 2 InsVV jedoch in § 63 Absatz 3 InsO übernommen. § 11 InsVV ist entsprechend anzupassen.

Begründung Rechtsausschuss:

100 *(unverändert übernommen).*

Nr. 4

101 § 13 wird wie folgt erfasst:

„§ 13
Vergütung des Insolvenzverwalters
im Verbraucherinsolvenzverfahren

Werden in einem Verfahren nach dem Neunten Teil der Insolvenzordnung die Unterlagen nach § 305 Absatz 1 Nummer 3 der Insolvenzordnung von einer geeigneten Person oder Stelle erstellt, ermäßigt sich die Vergütung nach § 2 Absatz 2 Satz 1 auf 800 Euro."

Begründung Regierungsentwurf:

102 *(Artikel 6 Nr. 4)* Das Zurückbleiben der Vergütung im Verbraucherinsolvenzverfahren, in welchem Unterlagen nach § 305 Absatz 1 Nummer 1 InsO-E von einer geeigneten Person oder Stelle erstellt worden sind, beruht auf dem im Vergleich zum Regelinsolvenzverfahren geringeren Aufwand für den Insolvenzverwalter. Es ist gerechtfertigt, die Mindestregelvergütung unter den Voraussetzungen des § 13 InsVV von 1.000 Euro auf 800 Euro zu reduzieren.

Begründung Rechtsausschuss:

103 In § 13 InsVV-E ist vorgesehen, dass eine geringere Vergütung anfällt, wenn die Unterlagen nach § 305 Absatz 1 Nummer 1 InsO-E von einer geeigneten Person oder Stelle erstellt sind.

104 Der Rechtsausschuss empfiehlt, nicht auf § 305 Absatz 1 Nummer 1 InsO-E zu verweisen, da dort nur die Abschlussbescheinigung geregelt ist, die immer von einer geeigneten Stelle zu erstellen ist. Er empfiehlt stattdessen, § 305 Absatz 1 Nummer 3 InsO in Bezug zu nehmen, der u. a. das Vermögens-, Gläubiger- und Forderungsverzeichnis nennt. Nur bei vorgerichtlicher Aufbereitung dieser Unterlagen von einer geeigneten Person oder Stelle besteht ein im Vergleich zum Regelinsolvenzverfahren geringerer Aufwand für den Insolvenzverwalter.

Nr. 5

105 In § 17 Absatz 2 wird die Angabe „§ 56 Absatz 2" durch die Angabe „§ 56a" ersetzt.

Begründung Regierungsentwurf:

106 *(Artikel 6 Nr. 5)* Die Änderung dient der Korrektur eines redaktionellen Versehens im Gesetz zur weiteren Erleichterung der Sanierung von Unternehmen vom 7. Dezember 2011 (BGBl. I S. 2582).

Begründung Rechtsausschuss:

107 *(unverändert übernommen).*

Anhang XII

Nr. 6

Dem § 19 wird folgender Absatz 4 angefügt: 108

„(4) Auf Insolvenzverfahren, die vor dem 1. Juli 2014 beantragt worden sind, sind die Vorschriften dieser Verordnung in ihrer bis zum Inkrafttreten des Gesetzes vom 15. Juli 2013 (BGBl. I S. 2379) am 1. Juli 2014 geltenden Fassung weiter anzuwenden."

Begründung Regierungsentwurf:

(keine) 109

Begründung Rechtsausschuss:

Es handelt sich um eine redaktionelle Folgeänderung. 110

Art. 6
Änderung des Einführungsgesetzes zur Insolvenzordnung

Das Einführungsgesetz zur Insolvenzordnung vom 5. Oktober 1994 (BGBl. I 111
S. 2911), das zuletzt durch Artikel 9 des Gesetzes vom 13. Februar 2013 (BGBl. I
S. 174) geändert worden ist, wird wie folgt geändert:

Nr. 1

In Artikel 102 § 5 Absatz 1 Satz 3 wird die Angabe „Satz 1" gestrichen. 112

Begründung Regierungsentwurf:

(Artikel 7 Nr. 1) Es handelt sich um eine Folgeänderung zur Aufhebung des § 30 113
Absatz 1 Satz 2 InsO.

Begründung Rechtsausschuss:

(unverändert übernommen). 114

Nr. 2

Vor Artikel 104 wird folgender Artikel 103h eingefügt: 115

„Artikel 103h
Überleitungsvorschrift zum Gesetz zur
Verkürzung des Restschuldbefreiungsverfahrens
und zur Stärkung der Gläubigerrechte

[1]Auf Insolvenzverfahren, die vor dem 1. Juli 2014 beantragt worden sind, sind vorbehaltlich der Sätze 2 und 3 die bis dahin geltenden gesetzlichen Vorschriften weiter anzuwenden. [2]Auf Insolvenzverfahren nach den §§ 304 bis 314 der Insolvenzordnung in der vor dem 1. Juli 2014 geltenden Fassung, die vor diesem Datum beantragt worden sind, sind auch die §§ 217 bis 269 der Insolvenzordnung anzuwenden. [3]§ 63 Absatz 3 und § 65 der Insolvenzordnung in der ab dem 19. Juli 2013 geltenden Fassung sind auf Insolvenzverfahren, die ab dem 19. Juli 2013 beantragt worden sind, anzuwenden."

Anhang XII

Begründung Regierungsentwurf:

116 *(Artikel 7 Nr. 2) Vor Artikel 104 wird folgender Artikel 103h eingefügt:*

„*Artikel 103h
Überleitungsvorschrift zum Gesetz zur
Verkürzung des Restschuldbefreiungsverfahrens
und zur Stärkung der Gläubigerrechte*

Auf Insolvenzverfahren, die vor dem * *[einsetzen: Datum des Inkrafttretens nach Artikel 13 Satz 1 dieses Gesetzes] beantragt worden sind, sind die bis dahin geltenden gesetzlichen Vorschriften weiter anzuwenden.*"

117 Das neue Recht soll für alle Verfahren gelten, die nach Inkrafttreten dieses Gesetzes beantragt werden. Durch das Anknüpfen an den Eröffnungsantrag wird die Anwendbarkeit des neuen Rechts – anders als bei einem Anknüpfen an die Verfahrenseröffnung – unvorhersehbaren Faktoren im Rahmen eines bereits laufenden Verfahrens entzogen. Ob das neue Recht Anwendung findet, bestimmt sich allein danach, wann der Antrag auf Insolvenzeröffnung bei Gericht eingeht. Das neue Recht kann nicht auf Verfahren angewendet werden, die bereits vor Inkrafttreten dieses Gesetzes beantragt wurden. Gerade im Hinblick auf die Möglichkeiten zur Verkürzung des Restschuldbefreiungsverfahrens auf drei beziehungsweise auf fünf Jahre würde ansonsten in unzulässiger Weise in die Rechte der am Verfahren unmittelbar beteiligten Gläubiger eingegriffen. Zudem enthält der Gesetzentwurf Änderungen, die das Restschuldbefreiungsverfahren umgestalten und einen Ausgleich zur Verkürzung des Restschuldbefreiungsverfahrens bilden. Bei rückwirkender Geltung würden daher erhebliche praktische Probleme entstehen. Aus diesen Gründen bedarf es einer Stichtagsregelung.

Begründung Rechtsausschuss *(umfangreich neugefasst).*

118 Die Änderung in Satz 1 hinsichtlich des Verweises auf Artikel 9 ist lediglich eine redaktionelle Folgeänderung.

119 Im Rahmen der Beratungen wurde wiederholt gefordert, das künftige Gesetz auch auf bei seinem Inkrafttreten bereits laufende Verfahren anzuwenden, um Insolvenzschuldnern eine Verkürzung des Restschuldbefreiungsverfahrens zu ermöglichen.

120 Der Rechtsausschuss lehnt jedoch eine generelle Rückwirkung ab. Jeglicher Änderung der Insolvenzordnung lag bislang eine klare Stichtagsregelung zugrunde, um rückwirkende Verschlechterungen erworbener Rechtspositionen zu vermeiden. Auch angesichts der grundlegenden Änderungen im Restschuldbefreiungsverfahren empfiehlt es sich nicht, das neue Recht auf bereits beantragte Verfahren anzuwenden. Das Restschuldbefreiungs- und Versagungsverfahren wird umfassend umgestaltet und mit neuen Pflichten und Rechten der Beteiligten ausgestaltet. Zugunsten der Schuldner wird eine fakultative Verkürzung des Restschuldbefreiungsverfahrens vorgesehen. Im Gegenzug wird zugunsten der Gläubiger unter anderem eine zeitliche Erweiterung der Erwerbsobliegenheit des Schuldners und eine Vereinfachung des Versagungsverfahrens eingeführt. So beginnt das Verfahren beispielsweise künftig mit der Einleitungsentscheidung von Amts wegen. Zusätzlich wird vom Schuldner bereits während des Insolvenzverfahrens die Einhaltung der Erwerbsobliegenheit

ab Verfahrenseröffnung verlangt. Eine Rückwirkung wäre daher mit erheblichen Rechtsunsicherheiten für alle Beteiligten verbunden.

Im Hinblick auf den verständlichen Wunsch von Verbraucherschuldnern auch in einem bereits laufenden Insolvenzverfahren von der Möglichkeit einer vorzeitigen Restschuldbefreiung zu profitieren, empfiehlt der Ausschuss in Satz 2, eine Ausnahme für das Insolvenzplanverfahren zuzulassen. 121

Diese singuläre Ausnahme ist gerechtfertigt, weil den Interessen aller Beteiligten in dem Insolvenzplanverfahren durch umfangreiche Mitwirkungsrechte ausreichend Rechnung getragen wird. Insbesondere die Rechte der Gläubiger werden durch den Minderheitenschutz des § 251 InsO gewahrt. So wird sichergestellt, dass ein ablehnender Gläubiger zumindest das erhält, was ihm ohne die Durchführung eines Insolvenzplanes zustehen würde. Insofern wird er nicht schlechter gestellt, als wenn entsprechend dem geltenden Recht kein Planverfahren durchgeführt werden könnte. Auch die Interessen des Schuldners werden angemessen berücksichtigt, da er dem Insolvenzplan zustimmen muss. Sein Widerspruch kann nur dann nach § 274 Absatz 2 Nummer 1 InsO als unbeachtlich eingestuft werden, wenn er durch den Plan nicht schlechter gestellt wird, als er ohne einen solchen stünde. Überträgt man diesen Gedanken auf die Haftung des Schuldners, so wird er in einem Plan regelmäßig besser gestellt, da ansonsten die Weiterhaftung nach § 201 InsO eingreifen würde. 122

Bei der Änderung in Satz 3 handelt es sich um eine Klarstellung, da die §§ 63 Absatz 3 und 65 InsO-E nach Artikel 9 Satz 2 am Tag nach der Verkündung in Kraft treten. 123

Artikel 9
Inkrafttreten

Dieses Gesetz tritt vorbehaltlich des Satzes 2 am 1. Juli 2014 in Kraft. Artikel 1 Nummer 11 und 12, Artikel 5 Nummer 3 sowie Artikel 8 treten am Tag nach der Verkündung in Kraft. 124

Begründung Regierungsentwurf:

Artikel 13
Inkrafttreten

Dieses Gesetz tritt vorbehaltlich des Satzes 2 am ersten Tag des dritten auf die Verkündung folgenden Kalendermonats in Kraft. Artikel 12 tritt am Tag nach der Verkündung in Kraft. 125

Die Vorschrift regelt das Inkrafttreten des Gesetzes. Im Interesse des Schuldnerschutzes sollen die in Artikel 12 vorgesehenen Änderungen des Genossenschaftsgesetzes bereits am Tag nach der Verkündung in Kraft treten, zumal sie keiner längeren Vorbereitung durch die Praxis bedürfen. Im Übrigen gilt für das Inkrafttreten eine Frist von drei Monaten. 126

Begründung Rechtsausschuss: *(mit Änderungen am Entwurf).*

Um den beteiligten Personenkreisen einen ausreichenden Vorlauf zu gewährleisten, wird das Inkrafttreten mit Ausnahme der Änderungen im Genossenschaftsgesetz 127

Anhang XII

und der in die Insolvenzordnung überführten Regelung zur Vergütung des vorläufigen Insolvenzverwalters auf den 1. Juli 2014 verschoben. Dies war insbesondere im Interesse der gerichtlichen Praxis geboten. Im Bereich der Informationstechnologie bedarf es für die notwendigen, nicht unerheblichen Anpassungen sowohl bei den Gerichten als auch bei den Insolvenzverwaltern und Treuhändern eines ausreichenden Vorlaufs, der bei Inkrafttreten drei Kalendermonate nach Verkündung nicht mehr gegeben wäre.

128 Aus Gründen der Rechtssicherheit soll die klarstellende Regelung des § 63 Absatz 3 InsO-E ebenfalls bereits mit Verkündung in Kraft treten. Die jüngste Rechtsprechung des Bundesgerichtshofs, wonach Gegenstände, die mit Aussonderungsrechten bzw. wertausschöpfend mit Absonderungsrechten belastet sind, nicht in die Berechnungsgrundlage der Vergütung des vorläufigen Insolvenzverwalters einzubeziehen sind (vgl. BGH, Beschl. v. 15. November 2012 – IX ZB 88/09 und IX ZB 130/10 und BGH, Beschl. v. 7. Februar 2013 – IX ZB 286/11), entsprach nicht der gesetzlichen Konzeption und der auf ihr beruhenden Verordnungsregelungen. Die Berechnung der Vergütung des vorläufigen Insolvenzverwalters soll für dessen Tätigkeit eine angemessene Entlohnung sicherstellen (BVerfG, Beschl. v. 30. März 1993 – 1 BvR 1045/89, 1 BvR 1381/90, 1 BvL 11/90). Mangels Strukturgleichheit der Tätigkeit des vorläufigen und des endgültigen Insolvenzverwalters ist die Vergütung für die vorläufige Insolvenzverwaltung isoliert zu betrachten und aus sich heraus zu bewerten. Ein Gleichlauf der Vergütungsregelungen des vorläufigen und des endgültigen Insolvenzverwalters wäre nicht sachgerecht. Zur Ermittlung der Vergütung ist zwischen den unterschiedlichen Schwerpunkten ihrer Tätigkeiten zu differenzieren. Der vorläufige Insolvenzverwalter sichert („Istmasse"), der endgültige Verwalter verwertet („Sollmasse"). Vor dem Hintergrund der Sicherung einer angemessenen Vergütung kann die Tätigkeit des vorläufigen Insolvenzverwalters daher nicht über Zuschläge nach § 3 InsVV auf der Grundlage einer „Sollmasse" abgegolten werden, da der vorläufige Insolvenzverwalter sich nur mit der „Istmasse" befasst (BGH, Beschl. v. 14. Dezember 2000 – IX ZB 105/00 Rz. 21). Hierbei kann die Vergütung des vorläufigen Insolvenzverwalters auch die des Insolvenzverwalters übersteigen (vgl. amtliche Begründung des Entwurfs einer Zweiten Verordnung zur Änderung der Insolvenzrechtlichen Vergütungsverordnung; ZInsO 2007, 27 (29)).

129 Diese bisher geltende Konzeption wird durch § 63 Absatz 3 InsO-E klargestellt.

130 Ein strukturbildendes Überschussprinzip für die Vergütung des vorläufigen Insolvenzverwalters ist weder aus Wortlaut, Sinn und Zweck noch der Entstehungsgeschichte des § 63 Absatz 1 Satz 2 InsO zu entnehmen. Es liegt auch dem künftigen § 63 Absatz 3 InsO-E nicht zugrunde.

131 Der Gefahr einer Masseauszehrung wird ausreichend vorgebeugt. Der Einbezug von Gegenständen, die mit Ab- oder Aussonderungsrechten belastet sind, erfordert eine „erhebliche" Befassung des vorläufigen Insolvenzverwalters mit diesen Vermögenswerten. Im Einzelfall übermäßig hohe Berechnungsgrundlagen können durch einen Bruchteilsabschlag reguliert werden. Der regelmäßig höheren Berechnungsgrundlage kann auch mit Abschlägen vom Regelsatz nach den §§ 10, 3 Absatz 2 InsVV sowie der Korrekturmöglichkeit von Schätzwerten nach § 63 Absatz 3 Satz 3 InsO Rechnung getragen werden.

Anhang XIII

Verordnung (EU) 2015/848 des Europäischen Parlaments und
des Rates über Insolvenzverfahren – Neufassung *(Art. 77 mit Durchführungsgesetz)*
vom 20. Mai 2015 (Abl. EU v. 5. Juni 2015 – L 141/19)

Artikel 77
Kosten und Kostenaufteilung

(1) Die Vergütung des Koordinators muss angemessen und verhältnismäßig zu den wahrgenommenen Aufgaben sein sowie angemessene Aufwendungen berücksichtigen.

(2) Nach Erfüllung seiner Aufgaben legt der Koordinator die Endabrechnung der Kosten mit dem von jedem Mitglied zu tragenden Anteil vor und übermittelt diese Abrechnung jedem beteiligten Verwalter und dem Gericht, das das Koordinationsverfahren eröffnet hat.

(3) ¹Legt keiner der Verwalter innerhalb von 30 Tagen nach Eingang der in Absatz 2 genannten Abrechnung Widerspruch ein, gelten die Kosten und der von jedem Mitglied zu tragende Anteil als gebilligt. ²Die Abrechnung wird dem Gericht, das das Koordinationsverfahren eröffnet hat, zur Bestätigung vorgelegt.

(4) Im Falle eines Widerspruchs entscheidet das Gericht, das das Gruppen-Koordinationsverfahren eröffnet hat, auf Antrag des Koordinators oder eines beteiligten Verwalters über die Kosten und den von jedem Mitglied zu tragenden Anteil im Einklang mit den Kriterien gemäß Absatz 1 dieses Artikels und unter Berücksichtigung der Kostenschätzung gemäß Artikel 68 Absatz 1 und gegebenenfalls Artikel 72 Absatz 6.

(5) Jeder beteiligte Verwalter kann die in Absatz 4 genannte Entscheidung gemäß dem Verfahren anfechten, das nach dem Recht des Mitgliedstaats, in dem das Gruppen-Koordinationsverfahren eröffnet wurde, vorgesehen ist.

Gesetz zur Durchführung der Verordnung (EU) 2015/848 über Insolvenzverfahren (Auszug)[1]
vom 5. Juni 2017 (BGBl. I 2017, 1476)

A. Allgemeine Begründung
Von einem Abdruck wird abgesehen.

B. Gesetzestext mit der Begründung zu den einzelnen Vorschriften

Artikel 3
Änderung des Einführungsgesetzes zur Insolvenzordnung

---

1) BT-Drucks. 18/10823 (Gesetzentwurf nebst Begründung).

Anhang XIII

4 Nach Artikel 102b des Einführungsgesetzes zur Insolvenzordnung vom 5. Oktober 1994 (BGBl. I S. 2911), das zuletzt durch Artikel 2 des Gesetzes vom 29. März 2017 (BGBl. I S. 654) geändert worden ist, wird folgender Artikel 102c eingefügt:

„**Artikel 102c**
Durchführung der Verordnung (EU) 2015/848 über Insolvenzverfahren

§ 26
Rechtsmittel gegen die Kostenentscheidung nach Artikel 77 Absatz 4 der Verordnung (EU) 2015/848

5 ¹Gegen die Entscheidung über die Kosten des Gruppen-Koordinationsverfahrens nach Artikel 77 Absatz 4 der Verordnung (EU) 2015/848 ist die sofortige Beschwerde statthaft. ²Die §§ 574 bis 577 der Zivilprozessordnung gelten entsprechend."

Begründung Regierungsentwurf:

6 Nach Artikel 77 Absatz 5 der Neufassung können die Verwalter der Verfahren, die in das Koordinationsverfahren einbezogen sind, gegen die Entscheidung über die Vergütung des Koordinators nach Artikel 77 Absatz 4 der Neufassung das Rechtsmittel einlegen, das nach dem Recht des Mitgliedstaats vorgesehen ist, in dem das Koordinationsverfahren eröffnet wurde. Das deutsche Verfahrensrecht muss daher ein Rechtsmittel für den Fall vorsehen, dass Insolvenzgerichte im Rahmen eines von ihnen eröffneten Koordinationsverfahrens eine Entscheidung über die Kosten nach Artikel 77 Absatz 4 der Neufassung treffen. Nach § 24 des Entwurfs handelt es sich bei dem Rechtsmittel um die sofortige Beschwerde, auf die die §§ 567 ff. und 574 bis 577 ZPO entsprechende Anwendung finden.

Anhang XIV
Indizes

A. Verbraucherpreisindex

Der **Verbraucherpreisindex für Deutschland** von 1949 bis 2015[1] (nachfolgend: VPI) beruht auf einem Indexwert von 100 für das Jahr 2010. Bis 1959 wird das Saarland, bis 1960 wird West-Berlin nicht berücksichtigt. Bis 1961 handelt es sich um den *Preisindex für die Lebenshaltung von 4-Personen-Haushalten von Arbeitern und Angestellten mit mittlerem Einkommen*, von 1962 bis 1999 um den *Preisindex für die Lebenshaltung aller privaten Haushalte*, ab 2000 um den *Verbraucherpreisindex*.

Jahr	Verbraucherpreisindex[2]	Veränderung aus Sicht 2015[3]
1998	84,0	127,26
1999	84,5	126,51
2000	85,7	124,74
2001	87,4	122,31
2002	88,6	120,65
2003	89,6	119,31
2004	91,0	117,47
2005	92,5	115,57
2006	93,9	113,84
2007	96,1	111,24
2008	98,6	108,42
2009	98,9	108,09
2010	100,0	106,90
2011	102,1	104,70
2012	104,1	102,69
2013	105,7	101,14
2014	106,6	100,28
2015	106,9	100,00

Abb. 1: Verbraucherpreisindex (VPI)

---

1) Statistisches Bundesamt Wiesbaden bzw. Destatis [Stand: August 2016].
2) Statistisches Bundesamt Wiesbaden bzw. Destatis [Stand: August 2016].
3) Vom Verfasser ermittelte rückwärtsgerichtete Betrachtung.

Anhang XIV

3 Die Gesamtveränderung von 1998 bis 2015 beträgt nach dem Verbraucherpreisindex somit **27,26 %**. Anders ausgedrückt: Die Kaufkraft von 100 Euro im Jahr 1998 beträgt im Jahr 2015 nur noch 72,74 Euro.

B. Erzeugerpreisindex gesamt

4 Der **Erzeugerpreisindex gewerblicher Produkte im Inlandsabsatz (gesamt)** für Deutschland von 1949 bis 2015[4] (nachfolgend: EPI) beruht ebenfalls auf einem Indexwert von 100 für das Jahr 2010. Bis 1959 wird das Saarland, bis 1960 wird West-Berlin nicht berücksichtigt. Bis 1967 enthalten die Werte Umsatzsteuer, seit 1968 wird auf die Netto-Preise ohne Umsatzsteuer rekurriert.

5

Jahr	Erzeugerpreisindex (gesamt)[5]	Veränderung aus Sicht 2015[6]
1998	81,0	128,27
1999	80,2	129,55
2000	82,6	125,79
2001	85,1	122,09
2002	84,6	122,81
2003	86,0	120,81
2004	87,4	118,88
2005	91,2	113,93
2006	96,2	108,00
2007	97,5	106,56
2008	102,8	101,07
2009	98,5	105,48
2010	100,0	103,90
2011	105,3	98,67
2012	107,0	97,10
2013	106,9	97,19
2014	105,8	98,20
2015	103,9	100,00

Abb. 2: Erzeugerpreisindex gewerblicher Produkte (EPI)

6 Die Gesamtveränderung von 1998 bis 2015 beträgt nach dem Erzeugerpreisindex (gesamt) somit **28,27 %**. Anders ausgedrückt: Die Kaufkraft von 100 Euro im Jahr 1998 beträgt im Jahr 2015 nur noch 71,73 Euro.

---

4) Statistisches Bundesamt Wiesbaden bzw. Destatis [Stand: August 2016].
5) Statistisches Bundesamt Wiesbaden bzw. Destatis [Stand: August 2016].
6) Vom Verfasser ermittelte rückwärtsgerichtete Betrachtung.

Anhang XIV

C. Erzeugerpreisindex für unternehmensnahe Beratungsdienstleistungen

Das Statistische Bundesamt erstellt für zahlreiche Branchen verschiedene Indizes, die im vorgenannten EPI zu einem Gesamtbild zusammengeführt werden. Als Branchenindizes existieren zahlreiche Indizes für Dienstleistungen. Allein für die Tätigkeit von Rechtsanwälten, Steuerberatern, Wirtschaftsprüfern und Notaren existieren mehrere Indizes, die erst seit dem Jahr 2003, z. T. erst seit 2006 ermittelt werden. Auch diese Indizes rekurrieren auf einen Indexwert von 100 für das Jahr 2010, sodass zumindest insoweit eine Vergleichbarkeit mit EPI und VPI gegeben ist.

Zunächst ist es erforderlich, aus diesen verschiedenen **Erzeugerpreisindizes für unternehmensnahe Beratungsdienstleistungen** einen Durchschnittswert zu ermitteln. Hierfür sind Zwischenrechnungen erforderlich:

In einem ersten Schritt wurde aus allen verfügbaren Werten von 2003 (bzw. 2006) bis 2015[7] ein Durchschnittswert (pro Jahr) aller relevanten Dienstleistungen ermittelt. Dieser Durchschnittsindex bezieht sich somit auf die Jahre 2003 bis 2015, nur dass in den Jahren 2003 bis 2005 nur zehn statt elf Branchenindizes berücksichtigt werden konnten.

Im zweiten Schritt wurde jeweils die Veränderung des Durchschnittswerts zum Vorjahr (in %) ermittelt. Dies drückt die jährliche Veränderung aus (ohne Zinseszinseffekt). Für diese folglich für 2004 bis 2015 verfügbaren Werte wurde wiederum ein Durchschnittswert ermittelt, der – immerhin für elf Jahre und somit hinreichend repräsentativ – eine durchschnittliche jährliche Steigerung von 1,67 % pro Jahr ergab. Bis hierhin wurde folglich mit offiziellem Zahlenmaterial gearbeitet.

Nun wurden im dritten Schritt anhand des durchschnittlichen Jahresanstiegs von 1,67 % die für hiesige Zwecke fehlenden Jahre 1998 bis 2002 simuliert, um schließlich die Gesamtentwicklung von 1998 bis 2015 abbilden zu können. Es wurde folglich für diese fehlenden Jahre 1998 bis 2002 konstant ein Anstieg von 1,67 % angenommen, da dies dem durchschnittlichen jährlichen Anstieg für die Jahre 2003 bis 2015 entspricht. Das Gesamtergebnis ist in *Abb. 3* dargestellt.

Die so gewonnenen Ergebnisse wurden in eine Übersicht übertragen, die eine Vergleichbarkeit dieses Erzeugerpreisindex (Dienstleistungen) mit dem Verbraucherpreisindex und dem Erzeugerpreisindex (gesamt) ermöglicht (*Abb. 4*). Abschließend wurden EPI, VPI und Erzeugerpreisindex (Dienstleistungen) einander gegenübergestellt (*Abb. 5*).

---

[7] Statistisches Bundesamt Wiesbaden bzw. Destatis [Stand: Oktober 2016].

Anhang XIV

Jahr	WZ08-69-03[8]	WZ08-6910[9]	DL-RA-01[10]	DL-RA-02[11]	DL-RA-03[12]	DL-NO-01[13]
1998						
1999						
2000						
2001						
2002						
2003		93,4	94,0	91,7	95,6	90,5
2004		94,2	94,8	92,6	96,4	91,3
2005		95,3	95,9	94,0	97,1	92,7
2006	96,5	96,2	96,7	95,4	97,5	93,8
2007	98,2	97,6	97,9	97,7	98,1	95,4
2008	99,6	99,0	99,1	99,0	99,1	98,8
2009	100,4	99,8	99,8	99,5	100,0	100,0
2010	100,0	100,0	100,0	100,0	100,0	100,0
2011	101,3	100,9	100,8	100,9	100,7	101,1
2012	102,7	101,9	101,8	101,9	101,7	102,7
2013	106,9	107,8	106,5	102,9	109,0	117,9
2014	109,2	113,6	111,0	103,7	116,5	133,7
2015	110,4	114,7	112,0	104,7	117,4	135,4
Ø						

Abb. 3: Erzeugerpreisindex Beratungsdienstleistungen (Einzelwerte)

---

[8] Rechts- und Steuerberatung, Wirtschaftsprüfung usw.
[9] Rechtsberatung.
[10] Rechtsanwalts- und Vertretungsleistung.
[11] Rechtsanwalts- und Vertretungsleistungen nach Honorarvereinbarungen.
[12] Rechtsanwalts- und Vertretungsleistungen nach RVG.
[13] Notariatsleistungen.

Anhang XIV

WZ08-6920[14]	WZ08-69201[15]	DL-WP-01[16]	DL-WP-02[17]	WZ08-69203[18]	Ø	Veränderung aus Sicht 2015[19]
					85,91	1,67
					87,35	1,67
					88,81	1,67
					90,29	1,67
					91,80	1,67
93,7	92,9	93,2	94,2	94,1	93,33	1,67
94	93,8	93,9	94,3	94,2	93,95	0,66
95,1	95,2	95,6	95,3	95,2	95,14	1,27
96,1	97,0	97,5	95,8	95,7	96,20	1,11
98	98,7	99,1	97,7	97,6	97,82	1,68
99,8	100,1	100,4	99,7	99,6	99,47	1,69
101,1	100,6	100,7	101,4	101,4	100,43	0,96
100	100,0	100,0	100,0	100,0	100,00	−0,43
101,9	100,8	100,6	102,9	102,5	101,31	1,31
103,9	102,0	101,5	105,6	104,9	102,78	1,45
109,9	104,5	103,4	114,5	112,5	108,71	5,77
110,7	105,5	104,3	115,3	113,3	112,44	3,43
112,2	106,8	105,4	116,9	114,9	113,71	1,13
						1,67

---

14) Wirtschaftsprüfung und Steuerberatung, Buchführung.
15) Wirtschaftsprüfung.
16) Wirtschaftsprüfung: Honorarvereinbarung.
17) Wirtschaftsprüfung: StBGebV/StBVV.
18) Steuerberatung.
19) Vom Verfasser ermittelte rückwärtsgerichtete Betrachtung.

Anhang XIV

14

Jahr	Erzeugerpreisindex (Dienstleistungen)	Veränderung aus Sicht 2015[20]
1998	85,91	132,35
1999	87,35	130,18
2000	88,81	128,04
2001	90,29	125,94
2002	91,80	123,87
2003	93,33	121,84
2004	93,95	121,03
2005	95,14	119,52
2006	96,20	118,20
2007	97,82	116,25
2008	99,47	114,31
2009	100,43	113,23
2010	100,00	113,71
2011	101,31	112,24
2012	102,78	110,63
2013	108,71	104,60
2014	112,44	101,13
2015	113,71	100,00

Abb. 4: Erzeugerpreisindex Beratungsdienstleistungen (gesamt)

15 Die Gesamtveränderung von 1998 bis 2015 beträgt nach dem Erzeugerpreisindex (Beratungsdienstleistungen) somit **32,35 %**. Anders ausgedrückt: Die Kaufkraft von 100 Euro im Jahr 1998 beträgt im Jahr 2015 nur noch 67,65 Euro.

16 Wird der Anstieg bis zum Jahr 2015 in Höhe von 32,35 % noch um jeweils 1,67 % für die Jahre 2016 und 2017 hochgerechnet, betrüge der Wert **35,69 %**.

---

20) Vom Verfasser ermittelte rückwärtsgerichtete Betrachtung.

Anhang XIV

D. Indizes Gegenüberstellung

Jahr	Verbraucherpreisindex[21]	Erzeugerpreisindex (gesamt)[22]	Erzeugerpreisindex (Beratungsdienstleistungen)[23]
1998	84,0	81,0	85,91
1999	84,5	80,2	87,35
2000	85,7	82,6	88,81
2001	87,4	85,1	90,29
2002	88,6	84,6	91,80
2003	89,6	86,0	93,33
2004	91,0	87,4	93,95
2005	92,5	91,2	95,14
2006	93,9	96,2	96,20
2007	96,1	97,5	97,82
2008	98,6	102,8	99,47
2009	98,9	98,5	100,43
2010	100,0	100,0	100,00
2011	102,1	105,3	101,31
2012	104,1	107,0	102,78
2013	105,7	106,9	108,71
2014	106,6	105,8	112,44
2015	106,9	103,9	113,71

Abb. 5: Gegenüberstellung Indizes

---

21) Statistisches Bundesamt Wiesbaden bzw. Destatis [Stand: August 2016].
22) Statistisches Bundesamt Wiesbaden bzw. Destatis [Stand: August 2016].
23) Auf Basis der Daten des Statistischen Bundesamts Wiesbaden bzw. Destatis [Stand: Oktober 2016]. 2003 bis 2015: Durchschnitt aller verfügbaren Branchenindizes für Rechtsanwälte, Steuerberater, Wirtschaftsprüfer. 1998 bis 2002: Rückrechnung des Verfassers auf Basis des durchschnittlichen jährlichen Anstiegs von 2003 bis 2015.

# Anhang XV

Anhang XV
Gesetz zur Erleichterung der Bewältigung von Konzerninsolvenzen *(Auszug)*
vom 13. April 2017 *(BGBl. I 2017, 866)*

1 *Nach einem ersten Gesetzentwurf der Bundesregierung vom 30. August 2013 (BR-Drucks. 663/13) und den Empfehlungen der Ausschüsse vom 27. September 2013 (BR-Drucks. 663/1/13) kam es zu einem überarbeiteten Gesetzentwurf der Bundesregierung vom 30. Januar 2014 (BT-Drucks. 18/407). Nach einigen Verhandlungen kam es schließlich zur Beschlussempfehlung des Rechtsausschusses vom 8. März 2017 (BT-Drucks. 18/11436). Nur die beiden letzten Dokumente werden nachfolgend auszugsweise wiedergegeben, soweit sich eine Vergütungsrelevanz ergeben könnte. Der Vollständigkeit halber kann im Übrigen auf die Rede von* Hirte *im Bundestag am 9. März 2017*[1]) *verwiesen werden. Die redaktionellen Änderungen des Verfassers beschränken sich auf die Nummerierung der Sätze innerhalb eines Paragrafen und die Einfügung von Randziffern.*

A. Allgemeine Begründung

2 *Von einem Abdruck wird abgesehen.*

B. Gesetzestext mit der Begründung zu den einzelnen Vorschriften

Artikel 1
Änderung der Insolvenzordnung

3 Die Insolvenzordnung vom 5. Oktober 1994 (BGBl. I S. 2866), die zuletzt durch Artikel 1 des Gesetzes vom 29. März 2017 (BGBl. I S. 654) geändert worden ist, wird wie folgt geändert:

Nr. 2

4 Nach § 3 werden die folgenden §§ 3a bis 3e eingefügt:

„§ 3d
Verweisung an den Gruppen-Gerichtsstand

(1) ¹Wird die Eröffnung eines Insolvenzverfahrens über das Vermögen eines gruppenangehörigen Schuldners bei einem anderen Insolvenzgericht als dem Gericht des Gruppen-Gerichtsstands beantragt, kann das angerufene Gericht das Verfahren an das Gericht des Gruppen-Gerichtsstands verweisen. ²Eine Verweisung hat auf Antrag zu erfolgen, wenn der Schuldner unverzüglich nachdem er Kenntnis von dem Eröffnungsantrag eines Gläubigers erlangt hat, einen zulässigen Eröffnungsantrag bei dem Gericht des Gruppen-Gerichtsstands stellt.

(2) ¹Antragsberechtigt ist der Schuldner. ²§ 3a Absatz 3 gilt entsprechend.

---

1) Rede des MdB Prof. Dr. *Heribert Hirte* in der zweiten und dritten Lesung des Gesetzentwurfs im Deutschen Bundestag am 9.3.2017, abgedruckt in ZInsO 2017, 592.

Anhang XV

(3) Das Gericht des Gruppen-Gerichtsstands kann den vom Erstgericht bestellten vorläufigen Insolvenzverwalter entlassen, wenn dies erforderlich ist, um nach § 56b eine Person zum Insolvenzverwalter in mehreren oder allen Verfahren über die gruppenangehörigen Schuldner zu bestellen."

Begründung Regierungsentwurf:

Sofern gruppenangehörige Schuldner oder deren Gläubiger etwa in Unkenntnis der Begründung eines Gruppen-Gerichtsstands nach § 3a InsO-E Anträge auf Eröffnung von Gruppen-Folgeverfahren bei anderen Gerichten als bei dem nach § 3a Absatz 1 InsO-E zuständigen Gericht stellen, eröffnet die Vorschrift die Möglichkeit einer Verweisung an das Gericht des Gruppen-Gerichtsstands. Die Verweisung liegt im Ermessen des Gerichts, welches zu prüfen hat, ob eine Verweisung auch bei Berücksichtigung des erreichten Verfahrensstands im Interesse der Gläubiger des Schuldners liegt. Dies kann dann zu verneinen sein, wenn das Verfahren bereits eröffnet wurde und der eingesetzte Verwalter bereits eine Vielzahl von Dispositionen getroffen hat. Erfolgt hingegen unverzüglich nach der Bekanntgabe eines Gläubigerantrags ein Eigenantrag des Schuldners beim Gericht des Gruppen-Gerichtsstands, verweist das Gericht das Verfahren auf Antrag des Schuldners, des vorläufigen Insolvenzverwalters, auf den die Verfügungsbefugnis übergegangen ist, oder des Insolvenzverwalters. In diesem Fall ist durch das Erfordernis der unverzüglichen Eigenantragstellung gewährleistet, dass das Verfahren noch nicht in einer Weise gefördert wurde, die im Verweisungsfall Nachteile für die weitere Verfahrensführung erwarten lässt. Die Verweisung ist für das Gericht, an welches das Verfahren verwiesen wird, bindend. Dies ergibt sich aus dem allgemeinen Rechtsgrundsatz der Bindung von Verweisungsentscheidungen, der in § 17a Absatz 2 Satz 3 und § 102 Satz 2 des Gerichtsverfassungsgesetzes, § 281 Absatz 2 Satz 4 und § 506 Absatz 2 der Zivilprozessordnung, § 48 des Arbeitsgerichtsgesetzes sowie § 3 Absatz 3 Satz 2 des Gesetzes über das Verfahren in Familiensachen und in den Angelegenheiten der freiwilligen Gerichtsbarkeit zum Ausdruck kommt.

Begründung Rechtsausschuss:

(*unverändert übernommen*)

Nr. 4

§ 21 Absatz 2 Satz 1 Nummer 1 wird wie folgt gefasst:

„1. einen vorläufigen Insolvenzverwalter bestellen, für den § 8 Absatz 3 und die §§ 56 bis 56b, 58 bis 66 und 269a entsprechend gelten;"

Begründung Regierungsentwurf:

Die Änderung erweitert den Kreis der von § 21 Absatz 2 Satz 1 Nummer 1 InsO in Bezug genommenen Bestimmungen, die sowohl für den Insolvenzverwalter als auch für den vorläufigen Insolvenzverwalter gelten.

Anhang XV

Begründung Rechtsausschuss:

9 *(unverändert übernommen)*

Nr. 5

10 Nach § 56a wird folgender § 56b eingefügt:

„§ 56b
Verwalterbestellung bei Schuldnern derselben Unternehmensgruppe

(1) ¹Wird über das Vermögen von gruppenangehörigen Schuldnern die Eröffnung eines Insolvenzverfahrens beantragt, so haben die angegangenen Insolvenzgerichte sich darüber abzustimmen, ob es im Interesse der Gläubiger liegt, lediglich eine Person zum Insolvenzverwalter zu bestellen. ²Bei der Abstimmung ist insbesondere zu erörtern, ob diese Person alle Verfahren über die gruppenangehörigen Schuldner mit der gebotenen Unabhängigkeit wahrnehmen kann und ob mögliche Interessenkonflikte durch die Bestellung von Sonderinsolvenzverwaltern ausgeräumt werden können.

(2) ¹Von dem Vorschlag oder den Vorgaben eines vorläufigen Gläubigerausschusses nach § 56a kann das Gericht abweichen, wenn der für einen anderen gruppenangehörigen Schuldner bestellte vorläufige Gläubigerausschuss eine andere Person einstimmig vorschlägt, die sich für eine Tätigkeit nach Absatz 1 Satz 1 eignet. ²Vor der Bestellung dieser Person ist der vorläufige Gläubigerausschuss anzuhören. ³Ist zur Auflösung von Interessenkonflikten ein Sonderinsolvenzverwalter zu bestellen, findet § 56a entsprechende Anwendung."

Begründung Regierungsentwurf:

11 Hängt der Erfolg eines Insolvenzverfahrens für die Beteiligten schon allgemein von der Person und der Strategie des Insolvenzverwalters ab, gilt dies in besonderem Maße bei der Bewältigung der Insolvenzgruppenangehöriger Schuldner. Soll der Vernichtung wirtschaftlicher Werte, die ihre Grundlage darin haben, dass rechtlich selbständige Unternehmen konzernförmig zu einer wirtschaftlichen Einheit verbunden sind, begegnet werden, bedarf es in den Insolvenzverfahren über das Vermögen der verschiedenen Rechtsträger einer abgestimmten Vorgehensweise.

12 Wenn in den einzelnen Verfahren unterschiedliche Personen als Insolvenzverwalter bestellt sind, setzt dies deren stetigen Kontakt zum Austausch von Informationen und zur Koordinierung ihres Vorgehens voraus. Ungeachtet des damit einhergehenden erheblichen Aufwands werden sich Lücken im Informationsfluss und Ineffizienzen im Abstimmungsvorgang kaum vermeiden lassen.

13 Eine bestmögliche Abstimmung der einzelnen Insolvenzverfahren bei geringen Kommunikationserfordernissen lässt sich am ehesten erreichen, wenn dieselbe Person zum Insolvenzverwalter für die gruppenangehörigen Schuldner bestimmt wird. Diese Person kann dann ohne tatsächlich und rechtlich aufwändige Abstimmungsprozesse mit anderen Verwaltern eine Gesamtstrategie zur optimalen Bewältigung der Konzerninsolvenz entwickeln und umsetzen.

14 Die Bestellung einer Person zum Insolvenzverwalter für mehrere oder alle Rechtsträger eines Konzerns wird bereits nach geltendem Recht als grundsätzlich zulässig

Anhang XV

angesehen und entspricht, soweit Verfahren bei demselben Gericht anhängig sind, einer vielfach geübten Praxis. Soweit bei Bestellung einer Person zum Insolvenzverwalter des Vermögens mehrerer konzernverbundener Rechtsträger ein Interessenkonflikt auftritt, kann dem durch die Bestellung von Sonderinsolvenzverwaltern Rechnung getragen werden. Die Möglichkeit, nach geltendem Insolvenzrecht einen Sonderverwalter zu bestellen, soweit der Insolvenzverwalter selbst tatsächlich oder rechtlich verhindert ist, sein Amt auszuüben, ist in Rechtsprechung und Schrifttum allgemein anerkannt (BGH, Beschluss vom 18. Juni 2009 – IX ZB 13/09; Graf-Schlicker in dies., Kommentar zur Insolvenzordnung, 3. Aufl., §§ 56, 56a Rz. 85 f. m. w. N.).

Die Bestellung einer Person zum Insolvenzverwalter für mehrere gruppenangehörige Schuldner wird dann ausscheiden, wenn konzerninterne Interessenkonflikte die Unabhängigkeit des Verwalters gefährden und diesen Interessenkonflikten durch die Bestellung von Sonderinsolvenzverwaltern nicht ausreichend begegnet werden kann. Unzweckmäßig erscheint eine Bestellung derselben Person zum Verwalter, wenn sie die Einbindung von Sonderinsolvenzverwaltern in einem Umfang erfordert, der außer Verhältnis zu den Vorteilen der einheitlichen Verwalterstellung steht. Sind die einzelnen Konzernunternehmen in ganz unterschiedlichen Geschäftsfeldern tätig, mag eine Person auch nicht für alle Insolvenzverfahren die nach § 56 Absatz 1 InsO erforderliche Sachkunde mitbringen. 15

Werden Insolvenzeröffnungsanträge über das Vermögen gruppenangehöriger Schuldner bei verschiedenen Insolvenzgerichten gestellt, setzt die Entscheidung in den bei den Gerichten geführten einzelnen Verfahren, ob die Bestellung einer Person oder verschiedener Personen zum Verwalter erfolgen soll, einen Abstimmungsprozess zwischen den Gerichten voraus, welchen die Insolvenzordnung bislang weder fordert noch fördert. 16

Die Regelung in § 56b Absatz 1 InsO-E trägt der Bedeutung der Verwalterbestellung im Konzernkontext Rechnung, indem sie für den Gegenstand und den Ablauf des Entscheidungsprozesses einen stabilen Rechtsrahmen schafft. Sind Anträge auf Eröffnung des Insolvenzverfahrens über das Vermögen gruppenangehöriger Schuldner bei mehreren Insolvenzgerichten anhängig, haben sich diese darüber abzustimmen, ob dieselbe Person zum Insolvenzverwalter bestellt werden soll. 17

Eine einheitliche Verwalterbestellung wird immer dann in Betracht zu ziehen sein, wenn sie den Zielen der Insolvenzordnung dienen kann. Das wird namentlich dann der Fall sein, wenn die Bestellung derselben Person zum Verwalter in den verschiedenen Verfahren geeignet erscheint, die Verluste der Gläubiger durch die Insolvenz ihres Schuldners möglichst gering zu halten. Ausscheiden wird eine einheitliche Verwalterbestellung demgegenüber dann, wenn die Unabhängigkeit des Verwalters bei Bestellung in mehreren Verfahren besonders gefährdet ist. Diese Gefahr besteht insbesondere dann, wenn das Vermögen eines insolventen Unternehmens im Wesentlichen aus nicht feststehenden Ansprüchen gegen andere gruppenangehörige Schuldner besteht. Neben der für mehrere Rechtsträger zum Verwalter bestellten Person müssten dann Sonderverwalter für die Durchsetzung bzw. Abwehr dieser Ansprüche bestellt werden, deren Tätigkeit voraussichtlich so umfangreich 18

Anhang XV

wäre, dass die einheitliche Verwalterbestellung für das Erreichen der Ziele der Insolvenzverfahren letztlich keine Vorteile verspricht.

19 Das Abstimmungsbedürfnis besteht unabhängig davon, ob die Insolvenzanträge von Schuldnern, von Gläubigern oder sowohl von Schuldnern als auch von Gläubigern gestellt worden sind. § 56b Absatz 1 InsO-E sieht deshalb insoweit keine Einschränkungen vor.

20 Die funktionelle Zuständigkeit für die Abstimmung richtet sich nach den allgemeinen Bestimmungen. Die Abgrenzung der Zuständigkeit des Richters von der des Rechtspflegers bestimmt sich demgemäß nach § 18 Absatz 1 des Rechtspflegergesetzes (RPflG).

21 Die Gerichte haben sich zumindest darüber abzustimmen, ob die Unabhängigkeit der Verwalter gewahrt ist oder ob mögliche Interessenkonflikte über die Einsetzung von Sonderinsolvenzverwaltern entschärft werden können.

22 Ist in einem Verfahren, das einen gruppenangehörigen Schuldner betrifft, ein vorläufiger Gläubigerausschuss bestellt, sind die Gläubiger dieses Schuldners über den vorläufigen Gläubigerausschuss nach Maßgabe von § 56a InsO in den Entscheidungsprozess zur Person des Verwalters einbezogen.

23 Durch § 56b Absatz 2 InsO-E wird den Besonderheiten des Konzernkontextes, die sich unter dem Gesichtspunkt der Gläubigerautonomie bei der Bestellung des Insolvenzverwalters ergeben, Rechnung getragen. Auch bei Eröffnungsverfahren, die gruppenangehörige Schuldner betreffen, gilt § 56a InsO in den einzelnen Verfahren. Schlagen die vorläufigen Gläubigerausschüsse in den Verfahren aber jeweils einstimmig verschiedene geeignete Personen als Verwalter vor oder machen sie unterschiedliche Vorgaben, wären die Insolvenzgerichte nach § 56a Absatz 2 InsO gehindert, in den einzelnen Verfahren dieselbe Person als Verwalter zu bestellen. Trotz Vorteilen für die Gläubiger der einzelnen Rechtsträger wäre eine einheitliche Verwalterbestellung nicht möglich. § 56b Absatz 2 InsO-E sieht deshalb vor, dass das Gericht von dem Vorschlag oder den Vorgaben des von ihm eingesetzten vorläufigen Gläubigerausschusses abweichen kann, wenn der vorläufige Gläubigerausschuss eines anderen gruppenangehörigen Schuldners einstimmig eine geeignete andere Person als Verwalter vorschlägt. Die in § 56a InsO vorgeschriebene Beteiligung der Gläubiger eines Rechtsträgers bei der Verwalterbestellung wird so nur in dem Umfang eingeschränkt, wie es im Hinblick auf die Konzernverbindung der Schuldner erforderlich ist. Eine Abweichung von § 56a Absatz 2 InsO ist nur zulässig, wenn der für einen anderen gruppenangehörigen Schuldner bestellte vorläufige Gläubigerausschuss die Person, die als Verwalter bestellt werden soll, einstimmig vorgeschlagen hat. Dadurch wird dem Gesichtspunkt der Gläubigerautonomie auch im Rahmen des Konzernkontextes Geltung verschafft. Auf der Ebene des einzelnen verbundenen Unternehmens wird dem Erfordernis rechtlichen Gehörs durch die vorgesehene Anhörung des vorläufigen Gläubigerausschusses, dessen Vorschlag oder Vorgaben die Verwalterbestellung nicht entspricht, Rechnung getragen.

24 In Rechtsprechung und Schrifttum ist allgemein anerkannt, dass die §§ 56 ff. InsO – jedenfalls entsprechend – auch für die Bestellung eines Sonderinsolvenzverwalters

gelten (BGH, Beschluss vom 5. Februar 2009 – IX ZB 187/08 – Tz. 4; Graf-Schlicker in dies., a. a. O., §§ 56, 56a Rz. 87 m. w. N.). In § 56b Absatz 2 Satz 3 InsO-E wird klargestellt, dass § 56a InsO bei Bestellung eines Sonderinsolvenzverwalters ohne die Einschränkung des § 56b Absatz 2 Satz 1 InsO-E entsprechend Anwendung findet. Angesichts der Bedeutung des Sonderinsolvenzverwalters für die rechtsträgerbezogene Wahrung der Gläubigerinteressen wäre eine Einschränkung von § 56a InsO nicht sachgerecht, mag die Gläubigerbeteiligung bei der Bestellung des Sonderverwalters auch mit einem gewissen verfahrensrechtlichen Aufwand verbunden sein. § 56a InsO gilt unabhängig vom Zeitpunkt der Bestellung des Sonderverwalters und auch dann, wenn dessen Wirkungskreis nur beschränkt ist. Es kann insoweit offen bleiben, ob dies auch außerhalb eines Konzernkontextes anzunehmen ist. Die uneingeschränkte Geltung von § 56a InsO ist im Hinblick auf die in § 56b Absatz 2 Satz 1 InsO-E für Konzerninsolvenzen vorgesehene Einschränkung der in § 56a InsO geregelten Gläubigerbeteiligung bei der Verwalterbestellung erforderlich. Sie dient der Wahrung der Gläubigerinteressen.

Begründung Rechtsausschuss:

(unverändert übernommen) 25

Nr. 6

Nach § 269 wird folgender Siebter Teil eingefügt: 26

„Siebter Teil
Koordinierung der Verfahren von Schuldnern, die derselben
Unternehmensgruppe angehören

Erster Abschnitt
Allgemeine Bestimmungen

§ 269a
Zusammenarbeit der Insolvenzverwalter

¹Die Insolvenzverwalter gruppenangehöriger Schuldner sind untereinander zur Unterrichtung und Zusammenarbeit verpflichtet, soweit hierdurch nicht die Interessen der Beteiligten des Verfahrens beeinträchtigt werden, für das sie bestellt sind. ²Insbesondere haben sie auf Anforderung unverzüglich alle Informationen mitzuteilen, die für das andere Verfahren von Bedeutung sein können."

Begründung Regierungsentwurf:

Die Vorgaben des § 1 InsO für den Insolvenzverwalter, eine Verfahrensgestaltung 27
zu wählen, die zu einer bestmöglichen Gläubigerbefriedigung führt, wird sich im Fall einer Konzerninsolvenz nur dann verwirklichen lassen, wenn die involvierten Verwalter möglichst gut zusammenarbeiten. Nur so kann es gelingen, den wirtschaftlichen Mehrwert zu bewahren, der in einer konzernrechtlichen Verflechtung angelegt sein kann. Der Insolvenzverwalter ist die zentrale Figur des Verfahrens. Von seiner Eignung hängt es ganz wesentlich ab, ob eine Verfahrensgestaltung, die zu einer optimalen Gläubigerbefriedigung führt, gelingt. Deshalb sind vorrangig die Verwalter berufen, für eine abgestimmte Abwicklung der Insolvenzverfahren über

Anhang XV

das Vermögen der gruppenangehörigen Schuldner zu sorgen. Im internationalen Kontext wurde dieser Bedeutung der Insolvenzverwalter im Rahmen von Artikel 31 EuInsVO und § 357 InsO Rechnung getragen. Aus diesen Vorschriften werden umfangreiche Kooperations- und Unterrichtungspflichten hergeleitet, die allerdings eine besondere Ausrichtung dadurch erfahren, dass lediglich das Vermögen eines Rechtsträgers betroffen ist und zwischen den Verfahren eine deutliche Hierarchie besteht.

28 § 269a InsO-E verpflichtet die Verwalter der gruppenangehörigen Schuldner zur Unterrichtung und Zusammenarbeit. Die Unterrichtung oder die Mitteilung von Informationen stellen dabei lediglich einen besonders wichtigen Fall der Zusammenarbeit dar. Zu den grundlegenden Informationen, auf die alle Verwalter der Gruppe angewiesen sind, gehört die grundsätzliche Weichenstellung, ob eine Sanierung angestrebt wird oder das Unternehmen liquidiert werden soll. Dies ist evident, wenn ein Unternehmen Leistungen erbringt, auf die alle anderen Gruppenmitglieder angewiesen sind. So ist es häufig für die eigene Sanierungsfähigkeit von ausschlaggebender Bedeutung, ob diese Leistungen weiterhin zur Verfügung stehen. Werden sonstige Informationen angefordert, die etwa für die Betriebsfortführung eines anderen Unternehmens benötigt werden, so ist dieser Bitte zu entsprechen, wenn hierdurch keine Nachteile für die eigene Masse entstehen können oder diese Nachteile kompensiert werden. Allgemein sollte dem Wunsch nach Information oder sonstiger Unterstützung nachgekommen werden, wenn der Aufwand überschaubar ist, die eigene Masse nicht geschmälert und die Leistung marktgerecht vergütet wird.

29 Bei der Ausgestaltung der Zusammenarbeit zwischen den Insolvenzverwaltern gruppenangehöriger Schuldner wird jedoch zu berücksichtigen sein, dass die insolvenzspezifischen Pflichten des Verwalters vorrangig gegenüber den Gläubigern seines Verfahrens bestehen. In ihrem Interesse hat er primär für eine bestmögliche Verwertung des schuldnerischen Vermögens zu sorgen. Insofern limitiert § 269a InsO-E die Pflicht zur Zusammenarbeit von vornherein dadurch, dass der Verwalter durch die ihm gebotene Kooperation nicht die Interessen der Gläubiger seines Verfahrens beeinträchtigen darf. So wäre er etwa nicht verpflichtet, Umstände mitzuteilen, die dem Verwalter eines anderen gruppenangehörigen Schuldners erst die Grundlage für eine Insolvenzanfechtung liefern. Eine Entschärfung denkbarer Pflichtenkollisionen kann möglicherweise über die in § 269h Absatz 2 Nummer 3 InsO-E angesprochenen Insolvenzverwalterverträge erreicht werden. In einer solchen vertraglichen Vereinbarung kann etwa geregelt werden, wie gruppeninterne Streitigkeiten oder konzerntypische Geschäfte – zu nennen sind in diesem Zusammenhang etwa die Lieferung zu Konzernverrechnungspreisen – zu einem möglichst befriedigenden Ausgleich für alle involvierten Unternehmen gebracht werden können. Weitere Schwierigkeiten einer Zusammenarbeit im Konzernverbund sind darin begründet, dass die Insolvenzverwalter häufig gleichzeitig auch eine Gläubigerposition auszufüllen haben, von einem anderen Verwalter somit Informationen begehren und gleichzeitig in diesem Verfahren ihre Forderungen anmelden. Diese janusköpfige Situation der Verwalter gilt es bei der Bestimmung der Kooperationspflichten im Auge zu behalten.

Anhang XV

Im Fall einer Konzerninsolvenz besteht die Pflicht der Verwalter der einzelnen 30
Unternehmen zunächst darin, sich unabhängig von einem möglichen Koordinationsplan über die gesamte Unternehmensgruppe sachkundig zu machen und Lösungen zu erarbeiten, die für die Beteiligten ihres Verfahrens möglichst vorteilhaft sind. Insofern haben sie auch zu berücksichtigen, ob ein in den konzernrechtlichen Verflechtungen angelegter Mehrwert zum Nutzen ihrer Insolvenzgläubiger fruchtbar gemacht werden kann. Daraus ergibt sich, dass sie nicht verpflichtet sind, ein übergeordnetes Konzerninteresse im Auge zu behalten, ohne dass dies Auswirkungen auf die Belange der Gläubiger ihres Verfahrens hätte. Vielmehr ist der konzernrechtliche Verbund für sie nur dann von Belang, wenn er sich positiv auf die Verwertung der Insolvenzmasse des Verfahrens auswirkt, für das sie bestellt wurden. Über diese grundlegende Verpflichtung hinaus sind die Insolvenzverwalter der Einzelunternehmen jedoch nicht gehalten, die Parallelverfahren eingehend mitzubegleiten, um gegebenenfalls unaufgefordert Informationen oder sonstige Unterstützungsmaßnahmen für das andere Verfahren bereitzustellen. Eine Verpflichtung zum Tätigwerden und insbesondere zur Unterrichtung der anderen Verwalter besteht somit nach § 269a InsO-E nur, wenn der Verwalter eines Parallelverfahrens eine solche Unterstützung erbittet.

<u>Begründung Rechtsausschuss:</u>

(unverändert übernommen) 31

„§ 269c 32
Zusammenarbeit der Gläubigerausschüsse

(1) ¹Auf Antrag eines Gläubigerausschusses, der in einem Verfahren über das Vermögen eines gruppenangehörigen Schuldners bestellt ist, kann das Gericht des Gruppen-Gerichtsstands nach Anhörung der anderen Gläubigerausschüsse einen Gruppen-Gläubigerausschuss einsetzen. ²Jeder Gläubigerausschuss oder vorläufige Gläubigerausschuss eines gruppenangehörigen Schuldners, der nicht von offensichtlich untergeordneter Bedeutung für die gesamte Unternehmensgruppe ist, stellt ein Mitglied des Gruppen-Gläubigerausschusses. ³Ein weiteres Mitglied dieses Ausschusses wird aus dem Kreis der Vertreter der Arbeitnehmer bestimmt.

(2) ¹Der Gruppen-Gläubigerausschuss unterstützt die Insolvenzverwalter und die Gläubigerausschüsse in den einzelnen Verfahren, um eine abgestimmte Abwicklung dieser Verfahren zu erleichtern. ²Die §§ 70 bis 73 gelten entsprechend. ³Hinsichtlich der Vergütung gilt die Tätigkeit als Mitglied im Gruppen-Gläubigerausschuss als Tätigkeit in dem Gläubigerausschuss, den das Mitglied im Gruppen-Gläubigerausschuss vertritt.

(3) Dem Gläubigerausschuss steht in den Fällen der Absätze 1 und 2 ein vorläufiger Gläubigerausschuss gleich."

<u>Begründung Regierungsentwurf:</u>

(1) Auf Antrag eines Gläubigerausschusses, der in einem Verfahren über das Vermögen 33
eines gruppenangehörigen Schuldners bestellt ist, kann das Gericht des Gruppen-Gerichtsstands nach Anhörung der anderen Gläubigerausschüsse einen Gruppen-Gläubigerausschuss einsetzen, in dem die Gläubigerausschüsse der gruppenangehörigen Schuld-

Anhang XV

ner, die nicht offensichtlich von untergeordneter Bedeutung für die gesamte Unternehmensgruppe sind, durch jeweils eine Person vertreten sind.

(Abs. 2 und 3 unverändert)

34 Die Gewährleistung einer von den Gläubigern mitgetragenen und geförderten Koordinierung der einzelnen Verfahren über das Vermögen gruppenangehöriger Schuldner erfordert es, auch mit Bezug auf Gläubigerausschüsse die Möglichkeit einer institutionalisierten Zusammenarbeit vorzusehen. Absatz 3 stellt den vorläufigen Gläubigerausschuss in diesem Zusammenhang dem Gläubigerausschuss gleich.

35 Über ein geregeltes Zusammenwirken der (vorläufigen) Gläubigerausschüsse können die Insolvenzverwalter dazu angehalten werden, sinnvolle abgestimmte Strategien zu verfolgen und von unproduktiven Prozessen gegen Verwalter anderer gruppenangehöriger Schuldner abzusehen. Der Gruppen-Gläubigerausschuss nimmt insoweit das Interesse aller Gläubiger von Schuldnern der Unternehmensgruppe wahr.

36 Absatz 1 sieht aus diesen Gründen vor, dass auf Antrag eines (vorläufigen) Gläubigerausschusses zur Erleichterung einer abgestimmten Verfahrensabwicklung ein mit Vertretern der bestehenden (vorläufigen) Gläubigerausschüsse besetzter Gruppen-Gläubigerausschuss eingesetzt werden kann.

37 Die Bestellung des Gruppen-Gläubigerausschusses kann nur auf Antrag eines vorläufigen Gläubigerausschusses oder Gläubigerausschusses erfolgen. Nach der Terminologie des § 269c InsO-E wird er in beiden Fällen als Gruppen-Gläubigerausschuss bezeichnet. Bei Fehlen eines Antrags findet die Bestellung des Gruppen-Gläubigerausschusses auch dann nicht statt, wenn die Voraussetzungen des § 22a InsO für die Bestellung eines vorläufigen Gläubigerausschusses bei der Unternehmensgruppe oder einem der ihr angehörenden Unternehmen vorliegen. Das Gericht des Gruppen-Gerichtsstands hat nach pflichtgemäßem Ermessen darüber zu entscheiden, ob es einen Gruppen-Gläubigerausschuss bestellt. Von maßgeblicher Bedeutung kann dabei sein, ob unter Berücksichtigung aller Umstände, insbesondere des Aufwands und Nutzens, das Bedürfnis für einen Gruppen-Gläubigerausschuss besteht und wie sich die Gläubigerausschüsse im Rahmen ihrer Anhörung zur Einsetzung eines Gruppen-Gläubigerausschusses geäußert haben.

38 Die Gläubigerausschüsse sind im Gruppen-Gläubigerausschuss durch jeweils eine Person vertreten. Die Regelung differenziert nicht nach der Bedeutung der gruppenverbundenen Schuldner, deren Gläubigerausschüsse im Gruppen-Gläubigerausschuss vertreten sind. Dem liegt die Erwägung zugrunde, dass die Kompetenz des Gruppen-Gläubigerausschusses auf die Unterstützung der Insolvenzverwalter und Gläubigerausschüsse in den einzelnen Verfahren mit dem Ziel einer abgestimmten Verfahrensabwicklung sowie die Zustimmung oder Ablehnung eines Koordinationsplans beschränkt ist. Auch zu den Vertretern der (vorläufigen) Gläubigerausschüsse macht die Regelung keine Vorgaben. Dies ist von dem Gedanken geleitet, dass die Gläubigerausschüsse, über deren Zusammensetzung jeweils auf der Ebene der einzelnen Verfahren entschieden worden ist, über ihren Vertreter als Gremium im Gruppen-Gläubigerausschuss repräsentiert sind. Das Insolvenzgericht entscheidet bei der Beschlussfassung über die Bestellung eines Gruppen-Gläubigerausschusses zugleich über dessen Besetzung. Im Rahmen ihrer Antragstellung oder

Anhang XV

Anhörung nach Absatz 1 können die Gläubigerausschüsse Besetzungsvorschläge machen. Das Insolvenzgericht kann bei der Entscheidung, ob es solchen Vorschlägen folgt, berücksichtigen, dass die Akzeptanz des Gruppen-Gläubigerausschusses und seiner Tätigkeit bei allen Gläubigern häufig davon abhängen wird, dass möglichst alle Gläubigergruppen in ihm repräsentiert sind.

Nach Absatz 2 Satz 1 unterstützt der Gruppen-Gläubigerausschuss die Insolvenzverwalter und die vorläufigen Gläubigerausschüsse bzw. Gläubigerausschüsse in den einzelnen Verfahren mit dem Ziel der Erleichterung einer abgestimmten Verfahrensabwicklung. Diese Aufgabe kommt ihm auch gegenüber dem Koordinationsverwalter als dem für eine abgestimmte Abwicklung zuständigen Insolvenzverwalter zu. Nach § 269e Absatz 2 InsO-E ist der Gruppen-Gläubigerausschuss in das Verfahren zur Entscheidung über die Person des Koordinationsverwalters eingebunden. Für Beschlüsse des Gruppen-Gläubigerausschusses bestimmt Absatz 2 Satz 2 die entsprechende Geltung der §§ 70 bis 73 InsO. In Absatz 2 Satz 3 ist geregelt, dass die Tätigkeit eines Mitglieds des Gruppen-Gläubigerausschusses hinsichtlich der Vergütung als Tätigkeit in dem Gläubigerausschuss gilt, den das Mitglied im Gruppen-Gläubigerausschuss vertritt. Mitglieder des Gruppen-Gläubigerausschusses haben damit Vergütungs- und Auslagenerstattungsansprüche nach § 73 InsO, deren Höhe sich nach den Regelungen im Vierten Abschnitt der Insolvenzrechtlichen Vergütungsverordnung richtet und die in dem Insolvenzverfahren festzusetzen sind, in dem der vertretene Gläubigerausschuss bestellt ist. 39

Die Frage, ob eine Pflicht von (vorläufigen) Gläubigerausschüssen zur Zusammenarbeit besteht, wird mit der Regelung in § 269c InsO-E nicht entschieden. Die Gleichstellung des vorläufigen Gläubigerausschusses mit dem Gläubigerausschuss nach Absatz 3 ist eine nicht verallgemeinerungsfähige Sonderregelung. 40

<u>Begründung Rechtsausschuss:</u>

(Abs. 2 und 3 wurden unverändert übernommen.) 41

Mit der Änderung wird sichergestellt, dass die Arbeitnehmer im Gruppen-Gläubigerausschuss vertreten sind. Neben den von den (vorläufigen) Gläubigerausschüssen der gruppenangehörigen Schuldner entsandten Mitgliedern, zu denen auch Arbeitnehmervertreter zählen können, ist aus dem Kreis der Arbeitnehmer ein weiteres Mitglied zu bestimmen. 42

„Zweiter Abschnitt
Koordinationsverfahren

§ 269d
Koordinationsgericht

43

(1) Wird über die Vermögen von gruppenangehörigen Schuldnern die Eröffnung von Insolvenzverfahren beantragt oder wurden solche Verfahren eröffnet, kann das für die Eröffnung von Gruppen-Folgeverfahren zuständige Gericht (Koordinationsgericht) auf Antrag ein Koordinationsverfahren einleiten.

(2) ¹Antragsberechtigt ist jeder gruppenangehörige Schuldner. ²§ 3a Absatz 3 findet entsprechende Anwendung. ³Antragsberechtigt ist auch jeder Gläubiger-

Anhang XV

ausschuss oder vorläufige Gläubigerausschuss eines gruppenangehörigen Schuldners auf der Grundlage eines einstimmigen Beschlusses."

<u>Begründung Regierungsentwurf:</u>

44 Die Vorschrift regelt in ihrem Absatz 1 die Einleitung des Koordinationsverfahrens nach den §§ 269d bis 269i InsO-E, Absatz 2 regelt die Berechtigung zur Stellung eines Antrags auf Einleitung des Koordinationsverfahrens.

45 Das Koordinationsverfahren der §§ 269a bis 269i InsO-E wird nach Absatz 1 auf Antrag durch das Koordinationsgericht eingeleitet. Dieses ist mit dem Gericht identisch, das nach § 3a InsO-E für Gruppen-Folgeverfahren zuständig ist. Die Einleitung des Koordinationsverfahrens erfolgt durch Beschluss, wenn über eine Mehrzahl von Unternehmensträgern, die derselben Unternehmensgruppe im Sinne des § 3e InsO-E angehören, ein Insolvenzverfahren anhängig oder eröffnet wurde und wenn dies von einem nach Absatz 2 zur Antragstellung Befugten beantragt wird. Liegen diese Voraussetzungen vor, leitet das Koordinationsgericht das Koordinationsverfahren ein, wenn dies im Interesse der Gläubiger liegt. Die Einleitung kann unterbleiben, wenn ein Koordinierungsverfahren nach den Umständen des Falls keine Vorteile erwarten lässt, die in angemessenem Verhältnis zu den zusätzlichen Kosten stehen.

46 Die Antragsberechtigung steht nach Absatz 2 jedem gruppenangehörigen Schuldner zu, über dessen Vermögen noch kein Insolvenzverfahren eröffnet wurde und für den kein starker vorläufiger Insolvenzverwalter nach § 22 Absatz 1 InsO bestellt wurde. Soweit ein Verfahren eröffnet oder ein starker vorläufiger Insolvenzverwalter bestellt wurde, kommt dem jeweils bestellten (vorläufigen) Verwalter sowie dem jeweils eingesetzten (vorläufigen) Gläubigerausschuss das Antragsrecht zu.

<u>Begründung Rechtsausschuss:</u>

47 *(unverändert übernommen)*

48 „§ 269e
Verfahrenskoordinator

(1) ¹Das Koordinationsgericht bestellt eine von den gruppenangehörigen Schuldnern und deren Gläubigern unabhängige Person zum Verfahrenskoordinator. ²Die zu bestellende Person soll von den Insolvenzverwaltern und Sachwaltern der gruppenangehörigen Schuldner unabhängig sein. ³Die Bestellung eines gruppenangehörigen Schuldners ist ausgeschlossen.

(2) Vor der Bestellung des Verfahrenskoordinators gibt das Koordinationsgericht einem bestellten Gruppen-Gläubigerausschuss Gelegenheit, sich zu der Person des Verfahrenskoordinators und den an ihn zu stellenden Anforderungen zu äußern."

<u>Begründung Regierungsentwurf:</u>

49 *(Von einem Abdruck des Entwurfstextes wird abgesehen, da der Rechtsausschuss lediglich den im Regierungsentwurf verwendeten Begriff des* Koordinationsverwalters *durch den Begriff des* Verfahrenskoordinators *ersetzt hat.)*

Anhang XV

Die wichtigste Rolle bei der Abstimmung der einzelnen Insolvenzverfahren über gruppenangehörige Schuldner hat der Koordinationsverwalter auszufüllen. Ihm obliegt es, die geeigneten Maßnahmen zu ergreifen, um eine Abwicklung der Verfahren dergestalt sicherzustellen, dass es nicht zu Reibungsverlusten kommt. 50

Nach Absatz 1 ist für diese Aufgabe eine von den gruppenangehörigen Schuldnern und deren Gläubigern unabhängige Person zu bestellen. Das Erfordernis der Unabhängigkeit von den Schuldnern und deren Gläubigern folgt zunächst aus den allgemeinen Grundsätzen zur Verwalterbestellung (§ 56 Absatz 1 Satz 1 InsO) und gewährleistet, dass die Koordinationsaufgaben allein im gemeinsamen Interesse der Gläubiger wahrgenommen werden. 51

Im Unterschied zur Verwalterbestellung auf der Ebene der einzelnen Verfahren kommt nach Absatz 1 Satz 3 die Bestellung eines Schuldners zum Koordinationsverwalter auch dann nicht in Betracht, wenn bei diesem die Eigenverwaltung angeordnet ist. Dahinter steht die Erwägung, dass ansonsten die Bestellung eines „Koordinationssachwalters" erforderlich würde, der die Aufgabenwahrnehmung durch den „eigenverwaltenden Koordinationsverwalter" überwacht. Das damit ins Spiel kommende Erfordernis einer Abstimmung des „eigenverwaltenden Koordinationsverwalters" mit dem „Koordinationssachwalter" würde den zeitlichen und sachlichen Erfordernissen der Koordinationsaufgabe nicht gerecht werden und insbesondere die notwendige Flexibilität der Koordinationsverwaltung beschränken. Auch wäre die Befassung von eigenverwaltenden Schuldnern mit konzernübergreifenden Koordinationsaufgaben jedenfalls in den Fällen problematisch, in denen der Schuldner vor dem Insolvenzfall keinerlei Aufgaben im Zusammenhang mit der Konzernleitung wahrgenommen hat. 52

Darüber hinaus soll der Koordinationsverwalter auch von den bestellten Insolvenzverwaltern und Sachwaltern unabhängig sein. Der Koordinationsverwalter ist darauf angewiesen, dass seine Person und seine Maßnahmen bei den Insolvenzverwaltern akzeptiert werden. Interessenkonflikte, die zwischen den Verwaltern der einzelnen Verfahren bestehen, können aber den Aufbau der erforderlichen Basis für wechselseitiges Vertrauen erschweren. Die Bestellung einer neutralen dritten Person vermag zu gewährleisten, dass über das Koordinationsverfahren keine Eigeninteressen verfolgt werden und dass der Koordinationsverwalter in seiner neutralen Vermittlerrolle akzeptiert wird. Wird ein Insolvenzverwalter zum Koordinationsverwalter bestellt, drohen zudem die Auskunftsrechte, die dem Koordinationsverwalter nach § 269f Absatz 2 InsO-E zustehen, ins Leere zu laufen. Denn Verwalter könnten dann einem Auskunftsersuchen des Koordinationsverwalters die aus § 269a InsO-E resultierenden Grenzen der Kooperationspflichten auf der Ebene der Verwalter entgegensetzen. Vor diesem Hintergrund wird die Bestellung eines Insolvenzverwalters nur dann in Betracht kommen, wenn die vorgenannten Nachteile nicht zu befürchten sind oder wenn sie durch andere Vorteile, die etwa in der besonderen Expertise und Erfahrung des zu bestellenden Verwalters begründet sein können, kompensiert werden. Zudem kann die Einbeziehung eines Dritten gerade bei einer kleinen Unternehmensgruppe unverhältnismäßigen Einarbeitungs- und Kostenaufwand verursachen. Diese Erwägungen gelten grundsätzlich auch für die Sach- 53

Anhang XV

walter von gruppenangehörigen Schuldnern, bei denen die Eigenverwaltung angeordnet ist.

54 Bei der Auswahl des Koordinationsverwalters hat das Koordinationsgericht darauf zu achten, dass die zu bestellende Person geeignet ist, konfligierende Interessen möglichst zu entschärfen und Verwalter auf ein gemeinsames Ziel auszurichten, die es sonst nur gewohnt sind, sich an ihren eigenen Interessen rsp. den Interessen ihres Verfahrens zu orientieren. Insofern werden Erfahrungen in der Mediation im Regelfall hilfreich sein. Bei der Eignung des Koordinationsverwalters wird es je nach Struktur der betroffenen Unternehmensgruppe auch darauf ankommen, ob der Betreffende bereits Erfahrungen mit größeren Konzerninsolvenzen gesammelt hat. Daraus ergibt sich auch zwanglos, dass das Gericht nicht gehalten ist, den Verwalter des größten gruppenangehörigen Schuldners zu bestellen oder bei einem hierarchisch gegliederten Konzern den Verwalter des Mutterunternehmens als Koordinationsverwalter einzusetzen.

55 Im Interesse einer Stärkung der Gläubigerautonomie schreibt Absatz 2 in Anlehnung an § 56a Absatz 1 InsO vor, dass vor Bestellung des Koordinationsverwalters der Gruppen-Gläubigerausschuss gehört werden muss. Diesem Gremium kommt eine exponierte Stellung bei der Abstimmung der einzelnen Verfahren zu. Der Ausschuss hat ebenfalls darauf zu achten, dass bei gruppeninternen Auseinandersetzungen das übergeordnete Ziel einer bestmöglichen Gläubigerbefriedigung nicht aus dem Auge verloren wird. Unter diesem Blickwinkel ist auch der Koordinationsverwalter zu bestimmen. Durch die Verweisung in § 269f Absatz 3 InsO-E auf § 56a Absatz 2 InsO wird sichergestellt, dass die Anhörung des Gruppen-Gläubigerausschlusses nicht im Unverbindlichen bleibt, sondern die wesentlichen Vorgaben für das Koordinationsgericht festlegt.

<u>Begründung Rechtsausschuss:</u>

56 Durch den Begriff „Verfahrenskoordinator" wird besser zum Ausdruck gebracht, dass sich die Aufgaben der im Gesetzentwurf der Bundesregierung noch als „Koordinationsverwalter" bezeichneten Person von den Aufgaben eines Insolvenzverwalters grundlegend unterscheiden. Anders als ein Insolvenzverwalter verwaltet der Verfahrenskoordinator nicht die Insolvenzmassen der gruppenangehörigen Schuldner. Insbesondere geht auf ihn nicht die Verwaltungs- und Verfügungsbefugnis in Bezug auf diese Vermögensmassen über. Aufgabe des Verfahrenskoordinators ist es vielmehr, zum Vorteil aller Insolvenzmassen auf eine abgestimmte Abwicklung der einzelnen Verfahren hinzuwirken. Mithin ist seine Aufgabe auf die Koordination der einzelnen Verfahren ausgerichtet.

57
„§ 269f
Aufgaben und Rechtsstellung des Verfahrenskoordinators

(1) ¹Der Verfahrenskoordinator hat für eine abgestimmte Abwicklung der Verfahren über die gruppenangehörigen Schuldner zu sorgen, soweit dies im Interesse der Gläubiger liegt. ²Zu diesem Zweck kann er insbesondere einen Koordinationsplan vorlegen. ³Er kann diesen in den jeweiligen Gläubigerversammlungen erläutern oder durch eine von ihm bevollmächtigte Person erläutern lassen.

Anhang XV

(2) ¹Die Insolvenzverwalter und vorläufigen Insolvenzverwalter der gruppenangehörigen Schuldner sind zur Zusammenarbeit mit dem Verfahrenskoordinator verpflichtet. ²Sie haben ihm auf Aufforderung insbesondere die Informationen mitzuteilen, die er für eine zweckentsprechende Ausübung seiner Tätigkeit benötigt.

(3) Soweit in diesem Teil nichts anderes bestimmt ist, gelten für die Bestellung des Verfahrenskoordinators, für die Aufsicht durch das Insolvenzgericht sowie für die Haftung und Vergütung § 27 Absatz 2 Nummer 5 und die §§ 56 bis 60, 62 bis 65 entsprechend."

Begründung Regierungsentwurf:

(Von einem Abdruck des Entwurfstextes wird abgesehen, da der Rechtsausschuss lediglich den im Regierungsentwurf verwendeten Begriff des Koordinationsverwalters *durch den Begriff des* Verfahrenskoordinators *ersetzt hat.)* 58

Der Koordinationsverwalter ist die Seele des gesamten Koordinationsverfahrens. 59
Von seinem Geschick hängt es ab, ob es gelingt, die Abwicklung der einzelnen Verfahren zu optimieren, d. h. zunächst einmal aufeinander abzustimmen. Nach § 269f Absatz 1 InsO-E kann er dabei alle Maßnahmen ergreifen, die für eine abgestimmte Abwicklung des Verfahrens sinnvoll sind und im Interesse der Gläubiger liegen. Als wichtigstes Beispiel für eine solche Maßnahme nennt Satz 2 den Koordinationsplan. Aber auch bevor ein solcher Plan vom Koordinationsverwalter erstellt werden konnte, kann er moderierend auf die Gestaltung der Einzelverfahren einwirken. So kann er etwa bei den anderen Insolvenzverwaltern dafür werben, nicht voreilig vollendete Tatsachen zu schaffen, wie etwa die Einstellung des Geschäftsbetriebs, sondern auf die Vorgaben des ins Auge gefassten Koordinationsplans Rücksicht zu nehmen. Nach Absatz 1 Satz 3 wird ihm die Möglichkeit eröffnet, an den Gläubigerversammlungen der Einzelverfahren teilzunehmen, um dort für die Umsetzung des Koordinationsplans zu werben. Er kann sich insoweit durch eine von ihm bevollmächtigte Person vertreten lassen. Das Teilnahmerecht steht ihm bzw. einer von ihm bevollmächtigten Person aber auch dann zu, wenn der Koordinationsplan noch im Entstehen begriffen ist und der Koordinationsverwalter durch die Teilnahme an der Gläubigerversammlung in Erfahrung bringen will, für welche Schritte sich die Verfahrensbeteiligten aussprechen. Ebenso kann er auf eine verstärkte Zusammenarbeit der Insolvenzverwalter dringen, zu der diese ohnehin nach § 269a InsO-E verpflichtet sind.

Wie jedes Verwalterhandeln stehen auch die Koordinationsmaßnahmen unter dem 60
Vorbehalt, dass sie auf das Gläubigerinteresse ausgerichtet sein müssen. Abweichend von § 78 Absatz 1 InsO wird allerdings nicht auf das „gemeinsame Interesse der Insolvenzgläubiger" abgestellt. Dort wird dieses Gesamtinteresse relativ aussagearm so verstanden, dass die Insolvenzgläubiger primär ihren individuellen Ausfall möglichst gering halten wollen. Insofern sind sie daran interessiert, unter Beachtung des Grundsatzes der Gläubigergleichbehandlung eine möglichst hohe Quote zu erhalten und so anteilsmäßig an der Verteilung der Haftungsmasse zu partizipieren. Auch bei einer Gruppeninsolvenz ist dies das vorrangige Interesse der einzelnen Gläubiger. Da es jedoch bereits bei einem Insolvenzverfahren über

Anhang XV

lediglich einen Rechtsträger schwierig ist, über die Quotenmaximierung hinaus ein Gesamtgläubigerinteresse festzumachen, ist dies im Gruppenkontext nahezu unmöglich. Vor diesem Hintergrund besteht der gemeinsame Nenner des Gläubigerinteresses schlicht darin, in dem Insolvenzverfahren über ihren Schuldner die Verluste möglichst gering zu halten, und lediglich unter diesem Blickwinkel kann sich quasi als Reflex eine Verfahrensgestaltung ergeben, die letztlich im Gruppeninteresse liegt. Die par conditio creditorum muss deshalb auch nicht für alle Gläubiger der Gruppe zu einer gleichmäßigen Behandlung führen, vielmehr kann dieser Grundsatz immer nur auf das einzelne Verfahren bezogen sein. Ein Insolvenzgläubiger hat somit nur das Verfahren im Blick, in dem er seine Forderungen angemeldet hat und aus dessen Erlös er Befriedigung erwarten kann. Eine Koordinationsmaßnahme kann deshalb auch dann dem von Absatz 1 geforderten Gläubigerinteresse genügen, wenn nicht jeder einzelne Gläubiger oder jedes einzelne Verfahren hierdurch eine bessere Rechtsstellung erfährt. Ausreichend muss es vielmehr sein, dass zumindest in einem Verfahren eine höhere Befriedigungsquote erreicht werden kann, ohne dass hierdurch in den anderen Verfahren Einbußen hinzunehmen sind. Wie im Insolvenzplanverfahren wird somit auch beim Gläubigerinteresse nach Absatz 1 die Pareto-Effizienz berücksichtigt.

61 Der Koordinationsverwalter wird nur dann seine Aufgabe erfüllen können, für eine abgestimmte Abwicklung der Einzelverfahren zu sorgen, wenn ihn die anderen Insolvenzverwalter hinreichend unterstützen. Absatz 2 verpflichtet deshalb die Insolvenzverwalter der gruppenangehörigen Schuldner zur Zusammenarbeit mit dem Koordinationsverwalter. Die wichtigste Form der Zusammenarbeit wird wohl regelmäßig darin bestehen, dass ihm die notwendigen Informationen, insbesondere zur Erstellung eines Koordinationsplans, zur Verfügung gestellt werden. Der Koordinationsverwalter hat gegenüber den einzelnen Insolvenzverwaltern jedoch nicht nur einen Anspruch auf Unterrichtung, sondern die Unterstützungsleistungen können etwa auch darin bestehen, dass ihm die Teilnahme an den Gläubigerversammlungen oder an den Sitzungen der Gläubigerausschüsse ermöglicht wird. Weiter ist denkbar, dass der Koordinationsverwalter Zugang zu den einzelnen Unternehmen erhält, um sich selbst ein Bild über deren wirtschaftliche Lage machen zu können. Will er über den reinen Zugang zum Betrieb hinaus auch Einblick in Geschäftsunterlagen haben oder mit Mitarbeitern des schuldnerischen Unternehmens sprechen, so sollte dies über den Insolvenzverwalter kanalisiert werden, der für dieses Unternehmen bestellt wurde. Andernfalls besteht die Gefahr, dass den Mitarbeitern des Schuldners Doppelarbeiten aufgebürdet werden oder es zu sonstigen Reibungsverlusten im Unternehmen kommt, da Unklarheiten bei den Betriebszugehörigen auftreten können, wem gegenüber sie zur Auskunft verpflichtet sind und wen sie primär zu unterstützen haben.

62 Da der Koordinationsverwalter zugleich auch Insolvenzverwalter eines gruppenangehörigen Schuldners ist, wird die Verpflichtung der einzelnen Verwalter zu Unterstützungsleistungen über § 269a InsO-E dahingehend limitiert, dass sie im Rahmen der Zusammenarbeit mit dem Koordinationsverwalter nicht verpflichtet sind, die Interessen der Beteiligten ihres Verfahrens zu vernachlässigen. Vorrangig haben die Insolvenzverwalter die Belange der Beteiligten ihres Verfahrens zu beachten und

Anhang XV

nur wenn sie deren Interessen hinreichend wahren können, haben sie den Koordinationsverwalter zu unterstützen.

Eine Koordination der Einzelverfahren wird nur dann erfolgreich sein, wenn sie möglichst früh eingeleitet wird. Deshalb sieht der Gesetzentwurf vor, dass als Koordinationsverwalter auch ein vorläufiger Insolvenzverwalter eingesetzt werden kann und dass die Verpflichtung zur Unterstützung des Koordinationsverwalters auch jeden vorläufigen Insolvenzverwalter eines gruppenangehörigen Schuldners trifft.

Ähnlich wie beim Sachwalter (vgl. § 274 Absatz 1 InsO) verweist Absatz 3 zur Präzisierung der Rechtsstellung des Koordinationsverwalters auf die Vorschriften über den Insolvenzverwalter. Im Rahmen der Verweisungskette musste § 54 Nummer 2 InsO nicht in Bezug genommen werden, da nach § 269g InsO-E die Vergütung des Koordinationsverwalters durch einen Zuschlag zu seiner Regelvergütung als Insolvenzverwalter abgegolten wird. Bei der entsprechenden Anwendung von § 56 InsO auf den Koordinationsverwalter wird insbesondere von Belang sein, die Kriterien für die Eignung so festzulegen, dass eine Persönlichkeit gewonnen werden kann, der es gelingt, die unterschiedlichen oder gar widerstreitenden Interessen in den einzelnen Verfahren zu einem Ausgleich zu bringen. Die Einbindung des Gruppen-Gläubigerausschusses wird ausdrücklich in § 269e Absatz 2 InsO-E geregelt, während sich die Bindung des Gerichts an den Vorschlag des Ausschusses aus der Verweisung auf § 56a Absatz 2 InsO ergibt. Durch die Inbezugnahme von § 63 InsO ergibt sich grundlegend der Anspruch des Koordinationsverwalters auf eine angemessene Vergütung. Die näheren Einzelheiten dieses Vergütungsanspruchs werden dann in § 269g InsO-E geregelt. Weitere Details zur Vergütung des Koordinationsverwalters, die sich nicht unmittelbar aus der genannten Vorschrift erschließen, können dann über die Verweisung auf § 65 InsO in der Insolvenzrechtlichen Vergütungsverordnung festgesetzt werden.

<u>Begründung Rechtsausschuss:</u>

(Siehe Rz. 56 zur Auswechselung des Begriffs Koordinationsverwalter *durch den Begriff* Verfahrenskoordinator.*)*

„269g
Vergütung des Verfahrenskoordinators

(1) ¹Der Verfahrenskoordinator hat Anspruch auf Vergütung für seine Tätigkeit und auf Erstattung angemessener Auslagen. ²Der Regelsatz der Vergütung wird nach dem Wert der zusammengefassten Insolvenzmassen der in das Koordinationsverfahren einbezogenen Verfahren über gruppenangehörige Schuldner berechnet. ³Dem Umfang und der Schwierigkeit der Koordinationsaufgabe wird durch Abweichungen vom Regelsatz Rechnung getragen. ⁴Die §§ 64 und 65 gelten entsprechend.

(2) Die Vergütung des Verfahrenskoordinators ist anteilig aus den Insolvenzmassen der gruppenangehörigen Schuldner zu berichtigen, wobei im Zweifel das Verhältnis des Werts der einzelnen Massen zueinander maßgebend ist."

Anhang XV

Begründung Regierungsentwurf:

67 *(Von einem Abdruck des Entwurfstextes wird abgesehen, da der Rechtsausschuss lediglich den im Regierungsentwurf verwendeten Begriff des Koordinationsverwalters durch den Begriff des Verfahrenskoordinators ersetzt hat.)*

68 Für seine Tätigkeit kann der Koordinationsverwalter nach § 269g InsO-E eine Vergütung sowie die Erstattung angemessener Auslagen beanspruchen, für welche die §§ 64 und 65 InsO entsprechend gelten. Der Regelsatz der Vergütung bemisst sich nach dem Wert der zusammengefassten Massen der in das Koordinationsverfahren einbezogenen Unternehmen. Umfang und Schwierigkeit der Koordinationsaufgabe sind durch Abweichungen vom Regelsatz zu berücksichtigen. Regelsatz und Einzelheiten sind nach § 65 InsO durch eine Rechtsverordnung festzulegen.

69 Bemessungsgrundlage für den Regelsatz sind die zusammengefassten Massen der in das Koordinationsverfahren einbezogenen Verfahren. Dies sind alle Verfahren über gruppenangehörige Schuldner, die während der Dauer des Koordinationsverfahrens anhängig sind und auf die sich die im Rahmen des Koordinationsverfahrens ergriffenen Maßnahmen und unterbreiteten Vorschläge beziehen können. Werden einzelne oder mehrere Schuldner vom Koordinationsverfahren nicht oder nur unwesentlich berührt, ist dies im Zusammenhang mit der Bestimmung eines Abschlags vom Regelsatz zu berücksichtigen. Die Massen der einbezogenen Unternehmen sind zusammenzufassen und damit insbesondere um Intragruppenforderungen zu bereinigen. Damit wird nicht verkannt, dass der Umgang mit Intragruppenforderungen zu den Kernaufgaben bei der Bewältigung von Konzerninsolvenzen gehört. Die auf diesem Feld erbrachten Koordinationsleistungen lassen sich aber nicht angemessen durch pauschale Bruchteile der betroffenen Massen beziffern. Es ist daher zweckmäßig, auf die Koordinationsleistungen im Einzelfall abzustellen und diese im Rahmen der Bemessung eines Zu- oder Abschlags zum Regelsatz zu berücksichtigen.

70 Die Vergütung des Koordinationsverwalters ist aus den Massen der Einzelverfahren zu decken. Da an dem durch ein Koordinationsverfahren erzielten Mehrwert die Insolvenzmassen aller betroffenen Unternehmen partizipieren können, ist es gerechtfertigt, die Insolvenzmassen nach Absatz 2 auch anteilig zur Deckung der Kosten dieses Verfahrens heranzuziehen. In den Fällen, in denen die diesem Verteilungsschlüssel zugrunde gelegte Annahme nicht zutrifft, etwa weil einige Massen offensichtlich nicht am erzielten Kooperationsmehrwert partizipieren oder in denen – umgekehrt – offensichtlich ist, dass der Kooperationsmehrwert von bestimmten Massen vollständig vereinnahmt wurde, ist ein abweichender Verteilungsschlüssel zugrunde zu legen, welcher die Allokation des Kooperationsmehrwerts besser abbildet.

Begründung Rechtsausschuss:

71 *(Siehe Rz. 56 zur Auswechselung des Begriffs* Koordinationsverwalter *durch den Begriff* Verfahrenskoordinator.*)*

72
„§ 269h
Koordinationsplan

(1) ¹**Zur abgestimmten Abwicklung der Insolvenzverfahren über das Vermögen von gruppenangehörigen Schuldnern können der Verfahrenskoordinator und,**

Anhang XV

wenn ein solcher noch nicht bestellt ist, die Insolvenzverwalter der gruppenangehörigen Schuldner gemeinsam dem Koordinationsgericht einen Koordinationsplan zur Bestätigung vorlegen. ²Der Koordinationsplan bedarf der Zustimmung eines bestellten Gruppen-Gläubigerausschusses. ³Das Gericht weist den Plan von Amts wegen zurück, wenn die Vorschriften über das Recht zur Vorlage, den Inhalt des Plans oder über die verfahrensmäßige Behandlung nicht beachtet worden sind und die Vorlegenden den Mangel nicht beheben können oder innerhalb einer angemessenen vom Gericht gesetzten Frist nicht beheben.

(2) ¹In dem Koordinationsplan können alle Maßnahmen beschrieben werden, die für eine abgestimmte Abwicklung der Verfahren sachdienlich sind. ²Insbesondere kann der Plan Vorschläge enthalten:

1. zur Wiederherstellung der wirtschaftlichen Leistungsfähigkeit der einzelnen gruppenangehörigen Schuldner und der Unternehmensgruppe,
2. zur Beilegung gruppeninterner Streitigkeiten,
3. zu vertraglichen Vereinbarungen zwischen den Insolvenzverwaltern.

(3) ¹Gegen den Beschluss, durch den die Bestätigung des Koordinationsplans versagt wird, steht jedem Vorlegenden die sofortige Beschwerde zu. ²Die übrigen Vorlegenden sind in dem Verfahren zuzuziehen."

Begründung Regierungsentwurf:

(Von einem Abdruck des Entwurfstextes wird abgesehen, da der Rechtsausschuss lediglich den im Regierungsentwurf verwendeten Begriff des Koordinationsverwalters in Absatz 1 durch den Begriff des Verfahrenskoordinators ersetzt hat. Absatz 2 und 3 wurden unverändert übernommen.) 73

Bereits zum geltenden Recht wird vereinzelt die Auffassung vertreten, eine koordinierte Konzernsanierung sei über einen einheitlichen Insolvenzplan mit einheitlicher Gruppenbildung zulässig. Dies wird jedoch überwiegend unter Hinweis auf den rechtsträgerbezogenen Ansatz der Insolvenzordnung in Frage gestellt. Als Lösungsweg wird de lege lata vorgeschlagen, inhaltlich aufeinander abgestimmte Insolvenzpläne vorzulegen, deren darstellender Teil sich zu den Sanierungsoptionen für den Gesamtkonzern verhält. Der gestaltende Teil der Pläne der Einzelunternehmen könne dann die jeweils erforderlichen Rechtsänderungen enthalten. Ein solches Verfahren dürfte allerdings sehr aufwändig sein und eine hohe Verständigungsbereitschaft bei den involvierten Insolvenzverwaltern erfordern. Der in § 269h InsO-E geregelte Koordinationsplan kann demgegenüber allein von dem Koordinationsverwalter unter Einbindung eines etwaig bestellten Gruppen-Gläubigerausschusses konzipiert werden. 74

Auch im Rahmen einer Konzerninsolvenz bleibt die Vorgabe des § 1 InsO maßgebend, dass es das Ziel des Insolvenzverfahrens ist, zu einer bestmöglichen Gläubigerbefriedigung zu führen. Diesem übergeordneten Ziel müssen auch die Bemühungen um eine Sanierung der Einzelunternehmen oder des Gesamtkonzerns untergeordnet sein. Gleichwohl hat der Gesetzgeber in den letzten Jahren verstärkt Anstrengungen unternommen, um den Sanierungsgedanken auch im Insolvenzverfahren zu stärken. Unter Beachtung der Vorgaben des § 1 InsO kann somit die 75

Anhang XV

Sanierung des Gesamtkonzerns oder seiner wesentlichen Teile als vornehmlichste Aufgabe eines Konzerninsolvenzverfahrens angesehen werden. Eine bestmögliche Gläubigerbefriedigung wird es oftmals erfordern, den wirtschaftlichen Mehrwert, der in den konzernrechtlichen Verflechtungen angelegt ist, für die Gläubiger zu heben. Dies wird regelmäßig nur möglich sein, wenn es gelingt, den Konzern zu restrukturieren und wettbewerbsfähig zu machen. Eine solche Neuausrichtung des Konzerns wird nur erfolgreich sein, wenn die einzelnen Verfahren auf ein übergeordnetes Sanierungsziel ausgerichtet werden. Dies ist die vornehmste Aufgabe des Koordinierungsplans, wie er in § 269h InsO-E angelegt ist. Allerdings kann ein solcher Plan auch sinnvoll sein, wenn die Wiederherstellung der wirtschaftlichen Leistungsfähigkeit ausgeschlossen ist und die Vermögenswerte der Einzelunternehmen im Rahmen einer Liquidation zu verwerten sind. Auch insofern wird eine Gesamtveräußerung oder eine abgestimmte Verwertung der einzelnen Unternehmensteile einen höheren Ertrag erzielen als eine unkoordinierte Zerschlagung der Unternehmen.

76 Ist der Plan auf eine Sanierung des Konzerns ausgerichtet, so bietet es sich an, zunächst darzustellen, wie der Konzern und die einzelnen konzernangehörigen Unternehmen in die Schieflage geraten sind. Denn nur wenn es gelingt, möglichst präzise zu bestimmen, woher man kommt, kann eine Neuausrichtung auf ein künftiges Sanierungsziel erfolgreich sein. Da sich der Konzern oder seine wesentlichen Unternehmen in einer Liquiditätskrise befinden, muss etwa überprüft werden, wie sich die Eigenkapitalsituation der einzelnen Unternehmen darstellt oder ob eine zu komplexe Finanzierungsstruktur zur Verschärfung der Krise beigetragen hat. Ebenso wäre zu analysieren, ob eine ausreichende Fristenkongruenz zwischen Kapitalbindung und Kapitalbereitstellung gewährleistet ist. Denkbar ist auch, dass Schwachstellen beim konzerninternen Liquiditätsausgleich (Cash-Pooling) zu den wirtschaftlichen Schwierigkeiten beigetragen haben. Gelingt es hier, die wesentlichen Mängel aufzuzeigen und Lösungsmöglichkeiten zu entwickeln, kann bereits ein wichtiger Schritt auf dem Wege zu einer finanziellen Restrukturierung getan sein. Der Koordinationsplan könnte auch den geeigneten Rahmen bieten, um aufzuzeigen, wie der Konzern künftig strukturiert sein soll, um wieder erfolgreich am Wettbewerb teilnehmen zu können. Insofern könnten etwa die zentralen Geschäftsfelder aufgezeigt werden, denen sich der Konzern künftig widmen soll, und wie diese Geschäftsfelder von den einzelnen konzernangehörigen Unternehmen abgedeckt werden.

77 Von seiner Rechtsnatur her handelt es sich bei dem Koordinationsplan um einen kupierten Insolvenzplan, bei dem der gestaltende Teil weggelassen wurde. Die Umsetzung der erforderlichen Rechtsänderungen bei den konzernangehörigen Unternehmen erfolgt dann über die jeweiligen Einzelpläne. Die Verfasser der Einzelpläne werden, sofern kein Beschluss der Gläubigerversammlung nach § 269i Absatz 2 InsO-E vorliegt, durch die Vorgaben des Koordinationsplans nicht gebunden. Sie sind somit frei, ob sie dessen Vorschläge aufgreifen oder ob sie bewusst einen anderen Weg einschlagen wollen. Eine gewisse Bindungswirkung wird unabhängig von § 269i Absatz 2 InsO-E bei diesem Konzept jedoch dadurch erreicht, dass ein Insolvenzverwalter sich gegenüber den Beteiligten schadensersatzpflichtig

Anhang XV

machen kann, wenn er seine Pflicht zur bestmöglichen Erhaltung und Verwertung der Masse dadurch verletzt, dass er eine abgestimmte Sanierung des Konzerns vereitelt.

Das Planinitiativrecht kommt nach Absatz 1 Satz 1 primär dem Koordinationsverwalter zu. Ist dessen Bestellung nach § 269e Absatz 1 InsO-E noch nicht erfolgt, können die Insolvenzverwalter der gruppenangehörigen Schuldner gemeinsam einen Koordinationsplan vorlegen. Weitgehend wird mit dieser Regelung lediglich eine Klarstellung dessen ausgesprochen, was bereits nach geltendem Recht möglich ist. Sind sich die involvierten Insolvenzverwalter einig, so können sie sich darauf verständigen, den darstellenden Teil der von ihnen gefertigten Insolvenzpläne auf eine einheitliche Konzernstrategie auszurichten. Allerdings hat ein Koordinationsplan den Vorteil, dass in einem einheitlichen Dokument die Verfahrensziele fixiert werden und der Plan durch die gerichtliche Bestätigung eine stärkere Bindungswirkung entfaltet, die bei einer etwaigen Haftung des Verwalters von Bedeutung sein kann. Selbstverständlich wäre es auch zulässig, dass die Insolvenzverwalter aus ihrer Mitte jemanden beauftragen, einen Insolvenzplan auszuarbeiten und in ihrem Namen bei Gericht vorzulegen. 78

Wurde nach § 269c InsO-E ein Gruppen-Gläubigerausschuss eingesetzt, so kommt ein Koordinationsplan nur zu Stande, wenn dieser Ausschuss seine Zustimmung erklärt. Aus der Formulierung, ein „bestellter" Gruppen-Gläubigerausschuss sei zu beteiligen, ergibt sich, dass ein Koordinationsplan auch dann wirksam vorgelegt werden kann, wenn ein solcher Ausschuss nicht besteht, es also nicht erforderlich ist, dass lediglich für das Koordinationsplanverfahren ein solcher bestellt wird. Der Gruppen-Gläubigerausschuss nimmt das Gesamtgläubigerinteresse im Konzernkontext wahr, so dass er das berufene Organ ist, um zu entscheiden, ob die vom Koordinationsverwalter vorgeschlagenen Maßnahmen zur Neuausrichtung des Konzerns geeignet sind, der bestmöglichen Gläubigerbefriedigung zu dienen. Wurde kein Koordinationsverwalter eingesetzt und besteht dennoch ein Gruppen-Gläubigerausschuss, so ist zu einer wirksamen Planvorlage auch bei einer von allen Insolvenzverwaltern getragenen Initiative die Zustimmung dieses Ausschusses erforderlich. 79

Die Prüfung nach § 231 InsO und die endgültige Prüfung nach § 250 InsO, denen ein Insolvenzplan unterzogen wird, werden nach Absatz 1 Satz 3 zusammengefasst, da der Koordinationsplan – von der Sonderregelung nach § 269i InsO-E abgesehen – nicht zur Abstimmung gestellt wird, keinen gestaltenden Teil enthält und lediglich eine mittelbare Bindungswirkung entfaltet. Das Koordinationsgericht hat somit insbesondere zu prüfen, ob dem bzw. den Planvorlegenden ein Initiativrecht zukommt, ob der Gruppen-Gläubigerausschuss angemessen beteiligt wurde und ob der Plan sich auf einen lediglich darstellenden Teil beschränkt. Dem Gericht kommt somit keine Prüfungskompetenz hinsichtlich der Frage zu, ob der Koordinationsplan überhaupt Aussichten hat, als Grundlage der einzelnen Insolvenzpläne zu dienen und ob das ihm zugrunde liegende ökonomische Konzept wirtschaftlich sinnvoll ist. Liegt ein behebbarer Mangel vor, so hat das Koordinationsgericht dem Vorlegenden eine angemessene Frist zur Abhilfe zu setzen. Angesichts der Eilbedürftigkeit des Verfahrens insgesamt ist das Gericht gehalten, zügig über den 80

Anhang XV

Koordinationsplan zu entscheiden. Insofern ist auch hier die Zweiwochenfrist nach § 231 Absatz 1 Satz 2 InsO maßgebend.

81 Da der Koordinationsplan nur einen darstellenden Teil enthält, sind keine strengen Vorgaben an seinen Inhalt zu stellen. Er kann somit alle Maßnahmen vorschlagen, die zur Wiederherstellung der Wettbewerbsfähigkeit der Unternehmensgruppe dienlich sind oder die im Fall einer Liquidation einen möglichst hohen Verwertungserlös für die Gläubiger erwarten lassen. Insofern können etwa als Ausgangspunkt der Darstellung die Krisenursachen benannt und geschildert werden, aufgrund welcher Entwicklungen die einzelnen Unternehmen und die Unternehmensgruppe insgesamt in eine wirtschaftliche Schieflage geraten sind. Aufbauend auf dieser Analyse können dann Maßnahmen zur Behebung der Schwachstellen aufgezeigt werden, die sowohl auf eine finanz- als auch auf eine leistungswirtschaftliche Neuorientierung ausgerichtet sein können. Beispielhaft werden in Absatz 2 Nummer 1 bis 3 Bereiche angesprochen, die für eine koordinierte Abwicklung der Konzerninsolvenz besonders hilfreich sein können. Wird eine Sanierung der Unternehmensgruppe angestrebt, so können nach Nummer 1 Vorschläge unterbreitet werden, wie die einzelnen Unternehmen, aber auch die Unternehmensgruppe als Ganzes restrukturiert werden sollten. Insofern hat der Planverfasser ein Leitbild des sanierten Konzerns zu entwickeln, das über die im Plan dargestellten Maßnahmen und deren Umsetzung in den Einzelplänen realisiert werden soll.

82 Streitigkeiten zwischen den einzelnen gruppenangehörigen Schuldnern können eine Sanierung vereiteln oder zumindest sehr erschweren. Auch im Rahmen einer reinen Liquidation der Unternehmensgruppe sind sie für eine abgestimmte, und damit gewinnmaximierende Verwertung hinderlich. Absatz 2 Nummer 2 sieht deshalb vor, dass der Koordinationsplan Vorschläge zur Entschärfung dieses Konfliktpotenzials entwickeln kann. Angesichts der engen wirtschaftlichen und personellen Verflechtungen in einer Unternehmensgruppe sind zahlreiche Ursachen für Streitigkeiten denkbar. Der Hauptbereich wird jedoch wohl die Insolvenzanfechtung betreffen. Nahezu alle Transaktionen, die innerhalb der Unternehmensgruppe getätigt werden, erfüllen das Merkmal einer Rechtshandlung im Sinne der §§ 129 ff. InsO. Zu nennen sind in diesem Zusammenhang etwa der gruppeninterne Verkauf zu Konzernverrechnungspreisen, die Erbringung von Leistungen eines Gruppenmitglieds für ein anderes weit unterhalb der Marktpreise oder die unentgeltliche Überlassung von Produktionsmitteln oder Lizenzen. Wurden diese Rechtshandlungen in der Zeit der Krise vorgenommen, so müssen sie grundsätzlich vom Insolvenzverwalter des benachteiligten Unternehmens angefochten werden, da er sich andernfalls einem Schadensersatzanspruch nach § 60 InsO ausgesetzt sehen könnte. Die Brisanz wird noch dadurch erhöht, dass die gruppenangehörigen Schuldner regelmäßig als nahestehende Personen im Sinne von § 138 Absatz 1 Nummer 4 InsO zu werten sind.

83 Es bedarf keiner weiteren Erläuterung, dass Anfechtungsprozesse zwischen den gruppenangehörigen Schuldnern eine Sanierung nachhaltig beeinträchtigen können, sich jedoch auch äußerst störend auf eine abgestimmte Liquidation auswirken. Vor diesem Hintergrund ist es dringend geboten, im Koordinationsplan Vorschläge zu entwickeln, wie die gruppeninterne Geltendmachung von Anfechtungsansprüchen

Anhang XV

möglichst vermieden werden kann, ohne dass hierdurch die Insolvenzgläubiger des Unternehmens beeinträchtigt werden, dessen Verwalter einen solchen Rückgewähranspruch durchsetzen könnte. Insofern müsste etwa vorgesehen werden, dass der begünstigte Anfechtungsgegner eine Kompensation an den Verwalter zu zahlen hat, der auf die Durchsetzung der Anfechtung verzichtet.

Am ehesten lassen sich gruppeninterne Streitigkeiten wohl durch den Abschluss von vertraglichen Vereinbarungen zwischen den involvierten Insolvenzverwaltern lösen. Als letztes Regelbeispiel für koordinationsfördernde Maßnahmen nennt deshalb Absatz 2 Nummer 3 den Abschluss von Insolvenzverwalterverträgen. In diesem Zusammenhang kann etwa daran gedacht werden, dass die Insolvenzverwalter in einem solchen Vertrag festlegen, wie in dem gestaltenden Teil der von ihnen zu verfassenden Insolvenzpläne die Vorgaben des Koordinationsplans umgesetzt werden sollen. Ein weiteres Beispiel wäre etwa, ob und wie das Wahlrecht nach § 103 InsO bei einem gruppeninternen Geschäft ausgeübt werden soll. Daneben können auch Fragen der Kreditaufnahme und Sicherheitenbestellung in diesen Verträgen geregelt werden. Ist der Regelungsgegenstand des Insolvenzverwaltervertrages von erheblicher Bedeutung für das betroffene Verfahren, etwa wenn wesentliche Betriebsteile übertragen werden sollen, so ist nach § 160 InsO die Zustimmung des jeweiligen Gläubigerausschusses einzuholen. 84

Gegen den Beschluss, durch den die Bestätigung des Koordinationsplans versagt wird, steht nach Absatz 3 Satz 1 jedem Vorlegenden ein Beschwerderecht zu. Die Regelung in Absatz 3 Satz 2 trägt dem Umstand Rechnung, dass einerseits jeder Vorlegende beschwerdeberechtigt ist, andererseits eine Entscheidung in der Sache allen Vorlegenden gegenüber nur einheitlich ergehen kann. Wegen der Einheitlichkeit der Beschwerdeentscheidung wirkt diese auch gegenüber den Vorlegenden, die sich am Beschwerdeverfahren nicht beteiligt haben. Für die Fälle notwendiger Streitgenossenschaft im Zivilprozess ist eine entsprechende Wirkung allgemein anerkannt (BGH, Urteil vom 26. April 2004 – II ZR 155/02 – Tz. 33). Die Vorlegenden, die keine sofortige Beschwerde eingelegt haben, müssen vor diesem Hintergrund im Beschwerdeverfahren zugezogen werden. Da der Plan keinen gestaltenden Teil enthält, greift er nicht unmittelbar in die Rechte der sonstigen Verfahrensbeteiligten ein, so dass dem Schuldner und den Insolvenzgläubigern keine Beschwerdeberechtigung zukommt. 85

<u>Begründung Rechtsausschuss:</u>

(Zu Abs. 1 siehe Rz. 56 zur Auswechselung des Begriffs Koordinationsverwalter *durch den Begriff* Verfahrenskoordinator. *Abs. 2 und 3 wurden unverändert übernommen.)* 86

„§ 269i 87
Abweichungen vom Koordinationsplan

(1) ¹Der Insolvenzverwalter eines gruppenangehörigen Schuldners hat im Berichtstermin den Koordinationsplan zu erläutern, wenn dies nicht durch den Verfahrenskoordinator oder eine von diesem bevollmächtigte Person erfolgt. ²Der Insolvenzverwalter hat im Anschluss an die Erläuterung zu begründen, von welchen im Plan beschriebenen Maßnahmen er abweichen will. ³Liegt zum Zeitpunkt des Berichtstermins noch kein Koordinationsplan vor, so kommt der

Anhang XV

Insolvenzverwalter seinen Pflichten nach den Sätzen 1 und 2 in einer Gläubigerversammlung nach, für die das Insolvenzgericht alsbald einen Termin bestimmt.

(2) Auf Beschluss der Gläubigerversammlung ist der Koordinationsplan einem vom Insolvenzverwalter auszuarbeitenden Insolvenzplan zugrunde zu legen."

Begründung Regierungsentwurf:

88 *(Von einem Abdruck des Entwurfstextes wird abgesehen, da der Rechtsausschuss lediglich den im Regierungsentwurf verwendeten Begriff des Koordinationsverwalters in Absatz 1 durch den Begriff des Verfahrenskoordinators ersetzt hat. Absatz 2 wurde unverändert übernommen.)*

89 Der Entwurf sieht mehrere Maßnahmen vor, um die Durchsetzung des Koordinationsplans zu erleichtern. So kann etwa nach § 269f Absatz 1 Satz 3 InsO-E der Koordinationsverwalter selbst an den Gläubigerversammlungen der gruppenangehörigen Schuldner teilnehmen oder sich durch eine von ihm bevollmächtigte Person vertreten lassen, um dort für die Umsetzung des Plans zu werben. Nach § 269i Absatz 1 Satz 1 InsO sind, soweit der Koordinationsverwalter von diesem Recht nicht Gebrauch macht, die Insolvenzverwalter der Einzelunternehmen gehalten, bereits im Berichtstermin auf den Koordinationsplan hinzuweisen und diesen zu erläutern. Wollen sie den Vorgaben des Koordinationsplans nicht Folge leisten, so haben sie in der Gläubigerversammlung die Gründe für ihr Abweichen darzulegen. Angesichts der rigiden Terminvorgabe nach § 29 Absatz 1 Nummer 1 InsO, nach der der Berichtstermin spätestens 3 Monate nach Verfahrenseröffnung stattzufinden hat, wird wohl häufiger zum Zeitpunkt des Berichtstermins noch kein Koordinationsplan vorliegen. In diesen Fällen ist der Insolvenzverwalter nach Absatz 1 Satz 3 gehalten, den Pflichten nach Absatz 1 Satz 1 in einer Gläubigerversammlung nachzukommen, für die das Insolvenzgericht alsbald einen Termin bestimmt, wobei sich dieser mit dem Termin einer bereits angesetzten Gläubigerversammlung decken kann.

90 Bereits nach § 157 Satz 2 InsO kann die Gläubigerversammlung den Insolvenzverwalter mit der Ausarbeitung eines Insolvenzplanes beauftragen und ihm das Ziel des Plans vorgeben. Absatz 2 greift diesen Gedanken auf und präzisiert ihn für den Fall, dass der Gläubigerversammlung ein Koordinationsplan vorliegt. In diesem Fall können die Gläubiger beschließen, dass der Koordinationsplan zwingend dem vom Insolvenzverwalter auszuarbeitenden Insolvenzplan zugrunde gelegt wird. Angesichts dieser klaren gesetzlichen Regelung ist auch kein Raum für die Frage, in welchem Umfang die Gläubigerversammlung überhaupt befugt ist, Detailfragen der Plangestaltung dem Insolvenzverwalter vorzugeben. Hat der Koordinationsplan einen zulässigen Inhalt, was bereits vom Koordinationsgericht bestätigt wurde, so ist der Insolvenzverwalter bei der Planausarbeitung lediglich noch frei, dass er entscheiden kann, wie in Detailfragen, die sich in jedem Verfahren unterschiedlich stellen können, die Vorgaben des Koordinationsplans am besten umgesetzt werden können.

Begründung Rechtsausschuss:

91 *(Zu Abs. 1 siehe Rz. 56 zur Auswechselung des Begriffs* Koordinationsverwalter *durch den Begriff* Verfahrenskoordinator. *Abs. 2 wurden unverändert übernommen.)*

Anhang XV

Nr. 7
Die bisherigen Teile Sieben bis Zwölf werden die Teile Acht bis Dreizehn. 92

Begründung Regierungsentwurf:

Es handelt sich um redaktionelle Folgeänderungen, die durch die Einfügung des 93
Siebten Teils erforderlich wurden.

Begründung Rechtsausschuss:

(unverändert übernommen) 94

Nr. 8
Nach § 270c wird folgender § 270d eingefügt:

„§ 270d 95
Eigenverwaltung bei gruppenangehörigen Schuldnern

¹Wird die Eigenverwaltung oder die vorläufige Eigenverwaltung bei einem gruppenangehörigen Schuldner angeordnet, unterliegt der Schuldner den Kooperationspflichten des § 269a. ²Dem eigenverwaltenden Schuldner stehen nach Verfahrenseröffnung die Antragsrechte nach § 3a Absatz 1, § 3d Absatz 2 und § 269d Absatz 2 Satz 2 zu."

Begründung Regierungsentwurf:

Die konzerninsolvenzrechtlichen Instrumentarien finden auch dann Anwendung, 96
wenn in Bezug auf einen oder mehrere gruppenangehörige Schuldner eine Eigenverwaltung angeordnet wird. In diesem Fall treten an die Stelle des Insolvenzverwalters der jeweilige eigenverwaltende Schuldner und der diesem zur Seite gestellte Sachwalter. Da dem Sachwalter dabei die Aufgabe zukommt, die Geschäftsführung des Schuldners zu überwachen, nicht aber die Geschäftsführung selbst zu übernehmen und nach außen hin aufzutreten, spricht viel dafür, dass der eigenverwaltende Schuldner in die Rechte und Pflichten des Insolvenzverwalters eintritt: Ihm steht daher das mit Verfahrenseröffnung an sich auf den Insolvenzverwalter übergehende Antragsrecht zur Begründung des Gruppengerichtsstands (§ 3a Absatz 1 und 3 InsO-E) bzw. zur Verweisung an das Gericht des Gruppen-Gerichtsstands (§ 3d Absatz 2 InsO-E) zu. Auch unterliegt der eigenverwaltende Schuldner den Kooperationspflichten des § 269a InsO-E in dem Umfang, in dem auch ein Insolvenzverwalter gebunden wäre. Obgleich sich dies zwanglos aus der Anwendung allgemeiner Grundsätze ergibt, erfolgt durch § 270d InsO-E zur Ausräumung von Zweifeln eine Klarstellung.

Aus der Anwendung der allgemeinen Bestimmung ergibt sich auch die Zulässigkeit 97
der Bestellung eines einheitlichen Sachwalters in den Fällen, in denen bei mehreren gruppenangehörigen Unternehmen die Eigenverwaltung angeordnet wird. Nach § 274 InsO in Verbindung mit § 56b InsO-E haben sich die befassten Gerichte in dieser Frage abzustimmen. Die einheitliche Sachwalterbestellung kommt erst recht in Betracht, wenn sämtliche Verfahren an einem Gericht anhängig sind, insbesondere weil dort nach § 3a Absatz 1 InsO-E ein Gruppen-Gerichtsstand begründet wurde.

Anhang XV

98 Ob und unter welchen Voraussetzungen der Schuldner oder der Sachwalter im Fall der Einleitung eines Koordinationsverfahrens zum Koordinationsverwalter bestellt werden können, ist in § 269e InsO-E geregelt.

Begründung Rechtsausschuss:

99 *(unverändert übernommen)*

Artikel 2
Änderung des Rechtspflegergesetzes

100 § 18 Absatz 1 des Rechtspflegergesetzes in der Fassung der Bekanntmachung vom 14. April 2013 (BGBl. I S. 778; 2014 I S. 46), das zuletzt durch Artikel 5 des Gesetzes vom 21. November 2016 (BGBl. I S. 2591) geändert worden ist, wird wie folgt geändert:

Nr. 1

Nach Nummer 2 wird folgende Nummer 3 eingefügt

„3. die Entscheidung über die Begründung des Gruppen-Gerichtsstands nach § 3a Absatz 1 der Insolvenzordnung, die Entscheidung über den Antrag auf Verweisung an das Gericht des Gruppen-Gerichtsstands nach § 3d Absatz 1 der Insolvenzordnung sowie das Koordinationsverfahren nach den §§ 269d bis 269i der Insolvenzordnung".

Begründung Regierungsentwurf:

101 *(„3. die Entscheidung über die Begründung des Gruppen-Gerichtsstands nach § 3a Absatz 3 der Insolvenzordnung, die Entscheidung über den Antrag auf Verweisung an das Gericht des Gruppen-Gerichtsstands nach § 3b Absatz 1 der Insolvenzordnung sowie das Koordinationsverfahren nach den §§ 269d, 269e, 269f, 269g, 269i der Insolvenzordnung,")*

102 Die Entscheidungen über die Begründung des Gruppen-Gerichtsstands und über eine Verweisung an das Gericht des Gruppen-Gerichtsstands sind von weitreichender Bedeutung für die Koordinierung der Einzelverfahren. Die funktionelle Zuständigkeit für diese Entscheidungen sollte nicht davon abhängen, ob in Bezug auf einzelne gruppenangehörige Schuldner das Verfahren bereits eröffnet ist oder nicht.

103 Die funktionelle Zuständigkeit für die Einleitung und Durchführung des Koordinationsverfahrens sollte wegen der Parallelen zum Insolvenzplanverfahren (§ 18 Absatz 1 Nummer 2 RPflG) ebenfalls beim Richter liegen.

Begründung Rechtsausschuss:

104 Es handelt sich um redaktionelle Korrekturen.

Nr. 2

105 Die bisherigen Nummern 3 und 4 werden die Nummern 4 und 5.

Artikel 3
Änderung der Insolvenzrechtlichen Vergütungsverordnung

106 § 3 Absatz 2 der Insolvenzrechtlichen Vergütungsverordnung vom 19. August 1998 (BGBl. I S. 2205), die zuletzt durch Artikel 5 des Gesetzes vom 15. Juli 2013 (BGBl. I S. 2379) geändert worden ist, wird wie folgt geändert:

Nr. 1

In Buchstabe d wird das Wort oder durch ein Komma ersetzt.

Nr. 2

In Buchstabe e wird der Punkt am Ende durch das Wort oder ersetzt.

Nr. 3

Folgender Buchstabe f wird angefügt:

„f) der Schuldner in ein Koordinationsverfahren einbezogen ist, in dem ein Verfahrenskoordinator nach § 269e der Insolvenzordnung bestellt worden ist."

Begründung Regierungsentwurf:

(Im Regierungsentwurf noch nicht enthalten.) 107

Begründung Rechtsausschuss:

Die Tätigkeit eines Verfahrenskoordinators nach § 269e InsO-E dient der Entlastung der einzelnen Insolvenzverwaltungen und rechtfertigt daher in aller Regel einen Abschlag von der Regelvergütung. Der Abschlag wird grundsätzlich in der Höhe der Vergütung des Verfahrenskoordinators gerechtfertigt sein, so dass das Koordinationsverfahren zu keinen Mehrkosten führt. Ein Abschlag ist jedoch dann nicht gerechtfertigt, wenn sich im Einzelfall erweist, dass die Verfahrenskoordinierung auch für den Verwalter mit Zusatzaufwand verbunden war, der weder durch die entlastenden Wirkungen der Koordinierungsleistungen des Koordinators kompensiert noch durch die vergütungsrechtlichen Effekte der auf die Masse entfallenden Anteile am Koordinationsmehrwert abgegolten wird. 108

Artikel 10
Inkrafttreten

Dieses Gesetz tritt am 21. April 2018 in Kraft. 109

Begründung Regierungsentwurf:

(Artikel 9) Das Gesetz tritt ein Jahr nach seiner Verkündung in Kraft. Die Rechtspraxis erhält dadurch ausreichend Zeit, um sich auf die Anwendung der neuen Regelungen, insbesondere auf das neue Koordinationsverfahren, einzustellen. 110

Begründung Rechtsausschuss:

(Abgesehen von einer Verschiebung von Artikel 9 in Artikel 10 inhaltlich unverändert übernommen.) 111

Stichwortverzeichnis

Abänderungsbefugnis
- Amtspflicht § 11, 147
- Anwendungsbereich § 11, 148
- Ermessen § 11, 147
- Hinweispflicht § 11, 162 ff.
- Rechtsfolge § 11, 167 ff.
- Rechtsnatur § 11, 145
- Wertabweichungen § 11, 151 ff.

Abfindungen
- Absonderungsrechte § 1, 87
- Aussonderungsrechte § 1, 88
- Berechnungsgrundlage § 11, 100

Abgeltungsbereich
- Auslagenpauschale § 8, 81
- besondere Kosten § 4, 129 ff.
- Vergütung § 4, 8

Abschläge
- Delegationen § 3, 248 ff.
- Eigenverwaltung § 12, 76 ff.
- Einzelfallbetrachtung § 3, 16 ff.
- Faustregeltabellen § 3, 18 ff.
- geringe Anforderungen § 3, 207 ff.
- Gesamtwürdigung § 3, 41
- Gläubigerausschuss § 3, 8
- Insolvenzverwalter (IK) § 3, 7 ff.
- Insolvenzverwalter (IN) § 3, 7 ff.
- Minderbelastung § 3, 21, 180
- Mindestvergütung § 3, 181; § 11, 127
- nachträgliche Amtsannahme § 3, 194
- Normalverfahren § 3, 12
- Quotelung § 11, 118
- Sachwalter § 12, 76 ff.
- Sonderinsolvenzverwalter § 1, 7 ff.
- Tatbestandsermittlung § 3, 20; § 11, 119 ff.
- Tatrichter § 3, 20
- Treuhänder (§ 292 InsO) § 14, 50
- Treuhänder (§ 313 InsO a. F.) § 13, 32
- überschaubare Vermögensverhältnisse § 3, 214
- Verfahrensdauer § 3, 242 ff.
- Verfahrenskoordination § 3, 229 ff.
- Verfahrenskoordinator § 1, 192 ff.; § 3, 229
- Vergütungsantrag § 8, 44 ff.
- vorläufige Insolvenzverwaltung § 3, 184
- vorläufiger Gläubigerausschuss § 3, 8 ff.
- vorläufiger Insolvenzverwalter (IK) § 3, 7 ff.
- vorläufiger Insolvenzverwalter (IN) § 3, 7
- vorläufiger Sachwalter § 12, 130
- vorläufiger Treuhänder a. F. (IK) § 13, 60
- vorzeitige Amtsbeendigung § 3, 201 ff.
- vorzeitige Verfahrensbeendigung § 3, 201

Absonderungsrechte
- Abfindungen § 1, 87
- Berechnungsgrundlage § 1, 65 ff.
- Betriebsfortführung § 1, 122, 85 f.
- erhebliche Befassung § 11, 80 ff.
- Mehrvergütung § 1, 73 ff.
- Nutzung § 1, 85 f.
- Überschussprinzip § 1, 66
- Vermögensbegriff § 11, 67 ff.
- Verwaltung § 1, 67 ff.
- Wertersatz § 1, 85 f.
- Zinsen § 1, 85 f.
- Zuschlag § 3, 51 ff.

Abverkauf
- Betriebsfortführung § 1, 124

Aktiva
- Berechnungsgrundlage § 1, 142; § 11, 47 ff.

Amtsbeendigung vorzeitig
- Berechnungsgrundlage § 1, 175

Amtsermittlung
- Festsetzungsverfahren § 8, 95 ff.

Anspruchsgrundlage
- Gläubigerausschuss § 17, 19
- Gruppenkoordinator § 1, 195

Stichwortverzeichnis

- Insolvenzverwalter (IK) § 13, 13
- Insolvenzverwalter (IN) § 1, 2
- Sachwalter § 12, 14
- Sonderinsolvenzverwalter § 1, 7
- Treuhänder (§ 292 InsO) § 14, 11
- Treuhänder (§ 313 InsO a. F.) § 13, 12
- Verfahrenskoordinator § 1, 190
- vorläufiger Gläubigerausschuss § 17, 19
- vorläufiger Insolvenzverwalter (IK) § 11, 35
- vorläufiger Insolvenzverwalter (IN) § 11, 33
- vorläufiger Sachwalter § 12, 104 ff.
- vorläufiger Treuhänder a. F. (IK) § 13, 51

Arbeitsrecht
- Regel-/Sonderaufgaben § 4, 112 ff.
- Zuschlag § 3, 117 ff.

Aufrechnungen
- Berechnungsgrundlage § 1, 90 f.; § 11, 102

Ausgaben
- Grundprinzip § 1, 92
- Masseverbindlichkeiten (§ 55 InsO) § 1, 102
- nachlaufende Verbindlichkeiten § 1, 144 ff.
- negative § 1, 45 ff.
- noch zu erwarten § 1, 158
- Umsatzsteuer § 1, 56
- ungerechtfertigte Bereicherung § 1, 40 ff.
- Verfahrenskosten § 1, 93 ff.
- Wohlverhaltensphase § 14, 26 ff.

Ausgründungen
- Berechnungsgrundlage § 1, 61

Auslagen
- besondere Kosten § 4, 129 ff.; § 8, 108, 79 ff.
- Bezugsgröße § 8, 66 ff.
- Einzelnachweis § 8, 58
- Gläubigerausschuss § 18, 30 ff.
- Haftpflichtversicherung § 4, 157 ff.
- Obergrenze § 8, 73 ff.

- Obliegenheitsüberwachung § 16, 15
- Pauschbetrag § 8, 59 ff.
- Rechnungsprüfer § 18, 20 ff.
- Sachwalter § 12, 92
- Treuhänder (§ 292 InsO) § 16, 8 ff.
- Treuhänder (§ 313 InsO a. F.) § 13, 47
- Vergütungsantrag § 8, 56 ff.
- vorläufiger Sachwalter § 12, 129
- Zustellungswesen § 4, 139 ff.

Ausproduktion
- Betriebsfortführung § 1, 123

Aussonderungsrechte
- Abfindungen § 1, 88
- erhebliche Befassung § 11, 80 ff.
- Vermögensbegriff § 11, 67 ff.
- Zuschlag § 3, 51 ff.

Berechnungsgrundlage
- Abfindungen § 1, 87 ff.; § 11, 100
- Absonderungsrechte § 1, 65 ff.
- Aktiva § 1, 142; § 11, 47 ff.
- Anfechtungsansprüche § 11, 51
- Aufhebung Eröffnungsbeschluss § 1, 174
- Aufrechnungen § 1, 90 f.; § 11, 102
- Ausgaben § 1, 92 ff.
- Ausgründungen § 1, 61
- Besitzüberlassungsverträge § 11, 90
- Betriebsfortführung § 1, 114 ff.; § 11, 105
- Einnahmen § 1, 34 ff.
- Firmenwert § 11, 49
- Fortführungswert § 11, 94
- Geschäftsführerhaftung § 11, 52
- Gesellschafterhaftung § 11, 52
- Gläubigerausschuss § 17, 57 ff.
- Goodwill § 11, 49
- Inflation § 2, 42 ff.
- Insolvenzplan § 1, 170 ff.
- Insolvenzverwalter (IN) § 1, 27 ff.
- Massedarlehen § 1, 135 ff.
- Masseunzulänglichkeit § 1, 159
- Masseverbindlichkeiten (§ 55 InsO) § 1, 102; § 11, 103
- nachlaufende Verbindlichkeiten § 1, 144 ff.

Stichwortverzeichnis

- Nachtragsverteilung § 6, 12 ff.
- Nicht-Eröffnung § 11, 110
- noch zu erwarten § 1, 150 ff.
- Obergrenze § 1, 160; § 11, 109
- Passiva § 1, 142; § 11, 96 ff.
- Sachwalter § 12, 24
- Schätzung § 11, 98
- Schätzwerte § 1, 164 ff.
- Schlussrechnung § 1, 27 ff.
- Sonderinsolvenzverwalter § 1, 7
- Sondermassen § 1, 178 ff.; § 11, 58
- Sondervergütungen (§ 5) § 1, 105 ff.; § 11, 104
- Treuhänder (§ 292 InsO) § 14, 22 ff.
- Treuhänder (§ 313 InsO a. F.) § 13, 14 ff.
- Verfahrenskoordinator § 1, 191
- Verfahrenskosten § 1, 93 ff.
- Vergütungsantrag § 8, 30 ff.
- Verkehrswert § 11, 93
- Vermögensbegriff § 11, 47
- vorläufiger Insolvenzverwalter (IN) § 11, 44 ff.
- vorläufiger Sachwalter § 12, 113 ff.
- vorläufiger Treuhänder a. F. (IK) § 13, 52 ff.
- Vorschuss Verfahrenskosten § 1, 131; § 11, 108
- vorzeitige Amtsbeendigung § 1, 175
- vorzeitige Verfahrensbeendigung § 1, 162 ff.
- Zerschlagungswert § 11, 94
- Zuschuss Insolvenzplan § 1, 133; § 11, 108
- Zwangssaldierung (USt.) § 1, 130

Bereicherung, ungerechtfertigte
- Vergütungsrelevanz § 1, 40 ff.

Beschwerde, außerordentliche
- Möglichkeit § 8, 178

Beschwerde, sofortige
- Adressat § 8, 148
- Begründung § 8, 148
- Beschwerdeberechtigte § 8, 154 ff.
- Beschwerdefrist § 8, 150
- Rechtsbeschwerde § 8, 171 ff.
- Vorschuss § 9, 64 ff.

Betriebsfortführung
- Absonderungsrechte § 1, 122, 85 f.
- Abverkauf § 1, 124
- Ausproduktion § 1, 123
- Berechnungsgrundlage § 1, 114 ff.; § 11, 105
- besondere Kosten § 4, 134 ff.
- Betriebsvermögen § 1, 126
- Delegationen § 4, 19 ff.
- Duldung § 1, 127
- natürliche Personen § 1, 115
- negativer Überschuss § 1, 129
- Rechnungslegung § 4, 53
- Sondervergütungen (§ 5) § 1, 108
- Sowieso-Kosten § 1, 116
- Überschuss § 1, 114
- Unternehmerlohn § 1, 119
- Weiterbelastung Kosten § 1, 125
- Zuschlag § 3, 74 ff.

Betriebswirtschaft
- Regel-/Sonderaufgaben § 4, 80

Bewertung
- Regel-/Sonderaufgaben § 4, 39

Degression
- Regelvergütung § 2, 13 ff.
- Zuschlag § 3, 111 ff.

Delegationen
- Abschlag Regelvergütung § 3, 248 ff.
- angemessene Vergütung § 4, 124 ff.
- Archivierung § 4, 118 ff.
- Betriebsfortführung § 4, 19 ff.
- Gesellschaft mit Verwalterbeteiligung § 4, 27 ff.
- Kürzung Zuschlag § 3, 36 ff.
- Nachtragsverteilung § 6, 22 ff.
- oktroyierte § 4, 148 ff.
- Planüberwachung § 6, 36
- Prüfung Insolvenzgericht § 8, 105 ff.
- Sachwalter § 12, 90
- Sondervergütungen (§ 5) § 4, 27
- Tatbestandsmerkmale § 4, 17
- Vergütungsantrag § 8, 48 ff.

Durchlaufende Posten *s. negative Ausgaben und negative Einnahmen*
- Umsatzsteuer § 1, 56

Stichwortverzeichnis

Einnahmen
- Bestandsübernahme § 1, 35
- Grundprinzip § 1, 34
- Kostenerstattung § 1, 54
- massefremd § 1, 37 ff.
- negative § 1, 45 ff.
- noch zu erwarten § 1, 151 ff.
- ohne Zahlungsfluss § 1, 62
- Umsatzsteuer § 1, 56
- ungerechtfertigte Bereicherung § 1, 40 ff.
- Wohlverhaltensphase § 14, 23 ff.

Entstehung Anspruch
- Gläubigerausschuss § 17, 38
- Insolvenzverwalter (IN) § 1, 18
- Sachwalter § 12, 19
- Treuhänder (§ 292 InsO) § 14, 14
- vorläufiger Insolvenzverwalter (IN) § 11, 36
- vorläufiger Sachwalter § 12, 111

Fälligkeit
- Gläubigerausschuss § 17, 39 ff.
- Insolvenzverwalter (IN) § 1, 19
- Sachwalter § 12, 19
- Treuhänder (§ 292 InsO) § 14, 15
- vorläufiger Insolvenzverwalter (IN) § 11, 36
- vorläufiger Sachwalter § 12, 111

Festsetzungsverfahren
- Amtsermittlung § 1, 25; § 8, 95 ff.
- Anhörungen § 8, 124 ff.
- Bearbeitungsdauer § 8, 128 ff.
- Beschluss § 8, 134 ff.
- Beschränkung durch Antrag § 8, 99
- Beweisaufnahme § 8, 96
- Ermessensausübung § 8, 101
- Gläubigerausschuss § 17, 109
- Gruppenkoordinator § 1, 196
- Nicht-Eröffnung § 11, 135; § 17, 120
- Pflichtverletzungen § 8, 111
- Planüberwachung § 6, 38 ff.
- Prüfung Insolvenzgericht § 8, 94 ff.
- Sachverständige § 8, 96
- Sachwalter § 12, 94
- Tatrichter § 8, 94
- Treuhänder (§ 292 InsO) § 16, 18
- Treuhänder (§ 313 InsO a. F.) § 13, 47
- Übersicht § 8, 1 ff., 83 ff.
- Vergütungsantrag § 8, 13 ff.
- Vergütungsvereinbarungen § 1, 16; § 8, 93
- Verwirkung § 8, 114 ff.
- vorläufiger Sachwalter § 12, 140
- Vorschuss § 9, 50 ff.
- Zuständigkeit § 8, 87 ff.

Gegenstandswert
- GKG § 1, 186 ff.
- InsVV § 1, 9

Geschäftskosten
- Abgeltungsbereich § 4, 13 ff.
- besondere § 4, 129 ff.; § 8, 79 ff.
- Haftpflichtversicherung § 4, 157 ff.
- Treuhänder (§ 292 InsO) § 14, 9
- unausweichlich § 4, 152 ff.

Gläubigerausschuss
- Abschläge § 3, 8
- Anspruchsgrundlage § 17, 19
- Auslagen einzeln § 18, 30 ff.
- Berechnungsgrundlage § 17, 57 ff.
- Beteiligung Verwalterauswahl § 17, 96 ff.
- Entstehung Anspruch § 17, 38
- Fälligkeit § 17, 39 ff.
- Festsetzung § 17, 109
- Rechtsmittel § 17, 122
- Rechtsnatur § 17, 7 ff.
- Vergütungsantrag § 17, 110
- Vergütungsschuldner § 17, 134 ff.
- Verjährung § 17, 52 ff.
- Vorschuss § 17, 129 ff.
- Zuschläge § 3, 8

Gläubigerausschuss, vorläufiger
- Abschläge § 3, 8
- Anspruchsgrundlage § 17, 19
- Zuschläge § 3, 8

Gläubigerinformationssystem
- Regel-/Sonderaufgaben § 4, 122

Stichwortverzeichnis

Gläubigerzahl
- Mindestvergütung § 2, 70 ff.; § 14, 62 ff.
- Zuschlag § 3, 142

Gruppenkoordinator
- Anspruchsgrundlage § 1, 195 ff.
- Festsetzung § 1, 196
- Rechtsmittel § 1, 198
- Vergütungsschuldner § 1, 196

Haftpflichtversicherung
- Gläubigerausschuss § 18, 18 ff.
- Insolvenzverwalter § 4, 157 ff.
- Sachwalter § 12, 88

Hausverwaltung s. a. *Immobilien*
- Zuschlag § 3, 99 ff.

Immobilien
- kalte Zwangsverwaltung § 1, 70; § 3, 105 ff.
- Mieteinzug § 1, 68
- Regel-/Sonderaufgaben § 4, 46
- Verwaltung § 1, 67; § 3, 99 ff.

Inflation
- Berechnungsgrundlage § 2, 42 ff.
- Mindestvergütung § 2, 75 ff.
- Regelvergütung § 2, 23 ff.
- Zuschlag § 3, 148

Insolvenzplan
- Berechnungsgrundlage § 1, 170 ff.
- Planüberwachung § 6, 27 ff.
- Zuschlag § 3, 123 ff.

Insolvenzverwalter (IK)
- Abschläge § 3, 7
- Anspruchsgrundlage § 13, 13
- Mindestvergütung § 13, 61 ff.
- Zuschläge § 3, 7

Insolvenzverwalter (IN)
- Abschläge § 3, 7
- Anspruchsgrundlage § 1, 2
- Berechnungsgrundlage § 1, 27 ff.
- Entstehung Anspruch § 1, 18
- Fälligkeit § 1, 19
- Mindestvergütung § 2, 66 ff.
- Rechtsnatur § 1, 2
- Regelvergütung § 2, 1 ff.
- Vergütungsschuldner § 1, 20
- Verjährung § 1, 21
- Zuschläge § 3, 7

Insolvenzverwalter, vorläufiger (IK)
- Abschläge § 3, 7
- Anspruchsgrundlage § 11, 35
- Zuschläge § 3, 7

Insolvenzverwalter, vorläufiger (IN)
- Abschläge § 3, 7
- Anspruchsgrundlage § 11, 33
- Berechnungsgrundlage § 11, 44 ff.
- Entstehung Anspruch § 11, 36
- Fälligkeit § 11, 36
- Mindestvergütung § 2, 84 f.; § 11, 113
- Rechtsnatur § 11, 1 ff.
- Regelvergütung § 11, 112
- Vergütungsschuldner § 11, 137
- Verjährung § 11, 38
- Zuschläge § 3, 7

Inventarisierung
- Regel-/Sonderaufgaben § 4, 39

Kapitalertragsteuer
- Vergütungsrelevanz § 1, 57

Massedarlehen
- Berechnungsgrundlage § 1, 135 ff.

Masseermittlung
- Regel-/Sonderaufgaben § 4, 38

Masseverbindlichkeiten (§ 55 InsO)
- Berechnungsgrundlage § 11, 103
- noch zu erwarten § 1, 158
- Vergütungsrelevanz § 1, 102

Mehrvergütung
- Absonderungsrechte § 1, 73 ff.
- erhöhte Regelvergütung § 2, 65

Mindestvergütung
- Abschläge § 2, 82; § 3, 181; § 11, 127
- Einführung § 19, 18
- Gläubigerzahl § 2, 70 ff.
- Inflation § 2, 75 ff.
- Insolvenzverwalter (IK) § 13, 61 ff.
- Insolvenzverwalter (IN) § 2, 66 ff.
- Sachwalter § 12, 38

Stichwortverzeichnis

- Treuhänder (§ 292 InsO) § 14, 53
- Treuhänder (§ 313 InsO a. F.) § 13, 38 ff.
- Vergütungsantrag § 8, 41
- vorläufiger Insolvenzverwalter (IN) § 2, 84 f.; § 11, 113
- vorläufiger Sachwalter § 2, 86
- vorläufiger Treuhänder a. F. (IK) § 13, 56
- Zuschläge § 2, 83; § 11, 126

Nachtragsverteilung
- Anspruchsgrundlage § 6, 10
- Anwendungsbereich § 6, 3 ff.
- Ausschluss § 6, 15 ff.
- Berechnungsgrundlage § 6, 12 ff.
- Bruchteilsvergütung § 6, 19 ff.
- Delegationen § 6, 22 ff.
- Sachwalter § 12, 99
- Sondervergütungen (§ 5) § 6, 22 ff.
- Treuhänder (§ 292 InsO) § 16, 33
- Treuhänder (§ 313 InsO a. F.) § 13, 50
- Vorschuss § 6, 26
- Wohlverhaltensphase § 14, 35

Obliegenheitsüberwachung
- Auslagen § 16, 15
- Rückstellung § 15, 41
- Stundenvergütung § 16, 5
- Treuhänder (§ 292 InsO) § 15, 1 ff.
- Vergütungsvereinbarungen § 15, 31 ff.
- Vorschuss § 15, 36 ff.

Passiva
- Berechnungsgrundlage § 1, 142; § 11, 96 ff.

Planüberwachung
- Anspruchsgrundlage § 6, 29
- Delegationen § 6, 36
- Festsetzung § 6, 38 ff.
- Sachwalter § 12, 100
- Sondervergütungen (§ 5) § 6, 36
- Treuhänder (§ 313 InsO a. F.) § 13, 49
- Vergütungsbestimmung § 6, 30 ff.

Querfinanzierung
- Vergütungsrelevanz § 3, 44 ff.

Rechnungslegung
- Betriebsfortführung § 4, 53
- Einzelkaufleute § 4, 55
- Handelsrecht § 3, 159; § 4, 49 ff.
- Insolvenzrecht § 3, 158; § 4, 58 ff.
- Kapitalgesellschaft § 4, 57
- Personengesellschaft § 4, 56

Rechtsberatung
- Regel-/Sonderaufgaben § 4, 81 ff.

Rechtsbeschwerde
- Beschränkung § 8, 173
- Beschwerdeschrift § 8, 176
- Entscheidungsmöglichkeiten § 8, 177 ff.
- Nachholung § 8, 175
- Nichtzulassung § 8, 174
- Zulassung § 8, 171

Rechtsmittel
- Gläubigerausschuss § 17, 122
- Gruppenkoordinator § 1, 198
- sofortige Beschwerde § 8, 148 ff.

Rechtsmittelbelehrung
- fehlerhafte § 8, 141, 150
- Vergütungsbeschluss § 8, 141

Rechtsnatur
- Gläubigerausschuss § 17, 7 ff.
- Insolvenzverwalter § 1, 2
- Sachwalter § 12, 18
- Treuhänder (§ 292 InsO) § 14, 3 ff.
- Treuhänder (§ 313 InsO a. F.) § 13, 12
- vorläufiger Insolvenzverwalter § 11, 1 ff.
- vorläufiger Sachwalter § 12, 110

Rechtsverfolgungskosten
- Erstattung § 1, 54
- Prozessfinanzierer § 1, 55
- Regel-/Sonderaufgaben § 4, 81 ff.

Regelaufgaben
- Abgrenzung § 4, 32 ff.

Regelvergütung
- Degression § 2, 13 ff.
- erhöhte § 2, 65
- Inflation § 2, 23 ff.

Stichwortverzeichnis

- Insolvenzverwalter § 2, 1 ff.
- Sachwalter § 12, 37
- Sonderinsolvenzverwalter § 1, 7
- Staffelvergütung § 2, 13
- Treuhänder (§ 292 InsO) § 14, 41
- Treuhänder (§ 313 InsO a. F.) § 13, 24
- Verfahrenskoordinator § 1, 191
- vorläufiger Insolvenzverwalter § 11, 112
- vorläufiger Sachwalter § 12, 122 ff.
- vorläufiger Treuhänder (§ 313 InsO a. F.) § 13, 55

Sachkunde, besondere *s. Sondervergütungen (§ 5)*
Sachverständiger
- Antragsverfahren § 11, 171 ff.

Sachwalter
- Abschläge § 12, 76 ff.
- Anspruchsgrundlage § 12, 14
- Berechnungsgrundlage § 12, 24
- Entstehung Anspruch § 12, 19
- Fälligkeit § 12, 19
- Mindestvergütung § 12, 38
- Rechtsnatur § 12, 18
- Regelvergütung § 12, 37
- Verjährung § 12, 21
- Zuschläge § 12, 39 ff.

Sachwalter, vorläufiger
- Abschläge § 12, 130 ff.
- Anspruchsgrundlage § 12, 104 ff.
- Berechnungsgrundlage § 12, 113 ff.
- Entstehung Anspruch § 12, 111
- Fälligkeit § 12, 111
- Mindestvergütung § 2, 86
- pauschale Auslagen § 12, 129
- Rechtsnatur § 12, 110
- Regelvergütung § 12, 122 ff.
- Verjährung § 12, 111
- Vorschuss § 12, 143
- Zuschläge § 12, 130 ff.

Sanierungsbemühungen
- Regel-/Sonderaufgaben § 4, 43
- Zuschlag § 3, 162 ff.

Schlussrechnung
- Eigenverwaltung § 12, 24 ff.
- Vergütungsantrag § 8, 30
- Vergütungsrelevanz § 1, 27 ff.

Sonderaufgaben
- Abgrenzung § 4, 32 ff.
- Zuschlag § 3, 126

Sonderinsolvenzverwalter
- Abschläge § 1, 7
- Anspruchsgrundlage § 1, 7
- Berechnungsgrundlage § 1, 7
- Regelvergütung § 1, 7
- Vergütung § 1, 7
- Zuschläge § 1, 7

Sondermassen
- Berechnungsgrundlage § 1, 178 ff.; § 11, 58; § 12, 32
- Masseverzeichnis § 11, 59

Sondervergütungen (§ 5)
- Abgrenzung Delegationen § 4, 27
- Berechnungsgrundlage § 1, 105 ff.; § 11, 104
- Betriebsfortführung § 1, 108
- Nachtragsverteilung § 6, 22 ff.
- persönlicher Anwendungsbereich § 5, 4 ff.
- Planüberwachung § 6, 36
- Rechtsnatur § 5, 9 ff.
- Sachkunde § 5, 1 ff.
- sachlicher Anwendungsbereich § 5, 8 ff.

Steuerrecht
- Personengesellschaft § 4, 71
- Regel-/Sonderaufgaben § 4, 60 ff.
- Umsatzsteuer § 4, 72 ff.
- Zuschlag § 3, 171 ff.

Stundung (Einstandspflicht Staatskasse)
- Anwendungsbereich § 8, 183 ff.
- Einführung § 19, 7
- Gläubigerausschuss § 17, 125
- Höhe § 8, 188 ff.
- Treuhänder (§ 292 InsO) § 16, 38 ff.

Tatrichter
- Abschläge § 3, 20
- Festsetzungsverfahren § 8, 94
- Rechtspfleger § 8, 94
- Richter AG § 8, 94
- Richter LG § 8, 94
- Zuschläge § 3, 20

Treuhänder (§ 292 InsO)
- Abschläge § 14, 50 ff.
- Anspruchsgrundlage § 14, 11

Stichwortverzeichnis

- Berechnungsgrundlage § 14, 22 ff.
- einzelne Auslagen § 16, 8 ff.
- Entstehung Anspruch § 14, 14
- Fälligkeit § 14, 15
- Festsetzung § 16, 18
- Mindestvergütung § 14, 53
- Nachtragsverteilung § 16, 33
- Obliegenheitsüberwachung § 15, 1 ff.
- pauschale Auslagen § 16, 14
- Rechtsnatur § 14, 3 ff.
- Regelvergütung § 14, 41
- Rückstellung § 14, 69; § 15, 41; § 16, 29 ff.
- Verjährung § 14, 16
- Vorschuss § 16, 27
- Zuschläge § 14, 46 ff.

Treuhänder (§ 313 InsO a. F.)
- Abschläge § 13, 32 ff.
- Festsetzung § 13, 47
- Mindestvergütung § 13, 38 ff.
- Rechtsnatur § 13, 12
- Regelvergütung § 13, 24
- Vorschuss § 13, 47
- Zuschläge § 13, 27 ff.

Treuhänder (§ 313 InsO a. F.), vorläufiger
- Abschläge § 13, 60
- Anspruchsgrundlage § 13, 51
- Berechnungsgrundlage § 13, 52 ff.
- Mindestvergütung § 13, 56
- Regelvergütung § 13, 55
- Zuschläge § 13, 60

Treuhänder (§ 313 InsO auf)
- Anspruchsgrundlage § 13, 12
- Berechnungsgrundlage § 13, 14 ff.
- einzelne Auslagen § 13, 47
- pauschale Auslagen § 13, 47

Treuhandkontenmodell
- Vergütungsrelevanz § 1, 146

Umsatzsteuer
- Berechnungsgrundlage § 1, 56
- noch zu erwarten § 4, 153
- Regel-/Sonderaufgaben § 4, 72 ff.
- Vergütungsbestandteil § 7, 1 ff.

Verfahrensdauer
- Abschläge § 3, 242
- Zuschlag § 3, 174

Verfahrenskoordinator
- Abschläge § 1, 192; § 3, 229 ff.
- Anspruchsgrundlage § 1, 190
- Berechnungsgrundlage § 1, 191
- Regelvergütung § 1, 191
- Vergütungsschuldner § 3, 229
- Zuschläge § 1, 192

Verfahrenskosten
- Gerichtskosten § 1, 93
- Vergütungen § 1, 94 ff.
- Vergütungsrelevanz § 1, 93

Vergütungsantrag
- Abschläge § 8, 44 ff.
- Auslagenpauschale § 8, 56 ff.
- Berechnungsgrundlage § 8, 30 ff.
- Delegationen § 8, 48 ff.
- Gläubigerausschuss § 17, 110
- Hilfsantrag § 8, 28
- Inhalt § 8, 27 ff.
- Regel-/Mindestvergütung § 8, 41
- Schlussrechnung § 8, 30
- Vorschuss § 9, 50
- Zeitpunkt § 8, 14 ff.
- Zuschläge § 8, 44 ff.
- Zweitfestsetzung § 8, 146

Vergütungsbeschluss
- Allgemeines § 8, 134
- Auslagen § 8, 139
- Beschränkung durch Antrag § 8, 99, 137
- Beschwerde, sofortige § 8, 148
- Entscheidungsgründe § 8, 136
- Formalien § 8, 135
- Rechtskraft § 8, 145
- Rechtsmittelbelehrung § 8, 141
- Sachverhalt § 8, 136
- Teilentscheidung § 8, 138
- Titel § 8, 135
- Verkündung § 8, 142
- Veröffentlichung § 8, 144
- Vorschussanrechnung § 8, 140
- Zustellung § 8, 143

Vergütungsentnahme
- Quotelung § 8, 181
- Rechtshängigkeit § 8, 182
- Regelfall § 8, 179
- Stundung § 8, 183 ff.
- Überentnahmen § 8, 193 ff.; § 9, 78
- vorläufiger Verwalter § 11, 142

Stichwortverzeichnis

Vergütungsschuldner
- Gläubigerausschuss § 17, 134 ff.
- Gruppenkoordinator § 1, 196
- Insolvenzverwalter (IN) § 1, 20
- Verfahrenskoordinator § 3, 229
- vorläufiger Insolvenzverwalter (IN) § 11, 137 ff.

Vergütungsvereinbarungen
- Festsetzungsverfahren § 8, 93
- Gläubigerausschuss § 17, 88 ff.
- Obliegenheitsüberwachung § 15, 31 ff.
- Zulässigkeit § 1, 16

Verjährung
- Gläubigerausschuss § 17, 52 ff.
- Insolvenzverwalter (IN) § 1, 21
- Sachwalter § 12, 21
- Treuhänder (§ 292 InsO) § 14, 16
- vorläufiger Insolvenzverwalter (IN) § 11, 38
- vorläufiger Sachwalter § 12, 111

Vermögensbegriff
- Abänderungsbefugnis § 11, 144 ff.
- Absonderungsrechte § 11, 67 ff.
- ausgeschiedene Gegenstände § 11, 60 ff.
- Aussonderungsrechte § 11, 67 ff.
- Besitzüberlassungsverträge § 11, 90
- Kenntnis § 11, 57
- Überschaubarkeit § 3, 220 ff.
- Vergütungsfähigkeit § 1, 30; § 11, 41
- Verordnungsgeber § 11, 47
- Werte § 11, 45
- Zeitpunkt § 11, 95

Verwertung
- Regel-/Sonderaufgaben § 4, 41

Verwirkung
- Vergütungsanspruch § 8, 114 ff.

Vorschuss
- Abschläge § 9, 37
- Antrag § 9, 50
- Auslagen § 9, 7, 24 ff.
- Berechnungsgrundlage § 9, 31 ff.
- Berechtigte § 9, 12 ff.
- Bruchteilsfestsetzung § 9, 39
- Entscheidung § 9, 55
- Festsetzungsverfahren § 9, 50 ff.
- Gläubigerausschuss § 17, 129 ff.
- Nachtragsverteilung § 6, 26
- Obliegenheitsüberwachung § 15, 36 ff.
- Prüfung Insolvenzgericht § 9, 52
- Rechtsmittel § 9, 63 ff.
- Rechtsnatur § 9, 9
- Rückzahlung § 9, 75 ff.
- Stundung § 9, 28 ff.
- Titel § 9, 59 ff.
- Treuhänder (§ 292 InsO) § 16, 27
- Treuhänder (§ 313 InsO a. F.) § 13, 47
- Umsatzsteuer § 9, 8, 43
- vorläufiger Sachwalter § 12, 143
- Zeitpunkt § 9, 18 ff.
- Zuschläge § 9, 37
- Zustimmung Insolvenzgericht § 9, 16 ff.
- Zweck § 9, 1 ff.

Zuschläge
- Absonderungsrechte § 3, 51 ff.
- abstrakte Angemessenheit § 3, 24 ff.
- Angabe in Euro § 3, 30
- Angabe in Prozent § 3, 29
- Arbeitsrecht § 3, 117 ff.
- Aussonderungsrechte § 3, 51 ff.
- Betriebsfortführung § 3, 74 ff.
- Degression § 3, 111 ff.
- Eigenverwaltung § 12, 46 ff.
- Einzelfallbetrachtung § 3, 16
- Faustregeltabellen § 3, 18
- Gesamtwürdigung § 3, 41 ff.
- Gläubigerausschuss § 3, 8
- Hausverwaltung § 3, 99 ff.
- Insolvenzplan § 3, 123 ff.
- Insolvenzverwalter (IK) § 3, 7
- Insolvenzverwalter (IN) § 3, 7
- Kürzung wg. Delegation § 3, 36, 84
- Mehrbelastung § 3, 21, 50
- Normalverfahren § 3, 12 ff.
- Obergrenze § 3, 35
- Quotelung § 11, 117
- Sachwalter § 12, 39 ff.
- Sanierungsbemühungen § 3, 162 ff.
- Sonderaufgaben § 3, 126
- Sonderinsolvenzverwalter § 1, 7
- Steuerrecht § 3, 171 ff.

Stichwortverzeichnis

- Tatbestandsermittlung § 3, 20; § 11, 119
- Tatrichter § 3, 20
- Toleranzgrenze § 8, 103
- Treuhänder (§ 292 InsO) § 14, 46
- Treuhänder (§ 313 InsO a. F.) § 13, 27 ff.
- Verfahrensdauer § 3, 174
- Verfahrenskoordination § 3, 229 ff.
- Verfahrenskoordinator § 1, 192
- Vergleichsrechnung § 3, 32
- Vergütungsantrag § 8, 44 ff.
- vorläufiger Gläubigerausschuss § 3, 8
- vorläufiger Insolvenzverwalter (IK) § 3, 7
- vorläufiger Insolvenzverwalter (IN) § 3, 7
- vorläufiger Sachwalter § 12, 130 ff.
- vorläufiger Treuhänder a. F. (IK) § 13, 60

Zwangsverwaltung
- Gerichtsverfahren § 1, 70
- kalte § 1, 70; § 3, 105 ff.